中华人民共和国地方志丛书

菏泽市志

1986~2005

菏泽市地方史志编纂委员会 编

（上卷）

方志出版社
Publishing House of Local Records

图书在版编目（CIP）数据

菏泽市志：1986 ～ 2005 / 菏泽市地方史志编纂委员会编
. — 北京：方志出版社，2016.6
ISBN 978-7-5144-2026-5

Ⅰ.①菏…　Ⅱ.①菏…　Ⅲ.①菏泽市—地方志—1986-2005　Ⅳ.①K295.23

中国版本图书馆 CIP 数据核字（2016）第 153259 号

菏泽市志（1986 ～ 2005）

编　　者：菏泽市地方史志编纂委员会
责任编辑：陈　菁　王笃银
出 版 人：冀祥德
出 版 者：方志出版社
地址　北京市朝阳区潘家园东里 9 号（国家方志馆 4 层）
邮编　100021
网址　http://www.fzph.org
发　　行：方志出版社发行中心
电话（010）67110500
经　　销：各地新华书店
印　　刷：济南黄氏印务有限公司　（0531）88711234
开　　本：889×1194　1/16
印　　张：138.25
字　　数：2443 千字
版　　次：2017 年 4 月第 1 版　2017 年 4 月第 1 次印刷
印　　数：0001—3000 册

ISBN　978-7-5144-2026-5　定价：2016.00 元（全 3 卷）

崇文尚德
務實圖强

菏泽名片

HEZE
MINGPIAN

◆ 中国牡丹之都 ◆

◆ 中国书画之乡 ◆

◆ 中国戏曲之乡 ◆

◆ 中国武术之乡 ◆

◆ 中国民间艺术之乡 ◆

◆ 全国平原绿化先进市 ◆

◆ 国家交通枢纽城市 ◆

◆ 国家园林城市 ◆

◆ 全国粮食生产先进市 ◆

◆ 中国优秀旅游城市 ◆

◆ 全国无偿献血先进市 ◆

《菏泽市志（1986—2005）》
编纂人员

主　　审	解维俊			
副 主 审	黄秀玲	郭保存		
主　　编	田文建	王伯涛		
副 主 编	郑玉民	王　涛	司品供	许明华
编　　辑	丁　萧	马　月	王金芳	王新春
	牛光芝	乔方辉	苏　仪	李　雁
	张汉祥	陆媛媛	陈百胜	陈　娅
	贾新勇	晁中继		
	（按姓名笔画排列）			
特邀编辑	李丙新	任孔闪	惠正法	张宗宇
	蒋宝府	王洪岳		

菏泽市地方史志编纂委员会

1998年

名誉主任　李明先
主　　任　陈　光
第一副主任　杨宪文
副 主 任　王祖和　侯宪秀　刘金俊　李顺广　张海峰　张伯元　杜松柏　杨龙田　王伯涛
委　　员　步伟利　田浩存　张思立　刘蕊兰　刘爱钦　张秋冬　张惠梅　丁继民　王凤安　于少华　徐继华　张振和　吕宪聚

2003年

名誉主任　陈　光
主　　任　杜昌文
第一副主任　何茂远
副 主 任　刘金俊　朱　斌　王永成　刘建威　许世昌　赵宁杰　张文坦　李学军　张秋冬　于松巍　王伯涛
委　　员　安如喜　张修田　彭　华　鹿令聘　卜润东　刘永凤　霍保银　刘付德　张培华　李贵钦　陈守军　杨宗杰　范晓举　李传民　司品供

2006年

名誉主任　陈　光
主　　任　赵润田
第一副主任　何茂远
副 主 任　张洪兴　宋　波　朱　斌　曹升灵　许世昌　王晓清　杨晓军　赵晓英　赵传山　于松巍　王伯涛
委　　员　黄高潮　王文治　张修田　彭　华　鹿令聘　卜润东　张　莹　王永华　刘付德　张培华　管玉田　苗祥义　范晓举　李传民　司品供

2008年

名誉主任　赵润田
主　　任　刘士合
第一副主任　黄秀玲
副 主 任　张洪兴　朱　斌　曹升灵　宋　波　王庆亮　成洪森　杨晓军　赵晓英　赵传山　于松巍　王伯涛
委　　员　黄高潮　赵明殿　张修田　彭　华　鹿令聘　胡钦畅　陈庆勇　王永华　刘付德　张培华　管玉田　魏玉杰　梁振坤　常　健　司品供

2012年

名誉主任　赵润田
主　　任　孙爱军
第一副主任　李法洪
副 主 任　成洪森 张洪兴 郭景堂 吴修印 曹格林 王庆亮 杨晓军 张培华 周铁伦 史步军
委　　员　李允富 梁振坤 常　健 王志华 张修田 耿振华 鹿令聘 胡钦畅 陈庆勇 高会峰 房福胜 尚　斌 郑玉民 王　涛

2013年

名誉主任　于晓明
主　　任　孙爱军
第一副主任　黄秀玲
副 主 任　成洪森 张洪兴 郭景堂 吴修印 黄高潮 王庆亮 杨晓军 张培华 周铁伦 王有杰
委　　员　李允富 张茂真 常　健 王志华 陈宝华 侯　婕 鹿令聘 胡钦畅 陈庆勇 高会峰 房福胜 尚　斌 郑玉民 王　涛

2015年

名誉主任　孙爱军
主　　任　解维俊
第一副主任　黄秀玲
副 主 任　高延亭 张洪兴 许素洋 黄高潮 孟凡荣 王庆亮 杨晓军 张培华 周铁伦 王有杰
委　　员　李允富 张茂真 常　健 王志华 陈宝华 侯　婕 练建军 陈庆勇 高会峰 宋益连 房福胜 蒋哲文 郑玉民 王　涛

2016年

名誉主任　孙爱军
主　　任　解维俊
第一副主任　黄秀玲
副 主 任　高延亭 张洪兴 许素洋 孟凡荣 王庆亮 高继山 马喜荣 张培华 周铁伦 王有杰 田文建
委　　员　李允富 张茂真 常　健 王志华 陈宝华 康　兵 陈庆勇 高会峰 张宇锋 朱启建 房福胜 郑玉民 王　涛 孙后涛

序

《菏泽市志（1986-2005）》历经十余年潜心编纂，数易其稿，终于付梓，这是我市修志史上的一件大事，也是全市人民政治文化生活中的一件盛事，值得庆贺。

菏泽，地处中华民族和中华文明的发祥地之一的黄河冲积平原，乃伏羲之桑梓、尧舜之故里，先为商汤之京畿，继属曹国之疆土，后建曹州之区域，历史上数度成为中原地区政治、经济、文化中心。自从盘古开天地，三皇五帝到如今，这片沃土，哺育了一代代杰出人物，如璀璨群星，闪烁在深邃浩渺的中国历史长空。祖源文化、儒家文化、道家文化、佛家文化、黄河文化、水浒文化、兵家文化等诸家文化在这里碰撞交融，相互渗透，延续古今，溢满浓浓的菏泽元素，彰显鲜明的地方特色。悠久灿烂的文化孕育出牡丹之都、书画之乡、戏曲之乡、武术之乡、民间艺术之乡，名闻遐迩。

“治天下者以史为鉴，治郡国者以志为鉴。”览古知今，其行乃远。地方志书不仅具有“补史之缺，修史之错，详史之略，续史之无”的存史价值，更可起到资政辅治、启迪后人的巨大作用，成为中华文化典籍的重要部分。修志是中华民族的优良文化传统，建国后党和政府更是注重地方志修编。2006 年 5 月 18 日国务院公布实施《地方志工作条例》。习近平总书记强调“要高度重视修史修志”。李克强总理提出“修志问道，以启未来”，对地方志工作提出了新的更高的要求。菏泽修志历史悠久，传承至今。新中国成立之前，全市有府、州、县志 77 部，除宋元时期 3 部惜已遗失外，明清、民国时期的 74 部保存基本完好，首轮社会主义新方志菏泽有 10 部区县志出版发行，这些都是研究菏泽历史的重要文献，蕴含着丰富的历史智慧，是历史留给我们的珍贵文化遗产。编修出版《菏泽市志（1986-2005）》，是修志传统的延续，是落实党和国家领导人关于做好地方志事业指示的职责使然，更是依法治志的法治精神体现。

《菏泽市志（1986-2005）》设专志 33 编、210 章，前置总述、大事记、特载，后缀人物、附录、索引，共 300 余万字。该书系统客观记述了菏泽 1986-2005 年自然、经济、政治、文化和社会等方面的历史与现状，全面展示了“突破菏泽”“打造科学发展高地”等 20 年菏泽改革开放、加快发展的波澜壮阔之历程，文风朴实，秉笔直书，体现了真实、厚重特色，是一部系统反映市域发展历史的百科全书，也是一部全面反映菏泽历史文化的资料性文献。

手抚此卷，可以感知菏泽人民矢志创业的艰苦历程，可以领略新时代奋发有为的蓬勃气息，可以真切体会改革开放带来的震撼变化，可以激发菏泽人民干事创业的豪情斗志。聪慧勤劳的菏泽人民，踏着先哲们的足迹，和着科学发展的时代强音，负重奋进，开拓进取，在这块古老而又充满活力的土地上，一次次掀起改革开放、经济建设的汹涌大潮，不断攀登一个又一个新的高峰，取得了一个又一个成功与荣誉。2001 年，菏泽撤地设市迎来发展新机遇；2004 年，山东省委、省政府作出“突破菏泽、带动西部、促进全省发展”的战略决策，为菏泽经济腾飞、社会发展注入新的活力。1986–2005 年，是菏泽历史进程中不平凡的 20 年。科技、教育、文化、卫生、社会保障等社会事业蓬勃发展；环境保护、城乡规划建设与管理、精神文明建设等协同推进，全市呈现出经济持续发展、社会和谐稳定、人民群众安居乐业的良好局面。

“潮平两岸阔，风正一帆悬。”当前，菏泽已站在新的历史起点上。我们一定要深入贯彻落实党的十八大和十八届三中、四中、五中、六中全会精神，认真贯彻习近平总书记系列重要讲话特别是视察山东及菏泽重要讲话精神，团结带领全市广大干部群众，牢记主题主线，突出加快发展，统筹推进全面建成小康社会、全面深化改革、全面推进法治菏泽建设、全面从严治党，大力实施产业提升、基础突破、扶贫攻坚、和谐创建“四项工程”，秉承“崇文尚德、务实图强”的菏泽精神，以前所未有的崭新姿态、时不我待的干事激情、勇往直前的昂扬斗志、敢为人先的创新精神、抓铁留痕的务实作风，敬终如始，久久为功，为推动菏泽早日实现科学赶超、后来居上目标而努力奋斗！

中共菏泽市委书记 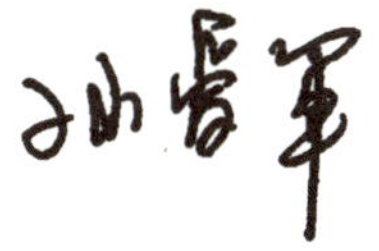

菏泽市人民政府市长 

黄河
HUANG HE
入鲁
第一站
黄河沿菏泽北境入鲁，境内河道长185公里

曹州牡丹
CAOZHOU MUDAN
甲天下

2017 年 4 月 8 日，中共山东省委书记、省人大常委会主任刘家义（前排左二）到菏泽调研

2016 年 1 月 21 日，中共山东省委副书记龚正（右二，2017 年 4 月任山东省省长）到菏泽调研

2016 年 4 月 5 日，中共菏泽市委书记、市人大常委会主任孙爱军（右二）到基层调研

2016 年 3 月 30 日，中共菏泽市委副书记、市长解维俊（前排右二）到基层调研

大剧院、演武楼

天香公园

城市一角——赵王河畔

曹州书画院

长城路桥

冀鲁豫边区革命纪念馆

菏泽火车站

德上高速鄄城黄河公路大桥

日兰德上高速互通立交

市区双河立交桥

洙水河巨野港

畅安舒美的农村公路

菏泽丹阳立交主桥成功转体

农业

现代农业

鲁西南田野

牡丹区李村紫荷香草生态园

深耕作业

畜牧

曹县万亩荷塘

定陶县黄店镇万亩玫瑰基地

农村

单县北城街道十里埠新村

东明县武胜桥玉皇新村

牡丹区马岭岗镇穆李村

农民

农民休闲

农民婚庆

农民日常生活

农民文化活动

能源化工

新巨龙能源公司

山东尚舜化工有限公司

东明石化

玉皇化工

铁雄新沙

生物医药

步长制药

华信制药

睿鹰先锋制药

希力药业

机电设备制造

湖西轴承公司

华驰变压器

华驰变压器生产车间

富士康生产车间

达驰电气

农副产品加工

金正大生态工程有限公司液体肥车间

青岛啤酒（菏泽）有限公司

巨鑫源芦笋罐头生产车间

花冠酒窖

洪丰面粉

百寿坊

商贸物流

中国牡丹商贸城

天华电商淘宝特色中国馆

菏泽毅德城

香格里拉国际广场

银田农贸城

山东济铁菏泽物流园

银座商城

牡丹之都

中国牡丹园

曹州牡丹园

百花园

尧舜牡丹产业园

牡丹产品全家福

戏曲之乡

定陶县两夹弦剧团

山东琴书

票友

《大汉英后》剧照

《跑旱船》戏曲晚会剧照

书画之乡

创作

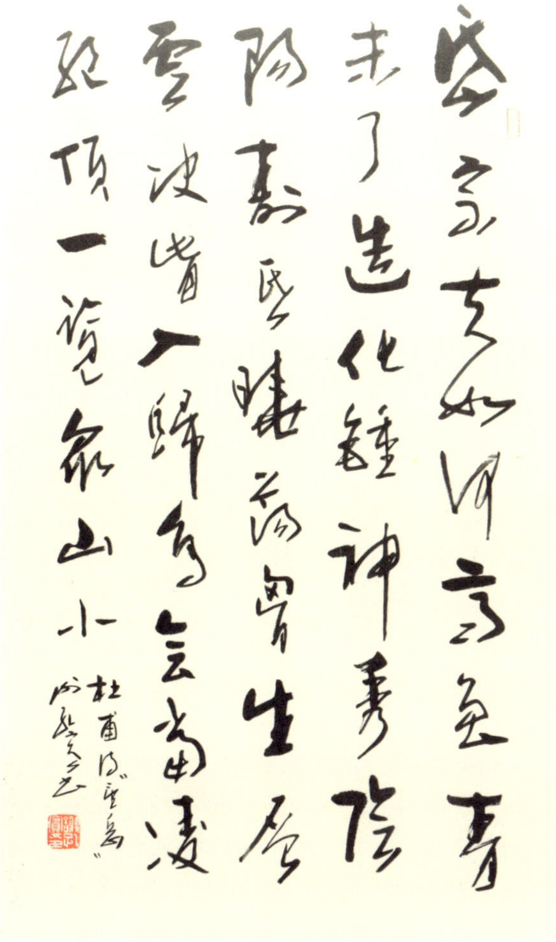

谢孔宾书法作品《望岳》

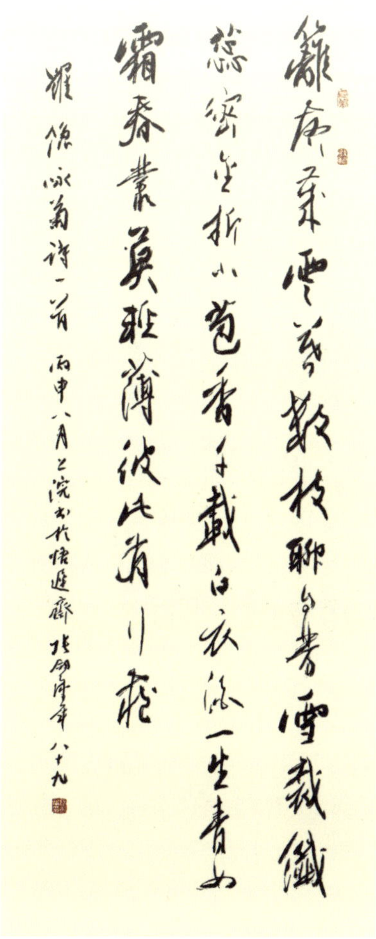

张剑萍书法作品《罗隐咏菊》

武术之乡

水浒好汉城

狗娃闹春

山东省第二十三届运动会武术散打（男子）预
暨2014年"中国体育彩票杯"山东省武术散打锦

散打

习武

比赛

弘扬中华武术精神
2014海峡两岸中华

表演

民间艺术之乡

鲁锦织造

桃源花供

国家级面塑传承人 - 李金城

国际面塑大师 - 李芳清

面塑作品

纸扎

国家级非遗项目－民间舞蹈《抬阁》

康志敏陶艺在亚泰经贸合作会上受到彭丽媛的赞扬

国家级非遗项目－民间舞蹈“撅老四”

商羊舞

唢呐演奏

共筑中国梦欢庆幸福
广场舞展演
菏泽市图书馆
团房地产开发有限公司

秧歌展演

尊长前
声要低
低不闻
却非宜
弟子规
DIZIGUI

社区文化墙

文艺展演

欢乐广场舞

幸福之家

市场供应丰富

凡 例

一、本志编纂以马列主义、毛泽东思想、邓小平理论、“三个代表”重要思想和科学发展观为指导，深入贯彻习近平总书记系列重要讲话精神，坚持辩证唯物主义和历史唯物主义观点，实事求是地记述菏泽市自然、经济、政治、文化、社会诸方面历史与现状，力求展示具有鲜明时代特点和浓郁地方特色的菏泽全貌。

二、本志是1998年版《菏泽地区志》的续志，也是菏泽由地区改市后的第一部市志。上限起于1986年1月，下限断至2005年12月。有些内容，为了保持事物的连续性和完整性，记述上适当上溯与下延。

三、本志记述区域为菏泽市行政区域。1989年12月以前含梁山县，1990年1月起以下限的区划为准。

四、本志采用编章节目体，节、条目为基本记述单元，个别条目下视情况设子目。编下设无题序，部分章下根据需要设无题序。

五、本志述、记、志、传、图、表、录诸体裁并用，以志为主。横排竖写，述而不论。

六、本志采用中编体式，设专志33编、210章，前置总述、大事记、特载，后缀人物、附录、索引。为突出地方特色，对黄河、牡丹、戏曲、书画、武术、民间艺术作升格处理。

七、本志坚持生不立传、生可入志的原则。人物部分以传、简介、表三种形式记述，入传者按卒年先后为序，简介人物以生年先后为序，列表人物按供稿单位的排序。收录标准在人物部分前的无题序中详述。

八、本志编纂采用现代语体文、记述体，行文力求严谨、朴实、通俗、流畅，用字、用词执行国家正式颁布的《中华人民共和国国家通用语言文字法》《简化字总表》《现代汉语通用字表》等规定。

九、本志计量单位使用国家颁布的法定计量单位。标点符号、数字用法分别执行《中华人民共和国国家标准标点符号用法（GBT15834－2011）》和《中华人民共和国国家标准 GBT15835－2011 出版物上数字用法的规定》。

十、本志中，“境内”指 2005 年底的菏泽全市域（1989 年 12 月前含梁山县、不包括核桃园镇），“党”指中国共产党，“团”指中国共产主义青年团，“省”指山东省，“市”指菏泽市（2001 年 1 月前指县级菏泽市），“区”指菏泽地区（2001 年 1 月后指牡丹区），“地委”指中共菏泽地区委员会，“行署”指菏泽地区行署，“建国”“新中国”指 1949 年成立的中华人民共和国。其他机构、会议等名称，在不引起歧义的情况下使用常用的规范简称。

十一、表中缺失的数字以空格表示，无此项数据统计的，以“—”表示。

十二、本志资料来源广泛，主要由有关部门、行业、单位提供。本志的统计数据使用统计部门公布的法定数据，统计部门没有的，使用有关单位提供的数据。

CONTENTS 目录

第三编　经济综述

第四编　农　业

第五编　林　业

第六编 畜 牧

第七编 牡 丹

第八编　水　利

第九编　黄　河

第十编　工　业

第十一编 城乡建设 环境保护

第十二编　交通运输

第十三编　邮政 通信

第十四编　商业 贸易

第十五编 财政 税务

中 卷

第十六编 金 融

第十七编　经济开发区

第十八编　综合经济管理

第十九编 中共菏泽市地方组织

第二十编　地方人民代表大会

第二十一编　地方行政机关

第二十二编　地方政治协商会议

第二十三编　民主党派 群众团体

第二十四编　法　治

第二十五编 武 装

第二十六编 教 育

第二十七编　科学技术

第二十八编　文化艺术

第二十九编 医疗 卫生

下卷

第三十编 体 育

第三十一编 社会生活

第三十二编　组织机构

第三十三编　县区概况

人　物

附　录

CONTENTS

Volume I

Part III Overview of Economy

Part IV Agriculture

Part VIIIWater Conservancy

Part IXYellow River

Part XIndustry

Part XI Urban and Rural Construction Environmental Protection

Part XITransport

Part XIIPostal Service · Communication

Part XIIICommerce · Trade

Part XIVGovenment Finance Taxation

Volume II

Part XVFinance

Part XVIEconomic Development Zone

Part XVIIComprehensive Economic Management

Part XVIIIHeze Local Organization of CPC

Part XIXLocal People's Congresses

Part XXLocal Administrative Organs

Part XXILocal Political Consultative Conference

Part XXIIDemocratic Parties • Mass Organizations

Part XXIV Arms

Part XXV Education

Part XXVI Science and Technology

Part XXVIICulture and Art

Part XXVIIIMedical and Health Care

Volume III

Part XXIXSports

Part XXXSocial Life

Part XXXIOrganizational Structure

Part XXXIIProfile of District and Counties

Figures

Appendixes

总 述

总　述

菏泽市位于山东省西南部，东南与江苏、安徽两省接壤，南、西、北三面均与河南省毗连，东与济宁市为邻。1986年，菏泽地区辖菏泽、定陶、曹县、单县、成武、巨野、梁山、郓城、东明、鄄城1市9县。1989年，国务院批准将梁山县划归济宁市。2000年，国务院批准撤销菏泽地区和县级菏泽市，设立地级菏泽市和县级牡丹区。2005年，菏泽市下辖1个区、8个县及1个省级经济开发区，158个乡镇、街道，6106个行政村、社区；全市南北长157千米，东西长140千米，面积12239平方千米，约占全省总面积的8%；人口885.83万人，约占全省总人口的10%。菏泽城区位于牡丹区中部，北距北京650千米，东距济南240千米，南距南京550千米，西距郑州200千米，是菏泽市党政军机关驻地，全市政治、经济、文化中心。

物华天宝，四时宜人的生态环境

菏泽气候温和，膏壤沃野，风光秀丽，资源富饶，是全国重要的自然资源“宝库”。既有丰富多样的土地资源和矿产资源，又有区位优越的水资源和气候资源。考古发现表明，7000年前鲁西南地区的地形地貌及自然环境是河湖交错、水网密布、林木茂盛、气候湿热，非常适合人类生存。优越的生态环境，筑起菏泽人民生活的乐园。

广袤肥沃的土地。菏泽市属华北平原新沉降盆地的一部分，除巨野县东南一隅零星分布十几座低矮山丘外，其余均为平原。全市土地总面积为122.39万公顷，其中，耕地69.15万公顷，占56.50%，耕地率分别比全国、全省平均水平高47%和11%左右。菏泽平原系黄河冲积而成，土层深厚：一般为200～400米，最厚处达1000米以上。境内土壤耕层质地可分为沙土、沙壤、轻壤、中壤、重壤、黏土和中砾石土7种，其中以壤土面积最大，约占58%。广袤的土地，肥沃的土壤，成就了菏泽历史上发达的农业。中共十一届三中全会后，全面贯彻落实党的农业政策，进一步改善土壤结构，提高土壤肥力，调整农业产业结构和布局，如今已成为全国重要的粮、棉生产基地，花乡、林海规模初具。

四时宜人的气候。菏泽市地处中纬度，位于太行山脉与泰沂山脉之间南北走向的狭道上，属温带季风型大陆性气候。其特点是夏热冬冷，四季分明；雨热同季，匹配良好；光热资源充足。全市累年平均日照时间、太阳辐射总量和降水量分别为2168.5小时、119.7千卡／平方厘米和638.3毫米，年内分布均为夏季最多。夏季炎热多雨的气候特点为多种生物的生长发育提供了充足的光能、热量和水分，适宜多种农作物的生长及耕作方式多元化。

颇具优势的淡水资源。菏泽市地下水具有埋藏浅、水量多、补源快、分布广的特点。全市位于新旧黄河的夹角地带，又是黄河入鲁的第一站，黄河来水比较丰富，尤其是枯水年份，水量比菏泽以下各站约大5.3倍。全市多年平均水资源量23.2亿立方米，其中，地表水6.2亿立方米，地下水17亿立方米。黄河入境水31.7亿立方米。可利用量24.6亿立方米，其中，地表水1.8亿立方米，地下水12.8亿立方米，山东省分配菏泽每年引用黄河水指标10亿立方米。菏泽由于得天独厚的地理条件，多年来平均每年实际引黄供水15亿立方米。菏泽市人均占有水资源263.45立方米，加上可用的黄河水，人均占有量是全省平均水平的1.47倍，比北京市高出6.4%，在水资源缺乏的北方，菏泽实属丰水区。

量大质优的矿产。菏泽市的矿产资源，种类并不繁多，已经发现的仅为18种，但储量大，质量好，分布广泛，境内地下蕴藏着丰富的可供开采利用的石油、天然气和煤炭。石油、天然气主要分布在东明县和牡丹区，成武、单县、鄄城三县也有发现。全市已探明石油地质储量1亿吨、资源量5亿吨，天然气地质储量271亿立方米、资源量3000亿立方米，均属中原油田的一部分。20世纪中叶开始开采，年产石油、天然气分别在50万吨和5000万立方米以上。据中原油田的化学分析，境内石油属低硫石蜡基原油，是燃料化工型油厂的极好原料；天然气甲烷含量高达92.8%，是生产多种化工产品的优质原料。市内9个县区中有8个县区地下富含优质煤，藏煤面积高达3600平方千米，约占全市总面积的3/10。全市煤炭总地质储量为281.4亿吨，其中，埋藏1000米内的浅储量25.9亿吨，约占1/10。境内煤炭具有低灰、特低硫、高挥发、高发热量等特点，是炼焦的上乘原料。2005年，巨野煤田已进入开发阶段，龙堌矿井掘进速度较快，不久将投产。量大质优的矿产，是菏泽国民经济发展的重要物质基础，这些能源的开发和利用，将为菏泽经济腾飞注入强劲动力。丰厚的资源是人类赖以生存的基础。传统农业对生态环境的破坏微乎其微，现代工业生产、资源开发利用注重环境保护，人与环境和谐相处。适宜的气候，富饶的物产，优质的资源，良好的生态，造就菏泽适人宜居的理想生活区域。

龙凤图腾，中华民族的祖源文化

龙凤图腾文化是中华民族地道的族源文化。上古时期，中华大地上曾有过许许多多的图腾，经过长期融合，逐渐归并为龙、凤图腾两大体系，后人对两大体系的先民谓之龙族、凤族，后世炎黄子孙称为龙的传人。专家、学者研究认为，凤起于太昊，龙起于伏羲。凤族的代表人物是华胥、女娲、少昊、风后、力牧、大鸿、颛顼、帝喾、舜、皋陶、伯益、垂、费仲等，龙族的代表人物主要有伏羲、共工、炎帝、黄帝、蚩尤、尧、禹等。周秦以后，龙凤图腾逐渐演变为龙凤文化。闻一多说："把龙凤当作我们民族发祥和文化肇论的象征，可说是再恰当没有了。"

龙凤文化的源头与菏泽密不可分。据《尚书》《左传》等史书记载，菏泽在远古时，有雷泽、菏泽、大野泽、孟渚泽、济水、濮水、汳水、沮水、滩水、菏水、氾水、羊里水（瓠子河）等四泽十二水，有历丘、陶丘、有戎、有莘、犬丘、楚丘、清丘、梁丘、姚墟、成、亳、宛朐、单父等名丘古城。“缘水而居”的先民在这里繁衍生息，创造着辉煌灿烂的中华古代文明，是中华民族的发祥地之一。据文物部门勘探，四泽周围及河流两岸，散布着距今7000年上下的北辛文化，距今5500年上下的大汶口文化，距今4000年上下的龙山文化，距今3600年上下的夏商文化等遗址300多处。适宜的环境，密集的聚落，丰厚的史前文明，造就了中华远古时代的诸多精英。据考古、历史工作者的研究考证，华胥、伏羲、女娲、太昊、少昊、共工、炎帝、黄帝、蚩尤、颛顼、帝喾、唐尧、虞舜、大禹、商汤等原始社会的部落首领，或在此出生，或在此活动，或在此死葬，与菏泽这方古老的热土渊源颇深。史书记载，“华胥履迹雷泽生伏羲”“黄帝得宝鼎于宛朐”“黄帝、蚩尤涿鹿战地在菏泽”；炎帝生于常羊；尧生于“三阿之南”“国于陶丘”；舜生“姚墟”“耕历山，渔雷泽，陶河滨”；禹母修己，为“有莘氏女”；“汤始居亳，从先王居”，“都亳，葬亳”等等。自古至今的学者都把三皇五帝认为中华共祖。中华祖源文化是菏泽最为深厚的文化资源。

四通八达，古今称道的“天下之中”

新石器时代，今菏泽区域有300～500处以堌堆为形状的聚落，当时，人口较多。“三皇五帝”“夏禹商汤”在此出生或活动，带领先民们创造着中华民族的早期文明。商汤及其子孙外丙、中壬、大甲、沃丁、大庚、小甲、雍己、大戊等五代九王皆都于亳（今曹县城南10千米处土山集一带）。亳作为商朝的第一个国都，从公元前1622年到公元前1463年，共计159年。西周灭商，分封诸侯，菏泽境内封周文王嫡六子叔振铎于陶丘，为曹国；封嫡七子叔武于成，为成国；封嫡十子季载于冉，为冉国；封庶子（子爵）于郜，为郜国；封少子臻于单父，为单子国；封太昊后裔于有戎，为戎国，等等。至少从春秋战国时期起，这里便是一个盛产五谷的地方。自太昊伏羲起至西汉前期，菏泽便是当时的政治中心、经济中心、文化中心。富饶的区域、优越的位置成为兵家必争之地。

交通中心让菏泽（上古称陶）保持着“天下之中”的美誉。《史记·货殖列传》中说“陶天下之中，诸侯四通，货物所交易也”。《史记·越王勾践世家》中也说古陶为“天下之中，交通有无之路通，为生可以致富矣”。古代交通主要是依靠船和车，古陶当时的交通优势主要来自它近水和平原的地理特征。古陶处在当时“天下四渎”之一的济水之滨，菏水与济水汇合之地，是水路交通网上的枢纽。从这儿出发，顺济水而东，过大野泽即可至齐、鲁；溯济水而西，可抵韩、魏、秦；由济水入河水，可达赵、中山、燕；沿菏水、泗水入淮水，可至越、楚。陶地水路四通，又地处中原，舟、车行驶，得天独厚。便利的交通促进了商品的流通，历史学家郭沫若在其《中国史稿》（第二册）中称之为“重要的商业中心”。农业发达，交通便利，商业繁荣，吸引许多人尤其是文人政客投笔弃官，到此经商。孔子的学生子贡离开老师后，先在卫国为相，后来便拿出积蓄，变卖家产，专门在曹国与鲁国之间做起买卖，成了孔子学生中的首富。春秋末期著名的政治家、军事家和经济学家范蠡，帮助勾践兴越灭吴后，辗转到定陶，易姓名，自称陶朱公。他认为陶地四通八达，属"天下之中"，是最佳经商之地，操计然之术（根据时节、气候、民情、风俗等，人弃我取、人取我予，顺其自然、待机而动）以治产，没出几年，经商积资成巨富，"时言富者皆推陶朱公"，后世商贾奉他为祖师。

菏泽经济历汉唐而不衰。北宋时期，菏泽与京城汴梁（今河南开封）近在咫尺，不但从京城向全国辐射的四条驿道干线中有两条穿越菏泽，而且专供东京物资运输的四大漕河之一的广济河，穿越菏泽境内，并为漕运特在菏泽设立了"广济军"。那时的菏泽经济仍处于全国领先地位。

南宋高宗建炎二年，即金太宗天会六年（1128年），黄河始入菏泽境内，后经常南北摆动，严重制约经济的发展。清咸丰五年（1855年），长期沿曹县、单县南境东去夺淮入黄海的黄河于河南兰考铜瓦厢决口后，沿现在的东明县、牡丹区、鄄城县、郓城县北境夺大清河入渤海。自此，菏泽地区一直处在黄河新旧河道的夹角地带，天堑阻隔，交通闭塞，水患连年，经济衰败，先前"天下之中"的区位优势仅成回忆。

新中国成立后，菏泽人民在中国共产党的领导下，大力培修堤防、强化险工、治理河道，战胜历年出现的各类洪水，创造了人民治黄没出现决口溃堤的奇迹。特别是1978年中共十一届三中全会后，高悬的黄河上架起"齐鲁第一桥"——东明黄河公路大桥和亚洲第一长桥——长东黄河铁路大桥，天堑变通途。交通事业突飞猛进，菏泽市的区位优势得以恢复。

1980年建成通车的新（乡）日（照）铁路，1996年竣工通车的京九铁路，这两条"大动脉"相汇于菏泽，菏泽成为全国铁路交通大格局中的一个十字枢纽。2001年，随着菏日复线铁路全线贯通，菏泽双十字交通枢纽的地位已经形成，在全国铁路交通大格局中具有得天独厚的优势。今天的菏泽处于呼南应北、承东接西的战略地位。立足省内，京九、京沪、菏日、济邯四条铁路，形成一个"井"字形的方阵，这个方阵不仅是晋煤南下的主要通道，而且构成了山东铁路运输的主框架。菏泽处在这个框架的西南枢纽上，自然成了山东通往全国各地的主要门户。举目全国，在京广、京九、京沪、陇海、新日、济邯六条大干线组成的"田"字形铁路网络中，菏泽位于它的中心点上。放眼世界，新日铁路又是与素有亚欧大陆桥之称的陇海铁路东段并行的北部大通道，对于沟通菏泽与国际大市场的联系，具有十分重要的作用。侯（马）月（山）铁路建成后，将使东起港城日照，西至古都长安这条东西铁路大干线贯通起来。届时，它不仅将京沪、京九、京广、焦枝、同蒲五大南北干线串连起来，而且使陇海路自西安以东形成双通道，日照、连云港同时成为亚欧大陆桥东端的两个桥头堡。处于北通道上的菏泽，不仅位于京九经济带，同时也位于亚欧大陆桥经济带，因而连成一个宏大的黄金十字架。菏泽作为两个经济带的重要交通枢纽，对于加强两条经济带的联系和亚欧经济的双向辐射，将发挥沿桥地带其他城市不可替代的作用。因此，省政府原主要领导人曾经指出："如果说京九线上将来的中心城市南有九江的话，那么可以说北有菏泽。菏泽的区位优势将使它在中原经济的发展中担当重要角色。它将成为横贯东西、纵连南北的物流中心。"

区位优势的恢复必将推动菏泽全面复兴，一个当代的“天下之中”正在中原大地上迅速崛起。

人杰地灵，名人荟萃的文武之邦

世界文明古国无一例外地发源于气候适宜的江河流域平原区。远古菏泽地区优越的自然地理环境孕育出璀璨的中华早期文明，是中国古代文化的发祥地之一。绵延几千年的丰厚文化造就无数时代精英，并逐渐形成自己独具特色的文化现象：不论是崇文尚武之风，还是文豪武英之众，从上古时期开始，历经封建社会，直到新的历史时期，薪火相传，历久弥新。

菏泽历史名人，首推“三皇五帝”，他们带领中华先民摆脱蒙昧与荒蛮，跨入文明时代。还有弘扬儒学的孔门弟子冉雍，第一史官左丘明，道家代表人物、南华真人庄子，军事家吴起、孙膑，举贤荐才的相马大师伯乐，等等。春秋战国时期，这里就是名副其实的文武之邦了。

秦统一以后，菏泽更是人才辈出，灿若繁星。中国太后临朝主政第一人吕雉是二十五史中第一位进入“本纪”的女性。西汉末年身居高位的农学家氾胜之，完成中国历史上第一部农业科学巨著——《氾胜之书》。出生于定陶的汉哀帝虽然在位仅仅七年，但他罢黜宫廷乐府之官，反对贵族奢侈之风。东晋初年的卞壶父子三人，为平叛乱，相继战死，时人赞其“忠孝之道，萃于一门”。 十六国时期的吕光，在凉州建元立国（史称后凉），是菏泽历史上唯一的游子皇帝。南北朝时有被称为“北地三才”之一的北魏著名文学家温子升。唐代有“方七岁，举神童”的理财大家刘晏。建立大齐政权的“冲天大将军”黄巢在中国农民战争史上写下极其壮丽的篇章。北宋诗文革新运动的先驱王禹偁，被誉为“雄文直道，独立当时”。科学家燕肃发明“秒忽无差”的计时器“莲花漏”，创制工艺精妙的指南车和精确便利的记里鼓车，科学地阐明海潮发生的原因及规律，受到英国科学家李约瑟博士的高度赞许。苏门四学士之一的晁补之工书画，能诗词，善属文，与张耒并称“晁张”，苏轼称其“于文无所不能，博辩俊伟，绝人远甚”。明代抗倭名将、民族英雄曹邦辅，吴人为之建祠，以表敬意。南明兵部尚书史可法，抗清被俘，不屈而死，忠勇可嘉。清初王经，在收复台湾的战役中屡建奇功，为国家的统一作出重大贡献。

中国工农红军长征中担任先遣团一营营长的孙继先，率领十七勇士冒着敌人的猛烈炮火，成功抢渡大渡河，为红军的战略布局赢得决定性胜利，彻底破灭了蒋介石“让朱、毛做第二个石达开”的美梦。国民党军一三二师师长赵登禹在北平城外的南苑阻击日军进攻的战斗中壮烈牺牲，毛泽东称赞他“给了全中国人民以崇高伟大的模范”。曾任国民政府北平市市长的何思源，对北平和平解放功不可没，被毛泽东誉为“真正代表了民意”。新中国成立后，长期从事蚜虫研究的中国科学院院士张广学，将中国蚜虫学的研究推向世界先进水平。中国科学院院士于天仁，被誉为中国土壤电化学的创始人。长期从事卫星发射工作的张建启中将，为国防现代化和航天事业的发展立下不朽功勋。

此外，商代从奴隶到贤相的伊尹、助商

汤灭夏桀的莱朱；春秋献奇策、强越国的道家先贤计然，助刘邦成就大业的草莽英雄彭越，一代名相陈平，诛外戚匡汉室的魏相，好学问贵儒雅的战将李典，演绎“四知故事”树万世廉吏楷模的杨震；足智多谋的开唐名臣李勣，唐末佛教大师临济宗义玄禅师和赵州从谂和尚；宋代教书育人的戚同文，博学擅诗的柴成务，治除奸佞的严吏张咏，毛遂自荐的布衣宰相张齐贤，中状元两度为相的李迪，直言敢谏的宰相庞籍；金代厘典章定礼制的胡励；元代佐世祖建大元的王鹗，志孤忠节不二的王茂，编《辽史》修《宋史》的李好文；明代钦点状元韩克忠，治两广安三边的秦纮，察民情惩贪官的何尔健，历三朝位太保的石星，重民生惜民力的郭允厚；清代名医张于魏，修《明史》《一统志》的袁佑，平盗贼减民赋的刘峨；近现代的菏泽首位兴中会会员王鸿一，曾任北洋政府内阁总理并摄行大总统职务十天的周自齐；山东省首任议长张子安，刑场怒斥窃国大盗的孙松斋，闯俄国下南洋的面塑大师李俊兴，以身殉国的抗日名将姜玉贞，东北抗日联军的虎将罗明星，冯玉祥赞为活关公的萧之楚，不与汪精卫同流合污的靳鹤声，著名水利专家张含英，中共曹州支部创始人徐鹏翥，恽代英介绍入党的刘仰月，保卫延安的骁将张希钦，大德高寿的史学泰斗何兹全，病逝延安的七大代表梁仞仟，中国水利史研究的开拓者姚汉源，身经百战的常胜将军韦统泰，驰名中外影坛的剧作家岳野，享受国务院津贴的大豆专家马善伦，全国人大常委会副委员长何鲁丽，首获民族唱法硕士学位的著名歌唱家彭丽媛，堪与金庸比肩的武侠小说作家萧逸，陕西省委书记李建国，蜚声世界篮坛的东方巨人穆铁柱，解放军空军中将刘成军，获得多项大奖的著名影视演员李雪健，从化工博士到华裔宇航员的焦立中等，都诞生于菏泽这方沃土。

“江山代有才人出，各领风骚数百年。”在悠悠历史长河中，菏泽的无数英才以其崇高的道德、非凡的才智、不屈的精神、坚韧的毅力，为民族独立、国家富强，做出了巨大贡献，建立了不朽功勋。而今，他们的后来者为实现中华民族的伟大复兴，正在挥舞着改革开放的神笔谱写更加华丽的新篇章。

改革开放，经济腾飞的巨型引擎

1986—2005年是菏泽历史进程中极不平凡的时期。短短的二十年，全市（区）地区生产总值由35.42亿元增至482.75亿元；农民年人均纯收入由311元增至3092元；在岗职工年平均工资由1105元增至9869元。城乡居民基本上由温饱型走向富裕型。全市人民借助改革开放这个巨大的引擎，凝心聚力，实干苦干，博得菏泽今天的巨大发展。

改革农经体制，落实惠农政策。20世纪70年代末，东明县部分社队的农民解放思想，实事求是，悄悄实行包干到户责任制。这一探索适应时代生产力发展的需要，契合国家的农村体制改革大政，很快波及周边。地委在贯彻党中央关于推行家庭联产承包责任制的同时总结他们的经验，迅速在全区推广。家庭联产承包责任制的确立，让农民真正有了生产经营自主权，使农业生产得以快速发展，在社会主义农村经济发展史上树起一座丰碑。1986—2005年，菏泽在全面改革农村经济体制的同时，重点开展完善农业土地使用制度与减轻农民负担工作。

实行家庭联产承包责任制初期，全区对农用土地分配的基本模式是“增人增地，减人减地，定期调整”。1998年全区土地二轮延包时基本形成“两田制”，“死田”的承包期30年不变，余缺接补在“活田”中进行，并且余缺接补也有5年以上的相对稳定期。2004年，落实《山东省实施〈农村土地承包法〉办法》的规定，全面推行“增人不增地、减人不减地”，全市农村土地承包工作由此走上法制化轨道。

进入20世纪90年代后，随着基层机构和人员的增多、生产资料的涨价和农村事业的发展，各种集资摊派不断增加，农民负担过重已成为突出的社会问题。落实国家一系列关于减轻农民负担政策，成为菏泽农村改革的重点。自1991年贯彻国务院颁布的《农民承担费用和劳务管理条例》，1996年实施中共中央、国务院联合下发《关于切实做好减轻农民负担工作的决定》，到2002年实行一系列农村税费改革，通过多次减负政策的落实、减负措施的实施，农民负担大幅度下降，直到2006年1月1日，按照党中央国务院的统一部署，菏泽市与全国一道废止农业税，存在2600年之久按田亩征税的田赋制度从此进入历史博物馆。不仅如此，自2004年政府对农民实行种粮直补政策，这一中国农业发展史上前无古人的伟大创举让菏泽农民得到实惠。

生产责任制的完善、农业税收的废止和惠农政策的实施，解放了生产力，极大地调动了农民的积极性，全市农业生产发生翻天覆地的巨大变化。20年间，境内农用机械总动力由179.75万千瓦发展到1062.59万千瓦，增长5.91倍，彻底颠覆几千年肩挑手抬、牛耕驴驮的生产方式，基本实现农业机械化。种植方式由二年三熟到一年两熟，有了质的飞跃。农作物复种指数由169%扩大到207.09%。在耕地面积减少6.7万公顷的情况下，粮食总产由267.1万吨增加到410.1万吨；棉花总产由13.06万吨增加到24.87万吨，全市实现由自给自足向全国粮棉生产基地的转化。20年间，境内农业总产值由31.73亿元增加到276.42万元，实现由农业弱区向农业强区的跨越。

改革工业企业，破除传统观念。多年经济建设的经验教训使菏泽人民深刻地认识到，工业发展的好坏决定着经济的兴衰，全力推进工业化进程是菏泽全面实现现代化的战略选择，这种推进之力源于大刀阔斧的改革。在工业改革的过程中，立足一个基点，狠抓两条主线。

一个基点是邓小平关于中国社会主义初级阶段的理论。认真组织干部群众深入学习这一理论，引领大家充分认识国情，社会生产力落后决定整个社会主义初级阶段经济成分多元化，分配方式多样化，同时也决定公有制实现形式的多样性；正确理解民营经济是非政府行为的经营方式和组织形式，包括个人经营、合伙经营、股份经营等，是各种所有制都可采用的一种经营形式；全面澄清把民营经济等同于私有经济、把所有制等同于所有制实现形式、把公有制为主体等同于国有经济为主体的模糊认识；彻底摆脱姓“公”、姓“私”的纠缠，放手大胆地进行工业改革。

两条主线是发展民营工业企业和改革国有工业企业。地委、行署于1997年制定

《关于大力发展个体民营经济的意见》，为民营企业快速发展提高认识、强化措施、宽松环境，这个意见像一股强劲的春风，助民营企业进入生机勃勃的春天。到2002年，境内规模以上民营工业企业已发展到126户，占全市规模以上工业企业总数的40.65%，基本撑起菏泽工业生产的半壁江山。国有工业企业改革以“三年改革脱困”为契机，以现代化企业制度为规范，于1997年下半年全面展开，通过股份制、租赁制、拍卖、破产、兼并、联合、组建企业集团、外资嫁接等多种形式实现产权改革，通过建立健全法人治理结构实现经营机制转换，通过“四扩一调”实现资源配置优化，使大批企业由死变活、由亏转盈。至2002年年底，全市规模以上310家国有工业企业，除自来水和供发电企业因政策因素未改制外，全部完成改制。国有工业企业改制的成功，盘活全市29亿元存量资产，9万多名下岗职工实现再就业。特别是县区属工业企业改革，范围广，力度大，国有企业民营化改革全面完成。

改革推动全市工业生产跳跃式发展。2005年，菏泽市完成全部工业总产值701.92亿元，实现国有固定资产投资53.90亿元，分别比1985年翻了五番和六番还多。“十五”期间，菏泽市三次产业比例由2000年的50 ∶ 27 ∶ 23调整为34 ∶ 43 ∶ 23，完成由一、二、三产业向二、一、三产业的历史性转变。

改革流通领域，接轨市场经济。改革开放后，对计划经济的改革大致经历了“计划经济为主、市场调节为辅”“有计划的商品经济”“社会主义市场经济”三个阶段。随着全国经济体制改革的不断深入，菏泽市也在商业、供销、粮油、外贸等流通系统进行全面改革。

改革之前，菏泽商业系统是全区实行商品计划管理、统购包销的主渠道。中共十一届三中全会后，按照国营、集体、个体一起上的方针，菏泽地区建立了“三多一少”的新型流通体制，主渠道逐步废弃。历经1986年、1988年、1989年、1992年几次大的改革，至1994年全部取消计划商品，全区商品经营步入市场化运营。同年，商业系统全面推行产权制度改革，进行股份制改造。1998年，全区国有和集体商业企业逐步实行“国营和集体个体化”，并于2005年全部完成改制。至此，充满活力的市场经济彻底打破原来的国有和集体商业企业格局，多种形式的商业门店纷纷成立，多种经营方式相继涌现，遍布城乡。

菏泽供销系统改革始于20世纪80年代初，经过1986年、1992年、1993年、1995年、1998年由点到面、由浅入深的改革，原来由供销社专营的化肥、农药、农用塑料薄膜、农药械、中小农具、棉花六类商品全部进入市场运作。2003年，全市供销系统以股份合作制改造为重点，大胆采用破产、拍卖、租赁、合作等改革、改制方式，转换企业经营机制，其中郓城县供销社因改制彻底、动作良好而成为全省供销社企业改革的典型。

粮油是菏泽市流通领域改革进程中最后一类由计划管控转向市场运作的物资。1986年，菏泽地区取消执行30多年的粮油统购统销政策，实行“双轨制”；1990年建立粮食储备制度和对粮食实行保护价制度；1992年实现购销同价；1993年，作为购买粮食和食油凭证的粮票和油票正式退出历史舞台，它们的作废标志着商品短缺时代的彻底结束和市场繁荣时代的到来，在人民生活当中具有特别重要的历史意义。2004年，国家对粮食实行“收购、价格、市场”三放开政策，持续50多年的粮食计划经济宣告结束。

菏泽地区对外贸易公司成立后一直没有对外贸易进出口权，隶属山东省对外贸易厅直接领导，相当于省厅的一个收购站和代销点。1986年，菏泽先后设立畜产、土产、工艺、食品、基地、工业品六大专业贸易公司。1992年管理体制下划，自主经营、自负盈亏。1993年菏泽地区获得对外贸易进出口权，1996年，地直外贸企业进行现代企业改造和股份合作制试点工作。1997年，外贸独家经营的局面被打破，生产企业不再单独依赖外贸公司进出口，可以自行联系客户，实行自营进出口。2000年，外贸出口的主力已从地区、县市外贸企业转移到自营进出口企业、外商投资企业和其他贸易性公司。到2005年，全市拥有进出口经营资格的企业573家，产品出口到五大洲的100多个国家和地区。

进入新的历史时期，尤其是1996年中共十六届三中全会之后，菏泽市流通领域通过全面改革，逐渐形成国有、集体、个人、私营、外资等多种所有制结构，大型百货商店、超市、专业店、专卖店、便利店等多种形态，连锁代理等多种经营方式共同发展的新型商业流通格局，全市内外贸易呈现出空前繁荣的大好景象。2005年，全市社会消费品零售总额达236.65亿元人民币，出口总值达47465万美元，与1986年相比，分别增长14.7倍和12.6倍。

2005年，依托山东省委、省政府“突破菏泽，带动西部，促进全省发展”战略决策的贯彻推进，菏泽将会继续深化改革、扩大开放，实现全市的第二次经济腾飞。

一城三乡，颇具特色的文化事业

古老的菏泽，民殷物阜，向以“风俗人民之阜饶，山川文物之灵异”称誉全国，文化底蕴丰厚。新中国成立后，特别是进入改革开放的新时期，菏泽的教育、科技、文学艺术、卫生、体育等各项文化事业均得到长足发展，尤以牡丹、戏曲、书画、武术为基础而形成的“一城三乡”特色文化，在中华民族的艺术百花园中大放异彩，耀眼夺目。

声名远播的中国牡丹城。菏泽古称曹州，是驰名中外的牡丹之乡。其牡丹栽培历史悠久，隋唐时期开始种植，至明清便“甲于海内”。新中国成立后，菏泽牡丹进入又一个繁荣发展时期。特别是改革开放后，菏泽牡丹迎来快速发展的春天。牡丹催花、鲜切花、品种选育、无土栽培、组织培养、太空育种等科学技术的成功运用，为菏泽牡丹发展提供了广阔的空间。从1992年第一届全国花展到2001年第五届全国花展，菏泽牡丹都以花大、色艳、型美、科技含量高而赢得观众与评委的赞誉。1999年在昆明世界园艺博览会111枚牡丹单项奖中，菏泽牡丹以绝对优势夺取大金奖2枚、金奖10枚、银奖26枚、铜奖43枚，共计81枚，占奖牌总数的75%。2002年在全国首届牡丹花展中，菏泽催花牡丹再次“称雄”，摘取13枚金奖中的8枚、38枚银奖中的22枚及77枚铜奖中的56枚，共计86枚奖牌，占奖牌总数的60.99%。2005年，菏泽牡丹共有10大色系、1100多个品种，栽培面积近6666.67公顷。方圆35平方千米的牡丹产业区已经形成，牡丹资源圃、基因库先后建立，菏泽已成为世界上牡丹栽培面积最大、花色品种最多的生产、科研、观赏和出口基地。由于牡丹花象征着繁荣昌盛，代表着富贵吉祥，又颇具泱泱大国之风范，所以在中国文化里随处都有牡丹的芳踪，历史上形成的包括药物学、植物学、园艺学、地理学、文学艺术、戏剧曲艺、民俗学等多科在内的菏泽牡丹文化，是中华民族文化的重要组成部分。

20世纪90年代，菏泽市委、市政府审时度势，确立"牡丹搭台，经贸唱戏，广交朋友，发展合作"的战略思想，从1992年起，连续成功举办14届菏泽国际牡丹花会，接待中外游人和客商2500万人次，极大地提高了菏泽在全国乃至世界上的知名度。至2005年，菏泽牡丹远销北京、天津、上海、广州、深圳等100多个大、中城市，出口日本、美国、法国、加拿大等20多个国家和地区，销售量占国内市场份额的80%、国际市场份额的60%。菏泽国际牡丹花会不仅让菏泽牡丹走出山东、跨出国门，而且为菏泽扩大开放、发展经济提供良好的机遇。花会期间，全市共签订利用外资合同300余份，累计合同利用外资16亿多美元，到菏泽投资的客商从过去仅有的中国港台地区迅速扩展到美国、日本、德国、俄罗斯等20多个国家和地区，合作领域涉及一、二、三产业的40多个行业门类。跨入21世纪，菏泽市委、市政府适时提出建设"中国牡丹城"的战略构想。中国花卉协会牡丹芍药分会经过严格审定，在2006年11月正式命名并向世人公布菏泽市为"中国牡丹城"，标志着菏泽已进入中国名城的行列，必将为菏泽快速发展营造更加良好的氛围，产生巨大的推动作用。

名冠中原的中国戏曲之乡。菏泽戏曲始于唐代，普及于明清，新中国成立后进入鼎盛时期。这里剧种多，剧团众，剧目丰富，被誉为形象化的中国戏曲声腔剧种博物馆和展览会，戏曲之盛为中原之冠。山东梆子、枣梆、大平调、两夹弦、四平调、大弦子、柳子等剧种，以及山东琴书、山东花鼓、莺歌柳书、山东落子和坠子等曲种，唱腔韵味浓郁，地方色彩鲜明。植根于鲁西南平原的这些地方剧种和曲种，经过千余年的积淀、锤炼与传承，形成独有的文化特质与风采，在中国戏曲史上占有相当位置。此外还有豫剧、京剧、评剧等外来剧种，林林总总，美不胜收。菏泽的早期戏曲班社众多，大姚班、大兴班等家喻户晓，书写了齐鲁戏曲史上重要的一页。新中国成立后，菏泽戏曲班社达400多个，在此基础上发展形成的地方剧团，更是异彩纷呈。菏泽地方剧目繁多，山东梆子、大弦子戏等曾有"唐三千宋八百，唱不完的三分国"之说，仅山东梆子经常上演的剧目就有600余出。那些经久不衰的经典剧目，犹如颗颗珍珠，在地方戏曲宝库里熠熠生辉。

戏曲的发展、繁荣与人才培养息息相关。早期授徒是老师口传身教，代代相因。二十世纪七八十年代，菏泽地区相继成立戏训班、戏曲学校，成为正规化培养戏曲人才的摇篮。新旧教学方式共同造就众多戏曲名家，为中国戏曲的发展作出了巨大贡献。从这里走出的著名豫剧表演艺术家马金凤、崔兰田，中国戏曲梅花奖获得者章兰、朱巧云、朱桂芹、李新花，山东省首批非物质文化遗产项目代表性传承人刘桂松、王凤云、何西良、李艳珍、黄遵宪、孔祥启、季玉玺、张元秀、陈泽川、陈凤娥等，群星闪烁，魅力无穷。剧坛添彩更离不开戏曲创作。从金代的诸宫调、散曲作家商正叔，元朝的杂剧作家李时中，到今天的戏曲创作名家，薪火相传，代不乏人，传世之作流芳梨园。从二十世纪五六十年代进京演出的剧目《三拉房》《站花墙》《孙安动本》等，至近年创作演出的剧目《法魂》《选村官》《龙门渡口》《走出大山》，以及连获大奖的国家舞台艺术精品剧目《山东汉子》等，都被载入戏曲史册。此外，精品剧目的打造，戏曲音乐、舞台美术的创新设计，凝聚着广大戏曲工作者的智慧和心血，为古老的地方戏曲注入新的生机，使之与时代同步。

源远流长的中国书画之乡。在菏泽这片“天下之中”“民族摇篮”的沃土上，沉积着中华民族的书画艺术之源，深藏着炎黄子孙书画艺术之根。虞舜之妹因善画故名“画嫘”，史典据此称之为“画祖”。古老的传说，折射出中华书画艺术的晨曦之光。菏泽书画似一条长河，它源于龙山文化的陶饰、石刻，流经红土山汉墓的铜鼎、玉雕，穿过历代珍存的碑书、瓷画，哺育出无数书画名家。商初名相伊尹从汤言而画九主，不仅“开人物画之故实与写真之先声”，而且独创以绘画谏君辅政之范例。东汉济阴定陶人张驯，曾与蔡邕一道完成六经文字的正定工作，堪称菏泽书坛之先驱。宋代巨野人晁补之，不仅与“唐宋八大家”之一的苏轼诗画往还不断，而且其绘画理论“像外说”更是影响深远。明代与书坛“四大家”往来唱和的曹州名士田峤、田峨二兄弟，其书法名气时称“江南一董（其昌），江北二田（峤、峨）”；铁面御史何尔健愤作《苦民图》，以书画严惩贪官污吏，被后人传为佳话。清代监生赵树屏以诗配画，进京为民请命，拯救一方灾民；翰林曹垣书法名噪一时，宫廷楹联多出其手。民国时期冯玉祥将军的秘书长邓树屏解甲归田后义卖书法作品，换得银圆，全部献给黄河决口受灾民众……历史寻踪，名家辈出，概览其貌，蔚为大观。

新中国成立后，菏泽书画新秀竞辉，书画佳作频登“大雅之堂”。国内外高品位的中国书画大展，天安门、中南海、人民大会堂和国家顶级书画收藏集散中心荣宝斋，都有菏泽书画新秀新作接踵而至，频获金银奖项。晁楣的版画，纳入中国版画的开创性流派；张得蒂的雕塑作品，堪称世界级的艺术精华；李眉川的梅竹兰草直追清代大师郑板桥；上官超英等一大批后起之秀，也在独创流派的书画之旅中闪射时代之光……走出菏泽、名噪全国书苑画坛的还有何方华、李荣海、曹明冉、王奂、鲁风、庞媛、黄海澄、刘鲁生、潘鲁生、曹桂生、张岩、田昆、吴东魁、刘守安等。境内的有张剑萍、谢孔宾、许汝良、梁兆存、黄恩涛、王福增、于鲁俊、王进、成弘夫、李瑞祥、祁祯等中国书法家协会、中国美术家协会会员 47 人，山东省书法家协会、山东省美术家协会会员 218 人之众，并出现了巨野“中国农民绘画之乡”、单县“中国楹联之乡”等一批书画乡镇、书画村。仅巨野县民间工笔牡丹画，就占全国工笔牡丹画出口销售总额的 80%，足见其阵容之宏阔，创作之繁盛。中国书画之乡，菏泽名副其实，当之无愧。

薪火相传的中国武术之乡。作为中华民族发祥地之一的菏泽，在中华武术的形成发展过程中发挥了重要的助推作用。菏泽由于“襟带河济，跨扼鲁宋”，自古就是兵家必争之地，天下无事则已，有事则必先受其兵，刀光剑影的殊死拼杀，引领菏泽军旅武术的发展；血雨腥风的性命相搏，推动菏泽民间武术的广泛传播。秦汉之后，武术与宗教、会党、武举等紧密相连。菏泽武术在长期发展中形成众多门派。据有关资料显示，全国诸多拳种门派中，菏泽就有几十种之多。特别是梅花拳、大洪拳等在菏泽广为流传。菏泽还是水浒拳、孙膑拳的发祥地。这些源流有序、拳理明晰、风格独特、自成体系的拳术门派，显示了菏泽武坛的百花齐放。武术在菏泽有着广泛的群众基础，全市有相当的村庄素有习武之风且历久不衰，上至耄耋老人，下至垂髫孩童，习练武术已然闲暇时的健身娱乐方式。

新中国成立后，菏泽武术获得新生。各县区武术社团普遍建立，先后有牡丹区、鄄城县、东明县、单县、巨野县被授予“中国武术之乡”称号。各类武术馆校深入乡里，鼎盛时期多达200余所。其中，菏泽市武术运动学校是全省唯一的公立单项运动学校，为省和国家输送了大批人才；郓城县宋江武校在1994年中央电视台春节联欢晚会上以一部《狗娃闹春》轰动全国，2002年又被评为全国十大名武校之首；曹州武校是全国规模最大的武术馆校之一，2004年被教育部列为全国同类学校中唯一一所教研实验基地。众多的学校为菏泽武术的继承发展和普及提高搭建了平台，发挥了支撑作用。

菏泽武术在多项体育赛事中成绩骄人。菏泽的杨士文在上海与日本武士比武中，力胜强敌，树国人威风，在1928年的第一次国术国考中，力挫群雄，夺得最优等。1949年后，菏泽武术健儿更是夺金争银，蟾宫折桂，仅1986—2005年的20年间，菏泽武术代表队在省级以上武术比赛中就取得前三名496人次，其中，第一名187人次，第二名165人次，第三名144人次，充分展示了菏泽武术的迷人魅力。

山高育虎豹，海深孕蛟龙。在漫长的历史进程中，菏泽武坛涌现出众多的风云人物。著名军事家孙膑，回归故里后创立孙膑拳。福建陆路提督马济胜，率领2000名官兵平定台湾张丙的数万乱军，确保祖国领土的完整统一。吴德新、田在田、张宪周以技冠群伦的武功，先后在殿试中夺得武科状元。据不完全统计，仅在清代的武举中，曹州就有状元3名、榜眼2名、进士54名、举人100多名，真可谓群星荟萃曹州地，风云际会龙虎榜。时至今日，中华武林百杰王守义、世纪武星张玉萍、新中国首位“武状元”陈超、新科“武状元”杨晓静以及赵翠荣等近百名武英级运动员，与全市广大武术爱好者共同谱写菏泽武术史上的新篇章。

风劲扬帆正当时，百舸争流奋者先。改革大潮波澜壮阔，省委、省政府“突破菏泽”战略决策，如春雷滚滚催人奋进，似春雨绵绵滋润心田。逢盛世，历史源远流长、文化底蕴深厚、曾为中华古老文明作出突出贡献的这方热土必将焕发青春；展未来，八百多万名菏泽儿女在中国共产党的坚强领导下，一定会创造出更加辉煌灿烂的明天。

大事记

大事记

1986 年

1 月 地委、行署下发《关于实行农民负担大包干的规定》。

3 月 区内全民所有制工业企业试行厂长承包负责制。

4 月 7 日 地委书记于波海离任，地委副书记张守福接任。

4 月 21 日 曹州书画院举行奠基仪式。翌年 11 月 7 日在菏泽城区广福南街西侧竣工落成，总建筑面积 3400 平方米。

4 月 25 日 “湖西革命烈士纪念塔”落成典礼在单县湖西革命烈士陵园举行。

4 月 巨野县被列为全国优质棉生产基地县。

5 月 巨野县发生流行性出血热疫情，发病 1012 人，死亡 7 人，属全国重疫区。

6 月 县（市）人武部改归地方建制。1996 年 4 月，恢复军队建制。

7 月 18 日 郓城县玉皇庙镇彭庄村小学三年级学生彭步记，为抢救落水儿童光荣献身。团省委和省教育厅授予他“全省十佳英雄少年”称号；团中央授予他“中国好少年”荣誉称号；民政部追认他为烈士。

7 月 区内开始改革招工制度，实行劳动合同制。

8 月 5 日 10 时，东明县 8 个乡镇 69 个行政村遭受冰雹袭击。农作物受灾面积 6000 公顷，直接经济损失约 200 万元。

9 月 15 日 行署批转地区商业局《关于进一步改革商业体制，搞活企业意见的报告》。全区推行经理任职目标责任制，允许集体、个体办商业。

10 月 4 日 地委召开村级整党工作会议，部署农村整党工作。

同年 地委、行署按照中共中央指示落实干部政策，平反纠正“文化大革命”中的冤假错案。全区共平反纠正冤假错案 2607 起，为 790 人补发了工资，清退了 191 户被查抄的财物，部分干部及家属得到妥善安排。

1987 年

1 月 2 日 地委下发《关于加强精神文明建设的意见》。

2 月 18 日 地委、行署制定《关于稳定完善土地承包制的意见》，区内农村签订土地承包合同，巩固土地承包责任制。

2 月 26 日 行署批转地区供销社《关于实行企业租赁经营试点情况及推广意见的报告》，同意供销系统企业在搞好试点基础上推行租赁经营。

3 月 5—9 日 山东省鲁西北地区经济开发现场办公会在菏泽城区曹州宾馆召开。省委书记梁步庭，省委副书记、省长李昌安及省直部门和各地、市的有关领导参加会议。

4 月 4 日 青岛市政府与菏泽地区行署签订对口支援协议。

4月5日 济南军区政委迟浩田到菏泽、巨野、梁山等县（市）检查指导民兵基地建设工作。

5月6日 地委、行署机关由原址菏泽市城区道碑街迁到菏泽市中华东路35号、37号新址。

6月 山东煤田地质公司在巨野、郓城、菏泽、成武4县（市）发现一储量约50亿吨、面积1500平方千米的优质煤田。煤炭部命名该储区为巨野煤田。

8月11日 行署批转《菏泽地区颁发居民身份证实施方案的通知》，境内开始颁发居民身份证。

8月12日 行署颁布《菏泽地区科学技术进步奖励试行办法》。

8月30—31日 鄄城、东明、郓城、巨野、成武、曹县、单县、菏泽8县（市）遭特大暴风雨和冰雹袭击，强风中心风力达9级，部分区域持续降冰雹达20分钟，119个乡镇受灾。农作物受灾面积约26.67万公顷，损坏房屋1万多间，伤亡84人，直接经济损失约2亿元。

9月23日 境内出现日环食，食分0.97，初亏8时28分。

10月12日 针对资产阶级自由化思想影响，地委决定在全区开展"坚持四项基本原则"教育活动。

10月13日 由中宣部、团中央、国家教委和农牧渔业部联合组织的全国中学生实践活动现场会在定陶县陈集镇召开。

10月19日 地委、行署决定在全区农村推行土地承包金制度。

10月 地委、行署决定在全区党政群机关和事业单位推行岗位责任制。

11月17日 石家庄造纸厂与菏泽造纸厂签订承包经营合同。跨省承包企业，在全国尚属首例。

12月11日 经广电部批准，菏泽电视台正式成立。1988年9月28日正式开播自办节目。

12月28日 地委、行署决定将单县、郓城、巨野、曹县、成武的师范学校由原来地区管理下放到所在县管理。1990年4月15日又收归地区管理。

同年 全区粮食总产达311万吨，首次突破300万吨大关，创历史最高水平。

1988年

1月8日 地委、行署下发《关于实行企业承包经营责任制试行规定》，对承包经营的具体形式、实质内容、用工制度、法人权力以及中共党组织在企业中的政治领导地位、职工的监督作用等问题，提出具体要求。

2月14日 0时15分，菏泽市迎宾商场发生火灾，损失折款174万元。

4月13日 地委、行署下发《放活科技人员的试行规定》，允许机关、事业、科研单位及大中专学校科技人员到国营、集体、乡镇企业等基层单位开展技术有偿服务。

4月23日 地委、行署下发《鼓励外商投资优惠办法》。

4月23日 全国"桂陵之战故址论证会"在菏泽召开。论证会认定菏泽市赵楼村牡丹园一带即是战国时期桂陵之战遗址。

5月20日 地委决定在全区范围内广泛开展生产力标准大讨论。

5月23日 地委、行署决定，在全区试行选聘科技副县（市）长和副乡（镇）长制度。

6月 全区普遍开展民主评议党员活动。

7月22日 行署下发《关于贯彻执行省政府〔1988〕58号文的通知》，允许企业本着公开招收、全面考核、择优录用的原则，自行招聘人才。

9月2日 政协山东省委员会菏泽地区联络处改称政协山东省委员会菏泽地区联络组。

9月13日 地委、行署下发《关于进一步深化企业改革的意见》，推行内部承包、试行全员风险抵押、鼓励先进企业兼并落后企业、推行企业股份制等。

9月 于法杰任菏泽地区人大联络组组长。

10月27日 郓城县公安局青年民警刘胜民，在与扒窃犯搏斗中英勇牺牲。团省委、团地委分别授予他“青年护法勇士”和“青年英雄”称号；省政府追认他为革命烈士；公安部授予他“一级英模”称号；地委作出开展向刘胜民学习活动的决定。

10月 菏泽军分区现役军人被授予军衔。

10月 菏泽军分区司令员张秀山离任，副司令员孟繁福接任。

12月6日 地委书记张守福离任，地委副书记、行署专员刘洪仁接任。

12月31日 行署发布《菏泽地区企业兼并试行办法》。

12月 菏泽地区行政机关试行干部聘任制。

1989年

1月20日 地区人大工作联络组改称山东省人大常委会菏泽地区工作委员会。

2月22日 政协山东省委员会菏泽地区联络组改称政协山东省委员会菏泽地区工作委员会。

3月11日 地委、行署决定，从地、县、乡党政机关和事业单位中抽调中青年干部分三批到基层包村扶贫。首批下派干部8603人，进驻全区9县市4351个行政村。

3月31日 行署副专员王玉柱任行署专员。

4月 地委副书记樊思宝兼任政协菏泽地区工委主任。

5月6—9日 中顾委委员、中央绿化委员会副主任、林业部原部长雍文涛在省林业厅厅长高传杰陪同下，视察郓城、鄄城、成武等县的林业生产。

5月19日 受1989年春夏之交北京发生的政治风波影响，菏泽师专少部分学生上街游行，一度进入地委机关，张贴标语，呼喊口号，要求与地委主要领导对话，造成不良影响。事件发生后，地委立即召开地委宣传部、教育局、公安处及驻菏大中专院校主要负责人紧急会议，表明地委维护稳定的坚定态度，随之有针对性的开展工作，菏泽社会局面稳定。

6月上旬 菏泽、鄄城、巨野、郓城、东明等县（市）连续阴雨数十天，小麦生芽霉变，造成严重损失。

7月 地委决定在全区逐步推行村级干部工资补贴和养老保险制度。

9月8日 郓城县五界首乡党委在全

乡中小学实行“校长选任制”和“教师双向选聘制”，被省教育厅誉为“中小学教育体制改革的先导”。之后，这一经验在全国推广。

9月11日 地区组团赴波兰参加在华沙举行的“中国科技日”活动。菏泽市沙土酿造厂、曹县光明蜡烛厂为山东省8家赴波兰参加“中国科技日”活动企业中仅有的2家乡镇企业。

12月2日 国务院决定，将菏泽地区的梁山县划归济宁市。

12月22日 济宁市嘉祥县的核桃园乡划归巨野县。

12月8日 省委副书记、省长赵志浩到菏泽调研工作。

12月 曹县被列为国际妇女卫生合作项目县（合作周期1990—1994年）。

同年 菏泽市被山东省体委命名为“山东省武术之乡”。

1990年

2月6日 行署发布《关于依靠科技进步加快振兴菏泽经济的决定》。

2月21日 国务委员、国家计划生育委员会主任彭珮云在副省长宋法棠陪同下，到菏泽视察计划生育工作。

4月29日 台湾省台中县何泗聪一行18人到菏泽参观考察。

7月1日 全国进行第四次人口普查。这次普查的结果显示，菏泽地区总人口为780.65万人。

7月25日 国家重点工程菏泽发电厂正式开工建设。该工程总投资3.93亿元，设计年发电量15亿千瓦时。

7月27日 菏泽2万多名群众在菏泽东关体育场举行“迎亚运圣火接力”活动。

9月8—10日 中共中央政治局委员、国务院副总理田纪云在副省长王乐泉、地委书记刘洪仁、行署专员王玉柱陪同下，视察菏泽裕鲁食品工业有限公司和曹县部分企业。

9月22日 地委、行署发出《关于命名表彰首批地区级专业技术拔尖人才的决定》，并对全区评选出的46名首批专业技术拔尖人才予以命名表彰。

9月 郓城县被国家体委授予“全国体育先进县”荣誉称号。

10月13日 省委书记姜春云带领省委办公厅、省计委、省财政厅、省人民银行的负责人到菏泽调研，听取地委工作汇报，视察定陶国华贸易公司。

11月 巨野县被国务院确定为“黄淮海地区棉花高产综合技术研究与示范县”，并拨出专款26万元予以扶持。

12月 地委决定在全区开展农村社会主义教育活动。

12月 菏泽市被农业部、纺织工业部授予“全国棉花生产先进市”荣誉称号。

1991年

5月 行署决定，在保证完成国家定购粮任务的前提下，放开粮食经营。

6月 菏泽大众报社成立。《菏泽大众》是菏泽地委机关报，于7月31日创刊，每周4期。1992年7月1日，更名为《菏泽日报》。

7月9—11日 “全国孙氏族谱及孙膑故里研讨会”在菏泽召开。会议认为：

在鄄城县孙老家村发现的《孙氏族谱》和《孙氏家祠序》，是全国首次发现的关于孙膑的出生地、生平事迹及孙氏家族衍变的重要史料，是继临沂银雀山竹简出土后研究孙膑问题的又一重大发现，并认定孙膑故里在鄄城县红船镇孙老家。

8月30日 行署发出通知，撤销乡镇中心校，设立乡镇教育委员会。

8月30日 由巨野县水泵厂承担研制生产的“XMB250型二缸活塞隔膜泵”，经鉴定，各项性能指标均达到国际20世纪80年代中期同类产品的先进水平，填补了国内活塞隔膜泵的一项空白。

9月17日 越南、印度、印度尼西亚、泰国和菲律宾5国林业专家、学者一行9人，在中国林科院和省林业厅负责人及专家的陪同下，考察成武县的林业生产情况。

10月16日 省长赵志浩视察郓城县、曹县、单县，对菏泽地区强化农业“超常规、跳跃式”发展的路子予以肯定。

10月 菏泽军分区司令员孟繁富离任，孙进珊接任。

1992年

1月26日 中央军委副主席刘华清为中国人民解放军某部连长李邦亮、成武县郜鼎集乡李六村张继云夫妇题词：“携手并肩，献身国防。”《人民日报》《解放军报》《大众日报》分别在头版头条位置报道他们的先进事迹。

2月21日 行署颁布《菏泽地区实施义务教育办法》。

2月 巨野县被省政府确定为“优质苹果生产基地”。

4月13日 城市集中式供应的生活用水实行加氟消毒。

4月18日 由中国农业经济学会、农业经济网络杂志社、山东省农业经济学会与中共菏泽地委、菏泽地区行署联合举办的全国首次欠发达地区经济发展研讨会在菏泽举行，13个省、市、自治区的专家、学者及有关领导共150余人参加会议。

4月20日 经国务院批准，首届菏泽国际牡丹花会在菏泽市西关体育场隆重举行。

5月5日 地委、行署决定，实施对外开放“三大战略”（即：“京九”“新石”两条铁路干线开放；全方位、多元化开放；开发开放并举）。

5月7日 国务院副总理田纪云、国务院副秘书长李昌安率中直机关有关负责人到东明县检查黄河防汛工作。

5月21日 定陶县被民政部确定为“全国农村社会养老保险制度改革试点县”。

6月 菏泽有线电视台正式开播。

7月1日 菏泽经济技术开发区（同年12月12日，更名为“菏泽开放开发综合实验区”）管理委员会、中共菏泽经济技术开发区工作委员会设立。

7月3日 地委、行署部署抗旱保苗工作。5—7月份，全区平均降雨量28毫米，坑塘见底，河水断流，农作物枯死，20万公顷耕地因干旱未能播种。

7月7日 省长赵志浩视察菏泽华瑞食品公司。

9月9日 地委、行署下发《菏泽地区城镇住房制度改革试行方案》及9项配套办法。

9月28日 京九铁路菏泽段第一项工

程——跨济（宁）菏（泽）公路大桥开工建设。

10月 菏泽军分区政委马存益离任，林长凯接任。

12月 郓城县被国家体委命名为“全国武术之乡”。

12月19日 地委书记刘洪仁离任，林廷生接任；专员王玉柱离任，副专员李明先接任。

12月31日 21时，菏泽14544门程控电话和长途600线交换机一次割接成功，菏泽地区实现城市电话程控化。

同年 全区粮食总产量达337万吨，创历史最高水平。

1993年

1月5日 全国首家地区级民兵报——《民兵生活报》，由菏泽地区国防教委、菏泽军分区联合创办并发行。

1月12日 全区开始实行职工待业保险。

2月1日 省长赵志浩率省计委、经委、农委、财政、民政等部门负责人到鄄城、定陶、菏泽、巨野4县市检查指导农业和农村工作。

2月12日 地委、行署决定，在地直机关、事业单位进行思想、作风、纪律整顿。

2月16日 行署下发《菏泽地区国有土地使用权出让和转让暂行办法》。

2月20日 行署下发《关于搞好股份制企业试点工作的试行意见》。

3月1日 最高人民法院作出决定，追认菏泽市法院原纪检书记柴学进为“全国法院系统模范”。

3月6日 全区人民警察授衔仪式在曹州宾馆隆重举行，行署专员李明先向50名人民警察代表颁发警衔证书。

3月9日 国家“八五”重点建设项目——京九铁路菏泽站扩建工程全面开工。该工程投资6000多万元，于1995年8月16日建成并投入使用。

3月19日 行署下发《关于鼓励发展外向型经济的奖励办法》。

3月20日 行署下发《菏泽地区“星火”奖励办法》。

3月 地区人大工委主任于法杰离任，毕可文接任。

4月12日 铁道部部长韩杼滨到京九铁路菏泽段现场办公。

4月25—26日 中原地区经济技术协调会第八届会议在曹州宾馆召开，晋、冀、鲁、豫4省接壤地区15个县市的100多名代表出席。

4月26—27日 泰国披沙迪·拉差尼亲王及夫人一行4人到菏泽参观访问。

5月1日 菏泽汽车站获全国“五一劳动奖状”，并且被列为全国150家文明车站之首。

5月5日 在第三届中国花卉博览会上，菏泽参展的牡丹共获金、银、铜奖8个，优秀奖3个，从而成为获奖最多的花卉。

5月12日 菏泽地区与福州市结为友好地市。

5月15日 菏泽地区取消食油收购指令性调拨计划和粮油定量供应规定。

5月29日 农业部部长刘江到菏泽视察农业工作，并了解农业部驻菏调查组工作情况。

5月31日—6月2日 中共中央政治

局委员、山东省委书记姜春云到菏泽视察郓城县、菏泽市、单县的部分乡镇企业，并到京九铁路建设工地参加劳动。

6月16日 全国人大常委会副委员长费孝通视察定陶县陈集镇中沙海村办企业，并为该镇题词："发展经济，强国富民。"

6月29日 境内首次个体私营经济工作会议召开。行署作出《关于加快个体、私营经济发展的若干规定》。

7月9—12日 菏泽、东明、鄄城、郓城、巨野部分乡镇接连遭受暴风雨袭击，平均降水量达295.5毫米，农田受灾面积13.33万公顷，部分农田绝产，100多个村庄被水围困，民房倒塌。巨野县受灾较重，部分乡镇降雨量超过500毫米。灾情发生后，地委、行署、菏泽军分区和省委、省政府领导及有关部门及时赶赴灾区，指挥、帮助抗洪救灾，慰问受灾群众。

8月4—5日 全区9县、市再次遭受特大暴雨和龙卷风袭击，平均降水量为189.5毫米，部分乡镇达400～500毫米，全区有207个乡镇受灾。灾情发生后，地委、行署、菏泽军分区和省委、省政府主要领导及时赶赴灾区，指挥抢险救灾，慰问受灾群众。国务委员陈俊生受中共中央总书记江泽民、国务院总理李鹏委托，先后察看郓城、东明、巨野、菏泽等县（市）重灾区，看望抗洪抢险官兵，慰问灾区群众。

8月9日 世界卫生组织消灭"脊髓灰质炎"联防考察团到单县考察，对单县"脊髓灰质炎"防疫工作表示满意。

8月30日 位于东明县境内的黄河公路大桥建成通车。中共中央总书记、国家主席江泽民为大桥题写桥名；全国人大常委会副委员长田纪云发来贺电；省委常委、副省长陈建国，地委书记林廷生等为大桥通车剪彩。

10月5日 菏泽地区获"山东省环保工作先进地（市）"奖。

10月12日 全国政协常委、中科院副院长、中国科协副主任李振声，全国政协科技委员会常务副主任鲍亦珊一行6人，到菏泽调研农业科技队伍建设和棉铃虫防治情况。

10月15日 菏泽地区进出口公司成立，区内始有商品进出口权。

11月1日 菏泽地区动员巨野、郓城、鄄城、单县、成武、定陶、曹县7县60多万名民工对洙赵新河进行清淤治理。总计完成土方1228.55万立方米，投入工日1233万个。

1994年

1月2日 境内电话数字微波工程全线开通，实现了菏泽至各县（市）城乡长途传输数字化。

1月27日 国务委员李贵鲜代表党中央、国务院到菏泽察看受灾群众生活安置情况，走访慰问巨野灾区。

2月9日 郓城宋江武校"狗娃艺术团"在中央电视台春节晚会演出《狗娃闹春》，获歌舞类节目一等奖。

3月23—26日 南斯拉夫诺维萨特市中国之友协会主席米斯维拉尔、副主席尼可乐·科挑诺维奇等一行3人，到菏泽进行为期4天的考察和业务洽谈，同部分企业初步达成近100万美元的投资协议。

4月6日 行署下发《菏泽地区流通企业改组股份合作制试点办法》《菏泽地

区流通企业实行国（公）有民营试行办法》《菏泽地区流通企业拍卖暂行办法》。

4月22日 全国人大常委会副委员长陈慕华，中共中央顾问委员会原常委李德生，山东省省长赵志浩到菏泽参加第三届菏泽国际牡丹花会开幕式。

4月29日—5月1日 联合国粮农组织水土资源发展司高级官员山格施、卡迪施、罗易及美加州华裔教授耿旭一行4人，在行署副专员阎世海等陪同下，就自然资源综合管理和持续农业项目问题在曹县进行考察。

5月18日 全国棉花生产和棉花病虫防治工作现场会在成武县召开。

5月31日 境内各县、市行政村全部通电。

6月7日 菏泽地区申报的“鲁西南黄牛、青山羊及小尾寒羊技术开发”项目得到国家科委批准。

6月24日 境内首批产权制度改革试点企业菏泽印刷厂、菏泽商场等改为股份制企业并投入运营。

7月11日 国家公务员过渡工作在区内启动。

8月6—7日 鄄城、郓城、菏泽、东明、巨野、成武等县（市）连降大到暴雨，平均降雨量达177毫米。全区农田积水面积达18.4万公顷，261个村庄被水围困。11日，副省长王建功到菏泽视察灾情并慰问受灾群众。

11月12日 电力部部长史大桢到菏泽电业局、菏泽发电厂视察工作。

11月12—14日 驻鲁全国政协委员视察团一行18人，在地区领导林廷生、李明先等陪同下，对区内工农业生产情况进行为期3天的视察。

11月22日 全国麻纺企业经验交流会在单县召开。

1995年

1月8日 地委、行署作出《关于向张长路同志学习活动的决定》。张长路，中共党员，定陶县公安局冉堌派出所民警。1994年12月24日，追赶持刀行凶歹徒时被凶犯刺伤，在肠网膜溢出的情况下，他仍捂着肠子，追赶300余米，将罪犯擒获。公安部授予他“全国二级英雄模范”称号，行署授予他“优秀人民卫士”称号。

1月9日 省改革开放试点县工作现场会在菏泽召开，省委副书记、代省长李春亭到会作重要讲话。

3月25日 东明县被国务院命名为“中国西瓜之乡”。

4月14日 坐落在曹州书画院内的曹州碑林竣工。

4月18日 菏泽地区计划生育工作获全省一等奖。

4月19日 菏泽地区台胞台属联谊会成立。

4月22日 全国人大常委会副委员长李锡铭、全国人大常委会原副委员长廖汉生，省政协主席陆懋曾、省人大常委会原主任秦和珍等到菏泽参加第四届菏泽国际牡丹花会开幕式。

5月11—12日 中国轻工总会会长于珍到菏泽调研轻工业发展状况，视察菏泽印刷厂、桑盾集团和郓城县塑料厂等企业。

6月2日 地委书记林廷生离任，董昭合接任。

6月20日 以鲁西南著名抗日英雄王登伦烈士为素材的电视剧《青丘英杰》在菏泽开拍，杨得志为该剧题写片名。

6月29日 成武县汶上集、伯乐集、南鲁集、宝峰集、大田集、张楼等乡镇遭受特大龙卷风和冰雹袭击，造成直接经济损失3000多万元。

8月1日 《菏泽地区公民义务献血及血液管理暂行办法》颁布。

9月4日 郓城县宋江育英武校学生在北京召开的第四届世界妇女大会开幕式上表演《谁说女子不如男》，得到与会代表好评，受到国家主席江泽民、国务院总理李鹏等国家领导人亲切接见。

9月26—27日 全国人大常委会原委员长万里到菏泽检查指导工作，并为曹州书画院题字。

10月4日 孙膑旅游城在鄄城县宋楼乡举行奠基仪式。

10月5日 菏泽市牡丹乡把4000株牡丹、1000株芍药移植到距天安门25千米处的菏泽牡丹珍品园内。

10月11日 地委书记董昭合率团赴香港参加京九铁路及沿线经济发展状况推介会。

10月12日 著名抗日英雄赵登禹将军纪念馆在菏泽落成并开馆。

10月18日 菏泽地区大白菜露地越冬杂交制种技术、芳香防蛀毛呢生产技术等10项“星火”计划项目获山东省“星火”科技进步奖。

11月4日 单县民族武校被国务院授予“全国民族体育先进单位”荣誉称号。

11月8—10日 全国庄子研讨会在东明县召开。与会专家一致认为庄子故里在东明。会议还决定成立庄子研究筹委会和庄子研究中心。

12月17日 即日零时起，境内电话号码由6位数升为7位数。

12月26日 在国家统计局推出的全国百名农业生产大县及粮食、棉花、油料、猪、牛、羊肉产量前100名大县排行榜中，郓城县位列前6名。

12月 郓城县青年农民李培才研制的“仔猪灵”，获联合国颁发的“发明创新科技之星”奖。

12月 经国家教育委员会评估验收，全区9县（市）基本普及初等义务教育。

12月 经省政府检查验收，全区基本完成扫盲任务。

12月 曹县被农业部和国家综合农业开发办公室确定为“全国秸秆养牛示范县”之一，并获全国总评第一名。

同年 全区农业总产值首次突破百亿元大关。

1996年

1月28日 济南军区司令员张太恒和副政委张文台到菏泽慰问军分区官兵，并了解县市人武部建设情况。

1月30日 地委组织部被中共中央组织部、人事部、国家档案局授予“全国干部人事档案工作先进单位”称号。

1月31日 地委下发《关于干部管理工作的六条试行意见》，规定党政群机关及事业单位主要负责人实行离任审计制度。

2月5日 地区公安处向全区公安机关发布《禁酒令》。规定严禁工作时间和工作日饮酒，严禁携带枪支、机密文件、驾驶机动车辆时饮酒，严禁着警服在公共场所饮酒，严禁与社会上有劣迹的人饮酒，严禁到发案单位和与案件处理有直接利害关系的人员饮酒，严禁与到公安机关办理审批手续的人员饮酒，严禁到可能影响公正执行公务的各种场合饮酒，严禁值班、备勤和执行公务时饮酒，严禁在正常接待工作中不文明饮酒，严禁任何时间、任何场合酗酒。

3月6日 境内划定基本农田保护面积74.69万公顷，其中，一级农田55.92万公顷，二级农田18.77万公顷，保护率达86.45%。

3月26日 地委、行署公布首批12个农业产业化示范乡镇。其中，粮食产业化示范乡镇为鄄城县大埝乡；蔬菜产业化示范乡镇为成武县宝峰乡、大田集镇，定陶县黄店镇，东明县城关镇，郓城县杨庄集镇；林果产业化示范乡镇为单县孙溜镇，巨野县董官屯乡，曹县朱洪庙乡；棉花产业化示范乡镇为巨野县大谢集镇；畜牧业产业化示范乡镇为鄄城县西双庙乡；多种经营示范乡镇为菏泽市辛集乡。

4月4日 菏泽市获“全国绿化先进单位”“全国造林绿化百佳市”称号。

4月19日 菏泽人民广播电台正式开播。

4月20—25日 中国菏泽首届花卉展销会在曹州牡丹园举行。

4月23日 全国政协副主席万国权到菏泽调研。

4月23日 著名抗日将领姜玉贞烈士纪念碑在其故里菏泽市辛集镇东南隅村落成。

5月7—9日 新亚欧大陆桥区域经济发展国际研究会在北京召开。行署专员李明先以《发挥枢纽优势，营造贸易中心》为题做大会发言。

5月15日 菏泽市获“全国社会文化先进市”称号。

5月19日 地委、行署决定对农民负担实行总量控制，即以乡镇为计算单位，不得超过上年农民人均纯收入的5%。

5月26—28日 全区遭受暴风雨袭击，直接经济损失达6亿元。

6月 在定陶县孟海镇宗集村东北处发现优质矿泉水。该泉水是迄今为止国内发现的含碘量超出国际标准的罕见地下矿泉水。

7月1日 境内卫生系统开通“120”急救电话。

7月8—12日 中科院院士、国际地理联合会副主席、著名经济地理学家吴传钧，中科院院士、著名植物保护专家张广学，中科院院士、联合国教科文组织国际水文计划中国国家委员会副主席、研究员张有宾等10名中科院专家和部分中央新闻单位记者到菏泽参加菏泽地区经济发展战略论证会。

7月23日 地委、行署在菏泽举行纪念中国共产党的亲密朋友、著名爱国民主人士、教育家、社会活动家何思源100周年诞辰座谈会。全国政协副主席何鲁丽，全国政协常委、中共中央统战部副部长刘延东等出席座谈会。

7月27—30日 全国9省计划生育专项治理经验交流会在菏泽召开。

7月 菏泽军分区政委林长凯离任，向民接任。

8月7日 6时，因黄河上游连降暴雨，黄河水位急涨，洪峰流量达6000立方米/秒。东明、菏泽、鄄城临黄大堤多处出现险情。地委、行署紧急动员抗洪救灾。省长李春亭，国家防总副总指挥周文智，水利部部长钮茂生，国家黄委主任綦连安等分别到灾区视察，安排灾区群众生活。此次水灾，造成直接经济损失38.9亿元。

8月 国际红十字会、红新月会代表库班视察东明县黄河滩区灾情。

9月1日 上午9时13分，京九铁路全线通车。菏泽成为新日铁路、京九铁路十字交汇枢纽。

9月5日 经省地名委员会批准，将巨野县夏官屯镇更名为麒麟镇。

9月17日 中共中央总书记、国家主席、中央军委主席江泽民，中共中央政治局候补委员、国务院副总理温家宝沿京九铁路考察，并在菏泽火车站接见山东省委书记赵志浩，菏泽地委书记董昭合、行署专员李明先等。

9月22—25日 全国司法所建设经验交流会在菏泽召开。

10月28日 地委、行署召开“110”新闻发布会，全区“110”报警服务系统开通。

11月13—14日 省长李春亭带领省直有关部门负责人，到菏泽、东明、鄄城等县（市）部分临黄乡镇看望受灾群众，发放衣物、被褥和食品。

11月 菏泽军分区司令员孙进珊离任，杨炳河接任。

12月5日 全国第二届先进武术馆（校）命名表彰大会在北京钓鱼台国宾馆召开。郓城县宋江武校、东明县东方武校、单县民族武校被评为全国先进单位。

12月13日 美籍华人邓明臣、赵少良捐赠医疗设备开箱仪式在菏泽地区中医院举行。捐赠总价值折合人民币400多万元。

12月26日 青岛海关菏泽办事处正式开关运营。

同年 境内开始进行种植业结构调整，瓜果、蔬菜种植面积迅速扩大。

同年 郓城县被农业部授予“全国农业先进县”荣誉称号。

1997年

1月5日 国家防总汛后检查团到菏泽视察东明、鄄城、郓城3县的黄河险工地段防护工程复修现场，并到菏泽市李庄集乡调查了解滩区村庄迁建及群众生活安置情况。

2月15日 23时30分，鄄城县董口乡和西双庙乡的五里后、华佗庙、西张庄、代堂等村，面积约35平方千米的地带，降落陨石雨。有关专家将这次降落的陨石命名为“鄄城球粒陨石”。

2月19日 中共中央、全国人大常委会、国务院、全国政协、中央军事委员会《告全党全军全国各族人民书》发布邓小平逝世消息。20日，全区党政军机关、学校、工厂、商场、车站等均下半旗致哀。21日，全区各机关分别举行座谈会，深切缅怀邓小平的丰功伟绩，表达哀思。25日，邓小平追悼大会在北京举行，区内各机关、团体、企事业单位均就地组织干部群众收听收看大会实况转播。

3月 境内首次采用“一推双考”办法补充地直机关工作人员。

4月22日 全国政协副主席吴学谦到

菏泽视察。

4月26日 大京九经济组带成立暨第一届市长、专员联席会议在菏泽召开。

5月22日 菏泽地区获全省人口与计划生育目标责任管理一等奖。

6月17日 省委书记吴官正到菏泽调研。吴官正勉励菏泽干部群众要坚定信心，加快发展，就要努力唱好“三首歌”：第一首歌是《中华人民共和国国歌》——起来，不愿受穷的人们，用我们的智慧和汗水建设美好的明天；第二首歌是《国际歌》——从来就没有救世主，摆脱贫穷、经济大发展要靠我们自己；第三首歌是电视剧《西游记》主题歌——敢问路在何方，路在脚下。

6月30日 菏泽地区举行庆“七一”迎港归大型烟火晚会，欢庆党的生日和香港回归祖国。

7月15日 地委、行署召开大会，隆重纪念鲁西南战役胜利50周年。

7月 经中共中央批准，在菏泽建立冀鲁豫边区革命纪念馆，由河北、山东、河南3省共同筹建。该馆于1998年4月26日奠基，2000年5月28日正式开馆。中共中央总书记江泽民为晋冀鲁豫边区革命纪念馆题写馆名，中共中央政治局委员、全国人大常委会副委员长田纪云为纪念馆开馆剪彩。

8月1日 省长李春亭到菏泽调研经济工作。

9月 境内遭受百年不遇的干旱，对夏秋作物生长及小麦播种造成极大影响。地委、行署下发专门文件并派出工作组到各县市指挥帮助抗旱。

10月15日 国务院副总理邹家华在省地领导李春亭、王玉玺、董昭合、李明先陪同下，参观考察了定陶陈集实业集团和菏泽沙土集裕鲁实业集团。邹家华为国华实业集团题词：“葆青春、争先进、双文明、创一流”。

11月25日 中共中央政治局原常委宋平在中共中央政治局委员、省委书记吴官正，地委书记董昭合，行署专员李明先陪同下，先后到地区农业高新技术示范园、菏泽沙土食品城、牡丹办事处，了解菏泽经济发展和对外开放情况。

12月1日 经铁道部批准，在京九铁路沿线的部分县级车站开通货运。菏泽地区的郓城、曹县两站开始上货和卸货。

12月3日 地委书记董昭合离任，地委副书记、行署专员李明先接任，陈光接任行署专员；地区人大工委主任毕可文离任，路绍昌接任；地区政协工委主任樊思宝离任，杨成训接任。

12月25日 全国首例心脏双瓣膜置换术在地区人民医院获得成功。

12月26日 省长李春亭率领省政府办公厅、省计委、经贸委、财政厅、劳动厅、工商银行、农业银行等省直部门主要负责人到菏泽现场办公。

12月31日 由菏泽地区物资集团公司组建的区内首家公物拍卖行——菏泽拍卖行成立并开始运营。

1998年

1月15日 境内首次发放城市困难居民最低生活保障金。

1月18日 国有企业菏泽农用车运输集团被国有企业郑州金牛集团兼并，更名为菏泽车辆有限公司。

1月22日 郓城亨运曲轴制造有限公司被中国第一汽车集团公司兼并。

1月 巨野县被卫生部命名为“国家级爱婴县”。

2月5日 地委、行署发布《关于加快国有工业企业产权改革的决定》。

2月18日 山东金塔王集团菏泽鲁城水泥制品有限公司正式投产，投产仪式在菏泽市岳程办事处举行。

2月19日 全国社会服务联合行动工作电视电话会议在京召开。国务委员罗干号召全国各地认真学习山东，特别是菏泽的“110”报警服务经验。

3月16日 东明县司法局率先开通全国第一条法律服务专线电话“148”（“要司法”谐音）。

3月19日 行署下发《关于加快城镇住房制度改革实施意见的通知》，区内城镇启动住房制度改革。

3月31日 全区爱国主义教育基地命名仪式在菏泽举行。命名菏泽革命烈士陵园、菏泽市博物馆、曹县革命烈士陵园、地区博物馆、曹州书画院等13个单位为第一批地区级爱国主义教育基地。

4月2日 中央电视台焦点访谈节目《在补碘的名义下》报道：单县单城镇一完小18个班1242名学生中，先后有796人服用碘钙营养片出现不良反应。中共中央总书记江泽民看到节目后，当即打电话给中央有关领导和卫生部负责人，表达对这一问题的关心，并指示迅速采取措施，抢救小学生，同时依法惩处见利忘义的不法分子。4月3日上午，江泽民又打电话给中共中央政治局委员、省委书记吴官正，询问这一事件的详细情况。遵照江总书记重要指示和省委指示精神，地委迅速研究采取措施。各部门各行业从这个事件中吸取教训，进行自查，整顿行业不正之风，进行党风党纪的教育和整顿。

4月5日 地直机关集中清理整顿预算外资金活动全面展开，对地直各单位在银行开设的预算内、外账户进行全面清理，并对收费大户委派财务总监或财务科科长、主管会计。

4月6日 国家重点工程建设项目新荷铁路复线暨黄河大桥建设开工。铁道部部长傅志寰、山东省副省长韩寓群参加了开工仪式。

4月13日 行署获全省“人口与计划生育目标责任管理”一等奖。

4月16日 地区教委下发《菏泽地区中考招生制度改革实施意见》，中考招生实行一考多取制度，报考普通中专和普通高中的考生可同时兼报职业教育与成人教育学校，重点高中招生名额50%分到乡镇。

4月21日 《菏泽地区志》在行署第四会议室举行首发式。《菏泽地区志》是新中国成立后，菏泽地区第一部社会主义新方志，历经16个春秋编纂出版，志书上限1840年起，下限1985年止。

4月21日 中国楹联学会、单县交通局、单县公路局和单县楹联学会联合举办的“公路杯”第八届海内外迎春楹联颁奖大会在单县湖西宾馆举行。中国楹联学会名誉会长马萧萧，会长顾平旦，副会长常注国、夏茹冰，秘书长王庆新出席颁奖大会。

4月25日 香港震雄集团董事会主席蒋震在省人大常委会副主任张瑞凤、省政府副秘书长周齐、省政府侨办副主任史进陪同下，到菏泽参加菏泽蒋震高等工业学校筹建处揭牌、菏泽蒋震植物园开园剪彩和菏泽蒋震高等工业学校奠基仪式。

4月29日 单县单城镇一中被教育部确定为“构建素质教育立体教学新体系”实验基地。

5月8日 电视剧《阿里山女儿》在地委第四会议室举行首映式。该剧取材于曹县已故优秀人民教师、全国人大代表、台湾高山族同胞江时。她一生忠于祖国、忠于人民、忠于教育事业，致力海峡两岸人民的联络和交往，在社会上享有极高美誉。

5月30日 全国人大常委会副委员长、民盟中央主席丁石孙和全国人大常委会原副委员长、民盟中央原主席、著名社会学家费孝通，就京九经济带如何尽快发展问题到菏泽考察，并对菏泽经济发展提出指导性意见。

7月12—18日 宋江武校由10名男女运动员组成的武术代表队，代表中国参加在俄罗斯举行的世界青年运动会。

7月20日 全国青少年爱国主义读书教育活动组织委员会在北京人民大会堂召开表彰会，境内23名获特等奖的学生代表、9名获特等奖的辅导教师代表参加了表彰会。中共菏泽地委委员、宣传部部长韩广洁作为特邀嘉宾介绍了菏泽地区开展青少年爱国主义读书教育活动的经验。

7月29日 山东省首例试管牛在曹县曹城镇五里墩行政村良种牛繁育基地诞生。

8月5日 菏泽地区28名运动员在胶南市举行的山东省第19届运动会跆拳道比赛中，获得金牌2枚、银牌5枚、铜牌6.5枚，以总分117分的成绩获团体第二名和体育道德风尚奖。

8月6日 境内第一口地热井在鄄城城内开钻。该井地热区为24平方千米，总投资200万元。

8月8—9日 中共中央政治局委员、省委书记吴官正到菏泽检查指导工作。在菏期间，吴官正先后视察了东明、菏泽、鄄城等沿黄县市。

8月18日 地区国有资产管理委员会设立。

8月22日 清晨7时40分，单县张集乡、黄堆乡遭受龙卷风袭击，造成7个行政村直接经济损失3000多万元。

8月30日 巨野县遭受暴雨和冰雹袭击，造成直接经济损失8460万元。

8月30—31日 全省“148”法律服务专线建设现场会在东明县召开。

9月8—9日 境内邮电分营工作完成，8个县的邮政局和电信局相继挂牌成立。

9月12日 由日本名古屋妙香园株式会社社长田中富治郎捐资7000万日元兴建的单县慧光中学暨慧光公园奠基仪式在单县城西广圣殿村举行。日本友人田中富治郎及夫人一行7人，省政协原主席、省对外友好协会会长陆懋曾等参加奠基仪式。

9月29日 境内推行“收费明白卡”制度，规范对个体工商户收费行为。

10月8日 日东高速公路菏泽至东明段建成通车。

10月9日 全国政协人口资源环境委员会副主任江泽慧率全国政协“京九绿色长廊”考察组到菏泽考察。

10月16日 地区交通集团国有资产授权经营签字仪式在菏泽海联大酒店举行。

10月17日 139名大中专毕业生在行署第四会议室参加地直事业单位录用考

试，结束了事业单位用人靠政府指令分配的历史。

10 月 21 日 菏泽公路二类口岸通过验收并开始正式运营。

10 月 21 日 东明县将国有大型企业——东明石化集团无偿划转并入山东华鲁集团公司，开创境内企业拓宽融资渠道、捆绑上市的新路子。

10 月 27 日 定陶县陈集镇中沙海行政村回族村民沙瑞连在该村建立境内第一所阿拉伯语学校。

10 月 自 11 日起，境内发生土蝗和秋残蝗灾害，面积达 4.67 多万公顷。主要分布于区内沿黄 4 个县市和曹县、单县。

11 月 2 日 在菏泽市西城办事处李娥行政村窑场发现 1 座明代墓葬。考古人员推测墓主是明朝佥都御史吴允中。

11 月 7 日 国家农业发展银行行长谢旭到郓城、巨野考察。

11 月 9 日 司法部组织的“148”采访团到东明县采访。采访团成员包括人民日报社、新华社、中央人民广播电台、经济日报社、中国青年报社、农民日报社、法制日报社、中国律师报社、当代司法杂志社、人民调解杂志社等驻京新闻单位的记者。12 月 6 日，国家 7 部委在京联合召开全国法律服务专用电话“148”推广工作电话会议，东明县司法局负责人作经验介绍。12 月 12 日，中央电视台《焦点访谈》以“148，要司法”为题，对东明县“148”法律服务专线进行专题报道。

11 月 鄄城县被国务院命名为“中国灵芝之乡”。

11 月 菏泽无偿献血达到全国先进城市金奖标准。

12 月 11 日 境内粮食流通体制进行改革，主要内容是加快国有粮食企业政企分开和主营业务与附营业务分离。

12 月 14 日 全省“普九”（普及九年制义务教育）工作座谈会在菏泽牡丹大酒店召开。

12 月 14 日 地委下发《关于开展打霸专项斗争的意见》，确定对“建筑霸”“装卸霸”“市霸”“街霸”“村霸”等各类“霸头”予以惩处。

12 月 19 日 全省东西结合加快菏泽经济发展工作会议在济南召开。中共中央政治局委员、省委书记吴官正做重要讲话，省委副书记、省长李春亭，省委副书记、副省长宋法棠、副省长黄可华及济南市有关领导出席会议。会议决定济南市、青岛市、烟台市、威海市、山东电力集团公司、兖州矿业集团公司、齐鲁石化公司、胜利石油管理局、省烟草公司分别与鄄城县、曹县、定陶县、郓城县、成武县、巨野县、东明县、单县、菏泽市及菏泽卷烟厂结成帮扶对子，帮助菏泽地区发展经济、培训人才，解决财政困难。会后，对口帮扶单位分别派员到对口县了解情况，确定帮扶措施。

12 月 25 日 地委办公室、行署办公室联合下发通知，严禁任何部门擅自上路查车，违者严肃查处。

1999 年

1 月 5 日 行署向全区行政执法部门的 10400 名执法人员颁发全省统一的“行政执法证”。

1 月 14—15 日 东明县残疾少年吕晓磊在泰国曼谷第 7 届远南残疾人运动会上，

获乒乓球TT10级、公开级及团体赛3项金牌，并被该届运动会中国代表团评为最佳运动员。

1月18日 地委、行署下发《关于抓紧东西结合，加快菏泽地区发展的意见》。

1月18日 东明县瓜菜开发总公司的“东明西瓜”品牌，获全国绿色食品标志使用权。

1月18—19日 济南市委副书记、市长谢玉堂，副市长杨佩钦带领市直有关部门和5个企业的负责人及26名挂职干部到鄄城落实结对帮扶工作，并无偿支援鄄城县100万元。

1月19日 兖州矿业集团公司董事长赵经彻，党委书记刘玉彬，副总经理孔青、张兴祖率兖矿集团有关负责人一行26人，到巨野县考察、研究帮扶工作，同时向巨野县赠予人民币100万元、优质煤1万吨，并从巨野购买100万元的生活用品。

1月19日 省东西结合加快菏泽发展挂职干部全部到菏泽履职。

1月21—22日 由省地矿厅主持的鄄城县地热普查报告评审验收及开发论证会在鄄城召开。会议论证确定鄄城县3个地热异常区面积为360平方千米，控制区面积为130平方千米。

1月26日 胜利油田管理局党委书记王作然，带领油田有关部门负责人一行24人到单县考察研究帮扶工作，决定在工业品和农副产品销售方面，优先购买单县的产品，年购总额达到2000万～3000万元，并向单县捐赠人民币100万元。

1月27日 水利部部长汪恕诚、副部长张基尧，国家黄委主任鄂竟平，到菏泽考察鄄城黄河大堤、八孔桥截渗墙工程和李进士堂乡滩区村庄搬迁情况。

1月28日 《菏泽日报》获1998年度山东省“十佳报纸”称号。

2月2日 地委决定，从地直部门选派三分之一的机关干部下乡包村，帮助基层工作。

2月5日 地委、行署圆满完成与省签订的上年度人口与计划生育责任目标，并连续7年获得省委、省政府表彰奖励。

2月8日 行署专员陈光、副专员杜昌文代表菏泽行署与中国科学院自然资源综合考察委员会在北京签订《科技合作协议书》《科技合作项目合同书》。

2月25日 全区县、乡党政群机关超编人员开始分流。从7月1日起，境内各级机关单位全部按编制发放工资。

3月5日 由省机电设备招标中心承办的菏泽地区首次政府采购开标会在菏泽召开，全国36家投标单位参与竞标。

3月23日 全省教育东西结合工作会议在菏泽召开。会议确定省教委组织济南、青岛、淄博、枣庄、潍坊、烟台、威海、泰安8个经济强市及胜利油田、省煤管局、济南铁路局、齐鲁石化和各高校共50个单位进行为期一年的对口支援菏泽地区“普九”工作。

3月24日 国家发展计划委员会副主任刘江，副省长陈延明到菏泽视察指导黄河防汛工作。

4月1日 首部《菏泽地区年鉴》编纂工作启动。

4月6—9日 省长李春亭先后到郓城、定陶、成武、菏泽等县市了解农业生产、企业改革、城市开发等情况，并与部分乡镇和重点企业负责人进行座谈；还到东明县黄河滩区实地考察黄河防汛工程设施，了解滩区村庄搬迁和群众生活情况。

4月8日 地委下发《关于在地级领导班子、领导干部中深入开展“讲学习、讲政治、讲正气”为主要内容的党性党风教育的实施方案》。地级领导干部“三讲”教育于6月26日结束。

4月9日 菏泽地区豫剧团团长常香玉的入门弟子朱桂琴获第十六届中国戏剧最高奖——梅花奖。

4月10日 省东西结合加快菏泽地区发展工作领导小组会议在菏泽召开。会议听取东西结合工作汇报，提出下步工作意见。11日，又召开省东西结合加快菏泽地区发展工作会议，省委副书记、副省长宋法棠代表省委、省政府作重要讲话。

4月10日 叶荫棠事迹报告会在菏泽人民剧院举行。叶荫棠生前是成武一中教师，原籍湖北省武汉市，1998年12月因病去世。他工作刻苦勤奋，精益求精，吃苦耐劳，生活俭朴，把自己省吃俭用积攒的13万元人民币全部捐献出来，用于奖励品学兼优的学生。

4月10日 《菏泽地区罚款决定与罚款收缴分离实施办法》实施。该办法规定地级行政机关收缴的罚款由工商银行代收，县级（包括县以下）行政机关收缴的罚款由农业银行代收;罚款必须全部上缴国库，任何行政机关或个人不得以任何形式截留、私分或者变相私分。

4月21日 菏泽地区无偿献血经验开始在全国推广。

4月23日 境内首次发现艾滋病毒携带者。5月8日，菏泽地区艾滋病监测中心成立。

4月26—27日 全国陶朱公（范蠡）学术研讨会在定陶县范蠡宾馆举行。经与会专家、学者考证，认定“范蠡居陶”的陶就是定陶。

5月5日 在昆明世博会花卉类牡丹奖评比中，菏泽牡丹夺得119枚奖牌中的81枚；在3枚金奖中，菏泽牡丹独占2枚。

5月8—9日 地委、区人大工委、政协工委、地委统战部、地委宣传部及社会各界分别召开座谈会，强烈谴责美国对中国驻南斯拉夫联盟共和国大使馆的野蛮轰炸，对在袭击中不幸牺牲的工作人员表示沉痛哀悼。

5月19日 第九届全国人大常务委员会委员、全国人大农业与农村委员会委员、北京军区原司令员李来柱到菏视察贯彻实施农业法的情况。

5月24—26日 境内9县（市）遭受狂风、冰雹和暴雨的袭击。冰雹集中地区，麦粒几乎全部脱落。

5月28日 境内全长102.18千米的沿黄公路开工建设(东起郓城县新朱庄南，西至东明县菜园集与东明县黄河公路大桥相接）。

6月19—20日 全国法律服务专用电话“148”建设现场会在菏泽召开。地委副书记阎世海代表菏泽地区作典型发言。会议全面总结并向全国推广菏泽地区“148”建设的做法和经验。

6月21日 司法部决定为地区司法局和东明县司法局各记集体一等功，各奖现金1万元，并且号召全国司法行政系统干警向菏泽地区司法局、东明县司法局学习。

7月19日 境内首部消费者投诉服务电话“12315”在菏泽地区工商局开通。

7月26日 地直部门领导干部“三讲”（讲学习、讲政治、讲正气）教育活动开始。

8月12—14日 审计署副审计长翟熙贵在省审计厅厅长柏继民陪同下到菏泽检查指导审计工作。

8月15—16日 中共中央政治局委员、省委书记吴官正，省委常委、宣传部部长陈光林到菏泽调查研究。

8月26日 境内最大的东西结合项目——颐中（菏泽）热电有限公司揭牌暨工程奠基仪式在工程基地举行。该项目总投资1.23亿元，装机容量为2×6000千瓦。

8月30日 16时50分，定陶县自北向南先后遭受冰雹、暴雨袭击，农作物受灾面积3200公顷，直接经济损失1490万元。

8月 菏泽市被授予“全国平原绿化百佳县市”称号。

9月25日 在北京人民大会堂隆重召开的“辉煌五十年迎接新世纪——‘真龙杯’新中国建设成就知识竞赛”颁奖大会上，菏泽地区获全国个人一等奖1名、个人二等奖1名；地委宣传部获全国优秀组织奖。

9月29日 境内9县市实现行政村村村通电话，是全省第三个全部村村通电话的地市。

10月3日 行署获“全国民族团结进步模范集体”称号，曹县人民政府副县长沙德堂获模范先进个人称号。

10月19日 全省改革开放试点县现场办公会在成武县召开。与会人员听取成武县改革开放试点工作的情况汇报，研究成武县加快发展的基本思路和方法，确定帮扶成武县的有关项目和措施。

10月30日 蒋震高等工业学校首期开学庆典在菏泽蒋震高等工业学校举行。中科院院长路甬祥，省人大常委会副主任张瑞凤，副省长邵桂芳，政协副主席刘洪仁，教育部、香港特区政府的代表和地委书记李明先，行署专员陈光等参加庆典活动。

11月8日 1999年菏泽经济和科技合作恳谈会在陕西省西安市举行。地委书记李明先、行署专员陈光介绍菏泽的历史文化、自然资源、基础设施和工农业发展状况，阐明寻求经济技术合作的意向及引进技术、资金、人才等方面的优惠政策。

11月11日 18集电视连续剧《水浒少年》开拍仪式在郓城县宋江武术院举行。

11月14日 中日联合开发“郁金香”项目正式启动，5万株“荷兰郁金香”落户菏泽。

11月17日 省改革开放试点县现场办公会在单县湖西宾馆召开。会议考察研究项目30多个，省直部门表态投入资金1.3亿元。

11月25—27日 首届全国牛羊快速育肥技术研讨会在巨野县召开。中国农科院、中国农业大学等单位的著名专家、教授参加会议并举办一系列专题讲座。

12月2—3日 中共中央政治局常委、国家副主席胡锦涛在省委副书记陈建国，省委常委、组织部部长姜大明，地委书记李明先、行署专员陈光陪同下到单县考察。胡锦涛在单县先后考察了单城镇赵土楼村、冯庄村和蔡堂镇张楼村，并就农村基层组织建设问题讲了三点意见。

12月5日 中纪委办公厅副主任张瑞红专程到菏泽，就中央5部委推广菏泽地区干部离任审计工作经验进行调研。

12月14日 全省改革开放试点县现场办公会在曹县盘石宾馆召开。

12 月 14 日 《菏泽地区年鉴（1999）》在全省年鉴评比中获综合一等奖。

12 月 26 日 全国无偿献血表彰大会在北京人民大会堂召开。菏泽地区作为全国 48 个无偿献血先进城市之一受到表彰。在受表彰的 611 名无偿献血先进个人中，菏泽地区占 62 人，受奖人数位居全国同级城市第二名。

同年 菏泽市丹阳办事处赵水洼村村民訾新华研制发明的“自动节电开关”成果，在由美国爱因斯坦发明博览中心、香港科学院国际荣誉评选委员会、香港国际新产品展览中心联合主办的第三届爱因斯坦世界发明（技术、产品）博览会上获国际金奖。

2000 年

1 月 6 日 中国致公党（以下简称致公党）菏泽地区支部成立。

1 月 6 日 中国农工民主党（以下简称农工党）菏泽地区支部成立。

1 月 7 日 中国“九三学社”菏泽地区筹备委员会成立。

1 月 7 日 中国民主同盟（以下简称民盟）菏泽地区筹备委员会成立。

2 月 23 日 菏泽市人民检察院获全国“人民满意的检察院”称号。

3 月 22 日 中国国民党革命委员会（以下简称民革）菏泽地区筹备委员会成立。

3 月 31 日—4 月 2 日 中共中央政治局委员、全国人大常委会副委员长田纪云在省委副书记吴爱英、省人大常委会副主任王渭田等陪同下，先后视察定陶、曹县的乡镇企业和菏泽发电厂、菏泽第二毛纺厂、华瑞面粉厂，参观冀鲁豫边区革命纪念馆，并就菏泽经济发展做重要批示。

4 月 1 日 根据国务院《个人存款账户实名制规定》，全区个人存款账户开始施行实名制。

4 月 21 日 中国文联文艺家菏泽生活创作基地在曹州书画院揭幕。

4 月 22 日 中科院地理科学与资源研究所菏泽地区资源开发与经济发展研究中心成立。

4 月 23 日 “国花杯”全省精短散文大奖赛颁奖大会在菏泽日报社举行。

4 月 24 日 黄巢研讨会在曹县庄寨镇召开。与会专家认定黄巢故里冤句县应在菏泽市西南、曹县西北、东明县东南一带。

4 月 25 日 美国匹茨堡大学医学院和加拿大曼尼托巴大学医学院博士、博士后导师、工业药理部部长张永（祖籍菏泽）被菏泽行署聘为高级经济顾问。

4 月 25 日 苏鲁豫皖四省交界地区计划生育依法行政协作治理联席会首次会议在单县召开。国家计生委副主任张玉芹、省计生委主任班开庆、苏鲁豫皖 4 省 5 市（地）6 县计生委负责人参加会议。

4 月 25—27 日 全国 14 省（市、区）32 地区（盟、市）人大工作联席会第十三次会议在菏泽召开。省人大常委会副主任墨文川等到会指导。

4 月 27 日 全国政协副主席、中国工程院院长宋健，中国工程院副院长王淀佐、师昌绪等 8 名院士到菏泽视察。

4 月 27—28 日 全国医学高职高专学术会议在菏泽召开。

5 月 4 日 中共中央文献研究室副主任冷溶到菏泽考察解放战争时期邓小平在菏泽的革命实践活动。

5月12日 蒋震高科技工业园举行揭牌仪式。

5月14日 全区计划生育系统救助贫困母亲幸福工程正式启动。

5月29日 中顾委原委员赵健民专程到曹县韩集镇鲁西南烈士陵园和菏泽市王浩屯镇王登伦烈士陵园悼念当年的战友王雪静、王登伦烈士。

6月1日 地委在《菏泽日报》上对21名拟提任县级职务的干部进行任前公示。此为区内首次通过新闻媒体向社会公布干部任职意向，接受社会和群众监督。

6月12日—7月12日 全区机关党员集中开展“学习‘三个代表’、搞好思想剖析活动”。

6月14日 境内沿黄4县市飞机灭蝗工作展开。据统计，全年境内夏蝗发生面积2.51万公顷，蝗虫最大密度每平方米达40多只。

6月16日 地区审计局被审计署和省政府记集体一等功。

6月18日 在法国巴黎举办的第三十三届国际手风琴公开赛上，菏泽市风琴钢琴学校学生周聪和李彭获该届比赛的最高奖“金杯奖”。

6月20日 地区人民检察院被共青团中央、最高人民检察院授予全国“优秀青少年维权岗”荣誉称号。

6月23日 国务院国函〔2000〕86号文批复山东省人民政府：同意撤销菏泽地区和县级菏泽市，设立地级菏泽市和牡丹区。以原菏泽地区的行政区域为地级菏泽市的行政区域，市人民政府驻原地区行署驻地；以原县级菏泽市的行政区域为牡丹区的行政区域，区人民政府驻中华西路。地级菏泽市辖曹县、单县、成武县、巨野县、郓城县、鄄城县、定陶县、东明县和新设立的牡丹区。7月18日，省政府向菏泽地区行署、菏泽市人民政府下发《关于撤销菏泽地区和县级菏泽市设立地级菏泽市的通知》。

6月23日 孟加拉国前能源部部长、现任孟加拉喀森慈善基金组织主席的伊斯拉姆和库尔兄弟有限公司董事嘎尼到山东现代达驰（成武）电工电气股份有限公司参观考察，双方就达驰股份公司产品开辟孟加拉国市场问题达成意向。

6月28日 全市2000年大中专学校毕业生就业工作会议召开。从该年度年起，大中专学校毕业生就业实行“不包分配，竞争上岗，择优录用”的新机制。

7月19—20日 中共中央政治局委员、省委书记吴官正先后到郓城县、巨野县和牡丹区的一些村及企业，就基层党的建设、东西结合加快菏泽发展、黄河防汛等问题进行调查研究。

7月27日 世界旅游组织规划专家组考察团一行11人到菏泽考察旅游资源。

8月23日 全市推行会计委派制，党政机关、社会团体、事业单位、国有及国有控股企业一律不再设立会计岗位，直接到指定的会计机构进行财务结算。

9月1—5日 在全国第二届中华名吃评比活动中，菏泽银盛园小吃城的小笼包、水煎包、油条、老鸡汤馄饨被评为中华名吃。

9月29日 《牡丹晚报》创刊发行。

9月29日 全市控制出生性别比例失调工作会议召开。会议要求严格禁止非医学需要鉴定胎儿性别。

11月4日 国家教育督导团到菏泽考

察“两基”（基本普及九年义务教育、基本扫除青壮年文盲）工作。

11 月 7—8 日 市内普降 3 毫米小雪。此为 1954 年后境内最早的一次初雪。

12 月 1 日 曹县庄寨镇党委书记张东贤获第七届“全国十大扶贫状元”称号，单县县长李学军获 “全国扶贫贡献奖”。

12 月 6 日 经中共山东省委批准：撤销中共菏泽地委，设立中共菏泽市委（地级），李明先任市委书记，陈光、孔令昌、李延良、杜昌文任市委副书记，贾学英、王祖和、韩广洁、陈孝金、崔建平、马平昌、刘殿毅任市委常委。同日，中共菏泽市委、中共菏泽市纪律检查委员会在原地委大院举行揭牌仪式。

12 月 6 日 市委第一次常委会在市委会议室召开。会议主要议程是：批准下发《中共菏泽市委关于成立中共菏泽市牡丹区委的通知》；讨论通过《中共菏泽市委常委关于加强自身建设的意见》。市委书记李明先主持会议并作重要讲话。

12 月 26 日 巨野县举行“中国巨野农民绘画之乡”命名庆祝大会。中国文联党组书记、常务副主席高占祥为“中国巨野农民绘画之乡”题名。

12 月 29 日 境内实行城镇职工基本医疗保险制度。

2001 年

1 月 4—9 日 中国人民政治协商会议第十一届菏泽市委员会（顺延原县级菏泽市政协会议的届次）第一次会议在中华影剧院举行。大会听取市委书记李明先的重要讲话；选举杨成训为中国人民政治协商会议第十一届菏泽市委员会主席，黄爱菊、聂书江、杨宪文、孟祥伦、潘建荣、张建新、李建军、张建华、肖培树为副主席，祝传收为秘书长，选举产生 60 名政协常务委员；通过《中国人民政治协商会议第十一届菏泽市委员会第一次会议政治决议》《中国人民政治协商会议第十一届菏泽市委员会第一次会议关于提案审查情况（书面）的决议》。

1 月 4—10 日 菏泽市第十五届人民代表大会（顺延原县级菏泽市人代会的届次）第一次会议在中华影剧院举行。大会选举李明先为人大常委会主任，阎世海、潘兴玺、李胜华、范福临、周书运、文廷良、郭仲生、常洪珍、汤建梅为副主任，李顺广为秘书长，选举产生 27 名常务委员；选举陈光为菏泽市人民政府市长，杜昌文、贾凤英、李德章、孙义福、朱效明、侯成君、孙述涛、何茂远为副市长；选举张玉佩为菏泽市中级人民法院院长，朱献瑞为菏泽市人民检察院检察长；听取市长陈光所作的政府工作报告；通过《菏泽市第十五届人民代表大会第一次会议关于政府工作报告的决议》《关于 2001 年国民经济和社会发展计划的决议》《关于 2001 年预算的决议》《关于菏泽市中级人民法院工作报告的决议》《关于菏泽市人民检察院工作报告的决议》。

1 月 10 日 菏泽市人大常委会、市人民政府、市政协、市中级人民法院、市人民检察院同时举行揭牌仪式。

1 月 10 日 菏泽撤地设市庆祝大会在中华影剧院举行。市委书记、市人大常委会主任李明先主持大会。省人大常委会副主任王道玉，省政府党组成员、省长助理孙光远，省政协副主席刘洪仁，以及省民政厅、济宁市、泰安市、淄博市、齐鲁石化公司、省烟草专卖局、兖州矿业集团、胜利石油管理局等单位的领导人参加庆祝大会。公安部、科技部、国家计生委、国家民委、国家广电总局、国家体育总局、国家知识产权局、国务院法制办、中国食品工业协会、全国青少年爱国主义读书教育活动组委会，省纪委、省委办公厅、省人大办公厅、省政府办公厅、省政协办公厅、省委组织部、宣传部、统战部等70个单位向大会致发贺信、贺电。省内16个兄弟市、承担东西结合任务的省属5大企业、中原经济区联络处、淮海经济区经济开发联合会，以及河北、河南、江苏、安徽、湖北、江西、广东7个省23个市向庆祝大会致发贺信、贺电、贺礼。菏泽的友好地盟内蒙古自治区兴安盟盟委、盟公署发贺电并寄20万元贺礼。菏泽市党政军各界代表1500余人参加了庆祝大会。

1月10日 政协第十一届菏泽市委员会常务委员会召开第一次会议，审议并通过《政协第十一届菏泽市委员会关于各委、室组成人员和副秘书长任职的决定》。

1月16日 菏泽市第十五届人民代表大会常务委员会第一次会议召开，审议并通过《菏泽市人民代表大会常务委员会议事规则》《菏泽市人民代表大会常务委员会关于加强自身建设的决定》《菏泽市人民代表大会常务委员会人事任免办法》《菏泽市人民代表大会常务委员会2001年工作要点》《菏泽市人大常委会关于撤地设市后市直国家机关人员职务称谓变更及任免问题的决定》，审议通过市人大常委会各工作委员会组成人员名单。

2月2日 经鲁政函民字〔2001〕14号批复菏泽市牡丹区等9个县区调整部分乡镇行政区，同意将9个县区现有的7个街道、147个乡、97个镇调整合并为8个街道、150个乡镇（97个镇、53个乡）。

2月 林业部和中国花卉协会批准菏泽市为“中国牡丹之乡”。

4月17日 全国食品工业强县经验交流暨表彰会在菏泽召开。北京市顺义区、山东省曹县等46个县（区）被授予“全国食品工业强县”称号。

4月20—22日 “曹州武馆杯”全国散手擂台邀请赛在曹州牡丹园举行。菏泽代表队获团体总分第一名。

5月8日 菏泽市被授予“全省无偿献血先进城市”称号。

5月16日 省军区副司令员秦江昌、副政委高唯敏到菏泽视察市区非公有制企业民兵连建设工作。

5月18日 菏泽市与天津市大港区结为友好市区。

5月28日 中国工程院院士、著名小麦栽培专家余松烈应邀到菏泽考察指导小麦生产。

6月13—18日 境内飞机灭蝗工作在东明县、牡丹区、鄄城县、郓城县先后展开。此次灭蝗共完成作业面积1.67万公顷，灭蝗效果在95%以上。

6月15日 全市农村中小学布局进行调整，计划到2005年，小学由3581处逐步减少到1400处左右，并由五年制过渡到六年制；农村初中由348所调整到330所。

7月13日 由著名电影导演张艺谋摄制，郓城宋江武校“狗娃艺术团”主演的大型武术舞蹈《中国船》在俄罗斯莫斯科上演，为北京申奥助威。

7月20日 第八届全国青少年爱国主义读书教育活动表彰大会在北京人民大会堂举行。菏泽市43名获奖代表进京出席大会接受表彰。

7月20—21日 东明县普降大到暴雨，最大降雨量400毫米。29日，副省长陈延明率领省水利厅、省民政厅负责人到东明县察看灾情，慰问受灾群众。

8月8日 郓城县被国家科协授予“全国科普示范县”称号。

8月9日 市政府下发《关于贯彻鲁政发〔2001〕43号文件积极推进小城镇户籍管理制度改革的通知》。

8月10—11日 由财政部副部长张佑才，教育部副部长王湛和财政部教科文司，教育部财务司、基础司、人事司负责人组成的调研组在副省长邵桂芳和省财政厅、省教育厅负责人陪同下，到菏泽调查研究全国基础教育工作会议精神落实情况。

8月17日 境内行政审批制度进行改革。市政府要求用3个月的时间对法律、法规、规章和市内自行设立的行政审批、核准、登记、备案及审查转报等行政审批事项依次集中清理。

8月20日 市纪委下发《关于建立对新提拔的县级领导干部进行廉政谈话制度的意见》。

8月21日 市委授予王洪娥“菏泽市精神文明建设先进个人”“菏泽市新长征突击手”称号。王洪娥是曹县仵楼乡人，在北京城建集团经警大队打工。7月31日，因跳进含有大量毒气的污水井里抢救工友而中毒，被送往北京市海军总医院抢救治疗。共青团北京市委、中共北京市城建工委、首都精神文明办、北京市外来人口办、北京市建委联合授予王洪娥“北京市杰出外来务工青年”荣誉称号；北京市民政局向王洪娥颁发“北京市见义勇为人员”证书；公安部批准为王洪娥记一等功。在26日北京电视台举办的大型专场节目《真情互动》上，王洪娥将北京市民政局捐助给他的8000元现金当场转赠给中国音乐学院的特困生赵晨，资助其顺利完成学业。

10月10日 武警菏泽支队在市委举行上岗值勤升旗仪式。从即日起，市委、市政府的安全警卫及门岗值勤由武警战士担任。

10月26日 市级党政机构改革。按照与省直主要工作部门设置大体相对应的原则，市委设置工作部门8个、部门管理机构2个、市委派出机构 1个，各工作部门领导职数一般配备2～3名；市政府设置工作部门 29个、部门管理机构 6个、议事协调机构的办事机构1个、市政府派出机构1个。

10月26日 市政府召开全市县区长工作会议，专题研究确保教师工资发放问题。

10月29—30日 省东西结合加快菏泽市发展工作会议在菏泽召开。与会人员参观了菏泽市部分东西结合及对外合作企业，听取菏泽市的情况介绍和省电力集团公司、青岛市政府、烟台市政府等有关单位和企业的典型发言。省长李春亭指出，东西结合工作开展两年多来，4市5企业先后在菏泽兴办东西结合项目110个，到位资金7亿多元，推动了菏泽经济的快速发展。

10月30日 单县籍青年孙敦友被授

予“全国人民群众见义勇为先进分子”称号，并在第七次全国人民群众见义勇为先进分子表彰大会上受到表彰。

10月31日 菏泽市区双河立交桥竣工通车，结束了菏泽市没有城市立交桥的历史。该桥于2000年6月30日开工建设，工程总投资5761万元。

11月25日 国家重点建设项目菏泽至日照铁路复线工程（全长445.9千米）正式开通运营。

11月26日 建设菏泽文化大市研讨会在菏泽牡丹大酒店举行。中宣部原秘书长李长喜，省委宣传部副部长王凤胜，省文联党组书记张家伟，省社科联副主席包心鉴，市领导李明先、陈光等出席会议，省、市文化界部分专家、学者参加会议。会议围绕建设菏泽文化大市的必要性、可行性、基本目标及如何建设等问题进行了研讨。

12月1日 市政府确定每年的12月1日为“捐助日”，促进社会捐助活动规范化、制度化、经常化。

12月10日 市委决定，在全市范围内开展“解放思想大讨论”活动。整个活动从12月中旬开始，春节前基本结束，分学习发动、查摆问题、总结提高三个阶段。

12月12—14日 1999—2000年度全国无偿献血表彰大会在广州举行。菏泽市被授予“全国无偿献血先进城市”称号，菏泽日报社获“全国无偿献血促进奖”。

12月 由傅作义胞妹傅凤英出资86万元、从缅甸购进的巨型玉雕卧佛，落户于牡丹区牡丹办事处李集牡丹园内。该卧佛长5.4米，重6吨。

2002年

1月7日 山东省人民政府〔2002〕2号文批复，同意菏泽市政府关于将菏泽师范专科学校、菏泽教育学院、菏泽广播电视大学合并，将菏泽师范学校、菏泽农业学校并入，筹建菏泽学院。2004年5月17日，教育部教发函〔2004〕131号文批复，同意将菏泽师范专科学校改建为菏泽学院，为本科层次普通高校。2005年4月26日，菏泽学院举行揭牌庆典，结束了菏泽没有本科院校的历史。

1月18日 21时25分，中国第一头克隆牛在曹县曹城镇五里墩山东中大动物胚胎工程中心降生，表明国内克隆胚胎工程技术体系的综合能力达到世界先进水平。

2月21—25日 市政协十一届二次会议在中华影剧院召开，355名政协委员出席会议。市委书记、市人大常委会主任李明先到会讲话。会议听取黄爱菊作的《中国人民政治协商会议第十一届菏泽市委员会常务委员会工作报告》，聂书江做的《关于市政协十一届一次会议以来提案工作情况的报告》。

2月22—25日 市人大十五届二次会议召开，538名代表出席会议。大会审议并通过《政府工作报告》《2001年国民经济与社会发展计划执行情况与2002年国民经济与社会发展计划草案的报告》《2001年预算执行情况和2002年预算草案的报告》《市人大常委会工作报告》《市中级人民法院工作报告》《市人民检察院工作报告》。

2月28日 在广东省顺德市陈村举办

的全国首届牡丹花展落幕。此次牡丹花展共设 13 个金奖、37 个银奖、77 个铜奖，牡丹区选送的催花牡丹夺得金奖 8 枚、银奖 22 枚、铜奖 52 枚，获奖档次及数量均为花展第一。

3 月 8 日 巨野矿区彭庄矿井井筒检查孔正式开钻。

3 月 25 日 由市林业局、曹州百花园、国家林科院共同选出的 200 粒牡丹种子搭载“神舟三号”飞船在太空中绕地球飞行 162 小时，于 4 月 1 日返回地面。对牡丹在失重条件下进行的太空变异实验属世界首次。同年 9 月，200 粒太空牡丹种子在曹州百花园播种后，生长良好。

4 月 9 日 中共中央政治局常委、全国政协主席李瑞环，在省委副书记、省长张高丽，省委副书记、省政协主席吴爱英陪同下，参观冀鲁豫边区革命纪念馆，走访看望贫困村和贫困户，视察曹县五里墩村养牛基地、“九发”食用菌公司等农业龙头企业。

4 月 10 日 省委副书记、省长张高丽在市委书记李明先、市长陈光陪同下，视察曹县、定陶县、东明县和牡丹区部分企业、农村，走访慰问部分困难群众，并就如何加快菏泽发展提出重要意见。

4 月 10 日 省首批保安人才培训基地——郓城宋江武术学校、曹州武术专业学校、东明东方武术学校举行揭牌仪式。

4 月 13—14 日 中国人民银行济南分行组织省内 15 家政策性银行、商业银行聚集菏泽，举办山东省金融系统银企合作菏泽重点项目洽谈会。经过银企双方努力，菏泽市共有 32 家企业的 46 个项目与银行达成贷款协议，协议贷款金额 24.21 亿元。

4 月 14—15 日 淮海经济区市长会议在菏泽牡丹大酒店召开。该届年会的主要议题是总结安排经济区的工作，交流各地应对 WTO 措施，探讨如何迎接入世带来的机遇和挑战，研究新形势下深化区域经济协作的途径和方法。

4 月 16 日 颐海（菏泽）热电厂 1 号机组点火启动，一期工程总投资 1.32 亿元，主要供应菏泽东部城区 57 万平方米住房取暖及沿线 15 家工业企业用气。

4 月 18 日 中共中央政治局委员、省委书记吴官正在市委书记李明先等人陪同下，视察菏泽市城市建设和城市改造情况。吴官正要求菏泽市区建设要高起点、高标准。

4 月 26 日 中国巨野农民书画院暨巨野县农民书画研究会揭牌仪式在巨野县举行。省委原书记、省农民书画研究会名誉会长苏毅然，省人大常委会原主任、省农民书画研究会会长李振，省人大常委会原副主任徐学孟及省市书画艺术界人士参加揭牌仪式。

4 月 30 日 民革、民盟、九三学社菏泽市委员会和致公党、农工党菏泽市支部举行揭牌仪式。

5 月 7—8 日 境内小麦条锈病普遍发生，发病面积达 26.67 万公顷，占全市小麦总面积的 60%。

5 月 14 日 境内首例试管婴儿在鄄城县计划生育服务站助孕成功，填补菏泽市计划生育辅助技术上的一项空白。

5 月 18 日 市残联举办向 100 名残疾人赠送轮椅车、为 100 名肢残人免费安装假肢活动。

5 月 23—25 日 全国平原绿化现场经

验交流会在菏泽召开。26个省、市、自治区林业厅分管造林的副厅长及造林处处长，平原绿化典型单位代表共200多人参加会议。

5月29日 日东高速公路东明至曲阜段通车。

6月9日 青岛至菏泽直通口岸暨青岛港菏泽集装箱场站开通仪式在菏泽举行。菏泽口岸是山东省唯一一个直通内陆铁路口岸，它的开通，使进出口企业可以在菏泽直接办理报关、报验等手续，实现出口货物直接通港。

6月12日 全市劳务输出工作会议在菏泽牡丹大酒店召开。会议要求，要下决心把劳务输出作为主导产业来抓，以减轻城乡就业压力，增加群众收入。

6月25—26日 济南军区政委张文台中将，省委常委、省军区政委赵承凤到菏泽调研人武部帮扶工作，并在菏泽召开菏泽、济宁、聊城、泰安4市人武部帮扶工作座谈会。

6月 东明、牡丹、鄄城、郓城等县区的沿黄滩区发生蝗灾，面积达2.67多万公顷，蝗虫最大密度每平方米23.7头，平均密度每平方米0.91头。省市拨专款12万元，及时进行有效防治。

7月15日 全省第一个乡镇驻地社区——曹县庄寨镇庄子社区正式挂牌成立。

7月18日 19点40分，单县有5个乡镇遭受暴风雨和冰雹袭击，直接经济损失达1.5亿元。

7月29日 市行政审批服务中心正式运行。

8月 市政府建立“市长接待日制度”，时间为每月第一、三周的周一。

8月8日 全国武术搏击王争霸赛在菏泽举行。全国各地百余名运动员参加此次比赛。

8月10—12日 中共中央政治局委员、省委书记吴官正到菏泽调查研究。吴官正强调，要集中精力加快经济发展，多渠道增加农民收入和财政收入；同时要严格执行农村税费改革政策，切实减轻农民负担，进一步巩固农村税费改革成果。

10月23日 单县被中国楹联学会命名为“中国楹联之乡”。

12月16日 市委书记李明先离任，市长陈光接任。

12月18日 市人大常委会举行第十三次会议，决定杜昌文为菏泽市人民政府代理市长，同时任命王文升为市政府副市长，孙寿海为市法院副院长、代理院长，丁伟民为市检察院副检察长，代理检察长；同意陈光辞去市人民政府市长职务，孙义福、侯成君辞去市人民政府副市长职务，张玉佩辞去市中级人民法院院长职务，朱献瑞辞去市人民检察院检察长职务。

2003年

1月8日 公安部纪委书记祝春林在省公安厅厅长曲植凡陪同下，到济南市千佛山医院看望身患重病的郓城县公安局民警刘丙洋并转交公安部领导的慰问信和1万元慰问金。

1月9日 菏泽市获“全省双拥模范城”称号，郓城县、东明县、成武县、巨野县和牡丹区分别被命名为“全省双拥模范县区”。

1月 20日 哈利姆国际财团主席、中国（香港）南竹北移投资集团公司董事局主席哈利姆和中国新纪元有限公司副总裁曹云德一行到菏泽访问、考察，并就12个项目的合作事宜进行洽谈。

1月28日 菏泽市精神文明建设委员会向全市发出《关于开展向孟昭良学习活动的决定》。孟昭良是单县一位推三轮车的农民，为救助落难无腿湖南女子，脚蹬三轮车，辗转3500千米把她送回家乡。多家媒体报道其事迹。

2月17—21日 市政协十二届一次会议在中华影剧院举行，427名委员出席会议，市委书记陈光到会讲话。会议听取了杨成训做的《中国人民政治协商会议第十一届菏泽市委员会常务委员会工作报告》，聂书江做的《市政协十一届一次会议以来提案工作情况的报告》。会议选举孔令昌为政协菏泽市十二届委员会主席，聂书江、李德章、杨宪文、孟祥伦、朱效明、张建新、李建军、肖培树为政协十二届菏泽市委员会副主席，祝传收为秘书长。

2月18—22日 市人大十六届一次会议在中华影剧院举行。大会通过《关于市政府工作报告的决议》《关于菏泽市2002年国民经济和社会发展计划执行情况与2003年计划的决议》《关于菏泽市2002年预算执行情况及2003年市级预算的决议》《关于市人大常委会工作报告的决议》《关于市中级人民法院工作报告的决议》《关于市人民检察院工作报告的决议》。大会选举陈光为菏泽市第十六届人大常委会主任，王祖和、潘兴玺、范福临、朱献瑞、文廷良、郭仲生、常洪珍、汤建梅、潘建荣为副主任，李顺广为秘书长。选举杜昌文为菏泽市人民政府市长，赵润田、何茂远、夏鲁青、王文升、杨永昌、张存金、邵好学、童彩云为副市长。选举孙寿海为市中级人民法院院长，丁伟民为市人民检察院检察长（检察长一职须报经省人民检察院，提请省人大常委会批准）。

3月19日 市长热线电话正式开通。

4月4日 市“全民健身活动月”启动仪式在单县体育场举行。

4月7—10日 中国共产党菏泽市第十次代表大会（延续原县级菏泽市的届次）在菏泽中华影剧院举行。市委书记陈光代表市委向大会作了题为《深入贯彻“三个代表”重要思想，为全面建设小康社会而努力奋斗》的报告。大会选举陈光、杜昌文等37人为市委委员，梁抗美等7人为市委候补委员；选举崔建平等25人为市委纪律检查委员会委员。大会通过了关于市委工作报告的决议、市纪委工作报告的决议。

4月8日 市第一家税务代理中介机构——牡丹税务师事务所在菏泽成立。

4月10日 市纪委第一次全委会议在菏泽牡丹大酒店召开。会议选举产生新一届市纪委常委，市纪委书记、副书记，通过市纪律检查委员会《关于进一步加强自身建设的决议》。

4月10日 市委十届一次全会召开。会议选举陈光、杜昌文、赵润田、贾凤英、崔建平、马平昌、韩广洁、张玉佩、刘殿毅、宋新立、王长松、王浩为中共菏泽市委第十届委员会常务委员会委员，陈光为市委书记，杜昌文、赵润田、贾凤英、崔建平、马平昌为副书记，崔建平为市纪委书记。会议通过了《中国共产党菏泽市第十届委员会关于加强自身建设的决议》。

4月11日 中国煤炭科学研究总院副

院长宁宇等10位专家到菏泽考察巨野煤田开发情况，并对巨野煤田开发提出指导性意见。宁宇代表中国煤炭科学研究总院与菏泽市政府签订全面技术经济合作协议。

4月16日 市人民政府网站正式开通。

4月20日 由市地方史志办公室编纂的《菏泽牡丹志》出版发行。

4月21日 市委、市政府全面部署非典型肺炎（简称“非典”）防治工作。要求全市上下提高认识，广泛动员，全力打好防治“非典”攻坚战。

4月22日 由市政府主办，市公安局、市体育局、郓城宋江武校承办的首届中国（菏泽）保安演武大会暨中美散打赛在牡丹区体育场举行，郓城宋江武校培养的中方选手力挫美方选手,以7：0的总分取胜。

4月22—26日 首届中国（菏泽）林产品交易会在新落成的菏泽国际会展中心开幕。副省长陈延明，国家林业局司长贾骞，省林业局局长孙庆传、副局长丁希斌，以及市领导人陈光、杜昌文等为交易会开幕剪彩。全国各地的620余家企业参加交易会，参展摊位730个，签订招商引资合同和贸易合同（协议）338项，合同协议额32亿元人民币（其中包括外资合同协议额1.12亿美元）。

4月23日 市政府同澳大利亚国际商会在柏青大酒店举行建立友好合作协议签约仪式，副市长杨永昌和澳大利亚国际商会高级项目官员佩尔斯·卢克分别代表双方在协议书上签字。

4月23日 由国家林业局、山东省政府主办的首届中国（菏泽）林产品交易会专家论坛在菏泽举行。论坛的主要议题是中国林业产业化与经济国际化。

5月25日 境内夏蝗发生，最大密度每平方米17.3只。

6月6日 约旦国防部副部长阿加基率军需采购团一行12人到菏泽考察，就羊肉及其他农副产品出口事宜与市有关部门和企业进行洽谈。

7月7日 曾有中原第一牌坊之誉的北王召御史牌坊在鄄城县什集镇出土。此牌坊长14米，高15米，始建于明朝万历年间，是朝廷为褒扬曾任浙江道御史的北王召苏家第九代传人苏述而建，已有400多年的历史。

8月4—5日 中共中央纪律检查委员会（以下简称中纪委）委员、济南军区副政委尹凤歧到菏泽军分区视察工作。

8月10日 宋红杰烈士英雄事迹新闻发布会在菏泽举行。宋红杰，东明县长兴集乡找营村人，生前系第二炮兵某工程部队六连连长，中尉军衔。5月28日，宋红杰带领一个班在坑道收尾作业时突发险情，为抢救战友而牺牲。

8月13日 菏泽市地方戏剧院以单县农民孟昭良脚踏三轮车送肢残湖南女子回家的事迹为原型，编演的山东梆子大型现代戏《山东汉子》在中国戏曲学院大剧场演出，全国人大常委会、全国政协、中宣部、中央文明办、文化部、民政部、国家民委、全国妇联、中国残联、中国人口文化促进会等中央和国家有关部委、北京市政府领导人及戏曲专家500余人观看演出，并给予高度赞扬。该剧于2003年12月获文化部和国家计生委等七部委联合举办的第十届中国人口文化奖戏曲金奖，同时获得最佳编剧奖、最佳导演奖、最佳舞台设计奖、最佳音乐奖、最佳男演员奖、最佳女演员奖。被中央电视台、《人民日报》等10多家国家级新闻媒体予以报道。2004年9月，又在第七届中国艺术节上获文化新剧目奖、创作奖、导演奖、音乐创作奖、表演奖。

8月14日 《菏泽市国有土地使用权招标拍卖挂牌出让办法》发布实施。

8月18日 《菏泽市行政过错责任追究暂行办法》发布实施。

8月19日 全国“国花杯”中青年演员戏曲表演大赛在菏泽齐鲁大戏院举行，来自全国各地的近400名演员参赛。参赛剧种有京剧、豫剧、越剧、曲剧、昆剧等共46个。

8月20日 致公党菏泽市第一次代表大会在菏泽牡丹大酒店召开。大会选举产生第一届致公党菏泽市委组成人员，肖培树当选为主委，郭福祥、陈安侠为副主委。

8月20日 市政府在菏泽一中举行特困生救助仪式，发放各界捐款138.8万元，1154名寒门学子得到救助。

8月20—31日 境内平均降雨量191毫米，局部最大降雨量为374毫米，全市农田受灾面积39万公顷，受灾人口251.2万人，房屋损坏多处，损坏桥涵闸486座，直接经济损失达11.98亿元。省政府、国家民政部和省直有关部门及时拨付救灾物资，并派员赶赴现场查看灾情，组织救灾。

8月21—22日 省委书记、省人大常委会主任张高丽，省委常委、省委秘书长杨传升，省委组织部常务副部长刘玉功，省纪委副书记惠萩林到菏泽视察指导工作。在菏泽期间，张高丽参加市委常委民主生活会，考察企业，看望农民群众，在全市学习贯彻“三个代表”重要思想报告会作辅导报告。

8月26日 全长413千米的日照至东明高速公路全程建成通车。

9月2日 市城建部门在市老城区八一街东段施工时，发现掩埋的侵华日军炮弹80余枚。

9月18日、20日、28日 河南省兰考县谷营乡蔡集黄河控导工程28号坝前渠堤3次决口，河水淹没了东明县焦园、长兴集2个乡的135个村庄，近10万人被水围困，1.33万公顷秋季作物颗粒无收，造成直接经济损失7.1亿元。灾情发生后，胡锦涛、温家宝、黄菊、回良玉等党和国家领导人分别对东明黄河滩区的抗洪救灾工作做出指示。中共中央总书记胡锦涛指示：“要采取措施，确保被困群众的安全，努力减少受灾损失，并安排好群众生活。”10月5日，省长韩寓群、省委常委阎启俊、副省长陈延明带领省直有关部门负责人到菏指导抗洪救灾工作；民政部部长李学举带领救灾工作组赴东明灾区察看灾情。民政部会同财政部下拨资金1000万元用于救灾。10月29日，黄河兰考段决口成功合龙，东明县黄河滩区水位大幅度下降，灾区工作重心由抗洪抢险转入灾后重建。

9月24日 市政府下发〔2003〕44号文件，取消145项行政审批事项。

9月25—26日 市科协第一次代表大会在菏泽开幕，249名代表、22名特邀代表和6名列席代表参加会议。会议审议并通过《菏泽市科学技术协会章程》，选举刘爱钦为新一届市科协主席。

9月28日 市天然气输配工程投入使用。

10月1日 市政府发布《加快发展民办教育的若干规定》。

10月3日 菏泽一中举行建校100周年庆祝大会。教育部督导团办公室主任姜沛民，市委副书记、市长杜昌文，省教育厅副厅长张志勇，国防科委原副主任韦统泰，中央电视台军事栏目总监李文朝，天津警备区赵绍典，台湾菏泽同乡会会长高秉涵，中国科学院院士佟振合等出席庆祝会。全国人大常委会副委员长何鲁丽、教育部办公厅分别向菏泽一中致发贺信。

10月19日 市环城公园拆迁建设工程开工。

10月24日 中共中央政治局委员、国务院副总理回良玉到菏泽考察秋种工作。

11月5日 定陶县安箕富强酵母厂的安箕富强牌商标、山东圣龙纸业股份有限公司的圣龙牌商标、山东东明石化集团有限公司的鲁昌牌商标、山东菏泽睿辰科技开发有限公司的睿鹰牌商标等市内8件商标获“山东省著名商标”称号。

11月15日 市公安局牡丹分局副局长兼巡警大队大队长段金彪被公安部授予全国公安系统“一级英雄模范”称号。12月3日，市委、市政府和省公安厅在菏泽召开表彰大会，大会宣读了公安部《关于授予段金彪同志全国公安系统一级英雄模范称号的命令》、省政府《关于授予段金彪同志山东省模范公务员荣誉称号的通报》和省委、省政府《关于开展向段金彪同志学习活动的决定》，并向段金彪颁发奖章和证书。

11月19日 山东广电网络有限公司菏泽分公司成立。省长韩寓群发信致贺，副省长蔡秋芳、市委书记陈光为公司揭牌。

12月14日 中共中央总书记、国家主席胡锦涛到东明县长兴集乡受灾滩区，进村入户看望群众。胡锦涛强调，各级党委和政府要把安排好受灾群众生产生活作为一项十分紧迫的任务来抓，切实加大救灾工作力度，积极推动全社会送温暖活动，确保受灾群众有足够的口粮，有御寒的衣被，有过冬的住处，使他们能高高兴兴过新年、过春节。同时，要早作准备，加强工作，尽心尽力地帮助受灾群众重建家园和生产自救，及时安排好开春的生产。随后，胡锦涛到山东银香伟业集团公司（曹县五里墩）视察“克隆牛”。省委书记张高丽，省委副书记、省长韩寓群，市委书记陈光，市委副书记、市长杜昌文等陪同视察。

2004年

1月1日 市直党政群机关及具有行政管理职能的事业单位实行错时上下班制度，每天工作时间为上午8点半—12点，下午13—17点。

1月20日 境内第一对煤井——巨野煤田彭庄矿井开工建设。

1月30日—2月2日 市政协十二届二次会议在中华影剧院召开，425名政协委员出席会议，市委书记、市人大常委会主任陈光到会讲话。会议听取孔令昌做的《中国人民政治协商会议十二届菏泽市委员会常务委员会工作报告》、聂书江做的《关于市政协十二届一次会议以来提案工作情况的报告》。

2月2日 全市防治禽流感指挥部成立，市长杜昌文任指挥长。

2月3—4日 省委、省政府加快菏泽发展现场办公会议在菏泽召开。省委书记张高丽，副书记、省长韩寓群作重要讲话。

省委、省政府决定，成立省加快菏泽发展协调小组，负责全省支持菏泽发展有关工作的组织协调。

2月4—10日 菏泽太极拳选手徐一杰在2004年香港国际武术节上夺得陈氏太极拳男子组第二名、其他太极拳男子组第一名。

2月8日 境内首家私营商标代理机构——方圆商标事务所有限公司成立。

2月10日 经省政府批准，在省际间边界主要道口、无规定动物疫病区示范区边界设置56处防治高致病性禽流感检疫消毒站，其中菏泽境内设置8处。此前，经省政府批准，已在市境内设立7处动物防疫监督检查站。

2月14日 市委、市政府召开全市加快发展誓师大会。会议号召全市上下统一思想认识，明确任务目标，强化工作措施，为全面实现省委、省政府提出的“突破菏泽、加快菏泽发展”的战略目标而努力奋斗。

2月14日 省政府在菏泽召开支援菏泽劳务输出工作现场会议，贯彻落实省委、省政府加快菏泽发展现场办公会议精神，实施“西输东接”工程，加快菏泽农村劳动力转移。

2月18—22日 市人大十六届二次会议在中华影剧院召开，577名人大代表出席会议。大会通过《关于市政府工作报告的决议》《关于菏泽市2003年国民经济和社会发展计划执行情况与2004年计划草案的决议》《关于菏泽市2003年预算执行情况及2004年预算草案的决议》《关于市人大常委会工作报告的决议》《关于市中级人民法院工作报告的决议》《关于市人民检察院工作报告的决议》。

2月26日 省委、省政府组织的“百个项目进菏泽”工程第一次项目对接会在菏召开。全省14个市的29家企业带着40个项目，与菏泽市160家企业进行对接洽谈，当日达成22个项目合作协议，总投资金额104亿元。

2月26日 市委选派16名优秀年轻干部到龙口、荣成、章丘、临淄等经济强市（县、区）挂职锻炼。

2月29日 境内开展干部作风集中整顿活动。

3月12日 省委、省政府在菏泽召开对口帮扶欠发达县工作汇报会议。

3月24日 菏泽市牡丹区被评为“全国粮食生产先进区”。

3月30日 全市建设“诚信菏泽”动员大会在菏泽召开。

3月31日 中国首批本土体细胞克隆牛之一母牛“福福”在曹县五里墩银香伟业集团公司产下幼犊，取名“星星”。

4月5日 市国税局开发区分局办税服务厅获全国“三八红旗集体”称号。

4月10日 改建和扩建后的菏泽火车站新候车大楼正式投入使用。

4月20日 首届中国（菏泽）武术节在牡丹体育场举行。

4月22日 曹县常乐集乡焦村庙发生一起非法生产烟花爆竹爆炸事故，死亡15人、伤3人。

4月23日 由省经贸委组织的“知名专家菏泽行”正式启动，10位山东省知名专家对菏泽企业提供智力支持，代表所在科研单位与企业签订8项技术合作协议。

4月25日 “菏泽牡丹精品展暨赠碑仪式”在北京植物园举行。全国人大常委会副委员长何鲁丽到现场观赏。中宣部原部长陆定一为北京植物园成功引种菏泽牡丹题写“姚黄魏紫昆山白，曹州良种到京来”词碑。溥杰为曹州牡丹题写“天下第一香”词碑。全国政协副主席周铁农为捐赠仪式剪彩。

4月25日 境内对种粮农民实行直接补贴实施方案全面启动。

4月27日 中国社会科学院研究员、博士生导师朱铁臻，山东省社会科学院研究员、山东大学博士生导师马传栋，山东大学经济学院院长臧旭恒等10多名知名专家、学者、实业家到菏泽举办“卓越论坛”，探讨菏泽能源基地建设、城市可持续发展等经济发展中的重大前沿问题，为省委、省政府“突破菏泽”重大战略的实施提供指导和借鉴。

5月1日 曹州牡丹园国花馆举行开馆仪式。该馆由清华大学建筑设计院设计，建筑面积4000平方米，中央美术学院布展，分为序厅、国花厅、历史厅、科技鲜花厅、文化艺术厅和多媒体厅等部分，是全国品位最高、规模最大的牡丹博物馆。

5月21日 全国武术太极拳锦标赛在福建厦门大学明培体育馆闭幕。菏泽参赛选手马传福获42式太极剑金牌，徐一杰获陈式太极拳传统套路银牌。

5月24日 市“慈心一日捐”现场捐赠仪式在菏泽举行，48个单位现场捐赠393万元。慈善总会共接受捐赠善款534.43万元，其他物品一宗。

5月26日 定陶县实验小学被国家教育部语言文字应用研究所、全国“注音识字·提前读写”实验研究委员会评定为“教学研究实验基地”。

5月27—28日 应中央音乐学院、中国音乐学院和中国音乐家协会的邀请，菏泽民乐演奏团在北京成功举办两场音乐会，中宣部、文化部有关司局负责人及专家、学者800余人出席观看，中央电视台、《人民日报》《光明日报》等媒体作了专题报道。

5月28日 市委、市政府召开表彰大会，授予王常贺等10人全市“人民满意的政法干警”荣誉称号，享受市级劳模待遇；授予李安启等10人“社会治安见义勇为先进分子”荣誉称号。

5月28日 境内开展“结对帮扶进万家”活动。市、县区党政机关、事业单位、私营企业及社会各界人士与困难职工进行“一对一”帮扶。

6月26日 曹县、成武两县15个乡镇遭到暴雨、冰雹、龙卷风袭击，农作物受灾面积34万余亩，直接经济损失4.02亿元。

6月28日 由内蒙古电影制片厂和菏泽市委宣传部联合摄制的故事片《都市神捕》开机仪式在牡丹大酒店举行。《都市神捕》以全国公安系统一级英模、市公安局牡丹分局副局长段金彪和市公安局开发区分局副局长黄承友先进事迹为题材，塑造了基层公安民警的英雄形象。

7月5日 美国美中人民友好协会明尼苏达州分会理事玛丽·渥佩雅应邀到菏泽访问，为菏泽市与明尼苏达州结为友好城市牵线搭桥。

7月20日 国家林业局确定在菏泽建立中国林产品交易中心常设会址，决定每年9月定期举办中国林产品交易会，以综合博览展示与现代交易系统为载体，搭建中国林产业走向世界的产品交易、信息交流、期货贸易和资金结算平台。

8月16日 市政府发布《菏泽市城市房屋拆迁管理办法》。

8月17日 市义务教育“一费制”收费标准出台。

8月31日 菏泽口岸与青岛港实现直通。

9月15日 韩广洁任菏泽学院党委书记，郇章玉任菏泽学院院长。

9月18日 韩国在菏投资企业协会成立。

9月18日 台湾同胞在菏投资企业协会成立，台商张伊犁当选为会长。

9月19日 由国家林业局、山东省政府共同主办的2004年中国林产品交易会在菏泽开幕，国家林业局副局长、中国林交会组委会副主任雷加富，山东省副省长、中国林交会组委会副主任陈延明等出席开幕式。

9月19日 中国（菏泽）绿色财富论坛会在菏泽中银大酒店召开，国家林业局经济发展研究中心主任黎祖交，国务院研究室原副主任杨雍哲，中国工程院院士、中国林科院首席专家王涛，中组部原常务副部长赵宗鼐，中国证监会原主席、博士生导师刘鸿儒，中科院院士、中国林科院首席专家张新时，中科院院士、中国林科院首席专家唐守正，国务院参事、中国林科院首席专家、教授盛炜彤，国务院发展研究中心农村部部长韩俊，环境艺术家、教授王正明，河北农业大学林学院教授郑均宝，中国水利水电科学研究院节水灌溉首席专家邱为铎，建设部城镇化专家委员会副主任高潮出席并发言。

9月22日 2004年鄄城孙膑文化旅游节在鄄城县人民广场开幕。江西省委原书记、中华慈善总会荣誉会长万绍芬，中央统战部原副部长、台湾会馆董事长田鹤年，省委统战部副部长牛俊宪，美国孙中山和平教育基金会主席、夏威夷中国妇女慈善总会会长、印尼棉兰颍川宗亲会主席、爱国人士陈宗明等出席旅游节剪彩仪式。

10月15日 市政府发布实施《菏泽市科学技术奖励办法》《菏泽市城市管理相对集中行政处罚权试行办法》。

10月23日 由中国电视艺术家协会影视中心摄制的30集电视连续剧《牡丹仙子》在菏泽正式开拍。

10月25—28日 由省武术院主办的2004年“锦江杯”山东省武术套路精英赛在曹州武术专业学校开赛，全省17市的选手参加了比赛。菏泽市代表队在此次比赛的多个组别中获得第一名。

11月7日 市内最大的高电压等级项目——郓城500千伏输变电工程开工奠基。

11月8日 全省科学发展情况交流现场会在菏泽举行。省委书记张高丽、省长韩寓群，全省各市市委书记、市长及省直有关部门负责人，对菏泽部分企业和城市建设情况进行了参观考察。

11月8日 中国第一个生物发电综合示范项目——单县龙基生物发电公司在单县经济开发区正式奠基。副省长王仁元、山东电力集团公司董事长朱长富、中国龙基电力有限公司董事长蒋大龙等为工程奠基。

11月9日 市首届城市规划展在中国林展馆（菏泽）举行。

11月22日 曹县阎店楼镇青年农民姜全伟，通过全省公务员录用考试考核，被录用为国家公务员，为市内首位农民经考试考核录用的国家公务员。

12月3日　《菏泽市人民政府工作规则》《菏泽市国有企业改革意见》《菏泽市国有产权交易管理办法》《菏泽市应对价格异常波动暂行办法》《菏泽市搬迁压煤建筑物暂行办法》5个规范性文件，经市政府常务会议审议通过。

12月15日　菏泽第四次获得“全国无偿献血先进城市”称号。

12月17日　落实省公安厅《关于进一步深化户籍管理制度改革的意见》，制定具体实施方案，进一步放宽居民落户菏泽的条件规定。

12月20日　第二届“中国戏曲红梅大赛”揭晓，牡丹区大平调剧团国家一级演员何西良获金奖。

12月29日　市改革公民申领护照政策。公民凭身份证、户口簿，根据个人需要就可申领护照。

2005年

1月8日　《菏泽市住房公积金管理暂行办法》《菏泽市人民政府关于完善城镇医疗保障体系有关问题》发布实施。

1月10日　省委副书记、济南市委书记姜大明率济南市考察团到成武县研究对口帮扶工作，双方共达成合作项目20个，项目金额近30亿元。

1月10日　曹州牡丹园、天香公园、东明万福公园被省建设厅、省文明办授予“山东省文明公园”称号。

1月11日　省政府授予吕晓磊“山东省先进工作者”称号。吕晓磊是菏泽市输送的残疾人运动员，在第12届雅典残奥会上取得1枚金牌、1枚银牌。

1月24日　市委召开保持共产党员先进性教育活动动员大会，传达贯彻中央、省委保持共产党员先进性教育活动会议精神，总结交流市教育活动试点工作经验。

1月26—29日　市政协十二届三次会议在中华影剧院召开，451名政协委员出席会议，市委书记陈光到会祝贺并讲话。会议通过《中国人民政治协商会议菏泽市第十二届三次会议决议》《关于政协第十二届三次会议常务委员会工作报告的决议》《关于政协第十二届菏泽市委员会常务委员会提案工作情况报告的决议》。会议增选李学军为市政协副主席。

1月27—30日　市人大十六届三次会议在中华影剧院召开，552名人大代表出席会议。会议审议通过《政府工作报告》《关于菏泽市2004年国民经济和社会发展计划执行情况与2005年国民经济和社会发展计划的报告》《关于2004年预算执行情况与2005年预算的报告》《菏泽市人民代表大会常务委员会工作报告》《菏泽市中级人民法院工作报告》《菏泽市人民检察院工作报告》。

1月30日　市政府发布《菏泽市教育督导实施办法》。

2月21日　公安部授予菏泽市看守所“全国深挖犯罪先进集体”称号。

3月10日　乌拉圭东岸共和国（简称乌拉圭共和国）黑河省省长弗朗西斯科带领访问团到菏泽访问。双方签订乌拉圭共和国黑河省弗莱宾多市与菏泽市建立友好城市意向书。

3月16日　菏泽牡丹基因库建设在曹

州牡丹园正式启动。至年底，基因库已收集牡丹九大花系中的260多个品种、2万多株。

3月26—27日 旅法中国同学会会长、巴黎扬子国际集团总裁何跃一行到菏泽考察，与菏泽开发区西区初步达成合作意向。

3月27日 经国家林业局和有关专家审定，决定在菏泽市建立全国唯一的“国家林业局牡丹新品种测试基地”，承担对全国牡丹新品种的测试和认证工作。该基地于12月20日建成。

3月28日 菏泽山东圣奥化工股份有限公司开发的“RT培司连续催化氢化新工艺”被授予国家科技进步二等奖，实现了菏泽市国家级科技奖项零的突破。

4月2日 “文明菏泽从我做起”活动全面启动。

4月4—6日 由省建设厅、菏泽市政府主办的山东省首届园博会暨苗木洽谈会在中国林展馆（菏泽）开幕，全国20多个省市和省内设区的17个城市的217家企业参展。此次园博会共签订合作协议额7000多万元，达成长期合作意向272项。

4月8日 菏泽市高级技工学校被团中央命名为“中国青年创业培训基地”。

4月19—22日 中国城市规划协会、城市规划管理专业委员会第九次年会在菏泽召开。中国城市规划协会、中国城市规划管理专业委员会、山东省建设厅，以及全国8省10市的规划局长、有关专家汇聚菏泽，交流城市规划编制和管理经验。

4月22—23日 韩国驻青岛总领事辛亨根一行到菏泽开发区及曹县考察访问。

4月24—25日 中国CEO俱乐部山东第二次峰会在菏泽市牡丹区举行，上海家化置业总经理虞忠均、中国朝庆实业董事长朱朝庆等近50名中国商界优秀人士参加峰会。牡丹区与中国CEO俱乐部正式签订双方建立长期合作关系的“战略合作意向书”。

4月28日 “优质鲁西黄牛选育及产业化示范”项目研讨会在菏泽召开。中国农科院、西北农林科技大学、扬州大学等单位的国家级畜牧专家共同探讨鲁西黄牛产业发展问题。

5月1—2日 首届全国武术搏击擂台争霸邀请赛在菏泽举行，全国8省武术馆校的17支代表队300余人参加了17个级别的比赛。山东（菏泽）搏击运动学校在此次比赛中，分获男子48公斤、52公斤级第一名和男子60公斤级第三、第四名。

5月10日 省委、省政府在菏泽市召开加快菏泽发展调度会。省委常委、常务副省长林廷生出席会议并讲话，省直帮扶部门负责人和济南等8个帮扶强市的领导，省内10大企业负责人和菏泽市有关领导参加会议。会议强调，思想认识再提高，帮扶力度再加大，工作措施再具体，领导工作再加强，促进菏泽经济高速度、超常规、跨越式发展。

5月11日 全省教学示范表彰大会在菏泽召开。

5月11日 市政府发布《菏泽市住房公积金管理暂行办法》。

5月13日 市政府发布《菏泽市经济适用住房管理办法》《菏泽市行政奖励表彰办法》。

5月17日 全国人大常委会原副委员长田纪云在全国人大常委、农业与农村工作委员会副主任委员李春亭陪同下，视察菏泽市经济开发区及西区，参观菏泽市城市规划展和曹州牡丹园、环城公园。

5月28日 菏泽市获“全国民族团结进步奖”。

5月28日 2005年首届全国跆拳道邀请争霸赛在菏泽举行。江苏、河北等6省市、18个代表队、152人参赛。菏泽选手分别获得女子43公斤、47公斤、62公斤和男子48公斤、56公斤级第一名，并且团体总分名列第一。

5月30日 中共中央委员、中国人民武装警察部队政委隋明太在武警山东总队政委冯安少将陪同下，到武警巨野县中队和牡丹区中队视察部队工作、生活、训练、执勤设施“四配套”建设情况。

6月7日 由新疆维吾尔自治区党委副书记、政协主席艾斯海提·克里木拜，自治区副主席宋爱英率领的新疆党政考察团到菏泽考察。

6月11—12日 以驻旧金山总领事彭克玉（大使衔）为团长的外交部大使参赞考察团一行27人到菏泽考察。考察团围绕外交工作如何为企业“走出去”服务这一主题，考察了菏泽开发区、开发区西区部分企业。

6月17日 市政府发布实施《菏泽市村级兴办集体公益事业“一事一议”筹资筹劳暂行办法》。

6月 境内最高气温达到40.9℃，最高地表温度达65.7℃，是继1967年、2002年之后第三次出现的最高气温。

7月8日 青岛海关“属地报关、口岸验收”通关模式推介会暨便捷通关企业签约授牌仪式在菏泽举行。

7月14—15日 《菏泽市人大常委会关于同意菏泽市与韩国金浦市缔结友好城市的决定（草案）》经市人大常委会十六届二十次会议通过。

7月19日 《菏泽市村镇房屋权属登记管理暂行办法》经市政府常务会议审议通过。

7月22—23日 全市9县区普降大到暴雨。曹县、定陶两县降雨量分别为108毫米、103毫米。其中，最大雨量在曹县曹城镇，为213毫米。

7月25—26日 定陶籍中国留美管理学会主席兼会长明天然博士率领“齐鲁创业行”一行16人到菏泽考察。考察团带来多项高新科技成果，为菏泽的企业及其产品内引外联搭建平台。

8月3日 代表菏泽市参加第三届浙江国际传统武术大赛的曹州武术馆代表队载誉归来，共获得87枚金牌、26枚银牌、12枚铜牌，获奖总数占比赛全部奖牌的一半。

8月16日 牡丹区被列入中国农村社会养老保险制度改革援助全国首期6个试点县（区）之一，也是全省唯一被列入此项目的县区。

8月17—18日 由国家林业局副局长李育材和财政部、林业局有关司局负责人组成的国家林业投资体制改革联合调研组一行8人，到菏泽就域内的林业资产模式、林业产业化、林业生产情况进行调研。

8月24日 “菏泽市首届少年儿童英语和普通话风采大赛”落幕。672名少年儿童分别获特、一、二、三等奖。

8月26日 国家名牌战略推进委员会公布2005年度中国名牌产品，成武县现代达驰电气股份有限公司生产的“达驰牌变压器”成为菏泽市第一个国家名牌产品。

8月31日 牡丹区人民检察院被最高人民检察院授予“全国先进检察院”称号。

9月19—22日 第二届中国林产品交易会在中国林展馆举行，设展位812个，与会人员涉及美国、日本、法国、韩国、意大利等48个国家和国内17个省市，共计12.28万人次。

9月19—30日 全市出现连续阴雨天气，平均降雨202毫米，9县区严重受灾，直接经济损失达20多亿元。

9月25日 共青团菏泽市委、牡丹晚报社联合主办的“希望工程菏泽认亲会”活动在菏泽鲁能广场举行。全市103名受助贫困儿童第一次见到资助自己的“亲人”。

9月25日 菏泽市科协退休干部杨道敬在牡丹区何楼办事处实验的“太空大豆”喜获丰收，单株结荚300～800个。该大豆曾搭乘中国第20颗返回式科学与技术实验卫星在太空遨游18天。

9月25—26日 《人民日报》采访组一行5人到菏泽采访。内容涉及在推进发展中落实科学发展观、实施“突破菏泽”战略情况以及构建和谐社会包括建设节约型社会、加快推进循环经济、进行结构调整、开展自我创新、创立自主品牌等方面的新思路、新经验、新成就。

9月26日 商务部授权菏泽市对外贸易经营者备案登记资格。

10月4日 在第六届中国花卉博览会上，菏泽牡丹共获得18枚奖牌，其中，金牌5枚，银牌13枚，占牡丹专项奖的80%以上，囊括了牡丹专项奖中的全部金奖。

10月9—18日 郓城县农民马增胜研制的新型水泵系列产品，先后参加日内瓦全球发明家公会在瑞士举行的全球发明会议、日内瓦国际专利技术成果博览会、澳大利亚珀斯新技术新产品博览会，并全部荣获金奖。

10月15日 “千业杯”国际太极拳邀请赛在青岛举行，菏泽市选派的32名运动员共获金牌24枚、银牌18枚、铜牌8枚。由王守义新创的梅花太极拳获集体项目金奖。

10月24日 菏泽人民广播电台台长助理、《牡丹晚报》特约记者苑蓬和向导徐明生徒步重走长征路成功归来。苑蓬于2004年10月16日从江西于都出发，历经368天行程2.5万里，于2005年10月19日到达陕西省吴起县。24日下午3点回到菏泽。

10月30日 中国治理荒漠化基金会（筹）在北京召开黄河故道菏泽段治理开发规划研讨会。会议认为治理开发黄河故道，对改善故道区生产生活条件、建设现代农业和豫鲁皖苏四省黄河故道开发建设都具有十分重要的意义，初步确定了“湿地保护、林草畜牧业、黄河文化旅游、生物高科技产业园建设”四个规划重点。

11月16日 全国见义勇为英雄和先进分子表彰大会在北京人民大会堂举行。菏泽市民李安启被授予“全国见义勇为英雄”称号。

11月18日 市政府发布《菏泽市高致病性禽流感应急预案》。

11月20日 第十一届“中华大地之光”新闻人物表彰大会在北京人民大会堂举行。山东（菏泽）现代达驰电气股份有限公司董事长马效坤当选“全国十佳新闻人物”。

11月27日 由中国CEO俱乐部倡议，

以安置 CEO 俱乐部成员及海外跨国企业为主的“新加坡高新科技工业园”落户菏泽开发区西区。该项目总投资 15 亿元，工程包括企业研发体、企业孵化器、商务中心、信息中心和高新科技厂房等，建成后可容纳企业 15 家。

12 月 1 日 市政府下发《菏泽市城市医疗救助工作实施意见》。

12 月 14 日 菏泽发电厂荣获“全国文明单位”称号。

12 月 18 日 世界太极拳健康大会在海南省海口市体育馆举行，来自 10 个国家的 1075 名运动员参加了比赛，菏泽代表队 17 名运动员共获得一等奖 19 项，二等奖 10 项，三等奖 3 项。

12 月 26—27 日 省委书记张高丽，省委宣传部及省直有关部门负责人到菏泽就搞好社会治安综合治理、加强文化市场管理、关心困难群众生产生活等进行调查研究。张高丽先后到定陶县、成武县、巨野矿区等地进行考察和调研，深入村户看望贫困农户和困难职工。

12 月 26—28 日 山东省武术套路精英赛在济南举行。菏泽市曹州武术馆 12 名运动员获 9 枚金牌、8 枚银牌、5 枚铜牌。

12 月 27 日 境内第一次经济普查工作结束。此次经济普查共调查法人单位、产业活动单位 2.6 万个，个体经营户 17 万家。在全国总结表彰会议上，菏泽市获“先进单位”称号，54 人获得“先进个人”称号。

特　载

特　载

中共中央总书记、国家主席、中央军委主席习近平同菏泽市及县区主要负责同志座谈时的讲话

（2013年11月26日）

长期以来，我对菏泽这片土地一直很关注，一来到这里就感到格外亲切。特别是听到和看到近年来菏泽经济社会发展成绩显著，到处生机勃勃，感到很振奋。我们在尧舜牡丹产业园了解了牡丹产业发展及带动农民致富的情况，对牡丹除观赏旅游价值之外的加工增值价值有了新的了解，可以说长了见识。刚才，听了大家发言，感到很有启发。下面，我讲几点意见。菏泽，传说是伏羲之桑梓，尧舜之故里，先为商汤之京畿，继属曹国之疆土，孙膑、吴起、范蠡、曹植、黄巢、宋江等历史人物都同这里有密切关联，有深厚的历史文化积淀。今天，菏泽地处山东西南部，与苏、豫、皖三省接壤，四省通衢，物产丰富。但是，总体上看，菏泽还属于经济欠发达地区，发展经济、改善民生、深化改革的任务很艰巨。这些年，在山东省委和省政府领导下，通过实施“突破菏泽”战略、建设包括菏泽在内的西部经济隆起带，菏泽发展进入快车道。我相信，只要坚持在一个好的规划基础上实干苦干，稳扎稳打向前走，菏泽一定会越来越美好。在下一步工作中，第一个是要坚决推进改革，为发展提供强大动力。我们讲改革是决定当代中国命运的关键一招，菏泽的同志也有着深刻的体

会。党的十八届三中全会对全面深化改革作出了全面部署，理论上和实践上都有一系列创新突破。深入学习贯彻三中全会精神，是当前和今后一个时期全党全国的重要政治任务。菏泽要结合自己实际抓好全会精神的学习贯彻。特别要牢牢把握全面深化改革正确方向，克服惧怕困难、畏首畏尾的思想，保持与时俱进、锐意进取的精神状态，敢啃硬骨头，敢于涉险滩。对符合实际、看准了的事情，就大胆干；对妨碍科学发展、社会和谐的思想观念障碍和体制机制弊端，就坚决改；对改革中出现的新生事物，就勇于试，在实践中不断探索和积累经验。第二个是要坚决扭住发展质量和效益，增强发展后劲。一个地方发展要有一定速度，更要注重质量和效益，其中因地制宜、突出特色很关键。特色就是优势，就是潜力。菏泽能不能突出特色，在很大程度上决定着发展质量和水平。从我以前了解和刚才大家发言中，我感到你们要根据资源禀赋和产业基础，实现差异竞争、错位发展。你们粮食生产实现“九连增”，小麦、棉花最高单产均创全省第一，农业这个优势不能丢，要继续巩固加强。工业是菏泽需要加强的方面，但要坚持走新型工业化道路，有所为有所不为，形成有本地特色的产业体系和竞争优势。过去一说加快发展，往往扩规模、上项目、比速度的热情很高、冲劲很强，而对质量和效益重视不够，这不符合科学发展要求。无论是生产经营还是搞活流通，无论是改造传统产业还是发展新兴产业，都要把提高质量和效益摆在突出位置。凡是不符合技术质量和环保要求、效益不好的项目，坚决不能上，已有的这样项目要调整升级。这一点，对发达地区和欠发达地区是同一个标准。不发达地区发展空间大，一开始就要把握好，否则不顾质量大干快上，最后治理起来代价更大。第三个是要坚决打好扶贫开发攻坚战，不断改善贫困人口生活。大家谈到，当前菏泽市贫困面较大，还有不少农民人均纯收入低于省定扶贫标准二千五百元，扶贫开发任务较重。抓扶贫开发，中央有明确部署，这里我讲三句话。一是要紧紧扭住发展这个促使贫困地区脱贫致富的第一要务，立足资源、市场、

人文旅游等优势，因地制宜找准发展路子，既不能一味等靠、无所作为，也不能“捡进篮子都是菜”，因发展心切而违背规律、盲目蛮干，甚至搞劳民伤财的“形象工程”、“政绩工程”。二是要紧紧扭住包括就业、教育、医疗、文化、住房在内的农村公共服务体系建设这个基本保障，编织一张兜住困难群众基本生活的安全网，坚决守住底线。三是要紧紧扭住教育这个脱贫致富的根本之策，再穷不能穷教育，再穷不能穷孩子，务必把义务教育搞好，确保贫困家庭的孩子也能受到良好的教育，不要让孩子们输在起跑线上。贫困之冰，非一日之寒；破冰之功，非一春之暖。做好扶贫开发工作，尤其要拿出踏石留印、抓铁有痕的劲头，发扬钉钉子精神，锲而不舍、驰而不息抓下去。第四个是要抓好党的建设，打造一支高素质干部队伍。市县承上启下，位置重要，责任重大。市委书记、县委书记担负着领班子、带队伍、抓发展、保稳定的重任。大家要加强学习，加强实践，加强党性锻炼。要坚定理想信念，坚守共产党人精神家园，做到有追求、有境界。要勤奋工作，对党的事业高度负责，对人民群众高度负责，带头解放思想、改革创新，坚持求真务实、艰苦奋斗，真正做到为官一任、造福一方。要心系群众、服务人民，坚持党的群众路线，保持同人民群众的血肉联系，在思想感情上贴近人民群众，把解决民生问题放在各项工作的首位，下大气力解决好群众反映强烈的突出问题，下大气力做好关心困难群众生产生活的工作，多办顺应民意、化解民忧、为民谋利的实事。河南内乡县一座古县衙有这么一副对

联：“得一官不荣，失一官不辱，勿道一官无用，地方全靠一官；穿百姓之衣，吃百姓之饭，莫以百姓可欺，自己也是百姓。”此联用浅显的语言揭示了官民关系。封建时代的官吏尚且有这样的认识，今天我们共产党人应该比这个境界高得多。前不久人民日报一份内参介绍了云南怒江傈僳族自治州人大常委会副主任、独龙族干部高德荣的从政体会，我看了也很有感触。高德荣同志说：“领导就是带领群众一起干活，干出活路来。”“当干部、当领导的如果不务实，指挥棒就会变成搅屎棍。”“用身影指挥人，而不是用声音指挥人。”“漂浮在官场上使人越来越浮躁，生活在群众中让人过得更充实。”我把这些话推荐给大家，同大家共勉。你们介绍，这些年来，农村基层党组织坚持把联系群众、服务群众、凝聚群众、造福群众作为核心任务和基本职责，为广大农民群众力所能及地办了不少好事实事。农村基层的广大党员、干部，常年工作在第一线，风里来雨里去，一年到头奔波操劳，工作很辛苦，很不容易。这里，我代表党中央，通过你们向他们表示诚挚的问候。最后，祝大家身体健康、生活幸福、工作进步，祝菏泽的事业蒸蒸日上！

“中央惦记着你们”
——中共中央总书记胡锦涛到黄河滩区看望受灾群众纪实

新华社记者　刘思扬

2003年入夏以来连绵不断的雨情，特别是入秋以来黄河漫滩使山东东明县、河南兰考县部分滩区遭受严重洪涝灾害。灾情发生后，党中央、国务院十分关心，胡锦涛总书记作出重要批示，要求确保受灾群众的安全，努力减少损失，安排好群众生产生活。

元旦、春节将至，灾区群众生产生活安排得怎么样？胡锦涛总书记十分惦念。12月中旬，他专程来到山东、河南受灾滩区，走村入户，嘘寒问暖，揭锅盖，摸被褥，看粮袋，把党和政府的关怀带给灾区广大干部群众。

12月14日上午，胡锦涛来到灾情严重的山东省东明县长兴集乡。当地负责人介绍说，9月18日，由于黄河生产堤决口，东明县247平方千米滩区被大水淹没，焦园乡、长兴集乡两个乡镇的135个村庄近10万人被水围困，20万亩秋季作物颗粒无收。灾情发生后，省、市、县、乡党委和政府全力以赴做好灾民救助和灾后重建工作，目前救灾工作进展顺利，做到了受灾群众有饭吃、有衣穿、有房住、有病能医。

踏着泥泞的小道，胡锦涛走进黄杨寨村。57岁的李凤珍一家因洪涝遭受3000多元经济损失，有3间主房受损，秋季作物绝收。

在民政部门援助的棉帐篷里，胡锦涛摸着棉被、棉褥，问李凤珍晚上冷不冷、电视能不能收看，随后察看了受损的房屋。

“吃粮问题解决了吗？”胡锦涛关切地问。

“前些时候政府送了些。现在给俺发了卡，凭卡领粮。”

“家里有存粮吗？”

“有一些。”

“能吃到春节不？”

“吃完了可以按规定去领。”

胡锦涛起身察看李家的存粮，看到有半口袋黄豆和两口袋面粉。他还特意走进灶房，揭开锅盖察看，锅里刚刚蒸好的馒头散发着热气。

“总书记放心吧！俺吃饭没有问题，穿衣也没有问题。”李凤珍指着妻子八成新的棉衣说：“俺穿的棉衣都是政府送的。”

胡锦涛握着李凤珍的手说：“我在北京听说你们受了灾，心里十分焦急。中央的同志一直惦念着你们。这次来，看到你们吃饭、穿衣、住房都基本有了保障，我就放心了。”他问村支部书记：“村里对下一步工作有什么考虑？”

“俺村地势太低，准备搬到堤外去。”

东明县委负责人说：“第一批搬迁的村有 8 个，涉及 2300 多户，10000 多人。”

胡锦涛问李凤珍：“大家都赞成搬吗？”

“赞成。”

胡锦涛说：“从长远看，搬到堤外就安全了。对搬迁工作，政府会继续给予帮助，也要靠大家自力更生、共同努力。下一步要下大力气抓好发展生产和重建家园工作。”

离开李凤珍家，胡锦涛来到灾情严重的单庄村。村民麻聚轩一家在洪灾中房屋受损，秋季作物颗粒无收。麻聚轩不气馁、不等靠，带着七八十个年轻人外出打工，

以打工收入来弥补农业受灾的损失，缓解生活困难。听到这个情况后，胡锦涛称赞麻聚轩说：“你当过兵，又是党员，关键时刻发挥了骨干带头作用。”

听说村里有 17 户民房倒塌，胡锦涛十分关心，他拉着麻聚轩的手说：“走，带我去看看。”

沿着村里的小道步行几分钟，几座破损的民房映入眼帘。正在临时帐篷里带孩子的村民赵凤英想不到总书记来到她家，激动得不知说什么好。胡锦涛说：“听说你们家的房子受灾倒塌了，我来看看你们。”

了解到赵凤英的丈夫在外地打工，每月能寄些钱回来，胡锦涛说：“冬季农活不多，外出打工是缓解目前生活困难的好办法。”他又问：“一家人吃饭都能保证吗？”

“可以凭卡到粮站领粮。”

“还有什么难处吗？”

“春节前应该没啥问题。”

离开村子时，天色渐暗。胡锦涛嘱咐当地干部：“要继续艰苦奋斗，带领群众生产自救。特别是搬迁问题，要做好群众的思想工作，还要规划好新址。不仅要解决好群众眼前的困难，还要注重解决好村里的长远经济发展问题。”

12 月 16 日，在河南考察工作的胡锦涛又专程来到兰考。历史上黄河多次在兰考决口、改道。今年 9 月 18 日、20 日，黄河兰考段生产堤两次决口，造成滩内谷营乡 16 个行政村、17500 多人被大水围困，损失严重。

胡锦涛乘坐的面包车在滩区内穿行。20 多天前，这里还是一片汪洋，如今大水已经退去，但滩区里的农田积满了厚厚的淤沙，枯死的玉米秆、棉花秆四处可见，

房屋墙上还留着泥水浸泡的清晰痕迹。看到这一景象，胡锦涛神色凝重。

胡锦涛来到陈庄村村民雷天义家。在这次水灾中，雷天义种的10亩农作物全部绝收。胡锦涛详细询问雷天义一家的受损情况和下一步的打算。雷天义紧紧拉着总书记的手，含着眼泪说："要不是共产党领导得好，千军万马堵决口，黄河这次可就改道了。如果改道，俺可就无家可归了。现在，水退了，政府也给俺发了口粮、衣被。等明年开春，俺要种上几亩花生、棉花，还要养些牛羊，日子一定会好起来的。请总书记放心。"

听说金庙村有些户的房子在大水中倒塌，政府帮助搭建了简易房，胡锦涛执意要去看看。

胡锦涛来到高坡上的一间简易房。这是当地政府为村民金保安一家搭建的。房子的门框上贴着"政策扶助有房住，灾后重建显志气"的对联，横批是"共渡难关"。胡锦涛走进房子，摸摸床上的被褥，看看门后的粮袋，向金保安详细询问他一家的生活情况。看到房间的电灯用的是简易电线，胡锦涛细心地提醒他们，要注意用电安全，防范火灾隐患。胡锦涛对金保安说："今年灾情较大，损失也较大，先解决眼下过冬问题，明年开春再盖新房。党和政府惦记着你们，一定会千方百计帮助大家安排好生产生活。"

12月15日、17日，胡锦涛分别听取山东、河南省委、省政府的工作汇报和有关市县乡的情况介绍，并在会上发表了重要讲话，明确要求各级党委和政府把安排好受灾群众生产生活作为一项十分紧迫的任务来抓，切实加大救灾工作力度，积极推动全社会开展送温暖活动，确保受灾群众有足够的口粮、有御寒的衣被、有过冬的住处，使他们能高高兴兴过新年、过春节。同时，要早作准备，加强工作，尽心尽力地帮助受灾群众重建家园和生产自救，及时安排好开春的生产。

新华社 2003 年 12 月 17 日

和大家在一起过年，我高兴，也安心
——国务院总理温家宝来菏纪实

菏泽日报社记者　边兆聚

春到花乡，大地飞歌。2006年春节来临之际，菏泽人民迎来了一件盛大喜事：中共中央政治局常委、国务院总理温家宝在省委书记张高丽、省长韩寓群陪同下来到菏泽 ，与全市群众共度新春佳节。温总理在菏泽进社区，入农家，到油区，嘘寒问暖；拉家常，话发展，倾听民声，了解民意，把党和政府的温暖送到人民群众心坎上，充分体现了"亲民爱民总理"的光辉形象。作为菏泽日报特派记者，笔者随行采访了温总理在菏泽的全程活动，并记录下那一个个令人难忘的时刻。

菏泽能有这么大的发展变化，我很高兴

2006年1月27日（农历腊月二十八），菏泽城到处张灯结彩，鞭炮声声，洋溢着喜庆祥和的节日气氛。下午六点，温家宝

总理的车队悄然抵达菏泽。温总理上午还在北京参加春节团拜会，下午在济宁农村视察，劳顿了一天的他来到菏泽，匆匆吃过晚饭，没做片刻休息，就到牡丹嘉园居民家中走访。

牡丹嘉园是旧城改造后新建起的一个居民小区，也是近年来菏泽城市建设的一个缩影。总理在小区门口一下车，立即引起了轰动。人们汇成一条欢乐的河流，随总理往前涌动。“总理好！”“给总理拜年！”人群中发出的问候不绝于耳，笑声、掌声、祝福声响彻夜空。温总理一边往前走，一边频频向两边欢迎的人群挥手，不停地说：“大家好！给大家拜年！”人们争相向前和总理握手，幸福的笑容挂在每一个人的脸上。

温总理首先来到居民张世兴家，老张是供销系统的一名退休职工。总理进门后和老张一家人一一握手，给他们拜年。落座后，温总理和老张拉起了家常。

“你是菏泽人吗？”

“我是聊城人，1956 年出来的。”

“多大年纪啦？”

“今年 69 岁。”

“几个孩子？”

“三个儿子，全家十一口人，今天全都在家里过年。”

“孩子都有自己的房子吗？”

“都有房子，有的比我的好，有的不如我的好。”

“您拆迁的时候一平方补了多少钱？”

“我拆了一个院，补了我十六万块钱。这个房子买的时候一次性交清，一平方一千块钱，加上装修一共花了不到十四万块钱。”

“您还剩了两万呢！”总理的话引起一片笑声。

温总理还详细询问了老张儿子、儿媳的工作情况，孙子、孙女的学习情况，还关心地问他老伴的病情和治疗情况，退休金能不能及时足额领取，医疗费能不能负担得起，关怀备至，细致入微，令人动容。老张满怀激动地说，感谢省委省政府实施“突破菏泽”战略，帮助菏泽加快发展，使菏泽的高楼越来越多，马路越来越宽，路灯越来越明，群众生活越来越好，人民越来越满意。总理高兴地说：“和以前不一样了。”

随行的山东省委书记张高丽向温家宝总理汇报了“突破菏泽”战略实施情况，温总理赞许地说道：“作为欠发达地区，菏泽能有这么大的发展变化，我很高兴。”

乘着夜色，温总理还兴致勃勃地视察了牡丹商业广场。广场上华灯齐放，流光溢彩，温总理向广场上欢呼的人群频频挥手致意，并同夜市上的商贩亲热聊天。他问了糖炒栗子的价格，经营者每天的收入，市场环境如何。他问旁边的市民年货准备了没有，什么时候放假。在一个糖葫芦摊前，总理问摊主石贤朋的生意如何，一晚上收入多少，并祝他过年发财。一个买曹州耿饼的商贩大声喊："总理吃个柿饼吧！"总理连声说："谢谢！谢谢！"

除夕前的菏泽城，变成一片欢乐的海洋。

除夕一大早，我第一个就来给回民兄弟拜年

1 月 28 日是大年除夕，早晨浓雾弥漫，能见度很低。温总理冒着大雾到曹县王集乡郭庄村看望慰问群众，到达时已是日出雾散，阳光明媚，村民们早已聚集在街道两旁欢迎总理的到来，"总理来了，总理来了！""总理好，给总理拜年！"欢呼声和问候声响成一片。

郭庄村是个回民村，有 1000 多人，经济发展比较快，人均收入超过 8000 元。温总理首先来到郭绪臣家，得知他爱人长年有病，家里比较困难时，温家宝送上了慰问金，并关切地问起他还种地没有，收入怎么样，年货准备了没有，家里还缺什么，并叮嘱村干部照顾好困难家庭。

温总理说："今天是大年除夕，一大早我第一个就到你们村，给回民兄弟拜年，看望大家，希望你们的日子越过越好。"村党支部书记、全国劳模郭继春向总理介绍说，多年来全村始终坚持民族团结，发展经济，尊老爱幼，遵纪守法，16 年没有发生一起违法犯罪案件，去年全村共向国家纳税 600 多万元，平均每人纳税 6000 元，全村盖起了 100 多座别墅楼，买了 80 多辆私家轿车。温总理高兴地说："你总结得很好，村子富了，乡风要更好。人富了，更要团结，这样社会就和谐。只要各民族团结一心，日子就会越过越红火。你们挣钱越多越好，老百姓越富裕越好。"

随后，温总理又来到村民郭龙涛家，和他亲切聊了起来：

"你家里的经济情况怎么样？"

"党和政府的政策好，我靠畜产品和木材加工富起来了。"

"你家买车了吗？"

"买了，去年买了两辆，一辆奥迪，一辆桑塔纳。"

"村里人都干些什么？"

"养牛、养羊、搞加工。"

"村里养牛的多不多？"

"不少。"

"你家养了吗？"

"我家没养。"

"你家养了两辆车，就不用养牛了是吧。"

总理风趣的话语，带来满堂笑声。

温总理又叮嘱郭继春说："郭庄村在你的带领下，已经是远近闻名的富裕村了。中央提出，要按照生产发展、生活宽裕、乡风文明、村容整洁、管理民主的要求，建设社会主义新农村。希望你再接再厉，继续发挥致富带头人的作用，早日把郭庄村建成社会主义新农村。"郭继春握着温总理的手深情地说："祝总理身体健康，祝我们国家繁荣昌盛！"

车开了，温总理敞开车窗，探出身子

向群众挥手致意。外边风大，工作人员几次把窗子关上，总理又打开，一直到村外。

你吃上饺子，我就放心了

五里墩村80多岁的五保户郭秀兰大娘怎么也没想到，除夕这天，温家宝总理给她拜年来了。离开郭庄村，温总理又来到曹县曹城镇五里墩村看望群众。

一进屋，温总理就握着郭秀兰的手嘘寒问暖："老人家，年夜饭准备好了没有？"

"村里送来了各种年货，饺子也包好了。村里每年都忘不了我，感谢党的好政策啊！"郭秀兰回答说。

温总理动情地说："你过年吃上饺子，我就放心了。这屋里有点凉，你晚上睡觉冷不冷，自己做饭吗？"

"不冷，村里有人来帮着做饭，挺好的。你今天来看我，我心里可欢喜呢。"

温家宝还不放心，他掀起老人穿的棉衣看看厚不厚，又起身走到老人的床前，伸手摸了摸床上的被褥，看是不是暖和，然后才放心地点了点头。临走时，温总理叮嘱村里的干部："老人年纪大了，眼睛又不好，一定要在厕所里准备个便桶，晚上要有个便盆。"

温家宝又来到村民谢付生家里，向他全家拜年，并详细询问生产生活情况。当听说全村在龙头企业带动下靠发展养殖业逐步致富时，温家宝连连点头。在亲切的交谈中，总理和人民群众的心紧紧贴在一起。在掌声中，谢付生8岁的女儿给温总理唱起了歌，表达全家对总理的祝福："新年好呀，新年好，祝福爷爷新年好！"这祝福也是菏泽人民的共同心声。

歌声和笑声溢满整个农家小院。

过年了，我就在这儿吃饺子

定陶县定陶镇牛楼村是一个普通的小村，除夕这天，年味更浓，孩子们穿着新衣服在村口玩耍，大人在家里张罗着年饭，一派喜气洋洋。温总理来到牛楼村时已近中午，全村一下子沸腾了。

在村民何明文家里，温总理和他促膝而谈，拉家常，话农桑。温总理仔细地询问老何多大了，还能不能干活，种了几亩地，一年打多少粮，养猪养羊没有，过年买了几斤肉，生活上还有啥困难？何文明回答说，干活还行，种了二亩地，一年能收千把斤麦子、千把斤玉米，俩人吃不了，养了一只羊，年前卖了370元，过年买了10多斤肉，过年啥也不缺了。临行，温总理走到粮囤边，看看满囤的粮食，对何明文说道："请放心，以后农民的日子，会越来越好！""这都是党的政策好！这都是党的政策好！"何明文拉着总理的手，连声说。

随后，温总理又来到年近90岁的村民牛辉亭家，一进门就拉着他的手说："给您拜年！您是我今天见到的年龄最大的人。"老人有些耳聋，温总理就靠近老人的耳朵，再次大声说："给您拜年！"这回老人听清了，赶忙说："我给你拜年，你是总理！"温总理说："应该给您拜年，因为您年龄大！"

温总理扶着老人坐下，老人高兴地对他说："几千年的皇粮国税现在全免了，农民的日子越来越好，这都是中央领导得好。"温总理说："都是大家干得好。"

看看时间已近中午十二点，温总理问老人："您还有什么要跟我说的？"牛辉亭老人以农家人特有的朴实方式挽留总理："上午还回去不？"温总理明白老人的意思，故意幽默地说："我不回去您请我吃饭吗？"老人高兴地说："我请你吃饭！"总理爽快地答应道："行！您请我吃什么饭？"老人说："愿意吃啥饭就吃啥饭！现在跟以前不一样了，生活好了，啥都有。您要在我这儿吃顿饭，我就喜欢得不得了。"温总理也高兴地说："那好，过年了，我就在这儿吃饺子。"

一会儿，热气腾腾的饺子端了上来。温总理端起第一碗饺子送到牛辉亭老人手里，请老人先吃。

"饺子真香，我今天要多吃几个。"温总理边吃还不时给老人碗里添着饺子，牛辉亭老人说："总理年年都和群众一起过年，不容易。"温总理笑着说："跟大家在一起过年，我高兴，也安心。"

大家边吃边聊，不知不觉半个多小时过去了。总理该走了，老人恋恋不舍地起身相送，并邀请总理有时间再到家里来。温总理说："好！希望我下次再看到您的时候，您还是这么健康，祝您活到一百岁！"

总理走出门了，老人还站在门口挥手张望。温总理又返回身来，再次和老人握手告别，这个小小的农家院里充满着共和国总理和人民群众的浓浓深情。

总理的手和淘粪工的手紧紧握在一起

除夕下午，温家宝总理又到环卫小区看望慰问环卫工人。环卫小区是市委、市政府为解决环卫职工住房难专门建设的，共有150多户环卫工人入住。

温家宝首先来到牡丹区环卫处老工人李金生家。老李是一位淘粪工，在环卫岗位上已经工作了几十年。一进家门，温总理就紧紧握住李金生的双手，然后一起坐在沙发上，亲切地和他拉起了家常。温总理从工作情况问到工资收入，从家庭成员问到住房条件，李金生一一做了回答。当温总理得知老李的儿子、儿媳、女儿都是环卫工人时，高兴地连声说："你全家光荣！"从进门到出门约有10分钟时间，总理的手一直和李金生的手握在一起。

随后温总理又看望了全国劳模、牡丹区环卫处退休工人宋焕云。进门后，温总理首先向宋焕云一家拜年，然后拉着她的手，一起坐在沙发上，亲切攀谈起来。总理问她哪一年参加工作，干淘粪工多少年，什么时间评为全国劳模，到北京去过几次，啥时间退的休，老伴在什么单位上班，现在生活上有没有什么困难等，关怀无微不至。总理说，干淘粪工作很脏很累，但必须有人去干。他称赞宋焕云从一个女淘粪工干到全国劳模实在是不容易，并对她说："城市的整洁优美离不开环卫工人的辛勤劳动，你们应该得到社会的尊重。请你向全体环卫工人转达我的感谢和问候！"

温总理还对在场的省市领导说，各级党委、政府要关心和爱护环卫工人，为他们多办实事、办好事，解决他们的实际困难。

临别时，总理又嘱咐宋焕云要保重身体，安度晚年。宋焕云激动得热泪盈眶，拉着总理的手一直送到车上。

下午四点多，离开环卫小区，温总理要到地处牡丹区的中原油田某钻井现场与油田工人一起过年。沿途，陪同的市委书记

陈光向总理介绍了牡丹区工业园和东明县石化工业的发展情况，温总理高兴地对陪同的领导同志说：“我看菏泽大有潜力啊！”

温家宝总理来菏泽视察并和群众共度春节的消息，像一股春风吹拂菏泽大地，全市上下群情振奋，深受鼓舞。2月5日，市委专门召开常委扩大会议，市委书记、市人大常委会主任陈光通报了温家宝总理来菏泽与群众共度春节的有关情况，并转达总理对全市人民的问候，传达学习了温总理的指示精神。他要求各级各部门要以温总理视察菏泽为动力，扎扎实实做好各项工作。全市人民团结一心，奋力拼搏，埋头苦干，争取以更加优异的成绩向总理汇报。

永远不能忘记
——2003年黄河抗洪救灾纪实

菏泽日报社记者　武占民

2003年，一个多灾多难的年份，让人心头沉重：先是秋雨连绵，整个菏泽市107个乡镇重灾，338万亩农田绝产；继而洪水肆虐，黄河滩区247平方千米一片汪洋，9.68万群众被洪水围困。

抗洪前线，一位基层干部满怀忧伤：“内涝未除，洪水又起，灾难是‘霜上加雪’……”

2003年，一个载入史册的年份，令人精神振奋：面对严峻的考验，在中央和省委、省政府的亲切关怀下，在社会各界的无私援助下，市委、市政府带领800多万菏泽人民奋起抗灾，表现出高度的团结协作精神，可贵的知难奋进精神，其景可歌，其情可泣。

国务院副总理回良玉视察灾区后，动情地说：“这么大的灾害，无一人死亡，无一家断炊，群众情绪这么好，是一个奇迹！”

水！水！水！

金秋八月，本该是一番丰收景象：金灿灿的玉米、大豆，云浮玉堆般的棉花，馨香宜人的瓜果……这时节，会心的微笑浮动在脸上，收获的喜悦沉淀在心头。

然而，一切因多年不遇的内涝而改变。

8月21日—31日，一场场暴雨突袭菏泽，十天内降雨191.0毫米，比历年同期偏多485%，为新中国成立以来历年同期降水最大值。资料显示，整个8月份，全市累计降水250毫米，比历年同期多90%，暴雨如注，汪洋一片。

158个乡镇全部受灾，其中成灾126个，重灾107个；被水围困村庄达465个，受灾农作物1010万亩，其中成灾807万亩，绝产338万亩；倒塌房屋71686间，损坏房屋 110332 间，共造成直接经济损失 42.3 亿元。

8 月 29 日，省委书记张高丽打电话给市委书记陈光，详细询问菏泽内涝灾情，要求切实抓好抗灾救灾，确保群众生命财产安全。

8 月 31 日，张高丽就菏泽救灾专门作出批示；省长韩寓群提出抗灾指导意见；副省长陈延明率省直部门负责人亲赴各县区视察灾情，指导抗灾。

在省委、省政府的关怀下，市委、市政府领导 800 多万菏泽人民奋起迎战内涝时，另一场灾难悄然而至。

9 月 18 日，度过主汛期的黄河下游，波澜不兴。中午，一股细流蛇一样滑出河南省兰考县谷营乡蔡集生产堤，转瞬形成决口宽约 100 米。

9 月 20 日晚 7 时许，原决口西南约 300 米处又出现决口，决口宽达 600 米，大量洪水流入东明境内。

9 月 24 日夜 9 时至 25 日下午 7 时，我市组织县乡干部 300 余人、民工 2600 余人、各类工程机械 20 余台套、农用三轮车 200 余辆、装土编织袋 6 万条支援兰考县抢堵决口。

9 月 28 日凌晨，在第二决口西南约 500 米处再次出现决口，决口宽约 200 米，洪水居高临下，从主河道向滩区倾灌。

险情不断升级，洪水以 600 到 800 立方米每秒的流量顺滩而下，老君堂格堤以下方圆 247 平方千米的东明黄河滩区俨然成了一座大水库，洪水只进不出，水位持续上涨，平均积水 1.6 米，最深 2.6 米。

10 月 7 日，记者乘船进入被大水围困的焦园乡和长兴集乡滩区，沿途不时有漂浮的麦草垛，偶尔见有高粱穗露出水面，一排排白杨树和柳树只剩下稀疏的树冠。平时建在三四米高的土丘上像“空中楼阁”般的村庄，成为一个个“孤岛”。

地势低洼的董庄小学，已被洪水淹没。学校的院墙和大门刚刚露出头，像漂在水面上。

一座油田钻井台耷拉着脑袋矗立在水中，几只燕子将这里当成小憩的驿站。几根电线杆孤零零地竖在水中，低垂的电线距离水面最低的不到 1 米，小船经过时，所有人必须低下脑袋。

被大水围困的村庄，是一片房倒屋塌的景象。

从 9 月 20 日开始，大李庄就被洪水包围了。村干部带领群众打了大大小小近 20 道堰，水仍然一点一点逼近。全村大多数胡同已经进水，1000 多口人的村庄只剩下一块东西 300 米、南北不到 200 米的“干地儿”。

村民李山东的房子后墙裂了，裂缝大得伸得下拳头。而全村几乎 70% 的房屋已经成为危房。村党支部书记李合信说，1996 年发洪水，村子也被泡了，但损害没有这么严重。

大李庄只是滩区灾情的缩影。灾后，一个个翔实的统计数字令人心痛：247 平方千米的南部滩区被淹，135 个村庄、9.68 万人被洪水围困，20 万亩秋作物几乎颗粒无收，损坏桥涵闸 188 座、机井 86 眼、供电线路 139 千米、通信线路 167 千米、公路 86.2 千米，损坏房屋 33940 间、倒塌房屋 3914 间，直接经济损失达 7 亿多元；防滚河坝塌坡 7300 米，大堤面河坡脚塌坡 4850 米，背水坡脚外 7 段 1800 米出现渗水和管涌迹象。

不屈的脊梁

“现在，我们走过来了，大家在一起说说笑笑的。想想当天晚上那景象，我在北京开会真是急得在屋里走来走去，在那里搓手啊、跺脚啊，凌晨两点钟也睡不着觉呀……”10月25日，当抗洪抢险取得阶段性胜利的时候，韩寓群省长倾吐了一腔肺腑之言、令在场的所有人为之动容。

灾情似火，牵动着各级领导的心。

10月3日，中共中央总书记胡锦涛批示：要采取措施，确保被围困群众的安全，努力减少受灾损失，并安排好群众生活。

10月4日，国务院总理温家宝批示：请河南省采取措施排除生产堤险情，山东省妥善做好受灾群众转移安置工作，两省要加强协调配合。

当天，国务院副总理回良玉、山东省委书记张高丽相继作出批示。

10月5日，韩寓群省长连夜驱车700多千米赶赴东明抢险救灾第一线，亲自组织指挥。

10月6日，中共中央政治局常委、国务院副总理黄菊给正在黄河滩区指导抗洪救灾的省长韩寓群通电话，了解灾情。

10月8日，省委书记张高丽主持召开省委常委会，专题研究东明抗洪救灾问题。张高丽书记指示：要坚决贯彻落实胡锦涛总书记和中央领导同志的重要指示，切实加强对抢险救灾工作的领导，确保人民生命财产安全，确保黄河大堤安全，确保受灾群众的基本生活，确保受灾群众身体健康，确保社会政治稳定，努力做到抢险救灾与群众安全生产、生产自救与经济发展两不误。

10月10日以后，抗洪救灾工作由省委、省政府直接领导。根据省委书记张高丽和省长韩寓群的指示，副省长陈延明在谢寨闸抢险指挥部召开由省市县有关负责同志参加的黄河抢险救灾紧急会议，决定由省委常委阎启俊，副省长陈延明、张昭福，济南军区、省军区、省武警总队首长，省直有关部门、菏泽市的负责人组成一线指挥班子，具体组织实施防汛抢险和救灾的组织指挥工作，指挥部设在东明县。

市委、市政府将抗洪救灾工作列为当时压倒一切的中心任务。

10月4日，市委书记陈光冒雨赶到灾区现场办公，具体指挥抗灾救灾工作，明确下达了“四个确保”的“死命令”：一是确保群众生命财产安全，不论什么情况，不准死伤一人；二是确保群众基本生活，使他们吃上热饭，喝上开水，有病能医；三是确保滩区水位不再上升，尽快向下回落；四是确保黄河大堤安全。

灾情发生之初，抗洪救灾工作主要以菏泽市为主领导。市委、市政府按照战时领导体制，迅速组建了抗洪抢险指挥部。市委书记陈光和市长杜昌文分两条线作战，分工负责。陈光任抗洪抢险指挥部总指挥，杜昌文抓日常工作和秋种、内涝救灾工作等。抗洪抢险指挥部由市几大班子、市直有关部门和东明县主要负责人组成，赵润田、马平昌、孔令昌、王祖和、刘殿毅、宋新立、夏鲁青等市领导任副总指挥。指挥部下设大堤抢险、群众搬迁和村庄安全、大堤安全、后勤保障四个分指挥部。潘兴玺、文廷良、常洪珍、李德章、朱效明等市领导同志也奔赴一线，分别担任分指挥部副指挥，与干部群众一起抗洪。

10月10日夜，大雨下个不停，风刮得呼呼作响，气温骤降。黄河滩区持续高水位，大水偎堤已23天，部分堤段出现渗水险情。11日凌晨1时，已熬了4个通宵的市委书记陈光，开完调度会，立即带人巡查大堤。风越刮越大，雨越下越紧。一行人顶风冒雨，沿大堤而行，从背河面查到迎河面，用手摸、用脚踩、蹲下来细心听、仔细看，小心判断是否有渗水现象。

各级领导靠前指挥，一项项果断而科学的决策马上转化为行动。

兰考生产堤决口后，大水漫灌了整个滩区，由于受生产堤的阻挡，洪水下泄的很慢，给整个抗洪抢险工作增加了难度。为了尽快泄洪，指挥部果断决定对老君堂险工生产堤实施爆破。大大缩短了泄洪时间。

兰考35堤坝出现险情时，为了防患于未然，10月8日，指挥部毅然决定王南、南张庄、甘堂等3个自然村5000余群众进行紧急整体性搬迁。

10月14日，鉴于天气变化等诸多原因，按照群众自愿原则，对整体搬迁灾民又实行了分散安置，保证了灾民居住安全。这次搬迁是新中国成立以来治黄史上的第一次整建制搬迁，创造了新中国治黄史上的奇迹。

……

一场搏击灾难的英勇抗争，在党中央、国务院、省委、省政府的关怀下，在市委、市政府的部署下，紧张而又有条不紊。

鲜艳的党旗

一名干部就是一根标杆，一名党员就是一面旗帜。在危难面前，广大党员干部坚持人民群众的利益高于一切，置个人安危于不顾，想群众所想，急群众所急，时刻冲锋在前。哪里有危险，哪里群众最需要，党员干部就出现在哪里，战斗在哪里。立党为公，执政为民，在抗洪抢险救灾中得到了最生动、最充分的体现。

9月28日，大许庄村四边告急。“共产党员立即到村委会办公室集合！”大喇叭里村党支部书记贾聚堂的声音震得人耳膜发颤。十分钟后，全村十几个党员一个不少地汇集而来。

“天塌下来，党员也得用肩膀扛着！”一句掷地有声的誓言，让所有党员血脉贲张。卸门板、装泥袋、打围堰……整整两天，没有一个党员休息过。

水一点点上涨，一堵关键性的围堰出现决口，随时可能崩溃。贾聚堂与老党员张守堂、贾食堂对视一眼，扑扑通通跳入水中筑起人墙。决口被成功堵住，而他们却累得趴在地上站不起来了。

洪水袭来，安庄村党支部书记安雨季家的房子首当其冲。瞥一眼被大水浸泡的房子和急得团团转的妻子，这位七尺汉子眼圈红了：“咱是党员，灾难面前，不能只想自己！”

一咬牙，一跺脚，安雨季走出家门，一去就是四天四夜没沾家的边。四天里，他召集全村党员组成抗洪抢险队，抢救了村里300多被洪水围困的群众，亲手救出两条人命和数不清的粮食、衣物。

村民安凯学是养鸡专业户。大水把他和鸡房孤零零的围困在村外三天两夜。他用生鸡蛋充饥，搂着几只鸡取暖，鸡房倒塌，1000多只鸡多数被砸死。安雨季得知情况，带领4名抢险队员连夜乘坐橡皮舟，顶风冒雨，打着手电前去营救。风大水急，他们费尽周折，才靠近鸡房，把安凯学救出来。

风劲浪高，杨庄村村民杨根旺的房了眨眼间岌岌可危，妻子儿女吓得抱头痛哭。紧急关头，村党支部组织全村48名青壮年劳力，用1100只编织袋填土，铁丝捆绑固定，把房子后墙脚围个严严实实。

杨根旺从新乡返家，看到房子完好无损，激动得泪流满面："要不是党支部，这次俺可真完了！"

"干部到群众中去，群众才有主心骨，才有依靠！"为加强抗洪抢险力量，东明县委从县直和有关乡镇抽调500名干部，向每个受灾村派出由4～6名县乡干部组成的包村工作组，每天三次查看并报告灾情。

驻郭庄、单庄村的权洪涛、唐世峰、李洪真、许培林，一入村，就不顾水流湍急，坐小船连续奔波9个小时，把两个村的102户跑了个遍，摸清了每户的受灾情况。

10月11日早晨7点钟，村民段付山家的一棵大桐树眼看就要被风吹倒，邻居家的房子将会被砸塌。唐世峰赶到，让老人找来一把菜刀、一根绳子和一个半截梯子，把菜刀向身腰里一塞，就向树上爬。绳子一头拴住腰，一头拴在树上，唐世峰双腿使劲夹住树干，在风雨中一刀、二刀、三刀……吃力地砍了两个小时。

11日晚，狂风骤起，大雨如注，1米多高的浪头疯狂地冲打房台。工作队员们不顾一天的疲劳，穿上雨衣，拿着手电，顶着呼啸的北风、冰冷的雨水，在漆黑的夜色中驾船巡查。

凌晨两点多钟，他们推开村民麻聚喜家的房门，惊险的一幕映入眼帘：房子已多处裂缝，房顶不时有断裂声并开始落土，随时都有倒塌的危险。麻聚喜驻守堤防不在家，妻子王爱枝和两个年幼的孩子惊恐地呆在床上不知所措。工作队员立即将他们转移到农用车篷里，人刚刚安置好，轰隆一声，房子就倒塌了，惊魂未定的王爱枝泣不成声："要不是及时把我们救出来，俺娘仨的命就没了！"

这一夜，他们跑遍了所有危房户，及时把群众转移到了安全地带；这一夜，两个村倒塌房屋40多间，但没有砸伤一个人；这一次他们被雨水浇得透湿，在寒冷的北风中瑟瑟发抖。

白天召开会议，部署工作，晚上巡堤查险……自从灾情发生那一天起，东明县县委书记刘勇、县长刘鲁，就被"焊"在了大堤上。

县直工委书记陈更山年过半百，主动请缨奔赴前线驻村救灾。10月17日，他已经在安庄村连续工作了10天10夜。考虑到驻村干部连续工作太疲劳，组织上决定让工作队轮班，但陈更山同志却无论如何也不让其他人来换他。

焦园乡党委书记辛同军带领乡干部分点包片，十几天没有回过一趟家，衣服不是被雨水淋透就是被汗水湿透，天天乘船奔波于全乡各村庄，什么时候饿急了，就匆匆啃个凉馍，有时累得手里拿着馍就坐在船上打起瞌睡。

乡长李洪春家中年迈的母亲居住的房子被洪水围困，房子开裂，却没有回家看一趟，夜以继日地战斗在抗洪抢险第一线。

乡武装部长李绍旺带领民兵应急分队架冲锋舟顶风冒雨，出没在激流中，哪里有困难，就冲在哪里，他们的船被群众称为“救命船”。

守卫百里长堤是另一个主战场。

为保障黄河大堤的安全，东明县紧急抽调民工上堤守护，一夜间在大堤上搭建巡逻帐篷182顶。其中最靠近大堤的刘楼乡就有108顶、三春集镇43顶。186个基干民兵班2232人和150名河务技术人员吃住在大堤上，轮班巡堤查险；2000多名解放军和武警官兵不怕牺牲、英勇奋战；6只黄河专业机动抢险队、300名职工驻守大堤，严保死守重点堤段。先后有20余次、20余段、14千米险情被及时发现，及时抢护。

自己家被水泡了，没心思去救；自己的亲人病了，没功夫去看……脚泡烂了，眼熬红了，人累病了……什么叫与群众同呼吸、共命运？奋战在抗洪一线的干部的行动是最好的回答。

暴雨再大，也有停的一天；洪水再急，也有退去的时候。那种精神，那些体现在抗灾勇士身上的精神，永远是菏泽人的宝贵财富。

坚实的后盾

我们为什么能够傲视灾难？

因为我们有愈挫愈勇的不屈精神，更因为有千千万万双眼睛关注着我们。虽然，他们远离洪水，但心是一样的焦灼，脉搏是一样的贲张。他们的关爱给了我们信心，他们的无私援助为抗击灾难中的菏泽人民筑起坚强的后盾。

10月11日，多日持续涨水，洪水偎堤约25.4千米，平均水深2.95米，最深达5米，偎堤水面高于堤外3～7米。因长时间洪水浸泡，大堤坝体土基饱和，持续高水位的作用下，部分堤防工程出现险情。25千米大堤控导工程中，部分根基垮塌。

危难时机，一声令下，2000余名解放军和武警官兵星夜驰援，行囊甫解，与洪水展开生死搏斗。搬运沙袋、压石方、砍伐树木、捆绑浮枕……汗水湿透衣背，鲜血染红锹把，没人喊苦，没人叫累。

某旅19岁的上等兵吴保华，训练中一手指折断，8月16日才出院，手指还打着钢钉。他忍着伤痛，不声不响地坚持了5天，最后晕倒在大堤上。

来东明的前夕，某舟桥团宣传股股长刘吉安接到家中的电话：91岁的祖母突然病重，想最后见孙子一面。刘吉安请假匆匆往老家赶。将要到家时，部队到东明参加抗洪抢险的消息传来，他毫不犹豫地让客车停下来，租车追赶部队到东明。

在黄河大堤上坚守了8天之后，解放军某部三级士官张月波哭了，滚烫的热泪从眼流到唇角。张月波是司机，10月4日已填了《退出现役登记表》，完全可以在家休息，但仍坚持冲上抗洪一线。部队撤下来后，张月波和大多数战友就要脱下心爱的军装，成为一名老百姓。他说：“只要穿过一天军装，我就永远是个兵！”

“进退留转听党的，抗洪抢险看我的”已经接到撤编命令的千余人民子弟兵，在人民生命财产受到严重威胁的时刻，冒着生命危险堵塞决口，抢护大堤，解救群众，用血肉之躯筑起了冲不垮的堤防。

数十千米黄河大堤同样将永远记住619名武警山东总队抗洪官兵的名字。

10月10日凌晨，东明黄河大堤长兴集乡郭庄段出现渗水险情，武警山东总队菏泽支队180名官兵凌晨2时30分赶到抢险现场，官兵们铺土工布、扛沙袋、运沙石，连续奋战一天一夜排除险情。

10月11日下午4时，狂风大作，风雨交加，黄河大堤34号坝、32号坝出现险情，武警山东总队二支队及济宁、菏泽支队150人顶风冒雨奋力抢险，大坝上的风达到8级多，人在坝上站不稳，为防不测，武警官兵用背包绳每5人拴在一起。

10月12日、13日，由于风浪的侵袭，黄河多处滚河大坝出现险情，武警菏泽支队、济宁支队、二支队担任堤坝加固任务，铺设柳秸浮枕3550余米，搬运石料3356立方米，装填、搬运沙袋9600个，加固大坝4390米。

交通、水利、通讯、电力、民政都把抗洪抢险作为首要任务，大力协作，为抗洪救灾做出了巨大贡献。

为抢修106国道和5条上堤路，省交通厅在短短两天时间里调来847辆次重型卡车，运来近3万方沙石料，一天半时间6条路全部通车。

省、市、县电力部门拨款800多万元，及时修复了135个村庄的水毁电力设施。

电讯部门组织人员恢复了灾区通讯，并提供了近百部抗灾手机。

大批医务工作者深入灾区送医送药，治病救人，消毒防疫，保证了抗洪军民的身体健康。

为支援东明抗洪，民政部、财政部划拨1000多万元救灾资金，省财政拿出4000多万元支援菏泽，市民政局向东明拨付黄河防汛救灾资金190万元。兄弟市纷纷伸出援手：青岛市捐款240万元，泰安市捐款100万元，威海市捐款140万元，烟台市捐款240万元，淄博、潍坊、东营分别捐款60万元……16个兄弟市，都向菏泽人民捧上了一颗滚烫的心。山东鲁能集团捐出200万元，另外拿出800万元用于修复水毁电力设施。

全省人民心系灾区，情系灾民，踊跃捐款捐物。从省委、省政府领导到普通平民百姓，从白发苍苍的老人到系着红领巾的孩子，从工人、农民、知识分子到各级干部，纷纷慷慨解囊，救灾物资源源不断地从全省各地运往抗洪一线。

枣庄市副市长王亚率枣庄市有关部门负责人给我市送来400床太空棉被和3000箱方便面；中国红十字会总会常务副会长王立忠、省红十字会副会长张心宝一行专程来到菏泽市，视察灾情，将价值80万元的救灾帐篷、消毒器、面粉等送到灾区；滨州市委副书记侯宪秀、副市长胡丙山一行风尘仆仆来到菏泽，专程送来30万元人民币、20吨面粉；中国国电集团公司山东分公司及山东中华发电有限公司分别送来40万元和30万元人民币；省计生委副主任孙爱玲、宋新强带来了15万元救灾捐款……

灾难发生在菏泽，面对处于灾难中的父老乡亲，菏泽各界更是捧出拳拳爱心：市中级人民法院将全市1500多名法官干警捐赠的5万元现金送到东明灾区；青岛啤酒（菏泽）有限公司、青岛啤酒饮料公司向灾区捐赠两车食品；武警菏泽支队广大官兵向灾区捐款11820元；市纪委机关向灾区捐献棉衣、棉裤130多件、棉被50多床及其他御寒用品一宗；浙江省钱江摩托车集团公司联合东明顺风摩托车销售公司为灾区捐献1000箱方便面；菏泽市农业银行为灾区捐献20吨面粉……

截至去年11月底，全市共收到社会各界捐款捐物折合人民币3317万元。

浪高，高不过搏击风浪的信心；水深，深不过情同手足的情义。抗击灾难的2003年，将永远铭记那比浪高的信心、比水深的情义。

第一编 政区 环境

菏泽市地图

菏泽在山东的位置
图例
省界
河流
市界
城市
鄄城县
郓城县
牡丹区
东明县
巨野县
定陶县
成武县
曹县
单县
东新高速
日东高速
济菏高速
菏关高速
徐菏高速
德商高速
图例
市（县、区）政府驻地
乡镇（街办）
乡镇
铁路
县乡公路
省道
国道
市（县、区）界
河流、水库
省界

菏泽市位于山东省西南部，处于鲁苏皖豫四省交接地带。北依黄河、南临陇海铁路、东连沿海港口、西接中原。京九铁路和新石铁路在市区十字交汇，日东高速横贯市域，区位优越，交通发达。2005年，全市总面积12239平方千米，总人口885.83万人，辖牡丹区、曹县、定陶、成武、单县、巨野、郓城、鄄城、东明1区8县及1个省级经济开发区。东明、牡丹区、鄄城、郓城4县区濒临黄河，沿黄堤段157千米。境内地貌分为黄河冲积平原和丘陵两类，以黄河冲积平原为主。气候特征属暖温带季风型大陆性气候，夏热冬冷，四季分明，雨热同季，适于多种植物生长。同时也是灾害性天气多发地区之一，尤以个别年份的旱涝灾害为主。菏泽位于黄河入鲁第一站，利用黄河水资源的优势得天独厚。特殊的地质构造蕴藏着丰富的煤炭、石油、天然气、铁、矿泉水、石膏等矿产资源。适宜的气候孕育了丰富的动植物资源。富饶多样的自然资源，为菏泽持续发展提供不竭动力。

第一章　建置区划

第一节　地理位置

菏泽市位于山东省西南部。1986年为菏泽地区，地理坐标为北纬34°32′～36°10′，东经114°48′～116°24′，东和东北与济宁、泰安、聊城三地市为邻，东南与江苏、安徽两省接壤，南、西、北三面与河南省毗邻，南北长180千米，东西长140千米，面积13145平方千米。辖菏泽、定陶、曹县、单县、成武、巨野、梁山、郓城、东明、鄄城1市9县。

1989年12月，梁山县划归济宁市管辖，济宁市嘉祥县核桃园乡划入菏泽地区巨野县管辖。2000年6月23日，撤销菏泽地区和县级菏泽市，设立地级菏泽市和县级牡丹区。区划调整后，菏泽市地处北纬34°39′～35°58′，东经114°45′～116°25′之间。东与济宁市相连，东南与江苏、安徽两省接壤，南、西、北三面与河南省毗邻，南北157千米，东西140千米。2005年，全市总面积12239平方千米，总人口885.83万人。市委、市政府驻菏泽市开发区中华路1111号和1009号。

第二节　建置沿革

菏泽历史悠久，是中华民族的发祥地之一。新石器时代龙山文化遗址，境内各县区都有发现。古史中称誉的唐尧、虞舜、大禹在这里留下了较多的遗迹。是伏羲之桑梓，尧舜之故里，先为商汤之京畿，继属曹国之疆土，后建曹州之区域。

“菏泽”一词，首见于《禹贡》：“导菏泽，被孟潴。”此为济水所汇，菏水所出，连通古济、泗两大水系的天然湖泊。以水名称县，始于清雍正十三年（1735年），曹

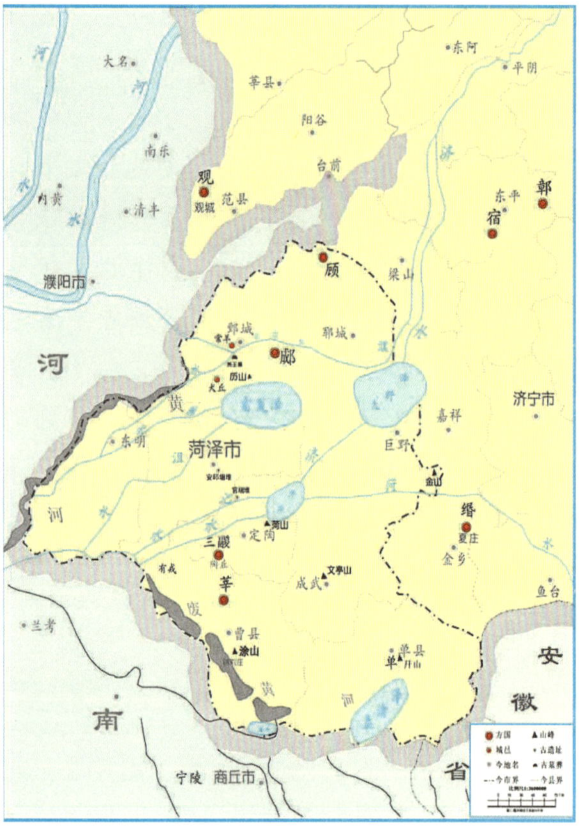

远古时期的菏泽

州升为府，设附郭县，赐名菏泽。1949 年 8 月， 平原省建立，划境内西北部为菏泽专区，治菏泽县。从此，“菏泽”又成为专区、地区和市级地方名称。历史上建置的演变，可远溯到公元前 17 世纪。

夏代和商代，今境内有许多方国和部落，中部有三鬷国，定陶与曹县之间有莘国，鄄城与郓城之间有顾国、黎国。西周，今境中部属曹国，东部属鲁国和茅国，西北部属卫国，南部属宋国，东南部有郜国，东北部有须句国，西南有贯国。各小国相继为大国兼并，唯曹国存至春秋末期。公元前 487 年，曹国亡于宋，共传 19 世、25 君，计 560 余年。战国时期，境内先为属宋、鲁、卫三国共管属地；公元前 286 年，齐国联合楚、魏灭宋，又被齐、楚、魏三国分而治之。

公元前 221 年，秦始皇嬴政统一全国后，废分封制，地方政区实行郡县两级管辖，境内中部、北部属东郡，南部和东部属砀郡。汉袭秦制，境内分属东郡、山阳郡、济阴郡及豫州之梁国。三国时期，境内主要属曹魏之兖州。西晋时，境域分属兖州济阴郡、濮阳国、高平国、东平国、陈留国和豫州梁国。东晋十六国时期，境域先为后赵、前燕、前秦、后燕等国据有，后属东晋之济阴、濮阳、高平、北济阴郡。

南北朝初期，境内东部属刘宋，西部属北魏。属刘宋的有兖州高平郡，徐州北济阴郡；属北魏的有兖州济阴郡、济州东平郡、濮阳郡。5 世纪 60 年代，北魏统一北方，原刘宋在境内所统郡县为北魏所有。北魏孝明帝孝昌三年（527 年），置西兖州，济阴郡改属西兖州，州、郡同治定陶。不久，州郡治所同迁左城（今曹县韩集镇堤上范村一带）。东魏天平元年（534 年），北魏分为东、西魏，境内属东魏西兖州的济阴郡、濮阳郡。北齐天保元年（550 年），东魏改北齐，境内属北齐西兖州的济阴郡、濮阳郡。北周武帝宣政元年（578 年），北周灭北齐，改西兖州为曹州，仍治左城，是为曹州得名之始。据《太平寰宇记》载：“……改西兖州为曹州，取曹国为名。”从此，曹州成为地方政区的专名，沿用到民国初期。

隋初废郡，以州直接辖县。境内中部属曹州，北部属濮州，东北部属郓州，东南部属戴州，南部属宋州。唐代，境内属河南道，境域分属诸州同隋代。五代十国时期，境域分属曹州、濮州、郓州、宋州、单州。北宋初，境内属京东路。北宋熙宁七年（1074 年），京东路分东西两路，今境属京东西路的兴仁府、广济军、东平府

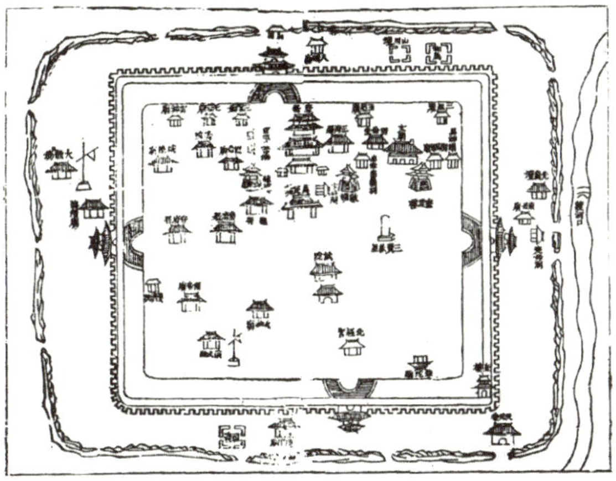

清中期曹州府城图

东平郡、濮州濮阳郡、单州、济州济阳郡、应天府河南郡。南宋、金时期，境域分属山东西路东平府的曹州、济州，南京路归德府的单州，大名府路大名府的濮州。元代属中书省。明代，境内大部属山东省兖州府，西部和北部各有一部分，属京师大名府和山东省东昌府。明洪武元年（1368年），因水患将曹州治所迁至安陵镇（今牡丹区大黄集镇安陵集），次年又迁至盘石镇（今曹县城）。明洪武四年（1371年）降曹州为曹县。明正统十年（1445年），复置曹州，领两县。清代，境内除西部和东北部分属直隶省大名府和山东省兖州府外，均属山东省曹州府。清雍正二年（1724年）曹州升为直隶州。清雍正十三年（1735年），曹州升为府，辖1州10县（濮州、菏泽、曹县、定陶、城武、单县、巨野、郓城、范县、观城、朝城）。面积略大于今菏泽市。

中华民国初期实行省、府、县三级行政区划制度，道为省的监察区。境内除东明县属直隶省外，其他均属山东省，其中，菏泽、曹县、定陶、成武、单县、巨野、郓城属济宁道，鄄城所在濮县属东临道。1925年10月22日，山东省将原4道增为11道，除东明县属直隶省大名道外，境内其他县属曹濮道。1928年废道制，东明县直属河北省，其余县直属山东省。1932年南京国民政府规定省下设行政督察区，于菏泽设立山东省第二行政督察区，除东明县属河北省第十七行政督察区外，其余各县皆属之。1938年夏至1945年8月，中国共产党在境内建立了冀鲁豫第八、第十、第十一3个专区。解放战争时期，第八专区改为第二专区，第十专区改为第五专区，第十一专区改为第三专区，新建了冀鲁豫第七专区。

1948年9月，菏泽全境解放。1949年3月，中国共产党在菏泽建立的冀鲁豫第二、三、五、七专区分别更名为临河、湖西、鲁西南、运西专区。8月，平原省建立，将临河、鲁西南、运西专区的部分县合并为

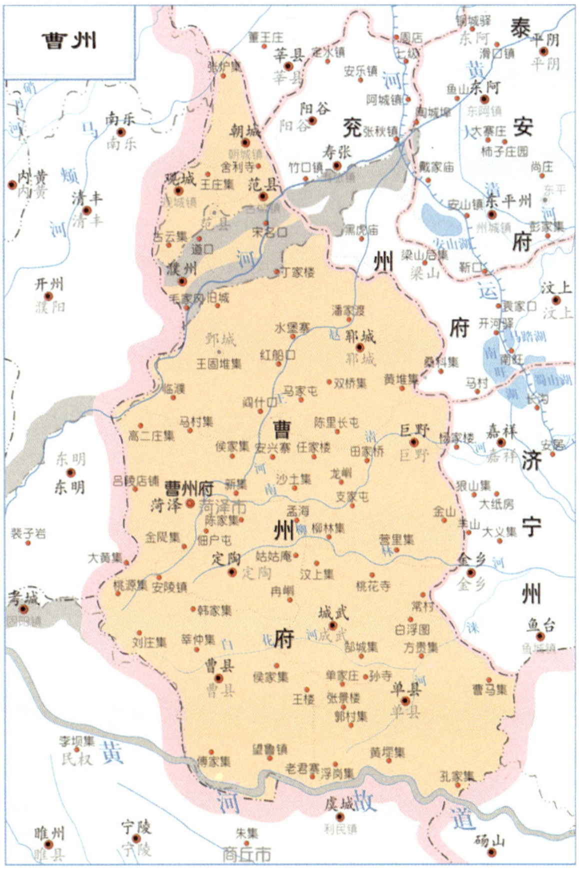

清末曹州府地图

菏泽专区，与湖西专区同属平原省。1952年11月，平原省撤销，菏泽、湖西专区归属山东省。原菏泽专区所辖的东明县划归河南省郑州专区。1953年7月，湖西专区撤销，该专区所辖各县，分别划归菏泽、济宁两专区。至1953年年底，菏泽专区共辖10县：菏泽、鄄城、郓城、梁山、巨野、城武、定陶、曹县、单县、复程，菏泽市的区域基本形成。1956年3月撤销复程县，析入曹县和单县。1958年12月，撤销定陶县，析入成武县和菏泽县。同时撤销菏泽专区，其所辖菏泽、鄄城、郓城、梁山、巨野、成武、曹县、单县等8县划归济宁专区。1959年9月，菏泽专区恢复，仍领原来8个县。1960年10月，改菏泽县为菏泽市，同时将济南市的平阴县划归菏泽专区。1961年3月，平阴县划归泰安专区；10月，恢复定陶县。1963年3月，改菏泽市为菏泽县； 4月，东明县由河南省开封专区划归菏泽专区。年底，菏泽专区共辖10县：菏泽、曹县、定陶、成武、单县、巨野、梁山、郓城、鄄城、东明。1967年3月，改菏泽专区为菏泽地区。1983年9月，再改菏泽县为菏泽市。1985年12月，梁山县银山、豆山、斑鸠店、昆山、司里、大安山6乡镇的全部地域及商老庄、戴庙2个乡镇的部分地域划入泰安市东平县。

1986年，菏泽地区下辖菏泽市、曹县、定陶、成武、单县、巨野、郓城、梁山、鄄城、东明1市9县。1989年12月2日，经国务院国函〔1989〕76号文批准，梁山县划归济宁市管辖，12月22日，济宁市嘉祥县核桃园乡划入菏泽地区巨野县管辖。2000年6月23日，经国务院国函〔2000〕86号文批准，撤销菏泽地区和县级菏泽市，设立地级菏泽市和县级牡丹区。2000年12月6日，菏泽市委、市纪委，牡丹区委、区纪委举行揭牌仪式。2001年1月10日，菏泽市人民政府、市人大、市政协同时挂牌。至2005年，建制无变化。

第三节 行政区划

1986年，菏泽地区下辖菏泽市、曹县、定陶、成武、单县、巨野、郓城、鄄城、东明、梁山1市9县，292个乡、镇、街道，8284个村。1988年5月4日，撤销成武县徐庄乡，并入汶上集镇。11月24日，撤销曹县城郊、侯集、青堌集、魏湾、孙老家、阎店楼、梁堤头、普连集、韩集、庄寨10个区和东李集、王吕集、刘岗、王庄寨、秦庄、孟楼、袁辛楼、红庙庄、祝口、北青山、魏庄寨、火神台、望鲁集、仲堤圈、刘尚玉、西田集、王泽铺、白茅、温庄等19个乡。1989年2月24日，撤销县级菏泽市的高庄、马岭岗、王浩屯、皇镇、黄罡和市郊6个农村办事处，将菏泽市马垓回族乡并入胡集乡；撤销梁山县城郊、徐集、韩岗、小安山和小路口5个区。12月22日，将菏泽地区的梁山县划归济宁市管辖，同时将济宁市嘉祥县核桃园乡划入巨野县。1991年10月3日，撤销郓城县城郊、张营、郭庄、武安、玉皇庙、侯咽集、程屯等七个区。1993年11月16日，撤销鄄城县阎什口乡，设立阎什镇。1994年12月29日，撤销郓城县黄安乡、杨庄集乡，设立黄安镇、杨庄集镇；撤销单县朱集乡、孙溜乡，设立朱集镇、孙溜镇；撤销巨野县核桃园乡、独山乡，设立核桃园镇、独山镇；撤销东明县三春集乡、马头乡，设立三春集镇、马头镇；撤销鄄城县什集乡，设立什集镇。1995 年 10 月 23 日，撤销菏泽市牡丹乡、岳程庄乡，设立牡丹街道、岳程街道；撤销菏泽市都司乡、吴店乡、大黄集乡，设立都司镇、吴店镇、大黄集镇；撤销成武县南鲁集乡，设立南鲁集镇；撤销定陶县孟海乡、张湾乡，设立孟海镇、张湾镇；撤销巨野县柳林乡、夏官屯乡，设立柳林镇、夏官屯镇。1996 年 12 月 29 日，撤销单县李新庄乡、浮岗乡，设立李新庄镇、浮岗镇；撤销郓城县丁里长乡，设立丁里长镇；撤销曹县古营集乡、桃源集乡、分别设立古营集镇、桃源集镇；撤销鄄城县箕山乡，设立箕山镇；撤销成武县苟村集乡、伯乐集乡，设立苟村集镇、伯乐集镇；撤销东明县刘楼乡，设立刘楼镇。1998 年 11 月 9 日，撤销单县李半庄乡，设立莱河镇。12 月 23 日，撤销成武县白浮图乡、孙寺乡，设立白浮图镇、孙寺镇。1999 年 12 月 22 日，撤销曹县邵庄乡，设立邵庄镇；撤销单县杨楼乡，设立杨楼镇；撤销菏泽市李庄集乡，设立李庄集镇。2000 年 6 月 23 日，经国务院批准，菏泽地区撤地设市，原县级菏泽市改为牡丹区，菏泽市和牡丹区下辖区域仍是原菏泽地区、原县级菏泽市下辖的区域。2000 年 3 月 15 日，撤销鄄城县李进士堂乡，设立李进士堂镇；撤销巨野县太平乡，设立太平镇。5 月 19 日，撤销郓城县随官屯乡、徐垓乡，设立随官屯镇、徐垓镇。6 月 21 日，撤销曹县安蔡楼乡，设立安蔡楼镇；撤销巨野县万丰乡、田庄乡，设立万丰镇、田庄镇；撤销东明县大屯乡，设立大屯镇。2001 年 4 月 24 日撤销郓城县张营乡，设立张营镇。2001 年 2 月 2 日，地级菏泽市正式成立后，将牡丹区的丹阳、岳程（辛集归岳程）、佃户屯 3 个街道划归菏泽开发区管辖。9 月 17 日，撤销巨野县陶庙乡，设立陶庙镇；撤销定陶县马集乡，设立马集镇。10 月 17 日，撤销单县张集乡，设立张集镇；撤销鄄城县董口乡，设立董口镇。2002 年 2 月 22 日，撤销巨野县董官屯乡，设立董官屯镇。5 月 14 日，撤销郓城县潘渡乡，设立潘渡镇；撤销单县龙王庙乡，设立龙王庙镇；撤销曹县王集乡，设立王集镇。7 月 31 日，撤销鄄城县临濮乡、彭楼乡，设立临濮镇、彭楼镇。8 月 16 日，撤销巨野县营里乡、田桥乡，设立营里镇、田桥镇。2004 年 9 月 8 日，撤销牡丹区何楼镇、杜庄乡，设立何楼街道、万福街道。

2005 年年底，菏泽市下辖 8 县 1 区（及 1 个省级经济开发区），158 个乡镇、街道，其中街道 10 个，镇 107 个，乡 41 个；村、社区 6119 个，自然村 13000 个。

2005 年菏泽市行政区划一览表

表 1-1-1

县　区	数量（个）	乡、镇、街道办事处	村和社区数（个）
牡丹区	乡	皇镇、胡集	820（其中社区 126）
	镇	大黄集、马岭岗、王浩屯、李村、高庄、吕陵、吴店、小留、黄堽、都司、安兴、沙土	
	街　道	东城、西城、南城、北城、牡丹、何楼、万福街、丹阳、岳程、佃户屯	

续表 1-1-1

县区	数量（个）	乡、镇、街道办事处	村和社区数（个）
鄄城县	乡	凤凰、左营、大埝、引马、郑营、富春	440（其中社区 5）
	镇	鄄城、旧城、红船、箕山、阎什、彭楼、李进士堂、什集、董口、临濮	
郓城县	乡	双桥、唐庙、南赵楼、陈坡、黄堆集、黄集、李集、张鲁集、水堡	1047（其中社区 16）
	镇	郓城、侯咽集、杨庄集、黄安、武安、郭屯、随官屯、丁里长、程屯、玉皇庙、张营、潘渡	
巨野县	乡		881（其中社区 21）
	镇	巨野、田庄、田桥、太平、龙堌、柳林、万丰、营里、章缝、董官屯、大义、大谢集、陶庙、独山、麒麟、核桃园	
成武县	乡	党集、张楼	478（其中社区 10）
	镇	成武、九女集、天宫庙、孙寺、苟村集、白浮图、大田集、南鲁集、伯乐集、汶上集	
单县	乡	谢集、高老家、曹庄、李田楼	513（其中社区 10）
	镇	单城、莱河、孙溜、郭村、高韦庄、黄岗、浮岗、蔡堂、杨楼、朱集、终兴、时楼、徐寨、李新庄、张集、龙王庙	
曹县	乡	倪集、郑庄、楼庄、青岗集、仵楼、大集、朱洪庙、常乐集	1185（其中社区 11）
	镇	曹城、庄寨、青堌集、普连集、侯集回族、古营集、王集、安蔡楼、邵庄、桃源集、砖庙、魏湾、韩集、孙老家、苏集、阎店楼、梁堤头	
定陶县	乡	仿山、南王店、半堤、杜堂	368（其中社区 6）
	镇	定陶、张湾、马集、冉堌、黄店、孟海、陈集	
东明县	乡	沙窝、武胜桥、菜园集、小井、长兴集、焦园	387（其中社区 7）
	镇	城关、东明集、陆圈、刘楼、三春集、马头、大屯	

说明：开发区不是国务院批准设立的政区，开发区的 3 个街道 104 个村 30 个社区归入牡丹区

第二章　自然环境

第一节　地　质

地质构造　菏泽市境内地质构造均被第四系覆盖。其大地构造单元属中朝准地台的鲁西断隆和华北断坳。主体在聊考（聊城至兰考）断裂以东，只有聊考断裂以西属华北断坳。全区被大型断裂分隔为多个

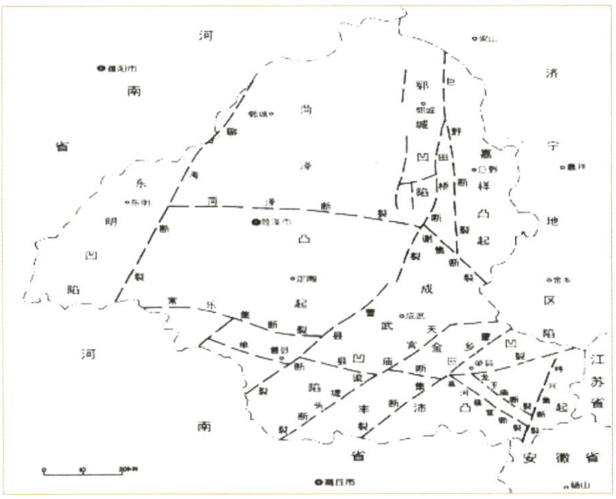

菏泽市地质构造略图

相间排列的凸起和凹陷。

凸起　鲁西南地区主要有菏泽、嘉祥和丰沛3个凸起范围，其中以菏泽凸起的范围最大。嘉祥凸起域内只有郓城县、巨野县、成武县的部分地区属之。嘉祥凸起之处，是境内唯一有基岩出露的地域，含煤地层埋深较浅。丰沛凸起主要在单县境内。铁矿是域内唯一一处铁矿资源地。单县县城以东地区含煤地层埋深较浅，单县南部地域，也有含煤地层的分布。

凹陷　主要有东明、郓城、成武和金乡4个凹陷，其中东明凹陷主要为东明县所在地，是境内唯一含油气的盆地。郓城凹陷是巨野煤田的主要分布范围。金乡凹陷是以后开展煤层气普查的有利地段。

断裂境内断裂按展布方向可分为东西向、南北向、北东向和北西向4组。

东西向断裂　主要有单县断裂、菏泽断裂、曹县常乐集断裂3条。南北向断裂只有巨野断裂1条。北东向断裂主要有聊考断裂、曹县断裂、成武县天宫庙至曹县梁堤头断裂、曹巨集断裂、终兴集断裂、田桥断裂6条。其中，聊考断裂是境内规模最大的断裂，是华北断坳与鲁西断隆的分解断裂，也是中国东北部规模较大的断裂之一。此断裂是一条长期活动的断裂，因而牡丹区以西沿聊考断裂附近是地震多发地段。田桥断裂是构成巨野煤田的东界。北西向断裂主要有谢集断裂、龙王庙断裂、莱河至蔡堂断裂3条。其中龙王庙断裂是已查明的单县陈蛮庄含煤区的西部边界。

地层　境内除巨野县核桃园附近少量古生界出露外，其余全被第四系覆盖。该地域自上而下发育有第四系、第三系、侏罗系、二叠系、石灰系、奥陶系、寒武系和新太古界。以聊考断裂为界，西部属华北平原地层分区，东部属鲁西地层分区。按岩石地层单位自老至新境内的地层是：新太古代地层、早古生代地层、晚古生代地层、中生代地层、新生代地层。

新太古代地层　新太古代地层为泰山岩群山草峪组，分布于单县南部吴徐庄至龙王庙一带，其岩性为黑云变粒岩夹含磁铁石英岩，最大厚度37米。

早古生代地层　①寒武纪长清群，地表见于巨野县核桃园南部，地下分布于曹县东南仵楼、南李集、青堌集、朱洪庙以北，在曹县、成武县、定陶县交界处的冉堌至伯乐集以南也少有分布。自上而下分为两组：一是朱砂洞组，其岩性为黄灰色含燧石结核灰质白云岩，底部具20厘米～30厘米灰质页岩，厚36米。二是馒头组，上部为暗紫色砂质页岩夹厚层鲕粒灰岩、砾屑灰岩和薄层砂岩；中部为暗紫色云母岩夹透镜状灰岩和鲕粒灰岩；下部为杂色灰质白云岩夹白云质灰岩及生物碎屑灰岩，厚192米。②寒武纪至奥陶纪九龙群，其分布与长清群基本一致。自下而上分为4组，即张夏组、崮山组、炒米店组、三山子组。张夏组为灰色厚层鲕粒灰岩与灰白色厚层藻凝块灰岩的互层沉积，厚64米。崮山组为灰色竹叶状砾屑灰岩、薄层泥晶灰岩、黄绿页岩的韵律沉积，产三叶虫，厚32米。炒米店组为鲕粒灰岩、泥质条带灰岩夹竹叶状砾屑灰岩，产三叶虫。 三山子组上部为浅灰色含燧石结核、条带白云岩，下部为灰黄色细晶白云岩，厚115米。③奥陶纪马家沟组，比寒武系分布更为广泛。主要分布于鄄城县、牡丹区、定陶县、巨野县的东部，单县东南部等地域。其岩性以灰岩为主，夹白云岩，厚约200米。

晚古生代地层　主要分布于巨野县西部，郓城县西部，单县东部，曹县北部，定陶县西部，鄄城县及牡丹区的中部，是重要的含煤地层。①石炭纪至二叠纪月门沟群。该群自下而上分为3个组，即本溪组、太原组、山西组。本溪组为杂色铁铝质页岩，底部为山西式铁矿或铝土矿的含矿层位，其下与奥陶纪马家沟组呈平行不整合接触，厚4米～22米。太原组为灰、灰黑色泥岩。该组是省内重要含煤地层，也是境内可采煤层的赋存层位，最厚210米。山西组为深灰、灰黑色粉砂岩、泥岩和砂岩，是境内主采煤层的赋存层位，最厚100米。②二叠纪石盒子组。主要为灰绿、杂色砂质页岩、泥岩和细砂岩，下部有时夹薄煤层或煤线，厚约300米。

中生代地层　侏罗纪淄博群三台组仅见于在成武县实施的鲁3井，埋深在2252米以下，厚约750米，其岩性为紫褐色泥岩、砂质泥岩与紫红色沙砾岩。

新生代地层　①早第三纪地层。该组主要分布于成武县、单县和曹县东南部。上段为以棕色为主的杂泥岩夹粉砂岩，含少量油页岩及膏泥岩；中段为棕色、棕褐色等杂色泥岩夹灰质膏盐、更石膏及粉细砂岩；下段为褐棕色、灰色泥岩及灰白色膏质灰岩、灰质膏盐，厚34米～2154米。断裂西侧的华北平原地层分区以生油沉积为主，划分为济阳群沙河街组和东营组，主要分布于东明县内。②晚第三纪地层。遍及整个菏泽市，自下而上分为馆陶组和明化镇组两个组。馆陶组厚324米，明化镇组，厚609米。③第四纪地层。境内99.4%的面积为第四纪所覆盖。地表有黄河组、寒亭组和山前组，地下有黑土湖组和平原组。黄河组遍布菏泽市域。为近代黄河冲积形成的黄灰色粉砂质黏土、浅黄色粉砂、细砂、黏土质粉砂和棕色黏土的韵律堆积体，其上部是耕作层，厚约20米左右。该组分两个特殊岩性段，即沿现代黄河河道冲积的含砂层称为东明段；黄河故道和决口扇以及古河道形成的砂体称为菏泽段。东明段分布于现代黄河河床，是现代黄河的混水沉积物，主要为粉砂、粉细砂，夹粉砂质黏土和黏土质粉砂。菏泽段分布较为广泛，见于曹县至单县黄河故道两岩；单县、曹县常乐集、东明县东明集、鄄城、郓城大潭5个决口扇。寒亭组主要分布于东明县、曹县和单县东南部决口扇上，是由决口扇、故河道及河漫滩沉积的粉砂和细砂，经风改造搬运堆积形成的波浪状砂堆、砂垅及沙丘，其物质成分主要为细砂和粉砂。黑土湖组零星分布于牡丹区、成武县、定陶县、曹县和单县一带，是距今1万年左右形成的湖沼相沉积。主要为黑色淤泥、淤泥质粉砂及灰绿色粉砂质黏土，含有机质，产腹足类化石。厚1.5米～5米，埋深一般在4米～20米。

其时代为全新世早至中期。平原组遍布整个菏泽境内地下深处，是距今248万年至1.2万年间形成的巨厚沉积物。主要为冲积相的浅黄、灰黄色粉砂质黏土、黏土质粉砂及粉、细砂层，含较多的钙质结核。厚150米左右，埋深一般在20米～170米。其时代为更新世。

第二节 地 貌

境内除巨野县东南部有10平方千米左右的低山零星分布外，其余均为黄河冲积平原，土层深厚，土壤肥沃。地势平坦，自西南向东北呈簸箕形逐渐降低。海拔高度为68米～37米，平均坡降为1/4700。历史上黄河多次决口改道，冲刷沉积，微地貌比较复杂，主要有河滩高地、缓平坡地、河槽洼地、河间浅平洼地、背河洼地、决口扇形地6种。

黄河冲积平原 该平原共划分为6种微地貌。

河滩高地 由粉砂、细砂组成，为黄河河床堆积，呈带状分布。一般高出平地4米～8米，其上部常有岛状砂堆或脊状垄岗（砂垅）。河滩高地在现代黄河河床上表现最为明显，故称为现代河滩高地；在菏泽南部黄河故道上河滩高地表现也较明显，只是局部被破坏；在现代黄河与黄河故道所夹持地域仍有3条故河道带，由于多次改造成局部残留状，表现为较大的砂垅。河滩高地透水与排水条件好，一般不容易受涝、碱威胁，但易旱，大部分为机灌田区。

缓平坡地 面积较大，遍布菏泽市全境，牡丹区、巨野县、单县均占耕地的30%以上。由砂质黏土夹黏土组成，局部为粉砂，系黄河泛滥漫流沉积。多成为单斜坡地，近河道高，随远离河道低下，坡降1/3000～1/5000。地下水位埋藏较浅，属易涝易碱区。

河槽洼地 由粉砂及砂质黏土组成，系河道或泛滥溜道的河床沉积。呈浅槽形，多为封闭状，一般盐碱较轻，是缓平洼地的一种。主要分布于定陶县北部，鄄城县临濮集至郓城县等地。

河间浅平洼地 以黏土堆积为主，系泛滥尾闾地带静水沉积地貌。多见于两泛道之间，地势低于平地0.5米～1.5米。此类洼地多呈椭圆形，易受涝灾威胁，盐碱较重，利用较差，是缓平洼地的一种。成武县南部、巨野县东北部以及郓城县西北部均有分布。

背河洼地 由于河床不断淤垫抬高，限堤外相对低下，受降雨与黄河侧渗补给，积水排泄不畅，涝灾严重，是缓平洼地的一种。有的背河洼地已修建为平原水库，如徐淮黄河故道北侧的太行堤水库、单县的浮岗水库等。

决口扇形地 为决口分流堆积地貌。一般近决口处地形高亢，多为粉砂，向前呈扇形扩散，组成物质渐变细，地形变得低缓。其上残存有河滩地及决口冲刷的槽形洼地。扇前缘有盐碱地分布。菏泽境域内有5个决口扇形地，即：东明县三春集至东明县城南；鄄城县临濮集至鄄城南；鄄城县箕山至李集；曹县常乐集；单县中南部。

丘陵 分布在巨野县核桃园东侧，总体上由凤凰山、北青龙山、南青龙山和金山等4座山所包含20余座山头构成。海拔高程在120米～130米，相对高差约100米。

第三节　气　候

菏泽地处中纬度，位于太行山与泰山、沂山之间的南北走向狭道之间，属温带季风型大陆性气候。夏热冬冷，四季分明；春季多旱少雨，南（包括东南西南）北（包括东北西北）风频繁交替，气温回升快，春夏过渡迅速；夏季高温高湿，以偏南风为主，降雨比较集中；秋季雨量逐渐减少，以偏北风为主，降温较快；冬季雨雪较少，多偏北风，气候干冷。全年光照充足，热量充足，雨热同季，适于农作物生长，但降水分配极为不均，异常天气偏多。气温有偏暖走势，但极端（最高、最低）温度有减弱趋势，大风时数和最大风速明显减小。

日照　境内平均年日照时数为 2168.5 小时。各县区年日照时数在 1869.0 ~ 2298.8 小时之间，牡丹区最多，定陶县、东明县、郓城县较多，曹县、巨野县次之，单县、鄄城县再次之，成武县最少。以季节划分，春季（3—5 月）日照时数最多，夏季（6—8 月）次之，秋季（9—11 月）再次之，冬季（12—2 月）最少。年内各月以 5 月份日照时数为最多，12 月份为最少。

1986—2005 年菏泽市各县区平均日照时数统计表

表 1-2-1　　　　单位：小时

县区＼月份	1	2	3	4	5	6	7	8	9	10	11	12	年日照
鄄城县	135. 8	144.5	176.9	203.1	227.1	211.5	178.7	180.3	182.1	176.9	147.0	125.2	2089.1
郓城县	150.1	154.6	185.6	220.2	239.3	218.8	189.8	195.4	195.6	188.1	160.6	138.4	223.5
牡丹区	151. 6	155.5	191.6	222.6	243.5	231.1	204.2	207.3	198.6	192.5	162.8	137.8	2298.8
东明县	153.3	155.2	187.7	216.5	233.0	230.3	198.7	197.3	193.8	188.3	161.8	140.8	2256.7

续表 1-2-1

县区\月份	1	2	3	4	5	6	7	8	9	10	11	12	年日照
定陶县	147.0	155.3	187.4	218.7	236.2	225.2	204.6	205.0	200.9	192.8	162.1	134.1	2269.3
巨野县	149.5	155.7	186.9	216.1	229.1	211.6	186.7	188.3	189.8	184.8	159.5	135.0	2192.8
曹　县	141.5	147.1	180.4	210.3	226.6	213.6	195.6	195.2	190.9	183.4	155.6	132.4	2172.6
成武县	124.2	129.5	157.4	183.8	197.2	178.7	157.0	154.3	168.0	164.1	136.7	118.0	1869.0
单　县	140.7	148.5	176.6	205.6	223.1	208.9	187.5	187.8	184.3	179.9	155.8	132.8	2131.4
平　均	143.7	149.5	181.2	210.8	228.3	214.4	189.2	190.1	189.3	183.4	155.8	132.7	2168.5

1986—2005 年菏泽市各县区平均日照百分率统计表

表 1-2-2　　单位：%

县区\月份	1	2	3	4	5	6	7	8	9	10	11	12	年日照
鄄城县	44	47	48	52	52	49	41	43	49	51	48	41	47
郓城县	48	50	50	56	55	50	43	47	53	54	52	46	50
牡丹区	49	51	52	57	56	53	46	50	54	55	53	46	52
东明县	49	50	51	55	54	53	45	47	52	54	53	47	51
定陶县	48	51	51	56	55	52	46	49	54	54	53	44	51
巨野县	48	51	50	55	53	49	42	45	51	53	52	45	49
曹　县	45	48	48	53	52	50	46	48	52	53	50	44	49
成武县	40	43	43	50	46	43	38	38	46	47	47	39	43
单　县	45	49	47	52	51	48	43	46	51	52	50	43	48
平　均	46	49	49	54	53	50	43	46	51	53	51	44	49

气温　全市各县区年平均气温在 12.8℃～14.4℃之间，其地理分布呈纬向型，由南向北递减。南部的单县最高（14.4℃），北部的鄄城县最低（12.8℃），南北相差 1.6℃。月平均气温 1 月份最低，在 0.0℃～−0.7℃之间；7 月份最高，在 26.9℃～27.3℃之间。上半年（1—6 月）气温逐月递增，3—5 月份增温较快，其中 4 月份增温最快。下半年的 7—9 月份气温递减缓慢，10—12 月份逐月递减较快，其中 11 月份降温最快。以季节划分，夏季（6—8 月）和冬季（12—2 月）气温升降较缓慢；春季（3—5 月）和秋季（9—11 月）气温升降较迅速。

全市各县区年平均气温有上升趋势。1957—1985 年的 29 年平均气温为 13.6℃，1986—2005 年的 20 年平均气温为 13.9℃，平均升高了 0.3℃。以牡丹区为例，1986—2005 年平均气温为 14.2℃，比 1954—1985 年的平均气温 13.6℃升高了 0.6℃；1986—1996 年 11 年平均温度为 13.8℃，1997—2005 年 9 年平均温度为 14.5℃，升高了 0.7℃；就冬季而言，1986—1996 年 11 年冬季平均气温为 3.8℃，

1997—2005年为4.6℃，升高了0.8℃。温度升高的重要原因之一是与城市的发展、生活环境改变有关。

1986—2005年菏泽市各县区平均气温统计表

表1-2-3 单位：℃

县区＼月份	1	2	3	4	5	6	7	8	9	10	11	12	年
鄄城县	0.0	2.4	7.7	14.8	19.7	24.9	26.9	25.2	20.6	14.2	6.7	0.9	12.8
郓城县	0.6	2.6	7.9	15.0	20.2	25.4	27.2	25.6	21.1	14.7	7.2	1.1	14.0
牡丹区	0.3	3.0	8.2	15.3	20.4	25.5	27.2	25.7	21.3	15.0	7.5	1.5	14.2
东明县	0.7	2.6	7.7	14.9	20.0	25.4	27.1	25.4	20.9	14.6	7.0	1.0	13.8
定陶县	0.5	2.7	7.9	14.9	20.0	25.3	27.1	25.4	21.0	14.8	7.4	1.3	13.9
巨野县	0.6	2.4	7.8	14.9	20.1	25.3	27.1	25.5	21.0	14.7	7.2	1.1	13.9
曹　县	0.0	3.1	8.1	15.2	20.4	25.5	27.3	25.7	21.3	15.0	7.7	1.8	14.3
成武县	0.1	3.0	8.2	15.2	20.3	25.4	27.2	25.8	21.3	15.0	7.8	1.8	14.2
单　县	0.2	3.3	8.4	15.5	20.6	25.4	27.2	25.7	21.3	15.0	8.0	2.0	14.4
平　均	0.0	2.8	8.0	15.1	20.2	25.3	27.1	25.6	21.1	14.8	7.4	1.4	13.9

各县区极端最高气温在40.5℃～41.6℃，除牡丹区、单县出现在2005年6月23日外，其他县均出现在2002年7月15日。极端最低气温在－15.3℃～－20.0℃，除成武县出现在1991年12月29日外，其他县、区均受同一次冷空气活动影响，出现在1990年1月31日和2月1日两天，但北部的鄄城县和南部的单县差别较大（相差4.7℃）。

1986—2005年菏泽市各县区极端最高气温和极端最低气温统计表

表1-2-4 单位：℃

县　区	鄄城县	郓城县	牡丹区	东明县	定陶县	巨野县	曹　县	成武县	单　县
最高温度	40.7	40.8	40.9	41.6	40.7	41.6	40.9	41.5	40.5
发生日期	2002.07.15	2002.07.15.	2005.06.23.	2002.07.15	2002.07.15	2002.07.15	2002.07.15	2002.07.15	2005.06.23
最低温度	−20.0	−18.1	−16.5	−17.3	−17.9	−17.2	−17.6	−16.7	−15.3
发生日期	1990.01.31	1990.01.31	1990.01.31	1990.01.31	1990.01.31	1990.02.01	1990.02.01	1991.12.29	1990.01.31

无霜期　全市各县区初霜日平均在10月24日—11月29日，北部较早，南部较晚。平均终霜日在3月7日—4月6日，南部早于北部。最早的初霜日为10月13日（郓

城），最晚的初霜日为1月22日（曹县、成武县）；最早的终霜日为1月23日（单县），最晚的终霜日为4月26日（鄄城县、郓城县）。全市平均无霜期为211天，无霜期最长达260天（东明县），最短为175天（鄄城县、郓城县、单县）。

降水　全市各县区平均年降水量在591.5～692.2毫米之间，平均为638.3毫米，其地域分布基本是从北向南增多，东南部的单县最多（692.2毫米），北部的鄄城县最少（591.5毫米），相差100.7毫米。降水量的年际变化较大，1993、2003、2004、2005年是各县区出现降水较多的年份，除牡丹区外，均达到900毫米以上，其中6个县达到1000毫米以上，定陶县2003年多达1188.4毫米。1986、1988、2002年是各县区出现降水较少的年份，都少于400毫米，巨野县1988年仅降水316.7毫米。

1986—2005年菏泽市各县区四季平均降水量统计表

表1-2-5　　单位：毫米

县区＼季节	春季（3-5月）	夏季（6-8月）	秋季（9-11月）	冬季（12-2月）
鄄城县	107.6	342.4	116.2	25.7
郓城县	105.6	374.6	124.3	26.7
牡丹区	101.2	341.5	121.8	29.2
东明县	106.1	353.9	118.1	29.5
定陶县	113.0	383.1	130.4	32.4
巨野县	97.5	395.1	130.0	28.5
曹　县	126.1	373.4	130.4	38.2
成武县	114.7	369.9	128.2	38.4
单　县	120.9	393.8	131.3	46.5
平　均	110.3	369.7	125.6	32.8

由于受西风带和季风活动的影响，全市降水量季节差别较大，夏季最多，平均为369.7毫米，占全年降水总量的59%；冬季最少，平均为32.8毫米，仅占全年降水总量的5%。秋季降水多于春季。各县区平均降水量以7月份最多，在144.1～171.6毫米之间，全市平均为160.9毫米；以1月份为最小，在6.9～14.4毫米之间，平均为9.6毫米。

湿度　全市各县区年平均相对湿度在71%～73%之间。相对湿度的年际变化不大，一般在±3%范围内。以7月、8月份的平均相对湿度最大，为80%～86%；以2—3月份为最小，为62%～65%。

1986—2005 年菏泽市各县区平均相对湿度统计表

表 1-2-6　　　　单位：%

县区＼月份	1	2	3	4	5	6	7	8	9	10	11	12	年
鄄城县	69	64	64	67	74	70	82	86	81	75	73	72	73
郓城县	67	62	64	66	71	69	81	84	78	73	71	71	71
牡丹区	69	62	62	64	70	67	80	83	78	73	71	71	71
东明县	71	65	65	67	72	67	81	85	78	73	73	73	72
定陶县	69	64	65	68	72	68	81	85	79	74	71	72	72
巨野县	69	64	63	65	70	67	80	85	79	73	71	72	72
曹　县	69	64	64	66	71	67	81	84	79	73	71	71	72
成武县	69	63	63	65	70	67	80	84	78	73	70	71	71
单　县	69	63	63	67	71	71	82	85	81	77	72	71	73
平　均	69	63	64	66	71	68	81	85	79	74	71	72	72

季风　境内春、夏两季（3—8 月）盛行南风，按 16 个方位的风向统计，主导风向是正南，出现频率为 10.8%，其次是南南东，出现频率为 10.4%。秋冬季（9 月—次年 2 月）盛行北风，主导风向是正北，出现频率为 9.9%，其次是南南东，出现频率为 9.3%。就全年（1—12 月）情况而言，南风略多于北风，最多风向是正南，出现频率为 10.4%，其次是正北，出现频率为 9.8%。

1986—2005 年菏泽市各县区平均风速统计表

表 1-2-7　　　　单位：米／秒

县区＼月份	1	2	3	4	5	6	7	8	9	10	11	12	年
鄄城县	2.1	2.3	2.8	2.6	2.1	2.0	1.7	1.4	1.5	1.7	2.1	2.0	2.0
郓城县	1.8	2.1	2.4	2.5	2.2	2.1	1.8	1.5	1.5	1.6	1.9	1.8	2.0
牡丹区	1.9	2.1	2.4	2.3	2.0	1.8	1.7	1.6	1.5	1.6	1.9	1.9	1.9
东明县	2.1	2.3	2.7	2.6	2.1	2.1	1.8	1.5	1.5	1.7	2.0	2.0	2.0
定陶县	2.4	2.6	2.9	2.8	2.4	2.3	2.0	1.8	1.8	2.0	2.3	2.3	2.3
巨野县	2.2	2.5	3.0	3.1	2.7	2.7	2.3	1.9	1.8	2.0	2.4	2.2	2.4
曹　县	2.2	2.4	2.7	2.8	2.4	2.4	2.2	1.8	1.8	1.8	2.1	2.1	2.2
成武县	1.7	1.9	2.3	2.4	2.0	1.9	1.7	1.5	1.5	1.5	1.8	1.7	1.8
单　县	2.0	2.1	2.5	2.5	2.1	2.0	1.8	1.5	1.5	1.5	1.9	1.9	1.9
平　均	2.0	2.2	2.6	2.6	2.2	2.1	1.9	1.6	1.6	1.7	2.0	2.0	2.1

1986—2005年菏泽市各县区平均大风日数统计表

表1-2-8　　单位：天

县区\月份	1	2	3	4	5	6	7	8	9	10	11	12	年
鄄城县	0.1	0.1	0.3	0.1	0.2	0.1	0.0	0.0	0.0	0.0	0.1	0.1	1.0
郓城县	0.1	0.1	0.2	0.1	0.1	0.2	0.1	0.1	0.0	0.0	0.1	0.0	0.8
牡丹区	0.1	0.1	0.4	0.5	0.3	0.6	0.3	0.1	0.0	0.1	0.2	0.1	2.5
东明县	0.1	0.2	0.3	0.4	0.4	0.6	0.3	0.1	0.0	0.1	0.2	0.0	2.7
定陶县	0.1	0.1	0.7	0.4	0.3	0.7	0.2	0.2	0.1	0.1	0.3	0.1	3.1
巨野县	0.2	0.1	0.4	0.2	0.3	0.3	0.3	0.3	0.1	0.1	0.1	0.0	2.3
曹　县	0.0	0.0	0.3	0.2	0.2	0.3	0.3	0.3	0.1	0.1	0.2	0.0	1.8
成武县	0.1	0.0	0.0	0.2	0.2	0.2	0.0	0.1	0.0	0.0	0.1	0.0	0.7
单　县	0.0	0.1	0.2	0.1	0.1	0.2	0.1	0.1	0.0	0.1	0.0	0.0	0.8

风速≥10.8米/秒（相当于6级）的风称之为大风。全市大风日数平均每年1.7天，其中定陶县大风日数最多，平均每年3.1天，成武县最少，平均每年0.7天，大风主要出现在3月和6月份，冬季（12月至次年2月）大风日数最少。1986年3月15日郓城县曾出现17米/秒的大风。

地温　1986—2005年，境内平均地面温度为15.6℃～16.2℃，其分布及年内的变化规律同气温。1月份最低，各县区平均在0.0℃～－0.9℃；7月份最高，在30.5℃～31.3℃。地面极端最低温度为－19.8℃（定陶县）～－24.5℃（牡丹区），极端最高温度为66.3℃（鄄城县）～69.9℃（东明县）。

1986—2005年菏泽市各县区平均地面温度统计表

表1-2-9　　单位：℃

县区\月份	1	2	3	4	5	6	7	8	9	10	11	12	年
鄄城县	−0.9	2.8	9.1	18.0	23.6	28.2	30.6	28.8	23.5	15.5	6.6	0.8	15.6
郓城县	−0.9	3.0	9.3	18.4	24.5	29.8	30.9	29.0	23.7	15.7	6.9	0.7	15.9
牡丹区	−0.5	3.5	9.7	18.4	24.3	29.5	30.7	28.7	23.8	16.3	7.4	1.1	16.1
东明县	−0.7	3.3	9.6	18.6	24.5	29.9	31.3	29.1	24.0	16.1	7.2	1.0	16.2
定陶县	−0.3	3.3	9.2	18.0	24.0	29.0	30.5	28.7	23.5	15.9	7.3	1.3	15.9
巨野县	−0.6	2.8	8.8	17.6	23.9	29.3	30.5	28.6	23.4	15.6	6.9	0.9	15.6
曹　县	0.0	3.5	9.4	18.2	24.0	29.2	30.7	29.2	23.9	16.4	7.7	1.5	16.1
成武县	−0.2	3.3	9.3	17.9	23.8	28.9	30.6	28.7	23.6	16.1	7.5	1.4	15.9
单　县	−0.4	3.4	9.6	18.1	24.2	29.2	30.6	28.9	23.8	16.1	7.5	1.3	16.0
平　均	−0.5	3.2	9.3	18.1	24.1	29.2	30.7	28.9	23.7	16.0	7.2	1.1	15.9

1986—2005 年菏泽市各县区年地面极端温度及出现日期统计表

表 1-2-10　　　　单位：℃

	鄄城县	郓城县		牡丹区	东明县	定陶县	巨野县	曹　县	成武县	单　县
地面极端最高温度（℃）	66.3	68.3		67.1	69.9	68.7	67.4	66.8	69.7	69.0
发生日期	2002.07.15	1987.08.07	1979.06.16	1987.08.07	2002.07.15	2002.07.15	2002.07.14	1986.06.29	1988.06.29	2002.07.14
地面极端最低温度（℃）	−23.1	−23.1		−24.5	−23.6	−19.8	−23.5	−20.2	−22.9	−22.8
发生日期	1990.01.31	1990.02.01		1990.01.31	1990.01.31	1991.12.29	1991.01.27	1991.12.30	1993.11.21	1991.12.27

第四节　物　候

蝉

境内物候期由于受全球气候变暖的影响，有明显变化。例如小麦播种期，在 20 世纪 50—60 年代普遍流行的农谚是“白露早，寒露迟，秋分种麦正当时”，进入 21 世纪后已晚了一个节气。小麦播种期变晚的原因，有气候的因素，也有品种更换的影响。又如牡丹开花期，菏泽素有“谷雨牡丹开”的谚语，2000 年后也平均早了 3 ~ 4 天。

1986—2005 年菏泽市（地区）农作物平均物候一览表

表 1-2-11　　　　单位：月 . 日

小　麦		夏直播玉米		棉　花	
播种	10.9	播种	6.6	播种	4.19
越冬	12.17	拔节	7.15	现蕾	6.23
返青	2.27	抽雄	8.1	开花	7.17
拔节	3.31	成熟	9.18	吐絮	9.14
抽穗	4.24	—	—	停长	10.27
成熟	6.5	—	—	—	—

1986—2005 年菏泽市（地区）树木平均物候一览表

表 1-2-12　　单位：月．日

树木名称	芽开放	展　叶	开　花	落　叶
毛白杨	2.21	4.9	3.7	10.20
旱　柳	3.4	3.20	3.23	10.29
榆　树	2.22	4.5	3.6	11.3

1986—2005 年菏泽市（地区）动物平均物候一览表

表 1-2-13　　单位：月．日

四声杜鹃	始鸣	5.16	终鸣	7.21	家　燕	始见	3.31	终见	10.14
蚱　蝉	始鸣	6.16	终鸣	9.11	蛙	始鸣	4.5	终鸣	10.23
蟋　蟀	始鸣	7.20	终鸣	10.18					

第五节　水　系

境内水系发达，河流密布。

黄河　自河南省兰考县经由东明县王夹堤进入境内，流经东明县、牡丹区、鄄城县、郓城县，至郓城县高堂进入济宁市梁山县境，境内的黄河堤防长度为 157 千米，流域面积为 379 平方千米。（详见第九篇《黄河》）

淮河　境内除北部黄河滩区属黄河流域外，其余均属淮河流域。淮河流域总面积为 1.19 万平方千米，域内河道径流注入南四湖。该域主要有洙赵新河、东鱼河、万福河、太行堤河、黄河故道 5 个水系。骨干河道主要有东鱼河、洙赵新河、洙水河、郓巨河、鄄郓河、郓城新河、万福河、东鱼河北支、东鱼河南支及太行堤河等。流域面积大于 30 平方千米的内河共计 199 条，其中大于 300 平方千米的 18 条，300 ～ 100 平方千米的 30 条，100 平方千米以下的小支流 151 条，均为季节性河流。

洙赵新河水系　该水系上起东明县宋寨村，下至济宁市任城区刘官屯村东入南阳湖。全长 145.05 千米，流域面积 4206 平方千米，其中菏泽境内长度 106.53 千米，流域面积 4119 平方千米（含新邱公岔）。设计除涝流量 620 立方米／秒，防洪流量 1220 立方米／秒。主要支流有郓巨河、鄄郓河、洙水河等。干流开挖于 1971 年，支流大都开挖于 1964—1972 年间。干流及洙水河、郓巨河、鄄郓河等主要支流于 1993—1995 年进行了治理。

东鱼河水系　东鱼河原名红卫河，系湖西水系调整期间于 1967—1970 年开挖的河道。上起东明县刘楼村南，下至济宁市鱼台县西姚村入昭阳湖，流经东明县、牡丹区、曹县、定陶县、成武县、单县等，是菏泽市南部的主要排水河道，并承接部分河南省客水。全长 174.6 千米，流域面积 5923 平方千米，其中在菏泽境内长度为 123.2 千米，流域面积 5206 平方千米（包括承接河南省来水 800 平方千米）。设计除涝流量 810 立方米／秒，防洪流量 2619

立方米／秒。东鱼河在境内流域面积 1000 平方千米以上的支流有 3 条，即：东鱼河北支、南支与胜利河；300 ～ 1000 平方千米的支流有团结河、黄白河；100 ～ 300 平方千米的支流有新冲小河、贺李河、惠河、东沟、翻身河、定陶新河、南渠河、大沙河、白马河、太行堤水库、三干沟和五干沟等 12 条。

万福河水系 发源于东鱼河北支薛庄涵洞，由成武县北境进入济宁市金乡县，全长 77.3 千米，流域面积 1283 平方千米，其中菏泽境内长 36.3 千米，流域面积 518 平方千米。设计除涝流量 190 立方米／秒，防洪流量 497 立方米／秒。建后实际除涝流量 86 立方米／秒，防洪流量 320 立方米／秒。主要支流有吴河、彭河、柳林河等。

太行堤河水系 太行堤河流域包括单县南部和曹县东南部，流域面积 467 平方千米，干流总长 36 千米。主要支流有蒋河、二堤河等。该流域同时也接纳安徽省砀山县部分客水，为苏鲁皖 3 省边界河道，尚未进行过系统治理。

黄河故道水系 黄河故道是 1855 年黄河在河南省兰考县铜瓦厢决口改道后遗留下来的旧河床，总流域面积 1408 平方千米，在菏泽境内流域面积 381 平方千米，长 91 千米，是菏泽市南部边界河道。流域内地势较高，是严重的缺水地区。

第六节　土　壤

土壤类型及分布 境内土壤类型分潮土、盐土、碱土和风沙土 4 类。

潮土类 是境内的主要土壤类型，在全市各县区均有分布。依据成土过程附加

潮　土

的不同条件，又分为 3 个亚类。

潮土亚类 潮土亚类是潮土中面积最大的一个代表性亚类，域内面积 77.33 万公顷，占潮土面积的 86.18%。按土属分，砂质潮土面积 28.69 万公顷，占潮土亚类的 37.10%，占土壤总面积的 29.7%，主要分布在河流决口扇形的上半部和古河道自然堤附近；壤质潮土面积 36.11 万公顷，占潮土亚类面积的 46.7%，占土壤总面积的 37.35%，主要分布在缓平坡地上，属缓流沉积物，境内均有分布，成武县面积较大；黏质潮土，俗称“淤土”，主要分布在低洼处，面积 7.66 万公顷，占潮土亚类面积的 9.9%，占土壤总面积的 7.92%；淤滩潮土，是现代黄河水漫淤形成的土壤，面积 2.13 万公顷，主要分布在现代黄河大堤内侧，沿黄县区均有分布，其中东明县面积最大；淤灌潮土，面积 2.73 万公顷，主要分布在东明、牡丹区、鄄城、郓城 4 个县区。

褐土化潮土亚类 境内面积 5.05 万公顷，占土壤总面积的 5.05%，主要分布在定陶、曹县、单县、牡丹区等县区。按土属又分为砂质褐土化潮土、壤质褐土化潮

土、黏质褐土化潮土三个类型。

盐化潮土亚类 俗称“盐碱地”，是境内主要农作物低产区，也是改良培肥的主要对象。全市均有分布，面积12.1万公顷，占土壤总面积的12.06%，巨野县、牡丹区、曹县面积较大。

盐土类 境内潮盐土面积6373.33公顷，占土壤总面积的0.66%，主要分布在曹县、巨野县、单县、东明县等低平洼地中，多是零星分布。

碱土类 是由碱化过程形成的一种含盐量不高而含碱高的不良土壤。境内有733.33公顷，占土壤总面积的0.08%，主要分布在曹县南部背河槽洼地上。

风沙土类 主要由黄河冲积而成，是一种无发育层次的沙质土壤。面积5866.67公顷，占土壤总面积的0.59%，主要分布在东明县几个黄河决口处和曹县、单县的古河槽上。

土壤养分状况 境内土壤肥力水平和农作物产量水平很不平衡，土壤有机质含量平均0.89%，全氮0.08%、全磷0.24%、碱解氮82ppm、速效磷15.6ppm、速效钾115ppm。土壤速效氮、磷、钾的比值平均为1∶0.19∶1.4。随着磷肥施入量的不断增加，氮、磷比例渐趋合理；但由于含钾肥施用不足，氮钾比例严重失调。有81%的土壤缺氮，83%的土壤缺磷，62%的土壤缺钾。在微量元素中，境内土壤有3种元素缺乏，且面积较大。70.54%的土壤缺锌，54.6%的土壤缺硼，90.87%的土壤缺锰。

第七节 植 被

境内原始植被属暖温带落叶阔叶林区，历史上由于长期垦植和黄河多次决口淤淹，原生森林植被已不复存在。现有的植被主要是人工栽培的树木及农作物，树木有51科、106属、228种，其中被子植物46科、92属、205种；裸子植物5科、14属、23种。主要乔木有：黑杨派速生杨、毛白杨、泡桐、刺槐、白榆、旱柳、国槐、苦楝、臭椿、白蜡、雪松、柏类等。灌木主要有杞柳、紫穗槐、柽柳等。

果树栽培主要以蔷薇科为主，其次是鼠李科、柿科、葡萄科、石榴科、胡桃科、芸香科等约300个品种。主要有苹果、桃、梨、杏、李、柿、葡萄、石榴、核桃、木瓜等，其中镜面柿、木瓜驰名全国。

菏泽市列入国家和省重点保护野生植物名录的野生植物有7种，其中国家级保护的野生植物4种，分别是：银杏科银杏、杉科水杉、杜仲科杜仲、胡桃科核桃；省级保护野生植物有3种，分别是：豆科黄芪、蔷薇科玫瑰、伞形科柴胡。

农作物主要是小麦、玉米、大豆等粮食作物，棉花、花生等经济作物以及多种瓜果蔬菜。

人工植被

第三章 自然资源

第一节 土地资源

土地总量 据1993年土地资源现状调查结果，菏泽市土地资源总面积121.94万公顷，占山东省土地总面积7.8%。在全市土地总面积中，牡丹区14.35万公顷，占11.77%；曹县19.66万公顷，占16.12%；定陶县8.45万公顷，占6.93%；成武县9.88万公顷，占8.1%；单县16.51万公顷，占13.54%；巨野县13.03万公顷，占10.68%；郓城县16.31万公顷，占13.37%；东明县13.36万公顷，占10.96%；鄄城县10.38万公顷，占8.51%。

土地类型及分布 菏泽市土地共分三大地类：一级地类8个，二级地类29个，三级地类15个。境内土地总面积121.94万公顷，其中农用地面积97万公顷，占79.55%；建设用地面积18.94万公顷，占15.53%；未利用地面积6万公顷，占4.92%。2005年，菏泽市耕地占山东省耕地面积的10.88%。在耕地面积中，属国家所有的2043.36公顷，占耕地面积的0.2%；属集体所有的地8.6万公顷，占99.8%。全市耕地利用构成分为灌溉水田、水浇地、旱地、菜地四类，其中灌溉水田为424.46公顷，占耕地总面积的0.05%；水浇地为60.45万公顷，占72.5%；旱地面积为22.32万公顷，占26.80%；菜地为4544.09公顷，占0.55%。

第二节 水资源

菏泽市辖区内除黄河滩区属黄河流域外，其余大部分属淮河流域。根据1956—2000年资料测算，菏泽市水资源量年均为23.21亿立方米，其中地表水6.21亿立方米，地下水17亿立方米；省分配菏泽市每年引用黄河水指标为10亿立方米。

地表水 地表水资源包括当地地表径流量和入境客水量。境内1956—2000年平均每年降水656毫米，折合降水量80.22亿立方米。由当地降水形成的地表径流量多年平均值为6.21亿立方米，50%保证率时地表径流量为5.58亿立方米。境内除黄河外，内河主要有东鱼河、洙赵新河、万福河、太行堤河、黄河故道5个水系。除太行堤河、黄河故道水系、东鱼河水系承接少量河南省汛期客水外，大部分为发源于市内的源头河流。境内河流丰枯变化大，属季节性河流。菏泽因系黄泛平原，缺乏修建水库拦截地面径流的条件，所以地表径流可利用量很小，仅黄河故道、太行堤水库、宋金河等蓄水体可拦截少量径流，同时较大坑塘也可利用部分地面雨水。经测算，多年平均可利用地表水资源量1.78亿立方米。

菏泽市位于黄河入鲁的第一站，具有得天独厚的引黄优势。全市已建成闫潭、谢寨、高村、刘庄、苏泗庄、旧城、苏阁、杨集等引黄闸，总引黄能力达435立方米／秒，总设计灌溉面积43.32万公顷，实际灌溉面

积 22.87 万公顷（补源面积可达 46.67 万公顷左右）。1995—2005 年，平均每年实际引用黄河客水 15 亿立方米左右。为了改善菏泽城区供水单纯依靠地下水的局面，提高城区的供水保证率，城区引黄供水工程正在建设。该工程将黄河水由牡丹区李村镇刘庄引黄闸入口，经明渠送达位于万福街道的丁坑水库，沉淀后经管网送至城西净水池。工程完工后，菏泽城区的供水局面将得到进一步改善。

地下水　地下水资源量分为浅层地下水量和深层地下水量。由于深层地下水与当地降水没有直接补给关系，且开采后很难补给，因此将深层地下水仅作为战略储备资源，在一般情况下不作为可开采利用的地下水资源量。按多年平均值计算，全市地下水资源总量为 17 亿立方米，可开采量 12.75 亿立方米。

境内浅层地下水含水层分布在水平方向上断断续续，在竖直方向上犬牙交错，表现为多元性结构。岩性为粉沙、粉细沙，少数古河道带为中细沙。浅层地下水可分为三种类型：全淡水区，面积为 700 余平方千米，主要分布在郓城北部及鄄城东北部，砂层在 10 米～20 米；浅层淡水区，面积在 1.1 万平方千米以上，分布于各县区的大部分区域，淡水底界面自西向东逐渐变浅，西部一般为 40 米～60 米，东部为 20 米～40 米；咸水区，呈零星状分布，主要分布于巨野县东北、东南部，成武县及牡丹区部分区域。

境内浅层地下水活动以垂直运动为主，水平运动滞缓。地下水补给主要以降水入渗、地表水体补给和井灌回归水补给为主，总补给量模数为 16.7 万立方米／平方千米，总补给量为 17 亿立方米。地下水排泄主要以开发利用和潜水蒸发为主。由于水资源开发利用特别是工业及城镇用水，自 1987 年起，局部区域由于地下水超采形成地下水超采漏斗区。1987 年，地下水漏斗区面积为 132 平方千米，中心位于单县县城附近，中心埋深 9.6 米。至 2002 年，浅层地下水漏斗区发展至最大，面积达 5354 平方千米，形成分别以菏泽市城区和单县县城为中心，中心最大埋深达 18.97 米。

第三节　动植物资源

菏泽市处于暖温带，雨量适中，气候适宜，种植业和饲养业历史悠久，有着丰富的动植物资源。

动物资源 家畜家禽：主要有黄牛、马、驴、骡、猪、羊、狗、猫、鸡、鸭、鹅、水貂、兔、鹌鹑、鸽子等。其中，鲁西黄牛是国内乃至世界著名的地方优良黄牛品种之一，其皮是世界著名的三大毛皮品种之一；斗鸡是中国珍贵禽类，仅在成武县、郓城县、牡丹区有少量饲养。

小尾寒羊

鲁西黄牛

水生动物资源 主要有鱼、虾、甲鱼。境内有自然鱼类主要有泥鳅、大鳞副泥鳅、黄鳝、黄颡鱼、鲢、鳙、草鱼、青鱼、鳡鱼、餐条、花鳎、麦穗鱼、鳑鲏、鲫、鲤、乌鳢、翘嘴鳜、长春鳊、团头鲂、三角鲂、红鳍鲌、翘嘴红鲌、细鳞斜颌鲴、鲶鱼、棒花鱼、赤眼鳟、鰕虎鱼等；虾类主要是青虾。甲鱼主要生长在黄河故道，其次是城乡的老坑塘中，个体专业户也多有饲养。

野生动物资源 1978年以前，境内种类繁多，后由于化学药物的使用，多种哺乳动物和鸟类近于绝迹，仅存的野生动物主要有黄鼬、野兔、刺猬、猫头鹰、啄木鸟、大山雀、灰喜鹊、家燕、斑鸠、麻雀、蛇、蝙蝠、青蛙、蟾蜍等。

麻雀

野兔

药材动物资源 共30科32种。主要动物性药材有蜂蜜、蜂蜡、土元、蝉蜕、鳖甲、刺猬皮、猪胆汁、牛黄、鸡内金、蟾蜍、蝎子等。

植物资源 广泛栽培的农作物：有禾本科、豆科、锦葵科、旋花科等作物，共23类568个品种，其中冬小麦220个，玉米22个，高粱12个，谷子12个，大麦5个，水稻5个，地瓜12个，大豆13个，棉花42个，芝麻4个，花生9个，麻类5个，绿肥类7个，蔬菜89个，瓜类40个等。

林果植物资源 境内林果植物多为人工栽培，种类较多。全市有树木51科106属228种，其中被子植物46科92属205种；

裸子植物5科14属23种。乔木主要有杨、柳、榆、槐、泡桐、臭椿、苦楝、白蜡、桑、柏等，灌木主要有杞柳、紫穗槐、柽柳等。果树栽培，以蔷薇科为主，其次为鼠李科、葡萄科、柿科、石榴科、胡桃科、芸香科等，共16属25种252个品种。

水生植物资源　主要有苇、藕、蒲等。

药材植物资源　共81科265种，其中地道药材有丹皮、芍药、半夏、地黄、红花、枸杞、木瓜、山药、草决明、麦冬、香附、槐米等。

第四节　矿藏资源

境内已发现矿藏物18种，已探明10种，还有8种有待进一步勘查探明。在已探明的矿产总数中，其中能源矿产4种，金属矿产1种，非金属矿产3种，水气矿产2种。

煤炭　境内煤系地层分布广泛，煤质较好，煤种较全，资源量丰富，是山东省重要的含煤区，也是华东地区唯一的一块整装煤田。累计探明原煤储量56.98亿吨，其中巨野煤区50021万吨，彭庄煤区12653万吨，梁宝寺煤区56910万吨。巨

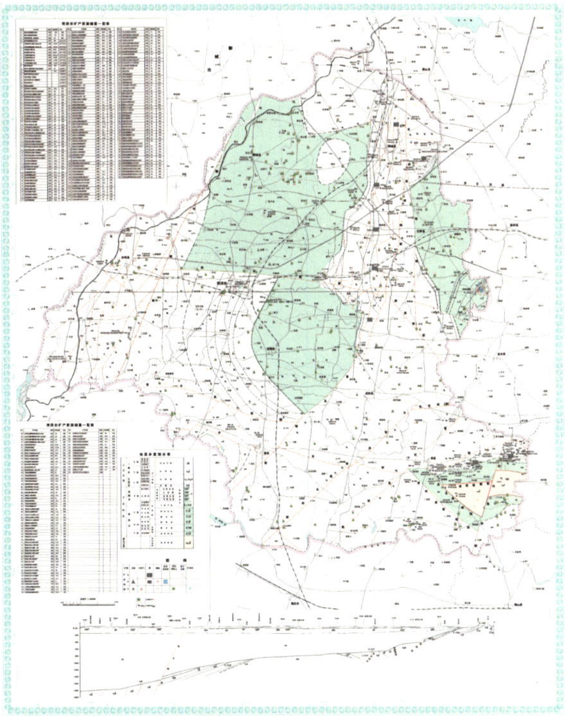

菏泽市矿产资源分布图

野煤田（煤矿区、井田）和预测区主要分布于郓城县、巨野县。牡丹区、定陶县、成武县、鄄城县均为隐伏煤矿。境内储煤面积3592平方千米，预测储量约281.4亿吨。其中郓城县1022平方千米，牡丹区、巨野县、成武县900平方千米，定陶县、曹县900平方千米，鄄城县、牡丹区北500平方千米，单县270平方千米。埋藏深度一般在－1000米左右，最深的达－2000米，最浅的单县在－400米～－500米以下。可采煤层厚度一般在4米～6米之间，最厚的巨野达10米以上，最薄的也在2米以上。就平均厚度而言，单县为4.3米，曹县、定陶县是4.6米，郓城县是5.88米。郓城—巨野煤田主要分布在郓城和巨野县境内，向南跨入成武县北部汶上镇一带。普查区南北长约80千米，东西宽约12千米，控制含煤面积960平方千米。全市均为第四纪、第三纪地层覆盖，其厚度约500米～600

米。含煤地层主要为石炭至二叠纪太原组或二叠纪山西组，平均总厚度226米。山西组含煤4层，可采煤2层，其中第3煤层为主要煤层，平均厚度北部为5.96米，南部为7.58米。太原组含煤22层，可采煤4层。二者共含煤26层，可采和局部可采煤层6层，可采和局部可采煤层平均总厚度8.62米，煤层埋深在800米～1000米之间，最大为1200米。煤种主要为气煤、肥煤和天然焦，探明原煤总储量50余亿吨。煤种较多，煤质优良，主要为低灰、特低硫、高挥发、高发热量、富油煤，黏结性强、结焦性好。

巨野煤田分为南、北2个煤矿区。南煤矿区有万福和龙堌2个井田，北矿区有赵楼、郭屯、郓城和彭庄4个井田。

南煤矿区　面积191.3平方千米，资源储量21.83亿吨，属大型煤矿区。

万福井田面积68.6平方千米，其南界为成武县宝峰集乡洪楼至汶上集镇鹿堂，北界为巨野县董官屯乡任店至张表乡冯庄，西界为鹿堂至冯庄，东界到曹县断裂。该井田以气煤、肥煤为主，次为天然焦，煤层平均厚度3.78米，埋深750米～950米，查明资源储量5亿吨（其中天然焦0.71亿吨）。

龙堌井田面积122.7平方千米，其南界与万福井田相邻，北界为巨野县太平乡至吕官屯乡陈庙，西界为冯庄至太平，东界为任店至陈庙。该井田煤层平均厚度6.98米，埋深700米～950米，以气煤、肥煤和少量天然焦为主，查明资源储量16.83亿吨（其中天然焦0.14亿吨）。批准生产规模600万吨／年。

北煤矿区　面积391.2平方千米，资源储量28.19亿吨，属大型煤矿区。

赵楼井田面积90.6平方千米，南界与龙堌井田相邻，北界为郓城县三屯乡净庄至汉石桥乡侣楼，西界为太平至净庄，东界为陈庙至侣楼。该井田3煤层平均厚度6.71米，埋深700米～950米，查明资源储量10.01亿吨（其中天然焦1.36亿吨），主要为气煤、肥煤及天然焦。

郭屯井田面积106.4平方千米，南界与赵楼井田相邻，北界为蒋庙乡安屯至丁庙乡王沙湾，西界为阎庄至安屯，东界为侣楼至王沙湾。该井田煤层平均厚度3.69米，埋深600米～900米，查明资源储量7.83亿吨（其中天然焦0.64亿吨），主要含气煤、肥煤和少量天然焦。批准生产规模240万吨／年。

郓城井田面积172.6平方千米，南界与郭屯井田相邻，北界为肖皮口乡姚庄至程屯镇张垓，西界为安屯至姚庄，东界为王沙湾至张垓。该井田煤层平均厚度4.01米，埋深520米～1000米，主要含气煤、肥煤及天然焦，查明资源储量9.03亿吨(其中天然焦3.1亿吨）。

彭庄井田面积80.84平方千米，南界为郓城县丁里长镇苑厂至嘉祥县老僧堂乡西杜庄，北界为郓城县张营乡至嘉祥县黄垓乡西丁垓，西界为苑厂至张营，东界为西杜庄至西丁核。该井田煤层平均厚度4.01米，埋深440米～930米，主要为气煤、肥煤，查明资源储量1.32亿吨，属中型井田。批准生产规模45万吨／年。

巨野煤田各井田建设一览表

表 1-3-1

井田名称	资源量（万吨）	资源储量（万吨）	设计能力（万吨/年）	建设性质	开竣工起止时间（年）		服务期限（年）	备　注
					开工	竣工		
郭　屯	49600	78286	240	在建	2002	2006	60	大型
龙　堌	87292	168335	600	在建	2002	2006	67	大型
彭　庄	4275	13171	45	在建	2003	2005	52	中型
赵　楼	62752	100065	300	筹建	2006	2010	61	大型
郓城县	36303	90259	240	筹建	2007	2011	77	大型
万　福	17438	50035	180	筹建	2008	2011	270	大型
合　计	257660	500151	1605					

石油和天然气　域内石油、天然气资源主要分布在东明县西部与北部，属中原油田南油区。境内已探明的油气田产地 10 处：东明县的桥口油气田、白庙气田、新霍油田、徐集油田、马厂油田、三春集油田、唐庄气田、葛岗油气田，牡丹区的李村油气田，鄄城油气田。石油储量 5265 万吨，控制储量 9000 万吨，预测地质储量 16 亿吨。天然气远景储量 3000 亿立方米。桥口油气田厚 25 米，埋深为 -3700 余米，控制含气面积 17.5 平方千米；天然气含甲烷 90.23% ~ 55.4%，乙烷 18.7% ~ 4.38%，丙烷 12.8%。白庙气田埋深在 - 2630 米 ~ - 3700 米，平均气层厚 21.6 米，控制含气面积 23.65 平方千米；天然气含甲烷 49.09% ~ 66.2%，含乙烷 15.15% ~ 13.17%，含丙烷 9.01% ~ 12.89%，凝析油含量大于 150 克/升，属于凝析气类型气藏。马厂油田埋深在 - 2400 米 ~ - 3600 米，油层平均厚 21 米，含油面积 12.8 平方千米，含气面积 10 平方千米；天然气含甲烷 92.8% ~ 55.4%，含乙烷 3%，戊烷以上含量为 1.3%。

地热　境内地热资源十分丰富，其埋藏和形成条件在不同地质构造单元上差异性较大，在聊考断裂西北侧的东明坳陷二级构造单元内，中生代燕山期以来地壳经历了三次大幅度沉降，沉积了巨厚的第四纪、第三纪碎屑岩类。据中国科学院地质研究所地热组编制的《华北平原地温梯度图》，300 米深度内地温梯度为 2℃ ~ 3℃ /100 米；200 米深度内地温梯度为 3.5℃ ~ 4.1℃ /100 米。上第三纪砂质页岩和泥岩具导热率低、地温梯度大的特点，并具有隔热保温作用，从而有利于在第一纪砂岩中形成孔隙—裂隙水热型热储层。在聊考断裂东南侧沿线的鄄城至曹县断陷内，奥陶纪灰岩隆起折古潜山部位，热储层为奥陶纪灰岩的古风化壳，上覆巨厚的上第三纪、第四纪碎屑岩类，导热率低，形成良好的保温盖层。奥陶纪石灰岩古风化壳内裂隙溶洞极为发育，并与聊考大断裂相沟通，形成深循环热流，导致形成热储层单井涌水量大，水温高的热水资源，如鄄城西 5 千米处探孔深 300 米处井口温度 30℃，可望在 1000 米深时井口温度可达 65℃ ~ 85℃。

境内已勘查地热9处，水温都低于90℃，均为低温地热资源，其中曹县倪集等2处地热井属低温热水（68.4℃），4处为低温温热水（东明县炼油厂地热井47℃，菏泽城区南华地热井55.3℃，鄄城县城西地热井55℃，牡丹区开元地热井46℃）；3处为低温温水（鄄城县西双庙地热井30℃，牡丹区沙土镇地热井30℃，曹县城北地热井36℃）。9处地热井有6处是为寻找地热而专门施工的。菏泽城区南华和东明县炼油厂、鄄城县城西地热井等都已开发利用。

金属矿藏 境内金属矿藏贫乏，至2005年，仅发现单县孙溜镇吴庄铁矿藏地和单县毛庄乡蒋堤口沙金矿化点各1处。

铁矿 单县孙溜镇吴徐庄铁矿，属沉积变质型铁矿，产于新太古代泰山岩群山草峪组。1978年山东地矿局第二地质队在对单县76—19号航磁异常验证时发现，施工8个钻孔。矿体呈层状或似层状，与围岩界线清楚。矿体单层一般厚2米～4米，最厚达12.84米。矿体长1500米，宽300米，总厚48.75米。矿石中铁的品位为25.44%。属中等规模铁矿。由于其埋藏较深，矿石品位低，尚未开发。

沙金 单县南部黄河故道北侧4千米处的黄岗集南。有一村民曾在打压水井时发现1处沙金异常点。省地质科学实验研究院于1999年对单县王楼、朱堤口、侯堤口、蒋堤口、周新庄、杜庄等6平方千米范围内施工17个浅钻孔，其中有12个孔见有沙金颗粒，地层属黄河组。沙金颗粒呈金黄色，少数呈浅黄色，个别金黄色颗粒表面常有红褐色锈斑或溶蚀边，表面金属光泽。沙金以片状为主，周边圆滑，大小在0.10毫米～0.40毫米之间，少数小于0.10毫米，个别大者0.48毫米。沙金伴生重矿物为黄铜矿、黄铁矿、钨砂矿等，且黄铁矿颗粒磨圆度较好，表面多已氧化成红褐色的锈斑。从沙金重矿物组合及金颗粒形态分析，该区沙金供源地可能是黄河上游泥砂携带而来。该沙金异常点不具有开采价值。

非金属矿藏 境内已发现10种非金属矿藏。

水泥用灰岩 主要分布在巨野县核桃园，资源量初步估算为1.54亿吨。

制灰用灰岩 主要分布在巨野县，储量约为1525.70万立方米，约4089万吨。

建筑石料用灰岩 主要分布在巨野县，用作生产不同粒级的石子，用于铺路或搅拌混凝土用。

砖瓦用黏土 境内广泛分布，大多都能烧制普通砖瓦。

陶瓷土 分布在境内黄泛低洼处，俗称胶泥，是烧制陶器的较佳原料。成武县著名的黑陶就是利用这种陶瓷土烧制而成。

石英砂 分布在曹县境内沿黄河故道附近浅地层中，面积较大。

水泥配料用黏土 产于巨野县核桃园一带，颜色为棕红色，故又称为红土，可以作为水泥配料使用。

水泥配料用页岩 分布在巨野县核桃园一带，以紫色页岩为主，可作为一般水泥配料，地质储量为317.30万吨。

白云岩 分布在巨野县核桃园金山一带，已探明储量600.55万吨。

方解石 分布在巨野县核桃园一带，地质储量约1.5万吨。可作橡胶、塑料、造纸和涂料的填料，具有广阔的开发前景。

矿泉水　境内饮用天然矿泉水资源丰富，通过省级和国家级鉴定的矿泉水点有5处。均属碘、锶、偏硅酸等复合型矿泉水。分布在牡丹区、巨野县、郓城县、单县、东明县等地。矿泉水的特点是矿化度为1586.15毫克～737毫克／升，酸碱度为7.1～7.58，微量元素中阴离子以重碳酸、氯化物为主，其含量分别为762毫克～772.66毫克／升和209.76毫克～235毫克／升。阳离子以镁和钠为主，其含量分别为115毫克～136毫克／升和165毫克～198毫克／升。微量元素以碘和锶为主，其含量分别为0.22毫克～0.34毫克／升和1.66毫克～2.78毫克／升。碘、锶矿化度三项指标已经达到国家饮用天然矿泉水的标准GB8537－87界限指标和要求。其他限量指标、污染物指标、微生物指标等均符合国家标准。是一种含碘、锶的重碳酸、氯化物—镁、钠型饮用天然矿泉水，可做为瓶装矿泉水予以开发。井深在300米～400米之间，单井可采量均为687立方米／天。

第五节　气候资源

菏泽市地处黄河下游，具有半湿润温暖气候特征，光热充足，冬冷夏热四季分明，雨热同步，气候资源较丰富，冬、春季降水偏少，夏、秋季降水丰沛。大部分耕地为黄河淤积平原，地势平坦，土层深厚，旱能浇，涝能排，发展农业有得天独厚的条件。年太阳辐射总量为116.6千卡～123.6千卡／平方厘米，其中植物可利用的光能为57.2千卡～60.5千卡／平方厘米；各县区年日照时数平均为2165.2小时，其中最小为1906.4小时，最大为2298.8小时，光热资源为山东之最；各县区年平均气温为14.1℃，其中最低为13.6℃，最高为14.5℃；各县区≥0℃的年积温平均为5216.6℃，其中最少为5073.1℃，最多5334.1℃；各县区年平均降雨量为639.0毫米，最少为591.5毫米，最大为693.3毫米，其中作物旺盛生长的六、七、八、九4个月，平均降雨量为437.4毫米，雨热同季，适宜多种作物生长发育，光热利用前景广阔。

第四章　自然灾害

第一节　旱　灾

1986年，全区平均降水量436.9毫米，比常年偏少30%，出现严重的春旱、夏旱和秋旱。1—5月上旬，4个多月无透雨，麦田严重干旱面积达60万公顷。7月，全区又普遍干旱，曹县、定陶县、成武县、牡丹区旱情较重，特别是曹县境内的河流全部干涸，10多个乡镇井水枯竭，约20万群众吃水困难。全区夏播作物死苗11万公顷，秋粮单产减三成。8月，旱情有所

内 涝

缓解,以后又持续干旱,严重影响小麦播种。

1988年,全区平均年降水量仅379.6毫米,比常年偏少40%,出现春旱、初夏旱和夏秋连旱。春旱较严重的阶段在4月份,小麦减产7%左右,初夏旱发生在6月份,造成玉米套种严重死苗,大豆迟迟不能播种。8—12月中旬,连续干旱,造成秋粮和棉花减产8%~10%,而且也严重影响了小麦播种。

2002年,全市平均降水量399.9毫米,比常年偏少37%,出现春旱和夏秋连旱。春旱从2月初到4月底,造成小麦减产。7—11月,连续干旱,造成秋粮减产10%左右。

第二节 涝 灾

境内涝灾发生年份明显少于旱灾,而且涝灾的持续时间和地域范围也远比旱灾小得多。全市大范围较重的涝灾,发生在1993年、2003年、2004年和2005年。

1993年7月9—15日连降暴雨,6天内全区平均降水量206.9毫米,东明、鄄城、郓城、菏泽四县市都在300毫米以上,约26万公顷农田积水,340个村庄被水围困,城市街道普遍积水,低洼街道积水达600毫米。8月4—5日,全区九县、市再次遭受特大暴雨和龙卷风的袭击,平均降水量为189.5毫米,部分乡镇达400毫米~500毫米。全区207个乡镇受灾,玉米减产18%,棉花减产13%,交通、电力设施也遭受严重损坏。

2003年,全市平均降水量多达1004.9毫米,是40年来降水量最多的一年。7—11月份降水比常年平均偏多37%,其中8月份偏多100%。全市农作物受灾面积约30万公顷,秋粮减产30%。

2004年,全市平均降水量为866毫米,降水主要集中在夏季,7—8月份明显偏多,比历年平均值偏多94%。降雨日达50天,形成各县区不同程度的涝灾,受灾面积达30万公顷,成灾面积13万公顷,绝产面积2.9万公顷,受灾人口达77万人;倒塌房屋2169间,损坏房屋8269间,中断线路2.7千米,冲毁桥涵15座,损坏公路3.27千米,冲淤机井28眼。

2005年,全市平均降水量902毫米,降雨相对集中在9月。9月19—20日,各县区普降暴雨、大暴雨,平均降雨量达126毫米,最多的巨野县核桃园降雨量达272毫米。9月25日—10月2日,全市出现长达8天的连阴雨,各县区累计平均雨

受灾作物

量达202毫米，96个乡镇严重受灾，约有5456间房屋倒塌，3.13万间房屋不同程度地受损，损坏公路18.45千米、桥涵287座，农作物受灾面积达43.98万公顷，绝产4.59万公顷，直接损失13.14亿元，其中农业经济损失11.35亿元。

第三节 冰雹灾

1986年8月5日，菏泽市的解元集、东明县的8个乡镇、鄄城县的5个乡镇遭受冰雹灾，经济损失达1000多万元。1987年8月30日，全区除单县外，其他县市均有冰雹发生，经济损失达2亿多元。1990年7月9日，东明县、鄄城县、菏泽市的9个乡镇受灾，经济损失达4000多万元；1991年6月21日，曹县、单县、巨野县、郓城县、成武县、定陶县及菏泽市部分乡镇出现雹灾，经济损失达1亿多元。1995年6月29日，曹县、巨野县、定陶县、成武县、单县、郓城县的部分乡镇遭受雹灾，经济损失达6000多万元。1998年7月21日，鄄城县、菏泽市、东明县、曹县部分乡镇受灾严重，农作物被砸掉叶，1万公顷果树落果30%，伤77人，死伤家禽670头(只)，

冰 雹

损坏大棚678个，受灾面积达10.4万公顷，经济损失达4亿多元。1986—2005年，冰雹发生概率比较高的区域有：东明县的刘楼、临河店、马头、菜园集、陆园，曹县的常乐集、大寨、阎店楼，牡丹区李村，鄄城县左营、旧城、葛庄、箕山，郓城县侯咽集等乡镇。

第四节 病虫害灾

菏泽是农业大市，作物种类多，病虫害发生较多。1986—2005年，农作物病虫害的发生种类和发生面积逐年增加，年发生病虫害由原来的2000万～3000万亩次上升到3500万～9500万亩次，共计发生122522.95万亩次，粮食损失475.59万吨，棉花损失22.42万吨，油料损失21.53万吨，其他作物损失341.99万吨。

小麦病虫害灾 麦田病虫害主要有小麦叶锈病、赤霉病、白粉病、小麦蚜虫、麦蜘蛛、麦叶蜂等。1996—2005年，全市小麦年发生病虫害550万～3400万亩次，总计发生面积39858.88万亩次，防治35049.16万亩次，挽回损失529.34万吨，实际损失187.67万吨。

玉米病虫害灾 主要病虫害有玉米大小叶斑病、玉米螟、玉米穗虫、玉米甜菜夜蛾等。1996—2005年，全市玉米年发生病虫害350万～1500万亩次，总计发生面积16185.84万亩次，防治面积13972.65万亩次，挽回损失157.31万吨，实际损失77.22万吨。

大豆病虫害灾 主要病虫害有大豆孢囊线虫病、大豆蚜、大豆食心、大豆造桥虫、豆秆蝇虫、豆荚螟、大豆红蜘蛛、甜菜夜

蛾、豆天蛾。1986—2005 年，全市大豆年发生病虫害 130 万～300 万亩次，总计发生 4459.47 万亩次，防治 3619.49 万亩次，挽回损失 31.83 万吨，实际损失 8.28 万吨。

花生病虫害灾 主要病虫害有花生病毒病、花生线虫病、花生倒秧病、花生叶斑病、花生蚜、花生棉铃虫、花生红蜘蛛、甜菜夜蛾。1986—2005 年，全市花生年发生病虫害 60 万～500 万亩次，总计发生 5854.07 万亩次，防治 4752.28 万亩次，挽回损失 60.89 万吨，实际损失 27.34 万吨。20 世纪 80 年代发生较重，年发生面积 500 万亩次左右。

蔬菜病虫害灾 20 世纪 90 年代前，境内种植面积不大，病虫害发生面积较小，年发生 30 万～100 万亩次。随着种植结构的调整，种植蔬菜种类的增加和面积的不断扩大，病虫害发生的面积逐年增加，年发生面积扩大到 100 万～650 万亩次。1986—2005 年，全市蔬菜共发生病虫害 5425.1 万亩次，防治面积 6639.3 万亩次，挽回损失 2114.90 万吨，实际损失 531.98 万吨。

棉花病虫害灾 其苗期病害主要有炭疽病、立枯病、黑斑病和茎枯病，害虫主要有棉蚜、棉铃虫、棉红蜘蛛、棉盲蝽象等。棉花是境内主要经济作物之一，1986—2005 年，全市棉花年发生病虫害 700 万～2400 万亩次，总计发生 26801.04 万亩次，损失产量 25.23 万吨。

第五节 其他灾害

连阴雨 1986—2005 年，境内共发生 2 次持续时间较长、范围较大、灾害较重的连阴雨天气。1989 年麦收期间的连阴雨天气，属多年不遇，灾害较重。这次连阴雨自 6 月 3 日持续到 14 日，长达 12 天之久，日照时数几乎等于零。此时。正值小麦成熟收割阶段，全市发芽霉变的小麦达 25 万吨，致使境内群众食用生芽面粉达 1 年有余，就连当年的麦种也只能从外地调入。2005 年 9 月 25 日—10 月 2 日的连阴雨天气，长达 8 天之久。这次连阴雨时间长，降雨量大，全市平均降雨 202 毫米。倒塌房屋 3856 间，受灾面积 33.84 万公顷，绝产 4 万公顷，直接经济损失达 11 亿元。

雷电 1986—2005 年，雷电灾害每年均有不同程度的发生，主要集中在 6—8 月份。1998—2005 年，受雷电灾害影响造成 1 万元以上经济损失和较大社会影响的有 16 次，其中经济损失和人员伤亡比较重的有：1998 年牡丹区金堤电视差转台遭受雷击，接收设备严重损坏，经济损失达 10 万元；2000 年东明县热电厂主控电脑主板遭雷击损坏，经济损失达 100 多万元；2001 年 7 月市立医院微机室遭受雷击，损坏电脑仪器设备等折合人民币 10 万多元；2003 年 5 月 18 日，曹县某通信系统遭受雷击，直接经济损失达 20 多万元；2004 年 7 月临商公路收费站遭受雷击，电脑等系统损坏，经济损失 7 万多元；2005 年 7 月，成武县张楼乡 4 名村民遭雷击，3 人当场死亡，1 人经抢救脱险。

霜冻 2001 年 3 月 28—29 日两天连续出现霜冻，28 日各县区最低气温均在 0℃以下，巨野地面最低温度达到 －8.4℃，全市半数以上小麦不同程度地受灾，一般有 30%～50% 叶片冻坏，瓜菜和果树也受害严重。

干热风　20 世纪 80 年代以前，境内的干热风平均每年 5.8 天， 80 年代以后每年平均只有 1.5 天，有明显减少趋势。

其他灾害性天气，如大雾、积雪等，在域内经常出现，但形成的灾害并不严重，主要是交通受到一定影响。沙尘暴虽是一项灾害性天气现象，但由于境内绿化较好，90 年代以后已很少见。

1986—2005 年菏泽市（地区）雾、积雪、沙尘暴年均出现日数统计表

表 1-4-1　　单位：天

灾害县区	雾	积　雪	沙尘暴
郓城县	19.0	11.8	0.7
鄄城县	16.7	13.2	1.5
东明县	19.1	13.8	0.3
牡丹区	12.6	13.1	0.2
巨野县	20.8	13.6	0.5
定陶县	11.7	12.9	0.6
曹　县	15.1	11.8	0.9
成武县	11.1	11.9	0.2
单　县	12.5	12.7	1.3

第二编　人　口

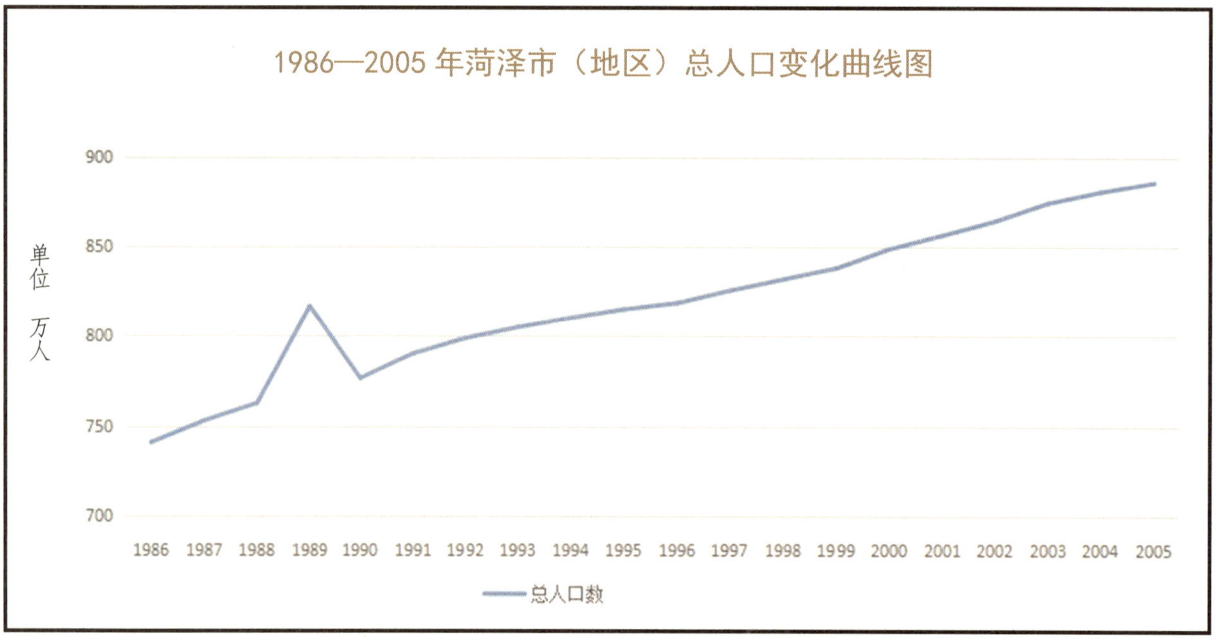
1986—2005年菏泽市（地区）总人口变化曲线图
单位 万人
900
850
800
750
700
1986
1987
1988
1989
1990
1991
1992
1993
1994
1995
1996
1997
1998
1999
2000
2001
2002
2003
2004
2005
总人口数

改革开放以来，随着社会主义市场经济体制的建立和社会的全面进步，境内人口流动加快，人口密度增加，人口素质逐步提高。市委、市政府贯彻执行国家人口政策，提倡晚婚晚育，少生优生，有效控制人口过快增长，科学地制订国民经济和社会发展规划，保持国民经济快速可持续发展，不断满足人民群众日益增长的物质和文化生活需要，人民安居乐业，生活安定。1986—2005年，境内人口由741.02万人增长到885.83万人，平均每年增加7万余人。人口自然增长率由1990年的生育高峰期的19.35‰下降至2005年的6.06‰。全市迁移流动人口中，迁出人口远多于迁入人口。人口密度由1986年的每平方千米567人增至2005年的每平方千米724人；大专以上文化程度人数由1990年每万人42人增至2000年的每万人147人；人口增长进入一个低生育良性循环阶段。人口数量控制在发展目标之内，实现了人口资源与环境的协调发展。

第一章　人口状况

第一节　人口规模

1986—2005年，菏泽经济迅速发展，人民生活明显改善，随着计划生育政策的逐步完善，人口增长经历了一个从快到慢的过程。

1986—1991年，全区人口增长较快，由741.02万人上升到790.52万人，5年间增加49.50万人。1992年开始，各级政府加大对计划生育管理工作的力度，人口快速增长的势头得到明显控制，人口增长速度趋缓。1992—2005年，13年间人口增长95.31万人。2005年，全市总人口885.83万人。

第二节　人口分布与密度

人口分布　1986—2005年，各县区人口分布发生明显变化。超过100万人口的县区有曹县、牡丹区、单县和郓城县。1986年以前，境内农业人口主要分布在乡村，非农业人口主要分布在地、县驻地和乡镇驻地。1986年以后，随着改革开放和经济的不断发展，境内农业人口逐步减少，非农业人口不断增加。2005年，全市总人口885.83万人，其中非农业人口172.13万人，农业人口713.70万人。

人口密度　1986年，境内人口密度为567人／平方千米。1990年第四次全国人口普查时，境内人口密度为639人／平方千米，人口密度最大的是菏泽市，为817人／平方千米；最小的是东明县，为461人／平方千米。2000年第五次人口普查时，境内人口密度为694人／平方千米，人口密度最大的依然是菏泽市，为905人／平方千米；最小的仍是东明县，为 445 人／平方千米。2005 年境内人口密度为 724 人／平方千米。

1986—2005 年菏泽市（地区）人口发展及人口密度统计表

表 2-1-1

年份	总户数（万户）	总人口数（万人）	人口密度（人／平方千米）
1986	166.24	741.02	567
1987	172.27	753.02	576
1988	178.30	762.90	583
1989	186.19	816.81	624
1990	177.48	776.69	639
1991	188.31	790.52	650
1992	199.90	799.00	657
1993	203.35	805.17	663
1994	207.02	810.38	663
1995	209.17	815.20	667
1996	212.87	818.74	670
1997	217.23	825.79	675
1998	214.43	832.07	680
1999	220.67	838.25	686
2000	222.95	848.94	694
2001	226.77	856.47	670
2002	229.93	864.45	706
2003	232.55	874.47	714
2004	236.20	880.69	720
2005	241.99	885.83	724

说明：1986—1989 年含梁山县，不含巨野县核桃园镇；1989 年后，梁山县划归济宁市，嘉祥县核桃园镇划归巨野县

1990 年、2000 年菏泽地区各县（市）人口普查统计表

表 2-1-2

县市	总户数（户）		总人口（人）		人口密度（人／平方千米）	
	1990 年	2000 年	1990 年	2000 年	1990 年	2000 年
菏泽市	255782	334944	1154798	1280031	817	905
曹县	282334	352225	1309643	1335422	668	681
单县	231956	292235	1058593	1050701	642	637
成武县	129292	170695	583365	596339	579	592
巨野县	187619	248221	820282	839438	656	671
郓城县	231898	304632	992845	1025800	605	625

续表 2-1-2

县市	总户数（户）		总人口（人）		人口密度（人/平方千米）	
	1990 年	2000 年	1990 年	2000 年	1990 年	2000 年
鄄城县	156461	204459	686307	715684	638	665
定陶县	127524	160259	559569	563352	670	674
东明县	136644	175554	641072	691206	461	497

第三节　生育状况

1990 年第四次人口普查结果显示，菏泽地区有 15 ~ 64 岁的妇女 238.25 万人，活产子女 524.31 万人，存活 511.39 万人，存活子女数占活产子女数的 97.54%，平均每位妇女活产 2.20 人，存活 2.15 人。15 ~ 49 岁的育龄妇女 194.68 万人，其中未生育的 174.83 万人，生育第一孩的 71423 人，生育第二孩的 59818 人，生育第三孩的 40593 人，生育三孩以上的 26598 人。

2000 年第五次人口普查结果显示，菏泽地区 15 ~ 50 岁的妇女 227415 人，活产 318529 人，存活 314633 人，存活数占活产数的 98.78%，平均每位妇女活产 1.40 人，存活 1.38 人。

1989 年菏泽地区育龄妇女生育孩次状况统计表

表 2-1-3　　单位：人

文化程度	15 岁～49 岁育龄妇女人数	未生育	生育 1 孩	生育 2 孩	生育 3 孩	生育 3 孩以上
大　学	859	793	53	13	–	–
大　专	5689	5286	285	105	9	4
高　中	97562	88795	3429	3217	1505	616
初　中	360968	320434	18323	13823	6318	2070
小　学	684270	613520	28447	21726	13507	7070

1999 年菏泽地区育龄妇女生育孩次统计表

表 2-1-4　　单位：人

文化程度	有生育的育龄妇女生育孩子数	生育 1 孩	生育 2 孩	生育 3 孩及以上
大　学	30	27	3	–
大　专	147	136	9	2
高　中	469	389	76	4
初　中	3903	2875	963	65
小　学	3684	2214	1334	136

说明：2000 年第五次人口普查采取长表、短表相结合，育龄妇女生育孩次统计表仅是长表（10%）填写的内容

第二章 人口构成

第一节 民族构成

菏泽历史上是一个汉族聚居区，少数民族数量一直较少。1982 年，全国第三次人口普查时，菏泽地区共有 25 个民族，其中少数民族 24 个。1982 年后，随着改革开放，人口流动频繁，一些少数民族地区的妇女到菏泽结婚定居者增多，少数民族的种类和人员数量出现一定程度的增加。

1990 年第四次全国人口普查统计，1990 年菏泽地区 780.65 万人中，汉族人口 774.79 万人，占总人口的 99.25%；少数民族人口 58563 人，占总人口的 0.75%。少数民族数量达 39 个，其中以回族人口居多，共 56077 人；其他超过 100 人的有壮族、满族、苗族、布依族、彝族。

人口普查

2000 年第五次全国人口普查统计，2000 年域内少数民族数量增加到 40 个，共 63834 人，比 1990 年增加 5271 人，增长 9%；而汉族则由 770.83 万人增加到 803.41 万人，仅增长 3.69%，分布在全市 8 县 1 区。少数民族有蒙古族、回族、藏族、维吾尔族、苗族、彝族、壮族、布依族、朝鲜族、满族、侗族、瑶族、白族、土家族、哈尼族、哈萨克族、傣族、黎族、傈僳族、佤族、高山族、拉祜族、水族、纳西族、景颇族、土族、达斡尔族、仫佬族、布朗族、毛南族、仡佬族、阿昌族、普米族、塔吉克族、俄罗斯族、鄂温克族、京族、塔塔尔族、独龙族、鄂伦春族。少数民族居住地为大分散、小集中。回族、满族大多有集中居住的镇、村、社区。2005 年年底，全市有回族镇 1 个，回族村 40 个，满族村 1 个。

1990 年菏泽地区人口普查主要少数民族人口分布统计表

表 2-2-1　　单位：人

民族	合计	菏泽市	曹县	单县	成武县	巨野县	郓城县	鄄城县	定陶县	东明县
蒙古族	77	9	11	11	13	6	17	1	5	4
回族	56077	11814	23375	1317	61	2094	154	2691	10304	4267
藏族	53	4	15	8	1	5	11	1	–	8
维吾尔族	24	2	7	–	7	2	3	3	–	–

续表 2-2-1

民　族	合　计	菏泽市	曹　县	单　县	成武县	巨野县	郓城县	鄄城县	定陶县	东明县
苗　族	303	17	6	68	69	79	41	3	2	18
彝　族	154	12	14	15	43	15	16	2	3	34
壮　族	741	23	6	34	21	57	559	10	26	5
布依族	239	1	6	19	103	88	7	4	5	6
朝鲜族	54	17	2	13	1	7	11	1	—	2
满　族	334	62	7	171	13	24	29	13	8	7
侗　族	35	2	—	4	13	4	8	3	—	1
瑶　族	47	2	2	1	6	1	30	—	5	—
白　族	61	10	1	8	8	9	7	2	2	14
土家族	44	—	5	5	3	13	5	4	3	6
哈尼族	43	2	1	1	8	6	12	1	4	8
哈萨克族	1	—	—	1	—	—	—	—	—	—
佤　族	15	1	—	—	12	2	—	—	—	—
景颇族	71	—	70	—	—	—	—	—	1	—
土　族	17	—	1	4	5	4	1	—	2	—
其他族	171	13	25	35	24	23	26	3	4	18
总　计	58563	11991	23554	1715	411	2440	938	2742	10374	4398

2000 年菏泽地区人口普查主要少数民族人口分布统计表

表 2-2-2　　单位：人

民　族	合　计	菏泽市	曹　县	单　县	成武县	巨野县	郓城县	鄄城县	定陶县	东明县
蒙古族	1298	329	191	144	43	216	213	58	53	51
回　族	60004	12947	24414	1395	38	2023	150	3061	11277	4699
藏　族	174	29	34	15	13	25	26	6	17	9
维吾尔族	100	16	19	12	3	8	28	9	2	3
苗　族	272	41	32	38	21	54	50	13	14	9
彝　族	249	15	45	40	15	37	52	13	12	20
壮　族	398	25	19	10	8	45	268	11	7	5
布依族	181	12	7	11	16	85	32	7	5	6
朝鲜族	161	38	19	16	2	27	36	5	7	11
满　族	532	73	101	164	27	46	66	8	22	25
侗　族	67	9	15	8	20	1	3	5	2	4
瑶　族	17	—	1	—	1	1	13	1	—	—
白　族	52	9	4	1	6	12	3	5	—	12
土家族	78	22	9	1	1	27	3	8	1	6
哈尼族	30	3	1	—	2	3	6	2	9	4

续表 2-2-2

民　族	合　计	菏泽市	曹　县	单　县	成武县	巨野县	郓城县	鄄城县	定陶县	东明县
哈萨克族	3	3	–	–	–	–	–	–	–	–
佤　族	35	13	2	–	13	–	3	3	–	1
景颇族	79	–	75	–	–	1	1	–	2	–
土　族	11	3	–	2	3	2	1	–	–	–
其他民族	93	10	9	8	13	20	19	5	2	7
总　计	63834	13597	24997	1865	245	2633	973	3220	11432	4872

第二节　性别构成

1990 年第四次人口普查结果显示，菏泽地区总人口中男性占 50.69%，女性占 49.31%，男女性别比为 102.83（女性为 100），男性比女性多 108687 人。2000 年第五次全国人口普查显示，男性占总人口的比例为 50.92%，女性占 49.08%，男女性别比为 103.76，男性比女性多 156476 万人。

1990 年菏泽地区第四次人口普查人口性别构成统计表

表 2-2-3

县　市	总人口（人）			性别比（女 =100）
	总　计	男	女	
合　计	7806474	3941318	3865156	101.97
菏泽市	1154798	586363	568435	103.15
曹　县	1309643	659955	649688	101.58
定陶县	559569	282148	277421	101.70
成武县	583365	290742	292623	99.36
单　县	1058593	528991	529602	99.88
巨野县	820282	413840	406442	101.82
郓城县	992845	503208	489637	102.77
鄄城县	686307	351787	334520	105.16
东明县	641072	324284	316788	102.37

2000 年菏泽地区第五次人口普查人口性别构成统计表

表 2-2-4

县　市	总人口（人）			性别比（女 =100）
	总　计	男	女	
合　计	8097973	4109099	3988874	103.01
牡丹区	1280031	656790	623241	105.38
曹　县	1335422	677163	658259	102.87

续表 2-2-4

县 市	总人口（人）			性别比（女 =100）
	总 计	男	女	
单 县	1050701	527641	523060	100.88
成武县	596339	298944	297395	100.52
巨野县	839438	423590	415848	101.86
郓城县	1025800	519545	506255	102.63
鄄城县	715684	365585	350099	104.42
定陶县	563352	285086	278266	102.45
东明县	691206	354755	336451	105.44

第三节 年龄构成

20 世纪 80 年代，随着计划生育政策的贯彻落实，人口出生率明显下降，人口的年龄结构也发生了相应的变化。1990 年第四次人口普查统计，菏泽地区 0 ~ 4 岁的幼儿 94.51 万人；5 ~ 14 岁的少年 154.71 万人；20 ~ 49 岁的中青年 317.72 万人；60 岁及以上老人 76.68 万人，其中百岁及以上老人 69 人。2000 年第五次人口普查统计，0 ~ 4 岁的幼儿 42.79 万人；5 ~ 14 岁的少年 152.60 万人；20 ~ 49 岁的中青年 372.36 万人；60 岁及以上老人 87.76 万人，其中百岁及以上老人 115 人。

各年龄组人口比重 2000 年与 1990 年相比，0 ~ 4 岁、5 ~ 9 岁两个年龄组人口比重下降幅度较大，分别下降 6.83 和 4.19 个百分点；10 ~ 14 岁、30 ~ 34 岁两个年龄组人口比重上升幅度较大，分别上升 3.62 和 5.80 个百分点；高龄年龄组人口比重也分别有所增加。

人口年龄构成类型 1990 年，全区 0 ~ 14 岁少年儿童占总人口的比重为 31.92%，65 岁及以上人口占总人口的 6.52%，到 2000 年，0 ~ 14 岁少年儿童占总人口的 24.13%，65 岁及以上人口占总人口的 7.81%，按照国际通用标准来看，菏泽人口年龄结构开始由“成年型”向“老年型”发展。

劳动人口负担系数 进入 20 世纪 90 年代，由于新中国成立后连续三次生育高峰期内出生的人口陆续进入劳动年龄（15 ~ 64 岁），境内劳动人口负担系数开始呈现下降趋势。2000 年，劳动年龄内人口为 551.18 万人，占总人口的 68.06%，比 1990 年的 61.56% 增加 6.5 个百分点，劳动年龄人口对非劳动年龄人口的负担系数也由 1990 年的 62.45% 下降到 46.92%。

1990 年、2000 年菏泽地区人口普查年龄状况统计表

表 2-2-5

组 别	1990 年		2000 年	
	人口（人）	占总人口 %	人口（人）	占总人口 %
0 ~ 4 岁	945093	12.11	427939	5.28

续表 2-2-5

组别	1990 年		2000 年	
	人口（人）	占总人口 %	人口（人）	占总人口 %
5 ~ 9 岁	815853	10.45	474343	5.86
10 ~ 14 岁	731259	9.37	1051670	12.99
15 ~ 19 岁	851869	10.91	794989	9.82
20 ~ 24 岁	808072	10.35	513295	6.34
25 ~ 29 岁	613215	7.85	655134	8.09
30 ~ 34 岁	444274	5.69	930799	11.49
35 ~ 39 岁	573020	7.34	666318	8.23
40 ~ 44 岁	424066	5.43	410930	5.07
45 ~ 49 岁	314600	4.02	547078	6.76
50 ~ 54 岁	250903	3.21	440742	5.44
55 ~ 59 岁	267402	3.43	307095	3.79
60 ~ 64 岁	258054	3.31	245442	3.03
65 ~ 69 岁	204141	2.62	216166	2.67
70 ~ 74 岁	151377	1.94	194311	2.40
75 ~ 79 岁	80421	1.03	122550	1.51
80 ~ 84 岁	49308	0.63	69018	0.85
85 ~ 89 岁	19479	0.25	21556	0.27
90 ~ 94 岁	3384	0.04	6876	0.08
95 ~ 99 岁	615	0.01	1607	0.02
100 岁及以上	69	0.00	115	0.00

1990 年、2000 年菏泽地区各特殊年龄组人口状况统计表

表 2-2-6

年龄组别	1990 年		2000 年	
	人口（人）	占总人口 %	人口（人）	占总人口 %
学龄前儿童（0 ~ 5 岁）	1114950	14.28	511938	6.32
学龄儿童（6 ~ 12 岁）	1086756	13.92	1015745	12.54
育龄妇女（15 ~ 49 岁）	1946759	24.94	2251879	27.81
劳动年龄人口（16 ~ 60 岁）	4454416	57.06	5150757	63.61

第四节　文化构成

随着菏泽经济快速发展，人民生活水平不断改善，教育事业也相应得以迅速发展，人们的文化素质逐步得到提高。1990 年第四次人口普查统计，全区具有小学及其以上文化程度的人口为 442.67 万人，占总人口的 56.71%，其中大专及以上文化程度的 32660 人，高中文化程度的 35.53 万

人，初中文化程度的136.58万人，小学文化程度的267.29万人。2000年第五次人口普查统计，菏泽地区具有小学及其以上文化程度的人口为647.31万人，占总人口的79.93%，其中大专及以上文化程度的11.93万人，高中文化程度的59万人，初中文化程度的261.13万人，小学文化程度的315.24万人。

1990年菏泽地区各县（市）人口文化程度统计表

表2-2-7　　　　单位：人

县　市	大　学	大　专	高　中	初　中	小　学
菏泽市	2671	11480	69551	215709	394185
曹　县	612	2305	58567	213319	396275
单　县	589	2123	43348	181216	334086
成武县	318	1465	25563	111990	211150
巨野县	417	1760	31462	132470	256531
郓城县	689	2425	44801	190853	427930
鄄城县	399	1564	26691	108590	232996
定陶县	415	1446	25960	105224	205227
东明县	364	1618	29388	106466	214544
合　计	6474	26186	355331	1365837	2672924

2000年菏泽地区各县（市）人口文化程度统计表

表2-2-8　　　　单位：人

县　市	大　学	大　专	高　中	初　中	小　学
菏泽市	10962	29411	117551	438311	460800
曹　县	2791	9928	91730	419883	532425
单　县	2313	8557	73383	362032	398746
成武县	1515	6516	45959	189350	206192
巨野县	1876	7049	50930	256279	331975
郓城县	2599	10236	73852	316427	416759
鄄城县	1560	6265	43056	210730	316818
定陶县	1576	5645	38944	181077	240505
东明县	2360	8160	54617	237221	248198
合　计	27552	91767	590022	2611310	3152418

第五节　行业职业构成

随着工业、农业、商业及其他事业的快速发展，人们所从事的行业和职业在结构上也发生了变化。据1990年第四次人口普查资料统计，菏泽地区在业人口440.98万人，占总人口的56.49%，按工作单位的经济活动性质划分，共有12个行业，按个人所从事的工作性质划分，共有8类职业。

2000年第五次人口普查由于实行长表和短表相结合的技术，只对十分之一的调查户填写了有关人员的行业与职业情况，行业分类也与1990年出现了不同。按照工作单位的经济活动性质划分为16个行业，按个人所从事的工作性质划分为8类职业。

1990年菏泽地区人口普查行业人口构成统计表

表2-2-9

行业类别	在业人口（人）			占在业人口%	性别构成%	
	小计	男	女		男	女
总　计	4409783	2286057	2123726	100	51.84	48.16
农、林、牧、渔、水利业	4044079	2043194	2000885	91.71	50.52	49.48
地质普查和勘探业	34	30	4	0	88.24	11.76
工　业	113056	62707	50349	2.56	55.47	44.53
交通运输、邮电通讯业	18670	15342	3328	0.42	82.18	17.82
建筑业	10349	9310	1039	0.23	89.96	10.04
商业、公共饮食业、物资供销和仓储业	67517	42242	25275	1.53	62.56	37.44
金融、保险业	8531	5968	2563	0.19	69.96	30.04
房地产管理、公用事业、居民服务和咨询服务业	7752	4515	3237	0.18	58.24	41.76
卫生、体育和社会福利业	19842	11188	8654	0.45	56.39	43.61
教育、文化艺术和广播电影电视业	67892	48074	19818	1.54	70.81	29.19
科学研究和综合技术服务业	907	644	263	0.02	71.00	29.00
国家机关、政党机关和社会团体	50913	42627	8286	1.15	83.73	16.27
其他行业	241	216	25	0.09	89.63	10.37

2000年菏泽地区人口普查行业人口构成统计表

表2-2-10

行业类别	在业人口（人）			占在业人口%	性别构成%	
	小计	男	女		男	女
总　计	498374	255312	243062	100	51.23	48.77
农、林、牧、渔业	443366	220634	222732	88.96	49.76	50.24
采掘业	299	224	75	0.06	81.76	18.4
制造业	14702	8150	6552	2.95	55.43	44.57
电力、煤气及水的生产和供应业	1074	742	332	0.21	69.09	30.91
建筑业	3190	2982	208	0.62	93.48	6.52
地质勘查业、水利管理业	242	167	75	0.05	69	31
交通运输、仓储及邮电通信业	3096	2533	563	0.62	81.82	18.18
批发和零售贸易、餐饮业	8930	4943	3987	1.79	55.35	44.65
金融、保险业	1211	737	474	0.24	60.86	39.14

续表 2-2-10

行业类别	在业人口（人）			占在业人口%	性别构成%	
	小计	男	女		男	女
房地产业	66	39	27	0.01	59.09	40.91
社会服务业	1878	1103	775	0.38	58.73	41.27
卫生、体育和社会福利业	3073	1626	1447	0.62	52.91	47.09
教育、文化艺术及广播电影电视业	7701	4509	3192	1.55	58.55	41.45
科学研究和综合技术服务业	138	84	54	0.03	60.87	39.13
国家机关、政党机关和社会团体	8728	6409	2319	1.75	73.43	26.57
其他行业	680	430	250	0.14	63.24	36.76

1990 年菏泽地区人口普查职业人口构成统计表

表 2-2-11

行业类别	在业人口（人）			占在业人口%	性别构成%	
	小计	男	女		男	女
总　计	4409783	2286057	2123726	100	51.84	48.16
各类专业技术人员	122108	80433	41675	2.77	65.87	34.13
国家机关、党群组织、企事业单位负责人	29239	27403	1836	0.66	93.72	6.28
办事人员和有关人员	43380	36245	7135	0.98	83.55	16.45
商业工作人员	49214	28990	20224	1.12	58.91	41.09
服务性工作人员	21956	14714	7242	0.5	67.02	32.98
农、林、牧、渔劳动者	4015480	2019518	1995962	91.06	50.29	49.71
生产工人、运输工人和有关人员	127814	78345	49469	2.9	61.3	38.7
不便分类的其他劳动者	592	409	183	0.01	69.09	30.91

2000 年菏泽地区人口普查职业人口构成统计表

表 2-2-12

行业类别	在业人口（人）			占在业人口%	性别构成%	
	小计	男	女		男	女
总　计	498374	255312	243062	100	51.23	48.77
专业技术人员	14923	8455	6468	2.99	56.66	43.34
国家机关、党群组织、企事业单位负责人	3853	3344	509	0.77	86.79	13.21
办事人员和有关人员	6475	4663	1812	1.3	72.02	27.98
商业、服务业人员	13329	7595	5734	2.67	56.98	43.02
农、林、牧、渔、水利业生产人员	443601	220804	222797	89	49.78	50.22
生产、运输设备操作人员和有关人员	16149	10423	5726	3.24	64.54	35.46
不便分类的其他从业人员	44	28	16	0.01	63.64	36.36

第六节 城乡构成

经济的繁荣与发展，在一定程度上加快了城镇化水平的提高。1990年第四次全国人口普查统计，菏泽地区总人口780.65万人，其中城镇人口66.97万人，占总人口的8.58%；乡村人口为713.67万人，占总人口91.42%。2000年第五次人口普查统计，菏泽地区总人口809.8万人，其中城镇人口168.95万人，占总人口的20.86%，乡村人口640.85万人，占总人口的79.14%。

第七节 婚姻家庭

婚姻状况 1990年第四次人口普查统计，菏泽地区15岁及15岁以上的人口总数为531.43万人（男性264.07万人，女性267.36万人），其中未婚者135.83万人（男性73.61万人，女性62.22万人），有配偶者359.58万人（男性178.41万人，女性181.17万人），丧偶者34.22万人（男性10.55万人，女性23.67万人），离婚者18071人（男性14979人，女性3092人）。2000年第五次人口普查长表统计资料显示，全区15岁及15岁以上总人口中，未婚者占22.65%，初婚有配偶的占70.61%，再婚有配偶的占1.04%，离婚的占0.43%，丧偶的占5.28%。

家庭规模 随着人们生活观念的逐步转变，家庭户的规模也呈现出日趋缩小的势头。1990年，全区有家庭户173.41万户，家庭户规模为4.43人。家庭户规模最低的是郓城县，平均每户4.20人；最高的是东明县，平均每户4.64人。在家庭总户数中，1人户83029户，占4.79%；2人户17.89万户，占10.32%；3人户24.64万户，占14.21%；4人户38.81万户，占22.38%；5人户41.71万户，占24.05%；6人户22.18万户，占12.79%；7人户11.39万户，占6.57%；8人及以上户85027户，占4.90%。2000年第五次人口普查显示，全区家庭户为222.74万户，平均每个家庭3.57人。家庭户规模最低的郓城县，平均每户3.33人；最高的东明县，平均每户3.89人。全区家庭总户数中，1人户15.40万户，占6.91%；2人户36.21万户，占16.26%；3人户62.33万户，占27.98%；4人户53.13万户，占23.85%；5人户35.68万户，占16.02%；6人户13.56万户，占6.09%；7人户45132户，占2.03%；8人及以上户19175户，占0.86%。

三口之家

家庭类型 家庭户类型以一对夫妻及其未成年子女组成的2代户家庭为主。2000年，全区家庭总户数中有2代户家庭147.70万户，占66.31%；1代户家庭45.17万户，占20.28%；3代户家庭28.76万户，占12.91%，有4代户家庭1.11万户，占0.50%。

第三章 人口变动

第一节 自然变动

20世纪80年代末期至90年代初期，受计划生育政策不稳定因素的影响，菏泽地区的计划生育一度出现“失控”的局面，普遍存在一胎是男孩违反政策的“强生现象”和一胎是女孩但不到间隔年限而生育二胎的“抢生现象”。1986—1991年的5年间，全区净增49.5万人，年均增加8.25万人，出现了新中国成立后的又一生育高峰期。自1992年开始，各级党委、政府加大了对计划生育管理的力度，使计划生育工作逐步纳入正常化、规范化管理的轨道。1992—2005年的13年间，全市（地级市）人口净增 86.84万人，年均增加 6.68万人，人口增长进入一个低生育良性循环的阶段。

1986—2005年菏泽市（地区）人口自然变动统计表

表2-3-1

年 份	年末总人口数（人）	出 生		死 亡		自然增长	
		人数（人）	‰	人数（人）	‰	人数（人）	‰
1986	7410236		11.92		4.37		7.55
1987	7530189		19.60		4.80		14.80
1988	7629029		19.77		4.48		15.29
1989	8168138		15.53		4.94		10.59
1990	7766909		24.43		5.08		19.35
1991	7905204	136405	17.41	38192	4.87	98213	12.54
1992	7989936	113577	14.29	36870	4.64	76707	9.65
1993	8051715	70651	8.80	35966	4.48	34685	4.32
1994	8103803	59412	7.36	38608	4.78	20804	2.58
1995	8151982	60979	7.50	37210	4.58	23769	2.92
1996	8187358	80544	9.86	38986	4.77	41558	5.09
1997	8257873	79928	9.72	35992	4.38	43936	5.34
1998	8320693	85531	10.32	40375	4.87	45156	5.45
1999	8382504	88573	10.61	39162	4.69	49411	5.92
2000	8489382	107788	12.78	45959	5.45	61829	7.33
2001	8564737	91770	10.76	37299	4.38	54471	6.39
2002	8644486	103733	12.00	42703	4.94	61030	7.06
2003	8744731	116217	13.29	46357	5.30	69860	7.99
2004	8806900	97456	11.10	38195	4.35	59261	6.75
2005	8858301	97028	11.00	43581	4.90	53447	6.10

第二节　机械变动

1986年，全区迁入人口150人，迁出人口226人，1986年后，随着市场经济体制的逐步确立，人口流动也发生了变化，一些高学历的人员纷纷流向境外就业。2001—2005年，全市迁移流动人口中迁出人口远多于迁入人口，至2005年，全市迁入人口56747人，迁出人口70843人。平均每年净迁出1万多人，而且大部分是本科学历及其以上的高校毕业生选择到外地就业。

第四章　计划生育

第一节　政策法规

1986年2月，中共山东省委、省政府制订《关于农村独女户实行有间隔地生育第二胎的规定》；1988年7月，《山东省计划生育条例》颁布；2002年9月，《山东省人口与计划生育条例》（简称《条例》）颁布。其核心是提倡晚婚晚育，男满25周岁、女满23周岁初婚为晚育，对晚婚晚育的给予照顾和奖励；一对夫妇只生育一个孩子，对确有困难和特殊情况的允许有间隔地生育第二胎，坚决杜绝第三胎。

根据国家和省计划生育法规政策，菏泽地区先后制定了一些具体规定。

1986年，菏发〔1986〕22号文件规定：机关企事业单位的干部、职工超生的，除征收超生费、降职、降薪外，还要在5年内不发奖金、不提干、不纳新，影响1次调整工资。

1987年7月15日，地委、行署《关于进一步搞好全区计划生育工作的意见》（菏发〔1986〕23号）规定：要有领导、有步骤地开好“小口”，对于合乎省政府“十六条”规定的，把好申请、检查、审批关，有计划地安排生育二胎。对农村独女户生育二胎，要严格按照省委〔1986〕4号文件规定的条件执行，做到以行政村为单位，成熟一个，开放一个。要从严掌握间隔生育的时间，批准生育二胎的妇女，必须年满30周岁。10月30日，地委、行署下发《关于计划生育若干问题的规定》，该规定指出：大力提倡一对夫妇生育一个孩子，严格控制二胎，坚决杜绝三胎生育。除按间隔式二胎生育政策和省政府“十六条”规定的以外，生育二胎或二胎以上及非法婚育的都属于超生。对实行计划生育和超生的应分别给予奖惩。对自愿只生一个孩子并领取独生子女证的给予优待。独生子女的父母是国家干部职工的，每月发保健费5元；是农民的，由村民委员会确定奖励办法。在同等条件下，独生子女可优先入托、优先就医、优先入学、优先招工、优先安排住房。对违反计划生育规定超生的，要认真清查，严肃处理。以前超生的按照各县（市）已成文的规定进行处理。国家干部、职工超生二胎的，要先落实绝育措施，征收超生费1500元，同时，给予行政开除留用处分，是党员的还要开除党籍。农民和城镇居民超生二胎的，一次性罚款1000元，征收超生费800元。超生三胎（包括三胎）以上的，一次性罚款2000元，征收超生费2000元，三胎以上的每超生一胎加征超生费1000元，在给予经济处罚的同时，是党员的开除党籍、是民办教师、临时工的辞退；是村干部的撤职，并抽回一份责任田，责任田抽不回来的，每年增加租金300元；是城镇个体经商户的，吊销其营业执照，并按规定进行处理。男女双方一方是国家干部、职工，一方是农民或城镇居民的，党政纪处分由机关、企事业单位办理，一次性罚款和超生费由农村办理，农村解决不了的，应返回机关企事业单位解决。

1989年6月8日，地委、行署《关于加强计划生育工作的意见》指出：对《条例》和地委、行署下发的〔1987〕37号文件落实情况要进行全面检查，特别是地、县市直属单位的干部、职工，凡超生的，按规定查处，并给予行政和经济处罚。对农村超生多胎的，除按规定进行处罚外，造成家庭生活困难的，不再给予社会救济。

1991年5月28日，地委、行署下发《关于进一步加强计划生育工作的若干规定（试行）》。该文件规定，对菏发〔1987〕37号文件下发以后至1989年底违反计划生育规定超生的，凡按37号文件处理的，不再重新处理；对没按37号文件处理的，除按规定征收超生子女费外，超生一个子女的干部职工罚款5000元，超生两个子女的罚款8000元，依次类推。凡1990年1月1日以后超生一个子女的，一般干部职工给予降级处分，领导干部给予行政撤职处分，是党员的给予留党察看处分；超生两个子女的干部职工，给予开除留用察看处分，是党员的开除党籍。对违纪超生一个以上子女的干部职工，要按规定征收超生子女

费，并处以一次性罚款2000元，5年内不得提拔重用，不准入党、入团，不得评为先进工作者；实行聘任制的科技人员予以解聘，并且5年内不准聘任。对违反规定收养子女的，视为违纪超生，按上述规定处理。同年7月10日，地委《关于对菏发〔1991〕20号文件补充意见的通知》指出：菏发〔1991〕20号文《关于进一步加强计划生育工作的规定》第五条提出的对菏发〔1987〕37号文件下发后至1989年底违

纪超生没按37号文件处理的，“除按规定征收超生子女费外”改为：“除征收超生子女费1500元外”“对1990年1月1日后超生一个子女的，一般干部职工给予降级处分，领导干部给予行政撤职处分，是党员的给予留党察看处分；超生两个子女的干部职工，给予开除留用察看处分，是党员的开除党籍”改为：“对1990年1月1日后超生一个子女的干部职工，给予夫妇双方各降低工资2～3级，直至开除公职的行政处分，是党员的给予留党察看处分，对超生两个子女的干部职工，给予开除公职的行政处分，是党员的开除党籍”。

人口与计划生育宣传

1994年5月4日，地委、行署下发《关于进一步加强地直单位计划生育工作的暂行规定》，该规定明确：“凡计划外生育第一个孩子的（即无证生育），征收计划外生育费2000元，并对夫妇双方给予行政记过、党内警告处分。1993年8月16日以前计划外生育第二胎以上（含二胎）并未作处理的，属于群众举报、组织查实的，给予开除公职、开除党籍的处分；属于自己主动报出的，计划外生育第二胎给予夫妇双方每月各扣工资40元、一次性征收计划外生育费8500元的处罚。计划外生育第三胎以上的，一律给予开除公职、开除党籍的处分。凡是1993年8月16日以后超生第二胎以上（含二胎）的，一律给予开除公职、开除党籍的处分。”

2004年，市委办公室、市政府办公室联合下发《菏泽市违法生育当事人责任追究暂行办法》。其主要内容：一是对符合法定结婚条件但未办理结婚登记而生育第一个子女的，应当自生育之日起60日内补办结婚登记；逾期未补办的，按照社会抚养费征收基数的二分之一征收社会抚养费，是党员的给予党内严重警告处分，是国家工作人员的给予行政记过处分。二是对不符合法定结婚条件而生育第一个子女的，按照社会抚养费征收基数征收社会抚养费，并不再批准其生育第二个子女，是党员的给予党内严重警告以上处分，是国家工作人员的给予行政记过以上处分。三是有配偶者与他人生育第一个子女的，按照社会抚养费征收基数的4倍征收社会抚养费，是党员的给予撤销党内职务以上处分，是国家工作人员的同时给予行政降级以上处分；生育第二个子女的，按照社会抚养费征收基数的5倍征收社会抚养费，是党员的给予开除党籍处分，是国家工作人员的同时给予开除公职处分。四是有配偶而重婚或者明知他人有配偶而与之结婚生育第一个子女的，按照社会抚养费征收基数的5倍征收社会抚养费；生育第二个子女的，按照社会抚养费征收基数的6倍征收社会抚养费。以上两种情形，是党员的给予开除党籍处分，是国家工作人员的给予开除公职处分。五是符合《条例》生育第二个子女的规定，但未提出生育申请而生育第二个子女的，由乡镇人民政府或者街道办事处责令其限期补办生育证，并按照社会抚养费征收基数的二分之一征收社会抚养费，是党员的给予党内严重警告处分，是国家工作人员的给予行政记过处分。六是对不符合《条例》规定生育第二个子女的年龄条件但符合其他条件生育第二个子女的，按照社会抚养费征收基数的 2 倍征收社会抚养费，是党员的给予党内严重警告处分，是国家工作人员的给予行政记过处分。七是不符合《条例》有关规定超计划生育一个子女的，按照社会抚养费征收基数的 3 ~ 4 倍征收社会抚养费，是党员的给予撤销党内职务以上处分，是国家工作人员的给予撤销行政职务以上处分，情节严重的给予开除党籍、开除公职处分；对超计划生育两个及以上子女的，给予开除党籍、开除公职处分，并按照社会抚养费征收基数的 6 倍以上 10 倍以下征收社会抚养费。八是对超计划生育两个及以上子女的，当事人实际年收入高于社会抚养费征收基数的，根据情节轻重，按照其年实际收入的6倍以上10倍以下征收社会抚养费。九是流动人口违法生育行为发生在菏泽市辖区内的，由现居住地县级人民政府计划生育行政主管部门按照现居住地征收标准征收社会抚养费，而党政纪处分则分别由其党组织关系或者工作关系所在地作出。

2005 年 8 月 29 日，市委、市政府下发《菏泽市计划生育领导责任追究暂行办法》《菏泽市计划生育有关工作人员责任追究暂行办法》《菏泽市违法生育当事人责任追究暂行办法》的补充规定，其主要内容：① 1988 年 7 月 20 日—2002 年 9 月 27 日违法生育二胎（即超计划生育一个子女）及多胎而没有按照市纪委等五部门文件要求向组织申报并落实相应处理的，或者 2002 年 9 月 28 日以后违法生育二胎（即超计划生育一个子女）及多胎的党员、干部、职工，除按省《条例》规定的上限足额征收社会抚养费（计划外生育费）外，夫妻双方一律开除党籍、开除公职（解除劳动合同）。②对党员、干部、职工计划外怀孕，经说服教育在规定时间内拒不终止妊娠或擅自做输精管、输卵管复通手术或选择性终止妊娠手术的，给予夫妻双方党内严重警告、行政记大过处分；情节严重的，给予撤销党内职务以上处分，并撤销党外职务；对群众举报的违法生育或者计划外怀孕的干部职工，不在规定时间内到单位报到接受调查的，按旷工处理，依照有关法律法规予以除名，并对双方单位通报批评或黄牌警告，直至重点管理。③ 1993 年 8 月 16 日以后违法生育二胎（即超计划生育一个子女）及多胎的党员、干部、职工，不能提拔重用，不能聘任高于现任的专业技术职务，自处理之日起 5 年内不得评为劳动模范和先进工作者。④被黄牌警告的县区、乡镇（办事处）和国家机关、社会团体、企事业单位，对党政主要负责人、分管负责人诫勉 1 年，通报批评，给予计生局长（计生办主任）党内警告、行政记过以上处分；被重点管理的单位，给予党政主要负责人、分管负责人、计生局长（计生办主任）党内严重警告、行政记大过以上处分，并就地免职，两年内不安排同级别及以上职务。⑤凡是市、县区计划生育工作人员失职渎职造成严重后果的，或者乡镇（办事处）从事计划生育工作的人员和国家机关、社会团体、企事业单位计划生育专兼职工作人员，其责任区内出现违法生育的，一律给予党政纪处分；情节严重的，一律开除公职或辞退，是党员的，同时给予撤销党内职务以上处分。⑥行政村（社区）出现违法生育的，要给予村（社区）党支部书记、村（居）委会主任、计划生育专职副主任纪律处分或者组织处理，并扣发不低于当年50%的工资；情节严重或者被纳入重点管理的，一律撤销党支部书记职务，依法罢免村（居）委会主任职务，解聘计划生育专职副主任；2000年3月2日以后本人或子女违法生育二胎、多胎的，不能担任村（居）两委干部。

第二节　执法管理

1991年以前，由于传统婚育观念根深蒂固，群众生育愿望强烈等客观原因，全区人口出生率大都维持在20‰左右。1991年后，各级政府加大了对计划生育管理力度，人口出生率由1990年的24‰下降到2005年的11‰。

1991年，按照《山东省计划生育条例》和地委、行署发布的一系列计划生育文件规定，全区集中开展计划生育突击活动，对超生人员全部进行处理。各级党委、政府把控制人口与发展经济当作同等大事，在清底立边的基础上，建立完善各级党政一把手亲自抓、负总责制度，着力解决计划生育工作中的实际问题，对人员、机构、经费等重大事项，优先考虑，重点解决。

1992年起，执行山东省《关于实行计划生育一票否决制的若干规定》《关于对党政各级领导干部实行计划生育离职审计追踪奖惩的若干规定》，对县、乡计划生育工作进行年度考核，严格兑现奖惩；对育龄夫妇户口、婚姻、档案等进行清理整顿，实行公安、民政、计生部门联合办公制度。

1994年，地委、行署《关于实行计划生育村级自治创建合格村的暂行规定》《关于认真查处在人口与计划生育工作中弄虚作假问题的若干规定》《关于流动人口计划生育管理暂行规定》《乡镇计划生育统筹费管理办法》等规定发布后，全区基层基础工作得到强化，村级控制能力、地直单位计生工作和对党员干部职工的计生管理得到进一步的加强。地区专门设立人口和计划生育管理监察大队，具体负责全区计生工作中打假治假、信访查处和专项治理工作。

1997—2000年，地区中级人民法院、检察分院、公安局、司法局、卫生局、法制局和计生委联合发布通告，加强对B超机的管理，严禁使用B超机对胎儿进行性别鉴定，严格控制婴儿出生性比例失调问题，全区人口出生性别比例严重失调呈现回落趋势。各县市把计划生育依法管理工作纳入人口和计划生育责任目标考核，建立计划生育依法行政责任制，层层签订责任书。

2002年，市委、市政府明确县区、街道、村居和单位的计划生育工作职责任务，并多次对城市计划生育生管理改革和流动人口管理情况进行督导检查。实施精简调整县、乡计生队伍和加大计生经费投入的两项改革措施，对县、乡两级计生机构定编定岗，对计生工作者实行竞争上岗，对经费投入定项目、定数额、定渠道。全市县、乡两级计划生育工作人员由8878人精简到4462人，精简幅度为49.74%，从根本上解决了计生人员过多，素质偏低问题；经费投入全面实行“收支两条线”管理，取消不合法收费、行政处罚和押金，社会抚养费纳入财政预算，基本建设和大宗设备仪器购置所需经费，列同级财政专款解决。人事、经费两项改革，不仅压缩了计生工资支出、提高了队伍素质，而且确保法定支出和奖励优惠政策的兑现。全市每年支付农村节育手术免费资金2300多万元；落实农村部分计划生育家庭奖励扶助制度，对全市10344名符合条件的农民每月发放奖励扶助金30元；实施了“关爱女孩、扶困帮富”工程，全市筹集计划生育公益金220万元，帮扶救助计划生育家庭13843户。市委、市政府《关于人口与计划生育综合改革的实施意见》发布后，重点改革用人机制，建立管理有序、激励有效的计生人事制度；改革管理机制，推行计划生育村民（居）自治；改革服务机制，实施计划生育优质服务创建工程；改革保障机制，完善人口与计划生育政策推动、综合治理新格局；改革考核机制，加强对计划生育工作的领导。通过各项措施的落实，提高计划生育整体工作水平。

2004年，干部、职工的生育情况纳入人事档案管理，对全市1990年后违法生育的14284名干部、职工，除征收社会抚养费外，全部按政策规定落实了党、政纪处分。

2005年，按照省委、省政府《关于认真落实科学发展观进一步加强人口和计划生育工作的决定》《山东省加快建立完善人口和计划生育新机制纲要》精神，全市开展计划生育专项治理活动，动员育龄青年推迟结婚和生育年龄，逐级把人口生育计划落实到基层，层层建立人口出生月报告、季通报、半年一发布预警制度，加大对外出躲生人员的追回力度。

第三节　宣传教育

1986年，计划生育宣传教育工作的内容以计划生育是国家的一项基本国策为主，突出宣传教育在计划生育整体工作中的主导地位。1988年，《山东省计划生育条例》颁布实施后，全区开展了大规模的宣传活动。地直机关和各县市直机关举办了计划生育和人体知识展览，参观者达10万人次。1988年后，每年都集中进行几次规模较大的计划生育宣传活动：利用五一、五四、元旦、春节进行广泛宣传；配合每年的3次活动（春、秋、冬）进行集中宣传；在中国人口日和世界人口日开展专题宣传。同时，全区还开展了算人口账、土地账、粮食账活动，展现计划生育工作所取得的显著成绩和产生的巨大经济效益。

1990年12月，单县陈蛮庄乡廉庄村退休教师廉培芝在自己家开办了菏泽地区第一所村级计划生育人口学校，为青春期、新婚期、孕产期、育儿期、中年期“五期”育龄人群提供不同的义务教育服务。在他的影响和教育下，他的女儿廉艳菊和该村12名女青年联名向全县青年发出晚婚晚育倡议书。之后，全区各县、乡、村相继建立人口学校，对群众开展面对面的宣传教育。1992年9月，山东省计划生育基层基础工作经验交流会在曹县召开后，菏泽地区的人口学校建设开始向规范化方向发展。

1991年，在新《中华人民共和国婚姻法》颁布10周年之际，地区计生委、民政局、司法局、共青团、工会、妇联、卫生局等部门联合开展宣传活动，向广大育龄青年宣传晚婚晚育、少生优生的好处和早婚早育、未婚先育，以及近亲结婚带来的危害。在山东省计划生育文艺调演中，菏泽地区选送的河南坠子《说娃娃，道娃娃》等节目获二等奖。

1993年，东明县菜园集乡建立境内第一个“国策”电视台。之后，各县市电视台都开办计划生育专题栏目。全区共有98个乡镇建立以播放和宣传计划生育为主要内容的乡镇电视差转台，被群众誉为“国策”电视台，《中国人口报》对此做法作了专题报道。1993年是全区计划生育宣传工作上水平的一年，县、乡、村三级人口学校都配备了电视机、录放机，实现宣传教育电教化，并做到人口学校教材、教案、教学制度、教学设备、教学计划、专兼职教师的配套。全区共发放育龄群众应知应会手册50万份、人口知识教育读本3.5万册，计划生育宣传教育进村入户。1994年12月，《中国人口报》第一版以整版的篇幅刊登《牡丹王国腾起一条龙——菏泽地区人口与社会经济协调发展纪事》，介绍菏泽地区大打计划生育翻身仗的经验。

1995—1996年，全区举办“希望杯”计生儿歌大奖赛、“人口杯”计生文艺调演赛和文艺专场等宣传活动，编排的节目在山东省第一、二届计生文艺调演赛中，有12个节目获奖。地区计生委编写的《计生儿歌大家唱》获“第二届中国人口文化奖二等奖”。1996年，开展向见义勇为、扶危济困的东明县沙窝乡计划生育干部侯志明、尹国备学习的活动，中央电视台，省、地电视台，《人民日报》《中国人口报》《大众日报》《菏泽日报》等多家新闻媒体对他们的事迹作了报道。国家计生委、省计生委，菏泽地委、行署分别作出决定，号召全国、全省、全区计划生育工作者向他们学习。

1997—2000年，利用乡、村两级人口学校这块阵地，开展宣传教育进村、宣传品入户活动。对育龄群众进行以计生政策、优生优育、科技信息为主要内容的培训教育，受教育群众达110万人次，参学率、接受率分别达到90%和75%。为此，菏泽地区获得“山东省计划生育宣传品进村入户工作一等奖”“宣传教育工作先进单位”称号，并获得“第三届中国人口文化二等奖”。菏泽地区把计划生育宣传教育与科技、文化、卫生“三下乡”活动结合起来，利用广播、电视、报纸等形式开办“人口讲座”“人口钟声”“计生园地”“县乡领导谈人口”“服务站长谈人口”等专题栏目，收到良好的社会效果。1998年，地区计生委组织计生知识宣讲团在全区巡回演讲300余场次，育龄妇女受教育面达70%以上。

2001年，市委宣传部、文明办、计生委、教育局等10部门联合下发《关于广泛深入开展宣传教育进村婚育新风进户活动的意见》。市计生委、文化局和牡丹区计生委等单位，在中华影剧院举办“心系国策”大型文艺演出，菏泽电视台进行全场录制播出。同年，被省委宣传部、省计生委评为全省“双进”活动先进集体，被国家计生委评为“全国新闻宣传和发行工作先进集体”。

2002年，《中华人民共和国人口与计划生育法》颁布实施后，各县区结合新修订的《山东省人口与计划生育条例》开展形式多样的宣传活动。共出动宣传车300

余辆次，设立咨询点500余个，悬挂标语1600余幅，刷新墙体标语40余万条，散发宣传资料300余万份，组织计划生育文艺宣传队160余个，放映电影370多场次，直接受教育群众达300余万人。

2003年，菏泽市选送的大型现代戏《山东汉子》获“第十一届中国人口文化奖戏曲金奖”，同时该剧还获得“山东省人口文化文艺节（剧）目展评戏剧类一等奖”。歌舞《公民道德组歌》、小品《三晕乎醉酒》等节目，在山东省人口文化文艺节（剧）目展评中获二等奖。

2005年，面对第四次人口出生高峰，全市开展“关爱女孩，扶困帮富”和对农村部分实行计划生育的家庭奖励扶助制度的宣传，在菏泽电视台举办“人口之春”大型文艺专场。市委市政府在《菏泽日报》刊发《全党发动全民动员，确保全市人口与计划生育工作健康发展致社会各界的公开信》《提倡晚婚晚育致全市共青团员青年的公开信》，各县区委书记也分别发表控制人口过快增长的署名文章。菏泽电视台制作一系列的电视公益广告，计生委组织计划生育流动服务车宣传服务万里行活动。

第四节　节育措施

1986—2005年，按照《山东省计划生育条例》，对有生育能力无生育指标的育龄夫妻落实安全可靠的避孕节育措施，提倡已生育一个孩子的妇女放置宫内节育器，已有两个子女的夫妻一方落实绝育措施，计划外怀孕的采取补救措施，终止妊娠。

宫内节育器　1988年以前，多采用放置宫腔金属单环。但由于这种节育器易脱落，复孕率高，1989年后被含铜活性节育器取代。1993年淘汰含铜单环。1995年使用高支撑含铜圆环，其优点是脱环率低、存放率高。从2005年开始，提倡放置吉尼环，仅2005年春季计划生育活动期间放置吉尼环1981例，放置其它节育环18200例。孕检手段自1993年后，取缔X光透视，采用B超透环、查孕，减少对育龄妇女的伤害。2005年全市育龄妇女共放置宫内节育器78040例。

输精（卵）管绝育　输精（卵）管粘堵法是一种技术性较高的避孕方法，因此项技术不易掌握，只有市计划生育科研所和牡丹区计划生育服务站开展这项业务，其它各县计生服务站都采用输精（卵）管结扎术。1990年后，对输精管结扎实行直视钳穿法，出血少、操作简便。对输卵管结扎实行抽蕊包埋法和钳夹法，降低复孕率。1994年，采用皮下药物埋植避孕法，通过缓慢释放，从而达到抑制排卵的作用。

药具避孕　主要有口服速效避孕药、口服短效避孕药、口服探亲避孕药、外用避孕套、外用药膜、长效避孕针剂等。1986—1989年，避孕药具实行免费发放。1990—2005年对避孕药具实行计划免费供应与市场零售相结合。2005年，全市采用药具避孕的有20329例，其中使用口服避孕药物的1190例，使用避孕套的19036例，使用外用药的103例。

第五节　优生优育

1986—1994年，随着计划生育工作的深入和育龄夫妇对生育科普知识的不断需求，地区计划生育科研所，各县、乡计划生育服务站相继设置优生优育咨询门诊，配备专职和兼职咨询医生，开展优生咨询工作，每年都有万余名育龄夫妇接受优生优育指导。1996年，地区计划生育科研所及多数县的计生服务站都设置了优生实验室，并配备试验设备，主要开展四项病毒（巨细胞、弓形体、风疹、单纯细胞）化验检测及相关精子抗体、抗子宫内膜抗体、抗心磷抗体等优生项目的化验，并对持生育证的育龄妇女实行病毒检测，出生人口素质明显提高，出生缺陷发生率由20世纪80年代的14.3‰下降到5‰以下。

1998—2005年，计划生育服务机构推广斯利安药物（预防胎儿N管畸形）和福士福药物的应用，此药在提高人口素质方面发挥了巨大的作用。依据《山东省独生子女病残儿家庭二胎优生监护管理办法(试行)》，全市计生部门按照程序、按照标准，重点做了病残儿医学鉴定和病残儿家庭生育二胎优生监护工作,各级职责到位、到人，保证二胎优生监护质量，降低了残疾儿发生率。全市病残儿医学鉴定符合率每年都在80%以上，杜绝了病残儿家庭再生育残疾儿现象的发生。

第六节　技术服务

1986年以前，计划生育节育手术主要由各级医疗卫生部门负责。1986年后，随着计划生育工作的开展和节育手术量的增加，各级计生部门开始建立计划生育技术服务机构。地区建立计划生育技术指导所，县、乡建立计划生育宣传指导站，行政村建立计划生育服务室，节育手术由卫生部门向计生部门转移。全区共培训技术人员1.5万人次，提高了节育手术质量水平。对节育技术人员实施考核，颁发节育手术合格证，对施术单位发放计划生育服务开业合格证。1995年，全区计划生育系统共有24名技术人员受到国家计生委“万例手术无事故”表彰。在建立和完善以县站为龙头、以乡站为纽带、以村室为基础的计划生育服务网络体系中，全区共建立县市计划生育服务站9处、乡镇计划生育服务站250处、村计划生育服务室8000余处。1998年，在全区计划生育优秀服务站创建活动中，各乡镇计生服务站相继配置B超机、心电图机、波姆光治疗仪等高科技医疗器械，实施避孕节育、优生优育、生殖保健“三大工程”。单县计划生育服务站被国家计生委评为优秀服务站，其他县市服务站被省计生委评为优秀服务站。全区138个乡镇服务站基本达到市级先进标准。

2002年，按照避孕节育全程服务的要求，对全市计划生育系统技术人员进行业务培训，经过理论与临床操作考核，分四批对1131名合格的技术人员发放计划生育技术服务合格证。

2003—2005年，在全市计划生育优质服务先进县、先进乡、村民自治合格村、模范村“三级联创”活动中，成武县、定陶县、鄄城县、牡丹区、单县、巨野县、郓城县、开发区被市委、市政府命名为“优质服务先进县区”，97个乡镇被命名为“全市优质服务先进乡镇”。2004年，成武县、定陶县被省委、省政府命名为“全省优质服务先进县”。至2005年年底，全市共4481个行政村达到计划生育村民自治合格村标准，其中有1802个行政村达到计划生育村民自治模范村标准。

第三编　经济综述

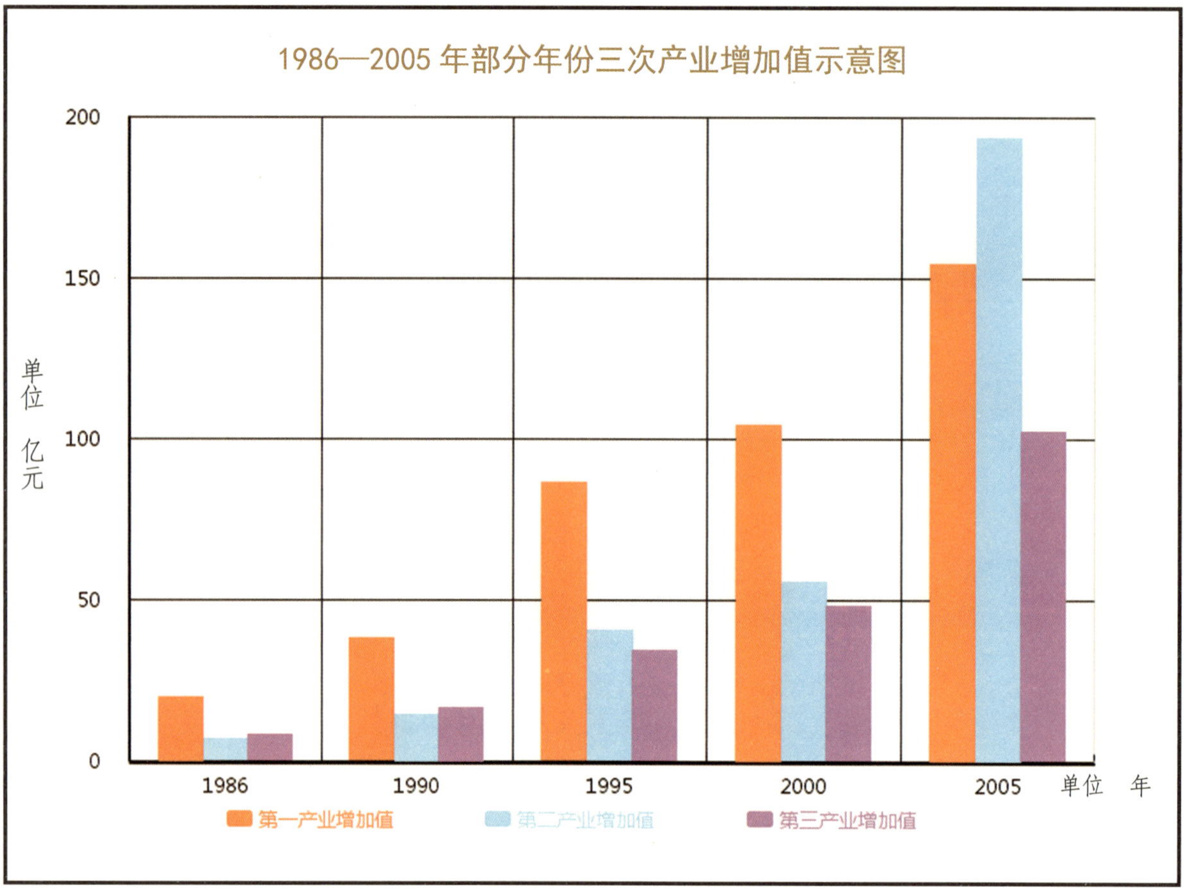
1986—2005年部分年份三次产业增加值示意图
200
150
100
50
0
单位 亿元
1986
1990
1995
2000
2005
单位 年
第一产业增加值
第二产业增加值
第三产业增加值

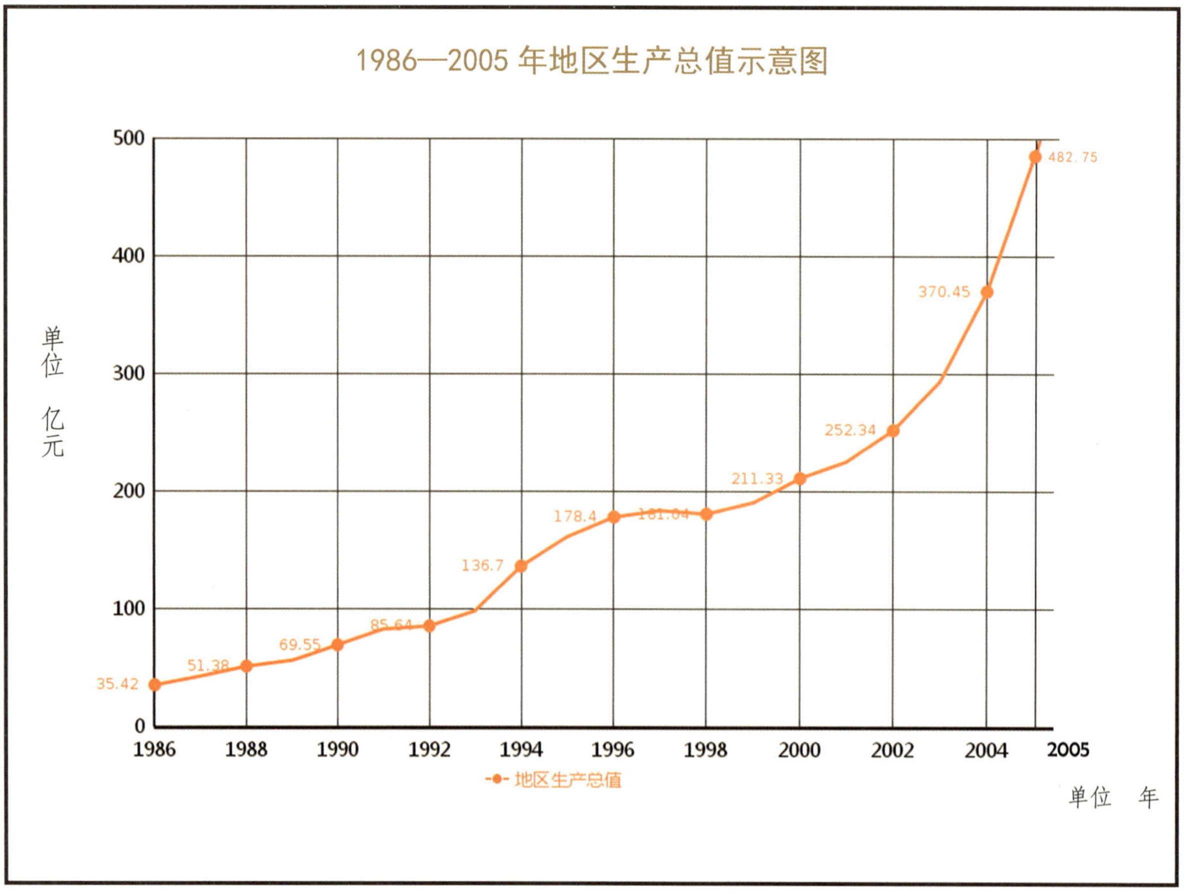
1986—2005年地区生产总值示意图
500
400
300
200
100
0
单位 亿元
35.42
51.38
69.55
85.64
136.7
178.4
181.04
211.33
252.34
370.45
482.75
1986
1988
1990
1992
1994
1996
1998
2000
2002
2004
2005
地区生产总值
单位 年

中共十一届三中全会后，改革开放政策给菏泽经济注入强大活力，农村实行联产承包责任制在全省推行最早。调整种植结构，大力发展棉花生产，至1986年，农民迅速解决温饱问题、摆脱了贫困。全区实现地区生产总值35.42亿元，城镇居民人均可支配收入660元，农民人均纯收入311元。城乡居民收入和生活水平不断提高。

1986年—2005年，是菏泽市新中国成立以后国民经济发展速度最快、城乡面貌发生深刻变化、人民生活显著提高的时期。全市人民解放思想，开拓进取，深化改革，扩大开放，经济社会发展取得了巨大成绩，为全面建设小康社会，基本实现现代化奠定了坚实基础。尤其是进入21世纪以后，调整优化经济结构，继续深化各项改革，进一步扩大对外开放，市内工业经济开始走出困境，第三产业比重稳步提高。2004年，抓住山东省“突破菏泽”的战略机遇，全力加快工业化和城市化进程，着力在招商引资和大项目建设、园区建设、城市建设上求突破，促进全市经济和社会全面协调可持续发展。2005年，菏泽市实现地区生产总值482.75亿元，三次产业比例为32 : 43.6 : 24.4。实现了由一、二、三产业向二、一、三产业的历史性转变。城镇居民人均可支配收入7342元，农民人均纯收入3092元。

第一章 国民经济发展概况

第一节 “七五”期间经济和社会发展

1986—1990年，境内居民生活从温饱向宽裕过渡，工业经济开始进入大发展阶段。1990年，全区地区生产总值达到69.55亿元，按可比价格计算，“七五”期间（1986—1990）平均每年增长6.8%；国民收入达到60.7亿元，平均每年增长5.7%；工农业总产值达到120.1亿元，平均每年增长11.3%；一、二、三次产业的比例调整为55：21：24；在工农业总产值中，工农业比例由“六五”期末的3：7调整为5：5，乡村工业产值已占工业总产值的一半以上。在经济总量增长的同时，人均占有水平也有新的提高，人均国民生产总值达到907元，人均国民收入达到792元。

农业 1990年，境内农业总产值达到56.62亿元，“七五”期间平均每年增长2.3%，特别是林、牧、副、渔业有了较大发展，主要农产品产量有了新的增加。1990年粮食总产达273.5万吨，比1985年增加1万吨；棉花总产达22.2万吨，增加5.3万吨；油料总产13.9万吨，减少3万吨；肉类总产量11万吨，增加5万吨；淡水产品产量1.33万吨，增加0.8万吨。全区已形成各种农产品生产基地20多个，中低产田改造和科技开发全面展开。同时，乡镇企业已成为菏泽经济发展的一支重要力量。1990年乡镇企业产值达到35.8亿元，平均每年增长 26.1%。

工业 1990 年，境内工业总产值达 58.8 亿元，“七五”期间平均每年增长 21.7%。工业实力明显增强，独立核算工业企业固定资产原值、净值分别达到 16.8 亿元和 13.3 亿元，比 1985 年增长 1.5 倍和 2.2 倍。主要工业品特别是适销对路的日用消费品产量大幅度增加。全区全民所有制独立核算工业企业全员劳动生产率达到 16819 元，平均每年增长 4.3%。

固定资产投资和重点项目 “七五”期间，全社会固定资产投资累计 35.6 亿元，其中全民所有制投资 14 亿元，集体所有制投资 7 亿元，个体所有制投资 14.6 亿元。在全民投资中，基本建设完成 9 亿元，技术改造完成 5 亿元。投资结构有所改善，非生产性建设得到控制，重点建设项目得到加强。菏泽电厂、涤纶厂、面粉厂，东明石油化工厂，巨野、郓城、鄄城棉纺厂，菏泽氰化钠、庆大霉素、柴油机等一批重点基建和技改项目陆续投产或开工建设。

基础设施建设 1990 年，境内公路通车里程达到 2734 千米；邮路总长度达到 1990 千米，长话、市话、农话的传输能力和自动化程度有了较大提高；随着赵楼 220 千伏变电站等一批设施的投入使用，供电电网日趋完善，全区农村通电率达 77.5%；城市供水状况大大改善。

内外贸易 1990 年，地方财政收入达到 2.63 亿元，按可比口径，“七五”期间平均每年增长 23.6%。社会商品零售总额达到 23.43 亿元，平均每年增长 11.2%。外贸出口商品收购总值达 4.3 亿元，按可比价格计算，“七五”期间平均每年增长 10.4%；出口供货总值 3.7 亿元，平均每年增长 6.1%。为扩大利用外资规模，菏泽地区通过各种渠道，采取多种优惠政策，大力发展“三来一补”“三资”企业，1990 年全区“三资”企业已发展到 22 家，合同利用外资 0.4 亿美元，实际利用外资 1850 万美元。与区外的横向经济联合协作项目达 5300 个，并引进了大量资金、物资、技术和人才。

科技教育 境内累计取得重要科技成果 553 项，80% 的科技成果得到推广和应用，科技进步因素在经济增长中的比重达到 35%。普通高校、普通中专在校生分别达 2198 人和 7690 人，技术中专在校生达 7040 人，技工学校在校生达 11385 人，全区各类技术人员达 12.1 万人。

居民收入 “七五”期间，农民的温饱问题已经得到解决，部分群众生活开始向宽裕型过渡。1990 年，全区职工年平均工资由 1985 年的 939 元增加到 1751 元，农民年人均纯收入由 316 元增加到 484 元。“七五”期末，城乡人均居住面积分别达到 7.8 平方米和 17.6 平方米，分别比 1985 年增加 1.4 平方米和 2.1 平方米。1990 年城乡居民储蓄余额达 25.4 亿元，平均每年增长 31%，人均 332 元。

第二节 “八五”期间经济和社会发展

1995 年，境内地区生产总值达到 161.64 亿元，是 1990 年的 2.3 倍，按可比价格计算，“八五”期间（1991—1995）年均增长 5.4%，其中一、二、三产业分别年均增长 4.5%、9%、4%。人均国民生产总值达到 1989 元，是 1990 年的 2.2 倍。农业总产值达 189 亿元，粮食总产416.6万吨，棉花总产8.6万吨，油料总产42.2万吨，肉类总产14.6万吨，水产品产量7万吨，除棉花外，均比1990年有了较大增加。工业总产值达到180亿元，其中乡镇以上工业115亿元。纱、布、毛线、毛呢、饮料酒、发电量、柴油机等主要工业产品产量大幅度增加。

产业结构　第一产业稳步发展，第二产业比重明显提高，第三产业保持一定增长。三次产业的比例由1990年的55∶21∶24调整为1995年的54∶25∶21。农村经济结构发生重大变化，高效经济作物有了较大增加，林、牧、渔业取得较快发展，占农业总产值的比重由1990年的36.5%提高到48%，农村二、三产业占农村经济的比重提高到55%。乡镇企业异军突起，乡镇工业产值占全部工业产值的67%，从事二、三产业的人员达75万多人。

基础设施和基础工业　“八五”期间，全社会固定资产投资累计完成102亿元，其中基础工业和基础设施投资比重占30%左右。菏泽电厂2×12.5万千瓦机组顺利并网发电，东明15万吨炼油厂、菏泽涤纶厂等一批项目的投产，使能源、原材料生产能力大幅度增加。京九（北京至九龙）铁路建成通车，东明公路大桥投入使用，国道、省道菏泽境内线路及县乡公路的通过能力明显提高。1995年，全区铁路通车里程272.1千米，公路通车里程4000千米；汽车货运量760万吨，客运量1460万人。全区先后新建扩建3座220伏、8座110千伏和46座35千伏送变电工程，基本解决供电不足的矛盾，实现全区村村通电。长途电话达到2364路，电话交换机容量达到13.5万门，“八五”期末全区实现C3过渡网，达到区内电话直接拨号。

外向型经济　“八五”期间，境内累计批准利用外资项目327个，实际利用外资1.3亿美元，全社会出口总值占国民生产总值比重达到25%，出口产品结构由以农产品、初级产品为主逐步向以工业制成品、深加工产品为主转变，工业制成品出口比重达到70%。

科技教育　“八五”期间，境内累计取得重要科技成果600项，科技对经济增长的贡献率达到35%。普及九年制义务教育的工作已全面展开，小学、初中升学率1995年分别达到86.6%和28%。全区普通高校在校生达3346人，中专在校生10356人。人口自然增长率已由1990年的19.35‰降低到3‰以下。

居民收入　1995年，境内农民人均年纯收入达到1346元，城镇居民人均可支配收入达到2600元，分别比1990年增加863元和849元。

第三节　“九五”期间经济和社会发展

2000年，境内地区生产总值达211.33亿元。“九五”期间（1996—2000）年均增长6.7%，其中一、二、三产业增加值分别达到104.69亿元、55.73亿元、50.9亿元，分别年均增长7%、7.6%、4.8%；地方财政收入达9.8亿元，年均增长15.4%；人均国内生产总值2610元。

经济结构　“九五”期间，境内农业基础地位加强，粮食生产能力稳定在400万吨左右，一批具有区域特色的生产基地初步形成。工业经济开始走出困境，一批骨干企业迅速膨胀。第三产业比重稳步提高，三次产业的比例由1995年的54：25：21调整为2000年的50：26：24。

基础设施　“九五”期间，境内固定资产投资完成240亿元，比“八五”期间增加1.4倍，其中基础设施投资占30%以上。菏泽电厂二期工程开工建设，巨野煤田开发前期工作基本完成，新石铁路复线菏泽段完工，菏泽至东明高速公路建成通车，菏泽至曲阜高速公路全面开工。总投资1.19亿元的国家大型商品粮基地建设进展顺利，平原水库、节水示范县及东鱼河治理等骨干项目开工建设，有效灌溉面积达到49.33万公顷。城市建成区面积达到102平方千米。长途线路达到15万路，固定和移动电话分别达到40万部和15万部。广播、电视覆盖率分别达到89%和75%，有线电视用户达到9万户。

外向型经济　“九五”期间，境内累计批准利用外资项目202个，实际利用外资1.7亿美元；引进区外合作项目360个，实际到位资金25亿元。

科技教育　“九五”期间，境内共取得重要科技成果320项，一批高新技术增长点初步形成。教育事业迅速发展，“双基”目标得以实现，社会力量办学开始兴起。年人口自然增长率控制到7.3‰。

居民收入　2000年，境内城镇居民人均可支配收入达5733元，农民人均纯收入2067元，“九五”期间年均分别增长7.3%和9.0%。农村“小康”实现程度由67.5%提高到86%。

第四节　“十五”期间经济和社会发展

2005年，菏泽市地区生产总值达到482.75亿元，年均增长13.1%；人均生产总值达到5961元，比2000年增加3352元；地方财政收入达到21.2亿元，年均增长16.5%；三次产业比由2000年的50：26：24调整为32：44：24。

工业　2005年，全市规模以上工业企业达821家，比2000年增加572家。“六大产业”初具规模，工业增加值所占比重达到65%。东明石化、达驰集团、山东圣奥、单县化工、玉皇化工、睿鹰制药等一批骨干企业迅速膨胀。第二产业增加值达到193.87亿元，“十五”期间（2001—2005）年均增长24.8%。

农业　2005年，第一产业增加值达154.63亿元，“十五”期间年均增长4.5%。粮、棉、油、林产量分别占全省的1/10、1/3、1/8和1/6。

重点项目建设　“十五”期间，全市累计完成固定资产投资1011亿元，是“九五”期间的4倍多；2005年达到409.9亿元，年均增长44.2%。巨野煤田开发正式启动，六对矿井建设进展顺利。菏关（菏泽至关庄）高速、济菏（济南至菏泽）高速已开工建设，德商（德州至商丘）高速顺利批复，菏新（菏泽至新乡）高速、菏徐（菏泽至徐州）高速进入前期工作，菏泽机场已纳入国家航空发展规划，地方铁路正在论证，菏泽电厂三期2×300兆瓦热电已获批复，郭屯坑口电厂、华润电厂已通过省级审查，郓城500千伏输变电工程开工建设。

外向型经济　“十五”期间，全市累计利用外资4.5亿美元，是“九五”期间的2.6倍。进出口总额达5.2亿美元，比2000年增长6.7倍。

城市建设　赵王河公园、环城公园建设基本完工，实现了引黄入城。“五湖六河”工程全面开工，城市水面达到 8000 亩。引黄供水工程全面建设，污水处理厂正常运营，垃圾处理场建设已获批复。全市森林覆盖率达到 28%。“城在林中，林在城中”的平原生态森林城市格局已见雏形。

居民收入　境内城镇化水平由 2000 年的 21% 提高到 2005 年的 26%。2005 年城镇居民人均可支配收入 7342 元，农民人均纯收入 3092 元，比 2000 年分别增加 3362 元和 1026 元。实现了村村通电、通路、通电话。累计新增城镇就业再就业 33 万人，全市劳务输出人员达 126 万人，比 2000 年增加 70 万人。

第二章　经济结构

第一节　三次产业结构

结构变化　2005 年，全市实现地区生产总值 482.75 亿元，第一、二、三产业增加值分别为 154.63、210.38、117.75 亿元。与 1986 年相比，第一产业增加 134.43 亿元，第二产业增加 203.43 亿元，第三产业增加 109.47 亿元。三次产业增加值在经济总量中的比例由 1986 年的 57∶20∶23 调整到 32∶44∶24。第一产业比重由高到低，下降 25 个百分点；第二产业比重稳步上升，2003—2005 年，连续三年快速增长，所占比重提高 13 个百分点，第三产业在徘徊中发展。产业构成由较低层次的“一、二、三”型，转变为较高层次的“二、一、三”型，实现由农业主导经济向工业主导经济的历史性转变。

结构特征　1986 年，全区三次产业结构为 57∶20∶23。到“七五”期末，第一产业增加值占国内生产总值的比重下降为 55%，第二产业比重上升为 21%，第三产业比重上升为 24%。第一产业占国民经济主导产业地位。

“八五”期末期，一、二、三产业占国民经济比重分别为 54%、25%、21%，与“七五”期末期相比，第一产业由 55% 下降为 54%，第二产业由 21% 上升为 25%，第三产业由 24% 下降为 21%。第二产业稳步上升。

“九五”末期，三次产业比重为 50∶26∶24，与“八五”期末期相比，产业结构变化较大。第一产业比重下降 4 个百分点，第二产业比重上升 1 个百分点，第三产业比重上升 3 个百分点。第三产业对经济的拉动作用明显增强。

“十五”期间，特别是“突破菏泽”战略实施以来，全市经济发展速度加快。2001 年，三次产业结构比重为 48∶28∶24，二、三产业比重首次超过第一产业。2004 年，三次产业结构比重为 37∶40∶23，第二产业比重超过第一产业。实现了由一、二、三产业向二、一、三产业的历史性转变。

1986—2005年菏泽市（地区）三次产业构成统计表

表3-2-1

年 份	生产总值构成（100%）			年 份	生产总值构成（100%）		
	第一产业增加值（%）	第二产业增加值（%）	第三产业增加值（%）		第一产业增加值（%）	第二产业增加值（%）	第三产业增加值（%）
1986	57.1	19.6	23.3	1996	53.4	25.2	21.3
1987	57.3	18.8	23.9	1997	53.6	24.8	21.6
1988	51.9	21.3	26.7	1998	54.4	24.1	21.5
1989	50.3	22.4	27.2	1999	51.6	25.9	22.5
1990	54.9	21.1	24.0	2000	49.5	26.4	24.1
1991	55.0	22.0	23.0	2001	47.8	27.9	24.3
1992	49.3	25.3	25.4	2002	43.8	31.0	25.2
1993	48.9	26.1	25.0	2003	39.5	35.3	25.2
1994	54.0	24.3	21.7	2004	36.9	39.8	23.3
1995	53.5	25.1	21.43	2005	32.0	43.6	24.4

第二节 企业规模

1986年，境内共有全民和集体所有制工业企业1592家，其中全民所有制企业178家，集体所有制企业1414家；工业总产值为15.94亿元，其中全民所有制企业6.45亿元，集体所有制企业9.49亿元；独立核算工业企业全部从业人员年平均人数为14.59万人。1990年，全区共有工业企业1467家，其中全民所有制企业202家，集体所有制企业1265家；工业总产值为40.44亿元，其中全民所有制企业17.24亿元，集体所有制企业23.20亿元；独立核算工业企业全部从业人员年平均人数为18.33万人。1995年，全区共有工业企业1558家，其中国有企业268家，集体企业1242家，其他类型企业48家；工业总产值为128.98亿元，其中国有企业51.82亿元，集体企业71.88亿元，其他类型企业5.28亿元。2000年，全区共有规模以上工业企业249家，其中内资企业238家，工业总产值796.39亿元；港澳台投资企业5家，工业总产值0.89亿元；外商投资企业6家，工业总产值1.12亿元；工业企业全部从业人员年平均人数为10.20万人。规模以下工业企业46153家，工业总产值126.49亿元。2005年，全市共有规模以上工业企业821家，其中内资企业764家，工业总产值421.26亿元；港澳台投资企业17家，工业总产值19.91亿元；外商投资企业40家，工业总产值26.07亿元；工业企业全部从业人员年平均人数为15.97万人。规模以下工业企业45317家，工业总产值234.68亿元。

1986—2005年菏泽市（地区）工业企业从业人员统计表

表 3-2-2

年　份	从业人数（人）	企业性质	年　份	从业人数（人）	企业性质
1986	145945	独立核算	1996	276822	独立核算
1987	172037	独立核算	1997	251659	独立核算
1988	185270	独立核算	1998	129033	规模以上
1989	199268	独立核算	1999	112652	规模以上
1990	183302	独立核算	2000	101971	规模以上
1991	201319	独立核算	2001	95995	规模以上
1992	215958	独立核算	2002	97596	规模以上
1993	216770	独立核算	2003	107867	规模以上
1994	285188	独立核算	2004	130192	规模以上
1995	—	—	2005	159665	规模以上

第三章　经济总量

第一节　国内生产总值

1986年，境内生产总值为35.42亿元，同比下降5.4%。1990年，全区生产总值为69.55亿元，增长11.7%，人均国内生产总值达到907元。“七五”时期，全区生产总值平均每年增长6.8%，乡镇企业迅速膨胀，推动工业经济高速增长，乡村工业产值已占工业总产值的一半以上。1994年，生产总值突破100亿元，达到136.70亿元，同比增长6%。1995年，国民生产总值达到161.64亿元，比1990年增长1.3倍，年均增长5.4%，人均国民生产总值达到1989元，比1990年增长1.2倍。2000年，生产总值为211.33亿元，同比增长9.8%，人均国内生产总值达到2610元。“九五”时期，全区进一步加快结构调整步伐，经济运行质量进一步提高，一批具有区域特色的生产基地初步形成；工业经济开始走出困境，一批骨干企业迅速膨胀。2005年，全市地区生产总值482.75亿元，同比增长17.3%；人均生产总值5961元，比2000年增加3352元。“十五”时期，全市围绕突出工业经济、民营经济和招商引资三大经济工作重点，继续优化调整经济结构，国民经济继续保持快速的发展。

第二节　三次产业增加值

第一产业增加值　1986年，境内第一产业增加值为20.20亿元，同比下降

13.5%；1990年，第一产业增加值为38.15亿元，同比增长12.27%，占国内生产总值的比重为54.9%。“七五”期间，全区第一产业增加值平均每年增长1.6%，林、牧、副、渔业有了较大发展，主要农产品产量有了新的增加。1995年，第一产业增加值为86.53亿元，同比增长6%，占国内生产总值的比重由1990年的54.9%调整为53.5%。“八五”期间第一产业稳步发展，农村经济结构发生重大变化，高效经济作物有了较大增加。2000年，第一产业增加值为104.69亿元，同比增长7.2%，占国内生产总值的比重下降为50.2%。“九五”期间，境内农业基础地位得到加强，粮食生产能力稳定在400万吨左右，一批具有区域特色的生产基地初步形成。2005年，全区第一产业增加值为154.07亿元，占国民生产总值的比重由2000年的50.2%下降为34.2%。实现了由一、二、三产业向二、一、三产业的历史性转变。

第二产业增加值 1986—1990年，境内工业经济开始进入大发展阶段。1986年，第二产业增加值为6.95亿元，同比增长15.3%。1990年，第二产业增加值为14.68亿元，同比增长16.1%，工业实力明显增强，主要工业品特别是适销对路的日用消费品产量大幅度增加。1995年，第二产业增加值为40.63亿元，同比增长4.6%。“八五”时期，以提高经济效益为中心，加快改革步伐，先后实行了“转换经营机制，政企分开，所有权与经营权分离”等改革措施，工业经济快速发展，乡镇企业异军突起。2000年，第二产业增加值为55.73亿元，同比增长12.5%。“九五”期间，随着经济体制改革的进一步深化，企业改革、改制取得突破性进展，企业成为市场经济的主体。2005年，第二产业增加值210.38亿元，同比增长28.5%，超过第一产业增加值。“十五”期间，随着“突破菏泽”战略的实施，非公有制经济得到全面发展，吸引外资和投资力度加大，第二产业在国民经济中的主导地位初步形成。

第三产业增加值 1986年，境内第三产业增加值为8.28亿元，同比增长11%。“七五”时期，随着改革的进一步深化，第三产业发展越来越快，在国民经济中的地位越来越重要。1990年，第三产业增加值为16.72亿元，同比增长11.5%，占国内生产总值的24%。“八五”时期，深化改革，扩大开放，积极扶持和引导第三产业加快发展，以金融保险业、房地产业、旅游服务业为代表的新兴第三产业迅速崛起。至1995年，第三产业增加值为34.48亿元。“九五”时期，第三产业比重稳步提高。2000年，第三产业增加值为50.9亿元，增长13.6%，占国民生产总值的比重上升到24.1%。进入“十五”时期，第三产业保持快速增长，年均增长12.9%。2005年，第三产业增加值达到117.75亿元。

1986—2005年菏泽地区生产总值统计表

表3-2-3

年　份	总量（亿元）	增速（%）
1986	35.42	-5.4
1987	42.96	15.7
1988	51.38	7.1
1989	56.46	5.8
1990	69.55	11.7
1991	83.00	14.5
1992	85.64	1.9
1993	98.36	4.0
1994	136.70	6.0
1995	161.64	5.2
1996	178.40	5.2
1997	183.89	4.7
1998	181.04	3.4
1999	190.73	10.4
2000	211.33	9.8
2001	225.47	9.1
2002	252.34	10.1
2003	293.92	12.3
2004	370.45	17.1
2005	482.75	17.3

第四编　农　业

测 土

高效农业开发基地

菏泽是传统的农业大区（市），是国家重要的粮食、棉花生产基地，种植业在农业生产中占有绝对份额。农业生产在国民经济中占有较大比重。1980年全区率先在全省推行家庭联产承包责任制后，自主生产经营权极大调动了农民的生产积极性，历经“增人增地、减人减地”“大稳定、小调整”“死大块、活小块”“增人不增地、减人不减地”的农村土地承包管理模式，联产承包责任制逐步完善，确权发证，稳定了农民切实享有土地使用权的心理。1986年后，种植业结构调整始终作为农业发展的关键措施，间作套种、扩大经济作物种植调优粮经比、保护地栽培等等，土地产出效益大幅度提高，棉花面积迅速扩大，1992年全区植棉面积一度达到31.13万公顷，巨野县、曹县成为中国江北两个百万担皮棉县。随着农业科学技术的普及，域内农业机械化水平不断提高，大量的劳动力从土地上解放出来。同时，水产养殖发展较快，1999年一度达到2.06万公顷，生态渔业和休闲渔业逐渐兴起，综合效益明显提高。极大地激发了农民从事农业生产的积极性。

至2005年，全市农作物播种总面积143.2万公顷，其中粮食作物82.2万公顷，瓜菜等高效经济作物61万公顷。形成以成武、巨野、单县为主的5.3万公顷大蒜，以定陶为主的1.3万公顷大葱，以曹县、单县为主的2万公顷芦笋种植区，东明、定陶等县西瓜种植闻名省内外。全市农机拥有量92.45万台（辆），总动力1062.59万千瓦。农业发展、农民增收，全市农业生产走上良性发展轨道。1986—2005年，是菏泽农业迅速发展的20年，农业科技的推广普及、多项惠农措施的落实使菏泽农业生产有了质的飞跃。

第一章　农村经济体制改革

第一节　农业土地使用制度改革

1980年起，菏泽在全省率先普遍推行联产承包责任制，其主要特点是把土地包干到户，生产队按照人口平均分配土地，将生产经营自主权交给农民。

1993年前，境内农村土地承包管理的基本模式是“增人增地、减人减地”，定期实行小调整。有的村组是定期实行大调整，根据人口的变化重新打乱均分土地，有的是人口死亡、闺女出嫁即抽回承包地，娶妻生子的按顺序等号接阄，人地矛盾基本平衡。但这种土地管理与分配方式所带来的弊端，随着时间的推移也逐渐显露出来：一是定期小调整甚至是大调整，不能及时满足人口的变化需求，也不利于长效经济作物的发展，农民也逐渐不愿在土地上进行大量投入，土壤肥力不断下降；二是包干到户之初，就是按土地等级细分到户，加之近二十年来的频繁的土地小调整，户均地块越来越零碎，有的在6～7块以上，有的甚至多达20几块，给农民生产生活带来诸多不便。

1993—1998年，按照《中共中央、国务院关于当前农业和农村经济发展若干政策措施》《国务院批转农业部关于稳定和完善土地承包关系的意见的通知》精神，地委、行署为稳妥开展土地二轮延包工作，派出由地委政策研究室、地区农业局组成的调研组，深入县、乡、村、农户进行调查，基本摸清了第一轮土地承包的现状和存在的问题，并对如何结合菏泽实际，贯彻落实好中央、省关于稳定和完善农村土地承包关系的有关政策提出初步建议。①坚持“大稳定、小调整”的原则。延长土地承包期工作的核心是“稳定”，要使绝大多数农户原有的承包土地继续保持稳定。对人地矛盾突出、地块过于零碎的，在确保土地权属关系和用途不改变的前提下，可根据实际情况，先进行适当小调整，然后再签订土地承包合同。对果园、桑、芦笋、大棚菜等周期较长的高效经济田，一律保持原户承包不变。②坚持“死大块、活小块”的原则，妥善解决人地矛盾。在合并零星地块、户均承包地块在四块左右的基础上，指定其中一块为“活田”（用来调整的地块，有的也叫“机动地”），另外几块为“死田”（长期不动的地块）。“活田”“死田”的承包期在某种程度上是一致的，当农户在人口不发生变化的情况下，可以保持“死田”30年不变，在“活田”内的调整仅限于个别农户土地的余缺接补，并且余缺的接补也有5年以上的相对稳定期。“死田”30年承包期内一律不得调整。③坚持尊重群众意见的原则，区别情况，分类指导。有政策规定的，按政策规定办；没有政策规定的，按群众意见办。允许各地从实际出发，具体问题具体对待。④坚持依法办事的原则，确保承包合同的规范性、严肃性。集体与农户签订的土地承包合同具有法律效力，一经签订就要维护其合同的严肃性。

1998年6月，根据地委、行署要求，为做好延长土地承包期工作，巩固以家庭联产承包为主的责任制，地区农业局印发了《关于延长土地承包期工作的实施意见》的通知。下半年，根据地委、行署的要求，各县按照中央和省的通知精神，围绕农村土地承包期再延长30年做了大量的前期准备工作，并选择不同情况的村进行试点探索。经过近半年的调查摸底、试点探索，在总结各县工作的基础上，形成菏泽地区土地二轮延包的基本意见。1999年2月，地委办公室、行署办公室以传真电报形式下发通知，转发了地区农业局《关于延长土地承包期有关问题的意见》，要求传达到乡镇及行政村，结合当地实际贯彻执行。其主要思路是：“大稳定、小调整”“稳大块、活小块”“稳两块、活一块”“合并零星地块，户均地块原则上不超过4块地”“承包期内，小调整不得少于5年”。至2000年年底，菏泽地区第二轮农村土地延包工作基本结束。截至2005年年底，全市96%以上的行政村完成二轮土地延包任务，与农户签订了合同，颁发了“农村土地承包经营权证书”。

二轮土地延包结束后，地委、行署审时度势，认为土地承包期30年不变后，推进农村土地承包使用权的合理流转势在必行。2000年指派地区农业局赴外地进行考察和深入乡村调查研究。该局在广泛调研、反复论证的基础上，制订《菏泽地区农村集体农用土地流转暂行办法》，对全市农村土地使用权流转规范运行提出具体的指导性意见。

2003 年 3 月 1 日《中华人民共和国农村土地承包法》颁布实施后，市、县区采取各种形式广泛宣传贯彻《中华人民共和国农村土地承包法》，并依照法律对“多留机动地”“两田制”等进行清理整顿，取得良好效果。2003 年 12 月，中共菏泽市委、菏泽市人民政府印发了《关于稳定完善农村土地承包经营制度的意见》，以保持政策的稳定性和连续性。2004 年 3 月，对各县区稳定和完善农村土地承包经营制度工作进行了检查，赋予农民长期而有保障的土地使用权，维护农村土地承包关系问题。

2004 年 10 月 1 日《山东省实施〈中华人民共和国实施农村土地承包法〉办法》颁布实施后，市政府将《实施办法》印成布告统一发放到每个行政村，各县区相继举办农村基层干部培训班，专门讲解《中华人民共和国农村土地承包法》《实施办法》。全市广泛开展土地承包管理规范完善工作，取消“活田”，全面推行“增人不增地、减人不减地”制度。农业税率降低甚至取消的政策实施后，农民对土地越来越珍惜，农民种地不仅不拿钱，还能享受到种粮补贴，因而种地积极性空前高涨。

第二节　经营体制改革

实行家庭联产承包责任制后，集体统一经营的垄断格局被打破，多种经济形式并存与统分结合的双层经营体制逐步形成，家庭经营逐渐占据主导地位，集体经济比重越来越小。村级的主要收入来源于村办企业上缴利润、土地发包收入和农户上缴的“三提五统”，村级对农户已几乎不再分配。

1986—1994 年，乡镇（村）办企业开始起步：一方面，按照“决不放松粮食生产，放手发展多种经营”的方针，支持和鼓励发展农村工业、商业、运输业、建筑业和服务业等非农产业，乡（村）办企业和个体经济有了一定发展；一方面，取消长达 30 年之久的农产品统派购制度，农产品自由贸易，市场调节力度加大，集贸市场迅速发展，农业生产逐步迈入市场化轨道。

1994—2005 年，围绕建立社会主义市场经济体制，推进农业产业化经营，建立农村社会化服务体系，积极探索产供销、贸工农一体化经营方式，取得一定成效。各县区把推进农业产业化当作农村经营体制改革的大事来抓。2005 年，全市有 30% 的主导农产品基本实现产业化经营。

在财务管理体制上，全市以行政村为主设立会计工作机构，配备会计和出纳员，少数组一级也配备会计人员。1985 年以后，在农村开始逐步推广会计集体办公、定期报账等形式，加强对农村财务管理的监督。之后，根据中央、省委的要求，全市在农村成立民主理财组织，吸收村里的老党员、老干部、群众代表参加的民主理财小组，对村（组）财务收支进行审核，实行民主监督。

第三节　农民负担监督管理

1990 年前，境内农民负担问题不太突出。1990 年，农民整体负担水平人均在 40

元左右（包括农业税、村提留以及社会上的乱收费等）。按当时农民的收入水平，这一数额虽然不算太高，但仍超出农民的承受能力。1991年后，随着基层机构和人员的增多、生产资料的涨价和农村事业的迅速发展，各种集资摊派大量出现，农民负担过重已成为突出问题，减轻农民负担的问题摆上各级党委、政府的重要议事日程。菏泽农民负担监督管理工作大致分为四个阶段：

1991—1992年为起步阶段。1991年国务院和省政府先后颁布《农民承担费用和劳务管理条例》《山东省农民负担监督管理条例》（下称两个条例）。两个条例第一次以法规的形式明确和固定了农民在农业税之外应该承担的费用和劳务：农民应该承担的村集体提留、乡镇统筹费(简称“三提五统”)，占上年乡镇人均纯收入的5%；每年每个农村劳动力承担义务工、积累工（简称两工）为30个工日。两个条例的颁布和实施，对遏制当时普遍存在的达标升级、各种摊派等具有积极作用，但也为以后农民负担的逐渐加重留下隐患。从1991年起，农民人均纯收入的统计数字失实，农民按比例负担的“三提五统”逐年上升。这一时期，境内农民人均负担的实物折算现金在60～80元左右，大致占上年人均纯收入的15%～20%。在起步阶段，境内农民负担监督管理工作的主要措施有3条：①减负工作列入党委、政府的重要议事日程；②全面开展农民负担的排查和调研；③基层兴办各项事业有轻重缓急之分，并注意农民的承受能力。

1993—1996年为困难阶段。这4年间，各级党委、政府对农村事业的发展较为关注，各种检查、各项考核、各类达标名目繁多，随之而来的各种收费五花八门。基层工作压力大，困难大，财政缺口大。一些原本由国家和集体承担的公益项目大都转嫁到农民身上，农民除缴纳农业税、“三提五统”，承担义务工和积累工之外，还要承担农业特产税、屠宰税、水费、教育集资、公路集资等，大多数农民难以承受。这期间，每个农民全年负担在220～260元之间，个别地方达300多元，约占当年人均收入的30%。农民因负担问题的上访居高不下。这一阶段减负工作的主要措施有4条：①减负工作实行党政主要负责人负总责；②中央、省、地先后削减一大批不合理收费项目，取消一切面向基层的达标升级活动，禁止错误的收费办法；③地委、行署对农民负担实行总量控制，即合理负担加上教育集资人均不超过130元；④对农民负担检查考核力度加大。

1997—2001年为集中治理阶段。由于连续多年农民负担居高不下，严重影响党群、干群关系，影响基层政权的巩固和农村的稳定，引起各级党委政府的高度重视。1996年，中共中央、国务院制定下发《关于切实做好减轻农民负担工作的决定》。该决定提出的“三不变”“五严禁”“三减”“两加强”的十三条政策规定，给各级减负工作提出更严格的要求，再加上省、市两级陆续下发了与中央决定相配套的文件规定，农民负担工作逐步走向规范化、制度化的管理轨道。全市采取的是农民负担一定3年不变的政策，即：农民直接承担的农业税、“三提五统”、水费和“两工”，以1997年为基数一定3年不变。后来，这一政策一直延续到税费改革前的2001年。

小麦联合收获

这一阶段减负工作措施主要有2条：①农民负担一定三年不变，农民负担逐年增加的问题得到妥善解决；②加大检查、通报、处理力度，上下联动，齐抓共管。市委、市政府在减负工作中的举措较大，每年下发的文件、通知、意见及各种规定10余份，每年召开的专门会议达六七次之多，每年农民负担检查不少于3次，每年都有一批严重违规、违纪的单位和个人受到通报批评和处理，农民负担逐年加重的势头得到有效遏制。至此，农民整体负担水平较1996年前有明显减轻，但人均负担额仍在180～200元之间，主要原因是乡村两级在合理负担之外有加码征收行为，部门“三乱”（乱收费、乱罚款、乱摊派）问题较为突出。

2002—2005年为减负工作标本兼治阶段。2002年，中央在全国20多个省开始推广安徽省税改试点经验。菏泽税改的基本做法是“三取消”“两调整”“一改革”（取消乡统筹费、教育集资等专门面向农民征收的行政、事业性收费和政府性基金集资等，取消屠宰费，逐步取消乡村统一使用的义务工和劳动积累工；调整农业税政策，调整特产税政策；改革村提留征收使用办法）。农民负担主要是按照耕地类型、耕地多少进行收取。一类地每亩征收农业税55元，附加22元；二类地每亩征收农业税45元，附加18元；三类地每亩征收农业税35元，附加14元。农村“两工”2002年为20个，2003年为15个，2004年为10个，2005年全部取消。税改后的2004年，按照中央要求，执行农业税降低三个百分点的政策，农民每亩地实际交纳的征税、附加为38.5元。2005年农业税税率再次降低两个百分点，执行税率为一个百分点，全市农民亩均负担农业税正税、附加合计为12.83元。农民负担与税改前相比明显减少，减负幅度在60%～70%左右。这一阶段减负工作的主要措施有4条：①全面推行减轻农民负担工作百分考核“一票否决制”；②全面推行“四项制度”建设；③实行部门专项治理；④建立农民负担的长效机制。

第四节　农业社会化服务体系建设

1991年国务院下发《关于加强农业社会化服务体系建设的通知》，对建立健全农业社会化服务体系提出明确要求。菏泽地区农业社会化服务体系主要是以乡村集体或合作经济组织为基础，以专业经济技术部门为依托，以农民自办为补充，形成多经济成分、多渠道、多形式、多层次的局面：①村级集体经济组织开展的以统一机耕、排灌、植保、收割、运输为主要内容的基础服务；②乡级农技站、种子站、农机站、水利站、林业站、畜牧站、水产站、经营管理站等提供的以良种供应、技术推广和科学管理为重点的服务；③农民专业技术协会、专业合作社和专业户开展的专项服务。从1995年开始，全市积极推进农村专业合作经济建设，农民专业合作经济组织快速健康发展。至2005年末，全市建立农民专业合作经济组织600个，其中农民专业合作社176家，带动农户近10万人。

第二章　农业开发与基地建设

第一节　综合开发

1988年，党中央和国务院决定利用耕地占用税、预算外资金中征收的农业发展基金的一部分，以及农业银行土地开发贷款，进行大规模的农业区域开发，菏泽地区被列为试点区。至2005年，菏泽市共投入各类项目资金13.91亿元，其中争取省以上财政资金5.97亿元，共改造中低产田32.99万公顷，发展产业化多种经营项目43个。通过农业综合开发，农业生产条件和生态环境得到改善。全市新增节水灌溉面积20多万公顷，改良土壤面积28多万公顷，造林32.8万公顷，项目区形成“田成方、林成网、渠相连、路相通、旱能灌、涝能排”的高产稳产田。通过农业综合开发建设，农业基础设施进一步加强，项目区农民积极调整农业种植结构，经济作物比重大幅度提高，粮经比例由开发前8.5：1.5调整到4.4：5.6。开发项目的实施，大大增加了项目区农民收入。2005年，项目区人均收入比1985年增收500多元。

高标准基本农田

在综合开发的过程中，全市还通过举办科普大集、农业技术专家讲座、科技带头人介绍经验等方式，培训农民45.86万人次，推广农业新品种20个，推广农业新技术近200项，科技对农业的贡献率达到50%以上。

第二节　扶贫开发

为尽快改变贫困地区的落后面貌，1984年9月30日，中共中央、国务院下发《关于帮助贫困地区尽快改变面貌的通知》。同年，菏泽地区低于国家贫困线人均收入200元以下的人口有140.5万人，贫困人口主要集中在黄河滩区、黄河故道区和一些离城市较远的边远地区。1985年，菏泽地区为山东省两大贫困地区之一，有6个县为全省扶贫重点县。

1985年9月开始，境内扶贫工作全面展开，扶贫形式由单纯救济式改为开发扶贫式。9月至1988年11月，地区下派工作队重点扶持298村，地直机关下派29个工作队重点扶持29个贫困村。经过3年的集中扶持，地、县机关干部职工共向贫困村捐款12.3万元，捐粮19.6万千克，各部门无偿支援资金共计403.1万元，扶贫周转金1126万元，贷款877万元，供应平价化肥16370吨、煤7270吨、柴油2736吨。给扶贫点新打或修复机井120眼，建扬水站45座，修乡村道路157千米，架高低压线路139千米，新建或修缮校舍2330间，帮助贫困村新上工业、商业、服务业项目点9193个。至1987年年底，全区扶贫点农民人均收入达到307元，比1985年增长193%；粮食单产265千克，增加141千克，增长89%；人均占有粮食345千克，增加166千克，增长92.7%。全区有13万户、60.6万贫困人口年人均收入已在200元以上。1988年以后，仅有鄄城、单县、梁山被定为省级贫困县。

1989—1993年，对单县、鄄城县两个省级贫困县每县每年省政府拨付财政无偿扶贫资金约50万元，财政周转金100万元，平价钢材1000吨，煤3000吨，木材500立方米。

1994年，全区农村人均纯收入1000元（省贫困线）以下的有83万人，国家温饱线635元以下的还有35.6万人。1994—1996年，省财政每年向单县、鄄城县投入无偿资金150万元。从1997年开始，省加大扶贫攻坚力度。1997—2000年，省财政分配菏泽的扶贫资金每年大约1000万元，扶持方式是“到村到户”，共扶持437个贫困村，43.5万人。1999年，单县、鄄城县以县为单位达到了整体解决温饱的标准，即农民人均纯收入1700元，由原来的省级贫困县改名为省级扶贫巩固县，继续给予扶持。同年，成武、巨野、东明、郓城四县也被纳入省级“扶贫巩固县”范围给予扶持。

2001年，根据国务院《中国农村扶贫开发纲要（2001—2010年）》《山东省农村扶贫开发规划（2001—2010）》，菏泽计划分3期共扶持6个县的53个乡镇，扶持贫困人口81.53万人。2002—2004年第一期共扶持单县、鄄城、成武、巨野、东明、郓城6个“扶贫工作重点县”的22个乡镇。2004年第一期扶持乡镇结束时，有7个乡镇被省评为“红旗”乡镇，被扶持的22个乡镇项目区农民人均纯收入每年累计增加

330元，乡镇财政收入翻了一番。

第三节　基地建设

为增强农业发展后劲，国家决定从“六五”后三年开始组织实施农业商品粮、棉基地建设计划。菏泽地区从1986年开始，在国家的扶持下，先后安排投资5143.44万元，其中国家投资2296.1万元，省投资1308.9万元，在9县市先后建立商品粮生产基地县5个，优质棉基地县3个，优质棉农技推广中心3个。第一批“以工补农”粮食基地县6个，第二批“以工补农”粮食基地县3个，投资的重点是农业基础设施建设和农业服务体系建设。通过项目的实施，改善了全地区农业生产基础设施和农业部门的服务手段，增强了科技服务功能，提高了农业综合生产能力，促进了当时农村自然经济向市场经济的转变，同时，向国家提供了商品粮和商品棉。

商品粮（小麦）种植基地

“七五”期间菏泽地区农业商品粮、棉生产基地建设投资统计表

表4-2-1　　单位：万元

基地名称	县　市	总投资	其　中		
			国家	省	地县市
第一批商品粮（小麦）生产基地	小　计	900	450	225	225
	菏泽市	180	90	45	45
	定陶县	180	90	45	45
	成武县	180	90	45	45
	单　县	180	90	45	45
	东明县	180	90	45	45
第一批优质棉基地	小　计	1078.5	551	143	384.5
	曹　县	356.66	183	50	123.66
	巨野县	352.46	184	47	121.46
	郓城县	369.38	184	46	139.38
优质棉农技中心	小　计	195	90	38.5	66.5
	定陶县	67.5	30	15	22.5
	成武县	69	30	15	24
	鄄城县	58.5	30	8.5	20
第一批“以工补农”粮食基地	小　计	2400	960	720	720
	菏泽市	400	160	120	120
	定陶县	400	160	120	120

续表 4-2-1

基地名称	县　市	总投资	其　中		
			国家	省	地县市
第一批“以工补农”粮食基地	成武县	400	160	120	120
	单　县	400	160	120	120
	鄄城县	400	160	120	120
	东明县	400	160	120	120
第二批“以工补农”粮食基地	小　计	570	245.1	182.4	142.5
	曹　县	210	90.3	67.2	52.5
	巨野县	150	64.5	48	37.5
	郓城县	210	90.3	67.2	52.5
	合　计	5143.44	2296.1	1308.9	1538.44

根据《中华人民共和国国民经济和社会发展十年规划和第八个五年计划纲要》要求，“八五”期间，国家在菏泽新建棉花基地县 1 个，续建棉花基地县 1 个，第一批粮食基地续建县 5 个，第二批粮食基地续建县 4 个和 1 个地直单位，高科技开发县 3 个，总投资 3220 万元，其中国家投资 1299 万元，省配套资金 678 万元。

“八五”期间菏泽地区农业商品粮、棉基地建设投资统计表

表 4-2-2　　单位：万元

基地名称	县　市	总投资	其　中		
			国家	省	地县市
优质棉基地项目	成武县	300	150	60	90
优质棉基地续建项目	巨野县	90	30	—	60
高科技开发	小　计	200	80	40	80
	菏泽市	100	40	20	40
	定陶县	50	20	10	20
	郓城县	50	20	10	20
第一批粮食基地　续建项目	小　计	1770	708	402	660
	菏泽市	360	144	60	156
	曹　县	360	144	87	129
	成武县	330	132	81	117
	单　县	360	144	87	129
	郓城县	360	144	87	129
第二批粮食基地　续建项目	小　计	860	331	176	353
	地　直	60	23	12	25
	成武县	200	77	41	82
	巨野县	200	77	41	82

续表 4-2-2

基地名称	县　市	总投资	其　中		
			国家	省	地县市
第二批粮食基地　续建项目	鄄城县	200	77	41	82
	东明县	200	77	41	82
合　计		3220	1299	678	1243

“九五”期间，国家只把单县列为巩固完善商品粮基地县，总投资 100 万元，其中国家投资 40 万元，地、县配套资金 60 万元。“十五”期间，国家只把巨野县列为优质专用棉花生产基地项目县 ，项目总投资 280 万元，其中中央财政投资 140 万元，地方配套 140 万元。

第三章　农业产业化 标准化

第一节　农业产业化

菏泽农业产业化萌芽于 1991 年的棉花生产。1994 年年初，地委、行署正式提出“实施农业产业化战略，推动农村经济持续发展”的工作思路，确立了粮棉、花生、蔬菜、林果、畜牧、水产、花卉、桑蚕、食用菌等主导产业，实行区域化布局，依靠龙头带动，发展规模经营，推动县域经济的发展。1995 年，菏泽大规模开展种植业结构调整，培育了大批独具特色的主导产业和产品。1998 年地委、行署下发《关于加快农业产业化意见》，地区和各县市都成立专门班子，由分管副书记、分管副县市长任组长，计委、农委、科委、金融、财政等主要负责人任成员的农业产业化领导小组，实行“一个产业，一套班子，一个政策，一个机制”等几个一的工作方法，明确了责任目标。

2003 年 5 月，市政府组成专门调研组对全市 10 个县区（含开发区）24 个农业企业、种植基地、规模养殖场（小区）、农业科技示范园、农产品批发市场、农村专业合作经济组织进行实地考察。市委、市政府按照中央和省委、省政府的部署，把农业产业化经营纳入国民经济和社会发展的全局，围绕农业和农村经济结构战略性调整，着力推进体制创新、科技创新和市场多元化、组织形式多样化发展，使全市产业化经营水平有了新的提高，龙头企

规模养殖

业辐射带动能力不断增强，经营领域逐步拓宽，产业链条进一步拉长，外向化程度明显提高。至 2005 年年底，全市拥有农产品加工储藏销售企业 2 万多家，其中规模以上农产品加工龙头企业 300 家，年销售收入过亿元的农业产业化“龙头”企业 29 家。全市农业产业化龙头企业拥有资产 55 亿元，净利润 40.5 亿元，上缴税金 2.3 亿元，带动农户 120 万户，带动种植基地 33.33 万公顷。全市从事产业化经营的农村劳动力占农村劳动力总数的 50% 以上，产业化组织中平均年增加收入 801 元。

农产品加工

第二节　农业标准化

中国加入世贸组织后，随着城乡居民生活水平的提高，人们对农产品的质量安全要求更高，越来越多的国内市场将逐步实行市场准入制度。这就意味着不按照标准化生产，确保农产品质量，农产品既无法出口到国际市场，也无法打入国内市场。基于此，2001 年 12 月 19 日成立菏泽市农业标准化工作领导小组，由分管农业的副市长任组长，有关部门领导为成员，办公室设在市农业局。市人民政府于 2002 年下发关于实施农业标准化工作的意见。经过几年的实施，至 2005 年已培训各类人员 2 万余人次，推广各项技术标准 100 余个，制定或修订地方标准 20 个，建立农业标准化示范基地 1.33 万公顷，认定全国统一标志的无公害农产品 11 个，绿色食品 4 个，农产品质量得到提高。

无公害蔬菜

第四章　种植业

第一节　结构调整

1986 年，境内种植结构比较单一，以麦茬棒、棒茬麦为主的粮食种植为主，土地产出效益较低。经济作物以棉花种植为主，瓜菜种植面积较小。农作物播种总面积 128.22 万公顷，其中粮食作物播种面积

96.6万公顷，经济作物播种面积31.62万公顷，粮经比7.5 : 2.5。1986年后，各级党委、政府始终把调整农村产业结构作为农村改革与发展的关键措施来抓，在调整中注重坚持市场导向原则、效益兼顾原则、因地制宜原则、科技领先原则、协调发展原则，使农业和农村经济进入一个新时期。在农村产业结构调整中，始终不放松粮食生产，依靠科技提高单产，粮食总产稳中有增。推广间作套种等种植模式提高复种指数，倡导、鼓励保护地栽培，单位面积土地产出效益大幅度提高。在稳定粮食面积的同时，扩大经济作物种植面积，调优粮经比。棉花面积迅速扩大，1992年全区植棉面积一度达到31.1万公顷，巨野县、曹县成为中国江北两个百万担皮棉县。瓜菜等经济作物种植面积增长很快，露地栽培与保护地栽培相互补充，区域种植，规模发展，立足优势，大力发展地方特色产业，出现一大批瓜菜种植专业镇、瓜菜专业批发市场。如成武县大田集镇的大蒜、白浮图镇的芸豆、宝峰集乡大棚菜，曹县青堌集镇的芦笋，定陶黄店镇的大葱、南王店乡的西瓜，东明县小井等乡镇的西瓜，等等。围绕这些农产品建起一批相应的专业批发市场、加工企业，拉长农业产业链条，

西瓜种植

大蒜种植

提升农产品附加值，增加了农民收入。至2005年，全市农作物播种总面积143.22万公顷，其中粮食作物播种面积82.24万公顷，棉花种植面积23.73万公顷，瓜菜种植面积25.65万公顷，油料种植面积9.77万公顷，药材等其他作物1.83万公顷。粮经比5.7：4.3，复种指数达到207.1%。优质专用小麦发展到43.3万公顷，优质率80%；优质抗虫棉25.3万公顷，优质率100%。全市西瓜、芦笋、蚕桑、中药材、花卉、杞条等特色农产品生产基地达33.3多万公顷。形成以成武县、巨野县、单县为主的5.4万公顷大蒜种植区，以定陶县为主的1.4万公顷大葱种植区，以曹县、单县为主的2万公顷芦笋种植区，东明、定陶等县西瓜种植闻名省内外。

第二节　粮食作物

品种　菏泽粮食种类较为齐全，分布也很广泛，是山东省乃至全国的粮食主产区之一。粮食作物的构成，夏粮主要是小麦，秋粮是玉米、大豆、地瓜及谷子、高粱等小杂粮，稻谷虽有种植，但面积不大。结构变化趋势为夏粮比重增加，秋粮

比重减少，秋粮玉米面积增加，大豆、地瓜、谷子等面积减少。1986年，全区夏粮播种面积55.9万公顷，占粮食总面积的57.87%，产量208.76万吨，占粮食总产量的72.24%。2005年，夏粮（小麦）播种面积58.55万公顷，占粮食总面积的71.19%，产量287.82万吨，占粮食总产量的70.18%。玉米面积1986年为17.79万公顷，2005年为18.94万公顷。大豆、地瓜、小杂粮等作物面积减少的主要原因，是由于玉米单产提高较快，商品率较好，大面积种植玉米所致。

粮食作物主要分布在缓坡平地、黄河决口扇形地区、背河槽状洼地区和黄河滩区、故道区。

面积及产量 1986—2005年，随着农业生产条件的逐步改善，粮食生产水平不断提高，无论产量或是产值均有大幅度增长，粮食商品率也显著提高，粮食播种面积保持平衡。1986年全地区粮食播种面积96.6万公顷，2005年为82.24万公顷。由于种植业结构的调整，耕作制度的改进，复种指数由1986年的169%增加到2005年的207.1%。提高复种指数增加的播亩主要用于经济作物面积。粮食单产和总产分别由1985年的2985公斤／公顷、288.98万吨增加到2005年的4987公斤／公顷和410万吨。

第三节 经济作物

棉花 1986—1992年是菏泽棉花生产大发展阶段。由于受家庭联产承包责任制的推动，以及棉花生产科技进步的引导，

棉花种植

棉花生产进入辉煌时期。这期间，菏泽年均植棉 26.67 万公顷左右，其中 1992 年达到高峰，年植棉 31.13 万公顷，巨野县、曹县成为中国江北两个百万担皮棉县。之后，随着棉铃虫对棉花生产危害的加重，加上其他高效经济作物的扩大种植，棉花种植面积开始萎缩，2000 年抗虫棉普遍推广后，棉花种植面积逐步回升，至 2005 年，棉花种植面积达到 23.73 万公顷。

1986—2005 年，菏泽棉花平均单产 825 千克／公顷，其中 1986—1992 年，平均年产 744 千克／公顷；1996—2002 年推广抗虫棉以后，2003 年平均单产达到 1254 千克／公顷。

1986—2005 年菏泽市（地区）棉花面积、单产、总产统计表

表 4-4-1

年　份	面积（万公顷）	单产（千克／公顷）	总产（万吨）
1986	18.45	765	14.03
1987	23.22	855	19.85
1988	29.39	675	20
1989	27.94	705	19.68
1990	26.27	840	22.2
1991	29.55	1020	29.95
1992	31.13	415.5	12.91
1993	19.84	480	9.52
1994	20.52	552	11.34
1995	11.73	732	8.58
1996	9.47	807	7.64
1997	9.04	886.5	8.02
1998	10.28	1015.5	10.44
1999	10.57	1105.5	11.69
2000	15.85	1173	18.59
2001	15.84	1174.5	18.59
2002	19.79	1228.5	24.3
2003	19.44	1254	24.38
2004	25.93	1056	27.38
2005	23.73	1048.5	24.87

油料　1986 年境内油料作物种植 6.68 万公顷，单产 1845 千克／公顷。1991—1999 年油料作物总面积稳定在 11.67 万公顷上下，2005 年为 9.77 万公顷。单产和总产都有较大提高。1986—2005 年，域内油料作物种植面积变化呈两头小、中间大的趋势。花生为域内最主要的油料作物，1985 年，种植面积 6.73 万公顷，占油料作物面积的 92.63%；单产为 2430 千克／公顷，总产为 16.36 万吨。2005 年，花生种植面积 9.19 万公顷，占油料作物面积的 94%；单产为 3627 千克／公顷，总产为

花　生

33.3万吨。花生主要分布黄河滩区的东明县、鄄城县、郓城县和黄河故道区的曹县、单县，约占域内的70%以上。其他油料作物，为芝麻、油菜等，各县区均有零星分布。

油菜／芝麻

瓜菜　1985年，境内蔬菜种植面积只有1.97万公顷。1986年后，种植面积逐年增加，1997年后一直稳定在20万公顷左右。其单产和总产分别由1985年的22500千克／公顷和44.31万吨，增加到2005年的37290千克／公顷和697.05万吨。蔬菜品种共有地方品种500多个，新引进品种有近100个。面积较为集中的有以巨野县、成武县、单县为主的5.3万公顷大蒜，以定陶县为主的1.3万公顷大葱，以曹县、单县为主的2万公顷芦笋等。

1986—2005年，境内瓜类一直以西瓜为主，甜瓜次之。1995年引进洋香瓜，瓜类种植面积不断增加，单产和总产也不断增加。1986年种植面积为2.6万公顷，2005年发展到6.96万公顷，总产达290.79万吨，其中西瓜单产由1986年的32535千克／公顷，提高到2005年的44190千克／公顷。

大蒜刨收／大田西瓜

第四节　种　子

良种引入与推广　小麦　1998年以前，以鲁麦1号为主。1995年后，引进优质麦种，最初以PH系列优质麦为主。1999年后，被济南17号、淄麦12号、烟农19号、济麦20、济麦21、济麦19号、潍麦8号、山农664、泰山21号等品种所取代。到2005年优质小麦种植面积已占全部小麦种植面积的60%。育成品种有鲁麦4号、菏麦13号、金铎1号、丰川6号、多丰2000。

玉米　1986—1989年主要是丹玉11号、丹玉13号、沈单7号。1990年开始引种掖单4号、鲁玉10号、掖单13号等，到1995年掖单13号得以大面积推广。1996年引进登海1号、鲁单50等，1997—1998年鲁单50大面积应用。1998年引进农大108，到2000年大面积应用。2000年引进鲁单981，2001年引进登海11号、郑单958、临奥1号，2003年引进登海6213、丹王26号、东丹60等，2005年鲁单981、农大108、临奥1号、登海11号，种植面积居前列。

大豆　1986—1990年主要推广跃进5号、鲁豆4号、跃进4号；1990年开始推广菏豆84－5；1999年推广跃进10号；2002年开始推广鲁豆9号、鲁豆10号、鲁豆11号、菏豆12号；2005年开始推广菏豆13号。

地瓜　1986—1995年以徐薯18号为主。1995年以后，随着地瓜脱毒技术的应用，推广了脱毒地瓜徐薯18号、北京553及新育品种鲁薯7号、鲁薯8号等。

棉花　1985年前，主要是鲁棉1号、中棉所10号、鲁棉6号。1987年鲁棉6号由于抗病性差被淘汰。1987—1994年，中棉所12号为当家品种。1995年开始引种抗虫棉菏棉1号、菏棉3号；1998年引种新棉33B和抗虫杂交棉鲁棉研15号；1999年引种新棉99B，鲁棉研16号、17号、18号；2000年全市普及抗虫棉种植；2003年引种中棉所41号，鲁棉研19号、20号、21号、22号。2003—2005年，“蒜套棉”“瓜套棉”等高产田以鲁棉研15号为主，“麦套棉”以新棉99B、新棉33B、鲁棉研21号、鲁棉研22号为主。

花生　1985年开始引进海花1号；90年代引种推广8130、鲁花11　号、鲁花14号，但海花1号仍是当家品种；1999年后开始引种丰花系列及花育16号、花育17号、潍花8号等。

瓜类　1986年后引进早花、佳丽、苏蜜1号、伊选、郑州1号、中育6号、丰收2号、新澄等几十个新品种。1990年后陆续引进了齐圆、京欣1号、龙花、美宝、郑杂5号、开杂5号、齐抗901、庆红室、金钟龙、西农8号、新红室、汴杂5号、开杂5号等。从1997年起先后筛选推广开发1号、齐红、汴杂7号、西农8号。西瓜大拱棚早熟栽培品种主要有鲁青1号、京欣1号、郑杂7号。2004年在菏泽市第14届优质西甜瓜展评会上，东明县选送的东研3号荣获特等奖，东明县的西农8号、郓城县的大农509号，定陶县的台湾无籽西瓜分获一、二、三等奖。从1986年开始举办菏泽第一届西瓜展评会到2004年共成

东研系列西瓜品种

功举办 14 届。

甜瓜主要有洋香瓜、伊丽莎白、元帅、白沙蜜等。

蔬菜　大白菜主要有丰抗 70、丰抗 80、山东 4 号、山东 6 号、秦白 2 号、鲁白 1 号、北杂新 1 号等；萝卜主要有德日 2 号、大红袍、尧头青、鲁萝卜 2 号、青冠、象牙白、济杂 3 号等；胡萝卜主要有七寸参、五寸参、透心红、泰安小婴；大葱主要有章丘大葱、章丘大梧桐、中华巨葱、铁杆王、中华 1 号、辐射大葱；甘蓝主要有越冬甘蓝、中甘 11 号、8398、京丰 1 号、绿海、四季甘蓝、紫甘蓝等；菜花主要有日本雪山、白雪公主、龙峰特大、龙峰 50、荷兰雪球、瑞士雪球、西兰花等；黄瓜主要有津研四号、津春四号、新泰密刺、津春五号、津研 7 号、津优 1 号、夏丰 1 号等；番茄主要有 L402、中杂 9 号、粉冠 120、中蔬 5 号、早丰等；茄子主要有济南长茄、紫灌茄、鲁茄 1 号、银红长茄等；辣椒主要有寿光羊角椒、赤峰长椒、特大牛角椒、8819 线椒、茄门甜椒等；芹菜主要有济南实芹、新泰芹菜、玻璃脆、曹州四叶齐、西芹等；韭菜主要有 791、汉中冬韭、三月苔、四月苔、平韭 4 号、雪韭等；菠菜主要有日本全能、日本三元、日本大叶、尖叶菠菜、杂交菠菜、美国大叶、圆叶菠菜等；香菜主要有大叶香菜、青叶香菜、长梗香菜、红叶香菜、普通香菜等；莴苣主要有耐寒二白皮、春苣等；芸豆主要有老来少、九粒青、地芸豆、白胖子芸豆、无架豆等；豆角主要有之豇 28 － 2、901、黑眉 1 号、青红 8090、张唐豆角、无架豆角、高乡 4 号等；马铃薯主要有鲁引 1 号、津薯 8 号、荷兰 15 号、东农 303 等；洋葱主要有黄皮洋葱、红皮洋葱等；大蒜主要有白皮大蒜、苔蒜、金乡大蒜、苍山大蒜等；芦笋主要有华盛顿、UC72、UC157、UC800、鲁芦笋 1 号等。

良种繁育　小麦　1991—1995 年，境内种子系统实施小麦“125”工程，即万分之一的穗行圃，千分之二的原种田，百分之五的良种繁育田，繁育品种主要是提纯复壮鲁麦 1 号；1998—2005 年主要繁育济南 17 号、济麦 19 号、济麦 20 号、济麦 21 号、山农 664 号、烟农 19 号等。繁种面积较大的是鄄城县。

玉米　1991—1999 年，定陶县杜堂乡繁育掖单系列品种，郓城县唐庙乡、赵楼乡繁育鲁单 50、农大 108。2000 年后，全市玉米繁种面积很少，销售种子主要靠外调。

大豆　主要是菏泽市农科院自育自繁品种，有鲁豆 9 号、跃进 10 号、菏豆 84 － 5、菏豆 12 号、菏豆 13 号等。

棉花　常规棉花种繁育主要集中在巨野县，全市常年制种面积 3333.33 公顷左右。1986 年主要繁育鲁棉 6 号，1987—1995 年繁育中棉所 12 号，1995—1999 年主要繁育菏棉 1 号、菏棉 3 号，1999—2005 年主要繁育新棉 33B、新棉 99B，鲁

棉花良种繁育基地

棉研16号、17号、18号、21号、22号。杂交抗虫棉种子繁育主要集中在成武县，品种为鲁棉研15号。2002—2005年，全市每年繁种面积在100公顷左右。

西瓜　1980年前地方品种有18天糙、柳条青、手巾条、核桃纹、黑油皮、桃尖等，多是自己繁育，1986年后，随着新品种的引进推广，西瓜栽培基本使用新品种。

种子管理　2000年12月1日前，菏泽农业部门依据《种子管理条例》，对种子的生产、经营进行管理，主要作物的杂交种子由县市种子公司组织经营，1986—1995年70%的杂交玉米种子实行全地区统购统供。2000年12月1日《中华人民共和国种子法》实施后，种子的生产经营按《中华人民共和国种子法》及相关法律法规管理，种子生产经营实行市场准入制。

第五节　肥　料

有机肥料　1986年前，农田施用的有机肥料以土杂肥为主，圈肥次之，其他还有农作物秸秆、人粪尿、饼肥、老墙土、坑泥、草木灰、绿肥、糟渣、垃圾、动物残体、骨粉、堆肥等。1986年以后，随着畜牧业的发展，圈肥的数量和质量有了较

种植基地撒施有机肥

大提高，但堆肥积造量减少了，秸秆还田的数量逐渐多起来。据统计，1987年全区秸秆还田面积47万公顷，每公顷还草量平均900～1500千克。1987—2000年基本达到每公顷积造有机肥45立方米的水平，秸秆还田面积逐年上升。由于棉花播种面积和单产大幅度增加，饼肥施用量比过去增加很多。2000年以后，有机肥施用量有所下降。

秸秆还田

化学肥料　1986年，境内施用化学肥料（按实物量）共82万吨，平均亩耕地施用量57千克，每亩耕地折纯量22公斤。2005年平均每亩耕地施用量为148.9公斤，每亩耕地折纯量43.7公斤。使用的化肥种类主要有氨水、碳酸氢铵、硫酸铵、氯化铵、硝酸铵、尿素、过磷酸钙、钙镁磷肥、磷矿粉、硫酸钾、氯化钾、硝酸钾、磷酸二铵、磷酸二氢钾、三元复合肥等。

第六节　耕作制度

耕作　1986年，菏泽的土地耕翻主要是春耕和秋耕，其中又以秋耕面积最大。耕翻有畜耕、人工深翻和双铧犁机械耕翻。夏耕主要是浅耕，对夏播作物进行直播，然后中耕培土。随着套种面积的增加，夏耕面积逐渐减少。1990年起，旋耕犁耕地面积扩大，深度在18厘米左右。1999年，

全区机耕面积占耕地总面积的70%以上，畜耕及人工深翻已很少。2005年，全市机耕面积占90%以上。

中 耕

熟制 1986—1990年，域内农作物种植为两年三熟。1990—2000年，一年两熟和一年三熟的种植面积不断增加。一年两熟制种植的农作物主要有小麦—棉花，小麦—玉米（大豆），小麦—地瓜等。一年三熟制的种植作物主要有大蒜—棉花—西瓜（蔬菜）等。1990年起，随着保护地栽培和温室大棚技术的发展，一年三熟和一年多熟的面积扩大。2005年，全市保护地栽培面积达到33.3万公顷；三作三收以上立体种植模式20余个，种植面积14.7万公顷；全市复种指数达到207.1%。

间作 套种 1986年，域内主要是粮粮间作，粮经间作。作物套种主要是小麦套种棉花，俗称“麦棉套”。1990年起，全区大面积推广粮粮、粮棉、粮菜、瓜菜等多种间作、套种。1995年起，主要推广高温大棚、地膜覆盖和间作立体套种技术。2005年，全市间作套种面积5.4万公顷，其中，小麦套种棉花23.73万公顷，瓜菜套种20万公顷，其他间作套种11.67万公顷。

西瓜－棉花套种

第七节 栽培技术

小麦栽培技术 配方施肥技术：根据第二次土壤普查结果，在小麦生产上，配方施肥技术推广面逐渐扩大，2005年全市配方施肥13.3万公顷，占小麦种植面积的22.72%。

测土实验室

氮肥后移延衰高产栽培技术 氮肥后移技术是将氮素化肥的底肥的比例减少到50%，追肥比例增加到50%，土壤肥力高的底肥比例为30%～50%，追肥比例为70%～50%；同时将春季追肥时间后移到拔节期至旗叶露尖时。该技术从2002年开始推广，较传统施肥增产10%～15%。2005年，全市推广面积达33.33万公顷。

旱地小麦肥料早施深施高产节水栽培技术　该项技术主要是应选择土层深厚、肥力较高、产量指标为亩产400千克～500千克的无水浇条件旱地麦田。深耕25～30厘米，一般亩施有机肥300千克～5000千克。选高产优质的抗旱品种，施行不起垄等行距适时播种（20～22厘米）。遇雨和早春土墒返浆时，适时划锄，后期如出现脱肥，根据条件进行根外追肥或借墒追肥。2005年，全市推广面积20万公顷，产量相对增长20%左右。

玉米栽培技术　主要是根据品种合理掌握种植密度。2005年，玉米种植密度每亩一般在3000～3500株左右，同品比1986年前亩增1000株左右，产量亩增20%左右。

瓜菜栽培技术　主要推广高温室大棚、地膜覆盖和间作立体套种技术。1995年开始推广高温大棚，至2005年一直保持在10万个（亩）。高温大棚亩效益5000元～10000元，拱棚亩效益3000元左右，比露地菜栽培提高1～5倍。

中温棚甜瓜种植

棉花栽培技术　1986年后，棉花栽培技术主要推广营养钵育苗、地膜覆盖和套种。地膜覆盖一般比栽培增产30%左右，麦田套种行地膜覆盖基本与纯春棉产量持平。2000年后，全市棉田基本是麦田套行覆盖。

第八节　植物保护

病虫害预测预报　二十世纪八九十年代，菏泽境内病虫害预测预报体系不够完善。进入21世纪后，病虫害测报体系逐步完善，人员相对稳定。2005年，全市有专职测报人员94人，聘用农民测报员32人，设立农民测报点25个，实现了测报体系向基层延伸。

从1998年开始，市县测报站发挥计算机网络的优势，病虫动态、植保活动、技术交流等均从网上传递。并和省电视台农科频道《乡村季风》、市台《田园风》等栏目合作，发布病虫电视预报。在重大病虫发生防治关键时期，信息技术传递直观快捷，收到了较好的效益。

虫情调查

病虫害防治　药剂防治　20世纪80年代后期，化学农药的发展很快。80年代初防治棉铃虫、棉蚜主要是使用50%辛硫磷、50%甲基1605、50%久效磷、50%甲胺磷等杀虫剂；80年代后期主要使用2.5%敌杀死、20%速灭杀丁、5%功夫等菊酯类杀虫剂和50%辛硫磷、50%甲基1605、50%久效磷、50%甲胺磷等，以及部分有机磷的复配剂。1992—1995年随着棉铃虫大暴发，对菊酯类农药和有机磷农药抗性的增加，防治棉铃虫的药剂主要以复配制剂为主，出现了灭铃皇、棉铃宝、快杀灵等众多品种。生物杀虫剂苏云金杆菌（Bt）、病毒杀虫剂棉铃虫多角体病毒得以重视，在生产上取得一定成效。2000年随着抗虫棉的普及，棉铃虫的发生趋于平稳。全市杀虫剂的用量从1995年的1575.86吨降为2004年的903.05吨。90年代后期出现了两种高效低毒的新型农药：10%吡虫啉防治蚜虫、飞虱效果很好；阿维菌素主要用于防治美洲斑潜蝇，后来防治棉铃虫、菜夜蛾、小菜蛾、红蜘蛛等多种害虫。在蔬菜病虫害防治中，从90年代中后期开始禁止在蔬菜上使用高毒农药。90年代后期到2000年年初，出现了许多高效低毒的生物制剂，防治小菜蛾、甜菜夜蛾，除施用Bt外，还有5%抑太保、20%米满、10%除尽等。但由于种植结构的多样化，一些新的病害不断出现，杀菌剂的使用数量也逐渐增加，从1991年的230.53吨提高到2004年的583.25吨，最多的2002年达到733.02吨。在防治小麦条锈病、白粉病中，除三唑酮外，还出现了12.5%烯唑醇及其他复配制剂。防治黄瓜霜霉病的药品主要有克露、普力克、百菌清等。防治灰霉病主要有速克灵、扑海因、施加乐等。90年代后期，烟雾剂在蔬菜大棚的应用也很普遍。2000年初，用啶虫脒防治蚜虫、飞虱，效果很好。1993年，在农业上禁止使用杀虫脒。2004年6月30日起，不得在市场上销售和使用含甲胺磷、对硫磷、甲基对硫磷、久效磷和磷铵5种高毒有机磷农药的混配制剂。

生物防治　主要对麦蚜及其天敌、二代棉铃虫及其天敌、棉伏蚜及其天敌进行监测。在小麦、棉花等作物上开展保护利用天敌防治害虫，主要是利用瓢虫、蚜茧蜂等防治麦蚜，利用瓢虫、蜘蛛防治棉花苗蚜，利用瓢虫、草蛉、食虫蝽、蜘蛛等防治棉铃虫，年保护利用面积20万～33.33万公顷。使用苏云金杆菌，真菌类的白僵菌、绿僵菌，病毒中的多角体病毒等生物制剂进行生物防治。2000年后，生物制剂的使用量稳步上升，从1991年的40多吨到2004年的近160吨，年应用面积26.7万～40万公顷。

农业防治　进行冬耕冬灌消灭越冬虫蛹，增加棉铃虫及其他害虫越冬蛹的死亡率；实行插花种植，合理轮作间作套种，改变单一的农田生态环境，有利于天敌栖息繁殖，创造有利于天敌发生的生态条件；种植抗病、虫品种；人工除虫、卵，减少施药次数；及时把一些病叶、病株带到田外。这些措施简便易行，成效显著，群众易于接受和利用。

诱杀防治　1993—1995年，在防治棉铃虫中，利用灯光诱杀、杨树枝把诱杀、诱集植物诱杀、性诱剂诱杀等方法，大量消灭了棉铃虫成虫，降低了下一代田间落卵量，有效地减轻了棉铃虫的危害。

农田化学除草　1996年以来，境内除草剂的使用量逐年增加，从1996年的25吨增加到2004年的近300吨。

防治工具和药物　20世纪80年代后期，境内防治病虫害使用药械主要是工

农 -16 手动喷雾器和泰山 - 18 弥雾机。2000 年年初，推出 NS - 16 手动喷雾器，解决了工农 - 16 手动喷雾器防效低、药液浪费严重以及跑、冒、滴、漏的缺点，是一家一户进行病虫害防治的理想产品。动力药械则仍以 18 弥雾机为主。至 2004 年年底，全市共有手动药械社会保有量 105.01 万台，背负式机动药械 2.74 万台。

80 年代后期所使用农药主要有：久效磷、氧化乐果、甲基 1605、甲胺磷、辛硫磷、水胺硫磷、敌杀死、功夫、杀灭菊酯、氯氰菊酯等。90 年代杀虫剂主要以复配制剂为主，主要药剂有棉铃宝、灭铃皇、杀灭铃、快杀灵、辛灭乳油、久灭乳油等。生物杀虫剂有 Bt、阿维菌素等，病毒杀虫剂有多角体病毒等。2000 年以后出现的新农药有啶虫脒、甲氨基阿维菌素、苯甲酸盐乳油（阿维盐）。截至 2004 年，全市使用的除草剂有乙草胺、甲草胺、丁草胺、百草枯、草甘膦、莠去津、乙莠悬浮剂、都阿合剂、精奎禾灵、苯磺隆、骠马、莱草通等。常见农药的剂型有乳油、水剂、可湿性粉剂、浓乳剂、微乳剂、水乳剂、悬浮剂、熏蒸剂、烟雾剂、种衣剂、湿拌种剂等。

蝗虫防治 1986—2005 年，境内每年都有飞蝗发生，密度小形不成灾时，一般不防治。遇有干旱年份，宜蝗面积增加，容易酿成蝗灾，每遇大旱年份，就要注意防治蝗虫。

对蝗虫的防治采取物理防治与化学防治相结合，多措并举的方法进行综合防治。兴修水利，稳定湖河水位，大面积垦荒种植，减少蝗虫发生基地。植树造林，改善蝗区小气候，消灭飞蝗产卵繁殖场所。因地制宜种植飞蝗不食的作物，如甘薯、马铃薯、麻类等，断绝飞蝗的食物来源。药剂防治要根据发生的面积和密度，做好飞机防治与地面机械防治相结合，全面扫残与重点挑治相结合，夏蝗重治与秋蝗扫残相结合，准确掌握蝗情，杀灭蝗蝻于 3 龄以前，每公顷用 50%马拉硫磷乳油 900 毫升～1350 毫升或 40%乐果乳油 750 毫升～1050 毫升，或 25%敌马乳油 2250 毫升～3000 毫升，喷雾防治；也可每公顷用 4%敌马粉剂 30 千克，喷粉防治。

飞机灭蝗

1986—2005 年菏泽市（地区）东亚飞蝗发生防治情况统计表

表 4-4-2

年份	发生面积（万公顷）	夏蝗平均密度(头/平方米)	防治面积（万公顷）	其中飞机防治面积（万公顷）	参加治蝗人员（人次）	用药数量（吨）		动用药械（部）
						粉剂	乳油	
1986	3.1	0.74	1.79	—	510	271.65	—	149
1987	3.37	1.42	2.02	1.2	—	181.4	—	1331

续表 4-4-2

年　份	发生面积（万公顷）	夏蝗平均密度(头/平方米)	防治面积（万公顷）	其中飞机防治面积（万公顷）	参加治蝗人员（人次）	用药数量（吨）		动用药械（部）
						粉　剂	乳　油	
1988	3.05	0.91	1.84	–	4475	383	–	439
1989	2.86	0.32	1.17	–	9191	325	–	989
1990	2.09	0.89	0.81	–	8238	222	–	461
1991	2.85	0.20	1.15	–	1020	109	–	206
1992	2.02	0.29	0.49	–	456	65	–	100
1993	1.79	0.33	0.49	–	853	42	–	64
1994	1.84	0.45	0.41	–	110	180	–	70
1995	1.72	0.42	0.63	–	1450	56	2.3	100
1996	2.13	0.85	0.77	–	800	10	1.7	42
1997	1.62	0.40	0.73	–	–	–	–	–
1998	4.93	1.61	3.57	1.07	1000	100	12	240
1999	4.62	1.96	2.81	1.33	3000	140	27	365
2000	4.32	1.41	2.72	1.33	3000	200	27	
2001	4.19	0.98	3.32	1.67	4520	100	28	1380
2002	4.75	0.91	3.36	1.47	4720	–	46	860
2003	4.97	1.01	3.87	1.67	3260	–	23.2	545
2004	4.44	0.88	4.22	1.33	2700	–	33.1	480
2005	3.95	0.81	2.9	–	3000	–	15	485

防治技术主要有三种　①采取生态控制。改造蝗区环境，改善蝗区生态，主要是修埝固堤，防止小流量河水漫滩，保护农田，稳定生产；不断发展农田水利设施建设，减轻水旱灾害；扩大机耕面积，扩种豆科作物，改善作物种植布局；搞好黄河大堤林带和护坡带，提高植被覆盖度，改变自然面貌，改善生态环境，减轻或控制蝗虫危害。保护利用自然天敌，实施生物防治。根据飞蝗天敌的生物学特性和发生消长规律，创造天敌适宜于生存繁衍的环境条件，协调好生防与化防的关系，避免人为杀伤，有计划地保护利用。②应急防治。1986—1997 年，飞蝗的防治主要是用泰山 18 －弥雾机地面防治，防治药剂主要为 4% 敌马粉、1% 六六六，而后由 1.5%1605 粉替代，75% 马拉硫磷乳油用量很少。1998 以来飞蝗防治主要是用泰山 18 －弥雾机地面防治和运用飞机防治，防治药剂1998年后主要是75%马拉硫磷乳油，

人工灭蝗

2000 年后主要是 20% 蝗灭乳油、90% 马拉硫磷乳油、0.4% 锐劲特乳油（飞机防治）；2004 年郓城县用微孢子虫 1 毫升 / 亩防治飞蝗 350 公顷。③防治适期推迟。1998 年以来，由于防治药械和药剂的改进，提高了东亚飞蝗的防治效果和防治效率。防治适期由原来的三龄盛期改为五龄盛期，既保证了防治效果，又减轻了扫残的麻烦，做到事半功倍。

土蝗的发生防治　1997 年前，较 80 年代前发生轻，发生面积较少，一般在 1.67 万公顷左右。1998 年以来发生较重，年发生面积 3.33 万公顷左右。1999 年发生面积为 7.46 万公顷。

1986—2005 年菏泽市（地区）土蝗发生防治情况统计表

表 4-4-3　　单位：公顷

年　份	发生面积	防治面积
1986	1266.67	366.67
1987	700	266.67
1988	8013.33	3346.67
1989	16940	9200
1990	10720	6306.67
1991	1466.67	1133.33
1992	266.67	133.33
1993	8646.67	3333.33
1994	15453.33	8446.67
1995	26020	11873.33
1996	25733.33	18880
1997	19606.67	13340
1998	45846.67	39666.67
1999	74620	61593.33
2000	32186.67	25433.33
2001	29713.33	24266.67
2002	31766.67	24133.33
2003	19813.33	15233.33
2004	52606.67	43840
2005	24000	8666.67

土蝗的防治常年主要是在结合防治飞蝗及其他虫害时起到兼治作用，一般不专门防治，个别年份的个别地块进行药剂防治。例如，1998 年鄄城县彭楼乡、巨野县龙堌乡秋季土蝗大发生。鄄城县彭楼乡发生面积 700 公顷，防治面积 500 公顷；巨野县龙堌乡发生面积 1600 公顷，防治 1400 公顷。发生主要种类是黄胫小车蝗、短额负蝗、中华蚱蜢和大垫尖翅蝗。

第九节 植物检疫

检疫队伍建设 《植物检疫条例》等检疫法规颁布实施后，菏泽检疫工作进入快速发展期，检疫队伍不断壮大。从1984年开始设立专职检疫员，全区首批3人，持证上岗，着检疫制服，从事植物检疫工作。期间，有些县区设立了独立的植物检疫机构，1992年菏泽市编委批准设立植物检疫站、随后曹县设立植物检疫站。2002年，菏泽市设立植物检疫站，其他县区检疫机构保持不变。随着检疫工作量的增大，在乡镇设立兼职检疫员，协助开展农业有害生物疫情监测调查和防除等工作，在岗兼职检疫员发展到196人，检疫体系逐步建立健全。各检疫机构建立专门的检疫实验室，制定多项检疫制度，检疫工作步入法制化轨道。至2005年，全市有专职检疫员61人。

植物疫情普查 1986—2005年，开展两次大的农业植物有害生物疫情普查。第一次普查是1988—1990年，以调查小麦、棉花、地瓜、苹果为重点，查清这些作物的检疫对象的发生与分布。主要检疫对象有棉花黄萎病、棉花枯萎病和小麦全蚀病。第二次普查是2001—2004年，普查范围比较广，涉及种类比较多。重点普查全国农业植物检疫对象和省补充检疫对象、《中华人民共和国进境植物检疫危险性病、虫、杂草名录》中的有害生物发生与分布，调查菏泽市具有出口优势作物牡丹、芦笋、玫瑰、大蒜、苹果、胡萝卜等作物上发生的有害生物情况，组建菏泽市农业植物有害生物疫情数据库。查清新发生的检疫对象美洲斑潜蝇、苹果绵蚜、蔗扁蛾等疫情发生分布情况。查明牡丹病虫害13种、芦笋病虫害20种、大蒜病虫害13种、苹果病虫害35种、玫瑰病虫害5种和胡萝卜病虫害21种。检疫对象发生与防控：棉花黄萎病、枯萎病在菏泽发生多年，80年代，由于棉种调运频繁，病害传播蔓延很快。随着抗病品种的推广应用，棉花枯萎病得到有效控制。主要采用抗（耐）病品种、杀菌剂浸种拌种和轮作换茬等综合防控措施防治棉花枯黄萎病。1988年，鄄城县首次发现小麦全蚀病，扩散蔓延较快。2001年普查9县区小麦5.71万公顷，其中1.29万公顷发病。采用深翻倒土和立克秀或三唑酮等药剂拌种、轮作换茬等防控技术措施。1995年美洲斑潜蝇传入菏泽地区，迅速蔓延，当年组织普查，各县市均有发生，寄主作物30多种，发生面积3.33万公顷，危害严重。当年地区立题研究，制定美洲斑潜蝇综合防控配套措施，进行大面积示范推广。主推阿巴丁、绿菜宝等高效低毒药剂，防治时间掌握在成虫羽化高峰期；收获后及时清洁田园，将被斑潜蝇为害作物的残体集中深埋、沤肥或烧毁。2000年，苹果绵蚜在牡丹区首次发现，同年组织两次普查，6县区先后发现，发生面积4066.67公顷。2001年普查苹果园1.01万公顷，发生5187公顷。采取强化植物检疫，保护未发生区等防控措施。在苹果绵蚜普遍发生区，于4月底5月初，用乐斯本或吡虫啉实行“淋浴式”喷雾，9月上中旬再喷一次。2月底3月初，结合田间管理刮掉树干上的老翘皮，清除分蘖，带出苹果园集中处理。3月中下旬在冬季剪锯口及树洞等处涂抹药泥，消灭越冬虫源。

2001年在东明县发现蔗扁蛾，主要危害观赏植物。经普查5县区8乡镇发生，采取隔离、人工捕杀、药剂防治、拔除销毁受害严重植株等措施，两年后疫情得到彻底铲除和扑灭。

第五章　农技推广与培训

第一节　示范推广

1986后，市、县、乡均设农业技术推广站。1995年后，逐步建立农业科技示范园，其性质大多数是自负盈亏的经济实体。科技示范户是农村实行生产责任制之后出现的一种新的农业技术推广形式，1986年全区有1万多户，到2005年发展到2万多户。科技示范户的出现对于农业新技术的普及，科学种田水平的提高和农业生产的发展起到很好地推动作用。市农科院在完成农业科研任务的同时，坚持“科学技术必须为经济建设服务”的方针，围绕农业和农村经济发展的需要，积极开展新品种、新技术的示范、推广工作。至2005年，先后推广农作物、蔬菜、畜牧、土肥植保、花卉、林果等方面的新品种新技术新成果共260余项，有效推进了全市农作物品种更新换代和产业结构调整的步伐。

新品种推广　20世纪80年代中后期，逐步推行良种“四化一供”（生产专业化、加工机械化、质量标准化、品种布局区域化、统一供种）试点，良种推广速度加快，数量增加，质量明显提高，一个功能完善的良种繁育推广体系逐步形成。鲁麦1号的引进推广，为全市粮食稳产增产奠定基础，在实现农民温饱问题上发挥了积极作用。后又引进推广PH系列、济麦系列等高产优质品种，使小麦生产加工有了质的飞跃。90年代，转基因抗虫棉的推广应用，使土地种植效益显著提高，充分调动农民从事农业生产的积极性，菏泽已成为全国著名的抗虫棉生产加工基地。

新技术推广　重点抓农业“八大技术”的推广应用，即新品种的改良与提纯复壮技术、间作套种立体种植技术、模式化栽培技术、地膜覆盖技术、配方施肥、旱作栽培技术、病虫害综合防治技术、低产果园改造和果品优质高产高效生产技术，以及农田节水灌溉技术，种植绿肥、秸秆还田培肥地力和科学施肥技术，平原绿化林木速生丰产技术，牧草种植和畜禽蛋高产低耗高效生产技术，水产品养殖技术，农副产品深加工技术，等等。对提高农业生

套种＋地膜覆盖

产水平发挥了重要作用。

新成果推广　1989—1990年，菏泽地区沿黄县市大豆商品基地发展规划研究在沿黄东明县、菏泽市、鄄城县、郓城县应用推广，累计推广大豆9.6万公顷，占全区大豆种植面积的57%，单产增长17.5%，累计增产大豆3773.7万吨，实现经济效益3622.8万元，大豆加工累计增加效益672.5万元，总计新增经济效益4295.3万元。此项目1991年获山东省科技进步三等奖。1996年，省“三〇”工程——全省脱毒两薯繁育与推广项目，使春播脱毒甘薯增产20%～30%以上，春播脱毒马铃薯增产60%以上，取得良好的经济效益和社会效益。全区1996—1998年累计推广脱毒甘薯6万公顷，增产23万吨，增加社会经济效益近1亿元；推广脱毒马铃薯2.67万公顷，增产马铃薯9万吨，增加社会效益800万元。此项目1999年获省农委三等奖。2004—2005年，花生新品种及安全高效生产技术推广项目，选用高产优质油用兼出口型花生新品种丰花一号、丰花三号，累计推广面积25.33万公顷，平均每公顷增产花生675千克，获经济效益2.89亿元，推广潜力86.67万公顷。此项目2006年获山东省农牧渔业丰收三等奖。

第二节　农技培训

技术培训　1986年后，国家不断加大对农业科技培训工作的力度，每年都在菏泽安排一些培训项目。1997年，农业部实施“绿色证书”工程培训，通过“绿色证书”“资格证书”培训，全区持证人数达2万余人，参加培训人员达10万余人。1999年，菏泽农校被省定为“跨世纪青年农民培训学校”，开设计算机、畜牧兽医、园林等专业。2000年，定陶县、单县被列为部级试点县。2001年，牡丹区、郓城县、成武县被列为省级试点县，总计培训2万人。2004年，农业部启动“阳光”工程劳动力转移培训。至2005年，全市共培训农村劳动力3万人次，向省内企业输送2.8万人。

农技下乡　1996年，市农科院成立专家咨询团，长年开展科技下乡活动。科技下乡活动每年都保持在50次以上，举办培训班10期以上，受益群众累计达100万人以上。1998—2000年，分别在曹县辛家集、东明县五营、巨野县太平乡挂牌成立科技示范开发基地，进一步增强群众的综合科技素质。至2005年，市农科院在全市的良种繁育基地和科技示范基地每年都稳定在2000公顷左右。同时，通过报纸、电视、广播电台等新闻媒体广泛进行科技宣传、科技咨询，如每周组织专家在菏泽电台《金土地》栏目宣讲农业知识，与菏泽日报社等部门协作办好《农民之友》报刊等，均收到较好效果，受到农民朋友的普遍欢迎。

第六章　水产业

菏泽市北依黄河，南临黄河故道，境内河流众多，有较多的坑塘和涝洼地，水资源、水产生物资源丰富，宜于水产业的发展。1986—2005 年，全市年开发面积一般在 666.67 公顷～1333.33 公顷，使水产种、养面积得以增加。1986 年池（坑）塘平均亩产为 66.91 千克，1990 年至 128.71 千克，1995 年达到 314.92 千克，2005 年高达 370.35 千克，其中有 1000 公顷突破 1000 千克，有 333.33 公顷创造 1500 千克高产纪录。大力宣传《中华人民共和国渔业法》，贯彻《中华人民共和国水污染防治法》《中华人民共和国水生野生动物保护条例》等法规。严厉打击和查处偷鱼、毒鱼、电鱼、炸鱼等破坏渔业生产和资源的违法活动，并与环保部门一同处理多起渔业水域污染案件，保护了水产资源，维护了养殖者的合法权益。市及各县区都成立了相应机构，并定期或不定期地进行水产安全生产大检查，全市没有发生渔业生产安全事故。

1986—2005 年菏泽市（地区）水产基本情况统计表

表 4-6-1

年　份	水产养殖面积（亩）	水产养殖产量（吨）	自然捕捞产量（吨）	水产品产量（吨）		渔业经济总产值（万元）
				总　计	其中鱼类产量	
1986	106563	5207	2281	7488	7455	2246
1987	103028	6125	2728	8853	8814	3921
1988	103546	7152	2575	9727	9684	2727
1989	106010	7952	2393	10345	7952	5213
1990	106850	10971	2332	13303	13229	6702
1991	120212	13990	2150	16140	16091	8430
1992	124730	17393	2223	19616	19554	10151
1993	129900	19952	2098	22021	22021	11025
1994	208845	53620	3280	56900	56795	40796
1995	243585	64684	3395	70079	69961	64334
1996	263325	71732	3659	75391	75076	92549
1997	265245	71922	3342	75264	74939	113495
1998	293100	82341	3282	85623	85197	134802
1999	308595	98464	3325	101789	101315	137483
2000	313620	101619	3395	105014	104595	167582
2001	328935	102234	4468	106702	106262	158023

续表 4-6-1

年 份	水产养殖面积（亩）	水产养殖产量（吨）	自然捕捞产量（吨）	水产品产量（吨）		渔业经济总产值（万元）
				总 计	其中鱼类产量	
2002	290565	88901	4339	93240	92711	148971
2003	302550	84400	5092	89492	88921	140763.32
2004	300465	91440	4262	95702	94914	141234.4
2005	296055	95822	4492	100319	99744	130677

说明：1.1989 年鱼类产量为养殖产量，其他年份均包括鱼类自然捕捞产量

2.渔业经济总产值为当年现值

第一节 水产种类及产量

自然鱼类 境内有自然鱼类主要有泥鳅、大鳞副泥鳅、黄鳝、黄颡鱼、鲢、鳙、草鱼、青鱼、鳡鱼、餐条、花鲋、麦穗鱼、鳑鲏、鲫、鲤、乌鳢、翘嘴鳜、长春鳊、团头鲂、三角鲂、红鳍鲌、翘嘴红鲌、细鳞斜颌鲴、鲶鱼、棒花鱼、赤眼鳟、鰕虎鱼等。

引进鱼类 1986—2005 年，菏泽引进的鱼类主要有：建鲤、革胡子鲶、日本白鲫、异育银鲫、尼罗罗非鱼、奥尼罗非鱼、彭泽鲫、淡水白鲳、淡水鲨鱼、斑点叉尾鮰、大银鱼、加州鲈鱼等。

这些品种的引进与养殖，优化了境内鱼类养殖结构，提高了产量和效益。

在菏泽水产品总产量中，鱼类产量一直占居绝对优势。1986 年，全区鱼类产量 7455 吨，占水产品总产量的 99.56%；2000 年，鱼类产量达 104595 吨，占水产品总产量的 99.60%；2005 年，全市鱼类产量 99744 吨，占水产品总产量的 99.43%。

主要经济鱼类 鲤鱼 主要包括黄河鲤及引进的建鲤等品种。1986 年，境内鲤鱼产量 1192 吨，占鱼类总产量的 15.99%；1990 年，鲤鱼养殖产量 1141 吨，占鱼类总产量的 8.62%；1995 年，鲤鱼养殖产量 19121 吨，占鱼类总产量的 27.33%；2000 年，鲤鱼养殖产量 32894 吨，占鱼类总产量的 31.45%；2005 年鲤鱼养殖产量 40980 吨，占鱼类总产量的 41.09%。

黄河鲤鱼

鲫鱼 包括当地鲫、异育银鲫、彭泽鲫、日本白鲫等。1986 年，境内鲫鱼产量 1730 吨，占鱼类总产量的 23.21%；1990 年，鲫鱼养殖产量为 587 吨，占鱼类总产量的 4.44%；1995 年，鲫鱼养殖产量 4763 吨，占鱼类总产量的 6.81%；2000 年，鲫鱼养殖产量 8114 吨，占鱼类总产量的 7.76%；2005 年，鲫鱼养殖产量 9035 吨，占鱼类

总产量的9.06%。

草　鱼

草鱼　1990年境内草鱼养殖产量1362吨，占鱼类总产量的10.3%；1995年，养殖产量9325吨，占鱼类总产量的13.33%；2000年，养殖产量14998吨，占鱼类总产量的14.34%；2005年，养殖产量11968吨，占鱼类总产量的12%。

鲢鱼、鳙鱼　分布广、数量多、产量高。1990年，境内鲢鱼、鳙鱼养殖产量7840吨，占鱼类总产量的59.26%；1995年，鲢鱼、鳙鱼养殖产量32379吨，占鱼类总产量的46.28%；2000年鲢鱼、鳙鱼养殖产量43032吨，占鱼类总产量的41.14%；2005年，鲢鱼、鳙鱼养殖产量29800吨，占鱼类总产量的29.88%。

泥鳅　2003年，全市泥鳅养殖产量

泥　鳅

561吨，其中定陶县412吨。2004年全市泥鳅养殖产量317吨，2005年269吨。

黄鳝　2003年，全市黄鳝养殖产量36.5吨，其中牡丹区30吨。2004年全市黄鳝养殖产量增至39吨，2005年又增至65吨。

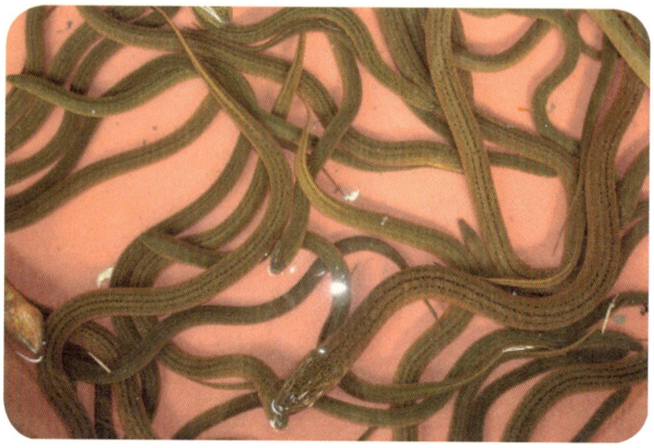

黄　鳝

乌鳢　全市乌鳢养殖产量2003年为9.5吨，2004年为36吨，2005年为71吨。

鲶鱼　全市鲶鱼（主要为引进品种草胡子鲶）养殖产量2003年为354吨，其中牡丹区260吨。2004年达到2365吨，2005年降至813吨。

特种经济水产品　中华鳖（甲鱼）　1985年境内开始人工养殖，1987年养殖面积2.8公顷，1998年养殖产量最高，达到224吨。

虾　境内自然种类主要为青虾，引进品种主要为罗氏沼虾（属暖水性虾类，在境内不能自然越冬）。2003年全市虾类养殖产量为98吨，2004年达到123吨，其中青虾产量56吨。2005年虾类养殖产量98吨，其中青虾60吨。

水生植物　莲藕　分为浅水藕和深水藕。浅水藕多栽于大田、硬化池或塑料薄膜铺底的池中。菏泽市植藕历史较为悠久，2000年后年栽植面积一般为1.3万～2

万公顷，大田植藕亩产量一般1000千克～2000千克。

莲　藕

芦苇蒲　芦苇在境内分布较广。1990年全区芦苇种植面积8000公顷，以后年种植面积一般在4000公顷～6666.7公顷，亩产量一般为750～1500千克，小面积高产田块亩产量达2000千克以上。

蒲多为野生，也有人工种植者，1990年，全市蒲面积700公顷。

第二节　水产养殖

生产经营形式　主要有个体养殖、集体养殖、国营养殖和联营养殖。国营养殖是指国营水产养殖场及各机关、团体、部队等全民所有制单位所从事的水产养殖。联营养殖是不同所有制之间或同一所有制不同生产单位之间的联合养殖。个体养殖是群众利用自有的或集体分给的或承包的水面（田地），以专业或以家庭副业形式进行的水产养殖生产，水产品归自己所有。域内80%以上的水产养殖皆为个体养殖。1986年，全区养殖专业劳动力有1172人，兼业劳动力为11707人。1986年以后，集体养殖逐渐萎缩，个体养殖进一步扩大，1987年有专业劳动力1357人、兼业劳动力12408人。1997年专业劳动力达29028人。2000年以后，青壮年劳力多外出打工，养殖专业劳动力逐年下降。至2005年，养殖专业劳动力降至14619人，全市几乎没有集体养殖户，有国营鱼苗、鱼种生产场5处和10余处成鱼生产单位，联营养殖成为菏泽市水产生产中一种较为重要的生产经营形式。

养殖面积与产量　1986年后，随着农村产业结构的调整，水产养殖业受到重视，并得到较快发展。1986年，域内水产养殖面积7104公顷，1995年增至1.62万公顷，1999年达到2.06万公顷。2000年以后水产养殖面积一直保持在2万公顷左右。

1986—2005年，大水面得到较好的利用，河道年利用面积一般为1000～2000公顷。水库利用面积，1986年为967公顷，其中郓城宋金河水库533公顷；2001

水产养殖

年增至2604公顷，其中曹县太行堤水库养殖面积1200公顷，单县浮岗水库养殖面积1000公顷，宋金河水库养殖面积204公顷，电厂水库养殖面积200公顷；2005年全市水库利用面积降为1370公顷。

1986年境内水产养殖产量为5207吨，平均亩产48.86千克；1990年达到1.1万吨，平均亩产102.68千克；1994年随着养殖面积的大幅度增加，产量上升到5.36万吨，平均亩产256.75千克，其中池塘亩产312.61千克；2000、2001年两年养殖产量都超过10万吨，分别达到10.16万吨和10.22万吨，平均亩产分别达到324.02千克和310.80千克，其中池塘亩产分别为371.63千克和371.76千克；2002—2005年，年养殖产量一般在8.5万吨～9万吨，平均亩产300千克以上。

鱼苗鱼种生产 境内鱼苗生产量1986年为9307万尾，1990年达到1.07亿尾。1995—1998年，鱼苗生产量每年都在1亿尾以上。1999年，国营渔场没有进行鱼苗生产，致使菏泽鱼苗生产量骤降至1950万尾。2000年后，个体鱼苗生产点增多，部分国营渔场也恢复了鱼苗生产，产量迅速增加。全市鱼苗生产量2001年1.29亿尾，2004年达到2.61亿尾。

1986—1994年，域内鱼种年生产量一般在3000万尾～4000万尾左右，1995年达1.18亿尾。1996—2005年，鱼种年生产量一般在4000吨左右。1990年以前，鱼种生产规格多在10厘米以下，1990年以后，10厘米以上尤其是15厘米以上大规格鱼种的生产比例不断提高。1991年，全区共生产15厘米以上大规格鱼种1013万尾，占鱼种生产总量的29.60%；1995年生产4900万尾，占鱼种生产总量的41.53%；1996—2005年大规格鱼种的年生产量一般占年鱼种生产总量的30%～40%。

成鱼饲养 境内坑池塘饲养面积一般占总养殖面积的70%～80%以上，放养季节多在春季。在放养品种上，1990年前以家鱼、鲤、鲫鱼为主，1990年后，随着名优新品种的引进开发，养殖品种结构逐步得到优化。鱼种放养搭配根据坑池塘条件、饲料供应状况和饲养管理水平而定。条件较好的池塘多进行轮捕轮放。在放养规格上，1990年前，多是放养10厘米以下的鱼种，1990年后放养的鱼种规格逐步增大。水质肥沃的坑塘，以放养鲢、鳙鱼为主，

池塘鱼类养殖

亩放400～500尾，水质较为清瘦的坑塘，以放养草鱼为主，在饲草供应充足的情况下，亩放养400～600尾。

1986年，境内河道养鱼面积1881.33公顷，产量856.9吨；1994年达到2510公顷，产量3565吨。1995—2005年，养鱼面积一般为1000公顷～2000公顷，年产量多在2000吨～4000吨之间。

水库饲养主要在太行堤水库、浮岗水库、电厂水库以及宋金河水库等。1986年，域内水库养鱼面积966.67公顷，产量95.5吨；2001年达2604公顷，产量3046吨。

鱼类水库放养

鳖蟹养殖　1987年，境内鳖养殖面积2.74公顷，其中菏泽市0.13公顷，巨野县1公顷，单县0.67公顷，鄄城县0.67公顷，曹县0.2公顷，成武县0.07公顷。1996年，投资百万元以上的大型养鳖场有8处，养殖产量达到172吨。1998—2005年，境内养鳖年产量一般在200吨左右。

中华鳖

1987年，境内河蟹养殖面积为6.77公顷，1996年达到66.67公顷。1997、1998、2003年河蟹养殖产量较高，分别达到138吨、182吨和143吨。2004年河蟹养殖产量降至97吨，2005年只有20吨。

河蟹养殖

水生植物种植　1986—2005年，随着农村产业结构的调整，利用荒洼资源发展植藕致富，逐步被越来越多的干部群众所认识，全市植藕生产呈现良好的发展势头。2000年，全区植藕面积1.73万公顷，2003年发展到2.33万公顷，2005年降至1.33万公顷。域内苇、蒲面积1986年有3333.33公顷，1990年发展到8700公顷。2000年以后种植面积减少，一般年份只有3333.33公顷～5333.33公顷。

莲藕生产在努力扩大种植面积，积极引进新品种的同时，重点推广了以下三种种植类型：①硬化池高产植藕；②塑料膜铺底植藕；③大面积规模种植。其中硬化

沙河故道莲藕种植

池植藕，一般亩产在2500千克以上。

1995年后，莲藕与经济水产品混养得到较快发展，主要混养模式有：藕鲶混养、藕鳝混养、藕鳅混养、藕鲤混养、藕蟹混养、藕鳖混养、藕池套养鱼种等。1999年8月15日，山东省委书记吴官正在行署专员陈光、郓城县县长高木斗陪同下在郓城县杨庄集镇视察莲藕生产(郓城县水产局提供)。2004年，全市莲藕与经济水产品混养面积达到3333.33公顷。2001年，东明县武胜桥乡来庄村农民建起“东明县鑫源观赏水草养殖基地”。至2005年，该基地占地4公顷，投入资金120多万元，建有高档水草温室大棚68个，种植各类观赏水草100多种，年销售收入100万元～300万元。主要观赏水草有绿菊花草、水罗兰 、阿根廷皇冠草、女王草、九冠草、红蛋、卵圆皇冠、小水兰等。

第三节　水产捕捞与水产品加工

水产捕捞　1986—1992年，全区专业捕捞劳力在500～800人之间，1994年增加到2620人。1995—2005年多在3000～4000人之间。1986年和1987年，全区兼业捕捞劳力分别为7824人和7744人。此后再无专门统计。

1986年，全区有淡水网具2.69万件，1990年5.87万件，1995年5.14万件，此后无网具数量统计。在淡水网具中，刺挂网占有较大的比例，1986年全区有刺挂网1.27万件，占网具总量的47.13%；1990年增至4.05万件，占网具总量的68.96%；1995年2.75万件，占网具总量的53.51%。此外，竹箔、网箔、拉网也占有较大的比例。

1986年，水产捕捞产量占水产品总产量的30.46%。此后，随着养殖产量的快速增加，水产捕捞产量在水产品总产量中所占的比重减少，1990年占17.53%，1995年降至4.84%，2005年又降至4.48%。

水产品加工　为提高鱼类产品附加值，成武县于1996年进行鱼产品深加工尝试，将本地所产黄河鲤、白鲢、鲫鱼等制成真空软包装食品，形成“红烧黄河鲤”“番茄鲢子鱼”“五香糟鱼”三个产品系列。

最高零售价每箱60元，经济效益可观。后由于生产规模较小、资金周转时间较长、资金流转不足等原因被迫停产。

2002年，菏泽市水产局与中国水产科学研究院黄海水产研究所合作，利用本地养殖的中华鳖，开发出甲鱼罐头、鳖血酒、鳖胆酒等系列产品。但由于市场和资金等问题，一直未能大量生产。

第四节　科技兴渔与生态休闲渔业发展

科技兴渔　在渔业经济发展中，菏泽市坚持走科技兴渔之路，科技贡献率得到进一步提高。主要做法：①积极进行水产科研与技术推广工作。②努力进行水产科技示范园区（基地）建设。1986—2005年，全市共建设市、县（区）、乡（镇）水产科技示范园区（基地）15处，面积200公顷。通过引进新品种、新技术进行试验、示范，带动了菏泽市水产业较快发展。③积极进行水产科技培训与服务工作。1986年后，市水产部门经常组织水产专家到各县区进行轮回讲座，2002年在菏泽市电台“金土地”节目开辟渔业技术讲座专栏，在定陶县黄店、牡丹区吴店、单县杨楼建立水产技术服务点，并开通热线电话解答群众的技术咨询。同时各县区也都相应举办科普赶集、广播电视讲座、技术咨询与服务等科技活动。

生态休闲渔业发展　1990年后，全市以宜渔荒废资源开发利用为依托，结合土地复垦和涝洼地综合治理，通过渔农、渔林、渔果、渔禽、渔畜、渔菜等相结合的途径，创建多种生态渔业模式，实现渔业经济健康和谐发展。1990年，全区建立生态渔业点36处，水产养殖面积400公顷，渔场地种粮、棉533.33公顷，栽植果树及经济林1万棵，养畜1500头、禽10万只，建饲料加工厂及其他厂（场）6处，年综合效益400多万元。2004年，全市生态渔业点达到56处，水产养殖面积超过666.67公顷，实现年综合效益2000多万元。

1995年后，以城市和干线公路两侧的池（坑）塘、平原水库、自然生态大水面为主，积极发展集养殖、垂钓、餐饮、游玩于一体的休闲渔业。2005年，全市休闲渔业场所达到40处，实现年综合效益250万元。

第七章　农业机械

第一节　农机具种类

耕种机具　1986—2005年，境内使用的农业耕种机具主要有机引犁、机引耙、旋耕机、谷物播种机等。使用的机引犁主要有：ILQ-7-27轻型牵引七铧犁、1LQ-5-35牵引五铧犁、1XT-4-27型悬挂四铧犁、1XT-3-20型悬挂三铧犁、1XT-2-20型悬挂二铧犁、1SQ-1-55型深耕一铧犁等。使用的机引耙主要有：1BY-3.4型41片圆盘耙、1BQZ-2.5型24片缺口重耙、1BLX-2.0型18片悬挂中型圆盘耙、1BQX-1.5型16片悬挂轻型缺口耙、1BQX-1.1型12片悬挂轻型缺口耙、1PHQ系列圆盘平地合墒器等。使用的旋耕机有：1GN-150/175型旋耕机、1G-125型旋耕机、1GL-70型旋耕机、1BQN-200/140/120型驱动滚齿耙等。使用的谷物播种机主要有：2BBJ-6型小麦精量播种机、2BX-3/4型人畜力精少量播种机、2BJM型锥盘式小麦精密播种机、2BJM型系列小麦精播机、2BY-3（4）型玉米播种机和2BXY-9/3型小麦玉米多用播种机、2BMFS-5/10型小麦免耕播种机等型号。

深松联合整地机

收获机具　境内使用的收获机械主要有小麦联合收割机，麦（稻）收割（晒）机，玉米联合收获机，地瓜、花生收获机等。小麦联合收割机于1990年在全区开始推广，其主要机型有背负式和自走式。90年代末期，境内开始推广兖州玉丰集团生

小麦宽幅精量播种机

玉米联合收获机

花生联合收获机 / 小麦联合收获机

产的与上海 50 型拖拉机配套的 4YW−2 型卧式玉米收获机。由于联合收获机能一次完成收割、脱粒、分离和清选等各种作业，减轻了劳动强度，并能适应收获跨区作业的需要，所以在域内迅猛发展。

植保机具　1986—2005 年，境内使用的喷雾机具主要有：手动喷雾器、工农 −36 型机动加喷雾机和泰山 −18 型背负式机动迷雾喷粉机。3WS−7 型压缩喷雾器和 3WB−16 型背负式喷雾器，均为人工手动，在喷雾作业中可随时加压，每天可喷药 0.13 公顷以上，是农民防治病虫害的必备农具。工农 −36 型机动加喷雾（粉）机配套动力为 3.5 马力汽油机，每分钟喷雾量 5 升，多用于大面积农田和园林病害防治。泰山 −18 型背负式机动弥雾喷粉机适用于棉花、玉米、小麦、水稻等农作物的病虫防治，配套动力为 IE40FP 型 1.6 马力、单缸、二冲程、风冷式汽油机，属离心式风机提供动力，每小时喷粉 0.67 公顷～ 2 公顷，喷雾 0.4 公顷～ 0.47 公顷。

排灌机具　1986—2005 年，域内使用的排灌机械主要有农用水泵和喷灌机。农用水泵使用的机型主要有 3B−33 型、3BAG 型、6BBA 型、6BA18A 型离心泵和 14ZLB−70 型轴流泵，以及机井用深井泵、潜水泵等。喷灌机械主要为小型喷灌机组，采用 BP2 型自吸泵或 80B50 型离心泵和 PY1 系列喷头，配套动力为 3 千瓦或 8.8 千瓦，具有省水、保肥、喷洒均匀的优点，适于农田、苗圃、果园等灌溉。

其他农具　至 2005 年，域内继续使用的传统农具主要有耧、锄、镰、耢、碌碡、犁、耙、地排车、铡刀等。1995 年后发展起来的其他作业机具有：玉米秸秆还田机、小麦堆垛机、秸秆粉碎机、青贮饲料机、深松机、种子清选机、种子包衣机、铺膜机、推土机、挖掘机、装载机等。

自走式喷杆喷雾机

地排车

1986—2005 年菏泽市（地区）主要农机具拥有量统计表

表 4-7-1

年份	机引犁（部）	机引耙（盘）	播种机（台）	联合收割机		割晒机（台）	机动喷雾机		农用排灌机械		其中：电动机		农用水泵（台）
				台	千瓦		台	千瓦	台	万千瓦	台	万千瓦	
1986	23154	2285	388	8	426	290	604	1103	—	—	—	—	—
1987	25520	2658	386	4	203	400	646	1292	—	—	—	—	—
1988	29792	2722	811	4	216	2465	667	1181	—	—	—	—	—
1989	38479	3373	1115	4	216	5139	591	988	—	—	—	—	—
1990	38645	4260	2419	3	176	6568	2683	3489	111588	97.33	30170	22.08	87223
1991	42870	4580	3292	9	249	9506	8561	10899	138631	118.7	35903	26.27	107528
1992	45609	6992	4332	25	286	11508	12898	15456	146502	121.41	44404	29.58	123092
1993	48434	7667	5616	42	572	12028	14632	16718	155052	127.38	46206	30.73	127298
1994	50073	9649	8479	65	266	14402	15766	18691	153782	127.82	44251	30.46	131937
1995	50039	9093	10670	127	401	16454	17232	20413	154989	128.84	44831	30.81	133535
1996	54025	9871	13725	316	736	18751	17907	21401	158193	131.03	48317	33.27	137478
1997	54699	10376	17584	566	2330	21740	18121	21655	159544	133.52	50202	38.09	141741
1998	58443	11374	22172	745	1558	24496	18322	21941	164254	135.8	51974	41.86	146881
1999	67120	13498	24895	1231	14601	27035	18426	22326	168508	139.55	54725	37.76	148538
2000	77239	17957	26930	1613	30044	28048	18476	21145	176275	155.38	57232	38.41	156102
2001	79479	19190	27964	2176	41906	28900	18639	22582	196913	165.43	64925	45.8	162742
2002	82537	20650	30778	2818	55799	27292	18540	22759	192533	170.8	59907	48.01	172950
2003	86038	21426	31787	3826	78575	25724	18519	22616	204455	173.58	70796	50.17	173730
2004	85514	22433	33820	4748	95424	26000	16986	21424	190844	161.63	72379	51.65	178879
2005	90467	26140	41614	5636	123039	27003	19085	24437	200996	191.34	74350	53.7	191343

第二节 管理培训

农机管理 1986—2005年，域内的农机营销、持有、使用以个体为主，农机管理部门的管理任务也随之发生了变化，农机管理方式由过去单纯的行政管理转为对农机经营和使用者管理的方式。管理部门主要负责农机人员技术培训、新机具和新技术推广应用、农机人员职业技能鉴定、农业机械的安全监理、产品质量监督管理和依法行政管理。随着农业机械种类和数量的增多，农机大户的大量涌现，引导和推动农机服务产业化，提高机械利用率和机手的作业效益成为农机管理部门的重要任务。

农用柴油分配管理 1984—1994年，国家对平价农用柴油实行指令性计划，全区每年的农用平价柴油约3.6万吨。农用柴油的分配原则是保证重点，统筹兼顾，综合平衡。为扶持农机专业户和鼓励农机户与无机户签订作业合同，扩大作业量，在农用柴油的分配上，都不同程度地给予优先和照顾。农用柴油的管理制度有分配公开制度、公文分配制度、分配供应核对制度、检查制度。同时还建立了救灾油申请制度、档案管理、统计报表等多项管理制度，并做到节约用油。随着经济体制改革的深入，1994年下半年开始，农用平价柴油计划全部取消，实行由市场调节供需平衡。1995年前，全区每年有3000～4000吨的救灾柴油，1995年后，对农用救灾柴油取消实物分配制，实行由农机部门根据灾情分配指标，财政部门下达补贴款的方式进行双重管理，确保专款专用。2004年后，不再下发农用救灾柴油指标。

农机安全监管 1984年4月，农牧渔业部《农用拖拉机及驾驶员安全监理规章》下发后，地区设立了农业机械安全监理站，主要负责安全生产，组织安全检查，开展农机安全宣传教育、技术考核、核发证照，并对各类农业机械的安全技术状态和驾驶操作人员的驾驶操作状况进行年检审验、协助交警部门处理部分交通事故等工作。1986年后，随着农业机械数量的大量增加，农机事故时有发生，农机安全生产监管工作也越来越重要，特别是《中华人民共和国安全生产法》《中华人民共和国道路交通安全法》《中华人民共和国农业机械化促进法》《山东省农业机械管理条例》、农业部《拖拉机登记规定》《拖拉机驾驶证申领和使用规定》《联合收割机及驾驶员安全监理规定》等法律法规的相继颁布实施，对农机安全生产监督管理工作提出了更高要求。为认真贯彻落实好有关法律法规，菏泽先后开展了农机安全竞赛活动，清理“黑车非驾”整治活动，每年都进行多次农机安全生产大检查。至2005年，全

农机交通事故处理现场

市基本建立健全市、县、乡、村四级农机安全监督管理网络。

农机修配管理　1991年设立地区农机修配管理站，主要负责农机维修厂点、零配件销售门市的技术检验、农机维修质量和产品质量的监督管理，农机行业从业人员职业技能考核鉴定，农机维修新技术、新工艺、新材料的推广应用和受理农机投诉。

随着市场经济的快速发展，农机修配管理工作在培育农机修配市场，规范农机修配市场经营秩序,维护消费者合法权益，提高农机从业人员素质和促进劳动力转移等方面发挥着重要的作用。菏泽农机修配行业经历了从以国营、集体修配企业为主到以个体私有经营为主的发展过程。1986年，全区有农机修理网点202个，从业人员1332人，其中国营维修企业7个，维修人员485人；集体维修点109个，维修人员467人；个体维修点318个，维修人员380人，个体维修点数占64%；形成了国营、集体、个体并存，自由竞争，共同发展的农机维修市场格局。随着经济体制的改革，农机维修行业也发生了转变。国营、集体农机维修企业相继并轨、改制、转产，逐步退出了农机维修领域，个体私营农机维修网点迅速发展壮大。至2005年年初，全市共有个体农机维修网点913个，农机配件供应网点473个，从业人员2373人；考核鉴定各类农机从业人员2332人，为2124人颁发了“职业资格证书”；受理农机投诉案件78起，结案75起，涉案价值达210万元，为消费者挽回经济损失40多万元。

农机人员培训　1986—2005年，市、县农机化学校每年都开办农机人员短期培训班，培训内容主要是农机管理、机具结构原理、驾驶操作、维修保养和故障排除等知识。培训时间，拖拉机为7～10天，其他各类农机为1～3天。在搞好各类农机人员短期培训的同时，市、县农机化学校还开办了中专班。1985—1987年，地区农机校、定陶农机校开办了省统招统分的中专班，学制三年，每年招生50～100人。1987—1992年，地区农机局与地区劳动技校结合，在农机系统内部招收了中专班，学制三年,专业设有农机仓储、农机维修等。自1998年起，地、县农机校相继办起了职业培训中专班，学制两年，设置财会微机、电工电焊、机电一体化、电子专业等。毕业生主要输送到北京、天津、青岛、苏州、无锡、上海、广州等地的大中型企业。

1986—2005年菏泽市（地区）农机人员培训情况统计表

表4-7-2　　单位：人次

年份	合计	拖拉机手新训	拖拉机手复训	联合收割机手	农机化干部	修理工	职业技能培训	汽车培训	其他
1986	9308	5681	2922	–	–	180	45	50	430
1987	12430	5855	2745	–	–	–	150	130	3550
1988	16550	6300	3120	–	–	–	150	180	6800
1989	20074	7092	1453	–	–	98	150	260	11021

续表 4-7-2

年　份	合　计	拖拉机手新训	拖拉机手复训	联合收割机手	农机化干部	修理工	职业技能培训	汽车培训	其　他
1990	24300	5210	2200	–	–	–	120	300	16470
1991	28450	4950	2658	–	–	–	116	–	20726
1992	31599	4715	2800	–	312	474	120	–	23178
1993	19482	3705	2571	–	179	150	150	–	12727
1994	21198	2886	2588	–	184	195	–	–	15345
1995	31586	6006	3555	–	365	160	–	–	21500
1996	30686	5906	3920	–	270	600	60	–	19930
1997	33012	3401	3682	780	288	355	80	–	24426
1998	39249	3031	2500	1880	331	230	160	–	31117
1999	31639	3335	1273	1250	275	450	300	–	24756
2000	26100	3480	2500	1500	260	520	360	–	17480
2001	27500	3226	3418	1193	170	808	342	–	18343
2002	27850	2178	2330	1800	334	1500	733	–	18975
2003	25650	889	2100	1300	255	1800	1667	–	17639
2004	52745	1492	2372	1564	272	1198	1705	–	44142
2005	55000	2500	5000	2000	250	1300	2000	–	41950
合计	564408	81838	55707	13267	3745	10018	8408	920	390505

第三节　农机服务

农机供应　1986—1994年，农机供应有山东省农机公司菏泽分公司县农机供应公司、乡镇农机站、供销社、农机经营专业户等经营网络，经营方式为批发、零售。随着市场经济的逐步建立，农机供应方式也发生了变化，各县农机公司、农机供应点及全部农机产品均可以与厂家直接订货，个体、联合、股份合作制农机供应企业、供应网点成了农机供应的主要渠道。1994年后，地、县国营农机公司逐步改制，有的变卖、有的破产，供应点绝大多数归属私人所有，自主经营，自负盈亏。农机供应私有化后，农机产品丰富多样，经营方式更加灵活，服务质量普遍提高，资源配置更加合理，农机市场更加活跃。

信息 技术服务　1986年后，市（地）、县、乡农机部门相继建立农机作业信息服务网络，及时向农机手、跨区作业服务队、农机合作组织发布“三夏”“三秋”农机生产及跨区作业信息，以便让农机手及时掌握农机作业市场情况，了解作业行情，把握作业时机，减少机械流动的盲目性，延长服务作业时间，增加机手经济收入。每年三夏、三秋前，市（地）、县、乡农机服务部门都抽调专业技术人员成立农机技术服务队，对机手进行技术培训，对作业机械进行检修和保养，确保机具技术状态良好。技术服务队深入田间地头，为广大农民、机手现场讲解机具的驾驶操作、使用保养、故障排除、机具维修等技术，并提供技术咨询和疑难问题解答，帮助解决技术难题。

农机科技下乡活动

安全生产及后勤服务跨区作业期间，各级农机部门一是加强机手的安全教育和农机执法检查，并深入田间地头场院，严查农机事故隐患，有效杜绝违章行为，防止事故发生，确保安全生产。二是在主要路口设立农机跨区接机服务站，合理调度外来机械及时投入作业，以保障外来机手的安全利益。三是设立农机服务热线电话，安排专人值班，接受农民、农机手信息咨询和投诉。四是同公安、交通、物价、公路等有关部门组成跨区作业协调小组，紧密配合，相互联动，处理好作业纠纷，严格查处拦机、截机现象，共同维护菏泽跨区作业市场秩序，创造良好的作业环境。

第四节　农机推广

小麦播种机　1986年，地区农机局引进了小麦常量播种机，有人畜力牵引的三行小麦播种机和小四轮拖拉机牵引的2BL－6型小麦播种机，当年秋季在各县分别进行了小麦机播试验。经测验，机播小麦比传统木耧播种小麦省种、省工、作业效率高、种子分布均匀且播幅宽，小麦苗情好、分蘖数多且成穗率高，具有明显的增产效果。1988年秋季，地区农机局在县级菏泽市吕陵镇召开小麦半精量播种现场会，采用2BBJ－6型小麦半精量播种机进行作业，经专家和群众代表测定，该机比常量播种机更省种，且有一定的增产效果，适合大量推广。为此，地区农机局对购买1台人畜力三行播种机者，补贴平价农用柴油指标50千克，购买1台六行播种机者，补贴平价农用柴油指标150千克，购买1台半精量播种机者，补贴农用柴油指标200千克，这一补贴政策极大地推动了小麦播种机的推广应用。至1992年，全区拥有小麦播种机1.98万台，小麦机播率达80%以上，基本取消木耧播种。

小麦播种机

小麦割晒机　1986年，地、县农机局引进4GL－170型小麦割晒机，经专家测验：该机作业效率高，机械故障少，麦秸铺放整齐，粮食损失率低，适应域内小麦收获作业。为此，地区农机局对购买1台小麦割晒机者，补贴平价农用柴油1000千克，由于当时农民经济条件差，且每台收割机需2800元，加之小麦机收市场小，购机户回收投资时间长，该机推广数量较少。

1990年，全区拥有小麦割晒机仅450台。1991年后，农村经济快速发展，小麦机收市场逐渐形成，小麦割晒机得到大量推广。

小麦联合收割机　1993年，地区农机局对上海－Ⅲ型背负式（因该机与上海－50型拖拉机配套作业，简称背负式）小麦联合收割机进行实地实验，经专家和群众代表测评，该机作业效率高，能一次完成收割、脱粒、清选、粮食装袋（人工接粮）作业工序，脱净率、破碎率、损失率均能达到国家标准，只是粮食含杂率较高，是一种较为先进的收割机械，深受群众欢迎。但联合收割机价格高，农民经济条件差，再加上小麦作业市场尚没形成，致使推广数量少，至1998年，全区仅有小麦联合收割机155台。1998年后，农民经济收入不断增加，联合机收跨区作业市场逐渐形成，联合收割机在境内大量推广应用，至2005年，全市小麦联合收割机保有量达5500台。

玉米秸秆粉碎还田机　1997年，地、县农机局引进玉米秸秆粉碎还田机，经实验，作业质量和作业效率均能达到要求。1998年，省农机局“3413”工程的实施及2004年各级财政对农机购置补贴政策的实施，推动了域内玉米秸秆粉碎还田机的推广。至2005年，域内共有玉米秸秆粉碎还田机3220台。

玉米联合收获机　1998年，省农机局在菏泽实施了“3413”工程项目（2000年项目实施结束），全区共购置引进与大型拖拉机配套背负式玉米联合收获机16台。经过作业实验，机械本身技术性能达到收获作业要求，能一次性完成前摘穗后还田作业，提高了玉米收获机械化水平。1999—2003年，由于农民对玉米机械收获不同于对小麦机械收获要求那样迫切，故玉米联合收获机推广数量较少。2004年，国务院出台农机购置补贴政策后，成武县首次享受到中央财政的农机购置补贴资金50万元，当年新增玉米联合收获机12台。2005年，中央、省、市三级财政共拿出330万元对各县区进行农机购置补贴，当年全市新增玉米联合收获机166台。至

小麦联合收获机作业

玉米收获机

2005年年底，全市拥有玉米联合收获机209台。

节能机配件 1991年，根据农业部及山东省农机局统一安排，在全区范围内组织推广“95型”柴油机节能火塞及“875”防渗油浸渍密封纸垫新技术。至1993年，共推广节能火塞800台套，节约燃油530吨，增加功率9600千瓦；推广“875”防渗油浸渍密封纸垫3600套，减少机油渗漏9000公斤，节约资金约2.25万元。1996年，在全区推广“195”柴油机“扩缸增容”旧机改造技术，共推广“扩缸增容”件6000套，增加功率8800千瓦，有效地解决了小型拖拉机动力不足的问题。2004年，组织开展“农民满意农机产品”调查评选活动，全市共发放选票1700张。通过开展评选活动，向广大农机消费者推荐了性能优良、安全可靠的农业机械产品，引导广大农机消费者正确消费，进一步宣传了农机管理部门在维护农机消费者权益中的作用。

第五编　林　业

优质苹果生产

桐粮间作

菏泽人民素有植桑栽树的传统，史上有载的就有漆园、柿园、桑园。秦汉时期定陶已成为今山东省范围内桑园分布最多的地区。唐宋之际，桑园遍布曹州，那时郓城的贡绢是全国有名的丝织品。伴随着历史的脚步，菏泽林业生产起起伏伏。20世纪80年代初，随着《中华人民共和国森林法》的颁布，菏泽林业生产进入快车道。1987年，建成全国平原绿化标准地区。以农田林网、河堤道路林带为主的防护林网进一步完善。农林间作面积逐步增加，除少量枣粮间作，杨粮间作外，绝大部分是桐粮间作，1987年桐粮间作面积达到52.85万公顷，占全区耕地面积的69.8%，占全省桐粮间作面积的43%。菏泽成为全省最大的桐木生产基地，成武等县宜间作耕地全部实现桐粮间作。1993年后，由于土地调整，病虫害严重等因素，间作面积萎缩。用材林主要集中在黄河故道、黄河滩区、主干河河堤和国有林场，以杂交杨等速生树种为主。经济林栽培发展迅速，1987年全区把发展林果生产作为调整农业内部结构，加强后劲，实现翻番的一大支柱产业，走“自繁、自育、自栽”的路子，果园面积逐年增大，1993年全区达到9.65万公顷，果品产量31.3万吨，成为果品生产高峰期。此后，尽管面积有所下降，但随着新技术的推广运用，果品产量和质量都有提高。果树品种以苹果为主，梨、桃、杏、李、葡萄等零星分布。植桑养蚕规模2000年达到顶峰，尤以成武县九女集镇为甚，成为江北最大的植桑养蚕专业乡镇之一。花卉栽培面积逐年扩大。1996年4月中国菏泽第一届国际花卉展销会在菏泽召开，引领菏泽花卉业向高端全面发展，除牡丹、芍药外，各种名贵花卉、大众花卉同时发展，盆景、根雕、松编、插花等进入市场。1998年后的高标准平原绿化活动，在搞好林网、间作、“四旁”植树的同时，提高村镇绿化水平。林木管护进一步加强，林业病害防治与植物检疫日益规范，野生动物保护力度加大。林产品加工规模不断增大，多个木材加工聚集区分布在各县区，市场牵龙头、龙头带基地，基地联农户，种植、加工、销售“一条龙”产业化格局业已形成，菏泽已成为全国平原地区最大的林产品生产加工、出口基地。2004年，经国家林业局批准，在菏泽建立中国林产品交易中心，并被定为中国林交会永久会址。至2005年，沟、渠、路、堤统一规划，布局合理，境内绿色通道工程基本形成，农田林网树种全部良种化，林带整齐，林果、花卉等全面发展，林产品生产交易两旺，林业对菏泽国民经济贡献率逐年提升。

第一章　林业资源

第一节　资源状况

鲁西南地区一向有植树造林的习惯。在菏泽12239平方千米的土地上，到处林木葱茏，林业资源丰富。1987年，菏泽地区被林业部评为全国平原绿化标准地区，位列全国第四位，也是山东省第一个绿化达标地区。1991年，菏泽地区提前完成第八个五年绿化造林任务，被全国绿化委员会授予全国绿化先进单位称号。

2005年年底，菏泽林业用地面积22.77万公顷，其中森林面积20.08万公顷，灌木林地面积216公顷，疏林地面积423公顷，未成林造林地2.25万公顷，苗圃1502公顷，无林地2226公顷。森林和灌木林地中有公益林3.67万公顷。全市有四旁植树1.3亿株，林木良种基地面积354公顷，农田林网面积70.75万公顷，林粮间作面积13.56万公顷。其中枣粮间作面积42公顷，用材林粮间作面积13.43万公顷。

第二节　古树名木

2005年，域内有古树名木22科32种587株（群），其中单株古树名木20科32种108株，古树群18处7科8种479株。从级别上划分：一级古树13株，二级古树238株，三级古树335株，名木1株。从树龄上划分： 100年以上生古树323株，其中曹州牡丹园102～105年生牡丹92株；200年以上的古树153株，其中牡丹乡芦堌堆村230年木瓜古树群69株，定陶县杜堂乡杜堂村220年生白榆1株；300年以上的古树40株，其中牡丹区牡丹街道百花园395年生牡丹1株，岳程街道何楼村有300年生蜡梅和紫薇各1株；400年以上的古树59株，其中曹州牡丹园有420年生龙

国　槐

爪槐1株，牡丹区岳程街道琵琶李村和六高村有400年生柿树51株，单县武装部前有400年生枸杞1株；500年以上的古树3株，分别是定陶县杜堂乡裴河村550年生皂荚树1株，巨野县陶庙乡平官李村518年生榔榆1株，成武县大田集镇陈胡同村南520年生侧柏1株；600年以上的古树2株，分别是郓城县杨庄集镇红门厂村、定陶县张湾镇一千王村各有1株600年生的侧柏；700年以上的古树4株，分别是牡丹区岳程街道紫薇1株（700年），巨野县陶庙村供销社院内国槐1株（714年），单县高老家镇董新庄村银杏树2株（720年）；800年以上的古树2株，分别是：成武县九女镇小青堌集后街国槐1株（820年），牡丹区岳程街道冉贤集黄连木1株（870年）。赵楼牡丹园大门东南有龙柏1株，树龄38年。

第二章 林业生产

第一节 林木种苗

良种选育 菏泽市林木良种选育经历了20世纪70年代选优，80年代大规模良种引进和资源汇集，90年代区试、测定、选择三个阶段。之后，从1075个优良无性系中选育了29个新品种，在全区和国内13个省市大面积推广，产生了较大的社会效益和经济效益。

黑杨 1983年冬，地区林业局从河北保定引进中国林科院培育的43个杨树人工杂种和自然杂种，经过四年的造林试验，1988年筛选出中林46、中林23等5个欧美杨新品种。1989年和1993年从中国林科院林研所、南京林业大学引进26个黑杨派杂种，由地区林业科技推广站进行苗期和造林试验，1998年选育出中菏1号杨树新品种，2000年选育出中菏2号、3号、4号杨树新品种，分别获山东省科技进步二等奖和地区科技进步一等奖。1996年，省农业良种产业化“三O”工程杨树项目启动，地区林科站和省林科院合作引进了59个黑杨派新品系，经过5年的测定，筛选出中洛759、102/74、S307−26、PE−19−66、I107、中林141等6个区外鉴定过的且适宜域内栽培的引进品种。

白杨 20世纪80年代，地区林业站从兖州苗圃引进一批毛白杨新品系。1996年，地区林科站从国内汇集22个毛白杨新品种和新品系。经过区域试验，2000年筛选出憨白杨、T14、T17等3个适合域内栽培的毛白杨新品种。

泡桐 1992年，地区林科站从河南农业大学引进泡桐新品种5个，并进行区域试验。经过5年的苗期选择和造林试验，筛选出两个适合本地栽培的泡桐无性系毛白33、毛白23，其父本为白花泡桐，母本为毛泡桐。2002年春，市林科站又从中国林科院泡桐中心引进泡桐新品种9501、9502，进行苗期和造林试验。

刺槐 20世纪80年代末，地区林科

站进行刺槐第二代良种选育工作，90年代初选育出菏刺1号、2号、3号、4号、5号、6号6个刺槐新品种。其共同特点是生长快，形质指标好，适应性强，材积生长量的增益在50%以上。2002年春，又从河南省林科所引进豫刺槐1号、2号、7号、8号、菏兰刺槐等9个刺槐新品种进行区域化试验。

臭椿　定陶县林木种苗站和地区林科站利用全省林木良种清查，选育出17个臭椿优树无性系，经过10年的苗期试验和幼树测定，1996年选育出菏椿1号、2号、3号3个臭椿新品种。其共同特点是：主干明显、干性强、枝较粗、平展、冠较大、生长量大。

苦楝 川楝　定陶县林木种苗站和地区林科站从定陶县20世纪80年代营造的3片6年生家系林内选出优良家系中的优良单株37个，从河南省全国苦楝种源林中引进评选优良单株4个，共41个系号。经过7年的幼树测定，1996年，选育出菏楝1号、2号、3号、4号、5号5个新品种。其共同特点是：主干高、干形明显、通直圆满、生长量大。

国槐　地区林科站和定陶县林木种苗站于1988年从全省各地汇集省选优树156个系号，第一次进行苗期和幼树测定，筛选出43个系号；第二次对首选的43个无性系进行再次测定，经过13年的研究工作，于2000年选育出曹州国槐1号、2号、3号、4号、5号、6号、7号、8号8个国槐新品种。其共同特点是：主干性能好、幼树苗干绿色光滑、生长量大、易繁殖。

柳树　2002年3月，东明县马头林杨和市林科站从江苏省林科院引进184个新杂交的柳树新无性系，并繁育苗木。2003年春在东明、定陶、单县营造测定林。

林木新品种推广　黑杨　1986年春，域内开始大面积推广中林46，单县、成武、曹县南部及黄河故道滩区继续推广I-69/55。2000年春季，大面积推广中菏1号，2002年春季，推广中菏2号，2003年春季推广107、102。中林46、I-69/55在域内推广已有2～3轮伐期。由于长期推广，出现病虫害严重、生长缓慢、早衰等问题。2004年冬，进行第六次杨树造林品种更新换代，重点推广中菏1号、中菏2号、107、102等4个杨树新品种。

毛白杨　20世纪80年代，境内重点推广的毛白杨品种为易县雌株，该品种树干弯曲影响使用。90年代，主要推广鲁毛50、窄冠白杨3号。1993—1994年分别在东明县三春集林场、单县沙河林场营造区域化测定林。山东省林业局大力扶持，1995年，窄冠白杨在全区推广营造农田林网2万余公顷。2000年开始大量引种三倍体毛白杨并发展育苗，后在各县区营造丰产林。由于此树干形差、柱干害虫多易风折等原因，推广受限。2003年春曾引种双抗毛白杨741，2004年春开始造林。由于毛白杨生长缓慢，多数群众不认可，推广受阻，致使新造林保存率很低。

泡桐　20世纪80年代后期至90年代初，境内主要推广鄄优1号、2号，睢优1号、2号泡桐新品种，但由于均属兰桐系品种，丛枝病发生严重。1992年后，开始引种河南农业大学选育的毛白33、毛白23等泡桐新品种，经过小面积造林测试，表现为生长快、丛枝病生病低，1995年后大面积推广，并确定为菏泽第5代泡桐换代品种。2002年引进9501、9502泡桐新品种，已在全市小面积造林。另外，市林科所从中国林科院引进的中林3号泡桐品种，在域内部分县区推广造林。

柳树 1986—2005年，旱柳主要是引进推广江苏林科院选育的J172、J333、J194和区内选育的鲁柳4号4个柳树新品种。2001年春从北京市引进推广841、842金丝垂柳及1011、1010、银芽柳、雪芽柳。

苗木培育 1986年，境内育苗面积1015.8公顷，1991年育苗1627.2公顷，1998年育苗2636.27公顷，2000年育苗4486.93公顷。2002年育苗9589.13公顷，2005年育苗6041.4公顷。从树种上看，1991—1995年，域内出现种植果树热，果树育苗面积在333.33公顷左右。2000—2003年出现种植杨树热，杨树育苗面积达4749.73公顷。随着绿化水平的提高，2000年以前造林杨树苗规格一般要求胸径2～2.5厘米，绿化苗木一般要求胸径4～6厘米；2000年以后杨树苗一般要求胸径2.5～3厘米或3厘米以上，绿化苗胸径8厘米以上。1992年以前，政府每年给国有苗圃适当补贴平价化肥或柴油，1992年以后不再补贴。1992年以前主要是国有苗圃、育苗专业村和个人育苗，随着市场经济的拉动，1992年后，育苗单位主要是国有苗圃、集体苗圃、股份制苗圃及个体苗圃。2000年以前主要是林业主管部门指导苗木生产，2000年以后林业主管部门、苗木协会、苗木生产合作社及苗木大型基地引导苗木生产。育苗方法不断提高，黑杨类初育每亩3000株，留床苗1600株，其他绿化苗木提倡二级育苗，采用3～4厘米壮苗，每亩育苗200株左右，年施肥3～4次，每次施尿素10公斤左右并适时浇水。

杨树育苗

2001—2005年，域内有1180个林业苗圃，其中国有苗圃34个，集体苗圃33个，股份制苗圃31个，个体苗圃1082个；县级以上领导干部育苗基地16个，100亩以上的大型育苗基地57处；育苗人员达2.86万人。

第二节 防护林

护路护岸林带 1986—2005年，境内建设了以河流、铁路、国道、省道为框架的大型防护林带。1988年，在域内国道、省道建成每侧1～2行树木的小型防护林带。1994年洙赵新河、洙水河、鄄郓河、郓巨河清淤治理后，对400千米河堤重新进行绿化。1988—1999年，京九铁路、220国道、聊商公路、定砀公路、兖石铁路、327国道、黄河大堤、黄河故道、东鱼河、万福河、洙赵新河“四纵七横”11大绿化带形成，铁路、公路每侧绿化带宽 20 ~ 30 米。单县、曹县在黄河故道营造 100 ~ 500 米宽的林带 1333.33 公顷。2000 年建设铁路、公路、水路绿色通道，郓城县沿京九铁路、220 国道、聊商路、郓鄄路和县乡公路两侧 200 米建设大型防护林带，主栽欧美杨 1333.33 公顷。2001 年东鱼河干流清淤后，对境内 132.2 千米的大堤进行绿化。2002 年，日东高速公路菏泽境内 105 千米两侧各建 50 米宽的绿化带，全部栽种高 4.5 米以上的大苗。2003 年，对境内的绿色通道工程进行扩建，日东高速公路两侧的绿化带由 50 米扩展到 500 米，铁路、国道、省道两侧各建 200 米的绿化带。2005 年，境内绿色通道工程基本形成，全市形成贯穿菏泽市境内东西 15 条，南北 10 条的大型防护林带。

河道防护林

农田林网 1985 年年底，全区林网化面积 43.07 万公顷，占宜林网面积的 48.3%。1986 年，全区新建农田林网 23.14 万公顷，补植完善 11.44 万公顷，林网化面积达 66.37 万公顷。1987 年，农田林网面积达到 69.91 万公顷，占全区耕地面积的 92.4%。1988—1990 年，全区新增农田林网 7.58 万公顷，补植完善 18.89 万公顷。全区 9 县市林网化面积 60.55 万公顷，有林网树 2746 万株，其中欧美杨 1293 万株，占 47.1%；泡桐 256 万株，占 9.3%；毛白杨 29 万株，占 1.1%；刺槐 423 万株，占 15.4%；小美杨 244 万株，占 8.9%；其他树种 501 万株，占 18.2%。

1991—1993 年，按照地委、行署提出的“三年栽满树、五年上水平，把大洼、空荡、空白沟、路、渠、堤作为主攻方向”的要求，全区新建农田林网 25.59 万公顷，补植完善 20.8 万公顷。1994 年，全区林网化面积达到 71.5 万公顷，耕地全部实现林网化。1998 年开展以建设农田林网为主的高标准绿化乡镇活动，全区建设 62 个高标准绿化乡镇。要求网格面积，风沙化土地分布区一般 6.67 公顷 ~ 10 公顷，最大不得大 13.33 公顷，非网沙化土地分布区，网络面积一般 13.33 公顷 ~ 16.67 公顷，最大不大于 20 公顷。林带结构，风沙化土地分布区，以疏透型为主，上乔下灌；非风沙化土地分布区，主林带以通风结构为主，副林带以疏透结构为主。新建林网坚持沟、渠、路、林统一规划，同步实施，所栽树种全部实行良种化。1998—2000 年，全区建设高标准农田林网 19.42 万公顷，完善提高 33.32 万公顷， 90% 的农田林网达到高标准化。2000 年，全区林网树 3754.3 万株，其中欧美杨 3538.6 万株，占 94.3%，毛白杨 11.1 万株，占 0.3%；其他树种 204.6 万株，占 5.4%。

2001—2005 年，境内逐步推广黑杨派中菏 1 号、107、L35 等一批优良无性系，农田林网的质量进一步提高。2005 年年底，全市林网化面积 1061.3 万亩，农田林网树木 8169 万株，耕地全部实现高标准林网化，树种全部良种化，林带整齐，保存率达95%。

农林间作 桐粮间作 1985年，域内桐粮间作面积39.75万公顷，1987年达到52.85万公顷，占全区耕地面积的69.8%，占全省桐粮间作面积的43%，菏泽成为全省最大的桐木生产基地。桐粮间作面积超过6.67万公顷的有曹县、单县、郓城县。1988—1990年，域内桐粮间作主要是补植完善。1991—1993年，由于农村土地调整和大袋蛾丛枝病害的不断发生，出现大量砍伐桐树的现象。1993年年底，全区桐粮间作保存面积仅剩18万公顷。1994年加大桐粮间作的工作力度，年内新增桐粮间作面积3万公顷。1995年年底，全区桐粮间作面积恢复到24万公顷。1997—2000年，开展建设高标准绿化乡镇活动，桐粮间作成为重点建设项目，全区营造桐粮间作6.8万公顷。2003—2005年，将铁路、国道、省道绿色通道外1000米范围内作为桐粮间作基地，共营造桐粮间作11.93万公顷。

枣粮间作 1985年，域内枣粮间作面积651.73公顷。此后，全区出现了几次栽植枣粮间作的小高潮；1986年新发展528.67公顷，1991年发展115.67公顷，1995年发展364公顷，1997年发展480公顷。1998年后，由于栽植的枣树质量差，管理不善和连续出现大面积涝灾，不但新栽的没有保存住，原有的枣粮间作面积也大幅度下降。2005年，域内枣粮间作保存面积只有42公顷，主要分布在巨野县境内。

杨粮间作 由于欧美杨生长快，适应性强，病虫害少，木材价格高，杨粮间作在域内一些地方发展起来。2005年，境内有杨粮间作面积6666.67公顷，主要分布在东明、巨野、郓城等县。

青年黄河防护林 1986年，菏泽青年黄河防护林一期工程启动，至1990年，完成用材林6200公顷、防护林2333.3公顷、经济林5666.67公顷、农田林网4.17万公顷、农林间作3.17万公顷，种植灌木160万墩，四旁植树1900万株。1991—1995年，按照团中央、林业部、水利部的部署，菏泽地区青年黄河防护林二期工程实施，范围从黄河大堤外5千米扩展到整个沿黄县市。至1995年，菏泽青年黄河防护林二期工程完成片林5.43万公顷，其中用材林7000公顷、防护林3786.67公顷、经济林4.33万公顷、其他林180公顷，造林树种以刺槐、杂交杨、泡桐、苹果为主；完成农田林网20.07万公顷、农林间作6.33万公顷，村镇植树5529万株；完成青字号工程711处，面积5780公顷。

菏泽围城生态林 2003年，菏泽围城生态林建设工程启动。2005年年初，完成日照至东明高速公路辛集至杜庄段，长24.4千米，宽500米；牡丹区至兰考高速公路（日东高速至327国道）一段，长3.2千米，宽500米；327国道一段（菏兰高速至东环城道）长3.2千米，宽各500米；菏兰高速（327国道至

新栽植的环城生态林

菏商路佃户屯南）一段，长16千米，宽500米；菏商路一段（佃户屯至南环高速路），长4千米，宽1000米。总面积2900公顷。造林树种主要有黑杨派的107、L35、中菏1号，三倍体毛白杨。

第三节 用材林

1986年，域内拥有用材林4.54万公顷，1988年发展到6.91万公顷，其中泡桐林4.26万公顷，占用材林的61.6%。1990年以后出现乱砍桐树现象，用材林面积减少。1992年，保存面积只有3.92万公顷。1995年，恢复到4.61万公顷。2000年，地委、行署决定建立用材林基地，用五年的时间使用材林发展到6.67万公顷。此后，在黄河故道、黄河滩区、单县大沙河、鄄郓大沙河和国有林场发展以杂交杨为主的速生丰产用材林。到2005年，新发展用材林8.51万公顷。

速生丰产用材林基地 1986—1991年，菏泽地区共接收省林业厅安排的速生丰产用材林基地任务5940公顷，省拨周转金200.6万元。共验收333个造林单位的4487.63公顷丰产林，占任务的76%。验收林份中，泡

杨树丰产林

桐4153.3公顷，占92.5%；毛白杨72公顷，占1.6%；杂交杨184.33公顷，占4.1%；刺槐、臭椿、苦楝72公顷，占1.6%；其他树种6公顷，占0.1%。泡桐林以5×20米的二亩折一亩的桐粮间作型为主，其他树种为纯林。

部省合资丰产林 1981—1990年，林业部和山东省合资建造菏泽丰产林一期工程，林业部每亩投资100元，省每亩投资23元。1985年以后，林业部和省投资由拨款改为贷款。1986—1990年，菏泽共接受部、省投资129.5万元，其中造林投资118.5万元，营造速生丰产林793.33公顷。造林单位为东明县三春林场、东明集林场，单县沙河林场、故道林场，郓城何庄林场和曹县青堌集林场。造林树种主要有I-214、I-72/58、I-69/55、中林46杨和毛白杨。合资丰产林的采伐，严格按照省林业厅的规定，制定采伐计划，搞好作业设计，由地区林业局审核，报省林业厅批准，凭证采伐，并及时进行采伐迹地更新。

利用世界银行贷款造林 1990年，菏泽开始利用世界银行“森林资源发展和保护项目”贷款造林，至2001年结束。贷款造林进行两期，每期前四年造林，后两年抚育。第一期：1990—1995年，东明县贷款239.5万元，造林2934.41公顷，其中泡桐535.68公顷，刺槐1371.77公顷，毛白杨227.8公顷，欧美杨799.16公顷；郓城县贷款335万元，造林3333.3公顷，树种主要是欧美杨。第二期：1996—2001年，曹县贷款447万元，造林3770公顷；单县贷款551.5万元，造林3350公顷；东明贷款197.8万元，造林2000公顷。树种主要是欧美杨和刺槐。

公司造林 2003起，菏泽市联合外地

经济实力较强的企业公司营造速生丰产林，加快了菏泽林业的发展速度。其合作方式为：公司提供种苗木、化肥，所在县提供土地，农民负责管理，林木成材后由公司统一采伐；木材由公司按每立方米400元最低保护价收购，市场价高于最低保护价时，按市场价收购。2003—2005年，先后与上海禾阳生物科技发展有限公司，上海国泰林业有限公司、北京国宗公司、大连华易达公司、山东太阳纸业、山东三明公司、淄博博汇集团合作，在巨野县、东明县、郓城县、鄄城县营造欧美杨、三倍体毛白杨速生丰产林共计1万公顷。

第四节 果园果树

1985年，境内果园保存面积1.33万公顷，其中结果园0.93万公顷，年产果品7万吨。1986年，培育果苗233公顷，出圃成品果苗980万株，新建果园1.45万公顷。1987年，地委、行署把发展林果生产作为调整农业内部结构、增强后劲、实现翻番的一大支柱产业来抓，全区普遍推广走“自繁、自育、自栽”的路子，当年出圃成品果苗1800万株，新建果园2.25万公顷，出现了单县、鄄城、曹县、郓城4个10万亩果树县和巨野董官屯，曹县朱洪庙，东明三春集、陆圈等9个万亩果园乡镇。果树新增面积大，但保有率低。1989—1991年，域内经济林发展速度减慢，低产园开发和幼龄果园早期丰产综合管理全面展开。1992年，地、县、乡三级投入资金1500万元发展果树生产，其中投入100万元购买海棠种子1000公斤。1993年，全区果树面积达到9.65万公顷，果品产量31.3万吨，成为果品生产高峰期。1996年，果品生产由注重规模发展全面转入以高产优质为中心的果园管理。管理技术从强调树体整型逐步转向四季修剪、人工授粉、疏花疏果、果实套袋、摘叶转果、良种改接、秋施基肥、病虫害综合防治等规范化配套技术。2000年，果树站从国内外引进果树良种200多个，其中爱甘水、圆黄、黄金梨、秋黄等日、韩高档梨品种26个，太平洋嘎拉等苹果品种18个。至2005年，域内水果生产仍以苹果为主，面积1.37万公顷，占果树总面积的50%。

葡 萄

1986—2005年菏泽市（地区）果园面积、产量统计表

表5-2-1

年 份	面积（公顷）	产量（吨）
1987	52757	88000
1988	70691	115000

续表 5-2-1

年　份	面积（公顷）	产量（吨）
1989	68676	125000
1990	60725	150000
1991	64357	200000
1992	72258	221818
1993	96446	312537
1994	60534	224976
1995	71562	245928
1996	68367	344430
1997	62038	376820
1998	52171	463602
1999	46667	497499
2000	40478	505834
2001	38619	528236
2002	34751	565228
2003	30693	621204
2004	28210	581971
2005	27460	386290

第五节　花　卉

1986年，境内花卉栽培面积1333.33公顷，产值500万元。1987年，花卉面积增加到1666.67公顷，花木310种，产值1055万元。1995年，全区已建立牡丹、芍药生产基地1133.33公顷，玫瑰基地1066.67公顷，其他花木800公顷。有14个花卉专业村和300多个花卉专业大户，组建了100多个花木公司，花卉收入达1.7亿元。

1996年4月20—26日，中国菏泽第一届国际花卉展销会在菏泽召开，参加展销会的除当地有关单位外，北京花木集团公司、吉林省鞍山市君子兰花卉公司、广东顺德成美园艺公司等560个花卉企业和花卉专业户也到会参展。大会展出骨雕、根雕、松编、盆景、黑陶、插花和名贵新特花卉品种等共20个系列、460多个品种、28万盆（件）。展销期间，直销各种花卉5万余盆（件），成交额达500多万元，合同成交额为3亿元。

1999年，全区新发展花卉面积846.67公顷，其中成武县新建郜鼎、天宫两处花

菊花生产基地

卉基地46.67公顷。2001年，定陶县黄店镇发展玫瑰1240公顷，形成种植、加工、销售、科研一条龙的产业化格局，全镇玫瑰总收入4500万元。2003年，域内花卉面积4686.67公顷，鲜切花2015万支，盆栽植物470万盆，花卉种苗3450万株，绿化苗木5200万株。

2004—2005年，菏泽市投资200万元，在曹州牡丹园建成“中国牡丹基因库”，占地面积20公顷，汇集牡丹品种400个，芍药品种160个；投资50万元，在曹州牡丹园建成“中国牡丹新品种测试基地”，占地面积3.33公顷，栽植对照及标准品种400多个。1987—2005年，菏泽牡丹、芍药在一至六届全国花卉博览会、香港国际花展、法国波尔多国际花卉博览会、昆明世界花卉博览会、山东省花卉盆景展和山东省第三届花卉博览会上共获得各种奖项493个。

第六节　村镇绿化

1987年，境内有村镇树1.43亿株，其中白榆、刺槐、泡桐占62.5%；村镇树蓄积530.9万立方米，占全区总蓄积量的65.9%；村镇树木覆盖率为64.5%。1989—1990年，部分农民乱砍滥伐村镇树木，致使树木减少到6338.9万株。1991年，按照地委、行署提出的“三年栽满树，五年上水平”的要求，全区开展大规模的植树造林活动。1998年后，城内又开展了建设高标准乡镇活动，提高了村镇绿化水平。2000年始，域内木材加工业迅速发展，杨木价格大幅上升，极大地调动了群众植树的积极性，村镇内凡是能栽树的地方基本上都栽上了树，所栽树种多为欧美杨。

第三章　林场苗圃

第一节　国有林场

1986年，境内有国营林场11处，经营面积4713.3公顷，有林地3240公顷。1989年由于区划变动，梁山县腊山林场划归济宁市。1990年，全区有10处国有林场，其中单县大沙河林场、黄河故道林场，成武县白浮图林场、南鲁林场，东明县东明集林场、三春集林场，定陶县任屯林场，郓城县何庄林场，巨野县独山林场由所在县人民政府确权发证。2000年，单县大沙河林场将20公顷林地卖给单县天元纸业有限公司。2004年，东明县修复黄河大堤占

用材林

用三春集林场土地 19.8 公顷。同年，东明县焦元乡丁家村、开周村、时家堂村由黄河滩区迁入三春集林场，占地 20.6 公顷。

1986—1990 年，境内国营林场共接受林业部和省投资 129.5 万元，营造速生丰产林 793.33 公顷。1988 年，重点推广中林 46 杨、69 杨。1991 年，单县沙河林场对 8 年生丰产林作了调查，平均树高 19.7 米，平均胸径 21.59 厘米，亩蓄积 9.52 立方米，比 1990 年同期增长 20%，是 30 年生"老头杨"的 8 倍。国营林场在搞好造林营林的同时，积极发展多种经营。1996 年，东明集林场建绿化苗圃 26.67 公顷，栽植了牡丹、芍药、法桐、合欢、雪松、桧柏等花卉及绿化苗木。单县沙河林场吸引场外资金兴办中小企业，先后开办养牛场、养猪场、养鸡场、林场酒店、木材收购站、水泵厂、液化气站，年增加收入 7 万元。1997—2000 年，单县黄河故道林场利用 85 万元的世行贷款造林 233.33 公顷，郓城县何庄林场联合淄博博汇集团造林 72 公顷。1998 年 10 月，按照省林业厅制定的《山东省国有林场苗圃分类经营类型划分标准》，域内的 10 处国有林场被定为生态公益型林场。至 2005 年，一期工程共完成投资 3760 万元。2005 年年底，菏泽市国有林场拥有经营面积 3827 公顷，森林资源 1956 公顷，其中用材林 1474 公顷，经济林 32 公顷，防护林 430 公顷，特用林 20 公顷，木材蓄积量达 5836 立方米；资产总值 2774 万元，其中固定资产 827 万元，流动资产 1310 万元，林木资产 630 万元。

第二节　国有苗圃

1986 年，境内有国营苗圃 14 处，经营面积 256.73 公顷，主要育苗树种为杂交杨、泡桐、毛白杨、刺槐、侧柏等。1987 年 3 月，地区林业局下发《关于国营场圃深化政策，完善提高经济承包责任制的意见》，在国营场圃推行场长负责制，进一步完善林业生产责任制。国有苗圃的制度改革，增加了职工的收入，调动了职工生产的积极性。1999 年，全区国有苗圃实行分类经营政策，经营机制由原来的大包干转变为职工田加集体田统一经营模式，即把苗圃一部分土地根据职工工资的多少分给职工当工资，剩余的土地由苗圃统一经营。统一经营的土地，有的苗圃采用苗圃投资，出工管理或由职工管理，收入按比例分成；有的苗圃把集体统一经营的土地又大包到职工，由职工经营，苗圃只收取承包金。至 2005 年，菏泽市有 13 处国有苗圃，经营面积 259.13 公顷，其中可育苗面积 240 公顷，育苗面积 184.67 公顷，主要育苗树种为中菏 1 号、中菏 2 号黑杨和泡桐、法桐、国槐、刺槐等。

第四章 林木管理与保护

第一节 林业执法

林政管理 *法律法规宣传* 1986—2005年，全市林业部门每年都开展《中华人民共和国森林法》和林业法律法规政策宣传活动，共出动宣传车2500车次，举办广播、电视讲座140多期，书写宣传标语1.24万条，印发宣传广告、宣传材料30万份，参加“行风热线”“金土地”“乡村季风”15次。通过宣传，使广大干部群众增强了法制观念，提高了全民爱林护林的自觉性。

森林采伐限额 1987年，全国开始实行森林采伐限额管理制度，规定每5年修订1次。到2005年，菏泽市共制定了“七五”“八五”“九五”“十五”时期4次森林采伐限额。

实际采伐中，国营或集体林场限额规范采伐执行较好，但个体树木、村镇树木和林粮间作树木采伐比较随意。

1986—2005年菏泽市（地区）林木采伐限额一览表

表5-4-1　　单位：万立方米

分期	单位	合计	按所有制分项限额			按消耗结构分项限额		
			集体、个人	国营林场	其他	农民自用材	商品材	其他用材
1986—1990	菏泽地区	35.70	35.10	0.35	0.25	25.50	10.10	0.10
1991—1995	菏泽地区	59.50	58.90	0.37	0.23	41.60	17.10	0.80
1996—2000	菏泽地区	105.89	105.15	0.24	0.50	31.56	35.96	38.37
2001—2005	菏泽市	24.19	23.79	0.40		9.33	12.66	2.20

“三证一费”管理 1986年，为严格证件管理，省林业厅“山东省林木采伐许可证”“山东省竹木运输许可证”“菏泽地区木材及林产品运输许可证”在域内开始使用。同时，按照省财政厅、林业厅〔1982〕10号文件精神，全区开展了育林费的征收。1996年，为进一步开展好“三证一费”管理工作，在成武县召开各县市林业局局长和林政股（站）长会议，并组织参观学习济宁市金乡县木材市场管理和育林费征收工作，对林政工作提出具体要求。1997年，在全区范围内对农村经营加工单位和个体经营户进行调查，逐一登记，摸清木材经营加工企业的数量为5100家，为凭证管理市场提供了条件；各县市组建巡逻执法小分队，实行划片包干、责任到人的办法，有效杜绝了无证采伐现象的发生；菏泽、定陶、东明采取建立情报网络和设立举报有奖制度，为征收育林费工作推出新举措。2003年，建立行政审批服务中心，林业部门的行政审批与证件签发统一集中到行政中心办理。2005年，

林业签证工作全部变为微机签发，实现了网络签证现代化。

森林植被恢复费征收　1998年开始，全区对使用林地进行建设和挖沙、采石、取土等非农业生产活动，造成林地和森林植被受到损坏的，征收用地单位或个人森林植被恢复费。1998年，修建日东高速公路占地9.6公顷，征收8.6万元；2001年，鄄城县育英中学建校占地4.33公顷，征收5.18万元；2004年，修建菏关高速公路占地4.25公顷，征收25.48万元；2004年，修建济菏高速公路占地5.63公顷，征收33.8万元；2004年，曹县刘民公路拓宽占地2.9公顷，征收6.31万元；2005年，加固东明黄河大堤占地19.82公顷，修建德商高速公路占地80.86公顷，分别征收138万元和503万元。以上合计占地127.39公顷，共征收森林植被恢复费720.37万元。

木材检查　1990年，为保护林木资源，打击非法运输，全区建立木材检查站7处。1994年国务院下发《关于严禁在公路上乱设卡乱罚款乱收费的通知》后，域内道路木材检查站全部撤销。1995—2003年，经省政府批准，先后在曹县庄寨、单县、成武县、牡丹区、东明县设立木材检查站各1处。2005年，5处木材检查站共有执法员56人。

林权制度改革　1995年，全区实施消灭荒山荒地工程，对长期绿化不起来的荒滩、荒沟、荒路、荒地实行绿化承包和租赁。1997年，推行林权制度改革，对沟、渠、路、堤绿化权实行公开、公平、公正、自由竞争拍卖。1999年，共拍卖路渠158条，总长98.7万米，植树100多万株，集体收回资金661万元。2001年，菏泽市政府进一步明确林权制度改革对林业发展的重要作用，并要求用一年的时间基本完成林权改革任务。至2005年，域内各县区全部完成了林权制度改革。

林业公安　防火器材配备　1988年，省林业厅分配给菏泽地区森林防火单边带电台1部、风力灭火机30台。1989年，省防火办给菏泽地区配备6部短波电台、4辆森林消防车、3辆摩托车和27台风力灭火机。短波电台分设在东明、鄄城、曹县、成武和地区林业局，并组建起地区森林防火通讯网。1990年，省防火办又向菏泽地区分配电台4部、手机6部。电台分设在巨野、单县、鄄城、定陶县林业局。至此，菏泽地区实现了森林防火网的域内覆盖。至2005年，境内未发生过森林火灾。

打击毁林犯罪　1988年地区林业公安设立后，对盗伐滥伐，哄抢林场、果园，抗交育林费，违法运输木材等不法行为进行严厉打击。1990年土地承包调整时，域内出现严重的毁林行为。为此，地委、行署下发《关于立即制止盗伐滥伐林木的紧急通知》，行署办公室下发《关于制止乱砍滥伐林木，巩固造林绿化成果的通知》，林业公安对毁林行为人进行严厉打击，使毁林违法行为得到控制。至1993年，全区林业公安共查处各类林业案件156起，处罚违法人员5250人，其中逮捕、拘留、监视居住215人，补种树木60多万株。1994—2005年，全市林业公安查获各类林业案件4600余起，处罚违法人员12600人次，其中逮捕12人、拘留36人、行政处罚12368人，挽回经济损失1260万元，补种树木8000万株。

第二节　病虫害防治与植物检疫

林木病虫害防治　1986—2005年，境内发生的林木病虫害有榆蓝金花虫、大袋蛾、泡桐丛枝病、杨尺蠖、杨树黑斑病、杨树溃疡病、杨树腐烂病、杨白潜叶蛾、杨小舟蛾、杨扇舟蛾、锈色粒肩天牛、光肩星天牛、桑天牛、三毛瘿螨、杨梢叶甲、柿绒蚧、合欢枯萎病、合欢锈病、牡丹根腐病、牡丹红斑病、根结线虫病、苹果绵蚜、桃小食心虫、柳瘿蚊、霜天蛾、草履蚧、桑白盾蚧、日本龟蜡蚧、泡桐龟甲、枣尺蠖、枣黏虫、冠瘿病等32种。其中“七五”“八五”期间，全区发生的主要病虫害为榆蓝金花虫、大袋蛾、泡桐丛枝病等；“九五”“十五”期间，发生的主要病虫害为杨尺蠖、杨小舟蛾、杨树黑斑病、杨树溃疡病等。

榆蓝金花虫防治　1986年前，榆蓝金花虫在境内曾大面积暴发，经过连年防治，虫口密度有所降低。1986年，该虫在境内又呈上升趋势，发生面积3.75万公顷，其中重度发生面积8333.33公顷。1988年发生面积7.06万公顷，但重度发生面积比往年明显减少。是年，全区累计防治受害榆树近2亿株，占应防治榆树的80%以上；使用药乐果乳剂112万公斤，杀虫效果达85%以上。1989年后，榆蓝金花虫虫口密度明显下降，虫害得到有效控制，达到了有虫不成灾的目的。

大袋蛾防治　1988年，境内53.33多万公顷农桐间作、丰产林，大袋蛾发生面积达33.33多万公顷，其中较为严重的有20多万公顷。全区出动劳力100多万人，摘取袋蛾17万公斤。1989年，境内大袋蛾发生面积46.67万公顷，占泡桐树面积的87.5%，化防面积26.67多万公顷。通过化防，1990年病虫害稍有降低。1991年，大袋蛾又大幅度回升，行署向各县推广县级菏泽市大黄集乡的治虫办法。是年，全区防治大袋蛾270万亩。1992—1993年，大袋蛾在境内再次暴发成灾，通过对大树根基打孔注药、机动弥雾喷洒和人工摘袋，防治面积达40多万公顷。1994—1995年，大袋蛾在域内仍有发生，但没形成灾害。1996—2005年，大袋蛾发生面积逐年下降，虫害得到基本控制。

杨尺蠖防治　1990年，在单县沙河林场发现杨尺蠖虫害，面积33.33公顷。通过烟雾防治，虫害漫延得以控制。1998年以后，域内大面积种植速生杨树，由于树种单一，给以杨尺蠖为主的杨树虫害创造了传播条件。2003年，域内杨尺蠖发生面积1.2万公顷。2004年，杨尺蠖主要发生在鄄城、牡丹区、巨野、郓城、东明、定陶等县区的50多个乡镇，发生面积1.66万公顷，其中轻度面积1.19万公顷，中度面积3013.33公顷，重度面积1666.67公顷。2005年，域内杨尺蠖发生面积4万公顷，发生程度为中度偏轻。各县组织治虫专业队，采取烟雾机防、根部埋药、树叶喷药和人工摘除虫蛹的方法，遏制了虫害的扩散。

森林植物检疫　境内森林植物检疫主要是植物产地检疫和调运检疫。1987年，在菏泽火车站、定陶县城关镇和张湾镇、梁山县城关镇设立检疫点。定陶县在检疫中最早发现柳瘿蚊传入境内。同年春，曹县林业局在城关镇发现柳瘿蚊虫株1万多株后，立即组织当地群众全部进行刮除虫瘿，并对危害部位涂抹机油与药物混合剂集中销毁。1987—1988 年，首次开展了对森林植物检疫对象的普查，查出境内有国内检疫对象 5 种，省内检疫对象 10 种，随后对检疫普查对象划定疫区和保护区。在普查中，梁山县北部 6 个乡镇发现有柳瘿蚊虫株 3 万多株，林业森保部门及时划定疫区，组织专业队采取切除病原和药物防治等措施，将虫株全部消灭。1993 年，菏泽市林木保护站在检疫市园林管理处从河南调运的红叶李苗木时，发现 80% 的苗木带有根癌病和根结线虫病，及时对 1000 多株调运苗木封存，随后用汽油焚烧掉。1999—2000 年，全区组织开展第二次森林植物检疫对象普查，查出国家和省级检疫对象 13 种，对检疫对象划分了疫情发生区和保护区。2004 年，组织开展第三次林业有害生物普查，查出新传入林业有害生物 52 种，其中虫害 32 种、病害 14 种、有害植物 6 种，随后对普查的病虫害划定了疫区和保护区。2005 年，全市设检疫站点 10 个，有专职检疫员 69 人，兼职检疫员 158 人。

第三节　林木病虫害测报

1986 年，境内设病虫害基层测报点 50 余个，重点对榆蓝金花虫、大袋蛾进行定点观测预报。1987 年健全了地、县、乡三级测报网络。1989 年在全省率先实现对大袋蛾、榆蓝金花虫、杨扇舟蛾等林木病虫害预测预报网络化。1990 年，全区 9 县市测报中心共有基层测报网点 86 处、专兼职测报员 86 人。1991 年，根据林木病虫害发生趋势，域内设置测报点 200 多个，调查标准树 2763 株，采袋解剖 1.89 万个，预报出大袋蛾将在域内大发生的可能性，为提前防治病虫害的大面积发生提供了依据。1998 年，域内杨树栽种面积迅速扩大，由于树种单一，杨树病虫害增多。2001 年，市林保站通过监测调查，预报了杨尺蠖有可能在域内暴发成灾，市政府及时通知各县区迅速掀起防治行动，为提前防治虫害的蔓延争取了时间。2001—2005 年，市林木保护站和郓城县、牡丹区、曹县的测报点先后被批准为国家级中心测报点。

第四节　野生动物保护

宣传　救助　1987 年为加强对野生动物保护工作，地区成立野生动物保护协会。1988 年《中华人民共和国野生动物保护法》颁布后，全区开展“保护鸟类资源，建设文明菏泽”　的宣传活动。2005 年，全市共开展“爱鸟周”活动 24 次，开展“野生动物保护宣传月”活动 15 次，制作鸟类实物标本 40 余件、图版 10 块（图片 100 余张），发放宣传材料 1 万余份，并通过广播电视和报纸开办栏目，向群众普及保护野生动物知识。通过宣传教育，爱鸟护鸟、保护救助野生动物逐渐成为群众的自觉行动。1986 年，梁山县拳铺乡一农民救助大鸨和白骨顶，送县林业局饲养。1991 年，鄄城县陈良乡农民将受伤的大天鹅治疗康复后，送济南金牛公园。1993 年，鄄城县一农民将救助的省级重点保护动物狗獾送到野生动物保护部门。1986—2005 年，全市平均每年救治救助受伤落难国家级和省级野生动物 30 只左右。

查处猎捕野生动物案件　1986 年，梁山县林业局、公安局查处吴 ×× 等人非法猎捕大天鹅案件，没收其作案工具水炮（排铳）、旱枪，查封制造猎具的工厂，并对违法人员给予刑事处罚。1995 年，东明县查获一起非法收购青蛙案，菏泽市查处一起非法销售青蛙窝点，共查获 35 吨冷冻青蛙肉，并对主要犯罪分子依法逮捕。2002 年，牡丹区林业公安人员蹲点守候，在李村镇黄河滩区抓获猎捕大天鹅、绿头鸭的犯罪嫌疑人 5 人，缴获土炮 2 台。同年 7 月，在李村镇捣毁一非法收售青蛙窝点，查获青蛙 200 公斤，抓获犯罪嫌疑人 8 人，查扣运输机动车 1 辆。2003 年 4 月“非典”疫情防控期间，在菏泽火车站抓获濮阳县海通乡一不法分子，查获无蹼壁虎 230 公斤。2005 年 7 月，在曹县庄寨镇查处一起利用长途客车非法贩运青蛙案，查获青蛙 6 万余只，对活蛙在曹县境内全部放生，并对违法当事人给予严厉处罚。通过案件查处和打击犯罪分子，遏制了捕杀野生动物的违法犯罪行为。

第五章　林业产业化

第一节　林产品加工

菏泽丰富的林业资源，为林产品加工业奠定了原料基础。1986—2005 年，境内先后建成定陶林盾刨花板厂、成武森利人造板厂、东明杨木绒浆厂等 15 个龙头企业和曹县庄寨镇的桐木拼板与普连集镇、倪集镇的条柳编，鄄城县阎什口镇的家具，单县浮岗镇的装饰木线条，郓城县黄安镇，成武县孙寺镇，牡丹区沙土镇、李庄集乡与鄄城什集镇的单板、胶合板等十大加工群体，以及曹县庄寨桐木和鄄城旧城架木两大木材贸易市场，形成了市场牵龙头、龙头带基地、基地联农户，种植、加工、销售一条龙的产业化格局。菏泽已成为全国平原地区最大的林产品生产加工、出口基地。

1994 年，境内有桐木加工企业 2908 家，其中县办 18 家，乡镇办 62 家，个体加工

杨木旋皮晾晒

户2828家；耗桐木31万立方米，销售收入4亿元，实现利税6000万元。桐木加工出口占全国总量的80%以上，草编加工出口占全国总量的60%以上。至2004年年底，全市独立核算的森工企业带动了2.8万个加工点和50万从业人员，加工木材650万立方米，实现产值70亿元。其产品包括家具、拼板、胶合板、纤维板、刨花板、工业品、装饰材料等八大类上千个品种，销往全国28个省市，并出口韩国、日本、美国等20多个国家或地区。同年，全市林产品出口创汇1.3亿美元，占农产品出口创汇总额的60%以上；销售收入在500万元以上的规模企业共26家，资产总额达8亿元，实现销售收入20亿元。

第二节　大型木材加工企业

山东东力雅木业有限公司　1990—1994年，成武县南鲁林场出口桐木加工厂每年可生产杨木胶合板6000立方米，中密度纤维板8000立方米，年产值2500万元。1994年，成武县出口桐木加工厂、鲁艺家具公司等四厂联合组成的金森集团成为山东省林业系统首家以林木综合深加工为主导产业的综合性、跨行业、跨所有制的大型龙头企业。1998年5月，金森集团改制为森利人造板有限公司。2003年9月与四川东华机械厂合资组建山东东力雅木业有限公司，总投资4060万元，拥有年产2.6万立方米中密度胶合板、8万立方米高密度纤维板、60万平方米强化复合地板、80万平方米三聚氰胺装饰面板、2.6万吨胶粘剂的生产能力。2004年销售收入3174万元、利税506万元。1998年、2003年、2004年三次被评为山东省资源综合利用先进企业。

晨鸣板材有限公司　定陶县林盾刨花板厂于1994年4月建成投产，总投资5095万元，国家扶持一次性补助3000万元，年产3万立方米人造板。1998年10月进行股份制改造，成立山东林盾股份有限公司。2003年7月在此基础上组建菏泽晨鸣板材有限公司，晨鸣集团控股67%，定陶县政府入股33%。晨鸣集团投资1.2亿元进行技术改造，新增年产20万立方米高、中密度板生产线。至2005年，晨鸣板材有限公司平均每年实现产值1亿元、利税2000万元，加工枝桠材45万吨（350元/吨），为当地农民增加收入1.35亿元。

晨鸣板材

东明石化集团恒鑫纸业有限公司　东明县杨木绒毛浆厂于1991年建厂，1996年投产，年产1万吨杨绒纸浆。2004年4月，实行股份制改造，成立东明石化集团恒鑫纸业有限公司。厂内员工控股51%，东明石化集团入股49%。8月，生产以漂白木浆为主的杨绒浆，年产1.2万吨，产值4600万元，利税110万元。

第三节　中国林产品交易会

2002年，菏泽市委、市政府凭借境内丰富的林业资源和快速发展的林产品加工业，开始申办中国林产品交易会，并且在全国13个省市的激烈竞争中获得该会的举办权。2003年，市政府以招商引资方式，投资近亿元人民币，建成占地20公顷的菏泽国际会展中心。4月22日，由国家林业局、山东省人民政府主办，山东省林业局、菏泽市人民政府共同承办的“首届中国（菏泽）林产品交易会”在山东省菏泽市国际会展中心开幕。副省长陈延明，国家林业局有关领导，省林业局主要负责人，当地党委政府主要负责人及来自日本、韩国、新西兰等10多个国家的贵宾，共计1000余人在蒙蒙细雨中出席开幕仪式。该届林产品交易会是全国21世纪首次全方位、多层面展示林产品及林产业的发展，推动中国林业产业走向世界的一次国际盛会。林交会原设计摊位591个，4月10日前全部定满。为扩大林交会的规模和影响，满足国内外客商的需求，展位数量先后增加3次，达到730个，超出原定展位数的24%。市外企业参展摊位354个，占摊位

2004年9月19—23日，首届中国林产品交易会在中国林展馆举行。

总数的48%；市外企业310个，占参展总数的50%。广东、广西、上海、北京、黑龙江等全国21个省、市的相关企业参展。其中全国各地的20余家知名企业参展，国内一流企业晨鸣集团、南山集团、东华机械厂、北京新纪元有限公司等订购摊位都在两个以上。林交会设12个展区，林产品10个门类、2000多个品种，并有200多种非林产品参展。该届交易会历时4天，交易会期间，组委会还安排林产品及其技术交易与菏泽非林地产品交易；林产品加工、科技开发、林果花卉种植、新品种培育等招商引资项目200余个；知名专家论坛，专家论坛的主题是"中国林业产业化与经济国际化"。邀请国际国内林业方面的知名专家进行演讲、交流，探讨加入WTO后，中国林业产业化、国际化发展的方向及中国林业可持续发展战略，世界林产品贸易趋势和预测，加快实施林业产业化、国际化的发展步伐等议题。2004年经国家林业局批准，在菏泽建立中国林产品交易中心，并被定为中国林交会永久会址，同时将菏泽国际会展中心更名为中国林展馆。同年9月19—23日，首届中国林产品交易会在中国林展馆举行，设置展位821个，参会人员11万人次，产品成交额40亿元，其中国内合同交易额30.56亿元（涉及689个项目），出口成交额1.02亿美元。

2005年9月19—22日，第二届中国林产品交易会在中国林展馆举行，设展位812个，与会人员涉及美国、日本、法国、韩国、意大利等48个国家和国内17个省市，共计12.28万人次。此次交易会共签订合同及意向1267个，达成内资交易额35.3亿元，引进外资4820万美元。

第六编 畜牧

规模养殖

青山羊

检　疫

菏泽是畜牧大市，鲁西黄牛、青山羊、小尾寒羊是地方特色品种。1986年境内牛、羊、猪、禽存栏量分别为56.08万头、296.38万只、116.60万头、1356.26万只，以农户散养为主，养牛为役用，羊猪禽类等商品率低，全区规模化饲养程度仅为0.5%。1986年后，随着改革开放和经济的快速增长，消费水平提高，推动畜牧业发展。规模化饲养程度大幅度提高，现一大批养鸡专业户、专业村，养殖利润丰厚。1990年以后，畜禽生产呈周期性变化明显，价格由高到低，数量由少到多完成一个循环周期。这种变化与粮食生产周期性变化以及经济增长周期都有一定对应关系，当粮食的生产周期与畜禽各自的繁殖生产周期发生重叠时，波幅变大，波峰期和波谷期持续时间延长。

1992年地委、行署调整畜牧业结构，提出发展牛羊节粮型畜牧业，大力推行人工种草，种养结合。1994年菏泽成为全国农区第一养羊大区。1995年是菏泽养牛最多的年份，列全国农区第二位。境内禽畜规模化饲养程度为18.6%。此后由于农业机械化程度提高，农机具的普及，以及农民外出务工原因，黄牛饲养量呈下降趋势，役牛饲养向肉牛饲养转型。1998年地委行署制定下发《关于大力发展畜牧业的决定》《加快推进畜牧产业化工作的决定》等一系列重要文件，大力发展畜牧业，开展畜牧示范乡镇建设和科技示范基地建设以及标准化生产，加大科技兴牧工作力度，鼓励外商到菏泽投资，多措并举，促进畜牧业快速发展。进入21世纪，受加入世界贸易组织、国内大城市市场准入制度的影响，人们对畜产品的质量要求提高，畜牧生产处于标准化饲养的转型期和区域性特色畜牧业形成期。

2005年末，牛、羊、猪、禽存栏分别达到85.13万头、949.08万只、332.97万头、4708.9万只。较1986年分别增长了51.80%、220.22%、185.57%、247.20%。规模饲养已分别达到30%、20%、60%、74%以上，基本形成以大户、小区、饲养场为主体，以专业村、重点乡镇、基地县为框架的适度规模经营格局。畜牧产值由1986年的5.45亿元增加到2005年的73.41亿元，畜牧业产值占农业总产值的26.56%，产值每年以13.9%的速度递增。畜产品加工企业由1986年的110家、年产值3.2亿元增加到700多家、年产值23.6亿元 。初步建成畜产品加工体系，形成肉蛋奶、皮毛皮革及其制品、皮毛工艺品、肠衣肠线、骨血蹄、生化制药等系列生产，产品达4000多个品种，各级政府加大畜产品加工业等相关产业的培育力度，内扶外招，多层次、全方位发展“龙头”企业，全市形成绿源、亚龙、横店、麟州、神舟、富仕达、百寿坊、伊诺等十大“龙头”，曹县烧牛肉、单县羊肉汤等六大加工群体，64个有出口资格的畜产品加工企业创汇1.89亿美元。

第一章　畜禽品种

第一节　家　畜

牛　鲁西黄牛是国内著名的肉役兼用地方品种，菏泽是中心产区，数量多且质量优。

鲁西黄牛种公牛

1986年，境内引进4头利木赞种公牛，当年杂交改良肉牛300多头。1997年，地区畜牧局从中国农科院引进世界著名肉牛“皮埃蒙特牛”冻精1万粒，作为全区改良肉牛的终端亲本。同年，山东中大种公牛站引进利木赞、西门塔尔、安格斯、夏洛莱牛胚胎600多枚，移植受体牛580头，1998年生产140头纯种利木赞、西门塔尔等肉牛。1986—2005年，年改良肉牛一直稳定在20万头左右。鲁西黄牛与利木赞杂交后代，净肉率为50%；与西门塔尔杂交后代，净肉率为44.7%。

中国荷斯坦奶牛是境内唯一的乳用牛品种，但发展缓慢，数量少、规模小。1990年后，受全国奶牛饲养热的影响，发展较快。1999年，全区存养0.38万头；2002年，全市存养0.78万头，有乳品加工企业7家；2004年，奶牛存栏达到2.69万头，乳品加工企业增加到十几家。

羊　菏泽是小尾寒羊原产地和中心产区，2005年饲养量达100多万只。青山羊是国内专用羔皮山羊品种之一，菏泽是主产区。波尔山羊是世界著名的肉用山羊品种，原产于南非，1997年境内首次从澳大利亚引入种羊16只，开展肉用山羊杂交改良试点。2000年，菏泽实施农业部“948”项目，从新西兰引入种羊40只，用于扩群繁育和杂交改良。引入后表现出良好的适应性，杂交效果以白山羊为最好。20世纪90年代以后，由于国内外市场对羊肉、羊毛、羊皮需求的变化，世界养羊大国纷纷转向以羊肉生产为主，养羊生产格局发生根本性转变。曾经以生产青猾皮为主的青山羊，面临前所未有的市场挑战，饲养数量减少，品质下降，保种任务艰巨。2005年，全市建有3处省级青山羊保种场，存养种

羊200只。

猪　境内本地猪种以曹州黑猪为主，属全国体型较大的华北型黑猪，具有抗病耐粗饲，适应性强，多胎高产，哺乳力强，护仔性能好，性情温顺，肉质优良，风味独特，母猪发情明显。但一般存在着体格偏小、体态结构不均匀、生长速度慢、屠宰率低等缺点。杜洛克猪于1995年引入境内，1998—2001年处在推广发展的兴盛时期。该品种原产于美国东北部，是世界著名的瘦肉型猪种，在境内的分布数量仅次于大约克夏和长白猪，但因早期缺奶，育成率较低。大约克夏猪于1983年引入境内，1987—1997年处在普及推广的兴盛时期，1998年以后进入多元杂交育肥猪普及时期。长白猪是日德兰半岛的土种猪，1994年引入境内，至2005年一直处在生产发展的主导地位。

特种动物　1986—2005年，境内特种经济动物发展较快，尤其是兔、大连黑貂、梅花鹿、肉用犬和獭兔均有规模养殖，多以家庭规模养殖和十几户连营养殖方式。

第二节　家　禽

鸡　1986—1992年，全区规模化饲养程度较低，传统土种鸡和品种鸡在农村多为一家一户散养。1993—2005年，规模场、饲养大户开始涌现，尤其是规模万只以上的蛋鸡场，全市共有50余家，饲养的主要是罗曼鸡、海兰鸡、迪卡鸡等品种。肉食鸡品种发展较快，规模场的饲养方式多为全进全出制，品种主要有爱拔益加、艾维茵肉鸡等。罗曼蛋鸡于1991年引入境内，是域内蛋鸡饲养的当家品种；海兰蛋鸡于1992年引入境内，2000年后饲养量逐年下降；迪卡蛋鸡于1993年引入境内，1995—2001年进入发展养殖推广盛期。爱拔益加肉鸡于1988年引入境内，至2005年仍占据肉鸡生产的主导地位；艾维茵肉鸡于1988年引入境内，至1995年仍处于发展推广的兴盛时期。

林下养殖柴鸡（土种鸡）

鸭　境内饲养的主要品种是微山麻鸭和樱桃谷鸭。微山麻鸭于80年代初引入境内，多为散养。至2005年，全市5000只以上规模养殖场仅15家。樱桃谷肉鸭于1998年引入境内，2002年存养量达到280万只，是域内肉鸭生产的主导品种。

鹅　规模养殖场较少，多为民间零星养殖，养殖品种主要是百子鹅和朗德鹅。百子鹅于20世纪70年代引入，多为农家散养，数量不大；朗德鹅于90年代末期引入，经济效益较好。

特禽　肉鸽于20世纪90年代初期引入境内，有饲养场12处。2000年后，多数肉鸽饲养场破产或转产。菏泽饲养斗鸡历史悠久，始于夏商，盛于唐宋。菏泽是斗鸡繁殖培育基地，也是斗鸡活动的发源地。2005年，鲁西斗鸡全市存养量5万只。

纯种红羽斗鸡

第三节　良种繁育与推广

1986—2005年，菏泽初步形成与畜牧业发展相适应的良种繁育推广体系。至2005年底，全市共有70家种畜禽场获得“种畜禽生产经营许可证”，其中有国家级种畜禽场3家，省一级种畜场4家、省二级种畜场和父母代种禽场63家；存养种牛3800头（肉牛280头、奶牛3520头），种羊 7161只，种猪2530头，父母代种禽37.4万套（蛋种鸡20.05万套，肉种鸡13.50万套，种鸭3.7万套，种鹅1500套），种兔9000只，种貂3000只，种狐900只，种犬40只。这些种畜禽场构成繁育体系的主体，承担着域内主要畜禽品种的育种和供种任务。

克隆牛

高新技术在养牛业得到研究应用。山东银香伟业集团公司成功研制出国内首批自主本土体细胞“克隆牛”，创造了克隆牛胚胎移植受胎率、妊娠出生率、繁殖成活率和群体规模四项第一。 2003年12月14日，中共中央总书记胡锦涛到山东银香伟业集团公司（曹县五里墩）视察，并给予高度评价。2004年4月，中国首批本土克隆牛相继生下“宝宝”，成功实现克隆牛在曹县从无性繁殖到有性繁殖的突破。

鲁西黄牛　1985年，全国黄牛育种委员会和山东省黄牛发展区域规划确定郓城、鄄城、巨野为鲁西黄牛保种区，山东鲁西黄牛原种场和县级菏泽市黄牛繁殖场两个保种场，分别承担鲁西黄牛保种与开发任务。其中鲁西黄牛原种场属国家级鲁西黄牛品种资源保护场，存养种牛200头，承担国家“863”计划——优质鲁西黄牛新品系选育技术研究。

1986—2005年，域内相继引进利木赞、西门塔尔、夏洛莱、皮埃蒙特、德国黄牛等国外良种肉牛冻精，杂交改良鲁西黄牛，提高其产肉性能，取得良好效果。全市建有肉牛改良站（点）358处，年均改良肉牛10万头左右。

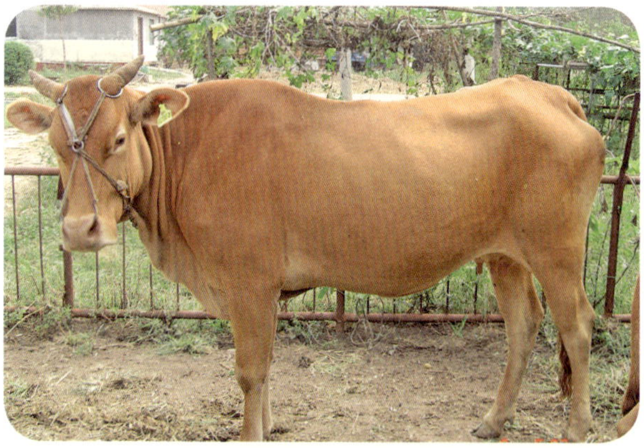

鲁西黄牛母牛

小尾寒羊　1986—1995 年，境内小尾寒羊繁育处于稳步发展阶段。1995 年以后，由于小尾寒羊价格上扬，规模饲养场逐年增加。至 2002 年，每年调往华北、西北、东北等地区的小尾寒羊达 15 万只左右。随着肉羊需求量的增加，小尾寒羊杂交试验研究提上议事日程。2002 年，山东农科院畜牧所王立铭研究员在郓城正坤羊场开展国外良种肉羊胚胎移植技术（杜泊绵羊、萨福克羊）和杂交改良试验，取得初步良好效果。2003 年，巨野现代小尾寒羊繁育场用杜泊绵羊与小尾寒羊进行杂交改良试验，杂交一代育肥效果明显。2003 年，受非典型性肺炎（简称“非典”）的影响，外调量急剧下降，价格滑跌，群众养羊的积极性受挫，宰杀母羊羔羊现象严重。2005 年，国内外市场羊肉需求量剧增，带动养羊业回暖。

2005 年，境内引进的国外肉用绵羊品种主要有杜泊绵羊和萨福克绵羊。

小尾寒羊一胎五羔

鲁西南青山羊　20 世纪 90 年代，由于羔皮市场的波动和山羊肉用方向的杂交，该品种出现体格变小、羔皮品质下降、数量不断减少等问题。1997 年，地区畜牧局从澳大利亚引进波尔山羊 16 只，分布到域内 4 个县开展肉用山羊杂交改良试点，均取得良好效果。此后几年受全国波尔山羊炒种热的影响，每只种羊售价高达 4 万元～ 5 万元。2000 年，地区畜牧局承担国家“948”项目——国外优质肉羊引进与开发，从新西兰购买波尔山羊 40 只。同年，地区牵头联合其他地市的 5 家单位承担了省财政支农招标项目——肉用山羊杂交改良及配套技术推广，并获得省农牧渔业丰收奖一等奖。2003 年“非典”过后，波尔山羊炒种热急剧降温。

鲁西南青山羊

生猪　20 世纪 80 年代，境内相继引进杜洛克、汉普夏、大约克、长白、皮特兰等瘦肉型猪种，并推行二元或三元杂交模式。90 年代后期，以菏泽旺达畜禽养殖

长白猪

有限公司和菏泽宏兴原种猪繁育有限公司为代表的龙头企业，建立“杜长大”为主的三元杂交猪繁育推广体系，提高了域内生猪生产水平和市场占有率。至2005年，境内猪的良种化程度达到98%以上。

家禽 1986—1990年，境内饲养的蛋鸡品种主要是星杂“288”系列。1990年后，相继引进罗曼、海兰、迪卡、罗斯等优良品种。2005年，父母代蛋种鸡存养规模达20.05万套，商品蛋鸡苗自给有余，蛋鸡规模化饲养程度达到85%以上，配套技术得到全面推广应用；但全市未建一处祖代蛋鸡场，父母代蛋种鸡完全依赖引进。

菏泽肉鸡生产起步较晚，1990年前集中在少数规模场和专业户中饲养，2000年发展到了高峰，主要肉鸡品种是爱拔益加（简称AA肉鸡）和艾维茵肉鸡。至2005年年底，父母代肉种鸡存养规模达13.50万套，商品肉鸡苗自给有余，肉鸡规模化饲养程度达到95%以上，配套技术得到全面推广应用，但全市未建祖代肉鸡场，父母代肉种鸡完全依赖引进。

2000年后，鸭、鹅发展迅速。2005年有种鸭3.7万套、种鹅1500套，主要品种是樱桃谷肉鸭和朗德鹅。特别是林(指树林)下规模养鸭，年出栏量280万只，成为养殖户致富的新亮点。

第二章 饲草饲料

第一节 饲草饲料资源

饲草资源 境内饲草资源丰富，主要有野草、树叶、农作物秸秆和人工种植的牧草。

1986年，地区畜牧兽医站对全区各县市的自然草资源进行系统调查，将草场划分为1个大类(平原草甸草场类)、3个亚类、9个组、16个型。第一亚类是沙质草甸草场，分布在黄河故道，主要品种有白茅、马唐、香附、画眉草等；第二亚类是河漫滩草甸草场，分布在河流两旁，主要品种有狗牙根、礼肠、小芦苇等；第三亚类是盐碱地灌木草甸草场，分布在背河洼地和由于长期冲积退化的水库、湖区及河槽，主要品种有田菁、白茅、小飞蓬、碱蒿等。另外还有农田隙地及林下草场，分布在地头、路旁、沟渠、村周围及林地内，主要品种有马唐、小蓟、蒿属、菊科类等。全区共有草地面积253.6万亩，平均亩产鲜草466公斤，共产鲜草11.8亿公斤，理论载畜量可达到12.2牛单位。随着耕地的开发、河道的增加和房屋的扩建，自然草资源逐年减少。菏泽是全国平原绿化标准地区。1986年全区有林地面积2.72万公顷，各类林果树木2.1亿株，约产干树叶10.5亿公斤，是冬春两季储备的主要饲草。

菏泽是农业大市，种植业发达，农作物秸秆叶蔓丰富，其中可作饲草的主要有麦秸、玉米秸、豆类秸秆、谷草、高粱叶、地瓜秧、花生秧、棉花叶等。麦秸产量很大，是喂牛的主要原料，20 世纪 90 年代后，随着小麦联合收割机的推广普及，多数麦秸用于“秸秆还田”直接作肥料，饲喂牲畜的由 80 年代中期的 40% 逐渐降低。玉米秸产量也相当可观，青绿玉米秸、玉米叶可直接饲喂牛、羊、马属动物。叶蔓类直接饲喂家畜利用率在 80% 以上。豆叶、豆角皮、菱草秸、高粱壳等也可作饲料，但产量较小，只作为粗料补充料。

收割青储玉米

90 年代中后期，畜牧业养殖方式出现较大变化，一家一户的散养迅速减少，规模饲养发展较快。自然草场的萎缩，秸秆还田面积的增加，规模化饲养须开发新的饲草资源。1999 年，地区畜牧管理部门推广人工牧草种植，推广的牧草品种主要有冬牧 70、紫花苜蓿、三叶草、籽粒苋、墨西哥玉米、鲁麦克斯、串叶松香草等，牧草种子由地区畜牧工作站负责供应。2002 年，市政府将种草养畜任务分解到各县区。2004 年，市委、市政府在全市推行上林下草、林草间作、上林下牧的林牧结合模式，并拨款 100 万元作为林下种草专项扶持资金。1999—2004 年，全市牧草种植面积分别为 1200 公顷、5000 公顷、8333.33 公顷、1.47 万公顷、2.75 万公顷、3.61 万公顷。至 2005 年，除农户散养仍然饲喂野草、树叶等，规模养殖的饲草饲料主要是秸秆和人工种植的牧草。

紫花苜蓿

饲料资源 粮食类用作饲料的品种主要有玉米、豆类，其次有小麦、谷子等，其中以玉米用量最大。全区每年玉米种植面积约 20 万公顷以上，可产玉米 100 万吨以上，70% 以上的玉米用作饲料。20 世纪 80 年代农户散养多直接用粮食作精饲料。

农副加工类用作饲料的品种主要有豆粕、麦麸、棉籽饼、粉渣、酒醋糟渣、酱油渣等，其中以为豆粕主要蛋白质饲料，用量最大，90% 以上的豆粕用于饲料加工使用。麦麸也是配合饲料混合饲料用量较大的农副产品，全市每年生产的麦麸几乎全部用作饲料。另外，啤酒糟也是一种含蛋白较高的饲料，经过烘干加工后蛋白质含量在 24% 以上，有部分饲料厂开始使用，在一定程度上可降低成本。

青绿多汁饲料主要有各种蔬菜、瓜类、萝卜等。这些饲料在 20 世纪 90 年代中期前用量较大，随着饲养模式的转变，用量逐渐减少。

动物性饲料主要有鱼粉、骨肉粉、肉粉、血粉、小鱼虾等，大多依靠外地调入。

90 年代中后期，开始利用混合饲料、配合饲料，配合饲料首先在规模养殖中使用。饲喂方便，能提高商品率，配合饲料逐步得以发展和推广。至2005年，境内95%以上的规模养殖户都在使用配合饲料和混合饲料，其中一部分是自产自用，一部分属购买使用。

第二节　饲草饲料加工

青贮饲草　1986—2005年，境内一直推广使用青贮饲草加工技术。青贮的原料主要是鲜玉米秸、鲜地瓜秧和花生秧，但贮量很少。随着规模饲养业的发展，80%以上的饲养大户使用青贮玉米秸，每年的9月份进行青贮，一般可饲喂牲畜7～8个月，也有少部分青贮大户可喂到第二年的青贮对节期。全市每年可产鲜玉米秸约450万吨，每头牛每天采食量按12.5千克计算，每年的鲜玉米秸载畜量可达98.6万头，按2004年年底84.6万头存栏，还可增加黄牛饲养量14万头。

青　贮

氨化饲草　氨化饲草是在秸秆中加入一定比例的氨水、无水氨（液氨）、尿素等，经过氨化处理后的秸秆消化率可提高20%～30%，粗蛋白提高1.5倍。氨化的原料主要是麦秸，其它秸秆做氨化处理的极少。20世纪80年代，域内开始推广氨化秸秆技术，90年代初期，每年约推广7～10吨。随着农村家庭饲养模式的转型，此项技术一直未能全面推开。2000年后，氨化秸秆基本上被青贮秸秆所替代。

棉饼脱毒　20世纪80年代初，境内开始大面积推广棉饼脱毒喂畜技术。棉饼约含蛋白质25%～35%，是蛋白质含量较高的饲料资源，但须用一定比例的硫酸亚铁（黑矾）加水进行浸泡，去除棉酚毒素后，再按一定比例的量进行饲喂畜禽，而且要限量饲喂。菏泽是产棉大区，每年约产1.6亿～2亿公斤棉籽饼，喂畜禽最高的年份可占棉籽饼总量的40%之多，最少的达35%。90年代中后期棉花价格逐年下降，在一定程度上影响了农民种棉的积极性，加之一家一户的饲养模式逐渐转轨，这项推广技术也慢慢地被冷落。

固液分离机

饲料加工业　菏泽饲料加工业自90年代末期开始发展，比经济发达地区落后5～10年。随着畜牧养殖业的快速发展，多数规模饲养户都从外地购买饲料。1997—1999年，全区有年生产销售能力在10万吨以上的饲料加工厂31家。1999年国务院颁布《饲料和饲料添加剂管理条例》后，饲料加工业步入法治化轨道。自2000年始，严格规范饲料生产企业的审批条件和程序，对不符合条件的饲料加工企业一律不予办理转呈手续。至 2005 年，全市共批办饲料生产企业 62 家。市内饲料产品在全市约占 70%，其它 30% 的饲料产品属于外地产品和自配饲料。全市饲料加工企业的实际生产能力可完全满足规模养殖户对饲料的需求。

第三章　畜禽饲养

第一节　家畜饲养

鲁西黄牛　1986—1990 年，随着农业机械化程度的迅速提高，鲁西黄牛逐渐由役用转向肉用。90 年代初期，养牛成为农民的家庭副业，但以农户散养为主。饲喂的精饲料以玉米为主，其次有麸皮、大豆、棉籽饼、豆饼、地瓜干、粉渣等。豆饼多粉碎后干喂，也有加水浸泡后拌草；棉籽饼多在冬春季节饲喂，其它精饲料粉碎混合后使用。饲草主要是作物秸秆，其中麦秸约占一半。饲草的调制也比较精细，铡碎筛净，冬春将各种饲草混合后铡碎调制“花草”喂牛，既增强适口性，又营养全面。90 年代中后期，随着肉类加工业的崛起，养牛的规模化程度有了显著提高，1995 年肉牛饲养量达到顶峰。全区按照“分散饲养增总量，规模饲养增效益”的原则，在鼓励千家万户群养的基础上，把发展肉牛规模园区、专业村、专业场（户）作为规模饲养的重点。肉牛饲养者改变了传统的饲养方式，饲养的品种大多数为杂交牛，主要是利用国外优良的肉牛品种利木赞、西门塔尔、夏洛莱改良当地的鲁西黄牛。通过品种改良，肉牛生产水平明显提高，出栏牛平均胴体重达 165 千克，比 1990 年的 148 千克增加了 17 千克。饲养方式上采用短期集中育肥；将大量的架子牛（当地一般指散养户中粗放饲养，骨架基本长成，但膘情差，产肉率低，没达到上市活重的牛）集中饲养，饲喂一定的精料，使之在 90 ～ 100 天内达到 500 千克左右的出栏体重。有的饲养者为了满足市场对高档牛肉的需求，买进断奶犊牛，采用直线育肥的方式饲养，直至达到出栏体重。

进入 21 世纪以后，养牛业得到迅猛发展，规模饲养与标准化生产快速并进，出现了一大批养牛饲养小区、饲养场和饲养大户，肉牛养殖区域化、规模化、产业化显著提高。曹县、单县、成武、东明、鄄城、郓城 6 个县，存栏黄牛占全市总数的

黄牛育肥

85%，初步形成了南部黄河故道和北部沿黄两大肉牛生产优势区域。2003年年底，全市存养100头以上的养牛户和规模场（区）420处，规模饲养量占总饲养量的35%。

2003年，菏泽市被科技部、国家质检总局确定为《重要技术标准研究》专项地方试点工作第二批15个城市之一，承担鲁西黄牛标准研制任务。经过市畜牧局和山东银香伟业集团公司、山东省鲁西黄牛原种场、横店集团麟州肉类有限公司三家试点企业（基地）两年多的努力，3项山东省地方标准——《鲁西黄牛快速育肥技术规程》《鲁西黄牛屠宰加工技术规范》《种公牛饲养管理技术规范》于2005年9月14日一次性通过山东省畜牧专家组评审验收，为鲁西黄牛标准化生产奠定了基础。

2005年境内鲁西黄牛存栏量81.36万头，规模饲养达到28.7%。

羊 境内小尾寒羊的饲养方式以农户散养为主，一般家庭饲养数量2～5只，2005年百只以上规模养殖场有20多处。饲草来源主要是农林业副产品，如作物秸秆、秧蔓、荚皮、树叶、野草和人工牧草等。精料主要是粮食加工副产品，如糠、麸、饼类等。饲养方式以舍饲为主，放牧为辅。放牧多为栓牧、牵牧，小尾寒羊不适于远牧、急行或斜坡外放牧。

标准化羊舍

青山羊以舍饲为主，放牧为辅。舍饲羊只多数无固定栏圈，夏季拴于树荫下或散跑于院内，冬季多拴于闲置房屋内或临时搭的草棚内。羊群较小，以家庭为单位，一般为5～10只，群内公母混养，各种年龄的羊同群，在同一母羊群中，优胜序列不明显。有专业种羊养殖户提供种公羊配种，20世纪90年代后，部分畜牧兽医站和专业饲养场开始施行人工授精。青粗料来源多为刈割青草、收贮树叶及少量秧蔓；精料以玉米、麦麸为主。在产区内，一般只给妊娠后期母羊或待宰杀羊只补充少量精料，粗饲料多为自由采食。放牧主要在春末和夏秋季，常采用栓牧、牵牧和散牧等多种形式，放牧地多为林下、路边或茬子地。

生态养殖

波尔山羊属新引进品种，民间饲养量较少，但其杂交后代（白山羊做母本）还有一定数量。这种山羊采食范围广泛，在菏泽域内能很好地生存和生产，可放牧饲养，也可舍饲，还可采用放牧加补饲的方式饲养。

2005年，境内羊存栏量949.08万只，规模饲养达20%。

猪　1986年之前，境内饲养的猪种以本地猪种——曹州黑猪为主，曹州黑猪属全国体型较大的华北型黑猪，具有抗病耐粗饲，适应性强，多胎高产，哺乳力强，护仔性能好，性情温顺，肉质优良，风味独特，母猪发情明显。但一般存在着体格偏小、体态结构不均匀、生长速度慢、屠宰率低等缺点。针对境内猪群生产性能和体质外貌的缺点，从二十世纪70年代末，有计划的引进了采食力强、不挑剔、易上膘、出栏早的内江猪和背腰宽广、平直、胸深、产肉性能好的新金猪，进行杂交改良试验和推广利用。使本地猪在生产性能和体质外貌上都有了很大提高。选育的曹州黑猪，体形大，样子美，背毛全黑，抗病性能强，高抗气喘病；体形外貌基本一致、结构匀称、头清秀、体躯较长、背腰平直且宽；腹大而不下垂、后臂丰满、四肢高大粗，有效乳头7对以上，遗传性能稳定。成年公猪体重250～300千克，母猪200～250千克。改变了原曹州猪腹大、胸部较窄、皮厚、单脊背等不足，是生产高档猪肉的首选母本猪种。

杜洛克猪是20世纪80年代末引进较早的一个猪种，引进后进行了大量的杂交试验，取得了良好的效果。用杜洛克猪作二元杂交的父本，或三元杂交的终端父本，后代的肥育性能都有较大幅度提高，尤以饲料报酬（饲料转化率）的提高更为明显而稳定，所以利用杜洛克猪做父本进行杂交较为普遍。尤其是用做三元杂交的终端父本，由于杂交后代饲料报酬提高明显，肉质也较好，母猪早期干奶现象正在逐步克服，该品种已成为生产中的优良父本，有着广阔的开发利用前景。

大约克夏猪是80年代中期引入的，通过杂交，大约克夏猪在瘦肉猪生产中发挥了巨大的增产作用。用大约克夏猪作二元杂交的父本，后代的肥育性能都有一定程度的提高，并在繁殖性能上呈现一定的杂种优势。由于杂交商品猪适应性较强，加之二元杂交猪繁殖性能好，是三元杂交的优良母本，所以利用大约克夏猪做父本杂交成为最普遍的组合。大约克夏猪是全市引进最早、应用范围最广、存养数量最多的引进猪种。该品种适应性强、繁殖率高、杂交效果较好，成为良好的二元杂交的父本和三元杂交的第一父本。一些规模猪场以大约克夏猪作为三个引进猪种杂交的母本，如杜洛克、长白、大约克夏配合，进一步拓宽了大约克夏猪的利用途径，在养猪生产中发挥更为重要的作用。

长白猪瘦肉率高，杂交效果较好。随着人们对瘦肉型猪的需求，长白猪的饲养量日增。用长白猪作二元杂交的父本，或三元杂交的终端父本，后代的肥育性能都有较大提高，所以利用长白猪做父本生产杂交母本日益广泛。长白猪在全市养猪生产中发挥了较大作用。

2005年，境内猪存栏量332.97万头，

现代化猪舍

规模饲养达到60%。

第二节 家禽饲养

鸡 境内以饲养罗曼褐壳蛋鸡为主。该鸡蛋大，适宜在一般条件下饲养，是一个引进较早、饲养时间较长的优良鸡种。海兰蛋鸡开产日龄早，成年体重降低，日采食量下降。该鸡种具有高产、节粮、抗病的特性，在菏泽蛋鸡生产中发挥了重要作用。

爱拔益加肉鸡饲养时间为66周龄，生产培育期为24周。产蛋期为42周。鸡舍饲养育成鸡，控制每日光照时间为8小时，20周龄转入产蛋鸡舍时给以14小时光照。产蛋期采用公母分饲的方法，使用不同的饲料和喂料量，当鸡群的产蛋率连续2周停止增长时开始实施减料方案，至鸡群淘汰时减料总量均以高峰喂料量的10%。艾维茵肉鸡的饲养时间一般为65周，生产培育期为25周，产蛋期为40周。生产期应控制增重速度，公母分养。母鸡开始控制增重的时间不迟于4周龄，5～19周龄公母鸡均应保持稳定的生长发育，20周龄改为每日限饲，饲养到23～25周龄时，饲料量必须直线增加。

养鸡车间

2005年，鸡存栏量4167.39万只，其中蛋鸡2897.81万只。规模饲养达到74%。

鸭 微山麻鸭适于水面放牧饲养，很少补充饲料；水面封冻不能放牧时需补喂糠麸和精料，每只每年补充15～25千克。该鸭也可实行陆地舍饲，按蛋用鸭饲养标准配合饲料，注意选择高产个体，提高留种鸭群质量。

樱桃谷鸭的饲养应分性别，但公鸭群内也必须有一定比例的母鸭，一般公母为1：4或5，目的是使公鸭在生长过程中有性的记忆。为保证授精率，在配种时还必须保证足够的水源。由于樱桃谷鸭生长快，对环境要求较高，饲养时要保证足够的营养和充足的光照时间与强度。2～3周龄每天23小时光照，强度为5～10勒克斯；4周后可缩短为自然光照。同时要严格按防疫程序防疫，主要是预防病毒性肝炎、病毒性肠炎，禽霍乱。

2005年鸭存栏量461.38万只。

鹅 百子鹅的饲养以放养为主，对成年鹅粗放，一般是在湖边、河流、水渠、坑塘中放养，结合补饲部分精料。雏鹅饲养20天脱温后，即可增加部分青粗料，70天左右可随同成年鹅一同放养，在放养中根据采食多少适当补料。

朗德鹅既可放养也可圈养，根据其耐粗饲、抗病力强的特性，在饲养上除雏鹅阶段外，管理较为粗放。1～10日龄在草筐内保温饲养，以后移至地上散养。雏鹅30日龄前是饲养的关键，用的青饲料要洗净切细，然后掺入50%的玉米面，15%左右的饼粕，每日喂5～6次，每次给料要少，喂完后取出食具令其休息；30日龄后生长速度较快，要加大精饲料的喂量；60日龄长到4千克左右时，即可填饲，填饲3周长到5千克左右时即可屠宰获取鹅肥肝。

2005年鹅存栏量80.13万只。

鲁西斗鸡 斗鸡饲料的营养应根据不同的生长期，喂给足量的含有维生素、蛋白质和矿物质的饲料，并加适量的鱼肝油，平时注意多喂青菜和富含碳水化合物的饲料，如玉米、高粱等。斗鸡斗架时，体力消耗大，热量损失严重，斗架前后应喂给含蛋白质较高的饲料，如蛋类、牛肉干等，使其壮志提神。母鸡育雏时，其营养同公鸡。斗鸡宜小群以家系为单位圈养，一般6～8只母鸡为一家系，否则影响孵化率和战斗力。公鸡最好定时进行运动和锻炼，保持强健体质，以备比赛之用。

第三节 特种养殖

1986年以后，菏泽特殊养殖主要品种有狐狸、水貂、蜂、桑蚕等。狐狸、水貂是以生产皮毛为主的动物，受皮毛市场的影响很大。20世纪90年代中期，皮毛动物养殖进入低谷，2002年开始回升。2005年饲养量增大、经济效益提高，狐狸、水貂存栏达到2.3万只。蜜蜂养殖一直维持在1.5万箱。桑蚕养殖引进的优质品种增强了蚕对病害、环境的抵抗力和适应能力，提高了蚕茧的产量和质量。农民养蚕技术学习，由菏泽市丝绸公司的技术人员进行培训指导，无偿服务。2003年后，推广了方格蔟、蚕用饲料、立体养蚕大棚、簇中管理、桑菜间作等实用先进技术，效益明显。

养 蜂

第四章 疫病防治

第一节 疫病种类

1986—2005年，境内的畜牧业在流通业大发展给人们带来极大便利的同时，也给动物防疫工作带来诸多负面影响。其间，尽管国家加强了进出境动植物检疫和国内动物检疫工作，加强了对口蹄疫、高致病性禽流感等重大动物疫病强制免疫工作的投入，动物防疫工作取得显著成绩，但是动物疫病对全市畜牧业和人类健康的危害依然相当严重。牛羊口蹄疫、猪瘟、鸡新城疫等畜禽疫病仍没有得到彻底消灭，个别疫病还有抬头趋势，如布病、链球菌病、大肠杆菌病、弓形虫病、附红体病、魏氏梭菌病等。与此同时还从国外、省外传入了多种疫病，如猪蓝耳病、圆环病毒病、伪狂犬病、细小病毒病、鸡法氏囊病、减蛋综合征、传染性喉气管炎等。

1988年3月—1990年4月，在全区276个乡镇范围内开展了畜禽疫病普查工作，共普查家畜改良站点203个（县级10个、乡级111个、配种专业户82个），良种畜禽饲养场26个（牛场4个、羊场2个、兔场2个、鸡场18个）。普查采取临床观察和实验室检查相结合的方法，共检查马属动物9694匹，检出马鼻疽阳性畜1匹、马传染性贫血病阳性畜4匹；检查牛661592头，检出白血病阳性牛4头、结核病阳性牛79头、布鲁氏菌病阳性牛37头；检查羊3978301只，检出蓝舌病阳性羊5只、布鲁氏菌病阳性羊361只、羊痘阳性羊43只、疥癣阳性羊813只；检查猪2765602头、检出猪瘟4017头、猪萎缩性鼻炎3头、猪传染性胃肠炎2243头、弓形虫病7头、猪囊虫病221头；检查禽14023647只，检出新城疫 98940只、禽霍乱58974只、马立克氏病5只、传染性法氏囊病11只、支原体394只、衣原体19只、鸡白痢54162只、鸡球虫38636只；检查兔305783只，检出兔瘟863只、兔螺旋体9只、兔球虫1238只、兔疥癣482只。

2003年，山东省动物防疫监督所从域内采集牛脑9份，2004年采集牛脑15份、牛血清100份，2005年1—6月采集牛脑20份，羊脑15份，牛血清112份，羊血清60份，做疯牛病、绵羊痒病、牛肺疫检测，经省动物防疫监督所和农业部青岛动物检疫所检测，结果全部为阴性。

2004年，动物疫病普查的重点是种牛场、种羊场和奶牛场，共普查牛、羊2168头（只），没有发现有疯牛病、绵羊痒病和牛肺疫临床表现的牛、羊；检测猪血样78份、牛血样168份、羊血样84份、鸡血样297份。检出布鲁氏菌病阳性牛9头，鸡白痢阳性鸡34只。

2005年，市动物防疫监督所对全市牲畜进行多次布鲁氏菌病检测，共检测牲畜1007头（只），其中牛690头，羊317只，检出布鲁氏菌病阳性牛26头。用结核菌素测试牛669头，检出结核阳性牛12头。

免疫抗体水平检测

2000—2005年，全市发生的主要动物疫病有猪瘟、猪蓝耳病、鸡新城疫、猪丹毒、猪链球菌病、鸡传染性支气管炎、鸡传染性法氏囊、鸡白痢、鸡产蛋下降综合征、鸡球虫病、鸡大肠杆菌病、兔病毒性出血症等。

第二节 防治体系

1985年，国务院颁布《家畜家禽防疫条例》，农业部制定实施细则，菏泽地区按照条例、细则，在已有兽医队伍的基础上，组建动物检疫队伍和兽医卫生监督队伍，通过选拔、培训、考试、考核等程序，共有1000余名兽医人员取得省农业厅颁发的兽医卫生检疫员资格，50余人取得农业部颁发的中华人民共和国兽医卫生监督员资格。各县成立兽医卫生监督所、动物检疫站，具体负责动物检疫和兽医卫生监督工作。对产地检疫和市场检疫主要由乡镇兽医站负责，乡镇兽医站的兽医卫生检疫员由乡镇兽医站和县动物检疫站实行双重领导。1987 年，国务院发布《兽药管理条例》。根据条例要求，1994 年成立地区兽药饲料监察所，组建兽药饲料检验室。1996—1998 年，各县（市）先后成立兽药饲料监察所（站），负责本辖区的兽药饲料行政管理和质量监督。

1997 年《中华人民共和国动物防疫法》颁布实施后，将兽医卫生检疫员改为动物检疫员，由乡镇兽医站行使的检疫权收归县级动物防疫监督机构，并明确规定动物防疫监督机构不得从事经营性活动。为使全区动物防疫监督机构、队伍适应动物防疫法的要求，行署下发〔2001〕47 号文件，要求将执法与服务相分离，实行县防疫监督机构统一管理动物检疫员和防、检、监相结合的办法。至 2002 年年底，各县区都组建了动物防疫监督所，并根据实际需要在部分乡镇设立分所。检疫员实行聘任制，进行公开招聘、择优录用。对录用人员实行严格管理，取得农业部职业技能鉴定证书和山东省动物检疫员证书后方可上岗，从事动物检疫工作。

在队伍管理上，2000 年开展村级防疫员资格认证工作，首先在郓城县、成武县试点，省总站也派出专家到菏泽进行指导。2002 年，全市进行动物防治员技能鉴定，2004 年开展执业兽医师技能鉴定。至 2005 年，市畜牧局和市法制办公室一起，先后举办 4 期兽药监督员培训班，平均每期每县 4 ~ 6 人，累计培训 260 余人次。兽药监督员经考试合格后，由市政府（行署）签发“兽药监督员证”，凭证上岗。

2005 年年底，全市共有动物检疫员 6530 人，其中村级防疫员为 6000 人。形成市县畜牧局负责动物防疫工作的行政管理、两级动物防疫监督所负责具体实施动物检疫和动物防疫监督、乡镇有兽医站、村级有防疫员的健全动物疫病防治体系。

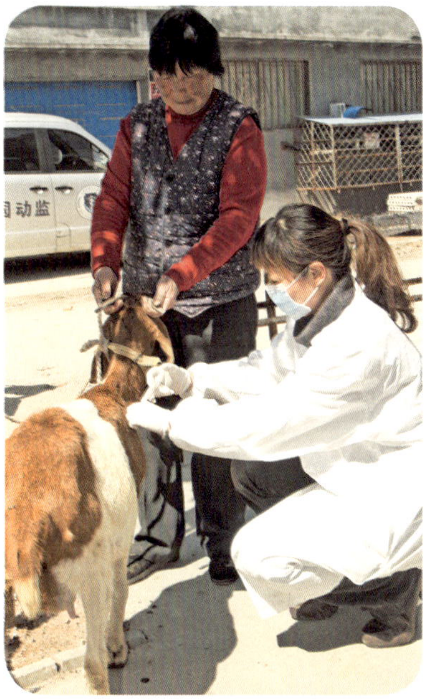

散养畜禽强制免疫

第三节　疫病防控

1986—2005 年，兽医诊疗技术得到快速提高，动物门诊剧增。全市每年都有 200 余名畜牧兽医大中专毕业生回到菏泽从事兽医工作。兽药生产、供应及兽药产品质量的提高为兽医诊疗提供了物质保证。2001 年，东明县畜牧局投资 35 万元，建成菏泽市唯一的国家级动物疫情测报站。2003—2004 年，市动物防疫监督所投资 130 万元对实验室进行改造，对试验仪器、检测设备进行更新换代，基本达到国家对市级动物疫病诊断实验室的要求，能够开展血清学、细菌学、寄生虫学、病理学、酶联免疫吸附试验等检验活动；定陶、单县、曹县、郓城、成武、鄄城6县的动物疫病诊断实验室建成并投入使用。

全市动物防疫部门始终坚持预防为主的方针，积极推广动物先进免疫技术，猪瘟、鸡新城疫的免疫率常年保持在100%。规模鸡场鸡新城疫免疫已实现程序化、科学化，即根据不同的日龄使用不同的疫苗，根据免疫抗体消长规律和实验室检测水平确定免疫时间。2001年后，为加大牲畜口蹄疫的防控力度，对口蹄疫实行强制免疫。各级政府成立口蹄疫防治指挥部，具体负责口蹄疫防治工作，疫苗费全部由各级财政解决，扑杀病畜及同群畜和出现免疫死亡时政府给予补偿。2002年起，全市实行动物免疫标识制度，对口蹄疫免疫的牛、羊、猪佩戴耳标，建立免疫档案。2004年高致病性禽流感在国内部分省、市发生后，市政府成立防控高致病性禽流感指挥部，采取免疫注射疫苗、实行圈养、消毒、建立检查消毒站点、加强检疫、实施疫情报告制度等一系列措施，防止了高致病性禽流感的发生，牲畜口蹄疫、高致病性禽流感免疫密度达到100%。

2005年，市畜牧局、公安局、城市管理综合执法局联合下发《关于加强城市养犬管理的通告》，对城区居民养犬进行限制，要求养犬人按照动物防疫的有关规定，携犬到动物防疫机构或畜牧部门委托的动物诊疗机构，对犬进行健康检查和养犬登记，定期进行狂犬病疫苗注射，领取免疫证明和免疫标志。

1998—2005年，省政府每年都批准在境内东明黄河大桥，曹县庄寨、梁堤头、青堌集，单县城关、黄岗，鄄城旧城等处的交通要道设立动物防疫监督检查站。检查站的设立在控制疫情传播、规范动物及动物产品检疫等方面发挥了重要作用。

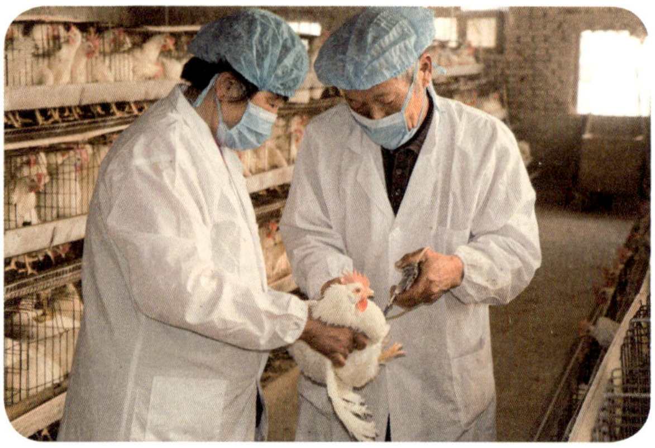

规模养殖场程序化免疫

第五章　畜牧产业化

第一节　畜牧企业发展概况

畜牧业产业化是20世纪90年代发展起来的一种先进的畜牧业产加销一体化经营模式，畜牧业产业化的发展关键在“龙头”企业。2002年，市委、市政府制定《关于加快推进畜牧产业化工作的决定》，推动全市畜牧业产业化的发展，龙头企业异军突起，生产规模快速膨胀，竞争力增强，促进了菏泽由畜牧大市向强市的跨越。

80年代末，境内仅有畜产品加工企业

200多家，兽药生产企业3家，饲料企业10家。至2004年，全市畜产品加工企业发展到760家，兽药企业与饲料企业分别增加至16家和69家；年销售收入在500万元以上的畜牧“龙头”企业100家，从业人员15.9万人。100家龙头企业中，90%以上的为畜产品加工业，其余为畜禽养殖、饲料兽药生产企业。全市畜牧龙头企业销售收入18.34亿元，畜牧畜禽产品、兽药、饲料等工业产值30.6亿元，畜产品出口创汇1.89亿美元。

2005年，畜牧工业产值达到34.5亿元，其中畜产品产值25.3亿元、兽药产值1.5亿元、饲料产值7.7亿元。畜禽产品出口量受出口退税政策调整的影响，明显减少。龙头企业带动31.2万农户从事养殖、畜产品加工流通、兽药饲料生产经营等，产生一大批致富能手和致富标兵。全市有国家级畜牧“龙头”企业1家，省级畜牧“龙头”企业5家，市级畜牧“龙头”企业14家；按市场分布划分，全市调查的100家畜牧企业中，有74家为内向型企业，26家为外向型企业。境内生产的皮毛、裘革制品主要出口俄罗斯，猪肉以外的肉类产品主要出口中东地区，肠衣主要销往日本、德国，肠线面向整个国际市场，猪肉除满足地方需求外，主要销往北京、上海等国内大中城市。全市畜牧企业的性质多为独资或合伙经营，真正实行股份制的企业仅有银香伟业集团公司等几家。全市建立规模饲养小区（园区）217个，其中山东银香伟业奶牛小区、定陶李园养猪小区等63个较为规范。全市14家进京入沪企业，以及有出口创汇能力的64家企业，基本上都建有自己的原料基地，按照“龙头建基地，基地联农户”的形式组织生产。郓城富仕达食品有限公司在丁里长前营、郭屯建起肉兔养殖基地3处，并与农户签订回收合同，有效带动养殖户3000余户。银羽食品有限公司和金绿洲食品有限公司与300家规模养殖户和20家商品肉鸭养殖场形成了经济联合体，在郓城随官屯建起银羽养殖基地两处，在郓城潘渡建起金绿洲肉鸭养殖基地1处。由于养殖基地的建设，2005年上半年郓城新增规模羊场、兔场、鸭场、猪场共280处，走在了全市“龙头”基地建设的前列。

第二节 畜牧企业选介

1986—2005年，全市各类畜产品加工企业规模不断扩大，数量不断增多。其中1家国家级农业产业化“龙头”企业——山东银香伟业集团公司；3家省级畜牧“龙头”企业——巨野亚龙肉类有限公司、郓城神舟集团公司、菏泽富仕达食品有限公司。2005年，市农业局、市发改委、市畜牧局等13个单位联合行文公布了菏泽市首批农业产业化“龙头”企业，其中畜产品加工等畜牧相关企业14家，为全市畜牧“龙头”企业和政府重点扶持企业，分别为：山东银香伟业生物工程有限公司、巨野亚龙肉类有限公司、菏泽富仕达食品有限公司、郓城神舟集团公司、郓城宏远肠衣有限公司、菏泽林海裘革制品有限公司、菏泽旺达畜禽养殖有限公司、菏泽绿源食品总公司、山东菏泽伊诺清真食品有限公司、菏泽宏兴原种猪繁育有限公司、山东王光集团有限公司、横店集团山东麟州肉类有限公司、山东三角洲农牧有限公司、山东百寿坊食品有限公司。皮毛加工企业主要集中在牡丹区、定陶两个县区，肉类加工企业主要集中在郓城、单县、巨野等县。

菏泽宏兴原种猪繁育有限公司 建于1995年7月，是一座大型的现代化养猪场，也是中国农科院定点良种猪繁育基地。属畜牧“龙头”企业和市首批农业产业化“龙头”企业，山东省一级原种猪场，山东省畜牧行业综合实力50强企业，生猪出口企业及入沪、京、津企业。该公司在妊娠检测、化验、兽医、配种、供精等方面配套设施齐全，采用法国卡苏公司人工授精技术，重点繁育推广国际一流的法系曾祖代大约克夏、长白、台系杜洛克、皮特兰、皮杜公猪、长大、大长二元母猪和瘦肉型三元、四元杂交商品猪，销往国内10多个省市。2005年，存栏基础母猪1500多头，生产种猪3000头，育肥猪近3万头。

巨野亚龙肉类有限公司 创建于1996年4月，1997年10月正式运行投入生产，固定资产投资2300万元，占地面积3公顷。2005年该公司屠宰、加工、销售猪20万头左右，实现年产值1.26亿元，完成利税1525万元，拥有职工400人，是一家镇办股份制有限公司、省畜牧“龙头”企业、市级首批农业产业化“龙头”企业。产品有70多种，主要销往北京、上海、济南等大中城市。生猪供应主要来自于郓城、定陶、梁山、巨野等菏泽周边县（区）。公司自运行投产以来，带动农户3000余户和一批大中型养殖场，供应肉食店200多家。

山东银香伟业集团有限公司 创办于1997年7月，是菏泽市唯一一家农业产业化国家级“龙头”企业，市级首批农业产业化“龙头”企业，中国本土首批克隆牛诞生地，中国畜牧良种行业首家通过ISO 9001认证的企业。主要从事高产奶牛快速繁育与生态连锁养殖、有机畜产品（乳品、肉类）加工与销售、五星级农产品研发、畜牧良种（冻精、胚胎、种牛）繁育、动物克隆、胚胎生物工程产业化和人畜共患病防治及研究、农业科技产业化及脑力产业战略研发，是“国家重要技术标准化示范基地”和示范企业。公司总部设在曹县五里墩农业生态科技示范园区，占地266.67公顷，拥有银香伟业生物工程、银香大地乳业、中大国家级种公牛站、中大动物胚胎工程中心、菏泽牧旺动物药品厂等12个全资子公司，1个标准化中心和1个科技研发中心，资产2.2亿元。

牛场／乳业生产车间

菏泽旺达畜禽养殖有限公司 1998年由菏泽华瑞集团创办的高起点、高科技的瘦肉型猪良种场，也是经山东省畜牧局验收批准为大型良种猪繁育场，并与山东农业大学结成合作伙伴，聘请该校知名养猪专家为常年顾问。该公司占地6.67公顷，总投资1000万元，为菏泽市较大的生猪繁育基地，是省畜牧“龙头”企业和市首批农业产业化“龙头”企业。为振兴菏泽养猪业，从国外引进大批台系杜洛克、英系大约克、丹系长白等优良原种猪。2005年，存栏大约克夏基础母猪300头，长白基础母猪150头，杜洛克基础母猪50头，长大（大长）二元杂交母猪500头。

郓城神舟集团公司　位于郓城县工业园区内，占地面积8.53公顷，建筑面积2万平方米，2001年3月由郓城黄河食品有限公司更名而成，是省畜牧“龙头”企业和市首批农业产业化“龙头”企业。集团公司下辖黄河食品有限公司、一百胜食品有限公司、神舟集团小尾寒羊养殖基地、卡尔码造漆有限公司。冷库储藏能力200吨，日冻结生产加工牛羊肉60吨。2004年实现产值7000万元、销售收入6135万元、利润622万元，上缴税金340万元。2005年有员工580人、注册资金1118万元、固定资产3023万元。

加工车间

菏泽富仕达食品有限公司　位于郓城县工业园区内，占地2.27公顷，建筑面积9000平方米，是一家外商投资的综合肉类加工企业，也是省畜牧“龙头”企业和市首批农业产业化“龙头”企业，2004年，该公司出口羊肉1万多吨，实现产值1亿多元。公司拥有羊肉、兔肉出口加工车间，设备精良，生产能力为日宰杀活兔3万只、活羊2000只，日速冻能力70吨、冷藏能力1500吨。产品主要出口日本、法国、美国、德国、荷兰、比利时、约旦、俄罗斯和马来西亚，并在荷兰设有自己的直销网点。

分割车间

第三节　良种繁育场选介

1986年，全区有各类畜禽饲养专业户5216户，随着养殖业向规模化、集约化、专业化和优质化方向发展，传统散养和小规模养殖户逐年减少，规模化饲养程度不断提高。1990年全区有各类畜禽饲养专业户8600个。2004年规模养殖专业户发展到33859个，其中牛、羊、猪、禽养殖专业户分别为1572户、12567户、7886户、11423户。2005年全市规模饲养小区发展到1626个。养牛专业户零散分布于各县，养羊专业户主要集中在单县、郓城等县，养猪专业户主要分布在定陶、牡丹区、巨野等县区，禽类饲养专业户主要分布在郓城、单县、牡丹区、鄄城等县区。

牡丹区黄牛繁育场 位于牡丹区沙土镇，是一家实行独立核算，自负盈亏的国营事业单位，以繁育推广鲁西黄牛为主，1959年被山东省农业厅批准为黄牛繁育场。该场占地面积100公顷，其中耕地面积5.33公顷，果园2公顷。2005年有职工69人，养牛89头。至2005年，共繁殖培育良种鲁西黄牛1982头，推广出售良种牛1584头。

山东省鲁西黄牛原种场 位于鄄城县城东8千米处的鄄郓公路北侧，1959年由山东省农业厅、省畜牧局投资兴建。固定资产2000余万元。存栏纯种鲁西黄牛200余头，是全国唯一的国有鲁西黄牛原种场，先后向吉林、湖南、湖北、河北、内蒙古等省（区）和省内的青岛、聊城等市输送优质鲁西黄牛3000余头。1984年，受到国家经委、农牧渔业部、林业部联合表彰。1986年，省政府从该场选送一头种公牛赠给日本和歌县，受到日本朋友的欢迎。1995年，被全国黄牛育种学会授予“黄牛育种工作先进单位”称号。2001年被农业部确定为国家级鲁西黄牛品种资源保护场，国家“十五”科技攻关项目“肉牛产业化研究与开发”“鲁西黄牛肉用新品系技术标准研究”、国家“863”高新技术项目“优质鲁西黄牛肉用新品系选育研究”等均在该场实施。2005年，被选为“中国畜牧业协会牛业分会理事单位”。

鲁西黄牛保种场

山东菏泽种羊场 位于菏郓公路10千米处，1976年由山东省农业厅投资兴建。占地面积93.6公顷，其中耕地72.67公顷，总投资102万元，是山东省投资兴建的六大国营种猪场之一。1986年有干部职工45人，生猪存栏120头，年出售仔猪400头。2005年有干部职工40人，生产用房4600平方米，羊舍1000平方米，固定资产总值5712万元。

山东省中国斗鸡原种场 位于鄄城县城东8千米处的鄄郓公路北侧，建于2003年6月，是经国家畜禽品种审定委员会审定，并由国家正式公布的中国斗鸡原种繁殖场。2001年8月，农业部将中国斗鸡列为国家级畜禽保护良种。2003年被山东省畜牧办公室命名为山东省中国斗鸡原种场。2005年存养中国斗鸡3000只，其中公鸡600只、母鸡2400只。

第七编　牡　丹

牡丹园游人如织

咱也留个影

雾中牡丹

菏泽牡丹栽培起于何时，史无确载，传说纷纭。相传，隋炀帝时（605—616 年），曹州牡丹花师齐鲁恒嫁接牡丹移植西苑(洛阳），明初洪武年间（1368—1398 年）曹州牡丹乡花农曾在芦堌堆修花神殿，供奉 12 花神，祈求花神赐福，“下广”卖牡丹顺利发财。确有文字记述在明弘治年间（1488—1505 年）。明代，曹州（菏泽）已成为全国牡丹栽培中心，享有“曹州牡丹甲于海内”的美誉。之后，虽几经兴衰，无论是栽培面积，还是花色品种，曹州牡丹都在全国乃至世界占有重要地位。1986 年后，牡丹发展迎来大好机遇，完善扩大园区，丰富栽培花系，培育优良品种，开发牡丹产业。对于牡丹的研究，始终贯穿在栽培发展之中，1982 年 4 月成立菏泽牡丹研究所，其后各种牡丹科研机构、经济合作组织相继成立，在牡丹栽培、新品种繁育、病虫害防治、催花、切花、嫁接以及牡丹开发利用方面的研究都有突破性进展。一大批学术专著、论文面世，除观赏外，研发出食用、药用、保健等系列产品，牡丹进入产业化生产阶段。

菏泽牡丹以花大、色艳、型美、科技含量高赢得广泛好评，在历次花展中都以绝对优势夺取大部分的奖牌，“菏泽牡丹甲天下”“菏泽牡丹之乡”享誉海内外。国色天香的牡丹历来受到文人墨客的青睐，在菏泽这方土地上从古至今，大量赞美牡丹的诗词歌赋、民歌民谣、故事传说、小说戏剧、绘画雕塑、电影电视等以牡丹的优美艺术形象，陶冶着人们的情操，形成菏泽特有的“牡丹文化”。自 1992 年始的菏泽国际牡丹花会更将牡丹文化发扬光大。经贸、旅游全面发展。1994 年，雍容华贵、国色天香的牡丹被选定为国花，给菏泽牡丹发展注入新的活力。

至 2005 年，仅主城区就有世界最大的牡丹园——74 公顷的“曹州牡丹园”，新老名品荟萃的“百花园”，独具特色的“古今园”“天香公园”等，全市牡丹栽培面积 6667 余公顷，共有 10 大色系，1100 多个品种，成为世界上最大的牡丹生产、观赏基地。全市拥有牡丹研究技术人员 370 多人。一代又一代的菏泽花农在引进国内外牡丹品种不断丰富本地品种花色的基础上，将菏泽牡丹带到了全国、世界各地，取得经济效益的同时，宣传了菏泽（牡丹），收获了友谊。国际牡丹花会已成功举办十四届，花会共接待中外游客 2500 万人次，有 500 多位省级以上领导，5000 人次外宾到菏泽参会，菏泽伴随着牡丹的飘香，走出山东，走出中国，走向世界。

第一章　牡丹栽培

第一节　1986 年前栽培概况

菏泽牡丹历史悠久，明代是牡丹大发展的时期。明万历年间，安徽亳州人薛凤翔在《亳州牡丹史》中记载：“状元红，成树，宜阳。……弘治年间得之曹县，又名曹县状元红。”此书明确指出有 8 个品种来自曹州或曹县，即状元红、金玉交辉、平实红、梅州红、花红平头、倚新妆、乔家西瓜瓤、太真晚妆。明代《兖州府志·风土志》记载：“古济阴（曹州）之地……物产无异他邑，惟土人好种花树，牡丹、芍药之属，以数十百种。”这一时期，曹州牡丹集中在城东、城北一带，连阡接陌，万紫千红，花园鳞次栉比。较著名者有何园、张花园、巢云园、万花村、郝花园、毛花园、赵花园、铁篱寨花园等。明代，曹州已成为全国牡丹栽培中心，享有“曹南牡丹甲于海内”的美誉。

清代，曹州牡丹更盛。成书于清康熙七年的《曹南牡丹谱》，记述了当时牡丹的盛况：“新花异种，竞秀争芳，不止于姚黄、魏紫而已也。多至一二千株，少至数百株，即古之长安、洛阳恐未过也。”谱中还列出曹州牡丹 77 种。蒲松龄在《聊斋志异》中曾赞美“曹州牡丹甲齐鲁”，并为曹州牡丹中的两种绝品——葛巾紫和玉版白写了一则爱情神话故事，遂使曹州牡丹声誉远扬。乾隆年间是曹州牡丹栽培史上的重要时期，种植面积迅速扩大，品种急遽增加。乾隆二十一年（1756 年）《曹州府志·食货志》载：“好种牡丹、芍药之属，以数十百种。士族资以游玩，贫人赖以营殖。”乾隆五十七年，怀宁余鹏年继苏毓眉之后又撰《曹州牡丹谱》，将曹州牡丹分为黄、青、红、白、黑、粉、紫、绿 8 色，并对 56 个品种作了简要描述。其附记写道：“曹州园户种花，如种黍粟，动以顷计。东部二十里，盖连畦接畛也。看花之局，在三月杪，车马歌声相属。”道光年间，赵楼村赵孟俭继承祖业，在村北建花园，专养牡丹、芍药，集本村之精品。园之周围树桑为篱，名曰“桑篱园”。《桑篱园牡丹谱》记其 151 种，并称“山左十郡二州语牡丹者，则曹州独也；曹州十邑一州语牡丹者，则菏泽独也”。其后，有《绮园牡丹谱》，核其名贵花 140 多种。书中又载：“谷雨后，余尝两至其地，见姹紫嫣红，含蕊皆放，交错如锦，夺目如霞，灼灼似群玉之竞集，煌煌若五色之相宣。”清代后期，曹州牡丹的栽培面积已达 500 多亩，牡丹园有 10 多处，年输出 10 万余株。

清末民国初，曹州牡丹盛极一时，以赵楼为中心，东西 10 千米均有栽培，品种也由道光末年的 140 种增加到 202 种。此后随着政府的腐败和民族灾难的加重，牡丹栽培和发展受到重大影响。20 世纪 30—40 年代，由于黄河决口，统治者的横征暴敛和日军侵入，花无销路，花农大都迫于生计，忍痛将牡丹改种五谷，残存牡丹不过几十亩。解放战争时期虽有恢复，但到1948年菏泽解放前夕，牡丹栽培面积不过百亩，花色品种也只剩下120多个。

新中国成立后，牡丹种植得到重视。50年代初，政府将分散在各户种植的牡丹作价归集体，实行统一规划，集中种植。主要种植区分布在现牡丹区的赵楼、何楼、王梨庄、毛胡同、李集、洪庙等村庄。各村都成立牡丹特产队，配备专职技术人员，一面收集老品种扩大种植，一面选育新品种。在销售上，药材公司对丹皮、白芍实行包购统销，牡丹很快发展起来。1956年，牡丹栽培面积至20余公顷，品种达到267个。1966年，面积扩大到达37.1公顷，品种多至292个。1966—1976年“文化大革命”中，牡丹被视为“资产阶级的香花毒草”，其发展受到一定的限制。中共十一届三中全会以后，加大对牡丹的生产投入，扩大栽培面积，增加花色品种，“曹州牡丹甲天下”的美誉进一步得到广大。

1982年10月23日，中共中央总书记胡耀邦到菏泽视察，在牡丹园内听取汇报后指出：“要建设以牡丹为主的花园，让群众四季有花看。”随后，省政府拨款54万元，兴建曹州牡丹园，面积73.33公顷。至2002年，该园牡丹品种达800多个，近170万株，成为自古以来世界上最大的牡丹园。还恢复了以松编动物造型为特色的“古今园”，新辟曹州牡丹新老品种荟萃的“百花园”。为把菏泽建成牡丹城，在市内兴建占地面积24.67公顷的天香公园。90年代后，牡丹花区农户纷纷改种粮为种花，农家村前院后尽植牡丹，使牡丹栽培面积急速扩大。至2005年，全市牡丹栽培面积达 6667公顷，成为世界上最大的牡丹观赏、生产基地。

第二节　1986年后栽培概况

1986年，牡丹催花技术经专家鉴定，属国内外首创，获山东省科技进步三等奖。催花技术的纯熟、精湛，使牡丹“花开随人意，四季吐芬芳”。2002年2月，菏泽牡丹称雄首届全国牡丹花展，获128枚奖牌中的86枚，其中分别夺得13枚金牌中的8枚，38枚银牌中的22枚，77枚铜牌中的56枚，获奖牌总数超过洛阳牡丹1倍

80年代菏泽大田式牡丹园

多。2005 年，菏泽牡丹共有 10 大色系，1100 多个品种，位居世界之首。

1992—2005 年连续成功举办十四届菏泽国际牡丹花会，共接待中外游客达 2500 万人次，有 500 多位省级以上领导人到菏泽参会，到会外宾 5000 多人次。每届花会都有大量中外记者到菏泽采访，他们通过各种渠道和方式了解菏泽，宣传菏泽，极大地提高了菏泽在全国乃至世界上的知名度。菏泽牡丹远销北京、天津、上海、深圳等 100 多个大、中城市，出口日本、法国、美国、加拿大等 20 多个国家和地区，销量占国内市场的 80%、国际市场的 60%。作为菏泽的拳头产品，冬季催花牡丹在国内外市场上更是独具优势，占据市场份额的 90%以上。花会不仅提高了菏泽牡丹的知名度，也为菏泽的改革开放、扩大发展带来生机。到菏泽投资的客商从过去仅有的港台地区扩展到美国、日本、德国、俄罗斯、泰国、印尼、马来西亚、意大利、韩国等 20 多个国家和地区，合作领域涉及一、二、三产业的 40 多个行业门类。牡丹花会的举办，使“牡丹之乡”——菏泽，伴随着牡丹的花香，走出山东，走出中国，走向世界。

第二章 牡丹品种

中国栽培牡丹品种，可分为 4 个品种群， 即中原品种群、西北品种群、江南品种群和西南品种群，菏泽牡丹隶属于中原牡丹品种群。

菏泽牡丹品种是由矮牡丹、紫斑牡丹、杨山牡丹、卵叶牡丹几个野生种经长期自然杂交和人工杂交形成的多元杂种的后代群体。矮牡丹是主要亲本，紫斑牡丹次之。

1978 年后，牡丹花色品种逐年增多。1982 年，成立牡丹研究会，开展对牡丹新品种的研究。1984 年，全国著名的牡丹专家对境内培育的 46 个新品种作了科学鉴定、命名。曹州牡丹园培育出的迎日红、紫兰魁、粉中冠等新品种有较强的抗逆、抗病性，并在东北三省安家落户，打破了“牡丹不过关”的历史。杂交培育的凤丹红、凤丹粉等品种耐高温、耐潮湿，解决了长期困扰牡丹过江成活率低的难题。2005 年，菏泽栽培牡丹品种已达到 1100 多个，花色丰富，有白、粉、红、紫、墨紫、绿、淡黄、雪青等色和复色，色彩浓淡富于变化；花型种类齐全，花型分类上的所有花型几乎都具备，品种花型演化程度较高。

第一节 传统名品

玉板白 株丛低矮，直立，枝细而硬。叶稀疏，小叶长卵形，缺刻少而深，叶面绿色无紫晕。花为单瓣类，因其颜色洁白如玉，瓣形如板而得名。荷花型，开花较早。生长缓慢，但着花多，是古已著称的白花品种。

黑花魁 株丛低矮，半开展。枝细叶软，平伸，小叶卵圆形，缺刻少而尖，有淡紫色晕。花色深墨紫色，基部尤深，菊花型。雄蕊正常，偶有瓣化，雌蕊正常。花梗虽短，但开花时花朵伸出叶面。较耐日晒，中花品种。生长势较弱，成花率高，是十分名贵的黑色品种。

黑花魁

花二乔　又名二乔、洛阳锦。株丛高而直立，枝细硬，节间长。叶斜伸，质硬。花为蔷薇型，复色，同株、同枝上可同时开出紫红和粉色的花，甚至可以一花二色，故依三国时美女大乔、小乔之名而命名为“二乔”。开粉红色花的叶，缺刻多而浅，黄绿色；开紫色花的叶，缺刻少而深，绿色；开紫、粉二色花的叶则接镶嵌的位置，在枝上相应位置着生相应于两种花色的叶片。属中花品种，为典型的嵌合体，生长强健，开花多，十分珍贵。

花二乔

姚黄　植株高大直立，着叶稀疏，枝细硬，小叶卵圆形。全花呈皇冠型或金环型，外瓣3～4轮，阔大，内部均为雄蕊瓣化成的细碎花瓣，皱褶层叠，端部残留有未瓣化完全的花药。全花高耸挺立，端庄丰满，是牡丹中的“花王”。中花品种，生长旺盛，着花多，开花整齐，花冠丰满，观赏价值高，是庭院栽培的优良品种。

姚　黄

豆绿　株丛低矮，开展。枝细，节间短。小叶长阔卵形，缺刻多，叶面稍带紫晕，叶背密生绒毛。花为稀有的绿色或黄绿色，盛开后呈绿白色，皇冠型或绣球型。基部呈紫斑，花瓣质厚而硬，内瓣密集，雌蕊退化或瓣化。晚花品种，生长较弱，着花少，花柄弱，花朵下垂，是古老珍贵的品种。

豆　绿

蓝田玉　株丛低矮而开张，枝粗节短。叶平伸，小叶质厚，短肥而圆，缺刻少而浅，叶面具明显紫晕。花粉蓝色，瓣基紫红色，皇冠型。外轮花瓣平展、扩大，内瓣细碎而皱褶，瓣端残留部分花药。本品种生长势中等，着花较多，开花丰满，花色粉中透蓝，细腻润泽，晶莹有光，远观如蓝色美玉，是观赏价值高的传统品种。

蓝田玉

梨花雪 株丛低矮，开展，枝细弱，节间短。叶小而稀，小叶卵形，缺刻少，一回三出复叶。花白色，皇冠型，中花品种。因生长势弱，不易繁殖，是珍稀的老品种之一。

赵粉 株丛中高，开展，枝细弱略弯，节间长，着叶稀疏，平伸。小叶长卵形或长椭圆形，质软，缺刻浅而尖，叶面青绿，无紫晕，边缘略上卷。花粉红色，一般为皇冠型。同株也可同时开出荷花型、金环型、托桂型的花朵。花梗粗，但开花时略有垂头。

赵 粉

中花品种。生性强健，生长旺盛，着花多，花繁叶茂，色泽淡雅，清香袭人，是庭院街道美化的优良品种，也可用于冬季催花。

胡红 又称大胡红、宝楼台。株丛低矮，半开展，枝粗节短，叶大型，茂密，小叶圆，质厚，缺刻少而浅，叶面深绿色，多紫红色晕。花浅红色，皇冠型，有时呈荷花型或托桂型。晚花品种。生长强健，着花多，花形丰满端正，花瓣层叠，色泽鲜红艳丽，是传统中的上品，也是良好的催花及盆栽品种。

十八号 株丛高大直立，枝粗节短。叶中型，斜伸。小叶近圆形，质地厚，缺刻少而钝，叶面光滑，黄绿色。花红色，千层台阁型，有时呈皇冠型。花繁叶茂，花色细腻，开花整齐丰满，株形匀称端庄。中花品种。生性强健，生长旺盛，着花多，属老品种之一。

假葛巾紫 楼子台阁型。花蕾扁圆形。花紫色，下方花外瓣2轮，大而平展，基部具深紫色晕；内瓣质硬而折叠，紧密。雄蕊瓣化完全，雌蕊瓣化成紫色彩瓣；上方花花瓣少，略大，雌雄蕊皆瓣化或退化消失。花梗长，稍软，花朵侧开，晚花品种。株型中高，直立。枝较粗，一年生枝长，节间短，鳞芽狭尖形。中型长叶，质厚而硬。小叶长卵形或长椭圆形，缺刻少，端渐尖，边缘上卷，叶面深绿色。生长势中，成花率较低，花朵丰满，分枝少，萌蘖枝亦少。

墨撒金 株丛偏矮，直立。枝细硬，叶平伸，质软，稀疏。花为单瓣，紫黑色，明亮润泽，近花心具明显的黑色晕斑，雌雄蕊正常，雄蕊花药金黄色。花开后，乌瓣黄心，好似墨上撒金，故得此名。中花品种。长势虽弱，但着花较多，是观赏价值较高的黑色品种之一。

凤丹 传统的药用、观赏两用品种。株丛高大，直立，枝细节长。叶为二回三出羽状复叶，小叶15枚，狭长椭圆形，缺刻少，近全缘，仅顶生小叶偶有2～3裂。叶面暗绿，叶背灰白。花纯白、浅粉或浅紫色，单瓣型。雌雄蕊正常，易结实。该品种生长强健，着花繁多，适栽范围广，产根量大，质量上乘。因结实力强，也常用作培育新品种的亲本材料。

古斑同春 株丛中高，偏矮，半开展，枝粗节短，叶稀疏，斜伸。小叶长卵形，缺刻少，叶面绿色。花粉白色，荷花型。花瓣质硬，形大，边缘浅齿裂，基部具明显的紫色斑块，雄蕊正常，偶有瓣化，雌蕊正常。中花品种。该品种性强健，生长旺盛，着花多，朵朵向上，且结实率高，是庭院、街道绿化的优良品种。

朱砂垒 株丛中高，半开展，枝粗节短。叶大型，斜伸，质地厚，小叶卵形，缺刻深，端部下垂，叶面深绿色。花为浅红色微带紫色，荷花型。该品种生长强健，着花繁茂，结实力强，是最为常用的冬季催花品种之一，也适于庭院及街道绿化美化。

似荷莲 株丛高而直立，枝细硬，节间长。叶片稠密，斜伸。小叶长卵形，缺刻少而尖，叶面绿色无紫晕。开花整齐，花朵直上，如亭亭玉立之荷花，遂得此名。花粉紫红色，瓣宽大而皱，瓣基有紫色斑块。荷花型，雌雄蕊正常。该品种生命力强，生长旺盛，着花多，是庭院及街道美化的优良品种。

黄花葵 株丛较高，直立，枝细硬，节间长。叶稀疏，斜伸。小叶近圆形，较大，缺刻少而钝，叶面青绿。花淡黄色，略带浅紫色晕，荷花型，雌雄蕊正常，雄蕊偶有瓣化。结实力强，早花品种。该品种生长旺盛，着花繁多，花瓣平展，状如葵花，是著名的老品种，适于庭院及街道美化之用。

御衣黄 株丛中高直立，枝细硬而节短。叶斜伸，稀疏，小叶阔卵形或卵形，缺刻少而浅。叶面粗糙，外缘有紫色晕，叶背黄绿色。花淡黄色，荷花型或菊花型，花瓣宽大波状，质硬。该品种生长弱，着花稀少，是珍贵的黄色品种之一。

菱花晓翠 株丛中高，半开展。枝细节长，略弯，叶斜伸，稀疏。小叶长卵形，缺刻少而浅，下垂。花浅紫，带粉色，花瓣中央有一条粉色脉纹，荷花型，有时为托桂型或皇冠型。外瓣质软，不整齐，瓣端正中明显下凹，基部有紫红晕，内瓣由雄蕊部分瓣化而来，稀疏，皱曲。房衣白色。雌蕊退化。花形轻盈、飘逸，虽长势较弱，但开花繁多，是人们喜爱的老品种。

酒醉杨妃 株丛高大开展，枝粗而软，弯曲，叶大型，质厚而软，极稀疏。小叶卵形或长卵形，缺刻多，下垂。花浅粉紫色，荷花型或托桂型，有时为皇冠型。花较大，花梗长而软，花瓣亦弯而软，花色白中透红，状如酡颜。生长旺盛，着花多。因花梗软，花朵侧开或垂头，加上枝叶稀疏下垂，好似醉酒之杨妃，不胜扶持，是著名的老品种。

大金粉 又名盛丹炉。株丛中高，开展，枝粗节长，叶大而长，稠密，平伸。小叶狭长椭圆形，缺刻少或无，叶面深绿，微有紫晕。花粉色，菊花型或荷花型。该品种生性强健，生长旺盛，着花多，花繁叶茂，单花期长，是优良的庭院及街道美化品种。

种生黑 株丛偏矮，直立，枝粗叶硬，节间短。叶为一回三出复叶，斜伸，小叶长卵形，缺刻少。叶幼时墨紫色，后转为深绿色。花为蔷薇型，浅墨紫色，瓣质厚而软，基部具黑紫色晕。部分雄蕊瓣化，雌蕊虽正常，但结实力差。中花品种，稍晚，长势弱，分枝少，着花亦少，是珍贵的黑牡丹品种之一。

紫二乔 又名洛阳红。株丛高而直立，枝细硬，节间长。叶片斜伸，小叶卵圆形，缺刻多，质地硬，边缘带紫晕。花紫红色，带光泽。蔷薇型，有时呈菊花型。花瓣多轮，由外向内层层缩小，层次分明，花瓣基部有墨紫色斑块。中花品种。该品种花姿端正，落落大方，生命力旺盛，着花繁茂，适应性强，是常用的冬季催花品种之一。

青龙卧墨池 株丛开展，枝繁叶茂。叶肥大而圆，质厚，小叶卵形，缺刻少而钝。叶面绿色带紫晕。花浅墨紫色，托桂型，有时为皇冠型。基部色泽明显加深、宽大、圆整的二轮外瓣围绕着细碎而卷曲的内瓣，正中的雌蕊瓣化成青绿色、狭长、翻卷的彩瓣，故得名“青龙卧墨池”。观赏价值高，生长旺盛，着花多，是著名的老品种之一。

魏紫 又称大魏紫。植株低矮而开展，叶平伸。花紫色，皇冠型，外瓣形大质硬，

魏　紫

内瓣直立折叠，瓣端残留瓣化不完全的雄蕊。清代，魏紫被尊为“花后”。 晚花品种。生长虽缓慢，但着花较多，花朵丰满，端庄华丽，润泽有光，是观赏价值较高的传统品种。若管理不当，会出现大小年现象。

冰凌罩红石 株丛较高，开展，枝细稍弯。叶大而稀疏，斜伸。小叶长卵形，缺刻少而钝，下垂，叶面粗糙具淡紫色晕。花粉红色，皇冠型或托桂型。外瓣1～2轮，质薄，基部具深紫红色斑，内瓣卷曲，稀疏，雌蕊瓣化。因花梗软，开花时略下垂。中花品种，生长弱，着花量少。因盛开时浅粉红色，瓣缘白色，中心色泽深，白中透红，光亮晶莹，犹如冰中红石，故得此名，是粉色系品种的上品。

状元红 株丛中高，半开展，小叶长卵形，边缘略上卷。皇冠型或金环型，花紫红色，叶稍微淡。生长旺盛，但着花量少，是著名的老品种之一。

状元红

烟笼紫珠盘 又名烟笼紫。株丛偏矮，半开展。枝较细，节间短，叶片斜伸。小叶长椭圆形，叶面深绿色，叶背多绒毛。花黑紫色，基部色泽更深，花瓣细腻有光泽，质若金细绒，花朵丰满整齐，皇冠型。外瓣宽大圆整，平展如盘，故得此名。该品种生长势虽弱，但着花多，观赏价值高，

自古就被列入名贵品种。

昆山夜光 又名夜光白、青龙池、月宫花等。株丛较高，枝粗叶硬而疏，小叶卵形，缺刻少，叶背多毛。花为皇冠型，初开略带绿色，盛开则为青白色，晶莹似玉，芳香怡人，因色极洁白，熠熠生光，夜间于远处亦可见，所以也被称作为“灯笼”。晚花品种，生长旺盛，着花不多。此花喜阴、好暖，是白色花系中的佼佼者。

娇容三变 株丛较高，半开展，枝粗叶稀，小叶长卵形，缺刻少而尖，下垂，叶面粗糙。花为绣球型。据薛凤翔《亳州牡丹史》载：“娇容三变，初绽紫色，及开桃红，经日渐至梅红，至落乃更深红。诸花色久渐退，惟此愈进，故日三变。阴阳之处开者，各不相类，其色之变，亦不止于三也。”中花品种，生长较旺盛，但着花稀少，是古牡丹中的珍品。

首案红 也称紫根牡丹。枝叶肥大粗壮，花朵丰满端庄，典型的皇冠形。具有花期长、耐日晒、枝繁叶茂的特点，天然的三倍体品种，也是珍稀古老品种之一。

露珠粉 株丛较矮，半开展，枝细节短。叶稀疏，小叶卵形或阔卵形，缺刻少，叶面深绿色，似有白霜，叶背有绒毛。花粉白色，色泽细腻，瓣基粉红色，端部色淡。皇冠型，花瓣薄而软，外瓣大而圆，内瓣皱褶，细碎。开花时色彩娇艳晶莹，花瓣细看可见有无数圆点，如清晨之露珠，故名“露珠粉”。该品种生长弱，但着花多，适应性差，分枝、萌蘖枝少，不宜繁殖。

白玉株 从低矮，半开展，枝细节短，着叶稀疏。叶中等大小，平伸，小叶卵圆形，质厚，缺刻少而浅，叶面粗糙，有紫晕。花为皇冠型。初开时粉白色，盛开时转为白色，外瓣平展，基部具紫色晕，内瓣质软皱曲，排列匀称而紧密。该品种生长旺盛，着花多，花色洁白如玉，花型丰满端丽，开花繁茂，被古人尊为“白色之魁”，是庭院及街道美化的优良品种。

小胡红 株丛低矮，半开展。花、叶与胡红相似，但均比胡红小，为与胡红相区别，故名小胡红。晚花品种，偏早。长势不如胡红强健，但着花较多。

鸡爪红 株丛低矮，半开展，枝细节短。叶中型，平伸。小叶卵形，多深裂，并沿叶脉向上拱起形似鸡爪。花红色有光泽，皇冠型。花瓣质地细腻，雄蕊瓣化，雌蕊退化变小或瓣化。中花品种，偏晚，生长一般，着花少。

墨魁 又名紫魁。株丛中高，开展，枝粗而弯，节间短。叶肥大而厚，小叶阔卵形，缺刻浅而钝。叶面深绿色，粗糙，具深紫色晕。花紫色，瓣基具墨紫色斑。皇冠型。外瓣形大质硬，内瓣皱褶，紧密，隆起。雌雄蕊退化或瓣化。花似绣球，圆整富丽。中花品种，生长势强，着花多，宜用作庭院及街道美化。

脂红 又名胭脂红。株丛中高，半开展，枝粗节短，叶稠密。小叶长卵形，缺刻深，叶脉明显，叶面黄绿色。花洋红色，润泽细腻。千层台阁型。花瓣质薄而软，基部有紫红斑。从花蕾透色到初花期，色如胭脂，极其艳洁，盛开后色泽灰暗，观赏性降低。不耐日晒，宜于清晨或阴天时观赏。中花品种，生长旺盛，着花多。

一品朱衣 又名赤朱衣、夺翠。株丛低矮而开展，枝细软，节间短。叶面深绿，叶小型，稠密，斜伸。小叶卵形，缺刻多而浅，稍下卷。花红色，瓣端粉色，细腻而润泽。千层台阁型。该品种生长一般，但着花多，花色艳，是庭院及街道美化的优良品种，也是著名的老品种之一。

火炼金丹 又名种生红。株丛低矮，半开展，枝粗节短。叶稠密，小叶卵形，缺刻少，边缘上卷，叶面黄绿色。花为楼子台阁型。下方花花瓣紧密，不整齐，雌雄蕊瓣化成正常花瓣，上方花花瓣少，皱叠，瓣缘齿裂多，雌雄蕊退化。该品种生长势一般，着花少，中花品种，偏晚。因花色鲜红，如炼丹炉内熊熊燃烧的火焰，故得此名。

天香夺锦 皇冠型。花蕾圆形，花紫红色，外瓣两轮，基部具深紫红色晕；内瓣折叠，紧密，瓣间杂有少量雄蕊；雌蕊退化变小，花梗细硬，花朵直上。中花品种。株型中高，直立。枝细硬，一年生枝较短，节间短；鳞芽圆尖型，暗紫红色。小型圆叶，质硬而厚，稀疏。小叶卵圆形，缺刻少，端钝，叶面深绿色，具深紫色晕。生长势中，成花率高，萌蘖枝少。

第二节　新优名品

丛中笑 菏泽赵楼牡丹园于1965年育成。株丛直立，中等高度，枝细而硬，节间短，小叶卵形，缺记得深，边缘紫红色。由于花醒软，开花时略有叶里藏花现象。花粉红色，瓣端色浅泛白，基部具紫色斑，菊花型。瓣质硬形圆，瓣缘平滑，排列整齐，雄蕊正常，雌蕊柱头多。中花品种，该品种生长强健，着药多，花朵富丽端庄，花色清雅，是方块字守美化及街道绿化的优良品种。

蓝花魁 菏泽百花园于1979年育成。株丛中高，半开展，枝粗壮，节间短。叶中型、斜伸，叶柄粗硬，上面深紫色。小叶长卵形，边缘微上卷，叶面深绿色有浅紫色晕。花色粉中带蓝，皇冠型，外瓣圆整，基部浅红色晕，内瓣卷皱，稠密，端部尖齿裂，瓣间有少量残留雄蕊，雌蕊正常。早花品种。生长强健，着花多。该品种花色鲜洁粉嫩，花凤丰满端庄，是观赏价值较高的庭院、街道美化的品种。

贵妃插翠 菏泽赵楼九队于1970年育成。株丛直立，枝粗壮。叶片斜伸。小叶质厚，卵圆形，缺刻少，跌面粗糙，边缘具深紫色晕。花粉红色，盛开后瓣端变粉白，细腻润泽如美人面，千层台阁型。下方花花瓣排列整齐，雄蕊少，雌雄蕊化成淡绿色的彩瓣，显露于花朵上访；上方花花瓣稀少，直立高耸，雌雄蕊退化变小。中花品种。生长旺盛，花多，花容娇美，观赏价值较高，是花名俱美的新品种。

墨紫莲 菏泽百花园于1982年育成。株丛中高，直立，枝细硬，节间短。叶大型，顶小叶阔卵形，侧小叶阔披针形，边缘稍上卷，缺记得少而浅，叶面粗糙，质地厚。花深紫，略带黑色，单瓣，2～3轮，瓣形圆整，质地厚硬，具光泽。雌雄蕊均正常。早花品种。生长旺盛，着花多，特别耐强光直射，最宜植于光线强、日照充足的小气候环境。

奇蝶 菏泽赵楼牡丹园于1990年育成。株丛中高，直立，枝细硬，节间短。叶稀疏，小叶卵或卵圆形，缺刻多，边缘带紫晕，上卷，花瓣质地较硬，具放射状紫白相间的斑纹，基部有明显的色斑，雌雄蕊正常。晚花品种。生长一般，但着花多。该品种形美色新，状如彩蝶，又极耐日晒，单朵花期长，是观赏价值较高的新品种，适于作庭院及街道美化。

艳溢香融　菏泽赵楼牡丹园于 1990 年育成。析丛低矮，开展，枝短而硬，节间短。叶较密，中等大小，质地稍硬。小叶卵形或近卵形，叶面皱，浅绿色。花深红色，有光泽。菊花型。花被排列整齐，层次分明，质地稍硬，上有放射状红色脉纹。雄蕊正常，雌蕊偶有瓣化现象。中花品种，偏早。生长一般，但着花繁茂，花色明媚而艳丽，并且芬芳馥郁，故得名艳溢香融。是适于庭院观赏的优良品种。

紫蓝玉　菏泽百花园于 1979 年育成。株丛低矮，半开展，枝粗壮，节间短。叶小、稀疏，小叶长卵形，缺刻少，跌面深绿色，略带紫色晕。花紫中带蓝色，菊花型，偶有单瓣或荷花型。花瓣质地较硬，由外向内层层减少，具明显的紫蓝色放射状脉纹，雌雄蕊正常，偶有瓣化。早花品种。生长一般，但着花多。因株形矮小，特别适作盆栽观赏。

桃源仙境　菏泽赵楼牡丹园于 1986 年育成。株丛中高，半开展，枝条粗壮，1 年生枝短，叶稀疏而软，斜向上伸。小叶广卵形或卵形，边缘稍曲，缺刻多而深。花深粉色，基部色深，菊花型。花瓣整齐，从外至内渐小，层次清楚。瓣端齿裂，雄蕊正常，雌蕊正常或稍有瓣化。早花品种。生长强健、旺盛，着花多，抗逆性强。花形圆整、端庄大方，惟花开时略藏于叶下，可用作庭院、街道美化。

进宫袍　菏泽赵楼牡丹园于 1990 年育成。株丛中高，半开展，枝粗壮，节间长。叶大型，稠密，平展。小叶卵形或卵圆形，顶小叶深裂或全裂，裂片缺刻多而深，叶面略带黄绿色。花紫红色，菊花型。花瓣多轮，层次分明，排列整齐，由外向内逐渐减小，雌雄蕊正常。晚花品种。生长旺盛，着花多，株形圆整，耐湿热，适于在江南广大地区推广，也较多地用于冬季催花。

凌波仙子　菏泽赵楼牡丹园于 1995 年育成。株丛中高，直立。枝较粗硬，节间短。叶繁密，质硬，斜上。小叶卵形或阔卵形，缺刻少而深，叶面浅绿，边缘带此晕。花深粉红色，为菊花型。花瓣 8 ~ 10 轮，逐渐变小，排列整齐，瓣基部有深紫红色斑。雄蕊偶有瓣化，雌蕊小，9 ~ 13 枚。中花品种，偏早。生长旺盛，着花多，株形紧凑，抗逆性强。本品种枝叶繁茂，花色鲜艳娇嫩，姿态端庄，亭亭玉立，如碧波中的仙女。

银红巧对　菏泽赵楼牡丹园于 1966 年育成。株丛中高，半开展，枝粗硬。节间短，叶稀疏而小，斜伸，小叶长卵形，黄绿色。花浅红色，基部有紫红色晕，蔷薇型或菊花型。花瓣排列整齐，雄和量瓣化，雌蕊变小。中花品种，生长旺盛，着花多，且开花整齐，单朵花期也长，耐日晒。是适应性广、抗病力强、观赏价值较高的优良品种。

珊瑚台　菏泽赵楼牡丹园于 1970 年育成。株丛低矮，半开展，枝细而硬。叶小而多，小叶片长卵形，缺刻浅而尖，叶面深绿色。花浅红色，基部有墨紫色斑块，药瓣质地较薄。皇冠型。中花品种。生长强健，着花多，株形紧凑，花形端庄丰满，层层叠叠，高耸如台。单朵花期长，观赏价值高。

青龙戏桃花　菏泽百花园于 1984 年育成。株丛中高，半开展，枝条细弱，节间长。叶片平伸，小叶卵形，缺刻少而浅，略带紫色晕边。小叶柄长而软，小叶下垂，花粉色，皇冠型。外瓣大而平展，基部色较深，质地柔软，内瓣狭长而密集，向心卷曲，每片内瓣中央夹一道紫色细纹，雄蕊少量，夹于瓣间或花心处，雌蕊瓣化成狭长的青绿色彩瓣。中花品种。生长势中等，但着花多。花姿妩媚，花色娇柔，花心处瓣化的彩瓣形如青龙，故得此名。

冰罩蓝玉 菏泽赵楼牡丹园于1969年育成。株丛中高，半开展，姿态匀称，枝和粗壮，节间短，小叶卵圆形，缺刻少，端部略下垂，叶面灰绿有淡此色晕。花粉红色，略带蓝晕，花瓣基部略深。皇冠型。外瓣宽，边缘具不明显的细他裂，内瓣挺直，雌雄蕊瓣化，瓣间偶有未瓣化完全的雄蕊。早花品种。生长缓慢，着花较多。因其花色白中透蓝，花心处色深，宛如冰中的美玉，熠熠生光，故得此名，是观赏价值较高的新品种。

争春 菏泽赵楼牡丹园于1983年育成。株丛低矮而开展，枝细而软，节间短。叶小型，平伸。小叶片长卵形，缺记得少而浅，端部常因失绿而呈黄褐色。花粉红色，皇冠形，有时呈托桂型。外瓣质地硬，基部色泽稍深，内瓣稀疏，皱褶，有少量雄蕊夹于瓣间，雌雄蕊退化变小。早花品种。长势弱，但着花多，药容端庄、富丽，花色淡雅，观赏产高，因花期早而得名。

藏枝红 菏泽赵楼牡丹于1986年育成。株丛低矮而开展，枝细而硬，节间短。叶繁密，中等大小，斜伸。小叶卵圆形，缺刻浅而钝，叶面粗糙，具深此色晕。花紫红而具光泽，基部具黑紫色晕。皇冠型。外轮花瓣质地硬，内瓣整齐而紧密，常夹有雄蕊，雌蕊退化或瓣化而绿色瓣。晚花品种。生长强健、旺盛，着花多，适应性和抗逆性均较强。因梗较短，藏于浓绿的枝叶中，犹如羞涩的少女，故得名藏枝红。适用于庭院、街道美化，也可作贫栽及案头观赏。

景玉 菏泽百花园于1978年育成。株丛高而直立，枝细硬，节间长，缺刻浅伸、质软而稀疏。小叶长椭圆形，缺刻浅而稀。叶面深绿色，稍有紫晕。花粉白色，盛开后转为白色，皇冠型。外轮花瓣薄而软，平展，基部粉红色，内瓣整齐而匀称，较狭长，瓣端浅齿理解。有少量雄蕊夹于花瓣间。晚花品种。生长旺盛，着花极多，花形端庄大方，花色洁白如玉，开花整齐一致，抗逆性强。该品种原名赛雪塔，因由百花园中孙景玉技师育成，故更名景玉，是庭院美化的优良品种。

菱花争春 菏泽赵楼牡丹园于1990年育成。株丛中高偏矮，开展。枝细硬，节间短。叶稀疏，斜伸。小叶卵形，缺刻少而浅。叶面略发具紫色晕。花粉蓝色，有放射状脉纹直达瓣端。内瓣常有花药残留，并夹有少量正常雄蕊。雌蕊退化变小或瓣化。早花品种。生长一般，但着花多。该品种花色淡雅，花姿端庄又不失妩媚，是观赏价值较高的新品种，可作庭院美化。

残雪 菏泽赵楼牡丹园于1989年育成。株丛直立，中高，枝细而硬，节间短。叶片粗糙，斜伸。小叶卵圆形，缺刻钝，叶面粗糙，黄绿色。花初开时乳黄色，盛开后转为白色，皇冠型，有时呈托桂型。外轮花瓣由雄蕊瓣化而来，中央夹有雌蕊瓣化形成的黄绿色彩瓣。中花品种。生长旺盛，但着花量少。花色洁白，微透淡粉色。因开花少，似枝头残留的积雪，故得此名，观赏价值较高。

玉夫人　菏泽赵楼牡丹园于1990年育成。株丛中高，偏矮，枝细软，节间短。叶中型，斜伸。小叶卵形或长卵形，缺刻少而浅，边缘略上卷，叶色青绿。花粉红色，皇冠型。外瓣宽大，质地薄软，内瓣卷曲而稀疏，近心处花瓣较大而皱，雌蕊少量瓣化，淡绿色。中花品种，偏早。生长一般，但着花多。该品种叶色绿，早春时节芽、枝及幼叶绿如碧玉，是早春观芽、观叶的好品种，加之其花色清雅、瓣质柔嫩，被喻作美人肌肤，故得名“玉夫人”。

皱叶红　菏泽赵楼九队于1979年育株。株丛低矮，半开展，枝细叶疏。叶片平伸，小叶长卵形，肪纹明显，叶色深绿。花浅红色，皇冠型。外瓣形大质薄，有明显脉纹，基部具紫斑。内瓣曲皱，瓣间夹有少量雄蕊，雌蕊退化。中花品种。该品种虽生长缓慢，但着花多。因叶脉深而粗，叶面皱褶，故得此名。

落雁　菏泽赵楼牡丹园于1980年育成。株丛中高，开展，枝软而弯曲，节间稍短。叶大型，质软，稀疏，平伸。小叶卵形，缺刻少，端部略下垂。叶面深绿，边缘具浅紫色晕。花深粉红色，有光泽，皇冠型。外轮花瓣形大、质硬，边缘浅粉色。内瓣细宽、卷曲，近心处的花瓣则较大，冯间夹有少量雄蕊，雌蕊基本正常。中花品种，偏早。生长旺盛，着花多，花色娇柔细腻，花形丰满高耸，观赏价值较高。

紫红争艳　菏泽赵楼牡丹园于1976年育成。株丛高而直立，枝细节长。叶小而稀疏，小叶卵形而长卵形，上半部缺刻多，端部下垂，叶面深绿色，脉纹深。花深紫红色，有光泽，皇冠型。外瓣波曲如绉绸，基部有墨紫色斑块，内瓣翻卷，端部残留黄色花药，雌蕊瓣化为白色彩瓣。生长强健，开花繁茂，花朵谢后，花瓣不易脱落，是观赏价值较高的庭院美化品种。

粉中冠　菏泽赵楼牡丹园于1973年育成。株丛中高，开展，枝硬节短，叶密质软，斜伸。小叶长卵形，缺刻浅而尖，叶面光滑，绿色。花粉色，中下部略深，皇冠型。外瓣形大，内瓣皱褶、紧密，高耸丰满如球，雌蕊瓣化成黄绿色彩瓣。中花品种。该品种生性强健，着花繁茂，开花整齐，适应性广，抗病力强，是新品种中的优良者。适于庭院及街道美化，也是冬季催花品种之一。

绿香球　菏泽赵楼牡丹园于1975年育成。株丛高而开展，枝粗壮，弯曲、节间长。叶大型，稀疏，斜伸，厚而软。小叶长卵形或卵状披针形，缺刻少，色深绿。花为绣球型，有时呈皇冠型。初开时浅绿色，盛开时转为粉色，基部色泽较深，内外瓣差别不大，内瓣紧密而凑集，状如绣球。雌蕊退化变小或瓣化。花梗长而粗，但较软，开花较迟。生长较旺盛，着花多，花色珍奇，丰满如球，且抗病、耐盐碱，是庭院、盐碱地绿化美化的好品种。

卷叶红　菏泽赵楼牡丹园于1973年育成。株丛高，半开展。枝粗壮，节间长。叶大型，斜伸。小叶深裂成全裂，裂片缺刻少，边缘波曲上卷，端部下垂，端突尖处下钩。叶面粗糙，微有紫晕。花深红色，千层台阁型。下方花花瓣自外向内渐小，质地细软，有光泽，基部有小块紫斑，雄蕊有瓣化，雌蕊则瓣化成绿色彩瓣。上方花花瓣稀少，雌雄蕊退化。中花品种。生长旺盛，着花多，抗逆性较强。该品种小叶卷曲，故名卷叶红，是庭院栽植和街道美化的优良品种。

千褶绣球 菏泽赵楼牡丹园于1990年育成。株丛中高，直立，枝细硬，节间短。叶小而稠密，斜伸。小叶椭圆形，边缘波曲、上卷。花紫红色，绣球型，外瓣圆整，质地厚硬，基部有不明显的小块紫红色斑。内瓣密集而折叠，雄蕊几乎全部瓣化，近心处有少量残留，雌蕊正常，偶有瓣化。晚花品种。生长一般，但着花多。花朵直立，内瓣层层叠起，状如绣球，观赏价值较高。

墨剪绒 菏泽赵楼牡丹园于1983年育成。株丛中高，半开展，枝粗节长。叶片小，平伸。小叶长卵形或披针形，顶小叶全裂或一面全裂，缺刻多而尖，边缘略上卷。叶面深绿色，具紫色晕。花墨紫色，千层台阁型。中花品种。该品种因瓣碎柔软，花近黑色，花瓣细碎如剪绒，故得此名。生长强健，着花较多，是庭院和街道美化的优良品种。

仙桃红 菏泽百花园于1985年育成。株丛高大，半开展，枝粗壮，节间长。叶中型、稠密、下垂。小叶卵形或阔卵形，缺刻少而尖，边缘波贡上卷。叶面绿色，无紫边。花红色，边缘色浅，基部有紫红色斑。楼子台阁型。下方药瓣软而薄，多轮，雄蕊全部瓣化成正常花瓣，雌蕊瓣化为长条形彩瓣；上方花瓣少，较大，近心处花瓣细小，雌雄蕊退化。中花品种，偏晚。生长旺盛，但成花率稍低。花朵硕大，花形丰满高耸，适应性强，较抗叶斑病。是庭院及街道美化的优良品种。

万花魁 菏泽赵楼牡丹园于1990年选育而成。株丛高，半开展。枝粗壮，节间长。叶大型，稠密。小叶广卵形，顶小叶常一侧开裂，叶面脉纹明显。花浅红色，楼子台阁型。下方花外瓣6轮、阔大，基部深紫色。内瓣密集，小而皱曲，瓣间夹有少量正常雄蕊，端部有花药残留。雌蕊瓣化，形如正常花瓣；中层花外瓣2～3轮，较阔大，内瓣小而少，卷曲，瓣间偶有正常雄蕊；上方花外瓣1～2轮，长而叠皱，内瓣小而密，雄蕊大部瓣经，雌蕊退化变小。晚花品种。生长势特别强健，但着花不多。该品种为较少见的由3朵花重叠而成的台阁类品种，花形高耸如楼，富丽堂皇，观赏价值高。

菏泽栽培数量较多牡丹品种一览表

表7-2-1

黄色：黄牡丹端庄华贵，尤以“姚黄”为名品，计有18种

品名	花型	花色	花态	花期	植株	株型	叶型	生长势	其他
黄花葵	荷花	淡黄	直上	中	高	直立	中圆	中	有时呈皇冠型
金玉交章	皇冠	淡黄	直上	中	矮	半开张	大圆	中	
姚黄	皇冠	淡黄	直上	中	高	直立	中圆	中	
黄鹤翎	荷花	淡黄	直上	中	高	直立	中圆	强	
金玉玺	皇冠	淡黄	直上	中	矮	半开张	中圆	弱	
玉玺映月	皇冠	淡黄	直上	中	矮	半开张	中圆	中	

续表 7-2-1

品 名	花 型	花 色	花 态	花 期	植 株	株 型	叶 型	生长势	其 他
雏鹅黄	皇冠	淡黄	直上	中	高	直 立	中圆	强	多花型：荷花－皇冠型
雏凤羽	菊花	淡黄	直上	中	中	直 立	大圆	中	
御衣黄	菊花	淡黄	直上	中	中	直 立	中圆	弱	有时呈皇冠型
金轮黄	皇冠	淡黄	直上	中	中	直 立	小圆	弱	多花型：荷花－皇冠型
黄翠羽	皇冠	淡黄	直上	中	中	半开张	大圆	强	
古铜砚	皇冠	褐黄	直上	中	中	直 立	小长	中	
黄金翠	菊花	淡黄	直上	中	中	直 立	大圆	中	
黄 丽	托桂	淡黄	侧开	中	中	直 立	中圆	中	
金 帝	单瓣	黄	侧开	晚	中	开 张	中长	中	
金 阁	皇冠	黄	侧垂	晚	中	开 张	小长	中	
金 晃	皇冠	黄	侧垂	晚	中	开 张	小长	中	
金 鵄	皇冠	黄	侧垂	晚	中	开 张	小长	中	

表 7-2-2

绿色：绿牡丹属稀有珍品，乳黄透绿，以“豆绿”为代表，计有 3 种

品 名	花 型	花 色	花 态	花 期	植 株	株 型	叶 型	生长势	其 他
豆 绿	绣球	绿	侧	开晚	中	开 张	中圆	中	
绿香球	绣球	绿粉	侧开	晚	高	开 张	大长	强	初开绿色盛开粉色
荷花绿	绣球	绣球	侧开	早	中	半开张	大圆	中	初开绿色盛开粉色

表 7-2-3

白色：白牡丹洁白无瑕，品种繁多，计有 40 种

品 名	花 型	花 色	花 态	花 期	植 株	株 型	叶 型	生长势	其 他
白 玉	皇冠	白	侧开	中	中	半开张	中圆	中	
青山贯雪	皇冠	白	藏花	早	中	半开张	小圆	中	又名：石园白
玉楼点翠	楼台	白	侧垂	晚	中	开 张	大长	强	
无瑕玉	皇冠	白	直上	中	中	半开张	中长	强	
雪 莲	荷花	白	直上	中	高	半开张	中圆	强	原名：种生黄
昆山夜光	皇冠	白	藏花	晚	中	半开张	中圆	中	
鹤 白	绣球	白	直上	晚	高	直 立	中长	中	早春叶片茸毛特别明显
残 雪	皇冠	白	直上	中	高	直 立	中圆	中	

续表 7-2-3

品 名	花 型	花 色	花 态	花 期	植 株	株 型	叶 型	生长势	其 他
雪 桂	皇冠	白	侧开	中	中	开 张	小圆	中	
白莲香	皇冠	白	直上	中	中	半开张	中长	中	多花型：荷花－皇冠型
玉板白	荷花	白	直上	早	中	直 立	中长	中	
清香白	皇冠	白	直上	中	高	直 立	中圆	强	多花型：荷花－皇冠型
冰壶献玉	皇冠	白	侧开	中	中	开 张	中圆	中	
雪 塔	皇冠	白	直上	中	中	半开张	大长	强	多花型：荷花－皇冠型
雪山青松	绣球	白	侧开	晚	矮	半开张	中圆	中	
香 玉	皇冠	白	直上	中	高	直 立	大圆	强	多花型：单瓣－皇冠型
北国风光	绣球	白	藏花	晚	矮	开 张	小长	弱	
春 雪	菊花	白	侧开	中	中	半开张	中圆	中	
白鹤卧雪	皇冠	白	侧开	中	高	半开张	大圆	强	多花型：荷花－皇冠型
佳 丽	菊花	白	直上	中	高	直 立	小圆	强	
玉盘托金	菊花	白	直上	晚	高	直 立	中长	强	
金星雪浪	皇冠	白	侧开	晚	中	开 张	中圆	中	
三变赛玉	托桂	白	藏花	中	中	半开张	中长	中	花雷绽口绿色
宋 白	皇冠	白	侧开	晚	中	半开张	小圆	弱	
玻璃冠珠	绣球	白	侧开	中	高	半开张	中长	强	
白鹤展翅	荷花	白	直上	早	高	半开张	中长	强	
蝎 爪									
含玉盘	托桂	白	侧开	中	中	半开张	中长	强	
雪 球	绣球	白	侧开	中	中	半开张	中长	强	
白玉冰	菊药	白	直上	早	高	直 立	大长	强	
水晶球	绣球	白	直上	中	中	直 立	中长	强	
梨园春雪	绣球	白	侧开	中	中	半开张	中圆	中	
白 鹤	蔷薇	白	直上	早	中	直 立	中圆	中	
梨花迎雪	菊花	白	侧开	中	中	直 立	中长	强	
白鹤羽	菊花	白	侧开	中	中	半开张	中圆	中	
水晶白	绣球	白	直上	中	中	直 立	中圆	中	
彩晶球	绣球	白	侧开	中	中	半开张	中长	中	
绿 幕	绣球	白	侧开	晚	高	半开张	大长	强	花蕾绽口绿色
白天鹅	金环	白	直上	中	高	直 立	中长	中	
赛雪塔	皇冠	白	直上	早	高	直 立	中长	强	又名：景玉
凤丹白	单瓣	白	直上	早	高	直 立	大长	强	药用品种

表 7-2-4

粉色：粉牡丹色香兼备，以“赵粉”为典型代表，计有 86 种

品　名	花　型	花　色	花　态	花　期	植　株	株　型	叶　型	生长势	其　他
国色无双	皇冠	粉	直上	中	矮	半开张	小圆	弱	多花型：荷花－皇冠型
粉娥娇	荷花	粉	直上	晚	中	半开张	小长	弱	
娃娃面	皇冠	粉	侧开	中	中	开　张	中圆	弱	
咸池争春	菊花	粉白	直上	中	中	半开张	中长	中	
酒醉杨妃	托桂	粉	侧垂	中	高	开　张	大长	强	
似荷莲	荷花	粉	直上	中	中	直　立	中长	中	
银粉金鳞	皇冠	粉红	侧垂	晚	中	开　张	中长	弱	
锦帐芙蓉	皇冠	粉红	藏花	中	高	半开张	中长	中	
宫样妆	皇冠	粉红	侧开	早	高	开　张	大长	弱	多花型：荷花－皇冠型
古班同春	菊花	粉白	直上	中	中	半开张	中长	中	
铜雀春	菊花	粉	直上	中	中	半开张	大圆	中	
瑶池春	皇冠	粉	侧开	中	中	开　张	中长	中	
赵　粉	皇冠	粉红	侧开	中	中	疏　散	中长	强	多花型：荷花－皇冠型
冰　凌									
罩红石	托桂	粉	侧开	中	中	开　张	大长	弱	
斗　珠	皇冠	粉	侧开	晚	矮	开　张	中长	中	
露珠粉	皇冠	粉	侧开	中	矮	半开张	中圆	弱	
第一娇	绣球	粉红	藏花	晚	中	半开张	中长	中	
冰凌子	皇冠	粉	侧开	中	中	开　张	小圆	中	
天香湛露	皇冠	粉白	直上	中	高	直　立	中圆	强	多花型：荷花－皇冠型
雪映朝霞	绣球	粉白	侧垂	晚	高	开　张	大长	强	
粉　荷	荷花	粉	直上	早	中	半开张	小长	中	
春　莲	荷花	粉	侧开	早	中	开　张	中圆	中	
粉青山	皇冠	粉白	直上	中	高	半开张	中长	强	
芳　姿	皇冠	粉红	侧开	中	中	半开张	小长	中	
软玉温香	皇冠	粉	侧垂	中	中	开　张	中圆	强	
仙　娥	托桂	粉红	直上	中	高	直　立	小长	中	
樱花露霜	蔷薇	粉红	侧开	中	中	半开张	小长	中	
争　春	皇冠	粉	侧开	早	矮	开　张	小长	中	
粉中冠	皇冠	粉红	直上	中	中	开　张	中长	中	
观音面	皇冠	粉	直上	中	高	半开张	中长	强	多花型：荷花－皇冠型
贵妃插翠	楼台	粉红	直上	中	高	半开张	中圆	强	

续表 7-2-4

品　名	花　型	花　色	花　态	花　期	植　株	株　型	叶　型	生长势	其　他
鲁　粉	皇冠	粉红	直上	早	中	半开张	中长	中	
春　早	蔷薇	粉红	侧开	早	中	开　张	中长	弱	
锦鸡报晓	蔷薇	粉	直上	早	矮	直　立	中长	中	
粉　莲	荷花	粉	侧开	中	中	开　张	小长	中	
涉女装	托桂	粉	侧开	中	中	开　张	中长	中	
桂　粉	荷花	粉	侧开	早	中	开　张	中长	强	
春泛图	蔷薇	粉	直上	早	高	半开张	中长	强	
桃花飞雪	菊花	粉	侧开	早	中	半开张	中长	中	
梨花粉	菊花	粉白	侧开	中	中	半开张	大圆	强	
粉云金辉	蔷薇	粉	侧开	中	高	半开张	中圆	强	
少女裙	蔷薇	粉	直上	中	高	直　立	中圆	强	
盛丹炉	绣球	粉红	侧开	晚	高	开　张	大长	强	又名：大金粉
羞　容	绣球	粉红	侧开	晚	高	半开张	大长	强	原名：容满面
玉姣翠	绣球	粉	藏花	晚	高	半开张	中长	强	
荷花迎日	荷花	粉	侧开	早	中	开　张	中长	强	
雁落粉荷	绣球	粉	侧开	晚	中	半开张	中长	中	
姊妹游春	荷花	粉	侧开	中	高	半开张	大圆	强	
西施装	千台	粉	直上	中	中	直 立	中长	强	
名　媛	菊花	粉	直上	中	高	直　立	小长	强	
玉美人	皇冠	粉白	侧开	中	中	开　张	小长	中	
李园春	千台	粉红	直上	中	中	直　立	小长	中	
青龙盘翠	楼台	粉	侧垂	晚	高	半开张	大长	强	
娇容三变	皇冠	粉	直上	晚	中	半开张	中长	中	花蕾绿绽口
翠　幕	皇冠	粉	侧开	晚	高	开　张	大圆	强	花蕾绿绽口
春水绿波	皇冠	粉红	侧开	晚	中	开　张	中长	中	多花型：荷花－皇冠型
软枝芙蓉	荷花	粉	侧垂	中	中	开　张	中圆	中	
彩楼台	皇冠	粉	侧开	中	高	半开张	中圆	中	
群蝶飞舞	菊花	粉	直上	中	中	直　立	中长	中	
桃花娇艳	菊花	粉红	侧开	中	高	半开张	中圆	强	
玛瑙荷花	荷花	粉	直上	中	高	直　立	中长	强	
玉翠荷花	荷花	粉	直上	中	高	直　立	中长	强	
彩　蝶	荷花	粉	直上	中	中	直　立	中长	中	
三色锦	绣球	粉	侧开	中	中	半开张	大圆	强	
翠容娇	绣球	粉	直上	中	中	半开张	中圆	中	
雪映桃花	蔷薇	粉	直上	中	高	直　立	中长	强	
碧玉羞花	蔷薇	粉	直上	晚	高	直　立	中长	强	

续表 7-2-4

品　名	花　型	花　色	花　态	花　期	植　株	株　型	叶　型	生长势	其　他
蝴　蝶									
醉粉楼	皇冠	粉	侧开	中	中	半开张	中长	中	
粉蓉面	蔷薇	粉	侧开	中	中	半开张	大长	强	
粉楼台	千台	粉	侧开	中	中	半开张	中长	强	
群星斗艳	菊花	粉红	侧开	早	中	半开张	小长	中	
百佳争鸣	托桂	粉	直上	中	高	直　立	中圆	强	
玉娥娇	托桂	粉红	侧开	早	中	开　张	大长	中	
百花粉	托桂	粉	直上	早	中	半开张	中圆	强	
粉盘托金	荷花	粉	直上	中	高	直　立	小长	中	
春　景	千台	粉	直上	中	高	直　立	中长	中	
玉蝴蝶	托桂	粉红	侧开	早	高	半开张	大圆	强	
华夏多娇	千	粉	直上	中	中	直　立	大圆	中	
娇美人	托桂	粉	侧开	中	中	开　张	中长	中	
翠娥娇	托桂	粉	侧开	中	中	开　张	中长	强	
美人面	皇冠	粉	侧开	中	中	矮　生	大圆	中	
翠　玉	绣球	粉	侧开	晚	中	半开张	中圆	中	
玉芙蓉	荷花	粉红	侧开	晚	中	半开张	中长	中	
新天地	蔷薇	粉	直上	晚	中	直　立	小长	中	引进日本品种
红梅飞雪	皇冠	粉红	直上	中	矮	开　张	小长	中	
醉西施	皇冠	粉红	侧垂	中	高	半开张	中长	强	

表 7-2-5

粉蓝色：粉蓝色品种在传统分类法中称蓝牡丹，素洁淡雅，姿容可人，“蓝田玉”为传统代表，计有 50 种

品　名	花　型	花　色	花　态	花　期	植　株	株　型	叶　型	生长势	其　他
蓝翠楼	皇冠	粉　蓝	侧垂	晚	中	开　张	大圆	中	
青心蓝	皇冠	粉　蓝	直上	中	中	半开张	中长	中	原名：蓝台青心
蓝海碧波	菊花	深粉蓝	直上	中	中	半开张	中长	强	
迟　蓝	绣球	粉　蓝	侧垂	晚	高	开　张	中长	强	
粉蓝楼	皇冠	粉　蓝	侧开	晚	中	半开张	大圆	中	
雨过天晴	皇冠	粉　蓝	直上	中	中	半开张	中圆	中	多花型：荷花－皇冠型
藕丝魁	蔷薇	粉　蓝	藏花	中	中	半开张	中圆	强	
万世生色	皇冠	深粉蓝	侧开	晚	中	开　张	大长	中	
蓝绣球	皇冠	粉　蓝	直上	中	高	直　立	中长	中	分枝力差
晚霞璀	荷花	粉　蓝	直上	中	中	直　立	中圆	中	

续表 7-2-5

品 名	花 型	花 色	花 态	花 期	植 株	株 型	叶 型	生长势	其 他
彩 蓝	菊花	粉 蓝	侧垂	晚	中	半开张	中长	中	
雨后风光	蔷薇	粉 蓝	侧开	中	高	直 立	中长	强	
菱花争春	皇冠	粉 蓝	侧开	早	中	开 张	小圆	中	
月 华	绣球	粉 蓝	侧开	晚	高	半开张	大长	中	
紫兰魁	皇冠	粉 蓝	直上	中	高	半开张	中圆	强	
蓝宝石	千台	粉 蓝	直上	中	中	直 立	中长	中	
冰罩蓝玉	皇冠	粉 蓝	直上	早	中	半开张	中圆	中	
蓝线界玉	皇冠	粉 蓝	直上	中	中	半开张	中长	中	
湖 蓝	菊花	粉 蓝	直上	中	高	直 立	大长	强	引进湖北省建始县品种
栋蓝负重	菊花	深粉蓝	直上	中	中	直 立	中长	中	
蓝田玉	皇冠	粉 蓝	侧开	中	矮	半开张	中圆	中	
蓝芙蓉	千台	粉 蓝	直上	中	中	直 立	中长	强	
淡藕丝	皇冠	粉 蓝	直上	中	中	开 张	中圆	中	
素花魁	蔷薇	粉 蓝	直上	晚	中	直 立	中长	强	
赛斗珠	绣球	粉 蓝	侧垂	晚	中	开 张	中长	强	
大朵蓝	绣球	粉 蓝	侧垂	晚	中	开 张	大长	强	
软枝蓝	绣球	粉 蓝	侧垂	晚	中	开 张	大圆	强	
盛蓝楼	绣球	粉 蓝	直上	晚	中	半开张	中长	强	
菱花湛露	千台	深粉蓝	侧开	中	中	半开张	中长	强	
碧波夕照	菊花	粉 蓝	直上	中	中	半开张	中圆	中	
月 光	皇冠	浅粉蓝	直上	晚	矮	半开张	大长	中	
藕蓝盘	菊花	深粉蓝	直上	中	中	直 立	中长	中	
翠荷花	荷花	粉 蓝	直上	中	高	直 立	中长	强	
粉蓝球	绣球	粉 蓝	直上	中	中	直 立	小长	中	
百花展翠	楼台	粉 蓝	侧开	中	高	半开张	中圆	强	
青翠蓝	绣球	粉 蓝	直立	中	中	直 立	中圆	强	
奇丽春色	蔷薇	粉 蓝	直上	早	中	直 立	小长	中	引进日本品种
蓝中玉	菊花	深粉蓝	侧开	早	中	半开张	中圆	强	
飞霞迎翠	蔷薇	粉 蓝	直上	中	中	直 立	中长	中	
凌龙探海	绣球	粉 蓝	侧垂	晚	中	开 张	中长	中	
素妆蓝	托桂	粉 蓝	直上	中	中	直 立	中长	中	
粉蓝盘	蔷薇	粉 蓝	直上	中	高	直 立	中长	强	
玉翠蓝	皇冠	粉 蓝	侧开	中	中	开 张	大长	强	
蓝花魁	托桂	粉 蓝	直上	晚	高	直 立	小长	强	
冲宵蓝	千台	粉 蓝	直上	晚	高	直 立	大长	强	

续表 7-2-5

品名	花型	花色	花态	花期	植株	株型	叶型	生长势	其他
青翠蓝	皇冠	粉蓝	直上	中	高	直立	小圆	中	
如花似玉	菊花	粉蓝	直上	中	高	直立	中长	强	
满天星	皇冠	粉蓝	直上	中	中	半开张	大圆	强	
百花粉	皇冠	粉蓝	直上	早	中	半开张	中圆	中	
蓝月	皇冠	粉蓝	直上	早	中	直立	中圆	中	

表 7-2-6

红色：红牡丹艳若蒸霞，品种繁多，计有 183 种

品名	花型	花色	花态	花期	植株	株型	叶型	生长势	其他
脂红	千台	胭脂红	直上	中	高	开张	中长	强	又名：胭脂红
春红争艳	菊花	红	直上	中	矮	直立	小长	弱	原名：群英会
群英	蔷薇	浅红	直上	晚	中	半开张	中长	强	
藏花红	荷花	红	藏红	中	高	半开张	中长	强	
彩绘	皇冠	浅红	直上	早	中	半开张	大圆	中	
红霞镶翠	蔷薇	红	直上	中	高	半开张	大圆	强	
丛中笑	菊花	浅红	直上	中	中	半开张	小长	国	
红霞绘	皇冠	红	直上	中	高	半开张	中长	中	花蕾常开裂
红辉	楼台	红	直上	中	中	直立	小长	中	花蕾常开裂
银红皱	托桂	银红	侧开	中	中	开张	中长	中	
八宝镶	荷花	红	直上	中	中	半开张	小长	弱	
花缨	荷花	胭脂红	侧开	中	中	开张	中长	中	
朱砂垒	荷花	浅红	直上	中	中	半开张	大圆	中	
大胡红	皇冠	深银红	直上	中	中	半开张	大圆	中	
变叶红	皇冠	银红	直上	中	中	半开张	中圆	中	
桃红献媚	楼台	银红	直上	中	矮	半开张	小圆	弱	
海棠争润	菊花	浅红	侧垂	中	中	开张	大长	中	又名海棠霞灿
丹炉焰	蔷薇	红	直上	中	中	半开张	中长	弱	
朱红绝伦	皇冠	红	直上	晚	高	直立	小圆	中	多花型：荷花一皇冠型
璎珞宝珠	皇冠	深银红	直上	中	中	半开张	小长	中	
银红巧对	菊花	绉红	直上	中	中	半开张	小长	中	
美人红	蔷薇	红	直上	晚	矮	半开张	中圆	弱	开花率低
一品朱衣	千台	深银红	侧开	中	矮	开张	小圆	弱	
何园红	托桂	红	直上	中	中	半开张	中圆	弱	
秦红	蔷薇	红	侧开	中	矮	半开张	小长	弱	抗逆性差
万花盛	蔷薇	银红	直上	晚	高	直立	大圆	强	
文公红	托桂	红	直上	中	中	半开张	中长	中	

续表 7-2-6

品　名	花　型	花　色	花　态	花　期	植　株	株　型	叶　型	生长势	其　他
萍实艳	皇冠	红	直上	中	中	半开张	中圆	中	
百花妒	皇冠	银　红	直上	中	中	半开张	中圆	中	
银红楼	绣球	银　红	侧开	中	中	开　张	中圆	中	
向京红	皇冠	浅　红	侧开	中	矮	开　张	吕圆	中	
红彩球	皇冠	红	侧开	中	中	开　张	中长	中	
襄阳大红	皇冠	深银红	侧开	晚	中	开　张	中长	弱	
羞　红	皇冠	胭脂红	藏花	中	中	半开张	中圆	中	
飞燕红装	千台	银　红	侧开	中	中	开　张	小长	中	
霓虹焕彩	千台	火　红	直上	中	高	半开张	中圆	强	
落　燕	皇冠	银　红	侧开	是	中	开　张	中圆	中	
小桃红	菊花	红	直上	中	中	直　立	小圆	中	
红艳碧蕊	蔷薇	红	侧开	中	矮	开　张	小长	中	原名：桃红绿心
红梅报春	菊花	银　红	直上	早	中	半开张	中长	中	
日落云	蔷薇	浅　红	直上	中	高	半开张	中长	强	原名：日照云散
桃李争艳	蔷薇	深银红	直上	中	高	半开张	中长	中	
红宝石	蔷薇	火　红	直上	中	中	半开张	中长	中	
珊瑚台	皇冠	深银红	直上	中	中	半开张	小长	中	
娇　娇	千台	胭脂红	侧开	中	高	开　张	中长	强	原名：娇红
朱砂红	皇冠	银　红	直上	中	中	半开张	中长	中	
朝阳红	蔷薇	红	直上	早	中	半开张	中长	中	
鹦鹉戏梅	蔷薇	银　红	侧开	中	中	开　张	中圆	中	
藏　娇	皇冠	银　红	藏花	中	中	半开张	大圆	强	
西瓜瓤	皇冠	银　红	侧开	早	中	半开张	中长	中	
烽　火	蔷薇	火　红	直上	早	中	半开张	小圆	中	原名：火炼金丹
迎日红	千台	火　红	直上	中	高	直　立	大长	强	
山花烂漫	皇冠	胭脂红	侧开	早	中	疏　散	大长	强	多花型：荷花一皇冠型
桃红滴翠	皇冠	红	直上	中	中	半开张	中圆	弱	
九大红	菊花	红	侧开	中	中	开　张	中圆	中	
红　馨	千台	浅　红	直上	中	中	半开张	中长	中	原名：红心向党
西江锦	蔷薇	红	直上	中	高	半开张	大长	强	
胭脂图	荷花	胭脂红	直上	早	矮	半开张	小长	弱	
银红映玉	皇冠	银　红	侧开	中	中	开　张	大长	中	
锦云红	蔷薇	浅　红	直上	晚	矮	半开张	小长	中	

续表 7-2-6

品名	花型	花色	花态	花期	植株	株型	叶型	生长势	其他
宏图	蔷薇	胭脂红	侧开	中	中	半开张	中长	中	原名：起宏图
红霞点翠	皇冠	红	直上	中	中	半开张	中圆	中	
杏花春雨	蔷薇	银红	侧开	中	中	开张	中圆	中	
鹤顶红	蔷薇	红	直上	中	中	半开张	中长	中	
映红	蔷薇	红	直上	中	中	半开张	中长	中	原名：迎红军
石榴红	单瓣	红	侧开	中	矮	半开张	小圆	弱	
守重红	皇冠	银红	侧开	中	中	疏散	中长	强	多花型：荷花—皇冠型
红珠女	绣球	银红	侧开	中	中	开张	大长	是	
红二乔	蔷薇	银红	直上	中	高	直立	中长	强	
娇红	托桂	银红	侧开	中	中	半开张	中长	中	原名：老娇红
肉芙蓉	蔷薇	浅银戏	直上	中	中	开张	中长	强	
俊艳红	金环	浅红	侧开	中	中	半开张	中长	强	偶有千台
满江红	菊花	红	侧开	中	中	半开张	中圆	中	
银红焕彩	知台	银红	侧开	中	高	半开张	中长	强	
鲁荷红	知台	浅红	直上	中	中	半开张	中圆	强	
种生红	皇冠	火线	直上	晚	矮	半开张	中圆	中	又名：火炼金丹
十八号	千台	银红	直上	中	高	直立	大圆	强	
红绫	皇冠	胭脂红	侧开	中	中	开张	中长	中	
玛瑙璃翠	蔷薇	银红	直上	中	中	直立	中圆	中	
长枝芙蓉	菊花	银红	侧开	晚	中	开张	大长	中	
绣桃花	千台	浅红	直上	中	中	半开张	中长	强	原名：线绣桃花
晨霞	千台	浅红	直上	中	中	半开张	中长	强	
晨红	皇冠	银红	铡开	中	中	开张	中圆	强	
牡丹菊	托桂	浅红	直上	中	矮	半开张	中长	中	
奇珠镶翠	绣球	银红	侧开	晚	高	半开张	大长	强	
鸡爪红	皇冠	银红	侧开	晚	矮	半开张	中长	中	
皱叶红	皇冠	银红	侧开	中	中	半开张	中圆	中	
火炼碧玉	楼台	火红	侧开	中	中	半开张	中圆	强	原名：火炼绿碧
红梅傲霜	皇冠	深银红	侧开	中	中	开张	小圆	中	
彩云红	皇冠	浅红	侧开	中	中	开张	中长	中	
虞姬艳装	菊花	胭脂红	直上	中	中	开张	中长	中	
飞虹流彩	千台	银红	侧开	中	中	半开张	中长	中	
卷叶红	千台	银红	直上	中	高	半开张	大圆	强	

续表 7-2-6

品名	花型	花色	花态	花期	植株	株型	叶型	生长势	其他
麻叶红	皇冠	银红	侧开	中	中	半开张	小圆	中	
银粉藏翠	楼台	银红	侧开	晚	高	开张	中长	强	
艳珠剪彩	千台	浅红	侧开	中	中	半开张	中长	中	
团结	千台	浅红	侧开	中	中	开张	中长	中	原名：大团结
桃红多翠	千台	浅红	直上	中	中	直立	中长	中	
大红夺锦	蔷薇	深银红	直上	中	中	直立	中长	中	
小胡红	皇冠	深银红	侧开	中	中	半开张	小圆	弱	
罗汉红	蔷薇	深银红	直上	中	矮	矮生	中长	中	
姿貌绝伦	千台	浅红	直上	晚	中	直立	中圆	中	成花率低
山梗夺翠	绣球	深银红	侧开	晚	矮	半开张	中圆	弱	
红玉楼	楼台	银红	侧开	中	中	开张	中圆	强	
天姿国色	皇冠	深银红	直上	早	中	半开张	大长	中	多花型：荷花一托桂型
胜胭脂	菊花	胭脂红	直上	早	矮	半开张	小长	中	
桃红飞翠	千台	银红	侧开	中	中	开张	大长	强	
枫叶红	菊花	浅红	直上	中	高	直立	小长	强	
百花丛笑	菊花	浅红	直上	中	高	直立	中长	强	
金奖红	楼台	浅红	侧开	中	高	半开张	中长	强	
红云	菊花	红	直上	晚	高	半开张	小长	强	
暮春红	蔷薇	浅红	直上	晚	中	半开张	中圆	强	
苏家红	菊花	浅红	侧开	晚	中	半开张	小长	弱	
大瓣红	荷花	红	侧开	中	中	半开张	中圆	中	
平顶红	蔷薇	红	侧开	中	中	半开张	中长	中	
蝴蝶戏桃花	菊花	红	侧开	中	中	半开张	中圆	中	
百园芙蓉	蔷薇	银红	侧开	早	中	半开张	中长	中	
团叶红	皇冠	红	直上	中	高	直立	中圆	强	
秦娥	菊花	银红	直上	中	中	直立	小长	中	
万花争春	菊花	银红	侧开	中	中	半开张	中长	中	
红楼点翠	绣球	红	侧开	中	矮	半开张	小长	中	
大桃红	千台	红	直上	中	高	半开张	大长	强	
满园春	荷花	红	侧开	中	高	半开张	中长	强	
锦旗红	荷花	深银红	侧开	中	高	半开张	大长	强	
百园春光	蔷薇	红	侧开	中	中	半开张	中长	强	
红月娥	皇冠	浅红	侧开	中	中	半开张	中圆	中	
银河	托桂	银红	直上	中	中	直立	大长	强	
玉面桃花	蔷薇	银红	直上	中	中	直立	中圆	中	
金针绣红袍	皇冠	红	直上	晚	中	直立	中长	中	

续表 7-2-6

品 名	花 型	花 色	花 态	花 期	植 株	株 型	叶 型	生长势	其 他
红楼二尤	绣球	红	侧开	晚	高	半开张	大圆	强	
金 狸	荷花	深银红	直上	晚	中	直 立	中长	中	引进日本品种
锦红缎	荷花	银 红	直上	中	高	直 立	中长	强	
青龙戏桃花	托桂	浅 红	侧开	中	中	半开张	小长	中	
红云遇霜	蔷薇	浅 红	直上	中	中	直 立	中长	强	
璎珞红	绣球	深银红	直上	中	高	直 立	中长	强	
青翠桃花	楼台	红	侧开	中	中	开 张	中长	中	
红 玉	菊花	银 红	直上	中	中	直 立	中长	中	
锦云袍	蔷薇	红	直上	晚	中	直 立	大长	中	
红绒剪彩	托桂	红	侧开	中	中	开 张	小长	强	
桃红点翠	蔷薇	浅 红	直止	中	高	直 立	中圆	强	
银红球	绣球	银 红	侧开	中	中	开 张	中长	中	
彩 虹	菊花	红	直上	中	高	直 立	小长	强	
迎翠红	绣球	浅 红	侧开	中	中	半开张	大圆	强	
夕 照	菊花	红	侧开	晚	中	半开张	中长	强	
青心红	菊花	线	直上	早	中	直 立	中长	中	
桃花遇霜	绣球	浅 红	侧开	中	中	半开张	中长	强	
红霞风光	荷花	红	侧开	早	中	开 张	中圆	中	
景彩虹	菊花	红	侧开	中	中	半开张	中圆	中	
银红绿波	荷花	银 红	直上	中	中	半开张	中圆	中	
银翠红霞	绣球	银 红	侧开	中	高	开 张	中长	中	
小叶红	蔷薇	红	侧开	中	中	开 张	小圆	中	
金星红	托桂	红	直上	中	中	半开张	中长	强	
先春红	荷花	银 红	侧开	中	中	开 张	中长	中	
百园多娇	荷花	银 红	侧开	中	中	开 张	中长	中	
银 珠	绣球	银 红	直上	中	高	直 立	小长	强	
红霞楼	千台	红	侧开	中	中	半开张	中圆	中	
春红娇艳	菊花	深银红	直上	中	中	半开张	中圆	中	
似蓉红	绣球	红	直上	中	高	直 立	中长	强	
金环红	皇冠	红	直上	晚	高	直 立	中长	强	
满院春光	皇冠	深银红	直上	中	中	半开张	中长	中	
红绣楼	菊花	红	直上	晚	高	直 立	中长	强	
皱纹红	绣球	红	侧开	晚	高	开 张	中圆	强	
锦绣山河	蔷薇	红	侧开	晚	高	半开张	大长	强	
红光献彩	绣球	红	直上	中	高	直 立	中长	强	
赤鳞霞冠	绣球	红	侧开	早	中	开 张	中圆	中	
共享芬芳	托桂	红	侧开	晚	中	半开张	中圆	中	

续表 7-2-6

品　名	花　型	花　色	花　态	花　期	植　株	株　型	叶　型	生长势	其　他
帝　冠	皇冠	红	直上	晚	中	半开张	大圆	中	引进日本品种
栗皮红	蔷薇	红	直上	中	高	直　立	中长	中	
芳　纪	菊花	火　红	直上	中	高	直　立	小长	中	引进日本品种
日　暮	荷花	火　红	直上	晚	高	直　立	小长	中	引进日本品种
重重叠	蔷薇	银　红	直上	晚	中	直　立	小长	中	
花　王	绣球	深银红	侧开	晚	中	半开张	中长	强	引进日本品种
枚狮子	蔷薇	浅　红	直上	晚	高	直　立	小长	中	引进日本品种
红花露霜	千台	红	直上	中	高	直　立	小长	强	
红珊瑚	蔷薇	深银红	直上	中	矮	直　立	中长	中	
曹州红	千台	深银红	直上	早	中	半开张	中圆	强	
似品红	蔷薇	深银红	直上	早	中	半开张	中圆	中	
百花娇艳	蔷薇	深银红	直上	中	中	半开张	大圆	强	
胭红金波	菊花	银　红	直上	早	高	半开张	小长	中	
桃花娇艳	千台	银　红	直上	中	高	半开张	中圆	强	
百花魁	皇冠	红	直上	中	中	半开张	大圆	强	
太　阳	菊花	红	直上	中	中	直　立	中长	中	引进日本品种
晚　霞	蔷薇	红	直上	晚	中	直　立	大圆	强	又名：大叶红

表 7-2-7

紫红色：紫红色是近期由专家按新的分色标准确定的，以“紫二乔”为代表，计有106种

品　名	花　型	花　色	花　态	花　期	植　株	株　型	叶　型	生长势	其　他
霞　光	千台	浅紫红	侧开	中	高	半开张	大长	中	
天香夺锦	皇冠	紫　红	直上	中	高	直　立	小圆	中	
五洲红	千台	紫　红	直上	中	高	直　立	中长	强	
状元红	皇冠	紫　红	直上	中	中	半开张	大圆	强	
紫二乔	蔷薇	紫　红	直上	中	高	直　立	中长	强	又名：紫乔、洛阳红
王　红	皇冠	紫　红	直上	晚	中	直　立	大长	中	
紫霞仙	荷花	紫　红	直上	早	矮	半开张	小圆	中	
西　子	蔷薇	紫　红	直上	中	矮	半开张	小圆	弱	
红霞争辉	蔷薇	紫　红	侧开	中	产	半开张	中长	强	
鸦片紫	单瓣	紫　红	直上	中	高	直　立	中长	中	
乌龙卧墨池	蔷薇	紫　红	藏花	晚	矮	开　张	中长	弱	
丹皂流金	皇冠	紫　红	直上	晚	矮	半开张	小长	中	
藏枝红	皇冠	紫　红	藏花	早	中	开　张	中圆	中	
首案红	皇冠	深紫红	直上	中	高	直　立	大圆	强	

续表 7-2-7

品 名	花 型	花 色	花 态	花 期	植 株	株 型	叶 型	生长势	其 他
紫云仙	皇冠	紫 红	侧开	晚	中	半开张	中长	中	
小魏紫	皇冠	紫 红	直上	晚	中	半开张	中长	中	
泼墨紫	荷花	紫 红	直上	晚	中	半开张	小圆	中	
紫金盘	皇冠	紫 红	直上	中	中	半开张	小长	中	
紫红楼	楼台	紫 红	藏花	晚	中	半开张	中圆	中	
紫茎红	蔷薇	紫 红	直上	中	中	半开张	中长	中	原名：紫茎紫
锦绣球	楼台	紫 红	直上	中	中	直 立	小长	中	
赵园红	菊花	紫 红	直上	晚	中	直 立	中长	中	
紫玉奴	托桂	紫 红	直上	早	高	半开张	中长	中	
剪 绒	皇冠	紫 红	直上	晚	高	半开张	中长	中	
玫瑰红	蔷薇	紫 红	直上	中	中	半开张	中圆	中	
紫红绫	荷花	紫 红	直上	中	高	半开张	大圆	强	
紫霞绫	菊花	紫 红	侧开	中	矮	半开张	中长	中	
三英士	绣球	紫 红	直上	中	高	直 立	大圆	强	
宏 伟	菊花	紫 红	直上	中	中	直 立	中长	强	原名：红卫红
劳动红	菊花	紫 红	侧开	中	中	半开张	大圆	强	
似首案	绣球	紫 红	直上	晚	中	直 立	中圆	中	
东方红	千台	紫 红	直上	中	中	直 立	中圆	强	
红蝴蝶	蔷薇	紫 红	直上	中	高	直 立	中圆	中	
文 阁	皇冠	紫 红	直上	中	中	半开张	中圆	中	原名：文革红
红 岩	皇冠	紫 红	直上	中	中	半开张	中长	中	
花烟起图	托桂	紫 红	侧开	中	中	开 张	小圆	中	
风吹紫绫	单瓣	紫 红	侧开	中	中	开 张	中圆	中	
紫霞点金	皇冠	紫 红	侧开	中	中	半开张	中张	中	
大棕紫	蔷薇	紫 红	直上	中	高	直 立	中圆	强	
紫风朝阳	菊花	紫 红	侧开	晚	中	半开张	中长	中	
东方锦	千台	紫 红	侧开	中	中	半开张	中长	中	
紫霞镶玉	蔷薇	紫 红	侧开	中	中	半开张	中长	中	
秀丽红	蔷薇	紫 红	侧开	中	中	半开张	中长	中	
紫霞间金	蔷薇	紫 红	侧开	中	中	半开张	中长	中	
寿星红	千台	紫 红	直上	中	中	半开张	中长	中	
紫艳夺金	蔷薇	紫 红	直上	中	中	直 立	中长	中	
洪 福	菊花	紫 红	直上	中	中	半开张	中长	中	原名：红宝书
映金红	蔷薇	紫 红	侧开	中	高	直 立	中圆	强	原名：跃进红
紫艳遇霜	千台	浅紫红	直上	中	中	直 立	中长	强	
立新花	千台	紫 红	直上	中	高	直 立	大长	强	

续表 7-2-7

品　名	花　型	花　色	花　态	花　期	植　株	株　型	叶　型	生长势	其　他
双红楼	千台	紫　红	侧开	中	中	半开张	大圆	强	
紫红争艳	皇冠	紫　红	侧开	中	高	半开张	小长	强	
重楼点翠	千台	浅紫红	直上	中	高	直　立	中长	强	
红　灯	皇冠	紫　红	侧开	中	高	开　张	中圆	强	
竹叶球	绣球	紫　红	侧开	中	高	开　张	小长	强	
捧盛子	千台	紫　红	直上	中	中	直　立	中长	中	
红光夺锦	楼台	紫　红	直上	中	中	直　立	中长	中	
紫光阁	千台	紫　红	直上	中	高	半开张	中长	强	
交易红	绣球	紫　红	直上	中	中	半开张	中圆	强	
风雷激	荷花	紫　红	侧开	中	中	开　张	中长	强	
壮　红	绣球	紫　红	直上	中	高	直　立	大圆	强	
乌龙捧盛	千台	紫　红	直上	中	高	半开张	中长	强	
红霞迎日	千台	紫　红	直上	中	中	半开张	中长	中	有时呈菊花型
紫艳夺金	千台	紫　红	直上	中	高	直　立	大圆	强	
丛林尽染	千台	紫　红	直上	中	高	半开张	中长	强	
晚霞余晖	菊花	紫　红	直上	中	高	直　立	小长	强	
墨剪绒	千台	深紫红	直上	中	中	直　立	小圆	中	
紫　云	菊花	紫　红	侧开	中	中	直　立	中圆	强	
朝　衣	楼台	紫　红	侧开	中	中	开　张	大长	强	
紫绒球	楼台	紫　红	直上	中	高	半开张	中圆	强	
青龙镇宝	千台	紫　红	侧开	中	高	开　张	中长	强	
墨池争辉	菊花	深紫红	直上	中	高	直　立	中圆	强	
红玉争辉	皇冠	紫　红	直上	晚	中	半开张	中长	强	
百园争辉	绣球	紫　红	直上	中	中	直　立	中长	强	
紫气东来	荷花	紫　红	侧开	中	高	半开张	中圆	强	
新一代	皇冠	紫　红	侧开	早	高	半开张	大圆	强	
玉和红	蔷薇	紫　红	直上	晚	高	直　立	中圆	强	
紫墨映金	荷花	深紫红	直上	中	是	直　立	中圆	中	
大叶紫	蔷薇	紫　红	侧开	中	高	半开张	中圆	强	
红绣球	绣球	紫　红	侧开	晚	中	半开张	中长	中	
紫云风波	菊花	紫　红	直上	中	中	直　立	中长	中	
紫绒剪彩	托桂	深紫红	侧开	中	中	半开张	中长	中	
短茎红	菊花	紫　红	藏花	早	中	开　张	中圆	中	
紫绒魁	绣球	紫　红	侧开	中	中	半开张	中长	中	
早　霞	菊花	紫　红	直上	早	中	直　立	小长	中	
红霞藏金	菊花	紫　红	侧开	早	中	开　张	中长	强	
高杆红	托桂	紫　红	直上	中	高	直　立	中长	强	

续表 7-2-7

品 名	花 型	花 色	花 态	花 期	植 株	株 型	叶 型	生长势	其 他
飞霞楼	皇冠	紫 红	直上	中	高	直 立	大圆	强	
玫瑰香	荷花	紫 红	侧开	中	中	半开张	大长	中	
迎嘉宾	蔷薇	紫 红	侧开	晚	高	半开张	中长	强	
紫霞夺金	菊花	紫 红	直上	中	中	半开张	小长	中	
紫风塔	千台	紫 红	直上	中	高	直 立	中长	中	
紫霞点翠	菊花	紫 红	直上	晚	高	半开张	中长	强	
花 首	皇冠	浅紫红	侧开	晚	中	半开张	大圆	强	
八宝红	菊花	紫 红	侧开	早	中	半开张	中长	中	
紫艳夺目	菊花	深紫红	直上	中	中	直 立	中圆	中	
墨紫生辉	菊花	深紫红	侧开	中	中	半开张	中圆	中	
彩云辉	菊花	紫 红	直上	中	高	直 立	中长	中	
深黑紫	皇冠	紫 红	侧开	中	中	半开张	中长	中	
冠群芳	楼台	紫 红	侧开	中	中	半开张	小长	中	
红 霞	荷花	紫 红	直上	中	高	直 立	小圆	强	
赤龙含珠	菊花	紫 红	直上	中	高	直 立	大长	强	
疏花紫	菊花	紫 红	直上	中	中	直 立	中长	中	引种日本品种
宜阳红	蔷薇	紫 红	直上	中	中	半开张	中长	中	

表 7-2-8

紫色：紫牡丹奇而不艳，华而不俗，“魏紫”为冠，历来说牡丹言必称“姚（黄）、魏（紫）”，计有 42 种

品 名	花 型	花 色	花 态	花 期	植 株	株 型	叶 型	生长势	其 他
假葛巾紫	楼台	紫	侧开	晚	高	半开张	中长	强	
茄花紫	蔷薇	紫	直上	晚	中	半开张	大长	中	
紫雁夺珠	皇冠	紫	直上	中	矮	半开张	小长	中	
种生紫	皇冠	紫	直上	中	矮	直 立	中长	强	
紫重楼	绣球	紫	直上	晚	高	直 立	中长	强	
海云紫	蔷薇	浅紫	直上	中	矮	矮 生	小圆	弱	
紫瑶台	皇冠	紫	侧开	早	矮	开 张	小圆	中	
茄蓝丹砂	蔷薇	紫	直上	中	高	直 立	小长	中	
赵 紫	楼台	紫	直上	晚	中	半开张	中长	中	
邦宁紫	皇冠	昆	直上	中	中	半开张	大长	中	
菱花晓翠	蔷薇	浅紫	侧开	晚	高	开 张	中长	中	
紫衣冠群	蔷薇	紫	藏花	晚	矮	半开张	中圆	中	
魏 紫	皇冠	紫	侧开	晚	敌	开 张	小圆	弱	
翠叶紫	皇冠	深紫	直上	中	中	直 立	中圆	中	
银林碧珠	皇冠	浅紫	直上	中	高	直 立	大圆	强	

续表 7-2-8

品 名	花 型	花 色	花 态	花 期	植 株	株 型	叶 型	生长势	其 他
紫罗汉	蔷薇	紫	直上	中	矮	直 立	中圆	中	
玫瑰紫	蔷薇	深紫	直上	中	开	直 立	中长	中	
紫艳飞霜	菊花	浅紫	直上	中	中	直 立	大长	中	
紫盘托桂	皇冠	紫	侧开	中	中	半开张	中长	中	
丁香紫	皇冠	浅紫	侧开	晚	中	开 张	中长	中	
蓝紫绿心	绣球	紫	侧开	晚	中	开 张	中长	中	
紫绣球	绣球	紫	侧开	晚	中	半开张	中长	中	
赤龙焕彩	楼台	深紫	侧开	晚	中	开 张	小圆	中	
晚 紫	千台	深紫	直上	晚	中	直 立	大圆	强	
胜葛巾紫	千台	紫	直上	中	中	半开张	中长	强	
稀叶紫	皇冠	深紫	直上	中	中	直 立	中圆	中	
仙 姑	菊花	深紫	直上	中	高	直 立	中长	强	
藤花紫	皇冠	紫	侧开	中	中	开 张	大圆	强	
紫 魁	皇冠	紫	侧开	中	中	半开张	大圆	中	原名：墨魁
古园遗风	皇冠	紫	直上	中	中	半开张	小长	中	
紫玉冠	绣球	浅紫	侧垂	晚	高	半开张	大长	强	
紫中冠	绣球	紫	侧开	中	中	半开张	中长	中	
紫蓝玉	菊花	浅紫	直上	中	高	半开张	中长	强	
紫 蝶	荷花	紫	直上	早	中	直 立	中长	中	
潇洒紫	蔷薇	紫	侧开	晚	中	开 张	中长	中	
紫艳秀丽	皇冠	紫	侧开	早	中	开 张	中圆	中	
九宵紫	菊花	紫	侧开	中	高	半开张	中长	强	
茄花争辉	托桂	紫	直上	晚	高	直 立	中长	强	
茄紫献彩	千台	紫	直上	晚	高	直 立	中长	强	
丰花紫	菊花	浅紫	直上	中	高	直 立	中长	强	
锦袍紫	蔷薇	紫	直上	中	高	直 立	中长	强	
撒金紫玉	皇冠	紫	侧开	中	国	开 张	中长	中	

表 7-2-9

墨紫色：墨紫品种按传统分法称黑牡丹，墨紫发亮，黑里透红，计有 12 种

品 名	花 型	花 色	花 态	花 期	植 株	株 型	叶 型	生长势	其 他
黑海金龙	荷花	浅墨紫	直上	中	矮	直 立	中圆	中	
墨撒金	荷花	墨 紫	侧开	中	中	直 立	中长	中	
赛珠盘	荷花	浅墨紫	直上	中	中	半开张	小圆	弱	
黑花魁	蔷薇	深墨紫	侧开	中	中	半开张	中圆	中	
墨紫绒金	荷花	墨 紫	藏花	中	中	半开张	中长	中	
种生黑	菊花	浅墨紫	直上	晚	矮	直 立	大长	弱	

续表 7-2-9

品　名	花　型	花　色	花　态	花　期	植　株	株　型	叶　型	生长势	其　他
青龙卧墨池	蔷薇	墨　紫	侧开	中	高	疏　散	大圆	中	
冠世墨玉	皇冠	深墨紫	直上	中	中	直　立	大圆	强	多花型：荷花一皇冠型
烟龙紫珠盘	皇冠	深黑紫	直上	晚	矮	半开张	中长	弱	
乌金耀辉	蔷薇	墨紫红	直上	中	中	半开张	中长	中	
墨楼争辉	皇冠	墨紫红	直上	中	中	半开张	中圆	中	
初　乌	荷花	墨　紫	直上	中	中	半开张	中长	中	引进日本品种

表 7-2-10

复色：复色品种也是按新的花色分类标准界定的：计有 6 种

品　名	花　型	花　色	花　态	花　期	植　株	株　型	叶　型	生长势	其　它
二　乔	蔷薇	复	直上	中	中	直　立	中长	中	又名：花二乔
小叶花蝴蝶	蔷薇	复	直上	晚	高	直　立	小圆	中	
奇花献彩	皇冠	复	侧开	中	中	半开张	大圆	中	
大叶花蝴蝶	菊花	复	直上	中	高	直　立	中圆	强	
平湖秋月	皇冠	复	直上	中	高	直　立	中圆	强	
万叠云峰	皇冠	复	侧开	中	高	开　张	小圆	中	

说明：与中原品种群同名异物的均未统计在内，数量极少和新培育而尚未鉴定命名的品种未列入

第三章　牡丹研究

第一节　科研机构

1982 年 4 月成立菏泽牡丹研究会，以菏泽牡丹研究技术人员为基础，并聘请了喻衡等外地牡丹专家参与。该会初建时有研究员 30 多人，后发展到 100 多人。1985 年，曹州牡丹研究所成立，隶属于县级菏泽市农业局；1989 年 4 月改称菏泽市牡丹研究所，隶属于县级菏泽市政府。1992 年，农业部优质产品开发中心与菏泽市牡丹研究所联合组建北京农丰牡丹开发公司。1995 年 5 月，菏泽市牡丹研究所与澳大利亚南澳洲合资组建 “菏泽牡丹花木有限公司”。1999 年，县级菏泽市成立菏泽牡丹经济合作协会。2005 年，全市拥有牡丹花卉研究技术人员 370 多人。

第二节　科研成果

20 世纪 80 年代以后，牡丹科研成果显著。牡丹栽培、新品种繁育、病虫害防治、

催花、切花、嫁接等方面的研究都有突破性进展。

栽培 进行了盆栽牡丹、案头牡丹、无土栽培、牡丹寒带（黑龙江）露地栽培越冬及热带栽培试验。盆栽牡丹荣获1992年香港国际花展优秀一等奖，案头牡丹获1993年香港国际花展最佳展品一等奖，“案头牡丹无土栽培”在第四届全国花展中获三等奖。新品种繁育，由原来的自然杂交为主，转为定向杂交为主，利用人工授粉、套袋管理的办法培育种子。“牡丹新品种培育”在全国第一届花展中获一等奖。菏泽培育出的迎日红、紫蓝魁、粉中冠等新品种每年有数千株运往东北三省安家落户，打破了“牡丹不过关”的历史。杂交培育的凤丹红、凤丹粉等品种解决了长期观赏品种南下成活率低的难题。

病虫害防治 对造成牡丹早期枯叶的叶斑病，筛选出多菌灵、甲基托布津等有效的药物，控制住了真菌的危害，使牡丹叶片生长期延长近两个月；对危害根系的虫害与根茎部的天牛，也找到了较好的根治药物及防治方法。在1993年全国第三届花展中，“红斑病发生规律及防治技术”获银奖，“锯花天牛防治”获铜奖。

催花 不仅南方催花有了新进展，还掌握了北方温室催花；不仅能使牡丹春节开花，还能使牡丹在“五一”“七一”“十一”等时期开放，达到了牡丹花开随人意。催花品种由原来的3种发展到100多种，催开的牡丹花色酷似自然开放。1986年经专家鉴定，认为催花技术在国内外尚属首创，当年获山东省科技进步三等奖。在1987年全国第一届花展中，“菏泽牡丹大田催花技术”获科技进步奖。在全国第五届花展中，“牡丹国庆节催花品种选育”获三等奖。在1993年全国第三届花展中，“菏泽牡丹芍药切花生产技术”获优秀奖。

催花牡丹

嫁接 芍药根嫁接及凤丹苗嫁接的成功，加快了繁育速度，降低了成本；换芽嫁接也有新突破。在1993年全国第三届花展中，“凤丹牡丹嫁接观赏牡丹在商品化生产上的应用”获金奖，“牡丹换芽嫁接”获中国科协颁发“金桥奖一等奖”。

此外，“牡丹基因与染色体的研究”也有突破；花农赵文强新培育出一棵花开105天的绿牡丹，专家认为是奇迹；野生牡丹和国外牡丹的引种驯化、杂交也取得新成果，得到了很多新的变异植株。

第三节　太空牡丹

中国首批200粒“太空育种牡丹”种子于2002年9月中旬落户菏泽市“曹州百花园”中。这是世界上第一批“太空育种牡丹”。

“牡丹太空育种研究”课题项目是由菏泽市林业局林科所、曹州百花园与国家林科院合作开展的。“牡丹太空育种”主要是利用太空环境中宇宙射线辐射、高真空、微重力等综合因素的作用，使牡丹种子出现某些地球上无法获得的变异，从而大大提升牡丹的品种质量，在花色、花型、株型、叶型、花期等方面实现质的突破，从而改变了在品种培育上主要以自然杂交和人工杂交为主，成功率相对较低的局面。

2002年，曹州百花园向国家有关部门提供了1千克大约3000～4000粒牡丹种子，包含黑花魁、丛中笑、景玉、露珠粉、红菊照水5个品种及红、粉、白、黑4种花色。从中选出200粒种子登上“神舟三号”。这200粒牡丹种子于2002年3月25日—4月1日，随“神舟三号”飞船在太空中围绕地球飞行了108圈，经过6天零18个小时，完成了人类首次在失重条件下对牡丹进行的太空变异实验。

百花园太空牡丹研究基地

200粒太空牡丹于2002年9月中旬播种后，采取了地膜覆盖，保温保墒等多种措施，以确保种子能够安全越冬。种子10月份开始生根，生长良好。2006年4月首次开花，但数量极少。太空牡丹比现有牡

太空牡丹

丹品种花大，色泽艳丽，抗性强，花期长。

第四节　学术活动

20世纪50—60年代，牡丹研究专家——北京林学院的周家琪教授及山东农学院的喻衡教授、杨念慈教授，与当地的赵守重等一批老花农进行牡丹技术切磋，培养了赵孝知、赵孝庆、孙景玉等一批年轻技术员。喻衡教授费了近20年的心血，先后写出《曹州牡丹栽培技术经验》《菏泽牡丹》等书，指导菏泽牡丹的技术研究和生产销售。北京林业大学教授、牡丹专家王莲英、秦魁杰多次来菏就牡丹科研、生产等进行全面指导，菏泽花师、技术员的实践经验、学术成果也给两位专家以启发，从而达到技术上的互相提高。1983年4月，华东5省市园林科技大会在菏泽召开，菏泽向大会提供近万字的牡丹技术材料，使与会人员了解了菏泽牡丹的种植历史和栽培技术。1990年，菏泽承办中国牡丹芍药第一届年会。1992年，菏泽承担中国牡丹芍药协会会刊《中国牡丹与芍药》（第二期）的编辑任务，并在该期发表了《牡丹红斑病发生规律及防治技术研究》《菏泽牡丹授粉研究》《西藏野生牡丹资源考察报告》《牡丹嫩枝吊包繁殖技术》等7篇牡丹学术论文。2001年4月19日，北京、洛阳等地的20多位牡丹专家聚集菏泽，针对菏泽牡丹新品种繁育、产业化发展、规范化管理、技术推广等举办牡丹学术研讨会，对菏泽牡丹的科研与生产起到了促进作用。

1985—2000年，菏泽先后多次派员参加洛阳牡丹品种鉴定会，第一、二届中国花鸟鱼虫进出口学术会，北京植物园牡丹品种鉴定会，西安植物园牡丹品种鉴定会，北京牡丹品种审定会，上海首届牡丹文化研讨会，林业部首批牡丹新品种保护审定会等，并先后在《中国牡丹与芍药》会刊上发表论文30余篇。

第四章　牡丹园

第一节　凝香园

凝香园又名“何园”“正香园”，位于菏泽市开发区岳城办事处岳楼行政村。凝香园始建于明万历年间，是西台御史何尔健在家乡自建的私家花园，也称“何家花园”，兴盛时达13.34公顷，曾闻名一时。2005年有2.67公顷。凝香园玲珑小巧，古朴典雅，与曹州牡丹园的雍容华贵、博大浑厚形成鲜明对照，相映成趣，有观赏者曾用“小家碧玉”和“大家闺秀”做比喻。园中有牡丹40余种，最多时达180余种，“何园红”“何园白”即为此园所培育。

第二节　古今园

古今园的前身为“万花村花园”，位

于菏泽城北王梨庄村北，是距城最近的一座花园。明代，王梨庄曾为万花村，园主人以村名而命园名。园中主要种植牡丹、芍药，曾兴盛一时。后经明末战乱，常年失修，日渐荒芜。至清代乾隆年间，该村岁贡王孜诵（号花村）重修该园，编制松坊、松狮、松羊、松马，花园面貌为之一新。后因天灾人祸，花园又一度萧条。清末，其后代王愈昌再次修复该园，渐渐恢复旧观。所种牡丹远销北京、南京、苏州、杭州、广州、香港等地。民国初期，花园被曹州府官行张培荣据为己有，改名“军门花园”。

新中国成立后，园中牡丹栽培面积逐年扩大，花色品种不断增多。1958 年，由王心志、王文起等 12 位花农组成特产队，专门管理花园。1982 年政府拨款再次重建，因花园阅古历今，故更其名为“古今园”。该园面积 3.34 公顷，牡丹品种达 300 多个，另有百种花草灌木。园中的大型松编牌坊“孜诵坊”，已有 200 余年的历史，工艺精湛，壮观优美，堪称一绝。还有树龄百年的龙爪槐，盘根错节，蜷曲有致；金丝吊蝴蝶树，春天开花，秋天花托垂吊，婉如一只只蝴蝶，十分奇特；百年的翠兰松，郁郁葱葱，似烟如雾；200 多载的线柏，江北只此 1 株。

古今园

第三节 曹州牡丹园

曹州牡丹园，位于人民路北段西侧，坐落于赵楼、李集、何楼、毛胡同 4 个自然村中间，距市区 3 千米，总面积 120 公顷，是菏泽牡丹的主要观赏游览区。园内有牡丹 1053 个品种、1600 多万株，间植芍药、碧桃、夏莲、秋菊、蜡梅、月季、玫瑰等数百种花木。

曹州牡丹园的前身是赵楼村的赵世学、高凤成等 3 家的私家花园，共 20 多公顷。新中国成立后，花园收归集体所有。1956—1957 年，洪庙、李集两村花园相继归并该园，面积扩大到 40 公顷，牡丹品种有 300 多个，其中保留传统品种 124 个。1982 年，赵楼、何楼、李集、毛胡同四个自然村原有的几个牡丹园连成一个大园，取名“曹州牡丹园”。

园内分为 3 个观赏区，每个区都建有亭台楼阁，观花楼、天香阁，牡丹博物馆是园内主体建筑。观花楼为仿明代建筑，坐落在曹州牡丹园南观赏区，楼内有牡丹展室，供游人进一步了解牡丹的栽培历史和牡丹文化；二楼有观花台，登楼远眺，姹紫嫣红的千亩牡丹跃入眼帘，使人有置身花海、脱俗欲仙之感。天香阁坐落在曹州牡丹园北观赏区，室内陈设的名人书画件件是赏牡丹、咏牡丹的佳

作。牡丹博物馆，坐落在曹州牡丹园的西南区，占地1公顷，建筑面积4000平方米，为中西结合式建筑结构。一楼分历史厅和荣誉厅，介绍牡丹久远的栽培历史，及获得的一系列大奖；二楼为科技精品厅，以大量的图片和录像展示牡丹开发的最新科研成果和中外牡丹名品精品；三楼为文化艺术厅，通过彩绘、实物、雕塑展示关于牡丹的诗词文赋、传说故事、工艺书画、服饰图案等。

曹州牡丹园于2002年开始大规模改造，总投资6000万元。在景致布局上，园内以牡丹文化为主线，形成“花之语、花之韵、花之魂、花之海和花之潮”5大景区。在保留原有景点的基础上，新完成14处大型主景点建设和大量基础设施建设，不仅突出了牡丹主题，而且文化内涵丰富，充分展现了菏泽牡丹甲天下的风采和悠久灿烂的菏泽历史文化。

第四节　百花园

百花园，位于牡丹街道洪庙村，为明熹宗工部尚书何应瑞所建，1958年定名“洪庙花园”。1982年政府拨款重建，更名为“百花园”。1990年政府再次拨款，由南京园

百花园

林设计院规划，进行扩建，再次更名为“曹州百花园”。该园面积10公顷，有牡丹560多个品种、12万余株。园内优良品种荟萃，既有传统名品，又有许多自育的性状优异的新品种。其中著名的新品种有“春红娇艳”“景玉”“银红球”“百园粉”等，还有从日本引进的一些品种。曾获1999昆明世博会大金奖的“乔子红”出自该园；太空育种牡丹亦在该园生长。园中品种众多，但由于面积较小，故展示较为集中。

第五章　牡丹品种交流

第一节　输　出

菏泽一直是中国牡丹的主要生产输出基地，输出的产品主要是丹皮、种苗和催花。因曹州丹皮久存不霉，故“曹丹”成了市场上的抢手货。在种苗销售上，洛阳、北京、亳州等牡丹种植区和国内其他一些大中城市均从菏泽引种牡丹。解放初期，洛阳牡丹几乎绝迹，后来的复兴，其种苗基本上全是从菏泽购进。洛阳花师王二道兄弟从1957年开始，直到1997年，每年到菏泽购买牡丹的数量都在10万～20万株之间。2002年，洛阳购买牡丹30万余株，其中的一个隋唐牡丹园一次购走12万株。北京各大公园也栽有菏泽牡丹。被称为“牡丹王”的菏泽人王文德，1951—1981年被聘到北海公园、景山公园当技师，30年中，他多次回菏泽挑选优良品种，景山公园东门里的牡丹就是1953年从王梨庄移去的，共40多个品种，现在已发展到200多个品种；北京植物园1980年兴建香山卧佛寺牡丹园时，从菏泽一次买去260个品种2000多株。国务院、中南海和一些国家领导人，如毛泽东、周恩来等人的故居都栽植了菏泽牡丹。1980年，亳州汤陵园公园、薛阁塔公园一次就从菏泽购去牡丹1万多株，并请菏泽花师许传进帮助建园。甘肃榆中和平牡丹园、上海植物园牡丹园、江苏盐城枯枝牡丹园、山西太原双塔牡丹园和迎泽公园等全国各地的牡丹园、公园、名胜区等大量引植菏泽牡丹。菏泽花农还走出去或独资或联营在北京、上海、云南、石家庄、青岛、杭州、西柏坡等地建成具有一定规模的牡丹园或牡丹生产基地。2001—2005年，菏泽牡丹种苗每年输出近百万株，全国各地新栽牡丹种苗80%出自菏泽。随着菏泽牡丹面积和市场所需不断扩大，菏泽催花牡丹数量年年增多，由20世纪80年代的几万株到21世纪初期的几十万株。菏泽牡丹出口30多个国家，数量达160余万株，品种600余个，不仅创下大量外汇，而且还增进了菏泽人与各国人民之间的友谊。

第二节　引　进

1960年，菏泽地区开始引进安徽凤凰山药用牡丹，1968年便发展到666.67公顷，不仅满足了山东省丹皮的需要，还为嫁接观赏牡丹奠定基础。2002年，全区共嫁接牡丹2000万株，其中安徽药用苗竟达1200万株之多。在集中种植区，主要从安徽亳州、四川天彭、甘肃陇西、湖北利川和建石、湖南邵阳等地先后引进火齐红、火烧鸡信、藕丝衣、万叠雪峰、锦袍红和多种紫斑牡丹等计20几个品种。在野生品种引进上，1973年赵楼从云南大理引植1000株野生牡丹。后来，菏泽牡丹研究所、曹州牡丹园等先后派出技术员到云南、贵州、四川、西藏、甘肃、湖北、黑龙江等地考察野生牡丹，移植大花黄牡丹、紫斑牡丹、矮牡丹、药用牡丹等品种，并与当地牡丹杂交培育出很多新品种。

对于国外品种，主要是引进日本和美国的牡丹品种。1981年以后，先后引进日本的金帝、岛锦、海黄、金晃、金阁、天一、岛锦、太阳、初乌、金冠、花王等十几个品种，数量达3000余株。从美国引进的牡丹有金碗、金色时代、金斯爱丽斯、黑豹、阿尔汉北约、黑谷拉达斯等十多个品种。同时还引进美国芍药品种珊瑚、伊利民美人、十字军战士、红色女郎、迷你、玛丽少年、祖鲁战士、伊利尼首长、伊利尼战士、快活骑士、护航舰队、道格拉斯等12个。国外品种大都花色鲜艳，但不如菏泽牡丹柔和。

第三节 花 展

1974年开始，菏泽牡丹先后在广州、上海、南京、成都、海南岛、兰州、沈阳、无锡、北京、青岛、黑龙江、澳门、香港及法国波尔多、美国匹兹堡等国内外几十个大中城市参展，并且非常成功。特别是在港澳几度春节的牡丹花展销，轰动世界。1978年1月在澳门举办的“中国牡丹花展览”会上，展出曹州牡丹2000株，成为世界游人注目的中心，观众达40万人，被称为“牡丹盛会四百年首见”。1988年3月在香港举办的“国际花展”上，菏泽牡丹倍受宠爱，港督卫奕信爵士夫人特意在牡丹旁留步，小心翼翼地托起一朵“赵粉”，深深地闻了闻。香港盆景协会的主席，还特意托人购买菏泽牡丹。香港建昌有限公司订购7万多元的菏泽牡丹。展出结束，香港市政总督特意给菏泽颁发“锦袍红牡丹展出奖”冠军奖。从1992年全国第一届花展到2001年的第五届全国花展，菏泽牡丹都以其花大、色艳、型美、科技含量高而赢得观众和花展评委的好评。特别使菏泽牡丹大出风头的是在1999昆明世界园艺博览会上，111枚牡丹单项奖中，菏泽牡丹以绝对优势夺取81枚。其中3枚大金奖，菏泽牡丹夺得2枚；12枚金奖，菏泽牡丹摘取10枚；36枚银奖，菏泽牡丹取得26枚；60枚铜奖，菏泽牡丹荣获43枚。中央电视台、《人民日报》《中国花卉报》等几十家新闻媒体接连报道，使菏泽牡丹成为名副其实的“世界霸主”“甲天下”。此次洛阳因成绩不佳，便自撰《洛阳牡丹丙天下》的文稿，登诸报端，以自加压力，奋起直追。

为更好地发挥牡丹资源优势，更多地把牡丹推向国内外市场，1996年春，菏泽举办“首届中国菏泽牡丹花卉展销会”。会上除菏泽、荷兰举办大型牡丹、郁金香联展外，各省、自治区、直辖市共有58个展团、18个系列、460个品种、38万盆（株）展品参加展出。仅前3天，花卉成交额就

达 2.3 亿元，其中菏泽与荷兰一项牡丹销售协议高达 1600 万美元。2002 年 2 月 1 日在广东顺德举办的“全国首届牡丹花展”中，菏泽催花牡丹再次“称雄”，获取 13 个金奖中的 8 个，38 个银奖中的 22 个，77 个铜奖中的 56 个，共计 86 枚奖牌，占总奖牌的 65%。

第六章　牡丹综合利用

“唯有牡丹真国色，花开时节动京城”。牡丹以其独特的花姿，艳压群芳，令人赏心悦目。牡丹的药用价值至少在战国时期就已经被人类发现利用，时光变迁，历久弥新。牡丹的营养价值、特色风味使得牡丹花的食用从宋代就开始了，到了明清时代，人们已有了较为完善的原料配方和制作方法。历史发展进入 21 世纪，随着人们对牡丹研究的深入，牡丹的价值会被越来越多的发掘和利用。

第一节　观　赏

牡丹花虽然古已有之，但在广泛的园艺栽培之前也不过被名为“木芍药”。牡丹从山野走进城市，进入皇家御苑，地位也高了起来。其花由小变大，由单瓣变多瓣；枝由纤弱变茁壮；根由细复粗；颜色由浅变深，由单纯变多样，由浅淡变鲜艳；香味由淡变浓；花期也由短变长。总之，牡丹花大、色艳、形美、香浓，愈来愈变得让人喜欢。牡丹从野生转为人工栽植之日起，人们就有了观赏牡丹的风俗。

菏泽人习惯把“谷雨”节称为花节。“谷雨三朝看牡丹”是菏泽流传的习俗。每年谷雨节前后，方圆几十里数百种牡丹竞相

开放，姹紫嫣红，五彩缤纷，似田野铺锦，彩霞落地。以菏泽城为中心，周边县乡的人们扶老携幼，前呼后拥，争睹牡丹花的芳容。“暮春花开，观赏者，车如流水，人如潮涌，四乡名流，饮酒咏诗，欢度花期”。

随着社会的发展，在菏泽种花的花农越来越多，牡丹花在人们心目中的地位也越来越高。人们不仅爱花、赏花、宴花、结花、拜花，而且种花、插花、写花，与牡丹结下了不解之缘。每当仲春花发，人们便自发地组织起“赛花会”“品花宴”等观赏活动。1992 年，经国务院批准，菏泽举办首届“菏泽国际牡丹花会”，特邀朝鲜、日本、美国、法国、德国等 10 余个国家的专家、学者及花卉商人参加。同时，举办大型的牡丹订货会，将中国牡丹推向世界。至 2005 年，“菏泽国际牡丹花会”已经成功地举办 14 届，观赏人数达数千万之多。“以花为媒，广交朋友，文化搭台，经贸唱戏”，吸引了大批海内外游人客商到菏泽观光旅游，投资兴业，为这里的经济发展注入新的生机和活力。

第二节　食　用

牡丹保健茶　用绿茶为载体精制而成，含有 13 种氨基酸及维生素、微量元素、常量元素等天然成分。《本草纲目》中所说：“久饮可延年益寿。”

牡丹国花酒　以牡丹鲜花、多种鲜果为原料，并配以蔗糖、蜂王浆，经多年酿制而成。该酒花香浓郁，清醇可口，营养丰富，当为酒中珍品。

牡丹酱及糕点　牡丹鲜花中含有高效生物活性物质，加工后可做成牡丹酱食用，还是制作糕点的重要原材料和佐料。采用直接的牡丹鲜花瓣，经清洗、沥干水分、揉搓等工序，加糖，发酵后做成牡丹酱，

赏　花

可直接食用，也可做成牡丹月饼、牡丹糕点等。

牡丹银耳汤原料　鲜白牡丹花1朵，银耳30克，清汤、料酒、味精、食盐、白胡椒粉各适量。制法：将鲜嫩银耳放入大碗内，倒进调好味的清汤，上笼蒸至银耳发软入味时取出，撒上牡丹花瓣即可。特点：汤清味美，清淡爽口。

牡丹花溜鱼片原料　鲜牡丹花1朵，鲜鲤鱼肉片200克，鸡汤、蛋清、淀粉、精盐、味精、猪油、料酒、白胡椒粉、葱姜适量。制法：将鲜鲤鱼肉片放在碗内，加入盐、料酒、味精、蛋清、湿淀粉拌匀上浆。炒勺放入猪油，烧至五成熟时，将鱼片逐一下炒勺滑透，然后控去余油。炒勺底油加热，投入葱、姜，煸炒出香味，倒入鸡汤、食盐、味精、白胡椒面、料酒，将淀粉调成稀芡，待汁爆起时，将鱼片、花瓣倒炒勺内，滑炒几下，盛入盘内即可。

牡丹花里脊丝原料　去蕊牡丹花2朵，猪里脊肉250克，鸡汤、猪油、精盐、味精、湿淀粉、料酒各适量。制法：将洗净的牡丹花切成丝，里脊肉也切细丝，用盐、味精、鸡蛋清、湿淀粉拌匀上浆。取鸡汤、味精、酱油、料酒、湿淀粉各少许兑成汁。炒勺烧热放入猪油，烧至五成熟时烹放入肉丝，炒散后烹入兑好的汁，待汁收浓时，放入切好的牡丹花丝，快速翻炒几下，盛入盘内即可。特点：味美清香，肉质鲜嫩。

第三节　药　用

牡丹自古以来皆用其根皮入药，名曰："丹皮"。《神农本草经》将其列为中品。李时珍之《本草纲目》曰："牡丹以色丹者为佳。"丹皮用量很大，国内年需要量在250万千克左右，年出口量50万千克。菏泽为全国丹皮四大产区之一，所产"曹丹"皮厚粉足质量好。牡丹根皮外层为木栓层，由多列木栓细胞组成细胞壁，呈浅红色；内层为皮层，由数列切向延长的薄皮细胞组成，皮层内韧皮部，占根的绝大部分，中心为木质部及髓。牡丹根的韧皮部及皮层薄壁细胞和细胞间隙中，聚集有较多的草酸晶簇，并含有很多淀粉。鲜皮中含有牡丹酚原甙约5%～6%，但易受自身存在的酶水解，成为牡丹酚及一分子L阿拉伯糖。根皮中含有的牡丹酚，为特有光泽的针状结晶，可溶于水及一般溶剂。此外，牡丹酚还含有芍药甙、苯甲酸，挥发油0.15%～0.4%及植物甾醇等。牡丹酚为主要药用成分，具有抗菌作用、体外试验证明，丹皮对伤寒杆菌、大肠杆菌、金黄色葡萄球菌、溶血性链球菌、肺炎球菌等有较强的抗菌作用，对白喉杆菌也有抑制作用。丹皮水煎汤剂还有降血压作用。丹皮呈圆筒状、半圆筒状或破碎的片状，有纵向裂隙，两面向内卷曲，外皮粉白色或微红，内层棕色或土黄色，有细顺纹，质脆，容易折断，断面呈粉性白色，具有特异香气。为便于运输和贮藏，加工后的根皮通常截成6～15厘米长的小段，装在木箱或竹篓、条筐里，放在干燥通风避雨的地方。贮藏期间要注意防潮。

丹皮性微寒，味苦辛，无毒，入心、肝、肾经，具有清血、活血散瘀的功能，主治斑疹吐血，血滞经闭，经前发热，痈肿疮毒，损伤瘀血，阴虚发热，无汗骨蒸。临床上主要用于清肝火和凉血散瘀（消炎、降压），如因肝郁火而致的发热、盗汗、自汗、头痛目涩、月经不调，常配栀子、柴胡等，方如“丹栀逍遥散”。取其去热散瘀作用，治疗急性阑尾炎常配大黄、金银花等，方如“大黄牡丹汤”加减。因高血压和动脉硬化而患有肝郁积热症者，可配野菊花、石决明等。如阴虚发热，可配“青蒿鳖甲煎汤”。热症出血，可用犀角、生地凉血止血；因甩胸腰部挫伤后有瘀血作痛者，方剂中加丹皮、赤艾以凉血去瘀。丹皮不但可以配伍其他药物水煎汤剂用于治疗一般急性疾病，还可制成吸收缓慢、药力持

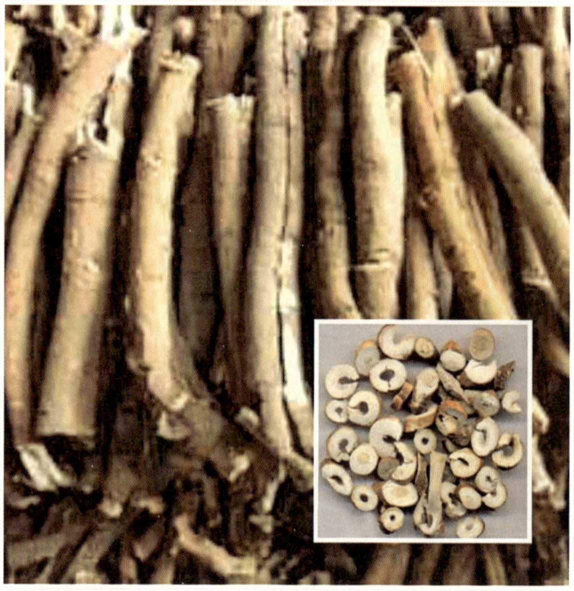

丹　皮

久且服用、携带、贮存方便的丸剂和片剂。山东菏泽制药厂生产的“六味地黄丸”中就有曹州粉丹皮。该药为6克重的小蜜丸。因其整个配方选用本地药材，以优质枣花蜂蜜为辅料，丸药质好，对肾阴亏损、腰膝酸软、头晕目眩、耳鸣耳聋、盗汗、遗精、消渴、骨蒸潮热等症疗效显著。该厂又在本方的基础上，加上枸杞子、菊花，加工出“杞菊地黄丸”，主治因肾阴虚而导致的眼花，或枯涩疼痛等症状，是中老年眼疾患者的理想药物。山东菏泽健民中药厂生产的浓缩“咽炎片”，方剂中加丹皮以取其清热泻火之效，辅佐玄参、板蓝根增加滋阴解毒作用。

第七章　牡丹文化

第一节　牡丹与文学

牡丹以其独有的魅力备受历代文人的宠爱，特别是20世纪80年代以后的诗人、文学家、艺术家和民间艺人创作了大量赞美牡丹的诗词歌赋、民歌民谣、小说戏剧、绘画雕塑、电影电视，以牡丹的优美艺术形象，滋润着人们的精神，陶冶着人们的情操，形成了菏泽特有的“牡丹文化”。

牡丹诗词创作尤为突出。大书法家启功在其《题曹州牡丹》中写道：木芍药发沉香亭，谢君题诗早正名。众卉任教南土盛，花王北国擅芳馨。

大书法家柳倩在其《曹州牡丹》中写道：仲春花发绿凝光，艳若丹霞万亩霜。郑洛娇容夸国色，曹州妩媚世无双。琅玕倚遍怀赵粉，海誓盟时愧玉环。泄露春心非所愿，尘泥纵萎又何妨。

菏泽是全国著名的散文创作基地，全国散文创作大家和菏泽文学爱好者创作了大量歌颂牡丹的散文，尤以散文大家石英的《名花开在纯朴的土地上》等为最。菏泽的文艺工作者还挖掘和创作了一些有关牡丹的故事传说。《牡丹缘何谷雨开》讲述了一个美丽而凄婉的故事。《魏紫牡丹的传说》讲述了花农护花、智斗宫府和牡丹恋家的故事。

第二节　牡丹与艺术

牡丹插花

牡丹与书画　清至民国，针对菏泽牡丹或书法或绘画者不乏大家。扬州八怪之中的黄慎、郑燮二人诗书画三绝，都留下了牡丹丹青墨宝。黄慎的《花卉图册》现藏单县博物馆。郑燮的行书《牡丹诗》现藏郓城县博物馆。清道光年间，曹州府主考官马邦举为花师赵玉田书赠的“似兰如松”牌匾，至今还在曹州牡丹园内保存，成为一件珍贵的历史文物。新中国成立后，菏泽牡丹的魅力更加吸引了全国各地的书画家到菏泽写生牡丹，举办书画个展。菏泽牡丹给书画家提供了国色创作素材，让他们倾慕挥笔。赞颂菏泽牡丹的书法家有：郭沫若、赵朴初、苏局仙、许德珩、萧华、孙轶青、高占祥、魏传统、启功、舒同、陆石、刘自椟、沈鹏、黄绮、沙孟海、欧阳中石、佟韦、楚图南、唐云、刘开渠、林散之、叶圣陶、黄苗子、费新我、柳倩、武中奇、陈大羽、刘艺、李铎、刘炳森、王众音、高启云、周慧、钟明善、萧娴、魏启后、芦前、李力生、马世晓、萧劳、张仃、杨仁恺、蒋维崧、朱学达、徐炽、尉天池、刘子善、刘浩然、张荣庆、李百忍、夏湘平、翁铠运、王遐举、贾起家、赵冷月、胡问遂、高小岩等。描绘菏泽牡丹的画家有齐白石、潘天寿、李苦禅、黄胄、何海霞、崔子范、娄师白、胡洁青、于希宁、俞致贞、刘力上、沈柔坚、宋振庭、汤文选、宋吟可、张雪父、王麦杆、孙其峰、张鹏、许麟庐、应野平、董寿平、卢光照、宗其香、谢海燕、毓峨、刘文西、乔木、喻继高、萧淑芳、曹简楼、孔伯荣、张世简、郑闻慧、黄独峰、张绍良、刘大为、郑乃、何方华、胡易、李明媚、李燕、王晋元、任寒秋、董辰生、刘玉楼、尚连壁、王企华、刘鲁生、青子、黄均、李其琼、马玉华、黄永玉、张振铎、周俊鹤、王小古、乍启典、丁楼辰、谢博文、汪五可、何水法、吴野洲、周韵华、许士骐、尹延新、赵建民、康宁、汪家华、霍春阳、王学仲、单应桂、赵梅生、韩文来、白庚延、王振德、李亚、黄格胜、傅竟楠、郑庆衡、徐北汀、徐令仪、崔培鲁、吕丁、靳希度、孙念亮、郑西河、陈半丁、苏宝礼等。

为宣传菏泽及菏泽牡丹，党委、政府围绕牡丹或牡丹花会多次举办全国性的书画大展赛，如曹州牡丹专题书画展、牡丹杯全国书画大赛、首届国际牡丹花会全国著名书画家作品展、第九届菏泽牡丹花会“水浒杯”中国书画作品大展赛、第十届国际牡丹花会当代著名书画家作品展 、中国当代牡丹书画大展等。1985 年的牡丹专题书画展，影响很大。展览由县级菏泽市政府与中国书协、中国美术馆等联合以曹州牡丹为题，在全国征集曹州牡丹专题书画作品展览作品，得到全国 27 个省、市、自治区牡丹书画作品 500 余幅，其中 300 余幅上乘作品于 1985 年 3 月 25 日在北京中国美术馆展出。后又选出 160 余幅由山东美术出版社出版专集。2002 年牡丹花期，菏泽市与中国文联书画艺术委员会联合在曹州书画院举办 中国当代牡丹书画艺术大展。其作品质量之高，足以代表当代的牡丹书画艺术。

菏泽牡丹不仅吸引着全国各地的书画家写牡丹、画牡丹，同时还培育了一批地方书画家、书画爱好者，如祁祯、梁兆存、

牡丹画作

于鲁俊、上官超英、许震凯、吴东魁、孙永平、 赵天楼、胡世岩、卢峰等，使菏泽成为名副其实的“书画之乡”“农民绘画之乡”“艺术家创作基地”。菏泽还建有全国地市级最大的书画院，全国最长的书画碑廊，以及数百家书画店廊和艺术书画市场。全国 80% 的工笔牡丹画出自菏泽。

农民画牡丹

牡丹与摄影　1976 年，地区博物馆专职摄影人员薛玉玺拍摄的《牡丹彩色画册》被摄影界视为牡丹艺术摄影精品，曾获农牧渔业部二等奖。1978 年，山东省画报社在菏泽举办摄影专业培训班，为菏泽培养了专业的摄影队伍。1982 年薛玉玺开办牡丹园摄影点，为到菏泽观赏牡丹的游客摄影留念。菏泽牡丹吸引了国内外摄影界的名流。香港摄影家协会主席、英国皇家摄影学会院士、中国摄影家协会副主席陈复礼，澳门摄影家协会主席，日本株式会社摄影家协会主席，中国摄影家协会副主席吕厚民、秘书长陈勃，山东省摄影家协会主席郑华、副主席时盘棋与吴云龙等都曾到菏泽专门拍摄牡丹。至 2005 年，出版发行的菏泽牡丹画册有 20 余种。

拍　摄

牡丹与歌曲　至 2005 年，创作出不少写菏泽牡丹的歌曲；歌颂菏泽的歌曲，也每每突出牡丹。

省政协委员、菏泽市政协常委刘月亭作词的《天下第一香》，谱曲后在山东广为传唱。其词是：

花开牡丹千顷浪，飘来天下第一香，都说天上仙境美，难比曹州牡丹乡，噢牡丹噢仙女回故乡哪，曹州花香飘四方，联谊会结友谊长，父老乡亲喜迎客，四海盛赞曹州第一香，天下第一香。

人说牡丹是天香，曹州的天香更芬芳，富贵花呀幸福花，织成彩云和霞光。赵王河水清又长，牡丹仙女迎客忙，朵朵仙花片片情，花香情深友谊长，噢四海噢盛赞第一香哪，曹州花香飘四方，联谊会结友谊长，父老乡亲喜迎客，四海盛赞曹州第一香。

由著名歌词作家乔羽作词、歌唱家彭丽媛演唱的《菏泽国际牡丹花会会歌》，也以清丽明快的音韵曲调流行民间。其词是：

谷雨时节牡丹开，牡丹花开客人来。献给您一阵阵浓郁的芳香，献给你一重重绚丽的色彩，献给您菏泽人的一片情和爱。

客人来了花儿开，花儿开了客人来。让我们愉快地携起手来，让我们欢乐地唱起歌来，让我们共享一个美丽芬芳的世界。

牡丹与雕塑 明清时期，菏泽一带墓碑和古建筑上就注意雕刻牡丹。始建于明景泰五年的孙氏宗祠(孙膑家庙)，左右山墙顶端、门东西两侧上方各有用雕砖组成的仙鹤牡丹图案，雕砖做工细腻精巧，真实感强，颇具民族风格。鄄城李胡同村明正德八年建造的北齐造像石，鼓形柱上环雕了许多牡丹图案，雕工精细。菏泽新出土的明监察御史吴见陶墓地牌坊两侧石柱上，刻有缠枝牡丹浮雕。清乾隆四十三年（1778年）建造的单县百狮坊，刻有大面积的透雕缠枝牡丹，堪称全国罕见的清代牡丹石雕。近现代菏泽牡丹雕塑领域更加宽泛，碑刻牡丹、雕塑牡丹、面塑和泥塑牡丹、刻瓷牡丹、骨雕牡丹、木雕牡丹等在菏泽已很普遍。1992年4月，第一届菏泽国际牡丹花会期间，花会组委会赠送给国内外宾客装盒面塑“牡丹仙子”500多个。2005年，菏泽面塑艺人达800余名。王兰岐创作的泥塑花神、牡丹仙子、百花仙子栩栩如生；赵继仲、赵东民父子泥塑着彩的“葛巾玉版”成为泥彩塑中的珍品，后被人民大会堂收藏。马宪荣雕刻的瓷瓶、瓷盘着色牡丹等作品多次获奖，并赠送或销往国内大中城市和美国、加拿大、日本、新加坡、韩国等10多个国家和中国港台地区；菏泽骨雕厂生产的牡丹骨雕受到中外游客的青睐；由祁祯和张琦作画、张剑萍题字、黄扬雕刻的大型木雕凤凰戏牡丹图，堪称牡丹木雕之上品。

国花魂

牡丹仙子

第三节 国花评选

中国国花的认定由来已久。唐代，就有“惟有牡丹真国色”的诗句。后又以“国香”“国貌”“国色”来歌颂牡丹。明代，“国花”一词正式出现。时人刘侗、于奕正在《帝京景物略》中记载，明天启初年犹存的北京极乐寺，“门外古柳，殿前古松，寺左国花堂牡丹”。清人的《天咫偶闻》说：北京极乐寺明代牡丹最盛，寺东有“国花堂”额，清成亲王所书。1903年，清政府敕定牡丹为“国花”，并在颐和园修建国花台。《汉语大词典》：“我国旧时有以牡丹为国花之说。”

新中国成立后，随着牡丹的发展，其影响愈来愈大，于是国人又有“重塑牡丹国花形象，再圆牡丹国花之梦”的愿望。1959年，国务院总理周恩来就说过“牡丹是我国的国花”。1982年春，花卉专家陈俊愉教授在《植物》杂志上撰文，提出有关国花的具体建议。其后，植物学会曾组织讨论、评选，各界人士发表文章70余篇，全国人大代表个人或联名提出有关提案80多件次。1985年，牡丹研究专家喻衡教授发表《牡丹应是国花》的论文，引起不少人的共鸣。洛阳、菏泽先后将牡丹定为“市花”。1987年，中国“十大名花”评选揭晓，为中国国花的评选打下了基础。

1994年春，在全国人大八届二次会议上，中国花卉协会会长何康等人大代表联名提出的“尽快评选我国国花的建议”得到通过。提案小组迅速作出决定，责成农业部承办，由中国花协具体办理。评选活动自此拉开序幕。同年夏天，全国许多省市相继成立国花评选小组，中国牡丹两大基地——山东菏泽、河南洛阳两市及中国花协牡丹、芍药分会，联合全国以牡丹为市花或生产、研究牡丹的10省市代表，成立了全国牡丹争评国花办公室。《中国花卉报》开辟“国花大讨论”专栏。9月2日，全国人大常委会副委员长陈慕华在全国开展评选国花新闻发布会上，向社会各界发出呼吁：“国花”是国家安定、民族兴旺的象征，尽早把“国花”确定下来，对于推动文明建设、振奋民族精神、树立民族进取心和自豪感，都具有十分重要的意义。陈慕华重申了评选“国花”的三项标准，把评选“国花”活动向前推进一步。10月11日，《中国花卉报》介绍了世界上69个国家国花的情况：有66个国家是一国一花，占96%；仅有日本、芬兰、瑞典三国为一国两花，占4%。这对国花评选很有参考价值。10月16日，中国花协在北京召开全国31个省、市、自治区及计划单列市花协秘书长会议。经过讨论，绝大多数与会代表达成共识：国花作为一个国家、一个民族的象征，不宜多，世界上66个国家，均为一国一花，所以，中国国花也应选一种。11月1日，全国上报中国花协推选国花的材料中，牡丹29票，梅花17票、菊花13票、月季6票、兰花5票、荷花3票、杜鹃花2票、茶花1票、桂花1票、君子兰1票。在全国31个省、市、区中，赞成一国一花的有16个，赞成一国两花的有9个，赞成一国四花的有4个，赞成一国五花的1个。11月14日，全国人大常委会副委员长陈慕华在北京召开第二次新闻发布会，宣布两个候选国花方案：一是一国一花，选牡丹；二是一国四花，选牡丹、梅花、菊花、荷花。至此，全国人民十分关注的评选国花活动，经过10个多月，在人民群众广泛深入讨论的基础上，已初见分晓。

1994年12月23日，全国国花评选办公室发布《关于国花评选情况的通报》，通报了最后对两个候选方案的筛选结果：根据31个省、区、市（包括深圳特区）上报的结果，赞成一国一花（牡丹）的有18个省，占58.06%；赞成一国四花的有11个省，占35.48%；有2个省提出新的四花方案，即以兰花换荷花。全国国花评选领导小组经过认真研究，一致同意牡丹为中国的国花，其他呼声较高的兰花（春）、荷花（夏）、菊花（秋）、梅花（冬）为中国四季名花。

第四节　牡丹故事传说选录

在积淀深厚、丰富多彩的牡丹文化中，有许许多多的牡丹故事和传说流传于世。

它作为民众口头艺术形式，通过对有关牡丹的记述和演绎，展示了菏泽牡丹栽培历史、生长习性以及世人对真善美的向往和颂扬。菏泽牡丹故事传说，有关资料记载的有百余篇，该节实录几位讲述者的口述资料。

楼台牡丹 隋炀帝即位后，建宫殿，修西苑，要天下各个地方献草木、花果、奇禽、异兽。河北易州进牡丹二十箱，都栽在了西苑。为方便炀帝和三妃、九嫔在御花园看花，专门修了一座望花楼，起名玉凤楼。楼高三丈三尺，长七百余丈，青石砌成，雕梁画栋，金碧辉煌。登上玉凤楼，可见花园全景。炀帝、王后、王妃、婕妤、美人、太监、宫娥一百余人，去花园游玩，登上玉凤楼，举目四望，花园美景，尽收眼底。谷雨时节，牡丹盛开，香气袭人，炀帝、王后十分开心。但有一爱妃不高兴地说："牡丹为花中之王，颜色虽好，可惜楼高看不清亮，辜负了她那天香国色！"炀帝听过，立即下令，命御花园所有花工花师来见。不多时，数十名花工花师跪倒在炀帝面前。炀帝传旨，限期三天，栽十二棵高株牡丹，要和楼台一般齐，每株牡丹至少三色，违命者斩首。众花工、花师，个个吓得魂不附体，走向前去，连连叩头求饶，说："万岁，牡丹乃是灌木，最高也不过三四尺，要让它们长得同楼台一般高，实在办不倒，望万岁饶命！"旁边的太监刘天照出面求情说："万岁，斩了这几个小小花工花师，不费吹灰之力；可是，高齐楼台的牡丹还是没有，不如召天下的花工花师，多献计献策，或许成功。"炀帝准奏，立下诏书，令天下花工花师会聚洛阳。圣旨传出，各地花工、花师推举技艺高超者都赶到洛阳。其中有个叫齐鲁恒的花师家住山东曹州，最擅长管理牡丹。他所培育的牡丹株高花艳，无人能比。但要育出楼台高的牡丹，实在是一大难题。齐鲁恒夜里翻来覆去睡不着觉，分析牡丹的生长规律、习性与特点，又想到繁殖的方法。忽然想起牡丹可以嫁接，就立即披衣下床，对同屋的花师说出了他的构想，大家都很高兴，决定一起搞实验。他选择了杏树、桃树、梨树、桑树、槐树、椿树、枣树等十种树各二十棵，做嫁接牡丹的实验。又找了十个人，一人嫁接一种树。结果，其他九人都没有成功，唯独齐鲁恒在椿树上嫁接成功。三年之后，嫁接在椿树上的牡丹开放，高过楼台，炀帝站在楼上赏花同在地上一样，看得清清楚楚。人们称为"楼台牡丹"。炀帝论功行赏，太监戚丧良（尚良）贪天之功，据为己有，在炀帝面前摇唇鼓舌，硬说这楼台牡丹是他带领搞出来的，是他的功劳。炀帝偏听偏信，赏他黄金万两，绸缎千匹，官升两级，一跃而为朝中有名的功臣。花师们敢怒而不敢言，齐鲁恒也气得晕倒在地，一病几个月。齐鲁恒病愈后回到山东曹州老家。发誓不再养花，培育楼台牡丹的技术连他的亲生儿子也不传授，楼台牡丹技术就此失传。

讲述地点：百花园

讲述时间：2004.4.17

讲述人：王效贵，男，55岁，小学，王梨庄村人

记录整理：乔方辉、刘广清

武则天为啥贬牡丹 我种了60多年牡丹了。听老人说，我们这里原来没有牡丹，地里种的全是庄稼。自从武则天当了皇帝贬牡丹以后，我们这里才有了牡丹。武则

天为啥贬牡丹呢？因为牡丹是百花之王，心高气傲，她觉得你是王，我也是王，不到开花的季节就叫我开花，蛮不讲理，我不侍候你！所以，武则天叫她开花，她不开，武则天一气之下，就把牡丹贬出了长安。后来，就流到我们这里来了。我们这里的人觉得，这花子又好看，又能卖钱，所以，就一直种下来了。

讲述地点：洪庙村委会

讲述时间：2005.3.16

讲述人：孙景玉，71 岁，牡丹办事处洪庙村花农，文盲

记录整理：乔方辉　王锋

牡丹谷雨时节开放　相传很早以前，黄河决口，曹州一带被淹。赵庄有个叫谷雨的 20 多岁青年男子，由于水性好，一天就从洪水中救起几十个人。这天，他看见水里漂过来一棵红色的牡丹，心想花草有情，岂能不管？于是奋力把那棵牡丹救了上来，栽到本村花农的花园里。后来，谷雨的老娘身患重病，被一个自称是附近东庄名叫丹凤的姑娘送药治好了。谷雨母子俩得知丹凤姑娘正是谷雨从洪水中救起的那棵牡丹所变，心里顿生感激之情。不久，丹凤姑娘被一个化为秃鹰的妖怪抓去，谷雨闻讯只身去救。经过英勇搏斗，终将丹凤姑娘救下，但谷雨却被鹰妖所害。丹凤姑娘抱着谷雨的遗体回到曹州，埋葬在赵庄的花园里，自己也在曹州安了家。谷雨名叫“谷雨”，生在谷雨，又死在谷雨，为纪念谷雨，牡丹花便每逢谷雨时节开放。

讲述地点：李集村李丰收家

讲述时间：2005.3.16

讲述人：李丰收，男，66 岁，初中牡丹办事处李集村人。

记录整理：乔方辉

朱元璋与魏紫牡丹传说　明代曹州牡丹已名震京城，一年谷雨过后，皇帝朱元璋带着军师刘伯温及一班文武大臣来曹州赏花。一行人来到一处牡丹园，立刻被眼前的景象惊呆了。只见牡丹园内红、黄、白、绿、紫、粉各色牡丹争奇斗艳，香气袭人，如到天堂一般。朱元璋心生嫉妒，下旨把园内牡丹移入御花园。随行官员中有个颇有心计之人，在园中转了几圈，看出牡丹园如此繁盛的门道。于是走到朱元璋面前嘀咕了几句，下令只挖看园人赵义门前的一株牡丹。赵义虽最喜欢这株牡丹，但为保住整园牡丹，也只好忍痛割爱。这时赵义的妻子魏花痛哭不止，赵义不明究竟，急忙追问。魏花痛苦万分，告诉赵义：“我本是这里的牡丹花仙，看到你勤劳、纯朴、善良，便和你结为夫妻。没想到今天被官府看出。我只好叫官府带走我的人，留下我的心，挖走我的身，留下我的根，把腹中六个月婴儿留下了……”赵义门前这株牡丹刚被刨去，只见一阵风起，魏花不见去向。赵义知道妻子原是牡丹花仙，不胜悲伤，扑倒在门前花坛内，哭得死去活来。不料，来年春天，赵义门前的花坛里，又长出一棵紫葳葳的牡丹，花开千层，花大如盘，700 多朵，馥香浓郁，村民们知道这便是花仙魏花的孩子，便取名“魏紫”（谐音魏子）。从此以后，牡丹也由种生变成了根生。

讲述地点：曹州牡丹园

讲述时间：2005.3.25

讲述人：黄存强，男，32 岁，曹州牡丹园花工

记录整理：乔方辉

慈禧冬日赏牡丹 清代末年，慈禧太后专权，得知山东曹州府牡丹天下闻名，遂欲效法唐朝女皇武则天，令牡丹在冬天开放。隆冬的一天，慈禧降旨曹州府进贡牡丹。曹州知府接到谕旨，连夜派人向花农宣布：皇上有令，为向朝廷进献盛开的牡丹，必须在一月之内育出花朵。事情成功，重重有赏；如果育不出，就将当地所有的牡丹统统刨掉！俗话说："谷雨三朝看牡丹。"如今严冬腊月，冰天雪地，牡丹哪里能开花呢？花农们日夜发愁，坐卧不安。万花村有位老花农，养花多年，对每种牡丹的品性，都了如指掌。他曾听老人说过冬天烘开牡丹的事，但他从没有亲自实践过，现在为了解除牡丹乡这场大难，他决心做烘花实验。于是便带领全家破土挖窖，窖中做炕，上栽牡丹，施上牛粪，烧火加温。果然，不多日子，便烘开了两朵大胡红牡丹，送到曹州府衙。知府如期进献牡丹，当地的千亩牡丹也免除了一场灭顶之灾。清代文人余鹏年的《曹州牡丹谱·附则》中，曾有关于烘花的记载："今曹州花，可以火烘开者三种：曰胡红，曰何白，曰紫衣冠群。"

讲述地点：曹州牡丹园

讲述时间：2005.9.14

讲述人：赵刚，男，42岁，初中，曹州牡丹园花工。

记录整理：乔方辉　刘广清

荷苞牡丹的传说 在明朝的时候，曹州牡丹就已经很兴盛了。当地有一个花农名叫秋生的，小伙子长得很壮实、也很聪明，他和邻村的一个叫春蕊的姑娘，在牡丹地里干活时经常见面，这个小妮长得很水灵，也很漂亮，两个人相互之间都有好感，渐渐地，两人就相爱了，并且托媒人上门提亲，两家老人也为他们订下了亲事。谁知天有不测风云，有一天，秋生被官府抓了壮丁，好久好久也没回来。春蕊姑娘非常想念心上人，就边干活边绣荷苞等待，好将来送给秋生，绣的那花荷苞非常的漂亮。到了第二年谷雨时节，牡丹花开了，秋生还是没回来。一天，曹州知府带了一帮人到牡丹园来赏花，就在看花的时候，看上了漂亮的春蕊姑娘，非得要娶她为妾。春蕊和她的家人都不同意，说是有婆家了。知府一看不同意，恼羞成怒，就命令随从趁夜深人静的时候来抢亲。春蕊听到动静后，一看无路可逃了，就扑腾一声跳到井里死了。三年后，秋生回来了，听说春蕊跳井死了，就跑到井边大哭，就在他流泪的地方，不一会长出了牡丹，并且这牡丹不同于其他牡丹，开的花都像荷苞一样，人们见了，就说春蕊死得冤，于是，为这牡丹起名为"荷苞牡丹"。

讲述地点：曹州牡丹园

讲述时间：2005.3.21

讲述人：赵锋，男，29岁，牡丹办事处赵楼村人，大专文化，牡丹园技术员。

记录整理：乔方辉　户向宾

牡丹王 在曹州牡丹乡，流传着这样一句谚语："老梅花，少牡丹。"意思是说，梅花越老，花开得越鲜艳；而牡丹呢，在青春时（指栽种五六年的）花儿开得才好看。传说，民国初年，曹州赵楼村南面，有一棵生长了一百五十多年的牡丹树，叫脂红。这棵牡丹，树高丈二，枝长丈八，主干有碗口粗，开花红似胭脂，人称"牡丹王"。牡丹王花开数百朵，香气袭人。夏天，老人们坐在树下乘凉，孩子们爬上树上玩耍。十里花乡传为奇谈，时间长了，当地的百姓官员无人不知，无人不晓。谷雨时节，几十里以外的人都来观赏。曹州镇守史陆郎斋对“牡丹王”早有耳闻，此人不学无术，就会巴结上司，当地百姓对他恨之入骨，他多次提出要买“牡丹王”，花农们执意不卖。窃国大盗袁世凯准备在北京做皇帝，为了讨好袁世凯，就想拿这“牡丹王”作贡礼。这年春天，牡丹花又开了。陆带领一干人马，耀武扬威地来到牡丹园。只见五彩缤纷的花海之中，“牡丹王”高高挺立，红光耀眼。陆郎斋心中暗想：我若能得手，呈上去，不愁得不到荣华富贵？便命人强抢“牡丹王”。花农们苦苦哀求，陆郎斋强行挖走了“牡丹王”。接着他又派了专车，亲自护送着到北京，袁世凯见后，喜出望外，陆郎斋的官也连升三级。“牡丹王”栽到袁世凯的公馆里。没过多久，“牡丹王”在袁氏公馆枯死，坐了八十三天皇帝的袁世凯，也被国人赶下了台，牡丹乡的花农们得知“牡丹王”枯死的消息，悲痛欲绝。有人赋诗一首：窃国大盗用小人，国遭灾难花不存。灌注心血百余载，枯死异乡刀剜心。

讲述地点：百花园

讲述时间：2005.4.17

讲述人：王效贵，男，56岁，小学，王梨庄村人

记录整理：乔方辉、刘广清

第八章 菏泽国际牡丹花会

第一节 历届国际牡丹花会简介

第一届菏泽国际牡丹花会 经国务院批准，菏泽市于1992年4月20—26日举办首届菏泽国际牡丹花会。其宗旨是“以花为媒，广交朋友，文化搭台，经贸唱戏，开发旅游，振兴经济”，充分体现菏泽“牡丹之乡”“书画之乡”“武术之乡”“戏曲之乡”的特点。4月20日上午9时，开幕式在菏泽市体育场举行。花会组委会名誉主任、菏泽地委委员、菏泽市委书记胡公厘致欢迎辞，山东省副省长王建功代表省委、省政府祝贺花会召开。开幕式上，举行了“春满牡丹乡”大型文艺晚会。参加开幕式的有1万多人，其中有出席在菏泽举行的全国欠发达地区经济发展研讨会的领导和全体代表，出席开幕式的还有中顾委委员、山东省委原书记苏毅然，中顾委委员、铁道部原部长陈璞如，全国政协

常委罗涵先和省顾委、省人大、省政府、省政协与菏泽地委、行署的领导，以及来自10余个国家和地区的客人。文艺界人士有孙洪伟、李雪健、解晓东、屠洪刚、任静、张也、牛群、冯巩，武坛名将张玉萍、赵长军、马忠轩等。

花会期间，共有500余家企业、5000多种产品与1000余项技术项目参展，此外，交易会还达成购销协议和签订业务合同3000余份，达成技术协作项目200余项，引进外资2000多万美元、人民币6000多万元。

歌手 屠洪刚

第二届菏泽国际牡丹花会 1993年4月20—26日，菏泽市举办第二届菏泽国际牡丹花会。开幕式在新扩建的容纳2万多名观众的市体育场举行，地委委员、菏泽市委书记杨成训致欢迎辞，省委副书记高昌礼代表省委、省政府对花会开幕表示祝贺。出席开幕式的还有水利部原副部长刘相山，省政协主席李子超，江西省委原副书记狄生，福建省政协副主席刘金美等。外国政要有泰国亲王披沙迪。文艺界人士有中央电视台节目主持人李扬，著名歌手彭书民、胡月、耿莲凤、张暴默、李玲玉，著名演员古月、姜昆、唐杰忠，全国武术全能冠军马忠轩等。

花会期间，举办了山东省第十届健美锦标赛、全国八强散打擂台赛、山东省牡丹书画作品展、焰火晚会、菏泽市第八届斗鸡斗羊邀请赛、灯展，以及秧歌、舞狮、龙灯、竹马、曲艺、唢呐等民间游艺活动。

斗 羊

花会期间商品交易额达到12.33亿元，约为上届牡丹花会的3倍；签订贸易合同600余份，外贸商品出口成交额5500万元；达成利用外资协议9项，协议额891.6万美元。国内到菏泽参加经济协作洽谈的单位1200余家，达成协作意向书249个，意向金额500多万元，签订专利转让合同240项，物资协作合同6项，签订劳务输出合同30多项，向北京、天津、无锡等地输出劳务人员3430人，签订引进人才协议91个，引进各类技术人才91名，通过参与15个地市的金融网络，融资3000多万元。花会期间全区直接经济收入达5360万元。

此次花会共接待国内外各界人士140万人。中央、省、地市各家新闻媒体记者在花会期间共发出宣传花会、宣传菏泽的新闻稿件1100篇，其中有101篇被中央电视台、中央人民广播电台、中国国际广播电台、《人民日报》《人民日报》(海外版)、《大众日报》等中央和省新闻媒体采用。20多个国家和地区的外商、国内外新闻记者，国内大企业，工商界、科技教育界代表200多人参加了菏泽地委、行署召开的新闻发布会。

第三届菏泽国际牡丹花会　1994年4月22—28日在菏泽举行。出席会议的有全国人大常委会副委员长陈慕华，中顾委原常委李德生，省委副书记、省长赵志浩，省人大常委会主任李振等。文艺界人士有中央电视台节目主持人赵忠祥，著名豫剧演员马金凤、魏云、王善朴，著名摇滚歌星张秀艳、何迪，毛泽东的儿媳邵华和孙子毛新宇等。花会期间，举办了菏泽地区首届“牡丹杯”唢呐大赛、首届牡丹杯钓鱼邀请赛、斗鸡斗羊比赛、民间武术表演、服装模特表演及各种花草盆景展览等。

原国务委员陈慕华出席花会并到曹州牡丹园赏花

花会期间，国内贸易成交额28.6亿元，引进外资3327.6万美元，花会直接经济收入达2000多万元。接待国内外各界人士和游客150多万人。中央、省、地市和海外各新闻媒体共播发宣传菏泽及花会的稿件1621件，其中中央和省新闻媒体播发164件。《人民日报》《大众日报》等国内大报都在一版显著位置刊登了菏泽花会消息。《人民日报》(海外版)5月7日专版介绍了第三届菏泽国际牡丹花会。

第四届菏泽国际牡丹花会　1995年4月22—28日在菏泽举行。该届开幕式一改前三届场地演出为舞台演出，由以大型团体操为主的体育模式，改为集剧场艺术、广场艺术和电视艺术为一体的盛会。地委副书记、行署专员李明先致开幕辞。出席会议的有全国人大常委会副委员长李锡铭，全国人大常委会原副委员长廖汉生，山东省副省长王玉玺，省人大常委会原主任秦和珍，省人大常委会副主任郭长才、赵林山等。文艺界人士有中央电视台节目主持人刘璐、程前，著名歌手毛阿敏、那英、解小东、毛宁、杨钰莹，著名演员六小龄童，相声演员侯耀文等。

花会期间举办了国际牡丹研究学术会、首届菏泽牡丹博览会、菏泽牡丹新品种命名仪式、全国“牡丹杯”书画大奖赛、全区“牡丹杯”青年歌手大赛、摄影比赛、武术邀请赛和地方戏曲会演等活动，还邀请俄罗斯歌舞团到菏泽演出。

花会期间，共签订利用外资合同40项，合同外资额6818万美元；签订利用外资协议32项，协议外资额10641.8万美元。经济技术交易会成交额30.68亿元。全区9县(市)共达成各种经济技术协作项目578项，协议引进资金4950万元，劳务输出3100人，物资协作总额8950万元。省以上和海外28家新闻媒体报道了花会消息。

第五届菏泽国际牡丹花会　1996年4月22—28日在菏泽举行。全国政协副主席万国权，全国政协常委、省委原书记梁步庭，省政协主席陆懋曾，副省长吴爱英、省人大常委会原主任李振，二炮原司令员李水清，曾任山东省领导职务的肖寒、卢洪、刘众前、刘鹏、刘洪仁、李殿魁、周振兴等以及来自20多个国家和地区的众多国际友人、港澳台同胞参加了开幕式。文艺界人士有中央电视台节目主持人宋世雄、倪萍，著名歌手尹相杰、于文华、红豆、彭书民，相声演员笑林、李国盛，著名广播艺术家葛兰等。

花会期间，举办了民间游艺表演、戏曲会演、书画展览、摄影比赛等文艺活动和经济技术交易会、对外经贸洽谈会、中国首届菏泽花卉展销会、科技人才信息交流会、大京九协作带筹备会、郓城小尾寒羊拍卖会等重大经贸活动。

区内外500余家企业的购销总额达31.6亿元，创花会历史最高纪录。花会期间，共签订利用外资合同32项，合同外资额584.5万美元；利用外资协议18项，协议外资额2181万美元；出口商品合同22项，成交额 815万美元；达成各种经济技术协作项目588个，合同和协议投资额2.9亿元。 在首届中国菏泽花卉展销会上，现场销售鲜花11万盆，价值450多万元；签订销售合同、协议45项，金额2.8亿元。荷兰投资1600万元，购买200万株菏泽牡丹，在其国内建一个大型牡丹园。郓城县首次小尾寒羊拍卖会，成交小尾寒羊1115只，成交额100.35万元，最高卖价每只4500元，合同预购6000余只，价值500余万元。不完全统计，该届花会直接经济收入5350万元。

花会期间，共接待到菏泽观光旅游、经贸洽谈、学术交流的各界人士200多万人。海内外新闻媒体播发宣传菏泽的稿件达874件，其中省以上新闻媒体采用138件。

第六届菏泽国际牡丹花会 1997年4月22—28日在菏泽举行，全国政协副主席吴学谦，省委常委、宣传部部长董凤基在花会开幕式上分别致辞。出席开幕式的还有民盟中央副主席、省政协副主席孔令仁，中顾委原委员、原周恩来总理办公室主任罗青长，省人大常委会副主任赵林山，省政协副主席翟永勃，以及曾任中央或山东省领导职务的：段君毅、刘杰、赵健民、张郅秀、谭启龙、苏毅然、赵林、于明涛、李子超、王众音、王定国、徐雷健、高逢伍、卢洪、肖寒、周振兴、王树芳等。文艺界人士有中央电视台节目主持人刘璐，著名相声演员马季、刘伟，著名歌手朱明瑛、宋祖英、江涛、林依轮、孙悦，著名诗人纪宇等。

节目主持人 刘璐（右）

花会期间，举办了“宋江”杯跆拳道比赛、迎港归山东农民画展、对外经贸洽谈会、经济技术交易会等。对外经贸洽谈会共签订利用外资合同26项，合同外资额6135万美元；利用外资协议21项，协议外资额8905万美元；出口商品合同15项，成交总额526万元。经济技术交易会共签订各类购销协议合同526份，成交总额33.4亿元。

第七届菏泽国际牡丹花会 1998年4月22—28日在菏泽举行。中顾委原委员赵健民，全国政协原常委、中宣部原常务副部长徐惟诚，全国妇联书记处原书记关涛，山东省人大常委会副主任张瑞凤，省政协副主席周振兴，台北菏泽同乡会会长高秉涵，香港震雄集团董事会主席蒋震等出席了开幕式。花会期间举办了迎花会灯展、书画展、武术邀请赛、文艺调演、文艺专场演出、对外经贸洽谈会、经济技术交易会、花卉展销会。花会期间共签订利用外资合同11项，合同外资额4442万美元；签订利用外资协议5项，协议外资额3438万美元；购销合同30余份，成交总额2.7亿元。展出牡丹、芍药和其他花卉苗木等210多种30多万盆（株），实现销售3168万元。海内外新闻媒体共刊发花会及宣传菏泽的稿件225篇。中央电视台、新华社、《人民日报》等中央级新闻媒体的38名记者到菏泽采访，拍摄专题片14部。

第八届菏泽国际牡丹花会　1999年4月22—28日在菏泽举行。参加开幕式的有：国家内贸局副局长靳玉德，新华社原社长、中国记协名誉主席穆青，山东省原副省长朱奇民。文艺界人士有：著名歌手王昆、韦唯、张也、陈红等。该届花会文艺演出按照“突出菏泽，突出牡丹，突出地方特色”的指导思想，把丰富的内容与完美的艺术形式融为一体，讴歌了新中国成立50年特别是改革开放20年菏泽翻天覆地的巨大变化。花会期间，累计签订利用外资合同和协议12项，合同、协议外资总额3421万美元；购销合同150余份，成交总额1.9亿元；技术合同及合作意向书66份，投资总额5000万元；劳务输出协议6项，协议劳务输出27860人；花卉及相关产品销售合同、协议380多份，成交总额1亿多元。国家和省级新闻媒体的60名记者到菏泽采访，共采写宣传花会宣传菏泽的稿件160多篇，拍摄专题片9部。

第九届菏泽国际牡丹花会　2000年4月22—28日在菏泽举行。中国文联党组书记高占祥，中国人民解放军某集团军军长冯育军，国家计划生育委员会副主任张玉芹，省政协主席韩喜凯，文艺界人士田震、刘欢、张明敏、毛阿敏等，以及来自美国、德国、英国、日本等17个国家的贵宾和全国20多个省、市、自治区的企业家及游客等近2万人参加了开幕式。参加本届花会的温州市代表团在花会开幕式上向菏泽地区赠送1辆参加新中国成立50周年庆典的“牡丹”彩车。开幕式后，举行了大型广场文艺演出。

花会期间，举办了全国车辆展销会、百家企业名优产品展销会、大京九经济技术交流会、投资贸易洽谈会、菏泽首届武术节和“水浒杯”中国书画作品大展赛等。参加投资贸易洽谈会的有来自美国、日本、英国、法国、韩国、澳大利亚等20多个国家的外宾和国内一些大企业的代表共计300余人。洽谈会区内共推出对外经济技术合作项目500多个，涉及轻工、纺织、食品、化工、机械、电子、农业综合开发、环保和基础设施等领域。

第十届菏泽国际牡丹花会　2001年4月18日—5月5日在菏泽举行，开幕式在曹州牡丹园东大门进行。出席开幕式的有全国政协副主席孙孚凌，中国食品工业协会会长王文哲，中国牡丹芍药研究会会长王莲英，省政协副主席潘广田，文艺界人士有中央电视台主持人周涛，著名歌手韦唯、韩红、孙楠、范琳琳、汤灿，著名相声演员丁广泉、大山等。

花会期间，投资贸易洽谈会共签订利

用外资合同2项，合同外资额1.37亿美元；利用外资协议35项，协议外资额2.49亿美元；利用内资合同3项，合同金额5.12亿元；利用内资协议23项，协议金额11.80亿元；外贸出口合同22项，合同额 1223.8万美元。利用外资、内资合同和协议金额，折合人民币共计48.53亿元。

大京九经济技术交易会展出电器、服装、家具、食品、日用化工品、床上用品、美术工艺品、陶瓷、农林特产品等10大类800多种商品，吸引了20多万人到会参观购物，商品交易额5亿多元，达成各种经济技术合同项目32项。

印刷包装机械物资博览会规模大、档次高，被业内人士誉为“前无先例”“永不闭幕”的网上博览会。130多个厂家的260多台套设备参展，签订销售合同122份，合同价值总额1000余万元。

百家企业名优商品展销会上有参展企业456家、花色品种4000多个，成交总额达10.65亿元。

花会期间，新华社新华网、新华社影视中心、《人民日报》、中央电视台、中央人民广播电台、《经济日报》《农民日报》《中国花卉报》《中国文汇报》《中国日报》《香港商报》《中国旅游报》《中国改革报》《经济信息导报》《新华每日电讯》《经济参考报》等中央和海外新闻媒体刊播花会稿件86件；《大众日报》《齐鲁晚报》、山东电视台、 齐鲁电视台、山东人民广播电台等省级新闻媒体刊播160件；《菏泽日报》《牡丹晚报》、菏泽电视台、菏泽广播电台等市级新闻媒体刊播1000余件。 市区两级宣传部门和新闻单位组织花会专版11个，制作VCD光盘3000套，协助中央电视台、山东电视台摄制专题片6部。

第十一届菏泽国际牡丹花会 2002年4月15日—5月5日在菏泽举行，开幕式在曹州牡丹园西大门进行。 全国台联副会长陈贵州，中国牡丹艺术委员会副会长、中国工笔学会副会长喻继高，副省长邵桂芳等领导及中国美协书记处原书记雷正民，外经贸部外资司原司长王永军，颐中集团总裁刘青文，青岛热电集团总经理张录，香港震雄集团董事会主席蒋震，台北原菏泽同乡会会长、著名律师高秉涵等出席了开幕式。开幕式后举行了历时3个多小时的大型路游活动，有31部彩车和28个方队参加，直接参与演出者达3000多人，8万多名市民和游客前来观看。为充分展示菏泽国际牡丹花会的国际性，从开幕式各种证件、会标、会徽的制作，到鸣放、和平鸽与彩球放飞，以及救护消防、电力抢修设备的周密部署等，都严格按照国际性活动的标准进行安排。再加上大批量牡丹鲜花、彩色拱门、牌坊、石狮、彩球条幅和大型文艺节目、军乐队的气氛烘托，使花会开幕式办成气势宏大、场面壮观、有现代气息的国际性庆典盛会。由文化、宣传等部门组织的地方性文化活动高潮迭起、精彩纷呈，充分展示了菏泽作为“四乡”的深厚文化底蕴和浓郁地方特色。书画展览、戏曲演出、群众文化活动接连不断。首届牡丹形象大使选拔赛为牡丹花会添加一道亮丽的风景线，为省内外知名企业寻找最佳的企业（品牌）形象代言人提供了良机。

花会期间共签订利用外资合同20项，合同外资额1.12亿美元；签订利用外资协议7项，协议外资额1.21亿美元；利用内资合同 74 项，合同金额 26.10 亿元；利用内资协议 20 项，协议金额 6.51 亿元；外贸出口合同 8 项，合同额 893.51 万美元。利用外资、内资合同和协议金额，折合人民币共计 51.90 亿元。

百家企业名优商品展销会共有参展企业 465 家、花色品种近 4000 个，总成交额达 12.85 亿元。

人民网、新华网、《人民日报》、中央电视台、中央人民广播电台、《光明日报》《经济日报》等中央新闻媒体刊播稿件 72 件；《大众日报》《齐鲁晚报》《生活日报》、山东电视台、齐鲁电视台、山东人民广播电台等省级新闻媒体刊播 138 件。

2003 菏泽国际牡丹花会　2003 年 4 月 18 日—5 月 1 日在菏泽举行。开幕式于 18 日上午在曹州牡丹园牡丹广场进行，花会大型广场文艺演出“牡丹颂”于 18 日下午在牡丹区体育场举办。省政协副主席王志民参加了开幕式。出席开幕式的还有：韩国驻青岛总领事朴钟先，西班牙客商哈维尔·爱斯库代罗，韩国高丽工艺品有限公司董事长金惠星，美国山太阳发制品有限公司董事长宋相龙，加拿大加亚集团董事詹治东，香港亚洲龙腾国际控股有限公司执行主席张卫国，中央电视台节目主持人

2003 国际牡丹花会开幕式大型文艺演出

亚宁，山东电视台节目主持人王丽及蒋大为、姜玉恒、董文华、潘美辰、满文军等。花会期间举办的全国性书画展览，国际性的散打比赛，斗鸡、斗羊比赛吸引数万观众观看。

花会期间，共签订利用国内外资金合同 167 项，合同外资额 4.8 亿美元、内资额 37 亿元人民币；外贸出口合同 13 项，出口合同额 4314 万美元。该届经贸活动，签约的大项目多，独资项目多，高技术含量项目多。53 个境外投资项目中，投资额超过 300 万美元的 27 个，占项目总数的 50.9%；超过 1000 万美元的项目 8 个，占项目总数的 15%；超过 1 亿美元的项目 2 个占 3.8%。

花会新闻宣传采取广播电视网络联动、区内区外宣传并举的方式。牡丹区电台、电视台播放发（放）稿件 226 篇，中央、省、市电视台发稿 43 篇，牡丹区信息中心通过国际互联网向国外发送稿件、信息 150 余条。

2004 菏泽国际牡丹花会　2004 年 4 月 18 日—5 月 1 日在菏泽举行。花会开幕式在曹州牡丹园进行，全国人大常委会原副委员长周光召，中国花卉协会牡丹芍药分会、中国插花艺术协会会长王莲英，省委副书记王修智，省委常委、副省长林廷生，省人大常委会副主任时立军，省军区原司令员张齐红，省政协副主席、民盟山东省委主委朱铭等出席。参加开幕式的还有：中国房地产协会副会长、秘书长顾云昌，香港查氏集团主席查济民，香港百隆集团纺织公司曹县分公司总经理潘虹，西班牙利得尔公司费理克斯。

花会期间，举办了第二届牡丹切花暨插花艺术展，国家一级插花大师王莲英教

2004 国际牡丹花会开幕式大型文艺演出

授现场进行插花表演；举办了第二届中国（鄄城）国际人发风情节，内蒙古、安徽等地的 50 名选手参加长发比赛；还举办了首届中国（菏泽）武术节、中国花鸟画家百家作品展。大型花车巡游活动在曹州牡丹园举行开游仪式。25 辆制作精美的大型花车依次从曹州牡丹园东门出发，沿人民路、中华路、牡丹路、花园路共行巡游，沿路近 10 万市民和游客驻足观看。花会大型广场明星演唱会“国花颂”在菏泽牡丹体育场举行，周冰倩、高胜美、腾格尔、吕继宏、文章、师胜杰、侯军等众多明星演员登台献艺。

2004 年中国菏泽投资贸易洽谈会历时 11 天，共签订利用外资合同 31 项，合同外资额 2.55 亿美元；利用国内资金合同 134 项，合同资金额 63.3 亿元人民币。参加该届投资贸易洽谈会的中外客商共 1510 人，其中美国、日本、韩国、澳大利亚、加拿大、西班牙等 10 多个国家的外商有 428 人，北京 、上海、深圳、广州、青岛、威海等地的国内客商有 1082 人。

2005 菏泽国际牡丹花会　2005 年 4 月 10 日—5 月 1 日在菏泽举行。花会开幕式

2005 国际牡丹花会开幕式大型文艺演出

暨大型文艺演出《魅力菏泽》在牡丹体育场进行。参加开幕式的领导有：山东省委原书记赵志浩，全国政协常委、中国藏学研究中心党组书记陈虹，省人大常委会副主任曹学成，副省长孙守璞等。文艺界人士：戴娆、屠洪刚、陈思思、张信哲、沙宝亮、田震等。

歌手 戴娆

大型文艺演出《魅力菏泽》共分四部分：《喜迎盛会》《花海春潮》《城市节奏》《与世界同行》。在两个多小时的演出中，歌曲《牡丹之歌》、舞蹈《国花颂》、群口相声《五洲同乐聚菏泽》和武术团体操《风光无限》、男女四重唱《与世界同行》等，以不同的艺术形式歌颂和展现了菏泽浓郁的风土人情、深厚的文化底蕴以及菏泽牡丹的雍容华贵和花乡儿女的壮志豪情。

2005年菏泽国际牡丹花会较以往提前8天，花会活动分为庆典、经贸、文化旅游和其他活动4个板块。庆典板块以开幕式暨大型广场文艺演出为主；经贸板块以2005年（春季）中国菏泽投资项目洽谈会、山东省城市园林绿化博览会暨苗木洽谈会为主，还包括2005中国（鄄城）国际人发节、2005年菏泽房产交易展示会等项经贸活动；文化旅游板块以2005年中国（菏泽）龙狮邀请赛、戏曲调演、书画展览、群众性文艺展演和牡丹园旅游观光为主；其他板块以花会新闻发布会、中华牡丹仙子大奖赛和国花婚礼大典为主。

投资项目洽谈会共签约投资项目39个，其中内资项目22个，利用内外资额28.22亿元人民币，合同协议内资额28.22亿元人民币；外资项目17个，利用外资额29亿美元，合同协议外资额2.61亿美元。此外还推介招商项目500多个，投资总额达1000多亿元。

群口相声《五洲同乐聚菏泽》

第二节　赏花活动

游园观赏　“谷雨三朝看牡丹”是菏泽流传上千年的习俗。每年谷雨时节，方圆几十里的数百种牡丹竞相开放，姹紫嫣红，五彩缤纷，菏泽及其周边市、县的群众扶老携幼，争相观花。

旅游团队考察百花园

20世纪80年代后，随着改革开放的逐步深入，人们的生活水平得到大大提高，游园赏花之风日盛，规模愈来愈大。1992年4月，菏泽开始举办国际牡丹花会，花会的成功举办吸引了众多的中外来宾和游客。全国各地的园林工作者、工艺美术工作者、电视电影制作人员、刺绣艺人、印刷设计师以及国内外观光游客，云集于菏泽，观赏游园、临摹、拍摄、挑选购买菏泽牡丹。据不完全统计，1992—2005年花会期间共接待中外游客2500万人，其中，省部级以上领导干部500多位，外宾5000多人，中外记者、新闻工作者1500多人。游园观赏牡丹主要集中在“曹州牡丹园”“古今园”“百花园”“天香公园”等处。另外整个牡丹乡（2001年改为办事处），包

中外游客赏牡丹

括赵楼、李集、何楼、洪庙、王梨庄的农家田野都种植了牡丹，并辐射到周边十几个乡镇方圆四五十里。花开时节，片片相连，一望无际，似田野铺锦，彩霞落地，空气中弥漫着芬芳的花香，游客如醉如痴，流连忘返。

空中观赏 二至九届菏泽国际牡丹花会期间，赵楼牡丹园、何楼牡丹园、李集牡丹园、百花园等，先后与天津、哈尔滨、杭州等地合作举办空中观光活动。载客观光飞机有两种型号，即直升机和安 -2 农用飞机。飞机一般升空 300 ~ 500 米，航程 20 千米左右，绕菏泽市城区一周，用时约 15 分钟。飞机每天一般飞行 15 架次，每架次载游客 30 ~ 40 人。游客坐在机舱内可透过机窗鸟瞰菏泽城区全景。第二至九届菏泽国际牡丹花会期间，约有近万名游客登机空中观光。第九届菏泽国际牡丹花会后，国家航空管理部门不再审批空游项目，此项活动取消。

第八编 水 利

水利建设

河・闸

菏泽由于降雨时空分布不均，易发生旱涝灾害，水利建设主要围绕经济建设展开。1986 年，基本形成较完善的防洪除涝和抗旱灌溉工程体系，基本做到旱能浇涝能排。对于农田水利基本建设，1986—1996 年，以引黄治涝为主，农田灌溉重河灌。随着地表水不能满足抗旱的实际情况，井灌得到更多重视。地委行署及时转变治水思路，适时提出以井保丰、以河补源、井河并举、旱涝并防的战略决策。1997 年，全区机井建设进入高潮。2003 年，为充分发挥水利工程效益，更好地服务于工农业生产，市委、市政府确定水利建设“三步走”（骨干改道治理、水利工程配套、平原水库建设）总体构想，水利建设又上新台阶。在 1990—1994 年对梁济运河水系（赵王河、郓城新河、宋金河、琉璃河）进行清淤治理的基础上，陆续对东鱼河水系、洙赵新河水系、万福河水系骨干河道进行整治，疏浚河道 805.72 千米，新建、维修加固桥涵闸等配套设施。同时对城区环城河、赵王河进行综合治理，整治河道 14 千米（环城河 6 千米、赵王河 8 千米），治理河道水域面积 143.5 公顷（环城河 45.5 公顷，赵王河 98 公顷），完成水系工程、园区绿化、道路桥梁规划建设，使之成城区一大亮点。

坚持“预防为主、全面规划、综合防治、因地制宜、加强管理、注重效益”的水土保持方针，实行集中、连续、综合治理。加强水资源管理，建立相对完善的水资源管理法规体系和制度框架，严格落实各项水资源保护措施，改善水生态环境。强化水资源管理职能，加强水资源管理力量，提升全市水资源管理工作的社会认知度。

至 2005 年底，全市机井增加到 13.6 万眼，井灌面积 31.22 万公顷，改善灌溉面积 10.2 万公顷，比 1985 年增加灌溉面积 9.3 万公顷。完成水利工程项目 5.3 万个，动土方 6.1 亿立方米，总投资 51.2 亿元。累计开挖治理河道 8275 千米，沟渠 3.56 万千米，新建、维修建筑物 4.73 万座，扩灌面积 3.93 万公顷，节水灌溉面积 1.22 公顷；拥有扬水站 692 座，总引河灌溉面积 19.96 万公顷。三大水库（单县浮岗水库、菏泽电厂临濮水库、大野水库）的总库容 1.4 亿立方米。

第一章 河道治理

菏泽历史上受黄河泛滥的影响，水系紊乱，排水能力弱，不少地方甚至没有排水出路，形成大雨大灾，小雨小灾的局面。1965—1972 年进行了大规模的水系调整，按照高水高排，低水低排，洪涝分开的原则，先后开挖了梁济运河、洙赵新河、万福河、东鱼河、太行堤河等 5 条防洪排涝骨干河道。经过几十年的运行，河道出现严重淤积。1990—1994 年对梁济水系骨干河道进行清淤治理；2000—2003 年对东鱼河、洙赵新河、万福河水系骨干河道进行清淤治理。治理方式在 20 世纪 80 年代和 90 年代主要以人工开挖为主，到了 21 世纪以机械化施工为主。

第一节 梁济运河水系治理

1989年梁山县划归济宁市后，梁济运河在菏泽境内流域面积缩减为438平方千米，主要河流有郓城新河下段、丰收河下段、琉璃河。

赵王河 1960年从嘉祥县马村向东开挖，长13千米，至陈庄西入梁济运河，先后分段被东鱼河干流、洙赵新河干流、鄄郓河、郓巨河截流，流域面积424平方千米。1978年冬季治理鄄郓河至于楼涵洞河段，长20千米，按3年一遇除涝标准施工。1990年冬季治理三屯桥至于楼涵洞河段，长7.18千米，工期30天，出动民工2.15万人，完成土方47.4万立方米，用工日32.3万个，折合投资323万元。1977年冬季治理鹅厂至洙赵新河河段，长7.1千米，采用机械化施工。1978年冬季治理郓巨河至林集涵洞河段，长19.5千米，按3年一遇除涝标准施工。1992年冬季治理林集至郓赵公路河段，长3千米，工期30天，动用民工9000人，完成土方19.8万立方米，用工日13.5万个，折合投资135万元。

郓城新河 该河被郓巨河截断后，分为上下两段。下段属梁济运河支流，即自郓巨河至梁济运河，全长28千米，流经郓城、梁山、嘉祥，流域面积225平方千米。其中菏泽境内长14千米，流域面积80平方千米。1992年冬季按3年一遇除涝、10年一遇防洪标准治理，采用人力施工，完成土方52万立方米，用工日22万个，折合投资220万元。

宋金河 古名济河，亦名宋江河。20世纪的宋金河起源于郓城县南临集附近，自南向北经郓城县城东，梁山县境西部，由徐桥向东北到戴庙入老运河后排入东平湖，全长70千米，流域面积2400平方千米。宋金河在菏泽境内长12.6千米，流域面积133平方千米。1990年春季治理唐店闸至李垓涵洞河段，按底宽100米、20年一遇除涝标准施工，工期60天，共出动民工10万人，完成土方134万立方米，用工日140万个，折合投资1200万元。

1994年，人力治理郓城县宋金河

琉璃河 因河道流经梁山县琉璃井村，故名琉璃河。琉璃河西起梁山县赵坝村，途中沿郓城、梁山两县边界线，向东流入梁济运河，全长24.75千米，流域面积218平方千米。1994年冬季按3年一遇除涝、10年一遇防洪标准进行清淤治理，工段长39千米，工期60天，动用民工6万人，完成土方212万立方米，用工日138万个，折合投资1300万元。

第二节 东鱼河水系治理

东鱼河 1983年前称红卫河，1967—1970年，按照20年一遇防洪，3年一遇除涝标准进行开挖。源于东明县刘楼，流经东明、牡丹区、曹县、定陶、单县、金乡、鱼台，于鱼台县西姚村入昭阳湖，全长174.6千米，流域面积6923平方千米，其中菏泽境内长度123.2千米，流域面积5206平方千米。

经过30多年连续运行的东鱼河，河道平均淤深达3米左右，除涝能力降低41%～85%，防洪能力降低45%～70%。2000年9月，省水利厅以鲁水勘字〔2000〕51号文批复东鱼河施工设计，治理标准按照3年一遇除涝标准进行清淤、按照20年一遇防洪标准复堤，恢复到1967年开挖治理标准，堤防工程级别为4级。

2000年10月20日，东鱼河干流（菏泽段）治理工程全线开工，12月25日完工。完成干流清淤123.2千米，支流削坡13.96千米，共投资1.61亿元；完成河道清淤土方1968万立方米，筑堤碾压土方100.8万立方米。工程全部采用机械化施工，共组织各种机械9687台套，其中挖掘机1006台，推土机729台，铲运机803台，自卸车、翻斗车5716辆，抽水机械1163台套，其他机械270台。2001年春，大堤全线绿化1023.33公顷，植杨树92.10万棵。

2000年，机械治理东鱼河

2004—2005年，东鱼河实施建筑物工程治理，共治理100万元以下建筑物82座，100万元以上建筑物9座，完成土方46.70万立方米、砌石3.80万立方米、混凝土及钢筋混凝土0.32万立方米，总投资3592.61万元。

东鱼河南支　豫鲁两省边界的一条主要防洪排涝河道，发源于河南省兰考县胡乔村（河南省境内称黄蔡河），菏泽境内自白茅集西，流经曹县、定陶两县，至定陶均张庄入东鱼河，全长52.4千米，流域面积1290平方千米。该河自1968年开挖治理后未进行大规模治理。2001年省水利厅以鲁水勘字〔2001〕10号文下达《东鱼河南支治理工程初步设计》批复意见，工程治理标准按3年一遇除涝流量258立方米／秒，20年一遇防洪流量588立方米／秒进行设计，南支汇入干流处设计除涝水位47.57米，防洪水位49.60米，河道清淤疏浚52.4千米，工程总投资8464万元。2000年清淤治理桩号0＋000—8＋500工段，开挖疏浚长度8.5千米，完成土方74万立方米，总投资1006万元（其中国家拨款200万元，地方自筹806万元）。2001年清淤治理桩号8＋500—10＋200工段，开挖疏浚长度1.7千米，完成土方15万立方米，维修加固建筑物17座，总投资640万元（其中国家拨款200万元，地方自筹440万元）。2003年冬季清淤治理桩号10＋200—25＋200工段，开挖疏浚长度15千米，土方421万立方米，完成投资1800万元（其中国家拨款400万元，省拨款250万元，地方自筹1150万元）。2005年清淤治理25＋200—

31＋700工段，开挖疏浚长度6.5千米，土方297万立方米，维修加固建筑物12座，总投资1850万元（其中省拨款400万元，地方自筹1450万元）。

2003年11月，治理后的东鱼河南支

东鱼河北支 东鱼河流域中最大的支流，全长96千米，源于东明县王二寨，流经东明县、牡丹区、开发区、定陶县、成武县，在成武县王双楼村入东鱼河，流域面积1443平方千米。东鱼河北支大薛庄以上段与东鱼河干流平行，是原万福河的中上游段，1970年自成武县大薛庄将万福河截断，从大薛庄向东南开挖新河长24.2千米直接入东鱼河。

2003年治理时，中上游平均淤深3.1米，下游平均淤深1.5米，最大淤深3.3米，除涝能力只有原设计3年一遇流量的20%，防洪能力只有原设计20年一遇流量的29%。2003年冬季，按3年一遇除涝，20年一遇防洪标准进行治理，即通过开挖疏浚治理达到1970年原设计开挖标准。由东明、牡丹区、开发区、定陶、成武等县区于2003年10月20日—12月30日全线清淤治理。工程采用机械化施工，共完成动土方773.37万立方米，并对南坡河、定陶新河等12条支流削坡8.4千米。2004年绿化大堤308.47万公顷，植杨树27.76万棵。

竣工后的东鱼河北支

胜利河 起源于曹县太行水库第六库仲堤圈水库，流经曹县、成武县、单县，至刘珂楼西入东鱼河干流，全长66.36公顷，流域面积1224平方千米。胜利河两条较长的支流是黄白河和五干沟。1991年2月在胜利河姜庄建姜庄节制闸1座。

第三节 万福河水系治理

万福河 起源于定陶县境内的东鱼河北支薛庄涵洞，流经定陶、成武、巨野、金乡、鱼台，于鱼台县小吴村入南阳湖，全长77.3千米，流域面积1283平方千米。其中菏泽境内长度36.3千米，流域面积

大堤绿化

518 平方千米。设计除涝流量 190 立方米 / 秒，防洪流量 497 立方米 / 秒。建后实际除涝流量 86 立方米 / 秒，防洪流量 320 立方米 / 秒。干流兴建于 1958—1971 年，后未治理，淤积比较严重。2004 年绿化大堤 185.4 万公顷，植杨树 8.34 万棵。

新西沟 原为新冲小河下段，是万福河的主要支流，源起于定陶县马集，流经定陶县、成武县，于金乡县李庄北入万福河，全长 38 千米。1970 年，东鱼河开挖后，于成武县王庙将该河截断，上游即属东鱼河。1973 年自王楼西，沿菏泽、济宁两市边界，经吕洼沟到大沙河，进行治理，并定名为新西沟。

金城河 上起成武县郭楼，于金乡县石门集入万福河，全长 29.5 千米，流域面积 133 平方千米。其中菏泽境内长度 27 千米。1976 年按 3 年一遇除涝、20 年一遇防洪标准开挖治理。1997 年 10 月按原设计标准进行清淤，由成武县城关、党集、桃花寺、宝峰、张楼五乡镇进行机械化施工，共完成土方 35.7 万立方米、工日 21 万个。

彭河 位于巨野县境内，上起万丰镇

河道治理

许楼接丰收河，经章缝、营里、谢集 3 个乡镇，于金乡县吴坑入万福河。彭河全长 26.5 千米，流域面积 117 平方千米。其中菏泽境内长度 25 千米。1995 年冬季进行了疏浚治理。

第四节 洙赵新河水系治理

洙赵新河是境内北部的一条大型防洪排涝河道，上起东明县穆庄，经东明县、牡丹区、鄄城县、郓城县、巨野县，流入济宁市，由济宁市微山县入南阳湖，全长 140.7 千米，流域面积 4206 平方千米。其中菏泽境内长度 101.4 千米，流域面积 4119 平方千米（含新邱公岔），设计除涝流量 620 立方米 / 秒，防洪流量 1220 立方米 / 秒。该河自 1971 年冬季至 1972 年春治理后，连续运行 20 多年，干流排涝能力较原设计降低 42% ~ 95%，防洪能力降低 18% ~ 85%。

1993 年 10 月，山东省淮河流域工程局勘测设计研究院完成《洙赵新河第一期治理工程可行性研究报告》《洙赵新河第一期治理工程初步设计》。1994 年 2 月，省计委以鲁计发（基）字〔1994〕135 号文对可行性研究报告作出批复；1994 年 3 月，省水利厅以鲁水勘〔1994〕3 号文对初步设计作出批复，山东省淮河流域工程局以鲁淮勘〔1994〕12 号文对《菏泽地区洙赵新河第一期治理工程施工图设计》作出批复。治理工程标准是恢复 1972 年原设计的“3 年一遇除涝、10 年一遇防洪”，河道清淤疏浚土方用于加高培厚两岸堤防。

菏泽地区承担洙赵新河干流（38 + 518—145 + 048）工段和边界支流邱公岔的施工任务。洙赵新河干流工段长度 106 千米，位于东明县、牡丹区、巨野县北部，

机械清淤

郓城县南部，设计土方1209万立方米，工日1222万个；邱公岔消坡复堤长度3.5千米，土方18万立方米。预算总投资7917万元，省补助资金2290万元。

1993年11月1日，巨野县、郓城县、鄄城县、单县、成武县、定陶县、曹县60多万民工开始对洙赵新河干流进行清淤治理，巨野、单县（部分工段）采用机械化施工，其余各县采用人工施工。1994年1月初完成洙赵新河干流（桩号39＋000—145＋048）工段和支流邱公岔消坡及复堤的施工任务。总计完成土方1228.55万立方米，工日1233万个。

2003年冬，对洙赵新河上游段（东明县穆庄村至蔡园集乡支寨村）进行清淤开卡，长度8.2千米，工期70天，全部采用机械化施工，共完成土方51.2万立方米。洙赵新河全线绿化100千米，绿化面积800公顷，植树87.7万棵。

清淤治理后的洙赵新河

2002—2005年，对洙赵新河实施建筑物工程治理，改建、新建和加固维修建筑物256座，总投资5043.98万元。共完成土方147.21万立方米、混凝土及钢筋混凝土1.05万立方米、砌石5.46万立方米。

鄄郓河 上起鄄城县左营西孙沙窝，流经鄄城县、郓城县、巨野县，至巨野县丁庄入洙赵新河，全长46.37千米，流域面积975平方千米。鄄城县70%的涝水通过该河排入洙赵新河。

1994年冬季对鄄郓河采用机械化施工方式进行清淤治理，由郓城、鄄城两县施工，共完成土方443万立方米。1995年冬季再次采用机械化施工方式进行治理，治理标准为3年一遇除涝、10年一遇防洪。共投入各类机械400多台，完成土方320万立方米，总投资1300万元。

2003年，河道平均淤深3.3米，最大淤深4.2米，防洪除涝能力只有原设计流量的30%。同年冬季，按1971年原设计的3年一遇除涝，10年一遇防洪标准进行河道清淤、支流入口削坡及回水段复堤，由鄄城、郓城两县施工，10月20日开工，12月28日竣工。动用各类机械974台，完成土方552.06万立方米，总投资1450万元。河堤绿化48千米，绿化面积281.47公顷，植树40.7万棵。

郓巨河 上起郓城县李统庄，截丰收河，于唐店闸下截郓城新河后，由东南至巨野县于楼入洙赵新河，全长47.89千米，流域面积986平方千米。1971年冬至1972

年春按3年一遇除涝、10年一遇防洪标准开挖。1994年冬季按3年一遇除涝标准进行治理，由郓城、巨野两县出工，10月20开工，11月30日竣工。工程采用泥浆泵施工，共完成土方456万立方米。绿化长度47千米，绿化面积318.27公顷，植树46.1万棵。

洙水河　是境内的重要排水河道，穿市区腹地，也是东鱼河北支以北、洙赵新河干流以南的一条排水骨干河道。起源于牡丹区东城办事处仓房，流经牡丹区、定陶县、巨野县，至巨野县毛官屯村北入洙赵新河。该河开挖于1972年，长55千米，流域面积450平方千米。1993年冬季，对洙水河进行一期工程扩大治理，将河道延长至63.2千米，流域面积扩大为656平方千米。菏泽市、东明县出工24万人，当年11月开工，1994年1月竣工。完成土方280万立方米。绿化长度55千米，绿化面积268.2公顷，植树38.8万棵。

第五节　太行堤河水系治理

太行堤河　位于单县南部，因沿太行堤自西而东流向，故名太行堤河。流域包括单县南部和曹县东南部，面积467平方千米，全长36千米。主要支流有二堤河、蒋河、孟流河、小杨河和刘楼沟。该流域同时也接纳安徽省砀山县部分客水，为苏鲁皖三省边界河道。1997年，在太行堤河左岸修建张窑、东朱庄涵洞，两工程均为单孔净跨2.4米砌石拱涵，投资33万元。2004年由单县负责完成太行堤河治理工程。该工程包括河道治理长35.58千米，新建张寨沟、芦集沟、杨河3座穿堤涵洞，刁张庄、断堤头、刘楼沟3座节制闸与21座生产桥总投资1278万元，其中国家投资550万元，单县自筹资金728万元。太行堤河治理工程于2004年5月6日开工，10月5日竣工，浇筑混凝土2400立方米，砌石4845立方米，完成土方173.28万立方米。工程完成后，每年增调蓄水量1500万立方米，灌溉农田3300公顷。

二堤河原为老太行堤河，因处于临黄堤和太行堤之间，故名二堤河。上起单县浮岗水库东堤，在魏庄附近入太行堤河，全长28千米，流域面积80平方千米。1996年治理长度26.2千米，完成土方39.3万立方米，投资98.25万元；1999年4月为向黑水河送水，在二堤河下游蒋河段的黄尔庄北，修建黄尔庄闸，完成土方3000立方米，砌石1760立方米，混凝土及钢筋混凝土432立方米，完成投资85万元。

刘楼沟　上起安徽省砀山县马良集西，流经单县蔡堂镇、朱集镇，在刘楼村西北入太行堤河，全长13.4千米，流域面积49平方千米。该河因涉及两省，历史上出现过多次水利纠纷，1980年按5年一遇除涝标准进行治理后，边界水利矛盾随之解决。

小杨河　上起单县蔡堂镇安楼村，下至陈庄西入太行堤河，西南东北流向，系历史上黄河决口冲而形成。因流经杨瓦屋、徐杨庄、杨庄等村，故名小杨河。全长13.4千米，流域面积55.1平方千米，是蔡堂镇的主要河道。1986年至2005年期间，一直未进行治理，淤积严重。

第六节 危桥改造

菏泽市管河道上的桥梁多数是 20 世纪 60—70 年代河系调整时所建，经多年运行，大多老化失修，直接威胁着人民群众的交通安全。2004 年，菏泽市政府按照公路、交通、水利三部门道路管理权限，对市管河道上的危桥进行改造。市、县两级管理的河道上有桥梁 3900 座，其中市管 9 条河道上有桥梁 491 座。在市管河道 491 座桥梁当中，有危桥 372 座。其中梁板损坏严重，桥面断裂，随时可能坍塌的一类危桥 114 座；梁板损坏比较严重，安全保障系数较低，已不能承载机动车辆的二类危桥 161 座；损坏较轻微，行人和小型机动车辆须小心通行的三类危桥 97 座。2004 年 5 月，市政府确定了国道、省道上的桥梁由公路部门改造；县、乡道路上的桥梁（包括村村通公路，只要道路是柏油路面的）由交通部门改造；土路生产桥由水利部门改造。由水利部门管理的桥梁 346 座，其中有 298 座危桥。2004—2005 年改造 231 座，投资 5600 万元。

赵王河公园

危桥改造

第七节 市区赵王河改造

赵王河是菏泽新老城区结合部的一条天然河道，原是菏泽城区的主要排水河道，由于长期未经治理，河槽乱浅，一度变成了排污沟、垃圾场。每到夏季，蚊蝇滋生，排水不畅，污水四溢。2003 年，菏泽市制订《城市总体规划（2003—2020）》，重点突出菏泽“花城水邑”的特色。2004 年，市委、市政府决定将赵王河菏泽城区段建成具有现代气息、地方特色和生态价值，集文化、娱乐、休闲、旅游为一体的重要景观带——赵王河公园。赵王河城区段南起万福河，北至北外环路，全长8千米，水域面积98公顷。2004年6月29日开工建设，7月31日竣工，完成外运土方310多万立方米，并于9月5日引黄河水入城。2005年赵王河公园主要有市政桥、园林桥、园区道路和亭榭轩廊建设任务。7月份完成园内48座园林桥、亲水平台、码头等景观主体工程。9月完成八一路、丹阳路两座市政桥的主体工程。改造后的赵王河既保证了水体正常的循环流动，构筑城市防洪规划屏障，提高区域防洪除涝能力，又为城市居民休闲、娱乐提供优美的活动场所。

第八节　市区环城河改造

菏泽城区环城河位于老城区中心部位，即原来的护城河，周长6千米，水域面积45.5公顷。2003年，市政府决定对环城河进行彻底改造，将多年淤积的菏泽“龙须沟”变为市民休闲娱乐的公园。整个环城公园工程分为水系工程、园区绿化、道路桥梁三大块，总投资约2.4亿元。2003年年底，环城公园开始建设，2004年3月，河道清淤完成土方13.17万立方米，外运土方8.86万立方米，驳岸砌石1.07万立方米。河道治理完工后，对75公顷的环城堤进行全部绿化，种植各种树木1万余棵，栽植草本植物128种。

环城公园

第二章　水库坑塘

第一节　水库建设

浮岗水库（浮龙湖）　浮岗水库位于单县西南部黄河故道区，始建于1958年，由于当时缺乏平原水库建设经验，围坝未进行坝基防渗处理和坝坡护砌等，加之灌区筑高堤输水，农田大水漫灌，致使水库周围及灌区大面积土壤盐碱化，被迫于1962年停蓄还耕。

改革开放以后，单县经济迅速发展，由于缺水，给当地农业生产和农村经济的发展带来严重影响，且随着黄河来水量逐渐减少，黄河断流时间增加，使引用黄河水本来就困难的状况变得更加严峻。因此，恢复启用浮岗水库，扩大调蓄黄河水的能力，丰蓄枯用，冬蓄春用，是解决单县水资源紧缺的根本措施。1995年，单县按照《菏泽地区南部粮棉基地引黄灌溉工程一九九三年施工计划》，对浮岗水库实施土方工程。该工程于 1995 年 11 月 4 日动工，1996 年 1 月 10 日竣工。竣工后的坝顶高程从 52.5 米提高到 55.0 米，坝顶宽 12 米，坝脚外开挖截渗沟，沟底 4 米，截渗沟中心线距围坝坝轴线 65 米～75 米。整个水库库区面积 19.13 平方千米，周长 20.40 千米，其中水库南岸为黄河故道滩地，长 8.58 千米，其他部分为原有围坝，长 11.82 千米。

为确保大坝安全，提高水库蓄水能力，防止土地盐碱化，1997 年菏泽地区向省呈报了《菏泽地区单县浮岗水库可行性研究报告》。1998 年，省水利厅以鲁水勘字〔1998〕30 号文进行批复：核定水库规模为大（2）型，工程等别二等，主要建筑物为 2 级建筑物；总库容 1.04 亿立方米，调节库容 9877 万立方米，死库容 540 万立方米；最高蓄水位 52.9 米，死水位 47.56 米，年供水量 1.765 亿立方米；工程投资 5234 万元，其中国家投资 2080 万元，其余资金自筹解决。

1998 年 10 月 1 日单县浮岗水库扩建工程开工，1999 年 9 月 12 日竣工。共完成围坝上游削坡 10 个，垂直铺塑面积 11.18 万平方米，52 米高程以下混凝土护坡长度 9.8 千米、面积 13.34 万平方米，浇注混凝土 2.28 万立方米，做土方 34.04 万立方米，维修加固了进出库涵洞和放水洞，共投资 2796 万元。

浮岗水库一角

浮岗水库以农业灌溉为主，水库灌区范围主要分布在黄河故道到东鱼河之间的贫水区。扩建后的浮岗水库，除负担原有灌溉面积 3.1 万公顷之外，又增加灌溉面积 4.13 万公顷，使灌区有效灌溉总面积达到 7.23 万公顷。浮岗水库的输水线路有两条，均系利用已有工程。一是闫潭输入水线路，自东明县境内的闫潭引黄闸引水，利用闫潭引黄南干渠送水，经太行堤水库至浮岗水库。该线路，当水库水位低于 50.0 米时可自流入库，当水库水位高于 50.0 米时，需用泵站提水入库。另一条是三义寨输水线路，由河南省的三义寨闸引水，利用黄河故道输水。此输水线路虽能完全自流引水入浮岗水库，但主要输水工程在河南境内，用水主动权小，故只能作为第二水源，相继供水，以提高浮岗水库的灌溉保证率。2001 年 1 月 17 日开始蓄水试运行，蓄水 5000 万立方米。

闫潭送水干线

菏泽电厂临濮沙河水库 位于鄄城县南部，是 1935 年 7 月 10 日黄河决口冲刷而成的溜道之一，河道断面极不规则，最宽处470米，窄处仅十几米。临濮沙河水库库址在孙楼闸至胡庄闸之间，该河段水面较宽，地形开阔。

水库长5200米，宽360米～490米，设计库底高程46米，死水位47米，最高蓄水位53.7米，总库容1225万立方米，调节库容1098万立方米。水库南北岸有截渗沟，渗水由提渗泵抽水回库；北岸截渗沟兼负排水及向临濮河下游输水任务。水库围堤为均质土坝，坝长11千米，坝顶宽6米，坝顶高程55.5米，迎水面用干砌石护坡，护坡下面铺设两层塑膜防渗并与坝基黏土层相接。

建设中的水库

临濮沙河水库按电厂装机容量65万千瓦用水要求，向电厂日供水量7.34万立方米，供水保证率为97%。利用苏泗庄引黄闸结合春季灌溉引取黄河水，经灌区沉沙区后通过临濮沙河提水入库，水库距苏泗庄引黄闸22.7千米。水库到电厂24.78千米，用铸铁管道输水，中间设赵王河调蓄池。该池东西长405米，调蓄水位48.5米，调节容量17.1万立方米，在库池之间管道发生故障时，可满足电厂5天用水。水库至调蓄池管道长20.65千米，铺设两条直径800毫米管道；调蓄池到电厂管道长4.13千米，铺设4条直径600毫米管道。该水库于1988年开工建设，1990年完成。

大野水库　巨野县地下水深层无好水，以浅层淡水为主，量少质差，随着经济社会快速发展，特别是巨野煤田的开发，水资源的供需矛盾更加突出。2004年7月27日，省发展改革委员会以鲁计农经字〔2004〕737号文对《关于巨野县大野水库工程可行性研究报告》进行批复立项。2005年2月2日，省发展改革委员会以鲁计重点〔2005〕55号文对《巨野县大野水库工程初步设计》进行批复。是年3月25日，省政府下发鲁政发〔2005〕57号文，将水库工程列入省重点建设项目。大野水库工程位于巨野县城西北部，包括水库和供水管线工程，占用土地约438.67公顷，总投资约5.3亿元。其中大野水库占地366.67公顷，设计库容2344万立方米，日供水量10.2万立方米。水库沿东西方向呈矩形，坐落在老洙水河中段，以洙赵新河及老洙水河为纽带形成一个完整的蓄水工程，供水范围包括巨野镇、开发区、田庄镇、麒麟镇农业灌溉用水、城区居民生活用水和龙固镇、大义镇、煤矿工业用水。供水工程包括供水厂和输水管线，向龙固、万福、赵楼等煤矿送水的线路为双管线设计，总长80千米。2005年4月27日，水库前期工程——穿坝建筑物堆载预压工程开工建设，6月26日完工，共完成预压土方15万立方米，7月完成预压体排水井9眼，并开始抽水固结，11月底结束。

第二节　坑塘治理

各类坑塘对优化水资源布局、缓解水

资源供需矛盾，调节周边生态环境都具有一定的积极作用。由于农村填坑造田、城镇旧坑塘逐渐减少。但随着交通、建筑业的快速发展，筑路取土、砖瓦窑场取土，又形成新的坑塘。2005年年底，菏泽市1亩以上的坑塘基本保持在3万个左右，总面积的5500公顷，蓄水量近1亿立方米。经过多年的开发，利用坑塘发展养殖业、种植业有较明显的经济效益。

坑塘养殖

第三章 农田水利

1986—2005年，菏泽农田水利基本建设一方面坚持年年大干，长年不断，一方面适应经济发展要求和环境变化，调整工作思路。1986—1996年，以引黄和治涝为主，机井数量稳步增加。1997—2003年，域内遭遇连续6年的持续干旱，同期黄河又出现长时间断流。为从根本上战胜干旱，地委、行署及时转变治水思路，改变过去重河灌轻井灌的做法，做到以井保丰、以河补源、井河并举、旱涝并防，并提出实现地表水人均蓄水量达到50立方米以上，地下水开发3.33公顷～5.33公顷地1眼井的目标。通过政策引导、财政补贴等多种措施，大力发展井泉工程、节水灌溉工程和人畜饮水解困工程建设。1993—2003年，对境内的洙赵新河、东鱼河、东鱼河北支等大型骨干河道相继进行清淤治理。2003年为充分发挥水利工程效益，最大限度地降低干旱和洪涝灾害损失，市委、市政府确定水利建设“三步走”的总体构想：①骨干河道清淤治理，解决泄洪排涝不畅的问题；②建筑物的工程配套和水毁工程修复，解决不能最大限度地发挥工程效益的问题；③搞好平原水库建设，丰蓄枯用，解决水资源短缺的问题。至2005年年底，全市共完成水利工程项目5.3万个，动土方量6.1亿立方米，投入工日3.5亿个，总投资51.2亿元；累计开挖治理河道8275千米，沟渠35642千米，新建、维修各类建筑物4.73万座，扩大灌溉面积3.93万公顷，节水灌溉面积1.22万公顷；拥有固定扬水站692座，有效灌溉面积6.03万公顷，流动机械灌溉面积13.94万公顷，总引河灌溉面积19.96万公顷。

第一节 机井灌溉

1986—1996年，机井数量稳步增加。1997年，境内出现严重干旱，且黄河断流时间较长。为此，行署决定对农田打井实行优惠政策：沿黄4个县市，每打1眼机井，地区补助1000元；非沿黄县每打1眼

打　井

机井补助500元（均折成实物管材补助）；对农户联合打井和个人打井的，减免等量的提留和义务工。各县市、乡镇也都制订了相应的优惠政策；从1997年开始，全区机井建设进入高潮期。至1999年，全区共投入资金1.15亿元，新打机井5.83万眼，配套4.79万眼，维修旧井2.02万眼，建设井房5500多间。按井管材料区分，机井类型主要有水泥穿孔管井、石屑管井、塑料管井等。管径40～50厘米的占绝大多数，井深50～60米。1997年以后新打的机井配备井房、井盖等保护设施的占32%，部分安装了固定机泵外，一般为移动机泵。2002—2004年年底，全市新打并配套机井1.3万眼，修复旧机井0.93万眼。至2005年年底，全市机井增加到13.6万眼，井灌面积31.22万公顷，改善灌溉面积10.2万公顷，比1985年增加灌溉面积9.3万公顷。

第二节　引黄灌溉

菏泽引河灌溉水源主要是引用黄河水，灌溉方式为固定泵站与移动机群相结合。2005年，境内有引黄闸8处，总设计引黄流量405立方米每秒，设计灌溉面积48.41万公顷，补源面积13.17万公顷。

闫潭引黄闸　1971年4月14日开工建设，同年7月2日竣工。结构为钢筋混凝土箱式涵洞。当黄河流量为450立方米／秒，设计灌溉引水流量为50立方米／秒；黄河流量1500立方米／秒，设计放淤流量为150立方米／秒。1981年10月对该闸进行改建，闸室接长13米，底板抬高1.2米。该闸控制面积3万公顷。

谢寨引黄闸　建于1980年11月，结构为钢筋混凝土箱式涵洞。当黄河流量为1500立方米／秒，设计灌溉引水流量为30立方米／秒，放淤引水流量为50立方米／秒。1990年，在谢寨引黄闸南50米处建谢寨第二引黄闸，设计引黄流量50立方米／秒；在防沙闸以北80米处老君堂控导工程的连坝上，新建防沙闸1座，设计标准为50立方米／秒。

谢寨引黄闸

高村引黄闸 建于1988年，设计灌溉引水流量为15立方米／秒，放淤流量25立方米／秒，控制面积2.09万公顷。

刘庄引黄闸 建于1979年，设计引水流量80立方米／秒，灌溉面积8.53万公顷。

苏泗庄引黄闸 建于1978年，设计引水流量50立方米／秒，灌溉面积4.67万公顷。

旧城引黄闸 建于1972年，设计引水流量50立方米／秒，灌溉面积2.59万公顷。

苏阁引黄闸 建于1967年，后于1983年进行改建，设计引黄流量50立方米／秒，灌溉面积3.1万公顷。

杨集引黄闸 建于1990年，1994年投入运行，设计引黄流量30立方米／秒，灌溉面积2.78万公顷。

第三节 节水灌溉

1996年，地委、行署确定“试点引路，典型带动，整体促进”的节水灌溉发展思路。1998年，曹县被列为全国节水增产重点县，并顺利通过国家验收；建设示范区2446.67公顷，投入资金333万元，其中国家投资100万元，县配套55万元，群众自筹178万元。1999年，省下达节水灌溉资金280万元，在定陶县陈集，曹县曹城镇，郓城县苏阁，巨野县大谢集、李集等地建成高效节水灌溉面积800公顷。1999—2000年，省市投入资金400万元，把220国道菏郓段沿线作为农业综合开发水利示范区，建设高标准，高起点节水工程，建成移动式喷灌1133.33公顷，半固定式喷灌560公顷。2000年，省下达节水灌溉资金232万元，在牡丹区都司、东明县陆圈、巨野县昌邑等地建成节水面积2933.33公顷。2001年，省下达节水灌溉资金160万元，建成巨野县章缝、成武县、东明县节水灌溉面积953.33公顷。2005年年底，全市节水灌溉工程面积1.21万公顷，其中低压管道5240公顷，渠道防渗3660公顷，喷滴灌2713.33公顷，其他节水灌溉面积520公顷；节水灌溉措施面积17.15万公顷，其中低压管道6200公顷，渠道防渗9520公顷，地面移动软管14.83万公顷，符合规划要求的地面灌溉田间工程面积等7473.33公顷。全市典型节水工程主要有：

小农水节水灌溉工程

曹县城关镇五里墩滴灌工程 1994年，曹县五里墩村成立冠华园艺开发有限公司，主栽油桃、梨、石榴、樱桃、无花果等大田果树93.33公顷，间作苗木花卉200余万株，建成温室栽培果树40公顷，被县委、县政府列为重点农业科技示范园区。为提高示范园区的科技含量，曹县水利局利用节水增产项目，贷款200万元，村自筹资金180万元，于1997年6月把该园全部建成半固定式自动滴灌区。因园内无浅层淡水，打500米深井1眼，安装10立方米供水压力罐1座，主管道为直径90毫米的地埋聚丙塑料硬管，每100米设置1道支管道，直径50毫米和直径75毫米管上下布置，直径75毫米管输水，直径50毫米管按行距开口往各行配水，每15米～20米设1个水龙头，用于施肥、喷药用水。每行采用移动式滴灌带供水。在压力罐出口设有过滤器和药物化肥加入装置，灌溉时兼有施药、除草和施肥功能。工程建成后，当年实现产值1200万元，创利润100万元。

节水灌溉工程施工

定陶县赵坤寨、路菜园扬水站灌区渠道防渗节水工程 两座扬水站位于路菜园节制闸上游，装机4台套，机电双配套，配套动力358千瓦，设计流量4立方米/秒，设计灌溉面积2666.67公顷。至1993年，完成干渠防渗渠两条8千米，支渠防渗渠36条，长50千米，完成种类建筑物130多座，增加有效灌溉面积666.67公顷，两站成为定陶县防渗控制面积最大的两站，且两站连片，实际有效灌溉面积2333.3公顷，每公顷灌溉成本由防渗前的120元～135元减至60元～75元。

单县节水灌溉示范项目 位于单城镇后黄楼及孙溜镇韩庙、樊楼区域，2001年3月建成并投入使用。该项目节水灌溉面积361.33公顷，其中半固定式喷灌280公顷，移动式喷灌80公顷，总投资270万元（国债补助资金90万元，群众自筹180万元）。该项目实施中建立法人责任制，由县水利局负责人任项目经理，实行公开招标投标制，推行建设监理制，委托菏泽市水利设计院监理公司对工程进行全程监理。项目建成后，经过运行，达到了节约用水、促进农业种植结构调整、增加农民收入的效果。

节水喷灌

第四节 水土保持

菏泽地处黄泛平原，由于历史上黄河频繁决口泛滥，形成了大面积的地表沙质土壤，土体松散，团粒结构差，极易造成水土流失。域内水土流失以风蚀、水蚀为主。风蚀一般在2—5月份最为严重，水蚀一般以6—9月份为最强。另外，随着人口的增长，生产建设、资源开发活动和城市化进程的加快，人为地加剧了水土流失。境内水土流失的重点区域主要分布在黄河故道、东沟、临濮沙河、郓城新河以及东明县境内因黄河决口遗留下的三条沙带等地。

据《菏泽地区风沙区水土保持普查、规划报告》，至1985年年底，全区共有风沙面积4872平方千米，占全区总面积的

林粮间作

38%。其中一级流失（微度）面积为848平方千米，二级流失（轻度）面积为469平方千米，三级流失（中度）面积为2631平方千米，四级流失（强度）面积为624平方千米。另外，在非风沙区内，有斜坡陡沿面积686平方千米。除一级流失外，以上其余四项水土流失面积达4410平方千米，占全区总面积的36%；年流失土壤总量约为1240万立方米，相当于4130公顷的耕层土壤被侵蚀流失。

为全面有效地控制水土流失，坚持实行“预防为主，全面规划，综合防治，因地制宜，加强管理，注重效益”的方针，实行集中、连续、综合治理。至2005年，全市共完成农田林网折实面积约3万公顷，林粮间作8.56万公顷，成片造林5.65万

单县李田楼水保林工程

公顷，经济林5.43万公顷，人工种草280公顷，治沙造田2万公顷；完成建筑物885座，完成土石方938万立方米，用工日564万个，投资2301万元。1985—2005年主要治理项目有沙土镇风沙片综合治理、黄河故道南李集风沙片治理、普连集万亩杞柳工程、郓城沙河小流域治理、临卜沙河流域治理、单县曹巨集小流域治理、国债投资水土保持生态环境建设工程。其中1999—2001年，菏泽市利用水利国债安排5个小流域治理项目：1999年为单县莱河镇、巨野县孙梁河，2000年为单县张集镇、

2004年5月，东明县马头镇水土保持治理项目

郓城县苏阁，2001年为郓城县苏阁（二期）小流域综合治理工程。以上5条小流域水土流失面积40平方千米，治理面积35平方千米，涉及3个县，5个乡镇，59个自然村，4万余人。共建成治沙改土建设基本农田773公顷，经济林、水保林、农田林网1633公顷，各类建筑物30座，新打机井126眼；完成土方130万立方米，石方0.36万立方米，混凝土0.12万立方米，投入工日21.5万个（不含群众投工）；总投资365万元，其中国债170万元，地方投资195万元（群众自筹和投劳折资未计

入总投资）。

经过多年治理，菏泽地区流动风沙已基本得到有效控制，部分二、三级水土流失面积和斜坡陡沿面积得到不同程度的治理，但由于风沙面积较大，治理速度较慢，加之人为破坏因素，生态环境依然脆弱。2005年年底，全区共治理水土流失面积2530平方千米，占全区水土流失总面积4857平方千米的52%，仍有2327平方千米的水土流失面积尚未得到有效治理。

第四章　抗旱防汛

第一节　抗　旱

菏泽市抗旱工作主要由菏泽市人民政府防汛抗旱指挥部统一指挥，菏泽市闫潭引黄灌区工程管理处和菏泽市谢寨引黄灌区工程管理处负责引黄和所辖灌区的调水，在菏泽市东鱼河流域工程管理处和菏泽市洙赵新河流域工程管理处的配合下向下游县、区送水。在全市抗旱工作中，主要采取的措施：①召开会议，下发有关抗旱文件，提出具体抗旱意见，并且召开抗旱现场会议；②抓开辟水源，利用临黄优势，早引、抢引黄河水，并且新打机井、维修机井，配套机井；③抓节水灌溉，采用“小白龙”低压管道输水，减少大水漫灌行为；④加强水源调度，组成调水工作组，到各县区和各节制闸之间巡视调水。

麦田浇水

1997年5月下旬至8月19日，域内降雨量持续偏少，干旱严重，加上黄河间歇性断流100多天，各河道均呈干涸状态，全区受旱面积62.13万公顷，成灾面积40万公顷。针对严重的旱情，地委、行署作出《关于开展抗旱斗争、夺取农业丰收的决定》，要求各级广开水源，多引多蓄黄河水，多打新井，修复旧井，利用一切可利用的水源，尽最大努力增加灌溉面积。同年，全区引水灌溉面积26万公顷，抗旱挽回粮食3.63亿公斤，棉花4526万公斤。

1999年1—10月，境内降雨量仅为449毫米，比往年同期偏少26%，且时间分布不均，其中1—2月份无降雨，6—8月份降雨偏少。农作物底墒差，旱情发展迅速，出现严重的冬、春、夏三季连旱。全区农作物受旱面积最多时达40.5万公顷，其中成灾面积13.33万公顷。1.35万眼机电井出水不足，2300眼吊空；66条河流和815处水库坑塘干涸，影响农田灌溉面积7.7万公顷。针对严重的旱情，全区投入抗旱劳力54万人，利用机电井6.17万眼、抽水泵站157处、提水浇灌设备6.85

万台套、机动运水车辆1080辆、其他设备2000台，浇灌农作物93.5万公顷，临时解决饮水困难人口9.35万人、饮水困难大牲畜2600万头。是年全区投放抗旱资金3351.7万元，其中国家财政拨款410万元，地县级财政拨款104万元，群众自筹2837.7万元；投入抗旱用柴油2.03万吨，化肥5.64万吨，电1717万千瓦时；推广“旱地龙”11.93吨，应用面积2.02万公顷。

2001年1—5月，全市平均降雨69毫米，比多年同期偏少48%，其中1月份降雨43毫米，2月份降雨26毫米，3、4、5月份基本无降雨，出现严重的春旱。全市农作物受旱面积最多达33.27万公顷，其中成灾7.27万公顷。机电井出水不足的2.28万眼，吊空3200眼；干枯河流75条。5月18日，市政府下发《关于进一步强化领导加大措施迅速掀起抗旱双保高潮的紧急通知》，6月13日和9月30日分别在郓城县、鄄城县召开全市抗旱节水工作现场会和抗旱保秋种工作现场会。会后市水利局党组成员分成5个工作组，带领有关科室负责人分赴各县区调水配水，深入第一线发动群众，切实搞好抗旱基础设施建设，努力实现沿黄县区5.33公顷地1眼井、非沿黄县3.33公顷地1眼井的奋斗目标。市政府制订了《抗旱打井补助暂行办法》，市财政拨款200万元用于打井补助。全市全年累计投放抗旱资金4580万元，其中中央财政拨款160万元，市区财政拨款324万元，群众自筹4096万元；投入抗旱用柴油7650吨、化肥2.4万吨、电4180万千瓦时；新打机井1.41万眼，配套机井1.35万眼，修复旧井1003眼。全市抗旱日投入最多时有劳动力56.1万人、机电井6.57万眼、抽水泵站109处、提水浇灌设备6.85万台套、装机容量75.4万千瓦；抗旱浇灌面积92.67万公顷次，临时解决吃水困难人口28.15万人、饮水困难大牲畜14.64万头。全市共挽回粮食3.9亿公斤，挽回经济作物损失0.6亿元，挽回工业损失0.9亿元。但因水资源不足影响浇灌面积15.33多万公顷，因旱灾粮食减产1.45亿公斤。

2002年，菏泽市遭遇历史上罕见的特大干旱。全市全年平均降雨仅有350毫米，比历年同期的659毫米偏少47%，其中1月份8毫米、2月份0毫米、3月份9毫米，第一季度几乎无有效降雨。加上夏秋两季的持续高温，土壤水分蒸发量大，农田失墒快，地下水位大幅度下降，并且省河务局限制引黄，全市大中小河流基本干枯，非沿黄县部分高亢地区严重缺水。全市农作物受旱面积一度高达42.67万公顷，因旱造成1224个村庄、94.2万人、15.7万头大牲畜饮水困难。减产粮食68.95万吨，经济作物损失4.15亿元，工业经济损失1.84亿元。8月1日，市政府下发《关于做好当前抗旱工作的紧急通知》，要求充分认识抓好抗旱工作的极端重要性。结合冬春农田水利基本建设，大搞沟渠清淤，尽量扩大引黄送水能力，全市冬春共开挖沟渠2650千米，完成土方4820万立方米。主动与河务部门协调，于春节前开闸引水，为春灌提供较充足的水源，全市共引黄河水11亿立方米。为调动群众打井的积极性，市里制订每打1眼机井，市补助600元～1000元，各县乡也都制定了鼓励打井的优惠政策。当年全市共新打机井6975眼，配套6795眼，修复旧井2401眼。进行渠道衬砌，大力发展“小白龙”输水。

全市日最大投入抗旱劳力 51.5 万人，利用机井 7.5 万眼、提水泵站 75 处、各种提水设备 7.3 万台套，累计投入抗旱资金 5047 万元、柴油 1.37 万吨、电 4062 万千瓦时，利用各类水利工程提水灌溉面积 62.47 万公顷，其中引黄灌溉面积 29.27 万公顷，机井灌溉面积 33.2 万公顷。抗旱减少粮食损失 111.6 万吨，挽回经济作物损失 5.63 亿元。

第二节　防　汛

内河防汛主要由菏泽市内河防汛指挥部负责日常工作，由分管水利工作的副市长任指挥长，菏泽军分区参谋长、市水利局局长等任副指挥长。各县区均有县区内河防汛指挥部。防汛工作实行行政首长负责制，按照统一指挥，分级分部门负责的原则，实行包工程责任制、岗位责任制、技术责任制，将防汛层层分解，逐级签订防汛责任书，把各项要求和任务落实到人。汛期（6 月 1 日—9 月 30 日）前修订完善主要河道洪水调度方案和操作规程，对度汛工程进行全面检查，对河道进行清障，并且抓好防汛队伍和防汛料物的落实。汛期实行严格的值班制，确保 24 小时昼夜值班。

1993 年 7 月 9—12 日，菏泽、东明、鄄城、郓城、巨野等县市的部分乡镇接连遭受暴风雨袭击，平均降水量达 200 毫米，农田受灾面积 14 万公顷，近 2.8 万公顷农田绝产，176 个村庄被水围困，民房倒塌 3000 多间。巨野县受灾较重，降雨量 376.9 毫米，部分乡镇超过 500 毫米。8 月 4—5 日，全区 9 县市再次遭受特大暴雨和龙卷风的袭击，平均降水量为 189.5 毫米，部分乡镇达 400 毫米 ~ 500 毫米。全区 207 个乡镇受灾，1299 个村庄、98.7 万人被水围困，倒塌房屋 24.4 万间，死伤 75 人，农田受灾面积 64 万公顷，林木、果园、道路、供电、通信线路、工厂企业等均遭严重破坏。灾情最重的郓城县潘渡、黄集、肖皮口等 10 余个乡镇降水量达 500 毫米以上，部分地段积水达 1 米多深，十里金堤两边一片汪洋。灾情发生后，地委、行署迅速组成工作组，带领有关部门主要负责人亲临受灾一线，指挥抗灾救灾工作，并组织群众开展生产自救。省直单位、兄弟地市和全区人民纷纷伸出援助之手，向受灾较重的县捐赠救灾款、物折款 2909 万元。同时，上级拨款 2200 万元用于灾后恢复生产。

2003 年，全年平均降雨 1042 毫米，比常年偏多 59%；汛期平均降雨 733 毫米，比常年同期偏多 62%。8 月 20 日—9 月 8 日，境内连降大到暴雨，致使 9 县区普遍遭受涝灾，最大积水深度达 1.1 米，全市受灾乡镇 158 个，受灾人口 700 万人，农作物受灾面积 60 多万公顷，损坏桥、涵、闸 150 处，损坏灌溉设施 2702 处，部分工矿企业停产，30 多条公路中断，直接经济损失达 40 多亿元。针对严重的内涝灾情，市委、市政府紧急动员，启动救灾预案，成立救灾指挥部，市政府组织 5 个工作组，分别由一名副市长带队分赴各县区指挥救灾工作，各有关部门也都根据职责分工，深入到受灾县区开展排涝救灾工作；各县区、乡镇积极组织劳力疏通排水系统，加快自排进度，对不能自排的地方，采取机械提排。全市出动劳动力 198.5 万人，投入机械 8.6 万台套。挽回经济损失 30 多亿元。

2004 年，全年降雨 908 毫米，比历年平均值偏多 38%；汛期平均降雨 733 毫米，比历年同期偏多 52%。7—8 月份的频繁降雨，致使境内 145 个乡镇的 86 万人口受灾，3090 间房屋受损；农作物受灾面积 47.87 万公顷，成灾面积 21.25 万公顷，减收粮食 31.5 万吨；水产养殖受损 986.67 公顷，损失鱼类 698 吨；毁坏公路路基 148.4 千米，损坏输电线路 15.7 千米、通信线路 1.4 千米；损坏堤防 1 处 1.2 千米，损坏水闸 27 座、桥涵 498 座、机电井 1624 眼。直接经济总损失达 8.09 亿元。2004 年这次局部涝灾除降雨这一客观因素外，还有两个主观原因：①县、乡、村水利工程不配套，与市级工程衔接不好，没有形成畅通的“河河相连，沟沟相通”的排水网络，造成排水不畅；②在公路建设时没有充分考虑防汛排涝问题，没有规划排水设施和埋设排水管道，丧失了原有的排水能力，造成田间积水不能及时排出。针对严峻的防汛形势，中央、省、市领导对防汛工作都作出重要指示和批示。市县乡三级主要领导多次及时深入到一线，靠前指挥，安排部署应急防汛工作和救灾措施，积极组织人力物力，抢排积水。8 月 4 日市委办公室、市政府办公室联合下发《关于帮助农民抓紧排除农田积水的通知》，要求县乡两级党委政府把排水工作作为农业和农村工作的一件大事，切实抓出成效。抗灾期间，全市共出动劳力 178.2 万人次，动用大型挖掘机械 51 台，疏挖沟渠长 742.5 千米，动土方 587 万立方米，利用排水机械 12.6 万台套，排除农田积水面积 38.87 万公顷，将灾害造成的损失降到最低。

2005 年，全年汛期平均降雨 702 毫米，比历年同期平均值偏多 55%。东鱼河张庄闸站 9 月 22 日 2 时发生 588 立方米每秒的洪峰流量，是 1971 年建站以后出现的最大流量，频率为 20 年一遇。全市在汛期共有 8 个县区的 76 个乡镇受灾，农作物受灾面积 10.78 万公顷，成灾面积 4.81 万公顷；损坏堤防 6 处 13 千米；护岸 2 处；破坏桥、涵、闸 458 座，灌溉设施 63 处，机电井 785 眼。直接经济总损失 6.99 亿元，其中水利设施直接经济损失 0.39 亿元。市防指立即召开调度会议，安排部署防汛救灾工作。各级党政领导多次深入到受灾一线，靠前指挥，察看灾情，慰问群众，现场调度排水救灾工作，组织人员疏通田间沟渠，抢排农田积水，排查危房校舍，安全转移受灾群众。对县、乡、村工程进行系统治理，疏通排水网络，没有排水出路的，组织人员开挖临时排水沟，对不能外排的调集排水机械提排。9 月 29 日，市政府下发《关于做好防汛救灾工作的紧急通知》，要求各县区各有关部门一定要从执政为民的政治高度，迅速行动起来，要把防汛、排涝、救灾工作作为当前的首要任务，确保把灾害损失降到最低限度。抗洪期间，县乡村三级共疏挖沟渠长 2128 千米，动土方 647 万立方米，全市日出动最多劳力 142 万人，动用大中型排水机械 5.7 万台套，最大限度地减轻灾害损失。

第九编 黄 河

黄河 / 浮桥

菏泽现行黄河河道，是1855年在河南兰阳（今兰考县境）铜瓦厢决口形成的。黄河菏泽段位居黄河下游，流经“三县一区”（东明县、牡丹区、鄄城县、郓城县），河道长度185千米。河道属于黄河下游的“豆腐腰”地段，其特点为上宽下窄，坡度上陡下缓，菏泽上界至东明高村河道66千米，属于游荡性河段。堤距5～20千米；东明高村至菏泽下界河道长119千米为过渡性河段，堤距4～8千米。

黄河因其善淤、善决、善徙闻名于世。从春秋战国至1938年的2000年间，较大的改道26次，其中波及菏泽12次；决口1500余次，其中波及菏泽段决口164个年份；黄河被称为世界上含沙量最多的河流，泥沙淤积，河床逐年抬高，成为槽悬、滩高、堤跟洼的悬河。新中国成立后，确定了“河道整治、堤防建设、防汛抗洪、引黄兴利”的治黄理念，成效显著。由于黄河“地上悬河”的实际特点，黄河菏泽段洪水威胁依然存在，1986年后，确保黄河安全依然是治黄工作的重中之重，菏泽延续了河道整治、堤防建设、防洪、防凌、重大险情处置等治黄方略。

菏泽段围绕河道治理，采用控导工程、滚河防护工程、滩区综合治理、配合小浪底水利枢纽跳水调沙等项措施。1986—2005年，工程建设年年搞。新建、续建、整修控导工程共完成土方236.86万立方米，石方25.57万立方米，投资9166.15万元。滚河防护工程菏泽段有东明滚河防护工程和鄄城刘口滚河防护工程两处，1987—2004年对东明滚河防护工程进行新建、废除与调整，1999年对鄄城滚河防护工程加修，共完成土方317.23万立方米，石方17.21万立方米，投资5929.32万元。2002—2005年的4次调水调沙，菏泽段河道主槽河底平均高程显著下降。滩区综合治理不但汛期行洪顺畅，更有利于滩区群众的生产生活。堤防培修大体分三个阶段，即1986—1989年、1990—1997年、1998—2005年。1990—2000年进行第四次大规模的堤防建设，历时10年，防洪能力大幅度提升。在做好硬件防洪设施的基础上，软件建设日趋规范完善，市（区）县乡（镇）防洪网络健全，防洪预案细化、具体、可操作性强，抢险人员、物料、设备常备不懈，确保有险能防，有洪能抗。1986—2005年的20年间，黄河菏泽段没有发生决口漫堤，尽管特殊年份汛期洪水对滩区造成灾害，但滩区群众没有伤亡。黄河已不再是“害河”。

除弊兴利，变害为宝。菏泽充分利用黄河资源，为全市（区）工农业生产服务。引黄灌溉、放淤改土、城市供水等黄河水沙资源开发利用全面展开。至2005年年底，菏泽共有引黄闸9处，引水量405立方米／秒，设计灌溉面积31.4万公顷，有效灌溉面积38.07公顷；共计引水232.77亿立方米。随着对黄河水沙资源的挖掘利用和对黄河文化研究的深入，黄河这条中华民族“母亲河”将给菏泽的经济发展、社会进步注入源源不竭的活力。

第一章 河道及整治

菏泽市位于黄河下游，地处山东黄河段最上端。黄河自东明县焦园乡入境，流经东明县、牡丹区、鄄城县、郓城县，由郓城县伟庄乡仲潭村出境，流入济宁市梁山县。境内河道长185千米，均为“地上悬河”，占全省河道的近三分之一，是山东黄河治理的重点。

黄河是一条水少沙多的河流，河道逐年淤积抬高。2005年，菏泽段黄河河床已高于两岸地面3米～5米，设计防洪水位高出两岸地面8米～10米，黄河已成为槽悬、滩高、堤根洼的“二级悬河”。

1986年以后，菏泽不断加强各类防洪工程建设，改建全部险工，续建部分险工，对河道演变规律进行研究，随着对河道演变规律认识的深化，吸取以往工程的教训，逐步形成“以坝护湾、以弯导溜”的控导工程模式。至2005年年底，从河南省东坝头险工至郓城县伟庄险工两岸共修做险工控导工程55处，其中高村以上26处，高村以下29处。菏泽市所辖河道右岸共有险工工程12处、控导工程17处。这些工程陆续修建后，逐步控导了河势。高村以上的游荡型河段，由1986年前的宽、浅、散、乱逐步形成1996年后的单一河道，主溜趋于稳定，接近于规划流路；只有个别的河弯河势变化较大，工程长度仍显不足。高村以下过渡型河段，主溜集中，无歧流发生，左右摆动范围变小；只是河势上提下挫时有发生，有时还比较严重，被迫做上延下延工程。

第一节 河道特点

菏泽段河道是黄河下游著名的“豆腐腰”河段。其特点是上宽下窄，坡度上陡下缓，排洪能力上大下小。从菏泽上界至东明高村，河道长66千米，为游荡型河段，两岸堤距5千米～20千米，纵比降约为1/6000，主河槽宽1.2千米～3.3千米。高村至菏泽下界河道长119千米，为游荡型河道向弯曲型河道转变的过渡型河段，两岸堤距4千米～8千米，纵比降约1/8000，主河槽宽0.6千米～1.3千米。由于大量泥沙淤积河道，逐渐形成了地上悬河。1985年后，受自然原因及人类活动对水资源的过度利用和不当干预的影响，进入黄河下游的水量大大减少，黄河下游来水来沙条件趋于恶化，水少沙多，水沙关系不协调，造成黄河下游河道主槽淤积，加剧了槽高、滩低、堤根洼的危险局面，而且发展迅速，黄河下游防汛形势空前严峻。2002年汛前，黄河下游主槽平滩流量已由20世纪80年代中期的6000立方米／秒锐减至2000立方米／秒左右，最小的平滩流量仅1800立方米／秒。最严重的河段滩唇已高出堤根滩地4米多，滩地高出背河地面4米～6米，造成黄河下游中小洪水高水位、大漫滩，滩区群众生命财产安全时常受到洪水威胁，黄河大堤也面临横河、斜河、冲决的威胁，防洪形势严峻。

由于主槽淤积严重，河道排洪能力大大减小。黄河下游自1986年进入枯水系列，含沙水流只在主槽内运行，漫滩洪水很少发生。菏泽市只有1996年全部漫滩，1988年、1998年、2002年、2003年局部漫滩。随着河道主槽淤积严重，排洪能力大大减少。高村站1958年洪峰流量17900立方米／秒时相应水位为62.96米，而1996年洪峰流量6810立方米／秒时相应水位为63.87米，高于1958年水位0.91米，中小洪水高水位的局面十分严重。

第二节　河势演变

黄河下游河道除纵向冲淤变化外，河槽的平面外形、位置也经常发生变化。河势演变受来水来沙条件、河床边界条件的影响，出现弯道演变、主溜支溜交替往复、串沟夺溜、裁弯和溜势大幅度上提下挫等多种形态。河势演变遵循着“一湾变湾湾变”“小水坐弯大水趋直”“小水主溜上提大水主溜下挫”等规律。

1986—2005年，黄河没有发生大洪水，花园口站发生5000立方米／秒以上、1万立方米／秒以下的中常洪水7次，其中1988年出现6900立方米／秒、1996年出现7600立方米／秒的洪水，2003年黄河出现长达80多天的秋汛。由于黄河来水量连年偏少，主河槽淤积萎缩，排洪能力降低，加之黄河滩区生产堤的限制，导致同流量洪水位普遍抬高。高村以上游荡型河段主溜散乱摆动大，汊河、心滩较多，常出现“横河”“斜河”，大溜直冲堤岸，造成滩地坍塌，部分险工和控导工程脱河；高村以下过渡型河段河形弯曲，在中小水长时期作用下，河势上提或下挫，引起滩地坍塌，坐弯导溜，影响下游河段的河势稳定和堤防安全。

黄河淤滩

游荡型河段　高村以上为游荡型河段，分为王夹堤至辛店集河段和堡城至高村河段。

王夹堤至辛店集河段　河势变化受对岸禅房工程河势制约，中小水时兰考县东坝头险工送溜至禅房工程上首，1—5号坝不能引溜入弯，而是导溜到对岸滩沿，再由滩岸导溜至工程下首，造成禅房工程中小水时两头靠河着溜、中间出滩，大水时两头靠溜、中间靠水，起不到以弯导溜的作用。1990年以前，工程下首着溜段短，工程下首滩地座弯导溜，造成以下河段河势宽、浅、散、乱、沙洲多，主流摆动频繁，经常出现两股河或三股河。1991—1992年，禅房工程下延3道坝，工程下首着溜段加长，送溜能力增强。1995年4月蔡集工程靠河，经1995—1996年汛期洪水冲刷调整，禅房至王夹堤河势趋于稳定。王夹堤工程大水时工程下首靠河着溜。2004年汛期19号坝曾出大险，因抢救及时方化险为夷。与王夹堤工程隔河相对的大留寺工程，

1995年前多年不靠河，后随蔡集工程及王夹堤靠河着溜，送溜能力增强，大留寺工程前滩地逐渐坍塌，1996年汛期开始靠河。1998年汛后大留寺工程下首一直靠河着溜，工程下首滩地坍塌，被迫下延9道坝。随着大留寺工程下延着溜，此段河势也趋于稳定。辛店集工程平面布局上平下缓中间陡，迎送溜能力较强，加之上与王高寨、大王寨等工程相关联，不管上游来溜如何变化，经辛店集工程调整后，均可较平顺送溜到周营工程，所以辛店集工程以下至堡城险工河段河势一直较为稳定。

堡城至高村河段 堡城到青庄直河段长10千米，中间无控导工程，靠左右岸滩地座弯导溜，主溜不稳，摆动频繁。20世纪80年代中期，青庄河势不断下滑，工程下首靠河，下首滩地坍塌座弯，导溜入高村险工，引起高村险工大幅度下滑，被迫于1987年修做高村下延3道坝。随着1988年汛期洪水调整，高村恢复到工程中部靠河着溜，河势趋于稳定。在长期中小水作用下，青庄河势不断上提，工程上首滩地坍塌，危及三合村安全，被迫从1996年开始陆续修建三合村工程。高村险工河势亦不断上提，2005年工程上首靠河着溜，上首滩地坍塌座弯急需治理。

过渡型河段 高村以下河段为过渡型河段，经过20多年的河道治理，到20世纪80年代，两岸工程基本配套，弯弯相连，已具有向弯曲型河道过渡的河道外形，主溜稳定，左右摆幅较之20多年前大幅度减少。1986年以后，黄河下游来水来沙一直偏枯，造成河床淤积萎缩，排洪能力降低。控导工程按当地流量5000立方米/秒设计，长期在小水作用下，上弯工程送溜送不到下弯工程，造成两工程间滩地坍塌座弯导溜。汛期又得不到大洪水调整，日积月累，引起河势发生变化，工程着溜段上提下挫，造成工程上、下首滩地坍塌，有时十分剧烈，危及工程及滩区居民生命财产的安全。1990年汛前伟庄险工河势上提和1995年杨集险工河势上提，均造成工程上首滩地坍塌至黄河大堤不足百米，严重危及堤防安全，且造成陡弯导溜，引发以下河段朝着不利于河势方向发展，被迫做上延工程。芦井工程系1984年抢险护村时顺河弯修建，平面布局欠妥，陡弯导溜入李桥险工上首，造成李桥险工河势大幅度上提，上首滩地坍塌严重。2000年对芦井工程改建，将中间6、7、8号坝接长，9、10号截短，使其成一弧形弯道导溜入李桥险工中部。

随着上、下延工程的陆续修建，河势上提下挫均在工程控制范围，河势得以控制。只是刘庄险工，因其上游南小堤工程脱河，靠工程下首滩地座弯导溜入刘庄险

河槽涮深

工。随着万寨、郑庄户村前滩地坍塌后退，刘庄险工着溜段逐年下滑，从20世纪90年代中期工程上首10号坝以下靠河着溜下滑到2005年的28—35号坝靠河、30—31号坝靠溜。刘庄引黄闸闸前已淤出大片滩地，造成刘庄闸需挖沟引水。刘庄险工以下尚有贾庄险工和张阎楼控导工程相关联。河势下滑，一般不会给下游河势造成重大影响。

第三节　水文特点

径流量　根据高村水文站1951—2002年实测资料统计，菏泽黄河平均年径流量为369.7亿立方米；最大年径流量为872.9亿立方米（1964年），为历年平均径流量的2.3倍；最小年径流量为103.4亿立方米（1997年），仅为多年平均径流量的28%；最大年径流量为最小年径流量的8.4倍。1986—2005年为连续枯水期；1986—2002年高村水文站平均径流量222.1亿立方米，为多年平均值的60%。其间最大年径流量为373亿立方米（1989年），最小年径流量103.4亿立方米（1997年），最大年径流量是最小年径流量的3.6倍。

径流量年内分配不均，汛期（7—10月）径流量占全年径流量的一半以上，高村站多年平均汛期径流量为210.7亿立方米，为平均年径流量的56.9%。

来沙量　菏泽黄河泥沙主要来自黄河中游区。输沙量在年内分配上有比径流更加集中的特点。据高村站1951—2002年输沙量资料统计，平均年输沙量为9.039亿吨，汛期平均输沙量为7.285亿吨，约占平均年输沙量的80.6%。年内输沙量最小的月份是2月份，占输沙量的1%。输沙量的年际变化也相当大，年最大输沙量为25.6亿吨（1958年），最小输沙量为0.841亿吨（2001年）；最大输沙量为年最小输沙量的30倍，为多年平均输沙量的2.8倍。1986—2002年，年均输沙量4.376亿吨，为多年（1951—2002年）年输沙量的48%。由此可见，1986—2002年是枯水枯沙期。

断流　黄河自1855年铜瓦厢决口夺大清河改走山东入海至新中国成立前近100年间，除1938年花园口扒口改走徐淮入海下游河竭外，从没有出现过断流现象。1960年黄河发生第一次断流，高村站断流7天，利津站断流141天。高村站断流是三门峡水利枢纽建成截流下闸蓄水所致，利津站以下断流是由于在其上游筑坝堵水所致。

黄河下游频发断流始于1972年，自此以后不断出现断流，且首次断流时间不断提前，断流长度逐次加长，甚至汛期也发生干河。1997年为断流最严重的一年，共断流226天，占全年时间的62%，断流河段上端到高村站断面以上。其中汛期（7—10月）也发生干河，达到97天，占整个汛期的78.9%。

第四节　控导工程

控导（护滩）工程是修建在滩岸上的坝、垛、护岸工程。控导工程的主要作用是控导主溜，稳定河势，兼及保护滩地和村庄。坝垛顶部高程超出当年当地5000立方米／秒流量相应水位1米，在发生较大洪水时，坝顶都将被淹没。土坝基顶宽15米，连坝顶宽10米，边坡均为1∶2；裹护工程顶宽10米，外坡1∶1.5，内坡1∶1.3。

1986年年初，菏泽黄河共有控导（护滩）工程13处，各种坝岸297段，工程长度27420米，护砌长度18327米。2005年年底，菏泽段黄河共有控导（护滩）工程17处，坝岸341段，工程长度36160米，护砌长度28524米。

新建控导工程 为了防止不利河势持续发展，控导主溜，改善河势，菏泽市河务局组织东明、鄄城和郓城河务局于1986—2002年新建东明高村下延、鄄城苏泗庄下延和营坊下延、郓城杨集上延4处控导工程，共计50道坝岸，工程长度5088米，护砌长度5080米。完成土方122.2万立方米，石方17.63万立方米，投资6112.89万元。

续建控导工程 因原有控导（护滩）工程平面布局不合理，工程长度不足，配套不完善，致使工程迎溜不顺，导溜不强，送溜不远。为提高其控导和稳定溜势的功能，1990—2000年分别续建东明王夹堤、老君堂和鄄城郭集工程，共计完成坝6道，土方17.84万立方米，石方1.28万立方米，投资615.48万元。

整修、恢复、加高改建工程 在原有控导（护滩）工程中，有的汛期被洪水冲毁，有的因河床逐年淤积抬高而造成坝岸顶部高程不能满足设防标准，也有的因长久不靠河及受投资所限而年久失修。为了使其继续发挥控导作用，菏泽河务局于1986—2005年组织东明、牡丹、鄄城河务局对各自管辖的控导（护滩）工程，按照上级批准的工程计划进行整修、恢复、加高改建。共计完成坝岸111道，土方96.85万立方米，石方6.66万立方米，投资2437.78万元。

第五节 滚河防护

滚河防护工程是为防止顺堤行洪直接冲击大堤而在易于发生滚河的河段修建的。菏泽河务局有东明和鄄城刘口2处滚河防护工程，工程总长27940米，有63道坝。

东明滚河防护工程 东坝头至高村属游荡型河段，主溜摆动频繁，河床宽浅，淤积严重，滩地土质松散，串沟众多，横比降大，一遇大洪水便易发生串沟过水，顺堤行洪，甚至发生滚河。菏泽河务局从1955年开始在东明上界至老君堂，即黄堤桩号156+150—181+790间修筑东明滚河防护工程。截至1985年，共修筑滚河防护坝34道。由于已修滚河防护坝坝裆间距过大，洪水易于穿裆冲刷大堤。根据新的设防标准，菏泽河务局于1987—2004年又对东明滚河防护工程进行新建、废除与调整。这次共完成坝49道，土方303.57万立方米，石方15.41万立方米，投资5376.5万元。至2005年，东明滚河防护工程共有坝51道，格堤1道，工程长度25640米，坝顶宽15米，坝顶高程74.24米～71.35米。

鄄城刘口滚河防护工程 该工程位于黄堤桩号269+400—271+700处。由于该堤段临河地势低洼，1976年高村站最大流量9060立方米／秒洪水时大罗庄串沟进水，出现偎堤行洪走溜、堤防严重坍塌险情，被黄委会列为险点。为确保大堤防洪安全，菏泽河务局于1976年修建鄄城刘口滚河防护工程1—5号坝。1981年加高培厚，坝顶高程57.22米。1984年用乱石裹护，但因其工程长度过短，3—4号坝坝裆间距过大，难以掩护大堤被洪水走溜冲刷，故又于1999年4月加修7道坝。坝顶高程58.19米～57.98米，完成土方13.66万立方米，石方1.8万立方米，投资552.82万元。2005年年底，该滚河防护工程共有12道坝，工程长度2300米，护砌长度1135米。

第六节　调水调沙

2000年，小浪底水利枢纽建成投入运行后，为调水调沙、冲刷下游河道创造了条件，也开创了科技治河的新局面。利用小浪底、三门峡、万家寨、陆浑、故县水库群的水沙调节能力，加上泥沙扰动辅助措施，2002—2005年连续成功地进行三次调水调沙试验和一次调水调沙生产运用。利用水库调节进入下游的水沙，输送泥沙入海，在冲刷下游河道主槽、调整主槽形态、扩大主槽过流能力等方面，均取得了显著效果。

扰沙船河道扰沙

2002—2005年四次调水调沙进入下游的总水量为140.12亿立方米，总沙量为1.132亿吨，入海总沙量为3.024亿吨，加上引水引沙，下游河道共冲刷1.921亿吨，其中高村以上冲刷1.09亿吨，占57.7%；高村以下冲刷0.812亿吨，占42.3%。2002年汛前与2005年调水调沙结束后，菏泽河道主槽河底平均高程显著下降，其中东坝头至高村河段平均下降1.12米，高村至孙口河段平均下降1.06米。

经过4年的调水调沙，黄河下游河段平滩流量分别增加610立方米～1590立方米／秒，平滩流量最小的河段已由2002年的1800立方米／秒增大到3200立方米／秒左右。2005年，夹河滩至高村河段平滩流量一般在3800立方米／秒左右，高村至孙口河段平滩流量一般在3200立方米／秒左右。由于河槽冲刷，各河段2005年7月与2002年汛前相比，同流量（2000立方米／秒）水位明显下降，其中高村下降1.41米，孙口下降0.71米，行洪能力普遍提高。

整体看，下游河势正向着有利于排洪输沙的方向发展，多年来未靠溜的工程靠溜发挥作用，部分畸形河弯得到改善，河床整体下切，河势变化趋于稳定。

连续四年的试验和生产运用成果表明，调水调沙对整体下游河道断面形态、扩大下游河道主槽过洪能力、缓解“二级悬河”的不利局面均有明显促进作用。对此，水利部和国家防总给予充分肯定，沿黄各级政府达成了共识，也消除了人们“冲河南、淤山东”的后顾之忧。

第七节　滩区治理

菏泽黄河滩区面积484.61平方千米，占山东省黄河总滩区面积的33.5%，境内黄河堤防长 157.03 千米。1958 年以后，该段河道内左右岸滩区普遍修筑了生产堤，约束了洪水漫滩，老滩区在一般洪水时基本上不进水，只能漫淤两岸生产堤之间的嫩滩，致使河槽和嫩滩泥沙淤积多，生产堤内的老滩区泥沙淤积少。年复一年，生产堤内外形成临背悬差，滩区横比降达 1/2000 ~ 1/3000，出现槽高、滩低、堤根洼不利防洪的险恶局面。

1986 年后，由于黄河大堤加培和险工、控导工程筑坝时取土，在东明、牡丹、鄄城、郓城四县区所辖大堤临河形成 23 条共计长 11.9 万米、宽 200 米 ~ 400 米、深 0.5 米 ~ 3.0 米、距堤脚 10 米 ~ 80 米的堤沟河，汛期在滩区串沟的导引下容易出现洪水偎堤走溜威胁堤防安全的局面。堤沟河的存在，不仅不利于防洪，而且不利于滩区群众的迁安救护。加之堤沟河积水严重，排水时间长，投资大，贻误农时，不利于滩区群众恢复生产。

引黄淤滩 引黄淤滩是河道整治的措施之一，其目的在于尽量淤高滩地，以利全河道行洪。对于黄河滩区串沟，主要采取人工堵截办法。1990 年在鄄城黄河滩区郭集堵串工程中，对堤沟河采用洪水漫滩自然落淤和人工有计划扒决生产堤口门，迫使洪水进滩落淤的办法，以淤高滩地。1988 年黄河滩区水利建设工程开展后，注重滩区引黄淤滩工作。1990 年在东明县南滩许庄淤区进行放淤，引河水 1000 万立方米，落淤土方 20 万立方米，淤积土壤平均粒径 0.02 毫米，适宜农作物种植和土地开发。1994 年对东明县长 5150 米的老李庄至董庄淤区投资 113.23 万元，引河水总量 3597.5 万立方米，平均淤厚 0.5 米，淤临面积 133 公顷。常年积水的涝洼沙碱地被改造成为良田，当年种植小麦 100 公顷。1996 年鄄城县苏泗庄至董口淤区组织施工，修建了引水库、围堰工程、退水闸及交通桥，引河水 5011 万立方米，落淤长度 3500 米，落淤土方 100 万立方米，落淤改土面积 105 公顷。通过引黄放淤，既改造了沙荒盐碱地，又改善了顺堤行洪的不利局面，经济效益和社会效益明显。

安居工程 菏泽市黄河滩区上起东明县下至郓城县，长 157 千米，滩区平均宽约 3 千米，其中最宽处为东明县南滩王夹堤断面，约 8.5 千米，滩区内有耕地 4.7 万公顷、村庄 251 个、居民 18.82 万人。涉及 4 个县区的 16 个乡镇、467 个自然村、38.82 万人。按行政区划及河弯变化，划分为 13 个滩区，其中东明县 3 个，牡丹区 2 个，鄄城县 5 个，郓城县 3 个。这些滩区大水时是排洪道，小水时是当地居民的生产生活基地。

20 世纪 70 年代末开始，以民办公助的形式在滩区内修筑以户为单位的房台，后填垫户与户之间的街道，形成了村台，台顶一般高于当地地面 2 米 ~ 3 米。90 年代初，境内滩区已建村台 224 个，台顶面积 1076 万平方米；避水台 1 个，台顶面积

村庄避水台

8000平方米。由于村台建筑标准普遍偏低，仅能解决中小洪水情况下滩区群众的避洪问题，一遇大洪水，迁安救护任务仍然十分繁重。

1996年洪水后，在省、市（区）支持下，境内沿黄县区积极组织滩区距堤较近的群众外迁，至2004年已搬迁67个村50045人。2003年9月18日，黄河流域降水集中，造成河南省兰考县生产堤决口，洪水涌入东明县滩区，持续两个月难以排除，致使247平方千米的滩区被淹没，焦园乡、长兴乡的135个村庄近10万人被水围困，1.33万公顷秋季作物颗粒无收，房屋不同程度倒塌受损，经济损失7亿元。灾情发生后，中共中央总书记胡锦涛作出重要批示，要求确保受灾群众的安全，努力减少损失，安排好群众生活。为了免除滩区居民的后顾之忧，党和政府动员群众，搬迁19个村、4722户、21464人，在滩区外新建居民村6个。12月14日，胡锦涛总书记在视察东明滩区时又指出："从长远看，搬到堤外就安全了。对搬迁工作，政府会继续给予帮助，也要靠大家自力更生，共同努力。下一步要下大力气抓好发展生产和重建家园工作。"他还嘱咐当地干部：要继续艰苦奋斗，带领群众生产自救。特别是搬迁问题，要做好群众的思想工作，还要规划好新村。不仅要解决群众眼前的困难，还要注意解决好村里的长远经济发展问题。温家宝总理对移民迁建工作作了重要批示，省长韩寓群签署了办理意见。为此，国家安排专项资金8028万元，地方配套资金5429万元，确保移民迁建工作的顺利进行。

距黄河大堤较远的滩区居民，由于生产生活方面实际困难较多，不宜搬迁，仍需要在滩区内居住，其安全度汛问题短时间内又难以彻底解决。如遇汛期洪水漫滩，十几万滩区居民的迁安救护任务依然相当繁重。

落成后的东明2号新村全貌

第二章 堤防建设

菏泽段黄河属黄河下游，共有各类堤防256.09千米，其中临黄大堤（设防大堤）自东明娄寨（156+050）起，经东明县、牡丹区、鄄城县、郓城县城，止于郓城县仲潭（313+075），长157.03千米；南金堤（不设堤防）自鄄城县东马堂起，至郓城县堂庙止，长70.88千米；其他堤（不设堤防）长29.31千米。

1946年冀鲁豫边区黄河故道委员会在菏泽成立。党和边区政府带领菏泽人民治黄后，黄河大堤经历了4次大培修。第三次大修堤于1985年年底全部完成。由于河床继续淤积抬高，加上沿黄经济的快速发展，对防洪安全要求越来越高，按2000年设防标准，菏泽黄河堤防的高度、宽度、强度都达不到防洪的需要，所以1990—2000年进行第四次大规模的堤防建设。在此期间，菏泽共完成堤防加高帮宽培修土方1431.4万立方米，堤防加固后戗土方26.46万立方米，机淤固堤土方2110.03万立方米，截渗墙土方21.35万立方米。

1986年以后，工程建设方式发生了根本变化，从前数万民工齐上堤的会战式施工场景已不再出现，取而代之的是专业化施工队伍和机械化施工方式。

第一节　堤防培修

1986—2005年，菏泽黄河堤防培修大体可分为三个阶段：第一阶段为1986—1989年，国家投入的治黄经费较少，每年以堤防除险加固为重点，仅完成少量的1983年设防标准的遗留工程，完成土方6.82万立方米；第二阶段为1990—1997年，由于河道淤积，防洪水位抬高，有的堤段防洪水位已超过或接近1983年设防水位，为确保防洪安全，按1995年设防标准（1994年后改为2000年设防标准），陆续在这些堤段进行第四次加高帮宽工程建设；第三阶段为1998—2005年，国家大幅度增加基本建设投资，加大黄河下游防洪工程建设力度，菏泽黄河大堤进行大规模的第四次加高帮宽工程建设，完成了按2000年设防标准大堤加高（欠高0.5米以上的堤段）培修任务。

第一阶段没有新建工程，主要堤防培修任务由第二、第三两个阶段完成。第二阶段于1990年苏泗庄黄堤（237+470—238+600）段加高帮宽开始，拉开了菏泽黄河大堤第四次加高帮宽培修序幕。随后，每年都有部分堤段加高帮宽的培修工程建设。1990—1997年菏泽堤防共培修16段，长37.25千米，完成土方491.8万立方米。其中鄄城县9段，牡丹区5段，郓城县和东明县各1段。由于投资所限，每年堤防培修土方最多不超过100万立方米，1990年最少，仅为15万立方米。第三阶段国家加大黄河下游防洪工程建设力度，1998—2000年3年期间共完成培修土方932.78万立方米，加高帮宽堤防长104.3千米。

菏泽黄河第四次大堤加培工程，按2000年设防标准，1990—2000年前后经历11年，共加培临黄大堤141.55千米，完成土方1424.58万立方米。

第二节　堤防加固

堤防是抗御洪水的主要屏障。20世纪80年代中期以前，菏泽黄河大堤抗洪能力低，遇大水易出险，对黄河安全构成威胁。经过工程普查，菏泽黄河大堤共有渗水、管涌、浸润线不足等险点、险段49处。为确保防洪安全，1986—2005年对菏泽黄河大堤按照黄委会的要求和山东河务局的计划安排，采用放淤、后戗、截渗墙和压力灌浆等措施进行除险加固。

放淤固堤　放淤固堤是利用吸泥船吸取河道内泥沙，通过管道输入淤区，泥沙淤积后加固大堤，延长渗径长度，保证大堤抗渗稳定。淤区顶高程1998年以前是按1983年或1995年设防标准，高出背河堤坡浸润线逸出点1米；1998年以后按2000年设计标准，高出背河堤坡浸润线逸出点1.5米。一般淤区宽50米～100米，淤区顶部高程与2000年设防水位平，或低2米。边坡1∶3。淤背区用黏土包边盖顶，厚度分别为1米和0.5米。

菏泽黄河放淤固堤工程建设大体分为两个阶段。1986—1997年，工程建设管理按计划经济要求，实行传统的行政管理模式。放淤固堤工程计划由地区河务局下达到各县市河务局，由各县市河务局组织施工，共完成放淤土方372.64万立方米，计26段，加固堤防21.65千米。1998年后为第二阶段，国家加大治黄投资，菏泽市黄河放淤固堤工程相应增多。至2005年，共完成放淤土方1737.39万立方米，计34段，加固堤防55.17千米。

1986—2005年，菏泽黄河放淤固堤共完成放淤土方2110.03万立方米，计60段，加固堤防76.81千米（不包括标准化堤防）。其中，东明县完成土方686.18万立方米，计15段，长19.01千米；牡丹区完成土方161.56万立方米，计6段，长16.08千米；鄄城县完成土方658.54万立方米，计19段，长23.21千米；郓城县完成土方603.75万立方米，计20段，长18.52千米。

后戗 该项工程是延长渗径、降低浸润线出逸点、减小下游地表渗水出逸比降、改善堤防抗渗稳定的有效措施。菏泽黄河堤防按照有关规定：险工堤段，堤身断面浸润线按1∶10，平工堤段按1∶8设计施工后戗，戗顶高程高出浸润线逸出点1米，顶宽4米～6米，边坡1∶5，当修做一级戗台、土方量较大时，再修二级或三级戗台。1991年在东明任庄（169+880—170+140）修做二级后戗，戗顶宽4米～6米，完成土方1.65万立方米；1996年在鄄城周桥（259+950—260+250）修做三级后戗，戗顶宽6米，完成土方3.5万立方米；1993年在鄄城葵堌堆（261+050—261+710）修做三级后戗，戗顶宽6米，完成土方7.32万立方米；1999—2000年在郓城门庄（285+700—288+000）修做二级后戗，戗顶宽4米～6米，完成土方13.99万立方米。

截渗墙 该项工程是消除堤身和堤基渗水险点隐患的有效措施。其建设标准均按有关规定设计施工。一是设计水平30年，墙厚0.2米～0.5米，插入地基深度根据地质条件，通过设计计算而确定。二是墙厚按0.2米～0.45米，其余同上。三是截渗墙布置在临河堤肩2米处，底部嵌入相对不透水层1米，墙厚0.22米，堤坡铺设土工布，外压水平宽3米土层，土工布顶部高出2000年防洪水位1米。1998—2005年，菏泽段黄河根据山东河务局的计划安排，共修建截渗墙工程7处，加固堤防长度9950米，完成投资4604.8万元。截渗墙工程由山东黄河勘测设计研究院设计、山东黄河工程局、菏泽黄河工程局、濮阳黄河工程公司施工。施工中，墙体材料有混凝土、复合土工膜和水泥土等，施工工艺有液压开槽、射水法、振动切槽、深层搅拌等。2002年5—9月，鄄城左营堤段（280+200—282+100，长1900米）采用振动切槽技术建堤顶截渗墙，最大深度达29米。

压力灌浆 压力灌浆是消除堤身裂缝、洞穴等险点隐患，提高堤防抗洪能力的一种有效措施。菏泽黄河堤防自20世纪50年代采用人工打锥灌浆开始，逐步转向机械化施工。1986年引进湖北省洪湖县机械厂制造的全液压打锥机，一般锥眼深9米～12米，最深达20米，同时购置配套的PN－3型灌浆机，出浆量每小时47吨，扬程19米。压力灌浆任务每年年初由菏泽地区河务局下达到各县市河务局，再由各县市河务局组织施工。一般是组织压力灌浆专业队，实行岗位责任制，设有专职技术负责人，保证灌浆质量，认真执行《山东黄河堤防压力灌浆施工及验收规程（试行）》。菏泽河务局进行不定期的质量抽查，进行质量监督。1986—1996年菏泽黄河堤防共完成压力灌浆23.42万眼，加固堤防长76.18千米，完成土方4.27万立方米，平均每眼灌入土方0.2立方米。

第三节 险工工程

险工是黄河堤防的一部分。在经常靠河的堤段，为防御水流冲刷堤防，依托大堤修建的防护工程。由坝、垛、护岸组成，三者相辅为用，亦称坝岸。险工坝岸是治黄抗洪防冲的主要工程设施，是整治河道控制主流的重要组成部分。由于河床不断淤积，防洪水位抬高，大堤加高加固，险工坝岸工程也随之加高改建。

基础状况 菏泽黄河的险工坝岸，以前多为秸料埽，1946年尤其是新中国成立后石化了险工，抗洪能力大幅度提高。至1985年，境内险工坝岸进行了二至三次加高改建，一般加高3米～6米，坝高为5～12米。险工坝岸有3种结构型式，即重力式砌石坝、护坡式扣石坝与乱石坝。砌石坝为重力式结构，坡度陡，承受压力大，裹护根石不足，坝体稳定性差，在水流冲刷作用下，易出现滑塌险情，抢护不及时，可能造成垮坝失事。扣石坝与乱石坝坡度缓，坝体稳定性好，较为适应不断加高的特点，险情小，易于抢护。1985年年底，菏泽段黄河有险工14处，各种坝岸403段，工程长度39.76千米，护砌长度27.33千米。

加高改建 1985年年底，菏泽段黄河完成第三次大堤加高任务，但是险工坝岸还有18段未按1983年设防标准加高改建。为此，山东河务局于1986—2002年对第四次险工加高改建工作做出具体安排。自1990年开始，鄄城黄河大堤按1995年设防标准加高帮宽。随着大堤加高，险工坝岸也需按1995年设防标准开始新一轮的加高改建。由于河床淤积，防洪水位抬高，1994年开始，大堤按2000年设防标准加高帮宽。因此，1986—1993年，复堤、整险按两种不同的设防标准并列进行。此后，菏泽黄河防洪工程建设均按2000年设防标准实施。1999—2002年对苏泗庄险工和营坊险工进行加高改建，2005年对黄寨险工、霍寨险工、堡城险工和高村险工进行加高

加高改建后的高村险工

改建。2005年年底，菏泽段黄河险工加高改建已完成6处，并达到2000年设防标准，尚有6处、190道坝垛仍需改建达标。

工程量与投资　2002年6月，由于乔口险工多年脱河失修，大部分坝已和滩地平，不显坝型，成为废弃工程；吴庄险工长年不靠河，并入黄寨险工，作为黄寨险工的一部分。至此，菏泽黄河共有险工12处，各种坝岸357道，工程长度38.37千米。这些险工分布在全市4个临黄县区，其中东明县4处（黄寨险工、霍寨险工、堡城险工、高村险工）、牡丹区2处（刘庄险工、贾庄险工）、鄄城县3处（苏泗庄险工、营坊险工、桑庄险工）、郓城县3处（苏阁险工、杨集险工、伟庄险工）。1986—2005年，菏泽黄河险工加高改建坝岸314段次、新增建坝岸9段，共计完成土方212.2万立方米、石方46.18万立方米、投资11389.84万元。

建成后的刘庄险工

第四节　堤防险点

按照出险程度和管理权限，黄河堤防险点分为黄委会在编、山东河务局在编和市河务局在编三类。1985年，菏泽黄河共有各类险点险段49处，其中黄委会在编险点13处，包括老口门潭坑1处、管涌段3处、渗水段5处、顺堤行洪段2处、老虹吸2处；山东河务局在编险点2处，包括渗水1处、堤身薄弱1处；菏泽河务局在编险点34处，包括老口门潭坑2处、渗水段3处、堤身薄弱段4处、浸润线不足段21处、裂缝1处、穿堤管线2处、涵闸1处。

菏泽黄河堤防险点的消除工作，根据上级投资情况和险点对堤防的危害程度，采取逐年安排、逐年施工、逐步解决的办法进行。每年编制工程计划时都把险点消除作为重点安排，由各县（区）河务局组织施工。对潭坑、渗水、管涌等数量多、工程量大的险点险段，首先选用机淤加固的办法予以消除；对难以进行机淤或输沙距离太远的堤段，采用修做后戗和截渗墙等方法进行加固，并对大堤普遍进行压力灌浆，以消除堤身裂缝和洞穴。个别险点在进行机淤加固外还辅以其他方法处理。鄄城八孔桥渗水段除机淤加固外，又分别在1998年和2000年修做了截渗墙工程；东明高村虹吸于1989年拆除，并新建高村闸；郓城伟庄虹吸于1994年拆除，并进行机淤加固。至2005年年底，菏泽黄河堤防在黄委会和山东河务局编号的险点险段15处已全部消除，菏泽河务局编号的险点34处已消除31处，基本完成险点险段的消除工作。

第五节　标准化堤防

建设标准化堤防，是治黄总体目标的重要组成部分，也是继续推进黄河治理开发的重要举措。标准化堤防建设的实施，标志着防洪工程建设思路的重要调整，即对以前分散零星的建设改为集中连片一次性建成。

山东河务局本着突出重点的原则，确定第一期示范段工程总长度128千米里，其中东明段为62千米。堤防标准化建设的指导思想是：结合防洪工程建设，进行沿堤生态环境建设和淤区开发建设，以及黄河治理开发重大事件等人文景观建设，将黄河大堤建设成为防洪保障线、抢险交通线和生态景观线，充分体现可持续发展、人与自然和谐共处的理念，力求达到抗御洪水、抢险交通、生态景观、发展黄河经济以及进行标准示范等五大功能。其内容包括堤防帮宽、险工改建、临河防浪林、堤防道路、堤顶附属工程、堤坡防护、背河淤区、淤区外柳荫地、堤防碑界桩、堤防管护设施等项。

根据山东河务局批复，菏泽标准化堤防建设施工详图设计第一批投资15378.91万元，第二批投资16171.08万元。利用亚行贷款建设黄河下游防洪工程项目、东明堤防加固和东明险工改建加固工程，也为标准化堤防一部分。东明堤防加固和东明险工改建加固工程投资分别为58478万元和6705万元。

东明标准化堤防建设于2004年春正式启动。2月9日，菏泽河务局根据工程建设项目的需要，组建菏泽黄河东明标准化堤防工程建设管理项目办公室，下设建管科、质检科、综合科、移民迁占补偿管理科及财务科。5名领导班子成员和从各单位抽调的60余名骨干力量吃住在工地，领导班子成员实行分片包段责任制，任务落实到人，每天进行调度。项目办靠前指挥，落实措施，保证进度，质量监督站、总监部、设计代表及所有项目经理部，亦全部上堤办公，快速有效地开展工作。

至2005年6月底，东明标准化堤防主体工程全部竣工，共计完成大堤帮宽3项，长47.58千米；放淤固堤13项，从东明上界（156+050）至东明下界（217+968）长57.76千米；滚河防护1项，43道坝；险工加高改建1项，120道坝；堤防道路1项，61.14千米；各类土方3967.11万立方米、石方18.32万立方米、投资9.63亿元。

第六节　堤防道路

防汛公路菏泽黄河大堤沿线，大部分乡村交通状况落后，公路干线少，多数为低等级公路或土路，一遇雨季，道路泥泞，车辆难行，抢险队伍和料物上堤困难；随着抢险设备机械化程度的提高，也需要良好的交通条件。

历年来黄河河务部门一直将防汛公路建设列入黄河防洪工程建设规划和计划，适当安排投资或补助资金，由地方付诸实施。1986—2005年，菏泽黄河沿线共安排

堤顶雨毁泥泞

建设防汛公路14处，长115.4千米，投资355.5万元。

堤顶硬化　2000年前，菏泽所辖黄河大堤堤顶都是土路面。黄河主汛期为多雨季节，雨天堤顶泥泞难行，强行通过对堤面破坏非常严重。依照黄河水利委员会（简称黄委会）和山东河务局的建设规划，菏泽市黄河河务局确定对临黄堤进行堤顶路面硬化。根据大堤防汛交通的车辆情况，堤顶硬化参照堤顶道路平原微丘三级公路标准，设计年限为10年。路面等级为次高级，面层采用热拌沥青碎石混合料，厚5厘米；路面上基层宽6.5米，下基层宽6.8米，总厚度30厘米，以下基层各厚15厘米。行车道宽6米，路肩宽2×0.75米。1986—2005年，菏泽临黄堤堤顶共计硬化93.17千米。

建成后的堤防道路

工程建设　菏泽堤防道路（桩号221+000—250+000）工程，位于牡丹区和鄄城县境内，分为两个标段（221+000—232+861，长11.86千米；232+861—250+000，长17.14千米）。上段由菏泽黄河工程局中标施工，下段由山东黄河工程局中标施工。2000年5月5日开工，2000年11月3日完工，完成投资1484.16万元。

位于东明县境内的堤防道路（桩号156+050—182+650和182+650—217+968）工程，均纳入标准化堤防建设项目，其中桩号182+650—217+968堤顶硬化，属于亚行贷款项目。桩号156+050—182+650段，长26.6千米，于2004年5月开工，同年6月完成基层填筑，9月完成主体工程，11月完成整体工程；桩号182+650—217+968段，长34.54千米，2004年11月开工，2005年4月完成基层填筑，5月完成沥青路面铺筑，8月完成整体工程。2005年年底，堤防道路（156+050—182+650和182+650—217+968）工程均已完成。

位于牡丹区境内的堤防道路（桩号217+968—221+110）工程长3.1千米，位于鄄城县境内的堤防道路（桩号257+200—259+500）工程长2.3千米。经黄委会批准，二者均于2005年施工，2006年完成，总投资312万元。

第七节　引黄涵闸

黄河下游属于严重缺水的干旱地区，需引用大量客水来满足工农业用水和城市用水之急需。黄河水量丰沛，含盐量少，黄河泥沙中含有丰富的有机质，是城市用水、农业灌溉和淤地改土的适宜水源。新中国成立后，黄河下游引黄灌溉有了很大发展。1985年年底，菏泽段黄河有引黄渠首闸6座，虹吸管3处8条，设计引水能力313.18立方米／秒，设计灌溉面积23.51万公顷，国家共投资1198.49万元。引黄灌溉保证了沿黄地区农业的稳产高产，改变了历史上长期缺粮的面貌，1984 年向国家提供商品粮 64 亿公斤，占山东全省商品粮的 1/4。

引黄涵闸和虹吸工程修建在黄河大堤上，随着河道淤积，防洪水位抬高，涵闸与虹吸也同大堤一样需要相应加高加固。菏泽河务局报请黄委会、山东河务局批准，于 1986—1995 年，改建引黄闸 1 座，新建引黄闸 3 座，拆除虹吸 3 处 8 条管。因菏泽河务局及其所属县区河务局均不具备资质要求，上述涵闸工程设计均由山东黄河勘测设计院进行编制。至 2005 年年底，菏泽段黄河共有引黄涵闸 9 座，引水量 405 立方米 / 秒，其中 1985 年前建设且仍在继续使用的 6 座。

2005年菏泽黄河引黄涵闸统计表

涵闸名称	所在县(区)	桩号	岸别	闸型	孔数	孔口尺寸宽×高（米×米）	流量（立方米/秒）		防洪水位(米)		底板高程（米）	堤顶高程（米）	设计灌溉面积（万亩）	实际灌溉面积（万亩）	修(改)建时间	闸后堰高程（米）
							设计	加大	设计	校核						
阎 潭	东明	162+070	右	开敞	6	6.2×2.8 3×2.8	50	150	73.18	74.18	62.99	74.56	60.00	120	1982	71.38
新谢寨	东明	181+739	右	涵洞	6	2.2×2.2	50	80	69.61	70.61	60.91	71.83	53.40	80	1990	68.81
老谢寨	东明	181+790	右	涵洞	3	2.6×2.8	30	50	68.51	69.51	60.91	71.83	36.60	40	1980	68.81
高 村	东明	207+337	右	涵洞	2	2.2×2.2	15	25	66.66	67.66	57.11	68.21	14.80	8	1989	65.21
刘 庄	牡丹区	221+080	右	开敞	3	6×4	80	150	63.65	64.65	55.20	66.18	96.00	80	1979	63.75
苏泗庄	鄄城	240+000	右	涵洞	6	2.2×2.2	50	100	61.13	62.13	53.13	64.25	50.00	80	1978	61.70
旧 城	鄄城	265+240	右	涵洞	5	2.8×2.8	50	75	58.80	59.80	49.13	60.29	60.00	40	1987	57.74
苏 阁	郓城	290+719	右	涵洞	4	2.8×2.8	50	80	56.59	57.59	46.08	57.00	50.12	93	1983	54.86
杨 集	郓城	300+642	右	涵洞	3	2.6×2.8	30	45	55.18	56.18	44.48	56.13	50.00	30	1992	53.66

新建涵闸 1986—2005年，为了扩大灌溉面积，满足供水需要，新建引黄涵闸3座，其中1座为拆除原有虹吸后兴建。

高村引黄闸　高村虹吸建于1973年（大堤桩号207+324），设计引水流量3立方米／秒，设计防洪水位63.46米。按1983年设计标准，该处设防水位65.48米，比原设防水位高出2.02米。该虹吸已成为防洪工程的险点，同时东明城北9866.67公顷耕地水源缺乏。根据地方政府的要求，山东黄河河务局同意废除高村虹吸，并兴建高村引黄闸。该闸位于黄河右岸（大堤桩号207+337）。设计引水量为15立方米／秒，设防水位67.90米，设计堤顶高程70.9米；1988年12月开工，1989年8月竣工，投资184.33万元。新建闸为一联两孔箱式涵洞，每孔净宽、净高均为2.2米。涵洞全长70米，分8节，底板高程58.35米。闸上游护坡两侧与高村险工22号坝、23号坝连接，有浆砌石护坡15米，干砌石护坡24米；闸下游与输水渠连接，有浆砌石护坡24米，干砌石护坡15米。工作闸门为单吊点钢筋混凝土直升式平面闸门，安装启闭机两台。

新谢寨引黄闸　位于黄河大堤右岸（大堤桩号181+739），设计引水流量50立方米／秒，防洪水位69.61米，灌溉面积3.62万公顷。该闸为两联6孔式涵洞，每孔净宽2.2米。净高2.2米，涵洞全长69.5米，共分8节，平面闸门，安装启闭机6台。1990年2月开工，9月竣工，投资548.01万元。

谢寨闸开闸放水

杨集引黄闸　位于黄河右岸（大堤桩号300+642），设计引水量30立方米／秒，灌溉面积3.33万公顷，防洪水位56.59米，校核防洪水位57.59米，堤顶高程56.13米。该闸为一联3孔箱式涵洞，每孔净宽2.6米，净高2.8米。涵洞全长80米，共分8节，平面闸门，安装启闭机3台。1992年2月开工，10月竣工，投资401.1万元，黄委会与郓城县政府各筹资50%。

改建涵闸 原旧城引黄闸（大堤桩号265+240）建于1972年，为一联5孔钢筋混凝土箱式涵洞。每孔宽2.8米，高2.5米，总长50米。闸底板高程50米（大沽基点），设计引水量50立方米／秒。该闸原设计防洪水位56.20米，1983年旧城闸设计防洪水位58.27米，高出原设计防洪水位2.07米，属于险闸。为了确保防汛安全和灌溉用水，经山东黄河河务局批准，改建旧城引黄闸。1986年10月开工，1987年8月竣工，投资186.6万元。该闸改建后，设计防洪水位60.27米，设计堤顶高程62.77米。在原闸上游接长31米涵洞。涵洞改为两联，右联3孔，左联2孔，每孔净宽、净高均为2.8米。接长涵洞共分三节，第一节11米，第二、三节均为9.5米，洞身顶、底厚均为0.7米，中墩厚均为0.45米，边墙厚0.5米。涵洞节与节、联与联之间都设有钢筋混凝土垫梁。闸底高程50.60

米，临河护坡顶高程 55.60 米，闸墩顶部高程 57.60 米，机架桥高程 62.90 米。平面闸门，安装启闭机 5 台。闸前段闸墩顶拆除机架桥，在老闸墩顶部 56.20 米高程修筑 0.5 米厚顶板。闸头接长 1 米，并在原闸底前沿设一高 0.60 米底栏以便与接长涵洞连接。闸上游护坡设有 10 米浆砌粗曲面、5 米干砌石护坡与土坡相连；下游原涵洞出口 27 米处增修浆砌石消力坎一道，坎顶高程 50.60 米。改建后原大堤成为大堤后戗，原涵洞的止水橡皮全部更换。

虹吸拆除 黄河虹吸是为发展灌溉而建设的取水工程。建成后，在淤改土地和抗旱灌溉方面，曾发挥过一定作用。随着河道淤积，防洪水位升高，堤防先后数次加高，加之引黄灌区面积不断扩大，虹吸工程引水能力已不能满足要求，逐渐由引黄涵闸所取代。1985 年年底菏泽段黄河尚存 3 处虹吸工程，后逐个拆除。

四龙虹吸 位于杨集险工 14 坝护岸上（大堤桩号 301+900），1975 年冬开始修建，1976 年春建成。设有虹吸管 3 条，每条内径 0.9 米。空气室管底高程为 54.42 米，与 1983 年设防水位平。运行几年后，由于空气室管底高程偏高、引水困难等原因，逐渐停用；同时虹吸位于堤基严重渗水堤段，虹吸两侧都已进行机淤加固，虹吸处成为一个缺口，成了防洪的薄弱环节。为了消除堤身弱点，确保黄河防洪安全，根据山东河务局关于四龙虹吸拆除设计的批复精神，郓城修防段组织拆除，1986 年 4 月开工，8 月完成。

高村虹吸 改建于 1973 年（大堤桩号 207+324）。设有 3 条虹吸管，设计引水量 3 立方米／秒，防洪水位 63.46 米。按 1983 年设计标准，该处设防水位为 65.48 米，两者相差 2.02 米，已成为防洪工程的险点。为了满足扩大灌溉用水的要求，山东河务局同意废除高村虹吸，兴建高村引黄闸。该虹吸工程于 1988 年 12 月拆除。

伟庄虹吸 1976 年改建（大堤桩号 311+090）。设计流量 2 立方米／秒，防洪水位 53.10 米，较 1983 年设防水位 53.63 米低 0.53 米。经多年运行，虹吸管出现不均匀沉陷和断裂，两侧已机淤加固，该处已成为防洪的一大隐患。鉴于郓城杨集引黄闸已建成启用，伟庄虹吸失去作用，经山东黄河河务局同意，于 1994 年对该虹吸进行拆除。

第三章 防汛抗洪

黄河汛期分桃、伏、秋、凌四汛。（黄河一年内的涨水期称为汛期。）3 月底、4 月初，流域内冰雪融化，黄河水量增大，流到下游出现小洪水，正值桃花盛开，故称“桃汛”；夏季形成的暴雨洪水，又正值伏天，称“伏汛”；秋天形成的暴雨洪水，称“秋汛”（伏汛秋汛两汛时间相连，又都是发生于暴雨洪水季节，合称“伏秋大汛”）；到了冬季，河道封冻，次年春季，气温回升，封冰解冻时，并伴有大量冰凌下泄，很容易卡冰阻水，壅高水位，成为“凌汛”。四汛中，伏秋大汛造成的危害最大；凌汛因天寒地冻，一旦出险难以防守，也会造成较大危害。

河水漫滩

第一节　预案编制

1985年，国务院批转的水利电力部关于《黄河、长江、淮河、永定河防御特大洪水方案》中，规定黄河下游的防洪任务是：“确保花园口站发生22000立方米／秒洪水大堤不决口，遇特大洪水，要尽最大努力，采取一切办法缩小灾害。”并对各级洪水的防御做了具体安排。

菏泽地区据此制定1985年的防汛任务。防御花园口2.2万立方米／秒洪水，经东平湖分洪，控制艾山下泄流量不超过1万立方米／秒，确保堤防安全，东平湖蓄洪水位保证44米，争取44.5米。对于超过2.2万立方米／秒的洪水，要尽最大努力，采取一切办法缩小灾害。1989年梁山县划入济宁市区，菏泽地区防洪任务修改为：确保花园口站2.2万立方米／秒洪水大堤不决口。

为了争取防洪主动，按照防洪任务的要求，根据黄河防总办公室《1986年黄河下游各级洪水处理方案》，1986年开始每年都拟定防洪方案，并逐年细化、完善，使之更科学、更具有可操作性。1986—1987年称之为防御各类洪水作战方案，由沿黄5县（市）抗旱防汛指挥部制发；1988—1995年称之为黄河防洪方案，由菏泽地区抗旱防汛指挥部制发；1996年称之为菏泽地区黄河防洪预案（以下简称防洪预案），由分管防汛的业务部门编写，菏泽地区河务局行文下发；1997—1998年的防洪预案，由菏泽地区河务局分管防汛的业务部门编制，工管、财务部门负责人审核，分管防汛的副局长审定，菏泽市政府批准，黄河防汛办公室印发；1999—2005年防洪预案由菏泽市黄河防汛办公室编制，分管防汛的副市长审定，市政府批准印发。

2002年前，防洪预案主要由防洪任务和四个流量级别的防御措施方案两部分组成。2002年以后防洪预案按照省局关于《市级黄河防洪预案编制的几项规定》统一编制格式，防洪预案由主预案和副预案组成。防汛主预案包括八项内容，即河道工程概况，防洪任务，黄河防汛指挥和责任划分，防汛队伍的组成及调用原则，防汛物资储备、筹集与使用，防洪存在的主要问题，各级洪水防御措施及各项保障。防汛副预案包括菏泽市黄河防汛水文测报方案、黄河滩区群众迁安救护方案、抢险物资保障方案、交通运输保障方案、通信信息保障方案、供电及抢险照明保障方案、后勤保障方案、突发性事件保障方案等八项内容。

主预案中各项洪水防守方案是预案的

核心。它详细具体地分析了每个流量级的水情、工情，指出防守重点，预测可能出现的险情，提出相应的防御措施。尤其是水位表现、漫滩情况、堤根水深、出险地点均有具体要求，对每级洪水抢险可能需要料物做出预估。对各级洪水下指挥机构的办公地点、上防时机，包括指挥部、群防队伍等都作出明确规定。

黄河防汛抢险实战演习

第二节　防汛通信建设

1986年以后，为提高菏泽黄河防汛通信线路机械强度，改善电路通信质量，在上级业务主管部门的支持下，对菏泽沿黄146千米架空明线传输干线进行大规模的更新改造和完善。在此基础上，为增加菏泽黄河修防处与上级和下属单位的通信传输电路，改善防汛通信状况，1987—1994年间，先后建设开通了菏泽黄河修防处上至黄委会、山东黄河河务局的十二路载波通信电路，以及下至东明县黄河修防段、菏泽市黄河修防段、鄄城县黄河修防段、郓城县黄河修防段、梁山县黄河修防段的三路载波通信电路。同时，针对有线通信易受自然灾害和人为破坏的问题，结合菏泽黄河防汛工作实际，先后配备100瓦、10瓦短波单边带电台和JDD-308型、3JDD-4A型、JZD-16A型、6JDE-2型等超短波无线通信设备。利用这些设备，先后建设开通了菏泽黄河修防处至黄委会的100瓦单边带电台，至山东黄河河务局的10瓦单边带电台和双工多路无线接力超短波通信电路。同时还建设开通了菏泽黄河修防处到东明县黄河修防段、菏泽市黄河修防段、鄄城县黄河修防段、郓城县黄河修防段、梁山县黄河修防段的双工多路无线通信电路，为菏泽黄河修防提供了良好的应急通信保障。

1994—1997年，为配合郑济微波通信干线的开通运用和菏泽黄河地、县（市）数字微波通信支线的建设开通，在黄委会、山东河务局的支持下，先后建设开通了菏泽市黄河河务局的哈里斯H20-20型程控数字电话交换机，并将菏泽地区黄河河务局MD110型机更换为哈里斯H20-20型程控交换机。

1999年，黄委会通信管理局在菏泽黄河沿线的东明县黄河河务局、鄄城县黄河河务局、郓城县黄河河务局及菏泽地区黄河河务局先后建设开通了TCM-800M无线集群移动通信系统。全局共4个基站，30个信道，覆盖了菏泽黄河堤防内外的大部分区域。局机关及沿黄各防汛单位（含省属机动抢险队）都配发了移动通信手机和车载台，实现了菏泽黄河防汛运用移动通信的零突破。同期，为配合菏泽地区黄河河务局机关由鄄城县城迁至菏泽城区，在菏泽城区黄河防汛指挥调度中心安装开通了EAST8000型程控数字电话交换机，并建设开通了菏泽地区黄河河务局机关（菏泽城区）至鄄城县黄河河务局（原菏泽地局机关驻地）的M100型120路数字微波。

2003年，为配合做好黄委会提出的“数字黄河”工程建设框架下的“数字水调”建设工作，提高黄河水量调度现代化水平，根据黄河下游引黄涵闸远程监控无线宽带接入系统工程建设需求，由黄委会设计投资对市黄河河务局至东明黄河河务局、市黄河河务局至鄄城黄河河务局微波进行更新改造建设，由原来的M100型120路数字微波电路更新建设为FAR型480路数字微波电路，为菏泽引黄水量调度数据信息传输提供了足够的带宽，确保黄河水量调度管理系统的正常运行。

菏泽黄河防汛通信经过20年改革发展建设，发生了巨大变化，经历从小到大，从无到有，从弱到强，从有线、载波通信到无线、微波通信，从人工交换摇把子电话通信到数字程控交换全自动电话通信，从固定式电话通信到移动集群电话通信，从语音通信到数据通信等，已建成一个信息传输数字微波化，电话交换程控化，辅以无线接入通信、集群移动通信等多种通信手段相结合的现代化黄河防汛通信网。

第三节　防伏秋大汛

为了及时准确地提供水文情报，确保各项防汛工作的顺利开展，并为黄河治理积累基础资料，每年汛期菏泽都设立水位辅助站，加上基本水文（位）站，形成了菏泽黄河水文站网，及时准确地提供水文情报。菏泽境内设有基本水文（位）站3处，有防汛任务的辅助水位站22处，其中险工控导工程辅助水位站9处，滩区辅助水位站13处。另外还有菏泽黄河河务局设立的险工控导工程水位观测点4处，涵闸工程水位观测点9处，总计38处。

1988年8月，黄河中游地区连降大到暴雨，花园口站相继出现了8次超过3000立方米／秒的洪峰，其中4次洪峰流量在6000立方米／秒以上。18日20时，最大一次洪峰（第7次）到达菏泽高村站，洪水位62.84米，流量6550立方米／秒。高村站最大含沙量出现在8月15日4时，峰值为142千克／立方米。由于洪水持续时间长、冲刷力强，部分河段溜势上提下挫，造成滩岸坍塌、洪水偎堤、工程出险。东明南滩、北滩和鄄城四杰滩部分滩区进水，偎堤长达39.6千米，受灾村庄140个、居民9.24万人，淹地1.65万公顷。全区险工和控导（护滩）工程有102道坝出现险情204次，抢险用石1.68万立方米、柳枝2.61万吨、铅丝17.59吨。洪水期间，各级党政军负责人都到一线指挥抗洪抢险斗争，黄河河务局职工全力以赴迎战洪水。此外，还动员20个基干班240余人，在57名乡村干部的带领下，进行昼夜巡堤查险，夺取了抗洪斗争的胜利。

1996年7月31日—8月1日，黄河中游连降中到大雨，局部暴雨，三门峡至花园口区间降大暴雨。8月2—4日，三门峡至花园口区间再次降中到大雨，局部暴雨到大暴雨。8月5日，花园口站出现年度第一号洪峰，流量7600立方米／秒，水位94.73米，为历史最高洪水位。7日，洪水进入菏泽，10日0时到达高村站，流量为6200立方米／秒，相应水位为63.87米，13日3时安全出境，历时139小时。8月13日，花园站口出现了第二号洪峰，流量5520立方米／秒，水位94.09米，

15日到达菏泽高村站，流量为4470立方米/秒，相应水位63.34米。由于第二号洪峰传播速度快于第一号洪峰，运行至孙口站附近便与第一号洪峰汇合，形成单一洪峰向下推进，22日下午安全入海。

洪水期间，菏泽地区沿黄4个县（市）13处黄河滩区全部进水，淹没土地4.4万公顷，其中耕地2.86万公顷，倒塌房屋14.2万间；488个自然村受灾，279个村庄被洪水围困，受灾44.55万人，经济损失39亿元。

由于水量大，水位高，冲刷力强，菏泽黄河堤防全线偎水，堤根水深2～4米，最深5米。堤防工程出现坍岸2段、陷坑1处、渗水4处、井水溢流9处16眼；险工、控导（护滩）工程出险211道坝岸271次，险情多为根石走失、坦石下蛰等。抢险共用石料7.33万立方米、软件418.34万公斤、铅丝6.19万公斤、编织袋7.99万条，抢险用工4.78万个。

洪峰进入菏泽河段后，坚守在抗洪第一线的干部群众、解放军指战员全力迎战洪水，上堤人员最多时达11.52万人。堤内转移到堤外对口安置19.72万人，居住和安置在村台及避水台上17.28万人，无一人死亡。

第一号洪峰发生以后，中共中央总书记江泽民、国务院总理李鹏以及国家防总、水利部等各级领导先后多次询问黄河汛情，并对防汛工作作出重要指示，要求做到领导、队伍、物资、通信、后勤"五到位"。洪水期间，副省长邵桂芳三次来到菏泽，亲临黄河抗洪第一线，安排部署抗洪工作。省委、省政府强调"当前的中心任务是防汛，防汛的重点是黄河，黄河一定要做到两个'确保'，即确保黄河大堤安全，确保不死人"。全区上下以此为目标，展开各项抗洪救灾工作。

2003年8月25日—10月12日，受"华西秋雨"天气影响，黄河流域先后发生7次较大范围持续强降水，为20多年中所罕见。

2003年秋汛，东明长兴被淹村庄

洪水期间，东明县南滩，鄄城县左营滩，郓城县徐码头滩、四杰滩等4处滩区进水，淹没滩地2.34万公顷，其中耕地1.79万公顷；受灾村庄178个，水围村庄148个；受灾村民18.28万人，被水围困10.78万人，其中迁移2.86万人；损坏桥涵闸255座、机井529眼、供电线路139千米、通信线路175千米，浸泡公路86.2千米；房屋损坏3万多间，倒塌6000多间，直接经济损失7.92亿元。灾情发生后，共调动各类船只81艘，搭建临时帐篷4140顶。与此同时，市内部分堤防、险工、控导工程多处出现较大险情。堤防险情为渗水和风浪淘刷。险工、控导险情多为根石走失、坦石下蛰。菏泽市防洪工程共出险289次，抢险共动用石方5.49万立方米、沙石料1.70万立方米、土方3.92万立方米、柳料487万公斤、袋类21.8万条、铅丝514吨、土工布10.89万平方米、工日6.58万个，耗资1496.43万元。

对此次洪水，党中央、国务院、国家防总、黄河防总和省委、省政府高度重视，胡锦涛总书记、温家宝总理等中央领导专门作出重要批示。10月24日，副总理回良玉亲临东明视察，慰问防守抢险人员和受灾群众。国家防总、黄委会等各级领导多次到菏泽市检查指导抗洪抢险。省委、省政府多次专题研究黄河防汛工作，并作出重要批示，省委书记张高丽、省长韩寓群等专程到东明察看抗洪救灾情况。省政府成立东明前线抗洪救灾指挥部，济南军区成立协调组，统一指挥协调抗洪抢险和救灾工作。东明县黄河堤防上界至谢寨洪水偎堤后，为确保防洪工程和人民生命财产安全，按照防汛管理规定和防汛预案的安排，东明县防汛指挥部于9月28日组织32个基干班上堤防守。10月7日，又安排上防186个基干班、2232人，每千米堤防上防3名黄河职工。10月8日，市防指向省黄河防办申请，调省属第一、五、十机动抢险队136名队员，携带抢险车辆、工具及抢险料物进驻东明大堤偎水堤段。随着险情的扩大，又先后调动第六、二、八专业抢险队及省武警总队480名、济南军区600名官兵等上堤防守。为了加强对大堤巡查和防守的技术指导，东明县河务局加强对黄河大堤偎水堤段的防守力量，由原来的每千米3名黄河职工增加到6名技术骨干。全市防守抢护人员最高时达到7400余人。由于对各类险情均做到及时发现、及时抢护，确保了工程安全。

2003年10月24日，中共中央政治局委员、国务院副总理回良玉菏泽视察黄河抗洪救灾工作

第四节 防凌汛

黄河凌汛是菏泽市特别是黄河滩区严重的自然灾害之一。菏泽黄河凌汛，以20世纪50年代初期较为严重，而后逐渐缓和。1985—2005年的21年中共有6年封河。封、开河的一般规律为，封河时先下游后上游，先岸封后全封；开河时先上游后下游，先开溜道后开岸边。

封河年份中，1998年封冻长度最长，为89.75千米，封冻最上端在东明王夹堤工程17号坝；1992年封冻长度最短，为10千米，封冻最上端在郓城杨集工程1号坝。冰盖厚度一般为2厘米～5厘米，最大10厘米；解冻日期最早为1992年的1月14日，最晚是2000年的2月12日；封冻时间最早是2002年的12月28日，最晚是1990年的1月30日。封冻比较严重的年度为1989—1990年、1997—1998年、1999—2000年、2002—2003年，其中1997—1998年封冻段最长，2002—2003年度封冻时间最长。1996—1997年度、1997—1998年度因卡冰壅水，滩区进水受灾。1986年后因受引黄用水影响，凌汛期下游来水流量逐渐减少，小流量使封河概率增加。

第四章 引黄兴利

第一节 渠首工程

境内从1955年冬开始筹办引黄工程。最初几年，由于经济和科技条件的限制，引黄工程以虹吸和小流量涵闸为主。后来，随着条件的改变，大部分虹吸被拆除，陆续改建和新建了部分较大流量的涵闸。1985年年底，已有阎潭、谢寨、刘庄、苏泗庄、旧城、苏阁、陈垓（1989年划归东平湖管理局）7座引黄闸，设计引水流量340立方米／秒；只有高村、四龙村、伟庄3处虹吸继续使用，引水流量8立方米／秒。

1986—2005年，随着工农业生产的发展，引黄用水的需求量越来越大。为适应供水和防洪的需要，1987年改建旧城闸，设计流量50立方米／秒；1990年新建谢寨闸和高村闸，设计流量分别是50立方米／秒和15立方米／秒；1992年新建杨集引黄闸，设计流量30立方米／秒；同时四龙村、高村、伟庄三处虹吸分别于1986年、1988年和1994年拆除。2005年年底，菏泽市共有引黄闸9座，其中东明县4座，牡丹区1座，鄄城县2座，郓城县2座，设计引水总流量405立方米／秒，设计灌溉面积31.40万公顷，有效灌溉面积38.07万公顷。

刘庄引黄闸开闸放水

第二节 引黄灌区

1985年，全区共有阎潭、谢寨、刘庄、苏泗庄、旧城、苏阁、陈垓（1989年划入济宁区）七个引黄灌区，设计灌溉面积15.55万公顷，配套面积6.67万公顷。

1986—2005年，随着改革开放的不断深入，菏泽工农业生产发展迅猛，用水量大幅度增加。为了适应需要，1987年改建旧城引黄闸，旧城灌区扩大灌溉面积1.39万公顷；1990年修建新谢寨闸，建立新谢寨灌区，增加灌溉面积6万公顷；新建高村引黄闸，新建高村灌区，增加灌区面积9900公顷；1992年新建杨集闸，新建杨集灌区，增加灌溉面积2.78万公顷。高村、四隆村、伟庄三处虹吸相继拆除。到2005年，菏泽市有阎潭、老谢寨、新谢寨、高村、刘庄、苏泗庄、旧城、苏阁、杨集9个引黄灌区，设计灌溉面积31.39万公顷，有效灌溉面积38.07万公顷。

1986年以后，进入山东河道的水沙量

明显减少，除1988年、1996年发生过两次较大中常洪水外，其余年份均为枯水年份，黄河水资源供需矛盾不断加剧。特别是1981年、1995年、1996年、1997年，东明县高村水文站河段，分别断流11天、12天、7天和25天，以下河段断流时间更长。

鄄城县引黄灌溉

为了解决引黄用水和黄河水紧缺的矛盾，保证黄河不断流，1999年3月，黄委会开始实施全流域水资源合理配置和统一调度，并对各引黄闸实行定量供水，从而实现了连续八年黄河大旱之年不断流，基本保证了沿黄城乡居民的生活生产用水。与此同时，菏泽市提倡节约用水，采取中低压管道、渠道防渗、喷滴灌，严禁大水漫灌等措施，提高了水的利用率。1999—2005年，菏泽市年均引黄水量比调度前减少了42%，但农业在大旱之年仍然连获丰收。

2005年，菏泽黄河滩区还建有扬水站4座，引黄闸11座，设计引水流量37.9立方米／秒，设计灌溉面积1.04万公顷，有效灌溉面积7600公顷。

1986—2005 年菏泽市（地区）引黄闸引水统计表

单位：万立方米

年度	涵闸名称									合计
	阎潭	谢寨	新谢寨	高村	刘庄	苏泗庄	旧城	苏阁	杨集	
1986	5824.90	27315.96			22997.80	30065.00	8432.28	20531.38		117867.40
1987	25554.00	33262.50			34953.10	32039.30	7201.80	20305.60		153316.30
1988	30872.60	35237.40			37502.70	32431.80	11290.50	26864.70		174199.70
1989	39481.00	26201.00			28411.80	24198.60	11582.10	26356.80		156231.30
1990	27802.50	15266.60	15303.00	2765.20	55543.60	10334.00	7917.70	21926.30		156858.90
1991	35725.90	12955.00	31530.00	3647.00	47058.40	11838.60	5596.20	24135.00		172846.10
1992	19417.00	11567.00	20575.00	6514.50	50621.00	13096.80	5250.60	22302.60		149344.50
1993	18416.10	5513.40	18457.40	3889.00	17983.40	13819.40	3266.00	21722.00		103066.70
1994	22163.50	9627.50	13336.50	5149.30	25266.60	15330.80	2104.80	12265.60		105204.60
1995	26349.50	9772.40	30510.70	6941.50	18219.60	14238.50	4997.00	8854.20	2139.00	122022.40
1996	28469.70	7788.50	32425.60	6230.80	23400.60	13245.30	2183.10	11042.70	4982.60	129768.90
1997	42035.50	7977.50	36749.80	5165.20	22030.40	12137.40	3047.70	10954.30	4527.70	144625.50
1998	26982.30	3196.70	19459.80	8647.40	22850.40	14966.90	2670.60	13135.10	3771.10	115680.30
1999	25115.40	8530.40	20361.50	6606.70	16567.00	10508.80	2945.00	9508.50	4801.10	104944.40
2000	14500.00	1550.40	16744.00	1077.50	6332.00	4427.00	1692.00	7902.00	3291.10	57516.00
2001	28358.40	2362.30	14957.20	1837.50	16644.00	11734.00	2409.10	11439.00	2495.60	93237.10
2002	11874.40	3803.00	27939.00	1448.90	17831.50	11719.00	1404.00	11874.40	2474.00	90368.20
2003	15377.90	1139.60	11974.40	2184.20	8584.80	5024.02	965.60	4328.30	907.40	50486.19
2004	10762.00	1910.00	16864.00	644.00	11933.00	6493.00	1423.00	6325.00	777.00	57131.00
2005	22291.00	2793.00	13387.00	485.00	14491.00	9582.00	2396.00	6798.00	1117.00	73340.00
合计	480073.60	227770.20	340574.90	329980.90	4861183.00	297230.00	88775.10	298571.50	32283.60	2327695.00

第三节 放淤改土

引黄放淤改土，是沿黄人民利用黄河水沙资源改变生产条件、发展农业生产的一大创举。境内沿黄5县（包括梁山县）原有10.8万公顷沙碱涝洼，截至1985年已淤改8.91万公顷。通过放淤，沙碱涝洼和不毛之地改造成肥沃的良田。同时，常年积水的潭坑淤平了，大堤台高了，黄河大堤得到加固。

1985年以后，各级党委政府和黄河业务部门，一直将放淤改土作为沿黄乡镇发展农业生产的重要途径，抓住一切有利时机，采取有力措施，尽量多放水、多落淤、多改土。1986年、1993年、1994年和1995年分别淤改洼地1100公顷、700公顷、800公顷和1300公顷。

1986—2005年，由于黄河水沙资源短缺，特别是1999年3月黄委会实施全流域水资源合理配置和统一调度后，引黄放淤工作受到限制，境内还有部分盐碱涝洼地等待放淤改良。

放 淤

第十编　工　业

发电厂

石化厂区

中共十一届三中全会后，地委行署提出“全党抓经济，重点抓工业”的指导方针，加速了全区工业的发展。1986年，新建县属以上企业45家，乡镇企业2271家，有轻工、纺织、化工、机械、建材、电力等15个门类37个行业，产品2400多种，工业总产值18.7亿元，其中轻工业产值占74%。

1988年1月，地委、行署下发《关于实行企业承包经营责任制的试行规定》，全区企业逐步推行厂长（经理）负责制和任期目标责任制。在坚持社会主义公有制的前提下，按照“两权分离”、有利于政企分开的原则，以合同的形式确定国家与企业的责权利关系、并相应确定企业内部经济关系，使企业自主经营、自负盈亏，以增强企业活力。1992年，以建立社会主义市场经济体制为目标，把企业推向市场，采取股份制、租赁制、拍卖、破产、兼并、联合、组建企业集团、外资嫁接等多种形式，逐步建立现代企业制度。1997—2000年，以“三年改革脱困”为契机，建立和完善现代企业制度，确保国企改革到位。通过产权改革、转换机制、“四扩一调”（内部职工增资扩股、转让银行贷款扩股、量化新增资产扩股、吸引社会法人资金扩股，调整股权结构），强化管理，至2002年年底，全市规模以上310家工业企业，全部完成公司改制任务。全市有工业企业49829家，实现工业总产值96.35亿元。

2004年2月3日，省委、省政府在菏泽市召开加快菏泽发展现场办公会议，正式启动“突破菏泽”战略。市委、市政府确定坚定不移地走“工业立市、工业兴市”的路子。中共菏泽市委专门下发《关于以科学发展观为指导大力推进工业化进程的决定》。以能源、精细化工、纺织食品加工、林木加工、机械加工六大产业为基础，构筑新的发展格局。以建立“产权清晰、权责明确、保护严格、流转顺畅”的现代产权制度为核心，全面启动企业内部活力。大力培植优势产业和骨干企业，加快发展区域板块经济。2005年，全市规模以上工业企业达到821家，比2004年增加250家。完成增加值117.8亿元，年均增长30%，利税过千万元的企业达到36家，菏泽电厂、东明石化等30家重点企业较好地发挥了对财政经济的支撑作用。三次产业比调整为34∶43∶23，其中工业增加值比重提高12.9个百分点，产业占比实现了由一、二、三向二、一、三的历史性转变。

第一章　企业改革

从1987年10月到1993年10月，菏泽地区企业改革的主要内容是推行和完善承包经营责任制和租赁经营责任制。目标是建立社会主义市场经济体制，把企业推向市场。建立现代企业制度，采取了股份制、租赁制、拍卖、破产、兼并、联合、组建企业集团、外资嫁接等多种形式。

1991年，开征固定资产投资方向调

节税，并实行投资许可证制度。1992年，依据中共十四大确立的建立社会主义市场经济体制的目标，加快计划体制改革的步伐，投资体制进一步改革。投资在3000万元以下、符合产业政策的自筹资金项目，由地区级审批，并简化审批程序。随着金融体制改革的不断深化，继贷款之后，股票、集资、债券等融资手段已逐步运用于投资领域。1994年，按照“谁投资，谁决策，谁承担风险”的原则，进行投资体制改革，合理划分事权，明确投资主体，建立投资风险约束机制与项目申报审批制度。1997年，按照国家计委《关于实行建设项目法人责任制的暂行规定》《关于固定资产投资项目试行资本金制度的通知》的要求，对投资体制进行调整：所有经营性投资项目必须按要求组建项目法人，落实规定比例的资本金；全面推进招投标制度和工程监理制，加强项目咨询论证，培育和完善投资中介服务机构，建立健全审计监督体系。

通过产权改革、转换机制、“四扩一调”、强化管理，一批企业由死变活、由亏转盈。至2002年年底，全市规模以上310家工业企业，除自来水和供发电企业因政策因素未改制外，全部完成公司制改革任务，29亿存量资产得到活化，数万多名下岗职工实现了再就业。特别是县区属工业企业改革，范围广、力度大，国有企业民营化改革完成彻底，成为支撑县区经济和社会发展的坚实基础。从改革形式看，实行股份制和股份合作制102户，破产重组12户，整体出售13户，租赁经营18户，兼并联合14户，外商独资4户，无偿划转4户，民营公司126户。

第一节　改革进程

菏泽国有企业改革，以“三年改革脱困”为契机，以现代企业制度为规范，于1997年下半年全面展开。按照地委、行署的总体部署，菏泽国有企业改革分为三个阶段：第一阶段的重点是盘活存量，实现企业由死变活，由亏变盈；第二阶段是选择部分条件较好的企业进行改造、嫁接，使企业由小变大、由弱变强；第三阶段是重点培育一批高新技术企业，使其成为菏泽地方经济的支柱。

第一阶段从解决产权问题入手，活化存量，用市场机制重新配置生产要素。这一阶段的任务经一年时间基本完成。1998年2月，地委、行署下发《关于加强国有工业企业产权改革的决定》。这是菏泽下发的企业改革的第一个1号文件，主要包括组织领导、措施保证、操作原则和目标、改革的主要形式，以及企业内部配套改革的基本要求。决定下发后，企业改革工作迅速在全地区推开。各县市按照地委行署的统一部署，结合当地实际，一企一策，一企一法，一企多策，多方式推广产权制度改革，以激活企业的内部活力，有效启动生产，在盘活存量、优化资本结构，构建企业产权多元化组织结构方面进行了多方位的探索，并取得了积极进展。从一年的改革实践看，凡进行改制的企业，内部活力均有很大的增强，经济效益也有明显的好转。1998年，全区90%以上的停产、半停产企业生产得以恢复，26亿元资产得到活化，3万多名职工实现再就业。

第二阶段的基本任务是建立健全法人

治理结构，转换企业经营机制。1999年年初，在产权改革完成的基础上，针对出现的新情况、新问题，地委、行署研究制定第二个1号文件——《关于深化改革企业，转换经营机制的意见》，共80条，主要包括加强国有资产的保值增值和监管，规范企业的法人治理结构，维护小股东及职工的合法权益等诸多问题及其解决办法和措施，目的在于协调各方利益，逐步理顺已改制企业的各种关系，规范企业行为，确保改革的顺利推进。根据文件精神，在已改制的股份制和股份合作制的企业中全面实行“一书四制”，即由董事会对公开竞聘的总经理发聘书、对总经理实行年度经营目标责任制、风险金抵押制、年度综合审计评价制和年薪制。同时要求改革企业同步进行劳动、人事和分配三项制度的配套改革。据调查，已改制企业的内部科室和行管人员总数压缩了70%，90%以上的企业推行岗位技能工资制，县属以上企业普遍打破干部职工身份界限，实行全员劳动合同制，竞争上岗，初步实现了干部能上能下、职工能进能出、分配能高能低的新型管理机制。曹县和信纺织有限公司破产后，新组建宁波百隆纺织（曹县）有限公司，企业行管人员由原来的387人减少到11人；在劳动用工上推行末位淘汰，企业待岗率始终保持在10%左右；在分配上也拉开了差距，职工既有动力，又有压力。林盾木业有限责任公司，董事会以公开竞标的方式聘任了总经理，并实行“一书四制”。总经理以现金方式缴纳风险抵押金，与董事会签订年度经营目标责任书，一年一聘。当年末经县政府考评，总经理超额完成了本年度的经营目标。董事会根据考核结果，兑现了总经理年薪2.2万元，并进行了续聘。

2000年是深化改革的第三个阶段。该阶段的主要任务有两条：一是对企业实行“四扩一调”（四扩：内部职工出资认购公司新股；将银行贷款转变为职工的股权；明晰量化企业新增资产，对改制以来由股东投入资本及劳动积累新增加的资产，以股权的形式明确量化到职工个人；吸收社会法人资金扩股。一调：调整股权比例）为主要内容的股份制结构调整；二是广泛寻求对外合作，注重增量的注入。2000年，地委、行署分别以1号、3号文件下发《关于公司制企业董事会、监事会和经理工作暂行办法的通知》《进一步加快企业改革和发展的若干问题》，要求企业在进一步规划和完善法人治理结构的同时，认真落实地委、行署为解决企业资金严重不足和促使股本结构合理化，而制定的“四扩一调”措施。至2000年年底，完成“四扩一调”的32家试点企业的股权结构普遍得到优化，90%的试点企业经营持股比例超过50%，实行了控投。

第二节 改制形式

菏泽地区对企业的改制重组，根据不同企业的具体情况，主要采取了10种形式。

行政整体划拨。对规模较大，难以自我发展，需要结合结构调整、参与行业内整合的困难企业，采取整体转给同行业优势企业（集团公司）的办法。如：山东现代达驰公司拥有资产1.5亿元，1997年年底整体划转山东省企业托管经营股份公司，注入资金2500万元，当年扭亏为盈。

国有资产授权经营。规模较大、效益较好，暂时不适宜整体改制的企业，采取国有资产授权经营办法。如总资产2.31亿元，年产值近3亿元，利税过3000万元的菏泽交通集团、东明石化（集团）有限公司等企业，按照国有独资和绝对控股的企业形式，实行由国有资产管理部门授权经营。

股份合作制。部分产品有一定市场，且属一般竞争性行业的困难企业，实行部分或全部产权转让，组建为有限责任公司或实行股份合作制。菏泽地区有102家企业的改制采取这种方式，如菏泽油泵厂，1997年7月进行股份合作制改造后，职工的思想观念发生了根本变化，公司有了长足发展，各项经营指标均以每年30%的速度增长。

抵贷返租。即对银行贷款较多，债务沉重，无力还本付息能力的困难企业，先将现有的全部资产或一部分资产，划转给银行抵偿债务，然后银行作为产权所有者，将部分资产返租给原企业经营，通过收取租赁费的形式，逐年收回原企业贷款本息，以此达到活化债务、搞活企业的目的。菏泽桑盾中纤板厂建成后资产负债率超过100%，因缺少流动资金无法开工。抵贷给主要债权行工商银行以后，又由工行租赁给原中纤板厂经营者，企业很快扭亏为盈。

承债式购买。在对困难企业的有效资产部分进行评估后，以有效部分带走相应债务，成立一个新的经营企业，实地逐步分块收购、分块搞活。

整体兼并。对部分产品有市场，但包袱沉重、生存能力较差，需要外部资金、技术、人才注入才能解困的企业，寻求外地优势企业进行整体或部分兼并。如菏泽啤酒厂自1984年投产，14年来规模仅有3万吨，而且一直没有达产，严重亏损。1998年被青啤集团兼并后，先后投资2.7亿元进行技术改造，扩大规模。至2002年底生产能力已达10万吨。2002年销售收入、利润、税金分别达14551万元、1058万元、4307万元，同比分别增长112.68%、39.99%、33.96%。

租赁经营。对仍具备一定生产条件和生产能力，但负债过高、资金严重不足、管理水平低、效益差的企业，实行租赁经营。如鄄城县味精厂原来资不抵债，亏损严重，租赁给济宁市菱花集团后，每年可上缴租金和税金250多万元。

公开拍卖。对企业规模小、固定资产少、缺乏生存能力的企业或已实施破产的企业进行拍卖。曹县大部分企业采取这种改制方式。如：曹县棉纺织厂，资产负债率达509.4%，亏损达3000余万元，在菏泽拍卖行进行公开拍卖。经过竞买新组建宁波百隆纺织（曹县）有限公司和金牛纺织有限公司，很快扭亏为盈，走上良性运转轨道。

破产收购。对亏损严重，债务沉重的企业先行以法破产，再通过公开拍卖，对老企业收购后实施重组。曹县橡胶助剂厂、棉纺厂，以及菏泽涤纶厂依法破产后，分别被菏泽地区进出口公司和浙江工业大学、香港百隆集团、浙江龙燕集团收购重组，很快恢复了生产经营。2005年山东圣奥股份有限公司（其前身为曹县橡胶厂）在香港创业板上市。

先股后租。先重新建立一个股份制企业，再以新企业对老企业实行租赁，租赁费用用以偿还老企业债务。如菏泽林申人造板有限公司即由山东林盾木业有限责任公司以“先股后租”的形式实行改制。

第三节　改制原则与措施

改制原则　菏泽在国有企业改制中明确提出：“凡不涉及国计民生的行业，都要按照投资主体多元化的原则进行改制。对于以盈利为目的的竞争性企业，都应有两个或两个以上投资主体组成，一般不再保留国有独资企业”。对国有企业的改制与重组，以建立现代企业制度为目标，以增强企业活力，促进企业发展为目的，坚持“国有资产不流失、银行债务不逃废、职工利益不损害”的原则，积极稳妥地推进。在改制中提出了“四真”（产权真出售、干部真选举、管理真加强、职能真转变）、“四个增量”（资本的增量、管理的增量、技术的增量、市场的增量）和“四个规范”（改制后的企业必须规范建制、规范运行、规范管理及规范环境）的原则。

配套政策措施　为吸引外地优势企业及全社会参与菏泽的中小企业改革，地委、行署制订一系列相关政策，包括：企业改制时，可将职工宿舍、医院、学校、土地等非经营资产从企业资产中剥离；改制企业有关人员的费用可在企业资产中一次性扣除，如离退休职工、工伤和患职业病职工的医疗费，工伤职工的生活费、工伤补助费，抚恤人员的抚恤费，应提未提的职工养老统筹资金以及未纳入养老统筹的内退职工生活费等；按照公开、公平、公正的原则，允许按照市场经济规律确定的国有产权拍卖出售的价格进行拍卖；产权转让时的股金或价款可分 3 ~ 5 次付清，一次性付清的可给予优惠；原企业所占土地可租赁使用，交纳租金确实困难的，经批准可在 3 ~ 5 年内免交；转让产权的价款可留给企业有偿使用等。

2000 年，地委、行署下发《进一步加快改革和发展的若干意见》，提出若干深化改革措施：①放宽企业设立条件；②鼓励各类资本投资创业，运用多种形式拓宽融资渠道；③建立健全企业信用制度，支持企业创业发展；④实行对企业的阶段性政策扶持；⑤加强企业制度创新，进一步转换企业经营机制；⑥畅通市场退出渠道；⑦清理和制定政策规定，推动企业健康发展；⑧鼓励科技创新和技术开发；⑨进一步转变政府职能；⑩培育社会化服务体系等。

第二章　电力工业

1985 年年末，境内只有 8 个 110 千伏变电站，11 台变压器，35 千伏及以上变电总容量为 31.26 万千伏安。110 千伏线路 332.8 千米，35 千伏线路 665.6 千米。电网统调最高负荷 9.1 万千瓦，菏泽电业局全年供电量为 4.61 亿千瓦时。电网结构十分薄弱，全区只有小发电厂 9 家，总装机容量 6.3 万千瓦。

80年代中后期，菏泽加快电网建设步伐。1986年1月，第一条从济宁发电厂至巨野三里庙全长47.2千米的220千伏输电线路和菏泽地区第一座220千伏变电站——三里庙变电站1台6.3万千伏安变压器投入运行，结束了菏泽地区没有220千伏电压等级供电的历史。同年10月，菏泽地区第二座220千伏变电站——赵楼变电站建成投运。为缓和电力的供需矛盾，菏泽发电厂1、2号机组于1990年7月动工建设，新装2台12.5万千瓦汽轮发电机，总投资约7.06亿元。1991年11月和1992年7月两台机组相继并网发电。主变容量9万千伏安的菏泽地区第三座220千伏变电站——白庄站于1992年3月6日开工，1993年12月29日竣工投产。1998年，菏泽电网迎来千载难逢的发展机遇：在国家加大基础设施建设、投入巨额资金进行城乡电网改造的情况下，菏泽电业局积极向上级争取电网建设资金3亿多元，用于220千伏白鱼线（成武白庄220千伏变电站至济宁鱼台变电站）、菏赵Ⅱ线（菏泽发电厂至赵楼220千伏变电站）及220千伏曹县、单县输变电工程建设，彻底改变了菏泽电网与省网只有一条联络线的历史，极大地改善了菏泽电网结构薄弱的状况。

9万千伏安变压器

2000年年底，全区变电总容量达到208.3万千伏安，35千伏及以上输电线路达到2086.39千米。其中菏泽电业局拥有变电总容量达122.2万千伏安，35千伏及以上线路618.92千米，分别比“八五”期末期增长64.1%、40.3%。菏泽电网基本形成了以220千伏为骨干网架、110千伏环网供电的结构。1999—2005年，境内新建、扩建220千伏单县、曹县、郓城水浒、东明、定陶仿山等5座变电站，增加变电容量117万千伏安。在加强220千伏电网建设的同时，为进一步完善110千伏电网结构，先后新建、扩建了110千伏南郊、青北、沙土、西郊、花城、牡丹、马岭岗等输变电工程，容量为36.9万千伏安。2005年11月10日，投资5.2亿元的菏泽历史上规模最大、电压等级最高的500千伏郓城输变电工程正式投产运行。该工程将菏泽电网连入全省500千伏骨干网架，打通了全省“西电东送”的大动脉，为菏泽建设能源基地提供了可靠的电力外送通道。

80年代中期，菏泽农村电网结构非常薄弱，供电能力很差。1990年、1995年和1996年，全区先后实现了乡乡、村村、户户通电。到90年代末，逐步开始实施农村电网建设改造和城市配电网建设。大规模的农村电网改造工程自1998年10月开始，于2003年6月底全部结束，先后争取一、二期农网改造资金共计14.29亿元。通过建设改造，进一步提高了农网供电的安全性和可靠性。1998年，菏泽电业局对全地区8个县电业局实行业务代管，统管农电工。整顿农村低压用电，并于2002年4月实现城乡居民生活照明用电同网同价，仅此一项每年即可减轻农民负担2.47亿元，

农村电费张榜公布

为全市经济发展和人民生活水平的提高奠定了坚实的基础。2003年、2005年相继进行两期县城电网建设改造，投入资金5.74亿元。至2005年年底，全市拥有500千伏变电站1座，变电容量75万千伏安；220千伏变电站8座，主变13台，主变容量177万千伏安；110千伏变电站39座，主变59台，主变容量200.3万千伏安；35千伏变电站112座，主变209台，主变容量114.22万千伏安。此外还有220千伏电压等级输电线路16条，总长度502.7千米；110千伏56条，总长度721千米；35千伏183条，总长度1752.1千米。全市有电厂、地方小火电厂及企业自备电厂10座，总装机容量96.7万千瓦。2005年全市网供电量45.1亿千瓦时，最高负荷91.7万千瓦。菏泽电网规模的不断扩大，对“突破菏泽”、加快经济发展奠定了良好基础。

第一节 电网建设

1986年以前，境内只有一条220千伏宁三线(济宁发电厂至巨野三里庙变电站)和一条110千伏宁成线（济宁发电厂至成武白庄变电站）与省网相连，唯一的220千伏电源供电（巨野三里庙变电站），即通过220千伏宁三线从省网向菏泽输送电能。20世纪90年代中后期，菏泽地区输变电工程建设迅速发展，供电范围扩展到8县1市，形成菏泽电网，电压等级从10千伏逐渐发展到35千伏、110千伏、220千伏、500千伏。1991年10月投运菏赵Ⅰ线（菏泽发电厂至菏泽赵楼），2000年5月投运菏赵Ⅱ线，菏泽电网有了220千伏第二电源，电网结构进一步稳定。1999年11月建成白鱼线（成武白庄至济宁鱼台），菏泽电网与省网有了220千伏的第二条联络线；2001年10月建成梁(济宁梁山)浒(郓城水浒）线，菏泽电网与省网有了第三条220千伏联络线，电网结构更加牢固。

220千伏线路施工架线

2005年，是菏泽电网建设的高峰年，全市建设投产1个500千伏输变电项目（郓城），变电容量75万千伏安；开工、投运多个220千伏新建、扩建输变电项目。至年底，菏泽供电公司拥有220千伏变电站8座、主变压器13台、主变容量177万千伏安，110千伏变电站9座、主变压器14台、主变容量55.05万千伏安，35千伏变电站13座、主变压器23台、主变容量18.66万千伏安；220千伏电压等级输电线路16

条、总长度502.7千米，110千伏线路16条、总长度214.7千米，35千伏线路20条、总长度188千米。

城网建设 1999—2001年，适逢国家大规模投资进行城网改造时期。菏泽城市电网建设与改造总投资1.95亿元，共建设85个项目。至2001年10月6日，三年城网规划中的输、变、配电工程全部完工。共完成2座220千伏、1座110千伏变电站无人值班改造；扩建4座变电站，增加变电容量20.3万千伏安；新建110千伏变电站1座，变电容量4万千伏安；新建110千伏送电线路4条29.3千米，更换35千伏主变两台、开关12台；架设光缆423.86千米；新建、改造10千伏架空线路77.3千米，电缆线路9.72千米；新建、改造配电台区78个；建设一流客户服务中心1座，改造一户一表21353户。

菏泽城区改装后的低压用户计量箱

为满足菏泽城区东部开发区、西部牡丹工业园区招商引资项目对电力的需求，2002年菏泽供电公司投资2235.14万元，建设了110千伏花城变电站，变电容量5万千伏安；2003年投资1525.2万元，建设了10千伏配套送出线路，敷设YJV22−3*300电缆线路13.4千米，安装电缆分支箱11台，环网柜6台，满足了开发区内落户企业的电力需求。

城网建设

2003年，菏泽供电公司投资1973.17万元，建设了110千伏牡丹变电站，变电容量5万千伏安，同年又投资953.21万元，建设了10千伏配套送出线路，敷设YJV22−3*300电缆线路9.8千米，安装电缆分支箱6台，环网柜8台，满足了牡丹工业园内落户企业的电力需求。

2004年，为迎接中国林产品交易会的召开，菏泽供电公司投资919.86万元，对人民路中银广场以北路段进行了电缆入地改造，敷设10千伏YJV22−3*300电缆线路11.35千米，安装电缆分支箱17台，环网柜5台。

2005年，为配合市政府对牡丹路、黄河路的改造，菏泽供电公司对道路两侧电力线路进行了入地改造，敷设110千伏电缆线路 3.3 千米，10 千伏 YJV22-3*300 电缆线路 18.6 千米，安装电缆分支箱 51 台，环网柜 12 台，箱变 19 台。至年底，菏泽供电公司共管辖菏泽市城区 10 千伏架空配电线路 33 条，210 千米；10 千伏电缆线路 16 条，50.2 千米；配电变压器 170 台，变电总容量 5.64 万千伏安。

220 千伏赵楼变电站

110 千伏菏泽变电站　1970 年 10 月投运，装有 5 万千伏安和 3.15 万千伏安有载调压主变压器两台，最大负荷 4.18 万千瓦。1991 年 10 月，110 千伏菏赵Ⅰ线建成投运，线路长度 5.4 千米，导线型号为 LGJ-150，向 110 千伏菏泽变电站输送电能。10 千伏出线有 9 回，大部分为 20 世纪 70 年代架设，导线型号为 LGJ-70-95，主要对菏泽市区东部和经济开发区供电。

220 千伏赵楼变电站　1987 年 6 月投运，装有两台主变压器，一台容量 9 万千伏安，另一台容量 12 万千伏安。1991 年 10 月，220 千伏菏赵Ⅰ线建成投运，线路长度 14.6 千米，导线型号为 LGJQ400 钢芯铝绞线，双杆架设，向 220 千伏赵楼变电站输送电能。该变电站主要向菏泽市区北部及东明、鄄城两县供电。

110 千伏南郊变电站　1993 年 12 月投运，容量为 3.15 万千伏安三圈有载调压主变压器 1 台。1999 年 9 月新增 2 号主变压器，容量为 3.15 万千伏安。1993 年 12 月，110 千伏菏南线（菏泽发电厂至南郊变电站）建成投运，线路长度 12.3 千米，导线型号为 LGJ-185，向 110 千伏南郊变电站输送电能。该变电站主要向鲁抗制药厂、菏泽化工厂、硫酸厂大工业用户及菏泽南部市区供电。

110 千伏青北变电站　1994 年 12 月投运，主变压器容量为 3.15 万千伏安。1999 年 8 月增加 1 台容量为 3.15 万千伏安的变压器。该变电站为全户内布置，主要对市中心及西北部市区供电。

110 千伏西郊变电站　1999 年 12 月投运，主变压器容量为 4 万千伏安。2001 年 4 月新增 2 号主变压器，容量 4 万千伏安，为两圈有载调压变压器。该变电站主要向西部市区供电。

110 千伏花城变电站　2003 年 4 月投运，主变压器容量为 5 万千伏安，两圈有载调压变压器，主要向菏泽市东部开发区供电。

110 千伏牡丹变电站　2003 年 12 月投运，主变压器容量为 5 万千伏安，两圈有载调压变压器。进线有两回，分别接于 110 千伏赵青西线和 110 千伏赵园线，导线型号为 LGJ-300。10 千伏出线有 12 回，主要负责向牡丹工业园的供电。

35 千伏北郊变电站　现有容量为 1 万千伏安的两圈无载调压主变压器两台，35 千伏进出线有 3 回，10 千伏出线有 8 回，向市区供电 3 回（其中两条用户专线），其余 5 条向市北郊农村供电。

以上各变电站经过几年的建设改造，已全部实现通过微波、光纤等通讯通道向地调传输“四遥”，实现了“四遥”功能。

10千伏中压配电网　1998年年底，菏泽市区有10千伏配电线路29条，主干线路76.5千米，支线路98.5千米，多为单电源辐射供电；配电变压器950台，变电容量为16.3万千伏安（其中公用变52台，1.52万千伏安）。配电线路以架空线为主，沿城市干道布局，分为菏泽、青北、南郊、北郊等供电区域，主要担负菏泽城区的供电任务。

电网改造　大规模的农村电网建设改造工程自1998年10月开始启动，于2003年6月底全部结束。先后进行了第一、二期农网改造和一、二批县城电网建设改造。其间省计委分八个批次批复全市农村电网改造资金14.29亿元，其中第一期分五个批次下达资金9.34亿元，第二期分三个批次下达资金4.95亿元。

第一期农网改造工程　1998年10月开工，2001年5月28日完工，共完成农网建设改造资金9.44万元，占省批复资金总额的101.04%，超额完成969万元。该工程新建35千伏及以上变电站17座、变电容量20.46万千伏安，改造35千伏及以上变电站15座（次）、变电容量11.22万千伏安；新建35千伏及以上送电线路30条、347千米，改造35千伏及以上送电线路9条、78千米；新建、改造10千伏配电线路260条、1934千米。此外，对全市254个乡镇、6698个用电村的低压线路全部进行了更新改造：共改造配变台区10003台（次），其中新增配电变压器1160台、容量4.65万千伏安；更换高耗能配电变压器370台、容量1.59万千伏安；新建、改造低压线路2.43万千米。

2000年10月，农网改造

第二期农网改造工程　2001年11月开工，2003年6月完工。全市共完成农网建设改造资金4.95万元，占省批复资金总额的100.01%。该工程新建35千伏及以上变电站18座、变电容量32.05万千伏安，改造35千伏及以上变电站88座（次）、变电容量68.94万千伏安；新建35千伏

电网改造

及以上送电线路27条、232千米，改造35千伏及以上送电线路17条、151千米；新建、改造10千伏配电线路287条、1701千米。此外，对全市193个乡镇、4173个用电村的低压线路全部进行了更新改造：共改造配变台区5211台（次），其中新增配电变压器273台、容量2.19万千伏安；更换高耗能配电变压器1140台、容量6.21万千伏安；新建、改造低压线路4288千米。

第一批县城电网建设改造工程　2003年11月开工，2004年11月完工，省财政划拨资金2.74亿元。该工程新（扩）建35千伏及以上输变电工程10座、变电容量21.23万千伏安，改造35千伏及以上输变电工程18座、变电容量19.97万千伏安；新建、改造35千伏及以上线路23条、222千米；新建、改造10千伏线路83条、561千米；新建、改造配变台区384个；新建、改造低压配电线路1357千米，城区一户一表改造7.72万户。

第二批县城电网建设改造工程　2005年4月开工，11月完工，省财政划拨资金2.74亿元。该工程新（扩）建35千伏及以上输变电工程15座、变电容量31.37万千伏安，改造35千伏及以上输变电工程22座、变电容量18.03万千伏安；新建、改造35千伏及以上线路18条、184千米；新建、改造10千伏线路99条、615千米；新建、改造配变台区304个；新建、改造低压配电线路758千米，城区一户一表改造9.04万户。

到2005年年底，全市农网拥有110千伏变电站30座、主变压器45台、主变容量145.25万千伏安，35千伏变电站99座、主变压器186台、主变容量95.56万千伏安；拥有110千伏线路40条、506.3千米，35千伏线路163条、1438.5千米。

2005年菏泽市农网状况及农村用电情况统计表

表10-2-1

县别 / 完成情况 / 设备	曹　县	定陶县	成武县	单　县	巨野县	郓城县	鄄城县	东明县	合　计
110千伏变电站（座）	6	4	2	4	4	4	3	3	30
110千伏主变（台）	7	6	2	8	6	6	5	5	45
110千伏主变容量（千伏安）	227500	201000	63000	217500	241500	226000	146500	129500	1452500
110千伏输电线路（千米）	125	21	13	79	38	59	75	73	484
35千伏变电站（座）	14	10	11	15	10	16	12	11	99
35千伏主变（台）	23	19	22	29	18	31	22	22	186
35千伏主变容量（千伏安）	132300	121150	138200	123550	84700	190150	88850	76700	955600

续表 10-2-1

县别 / 完成情况 / 设备	曹　县	定陶县	成武县	单　县	巨野县	郓城县	鄄城县	东明县	合　计
35 千伏输电线路（千米）	197	115	178	225	136	232	170	185	1438
10 千伏配电线路（千米）	2353	927	1395.9	2171.7	1636	1755	1312.8	1379.6	12931
10 千伏配电变压器（台）	1237	793	1124	2386	1282	1095	1263	1022	10202
10 千伏配变容量（千伏安）	127800	83685	76390	141285	88325	119575	60460	64550	762070
400 伏低压线路（千米）	4781	1565	2345	5609	3274	2893	2789	2817	26073
农村电工人数（人）	786	272	367	620	631	519	276	313	3784
农村人口年均用电量（千瓦时）	357	455	472	335	384	711	200	479	503
乡、村、户通电率（%）	100	100	100	100	100	100	100	100	100
全社会用电量（万千瓦时）	52901	27737	29732	39227	36203	78166	15669	35780	315415

第二节　发　电

20 世纪 80 年代以后，随着生产用电和生活用电的迅速增长，菏泽地区大力发展电力工业，先后兴建了菏泽发电厂和一些地方小型发电厂，基本上缓解了供电紧张的状况。

菏泽发电厂

90 年代初，为缓和电力的供需矛盾，由中央、山东省、菏泽地区合资新建菏泽发电厂一期 2 台 12.5 万千瓦的火电发电机组，合计容量 25 万千瓦，总投资约 7.06 亿元人民币。1991 年 11 月和 1992 年 7 月两台机组相继并网发电。1995 年发电量 18.32 亿千瓦时。1998 年，菏泽发电厂二期 2 台 30 万千瓦扩建，由山东电力集团公司、山东国际信托投资公司、香港中华电力公司、法国电力公司四方共同投资，总投资 35.12 亿元，是全市迄今为止最大的工程项目。两台扩建机组分别于 2001 年 12 月和 2002 年 6 月投产发电，2003 年 8 月全部移交商业化运营。电力体制改革后，一期 30% 的中央股权划归中国华电集团公司，二期 36.6% 的山东电力集团公司股权划归中国国电集团公司。2003年8月，一、二期分别委托中国国电集团公司运营管理。三期工程2台30万千瓦燃煤发电机组，由中国国电集团公司、鲁能发展集团有限公司、菏泽市投资公司和山东天泽实业有限公司四方按照55%：25%：15%：5%股比合资兴建，预计2006年上半年第一台30万千瓦机组将投入运行。为充分发挥全市在煤炭、运输、水利等方面的优势，及时启动了四期工程2台100万千瓦发电机组前期工作，争取列入省"十一五"电力发展规划。截至2005年年底，国电菏泽发电厂共有职工1667名，累计发电350.66亿千瓦时，其中一期累计发电225.14亿千瓦时，实现利税12.46亿元。

国电菏泽发电厂

除国电菏泽发电厂外，菏泽地区还有一些小型火力发电厂。如：鲁晨热电有限公司装机容量为3兆瓦，受煤炭涨价因素的影响，2005年基本没有发电；菏泽锦江环保能源有限公司2001年建成投运（利用垃圾发电），年装机容量为2×6兆瓦，2005年发电量为6756万千瓦时；成武热电有限公司1×6兆瓦和1×3兆瓦热电机组，2001年建成投运，2005年发电量1881万千瓦时；曹县顺达热电有限公司装机总容量为6兆瓦，受煤炭涨价因素的影响，2005年没有发电；东明新兴热电有限公司装机总容量为2×1.5兆瓦，2005年发电量1270万千瓦时；颐海菏泽热电有限公司2002年建成投运，装机总容量为2×6兆瓦，2005年发电量为5741万千瓦时；鄄城热电厂1×6兆瓦热电机组于1999年建成投运，装机总容量为6兆瓦，2005年发电量为480万千瓦时；东明石化热电有限公司一期工程（1×6兆瓦）热电机组，1998年建成投运，2002年陆续新建2×12兆瓦热电机组报批公用电厂未获批准，2002年年底自动与电网脱离关系独网运行，后又新建1×30兆瓦热电机组，2005年装机总容量为60兆瓦，该电厂已与菏泽供电公司签订了并网意向，2006年将并入电网运行；菏泽交通集团寰宇热电有限公司于2005年7月投运，装机容量为1×6兆瓦。

至2005年年底，全市共有电厂10家，其中统调电厂1家，非统调地方电厂9家；装机容量96.7万千瓦，其中统调电厂85.0万千瓦，非统调地方电厂11.7万千瓦；发电54.02亿千瓦时，其中统调电厂52.39亿千瓦时，非统调地方电厂1.63亿千瓦时。

自备热电厂一角

1986—2005年菏泽市（地区）发电厂装机容量、发电量择年统计表

表10-2-2　　单位：兆瓦、亿千瓦时

厂名＼年份	1986		1990		1995		2000		2005	
	容量	发电	容量	发电	容量	发电	容量	发电	容量	发电
菏泽发电厂	—	—	—	—	250	—	250	—	850	52.39
鲁晨热电有限公司	3	0.19	3	0.21	3	0.23	3	0.25	3	
菏泽锦江环保能源有限公司	—	—	—	—	—	—	—	—	12	0.68
成武热电有限公司	—	—	—	—	—	—	—	—	9	0.19
曹县顺达热电有限公司	3	0.15	6	0.20	6	0.39	6	0.36	6	—
颐海菏泽热电有限公司	—	—	—	—	—	—	—	—	12	0.57
鄄城热电厂	—	—	—	—	—	—	6	0.28	6	0.05
东明新兴热电有限公司	—	—	—	—	—	—	3	0.15	3	0.13
交通集团寰宇热电有限公司	—	—	—	—	—	—	—	—	6	—
东明石化热电有限公司	—	—	—	—	—	—	6	0.37	60	—
合计	6	0.34	9	0.41	259	—	274	—	967	54.02

第三节　供　电

20世纪80年代中后期，菏泽电业局担负着全区的供电任务，负责向菏泽城区及郓城、鄄城、东明、巨野、单县、成武、定陶、曹县、梁山9县1市供电。

1986年以前，由于菏泽电网结构不合理，设备技术含量低，故停电现象时有发生。20世纪80年代中后期至90年代初，菏泽电业局加大了电网建设步伐，先后建设投运了220千伏巨野三里庙、菏泽赵楼、成武白庄等输变电工程，使菏泽电网结构日臻完善，供电质量明显提高。1998年以后，随着220千伏单县、曹县、郓城水浒、东明、定陶仿山等输变电工程的建成投运，尤其是2005年500千伏郓城变电站的投运，使菏泽电网形成了以500千伏为枢纽、220千伏为骨干网架、110千伏环网供电的结构。至2005年，梁山县的供电任务改为由济宁供电公司供电。至此，菏泽电网结构趋于合理化、科学化。

2004年7月建成的成武到菏泽的220千伏线路

供电网络　由于菏泽地域广阔，人口众多，经济欠发达，20世纪80年代中期之前，菏泽电网建设发展较慢，其主要特点是线路长，导线线径小，损耗大，单电

源供电，形不成环网供电，供电可靠性差。

80年代后期，伴随着改革开放的深入，菏泽电网开始迈入快速发展阶段。80年代末至90年代初，随着菏泽经济的发展和人民生活质量的不断提高，菏泽发电厂建成投产，开工建设了220千伏成武白庄等变电站，架设220千伏菏三线（菏泽发电厂至巨野三里庙变电站）、220千伏菏赵Ⅱ线（菏泽发电厂至菏泽赵楼变电站）、220千伏菏白线（菏泽发电厂至成武白庄变电站）。

配合菏泽发电厂二期工程的建设投运，1999—2003年，菏泽电网新增220千伏变电站4座（曹县、单县、郓城县、东明县各1座），初步形成了以菏泽发电厂为电源点和中心，以9条220千伏线路向7座位于各县城中心的220千伏变电站供电的辐射型网络，并且形成3条同省网相联接的220千伏联络线，即220千伏宁三线（济宁发电厂至巨野三里庙变电站）、220千伏白鱼线（成武白庄变电站至济宁220千伏鱼台变电站）以及2001年新增加的郓城水浒至济宁梁山220千伏线路，菏泽电网供电可靠性大大提高。

随着全市国民经济的发展，用电负荷的进一步提高，菏泽电网中的220千伏变电站主变容量已显不足，因此“十五”期末分别对220千伏三里庙、曹城、单城、水浒变电站进行增容改造，架设了220千伏曹城至单城联络线，菏泽电网得到进一步加强。

2005年，在牡丹区与定陶县交界处开工建设220千伏仿山变电站。该变电站建成投运，改善电网结构，增强了菏泽南部电网（牡丹区、定陶县、曹县）的供电能力，成为菏泽市中部重要的220千伏枢纽变电站。

2005年11月，500千伏郓城变电站建成投运，菏泽电网直接接入山东省网500千伏主网架。随着500千伏网架的建立，菏泽电网形成以菏泽发电厂、500千伏郓城变电站为电源点和中心，500千伏郓城变电站主供菏泽市北部和东部，8座220千伏变电站（变电总容量177万千瓦）主供各县区（除鄄城县以外）、菏泽发电厂主供菏泽地区西部与南部，通过13条220千伏线路向8座位于各县城中心的220千伏变电站供电的辐射型网络，并且通过500千伏郓泰线（郓城—泰安）、220千伏宁三线（济宁发电厂至巨野三里庙）、白鱼线（成武白庄至济宁鱼台）、浒梁线（郓城水浒至济宁梁山）4条线路与省网相连，菏泽电网结构布局更加合理，大幅度提高了供电的安全性和可靠性，初步建成了比较坚强的菏泽电网。

220千伏仿山变电站

变电站　巨野三里庙变电站是菏泽电网第一座220千伏变电站，于1984年4月动工兴建，1985年年底竣工。至2000年末，菏泽供电公司拥有220千伏变电站4座（三里庙站、赵楼站、白庄站、单县站），变电容量75万千伏安，110千伏变电站5座（菏泽站、南郊站、青北站、沙土站、西郊站），变电容量27.9万千伏安。至2005年年底，全市供电区拥有1座500千伏变电站，变电容量75万千伏安；8座220千伏变电站，变电容量177万千伏安；39座110千伏变电站，变电容量200.3万千伏安。

第四节　用　电

1986年以后，随着工农业生产的发展和人民生活水平的提高，尤其是以石油、化工、纺织等行业为主的现代化企业的发展壮大，全区工业用电量明显上升。2000年，全市工业用电量10.13亿千瓦时，全社会用电量23.03亿千瓦时，分别比1985年增长389%、426%。随着省委、省政府实施“东西帮扶”“突破菏泽”战略的实施，菏泽市政府加大招商引资力度，一大批工业项目落户菏泽，全市全社会用电量迅速猛增，用电构成也发生很大的变化。电网从城区延伸到广大农村，农业生产和乡镇工业等广泛使用电力；城市工业用电逐步增加；城乡居民生活用电也从单一的电灯照明发展到多种家用电器用电。至2005年底，全市全社会用电量达到48.16亿千瓦时，其中：农业用电量3.45亿千瓦时，工业用电量24.94亿千瓦时，交通运输业用电量1.13亿千瓦时，居民生活用电量为13.97亿千瓦时，分别占全社会用电量的比重为7.16%、51.78%、2.35%和29%。

1986—2005年菏泽市（地区）用电量分类统计表

表10-2-3　　单位：万千瓦时

年　份	全社会最大负荷（兆瓦）	全社会	第一产业	第二产业	第三产业	居民生活	城市居民	乡村居民
1986	101	58466	12392	35793	4667	5614	3763	1851
1987	113	67757	16920	40077	5325	5435	3611	1824
1988	127	80152	21404	45750	5832	7166	4990	2176
1989	136	82006	21643	43222	7105	10036	5982	4054
1990	185	84160	23115	46407	6549	8089	5333	2756
1991	203	92776	22131	49164	9055	12426	7031	5395
1992	227	106883	24963	50783	10607	20525	9346	11179
1993	251	106899	23052	45557	12245	26045	11802	14243
1994	278	122382	26252	51964	13905	30261	13244	17017
1995	319	136022	29610	60063	14100	32222	14442	17780
1996	353	145885	32789	61967	16107	35022	16324	18698
1997	406	163363	34814	68533	18922	41094	18710	22384
1998	398	159214	31134	65198	17996	44886	20726	24160
1999	450	182631	35289	71343	19842	56157	26836	29321
2000	499	230305	39671	101282	23079	66273	34748	31525
2001	530	260331	41513	114464	29904	74450	36092	38358

续表 10-2-3

年　份	全社会最大负荷（兆瓦）	全社会	第一产业	第二产业	第三产业	居民生活	城市居民	乡村居民
2002	683	318765	41526	145607	32383	99249	39595	59654
2003	743	345137	31811	170538	34506	108282	43844	64438
2004	825	399853	32970	200770	41718	124395	49965	74430
2005	917	481621	34535	249390	57956	139740	58690	81050

工业用电　菏泽市工业用电以电力、石油、化工、纺织、食品等行业为主。1986年以前，域内工业欠发达，工业用电量相应较小，主要以纺织、化工等为主，年用电量仅为2.07亿千瓦时，占全社会用电量的35.38%。

20世纪90年代以后，随着产业结构的不断调整，以电力、石油、化工、纺织为龙头的工业企业迅猛崛起，菏泽发电厂、东明石化集团、菏泽棉纺织厂等企业先后建成投产，全区工业用电量随之增长。2000年，全市工业用电量达10亿千瓦时，比“八五”期末增长383%，占全社会用电量的43.42%。

自省委、省政府实施“突破菏泽”战略以来，煤矿、食品、医药等一大批工业项目相继建成投运，使全市工业用电量迅速增长。特别是煤矿用电量增加较多：2005年用电量达到1.7亿千瓦时，比2004年的7117万千瓦时增长140%。至2005年年底，菏泽市工业用电量达到24.94亿千瓦时，占全社会用电量的51.78%；比2000年增加14.94亿千瓦时，增长150%；比1985年增加22.87亿千瓦时，增长12倍。

2005年菏泽市工业用电分类统计表

表 10-2-4　　单位：万千瓦时

项　目	用电量	用电比例
工业用电量	249390	100
1. 轻工业	115561	46.34
2. 重工业	133829	53.66
（一）采矿业	17696	7.10
1. 煤炭开采和洗选业	17068	6.84
2. 石油和天然气开采业	628	0.25
（二）制造业	151454	60.73
1. 食品、饮料和烟草制造业（轻）	11947	4.79
2. 纺织业（轻）	57543	23.07
3. 服装鞋帽、皮革羽绒及其制品业（轻）	4388	1.76
4. 木材加工及制品和家具制造业	4882	1.96
5. 造纸及纸制品业（轻）	10637	4.27
6. 印刷业和记录媒介的复制（轻）	2182	0.87

续表 10-2-4

项　目	用电量	用电比例
7. 文体用品制造业（轻）	2293	0.92
8. 石油加工、炼焦及核燃料加工业	650	0.26
9. 化学原料及化学制品制造业	20697	8.30
10. 医药制造业（轻）	3729	1.50
11. 化学纤维制造业（轻）	912	0.37
12. 橡胶和塑料制品业	6756	2.71
13. 非金属矿物制品业	8755	3.51
14. 黑色金属冶炼及压延加工业	1864	0.75
15. 有色金属冶炼及压延加工业	439	0.18
16. 金属制品业	3528	1.41
17. 通用及专用设备制造业	5525	2.22
18. 交通运输、电气、电子设备制造业	1782	0.71
19. 工艺品及其他制造业（轻）	2409	0.97
20. 废弃资源和废旧材料回收加工业	924	0.37
（三）电力、燃气及水的生产和供应业	80241	32.17

农业用电　域内农业用电主要以农田灌溉为主。1986 年，全区农业用电量 1.24 亿千瓦时，占全社会用电量的 21.20%。90 年代，随着经济体制改革的不断深入和农村电网建设改造，电能供应基本能够满足全社会用电需求，全区各乡镇、村办企业和个体企业不断发展，农田排灌面积逐渐增加，农业用电量也不断提高。1990 年，全区农业用电量达到 2.31 亿千瓦时，比 1986 年增加 1.07 亿千瓦时。

1998 年，菏泽电业局对下属 8 个县全部实行行业代管，对农电工实行统管，减少大量农电工，减轻了农民的经济负担，带动了农业用电的发展。尤其是实施农村电网和县城电网改造后，农网结构更加坚强，乡镇及农村加工业蓬勃发展，用电量增加较多。2000 年，全市农业用电量 3.97 亿千瓦时，占全社会用电量的 17.2%。2005 年，全市农业用电量 3.45 亿千瓦时，占全社会用电量的 7.17%。

2005 年菏泽市农业用电分类统计表

表 10-2-5　　单位：万千瓦时

项　目	用电量
农业用电量	34535
1. 农业	17488
2. 林业	574
3. 畜牧业	879
4. 渔业	383
5. 农、林、牧、渔服务业	15211
其中：排灌	13044

生活用电改革开放以来，菏泽市城乡居民生活水平和生活质量不断提高，尤其是实行城乡电网改造、居民生活用电同网同价后，全市居民生活用电量迅速增加。1986年，全区居民生活用电量5614万千瓦时，占全社会用电量的9.60%；2000年，全市居民生活用电量6.63亿千瓦时，占全社会用电量的28.78%；2005年，全市居民生活用电量13.97亿千瓦时，占全社会用电量的29.01%，其中城镇居民生活用电5.87亿千瓦时，乡村居民8.10亿千瓦时。

第五节 电力调度

菏泽电力调度中心是全市电网安全运行的指挥、协调综合部门。其主要任务是：领导菏泽电网的运行和操作，对地调管辖范围的通讯及远动自动化设备负责运行和检修管理。

随着菏泽电网建设的加快，线路的潮流分布趋于合理，运行更加经济安全。同时，随着电网规模的扩大，设备的变更和管辖范围的变化，于1987、1991、1994、1996、1998、2002年6次修订、完善菏泽地调调度规程，加强调度运行、继电保护、运行方式、负荷预测和通讯管理工作，确保了菏泽电网安全可靠运行。

2005年年底，菏泽电力调度中心负责8个趸售县的电网调度（济宁市梁山县2005年5月起划归济宁供电），市供电公司直属8座220千伏变电站、9座110千伏变电站、13座35千伏变电站及菏泽鲁晨电厂（3000千瓦）、菏泽环保电厂（2×6000千瓦）、菏泽颐海热电厂（2×6000

1985年11月7日，菏泽电业局调度室投运

千瓦）、菏泽交通热电厂（6000千瓦）、曹县顺达热电厂（2×3000千瓦）、成武热电厂（3000千瓦+6000千瓦）、东明石化电厂（2×12000千瓦+6000千瓦+3000千瓦）、东明新兴电厂（2×1500千瓦）、鄄城热电厂（6000千瓦）9个地方电厂的调度管理和运行。

在调度通讯方面，完成了菏泽电网城区通讯光缆环网运行，菏泽电网调度自动化系统完成了三次升级改造，使得遥测、遥信、遥调功能运行更加可靠。

菏泽供电区电源主要经500千伏郓泰线（郓城至泰安）和220千伏宁三线（济宁发电厂至巨野三里庙）、白鱼线（成武白庄至济宁鱼台）、浒梁线（郓城水浒至济宁梁山）4条线路与省网取得电力，由500千伏郓城变电站（主供菏泽地区北部

2004年11月，全市电力调度中心

和东部）、220千伏水浒变电站、巨野三里庙和成武白庄变电站向菏泽电网输送电能；另外，以菏泽发电厂为中心的供电电源主要由220千伏菏曹线、菏赵Ⅰ、菏赵Ⅱ线、菏浒线、菏三线与菏白线向220千伏曹城变电站、赵楼变电站和郓城水浒变电站送电。各县区小火电厂分别通过10千伏线路向各县电网供电。东明石化企业自备电厂主供石化集团用电，不与菏泽电网连接。2005年年底，菏泽电网通过13条220千伏线路形成向8座位于各县城中心的220千伏变电站供电的辐射型网络，线路的潮流分布趋于合理，电网运行更加经济便捷。

郓城500千伏线路

第六节 管 理

电力工业作为国民经济的基础产业，直接关系到社会稳定和经济发展。菏泽供电公司始终坚持“安全第一，预防为主”的方针，不断推广使用新技术、新设备，加大科技含量，致力于打造坚强的电网，确保安全供电。1990年年底，设立安全质量监察部，负责供电安全、质量的监督监察工作。1996年，菏泽电业在全区率先推行承诺服务措施。2000年起，实施“彩虹工程”，电力优质服务水平不断提升。至2005年年底，菏泽供电公司实现连续安全生产3026天，创历史最高纪录。

安全生产管理 1986年后，菏泽电业部门一直贯彻安全第一的方针，在职工中进行经常性的安全教育。主要内容有：安全思想教育（包括劳动纪律教育）和安全知识教育（包括安全规程、制度、电气安全知识、防触电知识、消防知识、救护知识等）。

严格执行两票三制、安全生产责任制、设备定期检修等制度，将安全生产工作关口前移、重心下移。围绕公司控制障碍、车间控制异常、班组控制违章的“三级控制”目标，制定了“三级控制”措施。通过“个人保班组、班组保车间、车间保公司”，确保了公司安全生产。推行标准化作业，提高安全工作的管理水平。坚持“以人为本”，大力推进企业安全文化建设，大力营造安全文化氛围，进一步提高全体职工的安全意识，使安全生产工作成为自觉的工作行为。

用电管理 用电管理主要包括计划用电、节约用电和安全用电三个方面，也叫作“三电”。1983年，菏泽地区“三电”办公室成立，负责菏泽供电区的“三电”管理工作，归属菏泽地区经委、菏泽电业局领导。同时，菏泽地区内的国家大型企业也相应设置“三电”管理机构，接电容量在315千伏安及以上的用户设有专职或兼职的人员，负责本企业的“三电”管理工作。随着供电形势的好转，供需矛盾不再突出，“三电”管理的职能和作用逐步淡化。2003年，市政府经贸委成立电力科，负责全市的电力监管工作。

计划用电　1986年，菏泽地区根据国务院《加强计划用电，实行凭证供电办法》《关于按省、市、自治区实行计划用电包干的暂行管理办法》，以及山东省经委、省电力工业局《山东省计划用电包干暂行管理办法》等一系列文件精神，对315千伏安及以上用电单位开展用电大普查，按照定电力负荷、定电量、定用电时间、定用电单耗的"四定"标准发放用电证，实行凭证包干供电的办法。其后在实行用电包干的基础上，实施更加严格的计划管理办法，对315千伏安及以上的大工业用电户和趸售县电业局实行计划用电考核，并对超用电者根据有关办法进行罚款和加价计收电费，控制超计划用电。根据省"三电"办公室的每年分配的电力负荷指标以及电量指标，实行合理分解，报行署批准执行。按照保证重点、兼顾一般的用电原则，即平时保重点企业，抗旱和"三夏"时保农业，"双节"期间保照明，将指标分配到供电区的各单位和趸售县局。同时，还根据省"三电"办每月下达的供电指标，向用电单位下达月度用电指标，并对各单位进行用电负荷、用电量、负荷率、功率因数、最高负荷等指标的月度考核。1987年菏泽供电最高负荷达到10.3万千瓦，年供电量6.08亿千瓦时。1986年限电拉路达到2894条次，1987年为1220条次。

2004年6月，停电应急演练

1998—1999年供电形势发生了重大变化，供电不足转向供电盈余，电力开始出现过剩。为解决电力过剩问题，开始采取一系列市场开拓措施，鼓励用户用电。大力推广电锅炉，实行电价优惠，比普通工业用电每千瓦时优惠0.2元左右；鼓励居民用户多用电能，对于每月用电量超过150千瓦时的用户电价优惠10%，超过300千瓦时的用户每千瓦时优惠20%；引导城市实施光亮工程，对城市光亮工程峰段用电也按平段电价执行。同时为增供扩销，还采取了广泛宣传电力供应形势，介绍使用电能的优越性，缩短用户报装时间，为用户提供及时报装服务等措施。

节约用电　菏泽是农业大市，居民生活水平整体偏低，居民生活用电负荷相对较小，工业负荷占有相当比重。1986年菏泽全社会用电量总计5.85亿千瓦时，其中工业用电量为3.58亿千瓦时，占整个用电量的61.13%，1990年菏泽全社会用电量为8.42亿千瓦时，其中工业用电量为4.64亿千瓦时，占整个用电量的55.14%。并且如纺织、造纸、拖拉机制造、油嘴油泵等大企业的产品单耗都比较高，所以节约用电的重要性非常大。1985—1995年，菏泽地区按照国务院节能2号指令、1987年国发〔1987〕25号国务院转发国家经委国家计委《关于进一步加强节约用电的若干规定》的通知以及山东省有关节电规定，开展了广泛的节电宣传、节电培训，推广应用节电新技术、新产品等活动。菏泽地区三电办每月对菏泽棉厂、造纸厂、拖拉机厂、化肥厂等进行产品单耗考核，督促其采取节电措施，应用节电新技术等。

1999—2000年，由于供电形势的转变，电力供应由短缺转为过剩，新的电力促销措施不断出台，开始出现全力鼓励用电的现象，显得节约用电不适时宜，给节约用电工作带来了很大被动。同时由于受整个宏观经济形势的影响，很多企业效益下滑，甚至是生产停滞，节约用电已经很难开展。因此，“三电”的管理性质、地位和作用相对下降，管理职能受到很大削弱，甚至是“三电”工作停止。2003年，市政府经贸委成立电力科，负责全市的电力监管工作。

安全用电　安全用电是用电监察的一个重要组成部分，按照电力部制定的《用电监察条例》，由专门的用电监察人员开展安全用电监察工作。对全市重要企业、行政事业等单位的电器工作人员进行安全培训、考试考核，并颁发电工证，进一步提高安全用电的管理水平。同时，用电安全监察人员每年定期开展春季、夏季、冬季安全用电大检查，对用户的设备、人员加强管理，对存在安全隐患的电力设备下达“用电设备缺陷和用电不安全因素通知单”，要求用户限期进行整改。用户在新装、增容等业扩工程的设计、施工、验收，都有安全监察人员参加。对存在安全隐患的配电设备，安全用电管理人员有权拒绝接火送电。在同时开展标准化配电室设计的同时，还制定了多项管理制度，如《交接班制度》《设备巡视检查制度》等。

2004年4月，在农村集市进行《电力法》、安全用电宣传

电价管理　1986年，用电营业管理业务由菏泽电业局用电科负责；1992年成立用电管理所，用电营业管理工作改由用电管理所负责。1986—2005年，电价分类一直执行水利电力部于1975年修订颁发的《电、热价格》中的电价分类标准，将电价分为照明、非工业、普通工业、大工业、农业生产和趸售6大类。1993年，将照明电价分为生活照明电价和非生活照明电价。同时对电石、合成氨、电炉黄磷和电解烧碱四种用电实行一定优惠，对化肥用电实行单独优惠。到1994年，根据国家计委、电力部《关于山东电网峰谷分时电价试行办法的批复》，开始对工业用电等实行峰谷分时电价政策。

1987年起，根据水利电力部、国家经济委员会、国家物价局《关于多种电价实施办法的通知》，菏泽开始执行在目录电价的基础上，加收还本付息、小火电加价、燃料差价、超计划加价等多种电价政策。由于新机组的不断投产，电价调整非常频繁。同时，在电价的基础上加收电力建设基金、城市附加、用电附加、三峡基金等，且加价范围、标准等不统一，造成电价比较混乱。1997—1998年，国家、省对电价进行整顿、合并，对不合理的加价予以取消。各县供电局销售电价有所不同，主要原因在于曹县、东明县、鄄城县、牡丹区有小火电厂，小火电发电量在本县区销售，其差价在本县区均摊。1998年，随着电力体制改革的不断深入，电价改革也不断推进。2004年，由于煤炭价格的不断攀升，国家实行煤电价格联动政策，连续两年对电价进行调整，主要用于弥补发电企业因煤炭价格提高造成的成本上升。

第三章　煤炭化学工业

菏泽煤炭、化学工业在“七五”“八五”两个计划期间完成投资5.26亿元，装备水平大幅度提高，产品结构整体优化，初步形成以支农化工、有机化工、石油化工、橡胶加工为主体的行业格局。企业的管理水平得到提高，运营质量改善。“无泄漏工厂”“清洁文明工厂”、省市重点骨干企业不断涌现。1996年实现工业产值6.1亿元，销售收入8.3亿元，利税1.01亿元，各项经济、技术指标均创历史新高。在“九五”“十五”期间，企业经受亚洲金融风暴的冲击，承受三角债的困扰，经过计划经济向市场经济转变的严峻考验和洗礼，在科技进步和产品优化的大潮中优胜劣汰，企业整体素质不断提高，经济总量迅速膨胀。2005年，全市煤炭化学工业实现产值73.28亿元、销售收入71.73亿元、利税6.03亿元、利润3.50亿元，分别比1996年增加11倍、7.6倍、5倍、6.6倍。

1986—2005年菏泽市（地区）煤炭化工系统基本情况统计表

表10-3-1

年　份	企业个数（个）	职工人数（人）	固定资产（万元）	产值（万元）	销售收入（万元）	利税（万元）	利润(万元)
1986	23	5384	4227	7065	6061	501	−183
1987	21	6039	4136	9083	10048	1052	193
1988	24	7138	8307	12649	15811	1899	551
1989	20	7826	11204	13572	21593	2870	1493
1990	21	7166	11819	12277	18310	3129	949
1991	21	7706	14857	21809	21659	3527	1058
1992	20	9421	18998	29982	28927	3999	1333
1993	19	10279	23126	38943	49835	4649	1572
1994	18	9991	47807	46362	55863	8052	1803
1995	20	11113	68592	49164	67786	8105	3063
1996	21	10326	77289	60586	83104	10109	4564
1997	19	11744	84583	45716	75495	8205	3814
1998	21	10285	69757	44570	67525	2798	−1402

续表 10-3-1

年　份	企业个数（个）	职工人数（人）	固定资产（万元）	产值（万元）	销售收入（万元）	利税（万元）	利润（万元）
1999	18	8483	63611	47284	67553	5686	638
2000	16	6791	42951	58035	103822	8832	3361
2001	17	7591	52936	59986	100524	7457	2483
2002	15	7651	59912	111206	182997	17046	11205
2003	18	8287	62303	176214	287899	25473	13321
2004	14	7529	36625	409018	418130	33182	13604
2005	13	7711	106351	732763	717310	60257	35009

第一节　化肥农药

化肥　境内化肥主要是小氮肥和磷肥。1986—2005 年，全市共生产碳酸氢铵 281 万吨，磷肥 30 万吨，为农业发展做出了贡献。

小氮肥　梁山县化肥厂：1986 年前生产能力为年产合成氨 1 万吨、碳酸氢铵 4 万吨。1988 年实行承包经营，因亏损严重，资金困难，1989 年被迫停产。1990 年划归济宁地区。

成武县化肥厂：生产能力为年产合成氨 7000 吨、碳酸氢铵 2.8 万吨。在资金困难的情况下，该厂加强企业管理，1987 年、1988 年、1989 年连续 3 年扭亏为盈。1989—1990 年进口化肥过多，国内化肥市场疲软，1990 年又陷入亏损，1991 年停产。

菏泽跃进化肥厂：1986 年生产合成氨 1 万吨、碳酸氢铵 4 万吨。通过技术改造，年生产能力提高到合成氨 2 万吨、碳酸氢铵 8 万吨。1990 年关停年产 3000 吨半补强炭黑装置，以天然气为原料，投资 3150 万元，建设年产 2500 吨氰化钠项目。1991 年更名为菏泽市化工总厂。由于企业膨胀过快，债务负担较重，加之 1998 年受亚洲金融风暴的冲击，化肥市场疲软，而氰化钠装置生产不正常，产品又因国家整顿小金矿、黄金行业用氰化钠量减少，销售市场萎缩，企业陷入严重亏损，1999 年被迫停产，2000 年破产卖出。氰化钠装置卖给菏泽振兴集团公司成立菏泽市化工有限公司。该公司实行承包经营，2001 年又投资建设年产 2000 吨叔丁铵装置，当年投产。但因总体经济效益不好，2002 年又停产。2003 年卖给私人经营，生产几个月后因天然气管道被施工单位掘坏而停产。化肥装置卖出后，成为民营企业——菏泽泰龙化工有限公司。该公司对设备进行整顿和部分改造，改革内部人事制度，精减机构，对车间人员实行优化组合，从而降低了成本，使生产形势逐步好转。2001 年又扩建、改造，使年产量达合成氨 5 万吨、碳酸氢铵 20 万吨。2005 年实现销售收入 7686 万元。

郓城县化肥厂：1986 年生产能力为合成氨 7000 吨、碳酸氢铵 2.8 万吨，后经扩建改造，年生产能力提高到合成氨 4.5 万吨、碳酸氢铵 18 万吨。1995 年适逢化肥市场旺季，利润超过 300 万元，1996 年、1997 年又连续两年超过 500 万元，成为地区重点企业。1998 年因受亚洲金融风暴的冲击，化肥市场疲软，企业陷入亏损，资金短缺，运营困难。2000年卖出成立郓城县化工有限公司，成为民营企业。至2005年，该厂生产能力达到合成氨5万吨、碳酸氢铵20万吨，实现销售收入6561万元。

东明县天然气化工厂：1986年经省计委批准进行原料路线改造，新型装置以天然气为原料，年生产能力为合成氨1.5万吨、碳酸氢铵6万吨，并附设年产2万吨石灰窑1座。1987年10月建成投产，1988年又建成年产4500吨半补强炭黑装置。1989年因化肥进口失控，国内化肥市场低迷，经营困难。该企业审时度势，从科技进步入手，加强新产品开发，全国第一家将高压溴化锂制冷用于合成氨生产，从而调整了产品结构，生产液氨。该项目被评为省化工系统科技进步二等奖。同时，与中原油田合资建设年产5000吨环己酮项目。接着又进行大规模改造，年生产能力达到1万吨，成为国家大型企业，并被命名为“无泄漏工厂”“清洁文明工厂”。1995年利税276万元，1996、1997年连续两年利税超500万元。1997年4月改制，归属山东东明石化集团。1998年12月，化肥装置和环己酮装置由山东天源化工公司和山东东明石化集团化肥公司分开经营，因化肥和环己酮两套装置水、电、原料紧密相连，相互制约严重，不可分割，加之分开后又遇亚洲金融风暴的冲击，氮肥和商品环己酮市场一时低迷，企业缺乏克服困难的勇气和措施，停产等待而不能启动。2002年破产，2003年被东明方明集团收购，两套装置合并成立山东东明方明化工有限公司。该公司大力进行人事制度改革，简化行政科室，精减人员，择优上岗，加强两套装置的统一调度，生产形势转好，盈利水平提高。2005年实现工业产值11888万元，销售收入11960万元，利税607万元，又新建年产6万吨环己酮装置一套，项目投产后将成为国内商品环己酮第一家。

磷肥 1986年域内有5家磷肥厂，由于产品普通过磷酸碳钙和钙、镁磷档次太低，在农用化肥中逐步被淘汰。尽管各企业想方设法搞多种经营，如单县磷肥厂上年产1万吨硫酸项目，定陶县磷肥厂1995年改制成立定陶县东兴化工有限公司后，上年产20万立方溶解乙炔和年产200吨混凝土早强剂项目，巨野县磷肥厂上年产2.2万吨矿渣水泥项目，但仍然没能摆脱经营困难局面。梁山县磷肥厂1989年因亏损，资金困难，1990年停产后划归济宁地区；巨野县磷肥厂1996年停产；菏泽市磷肥厂1993年停产；单县磷肥厂2002年停产；定陶县东兴化工有限公司2003年停产。

农药 1986年，菏泽农药厂经过停产整顿后恢复生产。经过新产品开发，主要产品的年生产能力为倍硫磷200吨、DC－分散剂200吨、灭多威500吨、乙酰甲胺磷200吨、淀粉膦酸酯500吨。1989年改制成立菏泽源丰农药有限公司，1995年出现亏损未能扭转，1998年停产。1999年破产卖出变为民营企业，2000年恢复生产。2001年该企业厂址被菏泽网通公司收购，公司迁址牡丹区黄岗镇南王庄，主要产品三聚磷酸钠年生产能力为4万吨，DC－分散剂生产能力为800吨。2005年，该企业实现工业产值1345万元，销售收入1145万元，利税3万元。

第二节 有机化工

1986—2005年，市内有机化工企业主要有梁山油漆厂、山东单县化工有限公司、鄄城县华意有限公司、山东金蓝有限公司、菏泽仕达化工有限公司、山东圣奥化工股份有限公司等。

梁山油漆厂 1986—1989年，梁山油漆厂累计实现利税2486万元。产品有8大类，100多个品种，年生产能力为1万吨。平均每年实现产值2937万元，销售收入3714万元，利税477万元。1990年划归济宁市。

单县化工有限公司 原名单县有机化工厂，位于单县城东南4千米处，是全国橡胶促进剂骨干企业。1987年，该厂开发化学试剂产品，生产无水乙醇、丙酮、丁醇、乙醚、氯仿等16种化学试剂，其中无水乙醇为省优质产品。1988年开发生产橡胶防老剂SP、SP-C，其中防老剂SP获山东省化工系统科技进步二等奖，被评为省优质产品。1989年开发酒精原料乙酸、香料己酸、乙酸乙酯等产品，被定为山东省食品添加剂专业定点厂。1994年投资480万元建成投产，年产1000吨橡胶促进剂M和年产500吨橡胶促进剂DM，跨进生产橡胶促进剂专业厂家的行列。1995年投资800万元扩大橡胶促进剂M的生产能力，并建成年产500吨CBS、NOBS项目。至此，该企业年生产能力为橡胶促进剂2300吨、化学试剂600吨、食品添加剂100吨。1997年开发过氧化氢法生产TMTD产品，并取得自营进出口权。1998年12月，该厂改制成立股份制公司——山东单县化工有限公司。公司成立后，加大人事制度改革力度，对总经理实行“一书四制”（总经理责任书、经营目标责任制、年终经营成果综合评价制、风险抵押制、年薪制），并建立“干部能上能下，职工能进能出，工资能高能低，工作看实绩，收入凭贡献，岗位靠竞争，岗动薪动”的管理机制，对中层以上干部坚持由人本管理向能本管理的转变，全部实行聘任制和目标管理考核办法，充分调动了公司干部的积极性和责任心，企业增强了活力，科技创新和新产品开发速度加快，出口创汇额度增加。1999年，成功开发农药中间体2-氯苯骈噻唑，并形成800吨的年生产能力。2000年，产品TMTD采用氯气法生产，并将年生产能力提高到800吨；开发橡胶促进剂NS，并形成500吨年生产能力。2001年，开发橡胶促进剂油化及造粒产品，形成4000吨年生产能力，并通过ISO 9002国际质量体系认证。2002年，开发新产品DPG，形成500吨年生产能力，并将产品DM和CBS的生产能力由1000吨分别扩至2000吨。2003年，开发新产品防焦剂CTP，形成年500吨生产能力；通过技术改造，将产品M的年生产能力由7000吨扩至8500吨，NS的年生产能力由500吨扩至2000吨，DM的年生产能力由2000吨扩至4000吨，DPG的年生产能力由500吨扩至1000吨。2004年，又将CBS的年生产能力扩至4000吨，NS的年生产能力扩至4000吨，TMTD的年生产能力由1000吨扩至4000吨。2005年，再上新台阶，M的年生产能力达到1万吨，NOBS的年生产能力由1500吨扩至4000吨，CBS的年生产能力达到8000吨。科技的发展和技改工作的逐步加强使企业的销售收入和利税快速增长，2002 年起销售收入年年超亿元，利税过千万元，产品的生产、销售均列国内同行厂家的第一名，成为排头兵。2005 年，单县化工有限公司有员工 1000 人，占地面积 24 万平方米，资产总额 1.6 亿元，主要产品有橡胶硫化促进剂 MBT、MBTS、CBS、DCBS、NOBS、TBBS、TMTD、DPG，防焦剂 CTP 及造粒，油化等多种橡胶促进剂品种，年生产能力 3 万吨，产品出口到东南亚，欧美等 30 多个国家和地区，先后获得市重合同守信用企业、中国农行 AAA 级信用企业、中华人民共和国海关 AA 级企业、全国石油和化工优秀民营企业、中国橡胶行业出口创汇先进企业等称号。

山东涂伦化工有限公司（单县） 是一家集科研、生产、经营、技术服务于一体，以生产油田化学品为主的高新技术企业。该公司占地 13.9 万平方米，注册资金 1080 万元人民币，拥有两个生产基地、一个研究所和一个中试车间，配备了现代化的科研实验仪器以及先进的质量检测手段，是中国石油天然气集团公司、中国石油化工集团公司指定的网络定点生产厂家。公司与国内外有关科研院所、高等院校及油田、建筑、环保、农林等行业和部门有着广泛良好的合作关系，是清华大学石油石化研究中心生产实验基地。公司以油田化学品为龙头，同时还开发了混凝土外加剂（TLJ－108 复合早强剂）、水处理剂及用于林木栽培、植物种植业的抗旱保水剂等系列产品；不仅可提供优质的产品，而且还能提供多种油田工程技术服务及防腐工程等。TLJ－108 复合早强剂适用于工期较紧，需提前使用的现浇及预制混凝土构件扩预拌混凝土工程。

1996—2005 年单县化工有限公司主要经济指标统计表

表 10-3-2　　　　单位：万元

年 份	工业产值	销售收入	利 润	利 税	创 汇
1996	2111	2180	5	102	244
1997	2371	2195	0.4	117	189
1998	3270	2776	1.6	174	778
1999	4719	3946	100	370	1083
2000	8918	6307	262	688	1949
2001	10300	8713	566	1470	1959
2002	15780	12246	786	1825	2921
2003	23227	17660	1119	2124	6949
2004	38227	23269	1660	3493	11941
2005	49705	43095	3718	6428	22107

鄄城县华意有限公司 原名鄄城县化工厂，1988 年建成投产，产品为原甲酸三甲酯，年生产能力 100 吨。1994 年企业更名为鄄城县化工总厂。因亏损严重，1999 年 3 月破产卖出，成为民营企业——鄄城县华意有限公司，产品改为优氯净（二氯

异氰尿酸钠，三氯异氰尿酸钠），年生产能力为1200吨。2005年，该公司实现工业产值30117万元，销售收入30007万元，利税307万元。

山东金蓝实业公司 原名鄄城县化工厂助剂厂，1990年建成投产，主要产品是三聚磷酸钠、环氧大豆油。1993年，新产品外来妹洗衣粉开发成功投产，工厂更名为山东金蓝实业公司，年生产能力为浓缩洗衣粉2万吨。1998年生产能力为浓缩洗衣粉7万吨，三聚磷酸钠3000吨，环氧大豆油300吨。1999年9月，被济南小鸭集团兼并，企业就此停产。

菏泽仕达化工有限公司 原名菏泽精细化工厂，1994年3月建成投产，生产能力为年产500吨高档油漆，主要生产聚酯漆。因油漆市场看好，该厂投产后效益较好，1995年由地区财政局出资975万元进行扩建改造，并将厂址迁至定陶路石油库东、丹阳办事处大屯行政村南，从施工到建成仅用68天。新厂年生产能力增加到2000吨，主要产品有聚酯漆、聚氨酯漆及硝基、氨基漆四大类，300个花色品种。由于缺乏对市场变化情况的调研和估计，只顾大批量生产，致使产品大批积压。1997年财政局督导人员退出，厂内因经营机制不活、管理不善、亏损严重，无法开展生产经营活动。1998年8月改为股份制企业，成立菏泽仕达化工有限公司。该公司首先从改革人事制度入手，加强各项管理工作，当年扭亏为盈，实现利润8.4万元。1999年后，公司以财务管理为中心，使各项管理工作更加深入扎实，特别是在成本管理、产品销售、货款回收、产品质量和新产品开发上下功夫。2002年生产能力达3000吨，产品8大类，500多个花色品种。2005年完成工业产值744万元，销售收入671万元，利税19万元。

山东鄄城建融有限公司 原名鄄城县精细化工厂，1995年建成投产，主要生产优氯净（二氯异氰尿酸钠），年生产能力为500吨。后因欠建设银行贷款，工厂被承担贷款的自然人接收，1998年10月改为股份制公司——山东鄄城建融有限公司。该公司生产能力1999年扩大到1200吨，2003年增加到5000吨。2005年，实现工业产值3389万元，销售收入2697万元，利税73万元。

山东圣奥化工股份有限公司 在原山东橡胶助剂厂破产后改制成立，其前身则是曹县有机化工厂。该厂1986年主要生产橡胶防老剂RD，年生产能力400吨。随着对新产品的开发，1991年生产能力为橡胶防老剂RD1200吨，“4010”600吨、4010NA500吨，企业更名为山东橡胶助剂厂，成为当时国内较大的橡胶助剂生产厂家。1998年，该厂生产能力发展到橡胶防老剂RD1500吨、4010NA3000吨、“4020”1500吨，成为国家大型企业。该企业曾是一个经济效益较好的单位，1994—1996年累计完成工业产值32894万元，销售收入27249万元，利税4392万元，1995年、1996年连续两年销售收入过亿元，利税过千万元。但是由于机制不活，管理滞后，市场萎缩，缺乏技术保障力，1998年破产被菏泽地区进出口公司收购，并成立山东圣奥化工股份有限公司。该公司通过多项改革，逐步形成以生产技术管理、产品质量管理、财务成本管理、劳动人事管理为主线的内部管理体系。该公司特别重视人才，大力引进人才，除紧紧依靠浙江工业大学外，还引进2名教授、1名博士、6名硕士等一批技术和管理人才，聘请包括6名院士在内的17名国内著名专家做顾问，并与清华大学、二次资源国家化工实验室等建立起合作关系。此外，该公司投资820万元，专门建设了省级技术开发中心和化工研究所。对人才与科技的重视带来了应有的效益，公司利用科研成果使产品RT培司凝固点、4010NA和4020的熔点分别提高到72℃、72℃和46℃，达到国际先进水平，2000年6月产品通过ISO 9002国际质量体系认证。公司根据科研新成果，投资3600万元对原装置进行技术改造，并先后完成甲醇裂解制氢，RT培司精馏，高温熔盐加热催化剂制备等14项新工艺。特别是年产万吨RT培司催化氢化技改工程的投产，使其彻底改变了RT培司生产的传统工艺路线。该工艺路线具有产品质量高，原材料消耗低，能耗低的特点，实现了生产废水零排放，既降低了成本，又是一条绿色工艺路线，因而荣获2003年山东省科技进步一等奖。由于企业整体素质的提高，生产上能力、管理上水平、经济增效益。1999年后，公司利税年年超千万元，产品在国内市场的占有率达40%多，成为国内橡胶防老剂生产的重要基地。2005年，该公司有员工890人，其中工程技术人员180人；企业占地面积15万平方米，建筑面积8万平方米；主要产品有橡胶防老剂4020、4020NA、橡胶促进剂NS、中间体RT培司等，产品出口韩国、日本、马来西亚、俄罗斯、墨西哥、伊朗等国。

1998—2005年山东圣奥化工股份有限公司经济指标统计表

表10—3—3　　　　单位：万元

年　份	工业产值	销售收入	利　税	利　润	创　汇
1998	4556	2860	−172	−181	55
1999	12353	7410	1092	739	1351
2000	13335	8755	1405	560	62
2001	10317	7055	1025	629	
2002	13855	8602	1149	724	1371
2003	30115	15330	1761	1439	4673
2004	34198	34375	4493	2891	15476
2005	100017	93107	15463	11644	36367

第三节　橡胶制品

橡胶加工在20世纪80年代曾是境内化学工业系统的产值、利税大户，1989年产值、利税成为地区化工系统的排头兵。

山东曹州橡胶厂的前身是曹县橡胶厂，1988年的生产能力为农用拖胎32万套、摩托车胎8万套、轻型载重汽车胎6万套、力车胎65万套、手推车胎30万套、自行车胎35万套。当年完成产值3076万元，销售收入3472万元，利税652万元，其中利润327万元。1989年更名为山东曹州橡胶厂。1993年成为境内第一个产值过亿元的单位。1996年成为国家大型Ⅱ企业，实现产值14015万元，销售收入11967万元，利税1687万元，其中利润565万元。但由于企业经营机制不活，产品结构不尽合理，市场萎缩，1997年开始下滑，1998年改制成立菏泽磐石轮胎有限公司。但仍然亏损，经营难以维持，2000年破产，以1010万元卖给香港佳士通公司，企业更名为曹县佳士通轮胎有限公司。2003年再次破产，2005年12月被香港另一家私人企业收购。

定陶县橡胶厂是一家再生胶生产企业，产品布胶鞋的生产能力由1986年的150万双扩大到300万双，再生胶生产能力由1200吨增加到3000吨，1995年成为山东龙池集团成员，更名为山东龙池集团橡胶鞋业有限公司，该企业1986—1997年一直是盈利企业，由于产品市场逐渐萎缩，1998年始出现亏损，生产经营活动困难。

菏泽市橡胶厂是生产布胶鞋的企业，布胶鞋年生产能力为100万双，由于产品缺乏市场竞争力，经营困难，1997年停产。

曹县三利轮胎制造有限公司，其前身是原山东曹州橡胶厂二分厂经股份制改造成立的曹县三利橡塑有限公司。1996年新上年产50万套轮胎生产线，1997年3月投产，同时更名为曹县三利轮胎制造有限公司。该公司加大三项制度改革力度，进行“一书四制”（合同书、年度经营目标责任制、年度目标综合评价制、经营风险抵押制、年薪制。）“四扩一调”试点，充分调动了企业员工的劳动积极性，企业得以不断发展。1999年新上密炼生产线，2000年又进行扩建，并新上轮胎生产线一条，使生产能力达到230万套。产品有载重轮胎、轻卡轮胎、农用轮胎、摩托车轮胎四大系列，50多个品种。企业取得自营出口权，产品出口到中东、南美、非洲、东南亚等20多个国家。2002年工业总产值突破亿元大关，出口创汇值100万美元。2005年实现工业总产值12949万元，销售收入11441万元，利税340万元，出口创汇853万元，成为境内橡胶加工行业的一支新秀。

第四节　煤炭开采

菏泽唯一的煤炭开采企业在市外的泰安市宁阳县境内。

菏泽亨达煤业有限公司是原菏泽地区茅庄煤矿改制后成立的。该矿拥有工业储量553.8万吨，可采储量245.1万吨。矿井原设计年生产能力9万吨，经技术改造，1988年年产量达15万吨，1996年达到20万吨。1998年4月，根据菏泽地委、行署要求，企业实行股份制改造，成立菏泽亨达煤业有限公司。该公司设董事7人、监事3人、总经理1人、副总经理4人、总工程师1人，董事长为企业法人，并兼任总经理。公司成立后，加强各项管理和改革，特别是加强安全管理和分配制度的改

施工中的郓城县郭屯煤矿

革，实现岗位技能工资，员工收入与经济效益挂钩，充分调动了员工的劳动积极性和责任心。加之煤炭市场的走俏，公司经济效益看好。2000 年扭转经营困难的被动局面，实现利税 315 万元；2001 年利税突破千万元大关，实现利税 1033 万元，其中利润 600 万元。1986—2005 年，共产原煤 304 万吨。2005 年实现工业产值 4959 万元，销售收入 6473 万元，利税 1316 万元。

另外，境内巨野煤田总体开发规划于 2002 年获国家批复。至 2005 年，万福煤矿、张集煤矿、陈蛮庄煤矿地质勘查进展顺利，为下步项目核准奠定了工作基础；郓城煤矿于 2005 年 5 月获得国家发展改革委项目核准，即将开工；彭庄煤矿、郭屯煤矿、龙固煤矿、赵楼煤矿已陆续开工建设。改写了境内没有煤炭生产企业的历史。

第五节　石油化工

山东东明石化集团有限公司有员工 2066 人，总资产 23 亿元，主要生产装置有 300 万吨／年常减压、140 万吨／年催化裂解、100 万吨／年生浇沥青、8 万吨／年液状石蜡、6.6 万千瓦热电机组、1 万吨／年丙烯酸树脂、25 万吨／年气体分馏、5 万吨／年聚丙烯、85 万吨／年加氢、15 万吨／年芳构化、100 万吨／年延迟焦化、60 万吨／年加氢等。主要产品有高标号汽油、柴油、石油液化气、熔剂油、液状石蜡、丙烯、聚丙烯、丙烯酸树脂、苯、甲苯、二甲苯、MTBE、高等级道路沥青等。该公司是国家大型企业、“全国化工百强企业”“山东省百强企业”“中国制造业 500 强”企业、市内产值利税第一大户，东明县财政支柱，也是山东省炼油行业排头兵，全国“重合同、守信用”单位，全国精神文明建设先进单位，全国企业文化建设先进单位，ISO 9002 国际质量体系认证单位。

该公司的前身是东明县石油化工厂。为利用当地油气资源，1987 年 2 月东明县炼油厂经省计委批准成立。同年 3 月，一期工程破土动工，同年 6 月更名为东明县石油化工厂。1989 年 4 月一期工程建成投产，生产装置为 15 万吨／年常压，主要产品有汽油、柴油。该装置投产后，经济效益较好，促进企业不断发展壮大，企业走油气并举，油化互补、石油化工、天然气化工和精细化工综合发展的路子，1995 年成为国家大型Ⅱ企业。1997 年 4 月成立山东东明石化集团，1999 年进行公司改制，成立山东东明石化集团有限公司。

1989 年 5 月，东明县石油化工厂开车典礼现场

2000 年，该公司进行股份制改造。2001 年进行大规模机构调整，并实行年薪制，效浮工资制。2002 年落实定员、定岗及效浮薪酬改革。经过几个环节的重组、组合，基本达到了员工合理流动，人才合理使用，薪酬靠贡献的目的，完全按照有利于建立现代企业制度，有利于进行技术、管理、资本等要素参与分配、有利于“精

干主业、剥离附业”的方向进行，在产权改革方面迈出了一大步。公司在深化三项制度改革中，有步骤地开展竞争上岗工作，开拓源头妥善安置富余人员；搞好培训中心建设，既做好各种培训的组织工作，又做实员工的岗位培训工作；建立优秀人才脱颖而出的选人机制，建立“公开竞争、双向双择”的用人机制，建立“追求员工能力和价值”的育人机制，不断完善“绩效考核”办法，在加强员工培训提高员工素质方面和优化资源配置方面实现新的突破。通过改革，真正按照员工能进能出，管理人员能上能下，收入能增能减的原则，实行职工竞争上岗、管理人员择优竞聘，收入与岗位挂钩的新制度，借助绩效考核，在分出每位员工工作业绩的不同，能力的大小，素质的高低，勤奋的程度后，实施不同的激励。

公司在生产技术方面，重点抓住了技术改造、技术创新和新产品开发。组织汽、柴油新标准的贯彻与实施，加大产品质量的动态监督与考核，确保产品质量出厂合格率100%。做好新产品、新技术、新工艺的推广和应用工作，高度重视“三废”处理，公司每年投入几十万元用于环保工程的建设。公司成立以来，每年都有大的项目建设和投产，年均固定资产投资达5亿多元；“十五”期间，销售收入以每年10亿元的速度增加。

东明石化集团厂区

1989—2005年山东东明石化集团有限公司经济指标统计表

表10-3-4　　单位：万元

年 份	工业产值	销售收入	利 税	利 润
1989	1409	5371	1266	1079
1990	2006	5023	1532	624
1991	3580	7675	2392	754
1992	5011	10832	2044	734
1993	7058	24868	2591	1826
1994	8638	25883	4139	925
1995	9530	27228	4366	1499
1996	12289	38515	5601	2559
1997	12772	40398	6292	3052
1998	14009	40174	2647	−606
1999	12524	42814	6057	2421

续表 10-3-4

年 份	工业产值	销售收入	利 税	利 润
2000	20750	75648	6412	2658
2001	24738	67375	4017	821
2002	47091	138743	13919	9422
2003	81663	219293	19820	10071
2004	308576	304173	23219	8695
2005	500118	500908	35800	18855

第四章　机械电子工业

菏泽机械电子工业作为全市的基础工业起步较早。20 世纪 50 年代，境内各县、乡镇都办起了农机修造厂，主要生产农用机械，但生产工艺差，产品质量低。70—80 年代，菏泽地区机械电子工业向高档次、规模化发展，逐步形成小而全的工业体系，涌现出一批骨干重点企业。主要产品有：金属切削机床、铸造机械、拖拉机、农用运输车、柴油机、拖内配件、排灌机械、收获机械、农副产品加工机械、通信设备、变压器、仪器仪表、轴承、标准坚固件、工矿配件、汽车、石油配件等产品。部分产品畅销全国各地并出口创汇，有的获国优、部优、省优名牌称号。

1988 年国家逐步缩小指令性计划，扩大指导性计划，实行由计划经济向市场经济的转变。为了适应市场的需求，企业经历了产品结构调整，在体制上进行租赁、承包、兼并、重组、拍卖等项改革。在这个过程中，部分企业因生产规模小、设备老化、工艺落后、生产成本高、负债率逐年增加、包袱沉重等因素，形成严重的亏损局面，处于半停产、停产状态；而一部分企业在市场竞争中，通过技术改造扩大生产规模，提高自身素质，增长了企业活力，逐步发展壮大，形成了集团经济，带动了全市机械电子工业的发展。2005 年，全市机械电子工业主要产品分布在电工电气、农业机械、汽车配件、基础件、机床工具、铜材延加工、电子信息等行业，主要产品有变压器、油泵油嘴、铜带、轴承、连续泡沫镍、农业机具等；以达驰、广源铜带、湖西轴承、华星油泵等企业为龙头，以电工电气、汽车配件、铜材加工、轴承、农机配件为主要产品的机械电子工业体系初具规模。同年，全市机械电子工业系统职工总数 3774 人，固定资产 13.22 亿元，实现工业总产值 12.49 亿元，主营业务收入 12.10 亿元，实现利税总额 1.44 亿元。

1986—2005年菏泽市（地区）机械电子工业情况统计表

表 10-4-1　　单位：万元

年　份	企业个数	职工人数	工业总产值	销售收入	利税总额	固定资产
1986	29	10572	7324	6429	697	8027
1987	29	11311	9581	9697	882	8388
1988	29	13446	12553	13371	1453	9508
1989	31	13215	13107	13617	1280	10536
1990	29	10086	12028	12011	726	8173
1991	29	10986	18579	15199	924	8785
1992	29	11725	22119	17685	1281	10175
1993	29	11357	23910	21765	161	23684
1994	29	11320	25794	22184	299	30386
1995	26	11744	37387	35715	1615	35322
1996	25	12215	47667	40921	2143	44440
1997	25	12317	42350	29851	−5865	48221
1998	25	12876	49894	37345	879	52040
1999	25	9051	57022	47028	2845	45411
2000	25	9284	64716	53509	4081	50896
2001	23	8216	49880	43786	4649	46769
2002	19	5920	52441	45520	5825	40786
2003	13	4901	75456	59798	6658	32639
2004	8	3170	85876	74325	9714	25980
2005	10	3774	124910	120970	14420	132203

第一节　农业机械制造

20世纪80年代，农业机械工业是菏泽机械电子工业最大的支柱产业。生产企业15家，产品5大类，近100个品种。90年代，随着市场经济的逐步完善，企业改革的进一步深入，市场竞争加剧，优胜劣汰，在改革的浪潮中有的企业被迫转产，有的破产。到2004年年底，纳入统计管理的市农机行业只有菏泽华星油泵油嘴有限公司（原菏泽油泵油嘴厂）、菏泽龙泵车辆有限公司（原菏泽拖拉机厂）、菏泽亨运曲轴有限公司、牡丹区三滤机械配件有限公司（原菏泽市机械配件厂）四家企业在生产，其余企业先后走向转产、停产或破产。2005年，全市农机工业类实现产值1.44亿元，主营业务收入1.60亿元，利税1234.3万元。

拖拉机农用运输车及拖拉机配件　菏泽龙泵车辆有限公司　前身为菏泽拖拉机厂，是山东省内生产拖拉机的定点企业之一，在省内同行业生产规模较小。90年代初，随着农村联产承包责任制的实行，农民收入增加，对农机具的需求日趋上升。菏泽拖拉机厂在原来生产泰山－12型拖拉机的基础上又逐步开发150型、170型、180型、200型拖拉机及农用运输车。为了提高产品质量和产量，该厂于1991年先后进行两次技术改造，累计投资1800万元，新建厂房及配电室9600平方米，购置自动喷漆线和装配生产线两条，形成年产拖拉机5万台、农用运输车2万台的规模。1995年小型拖拉机产量首次突破万台大关。1996年7月，在菏泽拖拉机厂、曹县汽车改装厂的基础上成立菏泽农用车集团公司。同年，菏泽铸造机械厂加入该集团。是年，该集团生产拖拉机9114台、四轮农用运输车1165辆、三轮农用运输车353辆，实现工业总产值8380万元、销售收入8435万元、利润28.5万元。1997年生产拖拉机1.08万台，实现工业总产值1.44亿元，销售收入1.54亿元，创历史最高。1998年2月，菏泽铸造机械厂退出后，菏泽农用车集团有限公司被郑州金牛集团(原郑州柴油机厂）整体兼并，企业更名为郑州金牛集团菏泽车辆有限公司。同年，该公司生产拖拉机2.19万台、农用运输车2473辆，实现工业总产值2.05亿元、销售收入1.34亿元、利税39万元。

2001年5月，郑州金牛集团菏泽车辆有限公司进行改制，曹县汽车改装厂退出。菏泽籍职工入股54万元，金牛集团以个人名义入股60万元，租赁金牛集团菏泽车辆有限公司土地、厂房、设备，注册成立菏泽拖拉机制造有限公司。当年生产拖拉机6000台，实现产值4386万元、销售收入3461万元。年底企业全面停产。郑州金牛集团在菏泽拖拉机厂经营4年时间，管理混乱。经审计，企业累计亏损9800万元。2002年企业再次改制，注册成立菏泽市曹州拖拉机有限公司。同年申请破产。2004年10月，山东省龙口市龙泵集团公司以租赁形式进入菏泽市曹州拖拉机有限公司，成立菏泽龙泵车辆有限公司，注册资金3000万元。到2005年年底，菏泽市曹州拖拉机有限公司仍在破产程序中。

曹县农用厂　原名曹县汽车改装厂，1996年加入菏泽农用车集团公司。1999年生产农用运输车1088辆，产值2405万元，销售收入1225万元，利润9万元。2001年从郑州金牛集团菏泽车辆有限公司撤出后，改名为曹县农用车厂。2002年停产。

梁山农业机械厂　山东省生产泰山－12型拖拉机花键轴的定点企业之一，年生产花键轴25万支。该产品1983年被评为山东省优质产品。梁山农业机械厂生产的花键轴、变速箱、160汽缸盖畅销全国各地。由于行政区划变动，梁山农机厂于1990年划归济宁市管理。

郓城县华源空压机有限公司　郓城县拖拉机配件厂，是菏泽地区生产拖拉机配件的企业之一。其主导产品为空压泵，产品销往全国各地。2000年生产空压泵13522台，实现产值399万元、销售收入293万元。2001年后,生产走向滑坡,2003年12月拍卖，转为民营企业。

曹县机械厂　菏泽地区拖拉机配件生产厂,主导产品是钢圈和农用三轮车配件。80年代后期曾生产人造金刚石、海绵产品。1997年生产钢圈118591只，实现产值1003万元、销售收入1092万元，创历史最高。由于该企业设备陈旧，管理不善，生产经营逐年滑坡，2000年年底破产。

内燃机及配件　菏泽地区生产内燃机及配件的厂家有菏泽柴油机厂、菏泽油泵油嘴厂、菏泽市机械配件厂等。

菏泽柴油机厂　20世纪70年代是山东省生产小型柴油机的重点骨干企业，曾有东有“莱动”，西有“菏柴”之说。1984年菏泽柴油机厂与上海内燃机研究所联合研制开发S280型柴油机，1985年完成样机试制，1986年山东省机械厅进行技术鉴定，1987年开始小批量生产。在S280的基础上，菏泽柴油机厂又自行研制S285型柴油机,同时加大了老产品蜂窝煤球机、煤粉机的生产。

为适应市场需求，提高S280、S285型柴油机的生产能力和检测手段，1986年菏泽柴油机厂进行了第一期技术改造。投资1000万元，新建厂房5000平方米，购置改装了部分柴油机专用设备，初步达到年产1000台的生产能力。1988年，为进一步扩大S280、S285柴油机的生产能力，使年产能力达2.5万台，经山东省经委批准实施了第二期技术改造，总投资2150万元。由于原材料涨价等因素，项目迟迟不能按期完成。尽管1993年又追加资金1300万元，但第二期技改项目始终没能完成。

90年代，全国各地农用运输车出现了供不应求的局面，也为配套产品S280、S285型柴油机带来了很大的商机。但是由于生产能力有限,加上企业内部管理不严，产品质量不过关，多次出现烧轴瓦、断曲轴等质量问题，使产品逐渐丧失了在用户中的信誉，从而也使菏泽柴油机厂在市场看好时失去了发展的机遇。1991年菏泽柴油机厂生产S280、S285型柴油机3004台，煤球机661台，实现工业总产值1314万元。1997年生产S280、S285型柴油机253台，煤球机676台，实现工业总产值1206万元、销售收入1185万元，亏损142.7万元。该年S280、S285柴油机停止生产，煤球机、煤粉机成为主导产品，另外经营农用运输车。1998年，菏泽柴油机厂经过改制组建齐鲁动力机械有限公司，主导产品为蜂窝煤机、注塑机等。2000年8月，齐鲁动力机械有限公司注册成立房地产开发公司，并在原厂区西半部进行房地产开发。2003年7月将在建半成品理化计量楼卖给了杏坛中学。2004年6月，齐鲁动力机械有限公司正式进入破产程序。

菏泽华星油泵油嘴有限公司　原名菏泽油泵油嘴厂，是市内最大的内燃机配件厂，山东省和机电部定点生产企业。1986年，该厂主要生产AK型喷油泵总成、S系列喷油嘴偶件和喷油器总成、P系列喷油嘴和喷油器总成，产品达500余种，其中P系列柱塞、出油阀偶件和喷油泵总成销往全国各地。1996年生产高压泵总成20万只、喷油嘴总成52万只、喷油嘴偶件64万只、柱塞偶件30万只，实现工业总产值4781万元、销售收入3262万元。1997年7月，菏泽油泵油嘴厂作为菏泽第一家改制试点企业，进行股份制改造，并改名为菏泽华星油泵油嘴有限公司。2000

华星油泵生产车间

年又进行股权结构优化组合改造，形成董事会领导下总经理负责制的企业管理模式，初步建立起现代企业制度。通过企业改制和技术改造两大车轮的驱动，菏泽华星油泵油嘴有限公司的生产经营有了较快的发展。2000年生产内燃机配件283万副，实现工业总产值8648万元、销售收入4615万元、利润144万元。2005年主导产品销量名列全国同行业第二位，国内市场占有率达20%，并批量出口欧美和东南亚地区。该公司拥有固定资产1.88亿元，实现工业总产值1.24亿元、主营业务收入1.44亿元、利润650.8万元，成为国内同行业的知名企业和出口大户。

为提高产品质量和生产能力，菏泽华星油泵油嘴有限公司于1986—2005年先后进行5次重大技术改造，累计投资1.32亿元，扩建新厂区，购进一批高、精、尖设备，增强了企业的实力，提高了企业的市场竞争力。2005年国家发改委以改办工业〔2005〕1676号文批准将菏泽华星油泵油嘴有限公司列入2005年重点行业结构调整专项，国债贴息贷款375万元，地方财政投资245万元。项目的“可行性研究报告”已完成，正在进行前期的论证和银行贷款申请工作。

外国专家现场指导生产

菏泽市机械配件厂　生产规模较小，设备陈旧，主导产品是为柴油机配套的空气滤清器、机油滤清器、柴油滤清器。1996年生产10万件，完成产值326万元、销售收入327万元、利润0.5万元。2000年完成产值124万元、销售收入82万元、利润0.5万元。2005年，企业处于半停产状态。

排灌机械　菏泽排灌机械生产企业主要有巨野水泵厂、东明机械厂等。

巨野水泵厂　自1967年以后一直以生产离心泵和混流泵为主。1987年巨野水泵厂试制成功的混流泵获山东省科技成果奖。1996年生产离心泵1.88万台、混流泵879台，实现产值859万元。2000年生产离心泵1.02万台，混流泵150台，脱粒机、碾米机、磨面机合计316台。2004年被红河集团兼并。

东明机械厂　主要以小型喷灌机为主导产品，1996年实现产值420万元、销售收入66.5万元。2002年生产喷灌泵19台，实现产值20万元。由于该企业多年来没有技改投入，设备陈旧，产品落后，生产每况愈下，2003后年基本处于停产状态。

收获机械　菏泽市生产收获机械的企业有菏泽市农业机械厂、单县机械厂、巨野水泵厂、东明机械厂、梁山农业机械厂5个企业，主要产品有玉米脱粒机、小麦脱粒机、花生剥壳机、秸秆还田机、收割机刀片等。菏泽农业机械厂是山东省生产脱粒机的定点企业之一。1997年该厂生产STJ-50B型脱粒机4040台、花生剥壳机1300台、翻斗运土机1775台，实现产值703万元、销售收入505万元。1998年，菏泽市农业机械厂被整体拍卖给菏泽信达工贸有限总公司，遂致停产。东明机械厂、单县机械厂、巨野水泵厂同时生产小麦脱粒机、玉米脱粒机、秸秆还田机、播种机等，但生产批量较小。梁山农业机械厂是原机械工业部生产收割机刀片的定点企业。该厂生产的收割机刀片质量好，获国家银牌产品称号，不但畅销全国各地，而且出口巴基斯坦、泰国等20多个国家。1989年，梁山农业机械厂实现产值1325万元、利税50万元，但因区划变动而划归济宁市。

农副产品加工机械 菏泽市生产农副产品加工机械的企业有鄄城榨油机厂、单县机械厂、巨野水泵厂3家企业，主要产品有榨油机、棉花加工机械等。鄄城榨油机厂是市内生产榨油机的专业厂家，主导产品是ZL75型、ZL45型榨油机。由于生产规模小，年产量一直在300台左右。单县机械厂、巨野水泵厂根据市场需求，不定期生产磨粉机、碾米机、饲料粉碎机和棉花加工机械。

第二节 仪器仪表制造

20世纪80年代至90年代初，菏泽仪表厂是国家仪器仪表行业的骨干重点企业之一。“六五”期间先后完成DD1、DD10电度表向DD28型电度表的过渡，主要产品有DD28单相电度表，DJ28三相三线、三相四线有功电度表、无功电度表、复费率表和JB9－1型积时数字表等。1990年菏泽仪表厂实现工业总产值1902万元、利税37.6万元。1995年生产DD28单相电度表29万只、三相电度表3万只，实现工业总产值1462万元、利税484万元，创历史最高。1998年6月菏泽仪表厂改制，组建菏泽星亚仪表有限公司。但由于历史包袱沉重，资产负债率较高，内部管理混乱，产品技术含量低，产品仿造严重，导致该企业生产逐年下滑。2001年只生产仪表0.47万只，实现产值30万元，处于半停产状态。2004年全面停产。2005年，菏泽仪表厂和星亚仪表有限公司进入破产程序。

第三节 机床工具制造

菏泽机床工具工业基础较为薄弱。特别是“五五”后期，定陶机床厂的C620车床、单县机械厂的Z32K摇臂钻床、菏泽生建机械厂C630车床相继下马转产，菏泽齿轮厂的产品转向汽车齿轮，菏泽机床厂的产品由原来的M120W万能外圆磨床转产铸造机械，机床工具行业只有单县砂轮厂和菏泽铸造机械厂两家企业。

单县砂轮厂由于建厂几十年来没有进行技术改造，企业竞争力不强，生产批量小。2000年生产磨料28吨，产值19万元，2001年停产。菏泽铸造机械厂主要产品有Z145A、Z148造型机与S4120筛砂机等产品。1995年生产造型机、筛砂机及精铸设备294台套，实现产值521万元。1996年并入菏泽农用车集团公司，开发生产农用运输车300辆。该企业1998年2月退出菏泽农用车集团公司，8月实行股份制。2000年生产造型机40台、熔模铸造设备21台套。此外还开发生产了制砖机48台，双缸液压铲车92台。2005年，该厂生产铸造设备44台、双缸液压铲车96台，实现产值152万元、销售收入63万元，亏损13.8万元。

第四节　电工电器制造

20世纪80年代末，菏泽地区电工电器行业有菏泽市变压器厂、菏泽市开关厂、东明电机厂、东明电器厂4家企业，主要产品有中小型电力变压器、铁路信号变压器、交流电动机、高低压开关柜、开关箱等产品。1990年，全地区电工电器行业实现产值984万元，销售收入1046.5万元，利税100.7万元。

90年代初，单县电磁线厂、成武变压器厂收归菏泽地区机械电子工业系统管理，主要产品有220KVA及以下的各种规格型号的电力变压器、S11型变压器、35KV级2万KVA及以下干式变压器和各种规格的圆铜线、圆铝线、扁铜线等。1991年以来，成武变压器厂通过六次重大技术改造，累计投入5亿元，扩大了生产规模，形成了集团经济，跻身于全国变压器行业前10强，从而带动了菏泽市电工电器行业的发展。2005年，菏泽市电工电器行业实现产值6.67亿元，主营业务收入6.38亿元，利润总额4315万元。

电动机制造业　东明电机厂是菏泽市唯一的电机生产企业，主要产品有J02型电动机、1～5号、7号机座三相异步电动机、Y（80－160）电动机和60W发电机，年产量500～1000台。20世纪80年代后期，电机产品日趋滞销，产量也随之下降。1990年，东明电机厂转产生产农用三轮运输车。

变压器制造业　菏泽市变压器制造行业有山东达驰电气股份有限公司、菏泽市恒源变压器制造有限公司、山东明大电器有限公司三家企业。

山东达驰电气股份有限公司　1990年11月归口地区机械电子工业系统管理，有固定资产5亿元和一流数控加工设备、质量检验设备70多台套，是清华大学的试验基地。其主导产品有220千伏级10万千伏安及以下各种规格型号的油浸电力变压器、S11型变压器、35千伏级2万千伏安及以下干式变压器、智能变配电系统、密集节能变电设备等20多个系列280多种。年产能力2000万千伏安。1991年投资1530万元进行调容变压器生产能力的首期技术改造，1994—2005年又先后进行五次技术改造，总投资4.9亿元。先后开发35千伏级S9型干式变压器，上马110千伏级变压器，实施密集节能变电项目的技术改造，研制

220kV级变压器生产车间

智能变配电系统，完成220千伏级大型油浸电力变压器项目。2005年3月，该公司与意大利阿尔法公司合资组建山东达驰阿尔法电气有限公司，主要生产电力设备高压封闭母线。同年9月，投资2.3亿元实施220千伏级大型油浸电力变压器项目，项目投产后产值达15亿元以上。山东达驰电气股份有限公司先后与新疆、陕西、宁夏、安徽等7个省市自治区电力公司组建合资企业，产品销售网络覆盖全国30个省、市、自治区，并辐射到周边国家。2005年，该公司生产各种变压器1113万千伏安，实现工业总产值6.57亿元、主营业务收入6.27亿元、利润总额4315万元，步入国家大型变压器生产厂家的行列。

公司多种产品获国家、省优秀产品称号。调容变压器获省科技进步三等奖、国家“星火”三等奖，被列为国家“火炬”计划项目，1992年5月又获美国匹兹堡第八届国际发明与展览会金奖。新型低损耗系列电力变压器于1996年4月通过机械部、电力部联合鉴定，达到了国际先进水平，连续多年被评为省免检产品。全密封变压器于1998年3月通过省级鉴定，产品技术达国内领先水平。密集节能变电设备于1999年5月通过省级产品技术鉴定，达国内领先水平，2002年被列为国家级重点“火炬”计划项目。树脂绝缘干式变压器达到国际先进水平，被推荐为国家优秀节能科技成果。树脂绝缘干式变压器达到国际先进水平，被推荐为国家优秀节能科技成果。R型铁芯配电变压器达国内领先水平，2002年获山东省优秀新产品一等奖。智能变配电系统产品达国内领先水平，2002年获山东省科技进步三等奖。2005年，该公司被评为中国机电企业500强、“中国变压器行业10强”第七位，达驰产品获“中国名牌”称号。

菏泽市恒源变压器制造有限公司　1985年开始生产中小型电力变压器、铁路信号变压器和组合式变电站。2000年生产各种变压器12.31万千伏安，实现工业总产值1066万元。2003年以后企业生产逐步滑坡，多数职工下岗，企业陷入困境。2005年生产各种变压器15万千伏安，实现工业总产值982万元、主营业务收入1113万元。

山东明大电器有限公司　主要生产小型20KVA—50KVA的电力变压器。1999年生产电力变压器4.02万千伏安，完成工业总产值722万元，实现销售收入426.2万元。2000年后，由于企业规模较小，竞争力差，生产逐步滑坡。

开关控制设备及电线电缆制造业　菏泽市开关控制设备及电线电缆制造业基础薄弱，只有菏泽市开关厂、单县电磁线厂两家民营企业。

菏泽市开关厂　1989年8月收归地区机械系统管理，主要产品是高低压开关板、开关箱。2001年生产开关板109面、开关箱340台，实现工业总产值117万元。2002年由于城市建设开发，该厂曾两次搬迁，至2005年未能恢复生产。

单县电磁线厂　1990年收归地区机械电子系统管理，主要生产各种规格的电磁线。1996年生产电磁线1392吨，实现产值3758万元。2000年生产电磁线822吨，实现产值2184万元。1998年单县电磁线厂投资2000万元建设皮革加工项目，由于管理不善，产品质量等因素，于2001年破产。

第五节 机械基础件制造

1986年，菏泽机械基础件工业有梁山轴承厂和郓城标准件厂两家企业。1990年1月菏泽湖西轴承有限公司收归地区机械电子系统管理。

梁山轴承厂 该厂系部、省级生产“7”类轴承的重点企业之一。主要产品是“1”类双列调心轴承、“2”类圆柱滚子轴承、“3”类双列调心滚子轴承、“7”类圆锥滚子轴承、向心关节轴承等。1989年，工厂实施重大技术改造，实现工业总产值1560万元、销售收入2652万元、利润180万元，达建厂以后的最高水平。1989年因区划变动而划归济宁市管理。

郓城标准件厂 该厂主要生产圆柱销、锣母等。因生产规模小，品种单一，市场竞争力弱，1986年后生产逐年滑坡。2002年只生产标准件52吨，产值57万元。2003年拍卖给个人。

菏泽湖西轴承有限公司 1990年1月收归地区机械电子系统管理，主要生产“8”类推力滚动轴承、汽车专用轴承及液压件三大系列。产品广泛应用于汽车、电机、机床、工程机械等各领域，为国内外60多家大中型企业配套。“8”类轴承产销量居全国同行业第一位。2001年该公司生产轴承75万套，实现产值623万元、销售收入470万元。2004—2005年投资1亿元，对汽车后桥轴承生产线进行技术改造，新建厂房1.2万平方米，新增设备138台套。2004年生产轴承420万套，实现产值7400万元、销售收入6883万元、利润总额489万元。2005年生产轴承480万套，实现工业总产值8500万元、销售收入9300万元、利润2755万元。

第六节 汽车配件制造

菏泽市生产汽车配件的主要厂家为菏泽齿轮厂、中国轻骑集团菏泽减震器有限公司（原菏泽汽车配件厂）、菏泽亨运曲轴制造有限公司（原郓城内燃机配件厂）、东明汽车配件厂（原东明力车厂）、单县汽车玻璃厂，主要产品有汽车齿轮、多缸曲轴、摩托车减震器、农用三轮车减震器等。

菏泽齿轮厂 1976年之前主要生产机床齿轮，1976年后逐步转向生产汽车后桥圆柱从动、主动齿轮（解放型、黄河型），曾经为一汽青岛汽车制造厂、济南黄河制造总厂配套。1992年开始生产工程机械配件，主要为烟台裕华工程机械有限公司、泰安龙泰工程机械有限公司等企业产品配套。1986—2004年先后进行4次技术改造和设备更新。1994—2004年的工业总产值多次超过千万元。

中国轻骑集团菏泽减震器有限公司 省内生产汽车、摩托车减震器的重点企业之一。20世纪80年代只生产S30、S40系列减震器。90年代相继开发生产为重型汽车配套的黄河、斯太尔系列减震器。1996年开发华日100、野马100、QM125等摩托车减震器。1990年、1996年先后进行2次技术改造，累计投入2640万元；但由于多种原因，效果不佳。1986—2004年，该厂产值由400万元上升到1400万元，但利润却由10万元下降为零。2001年后，由于市场竞争加剧和内部管理不善等原因，生产滑坡。2001年实现产值983万元，亏损197.6万元。2002年下半年全面停产。

菏泽亨运曲轴制造有限公司 1993年前是以生产X195、S195单缸曲轴为主导产品的农机配件厂。1993年5月与德国艾登工业咨询公司合作成立中德合作郓城亨运曲轴制造有限公司。1994年，经国家计委批准，利用德国卖方信贷514万美元，从德国引进具有国际先进水平的多缸曲轴加工设备，使生产能力达到年产10万支。1995年投资6400万元，引进德国BMD公司的二手铸造生产线。因设备技术原因及资金等问题，经过多次调试，该生产线一直没有投产。由于在设备引进中投资巨大，进口设备生产线不完善，给企业背上了沉重的包袱，加之技术人才的缺乏和企业管理滞后，生产经营举步维艰，效益连年下滑。1995年实现利润46万元，后连年亏损。1998年2月，中国一汽集团公司对郓城亨运曲轴制造有限公司进行兼并，由一汽集团公司控股75%，菏泽市国有资产管理局控股25%，成立了一汽亨运曲轴制造有限公司。2005年11月一汽退出该企业，遂改名为菏泽亨运曲轴有限公司。

第七节　电子工业

20世纪80年代，菏泽只有山东电讯第十厂、成武无线电厂两家电子工业企业。1989年3月将原属乡镇企业的单县无线电厂收归地区机械电子系统管理。2001年年底，隶属于菏泽市交通集团的天宇科技开发有限责任公司纳入市机械电子系统管理。

山东电讯第十厂 菏泽市电子行业的骨干企业，主要产品有结合滤波器、分频滤波器、ZDD－20C电力通讯载波机、阻波器、DSZ－2000数字式电力通讯载波机。该厂1996年达历史最好水平，生产电力载波机244台，完成工业总产值1002万元、销售收入1051万元、利润10万元。1999年以后，市场竞争激烈，生产逐步滑坡，亏损严重，至2004年停产。

天宇科技开发有限责任公司 菏泽交通集团于1999年投资建设的新企业，主导产品是泡沫镍板。2000年投资5000万元，扩大生产规模，产量由原来的每月1万平方米扩大到3万平方米。2002年10月，该公司采用增加屏蔽、控制电流强度的方法，研制成功第五代电沉积生产线，将月生产规模提高到5万平方米，并取得国家实用新型专利。2003年，天宇科技开发有限公司1米宽幅生产线生产规模已达每月8万平方米。2004年10月，研制出超厚泡沫镍产品，通过省级技术鉴定，并获省机械工业科技进步一等奖、菏泽市科技进步一等奖；同时研制的合金泡沫镍生产工艺，提高了电池放电深度和电池容量，取得国家发明专利。2005年3月研制出连续化泡沫镍生产工艺，并生产出各种厚度产品。同年4月研制出磁控真空溅射镀镍技术，开发出真空镀产品，可做高容量二次电池与极板材料。

天宇科技开发有限公司 2001年纳入系统管理后生产形势直线上升。2002年生产泡沫镍产品19.8万平方米，实现工业总产值1575万元，亏损44万元。2003年生产泡沫镍52万平方米，实现工业总产值3044万元、利润101万元。2004年生产泡沫镍52万平方米，实现工业总产值3608.1万元、利润54.1万元；泡沫镍产品行销全国各地，占国内市场份额的25%

左右。2005年，生产泡沫镍55.85万平方米，实现工业总产值4646万元、产品销售收入4076万元、利税99万元。

成武无线电厂　主要生产硅整流二极管、电子管、收音机和麦加定向仪。规模较小，后被山东达驰集团兼并。

单县无线电厂　该厂主要生产E型铁芯交流稳压器。由于管理不善，产品技术含量低，于1998年停产。

第五章　建材工业

第一节　砖　瓦

1986年，境内有砖瓦生产企业350家，其中年生产能力在3000万块以上的窑厂4家（牡丹区窑厂、菏泽生建砖瓦厂、成武县窑厂、东明县砖瓦厂），产品均为240×115×53毫米的普遍标准红砖。20世纪90年代初，岳程办事处孔楼村投产4条利用粉煤灰生产小型砌块产品生产线，但规模均较小，产品档次较低。2001年，牡丹区顺河新型建材厂开始生产多孔砖，开辟了境内利用黄河落淤生产节能砖的先例。同年，菏泽鲁能美达新型建材有限责任公司投资8000万元新上年生产10万吨粉煤灰加气砌块项目和1亿块粉煤灰蒸压砖项目，推进了境内的墙材革新与建筑节能工作。至2005年年底，全市共有砖瓦厂406家，其中实心黏土砖生产企业400家，年生产实心砖达25.69亿块；新型材料砖生产企业6家，拥有新型墙材生产线58条，年生产能力达5.82亿块标砖。新型材料砖共分两类：一是承重砖，以黄河落淤为主材，年生产能力3.65亿块；二是非承重砖，以粉煤灰为主材，年生产能力2.17亿块。

第二节　水　泥

1986—1993年，境内只有梁山县水泥厂生产水泥，年生产能力8万吨。1993—1996年，巨野县华英建材制造有限公司、巨野县玉龙水泥制品有限公司、菏泽凤凰山水泥制品有限公司3个水泥厂相继建成后，年生产能力24万吨。1998年以后，3家水泥厂陆续进行扩建改造，年生产能力39万吨。1998年2月，菏泽鲁城水泥厂建成投产，年生产能力10万吨，开创了菏泽建水泥粉磨站的先河。2002年，菏泽鲁宏水泥有限公司建成投产，年生产能力50万吨，2005年年生产能力增至150万吨。2003年，郓城县鲁城水泥有限公司建成投产，年生产能力20万吨；新汶矿业集团巨野清大水泥有限公司建成投产，年生产能力30万吨。至2005年年底，全市拥有7家水泥厂，年生产能力249万吨，发散能力180万吨。

第三节　建筑门窗

1986年后，境内门窗生产行业发展较

快，钢制门窗开始代替木制门窗。1993年后，铝合金、塑钢门窗取代钢窗，占据市场的主导地位。至2005年，全市规模较大的门窗生产企业有28家，年生产能力70万平方米。菏泽颐信实业开发有限公司、郓城华龙钢窗厂、菏泽恒祥铝塑制品有限公司、曹县华新塑钢门窗厂4家企业曾获全省建设机械行业“百佳诚信企业”称号，其中菏泽颐信实业开发有限公司被评为“2005年度全省建筑门窗行业50强”。

第四节　建筑材料制品

塑料管材　管件　山东东联塑胶有限公司是一家专业生产塑料给排水管道的鲁港合资企业，由山东郓城县塑料制品总厂和香港联塑国际发展有限公司共同投资组建，投资比例为66.5%和33.5%。该公司拥有总资产2800万元、职工230人、设备生产能力15000吨／年，主要生产经营PVC－U给排水管材、管件，PVC－U电线、电缆和线槽，PP－R冷热水管材、管件，PE煤气输送管道等四大系列300多个品种。其生产规模、产品规格、技术含量和设备自动化程度在全国建材领域属领先水平，具有较强的竞争能力。公司建成六条PVC－U生产线，可生产直径16毫米～250毫米各种规格给排水管材或电线管；两条PP－R管材生产线，可生产直径20毫米～110毫米各种规格PP－R冷热水管材；一条400PE煤气管道生产线，可生产直径160毫米～400毫米煤气输送管道。公司还拥有12台注塑机专门生产与PVC－U管材和PP－R管材配套的各种规格的管件。

屋面保温材料　FSG防水保温板于2000年开始投入市场，该产品是利用膨胀珍珠岩为主要原材料，是菏泽市东明县海龙保温材料厂自主研发的一种保温隔热材料。

第六章　轻纺工业

轻工纺织业是菏泽的支柱产业之一。1986—1995年，菏泽的轻纺工业基本上是县属国有、集体和乡镇集体企业。1995年以后，随着经济体制改革的深入，市场经济体系的逐步建立和不断完善，企业改革步伐的加快，民营经济的迅速发展和崛起，原国有或集体企业逐步改革为股份制、股份合作制、民营及私人经济，全市轻纺工业由1995年以前的县属国有、集体经济为主导，发展为2000年以后由民营经济为主导，同时，中外合资、合作及外国独资企业相继发展。

1995年，全区轻纺独立核算工业企业819家，比1985年743家增加76家；固定资产净值33.24亿元，为1985年3.14亿元的10.57倍，年均增长26.6%；完成工业总产值68.74亿元，为1985年13.80亿元的4.98倍，年均增长17.4%；实现利税5.27亿元，为1985年1.18亿元的4.48倍，年均增长16.2%；实现利润2.07亿元，为1985年3180万元的6.51倍，年均增长20.67%。

2005年，全市年销售收入在500万元以上（简称规模以上企业）的轻纺工业企业539家，占全市规模以上工业企业数的65.65%。职工11.13万人，占全市规模以上工业企业的69.71%。资产总计146.52亿元，占全市规模以上工业企业的53.43%。其中固定资产净值60.50亿元，占全市规模以上工业企业的55.57%。完成工业总产值260.65亿元，为2000年37.43亿元的6.96倍，年均增长47.4%，占全市规模以上工业的55.79%。完成工业增加值69.55亿元，为2000年13.11亿元的5.31倍，年均增长39.7%，占全市规模以上工业企业的53.04%。实现产品销售收入251.79亿元，为2000年53.01亿元的4.75倍，年均增长36.6%，占全市规模以上工业的58.86%。实现利税14.34亿元，为2000年4.47亿元的3.21倍，年均增长26.3%，占全市规模以上工业的47.72%。实现利润7.13亿元，为2000年1.42亿元的5倍，年均增长38.0%，占全市规模以上工业的48.98%。

第一节 一轻工业

菏泽的一轻工业主要有印刷、食品、饮料，造纸、日用化工、日用搪瓷、陶瓷、玻璃、机械和灯泡等行业，其中印刷、食品、饮料是一轻工业的三大支柱行业。1986—2005年，大部分企业进行了所有制变革。通过改制，部分企业由小变大，由弱变强；部分企业由国营变为集体、私营或股份制经营；也有部分企业实施了破产、转产等。

1995年，菏泽一轻工业有独立核算企业302家，比1985年增加55家，完成工业总产值25.39亿元（按1990年不变价格计算），比1985年增加23.14亿元，年均增长27.4%；固定资产原值16.67亿元，比1985年增加15.36亿元，年均增长29.0%；实现利税2.45亿元，比1985年增加1.76亿元，年均增长13.5%，其中利润8206万元，比1985年增加7097万元，年均增长22.1%；从业人员24511人，比1985年增加7127人，年均增长3.5%。

2005年，全市一轻工业有规模以上企业116家、从业人员30068人、固定资净值17.49亿元，完成工业总产值57.43亿元，实现利税4.17亿元，其中利润1.66亿元。

印刷 印刷工业是菏泽一轻工业的支柱产业之一。1985年，全区有印刷企业30家，主要是书刊印刷、彩色印刷和部分包装装潢印刷等。工业总产值2754万元（按1985年不变价格计算），从业人员2790人。2000年，全区印刷企业26家，工业总产值2.45亿元（按2000年不变价格计算），比1986年增长2.17亿元；固定资产原值4084万元，比1986年增长3.93亿元；产品销售收入为2.05亿元，比1986年增长1.84亿元；实现利税795万元，比1986年增长481万元，其中利润94万元，比1986年减少110万元；从业人员5327人，比1986年增长2537人。2005年，全市有印刷工业规模以上企业10家、从业人员1403人、固定资产净值1.40亿元，实现利税935万元，其中利润231万元。

卷烟 菏泽卷烟工业只有菏泽卷烟厂

卷烟车间

一家。1986年，菏泽卷烟厂划归中国烟草总公司系统管理。1986—1987年研制和开发了生宝、飞腾、亚美、古今园等品牌。至1987年年底，菏泽卷烟厂共有注册商标16个、不同规格的卷烟产品23种、固定资产原值1944万元,年生产卷烟13.5万箱,产值5500多万元，产量为菏泽卷烟厂历史最高。1994年，菏泽卷烟厂与地区烟草专卖局、菏泽烟草分公司合署，1995年5月加入颐中烟草集团。当年生产卷烟11.5万箱，实现产值1.76亿元、利税5770万元。2000年生产卷烟7.5万箱，实现产值8418万元、利税4994万元。2003年后，由于受加入世界贸易组织和卷烟税改的影响，国家烟草专卖局将生产10万箱以下的卷烟厂予以取缔，菏泽卷烟厂于同年6月停产，10月底关闭。

食品 1986年，全区食品制造业有企业191家，固定资产原值6702万元，从业人员8307人；完成工业总产值9954万元，产品销售收入为1.14亿元；实现利税707万元，其中利润512万元。2000年，食品制造企业发展到251家，固定资产原值增至3.27亿元，从业人员达1.5万人；完成工业总产值15.82亿元；实现利税6957万元，其中利润2842万元。至2005年，菏泽市食品制造业规模以上企业有65家，从业人员1.68万人，固定资产净值9.65亿元；完成工业总产值35.89亿元；实现利税2.86亿元，其中利润1.19亿元。

山东米老头食品公司生产线

饮料 1986年，全区饮料制造业有企业24家，固定资产原值2178万元，从业人员3036人；完成工业总产值3436万元，产品销售收入3503万元；实现利税847万元，其中利润258万元。2000年全市饮料企业发展到42家，固定资产原值增至3.38亿元，从业人员增至5320人，工业总产值

青岛啤酒（菏泽）有限公司

增至5.3亿元，利税增至6202万元。酒精饮料生产厂家主要有巨野花冠酒业、单县四君子酒业、郓城水浒酒业、菏泽国花酒厂、青岛啤酒（菏泽）有限公司等。曹州老窖、碧波特酿、水浒酒、花冠特曲、御思香、四君子等曾获省优产品。20世纪90年代前后曾一度被誉为"中国好酒在山东，山东好酒在菏泽"。非酒精饮料主要为碳酸饮料、果汁、蔬菜汁、牛乳汁等，产品变化较快，且属一轻的企业无专一生产非酒精精饮料的厂家，只是罐头厂和酒厂附带生产的产品，规模较小。

造纸　1986年，境内有造纸企业19家，固定资产原值4433万元，从业人员2242人；完成工业总产值1930万元，产品销售收入2012万元；实现利税311万元，其中利润135万元。2000年企业发展到46家，固定资产原值增至2.35亿元，从业人员增至2580人，工业总产值增至3.19亿元，利税增至8488万元，其中利润增至2534万元。至2005年，全市有造纸工业规模以上企业20家，从业人员5408人，固定资产净值4.36亿元；完成工业总产值11.16亿元；实现利税6240万元，其中利润1714万元。

菏泽火柴厂自助研制的木柚切片机

造纸行业是一轻工业的支柱行业之一，主要有菏泽造纸厂、成武造纸厂（宏达集团）、单县造纸厂、东明造纸厂、菏达纸业等。菏泽造纸厂于2001年被青岛啤酒（菏泽）有限公司兼并，其余造纸厂由于受原料（麦草浆）污染治理和其他原因，一直未有较大的发展。

日用化工　1985年，菏泽火柴厂、菏泽电池厂、菏泽肥皂厂等企业产值不到1000万元，固定资产只有350万元，利税100多万元，从业人员不到1000人。由于规模小，产品单一，经营状况一直不好。1995年后，菏泽电池厂、肥皂厂、火柴厂相继停产。2005年，全市日用化工工业规模以上企业3家，共有从业人员188人，固定资产净值2134万元；完成工业总产值1.24亿元；实现利税655万元，其中利润357万元。

日用搪瓷　陶瓷　玻璃　机械　灯泡　主要有郓城搪瓷厂、郓城玻璃厂、郓城灯泡厂、菏泽自行车零件厂、曹县自行车零件厂等企业，产品以生产面盆、浴盆、日用玻璃、特灯、日用陶瓷、自行车转铃、板铃为主。企业规模较小，经营状况一般。1995年后，大部分厂家被兼并或破产。2005年，全市该行业规模以上企业18家，共有从业人员4898人，固定资产净值1.87亿元；完成工业总产值7.61亿元；实现利税5199万元，其中利润2416万元。

第二节　二轻工业

1995年，全区二轻独立核算工业企业345家，比1985年311家增加34家；

固定资产净值8.03亿元，为1985年4759万元的16.87倍，年均增长32.6%；完成工业总产值26.67亿元，为1985年1.08亿元的24.71倍，年均增长37.8%；实现利税2.36亿元，为1985年857万元的27.56倍，年均增长39.2%；实现利润1.17亿元，为1985年430万元的27.10倍，年均增长39.1%。

2005年，全市二轻工业规模以上企业有234家，比2000年32家增加202家，占全市轻纺工业规模以上企业的43.41%；固定资产净值13.83亿元，为2000年2.81亿元的4.92倍，年均增长37.5%，占全市轻纺工业规模以上企业的22.86%；完成工业总产值71.19亿元，为2000年6.17亿元的11.53倍，年均增长63.0%，占全市轻纺工业规模以上企业的27.31%；完成工业增加值18.70亿元，为2000年1.9亿元的9.86倍，年均增长58.2%，占全市轻纺工业规模以上企业的26.89%；实现产品销售收入68.40亿元，为2000年6.68亿元的10.24倍，年均增长59.3%，占全市轻纺工业规模以上企业的27.17%；实现利税3.62亿元，为2000年6366万元的5.69倍，年均增长41.4%，占全市轻纺工业规模以上企业的25.24%；实现利润1.49亿元，为2000年3021万元的4.94倍，年均增长37.7%，占全市轻纺工业规模以上企业的20.92%。

皮革 皮毛 羽毛（绒）及其制品 菏泽市皮革、皮毛、羽毛（绒）及其制品业（简称皮毛制品业）主要有制革、制鞋、毛皮、皮件四个主体行业。

1985年，境内皮毛制品业有企业27家，从业人员4442人，固定资产净值933万元；生产主要产品轻革22.22万平方米、皮鞋6.75万双，完成工业总产值3246万元；实现利税336万元，其中利润206万元。1990年增至30家，固定资产净值增加到4090万元；生产主要产品轻革58.30万平方米、皮鞋40万双、革皮服装9万件，完成工业总产值2.46亿元；实现利税767万元，其中利润637万元。1995年增至43家，固定资产净值增加到1.68亿元；生产主要产品轻革41.62万平方米、毛皮（折羊皮）17万张、皮鞋124.33万双、皮手套64.33万副、革皮服装36.04万件、毛皮服装14.46万件，完成工业总产值6.25亿元；实现利税4537万元，其中利润1847万元。2000年，规模以上皮毛制品业有企业7家，固定资产净值1.43亿元；生产主要产品轻革10.73万平方米、皮鞋5.1万双、革皮服装4.93万件，完成工业总产值1.69亿元；实现利税1096万元，利润262万元。2000年以后，毛皮服装出现较大增长，全市新增规模以上毛皮服装生产企业近20家。2001年，单县四君子酒业有限公司整体购买菏泽鲁鑫制革有限公司。2003年3月，中澳（澳大利亚）合资整体购买菏泽市皮革厂，成立卓越皮业有限公司，从原牛革生产转为生产绵羊服装革，产品销售美国、日本、韩国、欧盟等国家和地区。2004年规模以上企业33家，从业人员4573人，固定资产净值6381万元；生产主产品轻革582万平方米、革皮服装4.38万件、毛皮服装45.71万件，完成工业总产值8.46亿元；实现利税5191万元，其中利润1939万元。2005年，全市皮毛制品业有规模以上企业19家，从业人员2361人，固定资产净值7515万元；生产毛皮服装37999

件，完成工业总产值6.65亿元；实现利税4179万元，其中利润1679万元。

木材加工及木　竹藤　棕草制品　1990年，境内独立核算此类工业有企业22家，从业人员1724人，固定资产净值676万元；生产主要产品胶合板1.2万立方米，完成工业总产值2596万元；实现利税624万元，其中利润6万元。1995年发展到76家，固定资产净值增至2.4亿元；生产主要产品锯材172万立方米、人造板148.91万立方米，完成工业总产值7.45亿元；实现利税7958万元，其中利润4208万元。2000年，规模以上此类企业减少到9家，拥有从业人员2434人、固定资产净值4766万元；生产主要产品胶合板8088立方米、纤维板4.13万立方米，完成工业总产值1.94亿元；实现利税2886万元，其中利润1792万元。2005年，规模以上此类企业发展到104家，拥有从业人员12003人、固定资产净值7.42亿元；生产主要产品胶合板49.27万立方米，纤维板22万立方米，刨花板5.88万立方米，完成工业总产值29.92亿元；实现利税1.72亿元，其中利润7681万元。

胶合板半成品车间

家具制造　1985年，境内独立核算的家具制造企业有74家，从业人员2386人，固定资产净值826万元；生产各种家具26.56万件；实现利税57万元，其中利润22万元。1990年有60家，固定资产净值2690万元；生产家具41.34万件，完成工业总产值4290万元；实现利税130万元，其中利润64万元。1995年有26家、固定资产净值347万元，完成工业产值7183万元，实现利税499万元，实现利润180万元。

1997年3月，由美商、日商和台商与菏泽地区合资筹建菏泽唐和木业有限公司，下设工艺品厂、人造板厂、家具厂、雕刻厂、林厂五个分厂，设计年生产棺木10万套、胶合板1000立方米，全部为出口产品。2000年，该企业兼并东明县家具总厂。2002年，该公司被列入联合国工业发展署项目，产品环保棺木符合日本环保标准。主要产品高档家具、环保棺木、多种复合板、高科技环保板出口欧、日、美和中国台湾地区。

2000年，规模以上此类工业有企业1家，固定资产净值347万元；生产家具9080件，完成工业总产值622万元；实现利税21万元，其中利润9万元。2005年，全市规模以上此类工业有企业20家，从业人员2777人，固定资产净值8661万元；生产家具71.18万件，完成工业总产值3.73亿元；实现利税2697万元，其中利润748万元。

塑料制品　1985年，境内塑料制品业有独立核算企业16家，从业人员1094人，固定资产净值364万元；生产塑料制品1643吨，完成工业总产值757万元；实现利税44万元，其中利润12万元。1990年有企业28家，固定资产净值2362万元；生产塑料制品2997吨，完成工业总产值7968万元；实现利税102万元，实现利润4万元。1995年有企业25家，固定资产净值3597万元；生产主要产品63551吨，完成工业总产值 8557 万元；实现利税 536 万元，其中现利润 371 万元。2005 年，全市规模以上此类工业企业虽然减至 15 家，但固定资产净值、工业总产值和利税分别增至 1.16 亿元、4.76 亿元和 2136 万元。

金属制品 菏泽金属制品业主要产品有：铸铁锅、日用精铝制品、铁丝元钉、民用剪刀、铁锨、房屋紧固件、内螺纹铜管、钢球及小五金制品。

1985 年，境内金属制品业有独立核算企业 118 家、固定资产净值 1602 万元，完成工业总产值 2347 万元，实现利税 200 万元，其中利润 74 万元。1990 年有企业 92 家、固定资产净值 2424 万元，完成工业总产值 8217 万元，实现利税 541 万元，其中利润 258 万元。1995 年有企业 52 家、固定资产净值 5776 万元，完成工业总产值 29930 万元，实现利税 2785 万元，其中利润 1336 万元。2000 年，规模以上此类工业有企业 2 家、从业人员 253 人、固定资产净值 2746 万元，完成工业总产值 719 万元，实现利税 55 万元，其中利润 15 万元。2005 年，全市规模以上此类企业发展到 10 家，从业人员增加到 1890 人，固定资产净值增至 1.33 亿元，完成工业总产值 3.62 亿元，实现利税 1435 万元，其中利润 1017 万元。

工艺品 主要有手工地毯、刺绣工艺品、草柳工艺品、画类工艺品、工艺玩具等。

1985 年，境内工艺品业有独立核算企业 68 家、从业人员 5568 人、固定资产净值 880 万元，完成工业总产值 2937 万元，实现利税 206 万元，其中利润 108 万元。1990 年有企业 97 家、从业人员 22342 人、固定资产净值 3580 万元，完成工业总产值 1.68 亿元，实现利税 1148 万元，其中利润 725 万元。县级菏泽市地毯厂主要生产 90 道手工地毯，鄄城县地毯厂、东明县地毯厂主要生产 160 道手工地毯，定陶县刺绣厂主产品为被罩刺绣品，菏泽市美术厂主产品为被罩、枕套、出口和服等，成武县美术厂主产品为刻瓷工艺品，单县美术厂主产品为吊彩蛋，巨野县美术公司主产品为国画、屏风、彩蛋。1995 年有企业 123 家，固定资产净值 1.76 亿元；生产主要产品地毯 220.72 万平方米，完成工业总产值 8.40 亿元；实现利税 7301 万元；其中利润 3771 万元。2005 年，全市工艺品业有规模以上企业 66 家、从业人员 7905 人、固定资产净值 2.31 亿元，实现利税 8517 万元，其中利润 2650 万元。

刻　瓷

粮油加工 1986 年以后，境内粮油食品工业企业整体生产能力提高，规模扩大，产品产量、产值和效益增加，质量档次提高，品种增多，实力增强，已成为粮食系统的支柱产业。

企业改造改建 1986—1990 年，全区 10 处县市面粉厂全部完成改革后的第一轮技改任务。第一轮技改淘汰了制粉旧工艺，采用新工艺和新式气压磨粉机生产标准粉和特 1、特 2 粉。1990 年，地区粮食局组建菏泽华瑞食品公司，投资 6000 万元，全套引进具有世界先进水平的瑞士布勒公司制粉技术设备和工艺（华瑞一期工程）。

1992—1999年，鄄城、成武、定陶、东明、巨野、菏泽等六处县市面粉厂及华瑞食品公司相继进行扩产改造，全部采用先进的瑞士布勒公司的先进制粉工艺，主设备采用国产新产品。华瑞食品公司于1997年投资3850万元兴建华瑞二期工程，使公司生产能力居全省单体企业之首。至1999年年底，全区面粉加工企业拥有日加工小麦1940吨的生产规模，年生产能力达到48.5万吨。1993—2005年，各县区先后投资1.5亿元，建成乡镇粮所面粉机组142台套（日加工能力10吨以上），个体面粉加工厂和引进的大型面粉加工厂有20多家，年加工能力在80万吨以上。

1986年，全区有9处油脂加工厂。1995年，地区浸出油厂进行异地改造，新建日加工大豆200吨的一次性浸出生产线1条（即油厂二期工程）。1998年，对日产200吨生产线进行改造，日加工油料达400吨。1995年，曹县浸出油厂建立日加工大豆200吨一次性浸出分厂；1996年，县级菏泽市植物油厂扩建日处理大豆50吨一次性浸出车间；1998年，东明县浸出油厂由100吨／日扩产改造为150吨／日；东明粮油加工厂、单县植物油厂由30吨／日扩建改造为50吨／日。2001年，菏泽华瑞油脂

面粉生产车间

有限公司投资2000多万元建设三期工程，日油脂加工规模达到560吨。至2005年年底，全市日加工油脂4000吨左右。

1986年，全区有粮油食品加工厂8处。1990—2001年，为适应市场要求，全市粮油食品加工厂先后进行改造和扩建。1990年，县级菏泽市面粉厂投资350万元新建豆奶粉车间；1994年，曹县面粉厂投资436.8万元新建日产12.5吨的方便面车间，巨野县面粉厂投资45万元新建日加工15吨的自动烘干挂面生产线；1996年，东明浸出油厂投资51万元新建豆乳粉生产线，菏泽华瑞食品公司投资410万元新建日产15吨自动挂面厂；2001年，菏泽市粮食局投资700万元新建日加工方便面96万包的华瑞方便食品公司。

生产经营 1986年，全区粮油加工业总产值达到6800万元。1987年，各县粮油加工厂都充实质检人员，使产品全项目合格率达到86.87%，高出省规定标准6.87%。1988年，粮油工业创历史最好水平，加工总量达18.9万吨，利税比1987年增长37.6%。1989—1990年，面临银根收缩、市场疲软，能源、原料涨价和芽麦较多的客观困难，全区粮油加工业通过挖掘内部潜力，加强企业管理，更新技术设备，工业总产值首次过亿元，居全省同行业第二位。1991年，全区粮油加工业共完成工业总产值1.95亿元，利税696.6万元。1993年，工业总产值超过2亿元，实现盈利336万元。1995年，完成产值3.1亿元，创利税1164.1万元，比1994年增长34%。1996—1997年，各县粮油加工业生产大幅度下滑，出现亏损局面，地直粮油加工业开始蓬勃发展。华瑞食品公司年

菏泽华瑞食品有限责任公司

产销量稳定在6万吨以上，综合效益（税、利、折旧、银行利息）在千万元以上，产品获荣誉称号25个，其中省、部级11个。1998年，各县粮油加工业仍未摆脱亏损局面，但地直粮油加工业发挥了龙头作用。华瑞食品公司把开拓市场、扩大销售作为主攻方向，保证了产品的畅销，年加工食品7.8万吨，实现产值1.31亿元。地区浸出油厂通过技改提高产量，降低成本，增加了产品市场竞争力，年产量8.8万吨，销售收入2.48亿元，综合效益达1004万元，各项经济指标均创历史最好水平。

1999年，开展企业创“三十佳”“地区五强”活动，各县粮油加工生产经营出现回升势头，加工面粉20万吨，完成工业总产值8.59亿元，销售收入达8亿元，实现利润477万元，扭转了连年亏损的局面。2000—2005年，华瑞食品公司连续6年被评为省级粮油加工30强企业。

第三节　纺织工业

菏泽的纺织工业是在20世纪60年代“三线”建设的基础上发展起来的。1986年后，由规模较小、品种单一的棉纺织业，逐步发展成为集毛纺、麻纺、印染、化纤、针织复制、丝织、服装八大行业于一体，门类较为齐全的支柱产业。

“七五”期间全区纺织系统工业产值平均年递增15.13%，1990年达到3.19亿元；固定资产投资累计完成2.45亿元，为“六五”期间总投资的7.7倍；企业个数由1985年的25家增加到1990年年底的41家，为“八五”期间全区纺织工业的发展奠定了基础。

1995年，全地区纺织系统拥有固定资产原值8.4亿元，完成工业总产值7.2亿元，实现销售收入8.03亿元、利税5538万元。

2001年，中国加入世界贸易组织之后，菏泽纺织工业，特别是棉纺工业得到了快速发展。这一时期，无论是固定资产投入、生产规模、质量效益，还是产品品种结构、设备装备技术水平都在很大程度上得到提高和改善。

随着市场经济的发展，经济体制改革的不断深入，菏泽市以盘活总量资产为出发点，通过大力招商引资，对企业实行送、卖、破产、股份制改革等多种形式，菏泽市纺织工业打破了以国有经济为主体、国营企业一统天下的格局，形成了以民营经济为主导、多种经济成分共存的局面。至2005年，全市纺织工业有规模以上企业189家、从业人员50883人、固定资产净值20.45亿元，完成工业总产值75.48亿元，实现利税3.95亿元，其中利润1.66亿元。

棉纺织业　菏泽是著名的棉产区，是山东和全国的重要棉花生产基地。1986年以后，菏泽立足于丰富的棉花和廉价的劳动力这两大资源优势，通过各种优惠政策，大力发展棉纺织业，使棉纺织业不断发展状大，并成为全区纺织工业中的龙头行业。

1985年年底，全区有县以上棉纺织厂9家，职工9026人；生产主要产品棉纱12970吨，棉布4825万米，完成工业总产值9075万元；实现利税109万元。

1986年，郓城棉织厂始建规模为1万锭。1987年，鲁沪棉纺厂设计规模为3万锭。1988年，鄄城棉纺厂设计规模为3万锭。1989年，东明棉纺厂、成武棉纺厂设计规模分别为3万锭。至1990年年底，全区纺织系统拥有棉纺锭17.3万枚，比“六五”末增加166%；布机2800台，生产棉纱21401吨、棉布4931万米。

1991年，菏泽棉纺织厂、单县棉纺厂、曹县棉纺厂分别从日本引进48台喷气织机，打破了全区没有无梭织机的局面。同年5月，东明棉纺厂扩建2万纱锭，达到3万锭生产能力。1992年1月，菏泽棉纺织厂新增生产能力1.5万锭，绝大部分为进口先进设备。1995年，成武棉纺厂形成3万锭生产能力。至1995年，全区拥有棉纺锭44万枚，生产棉纱45491吨、棉布6064万米。

1998年，响应国家限产、压锭的号召，菏泽棉纺织厂、巨野棉纺厂分别压缩落后棉纺锭1.5万枚、1万枚。同年，鄄城棉纺厂被外商独资企业购买，改为黄河纺织有限公司；成武棉纺织厂改制为股份制企业——成武县银翔棉纺织有限公司。1999年，菏泽棉纺织厂改制为菏泽银河纺织有限责任公司（股份制公司）。同年11月，青岛纺联六棉有限公司（原青岛国棉六厂）整体购买郓城县棉纺织厂，改为郓城县青六棉纺织有限公司。2000年3月，香港百隆集团纺织有限公司买断曹县棉纺厂，创建港资独资企业——曹县百隆纺织有限公司。2000年4月，东明棉纺厂投资4500万增扩2万锭精梳，引进清梳联、倍捻机、自动络筒机等国内外先进生产设备，实现无接头纱，产品档次明显提高。同时，在环锭纺设备上成功试纺出32支、38支、60支、100支大豆植物蛋白纱。9月21—22日，该类产品在济南通过省级鉴定，并得到中国纺织大学、苏州大学、西北纺织工学院等8家大专院校的专家、教授的肯定：“该技术填补了国内空白，达到了国际先进水平。”2000年，全区拥有棉纺锭120万枚。

纺织车间

2001年3月，曹县百隆纺织有限公司扩建2万精梳棉纺锭。11月，兖矿集团如丝纺织有限公司根据省委、省政府“东西结合”指示精神，出资2775万元，控股90%，鲁沪棉纺织厂出资308万元，参股10%，共同投资新上2万精梳棉纺锭。2002年5月，曹县百隆纺织有限公司扩建4万精梳棉纺锭。10月，兖矿如丝纺织有限公司2万精梳投产。11月，又收购原鲁沪棉纺厂3万锭资产，达到5万棉纺锭生产规模。2003年4月，东明棉纺厂填平补齐2万锭精梳，达到8万锭的生产规模，年产棉纱8272吨，完成工业总产值

9816万元、销售收入3995万元，实现利税1029万元。5月，单县棉纺厂以股份制形式集资1500万引进48台喷气织机。11月，菏泽银河纺织有限公司在牡丹工业园扩建10万锭项目初期工程开工奠基。2004年，曹县百隆纺织有限公司征地17.33公顷，扩建精梳8万纱锭。至2005年，全市拥有棉纺锭300万枚、布机15000台，生产棉纱56万吨。棉纺织企业重点分布在郓城县、巨野县、成武县、曹县、牡丹区，其中郓城县是全市棉纺织大县，拥有棉纺锭200万枚、布机1万台，均占全市生产规模和总量的三分之二。

毛纺织业 1985年，菏泽第二毛纺厂由以往单纯生产毛线向粗纺呢绒发展，粗纺呢绒向轻、薄、柔、暖、花色实用型发展，主要生产纯毛毛线、混纺毛线、腈纶毛线、麦尔登大衣呢、海军呢、拷花呢、仿兽皮大衣呢、兔毛呢、阿尔巴卡呢等各种呢绒服装面料。该厂生产的仿兽皮大衣呢1988年获省新产品试制一等奖，纯毛仿兽皮大衣呢、纯毛海军呢和花式顺毛大衣呢1989年被评为省优产品，1990年被评为部优产品。

1990年，境内拥有毛纺锭5348枚，比“六五”期末增加139%；生产毛呢67.7万米，实现销售收入4274万元、利税1183万元。1992年生产的“龙凤”牌毛线商标获首届山东省著名商标称号。1995年生产的天香牌纯毛提花呢获省优秀产品奖，天香牌混纺大衣呢被中国消协和质检中心评为信得过产品，10月，菏泽毛纺厂与菏泽天香纺织有限公司合并。

1996年6月，菏泽毛纺厂更名为天香集团龙凤绒线公司。1997年、1998年、1999年生产的仿马海毛银枪大衣呢、丝兔线、海狸呢分别获省科委“星火”科技奖。1999年2月，菏泽毛纺厂与天香毛纺织有限公司分离。至2000年，全市毛纺织行业共生产毛呢173.4万米，实现销售收入7378万元、利税424万元。

2002年，菏泽龙凤毛纺公司由于多种因素制约全面停产。2003年，由于市场、企业管理机制等多方面因素，年利税过千万的企业菏泽天香毛纺织有限公司出现亏损，直至2005年无盈利。

麻纺织业 1986年，境内麻纺行业仅有单县麻纺织厂1家，拥有150台麻袋织机，年产麻袋1500万条。1995年麻袋织机达到250台，年产麻袋2000万条，占全国麻袋生产总量的七分之一，为江北第一家麻纺企业，全国麻纺行业的排头兵。1997年，单县麻纺厂被评为中国明星企业，“湖西”牌麻袋荣获省优、部优、中国名牌产品。1998年5月，单县麻纺厂由国营改制为个体。2000年，麻袋被尼龙编织袋取代，1月该厂被迫停产，境内麻纺行业结束。

化纤纺织业 化纤纺织是菏泽纺织工业的新兴行业。1990年，菏泽涤纶厂试车投产。一期设计规模2000吨涤纶长丝，投资6400万。该厂于1991年获中国500家最大工业企业、同行业50家最佳经济效益工业企业，并连续4年跨入中国100家最大化学纤维企业，利税连续4年突破千万元大关。1993年8月，菏泽涤纶厂投资4500万元，从意大利、法国引进1000吨涤纶细旦长丝的二期技术改造工程，达到3000吨生产规模，增加了6个花色品种，年产值3000万元，利税增加600万元。1995年以后，化纤行业受到严重冲击，规模较小的企业面临着被兼并、停产局面。

1999 年菏泽涤纶厂破产。2004 年被浙江龙燕化纤集团整体收购，生产涤纶长丝，年产量 5000 吨。

印染业　1986 年，境内印染行业仅有菏泽印染厂 1 家，年生产各种印染布 1500 余万米。1988 年，菏泽印染厂投资 76 万美元，引进圆网印花生产线 1 条，年生产能力 2500 万米。1994 年 7 月破产。1995 年 2 月，菏泽棉纺织厂整体购买印染厂。7 月，菏泽棉纺织厂与滨州印染（集团）股份有限公司合资经营，成立菏泽诚信印染有限责任公司。1999 年 12 月，因环保不达标等原因，停止生产。

2002 年 4 月，菏泽宏瑞纺织印花有限公司成立（位于菏泽市牡丹区黄罡镇工业园），是一家集纺纱、织布、印花、包装、出口一条龙生产的综合企业。2005 年，该公司拥有固定资产 8500 万元，加工圆网印花布 5000 万米，完成产值 2.6 亿元，出口创汇 2000 万美元，成为菏泽印染行业的佼佼者。

2003 年 8 月，郓城圣达（集团）实业有限公司与济宁如意集团印染公司共同出资兴建郓城圣达如意有限公司，一期固定资产投资 6800 万元，以纯棉、涤棉纺织品加工为主，2005 年 3 月投产，当年生产各种中、高档服装面料及印花面料 4000 万米，实现销售收入 3.5 亿元、利税 3150 万元。

针织复制业　菏泽针织复制业主要产品有毛巾、毛巾被、袜子、针织衫裤、内衣、线毯、羊毛衫、围巾等。

1985 年，境内针织复制业有企业 9 家、从业人员 2146 人，生产各种针织衫裤 76 万件、毛巾 185 万条、袜子 156 万双、线毯 18.22 万条、围巾 1.2 万条、各种内衣 61.23 万件、羊毛衫 9.95 万件，实现工业总产值 1212 万元。1990 年后，针织复制企业受到市场冲击，产品出现滞销、积压。1995 年，菏泽市制线厂、针织厂，单县针织厂，定陶毛巾厂，成武织带厂、棉织厂、织袜厂等相继停产或由个人承包经营。

1996—2000 年，针织复制大部分企业、产品被淘汰。主要产品以毛巾、巾被、针织内衣为主。1996 年，成武银翔棉纺织有限公司新上 144 台毛巾织机进行产品深加工。1997 年，巨野麒麟针织有限公司开始筹建。1997 年 6 月，由东明县棉麻储贸公司与美国昌盛集团（香港）有限公司合资兴办的菏泽鸿鑫纺织有限公司成立。该公司总投资 420 万元，占地面积 1.8 万平方米，建筑面积 1.06 万平方米，主要生产新型纯棉巾被系列产品，拥有平织素色、螺旋处理、丝光缎档、印花、绣花和长效抗菌巾被六大系列 100 多个品种，年生产能力 500 吨。产品主要销往日本、俄罗斯、韩国，以及国内各大城市。1999 年 11 月，曹县恒信巾被有限公司在曹县毛巾总厂的基础上改制组建。该公司有在职员工 1168 人、各类管理技术人员 123 人，有梭织机 131 台、印花机 2 台（套）、手工印花 1 台（套）、染整设备 55 台（套）、辅助设备 185 台（套）、剑杆织机 24 台，年生产能力毛巾织物1500吨。产品有方巾、毛巾、浴巾、毛巾被、裙装、睡衣等30多个系列，增白、素色、显影、印花、彩格、缎档、提花160多个花色品种，产品出口到日本、韩国、欧美等十几个国家和地区。2000年，成武银翔纺织有限公司达到200台毛巾织机的生产能力。2000年2月，菏泽鸿鑫纺织有限公司研制出第二代长效抗菌毛巾，经中国预防医学科学院、山东省卫生防疫站检测，抑菌率大于99%，各项技术指标达到国际先进水平。

2004年，曹县恒信巾业有限公司与青岛大学联合开发研制的“纳米抗菌保健巾被”“甲壳膜抗菌保健巾被”“负离子抗菌保健巾被”等系列抗菌保健产品，三项技术均通过省级技术鉴定，达到国际先进水平，并全部申报国家发明专利。2004年10月，曹县恒信巾业有限公司“甲壳膜抗菌保健巾被”技术，获中国纺织工业协会科学技术进步三等奖。2005年8月，菏泽鸿鑫纺织有限公司投资50万元，新上毛巾亚漂生产线一条，由氧漂工艺改氯漂工艺，毛巾白度达到国际标准。2005年10月，菏泽鸿鑫纺织有限公司在织造工艺方面，将半漂纱上机工艺改为原纱上机，精减了煮纱、浆纱、络筒等工序，减少了废纱量，每吨毛巾生产成本降低800多元，提高了企业经济效益。至年底，全市针织复制企业15家，拥有有梭、无梭巾被织机500余台，进口针织大圆机30台，生产巾被织物4500吨，有40多个系列、100多个花色品种，远销日本、韩国、新加坡、俄罗斯、欧美等十几个国家和地区，成为山东乃至全国巾被生产出口基地。

服装业 服装是菏泽纺织工业的薄弱环节。1986年后，各县服装公司因经营、管理、市场等因素相继停业或破产。

1992年、1996年、1999年，菏泽天香毛纺织有限公司分别投资100万元、200万元、50万元引进日本重机服装高级平缝机及后整理设备100台套，形成两条西服生产线，年生产能力25万件（套）。至2000年，菏泽没有一家上规模的服装厂。

2002年8月，中外合资华韩维斯达制衣有限公司成立，在巨野县大义镇工业园区征地2.87公顷，投资1400万元建厂。2003年5月，取得自营进出口权。2004年9月，在县开发区征地4公顷，投资2400万元扩建针织服饰厂。2004年，该公司拥有固定资产3800万元、各种缝纫服装设备900台套、职工1000余人，主要生产羽绒服、防寒服、工作服、茄克服、休闲服、针织服等，年生产能力5000万件，出口创汇390万美元，实现销售收入4423万元。

2005年，全市大小服装企业共13家，实现工业总产值3.32亿元、出口交货值1.09亿元。

服装生产车间

第十一编　城乡建设 环境保护

城市一角

1986年年初，境内建成城区面积70平方千米，城区居住人口58万人，人均居住面积5.4平方米。柏油路面城市主次干道157条，长171.72千米；自来水厂10个，日供水能力4.06万立方米；排水道119条，长114千米；城区绿化覆盖率25%。主城区面貌陈旧，建成区面积2.25平方千米，城区道路49条，总长度48千米，街道狭窄。农民居住条件较之前大有改善，草房、土坯房绝大部分变成砖瓦房，农村道路及交通、邮电等公用设施相应改善。

1986后，城乡建设快速发展。1990年、1996—1998年、2003—2005年，相继编制三轮菏泽市城市总体规划，为菏泽城乡建设描绘了蓝图。特别是2000年菏泽撤地设市后，城乡建设进入快车道。尤其主城区建设日新月异，城市基础设施建设日趋完善，城市居民居住条件大为改善。至2005年，菏泽主城区建成区为51.2平方千米；城区街道145条，长达212.3千米，“二环、四横、六纵”城市道路网络构成，交通便捷；2001年5月成立的菏泽引黄供水中心日供水能力15万立方米；天然气供应由无到有，1987年市区建成东（明）—菏（泽）天然气专用线，日供应气量2万～3万立方米，2005年菏泽城区用户达到8000户；集中供热面积120万平方米，解决11家企业生产用热问题，居民供热达8600余户；绿化面积1748.6公顷，绿化覆盖率35.9%，曹州牡丹园、环城公园、赵王河公园等，完善功能。城区环卫按照“两级政府、三级管理、四级网络”总要求，实行无缝隙、全覆盖管理；城市亮化工程实施，菏泽城区路灯由1986年的1698盏，增加到23100盏；污水排放有序，处理科学合理。房地产开发进入快速发展阶段，城镇居民人均居住面积28.2平方米，住宅小区功能完善，管理规范。

村镇规划建设步伐日渐提速。乡镇驻地、村庄的总体规划及建设规划编制相继完成。至2005年年底，全市乡镇驻地公建面积495.11万平方米，生产性建筑627.69万平方米，住宅建筑1574.18万平方米。黄河滩区村庄搬迁工作成效显著。

环境保护得到加强。对地表水、地下水、大气降水、废水、废气、废渣等环境要素进行综合检测，堵住污染源头。2003年市府制订《菏泽市大气污染管理办法》；后又出台《菏泽城区“蓝天工程”实施方案》。2005年制定《菏泽市生态市建设总体规划》，实施综合治理，标本兼治，收效明显。

第一章　城市规划

1986—2005年，菏泽市城市规划建设步伐加快。环城公园、赵王河公园等重点规划项目的实施，使古城增添了生机与活力；东西部工业园区的规划路网修建，提高了城市的交通功能；中银大厦等一批高层建筑物的建设，使城区建筑物由低层往高层发展；和平小区、华平小区等一批住宅小区规划的实施，提高了居民生活居住的环境；随着集贸市场、防洪治涝、电力电讯、环境卫生、绿化美化等一批专业规划的实施，城市的综合功能不断得到增强与完善，城市环境得到有效治理，市容市貌大为改观。2005年，菏泽市城市规划成果获全省城市规划一等奖7项、二等奖11项、三等奖26项，获奖的档次、数量，位居全省17市前列。

第一节　总体规划

1986—1989年，菏泽城区执行的是1981年编制的《菏泽县城总体规划（1985—2000）》。1990年，山东省城乡规划设计研究院和菏泽市城市建设管理局联合编制了《菏泽市城市总体规划（1990—2010）》。1996—1998年，上海同济大学城市规划设计研究院与菏泽市规划局共同编制新的《菏泽市城市总体规划（1990—2010）》。该规划在对上一轮规划实施情况进行总结的基础上，确定了该次规划修编的重点，并结合发展要求和城市规划中面临的问题，完成了12个专题研究和人口、用地报告。1999年，山东省人民政府以鲁政字〔1999〕54号文，对《菏泽市城市总体规划》批准实施。2003—2005年，上海同济大学城市规划设计研究院和菏泽市规划局在以前规划的基础上，又编制了《菏泽市城市总体规划（2003—2020）》。2005年4月29日，该规划由山东省人民政府以鲁政字〔2005〕119号文批准实施。

2004年10月，《菏泽市城市总体规划（2003—2020年）》专家评审会在菏泽和平大酒店召开

规划要点　城市性质　中国牡丹之乡，以能源化工、农副产品加工和商贸物流为主的区域性中心城市。

2005年9月，菏泽市城市规划展在林展馆举办

城市特色　以“花城水邑”为依托的中国平原森林城市。

城市规模　规划菏泽中心城区近期到2010年城市人口规模为50万人，城市建设用地为60平方千米，人均120平方米。远期到2020年城市人口规模为68万人，城市建设用地为74.8平方千米，人均117.6平方米。

规划期限　2003—2020年。

规划区范围　东至皇镇乡，南至佃户屯办事处、何楼办事处，西至万福办事处、马岭岗镇，北至吴店镇、黄罡镇，规划区面积为860平方千米。

《菏泽市城市总体规划（2003—2020年）》中心城区远期用地规划

在城东生活组团新增2所高级中学，在牡丹工业区组团新增1所高级中学。规划设置20所左右初级中学，小学按2万～3万常住人口设置1所。

公共设施用地规划　规划公共设施用地为1191.6公顷，占城市建设用地的15.9%，人均17.5平方米。至规划期末，行政办公用地面积为97.6公顷，人均用地1.4平方米。整合原有的行政办公用地，市级行政机构集中迁往人民路与赵王河以西，黄河路以北地区，建设市政行政中心。商业金融用地为660.6公顷，人均用地9.7平方米。规划市级商业服务中心位于赵王河以东、火车站以西的中心城区；整合原有的解放大街、东方红大街商业布局，形成菏泽老城区商业副中心；在广州路以西、洙水河两侧形成东部新城商业副中心，在各个城市组团内新建组团级商业中心。规划将南华街、东方红大街改造成为步行商业街。规划商贸物流专业市场4处，即南部批发市场，西南农副产品批发、蔬菜批发市场，西北小商品批发市场整合沿康庄路、青年路、牡丹路等现有市场，形成小商品市场。文化娱乐用地98.5公顷，人均用地1.4平方米。规划建设市级文化娱乐中心、组团级文化娱乐中心、社区活动中心三级文化娱乐设施体系。市级文化娱乐中心位于丹阳路北、赵王河两侧，新建大剧院、文化艺术中心、图书馆等大型公共设施。在老城区曹州路北，广福街以西建设鲁西南民俗博物馆。体育用地73.9公顷，人均用地1.1平方米。保

城市用地发展方向　以向东发展为主，向南发展为辅，适当向北发展，适度控制向西发展（兰州路东为城市建设用地，兰州路西为水源地保护区）。

城市空间结构规划　按照组团式结构形态，通过绿化、水系、铁路的分隔，形成“一核、两轴，四组团”的布局结构。一核：城市核心区，西至太原路，北到大学路，南到铁路编组站，东至京九铁路，面积约16平方千米。两轴：城市的两条发展轴线，即丹阳路和人民路。四组团：城市的四个功能组团，即城西组团、城北组团、城东组团和城南组团。规划居住用地为2101.7公顷，占城市建设用地的28.1%，人均30.9平方米；中小学用地210公顷，占建设用地的2.8%。规划居住用地形成老城居住片区、老城周边居住片区、中心居住片区、新城区居住片区。规划设置12所高级中学，保留扩建原有8所高级中学（菏泽一中、二中、三中，菏泽学院附中、菏泽一中分校、曹州一中、旺子中学、新世纪学校），在城北组团新增1所高级中学，

留菏泽体育场，新建菏泽体育中心。医疗卫生用地52.9公顷，人均用地0.8平方米。按照“市级医院—社区医院”二级配套医疗卫生服务设施，保留更新现有医院，新增大型综合医院4所。规划教育科研用地208.1公顷，人均地面积3.1平方米。规划形成一个高教园区和一个专科教育基地。规划城市广场12处，市政广场（黄河路以北、赵王河以西）、青菏泉广场（中华路、人民路交叉口北侧）、新区广场（钱塘路、郑州路交叉口西北侧）、西区广场（东方红大街西段、昆明路交叉口东北侧）、东站广场（菏泽铁路客运站西侧）、南站广场（解放南街南端）、曹州广场（牡丹路、丹阳路西北角）、牡丹广场（牡丹路以东、中华路以南）、花城广场（广州路与洙水河交叉处西北角）、洙水河广场（上海路以西、洙水河以南）等。

工业用地 工业用地1550.8公顷，占规划建设用地的20.7%，人均用地22.8平方米。老城区内的工业用地，除保留少数几个效益较好的一类工业企业外，其余企业逐步外迁新建工业区；城市核心区内的工业用地，予以搬迁置换。规划形成两大工业园区：菏泽市经济开发区（西区）、城东工业园（菏泽市经济开发区）。

菏泽市经济开发区（西区） 北起日东高速公路，南到新石铁路和220国道，东接现状城区，西至兰州路，面积209公顷，为一类工业区。

城东工业园（菏泽市经济开发区） 京九铁路以东，在建的菏兰高速公路以西，面积为1256公顷，其中洙水河以北为二类工业区，洙水河以南为一类工业区。

仓储用地 规划仓储用地208.6公顷，占规划建设用地的2.8%，人均用地3.1平方米。规划4处：南部仓储区位于铁路编组站以南；东北部仓储区位于南京路以东，淮河路以北；东部仓储区位于洙水河以南，台湾路以西；西部仓储区位于银川路以西，中华路以南。保留京九铁路以东国家粮食储备库用地。

城市道路交通规划 形成“二环、四横、六纵”的交通性城市道路网络。二环：在城市外围形成城市外环路，由上海路、昆明路、北外环路及珠江路等城市快速路组成；在城区内部形成城市内环路，由黄河路、西安路、长江路、广州路四条交通性主干道部分路段形成。四横：黄河路、丹阳路、长江路、闽江路。六纵：菏刘路—西安路、句阳路—广福街、兴商路—牡丹路、人民路、广州路、南京路。规划南北向交通性主干路为菏刘路—西安路、句阳路、兴商路—牡丹路、人民路、广州路、南京路；规划东西向交通性主干路为黄河路、丹阳路、长江路、闽江路。规划一般主干道红线宽度为36～66米，次干道红线宽度一般为30米，支路红线宽度一般在30米以下。

第二节 市域城镇体系规划

《菏泽市城市总体规划（2003–2020）》所述的菏泽城镇体系地域范围指菏泽市所辖的8县2区之范围，总面积12238平方千米，2003年人口875万人。市域中心城市：菏泽市中心城区；市域二级城市：定陶、曹县、东明、巨野、郓城、单县、鄄城、成武；重点镇24个，一般城镇60～70个。

人口规划 2003—2020年菏泽市域城镇体系规划中，菏泽市2003年总人口为

875万人，规划2010年总人口为940万人，规划2020总人口为1010万人。菏泽市2003年城镇人口为231.77万人，城镇化水平26.5%；规划2010年城镇人口为330万人，城镇化水平达35%；规划2020年城镇人口为505万人，城镇化水平达50%。菏泽市的城镇等级结构规划：市域中心城市城区驻地人口，2010年50万人，2020年68万人。市域二级城市：定陶驻地人口2010年13万人，2020年20万人；曹县驻地人口15万～20万人，2020年25万～30万人；东明驻地人口2010年10万～15万人，2020年25万～30万人；巨野驻地人口2010年15万～20万人，2020年25万～30万人；郓城驻地人口，2010年15万～20万人，2020年25万～30万人；单县驻地人口2010年20万～25万人，2020年30万～35万人；鄄城驻地人口2010年10万～15万人，2020年15万～20万人；成武驻地人口2010年10万～15万人，2020年15万～20万人。24个重点镇驻地人口，2010年2万～3万人，2020年3万～5万人；60～70个一般城镇驻地人口，2010年1万～2万人，2020年2万～3万人。

城镇空间结构规划 以菏泽城区为核心，以定陶、巨野、曹县、郓城、东明、单县、鄄城、成武为二级城市，以“米”字形高速交通干线为发展轴，重点镇为骨架，一般镇为基础，形成多层次城镇空间格局。

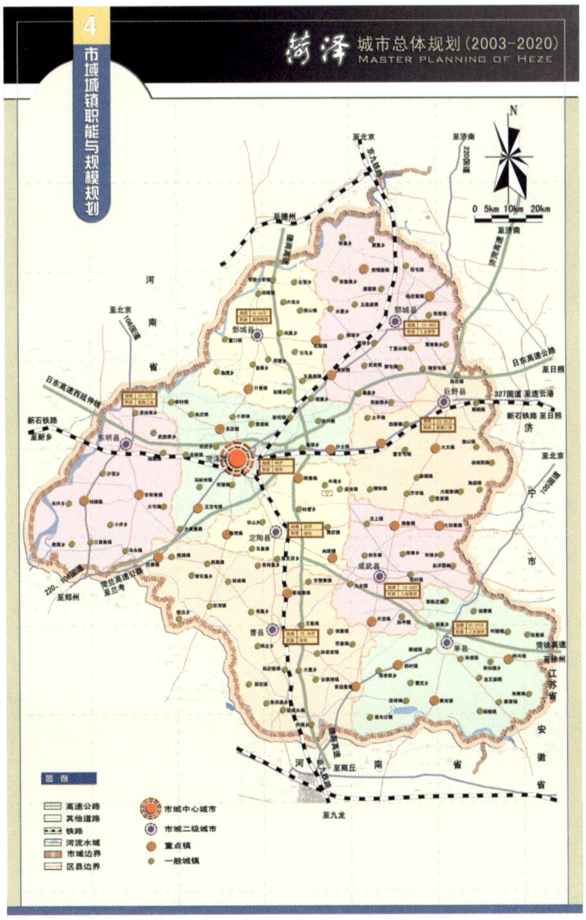

市域城镇职能与规模规划图

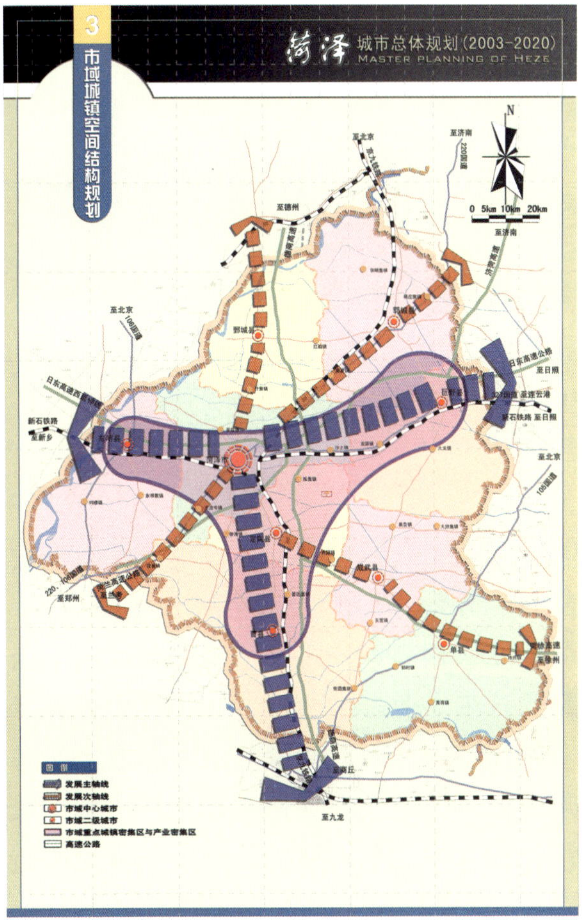

市域城镇空间结构规划图

市域综合交通规划 铁路交通：保留京九铁路和新石铁路。规划菏泽中心城区客贸运站场为二级站，东明、巨野、曹县、定陶、郓城客贸运站场为三级站。远期将菏泽货运站迁至编组站以南，以减少对城市的影响。

市域综合交通规划图

公路交通 保留日东高速公路，新建菏泽兰考高速公路、济南至菏泽高速公路、菏泽至徐州高速公路、德州至商丘高速公路、日东高速公路西延伸线，全面构筑米字型高速公路网。建设菏泽中心城区至各县城及各县城之间的快速干道，达到一级路标准。在现有道路的基础上，重点改造327国道、曹县—定陶—菏泽—鄄城公路、东明—东明集—王浩屯—定陶—成武—单县公路、东明—菜园集—李村—临濮—鄄城—红船—郓城公路、东明集—庄寨—韩集—曹县—青固集公路、青堌集—天宫—成武—南鲁—大义—巨野—郓城公路，构筑菏泽城区至各县城和环通各县城的一级公路网络。全面改造现有其他公路网，使各个县城至主要乡镇的道路达到二级公路标准，至一般镇和中心村的道路达到三级公路标准，至一般行政村的道路达到四级公路标准。规划菏泽中心城区的中心客站达到一级站的标准，各县城的客运站达到二级站标准。

航空运输 规划新建民用机场，近期为国内支线机场，远期留有扩建为国内干线机场的可能。

水运 改建洙水河和东鱼河北支航道，与济宁市合作，打通巨野到南四湖的水上通道，与京杭大运河连接。

市域生态环境建设与保护规划 工业向市区、县城及重点城镇集中，通过工业小区开发统一治理污染。一般镇通过设置工业小区或工业点适度发展，中心村及基层村严格控制工业发展。城镇工业用地以一、二类工业用地为主，控制三类工业用地的发展。生态环境保护与建设区域开发重点与人口集聚方向应渐向市区、县城及重点城镇推移。

市域空间管制规划 古城风貌区 重点保护菏泽中心城区的“外圆内方”老城区，面积约14.7平方千米，保护和恢复老城的传统格局和景观风貌。

水源保护区 重点保护菏泽中心城区的西城水库和仿山水库两处水源地，划定相应地保护范围，其中一级保护范围为水库外围1000米，二级保护范围为一级保护

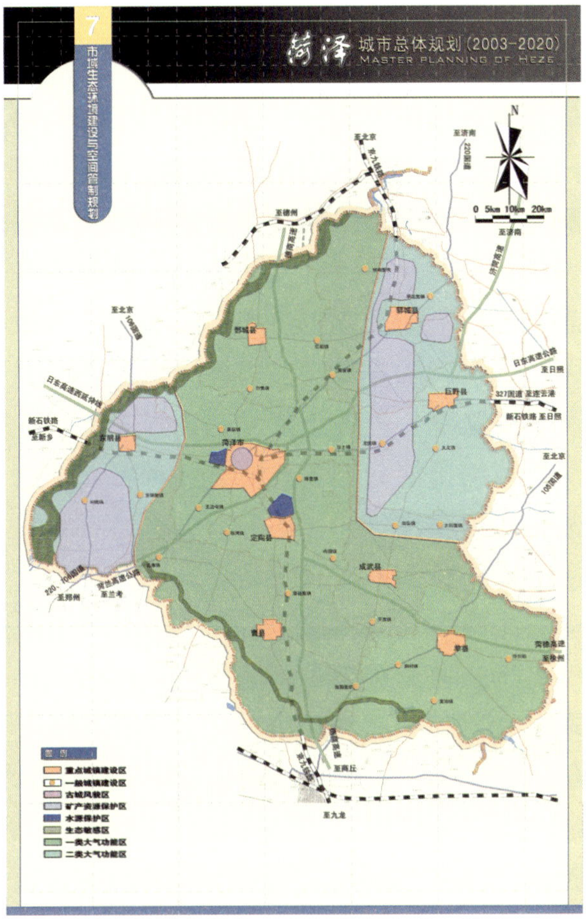

市域生态环境与空间管制规划图

范围外1000米；各个县城建设相应的水源地和水源保护区域。

矿产资源保护区 重点保护以巨野煤矿、东明的中原油田为主的煤矿和石油等矿产资源保护区。

生态敏感区 重点保护沿黄河和黄河故道（包括浮岗水库）两处生态敏感区域，扩大生态林种植面积，保护生态环境。

市域旅游发展规划 *两线* 黄河旅游线、黄河故道旅游线。

八区 牡丹旅游区、水浒旅游区、兵圣故里旅游区、仿山旅游区、宗教民俗旅游区、城湖旅游区、浮龙湖旅游区、金山旅游区。

第三节 勘察测绘

勘测管理 境内勘测管理依据《中华人民共和国测绘法》《山东省测绘管理条例》等进行勘测管理工作。1995年12月，菏泽市政府下发《菏泽市勘察测绘管理暂行办法》。该办法共分为总则、勘测市场管理、勘测业务技术管理、勘测成果管理、地图编制出版管理、测量标志管理、奖励与惩罚、附则8大部分共31条。1996年10月26日，县级菏泽市规划局下发菏市规字〔1996〕39号文《关于进一步加强勘测管理的通知》，规定：凡在市区征用土地，进行建设及各类管线和市政设施在规划定点的，必须持盖市勘测办公章的现状地形图，方可立项；基本建设项目，三层楼以上（含三层），跨度15米以上（含15米）的大型建筑物，必须加盖勘测办公章的地质勘查资料立项，否则设计单位不得进行设计。放线一律实行坐标定位管理。坐标定位范围主要包括邮电、电力、自来水、市政、道路、桥涵等各类建筑物以及民用两层以上的楼房建筑。

2005年3月，勘察测绘院地下管线跟踪测量

勘测成果 菏泽市规划局测绘队伍一直担负着菏泽市城市建设、规划方面重大

测绘项目的施测任务，为全市城市建设、市政工程建设、天然气工程建设、城市供热工程等大型测绘项目提供基础性测绘资料；同时承担城区建筑物的放、验线等工作。1994年，菏泽市勘察测绘大队与山东省测绘劳动服务公司联合对城区进行1∶500地形图测量，完成测区面积48平方千米，提交1∶500地形图768幅。1995年，由省测绘局对菏泽地区所辖区域进行航测1∶10000地形图，2000年4月完成内业测绘，共计成图477幅，测区面积11925平方千米。该图采用1980年面安坐标系，1985年国家高程基准，等高距力1米；按照1993年版式，于2002年正式印刷出版。这次航测，填补菏泽市测绘中的一项空白，结束了菏泽市没有航测地图的历史。2002年4月，菏泽市勘察测绘大队联合山东正元公司对菏泽市城区地下管线进行探测，以城区1∶500地形图为基础，完成施测长度400余千米，管线定测采用开挖、现场勘查确认等方法判断，确保了资料的翔实性、可靠性。至2005年12月，菏泽市规划局测绘队先后完成了菏泽地区邮电系统工程控制塔定位、菏泽电厂二期工程测量、曲菏高速公路（菏泽—杨店）、菏泽热电厂地形图测量、河南省原阳黄河大堤纵横断测量、河南省沁阳—武陟—博爱—温县大堤测量、西藏绒岗公路测量、东鱼河河道测量、菏泽濮阳勘界测量、菏泽市开发区东部路网工程测量、菏泽市雷泽湖风景区工程测量、菏泽市环城公园工程测量、菏泽市赵王河公园工程测量、菏泽市道路网规划测量、鄄城潍坊工业园地形图测量、菏泽城区GPS控制测量等。

外业勘探

第四节　规划管理

1986—1990年，城市规划管理工作由建设部门负责，对城市基础设施配套费的收取，按照鲁政发〔1984〕153号文规定，收取综合开发费或城市公共设施配套费。1991年县级菏泽市城市规划管理部门成立，城市规划审批管理工作一直由规划部门负责。前期规划管理范围仅限于东城、

2005年4月1日，《中华人民共和国城市规划法》宣传

西城、南城、北城、丹阳五个街道，后又增加牡丹、岳程两个街道。2004 年 6 月，又增加佃户屯街道，范围由最初的 20 平方千米扩展到 50 平方千米。

1995 年，菏泽市人大常委会批准《菏泽市实施〈中华人民共和国城市规划法〉试行办法》。该办法第二十五条规定：征用（包括转让、交换）土地按征地费用总额 5%，交纳勘察、定点费；城市基础设施配套费按征地面积 15 元／平方米征收；建筑工程规划管理费按建筑面积 1 元／平方米征收。1998 年 8 月 16 日，市政府下发修改后的《菏泽市实施〈中华人民共和国城市规划法〉办法》。该办法第五十五条规定：办理规划用地和建设工程手续必须交纳以下费用：城市基础设施配套费，工业、商业、公建按建筑面积 80 元／平方米；住宅按建筑面积 40 元／平方米；勘察定点费，按征地费用总额的 5%；市容工程、规划管理费，按工程总造价的 5%。

规划批后管理，包括公建、民建两大部分。公建部分的批后管理，一般由菏泽市规划局建设工程管理科、监督检查科具体负责。在管理的过程中，是沿用过去建管科放线，监督检查科验线，最后由监督检查科进行竣工验收等办法，后又调整为由建管科负责放、验线，由监督检查科负责竣工验收。

民房规划管理，一直由城区规划管理所负责。发现有违法搭建或其他非法行为者，按《中华人民共和国城市规划法》及相关办法予以处罚。确属严重违章者，由菏泽市规划局协同法院、办事处、公安局、开发区管委会、牡丹区政府联合，进行集中拆除活动。平时的民房报建，由城区规划所管理人员到现场勘察之后，符合条件者由其签署相关意见，同时，由所在村（社区）签署意见后，上报市规划局核批。2004 年 6 月 17 日，中共菏泽市委办公室下发《市委办公室、市政府办公室关于印发〈城市规划管理重心下移工作实施意见〉的通知》，使菏泽市城市规划工作启动了“两级政府、三级管理、四级网络”的新机制，进一步使两区、办事处、开发区、牡丹区政府及各居委会、村委会在城市规划管理中充分发挥作用。

2005 年 7 月，菏泽市人民政府办公室下发《菏泽市人民政府办公室关于收取城市基础设施配套费补助费有关问题的通知》。该通知规定的收费标准：城市基础设施配套费按建筑面积计收，基准标准是住宅 40 元／平方米，商业、公建等建筑 80 元／平方米，工业建筑 40 元／平方米。

2005 年，市直规划建设管理培训班在花都大酒店开班

第二章　市政建设

第一节　街　道

1986年，菏泽市城区道路共有49条，总长4.8万米。1987—2002年，城区修建道路大幅度增加，仅2002年就修建道路44条，总长6730米，断面30米，修建道路面积20.19万平方米。2005年，菏泽市城区道路已发展到145条，总长21.23万米。城市主次干道，全部为沥青路面，新建、修混凝土的快车道一般宽都在30米以上，最宽的达50多米，缓解了市区交通压力。

东方红大街

2005年菏泽市区主要道路一览表

表11-2-1

道路名称	起止点	分　类	板数	道　路			修建时间（年）
				长度（米）	面积（平方米）	断面（米）	
银川路	中华路至泰山路	主干道	1	4686	74976	16	2003
昆明路	菏兰路至高速路口	主干道	1	7200	21600	30	1999新建 2002年拓宽
重庆路	中华路至泰山路	次干道		3853	38530	10	2002
西安路	中华路至付堤口转盘	主干道	3	3055	88595	7-15-7	南段1997修 北段1999修
句阳路	康庄路至师专路	次干道		1115	17840	16	1993
广福街	中华路至康庄路	次干道	1	2564	41024	9-18	1998修中段 2003修混凝土面
成阳路	中华路至万福桥	次干道	1	2044	40880	20	南段2003新建 北段2002年罩面
解放街	东方红大街至长江路	主干道	1	2250	45825	7-24-7	2002年修 快2003年修完
青年路	大学路至中华路	主干道	1	4164	66946	20	2004年修
牡丹路	铁路桥至万福河	主干道	3	22306	450487	7-25-7	2002年修完

续表 11-2-1

道路名称	起止点	分　类	板数	道　路			修建时间（年）
				长度（米）	面积（平方米）	断面（米）	
太原路	黄河路至长江路	主干道	2	3711	72267	21	2002
和平路	中华路至永昌路	主干道	1	1253	25070	7—22—7	2002
华英路	八一路至中华路	次干道	3	1169	14439	11	2005
人民路	长江路至牡丹路	主干道	3	11463	350325	7—25—7	2004
郑州路	淮河路至长江路	主干道	3	3178	66738	21	2002
广州路	黄河路至长江路	主干道	5	4040	167277	7—5—28—5—7	2002
济南路	淮河路至南湖	主干道	3	6800	166146	23	2003
南京路	黄河路至闽江路	主干道	3	5960	178800	30	2003
上海路	淮河路至日东高速	次干道	3	7250	222400	35	2003
闽江路	广东路至上海路	次干道	3	3599	82777	23	2003
钱塘路	长沙路至上海路	次干道	3	5593	83895	15	2003
长江路	菏兰路至上海路	主干道	1	12403	320309	30	2002
中华路	菏兰高速至兰州路	主干道	3	10351	280373	6—5—15—6—5	2003
丹阳路	三角花园至上海路	主干道	1	28324	635932	6—18—6	2004
八一路	济南路至兰州路	次干道	1	6135	100773	7—19—7	2003
曹州路	和平路至银川路	主干道	1	6423	83201	5—15—5	2001
东方红街	三角花园至昆明路	次干道	1	3826	44860	16	2004
康庄路	青年路至西安路	次干道	1	2562	38430	15	2002
黄河路	辛集高速至银川路	主干道	3	15858	380950	30	2005
大学路	牡丹北路至句阳路	次干道	3	2921	46853	23	2003

第二节　照　明

1986 年，菏泽城区有照明街道 70 条，供电线路 106.18 千米，路灯 1698 盏。2001 年，市城区路灯 5248 盏，主要集中在中华路、康庄路、西安路等 17 条道路上。2002 年，安装康庄路、和平北路等 18 条道路上的路灯 3045 盏；2003 年，安装广州路、长江东路、济南路等开发区东区路网 12 条道路，重庆路、昆明路、中华西路等牡丹工业区 7 条道路，文化路、双河路、西安路等老城区 28 条道路上的路灯共 9653 盏，老城区街巷安装路灯 5154 盏，

路　灯

全城大街小巷都亮了起来。2004年，对中华路、人民路、西安路、牡丹北路、曹州路道路路灯及双河立交桥轮廓灯进行改造安装，使强弱电管线入地，提高了城市道路照明设施档次。2005年，市城区路灯总盏数已达23100盏，主次干道路灯设施完好率和亮灯率均达到98%以上。

第三节　排水防汛

菏泽城区地势低洼，外高内低，呈盘状地形，雨污水无法自流排出，需经坑塘、河道、管道拦蓄后，由排水泵站提排城外，防汛压力一直很大。1993年7月中旬至8月上旬，菏泽连遭暴雨侵袭，降雨总量652毫米，其中8月4日下午4时至夜间11时，全市平均降雨量160毫米，加上暴风影响，城区经济损失惨重。14.5平方千米的城区积水面积12.5平方千米，60%的企事业单位、居民住宅区积水进水，积水最深1.4米，受灾群众10余万人。市区道路严重积水，青年路、牡丹路、康庄路、八一路等主要街道积水均在1米以上，21.8万平方米柏油路返浆，34处桥涵闸损坏，1.2万米下水道被冲垮，倒塌房屋7500余间，15处环卫设施和8处苗圃被淹没，冲毁煤气灌装站1座，淹死树木50余万株，部分企业被迫停产，造成城区基础设施损失8600余万元，是菏泽市30多年来损失最严重的一次。

2003年，市政府投资5亿元，修建环城公园、赵王河公园，改造了护城河和赵王河城区段，梳理了河道，修建了中华路、人民路等道路下水道，提高了蓄排水能力，一定程度上缓解了部分城区排水难的状况。但由于城墙、大堤缺口多，从而降低了城墙大堤的防洪抗灾能力。坑塘填垫严重，蓄排水能力下降，老城区坑塘由60多公顷降到不足13.33公顷。道路下水道配套率低，城区排水仍为雨污合流，没有形成排水体系，部分道路下水道标准低，过水断面小，长年失修，流水不畅，过水能力严重不足。排水泵站数量少，提排能力严重不足，不能满足提排要求。城市防汛形势依然严峻。2005年，菏泽市城区的主要排水管渠有赵王河、洙水河、万福河、安兴河、

护城河改造前后

护堤河、护城河、双河沟、南关沟等，防洪采用“分、泄、拦”治理措施，内涝防治采用“截、蓄、排、填”等措施。市城区共有4座雨污水排水泵站——南关泵站、三角闸泵站、韩堤口泵站、丁堤口泵站。

第三章　园林绿化

1986—1995年，城市绿化主要围绕“三二一”构架工程（三个绿化环：城墙绿化环、大堤绿化环以及沿中华路、顺河路、花园路绿化环；两个公园：天香公园、青年湖公园；一个占地33.33公顷的苗圃），初步形成了绿化体系，城市绿化覆盖面积达到586.5公顷，人均公共绿地6.5平方米，城市绿化覆盖率34.5%，被评为“八五”绿化达标城市。1996年后，城市绿化建设工程虽逐年增加，但由于建成区面积迅速扩大，使城市绿化比率相对减少。至2001年底，城市园林绿化面积895.89公顷，绿化覆盖率32.16%，人均公共绿地面积6.17平方米。2002—2005年，菏泽市结合突破菏泽战略，动员全民大搞环境绿化，城市绿化形成了点成景、线成荫、面成林、环成带的绿化格局。2005年，城区已绿化面积1748.6公顷，绿化覆盖率35.9%；单位、庭院、居住区绿化876公顷；已绿化道路41条，长度276千米；种植草坪面积127公顷（包括单位庭院的71公顷），栽植各类乔木198.2万株、花灌木92.1万株。

第一节　公共绿地

1986年，菏泽城市绿地面积82.8公顷，绿化覆盖率28.7%，人均占有绿地4.2平方米。其中，公共绿地面积45.8公顷，水面面积33.3公顷。2005年，菏泽市有公共绿地87处396.76公顷，人均占有绿地9.18平方米。主要公共绿地有曹州牡丹园、青年湖公园、天香公园、环城公园、赵王河公园、儿童公园、蒋震植物园、青菏泉广场、护城大堤及47处城区街头绿地等，共植树木53.9万株（其中乔木16.8万株、

赵王河公园一角

花灌木 37.1 万株），种草坪 175.9 万平方米，造绿篱长 2.3 万米。

曹州牡丹园 位于牡丹路与人民路之间，占地 120 公顷，是一处以牡丹为主的封闭式大型多功能公园。2002 年，按照国内著名、世界知名的牡丹主题旅游景区这一目标，由上海同济大学、北京林业大学规划设计，对牡丹园进行大规模改建，总投资 5000 万元，将整个园区划分“花之语”“花之韵”“花之海”“花之魂”“花之情”五大功能景区。

牡丹园

青年湖公园 位于老城西南部，是环城公园的一部分，以青年湖自然水体为中心，规划面积 37.7 公顷，其中自然水域 17.7 公顷，陆地面积 20 公顷，1982 年被纳入城市规划，由北京植物园设计师杨湖设计。1986 年拆迁部分沿湖住户，砌筑东部湖岸，建设了长廊、船坞、水榭基础、亭子、拱桥等。后因种种原因，工程搁置。

天香公园 位于赵王河畔，南靠中华路，北至万福路，西邻太原路，东接天香路。1991 年年初开始筹建，占地 11.3 公顷，其中湖水面积 4 公顷。属开放式公园。

环城公园 环城公园是沿原旧城墙而建，2003 年开工，呈方形，由杭州设计院规划设计，概算总投资 3 亿元。该园周长 6 千米，面积 130 公顷，其中水域面积 8.44 公顷、绿地面积 40.52 公顷。整个景点概括为：一个环城绿化带、两个文化聚落、三大广场、十大景点及众多休闲绿地。全部工程分为两期：一期工程开挖石砌 6 千米护城河，建设 12 座仿古名桥、14 座园林景观桥、24 个亲水平台、

天香公园

菏泽环城公园

30个休息平台、3个亭廊组合、3座牌坊、9个亭、4个轩、3处停车场、8处船泊码头，铺园区市政路6千米、园林路10余千米、外围截污管道6.4千米，营造水面55公顷、绿地75公顷，投资约1亿元，2004年年底完工；二期工程主要是十大景点建设，计划投资1.2亿元。

蒋震植物园 位于菏泽市洙水河畔的南护城大堤，解放南街贯穿其中，分为东、西两园，解放南街向西至三角闸为西园，向东150米为东园。西园于1998年春季完工，东园于1999年春季建成开放。由香港著名实业家蒋震博士投资150万元兴建，园内以植物景观为主。

蒋震植物园

青菏泉广场 位于人民路、中华路交叉口东北角，面积3.6公顷，由山东建设园林山石公司设计，由原菏泽市市政府投资300万元，于1999年建设完成，是一处市民休闲娱乐性广场。广场内栽植雪松、木瓜、水杉、栾树、金叶女贞等名贵观赏性花、乔、灌木4300棵，采用自然式或图案式布局相结合的手法进行布局。

青菏泉广场

护城大堤 周长16.7千米，呈圆环形，面积66.9公顷。堤上共栽植乔木1.8万棵、花灌木5000棵，种植草坪2万余平方米。

护城大堤

第二节 道路绿化

2005年，菏泽市城区有绿化道路41条，总长276千米；行道树198.2万株，行道树覆盖面积268公顷。道路两侧有绿地151公顷，其中草坪69公顷，道路分车带花坛面积39公顷。花坛内和路两侧绿地内有乔木9.8万株、花灌木45.7万株、绿篱8.1万米。

人民路 是菏泽城区的一条交通要道，2003年栽植的绿化行道树为法桐，共2行。中间绿化隔离带共两幅，每幅宽3米。绿化隔离带内以冷季草坪、石楠、小叶女贞、龙柏为主，共11个品种。人行道两侧以雪松、旱柳为主，下有白三叶铺地。该路绿化面积23公顷，种植行道树1800株、花灌木8000株、绿篱长度1.46万米，绿化覆盖率93.2%，绿地率36.5%。

人民路绿化

中华路 是菏泽城区一条景观大道，行道树为法桐、雪松，共4行。中间绿化带宽2米，2行，共4米。2000年将中华路分车绿化带原隔离改造成草坪，草坪为

中华西路绿化

麦冬，灌木为石楠，绿化带建设面积为99.87公顷，植树1298株。改造后的中华路绿化覆盖率39%，绿地率30%。

昆明路 是菏泽开发区西区的一条主干道，与日东高速刘口出口相连接。2002年建设，2004年绿化。行道路为法桐，两侧为片林，片林以栾树、雪松、旱柳、毛白蜡、合欢为主，共15个品种，下有白三叶铺地。该路两侧绿地面积60.15公顷，共植树4600株。

昆明路

广州路 是菏泽开发区东区的一条南北主干道，2004年开始绿化。行道树为法桐2行；两侧以毛白杨、合欢、栾树、毛白蜡、银杏、柿树、苦楝为主，共15个品种；中间隔离带为麦冬和小叶女贞篱，共植树6700株，绿地面积38.7公顷。

广州路绿化

西安路　行道树为法国梧桐、垂柳共2行，中间2幅绿化隔离带，植树339株。绿化带内为石楠，桧柏下有麦冬草坪，绿地面积为6933.6平方米。

西安路绿化

牡丹路　菏泽城区一条南北主干道，行道树为法桐2行，共植325株，绿地面积3.82公顷。

花园路　行道树为法桐，共植607株，中间为绿化带，以绿篱为主，穿插石楠，绿化面积为1.47公顷。

长江路　是菏泽城区一条东西交通主干道，2003年开始绿化。行道树2行，以苦楝为主，共5.23万株，绿地面积12.32公顷。

第三节　生产绿化

菏泽城区生产绿地主要以个体苗圃为主。20世纪70—80年代，集中在牡丹办事处、赵楼、李集一带，以曹州牡丹园为中心，主要育植牡丹、芍药、菊花等。90年代初期，该处逐渐发展种植绿化树种，品种有国槐、臭椿、千头椿、苦楝、木瓜、柿树、栾树、合欢、垂柳、法桐、紫叶李、女贞等数十种，苗圃面积26.67公顷。2005年，全市有各类花圃、苗圃1.07万公顷，苗木年产量2.8亿株，其中城市园林绿化苗木面积6000公顷，苗木年产量1.9亿株，年产值超过5亿元。

苗　圃

第四节　庭院、居住区绿化

菏泽城区庭院绿化工作始于20世纪80年代中期，大多数庭院内配置有乔、灌、花、草，一些庭院还建有园林小品雕塑。1986年，全区庭院、居住区绿化总面积653公顷，其中草坪99公顷；庭院栽植落叶乔木6.71万株，常青乔木4.4万株，花灌木69.3万株，常青球1.1万株，总投资5321万元。2004年，菏泽城区216个单位中庭院绿化先进单位达到127个，先后有63个单位被命名为花园式单位（其中省级花园式单位10个），占单位总数的29%，居住小区中有7个小区达到花园式单位标准。

小区绿化

第五节　园林雕塑

菏泽市城市园林雕塑主要是街头道路雕塑。1991年，在中华路与成阳路交叉口四角绿地东北角建设《母子鹿》雕塑小品一处，在西南角建设《孺子牛》雕塑一处；在青年路南头绿地建设蘑菇亭一处。1992年在中华路与牡丹路交叉口西北角绿地建设一座通体洁白如玉的《牡丹仙子》雕塑，意在突出其高贵、典雅之神韵。1995年，

雕　塑

在牡丹路与人民路交叉口周花园绿地建设《天女散花》雕塑一座。1996年，在天香公园内建设雕塑《黄金甲》、寓言故事不锈钢雕塑《鹬蚌相争》。1998年，在太原路建设雕塑一条街，以中国古代寓言故事为题材，建设《凿壁借光》《刻舟求剑》《盲人摸象》《三个和尚》《滥竽充数》《狐假虎威》《东郭先生和狼》七组雕塑。2001年，分别在滨河绿地和吴堤口绿地建设两座充满现代气息的钢制雕塑，其中吴堤口绿地雕塑名为“扬帆”，高约5米，通体红色，下为褐色大理石基座。

第四章　市容环卫

1986—1991年，菏泽市环境卫生管理处（简称环卫处）负责菏泽城区的环卫管理工作。1992年，环卫处由集体转为全民事业单位。1994年3月，市政府在环卫处的基础上成立菏泽市环境卫生服务总公司，与环卫处一套班子两块牌子，为小型二级企业。5个城区办事处和牡丹乡分别成立环卫服务公司，业务上接受市环卫服务总公司的指导。1996年11月，环卫处升格为正科级全民事业单位，并成立环卫监察队。2000年菏泽撤地设市后，开发区成立环卫处，将丹阳环卫服务公司从市环卫服务总公司中划归开发区环卫处管理。至此，菏泽城区的环境卫生由牡丹区环卫处和开发区环卫处分别管理。

第一节　市容整治

1994年5月，菏泽市政府下发《关于加强城区主要街道和公共场所环境卫生管理》的通告，确定对城区主要街道和公共场所的环境卫生加强管理。1996年，菏泽市城管执法队伍解体，调入环卫处30多人，并成立市环境卫生监察队。该队按照“先急后缓、突出重点、逐步治理”的原则，对城区乱摆乱放、乱贴乱画、乱搭乱建进行专项治理，先后清理占道彩票亭、铁皮屋400余处，清除占道摊点3280户，规范了中会路、人民路等10条主要道路的经营秩序。2003年9月环卫体制改革，整个城区的环境卫生工作交由环卫处统一管理。该处结合市容环境综合整治指挥部，对城区主次干道两旁的建筑容貌排查、摸底，并对存在问题的单位下发“建筑容貌整改通知书”，限期治理；对主次干道两旁的残墙断壁进行治理，能改造的改造，不能改造的强制拆除，共拆除破烂门头房4万平方米；对主干道两侧的建筑物按照统一规划、统一标准进行粉刷，共粉刷墙体立

街道卫生清理

面13万平方米，清除小广告5万余处，规范停车画线1.2万米；对部分城市出入口、城乡接合部、城中村、背街巷两侧乱摆、乱堆的柴堆、建筑料堆、粪堆等影响市容的“三大堆”进行集中治理，确保道路畅通，卫生整洁。2005年1月，菏泽市环卫处被省建设厅、人事厅评为“山东省城市环境综合整治先进单位”。

第二节　环卫设施

垃圾箱　1986—2002年，菏泽城内主要街道两旁是一些铁皮制垃圾箱和部分水泥砌垃圾点。为减少城区垃圾暴露给居民带来的影响，2002—2005年，对城区垃圾点进行改造并新建一些垃圾中转站。2003年，在西部城区建设6处半地下式中转站和6处压缩式中转站。2004年，在城区主要道路和大型公共场所设置600只不锈钢果皮箱，增建6处半地下式垃圾中转站。2005年，菏泽城区共有垃圾中转站48座。

半地下式垃圾转运站

厕所　20世纪80年代，厕所设置开始向现代化发展，全城共有公厕25座，其中水冲式厕所4座。1991年，城区公厕共计44座，其中有旱厕31座、水冲式公厕13座。随着城区拆迁量的增加，部分公厕相继被拆除。2003年环城公园拆迁时，拆除公厕3座。2005年，为改善城区环卫设施不配套、公厕质差量少的现状，政府投资2000多万元，决定在城区规划建设一批环保型共公厕所和绿地景点式公厕，解决群众入厕难的问题。

清运器械　1986年，环卫处有机动车5台，铲车、翻斗车、粪罐车各1台，130机动车2台，人力粪车42辆，人力清扫车和人力垃圾车各30辆，环卫作业主要靠环卫工人的劳力操作。1991年，环卫处有环卫专用机动车10部。2000年，环卫处有生活垃圾清运车8辆，建筑垃圾清运车9辆，拖拉机5辆，装载机、洒水车、吸粪车各1辆，人力车60辆。2005年，环卫处共有机械作业设备40台，实现了的环卫作业主要以机械清运为主的方式。

第三节　道路保洁

1992年，道路保洁实行分区负责：环境卫生管理处负责主干道，办事处负责各自辖区内的道路清扫。1997年，环卫处对城区主干道的清扫开始实行一日两扫，全天保洁，清扫面积达136万平方米。2001年，

环卫工人清理积雪

丹阳公司划入开发区管理，赵王河以东的所有道路划入开发区环卫处保洁。2003年9月，环卫体制实行改革，道路保洁推行市场化运作，整个城区环卫保洁划分成11个片区，由11个保洁公司负责全方位、无缝隙保洁作业，保洁面积达1270万平方米。

第四节　垃圾 粪便无害化处理

垃圾处理　1986—2002年，主要用钗车、装载机、汽车运输，基本实现了机械化清运。2002年在泰安改装厂改造了几辆集装箱式摆臂车，撤掉了钗车、装载机的装卸生活垃圾工序。2003—2005年，又购置几辆斯太尔拉臂车和摆臂车，基本实现了生活垃圾的日产日清。2000年以前，城市生活垃圾的处理基本上都是以填坑式填埋为主，对环境的污染相当严重。2000年垃圾焚烧处理场建成运行，年处理垃圾16万吨，城区日产的450万吨垃圾全部运至垃圾焚烧处理场进行焚烧无害化处理。生活垃圾处理率达75%，其余垃圾则进行填埋。

压缩式垃圾中转站

粪便处理　1991年，粪肥一直由肥管所、清管所在桑堤口、付堤口两场处理。随着城市规模的不断扩大，两处理厂距城区居民太近，特别到夏季，臭气熏天，蚊蝇乱飞，周围居民反应非常强烈。1991年，县级市政府在距城8千米刘庄附近租地3.33公顷筹建了一处大型粪便处理场。清掏工人用地排车把收集的粪便运往东城和南城粪便转运站，倒入拖拉机罐内运往刘庄粪便处理厂处理。处理厂主要采用日晒和发酵的方法堆肥，然后售予大型果园和蔬菜种植基地。2004年12月，租赁合同到期，新的粪便处理厂还未建成，粪便的收集改成农用三轮车，清运后直接运往农田当作肥料。

第五节　监督管理

1997年1月，环卫处成立市容环境卫生督察队。1999年5月，环卫处下发《关于建立环卫督查网络的实施意见》，建立三级环卫督查网络，履行监督、协调、检查、指导、考核和奖惩职能。2003年成立菏泽市环境卫生管理办公室，指导、协调、监督两区环卫工作。同年9月，城区环境卫生监督体制发生了变化，整个城区实行全城区覆盖、无缝隙管理的格局，环卫处

2003年8月，牡丹区环卫处聘请人大、政协委员担任环卫监督员

在全国首创成立“环卫监理公司”，对城区环境卫生实行专业化监督和管理。各环卫作业公司除接受环卫处督察和监理公司的监督、检查、评比、奖惩外，还要接受办事处市政办和社区的监督、检查。2004年，环卫处设置环卫服务热线（热线电话号码为5601111），并制定了详细的环卫热线处理制度，推动了作业公司工作质量的提升。

2003年，菏泽城区对环卫体制进行改革，按照“两级政府、三级管理、四级网络”的总体要求，健全各级环卫管理机构，完善管理网络。菏泽市设立环境卫生管理办公室（副县级事业单位），编制15人。牡丹区、开发区分别设立环境卫生管理办公室，编制分别为20人、15人。

2005年，全城区环卫保洁划分11个片区，由11个保洁公司、5个清运公司、11个监理公司承担保洁清运工作。

第五章　公用事业

第一节　供　水

水源　境内除黄河外，还有流域面积在30平方千米以上的河道25条，总长约450千米。市区累计平均年降水量约700毫米，有着较为丰富的地表水源。境内地下水垂直分布，为二层结构（上咸—下淡）和三层结构（上淡—中咸—下淡）两种形式。上部0～70米可饮用，为河流冲积淡水型；中部70～320米不可饮用，属在陆湖泊泻湖咸水型；320米以下为山前冲积淡水型，水质较好。市区处鲁西南凹陷地带，地下水主要蕴藏在第四纪松散层，上层潜水、浅层承压水和深层承压水，水量充足，水质良好，入口甜软，为得天独厚的自然水源，具备建设水厂的条件。

水厂　1986年4月，菏泽市区有西、东两个水厂。西水厂位于城西康庄路西端北侧，建有二级泵房和1000立方米蓄水池2座，打井11眼，日供水能力2万立方米。东水厂位于城东烈士陵园西侧，建有二级泵房和1000立方米蓄水池2座，打井9眼，日供水能力1万立方米。由于无序开采，地下水位连年下降，形成了深层漏水区。加上城区东、西水厂大部分水井井龄长，机械老化，造成了单井出水量少，单位成本增加，报废井增加。1986年5月，在杜庄乡大丁庄行政村正式建设第三水厂，先后打井13眼，铺设管网9.5千米，架高压线路线4千米，建二级泵房及2000立方米蓄水池2座。1988年5月投入供水，设计供水规模3.5万立方米／日，实现供水能力1.5万立方米／日。至此，菏泽市自来水公司完成单井35眼，三座水厂联网向城区供水，综合供水能力达到4.5万立方米／日，基本满足了城区生活及工业用水的需要。20世纪90年代，城市建设力度加大，经济快速发展，城市供水曾一度出现“水荒”。1997年5月，总投资1123万元的第三水厂扩建工程经省计委立项批准开工建设，增打水井12眼，架设高压线路13千米，安装变压器8台、配电盘15面，日增供水量1万立方米，使总供水能力提高到5.5万立方米／日。

供水管网 1986年，城区共有口径100毫米以上的供水干支管44千米。1986年后主要增加改造的输水管道，除大学路随引黄供水工程铺设供水干管966米外，另有黄河路10816米、康庄路2330米、双河路和丹阳路5639米、中华路10877米、长江路8666.5米、昆明路1235米、西安路2682米、广福街11737.5米、解放街1200米、青年路2900米、牡丹路1965.5米、永丰路6361米、人民路8595米。以上累计铺设管道9万余米，均为口径300毫米～500毫米的铸铁、球墨或玻璃钢管，构成了城区管网六横八纵的大网络格局。2005年，城区口径在100毫米以上的供水干支管已达到92千米（不含引黄供水主管道65千米），自来水管道已形成纵横交错的格局，东到花园路，西到工业园区，南至恒盛大市场，北到古今园，网呈环状、树枝状分布，供水覆盖区域达26万平方千米。

经营管理 1986年城区用水户共计800户。城市供水的管理和经营本着服务生产建设和居民生活的方针和宗旨，积极开源节流，搞好建、供、修、管。1993年，菏泽市自来水公司建立供水调度指挥中心，安装了井群生产、管网压力显示屏，各种数据可以随时调出和检查；加强了水质管理，利用蓄水加氯消毒，建立健全技术资料、生产设备、基本建设档案；严格履行《社会服务承诺制度》，从业务接待、勘察设计、工程安装、管线维修、查表收费、水质检测到供水调度、信访接待，都制订了明确的程序和标准，参与服务人员达180人。90年代后，由于城区内地下水管理不完善，一些机关、企业、事业单位无序的开采地下水资源，地下水位以每年3米的速度下降，深层地下水静水位降到102米，致使城市供水量由1990年的1157万立方米下降到2005年的518万立方米，城市供水面临着非常严峻的形势。2005年，菏泽城区用水户达2000户。

引黄供水工程 菏泽市引黄供水中心成立于2001年5月，注册资金1500万元，是隶属于菏泽市建设局的国有法人单位，代表政府具体负责引黄供水工程筹建。该项目包括净水厂、城区管网和水库三部分，建设规模为日供水量15万立方米。

净水厂 位于菏泽市昆明路中段西侧1188号，包括新建平流沉淀池二座（单座长131米、宽18.9米）、V型滤池一座（共十格）、清水池二座（每座10000立方米）、加氯加药间一座、二级泵房一座、高低压配电间一座等，设计出厂水质浊度在1度以下，各项水质指标优于国家生活饮用水水质标准。城区管网工程铺设改造城区供水管网65千米，新增城区供水面积23平方千米，主要解决供水管道老化、二次污染严重，覆盖面积小等问题。

水库 位于菏泽市万福街道，设计库容1290万立方米，占地面积288公顷，其中水库占地225公顷。沉沙池位置在牡丹区高庄镇，占地63公顷。沉沙池至水库采用一道直径2米预应力钢套筒混凝土管输水，输水距离15千米。水库年供水量5475万立方米，水库围坝长6303米，坝高8.6米。主要工程为水库围坝、截渗沟、

入库涵洞、出库泵站、水库周边控制性建筑物等。坝型为百土质材料防渗体的复合土工膜防渗体坝。

引黄供水项目概算总投资50300万元，其中净水厂7635万元，城区管网6300万元，雷泽湖水库36300万元。截至2005年年底，净水厂、城区65千米供水管网已经全部建成，水库正在建设当中。工程建成投产后，可彻底解决菏泽市区生产、生活供水不足的问题，对有效保护地下水资源，改善城区环境，提高市民生活水平，推动菏泽经济、社会发展将起到重要的作用。

1987—2004年部分年份菏泽城区择年水价统计表

表11-5-1　　　　单位：元

年　份	居民生活用水	机关、学校	企　业	建筑服务	特种用水
1987	0.12	0.20	–	–	–
1988	0.30	0.35	–	–	–
1991	0.40	0.47	–	–	–
1993	0.50	0.60	–	–	–
1995	0.65	0.85	1.00	–	–
1996	0.75	1.00	1.20	–	–
2000	1.00	1.20	1.40	–	–
2004	1.25	1.45	1.45	1.65	1.85

第二节　供　气

气源　1998年3月6日，菏泽市（今牡丹区）政府与中原石油勘探局签订《中原石油勘探局菏泽市人民政府供气协议书》，决定在1998年12月1日菏泽市居民生活用气工程投产后，供气暂定5000标立方米／日；全部工程竣工后，供气量可达30000标立方米／日；协议有效期为8年（自1998年12月1日起至2005年12月1日止）。2002年10月24日，菏泽市政府与中原油田分公司签订《供用气补充协议》，同意1998年3月6日县级菏泽市签订的供用气协议继续执行，供气的交接点调整为中原油田由东（明）—菏（泽）输气管线菏泽门站。

管网建设　1987年，菏泽市化工有限公司与中原油田共同投资建成东—菏天然气输送专用管线，日供气量2万～3万立方米。1998年，菏泽齐龙天然气有限公司成立。2003年，该公司被中油燃气收购。同年4月，国家管道局廊坊总部控股齐龙公司到菏泽投资1200万元人民币，铺设管道13千米，管道入户1000户；菏泽市广菏天然气有限公司在菏泽铺设管道5千米，管道入户200户。

东明至菏泽燃气管道更换后测压

工作人员入户安装管道燃气设施

收费服务　经市物价局核准，天然气销售价格为工业用户1.6元／标立方米，居民用户1.7元／标立方米；天然气管道设施安装价格为居民楼房用户2300元／户，庭院、别墅用户2650元／户，热水器用户500/户，采暖及制冷用户1000元／户。管理体制由市政局实行行业管理，企业自主经营。

第三节　供　热

菏泽市城市集中供热处于起步阶段，至2005年，菏泽城区供热热源仅有两处。一处为菏泽颐海热电厂，装机规模为2炉2机，即1×6兆瓦+1×6兆瓦热电机组，锅炉配置为2×75吨／小时循环流化床锅炉，热源最大供热能力为0.98兆帕斯卡蒸汽140吨／小时，主要供应市区北部和城市中心区近80万平方米生活用热和城区7家工业企业生产用热。另一处为菏泽锦江环保能源有限公司，装机规模为3炉2机，即2×6兆瓦热电机组，锅炉配置为3×35吨／小时循环流化床垃圾焚烧锅炉，热源最大供热能为60吨／小时，负责热源周边企事业单位的生产费热和生活用热。管网设施建有东、西、南三条供热管线，管线长14.5千米。供热收费按水蒸气流量算，为150元／吨。在管理体制方面由市政局实行行业管理，企业自主经营。

敷设集中供热管网

第四节　市内交通

1986年，城市公交车由菏泽市城建委管理。2000年年底，公共汽车公司有职工474人、公交线路9条、公交中巴车58部，年完成客运量460万人次。2001年，菏泽撤地改市，根据事权划分，原县级菏泽市公共汽车公司划归地级菏泽市交通局管理。同年年底，《公交线路承包经营方案》实施，各线路均面向社会公开承包。2002年，规

运营中的2路公交车

划的19条线路中，除17路和19路因故未能承包外，其余17条全部承包并开通运营，共投入新车134部，其中6米中巴公交车74辆、7米中巴公交车16辆、7.5～8米大巴公交车44辆，累计投入资金1000多万元，形成了七纵六横一环的公交网络，初步奠定了市区公交事业发展的基础。公交车城乡线路间隔15分钟左右，市区支线间隔8～10分钟，市区干线间隔6～8分钟，实现了一次换乘40分钟到达建城区任何一个地方的设计要求，平均每年完成客运量1256万人次。

第六章　房地产业

第一节　住房制度改革

1986—1991年，境内实行的是财政统包住房建设投资，低租金使用，无偿分配的住房制度。1992年2月，行署成立住房制度改革领导小组，设立办公室，开始出售公有住房和建立住房公积金制度。

出售公有住房　1993年4月1日，地委、行署第六次联席会议决定从1993年起逐步出售公有住房。1993年6月12日，行署发布《地直机关、驻菏单位住房制度改革实施方案》，规定了出售公房的范围、售价、出售办法、优惠比例等，同时规定实行标准化出售公房，职工购买后拥有部分产权。1998年3月19日，行署发布《关于加快城镇住房制度改革的实施意见》；4月17日，地区住房委员会印发《菏泽地区出售公有住房试行办法》。两个文件进一步明确了房改工作的总体思路和具体的工作目标，以及出售公房的办法，为全面进行房改售房奠定了基础。同年起，全区均实行成本价售房。同年6月30日前平均售价为每平方米496元，地直执行每平方米552元；7月1日后平均售价为每平方米664元，地直为每平方米738元。职工以成本价购买住房后拥有全部产权。1999年6月底，房改售房基本结束。据统计，菏泽地区各机关、企事业单位共出售公房53501套，建筑面积363万平方米，其中地直20235套，建筑面积158万平方米；单县7000套，建筑面积62万平方米；鄄城2700套，建筑面积15万平方米；东明19665套，建筑面积132.7万平方米；郓城3388套，建筑面积18.8万平方米；定陶1638套，建筑面积10万平方米；巨野5037套，建筑面积26.9万平方米；成武4400套，建筑面积31.8万平方米；曹县1990套，建筑面积7.7万平方米；牡丹区7683套，建筑面积61万平方米。

住房公积金制度　1995年6月1日，菏泽地直单位首先启动住房公积金制度。该项制度规定：在职工工作期间，职工个人和所在单位按职工个人和职工工资总额的5%交纳住房基金，归职工个人所有，专户储存、统一管理、专项使用。是月，东明、鄄城、郓城县直单位开始实行住房公积金制度。8月24日，行署发布《菏泽地区住房公积金制度实施办法》，就住房公积金的缴存、支付、使用管理作出详细规定。住房公积金管理中心先是设在区财政局，2002 年 2 月，改为直接隶属市政府领导。2005 年 1 月，住房公积金制度在全市各县区全面推开。4 月 5 日，市政府发布《菏泽市住房公积金管理暂行办法》，进一步明确和规范住房公积金的管理组织、缴存比例、使用程序、监督管理、法律责任等，为住房公积金制度进一步提供了政策保障。至 2005 年 12 月，全市共有 15 万名职工交纳住房公积金，余额 34734 万元。城镇住房制度改革以后，菏泽市住房建设投资体制由原来国家或单位统包转变为国家、单位、个人三者合理负担，住房管理体制转变成社会化管理。同时，建立了以中低收入家庭为对象的具有社会保障性质的经济适用住房供应体系和以高收入家庭为对象的商品房供应体系。

第二节　住宅建设

20 世纪 80 年代，菏泽住宅建设实行的是财政统包制度。1986 年，菏泽地区完成住宅建设投资 568 万元，城镇居民人均居住建筑面积仅为 5.4 平方米，有相当数量的城镇居民存在不同程度的住房困难。1988 年完成住宅建设投资 504 万元，1990 年完成住宅建设投资 699 万元。1992 年城镇居民人均居住建筑面积提高到 8.7 平方米。1993 年，菏泽市启动住房制度改革，住房建设吸引了大量的社会资金，当年就完成投资 4230 万元。1998 年，全区加大住宅建设力度，引进外地房地产开发企业建设普通商品房，当年完成投资 3.49 亿元，城镇居民人均居住建筑面积达到了 14 平方米。同时，为了解决无房户、危房户和住房困难户的住房问题，菏泽地区行政公署印发《菏泽地区经济适用住房（安居工程）建设管理暂行办法》，从制度上对经济适用住房建设进行了规范。11 月，菏泽启动经济适用住房建设，占地 10.67 公顷、建筑面积 13 万平方米的菏泽第一个经济适用住房小区——华平小区开工建设。同年，鄄城和成武也分别启动了世纪新村居民小区、先农坛小区等经济适用住房建设。1999 年，曹县启动清园经济适用住房小区建设。2000 年，东明和单县分别启动逍遥小区、南华苑小区经济适用住房建设。这些经济适用住房小区建成后为一部分中低收入家庭解决了住房困难。进入 21 世纪之后，特别是 2003 年菏泽城市建设管理体制改革之后，住房建设投资进一步增长。2003 年完成投资 5.03 亿元，城镇居民人均居住建筑面积上升到 19.6 平方米。2004 年，菏泽城区经济适用住房小区——环翠苑小区开工建设，年底完成住宅建设投资 11 亿元。该小区建筑面积 4.7 万平方米，可为 500 户家庭解决住房困难。2005 年 6 月，市政府发布《菏泽市经济适用住房管理办法》，进一步明确和规范了经济适用住房的优惠政策、建设方式、价格认定、销售及售后管理；同时制订《菏泽市城区居民购买经济适用住房资格认定及办理程序》《菏泽市城区居民申请购买经济适用住房资格认定及办理程序实施意见》等相应的配套文件。截至 2005 年年底，菏泽市共有经济适用住房小区 13 个，占地面积 88.27 万平方米，建筑面积 103 万平方米，为 12000 个家庭解决了住房困难。同年，

住宅小区

菏泽市完成经济适用住房和普通商品房投资共计15.34亿元，菏泽城区建成了帝都花园、怡海花园、南平花园、金都华庭、曹州江南御景园、中富奥斯卡春城等一批上档次的商品房小区，城镇居民人均居住建筑面积达到21.6平方米。

第三节　房地产开发

菏泽的房地产开发在20世纪80年代没有形成独立的行业。1986年，房产、公用事业和居民服务业三者仅完成投资57万元。90年代以后，房地产开发发展很快，逐渐形成独立行业。1993年，菏泽市完成房地产开发投资2450万元，1994年达到4619万元。16家房地产开发企业1998年完成投资1.18亿元，1999年完成投资1.52亿元，增长28.8%。进入21世纪以后，随着菏泽撤地设市的完成，城市管理机制得以理顺，房地产开发进入实质性发展阶段。2000年，全市完成房地产投资2.17亿元。2001年11月2日，市政府发布《菏泽市城市房地产开发经营管理办法》，明确规定在城市规划区内进行房地产开发，必须坚持由政府总揽，以市场为导向，以规划为龙头，以项目带开发的方针，按照经济效益、环境效益、社会效益相统一的原则，实行统一规划，合理布局，综合开发，配套建设。2002年，全市完成房地产投资3.66亿元。2003年，为进一步理顺城市管理机制，加大城市开发建设力度，市委、市政府将城市建设系统进行了机构改革和职能调整，开发管理职能由市建设委员会（简称建委）划到市房产管理局。同年年底，房地产开发企业增加到55家，开发建设面积116.58万平方米，完成投资13.08亿元，占国内生产总值的比重达到2.9%。2004年发布《菏泽市人民政府关于城区城市综合开发管理的意见》，进一步明确房地产开发的指导思想，为规范化管理打下了基础。同年年底，房地产开发企业上升到96家，开发建设面积270.09万平方米，完成投资18.95亿元，占国内生产总值的比重达到3.4%。2005年，房地产开发企业发展到120家，实现开发能力1705万平方米，完成投资25亿元。

第四节　房地产管理

1986—1990年，菏泽城区房产一直由市房产管理所管理，房产交易量较少。1991年3月，撤销菏泽市房产管理处，成立菏泽市房地产管理局；同时成立全区第一家房地产中介机构。1993年5月，成立菏泽地区房产管理处，负责全区房产管理工作，并具体办理地直房产业务。同年房产交易量升至3000件。1997年5月9日，菏泽地区房产管理处印发《菏泽地区城镇房屋产权产籍管理暂行办法》《菏泽地区城镇房地产交易管理暂行办法》，为城镇房地产管理工作提供了政策基础。1998年，随着房改所售公房允许上市交易和房地产开发规模的扩大，房地产交易量增加到5000多件。1999年，《菏泽地区城市房地产交易管理暂行办法》进一步明确了城市房地产管理的主管部门和房地产转让、房屋租赁、房地产抵押等具体的办理程序。进入21世纪之后，随着房地产管理的日益规范和完善，房地产交易规模进一步扩大，年交易超过1万多件。2005年，全市成立了8家房地产评估机构、2家具备资质的房地产经纪服务机构、13家不具备资质的经纪机构，完成房地产交易16300件；共新发放房屋所有权证书13481份，权属登记面积260万平方米。

第五节　物业管理

境内物业管理起步于20世纪90年代末。1998年，经菏泽地区编制委员会批准，菏泽地区房地产管理局成立内设事业科室物业管理中心，主管全市物业管理工作。1999年，菏泽地区首批4家物业管理企业取得物业管理资质；菏泽发电厂率先实行物业管理，并于2002年被评为"全国物业管理示范住宅小区"。2003年，鄄城新世纪小区、菏泽华平小区，被评为"山东省物业管理优秀住宅小区"。自2004年2月起，菏泽市开始对新建住宅小区归集专项维修资金，归集标准为每平方米10元。为加快物业管理发展，2004年8月15日，菏泽市政府召开全市物业管理工作会议，对物业管理工作进行全面部署，使物业管理工作驶入快车道。同年年底，菏泽牡丹嘉园小区被评为"山东省物业管理优秀住宅小区"，菏泽国税局办公楼、菏泽牡丹商业广场（步行街）等项目被评为"菏泽市物业管理示范项目"，成武县第二中学、菏建集团办公生活区、菏泽阳光别墅区、巨野麟居花园小区、单县南华苑小区、菏泽市绿河小区等项目被评为"菏泽市物业管理优秀项目"。2005年8月前，菏泽市物业服务收费实行政府定价，住宅：一等每平方米0.20元～0.30元，二等每平方米0.15元～0.20元，三等每平方米0.10元～0.15元，过渡性收费每平方米0.10元；从事餐饮业经营：一等每平方米0.30元～0.40元，二等每平方米0.25元～0.30元，三等每平方米0.20元～0.25元，过渡性收费每平方米0.20元；从事其他经营：一等每平方米0.30元～0.35元，二等每平方米0.25元～0.30元，三等每平方米0.20元～0.25元，过渡性收费每平方米0.15元。2005年8月26日，市房产管理局与市物价局联合制定新的《菏泽市物业服务收费管理实施办法（试行）》，将物业服务收费政策调整为住宅物业服务收费实行政府指导价，其他物业服务收费实行市场调节价。多层住宅：一级0.50元～0.70元，二级0.30元～0.50元，三级0.15元～0.30元；小高层、高层住宅：一级0.80元～1.20元，二级0.50元～0.80元，三级0.30元～0.50元；其他类型物业服务收费标准由双方合同约定。2005年10月9日，市政府制订《菏泽市物业管理办法》，对物业管理进行全面规范，并将专项维修资金归集标准提高到每平方米20元。至2005年12月，全市共归集专项维修资金120万元；拥有物业管理二级资质企业1家、三级资质企业52家，其中菏泽城区33家，郓城县6家，单县1家，成武县1家，巨野县3家，定陶县1家，曹县4家，东明县2家，鄄城县2家；共有物业管理项目129个，管理面积326.48万平方米，从业人员2099人。同年年底，菏泽牡丹商业广场被评为“山东省物业管理优秀工业区”，菏泽怡海花园住宅小区、菏泽亨通园住宅小区、菏泽市教育局办公宿舍区、菏泽市牡丹区计生局办公区、菏泽市振兴住宅小区、成武县永顺商贸城等项目被评为“菏泽市优秀物业管理项目”。

第七章 建设管理

第一节 法规建设

1986年1月，菏泽地区制定城乡建设环境保护“一五普法规划”“一五依法行政规划”。1996年2月，制定菏泽地区建设系统第二个五年依法行政规划。1997年，地区建委成立政策法规科，负责全区建设行业政策和规定、办法草案拟定并组织实施；综合性政策的调查研究，建设行政复议、应诉工作，指导建设系统企业改革与发展。1999年，地区建委又先后下发《关于加强全区建设法制工作的决定》《菏泽地区建设行政执法责任制实施方案》《菏泽地区建委规范性文件制定程序规定》等一系列文件，并制定和完善了行政审批、行政处罚、行政执法监督、行政复议应诉制度，使各项工作逐步走上制度化、规范化的轨道。2001年制定《菏泽市建设系统开展法制宣传教育第四个五年规划》《菏泽市建设系统依法行政第三个五年规划》，健全了领导干部学法制度、行政执法人员法律知识培训制度和法制宣传教育制度，全面实施“四五”普法规划、“三五”依法行政规划，有效地提高了建设系统干部职工的法律素质和依法行政水平。2001年，发布《菏泽市污水处理工程建设费和污水处理费征收办法》，2002年先后制订《关于加强城市规划建设管理的意见》《关于在全市建设工程中停止使用实心黏土砖的通知》，2003年制订《菏泽市建筑市场管理办法》《菏泽市清理建设领域拖欠工程款工作方案》《关于规范污水处理厂建设国债资金使用和污水处理费收取工作的通知》，2004年发布《关于提高污水处理费征收标准促进城市污水处理市场化的通知》《关于同意菏泽市市政工程管理处改革实施方案的批复》，2005年制订《菏泽市区污水处理费征收管理办法》等多件规范性文件，规范了建设工作，保障和促进了全市建设事业健康顺利地发展。2005年，市建设局被省建设厅评为全省建设系统“四五”普法先进单位，有2人被评为全省建设系统“四五”普法先进个人、4人被评为全省建设系统“三五”依法行政先进个人。

第二节 城建档案

菏泽市城建档案馆成立于1990年5月，为副科级全额事业单位，隶属于菏泽市建委。2001年，城建档案馆上划菏泽市建委，为正科级全额事业单位。2002年3月，市城建档案馆划归菏泽市规划局。2004年6月，菏泽市进行城区房屋普查工作，市城建档案馆全员参加这一活动，共收集整理普查房屋档案4.3万余份，归档照片10余万张，系统地为菏泽市城市规划管理提供了可靠的资料。2005年3月，菏泽市规划局下发《关于加强工程竣工档案报送和管理工作的通知》，要求各类建设工程在办理“建设工程规划许可证”前，建设单位应先与菏泽市城建档案馆签订《菏泽市建设工程档案移交合同书》，否则不予办理规划审批手续；建设单位在工程验收后3个月，必须向市城建档案馆报送一套合格的工程的工程竣工档案，由市城建档案馆核发“山东省建设工程档案合格证书”，作为建设单位工程竣工验收和办理房产证的重要依据。至2005年12月，菏泽市城建档案馆共建档案18大类，计14995卷；为建设部门和其他单位提供资料服务累计达3400人次、4800卷（次），另有照片262张、录音40盒、录像32盘。

第三节　建筑队伍

1986年，全区县以下集体建筑企业共计12家，其中菏泽市有3家，每个县各有1家，资质等级均为三级。12个集体企业隶属于各县市城乡建设委员会，共有职工27485人，其中固定职工3005人。此外，全区还有乡镇建筑企业628家，其中经审批发证的仅86个，从业人员36010人。

至2005年年底，全市共有各类建筑企业195家，其中具有国家一级资质的4家（包括公路施工2家），二级资质的54家（包括装饰装修10家，公路企业8家，专业企业5家），三级资质企业122家（包括钢结构、设备安装、预制构件、地基基础等专业企业56家）、建筑劳务分包企业1家，企业结构初步得到调整；完成建筑业总产值30亿元，实现增加值8.6亿元、利税168亿元，完成外出产值8亿元；拥有建筑业从业人员6.8万人，其中具有大学、大专、中专学历的分别497人、1170人、1560人，具有高级、中级、初级职称的分别为365人、965人、2512人；共有企业经理790人，其中具有中专以上文化程度的556人，占70%。

第四节　装饰施工

20世纪80年代中期，装饰装修十分简单，大部分建筑外装饰采用水泥砂浆抹灰，有的采用水刷石。90年代后期，外墙大部分采用外墙涂料，采用“喷、滚、弹、涂”工艺，做成各种色彩图案的饰面。在一些公共建筑和新建小区中，外墙装饰日渐考究。内墙装饰由传统的白灰装饰面发展到喷刷各种涂料，铺贴塑料墙纸、墙布及装饰板，镶嵌各类艺术装饰板、石雕或金属浮雕、壁画、玻璃制品，铺贴各类天然和人造石材等。吊顶也由麻刀白灰发展到各类塑料吊顶、金属吊顶、纸面石膏装饰板、浮雕石膏装饰板、墙纸式织花板、玻璃钢装饰板及矿棉式膨胀珍珠岩等吸音装饰板。在施工方法上，正由“湿法”作业向“干法”作业方向发展。

在门窗装修上，也由过去的单一的木质门窗，发展到钢窗、铝合金门窗，铝质卷门、胶合板门、玻璃门、甲板夹板门、塑料门窗等。在装饰施工机具方面，也有很大的改进和提高，采用各种小型电动和风动机具，如射钉枪、喷涂抹灰机、双头地面抹灰机、地面磨石子机，以及滚压、喷涂、弹涂、喷塑等机具。

第五节　建筑工程质量监督

1986—2005年，各县、区建设主管部门相继成立工程质量检测机构，逐步配备了各种检测设备和仪器，开展了各类建筑材料质量的检测工程，增加了工程质量的监测手段，为确保工程质量和为工程质量监督工作的顺利开展提供了重要依据和保障。20年中，全市共监督建筑工程项目1500多个，建筑面积500多万平方米。通过对建筑工程实行质量监督，促进了全市工程质量的普遍提高，参建单位的质量行为逐步规范，市区建筑工程质量一次竣工验收合格率由建站初期的56%提高到100%，优良率由5%提高到30%。

第六节　建筑工程选介

菏泽电视台演播厅　位于菏泽电视台院内，工程总建筑面积3617.44平方米，建筑长度49.95米，宽度31.1米，高度22.5米，演播厅1层，北侧4层，南侧6层，室内外高差0.60米。

工程为主体框架结构，承台式基础，采用C25混凝土浇注。其上部分采用M5混合砂浆砌MU10机砖，大演播厅部分采用M5混合砂浆砌MU10机砖，其余填充墙采用M5混合浆砌加气混凝土砌块。框架梁柱板采用C30混凝土浇注，按七度抗震设防。

工程外门入口采用镜面不锈钢自动伸缩门，其他外门为静电喷涂铝合金门，内门有防火门、隔音门、夹板门、装饰木门、检修门。外窗采用蓝灰色单反玻璃静电喷涂铝合金窗，内窗为玻璃隔断，采用静电喷涂铝合金窗。大小演播室、配音室、导演室、声闸及空调机房均进行特殊声学装修。外墙北立面为磨光花岗岩墙面，东立面为釉面瓷砖墙面，南、西立面为水泥砂浆墙面，刷驼色涂料；门厅、休息演播大厅、声闸候播厅、导具库、楼梯为磨光花岗岩楼地面，配音室、导演室、调音室、声闸为双层木地板面，小演播室、空调机房为水泥地面，其他为铺地砖地面；门厅内墙为磨光花岗岩楼面，演播室、控制室、声闸、空调机房为吸声墙面，卫生间为釉面瓷砖墙面，其他为混合砂浆抹面、刷乳胶漆涂料，大演播室为轻钢龙骨膏板吊顶，门厅为石膏板吊顶，小演播室、声闸、控制室、空调机房顶棚为声学装修，屋面防水采用LXY—603氯化聚乙烯橡胶卷材，保温层为100毫米厚聚苯乙烯泡沫塑料保温板。

菏泽一中图书楼　位于菏泽一中大门内的东侧，含地下室5层，建筑面积6668平方米。工程总长48.4米，总宽42.5米，总高度为14.4米，室内外高差为1.35米，平面形式成“L”形。

该工程由菏泽市建筑设计院设计，菏泽市监理公司监理。其结构为现浇钢筋混凝土框架结构，工材防水；其使用功能为办公室、图书室。中间1楼大厅有一跑双分式楼梯直通4楼，其两端各有一个疏散楼梯。整个工程布局合理，使用方便，设计符合规范和城市规划要求。

单县国家粮食储备库　为单县国家粮食储备库续建工程，由国家投资，中咨公司单县监理部监理，山东省粮油设计院和北京国贸设计院共同设计。工程坐落于中央储备粮单县仓库院内，位于单县东丰路南。该标段工程为24米跨52米长四栋仓，单仓建筑面积1248平方米，建筑长度52.76米，宽度24.48米，檐口高度7.8米，砖混结构，单屋库房，室内外高差0.30米。工程为砖混结构，喷粉桩复合地基，钢筋混凝土条形基础，采用620毫米厚砖墙，±0.000以下采用M7.5水泥砂浆，砌MU10机制黏土砖，±0.000以上采用M7.5混合砂浆砌MU7.5砖，屋盖采用24米跨顶应力钢筋混凝土拱板屋盖结构。工程地面采用细石混凝土防潮地面，内墙面6.1米以下为防渗屋内墙面，6.1米以上为混合砂浆内墙面，表面均刷大白浆二道，外墙为混合砂浆外墙面，喷丙烯酸外墙涂米二道，屋面做法为卷材防水保温屋面。

冀鲁豫边区革命纪念馆　国务院批准的建设项目，省级纪念馆，坐落于菏泽市区东部赵王河畔，北依永昌路，南临丹阳路，西接太原路，东靠顺河东路，占地11.23公顷。建筑总面积9292.86平方米，总长度97.57米，总宽度65.2米，总高度22.3米，框架结构。地下室1层，层高4.2米；地上2层，局部3层，底层层高5.4米，造型为一字型；室内外高差为1.8米，总造价858万元。

纪念馆工程主体建筑主要包括序厅、四个基本展厅、多功能影视厅、全景画馆及休息厅、接待室以及业务用房、办公用管理用房、仓储用房、公共厕所、变电配电室等附属用房。建筑座北朝南，南面正中为主要入口，北面两侧为办公业务用房入口，中间设有下沉广场全景画馆单独入口。

纪念馆为框架结构，按七度抗震设防，框架抗震等级为三级，黏土空心砖填充墙，耐火等级为一级，全景画馆为钢筋混凝土圆筒剪力墙结构，上空为42米跨网架结构，地基采用直径700长度≥10米的粉喷桩处理复合地基。

馆外门窗及内窗为铝合金门窗，配5毫米厚磨砂玻璃或平板玻璃，内门大部分为硬木夹板门，还有门连窗、防火门等。内墙主要为彩色喷塑饰面，还有轻钢龙骨双面石膏板隔墙、磨光花岗石贴面等多种做法。地面有磨光花岗石地面、彩色水磨石地面、铺地砖地面、水泥地面等做法。展厅、接待室、休息室、办公室、影视厅、过厅、走廊、技术用房、藏品库、消防控制室、值班室、全景画馆前厅、影视控制室均设有轻钢龙骨石膏板吊顶，面层喷彩色内墙涂料，还有装饰顶棚、混合砂浆顶棚等。外墙主要为彩色喷影石墙面，其余有蘑菇石贴面、烧毛面花岗石贴面、装饰浮雕等装修，屋面防

冀鲁豫边区革命纪念馆

水为三元乙丙防水卷材防水。纪念馆设有上下水、消防、动力照明、电梯以及广播、电话、自动报警系统等。

第八章　村镇建设

第一节　村镇规划

1986年10月，境内6696个村庄和238个乡镇驻地的总体规划及建设规划全部编制完成，并及时报县（市）政府批复实施，全区村镇建设有了科学的蓝图。规划期限：近期3～5年，远期15年。在全省村镇规划设计评议竞赛中，菏泽市编制的《王浩屯集镇规划》获四等奖。至20世纪末，全区共有建制镇117个，其中0.5～0.9万人的74个，1万～2万人的36个，2万以上的7个。菏泽市的吕陵、东明县的陆圈为石油化工镇，菏泽市的刘庄、吕陵、杜庄及鄄城县的旧城为建材基地镇，巨野县大义、单县的终兴、郓城县的丁里长为煤炭镇。据统计，全区村镇规划后比规划前的占地面积可节省5%～15%。其中，东明县规划的14个乡、612个自然村，总占地面积由规划前的5074.2公顷减少到规划后的3623.2公顷，节约1456公顷；曹县庄寨镇前韩行政村，规划后占地规模比原来节省5.33公顷。

2001年乡镇合并后，县以下乡镇由原来的238个调整为142个。为适应新形势下村镇建设发展的需要，各乡镇和村庄又不断对原规划进行了充实、调整、完善，有70个乡（镇）、4736个自然村编制完成了第二轮规划。

第二节　乡镇驻地建设

1986年以后，随着农村经济的迅速发展，乡镇工业、个体工商业和各项事业蓬勃兴起，小城镇住宅、公共建筑、生产建筑、基础设施、公益事业等各项建设也得到了较快发展，不少乡镇建起了影剧院、托儿所、幼儿园、敬老院和文体娱乐活动中心。1991—1999年，在全省开展的村镇建设“十百千”活动中，牡丹区、曹县被评为先进县（区），庄寨镇等26个乡镇被评为新型乡镇。在全省村镇建设“百镇千村”示范活动中，巨野县大谢集镇等6个镇被评为山东省小城镇建设示范镇。2005年，大谢集镇被授予“全国文明村镇”称号。到2005年年底，全市乡镇驻地实有公共建筑面积495.11万平方米，生产性建筑面积627.69万平方米，住宅建筑面积1574.18万平方米，人均住房使用面积14.69平方米，硬化道路905千米，路灯9333盏，下水道445千米，人均公共绿地2.3平方米；另有87个小城镇用上了自来水，自来水受益人口25.7万人，自来水普及率达到25%。

曹县庄寨镇是全国小城镇建设试点镇，自1988年以后，充分发挥沿路沿边优势，按照镇总体规划，采取“统一规划、统一征地、统一拆迁、统一设计、统一施工、统一配套、统一质量监督、统一销售、统一收费”的办法进行综合开发建设。至90年代中期，该镇已建成商品楼135幢，建筑面积18万平方米，并且新建7万伏变电站1座，修筑硬化村镇公路100多千米，开通程控电话交换机2000门，成为菏泽地区村村通柏油路、村村通程控电话的第一镇。在学习张家港的活动中，该镇提出“学习张家港，争创一流镇”的目标，并多方筹资兴建了十大景观工程：庄重的镇政府办公大楼，颇具规模的鲁西南商城，具有纪念意义的鲁豫两省4县9乡镇联谊塔，花园式的镇中学，朴实适用的卫生院门诊大楼，富丽豪华的金源宾馆，宽敞通透的人民广场,具有现代气息的丁寨新村，气度不凡的人民路和区位环境优良的外向型经济工业区。1995年，庄寨镇被建设部列入国家级小城镇建设试点，被省政府命名为小城镇建设新型乡镇，1996年被地委列为外向型经济示范镇。2004年被建设部等六部委评为国家重点镇。“城建搭台，经济唱戏”，小城镇的开发建设为全镇经济发展创造了良好的环境，促进了经济的快速发展。到2005年，全镇有大小企业1000多家，年产值在百万元以上的250多家；主要产业——桐木加工业企业发展到960家，桐木加工能力提高到30万立方米，出口桐木制品15万立方米，创汇30万美元；第三产业发展到5280个，总收入1.5亿元，从业人数1万余人，占镇农村劳动力的40%以上。

菏泽市沙土镇充分利用当地农副产品优势，大力发展镇办企业与商业。1991年，该镇委托省城乡规划设计研究院在编制《沙土镇总体规划》的同时，进一步完善了商业区、工业区的详细规划。按照规划，很快兴建了一个集生产、文化教育、娱乐，居住为一体，功能分明，布局合理，新颖美观，古朴大方的食品城。在城镇建设过程中，该镇积极吸纳社会各界资金，让农民共同参与开发建设。几年中共吸收个人资金2000多万元，建设商业楼40余幢，面积5万多平方米；吸收集体资金1300多万元，建起办公、商业多功能楼房10余座，面积3万多平方米。同时，基础设施配套建设成效显著：先后投资1400多万元，建起了113千伏安变电站和六层光缆程控电信大楼；修建拓宽硬化了长4.2千米、面积17.3万平方米的镇区街道，道路两侧修建了下水道，埋设了地下电缆，安装了新路灯；建起了蔬菜专业批发市场和职工医院。食品城和商业区的开发建设及基础设施的配套，增加了经济辐射能力。为此，沙土镇先后被列为山东省小城镇建设试点镇，菏泽地区外向型经济示范镇和省级中心镇。到2005年，全镇已有产值超亿元的企业3家，过5000万元的企业4家。沙土酿造总厂，由原来的小作坊，逐步发展成为国家二级企业。镇股份合作制企业，私营企业达130多家，年产值3800多万元。

第三节 村庄建设

1986—1997年，随着农村经济的迅速发展，村庄建设得到较快提速。全区农户都建设了新住房，其中40%的农民进行了二次改建，总投资260多亿元，总建筑面积1.2亿多平方米，相当于新中国成立后前35年的2倍。人均住宅使用面积由1978年的7.8平方米提高到11.72平方米。村庄的居住条件、生产生活条件得到明显改善。1998年后，一些富裕村开始兴建农村公寓和别墅。曹县五里墩村，为彻底改变占地多、功能单一的旧住宅模式，规划出了居住小区。一幢住宅楼已竣工，总建筑面积2600多平方米，每户住宅面积100平方米，24户农民乔迁新居。室内设有有线电视专用线、电话线、功能齐全。曹县丁寨村按照“面积不大功能全，占地不多环境美，造价不高质量高，标准不高水平高”的要求规划出可容纳404户的花园式居住区，已有47户搬进新居，每户建筑面积120～180平方米不等，均为2层楼房住宅。定陶县前沙海、中沙海新村建设均是2层4间别墅式楼房，居住区内道路硬化，环境优美。到2005年年底，全市村庄现有公共建筑面积480.56万平方米，生产性建筑面积278.33万平方米，住宅建筑面积12561.78万平方米，其中楼房183.96万平方米，人均居住面积达到13.5平方米，硬化道路4966千米，硬化道路面积3026万平方米，安装路灯13431盏，966个村庄用上自来水，受益人口52万人。

新村／旧居

第四节　黄河滩区村庄搬迁

1996年，黄河滩区群众遭受严重的洪水灾害，沿黄3个县市（东明县、菏泽市、鄄城县）、15个乡镇、298个自然村、42108户的住房受到毁灭性破坏；共倒塌农宅7.45万间，造成危房11.55万间，不同程度受损房2.37万间，分别占滩区内农宅总量的30.62%、47.43%、9.37%。省委、省政府为使滩区群众彻底摆脱水灾之苦，在洪水过后，及时作出“将黄河滩区能够迁出的村庄全部搬到堤外”的战略决策。全区各级党委、政府，积极组织实施，切实加强领导，广泛深入地发动群众，采取积极可行的措施，保障了黄河滩

建设中的东明 2 号新村

区村庄搬迁工作的顺利进行。自 1996 年 10 月到 2000 年 12 月，共调整搬迁建设用地 546.67 公顷，建设新房 4.96 万间、150 多万平方米，搬迁 81 个村庄、16448 户，安置群众 5.66 万人；新建小学 20 所，安置学生 10021 人；加高加固村台 217 个村庄，使 3.56 万户、14.95 万名群众增加了抗洪防灾能力；修筑撤退道路和新村道路 53.17 万平方米，新修下水道 31.06 千米，架设高压线路 1000 米，安装变压器 11 台，修建桥涵 28 座。

2003 年下半年发生的特大洪灾，使东明黄河滩区 4 个乡镇的 10 万名群众被洪水围困。灾情引起党中央、国务院领导高度重视。为使滩区群众彻底摆脱洪水威胁，国家专门安排了黄河滩区移民迁建重点项目。该工程实施中，菏泽市确定由所属 5 个县区对口援建村庄和小学。短短 70 天内，征地 143.87 公顷，调运建筑用砖 1.6 亿块，动用建筑队伍 1.4 万人，建成新村 6 个、房屋 1.8 万间，安置群众 4504 户。其中有 3228 户滩区群众顺利搬迁到政府为他们建设的 6 个新村中，并在新村里度过了第一个春节。至 2005 年 5 月 1 日，滩区 4500 余户移民全部搬迁完毕。

建成后的东明 2 号新村小学

第九章　环境保护

第一节　环境状况

市内环境污染集中在水污染、大气污染、噪声污染、固体危险废物污染等方面。主要污染源是工业企业、医疗卫生、居民生活及城市建设等。工业企业污染主要为电力、造纸、酿造、化工、印染、皮革等行业产生的水污染、大气污染及固废污染等；医疗卫生污染主要是医院产生的废水和医疗废物；居民生活产生的污染主要为生活用水和生活固体废物；城市建设引起的污染主要是建筑噪声、大气污染和建筑垃圾等。

1986—1993年，废水排放量和污染物排放量略有增减，年际变化不大。1994年后，一些乡镇的小企业逐渐增多，污染物排放总量呈现急剧上升趋势，污染物主要以化学需氧量、悬浮物为主，属典型的有机物污染。

2000年，全市二氧化硫排放量5.76万吨，烟尘排放量2.45万吨，化学需氧量排放量4.45万吨；石油类排放量2.27吨，重金属汞、镉、六价铬、铅、砷、氰化物6种污染物排放量0.29吨。同年，全市12项主要污染物排放总量比"八五"期末期下降了23.30%。

"十五"期间，全市环境质量逐年好转。2005年，城市饮用水源水质达标率达98%，城市地表水功能区青年湖断面水质（高锰酸盐指数年均值）为5.88毫克／升，达到国家和省规定的目标要求。三条主要河流——东鱼河、万福河、洙赵新河出境断面化学需氧量浓度逐年下降。化学含氧量年均值分别为49.1、38.5、37.3毫克／升，分别比2004年下降16.8%、45%、34.6%，分别比2003年下降24.5%、78.5%、81.9%。城镇空气质量2级以上天数增多，菏泽城区空气质量良好率达到85.8%，比2004年（80.6%）提高5.2个百分点。环境噪声得到有效控制，年均值达到了国家规定的噪声质量标准。固体废物基本实现了零排放。

第二节　环境监测

地表水监测　1986—1989年，地区环保局增加了对境内洙赵新河、东鱼河、万福河和梁济运河等几条主要河流的监测。1998年增加了对黄河的监测。监测项目由10项增加到27项，即：水温、流量、酸碱度、化学需氧量、高锰酸盐指数、生化需氧量、氨氮、亚氮、硝氮、氟离子、氯离子、悬浮物、挥发性酚、硫离子、阴离子表面活性剂、砷、氰、硒、铁、锰、铅、镉、铬、硫酸根离子、电导率、大肠菌群、总硬度。

水质取样

洙赵新河监测　1986—1990年，洙赵新河监测点位为魏楼、姚庄，监测频次为分别在枯、丰、平三个水期各监测1次。1991年以后，根据菏泽地表水环境保护功能区划进行了优化布点，优化后的点位是魏楼、新城、杨官屯、赵海4个测点。监测频率为4、5、7、8、10、11月份各监测1次。1994年根据省站要求增加了菜园集对照点监测，监测频率不变，监测项目21项。1997年增加了总量控制于楼断面，监测项目为化学耗氧量、流量，每月监测1次。同时增加了市控鄄郓河南赵楼断面、渔沃河东圈头断面，每月监测1次。1999年根据国环监发〔1999〕166号文对于楼断面又开展了等比例采样工作，2003—2005年对于楼断面开展了月报监测，监测项目为26项。

东鱼河监测　1986年，东鱼河监测点位调整为黄口、张楼、黄口污水口3个监测点。1987年监测点位为张楼、站南污水口、南火车站、马庄4个监测点。1988—1990年，监测点为南王店、张庄2个监测点。1991—1994年，根据菏泽地表水环境保护功能区划进行了优化布点，优化后的点位是南王店、黄军营、张庄、马庄4个监测点，监测频次、时间、项目的变更情况同洙赵新河。1995年根据省站要求，东鱼河增加大黄集断面为对照断面，1997年增设出境断面徐寨为总量控制断面，监测项目为化学耗氧量、流量，每月监测一次。1998—2005年支流断面调整为后黄楼、刘可楼、朱桥、九女、薛庄闸西，每月监测1次，主要由县级站完成。

万福河监测　1986—1990年，监测点为关桥、冯集2个测点，1991年调整为关桥1个测点。监测频次、时间、项目的变更情况同洙赵新河。1997年增设出境断面方庙为总量控制断面，监测项目为化学耗氧量、流量，每月监测1次。2002—2005年把方庙调整为湘子庙断面，监测频率为每月1次。

黄河监测　1998年根据省环保局要求对黄河进行监测，点位设在菏泽市牡丹区刘庄水文站。监测频率为偶月监测，监测项目为21个。2003—2005年调整为每月监测1次，监测项目增至26项。

地下水监测　菏泽全市常设地下水监测点共11个，其中菏泽市城区布设3个点，即第一自来水厂、第二自来水厂、第三自来水厂，其余8个则设在每个县城的集中供水区内。菏泽市城区3个监测点每月监测1次，8县监测点偶年监测1次。监测项目有27项，即水温、酸碱度、高锰酸盐指数、氨氮、亚氮、硝氮、氟离子、氯离子、砷、挥发性酚、阴离子表面活性剂、氰、铅、镉、硒、铬、硫酸根离子、电导率、大肠菌群、细菌总数、可溶性总固体、总硬度、硫离子、铁、锰、铜、锌。

水质监测

大气监测　1986年设环境空气监测点位3个，降尘点位5个，降水点位1个。空气监测点位分别设在县级菏泽市委党校、地区招待一所、汽车站。监测项目为二氧化硫、氮氧化物、颗粒物。监测频次每季度监测1次，时段每次连续监测5天。其中，二氧化硫、氮氧化物，一天监测4次，每次一小时，起点为7:00，11:00，15:00，19:00，使用仪器为KB－6A；颗粒物一天监测1次，时间为12小时，使用仪器为KB－120D。5个降尘监测点位分别设在气象局、新华书店、县运、消防队、环办，每月监测1次。1个降水监测点设在环办，监测项目有酸碱度、电导率；当酸碱度<5.6时（酸碱度<5.6时为酸雨），测硫酸根、硝酸根、氯离子、氨根、钙离子浓度。

1987—1989年，市委党校监测点调整为气象局作为清洁对照点，地区一所、汽车站两点未作调整，监测项目和监测频次未变。

1989 年对监测点位进行优化监测，优化因子为硫酸盐化速率，设监测点 12 个，通过一年的例行监测，根据 12 个监测点位数据，对菏泽城区进行了优化筛选，筛选出地区气象局、保险公司、地区环保局 3 个点位代表不同区域的监测点位。

1990 年，省局批准起用新的监测点位。同年 3 月，监测时间和频次都作出调整；二氧化硫、氮氧化物由小时值监测调整为隔日连续 24 小时监测；悬浮颗粒物为每月监测 5 次，采样时间 12 小时。1990 年 1 月新增监测项目硫酸盐化速率，设监测点位 6 个，分别为地区环保局、火柴厂、保险公司、干休二所、气象局、市政府，监测周期 1 个月。1990 年对降尘点位作出调整，分别为气象局、新华书店、菏泽市交通局、地区环保局、保险公司。降尘点位 1997 年再次作出调整，分别为气象局、保险公司、地区环保局。1999 年 4 月悬浮颗粒物监测由原来每月 5 次采样改为隔日连续 12 小时采样分析。

2000 年进行第二次点位优化，以建成区和规划区综合考察，以 500 米 ×500 米为网格，对菏泽城区面积进行分割，建立 48 个网格，以 500 米 ×500 米网格中心为监测点位，设监测点 48 个，监测因子 3 个，即硫酸盐化速率、二氧化氮、颗粒物。通过一年的监测，对 3 个监测因子进行优化组合，筛选出代表菏泽城区空气质量的气象局、环保局、农业银行 3 个监测点位。

2001 年正式启用新的监测点位：保险公司的硫酸盐化速率和降尘 2 项目点位调整到市农业银行，6 个硫酸盐化速率点位分别为市环保局、火柴厂、市农业银行、干休二所、气象局、牡丹区政府，3 个降尘点位分别为气象局、市环保局、市农业银行。2002 年 1 月，监测项目中的总悬浮颗粒物调整为可吸入颗粒物。

2003 年 3 月，监测项目中的氮氧化物调整为二氧化氮。6 月 1 日—8 月 8 日，监测频率由原来的隔日采样分析改为连续 24 小时监测分析，并发布空气质量日报，主要参数为二氧化硫、二氧化氮、可吸入颗粒物。8 月 8 日，两台 AQMS 空气质量自动监测系统正式开始启用，分别按装在气象局、环保局 2 监测点，监测项目主要有二氧化硫、二氧化氮、可吸入颗粒物、臭氧、一氧化碳，上报参数仍为二氧化硫、二氧化氮、可吸入颗粒物三因子，监测频率为连续 24 小时监测，每日 12：00 向省站、市环保局、监测站综合科及新闻媒体以电子邮件的形式发布空气质量日报。市农业银行监测点监测项目不变，监测频率改为隔日采样连续 24 小时监测分析。气象局、环保局、市农业银行三监测点同时作空气质量周报。同年，新增降雨点位于气象局，监测项目为酸碱度、电导率；当酸碱度 <5.6 时，测硫酸根、硝酸根、氯离子、氨根、钙离子浓度、钾离子、钠离子、镁离子浓度。

2004 年 2 月 24 日，开始发布空气质量预报，利用当日空气质量与次日天气预报建立预测空气质量模式，对次日的空气质量做出预报，全市空气监测工作跨入新的台阶。每日 12：00 向省站、市环保局、监测站综合科及新闻媒体以电子邮件的形式发布空气质量预报。

2005 年，环境监测由人工现场监测进入全自动监测。市内有多家污染源企业安装了水质自动监测仪。洙赵新河于楼出境

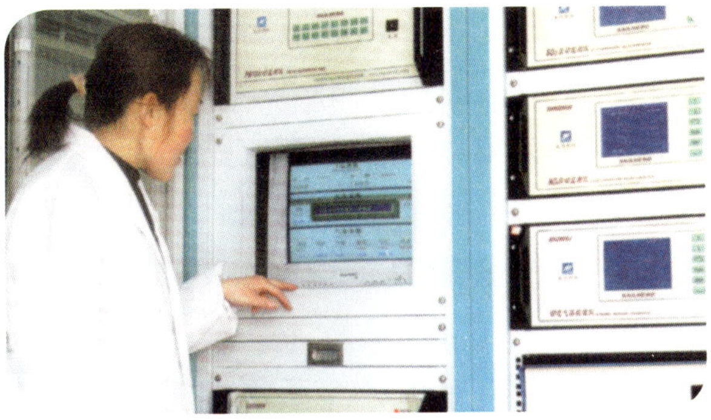

大气监测

断面安装了水质在线监测系统。菏泽城区内环境空气的两个监测点位安装了空气自动监测站，频次由一年四个时段（每季度监测一次5天）发展为每天24小时连续监测，每分钟出1个数据，实现了环境空气质量监测日报、预报，而且将环境空气中对人体有害颗粒物的监测粒径由100微米降到10微米，完成了从总悬浮微粒到可吸入微粒的转变。

第三节　污染防治

废水防治　1986—1995年，污染治理技术和治污设施水平较低，废水防治主要集中在加强环境监督方面。1996年，按照国务院总体要求，菏泽地区开始起动“一控双达标”活动（到2000年，全国所有工业污染源排放污染物要达到国家或地方规定的标准；各省、自治区、直辖市要使本辖区主要污染物排放总量控制在国家规定的排放总量指标内；直辖市及省会城市、经济特区城市、沿海开放城市和重点旅游城市的环境空气、地面水环境质量，按功能分区分别达到国家规定的有关标准，简称“一控双达标”）。到2000年，菏泽境内的115家工业污染源，有59个通过达标验收，12个被依法关停或破产，30个自然停产，14个停产治理。其中的52个省控重点污染源中，有36个通过达标验收，3个被依法关停或破产，10个自然停产，3个停产治理。另有67个“十五（土）小”和新“六小”企业也被全部关停。同时推行全面排污总量控制，开展流域断面污染物排放总量监测，实行污染治理设施运行监督检查日报和水质监测日报制度。2003年，市政府下发《关于进一步加强水污染防治工作的通知》《关于严禁“十五（土）小”企业死灰复燃的通知》。2004年，市政府下发关于对97家企业进行限期治理的通知，责令97家企业限期治理，通过不定期对限期治理企业进行检查，对超标排放严重的企业进行了停产整顿、罚款，并责令企业制定整改措施。到2005年年底，市政府责令限期治理的97家企业，除破产、停产和被取缔的11家企业及有特殊情况的6家企业外，已有75家（占总数的93.7%）企业新上或完善了治污设施，有10家企业安装了自动在线监测仪。同年，全市重点工业企业投资近6亿元，上马或完善了治污设施，全市水污染治理工作取得明显成效。

空气污染防治　1986—1999年，空气污染防治主要手段是监督管理。2000年始，每年夏秋两季全市范围内开展禁烧秸秆。2003年1月，市政府制定《菏泽市大气污染管理办法》，将菏泽市建成区定为烟尘控制区，加强了对烟尘控制区的管理。2003年，市政府组织市工商、公安、经贸、技术监督等部门联合行动，分两批对44家单位的锅炉进行取缔；下发《关于组织水泥企业申报污染物排放情况的通知》，组织开发区、巨野、郓城等县区对鲁宏水泥厂等4家水泥企业发放了排污许可证；制定《菏泽城区实施蓝天工程方案》，确定了锅炉改造、治理、关停实施方案，大力提倡采用集中供暖、使用天然气等。至2005年底，菏泽城区有天然气用户8000余家，集中供热用户7000多家，对大气环境质量的改善起到了重要作用。

噪声治理 菏泽市噪声污染防治起步较晚。1995年始，全市加强了对城区道路交通噪声、建筑噪声的监测、管理工作。2003年市政府下发《菏泽市人民政府关于加强全市城市噪声污染监督管理的通知》后，市、县区环保部门联合行动，加大对城区建筑噪声查处力度；市环保、公安、文化等部门联合执法，严厉查处商业噪声和卡拉OK生活噪声；环保、交警部门联合行动在城区各主要街道设置禁鸣路段，对城区内主要交通干线的部分机动车辆进行管制，对一些功能区划内扰民的噪声源进行屏蔽或调整噪声源工作时间等。

生态市建设 2003年，市政府编制《菏泽生态市建设规划纲要》。2004年，鄄城县通过国家和省有关部门组织的生态县建设工作验收，被命名为国家级生态示范县，成为全省14个国家级生态示范县之一。曹县、郓城县、单县、牡丹区被省环保局批准为省级生态示范区。曹县庄寨镇通过了省环保局组织的省级环境优美乡镇评审。郓城县丁里长镇等10个乡镇被命名为市级环境优美乡镇。2005年，《菏泽生态市建设总体规划》通过山东生态省建设领导小组办公室组织的专家论证，市、县两级自然保护区总面积达965.44平方千米，覆盖率达7.7%；初步完成了曹县银香伟业集团、单县绿保奶业有限公司等两家规模化畜禽养殖场污染治理工作；开发区和平居民小区、中原油田六矿区居民小区被评为省级绿色社区；郓城第一中学、菏泽第一中学、曹县第一中学、市实验小学等8个学校被评为省级绿色学校；东明第一中学、鄄城第一中学等29个学校被评为市级绿色学校。

新建项目管理 菏泽市新建项目管理工作始于2003年。同年起，市政府多次组织开展新建项目专项检查行动，对全市新、扩、改建二、三产业项目进行拉网式检查。到2005年年底，全市共审批环评项目4000余个，市以上新上项目环境影响评价执行率接近100%，环境影响评价质量和水平也有明显提高。通过环评，拒批200多个能耗高、污染严重、不符合国家产业政策的项目，及时验收500多个新、扩、改项目。

放射源环境监管此项工作始于2003年。2004年，市环保局、公安局、卫生局三部门联合下发《关于开展全市“清查放射源让百姓放心”专项行动的通知》，制定行动实施计划，成立行动组织机构，组织开展了“清查放射源，让百姓放心”专项行动，对全市放射源进行摸底。此次摸底共登记涉源单位59家，其中市直8家，县区51家；工业企业7家，医院47家，公路交通5家。59家涉源单位中有密封源12家，计26枚。在全市开展的放射性废物（源）集中收贮工作中，各县区进行了集中清理和处理。定陶县粮食局放射源被清理发现后，及时上缴省局放射性废物库，消除了放射源环境安全隐患。2005年，全市开展放射源现场检查工作，特别是对26枚密封源逐一现场检查、拍照，填写现场检查笔录，提出整改意见，督促9家无证单位办理许可证，2 家废源单位申请收贮，并将有关信息输入全国统一的放射源环境监管信息系统，建立了放射源数据库。

危险固废污染防治　2003 年，全市开展危险废物申报登记工作，建立全市危险废物数据库，其中有工业企业 36 家，卫生医疗单位 20 家，使用经营活动 3 家。2003—2004 年，全市开展“毒鼠强”专项整治工作，市环保局与市公安局、农业局将统一收缴、贮存、包装的 852.84 千克毒鼠强送至滕州市鲁南水泥厂，又将巨野、单县等 4 县收缴的 150 多千克毒鼠强送至巨野青龙山水泥厂，安全顺利地进行了销毁。2005 年年底，市医疗危险废物处置中心基本完成了建设任务。

第四节　环境科研

1992 年 8 月，地区环保局设立环境保护科学研究所，环境保护科研工作开始起步。科研技术人员先后有 8 人取得了环境影响评价资质，2 人取得山东省清洁生产审核员资质，1 人取得国家医药、化工资质证书。研究所与山东省科学院、山东省环科院、山东大学、清华大学等单位建立密切关系，共同研究设计废水、废气处理技术。到 1995 年，该研究所先后主持完成菏泽市牡丹区鲁西造纸厂、菏泽牡丹天龙造纸厂、巨野县鑫奔造纸厂、菏泽牡丹区社会福利造纸厂、巨野永丰造纸厂等多家企业的污水治理工程；先后对鄄城热电联产项目、菏泽天香毛纺集团粗纺呢技改项目、巨野 80 万吨煤焦化工程、青岛啤酒菏泽有限公司年生产 10 万吨啤酒技改扩建项目、东明石化重交沥青项目、东明方明制药厂二期工程、山东现代达驰变压器扩建项目等 480 项目工程进行环境影响咨询评价，并形成环评报告表 472 个、环评报告书 8 个，均获省环评专家好评。1996 年与省有关科研单位共同完成山东圣龙集团造纸厂“年产 4 万吨文化用纸生产线环境影响评价”，1999 年完成菏泽垃圾电厂“利用垃圾发电项目环境影响评价”、杭州锦江集团有限公司菏泽“年产 5 万吨新型非木浆纤维制浆示范工程项目”。2002—2003 年，采用 ZCAF 涡凹气浮技术设备对市内企业实地运用，从投资、运行费用、去除效率、操作、占地面积、运行效率等各方面与传统设备作比较研究，发现 ZCAF 技术设备水质中的悬浮物去除率达 90%，化学含氧量去除率为 80%，运行成本相当于传统溶气气浮的 1/8 ～ 1/10。2003 年完成《山东都庆集团热电联产项目环境影响评价》等 5 家建设项目环境影响评价报告。2004 年与山东省环境保护科学研究设计院合作编制了《菏泽市小流域水污染综合整治实施规划方案》。至 2005 年，市环境科研所多次承担省市科委、省环保局及市政府下达的科研项目，先后主持和参与了《南水北调工程山东段菏泽辖区水污染防治规划》《菏泽市环境空气功能区划实施方案》《菏泽市东鱼河北支截污导流规划》《农药生产中恶臭气燃烧处理》《废纸制浆废水生化处理研究》等课题的研究，其中《南水北调工程山东段菏泽辖区水污染防治规划》《废纸制浆废水生化处理研究》获得市科技进步三等奖。

第十二编　交通运输

公路机械化养护

沥青路面施工

黄河轮渡

1986年，境内公路里程3000千米，柏油路面通车里程仅1962千米，其中干线1206千米，县乡路756千米。路面等级低，柏油路面一般宽3米～9米，其中主干道宽6米左右。1986年起，全区公路建设步入发展快车道。国家拨款、地方财政投入、群众集资等举措，为公路建设提供有力支撑，干线公路规格提高，县乡公路建设快速发展。至2005年，境内拥有干线公路18条（国道4条、省道14条），通车里程1413.1千米（国道316.4千米，省道1096.7千米），境内桥梁605座，长度28217.1米（国道桥梁98座，7873.8米；省道507座，20343.3米）。高速公路从无到有，发展快速。境内3条高速公路总长度165.99千米（其中菏东37.25千米，曲菏67.19千米，菏关高速61.55千米）。地方公路通车里程4497.9千米（县道1657千米，乡道2816.4千米；专用道24.5千米），乡村级道路达11163千米。

公路运输能力持续增强。1986年全区一级客运站1个，二级站8个。至2005年，全市拥有94个等级客运站（一级站1个、二级站5个、三级站14个、四级站16个、五级站15个）。1986年后，公路运输由单一国营逐步发展为国营、集体、个体经营并存。1990年全区客运车辆718辆，客运量1297.2万人，客运周转量9.1亿人公里。至2005年，车辆达4673辆，客运量3580万人，客运周转量为37.75亿人公里。公路客运线路持续增加。1986—1990年，全区公路营运线路47条，营运里程2.1365万千米；至2005年年底，客运路线增至616条，营运里程11.25万千米，直达京、津、沪等13个省市。1999年实施“村村通客车”工程，至2003年全市158个乡镇通车，通车率达100%；2005年，98.7%的行政村通车。市县城区出租车发展迅速，1996年菏泽城区出租车起步。2004年，曹县、郓城县、东明县、巨野县等县城630辆出租车开始营运。2005年，菏泽城区出租车达1251部。货运能力不断增长。1989年全区货运车辆4827辆，吨位21578吨，货运量605.3万吨，货运周转量7.35亿吨公里。至2005年货车达8816辆，吨位45519吨，货运量2890万吨，货运周转量2.55亿吨公里。

公路管理水平不断提升，公路养护、路政管理、规费征收、驾校管理等逐步完善。1997年城内县级公路局成立养护公司，1999年实行“大道班管理、小道班作业”的管理模式，大中修工程实行工程监理和项目经理负责制，2005年综合好路率达80.2%（其中国道92.7%，省道77%），公路绿化里程1205.4千米；2005年路政案件查处率和结案率均为100%，治理超限超载车辆12113辆；养路费、过路过桥费的征收进一步规范；车辆检测、机动车维修市场纳入正式管理轨道。

铁路建设快速发展。1983—1994年，境内相继开工建设新乡至菏泽段（166.71千米）铁路，新日铁路复线新乡至菏泽段51.1千米；开工建设菏泽至日照段复线66千米，开工建设京九线153.7千米，铁路里程272.4千米，除国有铁路外，6县1区建有地方物资专线，总长度23227米（新兖铁路专用线19364米，京九铁路专用线3863米）。境内设有县级火车站9个（京九线5个，新日线4个），2002—2004年，菏泽火车站进行改建，完善、提升服务功能。

菏泽境内有黄河、梁济运河、新万福河深水通航河流，因水源匮乏，资金拮据等原因，于1986年梁济运河、新万福河停航。黄河通航长度186千米。2005年对3条河道进行改造，总投资27947万元，改造51.6千米。船舶、运输不断发展。1990年，拥有船舶172艘，载重量12936吨；2005年，全市拥有船舶696艘，载重量118520吨。

第一章　公路

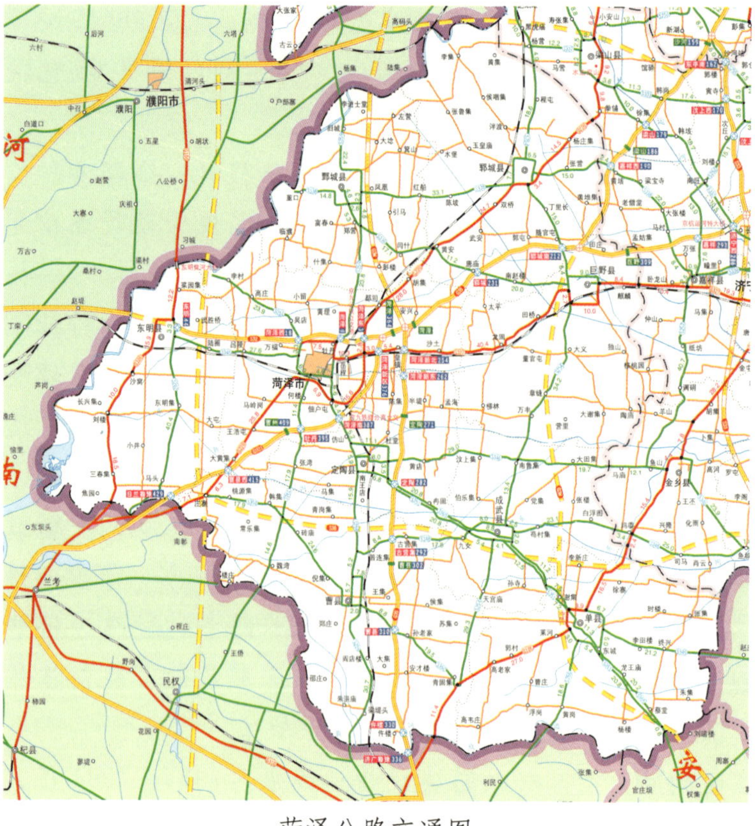

菏泽公路交通图

第一节　道路桥梁

1986年，境内公路里程3000千米，柏油路面通车里程仅1962千米，其中干线1206千米，县乡路756千米。路面等级低，柏油路面一般宽3米～9米，其中主干道宽6米左右。2005年，境内有干线公路18条，其中国道4条，省道14条（含高速公路1条）。通车里程1413.1千米，其中国道316.4千米，省道1096.7千米。按技术等级分，干线公路有一级公路14.8千米，二级公路1070.8千米，三级公路223千米。有高级路面1056千米（其中水泥路面17.6千米），次高级路面357.1千米。境内国道省道共有桥梁605座，28217.1米，其中国道桥梁98座7873.8米，省道507座20343.3米；特大桥2座5198.2米，大桥43座8620.6米，中桥148座8061.1米，小桥412座6337.2米；载重标准为汽车—20级，挂—100及以上的桥梁499座23737.3米。

此外还有涵洞2292道50686.4米，倒虹吸91处1874米，防护工程204处158284.7米，养护工房102处29880平方米；公铁交叉道口18处，其中公铁立交14处。县道里程为1657.0千米，乡道里程为2816.4千米，专用路里程为24.5千米，乡村道路里程为11163.4千米。

国道　途经菏泽的国道有4条，即105线、106线、220线、327线。

国道105线（北京至珠海）　原称济

（宁）商（丘）公路，途经单县、曹县青堌集，入河南省境。菏泽境全长62.9千米，二级路。有桥梁18座745.2米，其中大桥2座436.9米，中桥3座150米，小桥13座158.3米；涵洞74道1837米，倒虹吸1处22米，防护工程17处5551米，养护工房6处1601平方米。

国道106线（北京至广州）　在菏泽境内原称高（村）兰（考）公路，建成于1946年，途经东明、止于马坊。菏泽境全长56.5千米，二级路，高级路面。有载重标准为汽车－20级，挂－100及以上的桥梁37座4838.6米，其中特大桥1座4142米，中桥6座274.6米，小桥30座422米；涵洞99道2559.5米，防护工程14处10202.5米，养护工房4处1636.3平方米。

国道220线（东营至郑州）　原称滨（州）郑（州）线，途经郓城县、牡丹区、曹县庄寨镇。1987年，干线公路分为国道和省道后改称今名。境内全长123.9千米，二级路，其中高级路面108.8千米，次高级路面15.1千米。有桥梁30座1320.7米，其中大桥5座632.7米、中桥8座469.7米、小桥17座218.3米，载重标准为汽车－20级，挂－100及以上的桥梁11座451.5米；涵洞196道4260.5米，倒虹吸19处635.3米，防护工程25处2503.9米，养护工房11处3064.4平方米。

国道327线（连云港至菏泽）　在菏泽境内途经巨野县、牡丹区沙土镇，是原兖州至兰考干线公路的一段。境内全长73.1千米，二级路，其中高级路面69.3千米，次高级路面3.8千米。该线有桥梁13座969.3米，其中大桥3座753.3米，中桥2座108.2米，小桥8座107.8米，载重标准为汽车－20级，挂－100及以上的10座737.8米；涵洞73道1210.9米，倒虹吸2处33米，防护工程14处1109米，养护工房8处3727.2平方米；公铁立交1处，互通式立交1座241.6米，匝道长1.1万米。

省道　途经菏泽的省道有14条，即254线、256线、259线、261线、262线、338线、339线、346线、348线、349线、350线、905线、351线及一条高速公路。

省道254线（德州至商丘）　原称聊商公路，北起聊城，经寿张，穿越河南省台前县，经黄河入梁山县境，经郓城、巨野、成武，至曹县青堌集镇进入河南省商丘市，境内全长134.5千米，其中二级路117千米，三级路17.5千米。该线有桥梁52座2130.4米，其中大桥4座715.7米、中桥17座959.7米、小桥31座455米，载重桥标准为汽车－20级，挂－100及以上的37座；涵洞232道5087.7米，倒虹吸32处690.1米，防护工程49处8134.7米，养护工房11处2880.6平方米。

省道256线（单县至虞城）　1964年始通车。起自单县南店子，止于黄河故道单虞交界处，途经单县七里庄、张楼、刘寨、黄岗集、董口王庄，全长29千米，二级路。该线有桥梁10座371.7米，其中大桥1座135米，中桥2座138米，小桥7座98.7米；涵洞34道849.7米，防护工程5处3168米，养护工房2处515.2平方米。

省道259线（临清至商丘）　菏泽段自黄河北岸为起点，跨河经鄄城、牡丹区、定陶、曹县，止于河南省商丘市。境内全长135.7千米，其中一级公路14.8千米，二级路120.9千米；高级路面82.3千米，次高级路面53.4千米。该线有桥梁39座2021.1米，其中大桥6座1154.6米、中桥8座360.6米、小桥25座505.9米，载重桥标准为汽车－20级，挂－100及以上的35座1748.9米。涵洞245道6769.3米；倒虹吸3处54米，防护工程12处2297米，养护工房12处2745.3平方米；公铁交叉道口2处，其中公铁立交1处。

临（清）商（丘）路菏泽南段一级公路

省道261线（刘口至民权） 自牡丹区刘口大堤为起点，经牡丹区李村、高庄、何楼，定陶张湾，曹县魏湾、赵轮车，入河南境。境内全长74.6千米，其中二级路38.8千米，三级路35.8千米；有高级路面39.3千米，次高级路面35.3千米。该线有桥梁33座1098.9米，其中大桥3座380.4米、中桥9座408.6米、小桥21座309.9米，载重桥标准为汽车－20级，挂－100及以上的桥梁7座；涵洞165道2166米，倒虹吸5处65米，防护工程9处280米，养护工房6处1317平方米。

省道262线（东明至兰考） 原为高村至兰考公路的一部分，东明县城以北至黄河公路大桥为国道106线的一部分。1987年干线公路分为国、省道后，东明县城以南改称东明至兰考公路。境内全长40.7千米，均为二级路、高级路面。该线有桥梁15座1017.6米，其中大桥1座600米、中桥6座277米、小桥8座140.6米，载重标准均为汽车－20级，挂－100及以上的桥梁；涵洞64道1436.9米，防护工程1处42.5米，养护工房2处750平方米，公铁立交1处。

省道338线（济宁至董口） 东起济宁市，途经郓城县，至鄄城县董口黄河大堤。境内全长75.5千米，为二级路，有高级路面58.6千米，次高级路面16.9千米。该线有桥梁21座725米，其中大桥2座282米、中桥5座224.5米、小桥14座218.5米，载重标准为汽车－20级，挂－100及以上的桥梁16座；涵洞197道4863.8米，养护工房4处1612.8平方米。

省道339线（巨野至鄄城） 横贯巨野、郓城、鄄城三县，途经南赵楼、唐庙、徐垓、黄安、闫什口、郑营。全长65.7千米，其中有二级路5.8千米，三级路59.9千米。该线有桥梁11座457.7米，其中大桥1座184.2米，中桥4座179.6米，小桥6座93.8米；涵洞112道1195.2米，倒虹吸21处226.6米，防护工程15处845.7米，养护工房4处843.1平方米。

省道346线（丰县至东明） 系1987年干线公路分为国省道后新改路线，由原济（南）兰（考）线和定（陶）丰（县）线的部分路段合并而成。该线自济宁马庙入菏泽境，经成武县大田集、南鲁集、汶上集，定陶县黄店，开发区佃户屯，牡丹区贾坊，至东明与东（明）兰（考）线相接。境内全线长97千米，其中有高级路面57.7千米，次高级路面39.3千米。

该线有桥梁17座558.6米，其中大桥1座125.4米、中桥4座241.2米、小桥12座192米，载重标准为汽车－20级，挂－100及以上的桥梁13座；涵洞147道2852.4米，防护工程32处3932.5米，养护工房8处2644.8平方米，公铁立交2处。

省道348线（枣庄至曹县）　原称鱼（台）曹（县）路。经成武县白浮图、苟村、城区、九女，曹县古营集、普连集、钟口，至曹县城区，1987年改称现名。境内全长65.5千米，均为二级路、高级路面。该线有桥梁15座709.1米。载重标准均为汽车－20级，挂－100及以上，其中大桥1座364米，中桥3座190米，小桥11座155.1米；涵洞53道1342米，养护工房6处1727.8平方米，公铁立交1处，绿化64千米。

省道349线（丰县至单县）　在境内起自单县酒厂，止于单县薛孔楼，途经杨集，终兴。全长28千米，均为二级路、高级路面。该线有桥梁5座170.6米，其中中型桥2座109.1米，小型桥3座61.5米；涵洞46道1039.9米，防护工程5处2096.3米，养护工房2处610平方米，绿化27.9千米。

省道350线（青堌集至庄寨）　起自曹县青堌集，途经孙老家、曹城区、砖庙、韩集，止于庄寨。全长72.7千米，均为二级路、高级路面。该线有桥梁20座697.5米，其中中桥9座482.9米、小桥11座214.6米，载重桥标准为汽车－20级，挂－100及以上的有17座471.1米；涵洞131道2428.9米，倒虹吸8处148米，养护工房7处1644.6平方米，公铁立交1处，绿化71.7千米。

省道905线（砀山至定陶辅线）　起自临商线，经定陶县邓庄、冉堌，成武城区、郜鼎，单县谢集、孙溜、龙王庙、蔡堂，止于皖鲁交界。境内全长86千米，其中有二级公路6.8千米，三级公路79.2千米；高级路面7.2千米，次高级路面78.8千米。该线有桥梁17座786.1米，其中大桥1座171米、中桥6座406.6米、小桥10座208.5米，载重标准为汽车－20级，挂－100及以上的桥梁1座；涵洞88道1354.5米，养护工房7处1068.7平方米，绿化84.7千米，公铁立交1处。

省道351线（砀山至定陶）　1995年11月开工新建的二级汽车专用线，起自定陶县，经成武县，止于单县境内的安楼，全长88千米，1997年9月竣工。该路路基宽15米，路面宽12米，一块板路面基层首次采用水泥稳定碎石设计，新建桥梁30座，涵洞178道，投资21998.2万元。建成后为定（陶）砀（山）线的主要通道。2005年改建后，境内全长84.3千米，均为二级公路、高级路面。该线有桥梁27座1164.3米（载重标准均为汽车－20级，挂－100及以上），其中大桥2座353米，中桥9座533米，小桥16座278.3米；涵洞166道4075.2米，防护工程2处50米，养护工房2处1492平方米，公铁立交1处，绿化82.7千米。

高速公路　菏东高速公路　菏泽至东明高速公路是山东省公路网框架“三纵三横一环”中南横线，日照至东明高速公路的西段。工程项目业主为山东省公路管理局，菏泽地区公路管理局为业主代表。1995年11月22日菏东高速公路开工建设，1998年10月底竣工，工程总投资3.87亿元。菏东高速全长37.25千米，双向四车道，路基宽 24.5 米，路面净宽 2×7.5 米，桥涵设计荷载为汽－超 20 级，挂－120。全线土方 443 万立方米，有中桥 10 座、小桥 8 座、通道 85 道、涵洞 65 道、线外涵 150 道、互通立交和分离式立交各 3 处，设计行车速度 120 千米／小时。设菏泽、菏泽西、东明 3 个收费站，善管中心 1 处。

菏（泽）东（明）高速（一级汽车专用线）公路菏泽西段

曲菏高速公路　曲阜至菏泽高速公路是日照至东明高速公路的西段，是国道主干线同三高速公路和京沪高速公路连接线的一部分。工程项目业主为山东省公路管理局，济宁市、菏泽市公路管理局为业主代表。1999 年 11 月 1 日开工，2002 年 5 月 29 日通车运营后，移交菏泽市公路局日东高速公路菏泽管理处管理（包括菏泽东、郓城、随官屯 3 个收费站收费区，全线房建、绿化工程）。

曲菏高速公路跨越济宁、菏泽两市，全长 148.24 千米，其中菏泽境内长 67.19 千米。该路菏泽段东起巨野县田庄村北，西至牡丹区牡丹乡张集村北，与菏东高速公路相接，途经巨野县、郓城县、牡丹区 14 个乡镇，其中巨野县境内长 14.08 千米，郓城县境内长 24.05 千米，牡丹区境内长 29.06 千米；沿途跨越聊商路、巨鄄路与京九铁路，穿过赵王河、郓巨河、鄄郓河、洙赵新河、太平溜河等主要河流。

曲（阜）菏（泽）高速公路巨野东段

该工程按新建平原微丘双向高速四车道设计，路基与桥涵宽度为 28 米，行车道宽 3.75×2×2 米，中间设有隔离带，硬路肩 3.5×2 米；桥涵设计荷载为汽－超 20 级，挂－120。全线设曲阜双高、曲阜南、兖州、济宁、济宁北、嘉祥、随官屯、唐庙、菏泽东互通式立交 9 处、分离式立交 26 座，桥梁总长度 7054.1 米（其中公铁立交 5 座，桥梁总长度 4249.6 米）；另设通道 286 座，特大桥 2 座（泗河、京杭运河），大中桥 76 座，涵洞 245 道，小桥 20 座，生活服务区 3 处，管理区 1 处，养护工区 2 处。主线与沿线设施永久性占地 16806 亩，路基土方 2067 万立方米，工程总投资 37.27 亿元，其中菏泽段 15.4 亿元。

菏关高速公路　菏泽至关庄高速公路是国家重点建设项目日照至河南省南阳高速公路的重要路段，工程起点在日照至东明高速公路 K367+350 处（牡丹区牡丹办事处境内），终点在东明县马头镇关庄，

菏关高速

乡道里程为1158.5千米，专用公路23.6千米。同年，全区新改建地方公路总投资11261万元，新增县道里程68.6千米、专用路里程23.6千米，主要线路有陈白线（陈集至白路口）：18千米，新建，三级路，沥青路面，路基宽12米，面宽7米；什彭线（什集至彭楼）：11.5千米，新建，四级路，沥青路面，路基宽8.5米，路面宽5.5米；阎火线（阎什口至鄄城火车站）：6千米，新建，二级路，沥青路面，路基宽12米，路面宽9米；宋旅线（宋楼至孙膑旅游城）：5千米，新建，二级路，沥青路面，路基宽13米，路面宽10米；陈大线（陈良至鄄郓界）：4.2千米，新建，四级路，沥青路面，路基宽8.5米，路面宽5.5米；大潭线（大潭至陈良）：7.3千米，新建，四级路，沥青路面，路基宽8.5米，路面宽5.5米；孙童线（孙庙至105线）：9.0千米，新建，三级路，沥青路面，路基宽8.5米，路面宽7米；张成线（张楼至成单界）：6.0千米，新

与河南省王楼至兰考高速公路顺接，途经牡丹区、开发区、定陶、曹县、东明5县区，路线全长61.55千米。工程设计路基宽28米，双向4车道，设计行车时速120千米。全线设有互通立交5处、养管中心1处、服务区1处。工程概算投资21亿元。2004年2月22开工建设，至2005年12月，累计完成投资9.3亿元，剩余投资在2006年12月31日前完成并通车。

县乡村公路　1986年，境内地方公路通车里程1678.9千米，其中县道里程1149.4千米，乡道里程为529.5千米。1986—1988年，全区集资2800万元用于县乡油路建设，同时严格做到路基符合要求、桥涵配套、沥青自筹三个要件。1988年又集资120万元，修建油路12千米。至此，全区通油路的乡镇达246个，占276个乡镇总数的89.1%。1990年年底，全区地方公路通车里程1582.2千米，其中县道里程1081.9千米，乡道里程500.3千米。1992年，全区地方公路通车里程1663.1千米，其中，县道里程1104.1千米，乡道里程559千米。1994年，全区地方公路通车里程1917.1千米，其中县道里程1157.2千米，乡道里程759.9千米。

1995年，全区地方公路通车里程2407.9千米。其中，县道里程1225.8千米，

县道改造

建，四级路，沥青路面，路基宽8.5米，路面宽7米。东明油田专用路新建23.6千米，四级路，沥青路面，路基宽8.5米，路面宽5.5米，属于油田自己养护管理。乡道里程增加398.6千米。乡村道路增至6548.2千米（当年修建220.6千米）。

1999年，全区县道里程为1311.0千米，乡道里程为2040.0千米，专用路里程为23.6千米，乡村道路里程为6568.2千米（当年修建为410.7千米，投资4928.6万元）。同年，全区地方公路建设总投资10701.3万元，新增县道2条26.9千米，改建县道2条延长19.9千米。其中太李线（太平至李集）：14.6千米，新建，三级路，沥青路面，路基宽12米，路面宽7米；双梁线（双庙至梁屯）：12.3千米，新建，四级路，沥青路面，路基宽8米，路面宽5.5米；单张线（张集至便集）：13.1千米，改建延长里程，四级路13.1千米，沥青路面，路基宽10米，路面宽5.5米；高张线（高

庄至张保楼）：6.8千米，改建延长里程，四级路6.8公里，沥青路面，路基宽10米，路面宽5.5米。境内乡道里程增加67.2千米，但条数较多，里程皆短。

2001年，全市县道里程为1632.6千米，乡道里程为2439.7千米，专用路里程为24.5千米，乡村道路里程2171.8千米（当年修建312千米，投资3215万元）。同年，全市地方公路建设总投资7638万元，新增县道1条97.8千米，改建延长里程8.2千米。其中，黄马线（黄集至马桥），97.8千米，新建，三级路，沥青路面，路基宽12米，路面宽7米；五黄线（五霸岗至黄寨），6.1千米，改建延长，三级路，沥青路面，路基宽9米，路面宽7米。乡道里程增加18.6千米，其中李集至黄集：9.8千米，新建，四级路，沥青路面，路基宽8.5米，路面宽5.5米；安陵至黄集：8.8千米，新建，沥青路面，三级路8.3千米、路基宽9米、路面宽7米，四级路0.5千米、路基宽9米、路面宽6米。

2003年，县道1657千米，乡道2611.8千米，专用路24.5千米。同年，全市地方公路建设总投资26978万元。新增县道1条——唐庙至国道220线：11.3千米，二级路，沥青路面，路基宽10米～13米，路面宽9米～12米。乡道里程增加24.7千米。该年是山东省实现三年内“村村通油路”工程的第一年，而且省政府有补助资金，各县区修建乡村路的积极性高，全市投资23244万元，修建1379.4千米，比2001年的里程增加63.5%。

2004年，全市投资2700多万元对市管河道、县乡路、20座危桥予以改造。2005年，又改造了22座窄危桥，进行“以桥代渡”连线，工程100千米。

2005年，全市县道里程为1657.0千米，乡道里程为2816.4千米，专用路里程为24.5千米，乡村道路里程为11163.4千米（当年修建为3983.8千米，投资63741万元）。新改建农村公路4040.7千米，总投资为6.5亿元，新增乡道里程90.2千米，均为四级路。

1986—2005年菏泽市（地区）县乡专用公路里程统计表（按行政等级分）

表12-1-1　　　　单位：千米

年　份	县乡公路			专用路
	合　计	县　道	乡　道	
1986	1678.9	1149.4	529.5	0
1987	1648.7	1124.4	524.3	0
1988	1675.3	1121.8	553.5	0
1989	1680.1	1121.7	558.4	0
1990	1582.2	1081.9	500.3	0
1991	1620.3	1104.1	516.2	0
1992	1663.1	1104.1	559.0	0
1993	1672.6	1104.1	568.5	0
1994	1917.1	1157.2	759.9	0

续表 12-1-1

年 份	县乡公路			专用路
	合 计	县 道	乡 道	
1995	2407.9	1225.8	1158.5	23.6
1996	2920.6	1239.3	1657.7	23.6
1997	3052.3	1249.8	1778.9	23.6
1998	3260.6	1264.2	1915.8	23.6
1999	3374.6	1311.0	2040.0	23.6
2000	3820.6	1387.1	2409.9	23.6
2001	4096.8	1632.6	2439.7	24.5
2002	4257.3	1645.7	2587.1	24.5
2003	4293.3	1657.0	2611.8	24.5
2004	4407.7	1657.0	2726.2	24.5
2005	4497.9	1657.0	2816.4	24.5

1987—2005 年菏泽市县乡专用公路里程统计表（按技术等级分）

表 12-1-2 单位：千米

年 份	县乡专用公路			
	合 计	二 级	三 级	四 级
1987	1648.7	—	—	1648.7
1988	1675.3	—	—	1675.3
1989	1680.1	—	—	1680.1
1990	1582.2	—	—	1582.2
1991	1620.3	—	36.5	1583.8
1992	1663.1	—	36.5	1626.6
1993	1672.6	—	44	1628.6
1994	1917.1	—	119.1	1798
1995	2407.9	14.7	287.7	2105.5
1996	2920.6	50.1	347.4	2523.1
1997	3052.3	89.2	433.1	2530.0
1998	3260.6	89.2	529.1	2642.3
1999	3374.6	95.7	644.1	2634.8
2000	3820.6	101.2	779.8	2939.6
2001	4096.8	172.4	736	3188.4
2002	4257.3	202.9	823	3231.4
2003	4293.3	214.2	816.6	3262.5
2004	4407.7	220.3	874.3	3313.1
2005	4497.9	220.3	880.7	3396.9

桥梁 东明黄河公路特大桥 该桥是由山东省交通厅与中原石油勘探局两单位为主集资筹建，交通部补助的重点工程。

106国道东明黄河公路大桥

1986年，省交通厅先后三次组织设计、管理等有关部门勘察桥位，提出建设方案，报经国家计委立项。国家计委邀请中国国际工程咨询公司等单位专家两次考察桥位和论证。1987年8月，交通部代国家计委批复了设计任务书。1988年10月，省交通厅对大桥采用设计、施工一体化项目招标的方式，在全国范围内公开招标。1990年7月完成招标工作，与中标的河南联合体签订了工程建设合同协议书。1991年10月30日，大桥正式开工建设。该桥由河南省交通规划勘察设计院设计，由中原油田建工公司、黑龙江省路桥公司五处、河南省交通工程局二处、河南省交通工程局三处、山东省交通工程总公司一公司、菏泽地区公路局工程处等共同施工。大桥位于东明县菜园集乡和河南省濮阳县朗中乡的黄河河段上，为山东省境内最长的一座公路特大桥。大桥投资2.35亿元，设计流量25300立方米／秒，荷载为汽－超20级，挂－120级；通航标准为四级航道，地震按烈度7度设防设计。桥头引道路基宽30米，路面宽18米。引道与大堤之南立交桥为20米预应力空心板，北立交桥为16米预应力空心板，桥宽约为30米。大桥全长4142.14米，宽18.5米。全桥采用预应力混凝土钢构——连续组合体系梁式桥。上部为变截面箱梁，单箱单室；下部为变截面钻孔灌注桩基础，墩身在钢构部分为薄壁双墙；在连续部分为空心墩，墩顶设置大吨位钢球型支座。主桥一联长990米，两侧各设大位移量伸缩缝。引桥上部采用40米和50米跨经的预应力混凝土简支T梁，基础分别为直径2米和2.2米的钻孔灌注柱，下部为双柱式中墩，T型盖梁，桥台为肋墙式高桩承台埋置式台。1993年8月，该桥主体工程竣工，11月交工初验，12月，移交菏泽地区公路管理局管理养护。该桥的建成接通了106国道，对中原油田的勘探开发、晋煤东运、促进冀鲁豫交界地区的经济发展、沟通两岸往来等发挥了重要作用。

东兰（东明—兰考）公路元旗营立交桥 属公铁立交，公路上跨，桥长600米，引道1000米。工程由菏泽市公路管理局一处施工，于2001年10月竣工，总投资4900万元。桥上共有3米～10米钢筋混凝土空心板桥，2米～8米钢筋混凝土通道桥和30米～20米钢筋混凝土T型梁桥各1座。30米～20米型普通钢筋混凝土简支梁特大桥及通道桥之荷载为汽车－超20级，挂－120；桥梁宽度为净－16.58米+2×0.5米，桥面横坡为1.5%。特大桥及通道桥上部结构均采用标准跨经，下部结构均采用灌注桩基础。特大桥上部采用普通钢筋混凝土预制T梁结构，下部采

元旗营公铁立交桥

用柱式桥墩，柱式埋置桥台，钻孔灌注桩基础。通道桥上部采用普通钢筋混凝土预制实心板结构，下部采用柱式桥墩，簿壁式桥台。引道路基宽度18米，路面宽度15米，路面面层采用细粒式密级配沥青混凝土，面层下层采用中粒式沥青混凝土。

其他桥梁　1994年，济董路郓城大桥建成通车。该桥跨宋金河，9×13米空心简支板，长120米。载重标准：汽车－20级，挂－100，投资160万元。国道105线曹县黄河故道桥竣工通车。该桥长158米，12×13米空心板灌注柱，载重标准：汽车－20，挂－100，投资250万元。

1996年，临商路（临清—商丘）菏泽大屯桥建成通车（亦称菏泽市人民路公铁立交桥）。该桥长430.8米，12×35米桩基T型梁桥，载重标准：汽车－20级，挂－100，投资1920万元。

2000年，省道单虞线（单县—虞城）大沙河桥建成通车。该桥10×13米，长134米，载重标准：汽车－20级，挂－100。省道刘民线（刘口—民权）万福河桥建成通车。该桥7×10米+4×13米，长132米，载重标准：汽－20，挂－100。省道枣曹路（枣庄—曹县）东鱼河桥建成通车。该桥18×20米，长376米，载重标准：汽车－20级，挂－100。

2001年，国道327、220线菏泽市双河立交桥建成通车。该桥位于两国道菏泽城区交叉处，为了层全互通长条苜蓿叶型立交，占地11.6公顷，东西长1004米，南北长640米，周围绿化带宽20米，桥面宽26米，双向6车道，人车完全分流，慢车道宽7米，人行道宽6米，总投资5671万元。设计荷载：汽－20，挂－100。

2002年，曲菏高速公路（曲阜—菏泽）菏泽境竣工大桥10座。桥梁结构均为预应力桩基础，载重标准皆为汽车－20级，挂－

人民路大屯公铁立交

100。牡丹区境洙赵新河大桥，19×20米，长386米，宽30米；巨野境赵王河大桥，8×20米，长166米；郓城境郓运河大桥，13×20米，长266米；郓城境赵王河大桥，16×20米，长326米；郓城境游龙河大桥，7×16米，长117.4米；巨野境郓巨河大桥，16×20米，长326米；牡丹区境太平溜河大桥，6×20米，长126米；牡丹区境赵王河大桥，10×20米，长206.1米；牡丹区境K002+517赵王河大桥，12×20米，长246.1米；牡丹区境K001+972赵王河桥，10×20米，长206.1米。

2003年，国道105线曹县黄河故道桥竣工，系对1994年所建桥加宽改建。改建后全长182米，12×13米，宽20米，高6米，桥梁结构采用预应力板灌注桩，载重标准为汽车－20级，挂－100。省道刘（口）民（权）路曹县魏湾桥竣工。该桥跨红卫河，长133米，8×16米，宽12米，高5米。桥梁结构为预应力板灌注桩，载重标准：汽车－20级，挂－100。

2004年，国道327线巨野境姚庄桥竣工。该桥跨洙赵新河，18×20米，长360.4米，宽15米，高8米，空心板灌注桩，载重标准：汽车－超20级，挂－100。省道德商路（德州—商丘）巨野境洙赵新河竣工。该桥13×20米，长266米，宽16米，高8米，空心板灌注桩，载重标准：汽车－超20级，挂－120。省道济董路（济宁—董口）郓城境刘庄桥竣工。该桥跨宋金河，7×20米，长145米，宽15米，高6米，空心板灌注桩，载重标准：汽车－20级，挂－100。

2005年，省道德商线（德州—商丘）竣工大桥3座。成武境东鱼河胡楼桥，20×7米，全长146米，空心版灌注桩，载重标准：汽车－20级，挂－100。成武境红卫河刘庄桥，13×13米，全长173.1米，空心版灌注桩，载重标准：汽车－20级，挂－100。牡丹区境洙赵新河徐河桥，8×20米，全长167米，空心版灌注桩，载重标准：汽车－20级，挂－100。

第二节　运　输

运输工具　人力车　1986年，菏泽城区拥有手扶木制三轮车300辆，1991年发展到1068辆，1993年底增至1300多辆。1993年年底开始有计划地淘汰木制三轮车，首批更新铁制三轮车500辆。1994年12月，全区要求淘汰木三轮，二批更新三轮车690辆。1995年，城区机动客运三轮车市场自发形成，1996年迅速发展到695部，随后开始缓慢增长。1998年，机动客运三轮车管理权由客运管理所移交三轮车管理所统一管理，并对机动客运三轮车采取限制发展措施。2001年，撤地改市，管理权上划到市交通局时，全市有人力客运三轮车1331辆、机动三轮车1056辆。之后，根据市政府通告精神，开始对客运三轮车

木三轮

实行禁止更新、新增，逐步自然淘汰的政策。2005 年，全市共有人力三轮车 720 辆、机动客运三轮 500 车辆。

畜力车　畜力车运输已基本被机动车运输取代。至 2005 年底仅存少量畜力车从事小件、杂货等非营业性运输，经营者多为农民，未纳入行业管理部门的管理。

马　车

客运车辆　1986 年年初，境内有客运车辆 261 辆，座位 11633 个。1990 年，有客运车辆 718 辆，座位 25163 个，车型主要有聊城、烟台、扬州、黄河等大型普通客车和载客农用车。1993 年，客运车辆达到 1044 辆，座位增至 32783 个。1998 年起，新增大宇、北方等高级客车和卧铺客车。1998 年 4 月出租车开始进入营运市场，到

客运车辆

1999 年年末，菏泽城区出租车发展到 1231 辆，其中有“面的”（“面包车”作出租车）1181 辆、“轿的”（轿车作出租车）50 辆。2000 年，载客农用车全部退出客运市场，客运车辆达到 3231 辆，49878 个座位，车型主要有大宇、北方、依维柯、中通、安凯、江淮、亚星等高中级车和普通车。2003—2005 年，菏泽城区出租车“面的”全部更新为“轿的”，各县区也相继发展出租车客运。2005 年年末，全市客运车辆达到 4673 辆，其中有出租车 2293 辆、旅游客车 12 辆、租赁客车 11 辆，线路班车 2357 辆（其中高级客车 296 辆、中级客车 1504 辆、普通客车 557 辆），座位增至 68392 个。

贷运车辆　1986 年年初，境内有营业性载货汽车 750 辆，其中国营的 295 辆。

重型货车／三轮运输

1989年，有货物运输车辆4827辆。1990年货运车辆为3669辆。1995年对老旧车型更新换代。1998年年底，有货运车辆4905辆。2005年年底，全市共有货运车辆8816辆，其中重型车405辆，大型车2311辆，中型车1403辆，小型车3318辆，集装箱车994辆，危险化学品运输车385辆。

客运　客运量　1986年始，菏泽地区公路旅客运输由原来单一的专业运输企业经营，逐步转变成为国营、集体、个体共同经营，发展速度加快。1990年，客运量为1297.2万人，客运周转量达91017万人公里。1993年，客运量和客运周转量也分别提高至1366.2万人、101850万人公里。2000年，客运量2043.1万人，客运周转量181831万人公里，2005年年末，客运量和客运周转量分别提高到3580万人、377500万人公里。

1986—2005年菏泽市（地区）公路客运统计表

表12-1-3

年　份	汽车（辆）	座位（个）	客运量（万人）	客运周转量（万人公里）
1986	296	13222	1121.7	68716
1987	562	20324	1238.5	80845
1988	636	24894	1419.6	102500
1989	562	18864	1440.4	111661
1990	718	25163	1297.2	91017
1991	845	26696	1387.7	102274
1992	923	30587	1444.5	113312
1993	1044	32783	1366.2	101850
1994	1123	34758	1413.6	112564
1995	1196	36583	1408.5	121149
1996	1262	37821	1476.9	134179
1997	1576	39849	1502.4	132572
1998	2751	45736	1863.5	159325
1999	2932	47264	1921.2	168326
2000	3231	49878	2043.1	181831
2001	3420	52186	2140.6	205948
2002	3566	54284	2509.9	229381
2003	3718	55797	2816.8	258293
2004	3828	56452	3015.4	320459
2005	4673	68392	3580.0	377500

客运线路　1986—1990年，全区公路客运线路有菏泽至北京、天津、西安、武汉、合肥、南京、上海、濮阳、石家庄、兰考、安阳、宿县、淮北、焦作、聊城、青岛、烟台，单县至北京，曹县至天津，成武至济南等47条，营运总里程达到21365千

米。1991—1995年开辟东明、成武、巨野、鄄城至北京，成武、东明、郓城至天津，菏泽至邯郸，曹县、鄄城、郓城、巨野、东明至郑州，郓城至西安，菏泽至威海，单县至临沂，鄄城至潍坊等85条线路。1996—2000年开辟线路：曹县、单县、郓城至大连，定陶、巨野、鄄城至塘沽，巨野、菏泽、曹县、定陶至运城，鄄城至永济、西安、青岛、东营、潍坊，曹县至孟县，巨野至侯马，郓城至乌鲁木齐等63条线路。2001—2005年开辟巨野至天津，定陶至唐山，成武至秦皇岛，单县、东明至石家庄，菏泽至河津、柯桥、石狮、白沟、漯河、周口、潍坊、邹平、日照，郓城至台前、黄岛等41条线路。2005年年底，全市共有客运线路616条，其中跨省130条、省内跨市128条、市内跨县68条、县内290条，营运总里程11.25万千米，形成以菏泽市区为中心连接北京、天津、上海、河南、河北、山西、江苏、浙江等13个省、直辖市的客运网络。其中菏泽至济南、济宁、郑州等多条线路的集约化经营，车辆组建“豪华车队”，实行一票直达，运输高效便捷。

1990年，菏泽汽车总站发车区

客运站　1986年，菏泽地区有一级客运站1个、二级客运站8个，分布在县级菏泽市及菏泽地区所辖8县，隶属于地区交通运输总公司。1990—1995年先后扩建了成武、单县、东明、巨野县客运站。2001年新建鄄城等县城客运站。2004年扩容菏泽汽车总站，增设国花客运站，完成85个交管所的“前站后所”改造。2005年年末，全市有94个等级客运站，其中一级站1个、二级站5个、三级站14个、四级站16个、五级站55个。

1990年，菏泽汽车总站候车大厅

出租客车　1995年以前，菏泽地区无城市出租客运车辆，城区汽车站周边虽有自发形成的待租车辆，但未纳入行业管理部门的规范化管理。1996年，地区交通局成立交通实业公司出租客运分公司，其15部“面的”与菏泽市桑盾出租汽车运输公司50部“面的”共同投入营运，但由于受城市经济等因素制约，出租汽车客运市场的启动未获成功。1998年，地区交通局采取优惠政策，批准成立13家出租汽车公司，重新启动出租客运市场。1999年年初，地区交通局作出对被原地区法院宣布破产的菏泽市桑盾出租汽车运输公司予以取缔，该公司22部“面的”可并入其他公司经营

菏泽市出租车一代、二代、三代

的决定，并将管理权下放到县级菏泽市交通局。年底，有 1181 部出租车投入营运。2001 年 5 月，出租车管理权上划地级菏泽市交通局。2003 年又恢复了菏泽市桑盾出租汽车运输公司的经营资质，菏泽城区内实有出租公司 14 家。同年，全市开始进入出租汽车的运力结构调整期，要求更新车辆必须达到 1.3 排量以上的“轿的”。2004 年，县城出租车开始投入营运，其中成武 125 部，单县 150 部，曹县 44 部，东明县 50 部，巨野县 112 部，定陶县 84 部，鄄城县 65 部。车型大多是微型面包，少量是夏利、羚羊、千里马。2005 年菏泽城区“面的”全部淘汰，更新为 1.3 排量以上“轿的”，共有营运出租车 1251 部，主要车型为羚羊、千里马、吉利。

菏泽市城区出租运价原为起步价 3 元，“面的”基本千米租价 1 元、“轿的”基本千米租价 1.2 元。此后，出租运价经历了三次调整：2000 年 9 月 1 日和 2004 年 6 月 15 日均因油价上涨，临时每乘次加收 0.5 元燃油费；2005 年 9 月起步价调整为 4 元，基本千米租价为 1.2 元。

村村通客车 1999 年，省交通厅开始提出在全省实施“村村通客车”工程。2002 年起采取鼓励政策进入，降低收费，价格补贴，客运公交化等一系列措施，引导车辆向农村投放。2003 年，全市 158 个乡镇通了客车，乡镇通客车率达到 100%；4163 个行政村通了客车，行政村通车率达到 70%。2004 年，通客车的行政村有 5056 个，通车率达到 85%。到 2005 年年底，通过山东省交通厅验收，全市共有通客车的行政村 5948 个，通车率达到 98.7%；乡镇停车站 85 个，其中三级站 14 个、四级

村村通客车

站16个、五级站55个；行政村停靠站点5319个，农村线路290条，县乡客车1328辆。在实施“村村通客车”工程中，全市共投资1亿多元,新增农村客运班车802辆，新增乡村站点牌5319个。

货运 货运量 1985年，国营载货汽车完成货运量43.2万吨，货运周转量4639万吨公里。1989年，全区有货物运输车辆4827辆、吨位21578吨，货运量为605.3万吨,货运周转量达73458万吨公里。1990年，区内发生洪涝灾害，造成整个道路运输市场的相对萎缩，其中货运车辆为3669辆，比上年减少了24%；吨位17821吨，减少了17.4%；货运量与货运周转量分别下降到564.7万吨和61855万吨公里，与上年分别下降6.7%和15.8%。1995年，开始对运输市场的运力结构进行调整，对老旧车型更新换代。1998年年底，全区有货运车辆4905辆，吨位19288吨，货运量1101.4万吨，货运周转量100743万吨公里。2005年年底，全市共有货运车辆8816辆，其中重型车405辆，大型车2311辆，中型车1403辆，小型车3318辆，集装箱车994辆，危险化学品运输车385辆；总吨位45519吨，货运量2890万吨，货运周转量254562万吨公里。

1986—2005年菏泽市（地区）营运性货车拥有量及货物运输统计表

表12-1-4

年 份	货车拥有量（辆）	吨位（吨）	货运量（万吨）	货运周转量（万吨公里）
1986	3792	14651	491.9	37342
1987	4602	20578	565.5	43209
1988	5756	28291	582.3	56842
1989	4827	21578	605.3	73458
1990	3669	17821	564.7	61855
1991	4549	20922	570.2	63907
1992	5706	25412	659.0	72697
1993	5805	27297	702.5	75466
1994	5562	20892	727.2	76459
1995	4642	19118	781.4	75988
1996	4557	18311	896.5	87239
1997	4522	18266	1038.1	94267
1998	4905	19288	1101.4	100743
1999	6429	27160	1141.4	106131
2000	6055	21777	1038.0	116789
2001	5656	22559	1415.0	124085
2002	7204	31722	1596.0	134702
2003	8816	41459	1931.0	170398
2004	8388	40917	2409.0	215894
2005	8816	45519	2890.0	254562

集装箱运输　1989年，巨野县运输公司岳敏驾驶一辆车到上海搞集装箱运输，开启了菏泽车辆赴外经营的大门。1992年，市第一家集装箱运输公司——巨野县第二运输公司在上海市宝山区成立，公司拥有8辆车、76个吨位、从业人员30人。菏泽运管部门采取从简审批和上门服务等措施促进了集装箱运输车辆的外向型发展。1999年仅在上海一地，巨野就有13家公司、站、队，700余部车。2005年12月，全市共有集装箱运输公司65家、集装箱运输车辆954辆，主要集中在上海、江苏、浙江、青岛等省市。其中，巨野县有54家集装箱运输公司、车辆808部、从业人员3600余人。

菏泽口岸待运的集装箱

运输服务业　**搬运装卸**　1986—1992年，随着搬运装卸市场的扩展，单一的以人工、手推车、地排车为主要工具改为以三轮车和拖拉机等半机械化作业。1993年8月地区物价局、交通局共同调整搬运、装卸、理货及小型机动车、人（畜）力车运输计费标准和管理规则。1998年，行署下发《菏泽地区货物搬运、装卸、理货管理办法》，稳定了全区搬运、装卸、理货运输市场，2003年，根据《道路运输服务业开业技术经济条件》，菏泽市交通局强制取缔48家不符合资质的运输服务业的经营资格，保留了9家搬运装卸队、6家搬家公司。2005年市政府通过修订后的《菏泽市货物搬运、装卸、理货管理办法》。年底，全市有搬运装卸队19家、搬家公司11家，共有从业人员4390人。

货运配载　市内的货运配载始于1989年。1990—1991年在山东省交通厅运输管理局的统一组织下，地区运输管理处设配载中心一个，各县设配载站8个、配载部67个，并在全省及全国部分省市联网。后来，随着市场的发展和政府职能的转变而退出市场。1993年，菏泽城区有四家经营货运配载业务，分别是菏泽市东城魏海王喜堂、东关何忠柱，北城三里店韩朝海，南城官庄李金岭。1994—1998年，陆续发展了晨枫、长远、昌盛、恒昌、顺风、通达、乘风、通顺、诚信9家配货托运部。因经营不规范，货损、丢失事件时有发生，1999年进行整顿，取缔了昌盛、乘风两家不合格的配货托运部。随着公路建设的快速发展，单纯的配货托运不能满足货运市场的需求，2000年始，先后成立长生物流有限公司、佳吉物流（菏泽分部）、天马物流有限公司、长通物流货物配载信息

解放牌货车车队

服务部、诚通物流有限公司、华宇物流配载信息部、恒德物流有限公司、佳吉物流配载信息部8家货运配载信息服务企业。2005年，全市共有货运配载企业31家、从业人员251人。

主要运输企业 菏泽交通集团总公司原名菏泽地区汽车运输公司，成立于1959年7月，1962年6月从地区交通局析出，1981年12月，改称山东省公路运输联合公司菏泽地区分公司，1993年12月改称菏泽地区交通集团总公司，2001年3月更名为菏泽交通集团总公司。2005年年底，该公司共有42个基层单位和4个合营企业，其中包括13个汽车运输分公司、10个汽车站和23个工商贸单位，分布于菏泽市9县区及济宁、商丘等地，拥有职工8179人，各类客货营运车辆1600部，固定资产10亿元；主要经营公路客货运输、汽车修理、石油销售、汽车及配件销售、电池原料供应、热电生产、密度板生产、包装印刷、工业设备安装、科技开发、职业培训、宾馆餐饮、医院、商贸市场、房地产开发、进出口贸易和物流配送等，营业收入9.6亿元，实现利税5407万元。

菏泽交通集团

菏泽华通运输有限公司 其前身是菏泽交通实业公司，成立于1996年，拥有出租“面的”15部、客车16部。2001年出租车发展到138部，客车发展到58部。2005年改制菏泽华通运输有限公司，同时析出为菏泽永通客运出租有限公司和菏泽博通驾驶员培训有限公司。

第三节 管 理

公路养护 1986年，菏泽地区干线公路超使用期限、超负荷使用的老油路较多，油路坑槽、龟裂等逐渐增加。为延长公路的使用寿命，发挥公路的经济效益和社会效益，菏泽地区公路养护实行以养护质量为中心，以干线为主，以路面养护为主，以提高好路率为目标，加强路基边坡的修整。养路工作采取定效、定量、定时间、定报酬的小型包工，把任务质量、工资奖金、出勤补贴及投资捆绑在一起。1987年，全区植行道树12.5万株，成活率85%以上。1988年，全区植行道树8.6万株、矮林80万墩、紫穗槐50万株，并对60千米的行道树进行采伐更新。1991年，实施国省道GBM工程，在公路沿线因地制宜，采取多种措施和手段，基本达到路、景、物交织协调，构成流畅安全、舒适、优美的公路

养护工人清理路肩杂草

交通环境。全区完成标准路基390千米，植行道树4.86万株、矮林46.36万墩，育苗26.08万株。1995年，养护实行定员，小保费用实行切块管理，中修工程引入竞争机制，实行内部招标的办法。全区新植路树218千米、88117株，修剪521.1千米，育苗52亩，绿化投资70万元。1996年，菏泽地区公路局选择路况较好的国道220线作为文明样板路实施路线，全区实施GBM工程210千米，完成标准路基604千米，维修桥梁53座，改建加固加宽危窄桥20座，植路树50.2千米，育苗44亩，采伐更新119千米，植树80405株。

1997年，各县公路局成立公路养护公司，公司实行经理负责制。1999年，实行大道班管理，小道班作业的方式，大中修工程实行工程监理制和项目经理负责制。全区植树42.1千米，修剪路树820千米，治虫680千米，路树刷白1200千米，种植经济林6.9万株。2000年，完善提高GBM工程155千米，标准路基全部达到标准，植路树57.6千米、矮林5270墩，补植乔木46547株。2002年，以建设“迎宾大通道、经济开发大通道、政府品牌大通道、旅游大通道”为重点，修路102.05千米，路面修补90.54万平方米，基层修补28.13万平方米，刷油69.87万平方米，沥青路面灌缝468.95千米，加固改建危窄桥8座，完善提高GBM工程299千米，再建GBM工程37.3千米，绿色大通道建设完成78千米，补植乔木21万余株、灌木1.4万墩。2004年，实施“以人为本，以车为本”的服务理念，全面提高养护质量和通行能力，累计投入养护资金5550余万元，完成大中修工程13.43万平方米，小修工程3.167万平方米，危桥改造8座，绿色大通道建设156.9千米，公路标线775.9千米，文明样板路292.6千米；综合路率为80.5%，其中国道92.8%，省道76.8%。2005年，综合好路率为80.2%，其中国道完成92.7%，省道完成77%；大修工程完成628万元，日东高速公路完成中修工程1313万元；加固改造桥梁21座，投资1545万元；绿化工程投资412万元，新植行道树及绿色通道建设123.4千米，栽植乔木12.28万株、灌木2.21万株，补植乔木12.22万余株、灌木0.91万株，路树采伐71.23千米、22091株；实施GBM531.9千米，文明样板路122.1千米，公路绿化里程1205.4千米。

高速公路养护路面积雪清除作业

路政管理　1986年前，路政管理实行管养合一。1987年，拆除公路沿线违章建筑1000多间，清除路面堆积物4万立方米。1989年，公路交警部门密切协作，清除路障2800多起，拆除违章建筑278间；发现路损事件321起，处理299起；建立巡视员制度，坚持上路巡查。1990年，鄄城站解决了公路用地确权，成为全区完成公路用地确权的第一个县。1991年，把路政管理纳入法制管理，与县法院结合设立公路

公路路政人员军训

巡回法庭，全区共拆除违章建筑1800余间，清除各类公路堆积物5000余处。1993年，对全区1000余千米干线上的非公路标牌进行清理。1995年，路政管理严格控制建筑红线，做到路宅分家；对影响路容路貌的非公路标牌随时拆除；对穿越村镇街里路段，签订门前三包合同。2000年，干线公路用地确权全部完成。2002年，贯彻《中华人民共和国公路法》《山东省公路管理条例》，开展创建路政管理先进县活动。菏泽市政府为此下发《菏泽市干线公路两侧建设规划》的通知。根据山东省政府会议纪要精神，高速公路的路政管理由属地公路管理局负责，成立了日东高速公路菏泽路政管理大队。同年，全市共完成拆除违章建筑1348平方米，清除非公路标牌4570块，增设公路标牌213块，完成达标路段468千米，查处路损事件3411起。2003年，集中清理非公路标志、违法建筑、占用公路集贸市场和穿村路段的“脏、乱、差”，加强超限运输治理和涉路工程审批，完成公路确权747.6千米。2004年6月，全国开展集中治理超限运输行动，菏泽市境干线公路设置11个超限超载检测站，累计投入35952人次，检查车辆21.74万辆，查处66375辆，卸载15678辆、25159吨，超限超载车辆比例从治理前的75%下降到34%以下。2005年，路政案件查处率和结案率均为100%，全年共处理路政事案821起，实施公路巡查64万千米，拆除红线内违章建筑975平方米，增设和更换公路标志牌258块，清除非公路标志牌2252块，完成标线74.24千米，治理超限超载车辆12113辆。

路政巡查车辆

规费征收　汽车养路费征收标准：1986年10月，省交通厅、财政厅、省计委颁发《养路费征收办法补充规定》（简称《规定》）。境内按照《规定》执行的征收标准是：免费的小客车控制在省人民政府规定配车定额以内，定额内大客、货车按规定标准减征30%，超出定额的车辆按规定缴纳；拖拉机原按马力改按核实吨位征收，20吨及以上全年按8个月，不足2吨者按4个月征收，每月每吨位45元。1988年9月，按照省计委、财政厅、交通厅的联合通知，凡在公路上运行的拖拉机及其他小型机动车除免征者外，均按全年12个月征收养路费。1989年，该附加费随拖拉机养路费一并由交通局征收管理。1990年9月1日起，对按吨位缴费的客货汽车由原每月每吨位115元调整为160元；

汽车挂车、特种车、大型拖盘车，10吨以上的重型汽车和半挂车由原58元调为80元；20马力以上的拖拉机由原45元调为80元，20马力及以下拖拉机由原45元调为60元。1992年9月，按照省人民政府印发的《山东省公路养路费征收管理规定》，养路费按费率和费额两种方式征收：对能准确反映营运收入总额、县以上交通部门的专业公路运输企业，按营运收入总额的15%计征；对实行承包后难以掌握营运收入的，以及专业运输企业内的非营运车辆则按费额计征；费额除按费率计征以外的车辆均按核定载重吨位计征，月费额每月每吨位160元。按费率计征车辆的单位于季度前10天持“统缴证申请核发表”到车籍所在地征稽机关申请，由征稽机关集中到地区征稽机关领取次季度“统缴证”。1994年6月，按照省交通厅、财政厅、物价局下发的通知，汽车养路费征收标准在原有基础上上调20%，汽车养路费由每月每吨位160元调整到190元，调整后增加的养路费收入，直接解交省交通厅，专项用于高速公路和汽车专用公路的建设。

公路规费征收人员技术比武

汽车养路费分配　1988年，省政府调整公路养路费分配使用办法，规定汽车养路费自1989年起，实行“基数递增，比例分成，全省统收，分成返还”的办法，确定以1987年实际收入为基数，每年递增5%。扣除上缴能源交通基金后作为分成基数，按省厅与市地交通局（委）对半分成。一定四年不变，超收部分二八分成，市地分八。省分成部分以20%用于贫困地区养护公路，其余集中用于国省道的新建和改建；市地分成资金在保证国省道小修保养和大中修工程费用的前提下，再安排一般省道的改建。拖拉机养路费用于县乡公路的修建和养护，由市、地交通局管理。

过路过桥费的征收　1988年8月，发布《山东省贷款修建高等级公路和大型桥梁、隧道收取车辆通行费实施细则》，规定“凡贷款修建的10千米以上的一级公路、20千米以上的二级公路、300米以上的大型桥梁、500米以上的隧道，建成后由交通部门归口管理，报经省人民政府批准，可对过往车辆收取通行费，收费工作由省交通厅印制全省统一票证统一管理。通行费由所在市、地公路段、局，组织征收，上交省交通厅银行专户，只能用于偿还贷款本息和养护收费机构等正常开支，不准挪作他用。贷款还清后停止收费”。1994年，

菏东高速公路菏泽收费站

东明黄河公路大桥建成收费，当年征收过桥费 134.1 万元。同年 12 月，国道 220 线纸坊收费站和国道 105 线青堌集收费站建立并开始收取通行费。1997 年 7 月，国道 220 线郓城收费站及 327 国道巨野收费站建成并收费。1998 年砀定路安济河收费站建成并收费。菏泽高速公路管理处设立后，设东明、菏泽西、菏泽收费站，开始收费。2002 年 3 月，临商路定陶景店收费站、枣曹路成武苟村收费站、东兰路东明袁旗营收费站成立并收费。2003 年 8 月，日东高速公路全线贯通后，实行了 IC 卡收费，全线实行一卡通。

1986—2005 年菏泽市（地区）规费收支完成情况统计表

表 12-1-5　　单位：万元

年份	收入						支出
	总计	汽车养路费	占计划 %	拖拉机养路费		过路过桥费	
1986	2330	2330	132.0	—		—	2925
1987	2684	2684	131.5	—		—	3584
1988	2895	—	117.8	—		—	2827
1989	3267	3267	118.2	—		—	1909
1990	3075	—		—		—	2529
1991	3985.0	—	100.3	—		—	4555
1992	4502	—	104.7	—		—	5089
1993	57301	—	107.1	—		—	8261
1994	6091	—	104.5	—		—	11727
1995	7205	6761	—	交通建设基金	路港建设基金	414	11450
1996	7846	7233	—			613	12839
1997	14018	4696	—	2134	828	6360	17150
1998	15124	5092	—	1613	553	7866	20374
1999	16241	5592	—	1791	606	8252	19593
2000	16873	5939	—	1937	634	8363	19266
2001	17053	6695	—	2000	679	7679	19208
2002	24473	7269	—	2422	862	13920	37075
2003	31920	7950	—	3303	1294	19373	21896
2004	16873	5939	—	1937	634	8363	13830
2005	61937	11010	1114	4600	1715	44612	33500

营运车辆技术管理　1993 年 4 月设立地区汽车综合性能检测站，负责对营运车辆技术状况检测诊断、维修车辆的质量检测、运输车辆技术等级评定检测和运输车辆二级维护检测；接受委托，对车辆改造、改装、报废等项目进行检测，并提供检测结果；接受环保、商检、公安、技术监督和保险等部门委托，进行有关项目的检测，

并提供检测结果。1999年检测车辆技术等级评定7561辆次。2004年，全市8个检测站共完成车辆技术等级评定检测11562辆次，二级维护竣工后检测3.1万辆次。1999—2005年，全市营运客货车辆一级车率一直保持在80%以上。2005年，实现8县1区车辆技术管理的联网，全市检测行业全部实行统一上线检测、统一微机打证、统一建立档案。

菏泽车辆综合性能检测中心

2005菏泽市汽车综合性能检测站一览表

表12-1-6

单位名称	地　址	类　别
菏泽市交通实业公司车辆综合性能检测中心	菏泽市黄口	A
成武名水车辆综合性能检测站	成武县城东外环路达驰工业园开发区	A
郓城水浒机动车综合性能检测站	郓城县南郊蒋庙灯塔南220国道西侧	B
定陶综合性能检测站	定陶县菏商路北侧	B
单县鸿运车辆综合性能检测中心	单县单城镇健康路中段	B
曹县顺达交通实业有限公司车辆综合性能检测站	曹县师范路东段	B
鄄城机动车综合性能检测站	鄄城县鄄城镇开发区	B
巨野麟州交通运输有限公司车辆综合性能检测线	巨野县巨金路北段路西	B

机动车维修管理　1988年11月，地区交通局设立汽车维修管理处，把汽车、摩托车、特种车辆、拖拉机等车辆的维修和车辆技术管理纳入管理。至1995年年底，全区共有机动车维修企业330家，其中修理厂45家、专项修理230家、配件55家，从业人员1050人。1996年，为维护机动车维修市场秩序，行署专门下发《车辆维修配件销售行业管理办法》，要求对车辆维修行业实行规范化、标准化管理。2002年，全市有各类汽车和摩托车维修企业815家，其中一类5家、二类86家、三类417家、摩托车维修企业307家，从业人员5608人；大修车辆7982辆次，二级维护31000辆次。2005年，全市有各类汽车和摩托车维修企业918家，其中一类6家、二类83家、三类532家、摩托车维修企业

菏泽大众汽车维修车间

297家，维修人员3248人；大修车辆5942辆次，二级维护31285辆次。

驾校管理 境内驾校由公安部门管理。2004年5月1日，根据《中华人民共和国道路交通安全法》，由交通主管部门对驾驶培训学校、驾驶培训班实行资格管理。按照山东省交通厅印发的《机动车驾驶培训学校整顿工作方案》的要求，2005年1月起，市交通局道路运输管理处对全市机动车驾驶培训学校进行治理整顿。这次治理整顿的目标是：掌握全市驾驶培训学校基本情况，将驾驶培训学校和机动车驾驶员培训依法纳入行业管理；严格驾驶培训资格条件，促进驾驶培训学校定级达标；引入竞争机制，规范培训行为，为初步建立公开、公平、规范、有序的驾驶培训市场开好局，打好基础。在治理整顿中，有3家老驾校通过省专家组的验收；有13家新驾校提出办学申请，其中9家通过省专

菏泽汽运技校教练及教练车

家组的验收。至2005年年末，全市共有12家驾校通过省专家组的验收，其中综合类一级5家，分别是菏泽星光驾校、菏泽汽运技校、单县鹏程驾校、鄄城运通驾校、菏泽奇圣驾校；二级6家，分别是中原油田驾校、巨野蓝翔驾校、巨野南城驾校、单县舜师驾校、锦程驾校、菏泽阳光驾校；三级1家，单县湖西驾校。12家驾校共有教练员490人，各类教练车392辆，驾模器146台，微机571台，电子桩7套。

第二章　铁　路

第一节　线路网络

菏泽铁路道岔群

全市有京九铁路、新日铁路两条干线铁路，设计均为双线。在菏泽境内交叉通过，形成国内铁路干线上为数不多的双十字交叉枢纽。全市境内铁路正线里程长为272.4千米。除国有铁路外，6县1区建有地方物资专用线，菏泽市城区共有5条物资专用线。

东银窄轨铁路 1972年11月7日东银窄轨铁路正式动工。经水利电力部批准修建的东（河南省兰考县东坎头）银（梁山县银山）窄轨铁路，列入部属黄河防洪

基本建设，主要用于菏泽地区治黄需用石料的运输并兼顾沿黄工农业生产所需石料的运输。设计总长242千米，顺黄河堤背堤肩而行，途经菏泽地区的东明、菏泽、鄄城、郓城、梁山5县，为国内较长的一条窄轨铁路。计划总投资270万元，土石方453万立方米，由菏泽地区组织力量施工。至1980年，完成铺轨长度184.26千米，其中正线梁山县银山至东明县霍寨158.78千米，站线13.93千米，支线3条5.42千米，专用线6.13千米，安装道岔160组，车站18个。1981年后，工程缓建。东银窄轨铁路是在毛泽东主席“一定要把黄河的事情办好”的号召下修建的，该铁路建成后，运行了几年的时间，由于作用不大，于90年代初拆除。

新兖铁路　新兖铁路西由京广铁路新乡站起（接轨点为新乡南站），东到津浦铁路兖州站，全长305.30千米。该线通车为鲁西南经济的发展打开了大门，是晋煤外运的又一通道。

济宁至菏泽段　为促进鲁西南经济的发展和繁荣，1977年7月铁道部批准修建济菏铁路。该路由铁道部与地方共同投资，勘测设计由铁道部第三设计院担任。设计主要工程量：正线110.2千米，新建站14个，建桥涵320座。全线工程于1977年12月13日正式开工，实用土地573.67公顷，共计投资5649万元，1980年2月28日建成通车。

新乡南至菏泽段　1983年3月，该路由铁道部第三工程局正式开工建设，1985年12月建成通车。新乡南至菏泽段铁路，全长166.706千米，为Ⅰ级干线（单线）；设计年运输能力1700万吨，线路桥梁总投资7.47亿元。新兖铁路横贯菏泽市东明、牡丹、巨野3县区，全长118.7千米。

新日铁路复线　新日铁路复线是在京九铁路开通运营后正式修建的。新日复线西起河南省新乡市，东至山东省日照市。新乡至菏泽段复线于1992年4月6日开工建设，途经菏泽市东明县、牡丹区，境内全长51.1千米，总投资9.6亿元，2002年1月12日建成运营。菏泽至日照段复线工程于1999年3月开工建设，2001年建成通车，途经菏泽市牡丹区、巨野县，境内全长66千米。

京九铁路　京九铁路是连接北京至香港九龙的交通大动脉，是中国铁路的重要干线。1992年9月28日，铁道部第四工程局承建京九铁路菏泽区段。该路在菏泽境内的主要工程包括车站10个，特大桥1座，中桥8座，路基土石方843万立方米。1994年8月10日，菏泽至商丘段实行运输分流，成为这条铁路大动脉最先投入使用的区段。1995年4月15日，京九铁路黄河特大桥以及两岸318线铁路铺通，由北京开出的火车可以快速通过黄河大桥直达菏泽、阜阳，比铁道部的计划提前71天。7月1日，京九铁路北段开通运输分流。这是继1994年8月

10日菏（泽）商（丘）段在全线率先实现分流后，第二个投入使用的区段。京九铁路菏泽区段北起梁山、郓城两县交界处，南至曹县、商丘两县的分界点，途经菏泽市内5个县区、32处乡镇，全长153.7千米，所有路基、桥涵、站场质量均为优质。1995年11月16日，京九线最后一组轨排在江西定河桥上落下，京九铁路全线铺通。1996年9月1日，京九铁路全线正式开通运营，从北京西站发车的105次首列旅客列车驶进菏泽。京九铁路的开通，改变了菏泽的交通格局和经济地理区位。新亚欧大陆桥与京九铁路在菏泽形成十字交汇，菏泽因两大经济带的隆起而成为全国经济发展由东向西推进的接力站，由南向北转移的承接点。东至青岛、石臼港，出口货物可在当地报关、检验，直接装箱运往世界各地；西至西安、兰州，由此通往荷兰鹿特丹；北到北京，夕发朝至，往北还可通往俄罗斯；南至香港，只需24个小时，并可延伸至东南亚多国。

地方物资专用线 新兖铁路地方物资专用线 总长13616米，其中有菏泽发电厂煤炭专用线9992米，巨野县燃料公司煤炭专用线580米。

京九铁路地方物资专用线 总长3863米，其中有郓城粮食、供销专用线1182米，鄄城粮食专用线855米，定陶粮食专用线351米，曹县粮食专用线1020米。

火车站 京九铁路在菏泽市区内设有郓城、鄄城、菏泽、定陶、曹县5个县级站，3个乡级站，1个会越所、1个乘降所。新日铁路在菏泽市区内设有东明、菏泽南、菏泽站、巨野4个县级站，箕王庄、沙土集、龙固集3个乡级站。

菏泽站始建于1980年，因济菏铁路为省内铁路，故设置规模较小。1992年9月，京九铁路穿越菏泽，菏泽站只做了站内轨道的增加，车站设施规模未动。2002年，菏泽市政府筹资300万元，国家、省补贴620万元，重建菏泽站，2004年完工。改建后的菏泽站，成为一个外观新颖、功能齐全的火车站站房。

菏泽火车站（新／旧）

2005年京九铁路菏泽市境内车站设置一览表

表12-2-1

车站名称	候车室容纳人数（人）	货物站台、仓库
郓城站	400	有
马寨站	200	–
鄄城站	300	有
菏泽站	600	–
定陶站	400	有
普连集站	50	–
曹县站	500	有
梁堤头站	50	–
东明站	300	有
算王站	50	–
沙土集站	200	–
龙堌集站	50	–
巨野站	300	有

桥涵　长东黄河铁路特大桥横跨河南省长垣县至山东省东明县地段，中心位于新菏铁路线113千米135米处。桥上线路为单线，一级线路标准。大桥西起河南省长垣县的赵堤乡，东连东明县的东堡城，钢桁梁主桥在山东省境内。大桥由铁道部大桥工程局设计和施工。1984年2月18日动工，1985年11月6日竣工，国务院副总理万里主持了大桥竣工仪式。

该桥共有296个墩台，300孔梁，全长10282.75米，建成时为亚洲第一长桥，居世界第8位。桥中部设有会车站。整座桥耗用钢材5.4万吨、水泥10.25万吨、木材2.215万立方米、混凝土工作量19万立方米，总投资2.45亿元。大桥基础在跨越主河槽地段采用双壁钢沉井，河滩地段采用圆柱式钢筋混凝土钻孔基础。在主河槽部分，采用16孔钢桁梁，最大跨度108米。河滩部分100孔，跨度40米，采用钢板梁。184孔跨度32米，采用预应力钢筋混凝土梁。在施工中运用空气幕下沉施工工艺。296个桥墩中除水中用沉井基础外均采用钻孔桩基础。全桥共钻孔1261个，深度都在40米以下。最快的11号墩台施工，仅用100天便将直径13.2米的沉井下到43米深的河床中。

长东黄河铁路大桥

主桥全长1634.65米，主河道枯水期河槽宽约450米，汛期河滩摆动1000米左右。当流量为每秒9000立方米时，桥底至水面仍留有10.5米的通航净空。即使碰上百年一遇的特大洪水，桥底仍有8米以上的净空，仍能保证大桥安全行车，畅通无阻。大桥中心设有一座1234米长的会让车站——黄河桥站。该站建在38孔、32米跨度的预应力钢筋混凝土桥梁上，铺设到发线1股。大桥会让站的设置提高了大桥的通过能力，属全国首创。1999年11月15日，投资7亿多元、长达13.013千米的亚洲最长的单线铁路桥——新（乡）菏（泽）铁路复线长东黄河二桥正式开通。该桥由铁道部大桥工程局设计和施工，一年建成，创造了中国铁路建桥史上的新纪录。

2005年新日铁路菏泽市境内桥涵统计表

表12-2-2　　单位：座

县别 / 项目	东明县	牡丹区	巨野县	合　计
桥涵总数	85	61	90	236
其　中				
特大桥	1	—	—	1
大中桥	3	4	3	10
小桥涵	81	57	87	225

2005年京九铁路菏泽市境内桥涵统计表

表12-2-3　　单位：座

县别 / 项目	郓城县	鄄城县	牡丹区	定陶县	曹　县	合　计
桥涵总数	218	55	117	122	200	712
其　中						
特大桥	—	—	2	—	—	2
大中桥	8	2	8	10	11	39
小桥涵	210	53	107	112	189	671

第二节　营　运

菏泽市境内铁路货运发送有小麦、麸皮、玉米、木板材等，到达的货物有煤炭、化肥等。除国有铁路外，6县1区均建有地方物资专用线，分布在菏泽站南北方向，有燃料专用线、粮棉专用线、石油专用线、电厂专用线等。

1986—2005年菏泽站客、货运量统计表

表12-2-4

年　份	客运（万人）	货运（吨）
1986	193476	279502

续表 12-2-4

年 份	客运（万人）	货运（吨）
1987	175958	286602
1988	180723	294861
1989	192960	300690
1990	178713	310162
1991	216754	317553
1992	242555	349640
1993	294995	347304
1994	298001	359627
1995	328330	415048
1996	307254	408157
1997	540986	412719
1998	614988	437518
1999	694931	468563
2000	746820	663409
2001	969754	635470
2002	990350	547697
2003	1003578	522813
2004	1319160	583716
2005	1576856	576907

第三章 水 路

第一节 航 道

境内有黄河、梁济运河、新万福河 3 条航道。梁济运河、新万福河由于通航水源得不到充分保证，两岸滩地水土流失淤积河道，加上资金缺乏，人力不足等各方面原因未能清淤整治，两条河道自 1986 年停航后一直未通航。1989 年 6 月航运办事处划归菏泽交通局，冯集船闸、关桥船闸资产和人员随之分别移交成武县交通局和巨野县交通局。

1986 年后只有黄河通航，流经菏泽东

改造前的洙水河

渡　口

明县、牡丹区、鄄城县、郓城县，上起河南省兰考下界，下至梁山县十里堡，在菏泽西南至东北的边界上顺延，沿线全长186千米。2005年，经山东省发改委同意（《关于京杭运河洙水河道改造工程批准项目的批复》），菏泽对洙水河道进行改造，总投资27947万元，建设工期是2005—2007年。该河道东起郓城县和巨野县交汇处的郓巨河河口，东至南四湖，全长51.6千米，工程资金国家投资40%，山东省交通厅投资40%，地方自筹资金20%。航道设计尺度执行标准为国标GB50139－2004。航道标准设计为：洙水河河口至嘉祥段按三级航道标准设计建设，底宽45米，边坡1∶3；嘉祥至巨野港按四级航道标准设计建设，底宽40米，边坡1∶3。此工程正在筹建中。

建设中的洙水河航道巨野港

第二节　渡口浮桥

渡口　1986年前，黄河菏泽段两岸有渡口19个，均为群众来回摆渡自然形成的。1986—2003年逐渐淘汰了原来的木质船舶，购置钢质船舶进行摆渡，渡口仍然延续使用着原来的自然渡口，亦未进行改造。2004年，山东省交通厅实施黄河“以桥代渡”工程，投入资金1800万元，改建了东明县南冷寨渡口、东明县大王寨渡口、东明县辛店集渡口、牡丹区闫楼渡口、鄄城县苏泗庄渡口、鄄城县毛洼渡口、鄄城县郭集渡口、郓城县新徐码头渡口、郓城县伟庄渡口等9座渡口，每个渡口配备1艘双体推轮，为黄河两岸群众过河提供了方便。

浮桥　李清浮桥　1994年，在郓城县西北部、河南台前县的西南部介于旧城与孙口浮桥之间建李清浮桥一座，为三家合资。9月建成通车，总投资650万元。桥身由承压舟连接而成，全长435米，宽7米，承载25吨，结束了菏泽境内没有浮桥的历史。

鄄城旧城浮桥　2003年8月16日，

黄河鄄城旧城浮桥

鄄城县航运公司将旧城渡口改建为鄄城县旧城浮桥，工程总投资1110万元。桥身由19艘承压舟连接而成，全长325米，宽9米。该桥配备拖轮1艘，年收入350万元。

东明沙窝浮桥　2003年11月29日，东明县沙窝浮桥建成通车，工程总投资1200万元，由承压舟连接而成。该桥长360米，宽9米，承载能力100吨，双道行驶，年收入200万元。

黄河东明沙窝浮桥

黄河“以桥代渡”工程　2004年6月起，菏泽交通局根据省交通厅137次厅长办公会精神和交通厅鲁交规划〔2004〕87号文件，实施黄河“以桥代渡”工程。该工程总投入资金7058.2万元，其中省补助资金3595万元，地方自筹资金3463.2万元。“以桥代渡”工程共有浮桥5座，其中东明县老君堂浮桥设计总长400米，由承压舟连接而成，宽3米，承载能力10吨，配备双体推轮1艘；东明县南冷寨浮桥设计总长480米，由承压舟连接而成，宽9米，承载能力80吨，配备双体推轮1艘；牡丹区油楼浮桥设计总长550米，由承压舟连接而成，宽10米，承载能力60吨，配备双体推轮1艘；鄄城县董口浮桥设计总长421米，由承压舟连接而成，宽10米，承载能力100吨，配备双体推轮1艘；郓城县苏阁浮桥设计总长420米，由承压舟连接而成，宽10米，承载能力80吨，配备双体推轮1艘。

牡丹区油楼浮桥 / 鄄城县董口浮桥

第三节　船舶运输

船舶　1990年，菏泽拥有船舶172艘，其中木驳船5艘、水泥船121艘、钢质驳船46艘，载重量为12936吨。1995年，境内淘汰木驳船，仍有水泥船84艘、钢

木驳船

钢制驳船

质驳船421艘，载重量为48822吨。2000年，全区拥有船舶466艘，其中水泥船204艘、钢驳船248艘、拖船14艘，载重量为41358吨。2005年，全市拥有船舶696艘，其中水泥船14艘、钢质驳船527艘、拖船18艘、挂桨机船137艘，载重量为118520吨。

运输 由于菏泽航道停航，所有船舶大都在京航大运河和微山湖停靠。1990年，菏泽有梁山航运一公司、梁山航运二公司、郓城航运公司、鄄城航运公司、东明航运公司6家航运企业，年货运周转量为1390万吨公里。1989年年底，由于区域调整，梁山划归济宁，梁山航运一公司、梁山航运二公司由济宁市管理。1991—1995年，菏泽地区相继有菏泽市航运公司、菏泽兴河航运公司、交通集团航运公司、菏泽何楼船运大队注册经营，船舶和货物周转量呈上升趋势，1995年有船舶500多艘，年货物周转量23850万吨公里。2005年，全市拥有船舶近700艘，年货物周转量34800万吨公里。

航道运输

第十三编　邮政 通信

营业大厅

客服热线

1986年境内邮路25条，长度2207千米；城乡投递网有投递段道440条，其中城市投递段道60条，农村投递段道380条；电报交换量161.7415万份；投递函件1480万件；开始代办邮政储蓄业务；市内电话5388部；农村电话2375部。共有无线电台站116个，设备数量116部。1986年以后，改变邮政、通信体制，增加网点，更新电信设备，邮电事业快速发展。1989年12月，全区长途交换机由磁石改为纵横制自动交换机；1992年淘汰磁石交换机和全自动化交换机，开通上海贝尔长合一程控交换机。其中长途设备容量600路端。1990年拥有储蓄网点116处，储蓄余额达4884万元。1992年全区销售集邮邮票491.6万枚，收入212.5万元。2002年6月，PHS在菏泽城区率先建成使用，年底无线市话系统容量3万门，菏泽城区小灵通基站300个，用户1.3万户，至2003年4月小灵通在全市全部开通，系统容量13万门，实占容量6.9万门。

1998年，邮政、电信分营；1999年9月，移动电信与固话分营；此后，陆续有联通公司、南方电信等进入境内。至2005年，邮政、网通（中国网络通信）、移动（中国移动通信）、联通（中国联合网络通信）、铁通（中国铁通）、电信（中国电信）公司并存，共同发展。

至2005年，全市邮政局所180处，邮政储蓄（联网）点169处；邮政社区服务站8个，邮政“三农”服务站2961处；邮路25条，长度2207千米；城市投递段道148条，长度3333千米；农村投递段道703条，长度24472千米；年内全市收寄信函862.66万件；国内包裹24.86万件；国内外特快专递信件121.8万件；发行报刊4605.69万份。网通本地用户144.14万户（城市用户48.24万户，乡村95.9万户）；互联网接入业务用户55.56万户；全年通信业务总量9.27亿元。移动通信快速发展。全向改为定向基站73处，拥有网络容量150万，完成交换站升级工作；移动电话用户83.6632万户，业务总量为5.8564亿元。联通在菏泽共建成本地网传输光缆3679.41千米，营业厅13处，合作营业厅212处；GSM期末网上用户18.36万户；GDMA期末网上用户4.98万户，业务总量4.36亿元。铁通发展到13处城区模块局，1处中心局，13处县区模块局；营业网点13处（菏泽城区7处，县城6处）；固话装机3.45万部（其中公话4605部），互联网宽带用户2118户。电信建成74个模块局，拥有可容纳5.3672万户固话用户的语音设备与9352户的宽带设备；开通至济南长途线路108条，软交换（NGN）电路2条，开通互联互通电话129条，开通至苏州、东莞各14条直联线路。全市SDH光传输数字终端复用设备，总容量（等效2M）2069个2M，实占629个2M。无线电台站113.86万个，设备数量139.66部。市无线电监测站检测无线电磁设备4623台（套）；排除干扰48起；安装维护无线电通信网31个，为境内重大活动承担移动广播解说技术服务65次。

第一章　邮　政

邮政服务大厅

第一节　邮政网络

邮政局所　1986年，境内有邮电局所184处，邮电代办储蓄点18处，邮电报刊销售点9处，邮电信筒信箱481个。1990年，梁山县邮电局及18处支局所划归济宁市邮电局。1997年，随着科技进步，邮电支局开始进行电子化建设，同年建成电子化支局25处。1998年，有邮政局所192处，邮政储蓄点170处，邮政报刊销售点211处，邮政信筒信箱592个。1999年，邮政储蓄网点开始联网。2000年，根据住宅楼建设的需要，地区邮政局大力发展以住宅楼为主的信报箱，信报箱格口8913个。2002年4月1日，市邮政局在菏泽市区设立10个邮政社区服务站。服务站除负责所在社区邮件报刊投递服务外，还为居民提供日常生活服务。邮政社区服务站建在居民集中的社区，贴近了居民，居民需用面粉、大米、液化气等生活用品，只需拨打11185特服电话，一般在15分钟之内，就可享受不出门的便捷服务。

物流配送服务

2005年，邮政部门开始在农村建设邮政“三农”服务站，把邮政服务深入到农民家中和田间地头。服务站除为农民群众提供便捷的通信服务外，主要提供生活用品和农资产品等物流配送服务。物流配送品种主要有洗化类、粉条、酒类、种子、肥料、农药等，并对农民进行科学种田技术指导。同年，乡镇撤并，邮政局所略有调整，全市邮政局所总数为180处，其中有邮政储蓄（联网）点169处，邮政社区服务站8个，邮政“三农”服务站2961处，邮政报刊销售点277处，邮政信筒信箱394个，信报箱格口18461个。

邮政运输网络　1986年，境内共有邮路25条，全长2207千米。县与县之间以上汽车干线邮路6条，每天发车1班。其中自办邮路5条：菏泽—郓城—梁山—济南；菏泽—定陶—曹县—商丘；菏泽—东明；菏泽—鄄城；菏泽—巨野—兖州。委办邮路1条：菏泽—成武—单县。全区共有县内邮路19条，主要邮运工具为摩托车。

1994年，为改变全区县内邮路的落后状况，开始为各县邮电局配备邮运汽车，并重新调整邮运路线；每县邮路减为2至3条，最多的4条，全区共24条，2300多千米，每天1班。1996年4月，国家邮电局开通途经菏泽的1453/4次北京—南昌火车邮路。1998年，县间邮路由每天发车1班改为2班，上午、下午各1班。2000年，增开由地区邮政局主管的菏泽—兖州夜班邮路，缩短了邮件在菏泽邮件处理中心的停留时间。2003年8月，市邮政局主管的"菏泽—商丘"省际二级汽车邮路，因省邮政局进行邮路调整而撤销。同时，开通途经菏泽的济南—郑州汽车邮路。2004年7月，为适应特快邮件"全夜航"和物流业务的发展，开通由市邮政局主管的菏泽—济宁—济南汽车邮路。

2005年，在境内运行的邮路，按管辖关系分为四类：①全国干线邮路（由国家邮政局主管）3条，每天运行1次，其中火车邮路2条（1453/4次，北京—南昌；1416次，菏泽—哈尔滨），汽车邮路1条（济南—郑州）。②省级干线邮路（由省邮政局主管）4条，每天运行1次，其中火车邮路1条（4916－3次，济南—菏泽），汽车邮路3条（济宁—菏泽，菏泽—兖州，菏泽—济宁—济南）。③邮区支线邮路（由市邮政局主管）6条，单程339千米，全部为自办汽车邮路。以菏泽城区为中心呈辐射状通达各县局，每天发车2班，上午、下午各1班。6条支线邮路是：菏泽—成武—单县，单程90千米（1983—1990年间为委办自押邮路）；菏泽—定陶—曹县，单程55千米；菏泽—郓城，单程60千米；菏泽—巨野，单程60千米（由菏泽至济宁邮车承担）；菏泽—鄄城，单程38千米；菏泽—东明，单程36千米；④县内邮路（由各县邮政局主管）。全市共24条，以县区局为中心呈环状分布，其中有市内转趟邮路2条，县乡邮路22条（牡丹区、定陶、成武、巨野、鄄城、东明各2条，曹县、郓城各3条，单县4条）。

邮政投递网络 1986年，境内城乡投递网共有投递段道440条。其中，城市投递段道60条，投递频次基本都是每日1班，当天能看到省报的县有2个，其余县第二天才能看到。农村投递段道380条、1.9万千米，每个农村支局2～3条。投递频次：有250个乡镇、5698个行政村，每周6班，34个乡镇、2096个行政村，每周3班。当天能看到省报的只有5个乡镇、235个行政村，第二天看到省报的有226个乡镇、4037个行政村，第三天及以上看到省报的53个乡镇、3522个行政村。之后，直到邮电分营的1998年，城乡投递网基本没有发生变化。

2000年，城市投递段道不但出现了路程缩短、数量增加的明显变化，而且增加了邮件、报刊投递频次，实行日投2班或2班以上，邮件、报刊传递速度明显加快，使《大众日报》等省级报刊实现当日早报早投，省内特快专递邮件实现24小时内到达，菏泽城区物流实现15分钟到货。

2003年，为适应农村物流业务的发展，全市农村投递段道路程成倍缩短，数量成倍增加，投递人员成倍增加，邮件报刊传递速度加快。每个农村支局所的投递段道平均增加到6条，投递频次全部逐日班，全市邮路沿途支局所乡镇驻地能够看到当日的《大众日报》等省级报刊，邮件、报刊基本实现全部亲投到户，农民需要的农资和生活等物流商品不仅得到及时配送，而且货真价实、服务到位。

2005年，全市城市投递段道148条，全长3333千米；农村投递段道703条，全长2.45万千米。

第二节　邮政业务

1999年10月9日，庆祝第30届世界邮政日宣传邮政业务

传统业务　*信函发送*　1986年，境内函件的种类主要有信函、明信片、印刷品、盲人读物等。资费执行全国统一标准，即信函本埠0.04元／件，外埠0.08元／件；明信片本埠0.02元／件，外埠0.04元／件；印刷品每重100克及零数本埠0.015元／件，外埠0.03元／件；上述邮件如按挂号寄递另外加收挂号费0.12元／件。全区收寄函件总量1127万件。1987年5月1日，全省各地邮电部门试办国内有声信函业务。11月10日，全国邮电部门开办邮政快件业务，资费执行每20克及零数0.50元／件。1990年，全国邮政资费全面调整，从7月31日起，信函资费为本埠0.10元／件，外埠0.20元／件；明信片为本埠0.10元／件，外埠0.15元／件；印刷品每重100克及零数本埠0.04元／件，外埠0.08元／件；上述邮件如按挂号寄递另外加收挂号费0.30元／件，快件资费相应调整为每20克0.80元／件。全区函件收寄总量为1480万件。1991年，全国邮电部门在元旦春节期间，开始发行有奖明信片业务，并作为经常性函件业务每年发行，使之成为广大客户庆贺新年、互致节日问候的良好载体。1992年7月1日，快件资费调整为每20克1.00元／件。全区收寄函件总量为1300万件。

1995年4月1日，开办“中国邮政礼仪（邮资）信函”业务。这项业务是根据人们生老病死、婚丧嫁娶、节日庆贺之需开办的一项带有礼仪性质的邮政信函业务。礼仪信函的资费与信函资费相同，销售时另加收封、卡费。1996年，全国邮政资费作出调整，函件资费不再分为本埠外埠，从12月1日起，信函为0.50元／件，明信片0.40元／件，印刷品每重100克及零数0.30元／件，上述邮件如按挂号寄递每件另加收挂号费1.00元／件；快件资费调整为每20克2.00元／件。1997年，地区邮电部门发行平安保险新年祝福明信片。国家邮电总局发行寻医问药咨询卡明信片，每枚10元，菏泽地区邮电部门发行6000枚。1998年5月20日，国家邮政总局发行中国金鸡、百花电影节有奖知识竞猜邮资明信片一套8枚。6月30日，全国停办邮政快件业务。

1999年3月1日，全国邮政资费再次作出全面调整，其中信函调整为本埠0.60元/件，外埠0.80元/件；明信片不分本外埠一律为0.60元/件；印刷品每重100克及零数本埠0.30元/件，外埠0.60元/件；上述邮件如按挂号寄递每件再加收挂号费2.00元。2000年1月1日，在省内全面恢复邮政快件业务，邮政快件不分本外埠，不分种类，不分运递方式，一律按件按重量计收资费，重量在100克以内的，起重20克及其零数4.00元，续重20克及其零数1.00元；100克以上每续重100克及其零数1.20元。12月5日，地区邮政部门开始销售"圣诞快乐""新年快乐"邮资信卡。另外中邮广告、账单业务亦属函件业务范畴。至年底，全市收寄函件总量为1266万件。

2005年，市邮政局在原有商业信函大客户的基础上，开发了一些中小客户的商业信函，重点是市电讯学校、工业学校和菏泽学院等。同年，全市共收寄商函195万件，收寄函件总量为1826.9万件。

投递服务

包裹投递　1986年，境内邮政包裹主要有普通、保价、乙类保价和快递4种。普通包裹资费按照寄递里程分区计费，以每500克为1个计费单位；保价包裹按照所保价金额另加收保价费用。全区共收寄包裹28.3万件。1987年，邮电部门开办商品包裹业务。11月1日，开始办理大件商品包裹业务。大件商包是指符合国内包裹准寄范围，其重量、尺寸超过商品包裹最大重量、尺寸的，但其最大重量在25公斤以内，最大尺寸以能装入4号邮袋的物品。大件包裹只限于同一寄件人寄给同一收件人或单位的水陆路包裹。商品包裹和大件商包资费均在普通包裹资费的基础上加收50%的资费，同时，大件商品包裹每件加收1.00元。全区收寄包裹30.4万件。

1989年，在民用包裹业务量趋降的情况下，全区邮电网点走出门去进行社会调查，揽收商品包裹。成武县邮电局针对村办企业发运货物的机遇，以周到服务赢得客户信赖，仅7月份就收寄商包3600余件。同年，全区收寄包裹32.9万件。1990年7月1日，国家物价局对全国邮政资费作出调整，包裹资费仍按寄递里程分区核定，但是起算单位由100克恢复到500克，其资费标准在原有费率基础上加收150%，商包资费在调整后的民包资费标准上再加收50%，包裹处理费由每件0.20元调整为每件0.50元。1991年8月1日，商包资费临时性下浮，其下浮的幅度为：由原加收50%改为加收25%，其中商包在5千克以下的改为按民包资例计收资费。1992年6月，商包资费由原在民包资费的基础上加收25%调整为加收20%。1998年，开办邮政直递包裹业务。1999年3月，提高邮政资费标准，但是包裹资费标准未作调整，只是每件包裹的挂号费由0.50元调整为每件2.00元。2004年1月，每件包裹的挂号费由 2.00 元调整为每件 3.00 元。

2005 年，包裹种类分为民包与商包 2 大类，邮政部门包裹业务在铁路、公路、物流配送等多个部门的竞争中大打商包品牌，市邮政局营业部门走出去，深入客户家中，用诚信服务感动用户，分别与惠慈医院、步长药业等单位签订邮寄药品包裹的长期合作协议。而随着商品经济的迅速发展与交通的便利，物流业务发展迅速，民用包裹则出现连年下降趋势，邮寄棉衣、棉被、服装、鞋袜、花生米、绿豆、大枣等日常民用包裹基本绝迹。同年，全市收寄包裹 24.9 万件。

汇兑结算　1986 年，境内邮政汇款分为普通汇款和电报汇款两种，汇兑资费按所汇款额 1% 的比例收取，电汇另加收电报费用。全区共开发汇票 30 万张，兑付汇票 83 万张。1988 年 5 月 1 日，开办邮政快件汇款业务。1992 年 7 月 1 日，开始办理国际邮政汇兑业务。1999 年 2 月 26 日，开办邮政入账汇款业务和邮政礼仪汇款业务。2000 年，地区邮政局实施邮政汇兑中心局体制，全区邮政电汇网点开始建设，各邮政局加大投入，完善电汇自动转报系统，增强了电汇处理能力，带动了汇兑业务的发展。全区建设电汇网点 49 处，开发汇票 30 万张，兑付汇票 135 万张。2001 年，市邮政部门加快邮政电子汇兑建设步伐，开展电子汇兑业务学习培训，清理传统汇兑业务的账务、资金和应收应付款项，开通第一批电子汇兑网点。2002 年 4 月，全市邮政网点全部开办电子汇兑业务，顺利实现传统汇兑向电子汇兑的过渡。2004 年，在发展传统汇兑业务的基础上，积极拓展加急汇款、特急汇款、汇款回执等汇兑增值业务，使汇兑增值业务量占开发总量的 40% 以上。全市开发汇票 16.85 万张，收汇金额 13520.10 万元；兑付汇票 168.82 万张，兑付金额 125200.76 万元。

2005 年，通过开展“五节联动”礼仪汇款营销活动、“一汇通”银（行）邮（政）汇款宣传活动，加快了西联国际汇款、礼仪汇款、入账汇款、银邮汇款、汇款增值业务的发展。同时，推进国际汇兑、西联汇款网点的建设，组织实施全市邮政储汇两网互通接入工程，开展账户汇款宣传活动。通过与市联通公司多次磋商，达成邮政电子汇兑网点代收联通营收网点营业款的合作意向，建立网点对应捆绑关系，正式开展汇兑网点代收联通营收款工作，初步启动了商务汇款业务。邮政汇兑业务按取款信息的通知方式，分为邮局通知汇款和汇款人自行通知汇款两大类；按处理时限又分为普通汇款、24 小时汇款、2 小时汇款、实时汇款四种。国内邮政汇兑资费按 1% 的比例收取，每笔汇款最低汇费为 2.00 元。此外，2 小时汇款每笔加收加急业务处理费 3.00 元，实时汇款每笔加收特急业务处理费 5.00 元，回执费每件 3.00 元。至年底，全市邮政开发汇票 17 万张，兑付汇票 158 万张，兑付金额 17 亿元。

报刊发行　1986 年，报刊发行基本上是邮政专营，境内邮电部门共发行各类报刊 3000 多种，发行量为 7264 万份，流转额 550.6 万元，收入 101.9 万元。1987 年，报刊发行累计份数 7757.3 万份，流转额 574.2 万元。1989 年，邮电部门在年前进行的一次性大收订工作中，流转额完成 761 万元，超额完成一次性收订计划，期发份数 56.3 万份，全区平均发行密度为

13.3人一份报刊。1992年，邮电营业网点开始使用微机收订报刊，效率提高，全区邮发报刊种类3556种，比上年增加791种，增长28%；订销报刊期发份数55.59万份，同比增加7.38万份，增长15.3%；订销报刊流转额1150万元，同比增长16.1%；收入261.6万元，同比1991年增长34.4%。1998年，发行报刊累计份数3657.7万份，流转额2004.8万元，收入567.4万元。1999年，邮政部门以自费订阅为重点，开展“清街洗楼”工程，逐家逐户上门服务，受到客户普遍好评。全区邮政报刊发行业务稳中有升，累计订阅报刊3615.22万份，报刊订销流转额1854.57万元，收入638.9万元。2000年，全区各级邮政网点坚持“天天都是收订日”，突出抓好日常收订工作，日常收订流转额完成200万元，比上年增长39%。2003年，市邮政局选择部分读者喜闻乐见的报刊，印发学生类、家庭生活类、老年类等分类简明目录10万多份，发行报刊累计份数3688.4万份，流转额2447万元，收入763.8万元。2005年，全市邮政部门邮发报刊种类7000余种，发行报刊累计份数4605.7万份，流转额3015.4万元，收入968万元。

报刊分发现场

报刊零售　1986年，境内各市县均有一处报刊零售门市或柜台外，仅有报刊零售亭28个。1988年，邮电部门认真贯彻“计划发行、区别范围、扩大零售、发展代办”的方针，积极做好报刊零售工作。同年，邮电部门零售报刊504种，销售177.3万份，流转额73.9万元，占报刊订销总额的13.4%，销售份数与销售流转额分别比上年增长23.1%和21.5%。1993年，境内有报刊零售亭64个，报刊零售流转额达84万元。1996年4月，菏泽地区邮电局成立报刊零售分局，主要负责全区报刊零售的管理和报刊零售市场的监督检查工作；各县邮电局也先后成立专门的报刊零售机构。年内，全区邮电完成报刊零售流转额71万元，占年计划的151%。1997年，邮电部门多方筹集资金，扩建网点，全区邮电报刊零售亭迅速增至123处，其中仅菏泽城区就增加20处。9月，根据上级邮电部门统一部署，地区新增音像租赁销售业务，成立了“菏泽中邮音像租赁销售有限公司”，增加图书、音像等新业务品种200多个。年内，邮电报刊零售流转额完成188万元，占年计划的173%，同比增长164%。1998年，邮政报刊零售流转额完成461万元。1999年，邮政报刊零售流转额完成519.71万元。2000年8月18日，地区邮政局开办菏泽音像图书城，并与济南“三辰影库”进行横向联合，与北京、济南等地多家出版社联系，大力开发图书音像业务，丰富了货源。同年，邮政报刊零售亭增至283个，零售报刊流转额完成500.8万元。2005年，全市邮政部门进行报刊零售业务整顿，对报刊零售亭进行规范管理，采取“定人、定线、定点、定时”方式，调整菏泽城区送达零售亭报刊的频次，按照每天上午、下午2个班次，开展一条龙服务，调动了报刊零售人员的积极性。同时，开发报刊零售的种类，对邮运时限作出调整，缩短了报刊与读者见面的时间。至年底，全市有邮政报刊零售亭126个、零售报刊种类289种，完成流转额493.6万元。

2000年8月18日，东方红大街邮政局开办音像图书城仪式

新型业务 特快专递 1993年4月1日，菏泽成立邮政速递分局，开始在菏泽城区范围内接办特快专递业务。特快专递邮件资费执行全国统一价格标准，国内特快专递的基本资费是20元/件；国际特快专递邮件根据里程远近及内件性质分类分区收费。菏泽收寄特快专递邮件2000件。1995年5月1日，全区各县邮电局均开办国际、国内特快专递业务。特快专递业务时限：市内各县收寄的特快专递邮件，省内的次日送达，国内城市之间的一般为2～3天送达，国际的3～5天送达。10月，菏泽地区开办邮政礼仪专递业务。服务种类有：代购代送鲜花礼品、生日蛋糕，代送贺卡、请柬、会议通知等。办理方式有两种，即到邮电局营业窗口办理或电话预约上门服务。

1996年10月1日，开办超常规特快专递邮件业务。12月开办国内、国际特快专递收件人付费业务。收件人付费业务是指交寄邮件时不收取邮费，由收件人（或其所属公司、单位）负责交纳邮费的业务。1997年1月1日，全区邮电部门又增加办理特快专递代收货款服务项目。代收货款是邮政特快专递业务的延伸服务，它可以通过邮购公司提供在全国范围内及时可靠回收其货款的服务，方便商户利用特快专递渠道传送、销售商品；同时，也可以满足客户足不出户便可在最短时间内得到自己认购的商品。至年底，全区收寄特快专递邮件6.2万件。1999年，开办身份证和机动车驾驶证特快寄递业务。同年，全区收寄特快专递邮件13.3万件，收入384万元，同比增长42.64%，增幅居全省第一位。

2000年，开始承担高考录取通知书特快专递业务。至年底，全区特快邮件收寄量16万件，实现收入629万元，同比增长65.3%，增幅居全省第一位。2001年，全市邮政部门与法院达成协议，开始办理法律文书专递业务。至年底，全市特快邮件收寄量22.4万件。2002年，春节和情人节期间，开发同城特快鲜花礼仪业务。同年9月，开办学生档案寄递业务。11月，与市保险公司签订协议，开办保险单寄递业务。至年底，全市速递收寄业务量41.3万件，实现业务收入730万元，同比增长34%。

2003年，开办身份证寄递业务，创收91万元。至年底，全市邮政速递收寄业务量101.5万件，收入996万元，增幅36.3%，增幅居全省第一位。2004年，开办特快寄递保险箱业务，先后与市人寿保险公司和太平洋保险公司签订代送保险箱协议，年创收入10万余元。

2005年，全市邮政特快专递已通达世界300个国家和地区，国内通达3000多个城市。国家邮政局通过与日本、韩国、美国、澳大利亚和中国香港地区的邮政部门合作，共同实施了卡哈拉项目（国际邮政业务合作项目），国际特快邮件传递速度和信息上网水平得到改善，全市国际特快邮件收入迅速增至110余万元。至年底，全市邮政速递收寄业务量扩大到121.8万件，实现业务收入1597万元，同比增长20%。其中，仅寄递身份证业务收入就完成296万元。

特快专递车辆

物流配送　始于2001年。初期由投递员以直递模式代投牛奶起步，逐步涉及面粉、食用油等日常生活用品，再发展到农产品、农业生产资料的配送，规模不断壮大。2003年1月，山东中邮物流有限责任公司正式挂牌。5月，菏泽市分公司成立。6月1日，菏泽市邮政局率先在全省开通区内快货网，年底累计完成业务量40826件，实现业务收入13.5万元。年内，根据城市与农村两市场的不同需求特点，区别对待，各有侧重。城市以配送面粉、大米、食用油、牛奶、液化气罐等日常消费品为主；农村以配送洗衣粉、酒水、粉条、种子、肥料、农药等生活消费品和农资产品为主，配送玉米种200吨、农药18吨、“天达2116”叶面肥80万袋、酒水10万箱、洗衣粉30万件等，实现物流业务收入607.99万元。10月18日，中邮物流北方网开通，涵盖10个省、市、自治区，为客户提供揽收、仓储、运输、配送、信息等一体化物流中邮快货服务，经营单位重量不超过100千克、单票重量不低于2千克的物品类实物。随后，中邮物流华东网开通，以江苏南京为中心，覆盖华东5省1市。同时，根据省公司网络建设的要求，充分利用现有的网络资源，组建以零担业务为基础的货物快件运输区内物流网，重点发展专业集散市场的零散客户的代办业务。

2004年，全国中邮物流集散网继续扩张。市邮政局积极开拓当地市场，发展区内网，开展横向联合，与菏泽风雨快运、山东快运等公司合作，承担部分物流运输业务，全年区内网完成物流业务量10.3万件。同年，全市农村物流主要配送玉米种子3547吨、棉种131.8吨、麦种339.8吨、复合肥8621吨、农药17吨、“天达2116”叶面肥94.5万袋、酒水8.5万箱、洗衣粉20万件等，实现物流收入1203.53万元。

2005年，菏泽邮政依托百年邮政的品牌和物流运作经验，进一步发挥实物流、资金流和信息流“三流合一”的优势，为广大客户提供仓储、运输、包装、货运代理、代收货款等多功能、一体化的第三方物流服务。市邮政物流公司实行经理负责制，下设综合部、快货部、农资分销部、城市分销部，为改善运行机制，公司还成立了邮运部、处理中心、营业部3个生产班组，县区邮政局均成立了分公司，乡镇完善了配送站，村庄邮政“三农”服务站（亦称邮政代办点）网点建设也全面铺开，全市形成市公司、县公司、乡镇配送站、村庄代办点四级管理配送体制。至年底，全市邮政已拥有10个物流仓储中心，9个县级配送中心，150多个乡镇配送站，2961处邮政“三农”服务站，再加上邮政物流运输网路，形成覆盖全市城乡社区和村庄，联通全省、全国的邮政物流大网。至年底，全市邮政物流配送的农资及日用品达11大类25个品种，其中配送农药7.6吨、“天达2116”叶面肥82万袋、复合肥3.41万吨、酒水10.93万箱、洗衣粉10.9万件、玉米种921.5吨、棉种78.5吨，实现物流业务收入1687万元。

邮政“三农”服务站

邮政广告　1998年3月，地区邮电局成立邮政广告邮购公司，5月开始运作各项业务，年底完成业务收入32万元。5月，全区8县邮电局均成立邮政广告邮购公司，6月份开办业务。开办的业务种类有商业信函、账单、各类明信片及中邮专送广告、代送广告、户外广告、商品邮购等。至年底，菏泽联通公司、移动公司、保险公司率先使用账单业务；开发菏泽师专、菏泽师范、曹州大学、单县卫校等校园明信片14万枚，发展企业拜年卡（又称企业金卡）30万枚，与菏泽市妇联合作开发春蕾计划募捐明信片10万枚；率先在全省开展玉米和棉花良种邮购，邮购良种360余吨，占全省邮政种子邮购业务的40%。全区邮政广告邮购业务实现收入93万元。

2000年，账单业务量稳步上升，其中，移动公司由1999年的1000余份发展到3000余份，联通账单发展到1.3万余份；《中邮专送广告》（地方版）在全区范围内开办，共出版190期249万份，在全省排名进入前五位；全区户外广告业务全面启动，共设立灯箱77块481平方米，广告牌7块126平方米，实现户外广告收入21万元；全区印制企业拜年卡55.5万枚；全年邮购种子240吨，列全省第一位；完成广告邮购业务收入130余万元。2001年，市邮政局开发了“消费者信息反馈卡”，配合省局开发了“见义勇为明信片”等，印制企业金卡24.5万枚；《中邮专送广告》在提价、增量、扩版、组网工作方针指导下，全市共出版165期217万份；户外广告方面市局开发了邮政车体广告新媒体。至年底，全市邮政广告业务收入198万元。2003年，配合“突破菏泽”发展战略，成功开发60万枚“牡丹之乡——菏泽”系列邮资信封等项业务，广告业务收入达168万元。

2005年，账单业务稳定发展，新开发工商银行、中国银行、泰康人寿保险、中国人寿保险、平安保险、交警支队等10家客户，共制作各类账单11.8万份，同比增长11.5%；林交会期间，首次采取联体邮资明信片的形式，开发“林交会门票”10万枚，受到各方好评；企业拜年卡揽收27.84万枚，比上年增长28.9%；校园邮资封开发65万枚，实现“一校一封”的计划；中邮专送广告出版157期409.52万份。全年全市广告业务收入完成296.7万元。

代办业务　1999年，开始尝试办理代字号业务。2000年，全市邮政部门开始发展代理保险业务，开展“一人一保”劳动竞赛活动。全市有124处局所开办代办保险业务，代办投保户4518户，代收保费63.85万元，代理保险手续费收入4.12万元；另外，代发工资6000余户，实现收入20万元。2001年4月5日，菏泽市邮政局与市国税局签订代收国税协议，7月制订下发《代收国税业务处理办法》，8月全市143处农村支局开办代收国税业务，完成代收国税46.75万户840万元。全市邮政部门开办各项代理业务网点累计440个，累计代理户数194.96万户，代理金额2.64亿元；有136处邮政局所开办代收移动话费，代收话费10.2万户1595.3万元；郓城、东明、单县等6个县邮政局，与当地烟草公司签订协议，发展代发烟草返利折扣18730户745万元。

2002年，全面启动代理保险业务。市人寿保险公司举办了2期邮政系统兼业代理人培训班，全市邮政支局（所）主任参加培训，为邮政代理保险业务的发展奠定了基础。市邮政局与市人寿保险公司联合开展“百团大战”“共创辉煌”“再创辉煌”三次代理保险竞赛活动，代收保费2286万元，完成省局下达计划的278.78%；实现手续费收入57.15万元，完成省局下达计划的635%。6月20日，市邮政局成立电信业务分局，全市正式启动代办电信业务，首先与市移动公司达成巨野、成武两县邮政局全面代理移动业务协议，进行试点，然后全面铺开。第三季度，在全市范围内与移动公司联合开展“携手并进，共创辉煌”邮政代理移动业务竞赛活动，3个月代理移动放号9443部。当年，全市邮政代为移动放号17329部（居全省邮政代为移动电话放号第一位），代为联通公司放号1114部，全年实现代办电信业务收入29.24万元。

2003年，与中国人寿、中国太平洋寿险、中国人民保险、中国太平洋财产险四家公司实现合作，开展邮政代理保险竞赛活动，全年共代收保费4672.7万元，实现收入130多万元。与移动公司联合开展“新面貌，新成绩，新台阶”等竞赛活动，全年代为移动公司放号4846部，为联通公司放号912部。4月，菏泽市邮政局开始与中国电信菏泽分公司实施合作，签署全面合作协议，除菏泽市电信公司外，所属8县邮政局局长兼任县电信公司经理，全面代理电信公司业务。至年底代电信公司电话放号400部。

2004年，中间业务品种不断增加，全年邮政中间业务代理户数16.4万户，代理金额53716.53万元，实现收入470.05万元。全年代收保费14090万元，比上年增长235%，列全省邮政代理保险业务第7位。在全面代理寿险业务的基础上，重点启动车险、家庭险等保险业务。同时，全市邮政部门开办了代售福利彩票、火车票等业务。另外，代发工资、代发养老金、代收电话费、代收国税业务量也较往年有所提高。5—7 月，市邮政局与联通公司开展全方位合作，采取职工担保形式，为联通公司代放 CDMA 电话 6960 部，GSM 电话 4929 部。7 月，市邮政局与移动公司开展代办移动电话“百日赛”活动，为移动公司放号 23630 部。至年底，全市邮政共代为电信运营商放号 62949 部，其中代理移动放号 31420 部，代理联通公司放号 11889 部，代理电信放号 15051 部；实现业务收入 401 万元，完成计划的 142.4%。

2005 年，市邮政局先后制订《关于加快代收话费业务发展的实施意见》《关于对“福利彩票”代销业务实行承包经营指导意见》《铁路客票邮政订送业务管理办法》等文件，对代办业务作出进一步的规范。市邮政局分别与中国人寿险公司、太平洋寿险公司、泰康人寿菏泽中心公司、新华人寿菏泽中心支公司、中国人保公司、天安保险公司、太平洋财产保险股份有限公司签订业务合作协议，全市邮政代理保费达 1.5 亿元，代理保费绝对值在全省邮政排名由 2004 年的第 7 位上升为第 2 位，其中代理中国人寿保费居全省第 1 位。同年 3 月，市邮政局与市移动公司联合开展“携手并进，共创新高”邮政代办移动放号竞赛活动，实现放号 9993 部，完成活动计划的 166.55%。全年通过与移动、联通、网通、电信、铁通等电信运营商广泛合作，使邮政部门代理电话放号 7.4 万部，实现业务收入 402.2 万元。

第三节　邮政设备

1986 年，境内邮政设备有邮运汽车 19 辆，邮运摩托车 32 辆，信函过戳机 1 台。1989 年，邮电部门开始引进微型计算机，共 13 台。1992 年，14 台微型计算机开始在邮政生产环节应用。1994 年，地区邮电局引进 1 套商业信函制作系统。1998 年，有邮运汽车 82 辆，推式悬挂输送机 3 套，包裹分拣机 1 套，商业信函制作系统 1 套，过戳机 13 台，给据函件登单机 22 套，报刊分发系统 1 套，微型计算机 466 台（其中应用于营业窗口 327 台，内部生产 69 台，综合管理 70 台）。

2005 年，全市有邮政业务汽车 92 辆（其中邮运汽车 64 辆，邮政储蓄专用车 16 辆，速递专用车 12 辆），摩托车 56 辆，推式悬挂输送机 3 套，包裹分拣机 1 套，商业信函制作系统 1 套，印刷品分拣机 1 套，ATM 自动柜员机 10 套，过戳机 11 台，给据函件登单机 24 套，报刊分发流水线 1 套，微型计算机 467 台（其中应用于营业窗口 273 台，内部生产 119 台，综合管理 75 台），综合网网络小型计算机 1 台，网络交换机 1 台，网络路由器 1 台，邮政储蓄网网络服务器 8 台，网络小型计算机 1 台，网络 PC 机服务器 6 台，网络交换机 2 台，网络路由器 41 台。

邮运车辆调度

第四节　集　邮

1986—1990 年，菏泽集邮工作主要是开展业务宣传，扩大集邮队伍，改革邮票管理体制。5 年间，邮政部门举办 3 次集邮展览，成立市级集邮协会，扩大了集邮爱好者队伍。至 1989 年，全区集邮爱好者队伍发展到近 2 万人。1992 年，菏泽集邮中心楼建成，举办全区第 4 次集邮展览；配合首届菏泽国际牡丹花会印制纪念封 4 枚，印发纪念封和宣传品 3 万张，印制牡丹乡纪念卡 10 万枚，制作菏泽 1500 门程控电话开通纪念封 1 枚 300 张；征集张明聚邮集 1 部，在马来西亚国际邮展中获镀金奖；举办全区集邮业务知识竞赛，并组队参加淮海区 17 市地集邮知识竞赛，获第三名。至年底，全区销售集邮邮票 491.6 万枚，实现收入 212.5 万元。

1993 年，全区各县在 7 月 30 日前全部建立县级邮票公司，年底乡镇支局（所）集邮业务开办率达 75%。全国组织开展纪念毛泽东诞辰 100 周年集邮展览活动，全区征集邮集 4 部参加山东省集邮展览，其中 1 部获省邮展一等奖和全国邮展金奖，在菏泽和山东历史上尚属第一次。至年底，全区销售集邮邮票 674 万枚，实现业务收入 450 万元。

1995 年 6—8 月，地区邮电局和广播电台把集邮活动作为精神文明建设的内容，联合开辟“集邮天地”栏目，每周六举办讲座，向广大听众介绍“集邮知识、集邮入门、集邮趣谈”等内容，周一至周五开设集邮知识有奖热线问答，普及集邮业务知识，培育集邮爱好者队伍。同年，菏泽发电厂成为地区集邮协会团体会员，张明聚的邮集在雅加达第八届亚洲邮展中获镀金奖；全区销售集邮邮票 697 万枚，实现业务收入 570 万元。

1996 年，召开第三次全区集邮会员代表大会，修改协会章程，进行邮协换届，选举产生新的理事会。同时，举办全区第五次集邮展览，展览邮集 22 部。同年 4 月，地区教育系统成立行业集邮协会。5 月，在北京举办的第九届亚洲国际级集邮展览中，张明聚的邮集获银奖，在省选送的 6 部邮集中获奖最高，受到省邮协的通报表彰。6 月，地区邮协选派代表参加淮海区集邮演讲比赛，获一等奖。至年底，集邮业务收入 1028.6 万元，为年计划的 205%，比 1995 年增长 80.5%。

1999 年，在第八届菏泽国际牡丹花会召开之际，举办迎新中国成立 50 周年第七次全区集邮展览，历时三天，参观人数 3000 余人，并从中选出 4 部优秀邮集参加省邮协举办的邮展，其中张明聚的《新中国信函邮资变迁》获二等奖，吴翔的《鸽子——和平的象征》获三等奖。为满足广大集邮爱好者需要，邮政部门积极开发邮品，印制了第八届菏泽国际牡丹花会纪念

2000 年 6 月 1 日，东方红大街邮票公司开展“展望新世纪少年儿童集邮免费摸奖”活动

封、世界邮政日邮折，引进和加工了各类纪念币、金箔画等。至年底，全区共销售集邮邮票964.35万枚，实现收入1287万元，同比增长13.17%。

2002年，全市各邮票公司抓住春节前后邮票销售时机，全力组织邮票年册销售，销售量近3000册。牡丹花会期间，开发《牡丹之乡》票册，销售量达1500多册，全年实现收入646.27万元。2003年，市邮政局开发集牡丹、书画、武术、戏曲文化以及1市2区8县经济状况、投资环境等内容为一体的《中国菏泽》专题邮册，受到各界喜爱，尽管受“非典”（非典型性肺炎）的影响，仍销售2000余套。同时，还开发个性化邮票10万枚，填补了该项业务在菏泽市的空白。另外，全市各级邮票公司为满足不同层次人群的需求，先后在春节、牡丹花会、中秋节期间，组织销售大批钱币册、综合邮册、高档生肖册等礼品册，取得较好效果。2004年，市邮政局围绕“突破菏泽”战略，充分利用邮品在宣传菏泽、招商引资、展示地区形象和文化风情等方面的作用，抓住“牡丹花会”“林交会”两会有利时机，开发两会礼品邮票册3500册、企业形象年册5300册、个性化邮票3500版、其他个性化邮票2300版，

专题邮册首发式

实现收入600.6万元。

2005年，开发了“牡丹花会”“林交会”礼品册4000册，企业形象年册5300册，个性化邮票10000版，交通局邮品400册。同时，利用春节、花会、林交会、中秋节等节假日，集中销售年册3000册，中国菏泽邮册和林交会邮册2000册，齐鲁风雅颂、中华孝文化、一轮生肖、邓小平典藏录等高档邮、礼品1000余件（册），实现年收入426.1万元。

现场签名邮票销售

第五节 邮政储蓄

1986年6月30日，地区邮电局开始代办邮政储蓄业务。至年底，开办邮政储蓄网点18处，吸收存款98万元。1989年，全区邮政储蓄点增至107处，代办邮政储蓄余额实现2939万元。1990年1月1日，根据中国人民银行、邮电部的指示精神，邮政储蓄转为自办。至年底，人民银行对邮政储蓄网点进行批准设立和发放金融许可证，全区共批准设立邮政储蓄网点116处。邮政储蓄开办的业务种类主要有活期、定活两便、整存整取、零存整取等。为宣

传邮政储蓄业务，启动市场，全区邮电部门还先后开办了有奖储蓄、有奖有息储蓄、礼仪储蓄等业务。年底，全区邮政储蓄余额达 4884 万元。1992 年 2 月 19 日，全区邮政储蓄开办了汇转储业务，客户收到邮政汇款的同时可办理邮政储蓄业务，方便了群众。同年，全区邮政储蓄相继开办代发工资、代收电信资费、代收税款、代办凭证式国债等邮政金融收付业务，受到客户欢迎。

1997 年，邮政储蓄开始发行银行卡，属借记储蓄卡类，简称“绿卡”，票面为邮驿使图。1998 年，邮政储蓄网点总数为 169 处，邮政储蓄余额实现 7.8 亿元。1999 年，在邮政独立运营的新形势下，全区邮政部门把邮政储蓄当作重点业务来抓，开展了多种形式的劳动竞赛活动，调动了职工积极性。至 6 月 20 日，全区邮政储蓄余额 9.5 亿元，成为全省第二个实现“全年任务半年完”目标的市地局；7 月 20 日，全区邮政储蓄余额突破 10 亿元大关。8 月 10 日，全区邮政储蓄绿卡网工程开通运行，开通 9 县市邮政储蓄网点 37 个，设置 ATM 取款机 10 台，发行绿卡 3000 张，国庆节前夕实现了通存通兑。至年底，全

邮政绿卡机房

邮政储蓄所

区邮政储蓄余额为 12.84 亿元，比邮电分营前净增 5.5 亿元，而且所有县区局余额均超过 1 亿元，市场占有率达 8.1%。

2000 年，地区邮政局成立储汇局，各县邮政局也均成立储汇分局；全市邮政储蓄新增联网网点 63 处，联网网点 100 处，占全区邮政储蓄网点总数的 59.17%，绿卡发行量累计 5233 张；全年邮政储蓄余额净增 5.9 亿元，余额 18.77 亿元，增幅 49.19%，完成省局下达余额净增计划的 226.36%。2002 年，开展“争先创优”“争创辉煌”邮政储蓄竞赛活动，上半年余额净增 5.26 亿元，7 月份单月净增 3.25 亿元。同年 12 月 11 日，邮政储蓄系统实现了全省统版，即实现了数据大集中和软件统一，加强了前后台操作管理，提高了邮政储蓄异地交易成功率。至年底，全市邮政储蓄余额为 36.1 亿元，同比增长 23.38%，市

邮政储蓄网点

场占有率增至14.6%。

2005年3月，菏泽市邮政储蓄中间业务平台开办开放式基金和邮保通业务，全市邮政储蓄累计发卡量24.65万张，其中"622"国际卡8.42万张。年底，全市邮政储蓄网点总数为169处，其中市县城区27处，农村142处；邮政储蓄余额为50.89亿元，比上年净增9.43亿元，市场占有率提高到16.18%。

第二章　网通通信

第一节　语音通信

1993年5月17日国际电信日，用户申请装电话现场

长途电话　交换设备　1986年，境内有共电式长市合一长途交换机3部，菏泽、巨野、东明局各1部，容量276门；曹县、定陶、成武、单县、梁山、郓城、鄄城各有长市合一磁石式长途交换机1部，容量共780门。郓城、鄄城于1987年年底淘汰磁石交换机，新上纵横制长市合一自动交换机；成武、曹县、单县、定陶分别于1989年8月、9月、12月和1992年6月开通长市合一纵横制交换机。至此，全区各县长途交换机由磁石全部改为纵横制自动交换机。1989年3月30日，菏泽邮电局（简称菏泽局）正式开通使用90路长途全自动交换机，可容纳一千多个长途直拨有权用户，可直接进行长途来去话转接，长途话务员也可通过该设备进行半自动直拨。

1992年12月，菏泽局淘汰磁石交换机和全自动交换机，开通上海贝尔长合一程控交换机，其中长途设备容量600路端。同月30日，省邮电局（简称省局）批准开办国际电话直拨业务。1993年，菏泽长途程控交换机增容360路端；曹县、东明、巨野三县先后淘汰纵横制自动交换机，开通长市合一程控交换机。1994年，定陶、单县、成武、郓城、鄄城五县完成改造，菏泽局长途交换机扩容570路端。至此，全区交换机分为上海贝尔S-1240和国产HJD-04两种，总容量达2880路端，彻底结束打电话难、打长途电话更难的落后局面。

1995年5月9日，菏泽局长途扩容2000路端。至11月10日，县邮电局（简称县局）全部拆除自动交换机，撤销人工长途台。12月17日，全区电话号码升为七位，各市县长途区号取消，统一改为"0530"，菏泽地区内通话不再按长途计费，

磁石（摇把子）交换机

改按网话计费。12月29日，菏泽局拆除自动交换机，撤销人工长途台，网内用户拨叫113、116、103后，通过长途自动电路直接进入济南局人工长途台。1996年11月，菏泽新建长途独立局，长途程控交换机型号为S—1240，最大容量8162路端，实占2377路端。此后县局交换机开始不再对县内长途电话单独计费，县局成为长途端汇局，全区长途电话计费功能全部集中于菏泽长途局。1999年，全区长途交换机容量增至11563路端，实占8162路端，所有长途线路全部改为7号信令电路。2000年完成长途交换机扩容9000端口，解决了中继电路容量不足、长期超负荷的局面。

2003年，全市长途电话交换机容量为20070路端，其中有长长中继容量7837路端、长市中继容量12233路端；实占容量分别为18921路端、7837路端、11084路端。2004年，改用新统计口径，全市长途电话交换机容量为659个2M，其中长长中继和长市中继容量分别为285个2M和372个2M；2005年，全市长长和长市中继容量分别为306和353个2M，实占容量分别306个2M和346个2M。

传输网络与设备　1986年，全国自动电话网网络结构采用五级交换中心制，其中一至四级为长途电话网。菏泽局属三级中心局，上级汇接局为济南；9县中心局属四级中心局，上级汇接局为菏泽局。当年，境内有60路以下增音机4部、60路以上增音机48部，3路载话端机30部、容量90路，12路载话端机17部、容量204路，60路载话端机5部、容量120路。全区省际电路共12路，均为人工交换电路，其中菏泽至郑州、开封、商丘、新乡、徐州共10路为载波传输，东明至兰考2路为实线传输。12月20日，东明至河南濮阳开通三路特调频无线电话，从而结束长期隔河相望打长途电话难的问题。全区省内电路共125路，其中有菏泽至济南半自动交换4路、人工交换10路；菏泽至区外的其他电路有菏泽至青岛、烟台、潍坊、张店、德州、泰安、济宁、聊城、临沂、滨州、枣庄、兖州、滕县、嘉祥、曲阜、邹县、鱼台、金乡，均为电缆载波或明线载波传输的人工交换电路。菏泽至区内曹县、定陶、成武、单县、巨野、梁山、郓城、鄄城、

菏泽长途话务台人工交换电路

东明的长途线路共64路，其中曹县、成武、梁山至菏泽为半自动电路，其他均为人工电路。另外，还有部分各县至区外其他市地的电路，均为人工交换电路。

1987年，菏泽、梁山、郓城、东明四局增加7部12路载波机；全区增加架空明线47路、明线载波46路，新增区内外长途线路71路，其中增开菏泽—济南自动电路15路，菏泽至济宁、梁山、郓城半自动电路9路。1988年，菏泽、成武、巨野、郓城、鄄城、单县增加11部12路载波机；全区增加区内架空明线40路，增开区内外长途线路44路。1989年有7个县局至菏泽开通了半自动电路。年底，梁山局因行政隶属关系调整撤出菏泽长途中心网。

1990—1991年，境内共增开长途线路36路，自动电路40路。1991年菏泽地区对外开通菏泽至聊城高12路和菏泽至梁山超24路载波机；对内开通菏郓高、低12路和菏曹高12路载波机。1991年，曹县、郓城增开40路长途对端设备进入全国长途自动交换网。1992年，为配合菏泽程控电话的开通，省局开始建设济（宁）菏（泽）长途数字微波二级干线传输系统。年底，全区新增480路微波收发信机4部、微波站8个；8县长途对端设备容量达180路，有6县进入长途自动网。1993年1月11日，省内二级干线济（宁）菏（泽）1920路144波道千米长途数字微波干线开通，菏泽到省会传输实现数字化，菏泽至济南、泰安、济宁、临沂、青岛自动电路共计300路。2月9日，菏泽局在程控大楼举行菏泽程控电话暨济菏微波开通典礼，区内数字微波传输系统开始建设。至1994年1月巨野局最后开通，全区实现了地县长途传输数字化，时有微波站9个，微波通信站波道28个，长途数字微波终端复用设备容量23160路，实占容量6723路。全区数字微波形成三条链路：菏—东、菏—鄄—郓—巨140Mb/s1920路和菏—曹—单34Mb/s480路。1994年全区长途线路1744路，其中数字自动电路1680路。年底，因区内微波设备和各县程控交换机相继开通，长途传输中的数字电路不断增加，菏泽至区内各县部分明线载波模拟电路停开，调至本地网使用。

1995年，开始架设菏泽至东明、曹县、定陶、郓城等方向区内光缆，新增区外和地县长途线路942路、出口电路2689路，并开通菏泽至济宁、菏泽至济南、菏泽至枣庄等省内直达电路，基本缓解了长途通信卡脖子的情况。1995年6月，中原油田东明通信站开通30路数字微波电路，通过长途线路进入菏泽地区邮电公网。同年底，因菏泽区内C3本地网建成，区内电话不再按长途电话计费，改按市郊电话计费，因此县—市和县—县长途线路也不再为长途线路。1995年年底，全区长途业务线路共953路，其中有话路923路。

1996年，济宁至菏泽二级干线SDH光缆传输系统投入使用，光缆线路长度76.5千米，光缆纤芯长度1431芯千米，设备容量3780路，长途数字终端复用设备容量6600路。1997年年底，一级干线济(南)郑（州）SDH光缆开通，菏泽局为中继局，传输设备容量为2×2.5G + 622M。1998年和1999年，增开菏泽至北京和河南郑州、开封、商丘、濮阳、信阳、周口、南阳方向的直达电路810路；省内增开至东营、日照、德州、聊城、滨洲、莱芜直达电路

210路，菏泽至全省其他16个地市全部建立长途数字直达话务电路共3518路。1999年11月，二级干线省西环SDH光缆投入使用，传输线路为济（南）—泰—济（宁）—菏—聊—德—济（南），菏泽中继局设备容量为2.5G。2000年增加菏泽至沈阳、西安、广州、天津、石家庄、哈尔滨、乌鲁木齐等长途直达话务电路750路，省际长话业务电路1740路，加上省内长话业务电路4142路，合计5882路。

2001年9月，省二级干线高速西环开通，采用华为公司密集波分复用（DWDM）传输系统，设备容量320G，实占容量20G，省内、省际长话业务电路随之迅速增长。年底，济菏长途数字微波停用。2002年，全部有长话业务电路6962路。2003年，改用新统计口径，全市长话业务2M电路266条，其中省际55条，省内211条。2004年，全市长途电话业务2M电路（等效2M）共计314条，2005年增加到411条，其中省际63条，省内348条。

业务量　全区长途去话1986年为1150500张，1992年达2002948张。1993年，部分县市开通程控电话，年底实现4186289张。1995年国内长途通话时长5058.9万分钟，国际电话19万分钟，港澳台电话14.7万分钟。1998年，三项指标分别为9581万分钟、16万分钟和7万分钟，港澳台电话下降。1999年，由于移动业务分离，部分指标有所下降，分别为9481.7万分钟、12万分钟和7万分钟。2001—2003年，长途业务整体呈下降趋势。2001年省内长途通话时长下降达34%，2004年后又有回升。2005年，国内长途、国际、港澳台通信时长分别为16310万分钟、12万分钟和7万分钟，国内长途通信业务量1.5亿元，国际及港澳台通信业务量151万元。

资费　国内长途电话资费自1985年平均降低40%以后，未再进行调整，共分13级价目。随着各种成本增加，邮电部、国家物价局决定自1987年11月1日零时开始，对长途电话近距离资费执行调整后的新标准。300千米以上价格保持不变，此次调整后共有12级价目。

1987年12月1日起，经省政府批准收取国内长途电话附加费。在山东省范围内挂拨的长途电话（不含港澳台、特快电话、会议电话），按实际通话计费时间征收地方附加费，每分钟0.1元。党政军机关、人民团体、民主党派、大中小学校、幼儿园、托儿所和没有经营收入的事业单位不收取长途附加费。1992年12月，省物价局规定，自1993年1月10日起，长途电话附加费改为每分钟0.3元。党政军机关、学校、托幼园所、财政全额拨款的事业单位、社会福利单位电话的办公电话和社会各类住宅电话一律减半收取。

1995年6月，省物价局、省邮电管理局下发《关于山东省本地电话网资费标准的通知》，规定C3本地电话网市郊电话资费试行标准市郊电话（包括地区内跨县市和农话区间电话）计费实行1分/1分制，市郊电话资费标准在C3本地网内均按0.6元/分钟执行，公用电话为0.8元/分钟。区内长途电话取消。其他资费不变。菏泽地区于1995年12月17日建成本地网，电话号码升至7位，统一启用长途区号0530，开始执行上述资费标准。

1996年12月1日起，简化长途电话

计费等级，由12级改为3级。省内C3本地网之间长途通话费每分钟0.6元，省外800千米及以内每分钟0.8元，省外800千米以上每分钟1.0元。本地网营业区内（含农话区内）通信费按市内电话通话费标准执行。本地网营业区间(即县与县之间、县与乡之间、乡与乡之间、城市与县城之间、城市与乡村之间，同一城市中市辖郊区营业区与市话营业区之间等）通话费标准每分钟0.5元。本地网营业区间无论距离远近，均不作为长途电话。本地网附加费每分钟0.15元，国内长途电话过线费、附加费不变。

自1997年起，在法定节假日（五一1天，国庆节2天，元旦1天，春节3天）使用国际及港澳台电话，按现行资费标准的80%计费。自1997年4月21日起，长途电信附加费维持现行甲种用户每分钟加收0.15元、乙种用户每分钟加收0.3元规定不变，取消市话用户挂发至C3本地网外长话过线费。1997年7月1日起，打往港澳台地区电话资费降低30%。1998年1月1日，实行国际电话分时段计费。每周一至周五7时至21时，按国家规定标准计费；周一至周五21时至24时、法定节假日和休息日7时至24时，按标准价的80%收费；每日0时至7时，按标准价的60%收费。港澳台电话继续执行节假日优惠20%的规定，原规定国际电话节假日20%的优惠停止执行。自1998年7月1日起，0：00－07：00时段内通话，话费按30%收取。自2001年2月1日起，降低国内长途电话资费，改革计费单元。国内长途电话资费标准由每分钟0.5元、0.6元、0.8元和1元四级计费统一调整为一级计费，将计费单元由1分钟缩短为6秒钟，资费标准为每6秒钟0.07元。实行分时段优惠办法，国内长途电话优惠时段0：00－7：00，不分工作日和节假日，优惠幅度为6折，具体费率为0.04元/6秒。降低国际及港澳台电话资费，改革计费单元。国际电话不再区分被叫地点，统一调整为每6秒钟0.8元，港澳台电话统一调整为每6秒钟0.2元。取消电信业务附加费，降低出租电路资费，试行光纤、管道和其他网络元素出租业务。2002—2005年仍按2001年资费标准执行。

市话 机线设备 1986年，境内有市话交换点11处，其中菏泽2处，9县各1处。菏泽、巨野、东明使用纵横制自动交换机，容量4360门；菏泽局另使用共电式交换机200门；曹县、定陶、成武、单县、梁山、郓城、鄄城7局使用磁石式交换机，容量4940门。全区共有装机总容量9340门、实占容量6775门，市话杆路342千米，电缆206.6皮长千米，电缆管道13.1管千米、136孔千米。

1987年9月10日，菏泽市电话号码由四位制改为五位制。1987年年底，郓城、鄄城改造为纵横制自动交换机电话；成武、曹县、单县也分别于1989年8月、9月、12月先后改成自动交换机；1992年6月，定陶在全区最后一个完成市话改制，使全区市话全部实现自动化，结束了全区市话使用“摇把子”的历史。其间，各县局还进行了自动电话设备的改型和增容，全区纵横制交换机总容量达1.83万门。在自动电话特别是程控电话未发展之前，市话线路和电路增长缓慢。1992年，全区市内电话电缆长度357.3皮长千米，其中地下电缆 91.6 皮长千米，光缆 5.3 皮长千米，塑料电缆 227.6 皮长千米；实际使用长市中继线 1114 对，电端机 128 端、容量 1920 路，光端机 2 端，环路载波机 11 部、设备容量 100 路。

菏泽市程控电话工程于 1989 年立项，1990 年办理外汇贷款、设备引进和征地手续，1991 年 6 月 20 日举行程控电话工程奠基仪式。1992 年 12 月 31 日 21 时，菏泽局在全省市地以上城市中最后一个开通程控电话；62 分局开通的是加拿大北电公司 DMS–100 型 8400 门交换机，33 分局开通的是上海贝尔公司 S–1240 型 6144 门程控交换机。总投资 5000 余万元。1993 年 2 月 9 日，菏泽局在程控大楼举行菏泽程控电话暨济菏微波开通典礼。2 月 18 日，使用机电式用户交换机的地委、行署办公电话改成外线直拨程控电话。

1992 年后，各县开始大力发展程控电话：1993 年 2 月 28 日曹县在全区各县中第一个开通 HJD–04 型程控电话 3072 门；东明局于 1993 年 9 月开通 S–1240 型 2048 门；巨野局于 1993 年 12 月 26 日开通 S–1240 型 3072 门；定陶局于 1994 年 1 月 24 日开通 S–1240 型程控电话 2048 门；单县局于 1994 年 4 月 16 日开通 HJD–04 型程控电话 6144 门；成武局于 1994 年 5 月 3 日开通 HJD–04 型程控电话 3072 门；郓城局于 1994 年 7 月 30 日开通 S–1240 型程控电话 6144 门；鄄城局于 1994 年 12 月 24 日开通了 HJD–04 型程控电话 3000 门。至此，全区 9 市县市话全部实现程控化，提前一年完成了“八五”通信建设目标。1994 年 12 月 30 日，召开菏泽地区邮电通信实现两化两网新闻发布会，地委、行署对菏泽地区邮电局进行通报表彰，并给予 20 万元的奖励，山东省邮电管理局特此发来贺电。两化两网（全区长、市话交换机实现程控化，长途传输实现数字化，建成以菏泽为中心的移动通信网、分组交换网）的实现，标志着菏泽地区邮电通信装备技术水平实现由机电向程控、由模拟向数字化的历史变革，跨入全国先进水平。自 1998 年开始，为减少投资，适应市、农话接入网组网需要，开始引进深圳华为 C & C08 交换机。2000 年，又引进 EWSD 交换机，HJD04 交换机被全部淘汰。到 2005 年，单县、定陶、东明、郓城、巨野在用机型为 S1240 和 C & C08，鄄城、成武、单县在用机型为 EWSD，菏泽局三种机型全部在用。程控电话开通以后，为满足用户迅速增长的装机需要，开始狠抓市话线

程控电话工程奠基仪式

1992 年 12 月投入使用的 S–1240 程控交换机房

路配套建设，在重点城区积极推行一户一线配线制，全区市话网络覆盖面逐渐扩大，市话户线率明显提高。

1995年，全区C3本地网建成。12月17日，各县长途区号取消，统一改为“0530”；全区电话号码由6位升七位，菏泽在原六位电话号码前加5，定陶、鄄城加2，曹县加3，单县加4，郓城加6，东明加7，巨野、成武加8。程控电话开通以后，市话用户快速增长，设备容量也不断扩容：1995年市话交换机容量8.2万门，1996年11.4万门，1997年14万门，1998年17.7万门，1999年20.8万门，2002年42万门，2003年为52万门。后由于无线通信的普及，城市电话用户呈下降趋势，市话设备容量开始减少。至2005年，全市城市局用交换机容量为43.5万门，城市本地中继光缆线路长度245千米，接入网光缆线路574千米。

程控机房

市话业务 1986年1月启用“120”特种服务号码，为全国急救中心统一电话号码。12月30日，省局批准菏泽局开办国际电话直拨业务，人工半自动台不能设直拨国际电话功能，县开办国际直拨业务由地区局负责验收。

1991年9月，菏泽局营业厅开办公众长途直拨业务。1992年12月30日，省局批准菏泽开办国际电话直拨业务。1993年7月3日，省管局要求停用本端长途查号台“174”，开放长途对端“114”查号业务。1994年2月启用“128”“125”特服号、开通200、800业务。3月，对市话营业区域进行调整，原则要求单局制局半径在5千米左右，多局制半径在10千米左右最大服务半径在15千米左右。5月，全区市话全部放开长途直拨；地区局和地区气象台联合开发的121天气预报开通。11月，地区局可视电话开通。12月1日，114查号台正式启用。

1996年7月，县局开通200电话卡业务。1997年3月，菏泽局“九七工程”（管理系统，由营业受理、配线配号、机线资源管理、订单管理、机线资源管理、综合管理和查询、计费、“112”“114”、号簿等九个子系统组成）投入运行，首期建成营业受理、配线配号、订单管理、机线资源管理、综合查询等5个子系统。2000年9月1日，开通接入码为17908记账卡方式IP电话业务。2001年1月1日起，为抑制利用磁卡电话盗打长途电话，市地县除在市地县电信局中心营业厅保留一部磁卡电话机以外，其他地方的磁卡电话机一律拆除后安装IC卡话机。2001年12月1日，磁卡电话停止使用，开始更换成IC卡和201卡。2003年对短号码进行清理，除保留“110”“112”“119”“120”“122”等少数短号码外，其他都升为5位。2004年4月，全市推广幸福农家“168”业务。2005年，固网智能化改造完成，开通固话悦铃、一号通、固话预付费、语音拨号等新业务。

市话用户　1986 年年底，全区市内电话共有 5388 部，其中公用电话 10 部，私人、个体工商户电话 135 部，电话主要供党政机关事业单位和工矿企业使用。1992 年增长到 15936 户。程控电话开通以后，市话用户迅速增长，1994 年全区增长近 9000 户，1995 年近 1.5 万户。由于电话业务的带动，东明、单县、郓城、鄄城四县局业务量和业务收入增长 50% 以上，名列全省前十位，被省邮电管理局评为 1995 年山东省“十快县局”。1996—1998 年，全区每年市话放号 1 万～2 万多部。1999 年以后，随着市话模块局的建设市话区域不断延伸，资费不断下调，市话发展又迎来一个高峰：1999 年用户增加 3.5 万户，2000 年增加 7.3 万户，2001 年增加 5.8 万户，全市用户超过 28 万户，其中住宅用户 23 万户。2001 年以后，随着固定电话运营商的增多和其他业务的替代，固定电话增长趋慢。2005 年全市城市电话用户 28 万户，其中普通公众用户 24.5 万户，公用电话用户 3.5 万户。

公用电话亭

资费　1987 年 7 月 1 日起，市话初装费和改制费收取范围由地、市城市扩大到县（市）级，增加的收入用于当地市话建设和长途通信建设。县（市）级标准为，初装费：工矿企业和其他有生产经营收入的单位、个体户、专业户，每部电话收取 1500 元；财政全额拨款的行政、事业单位每部 500 元；普通住宅电话最高 300 元。改制费：由人工电话改为自动电话，工矿企业和其他有生产经营收入的单位和个人每部电话收取 1000 元，财政全额拨款的行政、事业单位每部 400 元。机电制电话改为程控电话，前者收取 1400 元，后者收 700 元。普通住宅电话改制费最高 300 元。是年 12 月 1 日，市内电话月租费上浮 20%，但党政军机关、人民团体、大中小学校、幼儿园、托儿所和没有经营收入的事业单位不上浮。

1991 年 1 月 1 日对基本月租费和用月租费等进行调整。包月制用户，交换机容量在 2000～9999 门的，甲种用户由 11 元调增为 13 元，乙种用户由 18 元调增为 21 元；交换机容量在 500～1999 门的，甲种用户由 10 元调为 12 元，乙种用户由 16 元调为 19 元；交换机容量在 500 门以下的，甲种用户由 7 元调为 9 元，乙种用户由 11 元调为 14 元。计次制甲种用户原 7.6 元调增为 9.6 元，乙种用户原 12 元增为 15 元。除党政军机关、学校和财政拨款的事业单位外，其他单位和个人，均按电话月租费 20% 的比例征收市内电话公用事业附加费。省政府办公厅〔1987〕鲁政办函 188 号规定的市内电话月租费上浮 20% 的规定停止执行。原定话机代维费（基本营业区内 0.5 元，营业区内 1 元，营业区外 2 元）仍照收。

初装费：使用机电制交换机的，厂矿企业、商业、有经营收入的单位或个人（以上为A类）为3500元，党政军机关、大中专院校、财政全额拨款的事业单位的办公电话以及社会各类住宅电话（以上为B类）为2500元，中小学、幼儿园、托儿所、社会福利单位电话（以上为C类）为1500元；使用程控制交换机的，A类5000元，B类3500元，C类3000元。

1991年，鄄城、单县、曹县、郓城四个县先后实行了市话复式计费。1993年1月10日起，市内电话基本月租费甲种用户调增2元，乙种用户调增3元。包月制月租费标准：500门以下的甲种9元，乙种14元；500～1999门的甲种12元，乙种19元；2000～9999门的甲种15元，乙种24元；10000～49999门的甲种16元，乙种26元。计次制月租费标准：50000门以下的，甲种12元，乙种18元；50000～99999门的，甲种14元，乙种21元。通话费：实行计次制的市内电话每次0.15元，公用电话每次0.3元。市内电话通话费附加，每次不超过0.2元；月租费附加每月不超过月租费的40%。初装费：党政军机关、大中专院校、财政全额拨款的事业单位、中小学、幼儿园、托儿所、社会福利单位电话的办公电话，以及社会各类住宅电话安装正机1部，程控制电话不超过3000元，机电制不超过2500元；其他单位，程控制不超过6000元，机电制不超过5000元。

1994年8月1日，菏泽市人民政府办公室下发《关于收取电话本地网建设费的通知》，对所有城乡电话用户收取电话本地网建设费，每部电话每月收取10元，共收2年，专款专用。1996年12月1日，市话附加费甲乙用户均为每次0.1元。1997年4月21日，市内电话通信费附加费不分甲乙种用户按每次0.1元，本地网营业区间通信费附加费按每分钟0.15元，市内电话基本月租费附加费甲种用户继续按不超过20%执行，乙种用户由不超过40%降为30%。8月1日，甲种用户电话初装费收费标准为1800元，乙种为2500元。1998年4月1日，滞纳金改为每天0.3%。1998年10月，市话月租费甲种用户每部每月14元，乙种用户每部每月21元。2000年5月，开始实行菏泽地区C3本地网集中计费。2001年5月21日，菏泽市驻地及县市区驻地住宅电话为15元，办公电话30元。7月1日，取消市话初装费和邮电附加费。2002年5月1日，固定本地电话的基本月租费不再按交换机容量划分级次，统一归并为省会城市、地市县、农村及办公电话4个级次；原按按交换机容量分级定价的包月制和单式计次制月租费取消；取消国内长途人工加急电话收费标准，国内长途半自动电话收费标准；取消政务、新闻、银行系统汇款电报的收费标准，统一按普通电报业务资费标准收费，新增用户电话号码改号费，每次每号不高于100元。同月，160主台资费统一调整至0.9元／分钟。8月，乙种用户来电显示业务使用费执行6元／月。2005年7月1日，不再实行上月21日至当月20日按当月计、收费，客户通信费实行自然月计、收费。7月20日，固定电话装移机工料费为每部120元。

农村电话　20世纪80年代的农话管理体制是1963年形成的。根据国家政策，农村电话管理体制分为地方国营和集体经营，县至公社为地方国营，公社以下为集体经营，也称为乡话。集体电话部分由于乡镇投入少，资金无来源，直到20世纪90年代全省上下没有形成统一的农村集体电话管理体系，没有纳入村镇建设规划，一直比较萎缩。1995年10月，省邮电管理部门决定将农村集体电话业务统一于地方国营，不再分国营、集体两种经营体制。1996年起，集体电话财务管理会计核算纳入地方国营农话管理。

地方国营部分由省政府投资，省邮电部门经营，与中央国营的长途、市话等业务一直分账经营。1996年地方国营改称地方国有。80年代后期，投资主体多元化，90年代以后，通信部门成为投资主体。2000年改称乡村电话。2004年11月，网通集团公司股份制改造并在海外上市，农话资产被作为省国有资产注入上市公司，不再独立核算。

机线设备　1986年境内农话交换机共223部，全为磁石制人工交换机。其中邮电局经营167部，乡镇经营54部，私人经营2部。交换机总容量11060门，实占4912门。3路载波电话终端机264部，会议电话汇接机6部，终端机65部。全区农话杆路总长度2399千米，架空明线线条长度5389对千米，电缆长度161.2皮长千米。全区284个乡镇（含县驻地）7794个行政村中，安装农话交换机的乡镇190个，通电话乡镇225个、行政村314个。定陶、成武、菏泽、东明四县市实现乡乡通电话。1987年，全区新架设乡镇电话8处，梁山县实现乡乡通电话。全区新建农话交换点7处，国营农话增容50门，集体乡话增容260门。年底，全区有乡话交换点63处，交换机63台，容量2510门，单机878部，乡话杆路476.7杆千米594对千米，电缆16.2皮长千米；通话乡镇达245个，占应通数的86.6%，未通话乡镇有39个，通话行政村314个，占总数的4%。

1988年，地区局把农话三项资金全部下放到县局，增加了各县发展农村通信的自觉性。定陶、东明、菏泽、鄄城、梁山等县局积极争取地方政府投资、集资发展农话建设，打破了农话发展长期停滞不前的被动局面。东明菜园集乡筹资4万余元，架通了27个行政村的电话，成为全区第一个行政村全部通电话的乡镇。定陶县采取村民委员会、工商个体户和邮电局三方集资的办法，在陈集镇中沙海村建起了全区第一个农话国营村级交换点，安装百门磁石交换机一台，一次装机77部。同年，全区有7个乡镇新架通了电话，9处乡镇行政村增设了交换点，农话增容500门，话机净增146部。1989年6月，菏泽行署下发《关于加快邮电通信建设的通知》，决定地县之间的通信干线由邮电部门负责，县市内的通信由县负责，乡镇内的通信由乡镇负责；农村安装电话收取初装费、改制费、材料费；未通电话和未建农话交换点的乡镇，其通信建设所需资金，由县市、乡镇政府投资和用户集资解决。是年，全区增开农话中继线路37条，发展农话装机63部，新增农话交换点4处，增容420门。

1990年全区新增农话电路30条，新设农话交换点5处，新增通信乡镇4个，改建自动交换点13处，有7个市县上了农话半自动拨号设备。1991年，全区新增农话自动交换点30处，累计41处，自动交换机容量占农话交换机总容量的53.8%；新增农话中继电路50条，净增农话话机157部。成武县9个国营农话交换点全部实现自动化。10月，定陶陈集镇开通的500门HJZ-4001型纵横制长市农合一型交换机，是全区第一个较大容量纵横制交换设备。1992年，全区135个农话交换点有61个实现自动交换，自动交换机容量10899门，占总容量的55%。1993年，全区有农话中继电路689条，杆路总长度2619千米，电缆长度273皮长千米；菏泽、东明、曹县等县的28个乡镇农话用户直接与市话进行联网，实现了等位拨号。

1994年7月，菏泽市人民政府办公室下发《关于收取电话本地网建设费的通知》，决定自1994年8月1日起，对所有城乡电话用户收取电话本地网建设费，每部电话每月收取10元，共收2年，专款专用。在地方政府的支持下，1994年全区架设15个方向402千米的光缆，开通12个方向的小微波，新增程控交换点46处。拥有中继电路1942路（其中数字电路1293路），数字终端复用设备容量1980路，模拟设备容量419路，基本建成菏泽、曹县、定陶、东明、成武五个电话本地网。1995年，建成全区C3本地网，完成巨野、郓城、鄄城、单县四县农话本地网建设，全区实现乡乡通电话；182个农话交换点实现程控化，其中136处实现传输数字化。全区交换机容量45664门，其中程控制占42992门；数字终端复用设备容量6600路，实占2610路；光缆长度1162皮长千米，电缆长度604皮长千米。1996年，新建改建大批农话交换点，农话交换机容量达55172门，程控制占到53000门。新架设农话光缆426千米，全区169处乡镇全部实现数字光缆或数字微波传输，电缆长度864皮长千米，光缆长度1790皮长千米。数字终端复用设备容量12840路，农话中继电路5297路。

传输机房

1997年，新建、改制、扩容20处农话交换机，全区农话交换机容量62458门，数字终端复用设备容量12840路。通过线路延伸和线路整治，机线矛盾有所缓解。当年5月，单县蔡堂镇有线电视光纤网开通，周边12个行政村的300余农话家庭用户看上了有线电视，单县成为全省第一个由邮电、广电联合建设开通农村有线电视网的县。年底，全区240个乡镇有179个乡镇设有交换点，6386个行政村中有1692个通电话，通话率为26.5%，远低于全省90%的水平。

1998年，境内179个乡镇开工建设“村村通电话”工程，增加农话交换机容量4万门，架设农话光缆、电缆6598皮长千米，全区行政村通话率由年初的26.5%提高到80%。全区农话交换机进行优化：单县、定陶、东明三局采用08机，曹县、成武、鄄城三局采用04机，六局撤下的三星RB交换机全部由菏泽、郓城、巨野使用，有利于集中监控。1998年，全区交换机容量8.8万门，电话中继电路7842路，中继光缆长度1608皮长千米。

1999年，全区大力实施村村通电话工程，新增农话线路5525皮长千米、电话中继电路1.2万路、中继光缆1816皮长千米，接入网光缆长度579皮长千米。2001年，全市新建支局、模块局近200处，交换机容量净增1倍多，主干电缆净增18万线对，中继电路增长3倍多，中继光缆长度增至4948皮长千米。2002年，局用交换机容量增长到102.8万门，中继电路增长到14.9万路；全市农话传输网络共有622M环网31个、155M环网47个、622M链路3个、155M链路18个，形成较为安全、高速的传输网络。2003年，新建改造支局模块局76处、农话2M端口126个。是年3月，支局开始直接录入农话各种业务资料，不再报送县公司录入。8月底，全市162个支局九七系统顺利割接完毕投入使用。年末，全区中继光缆长度5163皮长千米，局用交换机容量105.9万门，实占81.8万门。2005年，全市乡村局用交换机容量106.8万门，实占92.9万门；乡村本地中继光缆线路长度4186千米，接入网光缆线路长度179千米。

业务量与用户　1986年，境内农村电话2375部，农话通话去话2294301张，来话2142924张，转话132216张。由于没有大的需求和投资、人工电话设备落后、农话价格较贵等原因，农话业务基本上停滞不前。1990年，农话用户2102户，私人72户，农话通话2250048张。至1993年通话业务量仍按张数统计时，农话通话为3482725张，计张制用户平均2761户。1994年统计口径改变为计次制，全区平均用户3385户，其中住宅电话用户553户，公用电话49户，长途直拨用户1266户，通话量551万次。

1995年，农话交换机全部实现程控化，并且乡乡通电话，农村通信大幅增长，本地计次制通话量增至965万次。1997年，用户为2.2万户，本地计次制通话量达到3457万次。1998年，境内开始大规模建设村村通电话工程。1999年9月，全区实现行政村村村通电话，并且自然村通话率接近90%，为农村电话增长创造了条件。年底，全区用户8.8万户，公用电话1.4万户，区间通话量4065万次，区内通话量416万次。

2001年，全市农话增至65万户，本地网内区间电话通话量首次超过1亿次，区内通话量达4.8亿次。2004年，全市普通用户84.7万户，公用电话超过2万部；本地网内区间电话通话量1.2亿次，区内通话量5.4亿次。2005年，全市乡村用户86.6万户，其中普通公众用户84.4万户，公用电话2.2万户。

农话资费　1986年1月1日，境内收取农话去话挂号费0.1元；每户每挂发1张农村电话收取手续费0.1元。9月1日开始，甲级（25千米以内）通话费标准由原来的每次0.15元调整为每次0.30元，

乙级（25千米以外）通话费标准由原来的每次0.30元调整为每次0.45元；邻县间通话按长途资费标准计收，经农话线路转接的长途电话，除收取长话资费外，再加收过线费，标准按支局至县局间的通话距离计算办法收取。1988年7月1日，农村电话月租费进行调整：普通用户甲种由7元调为12元，乙种由8元调整为15元，每张去话话单征收0.15元的农话附加费。1992年7月1日，农村电话区内通话费和月租费计费标准，按照市话复式计次计费，收取基本月租费和计次通话费，通话费每3分钟1次，每次0.1元。区间通话费：程控制电话25千米以内为甲级收费，通话1分钟为1次，每次0.4元；25千米以外为乙级收费，通话1分钟为1次，每次0.6元。此外，县城以上市话用户直拨长途电话，每分钟加收0.05元农话过线费。

1995年年底，市内全部建成C3本地电话网，对农村电话的资费标准作出统一规定。区内电话通话费0.15元／次（3分钟为1次，尾数不足3分钟的按3分钟），同时加收不超过0.2元／次电信附加费。区间电话费实行“一分一分”制（基本收费时间为1分钟或不满1分钟的按1分钟计算），通话费0.6元／分钟。由农话交换点挂发的到C3网内跨县(市)的电话，将原规定收取的0.6元／分钟的农话过线费改为农话通话费，收取标准仍为0.6元／分钟。C3本地网内的农话用户拨打网外的长途电话，除按规定收取长途通话费、附加费外，其农话过线费仍按原标准执行，即0.6元／分钟。C3本地网内的市话用户拨打至网外的长途电话，除按规定收取长途通话费、附加费外，仍按原规定收取0.05元／分钟的农话过线费。县以上（含县城）城市市话用户拨打网内跨县电话，通话费0.6元／分钟。农话交换点的固定用户拨打网内移动用户的通话费按农村区间电话通话标准收取，即0.6元／分钟。农村公用电话收费标准为：区内0.5元／次，区间0.8元／次。

1996年12月1日，农村电话区间通话不再收取农话挂号费，仅收取0.15元附加费。

2001年5月21日，调整固定本地电话资费结构，改革计费单元。全省农话资费体系取消，固定本地电话基本月租费不再按交换机容量划分级次，统一归并为省会城市、地市县、农村及办公电话4个级次。菏泽市的县区驻地以下农村住宅电话月租费15元，办公电话25元。农村电话在本县范围内通话按市话资费标准收取，即同县同价。本地网营业区内电话计费单元由3分钟1次改为首次3分钟，1次0.22元，以后每分钟0.11元。营业区间每分钟0.5元不变。所有电信业务附加费一律取消。

2005年7月1日，客户通信费实行自然月计、收费。7月20日起，固定电话装移机工料费为每部120元。

小灵通 2002年6月，PHS在菏泽城区率先建成使用，年底无线市话系统容量3万门，菏泽城区小灵通基站300个，用户1.3万户。2003年4月，小灵通在境内8县1市城区全部开通，全市无线市话系统容量13万门，实占容量6.9万门；基站控制器112个，基站1868个，其中500兆瓦1694个，200兆瓦119个，10兆瓦、20兆瓦55个；无线市话信道8617个。小灵通网络开始向部分各乡镇延伸，年底曹县庄寨成为全市第一个规模开通小灵通的乡镇。2004年，全市无线市话系统容量25万门，实占容量15.5万门；基站控制器169个，基站3169个，无线市话信道15671个。2005年，全市无线市话PHS系统容量34万门；电话用户22.9万户，其中城市19.9万户，乡村2.9万户。

固定电话业务资费一览表

表13-2-1

收费项目	资费标准	文件依据
本地电话 基本月租费	县市区驻地30元／月	省通信管理局、物价局、财政厅　鲁通管〔2001〕126号
	农村（县市驻地以下）25元／月	
	住宅电话：15元／月	
本地网通话费	营业区内：0.22元/3分钟， 以后0.11元／分钟 营业区间：0.3元／分钟	省通信管理局、物价局、财政厅　鲁通管〔2001〕126号
长途电话	国内长途通话费　0.07元/6秒	信息产业部、国家计委、财政部　信部联清〔2000〕1255号
国际及 港澳台通话费	国际电话0.8元/6秒	中国电信集团 中国电信市场〔2001〕97号
	港澳台0.20元/6秒	
固定电话 装移机工料费	150元／部	山东省物价局鲁价费函〔1995〕6号鲁通管〔2003〕123号
	120元／部	省通信管理局、省物价局（鲁通管〔2005〕41号）

第二节　数据通信

电报　1986年，全区共有载报机8部，55型机械式电传打字机44部，全电子电传机4部，五单位自动发报机24部，传真机2部，电报电路45路。按传输方式，各县至菏泽均有一条无线电路和有线电路。在有线电路中，巨野至菏泽为电路载波电路，单县、梁山为明线载波电路，其他各县为架空明线电路。按机器程式，菏泽至济南有3路载波自动转报电路和1路无线电传电路；至聊城有1路载波电传电路；各县至菏泽各一路电传电路和人工电路。全区去报824738份，来报792677份。1987年1月1日，全省无线电台由明台改为战备电台，并执行新呼频。1987年，鄄城外的其他各县与济南全部开通载波电报电路，进入济南256路程控自动转报系统，结束了各县拍发电报需经地区局转发的历史。年底全区增加载报机13部、电传打字机8部、五单位双机头自动发报机11

部。1988年年初，鄄城进入济南自动转报网。至年底，全区出报120.72万份，来报110.63万份，业务量为20年来最高纪录，电报业务成为电信支柱业务之一。

1989年10月，全区各县局均配备BD4202型电子电传机2部，取代了55型机械电传机，开通菏泽—济南46路时分制载报机。1989年，菏泽至聊城电路撤销。1990年，载报机和五单位自动发报机大部分停用。1991年，菏泽局开通160线用户电报集中器，增加3部传真机，并于1月开放公众用户传真业务。1994年菏泽至济南开通1路数字微波电报电路。同年9月13日，菏泽局32线公众程控电报分集器投入使用。1994年，因程控电话的开通，国内公众电报大幅下降，全区合计为88.12万份。1998年，各县电报电路均只剩1路，菏泽2路，人工电路取消，国内公众电报合计22.6万份。

2000年，开始取消县级报房，牡丹区和成武、巨野、鄄城电报电路停用，各开传真电报用电路1路，菏泽开30路，用户电报通过营业传真发送市报房集中处理，国内公众电报合计下降到13.8万份。2002年1月，单县、东明、郓城、曹县、定陶停用数传设备，改用传真机，县级报房全部取消，电报业务全市集中处理改革完成。当年，国内公众电报降至3.7万份。

2005年12月1日，公众礼仪和鲜花礼仪电报业务取消。年底，国内公众电报仅1万份，其中气象电报7361份，占73.6%。

基础数据业务分组交换（PAC） 1994年2月，菏泽局设备容量为162端口的DPN100型分组交换节点机投入使用，并开通至济南分组交换网专用电路。分组交换网传输速率在9600bps～128Kbps，可以满足速率较低、及时性不强的不同速率、不同型号的终端或计算机间通信。同年年底，各县开始安装分组交换节点机。1995年3月，全区分组交换机入网割接成功，省到县分组交换网络形成，县局用户开始入网。地区工商银行成为全区首批入网集团用户，全区营业网点率先联网实现通存通兑。1996年，全区新增一批分组交换节点机，端口总数694个，PAD端口数188个，用户258户。2005年，分组交换节点机端口总数730个，实占235个；分组交换网中继电路总带宽为1Mbps，菏泽至各县传输带宽为64K；分组交换拨号用户12户、专线用户198户。

数字数据业务（DDN） 1995年，菏泽局DASCII型数字数据网节点机投入使用，开通DDN业务，拥有DDN节点机端口32个。1996年，部分县安装节点机进入DDN网，菏泽有DDN用户2户。1997年，全区数字数据网节点机端口总容量为128个，拥有DDN用户14户。1998年，全区有节点机端口350个，实占106个；省内数据通信网长途线路183路，数字数据网国内长途业务用户端口6个，本地网业务用户端口89个。1999年，全区有节点机端口584个，实占286个；省内数据通信网长途线路2163路，数字数据网国内长途业务用户端口11个，本地网业务用户端口275个。2000年，全区有数字数据网节点机端口834个，实占514个；中继电路总带宽为32Mbps，国内长途业务用户端口16个，本地网业务用户端口387个。2001年和2002年，由于各县区新增一批

MP9600 和 MP9400 节点机，全市数字数据网节点机端口增至 3027 个（实占 1292 个），中继电路总带宽扩大为 536Mbps，国内长途业务用户端口发展到 17 个，本地网业务用户端口急增到 1596 个。2004 年，境内完成 DDN 九期扩容，新增 372 个 2M 的交叉能力；数字数据网节点机端口总数 3519 个，实占 1620 个；数字数据网中继电路总带宽 734Mbps，其中省内中继电路带宽 26Mbps，本地网内中继电路带宽 708Mbps；国内长途业务用户端口 17 户，本地网业务用户端口 1850 户。2005 年，全市有 DDN 网节点机端口总数 2099 个，中继电路总带宽 889M，2M 电路（等效 2M）430 条，其中省内长途 13 条、本地中继 417 条，用户 1883 户。

帧中继和 ATM　1997 年，菏泽开通 ATM 交换机，拥有帧中继交换机端口 30 个。1999 年，全区有帧中继端口 32 个，实占 8 个；ATM 端口 18 个，实占 1 个；帧中继及 ATM 国内长途业务 PVC 用户 9 户。2000 年，全区有帧中继端口 120 个，实占 10 个；ATM 端口 54 个，实占 1 个；帧中继国内长途业务 PVC 用户 12 户，本地网用户 97 户，ATM 国内长途业务 PVC 用户 1 户。2001 年，全市有帧中继端口 124 个，实占 29 个；ATM 端口 17 个，实占 12 个；帧中继国内长途业务 PVC 用户 23 户，本地网用户 138 户，ATM 国内长途业务 PVC 用户 5 户。

2002 年，全市有宽带业务网端口总数 377 个，其中帧中继端口 292 个，实占 39 个；ATM 端口 85 个，实占 26 个。2003 年，全市有帧中继端口数 316 个，实占 78 个；ATM 端口总数 59 个，实占 38 个；ATM/FR 电路总带宽为 1860Mbps，省内中继电路带宽为 310Mbps，本地网内中继电路带宽为 1550Mbps；帧中继国内长途用户 26 户，本地网用户 367 户。ATM 国内长途用户 5 户。2004 年，境内 ATM/FR 电路总带宽为 1860Mbps，省内中继电路带宽为 310Mbps，本地网内中继电路带宽为 1550Mbps。全市有帧中继端口数 316 个，实占 131 个，国内长途业务 PVC 用户 25 户，本地网用户 420 户；ATM 端口总数 59 个，实占 42 个，国内 PVC 用户 9 户。

2005 年，境内 ATM/FR 网中继电路总带宽 2170M，2M 电路（等效 2M）882 条，其中省内长途 126 条，本地 756 条。全市有帧中继端口 312 个，实占 137 个，PVC 用户 1275 户；ATM 端口 65 个，实占 45 个，PVC 用户 11 户。

互联网　1997 年，中国公用计算机互联网（CHINANET，又称 163）和中国公众多媒体通信网（CNINFO，又称 169）在菏泽先后开通。CHINANET 路由器端口总容量 500 个，全区互联网注册拨号用户 113 户。1999 年，全区全部开通窄带综合业务数字网（ISDN），基本速率（2B＋D）接口用户年底为 450 户。2000 年 5 月 1 日，随着东明、成武信息港开通，菏泽 8 县 1 市全部建成网上信息港，菏泽“政府上网”工程初具框架。年底，全区有互联网注册拨号用户 16537 户，主叫电话号码计费用户 9288 户，拨号时长 4794 万分钟，ISDN 基本速率接口用户 1170 户。2001 年，全市先后开通宽带互联网业务，主要包括 LAN 和 ADSL。LAN 是局方将光纤布放到小区或楼宇接入到楼宇交换机，小区内用户通过 5 类线与楼宇交换机连接即可实现高速上网，用户上网的速率最高可达10Mbps，适用于集中用户使用。ADSL是用户计算机通过ADSL设备与电话线相连即可上网，下行速率可达8Mbps，上行速率640Kbps，属专线上网方式，适合于分散用户使用。6月，为适应宽带业务发展，开始建设宽带城域网。年底，全市有宽带互联网端口2290个，拨号服务器端口2170个，中继电路总带宽5170M（主要是济南、济宁、青岛方向）；互联网注册拨号用户24499户，主叫电话号码计费用户28531户；拨号时长11697万分钟；ISDN基本速率接口用户1634户，ADSL用户1413户，LAN用户4639户。

2003年，境内宽带网建设开始全面向乡镇延伸，网络规模迅速扩大。全市有窄带拨号服务器端口2100个。ADSL用户接入端口28596个，LAN接入端口28180个；互联网注册拨号用户15315户，主叫电话号码计费用户2478户；ADSL用户1.2万户，LAN用户1.5万户。是年4月，根据信息产业部的规定，拨号上网的接入号码163/169升为五位数16900/16901。2004年，全市实施LANSWITCH扩容，新增LAN百兆端口9704个，完成信息港应用服务器扩容；实施PPPOE认证，对用户账号和用户IP地址进行绑定；拥有窄带拨号接入端口1950个、ADSL用户接入端口42310个、LAN接入端口34307个，互联网窄带拨号接入业务用户2914户，主叫电话号码计费用户1050户、宽带接入业务用户4.7万户。2005年，全市有IP省网中继电路6条，城域网中继电路177条，端口总数10万个，宽带接入业务用户5.3万户。

第三节 本地网

1995年12月，菏泽全区电话号码升至7位，统一使用区号0530，标志着菏泽C3本地网建成。除长途外，其他均属本地网范畴。1995—1997年，先后架设开通菏泽至各县622Mb/s架空光缆。1996年，区内光缆集中监控系统投入使用，曹县、单县、成武、鄄城等HJD－04局的网管接口设备开通，全区本地网管系统开始运行。1996年，全区有市县中继电路2249路。1997年，全区SDH光缆传输设备扩容，建成本地网监控系统，实现对所有S1240局的集中维护、监控和管理。7月，菏泽62局至33局SDH光缆传输系统、至33局和长途局七号信令系统、至各县局的直达电路全部开通，562局成为本地网第二汇接局。1998年，为适应“村村通电话”工程建设和发展需要，在原来地县622Mb/s光缆网的基础上，全区建成3个SDH622Mb/s光缆环网。

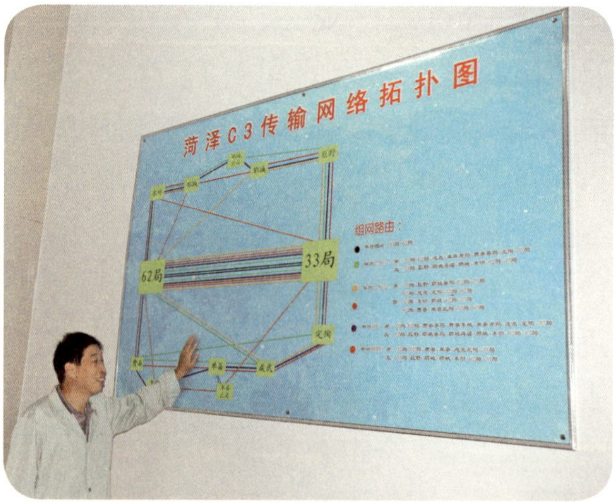

C3传输网络拓扑图

2000年，境内建成菏泽—定陶—曹县—单县—成武—菏泽和菏泽—东明—

鄄城—郓城—巨野—菏泽两个市到县的2.5Gb/s光缆环网，形成南北两个大环共10个ATM站，使全市C3传输网更为完善。2001年，562局至533局之间实现2.5G光缆传输。2003年，全市新建成东、西两个2.5G环网和3个622M光缆环网，传输资源比较富裕，但是微波设备因传输质量差、维护成本高，于2003年经省公司批准，实施退网。2004年7月，菏泽—曹县—单县—成武—定陶—菏泽方向的历史上第一条本地网直埋光缆投入使用，设备容量10G，全长131.79千米。

2005年，建成菏泽—曹县—单县—成武—定陶—菏泽和菏泽—东明—鄄城—郓城—巨野—菏泽两个方向10G光缆传输网。新建两个本地网汇接局，完成固网业务智能化改造工程。下半年，县区C4光缆传输网移交菏泽传输局维护。

第四节　经营管理

综合管理　1986年，梁山局在全区最早开始局长负责制试点。5月中旬，菏泽地区邮电局召开全区邮电系统第三次全面质量管理活动管理成果发表会，共14个QC小组发表成果，其中长电科长话班、单县、梁山局话务班三个QC小组被评为优秀QC小组。菏泽局报务班QC小组被省科委、团省委、省总工会、省质量管理协会授予1986年度山东省优秀质量管理小组称号。1987年推行局长负责制后，全面质量管理作为局长任期目标的一项重要内容越来越受到重视。单县邮电局话务班QC小组获1987年度“山东省优秀质量管理小组”。地区局长电科长话班于3月被地区经委命名为“优秀质量管理小组”。7月，在梁山局召开实行局长负责制现场会，随后下发《菏泽地区邮电局党委关于推行局长负责制工作的安排意见》。6—9月，菏泽地区邮电局先后批准单县局、曹县局、郓城局、成武局实行局长负责制。各县局制定局长任期目标书，并报同级职工代表大会审议和上级局局长批准，最后三方共同签字生效。1988年1月，地区局批准巨野局、定陶局、鄄城局、东明局实行局长负责制。至此，全区9县局全部实行局长负责制。7月，省局批准菏泽局实行局长负责制。1989年，菏泽地区邮电局借鉴烟台局经验，在全区率先推行方针目标管理。1990年，单县、巨野、郓城、东明四局开始推行方针目标管理。1991年，全区9个邮电企业有8个实行了方针目标管理。

2001年2月启动2000版ISO 9001质量体系认证工作，菏泽市电信公司成立以总经理为组长的ISO 9001质量体系认证工作领导小组和认证办公室，聘请科飞咨询公司做指导，经过诊断调查、确定组织

2003年3月，中华路第一营业厅被授予巾帼文明示范岗

结构与业务流程、管理人员培训、内审员培训、程序文件编写、文件审议、咨询人员审核等一系列工作，共确定质量体系认证文件61件，5月21日开始实施。10月，菏泽市电信分公司通过了国际权威质量认证机构挪威船级社（DNV）的审核。12月18日，获得ISO 9001-2000质量体系认证证书。至此，菏泽市电信公司ISO 9001质量体系认证工作顺利完成。2003年7月，菏泽市通信分公司实行全面预算管理。

网络运行维护管理 1986年，全区市话自动电话接通率71%，拨叫障碍率0.33%，百门平均障碍历时42.5分钟，农话中继电路完好率73.76%。“七五”期间，长途出口电路少，出现卡脖子局面，1989年长途自动去话接通率仅为6%，1990年提高到24.5%。1991年突击进行设备整治，全区长途全自动交换来、去话接通率大幅度提高，经邮电部抽查，分别为37.9%和29%。1993年，地区局成立电信科和设备维护中心，建立质量联席分析会议制度，坚持按月对全区电信网路运行情况进行分析，菏泽局市话观测接通率一直保持51%以上，长话来、去话接通率稳定在40%和30%左右。1994年，菏泽本地电话网已从模拟、机电技术为主，发展到以数字、程控技术为主的现代化装备网。1995年，菏泽长途传输局由省传输局划归菏泽地区邮电局管理。1996年5月，地区局机构改革，将经营、维护职能分离，原长电科、农话科、电信科维护管理职能统一到电信运行维护处，开始重视网络接通率管理。1996年开始建设本地网网管和监控系统，1997年初步建成，开始对S1240局集中维护、集中监控、集中管理。年底，全区来去话接通率分别为55.6%和48.8%，比1996年提高10个百分点，居全省第7位。

1998年，把全市市话端局、汇接局、长途局内的EWSD、S1240、C&C08等机型全部纳入本地网网管系统，并分别开通地到县3个622M光缆传输环网，形成559局、533局两个汇接局。1999年，出台电信各专业运行维护质量检查标准，本地网市话线路质量、农村支局维护管理考核办法，本地网机线设备割接、机线设备大修改造工程管理办法等管理制度。全年长途来话接通率60%，综合来话接通率58%。

2000年，制定本地网机线设备考核办法、割接管理办法、各专业运行维护检查标准等制度，综合来话接通率59.6%，去话接通率50.9%，电路可用率100%，网络接通率95.97%。

2001年6月—2002年5月，市公司投资2000余万元建成动力环境监控系统，覆盖全市端局、支局、模块点共750个局点。全年综合来话接通率完成60.82%，超省定指标2.82个百分点，居全省第二名。2002年2月，将559局建为第二长途局，菏泽长途出口电路按照一定比例开到省西环、济郑、济菏等不同光缆传输路由，本地网各局向中继电路也安排在不同物理路由。全年综合来话接通率62%，位居全省前列；去话接通率49.9%，网络接通率97%。2003年，对蓄电池进行巡检和更换，发电机全市集中调配使用，基本完成支局、模块局三线分设和机房整治。全年综合来话接通率提高到63.9%。2004年，动力环境监控系统扩容，增加覆盖30余个支局。全年呼叫到达率98.4%，高于省定指标个3.4个百分点，网络接通率98%，高于省定指标2个百分点。

2005年，菏泽市网通分公司开始实现“由面向网络到面向市场、由网络维护者向网络经营者转变”。新建两个汇接局，对本地网络进行调整，完成固网智能化工程，增开六种智能业务。对小灵通网络进行优化，通过增加覆盖区域、调整核心网络结构、进行话务疏忙使小灵通掉话量大幅下降；建立业务响应例会制度，对重要客户专门制订处理流程和管理办法，畅通了重点业务通信保障机制，全网呼叫到达率和网络接通率高于省定指标。

通信服务 1986年年初，菏泽地区邮电局开展端正局风活动，组织查服务、查质量、查纪律“三查”活动，历时3个月。1987年，全区开展了争创优质服务，争创文明窗口和邮电、供电、自来水跨行业竞赛活动。1989年，各局实行服务用语，菏泽等局实行挂牌服务和微笑服务，并聘请20余名社会监督员。1990年，全区开展争创“优质服务杯”和评选“最佳话务员”“三满意话务员”活动。1991年，全区开展“质量、品种、效益年”活动，继续开展“优质服务杯”劳动竞赛。1992年，菏泽地区有两个县邮电局被评为全省优质服务杯先进单位，4人被评为全省邮电服务明星。1993年，全区开展以营业窗口为重点的“双百”“鸿雁杯”优质服务竞赛活动。为解决市话装机、修机“两难”问题，菏泽、曹县、单县、郓城等局抓住市话线路配套建设，组织装机大会战和装机突击周等活动，加强112台和障碍查修力量，“两难”问题明显缓解。

1994年，全区开展“树邮电新风，创优质服务”活动，积极创造条件为用户多装机、快装机，各营业窗口广泛开展标准化服务和微笑服务，实行挂牌营业。年底，全区9个邮电企业继续保持文明单位称号，并有5个迈入省地级文明单位。1995年，全区新建和装修一批高标准营业厅和农村支局所，地区邮电局实现号线微机管理，解决查询难、缴费难、配线配号慢问题，服务环境和设施有较大改善。制定邮电营业服务规范，全面推行规范化服务和限时服务，实行服务用语和服务忌语制度。对营业厅生产现场、规章制度、对外服务进行三整顿，开展快速装机查障、评选最佳营业员等多种形式优质服务竞赛活动。机线工种实行挂牌上岗、装机回单回访制度和计件、浮动工资制度。聘请40多名社会监督员，发放1600多份征求意见函，组织两次服务质量暗查暗访，有效制止吃拿卡要等行业不正之风。

社会监督员座谈会

1996年，全区实行承诺服务，向社会公布服务标准、时限和赔偿标准，自觉接受客户监督。改善服务环境和设施，增设营业窗口，在城市营业室新添视屏宣传设备、客户座席、服务用具、资费宣传表；电话装移机、收费实行微机受理，压缩处理时限；与工商银行联合开设电话交费营业厅；在“168”信息台开通话费自动查询系统；部分县局还引进开通“112”自动查寻受理系统，实行对电话障碍查寻派工自动受理。1997年，开展“邮电服务年”活动，推行规范化服务、承诺服务、限时服务。成立专门监督检查机构——邮电通信服务质量监督检查处，开通“180”投诉中心，回复率100%，两次组织社会评议活动，发放征询函7000余份，对重点客户积极走访。

推行16项服务承诺发布会

1998年，菏泽地区邮电局推行首问负责制和重复申告下岗制度。对城区划分包区，电话查修实行闭环管理，责任到人，使装、修机及时率明显提高。1999年，菏泽地区电信局制定《菏泽电信服务规范》《服务质量考核处罚办法和标准》，实行受理投诉第一责任人制度。2000年，完善监督检查体系，每月对服务检查进行通报处理；180投诉中心从早8点到晚9点受理用户投诉和咨询，并认真落实反馈；建立客户综合满意度调查系统，及时查找不足；推行电话回访制度，对新装电话用户一周内进行电话回访，调查上门服务和满意度情况；推行“一证四带”和查修工作3小时预警制度，即装机人员上岗时必须佩戴工作证和自带工具、抹布、鞋套、纸袋等物品，在障碍查修时3小时内未回单的提醒机线员及时查修；推行服务“首问负责制”，提高全员服务意识；充分利用“九七”网络优势，把收费系统延伸到支局，增设微机收费终端，同时与中国银行、工商银行、建设银行合作开办营业网点代收话费业务。

2002年，菏泽市电信分公司将收费系统延伸到135个支局，落实“首问负责制”，强化“第一责任人”制度，市话平均修复及时率99.41%，百门电话障碍历时压缩到500分钟以内。2003年，建立完善服务奖罚制度和监督检查体系；积极参与市纠风办和广播电台联合举办的“行风热线”栏目，虚心接纳社会意见和建议；城市窗口服务推行“三声”（顾客进门有欢迎声、顾客提问有回答声、顾客离开有送别声。）服务，电话平均修复及时率99.99%。2004年，菏泽市电信分公司将民主评议行风活动与服务工作相结合，召开新闻发布会，向社会公开企业服务承诺和服务标准，相继开展诚信规范服务、网上有奖征询客户意见、千万客户真情大回访活动，全市10县区分公司全部取得同行业行风评议第一名；深入推广“情传万家”服务品牌，严格落实各项服务规范，相继开展星级营维员、星级话务员、营销服务明星、服务明星团队等多项竞赛活动；建立营业员轮岗制度，实施营业厅标准化建设和管理；重新规范顾客投诉处理流程，全市有5个县分公司连续3个月实现优质服务零投诉；定期召开社会监督员和重要客户座谈会，及时听取用户意见和建议；建立特殊客户档案和信息收集、反馈、分析制度，开展用户满意度调查和重点客户关怀活动，用户满意率95%。

2005年，菏泽市网通分公司制定《服务质量考评办法》《菏泽网通短信、语音增值业务SP服务质量管理办法》，修订《服务质量考核细则》，进一步完善服务规范体系，加强“三个规范”“三个制度”“首问负责制”及内部支撑制度、合作营业厅和业务外包商的监督检查和考核力度，新装移机客户电话回访率为100%，“入户服务预约”到达准时率达97%。公司领导每周坚持到客服热线“10060”平台值班，部门负责人参与营业厅及社区服务站值班，进一步提高营业厅和社区服务站的服务水平。加大客户投诉处理力度，坚持“四不放过”（事故原因没有查清不放过、事故责任者没有严肃处理不放过、广大员工没有受到教育不放过、防范措施没有落实不放过。）原则，全力提高投诉处理及时率和满意率：客户投诉处理及时率达100%，一次处理客户满意率98%。公司领导每月轮流参与菏泽市“行风热线”“公仆走进编辑部”广播电视栏目，做到“服务客户零距离，解决问题在现场”，服务满意率达99%，被菏泽市纪委、市纠风办、市广播电视局（台）等单位联合授予“行风热线”五周年“十佳”上线先进单位荣誉称号。9月，菏泽市网通分公司被山东省质量管理协会、山东省企业联合会、山东省企业家协会、山东省工业经济联合会四家单位联合授予2005年山东省用户满意企业荣誉称号，成为菏泽市在全省6家满意企业中唯一获此殊荣的企业。

第三章　移动通信

第一节　数据业务

菏泽移动通信公司，2000年2月开通呼叫转移、来电显示业务，3月开通移动梦网业务，至2005年年底两类用户发展到422580户。2001年开通信息点播、自由全球呼业务。2002年2月企业信息发布系统业务投入使用，手机邮箱、专网直联、无线DDN、GPS无线定位、手机证券、移动福彩相继推出。5月17日，GPRS正式商用，2005年年底用户发展到231331户。10月，彩信业务开始试运营，2005年年底有120335户用户使用该业务。2003年4月，IP直通车、手机银行业务相继开通；9月，百宝箱业务开通。至2005年年底，两类业务共有2282户用户。2003年12月，彩铃业务开通，至2005年年底共有269689户用户。2004年1月，短信监控业务开通；5月，语音杂志、移动沙龙、语音短信业务相继开通；6月，会议电话开通，8月，集团彩铃开通。至2005年年底，四类业务共发展用户1200户。2005年4月，集团总机业务开通。5月，校讯通业务正式开始推广，年底约发展用户1.3万户；农信通业务开通，一个月发展到3万用户。

第二节　本地网络

1999年9月，山东移动通信菏泽分公司正式成立，专业经营中国移动通信品牌模拟移动通信和134、135、136、137、138、139数字GSM网络移动语音、数据、IP电话，以及多媒体业务，拥有无线通信

境内最早移动手机“大哥大”

和互联网络经营权。全市有数字基站84个，无线话务容量2090.4ERL，用户容量83616户。11月，全国GSM移动电话网升位，由10位号段升为11位。2000年10月，完成GSM七期工程扩容，新建77个基站，全市共有基站161个。

2001年9月，完成GSM八期工程扩容，新建123个基站，新增一台MSC、两台BSC、一台HLR，全市共计有基站284个，交换用户容量30万户。当年，完成省级传输干线一期工程，菏泽移动拥有了独立的长途传输网。年底，菏泽模拟移动通信网退出服务，模拟退网工作结束。2002年，GPRS网络开始试商用，标志着菏泽移动网络已经升级到2.5代技术；CMNET菏泽节点建成投产，菏泽移动具备自有提供互联网接入的能力；GSM九期扩容工程完成，新建基站49处，扩容换型14处，搬迁1处，网络容量40万；市到县本地传输网一期工程完成，新增光芯500余千米。2003年，大规模建设城域传输网，8县1区完成通信管道100余管孔千米，新建传输线路500余千米，结束了菏泽移动无自有管道的历史；完成GSM十期扩容工程，新增MSC1台、宏基站32个、载频30个。2004年11月，完成GSM十一期扩容工程，新增BSC1台、宏基站47个、载频525个、搬迁基站35个，增加关口局1对，网络容量100万。

2005年，全市全向改定向基站73处，定向站比例升至56.1%；新增定向小区177个，扩容小区412个，载频较年初增加1000块左右，达到现网3700余块。该公司配合进行济—郑一级干线光缆的施工，完成硅芯管的直埋（集团公司一级干线工程）；启动十二期工程，新建62个基站，增加载频461块，搬迁基站23个，增加1台HLR、1台MSC、1台BSC；启动GSM12+工程和12+紧急覆盖工程，共计增加基站95个，新增载频1087块，新建一台MSC/BSC；年底拥有网络容量150万，完成交换机升级工作。

第三节　经营管理

1999年9月，山东移动通信公司菏泽分公司挂牌成立，隶属于山东移动通信公司，下设八个县级分公司，内设综合部、人力资源部、财务部、市场部、网络部、工会、党委办公室、环宇通信服务公司。该公司成立后，对生产岗位重新实行定岗、定员、定编，推行全员竞聘上岗，制定《全员竞聘上岗实施细则》《待岗和下岗人员管理办法》等制度。2000年9月底，根据全省统一部署，为进一步精减人员、提高企业效能，对退休年龄不满10年的员工实行内部退养政策，员工内部退养67人；撤并工会、党委办公室（其职能由综合部兼）、环宇通信服务公司。11月，山东移动通信菏泽分公司更名为山东移动通信有限责任公司菏泽分公司。年底，开始实行通信生产岗位劳动技能鉴定，员工鉴定合格后持证上岗。

2001年2月，市公司机构调整为5部1办：综合部、人力资源部、财务部、市场部、网络部与基建办。按照新的管理岗位和人员编制标准，在全市范围内实施中层管理人员公开竞聘上岗。8月，以年度为考核周期，分年中和年末两次在全市范围内开展360度评议形式的员工考核。2002年12月，公司组织开展全员竞争上岗。

2004年2月，制定《菏泽移动通信公司中层管理人员竞聘上岗管理办法》《菏泽移动通信公司绩效管理暂行办法》《菏泽移动通信公司员工薪酬发放暂行管理办法》，印发《菏泽移动公司劳务用工入职、辞退流程》《菏泽移动聘用员工薪酬发放流程》。2005年4月，建立月度考核指标体系，对全市所有乡镇统一划分为5个档次，实行大编制统一考核。

移动电话业务资费一览表

表13-3-1

<table>
<tr><th colspan="2">收费项目</th><th>收费标准</th><th>文件依据</th></tr>
<tr><td rowspan="7">基本话音业务</td><td>月租费</td><td>全球通 50元／月
神州行 18元／月</td><td>信清〔2000〕6号
信部联清〔2000〕1255号
移市价格〔2000〕231号</td></tr>
<tr><td>本地通话费</td><td>全球通 0.4元／分钟；
神州行 0.6元／分钟</td><td>鲁价费发〔2000〕103号
信清〔2000〕6号</td></tr>
<tr><td>漫游通话费</td><td>全球通 0.6元／分钟；
神州行 0.8元／分钟</td><td></td></tr>
<tr><td>国内长途通话费</td><td>0.07元/6秒钟</td><td>信部联清〔2000〕1255号
中移市〔2001〕40号</td></tr>
<tr><td>港澳台长途通话费</td><td>0.2元/6秒钟</td><td>中移市〔2002〕152号
山东移动〔2001〕131号</td></tr>
<tr><td>国际长途通话费</td><td>0.8元/6秒钟</td><td></td></tr>
<tr><td>国际漫游通话费</td><td>出访按被访国资费标准上浮15%收取／分钟</td><td>邮部〔1997〕792号</td></tr>
<tr><td rowspan="4">IP电话</td><td>国内长途通话费</td><td>0.3元／分钟</td><td>中移数〔2002〕259号</td></tr>
<tr><td>港澳台长途通话费</td><td>1.5元／分钟</td><td></td></tr>
<tr><td rowspan="2">国际长途通话费</td><td>美国、加拿大、日本、韩国、澳大利亚 2.4元／分钟</td><td></td></tr>
<tr><td>印度、巴基斯坦、越南、古巴、也门、朝鲜、孟加拉国、洪都拉斯、</td><td></td></tr>
</table>

续表 13-3-1

收费项目		收费标准	文件依据
IP电话	国际长途通话费	伊朗、叙利亚、马里、卡塔尔、贝宁、蒙古、肯尼亚、卢旺达 4.6元/分钟	
		其他国家 3.6元/分钟	

第四章　联通通信

第一节　网　络

传输网　1999年4月20日，GSM网菏泽一期工程由北京邮电设计院设计，中国联通总部批复同意建设，9月18日投入运行，总投资1337.46万元。该工程完成光缆线路451千米，其中购买菏泽广电局2芯光缆408千米，租菏泽电信市内杆路建8芯光缆28千米，自建基站引入4芯光缆15千米；实现22个基站站点连接，形成SDH市区环路1个；建成SDH传输链路6个，传输容量达441E1，满足了菏泽GSM网22个基站的传输要求。10月，GSM网菏泽二期工程由北京邮电设计院设计，中国联通总部批复同意建设，2000年4月投入运行，实际总投资816.54万元。该期工程完成光缆线路373千米，其中自建基站引入8芯光缆20千米，租菏泽电信杆路建8芯光缆28千米，购买菏泽电信2芯光缆325千米；实现13个基站站点连接，形成SDH环路4个；建成SDH传输链路1个，传输容量315E1，满足了菏泽GSM网35个基站的电路要求。本地传输网络逐渐由链路组成了SDH自愈环。2000年9月，GSM网菏泽三期工程投入运行。该期工程完成光缆线路905千米，其中租菏泽电信杆路建8芯光缆385千米、16芯光缆445千米，与省二级干线同沟直埋24芯光缆75千米；实现67个基站站点连接，形成SDH自愈环路10个，其中含两个子环，具备了环网保护功能；拥有传输容量1071E1，能够满足G网、数据、计费等网络的传输需求。2001年7月，CDMA网一期工程由北京邮电设计院设计，中国联通总部批复同意建设，当年12月投入运行，设计总投资379.85万元。C网一期工程没有新建基站，新建C网基站与原有G网基站共用机房，传输采用已有传输系统，没有新建光缆线路，传输系统也没有进行调整。2002年11月GSM网菏泽四期工程投入运行。该期工程建成光缆线路531.7千米，其中架空8芯光缆480千米、16芯光缆50千米，管道光缆1.7千米；实现75个基站站点连接，形成以自愈环为主、链路为辅的本地传输网络；拥有传输网络容量1386E1，本地传输网络覆盖菏泽业务区内的主要乡镇。

2002年9月，CDMA网二期工程由浙江邮电设计院设计，中国联通总部批复同意建设，2003年2月建成试运行。该工程新建8芯架空光缆300.77千米、16芯架空光缆160.77千米、穿放24芯管道光缆15千米、穿放120芯管道光缆0.5千米，安装240交接箱1台，新修6孔管道8千米。2003年12月，CDMA网三期工程建成投入试运行。C网三期工程完成光缆线路610.943千米，其中有8芯光缆419.62千米，12芯光缆线路182.61千米，16芯光缆8.72千米；新建杆路570.093千米，管道31.734千米，新建基站69个。同时，本地网一期工程建成光缆线路225.123千米，其中架空8芯光缆146.3千米、16芯光缆59.63千米，管道光缆19.193千米。该期工程是对本地传输网的整体优化和调整，增加一个骨干节点，拆分大的子环，拆分后的子环仍以两个节点的形式接入骨干层，增强了网络的安全性。

2005年5月，本地网二期工程投入运行。该工程建成光缆线路153.6千米，其中架空8芯光缆119.622千米，管道光缆33.979千米；是对本地传输网的整体优化和调整，拆分大的骨干环，完成汇聚层的优化，进行大量业务割接，业务重心转移到新机房。年底，菏泽共建成本地网传输光缆3679.41千米，其中自建架空光缆4芯15千米、8芯1466.31千米、12芯182.61千米、16芯279.12千米、管道光缆70.37千米，租菏泽通信公司杆路建8芯光缆413千米、16芯光缆445千米，购买菏泽广电局两芯光缆408千米、菏泽通信公司两芯光缆325千米，和省二级干线同沟直埋24芯光缆75千米。

计费网　1999年9月，山东联通GSM计费营账系统在菏泽联通正式投入使用。在山东联通“集中计费、集中营业、集中管理”模式下，菏泽联通计费终端通过网络接入山东联通中心系统。2000年，定陶、成武、郓城、单县、东明、巨野、鄄城、曹县营业厅各安装营业终端2台，通过SDH网络为每个县开通1条2M线路，完成了菏泽8县计费网络的延伸和覆盖。之后又与代理商合作，陆续开通多家联合营业厅。2002年年底，中心路由设备、局域网交换机和综合业务接入设备等组成的菏泽计费网络，承载8县1区的全部计费营账业务和GSM、CDMA话单采集功能。全市共有营业网点28处，代收费银行有建行、农行、中行3家，代收费网点500多处。2003年年底，联通新大楼建立了一路由设备、局域网交换机和综合接入设备和原联通大楼路由设备形成主备用。2004年，8县1区主营业厅上了详单打印机，并通过无线商话拨号营账系统，每个乡镇建立一个联通合作营业厅。2005年年底，全市共有联通主营业厅13处，合作营业厅212处。

办公网　2002年6月，菏泽联通公司建起小型内部办公网站。7月，建成中心路由设备、交换设备组成的办公局域网。年底，主办公楼实现各个部门的OA网覆盖，各县营业厅通过VPN方式基本实现OA网办公。至此菏泽联通8县1区各个部门，实现了办公自动化。2003年年底，原联通主办公楼的OA设备搬迁到联通新大楼。2005年，该公司又建立起MSS系统、CRM系统、info系统。

1001客户服务中心　2001年3月，1001客户服务中心成立。1001客户服务系统为客户提供移动通信、数据通信、互联网业务等综合经营项目服务，具备话费查询、业务咨询、投诉建议、业务受理、预约服务、充值服务等6大功能，以及语音、传真、信函、网上服务、呼出回访等接入方式和沟通渠道。

移动通信网 GSM 网 1999 年 4 月，GSM 网菏泽一期工程开工，9 月投入运行，总投资 4164.97 万元。该工程建成移动交换中心 1 个，交换容量 1.5 万户，基站控制器 1 个，基站 22 个；配置载频 86 个，无线容量 1.5 万户，无线操作维护中心 1 套。2000 年 4 月，GSM 网菏泽二期工程建成运行，总投资 1424.36 万元。该工程对移动交换中心扩容 0.5 万户，新建基站 13 个、载频 34 个，新增无线容量 0.5 万户。2000 年 9 月，三期工程建成运行，总投资 7489.42 万元。该工程对移动交换中心扩容 5 万户，新建基站控制器 1 个、基站 67 个、载频 202 个，新增无线容量 5 万户。2002 年 11 月，四期工程投入运行，总投资 7484.89 万元。该工程对移动交换中心扩容 8.4 万户，新建基站控制器 1 个、基站 73 个（包括 1 个微蜂窝）、光纤直放站 7 个、射频直放站 30 个，新增无线容量 8.4 万户。2004 年 6 月，五期工程投入运行。该工程对交换容量不作调整，新建 BSC 一个、一体化基站 35 个、1800M 基站 6 个，扩容原有的 3 个宏蜂窝基站的 BSC，调整 28 个 900M 基站，新增话务容量 446.79url、新增用户 3 万户。2005 年 5 月六期工程投入运行。该工程将菏泽 MSC 总容量从 15.9 万扩容至 18 万，扩容菏泽北电 MSC 交换机中继系统 32 个；新建 1 个摩托罗拉的 XCDR，扩容原有 3 个摩托罗拉的 BSC 和 4 个 XCDR，扩容 1 个中兴边际网的 BSC；新建一个中兴 BSC，调整 24 个摩托罗拉 900M 基站配置（包括 3 个全向改定向基站），合计新增摩托罗拉 900M 载频 12 个；新建 1800M 宏蜂窝基站 25 个，新增 1800M 载频 154 个；新建中兴边际网基站 80 个，新增中兴边际网基站载频 293 个；搬迁 900M 基站 20 个，合计新增无线话务容量 2046.31url，新增无线用户容量 13.64 万。2005 年年底，全市建成移动交换中心 1 个、交换容量 18 万户、基站控制器 5 个、900M 基站 320 个、载频 1211 个、直放站 12 个，无线容量达到 27 万户，网络覆盖率在 90% 以上。

CDMA 网 2001 年 7 月，CDMA 网菏泽一期工程始建，当年 12 月投入运行，实际总投资 1717.3 万元。该工程将移动交换机挂靠泰安联通，并建成 MODCELL 基站 35 个，光纤直放站 27 个，射频直放站 5 个，交换容量 3.3 万户，无线容量 3.3 万户。2003 年 2 月，二期工程投入运行。该工程新建移动交换机 1 个，交换容量 6.5 万户，MODCELL 基站 42 个，新增无线容量 4.2 万户。2003 年开工的三期工程分三个阶段，设计总投资 10691.62 万元，新建 MODCELL 基站 201 个，无线容量新增 16.73 万户。三期三阶段工程建成后，基站增加到 278 个，无线容量扩大到 24.3 万户。2005 年，三期三阶段后续工程新增基站 1 个，CDMA 基站数 280 个；三期四阶段交换工程完成扩容，新增交换容量 2.5 万户，使交换总容量达到 13.2 万户。

数据通信网 VOIP 数据网 2000 年 10 月，VOIP 网菏泽一期工程由北京邮电设计院设计始建，12 月投入运行，总投资 240.17 万元。该工程建成前置机容量 30E1、CISCO 网关 4E1。2001 年 3 月，开通长途 193、193300、IP 的 17911、17910 业务。5 月，VOIP 网菏泽二期工程始建，

8月投入运行，总投资503.30万元。该工程前置机扩容到226E1，新增CISCO5300网关2个、CISCO5800网关1个、3COM网关1套。VOIP数据网以ATM数据通信网提供的IP－VPN作为其承载网络，通过山东联通ATM网提供的PVC连接至济南和青岛。2002年9月14日，VOIP网菏泽三期工程开工，9月30日投入运行，总投资209.19万元。该工程新增前置机208个E1，3COM网关13个E1，17911发起网关1台共4个E1，17910网关1台共4个E1，企业一次拨号网关1台共4个E1。2005年3月12日，VOIP网菏泽四期工程开工，4月13日投入运行，总投资164.52万元。该工程新增1台CiscoAS5350、1台CiscoAS5400，分别配置4E1和8E1，均作为落地网关；新增3Com网关2台，分别配置12E1和7E1，分别作为移动用户落地和发起网关。年底，数据通信网VOIP前置机容量434E1，3COM网关容量36个E1，CISCO网关48个E1。

ATM数据网　2001年5月，ATM网菏泽一期工程始建，9月投入运行，总投资104.9万元。该工程新建ATM设备端口数32个，实现菏泽VOIP网、数据专线、互联网专线汇接。2002年12月，ATM网菏泽二期工程始建，2003年2月投入运行，总投资105.81万元。该工程新建CBX500交换机1台，新增32个E1端口。2004年3月30日，ATM网菏泽三期工程始建，2004年4月1日投入运行，总投资15.98万元。该工程CBX500新增4端口STM-1一块，B9000 4端口信道化E1板2块。2005年，ATM设备中B9000使用槽位9个，空闲7个；1端口STM-1卡板2块，使用端口2个；12端口E1卡板数2块，使用端口7个，空闲17个；2-port以太网卡板1块，使用端口1个，空闲1个。ATM设备中CBX500，使用槽位7个，空闲9个；4端口STM-1卡板3块，使用端口7个，空闲5个；32端口E1卡板1块，使用端口9个，空闲23个。

会议电视网　2002年7月，会议电视网菏泽一期工程始建，12月投入运行。该工程接入1个会议终端，实现与山东联通会议电视系统的互通。2004年2月25日，会议电视网菏泽二期工程始建，当年6月26日投入运行，投资2.7万元。该工程新增2950交换机1台。

接入网　2001年4月，接入网菏泽一期工程始建，2002年7月投入运行。该工程利用原有SDH传输平台，采用华为HONET接入设备、PDH光端机和各种协议转换器、以太网交换机、路由器等终端接入设备，建设了基本覆盖菏泽范围的可承载数据、语音、视频、INTERNET等多种业务的传输网络，实现大客户接入23家，IP超市9家，网吧14家。2002年8月，接入网菏泽二期工程正式投入建设，2005年4月工程竣工。用户采用多种手段和接入方式，以基站为接入节点，以光纤接入为主，辅以铜线接入和无线微波接入手段，接入方式主要有SDH+ONU、PDH+ONU、PDH+PBX、PDH+E1/V.35转换器、PDH+E1/10Base-T转换器、E1/10Base-T+光纤收发器。向用户提供普通模拟电话、193长途用户电话和IP电话及64kb/s、N*64kb/s、E1、N*E1乃至155Mb/s的DDN/FR/ATM等数据专线业务，同时还可提供10/100Mbps高速

INTERNET 业务。话音通过前置交换机上连联通 193 长途电话网或 VOIP 网，网络可以提供 193 长途、IP 电话、ISDN、165 拨号上网和 DDN/FR 等低速数据业务。在此基础上，菏泽联通大量地采用直连前置机接入方式,实现话音及低速数据业务。菏泽业务区该期工程完成大客户接入共 70 个，语音用户 13 户，工行联网租线 9 个，人行联网租线 9 个，银行代收费租线 2 个，营业厅视讯 12 个，邮政代收费租线 6 个，中行联网租线 6 个，营业厅接入 13 个。两期工程建设总投资为 113.19 万元。

互联网 2001 年 1 月，UniNet 骨干网菏泽一期工程菏泽节点开始建设。3 月，菏泽联通 165 与菏泽电信实现了互联互通，中继容量 2 个 E1。4 月，正式开通运营拨号上网业务。该工程新增节点路由器 1 台、拨号接入服务器 1 台、出口带宽 155M，直接连接到青岛节点骨干路由器，网络结构采用 ATM+IP 的组网方式。2004 年 4 月，互联网菏泽二期工程开始建设，新增宽带接入交换机 Cisco Catalyst 3550 一台。

互联互通网 1999 年 9 月，菏泽联通 GSM 本地网与菏泽地区电信局 PSTN 本地网的互联互通，GSM 交换机兼做关口局，通过 1 套华为传输设备完成与菏泽电信的直联，直联中继容量 6E1。1999 年 10 月，菏泽联通 GSM 本地网与山东移动通信公司菏泽分公司 GSM 本地网的互联互通，两网互通由菏泽地区电信局 PSTN 本地网转接。2001 年 1 月，菏泽联通 193 长途网、17910/17911IP 网与菏泽电信公司固定电话本地网的互联互通。通过华为数据前置交换机兼做关口局完成与菏泽电信直联，直联中继容量 8E1。3 月，菏泽联通 165 互联网与菏泽电信公司固定电话本地网的互联互通，通过华为数据前置交换机完成与菏泽电信的直联，直联中继容量 2E1。12 月，菏泽联通 GSM 本地网、CDMA 本地网、193 长途网、17910/17911IP 网与山东省电信公司菏泽市分公司固定电话本地网两个关口局 GW1、GW2 的直联，直联中继容量分别为 GSM 网 26E1、CDMA 网 10E1、193 长途网和 17910/17911IP 网合群处理共 12E1、165 互联网 2E1；菏泽联通 GSM 本地网、CDMA 本地网与山东移动通信公司菏泽分公司 GSM 本地网的直联，GSM 交换机兼做关口局，通过 1 套华为传输设备完成与菏泽移动的直联，直联中继容量 14E1。

2002 年 1 月，菏泽联通 GSM 本地网、CDMA 本地网、193 长途网、17910/17911IP 网、165 互联网与铁通通信信息有限公司菏泽分公司本地网、长途网及数据网的互联互通，通过华为传输设备与铁通关口局直联，直联中继容量分别为 GSM 网 5E1、CDMA 网 2E1、193 长途网和 17910/17911IP 网合群处理共 2E1，165 互联网 2E1。5 月，联通、移动本地网实现点对点网间短消息业务的互通。2003 年 3 月，电信租用联通济南到菏泽 58 条 2M 长途线路；二干光纤引接工程引接点定在联通公司新大楼三层，由电信方负责。4 月，电信综合关口局至菏泽联通 C 网关口局以共建方式直联；至菏泽联通 G 网关口局暂采用租用电路方式直联，电信租赁菏泽联通的 2×2M 电路。

2004 年 4 月，菏泽联通与菏泽通信公司签订《租用合同书》，菏泽联通租用通信公司巨野龙固部分通信管道；卫通公司租用菏泽联通2M电路对卫通机房与菏泽联通新大楼关口局直联；菏泽通信公司向菏泽联通公司用户开放拨打160/168电话信息。8月，通信公司533局、562局光端设备分别与联通公司新、老机房光端设备组成1+1线性复用段保护链，菏泽联通每年付给通信公司6万元补偿金。

无线寻呼网　2000年10月，菏泽联通无线寻呼网由原山东国信寻呼有限公司菏泽分公司的无线寻呼网改建而成。寻呼服务号码拥有全国特服号“198”/“199”、全省特服号“126”/“127”/“128”/“129”。寻呼市场占有率80%以上。其中198/199采用世界最先进的“FLEX”协议，传输速率6400bps，通过卫星VSAT系统实现全国联网，联网范围达300多个城市。当时拥有无线寻呼基站21座，采用卫星链路传送寻呼信号。全地区网络覆盖率96%以上。2002年，全省寻呼网络整合后，所有台号的数据库合并为一，实现了寻呼业务一台清。

汉显寻呼机

第二节　设　备

传输设备　1999年4—9月建设GSM网菏泽一期工程期间，安装华为公司生产的SDH光端机19端，组成SDH自愈环1个；安装微波设备5跳。1999年10月—2000年4月，建设GSM网菏泽二期工程期间。安装华为公司生产的光端机16端，组成SDH自愈环4个；拆除微波设备3跳。2000年建设GSM网菏泽三期工程期间，安装华为公司生产的光端机66端，组成SDH自愈环10个；新增微波设备1跳。2001年，建设CDMA网菏泽一期工程，安装华为公司生产的SDH光端机1端。2001年12月—2002年11月，建设GSM网菏泽四期工程期间，安装华为公司生产的光端机74端，新建微波设备4跳。2002年9月—2003年2月建设CDMA网二期工程期间，安装华为公司生产的SDH光端机15端。2002年建设GSM网菏泽五期工程期间，安装华为公司生产的光端机1端。2003年2—4月建设GSM网菏泽六期工程期间，安装华为公司生产的光端机21端，拆除微波2跳。2003年8—12月建设CDMA网菏泽三期工程期间，安装华为公司生产的光端机76端，新增微波设备22跳。该期工程主要解决CDMA网新增基站的传输需求，扩容4个STM−1环至STM−4环，并附有大量的网络优化，形成了2个STM−16骨干环、2套STM−16局间中继、7个STM−4汇聚环、14个STM−1接入环，网络容量达4284*E1。

2003年8月，传输工程单独立项，建设本地网菏泽一期工程，安装华为公司生产的2.5G光端机1端，对大的子环进行拆分，解决了子环节点过多的问题。2005年1—5月建设本地网菏泽二期工程期间，安装华为公司生产的SDH光端机

11端，对本地传输网络进行了大的拆分与改动，业务重心向新机房转移，形成了3个STM-16骨干环、2个STM-16局间中继、8个STM-4环路、19个STM-1环路，网络容量达5607*E1。优化拆除OPTIX155/622设备8端，拆除微波8跳。年底，GSM网共有光端机293端，其中2.5G光端机33端，622M光端机64端，155M光端机196端，微波传输设备19跳。

计费网设备 1999年9月，菏泽联通安装1台局域网交换机CISCO 2924，计费中心、营业厅、代理商部、客服中心、热线中心等共安装计费微机20台。2000年2—7月，8个市、县营业厅运营时，安装营业计算机16台。2002年年底，菏泽联通营业厅、计费中心共安装主路由器1台、华为RSA远端模块1套、交换机5台、计费微机98台、PCM综合业务接入设备26套、终端服务器1台。2005年年底计费微机已达600余台，各县区都建立了小型计费局域网。

办公网设备 2002年7月建设OA网工程期间，安装中心路由设备、交换设备及接入设备组成的局域网。2002年年底，安装中心路由设备1台、华为交换机1台、OA终端12台；承载菏泽联通全部办公自动化网络，为员工提供准确及时的办公信息服务、邮件服务和互联网接入服务等。

移动通信设备 GSM网设备 1999年4—9月建设GSM网菏泽一期工程期间，安装北方电讯公司生产的移动交换机（MSC/VLR）1个，安装摩托罗拉公司生产的基站控制器（BSC）1个、收发信机（BTS）22个。1999年10月—2000年4月建设GSM网菏泽二期工程期间，安装摩托罗拉公司生产的收发信机(BTS)13个。2000年4—9月建设GSM网菏泽三期工程期间，安装摩托罗拉公司生产的基站控制器（BSC）1个、收发信机（BTS）67个。2001年12月—2002年11月建设GSM网菏泽四期工程期间，安装摩托罗拉公司生产的基站控制器（BSC）1个、收发信机（BTS）72个，安装东方通信公司生产的微蜂窝1个、直放站37个。2003年10月，GSM网增加室内分布系统21套，2004年6月，又建设室内分布系统5套。2004年3—6月建设GSM网菏泽五期工程期间，安装中兴通讯公司生产的基站控制器BSC1个、一体化基站35个，安装摩托罗拉公司生产的1800M基站6个。2004年8月—2005年5月建设GSM网菏泽六期工程期间，扩容菏泽北电MSC交换机中继系统32个，安装摩托罗拉的编译码器XCDR 1个，中兴通讯公司的基站控制器BSC 1个，摩托罗拉公司的1800M宏蜂窝基站25个，中兴通讯公司的一体化基站40个、宏蜂窝40个。2005年年底，GSM网设备共有：交换机1个、基站控制器5个、收发信机320个、直放站12个。

CMDA网设备 2001年7—12月建设CDMA网菏泽一期工程期间，安装朗讯公司的MODCELL基站35个，中兴公司的射频直放站5个，东方通信公司的光纤直放站15个，昊宇联通公司光纤直放站12个。2002年9月—2003年2月建设CDMA网菏泽二期工程期间，安装朗讯公司的移动交换机（MSC/VLR）1个、MODCELL基站42个。至2003年2月，CDMA网设备共有移动交换机（MSC/VLR）1个、MODCELL基站77个、直放站32个。4—

12月，建设CDMA网菏泽三期一、二、三阶段，新增基站201个，共计279个基站。2003年10月，CDMA网增加室内分布系统21套。2004年6月，又建设CDMA室内分布系统7套。2005年6月三期三阶段后续工程，新增CDMA基站设备1套，使基站数目增至280个。7月三期四阶段工程，对交换机进行扩容，扩容用户2.5万户，使交换容量增至9万户。

数据通信设备 VOIP数据设备。2000年10—12月建设VOIP网菏泽一期工程期间，安装思科公司的CISCO 53系列网关2台，共4个E1；32模块华为接入网关c&c08前置机1套，容量为30个E1，2001年扩容为50个E1；安装1台CISCO 7204、1台CISCO Catalyst 2948、1套本地主叫认证鉴权系统（2台SUN E250主机、1台SUN Ultra5、2台StorEdge Multipack磁盘阵列）。2001年5—8月建设VOIP网菏泽二期工程期间，安装华为接入网关c&c08前置机，由32模单模块局升级为128模多模块局，容量扩为226个E1；新增CISCO AS 5300网关2台、配置8个E1，落地网关CISCO AS 5800 1台、配置12个E1，3COM网关1台、配置4个E1。2002年9—11月建设VOIP网菏泽三期工程期间，c&c08前置机容量扩至434个E1，具有多个交换模块，可与No.1中国一号信令、No.7中国七号信令、V5链路、PRA信令对接，处于菏泽联通数据、长途、互联网的网络关口局位置；新增3COM网关1台、配置13个E1，新增17911网关1台、配置4个E1，新增17910网关1台、配置4个E1，新增企业一次拨号网关1台、配置4个E1。2005年3—4月VOIP六期工程期间，新增1台CiscoAS5350、1台CiscoAS5400，分别配置4E1和8E1，均作为落地网关；新增3Com网关2台，分别配置12E1和7E1，分别作为移动用户落地和发起网关。

ATM数据设备。2001年5月—2002年9月建设ATM网菏泽一期工程期间，安装朗讯公司的ATM交换机BSTDX−9K 1台。2002年12月—2003年2月建设ATM网菏泽二期工程期间，安装朗讯公司的ATM交换机CBX−500 1台。2004年3月30日—4月1日建设ATM网菏泽三期工程期间，CBX500新增4端口STM－1一块、B9000 4端口信道化E1板一块。

电视会议设备。2002年7—12月建设视讯网一期工程期间，安装CISCO 72系列视频会议路由器1台、POLCOM 4000系列视频会议终端1套。2004年2—6月建设视讯网二期工程期间，新增2950交换机1台。

接入网设备 2001年4月—2002年7月建设接入网一期工程期间，安装接入网光缆线路设备（OLT）1台，配置6块DTE板，共48个E1。2002年8月—2005年4月建设，接入网菏泽二期工程期间，新增协议转换器（包括层架式协转池）204台、用户交换机PBX24—IAD语音网关3台、以太网交换机25台、路由器2台、宽带接入服务器1台。

互联网设备 2001年1—5月建设互联网菏泽一期工程期间，安装思科公司的CISCO7513汇聚路由器1台，具有千兆光口和高速以太网模块，通过POS电路与青岛相联，以下用千兆光模块与汇聚CISCO 2948G相联，同时使用百兆以太网线与朗讯 ATM 交换机相联；安装 CISCO 三层交换机 1 台，提供快速以太口接入端口与 1 个千兆光口与 CISCO 汇聚路由器相联；安装中兴接入服务器 1 台，可容纳近 1000 个拨号用户同时在线；安装 CISCO 防火墙 1 台，配备有多个高速以太模块，最大允许 1 万个并发事件，防火墙还具有日志功能，通过定期备份，可以长时间记录接入用户的访问情况，以备需要时进行查询；安装 CISCO 2948 1 台，提供 48 个高速以太接口，通过联通本地传输网与菏泽联通宽带客户相连，并提供互联网业务汇聚。2004 年 4 月互联网菏泽二期工程开始建设，新增宽带接入交换机 Cisco Catalyst 3550 一台，用于大客户互联网的接入。其实现方式为从传输节点（基站）下 2M 链路，利用 PDH 光传输设备延伸至用户端，经 E1/10Base － T 协议转换器接至用户端的接入路由器或者是接入交换机实现互联网接入的业务；或者从传输节点（基站）下 2M 链路，经 E1/10Base － T 协议转换器，利用光纤收发器将端口延伸至用户端，接至用户端的接入路由器或者是接入交换机，实现用户互联网接入的业务；也可以从互联网汇聚层节点（比如 POP 节点）利用光纤收发器直接将汇聚路由器上端口延伸至用户端，接至用户端的接入路由器或者是接入交换机，实现用户互联网接入的业务。故该期工程互联网业务将主要采用“PDH+E1/10Base － T ＋接入交换机”“光纤收发器＋接入交换机”，以及“E1/10Base － T 协议转换器＋光纤收发器＋接入交换机”三种模式来接入。大客户互联网接入业务均汇聚至数据机房的互联网汇聚交换机 3550，上行进入 165 骨干网 7513 路由器。

互联互通设备 2002 年年底，安装关口局交换设备 4 套，其中联通侧 3 套：加拿大北方电信 DMS-SNSE GSM 交换机 1 套，LUCENT 5ESS CDMA 交换机 1 套，C & C08 华为数据前置交换机 1 套；安装互联互通传输设备 7 套，其中联通侧华为传输设备为 SDH 155/622、速率 622M 3 套，SDH 155/622、速率 155M 3 套。2003 年 2 月底，菏泽新建 LUCENT CDMA 交换设备开通运行，同时兼作 CDMA 网与其他运营商的关口局。2004 年 8 月，新建华为独立关口局 2 套，分别设在 GSM、CDMA 机房，菏泽联通结束了没有独立关口局的历史。

无线寻呼设备 2000 年 10 月，菏泽联通与山东国信寻呼有限公司菏泽分公司整体融合，设备有寻呼 GL － 3000 自动系统 2 套、人工辅助系统 2 套、SFII 深圳大学寻呼系统 1 套、发射设备 97 台（其中 T8321 16 台，GL － E5310 27 台，PT2100III 24 台，YX10012 台，YL6400 高速 5 台，YL6400 低速 13 台）、终端操作台 55 个、卫星基站 21 座、系统总容量 40 万门。至 2002 年年底，系统设备整合到济南联通寻呼系统中心，操作终端整合到济宁联通寻呼话务中心。

第三节 业 务

移动通信业务 GSM 业务 1999 年 9 月开通运营，除提供基本的通信话音，还开通了主叫号码显示、主叫号码禁显、呼叫转移、语音信箱、呼叫等待、呼叫保持、三方通话、国际呼叫限制、国际漫游限制等各种补充业务及增值业务，其中包括点对点短信业务、公众信息及股票查询业务、联通在线业务、超级短信业务、手机点歌业务、手机语音聊天业务、G 网小区广播等业务。2001 年，联合代理商开展了预存话费租机业务，新增用户 2000 多户。2002 年，对带“4”号码推出免月租业务，发展用户 1.3 万多户。2003 年推出“三元卡”业务，发展用户近 6 万户。2004 年 10 月，针对超闲基站和超闲小区，首次进行精细化营销方面的尝试。

虚拟网业务　2002 年 2 月，发展 10 多家集团客户。

车载 GPS/GSM 系统定位业务　2002 年 9 月，推出 GPS/GSM 接入服务平台业务，在菏泽市立医院急救车上装机试用。

CDMA 业务　2002 年 1 月，菏泽联通 CDMA 网开始试运营。4 月，正式放号运营。放号之初，采取一系列优惠政策，如预交话费送手机、购机入网送话费、预约最低消费套餐等。10 月，推出 CDMA 网中网业务，用户可灵活组网、实现缩位拨号（只需拨打 3 ~ 6 位手机短号），网内主叫 0.2 元／分钟，被叫免费。

移动增值业务　1999 年 12 月，GSM 和 CDMA 网的公众信息查询、手机上网 WAP、手机买彩票、超级短信、手机点歌、手机聊天、联通在信、语音群发、手机杂志、198 人工寻呼、各种短信游戏等 20 余项增值业务陆续开通。2003 年，CDMA 网络建设，CDMA 业务代理渠道逐步启动。2004 年，CDMA 网络成为菏泽第一网，新增用户超过前两年总和。2005 年年底，共发展 CDMA 用户 9 万户。

数据通信业务 IP 电话业务　2001 年 3 月，IP 电话业务开通。IP 电话利用联通 IP 网与国际互联网及其他电信网相联接，为用户提供国际、国内长途电话服务。130 手机用户可以通过加拨 17911 使用联通 IP 业务。2001 年 11 月，在传统 IP 电话业务的基础上，推出“联通 IP 超市”业务、GSM 无线公话和 SCDMA 无线公话业务。2002 年年底，共建成各种类型的 IP 电话超市 9 个，发展 GSM 无线公话用户 500 户，SCDMA 无线公话用户 150 户。

租线业务　2001 年 5 月，依托联通国内骨干网及宽带城域网资源，推出大容量高带宽的国内专线服务，为开通各种通信业务提供支持多带宽选择、承载语音、数据及多媒体流的国内数字电路连接，先进光纤和优良传输设备构架的传输平台为用户组网奠定了坚实的网络基础。大容量的电路带宽和高品质的一站式服务使用户能够灵活快速地部署业务网络或实现局域网和广域网的互联。至 2002 年年底，共发展租线用户 12 户。

会议电视业务　2002 年 12 月，会议电视业务开通。联通会议电视网是基于 H.323 协议建设的面向公众运营的商业视讯业务网，为用户提供 384kb/s、512kb/s、786kb/s、2Mb/s 及以上不同速率的会议电视、远程教学、远程医疗等视频服务。网络覆盖中国大陆和香港地区。用户只要接入联通会议电视网，便以实现零距离自由沟通。

193 长途电话业务　2001 年 3 月，193 长途电话业务开通，有注册国内（国际）长途直拨业务、193300 长途电话卡、专线接入三种服务形式。

互联网业务　互联网接入服务为 165

拨号上网服务和宽带专线接入服务。至2002年年底，共发展专线用户30户，拨号用户618户。在传统业务的基础上，又相继推出一系列互联网增值业务。2001年5月，推出“移动QQ”业务。6月，推出IDC业务。其中包括域名注册、虚拟主机、主机托管业务，2002年年底共有用户4户。2001年12月，推出“130/133上网直通车”业务，2002年年底，发展用户465户。2002年5月，推出VPDN、VPN（虚拟拨号专用网）业务。7月，推出如意邮箱业务。8月，推出如意宝典和96133语音互联网上增值业务，独立开发的菏泽联通如意网站（http://www.hz165.net）开通运行。12月，山东联通如意港网站整合，菏泽联通如意网站更名为菏泽联通如意港（http://hz.ruyi.com）。

无线寻呼业务 2000年7月，推出货运信息网业务，2002年年底发展600多用户和数百家配货站。2002年4月，推出新资讯业务，分为全国信息、全省信息、本地信息三类100多个栏目。为信息机用户、手机用户提供各类信息的定制与点播。5月，推出两网通业务，用户可用手机接收寻呼信息、用呼机接收手机短信息，既轻松实现一机多用，又保证了信息的安全性、保密性。10月，推出“198”短信秘书业务，为用户提供短信发送功能，解决了用户没有手机、不会发短信、汉字输入烦琐的尴尬，实现用户“拨通198信息全办理”的功能；推出“198”股票信息业务，用户可使用PDA、股票信息机等终端接收股市即时行情信息、股评、专家荐股等大量与股市相关的信息。年底，无线寻呼网上用户30071户，缴费用户26166户；198短信业务用户6.8万户。

大客户业务 2000年12月，菏泽联通推出大客户业务。至2002年年底，共发展专兼职客户经理6000多人，并引导他们由“钓鱼式”发展客户转向“撒网式”发展集团用户，共发展集团用户30多家。

第四节 特色服务

1999年9月，菏泽联通特色服务开始运营，并采取低柜台服务，拉近与用户之间的距离，促进营业员与客户之间的交流，重新定义了电信企业用户至上的服务宗旨。2001年，推出1001客户服务中心，采用世界先进的呼叫处理系统为客户提供移动通信、数据通信、互联网业务、无线寻呼等综合经营项目的服务，具备话费查询、业务咨询、投诉建议、业务受理、预约服务、充值服务六大功能。2002年年底，日均话务量达0.3万个，客服座席增加到19个。2002年6月，推出VIP贵宾服务，包括设立服务专线、上门服务。对于高话费用户，VIP组织专人向其提供温情服务。11月，为方便用户查询话费等资料，在营业厅摆放触摸屏查询系统，用户输入自己的手机号码和事先设置的密码后，就可进行有关自己话费的各项查询。2004年8月，在1001开通定制类业务受理功能，订制“来电畅听”“IP王”“齐鲁王”“短信王”“互动视界”“彩E”“掌中宽带”等业务。11月，联通“1001”客户服务热线号码进行升位：话费查询热线为“10011”，人工服务热线为“10010”，客户俱乐部热线为“10018”。

2005年菏泽联通基本业务资费一览表

表13-4-1

专业	服务项目		资费标准	专业	服务项目		资费标准
移动通信业务	C网	基本语音业务	基本通话费0.4元／分钟	互联网与电子商务业务	拨号上网	绑定主叫电话	所属地2.7元／小时
			国内漫游费0.6元／分钟				漫游3.0元／小时
		月租费	50元／月				包月45元／月
		呼叫保持／等待	免费			上网直通车	18元包月；28元封顶，0.8元／小时，无优惠时段；28元包月，38元封顶，0.8元／小时，无优惠时段。以上套餐不包含出省漫游费用，出省漫游费用为：3元／小时，优惠时段半价
		语音信箱	免费				省内漫游：1.3元／小时；全国漫游：归属省2.0元／小时，省外漫游2.8元／小时。（每日23：00—次日8：00，法定节假日、休息日0：00—24：00时网络使用费优惠50%）
			提取按正常通话费收取			城域网共享接入	带宽512K：1600元／月，9120元／半年，17280元／年
		三方通话	免费				
			提取按正常通话费收取				带宽1M：2600元／月，16440元／半年，28080元／年
		短消息	至本网0.1元／条				
			发至移动、小灵通网0.15元／条				
		移动秘书	免费				带宽1.5M：3500元／月，19950元／半年，37800元／年
	G网	基本语音业务	基本通话费0.36元／分钟				
			国内漫游费0.6元／分钟				带宽2M：4500元／月，25650元／半年，48600元／年
			国际漫游，按照被访国资费收取				
		月租费	45元／月				
		短消息	发至本网0.1元／条				
			发至移动、小灵通网0.15元／条				
		来电显示	3元／月				
		主叫号码禁显	2元／月				
		呼叫转移	归属地0.2元／分钟				
		信息费	按照被访网站收取				
	如意通	基本语音业务	基本通话费0.54元／分钟				
			国内漫游费0.8元／分钟				
		短消息	发至本网0.15元／条				

续表 13-4-1

专业	服务项目		资费标准
移动通信业务	如意通		发至移动、小灵通网 0.2 元／条
		漫游费	0.8 元／分钟
	长途费	国　内	0.07 元／6 秒
		港澳台	0.2 元／6 秒
		国　际	0.8 元／6 秒
	手续费	补卡费	普通卡 100 元／卡；STK 卡 120／卡
		改　号	40 元／号
		拆机预约	40 元／号
		改特服	免费
	17911 IP 电话	国　内	0.3 元／分钟
		港澳台	1.5 元／分钟
		美、加	2.4 元／分钟
		14 个国家[①]	4.6 元／分钟
		其他国家	3.6 元／分钟
	193 长途	国　内	（7：00—20：00）0.06 元／6 秒
			（20：00—22：00）0.04 元／6 秒
			（22：00—次日 7：00）0.03 元／6 秒
		港澳台	（7：00—22：00）0.18 元／6 秒
			（22：00—次日 7：00）0.15 元／6 秒
		15 个国家[②]	（7：00—22：00）0.72 元／6 秒
			（22：00—次日 7：00）0.38 元／6 秒
		其他国家	0.72 元／6 秒

专业	服务项目		资费标准
互联网与电子商务业务	拨号上网		
			带宽 10M：9000 元／月，97200 元／年
		城域网共享接入	带宽 100M：18000 元／月，194400 元／年
	增值业务	骨干网接入	具体资费依业务情况而定
		IDC	具体资费依业务情况而定
		VPDN	具体资费依业务情况而定
		网上短信	通信费上、下行各 0.05 元／条
		下载	信息服务费由 SP 制定
		语音互联	0.3 元／分钟
无线寻呼业务		移动 QQ	4.5 元／月，手机至 OICQ0.1 元／条，OICQ 至手机不收费
	月租费	国网	（汉字）198、199：25 元／月，（数字）10 元／月
		省网	（汉字）126、127、128、129：25 元／月
			（数字）126、127、128、129：10 元／月

续表 13-4-1

专业	服务项目		资费标准	专业	服务项目		资费标准
① 14 个国家：印度、巴基斯坦、越南、也门、朝鲜、孟加拉国、洪都拉斯、伊朗、马里、卡塔尔、贝宁、蒙古、肯尼亚、卢旺达。 ② 15 个国家：日本、美国、新加坡、澳大利亚、新西兰、法国、英国、意大利、泰国、马来西亚、德国、加拿大、菲律宾、印度尼西亚、韩国。				无线寻呼业务	月租费	股票机	25 元 / 月（包含个人信息、股票信息）
					手续费	挂失过户	10 元 / 次

第五章　铁路通信

第一节　网　络

1986—1989 年，菏泽地区铁路通信线路只有菏日线，为架空明线，线路长度 60 千米，共 8 个线位，服务区域为济菏线，隶属于济菏铁路临管处管理。1989 年 8 月，取消明线线路，统一更换 14×4 型长途对称电缆。1996 年 9 月，京九线新铺设 7×4 型长途对称电缆和 20 芯干线光缆。2001 年 10 月，菏日复线开通，新铺设 12 芯光缆 1 条。2004 年 1 月，划归菏泽市国资委，成为一个独立的经营商。其管辖范围为菏泽市及其境内的菏日线（西起 K148+248，东至 K233+600）、经九线（北起 K650+400，南至 K650+350），管内铁路沿线有大小站 15 站的铁路通信。

第二节　设　备

1986—1989 年，铁路通信的交换设备以磁石总机为主，磁石分机为副，济宁到菏泽共分 3 个电话所，共计容量 200 门；无线列调设备使用 TW-12 型；电源设备只有一套 24 伏电源和一组 24 伏电池组。1989 年 8 月，对管内通信设备统一进行投资改造：巨野、菏泽设立通信站，其他中间站增设相应的专用通信设备；传输设备增设 12 路载波机、12 路增音机、载波远供电源、音频调度汇接分配器、音频各站（养路）总机、长途自动接续机、音频载波电报机、会议总机和引入架、试验架、列头柜等；交换设备增设 500 门纵横制交换机、长途台、人工台、电报终端等；无线列调设备更新 TZE-III 无线列调设备，并对部分站无线列调塔杆进行改造。1991 年 8 月，增设对郑州方向的音频调度电话联接器。1992 年 8 月，增设长途自动接口设备、ZDL－12 十二路载波机设备。1993 年 1 月，菏泽到兖州 12 路载波机。1995 年 4 月，为适应铁路应急抢险，增设 800M 集群移动通信设备。1996 年 9 月，京九铁路线开通，传输设备增设 SDH 长途传输设备、PDH 传输设备、PCM 数字设备、DVM 数字传输设备、调度汇接分配器、电气化引入架、中配架、线路气压采集器等；交换设备增设2000门程控交换机设备；无线列调设备增设无线列调车站台、机车电台，增设相应的各站铁塔；其他专用通信设备增设区转机设备，水电、电务、公务、车务专用电话系统，以及程控调度分机、区间通话柱等。1997年6月，增设中兴接入网设备。1999年12月，增设分组交换设备及配套设备光端机、中间配线架、数字配线架等。

2001年10月，菏日复线开通，传输设备增设中兴接入网、华为接入网（HONET－ONU）。2002年4月，增设京九线烽火接入网设备及相应配套设备，同时对沿线电源设备进行不同程度的扩容。2002年6月，增设华为2000门程控交换机及相应的配套设备，同时增设互联网设备一期及相应的传输设备。2002年10月，开通菏泽东站模块局、菏泽南站模块局。2004年5月，相继在曹县、巨野、郓城、定陶、东明等县城及周边地区增设大小不等的交换局8处，话音业务总容量35000门。2005年12月，菏泽分公司由2004年5月的8处交换局发展到13处城区模块局、1处中心局、县区模块局13处；营业网点发展到菏泽市城区7处营业厅、县城6处营业厅，其中有大型营业厅5处，中小型营业厅8处。

第三节　经营管理

2001年，全市铁通系统拥有客户固定电话903部，销售收入达5.54万元。开通"全视通"会议电话业务。2002年铁通网络正式开通运行，发展5条专线业务，月收入1万多元；承建交通集团、大市房管局网络综合布线工程2处，对铁路东站家属院承建1处光节点，发展安装主机托管服务器业务1个；与广电合作建设开通菏泽音乐学校、曹州大学2个IP电话超市，每月收入约7000元；发展卡类业务，特别是068主叫注册业务，卡类收入突破30余万元；对铁路大客户和学校突击安装一批IC卡话机，固定电话装机3000多部，收入近7万元。2003年，对经营布局和机构进行调整，固话装机4168部；公话装机366部；互联网开通181户；无线寻呼用户5918户。2004年，平均月装机902部。年收入822.69万元，净收入523.17万元；网内话音业务收入469.95万元，其中公话业务累计收入202.93万元（公话超市收入124.81万元、有人值守公话收入76.94万元），卡类业务收入46.41万元，互联网业务收入26.51万元，寻呼业务收入2.93万元。2005年，开通呼叫中心、QQ聊天、声讯业务、voip等新业务，并在菏泽市牡丹区劳动和社会保障局建设开通"96591"劳动服务就业热线。12月，公司固话装机34543部（其中含公话装机4605部），互联网宽带用户2118户。

本地固定电话费，营业区内首次3分钟0.2元／次，以后每分钟计费1次（不足1分钟按1分钟计）0.1元／次；办公电话月租费28元，住宅电话月租费14元。营业区间每分钟计费1次0.45元／次；国内长途0.06元/6秒，优惠标准每日19：00至7：00点在资费标准基础上实行5折优惠，具体费率为0.03元/6秒；国际长途0.72元/6秒。

第六章　电　信

第一节　数据业务

2003 年 7 月，菏泽电信公司正式开通 16300 业务，菏泽主城区及 8 县区全部开通窄带综合业务数字网（ISDN）、ADSL 业务、FTTX+LAN 业务，建成至济南、青岛的数据骨干网，出口带宽均为 1G。2004 年 1 月，为适应宽带业务的发展，建成菏泽宽带城域网。2005 年，CHINANET 路由器端口总容量 20 个，IP 端口总数 800 个，拨号服务器端口 10 个，中继电路总带宽为 10Mbps。

第二节　语音通信

2003 年 4 月，开通至济南有线长途线路 48 条，开通互联互通电路 76 条；开通全自动华为 C&C08 程控交换机，可直接进行长途／市话来去话转接；建成菏泽市区华为 METRO 3000（支持 MSTP 功能）设备组成的 622M 环。菏泽电信中心机房长／市合一局，属三级中心局，上级汇接局为济南；8 县中心局属四级中心局，上级汇接局为菏泽，各远端交换模块通过县中心局汇接至菏泽市中心局。同时建成菏泽 8 线华为 METRO 3000（支持 MSTP 功能）设备组成的 2 个 2.5G 环，分别是菏泽—定陶—曹县—单县—成武—菏泽和菏泽—东明—鄄城—郓城—巨野—菏泽。2004 年年初，开通至济南有线长途线路 90 条，开通至苏州、东莞各 8 条直联电路，开通互联互通电路 90 条。按照新统计口径，长／市交换机容量 100 个 2M。2005 年年底开通至济南有线长途线路 108 条，软交换（NGN）电路 2 条，开通互联互通电路 129 条，开通至苏州、东莞各 14 条直联电路。2005 年，全市 SDH 光传输数字终端复用设备总容量（等效 2M）2069 个 2M，实占 629 个 2M。

第三节　本地网

2003 年 7 月，菏泽电信建成由 3 个核心机房组成的 622M B/S 城域网骨干环，光缆长度为 1641.6 芯千米的城域网。9 月 12 日，建成菏泽—定陶—曹县—单县—成武—菏泽和菏泽—东明—鄄城—郓城—巨野—菏泽 2 个市到县的 2.5Gb/s 光缆环网，传输设备采用基于 MSTP 技术的华为 2.5G 设备，光缆长度总计为 9056 芯千米的本地网。2005 年 12 月底，共计建成 74 个模块局，可容纳 53672 户固定电话用户的语音设备，与 9352 户的宽带设备。

第四节　经营管理

2003 年 12 月中旬，菏泽电信在菏泽城区三角花园西北角设立营业厅。2004 年 3 月，全市开展“邮电好邻居”活动，积极创造条件为用户多装机、快装机。5月份，各县公司业务相继开始发展。6月，菏泽电信公司成立维护中心，负责全市设备、线路、电源的日常维护管理工作。8月底，8县公司的营业厅建成并全部投入正常运营。9月，全面推广全省集中客服热线10000号，逐步取消自设的服务电话。11月，在菏泽西环路市卫生局对面设立营业点。2005年12月，菏泽电信三角花园客户中心被共青团山东省委、山东省通信管理局联合授予省级青年文明号荣誉称号。

第七章　无线电管理

第一节　无线电频率台站管理

1986年，为贯彻国家“科学管理、保护资源、保障安全、促进发展”的方针，无线电管理办公室在全区范围内开展无线电台站普查工作，对地直及各县市27个设台单位的无线电发射设备进行逐站、逐台、逐设备核对，进行登记造册和备案。通过普查，基本摸清了境内无线电发射设备的数量、型号及分布情况。1989年，行署下发《菏泽地区无线电管理暂行办法》，对无线电频率的使用，无线电台站的设置、无线电发射设备的管理等作出具体规定。新指配频率11个，调整4个，为228部新设电台办理了设置使用手续。1990年，联合工商、公安对全区无线电发射设备销售市场进行全面清查，为4家经销无线电发射设备单位办理“准销证”，取缔7家不具备条件的销售单位，有效地遏制了擅自销售、购置使用无线电通信设备的现象。1992年，在全区开展短波无线电通信秩序整顿，查处私设电台266部。1993年，国务院《无线电管理条例》颁布实施后，无线电管理工作走上科学化、法制化轨道。1995年，国家无委会、公安部发布《关于坚决取缔私设电台并查处有关人员的通知》后，会同公安、工商等部门对私设电台依法进行取缔，收缴电台设备109部，并对无线电发射设备销售市场进行突击清理整顿。1997年，开展查处大功率无绳电话专项行动，查处大功率无绳电话32部，优化了境内电磁环境，确保各类无线电台站的正常运行。至年底，按照国家规定收缴无线电管理费21万元。1999年，对全区无线电台站的使用频率、发射功率、天线参数等技术指标进行核查，为7个设台单位补办设台手续，核发无线电台执照155份，建立起准确翔实的无线电频率台站电子数据库。2000年，按照《山东省公众移动通信网基站管理暂行规定》，对全区263个公众移动通信网基站进行核实登记，采用GPS逐一精确定位，并建立健全技术档案；对157个新设基站全部进行事前审查，对其中28个电磁环境复杂的进行电磁环境测试，确保基站的布局合理，使用频率和网络配置规范。2003年，对卫星地球站和无线寻呼台站进行清理整顿，落实“三高”（高山、高塔、高层建筑）设台规定，纠正3处违规设台。2004年，市公安局、广电局、无线电管理等部门联合行动，集中取缔乡镇非法电视台，收缴电视发射机42部，拆除电视发射塔82座。2005年，在全市范围内开展私设电台和违规使用大功率无绳电话的查处活动，共查处大功率无绳电话24部；利用DC1900ATS无线发射设备自动测试系统对PHS基站进行核查，摸清底数，维护电波秩序，确保境内无线电通信信息安全畅通。至2005年年底，全市无线电台站、设备由1986年的116个、116部，发展到113.88万个、139.66万部。这些无线电设备在经济建设、社会治安、抢险救灾、自动控制等各个方面发挥着重要作用。

1986—2005年部分年份菏泽市（地区）无线电台站、设备发展情况统计表

表13-7-1

年　份	台站数量（个）	设备总数（部）
1986	116	116
1993	647	3369
1996	10548	39223
1997	19656	68964
1998	43236	126141
1999	72240	174034
2000	145764	284461
2001	207855	373692
2002	366766	467872
2003	506120	570325
2004	807951	882757
2005	1138750	1396622

第二节　无线电监测检测

菏泽地区无线电监测站设立于1986年6月，主要负责境内的无线电监测、监听及设备检测等。1987—2004年，先后配置场强仪、功率计、示波器、扫频仪、超高频标准信号发生器、AR-2002监听接收机、2955A综合测试仪、移动式测向系统、3265A频谱分析仪、监测专用车、4032综合测试仪、3200测向仪、FSP频谱分析仪等专用技术设备。1999—2005年，建成2070平方米的监测大楼，完成监测机房和检测屏蔽室建设，安装YCYA移动监测站和CX-803固定监测站，达到国家C级站标准。

1986年起，地区无线电监测站开始对境内的无线电台站实施监测和检查，并开展无线电通信技术服务。1988年，为地区建设银行、成武县农业银行、梁山县寿张集乡政府等单位设计安装无线通信网。1990年，通过无线电监测，查处私设电台4部。1993年，为菏泽发电厂、地区交警支队等单位加装入网保护器311套，解决了一机多频和盗用其他单位频率的现象。1997年，菏泽有线电视台体育频道和影视

频道、成武县电视台受到严重干扰，监测站经过52小时的监测监听，查明系违规设置的大功率无绳电话所致，并予以及时排除。同时还为地区交警支队安装“122”无线报警台，为地区电业局黄集变电站安装无线通信台，承担国务院副总理邹家华到菏泽视察和北方5省经济研讨会期间的移动调频广播解说技术服务工作。1999年，为地区武警支队、地区公安局、巨野县委等6家的无线电通信网进行测试维修，检测设备300余台，维修调试130余台。2000—2002年，对28个新设基站进行电磁环境测试，监测并排除了中原油田七厂450MHZ调度通信网和牡丹区电视信号受到的干扰，对境内6家寻呼公司的167个基站进行各项技术参数的检测。1986—2005年，市无线电监测站共检测各种无线电发射设备4623台（套），排除各类无线电干扰48起，为市、县党政群机关、企事业单位设计、安装、调试无线电通信网31个，为国家领导人到菏泽视察、菏泽牡丹花会以及市委、市政府重大活动承担移动广播解说技术服务65次。

1988—2005年菏泽市（地区）无线电监测、检测情况统计表

表13-7-2

项目 年份	无线电监测（小时）	电磁环境监测（次）	无线电台（站）设备检测（台、部）	电磁干扰查处（次）
1988	450	—	96	—
1989	798	—	126	1
1990	912	1	243	1
1991	896	2	215	1
1992	1216	1	486	1
1993	1180	3	237	3
1994	876	5	116	3
1995	820	3	335	2
1996	960	3	378	1
1997	988	1	225	4
1998	962	4	271	5
1999	1098	2	431	3
2000	1080	2	211	4
2001	1126	3	223	6
2002	1300	4	231	2
2003	1236	2	209	3
2004	1362	3	289	4
2005	2200	5	301	4

第十四编　商业 贸易

超　市

网点服务

1986年，全区有商业机构55996个，其中，全民所有制商业1674个，集体所有制商业11541个，个体商业42781个。实现社会商品零售额16.07亿元，城乡集市贸易成交额3.87亿元。1987年，地委、行署制定《关于进一步搞活商品流通若干政策的试行规定》，商贸企业开始进行一系列改革。石油、烟草、棉花等重要物资实行专营，物资贸易、粮食管理开始实行计划调控与市场调节相结合的“双轨制”，粮食收购由统购改为定购。随着市场放开搞活和流通体制改革，个体、私营商业开始活跃。国合商业企业实行独立核算、自主经营、自负盈亏的经营承包责任制。多种经济成分、多种经营方式、多渠道少环节的流通体制初步形成。

1992年，实行第二轮承包，商贸企业放开经营机制、价格机制、用工机制、分配机制（简称四放开），计划调拨分配物资的经营方式退出历史舞台，物资经营进入市场调控分阶段。商贸企业经营体制实行承包、租赁、拍卖、兼并、破产、国有民营等多种形式的改革。粮食实行购销同价、粮食购销价格长期倒挂的历史结束。至1996年，国有企业实现销售额12.4亿元，同比增长26.8%，集体企业销售额下降13%，个体私营企业实现零售额16.6亿元，同比增长70.4%，城乡集贸市场成交额23.3亿元，同比增长28.1%。具有较好服务设施的宾馆、饭店、招待所和时尚的美发厅、摄影楼、洗浴中心及城镇个体服务网点遍布大街小巷。

1997年，全区商业企业实施公司制改造。地区商业局改为地区商业集团总公司；地区的物资局改为地区物资集团总公司，2002年1月，菏泽市物资集团总公司与菏泽市商业集团总公司合并组建菏泽市物资流通协会。全市国有商贸企业的改革重点转向建立现代企业制度，规范法人治理结构；以资产为纽带的集团运作开始显示作用，多种所有制商业共同发展。新兴服务业不断兴起，生活服务业、中介服务业迅速发展，先后出现了担保、拍卖、典当、中介、保安和社区服务业。

2005年，全市国营和集体商业全部完成改制，形成个体、私营商业户与国合流通企业平等竞争，互相促进、共同发展的格局。规模以上批零商贸企业效益回升。在外商投资、中外合资经营、股份有限公司、有限责任公司等商业企业中，限额以上批发贸易业29个，销售总额72.34亿元；限额以上零售贸易业67个，销售总额23.66亿元。实现社会消费品零售总额177.40亿元，对外经贸实现重大突破。进出口总额8.3亿美元，同比增长166.2%，增幅居全省首位。实际利用外资1.96亿美元，国际劳务输出708人。

第一章 商 业

第一节 体制改革

1986年，菏泽地区国营和集体商业企业属于计划经济下的统购统销体制，企业内部实行党组织领导下的经理、厂长负责制，商业主管部门从利润、销售奖金周转与所属各企业经理、厂长签订责任制合同。当年，全区实现社会商品零售额16.07亿元，比上年增长2%；城乡集市贸易成交额3.87亿元，比上年增长20.5%。之后，随着市场放开搞活和流通体制改革，商贸流通领域逐步实行“三多一少”（多种经济成分、多种经营方式、多条流通渠道、少环节模式），个体商业贸易开始活跃，国合商业企业经营受到影响，为此，菏泽地区商业主管部门对所属企业简政放权，实行独立核算、自主经营、自负盈亏的经营承包责任制，以“包死基数，确保上缴，超收多留，歉收自补”方式，兼顾国家、集体、个人三者利益，经营权和所有权适当分离。企业内部打破固定资制，实行效益工资。1988年，企业引进竞争机制和风险机制，企业内部实行经理、厂长聘任制，采取招标答辩的办法，竞争上岗。在分配制度上实行浮动工资和全员风险抵押。企业经营体制的改革，调动了企业员工的积极性，全区商品供应日益丰富，品种大幅度增加，销售额和供应日益丰富，品种大幅度增加，销售额和利润明显增长。1990年，全区社会商品零售总额达23.43%。工业品和农副产品的加工制成品出口比重由“六五”期末的百分之几提高到50%以上，其中羊剪绒、革制品、裘皮服装、医用敷料等商品供货额均居全省前列。但是，这种经营体制的运行也造成了大量商品的库存积压。同时，国家又紧缩银根，使企业贷款困难，部分企业举步维艰。1992年，实施第二轮承包，商业系统以转换经营机制为契机，开始推行经营、价格、分配、用工“四放开”及统管分营、内部租赁承包责任制，在国营经济框架下，引入个体经营机制，实行国有民营改革，逐步收回国有资产。菏泽县商业系统在规模较小、网点较多的食品公司、蔬菜公司、第二百货楼1楼3个单位实行国有民营改革，系统内其他企业，分别采取租赁、破产等改革形式。1994年起，菏泽地区商业系统全面推行产权制度改革，进行以置换国有资产和转换职工身份的股份制改造，并引导实行股份制改造的商业企业向“产权明晰、责权明确、政企分开、科学管理”的机制发展，进一步激发了经营的活力。1996年，市场供应货源充足，销售见旺。国有企业实行销售额12.4亿元，比上年增长26.8%；集体企业销售额下降13.0%；个体驻营企业实现零售额16.6亿元，比上年增长70.4%，城乡集贸市场成交额23.3亿元，比上年增长28.1%，仅菏泽市国有商业销售额就突破亿元。1997年，全区商业企业实施公司制改造。1998年，在大力发展个体私营企业政策的推动下，全区国有和集体商业企业逐步实行“国营和集体个体化”。曹聚福食品有限公司、曹县磬天蔬菜饮料有限公司实行破产改制，分别组建中原聚福食品有限公司、曹县三鼎蔬菜饮料有限公司，均为私营企业。至2005年，全区国营和集体商业企业全部完成改制。市场经济打破原来的国有和集体商业企业格局，多种形式的商业门店纷纷成立，多种经营方式相继涌现，遍布城乡。

第二节 国营商业

1986年，境内国营商业主要包括百货、食品、副食、五金交电、饮食服务、石油、医药、商办工业等行业。其中，菏泽地区商业局直属国营商业企业计7家。

百货 1986年，地区商业局下属有菏泽百货采购供应站，各县均设有百货公司、副食品公司、五金公司等批发、零售企业。百货业主营日用百货、文化用品、烟酒副食、服装鞋帽、布匹、针纺织品、五金交电等类商品，全区年销售额5135万元。

1987年起，随着商品经济的发展和放开搞活的要求，全区国营商业开始动员推行经营体制改革。百货业引进竞争机制和风险机制，激发了干部职工的工作积极性，百货业销售额和利润明业增长。90年代初，全区商业网点建设也加快改革步伐，相继建成菏泽第二百货大楼、菏泽商场、单县商业大楼、单县凌云大厦等一批万平方米以上的商业网点。1994年起，国营商业企业推行产权制度改革。之后，国营百货企业按照“国有民营”“分离裂变”的要求，分别实行兼并联合、租赁、破产重组等。

饮食服务业 1986年，境内国营饮食服务业企业共有1232家，干部职工30394人。主要经营宾馆、饭店、照相、理发、浴池等项目，年营业收入920万元。1990年，营业收入1237万元。随着市场经济的确立和国营商业企业的改革，全区国营饮食服务企业先后实行股份制改造、租赁经营等，20世纪末，已全部私营。

食品经营业 1986年，境内商业系统国营食品经营企业，主要有蔬菜公司和食品公司。食品公司主要从事猪、牛、羊、家禽、蛋购销调存及肉制品加工、禽蛋加工，销售额1827万元，蔬菜公司销售额104万元。1990年，蔬菜公司主要从事水产品、干鲜果品、调味副食品的经营，并承担冬季市民需要的白菜、萝卜等的供应，销售额183万元，食品公司销售额2258万元。1994年起，全区国营食品业企业已先后实施产权制度改革。

商办工业 1986年，境内国营商办工业包括国营食品厂和国营酿造厂。国营食品厂生产各式糕点、饼干对外销售。糕点加工分油炸和炉制两种。月饼有京式、苏式、广式等，菏泽县食品厂生产的白皮酥月饼被山东省商业厅评为优质产品。国营酿造厂主要从事食醋、酱油、豆制品、酱腌菜的生产和销售。全区国营商办工业销售额为217万元。1990年销售额为346万元。随着国营商业企业改革的深入，国营商人工业有的破产，有的民营。

1986—1996年，境内国营商业企业在改革中不断增强活力，多数企业年销售额不断攀升。随着市场经济的发展，市场竞争日益激烈，国营商业企业经营模式已不适应市场形势的需要，企业经营纷纷陷入困境，纷纷被个体私营企业所代替。

第三节　集体商业

1986年，境内有集体商业企业11541家，干部职工40882人。集体商业企业主要包括地直和各县的第二百货公司、第二副食品公司、饮食服务业企业。主要经营项目有百货、烟酒、副食零售和批发、糖果加工以及宾馆、饭店、照相、理发、浴池等。全区集体商业企业经营收入2116万元。1990年经营收入3092元。1996年以后，在市场经济不断发展的情况下，有的经营管理不善，有的资不抵债，先后实行租赁经营、破产重组等改革措施。

第四节　商品经营

商品管理　中共十一届三中全会后，按照国营、集体、个体一起上的方针，建立“三多一少”的新型流通制，商品计划管理、统购包销的格局逐步被打破。1986年，全区国营商业由国家计划分配的物资为11种（类），比1978年减少52种（类），主要有元钉、铁丝、食糖、纯碱、纯棉布、涤棉布、中长纤维布、国产呢绒布、汽油、柴油等。缝纫机、自行车、电视机、手表、钢精锅、普通灯泡、火柴、硫黄、凭票供应的纺织品、针织品等退出统购统销计划。1989年，国家进行市场治理整顿，火柴、肥皂、洗衣粉等商品又纳入计划管理，实行最高限价供应。同年，国务院下发《实行彩色电视机专营管理的通知》，彩电、摩托车、汽车、洗衣机等重要商品及进口商品划归国有商业系统经营。1990年，计划管理的商品有生猪、食糖、纯碱、铁丝、元钉、火柴、肥皂、洗衣粉、卷烟、布匹类等。1992年，取消自行车、缝纫机、电风扇等20多种商品的提价申报制度，放开五金交电类、文化用品类等52种商品的价格，实行市场调节。1993年，除生猪、食糖、纯碱、卷烟纳入计划管理外，其余商品全部放开。1994年，全部取消计划商品，商品经营步入市场化运行。

商品购进　1986年，全区国营商业企业主要实行二、三级批发和零售商品购进，部分紧俏商品实行三级定量批发购进。县级国营商业企业由二级批发企业按分配数量供给，然后再按各乡镇、居民区人口数量分配，批发给县供销合作社系统及居民区国营零售网点。其他商品按需求从一级批发企业或厂家直接购进。当年，全区商品购进额2.7亿元。1989年，全区国营商业开始建立稳定的厂、商供货关系，中间环节减少，购销量逐渐增加，商品购进额3.51亿元。90年代，零售商品主要从厂家进货，批发业务减少，批发企业一方面采取送货上门的方式，另一方面增加零售网点，批、零兼营，部分国营商业出现亏损。1994年起，商品批发逐年下降。1996年，随着商业企业产权制度的改革，二、三级批发退出流通领域，从业人员下岗待业或自谋职业。商业系统所属各公司或成为私人企业，或租赁经营，商品购进渠道更加畅通。

商品销售　1986年，菏泽地区商业系统各公司大部分实行经理、厂长责任制。实现销售额28776万元，利润780万元，上缴税金330万元。1988年，在市场出现抢购风潮的情况下，国营商业企业增加采购力量，积极组织货源，认真执行政策，充分发挥调控市场的职能，稳定了物价和市场。全区商业系统销售额达到31697万元，实现利润1139万元，上缴税金396万元。90年代，商业贸易由计划经济向市场经济过渡，商品流通由单一的计划分配转为多渠道的自由经营，出现国营、集体和个体同步经营相互竞争的局面。国营商业围绕巩固销售阵地和拓展促销空间，采取与名优产家挂钩进行总经销总代理、连锁专卖、有奖竞销、夜市扩销、培植内外市场销售点等方式，参与竞争，扩大销售，并开始注重生产经营设施的更新改造和新网点建设。1995年，全区商业系统销售额28939万元。至2000年，商业企业大部分变为民营企业，部分门店对外租赁经营，国营商业基本退出市场。

商品更新 1986年，全区商业企业经营商品2万多种，一些紧俏商品尚需凭票限量供应。随着经济发展和深化企业改革，至90年代，商业市场日益繁荣，一些新颖、实用、廉价的商品开始取代传统的日用工业品和副食品。日用百货类玻璃器皿、铝制品和塑料制品、化妆护肤品、美容及芳香用品等品种增多，纺织品特别是成衣品种销量大增，鞋类品种型号应有尽有，洗衣机、冰箱、彩电、电饭锅等家用电器类商品货源充足。科技型商品环保冰箱、高清晰彩电、多功能手机、洗衣机、节约型和智能型家电、数码摄像机、照相机、微机、打印机等现代办公和家用设备大量上市。高档烟酒副食、全国各地土特鲜产品及方便软包装食品、内鱼类冷冻产品、微波炉、电磁炉、煤气灶、新颖高档的流行家具、床上用品等商品充满各大市场、超市，大件、高档商品的售后服务更加完善、规范。一些新型流通业如连锁店、专卖店、精品店、专业店大量涌现。进入21世纪，各类商品货源更加充足，花色品种繁多，质量标准更高。微型、液晶电视、平板电脑等科技型商品琳琅满目，摩托车、机动三轮车、电动车、轿车销量增加，各地名优特副食、小吃不断引进，本地和外地各种新鲜果蔬、海鲜，一年四季均有销售。商贸市场更加繁荣兴旺，充分满足了不同人群对商品的需求。

第五节 个体私营商业

1985年，全区有个体工商户43240户，从业人员5770人，经营额19724万元。1987年，国家颁布《城乡个体工商管理暂行条例》，对个体工商业进行规范。1990年，根据上级关于鼓励发展个体私营经济的指示精神，商品流通体制改革向纵深发展，流通渠道进一步拓宽。行业界限、部门分门被打破，个体私营业的经营范围和发展空间逐步扩大，商品销售占社会商品零售额比重逐年提高。全区个体私商业发展到46605户，从业人员达到67599人，经营额达到32702万元，占社会商品零售总额的14%。全区各类商业网点达到6.34万个，比1985年增加7488个，3000平方米以上的较大网点14个。各类商业市场发展到421处，其中各类专业批发市场达到23处。1995年起，随着社会主义市场经济体制的确立，市场开放程度进一步扩大，为个体私营商业发展提供了更加广阔的空间。全区各级党委、政府把发展个体私营经济作为加快经济发展的突破口，制订大力发展个体私营经济的有关规定，实施优惠政策，优化发展环境，搞好服务，有的县市专门成立个体私营经济发展服务中心，具体组织协调个体私营经济发展工作。这些重大举措，为个体私营商业的发展提供了强大动力。至1998年，全区个体私营商户16.5万户，从业人员达到40.1万人，注册资金8.9亿元，经营额达到71亿元。占全区社会商品零售总额的50.59%，比1990年提高了37个百分点，比1995年提高8个百分点。出现一大批经营规模大实力强的购销大户、私营企业和专业批发市场。全区8000平方米以上的购物中心26处，各级各类商业网点7万多个，专业批发市场39处。菏泽康庄服装、花都鞋城、菏泽花卉、地城县舜城中药材、定陶县陈集畜产品、郓城县蔬菜等专业批发市场规模较大,在周边地区乃至全国都有一定知名度。随着改革开放力度的逐步加大，市场竞争主体日益增加，个体私营商贸流通业也加快了新的营销方式和新型流通业态的发展。2000年后，大型商场、商厦、总经销、总代理、连锁店、专卖店、超市、宾馆和商业中介等新型业态应运而生，至2000年年底，菏泽全市有连锁店76家，超市11家、代理企业65家。电子商务开始起步，拍卖、旧货、租赁业发展较快。全市个体私营户7.6万户，从业人员23.1万人，注册资金19亿元，全市社会商品零售额75.2亿元，城乡集市贸易成交额87.7亿元。进入21世纪，菏泽市紧紧围绕建设区域性商贸物流基地的目标，积极发展现代流通业态，加快市场建设步伐，整顿规范市场经济秩序，流通经济快速发展。2005年，商贸流通设施日臻完善。恒盛菏泽大市场、菏泽中信水果市场、中华美食城等现代流通设施先后建成；康庄乐园服装大市场开始试营业；新建改建扩建了鄄城中药材市场、鲁西南建材市场、银座购物广场等大型专业市场和综合商场。全市个体私营业户110719户，从业人员220836人，各类连锁店发展到350家，大小超市262家，新型流通业态经营额完成23.4亿元，比上年同期增长20%。全市实现社会消费品零售总额236.6亿元，同比增长15.8%；批零贸易业实现销售额191.9亿元，同比增长16.4%；餐饮业实现销售额36.7亿元，同比增长15.3%。各类专业批发市场交易额完成236.1亿元，同比增长15.2%。

个体私营商店

第六节　企业选介

菏泽百货大楼　菏泽百货大楼位于东方红大街西段，始建于1974年，占地面积4200平方米。1975年建成开业，营业面积1800平方米，有职工135人。主要经营日用百货、烟酒副食、针纺织品、文体用品、五金电器，是当时菏泽县规模最大的百货零售企业。1986年，百货大楼进行扩建改造，营业面积3600多平方米，职工350人，下设3个商品部，7个批发部，年营业额1300多万元，上缴利税70多万元。1988

年百货大楼实行承包经营，营业额逐年攀升，至1996年营业额为3100万元，职工增到670人。1997年后，由于经营管理不善，经营状况逐渐下滑。2001年因资不抵债宣布破产，实行租赁经营。

牡丹区酿造厂　牡丹区酿造厂位于青年南路西侧，其前身是1956年建立的菏泽县职工消费社酱菜园，是菏泽市规模最大的国营调味品专业生产厂。主要生产“润香斋”酱油、食醋、酱菜、腌菜、豆制品，占地面积2.2万平方米，职工200余人，下设酱油、食醋、酱腌菜、修配、豆制品5个车间，1个批发部，1个门市部。该厂生产的二级酱油被评为1989年度山东省商业系统优良产品，一级食醋被评为1990年度菏泽地区优良产品，合锦酱菜被评为1991年度山东省优良产品。

菏泽康庄服装市场　菏泽康庄服装市场位于菏泽市城区的黄金地带，始建于1991年，总建筑面积4800平方米，设有摊位2000多个，吸引了山东、河南、河北、江苏、浙江等五省50多个县、市的客商。经营的品种有服装、布匹、针织、鞋帽、百货等五大类商品1000余种。1992年至2003年，康庄服装市场摊位租赁费累计收入5200万元，社会效益5亿多元，安置了大量城乡剩余劳动力和下岗职工，成为辐射城乡一体化个体私营经济的龙头，被命名为“省级文明市场”“菏泽明星企业”。

康庄服装市场（新／旧）

南华购物广场　南华购物广场位于菏泽市区中华路繁华地段，占地1.2万平方米，营业面积2.5万平方米，2000年1月开业。南华购物广场是菏泽市首家集大型综合超市和大类商品系列店作为主要经营业态，把餐饮、休闲、娱乐等项目作为辅助业态开发经营，走服务功能多元化之路的大商场。经营品种近23万种，经营布局为：一层为大型综合超市和首饰、钟表、眼镜、化妆品、高档皮具等精品店；二层为大类商品系列店，主营各种服装鞋帽、大小家用电器。三层为精品家具城、家具用品、儿童世界。多年来始终保持了商业龙头企业的地位。

菏泽惠和商业中心　菏泽惠和商业中心的前身是菏泽交通集团南华购物广场。2000年开业，是菏泽首家超市业态的大型商场。为进一步促进商业中心的发展，菏泽交通集团公司先后投资2000万元进行系统化升级改造，经营面积达3.5万平方米，员工1000余人，是集购物、餐饮、休闲、娱乐为一体的一站式大型现代化商业零售企业。惠和商业中心先后获得了市“食品卫生信得过单位”、市“无假货商品”、市“价格诚信单位”“省级诚信企业”、省“食品安全承诺单位”“省百城万店无假货示范店”“省服务名牌”等众多省、市级荣誉称号。

菏泽市振兴经贸集团公司 菏泽市振兴经贸集团公司位于菏泽市牡丹区商贸园区，成立于1984年，经过多年的艰苦创业，成为集商贸物流、房地产、住宿餐饮、建筑建材、动漫设计、综合服务等为一体的综合性集团公司，中型二档企业，拥有资产3.5亿元。先后被省市区评为省商贸示范单位，省物流和交通运输协会成员单位，省轻工系统企业文化建设示范单位，市商贸流通先进单位、市十大房地产开发企业等。

菏泽花都商埠 菏泽花都商埠位于菏泽城区繁华地段，是由菏泽市交通集团投资兴建的大型商品批发市场。一期工程占地面积4万平方米，投资4000万元，于1995年2月开业。二期工程占地面积6万平方米，投资7000万元，于1999年11月开业。花都商埠下设轻纺、鞋业、小商品、百货、农机五大市场，分为纺织品、床上用品、毛线、窗帘、鞋袜、电料、农机、日用百货、酒水、字画等十大专业商品经营区域，年商品成交额近30亿元，是中原地区重要的商品集散地之一。花都商埠先后被评为“省级文明市场”“省级规范化管理样板市场”“省级诚信市场”。

花都商埠

菏泽鲁能超市 菏泽鲁能超市坐落于菏泽市中华路和平大厦，是由山东菏泽电力实业总公司和山东鲁能超市有限公司合资建设的大型超市，营业面积4000余平方米，主要经营生鲜类及冷冻食品、烟酒茶类及定量包装非食品类商品。菏泽鲁能超市以国内第一品牌“鲁能”品牌为依托，以“低成本运营、高标准服务”为原则，以“发扬鲁能精神，推动地区经济，创建一流企业”为宗旨，创造了可观的经济、社会效益，赢得了客户的好评。

菏泽中银大酒店 菏泽中银大酒店地处菏泽金融商贸区，是一所集客房、餐饮、娱乐、商务、会议于一体的综合性、外向型、多功能的标准三星级旅游涉外饭店。拥有客房111间（套），设有中餐厅、西餐厅、怡园厅、肥牛厅共计720个餐位；多功能厅、大、中、小型会议室、商务中心、票务中心、音乐戏曲茶座、夜总会、桑拿浴室、大型购物商场、美容美发厅、中银保龄中心等设施完善；隶属于中银大酒店的中苑旅行社为旅游者提供吃、住、行、游、购、娱的一条龙服务。

花都大酒店 花都大酒店北临菏泽经济技术开发区，东靠火车站，是中美合资的三星级酒店，总投资3000多万元，占地13487平方米，建筑面积10500平方米，主楼高64.6米，地上17层，拥有皇家套房、豪华套房、商务客房、豪华标准间、标准间、四人双套间等不同标准的客房106套，220个床位，房间备有中央空调；拥有能容纳300人同时就餐的宴会厅、KTV包间、风味餐厅16个，有能同时容纳200人的大小会议室4个，同时拥有夜总会、酒吧、桑拿、商场、美容美发室、医务室、商务中心、票务中心等设施齐全的公共设施。花都大酒店自1994年正式营业以来，遵循“宾客至上、服务第一”的宗旨，按照“真诚、迅速、准确、安全”的服务准则，接待了众多的海内外宾客，圆满完成了历届菏泽国际牡丹花会在酒店的接待任务。酒店先后被菏泽市旅游局命名为全市首家“旅游涉外宾馆”，被山东省卫生防疫站命名为“省级食品卫生示范单位”，被山东省人事厅、省安全厅命名为“涉外安全保卫工作先进集体”。

南华大酒店　南华大酒店坐落在菏泽市区东北部，是一座欧式庭院酒店，由菏泽市投资开发公司投资兴建，1996年4月开业。酒店占地4公顷，总建筑面积1.2万平方米，拥有豪华客房68间，商务套房11间、大小宴会厅15个，多功能厅2个，风味厅和西餐厅各1个，同时能容纳1000人就餐。设有温泉度假村，戏水池、温泉原汁泡汤池、按摩池、螺旋肖滑道、儿童滑道、水上浮桥、水景喷泉、山泉瀑布和大型室外浪摆滑道等设施，室内游泳池、保龄球馆、台球室、健身房、歌舞厅、女子健身俱乐部、美容美发室等康体设施。该项目2000年开业，当年接待温泉消费者3万多人次，实现销售投入100多万元。其中温泉度假村是由南华大酒店投资1500万元兴建的综合性温泉休闲娱乐项目，占地面积4000平方米，温泉水来自地下1500米深处，出水口泉水温度53.5℃，经国家权威部门检测，温泉水富含氟、锶、溴、碘、锂等多种对人体有益的微量元素，具有较高的医疗价值。

2000年南华大酒店营业额1300多万元，成为菏泽市的明星企业。

和平大酒店　和平大酒店坐落于菏泽市开发区中华东路和平广场，是由山东菏泽发电厂所属和平实业开发有限公司投资兴建的国际规范四星级标准涉外旅游宾馆，于2002年4月开业。

和平大酒店总建筑面积1.4万余平方米，建筑高度66米，共有17层，其中地上16层。拥有豪华套房、标准间、单人间计81套，138个床位。设有宴会厅13间，零点大厅餐位260个。酒店会议中心能容纳300余人同时与会，有容纳60人的小型会议室两处，30人会客室1处。酒店内还设有商务中心精品专卖店、娱乐中心、沐浴中心、康乐中心、美容美发室等。和平旅行社旅游线路新颖齐全，价格优惠，是游客的好伴侣。

和平大酒店本着“高、严、实、急”的服务理念和“顾客第一，诚信为本”的管理理念，赢得了客户的好评，被菏泽市委、市政府定为“定点消费接待单位”，被菏泽市卫生部门评为“食品卫生先进单位”。

鄄城县舜王城中药材专业市场　舜王城中药材专业市场位于鄄城县彭楼镇境内。1996年，经卫生部、国家工商行政管理局、国家中医药管理局批准开办，是全国17家中药材专业市场之一，也是山东省唯一的国家级中药材专业市场。市场占地14万平方米，建筑面积6万平方米，拥有固定门店460多个，摊位1000多个，经营中药材品种1100多个，年经销各类中药材5万余吨，成交额3亿多元。全国20多个省市的客商云集于此，是继安徽亳州、河北安国之后的全国重要的大型中药材集散地。鄄城县中药材产业入选“山东省十大（农业）产业集群”之列，总投资120多亿元的中药材产业园项目被列入山东省“十一五”专项发展规划，鄄城县被誉为全国著名的“绿色药都”。

第二章　供　销

第一节　体制改革

1986年，地区供销社在劳动制度、农民入股、经营范围、内部分配、价格管理等方面进行改革，全面促进了供销社系统“商品生产提供系列化服务、横向经济联合、农副产品加工、多种经营方式、农村商业网点、科技和教育事业”等六个方面的发展。1990年，全区供销社系统开展“三位一体、三级网络”服务体系建设，加快了城、乡、村三级经营服务网络的建设。入股社员扩大到农户总数的90%以上，新增营业面积16.8万平方米；全区社办工业项目发展到317个，涉及化工、棉纺、油脂、印染、养殖等33个门类，供销社成为全区经济发展的重要力量。1992年，供销社由点到面推行用工、价格、分配、经营“四放开”改革，在全系统普遍实行干部聘任制，职工全员劳动合同制及按效益取酬的多种分配形式，拓宽经营范围，延伸服务领域，扩大建材、农机、粮油、石油、医药、畜产品等商品经营。1993年，地、县两级供销社，成立“供销总公司”“综合商社”，对下属公司进行裂变、撤并、重组，精减行政管理人员。基层社推行“社有民营”，至1995年，全区327个门店，均实行定额管理、超利分成、大包干、租赁经营、联销联利计酬、计件工资等多种形式的经营责任制，县以上公司开始实行任期目标责任制和内部经济审计制度，实行“社有民营”的门店达到80%以上；对县级供销社开始实行利润目标责任制。地区供销社对下属经营单位的正职改任命制为考核聘任，副职由正职提名，经地社同意聘任，实行经理负责制。全区80%的供销社推行效益工资。对经营管理不善、长期严重亏损的221个门店实行租赁承包，以责、权、利为内容的经营责任制进一步完善。

1996年起，全区供销社紧紧围绕把供销社真正办成农民的合作经济组织这个目标，以基层社改造为重点，坚持为“三农”服务的宗旨，加快农村专业合作社的建设和发展，全区共发展辣椒、芸豆、棉花、面粉、养殖、食用菌等专业合作社78家，促进了农村经济发展步伐，推进了农民和市场的对接，成为全省起步虽晚、但发展快、建设规范的典型。1999年全区供销系统积极开拓农村市场，以“三社一场”（专业合作社、村级综合服务社、城市消费合作社、商场）建设为载体，构筑适应市场经济的农村市场体系。至年底，全系统共建立专业合作社106个、村级综合服务社1586个、城市消费合作社5个、商（市）场29处。

巨野县供销社以互惠互利为纽带，把27家农资消费合作社与287个村级综合服务社有机地结合在一起，形成“两社一体”。

2003年，以股份合作制改造为重点，大胆采用破产、拍卖、租赁、合作等改革、改制方式，转换企业经营机制。郓城县供销社采用“流动资产股份制、固定资产租赁制”的办法，加快所属企业的改革步伐，全县12家直属企业改制彻底，运作良好，成为全省供销社企业改革的典型，被郓城县委、县政府树为改革的一面旗帜，全面推广其改革改制经验。2004年，全市供销系统实现工业产值9.8亿元，销售收入10.1亿元。2005年年底，全市供销社系统共建设连锁超市10个，成武县汶上镇刘楼村作为全市第一个规范的农村综合服务中心试点，建设工作全面启动。

第二节 农业生产资料经营

1986年，境内供销社系统拥有生产资料经营机构（批发、储运、零售）193个，零售网点905个，经营品种分5大类：化肥、农药、农用塑料薄膜、农药械、中小农具。全年农资销售1.8亿元，销售化肥513965标准吨，农药4147吨，农膜1241吨，农药械54226架，中小农具17754百件。1988年，国务院下发《关于化肥、农药、农膜实行专营的决定》，境内对乱经营、乱涨价、假冒伪劣产品、坑农害农等问题进行全面清理。1990—1995年，全区共化验化肥2.5万多批次，查处假化肥2650余吨，为企业挽回经济损失560万元，避免农业生产损失2400万元。1996年，化肥实行一主两辅的经营方式，结束了供销社专营方式。1998年，化肥流通由计划管理为主改为间接管理为主，取消国产化肥指令性生产计划和统配收购计划，由化肥生产和经营企业自主进行购销活动。同时规定除供销社、农业三站（农技站、土肥站、植保站）、生产厂家外，其他单位和个人不得从事化肥批发业务。1997年，全区销售化肥115.91万标准吨、农药2023吨，达到历史最高峰，占市场份额的近80%。2004年销售化肥311789标准吨、农药624吨，占市场份额的不到三分之一。2005年底，全市农业生产资料经营机构203个，连锁配送网点1890个，从业人员5675人，形成了遍布全市的销售网络。全市供销系统共供应各类化肥380218吨，农药1117吨，农膜598吨，农药械11500架，中小农具21.5万件。

化肥配送

化肥 化肥资源 境内化肥资源主要来自国内，同时接受部分进口。国产化肥中，尿素主要来自齐鲁石化、鲁南、二化（齐鲁石化第二化肥厂）、大庆、中原、鲁西化肥厂等厂家；磷肥货源主要来自云、贵、川、鄂等省厂家；复合肥主要来自红日集团、寿光联盟、天津等厂家。进口化肥中，尿素主要来自日本、俄罗斯；复合肥进口主要来自美国、俄罗斯、墨西哥，钾肥主要来自加拿大。

化肥采购与调拨 1986—1993年，化肥的购进曾先后实行分级收购、定点收购、计划内分配、计划外自购等办法，以满足本地农业生产的需要。国家对农副产品收购（粮、棉、油）执行奖售化肥的政策，每年根据农民交售的农副产品数量和规定的奖售化肥标准，兑现给农民。各级供销社根据负担的调拨任务，在化肥厂所在地、化肥接运港口和中转的交通要道建立相应的办事机构，负责中转、调拨任务，由省农资公司按照分配计划逐级调拨到各地市、县，再分配到各基层单位。1994年后国家除少量救灾及专项用肥外，取消了分配计划，基本上由企业自行采购，同时取消了奖售化肥。

化肥供应 1986年，境内耕地每亩施肥量在40千克～50千克，以后上升到50千克～95千克，并逐步向高含量的化肥发展，化肥的价格管理也有所放宽，国家计划分配的化肥，仍执行统一的零售价，计划外采购的各种化肥均按进货价加费用微利销售的原则定价。由于化肥供应缺口较大，供需矛盾突出，省分配平价化肥数量少，起不到抑制市场价格的作用。工厂常年生产，农业生产用肥季节集中，产销很难平衡。化肥市场放开以后，议价化肥价格一再上涨，1986年计划内尿素每吨540元，计划外每吨560元～800元，地、县农资公司和基层社的综合差价率分别是4%、4.5%、6%。1988—1993年尿素货源趋紧，进口减少，计划内尿素上调至每吨610元，计划外每吨价格上涨到1100元。1994年，尿素供需缺口较大，国家取消计划内尿素，一律实行市场价，每吨尿素上涨到1380元，国家采取最高限价，每吨不得超过1400元。2004—2005年由于生产化肥的原材料涨价，化肥价格猛涨，国家虽然给予补贴，并规定最高限价，尿素最高零售价每吨1900元，但市场最高时达到每吨2200元，进口二铵达到每吨2900元。2005年，全市共供应各类化肥38.02万吨。

农药 1986年，停止六六六粉、滴滴涕农药的生产，境内经营农药品种主要有3911、1605、氧化乐果、呋喃丹、敌敌畏、钾铵磷、辛硫磷、久效磷、菊酯类等30多种，全年销售农药4147吨。1989年农药专营，国家每年拨付给供销社一定资金保证农药库存，确保农业需要。1989年以后，为维护专营的局面，每年供销社都配合工商、技术监督等有关部门深入开展农药打假活动，净化了市场，维护了农民合法权益。1993年后国家取消分配计划，由供销社专营转向多家经营的局面。1986—2005年全市供销社系统共向农民供应各类农药4.95万吨，平均每年销售2473吨。

农药械 20世纪80年代初，取消农药械统一零售价格，各级供销社按进货价加费用，自行制订零售价格。销售品种主要有喷雾器和喷粉器，规格有气压式喷雾器、手压式喷粉器。1986年销售5.42万架，1988年增加到14.46万架，1986—2005年销售各种农药械85.62万架。

中小农具 供销社经营中小农具品种有犁铧、铁锨、镰刀、抓钩、粪叉、车棚、桑叉等，市场放开后，乡镇企业、个体户等多家生产和经营中小农具，供销社供应的数量逐渐减少。1986—2005年共供应各种中小农具1374万件。

农用塑料薄膜　供销社经营农用薄膜主要用于棉花育苗及其他经济作物的早春苗期覆盖及农作物越冬保种等方面。使用地膜覆盖的棉田比未用地膜的平均亩产可提高30%左右，花生亩产可提高40%左右。农民需要的品种不断增加，由双幅1米到2米、3.5米不等；厚度由原来的1.5丝、2丝到1.2丝，每件重量由20千克到10千克～12千克，降低了成本，搬运也比较方便，农民比较满意。1986—2005年共销售农膜3.39万吨。

1986—2005年菏泽市（地区）供销系统主要农业生产资料销售统计表

表14-2-1

年份	农资销售（万元）	化肥（吨）					农药（吨）	农膜（吨）	农药械（百架）	中小农具（百件）
		合　计	氮　肥	磷　肥	钾　肥	复合肥				
1986	18165	513965	365938	121961	1761	24305	4147	1241	542	17754
1987	19652	447554	316751	95999	159	34645	4506	1131	944	14546
1988	30928	629765	388132	145185	748	95700	3470	885	1445	12010
1989	41983	779454	474596	140527	346	163985	2679	680	714	10736
1990	41934	777778	488154	118417	489	170718	2559	580	1159	9329
1991	50720	876753	491745	138816	1191	245001	3923	753	1245	8451
1992	47416	811558	464405	115755	2936	228462	4326	937	515	6748
1993	44618	692773	407857	161189	3450	120277	2939	701	220	9882
1994	51407	602138	344527	141965	5608	110038	3073	509	254	5090
1995	93122	1008351	538138	244360	8772	217081	3479	681	322	4862
1996	95412	1036670	547751	231969	10851	246099	2616	1207	86	6991
1997	86848	1159143	582503	321235	17321	238084	2023	537	91	5118
1998	80654	1145980	608465	294697	18356	224462	1986	435	100	4290
1999	63555	980748	484056	276068	12394	208230	1409	418	91	4298
2000	71415	1006651	544026	185452	11958	265215	1021	7853	154	4402
2001	54378	704184	374223	112323	8213	209425	1035	13368	131	3484
2002	39345	582820	292573	77207	6688	206352	1608	555	137	3124
2003	22047	319122	177734	49648	4059	87681	915	436	195	2143
2004	29366	311789	155090	55493	3686	97520	624	394	102	2040
2005	37280	380218	223384	45907	8218	102709	1117	598	115	2150

第三节　生活资料经营

1986—1990年，全区城乡市场对日用工业品的需求日益旺盛，发生了从量到质的转变，这一时期，农村的消费结构发生变化，购买力投向次序为：住、穿、用、吃、烧。在穿着方面，化纤布代替了棉布，涤纶、弹力呢、涤粘等化纤品和粗纺呢绒广为流行，中高档毛线、呢绒、绸缎需求不断增长，农民由布料转为成衣，做鞋转向买鞋。在用的方面，老四件（自行车、手表、收音机、缝纫机）稳步上升，新四件（电视机、收录机、洗衣机、电冰箱）需求旺盛，在家用电器购买中选产地、挑名牌、讲外观。

1990年后，彩电、照相机销售大增，日用百货、小针织、小五金等成为家庭必需品。饮食方面，由吃饱转向吃好，由单一品种转向多样化、方便化。城乡差别逐步缩小，流通领域发生了重大变化。出现了国营、集体、个体、工业自销、工商、商商联营等多渠道、多种形式的工业品经营，市场机制自发地调节余缺和价格。各级供销社根据农村出现的新变化和购买力投向，努力组织货源，开展从工厂直接进货和组织工业品联购分销，组织工业品送货下乡。1990年全区生活资料销售26350.8万元，比1986年增长20%，联购分销额10442万元，占总销售的39.6%，组织下乡送货75790人次，送货额6316万元，占工业品销售的24%。1986—1995年，全区供销社系统共供应食糖36572吨，卷烟106017箱，酒45970吨，自行车2927万辆，录音机48270部，收音机17.6万部，电视机16.7万台，其中彩电11273台，电冰箱3807台，电风扇27.7万台，棉布5622.2万米，呢绒76.6万米，各种服装617.2万件。1996—2005年，全市供销社系统供应各类生活资料价值18.56亿元。

第四节　棉花购销

棉花收购　1986年，国家规定合同定购以外的棉花，只准卖给国家，不允许自由交易，全区棉花种植面积18.45万公顷，总产14.03万吨，收购棉花10.9万吨。1987年始，加价比例提高，对棉农实行奖售，每交100千克皮棉，奖售化肥50千克，促进了棉花种植面积增加。1986—1990年，每年收购量都保持在10万吨以上，1991年种植面积达29.55万公顷，总产29.95万吨，收购27.90万吨，创历史最高水平。1992—1993年，棉花生产遭受严重自然灾害，收购量大幅下降，1993年共收购棉花37856吨。1994年，国务院再次明确规定，全年不放开棉花市场、不放开棉花价格、不放开棉花经营，由供销社统一收购、统一经营，取消了售棉奖化肥、柴油，1995年种植面积下降到11.73万公顷，总产85848吨，收购68342吨。1996年始，棉花定购合同逐步取消。1998年，国务院下发国发〔1998〕42号文件，放开棉花经营，允许供销社及其棉花企业、农业部门所属的良种加工厂和国营农场、经资格认证的纺织企业收购、加工、经营棉花，鼓励纺织企业、纺织产品出口企业及其他用棉单位，通过委托、代理等多种形式到县级棉花加工厂直接采购棉花。从1999年9月1日新的棉花年度起，国家对棉花的收购和销售价格不再统一规定，按照市场形成价格的原则，棉花价格由购销双方协商确定，实行优质优价。棉花价格放开后，根据农业发展银行的要求，各级供销社棉花企业必须按照保本销售的原则经营，因企业经营不善而造成的亏损和增加的费用，由企业自行负担。为缓解棉花企业经营困难，从1999年开始，国家将棉花企业的增值税进项税抵扣率由10%提高到13%，与销售税持平。2001年，国务院下发国发〔2001〕27号《关于进一步深化棉花流通体制改革的意见》，放开棉花收购，鼓励公平有序竞争。要求打破棉花经营中的行业垄断和地区封锁，实现多渠道经营和有序竞争，充分发挥市场机制在调节棉花生产、流通中的基础作用。从2001年棉花年度起，凡符合《棉花收购加工与市场管理暂行办法》规定、经省级人民政府资格认定的国内各类企业，均可从事棉花收购，将棉花购销、加工企业与供销社彻底分开。2005年，全市种植面积24.67万公顷，总产量17.76万吨，供销社收购18553吨。

棉花收购

棉花供应　纺棉供应　1986年，国家把实行30多年的纺棉统一分配改为计划选购，即纺纱厂根据国家计划，到市县棉麻公司选购。各县棉麻公司积极改进经营方式，为用户选购棉花创造条件，提供方便，1996—2004年全市供应纺棉1404791吨。

絮棉供应　1983年12月，国务院决定取消沿用多年的凭证定量供应办法，实行敞开销售，各县市棉麻公司为满足不同消费水平的需要，用各个等级的棉花加工出各种规格的絮棉及制成品投放市场。1986—1992年全区絮棉供应338吨。

供应出口　1986年棉花出口由提货制改送货制，由供货单位办理托运手续，运到指定的地点，1992年以后不再出口。

棉花储备　为以丰补歉，调剂余缺，保证军需民用，当年收购的棉花平衡使用，国家有计划安排一部分国家储备。储备棉资金由国家财政拨款改为向银行贷款，中央财政负担利息，这一办法成为保护农民利益，保证工农业生产和市场供应的重要调节手段。1986年全区代国家储备棉花21.69万吨。1987年拨交储备棉31.84万吨。1992年后棉花资源紧张不再储备，1998年棉花丰收，全区棉花企业就地储备19410吨，1999年储备6573吨。2000年棉花收购量骤减，储备棉陆续出库，到2000年年底已全部出库。

1986—2005年菏泽市（地区）棉花收购统计表

表14-2-2

年　份	收购量（吨）
1986	109015
1987	163389
1988	201262
1989	149693
1990	185795
1991	278998
1992	110387
1993	37856

续表 14-2-2

年　份	收购量（吨）
1994	73636
1995	68342
1996	24558
1997	20343
1998	47933
1999	58403
2000	64513
2001	78504
2002	84428
2003	32600
2004	26986
2005	18553

第五节　废旧物资经营

1986年，废旧物资实行计划管理，由供销社系统和物资系统的废旧物资回收公司两家经营；1987年始国家取消废钢铁指令性计划，开放废钢铁市场，城乡经营废旧物资的集体和个体商户大量增加。全区供销社废旧物资由回收公司、土产公司、日杂公司等公司经营，全区经营单位11个，收购网点187个，回收各种废钢铁、废有色金属、废旧造纸原料、废塑料、废橡胶、废麻制品、废棉被、废毛织品、杂骨等10余种废旧物资。

1996年后，随着废旧物资回收竞争的加剧，全区废旧物资回收业务逐步下滑。1986—1995年回收物资总值6182.3万元，废钢铁40321吨，废有色金属1269.7吨。2003年将回收物资从土产公司分离出来，成立了运达再生资源公司。2005年度全市供销系统完成废旧物资收购金额为18万元，废钢铁25吨，废有色金属0.2吨。1996—2005年收购金额1976.4万元，废钢铁12057吨，废有色金属68.1吨，比前10年分别下降68.0%、70.1%、94.6%。

第六节　合作经济组织建设

专业合作社　专业合作社实行独立核算、自主经营、自负盈亏，实现的利润按股金实物交易量分红。1996年8月，曹县青堌集芦笋种植专业合作社、成武县孙庙芸豆种植合作社相继挂牌成立，之后全区专业合作社建设迅速在全区铺开。至1996年年底，全区组建20个不同类型的专业合作社。1997年，曹县青堌集芦笋专业合作社发展基地180公顷，组织外销芦笋1600吨，销售收入640万元，实现利润24万元，税收6万元，不仅当年收回了全部投入，而且还能给农民保息分红。定陶县田集银雪食品专业合作社，成立当年加工小麦4500吨，外销面粉600吨，加工面条80吨，实现利润12万元，被省体改委、省供销社授予“专业合作社示范社”称号。至2005

年年底，全市专业合作社已发展到107个，其中种植类25个，养殖类2个，加工类3个，食用菌1个，服务类15个，农资类6个，入社农户18067户，入股金额718万元，销售收入3480万元，帮助农民实现收入221.5万元。

村级综合服务站 村级综合服务站是与改革开放相伴而生的。随着流通领域放开搞活，村级综合服务站应运而生，1986年服务站建设主要采取三种形式：供销社职工回村领办、供销社与村委会联办、对分销店进行改造。村级综合服务站以其经营灵活、最了解农民需求意向等优势，切实解决农民生产生活难题，成为供销社服务“三农”的前沿阵地。村级综合服务站向农民及时供应各种生产、生活用品，为农民提供市场、科技信息和收购农副产品。在服务农民生产生活，助农增收等方面发挥了不可代替的作用，深受农民欢迎。1991—1994年，从服务“三农”着手，立足发展“三位一体”“三级服务网络”。村级综合服务组织建设迈出了重要一步。1991年全系统试办村级服务站63处，把供销社的服务触角延伸到最基点，扎根到最基层。1992年在上一年试点的基础上，建立了县、乡、村三级服务网络。各县联社成立综合服务办公室，各企业相应成立“综合服务办公室”，在较大的行政村成立综合服务站。至2005年年底，全市供销社系统综合服务站达到840个，庄稼医院139个，购销总额1.4亿元，开展咨询服务22600人次，测土配方施肥578.37公顷，提供种子种苗服务12万元。村级综合服务站的建设和发展，延伸了供销社为农服务触角，提高了供销社的市场占有率，增强了供销社为农服务功能。

第三章　粮　油

第一节　经营体制

1986年，实行粮食调拨包干，并对调拨价格和财政补贴办法进行适当调整。包干以外需要调出、调入的粮食，由各地区自行协商，议价购销。1987年，实行合同定购与市场收购并行的“双轨制”，即由国家以合同形式按规定价格收购一部分，合同以外的部分按市场价格自由购销。完善粮食定购政策，实行粮食合同定购与评价化肥、柴油以及发放预购订金“三挂钩”。每50千克贸易粮拨付优质标准化肥3千克、柴油1.5千克，按合同订购粮食价款的20%发放预购订金。1988年开始，个别地方实施压缩平价粮销售，压缩城镇居民部分口粮定量标准。1990年，建立了粮食储备制度和对粮食实行保护价制度。1992年4月，再次提高粮食统销价格，实现购销同价，全国平均粮食提高0.22元／千克，每个职工每月补贴5元。1993年粮食收购“双轨制”，销售放开。1994年6月，国家大幅度提高粮食定购价格，四种粮食定购价格比上年平均提高了44.4%，同时从收购到批发各环节恢复由国有粮食部门统一经营，发挥主渠道作用。1998年，提出按保护价敞开收购农民余粮、粮食收储企业实行顺价销售、粮食收购资金封闭运行3项政策。2004年，全面放开粮食收购市场，实现粮食购销市场化和市场主体多元化。这一时期粮食行政管理部门的主要职能是完成国家保护价收购任务、开展国有粮食企业改革、处理计划经济时期遗留的“老粮”“老人”“老账”等问题。2005年8月，菏泽市制订改革方案，要求各县区本着因地制宜的原则，制定出县区改革方案，粮食局的主要任务由原来的计划调控，变为监督指导，同时管好各级储备粮和社会粮食。

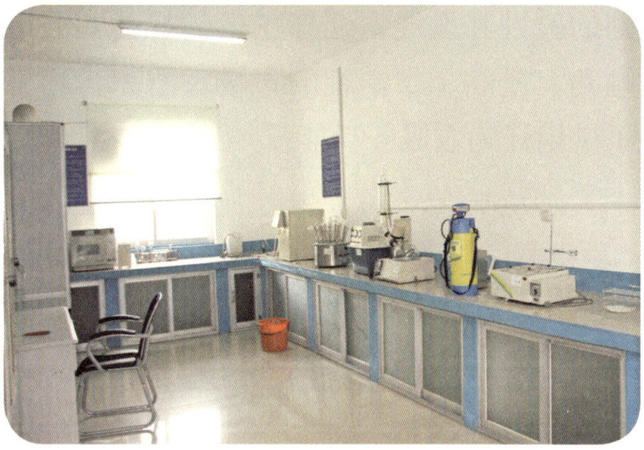

粮食质量检测站

第二节 粮油收购

粮食收购 1986年，国家取消执行30多年的粮食统购统销政策，实行“双轨制”（将统购改为合同定购，定购之外的粮食议价收购）。国家实行粮油合同定购、销售、调拨包干政策。同年，省政府将菏泽粮食合同定购任务由原60万吨调减为40万吨。调减的重点是黄河滩区和贫困村队，定购品种仍为小麦、玉米、稻谷3个品种。区内各级党委和政府在收购期间，逐级实行责任制。全区完成合同定购任务37.99万吨，占任务的95%，另外，完成委托代购粮食7.05万吨，总计收购粮食45.03万吨。1987年，省政府将菏泽粮食合同定购任务由40万吨调减为34万吨。当年小麦减产，牌市差价较大，完成定购任务有一定难度。地委、行署主要领导召开多次会议进行动员，收购中地、县两级共抽调干部800余人，乡镇抽调干部1万余人，各级粮食部门组织干部4000余人帮助收购入库，同时还大力加强市场管理，认真执行“三挂钩”（预付定金、化肥、柴油与定购任务挂钩）政策，依质论价政策、户交户结政策，夏季一季基本完成全年粮食定购任务，共入库小麦33.79万吨，全年定购任务完成35.91万吨，占全年任务的106%。

1988年，菏泽农业生产受到多方面的自然灾害，粮食生产夏秋两季均减产，全年共减产34.5万吨，完成省政府原核定的定购34万吨困难很大。经地委、行署研究，报省政府批准，将当年定购任务34万吨调减为29万吨，“议转平”粮食收购计划3.7万吨。当年，全年完成粮食定购29.11万吨，占省调减任务后的100.4%，完成“议转平”

粮食收购（“缴公粮”）

收购1.55万吨，占任务的41.9%。

1989年3月，小麦定购价由原来50千克24.1元调到25.8元。

1991年粮食丰收，粮食产量大幅度回升，全区比上年增产近55万吨。共完成定购任务34.11万吨，其中入库夏粮32.8万吨，在全省率先一季度完成全年粮食定购任务。鄄城县、巨野县、定陶县粮食局和8个粮所受到省粮食和省财贸工会的表彰；郓城县、曹县和12个粮所被地区评为优质服务竞赛先进单位。1996年全区粮食生产获得特大丰收，全年粮食总产达到419.65万吨。同年5月，粮食定购价格提高，小麦由1994年每50千克54元，提高到76元，玉米每50千克41元提高到63元。1998年，国务院发布施行《粮食收购条例》，共23条，同时制定“敞开收购、顺价销售、收购资金封闭运行”的粮食3项政策。省政府对全省粮食定购任务进行调减。菏泽粮食定购任务由原来的27万吨调为19.5万吨。

收购农民余粮

2001—2003年，国家继续实行计划定购，按照保护价收购农民余粮。2001年全市实现收购146.2万吨；2002年全市实现收购148.4万吨；2003年实现收购91.05万吨。2004年，国家对粮食实行“收购、价格、市场”三放开政策，持续多年粮食计划经济宣布结束。这一年全市实现粮食收购51.35万吨。2005年全市粮食大丰收，全年全市实现收购133.15万吨。

油脂油料收购 1986年，省政府分配菏泽花生仁合同定购计划2.5万吨，棉油0.4万吨。并要求各地随同粮食一起，把花生仁定购计划逐级落实下去，同村户签订合同，以利指导生产，促进收购。收购花生仁奖售政策调整为：不分大小花生每交售100千克花生仁奖售平价优质标准化肥30千克。为便于棉油定购计划的安排，从当年起，实行随棉定购的办法，对重点产棉区，棉农每交售100千克皮棉，国家同时定购棉油4千克，或棉籽25千克。由供销社代购拨交粮食部门，由粮食部门付给手续费。由于花生产量比上年减产5万吨，加之对花生合同定购任务淡化，执行不力，所以仅完成花生仁428万千克，占任务的17.1%。棉油完成62万千克，占任务的15.4%。

1987年全省对花生仁、棉油定购计划进行调减。菏泽地区也由2.5万吨花生仁定购计划，调减为1.5万吨；棉油400万千克调减为300万千克。油脂油料收购奖售仍按1986年的奖售政策规定执行。国务院确定从1987年粮食年度起，提高部分粮油定购价格；花生仁（油）、棉油（籽）提高到超购价水平，即：花生仁由比例价每50千克62.4元提高到72元；棉籽二等由原比例价每千克12.6元提高到15.75元；棉油（卫生油）由原比例价每50千克100.8元提高到126元。尽管如此，由于市场价格高，农民仍有惜售思想。如花生仁国家定购每千克0.72元，而市场价为0.88元～0.90元。因此，当年花生仁定购任务只完成740万千克，占任务的49.3%；棉油完成63万千克，占任务的20.8%。

1988年，全区花生仁、棉油定购任务不变，省政府要求：油脂油料任务必须保证完成，完不成任务的市、地，调出地区不减少调出计划，调入地区不增加调入，自给地区不予补贴。油脂油料的奖售办法和标准仍未变动。但是，区内油料因灾减产，加之牌市差价加大，完成任务有诸多困难。当年花生仁只完成392万千克，占任务的26.1%，棉油只完成20万千克，占任务的6.5%。

1989年，全区花生仁、棉油的定购任务不变。国家对花生仁、棉籽（油）等油脂油料价格进行调整，即：花生仁由原来的每50千克72元提高到76.8元，棉籽由原来的每50千克15.75元提为18.3元，棉油（精炼）由原50千克126元提为145.5元。同时增加油脂油料的奖售化肥数量，即：每50千克花生仁奖售挂钩标准化肥20千克；每50千克棉籽油，奖售挂钩标准化肥20千克。由于夏季阴雨连绵，花生棉花生产都受到很大影响，油脂油料牌市价格仍有差距，全区花生仁定购任务完成376万千克。另外，收取油脂油料差价款800万元，可购食油40万千克。

1990年，为调动农民种植油料的积极性，缓解食油供需矛盾，国务院决定大幅度地提高油脂油料的定购价格。花生油每50千克（下同）由183元提为231元；花生仁由76.8元提为96.5元。当年全区油脂油料定购价格和奖售政策虽然没有变动，但由于全区秋季受风雹等自然灾害影响，造成油料减产，油脂油料的市场价格仍然高于国家定购价格。全区全年只完成花生仁定购610万千克，棉油没有入库。

1991年，省政府确定，平价食油销售只保城镇居民定量用油和军供用油，其他各项用油改为市场调节。同时对城镇居民定量口油的供应实行购销同价的办法供应。并对全区花生仁、棉油的定购任务作出调减。全区花生仁定购任务由原来的1.5万吨调减为750万千克；棉油定购任务由原来的300万千克，调减为25万千克。当年全区收购花生仁293万千克。奖售物资按规定兑现。

油脂检测站

1992年，是国家理顺粮油价格深化粮食流通体制改革最大的一年。从10月1日起，粮油统销价格全部放开，同时也取消省内市、地间平价粮油调拨计划，国家仍实行油脂油料定购政策和奖售政策。由于上年对城镇居民供应食油实行购销同价的影响，市场油脂油料价格较为稳定，加之当年油料收成较好，全区入库定购花生仁740万千克，占任务的98%，而定购的25万千克棉油仍未入库。1993年，国务院取消国家食油收购计划和食油定量供应政策，取消食油指令性调拨计划，从此结束了油脂油料定购计划和奖售政策。

第三节 粮油销售

议销价格在区内区外和省外都有所不同，1988年11月，在当地市场上议销的粮油，只许一道批发和一道零售环节。批发环节的进销差不得超过9.5%。销售省内区外按当地实际议购价格加合理费用（包括经营管理、仓储管理、仓储保管、短途运费、利息等）以及按国家规定应缴纳的各种税金和利润45%作价。销往省外的议价粮油，可根据购销双方协商的价格执行。1991年1月，区内同城同县内销售的议价粮油本着“管而不死，活而不乱”“微利经营”的原则。批发企业就地收购和从外地调入的粮油，按照粮食13%～14%，油脂油料12%～13%的购批（进批）差率计算批发价格。零售企业就地收购和从同城同县批发企业进货的粮油，按照粮食16%～18%，油脂油料15%～17%的购零（批零）差率计算零售价格，上述差率允许不同品种，不同季节有高有低，但分类全年统算不得突破，并实行分对象作价。批发企业供应给同城同县企业和加工生产企业用作生产原料以及供应给部队、机关干部、医院、厂矿等企事业单位食用的议价粮油按批发价格供应；供应给消费者的按零售价格供应。省内县、地间销售的议价粮油实行纯利率控制办法。全年统算纯利润率不超过5%。

“议转平”的粮食调拨价格为收购最高限价加调经营费，除省在定购价格的基础上每斤补贴六分四厘外，不足部分由用粮市、地负责。

2001—2003年，国家继续实行计划定购，按照保护价收购农民余粮，按市场价出售。2001年全市销售粮食147.1万吨；2002年销售125.45万吨；2003年实现销售111.05万吨。2004年全市实现销售74.9万吨；2005年实现销售193.1万吨。

第四节 粮食管理

1986年，对国家定购的秋粮和油脂油料品种，县市未完成全年收购任务前不准向外省运销。定购品种完成国家任务后，实行自由购销。1987年9月，在保证完成国家粮油合同定购任务的前提下，积极组织好多渠道流通。从事粮油经营的单位和个人，须经所在工商行政管理机关批准并领取营业执照。1988年9月始，大米由粮食部门统一收购，其他部门、单位、个人不得经营。省内大米一律不准销往外省。10月对小麦、稻谷、大豆、玉米、地瓜干、面粉、大米、花生果、花生仁、棉籽、芝麻、花生油、豆油、香油、卫生油、原棉油、花生粕、豆粕、皮等19个品种实行重点管理。凡外运出省的须报地区粮食局审查后转报省粮食局办理签证；出地区的经地区粮食局办理签证（加盖菏泽地区粮食局粮油准运专章）；区内县、市间品种调剂由县、市粮食局办理签证。全区设市场检查站(组)

134个，查获各种粮食105.5万千克，花生仁16万千克。1989年1月全区因灾减产，农村缺粮、饮料紧缺，粮价上涨，市场不稳，地区确定控制粮油外销。1990年12月，粮油批发业务主要由各级粮食部门承担；非粮食部门经营粮食批发业务的，必须经县（市）政府批准，严禁私营企业和个体商贩人事粮油批发业务，坚决取缔无照非法经营。1991年10月，取消大米由粮食部门统一收购，其他部门、单位和个人不得经营的规定。粮食、油脂油料等关系国计民生产品的批发经营必须经过批准。1992年9月按照管好批发、搞活零售的原则，加强粮食市场管理。粮食批发业务以国营粮食企业为主，国营、集体、个体均可经营。凡申请经营粮食批发业务的，必须拥有必要的资金、场地，并保持一定数量的粮食周转库存，经县以上粮食管理部门审查同意，工商部门核发营业执照。粮食零售市场放开，国营、集体、个人均可经营。1995年10月，非法粮贩活动猖獗，境内取缔无证经营，打击囤积居奇、欺行霸市、哄抬粮价等扰乱粮食市场的不法行为，以确保国有粮食部门掌握70%～80%的商品粮源，满足市场供应需要的要求。

1998年10月，按照国务院《粮食收购条例》的规定，为进一步加强对粮食收购市场的管理，工商、粮食、公安等部门密切配合，切实管住、管好粮油收购市场，并按照规定严格执法，维护好收购秩序。对无证直接到农村收购小麦、玉米稻谷的单位和个人，依法坚决取缔。

1999年7月，省政府要求继续加强粮食收购市场管理。境内各级工商管理部门严厉查处私商粮贩，坚决取缔无照经营。2001—2003年国家继续实行计划定购，按保护价收购农民余粮，2004年以后国家对粮食实行收购、价格、市场“三放开”政策，持续多年粮食计划经济宣布结束。2005年，根据《粮食流通管理条例》的规定，在抓好粮食经营的同时，重点抓好粮食市场的宏观调控和对粮食经营者的监督检查工作。

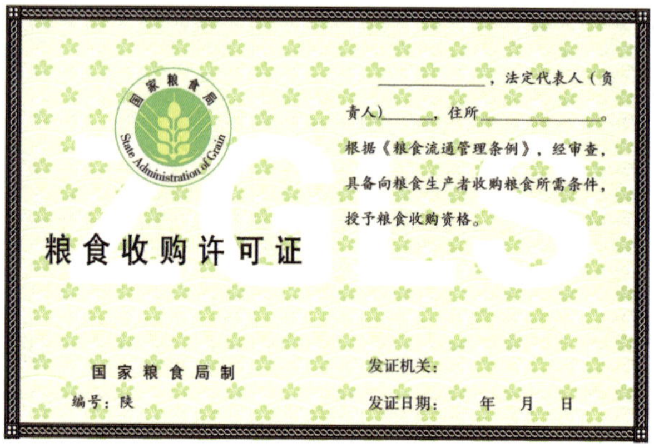

第五节　重点企业介绍

菏泽华瑞食品公司　华瑞公司隶属于市粮食局，是国有控股大型面粉加工企业，山东省农业产业化经营重点龙头，企业成立于1992年，至2005年年底有员工322人。公司自身有两条瑞士布勒PLC制粉生产线，租赁两条国产设备制粉生产线，日加工小麦1100吨；两条高档挂面生产线，日加工30吨。设有当代高科技水平的质量监测中心、新产品研发中心和烘焙试验中心。至2005年10月底，公司拥有总资产1.26亿元，其中固定资产原值1.14亿元，资产负债率67%。公司获山东省粮办工业三十佳企业、省守合同重信用企业、省质量管理先进单位、省级食品安全诚信单位、省财务管理先进企业、省消费者满意单位、全国5000家工业企业联网直报先进单位、A级诚信纳税企业，2002年通过ISO 9001 ：2000质量管理体系认证，首批获国家食品行业QS质量安全生产许可认证，2005年通过计量保证能力体系“C标”审核，多次获省、市粮食系统先进单位。

华瑞食品公司

菏泽华瑞油脂有限公司 菏泽华瑞油脂有限责任公司是由菏泽浸出油厂1999年改制而成的国有控股的中型油脂加工企业，2005年总资产9156万元，至2005年年底有职工280人，总投资500万元，拥有日处理油料80吨预榨浸出生产线、日处理大豆300吨和600吨精炼油生产线各1条，铁路专用线2500米，仓容量1万吨，年加工生产能力20万吨，销售收入4亿元。主要产品：“菏宝”牌大豆油、花生油、食用调和油，“华瑞”牌香油，“华瑞”大豆色拉油及豆粕、花生粕，畅销全国十多个省、市、自治区。1999年通过ISO 9002质量体系认证；“菏宝”牌食用植物油被评为“山东名牌”、山东省免检产品，推荐全国名牌产品。连续4年位列“山东省粮办工业三十佳”企业。

华瑞油脂公司

菏泽绿源食品总公司 绿源食品总公司属于国家中型肉类联合加工企业，是国家经贸委认定的机械化屠宰优势企业。公司占地21万平方米，固定资产6000万元，急结冻能力240吨，冷藏库容量5200吨，铁路专用线2.6千米，至2005年有

绿源食品总公司

日宰杀分割生猪2000头和日宰杀分割活牛200头高标准生产车间各1座，车间配有全国一流的现代化流水屠宰线和不锈钢分割加工生产线，具有符合国际质量标准的车间环境设施。采用全自动温度控制系统、电子磅计量系统、产品金属探测设施和臭氧发生器消毒设施。公司1999年通过ISO 9002质量体系认证，2002年转为ISO 9001质量体系认证，生产加工环节采取HACCP体系方法控制，并获得国家进出入境检验检疫局注册，产品销往俄罗斯、马来西亚、新加坡等国家和中国港澳台地区及国内各大中城市，是中国食品行业100强之一。公司先后被市委、市政府授予“节能降耗先进企业”“贸工农一体化龙头企业”“优秀政工企业”等光荣称号，被省政府授予“省定点屠宰先进单位”。公司生产部被授予“三八红旗集体”，被共青团山东省委授予“省青年文明号”。

菏泽市粮油中转储备库 菏泽市粮油中转储备库隶属市粮食局，是集粮油储备、中转运输、贸易加工、综合经营为一体的国有大型二类粮食流通企业。总占地面积20.47公顷，仓容量14.5万吨，储油罐900吨，双轨铁路专用线1000米，铁路罩棚1万平方米，铁路油罐车两节。拥有交通便利、设施完备、服务一流的华瑞大酒店，下辖年产塑编产品1000万条的塑料编织公司、华瑞生资公司。该库办公、生产等配套设施齐全，固定资产近亿元。库区内建有引进瑞士布勒公司日加工小麦300吨的车间1座，具有先进的中心实验室，从设备到化验能力均能满足粮油储备、加工业务的需要。2000年后连年被省粮局评为“规范化储粮先进单位”，2005年被中储粮总公司评为“全国优秀代储库”，被省政府批准为“农业产业化龙头企业”。

市粮油中转储备仓库

山东巨野国家粮食储备库 山东巨野国家粮食储备库是集粮油购销、储存、调运、面粉加工于一体的国有大型二类粮食收储企业。原名山东省菏泽地区粮食局巨野中转储备库，1992年10月由原国家粮食储备局批准增挂山东巨野国家粮食储备库的牌子。1994年4月，以菏泽地区粮食局巨野中转储备库为核心，组建菏泽地区巨野粮油储运贸易集团公司，为中型一企业。1997年12月，原国家内贸部批准晋升为大型二企业。有员工242人，库区占地面积15.87万平方米，仓房容量10.5万吨，储油罐400吨，中转货位118个，双轨铁路专用线840米，铁路罩棚4200平方米。2000年以后连年被省粮局授予“规范化储粮先进单位”“山东省仓储工作先进单位”。库面粉厂被评为“全省食品安全诚信单位”，“天康达”牌面粉被评为“全国放心面”。2005年又被省市有关部门评为“山东省优秀代储库”“市级文明单位”“菏泽市农业产业化龙头企业”。

菏泽市华瑞粮食储备库 菏泽市华瑞粮食储备库地处菏泽开发区内，是国有粮食收储中型Ⅰ类企业，公司下设粮油贸易部、粮食储备库、批发交易市场、市场开发部等。仓容1.5万吨，固定资产2000多万元。公司已形成以粮油贸易为主，粮食储备为支柱，兼批发与零售，集经营、管理，开发服务于一体的综合性商业企业，系中国粮油信息网络会员单位，省粮食行业协会会员单位，省商会理事单位。公司与全国18个省份的近100家企业保持着业务联系和信息往来。主要经营品种有小麦、玉米、花生、大豆、豆粕及粮油制品等。公司年经营量在5万吨以上，实现综合收入4000多万元。

菏泽市粮油购销储运公司　菏泽市粮油购销储运公司，始建于1976年，是集粮油购销、储备为一体的国有粮食中型企业。公司2005年有员工80余人，标准化仓库33栋，总仓容量15.6万吨。现储存中央储备粮1万吨，中央临时储备粮6.5万吨，最低价粮2.7万吨，地方储备粮0.7万吨。菏泽市粮油购销储运公司是以粮油购销储运业务为主，综合经营的国有粮食企业，拥有仓容200万公斤。主要开展粮油贸易。至2005年，公司已与全国16个省、市、自治区客户建立了稳定的购销贸易关系。

公司位于开发区佃户屯办事处南800米，菏商公路西侧，距离菏泽火车站8千米，日南高速1000米。吕陵库区处在牡丹区吕陵镇，南邻菏东公路，距算王庄火车站1000米。红船库区坐落于红船镇西1000米，北临济董公路，离鄄城火车站6000米，距郓城火车站10千米。3个库区交通运输均十分便利。日收发能力都能达到200吨以上。

公司以改革为动力，向管理要效益，内强素质，外树形象，不断开拓进取，连年取得较好的经济效益，获得“山东省十大购销企业”“山东省粮食系统先进集体”。公司秉承“诚实守信、互利共赢”的宗旨，立足现实、志存高远，坚持管理创新、经营创新，努力建设成运作高效、和谐发展的现代化粮食企业。

菏泽市粮食局直属军粮供应站　菏泽市粮食局直属军粮供应站是全市唯一一家军粮专供收储企业，固定资产130万元，山东省粮食局“双十佳”军粮供应单位。除担负军粮供应外，还大力开展粮油贸易，粮油经营业务遍及全国10多个省市。山东省菏泽市粮食局直属军粮供应站为国有粮食购销企业，成立于1998年4月，2005年有干部职工32人，企业财务状况良好，无担保风险，无未决诉讼。该站在做好驻城部队军粮供应工作的同时，坚持“依托军供带经营，搞活经营保军供”的工作思路，积极发挥军供企业的信誉优势，创新经营理念，寻求贸易伙伴，大力开拓粮食购销市场，先后与全国十几个省、市、区50余家大中型加工和贸易企业建立了长期稳定的业务往来。在粮食购销经营活动中，实行“包质量、包数量、包货款回笼”的“三包”责任制，做到守合同，讲信用，重质量，按期交货，诚信经营，赢得销方客户的较好赞誉。每年组织发运车皮均在700个以上，粮食经营量近5万吨，销售收入8000余万元，没有出现一起上当受骗和因粮食质量而发生的业务纠纷，货款回笼率均达100%，较好地维护了军供企业的良好信誉，做到军供、经营双轮驱动，确保军供企业协调稳定发展，取得较好的经济效益。多次被国家军粮办、省粮食局表彰为全省粮食系统先进单位和十强军粮供应站，年年被市粮食局表彰为全市粮食系统先进单位和先进党组织。

菏泽旺达畜禽养殖有限公司

菏泽旺达饲料有限公司 菏泽旺达饲料有限公司是集饲料生产、科研开发、产业服务于一体的畜牧综合性企业。拥有年产2万吨的添加剂预混料车间及年生产12万吨的浓缩饲料、配合饲料车间各1处。菏泽市农业产业化龙头企业、山东饲料行业协会会员单位、山东省畜牧兽医学会饲料科技专业委员会常务理事单位。公司浓缩饲料、配合饲料车间占地1.33公顷，2000年10月兴建，2001年7月试车投产，总投资1000余万元整套引进江苏正昌设备，采用国内最先进的电子配料和微机控制技术，年加工能力12万吨，至2005年年底公司总资产4790万元，是鲁西南及豫东地区最大的全民饲料加工企业。公司研制开发了预混合饲料、浓缩饲料和配合饲料3大饲料系列8个品系30余个品种。能够满足鸡、鸭、猪等各种畜禽不同时期的生长需求。

菏泽旺达饲料有限公司

菏泽旺达畜禽养殖有限公司 菏泽旺达畜禽养殖有限公司成立于1998年10月，是山东华瑞集团总公司投资兴建的一处集饲料生产—科研开发—生猪生产—产业服务于一体的畜牧综合性企业。公司位于日东高速菏泽出口东5000米，220国道415千米处，距曹州牡丹园东6000米。公司注册资本168万元，总资产2199万元，负债1048万元，资产负债率为47%，年销售收入为3400万元。公司占地面积13.53公顷，2005年存栏基础母猪1000余头，公猪120头，年生产仔猪2万余头，销售种猪3000余头，出栏生猪1.6万余头，实现利润300万元。形成英、法系种猪相配套，原种、祖代、父母代种猪3级繁育生产体系的生产规模，成为鲁西南地区最大的生猪生产基地。

菏泽市金谷粮食收储有限公司 菏泽市金谷粮食收储有限公司是集粮油收购、储存、中转、运输、贸易综合经营于一体的国有大型二级粮油收储企业，位于菏泽市丹阳路206号，注册资金200万元。拥有国家粮食购销企业证书，中央储备粮代储企业资格认定证书。至2005年，公司储存国家政策性粮食近2万吨。资产总额2700万元，年经营量24万吨，销售收入2.20亿元，年实现综合效益200多万元。金谷公司有高大平房仓9栋，仓容量2.9万吨。

防火、防盗、防汛设施一应俱全，各种粮食输送设备20余套，清理设备3套，地中衡1台，称重120吨，通风设备12台，仓储条件优越，能达到国家安全储粮标准。多次被市粮局授予“先进单位”和“先进党支部”等荣誉称号，被市工商局评为“重合同、守信用”企业。

金谷公司库房

山东华瑞集团驻商丘转运站　山东华瑞集团驻商丘转运站始建于1953年，是集粮油购销、中转、储运于一体的国有粮食收储企业。单位库区占地面积35982平方米，标准化仓房9栋，仓容6万多吨，固定资产1500多万元，年经营量在10万吨以上，具有中央储备粮代储企业资格证书，至2005年，储有各类政策性粮食3万多吨。

单位库区自筹建之日起，就立足于高起点规划、高起点建设，在粮油仓储管理上已全部应用机械通风、粮情微机测控、环流熏蒸3项储粮新技术。单位仓储科积极探索应用物理、生物防虫技术，取得较好效果，奠定了安全储粮基础。所有仓房均按照国家标准进行建设，库区平坦，排水畅通，无低洼地段，设计为50年一遇的抗洪能力，所有仓房具备完善的隔热保温、防水、防潮和良好的密闭性能，达到上不漏下不潮，能防雨、能通风、能密闭，三门三窗齐全，防火防盗设备齐全，检、化验设备完善，至2005年有移动输送机15台（其中带抛粮机头的8台），清杂设备3台，100吨汽车衡两台，粮情电子检测系统一套，微机两台，通风设备20余台，所有设备均保养良好，运作正常。

库区设有6个科室，规章制度齐全，科学管理，取得了较好的经济效益和社会效益。单位认真按照《粮油储藏技术规范》的要求，严格执行“以防为主、综合防治”的保粮方针，贯彻“安全、经济、有效、卫生”的害虫防治原则，制订了一整套切实有效并符合自身情况的科学保粮制度，仓储管理执行严格的考核办法，责任落实到人，实现了储粮规范化管理。在多次上级检查中被评为先进单位，科学储粮率达到100%，“四无粮仓”占单位仓房总数的100%。是山东省粮油创效达标企业。

济宁市润泽粮油收储站　济宁市润泽粮油收储站成立于1990年，其前身为菏泽地区粮食局济宁转运站，山东华瑞集团直属企业，是集粮食收购、销售、储存、中转为一体的国有粮食购销企业。企业占地0.67公顷，至2005年年底公司总资产500万元，干部职工18人，仓容2万吨，年经营量10

济宁润泽粮食收储站

万吨。拥有现代化的检测、储粮设备。

菏泽华瑞置业有限公司 菏泽华瑞置业有限公司成立于2003年6月，主要从事房地产开发，建材销售业务。至2005年年底公司有员工15人，是华瑞集团跨行业、实现跨越式发展的重点企业。公司全体员工恪守“先做人，后做事”的管理理念，坚持“规范管理、精益求精、优质服务、争创一流”的企业原则，遵循“以人为本”的现代设计理念，视客户为上帝，在每个项目开发的全过程实行严格、科学的质量监查控制。成功开发巨野华瑞花园小区、菏泽华瑞花园小区等项目。

菏泽华瑞置业有限公司致力于开发一片小区，打造一座精品楼盘，树立一座丰碑，全力改善宜居新环境，实现公司腾飞发展。

菏泽市华瑞物流配送有限公司 菏泽市华瑞物流配送有限公司注册资金830万元，2002年10月18日成立，至2005年年底公司总资产1139.48万元，有员工28人，为独立法人单位，公司下设办公室、业务科、财务科和采购科。公司拥有和整合各种运输车辆 20余台，先进的物流设备，仓库、分拨场地。与国内外50多家企业建立了长期的合作关系。公司凭着稳定可靠安全的运营网络、科学的资源整合、先进的管理技术，可为各类企业提供门对门、仓对仓的一站式等全方位的物流服务。

第四章 专卖品

第一节 石 油

体制改革 1985年1月，山东省石油公司成建制从山东省商业厅划出，山东省菏泽石油采购供应站改为山东省石油公司菏泽分公司，成为独立的经济实体，由地区商业局直接管理变为代管，所属各县石油分站改称“山东省石油公司 ×× 支公司”，由各县商业局代管。平价油计划逐年减少，在石油供应中，严格执行保、压、停的供应原则，不足部分通过多渠道自采。1986年10月，实行省石油公司与行署双重领导，人、财、物由省石油公司统一管理，业务以省石油公司管理为主，各县石油支公司也作相应调整。至1988年年底，菏泽石油公司拥有固定资产1359.4万元，总库容量2.3万立方米，从业人员1639人，年销量12万吨，销售额9000万元，实现利税800万元，被认定为国家中型一类企业。

1992年起，成品油购进中基本以自采为主，价格上实行“双轨制”（平价、高价），成品油流通渠道急剧增加。是年11月，山东省石油公司组建集团公司，菏泽石油分公司相应改为山东省石油集团菏泽总公司，拥有油库9座，总库容量6万吨，铁路专用线2条，加油站51座，固定资产5000万元，从业人员1700人，年销量19万吨，销售额3亿元，实现利税1200万元。1993年6月，菏泽地区汽车运输公司成立了菏泽地区汽运石油公司，机关设办公室、业务室、财务室，有加油站1座，职工 55 人，后更名为菏泽交通集团石油公司。1994 年 7 月，全区原油、成品油流通体制改革拉开序幕，成立地区成品油流通体制改革领导小组和成品油市场整顿办公室。1995 年，取消计划内供应，石油供应全面市场化。1998 年 7 月，根据国务院机构改革方案，中国石油天然气集团公司（简称中国石油）、中国石油化工集团公司（简称中国石化）正式成立，负责国内全部成品油的批发业务，其他单位、公司不得参与，炼油企业不得自行销售成品油，两个公司统一组织油品销售。同年，菏泽石油总公司随山东省石油集团整体划归中国石油化工集团总公司。石油经营开始实行“五统一”管理（统一资源配置、统一调运、统一价格、统一结算、统一资金运作）。2000 年 4 月，中国石化进行重组改制，菏泽石油总公司一分为二，分别组建中国石油化工股份有限公司山东菏泽石油分公司（股份公司）和中国石化集团山东石油总公司菏泽石油分公司（存续公司）。2000 年 7 月，中国石油与菏泽交通集团石油公司合资成立菏泽中油石油销售有限公司，拥有油库 1 座、资产型油站 7 座、租赁型加油站 16 座，共有职工 237 人。2004 年 12 月，全市具有零售经营资格的加油站（点）共有 793 个，在营 657 个。其中中国石化系统 199 个，在营 152 个；中国石油 48 个，在营 29 个；其他单位和个人 546 个，在营 476 个。全市石油成品油总供应量约 50 万吨，其中中国石化区内纯销量约 30 万吨、中国石油约 10 万吨。2005 年 3 月，中国石油在菏泽成立全资子公司——中国石油山东菏泽销售分公司，同年 8 月在菏泽市工商局注册成立，采用“一托二”的管理模式，与菏泽中油石油销售有限公司合并管理，拥有 1 座油库和 50 座加油站。

经营网点　1979 年 5 月，境内第一个加油站在双河集开始筹建，1981 年 2 月建成投产。其时，全区成品油零售网点极少，有 8 处油库，只有 1 个加油站，加油难的问题越来越突出。1984 年，郓城、鄄城、单县等县石油支公司加油站相继破土动工。1986 年起，社会上其他部门也开始建设加油站，开展成品油零售经营业务。1990 年起，零售网点发展迅速，石油系统的市场占有率开始大幅下降。至 1997 年，全区共有加油站 313 个，其中，石油系统 51 个、供销系统 87 个、农机系统 20 个、乡镇 43 个、企业 33 个、村办 36 个、政府部门 13 个、个体经营 33 个。1999 年起，石油系统加大网点建设力度，统一悬挂“SINOPEC＋中国石化集团”的形象标识，先后收购 85 个，租赁 11 个。至 2000 年年底，全市整顿合格加油站总数为 569 个，其中中石化 153 个，社会加油站 393 个，中石油 23 个。

2000 年，石油系统分两批关闭定陶县、曹县、成武县、单县、郓城县、鄄城县石油公司的 6 座低效油库，只保留菏泽直属油库、巨野油库和东明油库，库容量降至 5.14 万立方米。2004 年 5 月，巨野油库整

体转让给系统内泰安鲁润公司，库容量降至4.5万立方米。

1990年中国石化菏泽石油库营业区

购销　1978年，石油产品的分配供应原则，按照国务院关于石油产品统购统配、定量供应的规定执行。1980年7月起，根据国家计委、经委《关于节约成品油的措施》规定，在不增加农民负担的前提下，对农用柴油一律按牌价供应，国家给予定额补贴。1983年，撤销对拖拉机营业运输和个人承包车辆不供应用油的规定，纳入统一供应渠道，定量供应。1985年起，平价油计划逐年减少，高价油资源相当紧张，全区每年供需缺口6万多吨。石油系统通过多种渠道广泛自采，计划外购销业务量不断增大。至1992年，成品油购进中基本以自采为主，主要进货渠道为：齐鲁石化公司辛店炼油厂和济南石化厂。随着计划外油品进入市场和价格上“双轨制”（平价、议价）的实行，石油市场管理有所放松，成品油流通渠道急剧增加。至1994年，全区成品油经营单位300多个，由于多头经营和地方小炼油、土炼油的低价倾销，致使市场疲软，石油系统库存饱和，销量锐减。1995年，随着石油成品油流通体制改革的逐步深入，全区成品油市场秩序趋于好转，石油系统一方面严格落实经济目标责任制，开展全员促销；另一方面，积极增加网点，提高市场占有率和控制力，销售量开始回升。2000年，石油系统成品油销售22万吨，零售市场占有率达68%。自2003年下半年至2005年，国内油品需求迅猛增长，资源供应紧张，石油、石化系统多方筹措资源，全力保障当地经济发展，优先保障全市重点行业和重点单位用油，稳定了成品油市场，发挥了供应主渠道作用。

油政管理　1998年6月，国务院进行原油、成品油价格和流通体制改革，由石油、石化两个集团公司负责国内全部成品油的批发业务，其他单位、公司不得参与；所有的炼油企业不得自行销售成品油，两个公司统一组织油品销售。社会经营单位要按集团公司规定的零售价代销石油公司的成品油。全区也加大宏观调控力度，菏泽石油总公司成为中国石化系统在境内的唯一成品油批发商。1999年，地区经贸委、消防局、贸易局、工商局、公安局、国税局、技术监督局七部门联合转发省经贸委等七部门《关于印发清理整顿成品油流通企业和规范成品油流通秩序的实施方案的通知》，对境内所有从事成品油批发、仓储、零售以及外商投资成品油流通企业进行清理整顿。地区成立清理整顿成品油流通秩序领导小组，下设办公室，负责统一部署全区成品油流通秩序的清理整顿工作。各县也成立相应的清理整顿办事机构。要求所有从事成品油批发、仓储、零售及其他成品油流通企业将有关情况上报地区清理整顿办公室，经省整顿办公室审核后，核发有关批准证书，企业据此到工商管理、税务部门重新办理工商、税务登记手续。加油站（点）的清理整顿工作在2000年6月底前基本完成。至2000年年底，有569

座加油站取得零售经营资格。

1986—2005 年菏泽石油购销统计表

表 14-4-1

年 份	购进量（吨）	销售额（万元）	销售量（吨）
1986	121328	2078	117364
1987	117313	1814	121064
1988	127869	2301	126436
1989	139510	4657	127133
1990	135053	12102	133540
1991	127516	13882	129628
1992	143158	18846	145666
1993	146630	24214	143142
1994	84181	20067	104979
1995	121654	30641	145171
1996	177813	29796	132634
1997	207399	39762	178111
1998	187630	27317	144222
1999	183890	40913	184269
2000	284461	84773	272619
2001	266673	82289	281808
2002	279561	82780	288577
2003	281402	98178	287556
2004	355143	1375639	352223
2005	386201	1648365	423166

第二节 烟 草

烟草专卖 1986—1995 年 5 月，菏泽地区烟草专卖局、山东省烟草公司菏泽分公司与菏泽卷烟厂合署办公，卷烟生产经营与管理属于三位一体的运作模式，卷烟经营部门为山东省烟草公司菏泽分公司销售经理部，1990 年之后，销售经理部下设行政股、储运股、财务股、区内业务股、省内业务股和省外业务股，负责卷烟厂及各县公司卷烟经营工作。这期间卷烟经营主要销售菏泽卷烟厂和省内其他卷烟厂的产品。1995 年 4 月，菏泽烟草分公司（卷

颐中烟草单位揭牌仪式暨精品“绿牡丹”发布会现场

烟厂）菏泽烟草系统加入颐中集团，9月，与菏泽卷烟厂分离，组建颐中烟草（菏泽）有限公司，与菏泽地区烟草专卖局合署办公。分离当年，全区销售卷烟109631箱，实现销售收入47639.979万元，实现利润605万元，税金917万元，其中9个分公司实现利润500万元，比上年增长450万元，增加9倍。

1996年，颐中烟草（菏泽）有限公司开始经销精品“绿牡丹”卷烟，成立专门领导班子和10多人的专职经销队伍，制定促销方案和措施。1996年9月8日在菏泽首次召开绿牡丹新闻发布会，拉开经销序幕。先后在青岛、济南、北京、深圳、兰州、乌鲁木齐、上海等十多个城市召开新闻发布会、评吸会、座谈会、高新产品经验交流会，宣传促销精品绿牡丹。地委、行署召开专门会议，并下发文件规定，在全区接待工作中一律使用精品“绿牡丹”卷烟。至年底，在全国23个省烟草公司和省内131个公司共销售精品“绿牡丹”卷烟569箱，创利税200多万元。

2003年，由于全国范围内关闭小烟厂力度的加大，省内菏泽、烟台、德州、沂水卷烟厂相继关闭，低档卷烟货源一度紧张，菏泽烟草有限公司针对低档卷烟货源紧张的实际状况，制定科学的营销策略，控制16～20元/条价位卷烟投放，尽量满足农村市场16元/条以下卷烟足量供应，既保障了低端消费市场的有效供给，又促进了23元/条价位卷烟销量的增长。实施“大品牌”战略，认真研究品牌培育规划，形成合理的卷烟价格梯次，主营省外中高档卷烟已基本向行业名优卷烟靠拢，低档卷烟也已逐步向全国定点生产厂家过渡，2005年销售全国百牌号卷烟158334箱，占总销量的76.9%，同比增加46739箱，增长41.9%。省内五大重点牌号卷烟（将军、大鸡、一支笔、哈德门、八喜）市场集中度和市场占有率进一步提高，全年销售五大重点牌号卷烟134060箱，同比增加42378箱，增长46.22%，占鲁产烟总量的97.64%，同比增加31.74个百分点。2005年，全年销售卷烟206011箱，同比增加22407箱，增长12.2%；实现利税合计18209万元，同比增加2881万元，增长18.8%。其中利润13306万元，同比增加2333万元，增长21.26%，创历史最好水平。

卷烟销售网络建设 1995年，按照“削弱职能、压缩人员、充实网点”的思路，

工作人员到农村市场调查低档卷烟货源投放

客户经理驻店营销

境内全方位加强销售批发网点建设，共建成自批网点102个，其中城内21个，乡镇81个，网点布局基本合理。公司机关精减人员三分之一以上派驻网点和市场，初步实行网点人员收入与卷烟销量、销售额挂钩。1999年始，全面推行“一点两面”网点建设工程，进一步加大网点建设力度，重新修订《下伸网点管理办法》，推行《百分制工效挂钩考核办法》，投资115万元，增配服务车27辆。网点配送服务工作比往年有实质性的提高。2000年，实现全区业务微机联网，“批零联盟工程”顺利启动。烟草公司与卷烟零售户签订入网经销卷烟协议，发放IC卡，推行卷烟零售一价制，保障零售户的赢利水平，密切烟草公司与零售户的关系，给卷烟流通体制注入生机和活力。2001年是卷烟经营模式发生重大转折的一年，以“经营机制转换”为标志，改变以往县级烟草公司独立进货，独立经营的模式，实现市级公司的经营主体地位。市公司成立总配送库，统一采购，统一打码，统一送货，以二级批发的形式分销给各县级公司，再由县级公司以移库报账制的形式转送各批发网点，由网点销售给全市各卷烟零售户。同时，重点调整网点布局，压缩网点数量，统一门头标识，积极推行“六定”（定人、定时、定线、定点、定量、定薪）送货服务，扩大送货面，提高送货率，保证零售环节的利益，赢得零售户的认可，促进批零售联盟建设。

2002年10月始，先后在巨野、定陶、成武、单县进行“全面访送分离”改革试点，在总结试点的基础上，2003年2月底，“全面访销、集中配送、访送分离、城乡一体”的经营模式在全市推行。撤销所有卷烟批发部，成立访销、配送、专卖管理三个中心，全市共设访销线路160条，形成遍布城乡的销售网络。郓城公司率先实行电话访销，效果明显；牡丹区对电子结算工作进行有益尝试。2003年年底，全市共有卷烟零售户45665户，社会人口比为177 : 1，电话安装率为71.3%，为新模式的运行奠定了基础。

2004—2005年，网络建设改革进一步深化，“集中电话访销、一库式配送”经营模式全面推行；充分发挥市公司经营主体职能，加强宏观调控、微观管理，全市经济运行质量不断提高；网建工作在“把握重点、突出特色、创造条件、分步实施”的方针指导下，以“电话订货、网上配货、

菏泽市烟草制品零售点合理布局听证会

菏泽市烟草呼叫中心电访员正在电话访销

电子结算、现代物流”的上海模式为追赶目标，在全市卷烟销售网络建设模式统一方面取得实质性进展，实现传统商业向现代流通的转变，达到“三个满意”（卷烟工业企业满意、零售户满意、消费者满意）。

烟草市场管理 20世纪80年代，菏泽烟草专卖局根据国家烟草专卖局、省烟草专卖局的有关文件精神，对从事与烟草有关的生产和经营活动的法人和公民颁发烟草专卖许可证。烟草专卖许可证分为烟草专卖生产许可证、烟草专卖批发许可证、烟草专卖零售许可证和特种烟草专卖经营企业许可证等。各种烟草专卖许可证均设正本和副本，正本为悬挂式，副本为折叠式。许可证实行分级审核发放，烟草专卖生产许可证、跨省、自治区、直辖市经营的批发许可证和特种烟草专卖批发许可证由国家烟草专卖局审批发放，在省、自治区、直辖市内经营的批发许可证由省烟草专卖局审批发证；烟草专卖零售许可证，由各县区烟草专卖局或各县区人民政府工商行政管理部门根据上一级烟草专卖局的委托审核发放。经省烟草专卖局批准，2001年10月24日，成立菏泽市烟草专卖局庄寨直属分局，加大对庄寨周边市场的治理。2004年1月1日，国家为适应入世需求，取消特种烟草专卖零售许可证。2004年9月14日和15日，市烟草专卖局分别在曹县、巨野召开销毁假冒卷烟现场会，共焚烧假冒卷烟9980件，总标值800余万元。2005年3月15日，在东明再次召开销毁假冒卷烟现场会，共焚烧假冒卷烟6336.23万支，总标值300余万元。2005年11月25日，市烟草专卖局烟草制品零售点合理化布局听政会召开。至此，各县区烟草专卖局在为新开业的卷烟零售单位和个人办理烟草专卖零售许可证时，都要认真审查新开业的零售点是否符合合理化布局的要求，否则不予办理。2005年，全市共有专卖管理人员554人，其中正式员工291人，招聘员工263人，全体烟草专卖稽查人员均经业务培训，持有省烟草专卖局签发的检查

全市整顿与规范卷烟市场秩序工作会议

专卖执法人员检查零售户门市／销毁假冒卷烟

证件。

第三节　盐 业

盐业运销　*产品购进*　1986年，境内盐产品由菏泽地区果品采购供应站统一自主购进，购进盐产地较广，省外有江苏、青海、四川、湖北孝感、云梦等地，省内有泰安、潍坊、青岛等地，运盐方式主要是火车运输，下站地点为安徽砀山站、河南商丘站、菏泽站、巨野站、曹县谢集站。2000年，全市盐业经营管理体制理顺后，盐产品由菏泽盐业公司按省盐务局下达计划从省内食盐定点生产盐厂统一购进，购进盐产地为肥城精制盐厂、莱央子盐厂、寒亭第一盐厂等，运盐方式为火车运输与汽车运输相结合。2003年全部改为汽车运输。

产品储存　1986年，全区盐产品分别在菏泽、曹县、单县、郓城、巨野等5个盐业批发部露天货位储存，储存能力1000吨，其中菏泽盐业批发部储存能力为800吨。1996年6月，储存地点增加东明、成武、鄄城、定陶等4个盐业分公司，储存能力达到3000吨。2000年，根据省盐务局要求，加快仓储能力的建设，食盐全部实现仓库储存，储存能力达到5000吨。2005年，菏泽盐业公司筹建菏泽言信食盐加工分装中心，占地2.67公顷，设计储存能力6万吨，一期工程项目储存能力达1万吨，各类盐产品全部实现入库、分盐种储存。

食盐分装　1987年，菏泽地区果品采购供应站设立食盐分装组，对大颗粒日晒盐进行手工分装，规格为1千克单膜塑料包装，在菏泽市（县级）推广。1989年，根据市场需求，分装盐种由大颗粒日晒盐改为粉碎后的日晒盐，包装规格不变。1992年，经地区技术监督局同意，分装盐种由粉碎日晒盐改为食用精制盐。1993年，单膜塑料包装袋由菏泽盐业果品总公司统一制版、印制和管理，分装单位又增加曹县、郓城、巨野3个盐业分公司。1994年，菏泽盐业果品总公司成立食盐分装车间，面

老盐砣

食盐机器分装

积500平方米，采用手工热合包装，规格不变。1995年，1千克单膜塑料小包装全部使用防伪标志。1996年，经地区技术监督局同意，小包装食盐增加“家庭腌制食用盐”这一盐种，规范为1千克单膜塑料袋包装的洗涤盐。1997年，菏泽盐业果品总公司成立菏泽食盐分装厂，入口食盐全部供应1千克单膜塑料袋包装精制盐和1千克单膜塑料袋包装家庭腌制盐。2000年，入口食盐由1千克单膜包装改为500克复合膜包装。2002年，入口食盐又增加500克纸塑包装精制盐和1千克复合膜包装日晒盐，外包装由简单的100千克塑料编织袋包装改为20千克纸箱包装。2005年，筹建菏泽言信食盐加工分装中心，在开发区征地2.67公顷，建设高标准的分装车间，购置2条全自动流水线，入口食盐从县级分装、手工分装转变为集中分装、机械化分装。

网点建设　1986年，菏泽地区果品站（盐业公司）在巨野设立“菏泽地区果品站巨野分站”，使盐产品二级批发机构增加到4个。1993年，菏泽地区供销社下发文件，明确除4个没有盐业批发部（站）的县（市）外，其他各县的城关供销社作为县级盐业经营的龙头单位，按行政区划负责在辖区内的盐产品批发供应任务。1996年，根据国务院《食盐专营办法》，成立东明、成武、定陶、鄄城盐业分公司，菏泽市、巨野、曹县、单县、郓城盐业批发部（分站）正式更名为盐业分公司，具体负责各县（市）盐产品的批发供应业务，零售环节仍依托基层供销社组织转代批销售。1999年，根据基层供销社普遍解体的实际，各县（市）盐业分公司在辖区内的重点乡镇相继设立5～10处乡镇盐业监销站，具体负责乡镇盐产品向代批点、零售点的供应任务，形成市、县、乡三级批发管理的营销模式。2000年，全市盐业体制理顺后，各县区盐业分公司正式更名为菏泽盐业公司某某（县区）分公司，工业盐及各类大包装盐由分公司直供到用盐单位。入口食盐实行市公司—县分公司—乡级盐业监督站—乡镇代批点—零售点的4级批发、1级零售的营销模式。2005年，根据国家发改委《关于促进食盐流通现代化的意见》《关于推进食盐流通现代化实施方案》，全市取消食盐代（转）批点，减少中间环节，食盐实行1级批发、直达终端的现代营销模式。

小袋盐供应处旧址

盐种供应　1986年，境内供应的盐种主要是原盐。1990年，按用途划分为原盐、精盐和工业盐3种。1991年，增加1千克单膜塑料袋包装精制盐。1997年，工业盐细分为粗盐和精盐。2000年，供应盐种有：小包装分为1千克单膜包装精盐、1千克单膜包装粉洗盐，大包装（50千克／袋）分为日晒盐、工业盐。2002年，小包装增加500克复合膜包装精制盐、低钠盐、营养盐和1千克单膜包装畜牧用日晒盐，大

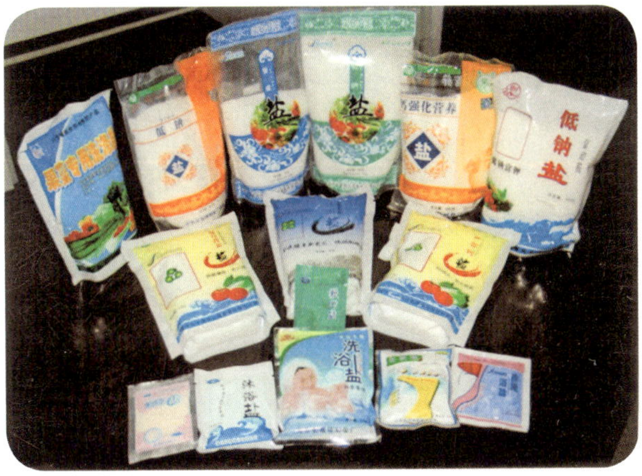

食盐品种

包装（50千克／袋）分为日晒盐、精盐、肠衣盐、味精盐、工业盐等，共12种。2004年后，供应盐种：大包装（50千克／袋）为井矿盐、粉精盐、粉洗盐、日晒盐、味精盐、肠衣盐，小包装（500克／袋）为：纸塑包装精盐、复合膜包装粉精盐、复合膜包装粉洗盐和复合膜包装日晒盐（1千克／袋），此外还有添加各种元素的营养盐、洗化用盐等。

1987—2005年菏泽盐产品销售量统计表

表14-4-2

年　份	全年合计销售量（吨）	年　份	全年合计销售量（吨）
1987	40592	1998	24080
1988	43151	1999	34672
1989	51834	2000	49592
1990	40598	2001	59197
1991	44923	2002	56262
1992	32759	2003	56457
1993	37730	2004	57439
1994	34741	2005	56510
1997	28617		

盐产品监测

盐业管理　盐价管理　1986年，境内食盐批发价为234.40元／吨，零售价为0.14元/500克。1989年，食盐批发价调整为菏泽、巨野386.40元／吨，其他各县均为403.2元／吨，零售价格调整为0.23元/500克，其余0.24元/500克。工业用盐批发价调整为菏泽、巨野339.40元／吨，其余县为356.20元／吨。1993年，销售价格菏泽、巨野为原盐632.20元／吨，精制盐787.20元／吨，其余县原盐639.60元／吨，精制盐803.60元／吨。1996年，进行盐价调整，加碘食盐：粉洗盐批发价为780元／吨，零售价0.46元/500克。粉精盐批发价为830元／吨，零售价0.49元/500克。精制盐批发价为880.00元／吨，零售价0.52元/500克。

无碘食盐：原盐663.30元/吨，零售价0.39元/500克。无碘粉洗盐批发价为730元/吨，零售价0.43元/500克。粉精盐批发价为796.70元/吨，零售价0.47元/500克。精制盐批发价为846.70元/吨，零售价0.50元/500克。工业盐批发价：原盐巨野663.30元/吨，其他县区620.80元/吨；粉洗盐巨野为670.80元/吨，其他县区687.50元/吨；粉精盐巨野为737.50元/吨，其他县区754.10元/吨；精制盐巨野为787.50元/吨，其他县区804.10元/吨。1999年，入口食盐只允许供应小包装精盐，全区统一价格，批发价为小袋精制盐1040元/吨，小袋粉精盐1010元/吨，小袋粉洗腌制盐780元/吨，小袋腌制盐700元/吨。2004年，小包装食盐批发零售价格再次调整，500克纸塑（再制盐）批发价格2600元/吨，零售价格1.50元/袋。500克复合膜（粉精盐）批发价格1800元/吨，零售价格1元/袋。500克复合膜（粉洗盐）批发价格1810元/吨，零售价格1.00元/袋。1千克复合膜（日晒盐）批发价格1590元/吨，零售价格1.80元/袋。2005年8月21日起，500克复合膜精制盐调整为批发价2160元/吨，零售价1.20元/袋。

专用盐管理　1986年，省物价局调整工农渔牧用盐销售价格，盐税与食盐同税。1990年，省政府整顿食盐流通秩序，规定定点供应工业用盐单位，年用量在5000吨以上（或者一次运量在500吨）由省盐务局统一安排供应，其余的工业用盐单位要到指定的盐业批发单位进货。工业用盐要专盐专用，不得转手出售，违犯者，除补交税款外，要严肃处理。1994年，全省统一实行准运证制度，准运证样式统一由省盐务局印制，逐级发放。1997年，省供销合作社下发《工业盐分配调拨计划管理办法》《食盐、工业盐调运证管理办法》，盐调运证由省社盐业管理办公室统一印制，发放管理。供销社盐业批发经营单位计划内调运食盐、工业盐必须持有调运证。调运证由省社盐管办根据省供销社下达的用盐计划按月逐级发放给系统内盐业批发经营单位，盐业批发经营单位持证到规定的盐场进货。1999年，省盐务局下发《关于对全省两碱以外工业用盐大户实行直供的实施意见》，两碱（纯碱、氯碱）以外的工业生产企业年用量达到3000吨及以上的，由用盐企业提出申请，按行业系统逐级上报有关厅局、总会（分公司），经认真审查后与省盐务局衔接，要求直供的工业企业，先由属地盐务局（盐业公司）对其生产用盐初审，再由省盐务局会同有关部门及所在地市、县（市区）盐务局（盐业公司）组成审查组，对申请企业的年实际用量进行考察、核定。年用量达到3000吨以上的工业企业，由省盐务局确定为工业用盐直供单位。直供单位的生产用盐由省盐业公司按资源流向从大中型制盐企业统一组织货源，实行直供。2001年，菏泽盐业经营管理体制理顺后，根据国务院《食盐专营办法》规定，工业盐、畜牧盐、日晒盐等大包装盐供应按行政区划，由县(区)盐业公司直供，并加强日常监管。

战备盐管理　1986年，境内战备盐库存8921.7吨，其中郓城盐业批发部4393.6吨，单位盐业批发部1000吨，曹县盐业批发部1000吨，菏泽盐业批发部2528.1吨。1989年，根据上级有关精神，对战备盐进行处理，按 30% 的食用盐，40% 的工业盐，30% 的土杂盐销售处理，按销量的盐种纳税，土杂盐不再纳税。1990 年，全区的战备盐全部处理完毕。

加碘盐改供　1986 年，加碘工艺由销区为产区负责。1995 年 11 月，地区成立食盐加碘工作领导小组。1996 年 7 月 1 日，全省统一供应加碘盐，500 克、1 千克包装碘盐采用防伪的“碘盐标志”。1996 年，地区卫生部门对全区 8 县 1 市的碘盐营养状况进行全面调查，由于菏泽地区是否属于高碘地区无依据，按照国务院《食盐加碘消除碘缺乏危害管理条例》，省盐务局决定，菏泽统一供应加碘盐。1998 年菏泽地区购进加碘盐 4 万吨，大小包装均采用国家统一加碘盐标志。2003 年，省组织卫生专业技术人员，对 1998 年《山东省实施〈食盐加碘消除碘缺乏危害管理条例〉办法》（省政府第 96 号）中没有明确的 40 个县（市区）及其周边的 4 个县进行了大规模的居民饮用水碘含量调查工作，经省人民政府审核批准，菏泽市 8 个县（区）及成武县的成武镇、天宫庙、汶上集、孙寺 4 个乡镇划为高碘地区。2005 年，省卫生厅、省盐务局下发文件，菏泽市 8 个县区，成武县的成武镇、天宫庙、汶上集、孙寺 4 个乡镇停供碘盐，改供非碘食盐。本着“科学补碘，分类指导”的原则，成武县的其他 8 个乡镇继续供应加碘盐。2005 年 9 月 1 日，菏泽市顺利完成碘盐改供工作。

食盐零售许可证管理　1992 年 10 月 29 日，菏泽地区供销社、工商局、盐政管理办公室印发《关于做好食盐零售业务申报审批工作的通知》，对食盐零售实行审批制度。1996 年 6 月 1 日，根据国务院《食盐专营办法》，全市各食盐零售点一律凭“食盐零售许可证”经营食盐零售业务。2000 年，省人大立法出台《山东省盐业管理条例》，食盐零售许可证由省盐务局统一制作，由市、县盐务局核发，有效期三年。2001 年，全市统一发放“食盐零售许可证”，建立健全和完善县、乡、村三级销售服务网络，发挥零售许可证应有的作用。2004 年，菏泽市盐务局制定出台《食盐零售许可证管理办法》，对食盐零售点设置及许可证管理进一步规范。2005 年，根据国务院领导批示及国家工商总局等四部委下发的《关于印发〈整顿和规范盐业市场秩序工作方案〉的通知》，取缔无证经营行为，全市食盐零售点逐步控制在 1.2 万个以内。

食盐安全宣传活动

盐政执法　1986—1988 年，菏泽地区没有专门的盐政管理机构，全区盐的市场管理与检查主要由工商行政管理部门和税务部门依法执行。1990 年 8 月，地区及各县设立盐业专营管理员，协助工商行政管理部门管理食盐市场，具体负责本区域的盐业市场监督检查工作。盐业专营管理员属工商机关指派人员，由地区工商局统一制发“食盐检查监督证”。1992 年 3 月，成立菏泽地区盐政管理领导小组，组长由行署副专员李玉祥担任，办公室设在菏泽果品盐业采购供应站，王汝轲任办公室主任。1993 年 2 月，确定全区盐业行政管理工作由地区供销社负责。1993 年 3 月，成立菏泽地区盐政管理处，负责全区的盐政管理、盐政执法和盐政队伍的管理与建设。菏泽市和巨野县设立分处，其他七县设立盐政管理办公室。同时，菏泽地区盐业稽查大队成立，办公地点设在菏泽果品盐业供应站，菏泽市设立盐业稽查直属一队，巨野县设立盐业稽查直属二队，其他各县设立盐业稽查中队，具体负责本行政区域内的盐政执法工作。盐政执法实行统一领导，分级管理。1994 年 4 月，地区中级人民法院在地区盐政管理处设立“地区中级人民法院驻盐政管理处执行室”。1996 年 5 月，地区盐政领导小组调整，组长李玉祥，副组长霍保银、张世兴，办公室主任张福成。

2000 年 10 月，全省盐业经营管理体制调整和完善，菏泽盐业公司加挂菏泽地区盐务局的牌子，为地区行署的盐业行政主管机构和盐业行政执法主体。2000 年 11 月 8 日，菏泽地区盐务局正式挂牌成立，受地区行署和省盐务局双重领导。2001 年年初，菏泽地区盐务局更名为菏泽市盐务局。2001 年 11 月，全市盐政执法部门统一加入“110”社会联动体系，设立盐政“110”指挥中心，配备“110”联动执法专用车辆，成立公安、盐政联合执法办公室。2001 年 12 月，菏泽地区盐业稽查大队更名为菏泽市盐政稽查支队。各县（区）盐业稽查中队更名为盐政稽查大队。2003 年 4 月，打击非法经营食盐违法犯罪工作联合办公室在菏泽市盐务局成立。

2001 年，全市公安盐政联席工作会议

第五章　对外经贸

第一节　体制改革

1986 年，菏泽地区对外贸易公司由山东省对外贸易厅直接领导，主管全区的对外贸易工作。为了适应省外贸经营体制，与省外贸专业公司对口，菏泽先后设立了畜产、土产、工艺、食品、基地、工业品 6 大专业公司。县级外贸公司作为一级独立经营单位，主要任务是向市直或省直外贸公司供货。1991 年，菏泽地区及各县市外贸公司积极建设基地，培植货源，开展了多渠道、多口岸的收购供货，全区对外贸易系统干部职工达 3495 人，其中市直外贸公司有干部职工 1435 人。1992 年，实行经贸合一，管理体制下划，多数县市外经外贸机构合并。地、县市外贸公司管理体制、财务体制、计划体制已全部与省地脱钩，下划地方管理，实行了自主经营、自负盈亏、自我约束、自我发展的新机制。外经贸主管部门对企业强化宏观管理，弱化微观管理，工作重点转移到指导、规划、协调、服务和监督等方面。同年，全区新办外贸自属企业6家，进行技术改造11家，累计达到24家。其中利用外资项目5个，使用外资380万美元。初步形成加工系列的有畜产、土产、工艺、食品、轻工等，每个加工系列都有大批加工群体，仅畜产加工系列就有裘皮、皮革、皮毛工艺、羊毛地毯、鬃尾、兔毛、肠衣、骨粒、骨粉、生化制药、肉类等十几个加工群体，年加工出口供货值1亿多元，占外贸出口总值的30%左右。1993年6月，菏泽地区获对外贸易进出口权，结束了长期收购供货的局面。菏泽传统的外贸收购制的经营方式开始转变，以服务为特征的代理制开始成为外贸经营的发展方向。1995年，为拓宽出口渠道，地、县市外经贸部门积极开展了为外贸企业和有条件的出口生产企业申报进出口经营权的工作，年底，全区获得进出口权的企业达到10家。1996年，地直外贸企业进行了现代企业改造、股份合作制试点工作。1997年，外贸独家经营的局面被打破，生产企业不再单独依赖外贸公司进出口，而是自行联系客户，实行自营进出口。外贸公司原来的经营方式被淘汰，生产经营状况越来越差，逐渐滑坡，资不抵债，绝大部分职工下岗。2000年，外贸出口的主力已从市、县外贸企业转移到自营进出口企业、外商投资企业和其他贸易性公司，有进出口权的企业发展到200家，出口的国家和地区由原来的10多个发展到90多个。2004年，全市新增有进出口经营资格的企业122家，累计达到573家（含“三资”企业）；有出口实绩的企业达到271家，全市出口过500万美元的企业达到35家，其中过1000万美元的12家。前20家企业的出口值达到35736万美元，占全市出口总值的51.6%。

第二节　进出口贸易

出口贸易　1986年，全区出口30247万元，出口商品主要有工艺、粮油、食品、土产、畜产、纺织、服装、轻工、化工、抽丝、丝绸、医药、中药材、五金、机械、设备16个大类，250多个品种，其中工艺品类的出口占比最大，达到5680万元，占当年出口值的26.1%。出口供货值超过500万元的商品有桐木、芦笋罐头、大豆、貂皮、棉花、山羊板皮、青猾皮、裘皮衣、革制品、地毯、粮油、饲料等。其中，棉花、桐木、山羊板皮、青猾皮、裘皮服装、革制品、羊剪绒、牛肉罐头、大豆等商品的出口供货值均居全省各地市之首。收购的大宗商品主要有绵羊毛，收购60万公斤，占全省的35%；牛皮82万张，占菏泽同期社会收购总量的15%。1987年，全区出口35577万元，粮油类在当年出口商品总值中占比最大，达到5408万元，占出口总额的17.8%。1988年，全区出口41606万元，当年畜产品的出口继续上升，收购牛皮18万张，占全省的20%；绵羊皮240万张，占菏泽同期社会收购总量的65%。1989年，全区出口42161万元，其中出口芦笋罐头0.11万吨，占全省的23%。1990

年，全区出口37168万元，其中畜产类出口13429万元，占全区出口值的43.2%；工艺品类出口达到3637万元，占全区出口值的11.7%。

1991年，菏泽外贸商品收购总值46777万元，创历史最高水平。食品类和纺织纤维类的出口达到最好成绩，纺织纤维类的出口达到17781万元，占42.3%；食品类达到6062万元，占14.42%。全区人均收购值达到59.2元，为历史最高。其中，人均收购值超过全区平均水平的有定陶县和郓城县，分别达到86.4元和71.7元。

1986—1991年，菏泽外贸出口商品总值（计划价）累计达到233536万元，相当于1959—1978年20年总和的4.95倍，年均39357.8万元，年均递增13.43%。其中畜产类84072.96万元，占36.45%；轻纺类58150.46万元，占24.91%；土产类52179.67万元，占13.94%；工艺品类32695.04万元，占10.96%；粮油类20247.57万元，占8.67%；食品类16744.53万元，占7.17%。

1992年，全区出口商品交货总值93050万元（实际价），比上年增长9.7%，创历史最高水平。其中，外贸系统出口商品交货总值50149万元（实际价），其构成是：纺织纤维类23737万元，占47.33%；畜产品类8810万元，占17.6%；食品类7370万元，占14.74%；工艺品类3432万元，占6.84%；土产类1480万元，占2.95%；粮油类991万元，占1.97%。当年出口商品收购值超1000万元的有棉花、裘皮服装、冻牛肉、牛肉罐头、蓝湿牛皮等5种。收购值最高的棉花达到16275万元，占全省棉花出口总量的25.43%；在全省比重最高的裘皮服装收购值2225万元，占全省的47.43%；冻牛肉达到2634万元，占全省的26.4%。在外贸出口商品总值中，工业制品的比重达到69%，比1979年提高41个百分点；比1985年提高32个百分点。

菏泽出口的主要口岸在青岛，历年均占全区出口总额的95%以上。菏泽利用开放搞活的政策和环境，开展了多口岸经营，主要有天津、广州、连云港、大连、黑河等。郓城县在满洲里中俄边界线所办的中俄民间贸易封闭市场，租赁了两处柜台，直接经营边贸业务。

菏泽外贸商品主要国际市场有日本、独联体、东欧、美国、英国、德国、意大利、新西兰、澳大利亚、新加坡、韩国等31个国家和中国港澳地区。菏泽出口商品中，裘皮制品、革皮制品的主要国际市场在独联体和东欧、西欧市场；牛、羊蓝湿皮主要销往日本、意大利和英国市场；羊剪绒主要销往澳大利亚、新西兰市场；医药敷料、棉花及棉花制品主要销往美国、韩国市场；活牛、速冻蔬菜、脱水蔬菜的主要销售市场在日本和港澳地区；地毯主要销往美国、独联体、东欧、港澳和部分阿拉伯国家；条柳编及工艺品主要市场在德国、日本、新加坡、澳大利亚、新西兰和中国港澳地区。

1993年4月15日，国家对外贸易经济合作部以〔1993〕外经贸政审函字626号文批复，同意成立菏泽地区进出口公司，享有进出口经营权，该公司实行自主经营、独立核算、自负盈亏，承担国家和省下达的出口创汇任务。进出口公司的成立结束了菏泽地区没有进出口权的历史，促进菏泽外向型经济的发展，带动全区经济的全面振兴。年底，菏泽地区外贸畜产公司收购区外货物占收购总值的64%，工业品公司收购区外货物占收购总值的80%。同时，在全国各地建立办事处、营销公司30多处。

1995年，全区出口9501万美元，其中加工制成品和工业产品出口已达出口总值的65%，效益不断提高。同时，制订了优化结构规划，强调建立八个加工生产体系，即裘皮制品生产体系、革制品生产体系、毛制品生产体系、肉食加工生产体系、蔬菜加工生产体系、花生制品加工体系、木制品生产体系、手工艺品加工生产体系等。重点发展轻工、纺织、化工、机械、电子五大支柱产业，同时明确重点，分清缓急，梯次推进。

1999年，全区出口5187万美元，加工贸易开始起步，当年共批准加工贸易合同48份、加工贸易进口267万美元、出口1352万美元。2000年，受国家宏观政策的调整和国际市场的好转的影响，出口保持较快增长，达到6489万美元，比1998年增长70.8%。菏泽外贸出口呈现良好发展态势，出口商品以农副产品和木材加工为主，除蔬菜、家具配件和毛巾的出口略有下降外，其他产品都有不同程度的增长。其中桐木拼板出口2413万美元，占全部出口额的37%，同比增长12.07%；玩具出口745万美元，增长34.47%；皮毛制品出口616万美元，增长2788.7%；果汁出口607万美元，增长44.81；服装出口201万美元，增长84%。出口商品的市场结构也逐步调整，主要产品也由以亚洲为主逐步向欧洲、美洲等国家出口转移。

2001年，出口10272万美元，同比增长58.3%。加工贸易出口910万美元，同比增长202.3%；加工贸易进口475万美元，增长189.6%。加工贸易额占进出口总额的比重由2000年的4.3%上升到12.3%。开展加工贸易的企业达到27家，一批规模较大的企业开始运作加工贸易，如曹县三利轮胎、天香毛纺集团、山东佳美食品、黄河纺织等公司均开展了加工贸易。产品出口的国家和地区已达86个，比2000年增加了35个。对亚洲出口增长48.5%，对欧洲出口增长81.8%，对美国出口增长39.9%，对非洲出口增长1091.7%。2004年，出口总值达到69213万美元，增长136.8%；出口绝对值超过了德州、泰安、东营、枣庄、聊城、莱芜等6个市，列全省第11位。产品出口到五大洲的100多个国家和地区，出口量列前9位的是：俄罗斯18562万美元，同比增长221.8%；香港5391万美元，增长507.9%；欧盟5388万美元，增长58.2%；日本4862万美元，增长31.4%；韩国3698万美元，增长55.6%；美国2391万美元，增长69.9%；东南亚联盟1304万美元，增长67.2%；西班牙1171万美元，增长56.5%；沙特阿拉伯946万美元，增长141.5%。菏泽有6家企业在阿联酋的迪拜国际贸易分拨中心建立了长久贸易网点，开展加工贸易业务的企业42家，与2000年相比新增20家。

进口贸易　1986—1992年，菏泽利用地方留成外汇和基地外汇累计进口化肥44.5万吨，农药270吨，钢材1.78万吨，木材6.5万立方米，家电1580台，汽车42部。主要进口市场有美国、日本、欧洲及中国港澳地区。从上述国家和地区进口11460万美元，占同期进口总值的98%以上。全区进口商品总值累计达到11715万美元，其中外贸系统单独进口 4903 万美元，占 41.85%；“三资”企业自营进口 1900 万美元，占 16.22%；以地方留成外汇组织进口 4902.7 万美元，占 45.78%。在地方留成外汇进口总值中，用于进口设备 1157 万美元，占地方留成外汇进口商品总值的 23.60%；用于进口农用物资和工业原料 2865.6 万美元，占 58.45%；用于进口其他商品 880 万美元，占 17.95%。

1993 年，随着自营进出口权的获得，进口商品从最初的塑料、有机化工产品、肥料等领域，逐渐扩展到农副产品、医疗器械、原木、橡胶、棉花、锯材、玻璃纤维等。进口的商品结构也从一般商品，逐渐延伸到高新技术产品和机电产品。进口方式从一般贸易进口过渡到一般贸易进口和加工贸易并重。1998 年，进口统计进一步规范，全区统一采用海关公布的数据。全区进口 594 万美元。

2004 年进口实现重大突破，创历史最高水平，达到 13857 万美元，比 1998 年增长 22.3 倍。从贸易方式上看，一般贸易进口 11726 万美元，加工贸易进口 1525 万美元，外商投资企业作为设备进口 605 万美元。从企业性质上看，国有企业进口 11257 万美元，外商投资企业进口 2061 万美元，民营企业进口 416 万美元。从进口商品上看，菏泽瑞丰粮油公司进口大豆价值 10986 万美元，带动了进口规模的迅速扩大。其他进口量较大的商品有，机电产品进口 867 万美元，合成纤维进口 689 万美元，高新技术产品进口 386 万美元，棉花进口 101 万美元，天然橡胶进口 100 万美元。进口市场进一步扩大，进口国家和地区有巴西、美国、中国台湾地区、英国、澳大利亚、韩国、德国、日本、法国、尼日利亚、印度、新西兰、巴基斯坦、沙特阿拉伯、智利、印度尼西亚、俄罗斯、菲律宾、荷兰、中国香港等 60 多个国家和地区。其中，从美国进口 4662 万美元，从巴西进口 6614 万美元，从欧盟进口 930 万美元，从台湾进口 725 万美元。

外贸出口基地建设 1986 年，境内建成青猾皮、山羊板皮、小尾寒羊、长毛兔、桐木、红麻、芦笋、肉牛、水貂、棉花等 25 个出口商品生产基地和出口商品综合生产基地。其中，菏泽、单县、巨野、郓城、鄄城 5 县市被定为山羊板皮、青猾皮生产基地。菏泽是全国最先建成的桐木生产基地，桐木蓄积量达 133 万立方米。郓城县被定为红麻生产基地，红麻年产量和出口量最多年份分别达到 1 万吨和 8000 吨。菏泽市、曹县被定为芦笋生产基地，种植面积达 3333.33 公顷，年产芦笋 1.4 万吨。菏泽是全国著名的鲁西黄牛产区，被定为肉牛生产基地。

1991 年，境内鲁西黄牛存栏量 80 万头，占全省资源总量的 80% 多。同年菏泽被定为水貂生产基地，年水貂留种 4 万只，年产貂皮 6.5 万张。曹县、巨野、郓城、成武 4 县被定为优质棉生产基地，基地县皮棉产量达 365.3 万担，占全区总产量的 60.9%。全区棉花出口量 50.16 万担，居全国各地市第一位。2004 年，随着出口规模的扩大，全市出口基地不断壮大，主要分布：以曹县庄寨镇为中心的桐木拼板加工出口基地，以曹县普连集镇、古营集镇、倪集乡为中心的木制家具、木制工艺品、条柳编制品的加工出口基地，以曹县青堌集镇、苏集镇为中心的芦笋制品加工出口基地，以郓城县黄安镇为中心的杨木胶合板加工出口基地，以牡丹区沙土为中心的果品蔬菜加工出口基地,以牡丹区都司镇、定陶县陈集镇、定陶镇为中心的裘革制品加工出口基地，以鄄城县为中心的人发制品加工出口基地，以曹县圣奥化工、牡丹区睿鹰化工、鄄城华意化工、单县化工等企业为重点的医药、化工、橡胶制品加工出口基地，以曹县百隆纺织、恒信巾业、成武银翔纺织、巨野华韩维斯达制衣等企业为重点的纺织品和服装加工出口基地，以巨野佳农果蔬公司为重点的大蒜加工出口基地，以郓城富仕达公司为重点的羊肉加工出口基地等。这些基地都已具备相当规模，从事原料供应、生产加工和出口的人员达 100 多万人。

第三节　招商引资

利用境外资金　1987 年，境内开始吸收国外投资，主要是开展一些中小型补偿贸易和引进一些技术、设备。当年，中外合资企业“菏泽陶澳食品有限公司”成立，这是菏泽第一个外商投资企业。1987—1991 年，菏泽三资企业出口创汇，在全省排位第三（仅次于青岛和烟台），被省外经贸委称为“山东西部利用外资的一颗明珠”。1993 年和 1994 年利用外资达到高峰，这两年共批准利用外资项目 199 个，合同外资 24000 万美元。1999 年年底，全区累计批准利用外资项目 517 个，合同外资额 62234 万美元，实际使用外资 28920 万美元。到菏泽投资的国家和地区已达 20 多个。投资行业涉及工业、建筑、农林水利、交通、卫生、体育、商业、饮食、旅馆、写字楼等。2001 年批准外商投资项目 50 个，合同外资 7311 万美元，实际使用外资 3809 万美元。2003 年，随着中国加入世界贸易组织，菏泽利用外资水平达到了一个新的高度，当年批准外商投资项目 72 个，合同外资 22238 万美元，实际使用外资 12898 万美元。2004 年，菏泽批准外商投资项目 72 个，合同外资 25689 万美元，实际使用外资 19600 万美元。合同外资和实际使用外资分别比 2001 年增长 251.37% 和 414.57%。在菏泽投资的外商已扩大至 30 多个国家和地区，特别是跨国公司和拥有先进技术的大企业到菏投资增多，投资领域进一步拓宽，投资结构日趋优化。到 2004 年年底，已有多家跨国公司在菏泽投资，其中有世界 500 强的中粮集团、艾迪盟集团、美国 ADM 公司，还有香港百隆、台湾裕佳、香港盈亨等大公司先后落户菏泽。从产业分布看，外资投向以二产为主。二产有投资企业 139 家，一产、三产各有 6 家和 11 家，三次产业分布比例为 1∶21∶2。从外资来源看，主要集中于中国香港、中国台湾地区以及韩国和日本，4 个国家和地区共有投资项目 77 个，占全市外商投资企业总数的 54%；实际出资 6634 万美元，占全市外方实际出资总额的 63%。其他外资分别来自美国、英国、法国、意大利、俄罗斯等 17 个国家和地区，占外资总额的 37%。从企业形态看，以合资类为主。合资企业共有 75 家，占全市外资企业总数的 53%。从区域分布看，外商投资企业分布集中在牡丹区、曹县、开发区、鄄城县、郓城县共有三资企业 102 家，约占全市三资企业总数的 72%。从投资领域看，项目涉及农业、畜牧业、饲料业、电子、机械制造、纺织、服装、塑料制品、木制品加工、家具、造纸、化工、化纤、电力、食品加工、饮料、房地产、饮食服务、旅游、宾馆、咨询、卫生、体育用品、教育等30多个行业。

利用国内资金 1986—1995年，菏泽在招商引资方面论证了一批项目，培训了一批人员，与大企业进行有效的联系和对接。1995年，地委、行署研究制订《菏泽地区委托招商实施办法》，1997年制定《招商引资优惠政策》《招商引资奖励办法》，实现了由注重轰动效应的"大兵团"作战向委托招商扩展，并选聘一批招商代理人，初步形成遍及国内的招商网络。同时，菏泽地区外经贸委和各县市先后组成若干个小分队南下广州、深圳、福州、厦门、上海，东进青岛、烟台、威海，北上天津、北京、大连等地，举办小型新闻发布会、项目推介会，选聘招商代理人，并到外国大公司驻华办事处进行敲门招商，2001年全市实际使用国内资金，为48亿元，2002年达到80亿元。2003年，市委、市政府把招商引资作为"天字号"工程来抓，以"实"字统揽全局，整合招商资源，全年招商引资141亿元。2004年，市政府直接举办大规模的招商活动10次，其中由市主要领导带队的6次，签约项目178个。同年签约规模以上大项目共276个，签约总额157亿元。2005年，全市签约项目共3108个，合同内资790.2亿元，已开工项目3142个（含续建），实际使用资金完成268亿元。签约过5000万元的内资项目432个，过亿元的203个；过5000万元的项目合同内资469.69亿元，过亿元的项目合同内资353.17亿元；已开工项目过5000万元的329个，过亿元的144个；开工项目过5000万元的合同内资364.67亿元，过亿元的268.4亿元。

外商投资 1986—1991年，菏泽没有外商投资企业的审批权。审批外资企业时，先由地区外经贸委初审，再报省外经贸厅审批，由省外经贸厅颁发外商投资企业批准证书。1992年山东省人民政府下放审批权限。凡属国家《指导外商投资方向暂行规定》《外商投资产业指导目录》中规定的鼓励类项目（国家和省有特殊审批规定的除外），且不需要国家和省综合平衡，产品出口不涉及配额、许可证管理，总投资3000万美元以下（不含3000万美元）的外商直接投资项目，由行署自行审批，行署委托地区外经贸委代为颁发外商投资企业批准证书，并负责3000万美元以内的外资企业增资及合同、章程重大事项的变更审批。3000万美元以上的外资企业仍由省外经贸厅审批。行署将300万美元以下的外商投资项目下放到各县区审批，但批准证书仍需到地区外经贸委领取。2004年，建立招商引资专门机构，市、县区均设立招商局，市外经贸局专门设立招商促进科。在全市形成以市县外经贸局、招商局和经济园区等为主体的专门招商机构。市、县区分别在韩国、北京、深圳、上海、东莞等地设立招商办事处。各级面向社会招聘了100多名招商专业人员，分派到广东、浙江、上海等地开展招商引资工作。招商引资的长效机制初步建立。部分县区在长三角、珠三角地区设立办事处，有的达到几十人，并制定奖惩政策。2004年，世界500强中已有2家在菏泽投资，投资额3020万美元；外商投资企业吸纳从业人员44729人，占城镇从业人员的7.3%；

外资企业进出口达 3.1 亿美元，占全市进出口总值的 37.3%。2005 年，菏泽外资纳税额达到 29026 万元，占全市财政总收入的 13.7%。同时，培养了一批管理人员、训练了一批技术人员，造就了一支适应现代化生产的产业大军。

第四节　对外经济技术合作

劳务输出　境内劳务输出始于 20 世纪 90 年代。1990 年年底，巨野县建筑公司组织 50 多名建筑工人，到俄罗斯赤塔洲承包教学楼工程，完成建筑工程面积 5900 平方米。1991 年输出建筑工增加到 118 人。1992 年，单县文具用品厂向土耳其输出肠衣技术人员两批计 110 名。1996 年，菏泽在境外传授技术、经商的有 400 多人。1997 年，外经贸部授予菏泽对外劳务输出权和承包工程权，当年外派劳务 100 人，合同额 200 万美元，营业额 100 万美元。1998 年，打开了欧洲劳务市场，当年共向欧洲输出厨师 56 人，使厨师输出工作成为全省、甚至全国的一个亮点。2000 年，开拓亚欧等国家的劳务市场，当年实现外派劳务合同额 800 万美元、营业额 344 万美元，外派劳务 220 人，均比 1997 年增长了 1 倍以上。2002 年，向日本等亚洲国家外派菜农、花农的劳务，当年外派 80 人次。2004 年，省外经贸厅在菏泽设立曹县、牡丹区两个外派劳务基地县，并在政策和资金上给予倾斜。基地县从事对外劳务的中介机构 6 家，从业人员达 40 多人，累计向境外输出劳务 300 余人，约占全市对外输出劳务的 50%。工种涵盖了纺织、服装加工、建筑、电子装配、机械加工、远洋船员、农林牧渔、厨师、护理等诸多领域，国别扩展到全球 10 多个国家和地区，主要有日本、韩国、新加坡、中国香港地区、美国、德国等。2004 年，共完成对外劳务合同额 5220 万美元，营业额 1560 万美元，外派 708 人，分列全省第 7 位、第 9 位、第 8 位，同比分别增长 116%、123%、109%。1997—2004 年，全市累计签订对外劳务合同额 8000 多万美元，外派出国劳务 2000 多人。

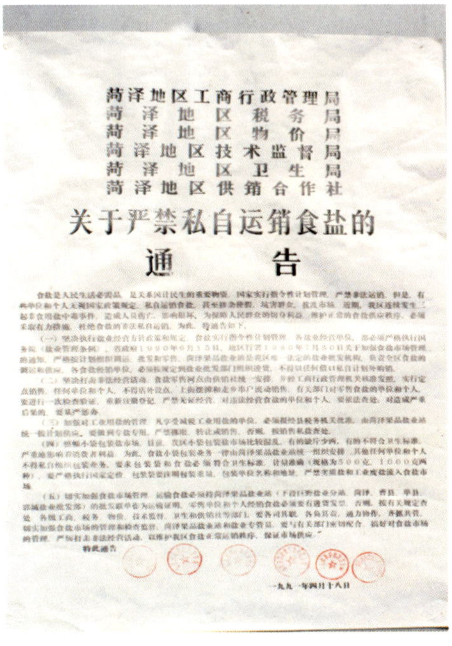
菏泽地区工商行政管理局
菏泽地区税务局
菏泽地区物价局
菏泽地区技术监督局
菏泽地区卫生局
菏泽地区供销合作社
关于严禁私自运销食盐的
通告

特此通告

一九九一年四月十八日

境外办企业　菏泽在境外办企业起步于 20 世纪 80 年代。1986 年，郓城县在原苏联的布拉戈维申斯克设立商务代办处，面积为 260 平方米，其中展厅 180 平方米，又签订了在该地建皮革厂、糕点厂和服装厂的意向书。地区外贸畜产公司、基地公司也曾分别和匈牙利、加拿大、俄罗斯签订了建立贸易公司的协议。1992 年 3 月 16 日，经省外经贸委批准，菏泽地区华兰联营贸易公司在乌克兰设立贸易业务部，这是经政府审批的菏泽首家海外企业。华兰联营贸易公司系由菏泽地区印刷厂、菏泽卷烟厂、菏泽市裘革服装总厂、定陶陈集国华贸易公司4家企业与中国包装总公司的华兰贸易公司共同成立的联营企业。在俄罗斯设立裘皮企业也是菏泽境外办企业的一个亮点。1997—1998年，受俄罗斯金融风波的影响，菏泽市企业在俄罗斯的裘皮制品销售价格严重下跌，全区企业损失2亿多元。2003年，菏泽对外经济技术合作公司在德国、日本设立办事处，主要是收集信息、联系客户、宣传企业。2004年，菏泽在俄罗斯设立较大规模的办事处达到12家，有400多人的常年销售队伍。当年，全市裘皮出口1.9亿美元，其中大部分是通过俄罗斯的办事处出口的。

第十五编 财政 税务

办税服务大厅

财政支持重点建设项目

1950—1985年，境内财政总收入38.7335亿元，其中工商税收入13.6397亿元，占总收入的35.21%，农业税收入5.6567亿元，占总收入的14.6%。中共十一届三中全会后，深化改革，激活内力，经济和社会事业发展加快，税收稳中有增，财政收支结构不断优化、完善。1985年财政收入3.2992亿元，其中工商税收入1.198亿元，占收入的36.31%；农业税收入0.2398亿元，占收入的7.27%。财政总支出3.2772亿元，其中文教卫事业支出1.1089亿元，占总支出的33.83%；抚恤和社会福利救济费支出0.2089亿元，占总支出的6.39%；基建、城市维护和支援农业支出0.3257亿元，占总支出的9.94%。

1986年后，全区深化财政体制改革，实行“分灶吃饭”的划分收支和分级包干体制；1988年省把财政体制定到县，继续实行“划分税种、核定收支、分级包干”的财政体制。1986—1990年，全区财政累计收入10.32亿元；1993年，全区财政收入5.29亿元，1994年实行中央和地方分税制，2000年全区财政收入9.86亿元。进入21世纪后，全市工业经济、商业经济、农村经济快速发展，经济总量大幅度上升，财政收入持续增长。同时，用于科技文卫、社会保障、基础设施建设、环境保护等支出明显增多。2001年，全市财政收入11.84亿元，创历史新高。农村税费深化改革，惠及于民。2003年，按照农民计税土地面积征收6%的农业税；2004年农业税率下降至3%；2005年农业税率从3%下调至1%。2005年，地方财政收入21.2亿元，占年初预算的123.4%；同比增长36.4%。同年全市财政支出50.3亿元，增长25.37%，全市财政收支平衡，略有节余。

1949年8月，建立菏泽专区税务局，1958年撤局并入菏泽专署财粮贸督察组。此后机构数次更迭。1983年财政、税收分设，遂建立菏泽地区税务局。1983年，国家为增强企业活力，对国企进一步“利改税”，1984年实施第二步“利改税”，进而过渡到“以税代利”；相继恢复开征产品税、增值税、资源税、国有企业所得税等，以后继续调整，逐步形成一个多税种、多环节、多层次调节的税收新体系。1994年国家对工商税制进行全面改革。1月1日，执行中央新税制。税种由32种减至18种。9月，征收机构设为国税、地税两个部门。至2005年年底，菏泽国税部门征收的税种有：增值税、消费税、企业所得税、外贸投资企业和外国企业所得税、储蓄存款利息个人所得税、车辆购置税。菏泽地税负责征收的税种有：营业税、资源税、企业所得税、印花税、土地增值税、城镇土地使用税、房产税、车船使用税、城市维护建设税、国家资产投资方向调节税、屠宰税（2002年6月20日停止征收）12个税种及教育费附加。1986—2005年，菏泽（地区）国税累计收入119.1867亿元；至2005年底，全市国税部门正常登记44893户（其中企业登记7064户，个体登记37829户）。1994—2005年，菏泽市（地区）地税累计收入65.1434亿元。至2005年年底，全市办理地税登记的纳税户达48511户（其中企业登记7394户，个体登记41117户）。

第一章 财 政

第一节 财政体制

划分收支、分级包干财政体制 1986—2005 年，境内开征税收包括：增值税、消费税、营业税、企业所得税、个人所得税、资源税、固定资产投资方向调节税、城市维护建设税、房产税、印花税、城镇土地使用税、土地增值税、车船使用和牌照税、车辆购置税、屠宰税、关税、农业税、农业特产税、牧业税、耕地占用税、契税和国有资产经营收益、国有企业计划亏损补贴、行政性收费收入、罚没款收入、专项收入、其他收入。其中增值税部分中央分成 75%，菏泽分成 25%；营业税省级分成 20%，菏泽分成 80%；企业所得税中央分成 60%，省级分成 8%，地方分成 32%；个人所得税中央分成 60%，省级分成 15%，地方分成 25%；按照纳税主体的不同，中央和省级隶属单位的资源税、印花税分别归中央、省、市以下所有；固定资产投资方向调节税、城市维护建设税、房产税、城镇土地使用税、土地增值税、车船使用和牌照税、屠宰税、农业税、农业特产税、牧业税、耕地占用税、契税全部归菏泽所有。另外，菏泽市及市以下的国有资产经营收益、行政性收费收入、罚没款收入、专项收入、其他收入也全部作为市及市以下财政收入，中央和省不参与分成。对于排污费的征收，分市、县两级计算分成。其中市级征收的，中央分成 10%，省分成 10%，市级 80%；县级征收的，中央分成 10%，省分成 10%，市级 7%，县级 73%；教育费附加收入依据三税（增值税、营业税、消费税）分成比例计征上缴，作为菏泽市的财政收入。矿产资源补偿费的收入，中央和地方各分成 50%。

支出划分菏泽承担的财政支出项目包括：基本建设支出、企业挖潜改造支出、科技三项费用、农业支出、林业支出、水利和气象支出、工业交通等部门的事业费、流通部门事业费、文体广播事业费、教育支出、科技支出、医疗卫生支出、其他部门的事业费、抚恤和社会福利救济、行政事业单位离退休支出、社会保障补助支出、行政管理费、武装警察部队支出、公检法司支出、城市维护费、政策性补贴支出、支援不发达地区支出、车辆税费支出、债务利息支出、专项支出、其他支出。

分级包干 1986—1993 年，菏泽地区实行的是“分灶吃饭”的划分收支和分级包干体制。按照划分的收支范围，给地方财政确定一个收入和支出的包干基数实行包干，包干基数原则上是以 1979 年的收支数字经过适当调整后作为计算依据。收入大于支出的多余部分上解中央，支出大于收入的，中央给予定额补助，上解补助数额一定多年不变。地方在划定的包干范围内，根据地方实现的收入，统筹安排地方支出，多收多支，少收少支，自求平衡。因菏泽地区是收不抵支的地区，省对菏泽实行“收入全留、不足支出部分定额补助，补助逐年递减”的财政体制，补助额1985年、1986年两年暂不递减，以后年度按收入基数的4%递减。1986年，因菏泽卷烟厂上划中央，省相应增加菏泽补助基数。1988年，省把财政体制定到县、算到县，并继续实行“划分税种、核定收支、分级包干”的财政体制，财政收支范围的划分仍按原规定的收支范围执行，对支大于收的10县市全部实行“收入全留、定额补助”。1990年后，梁山县和菏泽地直驻梁山县的5个大企业划归济宁市管理，省相应增加了菏泽的定额补助。

分税制财政体制　分税制财政体制改革始于1994年。根据事权与财权结合的原则，按税种划分中央与地方的收入。将维护国家权益、实施宏观调控所必需的税种划分为中央税；将同经济发展直接相关的主要税种划分为中央与地方共享税；将适合地方征管的税种划分为地方税。中央固定收入包括：关税、海关代征的消费税和增值税、消费税、中央企业所得税、非银行金融企业所得税、铁道和各银行总行及保险总公司等部门集中缴纳的收入、中央企业上交的国有资产收益和股权收入等。地方固定收入包括：营业税（不包括各银行总行、铁道、保险总公司集中缴纳的）、地方企业所得税、个人所得税、城镇土地使用税、固定资产投资方向调节税、城建税（不含同上）、房产税、车船税、印花税、屠宰税、农牧业税、农业特产税、耕地占用税、契税、国有土地有偿使用收入等。中央与地方共享收入：增值税中央分享75%，地方分享25%，其中四大部门增值税25%的部分属于省级收入。

为了保证地方的税收利益，中央实行了税收返还办法。税收返还以1993年为基数，以后逐年递增，即1993年中央将净上划中央的收入全额返还地方，1994年以后，税收返还额在1993年基数上逐年递增，递增率按各地增值税和消费税的平均增长率的1∶0.3系数确定，即上述两税每递增1%，中央对地方的税收返还增长0.3%。1994年在不改变老体制利益的前提下，建立了分税制财政体制的基本框架，根据事权和财权相结合的原则，将税种统一划分为中央税、地方税和中央地方共享税，1993年净上划中央收入加耕地占用税等调整项目后，全部返还地方，省核定菏泽地区1993年税收返还基数为2.98亿元，1994年后税收返还额以1993年为基数逐年递增，递增率按上缴增值税和消费税增长率的1∶0.3系数确定。到2002年年底，菏泽市税收返还基数达到3.55亿元。

农村税费改革　在2001年和2002年调研测算的基础上，菏泽于2003年开展了农村税费改革工作，取消乡统筹费、农村教育集资等专门面向农民征收的行政事业性收费和政府性基金、集资。按照农民计税土地面积征收6%的农业税，同时征收农业税的40%作为农业税附加。2004年，进一步深化农村税费改革，农业税税率从6%下降到3%。2005年，农业税税率从3%下降到1%，因农业税税率降低给县、乡财政带来的减收，中央和省财政全部给予转移支付补助。

第二节 财政收入

1986—1990年，全区财政收入累计完成10.32亿元。1993年，全区地方财政收入完成5.29亿元，比1978年增长6.56倍，年均递增14.44%。分税制财政体制改革后的5年，地方财政收入按可比口径年均递增17.8%。1999年，全区财政总收入达到12.53亿元，比1998年增长9.53%。分部门看，国税组织收入1.11亿元，增长10.34%；地税组织收入3.67亿元，增长5.22%；财政部门完成3.67亿元，增长16.44%。2000年，全区地方财政收入完成9.86亿元，占调整预算的106.02%，比1999年增长16.80%；若剔除固定资产投资方向调节税停征及农业税标准粮价格调整等政策性减收因素，比1999年增长23.22%。

2001年，全市地方财政收入完成11.84亿元，占调整后年度预算的111.33%，比2000年增长20.14%。2002年，全市地方财政收入完成13.6亿元，占调整后年度预算的105.09%，比2001年增长45.11%，剔除农业两税后，全市地方财政收入增长19.55%。2003年，全市地方财政收入完成16亿元，占调整后年度预算的105.5%，比2002年增长19.8%。2004年，全年地方财政收入完成17.3亿元，占年初预算的109.36%，可比增长31.36%。2005年，全年地方财政收入完成21.2亿元，占年初预算的123.42%，可比增长36.4%。

第三节 财政支出

1986—1990年，全区财政支出24.88亿元，是前10年财政支出的1.41倍。1993年，全区地方财政支出完成9.12亿元，比1978年增长5.5倍，年均递增13.29%。分税制财政体制改革后的5年，1998年全区地方财政支出18.35亿元，按可比口径比体制改革后的1994年增长88.4%，年均递增14.94%，尤其是1991—1995年，财政支出增长幅度更快，年均增长18.75%。1999年，全区财政支出完成19.28亿元，增长5.08%。全区财政实现收支平衡。2000年，全区地方财政支出完成20.03亿元，占预算的87.98%，增长3.93%。按现行财政体制算，财政收支平衡。

2001年，全市地方财政支出完成24.39亿元，比2000年增长21.76%。2002—2003年，全市地方财政支出分别完成28.6亿元、32.9亿元，占预算的90.98%、92.5%，同比增长17.26%、15%。2004年，全年财政支出完成40.2亿元，占调整预算的98.93%，增长22.35%。按现行财政体制算，全市财政累计净结余213万元，连续15年实现财政收支平衡。2005年，全年财政支出完成50.3亿元，增长25.37%。按现行财政体制算，收支相抵，全市9县区和市级均实现了当年财政收支平衡，并略有结余。

第四节 财政管理

预算管理 1986年，在全区行政事业单位建立“人员工资卡片”，严格控制人员编制，编外人员一律不核经费。1988年以后，逐步改变“基数加发展”和按人头分配经费的做法，采取与事业任务、成果或工作量挂钩的多种经费分配方式和在全区普遍实行了专项资金跟踪反馈管理办法。对修缮费、设备购置费、专项业务经费等专项资金实行反馈管理。1990年，在地直、单县、成武县和菏泽市相继实行小汽车定点维修，针对人、车、会议、电话支出过大的问题，制定一系列的办法和措施，取得显著效果。1998年，清理辞退编外民师、临时工1.2万人，节约支出2000多万元。对人员工资实行“双卡”（编制卡、工资卡）管理，并推行银行代发工资办法，扭转了擅自增人和增加人员支出的混乱状况。1999年，地直预算内安排经费人员较1998年减少383万人，在职人员首次出现下降。1999年，先后对教学仪器、音体美器材及网络工程等进行政府采购，节约资金360万元，节支率达29.3%。2000年实行会计委派制度，加强对单位资金的收支管理，行署制定《地级预算管理办法》，进一步规范地级综合部门预算的编制。2004年，建立全市财政供养人员数据库，澄清财政供养人员情况。2005年，开始推行国库集中收付制度改革。

预算外资金管理　1986年，对工商管理费、宾馆和招待所收入、党校干训费收入等预算外资金，实行由财政专户储存。1988年，对单位预算外资金实行“收支两条线”管理，各单位所有预算外收入必须通过收入户上缴财政专户；所有预算外支出必须经支出户开支，严格按规定渠道和手续办理预算外资金收支。1989年，在保证资金所有权不变的前提下，采取“财政专户储存，计划管理，财政审批，银行监督”的管理方式，规定单位只能在银行开设预算内收支、预算外收入和支出3个账户。1994年，建立了财政第二预算，对纳入财政第二预算管理的资金要求遵循“先收后支，先存后用，专款专用，量入为出”的原则，实行年初编预算，收入进专户，支出按计划，年终报决算的管理方法。1996年，国务院下发《关于加强预算外资金管理的决定》后，改变预算外资金的所有权和管理权，还所有权于政府，还管理权于财政，加大了预算外资金的管理力度。1997年，在全区实行“收入全额上解，支出统筹安排，结余政府统筹”的管理体制。同时，清理预算外银行账户406个，划入财政专户资金5490万元，政府统筹资金2000万元。1998年是菏泽地区预算外资金管理历史上关键性的一年，行署批准成立预算外资金管理局，按照“预算内外结合，核定收支基数，收入全额上交，支出统筹安排”的原则，把预算内外资金捆起来，实行综合财政预算，建立预算外资金征收专柜，实行“财政部门统一发放票据，收入单位开具缴款通知书，征收专柜集中收缴，资金直接缴存财政专户”的管理办法，彻底实现了票款分离。全区预算外资金收入4.40亿元，支出3.75亿元，政府集中预算外资金4000万元，实现了“收入全额上交，支出有效控制，结余政府调控”的目标，预算外资金管理工作步入了规范化轨道。2003—2005年，对预算外资金管理模式进行调整，建立财政综合科和对口业务科室共同管理、分工协作的新模式，启用“非税收入征管系统”，建立起联络8县1区的非税收入网络管理系统，及时掌握了非税收入数据的动态变动。非税收入票据管理，统一采用省财政厅印制的收费票据，由市财政部门统一发放。

企业财务管理 1986年起，菏泽在国营企业中全面推行多种形式的承包经营责任制，主要形式有“上缴利润，利润基数包干，超收分成”“投入产出包干”等。1987年，帮助企业制定和修改了一系列核算所需定额。1988年，举办了5期“厂内银行”“二级核算”学习班，培训250余名财会人员，有效保证了企业核算的准确性。1987—1989年，集中抓企业的扭亏增盈工作，对亏损大户采取蹲点入户、责任包干的办法进行重点帮助，设立“扭亏增盈专项资金”。至1989年年底，工业企业累计增盈9560万元，扭亏840万元。为落实增资减债政策，减轻企业负担，1998年向重点企业派驻了财务监察员，帮助指导企业建立健全内部财务管理办法，推行目标责任制，将企业财务管理的目标层层分解，分户（行业）包干，责任到人，把工作目标完成情况作为工作考评的重要内容。1997年、1998年连续两年举办了厂长、经理现代理财知识培训班，提高了厂长、经理的素质，促进了企业理财水平的提高。

农业财务管理 支持农业发展，是财政工作的一项重要任务。各级财政部门充分发挥职能作用，围绕农业增产增收，改善农业基本生产条件，建立起农业发展基金，以保证多渠道、多元化的增加支农投入。在不断增加预算内支农支出的同时，地区财政部门积极探索增加支农投入的新途径。至1998年年底，全区共安排了支农周转金基金5505万元，累计发放支农周转金4.39亿元。1989—1998年，全区共筹集农业发展基金5.3亿元，主要用于中低产田改造、小型农田水利建设农业科技推广及农业、畜牧、林业等事业的发展。1988—1998年，全区共完成农业综合开发项目总投资4.62亿元。第一期利用世界银行贷款的农业灌溉项目于1989年立项，1992年开始实施，至1996年完成，涉及7个县市的49个乡镇762个行政村，总投资3.41亿元，其中世行贷款1.75亿元。二期利用世界银行贷款的农业项目从1998年实施，到2002年完成，涉及6个县市的44个乡镇535个行政村。1997—1998年，总投资8231万元，其中世行贷款2308.4万元。通过农业综合开发项目和利用世行贷款加强灌溉农业项目的实施，改造中低产田44.53万公顷，营造防护农田林14.33万公顷，逐步形成田成方、林成网，水利设施配套，土地平整，作物种植良种化的农业生产格局。1986—1999年，全区预算内支农支出共计12.83亿元，平均每年支出9870.8万元。

基金管理 *住房资金管理* 1992年，地区财政局设立房改资金管理科，地直单位房改按标准价试点推行。1993年，制定地直公用住房提租补贴暂行办法，提高公共住房租金标准，发放住房补贴，收取租赁保证金，按标准价或市场价出售公有住房等。1995年，地区出台住房公积金实施办法，自1995年6月开始推行住房公积金制度。

1995—2005 年菏泽市（地区）住房公积金缴纳情况统计表

表 15-1-1

年 份	缴交比例	单位数（个）	职工数（人）	归集额（元）	总归集额（元）
1995	5%	52	7901	739722	739722
1996	5%	136	11681	4342260	5081982
1997	5%	180	13198	5570246	10652228
1998	5%	194	14776	8122262	18774490
1999	5%	229	21089	12465412	31239902
2000	5%	245	22298	14573562	45813464
2001	5%	268	25193	25628825	71442289
2002	5%	408	39103	32990147	104432436
2003	5%	472	88789	47704167	152136603
2004	5%	1429	155809	107702807	259839410
2005	5%	1617	180030	197079779	456919189

说明：个人部分、单位部分均按 5% 缴纳

社保基金管理　地区财政局于 1997 年设立社会保障科，为加强养老、医疗、失业保险等各项社会保险基金的管理，以养老保险基金纳入财政专户管理为突破口，全面实施社会保险费的财政监管。1998 年，根据国家下达的社会保险基金实行收支两条线管理的规定，财政局与有关部门共同制订养老保险基金纳入财政专户管理的具体实施办法，将养老保险基金结余和当期征收基金全部纳入财政专户管理。先后又将机关事业单位养老保险基金、失业保险基金、医疗保险基金、工伤保险基金和建筑企业养老保险纳入财政专户，实现了基金收支两条线管理。2000 年 2 月，按照省财政厅、省劳动和社会保障厅鲁财社字〔1999〕40 号文件精神，全区社会保险经办机构由自收自支事业单位变为财政全额拨款事业单位，经费由同级财政安排，维护了基金的安全和完整，增强了基金支付的保障能力。

粮食风险基金管理　1993 年，按照国务院指示精神，菏泽开始实行粮食风险基

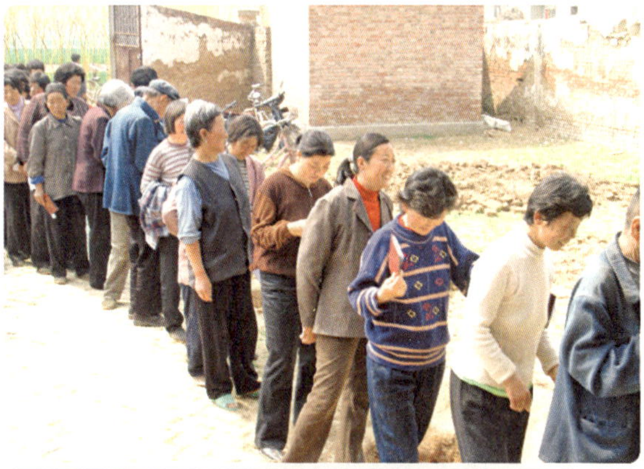

农民排队领取补助资金

金制度。1999年，全区粮食风险基金规模为1.48亿元，按照1 ∶ 1.5的比例中央和地方进行配套，其中中央补助5908万元，地方配套8861万元。从2001年开始，中央适当增加对粮食主产区的粮食风险基金补助，由地方包干使用。2004年，粮食风险基金的使用范围调整为对种粮农民的直接补贴、省级储备粮油的利息费用补贴和对政策性挂账的利息补贴等。

会计管理 1990年后，地直及各县市陆续成立会计管理的专门机构，负责《中华人民共和国会计法》、会计制度的贯彻落实和会计人员、会计学会、珠算协会的管理工作，将会计工作纳入了统一管理的轨道。2002年，组织开展《中华人民共和国会计法》执行情况检查和会计信息质量检查，对个别单位会计基础工作较差，内部控制制度不健全，会计信息失真，无证上岗等现象提出整改建议和处理意见，促进了《中华人民共和国会计法》的贯彻执行；抽调人员，对企事业单位进行会计信息质量抽查，共检查出违纪金额2189万元，应入库金额135万元。2003年，在全市开展会计诚信建设年活动，并在电视、广播、报纸等媒体设立会计诚信宣传专题栏目。组织全市11282名会计人员参加全省会计诚信建设知识竞赛活动，其中3人获得一等奖，15人获得二等奖。2005年，通过举办《中华人民共和国会计法》颁布实施20周年纪念活动、“睿信杯”会计论文有奖征文活动、会计工作先进集体和先进个人评比表彰活动、会计基础工作规范化展示评比活动，提高了全市会计人员的综合素质和业务能力，营造了学习研究会计业务的良好氛围。至2005年年底，全市持有会计从业资格人员21576人，其中具有高级技术职称的45人，具有中级职称的2090人，具有初级职称的4391人；在从业会计人员中，具有大学本科以上学历的1923人，具有大学专科学历的8299人，具有中等专业学历的6246人。

财务监督检查 1985—1997年，全区财政税收物价大检查共查出违纪金额3.57亿元，上缴财政2.02亿元，平均入库率为96%，为平衡全区财政预算，促进菏泽地区的经济发展做出了突出贡献。在做好税收财务物价大检查工作的同时，根据中央、省、地安排，还开展了一系列专项检查。1995年，在对“小金库”资金的清理检查中，清查出“小金库”资金455万元。1996年，对预算外资金进行清理检查，共查出各种违纪金额4.28亿元。1998年，对公检法、工商行政管理部门收费和罚没收入及土地出让金进行专项检查。1999年，针对部分乡镇财政财务管理混乱、预算约束力不强等问题，行署下发了《关于加强乡镇财政财务管理工作的意见》，规范乡镇财务管理。2000年，开展税收执法和企业纳税情况大检查，共查出偷逃欠税7345万元，征收机关征收过头税1430万元。2002年，在对县区预算收入收纳、报解和退付情况的检查中，查出征收机关违纪金额451万元，延伸查出企事业单位偷漏税款304万元，事业单位截留、坐支预算内外收入58万元，清理企业欠税201万元。同年，对企事业单位进行会计信息质量抽查，共检查出违纪金额2189万元，应入库金额135万元。2003年，对国有土地有偿使用收入征收管理进行了专项检查，查处违纪金额1933万元。2004年，对全市税源组织了调查，共查出应补税款3124万元，全部补缴入库。2005年，在全市纳税情况和会计信息质量检查中，共查出偷漏各种应缴未缴税款1707万元、违纪金额3246.96万元、应入库税款金额289.26万元。这些监督检查，为菏泽市加强宏观调控，增加财政收入，遏制腐败，促进廉政建设和社会稳定起到了积极作用。

第二章　国家税务

第一节　税　制

1984—1993年，在“利改税”第一步改革的基础上，菏泽根据国务院《批转财政部关于在国营企业推行利改税第二步的报告的通知》，实施了第二步“利改税”，主要是对国营企业的“税利并存”逐步过渡到完全的“以税代利”。相继恢复和开征了产品税、营业税、增值税、资源税、国营企业所得税、国营企业调节税、集体企业所得税等。以后又进行充实和调整，逐步形成多税种、多环节、多层次调节的税收新体系。1994年，为适应社会主义市场经济对税收制度的要求，本着统一税法，公平税负，简化税制，合理分权的原则，国家对原有税制格局进行了保留、改进、完善、合并、取消以及新设，涉及的范围概括为流转税改革、企业所得税改革、个人所得税改革和其他税的改革，并把征管机关分为国税、地税两个部门，把征管范围权限进行划分。同时，国税系统由中央垂直管理，地税系统主要由地方管理，从而形成了分税制的基本框架。

第二节　税　种

1986年，全国性的税种有24个，菏泽征收的税种有：产品税、增值税、营业税、国营企业所得税、国营企业调节税、集体企业所得税、奖金税、建筑税、屠宰税、牲畜交易税、城市维护建设税，保留税种有集市交易税；暂缓征收的税种有车船使用税、土地使用税、房产税；未征收的税种有资源税、烧油特别税和盐税。至2005年年底，菏泽国税部门征收的税种有增值税、消费税、企业所得税、外商投资企业和外国企业所得税、储蓄存款利息个人所得税、车辆购置税。

流转税类 *产品税*　国务院于1984年10月发布了《产品税条例（草案）》，以在中国境内生产和进口应税产品的单位和个人为纳税人。税目分为工业和农、林、牧、水产品两个部分，前者分为24个类别，设有260个税目，税率从3%到60%不等（电力实行定额税率）；后者设有10个税目，税率从3%到38%不等。生产工业品的纳税人，按照产品的销售收入和适用税率或者产品的数量和适用税额标准计算应纳税额。农、林、牧、水产品的纳税人，生产者把应税产品交售给国营、集体收购单位，以收购价格为计税依据，交售给非国营、集体收购单位或个人，以成交的实际销售收入额为计税依据。国家鼓励出口的应税产品，免征产品税或者退还已经征收的产品税。黄金矿砂、黄金、避孕用品，免征产品税。列入国家计划试制的新产品，利用废渣、废液、废气生产的产品，少数民族地区生产的民族特需产品，纳税确有困难的，可以定期减征、免征产品税。随后在完善产品税方面又出台了一些具体措施，调整征税范围，加强重点税源管理，严格控了减免税。1986—1988年，产品税共有174个税目改为征收增值税，原有的270个税目减少为96个。1986年税额5665万元，1988年税额7184万元，1990年税额8193万元，1993年税额17795万元。

增值税　1984年10月1日，《增值税条例（草案）》开始试行。增值税以在中国境内生产和进口应税产品的单位和个人为纳税人。税目、税率和扣除项目分为甲、乙两类，共设12个税目，税率从6%到16%不等。增值税以应税产品销售额为计税依据，生产应税产品的纳税人，应当按照销售收入和"扣额法""扣税法"计算纳税。进口的应税产品，一律按照组成计税价格和适用税率直接计算应纳税额。国家鼓励出口的产品，免征增值税或者退还已经征收的增值税。避孕药品，免征增值税。列入国家计划试制的新产品，可以定期减征、免征增值税。随后，在完善增值税方面又出台了一些措施：一是逐步扩大征税范围。1984年增值税条例（草案）出台的时候，征税范围比较窄，一共设有12个税目。1986—1988年，财政部先后发出了扩大增值税征税范围的若干文件，增值税税目增加到31个，税率的档次由6个发展为12个，最低一档为8%，最高一档为45%。二是改进计税方法。增值税的计税方法起初采用"扣额法""扣税法"两种，1987年1月1日以后，增值税的计税方法统一采用"扣税法"。

菏泽地区于1984年10月1日对机器机械及其零配件、轴承、农业机具及其零配件、印染绸缎及其他印染机织丝品等12个税目开始征收增值税，1986年，增值税产品扩大到纺织行业的全部产品及其日用机械、日用电器、电子产品、搪瓷制品、保温瓶等。1988年1月，将原征产品税的部分轻工业产品和其他产品改征增值税。1994年1月1日起，开始执行《中华人民共和国增值税暂行条例》《中华人民共和国增值税暂行条例实施细则》。增值税以在中国境内销售、进口货物，提供加工、修理、修配劳务的各类企业、单位、个体经营者和其他个人为纳税人，增值税税目包括农业产品、食用植物油、自来水、金属矿采选产品、煤炭、原油、天然气等20余个，基本税率为17%，低税率为13%，出口货物一般适用零税率，计税方法分为一般纳税人、小规模纳税人及进口货物3种，一般纳税人以销项税额扣除进项税额以后余额为应纳税额。小规模纳税人按照简易办法计算应纳税增值税税额，即按照销售货物或者应税劳务取得的销售额和规定的适用征收率计税，连同销售价款一并向买方收取，然后上缴税务机关，从事货物批发或者零售，以货物批发或者零售业务为主、兼营货物生产或者提供应税劳务的小规模纳税人，增值税适用征收率为6%

（1998年7月1日起由6%降为4%），其他小规模纳税人的增值税适用征收率为6%。纳税人进口货物，应当按照组成计税价格和规定的适用税率计算应纳增值税额，应纳税额=组成计税价格+适用税率。1994年以后，又根据国务院补充规定做出适当调整：①调整税率。为支持农业和采矿业的发展，从1994年5月1日起，对各类农业产品均改按13%的低税率征收增值税；对金属矿采选产品、非金属矿采选产品和煤炭均改按13%的低税率征收增值税。②调整进项税额扣除项目和扣除率。从1994年5月1日起，增值税一般纳税人外购货物（不包括固定资产）所支付的运输费用，可以根据运费结算单据（普通发票）所列运费金额和10%的扣除率计算进项税额（1998年7月1日起，将上述扣除率降为7%）；从事废旧物资经营的增值税一般纳税人收购的废旧物资不能取得增值税专用发票的，可以按照经主管税务机关批准使用的收购凭证上注明的收购金额和10%的扣除率计算进项税额。③降低小规模纳税人征收率。为适当平衡增值税小规模纳税人和一般纳税人的增值税负担，自1998年7月1日起，对从事商业经营的增值税小规模纳税人的增值税征收率从6%降为4%。1986年税额1573万元，1996年税额37536万元，2005年税额141757万元。

营业税　菏泽地区于1984年10月1日开征营业税。按规定：凡在所辖区内从事商业、物资供销、交通运输、建筑安装、金融保险、邮政电信、公用事业、出版、娱乐、加工修理业和其他服务等经营单位和个人为纳税义务人。共设11个税目，税率为3%到15%不等。按照纳税人取得的销售收入或者营业收入和适用税率计算纳税。1993年12月13日，国务院发布《营业税暂行条例》，财政部发布《营业税暂行条例实施细则》，以在中国境内提供应税劳务、转让无形资产和销售不动产的各类企业、单位、个体经营者和其他个人为纳税人，税目有金融保险业、交通运输业等9个，税率一般为3%、5%、8%、20%，按照营业额和规定的适用税率计算应纳税额。

根据国务院规定，菏泽地区对营业税进行了逐步完善，将金融保险业营业税的税率由5%提高到8%，提高营业税税率后，除了各银行总行、保险总公司缴纳的营业税仍然全部归中央财政收入以外，其余金融、保险企业缴纳的营业税，按照原5%税率征收的部分归地方财政收入以外，按照提高3%税率征收的部分归中央财政收入。1986年营业税税额5046万元，1994年营业税税额968万元，2004年营业税税额13万元。

消费税　1994年1月1日，按照国务院1993年12月发布的《消费税暂行条例》和财政部发布的《消费税暂行条例实施细则》开征消费税。消费税税目有烟、酒、酒精、化妆品、护肤护发品、贵重首饰和珠宝玉石、鞭炮焰火、汽油、柴油、汽车轮胎、摩托车、小汽车等11个，大部分应税消费品实行从价定率征税，税率从3%到45%不等，小部分应税消费品实行从量定额征税，一般出口应税消费品免征消费税。考虑到实行新税制后的卷烟税负有所上升，而卷烟生产企业仍然比较困难的实际情况，从1994年1月1日起，调整烟类产品税率，对甲类卷烟暂减按40%

的税率征收消费税（法定税率为45%），1998年7月1日，再次调整烟类产品的税率，①将原来的甲类卷烟和乙类卷烟2个子目改为甲类卷烟、乙类卷烟和丙类卷烟3个子目；②重新制定划分卷烟类别的标准：甲类卷烟的标准由每大箱销售价格在780元以上提高为6410元以上，乙类卷烟的标准由每大箱销售价格不足780元提高为2137元以上、不足6410元，丙类卷烟的标准为每大箱价格不足2137元；③重新制定各类卷烟的税率：甲类卷烟的税率从45%提高到50%，乙类卷烟的税率仍为40%，丙类卷烟的税率定为25%；④将雪茄烟的税率从40%降为25%。实行新税制以后，香皂的税负有所上升，香皂生产企业比较困难，1994年1月1日，调减了护肤护发品的税率，对香皂暂减按5%的税率征收消费税（法定税率为17%）。鉴于其他护肤护发品的消费税负担也偏重的实际情况，从1999年起，将除香皂以外的其他护肤护发品的消费税税率从17%降至8%。从1994年1月1日起，调整金银首饰税率和征税环节。金银首饰的消费税减按5%的税率征收（法定税率为10%）。1995年1月1日后，对金银首饰的消费税从生产销售环节征收改为零售环节征收。为了配合贯彻国家的环境保护政策，鼓励使用无铅汽油，限制使用含铅汽油，从1999年起，在汽油税目下分设无铅汽油和含铅汽油2个子目，前者的税额标准不变，仍为每升0.2元；后者的税额标准提高到每升0.28元。1994年消费税税额13030万元，1999年消费税税额7787万元，2005年消费税税额7419万元。

所得税类 国营企业所得税 1984年9月，按照国务院和财政部发布的《国营企业所得税条例（草案）》《实施细则》开征此税种。凡从事工业、商业、交通运输业、建筑安装业、金融保险业、饮食服务业，以及教育、科研、文化、卫生、物资供销、城市公用和其他行业的全民所有制企业和经营单位均为纳税人。纳税人除另有规定者外，均是实行独立经济核算的企业（单位）；课税对象为企业（单位）在纳税年度内从境内外取得的生产经营所得和其他所得。根据国营企业的规模大小和行业不同，所得税税率分为比例税率和超额累进税率两种。对国营大中型企业适用55%的比例税率，对国营小型企业适用8级超额累进税率，税率最高为55%，最低为10%；税法规定对国营企业某些特殊情况可实行免税、定期减税、按一定比例减税，一次性或定期免税等照顾；国营企业所得税按年征收，按期预缴，按期结算，年终汇算清缴，多退少补；1994年税制改革，把国营企业所得税、集体企业所得税、私营企业所得税、股份制及其他企业所得税统一合并为企业所得税，税率为33%。同时取消国营企业调节税和向国有企业征收的国家能源交通重点建设基金、国家预算调节基金。1986年国营企业所得税税额1635万元，1989年国营企业所得税税额2406万元，1993年国营企业所得税税额532万元。

国营企业调节税 根据国务院《国营企业所得税征收办法》，于1984年9月开征此税。以实行独立核算的国有企业为纳税人。国营企业调节税计税依据是国营大、中型企业的应纳税所得额，与国营企业所得税计税依据相同；国营企业调节税的税率，等于企业的基期利润扣除按55%计算的所得税和1983年合理留利后的余额占基期利润的比例，没有余额的，不核定调节税税率。因此，调节税税率基本上是一户一率，不同企业核定不同的调节税税率；国营大、中型企业的当年利润比基期利润增长部分，减征70%的调节税，利润增长部分按定比计算，一定7年不变。对物资、供销、金融、保险企业征收调节税时，不实行减征70%的办法。1994年税制改革，取消国营企业所得税。

集体企业所得税　境内自1985年开征集体企业所得税。集体企业所得税的纳税人包括从事工业、商业、建筑安装业、交通运输业、服务业和其他行业的独立核算集体企业；其征税对象是集体企业的应税所得额,即纳税年度的收入总额减去成本、费用、国家允许在所得税前列支的税金和营业外支出后的余额；根据国务院《中华人民共和国集体所得税暂行条例》，不分城乡，不分行业，统一实行8级超额累进税率，最低一级年所得税额1000元以下的部分，税率为10%，最高一级年所得额20万元以上的部分，税率为55%；集体企业所得税实行“按年计征、按月或按季预缴、年终汇算清缴、多退少补”的征收方法。1994年1月，此税的征收被废止。1986年集体企业所得税税额738万元，1991年集体企业所得税税额3037万元，1993年集体企业所得税税额1001万元。

城乡个体工商业户所得税　1986年，国务院发布《城乡个体工商业户所得税暂行条例》后，境内开征此税。以从事工业、商业、服务业、建筑安装业、交通运输业以及其他行业（包括从事科学研究、技术开发和转让者），经工商行政管理部门批准开业的城乡个体工商业户；以纳税人的生产经营所得和其他所得为征税对象。应税所得额为纳税人每一纳税年度（1月1日—12月31日）的收入总额，减去成本、费用、工资、损失以及国家允许在所得税前列支的税金后的余额；采取10级超额累进税率。最低一级，全年所得额1000元以下的部分，税率为7%；最高一级，全年所得额3万元以上的部分，税率为60%；采取纳税人申报，税务机关查实，按年计算，分月或分季预缴，年终汇算清缴，多退少补的方法。此税至1994年1月废止。

私营企业所得税　境内于1988年开始征收此税。1988年，国务院发布《私营企业所得税暂行条例》《关于征收私营企业投资者个人收入调节税的规定》，同年11月17日财政部发布《私营企业所得税暂行条例施行细则》。按照新的规定，凡从事工业、建筑业、交通运输业、商业、饮食业以及其他行业的城乡私营经济（资产属于私人所有，雇工8人以上的营利性的经济组织），都是私营企业所得税的纳税人；纳税人每一年度的收入总额减除成本、费用、国家允许在所得税前列支的税金和营业外支出后的余额，为私营企业应纳税所得额。纳税人年度发生亏损，经批准可以在以后年度的所得中弥补，连续弥补期限不得超过3年；私营企业所得税依照35%的比例税率进行征收；私营企业所得税按年计算，分月或分季预缴，年终汇算清缴，多退少补的征收方法。本税于1994年1月废止。

企业所得税　1993年12月，国务院发布《企业所得税暂行条例》，1994年3月财政部发布《实施细则》，从1994年开始统一内资企业所得税，由菏泽国税部门负责征收的企业所得税主要为中央企业所得税。从2002年1月1日起，新办开业登记的企业，其企业所得税由国家税务局负责征收管理；国境内的企业，除外商投资企业和外国企业外，应当就其生产、经营所得和其他所得，依照《企业所得税暂行条例》缴纳企业所得税。根据国发〔2000〕16号文件的规定，从2000年1月1日起，独资、合伙性质的私营企业不再是企业所得税的纳税义务人；企业所得税以中国境内的国有企业、集体企业、私营企业、联营企业、股份制企业和其他组织来源于中国境内、境外的生产、经营所得和其他所得为课税对象，以纳税人每个纳税年度的收入总额减去准予扣除项目金额之后的余额为应纳税所得额。纳税人发生年度亏损的，可以用下一纳税年度的所得弥补；下一纳税年度的所得不足弥补的，可以逐年延续弥补，但是延续弥补期最长不得超过5年；企业所得税法定税率为33%，金融保险企业所得税税率自1997年1月1日起由55%降为33%，对年应纳税所得额在3万元（含3万元）以下的企业，暂减按18%的税率征收所得税，对年应纳税所得额在10万元（含10万元）以下至3万元的企业，暂减按27%的税率征收所得税，农村信用社自2001年1月1日起也按优惠税率执行；企业所得税采取按年计算，分季预缴，年终汇算清缴，多退少补的征收方法。1994年企业所得税税额101万元，2000年企业所得税税额782万元，2005年企业所得税税额12275万元。

个人收入调节税　1986年9月，国务院发布《个人收入调节税暂行条例》，征税对象为纳税人的应税收入，包括：工资、薪金收入，承包、转包收入，劳务报酬收入，财产租赁收入，专利权的转让，专利实施许可和非专利技术的提供、转让取得的收入，投稿、翻译收入，利息、股息、红利收入，以及经财政部确定征税的其他收入。个人收入调节税的计税依据是取得的收入扣除规定标准的费用后的余额。其工资、薪金收入，承包、转包收入，劳务报酬收入和财产租赁收入四项应税收入汇总计算，按月征收；其他应税收入分别计算按次征收；税率分为按个人综合收入计税的超倍累进税率和按个人单项收入计税的比例税率两种；个人收入调节税的征收，实行由支付单位源泉扣缴和纳税人自行申报的纳税两种方法。此税1994年1月废止。

利息所得税　根据国务院《对储蓄存款利息所得征收个人所得税的实施办法》规定，菏泽地区自1999年1月1日起恢复对个人储蓄存款利息征收个人所得税，以取得储蓄存款利息的个人为纳税义务人，以办理结付个人储蓄存款利息的储蓄机构为扣缴义务人，税率为20%。对个人取得的教育储蓄所得以及国务院财政部门规定的其他专项储蓄存款或者储蓄性专项基金存款的利息所得，免征个人所得税。1999年利息所得税收入税额24万元，2005年利息所得税收入税额8103万元。

外资企业和外国企业所得税　1991年6月30日，国务院发布《外商投资企业和外国企业所得税实施细则》。7月1日起菏泽地区开始实施。征税对象包括生产、经营所得和其他所得两类。凡在菏泽境内设立的从事生产、经营的机构、场所每一纳税年度的收入总额，减除成本、费用以及损失后的余额，为应纳税的所得额。对外商投资企业和外国企业在中国设立的机构、场所所取得的经营所得税率为30%，地方所得税税率为3%，总体税负是33%。对外国企业在中国境内未设立机构、场所而有来源于中国境内的所得，或者虽然设立机构、场所，但其所得与其机构、场所没有实际联系的，税率为20%。1994年外商投资企业和外国企业所得税及税收收入税额53万元，2000年外商投资企业和外国企业所得税及税收收入税额70万元，2005年外商投资企业和外国企业所得税及税收收入税额310万元。

财产及行为税类　*印花税*　1988年8月6日，国务院发布了《印花税暂行条例》，菏泽地区于当年10月1日起施行。此税设13个税目，税率分为比例税率和定额税率两种。已经缴纳印花税的凭证的副本、抄本，财产所有人将财产赠给政府、社会福利单位、学校所立的书据，可以免征印花税。1989年印花税收入税额187万元，1994年印花税收入税额16万元。

牲畜交易税和集市交易税　牲畜交易税以购买牛、马、骡、驴、骆驼等5种牲畜的单位和个人为纳税人，按照牲畜头(批)的成交额计算缴纳，税率为5%。集市交易税以在集市上出售应税农副产品的单位和个人为纳税人，按集市商品实际成交额和规定的税率，向交易地税务机关或代征单位缴纳税款。征税范围原则上定为7类产品：家畜、家禽、肉类、蛋品、干鲜果、土特产品、家庭手工业产品。税率根据不同产品分为5%、10%、15%。此税1994年废止。1986年牲畜交易税和集市交易税收入税额33万元，1993年牲畜交易税和集市交易税收入税额14万元。

房产税　1986年9月15日，国务院发布《房产税暂行条例》，同月25日，财政部税务总局发布《关于房产税若干具体问题的解释和暂行规定》。房产税在城市、县城和建制镇征收，由产权所有人或者承典人、代管人、使用人缴纳，以房产原值减除一定比例以后的余值或者房产租金收入为计税依据，税率分别为1.2%和12%。国家机关、人民团体、军队自用的房产，由国家财政部门拨付事业经费的单位自用的房产，宗教寺庙、公署、名胜古迹自用的房产，个人所有非营业用的房产，可以免征房产税。房产税按年征收，分期缴纳。1987年房产税收入税额379万元，1993年房产税收入税额699万元，1994年房产税收入税额12万元。

车船使用税　1986年9月15日，国务院发布《车船使用税暂行条例》，同月25日，财政部税务总局发布《关于车船使用税若干具体问题的解释和暂行规定》，菏泽地区于10月1日起开征此税。车船使用税以在菏泽境内拥有并且使用车辆、船舶的单位和个人为纳税人。车辆按照辆数或者净吨位实行从量定额计征，并实行幅度税额标准，船舶按照净吨位或者载重吨位从量定额计征。此税种1994年后归地税征管。1987年车船使用税收入95万元，1994年车船使用税收入85万元。

屠宰税　1994年税制改革后，此税下放给地税征管。屠宰税的应税牲畜包括猪、羊、牛、马、骡、驴、骆驼等7种。税率分为比例税率和定额税率两种，分别实行依率从价计征和从量定额征收两种计

征方法。1986年屠宰税收入税额21万元，1994年屠宰税收入税额26万元。

车辆购置税　2001年1月菏泽地改市后，按照《中华人民共和国车辆购置税暂行条例》开征此税，此税的征收范围包括汽车、摩托车、电车、挂车、农用运输车，税率为10%。起初由交通部门代征，2005年1月1日起正式划归国税部门征管。

特定目的税类　城市维护建设税　按照《中华人民共和国城市维护建设税暂行条例》和财政部《关于城市维护建设税几个具体问题的规定》，菏泽地区于1986年开征此税。城市维护建设税按照纳税人所在地实行差别税率：市区的适用税率为7%，县城、建制镇的适用税率为5%，其他地方的适用税率为1%。城市维护建设税一般以纳税人实际缴纳的增值税、消费税、营业税税额为计税依据，按照规定的适用税率计算应纳税额。金融、保险企业缴纳城市维护建设税的计税依据为营业收入乘以5%。1986年城市维护建设税收入609万元，1993年城市维护建设税收入1414万元，1994年城市维护建设税收入74万元。

建筑税　按照国务院《建筑税征收暂行办法》和财政部《建筑税征收暂行办法施行细则》，菏泽地区于1983年10月开征此税，税率为10%。1987年6月25日，国务院发布《建筑税暂行条例》后，建筑税的征税范围有所扩大，纳税人中增加了个体工商户，税率由单一的比例税率改为差别比例税率，从10%到30%不等。1986年建筑税收入税额613万元，1990年建筑税收入税额1372万元，1991建筑税收入税额1041万元。

固定资产投资方向调节税　1991年4月16日，国务院发布了《固定资产投资方向调节税暂行条例》后，菏泽地区开征此税。税率从0到30%不等。计税依据为固定资产投资项目实际完成的全部投资额，更新改造投资项目中的建筑工程实际完成的投资额。1994年该税划归地税管理。

奖金税　1985年，菏泽地区征收国营企业奖金税、集体企业奖金税、事业单位奖金税。纳税人全年奖金超过限额相当于1个月标准工资以内的部分，税率为30%；相当于1～2个月标准工资的部分，税率为100%；相当于2个月标准工资以上的部分，税率为300%；1987年，国家调整奖金税税率，增加了1档级距，即：纳税人全年发放奖金总额超过免税限额的数额，相当于1个月标准工资以内的部分，税率20%；相当于1～2个月标准工资的部分，税率为50%；相当于2～3个月标准工资的部分，税率为100%；相当于3个月标准工资以上的部分，税率为200%。1994年国家税制改革，取消该税种。1986—1993年，菏泽地区共征收国营企业奖金税355万元，集体企业奖金税139万元，事业单位奖金税43.2万元。

资源税类　资源税　1984年，菏泽地区开征资源税。资源税以在菏泽域内从事原油、天然气、煤炭、金属矿产品和其他非金属矿产品开发的单位和个人为纳税人，按照纳税人取得的销售收入、销售利润率和3级超率累进税率计算纳税。1993年12月25日，国务院发布修订后的《资源税暂行条例》，从1994年1月1日起，实行新的包括盐税在内的资源税。取消对尚未开征资源税的金属矿产品和其他非金属矿产品的缓征照顾，对所有矿产资源全面征收资源税。菏泽地区征收的资源税主要为原油产品。此税 1994 年后归属地税征管。

城镇土地使用税　1988 年 9 月 27 日，国务院发布《城镇土地使用税暂行条例》后，菏泽地区开征此税。城镇土地使用税根据不同地区和各地经济发展状况实行等级幅度税额标准，按国家规定的每平方米应税土地的年税额标准从 0.2 元到 10 元不等。城镇土地使用税以纳税人实际占用的土地面积为计税依据，按照规定的适用税额标准计算应纳税额。此税 1994 年后归属地税征管。1989 年城镇土地使用税收入税额 575 万元，1993 年城镇土地使用税收入税额 433 万元。

其他税类　国家能源交通重点建设基金　根据《国家能源交通重点建设基金征集办法》，菏泽地区于 1984 年对财政的预算外资金、事业行政单位的预算外资金、国营企业及主管部门提取的各项专用基金、其他未纳入预算管理的资金、上述单位所属城镇集体企业缴纳所得税后的利润等，以 10% 的税率征收国家能源交通重点建设基金，同年 7 月将税率提高到 15%。

教育费附加　1986 年，根据国务院《征收教育附加费暂行规定》，菏泽地区开征教育费附加。教育费附加以单位和个人实际缴纳的产品税、增值税、营业税的税额为计征依据。1994 年后由地税部门征管。

国家预算调节基金　1989 年 2 月，根据国务院《国家预算调节基金征集办法》的规定，所有国营企业、事业单位、机关团体、部队和地方政府，所有集体企业、私营企业以及个体工商户交纳所得税后的利润，都必须按照当年应税余额 10% 缴纳该基金。1994 年后由地税部门征收。

出口退税　菏泽地区从 1994 年起发生出口退税业务。至 2005 年，共出口退税 11.02 亿元，免抵额 3.83 亿元。

第三节　税收管理

税务登记　税务登记证件验证时间为 1 年 1 次。1990 年 10 月，全区共换发税务登记证 3555 户，办理税务登记 39936 户，办理税务注册登记 3545 户，临时税务登记证 10 户。1992 年 9 月，《中华人民共和国税收征收管理法》颁布后，菏泽地区税务登记制度步入法制化的轨道。从 1993 年 12 月 1 日起，在全区范围内对一切负有纳税义务的单位和个人换发税务登记证。1996 年，《菏泽地区国家税务局税务登记管理办法（试行）》规定，凡在菏泽地区境内从事生产经营，依法由国税机关负责征收的增值税、消费税、营业税、企业所得税、资源税的纳税人，均属办理税务登记的范围。1998 年 7 月，国家税务总局发布了《税务登记管理办法》后，菏泽地区国税局在全区范围内对国税系统所管辖的一切负有纳税义务的单位和个人，进行了换发税务登记证件工作。至 2005 年年底，全市国税部门正常登记 44893 户，其中企业登记 7064 户、个体登记 37829 户；税种核定 15438 户次，其中企业核定 8647 户次、个体核定 6791 户次。

2005年菏泽市各县区企业及个体登记情况示意图

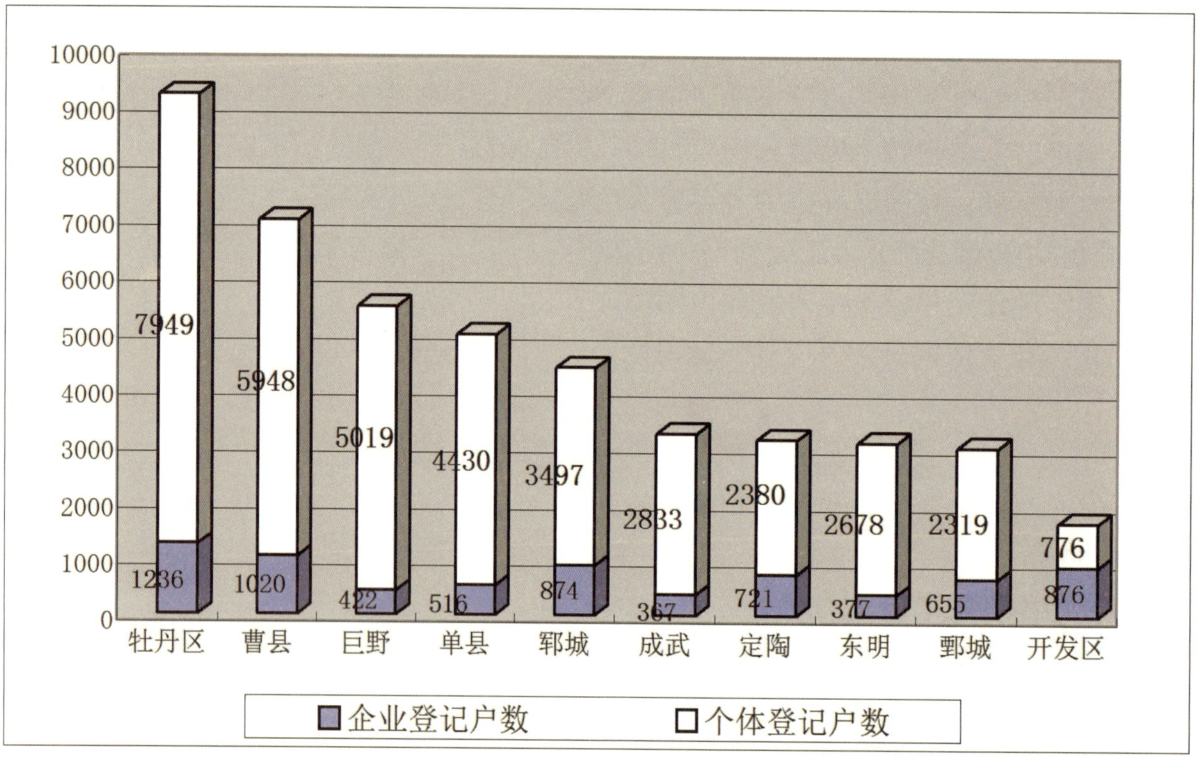

纳税申报 1986年，菏泽地区对一切纳税单位和个人均按税收规定期限建立了纳税申报制度。内容有应纳税种、销售收入额、税率、应纳税额及纳税期限。1988年，除省局统一制定的产品税、增值税、营业税纳税申报表之外，地区税务局补充制定了土地使用税、个人收入调节税、扣缴个人收入调节税、个体工商业户定税四种纳税申报表。1990年，全区试行由省税务局制定的《山东省税收征收管理工作规程》《山东省工商业户纳税规程》，特别是贯彻落实省政府《关于严格申报纳税的通告》后，转化征管模式，实行上门缴税，纳税申报工作走上法制化道路，逐步实现全区税收征管的规范化、制度化、科学化。1997年，在全区国税系统建立纳税人自行申报纳税制度，确立了纳税人办理纳税申报可以采取直接申报、邮寄申报和电子申报等方式。2001年10月，全市实行银行网点申报、邮政网点申报、网上申报、电话申报的多元化申报方式，简化纳税人报税手续。2003年，对全市部分定期定额征收的个体纳税人在实行电子申报的基础上推行缴纳税款视同其申报和按年、半年或季缴纳税款的“简易申报，简并征期”申报纳税方式，简化了申报征收程序，降低了征纳成本，方便了纳税人。

纳税服务 1990年，全区税务系统在组织收入的同时，重点抓促产增收工作。全区共促产1325件，促产金额3010万元，新增产值5561万元，新增税金591.5万元。1997年，国税系统按照方便纳税人申报纳税、提高办事效率的原则，在每个基层分局都设立了国税办税服务厅，设置了税务登记、发票管理、咨询服务、申报征收、外税征收、稽查选案等窗口，城区办税服务厅还设置银行专柜窗口。2001年，国税系统建立以信息技术为支持的为纳税人服务体系。利用现代化手段，实施市级数据集中处理，采用多元化申报方式，实现同城异地申报纳税，利用Internet税务信息发布站点、电话查询等多种方法，为纳税人提供优质服务。2003年2月，“12366”纳税服务咨询电话开通，主要负责税务咨询、政策解答、案件举报、廉政监督等工作。2004年3月，市国税局、市地税局联合开展纳税信用等级评定活动，营造全市公平、公正、公开的良好税收环境。4月，为拓展办税服务厅纳税服务行为，提高其纳税遵从度和税收征管效率，市国税局实行了“同城异地办税”。纳税人在其税务登记主管税务机关辖区内，可以根据需要和意愿，到任何办税服务厅办理涉税事宜。

发票管理　1990年4月，根据省税务局〔鲁税征（1990）21号〕文规定，对全国联运行业货运统一发票进行全部清理，统一由税务机关负责印制发放。1995年1月1日起启用“农产品收购统一发票”。3月1日起启用“废旧物资收购统一发票”。8月1日起启用“籽（皮）棉”收购统一发票。1996年6月底“菏泽地区粮油收购专用发票”停止使用。1997年1月1日，在全区更换使用具有统一防伪措施的新版普通发票，旧版发票同时停止使用。是年5月1日起，菏泽地区启用新的“发票领购簿”，同时旧的“统一发票购用证”作废。1999年1月1日启用“沙石销售发票”“机动车销售统一发票”“山东省粮食销售统一发票”。9月1日启用全省统一样式的发票专用章。2001年8月1日启用“山东废旧物资销售统一发票”，10月1日启用全省统一样式的普通发票领购簿。2002年5月1日，启用“山东省菏泽市地方建筑材料销售发票”。6月，市国税局在各县区国税局设置发票管理所，具体负责普通发票计划、领用、库存、调拨和使用管理等工作。

征管改革　1990年，全区税收征管制度改革，主要内容为改革当时实行的“一员到户，征管查一人负责”的征管形式；转换征管模式，变税务人员上门征税为纳税人主动到税务机关申报纳税，提高了纳税人的依法纳税意识；采取有效措施，强化征管手段，赋予税务机关相应的独立执法权；实行征、管、查相分离的征管形式。1994年9月，地区国税局和地区地税局分设。国税局负责征收的税种有11个。1997年，全区征管改革取得阶段性成果。税收征管专业化分工管理体系初步形成，全区税收征管业务科学的划分为管理服务、征收监控和税务稽查三大系列。设置了为纳税人服务的办税场所，全区陆续建成并投入使用办税服务厅75个，总面积5800余平方米。纳税人自行申报制度初步形成，征纳双方的权利义务关系更加明晰。全区税务代理工作全面起步，自上而下的代理机构已形成网络。逐步建立起以申报纳税和优化服务为基础，以计算机网络为依托，集中征收，重点稽查的征管模式。2005年，各县区国税局增设办税服务厅和税源管理科，拓宽办税服务厅的功能，减少农村基层分局，取消发票管理所，优化征管流程，进一步完善征管体制，形成“以申报纳税和优化服务为基础，以计算机网络为依托，集中征收，重点稽查，强化管理”的税收征管模式。

税收收入 1994年实行分税制改革，地区税务局机构分设为地区国家税务局和地区地方税务局。1995—2005年，国税税收收入持续稳定增长，由1995年的3.71亿元增长到2005年的17.74亿元，年均递增15.66%，GDP9.48%。由1995年国税收入占GDP的2%，上升到2005年的4%。

第四节 税务检查

在税收检查上，主要有三种形式。①日常检查。由征收单位，对纳税人生产经营情况，申报情况，税款交纳情况进行经常性的临时检查。②定期检查。由财政局牵头，检查办公室组织的定期检查。（一般每年一次）。③稽查。由地、县两级税务机关所属稽查机构进行检查。1995年，根据国家税务总局《税务稽查工作规程》的规定，税务稽查分为日常稽查、专项稽查和专案稽查3种形式。稽查流程分为稽查选案、稽查实施、稽查审理和执行4个环节。

1996—2005年，市国税局共查纳税户数32507户，发现有问题的20187户，查补税款2.23亿元；查处偷、漏、骗税案件3748起，应补税款5117万元，实际入库税款4507万元；查处重大案件95起，查补税款6348万元，入库844万元。

1996—2005年菏泽市（地区）国税稽查查补税款统计表

表15-2-1

年份	检查户数(户)	有问题户数(户)	查补（万元）				入库（万元）				处罚率
			小计	税款	罚款	滞纳金	小计	税款	罚款	滞纳金	
1996	8646	3540	1935.2	1935.2	0	0	1612.7	1612.7	0	0	–
1997	9280	5788	1814	1814	0	0	1770	1770	0	0	–
1998	4212	3120	3470	3139	331	0	3329	2998	331	0	10.50%
1999	3542	2470	3197	2748	357	92	3172	2723	357	92	13%
2000	2648	1854	2346	1999	281	66	1967	1631	281	66	17.22%
2001	896	469	1058	838	169	51	821	659	123	39	18.66%
2002	1505	1432	1954	1513	378	63	1904	1463	378	63	–
2003	424	349	1859	1543	200	116	1845	1529	200	116	–
2004	704	595	2381	1765	482	134	2302	1716	452	134	–
2005	650	570	2263	1698	327	238	2176	1634	309	233	–

2000—2005 年菏泽市（地区）国税稽查查处偷、漏、骗税案件统计表

表 15-2-2

年　份	户数（户）	应补税款（万元）	罚款(万元)	滞纳金（万元）	合计(万元)	实际入库数（万元）	
						合计	其中：税款
2000	1562	1852	194	67	2113	1736	1472
2001	460	838	165	51	1054	817	659
2002	1013	746	373	47	1166	1158	741
2003	162	357	186	32	575	575	357
2004	327	737	467	93	1297	1221	691
2005	224	587	310	79	976	976	587

第三章　地方税务

第一节　税　制

1993 年 12 月 25 日，国务院国发〔1993〕90 号文批转国家税务总局工商税制改革实施方案，从 1994 年 1 月 1 日起在全国施行。改革后的流转税取消产品税，由增值税、消费税和营业税组成。在工业生产领域和批发零售商业普遍征收增值税，对少量消费品征收消费税，对不实行增值税的劳务和销售不动产征收营业税。新的流转税制统一适用于内外资企业，取消对外资企业征收的工商统一税收。原来征收产品税的农、林、牧水产品，改为征收农业特产税和屠宰税。改革后的所得税，实行统一的内资企业所得税。将国营企业所得税、集体企业所得税、私营企业所得税合并为企业所得税，取消“国营企业调节税”和向国有企业征收国家能源交通重点建设基金和国家预算调节基金；停止执行对中国人征收的个人收入调节税、个体工商业户所得税和对外籍人员征收的个人所得税，执行统一的个人所得税法。改革后的其他税种扩大了资源税的征收范围，适当调整税负，实行分产品类别从量定额计算征税的办法；为了对房地产交易中的过高利润适当调节，开征土地增值税；改革土地使用税，适当提高土地使用税的税额，扩大征收范围，适当下放管理权限；调整一些税种，取消集市交易税、牲畜交易税、烧油特别税、奖金税和工资调节税。将特别消费税并入消费税，盐税并入资源税。将屠宰税、筵席税下放给地方。计划开征证券交易税和遗产税。经过 1994 年的税收制度改革，现行工商税收制度由 18 个税种组成：增值税、消费税、营业税、资源税、企业所得税、外商投资企业和外国企业所得税、个人所得税、印花税、土地增值税、城镇土地使用税、房产税、车船使用税、固定资产投资方向调节税、城市维护建设税、屠宰税、

筵席税、证券交易税（尚待出台）、遗产税（尚待出台）。

从1994年1月1日起，全国实行分税制财政管理，即：根据事权与财权相结合的原则，将税种统一划分为中央税、地方税和中央地方共享税，并建立中央税收和地方税收体系，分设国家税务局和地方税务局。分税制对税种的具体划分：作为中央固定收入的税种包括关税、海关代征消费税和增值税、消费税、中央企业所得税、地方银行和外资银行以及非银行金融企业所得税、铁道部和各银行总行及各保险总公司等集中缴纳的收入（包括营业税、所得税、利润和城市维护建设税）；作为地方固定收入的税种包括营业税（不包括铁道部、各银行总行、各保险总公司集中缴纳的营业税）、地方企业所得税（不含上述地方银行和外资银行及非银行金融企业所得税）、个人所得税、城镇土地使用税、固定资产投资方向调节税、城市维护建设税（不含铁道部门、各银行总行、各保险总公司集中缴纳的部分）、房产税、车船使用税、印花税、屠宰税、农（牧）业税、农业特产税、耕地占用税、契税、遗产税、土地增值税等；中央与地方共享收入包括增值税、资源税、证券交易税。增值税中央分享75%，地方分享25%。资源税按不同的资源品种划分，大部分资源税作为地方收入，海洋石油资源税作为中央收入。证券交易税，中央和地方各分享50%。

2001年12月31日，国务院下发《关于所得税收入分享改革方案的通知》；2002年3月22日，山东省人民政府下发《山东省所得税和营业税收入分享改革方案的通知》。从2002年1月1日起，改革按企业隶属关系划分所得税、营业税收入的办法，对企业所得税和个人所得税收入实行中央、省与市按比例分享。同时，对地方营业税收入实行省与市按比例分享。改革的主要内容：除少数特殊企业的所得税和储蓄存款利息所得个人所得税外，一般企业所得税和个人所得税实行中央、省与市按比例分享；地方营业税实行省与市按比例分享；中央保证各地区2001年地方实际的所得税收入基数，实施增量分成；山东省各市净上划的所得税和营业税，省财政以2001年为基期予以基数返还。所得税分享改革方案：除铁路运输、国家邮政、中国工商银行、中国农业发展银行、中国银行、中国建设银行、国家开发银行、中国农业发展银行、中国进出口银行以及海洋石油天然气企业缴纳的所得税继续作为中央收入外，一般企业所得税和个人所得税由中央与地方按比例分成。一般企业所得税收入的分配比例，2002年中央分成50%，省级分成10%，市分成40%；2003年中央分成60%，省级分成8%，市分成32%。个人所得税收入，2002年中央分成50%，市分成50%；2003年中央分成60%，市分成40%。2003年以后年份的分配比例根据实际收入情况再行考虑（2004年暂按2003年的分配比例执行）。以2001年为基期，按确定的分成范围和比例计算，地方分成的所得税收入，如果小于地方实际所得税收入，差额部分由中央作为基数返还地方；如果大于地方实际所得税收入，差额部分由地方作为基数上解中央。营业税收入分成改革方案：除山东省高速公路经营企业（包括山东省高速公路有限责任公司、山东省基建股份有限公司和山东省东青公路有限公司）集中缴纳的营业税、城建税及教育费附加收入继续作为省级收入外，其他地方营业税实行省与市分成。分成的比例，省级为20%，市为80%。以2001年为基期，按改革方案确定的分成范围和比例计算确定。山东省各市分成的营业税收入，如果小于各市实际营业税收入，差额部分由省财政作为基数予以返还；如果大于各市实际营业税收入，差额部分由各市作为基数上解省财政。

第二节　税　种

地方税务机关负责征收的税种范围包括：营业税、资源税、企业所得税、个人所得税、印花税、土地增值税、城镇土地使用税、房产税、车船使用税、城市维护建设税、固定资产投资方向调节税、屠宰税12个税种及教育费附加。

营业税　1994年1月1日起执行《中华人民共和国营业税暂行条例》。营业税是对在中国境内提供应税劳务、转让无形资产或者销售不动产的单位和个人征收的税种。营业税分为9个税目：交通运输业、建筑业、邮电通信业，文化体育业，适用税率为3%；金融保险业、服务业、转让无形资产、销售不动产，适用税率为5%；娱乐业，适用税率20%。1994—2005年全市共征收营业税22.8 4亿元。

资源税　1994年1月1日执行《中华人民共和国资源税暂行条例》。资源税是对在中国境内开采应税矿产品或者生产盐的单位和个人征收的一种税。采用定额税率：煤，1.2元／吨；原油，8元／吨；天然气，4元／千立方米；天然矿泉水，3元／吨；建筑用沙，1元／立方米；其他黏土，1元／立方米；其他建筑石料，1元／立方米。1994—2005年，全市共征收资源税1.44亿元。

企业所得税　1994年1月1日执行《中华人民共和国企业所得税暂行条例》。企业所得税是对在中国境内的企业，除外商投资企业和外国企业外，就其生产、经营所得和其他所得征收的一种税。税率有法定税率和优惠税率两种。法定税率为33%；优惠税率分为18%和27%两档，年应纳税所得额在3万元以下（含3万元）的，减按18%的税率征收；年应纳税所得额超过3万元至10万元（含10万元）以下的，减按27%税率征收。1994—2005年，全市共征收企业所得税14.37亿元。

个人所得税　1994年1月1日执行修改后的《中华人民共和国个人所得税法》。个人所得税是以个人（自然人）取得的各项应税所得为征税对象征收的一种税。征税对象包括工资薪金所得，适用5%～45%的超额累进税率；个体工商户的生产、经营所得和对企事业单位的承包经营承租经营所得，适用5%～35%的超额累进税率；稿酬所得，劳务报酬所得，特许权使用费所得，利息、股息、红利所得，财产租赁所得，财产转让所得，偶然所得和其他所得，适用比例税率20%。1994—2005年，全市共征收个人所得税6.82亿元。

印花税　1988年10月1日执行《中华人民共和国印花税暂行条例》。印花税是对经济活动和经济交往中书立、领受的应税经济凭证征收的一种税。印花税采用比例税率和定额税率两种：购销合同、建筑安装工程承包合同、技术合同，税率万分之三；加工承揽合同、建设工程勘察设计合同、货物运输合同、产权转移书据和记载资金的营业账簿，税率万分之五；财产租赁合同、财产保险合同、仓储保管合同，税率千分之一；借款合同，税率万分之零点五；其他营业账簿、权利许可证照，定额税率每件5元。1994—2005年，全市共征收印花税6000万元。

土地增值税 1994年1月1日执行《中华人民共和国土地增值税暂行条例》。土地增值税是对有偿转让国有土地使用权、地上建筑物及其附着物并取得收入的单位和个人征收的一种税。纳税人转让房地产取得的增值额为计税依据，按超额累进税率计算并征收：增值额未超过扣除项目金额50%的部分，税率为30%；增值额超过扣除项目金额50%，未超过扣除项目金额100%的部分，税率为40%；增值额超过扣除项目金额100%，未超过扣除项目金额200%的部分，税率为50%；增值额超过扣除项目金额200%的部分，税率为60%。1994—2005年，全市共征收土地增值税3634万元。

城镇土地使用税 1988年11月1日执行《中华人民共和国城镇土地使用税暂行条例》。城镇土地使用税是以城市、县城、建制镇、工矿区内土地为征税对象，以实际占用的土地面积为计税依据，按规定的税额对拥有土地使用权的单位和个人征收的一种税。从2002年1月1日起执行新的税额标准。牡丹区：一等土地2元／平方米；二等土地1.6元／平方米；三等土地1.2元／平方米。市区土地等级的划分范围：一等土地范围为市城区西外环路、南平路、北环路、花城大道（均含外侧一千米）以内的土地；二等土地范围为市区8个街道行政区域内除一等土地之外的所有土地；三等土地范围为牡丹区、开发区区域内除一、二等土地之外的所有应税土地（即牡丹区行政区域内所有乡镇建制下的应税土地）；县城：1.6元／平方米；建制镇、工矿区1元／平方米。1994—2005年，全市共征收城镇土地使用税2.22亿元。

房产税 1986年10月1日执行《中华人民共和国房产税暂行条例》。房产税是以房屋为征税对象，按房屋的计税余值或租金收入为计税依据，向产权所有人征收的一种财产税。从价纳税的，以房产原值一次减除30%的后的余值为计税依据，税率为1.2%；从租纳税的，以房产租金收入为计税依据，税率为12%。1994—2005年，全市共征收房产税3.22亿元。

车船使用税 1986年10月1日执行《中华人民共和国车船使用税暂行条例》。1999年9月6日，山东省人民政府《关于调整车船使用税和车船使用牌照税统一税额标准的通知》下发后，执行新的税额标准。乘人汽车，300元／辆；小型汽车，260元／辆；两轮摩托车，56元／辆；三轮摩托车，72元／辆；载货汽车，60元／吨。1994—2005年，全市共征收车船使用税3.55亿元。

城市维护建设税 1985年2月8日执行《中华人民共和国城市维护建设税暂行条例》。城市维护建设税是为了加强城市的维护建设，扩大和稳定城市维护建设资金的来源，向缴纳增值税、消费税、营业税单位和个人征收的一种税。实行地区差别比例税率：纳税人所在地在市区的，税率为7%；纳税人所在地在县城、建制镇的，税率为5%；纳税人所在地不在市区、县城或建制镇的，税率为1%。1994—2005年，全市共征收城市维护建设税4.99亿元。

固定资产投资方向调节税　1991年1月1日执行《中华人民共和国固定资产投资方向调节税暂行条例》。2000年1月1日起暂停征收。1994—1999年，全市共征收固定资产投资方向调节税1.58亿元。

屠宰税　1994年，根据国务院工商税制改革方案和省政府《山东省屠宰税征收办法》，菏泽地区于同年1月开征屠宰税，此税种于2002年6月20日起停止征收。1994—2002年6月，全市共征收屠宰税1.03亿元。

教育费附加　1986年4月28日，国务院颁布《征收教育费附加的暂行规定》，7月1日起在全区施行。教育费附加是以各单位和个人实际缴纳的增值税、消费税、营业税的税额为计征依据，附加率为3%，分别与增值税、消费税、营业税同时缴纳。对从事生产卷烟和经营烟叶产品的单位，减半征收教育费附加。1994—2005年，全市共征收教育费附加2.12亿元。

第三节　税收管理

征管范围　1994年8月，国税、地税机构分设。按照国务院规定，地方税务局主要负责营业税、企业所得税、个人所得税、土地增值税、城市维护建设税、车船使用税、房产税、屠宰税、资源税、城市土地使用税、固定资产投资方向调节税、印花税、筵席税、地方税的滞补罚收入、按营业税附征的教育费附加的征收和管理。1997年，征收文化事业建设费。同年11月25日征收旅游事业费。2000年1月1日起固定资产投资方向调节税暂停征收。2002年6月20日起屠宰税停止征收。2004年9月1日起由地税部门代收残疾人就业保障金。

征管改革　1994年年底，国家税务总局提出了深化征管改革的总体目标。1995年10月，菏泽地区在城市和城区建立起集税务登记、纳税申报、税款征收、发票发售为一体的多功能征收服务厅12处，实行集中征收，微机化管理，为纳税人提供全方位服务；转变旧征管模式，取消多年实行的“专管员管户”制度，推行纳税人自行申报制度；按照征、管、查三分离设置征管机构，形成相互制约、相互促进的新征管体系；实行税务公开、税负公开制度，强化社会监督。1997—1998年，各县市、乡镇相继建立起征收服务厅，新征管模式逐步完善到位。1997年，全区各县市税务代理中介服务机构经省局批准建立，并于1999年12月同税务机关脱钩。2000年5月，根据国家税务总局《关于贯彻国务院办公厅转发的深化征管改革方案的通知》有关规定，省局制定下发了《企业纳税人分类管理暂行办法》《税收办税员管理办法》。全区2000年6月在地区直属分局、郓城县直属分局开始试点，2001年全市全面推行。2004年6月，根据国税函〔2004〕168号通知，全市开始实行微机定税。

社会综合治税　社会综合治税是在政府领导、税务主管、部门配合、社会参与、司法保障的前提下，运用现代化手段建立起严密的税源监控网络，实现对税源的有效控制。2003年7月，菏泽市政府下发了《关于加强协作配合切实搞好地方税源控管工作的通知》。8月2日，市地税局制定了《进一步加快社会综合治税步伐，健全社会综合治税网络的意见》，9月底，全市组建起市、县、乡三级综合治税网络，综合治税工作进一步深化。2004年1—12月，全市共采集信息89697条，其中涉税信息80312条，依托综合治税网络征收税款7983万元，增收3239万元。

2004年，市地税局按照"抓大控中定小"征管工作思路，对大户税源实现市、县、分局三级控管，专门管理；对中户税源强化责任、加强申报、纳税评估及检查全方位管理；对小户税源实行微机定税，规范管理。市局控管区年为纳税50万元以上的企业，县区局控管区为10万元以上的企业，分局控管区为1万元以上的企业。据统计，全市大户153户，占税务登记总户数的0.22%，2003年入库税款30005万元，占地税总收入的41.9%；中户6887户，占总户数的10.1%，入库税款33045万元，占地税总收入的46.15%；小户61538户，占总户数的89.8%，入库税款16647万元，占地税总收入的23.25%。

税务登记户源 1994年年底，全区共有缴纳地方税的纳税业户4299户。其中国营企业1409户，集体企业2579户，私营企业121户，联营企业39户，其他企业151户。至2005年年底，全市办理税务登记的纳税户数达到48511户。

1995—2005年菏泽市（地区）税务登记户数统计表

表15-3-1　　　　单位：户

类目＼年份	1995	1996	1997	1998	1999	2000	2001	2002	2003	2004	2005
合计	7332	41167	41359	43894	48580	61739	64066	65792	68525	54138	48511
国营	2762	3222	3191	2423	1920	1978	1923	1996	1732	1023	917
集体	3733	4864	4836	4603	2589	2158	1913	1903	2106	1245	878
私营	694	881	765	975	482	637	424	950	1162	3328	4227
联营	33	45	41	57	38	63	67	73	115	39	5
股份制	77	120	147	121	45	67	76	80	92	22	25
有限责任公司	–	–	–	63	294	488	613	787	1229	1563	774
股份有限公司	–	–	–	34	67	176	224	255	219	300	214
港澳台企业	–	20	23	34	3	1	7	10	17	60	68
外资企业	2	11	33	51	54	59	62	88	113	167	156
个体工商户	3	31930	32126	34748	41962	55816	58484	59384	61538	46132	41117
其他	28	74	197	785	1144	296	273	466	202	79	130

发票管理 1995年执行省地税局《山东省地税发票管理实施办法》。2003年11月，省财政厅、省地税局联合下发《山东省地税系统发票即开即奖管理办法》《发票二次摇奖管理办法》《发票违法行为举报、查处奖惩管理办法》，在全省范围内统一实施第一步发票改革。简化、合并发票种类，全面推行机打发票和定额式发票，逐步取消手工发票；采用新技术印制发票，提高公众识别假发票能力；统一全省发票代码和票样；推广使用税控机；部分行业发票实行即开即奖和二次发票摇奖；对违规行为实行举报奖励制度；把发票的印制、发售、使用、缴销、结存环节都置于计算机监控之下。2004年，菏泽市全部启用新版发票，共发票发售3171万份，发票兑奖124万元。2005年共发票发售4664万份，发票兑奖117万元。同年9月，税控收款机开始在菏泽市推广使用，至2005年年底，共安装税控装置805台。

第四节 税务检查

日常检查 1994年国、地税机构分设以后，地、县市两级地税稽查部门在日常选案环节引入分行业生产经营指标平均增长值、分行业财务比率值、企业常用财务指标与地方税对比值等指标。1994—2004年，通过日常稽查共检查纳税人4690户，查出有问题的4268户，查补入库税款6128.8万元，罚款654万元，加收滞纳金148.2万元。

专项检查 1995年，在全区范围内开展对宾馆、饭店、招待所、娱乐业的地方税收专项检查，共检查纳税人148户，入库各项收入89万元。1999年、2000年连续两年在全区范围内组织了对县市的“上查下”和各县（区）之间的交叉检查，共对交通、电力、造纸、保险公司等高收入行业的52户纳税人实施检查，查补入库税款679万元。2001年，成立整顿和规范地方税收经济秩序领导小组，全市各级地税稽查部门重点开展了对电信、金融、医疗、教育等高收入行业的个人所得税专项检查，共涉及纳税人12600人次，查补入库税款、罚款468.1万元。2003年，在全市范围内组织了对房地产行业的税收专项检查，共计查补入库税款908万元。1994—2004年，通过税收专项检查共检查纳税人5224户，有问题4790户，查补入库税款10774.2万元，罚款1113万元，加收滞纳金91万元。

专案检查 1994—2004年，通过对举报案件的查处，共实施专案检查532起，查补税款1054万元，罚款88万元，加收滞纳金7.8万元。

1994—2004年菏泽市（地区）地税稽查查补收入情况统计表

表15-3-2 单位：户、万元

年 份	检查户数（户）	有问题户数（户）	查补入库税款（万元）	滞纳金（万元）	罚款（万元）	查补收入合计（万元）	其中查处举报案件	查补入库税款（万元）
1994	716	704	1226	–	–	1226	23	32
1995	1292	1288	2142	–	2	2144	25	30

续表 15-3-2

年 份	检查户数（户）	有问题户数（户）	查补入库税款（万元）	滞纳金（万元）	罚款（万元）	查补收入合计（万元）	其中查处举报案件	查补入库税款（万元）
1996	1264	1038	1860	–	–	1860	17	32
1997	1328	1172	1469	–	31	1500	25	30
1998	1186	1174	1900	20	208	2128	131	496
1999	1106	941	2078	32	209	2319	86	122
2000	1219	1202	1630	18	266	1914	71	90
2001	1013	879	2694	27	489	3210	51	57
2002	693	617	1621	7	361	1989	32	110
2003	629	575	1337	143	289	1769	71	55
2004	461	426	1788	19	332	2139	154	24

中华人民共和国地方志丛书

菏泽市志

1986~2005

菏泽市地方史志办公室 编

（中卷）

方志出版社
Publishing House of Local Records

图书在版编目（CIP）数据

菏泽市志：1986 ～ 2005 / 菏泽市地方史志办公室编
. — 北京：方志出版社，2016.6
ISBN 978-7-5144-2026-5

Ⅰ.①菏… Ⅱ.①菏… Ⅲ.①菏泽市—地方志—
1986-2005 Ⅳ.①K295.23

中国版本图书馆 CIP 数据核字（2016）第 153259 号

菏泽市志（1986 ～ 2005）

编　　者：菏泽市地方史志办公室
责任编辑：陈　菁　王笃银
出 版 人：冀祥德
出 版 者：方志出版社
　　　　　地址　北京市朝阳区潘家园东里 9 号（国家方志馆 4 层）
　　　　　邮编　100021
　　　　　网址　http://www.fzph.org
发　　行：方志出版社发行中心
　　　　　电话（010）67110500
经　　销：各地新华书店
印　　刷：济南黄氏印务有限公司　（0531）88711234
开　　本：889×1194　1/16
印　　张：138.25
字　　数：2443 千字
版　　次：2016 年 6 月第 1 版　2016 年 6 月第 1 次印刷
印　　数：0001—3000 册

ISBN　978-7-5144-2026-5　　定价：2016.00 元（全 3 卷）

CONTENTS 目录

上卷

第三编　经济综述

第四编　农　业

第五编　林　业

第六编　畜　牧

第七编　牡　丹

第八编　水　利

第九编　黄　河

第十编　工　业

第十一编　城乡建设 环境保护

第十二编　交通运输

第十三编　邮政 通信

第十四编　商业 贸易

第十五编　财政 税务

中　卷

第十六编　金　融

第十七编　经济开发区

第十八编　综合经济管理

第十九编　中共菏泽市地方组织

第二十编　地方人民代表大会

第二十一编　地方行政机关

第二十二编　地方政治协商会议

第二十三编　民主党派 群众团体

第二十四编　法　治

第二十五编　武　装

第二十六编　教　育

第二十七编 科学技术

第二十八编 文化艺术

第二十九编　医疗 卫生

下卷

第三十编 体育

第三十一编 社会生活

第三十二编 组织机构

第三十三编 县区概况

人　物

附　录

CONTENTS

Volume I

Part IIIOverview of Economy

Part IVAgriculture

Part VIIIWater Conservancy

Part IXYellow River

Part XIndustry

Part XI Urban and Rural Construction Environmental Protection

Part XITransport

Part XIIPostal Service · Communication

Part XIIICommerce · Trade

Part XIVGovenment Finance Taxation

Volume II

Part XVFinance

Part XVIEconomic Development Zone

Part XVIIComprehensive Economic Management

Part XVIIIHeze Local Organization of CPC

Part XXLocal Administrative Organs

Part XXILocal Political Consultative Conference

Part XXIIDemocratic Parties · Mass Organizations

Part XXIIIRule of Law

Part XXVIICulture and Art

Part XXVIIIMedical and Health Care

Volume III

Part XXIXSports

Part XXXSocial Life

Part XXXI Organizational Structure

Part XXXII Profile of District and Counties

Figures

Appendixes

第十六编　金　融

保险办理流动服务网点

引导客户购买开发基金

银行营业厅

1986年，菏泽地区金融机构有：中国人民银行菏泽地区分行（简称人行菏泽分行），下辖10个县（市）支行；中国工商银行菏泽地区中心支行（简称工行菏泽中支），下辖10个县（市）支行、3个办事处、58个储蓄所；中国农业银行菏泽地区中心支行（简称农行菏泽中支），下辖10个县（市）支行，38个办事处、184个营业所、222个信用社；中国建设银行菏泽地区中心支行（简称建行菏泽中支），下辖10个县（市）支行；中国银行菏泽分行（简称中行菏泽分行）；中国人民保险公司菏泽地区中心支公司（简称人保菏泽中心支公司），下辖10个县（市）支公司。年末，全区金融系统存款余额为11.54亿元，贷款余额30.35亿元。

1986年6月底，菏泽地区各邮电局正式代办储蓄业务，1990年1月1日起改为自办，当年人民银行共批准辖区设立邮政储蓄网点116处；1987年7月之后，全区各县（市）陆续成立城市信用合作社。至1994年，全区有城市信用社中心社1家，城市信用合作社11家。2000年前后，城市信用社陆续并入本县（市）农村信用社联合社；1994年，辖内农村信用合作社（简称农村信用社）与农业银行分开办公，脱离行政隶属关系，各县（市）农村信用社联合社相继成立。1996年，农村信用社与农业银行“脱钩”。2004年8月，成立山东省农村信用联合社菏泽办事处；1996年11月，中国农业发展银行菏泽地区分行（简称农发行菏泽分行）成立，下辖9个县（市）支行。至2005年年末，菏泽市辖内金融机构主要包括人民银行、政策性银行、国有独资商业银行、其他非银行金融机构等，其中银行业金融机构营业网点864个。全市金融机构各项存款余额427.72亿元，各项贷款余额339.04亿元。

1983年，中国人民保险公司菏泽地区中心支公司（简称人保菏泽中心支公司）成立，辖区内县（市）相继成立支公司。1998年5月，人保菏泽中心支公司分设为中国财产保险有限公司菏泽分公司（简称财险菏泽分公司）和中国人寿保险公司菏泽分公司（简称寿险菏泽分公司），辖内县（市）陆续成立财保和寿保的支公司。2002年，太平洋财产保险菏泽中心支公司、中国太平洋人寿保险股份有限公司菏泽中心支公司相继成立，并在辖内相继成立营业部。至2005年年末，菏泽市各项保险保费收入10.5亿元，理赔1.46亿元。2001年，山东证券有限责任公司菏泽双河路证券营业部成立，是菏泽市当时唯一一家经中国证监会批准设立的证券经营机构。之后，更名为天同证券有限责任公司菏泽双菏路证券营业部。

1986—2005年，菏泽市金融系统认真贯彻执行党和国家的经济金融方针、政策，坚持以支持经济发展为主题，紧紧围绕紧紧围绕全市经济发展战略，认真传导实施货币政策，改善和加强金融宏观调控，大力筹集资金，适度增加贷款投放，调整信贷结构，优化贷款投向，支持辖区经济持续快速健康发展；深化金融体制改革，建立和完善了以中央银行为领导、国有商业银行为主体、多种金融机构分工协作的金融组织体系；建立了法律化、规范化、现代化的金融管理体系；改进金融服务，增强金融企业竞争能力，为地方经济发展提供了良好的金融环境；加强金融监管，防范和化解金融风险，提高金融资产质量，维护了辖区内金融秩序的稳定；改革外汇管理体制，改进外汇管理方式，促进了辖内外向型经济加快发展。

第一章　金融体制改革

第一节　金融机构改革

1986年以后，辖内金融机构体系逐步从高度集中向多元化方向改革，人民银行独立行使中央银行职能，各国有专业银行在国家规定的业务范围内运营。同时，大力推动发展多元化金融组织机构，设立了农业发展银行，发展和成立了农村信用社、城市信用社和信托投资公司，组建了多家保险公司，以及证券经营机构，逐步形成了以人民银行为领导，国有专业银行为主体，多种金融机构并存、分工协作的金融机构体系。20世纪90年代后，随着经济改革的快速推进，金融改革也进一步深化，辖内开始了以建立社会主义市场经济体制为目标的金融体制改革。1994年，按照国务院《关于金融体制改革的决定》，人行菏泽地区分行转换职能，明确职责，向真正的中央银行转变。菏泽地区工、农、中、建四家专业银行开始向商业银行转变，政策性业务与商业性业务分离，建立自主经营、自担风险、自负盈亏、自我约束的现代商业银行经营机制，实行资产负债比例管理，与所办经济实体脱钩，强化内部管理和风险控制，国有商业银行间允许业务交叉，开展竞争。辖区分设成立中国农业发展银行，承担有关政策性业务。农村信用社与农业银行脱离行政隶属关系。1995年3月，《中华人民共和国中国人民银行法》（简称人民银行法）颁布实施，以立法形式确立了中国人民银行作为中央银行的性质和地位，人行菏泽分行在辖内独立行使中央银行职能。1995年5月，《中华人民共和国商业银行法》（简称商业银行法）颁布实施，从法律上明确了工、农、中、建四家国有独资商业银行。1998年，各金融机构成立系统党委，完善了金融机构党的领导体制。1998年，按照中央金融工作会议的部署，人民银行设立跨省区分行，党的关系实行垂直领导，菏泽辖区人民银

1994年1月，人民银行行长李贵鲜到菏泽调研/1994年4月，国务委员、人民银行行长陈幕华一行到菏泽调研

行接受中国人民银行济南分行（简称人行济南分行）管辖。2002年，按照全国金融工作会议精神，四家国有商业银行开始进行股份制改造。2003年，按照国务院有关规定，到2005年年末，菏泽辖内初步形成了以中央银行（人民银行）为核心，国有独资商业银行（工商银行、农业银行、中国银行、建设银行）为主体，政策性银行（农业发展银行）和其他非银行金融机构（农村信用社、保险公司、证券公司、邮政储蓄）并存的金融机构体系。1994年1月人民银行行长李贵鲜在省分行行长赵军成陪同下到菏泽调研。1994年4月国务委员、人民银行行长陈慕华一行在省分行行长赵军成陪同下到菏泽调研。1995年起，菏泽金融业贯彻执行《人民银行法》《商业银行法》《保险法》和中国人民银行制定的机构管理、利率管理、票据管理、外汇管理等法律、法规，开始步入法制化、规范化的轨道。

第二节　宏观调控改革

20世纪80年代中期以后，集中统一的计划管理体制逐步转变为以国家调控为主的宏观管理体制，货币政策逐渐成为宏观调控的重要手段，金融宏观调控从单一的行政手段向运用经济手段转变，由直接调控向间接调控过渡。主要分为三个阶段：第一阶段是1986—1993年，是直接调控居于主导地位的时期，主要通过信贷规模的控制和中央银行贷款实现调控目标，辅助利用利率、信贷政策、特种存款等。这一时期宏观调控的主要任务是治理通货膨胀。1986年，年初实施紧缩的货币政策，年中针对经济“滑坡”现象，实施“稳中求松”的货币政策，取消对专业银行贷款规模指令性控制，工业生产“滑坡”现象得到扭转。1987年前三季度，通货膨胀再次抬头，为扭转经济偏热局面，第四季度人民银行开始实施“紧中有活”的货币政策，上调法定存款准备金率；提高中央银行贷款利率；开办农村信用社特种存款等。1988年9月，为整顿严重的通货膨胀，实行“从紧”的货币政策，严格控制货币信贷增长，恢复贷款规模指令性控制；再次上调法定准备金率到13%，提高再贷款利率和存贷款利率，并采取强制手段调整贷款结构等措施。1989—1991年，货币政策先紧缩后放松。先是严格控制信贷总量增长，提高银行存贷款利率，后又为了恢复经济，扩大贷款规模和中央银行再贷款，下调存贷款利率，停办保值储蓄业务等，支持经济适度增长。1993年下半年，针对货币供应量过快增长，通货膨胀率不断上升，以及金融秩序混乱等现象，实施“适度从紧”的货币政策。采取整顿金融秩序；回收再贷款，紧缩货币量；调高存贷款利率等措施，取得了明显效果。第二阶段是1994—1997年，是从直接调控向间接调控过渡的时期，由控制贷款规模转向控制货币供应量，除控制信贷规模和现金投放量外，相继运用再贷款、存款准备金、利率等间接调控工具，以直接调控为主，间接调控为辅。这一时期的主要任务仍然是治理通货膨胀。执行“适度从紧”的货币政策，采取停办保值储蓄、调整存贷款利率、回收再贷款等金融预调、微调措施；扩大票据贴现、抵押、担保贷款；向社会公开发行企业短期融资债券等，支持经济发展。到1996年底，通货膨胀得到控制，经济实现“软着陆”。第三阶段是1998年以后，取消信贷规模控制，对商业银行实行全面的资产负债比例管理和风险管理，金融宏观调控由直接调控转向间接调控，人民银行主要通过再贷款、利率、存款准备金、再贴现、指导性信贷计划、信贷政策和“窗口指导”等进行金融宏观调控。1998—2005年宏观调控的主要任务是治理通货紧缩。1998—2002年，以防止通货紧缩和促进经济增长为主要任务，实施“稳健”的货币政策。取消对贷款规模的限额控制；灵活运用再贷款，增强商业银行资金供应能力；改革存款准备金制度，五次降低存款准备金率；扩大利率浮动幅度、大幅度降低利率；加大住房信贷投入，开办消费贷款、助学贷款等，为经济发展提供宽松的金融环境。2003—2005年，面对货币信贷增长过快，盲目投资、低水平扩张等，稳健的货币政策内涵开始发生变化，适当紧缩银根。适度控制贷款总量；严格控制再贷款发放；放开人民币存款利率下限和贷款利率上限；实行差别存款准备金制度，上调存款准备金率和存贷款利率等。

第三节 信用制度改革

1986—1994年，信用形式主要是银行信用，社会上存在一些商业信用，但很不规范，造成企业之间的“三角债”等问题。1994年以后，单一的银行信用制度被打破，国家放宽了对经济活动中运用各种信用形式融资的限制，在银行信用仍占主导的情况下，商业信用、国家信用、企业信用、消费信用和国际信用等多种信用形式逐渐被广泛运用，银行扩大了票据贴现、抵押、担保等贷款所占比重。各商业银行大力发展消费信贷业务，先后开办个人住房贷款、汽车消费贷款、助学贷款等。逐步发行短期融资债券、长期政府债券、企业债券、金融债券等。

第四节 监管体制改革

1986—1992年，是人民银行统一监管时期。这一期间，人民银行履行对银行业、证券业、保险业、信托业的综合监管，主要采取报告制度、年检制度、评级制度等措施，并通过现场检查和非现场检查相结合的方式进行监管。1992—2005年，是金融分业监管时期。其间，根据国务院颁发的有关管理条例，金融监管部门对金融机构进行登记、核发营业许可证和办理年检，并对违规行为进行查处，维护正常的金融秩序。监管重心逐步从一般行政性金融管理为主向依法监管转变，从市场准入监管向全过程系统化监管转变，并实施本币和外币、表内和表外业务的合并监管；监管手段从现场检查为主，向现场检查和非现场监管并重转变；对保险业、证券业、信托业和银行业实行分业经营；对商业银行等金融机构实施资产负债比例管理，将风险管理贯穿其业务活动全过程；对信贷资产实行五级分类法，并充实国有商业银行资本金；确立银行、证券、保险业分别监管体制，加强金融监管网络建设，建立监管部门监管、社会力量监管、行业自律和金融机构内部控制机制相结合的金融监管体系，增强金融监管的整体合力；全面落实金融监管责任制，防范和化解金融风险。2003年年末，按照国务院有关规定，人民银行不再承担对银行、金融资产管理公司、信托投资公司及其他存款类金融机构的监管职能，人行菏泽市中心支行将对辖区银行业金融机构的相关监管职能，分离给新成立的中国银行业监督管理委员会菏泽监管分局。

第五节 金融服务改革

1986年以后，随着经济的飞跃发展，辖区金融业在改革历程中也由小到大，由弱到强，发生了巨大变化，辖区金融体系更加健全，机构种类更加丰富，金融实力持续增强，服务领域和功能更加完善。到2005年年末，菏泽辖区内银行机构营业网点发展到864个，金融从业人员近万人，金融服务领域不断拓展，初步建立了分工负责、联动合作的属地化金融服务体系。除扩大传统金融业务外，各银行业金融机构不断创新金融产品、工具，推动金融产品结构的调整，逐步推出代客理财、网上银行，以及银行柜台出售开放式基金、投资与保险联结等金融业务；借助科技进步提高管理和服务水平，相继发行各自品牌的银行卡；加快银行卡网络电子化建设，联网通用覆盖面不断扩大；运用现代科技手段，改变金融业务传统的工作方式；加快金融数据通信网络以及支付清算系统和信息系统的利用，促进金融业务处理的自动化、金融管理信息化和金融决策科学化，为地方经济发展和居民生活提供了高效、便捷的金融服务。

第六节 外汇体制改革

我国外汇管理体制改革主要分为三个阶段：第一阶段是改革由国家垄断的外汇管理体制，实行了以外汇上缴和外汇留成制度为基础的计划与市场相结合的管理体制；第二阶段进行了进一步的市场化改革，取消外汇上缴和外汇留成制度，实行银行结售汇制度；第三阶段是进一步完善市场化外汇体制改革，改革并取消了强制结汇制度，开始实行意愿结售汇制度。1986—1993年，实行双重汇率制度。按照上级有关精神，实行外汇留成制度；放宽对居民的外汇管理，允许辖区居民个人持有外汇，在银行开立外汇储蓄帐户；发行外汇兑换券；放宽居民外汇管制，辖内居民可按调剂价到指定银行出售和购买外汇；实行出口收汇核销制度；为适应对外开放的需要，辖区工、农、建行相继获准开办外汇业务。1994—2001年，根据党中央《关于建立社会主义市场经济体制若干问题的决议》，国家进行了一系列外汇体制改革。辖区外汇管理部门认真抓好贯彻落实，确保了各项改革措施在辖内顺利实施。1994年，实现汇率并轨，实行浮动汇率制度；实行银行结售汇制度，取消外汇留成和上缴；实行人民币经常项目有条件可兑换，取消外汇收支指令性计划；停止发行外汇券，国家建立了统一的银行间外汇市场。此后，实行国际收支统计申报制度；取消外汇调剂业务，对外商投资企业也实行银行结售汇制度；提高辖内居民因私兑换外汇标准，扩大供汇范围；取消经常性国际支付或转移的汇兑限制，1996年12月1日起，实现人民币在经常项目的可兑换，这是外汇管理改革的一个里程碑。严格资本项目管理，继续实行计划管理、外债登记制度，完善外债风险控制手段。2002 年以后，以市场调节为主的外汇管理体制进一步完善。按照上级要求，菏泽辖区继续深化外汇管理体制改革，加快转变外汇管理方式，进一步简政放权，优化外汇管理服务，积极促进贸易投资便利化，稳步推进资本项目可兑换，努力改善投资环境，合理引导资本有序双向流动，切实防范跨境资金流动风险，严厉打击外汇违规违法行为，维护正常外汇市场秩序，对促进辖区经济发展发挥了积极作用。

第二章 银行业

第一节 货 币

货币发行 1986 年，经济逐渐加热，货币供应量等指标增长幅度高于同期经济增长速度。 当年，市场上流通的纸币，主要是第三套人民币。1987 年 4 月 27 日，开始发行第四套人民币。第四套人民币和第三套人民币等值，在市场上混合流通。

1991 年，全区货币回笼 9.52 亿元，比上年多回笼 2.9 亿元，投放 22.75 亿元，比上年多投放 6.7 亿元，净投放 13.23 亿元，增加 39%，是新中国成立后投放回笼量最大的一年。

1992 年，货币投放急剧增加，年末市场货币流通量大幅度增长。全区净投放 11.36 亿元。当年，根据人行总行的决定，分期分批收回第三套人民币，使第四套人民币在市场上单一流通，并在五十元券和一百元票券上增加防伪标志。6 月 1 日起，陆续发行一元、五角、一角金属人民币。8 月 20 日，发行五十元、一百元券 1990 年新版人民币，其票面上增加了有效的防伪措施。

1993 年 3 月 1 日，根据国务院令，将过去禁止人民币出入境改为实行限额管理。同年 7 月后，针对再次出现的经济过热、货币信贷投放过多的情况，执行中共中央、国务院关于加强宏观调控一系列重大措施，调控货币供应量。到 1996 年，以治理通货膨胀为首要任务的金融宏观调控收到明显效果，货币流通正常。

1998 年以后，执行国家稳健的货币政策，保持币值稳定，适当增加货币供应量。当年全区净投放 8.44 亿元，比上年增加 2 亿元。

1999 年 10 月 1 日起，根据人行总行决定，在全国陆续发行第五套人民币。自 2000 年 7 月 1 日起，停止第三套人民币在市场流通。当年由于信用回笼能力减弱、个体经营支出扩大等原因，货币投放量大增。全年净投放 14.74 亿元，比上年增加 43%。之后，投放和回笼逐年减少，损伤币销毁增加。

2005 年 8 月 31 日，经国务院批准，发行改进、提高后的 2005 年版第五套人民币。当年，货币投放56.7亿元，回笼59.2亿元，净回笼2.5亿元。是自1986年后首次净回笼。

出纳业务　1988年7月1日起执行《中国人民银行全国银行出纳基本制度(试行)》，现金出纳工作必须坚持的原则：钱账分管，双人临柜、双人管库、双人守库、双人押运；收款要复点，付款要复核；坚持交接手续和查库制度；现金 收入先收款后记账，现金付出先记账后付款。根据规定，配备专职出纳检查辅导员。对错款的处理，规定分别不同性质区别对待，一般技术性错款，按审批权限报损或收益；责任性错款，要追究经济责任或给予适当行政处分；性质不明的错款，列暂收付待查。1998年后，各金融机构相继实行综合柜员制。

反假币　1986年5月，鄄城、郓城、菏泽、定陶四县（市）银行发现假银圆557枚，其中农业银行误兑44枚，直接经济损失220元，其余513枚被没收。1989年，为加强防范，采取六项措施：①公安、银行密切协作，从严打击；②举办培训班，提高识别假币能力；③教育各单位财会、营业人员，提高反假意识；④银行配备专职反假人员；⑤对揭发检举和抓获犯罪分子的人员，按规定进行表彰和奖励；⑥假币一律没收，按规定手续处理。

1992年4月，公安部五局在菏泽市召开冀、苏、鲁、豫、皖打击制贩假币活动协作并案会议。9月份，人行菏泽分行与公安处联合召开首次全区反假币工作会议，成立副专员李玉祥为组长的“菏泽地区反假货币领导小组”，各县（市）相继成立了领导组织。当年，金融部门协助公安机关查破假币大案5起，摧毁了制造贩卖假币的窝点。收缴假币金额36.6万元，抓获犯罪分子45名。1993年首次在境内发现了90版100元券机制假币。当年，各网点相继配备假币鉴别仪器。1996年12月，建立反假币联席会议制度。联席会议成员由行署、人行、公安、工商等二十个地直有关部门负责人组成。1998年，按人行总行办法，对检举、查获假币有功人员和单位给予一定的奖励。各金融机构配备自动验钞机。

1999年，第五套人民币100元券发行两个月，在鄄城、郓城、巨野、单县发现假币，人行菏泽中支迅速总结假币的12个主要特征下发，各部门及时采取防范措施。2000年，协同公安和工商行政管理等部门，开展反假币联合行动；成立由市人民银行、公安局、检察院、法院、工商行政管理局五部门参加的打击制贩假币犯罪联合行动领导小组。全年侦破贩卖假币团伙案件10起，抓获犯罪嫌疑人18人，缴获假币27.6万余元。

2004年，借助菏泽国际牡丹花会组织开展爱护人民币、反假人民币宣传，举行反假万人签名等专项活动，设立咨询点100余处，悬挂宣传标语1100余幅，统一制作识假币宣传挂图26套，印发宣传材料

2004年，菏泽市委书记陈光参加菏泽市反假币万人签名活动并题词

48万份，接受群众咨询1.5万余人次。菏泽市委书记陈光参加菏泽市反假万人签名活动并题词。

2004—2005年，全市金融机构和公安机关收缴假人民币11078张，金额79.09万元，假美元7张，金额700美元，假港币3张，金额2000元，破获假币案件18起，抓获假币犯罪分子12人。

1986—2005年，组织大型宣传活动30余次，发放宣传材料300余万份，并利用报纸、电视等新闻媒介向社会广泛宣传，组织收看反假电教片，举办假币展览，设立咨询点等，普及社会公众反假常识；加强反假技术培训，提高鉴别能力，采取分级分层次的办法对一线出纳人员培训，共举办各类反假培训班500多期，培训财会、收款及出纳、个体商贩等反假骨干2万余人。

人民币知识宣传活动

安全保卫 1986年，防诈骗、防盗窃、防抢劫，确保资金安全。各行加强对库房设置及设备、库款检查和现金运送的管理。1990年，农行建立安全员制度，全区基层营业单位基本达到“一枪一柜，一所一犬，一人一矛”；中行建立安全保卫领导责任制、岗位责任和安全保卫防范网工作体系。1991年，农行全面推行预防经济案件连锁包保责任制。中行全面实行安全保卫目标考核。

1992年，各金融机构相继聘用经济民警。各营业网点注重全封闭改造，安装防弹玻璃、防护栅，配备报警设施等。1995年，加强“三防一保”（防抢劫、防盗窃、防诈骗，保护金融资产安全。）工作，注重与公安部门的结合，加强技防设施建设，相继与报警中心联网。1996年后，各金融机构开始在办公区内、营业网点安装电视监控系统。1997年，人行菏泽分行对县（市）支行发行基金的调拨实行集中统一运送。当年，全区9个县市城区内的金融营业网点都安装了与110报警中心的自动报警联网装置，实现了24小时防抢、防盗、报警、联动等。1998年，人行菏泽分行实现银行武警联合押运，配备护卫车和通信设备。

2001年后，人行县支行发行库相继撤销，各金融机构加大库房和运钞安全保卫的投入。如中行投资280万元，购置专用防弹运钞车9辆，组建押运中心。农行更换防暴枪等。2003年，建成开通“菏泽市金融系统110联网报警中心”，实现了“报警中心”与市辖各县（区）公安110接警中心的联网。

金银管理 1986年，贯彻执行《中华人民共和国金银管理条例》及其《实施细则》，对金银实行统一管理、统购统配政策。1989 年，工行不再代理金银收售业务，金银、收购、配售统一由人行管理。加强金银市场管理，对非法经营和加工金银的单位、个人，一经发现严肃处理。全年查封 6 个金银首饰加工点。1990 年，按照人行总行等四家联合文件《关于加强金银饰品市场管理》精神，明确人行是管理金银的主管机关。当年 7 月，经人行山东省行批准，设立“菏泽金店”。

1992 年 6 月，按照国家规定下调内销黄金饰品配售价格及零售价格。1993 年 5 月份，执行人行山东省行通知，黄金饰品价格由国家定价改为国家指导价。上调黄金配售价格。同年 9 月，按国务院通知，对收购、配售黄金的定价方式，由固定定价方式改为浮动定价方式。金银管理工作开始由单纯收售保管型转向管理经营型，由计划经济转向社会主义市场经济。同年，经人行山东省行批准，设立“曹州牡丹金行”“鄄城振华金店”。之后，各县（市）人行陆续设立金店。1994 年 8 月，按人行总行通知，将白银收售价格定价方式由固定定价方式改为浮动定价方式。

1997 年，放开白银消费市场，取消白银供应指标。1998 年取消白银配售计划指标管理。根据国际黄金价格的变动，人行总行在 1997 年和 1998 年 2 年中对黄金收、售价格进行 5 次调整。同年 11 月，按人行总行要求，全区人行系统与所办 13 家金店彻底脱钩。到年底，全区共有金店 16 家。2000 年 10 月，成立菏泽市黄金饰品行业自律组织，规范金店经营行为。

2002 年，人行总行等 5 家联合下发了《关于规范黄金制品零售市场有关问题的通知》，改革黄金制品零售管理审批制，取消黄金制品零售业务许可证管理制度，实行核准制。按照人行总行规定，同年 10 月 30 日后，人行只收购成色在 98%～99.95%（不含 99.95%）之间的黄金。不再办理门市金收购业务，不再办理黄金配售业务。

第二节　存　款

1986—2005 年，各金融机构采取多种措施，大力吸收存款，聚集资金，支持辖内经济发展。到 2005 年年底，全市金融机构各项存款余额达 427.72 亿元，比 1986 年增加 416.18 亿元，增长 3606.41%。其中占比和变化较大的是企业存款和储蓄存款。

企业存款　1986—1990 年，工商企业扩大经营规模，随着企业生产和流通的发展，企业存款逐年上升。到 1990 年，企业存款余额达 4.42 亿元，比 1986 年增加 1.5 亿元，增长 51.37%。

1991 年，固定资产投资规模增大；企业“压库推销”、清理企业相互拖欠货款。1993 年上半年，经济波动加剧，企业存款大幅度滑坡。下半年，贯彻中央加强宏观调控的措施，堵住资金流失的“邪门”，企业存款止跌转升。至年末，企业存款余额 7.19 亿元，比年初增加 1.08 亿元，增长 17.68%。

1994 年，经济体制改革取得重大进展，非国有企业经济存款比重扩大；企业资金总体趋于宽松，存款大量增加；银行贷款的增多也导致各种派生存款增加。1995 年，随着经济的平稳发展，企业存款增幅较大，超过了储蓄存款的增长幅度。造纸、电力、交通、电信等行业存款增长占比在70%以上。1996年，宏观经济实现“高增长、低通胀”的“软着陆”目标。随着经济的高增长，存款也大量增加。同时，各金融机构发挥各自优势，加大筹资力度。年末，企业存款余额达17.43亿元，比年初增加3.14亿元，增长21.97%。1999年，企业存款急剧上升，年末余额为27.96亿元，比年初增加3.45亿元，同比多增加1.4亿元，增长14.29%。主要原因是：企业经营效益明显好转；国家扩大政策性投入拨款；商业银行开展存款质押全额银行承兑汇票；征收利息税和准备实行存款实名制也促使部分公款私存归位等。2000年，企业存款增速减缓，且向国家独资商业银行和垄断优势行业集中。

2002—2003年，企业存款快速增长，主要是由于派生存款和国有商业银行存款质押、足额银行承兑汇票质押业务的拉动，国有商业银行新增占企业存款增量的97%。2004—2005年，企业存款增长缓慢。主要原因是原材料价格大幅上扬；库存增加；投资在建工程多等造成企业资金紧张，且对派生存款依赖较强。

城乡储蓄存款 1986—1988年，城乡居民货币持有量逐年增多，金融机构通过增加网点、提高储蓄存款利率、开展有奖储蓄和保值储蓄等，促使储蓄逐年上升。1988年年底，城乡储蓄存款余额为9.23亿元。1989年，落实国家调高储蓄存款利率、开办保值储蓄等宏观调控措施。推行储蓄承包制，鼓励竞争。

1990年，国家适当调整宏观紧缩力度，适时下调储蓄存款利率。1991年，三年治理整顿见效，国家2次调低储蓄存款利率，并停办保值储蓄。经济好转，储源扩大。年末城乡储蓄存款余额达32.55亿元。

1992年，各专业银行落实承包责任制，大力发展代办业务，努力增加资金实力。10月份，工行储蓄存款突破10亿元，在曹州宾馆举行新闻发布会，地委、行署领导李明先、樊思宝、李玉祥等参加了会议。

1993年3月1日，国务院《储蓄管理条例》实施，辖区存款业务规范发展。受经济过热影响，储蓄增势持续下滑，至4月、5月间，出现自1989年以后的首次负增长。下半年，国家采取宏观调控措施，2次调高储蓄存款利率，并重新开办保值储蓄；打击非法集资、乱设金融机构和乱提高利率的行为。1995年，宏观调控成效显现，通货膨胀得到初步抑制。年末，城乡储蓄存款余额达到84.87亿元，比年初增加21.90亿元，增长34.80%，占存款增量的87%。

1996年，储蓄存款虽经2次调低利率，但仍大幅度增长。各银行储蓄业务开通全区通存通兑，大大方便了储户。工行在东方红大街储蓄所、师专路所首次安装了ATM自动取款机，农行开办夜间银行，曹县农行庄寨办事处首开菏泽农行汽车银行业务。

1997—1999 年，为促进内需，国家扩大发行新股、国库券和其他债券；取消保值储蓄，连续 7 次下调和各项启动消费政策的逐渐到位，以及征收利息收入所得税等政策的出台以及农民收入下降和教育支出、住房制度改革、企业改制等原因，导致储蓄存款增势趋缓。1999 年增幅下降 4.79 个百分点，是改革开放以后的最低水平。1998 年，建行开展对城区所有个体商户代理征收税费工作。农行开办“人民币通知存款和人民币单位协定存款”业务、“存款证明书”业务。

1997 年 6 月 7 日，庆祝中国工商银行存款超过 2 万亿元暨菏泽工行存款超过 30 亿元

2000 年 4 月 1 日起，实行“个人存款账户实名制”。各银行开办教育储蓄业务。储蓄存款平稳增长，分流效应不太明显，增幅较上年略有上升。2000 年起，各行逐渐开展中间业务，工行与移动通讯公司、电业局等企业签订代理收费协议，开办大批量的代理业务。中行与市财局、电信局、移动公司，公路局等签订合作协议。

2001 年，居民储蓄倾向依旧很强，长期化趋势明显。12 月份，菏泽市首家金融超市农行牡丹区支行金融超市正式对外挂牌营业，它是一种多功能、科技化理财经营模式，为客户提供全方位、高层次、“一站式”、个性化的金融服务。2002 年，工行、农行等开办开放式基金代理业务。建设银行成立大客户公关领导小组，实行领导包大户责任制，对重点客户和企业实行客户经理制。之后，各行相继开办保险代理业务 2003 年，各行相继开办电子银行、网上银行业务，并推行客户经理制，调动员工积极性。工行开办了“支票直通车”业务。建行推行客户经理制。之后，菏泽经济稳定发展，居民收入增加，储蓄意愿强劲，储蓄存款稳定增长。各银行相继开展开办理财业务。到 2005 年年末，全市储蓄存款余额为 314.43 亿元，占存款增量的 75%。

1986—2005 年金融机构各项存款余额统计表

表 16-2-1　　单位：万元

项目/年份	合 计	企业存款	财政存款	机关团体存款	储蓄存款	农业存款	信托存款	委托存款	其他存款
1986	115411	29241	4935	–	91785	38193	3317	–	8047
1987	149408	32140	5617	–	132939	41146	2992	–	12434
1988	187269	35249	5431	–	183492	41519	3303	–	9418
1989	222472	40807	2778	11187	218830	40199	1495	–	5378
1990	250314	44225	3263	11227	254212	38666	1924	–	7876

续表 16-2-1

项目 年份	合 计	企业存款	财政存款	机关团体存款	储蓄存款	农业存款	信托存款	委托存款	其他存款
1991	299382	60565	-2055	12672	325507	40527	-16836	-	11358
1992	345174	61140	-6198	10411	376724	45390	-16551	-	15542
1993	481921	71870	3904	9225	461183	47550	469	-	50526
1994	594869	99483	12863	7662	629644	66406	-19	-	315
1995	1022311	142893	-3892	8073	848690	9323	13275	-	3949
1996	1245598	174287	-4328	7685	1051209	9609	1199	-	5937
1997	1491185	223746	6319	10001	1262864	12016	-	-41733	17972
1998	1715953	245195	14854	-	1445370	14666	-	-44529	40397
1999	1917901	279647	10504	-	1584949	16261	-	-40618	67158
2000	2114347	291324	9290	24540	1739483	35187	-	-40181	54704
2001	2374931	312622	14733	37115	1935228	35533	-	-41406	81106
2002	2727420	379531	18350	65839	2167904	43989	-	-39283	91090
2003	3267385	521239	16510	107139	2458730	58280	-	-41018	146505
2004	3643913	598756	35687	115944	2731541	65367	-	-39630	136248
2005	4259457	612877	60655	184981	3144311	60539	-	1017	195077

第三节 信 贷

工业贷款 1986年，工业贷款在总量控制的前提下，按照区别对待、择优限劣的原则，调整贷款投向。全年发放临时贷款108笔，累计发放金额5.57亿元。1988年，实行倾斜的信贷政策，保重点，压一般，扶优限劣，优化贷款投向。年末，工业流动资金贷款余额5.59亿元。全区县属以上工业总产值达8.69亿元，较上年增长13.88%，利税0.18亿元，较上年增加1.5倍，流动资金周转比上年加快24天。1989年，保证重点行业、企业、产品的资金需要，优先支持能源、交通、原材料等基础工业。为深入挖潜资金，解决资金紧张问题，人行菏泽分行制定了《解决我区资金问题的意见》，行署以菏行发〔1989〕24号文件下发全区执行。年底，国营工业一类企业贷款增加8693万元，占贷款增加额的65.5%。

1990年，在控制总量的前提下，适当调整力度，重点支持大中型骨干企业，贷款1.41亿元，占新增贷款的72.8%。对三、四类企业采取蹲点帮促措施。工行帮促的14个三、四类企业，共增加贷款800万元，

春雨润物细无声
——建行菏泽发电厂支行支持地方经济、履行社会责任纪略

《菏泽日报》载建行支持电厂发展纪略

有9家企业扭亏为赢，4家企业减亏。人行大力组织货款清欠工作，确定“收方提报，落实债务，付方启动，现场清理”方针，先后组织召开了5次区内大型现场清欠会，清欠资金13488万元。做法在全省清欠工作会议进行了典型发言。1991年，实行“区别对待、扶优限劣”的信贷政策，向国有大、中型骨干企业、重点企业、科技开发企业、物资供销企业以及支农、原材料、能源和交通运输等重点产业倾斜，占新增流动资金贷款的75%。如工行确定40家重点支持的骨干企业，实行信贷计划单列；中行新增贷款重点支持大中型出口企业；农行对特、一级信用企业贷款占全部工业贷款的比重比上年上升了5.6个百分点；建行为发电厂筹措资金2.17亿元，累计新创产值3亿多元，利税近7500万元。1992年，继续对企业及其产品进行分类排队，并据此建立贷款序列，新增贷款主要集中于一、二类企业。同时，积极支持国营企业转换经营机制。如工行确定26家大中型骨干企业优先支持，全年对其增发流动资金贷款4315万元，占贷款总增量的45.8%。建行成立重点项目协调小组，实行行长联系点制度，先后为发电厂、刨花板厂、东明黄河公路大桥等重点项目筹集解决1.4亿元的建设资金。

1993年，在严格控制信贷规模的同时，改进贷款规模管理，加强信贷集约化经营。如工行执行“资金保重点”的方针，重点企业贷款占新增贷款42%。建行积极支持京九铁路和东明黄河大桥建设，保证了建设资金的支付。农行实施“点贷”策略，支持重点企业和项目。1994年，全区新增工业贷款1.3亿元，其中90%用于重点企业，逐步形成以重点骨干企业为主体的信贷投放格局。1995年，服从国家宏观调控和经济体制改革的需要，集中资金，向重点倾斜，把A级以上客户作为贷款的基本对象。全年新增流动资金贷款有84%集中在这些企业。如工行对重点支持的企业发放贷款1.35亿元，占全部增加额的75%。建行主要支持了公路、交通、电力、邮电等支柱行业的临时贷款以及出口企业的打包放款。

1996年，强化集约化经营，加大调控力度，贷款向有市场、有效益、有信誉的国有企业转移；向优先发展的支柱产业转移；向科技开发企业转移。8月，按照人行山东省行部署，在骨干优势企业中试行主办银行制度。

1996年9月18日，工商银行菏泽地区中心支行与东明石油化工厂、菏泽天香集团银企联手主办行签字仪式

1997年，工业贷款增加3.09亿元，占全部贷款增量的24.1%(剔除农采因素)，同比多增1.76亿元。当年起，各行注重风险管理，在贷款投向上，加大对经济总量大、贷款质量高、贷款效益好的行业和企业的投入，以减少风险，获得高回报。如建行累计放贷3.84亿元，“双大”客户

贷款余额达5.17亿元，占全部贷款余额的38.3%，不良贷款率为3.5%，大大低于全行的平均水平。

1998年，发放封闭贷款，支持骨干优势企业以及亏损企业生产有销路、有效益的产品，全年向20多家企业放贷近1亿元（含银行承兑汇票）。当年，全区工业贷款余额达22.67亿元，比年初增加1.55亿元，同比多增3.09亿元。全年共对公路、邮电、电力等部门发放贷款约1.5亿元。之后，金融机构按照“三性”原则，调整信贷结构，对效益好、信誉高的大、中型企业开展授信额度业务。由于严格的授权授信制度，工业贷款集中度更高，各金融机构从优化资金配置入手，贷款主要投向邮电、煤、电、交通石化等基础产业、垄断行业、优质客户和优良信贷品种。并相继建立了客户和行业结构的调整和退出机制，对劣质客户主动退出，提高优质客户占比。如2000年工行向公路系统贷款占新增流动贷款总额的95%。建行“双大”客户和低风险贷种的信贷存量占51%，2003年向巨野煤田龙固矿井项目贷款9.75亿元。

2003年，建行菏泽分行向巨野煤田投放贷款9.75亿元建起的新设施

2002年起，加大金融支持经济力度。境内人民银行每年推动或牵头举行银企合作洽谈会，加强银行和企业的对接合作。2002年4月中旬，人行济南分行和市政府在菏泽首次组织召开“山东省金融系统银企合作（菏泽）重点项目洽谈会”，15家省级银行和菏泽市36个重点骨干企业进行项目洽谈，签订贷款协议52项，金额24.8亿元。2003年，人行济南分行和菏泽市政府召开“打造诚信菏泽推进银企合作项目洽谈会”，达成贷款意向113个，签约贷款金额115.2亿元。2004年4月的“洽谈会”达成贷款意向101个，签约贷款金额126亿元。2005年11月的“优化金融生态环境暨银企合作项目洽谈会”，银企签约项目89个，涉及贷款194亿元。

商业贷款（包括农副产品贷款） 1986—1989年，商业贷款主要向国营企业特别是大中型商业企业倾斜，重点支持关系国计民生的商品购调的资金需要。对企业分类排队，实施信贷倾斜政策。1989年，实行农副产品收购资金专项管理，全面推行“预购定金与实物挂钩”办法。有效地避免了打“白条”现象。1986—1989年，共发放农副产品采购（简称农采）贷款58亿元。

1990年，根据“扶商促工”的政策，支持国有商业企业收购地产品，启动市场。同时，适当提高重点商业批发企业周转贷款比重，延长、放宽其临时贷款期限。1991年，重点支持国有商业批发企业的合理储备和综合性经营；支持大中型零售商业企业多方式、多渠道扩大商品流通；支持增设改造商业网点等，促进流通市场的启动和开拓。农行支持“农资”专营，全年发放农资专营贷款3亿元；根据人行总行规定，对农副产品收购资金实行专项专户管理。年底末农采贷款余额达24.45亿元，比年初增加8.1亿元。支持收购皮棉25.5万吨，成为国内第一个棉花收购过500万担的地区。收购专项储备粮0.8亿公斤。1992—1993年，支持国有商业企业转轨变型，促进“四放开”（放开经营范围、放开经营方式、放开组织形式和放开价格）改革。为保证农副产品收购，在全区推行农采资金安全使用合同制。1994年，适当增加经济效益好、风险小的非国有商业企业贷款，包括适当对私营企业和个体工商业户开办“以存定贷”业务。

1996年，加强信贷集约化经营，着重支持国有商业企业扩大商品购销，增加货币回笼，平抑物价，稳定市场。拓展商业信贷服务领域，对有可靠还贷来源的邮电通信、医疗卫生、文教、旅游等第三产业发放贷款。对收购资金实行统筹统还、封闭运行。1997年，重点支持商业企业增加库存储备，满足居民生产、生活需要。年底，全市商业企业贷款比年初增加1.47亿元（剔除农采），同比略有下降。农采收购贷款增加16.62亿元，是1996年的3.5倍。农发行年累计发放粮油购销贷款25.62亿元，棉花购销贷款14.20亿元，收购粮食69万吨，油料4412吨，棉花42万担。

1998—2005年，商业信贷业务增速减缓，主要是各行贷款管理权限普遍上收，有限的贷款主要投向重点骨干工业企业，农信社主要面向“三农”，用于支持商业企业发展的资金不多。此外，商业企业经营不景气，贷款风险较高，银行存在“惧贷”现象。到2005年，全市商业贷款仍呈下降趋势，但下降速度减缓。年末商业贷款余额80.97亿元，较年初减少1.32亿元，同比少减少1.22亿元。其中：农副产品贷款62.8亿元，较年初减少0.87亿元。

建筑业贷款 1986年，菏泽只有建行办理建筑业贷款。建筑业流动资金实行划分范围、分级管理的办法。当年商品房贷款574万元，比上年增加78%，完成建筑面积13000平方米，提供住宅30套。同年，试办金融租赁，发放金融租赁贷款96万元，购置塔式起重机、搅拌机等28台件。1988年，建行把大力开拓发展房地产业务作为一项重要工作来抓，全年对房产公司贷款1683万元。1990—1991年，优先支持国营施工企业中信用程度较高、经济效益好的施工企业的合理资金需要；对经营管理较好的房地产开发企业和建筑业尽力支持。

1994年起，为加强对建筑业贷款管理，实行建筑业贷款（自营和政策性）分类管理。对建筑安装、施工企业评定企业资信等级，择优支持。另外，还重视对建材生产企业和基建物资供销企业的信贷支持。1997年，把握贷款投向，防范建筑业贷款风险，提高信贷资产的安全性和效益性。当年全区建筑业贷款余额1.54亿元，比年初减少1990万元。之后，由于建筑业改制等原因，建筑业贷款呈减少趋势，该项贷款仍基本由建行发放。到2005年年底，全市建筑业贷款余额仅600万元，比年初减少1700万元。

农业贷款 1986年，调整贷款投向，重点支持粮食、棉花生产和多种经营；农业科学技术应用和改善生产条件所需资金；农村商品流通。支持农村供销系统扩大购销业务，搞好市场供应。1987年，重点支持粮棉、畜牧、林业三大基地建设。优先支持粮棉生产，解决农民购买良种、地膜、化肥、农药等资金需要；支持林、牧、副、渔等发展，支持农产品和畜牧产品加工业生产。年末农业贷款余额达1.76亿元。

1988年，按照“积极支持、总量控制、结构调整、提高效益”的方针，根据强化农业基础的精神，在确保粮棉油生产的同时，支持农业开发和农业科学技术推广、“三荒四水”的开发和综合利用、农田水利建设。1989年，对农业生产贷款实行倾斜政策，为农业生产提供产前、产中和产后系列服务，全年共发放贷款8.94亿元。用于支持粮棉油生产贷款3.59亿元，占40%；农田水利建设贷款4889万元；“菜篮子工程”为主体的多种经营贷款2.40亿元；黄淮海平原开发和科学技术推广应用贷款860万元。1991年，通过治理整顿，经济呈现良好的发展势头，银根紧中有松，全区共发放农业贷款10.66亿元，比上年多发放1.11亿元。其中支持粮棉生产贷款5.24亿元，比上年多投放8118万元；支持农业科学技术推广应用，共发放贷款1.03亿元；支持农田水利基本建设，发放贷款5239万元；支持农村双层经营体制的完善和发展，共发放贷款5766万元；支持农业综合开发，发放贷款3279万元。

1992年，在支持粮棉生产的同时，重点支持优质低耗高产高效农业的发展。全年支持发展优质高产高效农业贷款4.86亿元。1993—1994年，集中资金保重点，贯彻向农业倾斜的信贷政策，重点保证粮棉生产、“菜篮子”工程和“两高一优”（高产、高效、优质）农业等资金需要。

1996年，农信社与农行脱离行政隶属关系，农行加速向商业银行转轨。农信社以支持“三农”为宗旨，当年农业贷款余额达11.29亿元，占比51.2%，占各金融机构的63%。1999年，农业贷款余额26.20亿元，比年初增加1.90亿元，占全部贷款增量的17%，较好地体现了向农业倾斜的政策。辖内人行对农信社增加8000万元的支农再贷款规模，重点支持农民调整种植业结构、发展养殖业和家庭工业、兴修小型农用水利工程和扩大消费等。

2000—2005年，继续加大对农业、农村和农民的支持，特别是农信社通过小额农贷业务，确保80%以上的新增贷款用于支持“三农”，解决农民资金需求。人行菏泽中支连续七年运用再贷款引导农村信用社转变经营观念、优化贷款投向，收到了较好效果。2001—2005年，金融机构累计发放农业贷款396.94亿元，其中农信社累放393.63亿元。

乡镇企业贷款 1986年，重点支持出口创汇企业。全年发放乡镇企业贷款1.93亿元，比上年增长88%。如定陶县陈集国华贸易公司，是行社支持的重点，全年对其发放贷款1700万元。

1992年，主要支持水产、建筑、建材、农副产品加工等项目。农行把支持重点放在以农副产品为原料，经济效益好的特、一级信用企业和出口创汇企业上，全年共发放乡镇企业贷款4.17亿元，比上年同期增加4643万元。1993年，乡镇企业发展势头更猛。农行实施“点贷”策略，支持乡镇企业的发展。如向菏泽市吴店铜带厂点贷200万元，调剂资金200万元。1994—1995年，强调以效益为中心，继续重点支持农副产品加工等传统行业合理资金需要。1995年乡镇企业贷款余额比上年增加1亿元，重点投向国华公司、曹县庄寨桐木加工等龙头企业，实现以工补农、带农。农行当年发放乡镇企业贷款1.74亿元，对5个全省百家农副产品加工运销龙头企业发放贷款2000多万元。

1996年，实行信贷集约经营，贷款优先向高科技含量、高附加值、高创汇的“三高”企业和具有规模效益的龙头企业倾斜。1998年，围绕该区农业生产优势，重点支持贸工农、产供销一体化的农业产业化经营。之后，金融机构注重风险防范，根据优势产业、优良客户“双优”贷款投向战略，重点支持具有一定规模的“三高”企业。到2005年年底，全市乡镇企业贷款余额17.61亿元，较年初增加6899万元，同比多增加2.66亿元。其中，农信社贷款余额15.36亿元，比年初增加9991万元。

2005年10月19日，小企业金融业务推介会

三资企业贷款　1989年，把“三资”企业（即中外合资企业、中外合作企业和外商独资企业。）特别是大型“三资”企业作为贷款支持的重点。但菏泽“三资”企业较少，贷款量不大。

1990年，中行菏泽分行执行“择优扶持”的信贷方针，对企业分类考核，支持效益好、出口创汇多的企业合理流动资金需要，并实行优惠利率。当年发放三资企业人民币贷款4643万元，比上年新增1437万元。1991年，为适应“三资”企业日益增多的需要，在继续向“三资”企业实行信贷倾斜政策的同时，注重企业经济效益，对产品大量积压、资金占压多、效益差的企业，从严掌握贷款。1992—1994年，加大对“三资”企业的扶持力度，对符合国家产业政策、资金技术密集型、效益好、出口创汇多的“三资”企业大力支持。1997—1998年，受亚洲金融影响，国际市场需求萎缩，贯彻国家应对措施。在贷款投向上，坚持以市场为导向、效益为中心、按期偿还为前提，对有发展前景、规模大、科技含量高、资产负债率低的高利润、高创汇、高营业额的“三高”企业，在贷款上给予优先支持。同时，注意防范和化解贷款风险。在严格进行企业信用等级评定、分类排队的基础上，以企业信用等级作为贷款重要依据，把A级以上客户作为贷款的基本对象。1999年，由于境内企业大部分经营效益不佳，出口创汇能力较弱，贷款风险较大，银行谨慎放款。年末，“三资”企业贷款余额1.54亿元，比年初减少1416万元，同比多减少3632万元。

到2005年，“三资”企业贷款继续萎缩，年底余额为957万元，较年初减少449万元，同比多减少860万元。只有工行和农行两家尚有“三资”企业贷款余额。

技术改造贷款 1986年，贯彻落实国家信贷政策，支持符合国家产业政策的项目和产品。当年，技改贷款中，科技开发、商业网点等贷款1253万元，占比25%。如对菏泽棉纺织厂放贷1162万元，占总投资的58.32%，改造纱锭2万支，使之成为中一型企业。工行全年支持扩建新建项目61个，有54个投产，增加产值1.2亿元，创利税1400万元。1987年，贯彻有保有压、保压结合的政策，当年建行发放技措贷款2500万元，支持项目57个，有35个项目建成投产，新增产值9398万元，新增利税858万元。1989—1990年，严格控制固定资产贷款总量，在贷款投向上，重点保证国家和地方重点建设和大中型企业项目的资金需要，优先支持能源、交通、原料、机电等基础工业，支持短平快项目。如工行对东明石油化工厂贷款2500万元，占该项目总投资的67.57%，投产后，年创利税1500万元，使该县财政收入接近翻番。1992年，在贷款投向上，重点支持能源、交通、通信、原材料等重点行业和基础设施建设项目。同时，支持第三产业发展。如工行全年累计发放技改贷款1.24亿元，支持38个项目。1993年，针对固定资产投资和货币投放过多，执行中共中央宏观调控政策，实行“保重点、压一般”的信贷原则。

1994年，严控贷款规模，限制新开工项目，并通过挖掘资金潜力，盘活存量，保证重点续建项目和国家重点建设的资金需要。当年，技改贷款增加9760万元，重点支持菏泽变压器厂、菏泽毛纺厂、曹县橡胶助剂厂等。

1997年，调整贷款结构，防止重复建设。加大对效益好的项目投入，如对东明炼油厂放贷2500万元。农发行增加农业技术改造贷款1700万元。建行新增6725万元，集中用于东明天然气化工厂、鲁西制药厂等重点技改项目。1998年，规范评审工作，防范化解风险，以提高资产质量和经营效益为中心，贷款主要投向符合国家产业政策和信贷政策的公路、桥梁、电力、邮电通信等基础设施建设。1999年，技改贷款下降较多。由于受贷款规模等因素制约，菏泽技改贷款一直呈下降趋势。年末余额达5.90亿元，较上年减少5.20亿元，下降了19.30%。2000年，随着宏观经济形势及企业效益的不断好转，各商业银行积极支持企业技术进步。年末技改贷款余额6亿元，比年初增加7509万元，同比多增1.71亿元，增长14.3%，改变了近年来技改贷款负增长的局面。如工行发放国债配套技改贷款2640万元，一般技改贷款960万元，分别支持菏泽第二毛纺织厂、单县有机化工等项目建设。2001年，继续向优质客户、经济效益稳定、有新的经济增长点的重点企业倾斜。如工行营销交通集团泡沫镍、成武达弛集团智能变压器等优质贷款项目，发放项目贷款2.6亿元。

2002年，由于企业科技含量较低，技改贷款的需求较少，技改贷款开始下滑，年底贷款余额4274万元，比年初减少1670万元，同比多减少1.67亿元。之后，技改贷款基本处于停滞状态。

2005年，技改贷款略有回升，年底余

建行有关人员到山东达驰电气有限公司考察贷款项目

额为2.08亿元，比年初增加1.11亿元，同比多增1.12亿元。主要是建行投入增加，全年累计投放1.26亿元，余额达1.68亿元。

基本建设贷款　1986年，建行贯彻执行基本建设管理体制改革精神，认真落实和管好“拨改贷”项目，全年安排项目40个，投资1028万元。“拨改贷”项目完成投资比例比拨款项目高2%，交付使用财产率比拨款项目高3%。

1989年，工行开办基本建设贷款，先后对菏泽柴油机厂、东明石油化工厂、菏泽烟厂、巨野棉纺厂、菏泽发电厂等基建项目发放贷款8716万元，贷款余额达8516万元。

1993年，建行采取“一拆、二借、三挖潜”的办法，支持京九铁路和东明黄河大桥建设，保证建设资金的支付。1994年，建行集中资金，确保京九铁路建设的进度，全年累计发放各类贷款近4亿元。

1997年，基本建设贷款呈下降趋势，到年底基本建设贷款余额4.29亿元，比年初减少6276万元。主要是各行加强贷款管理，切实防范和降低贷款风险。在信贷投向上，实行大行业、大企业的“双大”战略。

1999年，各金融机构注重向邮电、电力、交通等基础产业倾斜。如工行和建行、农信社向电信局放贷9410万元，向公路局贷款4000万元，向菏泽发电厂贷款1500万元等。2000年，安全性引导信贷资金的流向，新增贷款几乎全部投向经营效益好、讲信誉、还款有保证的单位和垄断行业。如电信、发电厂、公路局和东明石化集团等，放款比较集中。之后，各金融机构从优化资金配置入手，逐步加大对煤田、电力、公路、交通等基础设施及教育的信贷投入，基本建设贷款呈逐年增加趋势。2001—2004年，累计发放基建贷款29.03亿元，2004年年末余额达34.42亿元。

2005年，基本建设贷款累计增加20.28亿元，余额达62.76亿元，比年初增加22.71亿元，同比多增10.77亿元，增幅为56.7%，是历史上增加最多的一年。如对新巨龙能源有限公司贷款7.4亿元、国电菏泽发电有限公司7亿元，菏泽煤电开发有限公司12亿元，菏泽公路局3亿元等。

消费贷款　1999年，落实国家扩大内需，发展经济的有关政策，各金融机构相继推出消费信贷业务。主要是个人住房贷款、农机具贷款、婚丧嫁娶和教育助学等。之后，迅速发展。年末个人消费贷款余额7927万元，较年初增加3493万元，占全年贷款增加额的3.83%。2000年，消费贷款投入增加，年末个人住房贷款比年初增加5083万元，增长96.87%。工行推出个人住房按揭贷款，方便了购房客户。建行推出“金管家”系列产品，个人质押购物消费贷款、个人质押商用购房贷款、工资账户质押加保贷款等品种。

2001年年末，全辖各类消费信贷余额达9.7亿元，比年初增加3.7亿元，增长61.67%，占各项贷款增加总额的23.3%。同比多增2.3亿元。其中，个人住房贷款2亿元，比年初增加1亿元，同比多增0.5亿元，增长101.7%，累计支持2324户居民购置住房11.1万平方米。农用机械贷款比年初增加2亿元，增长60.6%，支持农户购置农用机械11.7万辆（台）。2002年年末，消费信贷比年初增长69.23%，占新增贷款的比重达到18.92%。信贷品种已涵盖住房、汽车、助学、农用机械等多个消费领域。

2005年，消费贷款迅速增长，拉动了全市消费需求。年底消费贷款余额21.42亿元，较年初增加2.57亿元，增长13.63%，占新增贷款的6%，仍是中长期消费贷款增加较多，消费贷款占全辖总贷款的比重由2000年的1.4%上升到6.32%。

贴现贷款 1991年，为鼓励专业银行开办贴现业务，在人行山东省分行核定的短期贷款限额内划出20%作为再贴现指标，并留出部分调剂规模与再贴现资金配套使用，但业务量很小。1995年，人行菏泽分行积极督促商业银行办理银行承兑汇票和贴现业务，降低信用贷款的比重。全年全区共开出银行承兑汇票6.2亿元，办理贴现4亿元，累计办理再贴现1.6亿元。主要面向辖内经济效益好、信誉高的重点企业。

1997年，贴现贷款大幅度下降。由于签发银行对银行承兑汇票的风险性认识提高，条件较严，签发量减少；境内企业生产经营不景气，收到买方单位承兑汇票日益困难；新版承兑汇票结算方式改革，个别商业银行害怕引起业务纠纷，曾一度暂停受理。至年末，四家国有商业银行贴现贷款余额为3729万元，较年初减少5166万元，降幅为58.1%。

1998年，各行签发银行承兑汇票的门槛普遍抬高，收取一定比例的保证金（抵押金），如工行、农行分别要求不低于40%、50%的抵押金，中行要求100%的存款质押等。农行对银行承兑汇票的签发，无论金额大小，是否足额质押，一律报中支审批。

2000年，各家银行在健全风险防范的同时，贴现贷款业务呈增长趋势。到年底，全区各金融机构累计签发银行承兑汇票23亿元，同比增加4.5亿元，办理贴现及转贴现17.6亿元，同比增加12.8亿元，人行全年累计办理再贴现1.47亿元，年末余额6678万元，增长39%。2002—2003年，票据融资成为企业解决资金紧张的重要途径。是年，全市金融机构累计办理银行承兑汇票60.2亿元，同比多签发23.8亿元。累计办理贴现61亿元，同比增加28.8亿元，年末贴现余额10亿元，比年初增加4.5亿元。贴现贷款不受贷款规模限制，风险系数极低，满足率几乎达到了100%。

2005年，由于监管的加强，业务的规范，贴现贷款逐步萎缩。年末贴现余额5.1亿元，比年初下降1.8亿元，贴现的减少，影响了贷款的增长幅度。

1986—2005 年金融机构贷款余额统计表

表 16-2-2　　　　　　　　　　　　　　　　　　　　　　　　　单位：万元

年度	合计	短期贷款						中长期贷款			其他
		工业	商业	建筑业	农业	乡镇企业	其他	基本建设	技术改造	其他	-
1986	303540	33161	237718	1838	9158	5564	4334	10685	50	–	1032
1987	327415	44119	194410	2489	64217	–	3082	916	12340	1112	4730
1988	381315	55888	217900	3991	46214	28936	228	1956	17840	2082	6280
1989	438530	69756	242584	4891	56386	32710	291	3713	19113	2178	6908
1990	593778	86695	356794	7168	58316	38257	1134	5339	20084	5115	14876
1991	640119	103427	344032	8569	67359	48331	1680	21474	25426	5755	14066
1992	720817	107841	370390	11869	87318	58281	2302	24869	33543	8448	15956
1993	814714	127377	401912	10739	90922	76657	2698	27907	41180	9163	26159
1994	1022925	139456	517278	10466	119865	65306	33676	30525	50333	38442	17578
1995	1261748	157348	651853	10190	123936	75297	60032	35256	63514	42611	41711
1996	1426984	170482	713964	9943	159779	82537	93272	36663	76946	41212	42186
1997	1776402	213991	891053	15419	182914	90666	170546	42861	74288	83154	11510
1998	1979146	226674	990571	11467	246481	74225	195649	59103	68865	63596	42515
1999	1986980	233880	1004323	6772	266007	84827	215822	41762	59264	39499	34824
2000	1936224	201875	914003	5248	326952	96166	241791	30909	60109	34091	25080
2001	2073000	189200	901767	4040	409246	117029	204606	35303	73554	96410	41845
2002	2409680	215105	918373	3506	522343	132137	226118	124689	4274	191155	71980
2003	2926290	351555	880681	1373	654696	165221	282039	225997	6941	245548	112239
2004	3107291	408253	838781	2300	715935	169157	255413	344228	6727	227736	138761
2005	3390381	208494	809679	600	823152	176056	300214	627599	20848	367548	56191

第四节　债　券

代理发行国库券　1986—1988 年，国家再次提高国库券利率，单位购买的年息为 6%，个人购买的年息为 10%。1989 年 3 月，人行菏泽分行根据国务院 30 号令，在全区发行 3 年期国库券，年利率 14%。主要采取行政摊派的形式，面向公民个人和个体工商户，不向单位发行。此后，根据国务院通知，对单位持有的 1981—1984 年发行的国库券推迟 3 年偿还本息。1990 年 9 月，根据财政部、人行总行的决定，对 1989 年国库券和 1989 年保值公债可上市转让。这标志国债二级市场初步形成，也是最早的国债场外交易。

1991 年，国债由财政部门负责分配并落实任务的行政发行，改为通过承销商及其分支机构承销销售，形成由人行负责管理，专业银行和非银行金融机构负责承销的发行组织体系。当年，全区组织发行国库券 2150 万元。1993 年，国家推出国债一级自营商制度，为发行市场化奠定了基础。

1994—1996 年，国债市场发生重大变化，由以往集中发行逐步改为按月滚动发行；国债期限结构趋向合理，国债品种走向多样化，有 3 个月、6 个月、1 年短期国债，7 年期限附息国债和 10 年期按年付息长期国债，还有贴现发行方式国债、记账式国库券，国债逐步走向无纸化。加强对国债兑付基金的管理和检查，制止个别银行将国债兑付基金私存生息、存放账外挪作他用等违规行为。

2000—2005 年，菏泽市各承销机构共发行凭证式国债 25 期，金额 6.30 亿元，兑付国债本息 1304 万元。同时，加强国债兑付管理工作，设置常年兑付点，悬挂“常年兑付点”的牌匾，并公布举报电话。

代理发行公债 1986 年开始发行金融债券，发行对象为城乡居民个人。境内工行系统 1986—1990 年共发行金融债券 1600 万元，累进利率金融债券 1100 万元，贴水金融债券 260 万元，累进利率省重点建设债券 647 万元；农行系统 1989 年发行金融债券 500 万元；中行系统 1988 年发行金融债券 200 万元；建行系统 1987—1990 年共发行金融债券 700 万元，发行累进利率金融债券 140 万元，贴水金融债券 60 万元。

1987 年，银行代理国家财政发行国家重点建设债券。建设银行办理对个人的发行和还本付息事宜。全区发行国家重点建设债券 384 万元。1988 年国家建设债券由人行组织各金融机构代理财政部发行和兑付，债券由城乡居民、基金会组织以及金融机构认购。全区发行 1390.55 万元。

1988 年财政债券由财政部发行和还本付息，由人行及其所属机构办理。发行对象是各专业银行以及其他金融机构。全区发行 2308 万元。

1989 年，国家发行特种国债和 3 年期保值公债。特种国债向集体金融单位发行，属派购，全区共发行 621.7 万元；同年发行保值公债，发行对象为城乡职工、居民、个体工商户、各种基金会、保险公司以及有条件的某些公司，全区共发行 2525.6 万元。

1990 年 6 月，根据人行总行的通知，发行财政债券，其发行对象为专业银行、保险公司和城信社，属派购；随后，根据国务院的决定，发行转换债。转换债是将企事业单位、机关、团体、部队持有的当年到期的国债转换为等额的新债。随之，根据财政部、人行总行的决定，对 1988 年发行、1990 年到期的财政债券实行延期偿还，推迟期 5 年。

1991 年 1 月，发行 1991 年转换债，发行范围为到期的单位持有的国库券；同年 4 月，发行 1991 年特种国债 37.4 万元；同年 8 月，发行 1991 年财政债券 100 万元；发行对象为专业银行、人保公司和城信社，各单位按分配的任务认购。

之后，除少量发行金融债券、财政债券外，未再发行其他公债。

企业债券 1986 年，建行菏泽中支代地区印刷厂发行企业债券 300 万元。

1989 年，执行国务院《关于加强企业内部集资管理的通知》，由人行对发行债券实行统一管理，分级审批。1990 年，建行菏泽中支代茅庄煤矿发行企业债券 400 万元。

1991年1月和5月总行两次批准菏泽电厂发行三年期企业债券3000万元和2000万元。年息14.112%，到期一次还本付息。分别由建行和工行代理发行，发行对象为非银行金融机构。由农信社和工行信托投资公司认购。此外，为20家骨干企业发行企业债券和短期融资债券2700万元，解决了其流动资金和技改资金的不足问题。

1992年，贯彻国务院《关于进一步加强证券市场管理的通知》精神。当年代理发行企业短期融资债券1.2亿元，发行企业债券1.1亿元。建行代理电厂发行债券5000万元。

1993年，执行国务院《关于坚决制止乱集资和加强债券发行管理的通知》精神，继续规范债券发行管理。同年8月，国务院发布《企业债券管理条例》，从法规的高度对企业债券管理作出规定，企业债券发行政策也进行调整。全年共批准23家企业累计向社会公开发行短期融资债券7370万元。到期债券全部按期兑付。

1994—1995年累计发行企业短期融资债券7050万元。之后，未再发行。

第五节　结　算

会计核算　1986年，按照人行总行部署，人民银行设立业务库并实行外汇分账核算。各专业银行和其他金融机构继续按照中央银行规定的13%的存款准备金率缴纳存款准备金，其存款准备金账户不能用于支付和清算。1987年，各家银行分别执行各自上级行颁发的会计制度、细则及“会计人员岗位职责与工作规范”等具体规定。自4月1日起，跨系统汇划款项，改为一律划交有关行转汇。

1989年之后，各金融机构根据上级行要求，开始有组织、有目标、有步骤地开展会计工作达标升级活动，对会计工作实行规范化管理，达标升级分为达标、三级、二级、一级等4个级别。

1990—1992年，各行强化会计监督机制，建立内部约束制度。电子技术用于会计核算，提高了核算质量。建行菏泽中支根据省行要求，在全辖建立会计核算事后稽核制度，配备专职或兼职稽核员，并落实有关人员岗位职责。1990年，中行菏泽分行与定陶、曹县参加全国联行往来和全国银行外汇往来。

1993年，除工行、农行、建行外，其他金融企业均执行财政部颁发的新的《金融企业会计制度》《金融保险企业财务制度》，改革原来的会计核算平衡公式、科目体系、报表体系和记账方法。统一银行记账方法，即各家银行统一采用国际通用的借贷记账法。人行从1993年1月1日起停止使用资金收付记账法，采用借贷记账法。当年1季度，人行菏泽分行票据交换、账户管理、会计报表等应用微机处理，全部脱离手工。同年，金融系统开展“两防一保”，普遍制订防诈骗、防盗窃、保障资金安全措施。

1994年7月，工行、农行、建行正式执行《金融企业会计制度》。人行应用总行开发的核算软件，加快会计电算化步伐。加强中央银行会计监管，内部监管方面重点是会计结算、联行制度的执行等，外部监管主要是金融机构执行的会计制度、结算制度、财务制度等情况，存款准备金、备付金、大额转汇、邮政储蓄、邮政汇兑等。

1995年5月，人行菏泽分行按照总行部署，进行清产核资。同年10月份，根据国务院领导“约法三章”的指示，进一步加强与完善内部监督管理。12月份，按照人行总行部署，各金融机构开展会计工作全面自查和检查，重点检查了“两本账”、账外高利吸储、放贷，冲击国家信贷规模等情况。同年，各金融机构开展学习贯彻《中华人民共和国票据法》（简称“票据法”）活动。此外，工行推行柜面个人操作负责制。1996年，工行执行总行《会计基本制度》。建行“城市综合网络系统”开通，会计柜台业务全区联网运行。人行菏泽分行进一步规范会计检查行为，制定《会计现场监督检查程序》，被省行转发全省推广使用。同时，严密会计内部控制制度，加强“三防一保”。

1997年，人行菏泽分行按照省行部署，采用计算机程序处理会计账务，统一使用“中央银行会计核算系统”处理会计账务。当年1月，执行人行总行的通知，农信社（含联社）改在人行开户，将原缴存农行的存款准备金全部划转到人行。同年4月，执行人行总行《关于农村信用社动用存款准备金保证个人存款支付有关事项的通知》，允许部分农信社在采取其他渠道均无法解决严重支付困难的前提下，动用存款准备金优先用于兑付个人小额储蓄存款。明确人行为农信社动用准备金的唯一审批机构。1998年3月21日，执行人行总行对现行存款准备金制度实施改革的决定，合并法定准备金账户；法定存款准备金率由13%下调到8%。同时，进一步完善内部控制和风险防范制度；加强重要岗位和环节的管理，制定《会计内部控制实施办法》。5月份，根据人行山东省分行部署，在全区金融机构开展有价单证及重要空白凭证的清理工作，对违章操作，账实不符等问题，要求立即整改。同年11月，人行菏泽分行实行事后监督与业务处理分离制度。当年9月，农行制订会计工作“三铁”标准，即“铁账本、铁算盘、铁规章”。

1999年7月，建行菏泽分行在辖内实行会计基础工作等级考核。10月下旬，菏泽、曹县、单县信用社，出现支付困难，为防止挤兑现象发生，经人行济南分行批准，三社分别动用法定存款准备金2000万元、500万元和700万元，确保支付。2000年，贯彻执行新颁布的《中华人民共和国会计法》（简称《会计法》）。10月份，人行菏泽分行组织开展全区金融机构会计工作大检查。检查发现，各金融机构完善内控制度，严密会计操作流程，核算质量和管理水平有所提高，基本形成层层把关的会计监控机制。同年，中行菏泽分行成立全辖集中的综合事后监督中心，对全辖机构网点的储蓄、信用卡、财会账户进行实时监控。2001年11月，农行应用新一代综合应用系统，全部业务数据上收省行。同时，对前台营业人员实行柜员制管理。同年，中行菏泽分行实行新《中国银行会计基本制度》。

2002年，人行菏泽中支成立会计事后监督中心，加大对会计工作监督力度。同年11月1日，按照济南分行要求，正式运行会计核算管理“四集中”系统。农行落实省行《财会监管工作实施细则》，各支行建立以坐班主任、会计业务集中监督中心、财会监督员为核心的新的监管体系。

监督中心对全辖营业网点每日发生的业务进行全面、序时监督，财会监督员实行划片包干。同年5月，建设银行实行新会计科目；10月份，实现全省数据集中，个人银行业务和外汇业务并入大的会计核算体系。中行菏泽分行加强内控制度建设，修订完善《综合事后监督实施细则》等8项制度。2003年，农行菏泽分行全辖实行会计业务集中核算。同时，在所有营业网点推广柜员卡管理和对公一柜通业务。建行33个综合网点综合柜员制上线。工行进一步强化事权划分制度，按权限职责处理业务。2004年，人行菏泽中支制定《柜面监督管理办法》，整合各业务部门监督管理职责。同年，工行菏泽分行推行会计业务流程再造，按风险控制原则进行柜员岗位设置。农行进一步完善集中核算，扩大上收范围。同时，实施会计基础工程，实行基础管理工程阶段工作督察制度。中行菏泽分行开始股份制改造，全面执行新的《金融企业会计制度》。11月份，建行完成新《金融企业会计制度》实施和重组分立建账工作。2005年1月10日，人行菏泽中支中央银行会计集中核算系统正式运行。6月3日，建行实现全国数据集中，在全国范围内实现本外币一体化的集中会计核算，资金清算处理自动化，数据共享。

转账结算　1986年8月1日起，在全区开办同城约期支票贴现和再贴现、同城保付支票结算业务(1987年4月废止执行)；对符合条件的个体经济户开办支票结算；推行银行汇票、商业汇票结算方式；同年农行推行收购农副产品定额转账支票结算办法。

1987年6月1日起，工行、农行均推行收购农副产品与储蓄相结合的结算办法。工行菏泽分行以“定活两便定额储蓄存单”代替定额转账支票。农行定额转账支票面额为30元、50元、100元三种。结算期为十天，过期不取，即作为银行定活两便储蓄存款，从签发日生息。1988年3月1日起，建行菏泽分行开办省内县外限额支票结算业务。

1989年4月1日起，实施人行总行颁发的《银行结算办法》，对银行结算制度进行改革。通过这次改革，废止原有的国内信用证、付款委托书、托收承付、保付支票和省内限额结算等各种结算方式，此后，又取消异地托收承付结算方式。同时，建立以票据为主体的结算制度。《银行结算办法》规定的结算工具有：银行汇票、商业汇票（商业承兑汇票、银行承兑汇票）、支票（现金支票、转账支票）、收购农副产品定额转账支票、汇兑（信汇、电汇）、委托收款（邮寄、电报划回）。1990年4月1日，异地托收承付在一度停办后又恢复办理。同年10月，中行菏泽分行率先在菏泽推出信用卡，之后，各家银行相继开办。

1997年，执行人行总行颁发的《支付结算办法》，结算方式有汇兑、托收承付和委托收款。1997年6月，启用新版银行承兑汇票，付款方式改为由汇款人或持票人通过开户行以委托收款方式向承兑银行提示付款。经人行山东省行批准，从1997年9月1日起在该区开办不定额银行本票业务，在菏泽市进行试点。同年，曹县、鄄城等6个城市信用社参加了全省“特约联行”，全部入网并行。10月1日，城市信用社开办了特约银行汇票业务。1998年4月1日在全区推行银行本票业务。7月1

日起，全区同城票据清算业务均实行划付。划付内容包括银行本票、支票等有关业务。

2004 年，农信社开办银行承兑汇票业务。

结算管理 1989 年，人行菏泽分行加强对金融机构支付结算管理的执法力度，建立和完善结算法规。并根据人行总行《违反银行结算制度处罚规定》，对金融机构和企事业单位违反结算纪律的进行处罚。1992 年，实行结算专管员工作制度。改革区内联行往来办法，采取“直接往来，分别核算，总额对账，集中监督”的办法，解决对账难、查询查复慢的问题。

1993 年，按照人行总行等 5 家银行下发的《整顿结算秩序和扩大转账结算的通知》精神，通过自查、互查和重点检查，纠正了压票、随意退票和受理无理拒付等违章违纪行为。人行菏泽分行制定了《同城票据交换管理实施细则》，建立举报制度，聘请义务监督员，发现问题，严肃处理。同年 6 月，按人行总行通知，改变邮政汇兑资金结算办法，由人民银行直接供应现金，解决了“绿条子”问题。1994 年，执行人行总行提出的“三不准”：不准以任何理由压票、随意退票、截留挪用客户和他行资金，受理无理拒付、自行拒付退票，不扣或少扣滞纳金；不准在结算制度之外规定任何附加条件，影响汇路畅通。凡不符合结算制度的附加条件、自加条件，1994 年 10 月 1 日起一律废止；不准违反规定开立账户。9 月下旬，人行菏泽分行组织召开全区结算工作会议，建立结算制度执行情况报告制度、结算质量考核制度、重点银行和单位联系制度。10 月 1 日后，结算秩序明显改观。1995 年，组织各金融机构签订《菏泽地区金融机构严格结算纪律，维护结算秩序同业自律协议书》，废除自行制定的“土政策”。10 月份人行菏泽分行组织了全区结算纪律大检查，检查表明，结算秩序明显改观，杜绝压票、压单现象，结算纠纷和举报大幅度下降。1996 年 1 月，人行菏泽分行组织开展《票据法》学习和宣传活动，进行人员培训。10 月份，组织开展结算工作大检查，重点解决压票、退票、无理拒付、不及时转汇和移存资金、空头汇款、账户透支等问题。各金融机构开展“限时服务”和“流动服务”，建立城乡信用社“特约联行”和农村信用社“县辖联行”，确保了汇路畅通。同年 8 月，取消委托收款提前付款结算办法。

1997 年在全区开展结算服务优质单位评选活动，第一批产生 10 个“结算服务优质单位”。

1999—2005 年，实行结算纪律大检查、柜面监管和支付结算评优活动相结合的“三位一体”结算管理模式，全区结算秩序稳定。金融机构采取各种措施为客户提供优质服务，认真落实“三公开、一监督”（向客户公开结算方式、公开银行结算业务处理时和到账参考时间，公开企业办理结算的注意事项，实行客户公开监督。）制度，进一步规范了票据行为。

第六节 外 汇

1986 年以后，随着改革开放的深入，对外经济贸易的发展，菏泽个人外币储源扩大，出口创汇企业留成外汇逐年增加。外汇管理部门、外汇指定银行和非银行金融机构，调整外汇贷款结构，积极引进外资；加强对外汇调剂市场的调控，规范市场运作，使外汇资金发挥了较好的社会经济效益。1994年起，外汇管理体制改革，汇率并轨，实行外汇结、售汇制，取消外汇留成和上缴，实行经常项目下人民币有条件可兑换，企业对外汇需求扩大。为此，按照商业银行的经营机制，强化信贷管理，外汇资金优先用于支持出口创汇企业和交通、能源等重点基础设施建设项目；国家建立全国统一的银行间外汇交易市场和外汇调剂市场。撤销全部外汇券账户；停止外汇券流通。1998年之后，亚洲金融危机的负面影响逐渐显现，外向型企业经营效益下降，外汇贷款的发放也受到制约，且清收难度加大。金融机构注重控制金融风险和提高经营效益，严格控制效益差的企业的外汇贷款。在此期间，各机构在办理外汇存贷款业务的同时，大力拓展业务新领域，以国际贸易结算为新的业务增长点，支持菏泽外向型经济的发展。

外汇经营　外汇存款　1987年，中行开办外币存款业务，主要办理美元、港元、日元、英镑、德国马克、法国法郎等6种货币的定期和活期存款。至1990年年底，全区外币存款余额达154万美元。

1989年以后，随着改革开放的扩大深入，在外人员带回探亲、汇寄及出国人员带回外币增多，个人外币储源扩大，加上对外经贸发展，出口创汇企业留成外汇增加等，外币存款也逐年上升。1993年3月，中行总行为适应存户要求重新颁发甲、乙、丙种外币存款新章程，旧章程同时停止执行。提高部分存款起存金额。

1994年，外汇管理体制改革，实行银行结汇售汇制度，国有企业外汇收入实行全额结汇，其外汇账户大量撤销；外商投资企业结算账户则只能保留限额外汇，以致影响外汇存款中的企业外汇存款大量减少。随着金融体制改革的逐步深化，扩大企业外汇存款业务，已成为银行谋求自身发展的重要措施。针对企业存款滑坡的状况，在促存手段上采取了各种促存措施：在对效益低的网点进行整顿的基础上，对各网点实行存款目标管理责任制；增强存款意识，形成稳定的“客户群”；改进服务态度，提高工作效率；加强对企业外汇存款动态的监测。由于受人民币贬值预期心理影响，持有外币的居民出于保值目的更多地选择外币存款，个人外币存款一直持续增长。

1997年7月，发生亚洲金融危机，按照外管总局指示，采取积极的应对措施，完善外汇管理的政策规定，允许居民个人、外国驻华机构和来华人员可保留经常项目外汇收入。之后，随着对外改革开放的扩大，菏泽对外贸易的发展，外币存款逐年增加。到2005年，全市金融机构外汇存款余额2201万美元，是1990年的14倍。

外汇贷款（包括直接外债、外债转贷款、国内金融机构外汇贷款等）　1986年，全区结转发放外汇贷款55.70万美元，收回105.96万美元。1988年，重点支持全区外向型经济的发展。全年批准外汇贷款项目7个，金额320.46万美元。实际发放贷款217.53万美元，收回53.71万美元。

1989年，国家对财政和信贷实行紧缩政策。中行在控制规模的基础上，执行“择优扶植”的信贷原则，重点支持本地区企业参与合资入股及技术改造。全年共批准项目4个，金额379万美元。11月开始，国家对外汇（转）贷款实行全面的登记管理制度，凡使用转贷款的单位，应在每笔借款合同或转贷款协议签订后十天内到外管部门办理转贷款登记手续，领取转贷款登记证。1991年，配合外汇体制改革，实行出口收汇核销新办法。新增贷款重点倾斜到大中型出口企业。中行当年外汇贷款余额1792万美元，新增1017万美元。1992年，贯彻国家金融和产业政策，外汇投向的重点是：重点建设项目、支农物资、进口人民生活必需品，大中型企业引进先进技术设备和紧缺原材料、偿债、高新技术产品开发、外商投资企业的正当用汇等。中行全年共批复菏泽棉纺织厂390万美元、单县棉纺织厂280万美元等10个现汇贷款项目计882万美元。建行代理省行办理外汇业务，支持菏泽桑盾裘革集团、菏泽毛纺厂等出口创汇企业，共发放出口打包贷款350万元，外币贷款412万美元。

1993年，工、农、建行相继获准开办外汇业务，辖内外汇贷款有所增加。中行集中资金全力支持效益好的外贸企业、出口商品生产企业和“三资”企业，同时支持了曹县棉纺织厂、郓城内燃机配件厂等国有大中型企业的技术改造，当年外汇贷款余额4130万美元，新增957万美元；农行发放外汇贷款127万美元，人民币配套贷款4564万元，支持菏泽鲁旭食品有限公司等企业发展；工行投放人民币贷款160万元；建行发放出口打包贷款人民币1600万元，支持的单县柳木制品和长鲁制革当年创汇150万美元，利税300万元。1994年，各行把提高信贷资产质量作为工作重点。中行当年外汇贷款余额5100万美元，新增970万美元；工行投放外汇贷款100万美元；农行累计向15个“三资”企业发放外汇贷款97万美元。

1995年，国家宏观经济调控取得重大成就，当年贷款主要支持大中型国有企业技术改造和省基础设施项目，支持“三资”企业的发展。中行年末贷款余额6420美元，比1994年增加1320万美元；建行外汇贷款余额110万美元。工行各项外汇贷款余额163.4万美元，较上年增加106万美元。1996年，各行认真贯彻落实信贷制度改革精神，贯彻各总行统一授信、分级管理、审贷分离的要求，提高对大项目贷后管理水平和降低大额贷款的风险。1997—1998年，受亚洲金融危机的影响，一些外向型企业和“两头在外”的“三资”企业的不良贷款有所上升，各行严格控制新发放贷款的不良率，外汇贷款发放受到较大影响，且清收贷款难度加大。之后，外汇贷款呈下降趋势，到2001年年底，全市各项外汇贷款余额5082万美元，比年初增加16万美元，同比少增126万美元。

2003年，各项外汇贷款余额4028万美元，比年初减少221万美元。全市外债余额同比增长35.73%，而国内外汇贷款余额同比下降25.27%。主要原因是借用外债成本低，目前国际市场资金利率处近50年的最低水平；境外筹资手续简便；境内（“外汇”一节的境内不同于凡例中的“境内”）外汇贷款手续烦琐、时效性差。

2005年，菏泽外管局制定《关于支持菏泽市外向型经济发展的实施意见》，引导金融机构不断加大对外向型经济的支持力度。各项外汇贷款余额949万美元，比年初增加309万美元。其中境外筹资转贷款比年初增加405万美元。近些年，自营外汇贷款余额下降较多，主要原因：①由于各外汇指定银行自营外汇贷款全部为不良贷款（不良率为100%），债权行采取剥离、核销等措施，如工行2005年剥离不良外汇贷款45万美元；②为防范汇率风险和信贷风险，近几年几乎没有发放自营外汇贷款；③由于自营外汇贷款不能结汇等因素的影响，外汇贷款需求小。

外汇买卖　1986年，需要使用外汇的单位和个人，必须向外管局提出申请，经批准方能按照规定用途使用。对关系国计民生的粮食和化肥进口、引进先进技术设备、重点建设项目、偿还外汇贷款本息以及出口创汇项目，给予优先保证。此时交易是额度交易，至年底，全区所辖138个外汇留成单位，有128个开立外汇留成账户，额度结存为1040.47万美元，其中：贸易外汇留成119户，余额1037.61万美元；非贸易外汇留成4户，余额2.86万美元。全年先后有31个企事业单位使用外汇468.82万美元，比1985年增加用汇389.82万美元，为上年同期的4.93倍。此后，各项留成外汇按照谁用汇谁补偿的原则，实行有偿使用。

1990年，根据国务院批准的《关于境内居民外汇和境内居民因私出境用汇参加调剂的暂行办法》，境内居民可按调剂价到指定银行出售和购买外汇，这是国家外汇管理方面的一项重要改革。同年12月，全国范围内开办居民外汇调剂业务。外汇额度交易必须经外汇调剂中心，否则属违法行为。1991年12月，经山东省外汇管理局批准，中行菏泽分行代外汇调剂中心（交易所）可以办理境内居民外汇调剂结算业务。范围：代买入境内居民卖出汇入款；代买入境内居民卖出外币存款；代买入境内居民卖出手持外币现钞；代卖出经批准的境内居民因私出境用汇。

1993年，对外汇额度账户收支管理实行“先收后支、不得透支”的原则，对调剂外汇额度的使用，一律按规定办理分割过户手续，不得私自改变用途。全年查处私自买卖外汇2起，金额11.9万美元，调剂外汇1221.5万美元。

1994年，外汇管理体制进行重大改革，实行人民币汇率并轨，改革汇率形成机制，全国统一的外汇交易中心成立。取消外汇留成、上缴和额度管理制度，同年12月15日起，外汇管理部门停止一切外汇额度的调拨。在新的外汇管理体制下，以企业之间相互调剂外汇余缺为主的市场模式变为银行间进行外汇交易的同业市场。按照省局通知，菏泽外管局对外汇额度结存等进行清理，将全区近100户企业的留成外汇额度50万美元调出，融通人民币资金130万元。当年共调入外汇175万美元，调出外汇1369万美元，融通人民币1.2亿元。根据《国务院关于进一步改革外汇管理体制的通知》，从1994年4月1日起，实行新的外汇结、售汇制，人行不再委托中行等办理国家外汇买卖业务，外汇管理的重点由对企业直接具体的审批转移到对外汇指定银行的监督管理和服务上来。除经批准允许企业开立外汇账户保留外汇外，所有境内机构外汇收入必须卖给外汇指定银行。到年底，全区共办理结汇1096万美元，售汇870万美元。

1995年1月起，所有外汇额度账户停止使用。当年，银行结汇1392万美元，售汇775万美元，结汇大于售汇617万美元。

全区“三资”企业共调出外汇613万美元，融通人民币资金5094万元。1996年7月，对外商投资企业实行银行结汇、售汇制度。同时，对境内机构、居民个人、驻华机构、来华人员也按此规定办理结汇、购汇，开立外汇账户，并对外支付。

1997年7月，应对亚洲金融危机，执行外管总局出台的一系列完善外汇管理的政策法规，旨在区分经常项目收支和资本项目收支，限制游资的流入。另外，本着扶持外贸企业，进行远期结售汇试点。同年10月，允许符合一定条件的中资企业保留部分经常项目外汇收入。10月15日起，逐步允许中资企业开立外汇账户，保留一定限额外汇收入。1998年，受亚洲金融危机的影响，金融秩序一度较乱。对此，执行人行总行和外管总局的有关规定，严厉打击逃套汇、骗购汇行为，加强大额售汇真实性审核管理，迅速扭转了银行结售汇的不正常状况。当年，结汇4383万美元，比上年增长5%，售汇511万美元，下降59%。

2000年，为防止境外游资逃汇、套利，对资本金结汇严格把关，对单证资料不全的一律不予办理。全年共核准资本金结汇919万美元，同比增加837万美元。2002年，为进一步改善外商投资环境，外管总局制定授权外汇指定银行直接办理资本金结汇业务的新举措。菏泽外管局在授权工行菏泽分行试点后，正式批准其直接审核办理外资企业资本金结汇业务。2003年，菏泽外管局授权中行、农行、建行直接办理外商投资项下资本金结汇业务。2004年，加强结收汇业务监管，严格市场准入，对辖内办理结售汇业务的25家金融机构重新办理备案登记，新核准4家金融机构开办结售汇业务。2005年年底，全市当年结汇5.38亿美元，售汇3835万美元。全区共有42家机构办理结售汇业务。

国际结算　1991年12月1日，中行菏泽分行开始代理省行办理国际结算业务。1994年，外汇管理体制改革，结售汇业务由各外汇指定银行办理。此后，各外汇指定银行提供优质服务，在办理外汇存、贷款业务基础上，以国际贸易结算业务为新的增长点，大力拓展业务新领域，国际贸易结算业务长足发展。主要开办以下几种国际贸易结算业务：光票托收、出口跟单托收、福费廷、汇入汇款、进口开证授信额度、进口押汇、出口押汇和票据贴现、打包放款、保函等。

1992年，中行当年累计办理国际结算20笔，实现结算量268万美元。工行、农行、建行均在该年度取得代理其省行国际业务授权。1994年，全区实现国际结算量6173万美元，其中工行42万美元，农行3999.5万美元，中行2094万美元，建行37万美元。到2004年，全市实现国际结算量 6.15亿美元，是1994年的10倍。其中，工行9806万美元；农行5951万美元；中行 45700万美元；建行4708万美元。2005年，全市实现国际结算量3.28亿美元，各项收入折人民币达612万元。

外汇管理　贸易外汇管理　1.出口贸易外汇管理。1989年，各级各类外贸企业统一外汇分成比例的办法。1990年，实行跟踪结汇制度，加强出口逾期未收汇的管理，通过对外催收等措施，加速收汇。

1991年1月起，经国务院批准，实行出口收汇核销制度。1992—1993年，为加强出口收汇核销管理，将出口收汇核销与出口退税、批汇、留成等挂钩，同时，建立逾期未收汇通报制度，对企业单位逾期未核销采取催办、通报、限制发单等措施。1994年，取消外汇留成和上缴。外管局将出口收汇核销工作移交给外汇指定银行。

1995年7月1日起，全国实行新的出口退税改革，每笔出口必须在完整收汇核销后方能退税。当年共发放核销单870份，收回465份，出口货物总值2037万美元，核销1984万美元，核销率为96.7%。1996—2002年，共发单25207份，出口货物总值46575万美元，核销44744万美元，核销率96%。在此期间，通过实行“出口收汇风险企业”制度；分类核销、自动核销和逐笔核销制度等，核销率逐年上升，1999年之后，核销率均在98%以上。

2005年，继续改进经常项目外汇账户限额管理，提高境内机构经常项目外汇账户保留现汇的比例，经常项目外汇账户超限额结汇期限由原来的10个工作日放宽到90个工作日。当年核销5.67亿美元，核销率98%。

2. 进口贸易外汇管理。1990年11月17日，人民币汇率下调，抑制进口用汇，减少外汇支出。1992年，对外商投资企业实行按季持进口报关单及进口发票到当地外汇管理部门抵扣料款和核销，以防止抵扣的进口货款重复对外支付。1994年8月1日，实施外管总局《进口付汇核销管理暂行办法》，对中国境内进口商品及从境外进口商品支付相应外汇进行核销。年底，全区通过信用证方式办理进口付汇152万美元，核销152万美元，核销率为100%。1995年，加强对进口付汇有关凭证的审核，防止以假合同、假凭证套购外汇的发生。全年进口付汇451万美元，全部核销。1996年8月，执行外管总局《进口售付汇核销管理暂行办法》规定，以任何方式的进口售付汇均进行跟踪核销。1997年，累计付汇904万美元，其中信用证项下884万美元，汇款项下20万美元，核销884万美元，核销率为97%。

1998年6月，根据外管总局的通知，实行报送贸易进口付汇核销单制度。当年报送贸易进口付汇金额352万美元，企业报审313万美元，报审率达89%。2003年，取消部分进口付汇备案类别，便利企业经营。实行货到汇款项下进口付汇同步核报制度。2005年，共发放核销单17908份，其中进口核销4665万美元，核销率98%。

非贸易外汇管理　1990年，根据外管总局的规定，个人海外汇入汇款可存入银行丙种外汇存款，或按当日外汇牌价折付人民币并配以侨汇物资供应票。同时，允许个人海外汇入汇款可以通过外汇调剂中心售出，并委托中行通过其指定的有关分支机构的专门柜台代理此项业务。私人用汇经批准，也允许通过外汇调剂中心购买。同年8月1日，执行外管总局规定，允许公费出国人员按实际需要携带外币现钞，国内居民出境携带外币现钞金额不得超过1000美元或等值的其他外汇。当年侨汇余额达24.76万美元。

1991年，由于人民币汇率的多次调整，官方汇率与黑市价格差距明显缩小，侨汇业务有所上升。同年，经国务院批准，12月1日起境内居民外汇和境内居民因私用汇参加调剂。菏泽由中行代理。1993年底，外汇管理局不再提供外汇调剂价格，个人外汇进出外汇调剂中心业务自然取消。1994 年，根据人行总行公告，取消私人海外汇入汇款按当日牌价折付人民币，并配给侨汇物资供应票的业务。

1996 年，执行外管总局《境内居民因私兑换外汇办法》《境内居民外汇存款汇出境外的规定》，对境内居民因私兑换外汇和外汇存款汇出境外根据具体情况区别办理。

1998 年，根据外管总局《境内居民个人外汇管理暂行办法》及有关通知，再次提高居民因私兑换外汇的标准，扩大供汇范围；对于境内居民在标准以内的用汇需求，可以凭有效凭证直接到银行办理；对于超过标准的真实用汇需求，可以持有效凭证到所在地外汇管理部门进行真实性审核后到银行购汇。与此同时，对个人海外汇入汇款解付做出新规定，凡个人海外汇入汇款在 1000 美元以下（含 1000 美元）的等值外汇，可按照收款人的要求解付外币现钞，或转存外汇存款。

第七节　管　理

金融监管　1986 年，人民银行专门行使中央银行职能，统一管理全区金融机构，根据国务院颁发的有关管理条例，对金融机构进行登记、核发营业许可证和办理年检，并对违规行为进行查处，维护正常的金融秩序。当年，人行山东省分行对现有金融机构补发金融许可证，全区共 555 处。

1993 年，在金融系统中开展“纠正行业不正之风”工作，贯彻落实“约法三章”，整顿金融秩序，立即停止并清理一切违章拆借，限期收回违章拆出资金，制止金融机构擅自或变相提高利率的行为，银行与实体彻底“脱钩”；在全区金融系统中开展防盗窃、防诈骗、保障资金安全的“两防一保”工作。加强对信贷、会计、发行等岗位人员和非银行金融机构的管理，把好信贷、会计和发行等重要关口。

1994 年，切实加强金融监管，继续整顿金融秩序，坚决落实“约法三章”，金融秩序进一步好转。加强机构管理，促进合法经营，控制机构布局；强化稽核监督，防范经营风险，非现场稽核管理做法在全国第八次稽核工作会议上作典型发言；加强利率管理，建立监督举报制度、签订储蓄展业公约，保持辖区利率秩序良好；整顿保险市场，维护保险市场稳定。

1995 年，建立“大监管”工作体系，注重发挥金融监管合力。当年，《中国人民银行法》《商业银行法》等一系列金融大法相继颁布实施，在全区组织开展了“四法一决定”专题学习、宣传活动；组织辖区金融机构签订《菏泽地区储蓄机构自律公约》，有力制止了乱抬利率的现象，杜绝了“储蓄大战”；继续执行“约法三章”，进一步加大金融监管力度，坚决制止和查处乱拆借、乱集资、随意提高利率、乱批

1995 年，宣传《中国人民银行法》颁布施行

设金融机构和各种违反金融政策法规的行为。上半年，人行菏泽分行对全区储蓄代办机构进行全面清查，共查处违规储蓄代办机构 35 处，责令其立即停业。下半年，针对农村合作基金会经营混乱的现状，会同地方政府进行全面检查，对违规经营者，责令其立即停办存贷款业务，并限期清退。1996 年，把监管的重点放在金融机构的合规性上。出台《菏泽地区银行业风险监督办法》，对建立全区金融业早期预警系统、强化风险监督进行了有益的尝试；组织对金融机构的合法性、经营范围的合规性、资本金或营运资金的充足性、机构的安全性等方面进行全面检查；实施对金融机构法定代表人和主要责任人的任职资格复查，共审查 556 人；制止了 2 起非法发行彩票活动；大力整顿农村合作基金会。至年底，共清理超范围吸收存款 260 万元，贷款 392 万元，依法取缔 5 处个人非法设立的基金会，1 处严重违规的基金会被责令停业整顿。

1997 年，在金融系统中开展“整顿金融秩序、防范金融风险年”活动。境内防范和化解金融风险重点是城乡信用社，对其进行分类排队，全面监督。6 月份，对农村信用社进行全面调查核实摸底，确定 131 个高风险农村信用社社，分别按照人总行防范和化解高风险的措施，具体制定整改意见；9 月份起，对全区城市信用合作社进行清理整顿规范。至年末，全区城乡信用社不良贷款占全部贷款的比例比年初下降 8 个百分点，其中两呆贷款下降 3 个百分点；11 月，联合工商行政管理部门对全区非法设立金融机构、非金融机构从事金融业务情况进行了检查，撤销了三处非法设立的金融机构；3 月份和 10 月份，2 次开展保险业务大检查，清理整顿保险市场；对全区储蓄联办、代办机构进行清理整顿，取消所有联办机构，撤销 3200 多个代办点，将代办点压缩近 30%；稽核监督由合规性稽核向合规性与风险性稽核并重转变；加强“三防一保”工作，确保资金安全，重点是防内盗、防诈骗和动态防范；设立金融监管举报电话，查处 52 起群众举报违规事件；11 月，经过规范整顿，菏泽市信诚典当行经过人行山东省分行批准成立。单县湖西典当行未通过省行验收，经过清理整顿，改建为城市信用社下属机构。

1998 年，制止高息揽存，整顿金融秩序。人行组织各银行业金融机构签订《菏泽地区金融机构存款业务自律公约》，取消揽储与工资奖金挂钩和存款单项考核等办法，对屡禁不止、顶风而上的金融机构，进行严肃查处；加强对城乡信用社的风险监督，实行风险指标监控，对重点监控社逐社按周监控支付状况，按月监控经营状况、风险状况。通过建立监管台账、定期谈话、加大清非力度以及联社采取督查、干预、救助措施等，至年底，城市信用社重点监控社由 9 家下降为 2 家，全区农村信用社两呆贷款比例由年初的 30% 下降到 26%；开展城乡信用社规范工作。城市信用社通过原股东注资、信用社职工入股、改善经营等措施，解决了资不抵债问题。农村信用社通过清股扩股、民主选举等，实施了规范，全区 5 个联社、89 处信用社通过人行山东省分行验收；12 月，开展整顿乱集资、乱批设金融机构和乱办金融业务的治理“三乱”工作，查处 3 起乱集资活动，稳定了市场秩序；严肃查处套汇、逃汇及黑市交易行为，查处套汇、逃汇等违规问题12起。联合公安部门集中打击了外汇黑市交易，抓获犯罪嫌疑人3人，查收外汇美元1100元，人民币25500元。是年，全区共有银行类金融机构（不包括农村信用社）901处，其中中国工商银行138处，中国农业银行340处，中国银行72处，中国建设银行115处，中国农业发展银行10处，城市信用合作社66处，邮政储蓄160处。

1999年，把维护金融秩序稳定、防范和化解金融风险作为监管工作的重点。通过落实金融监管责任制、层层签订目标责任书、创建金融安全区、对不良贷款剥离、加大检查力度、健全内控制度等措施，年内辖区金融秩序平稳，无一机构出现支付问题；城市信用社通过清产核资、清股增资、建立健全民主管理组织等，全面完成规范工作，归口农联社统一管理。继续对4个联社进行规范，年内全面完成全区农村信用社的规范工作。继续加强对城乡信用社的风险监管，逐县、逐社制定化解措施和目标，责任到人，年内有4家农村信用社摘掉了高风险帽子，城市信用社全部脱离了高风险区；化解典当行的经营风险。针对菏泽境内两个典当行违规经营、贷款风险较大、亏损严重等问题，通过加大贷款清收、健全内控制度、重新注资等措施，化解了风险，完成规范；协助地方政府对87家农村合作基金会进行清理，共兑付存款11893万元，清收贷款9069万元，有9个基金会完全兑付了个人存款。

2000年，以创建金融安全区为监管工作重心，突出风险防范。建立重点监测行制度，对高风险农村信用社以及人行济南分行重点监测的市农行，指定专人重点监控；组织开展真实性检查2次，现场检查机构247个，全面、真实地掌握金融机构的风险状况、存在的问题；继续防范和化解中小金融机构经营风险，选择23家高风险社进行重点帮促。人行成立保支付工作领导小组，对存有支付缺口的信用社，采取动用二级准备金、系统内调剂等措施，年内累计动用二级准备金1.4亿元，系统内调剂资金10.7亿元，确保全区城乡信用社未出支付风险。经人行济南分行批准，10家城市信用社改制更名为农村信用社，年末与农联社进行并账并表。

2001年，先后开展对国有商业银行不良贷款、个人存款账户实名制执行情况、个人消费贷款情况等检查，依照法律程序进行27次行政处罚，促进了金融机构依法合规经营。2002年，督促国有商业银行降低不良贷款比例，提高信贷资产质量和经营效益，完成不良贷款比例下降10个百分点的监管目标；积极推进金融安全区创建，优化金融环境。市政府批转了《关于进一步规范企业改制行为，切实加强金融债权管理的实施意见》，加大保全金融债权力度。2003年，为维护境内金融稳定，人行菏泽中支制定了《关于加强金融稳定工作的实施意见》。密切监测辖区内国有商业银行改革过程中的经营管理状况，及时掌握和了解改革进展情况；督促金融机构提高信贷资产质量，把不良贷款盘活情况作为衡量监管效果的重要指标，至年末，全辖各金融机构不良贷款较年初减少2.8亿元，不良率降低12.3个百分点；组织开展农村信用社票据贴现业务清理整顿检查、邮政储蓄机构违规揽储情况专项检查、银行类机构经营管理情况检查等现场检查，促进金融机构依法合规经营。

2004年，建立由市政府牵头，人民银行、银行监管部门和辖内各金融机构参加的金融风险协调领导小组和金融稳定协调联席会议制度，加强对境内金融稳定工作的领导。菏泽银监分局下发《菏泽市银行类金融机构差别监管暂行办法》，根据银行类金融机构的经营管理水平及风险状况，采用定量分析与定性结合的方法将银行类金融机构划分为正常监管类、关注监管类、重点监管类，并实行“支持正常类、帮促关注类、限制重点类”的差别监措施。2005年，组织开展对所辖农村信用社法人治理结构、内部管理机制、资本充足率、经营状况等方面进行风险评估；联合公安部门开展银行业案件专项治理活动，各银行业金融机构开展已发案件和操作风险的专项检查，加强内控制度建设；加强对银行业金融机构高级管理人员监管，对其经营指标完成情况、内控制度建设与执行情况等进行考评，并记入高管理人员管理档案。

信贷计划管理　1986年年初，继续贯彻国务院稳定经济的“软着陆”政策，年中实施“稳中求松”的货币政策；取消了对专业银行贷款规模实行指令性控制的做法，除固定资产贷款外，实行指导性管理，多存多贷。继续实行“实贷实存”的信贷管理办法；当年，人民银行注入资金，组织各专业银行清理企业之间的拖欠货款。

1989—1991年，在治理整顿中，实施“控制总量、调整结构、压缩一般、适时调节”的货币信贷政策。对货币信贷规模实行总量控制，特别是严格控制固定资产投资规模，并提高金融机构贷款利率，以抑制贷款需求。1990年起，各专业银行按照其省分行要求，上缴当年存款增加额的一定比例作为上级调控基金。1992年，继续实施“控制总量、调整结构”的货币信贷方针。为支持金融机构改革，对专业银行的贷款，年度中间不再进行规模监控，可以多存多贷，多收多贷。对城乡信用社和非银行金融机构，试行资产负债比例管理，存贷挂钩。可以试办金融租赁业务，参与对国营企业贷款。技术改造贷款允许年中适当“鼓肚子”。同年10月，按照人行总行要求，对金融机构境外借款和发放外汇贷款的总量，实行指令性计划管理。年底全区贷款总规模控制在上级下达的计划之内。

1993年，实施适度从紧的货币政策。针对当时经济过热现象，采取分别情况、区别对待的政策和以整顿金融为主的宏观调控措施。严格控制信贷规模，控制货币投放。通过“堵邪路、开正门”，强化信贷管理，调整贷款投向和结构，支持经济发展的合理资金需要。对信贷总量的宏观调控，由以规模限额管理直接控制为主逐步转变为运用资产负债比例管理间接控制为主。1994年，继续实施适度从紧的货币政策。把抑制通货膨胀作为金融宏观调控的首要任务。实行以“总量控制、比例管理、分类指导、市场融通”为基本原则的新的信贷资金管理办法。对国有商业银行实行贷款限额控制下的资产负债比例管理，对其他金融机构实行有监督的资产负债比例管理。1996年，贯彻落实适度从紧的货币政策，金融宏观调控的首要任务仍是抑制通货膨胀。对国有商业银行实行资产负债比例管理为基础的贷款规模管理，对城乡信用社实行全面的资产负债比例管理。同时，对金融机构的外汇存贷业务，也实行以资产负债比例管理为基础的规模管理。此外，通过运用短期融通资金调剂、发展同业拆借市场、扩大再贴现等间接调控手段，适时调节货币信贷总量。

1998年，实施稳健的货币政策。根据人行总行的决定，从1月1日起取消对国有商业银行贷款规模控制，实行完全的资产负债比例管理，不再下达指令性计划，改为指导性计划，实行“计划指导、自求平衡、比例管理、间接调控”的信贷资金管理新体制。各国有商业银行以法人为单位对全系统资金来源与资金运用实行自求平衡。

利率管理 人民币利率 1988年12月，执行人行总行《关于加强利率管理工作的暂行规定》，加强浮动利率管理，各金融机构不得超过人行总行给予的权限随意上下浮动利率，也不得以任何形式变相越权浮动利率；对违反利率政策和规定的金融机构，视情节轻重给予处罚。自9月10日起，对城乡居民个人3年以上定期储蓄存款实行保值贴补。

1989年2月，为增加信用回笼，抑制通货膨胀，按人行总行通知，上调存、贷款利率。对农业、煤炭、电力、交通等13个行业基本建设贷款差别利率进行调整。6月份，对银行、城乡信社的存、贷款利率实行浮动利率政策。贷款最高上浮100%，存款最高上浮30%（不含3年期以上）。1990年4月至1991年，3次下调存、贷款利率。

1990年，继续实行浮动利率，但缩小贷款上浮幅度。同年6月，在调整固定资产贷款利率的同时，对农业、煤炭等13个行业基本建设贷款差别利率在基本建设贷款利率的基础上向下浮动10%～30%。同时，按照人行总行通知，结合存、贷款利率调整，开展两次利率政策执行情况大检查。对查出的擅自提高和变相提高存、贷款利率、随意扩大上浮幅度和上浮范围、未执行优惠贷款利率政策以及滥用加、罚息政策等各种违反利率政策的问题，进行严肃处理。1991年5月，根据人行总行的有关规定，明确在治理整顿期间需浮动流动资金贷款利率的均须经人行地、市级分行审批。1992年12月1日起停止办理保值储蓄业务。1993年3月，储蓄存款不再“分段计息”。5—7月，2次上调存、贷款利率。对城乡居民3年期以上（含3年）定期储蓄存款重新实行保值。1995年，2次上调固定资产贷款利率，1次上调流动资金贷款利率。贷款不再分段计息；对固定资产贷款全部实行按季结息，对不能支付的利息计收复利。1996年4月，根据实际利率水平已由负利率变成正利率的实际情况，停办新的保值储蓄业务。1996年5月—1998年12月，先后6次下调存、贷款利率。1996年5月，在下调存、贷款利率的同时，相应缩小流动资金贷款利率的最高上浮幅度。

1998年，执行人行总行精神，严禁高息揽储；禁止存款考核指标与职工个人工资、奖金、福利挂钩；禁止下达单项存款考核指标、向非存款部门下达存款任务等。同时，严禁擅自提高或变相提高存款利率。同年10月，将金融机构对小型企业贷款利率的上浮幅度扩大，下浮幅度不变。

1999年，6月10日降低存、贷款利率。9月1日起，执行教育储蓄试行办法，教育储蓄实行利率优惠。同年11月1日起，对储蓄存款利息所得征收个人所得税。2000年，助学贷款利率在人行利率政策规定的范围内，适当给予优惠。

2002年2月21日，按人总行通知，降低存、贷款利率。

2004年年初，按照人行济南分行部署，在法人金融机构开展利率市场化改革试点，各法人金融机构制定贷款利率浮动管理办法，完善贷款定价机制。同年10月29日，按人行总行通知，上调金融机构存、贷款基准利率。同时放宽贷款利率浮动区间，金融机构（城乡信用社除外）贷款利率不再设定上限。商业银行贷款和政策性银行按商业化管理的贷款，其利率不再实行上限管理，贷款利率下浮幅度不变。农村信用社贷款利率仍实行上限管理，最大上浮系数为贷款基准利率的2.3倍，贷款利率下浮幅度不变。金融机构以人民银行规定的人民币存款基准利率为上限，实行存款利率下浮制度。

2005年，稳步推进利率市场化，引导辖内法人金融机构加强利率风险计量和建立风险防范机制、利率监测机制。各法人机构建立科学的利率生成机制，逐步完善资金定价体系，根据当地经济、金融发展状况、组织资金成本的高低、贷款对象的不同、贷款风险的大小等，实行有差别的浮动利率。

外汇利率　1991年9月，执行人行总行《关于加强外币利率管理有关问题的通知》，中行总行凡调整外币存、贷款利率，一律由人行分行通知辖区内办理外币存、贷款业务的金融机构并统一组织执行；人行菏泽分行执行省行外币存、贷款利率水平和调整时间。

1992年11月，根据人行总行下发的《关于调整外币存款利率政策的通知》，统一个人和单位外币定期存款利率水平；增设7天通知存款和1个月定期存款的利率档次，并将开户对象扩大到所有机关、团体、企事业单位和个人。

1993年，按人行总行通知，中国人民银行是外币利率的主管机关，授权中国银行公布的各种外币存、贷款利率为法定利率。外币利率的调整由人民银行分行统一组织执行。允许各金融机构在法定利率的基础上对各种外币存款利率按最高上浮5%的幅度浮动。各地浮动幅度由当地人民银行分行统一掌握。

执行人行总行《关于改革外币存贷款利率管理体制的通知》，从2000年9月21日开始，改革国家外币利率管理体制：①放开外币贷款利率。各种外币贷款利率及其计结息方式由金融机构自行确定；②大额外币（300万以上美元或等值其他外币）存款利率由金融机构与客户协商确定；③小额外币存款利率由银行业协会统一制定。

现金管理　1986—1987年，为抑制经济过热现象，控制现金投放，菏泽金融系统认真贯彻五总行联合下发的《关于加强现金管理的通知》精神，加强现金管理，现金投放控制在人行省行下达计划之内。1988年，贯彻党中央和国务院一系列旨在紧缩银根的政策措施，现金投放计划由指导性计划改为指令性计划。对现金计划实行“以条块为主，条块结合”的管理办法，按照人行山东省分行下达的现金投放、回笼计划，严格控制货币投放。人行实行行长负责制，制定了10项货币回笼措施，取得明显效果。当年现金净投放11.95亿元，是历史上现金净投放最多的一年。贷款规模和现金发行均控制在上级下达的计划内。

1989年，根据当时经济过热、市场货币过多的情况，继续加强宏观调控，加强信贷资金和现金计划管理，全面开展现金收支大检查，健全现金管理制度，促使当年现金信用回笼增加，消费基金和社会集团购买力得到进一步控制，比1988年少投放3亿元。1990年，在继续清查单位现金结算户和加强单位库存现金限额管理的基础上，把现金管理同结算管理结合起来，大力推行汇票结算方式，以减少现金使用。1988年以来市场货币过多的状况逐步改变。

1992年，菏泽现金流通量大幅度增长，出现货币投放过多的现象。对此，人行菏泽分行发出进一步控制货币投放、组织货币回笼的紧急通知，明确规定各金融机构不得以放松现金管理作为争拉单位存款的手段。各金融机构也进一步加强现金管理，严格控制大额现金支付，尽可能使用转账结算；重新核定单位库存现金限额，对超限额库存现金交存银行；整顿结算秩序，严肃结算纪律，保证汇路畅通；大力组织商品性现金回笼，并开办大额特种储蓄，增加信用回笼等。由于加大管理力度及农业减收等原因，当年现金净投放11.27亿元，较上年少投1.73亿元。

1993年，固定资产投资规模扩大，集团消费再度升温，物价上涨，现金投放加快。执行人行总行严格控制货币投放，积极组织货币回笼的通知，把现金管理同现金计划管理有机结合起来。各金融机构加大吸储力度，积极推广大额定期转账存单，增加信用回笼；建立与零售大商店和现金收入大户的联系制度，促进现金及时归行；严格大额提现的审批；加强单位库存限额管理；继续扩大银行代发工资业务等。同时，由于宏观调控效应，货币高投放势头得到遏制。1994年，经济继续快速发展，现金投放势头更加迅猛，人行菏泽分行根据国务院《关于严格控制消费基金过快增长和加强现金管理的通知》精神，积极采取应对措施：①建立现金支取台账；②对现金提取，制定审批权限；③对开户单位结算起点以上资金结算一律转账；④要求金融机构不得以放松现金管理为手段拉客户、拉存款，非基本结算账户企业不得提取现金；⑤加强检查。专业行每季度检查开户单位不少于30%。当年，人行对专业行进行三次现金管理大检查，对违规金融机构和开户单位进行了处罚。全年货币净投放11.2亿元，控制在计划之内。1995年，继续从严控制货币信贷总量，遏止需求。6月，人行菏泽分行针对现金投放突破省行核批计划的情况，下发《关于严格控制现金投放计划的通知》，重申各项规定。当年全年投放现金10.5亿元，控制在省行下达的12亿元计划之内。1996年，在控制货币信贷总量的同时，支持农业和国家重点建，支持有市场、有效益的企业资金需要。经济活跃和货币化程度不断提高，现金投放量也随之增加。3月，人行菏泽分行下发《关于进一步加强现金管理的通知》；下半年，贯彻执行国务院和人总行多次紧急通知，针对现金超计划投放的严峻形势，人行菏泽分行连续下发四个通知，要求各金融机构实行一把手负责制，人行派专人进行日常调度。经过全区金融系统的共同努力，年底全区现金净投放6.91亿元，较人行省分行核定的8.15亿元的计划少投1.24亿元。

1997年，人行总行三令五申，严禁违规支付现金。3月，执行人行总行及山东省行严禁将公款转为储蓄存款的通知，废除存款单项指标考核及其奖励办法，严禁公款私存。对违规经营者，追究有关责任人责任。同年7月，执行人行总行《大额现金支付登记备案规定》，建立大额现金支付审查登记备案制度，继续实行分级审批制度。经过多方努力，到年底，现金净投放6万元，同比少投9143亿元，控制在省行核定计划内。

1998年，金融机构加大对能源、交通、建筑和邮电通信等重点基础设施项目的投入，建筑工程单位现金需求量明显大增，全区现金投放呈逐月加大趋势。为此，强化开户行监督意识，试行大额现金支取审批单制度。同时，加大检查力度。6月和11月，两次进行现金大检查，现金管理情况有较大改观，但一些共性的问题仍未彻底改变。1999年，中央提出了扩大内需、启动消费的总体要求，货币需求量增加。全年累计净投放现金13.20亿元，同比多投放5.20亿元，增长65%。信用回笼能力减弱、农村居民贷款增加、城乡个体经营支出扩大等原因，使现金投放态势强劲。6月份，全区正式实行大额现金支取审批单制度。2000—2005年，国家实行稳健的货币政策，境内经济持续、快速、健康发展，货币供应总量持续增加，流动性明显提高，呈现与经济同步增长的良好态势。防范和打击利用现金支付进行逃废银行债务、偷逃税款、洗钱等违法犯罪活动成为加强现金管理的重点，2002年3月，人行菏泽中支下发《菏泽市金融机构大额现金支付管理办法》，对大额现金的支付、管理和违规处罚重新作出具体规定。要求各开户行配备专职或兼职现金管理员，严格审查每笔提现用途。大额现金支付实行登记备案管理。

2004年，境内县域经济的持续发展，特别是民营企业的快速发展，使经济总量继续增加；受社会条件和信用环境的制约，人们在交易过程中，对现金交易支付方式仍有很大偏好。菏泽市金融机构现金净投放12.24亿元，同比多投放6.15亿元。

工资基金管理 1986年，执行省政府颁布的《工资基金管理规定》《实施办法》，恢复和实行工资基金管理手册制度，各企事业单位的工资基金由银行监督支付，制止单位滥发奖金、福利、补贴和计划外用工的工资，控制消费基金不合理增长。

1989年，人行菏泽分行制定工资基金“五查五看”办法：查工资计划，看其工资基金多少；查有无工资基金管理手册，看是否经过核签，支取有无记录与计划是否相符；查工资的原始凭证与支取的工资基金是否一致；查有关现金支出账务，看有无坐支、垫支和乱发实物情况；查福利费用支出，看是否有把奖金挪作福利费发放而逃避监督的现象。对违反规定的单位给予通报批评和经济处罚。1990年，人行菏泽分行配合劳动、人事部门组织全区工资基金管理大检查，对违反规定的365个单位进行处罚，并通报全区。

1992年，为进一步控制货币投放，人行严格执行工资计划和工资基金管理的各项规章制度，加强《工资基金管理手册》的使用管理，严格控制工资性现金支出。1994年，为控制现金投放较猛的势头，各金融机构对县以上机关团体事业单位的消费基金支出加强监督，属于工资性现金提取，一律要凭劳动人事部门核准签章的《工资基金管理手册》监督支付。

1995年以后，随着经济体制改革的不断深入，企业所有制形式多元化，计件工资等工资形式的实行，劳动、人事部门不再提供工资总额计划，工资基金管理逐渐淡出。

第八节　服　务

银行卡　自1990年开办信用卡业务以来，各金融机构协调联动，通过大力宣传、强化“售后”服务和提高核算质量等措施，银行卡业务迅速发展，逐渐成为主要结算工具之一。到2005年年底，全市银行卡发行量达百万余张，其中信用卡63728张，借记卡932489张；全市特约商户188家，自动柜员机(简称ATM机)35台，销售点终端机(简称POS机)275台(加入银联的)。同年底，银行卡交易额达12.09亿元，交易笔数311876笔。

长城卡　1990年10月，中行率先在菏泽推出长城信用卡，之后又推出以长城卡为品牌的金卡和附属卡，发展受理长城卡的特约商户，使长城卡业务量迅速上升。当年累计发卡275张。

1995年，长城卡授权网络建成，与全国110家网络系统分支机构长城卡授权中心联网；并与国际5家大型信用卡公司联网，将其人民币卡与外汇卡授权合二为一，实行定时清算。1996年，长城卡又推出万事达个人普通卡、个人金卡、单位普通卡、提款卡、缴费卡和专用卡等新品种。1998年，推出借记卡。年末，累计发行普通卡11397张，电子借记卡69023张，特约商户153家。2000年，推出一卡通、一本通、会计通存通兑。

2005年，中银信用卡新增882张，中银长城卡新增1451张，中银国际卡新增169张，收益新增28.44万元，外卡收单交易38.82万元，新增商户23家。

牡丹卡　1993年，工行发行牡丹卡。年末。发卡量3010张，发展特约单位60多家。1996年，发行邮电、养路费、水费、电费等专用卡，发卡12783张。1999年，发行灵通卡1.6万张。

到2005年年底，累计发行贷记卡2800张，信用卡4100张，灵通卡10万张，特约商户89家，总交易额1.7亿元。

金穗卡　1994年8月8日，农行菏泽中支发行金穗万事达信用卡（准贷记卡），分为金穗万事达普通卡和金穗万事达金卡。当年发卡7004张，存款2461万元，消费85万元。

1995年6月发行金穗维萨信用卡普通卡（准贷记卡）。1996年7月发行全省通用的泰山转账卡（借记卡）。1997年4月，开发了国花储蓄卡和交费专用卡。

1997年6月试行县支行二级发卡，除鄄城外各支行成立二级发卡中心。

1999年3月，开发医疗保险专用卡，成武县支行利用该卡代理全县的医疗保险，发卡达1.2万多张。11月发行金穗万事顺借记卡。此外，开发学生卡、务工卡、司机卡，在全区实现信用卡业务通存通兑。2000 年发行金穗借记卡（世纪通宝）、金穗旅游卡。2002 年 7 月，发行有银联标志的金穗借记卡产品。9 月份，金穗准贷记卡和金穗借记卡两网合一，金穗准贷记卡实现跨省实时业务的受理和查询查复。10 月，银行卡的止付系统、大额认证系统、借记卡预约查证和紧急服务、准贷记卡授权业务及借记卡制卡上收省行。2005 年 4 月，发行金穗贷记卡。年末，银行卡发卡量为 43.58 万张，累计实现卡消费 8.97 亿元，实现卡业务收入 1666 万元。

龙卡　1994 年，建行总行决定将建行万事达、维萨等信用卡改名为龙卡。2003 年 7 月 10 日，菏泽发行第一张龙卡双币种贷记卡。年末，银行卡存款余额达 2.08 亿元，较年初增长 3095 万元；龙卡发卡量 163395 张，较年初新增 38062 张；龙卡消费额实现 1.88 亿元，较去年同期增长 171%；贷记卡累计发行 1110 张，累计使用信用额度近 50 万元。

电子化建设　1986 年起，随着现代通信和电子计算机技术的崛起，金融机构投入大量的人力和资金，设立专门机构，配备专业技术人员，购置大量的电子装备，加快金融服务现代化建设步伐。建立卫星通信网，大力开发推广金融电子化系统，如柜台业务处理与自动服务系统、跨行业务与资金清算系统、电子联行系统、现代化支付系统、金融信息服务系统和金融信息、数据管理系统、办公自动化等。从根本上改变传统手工操作的金融管理和金融业务处理模式，建立起以信息技术为基础的金融管理和金融业务处理新模式。

人民银行系统　1988 年 3 月 25 日，“菏泽－开封”微机汇划业务正式运行，两地间的款项汇划时间由原来的 10 天缩短 1 ～ 2 天。《河南日报》《大众日报》《金融时报》和山东电视台、中央电视台作了报道。1989 年，人行菏泽分行建立 MODEM 调制解调器数据电传通信。1990 年，人行省分行国库、会计、计划、发行、金管、人事、调统等部门，通过微机上报数据。

1991 年，实现运用同城票据电子清算系统；推广全国计算机会计核算系统；国库业务全面推广微机报解。1992 年第 4 季度，正式开通卫星小站，运用卫星通信技术处理联行业务，并参加第四批全国电子联行改革。之后，该区与全国各大城市之间的资金汇划一律通过该网进行。同时，在辖内建立了区域短波无线电通信网，作为卫星通信专用网的补充和延伸，实现卫星网和地面系统的“天地对接”。票据交换处理由一天缩减为半小时以内，当日抵用率由 50% 到 90% 以上。

1993 年 1 月 3 日，电子联行业务正式开通。根据人行总行规定，专业银行十万元以上汇划款项（包括汇兑、委托收款和托收承付的划款）一律通过人民银行电子联行办理转汇。自9月16日起，各专业银行（包括营业所、社）签发五十万元（含）以上银行汇票，一律通过人民银行清算资金。当年共处理电子联行往账2726笔，金额6.1亿元；处理电子联行来账883笔，金额12.49亿元。同年，健全同城资金清算网络系统及电子支付系统。1994年，为解决电子联行资金“天上三秒，地下三天”的问题，建成800MHZ超短波区域无线电网，实现通话、传真、微机传输、电话会议等四大功能。

1995年3月份，开通地区分行与所属9县（市）支行的信息快通工程，实现微机联网。推广“贷款证管理程序”“同城票据清算程序”“区辖电子联行”等。1995年9月18日，全国卫星小站并网通汇。12月份在全区实施区辖电子联行。1996年，实施电子联行“天地对接”工作；完成网络到县支行工程，建成了分行机关计算机局域网，并进行办公自动化系统的引进、开发和建库工作；建立了地区行到省行的信息快速通道。1997年，实现电子联行到县，年底实现与全国1072个电子联行小站通汇。

1998年，建立了县支行局域网，业务均上网运行；为防范化解2000年计算机“千年虫”问题，根据人行总行的要求，对计算机软硬件进行全面摸底、检测和必要的修改。1999年，全区金融系统全部计算机硬件、系统软件、工具软件和应用软件系统全面完成升级和测试验收，并顺利跨入2000年。

2001年，菏泽市同城清算系统5月10日正式运行。10月，开通同城与电子联行天地对接系统。

2003年，设计开发了外汇管理出口核销系统和客户自助查询系统，升级改造了信贷登记咨询、会计核算“四集中”管理等系统，推广应用银行账户管理信息系统，实现银行账户的网上审批和电子化信息的资源共享。2004年，积极组织财、税、库、行横向联网系统试点运行工作，稳步推进国库电子化进程。

2005年，按济南分行部署，推广账户管理信息系统、货币金银管理信息系统、事后监督系统和银行结售汇统计系统。配合地方完成了税库银联网系统和财政支付系统，实现了全市税库银横向联网。3月14日，现代化支付系统顺利上线运行。全国电子联行小站停止运行。6月27日起，支付清算系统在统一的平台上运行，实现全国电子联行系统向中国现代化大额支付系统的平稳过渡。

工商银行系统　1990年10月，工行总行对全国联行往来对账办法进行改革，采用电子计算中心统一核对。1992年，64个储蓄所上机，部分通存通兑。储蓄事后监督脱离手工操作。1993年，全区储蓄上机率58%，56个储蓄所开办通存通兑业务。

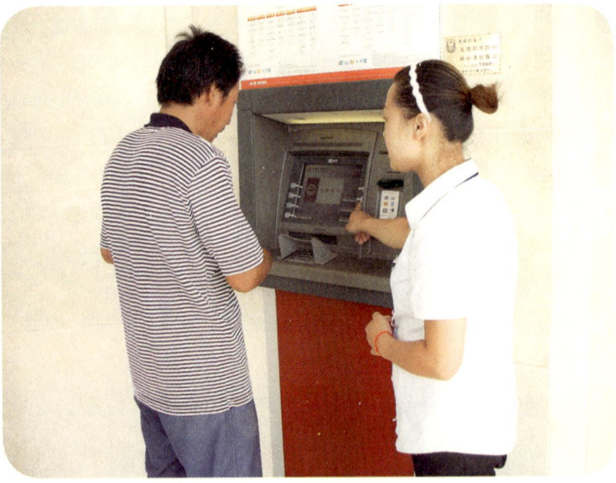

指导客户使用ATM自动取款机。

1996年9月，会计对公和储蓄通存通兑微机联网。开通三套ATM，18台POS正常运行。

1998年，实行联行集中，每个地（市）行只保留一个联行行号，变分散进出口为集中进出口。

农业银行系统 1985年使用微机处理统计报表。1987年使用微机单机处理储蓄业务。1991年6月会计报表开始使用计算机汇总。1993年年初，开办电脑储蓄业务。同年，农行自办全国联行计算机对账，建立全国联行网络系统。

1995年，建成全区金穗卡POS网及菏泽市行储蓄通存通兑网。1995年，全省推广双机双工，菏泽在郓城、巨野支行试点。1996年1月1日，农行系统正式开通全国电子汇兑系统，菏泽中支会计科、营业部、辖内县支行营业部等14家机构首批开通。完成全省电子汇兑试运行工作。1997年年底，全区实现城区储蓄通存通兑，门市计算机网点216个。

1998年，金穗卡和储蓄实现全省通存通兑。

1999年9月，境内各营业部开通实时汇兑系统；组建全辖内部局域网，开通统计报表系统、信贷管理系统、电子邮件公文传输系统，并通过广域与市分行联结。截至12月，全辖91个储蓄所、31个综合网点、127个乡镇处所与全省联网，实现全省储蓄和信用卡通存通兑。全区有POS200台，实现POS自动授权的网点达160个。

2000年开发了移动、联通、财政、电信代收费软件接口，实现实时收费。2001年11月1日，进行新旧系统切换，辖内储蓄、对公、信用卡、电子汇兑、外汇、中间业务等全部集中到省行数据中心，并全国联网，新一代综合应用系统正式启用。2002年5月，开发固定电话代收费、代收续期人寿保险、代收鸿泰保险、代收水资源费中间业务收费项目。

2003年6月，农行省行信贷管理系统（CMS）与“新一代”综合应用系统（ABIS）接口程序推广。2003年实现与太平洋寿险、山证、电信和电业的联网联合，完成银保、银证等中间业务软件的本地化定制和推广应用。同年3月，在客户自助服务终端上开发自助交费功能；5月开发电业代收费系统；开发代收固定话费系统。

2004年2月，开通“95599”电话银行代缴业务电话签约功能；顺利完成新联行系统的推广，同时停用实时汇兑系统，10月份，原银行汇票系统和电子汇兑系统正式停止运行。2005年，数据上收到总行。

中国银行系统 1990年6月，中行分行计算机处理中心建成。同年10月，运行计划统计系统。1991年9月，B系列机平台的会计业务系统成功上机。1993年4月，储蓄专柜业务上机。7月份，建立独立的人民币联行往来和电脑销账系统，与人行电子计算中心脱钩。9月，信用卡系统开始运行。1995年6月，三大核心业务系统陆续移植到两台小型机；储蓄业务实现市区内通存通兑。

1996年7月，分行本部与省行之间的内部二级网络建成；9月，建成分行本部与辖内支行之间的三级网络；电子联行系统在辖内全面开通，实现全国范围内资金汇兑的高速处理。同期，中国银行加入SWIFT组织（环球银行电信协会），并在辖内推广应用TMCS系统。11月，LOTUS NOTES系统上机，办公自动化水平大幅提高。此外，自行开发辖内储蓄通存通兑、会计报表传送等系统并上机成功。1997年5月，国际结算出口业务管理核算系统和加工贸易保证金台账系统上机。6月，县支行局域网基本建成。1998年7月，全部网点储蓄业务上机完毕。至此，辖内会计、储蓄及信用卡等主要业务均已完全脱离手工，实现计算机处理。12月，增加欧元处理功能。

1999年、2000年版信用卡系统、储蓄系统、会计系统先后上机成功，主要是解决2000年问题，同时将县支行的主要业务系统和数据集中至分行中心。2000年，开通财政代收费、新一代应用系统、代收网通话费、代收移动话费、代征国税等系统。6月，网上企业银行客户成功办理第一笔网上业务；将县支行主要业务系统和数据集中到分行中心。

2001年，首台自动柜员机、BST自助终端投入生产；5月，电话银行开通；6月，创建中国银行菏泽分行互联网站点；7月，开通银证转账业务。2002年4月，外联防火墙投入生产；新一代信贷、消费信贷系统上机。2003年3月，曹县支行自动柜员机投入运行。

2004年3月，综合业务系统上收至中国银行华北信息中心。6月，支行至网点的四级网络完成网络改造。全辖网点联网方式已全部由模拟专线改造为TCP/IP方式。8月，中行个人外汇实盘买卖系统上线运行。

2005年，三、四级网络带宽全部扩容为2M，为网点服务的多功能化和精品化夯实了硬件基础。4月，将自动柜员机、终端等联入中行菏泽分行内部生产网络。5月，综合业务前置机上收至省行。

建设银行系统　1990年，实现储蓄事后监督电算化。1994年，推行储蓄事后监督、会计柜台多用户、储蓄前台等软件，会计柜台实现电算化。1995年，城市综合业务网络系统开通16条X.25专线，实现全区联网运行。1996年，资金清算系统开通运行，实现全国联行资金汇划。

1999年，开通个人电子汇兑、综合网储蓄代扣代缴利息税系统。

2000年，全国范围储蓄卡，信用卡通存通兑；信用卡全省网间业务。同时，资金清算系统和综合网系统实现直联，提高了异地资金汇划速度。2001年，开通量化考核、龙卡消费积分系统和跨系统电子联行业务。2002年7月3日，加入银联网络；10月20日，银证转账系统开通；12月13日，网上银行业务系统开通。2003年6月25日，网上银行系统全面上线；同时，开通了烟草配送移动POS结算、“银保通”业务、“速汇通”时时到账业务、“银证一户通”业务、个人理财业务、管理会计和管理信息平台等系统。2004年，开通重要客户服务系统（中央财政授权支付）签约客户——

菏泽市黄河河务局、代收网通公司话费、银证转账、总行版个贷、联通话费代收业务、重组改制分立建账程序、龙卡网络系统优化、龙卡网络储蓄卡、准贷记卡、贷记卡的凭卡号存款和卡卡转账等系统。同时，三级网改造顺利完成，带宽提速到2M。

2005年3月14日，建设银行现代支付系统上线，全市37个网点全部加入人民银行现代支付系统，实现异地跨行跨系统资金汇划实时到账。

农信社系统　1997年1月1日，全区农村信用社正式开通省辖人民币电子汇兑和省内银行汇票结算业务。同年10月25日，停止参加农业银行省辖电子汇兑系统和停办代签农行省内银行承兑汇票业务。2001年，农信社市体改办数据中心建成。2004年，开通大额支付结算系统。2005年，开通小额支付结算系统。

文明服务　1986年后，各金融部门进一步健全完善金融服务机制，改进服务方式，创新金融产品，提高金融服务水平，不断适应社会各个层面不断变化的金融服务需求，努力为辖区提供优质的金融服务。

1990年，各行组织开展“争创文明储蓄所”“争当优秀储蓄员”等活动。1991年，各行开展整顿金融队伍活动，进行拒腐防变、全心全意为人民服务的教育，规范员工行为，员工的自律意识明显增强。1995年，各行相继开展争创“青年文明号”“百日优质服务竞赛”活动，1996年，开展“四讲一服务”“三项承诺”、创建“青年文明号”和争当“青年岗位能手”等活动，并大力开展劳动竞赛，服务水平再上新台阶。

1998年，境内金融系统开展“讲学习、讲政治、讲正气”三讲教育。农行开展了以“创优质服务、优良作风、优美环境，树铁账本、铁算盘、铁规章信誉”为主要内容的窗口服务单位“三铁三优”创建活动，评选出“三铁三优”先进单位18个。建行各营业网点新行名、行徽、标识、门楣、招牌安装工作全面展开，并推行“机关向一线承诺，一线向社会承诺”内部承诺制。

2000—2003年，各行相继制定规范化服务管理办法，将规范化服务作为优质文明服务的主要内容来抓，开展“十佳服务明星”“十佳营业网点”评选活动、“比服务、树行风、优化经济环境”活动等。2001年，在金融系统中开展“三个代表”重要思想专题教育。中行积极对营业网点

文明服务

进行了搬迁、装修、改造，积极申报升格分理处，优化网点的位置、装修和服务，实施“精品网点”战略。2004年，人行菏泽中支“窗口”服务部门制定服务标准和考核办法。建行开展“规范化服务年”和“文明、规范、优质、高效”服务质量百日竞赛活动，并在菏泽电视台举办全市建行系统柜面规范化服务演示大赛。

2005年，在全市金融系统中开展保持共产党员先进性教育活动。

第三章 保险 证券

1983年，中国人民保险公司菏泽地区中心支公司成立。之后，全区各县（市）相继成立支公司。1998年5月，根据《中华人民共和国保险法》产、寿险分业经营的要求，中国人民保险公司菏泽地区中心支公司进行体制改革，成立中国财产保险有限公司菏泽分公司和中国人寿保险公司菏泽分公司，全区各县（市）亦陆续成立产保和寿保的支公司。2001年，山东证券有限责任公司菏泽双河路证券营业部设立，自此，菏泽市有了证券经营机构。之后，该营业部更名为天同证券有限责任公司菏泽双河路证券营业部。2002年，太平洋财产保险菏泽中心支公司、中国太平洋人寿保险股份有限公司菏泽中心支行公司相继成立，全区各县（市）先后建立两个公司的营业部。2005年，菏泽全市各项保险保费收入10.5亿元，理赔1.46亿元。

第一节 财产保险

中国人民财产保险 1986年，中国人民保险公司菏泽中心支公司业务险种只有28个，全年业务收入为979万元。随着改革开放的深入和菏泽经济的发展，保险业迅速发展，2005年中国人民财产保险股份有限公司菏泽市分公司开办业务达4大类150余个险种，承担社会总风险达204亿元，全年保费收入达1.29亿元，与1986年相比增长13倍。

中国人民财产保险股份有限公司办公大楼

企业财产保险 企业财产保险是1980年9月菏泽地区保险复业后开办的第一个险种。1987年5月，山东省政府批转省财政厅、中国人民保险公司山东省公司联合印发的《关于山东省地方企业全部实行财产保险的报告》后，中国人民保险公司菏泽中心支公司积极贯彻实施意见，推动了菏泽地区企业财产险业务发展。1988年3月，中国人民保险公司菏泽中心支公司下发《关于加强财产险业务管理有关问题的通知》，就进一步加强全区的财产险业务管理质量提出要求，并于10月组织全区财产险业务内部管理质量自查工作，使全区财产险业务管理得到进一步提升。1990年3月，中国人民保险公司山东省公司下发《关于进一步做好信贷企业财产保险的通知》，中国人民保险公司和中国农业银行联合下发《关于货款企业和个人参加财产保险的联合通知》，对增强企业保险意识,提高国有资金的安全性发挥重要作用。1991年，中国人民保险公司山东省分公司下发《关于做好一九九一年信贷企业保险工作的通知》，就进一步加强信贷企业财产保险提高要求。1992年，中国人民保险公司山东省分公司与山东省轻工业厅、省机械工业厅、省纺织工业局、省石油化学工业厅、省商业局、省烟草公司分别联合下发《关于进一步做好财产保险工作的通知》，菏泽中心支公司认真做好贯彻落实工作，进一步促进了企业财产保险发展。1996年，印发修订后的财产保险基本险、综合险及附加险条款、开办机器损坏险等5个财产保险附加险，并印发《财险服务承诺》，大力推进财产保险业务发展。2003年，转发人保财险山东省分公司《关于加快个私工商财产保险业务发展的通知》，加大个体工商企业和私营企业财产保险展业力度。经过10多年的发展，2005年年底，全市参加企业财产保险的企业有3809家，承担风险达66亿元，充分发挥了保险的风险保障作用。

1993年，到受灾企业查勘灾情

机动车辆保险　1989年1月，中国人民保险公司山东省分公司与省公安厅、省农机局联合下文，转发《中国人民保险公司、中华人民共和国公安部、中华人民共和国农业部关于实施拖拉机第三者责任保险的通知》，加强拖拉机的保险业务推广工作。同年5月，山东省保险分公司转发总公司修订的《机动车险保险条款和条款解释》，对机动车辆险相关费率进行调整，提高机动车第三者责任险的费率。随着机动车险费率的调整和承保车辆的增加，机动车险保费大幅增加。按照省分公司的统一要求，菏泽中心支公司实施机动车辆险定损员制度，全区确定38名机动车辆险定损员，并对机动车险定损人员实施考试定级、持证上岗。1991年3月，菏泽中心支公司转发山东省分公司《关于调整拖拉机保险费率的通知》,提高拖拉机的承保费率。为加强全区机动车险业务管理质量，下发《关于加强机动车险业务管理若干意见的通知》，就提高全区机动车险业务质量提出要求。1992年9月，山东省人民政府下发鲁政109号《山东省人民政府关于实行机动车辆第三者责任法定保险的通知》，要求实施机动车第三者强制法定保险。山东省分公司下发《关于机动车辆保险业务若干问题的规定的通知》，规范机动车辆保险业务发展。11月，菏泽中心支公司下发《关于大力开展拖拉机保险的通知》，加大拖拉机保险业务发展力度。1993年12月，经山东省人民银行批准，全省浮动机动车辆保险费率，对相应险种按照批复提高机动车辆保险费率。1995年，中国人民银行重新修订机动车辆保险条款和费率规章，菏泽公司组织新条款费率的实施工作，使全区机动车险业务快速发展。1998年，人保财险菏泽分公司深入开展“机动车辆险创名优工程”活动，强化服务管理，提升服务水平，全力打造机动车辆险名牌服务产品。2000年，中国保险监督管理委员会（以下简称中国保监会）重新修订机动车辆保险条款和费率规章，人保菏泽分公司认真做好贯彻落实。2003年，中国保监会正式实施机动车险条款费率市场化改革，废止由中国保险监督管理委员会制定的机动车险条款费率，由各保险公司自行制定机动车险条款费率，报备执行。机动车险条款费率市场化改革使各保险公司更注重保险产品的市场性、盈利性和适应性，有力促进车险业务的发展。2004年，人保财险菏泽市分公司正式实施新的车险条款费率，丰富的产品和个性化的设计促进车险业务的快速发展。2005年年底，全市参加保险各类机动车辆达到23838辆，保费收入达10228万元。

农业保险　1987年3月，中国人民保险公司山东省分公司印发《关于实行小麦火灾两全保险条款的通知》，推动全区小麦火灾保险的发展。1989年，为鼓励种植业和养殖业保险的发展，菏泽中心支公司印发《关于对1989年种植业、养殖业保险实行奖励办法的通知》，进一步加快全区种植业和养殖业保险的发展。1990年4月，菏泽地区行署办公室下发《关于转发菏泽地区保险公司等四部门关于在全区开展小麦火灾两全保险报告的通知》，在全区全面开展小麦火灾两全保险业务。1991年，菏泽中心支公司开展农用变压器保险。4月，菏泽中心支公司转发山东省分公司《关于加强农业保险管理措施的通知》，进一步加强农业保险管理。1992年，菏泽中心支公司试办池塘养鱼保险、肉食鸡保险、蛋鸡保险、苹果保险业务。1993年，菏泽地区行署批转《菏泽地区棉花办公室、菏泽地区保险公司关于在全区开展棉花种植成本保险的报告》，促进了全区的棉花种植业保险业务发展。由于农业保险长期亏损，为扶持农村保险业务发展，1994年山东省体改委与人保公司联合下发《山东省农村保险互助会管理办法》的通知，就当地政府与人保公司筹办农村保险互助会提出具体办法。人保菏泽中心支公司认真贯彻开展农村保险互助会的有关政策要求，积极与当地政府部门配合开展农村保险业

2004年，人保财险菏泽市分公司推动政策性农业保险业务

务，进一步促进了农村保险的发展。1995年，按照省分公司布置，开办棉花种植成本雹灾保险，进一步加大农业保险覆盖面。至1996年，全区共投保种植业保险18.6万公顷，保费收入达732万元。随着中国人民保险公司逐步商业改革，农业保险作为政策性亏损险种，业务规模逐步缩小，业务占比也逐渐回落。2005年，全市农险承保数量为8000公顷，承担风险2亿元人民币，保险费收入114万元。

家庭财产保险　1988年，开办居民自有房屋保险业务，其责任范围与家庭财产保险类同。1991年，菏泽开展长效还本家财保险业务，促进了家财险业务的快速发展。1993年，菏泽中心支公司开办（大额）长效还本家财险。还本型家财险快速发展，使家财险业务成为增长最快的险种之一。

1991年，巨野县优秀农村代办员伊昌伦深入田间地头、农户家中宣传办理保险

2000年，开办金锁系列家财保险。2003年，开办金牛投资保障型家庭财产保险业务。该险种兼有投资和保障作用，一经推出就受到了广大群众的欢迎。2005年年底，全市126461户居民参加家庭财产保险，保险费收入达到110万元。

货物运输保险　1987年5月，菏泽地区经委与中国人民保险公司菏泽中心支公司联合下发文件，在菏泽地区开展铁路货物运输保险业务。1990年3月，转发省分公司《关于印发国内公路货物运输保险条款及承运货物责任保险特约条款的试行的通知》，在全区加大公路货物运输保险业务的开展力度。1991年11月，转发《山东省人民政府办公厅关于进一步发展全省货物运输保险的通知》，进一步推动全区货物运输保险业务发展。1993年按照省分公司和省公安厅联合下文，开始办理易燃易爆化学危险品运输保险。1995年，转发中国人民银行《关于国内水路、铁路货物运输保险条款部分规定和变更部分保险条款部分规定和变更部分保险货物种类的通知》，对国内货物运输保险业务进行规范和调整。1996年，开办国内货物运输保险

2005年，营业厅柜面人员热情为客户办理业务

定额保单业务，通过简化业务手续，方便客户投保，大力推动货运险业务的发展。1998年，人保菏泽分公司重新印发了修订后的国内货物运输保险条款和费率规章。2005年，全市货险收入达211万元。

其他业务保险　随着保险事业的发展，保险业务范围不断扩大，保险领域不断延伸，保险险种也日益增多，所占市场比例也不断增大。随着法制化进程的加快和群众法律意识的增强，自1993年开始开办产品责任保险，以产品责任保险、雇主责任保险、公众责任保险、职业责任保险等为主的责任保险类业务从无到有，不断加快发展，成为保险业务的重要组成部分。特别是2004年省政府实施“平安山东”建设以后，大力推进公众聚集场所责任保险等业务的发展，对责任保险的发展起到重要推动作用。2005年，人保财险菏泽市分公司各类责任险承保数量为4077份，保费收入达到344万元，承保风险达5亿元人民币。随着《中华人民共和国保险法》的修改，2004年，短期意外险和健康险纳入财产保险公司经营范围，中国人民财产保险公司股份有限公司菏泽市分公司重新步入意外险市场，意外险业务得到迅速发展，2005年，全市共有3.5万人在中国人保财险菏泽分公司投保短期意外伤害保险，承担风险20余亿元，保险费收入为370余万元。

2004年，保险业务宣传

其他一些险种，如病员住院平安保险、农用变压器及低压线路保险，1992年试办的现金保险、附加解提款人员意外伤害责任保险、基层金融机构综合保险，1998年开始办理的计算机保险等险种不断发展，进一步拓宽保险服务。

太平洋财产保险　2002年，太平洋财产保险股份有限公司菏泽中心支公司成立后，开办财产险种涉及机动车辆、企业财产、责任险等100多个。2005年，该支公司实现保费收入1613万元，承保社会总风险达60多亿元。

2002年，菏泽中心支公司开业典礼

企业财产保险　企业财产保险包括基本险、综合险、一切险等十几个主险种和附加险种，为企业提供全面的风险保障。至2005年年底，太平洋产险菏泽中心支公司承保全市企业20多家，承担风险6亿多元。

机动车辆保险　2002年7月，太平洋产险菏泽中心支公司开业后，继续沿用保监会制定的机动车辆基本险保险条款。2003年，中国保险监督管理委员会（简称保监会）正式实施机动车辆保险条款费率改革，废止由保监会制定的机动车险条款费率。同年1月1日，《中国太平洋财产保险股份有限公司机动车辆综合险条款》正式切换，代替保监会制定的原机动车险条款费率。2004年3月，经中国保监会批准，太平洋保险公司正式实施《中国太平洋财产保险股份有限公司机动车辆综合险条款2004版》，其中把机动车辆因发动机涉水操作不当造成发动机损坏列为保险责任，开创了机动车辆保险先河。2005年6月，根据批复，调整私人生活用车费率。2005年年底，太平洋产险菏泽中心支公司承保车辆3566辆，保费收入1095万元。

货物运输保险　2002年8月，太平洋产险菏泽中心支公司开办海洋运输货物保险和陆上运输货物保险。2005年年底，实现货运险保费收入60多万元，承保企业16家，支持菏泽外贸经济的发展。

其他保险业务　随着经济的发展，保险市场不断扩大，保险险种也日益增多。产品质量责任保险、公众责任保险、意外伤害保险取得迅速发展。2005年，太平洋产险菏泽中心支公司实现各类责任保险保费收入150多万元；其他一些险种，如农用变压器保险、借款人意外伤害保险也陆续开办。

财险理赔　随着保险业务的发展，保险的经济补偿作用越来越显著。遵照“主动、迅速、准确、合理”的理赔原则，对各类保险事故和自然灾害造成的损失及时组织查勘定损，及时把赔款送到保户手中。

1993年7、8月间，受强降雨和龙卷风袭击，境内形成百年不遇的暴雨灾害，保险财产损失严重。全市有502户企业报损，占同期有效数的54.7%，有11万户家庭出险，占同期有效数的10.3%，79个承保农作物险和棉花保险的乡镇灾情严重，受灾面积达77600公顷，其中绝产80多万亩。在省人保财险公司的指导下，人保财险菏泽市分公司经过二个多月紧张的查勘、核损、理赔工作，共为493家企业支付赔款1460.3万元，为95618户家庭支付赔款2052.6万元，为受灾的农作物和鱼苗支付赔款1833.3万元，总计赔款5346.2万元。

2003年8月受特大暴雨袭击，部分保险企业受灾严重，人保财险菏泽市分公司及时支付受灾企业赔款金额达1080万元。同年10月，东明中原油田采油六厂遭受洪水袭击，省、市两级人保财险公司立即组织联合查勘理赔小组，查勘灾情，及时支付人民币1009万元赔款，帮助企业灾后恢

1988年保险人员查勘小麦火灾事故现场/1993人保公司赔付保险款

复生产。

至2005年，中国人民财产保险股份有限公司菏泽市分公司共处理各种保险理赔案件12万件，支付各类赔款9.8亿元。太平洋产险菏泽中心支公司共处理各种理赔案件8200余起，支付赔款3000多万元。

第二节 人寿保险

1999年7月，人寿保险公司大楼落成启用

中国人寿保险 中国人寿保险股份有限公司菏泽分公司开办的业务主要有人寿保险、健康保险和意外伤害保险3大类、100余个险种。除承担原有保险责任外，自1996年，又相继开办少儿一生幸福、“99”鸿福、学平险、团意险、团身险、计划生育系统保险、家庭幸福保险等险种。

1997年开办“66”鸿运保险（A）、“66”鸿运保险（B）、鸿寿养老金保险、养老金还本保险、重大疾病定期保险、重大疾病终身保险、人身意外伤害保险、司乘险等险种，共收取保费6561.22万元。1998年，开办“88”鸿利终身保险、“99”鸿福终身保险、独生子女两全保险、福寿安康保险等险种，共收取保费1.02亿元。1999年，开办祥瑞终身保险、祥和定期保险、国寿

2003年1月，保险宣传

福瑞两全保险、国寿福馨两全保险、国寿英才少儿保险等险种，全区系统保费收入为1.27亿元。2000年，开办国寿金色夕阳养老金保险（A）、国寿关爱生命女性疾病保险（A）、国寿千禧理财两全保险（分红型）等险种，全区系统保费收入为1.54亿元。2001年，开办国寿鸿福相伴两全保险、国寿鸿寿年金保险（分红型）、国寿鸿泰两全保险（分红型）、国寿鸿运少儿两全保险（分红型）、国寿永泰团体年金保险（分红型）等险种，全市系统保费收入为1.71亿元。2002年，开办国寿鸿瑞两全保险（分红型）、国寿鸿星少儿两全保险（分红型）等险种，全市系统保费收

2005年9月，国寿鸿鑫上市

入为1.84亿元。2003年，开办国寿康健学生、幼儿附加意外伤害医疗保险等险种，全市系统保费收入为4.03亿元。2004年开办国寿安达意外伤害保险、国寿鸿丰两全保险（分红型）、国寿鸿鑫两全保险（分红型），全市系统保费收入为5.39亿元。2005年，全市系统实现保费收入5.75亿元（含集团业务共6.31亿元）。

中国太平洋人寿保险　2002年，中国太平洋人寿保险股份有限公司菏泽中心支公司的业务险种比较少，年底业务收入为5752.8万元。随着代理险种的增多、经济的发展，人们保险意识逐渐增强，2005年年底，全年保费收入1.5亿元，与2002年相比增长近2倍。

2002年，完成个人保险1688万元，在全国43家新开业的中心支公司中业绩名列第三。2005年，完成个人保险保费收入达到3680万元。2002年，团体保险业务完成保费收入196万元；2005年，实现团险保费收入872万元。2002年，银行保险业务实现保费收入3868万元；2005年，实现保费收入4680万元。2003年起开始，续期保险业务，当年保费收入840万元；2005年收入达到4964万元。

随着保险业务的发展，保险的经济补偿作用越来越显著。菏泽中心支公司按照“主动、迅速、准确、合理”的理赔原则，对各类保险事故造成的损失及时组织查勘定损，及时把赔款送到保户手中。2002—2005年，菏泽中心支公司共处理各种理赔事件3996起，支付各类赔款金额632万元。

宣传标语

寿险理赔　1996—2005年，中国人寿股份有限公司菏泽分公司共处理各种理赔案件12万起，支付各类赔款8178.06万元。

至2005年，中国太平洋人寿保险菏泽中心支公司共处理各种理赔事件3996起，支付各类赔款金额632万元。

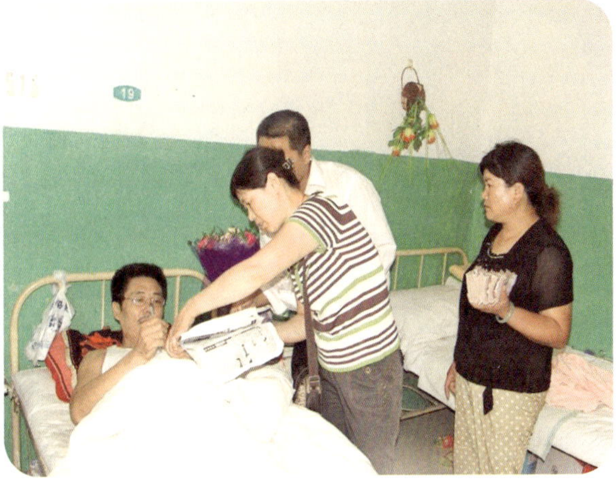

送赔款到病房

第三节　证　券

天同证券有限责任公司菏泽双河路证券营业部系由原山东证券有限责任公司更名而来，其前身是菏泽股权托管中心。该中心于1998年12月开始筹建，隶属于菏泽地区经济体制改革委员会，从2000年9月起，业务由原山东证券有限责任公司济宁古槐路证券营业部代管。至2000年年底，该中心资产总额424万元，负债总额424万元。2001年3月20日，该中心由山东证券有限责任公司正式收购，并以此为基础设立山东证券有限责任公司菏泽双河路证券营业部，是菏泽市唯一一家经中国证监会批准设立的证券经营机构。其经营范围是：证券代理买卖，代理还本付息、分红派息，证券代保管、签证，代理登记开户。业务覆盖菏泽市9个县区，具体业务包括代理国内流通A股、国债、企业债、投资基金、权证等交易品种的买卖；代理国债、企业债的还本付息业务；代理上市公司办理投资者的分红派息业务；代理上海、深圳证券登记公司办理登记开户业务；代理代办股份确权、买卖业务。它的成立填补了菏泽辖区证券经营机构的空白，标志着以银行、证券、保险为代表的金融业在菏泽境内日臻完善，并极大满足了菏泽居民多元化投资理财的需要。

2001年4月1日，营业部正式开业；10日，完成资金、行情服务器、卫星接收设备、网络设备、柜台交易系统、自动交割、热键、自助、电话委托多种系统的调试。6月，与菏泽网通公司合作，开通盛润网上交易系统；10月开通与中国银行的银证转账系统；11月，与菏泽广电公司合作开通第二个ISP的网上交易系统。至2001年年底，营业部资产总额2520.31万元，负债总额2020.31万元；综合交易量36607万元，市场占有率0.0045%。

2002年2月，营业部从济南拓展资产为1.6亿元的大客户，通过与济南营业部合作，创造交易量2.69亿元，占全年综合交易量的29.07%。4月，完成国债净价交易柜台系统及外围系统的全面升级。7月，由联通公司提供线路和接入设备，营业部与菏泽第三家ISP开通网上交易系统。至年底，营业部资产总额1959.83万元，负债总额1459.83万元；综合交易量9.26亿元，市场占有率0.01588%。

2003年2月，开放式基金系统顺利开通。5月21日，成功争取到东明石化集团有限责任公司在营业部开立法人户并投入资金3000万元用于国债逆回购交易，全年为营业部创造10.98亿的交易量，填补了营业部自开业以来无机构户、无国债回购交易的空白。6月，营业部三板系统正式投入运行。10月，与建行银证转账系统调试成功，并正式运行。营业部为拓展市场，实行全员营销，并出台“一对一服务”规定，以盘活存量资产。9—12月，共盘活资产600万元，交易量达3040万元。同时，与菏泽网通公司合作，联合推出对新开户投资者送价值970元的证券分析软件优惠活动。至2003年年底，营业部资产总额1899.55万元，负债总额1399.55万元；综合交易量19.38亿元，市场占有率0.013%。

2004年1月5日，营业部建立kill防病毒实时更新系统，能够实现所有的营业部有盘工作站病毒代码和防毒引擎实时更新。3月，根据山东证监局《关于推进〈山东辖区证券营业部分类监管实施意见〉的通知》，并按照营业部分类监管考核指标的具体要求逐项进行查对，项目合格率达95%以上。2—3月，营业部为适应市场发展需要，不断进行业务创新。营业部员工在接受鹏华50、易方达等开放式基金知识培训后，向投资者宣传开放式基金的运作特点及申购、赎回操作注意事项，两个月营业部共代销开放式基金83.3万元。3月，营业部共发生10笔三方监管业务，累计涉及资金5200万元。4—7月，营业部被上交所评为网络通信建设B级营业部，在总部开展的“百日营销规范服务”竞赛活动中，营业部制定了具体的营销措施及切实可行的奖罚制度。经过3个月努力，除自然增长外，员工拓展新增客户资产196.62万元，新增客户交易量2168.08万元。6月，通达信网上交易系统调试，并投入正式使用。自此，营业部实现多套（盛润、核新、通达信）网上交易系统互为备份的模式。菏泽市住房资金管理中心在营业部开立资金账户，提高了营业部机构客户的比例。至2004年年底，营业部资产总额1544.09万元，负债总额1044.09万元；综合交易量16.5亿元，市场占有率0.0117%。

2005年年底，营业部账面资产总额1600万元，负债总额1100万元；全年实现利润总额130万元，完成综合交易量10亿元，市场占有率0.0134%。

第十七编 经济开发区

菏泽经济开发区

1992年7月，设立山东省菏泽经济技术开发区（副县级单位），由原县级菏泽市管理。1992年12月，菏泽开发区列入省级开发区。1994年5月，县级菏泽市经济技术开发区收归地区管理，改称山东省菏泽开放开发综合试验区（正县级规格）。1995年11月，省政府鲁政〔1995〕172号文件批准设立山东省菏泽对外加工贸易区，与开发区两区合一。2001年8月，鲁外经贸开发函字4号文，将山东省菏泽开发区更名为山东省菏泽经济开发区。同年，中共山东省菏泽开发区委员会更名为中共菏泽市委开发区工作委员会。2003年2月10日，按照市委、市政府关于开发区职能配置机构设置和人员编制的规定，进行机构改革，设置10个行政机构，28个事业单位。2005年，开发区内设机构不变。

菏泽经济开发区位于菏泽市区东部。1994年7月辖区面积4.6平方千米，2001年1月，菏泽撤地设市后。根据《菏泽市城市总体规划》，市委、市政府结合乡镇规模调整，将丹阳、岳程、佃户屯三个办事处成建制划归开发区管理，菏泽开发区扩大后的规划区域面积为148.6平方千米。总人口23万人。

2001年，开发区按照“筑巢引凤”的开发思路，坚持高标准建设基础设施，把招商引资作为开发区的生命线，制订一系列优惠政策，实行全员招商新机制，开展全方位的招商引资工作。2001—2005年，共引进投资过千万元的项目163个，其中过亿元的企业15家，总投资额120.65亿元，固定资产投资67.27亿元，引进外资项目52个，合同利用外资20487.1万美元，实际利用外资7758万美元。至2005年年底，开发区内已建成6个经济园区，87家企业入区。

第一章　规划范围

菏泽经济开发区位于菏泽市区的东部，与菏泽对外加工贸易区两区合一。

第一节　一期规划范围

1994年7月，开发区的区域范围为4.6平方千米，从327国道以南，洙水河以北，赵王河以东，京九铁路以西，此地段界定为开发区的管辖区域。原丹阳街道的都庄行政村、耿庄行政村、何楼行政村成建制划归开发区管理。

2001年1月，菏泽撤地设市。11月，市委、市政府为加快开发区的发展，经请示省有关部门同意，参照其他市的做法，扩大开发区的规划范围。具体范围分为东区和南区。东区东至东环城路以东0.5千米，西至京九铁路，南至南平路以南0.5千米，北至327国道以北0.5千米，面积为14平方千米；南区东至京九铁路，西至菏商路以西200米，南至仓南路，北至新石铁路，面积为5平方千米；二期开发总面积为19平方千米。

根据《菏泽市城市总体规划》，菏泽开发区扩大后的规划区域为148.6平方千米。新扩大规划区的范围是：东界到菏开高速公路，西界北段到京九铁路，南段到万福河，北界到北外环路，面积为81.6平方千米。除去已有19平方千米，正在开发建设（京九铁路以东14平方千米，佃户屯工业区5平方千米）外，实际新扩大规划面积62.6平方千米。2000年乡镇合并，辛集和岳程合并。2001年丹阳、岳程、佃户屯3个街道成建制地划归开发区管理，总人口23万人。

第二节　二期规划范围

依据菏泽市总体规划，2003年6月，委托上海同济大学城市规划设计研究院浦东新区规划组，编制了开发区二期规划区域的分区规划和详细规划，在整体发展的基础上合理确定东区用地的功能全局交通网络系统和重要的各项城市设施建设。东区划分为七大功能用地：管理办公用地、公共设施用地、居住用地、公共绿地、产业园区用地、仓储物流用地、市政设施用地。在产业布局上，划分为七大产业功能区。东区交通便捷、地势平坦，发展综合条件优越。在工业用地上，规划采用集中布局七大产业园区。在居住用地上，规划采用“居住区——居住小区——居住组团”的规划结构模式。居住用地主要位于广州路西侧，长江路以北。沿广州路两侧设置并配置相应的居住公建配套设施。在道路系统上，东区以城市中心道路为主轴，辅以环路的形式。以东环路为贯通东区南北向的道路主轴，以长江路为东西的道路主轴，形成东区内部的主干路系统。在绿地系统上，规划由带状生态绿地、公园旅游绿地、街头绿地、防护绿地、交通绿地及广场绿地组成。“点”“线”“面”相融合，充分利用东区周边和东区内的自然河体，将自然环境引入东区各片，首期规划用地19平方千米。

第二章　基础设施

第一节　地改市前基础建设

1994年8月7日，菏泽地委行署制定《山东省菏泽开放开发综合试验区管理规定》，确定了菏泽试验区的建设框架。9月30日，在行署常务会议室，中共菏泽地委副书记、行署专员李明先就人民路开发区段详细规划问题主持召开专题会议。会议指出，人民路是开发区的主要干道，也是菏泽城市的重要组成部分。在规划建设上要坚持高起点，高标准。人民路南起洙水河，北至北环路，全长2700米双向车道，规划范围内用地40公顷。将人民路规划分成2个入口、3个节点、4个路段：北入口、南入口，丹阳路口接点、新丰路南接点、康庄路口接点，洙水河—丹阳路、丹阳路—新丰路、新丰路—康庄路、康庄路—

北环路。1995年8月，全区第一条混凝土路面的人民路建成通车。1997年沿人民路两侧先后修建开通新丰路（长2100米，宽36米，沥青路面）、顺河路（长1200米，宽30米沥青路面）、华英路（长800米，宽36米沥青路面）、振兴路（长200米，宽30米沥青路面）与永昌路（长2100米，宽34米沥青路面）。同年，对丹阳路（西起顺河路，东至货场）中段拓宽改造。该路东段为混凝土路面，西段为沥青路面。

人民路

第二节　地改市后基础建设

2001年撤地建市，开发区按照“筑巢引凤”的开发思路，坚持高标准建设基础设施，在财力十分困难的情况下，在东区修建了北至黄河路、南至长江路，长4.04千米宽80米的广州路。2002年东区规划区内又建设了“三纵五横”8条道路、2座洙水河桥、1座排洪沟桥和1座新石铁路公铁立交桥。总通车里程60千米，硬化路面136万平方米。

2003年4月，市委书记陈光参加山东省党政考察团赴南方考察回到菏泽后，经研究决定全力建设开发区，并组织开展百日会战，5纵6横11条道路同时开工。7月20日，成立路网建设指挥部，负责整个工程建设的指挥和调度。指挥长由市委副书记、常务副市长赵润田担任，副指挥长由副市长杨永昌担任。指挥部倒排工期，列出进度，采取定期调度、现场办公的方式推进工程进度。

全市10个县（区）都派出最好的筑路队伍和机械设备，开展“百日会战”。时为盛夏酷暑、伏天雨季，工期紧，困难多，筑路队伍攻坚克难，如期完工，全线通车。至2005年，开发区内10纵11横21条道路四通八达，通车里程92千米，修建6座桥梁、32道涵洞，铺设沥青路面136万平方米，安装污水管网3000米、下水管1万米、给水管5000米，基础设施覆盖面积62.8千米，总投资9亿元；穿越丹阳、岳程、佃户屯三个办事处44个行政村，路面占地500公顷，动迁行政村26个、居民住宅1300多户、企事业单位13家，拆迁面积13万平方米。

黄河路

2005 年菏泽经济开发区东区路网道路一览表

表 17-2-1

道路名称	长度（米）	穿越村庄
济南路	3200	岳程：文方寺、岳楼、常屯、张什店西村
南京路	7300	岳程：郭顶庄、李胡同、冯楼、东王堂、琵琶李、刘庄 佃户屯：天波张楼、杨庄、观上
丹阳东路	5750	岳程：常屯、刘庄、琵琶李、西高庄、徐河、程海、南孟、何庄
淮河路	5800	岳程：文方寺、刘庄、琵李、西高、徐河、何庄
钱塘路	3850	丹阳：蒋庄、卢庄 / 佃户屯：张楼、沙沃
长江路	3400	岳程：冉贤集、李胡同、杨堂
福州路	4550	岳程：李胡同、许楼、西王堂、均张庄
广州路	2750	丹阳：大马庄、卢庄 / 佃户屯：高庄、魏庄
上海路	6900	岳程：南孟、程海、许庄 / 佃户屯：张楼
闽江路	6300	丹阳：大屯、武寺 / 佃户屯：天波、张楼、沙沃
黄河东路	3700	原 327 国道拓宽

第三章　招商引资

第一节　机构队伍

1992 年 12 月，开发区成立经济发展局，负责招商引资和区内项目的洽谈论证、立项、审批工作。1994 年 3 月，成立项目推进服务中心。1994 年 8 月，成立招商局，专门负责招商引资工作。1995 年根据省政府鲁政字〔1995〕172 号文件精神，加工贸易区的管理实行加工贸易区与开发区两区合一模式，建立“山东省菏泽对外加工贸易区管理委员会”，实行一套机构、两块牌子，增设“对外加工装配贸易部”，为加工贸易区管委会直属机构，作为对外加工装配业务的主管部门；成立开发区对外加工贸易局。

2003 年 8 月，成立开发区招商引资领导小组。该小组主要职责是制定全年度招商引资工作计划，分解招商引资工作任务，督促调度落实工作情况。11 月，成立招商一局、招商二局、招商信息中心。2002 年 8 月，在东莞设立招商办事处；招聘日、韩、英语翻译人员，聘请 10 名经济顾问；各街道组建招商办公室。2005 年，成立招商三局，建立市直部门广泛参与的招商信息网络，又在宁波、烟台、温州设立招商办事处。年底，开发区拥有专职招商机构 12 个、工作人员 46 人。

第二节 投资环境

软环境建设 1992年3月，省委、省政府印发《关于进一步扩大对外开放加快发展外向型经济的决定》，地委、行署为响应省委、省政府的号召，提出“超常规、跳跃式”发展经济的战略，要求开发区借鉴经济特区和沿海开放地区的经验，从实际出发，坚持自费开发、自立政策、自我发展和工业为主、外向型为主、经济效益为主的方向，大胆地闯，大胆地试，闯出一条内陆欠发达地区发展外向型经济的路子，把开发区办成菏泽改革的试验区、开放的示范区、高新技术中心区和城市建设的样板区。1997年，开发区针对自身的具体情况提出“人人都是投资环境”的要求，把营造环境，吸引人才作为招商引资的重点。2001年年初，市委、市政府提出“开发区应是全市经济建设的龙头、对外开放的窗口、城市建设的样板、体制创新的示范”，并对开发区区域规划做了大幅度调整。3月，开发区新一届领导班子组成。开发区党工委、管委会调整工作重点，在不断优化投资“硬”环境的同时，着力完善“软”环境建设，提出了贯彻“四个一”的经营理念，即实行一个原则：投资者至上，服务第一；履行一个承诺：优质服务，欢迎监督；灌输一个思想：执纪执法职能部门第一位是服务，第二位监督是为了更好的服务；形成一个氛围：开发区人人、事事、处处都是投资环境。2003年，在优化服务环境上，突出三个重点：①牢记“三个有利于”坚持“三为”实现“三个目标”，即只要有利于招商引资，有利于营造最佳投资环境，有利于加快开发区发展，就大胆地闯、大胆地试、大胆地干；要求所有工作人员，把为企业、为投资者、为纳税人搞好服务作为自己的天职。在不违法的情况下，能变通办理、提高效率的就要变通办理。②建立“三个服务体系”，即项目引进“一条龙”服务、项目建设全方位服务、项目投产经常性服务。③用足用好省、市授予开发区的管理权限，在开发区，实行开放式经营、封闭式管理，杜绝任何部门、任何形式的检查、收费和罚款，为投资者创造宽松的生产经营环境，大力推行首问负责制、服务承诺制、办理限时制和责任追究制。通过优质服务，使开发区成为“服务高地、政策洼地、安全圣地、发财宝地”，让投资者实现在开发区投资安全、赚钱高兴的目标。

硬环境建设 1992年8月7日，聘请上海同济大学专家教授对开发区实地勘察规划设计。总体规划的指导思想是：通过兴办开发区，充分发挥地方资源优势，以老市区为依托，把开发区办成引进先进技术、先进管理经验的重要窗口，以开发促开放，以开放促发展，推动全区经济超常规、跳跃式发展。总体规划的原则是：通过总体布局，坚持高点起步，采用科学的规划理论和规划指标实现一、二、三产业协调发展。对区内新丰路、永昌路、振兴路、纱厂西路进行了定点测绘。1994年，菏泽出入境检验检疫局成立。1995年10月，青岛海关驻菏泽办事处正式立项，1996年开工建设，1997年竣工，建筑面积3500平方米，附属设施1000平方米，总投资550万元。1998年，菏泽陆路口岸正式建立。位于人民路西侧的经贸大厦（管委会办公大楼）竣工。2001年，调整规划区域以后，菏泽开发区按照建设外向型的工业区、现代化的新城区的总体要求，坚持“六个一流”的指导原则，城市规划建设工作上了一个新台阶。2003年，第二次委托上海同济大学城市规划研究院浦东新区规划组，编制开发区新区的分区规划和详细规划。新区规划充分体现：“生态人本、公众利益、高效多元、工业新区”的规划理念，体现超前性、和谐性、科学性和严肃性的原则，体现工业立区与可持续发展的有机结合、人与自然的和谐统一。特别是在京九铁路以东的核心地区，从提高规划区的环境质量和城市景观出发，充分考虑到开发区的城市特色和意象，使水、绿、建筑、道路，不断地交织显观，景观层次丰富，突出建筑群较高的整体性，形成多个重要的城市景观界面。在搞好新区规划的同时，集中人力、财力，加快基础设施建设步伐，推进城市规划的实施。2002年，投资2.2亿元兴建3纵5横新区路网和迎宾大道。2003年，市委、市政府投资4亿元新修建了5纵6横11条道路，完善了规划区的路网配套，电力、电信、供水、排水、路灯、绿地等配套工程同步进行，实现开发区的建设按国际标准执行，与国际接轨。

开发区一角——双河路立交

第三节 引进资金

1992年建区初期，开发区就确立了“全面实行对外开放”的方针，在地方税收、征用土地、配套设施等方面向客商提供全方位的服务。但由于国家外经贸政策变化较大，外商观望气氛较重，国内资金受紧缩银根等方面因素的影响，招商引资工作难度加大，招商引资成果不明显。1998年，东南亚金融危机爆发，开发区招商引资工作跌至低谷。1992—2000年的9年间，仅引进外资项目30个，实际利用外资1988万美元。

菏泽撤地建市后，市委市政府于2001年3月组建开发区新一届领导班子。开发区党工委、管委会认真学习有关开发区的各种文件，到济宁开发区参观学习，并做出把招商引资作为开发区的生命线，把引进工业项目作为开发区各项工作重中之重的决定，实行全员招商新机制，开展全方位的招商引资工作。全年项目总投资2884万美元，合同利用外资2823万美元，实际利用外资183万美元。

2001—2005年，招商引资工作力度进一步加大，建立市场化运行的项目策划和项目开发机制，制定切实可行的招商引资目标，建立项目信息中心，做好信息的筛选、项目的选项，多层次多渠道的引进项目。组织参加国内各类招商引资洽谈会，邀请国内外客商到开发区考察，参加各类出国招商活动。利用国际互联网等现代化的渠道，不断完善招商网络。2005年，开发区招商引资有较大突破。5年间，全区共引进千万元的项目163个，总投资额120.65亿元，固定资产投资67.27亿元；引进外资项目52个，合同利用外资20487.1万美元，实际利用外资7758万美元。

2000年出口创汇5万美元，2001年235万美元，2002年881万美元，2003年4236万美元，2004年12715万美元，2005年下降到7313万美元。

1993—2005年菏泽经济开发区利用外资情况统计表

表17-3-1

年 份	引进项目（个）	总投资（万美元）	合同利用外资（万美元）	实际利用外资（万美元）
1993	4	1260	707	102
1994	5	484	431	419
1995	4	840	625	840
1996	3	289	146	272
1997	2	188	188	28
1998	4	1362	1162	85
1999	5	270	226	85
2000	3	105	99	160
2001	7	2884	2823	183
2002	7	756	539	405
2003	18	7901	6566	1291
2004	12	15244	6673	2879
2005	8	4564	3887	3000
合计	82	36147	24072	9749

第四章 企业选介与经济园区

第一节 企业选介

2001—2005年，菏泽经济开发区共引进过千万元的项目163个，其中过亿元的企业15家。

中粮艾地盟粮油工业（菏泽）有限公司 创建于2004年，属世界500强企业，是中粮集团和美国ADM公司强强联手，共同出资兴建的大型油脂深加工企业。工程计划总投资4.8亿元。该公司采用世界一流的生产设备和加工工艺，主要加工大豆、棉籽、菜籽和花生，可实现日榨食用油1200吨，年生产30余万吨。同年11月，由美国ADM公司投资1200万美元进行高技术含量的油脂深加工、花生蛋白粉生产以及菜籽油和棉籽油的加工生产，年加工食用油16万吨，粕20万吨，年产值20亿元。其主要产品有“福临门”“四海”牌系列高级食用油。

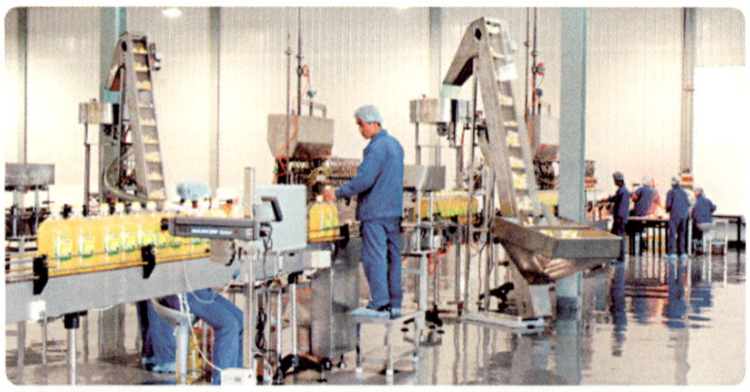

中粮艾地盟

山东菏泽鲁宏水泥有限公司 创建于2002年10月，是由中联鲁宏水泥有限公司投资兴建的大型水泥粉磨项目。主要采用中联鲁宏水泥有限公司熟料基地的优质熟料和菏泽发电厂排出的粉煤灰加工制造。项目总投资1.43亿元，年产各种标号水泥150万吨，可保证100%的散装及50%的袋装供应。该项目设备系统选用国内最先进、自动化程度最高的设备，其中配料和控制选用了具有国际先进水平的美国拉姆齐电子称量系统和德国西门子DCS控制系统。工程全部投产后，年实现销售收入3亿元，年利税2800万元。

恒盛（菏泽）大市场 由湖南恒盛投资发展集团于2003年12月投资兴建。项目总投资7亿元，规划面积66.67公顷，是鲁西南地区集专业批发、仓储配送、送输代理、信息服务，展示与交易一体最大的现代化的大型商贸物流中心，可容纳商户6600户，从业人员2.6万人。主要经营范围涉及家具、建材、农资、五金、服装、餐饮、娱乐等，年交易额35.6亿元。首期工程于2004年1月开工，面积20公顷，50栋商业楼建筑面积24万平方米，2005年3月投入使用。

菏泽市亿丰实业有限公司 2002年年底成立，位于长江东路以北，济南路以西，是集塑编、涂膜、彩印为一体的大型塑料编织企业。2003年年底建成投产，总投资1.2亿元，其中一期投资6000万元，占地面积4.53公顷，建有高标准现代化厂房1.45万平方米，拥有国内最先进的生产设备圆织机320台，大型拉卷机7台套，涂膜、印刷设备4台套及各种配套设施，年生产能力9亿条包装袋。该公司2004年实现销售收入5300万元；2005年实现销售收入1.2亿元、利税1000多万元。其主要产品为面粉、化肥、棉纱、饲料、花生、大蒜、水泥等各种塑料包装袋。产品质量为同行业先进水平，曾多次获得省、市级优质产品称号，产品遍及全国各省、市、自治区。

菏泽华星油嘴油泵有限公司　2004年成立，总投资1亿元，是柴油机燃油喷射装置专业生产企业。其主要产品为S系列、P系列喷油嘴偶件及总成，单缸、双缸、三缸分列式喷油泵总成及柱塞、出油阀偶件等5大系列数百个品种，覆盖了国内外柴油机的主要品种和型号。企业通过了ISO 9002质量体系认证和中国汽车产品认证委员会（CCAP）汽车产品认证，拥有自营进口权。该公司注册商标“合众”牌、“盾”牌获山东省著名商标称号，主导产品——喷油嘴偶件及总成被评为山东省名牌产品。

该公司引进了德国TBT枪孔钻，瑞典UVA中孔座面磨，瑞士studer高精磨、PosaluX喷孔钻等一批具有当代国际先进水平的加工设备。其自主开发研制了中孔无心磨、座面电火花加工机床、高速风动喷孔钻、立式座面研磨机等获多项国家专利。企业以高性能的产品和优质的服务赢得了国内外客户的信赖，与国内各大柴油机厂建立有配套供货关系，在各主要省、市、区的零配件市场和维修站都建有公司的销售网络，并批量出口德国、意大利、瑞士、美国及东南亚地区，油嘴出口品种及数量列行业第一位。2005年，实现销售收入1亿元，生产能力达到1000万副。

外国专家到厂商谈合作事宜

菏泽菏源润滑油有限公司　位于上海路以西、长江东路以北，占地20公顷，2003年年底由中国企业500强之一的青岛广源发集团投资5亿元建设。2004年，一期工程投资1.5亿元，生产40万吨炼油及延迟机焦项目；二期工程投资3.5亿元，生产60万吨延迟焦化及40万吨加氢项目。2005年两期项目全部投产，产值35亿元、利税4亿元。

湖北洋丰股份有限公司菏泽分公司　创建于2005年，位于钱塘路与南京路交汇处，占地12.4公顷，是由华中地区最大的磷复肥企业，“中国化工500强”“中国化肥50强”企业——湖北洋丰股份有限公司在开发区投资2.7亿元人民币兴建的大型尿基复合肥项目。该项目一期投资6000万元，厂房面积1.2万平方米，6月投入生产，年产15万吨尿基复合肥，销售收入

2.2 亿元。二期工程在一期工程的基础上新建厂房面积 1.2 万平方米，投资 6000 万元，11 月份开工生产，年产 15 万吨尿基复合肥，年销售收入可达 4.5 亿元。

湖北洋丰股份有限公司菏泽分公司三期工程在原有厂址的基础上向南扩地 7.33 公顷，项目总投资 1.5 亿元，新上一条 40 万吨的熔体塔式造粒复合肥生产线。该项目于 2005 年 11 月开工建设。

该公司生产的洋丰牌系列复合肥先后获得“湖北名牌产品”“国家免检产品”等荣誉称号，在国内有着广阔的销售市场和良好的质量信誉。

华鹏玻璃菏泽有限公司 位于人民路以东、仓南路以北，占地 10 公顷，建筑面积 3 万平方米，项目总投资 1.2 亿元。一期工程投资 6000 万元，该公司 2003 年创建，4 月投入生产，年产玻璃制品 3 万吨，实现税收 600 万元，产品畅销国内 30 个省市，并出口美国、英国、荷兰、加拿大等 20 多个国家和地区。该企业先后获菏泽市“重信用守合同”和省级“重信用守合同企业”，2004 年山东“3•15”名优商品博览会优秀奖等多项荣誉称号，并于 2004 年获得质量体系认证证书。（二期工程总投资 6000 万元，2005 年 9 月份开工建设。）

韩国白明木业 由韩国白明通商株式会社投资兴建，2005 年 9 月开工建设，计划总投资 1300 万美元，占地 5.47 公顷，位于福州路以东、长江东路以南，建筑面积 1.2 万平方米，主要生产胶合板、贴面板等木制品。该公司立足菏泽市平原林区的优势，综合利用“次、小、薪”材和丰富的棉柴杆资源，运用现代化加工工艺和技术，生产出口各种高档木制品板材，年生产 10 万立方米。

菏泽瑞比实业有限公司 位于长江路以南、计委工业园以东，占地 13.33 公顷，建筑厂房 3.5 万平方米，库房及配套设施 5000 平方米，2005 年，由澳大利亚瑞比国际有限公司与菏泽卓越皮业有限公司合资兴建。澳大利亚瑞比国际有限公司是澳洲畜产品加工百强企业，拥有先进的技术，雄厚的资金，现代化的管理机制，通畅的市场流通渠道，以及强大的销售网络。项目总投资 3600 万美元，主要生产经营革皮、裘皮服装，产品外销 60%。

林海工业包装 位于广州路以东、郑州路以西、龙泵集团以南，由山东格林纸业有限责任公司投资兴建。总投资 1 亿元人民币，一期投资 5000 万元，占地 5.33 公顷，建筑面积 2 万平方米，主要生产纸浆模塑工业包装制品。该项目建成后，将成为中国江北最大的工业包装生产基地，年产量 2 亿只，销售收入 6000 万元。

菏泽华飞齿轮箱桥有限公司 位于广州路以东、华星油嘴以北，2005 年年底由山东菏泽齿轮厂投资开工兴建。总投资 1 亿元人民币，一期投资 6000 万元，占地面积 5.1 公顷，建筑面积 2 万平方米。山东菏泽齿轮厂隶属于山东省汽车工业集团公司和山东工程机械集团公司，是重型汽车、工程机械车桥齿轮、变速箱齿轮、液力变矩器齿轮及履带链轨节等产品的专业生产厂家。所生产的七大系列 100 多个品种分别与汽车行业和工程机械行业主机厂配套。主导产品为一汽重型汽车配套，是中国一汽集团汽车配件定点生产厂家。

菏泽大地木业有限公司 位于凝香路以西、松花江路以北，2004 年 3 月开工，

2005年8月竣工投产，总投资1亿元，占地13.47公顷。主要利用菏泽丰富的木材资源，引进国际先进的奥地利安德里茨热磨机和国内先进的苏福马削片、热压、砂光等配套设备，生产加工销售各类中（高）档密度板，具有年产10万立方米8～20毫米厚的中（高）密度纤维板的生产能力。该公司生产的中（高）密度纤维板是一种接近天然木材的人造板，其结构均匀，地面平滑细腻，容易进行各种饰面处理；尺寸稳定性好，芯层均匀，板材的表面和边缘同时具有良好的机构加工和成型加工性能，是中、高档家具制造、室内装修、建筑等不可缺少的良材。产品销往菏泽及周边地区和国外一些国家，年销售额达1亿元。

菏泽市青龙纺织有限公司　位于广州路以东、公路局工业园以西、长江东路以北、巢湖路以南，占地面积6.67公顷，总投资1亿元。2004年6月开工，2005年底一期主体工程基本建设完毕。达产后，可形成年产纯棉高支棉纱8600吨的生产能力，实现销售收入1.6亿元、利税1500万元。该项目选用新型的清洗联合机、高档精梳机、高速并条机、新型粗纱机、细纱机以及新型绕筒机，全部生产无接头棉纱，精梳比例占总产量的60%以上，保证在一个折旧期内不落后。

菏泽龙华汽车部件有限公司　位于郑州路以西、八一路以南，由烟台龙口油嘴油泵有限公司与菏泽华星油泵油嘴有限公司共同出资兴建，总投资1.5亿元人民币。2005年8月签约开工，建筑面积1.5万平方米，厂房为开发区所建标准厂房。

第二节　经济园区

依据开发区总体规划，菏泽市委、市政府提出了经济发展园区化。至2005年年底，开发区经济园区共有6个。

韩国工业园　2002年建立，位于菏泽市区长江路以南，郑州路以东，占地6.67公顷，由烟台最大的外贸服装企业盛泰服装有限公司及配套企业韩国世飞实业株式会投资兴建。一期、二期工程，建厂房面积1.7万平方米。主要产品有针织、梭织等知名品牌服装及名牌运动服，全部出口到欧洲和日本。企业全部投产运营后，每年可实现销售收入2亿元人民币、利税2000万人民币。

菏泽市公路局工业园　2004年6月建立，位于菏泽市区长江路以北，广州路以东，占地8.67公顷，实有建筑面积1.5万平方米，总投资1亿元人民币。已进驻两个企业：2005年开工建设的车载饮水机项目投资1200万元，年生产能力达3万台；同年开工建设的钢结构彩板项目，总投资1080万元。

菏泽交通工业园　1999年建立，位于开发区黄河东路以北，日东高速公路入口处，占地5.73公顷。进园项目5个，总投资5亿元人民币。主要项目有热电厂、密度板厂、汽车大市场、天宇科技开发有限公司、纺纱厂。全部竣工后年产值10亿元，利税1亿元。其中的天宇科技开发有限公司成立于1999年6月，是以生产连续泡沫镍和集流式拉网连续泡沫镍等新型电池材料为主的高新企业。总投资8000万元，年生产能力150万平方米。实施了生产80万平方米连续泡沫镍和年产300万平方米“超强结合力型动力电池用连续泡沫镍”项目。天宇公司与航天工业总公司、北京科技大学、哈尔滨工业大学等科研单位建有广泛而长期的合作关系。其产品经电子工业部化学物理电源质量监督检测中心检测，认定各项性能指标已达到国际先进、国内超级水平，被列入国家“双高一优”导向计划，省、市重点科技攻关项目，其中的“集流式拉网连续泡沫镍”获国家实用新型专利。该公司2000年获信息产业部颁发的“中国电池材料排头兵”称号；2001年通过ISO 9002国际质量保证体系认证；2005年销售收入4076万元，实现利税155万元、产值4646.40万元。

丹阳工业园 2001年建立，位于京九铁路以东，黄河路以北，广州路北端以西，占地面积47.3公顷。总投资1.1亿元人民币。入园企业18家，其中已建成13家，在建5家。园内基础设施全部达到“七通一平”（通水、通电、通路、通邮、通讯、通暖气、通天燃气或煤气、平整土地），硬化面积15万平方米，电力充足，排水设施完善，绿化面积占15%。

山东华润制药有限公司 1995年建立，位于327国道以北，京九铁路以东，占地6.67公顷。总投资5000万元人民币，建筑面积为1.4万平方米。平均每年实现产值500万元、利润100万元、税收600万元。其主要产品紫花烧伤膏于1996年获山东省优质产品，1997年被列入“全国中医医院急诊科室必备药品”，1999年被军委总后勤部评选为“全国平战统筹药品”。该公司于2004年6月，通过国家药品生产企业GMP认证。

菏泽市太恒化工有限公司 总投资5000万元人民币，占地3.33公顷，建筑面积8000平方米，该企业主要研发和生产高效农药、化肥增效助剂。主要产品有农业专用乳化剂，可湿性粉剂复合助剂、高效微乳助剂等，其中的杀虫助剂，已申报省科技进步奖。该公司各种化工制剂年产量5000吨。年实现销售收入8200万元、利税800万元左右。

金桥木业有限公司 2005年8月由江苏常州崔桥木业有限公司投资兴建，占地3.33公顷，总投资6000万元人民币。建设标准化生产车间5000平方米，仓储8000平方米。一期投资3000万元人民币，占地2公顷。2006年年初投产，年生产刨花板材3.8万平方米、刨花板贴面3万立方米、三聚氯氨浸胶纸400万张，年产值达6000万元，创利税300万元，安置就业人员120人。

岳程工业园 1995年12月建立，位于菏泽开发区内新石铁路以北，广州北路以东，高速路出道口以西，松花江路西侧，原为菏泽市民营经济发展区。园区内，沿黄河路北侧，修建了凝香路、柿园路、玉贞路等7条道路，并进行了绿化、亮化和排水配套工程。园内企业有46家，在建项目10个。

华英食品有限公司 2002年成立，主要生产冷食、乳品、饮料、速冻食品和深加工。固定资产3000万元，占地面积3.27公顷，建筑面积1.5万平方米。该公司于2004年通过ISO 9001－2000国际质量管理体系认证。其“华英鹏鑫”牌商标被认定为山东省著名商标，产品被评为“山东省名牌产品”。

菏泽良桐家具有限公司　2001年9月成立，属中外合资企业，注册资本13万美元，公司占地面积2.3公顷，建筑面积3000平方米，主要生产设备从日本引进。其产品有桐木橱子、木制生活用品、木制节日用品等，主要出口日本和欧洲。

菏泽福美来医用包装有限公司　2004年投产开业，是专业生产PVC硬片和铝箔包装的环保型高新技术企业。总投资3000万元，占地3.33公顷，2005年生产2500吨药用PVC硬片。

恒茂网络电子有限公司　2003年3月12日成立，与南京邮电学院纵向联合。占地3.54公顷，一期工程投资3000万元人民币，建筑面积7800平方米，绿化面积8500平方米。2005年拥有员工150人，其中博士3人、硕士生6人，高级工程师5人。主要产品具有防止高低压在线窃电功能与远程多户或单一用户抄表、汇总、停电、供电管理及设备保护功能。该公司耗资170万元，研制开发成功具有独立自主知识产权的HM598型和HM698型控制芯片。芯片支持单端有刷控制器及高低2－2、3－3无刷控制芯片。

菏泽虹桥服装有限公司　2001年成立，占地2公顷，固定资产2600万元，年产值3500万元，其中出口创汇300多万元，创利税300多万元。产品有高中档西服、标志服、工作服和服装配套用品等，主要出口欧美、日本、韩国。

菏泽鲁城水泥厂　1997年由山东金鲁城集团在菏泽投资兴建，以生产经营水泥为主。总投资310万元，占地面积1.21公顷，建筑面积6616.06平方米。年产水泥12万吨，实现利润60万元。经过技术改造和更新，2005年生产水泥20万吨以上。

佃户屯工业园　2001年进行规划。园区规划范围位于京九铁路南至万福河，西至万福河，北与丹阳街道相临，总面积600余公顷。园区内，菏商路与人民路、昌南路、昌北路、珠江路纵横贯穿。3.5万伏高压线路沿昌南路横穿园区，供水、排水、路灯、绿地等配套设施齐全。园内企业15家，11个项目已建成投产，投资额达11.5亿元。入园企业有：菏泽恒盛大市场、华鹏玻璃、北方空间钢结构有限公司、菏泽帝园食品有限公司、菏泽神舟纺线有限公司、山东菏泽巨鑫纸业有限公司、菏泽泰龙化工有限公司、菏泽锦江工业园、菏泽市化工有限公司、菏泽鲁晨实业有限公司、洋丰（菏泽）有限公司等。

第十八编　综合经济管理

《价格法》咨询站

菏泽口岸

1986年后，随着经济体制改革不断深化，经济综合管理的任务、体制、方法等发生很大变化。特别是1992年中共十四大确立了社会主义市场经济地位以后，除关系国计民生及必须由国家控制的领域及行业外，其余均由市场调节。计划管理的指令性计划被取消或转变为指导性计划。由偏重年度计划制定转为年度计划和中长期规划并重。对工业产品实行计划安排、主要物资实行计划分配转为工业产品由市场调节、资源由市场配置。管理重点也由微观管理转向宏观调控。统计工作从1992年开始实施国民经济核算体系。1993年开始实施新的国家统计报表制度，并逐步改革和完善统计指标体系，进行方法制度改革。2007年建立统计信息网，逐步实现统计数据社会共享。审计工作逐步建立以国家审计为主体，内部审计和社会审计为重要组成部分的审计体系，形成财政、金融和行政事业审计、企业审计等审计格局，开辟领导干部经济责任审计等领域，在促进地方经济发展、维护财经法纪、加强廉政建设等方面发挥作用。工商行政管理部门加大市场培育力度，扶持个体私营经济，强化商标、广告、合同管理，保护消费者权益，维护市场经济秩序，促进地区经济发展。价格改革不断深化，物价部门除对工业品价格、交通邮电价格和非商品收费进行管理外，大力整顿和规范市场价格及收费秩序，不断拓宽价格工作领域，为全市经济社会发展营造良好环境。市场经济地位的确立，对产品质量、标准、计量提出更高要求。技术监督部门强化质量认证监督和标准计量管理。国土资源部门管理职能进一步拓宽和强化，土地保护、土地复垦开发、用地管理和耕地保护的力度不断加大。随着国家对外开放的不断深入，国家对外贸体制进行改革，"条条管理"模式被打破。1996年12月，青岛海关菏泽办事处开关办理海关业务，加强了对进出口货物的查验和走私违规案件的稽查处理。1994年5月，经山东省商检局认可，菏泽检验检疫局可以直接办理通往世界各国和地区的出入境商品的检验检疫、查验换证及签证放行业务。至2005年，市计划、统计、审计、工商、物价、质量技术监督、国土资源、海关、检验检疫等经济管理部门，深化改革、履行职能，依法管理，为菏泽经济社会协调可持续发展发挥出重要作用。

第一章　计划管理

第一节　计划管理体制改革

1986年，按照国务院《关于改进计划体制的若干暂行规定》，菏泽地区进一步扩大指导性计划和市场调节的范围，下放管理权限。计划管理重点从年度计划转向中、长期计划管理，农业生产、工业生产、交通运输、物资、科教计划等指令性计划范围进一步缩小；固定资产投资计划中，全民所有制单位自筹资金安排的生产性项目限额在1000万元以下的，由地区计委审批；利用外资的生产建设项目，凡属资金建设条件、生产条件能够自行平衡而且产品有销路、不涉及出口配额、又能自己偿还的，地区计委可审批300万美元以内的。自1991年起，地区国民经济和社会发展年度计划以及中长期计划由地区人大工委经省人大授权进行审议，通过的计划由行署负责组织实施。1992年，农业生产取消播种面积指标；物资分配指标改为省级订货；固定资产投资原由省审批的投资在3000万元以下的、符合产业政策的自筹资金项目，改由地区审批。1996年起，重点负责编制全区国民经济和社会发展中、长期规划和年度计划，做好全区经济总量的综合平衡和重大比例关系的协调。计划管理向着控制宏观、放开微观、压缩指令性计划、扩大指导性计划和市场调节的方向发展。2000—2005年，不断完善政府的经济调节、市场监管、社会管理和公共服务的职能，减少和规范行政审批，使计划管理工作对市场配置资源的基础性作用不断增强，市场经济体制逐渐完善。

第二节　年度计划

1986年，年度计划的实施重点是改善农业生产条件，搞好农业产业结构调整；发展消费品生产，保证物价稳定；控制投资规模，调整投资结构，保证重点建设的顺利进行。由编制固定资产投资计划改为编制全社会固定资产投资计划，全民所有制单位投资规模实行指令性计划，集体和个体投资实行指导性计划。1987年，重点是加快农业生产结构调整，调整投资结构，稳定工业发展，压缩经济过热，加强和改善宏观控制，增加宏观总供给，有计划的引导社会总需求，以实现社会供求平衡。商品房建设开始纳入国家指令性计划管理。国家建设、集体建设和农村建房三项非农业建设下达用地指标也实行指令性计划。1988年，重点是深化企业改革，严格控制新开工项目，压缩中保重点，从紧中求搞活，稳定中求发展。开始实行自筹投资购买重点企业债券。1989年，严格控制总需求，控制固定资产投资规模，增加有效供给，缓解供需矛盾，整顿经济秩序。计划工作开始对全民基建和技改项目实行省、地两级指令性计划管理，不再层层切块，而是自下而上申报项目，由省审批。对化肥、农药、农膜等实行专营，对重要物资实行最高限价。1991年，重点是强化农业，保持工业稳定增长，合理安排投资规模，加强重点建设和重点技术改造，繁荣市场，稳定物价。开始征收固定资产投资方向调节税，并实行投资许可证制度。自由外汇进口计划开始纳入地区国民经济计划管理。1992—1995年，重点是加快农业基础设施建设，调整产品结构，提高工业素质和效益；转换企业机制，增强企业活力；建立健全社会化服务体系，促进第三产业发展；计划体制转变为以建立中长期计划为主体，突出计划的宏观性、战略性、政策性，增加计划的信息量和对经济走势的分析和预测。1996—1997年，重点是实施科教兴菏战略，巩固农业基础地位，促进国民经济持续、快速、健康发展和社会全面进步；培育新的经济增长点，发展区域特色经济；实施外向带动战略，提高对外开放的水平和效益；加大投入，优化结构，集中力量保重点；搞好物价调控，巩固发展治理通货膨胀的成果。1998—1999年，重点是加快农业产业化进程，全面振兴农村经济；转换企业经营机制，提高经济运行的质量和效益；盘活存量资产，促进经济结构优化升级；发展外向型经济，拓展经济发展的领域和空间；加快市场建设，创造稳定的经济和社会环境；强化市场开拓意识，完善市场体系；加大固定资产投资，增强经济发展后劲；降低金融危机影响，促进外贸出口和利用外资增长；实施科教兴菏和可持续发展战略，促进经济和社会事业协调发展。2000年，重点是抢抓政策机遇，推进农业经营机制的创新；加快工业企业的技术创新步伐，推进产业的优化升级；治理经济环境，促进对外开放；激活民间投资，拓宽劳动就业渠道。

2001年，重点是推进农业产业化经营，全面加快现代农业发展步伐；加快传统工业嫁接改造和推进工业化进程；加大对外开放力度，提高开放的层次和水平；搞好人力资源开发，扩大劳务输出规模；加大城镇建设力度，推进城镇化步伐；创造优良环境，促进民营经济大发展；加快改革调整，促进科技教育和各项社会事业发展；坚持可持续发展，促进经济社会协调发展。2002—2004年，重点是把加快发展落到实处，增加财政和农民收入，围绕“两大基地、一个中心”的形成，集中力量抓好龙头企业和骨干项目建设，把改革开放作为发展的根本动力，同步发展社会事业，完善社会主义市场经济体制。2005年，重点是全力推进农业优化升级，调整农业内部结构；做大做强六大产业，推进工业化进程；抓好基础设施和商贸物流基地建设，加快城市化进程，改善城区面貌和居住环境；全面发展各项社会事业，提高人民群众的生活水平。

第三节　中长期计划

“七五”计划（1986—1990年）　《菏泽地区国民经济和社会发展第七个五年规划》主要任务和要求：把改革放在首位，基本完成经济、教育、科技三大体制的改革，把经济建设引导到速度比较实在、效益比较好、人民能够得到更多实惠的新路子上来。加快农业、工业、科技教育和第三产业的发展，发挥菏泽地区三大农业生产基地的资源优势，建设四大畜品市场，实现财政状况的基本好转。人民生活逐步由温饱型向小康型过渡，为经济的全面振兴和腾飞创造条件，积蓄后劲。主要目标：社会总产值1990年达到105亿元，平均每年增长10.7%；工农业总产值80亿元，平均递增10%（其中工业总产值34亿元，平均递增12.7%；农产总值46亿元，平均递增8.2%）；国民生产总值68亿元，平均递增11.3%；人均收入872元，比1985年增加341元，平均递增10.5%；固定资产投资规模5年合计11.6亿元；财政收入1990年达到2.3亿元，平均递增10%；社会商品零售额达到25亿元，平均递增10.3%；外贸出口商品收购总值达到3.2亿元，平均递增15.2%；总人口控制在779.4万人以内，人口自然增长率7.7‰。主要经济效益指标：能源消耗每年降低1.5%，国营企业的可比产品总成本每年降低1.5%，全员劳动生产率平均每年提高

3%，固定资产交付使用率稳定在80%左右。城乡居民收入逐步增加，农民人均纯收入达到500元，平均递增9.8%；职工平均工资每年纯增长3.3%。

计划实施结果见第三编经济综述的第一章国民经济发展概况（下同）。

“八五”计划（1991—1995年） 《菏泽地区国民经济和社会发展第八个五年计划》主要任务和要求：牢固树立超常规、跳跃式发展的指导思想，打破常规式的发展思路、发展途径和发展办法，坚持高起点迈步、大跨度前进，实现较快的发展速度、较高的发展水平、较好的经济效益。到2000年，把菏泽建成较发达的农业生产基地、农副产品综合加工基地和石油化工基地，使菏泽在经济发展速度上高于全省平均水平，在人口增长上低于全省平均水平，在经济的整体水平上力争接近山东省中等地市的水平。发展目标：国民生产总值平均每年增长9%，1995年达到107亿元；国民收入平均每年增长7.2%，达到86亿元；工农业总产值平均每年增长10.2%，达到195亿元（其中工业总产值平均每年增长14%，达到113亿元；农业总产值平均每年增长6%，达到82亿元）。“八五”期间，地方全社会固定资产投资总规模安排在55亿元左右，其中全民所有制单位投资30亿元，积累率保持在30%左右；地方财政收入平均每年增长10%，各项存款年末余额平均每年增长10%；社会商品零售总额平均每年增长13%，市场零售物价总指数上升幅度低于全省平均水平；外贸出口商品收购总值平均每年增长13.2%，地方出口创汇额平均每年增长13%；工业全员劳动生产率平均每年提高5%，万元工业产值综合能耗平均每年降低3%，资金利税率平均每年增加一个百分点。“八五”期末主要经济技术指标达到全省“七五”期末平均水平，现有企业50%以上的设备得到改造，40%的主要工业产品经济技术指标达到80年代国内或省内先进水平。1995年全区实现九年制义务教育达50%以上，普通高校在校生达2950人，中专学校在校生达8190人。“八五”期间，农民人均纯收入平均每年增长10.6%，1995年达到800元；扣除物价上涨因素，在职职工工资平均每年增长4%。人口自然增长率控制在10‰以内，“八五”期末总人口控制816万人左右。

“九五”计划（1996—2000年） 《菏泽地区国民经济和社会发展第九个五年计划》主要任务和要求：坚持一个中心、两个基本点的基本路线，加快转变经济运行机制，初步建立社会主义市场体制，转变经济增长方式，优化产业结构，着力提高经济整体素质和效益；加快经济发展步伐，增强经济实力，建成全省重要的农副产品生产加工出口创汇基地、石油化工基地、能源基地和鲁西南商贸流通中心；科教事业较快发展，社会事业全面进步，人民生活达到小康水平，为基本实现现代化奠定坚实的基础。主要目标：到2000年，国民生产总值达到320亿元，年均增长15%；一、二、三产业增加值分别达到110亿元、125亿元和85亿元，年均增长6.6%、22%和20%。三次产业比例调整为34∶39∶27；地方财政收入达到10亿元，年均增长20%，固定资产投资五年累计达到350亿元，投资率保持在30%左右；全社会外贸出口总值达到100亿元，占国民生产总值的比重达到31%，实际利用外资累计达到5.5亿美元；城镇居民人均生活费收入达到5500元，农民人均纯收入达到1500元。

“十五”计划（2001—2005年）《菏泽地区国民经济和社会发展第十个五年计划》主要任务和要求：国内生产总值年均增长11%，2005年达到355亿元，人均4000元；一、二、三产业增加值分别达到125亿元、128亿元和102亿元，年均分别增长4%、17%和16%，三次产业比例调整为35 ∶ 36 ∶ 29；全社会固定资产投资累计完成450亿元，年均增长15%左右；进出口总额达到4.5亿美元；城镇居民人均可支配收入达到6000元，农民人均纯收入3000元，年均分别增长8.5%和7.8%。人口自然增长率控制在7‰左右，总人口控制在875万人以内；耕地面积保持在69.5万公顷左右，林木覆盖率达到26%。

第二章　统计管理

第一节　统计制度改革

1986年后，全区统计系统在加强统计基础工作和基层建设的同时，改革完善各项统计制度，扩大调查统计的范围和内容，逐步建立起适应改革开放新形势需求的统计管理体制。1998年，地区统计局对统计制度方法进行改革，充分发挥统计部门统计信息咨询、统计监督、统计为决策和经济管理服务的职能。在对统计指标体系改革方面进行了大胆的尝试：在对服务业统计方面增加了满足国民经济核算需要的分组，工业统计初步建立了年销售收入500万元以下非国有企业抽样调查制度等。对统计调查方法和组织形式进行改进：在工业经济效益统计中，实行了对基层单位进行直接汇总的方式；在财贸统计方面，针对市场发展变化，从市场的买方进行调查统计，并采用抽样调查与典型调查相结合的方法，对数据进行科学验证和评估，保证数据的真实性和可靠性。对统计工作管理和服务的对象，从过去单纯以公有制经济为主转向公有制和非公有制并重，将所有市场主体都作为统计管理和服务的对象。对统计工作管理和服务重点，从过去搞好总量平衡、反映产值指标为主，转到反映调整经济结构，提高经济效益上来。为加快完善市场经济体制下的统计方式和管理手段，统计部门在服务对象上，从为党政领导服务为主向为党政领导服务与为社会公众服务并重的方向转变；在服务内容上，从盲目、空泛地提供一般性的信息服务向提供适需对路的信息服务转变；在服务方式上，从粗加工、低层次的传统服务向深加工、多层次的现代服务转变。1999—2005年，为贯彻落实中共中央办公厅、国务院办公厅《关于坚决反对和制止在统计上弄虚作假的通知》精神，对国内生产总值等10余项主要统计指标实行定期监控，分级负责，下管一级；实施报表预报和附报制度与第三产业重点单位增加值季度统计制度，搞好部门统计与政府统计之间的分工协调和数据衔接。

第二节　统计调查

专业统计调查　1986年，地区统计局开展了农业生产、工业生产、商业物资流通供销、劳动工资、基本建设等专业统计调查，但统计范围较小，内容简单。1991年，在农村基层统计中推行“一套表”制度，内容涉及农林牧副渔业生产及农田水利、农业机械和农村社会科技、文化卫生等方面。1993年，停止实行农村基层统计“一套表”制度，推行国家统一的统计报表制度。该统计报表由基层表和各专业综合表两部分组成，基层表由基层报表单位填报，专业综合表由计算机汇总形成。基层表按行业性质分为农林牧副渔业企业报表、工业企业报表、建筑业企业报表、批发零售贸易业及餐饮业报表和固定资产投资基层报表。1994年，将按单位性质统计改为按专业内容分别进行统计调查。至2005年，共开展农业、工业、贸易业、餐饮业、服务业、劳动工资、固定资产投资、能源和原材料、建筑业、科技、国民经济核算、综合等12项专业统计调查。

普查　人口普查　1990年7月1日零时，全国进行第四次人口普查。境内普查结果显示：全区总人口7806474人，与1982年7月1日零时第三次人口普查的6598927人相比，8年间共增加1207547人，增长18.30%，平均每年增加150943人，年平均增长率2.12%。全区共有家庭户1734153户，7687531人，占总人口的98.48%。平均每个家庭户4.43人。总人口中男性3941318人，占总人口的50.49%，女性3865156人。占总人口的49.51%，男女性别比为101.97。1989年7月1日—1990年6月30日，全区出生185347人，死亡46625人。

2000年11月1日零时，全国进行第五次人口普查，普查项目由第四次人口普查时期的24项增加到80多项。境内普查结果显示：全区总人口为 8097973人，与第四次人口普查的7806474人相比，10年零4个月共增加291499人，增长3.73%；1999年11月1日—2000年10月31日，全区出生98938人，死亡52248 人。

2000年，第五次人口普查宣传

工业普查　1995年，进行第三次全国工业普查。普查标准时间为1995年12月31日，境内普查对象为菏泽地区的全部工业企业和工业产业活动单位。普查结果显示：1995年年末，全区有工业企业和生产单位23290个，从业人员54.39万人，资产总额152.24亿元，实收资本26.72亿元；1995年，销售收入179.96亿元，上缴税金7.67亿元，工业增加值41.47亿元。

农业普查　1997年，在全国范围内开展第一次农业普查。境内普查对象是全区范围内各种类型的农业生产经营单位、农村住户、非农乡镇企业、行政村和乡镇，普查的标准时间是1996年12月31日，时期指标的标准时间是1996年1月1日—1996年12月31日。普查结果显示：1996年年底，全区共有农村住户168.66万户，农村人口711.11万人，耕地84.35万公顷，有林地面积5.08万公顷，渔业养殖面积1.18万公顷，农作物种植面积122.45万公顷，其中粮食作物面积102.29万公顷、棉花5.51万公顷；油料8.04万公顷、蔬菜5.19万公顷、瓜类1.02万公顷、麻类343公顷。存栏黄牛63.73万头，奶牛468头，马1.25万匹，骡1.90万匹，山羊385.05万只，绵羊28.07万只，生猪137.40万头，鸡、鸭、鹅1713.61万只。拥有大中型拖拉机8846台，小型拖拉机10.35万台，农用电动机3.13万台，农用柴油机8.09万台，联合收割机549台，农用载重汽车1714辆，农村运输车10.63万辆；有机井6.92万眼，泵站579个；非农乡镇企业4986个，其中乡镇办企业1274个；非农村住户类生产经营单位376个。

第三产业普查　1993年9月，开展全国首次第三产业普查工作。境内普查范围是区内所有从事第三产业的单位，普查内容是1991年度和1992年度数据。普查结果显示：1991年，全区第三产业单位（不含个体户）实现增加值15.52亿元；从事第三产业的个体户8.03万户，从业人员14.20万人，实现增加值5.64亿元；从事第三产业的企业单位3152户，从业人员9.31万人；从事第三产业的行政事业单位16656个，从业人员20.32万人。

基本单位普查　菏泽于1996年、2001年分别进行了两次基本单位普查。普查范围是境内所有法人单位和产业活动单位。第一次基本单位普查的标准时间为1996年12月31日，普查数据的调查年度为1996年。第二次普查的登记时间为2001年11月1日—2002年1月10日。普查结果显示：2001年，底全市共有法人单位1.63万个，其中单产业法人单位1.42万个，多产业法人单位2102个，从业人员72.58万人；产业活动单位2.3万个，其中多产业法人所属的产业活动单位9472个，从业人员14.87万人。

第三节　统计信息技术自动化建设

1986—2005年，全市统计信息技术自动化建设实现了由算盘—电子计算器—电子计算机单机的过度，统计数据的录入、审核、汇总全部实现自动化。1990年7月1日，全区人口普查使用了当时最为先进的计算设备。1998—2001年，实现了由单机操作向计算机网络化的跳跃。市统计局建立了信息内部互联网，并通过128K帧中继专线实现与省统计局、县区统计局、乡镇及国际互联网的连通。至2005年年底，市统计局拥有微机40余台、笔记本电脑10部、HP服务器3台、投影仪1台、复印机1台、传真机2台、激光印字机3台。

保证了全市各项普查由数据库的建立到程序编排、录入、审核、汇总等大量工作的顺利完成，统计系统数据处理工作全面实现电脑化、网络化。

菏泽市统计局统计信息机房

第四节　统计执法检查

统计法宣传

1989年3月，国家统计局等部门下发《关于开展全国统计法规执行情况大检查的通知》后，菏泽地区各县市、各乡镇及各主管部门成立了相应的统计执法大检查领导班子，大检查经过宣传动员、自查、互查和抽查、总结处理四个阶段，促进了统计工作制度化、规范化建设。1991年4月，按照省统计局的统一部署，地区统计局组织了以统计数据质量为重点的统计执法大检查，检查的重点指标是1991年上半年各统计专业半年报的统计数据指标。通过检查，对部分统计违法行为进行了内部通报。至2005年年底，市统计局与监察、司法、法制、审计、财政等部门联合开展多次全市统计执法检查，共检查5895个单位，立案2048件，处理49人，追回奖金6.5万元。全市共有专职统计执法人员100余人，形成了以专职人员为主、业务人员参与、连接省局、覆盖全市的全员统计法规监督检查网络。

统计执法检查现场

第五节　统计服务

为使统计调研成果进入领导决策和重大战略决策，全市统计部门超前研究投资问题，得出了投资拉动对全市经济发展具有决定性作用的结论。市统计局撰写的《加大投资力度促进经济增长》的调研报告，为菏泽投资战略决策的提出提供了重要依据。撰写的《菏泽、德州、聊城、滨州四市经济和社会发展比较》的分析报告，为“突破菏泽”战略的出台提供了科学依据。

菏泽市统计局统计服务理念

该报告通过对比分析、加工整理，清楚地展现出菏泽市在新一轮竞争中的位置。在一年一度的人大、政协两会期间，统计部门及时印发《菏泽主要统计指标概览》，为两会代表提供资料查询。通过电视、报刊等新闻媒体定期向社会发布统计信息，同时充分发挥统计年鉴、统计月报、统计信息网站的作用，让社会各界充分共享统计信息资源。

1986—1993年，统计局每年都编印出版《菏泽国民经济统计资料》。1991年起，每年定期发布年度国民经济和社会发展统计公报。1994—2005年，每年编印出版《菏泽统计年鉴》《菏泽统计月报》，主要内容有工业、交通运输、投资、商业外经外贸、财税、金融、保险、劳动工资、物价和人民生活等月度主要经济指标，及时反映全区经济运行情况。1999年，编印出版《改革开放二十年农村主要经济指标》一书，全面反映了菏泽农村发生的巨大变化和成就。1995年5月、1999年12月、2003年2月，先后编印出版《菏泽地区第三次产业普查资料》《菏泽地区第一次农业普查资料汇编》《菏泽市2000年人口普查资料》等资料书。自2000年开始，每年都为人大和政协会议印发《菏泽统计指标摘要》，并通过多种形式为社会各界提供统计咨询。

统计服务

第三章　审计监督

第一节　国家审计

1986—2005年，菏泽市（地区）审计机关累计审计项目1.39万个（次），查出违规违纪行为金额147.49亿元，应收缴财政6.30亿元；查出损失浪费3.32亿元，促进增收节支6.28亿元；向司法、纪检、监察机关移送案件44起。通过审计促进各级政府和有关部门制定和修订规章、办法等文件785件。共编发审计信息资料9228件，其中被各级领导批示采用4009件。

财政审计　1986—2005年，菏泽市（地区）审计局对各县区的财政收支进行7次审计，重点审计了财政决算的真实性情况、预算外资金和财政信用资金的管理使用情况，对加强部门预算、政府采购、会计委派制、收支两条线管理、调整财政收支结构、完善财政体制改革、强化财源建设等方面发挥了重要作用。通过审计，共查出违规违纪行为金额43.67亿元，应上缴财政1.24亿元，应减少财政拨款或补贴4716万元。1994年颁布的《中华人民共和国审计法》使审计监督的职能进一步到位。全市审计机关连续8年对地、县本级预算执行情况进行了审计，审计预算执行单位1161个，查出违规违纪行为金额35.08亿元，其中乱收费、乱摊派、乱罚款金额5633万元，“小金库”金额8797万元，挪用专项资金2.69亿元，隐瞒转移预算资金1.26亿元。通过审计，应增加财政收入1.31亿元，减少财政支出3630万元，减少财政拨款或补贴5178万元，增加财政结余4402万元。市县审计机关对乡镇财政每年审一半，两年审一遍。通过审计，共查出乡镇财政违规违纪行为金额5.08亿元，应增加财政收入2474万元，有效地遏制了乡镇财政财务收支中的不正之风。

金融审计 1986—2005年，菏泽市（地区）审计局根据国家审计署的授权，对全市工商银行、农业银行、中国银行、建设银行、中国人民保险公司、中国人寿保险公司等在菏泽的分支国有金融机构进行了4次审计，共查出违规违纪行为金额17.79亿元，追还被侵占挪用资金2204万元，增加财政收入2791万元。2000—2005年，市县审计机关围绕防范和化解金融风险，加强对城乡信用社、投资公司等地方非银行金融机构的审计。在摸清家底的基础上，重点揭露账外经营、挪用信贷资金、违规经营不正当业务、不良资产比例过高等问题和重大违法犯罪案件线索，在严肃金融纪律，整顿金融秩序，防范和化解金融风险，维护国有和集体金融资产的安全有效方面较好地发挥了审计监督职能作用。

企业审计 1996—1998年，地区审计局对124户国有大中型企业、305户国有县属企业资产家底进行两次审计调查，对363户年销售收入过500万元的重点企业部分经济指标进行核查。1998年，对全区301户农发行、粮食主管部门和粮食企业财务挂账进行清查审计。通过清查审计，基本摸清了粮食部门资产家底和财务挂账的真实情况，顺利通过审计署的检查验收。自1999年起，地区审计局在企业审计中，不断深化审计内容，改进审计方法，开展内部控制制度测评审计和经济效益审计，帮助企业分析影响经济效益的原因，查找经营管理中的薄弱环节，监督企业资产、负债和损益的真实、合法、有效，促进企业提高管理水平。2001—2005年，市审计局按照发展社会主义市场经济的要求和审、帮、促的原则，把企业审计的重点放在骨干企业和审计调查上，为市委、市政府对企业的决策提供了重要的依据。1986—2005年，全市审计机关共审计工商企业4106户次，查出违规违纪行为金额29.39亿元，增加财政收入1.52亿元。

行政事业单位和农业资金审计 1986年，全区审计机关开始对行政事业单位管理使用的各项专用资金进行审计。审计中对挪用事业费、截留上级拨款、私设小金库等问题，依法进行处理。1987—2005年，全市审计机关采取抓重点单位、重点行业、重要项目和重点资金的审计办法，着重对使用财政资金多、罚没收入收费多的部门单位进行审计。先后对公安、检察、法院、交通、公路、计划生育、教育、卫生、民政等系统进行了审计。同时，把行政事业单位管理的专项资金作为审计的重点，有计划地对全市救灾救济资金、社会捐赠资金、社会养老保险基金、教育费附加、科研三项经费、林业资金、扶贫资金、黄河滩区搬迁资金、住房资金、水利资金、福利彩票资金、医疗保险基金、城建资金等专项资金进行审计。1986—2005 年，全市共审计行政事业、农业项目 3428 个，查出违规违纪行为金额 26.52 亿元、损失浪费 1.12 亿元，应上缴财政 1.38 亿元，追还挪用侵占资金 2.28 亿元，减少财政拨款或补贴 57 万元，促进分配拨付专项资金 923 万元、促进配套资金到位 4304 万元、增收节支 8051 万元。

外资利用审计　1986—2005 年，菏泽市（地区）审计机关审计利用世界银行贷款造林项目、农业灌溉项目、师范教育项目、结核病防治项目等外资项目 131 个，查出违规违纪行为金额 8467 万元，为国家挽回经济损失 506 万元。对在外资审计中发现的挪用资金、配套资金不落实和损失浪费等问题，及时提出公证报告和管理意见书，保障了外资的合理利用。

第二节　内部审计

1986 年，菏泽地区审计局综合科配备专职内审管理人员，内审工作开始起步。1989 年，地区编委批准地区审计局设立内部审计指导科。1991 年地区编委批准将内部审计指导科改称为审计体系指导科。1996 年，将审计体系指导科改称为审计管理科。2003 年，成立了菏泽市内部审计师协会。通过召开季度例会、总结推广经验、表彰先进等形式，指导内审机构突出重点，围绕经济工作中心和部门、单位的经营目标开展审计工作，取得了显著成效，先后树立了人民银行、公安局、粮食局、公路局等 10 个成绩突出、特点鲜明、有说服力和启发性的内审工作典型，推动了内审工作的开展。1998 年，地区公安局审计科及科长王念坤、地区粮食局审计科及科长李宝林分别被评为全国内审先进集体和先进工作者。市审计局也多次被山东省审计厅授予“全省市地内部审计工作考核先进单位”称号。至 2005 年，全市已建立内部审计机构 469 个，配备内审人员 1173 人，完成内审项目 52015 个，查处违规违纪行为金额 6.80 亿元、查处贪污案件 59 起，促进增收节支 4.57 亿元。

1992 年，内审工作表彰大会

第三节　社会审计

1987 年，菏泽地区第一家社会审计组织——菏泽市审计师事务所成立。1990 年，菏泽地区审计师事务所成立。之后，其他县审计师事务所相继成立。1996年和1998年，菏泽地区审计师事务所分别被山东省社会审计协会、山东省注册会计师协会评为先进单位。1999年9月，地、县两级审计师事务所进行改制，相继与审计局脱钩，变为社会中介组织。改制后，地区审计局以质量检查、规范执业行为重点，促使社会审计组织进一步提高工作质量和执业信誉。至2005年，全市审计师事务所（有限责任公司）发展到10家，从业人员222人，其中注册会计师106人。1987—2005年，全市共完成审计查证等项目20665个，查证资金总额208亿元，查出违规违纪行为金额3.8亿元，核减工程投资和预决算款9404万元，为国家增加财政收入3088万元，核减虚假注册资金2.38亿元，促进提高效益和增收节支金额1.14亿元，为委托单位挽回经济损失1.39亿元。

第四节　经济责任审计

1995年，菏泽地区开始实行领导干部离任经济责任审计制度，开全国经济责任审计之先河，后逐步发展成为干部任期全程审计监督制度。这一制度引起中央、省委领导的重视。胡锦涛、尉健行、吴官正等领导先后作重要批示，中纪委、审计署等五部委联合发文推广菏泽干部离任审计经验。全国有29个省市区的3000多名县级以上人大、组织、纪检、审计部门的领导到菏泽考察学习。1997—2005年，在加大干部任中审计方面，把审计的重点放在财务收支数额大和管理权相对集中、群众反映问题较多、列入后备管理的领导干部以及重点国有企业负责人上；在加大审计

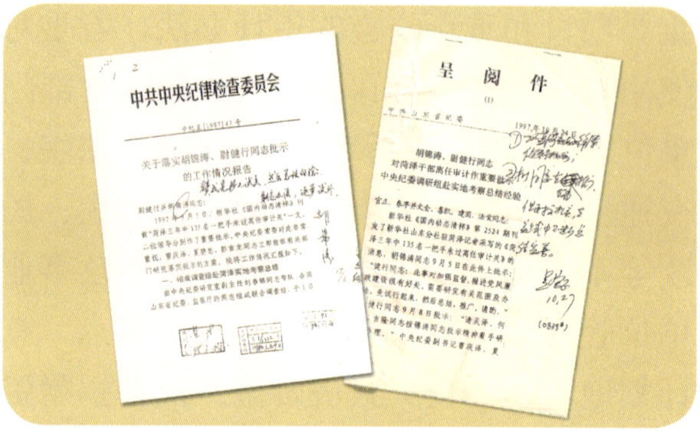

1997年，各级有关领导对菏泽经济责任审计工作批示

质量控制力度方面，严格规范有关问题的责任界定；在加大审计结果运用力度方面，与组织部门紧密联系，全方位地利用审计结果。同时，市审计局还积极探索县区党政主要负责人经济责任审计和评价的新路子、待岗审计的新路子、跟踪审计的新路子、绩效审计的新路子和审计结果公开的新路子。1995—2005年，全市审计机关完成干部任职审计项目2514个，查出违规违纪行为金额19.87亿元，为国家挽回经济损失5178万元。通过干部离任审计和组织考核，有183名干部被取消受奖资格或荣誉称号，191名干部受到诫勉、降免职或移送司法机关查处等处理。2000年6月，审计署、山东省政府联合对菏泽地区审计局记集体一等功。

2000年6月，菏泽地区审计局获审计署、省政府记集体一等功

第四章　工商行政管理

第一节　企业登记

1986年，为加强对企业的监督管理，地区工商行政管理局对境内企业进行全面检查核实，建立档案。1989年，对全区的公司和私营企业进行重新登记，对所有企业换发新的营业执照。全区共登记私营企业161户，注册资本（金）1459万元，从业人员4108人，总产值2089万元，营业收入1020万元。1991年，按照全区清理整顿公司“撤、并、留”总体方案，完成保留公司的重新登记。1992年，以支持企业转换经营机制为重点，简化登记手续，放宽经营范围和经营方式，发展了企业集团，强化了企业的整体功能。1993—1994年，为深化改革，振兴菏泽经济，地委、行署两次召开全区个体私营经济工作会议，作出《关于加快个体私营经济发展的若干规定》《关于进一步鼓励和支持个体私营经济发展的决定》，促进了个体私营经济的快速发展。

2002年，省工商局在市、县两级工商机关首次设立企业注册局。全市企业注册登记系统进驻当地行政审批服务中心办公。2003年，国家工商行政管理总局授权菏泽市工商局进行外商投资企业登记。市工商局制定《关于进一步放宽市场准入优化执法环境促进菏泽经济发展的意见》，在放宽市场准入、强化政策支持、改善投资环境、创新执法方式等方面采取放宽放活的政策，营造加快经济快速发展的宽松环境。全市工商系统改革多级审批制度，全面推行注册登记“一审一核”制和企业审核“一审核准”制，将个体工商户的登记权下放到基层工商所，并在全系统开展“首办负责制”“一条龙服务”“预约年检”“网上年检”等亲情服务制度，办事效率和服务水平显著提高，这些做法在全省工商系统予以推广。2004年，在省工商局帮扶“突破菏泽”的基础上，市工商局出台40条支持服务经济发展的意见。2005年，全市企业档案全部录入微机，建立信息量最大的电子档案库。企业注册登记系统实现“市局、县局、基层所”三级联网。至2005年年底，全市共有个体工商户11.13万户，从业人员22.19万人，注册资金1.61亿元；私营企业9826户，注册资本（金）107.35亿元，雇工11.01万人；内资企业10790户，注册资本（金）112.82亿元；外商投资企业245户，投资总额7.06亿美元，注册资本（金）5.03亿美元。

第二节　经济合同管理

推行合同制　合同法规宣传　1985年，按照省政府鲁政发〔1985〕9号文件精神，在全区推行经济合同制。各县市由政府牵头，逐级建立经济合同管理领导机构。1987—1988年，全区共建立经济合同管理机构946个，配备合同专职管理员418人、兼职管理员1739人，80%的企业落实了合同管理制度。全区共举办《中华人民共和国经济合同法》讲座和培训班232期，参训人数2.86万人次；设立合同咨询服务站点10处，接受咨询人数达6400人次；设立宣传栏、橱窗173个，印发合同法规宣传材料3.4万份；任命企业经济合同管理员945人。1989年，地、县两级工商部门把合同法律法规的宣传培训重点放在企业法人和合同管理人员上，全区共举办培训班502期，参训人员1728人次，咨询服务1596次，接受咨询服务3022人次，印发合同法规宣传材料5779册，任命专职合同管理员766名、兼职合同管理员1678人。1991年，结合全区第二个五年普法教育和推行经济合同文本制度，分批对658名县属以上工商企业和建筑企业的厂长、经理进行为期29天的统一培训。1993年，地、县市工商局采取县、所集中或主管系统集中培训的办法，共举办经济合同管理岗位培训班323期，参训人员1.42万人，其中工商企业厂长、经理1964人，专兼职合同管理员、业务人员6358人，村委负责人、专业户人员5865人。经考核，9524人领取了经济合同管理岗位培训结业证书。1997年，地区工商局把《山东省经济合同监督管理条例》（简称《条例》）作为合同管理宣传重点。在宣传月活动中，共发放《条例》单行本1万余册，举办电视讲座5期，举办学习班2期，接受咨询1000余人次。1999年，《中华人民共和国合同法》颁布后，地、县两级工商机关加大了宣传力度，印刷5000余幅《中华人民共和国合同法》宣传版、2万余册《中华人民共和国合同法》单行本，发放到各个企业和商户。

2002—2003年，实施“合同帮扶”工程，工商管理干部深入到辖区企业帮助建章立制，解决合同中出现的疑难问题，帮助培训合同管理人员896人。2004—2005年，采取了集中培训和到企业授课的方式，共举办培训班7期，培训人员650余人。

规范签约履约行为 1986年，菏泽地区工商系统指导企业依法签订和履行经济合同，对易发生经济合同纠纷的合同签订、履行重新进行审查，并帮助修改和补充，使企业依法订立和履行合同的观念大大增强。1987年，全区共订立经济合同229.32万份，标的金额2.65亿元，履约率为93%。1988年，采取检查、回访、座谈、对话及反馈信息等形式，收集、了解企业合同签订、履行及合同纠纷等情况，及时掌握企业合同的管理动态，并将收集、了解到的第一手资料归类整理，提出改进措施，并及时反馈到企业，收到了较好效果。同年，全区共签订经济合同143万份，标的金额34.25亿元，合同履约率为95%。1990年，对全区9县市农行的45个信用社、营业所借款合同的签订、履行及管理情况进行检查，发现借款合同的签约率较低，有些合同条款责任不明，75%以上的合同基本上没有解决争议的条款，客观上形成了不受合同约束的潜在意识，使借款合同的签订潜伏着很大的盲目性。据此，工商干部帮助其落实信贷规章制度，从贷款审查、合同签订，到贷款担保、抵押、收回等各个环节严格按《借款合同条例》要求办理，为企业避免了合同纠纷。1996年，全区检查552家企业的经济合同签订情况，监督本地经济合同当事人履行合同1184份，金额2.58亿元，协助经济合同当事人挽回或避免损失51件、金额343万元。2003—2005年，菏泽市工商局结合“订单农业”“企业诚信体系建设”“重合同守信用企业”评选等工作，先后组织各级工商部门开展了全面调查，重点帮扶，逐级评选，规范签约、履约行为。

规范合同文本　1989年，地区工商局联合地区建委和建行，统一印制《建筑安装工程承包合同》文本，由各县市工商局发放。1990年，针对第一轮企业承包合同中存在的问题，立足完善规范统一，本着“平等互利，合理合法，切实简要，具体明确”的原则，与地区体改委共同制订全区统一的《企业承包经营合同》文本，并在全区企业中予以推行。1994年，从宣传《山东省经济合同监督管理条例》入手，对全区650家企业经济合同统一文本的使用情况进行了检查，查处应使用而没有使用统一文本和擅自修订、印刷、销售统一合同文本的案件6件；推行统一合同文本2.4万本，使统一合同文本使用率达到95%，重合同守信用企业的使用率达到100%。1996—1998年，根据《山东省经济合同监督管理条例》的规定，查处不使用统一合同文本案件67件，罚没款12.3万元；发放工矿合同文本5213本，建筑施工、装饰合同文本2.31万本，房屋租赁合同文本1.38万本；企业统一合同文本的使用率达到96%。1999—2001年，按照《中华人民共和国合同法》的规定，规范买卖合同、建设工程合同、承揽合同、加工合同、运输合同等示范文本，并对易发生合同纠纷的商品房买卖合同，与建设行政主管部门和房产管理部门联合实行商品房买卖合同的统一管理，切实维护消费者的合法权益。2002—2005年，加大推行合同示范文本的力度，共印发各类合同文本10万余份，方便了企业的生产经营，为当事人提供了可靠的法律帮助和支持。

重合同守信用企业考核　1986年，按照省工商局出台的《山东省考核“重合同守信用”企业试行办法》规定，加强“重合同守信用”（简称“重守”）企业的考核力度，对符合“重守”企业标准的，由地区工商局统一命名，发给“重守”铜牌和证书。1992年3月，省级“重守”企业——菏泽第二毛纺厂出席国务院召开的“重守”企业代表会议。1997年，为扩大“重守”企业的知名度，地区工商局分别在省级工商刊物、报纸上发布了公告。菏泽其中的油嘴油泵厂、菏泽洲达集团等9家企业被《齐鲁企业三星》一书收录。1998年，全区工商机关对“重守”企业实行年审制度，在年审中，对有问题的，撤销荣誉称号，收回牌匾和证书；对利用“重守”企业称号从事违法活动的，依法进行查处。2000年，对全区“重守”企业进行整顿，原有省级“重守”企业71家，年审合格的为64家，经清理整顿后撤销7家，新评选8家；原有地级“重守”企业141家，年审合格的为98家，撤销43家，新评选15家。2002年，将“重合同守信用”企业改为“守合同重信用”（简称“守重”）企业，进一步增强企业诚信意识。“守重”企业的评选得到社会各界的充分肯定。2003年，向企业注册局推荐一批企业效益好、连续两年以上是国家、省、市级“守重”企业为免检企业；35家企业被市政府命名为模范诚信企业。2004年、2005年，分别在菏泽电视台举办“诚信之光”文艺晚会，表彰获得国家、省、市级的“守重”企业，介绍工商系统和企业加强企业信用建设和管理的经验做法，营造“讲诚信光荣，失信欺诈可耻”的社会舆论氛围。至2005年年底，全市共有“守重”企业256家，其中国家级7家，省级118家，市级131家。

1986—2005年菏泽市（地区）连续8年以上省级“重合同守信用”企业一览表

表18-4-1

企业名称	曾用名	认定时间（年）
山东菏建建筑集团有限公司	山东菏泽地区建筑工程总公司	1993
菏泽华星油嘴油泵有限公司	—	1993
山东省呈祥电工电气有限公司	山东省成武县绝缘材料厂	1993
兖矿集团如丝纺织有限公司	山东省鲁沪棉纺织厂	1993
菏泽市第二建筑工程公司	—	1993
定陶鲁意建筑开发工程有限公司	定陶县定陶镇建筑工程公司	1993
曹县建安集团总公司	曹县建筑安装工程公司	1993
曹县第三建筑安装工程公司	—	1993
山东莱河酒业有限公司	山东莱河酒厂	1993
郓城县黄泥冈酒业有限公司	郓城县黄泥冈酒厂	1993
山东百世建设集团有限公司	山东省巨野县建筑工程公司	1995
菏泽华瑞食品有限责任公司	菏泽华瑞食品公司	1996
菏泽市沙发家具厂	—	1996
菏泽华瑞油脂有限公司	—	1996
菏泽盐业公司	山东省盐业果品总公司	1997
山东省鄄城县建筑工程总公司	—	1997
成武县宏大纸业有限公司	成武造纸厂	1997
成武县恒达建筑工程有限公司	成武县建筑工程（集体）有限公司	1997
巨野县第三建筑安装工程公司	—	1997
东明县棉纺织厂	—	1997
东明方明建筑集团有限公司	—	1997
菏泽市西城建筑公司	—	1997
菏泽市南城建筑公司	—	1997
山东都庆股份有限公司	山东都庆集团公司	1997
单县云海建筑安装工程有限公司	山东省第二建筑安装工程有限公司	1997
山东省菏泽广厦建筑安装工程总公司	—	1998

2003—2004 年菏泽市国家级"守合同重信用"企业一览表

表 18-4-2

企业名称	认定时间（年）
山东东明石化集团有限公司	2003
菏泽交通集团总公司	2003
山东现代达驰电工电气股份有限公司	2003
山东移动通信有限责任公司菏泽分公司	2004
菏泽供电公司	2004
山东花冠酒业集团有限公司	2004
山东省郓城水浒酒业有限公司	2004

经济合同监管 鉴证 1986 年，针对利用经济合同进行的买空卖空、投机诈骗活动，地区工商局强化了合同鉴证工作。地区工商局、工商银行、农业银行联合发出文件，要求"凡标的物总值在 10 万元以上的购销合同，一律到工商管理部门进行鉴证。工商行政管理部门在鉴证合同时，要认真审查经济合同的真实性、合法性和可行性。银行要加强监督，未经工商行政管理部门鉴证的，一律不予付款"。1987 年，开展对建筑和租赁合同的鉴证工作。在鉴证中，帮助修订和完善合同条款 785 份，标的金额 3.45 万元；制止无效和违法合同 34 份，标的金额 322 万元。1988 年，对建筑安装工程承包合同进行检查，共检查承包合同近 500 份，补办鉴证手续 52 份。1997 年，对规定必须鉴证的合同加大检查力度，为未鉴证的合同补办鉴证手续。全年共鉴证经济合同 5426 份，标的金额 15.9 亿元。通过合同鉴证，为地区人寿保险公司等企业避免经济损失 370 万元，避免经济纠纷案件 35 件，完善经济合同 677 份，建议修改不合理、不公平条款 1230 条。2001 年，以合同文本发放为突破口，拓宽合同鉴证领域。在粮棉油购销企业选聘鉴证联络员，设立合同法律咨询站，文本的使用率和鉴证率均达到 100%。2002 年，强化重点合同的鉴证，除严格控制建设施工合同鉴证外，对房屋租赁合同、商品房买卖合同、粮棉合同也紧抓不放。通过鉴证把关，为当事人避免和挽回经济损失 600 万元。从 2003 年起，合同鉴证制度取消。

拍卖合同监管 1997 年，菏泽成立首家拍卖行。地区工商局根据《中华人民共和国拍卖法》《山东省经济合同监督管理条例》《拍卖监督管理暂行办法》，开展拍卖监督管理活动。为有效地监管拍卖企业的拍卖行为，从 1997 年，开始建立拍卖企业档案。2000 年，对 3 起破产企业、两起陈化粮异地进行监拍。在监拍中，由于政府的地方保护行为，严重干扰了拍卖程序，不但提供材料不全，而且有意侵犯抵押权人的权益，强行进行拍卖。为此，地区工商局对拍卖进行阻止，并按照法律规定的程序，在当事人许可的情况下公开进行了拍卖，保全了国有资产和债权的实现。2001 年，按照《拍卖监督管理暂行办法》，为所有拍卖企业建立档案。从备案到现场监拍进行严格管理，并设立举报电话，受理当事人的投诉。2002—2005年，全市拍卖企业已有7家，基本达到了行政机关、金融、公检法等部门的罚没物品通过拍卖的形式进行处置。各拍卖企业在工商部门的监管下都能守法经营，有序竞争，拍卖成交金额逐年上升。

1998—2005年菏泽市（地区）拍卖活动监督管理情况统计表

表18-4-3

年　份	企业户数（户）	拍卖场次（次）	委托拍卖		成效确认	
			份数（份）	金额（万元）	份数（份）	金额（万元）
1998	1	8	—	1000	400	400
1999	1	9	94	1826	466	338
2000	1	18	28	6872	551	6112
2001	1	—	19	4000	927	3693
2002	3	25	291	5055	606	3354
2003	4	—	126	9966	97	8900
2004	5	63	88	16439	143	9720
2005	7	80	161	10210	116	5800

抵押合同监管　1995年10月，地区工商局依据《中华人民共和国担保法》和国家工商局《企业动产抵押物登记管理办法》等法律、规章的规定，开始在全区办理企业动产抵押登记。1996年，为防止重复抵押，保障抵押债权的实现，地区工商局统一印制抵押合同登记卷宗、企业抵押合同登记申请书、申请抵押证明表、抵押物清单、抵押物勘检记录表、登记证、变更登记申请书。并在办理中严把分级管辖关、合同审查关、财产所有权关、抵押物勘验关、规范档案关。1998年，把抵押登记作为年度工作重点，对全区各粮所、库、站的国家储备粮、油进行抵押登记，以防止国有资产的流失。2000年，结合打击合同欺诈专项执法活动，对全区企业动产抵押登记进行了检查。检查中发现，曹县曹普工艺公司在与中国银行曹县支行办理企业动产抵押物登记手续时，私自更改营业执照法人代表，骗取登记。为此，地区工商局依据国家工商总局的有关文件规定，对当事人做出补正登记手续和罚款8000元的处罚决定。2003年后，抵押登记的重点主要是严格规范登记程序，提高登记质量，防止重复抵押。2005年，市工商局共办理抵押登记246件，动产抵押物价值14.83亿元，主债权金额10.04亿元。

1996—2005 年菏泽市（地区）办理抵押登记情况统计表

表 18-4-4

年份	动产			不动产		
	件数（件）	抵押物价值（万元）	主债权金额（万元）	件数（件）	抵押物价值（万元）	主债权金额（万元）
1996	177	79956	70674	–	–	–
1997	313	94000	–	–	–	–
1998	371	232979	–	148	214475	–
1999	205	52032	41094	121	51888	34220
2000	231	320000	–	–	–	–
2001	151	72531	39507	96	51513	37647
2002	164	98565	65616	1	50	50
2003	162	114455	68845	–	–	–
2004	212	95376.49	56471.56	–	–	–
2005	246	148267.54	100347.94	–	–	–

合同仲裁　1986 年，菏泽地区共有仲裁机构 11 个，配有专职仲裁员 11 人。1987 年，全区专职仲裁员增加到 139 人，兼职仲裁员增加到 40 人。菏泽地区工商局经济合同仲裁在机构建设、人员配备、案件受理、案件争议额、案件处理、案例分析 6 个方面居全省第一位。1988 年，开始在全区实施派出仲裁机构制度，并先后建立派出仲裁庭 53 个、任命庭长 53 人，仲裁员 258 人，书记员 51 人。派出庭建立后，受理经济合同纠纷案件 215 起，其中调解 174 起、确认无效经济合同 41 起，合同争议金额共计 198.3 万元。1989 年，各级仲裁委员会立足治理整顿，把处理经济合同案件列为首要任务来抓，把主要精力放在指导基层办案上；对各派出仲裁庭、工商所分别下达了办案指标，实行岗位责任制。全区 53 个派出仲裁庭共处理案件 3082 起，帮助银信处理陈欠案 1166 起，追回积欠款 138 万元。在处理成武县食品公司与招远罐头厂的合同纠纷中，一次为成武县食品公司追回货款 198 万元。在抓好指导基层办案的同时，重点抓住大案的处理。全区处理 10 万元以上的案件 113 起，其中 100 万元以上的 5 起。1990 年，地区工商局仲裁委员会大胆尝试企业承包合同纠纷案的处理，为第二轮承包合同的签订积累了经验。全年共处理企业承包租赁合同 174 起，其中较大的案件 11 起。对于菏泽地区工商局仲裁委的办案经验，国家工商局合同仲裁处处长田述精在全国企业承包合同管理研讨会上曾指出："菏泽地区仲裁委在办案中，想得深，抓得准，李鹏总理签发的 49 号、50 号令都是根据他们办的案件制定的，他们在全国合同立法上是做了贡献的。"（《菏泽工商志》载）。1991 年 4 月，国家颁布实施《中华人民共和国民事诉讼法》，实行协议仲裁制度，由协议仲裁和"一裁一复议"终局制取代"一裁两审制"。仲裁制度改革后，地区仲裁委员会注重扩展仲裁广度，运用仲裁手段清理"三角债"，解决企业之间债务链的困扰。全年为县属以上企业

解决合同纠纷425起，解决争议金额1456万元，追回拖欠款866.5万元。1991年，地区工商局和9县市工商局被省工商局评为全省经济合同仲裁工作达标先进单位一等奖。“企业承包、技术转让合同纠纷案”入选1991年度山东省仲裁“十佳案例”，“购销冻牛肉合同拖欠货款纠纷案”“建筑工程承包、安装拖延工期纠纷案”被评为1991年度山东省仲裁“20个最大案件”。1993年1月，菏泽地区经济合同仲裁委员会被确定为全国唯一地区级仲裁制度改革试点单位。改革后的仲裁制度，为有效保护当事人的合法权益起到积极促进作用。1995年9月1日，《中华人民共和国仲裁法》颁布实施，按照《中华人民共和国仲裁法》的规定，工商机关仲裁机构不再对平等主体的公民、法人和其他组织之间发生的经济合同纠纷案件进行仲裁。

第三节　商标管理

违法商标查处　1986年，地、县两级工商机关先后对食品、饮料等假冒商标开展3次检查活动。全区共查处商标侵权、产品伪劣案件12起，罚没款1.1万元。1987年，全区开展了查处制造和销售假农药专项整治活动，对制售呋喃丹六六六等假农药的违法行为进行查处。此次活动共检查81个农药经营单位，对25%的无商标标识产品，分别给予处理。对全区120家印刷企业进行大检查。依据《商标印制管理暂行办法》，全年全区注册商标发展至151件，查处商标侵权案150起，罚没款3.28万元，没收假冒商标标识8万余套。

1988—1989年，查处商标侵权案件60起，罚没款38.2万元，销毁侵权商标标识258万套。1990年，对全区83家有注册商标的企事业单位进行全面检查，对有问题的17家分别作出处理。查结商标侵权案件32起，罚没款1.31万元；查获冒牌商标标识32.05万张；举办假冒伪劣商品展览15次，参观人数达15万余人次。1991年，为促进企业依法保护商标专用权，争创著名商标，地区工商局先后为菏泽啤酒厂、服装厂、毛纺厂等企业提供商标设计38件，为6家企业办理注册商标变更登记。查处商标违法案件20起，销毁假冒商标标识200万套，罚没款5.54万元。1994—1995年，查处假冒商标标识52.8万套，罚没款15万余元，指导企业办理商标册60余件。1996—2000年，注册商标发展到1255件；办理商标变更31件，办理商标转让15件、续展12件，许可使用合同备案12件；发展商标印制企业21家，商标验证870件；查处违法案件382件，捣毁制假窝点4处，销毁商标标识12万件（套）、假冒火柴70箱、假农药31箱、假悬挂台45台、假冒注册商标塑料薄膜46捆、假冒包装物10吨，收缴罚没款72.18万元。2001—2005年，全市工商部门实施“商标战略”“帮扶工程”进厂、进店，为企业办理省著名商标36件，办理商标续展50余件、办理商标转让46件；注册商标发展到3850件，查办商标违法案件410起，销毁假冒商标包装物300万件（套），取缔非法商标印制单位4家，收缴罚没款164.21万元，维护了商标所有权人及消费者的合法权益。

商标注册使用　注册商标管理　1986—1989年，全区有效注册商标共376件。帮助企业建立名优产品档案100余册。对申请注册商标的企业，一方面严格审查把关，另一方面积极核转，要求注册商标企业必须保证使用注册商标的产品质量，不准以次充好，欺骗消费者。对使用注册商标不规范的企业及时进行纠正。1991 年，为促进企业依法保护商标专用权，督促企业申请商标注册，争创著名商标，地区工商局下发《关于加强企业商标注册及使用管理的通知》，为申请商标注册的企业提供商标设计，帮助企业建立商标管理制度，严厉打击了商标侵权行为。1992—1995 年，帮助企业办理商标注册 50 余件、续展商标 2 件。为提高公共法律意识，围绕“3 · 15”消费者权益保护日和“4 · 26”世界知识产权日，开展多种形式的商标法律法规专题活动，共出动宣传车辆 60 余辆次，设置咨询服务台 30 余个，向企业发放《中华人民共和国商标法》宣传材料 1 万余份。1996—1998 年，地、县两级工商部门把抓宣传、抓培训、抓创优质名牌放到重要位置，企业商标意识大大增强。3 年中注册商标增至 1034 件，争创山东省著名商标 6 件。1999 年，地区工商局坚持发展与规范相结合，以骨干企业和拳头产品为重点，指导企业在运用商标战略中争创山东省著名商标。同年，对全区 1000 多件注册商标进行验证，并开展对商品交易市场中商标违法行为专项治理活动。是年，受理企业商标侵权投诉 5 起，清理“红豆”“七匹狼”等专卖店 15 家。2001—2004 年，全市各级工商部门层层实施商标战略和“红盾帮扶工程”，开展“打假维权，帮创名优”活动，以多推荐、多认定、多培育驰名和著名商标工作为亮点，引导和推动企业创立商标品牌。按照自愿、公开、科学的原则，共向省工商局推荐著名商标 18 件，其中被认定 13 件，认定率为 72%。在全市注册的商标由 2000 年的 1255 件发展到 3136 件，创省著名商标 20 件。2005 年，菏泽市工商局建立了商标广告专业性监管服务网站，利用网站优势，开展打击制假售假、保护知识产权工作。同年，市工商局下发《关于履行商标监管职能，推动农村经济发展的实施意见》，提出在全市形成强化宣传、正确引导、保护专用三位一体的商标管理机制。新注册商标 714 件，全市注册商标发展到 3850 件，帮助 100 家企业建立了商标管理档案，创出注册商标管理工作的新局面，使全市注册商标管理工作逐步走上规范化、制度化的轨道。

未注册商标管理　自 1986 年开始，全区工商机关对商标使用企业进行定期或不定期的检查，告知企业使用未注册商标时不得冒充注册商标，不得违反《中华人民共和国商标法》禁用条款；对违反《中华人民共和国商标法》禁用条款的行为，坚决予以查处。1986 年 10 月 30 日，郓城县食品厂在 38 类、40 类、41 类上注册了“春水”商标，而食品厂生产的“五谷方便粥”产品，很受消费者的青睐，产品正式投产后，因急于销售，竟在商品包装上也使用了“春水”商标，并加注了“注册商标”字样。工商部门经过检查，认定其是跨类别使用，属冒充注册商标行为，对郓城县食品厂作出责令立即停止在五谷方便粥商品上使用该注册商标，并收缴其商标标识，罚款 2 万元。1987 年，在全区开展假冒伪劣商品、封建迷信产品和假冒商标的大检查活动，共查处假冒商标侵权案 36 起，收缴假冒商标标识 5 万件（套），收没罚款

2.18 万元。1988—1991 年，重点对未注册商标冒充注册商标进行连年整治。先后查处假冒注册商标案件 115 起，收缴假冒商标标识 485.3 万件（套），罚款 49 万元。1992—2005 年，着重抓了《中华人民共和国商标法》的宣传与培训、未注册商标的检查、打假维权、实施商标战略、商标帮扶工程等项工作。先后立案查处商标侵权案件 641 起，收缴假冒商标标识 378.31 万件（套），罚没款 236.75 万元，没收侵权物 10 吨。2005 年年底，未注册商标越来越少、商标使用越来越规范、注册商标与时俱增的发展势头。

1986—2005 年菏泽市（地区）注册商标统计表

表 18-4-5　　单位：件

年　份	注册商标	年　份	注册商标
1986	126	1996	427
1987	151	1997	531
1988	142	1998	1034
1989	376	1999	1050
1990	401	2000	1255
1991	253	2001	1604
1992	206	2002	1964
1993	228	2003	2617
1994	380	2004	3136
1995	197	2005	3850

1986—2005 年菏泽市（地区）商标案件统计表

表 18-4-6

年　份	件　数（件）	商标一般违法		商标侵权假冒		罚款（元）
		收缴和解除商标标识	罚款（元）	件　数	收缴和消除　商标标识（套）	
1986	5	5000	–	7	6000	–
1987	114	30000	1100	36	50000	21800
1988	32	100000	20000	4	120000	117000
1989	13	360000	70000	14	2000000	175000
1990	16	20500	1050	16	300000	12000
1991	5	3148	5400	15	2000000	50000
1992	9	40000	3000	9	40000	15000
1993	7	14000	15000	6	3520	10000
1994	5	7000	3000	9	50000	20000
1995	30	112300	15000	28	410000	142500
1996	15	25000	40000	10	95000	49753

续表 18-4-6

年　份	件　数（件）	商标一般违法		商标侵权假冒		罚款（元）
		收缴和解除商标标识	罚款（元）	件　数	收缴和消除　商标标识（套）	
1997	3	3000	1200	7	侵权物 10 吨	50000
1998	15	25000	13000	10	30000	69000
1999	25	30000	20000	43	50000	300000
2000	29	1900	60000	225	12300	91000
2001	9	20000	70000	28	40000	154000
2002	26	152000	87000	69	2250000	241000
2003	30	150000	161000	46	200560	329100
2004	25	80000	50000	76	90000	416150
2005	23	7000	70000	75	80000	480000

第四节　广告管理

广告登记范围和条件　1986 年，区内广告登记的主要对象是公司、报社、杂志社、广播电台、电视台和其他专营或兼营广告业务的企业事业单位。1987 年国务院《广告管理条例》颁布后，又把经营广告业务的中外合资、合作企业增加为广告登记的对象。1994 年《中华人民共和国广告法》颁布实施后，广告登记管理工作逐步走向法制化轨道。

1987 年，国务院《广告管理条例》（简称《条例》）颁布以后，广告登记条件变动较大。申请经营广告业务的单位，除符合企业登记等条件外，还应具备负责市场调查的机构和专业人员，有熟悉广告管理法规的管理人员及广告设计、制作、编审人员；有专职的财会人员；申请承接或代理外商来华广告，应具备经营外商来华广告的能力。兼营广告业务的事业单位，要具备直接发布广告的手段及设计、制作广告的技术、设备，有熟悉广告管理法规的管理人员和编审人员，有专职或兼职的财会人员。中外合资、合作经营企业申请在菏泽境内经营广告业务，参照《条例》、国家工商局《广告管理条例实施细则》和有关规定办理。申请经营广告业务的个体工商户，除应具备《城乡个体工商户管理暂行条例》规定的条件外，个人还应具有广告专业技能，熟悉广告管理法规，并经考试审查合格等条件。

广告审批程序　1987 年国务院“广告管理条例”颁发后，审批程序改为：全国性广告企业，中外合资、合作经营广告业务的企业，须向国家工商局申请，经核准，发给“中华人民共和国营业执照”；地方性的广告企业，须向所在市、县工商局申请，报省工商局核准，由所在市、县工商局发给“广告经营许可证”；兼营广告业务的事业单位申请直接承揽外商来华广告，要向省工商局申请，经审查转报国家工商局核准后，由省工商局发给“中华人民共和国广告经营许可证”。经营广告业务的个体工商户，要向所在市、县工商局申请，报省工商局核准，由所在市、县工商局发给“营业执照”；举办地方性的临时广告经营活动，举办单位向省工商局申请，经核准后，发给“临时广告经营许可证”；举办全国性的临时广告经营活动，举办单位向所在省工商局申请，报国家工商局批准由举办单位所在省、自治区、直辖市工商局发给“临时性广告经营许可证”。2004年11月30日，国家工商总局修订《广告管理条例施行细则》，并同时出台了《广告经营许可证管理办法》，区内有限公司和个体工商户经营广告不再申请“广告经营许可证”。

户外广告管理 1986年9月，地区工商局发布《关于对户外广告统一规划加强管理的通告》后，对全区的广告牌进行统一清理，拆除不符合规定要求、有碍市容、影响交通的户外广告牌，户外广告设置和管理得到规范。1988—1996年，全区路牌广告共有3726块，面积27808平方米，广告经营额达150多万元。1997—2000年，根据省政府《山东省户外广告管理办法》规定，地、县两级工商机关开展了户外广告清理整顿工作，查处各类违法违章张贴广告60余起，没收印刷品广告10万余张，清除虚假广告和乱贴户外广告3万余份，办理户外广告登记188份、店堂广告登记200余家，清理不规范店堂广告43条。2001年，把户外广告管理纳入城市总体规划，市工商局与城建、公安、交通等有关部门共同协作，加强户外广告的管理。2001—2005年，市工商局共办理户外广告和印刷品广告登记756份、户外广告经营单位267家、户外广告媒体13140个，并创建菏泽城区东方红商业街广告规范化一条街。随着科技的发展和普及，广告媒体形式由原来新闻媒体、路牌、广告为主，逐渐向电子屏幕、霓虹灯、彩虹门、氢气球、滚动屏幕等多种形式发展，其设计制作水平也有较大提高。

监督检查 1986年，地、县工商部门把监督管理作为广告管理的主要任务，定期到广告经营单位检查广告经营制度的制定和执行情况，抽查广告发布档案，审查广告经营单位送交的广告备案件。根据国家工商局、财政部《关于对赞助广告加强管理的几项规定》，把赞助广告列为管理的重点之一。1988年，根据国务院《广告管理条例》和国家工商局《广告管理条例实施细则》的规定，建立广告刊播制作委托书制度，杜绝了虚假广告的传播，促使广告管理工作沿着正确轨道健康发展。1999年，在广告管理工作中，严格对药品、医疗器械、食品、招生、招工、印刷品等广告审查把关，停发和限期更改媒体广告9条，取缔非法社会游医团伙5个，清查发布性病医疗广告单位20家，没收过期和“三无”药品一宗、劣质奶粉500袋、非法广告1.2万份；取缔来菏非法招生单位5家，退还被骗学生现金9万元。为提高广告审查员的业务素质和思想素质，地区工商局举办全区广告审查员培训班，参训人员全部获得省工商局颁发的“广告审查员证”。2000年，全区共有广告经营单位117家，从业人员1587人，广告经营额3441万元，户外广告媒体4623个；查处广告违法案件305件，罚没款23万元，查处各类违法违章张贴广告60余起，没收非法印刷品广告10万余份，清除乱贴乱画广告5000余条，办理户外广告、印刷品广告登记188份。此外，按照国家工商局《店堂广告管理暂行办法》的规定，对200余家店堂广告进行登记，清理不规范店堂广告43条。2002年，全市共有广告经营单位138家，从业人员1646人，广告经营额4793万元，户外广告媒体4487个；查处广告违法案件234件，罚没款51万元，停业整顿4家。同年，按照省工商局的要求，开展了全市广告经营资格检查、换发“广告经营许可证”工作和“反误导、打虚假”广告专项活动，加大广告监管力度。2004年，加大对食品、房地产、招生广告的监管力度，共查处广告违法案件302件，罚没款40万元。为提高工作效率，增加监管的透明度，更好地为社会服务，市工商局建立菏泽商标广告监管服务网站。2005年，全市共有广告经营单位179家，从业人员2220人，广告经营额3992万元；查处广告违法案件198件，其中虚假广告9件，责令公开更正8件，责令停止发布62件，罚没款46.7万元。

第五节　市场管理

市场建设　1986年，地、县工商部门按照“多方集资、共同建设、统一管理、共同受益”的原则，采取官办、民办、联办等多种形式，培育、建设市场，各类市场迅速发展。1987年，针对全区专业批发市场起步晚、经验不足的状况，地区工商局制定专业批发市场发展规划，建成一批专业批发市场。至1989年，境内集贸市场逐年增加，成交额以平均每年6662万元的速度递增。1991年，采取“政府决策、工商牵头、统筹规划、社会兴建、统一管理”的措施，全区共兴建市场435处，其中城市16处，农村419处，年成交额7.23亿元。1992年，中共十四大确定建设社会主义市场经济体制，进一步推进全区市场建设。当年，全区市场发展到474处，其中城市20处，农村454处，年成交额18.17亿元。1997年，市场建设职能移交经贸部门。1998年，在全区开展“文明市场”创建活动，共培育省级文明市场28处，省级规范化样板市场3处，省级无假冒市场1处，地区级文明市场50处。2001年，根据国办发〔2001〕83号文件要求，市场办管实行脱钩，全市由工商系统投资建设的市场全部与县（区）政府签订交接合同。年末，全市共有各类市场500处，其中消费品综合市场418处，农副产品专业市场30处，工业品专业市场31处，生产资料市场21处；成交额过亿元的市场有3处，过10亿元的市场有2处。在市场建设方面，新建市场3处，改建和扩建市场5处，市场建设投资4380万元。2002—2005年，全市各级工商部门，坚持积极参与、分级指导、规范管理的原则，培育和发展专业特色鲜明、功能较强、连接城乡、辐射全国的较大型现代批发市场，把倡导品牌经营、引真驱假、引优驱劣作为提高商品交易市场档次和水平的重要措施，实现市场的全面提升和现代物流园区的高起点建设。至2005年，全市城乡商品交易市场发展到516处，其中城市45处，农村471处；消费品市场500处，生产资料市场16处；超亿元市场24处，其成交额占全市各类市场成交总额54亿元的50%以上。

2005 年菏泽市大型专业批发零售市场一览表

表 18-4-7

市场名称	地　址	主要经营商品	摊位数（个）	占地面积(平方米)
花都轻纺市场	市区双河路 37 号	布匹、床上用品	800	60000
花都鞋城	市区双河路 37 号	鞋	500	43000
花都装饰材料市场	市区黄河路	铝合金、板材钢塑	108	6000
花都小百货市场	市区牡丹路	小百货	700	45000
交通汽车大市场	市区黄河路	新、旧汽车	80	100000
建材市场	市区人民路 3 号	化肥、木材、煤炭	126	50000
牡丹商业广场	市区东方红大街	服　装	360	29000
康庄服装市场	市区牡丹北路	服　装	1300	26640
振兴兽药饲料市场	市区康庄西路	饲料、兽药	50	6660
鲁西南蔬菜批发市场	市区菏兰路戴庄	蔬　菜	224	17000
塑料制品市场	市区解放街	塑料制品	350	4690
汽车配件市场	市区北环路	汽车配件	180	2400
鄄城县舜王城中药材市场	鄄城县彭楼乡	中药材	1200	25000
单县西郊蔬菜批发市场	单县西郊	蔬　菜	198	

2005 年菏泽市小商品批发市场、农贸市场一览表

表 18-4-8

市场名称	地　址	摊位数（个）	占地面积(平方米)
塑料批发市场	市区牡丹路	700	45000
东方红商城	市区东方红大街	113	2274
单县南环路小百货市场	单县南环路	290	3330
单县商贸城	单县外环路	400	15000
鄄城罗庄百货城	鄄城县鄄五路	1200	18000
成武永顺商贸城	成武永顺路	200	30000
成武文亭商贸城	成武伯乐大街中段	130	10000
成武供销商城	成武伯乐大街中段	126	8000
郓城水浒商场	郓城金河路	280	12500
巨野县新世纪银星购物广场	巨野人民路	150	8100

市场监管　1986 年，全区工商系统采取“管而不死，活而不乱”的办法，在市场管理中首次明确打击假冒伪劣商品和食品的口号，开展严厉打击掺杂使假、短尺少秤、欺行霸市、哄抬物价等不法行为。1987 年，重点查处无照经营、抬高物价、拒不执行明码标价、标签与商品不符、经营伪劣商品、非法出版物等坑骗消费者行为。1990 年，根据国务院《关于加强粮食购销工作的决定》，区内粮食市场坚持

长年开放，禁止私人从事粮食批发业务。1992年，为适应改革开放的新形势，拓宽市场管理领域，在全区率先成立鄄城县房地产交易市场管理所。1993年，市场登记管理工作全面展开，对全区400多处市场逐一进行审核；开始对全区机动车辆实行验证盖章管理制度，并逐步对房地产、石油、经纪人等市场以及展销会、租赁柜台等市场介入监管。1995—1996年，按照国家工商局、省工商局、省技术监督局的要求，开始在城区和乡镇大的集贸市场及地区级以上文明市场全部淘汰杆秤。1998年11月，国务院下发《推进粮食流通体制改革的意见》后，粮食市场管理成为工商行政管理的重中之重，地区工商局查获不能出具国有粮食收储企业销货发票的玉米240吨。1999年，根据国务院粮食流通改革精神，在全区实行清理粮食加工企业库存，推行“三账一证”制、“承诺制”、委托代购和大批量兑换审批制、粮食购进和大批量成品粮销售备案制、驻厂员制和三级巡查制六项制度。当年，地区工商局被国家工商局评为全国粮食市场管理先进单位。

2001年，境内粮食市场管理主要以市场为取向，搞活粮食流通。2002年，把打击无照经营、销售假冒伪劣产品作为整治重点，对超范围经营、一证多点经营进行规范，对挂靠经营的进行清理。同年10月，根据国务院流通领域商品质量职责分工调整，工商部门开展成品油市场监管。2003年，为加强全市流通领域商品质量监管工作，市工商部门投资150万多元，配备10辆流通领域商品质量检测车，并分别在鲁能超市、南华超市和鲁西南蔬菜批发市场开展农产品检测试点工作。在“非典型性肺炎”防控期间，严厉打击了囤积居奇、哄抬物价、制假售假等活动。2004—2005年，市工商局制定《成品油入市备案与质量监督抽查制度》，明确规定对成品油经营者实行入市备案、索证索票制度和工商机关实施成品油质量监督抽查，对成品油经营者进行全程监管。

市场检查

经纪人管理　1993年，根据山东省政府办公厅《关于加强经纪人中介活动管理的通知》精神，全区工商机关以强化对中介组织和经纪机构监督管理为突破口，对全区市场经纪人中介机构进行监督管理。具备条件的人员，经工商行政管理部门培训、考核，取得“经纪人资格证书”后，方可向工商行政管理机关申请领取“经纪人服务许可证”，并对经纪人实行年检制度，使中介活动逐步走上正规化、法制化轨道。1996年，地区工商局界定经纪人及其活动范围，统一注册登记格式。凡办理“两证”，必须到地区工商局统一签批，保证该项工作有序地开展。全区共为290人办理经纪人“两证”，使区内经纪人管理工作迈出重要一步。1998年，按照《山东省经纪人管理条例》和国家工商局下发的《经纪人管理办法》，地区工商局印制“经纪人申请注册表”，简化了经纪人核准程序，把从事经纪活动的中介组织和个人是否办理经纪人资格证及资格证是否年检，作为中介组织核准登记和年检的前置审批条件。1999年，全区经纪人发展到840人，行业发展到劳务、咨询、评估、期货、房地产、拍卖等行业。

2001年，在总结劳务中介经纪人管理经验的基础上，向农资、旅游、出租车、保险等行业代理经纪人上拓展。2002年，对个体经纪人和中介组织开展清理整顿，经纪人资格证书由县区工商局初审，市工商局统一考试发证，并逐级建立档案。经纪人监管范围延伸到信息咨询服务、代理、代购、房地产中介、文化、劳动力市场和经济组织，全市经纪人监督管理进入正常管理范围，进一步介入文化、体育、代理、代销、旅游、房地产、运输、技术、信息等经纪业务的管理。

2003—2005年，市工商局采取举办经纪人培训班、印制经纪人使用手册等办法，利用报纸、电视等宣传媒介，加大对经纪人法律法规的宣传力度，促进了经纪人队伍的健康发展。

第六节　消费者权益保护

建设举报网络　1990年3月5日，地区消费者协会成立。此后，全区相继建立196个乡镇消费者协会分会，初步形成保护消费者权益的社会监督网络。1994年，在有条件的行政村共建立村指导站1978个，在县属以上工商企业建立监督站、联络站370个。至1995年年底，全区共建立乡镇分会238个，城镇监督站、联络站382个，农村消费者指导站2418个，形成覆盖全区的消费者组织网络。1998年3月，全区建立消费者投诉举报网络，地、县市设立投诉举报指挥中心，乡镇设立投诉站，并配备投诉举报专用车和尾数为“315”的投诉举报电话。同年年底，全区各县市消协和基层分会共安装投诉电话104部，实现全区“3·15”投诉举报指挥中心的联网。2002年市工商局成立消保科，加大对消费维权处置力度，增强执法办案力量。2003年，市工商局进一步加强和完善“12315”维权体系建设，把“12315”建成工商系统“执法服务品牌”和实践“三个代表”重要思想的有效载体。至2004年年底，县区工商所和主要商场、超市都设立了“12315”维权联络点。2005年3月，市工商局制定的《“12315”进农村工作实施方案》在全市开始实施，设立“12315”申诉举报联络站和消费者协会投诉站的工作均由各级工商局消保科牵头负责组织，与各级消费者协会办公室共同实施。年底，全市在市场、商场、超市、社区、农村、学校、景点共建立“12315”申诉举报联络站(点)3687个，形成了以市、县区局“12315”指挥中心为枢纽，以所、村、社区、市场、商场“12315”联络站(点)为基础，纵横布局、上下联动、内外结合的“12315”申诉举报维权执法体系。

受理消费者申诉　全区各级消费者协会在处理投诉过程中，依据山东省《保护消费者合法权益条例》和国家有关法律、政策的规定，在弄清事实的基础上，实事求是的进行处理，做到了事事有回音，件件有结果。1990—1992年，全区共处理投诉 2486 起，挽回消费者经济损失 90 多万元，收到消费者感谢信 145 封、牌匾 29 块，案件处结率达 99.7%。1993 年《中华人民共和国消费者权益保护法》颁布后，消费者申诉举报网络坚持提供全天受理服务，保障处理渠道的畅通。在公正处理消费侵权案件方面，采取简化调解处理程序，及时反馈处理结果，适时发布消费者维权信息，严格信息保密制度，设立便民服务台，增设消费维权标志等一系列措施，在保护消费者合法权益中发挥了积极作用。1996 年 5 月，地区消协受理郓城县汉石桥乡赵河村村民投诉，因冬瓜种子出现问题，致使该村 175 亩春冬瓜严重减产，24.27 公顷夏冬瓜基本绝收，给农民造成严重的经济损失。经过近半年时间的调解，受害农民最终获赔 10 万元，此案得到圆满解决。1998 年，成武县南鲁集镇秦楼、张阁、西孔庄等 10 个行政村的村民种植的 104 公顷棉花、玉米、花生、大豆等农作物遭到不同程度的药害，原因是由大连松辽化工公司生产的 72%2.4-DJ 酯乳油除草剂所致，通过经国家农药质量监督检验中心鉴定和消协调解，受害农民获得赔偿 15 万元。2002—2005 年，全市共受理消费者申诉 4220 件，现场调解 2330 件，在规定时间内调解处结 1800 件，调解率为 98%，为消费者挽回经济损失 400 多万元。

宣传消费者权益保护法规　为充分发挥《山东省保护消费者合法权益条例》（简称《条例》）的作用，全区各级消协大张旗鼓地开展《条例》宣传工作。1990 年 4 月 24 日—30 日，地区消协利用牡丹花开季节，组织各县市消协和 60 多家工商企业参加集中宣传、咨询活动，发放《条例》1

街头宣传

万份，出动宣传车 18 辆，接受咨询和宣传的消费者达 10 万人。1991—1992 年，重点宣传《条例》《仲裁办法》，并在每年 3 月 13 日—15 日组织开展大型宣传活动。1993 年 3 月 15 日，适逢国际消费者权益日十周年，地、县消协均在辖区内开展了宣传活动，全区设立投诉咨询台 320 处，现场受理投诉 170 件，接受消费者咨询 1.5 万人次，散发各种宣传材料 10 万份，出动宣传车 110 辆次，在机关、学校、工厂、商业、供销、银信及各企业事业单位、集贸市场、个体门市、批发站点等处悬挂《消费警示》宣传牌 4.5 万块。1994 年 1 月 1 日，《中华人民共和国消费者权益保护法》颁布实施。消费者权益日，全区开展了声势浩大的宣传咨询活动。共出动宣传车 80 余辆，发放“消保法”6 万册，设立咨询服务站台 407 处，现场处理投诉 180 件，解答消费者咨询 1.5 万人次，接受宣传的消费者达 50 万人次。1998 年，围绕“为了农村消费者”年这一主题，全区工商机关共出动宣传车 500 余辆次，向 200 多个乡镇的农村消费者散发“消保法”、《实施办法》等宣传材料 20 余万份，张贴标

宣传并接受消费者咨询

语和宣传画3万多张，现场处理消费者投诉600多件，接受宣传和咨询的消费者达100万人以上。消费者权益日，组织各县市开展真假产品对比展览，并现场销毁假烟2000多条、劣质过期食品1000多公斤、假酒500余瓶、假化肥30吨、假农药400多瓶、劣质农膜1200余公斤、劣质农机具20台及其他假冒商品一大宗，为消费者挽回经济损失34万元。2002年，围绕"科学消费"年这一主题，开展"消费者权益保护法"宣传，组织送法下乡和巡回宣传活动，使"消保法"更加深入人心。2003年10月，为纪念《中华人民共和国消费者权益保护法》颁布十周年，开展 "营造放心消费环境"年活动。市消协、菏泽电视台联合举办 "全球通"杯"消保法"知识电视大奖赛，组织大型文艺演出晚会，并在演出中穿插了消费警示公告，受到了广大消费者的赞扬。2005年，围绕"健康·维权"年这一主题，举办了"2005年菏泽健康维权知名企业产品展示会"和大型文艺晚会。市消协还会同工商、技术监督、卫生防疫、烟草专卖等有关部门组织了真假产品展示，使消费者提高识别真假产品的能力。

第七节 公平交易执法

打击投机倒把 1986年，随着改革开放的进一步发展，一些投机倒把分子乘机取巧，扰乱市场秩序，全区工商行政管理机关对此进行严肃查处。至年底，查处各类投机倒把案件179起、大要案件79起，罚没款18.78万元。1987年6月，省政府发布《山东省查处投机倒把活动的暂行规定》，对投机倒把的范围作出9项规定。9月，国务院正式颁布《投机倒把行政处罚暂行条例》，规定了投机倒把行为的概念是以牟取利润为目的，违反国家法规和政策，扰乱社会主义经济秩序的行为，共概括归纳11种。是年，全区工商机关依据《投机倒把行政处罚暂行条例》的规定，重点查处了"官倒""私倒"方面的案件420起，其中违法金额万元以上的案件65起，依法移交司法机关14起；总罚没金额138.54万元，追回拖欠金额68.05万元。1989年，查处"官倒""私倒"的力度进一步加大，全区共立案查处投机违法违章案件546起，其中千元至1万元的224起，万元至6万元的67起，6万元至10万元的16起，10万元以上的15起；罚没金额757.6万元，为受害单位和个人挽回经济损失156万元。1990—1992年，查结各类投机倒把案件749起，总罚没金额852.86万元，为受害人追回被骗金额108.5万元。1993年，在传统的计划经济向社会主义市场经济转变的关键时期，全区工商机关以强化经济监督检查职能为定位标准，严厉打击经济领域的违法活动，查处倒卖走私小汽车29辆，走私自用小汽车 122 辆，总货值达 3065 万元；查处买空卖空案 35 起，为受害人追回经济损失 103 万元；查处诈骗案件 9 起，为受害人挽回经济损失 33 万元。1994 年，共立案查处各种投机违法案件 145 起，上缴财政没收款 16 万元。1995—2005 年，对各种经济违法违章案件的查处依据由《投机倒把暂行处罚条例》转向依据《中华人民共和国反不正当竞争法》《中华人民共和国产品质量法》《中华人民共和国商标法》等法律法规。

打击走私贩私　1986 年，按照国家物资部“没有准运证”就视为走私行为的管理规定，地区工商系统开始陆续对走私车辆等行为进行严厉查处。根据国务院发布的《关于加强对广东、福建两省进口商品管理的通知》，区内对从广东、福建凭“准运证”运往区内的进口商品范围，由汽车、摩托车、电子计算机、电视机等 17 种调整为 24 种。1988 年，地区工商局查处成武县物资系统走私日产汽车大案，对查缴的走私汽车按规定作出处理。1993 年，全省打击走私工作会议后，区内开展大规模的打私活动，共查获走私案件 32 起，案值 2000 余万元，其中查获走私贩私汽车 100 余辆、香烟 340 件，并拘留、收审走私贩私违法犯罪人员 11 名，有效遏制了这类犯罪活动在全区蔓延发展的势头。1997—1999 年，全区共查获走私汽车 24 辆、摩托车 56 辆、录像带 1200 盘、照相机 536 部、走私空调 23 台。2000 年 5 月，地区工商局根据海关总署、公安部、国家工商局、国家烟草专卖局联合发出的《关于移送涉嫌走私案件若干问题的通知》精神，由原来的查处走私汽车转向对各大医院医疗设备和器械等产品的查处。

2001—2003 年，全市工商系统结合本市的情况，坚持“打防结合，综合治理，突出重点，常抓不懈”的打私工作方针，对全市 9 县区经营和使用进口商品的单位和个人进行不间断的检查和专项整顿治理。2004—2005 年，主要对全市医院的进口医疗设备、摄像（照相）机销售单位的进口商品、进口汽车市场和大小眼镜店的商品进行严查处理，共查获案值 336 万元的走私商品。

查处不正当竞争　1993 年 12 月 1 日，《中华人民共和国反不正当竞争法》颁布施行后，全区工商部门开始对损害其他经营者的合法权益、扰乱社会经济秩序的行为进行查处。围绕群众反映较多的“热点”“难点”问题，开展整治节日市场、打假保春耕活动重点打击制、售病害肉、注水肉，各类假冒变质食品、饮料，假劣化肥、农药、种子和假冒商标、虚假广告等。1996—1999 年，共立案查结各种不正当竞争案件 700 余起，其中万元以上大案 376 件，收缴罚没款近千万元。查获的主要物资、物品有：汽车 37 辆，摩托车 110 辆，化肥 7649 吨，农药 1403 吨，农膜 320 吨，种子 142 吨，粮食 1174 吨，成品油 351 吨，卷烟 74219 条，酒 115710 瓶，饮料 178200 瓶，食品 35214 公斤，非法出版物 41 万册，商标标识 96 万套。

2000—2002 年，工商局先后组织和指挥对电信、保险、信用社、医院、电力、邮政、铁路、盐业、文教、殡仪等 16 个行业、38 个单位的限制竞争、商业贿赂等不正当竞争活动的专项整治，多项案件的查处走在全省前列。2003 年，全市立案查处各类不正当竞争案件400余起。其中囤积居奇，哄抬物价案件120起，无照经营或超范围经营案件118起，挽回经济损失2000多万元。此外，还集中查处规范了火车站、自来水公司等6家单位限制竞争、商业贿赂行为。

2004—2005年，在查处不正当竞争案件上，实施纵向联合、横向交叉、各级独立相结合的办案方法，拓宽了监管领域。两年间，全市开展综合治理及专项整治活动30余次，共查处不正当竞争案1225件，罚没款600余万元。

2001—2005年菏泽市公平交易执法情况统计表

表18-4-9

年份	案件总数（件）	案值（万元）	没收金额（万元）	罚款金额（万元）	其中：立案查处案件（件）					
					小计	当年发案数	案值5～10万元	案值10～30万元	案值30～100万元	案值100万元以上
2001	1466	8791	321	762	1413	1407	987	24	10	9
2002	2486	4758	63	1283	2069	2053	223	23	3	1
2003	2301	2282	47	907	2118	2100	44	9	1	—
2004	1834	1802	15	682	1843	1825	7	1	1	—
2005	1893	1408	—	683	1893	1881	8	3	1	—

查处假冒伪劣商品 1986—1987年，全区工商系统集中力量对假化肥、假农药、假种子、假柴油、假香烟、假白酒以及伪劣食品进行重点清查，有效遏制了域内制假售假行为。1988—1992年，重点查处化肥、农药、种子等易给农业生产造成重大危害的假劣农业生产资料案件和加强对集贸市场的整顿规范。1993年，坚持“断其源，挖其根”的原则，对全区市场的假冒伪劣行为进行治理整顿，共查处假冒伪劣商品案件221件，捣毁制假窝点54个，为受害者追回经济损失103万元，避免经销单位经济损失300万元，维护了公平竞争的经济秩序。2000年，全区工商系统共查处违法违规生产经营案件370件，捣毁制售假冒伪劣窝点23个，查获假冒伪劣商品充货值615.62万元，查扣假劣农资折款89.94万元。

展示查获的假冒伪劣商品

2001—2002年，在对市场的专项治理整顿中，全市工商系统共捣毁制假售假窝点30个，查处各类制假售假伪劣案件990件，其中移送司法机关追究刑事责任的案件7件，移送涉嫌犯罪分子5人，违法经营物资价值1252.4万元。2003年4—5月，在防控“非典型性肺炎”期间，对各类市场进行拉网式检查，以集中整治和属地“经济户口”管理相结合，实行动态和静态相结合，整治制售与防范“非典”相关的商品。全年共查扣口罩2000多件，药品500多公斤，“84”消毒液1200多件。2004—2005年，重点开展以奶粉、饮料、食品乳制品、月饼及食盐市场专项整治行动和禽流感防控工作，先后取缔活禽宰杀场所70余处，查获并销毁病死畜禽1000余公斤，立案查处假冒伪劣案件320起，捣毁制假售假窝点30余个。

销毁病死畜禽

打击传销及变相传销　20世纪90年代初期，传销由东南沿海地区逐步扩散到内地，一些不法分子利用传销进行价格欺诈，骗取钱财、推销假冒伪劣产品、走私产品，从中牟取暴利，偷逃税费，损害消费者利益，干扰正常的经济秩序，严重危害着当地的社会经济发展。1997年7月初，以传销郑州康福德变动器、武汉新田氧气健康器、河南雅利保健化妆品、西藏诺迪奥保健茶、安利公司日用品、天津天狮高钙素等产品的经营传销组织陆续从外地传入菏泽境内。7—9月，地区工商局根据国家及省工商局的统一部署，与各级公安机关联合开展了查处非法传销活动的专项整治行动，立案查处非法传销案件11起，案值达67万元，罚没款达42万元。1998—2000年，区内最为疯狂的“华良”传销网络被工商、公安机关联合取缔，共驱散传销人员上千人，端掉窝点11个。

2001—2002年，传销的形式仍是以“拉人头”为主，传销的商品多是安利、天狮、虹雨、啄木鸟等名牌产品，价格非常昂贵。2003年，加大对传销商品的打击力度，开展19次打击传销活动，端掉传销窝点58个，移交公安部门拘留头目12人。2004年，全市取缔（驱散）传销窝点、场所52个，驱散、遣返传销人员2082人，解救误入传销组织的学生13人，清理出租房屋、宾馆120个；立案8起，涉案人员626人，治安处罚15人，刑事拘留19人，移交司法机关处理5人，案值1489.1万元，罚没款共计14.5万元。2005年，加大对市区、城区传销活动的打击力度，重点宣传《禁止传销条例》《直销管理条例》。全市工商机关共立案查处违法传销案5起，罚款10万余元，端掉非法传销窝点160多个，遣散参与人员6000余人次，依法移交公安部门拘捕18人。

处置“消费储值”　2003年年初，一种名为“消费储值”的营销网络现身于济南后，菏泽市也发展了一些加盟商和代理商及持卡人，由于一些不明真相的人发财心切，致使被非法经营者骗取大量钱财。2004年9月，省委、省政府召开全省处置“消费储值”紧急会议后，市委、市政府随即成立以公安、工商部门为主的专案组。通过调查，菏泽境内从事“消费储值”及类似非法经营活动的单位和个人有 30 家，其中加盟商 1611 户，均是济南众旺、天津聚合、济南嘉纳、淄博波达、淄博圣宝、北京龙之图、山东绿盟、淄博九洲、上海银辉、河南正大等 12 家运营公司在菏泽境内发展的下线网络。根据各级政府关于处置工作的要求，全市各级工商、公安机关督促并积极协助代理商处理了 6400 名持卡人的问题，进行了各种费用的清理、清退工作，至 2005 年年底全部处置完毕。

第五章　物价管理

第一节　物价体制改革

1986 年，全区物价管理工作依据“自觉运用价值规律，发展有计划商品经济”的指导方针，贯彻“放调结合，以放为主”的原则，改变集中过多，统得过死的价格管理体制，扩大市场调节的范围，原来计划经济条件下高度集中的计划价格管理体制开始改变，初步形成国家定价、国家指导价、市场调节价并存的格局。菏泽地区先后调整粮、棉、油等农产品的购销和价格政策，取消统派购，实行合同定购。定购内的农产品实行比例计价，并对国家定购部分的价格进行微调；定购以外的实行议价收购，同时把返销农村的粮、棉、油价格提高到与收购比例价持平，把工业用粮改为议价供应。放开和调整肉、蛋、菜、鱼、糖等主要副食品的销售价格。1989 年起，针对出现的“抢购风”“涨价风”进行治理整顿，重点是在逐步降低物价上涨幅度的前提下，整顿价格秩序。调整、补充、完善已出台的改革措施，同时实行价格总水平调控目标领导负责制。1992 年起，全区贯彻国家适度从紧的财政、货币政策和关于加强宏观调控的具体措施，重点抑制通货膨胀，继续实行价格总水平调控目标责任制，减轻企业、农民和居民负担。1994 年，被撤并的 8 个县物价局陆续得以恢复，行使辖区内的物价管理职能。1997 年起，价格工作由抑制通货膨胀转向扩大内需、优化结构，政府价格管理方式从“管价格”向“管行为”，“重管理”向“管理和服务并重”过渡，价格管理工作的重点转向完善宏观调控措施，加快价格法制建设，整顿价格秩序等方面。1998 年 5 月，《中华人民共和国价格法》颁布实施，价格管理开始迈入法制化、规范化和科学化的管理轨道。2000 年，地、县两级物价管理部门相继设立价格举报中心。价格举报中心的设立，提高了违法价格案件查处的时效性和结案率。2001—2005 年，价格

1998 年 4 月 26 日，《价格法》宣传

管理由国家直接管理为主转向间接管理为主，绝大多数商品价格放开，由企业自主定价，计划价格不再“一统天下”，形成国家定价、国家指导价和市场调节价三种价格形式并存，以市场形成价格为主的新体制。物价管理步入良性发展轨道。

2003 年 11 月 28 日，价格听证会

第二节　价格管理

1986 年，重点进行以放开为主的价格改革，采取“放调结合、稳步前进”的方针，取消粮食统购，改为合同定购；放开并理顺肉、蛋、菜、糖等主要副食品的销售价格，并按定量给职工增发 4 种副食品补贴。菏泽城区职工每人每月补贴 10 元，县城和乡镇职工每人每月补贴 8 元。放开国产手表、家用电风扇、缝纫机、收音机、自行车 5 种商品价格。1988 年，提高棉花等部分农副产品收购价格和工业用原材料、燃料、动力价格。中共十三届三中全会作出全面深化改革的重大决策：发布最高限价，对化肥、农药、农用地膜等重要农业生产资料实行专营，对国内生产的与群众关系密切的商品实行计划管理，对已放开价格

1989 年，对商场价格检查

的电冰箱、洗衣机、电视机、自行车实行调价申报制度等。1989 年，针对上年价格水平上涨过多的情况，适当提高部分粮油收购价格，对彩色电视机实行专营并征收特别消费税和国产化基金，下浮 13 种名烟、名酒价格，提高食盐零售价，整顿棉纺织品价格及铁锅、铝锅、保温瓶、毛线 4 种日用工业品价格，使物价涨幅低于上年，市场物价形势明显好转。1991 年，提高石油、煤炭、钢铁等系列产品和城镇粮油及相关制品的价格，调整地管水泥、铁锅、民用液化气价格，放开糖、烟、油漆、搪瓷制品等 120 多种商品价格和理发、洗浴、照相、洗染 4 个行业的价格及收费标准；粮食酒、绸缎等商品由国家定价改为国家指导价；取消电冰箱、洗衣机、水产品等商品的提价申报制度和差率控制。1992 年，在全区范围内放开粮油销售价格，财政不再给粮食经营企业价格补贴，由企业根据合理差率确定销售价格。1993 年，放开煤炭、冶金、机电等 1023 种商品价格；将棉纺织品、啤酒、水泥等 10 多种商品由国家定价改为国家指导价；放开供应城市居民的液化气销售价格，财政改暗补为明补。1996 年，对牵动物价总水平上涨较大的“米

1998 年夏，物价人员现场检查落实小麦敞开收购和顺销价格政策

袋子”“菜篮子”价格加大了调控力度。1998 年，按照国家、省统一部署，适当降低小麦和玉米的定购价、保护价和棉花收购价，加强按保护价敞开收购和顺价销售政策的检查落实；实行原油和成品油在政府调控下的市场形成价格机制；降低部分电信业务资费标准；推行农村分类综合电价；整顿调整药品价格、铁路运价等商品服务价格。2001—2005 年，市、县区两级物价管理部门把价格结构调整与经济结构优化紧密结合，先后调整小麦、玉米定购保护价格及蚕茧的收购价格，并适当拉开品质差价；实行棉花价格由政府指导下的市场形成价格机制；为促进工业结构调整，加强农网改造的参与力度，降低农村电价和供电贴费标准。此外，还调整全市教育收费标准，规范民办学校收费标准，以支持教育事业的发展。

第三节　收费管理

1986 年，随着行政事业单位人员不断增加，特别是自收自支事业单位大量出现，全区出现以费养人、以费养业的局面。1987 年起，开始放开一般性经营收费，加强行政事业性收费管理。为了保障合法收费，取缔非法收费，维护国家、企业和人民群众的合法权益，根据《价格管理条例》，经过集中清理，按照省、地、县物价部门核定的收费项目和标准，分别对各收费单位颁发“收费许可证”，同时要求收费单位亮证收费，并持“收费许可证”到财政部门领用统一监制的收费票据，在同级财政局设立预算外收支账户，接受财政部门监督，从而基本结束了长期存在的行政事业性收费标准无人管，开支使用混乱的局

1992 年 6 月，全区行政事业性收费人员培训

面。1994 年 1 月，省政府发布《山东省行政性事业性收费管理条例实施办法》，使收费管理工作步入规范化和法制化轨道。为加强全区的收费管理工作，1998 年 4 月，设立收费管理办公室，下发《菏泽地区收费管理办法》，制定进企业收费批准通知书、企业交费登记卡、企业收费监督员、收费明白卡等四项基本制度及收费公告和举报两项配套制度。同年，在《菏泽日报》上分 4 期公告 48 个系统的收费项目和标准，并聘请 82 名企业收费监督员。从建立收费管理的四项制度，到公告收费项目和标准，公布举报电话，再到跟踪查处举报乱收费

案件，对乱收费形成全方位、立体式的全面治理。根据中共中央、国务院《关于治理向企业乱收费、乱罚款和各种摊派等问题的决定》（简称《决定》）的要求，地、县市开始清理整顿涉企收费，对现行所有收费，从立项背景、文件出处、征收范围、标准、资金用途等方面逐一进行清理审核，共清理出不符合中央《决定》的涉企收费117项，每年可减轻企业负担3347万元，加上国家和省取消的收费项目对菏泽地区的影响以及实施进企业收费三项制度，每年总计可减少企业缴费负担7368万元。中央电视台等新闻媒体多次报道菏泽收费管理的先进经验。至2005年，先后有省内外20多个市地的物价部门到菏泽学习收费管理经验。

1998年8月6日，全省收费管理工作现场经验交流会在菏泽召开

1989—2005年菏泽市（地区）教育收费一览表

表18-5-1

年度		杂费（每生生学期）	学（杂）费（每生每学期）	住宿费（每生每学期）	借读费（每生每学期）	备注
小学	1989—1992	农村4元 城市6元	–	农村6元 城市10元	20元	贫困县区农村实行一费制，每生每学期60元。
	1992—1995	农村8元 城市12元	–	农村12元 城市20元	40元	
	1995—1998	农村12元 城市18元	–	农村24元 城市40元	80元	
	1998—2000	农村30元 城镇40元	–	农村40元 城镇50元	180元	
	2000—2002	农村40元 城市55元	–	农村50元 城市70元	300元	
	2002—2005	农村40元 城市55元	–	农村50元 城市70元	300元	
初中	1989—1992	农村8元 城市12元	–	农村6元 城市10元	30元	贫困县区农村实行一费制，每生每学期115元。
	1992—1995	农村16元 城市24元	–	农村12元 城市20元	60元	
	1995—1998	农村24元 城市36元	–	农村24元 城市40元	120元	
	1998—2000	农村55元 城镇65元	–	农村40元 城镇50元	300元	

续表 18-5-1

<table>
<tr><th colspan="2">年　度</th><th>杂　费
（每生生学期）</th><th>学（杂）费
（每生每学期）</th><th>住宿费
（每生每学期）</th><th>借读费
（每生每学期）</th><th>备　注</th></tr>
<tr><td rowspan="2">初中</td><td>2000—2002</td><td>农村 70 元
城市 90 元</td><td>–</td><td>农村 50 元
城市 70 元</td><td>500 元</td><td rowspan="2">贫困县区农村实行一费制，每生每学期 115 元。</td></tr>
<tr><td>2002—2005</td><td>农村 70 元
城市 90 元</td><td>–</td><td>农村 50 元
城市 70 元</td><td>500 元</td></tr>
<tr><td rowspan="3">高中</td><td>1989—1992</td><td>农村 10 元
城市 15 元</td><td>农村 10 元
城市 12 元</td><td>农村 6 元
城市 10 元</td><td>60 元</td><td rowspan="3"></td></tr>
<tr><td>1992—1995</td><td>农村 20 元
城市 30 元</td><td>农村 20 元
城市 24 元</td><td>农村 12 元
城市 20 元</td><td>120 元</td></tr>
<tr><td>1995—1998</td><td>农村 36 元
城市 54 元</td><td>农村 30 元
城市 40 元</td><td>农村 24 元
城市 40 元</td><td>240 元</td></tr>
<tr><td rowspan="3">高中</td><td>1998—1999</td><td>农村 100 元
城镇 110 元</td><td>农村高中 60 元
城镇高中 70 元
省级规范化高中 210 元</td><td>农村 40 元
城镇 50 元</td><td>–</td><td></td></tr>
<tr><td>1999—2000</td><td>–</td><td>农村高中 180 元
城市高中 330 元
省级规范化高中 500 元</td><td>农村 40 元
城镇 50 元</td><td>–</td><td rowspan="2">2004—2005 年收取公办高中择校费，省级规范化学生每生最高 4000 元，市级规范化学校每生最高 3000 元。</td></tr>
<tr><td>2000—2005</td><td>–</td><td>农村高中 300 元
城市高中 500 元
省级规范化高中 800 元</td><td>农村 50 元
城市 70 元</td><td>–</td></tr>
</table>

1986—2005 年菏泽直供区居民生活用电价格一览表

表 18-5-2

序　号	时　间	单位	价格
1	1997.03—1998.05	元 / 千瓦时	0.32
2	1998.05—2001.12	元 / 千瓦时	0.432
3	2002.01—2004.05	元 / 千瓦时	0.52
4	2004.06—2005	元 / 千瓦时	0.54

1986—2005 年菏泽城区居民用水价格一览表

表 18-5-3

序　号	时　间	单　位	价格
1	1985.01—1988.06	元 / 立方米	0.20
2	1988.06—1995.10	元 / 立方米	0.50
3	1995.10—1996.11	元 / 立方米	0.65

续表 18-5-3

序　号	时　间	单　位	价格
4	1996.11—2000.12	立方米	0.75
5	2000.12—2005.12	立方米	1.00

第四节　价格监督检查

1984 年 9 月，根据国务院和山东省人民政府的有关要求，地、县市两级物价部门相继设立物价检查所，对关系国计民生的重要工农业生产资料价格、垄断性行业价格（收费）、与人民生活密切相关的必需品价格或收费进行检查。2000 年，根据国家计委《关于价格举报工作的规定》，地、县市物价部门都设立物价举报中心，向社会公开举报电话，提高了查处案件的时效性和结案率。至 2005 年，全市共查处价格违法案件 2.13 万起，查出违法金额 1.9 亿元，实行经济制裁 1.85 亿元；受理群众举报 1.56 万起，立案查处 1242 件，实施经济制裁 1187.58 万元，其中退还用户 803.89 万元，上缴财政 374.96 万元。

第六章　质量技术监督管理

第一节　标准化管理

1986 年，地区标准计量处面向全区企业推广国家标准，并对标准化知识进行大力宣传。1989 年《中华人民共和国标准化法》颁布后，在全区进行标准化法的实施、物品编码和企业标准化考核，推动了企业标准化体系的建设，全区有 31 家企业顺利通过了考核。1992—1994 年，组织全区企业开展采用国际标准活动、企业标准备案活动和单位统一代码证书的发放工作。2001 年，为加强农业标准化工作，市政府下发《关于实施农业标准化的意见》。2003 年 7 月，国家重要技术标准试点工作在菏泽开展，市政府下发《关于做好技术标准试点工作的意见》，芦笋、牡丹、鲁西黄牛、小尾寒羊四项国家技术标准研究，成果在推动菏泽市的农业产业化方面初现经济效益和社会效益。2004 年，全市标准覆盖率达到 98%，顺利通过全国消灭无标准生产试点验收，列全省达标市前 5 名。市技术监督局建立全市最大的标准资料库和电子检索系统，并为企业查询、搜索产品、技术和方法标准1.31万份；组织专家为62家企业起草标准文本89份，使12个企业的15种产品采用了国际通用标准；制订种植、养殖、屠宰加工技术规程等12项农业产业化急需的标准，被纳入山东省地方标准制定计划；建立国家级农业标准化示范区3个，省级农业标准化示范区1个，标准化无公害蔬菜基地35个，国家认证的无公害蔬菜品种60个。至2005年，全市办理组织机构代码证3.1万家，注册商品条码484家，馆藏标准3万余份。

第二节　计量管理

1986年《中华人民共和国计量法》颁布实施后，对用于贸易结算、安全防护、医疗卫生、环境监测方面的列入强制检定目录的工作计量器具实行强检，并逐步完善检定手段。1987年，首先从衡器、竹木直尺等民用计量器具进行改制，对全区范围内使用的测力仪器设备、测压仪器仪表、度量衡计量器具进行改制，至1989年，全区全面完成向法定计量单位的过渡。1990年，开展企业计量定级活动，全区有361家企业达到国家计量定级标准，其中二级25家，三级和计量验收合格企业336家。1995年，开展全区医疗卫生系统计量器具的强检工作和汽车里程表的管理工作，全区计量标准和工作计量器具受检率分别达到98%和90%以上。2004—2005年，通过严格对计量标准器具和计量基准器具的监督管理及定期校准，确保了全市量值传递的准确可靠，使计量器具定检率达到95%以上。

第三节　质量监管

1986—1989年，按照国务院颁布的《工业产品生产许可证试行条例》，在全区开展许可证的发放工作；下发《菏泽地区产品质量监督检验暂行规定》，并在全区范围内开展产品质量专项整治活动。1990年，菏泽的油嘴油泵、电度表、特鲜酱油、白酒等一批产品相继获的得省优、国优产品称号。1995年，强化省、地免检产品管理，菏泽地区获省级免检产品3个；质量信得过产品21个，在流通领域开展“质量、计量信得过”评选活动，推出“双信单位”31个。1999年，国家技术监督局提出开展“三大战役”（查食品、保两节，查农资、保春耕，查建材、保建设）活动，地区技术监督局组织力量，进行集中整治。2000年，省技术监督局决定对质量体系健全、产品质量稳定的产品在流通领域实行免检，菏泽的部分企业生产的产品取得山东省免除流通领域检查资格。2002年8月，在全市范围内正式启动质量兴市活动，对大米、面粉、食用油、醋、酱油等实行市场准入、审查发证、无证查处制度。共审查上述食品生产企业540家，帮助解决质量问题2430个，准许225家食品企业的产品进入市场，全市共有358家企业获得食品许可证。2003年，在对定期监督检查的产品实施抽检分离。采取处理盲样的办法，避免检验人员同样品直接接触，增加了检验工作的公正性。按照行政区域，在全市设立62个区域监管站，每个站管理2～3个乡镇，负责辖区内所有生产企业的质量监管，使监管工作无漏洞，无缝隙，保证了全市范围内不发生重大质量安全事故。依托

区域监管，建立全市第一个质量档案库，把全市3272家生产企业的质量状况全部输入微机，并对电子档案实行动态管理，做到及时发现问题，及时跟踪服务，及时帮助企业排忧解难，共解决质量问题1.48万个，促进了企业产品质量升级，提高了质量监管水平。市质监局还对市政府确定的30强企业和150家规模以上的工业企业给予重点扶植，鼓励有条件的企业开展质量认证。全市工业企业认证达94家，超过全省平均增长幅度；工业产品省监督抽查质量合格率为87%，高于全省4个百分点；定期监督检验合格率为92%，高于全省6个百分点，菏泽市的产品质量开始进入全省前列。2004年，依托区域监管网络，对全市食品生产和销售单位、特种设备使用单位建立日常巡查制度，为全市907家食品生产企业和5627台特种设备建立专门的电子质量档案。1—9月，共开展专项治理活动14次，将一大批假冒或过期变质食品清理出市场，责令45家不合格食品的生产企业进行整改，查处非法制造、安装、使用、修理特种设备的违法案件33起，依法拆除土锅炉1018台，确保全市食品质量和特种设备安全。为加大质量监督管理力度，设立“12365”指挥中心。4月阜阳毒奶粉事件发生后，市质监局启动应急预案，指挥中心连夜下达检查全市奶粉市场紧急指令，全市质监系统共出动800人、车辆120台次，突击检查全市范围内的370个奶粉经销点，抽取样品1045个，杜绝了毒奶粉在菏泽境内的销售。2005年，加大对食品的监管力度，实行行政受理、技术审查和发证后监督“三权分离”，全市有156家企业获得生产许可证，148家食品无证生产企业被查处。年底，全市生产企业的产品已全部纳入2005年定检计划，其中面粉等17类重点产品的定检率为100%；14家企业生产的15个产品获得山东名牌，达驰牌变压器获国家名牌。

第四节　质量检验

1986年，依据《中华人民共和国标准化法》的规定，成立产品质量监督检验所，承担全区生产企业部分产品的监督检验。1990年，地区质检所通过省级计量认证产品总数37个，但仅能对白酒、酱油、食醋、糕点和建材等部分项目进行检验。1990年，地区质检所通过省级计量认证项目只有8项，2000年达到83项。1998年11月，成立黄金珠宝产品质量监督检验中心，开始对黄金、珠宝等商品进行部分项目的检验。2004年，率先在全省进行检验检测机构的

质量检验

改革，共投入近 100 万元建成山东省食品通用实验室，基本满足地方经济发展和社会服务的需要。新建成的食品通用实验室，不仅能对全市所有生产和市场在销售食品进行检验，还能对蔬菜、水果、肉、禽、蛋等农副产品进行药残检验。为验证曹县大头娃娃食用奶粉的质量状况，食品通用实验室工作人员依靠精尖的设备连夜检出结果，比国家质检中心的检测结果提前 34 个小时，为市委、市政府决策提供了可靠的数据。该实验室全年检验 1.2 万批次。2005 年，食品通用实验室完成扩项产品认证 635 种、数认证 89 种、方法认证 795 项，成为菏泽周边地区检验项目最多的食品实验室，被国家总局和省局称为“欠发达地区的发达现象”。为了适应国内和国际棉花发展的需要，市质监局投资 320 万元建成国内一流的棉花综合检验室，并从美国进口 1 台 HVI1000 型大容量棉花检测仪。该实验室通过了国家有关部门的验收，可完成省级计量认证项目 92 项。

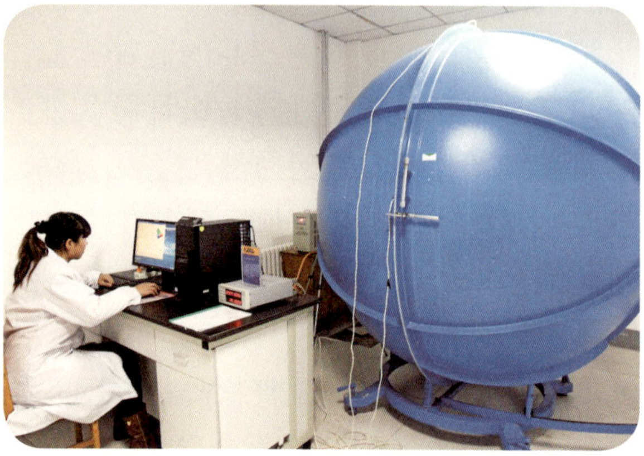

质检中心先进的检验检测仪器

第五节　行政执法

1986—1990 年，依据《中华人民共和国标准化法》《中华人民共和国计量法》《产品质量监督条例》对部分违法案件进行查处。1991 年，共查处有计量违法和质量违法行为的企业 223 家，其中 196 家企业受到行政处罚，罚款 18 万元。1993 年，地、县市成立了“三位一体”的稽查机构 10 个，配备人员 165 人，并投资 40 万元配备了稽查车辆和通信工具。全区共查处案件 2291 起，罚没款 379 万元，移交司法机关处理 32 人。同年 3 月，地区技术监督稽查所成立后，对石油、白酒、一次性输液器和劣质盐进行专项整治，取得较好的社会效果。在对单县城关供销社出售劣质柴油导致两人死亡案件的查处中，地区稽查所调查准确、全面，促使销售单位向受害者赔偿 10 余万元的经济损失。2004 年，开展民用电能表、热能表、燃气表、水表计量问题的检查，共检查住宅区 150 多个、检查用户 1.2 万家，检查电能表 1.35 万只、水表 6300 余只，燃气表 3000 多只、热能表近 1000 只。对检查中发现的部分未按规定进行“四表”首检的行为进行了整改，维护了群众的切身利益。在春耕和秋种时节，两次组织开展农资市场专项治理，共查缴假冒劣质农药、化肥 500 多吨，货值 280 多万元；解决农资纠纷 102 起，为受害农民追回经济损失 36 万元，有 120 多户受害农民得到应有赔偿。2005 年，全市质监系统共组织各种打假活动38次，治理整顿专业市场68处，查处制假售假案件 800 多起，打掉制售假冒伪劣窝点 77 个，查处假冒伪劣产品货值达 1130 万元，罚没款 923 万元，为消费者营造了放心满意的消费环境。

第七章　国土资源管理

第一节　土地使用制度改革

1988 年，菏泽地区开始推行农村宅基地有偿使用试点工作，通过行政和经济手段，加强对农村宅基地的管理，有效地控制了村庄建设规模，及时制止了农民建房乱占耕地、圈大院的回潮现象。国务院下发《关于废止农村土地管理三项收费》的文件后，调动了农民节约用地、保护耕地的积极性。1990 年，《城镇国有土地使用权出让和转让暂行条例》实施之后，全区土地使用制度改革逐步由农村转向城镇。从 1990 年菏泽地区出让第一宗国有土地使用权开始，以后逐步扩大出让和转让的范围。中共十四届三中全会《关于建立社会主义市场经济体制若干问题的决定》，为建立发展社会主义土地市场指明方向，境内各级党委、政府把土地使用制度改革、培育和发展土地市场，摆到重要的议事日程，开展大规模的清理整顿土地市场工作，把大量自发的土地交易纳入依法管理的轨道，控制了土地资产的严重流失。1994 年全国土地使用制度改革工作会议之后，菏泽地区土地使用制度改革进入新的发展阶段。集体土地、乡镇企业用地有偿使用，原划拨土地使用权的转让、出租和抵押管理，国有土地使用权的出让，“四荒”（荒山、荒沟、荒丘、荒滩）土地的开发利用等项改革都有新的起色。出让方式由协议出让发展到招标、拍卖出让，增加了出让土地在新增建设用地中的比重。1994 年，单县率先敲响菏泽地区国有土地使用权招标拍卖的第一锤，巨野县敲响“四荒”土地拍卖的第一锤。据统计，1994 年全区共出让土地使用权 579 幅，面积 1290.37 公顷，收取出让金 3116.39 万元，出让收入 834.12 万元，其中国家建设出让 112 幅，面积 79.2 公顷，乡镇村集体建设出让 15 幅，面积 11.17 公顷。全区在土地供应上，实现由行政划拨向有偿出让的转变；在出让方式上，实现由协议出让向招标拍卖的转变，土地使用制度改革有了新的突破。1995 年，为加大土地使用制度改革力度，行署下发《关于进一步深化土地使用制度改革的决定》，将菏泽地区国有土地使用权出让范围进一步扩大，有偿使用的力度进一步加大，国有土地使用权公开出让的比重不断增强。新的《中华人民共和国土地管理法》颁布实施后，菏泽市政府下发《关于进一步深化城镇国有土地使用制度改革加强土地市场管理的通知》，随后又相继出台《菏泽市土地储备管理办法》《菏泽市实行政府统一征地办法》《菏泽市国有土地租金征收办法》等规范性文件。2002年，菏泽市区首次以招标拍卖挂牌方式出让第一宗国有土地使用权。全市按照“统一规划、统一收回、统一储备、统一配置、统一管理”的“五统一”管理模式，对城市国有土地进行有效的管理。《菏泽市国有土地使用权招标拍卖挂牌出让办法》的实施，促使菏泽市经营性用地全部以招标拍卖挂牌方式出让，土地逐步实现由政府主导向市场主导、政府管理的有效经营方式转变。2003年3月，根据国务院、省政府的统一部署，全市开展大规模的清理整顿土地市场秩序工作。通过治理整顿，查处一批违法用地案件，维护了良好的土地市场秩序，将土地使用制度改革纳入法制化轨道。为全面开展地租金征收工作，完善土地有偿使用制度，市、县两级都成立了地租金征收机构，当年征收地租金800余万元，实现政府土地收益向多元化发展。2003—2005年，全市累计实现政府土地纯收益16亿元，为城市建设提供了资金支持。

第二节　编制土地利用规划

按照《中华人民共和国土地管理法》的有关规定，地、县两级土管部门从1991年12月起，开始编制全区土地利用总体规划。该基期为1990年，目标年为2000年，规划期10年，1994年被省政府批复实施。从规划实施的情况看，该规划对保护耕地、加强土地管理，起到一定的作用，但是还存在着不少问题：①主要考虑土地利用结构的合理性与否，缺乏耕地总量动态平衡目标要求，致使1990—1996年全区年均减少耕地3240公顷；②各级领导和干部群众对土地利用总体规划的认识程度不够，没有把规划摆到“龙头”位置；③没有处理好城市规划与专项规划的关系，缺乏对城镇规模的约束，致使城镇规模膨胀，占用大量耕地；④的有关内容不能满足《菏泽地区国民经济和社会发展第九个五年计划及2010年远景目标纲要》的要求。鉴于以上原因，对上一轮规划重新修编。1999年，按照新法土地用途管制的要求，将土地由原来的八大类划分为“农用地、建设用地、未利用地”三大类。2000年3月，二轮规划通过了省土地管理局组织省直23个部门的审查，8月由省政府批复实施。此次规划修编以1996年土地利用现状变更调查为基期，2010年为规划期，并展望到2030年。2000年，按照国家《县级土地利用总体规划技术规程》的要求，县级土地利用总体规划设立3个专题和2个专项规划（耕地总量动态平衡研究、城镇土地利用问题研究、非农业建设占用耕地专题研究；基本农田保护区规划、土地整理复垦开发规划）。《菏泽地区土地利用总体规划及专题研究（1996—2010年）》以《菏泽地区国民经济和社会发展第九个五年计划及2010年远景目标纲要》为指导，按照实现耕地总量动态平衡、实施土地用途管制、实现土地资源可持续利用三大原则，突出了保护耕地、控制非农业建设用地、大力开发复垦土地三项重要内容。

2001年，随着山东省“突破菏泽”战略的实施，招商引资项目纷纷落地境内，建设用地呈全面扩张之势，用地指标严重不足。为了保证菏泽经济的可持续发展，改变传统的土地利用模式，以缓解经济高速增长对土地资源需求的压力，市、县区两级加强耕地和基本农田保护，促进节约和集约利用土地，优化城乡用地结构和布局，统筹区域土地利用，协调土地利用和生态环境建设，强化规划管理保障措施等工作。至2005年年底，全市土地利用总体规划修编工作全部通过评审验收。

第三节　耕地保护

1986—1990年，依照《中华人民共和国土地管理法》，对乡镇建设用地进行多次专项清理，查处部分违法用地案件，乱占滥用耕地的现象得到初步遏制。1990年，全区耕地保护面积在86.34万公顷左右。1993年，地、县两级土地管理部门为落实“十分珍惜、合理利用土地和切实保护耕地”的基本国策，开展基本农田保护区规划试点工作。1996年，在试点工作的基础上完成253个乡镇第二轮基本农田保护区划定调整任务，增加保护面积6.24万公顷，并在此基础上编制基本农田保护区规划。该规划共确定全区基本农田保护区68.79万公顷，基本农田保护片6864个，保护块24917块。2000年以后，随着境内经济的快速发展，有些地方出现了掠夺性生产，不注重培养地力，有些地方在经济开发建设中乱圈乱占基本农田，在农业结构调整、农田林网、绿色通道建设中等占用较多的基本农田，使境内基本农田的面积和质量均出现降低趋势。为切实保护好基本农田，市政府于2004年组织700多人的清查队伍，对各项非农业建设用地、农业结构调整占用耕地和农村撂荒地的情况进行全面检查，至2005年年底，全市共落实基本农田面积71.43万公顷，划定地块13437块；全市158个乡镇，全部完善了基本农田保护档案，重新建立起统计台账及统计表、册；县、乡、村、农户层层签订基本农田保护目标责任书，其中到村的7367份，到户的172.17万份。

第四节　地籍管理

土地调查　非农业建设用地清查　1987年12月—1988年12月，对全区各县市的全民与城镇集体企事业单位和乡镇企事业单位非农业建设用地进行全面清查。非农业建设用地清查工作完成后，地区土地管理局按照“山东省清查非农业建设用地的检查验收标准”进行了全面验收，清查结果均达到验收标准。

土地资源调查和土地变更调查　1986年2月，土地资源调查工作在定陶县进行试点工作。1992年5月，县级土地资源调查任务全面完成。1993年8月，首次查清了全区253个乡镇7497个行政村的土地面积，并编制出新中国成立以后比较完善、准确、规范、系统的县市、乡镇、村三级土地资源数据，结束了菏泽地区土地资源家底不清的状况。此次调查，共绘制县市、乡镇《土地利用现状图》262套，编写《土地资源调查报告》9套，出版《菏泽地区土地资源》一书。全区参加这次调查的各级干部和工程技术人员多达9000余人，耗资686万元，搜集了一大批极为宝贵、真实、无可替代的最新土地资源数据。

土地变更调查工作，以每年10月31日为统一时点，地、县两级计算机处理土地利用现状变更调查数据，大大提高工作效率，满足了土地管理和经济发展的需要，为全区经济发展提供了最新、最现实的基础资料。

地籍调查和耕地后备资源调查 自1990年开始，各县市分别举办村庄地籍调查培训班，集中培训技术业务骨干。地籍调查采取“图解法”技术，以行政村为单位，结合农村宅基地有偿使用，分期分批开展。1993年年底全部完成域内农村地籍调查工作。1990—1996年，进行城镇地籍调查工作，先期采用勘丈法，后期采用“数字化测图”技术，完成城市建成区15平方千米的调查工作，各县也相继采用“解析法”完成县级解析地籍调查。

2002年8月—12月，在试点培训的基础上，各县区统一开展耕地后备资源调查评价工作，并于2002年12月上旬完成县区成果验收。2003年3月完成市级成果编制和耕地后备资源调查评价成果，并通过了省级验收。此次调查全面查清了菏泽市耕地后备资源现状，为实现《中华人民共和国土地管理法》确定的耕地占补平衡目标以及制定土地开发、复垦、规划等奠定了基础。

土地利用现状更新调查 根据省政府办公厅《关于集中开展全省土地调查工作的通知》精神，菏泽市于2004年把土地调查工作纳入政府年度工作目标和议事日程，并按照财政分级负担的原则，落实了土地调查所需的经费。为保证土地调查工作的质量，制订《菏泽市土地调查工作方案》《菏泽市土地利用现状（更新）调查技术方案》。2005年，以最新的航空图片作为此次土地调查的工作底图，利用卫星遥感数据（卫片）进行校核，加快了土地调查工作进度，提高了土地调查成果质量。

土地登记发证 1989—2005年，菏泽市初始土地登记工作基本完成。全市国有土地使用权的初始登记应发证数为62748宗，已发56473宗，发证率达90.39%；集体土地所有权的初始登记应发证数为8217宗，已发8017宗，发证率达97.57%；集体土地使用权初始土地登记应发证数为179.39万宗，已发142.12万宗，发证率达79.23%；城镇住房土地登记基本完成，达到80%以上，土地变更登记率达到90%以上。

2004年，根据国土资源部地籍管理司《关于确定农村集体产权试点》的通知和省国土资源厅《关于开展农村集体产权调查试点的通知》精神，菏泽市从3月开始对4个县区的8个乡镇99个行政村开展“全国农村集体土地产权调查示范区”的试点工作。至2005年年底，已完成外业调查的有99个行政村，506个村民小组，2245宗宗地；达到发证条件的有17个村，68个村民小组；已发放集体土地所有权证书284本。

土地统计 1988年，县级土地统计按土地权属单位建立乡镇土地统计台账253套，按集体所有土地、国有土地及汇总面积建立乡镇土地统计簿253套、县市统计簿9套。1996年进行变更土地统计工作，建立系统规范的农村土地统计制度。1998年，进行城镇土地统计工作，建立了城镇地籍统计台账、城镇土地统计簿和城镇土地统计制度。

第五节　测绘管理

测绘管理机构　1986—1996年，测绘管理工作没有正式机构，管理业务由地区水利局设计院代管。1996年12月，地区测绘管理办公室成立，挂靠在地区水利局。2002年1月，测绘管理办公室整建制划归市国土资源局，设立测绘管理科。1997年全区具有测绘资质的单位仅4家，2000年增加到15家，2003年发展到23家。到2005年，全市国土资源、房产、水利、规划、公路五大系统，共受理资质注册25家，形成依法测绘的局面。

测量标志　1986年，全区有测量标志1158座。这些测量标志大多数是50年代所建，经多年风雨侵蚀和人为破坏，完好标志仅存493座。2004年，市政府在市城区布设控制面积在240平方千米的GPS控制网，有D级点24个，E级点399个。2005年，全市又新布设C级GPS控制网和三等水准网点，省、市投资360万元建立的市区240平方千米的城区地理信息框架工程正在实施中。

地图编制　2001年5月，市土管局在菏泽地区水系图的基础上，修改编制了新的菏泽市水系图。2002年，市政府出资199万元，测制全市1：1万地形图477幅，更新1979年的1：1万地形图，并且全部进行线化。2003年2月，编制出版地改市后的菏泽市地图。8月，编制出版菏泽市城区图。之后，又相继编制出版了2004年、2005年的菏泽市交通旅游图。

第六节　行政执法

1986年以前，从事土地管理工作的部门非政府单设机构，归属于地区农业局土地管理科。1987年成立地区土地管理局后，行政执法工作由监察科负责。1986—1987年，按照省政府《关于全面开展非农业建设用地清查的通知》要求，全区共清查出违法占地案件10550件，违法占积3304.33公顷。对违法占地的案件，依照有关政策和法律规定，共处理退耕案件2302件，退还耕地368公顷；补办用地手续4038件，面积2936.33公顷；经济处罚4210件，罚没款800万元。有效遏制了乱占滥用耕地现象。1990年，全区土管部门相继成立土地违法案件联合执行室以后，加大对土地违法案件的查处力度，共查处各类土地占用违法案件12027起，违法占地24054公顷，其中擅自占用土地的7608起，占地11387公顷；买卖和非法转让土地的2193起，占地1640公顷；越权批地1226起，面积10068公顷；私自出租和抵押土地136起，占地156公顷；其他864起，占地803公顷。对其中1645起、占地425.7公顷土地占用违法案件进行依法处理，拆除建筑物2.67万平方米，收回土地76.4公顷，罚没款578.3万元。

1992年3月，地区土地管理局下发《关于开展创建“五有四无”乡镇活动的意见》（五有：有土地管理机构、有专职人员负责、有办公用房和必要的设备、有工作和廉政建设制度、有较为正规的管理档案和地籍台账；四无：无越权批地、无违法管地、无违法占地、无越级上访和重访的土地纠纷案件），在全区开展“五有四无”创建活动。至2000年年底，全区已有201个乡镇达到“四无”乡镇标准，占全区乡镇总数的78.8%。

2000—2003年，全区接待群众来信来访17807人次，其中来访13607人次，信访2600多封，集体上访206起1600人次，结案率达90%以上。1999年地区土地管理局被国家土地管理局评为“全国土地信访工作先进单位”，2000年被地委、行署授予全区“信访工作先进单位”“信访文明接待室”称号，2001—2003年连续3年被省国土资源厅评为“全省信访工作先进单位”。

2003—2005年，按照国务院的统一部署，由市国土资源局、城建局、行政执法局、公安局、检察院、法院等部门联合组成执法队伍，在全市范围内开展全面清理整顿土地市场秩序工作，对各种非法占地行为进行清理整顿，对闲置土地依法收回，纳入政府储备库。3年中共查处违法占地案件12249宗，面积6750公顷；完善用地手续10020宗，面积431公顷；收回闲置土地157宗，面积289.6公顷，弥补国有资产流失7000多万元，政府创收18.5亿元。

第八章　海关监管

1996年12月，青岛海关菏泽办事处开关办理海关业务。其主要职责是进出口货物查验，加工贸易保税货物的中期核查，进出口减免税设备的核查，加工贸易手册的销核、走私违规案件的调查处理等。菏泽海关业务辖区为菏泽行政区域。

1996年12月，青岛海关驻菏泽办事处开关典礼

第一节　货物监管及税费征收

1998年，对首次办理合同备案的企业进行前期验厂，共验厂23次；对不具备加工能力的企业不予备案，共涉及6家企业、10份合同，涉及涤纶短纤、腈纶短纤、聚乙烯等敏感商品1800吨，总价值196.2万美元。料件进口后，坚持中期核查，下厂销核制度，销核率达100%。年末，全区共销核结案78笔合同，内销补税173.4万元；稽查企业40余家，稽查补税75万元；征收保证金141万元，保证金转税45万元；办理加工贸易合同备案81份，备案值532.41万美元，保税额1436.18万元；办理减免税10份，设备金额274.5万美元，免税额704.3万元；征收关税60.9万元，

货物查验

增值税 134.1 万元。2002 年，口岸直通开通后，加快企业通关速度，为企业节约大量成本。在减免税、加工贸易监管方面，实行企业责任预前告知制度，即对减免税 50 万元以上、加工贸易备案值 500 万元及首次办理加工贸易合同备案的企业，提前会晤企业法人代表，详细告知其应尽责任和注意事项，敦促企业守法经营，规范运作。1997—2005 年，监管查验进出口货物 7 万余吨，货值 7260.3 万美元；办理减免税证货值 9794.42 万美元，共减免税款 1.14 亿元；办理进出口企业注册 976 份，货值 1.06 亿美元；稽查企业 108 家，查处加工贸易进出口货物和减免税设备违规案件 6 起，稽查补税 180 万元，并将 32 家企业纳入了规范化进出口行为范围。

第二节　查缉走私

1998 年，菏泽海关针对走私形势的新特点和新动向，加强对货运渠道走私和伪报瞒报价格偷逃关税，以及利用“假单证、假签名、假印章”的“三假”手段骗取海关优惠等违法违规案件的查处。在加大打击“三假”力度的同时，运用风险分析方法，把打假的重点放在打击利用假来料加工骗取保税手续、利用假手册进口货物，利用假进口货物证明书办理交通工具挂牌手续和利用假出口骗取退税等方面，在业务现场对业务单证进行严格的仪器验别。在打击走私中，执行“打防结合、预防为主”的方针，围绕企业稽查、贸易调查、风险管理和规范企业进出口行为开展工作。先后审结了定陶地毯厂倒卖来料加工手册案，没收其非法所得 4 万余元；立案调查詹某某以出口结转为名，提供假出口报关单，骗取菏泽裕纶化纤有限公司保税货物核销案，涉及进口聚酯切片 320 吨，案值 262 万元，税款 68.7 万元，扣押全部涉案货物，并征收 30 万元罚款保证金；扣留菏泽黄河纺织有限公司走私涤纶短纤 80 吨，征收保证金 10 万元。2000 年 10 月，菏泽海关在稽查过程中，发现鄄城黄河公路大桥有限公司伙同北京南光对外贸易有限公司将价值 1313 万元免税进口的施工机械非法倒卖，随即对此事件进行立案，并将该案移交济宁海关缉私局侦办，该案有 5 名犯罪嫌疑人被追究刑事责任，大部分减免税设备被及时追回，为国家挽回经济损失 458 万元。1997—2005 年，菏泽海关共查处走私案件 2 起、违规案件 12 起，罚没金额 81.2 万元。

第九章　出入境检验检疫

第一节　进出口商品检验

1989 年 1 月，菏泽商检局开始承接菏泽辖区内的罐头类、肉食类、棉花（纱）及其织物类、毛皮类、制革皮料类、革皮类、裘革制品类等进出口商品检验、鉴定和监督管理业务。1990—1994 年 3 月，陆续承接布匹类、服装类、机动车辆类、家用电器类、化肥类、化工类、出口包装类、粮谷类、豆类、油脂油料类、肠衣类、蔬菜类、建材类等进出口商品的检验和监督管理。1994 年 5 月，经山东省商检局认可，除个别特殊商品外，域内出口的商品和国家规定需经商检检验的进口商品交由菏泽商检局检验和监督管理。1997 年 7 月，菏泽商检局完成由事业单位向国家行政机关转换的机构改革工作。1999 年 11 月，在原菏泽商检局的基础上，增加出入境卫生检疫机构和动植物检疫机构，组建菏泽出入境检验检疫局，为山东出入境检验检疫局在菏泽设立的分支机构，实行由山东出入境检验检疫局领导下的垂直管理机制。可以直接办理通往各国和各地区的出入境商品的检验检疫、查验、换证、签证放行等业务。至 2005 年年底，菏泽检验检疫局已承接 50 余类 300 余种商品的出入境商品检验，这些商品的主要输出输入地有：蒙古、朝鲜、韩国、日本、越南、马来西亚、新加坡、孟加拉、印度、巴基斯坦、伊朗、以色列、瑞典、芬兰、波兰、俄罗斯、白俄罗斯、乌克兰、哈萨克斯坦、捷克、德国、瑞士、英国、法国、意大利、匈牙利、保加利亚、摩洛哥、澳大利亚、新西兰、加拿大、美国、墨西哥、巴西、南非等 50 多个国家和中国台湾、香港、澳门地区。

对进口压力容器检验监管

1989—2005 年菏泽出入境商品检验检疫统计表

表 18-8-1

年份 \ 数据 \ 类别	入境商品		出境商品	
	批　次	货值（万美元）	批　次	货值（亿元）
1989	–	–	990	1.9
1990	–	–	2110	2.8
1991	5	85	2820	3.4
1992	7	106	1933	3.9
1993	56	3320	1267	2.6
1994	37	1500	1163	1.9
1995	28	1200	1672	3.1
1996	59	1600	1400	4.2
1997	50	877	970	3.0
1998	54	697	1250	4.5
1999	61	787	1134	3.4
2000	34	880	4072	9.8
2001	120	2454	7227	11.2
2002	278	3008	8812	15.3
2003	229	757	11145	21.5
2004	275	1072	12851	31.8
2005	333	1273	18000	33.6

第二节　出入境动植物检验检疫

1995 年，京九铁路全线贯通，山东省人民政府批准在菏泽设立二类陆路口岸。为完善口岸职能，1996 年 10 月，经国家动植物检疫局批准，设立菏泽动植物检疫局（正县级机构），隶属于青岛动植物检疫局。菏泽动植物检疫业务于 1997 年 4 月正式对外开展。具体职能是宣传、贯彻执行国家动植物检疫法律、法规、规章、制度；对进出境、过境、携带、邮寄的动植物、动植物产品及其检疫物依法实施检疫。对上述应检物按有关检疫条款、检疫规程和检疫标准进行实验室检疫并及时准确地做出结果，签发检疫单证；依法登轮、登机、登车，对运输工具、装载容器、包装物、铺垫物及其他应检物实施现场检疫；对进

监测牡丹病虫害

出境动植物、动植物产品和其他检疫物的生产、加工、存放、养殖、种植、运输及经营场所实施检疫监督管理；收集、整理检疫信息资料和技术档案资料，结合检疫业务开展科学研究；对菏泽辖区内的动植物疫情监测并对产地及库区进行有针对性的疫情调查；实施国家局及省局授权范围内的检疫审批，查处菏泽辖区内违反检疫法的案件等。

1997—2005 年进行动植物检疫 34555 批次，检疫货值 6.9 亿美元。

1997—2005 年菏泽动植物检疫局动植物检疫统计表

表 18-8-2

年　份	检疫批次（批）	检疫货值（万美元）
1997	350	967
1998	1306	1330
1999	1410	1632
2000	1611	2242
2001	3646	6126
2002	4437	8246
2003	5507	11339
2004	7182	18947
2005	9106	18173

第三节　出入境人员卫生检疫

1996 年 9 月，经国家卫生检疫局批准设立菏泽卫生检疫局（正县级机构），隶属于青岛卫生检疫局。1997 年 5 月正式对外开展卫生检疫业务。作为驻内陆口岸的国境卫生检疫单位，新设立的菏泽卫检局的业务仅限于为出入境人员进行传染病监测体检、预防接种和国际旅行健康咨询等，签发国际旅行健康检查证明和国际预防接种两种证书。由于毗邻地市（济宁除外）没有卫生检疫机构，菏泽卫生检疫局设立后很快将业务辐射到河南省商丘、濮阳、安阳、鹤壁、亳州等周边地市。1999 年 11 月，菏泽卫生检疫局与菏泽动植物检疫局、菏泽商检局合并成立菏泽检验检疫局。其工作职能由菏泽检验检疫局负责。2005 年 9 月，山东出入境检验检疫局“鲁检卫〔2005〕第 156 号”文取消菏泽检验检疫局为出入境人员实施传染病监测体检和预防接种的职能。1997—2005 年 9 月，菏泽检验检疫局（菏泽卫生检疫局）共为出入境人员实施健康体检 13815 人次，预防接种 14009 人次。

1997—2005 年菏泽出入境人员体检和预防接种情况统计表

表 18-8-3　　单位：人

年份	类别	人次	年份	类别	人次	年份	类别	人次
1997	体检	683	2000	体检	1965	2003	体检	1711
	预防接种	725		预防接种	1916		预防接种	1634
1998	体检	1345	2001	体检	889	2004	体检	2012
	预防接种	1850		预防接种	916		预防接种	1938
1999	体检	2173	2002	体检	1230	2005	体检	1777
	预防接种	1766		预防接种	1632		预防接种	1632

第四节　商品鉴定认证

商品鉴定　1988 年，菏泽商品检验局除对菏泽地区进出口棉花需要协助山东商检局进行衡器计重外，其他几项工作均未开展。1993 年，菏泽商检局按照《山东省外商投资财产鉴定办法》开始受理外商投资财产鉴定工作。1994 年 3 月，执行国家商检局、财政部联合发布的《外商投资财产鉴定管理办法》。1999 年 11 月，菏泽商检局撤销，商品鉴定业务由菏泽检验检疫局负责。1993—1999 年，共为外商投资财产鉴定 98 批次，外商报价 5617 万美元，经菏泽商检局鉴定后，为 4777 万美元，降值 840 万美元。

1993—1999 年菏泽地区外商投资财产价值鉴定统计表

表 18-8-4

年份	批次（批）	外商报价（万美元）	鉴定价（万美元）	降值（万美元）	降值率（%）
1993	11	316	283	33	10.4
1994	29	1918	1486	432	22.5
1995	23	1078	953	125	11.6
1996	13	1386	1225	161	11.6
1997	8	422	366	56	13.3
1998	6	32	30	2	6.3
1999	8	465	434	31	6.7

商品认证　1984 年 1 月，《进出口商品检验条例》颁布实施。该条例将商检机构监督管理列为重要任务，首次以国家法规形式明确商检机构的监督管理职能。商检机构撤销后，省（含省）以下机构的工作职能由检验检疫机构承担。

出口食品厂（库）卫生注册、登记管理　1988 年，菏泽商品检验局按照《出口食品卫生管理办法（试行）》《出口食品厂、库最低卫生要求（试行）》，开展出口食品加工企业的考查和卫生条件、技术条件整顿工作。受理注册申请，按要求进行检查、考核、验收、颁证。1988—1998 年，全区有 40 家出口食品生产厂（库）获得商检注册证书，有 5 家企业获得国外注册。1999—2005 年，除对商检注册的企业进行重新复查换证以外，新通过注册的企业有 44 家，通过国外注册的企业有 3 家。

出口商品质量许可证管理 1988 年，菏泽商检局开始受理出口商品质量许可证的申请。至 1998 年，有 68 家生产出口轻纺、服装、玩具、包装等企业获得质量许可证。1999—2005 年，获得质量许可证的出口企业增加到 83 家。

ISO 9000 质量体系认证 1995 年，山东商检局制定了 ISO 9000 质量体系评审、咨询、培训和评审员聘任等 4 个管理办法，菏泽商检局于 1998 年开始开展这项工作。至 2005 年，境内共有 19 家企业通过检验检疫系统的 ISO 9000 质量认证。

第五节 检务科技

1988 年，菏泽商检局根据国家质检总局的有关规定，统一管理菏泽出入境检验检疫的报检或申报、计费、签证、放行和原产地证书签证业务；对检验检疫证单、印章、标志、封识、证书质量和检验检疫流程等实施综合管理。1993—2005 年，完成原产地证书签发 23147 份，金额 5.09 亿美元。其科研项目多次获得省局和国家局的奖励。动植物检疫实验室、卫生检疫实验室、食品检疫实验室共有各种仪器设备 110 余台套，能承担 100 多个项目的检测。2001 年、2004 年分别通过中国实验室认可委员会和国家认可监督委员会组织的“二合一”评审，获得 CNAL 认可资格和计量认证资格。

1993—2005 年菏泽市（地区）原产地证书签发统计表

表 18-8-5

年 份	份数（份）	金额（万美元）	年 份	份数（份）	金额（万美元）
1993	98	400	2000	1298	2550
1994	210	750	2001	1805	3454
1995	310	1200	2002	2684	4947
1996	268	900	2003	3235	6404
1997	400	858	2004	5543	13135
1998	620	1416	2005	5717	12702
1999	959	2218			

菏泽商检局商检科研成果一览表

表 18-8-6

序 号	科研成果	项目编号	第一完成人	获奖时间（年）	获奖情况
1	关于出口热风脱水蔬菜质量控制体系的研究	–	曹生君	1997	山东商检科技进步三等奖

续表 18-8-6

序　号	科研成果	项目编号	第一完成人	获奖时间（年）	获奖情况
2	防止出口大蒜泥变绿的研究	K9829	王亚文	2000	山东省检验检疫局科技进步二等奖　国家质检总局科技进步三等奖
3	牡丹根结线虫病防治与检疫技术研究	SK19.2-2000	江志葆	2004	山东检验检疫局科技进步二等奖
4	硫酸软骨素工艺流程的改进	SK10-2002	王亚文	2005	山东检验检疫局科技进步二等奖

菏泽商检局商检科技制标情况一览表

表 18-8-7

序　号	标准名称	第一完成人	获奖时间（年）	获奖情况
1	出口肉及肉制品中敌草隆残留量检验方法	李军民	1997	山东商检科技进步二等奖
2	肉及肉制品中敌草隆、绿麦隆、莠去津残留量检验方法	李军民	2004	山东检验检疫局科技进步二等奖

第十九编　中共菏泽市地方组织

中国共产党菏泽市纪律检查委员会
中国共产党菏泽市委员会

1986年，中共菏泽地委继续以经济建设为中心，坚持四项基本原则，推进改革开放，完善发展战略，在政治、经济、文化、社会各个领域，充分发挥党组织战斗堡垒作用和领导核心作用。1987年，落实中央和省有关文件精神，结合菏泽地区土地承包制的实际，制定《关于稳定完善土地承包制的意见》，签订土地承包合同，巩固土地承包责任制。1988年后，转变企业经营机制，政企分开，合理调整，逐步完善企业承包制度。针对菏泽地区是农业大区的现实情况，地委在全区开始进行种植业结构调整，改革传统的种养模式，瓜果、蔬菜及保护地栽培反季节瓜菜等高产高效经济作物面积迅速扩大，土地产出效益逐年提高。打破单户散养粗放经营模式，发展现代规模饲养，大力推进农业产业化，农民收入明显增加。1997年，随着民营经济的快速发展，民营经济对增加菏泽地区的经济总量，扩大就业，增加税收，提高群众生活水平，维护社会稳定等做出很大贡献，已成为菏泽地区经济发展的重要力量。地委适时下发了《关于大力发展个体、民营经济的意见》，为个体、民营经济健康发展提供宽松政策，激发活力，创造更加良好的发展环境。1998年，省委做出东西帮扶，加快菏泽经济发展战略，地委抓住这一机遇，借助外力，激活内力，制定相应配套措施，全区经济发展驶入快车道。1999年起全区干部集中开展“三讲”教育和“三个代表”重要思想学习教育活动，加强干部队伍建设和党风建廉政建设。

2000年，省委全力实施“突破菏泽”战略，市委提出推进工业化进程是菏泽经济快速发展的必由之路，是全面实现现代化的战略选择，作出《关于以科学发展观为指导，大力推进工业化进程的决定》，号召全市各级党委、政府和党员干部群众落实科学发展观，坚持工业立市不动摇，对外开放进一步加强，为实现“三三一一”（即“三个明显”：经济发展速度明显加快，经济综合实力明显增强，经济运行质量明显提高；“三个高于”：生产总值、固定资产投资、农民人均纯收入的增幅高于全省平均增长幅度；“一个新台阶”：城市规划建设管理水平上一个新台阶；“一个新跨越”：经济实现跨越式发展）、“突破菏泽”的奋斗目标做出积极的贡献。

2001年撤地设市，市委决定加快城市化进程，在城市发展、建设、管理上下大气力，努力将菏泽建成交通枢纽、陆路口岸、工业和能源基地、商贸中心和区域性中心城市。

2005年，全市党员开展保持共产党员先进性教育，充分发挥党员在推进改革开放，促进经济发展维护社会稳定中的先锋模范作用。至2005年年底，全市规模以上企业发展到821家，粮食总产达410.1万吨，城乡居民储蓄余额314.43亿元。全市工业化、城镇化、农业产业化进程不断加快，国民经济快速发展，各项事业均取得丰硕成果。

第一章　重要会议

第一节　党代会

2000年11月，中共山东省委决定撤销中共菏泽地区委员会，成立中共菏泽市委员会。12月6日，中共菏泽市委正式挂牌，李明先任市委书记，陈光、孔令昌、李延良、杜昌文任市委副书记，贾学英、王祖和、韩广洁、陈孝金、崔建平、马平昌、刘殿毅任市委常委。撤区建市后，始有中共菏泽市党员代表大会，其届次顺延原县级菏泽市的届次。

2003年4月7—10日，中共菏泽市委第十次代表大会在菏泽中华影剧院召开，是菏泽撤地设市后召开的首次党员代表大会。经选举产生出席大会的代表共489名，其中各级领导干部代表338名，占69.1%；工作和生产一线的经济、科技、政法、教育、宣传、文化、卫生、体育等各类专业技术人员和先进模范人物代表151名，占30.9%；解放军、武警代表4名，占0.8%；妇女代表63名，占12.9%；少数民族代表8名，占1.6%。第十次党代会应到代表489名，实到代表446名，来宾代表7名，列席人员101名。陈光代表中共菏泽市委作《深入贯彻“三个代表”重要思想，为全面建设小康社会而努力奋斗》的报告。报告回顾总结1998年以后的工作成绩和基本经验，指出面临的困难和问题，并结合菏泽的实际，提出21世纪头20年发展的战略构想和主要任务目标。大会选举中共菏泽市第十届委员会，选举陈光、杜昌文等37人为市委委员，梁抗美等7人为市委候补委员。4月10日，中共菏泽市委第十届委员会举行第一次全体会议，选举陈光、杜昌文、赵润田、贾凤英、崔建平、马平昌、韩广洁、张玉佩、刘殿毅、宋新立、王长松、王浩为常务委员会委员，选举陈光为市委书记，杜昌文、赵润田、贾凤英、崔建平、马平昌为市委副书记，崔建平为市纪委书记。会议通过《中共菏泽市第十届委员会关于加强自身建设的决议》，市委书记陈光代表新一届市委作重要讲话。随后，全委成员赴兰考焦裕禄纪念馆接受革命传统教育。

第二节　常委会

撤区建市前菏泽地委期间的全委会相当于地级菏泽市成立后的常委会。该节仅记述重要节点、重要议题的会议。

1995年7月24—25日，地委全委扩大会在菏泽召开。地委、地纪委、地区人大工委、行署、地区政协工委、军分区领导和各县市委书记，地委各部门、行署各委办局、各中型企业，各大专院校党组织负责人参加会议。地委副书记、行署专员李明先总结了上半年全区工作基本情况。地委书记董昭和着重讲经济建设和党的建设问题。他全面分析了菏泽发展的优势和劣势之后指出：加快经济发展是当前和今后一个时期全党全民的最高、最大利益，一定要紧紧抓住经济工作不放，走提高农业、抓住工业、依法放手发展第三产业的路子，集中精力把全区经济建设搞上去。与会人员结合各自实际，提出了切实可行的落实措施。

1995 年 11 月 10—14 日，地委全委扩大会议在成武县文亭湖宾馆召开。会议的中心议题是动员全区干部群众，认真贯彻落实党的十四届五中全会精神，努力实现两个根本性转变，抓住机遇，进一步加快全区的发展步伐，为实现全区国民经济和社会发展的“九五”计划而奋斗。会议学习党的十四届五中全会和省委六届五次全会文件，审议讨论《菏泽地区国民经济和社会发展第九个五年计划及 2010 年远景目标纲要》（简称《纲要》）草案。会议原则同意《纲要》草案提出的全区“九五”期间三个主要奋斗目标：实现国民生产总值比 1980 年翻三番，在人口比 1980 年增加 200 万人的基础上，实现人均国民生产总值比 1980 年翻两番半；初步建立起社会主义市场经济体制，实现从计划经济体制向社会主义市场经济体制的转变；人民生活从总体上达到小康水平。

1996 年 11 月 11—15 日，地委召开全委扩大会议，讨论修改《菏泽地区“九五”期间社会主义精神文明建设规划》和地委《关于贯彻六中全会精神大力推进全区社会主义精神文明建设的实施意思》，研究 1997 年两个文明建设的任务、目标、工作思路和措施。地直各单位主要负责人、各县市委书记参加会议。地委书记董昭和讲话指出，1997 年是深入贯彻落实中共十四届六中全会精神、香港回归和迎接中共十五大胜利召开的一年，也是全区继续实施“九五”计划，进一步打基础的一年。整个工作总的想法是，以邓小平建设有中国特色社会主义理论和党的基本路线为指针，以加快实现小康为目标，以干部队伍建设为总抓手，进一步加强党风和廉政建设，切实减轻农民负担，确保社会稳定；进一步落实“科技兴农”战略，大力推进农业产业化；全力促进工业上规模，上质量，上效益；加大流通体制改革力度，进一步加强外向型经济发展步伐，努力促使两个文明建设再上新的台阶。

1997 年 10 月 24—25 日，地委全委扩大会议召开。会议的中心内容是贯彻落实省六届九次全委（扩大）会议精神，进一步用十五大精神统一思想，动员全党全民高举邓小平理论的伟大旗帜，抓住机遇，加快发展，切实把菏泽的事情办好。地委委员，地区人大工委、行署、政协工委党组成员，地纪委各书记，各县市委书记、县市长，地直副县级以上单位党组、党委书记参加会议。会议首先传达省委书记吴官正、省长李春亭在省委六届九次全委（扩大）会议上的重要讲话。各县市委书记和地直有关部门负责人分别介绍落实中共十五大精神，认真做好本单位工作，抓住机遇加快经济发展的思路和措施。地委书记董昭和以《全区按照省委的部署和要求，进一步学习落实中共十五大精神，高举邓小平理论的伟大旗帜，解放思想、抓住机遇，扎实工作、艰苦奋斗，切实把菏泽的事情办好》为主题讲话。地委副书记、行署专员李明先就全面贯彻本次会议精神，做好中共十五大精神与菏泽实际的结合文章，把当前各项工作切实抓紧抓好提出具体要求。

2002年4月28日上午，市委书记李明先在市委第一会议室主持召开市委第15次常委会议，会议通过《菏泽市农村税费改革（试点）实施方案》，并要求尽快报省批复后实施。强调，农村税费改革是今年全省、全市的一项重大改革，涉及农村工作的方方面面，关系到农村的稳定。各级各部门一定要从战略和全局的高度、从实践“三个代表”重要思想的高度，充分认识这次改革的重大意义，进一步明确改革的指导思想、目标步骤、方法任务，增强搞好改革的紧迫感和责任感，精心组织实施，狠抓各项工作措施的落实，切实保证合理减轻农民负担，保证基层组织的正常运转，保证教育经费得到保障，保证社会稳定和各项事业有新的发展。各有关部门要适应改革的要求及时调整有关的政策和工作方法，为农村税费改革创造条件。涉及的部门要按照职责分工、做好各自的工作，相互间要加强协调配合，确保这项工作顺利进行。要求：各级党委、政府，要加强对税费改革工作的组织领导，进一步做好宣传工作，使广大农民群众真正了解改革的主要内容和具体措施，要认真总结农村税费改革的试点经验，研究、解决好工作中和改革后出现的新情况、新问题。要千方百计发展经济，增收节支，巩固农村税费改革的成果。要加强对税费改革工作的督促检查。各级领导要深入基层，了解情况、指导工作，力争以一流的工作成绩，圆满完成全市农村税费改革工作。

2002年11月17日下午，市委书记李明先在市委第一会议室主持召开市委第35次常委会议。市领导陈光、孔令昌、杜昌文、王祖和、赵润田等出席会议。李明先首先传达中共十六大会议精神，向与会人员介绍中共十六大盛况，常委对中共十六大精神进行认真讨论，并对进一步贯彻落实中共十六大精神提出具体要求。强调，要以学习贯彻中共十六大精神为动力，促进当前各项工作的开展，努力完成和超额完成全年任务目标。要发动群众搞好冬季农业生产；加强对工业经济运行的调度，抓好安全生产工作；安排好当前群众生活；做好社会稳定工作。对明年的各项工作早做调研，早计划，早安排，争取明年有个好的开端，取得更大成绩。要按照中共十六大全面建设小康社会的总要求，结合我市实际，立足当前，放眼长远，对近3年、近5年的经济社会发展规划进行调整。

2003年6月6日，十届市委第6次常委（扩大）会议召开。会议要求，认真贯彻落实省委全委会和省委工作会议精神，解放思想，真抓实干，加快菏泽现代化建设步伐。市委书记、市人大常委会主任陈光主持会议并传达中共山东省委《关于进一步解放思想干事创业加快现代化建设步伐的决定》，对贯彻落实省委工作会议精神进行了部署。当前和今后要抓好的10项工作措施是：把解放思想落到实处；把结构调整落到实处；把招商引资、加大投入落到实处；把园区建设落到实处；把城乡统筹、增加农民收入落到实处；把提高城市化水平落到实处；把发展新型服务业落到实处；把改革创新落到实处；把优化发展环境落到实处；把转变作风落到实处。突出抓好以下重点工作：以加大国有资产退出竞争性领域为重点，在所有制结构上求突破；以加快园区建设为重点，在工业化进程上求突破；以经营城市为重点，在加快城市发展上求突破；以转岗培训为重点，在劳务输出上求突破；以产业化经营为重点，在农业产业结构调整上求突破；以发展民营经济为重点，在激活民间资本上求突破；以招商引资为重点，在对外开放上求突破；以建设“一个中心两个基本点”为重点，在转变政府职能上求突破；以鼓励干部干事创业为重点，在解放思想上求突破。

2003年11月23日下午，市委书记、市人大常委会主任陈光在市委第二会议室主持召开十届市委第20次常委会议，讨论研究如何加快全市县域经济发展问题。针对经济发展中遇到的一些新情况、新问题，会议决定，在加快县域经济发展中必须统一思想，坚定信心，保持政策和决策的连续性、稳定性，坚持做到“六个坚定不移”：坚定不移地抓好结构调整；坚定不移地抓好增加投入；坚定不移地抓好优化环境；坚定不移地深化改革；坚定不移地抓好稳定工作；坚定不移地抓好各项保障措施的落实。会议还讨论研究了其他问题。

2003年12月19日下午，市委书记、市人大常委会主任陈光在市委第一会议室主持召开十届市委第22次常委会议。会议学习胡锦涛总书记在菏泽视察时的重要讲话。陈光就做好“三农”工作发表意见。会议强调，贯彻总书记讲话精神，做好“三农”工作，必须做到强化把“三农”问题作为全部工作的重中之重去研究把握的观念；明确在经济上增加农民收入，在政治上确保农村稳定的目标；坚持城乡统筹的原则，坚持全面、协调，可持续发展的原则，树立正确的发展观，坚持充分尊重农民意愿的原则；继续抓好农业结构调整，继续增加投入，下大气力优化农村发展的环境，要切实加强农村基层组织建设；抓好目标、措施、责任、检查督促、考核奖惩五个落实。与会常委对市委、市政府关于认真贯彻落实胡锦涛总书记重要讲话精神，进一步做好“三农”工作的意见，进行讨论研究，原则同意这个意见。会议还讨论研究了其他问题。

2004年2月5日上午，市委书记、市人大常委会主任陈光在市委第二会议室主持召开十届市委第27次常委（扩大）会议。为确保实现省委提出的“三三一一”目标，会议要求，全市各级党委、政府要认真学习省委书记张高丽、省委副书记省长韩寓群在加快菏泽发展现场办公会议上的重要讲话精神，进一步统一对加快菏泽发展重大意义的认识，统一对突破菏泽目标任务的认识，统一对所要采取的重大措施的认识，统一对与会人员所承担职责的认识。采取有力措施，从思想、任务、措施、责任、考核、组织领导六个方面扎实抓好各项工作的落实。借助东风，抢抓机遇，以只争朝夕的精神，奋力拼搏的做法，进一步加大改革开放的力度，解决一些原来想解决而又解决不了的问题，切实贯彻好会议精神。会议决定，要掀起学习宣传的高潮；要迅速制定出台《关于认真贯彻落实加快菏泽发展现场办公会议精神的意见》；2月15日前召开加快菏泽发展誓师大会，把加快菏泽发展现场办公会议精神传达下去，把市委、市政府的精神传达下去，进一步落实责任，签订责任状。

2004年2月25日，十届市委29次常委（扩大）会议召开，会议传达学习省委常委扩大会议精神。统一思想认识，紧密联系实际，牢固树立和全面落实科学发展观，促进菏泽经济和社会全面、协调、可持续发展。市委书记陈光主持会议并讲话，市委副书记、市长杜昌文传达省委书记张高丽在省委常委扩大会议上的讲话精神。会议要求，要认真学习、深刻领会张高丽书记提出的“十个落实”“八个坚持”，切实把科学发展观落实到经济社会发展的各项工作中去。在工作中努力做到“十个统一”：统一对发展速度问题的认识，坚持创造条件，加快发展；统一对发展条件的认识，坚持自力更生，艰苦奋斗；统一对统筹发展问题的认识，坚持全面、协调、可持续发展观；统一对调整问题的认识，坚持以调整促发展；统一对改革问题的认识，坚持按市场规律办事，以改革创新促发展；统一对稳定问题的认识，坚持以稳定安全促发展；统一对以人为本问题的认识，坚持紧紧依靠人民群众促进发展；统一对可持续发展问题的认识，坚持做好人口、土地和环境保护工作；统一对发展环境问题的认识，坚持优化环境，促进经济发展；统一对转变干部作风问题的认识，坚持以求真务实之风促发展。

2005 年 10 月 15 日下午，市委书记、市人大常委会主任陈光在市委第二会议室主持召开十届市委第 81 次常委扩大会议。会议的主要议题是传达学习中共十六届五中全会和省委常委扩大会议精神。陈光传达胡锦涛总书记在中共十六届五中全会上代表中央政治局常委向全会的报告、第二次全体会议上的讲话和温家宝总理的讲话。市长杜昌文传达省委关于认真学习贯彻党的十届五中全会精神的通知。讨论研究贯彻落实意见。会议要求，贯彻落实好十五届六中全会和省委常委扩大会议精神，必须着重抓好以下几点：把思想认识高度统一到十六届五中全会精神上来；按照五中全会精神抓好制定“十一五”规划；以学习贯彻五中全会精神推动当前各项工作；以五中全会精神为指导做好明年工作特别是经济工作的准备工作；按照五中全会和省委要求做好舆论宣传工作。

第二章　重要决策

第一节　地委重要决策

1987 年，根据中共中央〔1987〕5 号文件和中央书记处农村政策研究室〔1987〕30 号文件精神，结合菏泽地区实行土地承包制的现实情况，为更好地发挥家庭经营和统一服务两个层次的积极性，促进农村经济的持续发展，地委、行署下发《关于稳定和完善土地承包制的意见》，明确稳定和完善土地承包制的意义、指导思想和原则，进行的方法与步骤，应注意的有关问题和切实加强党的领导等。地委要求，在整个工作铺开时，组织大批骨干下乡包村，进行具体指导，搞好调查研究，及时解决基层干部群众反映出来的各种矛盾和问题，保证这项工作的顺利进行。

1988年，为转变企业经营机制，保证域内企业承包制的顺利推进和健康发展，地委、行署下发《关于实行企业承包经营责任制的试行规定》。该规定共有二十三条，重点阐述政企分开的原则；推算到顶，合理调整，鼓励先进，鞭策落后的原则；提高经济效益的原则等。同心合力搞好企事业建设和发展,逐步完善企业承包制度。

1997年，随着民营经济的快速发展，民营经济对增加菏泽地区的经济总量，扩大就业，增加税收，提高群众生活水平，维护社会稳定等做出很大贡献，已成为菏泽地区经济发展的重要力量。但在发展个体民营经济上,认识不到位,措施不够有力,环境不够宽松,还缺乏应有的速度和规模,致使菏泽地区整个经济活力不足。为了进一步解放思想,抓住第三次大发展的机遇,促使个体民营经济实现突破性发展,地委、行署下发《关于大力发展个体民营经济的意见》。该意见的主要内容是：进一步提高认识，坚定发展个体民营经济的信心和决心；进一步明确发展个体、民营经济的指导思想和基本原则；进一步放宽发展个体民营经济的有关的政策；深化改革，配套联动，进一步激发个体民营经济的活力；加强领导、协调、保护，为个体民营经济创造更加宽松的环境。

1998年3月，为贯彻落实中共十五大精神，推进全区农业向商品化、专业化、现代化转变，全面提高农业的整体素质和综合效益，实现由农业大区向经济强区的跨越，菏泽地委、行署下发《关于加快发展农业产业化的意见》。该意见主要内容是:认清形势，进一步提高加快推进农业产业化重要性的认识；因地制宜地选择产业化经营形式；强化措施，切实抓好实施农业产业化的重要环节；加强农业产业化工作的领导。

1998年，菏泽地区各级党委、政府在落实中共中央、国务院《关于切实做好减轻农民负担工作的决定》(简称《决定》)上，取得明显成效，农民负担不断上升的势头得到一定遏制。但是，农民负担重的问题表现得还相当突出，仍是农民反映最强烈的问题之一。由农民负担引发的案件时有发生，减轻农民负担工作面临的形势十分严峻。农民负担较重的问题已成为影响菏泽地区农村改革与稳定的一个十分突出的问题，必须下决心加以解决。为此，地委、行署下发《关于进一步做好减轻农民负担工作的决定》，指出：深刻理解中央《决定》精神，进一步提高思想认识，从巩固基层政权，确保国家长治久安的高度来看待减轻农民负担的问题；强化措施，坚决把过重的农民负担减下来，确保各项减负措施落到实处；加强预算制度、农民负担卡制度、专项审计制度、两公开一监督制度、提留统筹资金“一个漏斗向下”的制度、统一审批制度六项制度建设，实行农民负担规范化管理；加大执法监察力度，严肃查处加重农民负担的违法违纪案件；认真落实党政一把手负责制，实实在在地让农民休养生息。

1999年12月，为进一步加快全区小城镇建设与发展步伐，充分发挥小城镇在两个文明建设中的重要作用，促进农村经济和社会事业的快速发展，推进全区城市化进程，根据山东省委、省政府《关于进一步加快小城镇建设的决定》，结合菏泽实际，地委、行署下发《关于进一步加快小城镇建设的决定》。该决定指出：提高认识，增强搞好小城镇建设的责任感和紧迫感；明确新时期小城镇建设的指导思想、发展目标和原则；科学规划，合理布局；深化改革，建立适合小城镇发展的政策保障机制；依法加强小城镇建设管理；切实加强对小城镇建设的组织领导。

2000 年 2 月，为进一步开创林业建设新局面，努力把菏泽建成高标准平原绿化先进地区，地委、行署下发《关于把我区建成高标准平原绿化先进地区的意见》。其主要内容是：提高认识，全面动员，加快林业建设步伐；明确指导思想和任务目标，全面制定规划；突出重点，搞好布局，抓好林业产业化；进一步深化林业改革，稳定完善林业政策；依靠科技进步，实现资源快速增长；切实加强林地和林木资源管理，坚决制止乱砍滥伐；继续增加对林业的投入；切实加强领导，层层落实绿化目标责任制。

2000 年 10 月，为了进一步贯彻落实省委七届四次全委会议和鲁发〔2000〕17 号文件精神，加快城市化进程，充分发挥城市在经济社会发展中的辐射带动作用，促进经济社会和环境协调发展，地委、行署下发《关于加快城市化进程的意见》。该意见主要内容是：城市化发展的指导思想、原则和目标；科学构建功能互补、布局合理、等级规模有序的城镇体系；加强城市规划建设管理，提高城市现代化水平；加快城市基础设施和生态环境建设，完善城市功能；调整城市经济结构，增强城市发展动力；建立有利于城市化发展的集聚机制和政策环境；切实加强组织领导，积极稳妥地推进城市化进程。

为全面贯彻落实中共十五大精神，加快实施科教兴菏战略，树立人才是第一资源的观念，紧紧围绕实现两个根本性转变和提高创新能力的要求，围绕全市经济社会跨世纪发展的宏伟目标，积极实施高层次人才开发战略，逐步建立起与社会主义市场经济体制相适应的人才培养、引进与使用机制，造就一支高素质的科技人才队伍、企业经营管理人才队伍和党政干部队伍，发挥人才智力优势，为促进经济持续、快速、健康发展和社会全面进步提供坚实的人才、智力保障，实现菏泽跨世纪发展的宏伟目标，地委、行署下发《关于加强高层次人才培养引进和使用工作的意见》，其主要内容是：指导思想和目标；建立以开发现有人才资源潜能为基点的人才培养机制；建立以吸纳经济发展急需人才为重点的人才引进机制；建立以制度创新、市场配置为主导的人才使用机制；坚强领导，增加投入，营造有利于优秀人才脱颖而出的环境。

第二节　市委重要决策

菏泽作为经济欠发达地区，要适应加入 WTO 后的新形势，优化提升经济结构，更加迫切需要发展高新技术。2002 年 8 月，在“三个代表”重要思想指导下，为进一步解放思想，统一认识，把发展高新技术产业作为全市经济工作的重点，尽快实现突破，加快高新技术产业化进程，推动全市经济的跨越式发展，市委、市政府下发《关于进一步加快高新技术产业发展的决定》，指出：充分认识发展高新技术产业的重大意义；发展高新技术产业的指导思想和主要目标；积极培植和加快发展高新技术企业；运用高新技术改造传统产业，优化提升产业结构水平；多渠道、多层次融通资金，增加高新技术产业投入；切实加强高科技人才队伍建设；加强组织领导，为高新技术产业发展创造良好社会环境。

2003年12月，为深入贯彻“三个代表”重要思想，落实省委加快发展会议精神，更好地实现和维护好人民群众的根本利益，巩固全市改革发展稳定的大局，有效地实施“突破菏泽”重大战略，促进菏泽经济和社会事业跨越式发展，市委、市政府下发《关于实施五大民心工程的意见》。坚持立党为公、执政为民，针对人民群众最关心的热点问题和群众生产生活的实际困难，立足当前，着眼长远，突出重点、尽力而为，政府引导、社会联动，决定在今后五年内大力实施扩大就业、扶贫济困、平安社区、阳光政务、廉政勤政五大民心工程，切实解决群众生产生活困难，维护人民群众利益，密切党群干群关系，推动全市经济和社会事业快速发展。其主要内容是：实施五大民心工程的重大意义；实施五大民心工程的指导思想和目标任务；实施五大民心工程的主要措施；实施五大民心工程的责任分解和保证机制。

1999—2004年，菏泽治理和优化经济发展环境工作虽然取得阶段性成果，但环境不够宽松仍是制约经济快速发展的主要因素。为贯彻落实省委、省政府加快菏泽发展的战略决策，促进菏泽经济超常规、高速度、跨越式发展，2004年，市委、市政府下发《关于进一步优化经济发展环境的意见》。其主要内容是：优化行政审批制度改革，精减审批事项，完善审批方式，规范审批行为，提高办事效率和服务水平；清理收费事项，规范收费行为，全面落实“收支两条线”规定；坚持依法行政，严格公正司法，强化执法监督，提高执法水平；加大专项治理力度，严肃查处破坏经济发展环境的案件，深入开展行风评议活动；打击破坏发展环境的黑恶势力，整顿和规范市场经济秩序；营造信用环境，建设诚信菏泽；实行优化发展环境首长负责制，建立健全优化经济发展环境工作机制。

为深入贯彻省八届七次全委会议和全省加快菏泽发展现场办公会议精神，全力实施“突破菏泽”战略，大力推进菏泽工业化进程，促进菏泽经济持续协调快速健康发展和社会全面进步，2004年4月28日，菏泽市委作出《关于以科学发展观为指导，大力推进工业化进程的决定》（简称《决定》），提出推进工业化进程是菏泽经济快速发展的必由之路，是全面实现现代化的战略选择。《决定》还提出加快工业化进程的指导思想，主要目标和任务，主要措施，优惠政策和必须统筹处理好六个关系（工业化与农业产业化的关系；工业化与城镇化的关系；工业化与服务业适度超前发展的关系；工业化与生态保护的关系；工业化与社会协调发展的关系；工业化与城市就业的关系）等。市委号召全市各级党委、政府和党员干部群众落实科学发展观，坚持工业立市不动摇，为实现“三三一一”的奋斗目标做出积极的贡献。

2004年5月，为贯彻落实菏泽市委《关于以科学发展观为指导，大力推进工业化进程的决定》，进一步加快菏泽市工业发展步伐，全力实施“工业立市、工业强市”

的战略，菏泽市委、市政府下发《关于加快发展六大产业的若干意见》。工业经济总量实现新突破。2005年全市规模以上企业完成工业增加值完成117.79亿元，比上年增长35%，增幅高于全省平均水平6个百分点；实现销售收入427.98亿元，增长56.66%。至2005年12月底，全市规模以上企业户数达到821户，比上年年底增加250户。六大产业支撑作用日益明显。六大产业规模以上工业企业达到了640户，占全市规模以上工业企业总数的77.95%。产品结构进一步优化，产品档次不断提升，市场占有率越来越高。达驰牌变压器荣获"中国名牌产品"称号，实现了全市国家级名牌产品"零"的突破；引进了艺达、鲁花两个国家级名牌产品；省级名牌产品达到21个。经济运行质量迈上新台阶。全市规模以上工业实现利税28.75亿元，比上年增长70.89%；实现利润14.62亿元，增长93.28%。

经过多年的努力，全市环境保护成效明显，生态环境比较优势日益凸显。但环境污染问题还没有从根本上解决，生态环境比较脆弱，同时，随着工业化、城市化进程的加快，生态与环境对经济社会发展的影响越来越大。特别是菏泽经济还欠发达，面临着加快工业化、城市化的艰巨任务，既要解决经济发展问题，又要解决环境污染问题，实现经济发展与生态环境保护双赢，任重道远。为进一步贯彻落实省委、省政府关于建设生态省的重大决策，加快全市生态市建设步伐，构建经济社会可持续发展的资源和环境基础，按照科学发展观和构建社会主义和谐社会的要求，2005年7月，菏泽市委、市政府下发《关于加快生态市建设的意见》，其主要内容是：充分认识加快生态市建设的重大意义；进一步明确加快生态市建设的指导思想、目标要求和指导原则；准确把握加快生态市建设的内容和工作重点；认真研究落实加快生态市建设的政策与措施；切实加强生态市建设的组织领导。

第三章　纪检监察

第一节　党风党纪教育

集中教育　1986年，地、县市各级纪律检查委员会（简称纪委）贯彻以"教育为主、预防为主"的方针，全面开展党性教育。全区共上党课1597次，党员听课21万余人次；组织报告团巡回报告259场次，受教育干部13万人次。1987年，开展"新时期共产党员如何发挥先锋模范作用"的大讨论，全区共召开总支以上讨论会6346次，2.12万名党员在讨论会上发言。巡回播放党纪教育录像片93场次，受教育干部2.82万人。1988—1989年，地区纪委采取开展预防教育、解剖案例教育、榜样教育、回访教育、经常性教育、电化教育、纪检监察干部培训和函授等多种形式的教育，举办党员培训班2394期，参训党员 25.5 万人；播放党纪教育录像片 2252 场次，受教育党员 30 万人；发表电视讲话 36 次，举办电视讲座 25 期。1990 年，在全区开展“学党章，正党风”教育活动，共举办党员骨干培训班 583 期，参训党员 9 万余人；处置不合格党员 953 名，整顿后进支部 766 个，“达标升级”支部 5332 个；播放电教片 1395 场次，收看人员达 32.9 万人；举办党的“三基”（党的基本路线、基本理论、基本纲领）知识竞赛 145 场次，参赛党员 5.18 万人。1991 年，在全区党规党纪教育活动中，共发放《党的纪律知识讲座》1.3 万余册，编发《政策文件汇编》3 万多册，培训党员干部 6.1 万人次，播放录像 901 场次，收看人数 8.1 万余人；领导干部作辅导报告 4030 场，听讲人数 16.8 万人次；揭摆问题 6610 件，主动向党组织和纪检机关交代各种问题的有 1.61 万人。同年 12 月，在全区党政机关开展廉政教育月活动，重点进行全心全意为人民服务教育、遵纪守法教育、艰苦奋斗教育、勤政为民教育。地区监察局组织对《行政监察条例》学习情况进行摸底考试，参加考试的干部 2.23 万人。1992 年，在全区党员中开展反腐败、防演变教育活动。地委党校举办两期由各县市委书记、县市长及地直单位党政“一把手”共 210 人参加的党风廉政建设学习班。此外，全区还举办各类培训班 208 期，培训领导干部及理论骨干 1.91 万人；播放廉政教育电教片 90 余部，计 1172 场次，受教育群众达 61.83 万人；对全区 9409 名副科级以上党员干部进行反腐败、防演变知识测验考试；举办廉政报告 110 场次，受教育人员达 2 万多人。

2001 年 9 月，举行全市纪检监察干部培训班

1993 年，在全区党员干部中开展“学党章，讲奉献，做合格党员”教育活动。举办报告会 172 场次，听众 8.2 万多人；播放电教片 2004 场次，观众 131.9 万人；组织知识竞赛 56 场次，参赛人员 1.49 万人。1994 年，在全区党员干部中开展反腐倡廉教育活动。相继举办地直副县级以上党员干部参加的《邓小平文选》研讨班、廉政报告会及巡回报告 11 场次，听众 6500 余人；播放电教片 3723 场次，受教育人员 65.7 万多人；对全区 1078 名副县级以上领导干部和中型以上企业负责人进行反腐倡廉知识测试。1995 年，在全区党员干部中集中开展反腐倡廉和民主集中制教育活动。该项活动以《坚持和健全民主集中制》一书为基本教材，先后举办培训班 260 余期，观众 129 万人。1996 年，在全区党员干部中开展“学条规、守纪律、做表率”教育活动。编发《党风廉政建设政策法规选编》3.4 万册，发放“三十一个不准”明白纸 8000 份、《党纪政纪条规》3250 册；举办学习班 445 期，参加学习的党员干部 4.26 万人；组织演讲会 89 场次，直接受教育者 10 万多人；播放电教片 3510 场次，观众 98.9 万人。同年 9 月，组织参加全国党纪政纪条规知识竞赛，全区参赛人数达 37.7

万人，其中地区纪委获中纪委、监察部集体组织纪念奖，省纪委、监察厅集体组织一等奖。1997年，开展以讲学习、讲政治、讲正气“三讲”为主要内容的党性党风党纪教育和“政策法规年”活动。共印发《党风廉政建设政策法规汇编》1.5万余册，制作《纪律处分条例》版面400套、廉政准则标牌1万块。1998年，地区纪委、监察局在全区党政机关、企事业单位副县级以上领导干部中开展“领导干部要在党风廉政建设中以身作则、率先垂范”教育活动。活动期间，举办学习班、培训班147期，培训科级以上干部2万余人。同年9月组织“以案论纪”演讲17场次，播放电教片2071场次，受教育干部72.7万人。11月，与人事局、司法局共同组织参加全国《中华人民共和国行政监察法》知识竞赛活动，全区共有12.3万余人参赛，菏泽分赛区获得中纪委、监察部、人事部、司法部颁发的全国组织纪念奖和省纪委、监察厅、人事厅、司法厅颁发的组织一等奖。

2001—2002年，在全市党员干部中开展“学党章、守纪律、正党风”“理想信念、廉政纪律”教育活动。组织演讲会、先进事迹报告会、知识竞赛等活动110场次；播放电教片1022场次，观众达10万余人次；组织全市1.08万名副科级以上干部参加全省统一组织的党纪政纪条规知识考试。2003年，开展“艰苦奋斗、廉政从政”为主题的教育活动。组织1.18万名副科级以上干部参加中纪委统一安排的廉洁从政知识测试活动。2004年，在全市党员干部中组织开展“为民、务实、清廉”教育活动。发放《为民、务实、清廉教育读本》3000多册；组织党风法规知识竞赛活动22场次，直接参加竞赛活动的党员干部达6000多人。2005年，市纪委、组织部、宣传部联合在全市党员干部中集中开展“廉洁奉公、执政为民”教育竞答活动。发放廉政教育书籍8000余册、学习资料1500余册，全市科级以上党员干部1万余人参加了竞答活动，优秀率为98%。

2003年12月10日，全市艰苦奋斗廉洁从政报告会

警示教育 1986—2005年，运用典型案例和反面教材，坚持不懈地对党员干部进行警示教育。1986年，通报反面典型6个，公开登报4个，剖析案例83个。1987年，在“新时期共产党员如何发挥先锋模范作用”大讨论教育中，剖析典型案例76个，通报批评违纪人员和事件48起，报刊揭露6起。1988—1989年，剖析案例67个，通报违纪典型109个，公开处理、报道案件61起。1990年，结合“学党章、正党风”教育活动，进行案例警示教育38次，剖析典型案例22个。1991—1992年，在开展“反腐败，防演变”教育活动中，曝光典型案例8起，剖析案例118个。1993年，在开展“学党章，讲奉献，做合格党员”教育活动中，剖析典型案例99个，放映《新中国第一大案》电影236场次，受教育人员

24.3万人。1995—1999年，结合党风党纪教育，共剖析曝光典型违纪案件2020起，召开犯罪分子自述报告会21场次，组织“以案论纪”演讲17场，使党员干部受到生动形象的警示教育。2000年8月，地区纪委、组织部、宣传部联合开展警示教育集中活动，组织党员干部及广大群众收看《胡长清案件警示录》等电教片和反腐倡廉故事片《生死抉择》。全区共组织播放500余场次，受教育群众达20余万人，发放警示材料3000多套。2001年，在“学党章、守纪律、正党风”教育活动中，举办反腐倡廉展览45场次，剖析典型案例81个，组织新闻发布会、案例通报会及现身说法30场次，播放典型案例电教片621场。2002—2005年，结合“理想、信念、为民、务实”“廉洁奉公、执政为民”等教育活动，采取召开警示大会、剖析曝光典型案例等形式进行警示教育，组织反腐倡廉图片巡回展览11场次。将因贪污受贿、违法犯罪并在监狱服刑的原党员干部现身说法刻录成光盘，发放到县区及市直各单位。市纪委把菏泽发生的31起重大典型案例汇编成《曹州警示录》发至全市各单位，其中有3起案例被中纪委转发，9起案例被省纪委转发。

2000年8月19日，全区党员干部警示教育动员大会

榜样示范教育　为使广大党员干部学有榜样、赶有目标，净化心灵，市纪委坚持不懈地抓正面典型示范教育。1986—1989年，结合党风党纪教育，表彰先进单位638个、模范个人2022人、优秀党员1089人，报刊宣传83人；组织模范人物做报告40场次，受教育者达1.57万人次。1990—1991年，在“学党章、正党风”活动中，表彰先进党组织327个、模范党员957人，宣传73个先进单位和54名模范党员的先进事迹。1992—1993年，在开展“反腐败、防演变”教育活动中，从全区各行业中挑选出14个正面典型，组成3个廉政报告团，在全区巡回报告10场次，受教育干部达1万多人。1994年，获国家先进个人称号的杨理民、司春玉、刘兴臣廉政勤政事迹报告团，先后在全区巡回报告11场次，受教育干部达6500人。1995年，在全区纪检监察系统开展向孔繁森同志学习的活动。市纪委联合市委组织部、宣传部，通报表彰曹县楼庄乡党委书记王明杰廉洁勤政的先进事迹，中央、省级媒体相继作了宣传报道。1997年，为配合县级以上领导干部开展“讲学习、讲政治、讲正气”教育活动，在全区举办廉政勤政事迹巡回报告10场次，受教育党员干部达4000多人。2001年，组织专题巡回报告会12场次，介绍曹县韩集镇党委书记谢京社“实践三个代表，自觉廉洁勤政”的模范事迹，直接受教育干部达1.1万人；推广牡丹区小留镇党委、政府密切党群干群关系的事迹；通报表彰单县蔡堂镇党委书记许爱峰、郓城县监察局局长房灵臣、曹县普连集镇党委书记阎凌的先进事迹。2002年，推出9

个“三个代表”重要思想的自觉实践者组成廉政勤政事迹报告团在全市进行巡回报告11场次，直接受教育干部达9300人次。2003年，市纪委、监察局发出通知，号召全市党员干部向开发区岳程办事处党委副书记蔡玉宽学习，举办蔡玉宽艰苦奋斗、廉洁从政先进事迹报告会15场次，1万多名干部接受教育。

2001年11月22日，全市落实党风廉政建设责任制经验交流会

新闻宣传报道 1993年，纪检、监察机关合署办公，成立中心报道组，选配60名纪检监察通讯报道员。1998年4月，《中国纪检监察报》菏泽通联站正式挂牌办公，并相继制定工作制度和激励机制。1998—2005年，在省级以上新闻媒体发表稿件8556篇，其中在《中国纪检监察报》上发表文章419篇。1997—2005年，市纪委、监察局连续7年被省纪委、监察厅评为新闻宣传工作先进单位，连续6年被评为全省先进通联站。2004—2005年连续两年荣获全省“读报思廉”先进集体。1993—2005年，先后在《菏泽日报》《曹州晚报》、菏泽广播电台、菏泽电视台，开办“反腐倡廉”“警钟长鸣”“公仆颂”“廉政之声”“书记话党风”等14个专题栏目，供稿519篇。

廉政文化建设 为配合党风廉政教育，1988—1989年，地区纪委将地区豫剧团移植的大型现代戏《悬崖》，在全区组织巡回演出，并通过电视台进行播放。1991年，邀请沈阳话剧团到菏泽演出话剧《生命之光》20余场次，观众达3万多人。1992年，县级菏泽市大平调剧团编排大型现代戏《柴学进》，在全区演出96场次，受教育观众达12万人。1993年，省纪委、地区纪委和县级菏泽市纪委联合摄制的电教片《蜕变与升华》召开发布会，在全国各地发行1600多部。同年，地区纪委从各县市筛选12名廉政勤政典型，编辑出版《花乡正气》（上篇）一书，印发7000册。1994年3月，与县级菏泽市纪委联合摄制完成反腐倡廉小品专辑《笑在不言中》，在全国发行1800多部。1995年1月19日，与县级菏泽市纪委在北京人民大会堂举办纪实性电视剧《与生命对话》首映式，党和国家领导人、部分省部级领导和国家新闻部门负责人150余人出席首映式。该片讴歌县级菏泽市法院纪检组书记柴学进的先进事迹，在全国发行1000余部（1998年8月，并获得中纪委、监察部举办的全国纪检监察系统第二届“卫士奖”电视剧纪念奖）。同年，曹县纪委摄制的反映楼庄乡党委书记王明杰先进事迹专题片《百姓的贴心人》，先后在省和中央电视台多次播放。1996年，在全区自下而上开展“学条规、守纪律、做表率”演讲活动，从中筛选出的18名优秀选手，在各县市和地直单位进行巡回演讲，后辑录成《声情并茂话自律》电教片发至乡镇以上纪检监察机关，并在地、县电视台连续播放。地区纪委将22名廉洁勤政先进典型事迹编辑成《花乡正气》（下篇），印发5000册。1997年年初，地区纪委会同宣传、文化等部门联合举办地方戏曲优秀剧目展演活动，演出《三告李彦明》《包公碑》等6台全剧及4种折子戏，观众达7000多人。9月，根据全省优秀乡镇党委书记王明杰的先进事迹，曹县文化局创作大型现代豫剧《八品乡官》，由曹县豫剧团在全区巡回演出。2000—2001年，市纪委与市检察院联合摄制电教片《剑胆琴心》；举办反腐倡廉图片录像巡回展览32场次，展出市内查处的39个违法违纪典型案例，直接受教育党员干部3.5万人。2004年，在全市范围内举办“福彩杯党风法规知识竞赛”和反腐倡廉教育图片巡回展览，共巡回展出11场次，近万名副科级以上党员干部观展览。同时，将市纪委制作的违法违纪党员干部现身说法电教片《高墙内的忏悔》，在全市进行播放。2005年5—10月，市纪委组织开展全市反腐倡廉歌曲评选和演出活动。各县区和市直单位创作歌曲70余首，从中选出27首优秀歌曲参加全省评选，有17首歌曲获奖，获奖数在全省名列前茅。12月，征集勤政廉政书画摄影作品300余幅，举办“花乡正气”书画摄影作品巡回展览，全市有5000多名干部群众观看展览。

调查研究　1986—2005年，全市纪检监察机关每年根据中纪委、省纪委的部署，围绕党委和政府的中心工作，坚持深入基层，面对面听取党员和群众的意见，了解基本情况，查找分析存在的主要问题和产生的原因，理清解决问题思路，提出对策与建议，为领导决策提供依据。共写出调查报告50篇，写出有指导性的理论文章32篇，其中被省以上理论刊物采用11篇。《对规范和加强乡镇财务管理的调查与思考》获中纪委“优秀调研理论成果奖”，《加强对领导干部监督管理的一项重要制度》获山东省第五届精神文明建设“精品工程”奖。20年中，全区（市）纪检监察系统共完成上级交给的调研课题99个，其中进入市决策的有68个，进入省决策的有7个。

第二节　干部廉洁自律

1986年，地区纪委开展以领导机关和领导干部为重点的机关作风整顿工作，对工作中存在的问题进行检查和纠正。在抓清理领导干部借欠公款工作中，全区清理借欠公款3021万元，退还2960万元。1987年，在全区开展端正党风活动。地纪委派出5名领导干部和12名中层干部先后参加9个县市和地直11个党委（组）的民主生活会，对群众评议中提出的问题逐一加以解决。1989年，针对用公款大吃大喝的现象，地区纪委狠刹吃喝风，全区吃喝招待费用比1988年下降80%，仅春节前后用公款吃喝招待、请客送礼比往年减少支出近3000万元；开展清理借欠挪用公款工作，共清出借欠挪用公款2.79万人，金额4493.4万元，收回4210.8万元；清出私设的“小金库”74个，金额247.6万元。1990年，围绕领导干部廉洁自律，在全区开展清理干部用公款供子女上学的问题，共清理占用公款17.55万元，退还10.8万元；抽调56名领导干部组成14个检查组，对各县市和20个地直单位的党风廉政建设情况进行检查，召开各种类型的座谈会408次，走访1687人。通过检查，找出存在的主要问题，完善廉政勤政制度。1991年，地区纪委把刹吃喝送礼风作为端正党风的一件大事来抓，先后多次召开会议对刹吃喝送礼风进行全面部署，抽调人员组成专门班子具体抓。地、县市和地直单位设立举报电话和举报箱，在机关和宿舍门口设立监督岗，配置检查员，实行送礼登记检查制度，对所送礼品一律扣留，对问题严重的及时予以查处并曝光。全区共查处公款吃喝、送礼违纪案件387起，党纪处分16人，政纪处分13人，其他处理96人。1992年，重点抓清理干部职工违法违纪建私房和多占公房工作。全区共清理1980年以后建私房1.27万户，1.29万处，占地面积278.82公顷；查出案件线索125起，立案查处68起，涉及县级干部2人，科级干部23人，一般干部职工261人，移送司法机关3人；收缴赃款6.4万元，挽回经济损失54万元，清出干部职工多占公房2509套，并予以清退。

1993年，按照省纪委的部署，重点抓公款出国（境）旅游、党政机关经商办企业和领导干部廉洁自律有关规定的落实。全区共退交信用卡65个，117人退交股票金额31.1万元，退交报销应由个人支付的费用7.1万元，上交收受礼金和礼品折款29.9万元；退出高息集资款722.9万元，清退其他违纪资金76万元；清缴借欠公款496万元，退还侵占公物折款3.87万元；清理出国团组91个，262人次；清理党政机关经商办企业单位1297个，清出经济实体168个，清出占压企业资金1981.3万元，退还企业1899万元；清出个人拖欠企业款102万元，全部退还；清出在经济实体中兼职的县级干部52人，其中正县级法人代表7人，副县级法人代表8人，非法人代表的县级干部37人，科级干部569人。1994—1995年，重点抓领导干部乘车、通信工具和公款吃喝等问题。对县以上党政事业单位排气量在2.2升以上的45辆超标车，调换24辆，变卖8辆，留作公安特殊用车11辆，老干部用车2辆。清理出乡镇超标车68辆。对用公款吃喝招待问题，地、县市纪检监察机关采取明察暗访、突击检查的办法，曝光处理21个单位。为促进乡镇干部勤政廉政建设，对乡镇干部提出“五不准”要求，即不准在村和村办企业吃饭；下村检查不准乘坐小汽车；不准“走读”；不准用公款购置“大哥大”；不准动用公检法机关搞征购提留。全区共清理 “大哥大”223部，停机209部。1995年，为落实中央“关于厉行节约，制止奢侈浪费”的若干规定，地区纪委下发实施意见，组织专门机构进行集中清理。全区共停建办公楼12幢，取消庆典活动44个，取消评比、检查167次，压缩出国（境）考察12次。1996—1997年，清理出超标准配备车辆167辆，取消公费住宅电话1309部，没收违纪资金18.3万元，查处用公款吃喝玩乐案件80余起，66人受到党政纪处分。在领导干部收入申报、礼品登记、国有企业业务招待费向职代会报告、个人生活重大事项等制度的落实上，全区执行申报制度的县级单位253个；党政机关、事业单位接受礼品登记的单位293个，礼品登记756人次，折合人民币43.1万元；263个国有企业实行业务招待费向职代会报告制度。1998年，为落实国务院公有住房改革政策，地区纪委对全区干部职工多占公房的问题进行清理。全区共查出干部职工多占公房1100余套，总建筑面积达4.69万平方米；涉及专级干部22人，县级干部175人，科级以下干部职工900余人。1999—2000年，为进一步遏制公款吃喝浪费，地区纪委下发《关于对业务招待费实行总量控制、单独列支管理的实施意见》。两年间，全区共曝光载领导干部外出吃饭的违纪车辆670辆，收缴违反就餐标准的费用和燃油费61.4万元，责成130个单位写出检查；查出用公款大吃大喝案件80余起，66人受到党政纪处分。

2001年，对领导干部接受礼金和有价证券进行集中清理。全市共上交礼金30.01万元、有价证券4.58万元，另有金项链、金手表等物品一大宗，其中副县级以上领导干部上交礼金27.34万元、有价证卷2.77万元。对领导干部出国（境）护照问题进行集中清理。据统计，因公出国107人，上交护照75人，因私出国47人，上交护照19人。为探索从源头上预防和治理腐败的新途径，市纪委、监察局设立领导干部“481”廉政专用账户。该账户设立后，当年收到交款8万元。全市查处违纪规购置使用小汽车184辆，其中调剂28辆，没收拍卖5辆，经济处理149辆，封存待处理2辆，收缴违纪款287万元；查处公款吃喝案件80起，涉及140人，其中给予党政纪处分66人；曝光载领导外出吃喝的违纪车辆310辆，处理违纪人员23人；收缴扶贫解困资金11.78万元。2002年，建立党风廉政建设责任制领导小组。对需要抓好的30项工作进行细化分工，明确28个市直责任部门和单位，制定责任制100分考核办法；清理党政机关干部借欠公款1.92万人、8094.4万元，其中归还6936.9万元，占借欠总数的85.7%；清理干部收受礼金17万元，处理4人。2003年，对领导干部收受礼金礼品进行专项清理。全市领导干部拒收现金、有价证券、支付凭证28.9万元；上缴现金、有价证券、支付凭证12.17万元。明确婚丧事办理一律不得使用公车，使用汽车一般不得超过4辆，宴请不得超过10桌的要求。全年共查处违规使用公车迎娶46辆，并予以曝光；查处5起县级干部婚丧事大操大办案件；查处用公款大吃大喝38人，收缴违纪款39万元；清理党政机关事业单位用公款为个人购买商业保险4304人，违规金额106.6万元，退保金额98.43万元。制订《关于进一步完善市纪委常委同县区、市直部门党政主要领导同志谈话制度的意见》《关于在全市党政领导干部中实行述职述廉制度的实施意见》，使领导干部廉洁自律监督步入制度化、规范化轨道。全年市、县区纪委常委同下级党政主要负责人谈话372人次，领导干部任前廉政谈话315人次；对违规超标公务小汽车进行集中复核单位142个，检查复核车辆1588辆，查出违规配备公务小汽车86辆，全部按照有关规定做出处理；对全市9县区及市直62个部门和单位落实党风廉政建设责任制情况进行综合检查考核，有42名领导干部受到责任追究。2004年，对全市86个县级单位进行检查考核，对27名领导干部进行责任追究；市、县区纪委常委同下级党政主要负责人廉政谈话1474人次，领导干部任前廉政谈话810人次，诫勉谈话26人次；在治理虚报冒领工资补助工作中，检查党政机关事业单位2233个，检查在职及退离休工作人员21.96万人，受理并查处各类群众举报案件1011件次，清理各类违反规定虚报冒领工资、补助人员6770人，按政策规定做出处理，追缴违纪资金506.6万元，每年可减少财政支出1754万元。2005年，重点抓领导干部廉洁自律各项规定的落实。对违反规定纵容子女经商办企业、违反财经纪律的1名县级干部给予撤销党内外职务处分，查处参与赌博的党员干部4人，查处领导干部婚丧事大操大办31起，收缴虚报冒领工资补助违纪金额31万元，清理各类违规购买使用小汽车25辆。查处用公款“大吃大喝”案件29起，收缴违纪金额120.16万元，并对6名相关人员进行党政纪处理。

第三节　信访举报

1986年，全区纪检机关共受理信访案件1773件，查结1681件，结案率为94.8%。1987年，地区纪委开展县级纪检信访工作对口赛活动。全区共受理信访举报1340件，查处结案1314件，结案率为98%。1988年，全区纪检机关共受理属纪检业务范围的信访案件932件，查结913件，结案率98%。其中，初信初访918件，查结909件，一次结案率为99%。全区监察机关共受理信访和举报729件，查办349件。1989年，地区纪委加强对乡镇信访工作的指导，开展纪检信访业务理论研究工作，撰写论文117篇。是年，全区纪检机关共受理信访案件5898件，查结2518件；全区监察机关共受理信访和举报2300件，查结888件。为方便群众举报，在全区范围内设立364个举报箱，公布举报电话号码。有的县市监察局采取聘任人民监察通讯员、信息员、特邀监察员的办法，调动各方面的力量，提供信息挖掘案源。全区初步形成一个纵向畅通、横向联合的监察监督网络。1990—1992年，全区纪检机关共受理来信来访24441件次13074起，其中属纪检业务范围的13146起，查结9478起，处结率为72%；全区监察机关共受理来信来访举报5865件次，查结1257件。1993年，全区纪委、监察局合署办公后，共受理来信来访11429件次，其中属纪检、监察业务范围的3407起，处结3339起，处结率为98%；对不属纪检监察业务范围的案件，及时转交有关部门处理。1994年，全区共受理群众来信、来访及举报电话5022件次，其中属纪检监察业务范围的3118起，处结3000起，处结率96.2%；省纪委要结果的10起，结案10起，处结率为100%。1995年，对全区县、乡、片、村四级信访网络普遍进行充实和调整，从组织上保证信访渠道的畅通。是年共受理群众来信、来访及举报电话2924件次2001起，比1994年的5022件次3724起分别下降41.8%和46.3%。其中，属纪检监察业务范围的1810起，处结1756起，处结率为97%；省纪委要结果的8起，结案8起，按期处结率为100%。1996年，全区9县市253个乡镇全部成立信访工作领导小组，各行政村都配备信访员。地直和县市直纪检组及企业纪委明确兼职信访工作人员。全年共受理群众来信来访及举报电话3022件次，比1995年的2924件次上升3.3%，其中属纪检监察业务范围的2831件次2658起，处结2578起，处结率为97%。1997—1998年，采取多种形式对纪检监察信访工作人员进行业务培训，信访工作变上访为下访，信访室亲自办案，解决一些群众反映强烈的问题。全区共受理群众来信来访及举报电话6492件次，处结5805起，处结率为96.5%，其中省纪委要结果的4件，查结4件，按期结案率为100%。1999年，全区纪检监察机关共受理群众来信、来访及举报电话3063件次，比1998年下降612件次，下降率0.17%。其中，属纪检监察业务范围的2507件次2451起，处结2419起，处结率98.7%；对不属于纪检监察业务范围的58件次，及时转交有关部门进行处理。2000年，以解决群众集体上访和越级上访为重点，坚持信访工作与思想工作同步进行的工作要求，由领导带头，狠抓查处重点信访案件的工作。全年共受理群众来信、来访及举报电话2458件次，比1999年减少605件次，下降率为19.8%，其中属纪检监察业务范围的2321起，处结2228起，处结率为96%。

2001年，菏泽市纪委、监察局出台《关于加强纪检监察信访监督的实施办法（试行）》《关于解决集体上访问题的暂行规定》两个文件。一年中，全市共受理群众来信、来访及举报电话1946件次，比2000年的2458件次减少512件次，下降率为26.3%。2004年3月，市纪委举办全市纪检监察信访举报业务培训班，对全市各县区纪委信访室主任、各乡镇（办事处）纪委书记进行业务培训，提高基层纪检干部信访业务水平。全年共受理群众来信来访及举报电话1845件次，处结1808件次，处结率为98%。2005年，推行“信访举报办事公开”制度，实行“阳光”办访，全市共受理群众来信来访及举报电话1848件次，属于纪检业务范围的1155件，处结1133件，处结率为98%。

1986—2005年菏泽市（地区）纪检监察信访举报工作情况统计表

表19-3-1

年份		受理信访举报		属业务范围		处结案	结案率（%）
		件次	起	件次	起		
1986		1773	—	—	—	1681	95
1987		1340	—	—	—	1314	98
1988	纪检	932	—	—	—	913	98
	监察	729	—	—	—	349	—
1989	纪检	5898	—	—	—	2518	96
	监察	2478	—	—	—	888	—
1990	纪检	8159	4820	—	2494	2452	98
	监察	1896	—	—	917	162	—
1991	纪检	8668	4808	7219	4516	4408	98
	监察	1930	—	—	—	186	—
1992	纪检	7614	3446	6136	2680	2618	98
	监察	2039	—	—	—	154	—
1993		11429	3608	—	3407	3339	98
1994		5022	3724	—	3118	3000	96

续表 19-3-1

年份	受理信访举报		属业务范围		处结案	结案率（%）
	件次	起	件次	起		
1995	2924	2001	–	1810	1756	97
1996	3022	–	2831	2658	2578	97
1997	2817	–	2729	2297	2216	97
1998	3675	–	1240		1189	96
1999	3063	–	2507	2451	2419	99
2000	2458	–	2383	2321	2228	96
2001	1946	1751	1181	–	1208	–
2002	1667	–	–	–	1617	97
2003	1623	–	–	–	1591	98
2004	1845	–	–	–	1808	98
2005	1848	–	1155	–	1133	98

第四节　案件查办

1986年，重点查办经济领域里的犯罪，全区共立案查处各类案件490起，其中经济案件306起，查结427起，结案率为87%。共涉及702人，其中党员348人；受党纪处分的有280人，其中70人被开除党籍；受政纪处分118人，其中39人被开除公职；移交司法机关处理162人，其中102人被判处有期徒刑；办万元以上经济大案21起，共涉及24人，其中党员11人。1987年，全区共立案查处各类案件754起，查结736起，结案率为97.6%。在查结的案件中，有562人受到党政纪处分，其中受警告处分的212人，受严重警告的160人，受撤职处分的17人，留党察看103人，开除党籍70人。1988年，全区共立案查处党内各类违纪案件307起，结案300起，结案率为98%。共处分党员448人，其中45人被开除党籍，留党察看47人，16人被撤销党内职务，党内严重警告137人，党内警告208人。在受处分的党员中，涉及县级党员干部31人，一般党员干部297人，一般党员120人。地区监察局立案查处行政案件134起，结案120起；给予行政处分的74人，其中科级干部5人，一般干部39人；受警告处分3人，受记过处分12人，记大过处分13人，降级处分17人，撤职处分6人，开除留用19人，开除公职4人；建议党政纪处分21人，移交司法机关处理2人，共挽回经济损失35.4万元。

1989年，根据省纪委“突出查处违纪案件，全面履行工作职能”的要求，全区共受理各类违纪案件978起，结案886起，结案率为90%。案件涉及科级干部17起，科级干部20人。查结案件中，共处理党员665人，其中开除党籍41人，留党察看95人，撤销党内职务28人，严重警告215人，警告286人。收缴赃款42.9万元，挽回经济损失52.8万元。地区监察局立案查处行政案件79起，其中县级干部14起，科级干部49起。1990年，全区共受理各类违纪案件1079起，结案1003起，结案率为92.95%。查结的案件中，共处理党员708人，其中开除党籍的有83人，留党察看119人，撤销党内职务21人，严重警告142人，警告343人。受处分的人员中，科级干部62人，一般党员干部290人，一般党员356人。立案查处行政案件162起，直接给予行政处分162人，其中警告16人，记过48人，记大过38人，降职2人，降级26人，撤职18人，开除留用12人，开除公职2人。共追缴赃款226.8万元，为国家挽回经济损失874.5万元。

1991年，全区共立案2973起，结案率为97.5%。查结的案件中，共处理党员2060人，其中开除党籍252人，留党察看619人，撤销党内职务94人，严重警告667人，警告428人。在受处分人员中，县级干部2人，科级干部91人，一般党员干部455人，一般党员1512人。立案查处行政案件186起，涉及县处级干部6起，乡科级干部32起。结案169起，处理352人，处分和建议处分310人。在直接和建议处分的310人中，警告23人，记过93人，记大过52人，降级62人，撤职12人，开除留用察看47人，开除7人，建议其他处分14人，移交司法机关7人。查处违纪金额共计2867.4万元，为国家挽回经济损失961.4万元，没收赃款和赃物折款136.1万元。1992年，全区共立查各类党员违纪案件1465起，结案1333起，占立案总数的90.9%。在查结的案件中，共处理党员939人，其中开除党籍127人，留党察看247人，撤销党内外职务80人，严重警告243人，警告242人。共收缴赃款120万元，为国家和集体挽回经济损失164万元。立案查处行政案件154起，结案124起，行政处分243人，其中县级干部1人，科级干部20人，移送司法机关4人，共挽回经济损失375.5万元。

1993年，纪委和监察局合署办公，全区纪检监察系统共立查各类违法违纪案件1460起，结案1051起，占立案总数的72%，其中大案要案107起。共处分党员干部649人，其中开除党籍73人，留党察看123人，撤销党内职务125人，党内严重警告163人，党内警告165人；开除公职14人，开除留用16人，撤销行政职务24人，行政降级20人，记大过16人，记过28人，行政警告22人。受处分的人员中，县级干部13人，科级干部56人，一般党员干部143人，一般党员441人。1994年，立案查处行政案件1308起，结案1244起，处分844人，其中党纪处分652人，政纪处分212人，受撤职以上处分的84人，共挽回经济损失1309万元。在立查的案件中，涉及县处级干部12人，科级干部164人；万元以上大案144起，团伙案件59起。查处案件的数量高于往年，涉及县、科级干部的案件比1993年增加110%，大案增加34%。1995年，立查案件1316起，结案1248起，结案率为94.8%。在立查的案件中，涉及四个重点部门的案件492起，涉及县级干部15人，科级干部164人；万元以上大案171起，团伙案件89起，均比上年增加；党纪处分599人，政纪处分220人，为国家和集体挽回经济损失1808万元。1996年，立查案件1240起，结案1189起，结案率为96%。党纪处分622人，政纪处分252人，受撤销党政职务以上处分361

2005年6月5日，省纪委案件检查工作座谈会在菏泽召开

人，为国家和集体挽回经济损失1625万元。1997年，立案1244起，其中立查县级干部案件13起，科级干部案件145起，一般干部案件512起，其他人员案件574起；万元以上案件125起，团伙案件33起。结案1205起，处分983人，其中受党纪处分735人，受政纪处分270人，为国家挽回经济损失2037.54万元。1998年，全区共立案1211起，结案1130起，结案率为93.3%。受党纪处分771人，政纪处分209人，其中，受党政撤职以上处分393人，共挽回经济损失2686.7万元。在查办的案件中，涉及党员干部1232人，其中涉及县级干部11人，科级干部110人。1999年，全区共立案1187件，其中涉及县级干部13件15人，科级干部62人。结案1174件，处理党员干部和监察对象1097人，其中374人受到党政撤职处分，共挽回经济损失566.3万元。2000—2005年，全市共立案6846起，结案4566起，6761人受到党政纪处分，其中县级干部55人，科级干部306人。

第五节 案件审理与复议

1986年，地委、行署下发《关于全区历史遗留问题的处理意见》，地区纪委在兼顾对现行违纪案件审理的同时，把工作重点放在对复议案件的审理上，按照实事求是、有错必纠的原则，纠正一批冤假错案及历史遗留案件。1986—1987年，审结处理违纪党员干部6人，复议20世纪50年代至60年代历史遗留申诉案件32起，对其中的31起进行纠正，有1起维持原结论不变。1988—1989年，复议60年代至80年代历史遗留申诉案件13起，审结处理违纪干部2人。1990—1991年，地区纪委复议申诉案件4起，监察局审结违反政纪案件3起，分别给予责任人党政纪处分。

1993年，地区纪委、监察局合署办公后，审理各类违纪案件12起，并按照程序分别对上述案件中的违纪人员给予相应的党政纪处分，其中涉及县级党员干部10人。对成武县原领导班子存在的严重不正之风，不能正确执行党的方针、政策和县委主要成员严重违反党的纪律等问题进行复议，在认定省委对成武案件处理结论不变的前提下，根据实际情况，适当调整个别人的处分。1995—1996年，审理各类违纪案件18起，处理违纪人员19人，其中涉及县级党员干部12人。对地区计委领导干部利用职务之便贪污、受贿、投机倒把等问题，分别给予开除党籍、开除公职处分。这是纪委、监察局合署办公后查处的影响较大的党员领导干部集体违纪案件，在社会上引起较大反响。1997年，地区纪委、监察局立查县级干部违纪案件13起，审结处理

5 人。为保证案件审理质量，地区纪委印发《关于加强协审工作的意见》，把好定性量纪关，避免申诉案件的发生，保证办案质量。1998—2000 年，审理违纪案件 46 起，处理涉案人员 54 人，其中涉及县级党员干部 29 人。重点查处一批领导干部违法违纪案件，警示党员领导干部，取得较好的政治社会效果。

2001 年，市纪委审理违纪案件 13 起，处理 13 人，其中涉及县级党员干部 5 人。并对 1997—2000 年处分决定情况进行全面检查，对查出的处分决定未执行到位的 393 人，逐一进行纠正，全部得到落实。2002—2003 年，为进一步加强案件审理工作，市纪委相继制定《纪检监察机关案件审理工作纪律》《案件审理工作程序暂行规定》《案件审理工作目标管理暂行规定》《关于加强案件处结后工作的意见》4 个规范性文件，明确工作纪律，规范审理程序，确保审案质量。全年审理违纪案件 24 起，处理 24 人，其中涉及县级党员干部 15 人。市纪委对一些复杂疑难案件反复审核，正确定性，作出恰当处理，及时进行总结，在全省疑难案件研讨会上作典型发言，后被中纪委《审理参考》采用并刊发全国。2004—2005 年，全市“乡案县审”工作全面铺开，共审理违纪案件 27 起，处理 29 人。市纪委在做好案件审理与复议的同时，多方调研，重点探讨 “公开审理”的程序及方法，为案件审理的公平、公正奠定基础。

第六节　源头预防与治理

政务公开　1989 年，根据上级部署，全区监察机关协助政府各部门确定政务公开试点部门 130 个，试点乡镇 40 个。全区政府机关共设政务公开栏 2961 个，公开办事制度、办事结果，接受群众监督。1990 年，地区监察局重点抓领导机关、实权部门和执法监督部门的办事公开，协助有关部门建立办事公开制度，加强监督检查，评选出巨野、曹县为政务公开先进县。1996 年 9 月，地区纪委召开全区推行服务承诺现场会，地区财政局、工商局等 10 个单位公布各自的承诺服务内容。为在农村推行“村务公开，民主管理”，郓城县纪委研究制定《郓城县村务公开制度》《郓城县农村民主理财办法》《郓城县农村财务管理制度》，并树立张营乡刘二行政村自 1964 年从财务公开开始延伸到整个村务公开，一直坚持 33 年的先进典型。1997 年春，中纪委、监察部在天津市召开“村务公开，民主管理”工作座谈会，刘二行政村支部书记在会上作典型发言。随后，地区纪委在全区推广他们的经验和做法，省纪委在全省进行推广。1998 年，全区 90% 左右的行政村实行村务公开、民主管理制度，促进农村干部廉洁自律。1999 年 12 月 30 日，省纪委办公厅印发《山东省实施厂务公开的意见》后，地、县市都建立厂务公开领导小组，负责厂务公开的督促检查和协调。全区 260 家国有及国有控股企业全部实行厂务公开，70% 的企业做到厂务公开规范化，职工满意率达 90% 以上。全区有 5 家企业被评为省级厂务公开工作先进单位。

2001 年，继续抓政务公开。全市 584 个单位（市直 56 个、县区 10 个、县区直 360 个、乡镇办事处 158 个）实行政务公开。全市共设立公开大厅 441 个、公开栏 1080 个、公开栏目 8326 项、公开电话 529

部、意见箱648个，领导接访647人次，举行听证会238次，收到较好的社会效果。2002—2003年，市政府下发《关于全市政府机关实行政务公开的意见》后，市直56个单位和10个县区都实行事前公开、过程公开、结果公开、收费公示等制度。对不公示的收费视为违规收费；不公开实行招投标的视为违法行为；土地和国有资产交易不通过市场公开交易的，视为违法交易。2004年，为推进"阳光"政务，市政府下发《关于市级政务公开的决定》，进一步规范市直部门政务公开、事务公开，公开行政事项1100项。坚持厂务公开与深化企业改革相结合，村务公开与民主选举、民主决策、民主监督相结合，推进菏泽市依法执政、依法治厂、依法治村的民主管理进程。2005年7月，市纪委编写62万字的《菏泽市政府服务指南》，印刷2000册，发到市直单位、县区及乡镇。

会计委派 为从源头上预防和治理腐败，地区纪委和财政局于1999年年初在定陶县进行会计委派试点，择优选聘30名会计上岗。2000年10月，总结推广定陶的做法，在地直8个部门34个单位进行试点。2001年12月12日，市直委派会计正式上岗，190多个行政事业单位共设立23个会计工作站，委派会计118人，比原有780人减少662人，精减率为84.8%。2002年，重点抓委派会计工作的规范化管理，采取"四调三集中"的办法，把委派会计人员的人事关系、编制、工资和组织关系全部调入市、县会计中心，实行集中使用、调配和管理。制定《委派会计人员岗位目标责任制》《委派会计人员守则》，明确会计人员的地位、职责和权限；制定《会计工作站财务管理办法》《会计委派单位备用金管理暂行办法》《支票管理制度》，严格业务手续；制定《委派会计人员工作规范》《委派会计人员重大事项报告制度》，严格会计工作纪律。市纪委从纪检监察、组织、人事、财政、审计等部门抽调人员组成监督小组，对委派会计工作情况进行集中检查考核，对委派会计不合格的随时撤换，对违反法纪规定的严肃查处。通过强化管理，会计人员依法履行职责的责任感和自觉性不断增强，先后拒付各种超标违纪支出1300多次，涉及金额650多万元；纠正各种不规范会计凭证500多份，涉及金额200多万元，减少公用支出10%以上，有效促进党风廉政建设。这一做法被省纪委在全省加以推广。

预算外资金监督 为加强预算外资金的管理，制止乱收费行为，1996年行署下发《预算外资金管理实施办法》。1998年，地区纪委、监察局出台《关于违反预算外资金管理暂行办法的处理意见》，并从有关部门抽调300多人组成86个检查组，检查行政事业单位1572个，清理银行账户2626个，取消1681个，合并保留945个，划转资金2.65亿元，查处违纪资金2.82亿元，查处违反预算外资金管理规定的案件13起，13人受到党政纪处分。1999年，在巩固和规范地、县市两级预算外资金管理的基础上，把预算外资金管理办法延伸到乡镇一级。地区印发《关于加强乡镇财务管理的意见》，健全乡镇财政预算、监督管理两个方面的制度。同年6月，对域内7个县61个行政事业单位和所属66个二级独立核算单位进行抽查，并对7个违反预算外资金管理规定的单位进行通报批评。2000年3—4月，对6个县19个单位票据管理使用情况进行检查，共查处违纪资金244万元，补交财政专户573万元，收缴违纪款52万元，处分3人。通过3年的治理，全区预算外资金管理工作基本纳入正常轨道，实现票款分离、专柜贮存，收支两条线政策得到落实。2001年，为巩固收支两条线和预算外资金管理工作的成果，市纪委对全市行政事业单位收支两条线和预算外资金管理使用情况进行全面检查，共查处违纪金额954万元，收缴财政152万元。2002年，抽调20余人用40天的时间对各县区和市直单位票据使用情况进行专项检查，对违规使用不符合规定票据的单位进行处纠。

干部离任审计　从1995年开始，地委、行署在加强党风建设和干部监督管理中注重发挥审计职能作用，开展对党政群机关和企事业单位负责人离任经济审计。至1997年上半年，参照审计结果，对191名政绩突出、遵守财经纪律、廉洁勤政的干部提拔重用；对虚报成绩的75个单位82名负责人取消受奖资格；对114名工作平庸、吃喝浪费，甚至贪污腐化造成重大经济损失的干部给予诫勉、降免职或由执法执纪机关处理。1997年9月5日，中纪委组成调查组会同山东省纪委、监察厅于1997年10月15—26日，到菏泽对干部离任审计情况进行考察、总结。经中纪委常委会研究，议定贯彻落实中央领导批示的意见：一是向全国推广菏泽经验；二是拟将干部离任审计制度作为加强对领导干部监督的重要措施，在中纪委二次全会上作出部署。年底，地委、行署下发《关于对领导干部实行任职审计加强监督管理的意见》，调整充实地、县市干部监督管理领导小组，初步形成纪律监督、组织监督和审计监督有机结合的干部监督管理新机制。全年，先后有12个省市和150个市地、县区派人到菏泽考察学习干部任期经济责任审计工作。1998—1999年，会同组织部、审计局，对地、县市1277个单位主要负责人进行任前审计，其中县处级干部70人，科级干部940人。参照审计结果，提拔重用294人，谈话打招呼237人，诫勉11人，降免职21人，立案查处51人，较好地发挥“管干部、正党风、促发展”的重要作用。

政府采购　为消除政府采购中的腐败现象，2000年，菏泽地区制定《政府采购管理办法》，地区纪委参与政府采购制度的推行和实施。全区政府采购总额7379.7万元，采取公开招标、询价采购、竞争性谈判等方式，最终中标额为5747.09万元，为财政节约开支1636.61万元，减少支出22.13%。2001年，各县区都建起专门机构，实行政府采购制度，全市共完成各类采购项目160个，政府采购总额7650万元，节约资金1870万元。此后，政府采购工作逐步走上正常运行轨道。

行政审批项目审查　2001年，市纪委参与行政审批项目的审查清理工作，共有行政审批项目1279个，经清理，保留528项，取消、转化和下放751项。2002年7月，市行政审批服务中心正式建立，清理后保留的审批项目涉及54个职能部门，除交警支队和检疫检验局就地规范、纳入市行政审批中心管理外，其余52个单位全部进入行政审批服务中心设立审批窗口。

第七节 执法监察

1990年3月，地区监察局成立监察三科，承担执法监察工作。是年，对棉花专项资金管理使用情况开展执法监察，共查处挤占挪用专项资金613.8万元，私设“小金库”12.3万元；通过对清理整顿公司，控制社会集团购买力监督检查，撤并公司267家，查处违控资金67.7万元。1991年，为保证农业倾斜政策的贯彻落实，优化企业发展外部环境，对民政事业费、水利资金、黄淮海平原农业开发资金使用等情况开展执法监察。全区共立项40个，检查单位1283个，发现案件线索105个，立案查处39起，政纪处分27人，查出违规违纪资金2096.78万元，挽回经济损失793.9万元，发出监察通知书373份，提出监察建议1169件，发现好的典型57个，通报表扬6个。1992年，围绕企业政策的贯彻落实、发展农业和农村经济、政府部门廉洁勤政、乡镇统筹费用管理使用等情况开展执法监察。全区共立项检查32项，立案154起，处理违纪人员407人，挽回经济损失4522万元。

1993年纪检、监察机关合署办公后，设立执法监察室。根据中央和省的统一部署，对抗洪救灾款物管理发放情况开展执法监察。全区共立项22项，检查单位1123个，涉及金额9.54亿元，查出违规违纪资金4321.39万元，发现案件线索207个，立案查处53起，涉及干部178人，处理违纪人员6人，批评教育145人，移交司法机关处理2人，收缴违纪资金15.7万元，挽回经济损失710万元，提出改进建议696条，协助建章立制391项，推广先进典型21个。1994年，在机构改革中，为确保撤合并转单位国有资产不流失，开展执法监察。全区共检查单位153个，涉及金额1.07亿元，查处违纪金额305.5万元，发现案件线索28件，挽回经济损失120.5万元；通报批评4个单位，协助建章立制90条，发监察建议书36份，提出整改建议273条；清理检查个人借欠挪用公款单位1123个，涉及金额2940.19万元（其中挪用公款200.7万元），涉及1.22万人。1995年，对1994年以来的行政事业性收费及罚款工作情况开展专项检查。全区涉及收费罚款6539项，金额5.39亿元，其中行政性收费1.22亿元，事业性收费3.94亿元，罚款2280.71万元，查处违纪金额6690.93万元。针对存在的问题，制发监察决定书159份，提出整改建议1062条，协助建章立制715项，废止违规文件11个，取消违规项目43项，注销许可证4个，查处非法收费票据42种，挽回经济损失1684.4万元，发现案件线索120个，立案查处37起，收缴违纪资金195.89万元，罚款35.39万元，督促有关单位纳入预算外专户储存资金3820万元。1996年，对建筑市场、婚姻登记、小造纸、生猪市场、农村电费电价等逐项进行执法监察。全区共检查单位684个，涉及金额6.5亿元，查处违纪违规资金6230万元，退还678万元，挽回经济损失873万元，发现案件线索251个，立案查处37起，移送司法机关2人，处理25人，对13个单位进行通报批评，提出改进建议1721条，协助建章立制531项。1997年，围绕建设工程项目、水利集资款管理使用、预算外资金清理等开展执法监察。全区共立项15个，检查单位6.13万个，涉及金额5.65亿元，查出违规违纪资金1.78亿元，发现案件线索99个，立案查处41起，给予党政纪处分26人，移送司法机关处理3人，协助建章立制301项，挽回经济损失715.3万元，纠正退还违纪违规金额 450万元 。1998年，对定砀（定陶至安徽砀山）公路集资款、行政效能、建筑工程项目，公、检、法、工商部门收支两条线等情况开展执法监察。全区立项目11个，检查单位1928个，涉及金额8.03亿元，查出违纪资金3亿元，发现案件线索138个，立案查处44起，给予党政纪处分35人，提出整改建议3055条，协助建章立制1897项，挽回经济损失1286.2万元，纠正退还违纪金额901万元。1999年，针对粮食流通体制改革、住房资金管理使用、建筑工程项目、养老保险金管理使用中存在的问题，开展执法检查。全区共立项12个，涉及金额15.44亿元，查出违纪资金额1.42亿元，收缴违纪款256万元，发现案件线索225个，立案查处66起，给予党政纪处分41人。2000年，执法监察主要抓建筑市场、粮食流通体制改革、税务部门税收征管情况的检查。全区共立项18个，检查单位1579个，涉及金额25.16亿元，查出违纪资金9031万元，发现案件线索103个，立案查处36起，给予党政纪处分33人，提出改进建议1878件，协助建章立制987项，挽回经济损失1535万元，收缴违纪款190.3万元。

2001年，对国债建设资金、住房基金、社会保障资金管理使用情况开展执法监察。全市共立项20个，检查单位884个，涉及金额12.69亿元，查出违规违纪资金6058万元，挽回经济损失1254.9万元，收缴违纪款290万元，发现案件线索83个，立案查处18起，给予党政纪处分20人，通报批评单位4个，提出改进建议599条，协助建章立制228项。2002年，执法监察重点抓中小学危房改造资金、扶贫资金的管理使用和建筑市场、行政效能等项目。全市共立项5个，检查单位524个，涉及金额3.81亿元，查出违规违纪资金2612万元，挽回经济损失42万元，纠正退还违纪金额416万元，避免经济损失1009万元，发现案件线索15个，立案查处2起，给予党政纪处分1人，通报批评单位6个，提出改进建议517条，协助建章立制30项，推广先进典型12个。2003年，围绕整顿和规范建筑市场秩序，经营性土地使用权招标、拍卖、挂牌出让等开展执法监察。全市共开展执法监察项目19个，其中纪检监察机关立项目14个，协助有关部门开展5个，检查单位654个，涉及金额11.81亿元，查出违规违纪资金5893万元，挽回经济损失314万元，纠正退还违纪金额799万元，避免经济损失1391万元，发现案件线索52个，立案查处20起，给予党政纪处分16人，通报批评单位4个，提出改进建议370条，协助建章立制225项，推广先进典型8个。2004年，对征用农民集体所有土地补偿费、整顿和规范建筑市场秩序、经营性土地使用权招标、拍卖、挂牌出让等开展执法监察。全市共立项27个，其中纪检监察机关立项目16个，协助有关部门立项检查11个，检查单位499个，涉及金额5.7亿元，查出违纪资金979万元，挽回经济损失1000万元，纠正退还违纪金额82万元，避免经济损失748万元，发现案件线索74个，立案查处20起，给予党政纪处分45人，提出整改建议793条，协助建章立制558项，推广先进典型4个。2005年，围绕中小学危房改造资金和农村公路招投标及资金管理使用、清理整顿土地交易市场、规范建筑市场秩序及环境保护开展了执法监察。全市共立项11个，其中纪检监察机关立项8个，协助有关部门立项检查3个，检查单位695个，涉及金额14.73亿元，查出违规违纪资金5506万元，纠正退还违纪金额 856.6万元，挽回经济损失333万元，避免经济损失1026万元，发现案件线索27个，立案查处16起，给予党政纪处分11人，提出整改建议353条，协助建章立制166项。

2003年11月25日，省纪委副书记监察厅长柏继民（中）到菏泽调研

第八节　行政效能监察

菏泽市行政效能投诉中心于2003年4月11日正式挂牌成立，为菏泽市纪委、监察局内设机构，具体负责行政效能监察工作。至2005年年底，9县区都设立行政效能监察机构，市直各有关部门亦明确相应的办事机构，全市基本上形成纵向贯通、横向联合的投诉处理网络。

行政效能投诉中心设立后，制定《菏泽市行政过错责任追究暂行办法》，并以菏泽市人民政府令第6号的形式下发，2003年8月18日正式实施。建立健全首问负责制、岗位目标责任制、政务公开和服务承诺制、限时办结制、一次性告知制、否定报备制、效能考评制、行政过错责任追究制等8项制度，形成规范行政行为的监督管理体系，促进依法行政。2004年，制定《菏泽市政府部门行政效能考核评议暂行办法》，使政府各部门的工作处于社会各界的监督之下。行政效能投诉中心围绕群众关注的热点焦点问题和市政府的中心工作，实施效能监察。在2003年4—8月份的138个投诉件中，反映基层派出所问题的有48件次，投诉内容主要是基层派出所不作为、治安案件处理不力、乱收费、乱罚款等问题。行政效能投诉中心责成市公安局进行专项治理，取得较好的效果。2003—2005年，在对疾病预防控制和卫生监督部门进行效能监察的过程中，对效率低下的单位给予通报批评，督促其立即整改，收到较好的效果。2004年，两次部署《中华人民共和国行政许可法》执行情况自查自纠，并组成检查组对各县区、市直各部门贯彻执行的情况进行全面检查和重点抽查，突出行政许可项目、规范性文件、收费项目和行政许可实施主体的“四个清理”，对检查中发现的问题及时进行纠正。至2005年年底，投诉中心共接听投诉电话2304个，接访297人次，收到群众来信29封，其中咨询类1060个，投诉类347个，求助类680个，建议类210个。行政效能投诉中心按分级负责、归口办理的原则，逐个进行处理，如期办理率为100%。在处理投诉案件中，共有115人受到不同程度的责任追究。

第九节　行业纠风

1991年4月，根据省政府鲁政办函41号《通知》精神，设立菏泽地区纠正行业不正之风办公室，挂靠在地区监察局。2001年5月，地区纠风办更名为市纠风办，由临时机构改为副县级办事机构。10月，纠风办升格为正县级单位。2004年10月，纠风办内设综合科、举报受理科和纠风检查科。

专项治理　1991年4月，纠风办设立后，当年的纠风工作确定5个重点系统和7个重点部门，建立7个纠风工作联系点，共查处在纠风中揭露出来的违法违纪案件96起，结案66起，处分干部79人，移交司法机关处理8人。

治理公路“三乱”　1992—2005年，纠风办对公路“三乱”（乱设站卡、乱收费、乱罚款）不断加大治理力度，采取明察暗访，突击巡查等多种形式进行不定期的检查。仅2005年就聘请治理公路“三乱”监督员357人，组织暗访458余次，累计行程2.2万千米。14年间，全市共撤销各类检查站71个，取缔非法检查站8个，整顿规范检查站、卡11个，创建省级文明执法路12条；查处公路“三乱”案件363起，处理违纪人员504人，其中撤职13人，并对24起公路“三乱”行为予以曝光和全市通报批评。

减轻企业负担　1992—2005年，围绕减轻企业负担，优化企业发展环境开展专项治理活动。全市废止向企业乱收费的文件241个，乱收费项目1055项，合并降低收费项目152项，减少收费金额3.21亿元；查处向企业乱收费案件611件，给予党政纪处分72人，移送司法机关处理5人，收缴违纪款91.89万元。同时，对企业的检查、收费，实行申报、备案和两证一书一卡制度，使企业发展环境得到有效改善。

治理中小学校乱收费　为制止中小学校乱收费的行为，纪委、监察局先后制定并下发7个制止乱收费的规范性文件，取得明显的成效。1996—2005年，采取立项检查和抽查的方法，共废止学校乱收费的文件79个，废止收费项目103个，废止代收费项目12个；查处违纪款9559.1万元，退还给学生1942.2万元，收缴财政428万元，挽回经济损失3600万元；下发建议846份，立案查处355起，172人受到党政纪处分。

医药购销纠风　1998—2005年，纪委、纠风办每年组织有关部门进行医药购销检查，整顿医药、医疗市场。全市共查出医药单位折扣收入2675.92万元，各类提成促销费93万元，给医疗单位折扣738.3万元，190个医疗单位违法收入4409万元；废止不符合国家政策规定的文件36个，取消无证和证照不全的药品生产、批发企业21个，取缔非法行医918处，捣毁制假窝点67处，销毁过期、假劣药品价值1357万元，查处不法药贩41人，清理虚假医药广告263个，降低虚高定价药品650种价值8674万元；查处医药购销违法违纪案件136起，49人受到党政纪处分。

减轻农民负担　1993—2005年，纪委、纠风办每年都组织力量对减轻农民负担情

况进行定期和不定期检查。13 年中共取消不合理收费项目 38 项，减掉不合理用工折款 1.3 亿元，纠正乱摊派报刊折款 2800 万元，减收水费 1010 万元；立案查处涉农案件 350 起，党政纪处分 403 人，减轻农民负担 4.75 亿元。

制止招生替考风　在 1997 年的大、中专招生考试期间，纪检、监察机关和纠风办抽调人员对辖区内的 40 所大中专学校和高中一、二年级 1.96 万名学生采取到指定地点集合签到的办法制止替考。此次高考取消 64 人的考试资格，排查替考嫌疑学生 253 人，立案查处 23 人，处理 16 人，并对这一典型案件在新闻媒体上进行曝光，较好地堵住替考风的源头，受到社会各界的称赞。2001 年，曹县一中发生高二学生参加高考的事件，市纪委和纠风办立即组织人员进行摸排调查，将 285 名违纪考生的成绩予以作废，并对 14 名责任人员给予党政纪处分。

治理强装强卸　2002—2005 年，纠风办围绕域内的经济发展环境，狠抓强装强卸和停车场乱收费的治理，制定规范装卸市场秩序的规定和举报奖励办法。对 12 名装卸霸头和 4 名运输霸头进行严厉打击，取缔 32 个不规范停车场，先后查处强装强卸行为 40 起，处理 18 人。

治理劳务市场　2004 年，组织有关部门对全市劳务中介市场开展专项整治活动，全市共规范中介机构 33 家，受理群众举报 51 件，追回中介费 4 万余元，取缔非法报名点 42 个。

行风整顿　1986—1987 年，地区纪委对粮食、供销和金融系统进行行业整顿，共立案 473 起，挖出经济犯罪分子 239 人，追回赃款及赃物折款 526.48 万元，追缴各种违纪款 4785 万元，为国家挽回经济损失 2726 万元，收回陈欠贷款和逾期不归还贷款 4854 万元。通过整顿，使企业端正经营思路，改善服务质量，提高经济效益。1991 年，对纠风工作制定阶段性目标，确定 5 个系统和 7 个部门为行风整顿重点，建立 7 个纠风工作联系点。是年共查处违法违纪案件 96 起，结案 66 起，处分违法违纪干部 79 人，移交司法机关处理 8 人。供电系统的农电乱加价、工商系统的人情照、人情费、供销系统的平转议、公安系统的超标准乱罚款、卫生系统的索贿受贿等问题，得到明显遏制。1993 年，对全区金融市场进行行风整顿，共查出违纪金额 1.33 亿元，查出偷漏税款 631 万元。1997 年，地区纪委集中两个月的时间，对全区 26 个执法部门开展思想作风和纪律整顿，取得较好效果，多数单位开展承诺服务活动。2003 年，对全市执法执纪、行政管理、窗口服务等 36 个系统和医疗卫生单位、中小学校开展“端正思想、纠风反腐”教育整顿活动，参加集中教育整顿活动的达 17 万多人。在教育整顿活动中，市、县区共派出 173 个督导组，由领导干部带队，对所包的县区、乡镇实行全程督导。围绕群众反映强烈，社会各界关注的热点问题，全市共确定 100 个题目，在《菏泽日报》上发表，限期解决。市、县区新闻媒体开辟专栏，刊播专稿 1135 篇（条）。各级教育整顿办公室编发各类工作简报 1000 期。全市纠风系统共发放征求意见表 15 万份，征求意见和建议 1.4 万余条；接到群众举报 3000 件，从中发现案件线索 328 条，其中有 112 起被立案查处，涉案 143 人。通过教育整顿，党群关系明显改善，被整顿单位发展意识、服务意识明显增强，纪律作风明显好转，取得良好的政治效果、社会效果和经济效果。《中国纪检监察报》刊登菏泽开展纠风反腐集中教育整顿活动的经验，以《群众利益无小事》《查处案件不含糊》《有规矩才能成方圆》为题进行纪实性连续报道。

行风热线　“行风热线”节目是市纪委、监察局、纠风办和市人民广播电台共同策划，于 2000 年 4 月联合创办的热线直播交流性广播节目。该节目以“替百姓说话，为政府分忧”为宗旨，采取组织与群众生活密切相关的政府部门和窗口行业的主要负责人定期轮流到电台直播室，通过接听听众热线电话，听取群众意见，回答听众咨询，受理群众投诉，直接为群众服务。2000—2005 年，共接听听群众热线电话 2 万余个，基本做到听众反映的问题“事事有着落，件件有回音”。2005 年 3 月，在“行风热线”开播五周年颁奖文艺晚会上，评选出全市行风热线“十佳”上线单位。省纠风办负责人亲临颁奖现场，给予很高评价。市政府给予“行风热线”节目组记集体二等功。

行风评议　为加强部门和行业作风建设，根据省纠风办的统一部署和市委、市政府的安排，每年都在全市范围内对行政执法监督部门、经济管理部门、垄断性公用事业单位、公共服务部门等进行民主评议。1999—2005 年，共发放问卷 62018 份，回收率达 91.68%，满意率为 77.56% ～ 87.79%。

2001 年 8 月 31 日，省委副书记、纪委书记赵春兰（中）到菏泽考察

1999—2005 年菏泽市（地区）行风评议情况统计表

表 19-3-2

年　份	发放问卷（份）	回收率 %	满意率 %
1999	9000	92	78 ～ 84
2000	10000	90	78 ～ 89
2001	7018	92	80 ～ 90
2002	6000	91	80 ～ 91
2003	10000	90	78 ～ 91
2004	10000	90	75 ～ 84
2005	10000	97	74 ～ 85

第十节　干部队伍建设

1986年，全区共有纪检机构70个，其中地直部、委、局纪检机构18个，县、市纪委10个，县级企事业单位纪委39个，高等院校纪委2个，配备纪检专职人员388人。1988年，全区共有12人被省纪委授予“全省纪检系统优秀纪检干部”称号，101人被地纪委授予“全区纪检系统模范纪检干部”称号。1990年，根据省纪委的要求，各乡镇由设纪检委员一职改建为纪委。至年底，全区有纪检机构589个，配备专职人员1109人。1993年，地区纪委、监察局合署办公，时有纪检、监察机构683个，编制1755人，其中地直37个，编制178人；县市319个，编制948人；乡镇248个，编制444人；街道5个，编制15人；企业49个，编制120人；事业单位25个，编制50人。2001年，市纪委首次对市直31个部门实行纪检机构派驻，其中双派驻机构27个，单列编制34人；单派驻机构2个，单列编制4人；派出机构2个，单列编制5人（市直机关纪工委配备2人，开发区纪工委配备3人）。同时，对合并后的158个乡镇、办事处纪委书记全部明确为同级党委副书记。2005年，全市纪检监察系统建机构600个，配备专职人员1090人，其中市直59个，配专职人员175人；县区321个，配备专职人员639人；乡镇、街道158个，配备专职人员211人；企业28个，配备专职人员30人；事业单位34个，配备专职人员35人。同时，市纪委、监察局授予牡丹区纪委执法监察室等35个单位“全市纪检监察系统先进集体”称号，17人记三等功，授予48人先进个人称号。

1986—2005年，为提高纪检监察干部的政治素质和业务素质，举办各种培训班261期，培训3043人次，选送201人到中纪委参加培训，有152人在职学习，获得大专以上学历。142个先进单位、480名先进个人受到市（地）纪委、监察局的表彰；11个先进集体、61名先进个人受到省纪委、监察厅的表彰；4名先进个人受到中纪委、监察部的表彰。2001年，单县纪委、监察局被中纪委、监察部授予“全国纪检监察系统先进集体”荣誉称号。全市纪检监察机关有64人被提拔为副县级以上领导干部。

2000年4月24日，石家庄市纪委书记姜瑞峰（左二）到菏泽作报告

第四章　组织工作

第一节　党员队伍

1986年年初，菏泽党员总数25.87万名，2005年发展到35.24万名。

职业构成　2005年，全市有公有经济单位党员110748名，占党员总数的31.43%；非公有经济单位党员9594名，占党员总数的2.72%；农牧渔民党员18.09万名，占党员总数的51.33%；学生党员313名，占党员总数的0.09%；离退休人员党员31851名，占党员总数的9.04%；其他党员19007名，占党员总数的5.39%。

年龄构成　2005年，全市有35岁及以下的党员10.11万名，占党员总数的28.68%；36～45岁的党员93565名，占党员总数的26.55%；46～54岁的党员76367名，占党员总数的21.67%；55～59岁的党员38291名，占党员总数的10.87%；60岁及以上的党员43097名，占党员总数的12.23%。

入党时间构成　2005年，全市有1937年7月6日以前入党的3名；1937年7月7日至1945年9月2日入党的1225名，占党员总数的0.35%；1945年9月3日至1949年9月入党的4581名，占党员总数的1.3%；1949年10月至1966年4月入党的47872名，占党员总数的13.59%；1966年5月至1976年10月入党的80266名，占党员总数的22.78%；1976年11月至1992年9月入党的10．27万名，占党员总数的29.15%；1992年10月以后入党的11．57万名，占党员总数的32.83%。

学历构成　2005年，全市有研究生学历党员778名，占党员总数的0.22%；大学本科学历党员24403名，占党员总数的6.93%；大学专科学历党员43255名，占党员总数的12.28%；中专学历党员48430名，占党员总数的13.74%；高中学历党员73970名，占党员总数的20.99%；初中及以下学历党员16.15万名，占党员总数的45.84%。

1986—2005年菏泽市（地区）党员、基层党组织统计表

表19-4-1

年份＼项目	党委（个）					基层党总支、党支部（个）			党员（人）
	县市委	区　委	乡镇街道	地县直属		党总支部	党支部	其中农村支部	
				党　委	党　组				
1986	10	0	292	0	449	246	13645	10816	266710
1987	10	0	292	0	462	285	13928	10975	278691

续表 19-4-1

项目 年份	党委（个）					基层党总支、党支部（个）			党员（人）
	县市委	区委	乡镇街道	地县直属		党总支部	党支部	其中农村支部	
				党委	党组				
1988	10	0	272	37	0	159	10367	8126	284554
1989	9	0	271	53	0	346	14316	8135	290609
1990	9	14	253	52	543	363	13391	7474	272483
1991	9	7	253	56	559	376	13518	7454	277629
1992	9	7	253	71	545	415	13514	7390	282622
1993	9	0	253	68	526	408	13308	7418	287243
1994	9	0	253	78	517	403	13237	6947	296866
1995	9	0	253	81	531	436	13259	6852	306544
1996	9	0	253	0	531	449	13366	6711	316323
1997	9	0	253	137	538	479	12336	5595	325108
1998	9	0	253	142	528	475	12068	5865	329380
1999	9	0	253	134	521	479	12471	5828	336520
2000	9	0	253	93	514	504	12534	5875	342697
2001	8	1	158	153	428	472	12383	6105	344067
2002	8	1	158	146	480	513	12463	6056	348150
2003	8	1	158	138	415	507	12576	6017	352627
2004	8	1	158	136	455	458	12385	5911	346883
2005	8	1	158	149	451	522	12404	5865	352369

第二节　党员教育

1986年10月4—6日，地委召开村级整党会议，部署农村整党工作。这次整党的重点是解决农村党员思想认识上的问题和进一步查处党员干部中严重以权谋私以及其他违法乱纪现象；整顿建设好农村党支部，切实解决“党不管党”的现象。进行农村改革和党的农村经济体制教育，解决党员在思想认识和工作方式与发展商品经济不相适应的问题；破除“种粮为吃饭、种棉为穿衣”的自然经济观念；破除安贫乐道、自我满足的旧观念；破除安于现状、与世无争的旧观念。

1988年6月，为加强群众对党员的监督，活跃党组织的民主生活，全区普遍开展民主评议党员活动。评议内容是党员执行党的决议、坚持四项基本原则、认真学习马列主义和毛泽东思想情况，开拓创造精神和本职工作完成情况，以及廉洁奉公、遵纪守法情况等。全区27.87万名党员中有25.23万名参加评议，占党员总数的90.8%。49.93万名群众参与评议工作。评议结果：党员中发挥作用好的占60.8%；较好的占31%；一般的占7.4%；差的占0.8%。

1990年12月，地委决定，在全区开展农村社会主义教育活动。此次活动以学好江泽民在新中国成立40周年庆祝大会上的讲话和《中共中央关于进一步治理整顿和深化改革的决定》为重点，解决农村存在的一些思想问题，加快农村经济和各项事业的发展。主要教育内容是坚持党的领导和坚持社会主义信念的教育；正确处理国家、集体、个人三者利益关系的教育；发扬自力更生、艰苦奋斗优良传统的教育。

1999年，地委分别于3月10日和4月1日两次召开全委会，学习中共中央《关于在县级以上党政领导班子、领导干部中深入开展以“讲学习、讲政治、讲正气”（“三讲”）为主要内容的党性教育的意见》和省委《关于在市地、省直部门领导班子、领导干部中开展“三讲”教育的实施意见》，并于3月11日成立地区“三讲”教育领导小组，由地委书记李明先任组长。按照“三讲”教育领导小组的部署，4月8日至5月1日实施“思想发动，学习提高”。对地区水利局违反组织人事纪律的问题进行查处；加大对县乡超编人员分流的力度；利用典型案例加强党风整改意见。5月2日至6月2日实施“自我剖析，听取意见”。这一阶段重点检查1992年以后在执行党的方针政策、贯彻民主集中制、选拔任用干部、反腐倡廉以及思想作风方面存在的突出问题。针对群众反映强烈的信仰问题、住房问题、公款吃喝问题、经济问题、干部子女问题等，地委、行署制订《关于在“三讲”教育中对群众反映强烈的问题近期集中整改的意见》。6月3—16日实施“交流思想，开展批评”，重点开展谈心活动。班子成员之间交心交底，自我批评，达到弄清思想、解决问题、增进团结的目的。6月17—26日，实施“认真整改、巩固成果”。这一阶段是对群众反映强烈而又能够马上解决的问题，立即进行整改。如：取消专职秘书和专车、严格控制接待开支、领导干部减少应酬、清理多占公房等。中央电视台《新闻联播》《焦点访谈》均报道了菏泽地区清理干部多占住房的经验。

2005年1月—2006年5月，在全市35.24万名党员中分批开展保持共产党员先进性教育活动。2005年1—6月，第一批县以上党政机关、部分企事业单位中64916名党员参加学习教育；7—12月，第二批城乡基层99947名党员参加学习教育（2005年12月至2006年5月底基本结束）；第三批农村及部分党政机关18.75名党员参加学习教育。通过党员先进性教育活动，达到“党员先进性更加突出”“党组织更加坚强有力”“党群关系更加密切”“各项工作更加卓有成效”的目标，实现党组织、党员、群众满意的良好效果。

第三节　基层党组织建设

1996年12月，单县县委在全区率先进行合理调整村级管理格局，改革干部选拔任用制度和推进村级干部管理规范化的农村基层组织整顿。调整后的行政村不少于2000人，以适应新时期农业产业化集约经营并利于乡镇行政管理；对行政村“两委”（党支部和村民委员会）干部的选拔和使用实行“双推双考”（单位推荐自荐，组织考核和文化考试），逐步把干部任期政绩考核纳入规范化干部管理渠道；建立村支部书记易村交流制度和县、乡机关干部下派任职制度；规范村级财政管理，实行村级财务审计；妥善安置退休和下岗行政村干部等。菏泽地委将单县的做法推广到全区。全区各县市共派出5637个工作组对5564个行政村分批进行组织整顿，共有9.2万余名青年农民踊跃报名参加考试。通过面试和筛选，其中51965人被列为考察对象。全区80%的党员和占农户60%的群众代表参加评议，有26515人被录用。经过这次农村基层组织的全面整顿，使村级干部队伍年龄、文化结构大为改观，村干部的责任心明显增强，带领群众发展经济的能力显著提高。

菏泽地区农村基层组织的做法引起上级党组织的重视。中共中央政治局委员、国务院副总理姜春云于1997年7月30日在《农民日报·上送件》上批示："菏泽的经验、做法、效果都很好，值得重视。"中共中央政治局常委、中央书记处书记、中央党校校长胡锦涛8月1日阅批件。中组部部长张全景8月8日指示："可将菏泽的做法，进一步研究总结。"后经中组部全国基层组织建设联席会议办公室深入菏泽7天的实地调查，《基层组织建设情况通报》（1997年398期）登载的《关于菏泽地区公开选拔村干部的情况调查》编者按说："山东省菏泽地区运用'三推三考'的方法选拔村干部的做法，充分调动了农村广大党员、群众推荐村干部和参与竞争的积极性，推进了农村在选拔村干部问题上的民主化进程，为农村广大党员和先进群众创造了脱颖而出的良好机遇，解决了农村选人难的问题，为建设农村高素质的干部队伍提供了一条有益的经验，受到了当地广大干部和群众的普遍好评，是一种有益的尝试和探索。"《农民日报·上送件》赞誉菏泽地区的做法是"我国农村推行以家庭联产承包责任制为主要内容的经济体制改革之后，又一项与之相配套的农村政治管理体制改革的重大步骤。它的产生、完善和发展，将从政治上、组织上保证中国农村更快地完成经济转轨、社会转型的跨世纪使命，保障党和政府在广大农村的政令畅通。"

1999年1—6月，地委、行署为加强农村基层民主政治建设，在全区进行第六届村委会换届选举工作。这次换届选举是新的《中华人民共和国村民委员会组织法》《山东省村委会选举办法》实施后进行的首次选举。据统计，全区5939个行政村中，有5821个完成选举工作，占总数的98%；共登记选民420余万人，选民参选率达到91%，部分村达到95%以上；选举成功率超过98%。通过民主选举，全区共产生村委会成员24944人，比上届减少1285人，其中高中以上5487人，占总数的22%，比上届提高7%；党员13968人，占总数的56%，比上届高5%；村委会成员平均年龄下降2.6岁；妇女干部1746人，占总数的15.3%；村主任落选1009人，占主任数的17%；村主任是党员的4216人，占主任数的71%；支部书记与村主任一人兼的266人，占主任数的4.5%。此外，全区还建立村委会下属委员会17506个，选举村民小组长59418人、村民代表19万余人。通过此次选举，大大激发农民群众的政治热情，对村干部进行一次系统的群众观念教育，促进乡镇党委、政府建设，加快农村基层民主政治建设的进程，提高党在人民群众中的威信，促进了农村经济发展和社会稳定。

为进一步加强国有企业党组织建设，结合全市实际，根据《中央组织部、国务

院国资委党委关于加强和改进中央企业党群工作的意见》和省委组织部、省国资委《关于建立健全国有企业党建工作责任制的意见》的精神，2004 年 5 月，市委组织部下发《关于建立健全国有企业党建工作责任制的意见》，就进一步明确国有企业党建工作责任制的指导思想和目标要求，认真履行抓企业党建工作的领导责任、直接责任、具体责任，健全机制，严格考核，确保国有企业党建工作责任制落到实处提出明确要求。7 月，进一步加强和改进全市党的基层组织建设，提高基层党组织的创造力、凝聚力和战斗力，促进全市改革、发展和稳定，根据省委《关于以加强执政能力建设为重点全面推进党的基层组织建设纲要》精神，结合全市实际，市委组织部印发《关于进一步加强和改进党的基层组织建设的意见》。该意见就充分认识加强和改进党的基层组织建设的重要意义，明确把握加强和改进党的基层组织建设的指导思想和目标要求，进一步提高基层党组织建设的整体水平，切实把基层党组织建设的任务落到实处等方面作出规定。

2005 年 5 月，市委组织部印发《关于进一步加强和改进社区党的建设工作的意见》，就新形势下加强和改进社区党的建设工作的重要性和紧迫性，正确把握社区党的建设工作的指导思想和目标要求，进一步明确社区党组织的主要职责，坚持把服务群众作为社区党组织的重要任务，不断扩大党在城镇工作的覆盖面，建立和完善社区党的建设工作协调机制等方面提出要求。

第四节　干部工作

领导班子作风建设　1986—1990 年，地委先后下发《关于地直党政机关和领导干部带头端正党风的意见》《关于领导干部带头端正党风认真改进机关作风的规定》《关于进一步转变工作作风，防止和克服官僚主义的措施》《关于整顿党政机关干部思想、作风、纪律的意见》等文件，通过理论培训、制度建设、检查监督、树典型样板等，加强各级领导班子思想作风建设。1990 年 11 月至 1993 年年初，对全区各级党政机关干部集中进行思想、作风、纪律“三整顿”，并建立和健全学习、工作、会议、检查评比、监督和联系群众等各项制度，建立领导干部抓思想作风建设责任制和党委定期研究的例会制度，坚持领导干部和组织部门同干部谈话制度。1993年10月，地委总结推广16个单位的典型经验，提出新形势下加强领导班子思想、作风、纪律建设的目标措施。

1999—2001年，按照中央和省委的部署要求，集中在县级以上领导班子、领导干部中开展“三讲”教育，重点解决党性党风方面存在的问题。2004年2—3月，在市、县、乡机关干部中开展干部作风集中教育整顿活动。通过“三讲”教育和领导班子作风集中整顿，转变工作作风，制止用公款大吃大喝，解决领导干部的“走读”问题，清理干部多占公房，治理公路“三乱”，减轻农民负担，遏制婚丧事大操大办，加强对乡镇财政的管理。

干部调整 1984—1988年，各级党组织既积极推进干部队伍的年轻化，又注重提高领导班子的整体效能，全区共提拔县级以上优秀中青年干部213名。

1986年11月，地委下发《关于做好县市党代会、人代会、政协会换届调整班子的意见》，对县市领导班子的职数、结构等作出明确规定。县市委常委9～11人，菏泽、郓城、曹县、单县4个较大的县市配11人，其余6县配9人，其中书记1人，副书记3人；纪委常委一般5～7人，其中书记1人，副书记2人；县市长1人，副县市长5人；人大常委会主任1人，副主任6人；政协主席1人，副主席6人。县市委、政府领导班子分别应由50岁左右、40岁左右和30岁左右的干部组成，45岁以下的干部应占三分之二左右；党政正副职中，至少各有1名40岁以下的干部；县市委书记、县市长一般不超过55岁；新进党政领导班子的干部，大多数应从45岁以下的干部中选拔；新进人大、政协领导班子的干部，原则上不超过57岁，能任满一届；原人大、政协班子的干部，凡1987年度年龄为58岁的，原则上都要退下来；正副主任、正副主席中，应有年纪较轻、能胜任两届的。县市委、政府领导班子中，具有大专（含相当学历）以上文化程度的干部应占三分之二以上。要实行内行领导，特别注意充实有商品经济观念，爱工业、懂商业、会管理、善经营的优秀干部进班子。县市人大常委会副主任中，必须有非党干部；副县市长中，有合适人选的，要选配1名非党干部；政协正副主席中，非党人士必须占二分之一以上。县市党、政领导班子中，至少要有1名女干部。县市委书记、县市长，凡是本县籍的，或非本县籍但在一地任现职满两届的要首先交流；县市委副书记、副县市长在一地连任现职满两届的也应交流。乡镇党委一般设正副书记各1人，乡镇政府一般设正副乡镇长各1人；2万人以上的乡镇，党政两个班子的书记、乡镇长可配到1正2副（包括交叉兼职1名）。年底，对全区10县市党委、人大、政府、政协领导班子进行换届人事调整。这次人事变动，全区共调整交流58人，留任226人；提拔进班子的33人，其中提拔进人大、政协班子的21人，提拔进党委、政府班子的12人；另外在班子内提拔5人。调整后，县市党委班子97职，政府班子59职；县市党委班子平均年龄42.5岁，比调整前下降 0.6 岁，政府班子平均年龄 42.5 岁，比调整前下降 1 岁，县市党委、政府班子中 45 岁以下的干部分别占 75.1% 和 78%；县市党委、政府班子中，大专以上文化程度的分别占 62% 和 76.3%；县市人大领导班子均配备了非党干部，县市政协领导班子中非党人士约占总数的 50%；四大班子共有妇女干部 20 人，其中县市党委、政府班子中有 9 人，基本上每县市都有 1 名妇女干部。

1987 年 1—4 月，全区 10 个县市、297 个乡镇（街道办事处）先后进行换届选举。同年，对地直县级领导班子进行局部调整，共调整干部 86 人，提拔干部 54 人。对县以上党政领导班子及其成员进行一次民主评议，共评议领导班子 114 个，评议领导成员 647 人；组织各县市和地直各部门对所管理的干部档案进行一次大规模的清理和整理，共整理 10.81 万份档案，占应整理的 97%。

1988 年 7 月，地委提出从该年起，对县以上党政领导班子和成员进行年度工作考核，同时建立领导班子和成员实绩档案。从 1988 年 12 月至 1989 年 1 月，先后在梁山县和地区粮食局进行考核试点。从 1989 年 2 月下旬至 3 月底，对全区县级党政领导班子及其成员普遍进行一次年度工作考核，共考核 9 个县市委和县市政府、62 个地直部委办局、300 名领导成员（其中县市 113 人，地直 187 人），参评人员 3000 余人。1989 年，全区各级机关普遍实行干部政绩考核制度。

1989 年 5 月，地委对选拔任用县级党政领导干部作如下规定：①选拔任用县级党政领导干部，必须严格执行中央规定的程序；②选拔任用县级党政领导干部，必须经过民主推荐、组织考察；③选拔任用县级党政领导干部，必须经过党委集体讨论决定；④提拔干部应从经过实践锻炼的人中逐级择优任用；⑤逐步实行干部制度改革，试行聘任制、试用期制。12 月，梁山县划入济宁市后，对全区 9 县市党委、人大、政府、政协领导班子进行换届和人事调整。这次人事变动，全区共交流调整县级党政领导干部 90 名，占县级党政领导干部总数的 46.2%，其中县市间交流 58 名，县市内调整 32 名；选拔 46 名干部充实到县市委、市政府和法检两院、纪委领导班子，选拔 23 名干部充实到县市人大、政协领导班子。调整后，县市委常委除郓城县、曹县配 10 职、组织部部长暂由副书记兼任外，其他 7 县市委常委均是 11 职；9 个县市政府均为 1 正 5 副；人大 1 正 6 副；政协除巨野配 7 职、菏泽市配 8 职外，其他县均为 1 正 5 副。县市党委班子成员平均年龄 43.5 岁，政府班子成员平均年龄 44 岁，分别比调整前降低 1.6 岁和 1.8 岁；县市党委、政府班子成员中具有大专以上文化程度的分别占 71% 和 71.9%；县政府班子中只有曹县有 1 名非党副县长，其他没有，人大每个县都有 1 名非党副主任，政协班子除菏泽市是 4 名非党副主席、巨野县 2 名非党副主席外，其他都是 3 名；除成武县、巨野县、菏泽市外，其他县党政班子中都有 1 名女干部。

1990 年 8 月，地委对企业干部的管理权限、任免方法和工作程序、任职条件等作出具体规定。1992 年 10—11 月，对全区 9 县市党委、人大、政府、政协领导班子进行换届人事调整。这次人事变动，全区共选拔54名干部充实到县市党委、政府领导班子和担任法检两院正职、纪委书记职务，其中科级提拔为副县级的36名，副县级提拔为正县级的6名，平调12名；县市党政两个班子、法检两院、纪委共交流48名干部，其中横向交流8名，纵向交流13名，县市内换岗交流27名。通过换届、调整，全区9个县市党政班子中经济内行干部达到105人，占68.8%，提高6.3%；大专以上学历的118人，占77%，提高3.1%；平均年龄下降2.3岁；菏泽市、曹县、单县、成武、巨野、郓城6县市政府各有1名非党副县市长，县市人大班子都有1名非党副主任，县市政协班子中，共有党外干部25人；9县市四个班子中共有女干部20名，其中9县市都有1名女干部进党委或政府班子，菏泽市、单县、成武县、定陶县、巨野县人大班子各有1名女干部，单县政协班子中有2名女干部，巨野、郓城、东明、鄄城4县政协班子中各有1名女干部；定陶、东明2县人大班子和菏泽市、曹县、郓城县政协班子各有1名少数民族干部。1993年，对72个地直领导班子进行了调整，全区共调整县级干部128名，提拔81名。1994年底，对9县市党委领导班子进行换届人事调整，共交流干部39名，调出干部28名，新进班子45名。通过调整，县市委领导班子平均年龄42.8岁，比换届前下降2.7岁；大专以上文化程度的占86%，提高3.4%。

1995年，中共中央《党政领导干部选拔任用工作暂行条例》颁布实施后，地委进一步规范干部选拔任用工作。1996年，地委批转地委组织部《关于认真贯彻执行〈党政领导干部选拔任用工作暂行条例〉的意见》，对地委管理的领导干部的呈报、推荐、考察、征求意见、酝酿、讨论决定、任免谈话、依法履行程序等选拔任用工作程序作出具体规定。同年，地委组织部、地区人事局联合下发《关于干部管理工作的六条意见》，就地直党政群机关补充人选实行考选制、部分职务实行聘任制、干部考核升级制、分级分类奖惩制、领导人员离任审计制、部分正副县级干部进行公开选拔等分别作具体规定。同年，在对113个地直单位的县级领导干部进行年度考核的基础上，对68个单位和部门的领导班子进行充实调整，共调整干部111人，提拔干部125人。同时，对3个空缺主要领导干部的县进行充实调整，对其他县市党政领导班子进行个别充实调整。在全省率先对县市公、检、法“三长”进行交流。整个交流工作实行横向交流和纵向交流相结合，平职交流和提拔交流相结合，以横向平职交流为主。这次交流共涉及干部31人，其中交流27人，轮岗4人。通过交流，全区县市公安局局长、检察院检察长、法院院长全部实现异地任职。

1997年3月，地委办公室转发地委组织部《关于公开推荐与考试考核相结合选拔地直部分单位领导干部的报告》，拿出20个副县级职位，采取公开推荐与考试考核（简称“一推双考”）相结合的办法，在全区范围内进行公开选拔，其中2个职位专门面向非中共党员干部，1个职位专门面向少数民族干部。这是第一次通过“一推双考”的形式面向全区选拔副县级干部，共选拔副县级领导干部19名，平均年龄35.9岁，最小的31岁。4月，地委组织部、统战部、地区民族宗教事务局联合下发《菏泽地区培养选拔少数民族干部工作规划及实施意见》的通知。8 月，地委组织部组织全区科级以上领导干部学习《党政领导干部选拔任用工作暂行条例》《关于对〈党政领导干部选拔任用工作暂行条例〉行为的处理规定》。年底，对全区县市党委、人大、政府、政协领导班子进行换届人事调整。这次人事变动，全区共选拔 46 名干部充实到县市党委、政府领导班子。换届调整后，县市党委班子平均年龄 41.1 岁，政府班子平均年龄 40.7 岁，分别比调整前下降 3.7 岁、3.9 岁。县市党委班子中大专以上文化程度的占 92.1%，政府班子中大专以上文化程度的占 95.1%，分别比调整前提高 4% 和 4.8%；县市党政领导班子成员中，35 岁以下的年轻干部 30 人，比换届前增加 20 人；女干部 17 人，比换届前增加 9 人，基本上达到党政班子中各有 1 名女干部；有 8 个县市政府班子配备党外干部，县市人大、政协班子中党外干部的职数配备均达到省委的要求。

1998 年起，对从科级岗位新提拔的非选举产生的副县级干部实行一年的试用期。至 1999 年，先后对 72 名新提拔的副县级干部实行试用期制。1999 年，大部分县市对新提拔的科级干部也实行试用期制。同年，进行干部任前公示制试点，对拟提拔的 50 多名正副科级干部进行任前公示；建立和实行干部任期制，对委任的地直单位副县级以上领导干部，规定任期时间为 5 年，任期届满，根据考察结果以及工作需要决定是否继续任用；对地委管理的 131 名干部实行任期制；对部门中层职位一律实行竞争上岗，地直部门实行竞争上岗的职位有 53 个，县市有 624 个职位实行竞争上岗；对部分地直单位和县市的领导干部进行调整充实，共涉及 198 人。在年初调整使用干部时，对在考核中政绩突出、民意很好、有发展前途的 86 名干部大胆提拔重用；对连续两年考核处于末位的 10 名干部，进行组织谈话给予“黄牌”警告；对考核较差、政绩平平，不适应现职工作的 31 名干部，调离现工作岗位，平调做一般性安排。同年，开展县乡机关超编人员分流工作，全区县乡机关和乡镇全额预算管理的事业单位共分流超编人员 28001 人。

2000 年，对部分地直单位和县市的领导干部进行调整充实，调充注重高学历的优秀年轻干部、懂经济干部的选拔任用，提拔任用了 10 名年轻干部，全部为全日制大学学历，平均年龄 35 岁，最年轻的 29 岁，其中有 3 名是懂经济的。2001 年，为加大干部人事制度改革的力度，制定并实施《关于严格党政领导干部选拔任用工作程序的意见》《选拔任用党政领导干部实行考察预告制试行办法》《选拔任用党政领导干部实行任前公示制试行办法》《选拔任用党政领导干部实行试用制试行办法》《关于加强组织部门干部监督工作的实施意见（试行）》5 个配套文件。为贯彻落实好以上 5 个文件，又制定《干部选拔任用工作操作细则》，对干部选拔任用过程中的组成考察组、民主推荐、组织考察等 19 个工作环节、130 多个细节都作出具体规定和明确要求。年内，全市完成县区领导班子的届中调整，共涉及干部 183 人，其中县区干部 153 人，市直干部 30 人。全市 253 个乡镇（街道办事处）调整为 158 个。调整后的 158 名乡镇（街道办事处）党委书记，平均年龄 38.1 岁，比调整前下降1.2岁，其中35岁以下的33人，30岁以下的5人，最年轻的29岁；大学以上文化程度的109人；女乡镇党委书记5人。此外，还对全市3个县区的检察院检察长、2个县的法院院长、4个县的公安局局长进行交流调整，对市直公、检、法的8名领导干部进行调整安排，对市委党校、菏泽师专的领导班子和中层及部分市直单位领导班子和领导干部进行调整。年底，市委拿出包括市人事局副局长、市教育局副局长、市民政局副局长在内的26个副县级职位面向社会公开选拔，共选拔副县级领导干部25人。

2002年7月，中共中央《党政领导干部选拔任用工作条例》颁布实施后，市委把8月份确定为学习宣传月，在报纸、电台、电视台等新闻媒体开辟学习宣传栏目，在全市党员干部中开展学习条例知识竞赛活动，在菏泽电视台举办“全市组织人事干部学习《干部任用条例》知识电视大赛”，增强广大干部的条例意识。开展“回头看”活动，对《党政领导干部选拔任用工作暂行条例》颁布以后的制度规定进行认真的梳理、完善和自查自纠。与此同时，完成党政机关机构改革工作和县区领导班子换届调整工作，全市新提拔干部76人，调整干部31人。调整后的9县区党委领导班子成员共有101人，平均年龄由43.1岁降低到41.3岁；具有大学本科学历的调整前有88人，调整后增加到90人，占89.1%，其中研究生学历的由换届前的12人增加到换届后的17人。调整后的9县区政府领导班子成员共有62人，平均年龄由43.4岁降低到40.7岁；具有大学本科学历的调整前有45人，调整后增加到50人。9县区党委领导班子换届前共有女干部7人，换届后增加到10人，达到每个党委班子各有1名女干部的要求。9县区政府领导班子有女干部10人，达到每个政府班子各有1名女干部的要求；调整前党外干部有7人，调整后增加到9人。各县区人大常委会领导班子调整前女干部是7人，调整后增加到9人；党外干部调整前为4人，调整后增加到9人。各县区政协班子调整前女干部有10人，调整后增加到12人；党外干部调整前14人，调整后增加到21人。牡丹区、曹县政府班子中，各配备1名少数民族干部。10月，除副县级单位副职及相当职务管理权限不变外，市直单位及市人大、市政协、市纪委、市委党校、菏泽师专等厅级单位所有正副科级职务（包括领导职务和非领导职务，下同），一律由单位或单位主管部门党委（党组）直接管理、任免。科级干部职务管理权限下放后，市直单位及上述厅级单位所有正副科级干部的任免，任免前必须向市委组织部备案。至年底，全市完成机构改革工作，市委设置工作机构10个，比原来精减2个；市委机关核定内部科室79个，比原来精减20个；县区党委共设置工作机构63个，比原来精减15个；全市党政群机关核定行政编制13562人，比改革前精减3504人，精减比例为20.5%。

2003年，市委下发《关于进一步贯彻执行〈党政领导干部选拔任用工作条例〉做好干部工作若干问题的决定》该决定明确，①逐步消化超职配备的领导干部；②市直党政机关、群团组织今后不再配备新的副县级工会领导职务；③停止执行副县级干部到改任非领导职务年龄任职满13年可改任调研员的做法；④市委党校、菏泽师专、工业学校、市立医院、菏泽卫校、菏泽财经学校、菏泽信息工程学校、菏泽一中、职工中专、财政干校、转业军官培训中心、农广校、博物馆、艺术学校、中医院、第二医院、第三医院、疾病预防控制中心、体育学校、粮食技校、黄河大桥管理处、商业技校、单县师范、郓城师范、菏泽市第二中学、各县第一中学、各县党校、单县中心医院、湖西烈士陵园、东明东新农场等没有行政管理职能事业单位的副县级领导职务、非领导职务，由市委组织部代市委管理。上述单位正县级领导职务和非领导职务，其他党政群机关、事业单位正副县级领导职务和非领导职务，由市委管理；⑤乡镇（街道）党委书记由县区委和开发区党工委管理，县区委组织部副部长由县区委管理，上述职务任免前由县区委、开发区党工委向市委组织部汇报，任免后到市委组织部备案。市委组织部重新修订下发《关于干部选拔任用工作中严格执行规定程序的意见》以及考察预告制、任前公示制、试用期制等文件，对《干部任用条例》规定的程序、标准、条件和要求进行细化，使全市的干部选拔任用工作进一步规范化、制度化。同时，制定下发《菏泽市党政领导干部辞职暂行办法》，为调整不称职、不胜任现职领导干部提供政策依据。

2003年，市委提出“破除选人用人上论资排辈、求平求稳的思想，树立看主流、重能力、凭政绩用干部的观念”，要求树立“以发展论英雄，凭政绩用干部”的用人导向，明确提出“八用八不用”的标准，即大胆重用那些坚决贯彻中央、省、市委指示精神，密切联系实际，创造性地开展工作的人，坚决不用那些执行上级指示不力，甚至阳奉阴违或者照抄照转的人；大胆重用那些实事求是，脚踏实地，认真负责，干事创业，扎扎实实抓落实的人，坚决不用那些只说不做，得过且过，敷衍塞责，甚至弄虚作假，搞形式主义，做表面文章的人；大胆重用那些全心全意为人民服务，一门心思干事业，责任心强，政绩突出的人，坚决不用那些不干事，政绩平庸，一门心思往上爬，官本位意识浓厚，甚至跑官要官的人；大胆重用那些勤奋学习，善于思考，思想解放，开拓创新的人，坚决不用那些不读书，不看报，不动脑子，不求有功，但求无过，因循守旧，抱残守缺，四平八稳，无所作为，打不开局面，干不成事业的人；大胆重用那些坚持原则，敢于批评，不怕得罪人，敢于承担责任的人，坚决不用那些一团和气，好人主义，遇到矛盾绕着走，出了问题溜之大吉的人；大胆重用那些办事公道，作风正派的人，坚决不用那些不讲原则，媚上压下，作风庸俗的人；大胆重用那些遵守纪律，原则性强的人，坚决不用那些纪律松弛，搞自由主义的人；大胆重用那些清正廉洁，不谋私利的人，坚决不用那些利欲熏心，以权谋私的人。年内，全市共调整干部12批次，涉及干部583人，其中提拔196人，调整重用13人。

党政机关机构改革结束后，市委沿袭机构改革时正县级领导干部满56周岁、副县级领导干部满54周岁退出班子改任非领导职务的做法。按照市委“成熟一个，调整一个，不做大批量调整”的原则，2004年，全市共调整干部16批次，涉及干部290余人，其中提拔115人，调整重用39人。

2005年11月，市委组织部下发《关于严格执行〈干部任用条例〉进一步加强干部管理工作的意见》。该意见明确，①严格按规定职数配备干部；②严格按规定程序民主推荐干部；③严格按规定研究确定考察对象；④严格执行干部考察预告制度；⑤严格履行组织考察程序；⑥严格按规定讨论决定任免干部；⑦严格执行干部任前公示制度；⑧严格执行干部任免备案制度；⑨严格按有关规定行文公布；⑩严格执行干部试用期制度。年内，全市共调整干部12批次，涉及干部214人，其中提拔102人，调整重用112人。

落实干部政策 1978年中共十一届三中全会后，全区开始解决历史遗留问题，平反冤假错案、落实干部政策等。到1988年，全区复查解决"文化大革命"案件39007件；解决错划"右派"案件4643件；解决"四清"案件781件；解决历史老案9700多件。在39007件"文化大革命"案件中，属于政治历史问题的1289人；属于政治言论问题的536人；属于违纪作风问题的1071人；属于经济问题的857人；属于其他问题的154人。解决被查抄物资问题299起；为229人补发工资；对干部档案全部进行清理、整理；按照中组部〔1983〕16号文件规定，对菏泽地区历史上受限制使用的283名干部全部进行复查，根据不同情况，分别做出撤销、注销或解除原限制使用的意见；对1958年重新处理的内部留用99名反坏分子进行复查处理；对境内历史上发生过的梁山"肃托"错杀张超案件、李晏光"肃托"案件、马廷献"肃托"案件、"刘二姐上楼"事件、"衙里事件""曹县公社违法乱纪案件"6起大案要案进行复查解决；对在"四清运动"中处理的817人进行复查处理。同时，从实际出发，为一大批老干部解决历史遗留下来的脱党、脱团、离队等问题，解决战争年代入党并且一直在农村工作的老党员、老干部的生活补助问题；解决20世纪50年代后期、60年代初期机关整编精减人员，组织上选派改造落后乡的干部以及精减退职老职工等各方面的问题，共为67188人解决各种历史遗留问题。这些问题的解决，对调动各方面的积极因素，加速经济建设，稳定当时全区政治形势，起到很大的作用。

1985—1988年，在全区范围内开展对抗日战争和解放战争时期的敌占区、游击区、解放区以及相当于乡一级的行政村的新中国成立前"三区一村"调查工作，各县市在确定新中国成立前的乡或相当于乡一级行政村的基础上，将各个时期乡、村干部的任职情况逐个落实到人，为解决一大批老干部更改落实新中国成立前参加革命工作时间提供依据。

后备干部队伍建设 1984—1990年，全区共建立720人的县级后备干部队伍，其中提拔使用280人，调出19人。从1986年开始，建立后备干部的年度考核制度，对成熟对象，由地委组织部重点考察。在充实干部队伍的同时，重点抓对后备干部的培养，先后选送76人到大专院校深造，326人参加政治、业务轮训；对118人进行轮岗锻炼，其中有95人到基层任职，23人由基层到领导机关工作；抽调126人参加挂职、扶贫、包村。

1996年，全区共有县级后备干部382人，其中党内373人、党外9人，妇女干部71人。同时，按照企业党政一把手1∶2、副职1∶1的比例建立企业后备干部队伍。同年，地委组织部举办全区非党干部进修班；对全区县级、科级及中级职称以上的少数民族干部进行调查摸底；制订《关于优秀大学毕业生的选调、管理和使用意见》，先后到山东大学、山东师范大学、山东工业大学等10所高校，选调100名优秀大学毕业生，集中培训后全部安排到乡镇工作。

2005年，对县级后备干部进行集中补充调整。集中补充调整后的县级后备干部队伍共378人，其中有县级正职后备干部36人，县级副职后备干部342人。

干部教育培训　1986年，分层次分类别举办“国民经济管理”“领导科学”等方面的专题研讨班。1988—1989年，连续举办5期乡镇党委书记岗位职务培训班，全区乡镇党委书记基本培训一遍。1990年，恢复地委干部教育领导小组，研究部署全区的培训计划；建立领导干部定期培训制度，干部培训登记制度和干部培训与使用相结合制度，加强对干部培训工作的宏观指导。

1991年，制订《1991—1995年菏泽地区干部培训规划》，提出加强干部马克思主义基本理论、专业知识和学历教育等方面的教育培训，加强干部教育培训制度化建设和基地建设。1993年，重点对县级领导干部、35岁以下中青年干部和乡镇领导干部进行培训，全区举办各类培训班150余期，共培训各级各类干部19146人次。1994年，各级分别举办《邓小平文选》干部学习研讨班，采取分期组织、课堂教学与分组讨论相结合的方式，将全区副科级以上干部基本培训一遍。1996年，制订《菏泽地区1996—2000年干部教育培训规划》，提出认真做好妇女干部、非中共党员干部、少数民族干部特别是各级领导干部的培训工作，开展干部学历教育和资格证书培训。1997年，建立地区管理在职领导干部学习情况微机管理系统，实现干部教育培训档案的电子化。1999年，配合在全党开展的“三讲”活动，组织全区县、科级干部政治学习考试活动，全区2347名县、科级干部参加考试，参考率达99%，平均考试成绩为93.12分，达到促进干部学习的目的。2000年，下发《菏泽市关于农村基层干部教育培训工作的意见》，加大对农村基层干部进行大、中专学历教育和绿色证书培训的工作力度。2001年，制订《2001—2005年菏泽市干部教育培训规划》，围绕市委中心工作开设各类研讨班、进修班，围绕社会热点举办专题培训班。

2003年，立足全市经济发展需求和干部队伍实际，抓住中共十六大精神学习培训这个中心，突出党政领导干部、新任职干部和中青年优秀干部培训三个重点，开展大规模培训干部工作。2005年，在“突破菏泽”发展战略的大背景下，市委在山东省委党校成功举办“突破菏泽”专题培训班。2003—2005年，全市共举办各类政治理论学习辅导班442个，举办报告会268场次，受训干部达11.5万人次，占5年培训任务的65%，大规模培训干部工作的阶段性目标基本实现。

干部下派包村　1989年3月，菏泽地委决定选派机关干部下乡驻村。1990年3月，地委印发《关于选派机关干部挂职、驻村的规定》。该规定要求，在选派机关干部挂职、驻村的范围上，全区所有党政机关和事业单位（不含学校、医院、科研单位、文艺团体和广播、电视台、站），都要选派干部挂职、驻村，地、县市、乡镇三级选派干部的人数原则分别占干部总数的20%、30%和60%；在时间上，部门包村时间3～5年，驻村干部一年轮换一次；在管理上，主要采取“三方共管、一为主、一强化”（当地党委、后方单位和下派干部管理系统共同管理；以当地党委管理为主；强化后方单位的管理）的方法。1989—1991年地、县两级有7356名干部被下派到797个行政村，帮助所包村新打机井1080眼，建桥、涵、闸1691座，为73个村架设输电线路15.9万米，无偿投入资金626.3万元。

1999年3月至2000年3月，菏泽地委从地直机关抽调541名干部到县级菏泽市、巨野县的14个乡镇的144个行政村开展为期两年的包村工作，其中，有县级干部58名，科级干部239名。包村干部入村后，帮助所包村硬化道路76千米，修建桥、涵等水利设施249处，新打机井599眼，筹集资金及帮扶物质折款达1230.5万元，为地方经济发展增添后劲。

2001年和2003年，菏泽市委两次下发文件，对下派包村工作的指导思想和主要任务，人员的组织和选派，包村工作点的选定，考核验收和组织领导等，重新做出明确规定。2003年的文件要求，从市直、县区、乡镇机关各抽调200名干部，组成100个工作组，包100个行政村，每个工作组6人（市、县、乡各2人），每批每期包村工作的时间为1年。

下派包村工作在不同时期有不同的工作重点。1990年前后，根据当时的社会政治形势，下派包村的主要任务：建好村级领导班子，发展农村经济，建立安定的社会环境。

2003年6月份，市委要求：“干部包村要包后进村，下决心到那些经济发展上不去、矛盾很多、班子瘫痪的村庄去解决问题”。市委办公室下发《关于菏泽市、县、乡机关干部包村工作实施意见》。该意见提出，下派包村的主要目的是，加大对后进村的整顿力度，尽快改变后进村面貌。

2003年以后，包村干部按照市委制定的“抓班子、保稳定、促发展”的三项要求，从所包村实际出发，紧紧依靠和配合当地党委、政府，充分发挥后方单位优势，真抓实干，为群众解难题、办实事，做了大量工作。至2005年，各包村工作队共调整充实村级班子416个，新建班子107个，发展新党员888人，村班子平均年龄由原来的45.6岁降至41.8岁；解决各类村民纠纷900件，化解146起上访事件；为群众提供经济信息2750条，引进推广技术项目283个，培训农民5400人；修建柏油路525.9千米，新打机井478眼，修桥363座，提供物资价值255.4万元，累计投入资金3430万元。

第五节　干部监督与管理

1997年4月，全省干审工作会议在菏泽召开，全面推广菏泽地区对干部监督实行规范化管理的经验；9月，中央政治局常委、中央书记处书记胡锦涛、尉健行对菏泽地区的干部任职审计工作作出批示，要求总结推广；10月17日—26日，中央纪委研究室主任刘春锦、综合处处长侯效岐、中国纪检监督报记者范青安，省纪委常委张天民、研究室主任马凤增等一行6人到菏泽地区总结领导干部任职审计工作经验。1998年2月，中纪委、中组部、人事部、监察部、审计署等中央五部委联合发《关于印发〈关于菏泽地区实行领导干部离任审计制度的调查报告〉》，要求全国学习菏泽地区的干部任职审计工作经验。

1999年，菏泽地委制订《关于加强对党政一把手监督管理的意见》，该意见要求坚持实行领导干部报告个人重大事项和收入申报制度，加强对党政主要领导干部的监督管理，主要是县区、市直单位“一把手”和乡镇党委书记的日常监督检查；加强对掌管人、财、物部门、执纪执法机关、双重管理单位、国有重要骨干企业、年轻领导干部的监督管理。全区共有1196名副处级以上的领导干部向组织申报个人收入情况。

2000年，地委组织部按照中组部的要求撤销干部调查审理科，成立干部监督科，工作职能从调查审理干部历史遗留问题，转向重点对领导班子、领导干部和干部选拔任用工作进行监督、检查。2001年11月14日，菏泽市委下发《关于中共曹县县委违反规定调整提拔干部问题的通报》，对曹县县委违规超职配备和提拔150名干部的问题作出严肃处理，取消任职决定，营造风清气正的用人环境，为建设高素质的干部队伍、实现全市经济社会的全面进步提供监督保障。

2003年6月，全市对干部选拔任用工作中配套文件各个环节的具体规定，作出重新修订和完善，分别以菏组发〔2003〕14号、15号、16号、17号文件下发《菏泽市选拔任用党政领导干部考察预告制实施办法》《菏泽市选拔任用党政领导干部任前公示制实施办法》《关于干部选拔任用工作中严格执行规定程序的意见》《菏泽市选拔任用党政领导干部试用期制实施办法》，并在《菏泽日报》公开刊发，对保证《党政领导干部选拔任用条例》的贯彻执行发挥重要作用。同年，菏泽市还承担了全省干部选拔任用工作责任追究制度的试点工作，在成武县、鄄城县试点基础上，市委下发《关于实行干部选拔任用工作责任追究制度的试行意见》。

自2003年起，市委、市政府对县区经济工作实绩进行定期考核。根据考核结果，对年终考核总分列前三名的县区和前30名的乡镇，分别授予荣誉称号和给予相应奖励，并优先提拔重用。年度考核完不成基本指标且列最后一名的县区，党委、政府主要负责人向市委、市政府写出书面报告，说明理由，予以诫勉，通报全市。经考察不称职的，报请省委批准，另行调整安排。年度考核完不成基本指标且位次列后10名的乡镇，党委、政府主要负责人经考察确不称职的，按干部管理权限免去职务。2004年年初，5名乡镇党委书记因此被免职。

2004年3月29日，市委组织部开通“12380”专线举报电话，制定下发《“12380”专用举报电话受理查核工作制度》，建立专人值班制度、电话接听记录制度、举报办理制度、调查处理制度、督查制度、审查结案制度、调查反馈制度、保密制度等八项制度，从举报受理、办理到调查、结案作出明确规定。这项工作走在全省、全国的前列，中组部《干部监督工作通讯》《党建文汇》都刊载菏泽市的做法。10月下旬，对全市各县区和年初以后调整提拔干部相对较多的15个市直单位进行《党政领导干部选拔任用工作条例》学习贯彻执行情况的检查。检查中，共发现在学习贯彻执行《党政领导干部选拔任用工作条例》中的大小问题49个，提出整改意见和建议32条。12月底下发《党政领导干部选拔任用工作责任追究暂行办法》，同时，为科学准确地实施责任追究，规定应当建立健全的八项配套制度。同年，市纪委、市委组织部对全市科级以上党政领导干部在企业兼职情况进行清查，共清理副县级干部在企业兼职的1人，正科级干部在企业兼职的8人，副科级干部在企业兼职的2人。

2005年，市委组织部印发《关于进一步加强组织部门干部监督工作的意见》，对领导班子和领导干部重点监督的内容、党政领导干部选拔任用工作的关键环节进行细化，对进一步完善干部监督工作协调配合机制提出明确要求。同时印发《菏泽市经济责任审计实施办法（实行）》和《菏泽市经济责任审计谈话制度》，较好解决审计操作不够规范的问题，有效解决审用不衔接、“两张皮”的问题，使经济责任审计工作进一步走上科学化、制度化、规范化的轨道。2004年、2005年，全国、全省经济责任审计工作会议再次总结推广菏泽市的典型经验，菏泽市被评为全省经济责任审计工作先进单位。经济责任审计对强化全市领导班子建设和党风廉政建设，促进经济发展，实现“突破菏泽”战略目标，特别是对维护财经纪律，促进财政改革和发展都发挥重要作用。

第六节 老干部工作

落实老干部生活待遇 1986年，为改善老干部的居住条件，对居住城镇的离休干部，采取盖、调、补的方法，积极为老干部解决住房困难，使95%以上的老干部住房达到规定标准住房面积。1987年，确定离休人员护理费从1986年11月起均改按51元的标准执行。根据有关文件精神，全年为2450名低工资老干部审批生活补助费，为261名长期有病不能自理的老干部审批护理费，为142名老干部办理提高待遇的手续。

1988—1990年，加强医疗保健网络建设，重点加强老干部病房和家庭病床建设，市县乡基本形成三级医疗保健网，老干部有病及时住院问题基本解决。1988年，认真落实鲁老干字〔1988〕9号文件，为2113名离休干部增发一级工资，为2490名离休干部增发生活补贴。1991—1993年，按照有关政策，积极为老干部家属及子女办理农转非，并安排其子女就业。1993年，为老干部安排子女就业60余人，办理老干部家属子女户口农转非280余人，报批护理费409人，提高享受待遇级别89人。同时，为20名军队移交地方安置的老干部发建房补助费，调整工资。在全区公费医疗制度改革时，对老干部优先照顾，坚持据实报销的原则，减免个人负担的部分，同时优先保证老干部因公因病用车。

1994—1995年，逐步提高离休干部护理费，重点解决特困企业离休干部的离休费问题。1994年，对离休干部护理费标准，由原每人每月51元提高到70元（不含价格补贴）。1995年，为800名老干部报批护理费，为280名老干部办理家属子女农转非。1996—1998年，探索建立离休干部离休费足额发放机制。1996年，对已参加社会统筹的企业（含无力按规定缴纳养老保险费的企业），其离休干部养老保险费均由社会保险机构直接按时足额发放。少数未参加社会统筹的，其离休干部离休费和医药费原则上由企业自筹解决；企业自筹资金确有困难的，主管部门和财政部门采取按比例分担或由财政借支的办法解决。1997年9月份起，全区9县市和地直企业离休干部全部参加劳动统筹，企业无力交纳统筹金的由财政拨款补贴，离休干部凭“两证一卡”（离休证、身份证、工资卡）直接到指定银行领取工资。全区企业离休干部离休费全部实行社会化发放，初步建立起离休费及时足额发放的有效机制。

2001年，抗日战争结束以前参加革命工作的离休干部和解放战争时期参加革命工作，并且原已享受护理费待遇的离休干部，其护理费标准由每人每月100元提高到200元；解放战争时期参加革命工作，原未享受护理费待遇的离休干部，护理费标准为每人每月100元。同年3月16日，共为4768名离休干部办理提高护理费标准的手续，其中，享受100元的老干部1349人，享受200元的3419人。同时重点抓“两费”（离休费、医疗费）补发工作。5月，中央检查组领导对菏泽的工作给予充分肯定，特别是对克服困难、采取“四个一点”（同级财政拨一点、企业拿一点、社保挤一点、上级财政争取一点）筹集资金的做法进行表扬和推广。2003年，全市离休干部“三个机制”（医疗费保障机制、离休费保障机制、财政兜底机制）开始逐步建立。2004年，出台《关于落实市直单位离休干部医药费实施办法》《关于做好市直企业离休干部适当增加有关待遇和完善市直离休干部医药费保障机制的意见》，对市直企业离休干部医药费统筹所需资金，确定正常经营企业由所在企业承担；困难企业由所在企业和市财政局各承担50%；特困和破产企业由市财政承担。同年10月起，为市直企业离休干部适当增加有关待遇，包括：①1992年至1995年三次机关事业单位离休干部按原职务增发的离休费或生活补贴；②将机关事业单位执行的部分补贴简化归并为地方福利补贴时，企业未执行的15元开放城市补贴和60元误餐补贴；③基本养老金（不含各种补助、补贴）25%的住房补贴。同时，从2004年1月1日起，将离休干部护理费标准由每人每月200元提高到300元。2005年，切实加强“两费”资金管理使用力度，全市共利用“两费”专款和配套资金解决“两费”拖欠2964万元。除个别县采取分段解决外，全市企业离休干部与机关事业单位离休干部的离休费差距已经基本解决。

落实老干部政治待遇　1986年，建立离休干部支部（小组）753个，学习小组892个，老干部活动室415处。1992年，举办老干部健康休养班28期，组织1681名老干部参加集中学习。1994年，对加强和改进老干部工作特别是落实老干部政治待遇提出具体措施和要求。2005年，按照中央和省、市委的统一部署，组织全市4462名离休干部党员参加保持共产党员先进性教育活动。

发挥老干部作用　1987年，全区有

622名离休干部被各级党委、政府聘请为参谋顾问，178名离休干部担任老干部工作联络员，1277名离休干部担任中小学生校外辅导员。1988年，全区共建立老干部协会、老干部管理委员会、关心下一代协会以及各种技术咨询服务中心84个；建立老年体协组织624个，参加会员12657人；建立活动场地236处，老干部活动中心室329处。1992年，全区成立各种老年体育协会3698个，举办各种文体比赛、展览5000多场次。菏泽地委老干部局依托干休一所成立菏泽地区老干部服务公司，提高对老干部的服务水平。在全区各级老干部部门直接帮助和扶持下，全区共办80多个老干部经济实体，年创利税40余万元。同时，老干部积极参与兴办经济实体，采取自办、合办、与部门联办等方式，全区213名老干部办经济实体92个。同年，菏泽地委老干部局组织县市委老干部局长参加全国“围绕经济建设发挥老干部作用研讨班”。

1995年，菏泽地委组织部、老干部局聘请10名老干部从事老干部联络工作。1998年，成立菏泽地区老年大学。1999年12月，投资400万元建成建筑面积3000多个平方米的地区老干部活动中心。2005年，组织老干部参加抗日战争胜利六十周年纪念活动，开展“建言献策”活动，为加快菏泽发展、建设“平安菏泽”“和谐菏泽”做出重要贡献。年内，牡丹区、成武县、单县、郓城县、东明县、巨野县老干部活动中心场所、机构设置、编制和人员已经到位；市老年大学机构得到加强，科室设置得到规范、工作人员得到充实；各县区老年大学的机构设置、编制都已到位，工作开始运行。年底，市老年大学、牡丹区老年大学通过省级示范校达标验收。

第七节　人才队伍建设

拔尖人才选拔与管理　1989年，中共菏泽地委、菏泽地区行署制订《关于专业技术拔尖人才选拔管理的试行意见》。1990年，地委、行署开展选拔并命名表彰首批地区级专业技术拔尖人才46人。首批拔尖人才在管理期内，共完成科研课题78项，获科研成果奖37项，其中，省部级奖23项，地区级奖14项；国家专利4项，出版书籍21项，发表论文176篇；有49人次获荣誉奖励，其中国家级奖励7人次，2人获全国总工会“五一劳动奖章”，省部级奖励28人次，地区级奖励12人次；有13人获国务院颁发的政府特殊津贴证书，2人被评为省级专业技术拔尖人才。

1993年，地委、行署选拔表彰第二批地区级专业技术拔尖人才39人。1994年，地委、行署对管理期满的首批46人拔尖人才调整为30人。1997年，地委、行署选拔并命名表彰第三批地区级专业技术拔尖人暨调整管理第二批拔尖人才，第三批命名表彰46人，第二批由39人调整为28人。2000年，地委、行署选拔并命名表彰第四批地区级专业技术拔尖人才47人。2002年，市委、市政府选拔并命名表彰第五批市级专业技术拔尖人才和调整第二、三批拔尖人才，第五批表彰57人，第二、三批调整后延期管理为25人。2004年，市委、市政府选拔并命名表彰第六批市级专业技术拔尖人才60人，第四批延期管理由47人调整为38人。同时，各县区也开展选拔县级专业技术拔尖人才工作。至2005年年末，全市共管理市级专业技术拔尖人才180人，县级专业技术拔尖人才450人，其中被省委、省政府命名表彰的山东省有突出贡献的中青年专家2人，享受国务院特殊津贴专家27人。

地委组织部于1998年开展《山东省菏泽地区人才资源战略》课题研究，研究报告分为总报告1篇，专题报告12篇，子课题9篇；2001年会同团市委、人事局、科技局开展“首届优秀青年知识分子”评选活动，会同市科协开展自然科学优秀学术论文的评选、青年科技奖评选活动，并会同市农业局、林业局、卫生局开展“科技卫生下乡”活动；2002年制定市县领导干部和组织部门直接联系专家制度。2004年，市委、市政府召开全市人才工作会议，对10名被授予“市级有突出贡献的优秀人才”每人重奖现金1万元。2005年，市委、市政府开展“人才强市战略研究”，该研究报告共包括33个子课题，研究成果获当年市科技成果二等奖。市委组织部设立中共菏泽市委人才工作网，上报省委组织部、省委宣传部人才工作宣传稿件获“山东省人才好新闻奖”二等奖1人，三等奖3人。

科技副职选聘　2004年，菏泽市委作出为县、区选聘科技副职的决定，并制订《关于选聘科技副职的试行意见》，明确规定科技副职的任职程序、职责和生活待遇。2004—2005年，市委、市政府从省农村信用社、省财政厅等部门和山东大学、山东农业大学、青岛大学等高校选聘科技副职9人，任期为2年。

第五章　宣传工作

1998年10月，省委常委、宣传部部长王修智（前排中）到菏泽视察全区宣传思想和精神文明建设工作

2000年10月8日，菏泽地委委员、宣传部部长韩广洁（中）到成武县检查指导宣传文化阵地建设

第一节　社会宣传

1986 年 2 月，地委下发《关于搞好破除封建迷信宣传教育活动的通知》，要求在全区深入进行唯物主义、科学知识和破除迷信及法制宣传教育，启发和引导群众自觉拆除封建迷信设施和销毁迷信品。为宣传好各条战线的英模和先进人物，促进全区精神文明建设，地委宣传部会同地区教育局、团地委联合发出《关于进一步加强大、中专学校毕业生思想政治教育工作的通知》，要求根据全区大、中专学校的实际情况，抓好形势任务、理想纪律教育，分配方针政策教育和走向社会的预备教育等工作。10 月，在全区开展向“英雄少年”彭步记学习的活动（彭步记是郓城县玉皇庙镇彭庄小学三年级学生，先后 4 次营救落水儿童，献出宝贵生命）。1990 年，围绕纪念鸦片战争胜利 150 周年，在区干部、职工群众和青少年学生中，集中进行一次爱国主义、社会主义和国情教育活动。1992 年，开展解放思想大讨论，围绕与加快菏泽地区改革开放步伐相适应的 8 个观点和清除“左、旧、小”思想观念的 6 种影响展开讨论，澄清干部群众思想上存在的疑虑和模糊认识，从理论与实践的结合上弄清社会主义同资本主义的区别，增强全民经济意识、整体意识和风险意识，把广大干部的思想和行动统一到党中央和省、地委的指示精神上来。这次大讨论，对全区的改革开放和各项建设是一个极大的推动。1995 年 12 月，在全区城乡开展社会主义思想教育活动。这次社教活动主要是进行中共十四届四中全会精神的宣传教育；进行党的宗旨、廉政勤政教育，密切党群干群关系；进行爱国主义教育，大力倡导敬业奉献精神；进行社会主义市场经济知识和现代化科技知识的教育；进行道德法制教育，优化社会环境。通过社教活动，农村基层党组织战斗力、凝聚力明显增强，社会环境进一步得到优化。1997 年，为迎接香港回归，在全区各县市举办有关香港地情报告会 20 场次，听众达 1.2 万人。同年 8 月，召开全区“讲文明、树新风”活动动员大会，动员全区人民更加深入扎实搞好社会主义精神文明建设。1998 年，组织开展改革开放 20 周年纪念活动，通过

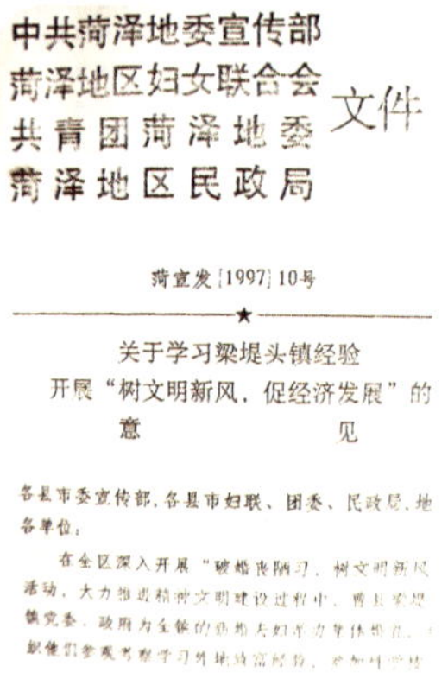
中共菏泽地委宣传部
菏泽地区妇女联合会
共青团菏泽地委
菏泽地区民政局
文件

菏宣发〔1997〕10号

关于学习梁堤头镇经验
开展“树文明新风，促经济发展”的
意　见

各县市委宣传部、各县市妇联、团委、民政局、地直各单位：

在全区深入开展“破婚丧陋习，树文明新风”活动，大力推进精神文明建设过程中，曹县梁堤头镇党委、政府为全镇的……

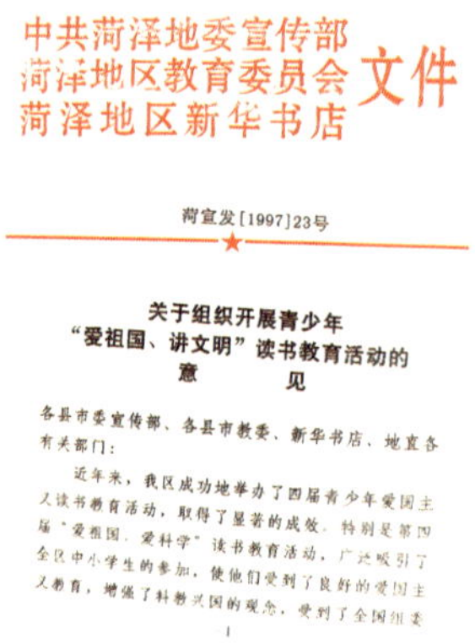
中共菏泽地委宣传部
菏泽地区教育委员会
菏泽地区新华书店
文件

菏宣发〔1997〕23号

关于组织开展青少年
“爱祖国、讲文明”读书教育活动的
意　见

各县市委宣传部、各县市教委、新华书店、地直各有关部门：

近年来，我区成功地举办了四届青少年爱国主义读书教育活动，取得了显著的成效。特别是第四届“爱祖国、爱科学”读书教育活动，广泛吸引了全区中小学生的参加，使他们受到了良好的爱国主义教育，增强了科教兴国的观念，受到了全国组委

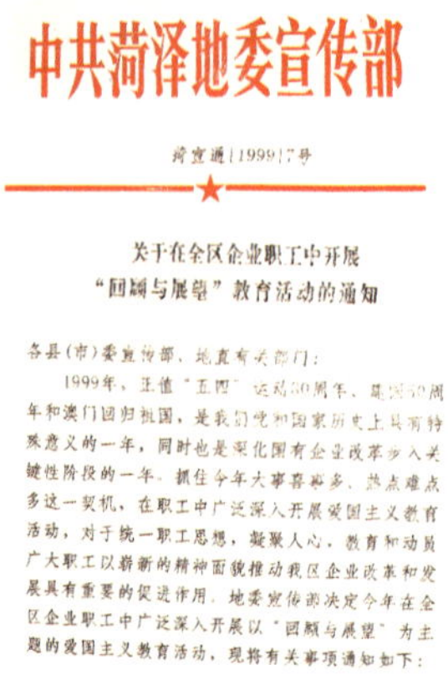
中共菏泽地委宣传部

菏宣通〔1999〕7号

关于在全区企业职工中开展
“回顾与展望”教育活动的通知

各县（市）委宣传部、地直有关部门：

1999年，正值“五四”运动80周年、建国50周年和澳门回归祖国，是我们党和国家历史上具有特殊意义的一年，同时也是深化国有企业改革步入关键性阶段的一年。抓住今年大事喜事多、热点难点多这一契机，在职工中广泛深入开展爱国主义教育活动，对于统一职工思想，凝聚人心，教育和动员广大职工以崭新的精神面貌推动我区企业改革和发展具有重要的促进作用。地委宣传部决定今年在全区企业职工中广泛深入开展以“回顾与展望”为主题的爱国主义教育活动，现将有关事项通知如下：

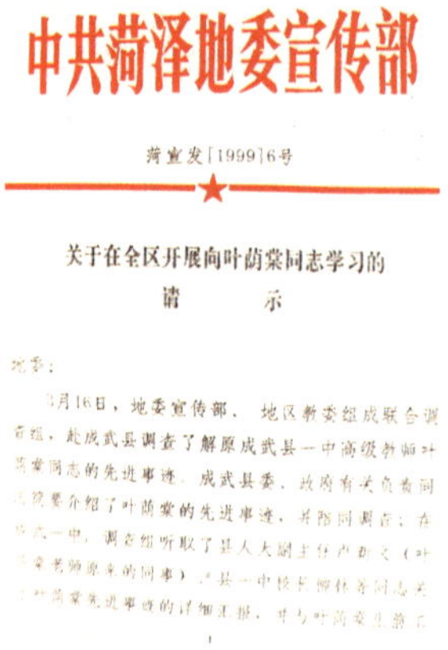
中共菏泽地委宣传部

菏宣发〔1999〕6号

关于在全区开展向叶荫棠同志学习的
请　示

地委：

3月16日，地委宣传部、地区教委组成联合调查组，赴成武县调查了解原成武县一中高级教师叶荫棠同志的先进事迹。成武县委、政府有关负责同志……

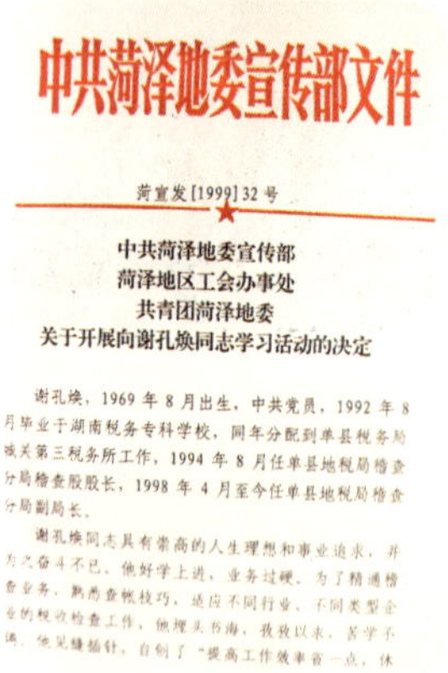
中共菏泽地委宣传部文件

菏宣发〔1999〕32号

中共菏泽地委宣传部
菏泽地区工会办事处
共青团菏泽地委
关于开展向谢孔焕同志学习活动的决定

谢孔焕，1969 年 8 月出生，中共党员，1992 年 8 月毕业于湖南税务专科学校，同年分配到单县税务局城关第三税务所工作，1994 年 8 月任单县地税局稽查分局稽查股股长，1998 年 4 月至今任单县地税局稽查分局副局长。

谢孔焕同志具有崇高的人生理想和事业追求，并为之奋斗不已。他好学上进，业务过硬。为了精通稽查业务，熟悉查帐技巧，适应不同行业、不同类型企业的税收检查工作，他埋头书海，孜孜以求，苦学不倦。他见缝插针，自创了“提高工作效率高一点，休

业绩展览、报告会、书画展等形式，讴歌20年各行各业取得的伟大成就。1999年，组织开展纪念“五四”运动80周年和开展向叶荫棠、谢孔焕学习的活动，二人的先进事迹在社会上引起强烈反响。2000年，召开全区学校思想政治工作会议，表彰在学校思想政治工作中涌现出来的先进集体和先进个人，对下一步学校思想政治工作

提出明确要求和具体工作目标。2001年4月，举办全市首届戏曲节，10个专业剧团、7个剧种、500余名演职员参加演出，充分展示“戏曲之乡”艺术表演团体的强大阵容和崭新风貌。2003年，在全市开展以“解放思想谋发展、与时俱进建小康”为主题的教育活动，制订《关于建立先进典型回访制度的意见》。2004年2月，举办“解放思想、干事创业、加快发展”知识竞赛，全市有3万多名干部群众参加知识竞赛。6月，召开“菏泽精神”座谈会，市领导及经济、文化、科技、教育等各界代表就如何提炼、准确表述“菏泽精神”作典型发言。2005年，为发挥典型的带动作用，下发《关于做好典型宣传工作的意见》，并在全市组织开展世界反法西斯战争暨抗日战争胜利60周年系列纪念活动。

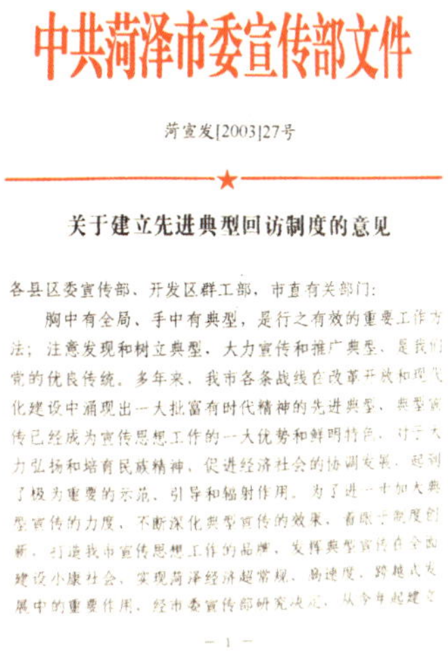
中共菏泽市委宣传部文件

菏宣发[2003]27号

关于建立先进典型回访制度的意见

各县区委宣传部、开发区群工部，市直有关部门：

胸中有全局、手中有典型，是行之有效的重要工作方法；注意发现和树立典型，大力宣传和推广典型，是我们党的优良传统。多年来，我市各条战线在改革开放和现代化建设中涌现出一大批富有时代精神的先进典型，典型宣传已经成为宣传思想工作的一大优势和鲜明特色，对于大力弘扬和培育民族精神、促进经济社会的协调发展，起到了极为重要的示范、引导和辐射作用。为了进一步加大典型宣传的力度，不断深化典型宣传的效果，着眼于制度创新，打造我市宣传思想工作的品牌，发挥典型宣传在全面建设小康社会、实现菏泽经济超常规、高速度、跨越式发展中的重要作用，经市委宣传部研究决定，从今年起建立

— 1 —

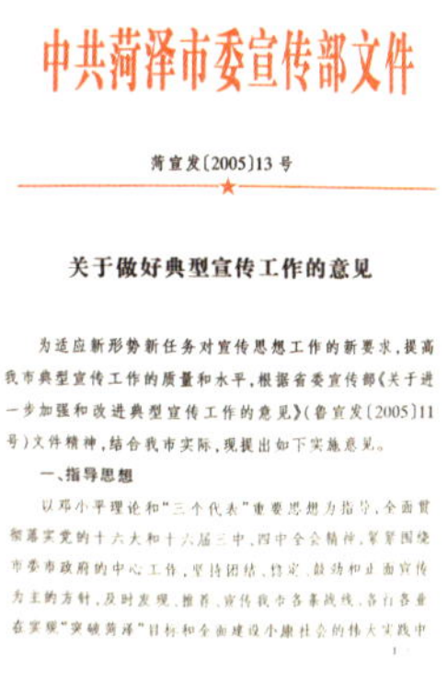
中共菏泽市委宣传部文件

菏宣发〔2005〕13号

关于做好典型宣传工作的意见

为适应新形势新任务对宣传思想工作的新要求，提高我市典型宣传工作的质量和水平，根据省委宣传部《关于进一步加强和改进典型宣传工作的意见》（鲁宣发〔2005〕11号）文件精神，结合我市实际，现提出如下实施意见。

一、指导思想

以邓小平理论和“三个代表”重要思想为指导，全面贯彻落实党的十六大和十六届三中、四中全会精神，紧紧围绕市委市政府的中心工作，坚持团结、稳定、鼓劲和正面宣传为主的方针，及时发现、推荐、宣传我市各条战线、各行各业在实现“突破菏泽”目标和全面建设小康社会的伟大实践中

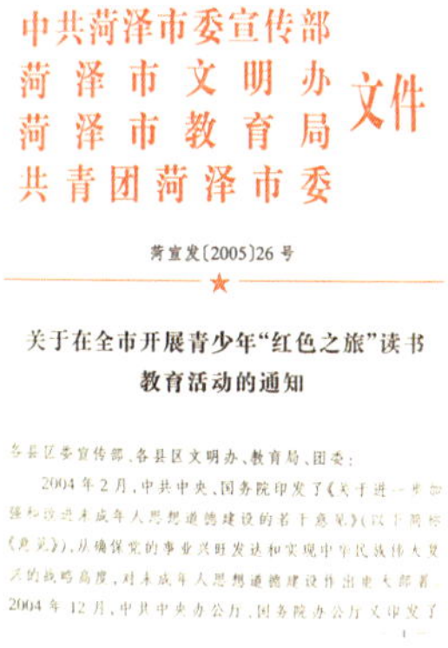
中共菏泽市委宣传部
菏泽市文明办
菏泽市教育局
共青团菏泽市委
文件

菏宣发〔2005〕26号

关于在全市开展青少年“红色之旅”读书教育活动的通知

各县区委宣传部、各县区文明办、教育局、团委：

2004年2月，中共中央、国务院印发了《关于进一步加强和改进未成年人思想道德建设的若干意见》（以下简称《意见》），从确保党的事业兴旺发达和实现中华民族伟大复兴的战略高度，对未成年人思想道德建设作出重大部署。2004年12月，中共中央办公厅、国务院办公厅又印发了

— 1 —

第二节　理论教育

1986—1987年，地委宣传部主要是配合党的路线、方针、政策，宣传马克思列宁主义、毛泽东思想，提高人民群众的政治觉悟，推动各项工作的顺利完成。组织党员干部群众学习《中共中央、国务院关于社会主义精神文明建设指导方针的决定》，干部正规化理论教育得到加强。举办《政治经济学概论》读书班33期，8000多名干部接受培训。1988年，与地委组织部联合举办地直机关县级以上领导干部生产力标准理论轮训班3期，400余名副县

级以上干部接受轮训。1989 年，地委及各县市委分别成立干部理论学习委员会，地直各单位普遍建立理论学习中心组，围绕社会主义初级阶段理论和治理整顿、深化改革等一系列重大理论问题，开展研讨活动。1991 年，针对急剧变化的国际形势，重点进行马克思主义理论学习和反和平演变教育，组织广大干部群众学习马克思、列宁和毛泽东关于和平演变的有关论述。

1993 年，全区党员干部系统学习《邓小平关于建设有中国特色社会主义论述专题摘编》《邓小平文选》第三卷、《中共中央关于建设有中国特色社会主义市场经济体制若干问题的决定》，培训骨干 200 多人。1995 年 8 月，地委理论中心组在东明县举办读书班，深入研讨如何坚持解放思想、实事求是的思想路线，加深理解和把握邓小平建设有中国特色社会主义理论的科学体系，联系本地区本单位的工作实际，研究思考改革开放、经济建设和廉政勤政的问题。利用地、县两级党校分期分批举办学习中共十四届五中全会精神培训班 50 多期，培训各级干部 4000 多人次。1996 年，举办全区宣传文教系统和地直各单位负责人学习中共十四届六中全会精神理论培训班，全区宣传系统 150 余人参加培训。1997 年，重点组织党员干部深入学习中共十五大精神，提出“联系实际学理论，立足区情求对策，解放思想促发展”的思路，探索理论工作为经济建设服务的新路子，在地委党校举办中共十五大精神学习班，培训理论骨干 100 余人。

1999 年，全区开展以讲学习、讲政治、讲正气为主要内容的“三讲”教育活动，制定《菏泽地区县级党委中心组理论学习规范建设实施细则》，完善《地县级中心组学习安排意见》，下发《地委委员关于加强学习的意见》，中心组学习实行统一计划、统一进度、统一辅导、统一检查“四统一”的管理方式。2000 年 2 月，为加强理论队伍建设，培养优秀中青年理论人才，启动菏泽地区优秀理论人才“百人工程”。5 月，举办全市热点问题理论培训班，60 余名理论骨干参加学习。

2001 年，市委宣传部举办全市“以德治国”理论骨干培训班和学习江泽民“七一”重要讲话培训班，并成立宣讲团到各县区进行巡回宣讲。2002—2005 年，

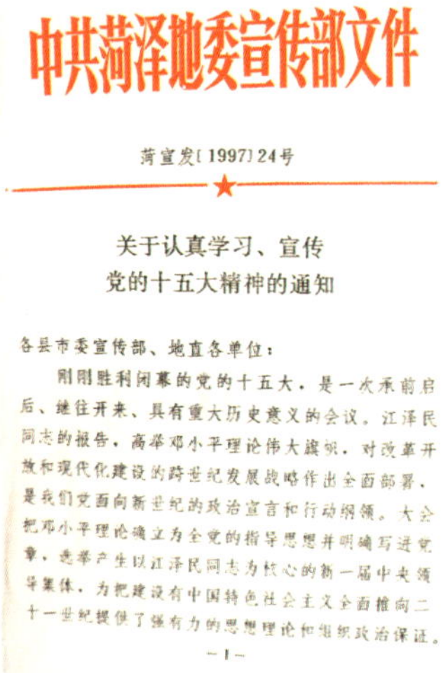

中共菏泽地委宣传部文件

菏宣发[1997]24号

关于认真学习、宣传
党的十五大精神的通知

各县市委宣传部、地直各单位：

刚刚胜利闭幕的党的十五大，是一次承前启后、继往开来、具有重大历史意义的会议。江泽民同志的报告，高举邓小平理论伟大旗帜，对改革开放和现代化建设的跨世纪发展战略作出全面部署，是我们党面向新世纪的政治宣言和行动纲领。大会把邓小平理论确立为全党的指导思想并明确写进党章，选举产生以江泽民同志为核心的新一届中央领导集体，为把建设有中国特色社会主义全面推向二十一世纪提供了强有力的思想理论和组织政治保证。

—1—

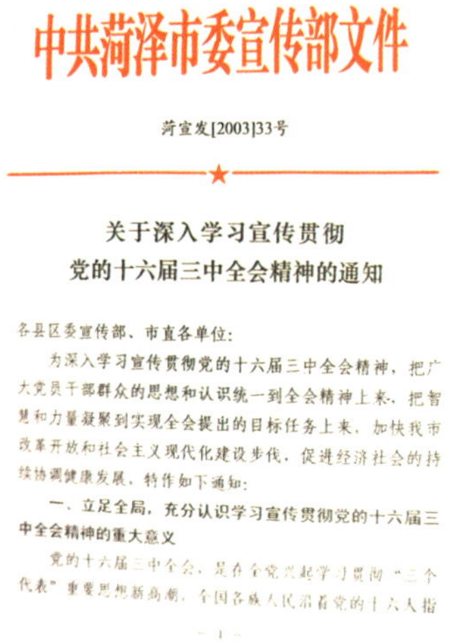

中共菏泽市委宣传部文件

菏宣发[2003]33号

关于深入学习宣传贯彻
党的十六届三中全会精神的通知

各县区委宣传部、市直各单位：

为深入学习宣传贯彻党的十六届三中全会精神，把广大党员干部群众的思想和认识统一到全会精神上来，把智慧和力量凝聚到实现全会提出的目标任务上来，加快我市改革开放和社会主义现代化建设步伐，促进经济社会的持续协调健康发展，特作如下通知：

一、立足全局，充分认识学习宣传贯彻党的十六届三中全会精神的重大意义

党的十六届三中全会，是在全党兴起学习贯彻“三个代表”重要思想新高潮，全国各族人民沿着党的十六大指

—1—

重点学习中共十五届六中全会精神、“三个代表”重要思想和中共十六届三中全会精神，组织全市社科理论工作者围绕“突破菏泽”战略目标有针对性地开展研究。组织全市县级以上领导干部，采取专家辅导、专题培训、集中学习等形式进行理论教育。

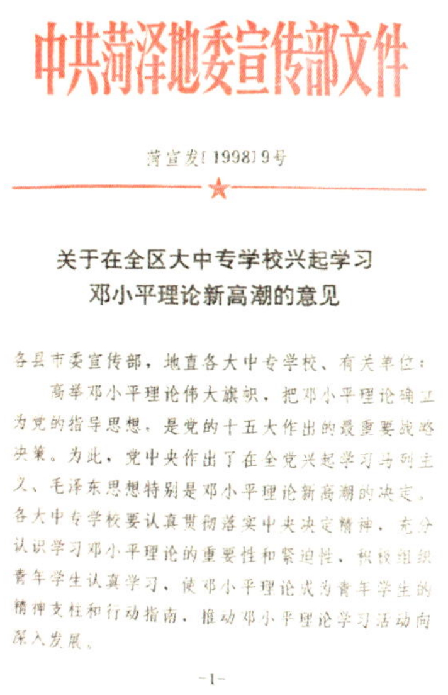
中共菏泽地委宣传部文件

菏宣发[1998]9号

关于在全区大中专学校兴起学习邓小平理论新高潮的意见

各县市委宣传部，地直各大中专学校、有关单位：

高举邓小平理论伟大旗帜，把邓小平理论确立为党的指导思想，是党的十五大作出的最重要战略决策。为此，党中央作出了在全党兴起学习马列主义、毛泽东思想特别是邓小平理论新高潮的决定。各大中专学校要认真贯彻落实中央决定精神，充分认识学习邓小平理论的重要性和紧迫性，积极组织青年学生认真学习，使邓小平理论成为青年学生的精神支柱和行动指南，推动邓小平理论学习活动向深入发展。

-1-

第三节　理论培训

1986年起，干部马列主义理论正规化教育在全区全面展开，按照正规化的要求，先后对全区150名骨干教师进行培训。以县市和地直作为教学点，在全区分为12个学区，以小集中脱产培养为主要形式，分5期对6200名干部进行脱产两个月《政治经济学概论》集中培训，6000多人分5次参加闭卷考试，并取得单科结业证书。1987—1988年，对5800名干部进行《科学社会主义概论》《中国社会主义建设概论》的培训辅导，5745名干部取得单科结业证书。1989年，在国际、国内形势非常严峻的情况下，组织4期《马克思主义哲学概论》的培训和考试。1990年，中央宣传部号召全党干部学习《马克思主义哲学纲要》，地委讲师团受邀到地直单位作辅导报告25场次，听众5000人。1991年，组织党史党建的学习，发放理论学习材料2000册，做党建辅导报告15场次，听众3200人；作形势报告5场次，听众1800人；举办两期理论学习班，培训干部220人。1992年，组织地直机关干部学习邓小平视察南方的重要谈话和中共十四大精神，举办培训班两期，作辅导报告20场次，听众3500余人。1995年，以《邓小平有中国特色社会主义理论学习纲要》的学习为中心，为县市中心学习组作学习辅导，应邀到13个地直单位作理论辅导，听众1500多人；作形势报告和中共十四届四中、五中精神辅导报告21场次，听众1.2万人。1996年，结合领导干部“三讲”活动，为县市委中心学习组作理论辅导，宣传中共十四届六中全会精神和《中共中央关于加强社会主义精神文明建设若干重要问题的决议》，作理论辅导报告26场次，听众7800人。1997年，围绕香港回归，作形势报告会14场次，听众2600人；围绕学习和宣传江泽民“5•29讲话”精神，做理论辅导8场次，听众1500余人。9月，中共十五大召开，邓小平理论被确定为党的指导思想，宣传邓小平理论成为宣传部门的主要任务，先后作辅导报告50场次，听众达8000余人。1998—1999年，在领导干部“讲学习、讲政治、讲正气”教育活动中，对地委中心学习组、地直和各县市领导干部进行“三讲”教育辅导；举办全区宣传文教系统理想信念培训班，作理想信念教育和形势报告45场次，听众1.2万多人。

2000年，针对加入世界贸易组织的问题作辅导报告20场次；作台湾问题和国际形势报告25场次；应邀到8个学校作素质教育报告，受教育师生达2万多人。2001年，加大“三个代表”重要思想的宣讲力度，组织宣讲团到市直单位和县区宣讲23场次，听众3000人次，编印《菏泽市农村“三个代表”重要思想学习辅导材料》1000本，录制“三个代表”重要思想学习辅导光盘3部，下发到全市农村基层党组织；举办全市学习江泽民“七一”讲话理论骨干培训班，为市直30个单位8000多名干部进行理论辅导；作国际形势、台湾问题、世贸问题、农村政策等形势报告45场次，听众6000人次；进行道德理想信念教育、崇尚科学教育18场次，听众2500人次。2002年，宣传《公民道德建设实施纲要》，举办培训班4期，讲课8场次，到市直单位、学校作辅导报告12场次；举办两期学习中共十六大报告理论骨干培训班，到县区委中心学习组和市直单位宣讲30场次，到基层宣讲中共十六大报告精神、农村产业结构调整政策25场次；进行国际形势教育、加入世界贸易组织教育23场次，听众3000人次。2003年以后，市委讲师团在每年应邀做理论辅导报告50场次的基础上，不断创新理论宣传方式，构建新的理论教育平台：组建巡回宣讲团，到各县区巡回作辅导报告，改变被动宣讲的局面；联合市委宣传部和市委组织部分别到县区就科学发展观、和谐社会建设、保持共产党员先进性教育、党的执政能力建设、“突破菏泽”等课题巡回宣讲9次，作辅导报告100余场次，听众3万人次，增强理论宣传的主动性；为制造理论宣传的良好氛围，

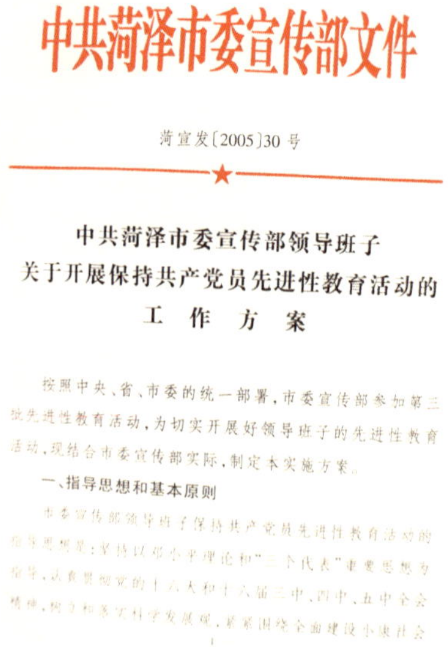
中共菏泽市委宣传部文件

菏宣发〔2005〕30号

中共菏泽市委宣传部领导班子
关于开展保持共产党员先进性教育活动的
工 作 方 案

按照中央、省、市委的统一部署，市委宣传部参加第三批先进性教育活动，为切实开展好领导班子的先进性教育活动，现结合市委宣传部实际，制定本实施方案。

一、指导思想和基本原则

市委宣传部领导班子保持共产党员先进性教育活动的指导思想是：坚持以邓小平理论和“三个代表”重要思想为指导，认真贯彻党的十六大和十六届三中、四中、五中全会精神，树立和落实科学发展观，紧紧围绕全面建设小康社会

1

讲师团在中央每次重要会议召开和重大理论创新时，既在菏泽电视台开辟访谈节目，分专题阐述党的理论，又在《菏泽日报》开辟理论专版，分别就社会主义和谐社会建设、保持共产党员先进性教育、党的执政能力建设、“十一五”规划、社会主义新农村建设等撰写理论文章。为了让广大干部了解理论动态，促进理论学习，从2003年起，讲师团每年编发5～10期《学讲通报》发至市直各部门和各县区宣传部，就重大理论问题提出重点、难点，为广大干部理论学习提供辅导。为了在新时期探索改进宣传思想教育工作的机制，2004年4月，讲师团与市委组织部联合在全市设立35个宣教基地，通过抓好宣教基地的理论学习，促进全市的宣传教育工作；通过发现宣教基地宣教工作中存在的问题，改进全市的宣教工作。2005年年底，讲师团创办《菏泽发展论坛》，为菏泽社会发展提供理论支持；制作的音像制品，扩大理论宣传的覆盖面；与市委组织部电教中心（远程办）合作，制作先进性教育系列报告VCD光盘，发送全市各基层支部，作为广

大党员理论学习的辅导读物。

第四节　理论研究

1986年，为促进全区社会主义精神文明建设，地委讲师团编写《社会主义精神文明建设基础知识》，作为全省乡镇党校理论学习读本。1988年，编辑出版《当前经济形势任务学习与释疑》；在《学习月刊》上开辟生产力标准大讨论专栏，撰写8万多字的理论文章；在《山东经济》等省、市报刊上发表理论文章5篇。1989年，编辑出版《当前农村社会热点难点问题探析》《实用干部管理学》等，参与编写《山东平原经济研究》，撰写理论文章10篇，发表在省、市报刊上。1990年，配合《马克思主义哲学纲要》的学习，编撰16万字的《马克思主义哲学纲要学习辅导》，主编《形势与政策》一书，参编《县级行政学》，发表理论文章6篇。1991年，为促进党史党建的学习，编辑出版《新时期党的建设一百题》，参编《机关行政研究》，发表理论文章5篇。1992年，编撰出版《反对和平演变、坚定社会主义信念》一书，参与《党史党建300题》的编辑，发表理论文章6篇。1993年，为向广大干部群众宣传股份制知识，编辑出版《股份制经济新论》，参与《市场经济与股份制》一书的编纂，在省、市级报刊上发表理论文章8篇，为省委理论研讨会提供论文3篇。

1994年，为配合有中国特色社会主义理论和中共十四届四中全会精神的学习，地委讲师团组织编写《〈邓小平文选〉第三卷及中共中央十四届四中全会〈决定〉导读》一书，在省、市级报刊发表理论文章7篇。1995年，为推动企业改革，编撰《现代企业制度实务》一书；为促进有中国特色社会主义理论研究，在《山东社会科学》《菏泽日报》等报刊上发表《伟大的真理科学的体系》《集中力量发展生产力》等5篇理论文章。1996年，在《理论学习》等省市报刊上发表《菏泽地区改革与发展若干问题的思考》等理论文章10篇。1997年，在省、市级报刊上发表理论文章5篇，其中有2篇入选全国“五个一”精品工程。1998年，出版20万字的《中国政治制度论纲》理论专著，在《齐鲁学刊》《党政论坛》《大众日报》等报刊上发表理论文章10篇。1999年，撰写12万字的《天下大势》一书，在《理论学习》《人大工作》等刊物上发表《正确认识民主与社会主义的关系》等理论文章7篇。

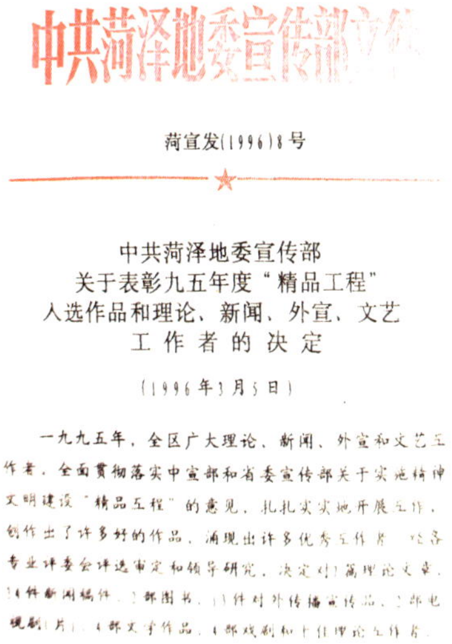
中共菏泽地委宣传部文件

菏宣发(1996)8号

中共菏泽地委宣传部
关于表彰九五年度“精品工程”
入选作品和理论、新闻、外宣、文艺
工作者的决定

（1996年3月5日）

一九九五年，全区广大理论、新闻、外宣和文艺工作者，全面贯彻落实中宣部和省委宣传部关于实施精神文明建设“精品工程”的意见，扎扎实实地开展工作，创作出了许多好的作品，涌现出许多优秀工作者。经各专业评委会评选审定和领导研究，决定对[illegible]篇理论文章，14件新闻稿件，[illegible]部图书，[illegible]件对外传播宣传品，[illegible]部电视剧（片），4部文学作品，4部戏剧和十位理论工作者

2000年，地委讲师团编辑出版《中国与WTO简明知识读本》，由组织人事部门发行1万多册，成为广大干部学习世贸知识的主要教材；参与邓小平理论研讨文集《第二次飞跃》的编辑，有5篇3万多字的理论文章被收录其中，另在《理论学习》

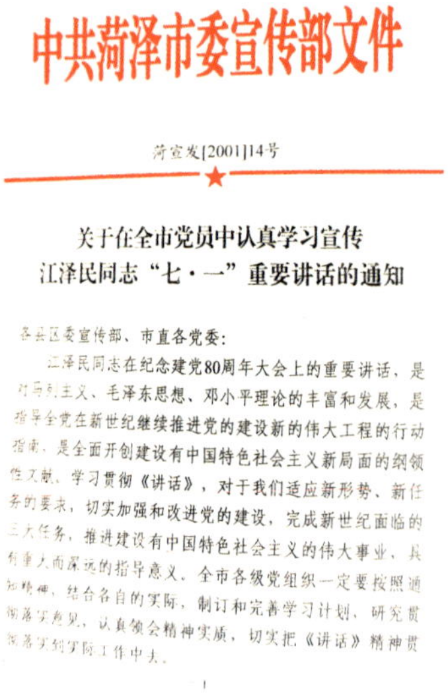

中共菏泽市委宣传部文件

菏宣发[2001]14号

关于在全市党员中认真学习宣传
江泽民同志“七·一”重要讲话的通知

各县区委宣传部、市直各党委：

江泽民同志在纪念建党80周年大会上的重要讲话，是对马列主义、毛泽东思想、邓小平理论的丰富和发展，是指导全党在新世纪继续推进党的建设新的伟大工程的行动指南，是全面开创建设有中国特色社会主义新局面的纲领性文献。学习贯彻《讲话》，对于我们适应新形势、新任务的要求，切实加强和改进党的建设，完成新世纪面临的三大任务，推进建设有中国特色社会主义的伟大事业，具有重大而深远的指导意义。全市各级党组织一定要按照通知精神，结合各自的实际，制订和完善学习计划，研究贯彻落实意见，认真领会精神实质，切实把《讲话》精神贯彻落实到实际工作中去。

1

《菏泽日报》等报刊发表《理想信念教育必须抓好三个环节》《正确认识邓小平同志的社会主义本质论》等8篇理论文章。2001年，编写《菏泽市农村“三个代表”重要思想学习辅导材料》和《学习“七一”讲话宣讲材料》，在省市报刊公开发表16篇理论文章。

2002年，通过对全市十几个系统20多个企业单位困难职工的实际情况调查后，撰写3万多字的调查报告《欠发达地区弱势群体探析》，发表在《菏泽通讯》上，在省、市级报刊上发表6篇理论文章。2003年，编辑出版《干事创业之路》一书，在《理论学习》《宣传月报》等省市报刊发表理论文章15篇，撰写2万多字的关于温州经济社会发展情况的调研报告。2004年，在《理论学习》等报刊发表理论文章12篇，并深入全市社会事业部门，调查社会事业发展状况，撰写有分量的调研报告2篇，为市委、市政府决策提供理论依据。2005年，在《理论学习》等省、市级以上报纸杂志上发表论文12篇，写出调查报告2篇。

第五节　新闻宣传与管理

1986年1月27日，地委宣传部会同地区广播电视管理处联合发出《关于加强录像管理的意见》，要求严格禁止营业性录像放映活动；加强对新设放映点和闭路电视及录像设备的管理；认真做好录像带的供应工作；切实加强对录像管理工作的领导。1987年4月1日，在全区新闻报道工作会议上，总结交流工作经验，并对7个从事新闻宣传工作的先进单位和59名先进新闻工作者给予表彰。1988年4月2日，发出《关于表彰全区新闻宣传先进单位和模范通讯员的决定》，对评选出的22个新闻宣传先进单位和16名模范通讯员进行通报表彰。1989年8月，为清理整顿书刊、音像制品、图书、文化市场，组织600余人的清理队伍，在全区范围内开展对反动、黄色、淫秽书刊、音像制品及非法出版物的突击清理活动，共查缴书刊140多种35.35万册（其中非法出版物3.08万册），录像带387盘，录音带1961盒。

1996年，地委宣传部制订《关于搞好全区乡镇企业多种经营个体私营经济工作会议精神宣传报道的意见》，要求通过宣传报道，把全区广大干部群众的思想统一到全区三项工作会议精神上来。1997年，大众日报记者史奇亭采写的《减负、减负，负担来自何处？》内参通讯，受到山东省委书记吴官正和其他省委、省政府领导的高度重视，并作出批示，对于全省减轻农民负担发挥积极作用。同时获得人民日报暨省自治区直辖市党委机关报1997年度优秀内参三等奖。1998年，地委宣传部要求

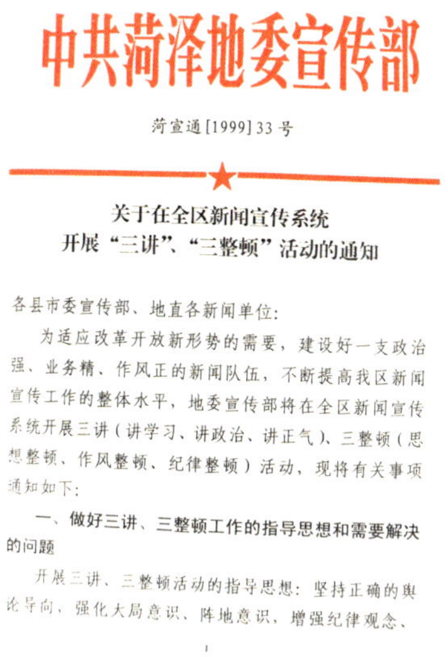
中共菏泽地委宣传部

菏宣通[1999]33号

关于在全区新闻宣传系统
开展“三讲”、“三整顿”活动的通知

各县市委宣传部、地直各新闻单位：

为适应改革开放新形势的需要，建设好一支政治强、业务精、作风正的新闻队伍，不断提高我区新闻宣传工作的整体水平，地委宣传部将在全区新闻宣传系统开展三讲（讲学习、讲政治、讲正气）、三整顿（思想整顿、作风整顿、纪律整顿）活动，现将有关事项通知如下：

一、做好三讲、三整顿工作的指导思想和需要解决的问题

开展三讲、三整顿活动的指导思想：坚持正确的舆论导向，强化大局意识、阵地意识，增强纪律观念、

1

全区新闻宣传工作要贴近地委、行署的中心工作，深入贯彻落实全区经济工作会议精神，更好地服务服从于经济建设。成立报纸、广播、电视审读、审听、审看领导小组。1999年，在全区新闻宣传系统开展“三讲（讲学习、讲政治、讲正气）”“三整顿（思想整顿、作风整顿、纪律整顿）”活动。通过此项活动，各新闻单位强化大局意识、阵地意识，增强纪律观念、保密观念，提高新闻宣传工作的质量和水平。

2000—2003年，先后开展“东西结合”工作的宣传、全区企业改革改制的宣传、个体私营经济先进典型的宣传、优化经济发展环境的宣传、小康村建设的宣传、农民增收的宣传，为经济发展提供良好的舆论环境。2004年1月，在全市新闻战线开展“三个代表”重要思想、马克思主义新闻观、职业精神和职业道德学习教育活动。《人民日报》以《东西统筹一盘棋——山东省实施“突破菏泽”战略》为题，全面介绍菏泽市实施“突破菏泽”战略的具体做法和措施，宣传菏泽。6月，市委宣传部组织撰写的《战胜特大水灾，夏粮喜获丰收，菏泽小麦总产为近十年之冠》的新闻稿，先后在《人民日报》《光明日报》《经济日报》《农民日报》、中央电视台、中央广播电台等国家和省级媒体刊发，收到良好的宣传效果。10月，新华社《国内动态清样》刊登菏泽市天香毛纺织有限公司染整车间的清洁工、退伍军人梁远献的事迹，中共中央政治局常委李长春和中央、省、市委领导分别作重要批示。省委宣传部组织有关省级媒体到菏泽，对梁远献的事迹进行全方位的采访报道。

2005年3月，由人民日报社、新华社、中央电台、中央电视台等中央主要新闻单位记者组成的《经典中国》栏目采访团，深入到菏泽市的部分县区、企业和冀鲁豫边区革命纪念馆，对发生在菏泽的重大历史事件及山东省“突破菏泽”战略实施后所取得的明显成果，进行集中宣传和报道。中央电视台播出的《山东菏泽抓住机遇实现经济新突破》的新闻，在国内、省内、市内都引起强烈反响。6月，结合全市优化经济社会发展环境百日集中整治活动，市委宣传部专门下发《关于优化经济社会发展环境百日集中整治宣传报道的实施方案》。为进一步严肃新闻宣传纪律，建立舆情控制工作长效机制，加强新闻宣传管理，牢牢把握正确舆论导向，更好地为党委、政府的中心工作服务，市委宣传部下发《关于建立健全舆情信息网络，做好舆论控制工作的实施意见》。按照市委书记陈光“新闻宣传要上大项目、好项目”的批示精神，立足于攻大台、上大报、上联播、上头条，加大在中央、省级媒体对菏泽宣传报道的力度，连续推出一批又一批有规模、有重点的反映菏泽发展变化的集中宣传报道。

至年底，全市共在中央和省级媒体刊发播出重点新闻稿件2000余篇，收到良好的宣传效果。

第六节　对外宣传

1986年，为加强全区新闻报道、对外和对台宣传中的保密工作，确保党和国家的机密安全，地委宣传部下发《关于新闻报道、对外、对台宣传保密工作的试行规定》。1995年11月，香港等7家新闻单位到菏泽采访，全面采访报道菏泽改革开放和现代化建设取得的成就。1997年，制作《大京九、大陆桥交汇处的新菏泽》《黄河滩区大搬迁》《宋江武校》电视系列片，在对外媒体和海外报刊上发表稿件100余篇。为营造良好的招商引资舆论环境，在加拿大多伦多市、俄罗斯莫斯科市设立对外宣传窗口，陈列、发放菏泽地区制作的外宣印刷品和录像带。1998年3月，地委宣传部、地委外宣办、行署新闻办、地区出版局联合下发《关于全区对外宣传品制作统一管理的规定》。同年，拍摄电视专题片10部，其中《菏泽牡丹花会》《菏泽旅游指南》《高秉涵在菏泽》《莫莉莎看菏泽》在中央电视台和海外媒体上播出。1999年，进一步拓宽外宣渠道，在中央和海外媒体发稿360多篇；组织人员拍摄《菏泽牡丹》《沧桑巨变》两部大型专题片，全面宣传菏泽牡丹和区内农村20年的巨大变化，使外界对菏泽有进一步了解。

2001年5月25日，第十届菏泽国际牡丹花会宣传文化工作总结表彰会在牡丹大酒店召开

2000年，地委宣传部组织经贸外宣活动12次，邀请、接待记者115人次；组织对外稿件1200余件，其中海外媒体采用260篇；编辑出版大型工具书《菏泽百业信息指南》。2001年，市委外宣办与菏泽电视台联合拍摄制作的电视片《告别花乡》，获中国政府奖——中国第五届“金桥奖”；与香港大公报合作刊发《今日菏泽》共11个版面。2003年，与菏泽电视台联合拍摄的电视片《王梁纪事》，获全国第八届对外传播奖电视专题片一等奖和山东省“精品工程奖”。2004年，《人民日报》（海外版）以《“突破菏泽”正当时》为题，全面介绍山东省委、省政府“突破菏泽”的重大战略举措。2005年7月，在北京举办菏泽市首期对外宣传新闻发言人培训班，邀请专家学者进行授课，取得良好效果。年内，在中央和海外媒体刊发各类稿件260余篇（件）。

第六章　统一战线

第一节　党外干部使用

1986—1996年，菏泽地、县两级政府领导班子中没有一人是党外干部。1997年下半年在公开招考副县级领导干部中，有两名党外干部考取地区监察局、司法局副局长，填补政府部门中无党外人士的空白。1998年换届时，行署配备党外副专员，各县市配备党外副县市长。通过换届，全区共安排党外副县级领导干部虚职55人，副县级以上实职16人，党外副乡镇长51 人。2001年，在副县级干部公开选拔考试中，有两名党外干部被录用。2002年，市委组织部和统战部加大对党外干部的选拔力度，全市共安排科级以上党外干部116人，选举产生全国人大代表3人，全国政协委员1人，省人大代表5人，省政协委员10人，市政协委员219人。至2005年，全市在各级政府和政府职能部门中担任实职的党外干部共119人，其中副市长1人，副县区长9人，副乡镇长19人，市政府职能部门副职6人。经过选拔培养，全市初步建立一支政治坚定、素质优良、结构合理、数量充裕，有广泛代表性和发展潜力的156人的党外后备干部队伍。

第二节　党外知识分子工作

1986—2005年，菏泽市有党外知识分子15735人，被重点掌握的1665人，其中男927人，女738人；研究生以上学历的21人，本科学历的710人，大专学历的934人；30岁以下的有253人，31～40岁的957人，41～50岁的360人，51岁以上的95人；具有中级职称的1417人，高级职称的248人。为切实履行好举荐人才的职能，重点做好有代表性、有影响力的党外知识分子工作。坚持和完善党外知识分子联络员制度，统战部每年召开一次非党知识分子联络员会，当面听取他们的意见和建议，帮助他们解决实际问题，进一步搞好党外知识分子人才库的开发、利用工作，从中发现更多的人才，有针对性的做好培养举荐工作。2001—2005年，各民主党派、工商联党外人士围绕市委的中心工作，针对社会的热点和难点问题，开展联合调研，取得一批成果，形成专题调

全市党外人士座谈会

研报告16篇。全市先后有155人被省、市、县三级检察院和法院、审计局、地税局、教育局等部门聘为特约人员，促进政府部门的廉政建设。

第三节　落实统战政策

1986—2005年，菏泽市（地委）本着“实事求是、有错必纠”的原则，制订下发《关于全区历史遗留问题的处理意见》，全面贯彻落实党的统一战线政策，解决一大批历史遗留问题。20年间，全市共解决宗教房产17处；清退华侨房屋286户，涉及面积36175平方米，私房改造310户；对2194户错划为地主成分的进行纠正，返还被没收的房屋12328间。同时，根据山东省委、省政府《关于进一步贯彻知识分子政策的补充规定》，有计划地转干480人；对国民党军队投诚人员颁发证书，按照政策妥善安排；按照中发〔1997〕98号文件精神，对原工商业者的冤假错案全部给予平反，拖欠的资金及利息按政策全部返还。

第四节　“三胞”联谊

菏泽市赴港澳台同胞第一代约有4300多人，加上第二代和第三代在内将近2万人。全市旅居海外的华侨、华人达3.5万余人，归侨28人，国内眷属有3500多人。自1978年后，全市直接移居海外的华侨共有216人，通过出国留学或其他方式间接移居海外的人数共计510人。1992年，菏泽在全省率先成立海外联谊会（简称海联会），拓宽海外统战工作的新渠道。海联会连续成功召开4届理事会和6次常务理事会，已拥有海外会员123人。

1986—2005年，菏泽市共接待到菏泽探亲访友、观光旅游、参观考察、投资经商的“三胞”（港澳同胞、台湾同胞和海外侨胞）和国际友人1300多人次，海外民间社团13个。香港的蒋震、著名华侨赵少良、泰国国家工商部高级顾问丁文志博士、台胞高秉涵等都是海联会的亲密朋友。应海外朋友的邀请，菏泽海联会先后组团对美国、日本、新加坡、泰国、澳大利亚、加拿大等十几个国家和中国香港、澳门地区进行友好访问和经贸考察，并与全美山东同乡会、美国加州工商促进会、泰国丁氏宗亲总会、新加坡付氏社以及菏泽台湾同乡会等建立长期、稳定的密切关系。

菏泽市海联会利用自身优势，在为菏泽市引进技术、资金、设备和对外贸易方面做了大量穿针引线、铺路搭桥的工作。

据统计，市海联会为菏泽市引进外资、台资项目63个，合同利用外资、台资6780多万美元。“三胞”为家乡的经济建设捐款捐物，修路建桥，捐资助教，传递信息，建言献策，牵线搭桥，做出重要贡献。菏泽市海联会副会长、菏泽台湾同乡会会长高秉涵，向家乡文化、教育事业捐款120万元，每年带领一批台胞回归故里探亲访友，为十几位台胞办理遗产继承手续，为大陆亲属带回数百万元遗产。高秉涵在台湾成立的“中原兴学基金会”，为菏泽学院的建设捐款100万元新台币；1998年又为县级菏泽市贾坊村设立高秉涵奖学基金，对升入高中、中专和大学的学子进行奖励。海联会顾问、香港震雄集团董事局主席蒋震在菏投资6000万元，创办占地14.67公顷，可容纳数百名学生的“蒋震高等工业学校”，并在香港对菏泽市155名企业厂长、经理、县区长和市直有关部门负责人进行免费培训。至2005年，“三胞”共向菏泽捐款捐物折合人民币约6000万元。旅台同胞多年关心家乡建设，积极参加反“台独”斗争。

第七章　机关党建

第一节　组织建设

1986年，地直机关单位共有22个基层党委，27个党总支，447个党支部，10174名党员，其中地直机关党委所属党总支21个，党支部236个，党员4826名。针对基层党组织发展党员工作中存在手续不完善、程序不规范等问题，建立党员《培训制度》《谈话制度》《考察制度》和党员《审批制度》等。把吸收具有共产主义觉悟的先进分子入党作为一项经常性的重要工作，坚持入党自愿和个别吸收的原则，成熟一个，发展一个。重视在知识分子中发展党员，较好地解决知识分子入党难的问题。1988年，对党支部组织委员的主要职责、党的基层组织、党的组织生活、发展党员、预备党员的教育、考察和转正、党员管理、党费的收缴管理和使用等项工作进行规范。对组织委员进行集中培训，重点解决基层党组织在发展党员工作中手续不完善、程序不规范等问题。为防止盲目发展党员，进一步完善《发展党员计划审批制度》，严把党员入口关。按照中央组织部《关于建立积极分子入党前集中培训制度的》要求，举办首期地直机关入党积极分子培训班。此后，每年举办一期，每期培训时间不少于40学时。1990年，按照《中共基层组织选举工作暂行条例》，健全完善党内选举制度，充分体现党员的意志，总支、支部委员会的建立组成或换届选举实行差额，差额不少于应选名额的25%。根据《中国共产党发展党员工作细则（试行）》，按照中央提出的“坚持标准、保证质量、改善结构、慎重发展”十六字方针，对《发展党员工作程序》作进一步完善，对入党手续作进一步明确。1991年，省委《关于基层党组织领导干部民主生活会的规定（试行）》下发后，各基层党组织领导班子每年召开两次民主生活会。县级以上党委（党组）成员，既参加所在单位党支部、党小组的组织生活，又参加党委（党组）领导班子召开的民主生活会。机关党委把发展党员工作纳入党务目标管理的主要内容，明确考核内容、要求、时限、责任等，地直机关党委对直属党组织的党员发展工作进行检查考核，严格按照党章规定的程序严把质量关，源源不断地为党的肌体输入新鲜血液。1992年，加强在优秀团员中发展党员的工作，一大批优秀团员青年被吸收到党内来，改善党员队伍的年龄结构和构成比例，增强党的生机和活力。1994年，基层党组织把反腐倡廉工作纳入党务工作目标管理，实行“领导干部个人生活重大事项申报制度”“领导干部公务活动中接受礼品登记制度”。1997年，按照规定发展党员工作实行“六不批”，即：未经过党组织一年以上培养考察的不批，没有政审和政审不清的不批，入党动机不纯的不批，不经过培训的不批，入党手续不完备的不批，党的基本知识不熟悉的不批。1998年，《中国共产党党和国家机关基层组织工作条例》（简称《条例》）颁发后，机关党的基层组织建设有了法规遵循。地直机关党委以贯彻落实《条例》为契机，进一步建立健全各级机关党组织。按照中央组织部下发的《党费收缴、管理和使用规定》，地直机关党员开始执行新标准缴纳党费。2000年，为加强对县市机关党建工作的业务指导，形成互通情况、相互学习借鉴的工作格局，地直机关党委在全省机关党的工作会议上，介绍《加强联系，促进沟通，推动机关党建工作开展》的经验。2000年，根据省委组织部《关于进一步做好发展党员工作的意见》，对《发展党员工作程序》进行修订，强调指出入党必须履行自愿向党组织提出申请，要有两名正式党员做介绍人，必须填写入党志愿书，必须经过支部大会讨论并作出决议，必须经上级党组织审查批准，必须向党旗宣誓，必须要经过一年预备期的考察，预备期满时支部大会才能讨论能否转正等手续。

2003年，按照省委组织部《关于进一步做好整顿软弱涣散党组织和理顺党员组织关系工作的意见》要求，在市直机关开展加强党的组织建设集中活动：限期建立健全机关党组织，重点整顿软弱涣散党组织，使机关党的组织得到进一步健全和加强。2005年，集中开展保持共产党员先进性教育活动，各基层党组织战斗堡垒作用得到较好的发挥。根据市委组织部《关于加强市直党建工作有关问题的通知》要求，对市直机关党建工作管理关系进行理顺。市直18个党委单位机关党组织纳入市委市直机关工委管理。至年底，共有市直基层党委62个，派出工委2个，党组62个，党总支109个，党支部1163个，党员28255名，其中男性党员23118名，女性党员5137名；市委市直机关工委所属机关党委8个，党总支41个，党支部330个，党员6458名，其中男党员5191名，女党员1267名。在市委市直机关所属党员中，有35岁以下的1455名，占22.53%，36～45岁的1804名，占27.93%，46～54岁的1514名，占23.44%，55～59岁的649名，占10.05%，60岁以上的1036名，占16.04%；大学本科以上文化程度的2516名，占38.96%，大学专科文化程度的1782名，占27.59%，高中（中专）文化程度的1508名，占23.35%。

第二节　党员教育

1986—1988年，集中开展“新时期共产党员如何发挥先锋模范作用”的大讨论，重点对党员进行党的基本路线教育。省委“大讨论”指导小组办公室推广菏泽地直机关在“大讨论”期间组织党员观看有教育意义的影片，结合讨论专题开展座谈讨论的做法。开展生产力标准的大讨论，使广大党员进一步树立以经济建设为中心的思想。在55个党委、总支中，建立52处基层党校。1990年，地直各部门开展“学党章，正党风”教育活动，把教育活动与民主评议党员、“三会一课”（支部党员大会、支部委员会、党小组会、按时上好党课）等活动结合起来；与整顿后进支部、“达标升级”、处置不合格党员结合起来；与惩治腐败、端正党风、廉政建设、转变作风等经常性的党建工作结合起来，全面提高党员素质。1992—1993年，学习贯彻邓小平视察南方重要谈话，组织开展“解放思想，扩大开放”大讨论活动；开展思想、作风、纪律“三整顿”活动，地直131个单位4938名党员参加“三整顿”。1995年，开展建设有中国特色社会主义理论和党章的学习，重点学习《邓小平文选》一、二、三卷和《邓小平建设有中国特色社会主义理论学习纲要》。开展向孔繁森等先进英模人物学习、争当人民好公仆活动，广大党员干部增强公仆意识。按照《山东省基层党校工作条例》要求，对地直机关基层党校、党员活动室建设集中进行检查。1996年，组织开展学习张家港活动，激发党员干部自我加压、负重奋进、争创一流的精神。地直机关党委成立党员电化教育中心，把电化教育工作纳入机关党建和整个党员教育的总体规划，在“硬件上档次，软件上水平”，基本形成纵横交错的党员电化教育网络。1998年，开展“齐鲁公仆”征文活动。整个活动共征稿72篇，其中被省各新闻媒体选用16篇，收到宣传先进、弘扬正气、典型引路、带动全局的作用。1999年，各级机关党组织坚持教育为主，预防为主的原则，在机关党员领导干部中进行以讲学习、讲政治、讲正气为主要内容的党性党风教育。为党员学习掌握党纪政纪条规知识提供系统的学习材料。开展“争创文明机关，争做全区表率”活动，促进各项工作上台阶、创一流。

2001—2003年，开展“机关作风建设年”活动，组织市直党员干部对外经外贸、法律法规、科技、金融等知识的学习；组织开展解放思想大讨论，广大党员进一步解放思想，更新观念。2004年，落实省委、省政府“突破菏泽、加快发展”战略，以转变机关作风为重点，开展干部作风集中整顿活动。下发《关于动员市直机关党员干部在加快菏泽发展中充分发挥先锋模范作用的决定》《市直机关事业单位党员干部“十不准”》的规定。2005年，市直机关104个单位，10523名党员参加第一批保持共产党员先进性教育活动活动。市直机关工委先后分两批组织市直机关2000余名党员干部参观考察县区重点企业，激发广大党员干部干事创业的热情。组织开展“突破菏泽，我该怎么做”的大讨论和“突破菏泽，从我做起”演讲比赛活动。

第八章　政策研究

第一节　社会调查

1986年，地委调研室开始承担调查研究和综合文字两大任务，在搞好起草文件、报告和领导讲话等日常文字工作的同时，当年完成全区粮食生产、完善合作制、发展区域化专业生产、干部思想政治工作现况、贯彻《中华人民共和国义务教育法》、为农户提供服务、棉纺织品市场、食品市场、桐木加工情况等专题调研活动33次。1987—1988年，着重对加强和完善新时期思想政治工作、商品流通领域改革、物价工资改革、畜牧业生产、粮食产销状况、企业招标承包、农业深度开发、减轻农民负担、干群关系、乡镇企业人才状况等方面的情况和问题进行调查研究，为推动全区经济社会发展起到重要促进作用。

1989年，地委调研室对发展壮大村级集体经济、农作物繁育推广体系建设、农村产业政策等重大问题进行广泛的社会调查，为领导决策提供翔实的调研成果。1990—1992年，组织完成加快菏泽工业发展、农业高产开发、下乡驻村情况、农村服务体系建设、城镇劳动就业等38个调研专题任务。为时任地委书记刘洪仁整理的《欠发达地区实施第二战略目标的几个问题》署名文章，在新华社《内部参考》76期全文刊发。文章从经济学思想，超常规、跳跃式发展思路阐述欠发达地区经济发展的一般规律，引起中国农业经济学家牛若峰和中国农业经济问题杂志社社长武兆瑞的重视，并在菏泽召开全国欠发达地区经济发展研讨会。

1993—1997年，调研室每年组织精干力量到县乡村及各行各业进行调查，对影响全区经济和社会发展全局的重大问题，广泛征求各级各届领导和基层群众的意见和建议，最后形成党委新一年工作思路的调研文章，文章中的多数建议被采纳。同时，对全区农村基层组织建设、农村产业化、农村科技网络化建设、企业职工社会保险、乡镇财政状况、开放搞活状况等问题，开展专题调查活动，形成一批高质量的调研报告。

1998—2002年，围绕小康村建设工作，对全市大部分乡镇和村庄，就农民增收、小城镇建设、村庄规划、土地延包、农副产品加工、农村中小学布局调整、“普九”（教育部为提高全民族素质而实施的普及九年义务教育，即小学三年、初中六年）工作、农村劳务输出等方面的问题进行调查；围绕改革发展的重点、热点和难点问题，对村民直选、乡镇人员分流、乡镇区划调整、科技进步、企业职工基本养老保险和下岗职工基本生活保障、党的领导方式和活动方式、乡镇合并、乡镇债务、县乡机关人员分流、企业改制、扩大劳动力就业、优化经济发展环境、农村税费改革等方面的情况先后进行调查研究，调研成果直接进入市委领导决策。

2004年，为落实省委、省政府提出的“突破菏泽、加快发展”的战略目标和“三三一一”目标，市委、市政府决定把能源、化工、林木、食品、纺织和机械六大产业作为立市兴市、加快推进工业化进程的主导产业进行重点培植。为了摸清六大产业的发展现状、发展潜力和发展空间，进一步明确发展六大产业的指导思想和措施对策，市委调研室组织六个调研组进行全方位、多层次的调查，形成的调查报告及起草的发展意见在全省“突破菏泽加快六大产业发展研讨会”上得到上级领导和专家进一步的论证，提出的抓项目建设、抓城市建设、抓平安建设、抓党的建设及市级领导分工负责六大产业、成立六大产业办公室的具体建议被市委采纳。

2005年，组织有关部门就如何保持全市经济平稳较快发展、加快六大产业集群培育、提高招商引资质量和水平、加快服务业发展、解决人才不足问题、实现社会事业更快更好发展、推动城市规划建设管理水平、进一步搞好“三个体系”（决策目标、执行责任、考核监督）建设，以及菏泽市社会主义新农村建设和工业运行情况等10个方面的重大问题进行调查研究，从多个方面为市委、市政府领导提供决策依据。

第二节 政研成果

1986—2005年，市委调研室共组织完成595个调研专题，形成专题调研报告或体会文章790余篇，其中有转化为市委重要文件的89篇、领导讲话165篇、领导署名文章106篇、综合汇报85份，典型经验310余篇；被省级以上报刊选登230余篇，其中获省级以上奖励的97篇。1988年撰写的反映新中国成立40年菏泽地区发展变化的《牡丹之乡变迁》和十年改革成果的《十年巨变》，分别被《辉煌的山东四十年》《山东十年》收编；《菏泽农民反映种粮四个不合算》交由省委内部参阅，引起上级领导的高度重视；《关于农工商一体化经营情况的调查》被省3家报刊选用，并被评为全省经济战略研究论文一等奖、十年改革论文二等奖。1989年撰写的《关键在于完善保障政策措施——关于农村产业政策系列调查》获省社会科学优秀成果三等奖。1990年撰写的《棉花政策亟待调整》获省经济学会优秀科研成果奖，《密切联系群众的好形式——菏泽地区下乡驻村干部情况的调查》先后被国家和省7家报刊采用。1992年撰写的《我们是如何促进落后地区加快经济发展的》领导署名文章被《求是》杂志刊登，填补菏泽在党的最高刊物上发表文章的空白；《四十二个后进村党支部转化的经验和启示》《打工潮回流现象探析》先后被《求是》内部文稿、新华社《内参选编》转发。1993年撰写的《支农不与民争利》《大灾后的反思》分别刊登在《人民日报》和《山东通讯》上。1995年撰写的《欠发达地区更要强化基础地位》《农村产业化的现实选择》《大变革时期农村基层组织建设》《强化科普工作，促进经济发展》分别刊登在《人民日报》《大众日报》和《学习月刊》上，产生积极的社会影响。1997—2000年，先后撰写的《菏泽地区开放搞活的调查与思考》《自加压力，启动活力，促进发展——关于菏泽地区"乡镇财政自给工程"的调查与思考》《欠发达地区如何发展乡镇企业》《关于菏泽地区财政减负和人员分流问题的调查》《关于个体私营经济发展问题的调查与思考》《关于劳动力就业问题的调查报告》《关于发展农村科技的调查》《关于全区科技进步情况的调查》《关于小城镇建设情况的调查》《关于村庄规划建设的调查》《关于"普九"工作的调查》《企业职工基本养老保险和下岗职工基本生活保障的调查》《土地延包情况的调查》《农民增收的调查》《党的领导方式和活动方式的调查》《关于加快菏泽城市化进程的调查》等文章获全省优秀调研成果一等奖，另有一批文章获二、三等奖。1998年撰写的《菏泽地区农村改革与发展回顾及展望》获省"纪念十一届三中全会暨农村改革20年征文"一等奖、全省党委政研系统调研成果特等奖。

2001年撰写的《关于乡镇规模调整有关情况的调查》《关于部分税费改革试点乡镇试点情况的调查》《关于拓宽菏泽市劳动力就业渠道的调查》《关于党风建设的调查》《关于社区党建工作的调查》《关于菏泽市农村中小学布局调整问题的调查》《关于优化经济发展环境的调查》等文章为领导决策提供大量的第一手资料，得到市委领导的充分肯定。2002年是中央提出的转变作风年、调查研究年，撰写的《关于乡镇债务问题的调查与思考》《解放菏泽"三农"问题的现实选择》等调查报告，被专供省委常委阅读的《转变作风年调查研究年简报》全文转发。2003年撰写的《关于菏泽市农副产品加工情况的调查》《关于菏泽市就业再就业情况的调查》等文章被收录到《2003年山东省优秀调研文集》。2004—2005年整理的《认真实践"三个代表"重要思想，下决心解决发生在老百姓身边的腐败问题》《抢抓机遇，真抓实干，尽快实现菏泽经济社会发展的新突破》《大兴求真务实之风，确保菏泽经济加快发展》《以工促农，以城带乡，努力实现菏泽经济社会科学发展》《统筹处理六个关系，大力推进工业化进程》《立足于提高党的执政能力和水平》《做到"六个增强"，实现"六个提高"》《全力加快"突破菏泽"步伐》《精心组织好保持共产党员先进性教育活动》《"三个转变"激活力》《"突破菏泽"靠什么》等领导署名文章，分别刊登在《人民日报》《求是》《学习与研究》《理论前沿》《学习时报》《大众日报》《山东通讯》《调查与研究》等省级及以上报刊上。在数篇调查报告的基础上，2004—2005年，代市委、市政府起草《关于以科学发展观为指导大力推进工业化进程的决定》《关于加快发展六大产业的若干意见》《关于进一步优化经济发展环境的意见》《关于加快建设"和谐菏泽"的意见》《关于统筹城乡经济社会发展的意见》《2005年农业和农村工作要点》等重要文件。其中《关于以科学发展观为指导大力推进工业化进程的决定》《关于加快发展六大产业的若干意见》两个文件在菏泽发展史上具有重要的里程碑意义，对实施“突破菏泽”战略和推动菏泽经济发展产生了深远影响。

第九章　党校教育

第一节　师资队伍

1986—1991 年，为适应“干部教育正规化”和“大规模培训干部，提高教师队伍素质”的要求，地委党校从大专院校和中学中陆续选调一批优秀教师充实党校教师队伍。1991 年 12 月 10 日，地委党校升为大学专科体制后，其教师队伍又得到进一步充实和调整。至 2005 年年底，共有专兼职教师 69 人，其中具有研究生学历的 5 人，大学本科学历的 64 人；具有正高级技术职称的 14 人，副高级技术职称的 21 人。为加强师资队伍建设，提高教师的政治素质，把握好党的战略方针，市委党校定期选派教师参加各类政治和业务的培训；每年组织一次专题课教学竞赛，为教师创造展示、竞争、交流的机会，培养政治强、业务精、作风正的高素质教师队伍。1986—2005 年，市委党校有 5 人获得山东省优秀教师称号，16 人被评为全省党校系统优秀教师，8 人被评为全省党校系统先进教育工作者，18 人获得全省党校系统优秀教学奖，56 人被评为山东省党校干部业余教育学院优秀教师或优秀班主任，28 人被评为山东省党校干部业余教育学院先进工作者。

2000 年市委党校 /80 年代菏泽地委党校办公楼

第二节　学员培训

1986—1989 年，干部培训按照干部教育要正规化的要求，重点对后备干部进行马列主义基本理论的学习和“学历补课”，开办青年干部培训班和学历班。1990—2003 年，干部培训的重点转向中国特色社会主义理论的学习，培训的主要内容包括“三基本”（马列主义基本问题、毛泽东思想基本问题、邓小平理论基本问题）、“五当代”（当代国际政治、当代国际经济、当代国际军事、当代国际法律、当代国际文化）。在教学方面对原来的基础理论课进行压缩，增设科学发展观、五个统筹、提高党的执政能力与构建和谐社会等专题，并针对不同班次合理调整教学内容。在推进研究式教学方法上，以培养和提高学员能力为目标，以研究现实问题为核心，提高教学的科研含量，实现教与学的良性互动。市委党校从大专院校和有关部门聘请部分专家教授和党政领导任市委党校客座教授，开设“领导报告周”，为学员作市情报告；为弥补党校自身教学资源的不足，挑选一些理论水平高、实践经验丰富的学员登台演讲，开设“学员论坛周”，促进学员的交流。2000 年，市委党校建成中央党校远程教学网 B 级站，充分利用现代化的教学手段服务于教学，提升学员听课的理论层次。2005 年教师课件教学率达到 90% 以上，实现教学方式的根本性转变。

主体班次 1985 年，地委党校开办第一届两年制脱产学习大专班。1986 年开办三年制大专理论班。至 1989 年，共有 357 名学员领取毕业证（1990 年后，不再开办类似班次）。

学员听课

1989—2005 年，市委党校先后举办地直领导干部读书班、乡镇书记岗位培训班、乡镇长岗位培训班、中青年干部培训班、科级干部进修班、县级干部进修班、外经外贸培训班、社会主义教育培训班、地县级领导干部学习研讨班、宣传干部培训班、乡镇组织委员培训班、乡镇人大常委会主任培训班、妇女干部进修班、党外干部培训班、公务员任职培训班、统战干部培训班、理想信念教育骨干培训班、财税金融研讨班、党外中青年干部培训班、少数民族中青年干部培训班、经济强村支部书记研讨班等共计 138 期，18163 人参加系统培训。

函授班次 1985 年，为适应干部队伍学历教育的需要，中央党校函授学院在地委党校设立山东分院菏泽学区，1985 年开始招收中央党校专科班。1989 年，与经委和山东工学院联合开办一年半制企业党委书记大专专业证书班。1989 年开办地委党校业余大专班，1997 年停办。1990 年，开办中央党校函授本科班。1990—1993 年开办山东省委党校一年半制干部大专专业证书班等班次。1991 年起，先后在县级党校举办山东省委党校农村干部函授大专班。1993 年成立省委党校干部业余教育学院菏泽分院，开办第一届省委党校业余大专班，在地委党校和各县市委党校设立 10 个学区。1994 年，开办第一届省委党校业余本科班和业余研究生班。至此，地委党校形成专业比较齐全的办学体系，共开设经济管理、行政管理、法律、党政管理、涉外经济、文秘、贸易经济、会计学、财务管理等专业班次。至 2005 年年底，全市党校通过开办脱产、半脱产大专班、中专班，共培训学员 2136 人；通过开办函授本科、专科班，共培训学员

63479人次（含各县班次），其中市直学区7782人；开办省委党校业余研究生班9期，培训学员188人。

第三节　理论研究

1988—2005年，市委党校共发表理论研究成果1734件，其中论文1602篇（省级以上319篇），编写教材或专著88部。其中一批教材专著和理论文章进入党校课堂，部分科研成果获国家和省、市有关部门的奖励，多篇调研报告进入党委、政府决策。校刊《求实论丛》创刊于1992年8月，原名《菏泽党校学刊》，1998年更名为《求实论丛》。至2005年，共出刊44期，发行8000余份。《求实论丛》立足党校实际，面向社会，刊发一批既有现实意义又有较高学术价值的调研报告和理论文章，在全市乃至全省、全国的影响不断扩大。

菏泽党校学刊（创刊号）

1988—2005年菏泽市（地区）委党校科研成果统计表

表19-9-1

年　份	成　果（件）	其　中		
		论　文（篇）	教材专著（部）	主　编（人次）
1988-1995	206	133	56	17
1996	59	50	7	2
1997	142	135	5	2
1998	97	93	2	2
1999	142	139	2	1
2000	206	201	2	3
2001	226	217	3	6
2002	174	172	1	1
2003	160	154	3	3
2004	179	173	2	4
2005	143	135	5	3

1997—2005年菏泽市（地区）委党校获山东省党校系统科研成果奖励一览表

表 19-9-2

年份	作者	成果名称	奖项
1997	姚衍春	《论文写作基础》	二等奖
	李鲁燕	《管理干部必读》	二等奖
1998	李鲁燕	《职工下岗与劳动者主人翁地位》	二等奖
	刘保庆	《孔繁森壮丽的人生历程所体现的人生价值》	三等奖
1999	李鲁燕	《确保经济稳定增长必须防止通货紧缩》	二等奖
2000	商汉良	《共同富裕的有效途径》	三等奖
	张广田	《解放和发展生产力与社会主义的前途命运》	三等奖
	马传福	《党在农村的政策基石——以家庭承包经营为基础的双层经营体制》	三等奖
2001	姚衍春	《历代公文名篇选注》	三等奖
	萧若然	《经济发展与人口控制》	三等奖
	李鲁燕	《浅析中国加入 WTO 所面临的挑战与机遇》	三等奖
2002	王运思	《全球化的概念和特征》	二等奖
	黄贵芳	《党成立八十年来我国农村土地政策的变迁》	三等奖
	李鲁燕	《国有中小企业内部员工持股问题浅议》	三等奖
	萧若然	《我国官德思想建设刍议》	三等奖
2003	肖六义	《坚持和发展马克思的劳动和劳动价值论》	二等奖
	马　玲	《商业秘密的认定及保护》	三等奖
	黄贵芳	《正确认识当前收入差距拉大问题》	三等奖
2004	曹金志	《农村基层组织领导方式和工作方式的重大转变》	三等奖
	王德贞	《浅析孔颖达的乾坤观》	三等奖
	程亚平	《略论有中国特色社会主义的文明观》	三等奖
	孙明霞	《文明的发展与人类的健康》	三等奖
	刘昌杰	《我国农业产业结构调整的制约因素与对策》	三等奖
2005	孙明霞	《用“三个代表”重要思想改造两个世界》	三等奖
	刘昌杰	《欠发达地区农业产业化经营的薄弱环节及对策建议》	三等奖
	刘卫彬	《儒家治国主张与现代法治的区别及启示》	三等奖
	苏尚云	《当前依法行政存在的问题及对策》	三等奖

第十章　信　访

第一节　信访受理

1986—1990年，全区出现上访老户多、越级上访多、重访率偏高的情况，信访的内容多是要求平反冤假错案，落实政策，解决历史遗留问题等。为彻底解决上访老户的问题，地委、行署采取党、政领导包案制度，对上访老户一包到底，直到上访老户不再上访为止。1991—2000年，每年受理群众来信来访3000件左右，信访反映的内容有新的变化。在农村，主要反映基层干部以权谋私、打击报复、公款吃喝、村财务不清、计划生育处罚不公、农民负担过重、土地征用、环境保护等问题。在城市，主要反映城市建设中房屋拆迁补偿不合理、企业改制、下岗职工和退休职工生活困难、养老医疗保险无保障等问题。同时，集体上访数量逐年增加。1990年，到菏泽集体上访48批1081人次，1997年激增到436批16329人次，达到1986年以后集体上访的高峰。2001—2005年，各级党委、政府把信访工作列入重要议事日程，在全区范围实施信访工作“一把手”工程，坚持领导干部公开接访及阅批群众来信制度，并亲自包案处理问题，信访工作的重心也开始下移，变群众上访为领导下访。按照“属地管理、分级负责”“谁主管、谁负责”“一岗双责”的要求，坚持有访必接、有接必果的原则，市、县区、乡镇实行领导班子成员轮流接访制度、群众逐级上访制度、办信工作三见面制度、群众来信“绿色邮政”制度、公检法司信“五长”联合接访制度等，有效地解决群众反映的问题。

1986—2005年菏泽市（地区）受理群众来信来访情况统计表

表19-10-1

年　份	信访总数（件、批）	来信件次（件）	来访批次（批）	来访人次（人）	个体访		集体访	
					批次	人次	批次	人次
1986	4119	2071	2048	3826	2021	3264	27	562
1987	3916	1890	2026	3510	2006	3106	20	404
1988	2514	1752	762	1812	740	1599	22	213
1989	2572	1129	1443	2917	1404	2196	39	721
1990	3078	1919	1159	2396	1111	1315	48	1081
1991	3402	2101	1301	2413	1261	1711	40	702
1992	3582	2469	1113	2030	1081	1324	32	706
1993	3845	2538	1307	4014	1189	1477	118	2537

续表 19-10-1

年份	信访总数（件、批）	来信件次（件）	来访批次（批）	来访人次（人）	个体访		集体访	
					批次	人次	批次	人次
1994	3585	2734	851	4337	777	1150	74	3187
1995	3951	2152	1799	5890	1656	2049	143	3841
1996	3004	1958	1046	15678	727	2612	319	13066
1997	2561	1417	1144	18725	708	2396	436	16329
1998	2666	1690	976	16415	608	1351	368	15064
1999	3161	2086	1075	9184	808	1782	267	7402
2000	2754	1834	920	9895	671	1480	249	8415
2001	2315	1280	1035	11432	768	1358	267	10074
2002	3161	1654	1507	18424	1144	2111	363	16313
2003	3722	2268	1454	14803	1094	2256	360	12547
2004	3636	2338	1298	11520	903	1769	395	9751
2005	2821	1671	1150	8189	804	1626	346	6563

第二节　重点信访案件办理

自中共十一届三中全会到1986年年底，全区共排查出应该落实的政策和应该解决的历史遗留问题68675件，已解决68469件，占99.7%，其中处理历史积案4320件，平反“文化大革命”中冤假错案7403件，清退“文化大革命”中查抄财物和房产616件，为23570名统战对象和11500名知识分子落实政策，变通处理各种历史遗留问题2786件。1986年，省以上领导机关来函和领导批示要查报结果的信访案件110件，到年底已全部查结上报，结案率为100%，做到当年案件当年清。这些案件中，有中央和国务院的29件，省委和省政府的67件，省人大的4件，大众日报社的10件。地委、行署领导批示和信访办公室立案要结果的244件，当年查结231件，结案率为94.7%。1987—1989年，共查结上报省以上领导和领导机关要结果的重点信访案件268件，每年的按期结案率均为100%。1990—2005年，市委、市政府信访局共受理重点信访案件2696件。

第三节　信访法规宣传

1995年10月，国务院颁布《信访条例》，将信访工作纳入法治化轨道。地、县、乡三级党委、政府在搞好经常性宣传的同时，每年还组织宣传日、宣传周、宣传月进行集中宣传。1998年，按照《信访条例》，结合本地实际，行署制定《菏泽地区实施〈信访条例〉办法》，地区信访局和地区公安局联合发布《关于依法维护信访秩序的通告》。通过对信访法规的宣传，使一些上访群众懂得信访的程序、方式和方法。1999年，结合开展信访重点案件集中整治活动，开展信访法规集中宣传活动。采取开设专题专栏、巡回宣传、针对性宣传、上街集中宣传和面对面宣传等方式，重点宣传国务院《信访条例》《中华人民共和国集会游行示威法》《中华人民共和国治安管理处罚条例》《山东省信访处理暂行规定》《山东省人民群众上访秩序》《山东省关于实施群众逐级上访制度具体办法》《菏泽地区实施〈信访条例〉办法》《关于共产党员、干部、公职人员不能参与集体上访的通知》《关于依法维护信访秩序的通告》等。2001年，山东省首部行政法规《山东省信访规定》颁布后，全市开展"宣传月"活动，利用广播、电视、报刊等新闻媒体进行多种形式宣传报道，以布告的形式张贴至每个行政村和自然村，使广大群众入耳入脑，强化他们依法有序信访的意识。2002年，以市、县、乡党校为阵地，培训各级领导干部和专兼职信访干部576人次，培训村"两委"成员1.5万人次。

2005年5月，修改后的《信访条例》颁布，市委宣传部、市委市政府信访局、市政府法制办、市公安局、市普法办5部门联合制订《关于学习宣传贯彻〈信访条例〉的实施方案》，成立《信访条例》宣传教育活动办公室，举办全市《信访条例》专题培训班，各县区分管副书记、信访局长、法制办主任和市直有关部门分管负责人共170余人参加培训。《信访条例》集中宣传日共展出宣传板90余块，设立现场咨询台45个，悬挂过街条幅45条，现场接受群众法规咨询1000余人次，发放宣传品2万余份。各县区也采取多种形式认真开展《信访条例》的宣传，实现对受理机关和信访群众的双向规范，对维护信访秩序，促进社会稳定，起到积极推动作用。至2005年年底，市、县区共举办《信访条例》培训班28期，培训人员3000余人次；乡镇一级共举办培训班150期，培训人员1.2万余人次。

第四节　基层信访工作

1986年9月，地委、行署下发《关于加强县级信访工作的具体意见》，就如何切实加强县级信访工作提出七条意见。1987年，地委办公室、行署办公室下发《关于加强乡镇信访工作的意见》，对加强乡镇信访工作提出"要充分认识社会主义初级阶段信访工作的重要性；要更新和深化乡镇信访工作观念；要建立健全信访工作机构；要完善信访工作制度；要确定信访助理员的职权；要在治本上下功夫；要明确做好乡镇信访工作的标准；要切实加强对乡镇信访工作的领导"等八条意见。至1990年，全区共有专兼职信访干部1059人，其中地区信访局配备信访干部16人，9县市信访办公室（局）配备干部124人，296个乡镇配备信访助理员272人。各行政村建立3～5人信访民调小组。县、乡、村三级信访网络初步形成。2002—2005年，信访工作开始"重心下移"。为加强基层信访的组织建设，各乡镇、街道配备1名专职信访干部从事信访工作。建立信访、司法、综合治理等部门组成的多位一体的联动联处工作机制，综合运用人民调解、司法调解、行政调解以及咨询、教育、听证等多种方法和手段，依法、及时、就地处理群众反映的问题。进一步加强村级信访队伍建设，每个行政村、社区配有信访信息排查和调解人员，帮助群众解决实际困难和问题，引导群众自觉维护信访秩序，充分发挥基层化解矛盾的屏障作用。乡镇、街道和县区直部门建立信访排查预警机制，对广大群众普遍关心的热点、难点问题，特别是一些容易引发信访事件的问题，提前介入，及时解决。乡镇、街道和县区直部门每月排查一次，村居每周排查一次；重大节假日、敏感时期进行集中排查；同时增加临时性排查，随时发现不稳定因素。在不同行业、不同人群、不同场所，大量选聘信访信息员，充分发挥他们身在基层、接触实际、了解实情的优势，对各类矛盾和问题做到早发现、早报告、早控制、早解决，筑牢信访工作的“第一道防线”。基层信访部门建立和完善对群众来信来访答复制度，信访事项件件有着落、事事有回音，提高初信初访一次性办结率；建立和完善电子信箱、公开电话、信访代理等便民措施，充分利用多种渠道和手段受理群众的投诉，使群众困难有人帮，道理有处诉，冤屈有处申，把信访群众稳定在基层，把信访问题化解在基层。

第十一章　对台工作

菏泽市共有原去台人员4300余人，其中大部分为1949年随国民党军队退居台湾的人员，少数是南下流亡的学生及商人。其分布情况是：牡丹区1370人，郓城县640人，曹县560人，单县410人，巨野县357人，鄄城县306人，东明县227人，定陶县187人，成武县185人，市直105人。在这些去台人员中，后旅居港澳和国外的大约有600余人。国民党团级以上中上层人士420余人，其中有国民党中央委员、原“国大”代表、军队少将以上军官、大学校长、“大法官”和在社会上有一定影响的人士20多人。2005年，岛内的菏泽原去台人员加上他们的第二、第三代，大约有3万人。全市共有台属2万多户8万多人，台胞及台属人数居全省第六位。

第一节　交往交流

1986年，全区有15位台湾同胞回乡探亲，分别受到各级党委和政府的热情接待。1987年10月，地委对台工作小组在中华影剧院举行形势报告会，要求各级各有关部门认真做好台湾当局于11月2日开放民众回大陆探亲的接待工作。同时设立台胞接待处。年内，全区共接待台胞74人次，安排台属境外会亲61人次。1988年，针对到大陆探亲的台胞迅速增多的情况，地委对台办召开有公安、民政、铁路、交通、宾馆等16个单位负责人参加的联席会议，专门讨论和研究台胞接待工作。全年接待台胞952人，是全区接待台胞最多的一年。1989年，对台胞的接待、定居、安置、台属境外会亲和赴台探病奔丧等工作作出具体规范，并先后批准安置赵达三等12位台胞在原籍定居。同年10月，退休台湾国民党空军后勤司令部少将参谋管玉成携子回菏泽探亲，行署副专员李明先亲切会见。全年共接待台胞 872 人次。1991—1992 年，先后批准安置岳继领等 13 位台胞定居原籍。台湾曹氏基金会向曹县残联捐赠轮椅 30 辆，折合人民币 10.5 万元。1993 年，单县马楼乡台胞薛保伦捐款 117 万元，为家乡打 3 眼机井，购买 500 吨化肥，兴建 1 所小学。1994 年，台北曹氏基金会向地区残联捐赠 150 辆轮椅。台湾 15 位“大法官”之一，定陶籍台胞史锡恩携子（史庆璞，法学博士）回菏泽探亲，先后走访菏泽一中、曹州大学，受到地委领导热情接待。1997 年，台湾中华国乐会秘书长、中华古筝学会理事、古筝演奏家费洪桂女士到菏泽成功举办个人演奏会；成武县台胞祝正捐赠 52.5 万元为家乡修建学校；菏泽旅台同乡会会长高秉涵捐资 20 万元为家乡修柏油路；定陶县台胞史锡恩、王显庭等人捐资 9 万元帮助家乡贫困子女完成学业。至年底，台胞踊跃捐款捐物折款 200 多万元。1996—1997 年，共接待台胞 1623 人次，批准安置 15 位台胞定居故里。1998 年，台胞祝正再次捐资 60 万元人民币为成武县中医院兴建针灸门诊楼，并举行为期一周的义诊活动。是年共接待台胞 785 人次，安置 4 名台胞定居故里。1999 年 11 月 23 日，应台湾“中华两岸事务交流协会”的邀请，菏泽地区第一个农业考察团由行署副专员孙义福带队赴台考察交流。考察团先后考察台北、高雄、花莲、宜兰等县市的农业发展情况，接触各行业台胞 200 多人，并与其进行 20 多次的座谈与交流。2001 年，牡丹区台胞耿广德带领台湾书画艺术交流团在曹州书画院举办为期一周的海峡两岸书画艺术展，同菏泽书画界人士进行艺术交流。2002—2003 年，菏泽旅台同乡会会长高秉涵代表旅台菏泽籍台胞向菏泽学院捐款 100 万元新台币，市委副书记贾凤英、副市长邵好学、市政协副主席孟祥伦出席捐赠仪式。2004 年 4 月，市委书记陈光率菏泽市经贸考察团赴台进行考察交流活动。考察团先后拜会中国财经协会等 10 余个社团组织，参访台北世贸中心、新竹科技工业园等 20 多个单位和企业，会见台湾工商经济界人士 200 多人。2005 年，市委副书记马平昌率菏泽市经贸交流团赴台进行商务考察活动。在台期间，经贸交流团向台胞全方位介绍改革开放以后菏泽取得的伟大成就和巨大变化。同年，市委、市政府还将菏泽市立医院确定为台胞医疗定点医院，及时给在菏泽台商、台胞提供医疗服务。

第二节　台商台资

1986—1987 年，曹县台胞沈秉铄通过自己在大陆的亲属，投资兴办曹县纱布垫厂，生产出口医用手术纱布垫；兴办曹县侨谊卫生材料厂，生产医用腹部手术片。两厂为国家赚取大量外汇，并安置待业青年 712 人。1988 年，菏泽沙土酿造厂厂长李凡聪与台商许廷光合资创办菏泽裕鲁食品工业有限公司，投资 280 万美元；曹县台胞沈秉铄与曹县供销社合资兴办菏泽泽祥医用保健品有限公司，投资 800 万美元，注册资本 700 万美元，其中台资 385 万美元；旅日台胞萧柏青在菏泽独资兴建柏青大酒店，投资 300 万美元。以上 3 家台资企业是全省最早，也是当时最大的台商投资企业。到 1990 年，全区已有 10 家台资企业投入正常生产，共完成产值1.17亿元，上缴利税1310万元，出口创汇1172万美元。地处沙土镇的菏泽裕鲁食品工业有限公司，生产加工各种蔬菜食品，使当地农业走向种植、加工、出口一条龙的路子。同年9月，国务院副总理田纪云到菏泽视察该企业，称赞说："这个企业办得好，有成效，利用台资发展乡镇经济是振兴农业的一条好渠道。"为帮助台资企业迅速发展，地委对台办、计委、外经委通过国台办，为正急需资金的菏泽泽祥公司、裕鲁木业有限公司两个台资企业争取到国家专项贷款1200万元。1991年，到菏泽考察投资环境、洽谈经贸事宜的台商300人次，在菏泽创办台资企业5个。菏泽裕鲁食品工业有限公司被评为全国、全省三资企业先进单位。1992年，全区批准创办台资企业20家，总投资额3331.5万美元，合同利用台资1242万美元，创历史最高水平。省、地电视台就菏泽地区对台经贸工作联合进行采访，在省电视台《齐鲁日日新》栏目中进行播放。1989—1993年，菏泽裕鲁食品工业有限公司先后获国家级、部级、省级金银铜牌及各项荣誉奖达47项。台商许廷光在该地又先后创办鲁旭、裕丰、房地产开发3个台资企业。台商萧柏青独资兴建的三星级酒店"柏青大厦"开业之际，省、地、县各级领导、各界宾朋以及十几个国家和地区的客商300多人到场祝贺。其中有100多位台商在菏泽进行经贸考察活动，签订投资合同10多项。1994年，台胞投资项目——孙膑旅游城，在鄄城县动工兴建，总投资2500万美元。1992—1994年，全区共创办台资企业69家，是菏泽吸引台资的辉煌时期。1995—2000年，全区共创办台资企业31家，引进台资项目和利用台资额位居全省中游。

2001年，为进一步推动全市对台经济工作的开展，市政府动员全市上下抢抓机遇，大力开展对台招商引资工作。全市创办台资企业10家，实际利用台资达1200多万美元。2002年，全市创办台资企业11家，实际利用台资1389万美元（含两个台企追加投资488万美元）。曹县开发区同台湾西菱集团合资兴办的山东桦晶木业有限公司举行奠基仪式，项目总投资达5000万美元。2003年，全市利用台资创办项目22家，总投资9140万美元，合同利用台资8412万美元，实际利用台资2656万美元，分别比2002年增长498%、504%、90%，位居全省第六位。市委对台办被评为全省对台经济工作先进单位，牡丹区、曹县对台办获全省对台招商引资标兵单位。台湾台塑（华亚）集团在市开发区独资兴建台塑城项目，协议总投资达1.27亿美元。2004年，全年批准创办台资企业15家，总投资7724万美元，实际利用台资4568万美元。同年9月18日，菏泽市台胞投资企业协会举行成立大会，菏泽福乐食品有限公司董事长张伊梨当选为第一届台协会会长。2005年，全年批准创办台资项目12家，总投资3583万美元，实际利用台资3463.6万美元（含现有台资企业追加投资555万美元）。组织人员赴上海、福州、昆山等台商集中地招商，先后邀请台湾和桐化工、台塑重工到菏泽进行实地考察。台塑重工股份有限公司拟在市开发区兴建热电厂，项目总投资达7亿元人民币。争取台湾台塑集团在市内兴建15所"明德小学"，利用台资600万元人民币。

第三节　涉台宣教

1986年，为做好台湾当局于1987年11月2日开放民众赴大陆探亲的接待准备工作，地、县两级相继召开台湾形势报告会，向广大党员、干部、群众包括台属，进行一次全面的台湾形势、对台方针政策的涉台教育，为开展接待台胞工作打下良好基础。1989年，地委对台办正式设立后，明确专人负责对台宣传工作，聘请部分业余通讯员开展组稿宣传，在《人民日报》海外版、《华生报》等涉外媒体上发表文章20余篇。根据省委对台办、宣传部《关于对广大干部群众和台属集中进行一次台湾形势和党的对台方针政策教育的通知》要求，在全区普遍进行声势大、范围广的涉台教育活动。1990年，地委对台办采取推荐和选拔相结合的形式，在全区聘请14名对台宣传报道业余通讯员，于中新社等10多家新闻媒体上发表文章60余篇。党校开设对台宣传教育课，并利用报纸、广播电台、印发材料、办黑板报、举办培训班等多种形式开展涉台教育宣传。1991年，结合农村、城市社教活动，向群众进行台湾形势及党的对台方针政策的宣传教育，组织全区干群、台属参加全省涉台知识竞赛活动。全区共完成答卷1万余份，15人获得一、二、三等奖，占全省获奖人数的35.7%。发表新闻宣传稿件36篇，超额完成省规定的用稿任务。在全区确立40余个台胞参观景点，组织台胞参观座谈100余次。1992年，进一步明确涉台教育工作的指导思想和工作任务。全年完成对台宣传稿件46篇，向回菏台胞赠送画册、折页及音像制品665件。1993年，地委对台办组织撰写的电视文学剧本《阿里山的女儿》，在《影视文学》上予以发表（该剧本以全国人大代表、全国妇联执委、曹县政协副主席、高山族台胞江时为艺术原型，歌颂她热爱祖国、热爱社会主义、为祖国统一做出贡献的动人事迹）。1997年，地委对台办组织全区广大干部参加省委组织部、统战部、台办、省总工会、侨办和大众日报社举办的“迎港归、促统一”知识竞赛，完成答卷2万多份。在省委组织部、统战部联合举办的“迎港归”知识竞赛中，全区有6人获二等奖，3人获三等奖。同年，由地委宣传部组织策划，地委对台办、中央电视台影视部、山东省委台办和山东省电影电视剧制作中心联合摄制的电视剧《阿里山的女儿》于11月在菏泽举行开机仪式，1998年5月8日在菏泽举行首映式。该剧获第十八届中国电视剧飞天奖三等奖、第十六届中国电视剧金鹰奖最佳剪辑奖，获此殊荣在全区影视剧制作史上还是第一次。1999年，电视剧《阿里山的女儿》再次获得全国第三届对台宣传音像制作一等奖、山东省“五个一”精品工程入选作品奖和菏泽地区“五个一”精品工程入选作品奖。同年，针对台湾当局抛出的“两国论”，地、县市两级台办先后召开各界人士、台属代表座谈会，批驳李登辉分裂祖国的罪恶图谋，进一步宣传“和平统一、一国两制”解决台湾问题的大政方针。2000年，为配合反对李登辉、吕秀莲等搞分裂、搞“台独”斗争，会同有关部门组织开展“祖国宝岛在我心中”爱国主义的涉台教育活动。郓城、巨野、定陶等县相继举办“祖国宝岛在我心中”大型演讲比赛、征文比赛、知识竞赛及万人签名活动。同时，在全区中小学校中开展涉台教育。

2002年，市委、市政府下发《关于进一步加强对台宣传工作的通知》。单县县委对台办与县戏剧家协会以台胞李女士历尽曲折回乡寻夫为题材，编排涉台教育独幕剧《两岸情》，并参加全市的会演。2003年，台湾TVBS无线电视台记者杨钊、谢贤嬉到菏泽，先后采访拍摄郓城宋江武校、鄄城中国富春人发市场及泓亚发制品有限公司和菏泽著名的小吃城银盛园，在岛内广泛宣传菏泽的人发市场和武术、饮食文化。同年，针对陈水扁“公投”“制宪”，提出“制宪时间表”，妄图分裂中国、大搞“台独”分裂活动的行径，及时组织各民主党派、各界人士开展反“台独”、反分裂斗争。2004年，配合省台办编辑制作《齐鲁文化》画册和《走进山东》图书菏泽专版，在《华夏经纬》山东网站上建立菏泽专页，进一步加大宣传菏泽的力度。2005年，《走进山东》图书由台湾最大的财经专业媒体工商时报社出版，分别赠送给台湾1100余个上市、上柜公司的董事长、总经理和200多个行业公会，同时在台湾各大书店销售。为纪念台湾摆脱日本殖民统治，重新回归祖国60周年，市委对台办在天香公园举办“纪念台湾光复60周年”专栏，增进民众对台湾宝岛的认识。

第四节　台属工作

1986—1987年，为全面掌握去台人员及在大陆亲属的情况，地委对台办对域内台胞台属进行调查统计。全面贯彻党对台属“一视同仁，不得歧视”的政策，在全区落实台属政策、纠正冤假错案500余起，其中恢复公职、补发工资的100多人，安排子女就业40余人，办理“农转非”147户，退还私房财物的200余起。加强台属的政治安排工作，全区台属中被推荐选举为人大代表16人（全国人大代表1人，省人大代表2人，县人大代表13人）；政协委员107人（省政协委员5人，县政协委员102人）；发展中共党员600人。在各级干部岗位上工作的台属300多人，其中担任副科级以上领导职务的有55人。1988年，按照中央关于“认真细致地做好台属思想教育工作”的指示精神，全区开展对台属“自尊、自爱、自强”，政治上不强加于人，经济上不索钱要物，不弄虚作假，不向台属诉苦诉怨，不以台胞的名义或指使台胞向政府提出过分要求，不做任何有损国格、人格的事情，顾大局识大体，实事求是地宣传党的对台方针政策，如实介绍家乡的变化等思想教育工作，提高台属做好对台工作的积极性，为台胞回乡探亲接待工作奠定良好基础。同年，与台湾通信的台属达2173户，通汇的1527户，收汇款折合人民币325万多元。有69位台属赴境外会亲。全区有8个县建立台属联谊会，建立乡镇台属联谊组织168个。为使台属对台通信有内容可写，境外会亲有话可谈，台胞回乡探亲有内容可看，进一步扩大对台影响，地委对台办在全区组织开展台属勤劳致富工作。至年底，全区已有台属专业户、重点户256个，台属企业31家，投资总额达438万元，安排台属子女就业1039人。对全区68位境外会亲、16位赴台探病奔丧的台属加强行前教育工作，并对因私赴台人员逐一进行走访座谈，使其增强政策观念，提高自觉抵制“政治渗透”的能力。单县人大代表、中心医院大夫杨蕾赴台探望父亲（原国大代表杨展云），回来后写赴台观感，既反映台湾经济发展的一面，也指出台湾存在的各种弊病，在干部群众中产生很好的影响。1990 年，针对个别台属索钱要物，不能正确对待亲人的现象，加强对台属的思想教育工作。在会亲行前教育工作中，为台属提供必要的指南和服务，帮助他们正确处置旅途中和赴台后遇到的各种问题。同年，地委统战部、台办、地区政协工委、侨办、民族宗教事务处联合表彰有突出贡献的 27 名先进个人和 7 个先进单位。李凡聪、段永强、甘永池等 5 位台属被评为先进个人，巨野台属联谊会被评为先进单位。1992 年，全区台属企业发展到 34 家，总投资达 500 万元，从业人员 2000 多人，年总产值 1500 万元，盈利 200 万元。1993 年，全区推广郓城县台办建立的台胞台属季度座谈会制度和曹县开展台属“一户一业”致富的经验，指导和帮助台属根据各自的特点，分别开展一项种植、养殖、加工业和经商等项目，全区台属中的致富专业户、重点户迅速发展到 300 多户。1995 年 4 月 19 日，菏泽地区首届台胞台属代表大会暨台胞台属联谊会成立。会议审议通过了《台联会章程》《致全区台胞台属倡议书》，选举产生台联会第一届理事会理事、常务理事、正副会长。同年，帮助台属办领遗产继承款近 200 万元人民币。1996 年秋，东明县、菏泽市、鄄城县、郓城县黄河滩区发生特大洪水灾害，10 多个乡镇的 200 余户台属受灾，各级政府和台办及时组织人员赶赴灾区进行走访慰问，帮助灾民抗灾自救，解决困难问题 40 余起。1997—1999 年，在全区范围内进行一次台属企业情况调查，摸清台属企业的分布特点、发展状况及存在的问题。全区达到一定规模的台属企业 28 家，总投资 4992 万元人民币，其中台胞台属投资 1483 万元，年创利润 500 万元。2000 年，地委对台办、地区扶贫开发领导小组办公室联合下发《关于在扶贫开发项目中帮扶台属贫困户发展经济的通知》后，对全区 20 余户台属贫困户进行经济扶持。

2001 年，全市各级对台办多次组织召开台属代表座谈会，学习党的对台方针政策，揭批台湾当局“台独”分裂的言行，共商招商引资、发展经济大计。全市台属企业发展到35家，总投资额达6000多万元。台属个体工商户发展到 500 多户，致富重点户 1200 多家。2002—2005 年，全市台属企业发展到 38 家，总投资增加到 7000 多万元人民币，新增台属个体工商户、致富重点户 100 多户。巨野县台属魏玉博创办的巨野县信合纺织有限公司，总投资达 1000 多万元（其中台资 100 万元），年产各种型号棉纱 2500 吨，安排就业人员 440 多人，成为集棉花收购、加工、纺纱、销售于一体的大型台属企业。2005 年，该公司被评为“全省十佳台属企业”。

第十二章 党史编研

第一节 资料征集

全面征集 1986—2005年，市委党史资料征集研究委员会（简称党史委）采取当地征集与外出征集相结合的方式，先后到济南、北京、贵州、河北、河南等省市档案馆、纪念馆、机关单位查阅、抄录、复印与菏泽党史有关的各类资料。至2005年年底，共征集各类史料8806件、8000余万字，图片资料2000余件（幅），革命历史文物300余件，初步形成党史资料库。

重点（专题）征集 1986—2005年，党史委在全面征集党史资料的基础上，先后开展菏泽党的组织史、重大党史事件、重要党史人物和著名烈士、重要战役（战斗），新中国成立后重要党史专题、农村改革和新时期党的执政经验等资料的重点征集。重点资料的征集，构建菏泽地方党史的基本框架和主体。

走访征集 为抢救“活资料”，先后走访万里、杨得志、杨勇、段君毅、田纪云等10余位党和国家领导人、60余位省部级领导及一大批厅局以下的老领导，其中为征集1946—1947年间的鲁西南自卫反击战资料和鲁西南战役资料，先后走访当时任旅级以上职务的30余名老首长。通过调查访问，查清每次战斗的具体时间、地点、村名，交战双方投入的兵力、番号，战斗的具体过程、战绩等基本情况，为编写菏泽党史掌握第一手资料。1986—2005年，共走访老干部和知情人2200余人次。先后组织召开组织史资料、大事记、鲁西南战役、鲁西南地区革命史和有关党史专题等资料征集座谈会500余次。通过走访座谈，使党史事件的亲历者和知情人对重要党史专题或历史事件构成共同的回忆，相互印证，进一步核实原有的资料，对存疑问题进行考证。

信函征集 为减少调查费用，最大限度地获取党史资料，市委党史委大多采用信函的形式进行资料征集，请亲历者撰写回忆材料或提供有关线索。1986—2005年，共发信函1万余封，获取资料达3000多万字。

科学整理 为便于资料的使用，对征集到的文字资料和照片、图表资料、录音资料、实物等，按不同载体、不同门类和不同时期及重要程度，登记造册，分类管理。2000—2005年，市委党史委对现存各类资料进行重新分类整理，分为文献、军史、组织史、大事记、革命史、党史人物、回忆录、纪实文学、照片、图表电子资料（录音带、光盘、软、硬盘）和实物等12大类。

第二节 党史研究

1986—1993年，地委党史委对征集到的资料进行系统的整理，按照《中共中央关于新中国成立以来党的若干历史问题的决议》，对民主革命时期菏泽地方党的历史进行深入研究，理清党组织的发展脉络，分清一些重大问题的是非，科学地总结历史的经验和教训。对民主革命时期研究的主要内容是：菏泽早期党的活动。重点是菏泽地区第一个中共党支部——曹州支部以及其他17个党支部的创建及其活动和影响；抗日战争、解放战争时期鲁西南、运西、湖西区党的建设、政权建设、统一战线、群众运动、武装斗争的基本经验；菏泽党组织和党领导下的政权、军事、群众团体组织机构沿革及组织建设的基本经验；菏泽党的历史上重大事件的始末及影响；菏泽地区著名烈士和重要党史人物生平及其历史贡献；解放战争时期主力部队在鲁西南作战和人民群众支前、解放区建设等基本经验。

通过研究考证，统一对民主革命时期菏泽党史重大问题的认识，总结党的建设和领导人民群众前仆后继、英勇斗争夺取革命胜利的基本经验。解决一些有争议的问题，使许多重要史实得以确认。主要有：确认中共曹州支部的建立时间为1927年10月5日，成立地址为菏泽山东省立六中南院，组成人员为支部书记徐鹏翥、宣传委员刘仰月、组织委员郑尔拙，该支部直属中共山东省委领导；确认1932年8月27日爆发的东明盐民暴动，是中共领导的与国民党当局进行斗争的一场规模较大的群众运动，纠正“东明盐民暴动是盐民自发行动”的错误结论；确认田青林就是田位东；确认八路军一一五师三四三旅六八五团在团长彭明治、政委吴法宪率领下挺进湖西地区，八路军一一五师三四四旅代旅长杨得志率三四四旅一部于1939年2月16日挺进菏泽地区的曹县一带，八路军一一五师代师长陈光、政治委员罗荣桓率师直属队及三四三旅六八六团（杨勇任团长兼政委）等部组成的东进支队于1939年3月1日到达菏泽地区的鄄城，2日到郓城一带；为中央和省委对湖西“肃托事件”的彻底平反提供研究资料，使这桩冤假错案得到彻底平反；为中共菏泽地委对鲁西南“反特事件”的彻底平反提供研究资料。1988年1月19日，中共菏泽地委以菏普发〔1988〕4号文件作出《关于对原冀鲁豫边区抗日第三中学“反特事件”的处理意见》。

开展民主革命时期党史研究的同时，注重利用研究成果为落实党的干部政策，解决菏泽历史上一些冤、假、错案和历史遗留问题服务。主要是配合有关部门对湖西“肃托”事件被错杀错捕人员进行彻底平反昭雪，按政策解决遗留问题；彻底纠正原冀鲁豫边区抗日第三中学“反特事件”这起错案；对曾在菏泽工作、战斗过的部分人的入党、参加工作时间和任职等情况及时出具有关证明，使他们得到正确的使用和应有的待遇。如1944年曾任中共湖西地委宣传部部长的高文甫，1948年春在整党中受到错误斗争含冤而死。地委党史委和单县党史委经调查核实，向上级提供有关证明材料，山东省委组织部据此作出给高文甫恢复名誉，消除影响的结论。

1993—2005年，全区党史工作围绕发展菏泽经济，实施“突破菏泽”战略，开展以加强党的执政能力建设为重点的党史研究。首先，开展对新中国成立后至中共十一届三中全会以前菏泽地方重要党史专题的研究。已研究的主要专题有：新中国成立初期菏泽（包括湖西）的政治经济社会状况，菏泽社会主义制度的确立，菏泽工业、手工业和资本主义工商业的社会主义改造，菏泽“一五计划”的实施，菏泽“大跃进”运动，20世纪60年代菏泽国民经济的调整，“文化大革命”在菏泽的兴起，菏泽的夺权斗争，菏泽造反组织的兴衰，菏泽的“斗、批、改”运动，1975年的菏泽整顿等。先后撰写的10余篇专题文章，分别被收入省出版的专题丛书中。其次，紧密联系实际，及时总结地方党组织改革开放以来的新经验，开展加强党的执政能力建设研究。通过调查研究，撰写《论提高执政能力的紧迫性和艰巨性》《加强权力监督 探索有效机制——菏泽实行领导干部任职审计制的经验及效果》《菏泽机关事业单位裁减2.8万人的做法和启示》《菏泽大包干——中国农村改革的先声》《菏泽农村改革回顾与展望》等经验文章和论文上百篇。这些研究成果，为加强地方党的执政能力建设，深化改革，加快经济和社会发展，提供宝贵经验。

省委、省政府“突破菏泽”战略决策实施后，市委党史委组织精干力量到县、乡第一线进行调查研究，写出《从解放生产力发展生产力到促进人的全面发展》《山东省东西结合的初步实践与探索》《突破菏泽，优化环境是关键》《爬坡的启示》等系列文章，参与编写《突破菏泽》一书，从历史与现实、理论与实践的结合上，阐述东西结合的战略意义及其必然性、现实性、可行性等，进一步坚定菏泽干部群众和帮扶单位“突破菏泽”的决心和信心。

研究论文大部分在省级以上书刊上发表并获奖。其中《党的历史上的三面旗帜》获省委宣传部等七部委优秀论文二等奖，《新时期腐败的特点规律及对策》《“三个代表”与共产党执政规律》《论邓小平经济发展战略思想》等获华东七省市党史研究室、党史学会，山东省委党史研究室、党史学会优秀论文奖，《刘邓大军在鲁西南》《论鲁西南战役的战略地位》《鲁西南战役及其战略意义》《论邓小平的治军方法及指挥艺术》《邓小平与鄄南战役》等获冀鲁豫边区党史研讨会优秀论文奖，《论中国抗日战争在世界反法西斯战争中的重要地位和作用》等获全省纪念抗日战争胜利60周年理论研讨会优秀论文奖。

第三节 党史编纂

1986—2005年，全市党史部门组织编写和出版发行地方党史读物及影视作品200余部，其中市委党史委出版发行34部，共1324.5万字。重点编写出版的书籍主要有：《菏泽地区党史大事记》《菏泽地区组织史资料》《鲁西南地区革命史》《中共湖西党史文稿》《运西地区革命史》《鲁西南战役》《邓小平与冀鲁豫》《英雄红三村》《黄河归故风云录》《鲁西南自卫反击战》《鲁西南战役——揭开战略进攻序幕》《战火中的摇篮——冀鲁豫边区第三中学》《中共菏泽地方史》《曹州英烈》《曹州名人大典》《当代菏泽人》等。各县区党史委也先后编写出版一批较有影响的党史书籍。牡丹区的《花乡英魂》《青丘英杰》《菏泽市党史资料》；曹县的《曹县革命斗争史话》《丹心昭后人》；定陶县的《定陶党史资料》《定陶人物荟萃》《定陶村级组织史》；成武县的《战斗的历程》

《党史专题论文集》；单县的《湖西“肃托”始末》《回忆尚格东》《中共湖西人物》；巨野县的《烽火岁月》《刘邓大军在巨野》《蛟潜大野泽》《巨野战事》《塔城风雨》《巨野“文革”十年》；郓城县的《战斗岁月》《革命斗争故事》《郓州魂》《党旗下的郓城人》；鄄城县的《鄄城烽火》《鄄城文史资料》；东明县的《大河烟云——革命斗争故事集》《东明英烈》《锁黄龙》《东明村级组织史》《东明民营经济风采录》等。菏泽市党史委编写出版的党史书籍有1部获得山东省“五个一”工程奖，5部获得山东省党史优秀成果特别贡献奖，10部获得山东省党史优秀成果或菏泽市社会科学优秀成果一等奖，5部获得二等奖，1部获得三等奖。

第四节　党史宣教

1986—2005年，市委党史委向机关、企事业单位、农村、学校赠阅党史书刊1万余套（册）。先后组织和参与拍摄以党史、革命史为题材的电视剧《青丘英杰》、电视专题片《冀鲁豫边区寻源》，出版长篇小说《咆哮的黄河》、诗歌集《英雄的颂歌》、纪实文学《邓小平与冀鲁豫》《英雄红三村》等。这些影视和文学作品可读可视性强，收到良好的宣传效果。1990年，在城乡社会主义教育活动中，地、县党史委先后举办党史讲座140余次，通过讲“四史”（家史、村史、乡史、县史），使人民群众坚定走社会主义道路的信念。这一做法具有一定的首创性，《山东通讯》以《利用党史宣教活动配合社教效果好》为题作了报道，省委党史委在全国性会议上介绍菏泽的经验。1991—2001年，为纪念中国共产党成立70周年、80周年，纪念毛泽东100周年诞辰、110周年诞辰和邓小平100周年诞辰，抗日战争胜利50周年，先后主办党史报告会、学术理论研讨会、图片展览、党史知识竞赛和赠发党史书籍等活动，开展党史、革命史、建设史和改革开放史宣传，推动党的光荣传统和优良作风的再学习、再宣传、再教育。2005年，以纪念抗战胜利60周年为契机，在《菏泽日报》上开办《菏泽抗日英烈谱》专栏，先后刊登鲁西南军分区司令员朱程、鲁西南专署专员袁复荣等28位抗日英雄的事迹，发表《英雄的业绩，光辉的历程》《抗日名将赵登禹》等专题文章，选派资深党史专家到学校、工厂宣讲菏泽人民英勇不屈的抗战历史。

为加快冀鲁豫边区革命纪念馆这一宣教阵地的建设，党史委曾多次为中央和省曾在冀鲁豫战斗过的老领导提供大量的论证资料。1998年4月—2000年5月，党史委全力以赴开展冀鲁豫边区革命纪念馆的展品征集和布展陈列工作，先后编印、寄发《陈列工作简报》20期，寄收各种信函近万封，征集各种历史照片1600多幅，文物800余件和大批文献资料。该馆建成后，中共中央总书记、国家主席、中央军委主席江泽民亲笔题写馆名。2000年5月28日，举行隆重的开馆仪式，中共中央政治局委员、书记处书记，全国人大常务委员会副委员长田纪云等领导出席开馆仪式。中共中央总书记、国家主席、中央军委主席胡锦涛等党和国家领导人曾亲临参观，给予高度评价。2005年11月，中央宣传部将该馆命名为“全国爱国主义教育示范基地”。

为加强对革命遗址、党史纪念地的保护和开发利用，市委党史委协调、督促有关县区拨专款修建境内著名烈士纪念碑、定陶战役纪念碑、东明黄河抢险纪念碑、盐民暴动纪念亭、巨野丁官屯刘邓大军指挥部、曹县“红三村”纪念碑、牡丹区圈头和定陶县吕沟抗日模范村纪念碑等。2005年3月，市委党史委下发《关于做好我市红色旅游资源调查工作的通知》，组织全市党史部门开展党史教育资源调查工作，对57处重点革命遗址进行登记，对部分革命遗址和纪念地进行修缮和保护，为加强党史教育阵地建设和发展红色旅游做了大量工作。

第十三章　档　案

第一节　馆藏资料

旧政权档案资料　由于历史上战争原因，菏泽民国以前的旧政权档案基本毁于战火和民国政权撤离时的焚毁，只有极少部分作为敌伪档案保存于市公安局档案室。珍藏于市档案馆的主要有：《山东通志》（清乾隆元年影印本，36卷，36册）、《定例续编》（清乾隆十一年江西高安梁懋修编的较为系统的法规典章）、《曹州府志》（清乾隆二十一年本，22卷）、《成武县志》（清道光十年本，7册）、《巨野县志》（清道光二十年本，20卷）、《左传句解》（清光绪十年锦文堂藏版，6册）、《菏泽县志》（清光绪十一年本）、《宋本十三经注疏》（清光绪十三年本，31卷）、《史记》（清光绪十四年本，上海蜚英馆石印）、《濮州志》（清宣统元年本，8卷）、《定陶县志》《曹南文献录》〔民国6年（1917年）雕版印刷影印本，原本馆藏于曹县档案馆，82卷50册〕、《单县志》〔民国16年（1927年）本，12册〕、《东明县志》〔民国22年（1933年）本，8册〕、《曹县志》〔民国22年（1933年）本，8册22卷〕、《山东省各县概况一览》〔民国31年（1942年）本，2册〕。

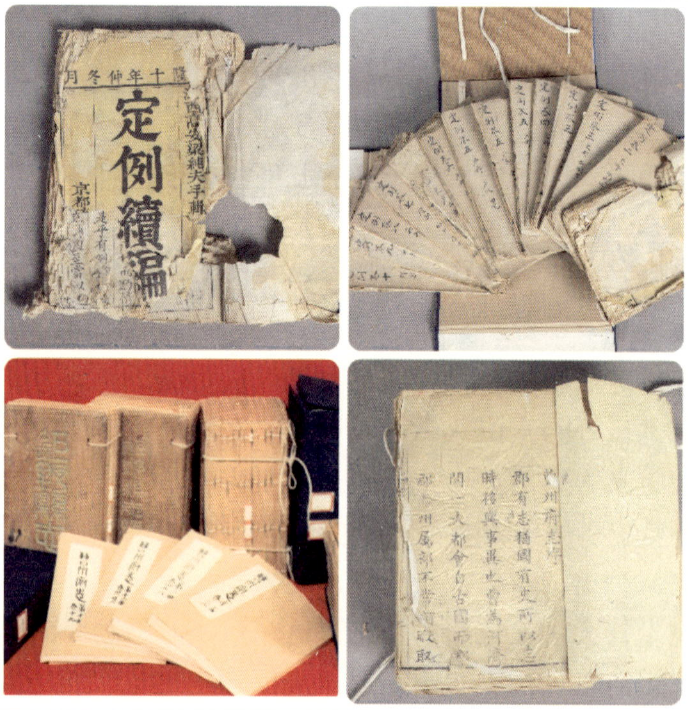

馆藏明清档案《定例续编》《曹州府志》

革命历史档案资料　菏泽市档案馆馆

藏革命历史档案4个全宗，计344卷5999件。主要有：冀鲁豫二地委、冀鲁豫二专署、冀鲁豫五地委和冀鲁豫五专署4个全宗。由于战争原因，馆藏革命历史档案仅存1941—1949年10月1日期间形成的档案。县区档案馆馆藏革命历史档案30个全宗474卷。主要内容有组织、宣传、政策法令、人民武装、锄奸反霸、支援前线、参军参战、减租减息、土地改革、整党整风、机构撤并建、生产救灾、财经、商务、公安、司法、邮政、行政区划等方面的决定、指示、训令、命令、报告、通报、会议记录及领导人来往书信、干部烈士登记表等。资料主要有：《参军通报》《运西通报》《新运西》《参军快报》《二分区挺进报》《郓城民报》《鄄城通报》《临泽通报》《新巨野报》《运河报》《冀鲁豫日报》等。

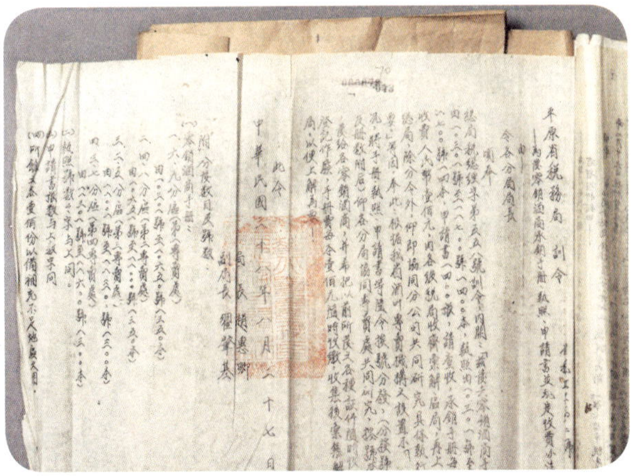

馆藏1949年革命历史档案

新中国成立后档案资料　市档案馆馆藏新中国成立后的档案156个全宗64112卷册，主要是市委（地委）、市政府（行署）及所属机关、各群众团体、企事业单位和撤销单位形成的，还有部分上级党政领导和专业主管部门下发的文件材料，以及中央和省的领导视察菏泽时的讲话录音、照片等。这部分档案有文书档案、科技档案、专业档案、声像档案、地方特色档案、实物档案等六大门类。主要有组织、纪检、人事、劳动、宣传、统战、文教、卫生、财贸、农林牧副渔、抗灾自救、工委、共青团、妇联等方面的内容，还有反映新中国成立后重大历史运动的档案，以及反映机关单位履行职能活动方面的档案。各县区档案馆馆藏新中国成立后档案共957个全宗238748卷，照片档案10036张，音像档案949盘。

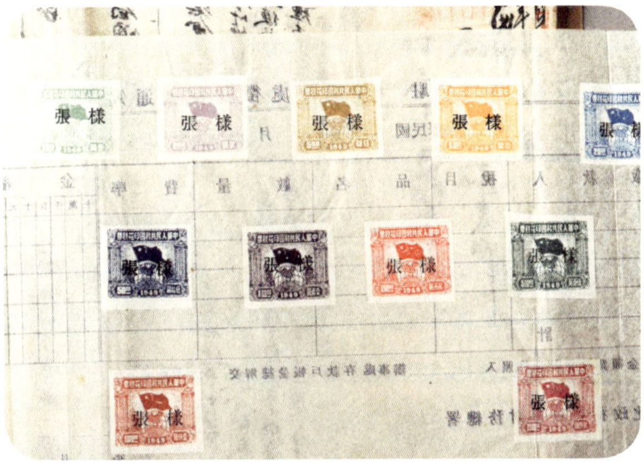

馆藏1949年12月中华人民共和国印制的第一套印花税税票样张

馆藏资料主要有新中国成立后公开出版或内部发行的与馆藏档案相关的资料，共分五个基本大类。一是文件汇编类，主要包括中共中央、国务院、华东局、平原省、山东省、菏泽地委、菏泽专署、湖西地委、湖西专署、菏泽市等党务文件汇编、政策法令汇编等；二是史志谱牒类，主要包括新旧地方史志和各种专业史志、家谱等；三是公共图书类，主要包括马克思、恩格斯、列宁、斯大林、毛泽东等老一辈无产阶级革命家及一些知名人士的著作、生平传记，有关哲学、政治、法律、军事、历史、地理、文学艺术、语言文字等图书以及各种丛书、词典、百科全书等参考工具书；四是报纸期刊类，主要包括全国性和地方性报纸杂志；五是声像实物类，主要包括市以上领导在重要会议上的录音、录像及获奖牌匾、书画等实物。至2005年，全市馆藏资料共81527册。

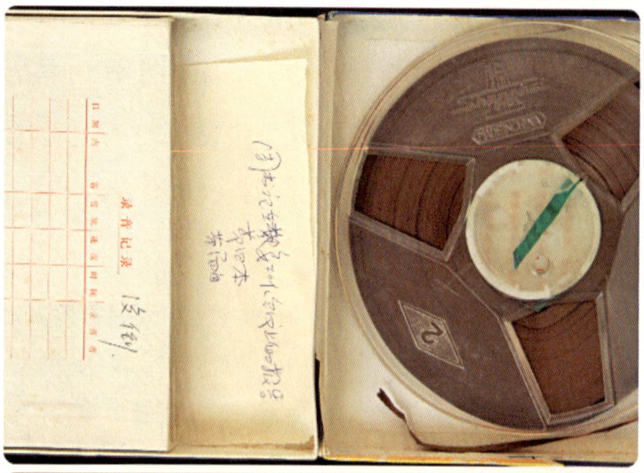

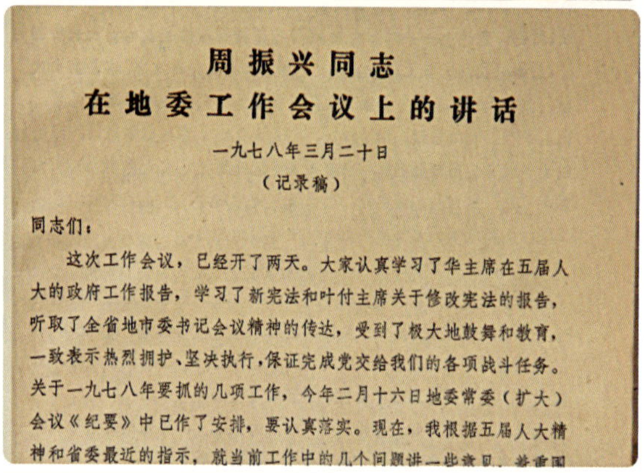

周振兴同志
在地委工作会议上的讲话
一九七八年三月二十日
（记录稿）

同志们：

这次工作会议，已经开了两天。大家认真学习了华主席在五届人大的政府工作报告，学习了新宪法和叶付主席关于修改宪法的报告，听取了全省地市委书记会议精神的传达，受到了极大地鼓舞和教育，一致表示热烈拥护、坚决执行，保证完成党交给我们的各项战斗任务。关于一九七八年要抓的几项工作，今年二月十六日地委常委（扩大）会议《纪要》中已作了安排，要认真落实。现在，我根据五届人大精神和省委最近的指示，就当前工作中的几个问题讲一些意见，

馆藏1978年3月中共菏泽地委书记周振兴在地委工作会议上的讲话及录音

第二节　馆室建设

档案馆　1986年，地区档案馆是正县级规格，各县档案馆是正科级规格，均为党委、政府直属事业单位。2001年1月，菏泽地区档案馆更名为菏泽市档案馆。至2005年，市、县区共有10个综合档案馆，3个专门档案馆（曹县城建档案馆、鄄城城建档案馆、牡丹区城建档案馆）。全市档案馆总面积8623平方米，馆库面积4310平方米。各类现代化设备较齐全，共计电子计算机站点10个、微机14台、复印机8台、空调27台、去湿机18台。全市共有专职档案工作者139人，馆藏档案1152个全宗303681卷册，案卷排列长度5138米，录音录像影片档案1126盘，照片档案12848张，磁盘50张，光盘6张，资料92033卷册。

1978年建设菏泽地区档案馆，建筑面积1100平方米，其中库房面积500平方米。1997年扩大库房容量，局馆整体占地面积6667平方米，同时增加密集架52列（78立方米）。2005年，馆库办公设备有空调20台、微机10台、复印机2台、去湿机6台、服务器1台。

1997年，改造后的档案库房楼

鄄城县档案馆建于1978年，库房面积438平方米；1986年10月，曹县档案馆建成使用，建筑面积670平方米，库房面积380平方米；1987年9月，定陶县档案馆楼建成使用，建筑面积1378平方米，库房面积741平方米；1988年5月，菏泽市档案馆（后更名为牡丹区档案馆）新楼竣工使用，建筑面积1085平方米，库房面积500平方米；1989年12月，郓城县档案馆新楼竣工使用，建筑面积1158平方米，库

房面积494平方米；1989年12月，东明县档案馆新楼建成使用，建筑面积1039平方米，库房面积495.5平方米；1991年10月，成武县档案馆新楼建成使用，建筑面积1082平方米，库房面积450平方米；巨野县档案馆库面积120平方米；单县档案馆面积185平方米，其中库房面积110平方米。

档案室　1986年，全区机关、企事业及社、队档案工作逐步恢复。至1987年，地直机关110个立档单位，县直750个一级立档单位和全区209个企事业单位建立档案室，编制必需的检索工具。1988年后，机关、企事业单位档案室从单一的文书或科技档案管理发展到文书、科技、财会、音像、机读等多种门类集中统一管理的综合档案室，从事档案的收集、整理、鉴定、保管、统计、检索、利用，同时定期向档案馆移交具有长期保存价值的档案。至2005年，全市共有综合档案室1648个，专兼职档案人员1751人，室保存档案584429卷（册、盘、张），档案室总面积38500平方米，案卷排列长度7470米。

1993年2月22日，地委有关领导察看档案

第三节　档案管理

法规宣传　1987年9月《中华人民共和国档案法》颁布实施，档案工作逐步走上依法治档的轨道。1988年，地委、行署两办转发地区档案局《关于贯彻执行〈档案法〉进一步加强档案工作的意见》，要求各级各部门依法管理档案工作。1989—1991年，成立“菏泽地区档案工作领导小组”，制发《全区档案系统“二五”法制宣传教育规划》。1996年8月，地区档案局成立了普法工作领导小组，落实普法人员，建立普法责任制。12月，地委、行署两办联合下发《关于加强档案管理的意见》，依据《中华人民共和国档案法》《山东省档案条例》，结合菏泽的实际制定《菏泽地区档案管理规定》，同时制发《菏泽地区档案系统“三五”法制宣传教育规划》。1998年5月，与监察局联合下发《关于违反档案法律法规问题的处理意见》，提出在组织、制度逐渐健全的基础上，完善菏泽地区的档案法规体系。1999—2002年，为加强全社会对档案工作的监督，设立档案违法举报电话，成立档案行政复议和听证委员会，制发《档案系统“四五”法制宣传教育规划》，举办“档案工作及珍贵档案展”。2004—2005年，为庆祝新中国成立55周年和抗日战争胜利60周年，与市委宣传部联合举办新老照片展和抗战图片展。1987—2005年，每年与人大、法制局组成档案联合执法检查组，对全市各级档案工作进行全面检查，针对存在的问题和不足，向有关单位发出《责令改正通知书》《执法监督检查通知书》。档案局先

后选派60余人参加公共法律知识和专业法律知识培训，接受群众举报电话121起、举报信35封，对档案违法行为及时依法进行处理。全市举办16期《档案法》知识竞赛，召开学习、宣传《档案法》动员大会26次，印发《档案法》《山东省档案条例》图板、合订本及宣传挂图3.5万余份，发表宣传文章48篇，在《菏泽日报》《曹州晚报》连载公布档案史料8.7万余字，利用馆藏档案资料举办各类展览19次。2005年12月，市档案馆被市委宣传部命名为“市级爱国主义教育基地”。

档案检查

业务指导 1986年，在地区档案局指导下，各级档案室完成会计档案清理积存工作。同时，公证、审计、科研成果等专业档案取得较好成绩，其中公证档案走在全国前列，审计档案为全省先进。1987年，档案室室藏开始由单一的纸张档案向多种载体、多种形式发展；专业档案重点指导地名档案、教学档案、艺术档案、工商档案、诉讼档案、农业区划等档案，科技档案工作成为该年度的亮点。全区开始以“在企业升级中加强档案工作”为主的科技档案工作，同时建立起农业科技档案。1988年，企业档案工作完成升级试点，专业档案增加城建档案和印模档案。档案业务培训工作开始步入正轨，全年以《档案法》《机关档案工作条例》、“五门专业课”和《企业档案升级办法》为主要内容开办一系列培训班。1989年，机关档案工作以贯彻落实《机关档案工作业务建设规范》为主，促进综合档案室建设。同时，专业档案建设增加照片档案、新闻档案、土地管理档案。1990年，落实《山东省先进档案馆等级标准》《山东省机关档案工作定级、升级试行办法》，完成档案馆和机关档案室试点单位升级任务。全区有131家企业档案管理升级，档案升级活动从工业系统发展到粮食、供销、医药、乡镇企业等系统。地区档案局采用统一内容、统一试题、统一阅卷、统一发证的形式，在全区组织一次大型档案业务培训班，共培训档案人员450余人。

1991年，开展科技事业单位档案管理达标升级试点工作。同时，开展对城建、重点工程和“三资企业”档案管理的调查研究。1992年，企业档案工作重点转向“规范化管理”，全区村级建档开始试点工作，并逐步建立健全计划生育档案、律师档案和校舍档案。1993年，地委、行署两办《关于在改革开放中进一步加强档案工作的意见》《关于做好撤并转机关档案管理工作的通知》文件下发后，全区开展争创“档案工作最佳系统活动”。此项活动为全省首创，促进了机关档案室升级和企业档案规范化管理工作。1996—1997年，重点是指导科技事业单位档案目标管理认证及新菏兖铁路工作档案、菏东一级公路档案、菏泽发电厂“二期”工程档案的整理工作，全区有21个系统争创为全省档案工作先进系统，跻身全省先进行列，企业档案和科技事业单位档案目标管理认证工作实现“国家一级”零的突破。1998年，地区档案局同地直126个单位和县市档案局签订《年度目标责任书》，制发《责任考评细则》，分别对地直单位前20名和后10名、县市前3名和后2名的给予表彰和批评，形成较完备的档案工作评估体系，第一次使档案业务指导工作实现系统化和科学化。全年共有134个机关、106个企业、79个科技事业单位达到目标管理标准要求，27个系统成为档案工作先进系统，达标单位468个。1999年，地区档案局、地区教委联合下发《关于进一步加强全区教育系统档案工作的意见》，全区各乡镇部门、乡镇中学及驻城学校的建档率达到90%，规范化目标管理达标率为40%。2000年，针对农村档案工作基础差、起步晚的状况，地区档案局制发《菏泽地区农村档案规范》，提出“村级档案乡镇管理”的模式，并在县市档案工作《年度目标责任书》中对这一工作进行量化规定。农村建档中，根据农业发展需要建立了蔬菜档案、果园档案、养殖档案、地籍档案、土壤档案、科技档案、政绩档案、扶贫档案、能人档案等一系列特色档案，全区农村建档率达到95%以上。2002—2003年，按照国家新的《归档文件整理规则》推进档案年度立卷的改革，共举办9期培训班，培训档案员682人。至2005年，全市共有304个单位档案室达到省二级以上标准，其中省特级9个，省一级174个，省二级121个。

档案编研　1986—2005年，市档案馆围绕菏泽的经济建设，全面开展档案编研工作。先后编写出版《菏泽名揽》《花乡京九歌》《菏泽灾情史》《菏泽自然灾害大事记》《菏泽文化大览》等；参与地方史志编修，先后编写《菏泽历届党代会简介》《菏泽历届人代会简介》《菏泽地区新民主主义时期大事记》《中共菏泽组织史资料》《中共菏泽地区党史大事记》等；在《曹州晚报》《菏泽日报》上开辟《回眸五十年——菏泽地区新中国成立后大事记》《菏泽历史上的今天》等专栏；共编研各类资料22种，约220余万字，获省档案学优秀成果奖、党史研究优秀成果奖等省以上奖励11个，其中一等奖5个，二等奖3个，三等奖3个。

档案保管　1987—1988年，地区档案馆先后制发《档案接收进馆标准》《收集档案范围实施细则》，广泛接收菏泽地区党政机关、社会团体、企事业单位档案资料。1986—2005年，共接收机关单位档案资料48526卷册，征集反映菏泽历史、文化、经济建设等方面的县志、史料等10761册，收集具有地方特色的牡丹档案、名人档案2000多件。市档案馆对全部馆藏档案编制案卷目录、全引目录、专题目录等1194册，制作文件卡片、人名卡片25.4万张。

专业教育　*学历教育*　1985年9月，地区档案局和鄄城县档案局开办学制三年的山东广播电视大学档案专业班，地、县直机关和企事业单位的92名文秘档案人员接受系统地档案专业学习，至1988年7月，有76名学员获得山东广播电视大学高等学校专科毕业证书。1988年9月，地区档案局、地区教育局联合开办文书档案职工中专班，学制3年，招收的60名学员于1991年6月全部按期毕业。1993年9月，由省委党校、省档案局联合开办的省委党校档案文秘专业九三级菏泽地区本、专科班共招收本科学员58人、专科学员211人。本科班设在地区档案局，专科班分设在地直、成武县、定陶县、鄄城县四处，学员学完必修课程，经考试合格颁发山东省委党校本、专科毕业证书。1997年10月，与菏泽师专、菏泽经贸职业中专联合开办档案文秘大专班、中专班，共招收学员147人，其中大专班61人、中专班86人，1999年6月，学员全部按期毕业。这次联合办学为全区乡镇档案管理工作培养专业人才。至2005年年底，全市共毕业本科学员9届279人，专科学员360人。市档案局多次被省档案局评为学历教育工作先进单位。

继续教育　1988年，按照国家档案局、省档案局的要求，地区档案局组织举办两期档案干部培训班，对全区800多名档案干部进行培训，系统地学习《档案管理学》《文书学》等5门专业课，提高档案管理干部的业务素质。1992年9月，组织全区档案专业干部继续教育电视讲座，共有601名档案人员参加培训学习，由省档案局颁发结业证书。

短期培训　1986—2005年，全市共举办各级各类档案专业培训班108期，培训档案干部31000人次，提高全市档案干部队伍的业务素质。

档案利用　根据《中华人民共和国档案法》的要求，馆藏档案除向党政机关提供利用服务外，并向社会开放档案。1987年10月，首次向社会开放档案，先后分五批开放案卷级档案2700卷、文件级档案40900条。为规范档案的开放和利用，地区档案馆制定《关于开放档案暂行办法》，开展查阅、电话咨询、邮寄复制、举办展览等多种形式的服务利用工作。1986—2005年，共接待工作查考、经济建设、编史修志、解决个人问题的利用者23205人次，提供档案资料11.39万卷册，摘抄复制档案67115页。其中菏泽在全国率先实行联产承包责任制的档案资料在纪念改革开放二十周年之际被中央电视台、大众日报社等多家新闻媒体采用，制成专题片、新闻报道等，引起较大反响。此项档案信息资源的开发利用获省档案局开发利用信息资源优秀成果四等奖。

2003年，市档案局（馆）向市直100多个单位征集现行文件，包括可以向社会公开的、正在生效的、与老百姓生活息息相关的劳动保障、优抚安置、经济文化建设等方面的政策、法规等，共收集4717份，并进行数字化处理。2004年6月，在市行政审批服务中心建立“政策超市”，由市档案局向社会提供现行文件的免费查阅利用服务。至2005年，接待利用者276人次，提供现行文件425件次。

档案科研　1995年6月20日，由地区档案局、济南市城建档案馆联合研制的JH-IA型档案库房管理自动控制（网络）系统，通过菏泽地区科委组织的专家鉴定。该系统具有防盗、防火、温湿度控制、有毒气体烟雾报警等功能，其综合功能、三维防盗及模糊控制等方面达到国内领先水平。至2005年，全市档案管理员共荣获山东省档案学优秀成果奖258项，其中一等奖9项，二等奖48项，三等奖199项，四等奖2项。

第二十编　地方人民代表大会

深入开展
争优活动 全面提升
工作水平
常务委员会

1984年前，菏泽地区未设人大工作专门机构，具体工作由行署办公室安排一位秘书负责。主要任务：组织在区内的全国、省人大代表参加人代会，做好服务工作；为驻菏泽省人大常委出席省人大常委会服务，征求、汇集宪法法律草案的讨论修改意见。

1984年10月，成立山东省人民代表大会常务委员会菏泽地区联络处，至2001年撤区设市，历经山东省人民代表大会常务委员会菏泽地区联络组，菏泽地区工作委员会的变迁，级别也由副县级到厅级，主要工作是：了解县（市）人大常委会的工作情况，为地委加强县（市）人大工作的领导当好参谋；总结交流全区各县（市）的人大工作经验，研究解决某些重大问题；联系区内的全国、省人大代表，反映他们的意见和要求，并为他们执行职务提供方便。

2001年撤地设市，成立菏泽市人民代表大会及其常务委员会，顺延原县级菏泽市人民代表大会的届数，至2005年共召开十五、十六届人民代表大会，37次常委会议，作出61项决议、决定，依法任免“一府两院”工作人员780人次，办理代表建议412件，组织视察、执法检查活动31人次，开展3次代表评议和述职评议工作，切实履行宪法和法律赋予的决定权、监督权、人事任免权，增强与人大代表和人民群众的联系，充分发挥地方国家权力机关的重要作用。

第一章　人大代表选举

第一节　全国、省人大代表选举

全国、省人大代表的产生，依照《中华人民共和国全国人民代表大会和地方各级人民代表大会选举法》《中华人民共和国全国人民代表大会和地方各级人民代表大会代表法》和有关文件规定选举产生。其中全国人大代表由省人大常委会分配菏泽市提名推荐候选人，经各党派和人民团体反复酝酿、协商确定初步人选，初步人选确定后，上报省人大常委会，由省人民代表大会选举产生；省人大代表名额由省人大常委会分配，经各党派和人民团体反复酝酿、协商，提名代表候选人预备人选，经市人民代表大会选举产生。

1988年4月，菏泽地区出席第七届全国人民代表大会第一次会议的代表有：刘洪仁、李明先、张留林、马善伦、韩棣（女）、黄佩伟（女）、江时（女，高山族）。

1988年2月，菏泽地区出席山东省第七届人民代表大会第一次会议的代表有：李宝珊、李振德（回族）、孙洪成、桑义伦、陈鑫元、于波海、刘志业、马敬义（回族）、陈东州、何玉玲（女）、路绍昌、王超美、刁建民、叶贵清（女）、关爱芝（女）、万伟之、王盛林、马同恩、曹莲舫、张朝玉、李胜合、沙德元（回族）、周合元、周振兴、苑宪章、李胜华、杨绪更、王忠举、曹瑞祯、林毓琴（女）、王冠举、任忠宽、吕忠荣、马秀春（女）、苏光亮、杨兴富、毕可文、田德全、穆衍峰、王春玲（女）、孙庆党、于汉铎、吴倩之、霍正气、史素梅（女）、马心备、王传琦、樊思宝、于法杰、张守福、吴方才、张宗彦、何立海、郑爱花（女）、唐有虞、徐雷健、胡公厘、黄利群（女）、卢效玉、吴凤香（女）、连明扬、汪孚臣、朱桂芹（女）、孔令昌、董素英（女）、吴二刚、金焕民、李富章、钱本忠、刘云兰（女）。

1993年3月，菏泽地区出席第八届全国人民代表大会第一次会议的代表有：李明先、卢新文、张留林、苑宪章、李格森、孟红霞（女）。

1993年3月，菏泽地区出席山东省第八届人民代表大会第一次会议的代表有：林廷生、王春涛、贾学英、李永亮、杨大显、李振德（回族）、孙洪成、李锡林、杨秋云（女）、孟云、李进民、马存生（回族）、王超美、关爱芝（女）、马玲（女，回族）、万伟之、祝桂庭、阎世海、李松亭、曹绪胜、郭绪福（回族）、周合元、丁继民、楚德留、刘昌富、李成祥、刘兰钦（女）、陈东洲、毕可文、孙宝珠、龚彦海、韦昌勤、任忠宽、马秀春（女）、苏光亮、宋希焕、王效春、史崇亮、姚树涛、申兆庆、王春玲（女）、晁中胜、徐雷健、董茂伦、朱琳（女）、吴绪祥、张宗彦、田德全、朱振华、唐有虞、常贵民、王培思、侯翠贞（女）、朱桂芹（女）、汪孚臣、李兆新、于法杰、李振堂、杨永昌、赵凤梅。

1998年3月，菏泽地区出席第九届全国人民代表大会第一次会议的代表有：陈光、田德全、晁中胜、汤建梅（女，回族）、孟红霞（女）、马思爱（回族）。

1998年4月，菏泽地区出席山东省第九届人民代表大会第一次会议的代表有：王久祜、李明先、郭仲生、尹正仁、李胜、宋焕云（女）、李林海、郑子昌、孙洪成、薄振明、陈光、李荣海、朱效明、王银香（女）、王光（回族）、袁公引、万伟之、祝桂庭、徐学孟、毕可文、段伯汉、王凤娟（女）、张九勋、华保章、易炳炎、朱桂芹（女）、庞如圣、谷启贤、楚德留、李成祥、朱广新、崔庆长、张建华、宋绍先、张存启、庞全岭、何茂远、黄秀玲（女）、檀兴民、曹允江、史崇亮、常贵民、陈为民、申兆庆、王春玲（女）、宋存胜、路绍昌、杜荷法、张留林、张宗彦、孙桂芬（女）、吴绪祥、范玉芝（女）、朱观兴、徐光璞（女）、张本进、周俊玉（女）、刘利钦、张忠卿、段璋银、胡月臣、崔玉金、马利亭、赵凤梅（女）、董素英（女）。

2003年3月，菏泽市出席第十届全国人民代表大会第一次会议的代表有：杜昌文、楚德留、张九勋、尚瑞芬（女）、汤建梅（女，回族）、张凤仙（女）、李建军。

2003年3月，菏泽市出席山东省第十届人民代表大会第一次会议的代表有：谢玉堂、王久祜、李明先、李书绅、亓凤海、段璋银、易炳炎、邢来田、赵瑞林、臧天翔、张岫美、陈光、杜昌文、王祖和、阎世海、徐光璞（女）、张秀长、史崇亮、朱斌、刘从连、王德业、杨传欣、李浩、谭振彬、尹玉明、王乾、李贵章、李林海、丁传英、侯良义、马喜荣（女）、李安现、阎凌、沙翠玲（女，回族）、王银香（女）、袁公引、孙德林、韦斌、王彤宇、魏庆禄、石军（回族）、曹宇翔、庞宗合、李成祥、马兰欣（女）、赵传山、李新民、庞全岭、陈凤荣（女）、王培印、王可正、朱保华、刘法来、杨克超、王任、陈为民、刘国生、刘国庆、张宗彦、乔效振、孙桂芬（女）、任仲义、张忠卿、张卫华、刘鲁、李湘平、宋东鹏、郑文革（女）。

第二节　市人大代表选举

第十五届市人大代表选举　山东省第九届人大常委会第十七次会议决定，设区的菏泽市人民代表大会代表名额为576名。代表名额的分配，按照选举法的规定分配到9个县区，并通过县区人民代表大会选举产生。中国人民解放军和武警驻菏泽市的代表按部队选举办法产生。

2000年12月5日，菏泽地区召开人大代表选举工作会议。各县市于2000年12月25日前分别召开人民代表大会，进行差额选举，采用无记名投票方式依法选出出席地级菏泽市第十五届人民代表大会代表。市第十五届人民代表大会代表资格审查委员会依法对这些代表的资格进行审查。在选举中，按照法律规定，注重代表的构成。在当选的562名代表中，工人120名，占21.4%；农民118名，占21%；干部170名，占30.2%；知识分子122名，占21.7%；民主党派、无党派人士26名，占4.6%；侨眷3名，占0.5%；军人3名，占0.5%。代表中有少数民族17名，占3%；妇女135名，占24%；非中共党员151名，占26.9%。

第十六届市人大代表选举　菏泽市第十五届市人大代表到2003年1月任期届满，按照宪法和省人大常委会决定，自2002年10月—2003年2月进行换届选举。省人大常委会确定菏泽市第十六届人大代表名额576名。根据市选举工作委会研究的意见和《关于菏泽市第十六届人民代表大会选举问题》的通知，分配给驻菏泽部队3名，留下8名机动名额，其余按省人大常委会确定的“农村每一代表所代表的人口数四倍于城市每一代表所代表的人口数”的原则分配给各县区，由各县区人民代表大会按照《中华人民共和国全国人民代表大会和地方各级人民代表大会选举法》选举产生。

各选举单位根据市选举工作委员会的部署，均于2003年1月25日前依法选举产生菏泽市第十六届人民代表大会的代表。全市9个选举单位共选出菏泽市第十六届人大代表568名。其中工农和其他劳动者242名，占42.6%；干部181名，占31.9%；知识分子112名，占19.7%；民主党派和无党派人士28名，占4.9%；侨眷2名，占0.4%；解放军3名，占0.5%。代表中有中共党员435名，占76.5%；大专以上文化程度的200名，占35.2%。代表的平均年龄为44岁，其中35岁以下的80名，占14.1%；36～55岁的437名，占76.9%；56岁以上的51名，占9%。这次换届，特别重视提高代表的政治素质和议政能力，优化代表结构，注重人大代表的代表性和广泛性，体现了工人阶级领导的以工农联盟为基础的民主专政的社会主义国家性质；有适当数量的基层一线代表，保证了工人、农民、知识分子、党外人士在代表中的适当比例，妇女代表所占比例有所提高；进一步改善代表的知识结构和年龄结构，新一届代表中有一定数量的符合条件的连任代表，保持工作的连续性。

第二章　人民代表大会

第一节　第十五届人民代表大会会议

2000年6月23日，经国务院批准撤销菏泽地区，设立地级菏泽市（2001年1月10日正式挂牌）。根据《中华人民共和国宪法》（下简称“宪法”）、《中华人民共和国地方各级人民代表大会和地方各级人民政府组织法》（简称“地方组织法”）的规定，借鉴全省其他市地关于地改市的做法，菏泽市人民代表大会的届数，顺延原县级菏泽市人民代表大会的届数。

第一次会议　市第十五届人民代表大会第一次会议于2001年1月4—10日在菏泽召开，共有代表562名。会议主要议程：选举市十五届人大常委会主任、副主任、秘书长、委员，选举市长、副市长，选举市中级人民法院院长、市人民检察院检察长；听取和审议《市政府工作报告》；审议《菏泽市2001年国民经济和社会发展计划草案的报告》，审查、批准《菏泽市2001年国民经济和发展计划》《菏泽市国民经济和社会发展第十一个五年计划纲要》；听取和审议《菏泽市2001年财政预算草案的报告》，审查、批准《菏泽市2001年财政预算》；审议《市中级人民法院工作报告》《市人民检察院工作报告》；其他事项。

选举大会主席团主持会议。主席团由52人组成（按姓名笔画排序）：于法杰、马平昌、王浩、王祖和、王银香（女）、牛喜凡、文廷良、孔令昌、尹正仁、史崇亮、包谊春、毕可文、朱效明、刘勇、刘殿毅、汤建梅（女，回族）、许光、孙建民、杨永昌、杨成训、杨志森、杨炳河、李延良、李明先、李顺广、李胜华、何茂远、宋绍先、张广营（回族）、张玉昌、陈孝金、邵好学、邵清成、范天柱、范福临、周书运、庞如圣、孟祥伦、侯成君、段伯汉、贾学英、晁中胜、徐光璞（女）、郭仲生、常贵民、常洪珍、崔建平、阎世海、韩广洁、董玉忠、樊思宝、潘兴玺。

大会秘书长由李胜华兼任。

第一次主席团会议推选李明先、孔令昌、李延良、阎世海、潘兴玺、李胜华、范福临、周书运、文廷良、郭仲生为主席团常务主席。

大会通过《关于政府工作报告的决议》《菏泽市2001年国民经济和社会发展计划的决议》，批准《菏泽市2001年国民经济和发展计划》《菏泽市国民经济和社会发展第十一个五年计划纲要》，通过《菏泽市2001年财政预算的决议》，批准《菏泽市2001年财政预算》，通过《关于市中级人民法院工作报告的决议》和《关于市人民检察院工作报告的决议》。

大会选举李明先为菏泽市第十五届人民代表大会常务委员会主任，阎世海、潘兴玺、李胜华、范福临、周书运、郭仲生、常洪珍、汤建梅（女，回族）为副主任，李顺广为秘书长。选举（按姓名笔画排序）丁继民、王永成、王银香（女）、孔凡芝、史崇亮、吕恒芝（女）、刘金俊、刘保祥、刘莲秋（女）、杨柄河、何常丽（女）、宋波、张玉昌、张圣朝、张存金、张伯元、张忠卿、张建瑛、张振和、陈晓君（女）、赵思常、晁中胜、晁岳坤、徐光璞（女）、崔冠民、董茂伦、董桂玲（女）27人为常务委员会委员。

大会选举陈光为菏泽市人民政府市长，杜昌文、贾凤英（女）、李德章、孙义福、朱效明、侯成君、孙述涛、何茂远为副市长；选举张玉佩为市中级人民法院院长选举朱献瑞为市人民检察院检察长。

第二次会议　市第十五届人民代表大会第二次会议于2002年2月22—25日在菏泽召开，会期4天。会议主要议程：听取和审议《市政府工作报告》、市政府《关于菏泽市2001年国民经济和社会发展计划执行情况与2002年国民经济和社会发展计划草案的报告》，审查、批准《菏泽市2001年国民经济和社会发展计划执行情况的报告与2002年国民经济和社会发展计划》；听取和审议市政府《关于菏泽市2001年预算执行情况和2002年预算草案的报告》，审查《菏泽市2001年预算执行情况的报告和2002年预算草案》，批准《菏泽市2001年市级预算执行情况的报告和2002年市级预算》；听取和审议《市人大常委会工作报告》《市中级人民法院工作报告》《市人民检察院工作报告》；选举及其他事项。

选举大会主席团主持会议。主席团由下列人员组成（按姓名笔画排序）：

于法杰、马平昌、王长松、王祖和、王浩、王银香（女）、文廷良、孔令昌、史崇亮、包谊春、毕可文、朱效明、刘庆忍、刘勇、刘殿毅、汤建梅（女，回族）、李胜华、李贵章、宋绍先、张广营（回族）、张玉昌、张宪会、何常丽（女）、陈孝金、邵好学、范福临、周书运、孟祥伦、段伯汉、高木斗、晁中胜、徐光璞（女）、郭仲生、常洪珍、崔建平、阎世海、黄秀玲（女）、韩广洁、董玉忠、樊思宝、潘兴玺、魏庆禄。

大会秘书长由阎世海兼任。

第一次主席团会议推选李明先、孔令昌、李延良、王祖和、阎世海、潘兴玺、李胜华、范福临、周书运、文廷良、郭仲生、常洪珍、汤建梅（女，回族）为主席团常务主席。

大会通过《关于政府工作报告的决议》《关于菏泽市2001年国民经济和社会发展计划执行情况与2002年国民经济和社会发展计划的决议》，批准《菏泽市2001年国民经济和社会发展计划执行情况的报告与2002年国民经济和社会发展计划》，通过《关于菏泽市2001年预算执行情况和2002年预算的决议》，批准《菏泽市2001年市级预算执行情况的报告和2002年市级预算》；通过《关于市人大常委会工作报告的决议》《关于市中级人民法院工作报告的决议》《关于市人民检察院工作报告的决议》；补选马欲圣为菏泽市第十五届人民代表大会常务委员会委员。

第二节　第十六届人民代表大会会议

第一次会议　市第十六届人民代表大会第一次会议于 2003 年 2 月 18—22 日在菏泽举行，会期 5 天。会议主要议程：听取和审议《市政府工作报告》、市政府《关于菏泽市 2002 年国民经济和社会展计划执行情况与 2003 年计划草案的报告》，审查、批准《菏泽市 2002 年国民经济和社会发展计划执行情况的报告与 2003 年计划》，听取和审议市政府《关于菏泽市 2002 年预算执行情况和 2003 年预算草案的报告》，审查《菏泽市 2002 年预算执行情况的报告和 2003 年预算草案》，批准《菏泽市 2002 年市级预算执行情况的报告和 2003 年市级预算》；听取和审议《市人大常委会工作报告》《市中级人民法院工作报告》《市人民检察院工作报告》；选举及其他事项。

会议选举主席团主持会议，主席团由 50 人组成（按姓名笔画排序）：

于法杰、马平昌、王浩、王长松、王祖和、王振钦、王银香（女）、文廷良、孔令昌、史崇亮、付守明、包谊春、毕可文、朱献瑞、刘勇、刘春华（女）、刘殿毅、汤建梅（女，回族），许光、孙建民、杨成训、杨炳河、李明先、李贵章、李顺广、李胜华、何常丽（女）、宋绍先、张玉昌、张玉佩、陈光、陈孝金、邵信斋、范福临、尚瑞芬（女）、岳滨、周书运、孟祥伦、赵润田、段伯汉、徐光璞（女）、郭仲生、高木斗、常洪珍、崔建平、阎世海、韩广洁、樊思宝、潘兴玺、潘建荣。

大会秘书长由潘兴玺兼任。

第一次主席团会议推选陈光、王祖和、潘兴玺、范福临、朱献瑞、文廷良、郭仲生、常洪珍、汤建梅（女，回族），潘建荣、李顺广为主席团常务主席。

大会通过《关于政府工作报告的决议》《关于菏泽市 2002 年国民经济和社会发展计划执行情况与 2003 年国民经济和社会发展计划的决议》，批准《关于菏泽市 2002 年国民经济和社会发展计划执行情况的报告与 2003 年国民经济和社会发展计划》；通过《关于菏泽市 2002 年预算执行情况和 2003 年预算的决议》，批准《菏泽市 2002 年市级预算执行情况的报告和 2003 年市级预算》；通过《关于市人大常委会工作报告的决议》《关于市中级人民法院工作报告的决议》《关于市人民检察院工作报告的决议》。

大会选举陈光为菏泽市人大常委会主任，王祖和为第一副主任（正厅级），潘兴玺、范福临、朱献瑞、文廷良、郭仲生、常洪珍、汤建梅（女，回族）、潘建荣为副主任，李顺广为秘书长。选举（按姓名笔画排序）于海寅、马欲圣、王永成、王银香（女）、孔凡芝、史崇亮、吕恒芝（女）、朱玉烨、刘金俊、刘春华（女）、刘保祥、刘莲秋（女）、杨炳河、李民、李振堂、何常丽（女）、宋波、张玉昌、陈好孔、陈晓君（女）、尚瑞芬（女）、周连瑞、晁岳坤、徐光璞（女）、唐留书、陶冶生、曹修寅、崔冠民、董桂玲（女）、程民光30人为菏泽市第十六届人民代表大会常务委员会委员。

选举杜昌文为菏泽市人民政府市长，赵润田、何茂远、夏鲁青、王文升、杨永昌、张存金、邵好学、童彩云为副市长；选举孙寿海为市中级人民法院院长；选举丁伟民为市人民检察院检察长。

第二次会议 市第十六届人民代表大会第二次会议于2004年2月18—22日在菏泽举行，会期5天。会议主要议程：听取和审议《市政府工作报告》、市政府《关于菏泽市2003年国民经济和社会发展计划执行情况与2004年计划草案的报告》，审查、批准《菏泽市2003年国民经济和社会发展计划执行情况的报告与2004年计划》，听取和审议市政府《关于菏泽市2003年预算执行情况和2004年预算草案的报告》，审查《菏泽市2003年预算执行情况的报告和2004年预算草案》，批准《菏泽市2003年市级预算执行情况的报告和2004年市级预算》；听取和审议《市人大常委会工作报告》《市中级人民法院工作报告》《市人民检察院工作报告》及其他事项。

会议选举主席团主持会议，主席团由50人组成（按姓名笔画排序）：

于法杰、马平昌、王浩、王长松、王祖和、王振钦、王银香（女）、文廷良、孔令昌、史崇亮、付守明、付章丽、毕可文、朱献瑞、刘勇、刘春华（女）、刘殿毅、汤建梅（女，回族）、许光、杨成训、杨炳河、李贵章、李顺广、李胜华、何常丽（女）、张玉昌、张玉佩、陈光、陈孝金、邵信斋、范福临、尚瑞芬（女）、岳滨、周书运、孟祥伦、赵传山、段伯汉、徐光璞（女）、贾凤英（女）、郭仲生、高木斗、常洪珍、曹修寅、崔建平、阎世海、韩广洁、樊思宝、潘兴玺、潘建荣、霍保银。

大会秘书长由王祖和兼任。

第一次主席团会议推选陈光、王祖和、潘兴玺、范福临、朱献瑞、文廷良、郭仲生、常洪珍、汤建梅（女，回族）、潘建荣、李顺广为主席团常务主席。

大会通过《关于市政府工作报告的决议》《关于菏泽市2003年国民经济和社会发展计划执行情况与2004年国民经济和社会发展计划的决议》，批准《菏泽市2003年国民经济和社会发展计划执行情况的报告与2004年国民经济和社会发展计划》，通过《关于菏泽市2003年预算执行情况和2004年预算的决议》，批准《菏泽市2003年市级预算执行情况的报告和2004年市级预算》；通过《关于市人大常委会工作报告的决议》《关于市中级人民法院工作报告的决议》《关于市人民检察院工作的报告的决议》。

第三次会议 市第十六届人民代表大会第三次会议于2005年1月27—30日在菏泽举行，会期4天。会议主要议程：听取和审议《市政府工作报告》、市政府《关于菏泽市2004年国民经济和社会发展计划执行情况与2005年计划草案的报告》，审查、批准《菏泽市2004年国民经济和社会发展执行情况的报告与2005年计划》，听取和审议市政府《关于菏泽市2004年预算执行情况和2005年预算草案的报告》，审查《菏泽市2004年预算执行情况的报告和2005年预算草案》，批准《菏泽市2004年市级预算执行情况的报告和2005年市级预算》；听取和审议《市人大常委会工作报告》《市中级人民法院工作报告》《市人民检察院工作报告》及选举事项等。

会议选举主席团主持会议。主席团由下列52人组成（按姓名笔画排序）：

于法杰、马平昌、王浩、王长松、王文升、王祖和、王振钦、王银香（女）、支建立、文廷良、尹玉明、孔令昌、史崇亮、付守明、付章丽、毕可文、朱培吉、朱献瑞、刘勇、刘春华（女）、汤建梅（女，回族）、许光、杨成训、杨炳河、李贵章、李顺广、李胜华、何常丽（女）、宋新立、张玉昌、张玉佩、陈光、陈孝金、邵信斋、范福临、尚瑞芬(女)、岳滨、周书运、孟祥伦、段伯汉、徐光璞(女)、贾凤英（女）、郭仲生、高木斗、常洪珍、曹修寅、崔建平、阎世海、韩广洁、樊思宝、潘兴玺、潘建荣。

大会秘书长由王祖和兼任。

第一次主席团会议推选陈光、王祖和、潘兴玺、范福临、朱献瑞、文廷良、郭仲生、常洪珍、汤建梅（女，回族）、潘建荣、李顺广为主席团常务主席。

大会通过《关于市政府工作报告的决议》《关于菏泽市2004年国民经济和社会发展计划执行情况与2005年国民经济和社会发展计划的决议》，批准《菏泽市2004年国民经济和社会发展计划执行情况的报告与2005年国民经济和社会发展计划》；通过《关于菏泽市2004预算执行情况和2005年预算的决议》，批准《菏泽市2004年市级预算执行情况的报告和2005年市级预算》；通过《关于市人大常委会工作报告的决议》《关于市中级人民法院工作报告的决议》《关于市人民检察院工报告的决议》。

大会决定批准郭仲生辞去市人民代表大会常务委员会副主任职务的请求，补选时启坤、张秋冬、张晓云为市第十六届人民代表大会常务委员会委员。

第三章　人大常委会

第一节　第十五届人大常委会会议

第一次会议　2001年1月16日在市人大常委会会议室召开。会议主要议程：审议通过《菏泽市人民代表大会常务委员会议事规则》《菏泽市人民代表大会常务委员会人事任免办法》《菏泽市人大常委会关于加强自身建设的决定》《菏泽市人大常委会2001年工作要点》《关于撤地设市后有关问题的决定》；审议通过市人大常委会各工作委员会组成人员名单；补选（按姓名笔画排序）牛喜凡、殷鲁谦、阎世海为省九届人民代表大会代表。

第二次会议　2001年3月13—15日在菏泽牡丹大酒店召开。会议的主要议程：

审议批准孙述涛辞去菏泽市人民政府副市长职务的报告；任命市人大常委会机关工作人员；任命市人民政府组成人员；审议批准任孔全为郓城县人民检察院检察长职务的报告。

第三次会议　2001 年 5 月 16—18 日在菏泽牡丹大酒店召开。会议的主要议程：听取审议《菏泽市 2000 年决算及 2001 年预算的报告》；审议通过《市人大常委会联系代表办法》《市人大代表建议办理办法》；决定任命许素洋为市人大常委会办公室副主任，陈化明为市人大常委会人事代表工作室副主任，田素兰为市人大常委会民族侨务外事工作委员会工作室副主任；决定免去李瑞海的市中级人民法院副院长，张保年、张怀新、王振华的市中级人民法院审判员职务。

第四次会议　2001 年 7 月 11—13 日在菏泽牡丹大酒店召开。会议的主要议程：听取审议市政府《关于菏泽市 2001 年上半年国民经济和社会发展计划执行情况的汇报》《关于菏泽市 2001 年上半年财政预算执行情况的汇报》《关于 2000 年度市本级预算和其他财政收支情况的审议工作报告》《关于菏泽市在公民中开展法制宣传教育的第四个五年规划（草案）的汇报》；决定免去李长照、徐淑显、阎修翠、杨贵明、许桂英、韩贵镇的市人民检察院检察员职务。

第五次会议　2001 年 9 月 18—20 日在市人大常委会会议室召开。会议的主要议程：听取审议市政府《关于社会治安综合治理工作情况的汇报》；市中级人民法院关于《山东省司法工作人员违法办案追究条例》贯彻执行情况的汇报；市政府《关于劳动和社会保障工作情况的汇报》；通过《菏泽市在公民中开展法制宣传教育的第四个五年规划（草案）》《菏泽市 2001—2005 年依法治市五年规划(草案)》；听取审议市政府“关于环境保护工作情况的汇报”和市政府关于贯彻执行《中华人民共和国动物防疫法》情况的汇报。

第六次会议　2001 年 11 月 19—20 日在市人大常委会会议室召开。会议的主要议程：听取并审议《市政府关于全市民营经济发展工作情况的汇报》《关于发展外向型经济工作情况的汇报》。

第七次会议　2002 年 1 月 21 日在菏泽牡丹大酒店召开。会议的主要议程：审议通过《菏泽市人大常委会关于召开市十五届人民代表大会第二次会议的决定(草案)》；审议《市十五届人民代表大会第二次会议建议议程（草案）》；听取审议市人大常委会代表资格审查委员会《关于补选代表的代表资格的审查报告》和市人大常委会人代室《关于市人大代表意见、建议办理情况的报告》；审议《市人大常委会工作报告稿》。

第八次会议　2002 年 4 月 4—5 日在菏泽牡丹大酒店召开。会议的主要议程：审议通过市人大常委会《关于对司法机关个案实施监督的暂行办法（草案）》《市人大常委会评议工作方法（草案）》；听取审议了市政府《关于计划生育工作情况的汇报》《关于城市建设工作情况的汇报》《关于旅游工作情况的汇报》。

第九次会议　2002 年 6 月 12—13 日在菏泽牡丹大酒店召开。会议的主要议程：听取审议市政府《关于治理和优化经济发展环境工作情况的汇报》《关于严打整治

工作情况的汇报》《关于贯彻执行土地管理法情况的汇报》

第十次会议 2002年8月13—14日在菏泽牡丹大酒店召开。会议的主要议程：听取审议市政府《关于2002年上半年国民经济和社会发展计划执行情况的汇报》《关于菏泽市2002年上半年预算执行情况的汇报》《关于2001年市级预算执行和其他财政收支审计工作报告》《关于2001年市级决算（草案）的汇报》，并作出决议；听取审议市政府《关于〈国家公务员暂行条例〉贯彻执行情况的汇报》《关于全市贯彻执行〈中华人民共和国药品管理法〉情况的汇报》。

第十一次会议 2002年10月14—15日在菏泽牡丹大酒店召开。会议的主要议程：听取审议市中级人民法院《关于执行工作情况的汇报》；市人民检察院《关于查办职务犯罪情况的汇报》；市政府《关于贯彻〈中华人民共和国矿产资源法〉情况的汇报》《关于巨野煤田综合开发情况的汇报》《关于宗教工作情况的汇报》。

第十二次会议 2002年10月30日在菏泽牡丹大酒店召开。会议的主要议程：审议通过菏泽市选举工作委员会《关于2003年市、县区人大换届选举工作安排意见（草案）》。

第十三次会议 2002年12月18日在菏泽牡丹大酒店召开。会议主要议程是人事任免事项。决定接受陈光辞去市政府市长职务，侯成君、孙义福辞去市政府副市长职务，张玉佩辞去市中级人民法院院长职务，朱献瑞辞去市人民检察院检察长职务的请求；决定任命杜昌文为市政府代理市长，王文升为市政府副市长，任命孙寿海为市中级人民法院副院长、代院长，丁伟民为市人民检察院副检察长。

第十四次会议 2003年1月18日在市人大常委会会议室召开。会议的主要议程：审议通过菏泽市人大常委会《关于召开市十六届人大一次会议的决定》；审议《市人大常委会工作报告稿》；听取审议市人大常委会人代室《关于市人大代表意见、建议办理情况的报告》。

第十五次会议 2003年1月26日在菏泽牡丹大酒店召开。会议的主要议程：听取审议市人大常委会代表资格审查委员会《关于选举的菏泽市第十六届人大代表资格的审查报告》；审议市十六届人大一次会议主席团和秘书长名单（草案），决定提请市第十六届人大一次会议预备会议选举；决定列席市十六届人大一次会议人员范围；审议市十六届人大一次会议议案审查委员会名单和计划预算审查委员会名单（草案），决定提请市十六届人大一次会议预备会议通过；决定任命丁伟民为市人民检察院代理检察长。

第二节 第十六届人大常委会会议

第一次会议 2003年3月6日在菏泽

牡丹大酒店召开。会议的主要议程：审议通过菏泽市人大常委会《关于进一步加强自身建设的决定（草案）》；人事任免事项。

第二次会议　2003 年 5 月 13 日在菏泽牡丹大酒店召开。会议的主要议程：听取审议市政府《关于防治非典型性肺炎工作情况的汇报》《关于村民委员会组织法贯彻实行情况的汇报》；通过菏泽市人大常委会《关于组织代表对市公安、交通、工商等三部门进行评议的决定》；请专家讲授法律知识。

第三次会议　2003 年 6 月 28 日在菏泽牡丹大酒店召开。会议的主要议程：审议通过菏泽市人大常委会《关于市政府加强市直行政事业单位国有资产管理和运营实施意见的决议》；决定免去张伯元、赵宪方、王健、张汉民、尘学义等人的职务。

第四次会议　2003 年 7 月 30 日在菏泽牡丹大酒店召开。会议的主要议程：审议市政府《关于菏泽市 2002 年财政决算（草案）的报告》《关于 2002 年度市级预算执行情况和其他财政收支情况的审计工作报告》；审议市人大常委会《关于批准菏泽市 2002 年市级财政决算的决议（草案）》；听取审议市政府《关于 2003 年上半年国民经济和社会发展计划执行情况的汇报》；审议通过《市人大常委会人事任免办法》修改草案；决定任命宋波、王永成为市人大常委会副秘书长。

第五次会议　2003 年 9 月 18 日在菏泽牡丹大酒店召开。会议的主要议程：听取审议市政府《关于实施〈中华人民共和国劳动法〉，开展就业和再就业工作情况的汇报》《关于〈中华人民共和国环境保护法〉实施情况的汇报》《关于〈中华人民共和国土地管理法〉实施情况的汇报》；通过菏泽市人大常委会《关于对市政府贯彻实施〈中华人民共和国劳动法〉〈中华人民共和国环境保护法〉〈中华人民共和国土地管理法〉和就业再就业、水污染防治及土地管理工作汇报的审议意见（草案）》。

第六次会议　2003 年 10 月 29 日在市人大常委会会议室召开。会议表决通过《市人大常委会关于高玉生涉嫌经济犯罪批准逮捕的议案（草案）》。

第七次会议　2003 年 11 月 17—18 日在菏泽牡丹大酒店召开。会议的主要议程：听取审议市政府《关于畜牧产业化发展情况的汇报》《关于〈中华人民共和国科技进步法〉贯彻执行情况的汇报》《关于侨务工作情况的汇报》《关于旅游工作情况的汇报》；听取审议市检察院《关于查办和预防渎职犯罪工作情况的汇报》；审议通过《菏泽市市级预算审批监督办法（草案）》。

第八次会议　2003 年 12 月 26 日在菏泽牡丹大酒店召开。会议的主要议程：审议通过市人大常委会《关于召开菏泽市第十六届人民代表大会第二次会议的决定》，市十六届人民代表大会第二次会议议程（草案），市十六届人民代表大会第二次会议主席团和秘书长建议名单（草案），市十六届人民代表大会第二次会议计划、预算审查委员会建议名单（草案），市十六届人民代表大会第二次会议议案审查委员会建议名单（草案），市十六届人民代表大会第二次会议建议列席人员范围。

第九次会议 2004年3月10—11日在菏泽牡丹大酒店召开。会议的主要议程：审议通过《菏泽市人大常委会决议决定和审议意见执行办理办法（草案）》《菏泽市人民代表大会常务委员会会议公民旁听办法（草案）》《菏泽市人大常委会关于组织人大代表开展评议工作的决定(草案)》《菏泽市人大常委会关于提高代表素质、发挥代表作用的意见（草案）》，听取审议市政府《关于防治高致病性禽流感情况汇报》；审议市公安局、市交通局、市工商局的整改报告；邀请专家讲授“行政许可法”知识。

第十次会议 2004年5月11—12日在菏泽牡丹大酒店召开。会议的主要议程：听取审议市政府《关于2003年市级预算执行和其他财政收支情况的审计工作报告》《关于2003年市级财政决算的报告》《关于依法加强公共卫生体系建设、健全疫病预防控制体系、突发公共卫生事件医疗救治体系情况的汇报》《关于全市少数民族经济工作情况的汇报》；审议通过菏泽市第十六届人大常委会《关于评选〈菏泽人民功臣〉的决定》；决定任命张保德为市农业局局长；决定免去任茂廉市农业局局长职务；提请免去倪华刚、马增元、宫兆义市人民检察院检察员职务；邀请专家作“宪法”讲座。

第十一次会议 2004年5月25日在菏泽牡丹大酒店召开。会议的主要议程：提请审议许可逮捕市人大代表刘怀柱的报告；决定任命李卫国为市政府副市长。

第十二次会议 2004年7月5—6日在菏泽牡丹大酒店召开。会议的主要议程：听取审议市政府《关于2004年上半年计划、预算执行情况的汇报》《关于防汛工作情况的汇报》《关于治安工作情况的汇报》《关于“四五”普法工作情况的汇报》《关于认真贯彻“土地法”，搞好土地市场清理整顿工作情况的汇报》；审议通过菏泽市人大常委会《关于市政府贯彻“土地管理法”、开展土地市场清理整顿工作的决议(草案)》；决定任命曹升灵为市房地产管理局局长，胡钦畅为市对外贸易经济合作局局长；决定免去王永江市对外贸易经济合作局局长职务，丁志刚市房产管理局局长职务；终止刘怀柱市十六届人大代表资格。

第十三次会议 2004年7月24日在菏泽牡丹大酒店召开。会议的主要议程是罢免李安现山东省第十届人民代表大会代表职务。

第十四次会议 2004年9月9—10日在菏泽牡丹大酒店召开。会议的主要议程：听取审议市中级人民法院《关于贯彻实施〈中华人民共和国法官法〉情况的汇报》，市人民检察院《关于全市检察机关推行人民监督员制度试点工作情况的汇报》；听取审议市政府关于贯彻《农村土地承包法》及《山东省实施〈中华人民共和国农村土地承包法〉办法》的准备情况的汇报；投票表决人大代表评议的部门。

第十五次会议 2004年11月9—10日在菏泽牡丹大酒店召开。会议的主要议程：听取审议市政府《关于农民增收情况的汇报》《关于贯彻实施〈中华人民共和国行政许可法〉情况的汇报》；审议通过《市级预算审批监督办法（草案）》；审议通过市人民代表大会常务委员会《关于召开菏泽市第十六届人民代表大会第三次会议的决定（草案）》（市人大常委会第37次主任会议追加）；决定任命赵传山为市财政局局长，张莹为市文化局（新闻出版局、版权局）局长；决定免去张秋冬市财政局局长职务，刘永凤市文化局（新闻出版局、版权局）局长职务。

第十六次会议　2004年12月17日在菏泽牡丹大酒店召开。会议的主要议程：审议《菏泽市城市总体规划（2003—2020）》，批准蒋银院辞去巨野县人民检察院检察长职务。

第十七次会议　2005年1月11—12日在市人大常委会会议室召开。会议的主要议程：投票选举“菏泽人民功臣”；确定市十六届人大三次会议的有关事项；决定任命李学军为市发展和改革委员会主任，彭靖华为市人口与计划生育委员会主任，陈志起为市安全生产监督管理局局长，沙启忠为市民族事务委员会（宗教局）主任（局长）；决定免去陈凡岭、聂震等人的职务；决定接受王文升辞去市政府副市长职务的请求，批准韩念元辞去鄄城县人民检察院检察长职务，王厚元辞去成武县人民检察院检察长职务，孙忠华辞去曹县人民检察院检察长职务。

第十八会议　2005年3月15—16日在菏泽牡丹大酒店召开。会议的主要议程：听取审议被评议单位整改工作的报告，并作出相应决议；决定任命张秋冬为市人大常委会财政经济工作委员会副主任，时启坤为市人大常委会内务司法工作委员会副主任，张晓云为市人大常委会教育科学文化卫生人口工作委员会副主任。决定任命赵和平为市卫生局局长，史步军为市劳动和社会保障局局长；决定免去张晓云市卫生局局长职务；决定撤销李传刚市劳动和社会保障局局长职务。决定任命李维为市中级人民法院审判委员会委员、审判员；决定免去孔令健市中级人民法院审判委员会委员、审判员职务。决定任命孙忠华为市人民检察院检察员、检察委员会委员，韩念元、梁衍峰、张继民为市人民检察院检察员；批准任命王厚元为鄄城县人民检察院检察长，陈天生为成武县人民检察院检察长，张景郁为曹县人民检察院检察长，杨依柱为巨野县人民检察院检察长。

第十九次会议　2005年5月18—19日在菏泽牡丹大酒店召开。会议的主要议程：听取审议《2004年市级预算执行和其他财政收支的审计工作报告》；审议市政府《关于2004年市级财政决算的报告》，通过《关于批准2004年市级财政决算的决议（草案）》；听取审议市中级人民法院《关于基层建设情况的报告》、市人民检察院《关于〈中华人民共和国检察官法〉贯彻实施

情况的报告》、市政府关于贯彻实施“土地管理法”“矿产资源法”及对矿区土地保护应对措施的汇报；审议通过菏泽市人大常委会《关于2005年对市人民政府部分组成人员进行述职评议工作的实施意见（草案）》；举办土地管理法法制讲座。

第二十次会议 2005年7月14—15日在菏泽牡丹大酒店举行。会议的主要议程：听取审议《菏泽市2005年上半年国民经济和社会发展计划执行情况的汇报》《菏泽市2005年上半年财政预算执行情况的汇报》；听取审议《中华人民共和国未成年人保护法》贯彻落实情况的汇报；听取审议市政府《关于发展科技事业、促进全市经济发展情况的汇报》、市人大常委会城建环保工委《关于视察全市水污染防治工作情况的汇报》，并作出相关决议；审议通过市政府《关于提请审议菏泽市与韩国金浦市缔结友好城市关系的议案》。

第二十一次会议 2005年9月15—16日在菏泽牡丹大酒店召开。会议的主要议程：听取审议市政府《关于行政事业单位国有资产监督管理情况的汇报》《关于社会治安综合治理工作情况的汇报》；表决确定进行述职评议的市政府部分组成部门负责人。

第二十二次会议 2005年11月16—17日在菏泽牡丹大酒店召开。会议的主要议程：对市教育局、市司法局、市人事局、市市政管理局、市水利局5个市政府组成部门主要负责人进行述职评议；审议通过《菏泽市人民代表大会常务委员会讨论决定重大事项的规定》、菏泽市人大常委会《关于加强和规范人民代表大会闭会期间代表活动的若干意见》；决定任命刘祥德为市人大常委会副秘书长；决定免去王永成菏泽市人大常委会副秘书长职务。

2001—2005年菏泽市人大常委会通过的规范性文件一览表

表20-3-1

届 次	会 议	时 间	规范性文件名称
十五届	第一次	2001.01.16	《菏泽市人大常务委员会议事规则》《 菏泽市人大常务委员会人事任免办法》
	第三次	2001.05.16	《菏泽市人大常务委员会联系代表办法》《菏泽市人大代表建议办理办法》
	第八次	2002.04.04	《菏泽市人大常务委员会关于对司法机关个案实施监督的暂行办法》《菏泽市人大常务委员会评议工作方法》
	第四次	2003.07.30	《菏泽市人大常务委员会人事任免办法》（2003年7月30日修订）
	第七次	2003.11.17	《菏泽市市级预算审批监督办法》
	第九次	2004.03.10	《菏泽市人大常务委员会决议决定和审议意见执行办理办法》《菏泽市人大常务委员会会议公民旁听办法》
十六届	第十五次	2004.11.09	《菏泽市市级预算审批监督办法》
	第二十二次	2005.11.16	《关于加强和规范人民代表大会闭会期间代表活动的若干意见》《菏泽市人大常务委员会讨论决定重大事项的规定》

第四章　重要工作

第一节　视察和执法检查

视察和执法检查是宪法和法律赋予人大常委会的重要监督形式。常委会紧紧围绕党委重大决策、“一府两院”着力推进、人民群众普遍关心的事项开展监督，促进了“一府两院”依法行政和公正司法。2001—2005 年，市人大常委会共组织开展视察 22 次、执法检查 9 次。

视察　2001 年，市人大常委会在 7 月对防洪法贯彻实施情况进行视察，8 月对电业工作进行视察，11 月对邮政、电信、交通、公路工作分别进行视察。2002 年，市人大常委会在 6 月对招商引资工作和民营经济发展情况进行视察，7 月对防汛、企业污水治理工作进行视察，8 月对人防工作进行视察，9 月对“严打”、社会治安综合治理工作情况、民营经济发展情况、干线公路建设情况分别进行视察。2003 年，市人大常委会在 7 月对防洪法贯彻实施情况进行视察，8 月对药品管理法贯彻实施情况进行视察，12 月对全市经济社会发展情况进行视察。2004 年，市人大常委会在 2 月对高致病性禽流感防治工作进行视察，4 月对村民委员会组织法贯彻实施情况进行视察，12 月对全市经济发展、“平安菏泽”建设、第八届村民委员会换届选举工作情况分别进行视察。2005 年，市人大常委会在 8 月对科学技术进步法、科学技术普及法以及《山东省科学技术进步条例》和《山东省科学技术普及条例》贯彻实施情况进行视察，11 月对境内国、省道公路建设情况进行视察。每次视察都形成有成绩、有问题、有建议的视察报告，及时反馈“一府两院”，使“一府两院”能针对指出的问题和提出的建议及时整改，有效推动了“一府两院”工作的开展。

2003 年，市十六届人大常委会集中视察

执法检查　2001 年 6 月市人大常委会对科技进步法和省科技进步条例贯彻实施情况进行执法检查。2002 年，市人大常委会在 5 月对食品安全法贯彻实施情况进行执法检查，9 月对工会法贯彻实施情况进行执法检查。2003 年，市人大常委会在 9 月对老年人权益保障法贯彻实施情况进行执法检查，10 月对档案法贯彻实施情况进行执法检查。2004 年 4 月，市人大常委会对职业教育法贯彻实施情况进行执法检查。2005 年，市人大常委会在 5 月对农业法贯

彻实施情况进行执法检查，7月对《山东省人口与计划生育条例》贯彻实施情况进行执法检查，8月对律师法贯彻实施情况进行执法检查。每次执法检查后，执法检查组都及时形成高质量、高标准的执法检查报告，提请常委会会议审议通过后，交由“一府两院”研究办理，相关委室及时跟踪督办，确保发现问题的解决，促进了法律法规在全市的贯彻实施。

第二节 重大事项决定

2001年，菏泽撤地设市，成立地级菏泽市人民代表大会及其常务委员会，并顺延了原县级菏泽市人民代表大会的届数。至2005年，市人大及其常委会共作出61项决议、决定，其中第十五届人民代表大会作出决议、决定13项，第十五届人民代表大会常务委员会作出决议、决定7项；第十六届人民代表大会作出决议、决定19项，第十六届人民代表大会常务委员会作出决议、决定22项。第十五届人民代表大会召开2次会议，第十六届人民代表大会截止到2005年底共召开3次会议，每次大会都作出《关于政府工作报告的决议》《关于国民经济和社会发展计划的决议》《关于预算的决议》《关于市人大常委会工作报告的决议》《关于市中级人民法院工作报告的决议》《关于市人民检察院工作报告的决议》等6项决议。其中第十五届人民代表大会第一次会议通过《关于菏泽市第十个五年计划纲要的决议》，第十五届人大常委会第一次会议审议通过《菏泽市人民代表大会常务委员会议事规则》《菏泽市人民代表大会常务委员会人事任免办法》《菏泽市人民代表大会常务委员会关于加强自身建设的决定》等规范性文件和制度。市第十六届人大常委会第三次会议通过《关于市政府加强市直行政事业单位国有资产管理和运营实施意见的决议》，为市政府进行国有资产管理改革，加强对国有资产运营的管理提供了法律依据。第十六届人大常委会第十六次会议通过《关于菏泽市城市总体规划（2003—2020）的决定》，为菏泽市城市规划、建设、经营和管理，从法律上奠定了稳固的基础。

2001—2005年菏泽市人大常委会决议决定情况一览表

表20-4-1

届次	会议	时间	决议决定
十五届	第一次	2001.01.06	《关于加强自身建设的决定》《关于撤地设市后市直国家机关工作人员职务称谓变更及任免问题的决定》
十五届	第三次	2001.05.18	《关于菏泽市2001年预算调整意见的决议》
	第五次	2001.09.18	《关于菏泽市2001—2005年依法治市规划的决议》《关于菏泽市在公民中开展法制宣传教育的第四个五年规划的决议》《关于菏泽市平原绿化工程“十五”计划的决议》
	第七次	2002.01.21	《关于召开菏泽市第十五届人民代表大会第二次会议的决定》
	第十次	2002.08.14	《关于批准菏泽市2001年市级财政决算的决议》

续表 20-4-1

届　次	会　议	时　间	决议决定
十六届	第一次	2003.03.06	《关于进一步加强自身建设的决定》
	第二次	2003.05.13	《关于贯彻落实传染病防治法加强非典型肺炎防治工作的决定》《关于组织人大代表对政府部分职能部门进行评议的决定》
	第三次	2003.06.28	《关于菏泽市人民政府〈关于加强市直行政事业单位国有资产管理和运营的实施意见〉的决议》
	第四次	2003.07.30	《关于批准菏泽市 2002 年市级财政决算的决议》
	第六次	2003.10.29	《关于许可逮捕市人大代表高玉生的决定》
	第八次	2003.12.26	《关于召开菏泽市第十六届人民代表大会第二次会议的决定》
	第九次	2004.03.11	《关于组织人大代表开展评议工作的决定》
	第十次	2004.05.11	《关于批准菏泽市 2003 年市级财政决算的决议》 《关于评选“菏泽人民功臣”的决定》
	第十二次	2004.07.06	《关于贯彻〈中华人民共和国土地管理法〉 搞好土地市场清理整顿工作的决议》
	第十四次	2004.09.10	关于贯彻《中华人民共和国农村土地承包法》及《山东省实施〈中华人民共和国农村土地承包法〉办法》的决议
	第十五次	2004.11.10	《关于召开菏泽市第十六届人民代表大会第三次会议的决定》
	第十六次	2004.12.17	关于通过《菏泽市城市总体规划工作（2003—2020）的决定》
	第十八次	2005.03.15	《关于 2004 年度市劳动和社会保障局评议整改工作报告的决议》《关于 2004 年度市国土资源局评议整改工作报告的决议》《关于 2004 年度市民政局评议整改工作报告的决议》《关于 2004 年度市环境保护局评议整改工作报告的决议》《关于 2004 年度市质量技术监督局评议整改工作报告的决议》
	第十九次	2005.05.19	《关于批准菏泽市 2004 年市级财政决算的决议》
	第二十次	2005.07.15	《关于进一步加强水污染防治工作的决议》 《关于同意菏泽市与韩国金浦市缔结友好城市关系的决定》

第三节　人事任免

第十五届人大常委会第二次会议　根据市长陈光的提请，于 2001 年 3 月 15 日决定任命新一届市人民政府组成人员 35 名：陈好孔为市政府秘书长兼办公室主任；李学军为市计划委员会主任；李玉华为市经济贸易委员会主任；陈守军为市经济体制改革委员会主任；张修田为市教育委员会主任；彭华为市科学技术委员会主任；付章丽为市对外经济贸易委员会主任；周连瑞为市农业委员会主任；李福祥为市公安局局长；焦守进为市民政局局长；梁志成为市司法局局长；张秋冬为市财政局局长；唐留书为市人事局局长；李振堂为市劳动和社会保障局局长；马欲圣为市建设委员会主任；张秀长为市交通局局长；马春田为市水利局局长；任茂廉为市农业局局长；曹绪宝为市林业局局长；王殿常为市水产局局长；吴延印为市畜牧局局长；李运斋为市农业机械管理局局长；朱斌为市粮食局局长；王忠美为市文化局局长；张晓云为市卫生局局长；刘付德为市广播电视局局长；冯建云为市体育运动委员会主任；彭靖华为市计划生育委员会主任；霍保银为市审计局局长；李贵钦为市统计局局长；张贵田为市乡镇企业管理局局长；张本进为市环境保护局局长；童彩云为市土地管理局局长；沙启忠为市民族事务委员会（市政府宗教局）主任（局长）；张在源为市政府侨务办公室主任。2001 年 1 月—2003 年 1 月，市十五届人大常委会依法任免“一府两院”工作人员共 375 人次。

第十六届人大常委会第一次会议 根据市长杜昌文的提请，于 2003 年 3 月 6 日决定任命新一届市人民政府组成人员 33 名：朱斌为市政府秘书长、办公室主任；李学军为市发展计划委员会主任；石爱作为市经济贸易委员会主任；张修田为市教育局局长；彭华为市科学技术局局长；李福祥为市公安局局长；董茂伦为市监察局局长；焦守进为市民政局局长；梁志成为市司法局局长；张秋冬为市财政局局长；郭志民为市人事局局长；李传刚为市劳动和社会保障局局长；张本进为市国土地资源局局长；王利言为市规划局局长；党文生为市建设局局长；卞维平为市市政管理局局长；丁志刚为市房产管理局局长；张秀长为市交通局局长；马春田为市水利局局长；任茂廉为市农业局局长；付章丽为市对外贸易经济合作局局长；刘永凤为市文化局（新闻出版局、版权局）局长；张晓云为市卫生局局长；彭靖华为市计划生育委员会主任；霍保银为市审计局局长；胡卫东为市环境保护局局长；沙启忠为市民族事务委员会（市政府宗教局）主任（局长）；刘付德为市广播电视局（台）局长（台长）；冯建云为市体育局局长；李贵钦为市统计局局长；曹绪宝为市林业局局长；王志华为市粮食局局长；朱峰为市外事与侨务办公室主任。2003 年 2 月—2005 年 12 月，市十六届人大常委会依法任免“一府两院”工作人员共 405 人次。

第四节 代表联系

1986—2000 年，地区人大工委主要联系驻地直全国人大代表和省人大代表。规定每年联系代表人数、次数、方式和应做的工作等，邀请代表列席人大工委议事会议；人大工委组成人员每年对代表走访、座谈都在 2 次以上；将上级人大转发给代表的文件资料和人大工委的重要工作情况及时邮寄和通报给代表；为驻地直单位的全国、省人大代表订阅《中国人大》《山东人大工作》《人民权利报》等；总结宣传优秀代表的事迹，并向有关新闻媒体推荐发表。

2001 年 1 月，菏泽市召开第十五届人民代表大会（顺延原县级菏泽市人民代表大会的届数），成立市人大常委会。为更加广泛的联系全国、省、市三级代表，使联系代表工作有章可循，是年 5 月 18 日市第十五届人大常委会第三次会议通过《菏泽市人民代表大会常务委员会联系人民代表大会代表办法》，并付诸实施。此“办法”的制定，使代表联系工作得到了加强。2001 年和 2003 年两次换届后，都及时组建代表小组。其中，2001 年建市级以上代表小组 41 个，2003 年建代表小组 45 个。各代表小组一般每季度集中活动 1 次，内容包括学习、调研、视察、联系选民、交流代表活动经验、评议政府工作等。市人大常委会组成人员每年对代表集中走访、座谈，听取意见，收集人民群众普遍关注的问题并向有关部门反映，督促解决。驻会的人大常委会组成人员及有关部门每年联系走访代表120余次。

市人大常委会除做好人代会期间的各项组织服务工作，为代表依法履行职责创造条件，保障代表参加审议重大问题外，还注重做好代表在闭会期间的学习和活动方面的服务。为保证代表学习的需要，每年都为人大代表订阅有关书籍和报刊。市人大还利用新闻媒体开辟人大代表风采录专栏，对认真履行代表职务的典型，在《山东人大工作》杂志、《人民权利报》和《菏泽日报》上给予大力宣传。2003年4月，在全国防控“非典型性肺炎”期间，市人大常委会向市级以上近600名人大代表印发《致驻菏泽市的全国、省、市人大代表一封信》，进一步密切与代表们的联系。

为注重实效，妥善办理代表建议、批评和意见，2001年5月18日，市第十五届人大常委会第三次会议制定《关于办理市人大代表建议、批评和意见的办法》，对人大代表反映上来的问题，人事代表工作室逐件进行分类、编号、登记、整理、建档和印制，及时转交市政府、“两院”及有关部门，并限期3个月内办理完毕。2001—2005年年底，共办理代表建议412件，办结率达100%，代表对代表建议办理满意率在98%以上。为提高代表参政议政的能力，市人大坚持邀请市级以上人大代表列席市人大常委会，每年组织市人大代表参加视察、调研和执法检查及评议等活动达90余人次。

第五节　代表评议

根据宪法、代表法的有关规定，市人大常委会于2003—2005年共开展3次代表评议和述职评议工作。

2003年，市人大组织300名人大代表对人民群众比较关注的市公安局、市交通局、市工商局的工作进行评议。此次评议分为宣传发动、调查走访、民主评议、评后整改四个阶段。市人大常委会组织10个调查组，按照评议工作实施方案的要求，对被评议单位贯彻执行党的路线、方针、政策和市人大及其常委会的决议、决定情况，依法行政情况，廉政建设和思想作风建设情况，特别是围绕被评议单位如何为加快菏泽发展优化环境、搞好服务情况进行全面的了解。先后召开民主测评会和座谈会90次，有3000余人参加民主测评和座谈，发放民主测评表913份，走访群众700余人次。全体参评代表在深入调查研究、广泛听取意见的基础上，对公安、交通、工商3个单位进行了无记名投票。根据得票情况，市工商局被评为信任单位，市交通局、市公安局被评为基本信任单位。通过评议，人大的地位和作用得到增强和提高，有力地推动了各部门的工作，促进全市的文明建设。

2003—2004年，市人大常委会连续两年组织市级以上近600名人大代表参加评议“一府两院”及有关部门的工作，增进代表民主管理国家事务的能力。

2004年，按照市十六届人大常委会第九次会议的决定，组织驻菏泽部分全国、省、市人大代表约200人，对市国土资源局、市环境保护局、市劳动和社会保障局、市民政局、市质量技术监督局的工作进行评议。市国土资源局、市劳动和社会保障局、市民政局、市质量技术监督局被评为信任单位，市环境保护局被评为基本信任单位。此次评议活动从10月中旬开始，用1个月的时间，先后召开民主测评会和座谈会90余次，有2000余人参加民主测评和座谈，走访群众700余人次，掌握大量第一手资料。通过评议，被评议单位的精神面貌、工作态度、服务水平得到明显提升，取得良好的社会效果。

2005年5月19日，市十六届人大常委会第十九次会议通过《菏泽市人大常委会关于2005年对市人民政府部分组成人员进行述职评议工作的实施意见》，根据人大代表推荐述职评议人员的情况，由主任会议确定8名预备人选，最后提交市十六届人大常委会第二十一次会议，投票表决出5名述职评议人员：市教育局局长张修田、市司法局局长梁志成、市人事局局长郭志民、市市政局局长卞维平、市水利局局长马春田。5名述职人员分别对学习贯彻宪法和有关法律法规、依法行政的情况，落实科学发展观、履行职责、廉政建设的情况，执行市人大及其常委会决议、决定的情况，解决人民群众普遍关心的问题和为基层服务的情况向常委会进行述职。常委会组成人员根据5名述职人员的综合情况进行投票表决，马春田被评为优秀，张修田、梁志成、郭志民、卞维平均被评为称职。

第二十一编　地方行政机关

菏泽市人民政府
1009

1986年后，行署在完善家庭联产承包责任制的基础上，继续推动农村改革，围绕农民增收、农业和农村经济发展制定一系列政策措施，促进农业发展步入良性发展轨道。针对菏泽是传统农业大区、工业发展相对滞后的现实，从1987年起，对境内企业大胆改革，积极推行企业改制、租赁经营、兼并联合，为企业发展注入了生机和活力。特别是1997年以后，随着民营经济的快速发展，政府因势利导，制订优惠政策，优化环境，大力推进民营经济发展。2001年菏泽撤地设市，迎来快速发展的机遇。调整经济结构，扩大对外开放，用好“东西帮扶”政策。2004年省委、省政府“突破菏泽”战略全面启动，市委、市政府以加快发展为主题，以结构调整为主线，以扩大投资为总抓手，以优化环境为关键措施，大力推进工业化、城市化进程，加快“三大基地”（优质绿色农副产品加工、能源化工和商贸物流）的建设步伐。至2005年，工业经济形成规模，农业和农村经济进一步发展，基础设施进一步完善，城市建设日新月异，城市功能日趋优化，科技、教育、文化、医疗卫生等社会事业呈现出前所未有的大好局面。

基础政权建设进一步加强，全市村民委员会顺利进行8次换届选举。多措并举，推进精简机构。行署工作部门由1996年的42个减少至2005年33个市政府工作部门。从1991年始在干部使用管理方面引入公开竞争机制，择优淘劣。推进就业与再就业，加强劳动技能培训，切实保护劳动者合法权益。加强安全生产监督，实施安全生产综合管理、执法检查等重大举措。人事、劳动、民政、外事侨务、民族事务等工作取得新进展。

第一章　政务实施

第一节　施政方式

市政府（行署）职权　①执行省人民代表大会及其常务委员会的决议，执行国务院、省政府的决定和命令，规定行政措施，发布决定，根据法律和国务院、省政府的行政法规、规章，制定地方性法规、规章。②领导所属各工作部门和下级人民政府的工作。③改变或撤销所属各工作部门的不适合的决定、命令、指示。④依照法律规定和职权范围，任免、培训、考核和奖惩国家行政机关工作人员。⑤执行国民经济和社会发展计划、预算，管理全市（区）的经济、城乡建设、教育、科学、文化、广播电视、出版、卫生、体育、计划生育、人事、劳动、民政、公安、司法、行政、监察、外事侨务、民族事务等工作。⑥保护社会主义的全民所有的财产和劳动群众集体所有的财产，保护公民私人所有的合法财产，维护社会秩序，保障公民的人身权利、民主权利和其他权利。⑦保障农村集体经济组织应有的自主权。⑧保障少数民族的权利和尊重少数民族的风俗习惯，帮助少数民族发展政治、经济和科教文卫等建设事业。⑨保障宪法和法律赋予妇女的男女平等、同工同酬和婚姻自由等各项权利。⑩办理省政府和市（地）委交办的其他事项。

领导职责 ①市政府（行署）由下列人员组成：市长（专员）、副市长（副专员）、市长（专员）助理、秘书长、副秘书长、市政府（行署）工作部门的主要负责人。②市政府（行署）实行市长（专员）负责制，市长（专员）、副市长（副专员）、市长（专员）助理实行分工负责制。市长（专员）主持市政府（行署）全面工作，副市长（副专员）、市长（专员）助理协助市长（专员）工作，并向市长（专员）负责。③市长（专员）召集和主持市政府（行署）全体会议和市长（专员）办公会议。市政府（行署）工作中的重大问题，必须经市长（专员）办公会议或者市政府（行署）全体会议讨论决定。日常工作，分工负责处理。④市政府（行署）发布的决定和重要的地方性行政法规，向省政府的重要请示和报告，任免市政府（行署）部门工作人员，由市长（专员）或市长（专员）授权分工的副市长（副专员）签署。⑤副市长（副专员）、市长（专员）助理按照分工或受市长（专员）的委托，做好工作。遇到涉及两位或两位以上的副市长（副专员）、市长（专员）助理分管的工作，主动协商处理。对于工作中的重要情况和重大事件，及时向市长（专员）报告。对于涉及重大方针、政策性的问题，在调查研究的基础上，向市长（专员）提出解决问题的建议。⑥市长（专员）、副市长（副专员）、市长（专员）助理在工作中认真贯彻执行党的路线、方针、政策及国务院、省政府的决定、指示、命令和行政法规，接受市人大（地区人大工委）的检查、监督。充分发挥市政府（行署）各部门和下级人民政府的作用。⑦市政府（行署）秘书长在市长（专员）领导下，负责处理市政府（行署）的日常工作。市政府（行署）各工作部门的主要负责人负责本部门的工作。

工作制度 ①市长（专员）、副市长（副专员）、市长（专员）助理明确分工，相互协助，密切配合，协调一致地开展工作。②市长（专员）与常务副市长（副专员）一般不同时外出，市长（专员）外出时由常务副市长（副专员）主持工作，并由办公室将市长（专员）活动情况通报其他副市长（副专员）、市长（专员）助理。副市长（副专员）、市长（专员）助理外出将出发时间、地点及主要任务提前向市长（专员）或常务副市长（副专员）报告并通知市长（专员）值班室。市长（专员）、副市长（副专员）、市长（专员）助理在外地的活动情况，由随行人员及时告知市长（专员）值班室。遇有急办的事情，分管市长（专员）不在，由分管的秘书长（办公室主任）办理，办理情况向分管市长（专员）通报。市长（专员）与部门确定的事情，向分管市长（专员）通报。③市政府（行署）召开工作会议，由市长（专员）或分工副市长（副专员）主持，其他副市长（副专员）、市长（专员）助理一般不陪会。减少市长（专员）、副市长（副专员）、市长（专员）助理的内外事接待活动，必须参加的，一般由1人出面。④市长（专员）、副市长（副专员）、市长（专员）助理一般不出席各部门召开的专业会议和举行的礼仪性活动，确需出席的，部门事先报告市政府（行署）办公室，由办公室统一安排，部门不直接向市长（专员）副市长（副专员）市长（专员）助理发邀请。⑤市长（专员）、副市长（副专员）、市长（专员）助理注重调查研究，一切从实际出发，按客观规律办事。虚心听取群众意见，全心全意为人民服务。努力提高工作效率，加强廉政建设，防止和克服官僚主义。

主要会议　市政府（行署）实行全体会议、常务会议和市长办公会制度。①市政府（行署）全体会议。由市长（专员）、副市长（副专员）、市长（专员）助理、秘书长、副秘书长和市政府（行署）序列各委（办）主任、局长组成，市政府（行署）经济顾问参加，由市长（专员）或市长（专员）委托常务副市长（副专员）召集和主持。必要时召开市政府（行署）全体扩大会议，吸收县区长、省地双重领导的部门、经济组织、其他有关部门的负责人参加。总结和部署市政府（行署）一个时期工作时，邀请市（地）委、人大、政协、市（地）纪委、军分区领导及市（地）委有关部委、群众团体的负责人参加。市政府（行署）全体会议一般每半年召开1次，根据需要安排有关部门、单位和人员列席会议。主要任务是：传达贯彻上级党委、政府的重要指示和决议；决定和部署市政府（行署）的重要工作；通报国内外形势，协调各部门工作；讨论其他需要由市政府（行署）全体会议讨论的事项。②市政府（行署）常务会议。由市长（专员）副市长（副专员）、市长（专员）助理、秘书长组成，副秘书长列席会议，由市长（专员）或市长（专员）委托负责常务工作的副市长（副专员）召集和主持，一般每月召开1～2次，主要任务是：讨论决定市政府（行署）工作中的重大事项；讨论通过提请人大的工作报告和财政预算；讨论通过由市政府（行署）制定和发布的重要政策规定及规范性文件；讨论决定市政府（行署）各部门和各县区人民政府请示市政府（行署）的重要事项；分析形势，研究市政府（行署）的中心工作，讨论决定市政府（行署）工作的重大问题；通报和讨论市政府（行署）其他事项。③市长（专员）办公会议。由市长（专员）、副市长（副专员）组成，市长（专员）助理、秘书长、副秘书长、办公室主任、副主任、市政府（行署）调研室主任、法制局局长、监察局局长列席会议。市政府（行署）有关部门的负责人根据会议内容需要列席相关议题的讨论。会议由市长（专员）或市长（专员）委托常务副市长（副专员）召集并主持，研究处理市政府（行署）日常工作中的重大问题。不定期召开，一般每月不超过2次。主要任务是：研究贯彻上级党委、政府的决定、指示、决议等；听取市长（专员）、副市长（副专员）、秘书长、市政府（行署）有关部门重要工作情况汇报；研究分析形势，讨论决定市政府（行署）工作中的重大问题；讨论决定各部门需市政府（行署）研究解决的重大事项；研究决定需由市长（专员）办公会决定的其他事项。④市长（专员）例会。由市长（专员）、副市长（副专员）、市长（专员）助理、秘书长组成。市政府（行署）副秘书长、办公室副主任列席会议。必要时请有关部门负责人列席有关问题的讨论。由市长（专员）或市长（专员）委托常务副市长（副专员）召集和主持。每两周1次。

主要任务是通报交流重要工作情况，研究处理市政府（行署）日常工作的重要事项。⑤市政府（行署）党组会议。由市政府（行署）党组成员组成，市政府（行署）党组书记召集和主持，根据工作需要适时召开。主要任务是：研究实现党的路线、方针、政策的重要问题；过好党组民主生活，不断加强党组成员思想、组织、作风建设；讨论需由市政府（行署）党组会议决定的其他事项。⑥专题会议。由市长（专员）、副市长（副专员）或市长（专员）、副市长（副专员）委托市长（专员）助理、市政府（行署）秘书长、副秘书长召开，研究部署市政府（行署）某一方面的工作，协调解决部门间的工作关系和问题。

会议制度 ①市长（专员）根据需要主持召开县区长会议，研究部署政府工作，并就一些重大问题征求县区意见。市政府（行署）部门召开的专业会议，一般不请县区长、分工副县区长参加。必须参加时，需经市长（专员）、副市长（副专员）集体研究或市长（专员）、主持工作的常务副市长（副专员）批准，召开乡镇级干部会议或召开规模较大的（百人以上）其他会议，也照以上程序办理。②市长（专员）、副市长（副专员）、市长（专员）助理服从市政府（行署）的集体活动安排。召开市政府（行署）全体会议和市长（专员）办公会议时，在开会前一天，将会议时间、议题通知会议组成人员。会议组成人员如有特殊情况不能参加时，向会议召集人请假。③市政府（行署）全体会议、市长（专员）办公会议议题，由秘书长汇总，报常务副市长（副专员）审查，由市长（专员）确定。专题会议议题由会议主持人确定。市长（专员）、副市长（副专员）、市长（专员）助理在职权范围内能够解决的问题，不提交市长（专员）办公会议讨论。凡需经市政府（行署）集体研究确定的议题事先必须由分工副市长（副专员）或市长（专员）助理和主管部门进行协调，提出明确意见，形成简明的文字材料。④市政府（行署）全体会议、市长（专员）办公会议、专题会议以及县区长会议的组织工作，由市政府（行署）办公室负责。市政府（行署）会议均作会议记录。市政府（行署）全体会议、市长（专员）办公会议编印会议纪要，由秘书长签发，专题会议编印的会议纪要，由会议主持人签发。⑤市政府（行署）实行无会日制度。无特殊情况，每周一不召开全体会议、市长（专员）办公会议和专题会议。

文件审批制度 ①市政府（行署）的文电涉及综合、全面、重大问题的，由秘书长或办公室主任审核、把关，市长（专员）审签，或经市政府（行署）有关会议讨论决定。属于已经确定的方针、政策、原则、计划范围内事项和只涉及某方面日常工作问题的，由分管副秘书长或办公室副主任审核、把关，副市长（副专员）、市长（专员）助理审签。如涉及其他副市长（副专员）、市长（专员）助理分管的工作，应送有关副市长（副专员）、市长（专员）助理审查后，由主管副市长（专副员）签发。经市长（专员）办公会议讨论决定的事项，需发文时由秘书长签发。②呈报文件要严格按规定程序办理。各部门、各县区上报市政府（行署）的文电，一律按规定份数报送市政府（行署）办公室，由办公室按照市长（专员）分工和规定的程序送批。部门和县区不直接向市长（专员）、副市长（副专员）、市长（专员）助理送批文件。③部门代市政府（行署）拟的文稿，主要领导必须严格审核、把关并签名，以保证文件质量。内容涉及其他部门的，由主办部门组织会签，部门之间有分歧意见时，主办部门主动与有关部门协商解决。经协商解决不了的问题，把不同意见如实写清楚，报市政府（行署）决定。应协商而未协商的文件代拟稿，市政府（行署）不予受理。④属于部门职权范围内的问题，需发文时，应以部门名义行文，一般不以市政府（行署）名义行文或批转。涉及几个部门业务范围的问题，由有关部门联合行文。其中重大事项经送行署分工市长（专员）审签后，加“经市政府（行署）同意”字样，仍由部门单独或联合行文。⑤市政府（行署）各部门、各县区人民政府报市政府（行署）审批的有关问题，由分管副市长（副专员）授权审批。其中的重大问题经市长（专员）决定。

社会协商对话制度　①通过宣传工具加强对市政府（行署）政务活动的报道，重大情况让人民群众知道。欢迎各方面对市政府（行署）工作实行监督，支持和鼓励群众批评市政府（行署）工作中的缺失。②市政府（行署）作出决定之前，市政府（行署）办公室和主管部门通过适当渠道进行民主协商对话，听取群众和有关方面的意见。③市政府（行署）的文件和市政府（行署）会议的内容适于公布的，经秘书长批准，向社会公布。④建立市政府（行署）市长（专员）、副市长（副专员）、市长（专员）助理、秘书长接待人民来访制度。⑤向全市（区）人民通报经济发展和工作中的重要情况，根据需要举行新闻发布会。⑥设立市政府（行署）领导公开电话。

第二节　施政辑要

1986年起，全区继家庭联产承包责任制全面开花结果、农业经济空前发展之后，农村改革开始转向摆脱长期统购统销的流通垄断格局，畜产品、林产品市场开始松动，水产品市场全面放开，发展势头强劲。在较短时间内，既丰富了城乡居民的“肉篮子”“菜篮子”，又促进了生猪、牛羊的生产，“两户”（专业户、带头户）大量涌现；这一期间，农村呈现出商品流通十分活跃的局面。全区各类集贸市场、专业批发市场蓬勃兴起，初步形成多类型、多层次、多功能的流通网络。鄄城县农民自发形成人发、皮毛、弹簧、中药材四个较大规模的专业市场，菏泽城区出现对周边省区具有较大辐射能力的康庄服装市场。

1988—1992年，农村改革进入徘徊阶段。1988年9月，中共十三届三中全会针对经济生活中出现的一些突出矛盾和问题，决定在坚持改革开放总方向的前提下，用三年或更长一点的时间，治理经济环境和整顿经济秩序，以巩固10年改革的成果。为此，改革热点集中在城市经济和政治领域，人们对农村改革的关注力度大大降低。为了寻求对农村改革的新突破，菏泽行署针对集体“统”的功能薄弱的现实问题，借鉴胶东和苏南的经验，提出发展壮大农村集体经济、完善统分结合的双层经营体制，建立健全农村社会化服务体系的改革目标。在有一定积累基础的乡村，重点发展集体经济，使乡村集体“统”的功能得到加强。同时，在行政村一级，村集体建立的机耕队、植保队，联户建立的浇水、收割等服务组织积极参与农业生产、经营各个环节，向统分结合的双层经营体制大力迈进。

1992—1999年，是建立完全放开农村市场经济体制的新阶段。这一时期，围绕建立市场经济体制，以市场为导向，以增加农民收入为中心，展开全方位、多层次的改革，使农村改革有了一个更加明确的总目标，菏泽行署重点抓了以下几个方面的工作：①改革传统的种养模式，大力调整农业种植结构。打破延续十几年的“一麦一棉”的种植模式，发展温室、保护地栽培等反季节瓜菜，同时发展桑蚕、花卉、中药材、芦笋、杞条等高产高效经济作物。打破了单户散养粗放经营的模式，发展集现代科技和现代管理手段为一体的规模饲养。②改变城乡分割、一二三产业分离的商品生产格局，走贸工农一体化、产加销一条龙，龙头带基地、基地联农户的农村经济发展之路，大力推进农业产业化。③进一步完善土地制度改革。在坚持家庭联产承包责任制长期不变、土地承包关系再延长30年的基础上，实行土地的所有权、经营权分离，允许农民将土地使用权进行转让、租赁、入股等。④推进农村股份合作制。鼓励、引导农民自发地联合起来，参与市场，由简单的临时性联合协作，逐步发展到契约式的劳动者、资本、技术等生产要素的股份合作制。⑤探索农村产权制度改革。在对乡村集体企业进行股份制、股份合作制改造的同时，对一些管理不善、长期亏损、资产流失严重的集体企业进行拍卖、出售，对一些集体基础设施、公益设施、闲置资源进行公开拍卖。如：成武县宝峰乡在全区率先拍卖机井，激发群众的打井热情；定陶县黄店镇率先拍卖道路绿化权，调动群众的植树积极性。⑥进一步放开市场。打破条块分割、区域分割，克服地方保护主义，消除区域壁垒，允许外地客商、外地产品进入境内市场。同时，把境内商品生产融入全国大市场之中，形成相互参与、公平竞争、货畅其流、商品充足的大市场局面。⑦进一步放活科技人员，鼓励科技人员办实体，搞科技承包，在农村经济主战场上建功立业。鼓励农民参与科技研究开发、推广应用等，发展民间各种专业技术协会和合作组织。⑧大力发展个体私营经济。将个体私营经济作为新的经济增长点，置于国民经济的重要战略位置来对待，旗帜鲜明地予以保护、支持，不限比例，不限进度，放宽政策，放手发展。从1992年起，菏泽行署连续出台5个政策规定性文件，使全区个体私营经济得到迅速发展，个体私营经济已成为菏泽经济发展的主力军。⑨进一步扩大对外开放。从1992年起，菏泽行署提出 “以花为媒，经贸唱戏”的思路，连续举办菏泽国际牡丹花会，利用牡丹花会开展招商引资和商贸洽谈活动，推动农业和农村经济的快速发展。1999年，全区农业总产值达到165.8亿元，是1978年的15.6倍；农民人均纯收入达到1960元，是1978年的47.8倍。

菏泽的农业生产和农村经济得到快速发展，但工业滞后，财政困难的状况仍未得到彻底改变。为了实现区域工业经济的快速增长，从1987年起，地委、行署对区内企业进行大胆的改革。首先，让河北省石家庄市造纸厂马胜利承包菏泽造纸厂。

跨省承包给整个菏泽地区的工业企业带来强大的冲击力。地委、行署的这一举措不仅为企业家创造了一个平等竞争的环境，而且对改革企业干部制度、领导体制具有重要意义。尤为重要的是，它改变了菏泽人的观念，开阔了菏泽人的视野，拉开了全区工业企业改革的序幕。其次，菏泽企业可以不姓“菏”，即鼓励支持各企业跨地区、跨所有制实施兼并联合，从而使一大批企业加盟外地大企业大集团后相继走出困境。先后有济南钢铁集团租赁菏泽硫酸厂，青岛喜盈门集团兼并巨野棉纺织厂，菏泽印染厂破产被菏泽棉纺织厂收购改造后与滨州印染厂联合组建诚信印染股份有限公司，三联集团兼并菏泽工贸集团公司，菏泽卷烟厂加盟青岛颐中烟草有限公司，鄄城味精厂加入济宁菱花集团等。全区有 11 家企业与区外企业进行不同形式的结合，固定资产、总资产、职工年收入成倍甚至数十倍增长。再次，将一部分困难企业送给区外优势企业经营，为菏泽的企业发展注入新的生机和活力。①盘活存量资产。至 1998 年 4 月，通过资产重组，全区共有 60 多家企业获得新生，盘活存量资产 14.6 亿元；②膨胀企业规模。地区交通集团通过实施资产重组，迅速发展壮大，到 1997 年，固定资产增长 10 倍多，职工由 3700 人增加到 1.1 万人，年实现销售收入 3.8 亿元，利税 2010 万元；③增加地方税收。1998 年第一季度，在全区工业经济效益普遍下滑的情况下，送出的 20 家企业效益普遍提高，向地方提供税收 1200 万元；④促进职工就业。通过外送内租，共减少下岗职工 2.8 万人，新安置职工 1200 多人；⑤提高企业管理水平。送出去的 20 家企业普遍引入优势企业的竞争机制和管理机制，而且带动全区企业整体管理水平不断提高。原来改革不到位的企业，也都进行了内部三项（劳动、人事、分配）制度改革。不少企业把建立新的法人治理结构与三项制度改革同步进行，与学习邯钢经验有机结合，一种新的企业运行机制逐步形成，有效地降低了生产综合成本，提高了经济效益。1999 年，全区工业总产值达到 184.2 亿元，是 1978 年的 32.2 倍；地方财政收入实现 8.45 亿元，是 1978 年的 13.8 倍。

2001 年，市委、市政府以撤地设市为新的起点，突出经济结构的战略性调整，用足用好体制创新和科技创新动力，不断提高对外开放的档次和水平，经济增长质量和效益显著提高。为加快城市化进程，在城市发展、建设和管理上，市委、市政府下大气力，投入大量资金，决心把菏泽建设成交通枢纽、陆路口岸、工业和能源基地、商贸中心和区域性中心城市。2003 年，全市完成生产总值 290 亿元，比 2002 年可比增长 12.3%；地方财政收入 15.97 亿元，增长 19.8%；城镇居民人均可支配收入 5901 元，增长 5.9%；年末金融机构各项存、贷款余额 326.7 亿元、292.6 亿元，分别比年初增加 54 亿元和 51.4 亿元；三次产业由上年的 44：31：25 调整到了 40：36：24，二、三产业比重提高 4 个百分点。

2004 年 2 月 3 日，省委、省政府在菏泽召开加快菏泽发展现场办公会，“突破菏泽”战略全面启动。山东省东部的 8 个市、8 个强县（市）和省直 8 个部门、10 大企业结队帮扶菏泽市除牡丹区以外的 8 县。市委、市政府按照省委、省政府提出的目标和要求，以加快发展为主题，以结构调整为主线，以扩大投资为总抓手，以优化环境为关键措施，大力推进工业化、城市化进程，加快“三大基地”（优质绿色农副产品加工、能源化工和商贸物流）的建设步伐。在省委、省政府“突破菏泽”战略的强力推动下，2004年全市实现生产总值365亿元，比2003年增长17.1%，增幅比2003年加快4.8个百分点，成为近20年来经济发展最快的一年；地方财政收入17.2亿元，按可比口径增长31.4%；城镇居民人均可支配收入6734元，增长14.1%；社会消费品零售总额达到177.4亿元，增长15.1%；全市国有及年销售收入500万元以上的非国有工业企业571家，新增213家，完成增加值84.6亿元，增长39%；实现利税17.5亿元，增长49.8%；粮食总产317.2万吨，增产17.6%；棉花总产27.4万吨，增产20.4%；肉类总产45.6万吨，增长16.1%。新增有组织劳务输出29.3万人，其中国际劳务输出708人，增长109%；农民人均纯收入达到2653元，增加441元，增长19.9%，是1997年以来增长最快的一年；全社会固定资产投资283.6亿元，增长75.1%；投资结构有明显改善，工业投资161.3亿元，占总投资的比重达57%；投资过千万元的项目达到678个，完成投资占总投资的45.8%；进出口总额8.3亿美元，增长166.2%，增幅居全省首位，绝对值上升到全省第12位，其中出口6.9亿美元，增长136.8%；出口过500万美元的企业达到35家。实际利用外资1.23亿美元，下降4.5%。此外，菏关（菏泽—关庄）高速、济菏（济南—菏泽）高速公路开工建设，改建国省道公路145千米，新建乡村公路4544千米。巨野煤田龙堌矿、郭屯矿井等一批大型项目建设进展顺利。德商（德州—商丘）高速、东新（东明—新乡）高速和电源项目的前期工作取得重大进展。经济园区建设步伐加快，完成投资65亿元。新一轮《菏泽市城市总体规划（2003—2020）》顺利通过省政府组织的专家评审，编制完成赵王河公园、环城公园等一批专业规划和详细规划，城市建设实现重大突破。以城市土地经营为突破口，对经营性土地全部实行招标、拍卖、挂牌出让，实现政府经营土地纯收益8.4亿元，其中市区收益5.2亿元。相继建成污水处理厂和黄河净水厂，完成环城公园、赵王河公园一期工程，对人民路和中华路等10多条道路进行改造提升。启动59个房地产综合开发项目和一批城市商业设施建设。同时，实施3万棵大树进城，建设街头绿地24处，新增绿地面积41万平方米。

2005年，全市国有及年销售收入500万元以上的非国有工业企业发展到821家，完成增加值117.8亿元。利税过千万的企业发展到36家，比2000年增加14家。全市建立省级企业技术开发中心8个，培育省级以上名牌产品25个。全市粮食总产达到410.1万吨，比2000年增长16.2%，创1997年以来的最高水平。林牧业在农业增加值中的比重达到23.3%，比2000年提高4.7个百分点；规模以上农业龙头企业达到460家。全市劳务输出人员达到126万人，比2000年增加70万人。新建和改造农村公路4040.7千米，基本实现村村通油路、通客车。以建设区域中心城市为目标，完成10多项标志性地段的详细规划，加大对城市道路、防汛、排污、供水、供气、供热、电力、电信等基础设施的投入，完成污水处理厂、中国林展馆等一批重点工程。扎实推进农村税费改革，全市农民累计受益5.3亿元，人均72元。全市个体私营经济生产总值和税收已分别占到全市生产总值和税收收入的39%和34%。进出口总额5.2亿美元，比2000年增长6.7倍。在全省率先实行“两证一卡”制度，保障农村困难群众的基本生活需要。城镇低保标准提高到140元，实现动态管理下的应保尽保。投资3.9亿元改造农村中小学危房107.8万平方米，并组建菏泽学院，结束了菏泽没有本科院校的历史。至年底，城乡居民储蓄余额314.43亿元，城镇居民人均可支配收入和农民人均纯收入分别达到7342元和3092元，比2000年增加2440元和1025元。

第二章　人事编制

第一节　编制管理

机构设置　市直党政机构设置　1996年2月14日，省委、省政府鲁普发〔1996〕14号文批准菏泽地区的机构改革方案。地委、行署设置工作部门48个，其中地委6个，行署42个，另设部门管理机构7个和1个行署派出机构。1999—2002年，地方税务管理系统、工商行政管理系统、质量技术监督系统、国家安全系统、药品监督管理系统实行省以下垂直管理。2000年6月23日，国务院以国函〔2000〕86号文批复山东省政府：撤销菏泽地区和县级菏泽市，设立地级菏泽市和牡丹区。同年7月18日，省政府向菏泽地区行署、菏泽市政府下发《关于撤销菏泽地区和县级菏泽市设立地级菏泽市的通知》。2001年5月29日，省委、省政府下发《关于菏泽市市、区机关机构设置和人员编制方案的通知》，市委、市政府工作部门定为46个，其中市委工作部门8个，部门管理机构2个；市政府工作部门29个，部门管理机构6个，议事协调机构的常设办事机构1个；另设省垂直管理的机构5个。2004年3月1日，省委办公厅、省政府办公厅以鲁厅字〔2004〕12号文下发《关于菏泽市人民政府机构改革方案的通知》，对菏泽市政府工作部门进行职能整合和机构调整：将市发展计划委员会改组为市发展和改革委员会；保留市经济贸易委员会，撤销市中小企业局，其职能并入市经济贸易委员会；组建市安

2004年5月25日，市人事局举办“机构编制管理与机关事业单位改革”讲座

全生产监督管理局，为市政府工作部门，同时为市安全生产委员会的常设办事机构；加强城市的规划、建设和管理，将市规划局、市市政管理局、市房产管理局由市建设局管理改为市政府工作部门；市计划生育委员会更名为市人口和计划生育委员会；市宗教事务局(挂市民族事务委员会牌子)改为市民族事务委员会（挂市宗教事务局牌子）；市政府外事与侨务办公室不再挂市旅游局牌子；市开放开发综合实验区管理委员会更名为市经济开发区管理委员会，为市政府派出机构。通过上述调整，市政府设置市政府办公室和工作部门33个，部门管理机构2个，议事协调机构的常设办事机构1个。按照宪法和有关规定设立人大机关、政协机关、法院机关、检察院机关、总工会、共青团、妇联、科协、文联、工商联。

县市党政机构设置　1995年10月，菏泽地委、行署分别批复曹县、定陶、成武、单县、巨野、郓城、鄄城、东明机构设置方案，县委工作部门设5个，县政府工作部门设25～27个。1996年11月，地委、行署批复了县级菏泽市机构设置方案，市委工作部门5个，市政府工作部门35个。

1995年菏泽地区各县市党、政机构设置统计表

表21-2-1　　单位：个

县市名称	党委工作部门	部门管理机构	政府组成部门	部门管理机构
菏泽市	5	3	35	5
曹　县	5	–	27	–
定陶县	5	–	25	–
成武县	5	–	25	–
单　县	5	–	27	–
巨野县	5	–	26	–
郓城县	5	–	27	–
鄄城县	5	–	25	–
东明县	5	–	25	–

2001年1月，撤销县级菏泽市，设立牡丹区。同年2月1日，市委、市政府下发《关于对牡丹区等九县区乡镇规模调整的实施意见》，将9县区现有的7个街道、246个乡镇（97个镇、149个乡）调整合并为8个街道、150个乡镇（95个镇、55个乡）。同年5月29日，省委、省政府下发《关于菏泽市市、区机关机构设置和人员编制方案的通知》，批准牡丹区委工作机构为7个，部门管理机构为2个；区政府工作机构为20个。同年，根据省委、省政府鲁发〔2001〕5号和鲁发〔2001〕16号文件精神，市委、市政府下发《关于菏泽市县乡机构改革的意见》，对县级机构进行调整设置：县级党委工作部门设置7个左右，县及政府工作机构设置22个左右，县区政府不设置部门管理机构。中心镇、8万名人口以上的乡镇党委、政府，一般设置3～4个综合性办公室（党政办公室、经济发展办公室、社会事务办公室）；一般的乡镇设

置2～3个综合性办事机构，也可根据实际情况，只设必要的助理员。乡镇以下不设立管区等管理层次。

2001年菏泽市各县区党政机构设置统计表

表21-2-2　　　　　　　　　　　　　　　　单位：个

县区名称	党委工作部门	部门管理机构	政府组成部门	部门管理机构
牡丹区	7	3	20	–
曹　县	7	2	24	–
定陶县	7	2	24	–
成武县	7	2	23	–
单　县	7	2	25	–
巨野县	7	2	23	–
郓城县	7	2	24	–
鄄城县	7	2	23	–
东明县	7	2	23	–

事业机构　2001—2005年，全市各级各类事业单位机构多有变化。至2005年年底，全市共有各级各类事业单位5118个。其中市级323个（财政拨款单位213个，财政补贴单位8个，经费自理单位102个）；县区级1902个（财政拨款单位1283个，财政补贴单位261个，经费自理单位319个，企业化管理单位39个）；乡镇级2893个（财政拨款单位2313个，财政补贴单位281个，经费自理单位299个）。

人员编制　1995年，省编委鲁编〔1995〕6号文件核定菏泽地区8县党政群机关人员编制5790人，县辖乡机关人员编制7950人；县级菏泽市市直机关人员编制800人，市辖乡镇、办事处机关人员编制1320人。1996年，省委、省政府鲁普发〔1996〕14号文件核定菏泽地区地直机关行政编制1680人。2002年，省委办公厅、省政府办公厅鲁厅字〔2002〕18号文《关于菏泽市市县乡人员编制精简方案的通知》核定菏泽市市县乡机关行政编制13562人，政法专项编制5397人。2005年，市县乡机关行政、政法、事业编制达到185248人，其中省核定全市编制总额181989人（行政编制总数13713人，政法部门人员编制5509人，事业单位人员编制162767人），市核定编制总额3259人（行政机关事业编制925人，工勤编制999人，政法机关事业编制1061人，工勤编制274人）。

第二节　干部来源

转干　聘用　考试　为适应经济建设的新形势，菏泽地区录用干部从单一的考核选拔转向考试与考核相结合的轨道，德、能、勤、绩成为选拔干部的重要依据。1985年，为37名和65名文化干部办理招收录用手续。1986年，根据省人干〔1985〕50号文件精神，地区人事局协同工商银行、农业银行、中级人民法院、检察院吸收录用干部205人。同年，为185名民警和35名二轻系统集体工办理转干手续，吸收录用24

名社会闲散科技人员为国家干部。从1987年下半年开始，成武县政府办、供电局，郓城县政府办、纪检委，地区审计局等26个单位，对考试补充工作人员进行有益探索，共报考451人，补充工作人员130人。同年，为560名“五大”毕业生、30名闲散社会科技人员及280名民办教师办理录干手续。1988年，为法院、检察、司法、税务部门办理首次录干手续；举办民师选招考试，为780名民师办理录干手续。

1989年，地区下发《关于国家行政机关补充工作人员实行考试办法的具体规定》，考试补充行政机关工作人员机制正式建立。同年，为法院、检察院、司法、税务系统录用干部100人；为审计部门录用干部5人；为计生委、物价、统计等部门录用干部30人；为财税系统录用干部19人。

1991年起，在干部录用工作中引入竞争机制，坚持“公开、民主、平等、择优”的原则，面向社会公开选拔领导干部，改革企业和党政领导干部的选拔方法。企事业单位补充干部，由录用制改为聘用制，聘干工作逐步规范化、科学化和制度化。同年，采取竞争办法为事业单位聘用干部10人，为企业单位聘用干部23人；为乡镇办理聘干手续37人；从优秀村干部中为乡镇聘用32名干部；为交通监理人员补办录用干部手续46人；为35名民办教师办理录用干部手续。1992—1993年，根据国家和山东省关于聘用干部的规定，制定、完善《菏泽地区企业事业单位聘用干部实施意见》，全区企事业单位共聘用干部6400余人。

1994—1996年，开始尝试从优秀工人中录用干部的做法，为35名优秀企业家、厂长、经理办理录用手续。同时，择优录用乡镇选聘制干部3人；办理乡镇聘用专职武装干部录干手续20人；办理省扩招计划内专科自费毕业生录干手续55人，聘干手续1人；经考试，为事业单位聘干325人，其中“五大”毕业生271人，科研成果奖获得者13人，县市、乡镇股级人员41人；为875名民办教师办理了录用干部手续；为政法、林业部门录用警察281人。此外，根据地区1996年度聘用干部指标和实行考试考核择优聘用干部的精神，经考试考核，审批1100名聘用制干部。

1997年，国家公务员制度在菏泽地区正式入轨运行，全区有8947名机关干部平稳过渡为国家公务员。之后，菏泽地区首次面向社会公开招考国家公务员（国家机关工作人员）。经笔试、面试、体检、考核，为地直和县市党政机关的14个单位录用67人。1998年，根据山东省人事厅下发的民师转正指标，经考试考核，为2450名民师办理录干手续。2000年，配合县市、乡镇机构改革，为122名县市和乡镇机关分流人员办理转干手续。此后，菏泽地区严把公务员队伍入口，实行凡进必考，坚持公开、平等、择优的原则，进行“阳光操作”。2001—2002年，为市、县区公安局招考人民警察47人。2003—2005年，为市、县区机关招录公务员165人，其中公安系统126人（市级机关38人，县级机关88人）；工商系统8人（全部为县区机关）；药监系统21人（市级2人，县级19人）；质监系统2人（市、县级各1人）；菏泽监狱8人。

军官转业安置　1985年，行署成立军转干部安置工作领导小组，下设办公室具体负责实施全区军转干部的安置工作。1986 年 8 月 2 日，地区军转干部安置工作领导小组、地区纪委联合下发《关于严禁在军转安置工作中搞不正之风的通知》，强调安置纪律。2001 年开始，军转干部安置政策改革，实行计划分配和自主择业两种方式。任领导职务满三年的副团职及以上职务军转干部由组织部安置，其他副团职干部和营职以下及技术干部由人事局安置。计划分配的营职以下及技术干部全部实行考试考核相结合的办法进行安置。1986–2005 年的 20 年间，菏泽市共接收安置军转干部 4237 人，随调家属 382 人，其中计划分配 4154 人，自主择业 83 人；按职务划分，团职 402 人，营职 1397 人，连排职 1730 人，技术干部 708 人。

大中专毕业生分配　1985—1996 年，分配接收大中专毕业生的工作，由地区教育局会同地区计委负责，这期间的大中专毕业生全部计划分配。自 1997 年起，大中专毕业生就业工作实行人事部门与教育部门共同管理，教育部门负责研究编制师范类毕业生的就业分配计划并组织实施，人事部门负责研究编制非师范类毕业生的就业分配并组织实施。1998 年，根据国家、省对毕业生就业工作的总体部署和地委、行署的要求，菏泽地区毕业生就业工作在全省率先提出“取消计划分配，实行市场配置”的毕业生就业模式。地区人事局结合全区实际，及时出台《毕业生市场就业操作办法》和地直事业单位接收毕业生《考试暂行办法》。随着毕业生就业制度改革的逐步深化，在全区初步建立起 “市场导向、政府调控、学校推荐、学生与用人单位双向选择”的新的毕业生就业机制。同年始，对地直事业单位接收非师范类大中专毕业生实行公开考录，对高学历急缺专业毕业生实行在批准的用人计划内，由毕业生与用人单位双向选择就业，行署每年都将批准的事业单位增人计划向社会公布，由地区人事局负责组织公开考试。至 2003 年，市人事局共组织事业单位接收毕业生考试 8 次，录用大中专毕业生 572 人。2004 年，为了给尚未就业的大中专毕业生提供就业锻炼机会，增强其求职择业能力，满足企事业单位不同形式的用人需要，市人事局在全市建立毕业生就业实践站 47 个，进站锻炼的毕业生达 1082 人。年底，全市初步建立起对县区和有关学校的毕业生就业工作评价制度，促进了毕业生就业工作的开展。

1997—2005 年，全市共接收大中专毕业生 48265 人，其中研究生 141 人，本科生 3121 人，专科生 9809 人，中专生 35194 人。

第三节　干部管理

干部调配　1986—1992 年，干部调配在流动方向上提倡干部由地区向县城，由县城向乡镇，由机关向基层，由行政事业单位向企业单位流动。控制干部逆向流动，一般不允许企业干部进入行政、事业单位。对外地调入的干部，除急需的专业技术人员外，一般不予接收。同时控制具有中级以上职称的专业技术人员外流和教师、医生改行，从而保证专业技术人员队伍的相对稳定。

1993 年，为了适应经济体制和政治体制改革的需要，地委组织部和地区人事局下发《关于下放地直部分干部管理权限的通知》。通过简政放权，促使干部工作更好地为改革开放和经济建设服务。1997 年，为加强对公务员和机关工作人员的管理，避免用人上的不正之风，地委组织部、地区人事局下发《关于国家公务员和机关工作者录用转任有关问题的意见》，从而优化干部队伍，提高办事效率。2000 年 6 月，为加强对干部学历、参加工作时间、年龄的审定工作，全区各级组织、人事、劳动部门集中力量，用 1 年的时间，按照干部管理权限，对机关、事业单位工作人员的出生日期、参加工作时间、学历，进行审定。地、县两级人事部门共审定 21061 人，并对 1260 人参加工作的时间和年限按政策进行变更，对出生年月前后填写不一致的 5000 余人进行认定，对 1210 人与实际不符的学历进行纠正。其中，地区人事局共审定 5659 人，审查地直干部 3961 人，变更 243 人。这一工作的开展，较好地解决人事管理工作中的老大难问题，并为以后搞好人事管理工作奠定良好的基础。

2001 年，按照中组部、人事部、中央编办《关于进一步加强管理严肃干部人事工作纪律有关问题的通知》精神，为严肃干部人事工作纪律，特做如下规定：①市直和县乡机构改革之前，要保持领导班子和干部队伍的相对稳定，各单位除正职缺职、工作急需可个别提拔补充外，不准再提拔干部。②各级各部门要严格按规定的职数限额配备领导干部，不准超职配备，不准低岗高配，不准违反规定增设非领导职务。县区直部门除行政负责人是非党人士外，正职不准党政分设，已经分设的要尽快调整。③增强干部选拔任用工作的透明度，坚持按规定按程序办事。各级党委（党组）及组织人事部门选拔任用干部，要全面正确地贯彻干部队伍“四化”方针和德才兼备的原则，经过民主推荐，组织考察，集体讨论决定干部人选，严禁个人或班子内少数人决定干部任免；严禁领导干部和组织人事干部以权谋私，为干部提拔说情、打招呼。④严格执行干部录用、调配和工资政策，杜绝各种弄虚作假行为。各级党政群机关录用公务员，都要坚持“凡进必考”的办法，面向社会公开招考。严禁在调配工作中徇私舞弊，搞虚假材料，伪造身份。⑤严格执行干部人事档案管理规定，维护干部人事档案的严肃性和真实性。各级档案工作人员要坚持原则，依法办事，对收集归档的材料要认真鉴别、严格审查，防止不符合归档要求的材料进入档案，不得私自或者允许他人擅自涂改、抽取、伪造或销毁档案材料。1986—2005 年，全市共调动干部 9642 人，其中市直调整干部 1836 人。

1986—2005 年菏泽市（地区）干部调配统计表

表 21-2-3　　单位：人

年　份	干部调动			市直调整
	合　计	调　入	调　出	
1986	518	262	256	101
1987	514	271	243	95

续表 21-2-3

年　份	干部调动			市直调整
	合　计	调　入	调　出	
1988	490	230	260	90
1989	461	220	241	86
1990	457	228	229	80
1991	471	241	230	110
1992	457	236	221	88
1993	511	249	262	79
1994	464	236	228	86
1995	497	250	247	104
1996	407	210	197	93
1997	451	215	236	97
1998	468	209	259	87
1999	471	200	271	85
2000	501	221	280	96
2001	501	202	299	121
2002	486	210	276	87
2003	491	190	301	94
2004	516	220	296	69
2005	510	195	315	88

干部任免　1986年，地委组织部、地区人事局严格依照法律程序和有关规定任免国家机关和其他行政领导职务，对拟任免的职务，经地委审查同意后，通知行署党组和人事局党组，由人事局统一提请行署决定，并下达任免通知。审批备案的范围是行署各部门的科长、副科长、主任、副主任及相当职务的其他干部；行署序列事业单位和行署各部门管理的县级事业单位的科长、副科长、主任、副主任及相当职务的秘书；行署各部门管理的科级单位正、副职。1990年4月7日，地区人事局下发《关于加强科级干部任免工作的通知》，要求严格掌握干部任职条件，按照规定程序办理晋升职级，要充分走群众路线，严格进行组织考察。1993年4月12日，地委组织部、地区人事局下发《关于下放地直部分干部管理权限的通知》，对地直党政群机关、事业单位中原属地委组织部、地区人事局管理的副科级干部，由各部、委、办、局党组织管理，任免前要按原干部管理权限，分别征得地委组织部、地区人事局的同意，公布后及时向地委组织部或地区人事局备案。1996年，根据国家和省国家公务员制度实施方案的要求，地区成立推行国家公务员制度领导小组和办公室，制订《菏泽地区国家公务员制度实施方案》。在推行国家公务员制度工作中，地直党政机关48个工作部门、7个部门管理机构、9个县市、253个乡镇，共设职位20088个，其中科级领导职位3749个，主任科员以下非领导职位15987个；地直拿出312个职

位实行竞争上岗，272人进行职位轮换。2000年1月13日，地区人事局下发《关于当前严格控制提拔科级干部等问题的通知》，要求行署各部门及所属事业单位从严控制提拔科级干部和提高干部职级待遇。

2002年10月10日，市委组织部下发《关于下放市直单位科级干部职务管理权限的通知》，明确管理权限和备案任免程序。除副县级单位副职及相当职务管理权限不变外，市直单位及市人大、市政协、市纪委、市委党校、菏泽师专等厅级单位所有正副科级职务（包括领导职务和非领导职务），一律由单位或单位主管部门党委（党组）直接管理、任免。科级干部职务管理权限下放后，市直单位及上述厅级单位所有正、副科级干部任免前必须向市委组织部备案。至此，市人事局对市政府部门及所属事业单位的科级干部任免权限全部交由市委组织部管理。

1986—2005年，市人事局共办理市政府部门及所属单位县级干部任免手续2112人，科级干部任免3186人，办理市政府领导成员任免手续7人。

干部考核　1986年，在全区推行以目标管理为主要内容的岗位目标责任制，即根据全区年度总的任务和要求，将工作任务指标层层分解落实到各系统、各单位、各科室和每个工作人员，建立起四级目标体系，并辅之以严格的考评和奖惩。自1991年开始，全区的岗位目标责任制步入正常的年度评比、考核、奖惩。1994年，根据人事部和省人事厅统一部署，地区人事局对全区各级党政群机关、事业单位的工作人员进行年度考核。全区实际参加考核的有154137人，其中考核各级各类党政群机关干部32950人，优秀等次4471人，称职等次28028人，不称职等次19人，未定等次432人；考核机关工勤人员7135人，优秀等次724人，合格等次6290人，不合格等次4人，未定等次117人；考核各级各类事业单位工作人员114052人，优秀等次14538人，合格等次96984人，不合格等次16人，未定等次2514人。1995年，地委组织部、地区人事局联合下发《党政群机关工作人员考核工作有关问题》《年度考核实施办法》，标志着菏泽地区的年度考核工作进入规范化、制度化轨道。是年，全区各级各类机关事业单位共有159218人参加年度考核，其中各级各类机关33847人参加考核，优秀等次4600人，称职等次28739人，不称职等次21人，未定等次487人；机关工勤人员7447人参加考核，优秀等次706人，合格等次6588人，不合格等次6人，未定等次147人；各级各类事业单位117924人参加考核，优秀等次14951人，合格等次99660人，不合格等次13人，未定等次3300人。1996年，为加强对全区党政群机关、事业单位工作人员年度考核的领导，地委成立考核委员会，下设具体的办事机构，年度考核工作开展得较为顺利。全区机关事业单位共有169549人参加年度考核，其中考核国家公务员23174人，优秀等次2934人，称职等次19581人，不称职等次1人，6人给予考验期，未定等次652人；考核参照公务员管理人员8485人，优秀等次1051人，称职等次7341人，不称职等次1人，未定等次92人；机关工勤人员9631人，优秀900人，合格8528人，被告诫2人，未定等次201人；事业单位工作人员128259

人，优秀 14264 人，合格 110483 人，不合格 12 人，被告诫 5 人，未定等次 3495 人。地委管理的干部有 2 人为不称职等次。1997 年，在全区机关、事业单位工作人员中建立平时考核制度和个人考核档案制度。是年，全区机关事业单位工作人员共有 172168 人参加年度考核，其中不称职（不合格）等次 13 人。

2004 年，根据省政府制订下发的《关于加强行政行为考核激励公务员干事创业的意见》精神，市人事局起草《菏泽市国家公务员考核办法》，并在东明、定陶两县进行试点，取得明显成效。当年，全市机关事业单位共有 17.8 万人参加年度考核，其中不称职（不合格）等次 112 人，被告诫 1 人。2001—2005 年，全市机关事业单位年度考核参加人数基本稳定在 17 万余人。

推行国家公务员制度　1996—1997 年，菏泽地区有 8947 名机关工作人员平稳过渡为国家公务员，并顺利通过省和国家有关部门的验收，全区初步建立国家公务员制度，使国家公务员管理走上了法制化轨道。在人员选配过程中，全面引入竞争机制，实行竞争上岗。行政机关用人“凡进必考”的机制初步形成，先后组织考录国家公务员 326 名。公务员培训工作也纳入法制化轨道，公务员任职培训和初任培训形成制度，培训质量不断提高。特别是科级干部任职培训的“双讲式教学”“模拟案例教学”法，得到了省人事厅和国家有关部门的肯定。职位轮换法规和回避制度得到有效落实。公务员考核工作日趋规范，考核标准进一步量化、硬化，考核结果已成为公务员奖惩、培训、晋职、晋级的依据。公务员任免与奖惩工作逐步走上正轨。

干部教育培训　1986 年，按照“先培训后上岗”“缺什么补什么，干什么学什么”的原则，组织军转干部进行培训。1989 年，根据发展外向型经济的需要，把培训工作的重点放在培养当地人才上。在搞好岗位培训的同时，地区人事局开辟多渠道，采取多种形式，开展干部培训工作。1998 年，结合地直机关调整干部的实际情况，集中举办 6 期公务员任职培训班，地直 624 名晋升科级职务的人员参加培训。同年，在全区部分专业技术人员和国家公务员中开展《创造学与创造性经营》《跨越世纪面向世界 500 讲》《创业与成功》教育培训活动。为强化专业技术人员对计算机应用的能力，地区人事局全年培训专业技术人员 5000 余人，考试合格率为 80%。1999—2000 年，全区国家公务员、专业技术人员和企事业单位经营管理人员接受“知识经济”“现代教育思想与实践”“中国与 WTO”“医学论文写作”“素质教育简论”等科目的继续教育，参学人数达 11.6 万人。

2001—2004 年，全区在职国家公务员先后接受《金融证券》《国家公务员依法行政知识》《公务员创新知识》《公务员英语会话》和《中华人民共和国行政许可法》更新知识培训。专业技术人员和企事业单位经营管理人员接受《非智力因素对中小学生成长的影响》《知识产权保护概论》《素质教育简论》《创新理论与创新经营》《现代教育技术与教学现代化》《教学激励最优策略论》《现代科学技术干部读本》《终身教育和学习型社会》等知识培训。同时继续加强对公务员和专业技术人员的计算机知识培训工作，共举办 16 期培训班，全区有1.8万人参加计算机应用能力等级考核。2000—2005年，加强对公务员培训和继续教育工作的综合管理工作，审批市直卫生、农业、林业、国土、财政等行业部门的专门业务培训和继续教育班400余班次，参训人数10万余人次；开展部分专业技术人员的学历层次教育；完成省厅举办的处级公务员培训班和专业技术人员高研班的调训任务。

第四节　人才交流与管理

人才引进　1986年，地区人才交流服务中心主要是掌握和传递人才信息、沟通人才流通渠道、开发人才资源、组织人才合理流动。1990年，为缓解菏泽经济建设中人才短缺的矛盾，地区人事局邀请省直22所高等院校、科研院所到菏泽参加人才技术项目洽谈会，全区有200多家企事业单位设摊招聘急需人才。洽谈会上当场办理调动手续5人，达成流动意向的112人，并与12所高校签订人才培训协议。1991年，全区有171个企事业单位的主要负责人参加全省人才交流大会，达成意向36人。1992年8月，在西安举办“菏泽地区经济技术新闻发布会”。全年，共接待区外应聘人才来信来访7083人次，正式办理调入手续142人，发商调函77人。办理应聘登记人员中，高级人才328人，中级人才1820人，初级及其以下人才2894人。1993年，为了引进急需的人才，组织65人的招聘引进团，参加人事部主办的“全国人才市场首届人才技术交流大会”，共接待洽谈人员1153人次，正式登记106人。1994—1996年，全区共引进人才223人，其中具有高级职称的25人，中级职称的137人，初级职称的61人。

1998—2005年，全市共举办大型综合类毕业生就业市场会27次，并经常开展小型专业类毕业生就业“双向选择会”，为毕业生提供就业岗位2.52万个，向市外输出低学历层次富余毕业生7574人。通过菏泽毕业生就业信息网、报纸、宣传栏等渠道向社会发布需求毕业生信息6000多条。为10816名毕业生进行了就业推荐。至2005年年底，有19960名大中专毕业生实现较稳定就业，其中正式办理就业手续的10543人（研究生141人，本科生1751人，专科生5729人，中专生2922人）。

人才开发　为适应经济发展的需要，多渠道、多层次开发人才资源。①积极为企业和农业提供人才技术服务。在大力帮助企业引进人才的同时，为企业推荐聘用自费大中专毕业生。1989年，地区人才技术服务部成立后，联结社会各行各业现有一定理论水平和实践技能的专门人才，深入到乡镇为集体企业和乡镇企业及广大群众提供多种人才、技术、信息、咨询和介绍服务，帮助解决各种技术难题200多个。②搞好内部挖潜，充分发挥专业技术人员

2004年11月15日，参加中国·山东第三届海外人才交流暨经贸项目洽谈会

的作用，一方面注重调整用非所学、用非所长专业技术人员的工作，使其发挥所长，另一方面，采取调动、聘用、兼职服务等多种形式，组织专业技术人员到企业工作，使部分企业摆脱困境。全市共调整交流专业技术人员4035人；③举办学历班和培训班，培养急需人才。为了挖掘本地人才，发挥本地专业技术人才的作用，1988年以来，共举办经济管理、企业管理、棉花种植与防治等各类培训班470余期，培训技术人员46300余人次。1994年，地区人事局与复旦大学成人教育学院协商，成立复旦大学菏泽函授站，设置企业管理、会计学、新闻学3个专升本专业和财务学专科班，共培养174人。1997年，根据菏泽经济建设和社会事业发展的急需，地区人事局与曲阜师范大学、西安交通大学等有关高校结合，从应届高考落榜生中选拔398名学生，送到高校学习。全市共委托高校培养人才3580人。

在搞好国家统配人才合理配置的同时，将工作重点放在培养“留得住、管得了、用得上”的“永久牌”人才上来。2001—2005年，先后组织举办各类业务技术和更新知识培训班400期，参加培训人员达10万人次。

国外智力引进　1995年，菏泽地区开始开展引进国外智力工作。1997年，单县、曹县、县级菏泽市被国家外国专家局、国家计委确定为全国首批“粮食引智示范基地”。1998年，在曹县建立“小麦引智示范园”，为改良主要畜牧品种，陆续聘请德国、法国、加拿大、荷兰、以色列、日本等国家的畜牧业技术专家53人次，外国专家提供各类畜禽饲料配方75个。2002年，曹县银香伟业集团公司建立山东省“国外畜牧良种引进和繁育示范园”，外国专家向其提供建议146项，其中使用67项，使引进的胚胎生产成活率达到76%，超过普通胚胎生产成活率57%近20个百分点。针对胚胎移植成功率低的问题，2004年聘请美国胚胎协会会长到银香伟业公司指导，并赠送30枚具有贵族血统的良种牛胚胎。在专家的现场指导下，胚胎移植成功率提高26%，仅此一项每年增加效益几十万元。2005年，荷兰动物繁育专家朱伯克亲自指导传授接生牛犊技术，为该公司减少损失近百万元。

1997—2005年，市人事局先后帮助企业聘请外国专家近百人次，专业涉及毛纺织、高档服装制作、食品加工、机电、皮革制品、造纸、化肥、日用精细化工、木材加工、生化制药等行业。定陶圣龙集团造纸厂连续两次聘请法国造纸专家，解决了技术难题，并收到13条建议，其中提高纸机生产效率和产品质量一项，年增收益600万元。至2005年年底，全市共申报聘请外国专家项目154项，引进外国专家101人次，建立国家级农业引智示范基地3

2005年3月16日，全市引进国外智力工作座谈会在曹县银香伟业集团召开

处、省级农业引智成果示范园3个（经省政府批准挂牌的2个），完成国家和省农业引智成果推广项目27项，取得一批较好的工农业引智成果。

人才市场建设 1993年，地区和各县市相继成立人才市场。1998年3月，为适应市场经济发展的需求，加快培育和发展人才市场，利用市场机制配置人才资源，地区人事局在地区转业军官培训中心建立一处面积30余平方米的人才市场固定场所。同时举办全区人才技术交流大会，组织用人单位和各类人才到场，供需见面，双向选择。到会招聘人才的单位246个，择业洽谈的专业技术人员和大中专毕业生达11214人次，当场达成意向的3764人。地区级人才市场基本具备了求职和招聘登记、查询、收集和发布人才信息，帮助用人单位招聘人才和举办人才交流会的功能。12月15日，地区人才市场举办首次人才交流集市活动，到场招聘的单位15个，接洽各类人才1358人次，当场达成意向506人。年内，全区共举办人才交流大会7次，参会应聘人才15472人次，招聘单位468个，达成流动意向协议5314人。1999年，人才市场建设的力度进一步加大。4月20—29日，人事局在曹州宾馆举办"九九"春季人才技术交流大会，170余个企事业单位到会招聘人才，近万人参会求职择业，共达成意向协议3699人，其中大中专毕业生2921人，专业技术人员654人，洽谈成功的124人。地区人才市场除日常营业外，还举办3次人才市场集市活动，共60余个单位进场招聘，1000余人入场求职、择业，达成意向协议250余人。2000年，全市共举办人才交流大会18次，参会求职人员达16729人次，参会招聘单位289个，达成意向协议2687人。

2001年，市人才市场招聘交流大厅由

人才市场

原来的30平方米扩大到230平方米，可容纳招聘摊位20个，容纳求职人员200余人。全年共举办人才交流会19次，参会求职人才8316人，参会招聘单位162个，达成意向协议410人。2003 年，市级人才市场由每月15日改为每月1日和15日定期举办人才招聘会。全年共有266家单位进场招聘，4356人进场应聘，达成意向协议373人。2004年，全市共举办人才市场人才招聘会和大型人才交流会44场次，参会的招聘单位1127家，参会毕业生及各类人才达26696人次，达成就业意向协议6482人。其中市人才市场定期举办招聘会23次，参会招聘单位351家，参会的各类人才4062人，达成意向协议478人。

2005年，为充分发挥其在人才资源配置中的基础性作用，为用人单位和各类人才提供广阔的交流平台，市人才市场改为每周三举办1次人才招聘会。同时，建立"菏泽人才信息"网站，为用人单位招聘和人才择业提供更快捷的服务。至年底，全市共举办大、中型人才交流21次，定期举办小型招聘会 43 次，参会招聘单位 1208 家次，参会各类人才达 23250 人次，达成流动意向协议 5683 人。

人事代理　1997 年 7 月，依据《山东省人事代理暂行办法》，全区正式开展人事代理工作，主要是接受用人单位或个人委托，提供人事方面的系列服务。1998 年，全区人事代理工作面逐步增宽，代理量逐渐增大。地区人事局与公安、粮食部门先后联合下发《关于为人事代理人员办理户粮关系工作的通知》《关于开展非国有单位专业技术职务资格招聘及考试工作的通知》《关于人事代理人员工作及工龄管理问题的通知》，全区人事代理人数达到 328 人，并为 91 名委托代理人员办理专业技术资格考试和技术职务评聘，为 14 人办理工资定级手续。2000 年，全区人事代理达 783 人，办理工资调整 267 人、转正定级手续 60 人、落户 89 人，审报专业技术职称 26 人。

2005 年 6 月 22 日，菏泽人才市场举办能源化工行业专场人才招聘会

2001—2002 年，全市人事代理达到 1732 人，其中市人才服务中心为 36 个市直单位的 300 名新进人员办理聘用合同鉴证和人事代理手续。全市共保存流动人员档案 4102 份，调整档案工资 404 人，评定高级职称 2 人、中级职称 58 人、初级职称 404 人。2003 年，为拓展人事代理业务，使人事代理有明显的膨胀，把人事代理的重点放在非国有制单位上，市人事局下发《关于提供人事人才支持促进民营经济发展的意见》，并积极向民营企业、民办机构宣传人事代理的意义，鼓励毕业生到非国有制单位就业，自觉申请委托人事代理。为加强流动人员档案管理，市委组织部、市人事局联合下发《关于进一步加强流动人员人事档案管理工作的通知》，维护人事档案的真实性、严肃性，完善人才流动社会化服务体系，进一步促进人事代理工作的开展。到 2004 年，全市人事代理人数达到 3508 人，保存流动人员档案 14283 份，并为 1824 人调整了档案工资，评定高级职称 6 人、中级职称 32 人、初级职称 407 人。

2005 年，市人事局实行代理的手续、开展代理业务的办理程序、代理人员的流动渠道进一步规范，人事代理的范围进一步拓宽，可提供政策咨询、人才招聘、工资调整、职称考评、合同鉴证、落户、接转人事关系、出具档案证明等多项服务，初步建立起与人才市场化相配套的人事代理制度。至 2005 年年底，全市人事代理人数已达 4834 人，保存流动人员档案总量 18796 份，其中市人才资源开发服务中心代理 1652 人，保存流动人员档案 1997 份，促进了人才社会化进程。

专业技术人员管理　1986 年，全区共有各类专业技术员 47656 人，其中高级职称 102 人，中级 3233 人，初级 23967 人。1987—1991 年，全区共有享受国务院政府特殊津贴的专家 14 人。1992 年，高层次人才选拔管理工作由地委组织部移交给地区人事局。从1993年开始，地区人事局每年都选拔推荐3名以上业绩突出的优秀专业技术人才参加享受国务院政府特殊津贴专家评选，先后共有18人当选。1998年，地委组织部，地区人事局下发《关于选拔培养学科带头人的实施意见》，决定选拔年龄在30岁以下，具有本科以上学历，且有较高专业技术水平，有培养前途的优秀专业技术人员进行重点培养，使他们的学术技术水平逐步达到省内国内先进水平，成为某一专业学科带头人。当年，全区共选拔23名地区学科带头人为培养对象，并从中选送7人到西北工业大学接受研究生学历教育。

2001年，市委、市政府制订《关于加强高层次人才培养引进和使用工作的意见》后，高层次人才的培养与使用工作有了明确目标和方法措施。以单位培养为主的高层人才培养机制建立，以制度创新、市场配置为主导的人才使用机制开始形成。2002年，为提高专业技术人员信息化管理水平，市人事局开发人才信息库软件，将全市高层次人才和具有专业技术职称的9万名专业技术人员的基本信息，输入人才信息库，并向有关部门和单位提供人才信息服务。2003年，开展评选表彰市级优秀专业技术人员活动，评选出10名优秀专业技术人员受到市政府的表彰和奖励，并享受市级劳动模范待遇。同时，还为一批业绩突出的专业技术人员破格评审正高级职称。

至2005年年底，全市共有各类专业技术人员215298人，总量为1986年的4.5倍，年均增长17.6%。其中，32人被选拔为享受国务院政府特殊津贴专家，4名中青年技术人员被评选为国家和省有突出贡献的中青年专家。

第五节　专业技术职称评聘

1986年以前，专业技术职称实行评定制。1986年起，在企事业单位推行专业技术职称聘任制。对职称的管理主要是“三个控制”，即指标控制、评审条件控制、评审程序控制。晋升高级专业技术职称由地区中级职务评委会推荐，省高级职务评委会评审，省职称改革领导小组审批；晋升中级专业技术职务由初级职务评委会推荐，中级职务评委会评审，地区职称改革领导小组审批；初级专业技术职务由各县（市）或地直各系列主管部门组建的初级职务评委会评审，县市或地直各系列主管部门职称改革领导小组审批。1986—1989年，全区共评聘高级专业技术职务1941人，中级24041人，初级87101人。涉及工程、农业、高校、中专、中学、小学、艺术、新闻、卫生、出版等22个系列。1993年12月，为理顺职称改革工作关系，职改工作由地区科委移交给地区人事局负责。1994年上半年开展1993年度的中、初级评审工作，下半年进行1994年度高、中、初级的推荐评审工作。两个年度的评审，全民、集体企事业单位、乡镇企业同时进行。财政全额拨款和差额拨款的事业单位，按批准的设岗方案补缺评聘；自收自支单位、企业及企业化经营事业单位，按照评聘条件，自主评聘。年内，全区共评审高级604人，中级5702人。1995年后，按照全省的统一部署，每一年进行1次。专业技术职务实行补缺评聘，以考代评系列范围逐步扩大，部分系列高级职称进行考评结合试点。2005 年，全市共评审高级职称 1148 人，中级职称 5384 人，初级职称 5867 人。

完善职称评审体系　1995 年，地区中级评审委员会实行密码评审。职称评审材料隐藏评审对象的姓名和单位，减少社会对评委会评审工作的干扰，提高评审质量。省人事厅在全省推广菏泽地区密码评审的做法。同年，全区实行单位量化推荐晋升高、中级职称人员的办法，制订《菏泽地区高、中级专业技术资格推荐打分参考办法》。量化推荐晋升人员的办法受到省人事厅的肯定，并在《山东人事》期刊上做专题介绍。2002 年，省人事厅下发《关于山东省专业技术职务评审委员组织办法（试行）》《山东省专业技术职务任职资格评审办法（试行）》后，个人申报、单位部门推荐呈报、评委会评审，严格按省人事厅的规定执行，专业技术职称推荐评审工作进一步规范。2004 年，结合全市专业技术人才队伍的实际情况，制定中专、中小学等 15 个系列专业破格申报中级专业技术职称任职资格条件，进一步完善中级职称评审体系。2005 年，根据省人事厅《关于推广使用职称评审管理系统的通知》《关于做好 2005 年度专业技术职称评聘工作的意见》要求，除中专、中小学教师系列外，其他系列中级职称都实行网络化评审。

技术职务岗位管理　1994 年，根据上级文件精神，地区人事局制订《关于全民事业单位专业技术岗位管理的意见》。按照文件要求，全区事业单位对专业技术岗位进行调整设置；企业单位按文件规定的结构比例，自主设置专业技术岗位。1996 年，按照省人事厅《关于进一步做好专业技术岗位核定工作的通知》要求，各级人事部门对所属企事业单位的专业技术岗位进行一次全面核定。全区共核定高级技术岗位 3311 个，中级岗位 27958 个。2003 年，市人事局制定全市专业技术岗位管理办法，按照专业技术岗位管理权限，市、县区人事部门对所属事业单位的专业技术岗位，按省新的专业技术职务结构比例指导标准，重新进行核定，并开发菏泽市专业技术职务聘任工作管理系统。

技术职务聘任与管理　全区各类企事业单位对获得专业技术职称的在职在岗人员，均聘任、任命专业技术职务。1990 年，行署《关于全区事业单位专业技术人员考核续聘工作意见的通知》下发后，对任届期满的专业技术人员进行考核。对考核合格者继续聘任专业技术职务，兑现专业技术职务工资。1994—1997 年，专业技术人员的聘任、年度考核及任届期满考核工作，每年进行 1 次检查验收。验收合格后，兑现工资待遇。1997 年起，专业技术人员聘任、年度及任届期满考核工作，县属单位的由县科委改为县人事局负责管理，地直单位的仍由地区人事局负责。1998 年后，按照人事部《关于事业单位工作人员考核暂行规定的通知》要求，事业单位专业技术人员与机关工作人员的考核工作均在年底统一进行。同年，按照省人事厅《关于做好 1998 年度专业技术职务评聘工作有关问题的通知》要求，开展专业技术职务评聘分开和竞争上岗试点工作，全区共选 33 个事业单位作为试点。参加试点单位竞争聘任的专业技术人员共有 1799 人，其中有高级331人、中级1468人。通过竞争上岗，80名专业技术人员落聘，其中高级19人，中级61人。至此，全市事业单位专业技术职务终身制被打破。1999年，省人事厅要求全省所有实行专业技术职务聘任制的单位，自2000年起，都必须实行专业技术职务竞争聘任制度（确实不具备竞争条件的单位除外），菏泽地区95%以上的事业单位都进行专业技术职务竞争聘任工作。通过竞争上岗，全区共有1286名高中级专业技术人员落聘或降聘，占参加竞争上岗人数的5.1%。从2001年起，竞争聘任工作进入完善阶段，步入规范化轨道。

非公有制单位职称评审 1995年，为在非公有制企业中直接从事专业技术工作，需要评定相应专业技术资格的人员评定技术职称。1998年，开展非国有单位专业技术职务资格评聘及考试工作，并对全区非国有制单位(包括乡镇企业、外商投资企业、民办机构、股份制企业和私营企业）专业技术职务资格评聘及考试工作的有关问题作了进一步规定。2004年，市人事局下发《关于对民营企业专业技术人员进行职称评聘工作的暂行规定》，要求：凡与民营企业确立正式劳动关系的专业技术人员都可以申请按国家规定的评审条件、程序、办法参加专业技术资格评审，或参加全国统一组织的专业技术资格考试。1995—2005年，全市共为1841名非公有制单位的专业技术人员评审了高、中级专业技术职称。

农民技术职称评定 1992年职称评聘工作转入经常化以前，共为4870名农民评审农民技术职称。其评审范围涉及农、林、牧、渔、农业机械、水利、电影艺术、计划生育、财会等专业，职称为农民技术员、助理农民技师、农民技师、高级农民技师。2004年共为4294名农民技术人员评定农民技术职称。2005年，山东省扩大专业技术职称范围，农民身份人员也可申报专业技术职称，农民技术职称不再单独评定。

第六节 工资福利

1985年6月，中共中央、国务院下发《关于国家机关事业单位工作人员工资改革问题的通知》。此次工资制度改革是第二次全国性的工资制度改革，由原来的职务等级工资制改为以职务工资为主的结构工资制（分为基础工资、职务工资、工龄工资、奖励工资4个组成部分），普通中小学、幼儿园从1985年1月1日起执行，机关和其他事业单位从1985年7月1日起执行。全区机关事业单位参加工资改革的人员共96155人，人均月增资21.5元。根据鲁工改行〔1986〕371号文件精神，为机关事业单位工作人员增加奖励工资，全年按1个月的基本工资发放（从1986年1月1日起执行）。1987年8月，省工资制度改革领导小组下发文件，对解决专业技术人员实行职务聘任制后的工资问题、部分人员职务工资的突出问题作了规定。年内，全区共有8647人升级。

1988年5月，山东省国家机关、事业单位工作人员执行五类区工资标准的自5月1日起改按六类区工资标准执行。同时，根据劳动人事部、国家教委《关于提高中、小学教师工资标准的实施办法》的要求，从1987年10月起，将中、小学和幼儿园教师现行的各级工资标准均提高10%。

1989 年 9 月，省人事厅、卫生厅、财政厅联合下发鲁人薪〔1989〕4 号文件，确定从 1988 年 10 月起，将国家机关事业单位护士现行的各级工资标准均提高 10%。

1990 年，按照人事部和省人事厅的要求，为全区国家机关事业单位的 116468 名工作人员普调一级工资，在普调的基础上又为 113267 名机关事业单位工作人员增加一级工资。1991 年，全区开始解决机关事业单位部分人员的升级、工作人员奖励工资的审批发放和农林水第一线科技人员浮动工资转固定工资工作。1992 年，机关事业单位工龄津贴标准，由每年 0.5 元提高到 1 元，并为全区机关事业单位工作人员增加工资。

1993 年 11 月 15 日，国务院下发《关于机关事业单位工作人员工资制度改革问题的通知》后，行政机关工作人员由原结构工资制改变为职务级别工资制（由基础工资、职务工资、级别工资、工龄工资 4 个部分组成），事业单位实行全额、差额、自收自支 3 种类型分类管理（从 1993 年 10 月 1 日起执行）。

1994 年，对机关事业单位进行工资改革。地区人事局按照国家和省的统一部署，于当年 9—11 月份大范围模拟套改，新的工资制度在菏泽开始入轨运行。此次工资改革，全区机关事业单位共有 135525 人参加，其中机关人员 50255 人，事业人员 85270 人，人均月增资 91 元。1996 年，新工资制度入轨运行后，地区人事局根据人事部、国家计委、财政部及省有关文件规定，为 1994—1995 年两年度考核称职（合格）以上的 154002 人办理了首次正常晋升工资档次手续，人均月增资 20 元（从 1995 年 10 月 1 日起执行）。1997 年，为机关工作人员中 1994—1996 年度连续三年考核优秀的 475 人办理晋升级别工资，为达到上一级别工资年限杠的 3689 人办理了级别晋升手续。1998 年 7 月，根据鲁人薪〔1998〕2 号文件精神，为机关工作人员中 1994—1997 年度考核称职（合格）以上的 52118 人晋升了级别工资，人均月增资 49 元（从 1998 年 1 月执行）。同时，根据省人事厅、财政厅的有关文件规定，从 1 月 1 日起将全区机关、事业单位工作人员的交通补贴、洗理费、粮油补贴、房租补贴、粮价补贴、开放城市补贴、误餐补贴等 7 种津贴、补贴进行简化归并，合并后统一称为地方福利补贴，标准为每人每月 125 元，人均月增资 35 元。根据人事部、财政部和山东省的有关文件规定，为全区机关事业单位的 186153 人调整工资标准，人均月增资 34 元。同年 10 月，根据 1996—1997 年两年的年度考核结果，为全区 181354 人办理正常晋升工资档次手续。1999 年 7 月，根据鲁人薪〔1999〕2 号文件规定，为全区机关事业单位 187642 人调整了工资标准，人均月增资 120 元。此次工资调整是历次调整工资幅度最大的一次。2000 年 7 月，对全区机关事业单位工作人员 1998—1999 年两年考核称职（合格）的 178627 人晋升一档职务工资，人均月增资 35 元（从 1999 年 10 月起执行）。2001 年，分别于 1 月、10 月两次调整机关事业单位工作人员的工资标准，两次人均月增资 190 元。2002 年 3 月，为全市机关事业单位 2000—2001 年两年度考核称职（合格）的 181175 人晋升一档职务工资，人均月增资 38 元（从 2001 年 10 月起执行）。

2004年5月，为机关事业单位工作人员2002—2003年两年度考核称职（合格）的190089人员晋升一档职务工资，人均月增资39元（从2003年10月起执行）。2005年10月，为市直机关事业单位工作人员审核补发2002—2004年三年度的年终一次性奖金。年底，县乡机关事业单位工作人员按国家规定的工资标准足额兑现工资。

第七节　离退休干部审批与管理

干部离退休审批　1985年，地区人事局根据国务院《关于安置老弱病残干部的暂行办法》《关于老干部离职休养制度的几项规定》要求，共为289名干部办理退休手续，为17人办理退职手续。至年底，全区离休人员共有9006人，退休人员15091人，退职人员481人。1992年3月20日，地区劳动局、人事局联合下发菏劳险字〔1992〕21号文件，将企业干部退休审批权移交到地区劳动局。此后，地区人事局只审批地直非党委口管理的机关事业单位的科级以下干部离退休手续及待遇，非党委口管理的副处级以上干部，其离退休待遇由人事局审核后交组织部门审批，工人退休待遇由人事局审核后交劳动局审批。1993年10月1日，《国家公务员暂行条例》颁布实施后，国家行政机关及参照、依照公务员管理的机关干部退休，按照公务员条例的规定执行，事业单位的管理人员和专业技术人员仍按国务院国发〔1978〕104号文件规定执行。1995年4月，地区在转发中组部、人事部《关于抓紧办理干部退（离）休手续问题的通知》的同时，提出全区干部退（离）休的意见，每年年初将地直机关事业单位到达退休年龄的人员进行登记，年中进行督促落实，年底检查，从而使全区干部退（离）休工作走向正轨。

2003年1月，开始对市直单位的工作人员，到达退休年龄后（经组织批准而未办退休手续的人员除外），其退休待遇一律按到龄当月在职待遇核定其退休费待遇。此项规定使干部退休工作制度化，促进了全市离退休工作规范有序地进行。至2005年年底，全市机关事业单位共有退（离）休人员54185人，其中离休干部4379人，退休人员47427人，退职人员2379人。

离退休干部管理　根据国务院国发〔1978〕104号文件及中央有关规定，按照统一指导分级负责的原则，干部退（离）休后仍由原工作单位管理。1988年4月，地区人事局根据省人事厅、财政厅下发的《关于解决国家机关、事业单位退休干部活动经费的通知》规定，从1988年1月起，按每人每月5元标准安排活动经费，此项经费由退休干部所在单位掌握使用。1991年1月，为鼓励离（退）休干部回农村安置，将原来的建房补助费由2000～3000元调整为4500元。1995—2005年，党政机关、事业单位每年都对本单位离（退）休干部进行慰问，部分单位还建立老干部阅览室、活动室，组织离（退）休干部开展文体活动，外出参观学习，定期为离（退）休干部进行查体。市人事局根据上级有关文件规定在每次提高机关事业单位在职人员工资待遇的同时，相应提高离（退）休人员的待遇，解除离（退）休人员的后顾之忧。

第三章　民　政

第一节　基层组织建设

乡镇政权建设　1987年，菏泽地区成立基层政权体制改革领导小组和相应的办事机构，并在菏泽市辛集镇进行简政放权试点工作。菏泽市市直机关设在辛集镇的22个分支机构除农话站、信用社、农电站3个单位外，其余全部下放给镇政府管理。1992年，定陶县被地委确定为简政放权改革试点县，全县28个驻乡单位下放权力20个。随后，在试点工作的基础上及时总结推广经验，全区253个乡镇、办事处，共有县市设乡镇的分支机构5529个，放到乡镇管理2270个。

农村基层民政组织网络建设　此项工作始于20世纪90年代后期，曾先后在菏泽开发区佃户屯乡和巨野县进行试点工作。根据实际情况和农村基层民政工作的具体任务，在乡镇建设高标准的民政大院，达到“有一处办公室，有一间档案室，有一间接待室，有一部电话，有民政政策和事务公开栏，有一支社会监督队伍”的建设标准，建立婚丧习俗改革服务队。各村都配套完善村委会下属组织，依法设立社会保障委员会或民政工作委员会，并下设优抚、帮困、民主议事、红白理事会等服务组织，建立上下贯通、覆盖广泛、联系每位民政对象的基层民政组织网络体系。2002年11月，基层民政组织网络建设在全市全面推开。

基层干部素质培训　1989年4月始，地区民政局对全区乡镇长及乡村干部进行岗位职务培训，至年底共培训912人。1990—1996年，各县市对村委会干部进行三期培训，共培训村委会正、副主任4万余人次。1997年，全区培训乡镇长1087人，村（居）委会主任8938人，村（居）小组长5184人，村（居）民代表16.19万人。1998年，各县市开展第四期干部培训工作，全年共培训乡镇长1000余人次，村（居）委会主任近万人次，培训率在90%以上。通过培训，基层干部的政治素质和业务素质得到提高。

村民委员会建设村民委员会换届选举　1986—2005年，全市先后进行8次村委会换届选举。1988年6月1日，《中华人民共和国村民委员会组织法（试行）》颁布实施后，菏泽地区于1990年在定陶县进行学习贯彻试点，着重解决乡镇政府怎样指导、支持和帮助村委会的工作和村民怎样依法实行民主自治的问题。1998年11月，《中华人民共和国村民委员会组织法》（下简称“村委会组织法”）和《山东省村民委员会选举办法》正式实施。1999年春季，菏泽地区进行第六届村委会换届选举，这是新的“村委会组织法”和《山东省村委会选举办法》颁布实施后的首次选举，第一次全面实行由村民直接提名村委会成员候选人，直接选举村委会成员。全区共确定试点乡镇14个，试点村137个，80%以上的试点村群众参选率超过90%。当年，全区5939个村，共选出5636个村民委员会，占总应选村的95%；共登记选民420余万人，选民参选率达91%以上，部分村达到95%以上，选举成功率超过98%；选出村委会成员24944人，建立下属委员会17506个，选举村民小组长59418人、村民代表19万余人。

2002年，在第七届村委会换届选举中，全市共有村委会6066个，其中完成村委会换届的6029个，占总数的99%；多数县区选民参选率达到90%以上，其中选民直接选举现场投票的超过75%。通过换届，全市选出村“两委”成员33143人，其中连任的26183人，占79%；交叉任职的24058人，交叉任职率达53.2%；支部书记兼村委主任的719人，兼职比例为11.9%。村“两委”成员平均年龄比上届降低1.8岁，其中35岁以下的由13.5%上升到22%，60岁以上的由6%下降到3.7%；大专以上文化程度的由2.7%上升到4.2%；致富能手由52%上升到71%。村“两委”成员中有妇女成员3350人，比上届增加1342人，增长31%。村委会成员中党员比例由上届的44%增长到65.7%，增长率为21.7%。第七届村委会选举中共建立下属委员会21378个，推选出下属委员会成员65543人，组织选举村民小组长4.1万余人，组织推选村民代表18.8万余人。

2005年，第八届村“两委”换届选举中，按照省委、省政府的要求，大力提倡村“两委”成员交叉任职，最大限度精简村干部职数。全市5906个村，有5810个村成功进行村委会换届选举，占98.4%；5896个村党支部，有5799个成功进行换届选举，占98.4%。共选出村“两委”成员27280人，比上届减少11292人；村“两委”成员交叉任职的共有17367人，占92.4%，比上届提高39.2个百分点；村党支部书记兼村委会主任的共4991人，占86.1%，比上届提高74.2个百分点。

创模活动 1989年，按照省政府办公厅转发的省民政厅《关于进一步加强农村基层政权建设工作意见的报告》的通知和民政厅《关于开展创建模范乡镇政府和模范村（居）民委员会活动的通知》要求，在全区开展评选模范乡镇政府和模范村（居）委会的活动。各县市根据省、地要求，开展创模活动，并认真进行评选。1990年4月，评选工作结束，全区有县市人民政府表彰的模范乡镇政府34个，占乡镇总数的13.4%；模范村（居）民委员会667个，占村（居）委会总数的8.9%。其中，有地区表彰的31个，占村委会总数的0.4%。

村民自治示范活动 1991年起，按照《中华人民共和国村民委员会组织法（试行）》和民政部《关于在全国农村开展村民自治示范活动的通知》要求，在全区开展村民自治示范活动。至1992年，全区7447个村委会中有85%以上的村委会建立健全民主选举村委会、民主评议村干部、村民会议、目标管理责任制、政务公开、离任审计等项制度。1994年，村民自治示范乡镇达到34个，占乡镇总数的14%，自治示范村覆盖达到35%以上。1995年，对全区村民自治示范单位进行检查验收，共有14个乡镇、1100多个村达到民政部规定的村民自治示范标准。1996年，全区已有5600多个村建立村民代表会议制度，占总数的80%；5000多个村建立村民自治章程，占总数的70%；3400多个村建立村民档案管理制度，占总数的50%。首次开展村民自治示范乡镇评比表彰活动，全区共有13个乡镇和街道获得省、地“村民自治示范乡镇”荣誉称号，村民自治示范面逐渐扩大，示范乡镇达到46个，示范村4306个。1998年，全区90%以上的村建立公开内容、时间、程序、形式、监督的村务公开制度，设立村务公开栏，定时将村民关心的热点、难点问题公开，取得比较好的效果，促进农村的稳定和发展。全区有3772个村达到民政部规定的村民自治示范标准，占总数的68%。2003年，定陶县获国家级村民自治模范县，全市有2个县、2个乡镇、7个村民委员会被评为省级村民自治模范单位，6名村民委员会主任被评为省级先进个人。至2004年年底，全市有90%以上的村民委员会建立较为完善的村民会议、村民代表会议和村务公开制度，制定村民自治章程和村规民约，1200个村启动村务公开示范活动。

居民委员会建设　1990年1月1日，《中华人民共和国城市居民委员会组织法》颁布施行后，全区新建13个居委会。至1994年共有居委会65个，创办经济实体14个，年盈利17万元。1995年，全区有16处乡镇被山东省评为模范乡镇，居办经济年创收25万元以上。1997年，全区居委会总数达到82个，居办经济全年超过2亿元。1999年以后，居委会的组织建设进一步加强，拓宽干部来源，建立健全居委会的工作、学习、会议、任期目标、责任、财务和档案管理制度，提高了居委会的服务功能。

社区建设　社区建设始于2001年。2002年，全市规划审批设立社区112个，各社区都健全社区党支部、居委会、成员代表大会、议事协商委员会，建立社区工作的各项规章制度，城区基本形成社区管理体制和运行机制。随着社区建设的深入，卫生、劳动保障、计划生育、消防等部门都从转变职能出发，将服务下沉到社区，增强社区的服务功能。2003年，社区规划基本落实，社区组织体系日趋完善，基础设施逐渐配套，社区服务已形成网络体系。2004年，市委组织部、民政局、人事局联合表彰了12个社区党建工作先进单位和77个基层民主政治建设先进单位以及80名先进个人。全市80%以上的社区都有了独立产权的服务设施，50%以上的社区服务设施面积在300平方米以上。至2005年年底，全市已完成社区规划设立191个，建立社区服务中心21个，服务站177个，服务网点2680个，援建社区图书室91个。

第二节　救灾救济

救灾　1986年，境内遇到新中国成立后从未有过的大旱，全区76.6万公顷秋作物，有64.2万公顷受灾，其中绝产7.49万公顷，农作物比1985年同期减收5.96亿元。1993年7—8月，境内遭受特大暴雨袭击，受灾农作物面积45.87万公顷，其中绝产26.93万公顷；被水围困村庄1299个，受围困群众达98.7万人；损坏房屋24.4万间，其中倒塌8.44万间；伤亡人员2708人，其中死亡55人；冲走和霉烂粮食27万吨；损坏公路497条，约计1370千米；

冲毁通信线路270千米，电力设施207千米；冲毁桥涵闸2778座、塘坝270多个，冲决堤坝17处；毁坏砖瓦窑510座，报废机井27758眼；毁坏果木1400万棵，果园绝产1.73万公顷；死亡大牲畜16.6万头，家禽304万只；470所学校、56家医院进水或被洪水围困，重灾区最高发病率达到18%，因洪水围困造成群众生病达36万多人，造成直接经济损失28亿元。此次受灾，政府共投入救灾资金及物资折款2963.5万元，全区组织基干民兵、公安干警、武警官兵、舟桥部队分成200多个抢险突击队，调集船只、木排1400多只，转移安置灾民30余万人，组织医疗队131个、医护人员463人，派出防疫小分队136个、防疫人员458人，搭建窝棚3万多个，为灾民新建房屋8.4万间，修缮房屋13.6万间。

转移受灾群众现场

1996年8月，境内沿黄的东明、菏泽、鄄城、郓城4县市滩区受到黄河洪水袭击，损失惨重。24个涉滩乡镇受灾人口24.19万人，进水村庄291个，被水围困人口18.64万人，淹没耕地2.8万公顷，毁坏塑料大棚4万余个，损坏房屋24.35万间，倒塌房屋74546间，发生各种疾病65524例，直接经济损失38.9亿元。灾情发生后，

2003年11月，新建灾民住房

国家黄委、省委、省军区及省直有关部门负责人赶赴灾区，并调集救助船30余只及大宗救灾物资，济南军区、省武警总队和公安部门派出400多人，携带4只橡皮艇投入抢险一线，地委、行署组织有关部门向灾区紧急援送面粉、大米579.38吨、方便面43781箱，衣服被褥97150件，帐篷731顶，以及大宗化肥、排水机器、木材、薄膜等生产资料，发放救灾款2255万元，新建、维修房屋14.87万间，搬迁村庄84个，转移安置滩区灾民34434户15.34万人。

1998年，境内先后遭受病虫害、黄河水漫滩、暴风雨、冰雹等自然灾害，全区51.34万公顷农作物受灾，绝产7.18万公顷，造成5人死亡，60余人伤病，130个村庄的7万多群众被水围困，9656间房屋倒塌，18723间房屋损坏，死亡大牲畜2426头，2332个桥涵闸、759.5千米通信线路、480多个塑料大棚损毁，直接经济损失17.3亿元，其中农业经济损失11.97亿元。从该年度起，菏泽地区每年都从地方财政中列支自然灾害救济事业费70万元，救灾粮差价补贴款30万元。1999年，省拨救灾款930万元，地区从历年的救灾和捐助结余款中拿出54万元，县乡筹集

126万元，解决灾区群众的生活困难。

鄄城县旧城镇遭受大风冰雹灾害

2003年8月下旬—10月上旬，境内连降大到暴雨。由于降雨时间长，强度大，全市有158个乡镇全部受灾，其中重灾乡镇107个；受灾人口713万人，其中重灾人口216.3万人；有380个村庄、15.7万人一度被洪水围困；农作物受灾面积67.3万公顷，成灾53.8万公顷，绝产22.5万公顷；倒塌房屋7.17万间，损坏房屋11.03万间。据统计，全市仅农业经济损失达54亿元。同年9月18日、20日和28日，河南省兰考县谷营乡蔡集控导工程28号坝前渠堤3次决口，淹没东明县焦园乡、长兴集乡135个村，有9.68万人被水围困，造成直接经济损失7.1亿元。此次灾情，民政部门累计向灾区拨发救灾资金5969.88万元，向灾民发放面粉1.6万吨，煤炭1500吨，棉衣被44.86万件，化肥660吨，方便面、饼干、馒头、咸菜、食用油、矿泉水、药品等各类应急生活急需品折款2786.32万元，投放救灾帐篷6400顶，共接收捐款2309.54万元，接收物资价值1786.32万元，紧急转移安置群众13.26万人，无一人因灾死亡。至11月20日，全市累计投入各项资金3.1亿元，帮助灾区群众新建房屋56811间，维修房屋91566间。

2003年，慰问、救济灾民

2005年9月，境内遭受特大洪涝灾害，全市共有重灾乡镇91个，受灾人口566万人，受灾面积44.6万公顷，农作物绝产面积 6.62万公顷。这次洪涝还损坏公路259千米，冲毁桥涵315座，损毁灌溉设施644处，损坏机井3664眼，毁坏蔬菜大棚6514个，倒塌房屋13344间，损坏房屋

2003年10月10日，牡丹宾馆二楼会议室，莱芜向灾区捐助100万元

50511间，造成直接经济损失25.72亿元，其中农业经济损失23.6亿元。此次救灾，民政部门共拨付救灾款1195.5万元，发放面粉、方便食品等物资折款1540.84万元，紧急转移安置灾民3.5万余人，并及时解决他们的衣食住行等问题。

救济与救助精简退职职工救济　1986年，全区享受40%救济费的精减退职职工有2176人，救济金额65万元。1993年10月1日，省民政厅、财政厅调整了企业精减老职工生活困难补助费标准，新中国成立前参加工作的每人每月50元，新中国成立后参加工作的每人每月40元。1999年7月11日，省民政厅、财政厅下发《关于调整六十年代精减退职享受原标准工资40%救济费人员的生活补助费的通知》，新中国成立前参加工作的提高到100元，新中国成立后参加工作的提高到90元。至2005年11月，全市有精减退职老职工1682人，年救济金额191.76万元。

“万户安居”工程　2002年，县区民政部门开展农村住房困难户专项调查，全市约有危房且无建房能力户3.7万户。根据调查情况，市民政局自2003年开始，利用3年时间，将全市3.7万户危房全部翻建维修，并将此事列为全市民政工作必须要办好的十件大事之首。特别是2003年境内遭受特大洪涝灾害后，中央和省对菏泽的灾后重建工作给予极大支持，当年投入资金3.24亿元，完成建房6.1万多间，维修房屋91556间，为近3万户特困群众新建或维修了房屋。2004年投入资金3600万元，帮助困难群众新建房屋6861间，维修13767间。两年中，全市先后投入资金3.6亿元，新建房屋67872间，维修房屋105333间，“万户安居”工程提前一年全面完成任务。

社会救济　2003年，为全面实施新的农村社会救济制度，各县区对农村“五保户”、常年困难户和灾民特困户进行普查登记，并发放“农村特困户救济证”“农村五保供养证”“农村灾民特困户临时救济卡”，农村特困户凭“证”“卡”领取到政府救济的粮款。2005年，全市支出救灾救助款7600万元，共救助灾民37.23万人次、常年特困户9万余人、“五保”对象4万余人。

救助基地建设和帮扶　2000年，全区共建立救灾捐助中心8处，社会救助基地12处，救助5204户21514人，结对帮扶6324对，投入帮扶资金177.85万元，帮扶物资折款169万元，提供优惠政策折款36万元，参与帮扶单位1256个，参与帮扶人员12151人，形成以建立社会救助基地和救灾、捐助中心为主要内容，以结对帮扶为主要形式的社会救助工作格局。2005年，开展“真情暖百姓”活动，启动“结对帮扶进万家”活动，全市共帮扶10余万户困难群众渡过难关；通过财政支出和社会互助等形式，于春节期间共投入资金8000余万元，解决困难群众的生活问题。

“万只羊”减灾救助工程　2000年秋，地区民政局在单县实施“万只羊”减灾救助工程试点。2001年，市委、市政府在全市推广单县的经验和做法。至2002年年底，全市累计投资210多万元，建良种繁育基地10处，发展养羊5.5万只，有3.4万个贫困户通过救助摘掉贫穷“帽子”，年创经济效益达1800多万元。至2005年年底，全市共发展养羊40余万只，累计救助近8

万户，户均年增收入380元。

特困学生救助　2000年，地区民政局在全区范围内开展“为特困学生献爱心”捐赠活动，共为贫困大学生募集资金60万元，救助贫困大学生688人。2001年，全市建立48个社会捐助站，组织两次大规模的募捐活动，为灾区捐款107.5万元，为特困学生捐款61.5万元，救助特困学生500多人。至2005年，全市共募集资金2400多万元，救助特困大学生1万余人，特困中小学生2.5万人。

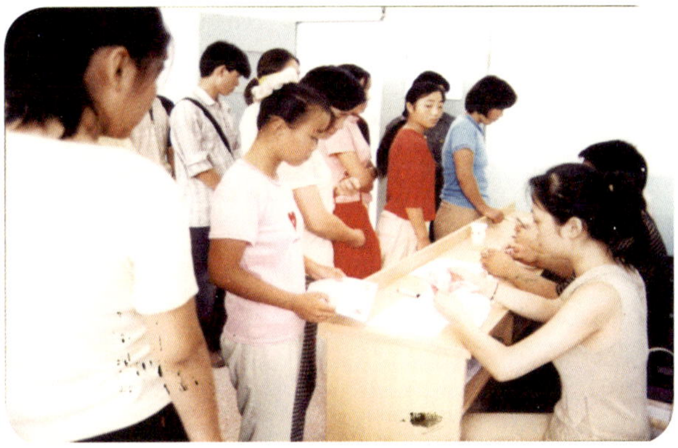

特困学生救助

“五保”供养　1986年，全区有“五保”（保吃、保穿、保住、保医、保葬）对象1864户2135人。1987年，“五保”对象上升到25290人，其中集中供养7124人，集中供养率为35.5%。有161个乡镇实行“五保”供给乡镇统筹，占乡镇总数的64%。1994年，国务院《农村五保供养条例》颁布实施后，全区共建有敬老院260所，集中供养“五保”老人6771人，占“五保”总数的35%。1998年年初，全区共有“五保”对象16939户19285人，有乡镇敬老院253所，村办敬老院5所，集中供养“五保”老人7077人，占“五保”老人总数的36.7%，集中供养金额960.7万元；有228所敬老院兴办院办经济项目，年总收入1075.7万元。又新建敬老院23所，投入资金585万元，有180个乡镇实行“五保”费用乡镇统筹，有225个乡镇建立“五保”服务网络。1999年，实行乡镇敬老院等级管理，全区投入敬老院改建扩建资金615.3万元，改建扩建29所敬老院，并有13所敬老院通过一级验收，53所敬老院通过二级验收，68所敬老院通过三级验收。敬老院集中供养老人7160人，占“五保”老人总数的37.3%；有223个乡镇敬老院兴办院办经济项目，年纯收入275.68万元；有214个乡镇实行“五保”费用乡镇统筹，有216个乡镇建立“五保”服务网络。2002年，由于乡镇撤并和税费改革，“五保”供养费用的落实问题成为工作的焦点。为适应改革的要求，市民政局制发《农村“五保”供养工作暂行办法》，确保“五保”老人的生活未受影响。2005年，按照市政府《农村“五保”供养工作三年规划》要求，全市敬老院建设共投入资金4420万元，新建房屋2987间，改造利用房屋3553间，接纳集中供养“五保”对象11772人。年底，全市共有“五保”老人40305人，有乡镇敬老院158所，集中供养“五保”老人22160人，集中供养率达55%。集中供养标准为每人每年2000元，分散供养标准为每人每年1200元。

城市居民最低生活保障　1996年9月，省政府下发《关于建立城市居民最低生活保障线制度的通知》，1997年6月，行署出台《城镇居民最低生活保障实施细则暂行办法》，地、县民政部门把加强城市低保规范化管理作为工作中的主线。①顺利实现新老政策下的应保尽保。2002年6月，菏泽市实现“应得收入”政策下的应保尽保，2003年年底又实现按“实际收入”计算家庭收入新政策下的应保尽保。2004年后，在抓好资金预算的同时，抓了低保日常受理、定期复核和动态管理工作，全市低保对象从2000年的1.13万人、4041户、低保金443.36万元增加到2005年底的5.9万人、2.3万户、低保金2706.8万元。②市、县两级低保资金预算制度进一步巩固和完善。2003—2004年，市、县两级预算分别为910万元、1076万元，2005年达到1197.8万元，2004年人均月补差39.7元。③形成保障标准动态增长机制。2001—2005年，菏泽市根据经济增长、群众生活水平提高及物价增长指数，适时调整城市保障标准。全市城市保障标准由1999年的130元提高到140元。④建立规范的低保申请审核审批工作机制。申请对象家庭收入、保障对象、保障标准和保障金额实行“四公开”，实现规范运作、“阳光”操作。

在城市医疗救助方面，全市有5个县区出台城市医疗救助实施细则。2005年，市级财政列支城市医疗大病救助资金126万元，县区级财政列支167万元。为配合卫生医疗部门搞好城市医疗费用减免活动，市民政局发放“爱心民疗救助卡”，城市低保对象持卡到指定医院和医疗服务机构就医问诊，随时享受20%左右的医疗费用减免优惠政策。

爱心救助

第三节　社会福利

福利机构　社会福利院　菏泽市社会福利院是全市唯一一所国办综合性社会福利机构，主要收养城镇“三无”（无劳动能力、无固定收入、无直系亲属的鳏寡孤独人员）对象。1997年以后，又开展老年人代养、孤残儿童收养等工作。至2005年，共收养

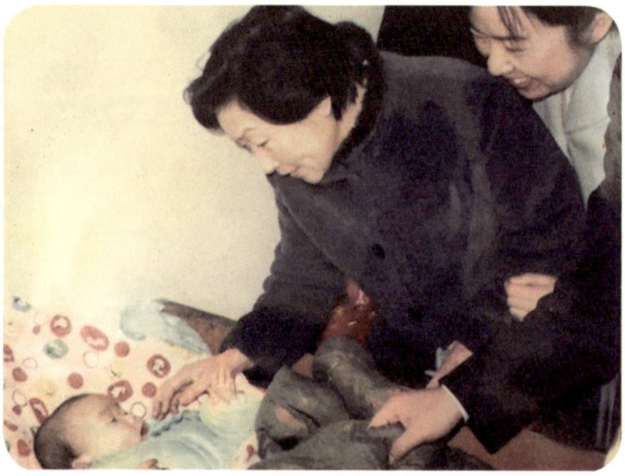

2005年春节期间，副市长童彩云到社会福利院看望孤残儿童

2005年中秋节期间，副市长童彩云（前左）到社会福利院看望救助对象

城镇“三无”对象 55 人，孤残儿童 20 人。

救助管理站　菏泽市救助管理站建于 1988 年 1 月，主要是负责境内生活没有着落的流浪乞讨人员的临时性救助、救治、管理和教育，根据受助人的不同情况和需求，给予食宿、医疗、通信、返回及接送等方面的救助服务。2003—2005 年，该站共救助 1025 人，其中山东省籍 270 人，其他省籍 755 人。

慈善事业　2004 年 6 月，菏泽市成立慈善总会，其宗旨是广纳义举，广播爱心，筹募善款，扶弱济困，促进社会文明。在扩充慈善资金方面，采取日常性募捐和集中募捐相结合的方式筹措善款。为拓宽慈善资金募集渠道，市慈善总会多次组织慈善书画家捐赠书画作品，通过拍卖、义卖、认购等多种方式，把书画作品转变成慈善资金，用于推动和发展慈善事业。在慈善救助方面，市慈善总会结合本市实际，实施“春蕾”“微笑列车”“爱心复明”“明天计划”“朝阳助学”“烛光工程”“夕阳扶老”“康复助医”“爱心助残”“固我长城”“情暖万家”等救助工程，开展“爱心医疗救助工程”“点亮双眼，金霸光明行”“真情暖百姓爱心助学班”“创维春蕾慈善行”等活动，对失学女童、特困唇腭裂患者、贫困白内障患者、贫残孤儿、九年制义务教育在校特困学生及高考特困新生、特困教师、贫困老年人、下岗职工、特困军嫂等不同类别、不同层次的困难群众给予了救助，并向遭受自然灾害的灾民、黄河滩区困难群众提供慈善救助资金。2004—2005 年，全市共募集善款 1680 万元，并在每年春节期间，为全市 2 万多户困难家庭发放了救助款物，受惠困难群众达 10 万多人。

社会福利生产　菏泽社会福利生产始于 1985 年，全区时有福利企业 79 家，从业人员 1457 人，其中残疾人 647 人，优抚对象和贫困户 477 人。1986 年，随着经济体制改革的逐步深入，国家对福利企业提供一系列优惠政策，全区共发展福利企业 126 家，从业人员 2437 人，其中残疾人 948 人，优抚对象和贫困户 614 人，年产值 1184 万元，利润 219 万元。1987 年，共建成福利企业 284 家，从业人员 5984 人，其中残疾人 2371 人，优抚对象 1200 人，年产值 3602.5 万元，利润 521.5 万元。1994—1995 年，地区民政局、国税局、地税局组成联合调查组先后两次对全区的福利企业进行清理检查，其中合格的有 88 家，共减免税金 107 万元。至 2005 年年底，全市共有福利企业 33 家，安排残疾人员 612 人，创利润 1016 万元。

1988 年 8 月，香港震坚投资有限公司董事长蒋丽云（前中）到菏泽市福利冰花轮车烤漆厂参观

福利彩票　*发行*　1989 年，菏泽开始销售即开型福利彩票，当年销售 44 万元。1990—1992 年，各县开展即开型福利彩票小奖组的销售活动，共销售即开型福利彩

票377万元。1993年3月8日，第一个大奖组在菏泽城区举行，总销售额为100万元。1994—1999年，大奖组共销售即开型福利彩票7920万元。2000年5月1日，“齐鲁风采”电脑福利彩票正式上市，全年共销售电脑福利彩票2095万元，销售即开型大奖组彩票137.5万元。2004年，中国福利彩票“双色球”玩法于3月12日进入山东，菏泽市全年共销售即开型彩票376.27万元，销售电脑福利彩票7796.84万元。2005年1月1日，中国福利彩票“3D”数字游戏在境内上市，每期销售量稳定在15万元左右。当年，全市销量已达到1.12亿元。截止到2005年年底，全市共布设福利彩票投注站296个，总销售额达到5.55亿元。

福彩投注站

资金使用　1989—2005年，全市共销售电脑福利彩票4.45亿元，销售即开型福利彩票1.1亿元，筹集福彩公益金1.7亿多元，上缴国家财政税收5000多万元，救助社会特困群体6万多人次，建设“星光计划”项目60多处。彩民共获得电脑福利彩票特等大奖532个，产生百万富翁72个，其中500万元以上的巨奖4个，返还奖金2.5亿元。

第四节　复退军人安置

复员、退役士兵安置　1986年12月，按照省政府《关于在对越防御作战中荣立三等功的农村籍退伍军人安排工作的通知》精神，菏泽地区开始对1979年后参加作战的退伍军人进行调查统计。1987年，结合中国人民解放军建军60周年纪念活动，开展军地两用人才的开发使用，当年接收的7141名退伍军人全部得到妥善安置，军地两用人才的开发使用率达到70%；为734名参战立功的战士办理农转非手续，并将其分期分批安排到全民所有制或县以上集体所有制单位工作，一切待遇均按国发〔1986〕77号和省政府鲁政发〔1986〕127号文件中的有关规定执行。

1986—1997年，全区共接收退伍义务兵和转业志愿兵33537人。各县市按照《退伍义务兵安置条例》的规定，会同公安、粮食、劳动、人事等有关部门落实编制，确保了安置任务的完成，农村退伍军人两用人才开发使用率达到70%以上。

1998—1999年，新修正的《中华人民共和国兵役法》（下简称“兵役法”）、《中国人民解放军士官退出现役安置暂行办法》颁布实施后，菏泽率先推行“三公开、两考核、一监督”（评分标准公开、评分结果公开、安置计划公开，实行档案和文化“双考”相结合，在安置过程中自觉接受社会监督）的安置办法。根据退役士兵服役期间和待安置期间的表现及档案中的记载，对服役年限、政治面貌、职务、军衔、奖惩记录、特殊岗位等情况制定考核标准，实行全程计分，按分数高低由退伍军人在安置计划内自选单位。切实体现公开、公平、公正、竞争、择优的原则，达到退役士兵、接收单位、人民群众“三满意”。

2003年9月，市政府根据山东省关于退役士兵安置改革的要求，下发《关于鼓励和推行城镇退役士兵自谋职业的通知》，在各方面为退役士兵自谋职业创造良好的政策环境。同时，利用报刊、电台、电视等新闻媒体大力宣传“兵役法”及安置改革精神，引导退役士兵树立市场意识、竞争意识和创业意识，进一步转变观念。全年，有256名退役士兵办理自谋职业手续。

2004年10月，市民政局成立退役士兵培训安置基地，较好地解决退役士兵数量大、待安置周期长的问题。2005年，对1998—2004年间的每个退役士兵和转业士官安置、未安置、下岗失业等情况进行全面调查，在调查了解的基础上，彻底解决转业士官上岗难的问题。同年，全市转业士官上岗率达到99.6%。同时，对排查出的2976名失业复退军人按照不同年龄段建立失业再就业情况档案，并采取不同的帮扶措施，确保涉军人员的稳定。至2005年年底，全市共接收退役士兵和转业士官10.36万人，为其中符合安置条件的42355名城镇退役士兵和7010名转业士官（志愿兵）进行妥善安置。同时，结合当地实际，充分发挥农村退役士兵年纪轻、政治素质高、有技术特长等特点，开发和使用军地两用人才，开发使用率达到90%以上。各级政府每年从地方财政中安排专项经费帮助退役士兵解决生活困难，分别累计拨出16万元、1560多万元对生活贫困的转业志愿兵、云南边防保卫战退役军人进行救济救助。

军队离休、退休干部安置与管理　1986—1988年，全区共接收军队离退休干部132人，其中81人分住在各县市军休所。1989年后，军队离退休干部的服务管理工作日趋制度化、规范化，各军休所积极开展事业项目，以副补所。1990年8月，省民政厅《关于军队离退休干部休养所暂行规定》下发后，各县市军休所对第一、二批军队离退休干部的22套危房或损坏程度较重的房屋进行维修，为60名离退休干部的家属解决公费医疗问题。1993年，东明、菏泽两个军休所率先达到省级先进军休所的标准。2004年，全市9个县区军休所全部达到省级文明单位标准。为开展争创全省待遇落实好、

2005年，省委副书记、省长韩寓群（前左）到军休所看望老荣军

组织健全、活动经常、居住环境优美、规范化建设程度高、活动设施齐全的“星级”军休所，市民政局为每个军休所拨专款配备健身器材等。各军休所都设置图书阅览室、干部活动室。2005年，巨野县军休所被省评为“星级”军休所；牡丹区军休所也按“星级”标准进行改建。至年底，全市共接收军休人员269人，其中师职12人，团职56人。

第五节　优待抚恤

拥军优属　1986—1994年，全区共有军民共建点32个，拥军优属服务组327个，军人优先窗口、优先柜台476处。仅1994年就为驻菏泽部队拨付营房建设款32万元，为50416户优抚对象发放优待金1662.1万元，其中义务兵22952户，优待金1206.8万元。2000年春节期间，对驻军及部分重点优抚对象开展走访慰问，赠科技图书3000册，送慰问金6.1万元。同年10月，对全区知名的抗美援朝老战士及志愿军烈士家属进行走访慰问，送慰问金及慰问品计7万余元，并对生活困难的志愿军老战士和烈士遗孀每人给予一次性生活补助金200元。2002年10月，菏泽市、牡丹区、郓城县、东明县、成武县、巨野县被省委、省政府、省军区命名为“双拥模范城”。2004年，市委、市政府为军分区和消防支队无偿划拨土地33.33公顷，用于建设国防教育训练中心、民兵训练基地和军事训练场。市、县两级政府拿出60余万元，在全市建立征兵自动化系统，为确保向部队输送优质兵员提供可靠保障；投资200多万元为军分区武器装备仓库安装闭路监控设施，使部队设施和训练条件得到明显改善；投资200多万元为消防支队配备消防器材，为武警、消防支队购置煤气灶、饮水机、电风扇等生活用品；投资20多万元为部队官兵购置书籍近万册，电脑20余台，并在全市开展“千家企业拥军”“科技拥军”“法律拥军”“智力拥军”等活动。2005年，开展情暖万家、朝阳助学活动，对在辖区内居住且生活困难的现役官兵的妻子、应届高考本科录取的烈士、革命伤残军人子女及“三老”优抚对象实施救助，为300名困难对象发放救助金30万元。至年底，全市共有46个双拥先进单位和60名双拥先进个人受到省委、省政府、省军区的表彰；30个先进单位和57名先进个人受到市委、市政府、军分区的表彰。

慰问优抚对象

1988—2005 年菏泽市（地区）双拥工作受省级以上表彰单位和个人一览表

表 21-3-1

年　份	表彰单位	受表彰单位	荣誉称号
1988	民政部、总政治部	曹县人民政府	军地两用人才先进单位
	民政部、总政治部	郓城县人民政府	“双拥”工作先进单位
1991	省政府	县级菏泽市	拥军优属先进市
1995	省委、省政府、省军区	成武县	拥军优属模范县
	省委、省政府、省军区	巨野县民政局、郓城县教委、鄄城县阎什镇、县级菏泽市何楼乡、曹县曹城镇、单县黄堆乡、定陶县定陶镇东关居委会、东明县民政局	拥军优属模范单位
	省妇联、省民政厅、省军区政治部	东明县胡庄乡纪庄村纪翠阁	十佳“好军嫂”
1997	省委、省政府、省军区	成武县民政局、郓城县大人乡政府	拥军优属模范单位
	省委、省政府、省军区	县级菏泽市民政局局长司继春、曹县“八一”医院院长刘志清、郓城县伤残军人徐保无的妻子李玉芹等	拥军优属模范或先进个人
1999	省委、省政府、省军区	成武、县级菏泽市、东明	双拥模范城（县）
2002	省委、省政府、省军区	菏泽市、牡丹区、成武、郓城、东明、巨野	全省双拥模范城（县）
	省委、省政府、省军区	定陶人武部政工科、市粮食局直属军粮供应站、东明县民政局、成武县中医院	全省双拥工作先进单位
2004	民政部、总政治部	东明县民政局	全国爱国拥军模范单位
2005	省委、省政府、省军区	菏泽市民政局	爱国拥军模范单位
	省委、省政府、省军区	东明县人武部	拥政爱民模范单位

群众优待　1988 年，区内全部实行统筹优待，共优待优抚困难群众 5.28 万户，发放优待金 1287.8 万元，其中优待农村义务兵家属 2.63 万户，户均 334.34 元。1991—1995 年，优抚对象的抚恤、补助标准有了较大提高，普遍实行优抚款乡镇统筹。1994 年优待 50954 户，发放优待款 1931.7 万元，户均 360 元，其中农村义务兵家属优待金 1357.3 万元，户均 580 元。1995 年，为适应社会主义市场经济新形势，进行农村优抚安置保障服务网络建设试点，并对全区优抚抚恤、定补等政策进行全面调整和检查。全年共兑现优待金 1891.2 万元，其中农村义务兵家属户均 680 元。

1996 年，全区扶优储金会已拥有奖金 900 多万元，扶持优抚对象办实体项目 1800 多个，借贷资金 200 多万元，帮助 11000 多户优抚对象解决生活困难，并为优抚对象解决医疗费 880 万元。农村义务兵优待在 1995 年户均 680 元的基础上，又增加 108 元。1998 年 11 月，地委、行署、军分区制定对进藏服役士兵的优惠政策，确定进入西藏服现役的义务兵优待金按当地的优待金标准增发 2 ~ 3 倍，增加的部

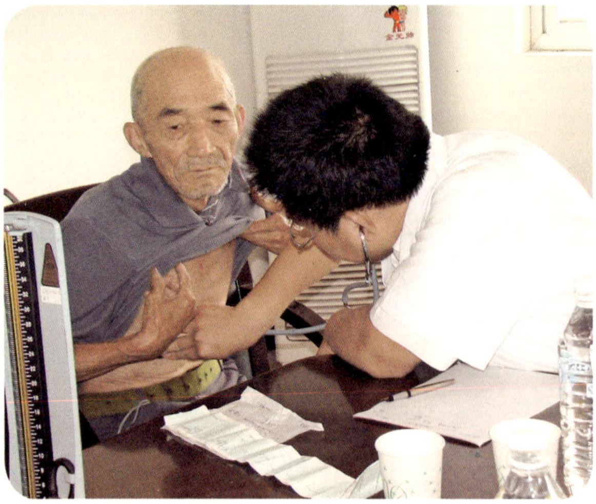

为优抚对象免费查体

分由县市人民政府解决；农业户口的兵员，在部队服役期间获得“优秀士兵”称号以上荣誉的，退伍时由农业户口转为非农业户口，并安置就业，计三等功以上者优先安置。

1999年，行署下发42号文件，明确规定在乡烈属、伤残军人、复员军人、带病回乡退伍军人免交提留、统筹和各种集资、摊派，免负两工，执行最低生活保障制度，补助资金不计入家庭收入，并优先享受最低生活保障金。这样，全区每年可为优抚对象减轻负担300余万元。全年共办理评残、调残119人，为优抚对象补发各种证件75份，为全区50名伤残军人更

优抚定点医院

换三轮车。2004年，进一步完善、落实优抚对象医疗保障制度，实现在乡“三老”优扶对象“病有所医、医有所保”的工作目标。7月，全市2756名二等乙级以上革命伤残军人全部纳入社会医疗保险，彻底解决他们治病难的问题。为配合部队开展“双争”和科技练兵活动，在全区开展“军人为国做贡献、我为军属送温暖”活动，各县区也都制订优待奖励政策。对获得大军区以上荣誉称号，一、二、三等功获得者或被评为优秀士兵者，分别奖励优待金的20%、15%、10%、5%。2005年，全市有革命伤残军人7609人，有优待优抚对象33667户，共发放优待金 2182万元。

抚恤补助　“三属”抚恤　1986年，全区享受抚恤金的“三属”（革命烈士家属、因公牺牲军人家属、病故军人家属）共有22482人，抚恤金额达101.2 万元。1989年1月，民政部、财政部调整提高“三属”的定期抚恤金标准，在原补助标准的基础上，平均每人每月增加15元，补助金额达114万元。1994年1月，省民政厅、财政厅调整提高“三属”抚恤金标准，在原补助标准的基础上，每人每月再增加5元，全区共补助金额1117万元。2000年1月，省民政厅、财政厅再次调整提高“三属”定期抚恤金，对革命烈士家属、因公牺牲军人家属居住农村的每人每月125～130元，居住小城镇的每人每月135～140元，居住大中城市的每人每月140～145元；病故军人家属，居住农村的每人每月120～125元，居住小城镇的每人每月130～135元，居住大中城镇的每人每月135～140元。至2005年，全区享受抚恤金的“三属”共有5341人，补助

金额 2083 万元。

伤残抚恤金发放　1988 年 1 月 1 日起，在乡伤残抚恤金调整为：特等的每人每年分别为 1200 元（因战）、1100 元（因公），一等的每人每年分别为 1020 元（因战）、950 元（因公）、860 元（因病），二等甲每人每年分别为 740 元（因战）、660 元（因公）、600（因病），二等乙每人每年分别为 538 元（因战）、480 元（因公）、450（因病），三等甲每人每年分别为 336 元（因战）、322 元（因公），三等乙每人每年分别为 372 元（因战）、272 元（因公）。在职保健金调整为：特等的每人每年分别为 240 元（因战）、216 元（因公），一等的每人每年分别为 204 元（因战）、184 元（因公），二等甲每人每年分别为 156 元（因战）、140 元（因公），二等乙每人每年分别为 135 元（因战）、122 元（因公），三等甲每人每年分别为 108 元（因战）、98 元（因公），三等乙每人每年分别为 90 元（因战）、82 元（因公）。全年，全区享受在乡伤残抚恤人员 4655 人，发放伤残抚恤金 206 万元；享受在职保健人员 2481 人，发放保健金 23.3 万元。为保证革命伤残人员的生活，1996 年 1 月 1 日起，地区民政局、财政局再次提高在乡革命伤残人员的伤残抚恤标准，其中特等因战伤残抚恤金每年为 3240 元，提高标准 1000 元。2004 年 10 月 1 日，为保障优抚对象生活，又一次大幅度提高部分优抚对象抚恤补助标准，其中一级因战残疾抚恤金标准达到每年 11200 元。至 2005 年年底，全区享受在乡残疾抚恤人员共 7609 人，发放抚恤金 2382 万元。

定期定量补助　1986 年，全区共有在乡复员军人 10801 人，补助金额 21.6 万元。1989 年 1 月 1 日，民政部、财政部决定调整提高在乡复员军人的补助标准，调整后的补助标准每人每月一般不低于 25 元。全区共有老复员军人 14752 人，补助金额 37 万元；对孤老和抗日战争时期入伍或其他革命战争期间入伍、服役时间较长、贡献较大的复员军人的定期补助标准适当高于上述规定的标准的 3 ～ 5 元。1996 年 1 月，省民政厅、省财政厅再次提高在乡复员军人定期定量补助，全区补助金额达 53.86 万元，平均每人每月 40 元。2005 年，抗战时期入伍的在乡复员军人定期定量补助每人每年为 2320 元，其他时期入伍的在乡复员军人定期定量补助为 1820 元，全市补助金额 726 万元。

烈士褒扬　1986—2005 年，全市有 20 多处烈士陵园和 60 多处烈士纪念建筑物先后得到大规模的修整。1998 年 6 月，民政部门投资 88 万元对东明县张岭烈士碑、巨野、单县、成武的烈士陵园进行全面整修，修整后的烈士陵园顺利通过省级验收。2000 年投资 40 万元，在鄄城县烈士陵园建造抗洪抢险烈士纪念馆。2003—2004 年，投资 774 万元对全市烈士陵园进行较大规模的改造。至 2005 年年底，境内 9 处革命烈士陵园，占地总面积达到 46.67 公顷，其中建筑面积 1.35 万平方米，绿地面积 13.34 万平方米，栽植各种花草树木 248 种，逐步向花园式、开放式、瞻仰与休闲为一体的现代化烈士陵园的方向发展。9 处烈士陵园中，有国家级管理的 1 处，省级管理的 3 处，县级管理的 5 处。

第六节　地名与勘界

地名管理　*地名调查*　1989年，在全区范围内开展地名补查和资料更新工作，组织1100多名地名补查人员，对全区1.4万个村庄和机关事业单位、建筑公司等进行统一调查。此次调查，共走访5万余人，浏览族谱2500多部，查看碑刻1100统，摘录510篇。经核实，全区自然村建村沿革讹误率高达70%以上，其中菏泽市、郓城县高达80%。对3100多个自然村的沿革讹误进行纠正。1990年，全区组织2440人的补查验收队伍，浏览族谱1.18万部、碑碣775块、地方史志516部，查清地名2.35万条，上报《地名统计表》3套、《成果表》4套。1991年，完成地名补查资料的校对、修改、整理、立卷和归档，上报地名补查资料成果3884条、地名统计1.61万条、地图84幅。

地名命名更名与标志设置　1986年，国务院、省政府相继颁布地名管理条例和管理办法，地名工作由地名普查转移到经常性地名管理上。1989—1990年，在地名补查、纠正自然村名称讹误的基础上，立村界碑1898块，设置地名标志2800块。1991年，设置驻城区地名标志1977块，使驻城区地名标志设置总数达到8764块。1993年，地名工作的重点转向城镇地名管理，全区命名新区54个、街路巷87条，设置街路巷牌1978个，安装门牌45791个。1995年，重点抓城市地名规范化试点工作，全年安装门牌54046块、街路牌681块。从1996年起，按照民政部、交通部、公安部、建设部的要求，用3年的时间，对境内4条国道、12条省道两侧的500米以内的村庄进行设标，对原设的村碑全部进行刷新和修复，对设置位置不合格的村碑重新进行选址设置。1997年，完成9县市7个街道、83个镇、163个乡的地名更名。城市地名已更（命）名1818条，其中区划449条，片状地名1069条，线状地名300条；农村地名更（命）名253条，其中村名6条，街巷217条，其他30条。全区设置城市地名标志14.87万块，其中路巷牌3765块、门牌14.50万块；设置农村地名标志16.01万块，其中街巷牌313块、门牌14.86万块、村标牌11230块。至1998年6月，全区4条省道、12条国道500米以内的村庄设标任务全部完成，并对1100个村庄村标进行设置，增设石制村碑201块，设置率达90%以上。

村　碑

地名档案

地名档案管理　1986—1989 年，全区新整理地名文书档案 42 卷，个体档案 1210 卷，编译出版 67 卷。1990—1992 年，整理地名文书档案 173 卷，声像档案 20 卷，地名调查和成果 1001 卷，编译出版档案 101 卷。1995—2003 年，按照省对各市地名档案室的考核要求，对地名档案、区划档案、勘界档案进行系统整理。按年代共计整理出 207 卷：地名档案 36 卷，其中永久类 11 卷，长期类 18 卷，短期类 7 卷；区划档案 45 卷，其中永久类 25 卷，长期类 10 卷，短期类 10 卷；勘界档案 89 卷，其中永久类 29 卷，长期类 43 卷，短期类 17 卷；检查充实修改勘界成果档案 37 卷。

勘界　1996 年 6 月全省勘界工作会议后，菏泽地区全面开展勘界工作。至 2000 年，先后勘定鲁皖、鲁豫、鲁苏省间、菏（泽）济（宁）市间和市内县界 37 条，边界长度 1963 千米，确定 3 省交汇点 2 个，3 县交汇点 29 个，实地埋设市际、县际界桩 106 棵，形成文字地图卷 392 卷，3 交点卷 15 卷，其他文字材料 200 余万字。其中有 5 条线获得省勘界优秀成果奖，8 个单位受到省人事厅、民政厅的通报表彰，20 名个人获得省人事厅、民政厅记二、三等功奖励。菏泽市民政局被评为全国勘界工作先进单位。

第七节　民间组织管理

社会团体登记管理　1991 年地区民政局社团科设立后，开始对全区 534 个社会团体组织的复查和清理整顿工作。1992 年，首批 79 个社团组织被依法注册登记。1993 年，开展社团组织的年检工作，年检率在

80%以上。2000年4月，加大对社团组织特别是气功类社团组织的清理整顿力度，全区共清理整顿376个社团组织，其中对282个符合要求的给予保留，对94个不符合要求的依法予以注销。2003年，开展社会团体规范化建设活动，全市共撤销不合格社团组织64个。至2005年年底，全市共有社会团体组织482个，其中市级168个，县级314个；培育发展农村经济协会240个，其中注册登记的148个，备案92个。

民办非企业单位登记管理 1998年9月25日，国务院颁布《民办非企业单位登记管理暂行条例》。该条例规定，本级人民政府民政部门为民办非企业单位登记管理机关。2000—2001年，登记管理机关会同业务主管单位对民办非企业单位进行检查验收，对符合要求的320家民办非企业单位给予注册登记。2002年，在全市范围内开展对民办非企业单位的集中执法宣传活动，在做好执法宣传的同时，对全市的民办非企业单位进行检查整顿，使其逐步向服务型、公益性社会组织转化。至2005年年底，经过培育和规范化管理，全市共注册登记601家民办非企业单位。

第八节 婚丧管理

婚姻登记 1986年，县级民政部门开始统一收集整理婚姻登记档案，并实行专人管理。婚姻登记证书第一次实行贴结婚照、压婚姻登记钢印。1987年，全区有156个乡镇单设婚姻登记处。1989年，地区民政局、计生委、公安处、司法局、团地委、妇联联合下发的《关于加强婚姻管理的有关问题》，对违法婚姻的查处作出具体规定。至年底，全区共清理违法婚姻1767对，处理1139对。全区276个婚姻登记处中，有252个实行单设，70%的登记处达到省民政厅“先进登记处”标准，并有110个登记处受到省民政厅的表彰。1991年，清理出各类违法婚姻35427对，其中属于外地流入妇女形成的违法婚姻18685对，属于当地青年形成的违法婚姻16742对，妥善处理26083对，占总数的73.6%。

1992年起，地区民政局开办辖区内涉华侨、港澳和来大陆定居的台湾同胞婚姻登记工作。1992—1993年，由于计划生育工作宣传落实到位，实行晚婚的人数增多，结婚登记数量明显下降。1994年，菏泽市、定陶县、曹县、郓城县、鄄城县、东明县民政局率先开展婚前体检工作，地区民政局对符合要求的婚检单位发放婚检证。1997年，对婚姻登记管理体制进行改革，由过去乡镇、街道办事处办理婚姻登记，改为县级民政部门婚姻登记管理集中办理，对偏远乡镇实行定点定期巡回登记。1999年11月，在全省婚姻登记工作检查评比中，菏泽市、单县、鄄城县、曹县、定陶县婚姻登记处被评为山东省婚姻登记管理先进单位。2003年，牡丹区婚姻登记处被评为全国先进婚姻登记处。

2003年10月1日，国务院新修订的《婚姻登记条例》颁布实施。该条例取消结婚、离婚由所在单位或村（居）民委员会出具证明的做法，结婚改由当事人作无配偶等相关情况的声明；对婚前医学检查未再作强制性规定。

1986—2005 年菏泽市（地区）婚姻登记情况统计表

表 21-3-2　　　　单位：对

年　份	婚姻登记	年　份	婚姻登记
1986	43345	1996	50000
1987	61303	1997	38000
1988	58858	1998	58213
1989	58138	1999	65256
1990	57015	2000	64363
1991	68654	2001	55097
1992	50214	2002	62633
1993	41739	2003	61235
1994	44811	2004	60408
1995	50000	2005	68528
		合计	1117810

殡葬改革　1986 年，全区各县市均建有火化场，共火化尸体 10820 具。1987 年起，火化情况时有波动，土葬回潮现象时有发生。年内，全区火化尸体 7527 具。1992 年，为扭转土葬回潮现象，菏泽开展大规模的平坟工作。地、县、乡三级层层签订责任书，并实行奖惩措施。全区火化率由 1991 年的 22%上升到 98%，其中有 6 个县达到 100%。平整坟头 52 万个，还耕面积 6000 亩；建起乡级骨灰存放堂 87 处、村级骨灰存放堂 136 处，土葬回潮得到遏制。1994 年，全区 95%以上行政村建立红白理事会，理事会在厚养薄葬、制止白事大操大办方面发挥了积极作用。至 1997 年，全区 253 个乡镇全部设置骨灰存放堂。1998—2001 年，在国家等级殡仪馆创建活动中，成武县、单县、巨野县、东明县殡仪馆先后被认证为国家三级殡仪馆。

2000 年，地区投资 500 多万元对单县、成武、巨野、定陶等县殡仪馆进行改造与扩建，并全面提升殡仪服务质量。2001—2005 年，单县投资 1200 万元兴建永安公墓；牡丹区投资 1500 万元兴建万寿陵公墓。上述公墓修建，改革旧葬风俗，节省大量耕地，推进文明殡葬，有利树立文明新风。

1986—2005 年菏泽市（地区）火化尸体统计表

表 21-3-3　　　　单位：具

年　份	火化尸体	年　份	火化尸体
1986	10820	1996	44955
1987	7527	1997	44426
1988	6801	1998	42690
1989	6508	1999	42373

续表 21-3-3

年　份	火化尸体	年　份	火化尸体
1990	6883	2000	43889
1991	8773	2001	42569
1992	39612	2002	43039
1993	39369	2003	45023
1994	43825	2004	44838
1995	40965	2005	35845
		合 计	640730

第四章　劳动与保护

第一节　就业与再就业

劳动就业　1986年起，随着全国经济体制改革的不断深化和全面推行劳动合同制度，国家开始赋予各级劳动就业服务机构管理失业职工，并为其提供基本生活保障，组织培训、指导推荐再就业的职能。1990—1992年，国务院《劳动就业服务企业管理规定》《山东省实施劳动就业服务企业管理规定细则》出台后，劳动就业服务企业得到迅猛发展。1993年起，随着经济的发展，企业的竞争也越来越激烈，劳动服务企业由于底子薄、人员素质低，部分企业在激烈的市场竞争中被淘汰。1995年，全国开始实施再就业工程，劳动就业服务机构不仅承担着各级政府赋予的就业和再就业的工作任务，还承担着农村剩余劳动力的流动就业管理和开发任务。1999—2004年，为更好地为求职者和用人单位提供优质服务，劳动职业介绍服务中心在服务大厅内设立用工信息发布栏，开设了求职登记、用工登记、就业培训、劳动事务代理、招用手续办理等服务窗口。2005年4月，菏泽市劳动力市场成立后，于每周二、周四举办两次集中招聘会，市内20余家民办中介机构全部到劳动力市场服务大厅集中办公，设有40个招工摊位，每次参加招聘会的人员都在千人次以上。

下岗职工再就业　20世纪90年代初期，随着社会主义市场经济的逐步建立和产业结构的调整，加上菏泽经济欠发达、资金紧张的实际情况，全区大部分国有和集体企业处于停产半停产状态，企业的富余人员逐年增多，下岗和失业人员再就业成为热点和难点问题。1995年7月，全区

下岗职工再就业工程开始启动后，行署确立再就业工程的实施范围、主要任务和目标、主要内容和政策措施。1997 年，全区共分流安置下岗职工 25686 人。

1998 年，再就业工作的重点转向国有企业和县以上集体企业下岗职工基本生活保障和再就业。按照地委、行署《关于进一步做好下岗职工基本生活保障和再就业工作》及《实施细则》要求，全区 998 个有下岗职工的企业全部建立再就业服务中心，54471 名下岗职工进入中心。至年底，全区共为 51344 名下岗职工发放下岗证。凡是进入中心的下岗职工全部领到基本生活保障金。在确保下岗职工基本生活的前提下，加快建立市场导向的就业机制，稳步推进下岗职工由再就业服务中心向失业保障和市场就业转轨。2000 年 12 月，行署下发《关于加快我区社会保障制度改革步伐的通知》，要求自该年 12 月 1 日起，全区不再审批和安排下岗职工进入中心。职工下岗后，由企业依法与其解除或终止劳动合同，按规定领取失业救济金。1998—2001 年，全市共筹集基本生活保障资金 2.19 亿元，为下岗职工发放基本生活费 1.63 亿元，代缴“两金”5532 万元，有效地保障下岗职工的基本生活。

2004 年 10 月，失业人员技能培训

2002 年，国家对下岗职工由基本生活保障转向促进再就业，通过再就业扶持政策帮助下岗职工再就业。按照中央、国务院下发的《关于进一步做好下岗失业人员再就业工作的通知》及劳动和社会保障部等 13 个国家部委研究制定的 8 个配套文件精神，在全市范围内对就业现状、企业现状、未来就业空间等情况进行调研。通过调查研究，市委、市政府对就业再就业工作作了重要部署，提出就业再就业工作目标。2003—2004 年，为建立健全基层劳动保障工作机构，全市有 158 个乡镇、街道建立劳动保障事务所，提前完成就业再就业目标。

2004 年 11 月，焊工培训

第二节　劳动制度

1986 年以前，企业正式职工均为固定工人。1986 年，按照国务院和省政府的有关文件精神，在新招的职工中普遍试行劳动合同制。由于当时的合同制工人与固定工人在就医、保险、福利等方面存在一定

的差异，故给合同制工人发放17%的补贴。1995年，企业用工制度进行重大改革，企业员工全部实行劳动合同制度，新老职工都必须通过签订劳动合同来确定劳动关系。职工可以签订有固定期限和无固定期限的劳动合同，也可签订以完成一定工作为期限的劳动合同。

第三节 劳动监察

1995年10月，地区劳动局设立劳动监察科，主要职能是代表劳动行政机关依法对用人单位遵守劳动保障法律、法规和政策规定的情况进行监督检查。1996年10月，地区劳动局在全区范围内组织开展监察执法活动，监察的范围为国有企业、集体企业、私营企业、“三资”企业和个体工商户共2800家，涉及职工17.47万人，清退童工25人。这次活动共清退风险抵押金586万元，补办用工手续6000余份，补签劳动合同2.18万份，追缴养老保险金397.6万元、失业金42万元，修改违规的厂纪厂规900余条。1997年，按照劳动部和省劳动厅的要求，建立劳动用工年检制度，以规范用人单位依法实施劳动管理为出发点，开展招工用工、劳动合同、工资分配、工时制度、休息休假、社会保险为主要内容的年度检查。此次检查涉及用人单位2300家、职工20万人，发限期整改指令书205份，清退童工8人，清退农民工280人，纠正违反工时制度的企业380家，补签劳动合同3.1万份，促缴社会保险费778.13万元，收缴劳动力管理费59.89万元，清退风险抵押金631万元，追补拖欠、克扣职工工资346万元。1998年后，随着国有企业减员增效的实施，企业下岗职工逐年增多，劳动监察工作的重点是对国有企业下岗职工基本生活保障及劳动用工和缴纳社会保险费的情况进行检查。1998年，全区共检查用人单位2210家，涉及职工6.65万人，查出违法企业360家，处罚28家，清退童工53人，补签劳动合同11.21万份，清退风险抵押金237.65万元，追发职工工资494.96万元，促缴社会保险费2928.66万元。

2000年，重点对全区欠缴失业保险的单位进行检查，催交失业保险金近200万元，其中市直催交50余万元。2001—2004年，全市加大对职工举报的查处力度，共查处举报案件317件，全部结案。2005年，重

劳动监察工作人员执法检查

点开展劳动力市场专项整治活动，全市取缔非法职介组织530家，规范职业中介组织390家，为求职者挽回经济损失46万元。是年受理群众投诉、举报138件，立案处理120件，专查率100%，结案率95%。

第四节　劳动仲裁

1988年3月，按照《山东省〈国营企业劳动争议处理暂行规定〉实施细则》的要求，地区及所属各县市都成立劳动争议仲裁委员会，90%的全民所有制企业和县以上集体企业建立劳动争议调解委员会，形成地、县、企业劳动争议处理工作网络。1989—1992年，受理的劳动争议案件主要以调解的方式处理。1993年后，随着劳动制度改革的深化，劳动关系向高层次、普遍性发展，加上经济滑坡，市场疲软，不少企业的生产出现困境，劳动争议案件开始上升。在劳动争议案件的处理上，按照《中华人民共和国企业劳动争议处理条例》的规定，实行仲裁员、仲裁庭办案制度，办案程序逐渐规范化。1995年1月，《中华人民共和国劳动法》（简称“劳动法”）颁布实施后，劳动者的维权意识逐渐增强，劳动争议案件也大量上升。至2005年，全市劳动仲裁机构共受理劳动争议案件5000余起；举办劳动法律法规知识培训班11期，参训人员892人次，其中有120人参加省劳动和社会保障厅举办的专兼职仲裁员任职资格培训。

第五节　劳务输出

1985年以前，政府对农村剩余劳动力就业政策的基调是鼓励“离土不离乡，进厂不进城”式的就地转移。此后，国家控制农村劳动力流动的政策开始有所松动，但由于政策作用的滞后和思想观念陈旧等原因，境内基本上没有农民外出务工。1990年以后，农村劳动力就业政策和农民的思想观念逐渐发生变化，其基本特点是从限制农民流动，逐步转向承认流动、接受流动、鼓励流动，劳动力的跨区流动日趋增多，并逐渐形成农村劳动力向非农产业转移的主要形式。为适应农村劳动力外出务工的要求，区内劳务中介机构应运而生。从1992年开始，地区劳动局逐步尝试开展劳务中介活动，之后，一批民办中介机构也相继成立。到1999年年底，全区民办中介机构已达39家，并在北京、天津、上海等地建立劳务基地28处，劳务输出达41万余人。

2002年，市委、市政府制订《关于进一步做好就业工作的意见》，要求对进城务工农民工公平对待、合理引导、完善管理、搞好服务，并按规定签订劳动合同，参加社会保险。2003年，菏泽市出台《劳动力市场管理办法》，对劳务中介机构的审批、管理做出明确规定，为规范管理劳务市场起到积极的推动作用。为实现全省东部资金、技术与西部劳动力资源的有机结合，省委、省政府实施农村劳动力转移“西输东接”工程。菏泽市的8个县区与济南、青岛、烟台、威海、淄博、潍坊、东营、济宁8市签订劳务输出合作协议。各县区都在东部对口帮扶市县设立“西输东接”办事机构，主动与东部县市沟通洽谈，搞好配合和服务。

2004年，全市举行春秋两次大型招聘

活动，共组织36场招聘会，参加招聘会的人员达52万人次，东部8市1560家企业为菏泽市提供就业岗位27.7万个，成功输出13.3万余人。同时，市内劳务中介机构还与技术培训单位、大型知名企业、大型加工生产基地联合，共同走技术培训、劳务输出、跟踪服务、劳务代理一体化的路子。2005年，全市各级劳动保障部门加强与东部对口帮扶市县的联系沟通，改进招聘形式，完善输接工作措施，维护农民工就业的合法权益。至年底，全市共有公益性职业介绍机构10个，民办中介机构90家；组织西输东接招聘会56场次，东部8市859家企业为菏泽市提供就业岗位20多万个，成功输出7.2万人。2000—2005年，全市在外务工人员达126万人，年均劳务收入75亿元。

2004年2月10日，“西输东接”工程菏泽市牡丹区开发区招聘会

第六节　职业培训

职工培训　就业前培训　1986年，城镇待业青年就业前仍采取学历教育和非学历教育相结合、长中短期培训相结合等方式实行“先培训、后就业”的办法。1995年，随着下岗职工的出现，开始实施旨在帮助其提高再就业能力的转业、转岗培训。1999年，菏泽地区实施　“三年八万”再就业培训计划，开展以培训下岗、失业职工为重点的再就业培训。地直举办第一批下岗职工再就业免费培训班，参训人数90人。2000—2005年，市、县区劳动部门不断加大下岗失业职工免费培训规模和层次，先后开设面点、烹饪、美容美发、机电制冷、汽车驾驶、计算机、保健按摩等专业。同时，还有针对性地开展下岗失业职工创业培训，培训一批小老板，增加一些就业岗位，产生就业倍增的效应。

培训操作

在职培训　1980年，根据中央、国务院《关于加强职工教育工作的决定》和全国职工教育管理委员会等五部门《关于切实搞好青年职工文化技术补课工作的联合通知》，开始对全区企事业单位、未经专业技术培训的三级（含三级）以下从事技术工种和在关键岗位上的青壮年工人，采取脱产和半脱产学习、业务进修、短期轮训、举办科学技术讲座等措施，分期分批进行专业技术培训。全区列入技术培训补课的职工达2.56万人。至1984年年底，全区经考核合格的2.28万人，合格率为89%。

2004 年 11 月，计算机操作能力培训

1986年起，按照国务院和省有关规定，在基本完成补课任务的基础上，开展以中级技术培训为重点的各级各类工人的技术培训。至2005年年底，通过劳动部门办班、企业办班、企业主管部门办班等形式，共举办培训班485期，参加培训人员4.49万人，其中95%的参培人员获得劳动部门颁发的技术等级证书和资格认定证书。

劳动力转移培训　2000年始，市委、市政府为把全市的人口优势转化为资源优势，在发展劳务经济上求突破，注重抓农村劳动力的转移培训。2003年，市政府办公室下发《关于加快民办职业培训机构发展的意见》，对新增职业培训机构降低审批门槛，走先纳入后规范的路子，加快职业培训机构的发展，全市新增职业培训机构72所，开展农村劳动力转移培训5.2万人。2004年，市委、市政府将新增乡镇职业培训纳入对县区经济目标考核内容，加快乡镇职业培训机构的发展，全市新增乡镇职业培训机构145所，建立健全覆盖市、县、乡三级职业培训网络，开展农村劳动力转移培训5.8万人。2005年，通过加强职业培训机构管理，开展农村劳动力转移培训6.4万人。至2005年年底，全市累计开展农村劳动力转移培训30万人次。

工人技师评聘　按照省劳动局1987年12月制定的《山东省执行〈关于实行技师聘任制的暂行规定〉的实施细则》，1992—2000年，全区在餐饮服务、机械、化工、医药系统等工种中评聘技师。经过技术理论和实际操作考试、答辩、工作业绩考核和评审等程序，有226人获得技师资格证书。2001年，根据省劳动和社会保障厅《关于开展技师考评社会化管理试点工作的通知》，全市建立考评与考核相结合的技师选拔制度。至2005年年底，全区评聘各类技师300人。

培训家政服务人员

职业技能鉴定　1995年4月，地区职业技能鉴定中心成立，隶属于地区劳动和社会保障局。该中心鉴定的主要对象是从事中式烹调师、餐厅服务员、美容师、美发师、车工、钳工、电工、焊工、摩托车修理工、计算机文字录入处理员等工种的社会人员。1997年，全区共完成技能鉴定4493人，其中对3201名合格人员（初级工672人，中级工1941人，高级工588人）颁发职业资格证书。1998年，鉴定的主要对象是全区技工学校毕业生和全国统一鉴定的新职业工作者，共完成技能鉴定785

人，其中对769名合格人员颁发职业资格证书。1999年，鉴定对象主要是职业学校学员、企业在职职工和社会人员。全区完成技能鉴定4671人，其中对4110名合格人员颁发职业资格证书。同年，对非国有经济领域的从业人员进行职业鉴定，并有计划地对城镇国有、集体企业的在职技术工人进行鉴定。2000年，全区完成技能鉴定5714人，其中对4864名合格人员颁发职业资格证书。为全面提高劳动者的综合素质，保护国家和人民生命财产安全以及消费者的合法权益，地区职业技能鉴定中心把职业道德作为职业技能鉴定内容单科考试，劳动和社会保障部在全国推广菏泽的经验和做法。2001—2005年，技能鉴定的主要对象仍是各类职业学校学员、企业在职职工和其他社会人员。5年中全市共完成技能鉴定14.05万人，其中为13.23万名合格人员颁发职业资格证书。

技工教育 1986年前，菏泽只有地区技工学校、商业技工学校和汽运技校3所普通技工学校。1986年起，根据中共中央《关于教育体制改革的决定》，区内各县市和企业主管部门出现竞相办技工学校的局面，全区技工教育进入大发展阶段。1987—1990年，地区供销技工学校、建筑技工学校、粮食技工学校和9县市技工学校相继建立。1988年起，全区开始实行毕业证书和技术等级证书“双证”制度。在毕业生中开展评选优秀毕业生活动，优秀毕业生由省劳动厅发给山东省技工学校优秀毕业生证书。1990年起，技工学校招生放开，招生规模出现前所未有的局面；分配除定向委培的学生外，不再统分统配，由用人单位择优录用；根据市场需求灵活设置专业，办学方式多元化，形成技工教育由市场决定实施教育的格局。1993年，全区技工学校招生达到3500人。1998—2000年，技工教育开始进入困难时期，生源出现严重不足，全区的技工学校每年招生只有1000人左右。从2001年起，省委、省政府连续下发文件，要求各市高度重视技工学校的发展，致使全市技工学校的发展步入了快车道。2001—2005年，全市招生23033人，再创技工学校招生历史最高。技工学校应届毕业生安置率连续4年达到95%以上。至2005年年底，全市共有技工学校12所，其中国家级重点技工学校1所（市高级技工学校），省级重点技工学校5所（市商业技工学校，郓城县、牡丹区、东明县、曹县技工学校）。

第七节 劳动工资

1986年8月，根据省委企业政治工作部、省劳动局、省财政厅《关于地方国营企业干部实行职务工资的通知》精神，对全区企业中的现任干部，按照担任的实职实行职务工资。企业干部实行职务工资后，不得实行干部职务补贴或变相职务补贴。12月，菏泽地区由五类工资区调整为六类工资区，全区提高工资区类别的全民企业共594户，涉及职工64412人，月增资总额88976元。1987年，省企业工资改革研究小组、省劳动局下发《关于1986年适当解决国营企业工资问题的通知》，按1986年9月底固定职工、合同制工人和计划内临时工人数，人均每月增加1.8元工资总额，由所在地企业调剂使用。全区共有1148家企业40130人增加工资，升级面为32%，月增资总额22.84万元，人均月增资5.69元。地区劳动局制订志愿兵、义务兵退出现役到地方后的工资待遇标准和物资系统、二轻系统、供销系统、化工系统部分有毒有害、苦脏累险工种的岗位津贴标准，津贴标准分别为每班0.4～0.8元。

1988年，根据省工资改革研究小组、省劳动局《关于解决部分中年专业技术人员工资问题的通知》，对企业部分中年专业技术人员的工资进行升级。升级面控制在提高范围人员的20%内，符合升级条件的可以增加一级或半级工资，升级增加的工资从1987年10月起执行。全区列入范围的专业技术人员35348人，其中有6930人升一级工资，月增资90497元，人均月增资额为13.06元。同时，还提高了企业属中、小学教师工资标准，提高幅度为企业同类工资标准的10%。1989年，在企业技术岗位普遍实行考工晋级，对通过考试、考核合格的40%的技术工人，给予工资晋升。另外，全区实行浮动工资标准的企业559户，职工81903人，浮动工资月增资55.73万元，人均月增资6.8元。

1990年，省政府下发《关于企业工资工作安排的实施意见》《关于企业离退休人员待遇问题实施意见的通知》。文件规定：1989年9月底已定级的固定工、合同制工人，1971年年底以前参加工作的计划内临时工，1989年度已由地方安排工作的军队转业干部、志愿兵、义务兵，都属于升级范围，升级幅度由半级到一级半。这次升级，全民企业623户，职工10.31万人，共有95838人升级或提高工资（生活津贴）待遇，月增资127.57万元，人均月增资13.31元，其中升半级的953人，升一级的65176人，升一级半的13465人，提高工资（津贴）待遇的16244人。同年还提高护士工资标准，提高幅度为10%。

1991—1993年，分别对企业效益较好、工资基金比较充足、管理较为完善的企业实行考工晋级和3%奖励晋级工作。1994年，省劳动厅下发《关于适当解决企业职工工资问题的通知》，大幅度调整企业职工技能工资标准，工资标准起点分别调整为80～100元。工资标准调整后，职工工资普遍增加一倍。

1997—1998年，试行岗位工资制。试行岗位工资的企业可增设岗位工资，不实行岗位工资的企业可增加技能工资，增资幅度一般为1～3级。1999年，根据行业类别和企业效益情况，工资标准起点分别调整到100～140元。

2001年，再次调整岗位技能工资标准，调整后的岗位工资标准起点为80～180元，调整后的技能工资标准起点为120～180元。另外，还提高新参加工作人员的定级工资水平：中专定9级、专科定12级，本科定14级，双学士学位定17级，硕士生定19级，博士生定20级；军龄2～5年定9级，5～8年定12级，8～13年定15级，13～17年定17级，17年以上定20级。

2002年，为解决困难群众生活困难问题，省政府办公厅专门下发文件，要求从2003年起用3年时间解决全部拖欠职工工资问题。同年10月，市政府发布全市2002年企业工资指导线，当年工资基准线为9%，上线为15%，下线为4%，具体执行月份由企业根据本单位情况自主确定。

2003年、2004年，实行企业欠薪报告制度，发布部分职位（工种）劳动力市场价位，公布非全日制最低小时工资标准：牡丹区 2.6 元／小时，各县 2.4 元／小时。2005 年，市政府再次发布企业工资指导线，企业工资以全省在岗职工平均工资（13719元）为基数，基准线为职工平均工资增长 10.5%，上线为 16.5%，下线为 5.5%，同时，为控制成本，增加效益，发布人工成本信息。

1995—2005 年菏泽市（地区）最低工资标准一览表

表 1-4-1

执行时间	最低工资标准	文件依据
1995.01—1997.06	140 元／月	鲁政发〔1994〕121 号
1997.07—1999.06	160 元／月	鲁政发〔1997〕2 号
1999.07—2001.06	220 元／月	鲁政发〔1999〕95 号
2001.07—2002.09	牡丹区（含市直、开发区）280 元／月，2.6 元／小时；各县 220 元／月，2.4 元／小时	鲁政发〔2001〕68 号 菏劳社〔2003〕236 号
2002.10—2004.03	牡丹区（含市直、开发区）310 元／月，各县 290 元／月	鲁政发〔2002〕79 号
2004.04—2004.12	牡丹区（含市直、开发区）330 元／月，各县 310 元／月	菏政字〔2004〕28 号
2005.01—	牡丹区（含市直、开发区）380 元／月，3.2 元／小时，各县 350 元／月，3 元／小时	鲁政发〔2004〕932 号 菏政字〔2004〕61 号

第五章　安全生产监督

第一节　安全生产宣传教育

1986 年，菏泽地区的安全生产工作由地区劳动局具体负责，安全生产宣传教育主要是通过劳动部门对管理人员及特种工技术培训方式进行。1986—1995 年，地区劳动局加强对特殊工种的技术培训，分期分批培训司炉工、电工、焊工、起重工、电梯操作工和特种作业人员 8892 人。通过培训，提高职工的安全生产意识和作业技能。在做好技术培训的同时，地、县市及有关部门还采取多种形式进行安全生产的宣传教育工作。

1991 年，地区交警支队在地区电视台开办《红绿灯的呼唤》专栏，每周进行轮回播放，收到较好的社会效果。1991—2001 年，为贯彻落实党和国家领导人对安全生产工作的重要指示，在每年的 5 月份，地、县市都组织开展“安全生产周”活动。利用广播、电视、报刊等宣传媒体，采取散发传单、张贴标语、开辟宣传栏、举办知识竞赛等形式，向公民宣传安全生产知识，从而提高职工群众的安全防范意识，推动全区安全生产工作的开展。“安全生产周”活动期间，地、县两级领导发表电视广播讲话12次，出动宣传车75部，办宣传栏859期，张贴安全生产标语3418条，印发宣传单4.8万份，举办各类培训班38期，接受培训的人员达2417人。全区共有4.6万人参加安全管理知识竞赛活动。2002—2005年，全市共培训生产经营单位负责人、安全管理人员3500余人，培训特种作业人员2.8万人。为加大对安全生产的宣传力度，将每年5月份的“安全生产周” 改为每年6月份的“安全生产月”。“安全生产月”活动期间，共制作安全生产知识展板180余块，设咨询点150余个，发放宣传材料18万余份，参加咨询日活动人数达5000多人，受教育群众达25万余人。

第二节 安全生产综合管理

1985年，菏泽市马岭岗棉厂发生特大火灾后，引起地委、行署领导的高度重视。为加强对安全生产监督工作的领导，行署将安全委员会办公室（简称安委办）升格为正县级事业单位。1988年12月，又把安委办从地区劳动局中析出，成为独立设置的部门，开始实施安全生产管理职权。同年，全区建设项目安全卫生设施“三同时”监察工作开始起步。全区需审查的项目157个，审查验收71个。1989年，在全区推行的安全生产目标管理和安全生产责任制，取得较好效果，全区职工千人死亡率为0.028人，比控制指标减少0.032人；道路交通万车死亡率为4.11人，比控制指标减少2.73人；火灾直接经济损失占工农业总产值的万分之0.8，比控制指标减少万分之0.2。1990年，地区安全委员会（简称安委会）制定、公布安全生产控制指标，要求全区县属以上企业职工千人死亡率在0.06人以下；道路交通万车死亡率在5.8人以下；火灾直接经济损失占工农业总产值的万分之一以下；有害因素作业点合格率比上年提高百分之五。1991年初，行署下达各县市、行业安全生产控制指标，并在年终组织有关部门对各县市、行业安全生产控制指标的完成情况进行考核。全区职工千人死亡率为0.03人，职工千人重伤率为0.03人，道路交通万车死亡率为26.25人，工农业总产值万元火灾损失率为0.18元，分别比省政府下达的控制指标减少0.03人、0.07人、15.75人和0.82元。同年，在治理重大事故隐患工作中，地、县市和企事业单位围绕重大事故隐患的排查整改，自查、互查相结合，综合检查和专项检查相结合，检查和整改相结合，建立事故隐患档案和立销案制度。地区筛选10项较大的事故隐患予以公布，并组织专家组对部分隐患进行评估和指导。1992—1993年，在排查整改过程中，及时消除一些重大隐患。如：地区石油公司油库和菏泽火柴厂氯酸钾仓库，原来都位于人口和建筑物稠密的市区内，经过排查，令其搬迁到了市郊。1993年，全区县以上企业职工千人死亡率为0.03人，千人重伤率为0.02人，机动车万车死亡率为20.8人，工农业总产值万元火灾损失率为0.91元。1996年11月，在全区开展事故隐患排查与治理活动。据统计，全区共排查出各类事故隐患2078处，其中重大事故隐患37处。

1997年，行署与各县市政府签订年度安全生产目标管理责任书，并下发《安全生产目标管理考核暂行办法》及考核细则。

1998年年初，地区安委会组织有关部门在各县市自查自评的基础上，对1997年度安全生产管理目标完成情况进行考核，对安全生产目标管理先进县市和先进单位、先进个人分别由行署和安委会进行表彰。同年，地区安委会根据省下达的安全生产控制指标，制定1998年度各县市和地区行业（系统）主管部门安全生产管理目标及考核细则。行署副专员杜昌文代表行署与各县市政府、地区开发区管委会和地直11个行业（系统）主管部门的主要负责人签订《1998年度安全生产目标管理责任书》。1999年，安委办会同地区劳动局、公安局、消防分局、交警支队，对各县市和地直有关部门1998年度安全生产责任制落实情况和管理目标完成情况进行考核。据考核结果评定：县级菏泽市政府、东明县政府、鄄城县政府和地区电业局、供销社、化工总会为1998年度安全生产工作先进单位；巨野、郓城、曹县、成武、定陶、单县和地区石油公司、建委、纺织总会、机械总会、一轻总会、乡镇企业局、开发区、交通局、电信局为1998年度安全生产合格单位。

2003—2005年，市政府先后下发《关于进一步加强安全生产工作的意见》《关于安全生产“双基”工作考核办法》《关于集中开展冬季安全生产大检查活动方案》等文件，用于具体指导全市的安全生产工作。市政府在注重安全生产责任制落实的同时，还层层签订目标责任书，强化“一岗双责”，并将安全生产工作指标列入重要考核内容，对发生重大责任事故的领导人实行一票否决。

第三节　安全生产执法检查

1986年，根据企业改革的实际，地区安委办提出在企业经营承包租赁时，把安全生产作为一项承包内容，明确各企业法人代表是安全生产的第一责任者；企业在升级审查时，安全生产作为一项重要条件，具有否决权。1987年，以防火、交通安全为重点，在企业自查、主管部门普查、县市抽查的基础上，地区安委办先后协同有关部门组织10次全区性的安全生产执法大检查，共发现不安全因素750余项，发出整改通知书77份，随时整改410项。1990年，对全区23处道路交通检查站进行检查和整顿，取缔不符合规定的站点，使道路检查“三乱”现象明显改观。1998年，地区安委会组织全区安监部门对中小学校的校舍进行集中检查，共查出危房15141间，封存4204间。同年11月，根据《中华人民共和国爆炸物品管理条例》的有关规定，会同公安部门对全区的烟花爆竹生产和销售市场进行清理整顿，共清理非法生产烟花爆竹窝点501处，储存场所215处，销售场所452处，收缴各类炸药1703公斤，

安全生产检查

成品、半成品烟花爆竹457.6万头，没收非法生产烟花爆竹工具233件，处理从业人员200人。1999年，组织开展全区锅炉压力容器专项安全检查，共查锅炉567台，查封不合格锅炉49台，下达整改指令书280份，查封非法生产锅炉厂1家。2003年，全市开展两次规模较大的烟花爆竹、民用爆炸物品专项清理行动，共出动警力3000余人次，宣传车500余辆次，散发宣传材料1万余份；收缴烟花爆竹成品及半成品278万头，黑火药669公斤；取缔非法生产窝点49个，抓获违法犯罪嫌疑分子84人。2004年，根据国家和省深化安全生产专项整治活动的要求，全市共检查整治728个单位，督促整改危险隐患1375处。2005年，在全市开展安全专项整治和"一大二严"活动。据不完全统计，全市累计查出隐患3700余处，整改3600余处，投入整改资金1800余万元。

1986—2005年菏泽市（地区）部分年份事故伤亡人数及经济损失统计表

表21-5-1

年　份	事　故（起）	死　亡（人）	受　伤（人）	直接经济损失（万元）
1986	1085	166	593	218
1987	839	163	475	108
1988	824	162	528	3088
1989	1187	169	—	—
1990	883	—	—	165
1991	1138	—	—	197
1992	700	196	561	285
1993	667	160	593	390
1994	630	158	564	284
1995	587	217	531	396
1996	555	212	439	498
1997	1570	215	708	569
1998	1813	286	1110	864
2003	1645	442	1439	869
2004	1805	408	1332	925

第四节　典型事故简介

1986年11月20日，菏泽市贸易楼发生特大火灾，直接经济损失69.3万元。

1988年2月14日，菏泽市迎宾商场发生火灾，直接经济损失174万元。

1989年4月9日，成武县苟村公路上发生重大交通事故，死亡5人，重伤2人。

1992年5月26日，巨野县供销社农副产品公司2号恒温库货架发生倒塌，死亡10人，重伤2人，轻伤10人。

1993年5月18日，曹县曹城镇居民崔某某在家中生产鞭炮发生爆炸，炸死5

人，炸伤6人。

1993年12月30日，郓城县棉纺织厂发生火灾，直接经济损失103.8万元。

1997年4月12日，曹县阎店楼镇路庄行政村村民周某某开办的小灯泡厂发生火灾，死亡4人，重伤10人，轻伤3人。

1998年7月18日，山东长途电信济南传输局通话一分公司在曹县阎店楼西侧进行村村通电话工程施工时，将钢绞线搭在已老化并已破损的农户220V照明线上，导致6人触电死亡。

2001年11月16日，成武县造纸厂原料厂发生火灾，直接经济损失221.9万元。

2003年2月19日，临商公路定陶段发生交通事故，造成6人死亡。

2003年6月6日，曹县万达工艺品有限公司发生火灾，直接经济损失129.6万元。

2003年8月15日，临商公路曹县段发生交通事故，造成6人死亡，6人重伤。

2004年4月22日，曹县常乐集乡发生特大非法制造烟花爆竹爆炸事件，造成15人死亡。

2004年8月19日，220国道郓城段发生交通事故，死亡3人，重伤13人。

2004年12月7日，牡丹区东方红大街西段一音响社发生火灾，死亡4人。

2005年5月27日，郓城县科达药化有限公司发生重大操作事故，造成6人死亡，1人轻伤，直接经济损失89.1万元。

第六章　外事 侨务

第一节　外事交往

到访　1986—1989年，日本友好人士上野美智子、川西弘泰，澳大利亚伏钦·夏丁和彼得·斯蒂芬等人到菏泽考察制革工业、牡丹栽培技术和畜牧业生产情况。1987—1989年，驻鲁外国专家每年都组成考察团到泽菏参观考察。1990年6月，西德享格尔公司董事长享格尔到菏泽参观访问；12月，日本“丸红”株式会社田中浩一到菏泽考察，美国哈佛大学教授安德鲁·斯皮尔曼博士到菏泽讲学，并讨论有关科研合作事宜。1991年9月17日，越南、印度、印度尼西亚、泰国和菲律宾等5个国家的林业专家、学者一行9人到菏泽考察林业生产情况，并到成武县进行实地察看。1993年4月，泰国披沙迪·拉差尼亲王及夫人一行4人到菏泽参观访问，重点考察曹州牡丹园。1994年3月，南斯拉夫诺韦萨特市中国之友协会主席米斯维拉尔、副主席尼可乐·科挑诺维奇一行3人，到菏泽进行为期4天的考察和项目洽谈，先后考察了菏泽火柴厂、罐头厂、涤纶厂、化工总厂和百货大楼等，并同部分企业初步达成100万美元的投资协议。4月，联合国粮农组织水土资源发展司高级官员山格施、卡迪施、罗易，美加州华裔教授耿旭一行4人，就自然资源综合管理和持续农业项目问题对曹县进行考察。1995年8

月，联合国计划开发署“中国泡桐研究开发项目”总顾问威尔斯到成武县考察泡桐的栽培及开发利用情况。

1997 年，随着对外开放的逐步深入，到菏泽参观访问的外国友人逐渐增多。先后有以河野实为团长的日本山口县山东年画先遣团一行 3 人到菏泽访问；德国捷高机械工程有限公司中国区总监华德一行 3 人到巨野县就利用当地棉花资源开发高档针织产品项目进行合作洽谈；韩国庆尚南道驻山东办事处河星龙一行 3 人到菏泽考察访问，并参观菏泽牡丹园；孟加拉国土地国务部长阿尔哈如·拉什德·莫沙拉夫一行 7 人到单县访问。1998 年 9 月，日本名古屋妙香园株式会社社长田中富治郎及夫人一行 7 人到单县参加由其捐资兴建的慧光中学暨慧光公园奠基仪式。

1999 年 4 月，韩国驻青岛总领事全蓥洙一行四人到菏泽访问，并出席第八届菏泽国际牡丹花会开幕式；5 月，香港芭蕾舞歌舞团到菏泽慰问，演出大型歌舞剧《罗密欧与朱丽叶》。2000 年 6 月，孟加拉国前能源部部长、现任喀森慈善基金组织主席的伊斯拉姆和库尔兄弟有限公司董事嘎尼到成武现代达驰电工电气股份有限公司参观考察，双方就达驰产品开辟孟加拉国市场问题达成意向。2003 年 4 月，以澳大利亚国际商会高级项目官员佩尔斯·卢克为代表的澳大利亚国际代表团到菏泽考察访问，双方在柏青大酒店举行建立友好合作协议签约仪式。6 月，约旦国防部副部长阿加基率军需采购团一行 12 人到菏泽考察，就羊肉及其他农副产品出口事宜与有关部门和企业进行洽谈，并达成意向。2004 年 9 月，美国、荷兰驻济南专家一行

2005 年 5 月 26 日，日本妙香园株式会社社长田中富治郎参加单县中日友好慧光学校毕业典礼

2005 年 11 月 3 日，韩国金浦市议会议长李庸峻率金浦市议会代表团参观考察华星油嘴油泵厂

2005 年 9 月 19 日，阿拉伯、巴林、伊朗、伊拉克等 7 国驻华大使馆参赞参加 2005 年中国林产品交易会

3 人到菏泽参加林交会及投资项目洽谈会。

2005 年，是菏泽市历史上外国客人到访最多的一年。3 月 10 日，乌拉圭黑河省省长弗朗西斯科·森多利昂、乌拉圭交通基础公共设施部部长一行 6 人到菏泽参观

考察，并达成经贸合作意向，双方还签订乌拉圭黑河省弗莱宾多市与菏泽市建立友好城市意向书。4月23日，韩国金浦市政府代表团一行17人在市长金东植、议长李庸峻的率领下，对菏泽市进行友好访问，并达成缔结友好城市的意向。4月22日，韩国驻青岛总领事辛亨根及夫人一行4人到菏泽市进行考察访问。5月25日，以社长田中富治郎为团长的日本妙香园株式会社代表团一行13人到单县考察访问。9月19日，阿拉伯、巴林、伊朗、伊拉克等7国驻华大使参赞在菏泽市参加2005年中国林产品交易会。11月3日，韩国金浦市议会议长李庸峻率议会代表团一行8人到菏泽考察访问。

出访 1986—2005年，菏泽共派遣各类出访团组1366个，3758人次，其中经贸团组571个，2242人；考察团组323个，645人；培训团组152个，246人；参加国际会议团组83个，155人；参展团组78个，168人；参加比赛团组5个，12人；援外团组3个，10人；友好交流访问团组88个，193人；科学技术交流团组63个，87人。

友好城市缔结 1997年，单县与韩国星州郡建立友好城市。2005年5月25日，

2005年3月10日，乌拉圭黑河省弗莱宾多市与菏泽市签订建立友好城市意向书

经国家友协批准，菏泽市与韩国金浦市缔结为友好城市。同年6月21日，菏泽市与乌拉圭黑河省弗莱宾多市缔结为友好城市。

第二节 侨 务

侨情 1986年，菏泽地区的侨胞主要分布在英国、法国、美国、加拿大、巴西、日本、印尼等国家，有4765人侨居国外，侨属1.5万人左右。这些华侨主要形成于两个阶段：一是新中国成立前出国做生意谋生的较多，大部分人现已年龄较大或去世；二是新中国成立后通过上学、投亲、打工等方式出国的。2003年，菏泽市侨情普查结果显示，菏泽市共有华侨、外籍华人12668人，其中政治上有地位、社会上有影响、经济上有实力、学术上有造诣的重点侨胞284人，分布在28个国家和地区。全市有归国华侨、侨眷和港澳同胞眷属2.51万人，其中归侨27户，归侨侨眷知识分子1436人。1986—2005年，市、县两级侨务部门共接待海外华侨到菏泽探亲访友、观光旅游8896人次。

落实华侨、归侨、侨眷政策 1986—1990年，先后完成对华侨冤假错案、历史老案的复查，对归侨、侨眷职工档案的清理和复查，落实归侨、侨眷知识分子政策，落实20世纪60年代被精简下放的归侨职工政策，落实农村华侨私房政策等5项任务。其中1986年10月，为巴西华人杨正民落实侨房39间，发放补偿款3.5万元；1987年7月，为美籍华人肖敬人落实侨房63间，发放补偿款4.2万元，并解决4间住房作为被拆房人的补偿。至2005年，共接待处理海外华侨和归侨侨眷的来信268

件，来访992人次，对他们所反映的经济纠纷、宅基地、子女就业、入学等问题，进行及时调查，并全部妥善处理。此外，还向省市招生办及有关部门为118名归侨侨眷子女升学出具了身份证明；协同有关部门依法查处涉侨案件89起，调解涉侨民事纠纷126起。

1986—2005年，依照《中华人民共和国归侨侨眷权益保护法》及党和国家有关侨务政策，菏泽市照顾解决归侨、侨眷家属子女农转非63人，安排归侨、侨眷子女就业120人，安置华侨归国定居8人。至2005年年底，市、县两级侨务部门向贫困归侨、侨眷家属发放各种物资及慰问金65万元，为112名下岗职工安排再就业，为归侨、侨眷办理侨汇收入104.2万美元。

经贸工作　1986—2005年，经市、县侨务部门直接牵线搭桥项目36项，利用外资3.1亿美元，到位外资1.1 亿美元。同有关部门配合，吸引外资2.6亿美元。全市共有14家“三资”企业，其中有11家是与侨商、港商合办的。

海外捐赠　1986—2000年，地、县两级侨务部门受理海外捐赠58起，其中捐赠小轿车34部，面包车5部，农用车3辆，医疗救护车2部，医疗设备3套；接受华侨捐建学校18所。1986年11月，巴西华人杨正民等人捐赠3.8万元人民币创办学校。1988年3月，香港震雄集团董事长蒋震之女蒋丽萍赴济南义演，将所得收入470多万元全部捐赠给残联。1997年3月，香港蒋氏慈善基金会董事长蒋震投资5000万港币在菏泽城区兴建“蒋震高等技工学校”；投资150万元港币兴建“蒋震植物园”。1994—2005年，香港“应善良”福利基金会沈炳麟先后为菏泽的9所学校捐赠240万元，向贫困归侨、孤寡老人捐赠慰问金3万元，并救助贫困学生70 余人。

香港应善良福利基金会捐建菏泽市曹县望鲁集小学

第七章　地方史志

第一节　志书编纂

菏泽市地方史志办公室成立于1982年，为市政府领导的正县级单位。1982年4月，地委、行署根据省政府的要求，成立了菏泽地区地方史志编纂委员会及其办公室，行署副专员李恒逵任编委会主任。各县市陆续成立地方志编纂机构，副科级单位。1984年机构改革时，菏泽地区地方史志办公室定为副县级单位，编制15人。1989年8月，地区史志办升为正县级单位。

市志编纂　1984年，地区地方史志编委会先后3次召开地直各部门负责人会议，举办《资料搜集、整理、鉴别和使用》《如何编写专业志》《如何审定志稿》等业务理论讲座，编印《史志动态》，以推动修志的开展。同年12月，地直有修志任务的83个单位和部门，全部成立了专业志办公室，修志人员达300多人。

1985年开始组织专业志的编修。编辑人员分派到各个部门，帮助他们制订篇目，筛选资料，解决编写中的具体问题。同时，组织人员查阅文献资料，先后到北京、济南、南京、郑州、开封、济宁等地搜集文字、口碑、实物资料外，又于1987年夏，集中查阅了地区档案馆的4800多卷档案，抄录资料100多万字。1988年，各专业志基本完成；清乾隆二十一年《曹州府志》点校本由齐鲁书社出版。

1989年上半年，各分志初稿陆续形成。1990年10月，除概述、附录外，《菏泽地区志》征求意见稿全部完成并打印成册，分发到有关单位和个人征求意见。1991年上半年始，各承编人根据陆续反馈的意见，对各自承编的志稿进行了修改。1993年下半年又交换志稿，相互审阅。此间，概述和附录的初稿拟就。至1994年年初，一部150多万字的《菏泽地区志》评审稿基本完成。之后，修志工作进展缓慢。

1997年5月底，地委、行署调整了地方史志办公室领导班子，修志工作重新启动。6月22日至26日，召开《菏泽地区志》稿评审会，与会人员在对评审稿给予充分肯定的同时，也指出了存在的问题和不足。会后，对评审会上各位专家学者提出的意见进行了细致的梳理研究，并制订了修订方案。7月初，总纂修订工作全面展开。经过3个多月的紧张工作，志稿的总纂和修订工作顺利完成。

1998年3月，《菏泽地区志》由齐鲁书社出版发行。该志首设概述、大事记，中列分志，尾置人物、附录，共23编，149.6万字。

2003年年初，根据省政府的统一安排部署，菏泽市政府启动了第二轮《菏泽市志》（1986—2005）修志工作。同年6—12月，通过制定方案，设计篇目，组织理论和技术问题研讨，征求市直部门、各县区史志办意见，完成了市志的筹备培训。2004年1月至2005年12月，市直各部门组织发动，按篇目分工，提供有关资料，初步完成市志的组稿工作。

县志编纂 在编纂地区志的同时，各县区陆续编纂出版县区志书。至2005年，全市公开出版8部县志和1部县级市志。

《东明县志》于1992年7月由中华书局出版，上限为1840年，下限为1985年，王守义主编，共7编、43章、90万字，印数5000册。1993年3月获“全国新编地方志成果展览会”山东优秀成果奖，同年9月获全国新编地方志优秀成果二等奖。

《郓城县志》于1992年11月由齐鲁书社出版，上限为1840年，下限为1990年，陈传铮主编，共24编、125章、105万字，印数5000册。1993年3月获“全国新编地方志成果展览会”山东良好成果奖。

《成武县志》于1992年由齐鲁书社出版，上限为1840年，下限为1985年，卞文成主编，共23编、102章、92.4万字，印数5000册。

《菏泽市志》于1993年7月由齐鲁书社出版，上限为1840年，下限为1985年，菏泽市史志编纂委员会主编，共23编、

104章、100万字，印数3000册。2005年获山东省新编地方志优秀成果二等奖。

《单县志》于1996年3月由山东人民出版社出版，上限为1840年，下限为1987年，惠正法、朱瑞宽、李仪轩、蔡敬超主编，共31编、152章、120万字，印数5000册。

《鄄城县志》于1996年9月由齐鲁书社出版，上限起自事物发端，下限为1990年，察志和主编，共25编、144章、120万字，印数3000册。1997年获国家出版署“国家书刊印刷优质产品”称号。

《巨野县志》于1996年由齐鲁书社出版，上限为1840年，下限为1990年，陈有举主编，27编、139章、92万字，印数2000册。2005年获山东省新编地方志优秀成果三等奖。

《定陶县志》于1999年12月由齐鲁书社出版，上限为1840年，下限为1990年，李应松主编，共25编、143章、94.3万字，印数3000册。2005年获山东省新编地方志优秀成果三等奖。

《曹县志》于2000年9月由中华书局出版，上限起自事物发端，下限为1985年，姚少华、徐子红主编，共24编、117章、121万字，印数3000册。2005年获山东省新编地方志优秀成果三等奖。

续修《成武县志》座谈会

2004年3月，成武县作为第二轮县区志试点，启动第二轮县志的编修工作。

第二节　年鉴编纂

市综合年鉴　1998年10月，根据山东省地方志办公室“关于全面启动市（地）级综合年鉴编纂工作”的要求，地委、行署决定开展《菏泽地区年鉴》的编纂工作，由行署主办，地区地方史志办公室承编，经费由地区财政拨付专款。11月，行署召开《菏泽地区年鉴》承编单位撰稿人培训会。会上印发了“菏泽地区行署办公室关于做好《菏泽地区年鉴》编纂工作的通知”及“菏泽地区地方史志编纂委员会关于印发《菏泽地区年鉴（1999）》组稿方案的通知”。会后，各供稿单位明确1名分管领导具体负责年鉴供稿工作，并组织专人搜集资料、撰写报送稿。1999年1月，年鉴初稿完成；2月10日，定稿送深圳市当纳利旭日印刷有限公司印刷；3月20日，《菏泽地区年鉴（1999）》由齐鲁书社出版发行。全书共设29个部类、122个分目、567个条目，总计96.8万字。该年鉴是菏泽地区历史上第一部市级综合性地方年鉴，至2005年12月，《菏泽年鉴》未再编纂。

县综合年鉴　全市编辑出版的县级地方综合性年鉴有《成武年鉴》《鄄城年鉴》。《成武年鉴》编辑工作于1986年5月启动，1987年11月首卷出版发行，至2005年共出版发行 11卷；《鄄城年鉴》编辑工作于1996年4月启动，1997年6月首卷出版发行，其后又于2002年3月出版发行第二卷（1996—2000），至2005年共出版发行2卷。

专业年鉴 全市出版的专业年鉴有《菏泽统计年鉴》《菏泽公路年鉴》。《菏泽统计年鉴》的创刊已有40多年的历史，2001年1月，菏泽撤地设市前称《菏泽地区统计年鉴》。自创刊始，每年编辑出版一卷，1986—2005年，先后编辑出版19卷，记述的主要内容是上年全市经济社会统计数据。《菏泽公路年鉴》始于2000年，至2005年，先后编辑出版了《菏泽公路年鉴(2000—2001)》《菏泽公路年鉴(2002)》《菏泽公路年鉴(2003)》《菏泽公路年鉴(2005)》共4卷。

第三节 市情资料库建设

1997年，山东省地方史志办公室举办地情资料库建设培训班后，菏泽地区史志办开始进行市情资料库建设筹备工作，搜集相关地情资料。2004年7月，菏泽市情网正式建成，与山东省情网站链接，并可在国际互联网上运行，网络域名www.hzsq.gov.cn，网络实名菏泽市情网，时有库存储量150万字。该网站是以地情专题数据库为主要内容的地情网站，宗旨是为领导决策和社会公众服务（查询服务、网络宣传、电子商务、加快县区地情资料库建设），开设宣传地域经济社会发展成就的平台，实现地情资料整理、保存、研究、开发和利用的现代化。地情数据库包括全市历史、经济、文化、政治、科技和社会生活等各个方面。主要栏目有：菏泽市概况、市情数据库、地情报告、地方文化、志鉴库、历史事件、历史人物、发展论坛、权威论坛、修养休闲、史鉴、人物春秋、大事记、招商引资、县区网页等。2005年年初，菏泽市史志办加大市、县区地情资料库建设工作力度，在市情网方面为全市各行各业免费提供资料查询服务；增加“突破菏泽”网页的内容，全方位宣传菏泽，重点宣传菏泽“三大基地”建设及发展成就；设置工商企业、名优产品、招商引资等网页，为招商引资加快菏泽发展提供网络服务平台。同时，多次深入县区了解情况，帮助县区协调解决建库工作中的具体问题，建成了成武县、曹县、郓城县、鄄城县、东明县等5个县级地情资料库，并顺利通过省史志办验收，实现上网运行。12月，菏泽市情网入库资料800万字，内容基本涵盖全市各领域，年点击率1.5万次，服务于菏泽经济发展和社会进步，受到中国地方志指导小组、省史志办、市领导与社会各界好评。

第八章 公务接待

第一节 接待范围

接待办主要负责接待党委、人大、政府、政协、纪委上级机关副省级以上领导干部；曾在菏泽市委、人大、政府、政协担任过副厅级以上领导职务，现调往外地任厅级职务的领导干部或在外地离退休的老领导；

上级机关特别规定接待的其他客人；接待系统内部来宾。符合接待范围的人员，由对口单位安排活动，市委、市政府分管接待工作的领导签发接待通知单，接待办公室负责安排食宿。接到接待对象到菏泽的通知后，按照接待分工，拟定接待方案，财政、接待部门编制接待预算，各有关部门按照分工实施接待。

第二节　接待程序与标准

迎送迎接地点一般在高速公路或郊区公路入（出）口处，送至车站或贵宾下榻的宾馆。重要客人根据需要到境域边界迎送。一、二级接待任务，按照省委接待办的接待方案办理，由市委书记、市长迎送并陪同，工作对应的市级领导和对口秘书长或副秘书长全程陪同；省委书记、省长到菏泽，由市委书记、市长及市委秘书长或市政府秘书长迎送并陪同；省人大常委会主任、省政协主席、省委副书记到菏泽，由与工作对应的市级领导和对口秘书长或副秘书长迎送并陪同，市委、市政府主要领导到住地迎送、宴请或陪同；省委常委、省人大常委会副主任、副省长、省政协副主席到菏泽，由工作对应的市级领导和对口秘书长或副秘书长迎送并陪同，市委、市政府主要领导到下榻宾馆看望、宴请或陪同；中央和国家各部委及外省（市、自治区）负责人到菏泽，由工作相近的市级领导和对口秘书长或副秘书长及市直对应单位的主要负责人迎送并陪同，市委、市政府主要领导人到住地看望、宴请或陪同。

住宿　副省级以上干部安排居住套房；厅局级干部安排居住套房或单人房间；县处级干部安排居住单人间或双人间；其他随行人员居住标准间。副省级以上领导及秘书房间加开国内长途电话，其他随员根据要求加开。

宴请　一般由市主要领导或分管领导出面宴请一次。宴请时由全程陪同的市级领导和对口秘书长或副秘书长、对口单位主要负责人作陪。宴请地点一般设在下榻宾馆。宴请标准每人每次 50 元。

就餐　标准餐每人每天 70 元～ 80 元（早餐每人 10元～ 15元，午餐每人 30元～ 35元，晚餐每人 30 元～ 35 元），酌情安排地产烟酒；工作餐早餐每人 10 元，午餐、晚餐每人每次 30 元，一律不供香烟，可酌情安排地产酒。

新闻报道　一、二级接待任务，按照省委接待办的接待方案执行。省领导到菏泽检查指导工作或参加公务活动，安排省大众日报社、省电视台、省电台驻菏记者站和菏泽日报社、市电视台等新闻单位派记者随行采访。中央和国家机关部级领导、外省省级领导到菏泽检查指导工作或参加公务活动，由菏泽日报社、市电视台等新闻单位派记者随行采访。从上述岗位上退下来的老领导的宣传报道，由市委秘书长或分管接待的副秘书长酌情安排。

第三节　定点接待宾馆

和平大酒店　和平大酒店位于菏泽市城区中华路东段，是国电菏泽发电厂投资近亿元兴建的菏泽市第一家四星级国际涉外旅游宾馆，2002 年 4 月 10 日正式开业。该酒店总建筑面积 1.4 万平方米，建筑高度 64 米，主楼 18 层，附楼 4 层；设有中、高档客房81套，共有床位138个。酒店服务设施配套齐全，格调高雅，布局合理，温馨舒适。中餐厅面积560平方米，共有餐饮包间13个，就餐餐位200个。该酒店有大中小型会议室5个，多功能厅可容纳260人，中小型会议室分别容纳15～60人。2005年，接待宾客3.15万人次，接待大中型会议170余次，实现营业收入2042万元，利税174万元。

牡丹大酒店 牡丹大酒店位于菏泽市城区中华路东段，占地面积2.2万平方米，建筑面积1.3万平方米，是一座具有三星级标准，能满足高、中档客人消费的现代化宾馆。该酒店拥有各类客房130套、252个床位，设有大中小会议室6个，大会议室能容纳560人。中餐厅、西餐厅、风味厅可容纳1000人同时就餐。牡丹大酒店1996年4月开业至2005年，先后接待李瑞环、宋平、吴官正、田纪云、何鲁丽等多位党和国家领导人。2000年被共青团中央、国家旅游局授予"青年文明号"荣誉称号。2002年被山东省妇联授予"三八红旗集体"荣誉称号。2004年被评为全国首批食品卫生监督量化分级管理A级单位。

花都大酒店 花都大酒店位于菏泽市城区中华路东段，省优秀三星级旅游饭店。花都大酒店始建于1992年，1994年12月正式开业。该酒店主楼为17层，高65米，建筑面积1.4万平方米，内设客房130余间（套）。花都大酒店先后被授予国家级青年文明号、全国供销系统先进集体、省食品卫生示范单位、省优秀星级饭店、山东旅游细微服务示范企业、省首批绿色饭店试点单位等荣誉称号。该酒店以"花都"品牌为依托，先后在牡丹区、东明、定陶开设花都大饭店、花都金桥大酒店、花都范蠡大酒店等分店，同时还拓展棉业经营、物业管理、礼仪服务、花都旅游、酒店管理咨询服务等新业务，2005年共实现营业收入1400万元。

南华大酒店 南华大酒店位于菏泽市城区人民路北段，占地面积3公顷，建筑面积1.3万平方米，1996年4月正式开业。该酒店为欧式庭院建筑，有各类豪华客房80套，128个床位；有大小会议室4个，有中、西式餐厅、高档宴会厅、多功能厅共40个，可容纳1000人同时就餐。1997年12月，该酒店被定为三星级旅游涉外酒店。2000年，投资1000万元建成苏鲁豫皖四省交界处唯一一座以温泉为特色的大型游乐场所。

天宏大酒店 天宏大酒店位于菏泽市城区牡丹路南段，新加坡与菏泽恒通置业发展有限公司合资兴建，集现代化、家庭化、个性化为一体的三星级旅游涉外酒店。2003年正式开业。该酒店设计新颖、建筑气派、设施设备高档、配套齐全、格调高雅、特色鲜明。设有标准间、豪华标间、商务标间、单人间、普通套房、复式套房和豪华套房，共计105间（套），200多个床位。中餐零点、宴会厅共300余个餐位。商住、餐饮、娱乐、购物等设施一应俱全。

第二十二编　地方政治协商会议

聯合日報
菏泽记者站
中国人民政治协商会议
菏泽市委员会
777
5

自1980年开始，全区的政治协商工作由地委统战部安排一位秘书具体负责。1985年，菏泽地委统战部内设政协联络科，负责全区的政协联络工作。1987年8月，设立政协山东省委员会菏泽地区联络处(副县级)。1988年9月，政协山东省委员会菏泽地区联络处改称菏泽地区联络组（正厅级），内设办公室，下设人秘科、联络科、文史提案科。1989年2月22日，政协山东省委员会菏泽地区联络组更名为政协山东省委员会菏泽地区工作委员会。2001年1月，菏泽撤地设市，政协山东省委员会菏泽地区工作委员会更名为政协菏泽市委员会，并顺延原县级菏泽市政协的届数，为政协第十一届菏泽市委员会。2001年1月4—9日，政协第十一届菏泽市委员会第一次全体委员会议在市中华影剧院举行。会期6天。该届政协委员来自25个界别，共有委员365名，出席大会的359名。会议选举杨成训为政协第十一届菏泽市委员会主席。选举产生由60人组成的常务委员会。2001年1月—2003年2月，共召开8次常务委员会会议。

2003年2月17—21日，政协第十二届菏泽市委员会第一次全体委员会议在市中华影剧院举行。本届政协委员来自26个界别，共有委员429名，出席大会的422名。大会选举孔令昌为十二届市政协主席。选举产生由70人组成的市政协常务委员会。2003年2月—2005年年底，共召开13次常务委员会会议。

2001—2005年，菏泽市提案委两届政协共收到提案1657件，其中立案1548件，办理1548件；组织调研视察208次，形成主题调查报告137份；召开研讨会、座谈会、论证会106次；编辑出版了《菏泽文史集萃》《中国菏泽文化丛书》等大型地情典籍，彰显了菏泽牡丹之乡、戏曲之乡、书画之乡、武术之乡的地方特色文化。

第一章　政协委员

第一节　委员产生

全国、省政协委员的产生　全国、省驻菏泽政协委员的产生，依照《中国人民政治协商会议章程》和有关文件规定，按照上级分配名额，各党派及有关团体依照人事安排原则推荐人选；对推荐人选进行考察，确定提名人选；报市（地）委审议；上报全国、省政协常委会协商决定等程序进行。

1988年1月，菏泽地区出席山东省第六届政协会议的委员有：刘温如、张鸿生、袁玲侠（女）、白玉珍、邵孝雄、李凡聪、丛培荣（女）、杨彩云（女）、王宛平（女）、曹星如、焦祖光、林与莲（女）、郑素芳（女）、张新让、沙启亮、李超英、董祥恩、沈祥文。

1993年4月，菏泽地区出席山东省第七届政协会议的委员有：聂书江（女）、苏传金、张德玺、李超英、卢斌、樊思宝、丛培荣（女）、张新让、杨自田、王宛平（女）、林与莲（女）、杨彩云（女）、樊庆斌、常太安、王世安、李凡聪、邵孝雄。

1998年3月，菏泽地区出席第九届全国政协会议的委员有：樊庆斌。

1998年4月，菏泽地区出席山东省第八届政协会议的委员有：杨成训、聂书江（女）、苏传金、张德玺、王东刚、李海涛、祝桂阁、冯占魁、何淑淦、李建军、刘月亭、陈鹏同、陈雪云（女）、丁新甫、卢斌、王秀丽（女）、刘翠芳（女）、郭龙波。

1998年4月、2003年4月丁新甫当选为第八届、第九届山东省政协常委。

2003年3月，菏泽市出席第十届全国政协会议的委员有：樊庆斌。

2003年3月，菏泽市出席山东省第九届政协会议的委员有：孔令昌、孟祥伦、肖培树、杨成训、马亚娟（女）、王秀丽（女）、王留峰、田云（女）、刘翠芳（女）、李平华、李海涛、宋聚轩、张万峰、陈雪云（女）、陈鹏同、侯婕（女）、郭龙波、丁新甫。

市政协委员的产生 自2001年1月，政协第十一届菏泽市委员会至2003年2月政协第十二届菏泽市委员会，市政协委员的产生都是依据《中国人民政治协商会议章程》和有关文件的规定，按照如下程序产生：一、协商确定下届政协规模和界别设置；二、各党派、团体及有关单位采取一定的形式，根据分配的人数和人事安排原则推荐人选；三、对推荐人选进行考察，确定提名人选；四、市委统战部对委员人选进行汇总后，征求市政协党组意见，报市委审核；五、市政协常委会正式协商决定；六、政协书面通知委员及其所在单位，并向委员颁发委员证。

第二节　委员构成

政协第十一届菏泽市委员会第一次全体会议时有委员365名，共分25个界别。中共党员146名，占委员总数的40%；非中共党员219名，占60%。少数民族委员19名，占5.2%。大中专以上学历的委员306名，占83.8%。妇女委员71名，占20%。具有副高级以上职称的委员149名，占40.8%。平均年龄44.6岁。

政协第十二届菏泽市委员会第一次会议时有委员429名，共分26个界别。中共党员171名，占39.9%；非中共党员258名，占60.1%。少数民族委员21名，占4.9%。大专以上文化程度的委员367名，占85.5%。妇女委员99名，占23.1%。具有副高级以上职称的委员172名，占40.1%。平均年龄44.8岁。

政协第十二届菏泽市委员会第三次会议时有委员451名，共分26个界别。中共党员182名，占40%；非中共党员269名，占60%。少数民族委员21名，占4.9%。妇女委员102名，占22.6%。大专以上文化程度的委员389名，占86.3%。具有副高级以上职称的委员173名，占38.4%。平均年龄46.4岁。

第三节　委员管理

为规范菏泽市政协常委和委员参加政协活动的行为，发挥政协政治协商、民主监督、参政议政的职能作用，推进政协工作的制度化、规范化、程序化建设，2004年10月19日，政协第十二届菏泽市委员会常务委员会第八次会议通过《关于加强市政协委员管理的暂行规定》。该规定主要有十项内容：加强理论学习；提高参政议政能力；自觉履行请假制度；建立职务委员、常委变更制度；积极参加政协活动；及时反映社情民意；努力维护政协形象；积极开展委员活动；自觉加强与市政协机关的联系；保障政协委员的正当权益。

为充分调动市政协委员参政议政的积极性，2005 年 5 月 12 日，政协第十二届菏泽市委员会常务委员会第十一次会议通过《关于对市政协委员履行职能进行考评的意见》，对考评内容、考评方法、表彰与批评、组织领导等提出明确要求。

为充分发挥政协委员的主体作用，表彰先进，树立典型，2005 年 1 月 12 日，市政协决定，对在 2004 年度中提案办理优秀服务工作者、招商引资和领办民营企业做出显著成绩的 30 名政协委员给予表彰。

第二章　重要会议

第一节　政协菏泽地区工委工作会议

1989 年 3 月 15—16 日，菏泽地委召开全区政协工作会议。会议的主要任务是深入学习贯彻中共十三届三中全会、省第五次党代会、省政协六届二次会议精神，总结 1988 年的政协工作，部署 1989 年的工作。会议举行了省政协菏泽地区工委成立仪式，省政协副主席金宝珍宣读省政协六届五次常委会关于省政协各地区联络组改为工作委员会的决定，地委书记刘洪仁就加强和改进政协工作作了讲话。12 月 22 日，政协菏泽地区工委、地委统战部召开全区县市政协主席、统战部部长联席会议，研究部署县级政协换届及党外人士实职安排工作。统战部部长聂书江传达中央、省委有关文件精神，地委副书记、工委主任樊思宝讲话。1990 年 3 月 9—10 日，召开全区政治协商、民主监督经验交流会议。会议交流了贯彻全国政协、省政协关于政治协商、民主监督两个暂行规定的情况和经验，讨论研究如何推进社会主义民主政治建设，完善中国共产党领导的多党合作和政治协商制度。1992 年 3 月 26—27 日，全区政协工作经验交流会议在菏泽召开。各县市政协主席、秘书长（办公室主任），各乡镇政协办公室主任和地直各部门的负责人共计 400 多人参加了会议。地委副书记、行署专员王玉柱代表地委讲话，政协工委副主任李宝珊对几年全区政协工作基本情况作了回顾总结，并对今后的工作进行部署。会议期间，共有 24 个单位和个人介绍开展政协工作的情况和经验，对做出突出成绩的菏泽、曹县、郓城 3 个县市政协、48 个政协专门委员会和乡镇（办事处）政协办公室、57 名政协工作人员给予表彰。1993 年 8 月 27 日，召开全区政治协商、民主监督工作座谈会，各县市政协主席和菏泽市（县级）、曹县的县市委书记以及地直有关部门的负责人出席会议，讨论研究进一步开展好协商监督工作的意见和措施。此次会议对加强协商监督工作经常化、制度化建设起到了推动作用。11月17日召开全区各界人士为经济建设服务经验交流会议，有34人作了经验介绍。此次会议对进一步调动各界人士为菏泽经济建设服务的积极性，促进全区经济发展起到推动作用。1994年3月28日—4月1日，政协工委组织各界人士为经济建设服务报告团赴各县市作巡回报告。报告会共举行9场，在全区引起强烈反响。5月26—27日，召开全区政治协商、民主监督工作汇报交流会议。会议主旨是：检查全区各级党委、政府、政协贯彻落实中共中央《关于坚持和完善中国共产党领导的多党合作和政治协商制度的意见》、中共山东省委《关于进一步发挥人民政协政治协商、民主监督职能作用的意见》和山东省政协《关于政治协商、民主监督暂行规定》的情况，推动协商监督工作向制度化、规范化方面发展，探讨如何改进和加强在新形势下的人民政协工作。1995年8月17—18日，召开全区政协工作会议。各县市政协主席和联系政协工作的书记以及地直部门党委（党组）负责人参加会议。会议传达贯彻省政协七届十二次常委会议精神，进一步加强和改善党对政协工作的领导，动员全党、全社会都来关心支持政协工作，推动全区政协工作上台阶、上水平。地委书记董昭合作《正确认识人民政协的地位和作用、明确政协工作的形势和任务》的讲话。

第二节 政协菏泽市委员会全体会议

第十一届委员会全体委员会议 2001年1月，菏泽撤地设市，成立中国人民政治协商会议菏泽市委员会，并顺延原县级菏泽市政协的届数。政协第十一届菏泽市委员会第一次全体委员会议于2001年1月4—9日在市中华影剧院举行，会期6天。此次会议是政协菏泽市委员会的成立大会，共有25个界别（中共、民革、民盟、九三学社、农工党、致公党、工商联、无党派、共青团、妇联、工会、经济、农业、科技、科协、教育、文化艺术、体育、新闻出版、医药卫生、少数民族、宗教、侨联、台胞台属、特邀）365名委员，会议实到人数359名。菏泽市委副书记李延良作了《关于撤地设市筹备工作情况的报告》，市政协筹委会副主任黄爱菊作了《政协第十一届菏泽市委员会筹备工作报告》。会议选举杨成训为政协第十一届菏泽市委员会主席，选举黄爱菊（女）、聂书江（女）、杨宪文、孟祥伦、潘建荣、张建新、李建军、张建华、肖培树9人为副主席，祝传收为秘书长，马春田等60人为常委。会议听取并审议通过政协第十一届菏泽市委员会提案审查委员会《关于第十一届一次会议提案审查情况的报告》《十一届一次会议政治决议》《十一届一次会议提案审查情况的报告的决议》。与会委员列席了市人大十五届一次会议，听取并讨论《政府工作报告》及其他报告。

政协第十一届菏泽市委员会第二次全体委员会议于2002年2月21—25日在市中华影剧院举行，会期5天。时有政协委员364名，出席会议的委员355名。会议听取和审议市政协副主席黄爱菊作的《政协第十一届菏泽市委员会常务委员会工作报告》、副主席聂书江作的《政协第十一届菏泽市委员会常务委员会关于十一届一次会议以来提案工作情况的报告》，审议通过市《政协常务委员会关于十一届二次会议提案审查情况的报告》《政协第十一届菏泽市委员会第二次会议决议》《政协第十一届菏泽市委员会第二次会议关于常务委员会工作报告的决议》《关于市政协十一届一次会议以来提案工作情况报告的决议》。会上进行了大会议政发言。市政府和市政协联合表彰优秀提案和优秀承办单位。市政协主席杨成训致闭幕词。与会委员列席菏泽市第十五届人民代表大会第二次会议，听取并讨论《政府工作报告》及其他有关报告。

第十二届委员会全体委员会议　政协第十二届菏泽市委员会第一次全体委员会议于2003年2月17—21日在市中华影剧院举行，会期5天。此次会议是政协菏泽市委员会的换届大会，新一届政协委员来自26个界别，共有委员429名，出席大会的422名。法院、检察院及市直部门的负责人，中央和省驻菏泽单位的主要负责人列席开幕和闭幕大会。市委书记陈光在开幕式上发表讲话。十一届市政协副主席黄爱菊作《市政协十二届一次会议筹备情况的报告》。受十一届市政协常委会的委托，十一届市政协主席杨成训作《政协常委会工作报告》。会议听取并审议十一届市政协副主席聂书江作的《关于提案工作情况的报告》。会议采取无记名投票和等额选举的办法，选举孔令昌为十二届市政协主席，选举聂书江（女）、李德章、杨宪文、孟祥伦、朱效明、张建新、李建军、肖培树8人为副主席，祝传收为秘书长，丁新甫等70人为常委。会议通过大会各项决议。此次大会是一次承前启后、继往开来，民主、求实、团结、鼓劲的大会。与会委员列席了市十六届人大一次会议，听取并讨论《政府工作报告》及其他有关报告。

政协第十二届菏泽市委员会第二次全体委员会议于2004年1月30日—2月2日在中华影剧院举行，会期4天。委员429名，出席会议的有425名。会议听取并审议市政协主席孔令昌作的《关于政协第十二届菏泽市委员会常务委员会工作报告》，听取并审议市政协副主席聂书江作的《关于提案工作情况的报告》。审议通过了大会有关决议，审议通过《市政协十二届二次会议提案审查情况的报告》《关于加强市政协委员自身建设的意见》。市政协副主席杨宪文在闭幕大会上致闭幕词。委员们列席了菏泽市第十六届人民代表大会第二次会议，听取并讨论《政府工作报告》及其他有关报告。

政协第十二届菏泽市委员会第三次全体委员会议于2005年1月26—29日在中华影剧院举行，会期4天。委员451名，出席会议的443名。市委、市人大、市政府、市纪委、军分区的领导，法、检两院及其他单位地市级领导到会祝贺。市直党政群机关和事业单位、大中型企业、大中专院校的主要负责人列席开幕和闭幕大会。市委书记陈光在开幕大会上作了重要讲话。会议听取并审议了市政协主席孔令昌所作的《政协第十二届菏泽市委员会常务委员会工作报告》和市政协副主席聂书江所作的《提案工作情况的报告》。增选李学军为市政协副主席，增选田浩存等8人为常委。审议通过市政协副主席聂书江由于年龄原因辞去副主席职务的决定，陈鹏同因健康原因、赵宁杰因工作变动辞去常委职务的决定。审议通过《政协第十二届菏泽市委员会第三次会议有关决议》《关于十二届三次会议提案审查情况的报告》。会上表彰优秀提案者、提案办理优秀单位及个人和领办民营企业、招商引资的优秀政协委员。委员们列席了菏泽市第十六届人民代表大会第三次会议，听取并讨论《政府工作报告》及其他有关报告。

第三节　政协菏泽市委员会常务委员会会议

第十一届委员会常务委员会会议　2001年1月—2003年2月，政协第十一届菏泽市委员会常务委员会共召开8次会议。

第一次会议于2001年1月10日在市政协机关常委会议室举行。会议审议通过《十一届市政协常务委员会工作规则（试行）》《市政协2001年工作要点》《第十一届政协专门委员会机构设置的决定》，市政协专门委员会主任委员、副主任委员、委员及委员会办公室负责人名单，市政协副秘书长名单，市政协机关办公室、研究室负责人名单和《市政协专门委员会组织通则》。

第二次会议于2001年5月15日在牡丹大酒店举行。会议围绕“优化发展环境，树立菏泽形象，加快菏泽发展”进行大会发言；传达贯彻《中共菏泽市委关于进一步加强人民政协工作的意见》；审议通过《政协菏泽市委员会关于贯彻执行〈政协全国委员会关于政治协商、民主监督、参政议政的规定〉的实施细则》《政协菏泽市委员会提案工作（暂行）规定》和有关人事任免事项。

第三次会议于2001年9月26日在牡丹大酒店举行。会议听取副市长李德章作的关于全市整顿和规范市场经济秩序、优化经济发展环境工作的情况通报；听取市建委、公安局、工商局、交通局、技术监督局、地税局、农业局、卫生局、环保局等执法执纪部门有关整顿和规范市场经济秩序、优化经济发展环境工作的情况汇报。

第四次会议于2002年1月16日在牡丹大酒店举行。会议审议通过《关于召开政协第十一届菏泽市委员会第二次会议的决定及会议的建议议程、日程（草案）》《政协第十一届菏泽市委员会常务委员会工作报告》，并推举报告人；审议通过《政协第十一届菏泽市委员会常务委员会关于提案工作情况的报告》，并推举报告人；审议通过了政协第十一届菏泽市委员会第二次会议秘书长、副秘书长名单，常务委员轮值名单，各组召集人名单和有关人事任免事项。

第五次会议于2002年2月24日在柏青大酒店举行。会议审议通过《市政协第十一届二次会议决议（草案）》《市政协第十一届二次会议提案审查情况的报告(草案)》和《市政协2002年工作要点(草案)》。

第六次会议于2002年6月28日在牡丹大酒店举行。会议围绕加快全市民营经济发展进行典型发言；审议通过政协第十一届菏泽市委员会常务委员会《关于加快菏泽市民营经济发展的建议案》。

第七次会议于2002年10月11日在柏青大酒店举行。与会常委听取市建设委员会就市政建设情况的汇报，并实地考察菏泽城区市政建设情况。

第八次会议于2003年1月23日在牡丹大酒店举行。会议审议通过《关于召开政协第十二届菏泽市委员会第一次会议的决定》；协商通过政协第十二届菏泽市委员会参加单位、委员名额和人选名单；审议通过《关于提交政协第十二届菏泽市委员会第一次会议审议的政协第十一届菏泽市委员会常务委员会工作报告》和《关于提案工作情况的报告》，并推举报告人；审议通过《政协第十二届菏泽市委员会第一次会议议程（草案）和日程（草案）》；审议通过了政协第十二届菏泽市委员会第一次会议提案审查委员会主任、副主任、委员名单；审议通过市政协第十二届一次会议主席团组成人员和大会秘书长名单；审议通过市政协十二届一次会议列席单位和人员名单。

第十二届委员会常务委员会会议　2003年2月至2005年年底，政协第十二届菏泽市委员会常务委员会共召开13次会议。

第一次会议于2003年2月21日在柏青大酒店举行。会议审议通过《政协第十二届菏泽市委员会2003年工作要点》和《第十二届政协内设机构的决定》。

第二次会议于2003年3月20日在牡丹大酒店举行。会议审议通过市政协各专门委员会组成人员名单；审议通过《市政协常务委员会工作规则》《关于加强市政协常务委员会自身建设的若干规定》和《市政协专门委员会组织通则》。会上，全国政协委员樊庆斌传达了全国政协会议精神。

第三次会议于2003年7月8日在牡丹大酒店举行。会议传达学习胡锦涛总书记“七·一”重要讲话；围绕畜牧业发展和加快工业园区建设进行大会发言；审议通过了《政协菏泽市委员会提案工作规定》和有关人事任免事项。

第四次会议于2003年12月26日在牡丹大酒店举行。会议审议通过《关于召开政协第十二届菏泽市委员会第二次会议的决定及会议议程、日程（草案）》《政协第十二届菏泽市委员会常务委员会工作报告》，并推举了报告人；审议通过政协第十二届菏泽市委员会常务委员会《关于提案工作情况的报告》，并推举了报告人；审议通过政协第十二届菏泽市委员会第二次会议主席、常务委员轮值名单，秘书长、副秘书长名单，各组召集人名单，列席人员（单位）名单。

第五次会议于2004年2月1日在柏青大酒店举行。会议审议通过《市政协十二届二次会议决议（草案）》《提案审查情况的报告（草案）》《关于加强市政协委员自身建设的意见（草案）》《市政协2004年工作要点（讨论稿）》和关于将台港澳侨民族宗教委员会更名为港澳台侨民族宗教委员会的决定。

第六次会议于2004年3月23日在牡丹大酒店进行。会议听取全国政协委员、市政协常委樊庆斌传达的全国政协会议精神；听取秘书长祝传收就花卉调研报告起草情况的说明。

第七次会议于2004年7月6日在柏青大酒店举行。会议围绕菏泽市林业产业化、食品工业、纺织工业、能源化工4个支柱产业发展情况和人口与计划生育工作进行典型发言；审议通过了有关人事任免事项和市政协形成的5份专题调研报告。

第八次会议于2004年10月19日在柏

青大酒店举行。会议传达学习胡锦涛总书记在中共十六届四中全会结束时的讲话；审议通过市政协《关于学习贯彻中共十六届四中全会精神的意见》《关于加强市政协委员管理的暂行规定》和有关人事任免事项。

第九次会议于2005年1月7日在牡丹大酒店举行。会议讨论《市政府工作报告（征求意见稿）》；审议通过《关于召开政协第十二届菏泽市委员会第三次会议的决定及会议的议程、日程（草案）》《政协第十二届菏泽市委员会常务委员会工作报告》，并推举了报告人；审议通过政协第十二届菏泽市委员会常务委员会《关于提案工作情况的报告》，并推举了报告人；审议通过第十二届菏泽市委员会第三次会议秘书长、副秘书长名单，常务委员轮值名单，各组召集人名单；审议通过有关人事任免事项。会议同意增补王宝军等26人为政协第十二届菏泽市委员会委员；同意聂书江因年龄原因辞去政协第十二届菏泽市委员会副主席职务；同意陈鹏同因健康原因辞去政协第十二届菏泽市委员会常务委员职务；同意赵宁杰因工作变动辞去政协第十二届菏泽市委员会常务委员、委员职务；同意朱效俊、杨宗杰因工作变动辞去政协第十二届菏泽市委员会委员职务。

第十次会议于2005年1月29日在柏青大酒店举行。会议审议通过《市政协第十二届三次会议决议（草案）》《市政协十二届三次会议提案审查情况的报告（草案）》和《市政协2005年工作要点》。

第十一次会议于2005年5月12日在天宏大酒店举行。会议传达贯彻菏泽市委《关于加快建设“和谐社会”的意见》；审议通过市政协《关于对市政协委员履行职能进行考评的意见》和有关人事任免事项。

第十二次会议于2005年9月1日在柏青大酒店举行。会议审议修订《政协菏泽市委员会提案工作规定》；市直15个部门主要负责人就优化经济发展环境工作情况向常委们进行通报，接受政协委员的民主评议。

第十三次会议于2005年11月8日在牡丹大酒店举行。会议听取了市委副书记、常务副市长赵润田所作的《关于菏泽市“十一五”规划纲要（草案）情况的说明》，并进行分组讨论；审议通过有关人事任免事项。

第三章　重要活动

第一节　学习宣传

组织学习　1990年9月22—28日，政协菏泽地区工委在菏泽市民兵训练基地举办全区乡镇政协干部学习班。政协工委和有关部门负责人分别就政协工作、爱国统一战线、祖国统一联谊、民族宗教工作作了辅导，有9个乡镇政协办公室的负责人作了工作情况交流。此次学习班对于提高乡镇政协干部的素质，适应新时期政协工作的需要，开创政协工作新局面起到积极作用。2001 年 1 月地级菏泽市政协成立后，随即设立学习宣传委员会。2003 年 2 月市政协第十二届一次常委会议决定设立委员活动工作室，具体负责组织委员学习。委员的学习活动，根据全委会和常委会的要求，采取组织学习讨论、专题讲座、举办培训班、召开读书会、开展知识竞赛、选编学习参考材料，并通过组织委员开展调查、视察、参观、考察等活动，为委员知情献策创造条件。至 2005 年年底，全市共组织委员开展各类学习活动 78 次。

理论培训　2001 年 10 月 11—12 日，市政协举办第十一届新委员培训班，重点学习新时期人民政协理论、政协基础知识等，为新委员履行参政议政职能奠定良好的理论基础。2003 年 9 月 17 日，市政协举办第十二届委员会新委员培训班。委员们听取中国特色的政党制度，人民政协的性质、地位、作用和委员如何做好参政议政、政协委员履行职能的主要形式等辅导讲座。2004 年 8 月 20 日，市政协举办政协委员读书会。山东省政协巡视员王文波，菏泽市委宣传部副部长、讲师团团长黄贵芳应邀分别以学习新政协章程、学习科学发展观为题作了专题报告，200 余名市政协委员、民主党派成员和市政协机关工作人员参加学习。9 月 16 日，市政协为推动全市广泛深入地学习政协知识，在菏泽电视台演播大厅举办了政协知识竞赛。东明县政协代表队获得一等奖，成武县、巨野县、定陶县政协代表队获得二等奖，牡丹区、单县、郓城县、鄄城县、曹县政协代表队获得三等奖。2005 年 6 月 22 日，市政协举办新委员培训班，将《中国人民政治协商会议章程》、新时期人民政协统战知识、政协委员管理的暂行规定和政协委员履行职能进行考评的意见等作为培训内容，提高了新委员的理论水平。

政协宣传　自 1989 年 2 月政协菏泽地区工委建立后，积极配合各新闻媒体，对政协的重要会议、重要活动和重要工作经验，党委、政府重视支持政协工作的重要举措，政协委员为经济社会发展献计出力的先进事迹等及时进行宣传，扩大了政协的社会影响。1992 年 11 月 25 日，经省委宣传部、省新闻出版局批准，《联合报》（后改为《联合周报》《联合日报》）菏泽记者站正式成立。记者站建立后，每年都召开一次全市政协宣传工作会议，传达贯彻全省政协宣传工作会议精神，各县区政协交流宣传工作经验，部署宣传工作任务，促进了全市政协宣传工作的开展。1996 年 4 月 15 日，地委宣传部、地区政协工委办公室联合下发《关于进一步加强人民政协宣传工作的意见》，提出：充分认识人民政协的性质、地位和作用，加大对政协的宣传力度；新闻单位要有政协意识，政协组织要有宣传意识；在及时宣传报道政协例会和重大活动的同时，加强对政协工作的经常性宣传和深度报道；各级政协要主动加强与同级党委宣传部门及新闻单位联系；要重视政协理论研究和政协知识的宣传。

信息传递　1989 年，政协菏泽地区工委创办《政协工作》机关内刊，2003 年 9 月更名为《政协信息》。至 2005 年年底，共编发《政协工作》762 期，编发《政协信息》127 期。在办好《政协信息》的同时，

2003年9月又创办《菏泽政协》会刊。至2005年年底，已编辑出版9期。

第二节 提 案

提案征集 2001年1月，成立政协菏泽市委员会提案委员会。至2005年年底，提案委员会共收到提案1657件。每年在全委会召开前1～2个月，提案委员会办公室向全体委员、各民主党派市委（支部）、工商联、人民团体和政协各专门委员会，印发征集提案通知提案纸及提案调研参考提纲，引导委员结合本职工作，搞好调查研究，及早整理撰写高质量的“精品”提案。

菏泽市政协第十一届提案分类统计表

表22-3-1 单位：件

会 次	总 数	提案分类				不立案数
		经济建设类	教科文卫类	党建、精神文明类	统战、政协类	
一次会议	332	135	100	72	5	20
二次会议	256	110	55	68	4	19

菏泽市政协第十二届提案分类统计表

表22-3-2 单位：件

会 次	总 数	提案分类				不立案数
		经济建设类	教科文卫类	党建、精神文明类	统战、政协类	
一次会议	334	150	75	73	5	31
二次会议	348	158	92	79	6	13
三次会议	387	198	96	58	9	26

提案审查 会议期间收到的提案均由提案审查委员会审查并提出办理意见。每年的全委会，提案委员会都邀请市委办公室、市政府办公室和有关部委办局的办公室主任参加大会提案组的提案初审工作。提案审查采取初审、复审、终审制度，由大会提案组工作人员依照《提案工作条例》有关立案标准逐件审查，提出拟办意见，并转交提案审查委员会轮值委员复审，然后提出复审意见，由提案审查委员会全体委员共同审查，提出最终处理意见。2001—2005年，菏泽市两届政协共审查提案1657件，立案1548件，占提案总数的93.42%。

提案办理 每年全委会闭幕后，提案委员会办公室将确定立案的提案逐件进行分类、编号、登记、复印、建档和印制提案交接清单。市政府、市政协联合召开提案集中交办大会，由各承办提案单位负责人和承办人员参加会议，市政府分管副市长、市政协分管副主席出席会议并提出提案承办具体要求。市政协全委会议后收到的平日提案，由政协提案委员会办公室审查后，随时转交承办单位研究办理。2001—2005年，菏泽市两届政协共收到提案1657件，立案1548件，办理1548件，对立案办理的提案都在规定的时间内办复完毕，做到了件件有答复，事事有回音，委员对提案办理满意率达 99% 以上。

菏泽市政协优秀提案一览表

表 22-3-3

案号	提案者	案由	届次
112001	市致公党	关于进一步加快农民增收的建议	十一届二次
112004	市致公党	关于妥善解决城镇贫困人口问题的建议	十一届二次
112007	市民盟	关于大力推进我市农业规模化种植的提案	十一届二次
112011	市民革	关于加快我市旅游业发展的建议	十一届二次
112013	市工商联	关于积极扶持中小企业快速发展的提案	十一届二次
112020	童彩云	关于推行国有土地租赁制的提案	十一届二次
112032	范　平	进一步规范健全劳务中介市场监督管理	十一届二次
112054	俞志顺	关于加强林木种苗生产、经营管理的提案	十一届二次
112073	王献忠	关于建立农村科技信息协会网络的提案	十一届二次
112103	薛兆民	关于规范出租车、公交车行车管理的提案	十一届二次
112125	吴良训	关于促进文企联姻的提案	十一届二次
112126	苏东升	加强乡镇卫生院建设，确保三级医疗预防保健网络畅通	十一届二次
112130	张宗灏	抓紧落实“中小学管理权上收到县”的提案	十一届二次
112166	李　峰	建议对我市各行业人才资源的现状进行一次大规模的细致的实事求是的普查	十一届二次
112180	王庆英	关于加强医疗行业医德教育的提案	十一届二次
112184	夏省祥	关于防治“白色污染”的提案	十一届二次
112185	沙启乐	加强公民基本道德建设，努力提高公民道德水平	十一届二次
112187	焦延河	关于进一步开展打恶除霸活动的提案	十一届二次
112193	杨茂成	关于加强户外广告管理，美化城市形象的提案	十一届二次
112207	刘起朝	关于加强村民委员会建设案	十一届二次
121009	市民革	关于建立菏泽农副产品检测中心的提案	十二届一次
121012	市九三学社	关于加快我市医疗机构产权制度改革的建议	十二届一次
121020	市民盟	关于建立菏泽市企业及自然人信用信息库的建议	十二届一次
121058	桑圣元	对我市安居工程经济适用房清理整顿的提案	十二届一次
121063	吴光炜	加快我市现代物流业发展	十二届一次
121072	杭新杰	关于加强我市农资市场管理的提案	十二届一次
121074	卢文朋	关于发展绿色农产品，增加农民收入的提案	十二届一次
121101	罗盼生	加快我市城乡客运建设	十二届一次
121153	宋化著	加强城市管理，搞好卫生综合治理	十二届一次
12164	黄明亮	规范会计票据，加强财务审计，增加财政税收	十二届一次
121180	王舜球	采取措施，解决下游县区水资源采补平衡	十二届一次

续表 22-3-3

案　号	提案者	案　由	届　次
121247	范权力	关于治理护城河的提案	十二届一次
121250	韩　军	发布投资指南，加强对招商引资工作的指导	十二届一次
121271	任长印	加快农村道路建设，尽快实现村村通柏油路	十二届一次
121274	袁士忠	加强对农村劳动力外出打工的服务管理	十二届一次
121286	李　孟	关于将市区东方红大街建成精品一条街	十二届一次
平时 28	张文艳	关于选好村官，造福一方百姓	十二届一次
平时 31	黄承友	为预防“非典”“乙肝”建议市政府对全市各县、区餐饮业进行认真清理整顿	十二届一次
平时 36	蒋平原	恢复 110 在菏泽百姓心目形象	十二届一次
122003	民盟市委	关于我市基础教育现状的调查与建议	十二届二次
122006	民革市委	关于高度重视和进一步加快我市旅游业发展的建议	十二届二次
122022	九三学社市委	关于改善我市林业结构提高造林科技含量的建议	十二届二次
122017	致公党市委	关于加快建设菏泽生态城市的建议	十二届二次
122026	农工党支部	关于加快我市农村新型合作医疗的提案	十二届二次
122011	市工商联	关于促进民营经济发展的建议	十二届二次
122041	吴良训	关于对乡村水利危桥加强维修管理的提案	十二届二次
122071	李忠亮	关于严管未成年人进入网吧的提案	十二届二次
122118	李　孟	关于顺应信息时代要求，积极推进电子政务的提案	十二届二次
122200	朱　琳	关于各县乡镇固定资产投资的检查方法有待进步的提案	十二届二次
124001	九三学社市委	关于重视解决“上学难”问题的建议	十二届四次
124015	市工商联	关于破解民营企业融资难、促进民营经济健康发展的提案	十二届四次
124036	王庆英	关于税务执法应为企业发展创造良好环境的提案	十二届四次
124043	吴光炜	关于加强我市科技创新能力建设的提案	十二届四次
124061	刘庆民	关于加快我市医疗中心建设的提案	十二届四次
124149	李　孟	关于整合公交资源合理设计公交线路的提案	十二届四次
124091	刘存勇	关于促进我市中小企业发展的提案	十二届四次
124176	蒋平原	关于取消我市食盐加碘的提案	十二届四次
124249	黄承友	关于禁止未成年人进入网吧的提案	十二届四次

第三节　调研与视察

1995 年，地区政协工委会同县市政协对乡镇企业、农村合作医疗、体育场馆建设、民族宗教工作等问题进行调查研究。1996 年，就实施京九铁路带动战略、三资企业、职业教育、农民负担、文化市场管理、基层供销社改革、城乡文明建设等问题组织开展多项专题调研。1999 年，组织驻菏泽全国、省政协委员，听取行署上半年经济运行情况的通报，并对地税、电业、菏泽市区城市建设，成武和定陶两县县域经济发展情况进行视察。

2001 年 5 月，菏泽市政协围绕“如何树立菏泽形象，优化发展环境，加快全市经济发展”问题，组织政协委员进行调查研究。9 月，组织委员就“整顿和规范市场秩序，优化经济发展环境”问题，进行专题调研，市政协十一届三次常委会议又进行专题发言和协商讨论。会后，市政协向市委呈报专题报告。2002 年 5 月，围绕促进全市民营经济发展问题，组织委员分成四个调查组，对全市 9 县区民营经济的发展情况进行调查研究，并将调查结果——《关于加快菏泽市民营经济发展的建议案》向市委、市政府呈报。10 月 11 日，组织政协常委对菏泽市区城市建设现场进行视察。常委们察看了菏泽城区的市容市貌、城建三大重点工程、城区主要道路、牡丹工业园、开发区新区等建设现场，并召开了十一届七次常委会议进行了专题协商讨论。2003 年 4 月，组织部分市政协委员对全市畜牧业发展情况进行一次系统全面的调查，就加快畜牧业发展提出 6 条建议。6 月，组织经济界的部分常委和委员，对全市的 16 个示范工业园区和 40 多个龙头企业进行实地调查，并提出 5 条推动园区建设快速发展的建议。8 月，市政协副主席聂书江带领部分委员，先后到单县、郓城县、东明县的劳动力市场、职业技术学校、劳务中介机构等，开展劳务输出工作情况的调查，并提出做好劳务输出工作的对策和建议。市政协副主席杨宪文带领调查组到曹县、定陶县就农村村庄规划建设进行专题调查研究，并形成调查报告，经主席会议审议通过后，以《关于加快推进农村村庄规划建设建议案》报市委、市政府。10 月，市政协根据市委、市政府提出的“一个中心、两个基地”的战略目标，围绕把菏泽建设成为区域性商贸流通中心问题，组织委员赴徐州、开封、商丘、聊城等地进行考察，并形成专题调研报告，为党政决策提供重要的参考依据。2004 年 3 月，组织有关委室和政协委员就加快菏泽花卉产业化进程进行专题调查，市政协十二届六次常委会议又进行专题讨论和大会发言。政协建议菏泽花卉产业建立符合花卉产业发展的管理组织模式；做好花卉产业区域布局规划和花卉产品发展方向规划；大力扶持花卉龙头企业的发展；加快市场体系和花卉基地设施建设步伐；加大对花卉品种开发、人才培养的投入；实施花卉业的标准化、专业化、规模化经营与生产；扩大菏泽花卉业在国内外的影响。3—4 月，根据市委、市政府建立农副产品加工基地、能源化工基地和商贸流通基地的战略构想，组织 40 余名政协委员和有关部门的负责人，分成 4 个专题调查组，深入到厂矿、企业和个体工商业户，先后对全市林业产业化发展情况、食品工业发展情况、纺织工业发展情况、能源化工发展情况等，进行为期一个多月的调查研究。通过调查，基本摸清这四个方面的发展现状，找出了存在问题，提出了对策与建议，形成了 4 份有情况、有分析、有可行性建议的调查报告。市委书记陈光对 4 份报告分别作出批示。5 月，为促进全市人口与计划生育工作深入、健康发展，采取市、县区政协联动的方式，组织有关部门和政协委员参与，先后到 30 个乡、镇（街道）、38 个行政村、10 个社区、9 个企业和 17 个县直机关部门，采取听汇报、查资料、召开座谈会、走访干部群众等形式，对全市人口与计划生育工作进行一次细致的调查研究，并形成一份长篇调查报告。该报告提出了进一步加强对计划生育工作的领导；把控制违法生育作为中心任务；加大齐抓共管的工作力度；继续推进经费投入机制改革；善始善终做好干部职工违法生育的清理工作；认真落实计划生育奖励优惠政策等建议与对策。市委书记陈光对报告作出批示。10月18日，市政协主席孔令昌，副主席聂书江、李德章、杨宪文、朱效明，秘书长祝传收带领市政协专职常委、机关委室负责人，先后到恒盛菏泽大市场、污水处理厂、火车站综合服务区、赵王河公园、怡海花园、环城公园、引黄供水净水厂等处进行视察，听取各处负责人对工程的介绍，并召开座谈会。2005年3—4月，市政协就优化农业结构、促进农民增收问题进行专题调研，专题调研报告建议市委、市政府提高对调整农业结构、促进农民增收的认识；推动农业结构调整向高层次发展；强化技能培训，促进劳动力转移；进一步加大对农业基础设施建设的投入；认真落实支农惠农的各项政策。市委、市政府以菏办发〔2005〕37号文转发了该调查报告。12月2日，市委副书记、市长杜昌文召开部分政协委员座谈会，就如何进一步完善全市“十一五”发展规划、促进全市经济更快更好地发展需开展的产业与经济布局战略、人才与人口战略、能源与资源战略、城市与区域发展战略、生态与环境建设、公共安全与管理等6项重大调研课题进行部署。

至2005年年底，政协菏泽地区工委、菏泽市政协共组织调研视察208次、形成主题调查报告137份，召开研讨会、座谈会、论证会106次，就全市重大问题提出了切实可行的意见和建议。

第四节　团结联谊

与民主党派、工商联及各界人士的联系　1993年，政协菏泽地区工委领导建立分工负责联系民主党派、工商联、各界代表人士制度，30余名民主党派、工商联负责人和各界代表人士被定为联系对象。每位领导亲自带队到被联系人单位和家中进行走访。1998年8月，政协地区工委成立菏泽地区各界知名人士联谊会，社会各界知名人士均被吸收为会员，并设立了机构，制定了章程。2001—2005年，市政协进一步强化了联谊工作，共召开协商会、座谈会、通报会12次；对民主党派、工商联在参政议政中提出的意见和建议，督促有关部门落实。同时对在工作、生活中存在的困难，积极协调解决，为其开展工作提供了有利条件。

民族宗教工作　1989—2005年，民族宗教界政协委员、代表人士撰写反映菏泽发展经济、维护民族团结、维护社会稳定、热心公益事业、为文明建设服务的材料50余份，多数在《人民政协报》《联合日报》等报刊上发表。2001年，市政协在市民委（宗教局）的配合下，组织委员对全市少数民族企业进行考察，深层次了解少数民族企业在生产经营中存在的困难和问题，并及时向党委、政府反映。2002年，对全市宗教活动情况进行调研，并向市委、市政府提出加强对宗教工作依法管理，推动全市宗教工作健康发展的建议。为加强与各爱国宗教团体的沟通和配合，每年的伊斯兰教开斋节，天主教、基督教圣诞节及其他重大活动，市政协有关负责人都到会祝贺。在开展有关调研活动时，主动登门征求意见，并多次到宗教活动场所发送学习材料，促进他们的学习，提高他们的思想觉悟。

祖国统一联谊　政协菏泽地区工委成立后，广泛联系海内外人士，宣传党和国家“一国两制”“和平统一”的方针。菏泽地区第一、二届海外联谊会、台胞台属联谊会、对外友好协会都有政协领导和政协有关处室负责人出任顾问、副会长、常务理事等职。1997年3月，政协地区工委组织各县市政协建立海内外联络信息档案。2001年1月市政协成立后，为143名菏泽籍政治上有影响、经济上有实力、学术上有造诣、社会上有地位的港澳台侨知名人士建立档案，为开展祖国统一联谊工作创造了条件。2005年3月，市政协组织港澳台侨界委员学习胡锦涛总书记“新形势下发展两岸关系四点意见”和《中华人民共和国反分裂祖国法》，对台湾当局推行“台独”的活动进行揭露和批判，并组织委员撰写文章以亲身感受宣传“一国两制”“和平统一”方针，抨击“台独”分子分裂祖国的罪恶行径。

服务经济建设　自1993年开始，连续6年在全区政协开展利用国际牡丹花会联谊交友、招商引资活动，收到良好效果。2001年11月，市政协在有关部门配合下，整理编制了有35个项目的招商引资推介书，通过省政协发送香港中华总商会、中华厂商会，介绍菏泽优越的地理位置，丰富的资源，良好的投资环境和优惠政策。至2005年年底，共组织对三资企业、台资企业、引进国外智力的专题调查10余次，向党委、政府提出意见和建议50余条。

交流与合作　1989—2005年，协同有关部门共接待来自港澳、台湾地区和海外侨胞20余个团体300余人次，增进了与海外侨胞经济、科技和文化的交流与合作。全市的归侨和“三胞”眷属积极响应市政协倡导的“向海外发一封信、传递一条信息、介绍一个来访团组、推荐一个项目、引进一批资金、推销一个产品”的“六个一”活动，在较短的时间内共向海内外亲朋好友发信4000余封，为菏泽市引进资金、项目、技术、人才，发展外向型经济发挥了积极作用。

书画联谊　菏泽是书画之乡，历史悠久，人才济济，有广泛的群众基础和社会基础。做好书画联谊工作，广泛团结书画界人士，发展爱国统一战线，服务于社会主义三个文明建设。1991年4月，政协菏泽地区工委成立书画联谊社。同年晋京举办“菏泽地区政协书画展”，并与天津市政协联合在津举办书画展。1992年，政协菏泽地区工委成为山东省政协地市书画联谊会成员单位。每次年会，菏泽政协都积极征集作品参展，并组织书画家现场交流。2003年2月，菏泽市政协在书画联谊社的基础上成立书画联谊会，有110名菏泽书画界知名人士成为会员。联谊会成立后，多次举办各种形式的书画活动。2005年，市政协征集菏泽260余名著名书画家的260余幅作品，出版《中国书画之乡——菏泽书画》精品集锦，被市委、市政府作为礼品赠送国内外客人。

第五节　文史资料征编

资料征集　1990年12月政协文史处设立后，针对菏泽的历史特点和现状，拟定了文史资料征集提纲，征集范围涵盖政治、经济、军事、教育、文化、科技、民族、宗教、社会生活等诸多方面，力求全面反映菏泽的社会面貌及其发展变化的过程。1992年以后，按照全国政协、省政协的要求，结合菏泽地区文史资料征集工作的实际，征集时限开始向新中国成立以后延伸，征集范围也随着改革开放逐步深入向海外延伸。征集对象包括各级政协委员和政协联系的各民主党派、无党派人士，各人民团体和各界知名人士，各方面专家、学者，民族宗教上层人士，港、澳、台、侨爱国人士和社会各界人士。在征集过程中，依照广征博采与抢救重点史料相结合的原则和“三亲”（亲历、亲见、亲闻）特点。先后两次修订印发了《新中国成立后文史资料征集提纲》，并根据征集提纲每年确立征集重点，制订征集工作计划。采取重点史料抢救征集、与有关单位协作征集、对重要当事人登门征集、因人因事专题征集和邮寄信函征集等形式和途径，拓宽征集领域。至2005年年底，已征集各类文稿800多万字，图片资料2000余幅。

编辑出版　2001年1月菏泽撤地设市后，政协十一届菏泽市委员会将文史资料编辑出版工作列为政协的一项重要工作，开始筹划实施。在编辑出版工作中，按照文史资料的统战性和“三亲”特点，以中华文明发祥地、悠久的历史文化底蕴为依托，突出地方特色。在资料征集过程中广征博采，在资料筛选过程中存真求实，在资料编辑过程中严把史实关、政治关、文字关，在印刷出版过程中刻求精品，使出版物体现统战性、史料性、可读性。同时，选准角度，发挥优势，逐步推进文史资料出版向专题化、系列化发展。2002年7月—2004年4月，编辑出版了《菏泽文史集萃》，旨在反映菏泽历史上发生的重要事件和重要历史人物。该书在2005年7月山东省政协“三优”（优秀文史工作集体、优秀文史工作者、优秀文史书刊）表彰会上被评为一等奖。2005年年初，为彰显菏泽牡丹之乡、戏曲之乡、书画之乡、武术之乡地方特色文化，启动了《中国菏泽文化丛书》编纂出版工作。丛书由综合卷、牡丹卷、戏曲卷、书画卷、武术卷组成，共计200万字。

第二十三编　民主党派 群众团体

菏泽市女企业家协会手工艺者委员会成立大会

全国人大常委会《妇女权益保障法》执法检查座谈会

新中国成立前,域内建有工会、共青团、妇联等群众团体，新中国成立之后，菏泽地区各社团相继成立。1927 年，区内单县、郓城等首次建立工会组织，开展反帝反封建斗争。新中国成立后工会组织不断扩大。1973 年菏泽地区总工会成立。至 2005 年，全市基层工会组织 3048 家，会员达 36 万余人。1939—1942 年，湖西、鲁西、运西专区等相继成立妇女抗日救国会。1957 年成立山东省妇女联合会菏泽专区分会。至 2005 年，全市设有县区妇联 10 个，乡镇办事处妇联 276 个，城市妇代会 133 个，农村妇代会 6963 个，机关妇委会 113 个，企业妇女工委会 352 个，各类妇女研究会 6 个。1956 年成立菏泽地区科学技术普及协会，1986 年建有科技协会 8214 个，建立专业协会、研究会 1293 个；至 2005 年发展到学会 198 个，拥有会员 3 万人。1986 年 8 月，设立菏泽地区文艺工作联络处，1996 年更名为地区文学艺术界联合会。2001 年 1 月再次更名为菏泽市文联，辖文学、书法、美术、摄影、戏剧、曲艺、音乐、舞蹈、电视、民间艺术 10 个协会，共有会员 1921 人（其中特级会员 114 人，省级会员 507 余人，市级会员 1300 人）。1987 年 5 月设立菏泽地区社会科学联合会，2001 年更名为菏泽市社会科学联合会，2005 年拥有学会 20 个、会员 5000 余人。1989 年 6 月设立菏泽地区残疾人联合会（简称残联），2001 年更名为菏泽市残联，重点开展“三康”（小儿麻痹后遗症矫治，老年白内障复明，聋哑儿语言训练三项康复）工作。1986 年 9 月，设立山东省归国华侨联合会菏泽地区办事处，1989 年 3 月改称菏泽地区归侨联合会，2001 年 1 月更名为菏泽市归国华侨联合会。

1986—2005 年，市总工会、共青团、妇联、工商联、科协、联残、社科联、侨联等社团，注重组织建设和队伍建设，发挥人才荟萃、联系面广等自身优势，组织各界群众，围绕市委、市政府不同时期中心任务，依照各自章程开展活动，拓展服务领域，承上启下，自觉当好党联系人民群众的桥梁和纽带，为菏泽政治经济和社会发展发挥重要作用。

第一章　中国国民党革命委员会菏泽市委员会

第一节　基层组织机构

组织建设　1983 年 3 月 12 日，成立民革山东省委直属菏泽小组，选举宋康祥为组长。1984 年 8 月 25 日，成立民革山东省委直属菏泽支部，选举宋康祥为主任委员，王效熹为组织委员，刘炳忠为宣传委员。1988 年 4 月 26 日，成立民革菏泽市筹备委员会。1992 年 8 月 22 日，召开第一次党员大会，选举产生民革菏泽市第一届委员会，贾祥伦为主任委员，孔凡英为副主任委员，姜桂玲（女）、张建华、袁彩志为委员，刘炳忠为顾问，设立市中支部，菏泽师专支部、教育学院支部、东城支部和西城支部。1997 年 5 月 30 日，民革菏泽市(县级市)第二次党员大会召开，选举产生民革菏泽市第二届委员会，选举张建华为主任委员，孔凡英、韩中光为副主任委员。 2001 年 1 月，民革菏泽市（县级）委员会（简称民革菏泽市委）改为民革菏泽市牡丹区委员会，成立民革菏泽市（地级）筹备委员会，选举张建华为主任委员，韩中光为副主任委员。 2002 年 1 月，民革菏泽市第三次党员大会召开，选举产生民革菏泽市第三届委员会（顺延县级菏泽市委员会界别),选举韩中光为主任委员，薛兆民为副主任委员，陈广庚、邱健（女）、俞志顺、张伟、刘洪志为委员。设立参政议政、祖国统一、经济建设 3 个工作委员会，下辖牡丹区委员会、市直支部、菏泽学院一支部、菏泽学院二支部、单县支部、曹县支部。

党员队伍 菏泽市民革在 20 世纪 70 年代有民革党员 2 人。1984 年民革菏泽市支部成立时已发展党员 8 人，至 2005 年，共有民革党员 85 人，其中具有中级职称的 46 人，占党员总数的 54%，具有高级职称的 13 人，占党员总数的 15%；党员中有 18 人担任部门领导职务，占党员总数的 21%；担任市政协常委的 3 人，担任牡丹区政协副主席的 1 人，担任县（区）政协常委的 6 人；担任市政协委员的 11 人，担任县（区）政协委员的 13 人。

第二节 主要工作与活动

参政议政 政协提案 1992—2005 年，菏泽市民革先后提交提（议）案 200 余条（件），均被有关部门采纳。2001 年提交集体提案 1 件和个人提案 9 件；2002 年提交集体提案 3 件和个人提案 14 件，其中民革菏泽市委提交的《关于利用浅水池塘发展农村经济的提案》和薛兆民《关于规范出租车、公交车行车管理的提案》、俞志顺《关于加强林木种苗生产经营管理的提案》被评为优秀提案；2003 年，提交集体议案 3 件，提交个人提案 16 件，其中民革菏泽市委提交的《建立农副产品检测中心，切实保障人民身体健康》的提案被评为优秀提案；2004 年，提交集体提案 4 件和个人提案 13 件，其中提交的《关于高度重视和进一步加快菏泽市旅游业发展的建议》被评为优秀提案；2005 年提交集体提案 2 件和个人提案 16 件。自民革菏泽市委成立，连年被市政府、市政协评为优秀提案先进单位。

其他建议 2003—2004 年，民革菏泽市委与民革聊城市委就《欠发达地区辍学儿童情况的调查》和《关于加强欠发达地区农民工上岗前培训的问题》两个课题进行联合调研，形成高质量的报告提交省政协大会。2005 年 7 月，民革菏泽市委主委韩中光，委员俞志顺和其他党派成员联合就“组织大株牡丹进园，打造菏泽牡丹品牌，

树立菏泽形象，推动菏泽旅游业发展问题”给市长写建议信，市长杜昌文批示有关部门迅即办理，解决多年影响牡丹园发展的重大问题，为提升菏泽牡丹园的品位，促进菏泽牡丹产业化铺平道路。至2005年年末，菏泽市共有11名民革成员先后被省、市、县区的16个部门聘为特约监督员、检察员、监察员。他们积极参与各级政府职能部门行风评议，对全市的反腐倡廉、纠正行业不正之风、改进政府机关工作作风，起到积极作用。

社会服务　菏泽市民革自成立以来，充分发挥党员中知识分子的优势，先后开办育才学校、民革中山中学、少儿美语学校等，民革中山中学连续十几年被评为社会办学先进单位。民革党员获国家、省、地市级科技进步奖140多项，获地市级以上荣誉称号的有100余人次，发表各类论文400多篇，出版专著10余部，其中张建华、孟庆苗共同撰写的《帮你学物理》一书畅销全省和周边省市。1991—2005年，组织集体和个人为“希望工程”、救助贫困大学生、洪涝灾区、抗击“非典”、印度洋海啸受灾国家等捐款捐物共计14万余元，救助贫困失学儿童、贫困大学生等20余人，组织“三下乡”（科技下乡、文化下乡、医疗下乡）活动50余次、农林业科技讲座40余次、义诊20余次；在招商引资工作中，积极联系宁波象山环球房地产开发公司董事长蔡明杏（宁波民革党员）到菏泽投资，并在菏泽成立华泰房地产开发公司。2005年，蔡明杏投资4200万元，一期开发小高层建筑3座，总建筑面积3.18万平方米。

第二章　中国民主同盟菏泽市委员会

第一节　基层组织机构

组织建设　民盟菏泽地区直属小组始建于1985年，何淑淦为组长，李树铭为副组长。1988年4月成立民盟菏泽市筹备委员会，何淑淦任筹委会主任委员，王献理、刘存朴、吕偶一、赵春光为委员。至年底，民盟菏泽市筹委会先后建立菏泽一中支部、师专支部、西城支部、南城支部、东城支部、市中支部、单县支部、郓城支部和曹县小组等9个基层组织，盟员人数发展到129人。1993年初，民盟菏泽市委机关建立。1997年，召开民盟菏泽市第二次代表大会，选举产生第二届委员会，何淑淦任主委，王思林、吴良训任副主委，崔思高任秘书长。1999年12月17日，省民盟批准成立民盟菏泽地区筹委会，何淑淦任筹委会主委，汤建梅、吴良训任副主委。2000年1月7日在菏泽召开民盟菏泽地区筹委会成立大会。2002年1月15日，民盟菏泽市第三次代表大会召开（顺延原县级菏泽市民盟的届次），成立民盟菏泽市委员会（简称民盟菏泽市委）选举汤建梅为主委，吴良训、王翠萍为副主委，吴良训兼任秘书长，何淑淦为名誉主委。2004年，菏泽市民盟成立菏泽学院总支，设3个支部，李孟任菏泽学院总支主委。

1999年12月，民盟菏泽地区筹委会成立

盟员队伍 1984年以前，菏泽只有李树铭和王献理两名盟员。同年12月，民盟山东省委在菏泽发展何淑淦、李保光、季克兴3人为盟员。1985—1986年夏，民盟菏泽地区直属小组成立后，城区盟员发展到60余人，单县、郓城、定陶等县盟员发展到18人。2002年，民盟牡丹区委和民盟各支部分别进行换届，民盟组织的领导干部更加年轻化、更加有活力，全市盟员人数达到226人。至2005年年底，菏泽盟员人数已发展到255人，具有中级以上职称者占100%，其中正高职称8人，占3.2%；副高职称的98人，占38%；女盟员94人，占36%；教育界成员138人，占54%，其余分布在文化、卫生、科技界。

第二节 主要工作与活动

参政议政 1986年，何淑淦、王献理被吸收为菏泽市政协委员。1990年，盟员刘存朴当选为菏泽市政协第八届委员会副主席，何淑淦、吕隅一当选为常委。1992年，市政协九届一次会议上，何淑淦被选为第九届菏泽市政协副主席，王思林、吕偶一、鲍坤立当选为常委，吴良训等5名盟员被吸收为市政协委员。1993年，在菏泽市政协第九届二次会议上，民盟菏泽市委提出的关于在菏泽东部建立经济开发区的提案，受到地、市领导的重视，促成菏泽经济开发区的设立。1998年3月，在菏泽市政协十届一次会议上，何淑淦再次当选为市政协副主席，王思林、吴良训、吕偶一当选为常委。同年，盟员汤建梅被推荐选举为全国人大代表，何淑淦被推荐选举为山东省政协委员。2001年1月菏泽地改市后，民盟盟员汤建梅被推荐选举为菏泽市人大常委会副主任，另有6名盟员在县区人大、政协和部门担任副县级领导职务，23名盟员被推荐选举为市政协委员，其中市政协常委6人。民盟菏泽市委连续5年被评为优秀提案先进单位。2002—2005年，民盟菏泽市委共提交政协提案312件、调研报

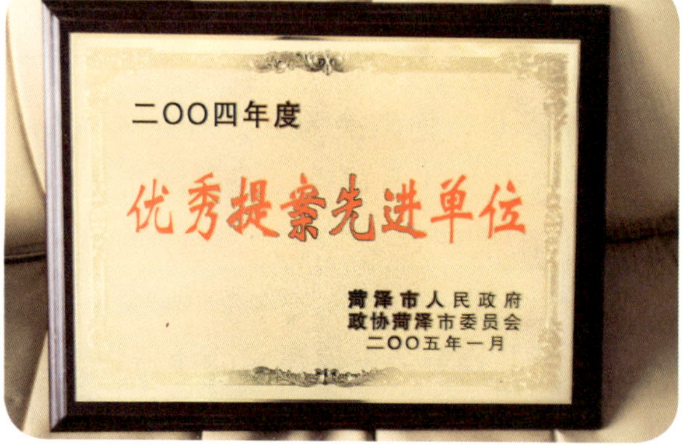

告5份。2005年，汤建梅向全国人大提交的《关于尽快出台畜牧法》的提案，被全国人大采纳，对《中华人民共和国畜牧法》的出台起到积极的推动作用。

社会服务　1986年，菏泽市民盟两次组织菏泽驻城中小学生热爱家乡夏令营活动，参加活动的中小学生950余人。1988年，建立科技咨询服务部，组织盟员为社会服务，解决社会上急需解决的科技难题。菏泽市民盟单县支部组织盟员坚持每星期日为群众义诊。1992年，创办菏泽机电公司、兴华学校。1994年，与教育学院合作创办法律大专班，培养法律专业学生50多人。1995年，创办民盟中学，培养四届学生，达1000余人；民盟盟员创办的菏泽理工中专，每年招生500余人，全部输送到青岛海尔集团，为菏泽劳动力转移做出贡献。至2005年年底，全市民盟盟员对贫困地区和受灾群众捐献助贫活动款5万多元、衣物800多件、书籍300多册，并开展送科技、文化、医疗“三下乡”活动22次，促进农村科技、文化、医疗的发展。

2004年11月5日，民盟菏泽市委组织“三下乡”活动

第三章　中国致公党菏泽市委员会

第一节　基层组织机构

组织建设　2000年1月4日召开第一次全体党员会议，选举产生致公党菏泽地区直属支部委员会，肖培树为支部主任委员，郭福祥、卢俭为支部委员。2003年8月20日，致公党菏泽市委召开全体党员大会，选举肖培树为致公党菏泽市委主任委员，郭富祥、陈安侠为副主任委员，卢俭为组织委员，田满菊为宣传委员。10—12月，先后成立致公党菏泽市委直属支部、牡丹区支部、菏泽开发区支部。

2000年1月4日，致公党菏泽地区支部成立

党员队伍　1999年，致公党山东省委吸收肖培树（地区司法局副局长）为致公党党员。至2005年，全市致公党党员已发展到28人，其中具有高级职称的党员20人，具有中级职称的党员8人；有1人担任市政协副主席，3人担任市政协常委，1名省人大代表，1名省政协委员，14名市政协

委员，3 人任牡丹区政协常委。

第二节　主要工作与活动

参政议政　自 1999 年成立，在菏泽市十一届、十二届政协会议上共提出集体提案 16 件、个人提案 56 件，在省政协会议上共提交提案 13 件。由于参政议政成绩显著，连续两年被菏泽市政协评为优秀提案先进单位，多个提案被评为优秀提案。在全国政协会议上《关于加快解决“148”法律服务专用电话号码》的提案，被司法部、信息产业部采纳。先后在省、市政协会议上提出《面对入世挑战，发展创汇农业》《关于加快我市农民增收的建议》《关于建立完善农民社会保障体系的建议》等多个“三农”问题的提案、建议，促进菏泽市农业的发展。在省政协会议上提出的《树立减灾就是发展生产力的观念，进一步加强社会和自然灾害应急处理机制建设》的提案，韩寓群省长亲自作批示，省政协副主席王久祜要求有关部门认真研究落实，提案被立即转交有关单位研究处理。多位党员通过出席党委、政府组织的议政会、通报会、党委政府征求意见会等，共提出建议 120 条，其中有很多意见、建议被政府采纳。2004 年 12 月，省政府领导到菏泽就省政府工作报告征求意见，肖培树提出 13 条建议，其中关于建议省政府明确 2005 年农民减负标准、加大农田水利基础建设和加强对省直部门、发达市对口帮扶菏泽工作考核力度的建议被采纳。

社会服务

社会服务　2000—2005 年，致公党菏泽市委充分发挥党员自身优势，组织党员每年开展两次“三下乡”活动，为农民群众进行农业技术咨询，共接待群众 300 余人次，发放技术明白纸 1 万余份，为群众免费义诊 500 余人次。2003 年，在抗击“非典”中，积极开展防“非典”知识宣传，购买并发放防“非典”图书500余册、图画2000余幅。2004年，在巨野县营里乡西陈行政村建立固定联系点，为该村建起图书馆和农业科技协会。5年内共救助失学儿童8人，为灾区群众累计捐款4万余元，引进资金1.2亿元。

第四章　九三学社菏泽市委员会

第一节　基层组织机构

组织建设　1987年12月10日，建立九三学社山东省菏泽直属小组，陈东洲任组长。1988年，建立九三学社菏泽市支社，召开第一次全体社员大会，选举陈东洲为主任委员，王文熙、梁乃孚为委员。1996年12月1日召开九三学社菏泽市第二次全体社员大会，选举陈东洲为主任委员，晁中胜、岳济格为副主任委员，王荫堂、杨文彬、王庆英（女）、夏省祥为委员。2000年1月，成立九三学社山东省菏泽地区委员会筹备委员会，晁中胜任主任委员，岳济格任副主任委员，夏省祥、王庆英(女)、齐佰生任委员。2001年1月，菏泽地改市后，更名为九三学社山东省菏泽市委员会筹备委员会。同年12月，增补何茂远、侯婕（女）为筹委会委员。2002年2月26日召开九三学社菏泽市第一次全体社员大会，选举产生第一届菏泽市委员会，何茂远任主任委员，侯婕任副主任委员，委员岳济格、王荫堂、杨文彬、王庆英（女）、夏省祥、杭新杰（女）、王勇，晁中胜为名誉主任委员。9月，建立科教文卫支社、农工支社、离退休支社3个市直支社，并于9月3日分别召开支社社员大会，选举产生支社委员会，杨文彬为科教文卫支社委员会主任委员(兼)，齐佰生为副主任委员，马琳(女)为委员；王荫堂为农工支社委员会主任委员（兼），张涛为副主任委员，苑新（女）为委员；马庆福为离退休支社委员会主任委员，王少英为副主任委员，薛兆菊（女）为委员。同年11月8日，召开九三学社菏泽市牡丹区第三次全体社员大会，进行换届选举，产生第三届支社委员会，主任委员杭新杰（兼），副主任委员赵德银，委员李燕钧、宋连军、张伟生。

1988年9月2日，九三学社菏泽支社成立大会

社员队伍　1985年1月，九三学社山东省委吸收地区林科所所长陈东洲为九三学社社员。1987年九三学社菏泽直属小组社员发展到7人。1996年发展到44人。2002年发展到60人。至2005年年底，全市社员共77人，其中有省政协委员1人，

市人大代表1人，市政协常委2人，市政协委员8人，牡丹区政协常委2人，区政协委员4人。

第二节　主要工作与活动

参政议政　2002—2005年，九三学社菏泽市委在省、市级政协会议上共提交集体提案15件，个人提案89件，其中6件提案被市政府主要领导作重要批示，绝大部分提案被市委、市政府和有关部门决策时采纳。九三学社菏泽市委连续3年被市政府、市政协评为优秀提案先进单位。

社会服务　从2002年开始，九三学社菏泽市委连续5年协助九三学社省委帮扶曹县普连集镇，每年捐资2.31万元，救助231名失学儿童重返校园。2003年，九三学社菏泽市委争取邵逸夫基金80万元港币，为普连集镇中学新建教学楼1座。至2005年，共组织各类“三下乡”服务活动50多次，举办农业、卫生科技讲座60多场次，建立4处科技示范服务基地，参与社员500多人次。该社社员获国家、省、地市级科技进步奖100多项，其中获国家科技进步二等奖2项；发表论文350多篇；出版各种专著、教材20部；获其他地市级以上荣誉称号的有150余人次。

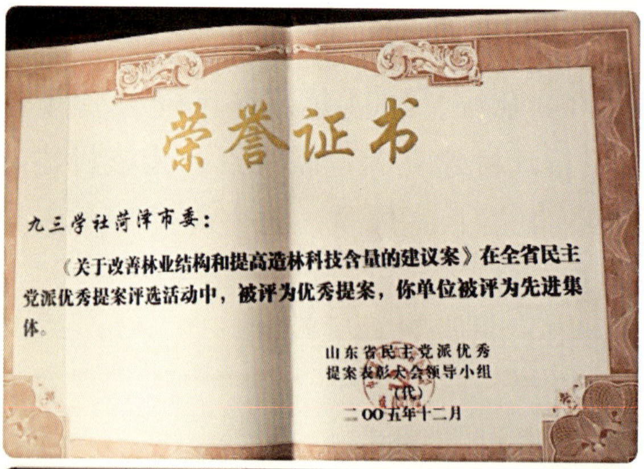

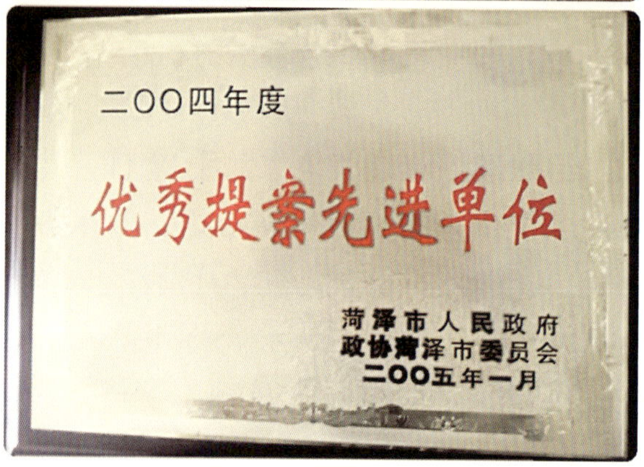

第五章　中国农工民主党菏泽市委筹委会

第一节　基层组织机构

组织建设　1999年10月境内发展了第一名农工党党员，12月26日，农工党山东省委员会批复成立农工党山东省委员会菏泽地区支部，2000年1月6日召开支部成立大会，选举李建军为支部主委。

2005年11月30日，筹委会成立

2005 年 11 月 30 日成立农工党菏泽市委筹备委员会，李建军任主任委员，张国华任副主任委员，刘冬翠任委员兼秘书长。

党员队伍　该支部成立时共有党员 8 名。至 2005 年，全市党员发展到 33 人，其中具有高级职称的 18 人，占党员人数的 54.5%；具有研究生学历的 4 人，大学学历的 21 人，大学以上学历占党员人数的 75% 以上。党员平均年龄 39 岁。在全体党员中，有全国人大代表 1 名，市政协委员 9 名，其中市政协副主席 1 名，市政协常委 1 名，市政协专门委员会委员 2 名。

第二节　主要工作与活动

参政议政　在党员中开展“一人一议”的撰写提案活动，每个党员都能积极关心和参与参政议政工作，广泛吸取所代表群众的意见和建议，然后经集中、调研、升华，形成高质量的提案报告，从而发挥民主党派群体作用。主委李建军针对现在农村医疗卫生及国内法医鉴定状况，充分调查论证，在全国人大十届一、二、三次会议上就国内“乡镇中心卫生院与法医鉴定”等问题作大会发言，受到与会者一致赞同。提出的“关于强化法官队伍建设，维护司法公正的意见和建议”的提案引起菏泽市委的重视，市委副书记崔建平作出批示。市中级人民法院及时召开会议进行研究并根据提案建议，集中开展“纪律作风整顿”活动，制定《进一步加强队伍建设的意见》和《机关干部管理暂行办法》，重新聘请政协委员及各界知名人士担任中级人民法院的特邀监督员。提出的《关于出租车票由定额改为实额的提案》《关于在菏泽市区主要地段增设公共厕所的建议》《关于设立市长接待日的建议》《关于加强治理（中小）学校周边环境的建议》《关于切实加强城区路灯管理》的提案均被市政府有关单位采纳。至 2005 年，共提出集体、个人提案 51 件，先后有 3 件提案被市政府、市政协评为优秀提案。

主要活动　在为菏泽经济建设方面，帮助恒盛大市场与义乌小商品市场进行项目对接洽谈，引进外资 1000 多万元，引进项目 3 个。组织党员每年开展一次“三下乡”活动，为群众义诊，讲解食品卫生、法律等知识。为农村改厕工作捐款 6000 余元。开展了捐资助学、社会救助等 10 多项社会活动。2001—2005 年，全市农工党党员在较有影响的刊物上发表论文 40 多篇，完成科研成果 11 项，获奖 4 项；有 8 人晋升了职称、职务。

第六章　工　会

1986—1995年，全区工会组织一直保持在1500家左右，工会会员保持在24万人左右。1996—2003年，工会组织一直在2000家左右。2004年，各级工会加大了工作力度，发展工会组织2361家，会员达29万余人。至2005年，全市有基层工会组织3048家，会员36万余人。

第一节　职工合法权益维护

1986年，针对全区企业职工后勤保障工作薄弱的现状，地区工会组织实施“五小”（小食堂、小托儿所、小医务室、小浴池、小宿舍）后勤竞赛。至1990年，全区企业为职工兴办“五小”集体福利设施1350项，其中有托儿所125处、医务室1205处、浴池155处、职工宿舍1180处、食堂1200处，职工就餐难、住宿难、就医难、子女入托难的问题得到一定的缓解。1994年《中华人民共和国劳动法》（以下简称“劳动法”）颁布实施后，地区工会制定贯彻实施意见，购买录像带在全区巡回播放。并与劳动部门开展咨询日活动，设立咨询点400多个，发放资料6万余份。同时，在全区开展“劳动法”知识竞赛，有20余万职工踊跃参加，参赛率达80%以上。1998年，中国工会第十三次代表大会和省总工会第十一次代表大会提出工会组织要围绕改革、发展、稳定大局，建立和完善“三个机制”，履行维权职能。年内，全区成立劳动调解组织和工会劳动法律法规监督组织589个，工会法律服务机构8个；县以上工会处理职工劳动争议举报24件，来信来访32件次，调解处理11件次。2000年，为促进下岗职工再就业，地区工会下发《促进国有企业下岗职工基本生活保障和再就业工作意见》，要求全区各级工会为下岗职工再就业铺路搭桥。年内，全区工会系统安置下岗职工2100人。2002年，全市仍有4.3万名下岗职工处于低保状况。为扩大救助帮扶覆盖面和完善服务功能，市总工会于2003年7月建立“困难职工帮扶中心”，设立法律援助、就业培训、生活救助和职业介绍4个服务窗口。2004年9月，开通“12351”职工服务热线电话，为方便职工维权投诉和困难求助，提供“绿色通道”。2003—2005年，市总工会每年都投入近100万元，通过各种形式对困难职工进行帮扶，并免费为困难职工代理法律诉讼，依法维护其合法权益；依托专业技术学校，出资开办电脑基础、电气焊、面点、烹饪、汽车美容、汽车维修、摩托车维修、家政服务等技能专业，每年举办20余期，免费培训下岗失业职工2500多人；每年制发“爱心救助优惠证”500余个，困难职工持证在子女上学、就医、购面粉、食油等方面可享受20%～50%的优惠；每年都举办40余场再就业推介会，免费为求职人员和用工单位提供服务，同时加强与市内外企业的联系，每年为下岗失业职工提供上万个工作岗位供选择。

第二节　民主管理

1986年，为贯彻落实地委、行署关于加强民主管理工作的意见，全区工会组织民主管理大检查。在检查中，发现已建立职工代表大会制度的企业有1150家，占95%；制度不健全和有其他问题的企业有12家，占1%。地区工会对不符合规定要求的，责令其限期改正和完善。1988年，地、县两级工会组织参与企业租赁承包工作，结合《山东省实施企业法，加强职工民主管理办法》，制定全区《贯彻〈中华人民共和国企业法〉，加强民主管理意见》。1989—1995年，地区工会突出工会参政议政的作用，全区工会系统加入政府及有关部门生产调度、双增双节（增产节约、增收节资）、调资、劳动保险、职工物价监督、职称评定及企业第二轮承包等十几个领导机构，凡是牵扯到职工切身利益问题时，专员办公会议都要让工会的负责人参加，听取工会的意见，从组织上基本解决“参得进、议得上”的问题。1997年，地区工会要求全区国有企业和国有控股企业的中层干部都要参与职代会民主评议范围，同时在条件成熟的中小企业实行职工民主选举厂长（经理）。1998—1999年，全区6家工会代表职工与同级政府建立联席会议制度，联席会议共提出议案23件，解决落实18件。2000年中央两办《关于在国有、集体企业推行厂务公开制度的通知》下发后，地、县两级都成立“厂务公开”领导小组，实行定期现场办公，督促指导。2003年，菏泽市通信公司把厂务公开纳入ISO9000认证，在全省乃至全国首开先河。2005年，全市国有、集体及控股企业有260家已全部实行厂务公开，其中达到规范化的有253家，占总数的97.3%；536家事业单位已实行公开的433家，占总数的80.78%；2361家非公有制企业已实行公开的324家，占总数的13.72%。

第三节　劳动竞赛

1986年，地区工会开展“振兴菏泽，建功立业”活动，号召全区职工投身于“双增双节”（增产节约，增收节支）活动。当年，全区“双增双节”累计创效益7600万元，涌现先进集体21个、先进个人50人。1988年，全区建立职工技术协作组织16个，有技协人员80人，组织技术协作项目32项，可计算创造经济效益1200万元。1990年，全区开展以赛质量、赛效益为主要内容的“七赛、七比、创七杯”竞赛活动（赛：增产增收、节能降耗、优质创新、技术进步、管理进步、优质服务、扭亏增盈；比：有效供给和利税创汇、产品单耗和万元产值综合能耗、产品质量和新产品开发、技术水平、资金周转和降低费用、销售额增长和市场信誉、扭亏额扭亏率利润增长和财政收入；创：丰收杯、节俭杯、创新杯、技术进步杯、管理进步杯、优质服务杯、奋发杯），参赛企业265家，参赛职工18万人，产生效益2.6亿元。1991年，地区工会联合地区劳动局、纺织局、人事局、交通局、商业局、供销社、建委、接待处、团地委等9个单位，举办全区青年工人技术大赛，对获得技术大赛第一名的6名选手各晋升一级工资；对获得技术大赛第二、三名的12名选手，由所在企业单位浮动一级工资；对获得前六名的优秀选手，由地区主管部门授予“菏泽地区技术能手”称号；对在技术大赛中“应知”“应会”都及格的41名选手，由地区劳动局颁发相应的高级技术等级证书。

1994—1998年，地区工会、经贸委、劳动局联合开展三次全区职工技术（业务）选拔赛活动，有参加选拔赛的系统11个，参赛项目30个，参赛基层单位438个，参赛职工7万多人。1999年，在全区商贸、石化、化工等行业开展以“消除隐患，确保安全，保障稳定，促进发展”为主题的竞赛活动。2000年7月，地区工会举办全区计算机普及、应用选拔赛，参赛干部、职工达2800多人。2000—2002年，在全区100家重点企业中开展以“创新、创优、创先、创汇、创最佳效益”为主要内容的劳动竞赛，并在建筑、化工、电业、交通、机械、纺织等行业中的大中型企业中开展以“我懂安全、我要安全、从我做起、保证安全”为主题的“安康杯”竞赛活动。全区13个系统的53个单位参加竞赛，参赛职工达32278人。

2003年，开展以“掌握安全生产知识，争做遵章守纪职工”为主题的竞赛活动，全市79家企、事业单位约5.3万人参加竞赛。2004年4—10月，根据市委办公室《关于加强新时期工会工作的意见》和市总工会《关于开展“学振超、练绝活、强素质、创一流”活动的意见》，在全市开展职工职业技能大赛。这次大赛共举办各类竞赛512场次，涉及26个行业、53个工种，有参赛单位798个、参赛职工63880人。其中有359名选手参加全市棉纺细纱挡车、建筑抹灰、烹饪、医疗护理、电焊、点钞、计算机应用、电力电能计量、通信电缆接续封焊、教育教学技能共10个职业技能大赛决赛，李哲、王崇磊、刘钦超、程景祥、秦杉皓、万彦文、张继凤、洪丽、郭新怀、时冬玲荣获“菏泽市十大技术标兵”称号（由市政府表彰并享受市劳模待遇），邓琳等10人获得“菏泽市五一劳动奖章”，常红燕等11人获得“菏泽市职工职业技能大赛优胜选手”称号。同年4—12月，全国开展以“掌握安全生产知识，争做遵章守纪职工”为主题的竞赛活动，菏泽市有93家企业的6万名职工参加竞赛，菏泽市公路管理局被评为“全国．安康杯．竞赛优胜企业”。

2005年，在全市开展职工职业技能大赛。此次大赛共举办各类竞赛849场次，涉及18个行业、63个工种，参赛职工达12.6万人。在护理、初中教师教学、计算机应用、车工、白酒勾兑品评、农电工、钢筋工、公路养护、邮政投递、烹饪等10个工种的全市总决赛中，李巧霞、许力凡、赵新、韩爱霞、郭建民、陈强、孟双喜、刘兵、李世红、马年芝获得“菏泽市十大技术标兵”荣誉称号（由市政府表彰并享受市劳模待遇），李景云等10人获得“菏泽市五一劳动奖章”，陈巧艳等12人获得“菏泽市职工职业技能大赛优胜选手”称号。同年5—12月，在全市开展以“全面树立以人为本思想，切实加强安全生产教育”为主题的竞赛活动，全市18个行业中的173家企业，约计11万人参加竞赛，其中非公有制企业49家，约4.7万人。

第四节　送温暖工程

20世纪80年代末，全区经济处于调整时期，市场疲软，部分企业在市场开放的竞争中遭遇困境，全区23万国营和集体企业职工中，约有8万余人陆续下岗或失业。由此，各级工会组织响应党和政府的号召，履行维护保障职能，开展规模性的困难职工生活救助工作。在劳动、民政等职能部门进行救助的同时，地区工会从1994年到2005 年共筹集资金804万元，对特困职工、困难劳模和遭遇意外灾难的下岗失业职工累计救助14483人，解决或缓解了部分职工的生活困难。1994年，地区工会发起为救助下岗困难职工募捐活动，全区在职干部、职工共捐款56.53万元，劳动局拨款313万元，财政拨款10.5万元，对全区728家企业中的4525名困难职工进行了救助。1996年，全区工会系统自筹资金207万元，对611个困难企业的3949名困难职工进行生活救助。此后，每年的元旦、春节都要发放救助金60余万元。1996—2005年，市总工会自筹资金136万余元，共资助427名困难职工子女圆了大学梦。

2004年6月，经市总工会建议，市委、市政府倡导，在全市开展"结对帮扶进万家"活动，市、县区党政领导人和市、县区直各部门及企事业单位，分别同1户困难职工结成帮扶对子，进行为期3年的帮扶救助工作。至2005年年底，全市共结成帮扶对子1345个，为帮扶对象捐助资金和物品折款95万元。

第五节　职工教育与文体活动

1986年3月20日，地区工会发出《关于在全区职工中开展向王平学习活动的决定》（王平系郓城县医院护士）后，在全区各级工会组织和各行各业职工群众中掀起学先进、赶先进的热潮，对照先进找差距，定措施，有力地促进各项工作的开展。同年11月，为贯彻落实中共中央六中全会决议精神，加强精神文明建设，陶冶职工情操，地区工会组织全区职工文艺巡回演出团，到各县市巡回演出25场次，演出节目320多个，观众达4万余人。巡回演出结束后，评出先进集体7个，优秀演员32名，优秀编导21名。1988年6—7月，按照省总工会的统一部署，利用2个月的时间，在全区各级工会开展"怎样把工会建成职工群众自己的组织"的大讨论。在大讨论中，1670个基层工会组织全部参加，参加职工19.11万人，占全区职工总数的92.3%。大讨论期间，《菏泽工运通信》编写专辑19期，办专栏2944期、黑板报8085期，编写各类简报1525期，举办工会知识学习班257期，组织职工知识竞赛124次，召开不同类型的大讨论座谈会和经验交流现场会1800余次。在大讨论中，各县市有14名县市委书记、县市长和641名基层工会领导撰写理论文章。通过大讨论，吸纳职工民主管理方面的建议880条，工作作风方面的建议1499条，为职工办实事5027件，新建工会组织136个，发展新会员2182名，兴办经济实体28个。

1989年年初，按照省总工会的部署，开展"忆十年，话改革"形势教育活动，举办全区“忆十年，话改革”演讲比赛。在活动中，编发《菏泽工运通信》专辑16期。同年10月，为贯彻落实中共十三届四中全会精神，进一步加强职工思想政治工作，地区工会组织全区职工开展“四项基本原则”教育、工人阶级历史使命和主人翁精神教育、艰苦奋斗教育和学雷锋、学共和国卫士的“双学”活动。在开展此项活动中，地区工会重抓理论骨干的培训，把开好“五个会”（演讲会、班组学习会、座谈会、报告会、民主对话会），搞好“三个结合”（与忆十年，话改革相结合；与“双增双节”相结合；与劳动竞赛的具体目标相结合），作为“三个教育”和“双学”活动的促进剂。

1991年，全区工会系统在职工中开展“爱党、爱国、爱社会主义”为主要内容的“三热爱”主题系列活动。全区有5000多名职工登台演讲，21万名职工参加知识竞赛，举办文艺专场231次，举办职工书法、美术、摄影作品展83次，举办篮球、乒乓球、台球、羽毛球、健美操比赛128次。

1997年是企业改革力度较大的一年，地区工会组织开展“讲文明、树新风”活动和争创“职业道德建设先进集体”“职业道德标兵”“文明职工”“文明职工家庭”活动，并在全区举办迎香港回归知识学习与竞赛，组织万名职工参加健身长跑活动。1999年，组织全区职工开展“学理论，忆光辉历程；话改革，迎世纪钟声”为主题系列的教育活动。2000年，地区工会组织全区职工以企业班组为单位进行“企业改革与发展”百题竞赛答卷和“创文明班组，争当杰出职工，为振兴菏泽经济建功立业”活动，全区有90%以上的企业、20余万名职工参与其中。2004年4月、6月举办全市企业职工庆“五一”联欢会和迎“七一”突破菏泽歌曲大奖赛，全国、省、市劳模代表、职工代表2000多人参加文艺联欢和大奖赛。2005年5—6月，市总工会在《山东工人报》开辟“突破菏泽”专题报道专栏，对全市实行“突破菏泽”战略以来取得的成绩进行连续报道，取得良好的社会效果。

第七章　共产主义青年团

第一节　团组织建设

1986年，菏泽地区共有基层团委452个，团总支653个，团支部12997个，团员35.44万人（含梁山县）。1986—1988年，共青团菏泽地委（简称团地委）授予全区各行各业做出突出贡献的124名英雄模范人物“新长征突击手”称号，开展农村团支部的改选和充实调整工作，并对1986年全区各行业涌现出来的先进集体给予表彰；全区有6个县市团委被授予“共青团工作红旗单位”称号。1989年，团地委被团省委评为“全省共青团工作红旗单位”。同年4月，召开全区“新长征突击队和突击手”表彰大会，命名表彰40个“新长征突击队”和167名“新长征突击手”。1993年6月，团地委在中央团校举办专职团干部培训班，参加培训人员达110人。1995—2000年，全区各级团组织先后开展团员颁证，团员评议教育，达标升级，双示范（创建示范团委、示范团支部）活动和农村团支部书记、青年“星火”科技带头人、村委科技副主任“三位一体”配置工作，并举办了全区专职团干部培训班、小康村团支部书记培训班，开展团的组织建设年等活动。2004—2005年，启动全市共青团“凝聚力工程”，开展依法推进团支部书记进“两委”班子活动。2005年，全市共有基层团工委29个，基层团委477个，团总支460个，团支部12010个，团干部978人，团员43.12万人（不含梁山县）。

1986—2005年共青团菏泽市（地区）委组织情况统计表

表23-7-1

年　份	团组织（个）			团员（人）	团干部（人）
	团　委	团总支	支　部		
1986	452	653	12997	354411	630
1987	631	556	13241	425158	801
1988	593	572	13266	433084	794
1989	589	586	13403	413386	907
1990	552	630	12535	401065	715
1991	535	663	12460	399618	822
1992	541	668	12424	396298	890
1993	491	538	13242	393634	674
1994	446	611	13637	403190	693
1995	451	573	11452	422486	701
1996	446	611	13637	403190	693
1997	450	536	13001	425775	731
1998	453	660	13846	427373	748
1999	468	619	11609	430190	771
2000	510	619	11609	418757	763
2001	503	597	11089	416645	812
2002	496	543	11043	405773	867
2003	487	507	11021	399721	898
2004	477	485	10965	382639	931
2005	477	460	12010	431156	978

第二节　青少年思想教育

1986—1995年，在全区团员中先后开展“团徽在我胸前闪光”“树理想比奉献”“传播文明新风”“送温暖”为主要内容的职业道德和社会公德教育活动，同时开展“艰苦创业振兴菏泽”“我为团旗增光彩”“一树二学三热爱”（树理想，学雷锋、学赖宁，热爱党、热爱祖国、热爱社会主义）、“爱国、立志、成才、奉献”等活动。地、县两级团组织开展以“文明青少年”为龙头的青少年评先树优活动，全区有60名青少年被评为“文明青少年”。团地委、地区希望工程办公室先后推出希望工程爱心储蓄、党团支部献爱心、企业职工献爱心等系列筹资活动。拍摄制作反映全区共青团工作的电视专题片《青春在这里闪光》，在省、地电视台进行多次播放。1996—2002年，全区各级团组织开展以帮贫扶困、送温暖献爱心、移风易俗、文化下乡、生产突击队和科技服务等为主要内容的青年志愿者服务活动。各级团组织围绕迎香港回归，组织开展“喜迎回归，爱我中华”全区青年读书演讲比赛和知识竞赛活动。1999年以后，开展创建“优秀青少年维权岗”“杰出（优秀）青年卫士”评选活动和预防青少年违法犯罪工作。2003—2005年，每年利用重大节庆日开展学雷锋志愿服务、国花婚礼大典、中国林交会誓师大会、“青春献祖国”、全市青少年歌手电视大奖赛等系列丰富多彩的活动，同时编写《菏泽市青年志愿者服务手册》。至2005年，七届评选活动共表彰“菏泽十大杰出（优秀）青年”100余名。全市希望工程工作共筹资800余万元，帮助3万余名失学儿童继续学业，建设希望小学39所，希望网校3所。

第三节　青年经济活动

青年农民经济活动　1986—1992年，团地委先后组织开展营造黄河防护林工程、青年之家“金秋杯”竞赛、“一技致富、定期达标”“青年星火带头人”、新技术电视大奖赛等活动。1993年，由菏泽地区青年农民营造的黄河防护林二期工程完成片林1.76万公顷，农田林网11.53万公顷，农田间作6.29万公顷，植树1614万株。1995年，在全区农村团组织中开展“111”工程活动，即“团委兴一业，支部上一品，团干带一户”工程。在农业青年专业户、科技示范户中开展“一人有技术，带动乡邻富”活动，并联合有关部门在广播电台举办“农村青年实用技术广播讲座”，开展培养青年“星火”带头人活动。通过做好“星火”带头人培养对象的选定、培养、管理、服务和辐射工作，使一大批有志青年脱颖而出，成为新型的科技农民。1996—2000年，团地委多次聘请专家教授到农村巡回进行技术指导和培训，累计举办培训班400余期，培训农村青年3万人次。在组织开展的大学、中学学生“百村千户”科教兴农行动中，全区有100所大、中学校分别与100个村结成对子，组建各种服务队伍240支，向农村群众捐赠科技图书、资料累计11万份（册）。启动“保护母亲河，青年在行动”活动，共建设青年林30余个，植树100余万株，建立生态监护站14个。2002—2005年，在全市范围内开展农村青年增收成才致富活动，培养一大批农村青年创业致富带头人。为实现农村青年就业转移，团市委与外地各大企业联系，组织实施　“百万劳务青年闯天下”活动，共向外输出劳务青年近1万人。

青年职工经济活动　1986—1990年，组织开展以“建功业、育新人”为目的，以增产节约、增收节支，提高青工素质、提高经济效益为主要内容的争夺“七五”功勋杯竞赛活动和争创文明服务单位、争当青年服务标兵活动。至1990年年底，全区共创“五小”（小发明、小创造、小革新、小建议、小设计）成果13956项，节创价值1.37亿元；各级团组织举办青工培训班2520期，培训青工14.99万人次；通过技术练兵和技术比武，全区有1289人达到省级技术能手标准，有50多个单位夺得“七五”功勋杯，300多人获省“七五”建功奖章，60多人获“五小”成果杯奖。1991—1995年，全区开展“八五”效益杯社会主义劳动竞赛活动，涌现出地区级青年标兵396人，青年技术能手2986人，“八五”效益杯先进单位148个，先进个人560人。1997—2000年，团地委以“青年文明号”“青年岗位能手”活动为龙头，开展“青年文明号助万家”“青工技术比武”“青工创新创效”等活动，近万名青工参加“青年岗位能手”活动，组织技术比武240场次，“导师带徒”结对9900对。2003—2005年，团市委启动实施青春创业行动，共启动市级青年创业、就业项目5个，县级11个；建立市级培训（实践）基地13个，县级23个；培训青年职工13450人，安排青年就业1220人，扶持青年创业208人。至2005年年底，全市有10个单位获“全国青年文明号”称号，130个单位获“省级青年文明号”称号，300个单位获“市级青年文明号”称号。

第四节　学校共青团

1986—1990年，共青团菏泽地委在全区中学中开展“奋飞之鹰”“小星火”实践教育、“拒腐蚀、辨是非、明方向、做新人”“五爱”教育、“争挂未来建设者奖章”等活动。1991—1995年，组织开展以“孩子·明天·责任”为主题，以宣传“一法一条例”为内容的“保护明天”行动，优化了青少年成长的社会环境。1996—2000年，举办优秀中小学生电脑夏令营、驻城学生18岁成人宣誓仪式、新世纪读书计划、校园生活专栏、学习理论坚定信念奋发成才等活动。2003—2005年，在全市开展“学士后流动站”建设工作，并吸纳52名优秀人才加入“学士后流动站”。至2005年年底，团市委共组织2000多名学生在全市集中开展大中学生暑期文化、科技、卫生“三下乡”和“四进社区”活动。

第五节　少年先锋队

1986年，团地委设立少先队总辅导员。是年，全区学校儿童入队率达100%，中小学建队率达95%，县、乡总辅导员配备率达100%。1987年，在全区少先队员中开展“达标创优齐奋飞、振兴菏泽做主人”和“四有小金星”活动。1988年5月，召开中国少年先锋队菏泽地区第一次代表大会。6月，授予张民等11人“菏泽地区少先队辅导员技能技巧能手”称号。1990年8月，成立菏泽地区少年军校。1994年，开始实施“跨世纪中国少年雏鹰行动”。在全区少先队员中开展花乡“小卫士”评选活动、“争创国旗中队”“大京九、手拉手、迎港归”“铁道小卫士”等活动。至1999年，参加活动的城市学生达90%以上，农村学生达到60%。2000—2005年，先后开展“金点子”创造、“培养十种能力”“我做中国小公民”道德建设计划系列活动和“少先队工作规范化学校”创建活动、“民族精神代代传”活动、青少年心理健康教育全国巡回报告会、“军事夏令营”等活动。至2005年年底，全市共有少先队员79.59万人，少先队辅导员15826人，少先队大队1947个，少先队中队13579个。

第八章　妇女联合会

第一节　组织建设

基层妇女组织建设　1986年8月，地区妇女联合会（简称妇联）为提高妇女干部的知识水平，举办全区乡镇以上专职妇女干部培训班，参加培训人员300余人。至1997年，全区共举办县以上妇女干部培训班11期，培训妇女干部6000余人。1999年11月，地委下发《关于加强工会、共青团、妇联、科协等群团工作的意见》后，全区各级妇联对基层妇女组织分别予以调整。同时，在全区各级妇女组织和妇女干部中开展“争创先进妇女组织和争当优秀妇女工作者”活动。2001年，全市乡镇合并调整，市妇联及时下发《关于乡镇合并规模调整中加强基层妇女组织建设的通知》。在城市，对市直妇女和妇委会建立情况进行调查摸底；在农村，结合乡镇调整，建立健全乡镇妇女组织，并以划类升级和争先创优为主要内容，抓组织、抓队伍、抓活动、树典型，推广单县推荐基层妇女干部的经验做法。全市285名乡镇妇联干部，平均年龄35岁，中专以上文化程度的285人，占干部总数的100%，是一支高素质、高文化、年富力强的妇女干部队伍。2002年，市妇联主席徐光璞带领部分妇联干部赴北京中华女子学院参加培训学习；同时，市妇联与市委组织部联合对全市168名县区、乡镇妇联干部进行政治业务培训，达到了开阔视野、增长知识、拓展思路、促进工作的目的。2003年10月29日，菏泽市妇女第八次代表大会召开，大会采取差额选举的办法，选出菏泽市妇联执委39名，选举产生新一届市妇联领导班子和常委。至2005年，市、县直党政群机关、科教文卫事业单位建立妇委会328个，企业单位建立妇女工作委员会86个，新经济领域建

立妇女组织120个。

村（社区）妇代会组织建设 在村（社区）妇代会的建设中，按照地委关于各基层单位都要建立妇女代表会要求，安排部署村（居）妇代会主任的选配工作，解决妇代会主任的人选问题。全区5767个村（居）委配上妇代会主任，74.5%的妇代会主任进入村两委班子，100%的妇代会主任兼任计划生育主任。妇代会干部平均年龄为38岁，初中以上文化程度的占100%，党员占70%；获农民技术员职称的2606人，获“绿色证书”的3127人。2002年年初，菏泽市委下发《关于做好农村“两委”换届选举工作的意见》，要求村“两委”班子成员中，至少有1名女干部。按照市委的要求，全市村级妇代会主任进“两委”班子达到90%，其中鄄城、成武两县村“两委”成员中妇女委员的配备达100%。为充分发挥基层妇女组织的作用，贯彻落实市妇联《1999—2003年基层妇女组织建设五年规划》，2003年市妇联在换届中协调民政和计划生育等部门，推行村级妇代会主任“两位一体”的管理体制，建立健全妇代会（居委会）组织5633个，妇代会主任进村“两委”率达80.2%，妇代会主任的年龄结构和文化程度大大得到优化，村（居）妇代会主任的报酬和退休待遇基本得到解决。至2005年，全市共有县区妇联组织10个，乡镇妇联组织276个，城市妇代会133个，农村妇代会6963个，机关单位妇委会113个，企业女职工委员会352个，各类妇女联谊组织6个。

第二节 妇女合法权益维护

为了提高妇女干部的业务素质，运用法律武器保护妇女儿童合法权益，1986—2005年，地区（市）妇联共举办普法学习班346期，5991人参加培训学习。针对全区下岗女工再就业难问题，地区妇联与司法局联合成立“妇女儿童保护中心”。1987—1995年，地妇联组织各界妇女参加“一五”“二五”“三五”“四五”普法学习，举办法律知识竞赛62次，参赛13.78万人，32个妇联组织获普法先进集体称号，8168名妇女被评为普法先进个人；全区各级妇联配合公安机关参与打击拐卖妇女、儿童和卖淫嫖娼等专项斗争，解救被拐卖妇女儿童1554人，抓获人贩子1152人，发动妇女成立禁赌协会1000余个。1996年，地区妇联下发《关于在全区妇女中开展法制宣传教育的第三个五年规划》，并且有

新当选村妇代会主任培训

妇女保障法宣传

计划、有步骤、分层次地组织全区妇女学习与妇女儿童利益密切相关的专业法律知识，促进妇女事业的依法管理，为全区改革、发展、稳定创造良好的法制环境。1997 年 3 月，在全区开展《中华人民共和国妇女权益保障法》宣传活动，地区人大工委法制工作处、地区司法局、地区妇联联合下发《关于开展〈妇女权益保障法〉颁布五周年纪念活动的通知》，印发宣传品 1.5 万余份，制作标语 2000 余幅，受教育妇女达 50 余万人。地区妇联撰写的调查报告《新形势下妇女信访问题的调查与分析》获全省妇联信访工作理论研讨论文三等奖。10 月，地区中级人民法院、地区妇联联合下发《关于从妇联干部中推荐和选聘妇女特邀陪审员的通知》，全区有 71 名政治素质好，有一定法律知识的妇联干部，被各级法院聘为特邀陪审员，直接参与涉及妇女权益案件的审理，为受害妇女伸张正义。1999 年，地区妇联与地区农业局联合下发《关于在延长土地承包中切实保障妇女权益的通知》，与地区劳动和社会保障局联合下发关于进一步贯彻落实《山东省实施〈女职工劳动保护规定〉办法》的通知，为维护妇女权益，促进妇女工作的开展提供政策保障。8 月，为维护老年人的健康权，

法庭特邀妇联陪审员

开展全区“金味健康老人”评选活动。在全区 9 个县区、市直机关的 60 周岁以上的老年人中，20 名老人获菏泽地区“金味健康老人”称号，1 人获省“金味健康老人”优秀奖。2000 年 3 月，各级妇联与司法系统联合开展“148”妇女维权周活动，地区妇联开通妇女维权专线电话，组织妇女参与全国范围的“网上打拐”专项斗争。同年 4 月，地区妇联成立妇女法律援助联络室，并在各级妇联配备兼职法律援助工作人员；在全区公安局、检察院、法院、司法局等部门开展争创“优秀妇女维权岗”活动，在全社会形成尊重妇女、保护妇女的良好氛围。2001 年，菏泽市妇联举办全市“联通杯”男女平等基本国策演讲会，并在全市开展《中华人民共和国婚姻法》（简称“婚姻法”）学习宣传活动。市、县两级妇联设立法律咨询点 13 个，发放宣传材料 5 万余份，在《牡丹晚报》上设置版面，开展“婚姻法”大讨论。2002 年 2 月，市中级人民法院成立菏泽市家庭暴力致伤鉴定中心后，市妇联与中级人民法院联合成立维护妇女合法权益协调小组，协调组织坚持定期例会、专案例会、联合办案、互访回访制度，对涉及妇女权益受害的典型案件，妇联参与调查取证、庭审旁听、代

理诉讼等。各县区妇联依托“110”报警服务系统，普遍建立家庭暴力报警台。全市妇联系统在基层派出所挂牌成立家庭暴力投诉站32个。2003年7月，在全市开展创建“零家庭暴力社区”活动，成立市维护妇女儿童权益协调组织，有效地预防和制止家庭暴力，切实保障妇女儿童的合法权益，维护家庭和社会的和谐稳定。12月，市妇联与中级人民法院、市公安局、市司法局、市综治办、市劳动和社会保障局联合对全市优秀妇女维权岗、维权先进个人进行表彰，全市有54个单位获“优秀妇女维权岗”称号，56人获“维权先进个人”称号。2004年3月，全市各级妇联组织参与“平安菏泽”创建活动，并与各级党委、政府签订“平安单位”目标责任书、安全管理目标责任书，开展以“建设平安菏泽、人人学法、自觉守法、普法宣传进我家”为主体的宣传活动，加大信访条例、禁毒、预防和制止家庭暴力的宣传力度。12月，与市综合治理办公室联合在全市评选出10个“平安家庭”先进协调单位和50户“平安家庭”标兵户。2005年3月，市妇联与市公、检、法部门联合开展菏泽市首届优秀女法官、女警官、女检察官评选活动，评选出优秀女法官、女警官、女检察官各10名。通过表彰和宣传她们的模范事迹，充分调动各方面维护妇女儿童合法权益的积极性，在全社会形成维权工作的合力。

第三节　少年儿童权益维护

1986年，菏泽地区成立家庭教育研究会，初步形成家庭教育组织领导和研究机构网络，为更好地做好家庭教育理论研究工作，提供了组织保障。1990年10月，地区儿童少年工作委员会制订全区儿童少年工作五年规划。1987—1990年，全区共建托幼园所6696处，3～6岁儿童入园所率88%，培训幼教工作者11584人次。地区妇联连续三年被省妇联评为托幼工作先进集体，184名幼教工作者被评为全省托幼工作先进个人。

1991年5月，地区妇联与地区教育局联合举办幼儿韵律操比赛，全区24个代表队、240名幼儿参加比赛。1992年4月，在全区开展“三优”（优生、优育、优教）知识竞赛活动，设立“三优”知识宣传站、儿童查体服务站和家庭教育咨询站，发放“三优”知识试卷2.7万份，强化全社会为儿童服务的意识。1993年5月，召开全区第二届家庭教育研究会工作会议，通过研究会章程，表彰10个家庭教育工作先进单位、10名家庭教育工作先进个人，评选19篇家庭教育论文，有力地推动家庭教育工作的开展。1994年，地区妇联联合教育局、卫生局、计生委等部门在全区开展“曹州花蕾”评选活动，参加竞赛儿童6500余人。在省妇联举办的“齐鲁新苗”评选活动中，地区妇联获得评选活动组织

1996年5月28日，全区“三株杯”健美儿童表彰会

奖。1995年，开始实施“春蕾计划”，向社会各界发出“百万爱心献春蕾”活动倡议书。全区妇女干部职工捐款9.2万元，救助300名失学女童重返校园。1996年，围绕提高儿童整体素质，使少年儿童学有榜样，赶有目标，在全区开展“三株杯”健美儿童评选活动，从两万名少年儿童中评选出“十佳健美儿童”“百名健美儿童”，树立“德、智、体、美、劳”全面发展的现代儿童形象。1997年3月，在全区开展“把知识送给家长”为主要内容的读书征文和演讲比赛活动。此次活动共收到征文300余篇，并评出一、二、三等奖。在全省少年儿童歌曲电视大赛中，菏泽师范附小学生苏子铭获全省幼儿组歌曲比赛第一名。至9月，全区建立家长学校3300处，1623名家长被评为全省优秀家长，1835名儿童被评为全省优秀儿童，写家教文章2100篇，开科学育儿研讨会3次。1998年3月，在全区开展“增强儿童法律保护意识、保障儿童少年健康成长”知识普及教育活动，将6800册《儿童法律保护知识宣传手册》赠送给学校和家长，增强家长对儿童的法律保护意识，形成“爱护儿童、教育儿童，为儿童做表率、为儿童办实事”的良好氛围。1999年5月，全区有2名优秀春蕾女童、12名优秀家长、4所优秀家长学校受到省妇联、省儿童少年福利基金会的表彰。至1999年9月，全区共为“春蕾计划”捐款11.55万元，救助贫困女童3421人。为大力实施“春蕾计划”，省妇联还专门为菏泽开通“春蕾热线”电话。2000年5月，举办全区第二届“曹州花蕾”评选活动，共评出“曹州花蕾”“十佳曹州花蕾”100名。为了继续实施“春蕾计划”，地区妇联向全区发行“春蕾计划”纪念封15万枚、明信片4万张，发放倡议书4000余份。至2000年年底，全区共收到社会捐款24.25万元， 1873名特困女童得到就学资助。

2001年，菏泽市妇联分别在牡丹区李村镇、曹县阎店楼镇、巨野县吕官屯乡举行“春蕾计划”捐助仪式，为儿童少年赠送学习用品，为贫困学童发放资助金。全国妇联对菏泽市的“春蕾计划”也给予大力支持，在巨野县投资20万元建起全市第一所“春蕾小学”。2002年，开展全市“小公民”道德建设实践活动，并在鲁能广场举办“我做环保小卫士、我做合格小公民”千名儿童签字活动。全市有22名春蕾女童参加省妇联组织的帮扶大会活动。为使贫困女童尽快掌握致富技能，全国、省妇联在市妇女儿童活动中心建立“春蕾”职业技术学校，建成一幢面积为1300余平方米的“春蕾”女童实用技术培训楼。该

校共开设儿童舞蹈、电子琴、声乐、小提琴、剑桥少儿英语等 12 个专业，2005 年累计培训贫困儿童 900 人次。2004 年，为贯彻落实中共中央、国务院《关于进一步加强和改进未成年人思想道德建设的若干意见》，切实担负起指导和推进家庭教育的责任，市妇联以“为国教子、以德育人”为主题，开展“争做合格父母、培养合格人才”家庭教育宣传实践活动，教育引导家长提高自身素质，切实加强对子女的思想道德教育，努力营造有利于儿童健康成长的家庭氛围。同年 6 月，市妇联邀请中国教育学会家教专业委员会理事长、北京师范大学教授赵忠心到菏泽作“更新家教观念”专题报告会，1000 余名家长听取报告。为实施“安康”计划，市妇联争取中国儿基会弱视办在菏泽立项，开展大型贫困弱视儿童义诊筛查活动，46 名贫困弱视儿童赴京进行免费治疗。2005 年，市、县妇联共募集资金 13.5 万余元，救助贫困女童 1200 余人，有力地促进“春蕾计划”的实施。

赵忠心作报告

第四节　服务经济建设

“双学双比”竞赛　1986 年，地区妇联在全区妇女中开展“双学双比”（学文化、学技术，比成绩、比贡献）竞赛活动。全区参加商品生产的妇女大约有 20 万人，以妇女为主的产业专业户达 4 万多户。定陶县杜堂乡妇联采取各村妇代会主任以师带徒的办法，促使 1100 名妇女参加条编生产，年产值达 40 余万元。1987—1990 年，为促进商品生产发展，各级妇联在农村妇女中开展“双十”竞赛活动（十养：牛、羊、鸡、鸭、兔、鹅、鹌、猪、貂、蜂；十加工：服装、鞋帽、针织、钩织、抽纱、刺绣、草条编、食品、地毯、织锦），全区有 102.4 万名妇女参加劳动竞赛，涌现出各类专业户 11.87 万户，专业村 1339 个，各类加工厂、点 7.8 万个，“千元”（年收入千元以上）姑娘 10 万余人，“万元”（年收入万元以上）大嫂 2500 余人。1989 年始，把庭院经济开发作为农村妇女中开展“双学双比”活动的主战场，促进了全区农村商品经济大发展。1990—1995 年，在全区农村妇女中开展的“银花赛”活动中，提出了“科学植棉创高产，人人交售千斤棉”的口号，全区参赛妇女 33 万余人，管理棉田 9.33 万公顷，成立植棉小组 24646 个，举办妇女植棉培训班 518 期，涌现植棉 0.67 公顷以上的大户 2000 户和一大批靠科技创高产的植棉能手。地区妇联先后 4 次获省组织奖，各级妇联先后有 129 个单位受到省以上表彰。1997 年，全区以“双学双比”竞赛活动为主线，相继开展“庭院经济超千元”“三八绿色工程”“三八农田水利工程”“巾帼科技致富工程”“巾帼扶贫行动”“巾帼扫盲行动”“创业杯竞赛”等活动，动员和组织农村妇女学文化、学技术，进行科学种田，发展种植业、养殖业、加工业、庭院经济和农村科技新项目，比成绩、比贡献，争当致富带头人，开展手拉手致富等活动。全年以签订协议书的形式结成帮扶对子6421对，在帮扶对象中一年脱贫的占76%。

1998年，地区妇联组织开展“十万农家女十项新技术”培训推广活动。全区共有9.9万名妇女参加技术培训，6000名农家女参加省农业十大技术知识竞赛。成武县、鄄城县妇联获省组织奖，单县聂付庄乡王楼村村民张玲等4名参赛妇女获省个人三等奖。地区妇联对26个农村妇女科技培训先进单位和18名科技女状元进行表彰。在抓技术培训的同时，继续开展“巾帼扶贫行动”。在地区妇联的扶持下，鄄城县妇联在董口乡建立巾帼科技扶贫养兔基地，通过基地辐射作用，带动周围群众致富。同年10月，鄄城县董口乡巾帼科技扶贫养兔基地被命名为全省巾帼科技扶贫示范基地。1999年，在全区开展“五十”竞赛评比活动（培养选拔10名生产规模大、科技含量高、经济效益好、辐射带动作用强的科技女状元；10个以妇女为主体的规模化生产专业组织；20户以妇女为主体的科技种植、养殖大户；10户营销示范户）。曹县五里墩村党支部书记王银香被评为“齐鲁巾帼十杰”“全国十大农民女状元”。牡丹区牡丹乡种花能手孙爱珍被评为全国“双学双比”女能手。

2001年，全市有4名农村妇女获山东省“农村妇女科技创新奖”，其中定陶县陈集镇沙德香获省科技创新一等奖；12名科技女状元得到菏泽市委、市政府的表彰。至2001年年底，全市建立“三八”龙头项目50个，“三八”科技示范基地100个，

王银香（前左一）与妇女代表交流

妇女专业生产合作社68个，妇女技术协会、研究会78个；有14020名妇女取得农民技术员职称，22320名妇女获得“绿色证书”。2002年3月市妇女科技指导中心成立后，加强技术培训、服务、示范三个网络建设，扩充“巾帼科技致富工程”活动的内涵，把农村“双学双比”竞赛活动推上一个新的高度。2003年，全市有90多万名农村妇女投入“三八绿色工程”行动，共植树造林4631万亩，义务植树2859万棵，庭院植树1374万棵，营造“三八”绿色基地135处。

2004年1月，市妇联对全市外出务工和回乡创业优秀妇女进行表彰，授予田东玲等11人“优秀外出务工带头人”荣誉称号；授予谢凤菊等8人“优秀回乡创业带头人”荣誉称号并命名为菏泽市“三八”红旗手。鄄城县妇联和电视台联合摄制的

电视专题片《走出家乡的郓城妹》，被省委组织部制作成电教片在全省播放。市妇联对各县区选送的200余名农村女青年进行缝纫、电子等专业技术培训，170名女青年被输送到苏州务工。至2004年年底，全市各级妇联共转移妇女劳动力31207人，其中就地转移13607人，异地转移17600人。市妇联和市科技局联合下发《关于实施巾帼“星火”行动的意见》，举办农业标准化知识培训班，50多名农民女企业家骨干得到系统的理论学习。在科技周期间，以“巾帼科技曹州行”“三下乡”（科技、文化、卫生）等活动为载体，组织妇女科技指导中心的专家开展科技下乡12场次，举办各类培训班20余期，受益群众6万余人。至年底，全市共涌现出巾帼创业带头人235人，县级以上女性再就业工作先进个人785人，先进集体210个。市妇联与郓城县、曹县、牡丹区联合建立3处葡萄、畜牧养殖、牡丹苗圃“三八科技示范基地”。其他各县采取自办、联办、能人领办、参股合办等多种方式，新建以妇女为主体，集示范、培训、服务、创收于一体的农林科技示范基地200多个。2005年，市妇联按照“建设一个基地，带动一个产业，发展一方经济，培养一批妇女科技示范带头人，活跃一片妇女工作”的思路，大力加强科技示范基地建设。同年3月，仅牡丹区就有近万名妇女参加植树造林，造林面积达66.67余公顷。至年底，全市共建“三八”绿色基地300多个，植树达3万多棵，推动了“生态菏泽”建设进程。

“巾帼建功”竞赛　地区妇联于1992年成立“巾帼建功”竞赛活动协调小组，各基层单位也都成立相应组织。1993—1999年，各级妇联以“巾帼建功”活动为主线，相继开展“技术比武、岗位练兵”“双增双节”“巾帼创业行动”“巾帼建功岗”“巾帼社区服务工程”等活动，动员女职工岗位建功、岗位成才，为振兴菏泽经济做出贡献。在全区城建、邮电、环保、旅游四大行业女职工中，开展以赛思想觉悟、赛岗位技能、赛优质服务、赛职业道德、赛经济效益的“五赛”为内容的“迎九五、岗位建功”竞赛活动；在地直部门提出以“三比三创”（比精神、比成绩、比贡献；创最佳服务、创一流水平、创经济效益）为内容的竞赛活动。曹县宏达酒水公司经理沙翠玲被评为全省“巾帼创新业标兵”。至1999年年底，地区妇联在地直单位共举办各种技术培训班112期，8600名下岗女工得到培训；为下岗女工创办10个具有培

训、咨询、介绍、服务功能的巾帼再就业培训基地，10个以安置下岗女工为主的服务实体；树立10名巾帼创新业带头人。通过开展创建活动，调动广大女职工的创业积极性，促进各领域从业妇女爱岗敬业、奉献社会的职业道德。

2001年，为进一步推动全市“巾帼文明示范岗”活动更加广泛深入地开展，使创建活动走上规范化、制度化的轨道，市妇联转发《山东省“巾帼文明示范岗”管理实施办法》。市委宣传部、市妇联为牡丹区国税局城区分局办税服务厅“全国巾帼文明示范岗”揭牌，这是全国妇联开展“巾帼文明示范岗”创建活动首批表彰的先进典型之一。其后，市妇联在全市妇女组织中开展“四个一活动”，即办好一个店（化妆品销售店），一个院（美容院），一个所（托老所或幼儿园），扶持发展一个村（高科技养殖种植专业村）。为了促进城乡妇女就业创业工作，市妇联建立集妇女创业就业指导、培训和服务于一体的综合性服务机构——“温馨大姐”服务社。2003年“三八”节期间，市电信局市话营业厅举行国家级“巾帼文明示范岗”揭牌仪式。同年7—8月，菏泽境内遭遇罕见的洪涝灾害。市妇联组织市国税、地税、电厂、通

信公司、商业技校的“巾帼文明示范岗”“巾帼文明队”为曹县砖庙镇捐献价值5万余元的物品。

2004年3月菏泽市女企业家协会成立后，组织全市女干部、女企业家、女职工等500余人听取省优秀女企业家的巡回事迹报告，从而激励广大女职工开拓进取、爱岗敬业，发扬创新、创造、创业精神。8月，市妇联在“网通杯”全省巾帼文明岗现场读书知识竞赛活动中荣获组织奖。2005年3月，在市广播电视台演播大厅举办的“女性之歌”特别节目中，市领导为定陶县国税局城区分局办税服务厅、东明县国税局城区分局办税服务厅和牡丹区地税局城区分局办税服务厅“全国巾帼文明岗”授牌。5月，与市科技局等部门联合组织5名巾帼科技致富女能人在9县区进行巡回演讲，使全市妇女受到启发和鼓舞。

第九章　科学技术协会

第一节　科普组织建设

1986年，全区300处乡镇配有专职科普干部314人，建有科普学校225所，占乡镇总数的76%；建立村科技协会8214个，占行政村总数的95%；建立各种专业协会、研究会1293个。1996年机构改革时，全

区9个县市科协予以全部保留，均独立建制。曹县、鄄城、单县等县被撤并的86个乡镇科协也全部恢复。1998年《山东省科学技术协会条例》实施后，科协工作作为全区实施“科技兴菏”战略的重要组成部分，被摆上各级党委、政府的重要议事日程，组织网络进一步健全，科普人员逐步增加。2003年9月，召开地改市后全市第一次科协代表大会，出席会议代表249人，选举产生市科协第一届委员会。至2005年，市、县区两级各类学会发展到198个，拥有会员3万人，其中市级学会39个，会员13000万人；建立厂矿企业科协20个，青少年科普示范学校20所，青少年科技教育基地20个；发展农村技术协会、研究会1700个，会员达10万余人；建立科普乡村40个，发展科技示范户5000余户。

第二节　科普宣传

1986年始，全区各级科协组织利用广播、电影、电视、录音、录像、报刊、宣传栏等媒体，通过开展科普展览、科普宣传一条街、科普宣传月（周）等活动，大力宣传科学思想、科学精神、科学知识，倡导科学、文明、健康的生活方式，反对封建迷信。1994年11月，地区科协邀请中国科协专家讲师团袁正光教授到菏泽作“现代科技状况及趋势”讲课，全区副县级以上领导干部200余人听讲。1995—1996年，地区科协与地区电视台联办的“科技园地”节目，与菏泽日报社联办的“科技天地”栏目，深受广大观众欢迎。1997年8月组织开展大规模的科普宣传周活动，在各县市主要繁华地段设立科普宣传一条街，设置科技咨询点100多个，摆放科技展板1100多块，展示全区新技术、新成果、新产品1800多种；出动宣传车230余辆（次），散发科普资料23万份，受教育群众达50万人次。1999年，地区科协购置科普挂图300余套，举办崇尚科学科普展览12次，吸引观众3万余人。

2001年1月，市科协与牡丹区科协联合在火车站举办“崇尚科学文明、反对愚昧迷信”展览，为外出务工人员送去科技精神食粮。5月，市科协在天香公园内投资3万余元建50米长的科普画廊1处，每年在重要纪念日都要举办专题科普展览，更新科普内容。10月，市科协与菏泽日报社、菏泽电业局联合举办“彩虹杯”科普知识竞赛，1万余名读者参与竞赛活动。2002年，市科协、菏泽日报社联办《菏泽日报》副刊——《农民之友》。4月，与市统计局联合开展“菏泽市首次公众科学素养调查”，为市委、市政府宏观决策“科教兴菏”战略和科普工作提供科学依据。2003年3月，全市各级科协按照中央、省、市委的统一部署，成立防控“非典”科普宣传领导小组，制定《预防“非典”全民科普宣传教育活动方案》，印发《依靠科学、战胜“非典”》科普挂图2万余套，到学校、企业、社区、农村组织科普展览230余次，举办防控“非典”培训班19期，组织涉医学会开通咨询电话20部，受到市委、市政府的表彰。2004年年初，市科协“菏泽公众科技网”的正式开通，标志着全市利用传媒开展科普宣传工作的开始。同年9月，按照省科协、省财厅的部署，“科普村村通”工程在各县区全面启动。至2005年年底，全市共建科普宣传栏4800余个。

第三节　科技培训

自1986年，全区各级科协组织以提高农民科技素质，增强致富本领为目标，开展多层次、多形式的科技培训。1992年，中国农村函授致富大学菏泽分校成立，各县市成立县级分校，并在各乡镇设立教学辅导站。至2005年年底，累计招生10万余人，许多农函大学学员成了农村的致富带头人。1996年，地区科协组织专家编印《农业实用技术》《冬暖大棚蔬菜栽培技术》等培训教材，组织蔬菜、林果、畜牧3个技术报告团巡回9县市报告。4月、7月、11月在地委党校举办三期乡镇党委书记、乡镇长、农技站站长种植业结构调整培训班，聘请山农大教授卢育华在全区巡回报告20余场次。1997年，市科协组织编写《蔬菜技术问答》《果树管理十二个月》《农村党员学科技用科技知识问答》等教材，发放4万余册。1986—2005年，市、县区各级科协共举办各类科技培训班3万余期，累计受训人员达300余万人次。

第四节　科技示范与推广

科技示范　1986—2005年，全市各级科协实施以创建科普示范县、科普示范乡镇（村），建设科普示范基地，培养科普示范户为主要内容的科普示范工程，先后有郓城县、东明县、曹县、牡丹区被省科协命名为省级科普示范县区，郓城、东明两县被中国科协命名为全国科普示范县，30个乡镇100余个村被命名为全省科普示范乡镇（村）。至2005年年底，全市已有20处省级科普示范基地，100余处市级科普示范基地；500余名农村优秀科技人物和致富能手得到市级表彰，10名科技能人被命名为“科技大王”。

科技推广　1986—2005年，各级科协围绕“二高一优”（高产量、高效益、优质量）农业和农民增收，开展科技服务与推广，力促科技成果向现实生产力转化。1990年，市科协提出推广十大技术计划，即：立体种植、配方施肥、作物规范化栽培、保护地栽培、麦棉两熟、小麦精播、低产果园开发、植物生产调节剂、良种繁育、病虫害综合防治。1991年，全区科协系统开展“百、千、万”活动，即：村有百亩试验田，乡有千亩丰产方，县有万亩高产区。1995年，山东科技报社在菏泽召开由专家、厂家、群众参加的综合防治棉铃虫研讨会，推广棉铃虫综合防治新技术。1996年，省、地科协组织40余名专家进驻郓城县，大搞农业综合开发，推广农业新技术、新成果，取得显著效果，地委为此在郓城召开现场会。2000年4月，省科协在单县举办培训班，推广单县青年农民赵宝林发明的捶底造格高产节水种池藕技术，全国十几个省、市的科协纷纷组织人员前来参观学习。2000—2001年，地区（市）科协编印《百项农业新技术新成果》一书，印发4万余册；摄制《高产节水种池藕》专题片，在中央电视台多次播放，并获得第七届全国音像作品评比一等奖。至2005年年底，全市科协系统共推广各类技术成果1000余项，增加社会经济效益2亿多元。

第五节　青少年科普教育

1986—2001年，地区（市）科协先后组织10次青少年科技发明竞赛、6次青少年生物与环境科学实践活动和中学生奥林匹克五科（数学、物理、化学、生物、计算机）竞赛。2002年3月，将两项竞赛活动合并为青少年科技创新大赛，并每年举办1次，择优向省推荐作品。为进一步加强青少年科普工作，菏泽市成立“五学科”青少年奥林匹克竞赛管理委员会，并制定管理办法。2004—2005年，市科协与市教育局先后在全市命名20处科普教育基地和20所科普示范学校。至2005年年底，全市青少年科技创新大赛共有20余万名中小学生参与，制作科技作品10万余件，有4000余人得到市级表彰，500余人获省级以上奖励。

第六节　学术活动

1989年，地区质量管理协会、地区农机学会、地区预防医学会相继成立。1992年，地区机械工程学会研究的“调容变压器”“麦加定向仪”获皮兹堡第八届国际发明和新产品展览会金奖；地区花卉协会在法国波尔多举办的国际花展上获优质展品银奖。1994年，地区科协组织开展“京九铁路与鲁西经济发展战略”学术研讨会；郓城县畜牧兽医学会秘书长田景秀撰写的《畜禽代谢类型的探讨和代谢病诊疗》论文，获联合国“发明创新科技之星”奖。1995年，地区科协向地委、行署提交《菏泽“九五”期间农业发展绿皮书》，提出菏泽地区“九五”期间农业发展的指导思想、主要目标和重点推广的技术成果，得到地委、行署领导高度重视，并在《菏泽通信》上予以刊载。1996年，地区科协组织农口专家召开“菏泽农业发展”论证会，对进一步推动全区学术活动的开展起到积极的作用。同年，在中国科协第五次代表大会上，地区科协组织实施的“牡丹换芽嫁接新技术”获全国“金桥工程”优秀项目一等奖。1997年，华北地区大棚蔬菜病虫害防治及实用技术研讨会在菏泽召开，百余名专家及全区9县市分管领导、乡镇技术员共计300余人参加会议。会后，专家们到郓城县进行实地考察和指导。1998年，地区科协邀请由中国科协组织的专家考察团到菏泽进行工业考察，考察团的18名国家级专家共考察61家企业，撰写7000余字的考察报告，为地委、行署领导决策提供重要的科学依据。1999年，地区科协组织编印的自然科学论文集《曹州科苑》，由中国科技出版社出版发行。地区花卉协会选送的牡丹参加昆明世界园艺博览会，并夺81项大奖。

2001年，市科协与市花卉协会联合召开菏泽市牡丹产业化技术开发研讨会，对全市牡丹产业的发展进行论证研讨，为菏泽牡丹花卉产业的开发和发展奠定基础。2003年，市科协、市化工学会提出的“关于大力发展煤化工，加快煤炭能源化工基地建设的建议”引起有关领导的高度重视，市委书记陈光，副书记、副市长赵润田亲自批示有关单位组织落实。2004年，市科协出台《菏泽市科协全市性学会组织工作条例》《菏泽市科协全市性学会管理暂行办法》，组织相关企业参加鲁韩企业洽谈会和在海南召开的中国科协学术年会。

第十章 社会科学联合会

第一节 成果评奖

1988年4月，经地委、行署决定，设菏泽地区社会科学优秀成果奖，系全区社会科学领域的最高奖项，由地区社会科学联合会（简称社科联）组织实施评选。此后，每年举行一次评奖活动。2004年，菏泽市委、市政府将社会科学优秀成果奖列为市政府最高社会科学科研成果奖。至2005年年底，共举办评奖活动20次，收到申报成果2000余项，评出地级获奖成果1000项，其中一等奖48项，二等奖273项，三等奖265项。经地区社科联推荐，参加全国、全省评奖活动的社会科学优秀成果，有3项获国家部委社科成果三等奖，5项获省社科优秀成果三等奖。

第二节 理论研讨

1988年4月23日，社科联组织“桂陵之战”故址研讨会，来自山东、河南等省部分大专院校、科研部门的史学工作者30余人参加研讨，确认“桂陵之战”的确切位置在菏泽市赵楼乡。5月，组织全区社科界的专家和学者召开全区加强乡镇政权建设理论研讨会，收到论文23篇。1991年、1992年，社科联先后组织召开两次全国孙膑族谱暨孙膑故里研讨会和论证会，来自全国史学界专家180余人出席论证会，确定孙膑故里就在鄄城县孙老家一带。此次论证会为发展菏泽的旅游事业，开发旅游景点，兴建孙膑旅游城奠定了基础。1994年，地区社科联申报的《孙膑研究》被列为山东省“八五”社科重点研究项目。1995年4月，组织召开“淮海经济协作区4省18地市社科联（企业文化）研讨会”，交流论文20余篇。7月，召开“抗战胜利暨世界反法西斯战争胜利50周年研讨会”，交流论文18篇。11月，在东明县召开“全国庄子研讨会”，确认庄子故里在东明。争取省财政资金10万元。在菏泽市牡丹乡（现曹州牡丹园东大门北），建造了“桂陵之战遗址碑亭”。1996年10月，召开“纪念长征胜利60周年研讨会”，收到论文20余篇。1999年5月、2000年4月组织召开“黄巢研究专家策划会”和“黄巢研究理论研讨会”，在全区形成传统文化研究的热潮。至2005年，共召开各种研讨会60余次，收到文章400余篇。

第三节 刊物编辑

1988年，编辑出版《加强乡镇政权建设论文集》一书，收录乡镇政权建设理论成果。1989年，编辑出版《菏泽旅游手册》，全面介绍菏泽的概况和风土人情。1990年8月，地区社科联主办的全区唯一综合性理论刊物《求索》，经省新闻出版局批准为季刊。至2005年年底，该刊共出版《求索》41 期，设立栏目 30 余个，刊发理论文章 1200 余篇，300 余万字，其中有 300 余篇被其他报刊转载。此外，还先后编辑《求索》增刊、画册 5 部，编辑出版社会科学读物 20 余本。

第十一章　文学艺术界联合会

第一节　学术研讨

1989 年，地区文联承办全国第五届《水浒》学术研讨会，来自全国 25 个省市的 20 余名专家教授和国外学者相继考察梁山县、郓城县、菏泽市、定陶县等地的遗址、名胜和乡镇企业，并成立山东《水浒》研究会和菏泽地区《水浒》研究会。1998 年，中国文联赴山东、江苏采风团到菏泽采风。在菏泽期间，采风团先后到菏泽发电厂、曹州书画院、曹州武术馆、冀鲁豫革命纪念馆等处参观访问并组织笔会，与菏泽的艺术家进行文学座谈和艺术交流。2000 年，全区 60 余名文学作者出席文学骨干作者座谈会，对全区文学事业的跨世纪发展和加快文化产业的开发利用进行探讨。2001 年，召开陈进轩文学作品研讨会，专家们从不同侧面和不同的角度对其作品给予充分肯定。2002 年，

由市文联编辑出版的文学作品集《牡丹丛书》在全国发行。至 2005 年，陆续成立、换届的协会有书法家协会、摄影家艺术家协会、民间文艺家协会、作家协会、戏剧家协会、音乐舞蹈家协会、曲艺家协会、美术家协会、诗词协会等，并多次召开学术创作、研讨、座谈会，文学骨干作者对创作态势及题材进行研讨和规划，制定进一步繁荣菏泽文艺创作的措施。市文联加强与全国知名作家、艺术家的交流，如作家峻青、岳野、歌唱家彭丽媛、版画家晁楣等，促进了全市文艺事业发展。2005 年，省“突破菏泽”采风团先后到牡丹区和东明、郓城、成武、定陶等县深入生活进行采风创作。

晁楣（前中）到菏泽研讨交流

第二节 参展参赛

1986—1997年，地区文联共举办各种类型的艺术作品展览及比赛活动20余次。1998年5月，举办地区文艺界纪念毛泽东同志《在延安文艺座谈会上的讲话》发表56周年美术、书法、摄影作品展览，共展出作品200余件。同年11月，李荣海草书《千字文》被中南海收藏，中央办公厅向李荣海颁发收藏证书、奖杯和奖金。1999年4月，地区文联副主席朱桂芹获第十六届中国戏剧“梅花奖”，这是菏泽戏剧界历史上获得的最高荣誉。10月，围绕“庆祝新中国成立50周年和迎接澳门回归”，分别举办唢呐比赛、曲艺会演、戏剧晚会、美术书画摄影展等多项展演赛活动。地区作协、《牡丹》文学编辑部联合举办“菏泽地区首届文学作品大奖赛”，参赛作品总计3000篇，共评出一等奖8名、二等奖16名、三等奖30名。2000年4—7月，地区文联举办的高占祥牡丹摄影作品展，观众达上万人；举办的“阳光杯”少儿器乐演奏大赛，有100多名少年儿童参加比赛。

2001年6月，市文联主办的“纪念中国共产党成立80周年书画大展赛”历时40天，参赛作者达200余人，参赛作品500余幅，规模之大，为历年书画展览之最。2002年，举办全市大型广场文艺演出9场，观众达2万余人；组织文化下乡100余场次，观众达30万人次；市文联先后获得“首届中国职工艺术节曲艺小品展演组织奖”“全省‘三下乡’活动先进集体”“全省文联系统服务工作先进单位”“第十一届菏泽国际牡丹花会工作先进单位”等荣誉称号。2003年，市文联、市剧协联合主办“国花杯”全国中青年演员戏剧大奖赛，来自全国各地的近千名演员参加比赛，历时1个多月。

国庆50周年全区唢呐比赛评委和比赛队伍

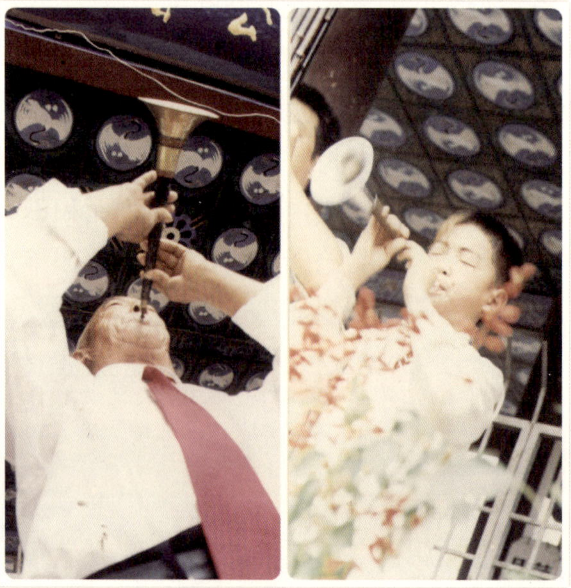

年龄最长的参赛选手和年龄最幼的参赛选手比赛中

同年9月，来自县区的10支代表队参加全市文学艺术知识电视大奖赛，电视台将大奖赛制作成90分钟的节目在菏泽电视台播放。2004年，举办全市第二届唢呐大赛、曲艺小品大赛、纪念邓小平100周年诞辰书画、摄影展和国庆55周年书画展。在首届“泰山艺术奖”评选活动中，市文联报送的9件作品，有4件获奖，其中曲艺作品《寸草心》获金奖。至2005年，文联共举办艺术作品展活动85 次，参展作品900余幅；参加省级以上艺术作品比赛50余次，获奖作品30余件。

2005年菏泽市文联所属协会会员统计表

表23-11-1　　　　单位：人

协会名称	成立时间	国家级会员	省级会员	市级会员	主　席	副主席
书法家协会	1988.05.18	23	112	360	1	6
摄影家协会	1988.10.28	4	28	85	1	5
作家协会	1991.08.28	5	60	128	1	5
民间艺术家协会	1991.08.30	15	26	80	1	5
戏剧家协会	1991.10.12	28	88	48	1	10
音乐家协会	1991.12.26	8	54	300	1	4
曲艺协会	1994.10.28	15	47	86	1	5
美术家协会	1998.09.26	15	74	130	1	6
电视艺术家协会	1998.12.08	1	5	35	1	2
舞蹈家协会	2005.06.02	–	13	50	1	7
合　计		114	507	1302	10	55

第十二章　残疾人联合会

第一节　残疾人康复

1990年9月，地区设立以小儿麻痹后遗症矫治、老年白内障复明、聋哑儿语言训练为内容的三项康复工作办公室，制定残疾人工作实施方案，明确提出全区“三康”工作的任务和措施。1990—1993年，全区共设立小儿麻痹后遗症矫治医疗点11处，白内障复明治疗点15处，聋哑儿言语训练中心2处，语训点8个，实施白内障复明手术6291例，小儿麻痹后遗症矫治手术1752例，聋哑儿听力语言训练108人。1994年，在全区开展残疾人社区康复试点工作，建立社区康复站52处，指导残疾人在康复站和家庭开展康复训练。同年，全区共完成白内障复明手术1949例，儿麻手术矫治396例，语训聋儿124人。1996年，成立白内障复明技术指导小组，制订《全区残疾人康复工作“九五”实施方案（1996—2000）》。1998年在全区范围内开展。“视觉第一，中国行动”白内障复明手术活动，检查视力残疾患者3.4万人，筛查出白内障患者1900人，实施手术1200余例。2001—2005年，在全市开展残疾人假肢装配工作，并为缺肢残疾人免费安装假肢100例，帮助肢体残疾患者改善了人体功能。

第二节 残疾人培训就业

1994年5月，地区残联开始开展为残疾人就业提供咨询、培训等服务工作。为集中安置残疾人就业，各级残联创办一些福利企业，采取集中和分散相结合及优惠政策保护扶持的办法，重点推动按比例安置残疾人就业，稳定集中就业，大力扶持和发展残疾人个体开业和自愿组织起来就业。1995—2000年，全区各级残联先后举办残疾人养殖、种植、电脑维修、裁剪缝纫、美容美发、盲人按摩、足疗等技术培训班，培训残疾人1245人，并选送300余名残疾人到济南大三元职业培训中心参加技术培训。2001年，市政府下发《按比例安排残疾人就业办法》的文件，规定：菏泽市辖区内的国家机关、社会团体、企业、事业单位和城乡各类经济组织，均应按不低于本单位在职职工总数的1.5%的比例安排残疾人就业；凡达不到规定比例的应按实际差额人数缴纳残疾人就业保障金，交由地税部门代收。2005年，市残联对13名盲人按摩人员进行专业技术职务评审，评出按摩医士10人、按摩医师3人。至2005年年底，全市共有1645名残疾人被安置就业。

第三节 残疾人文体活动

1990年起，各级残联采取专业与业余相结合、普及与提高相结合的方式，开展残疾人文化体育活动。1991年第一次组织开展“全国助残日”活动后，每年在助残日活动期间，各级残联和各专门协会都组织形式多样、内容丰富的文艺体育活动，既扩大残疾人事业在社会中的影响，又展示残疾人的自立自强精神。2005年，组织参加第六届山东省残疾人艺术会演，参演声乐作品《儿行千里》《天竺少女》分别获二、三等奖；小品《双喜临门》获三等奖；器乐《金蛇狂舞》、舞蹈《小孔雀》《芭啦芭啦樱之花》获优秀奖。在全省残疾人书画摄影大奖赛中，曹京华的巨幅画卷《长城》、景立华的书法作品《唐诗条幅》获一等奖；卢峰的工笔《牡丹》获二等奖；曹京华、张建民、阎玉国、史善奎等6件书画摄影作品获三等奖。郓城县残疾青年词人吕永清出版多部诗集，并有部分作品获奖。至2005年年底，全市共有20余篇残疾人事业宣传文章和图片受省表彰奖励。全市残疾人运动员在省以上残疾人运动会比赛中，取得金牌9枚、银牌11枚，铜牌5枚。为鼓励残疾人运动员勇创佳绩，市财政拿出8万元对运动员进行奖励。

第四节 残疾人合法权益保护

1993年，地区教育局、民政局、残联联合制订的《残疾人在全区范围内减免残疾学生学杂费问题的意见》下发后，全区各级教育行政主管部门，专项列支特殊教育经费，从依法征收的教育事业费附加中划出一定比例的资金用于义务教育阶段的特殊教育，对接受义务教育的特困残疾学生实行免收学杂费。地区残联与地区建委、民政局联合制定了盲人免费乘坐城区内公共交通工具的具体办法。1994 年，菏泽地区制定《保护残疾人合法权益办法》，对侵犯残疾人权益的案件，政法机关从严从快查处。执法和法律服务机构对生活确有困难的残疾人，在诉讼费、聘请律师费方面给予酌情减免；对家中有残疾人的农户，均给予农业税、义务工及其他各种社会负担的减免照顾；对年老体弱没有子女及其他亲属照顾，又完全丧失劳动能力的残疾人，除全部减免其农业税、义务工和社会负担外，民政部门还给予适当救济，或安置到乡镇敬老院生活。

第十三章　工商业联合会

第一节　代表大会

2001 年 1 月菏泽撤地设市后，市编委下达《关于组建菏泽市工商业联合会的批复》，其届别顺延原县级菏泽市工商联的届别，为“菏泽市工商业联合会（总商会）第八届会员代表大会”。

2001 年 4 月 10 日，市工商业联合会（总商会）第八届会员代表大会召开，副市长杨宪文当选为会长，祝宗斌、李中占、靳海岩、张栋棕、许累峰当选为副会长，靳海岩兼任秘书长。大会选举产生 22 名常务委员和 50 名执行委员。

2004 年 5 月 14 日，市工商业联合会（总商会）召开第八届二次执委（扩大）会议，免去执委 10 人；替、增补执委 53 人；由执委调整为常委的 7 人。李呈祥、张之昱、张善仲、萧柏青、樊庆斌当选为副会长。执委人数达到 93 人（常委 44 人，会长、副会长、秘书长 11 人）。

2005 年 5 月 23 日，市工商联召开八届三次执委（扩大）会议，免去执委 7 人；增补执委 24 人；马效坤、冯天杰、李贵章当选为副会长。执委人数达到 110 人（常委 44 人，会长、副会长、秘书长 14 人）。

第二节　“双思”教育

2001 年，菏泽市工商业联合会（简称工商联）成立后，按其宗旨有针对性地开展非公有制经济代表人士思想政治工作。组织非公有制经济人士学习中共十六大及十六届三中、四中、五中全会精神，开展

市工商联组织学习

形式多样的“致富思源，富而思进”的“双思”教育和“同进共富建小康”“争当社会主义事业合格建设者”教育，引导会员自觉落实科学发展观，增强思想政治工作的实效性。对民营企业中涌现的先进典型及时进行宣传报道，一些县区在电视台、广播电台开设“民营企业家风采”栏目，配合有关部门编写《民营经济带头人》等书，并利用报纸等新闻媒介不断加大宣传力度，印发各种宣传材料5万余份。在全省工商联每年的表彰大会上，部分县级工商联、基层商会和个人被分别授予全省工商联系统先进单位、五好商会和先进工作者称号，并有12家会员企业负责人被省委统战部等六部门联合授予“优秀中国特色社会主义事业建设者”称号。2001—2005年，市工商联先后向省工商联推荐8名会员，分别在省工商联民营企业家公会、五金机电商会、女子商会、省“光彩事业”促进会担任副会长、常务理事、理事等职；另有1人担任全国工商联执委，1人担任省工商联常委，4人担任省工商联执委。在市工商联组织的民营企业家参与社会公益活动中，全市有30多家民营企业积极投身于“光彩事业”，共兴办投资扶贫项目62个，投资金额2000余万元，培训人才1200人，使10余万群众脱离贫困。至2005年年底，全市个体私营企业兼并、买断国有企业15家，安置下岗职工2万余人，为社会公益事业捐款捐物折合人民币1200万元。

第三节　工商联参政议政

全市各级工商联围绕“突破菏泽”战略目标，发挥政治优势，积极参政议政。2001—2005年，全市非公有制经济代表人士已被安排为县以上人大代表、政协委员232人，其中全国政协委员1人，省人大代表5人，省政协常委1人，还有1人当选为省七届党代会代表。全市非公有制经济人士中，有126名受聘担任各级司法、行政执法机关特邀职务，他们在各自工作岗位上，积极参政议政，就一些事关人民群众生活的热点、难点问题开展考察和论证，提出许多好的意见和建议。市工商联围绕全市民营经济发展中存在的问题，组织力量进行调研，通过走访、座谈、问卷调查等形式，撰写调研报告26篇，提出意见和建议60多条，其中有40余条被党委、政府采纳。每年参加省委统战部组织开展的全省统战理论调研精品工程活动，均获得优秀成果奖。针对全市中小企业发展缓慢和缺乏农产品加工出口龙头企业的情况，在市政协第十一届一、二次会议上提交的《关于促进民营经济发展的建议案》《关于积极扶持中小企业快速发展》《关于培育扶持农产品加工出口龙头企业》的团体提案，被市政协评为“优秀提案”，市工商联多次被市政府授予“优秀提案先进单位”称号。提出的《关于加强农村社会治安的提案》，《菏泽日报》予以专题报道，引起市委、市政府领导高度重视。政协会后，市委、市政府作出决定，选择100个落后村，下派工作组，以加强农村两委班子建设。全市工商联界累计向各级党委、政府、人大、政协提交提案、议案、建议、调研报告500余件。

第四节　服务立会

全市各级工商联组织坚持服务立会的宗旨，逐步推进有商会特色的服务体系建设。2001—2005年，全市各级工商联举办各类培训班130次，培训人员6000人次，通过培训，提高会员整体素质。2003年10月，市工商联与北京泛澳有限责任公司联合成立“菏泽市工商联（总商会）企业咨询培训服务处”，帮助中小企业解决发展中的困惑和疑难问题，指导企业在形象策划、人力资源、市场营销、企业管理等方面步入先进、科学、有效的发展轨道，并举办3场“企业管理与发展”报告会，受到会员企业的赞同。对民营企业普遍存在的缺乏高层次人才的实际情况，市工商联组织会员企业参加全省“产、学、研”洽谈会和人才交流大会，每年与市人事局、教育局和菏泽学院联合举办大中专毕业生就业洽谈会，为会员企业引进大批人才。市、县区工商联多方探讨融资途径，多次举办银企对接现场办公会，并邀请省部分商业银行到菏泽考察，共为企业会员争取贷款和融资2.6亿元。各级工商联把维护会员合法权益作为会员服务的一项重要工作，积极与司法部门协作，成立法律事务所，为会员提供维权服务，并在每年的“3·15”消费者权益保护日期间，会同技术监督部门、消协等单位联合开展一系列活动。聘请常年法律顾问，面向全市工商户和民营企业会员，开展法律维权活动，共收到电话法律咨询600多次，接待法律咨询200余人次，协调经济案件和经济纠纷27件，审查法律文书83份，为民营企业和会员企业及个体经营户挽回经济损失2000多万元。至2005年，全市民营企业及民办机构共有899人晋升专业技术职称，其中高级36人，中级206人，初级657人，总数占全市评审人数的6.7%。

第五节　招进项目及资金

2001年，全市工商联在不断加大与外省市工商联和工商业界交流的同时，开展招商引资工作。组织企业会员参加各种经贸洽谈会、产品博览会、产品展销会以及项目发布会50余次，签订一些合作意向和项目，扩大企业会员的对外交流与合作。先后到山东省东部10个市工商联上门招商，邀请当地工商联带领46名民营企业家到菏泽考察、洽谈项目。共落实投资项目5个，投资额1亿元。至2005年，全市各级工商联组织动员并带领会员企业参加各种形式的展销会120余次，成交额达8000万元。借助每年一次的中国林交会在菏泽召开的机遇，市工商联有选择地把一些招商引资项目传递于德国、新加坡有关企业集团和金融财团，并向香港金和达国际集团、深圳金和达实业发展有限公司及沿海周边省市工商社团发送200多个招商引资项目，按照对方的要求将有关信息反馈给对方，为引进资金和项目牵线搭桥。至2005年年底，共为全市引进外资2亿多元。

第十四章　归国华侨联合会

第一节　对外联络

1986年后，为更好地发挥归侨、侨眷在对外开放、经济建设和祖国统一中的作用，地、县市归国华侨联合会（简称侨联）立足国内，面向海外，利用到菏泽探亲、访友、旅游、考察的海外亲友日益增多的机会，加强侨联的对外联谊活动。1989年5—6月，市侨联多次组织召开归侨、侨眷座谈会，学习宣传中共中央有关方针政策，并发动归侨、侨眷每人写好一封家信，向海外亲友讲清事实真相，对揭穿敌对势力散布的谣言，帮助海外亲友认清事实真相发挥了积极作用。2003年，应新加坡符氏社的邀请，市侨联组团参加符氏社成立115周年庆典暨经贸洽谈活动。在新加坡期间，市侨联着重宣传菏泽投资环境和招商引资的优惠政策，介绍菏泽古老而文明的历史，以及优越的地理位置，增强外商在菏泽投资创业的信心。组织外宣人员为《人民日报》海外版、《华声报》《山东侨报》《齐鲁乡情》《新加坡宗乡会刊》《菏泽日报》、山东电视台、菏泽电视台等新闻媒介撰写稿件40余篇，全面向海内外宣传菏泽、推介菏泽。每逢传统节日，各级侨联都向海外侨胞、社团、港澳台胞邮寄慰问信、贺年卡以表祝福。1986—2005年，全市侨联系统共向海外华侨邮寄贺年卡、圣诞卡5000张，慰问信160封，乡讯300多条，录音录像磁带50盘，赠送画册、字画100多幅（册）；共接待华侨、华人和港澳台胞300余人，组织3批共10人出访考察美国、德国、新加坡等国家和中国香港、澳门地区，结识一大批高层次海外侨胞，与他们建立了牢固、长期的友谊。

宗亲相见

符楼村符秉勤与新加坡符氏社符福昊交谈

第二节　侨益维护

《中华人民共和国归侨侨眷权益保护法》颁布后，市侨联在全市进行广泛地宣传，并根据市人大的要求，拟定贯彻“保护法”和《实施办法》的意见以及侨务系统普法规划。开展了“爱侨胞、护侨益、解侨忧、帮侨富、暖侨心”活动，真心实意为归侨、侨眷办好事、实事。全市共有归侨侨眷和港澳同胞眷属3万多人，主要分布在农村，其中归国华侨20多人，在职人员2000多人，有中级以上技术职称的200多人。1986—2005年，市侨联共走访归侨、侨眷160余户，帮助归侨、侨眷下岗职工再就业20多人，扶持归侨、侨眷经营商业、开办企业6户；处理房屋拆迁、子女升学、住房分配以及解决工资待遇等问题126件，帮助海内外寻亲80余人次，处理来信来访23件。在维护侨益工作中，与有关职能部门沟通，及时处理侵权事件10件。对符合救助条件的贫困归侨、侨眷全部纳入保障救济范围。至2005年年底，共救助贫困归侨、侨眷20多人。

第三节 建言献策

归侨、侨眷历来就有关心国家大事和家乡建设的优良传统，积极参与地方政事，为家乡的发展建言献策。1986—2005年，在全市归侨、侨眷中有2人被选为全国人大代表，1人被选为省人大代表，6人被选为市人大代表，36人被选为市、县政协委员；3人被评为全国归侨、侨眷先进个人，3人被评为市级专业技术拔尖人才。20年间，归侨、侨眷向各级人大、政协提出有价值的议案和建议100多条，被采用的有60条，其中《关于进一步优化经济环境》《城市建设要高起点》《牡丹区一完小校舍危房改造》等提案获市政府、市政协优秀提案奖。

2004年6月8日，市领导为赴济南参加山东省第七次归侨侨眷代表大会菏泽代表团送行

第四节 招引侨商侨资

按照国家产业政策和投资导向，1992年菏泽开始举办国际牡丹花会，利用文化搭台经贸唱戏的平台向区外招商引资。市侨联发挥自身优势，广泛联络海外侨胞来菏参加牡丹花会和经贸洽谈会，协助有关部门和企业引进资金、技术、设备和人才。1998年，意大利欧亚房地产开发公司董事长叶志林、副董事长周成海到菏泽开发建设天香商住小区；美国滴溢滴灌公司中国总代理杨海明，马来西亚雅典贸易公司（中国商丘彩印公司）蔡亮华，香港富利公司驻上海办事处总经理谢卫，印尼LVKARLA BARV公司弗素华等组成的国际投资贸易代表团到菏泽考察经贸合作

曹县“威刚爱心小学”落成典礼剪彩

项目；海南椰风集团投资5500万元兴建的果、蔬加工和羊胎素加工项目落户菏泽开发区；河北省客商投资1000万元兴建的羊绒加工项目落户牡丹区。2004年，台湾爱心第二春文教基金会、中国华侨文化基金会捐献20万元，在曹县侯集回族自治镇西张楼村建爱心小学1座。海外华侨、华人、港澳同胞不断地捐款、捐物，大力支持家乡各项事业的发展。1986—2005年，市侨联共引进外商资金8000万元，设备20台（套），接受海外侨胞爱心捐款100多万元。

第二十四编 法 治

宣传

1984年3月，中共菏泽地委政法领导小组改为政法委员会，负责领导、组织、协调政法各部门的工作。县市均相继设立政法委员会。1986年，地委政法委组织公检法机关开展打击盗窃、打击破坏社会秩序、打击流窜犯罪的“严打”斗争，共抓获各类犯罪分子1581人。1986年开始，菏泽地区实施普及法律常识第一个五年规划。按照“先干部、后群众；先城镇、后农村”的普法要求，全区488万名普法对象学完了规定的《中华人民共和国宪法》（简称“宪法”）、《中华人民共和国刑法》（简称“刑法”）等五部法律知识。1988年，全区乡镇政法组织全部实现每个乡镇一处派出所、一处法庭、一处法律服务站、一处综合治理办公室；全区277个乡镇派出所由原来的891人增至1903人，基层法庭由原来的86处增至238处，法律服务站共271处，司法助理员达280人。全区法院相继设立行政审判庭，检察机关建立经济、法纪罪案举报中心，负责对经济犯罪、法纪犯罪案件举报的受理，并按照依法从重从快处理的方针，依法开展打击凶杀、抢劫、流氓滋事、拐卖妇女儿童和经济领域犯罪的专项斗争。

1991年起，为检查、督促综合治理措施的落实，促进综合治理工作的深化，地委、行署在全区范围内开展综合治理达标考核活动。地区社会治安综合治理委员会与县市综治委单位签订社会治安综合治理目标责任书。

1999年，全区政法系统开展争创人民满意的政治干警（单位）活动。2001年，对全市55个单位进行责任追究和实行一票否决，27个部门和单位被黄牌警告。2002年，从政法队伍现状出发，进一步深化“争创”活动，全区开展了以“坚持从严治警，惩治司法腐败，维护执法公开，服务经济发展”为主题的教育整顿活动，共查处政法干警违法违纪案件28起37人。同时，对全市涌现出的10名人民满意的好法官、好检察官、好警察进行表彰。

至2005年，政法队伍建设日趋完善，社会治安综合治理日趋规范。在全市范围内完成了第四个五年普法教育。法治政府建设不断发展。围绕“突破菏泽”战略的顺利实施，全市各级政法机关充分发挥惩罚、保护、防范、调节、服务等职能作用，在全市范围内组织开展打霸、打暴、打盗“三大战役”集中行动，全力破获各类经济犯罪案件和查办职务犯罪，为菏泽经济发展创造了良好的社会环境。

第一章　政法委工作

第一节　政法队伍建设

1986年，地委政法委员会（简称政法委）着重抓政法系统准情风、吃喝风、糊弄风和刑讯逼供等严重违法违纪案件的查处；组织政法系统功模报告团在全区巡回演讲，开展“学功模，创先进”活动。全区涌现出先进集体39个，立功、受奖个人247人。1988年，在全区开展乡镇“四个一”的建设，即在每个乡镇建设一个派出所、一个法庭、一个法律服务站、一个综合治理办公室，增强基层政法组织的力量。全区277个乡镇派出所由原来的891人增至1903人；基层法庭由原来的86处增至238处，其中实体法庭195处，法庭接待站43处，平均1.2个乡镇1个法庭；法律服务站271处，司法助理员达280人。根据上级文件，落实政法干警的职级待遇，有32名正副科级干部提升为副县级检察员、审判员，6名副县级领导干部晋升为正县级。中共十三届三次会议后，围绕“治理经济环境，深化改革”中心任务，在政法系统开展为警清廉教育，涌现一批以民警刘胜民为代表的政法先进人物。该年度，全区被评为一级英模的1人，获记一、二等功的各1人，获记三等功的42人，有6个单位获记集体三等功。1989年，全区政法系统开展多种岗位练兵活动，1034名干警参加法律知识培训。全体政法干警拒吃请4021次，拒收贿赂14.57万元。年底，评选出先进个人799人，有222名干警立功受奖。1990年，对全区政法队伍进行三次思想、纪律、作风整顿，开展“学先进、树新风”活动，表彰一批先进集体和先进个人。1991年，开展刹“三风”（准情风、乱罚款风、违法乱纪风）和对各级政法部门领导班子、政法队伍、联防队伍三个层次的整顿工作，共设置举报箱316个，印发征求意见书4246份，聘请639名人大代表和干部群众为执法监督员，明确企业单位经济司法联络员418人，为群众做好事7412件次，查处违法乱纪案件89起112人，其中追究刑事责任18人，受到党政纪处分的23人，调离政法队伍15人，清退联防队员40人。

1992—1993年，开展“遵纪守法教育、理想道德教育和全心全意为人们服务教育”活动，加大反腐败斗争力度，全区政法干警共拒礼拒贿1600余人次。1994年，开展党的宗旨教育、爱国主义教育和职业道德教育；加强各级政法领导班子建设，着重解决班子的不团结问题；开展岗位练兵活动，涌现出见义勇为、勇斗歹徒的模范干警吴来进、苗卫民和张长路；查处违法违纪干警9人，受表彰先进个人691人，先进单位105个。

1995年，以落实中央政法委提出的“三条禁令”（即绝对禁止政法干警接受案件当事人请吃喝、送钱物；绝对禁止对告状求助群众采取冷漠、生硬、蛮横、推诿等官老爷态度；绝对禁止政法干警打人骂人、刑讯逼供违法违纪行为）为重点，解决刑讯逼供、乱罚款、乱收费和吃拿卡要等问题；以学习、宣传《中华人民共和国法官法》《中华人民共和国检察官法》《中华人民共和国警察法》为契机，重点抓政法队伍的教育整顿，开展学济南交警“争先创优”活动，有484个集体和1717名干警受到表彰奖励，2个集体和210名干警立功，23名干警受到党政纪处分，5名领导干部受到刑事处理。1997年，推行干部竞争上岗和干警聘任制、评议制、辞退制、交流轮岗和优化组合等制度，全区有302名干警轮岗，41名干警异地交流，64名干部由副职升为正职，92名一般干警升为副职，5名中层领导被免职。1998年，开展集中教育整顿工作，重点解决有法不依、执法不严、违法办案、贪污受贿、徇私枉法等腐败问题，向社会各界印发征求意见信3.5万份，召开各种形式的座谈会500余次，设立举报箱480个，举报电话360部，公开接访85次，接待来访群众3500人。通过开门整顿，收到干警违法违纪线索32条。2000年，在政法领导干部中开展以“讲学习、讲政治、讲正气”为主要内容的党性教育。按照“抓班子、带队伍、强素质、树形象”的要求，制订下发《关于进一步加强基层政法队伍建设的意见》，先后考察基层政法领导班子119个198人，调整105个382人，基层领导班子的凝聚力和战斗力明显提高。

2001年，针对全市政法干警文化程度偏低的情况（全市政法干警9429人，其中大专以上文化程度4954人，占52.5%），开展各种形式的文化和政治学习活动。2002年，从政法队伍现状出发，进一步深化“争创”活动：市中级人民法院开展“作风建设年”活动，市检察院开展争创“先进检察院”“五好处室局”活动，市公安局开展“三项教育回头看”和“告别脏乱差，杜绝冷横硬”专项活动，从不同层次提高每个干警的法律政策水平和实际工作能力。同时，开展坚持以“竞争上岗、优化组合”为主要内容的人事制度改革，有246名干警通过竞争走上领导岗位，有406名干警进行调整交流。2003年，在公检法机关开展“解放思想、干事创业”大讨论活动，引导干警牢固树立正确的世界观、人生观、价值观，提高干警的思想政治水平；开展以“坚持从严治警、惩治司法腐败、维护执法公正，服务经济发展”为主题的集中教育整顿活动和争创“人民满意的好法官、好检察官、好警察”活动，重点解决特权思想、冷横硬推问题，作风粗暴、吃拿卡要问题，有法不依及乱收费、乱罚款、乱摊派问题，执法不严及办关系案、人情案、金钱案问题，有警不接、有案不立、执法不公、徇私枉法问题，滥用枪支警械、强制措施、刑讯逼供、超期羁押问题，充当黑恶势力及违法犯罪活动保护伞问题，以及违犯财经纪律，坐收坐支，截留挪用罚没款等问题，共查处政法干警违法违纪案件28起37人。全市涌现全国一级英模段金彪等一批先进典型，其中有12个单位、20名干警受到省部级以上表彰，有100个单位、284名干警获记一至三等功。2004年，在全市政法机关开展“三个代表”重要思想和中共十六届四中全会精神的学习教育、岗位“大练兵”“创满意”活动及“远学任长霞，近学段金彪”集中教育活动。全市评选出10名“人民满意的好法官、好检察官、好警察”。全市共举办各种形式的政法干部培训班19期，培训干部2000余人，使多数干警的业务素质和实战技能有明显提高。同年，还对全市各级法院、检察院的领导班子和中层干部进行部分调整，对11个县级公安局的局长和政委进行调整和交流，各级政法机关领导班子的年龄、文化结构得到明显改善。2005年，开展“规

2001年11月，全市政法系统英模报告团

范执法行为、促进执法公正”专项整改活动：围绕一些容易发生问题的执法岗位和环节，进行查摆和规范；对查出的问题实行台账式管理，逐项列出单子，明确责任单位和整改时限，整个政法队伍面貌焕然一新。

第二节　公检法机关组织协调

1986年，地委政法委组织公检法机关开展打击盗窃、打击破坏社会秩序、打击流窜犯罪的“严打”斗争，共抓获各类犯罪分子1581人，其中846人受到刑事处罚。1988年，按照依法从重从快处理的方针，因地制宜地开展打击凶杀、抢劫、流氓滋事、拐卖妇女儿童和经济领域犯罪的斗争，共破获刑事案件1443起，破案率为84.2%；处理各类犯罪分子1737人，其中逮捕1228人，劳教384人；立查各类经济案件625起，860人。1989年，开展以打击拐卖妇女、儿童犯罪活动为重点的除“六害”（卖淫嫖娼；拐卖妇女儿童；利用封建迷信骗钱害命；聚众赌博；制作、贩卖、传播淫秽物品；吸食、制作、贩卖毒品等和社会主义制度绝不相容的社会丑恶现象）专项斗争，共破获拐卖人口案件625起，解救受害妇女、儿童522人，抓获人贩子765人，摧毁拐卖团伙66个、抓获263人。同时，在全区调集150名有破案经验的干警，全力侦破“1•31”系列残害妇女案件。1990年，开展打团伙、破积案、追逃犯的治安攻坚战，挖出一批隐藏较深犯罪分子，召开公判大会170余场次，受教育群众500多万人。1991年，全区“打拐”工作受到公安部的表彰；菏泽地区被省委确定为全省重点治乱先进地区，并在菏泽召开全省“打拐”现场会。1992—1994年，开展“强制铲除罂粟、清除毒源”统一行动，全区共铲除罂粟370亩，处理479人。在打击“车匪路霸”、走私贩私和收缴枪支专项斗争中，挖出各类犯罪团伙827个2430人。1995年，开展以整治农村社会治安落后村和场所为重点的社会治安活动，结合春季严打攻势、夏季百日会战、冬季百日攻坚战，共破获刑事案件9240起，摧毁各类犯罪团伙742个，批捕1847人。1997年，重点抓大要案的侦破工作，共破获重大案件1428起，批捕1326起；查办贪污案件191件216人、贿赂案件53件69人，其中查办副县级以上领导干部犯罪案件10件，创全区查办要案的最高纪录。1999年，地区政法委确定“服务中心、优化环境、促进发展”的工作思路，提出10条具体措施。地委、行署先后两次下发《关于深入开展打霸斗争的意见》，全区抓获各类霸头及涉霸人员2266人，其中建筑霸316人，装卸霸334人；破获涉霸案件2781起，其中重大案件261起；打掉霸头团伙214个1058人。

2001年，菏泽市政法委加强对“严打”整治斗争的领导，协调公检法三条战线全面出击，打掉私藏枪支、无恶不作的巨野县黑恶势力团伙，抓获骨干分子31人，打击犯罪分子的嚣张气焰。2003年3—5月，在“非典”防控工作中，全市公检法机关密切配合，严守第一道防线，设立68处检查站和19处留验站，先后出动警力82319人次，检查各类车辆79万余辆，检查人员214万余人次，发现、留验发烧人员713人，胜利完成“非典”防控任务。9月18日，河南省兰考县黄河生产堤3次决口，河水

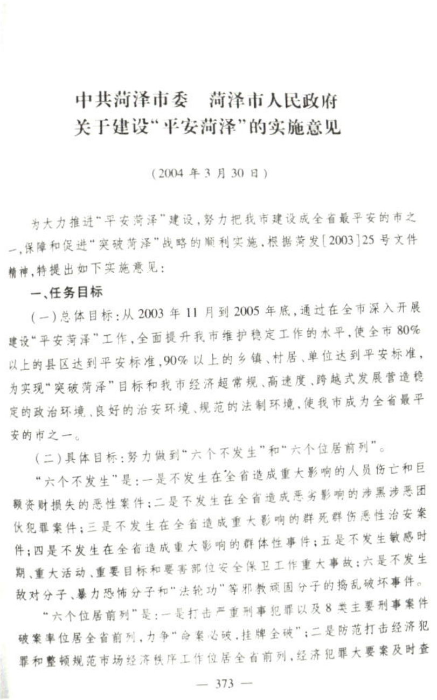

中共菏泽市委　菏泽市人民政府
关于建设"平安菏泽"的实施意见

（2004 年 3 月 30 日）

为大力推进"平安菏泽"建设，努力把我市建设成全省最平安的市之一，保障和促进"突破菏泽"战略的顺利实施，根据菏发[2003]25 号文件精神，特提出如下实施意见：

一、任务目标

（一）总体目标：从 2003 年 11 月到 2005 年底，通过在全市深入开展建设"平安菏泽"工作，全面提升我市维护稳定工作的水平，使全市 80%以上的县区达到平安标准，90%以上的乡镇、村居、单位达到平安标准，为实现"突破菏泽"目标和我市经济超常规、高速度、跨越式发展营造稳定的政治环境、良好的治安环境、规范的法制环境，使我市成为全省最平安的市之一。

（二）具体目标：努力做到"六个不发生"和"六个位居前列"。

"六个不发生"是：一是不发生在全省造成重大影响的人员伤亡和巨额资财损失的恶性案件；二是不发生在全省造成恶劣影响的涉黑涉恶团伙犯罪案件；三是不发生在全省造成重大影响的群死群伤恶性治安案件；四是不发生在全省造成重大影响的群体性事件；五是不发生敏感时期、重大活动、重要目标和要害部位安全保卫工作重大事故；六是不发生敌对分子、暴力恐怖分子和"法轮功"等邪教顽固分子的捣乱破坏事件。

"六个位居前列"是：一是打击严重刑事犯罪以及 8 类主要刑事案件破案率位居全省前列，力争"命案必破，挂牌全破"；二是防范打击经济犯罪和整顿规范市场经济秩序工作位居全省前列，经济犯罪大要案及时查

— 373 —

危及菏泽境域的生产堤，市政法委及时调整工作布局和警力部署，先后 4 次部署调度灾区治安工作，发布《关于加强滩区社会治安管理的通告》《关于对滩区实行交通管制的通告》，有计划、有重点地整治治安秩序，严厉打击破坏抗洪救灾秩序的各种违法犯罪活动。救灾期间，市、县区政法机关共出动警力 3200 人次，车辆 100 余台次，舟艇 80 余艘次；共破获刑事案件 13 起，查处治安案件 46 起，解决各类纠纷 130 起。2004 年，全面启动"平安菏泽"建设工作，制订下发《关于建设平安菏泽的实施意见》《关于开展创建平安县区、平安乡镇、平安单位、平安村、平安社区活动的意见》，明确提出平安创建的任务目标、部门责任分工、方法步骤、检查考核办法及保障措施。围绕"平安菏泽"建设，全市政法机关以深化创建"无黑恶犯罪县区"活动为龙头，先后组织开展打击盗抢机动车、网络诈骗、制贩假证、制贩毒品、色情网站、黑恶势力、盗窃牲畜等违法犯罪专项行动，开展侦破命案、网上追讨工作，先后破案 12256 起，抓获犯罪嫌疑人 5284 人，打掉犯罪团伙 297 个、抓获 1213 人，缴获赃款及赃物折款 994.37 万元，破获、审理刑事案件 1594 件、批捕 2398 人，提起公诉 1367 件 1949 人，并对一批罪大恶极的犯罪分子依法执行死刑。2005 年，各级政法机关围绕"突破菏泽"战略目标充分发挥打击、保护、防范、调节、服务等职能作用，在全市组织开展了打霸治痞、打击盗窃牲畜犯罪、打击严重暴力犯罪"三大战役"集中行动，全力破获各类经济犯罪案件和查办职务犯罪，为菏泽经济发展创造良好的社会环境。

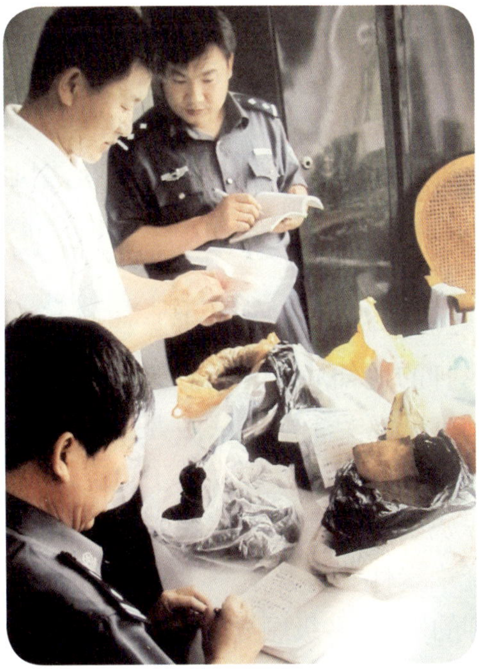

2004 年，市公安机关破获一特大制贩毒团伙

第三节　执法监督

1986—1990 年，地委政法委执法督查科处理重大疑难案件 12 起，受理来信 750 件，并着力解决群众重复上访问题。1993

年，政法委制定错案追究制度，实行案件跟踪调查和回访制度，聘请280名人大、政协代表和有关人员为执法监督员，增强执法活动的透明度。1997—1998年，制定《关于建立重大案件防范责任查究通报制度的实施细则》，出台《菏泽地区政法执法监督工作细则》，加强同人大、纪检监察部门的联系；组织开展“百案查访”活动，对群众反映强烈的案件，全部进行复查，共复查案件21908件，其中21起错案和293件有其他问题的案件得到了纠正，有102名干警受到党政纪处分，18人被辞退，有3人被清除出政法队伍，6名干警受到刑事处罚。1999年，建立重大违法违纪案件挂账督办制，查处违法违纪干警15人，复查案件2万件，对160件有问题的案件进行纠正；聘请3000余名执法执纪监督员，设立举报中心和举报电话，健全群众性监督网络。

2001年，下发《关于严禁刑事案件超期羁押的通知》《关于协调重大疑难案件的规定》《关于严格依法办案坚决纠正超期羁押问题的通知》《关于追究超期羁押犯罪嫌疑人、被告人责任的规定》，对重大疑难案件，尤其是一些犯罪嫌疑人长期在押的案件，各级领导干部亲自督促协调，专题研究部署，强力推进超期羁押案件清理纠正的进程。全年共清理、纠正超期羁押案件175起，其中历年遗留的严重超期羁押案件17件25人，超期羁押时间在3年以上的案件9件12人。2004年，按照中央和省委关于开展集中处理涉法上访问题的部署和要求，围绕市委提出的“问题不查清不放过，错误不纠正不放过，上访不停止不放过，群众不满意不放过”的工作目标，组织协调各县区和市直政法部门，从强化领导、落实责任、加强督导入手，按照“分级负责，归口办理”的原则，实行定领导、定人员、定方案、定期限的“四定”责任制，对全市排查出的181起涉法上访案件和省、市交办的76起案件进行跟踪督导，妥善处理，得到中央政法委调研督查组和省委政法委领导的肯定。2005年，结合先进性教育和专项整改活动，进一步建立健全监督制约机制，规范执法责任制、错案追究制、岗位轮换制、民主评议制以及执法公开制度，对2002年以后的干警违法违纪案件进行通报，并从社会各界聘请14名政法系统执法监督员，加强对执法行为和干警的内外监督。

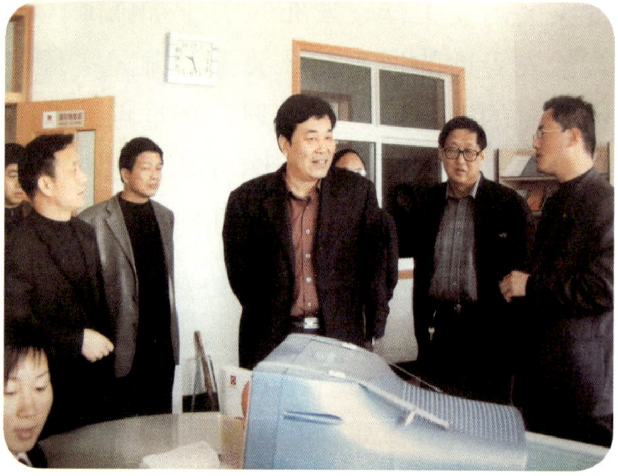

市领导调研政法工作

第四节　维护社会稳定

1986—1989年，地委政法委“一手抓建设，一手抓法制”，解决政法系统内部资产阶级自由化倾向问题。按照上级文件精神，在全区开展政治大清查工作，先后破获8起反革命宣传煽动、书写反革命信件和反动标语案件，抓获违法犯罪分子9

人，其中判刑1人，逮捕3人，治安处罚2人，纪律处分1人，转交济南市公安机关处理2人。

检察官讲解法律知识

1991年，为提高公民的法律意识，在全区开展第二个五年普法教育。全年共举办法律培训班303期，举办各类讲座187场次。为加强对有劣迹人员的帮教和管理，成立社会、单位、家庭三位一体的帮教小组3555个，帮教人员达10141人；安置刑释解教人员245人，解除帮教2498人。同时，查破反革命案件14起，减少了政治社会不安定因素。

1994年，开展反渗透、反颠覆、反破坏活动，揭露和打击境内外敌对势力。对全区宗教活动进行全面清理和整顿，取缔非法宗教场所40处，抓获骨干分子56人，依法审判38人，预防和制止各类突发事件10余起。1995年，为加强对稳定工作的领导，在重大活动、节假日等敏感时期和敌情比较复杂的地域及部门，建立可靠的特情耳目，掌握信息，基本做到先发制人；对宗教活动场所全部实行“三定”（即定点、定片、定人）管理，宗教活动基本走上正常化轨道。1997年，组织政法各部门取缔非法宗教活动点多处，破获反动会道门“西华堂”复辟案，将这一在菏泽境内长达几十年的重大政治隐患彻底清除。1999年7月，本着“化解纠纷，稳定基层”的原则，在全区开展民间纠纷调处月活动，共排查调处民间纠纷16736起，调处成功率达98%，避免民转刑案件29起。

调解纠纷在基层

2002年，开展预防和处置突发事件工作，及时处置各类群体性事件72起，特别是妥善处理鄄城“5•6”回汉群众冲突事件、东明焦园乡大王寨村与荆岗村土地纠纷等重大群体性事件，维护社会稳定。2003年，实行维护稳定工作领导责任制和分片包干责任制，建立健全维护稳定工作联席会议制度，加强侦察控制和情报信息工作。全年共收集上报各类情报信息430条，及时删除、封堵互联网黄毒信息、上报有害政治信息262条，有效防止本地有害政治信息在互联网上的传播；开展有害气功组织的“铁铲行动”，取缔有害气功活动点8处，对为首人员进行严肃处理；妥善处置曹县朱洪庙乡与河南省商丘市梁园区孙福集乡、东明县长兴乡与河南省长垣县荆岗乡两起边界纠纷和牡丹区、东明、曹县3起回汉群众纠纷事件。2005年，把维护政治稳定作为政法工作的首要任务，建立健全信息预警和应急机制。市公安局成立由277名干警参加的处置突发性群体性事件机动队，妥善处置“2•25”牡丹区高庄镇部分群众冲击铁路事件。

第五节 社会治安综合治理

综合治理工作 1991年7月，地区社会治安综合治理委员会（简称综治委）及其办公室成立后，相继制定《社会治安综合治理委员会议事规则》《社会治安综合治理委员会部分成员单位的职责任务》《关于开展社会治安综合治理达标评比活动的实施意见》《1991—1995年社会治安综合治理规则》等文件和规定，为以后社会治安综合治理各项工作的顺利开展打下基础。1992年3月，地区综治委就开展社会治安综合治理集中宣传活动作出安排部署，全区9县市利用多种形式，广泛宣传加强社会治安综合治理工作的意义、任务、要求、目标、范围及原则。为了不断加大综治工作的宣传力度，在随后的三年中，先后出台《1993年社会治安综合治理宣传计划》，转发《山东省社会治安综合治理好新闻奖评选办法》，组织开展社会治安综合治理集中宣传报道工作。1993年，为加强社会治安综合治理基层基础工作，地区综治委组织开展“民间纠纷排查调处月”活动，设立社会治安见义勇为基金。1994年，普遍在城区、乡镇组建治安联防队，行政村建立健全治保会。1996年3月，为推动《1996—2000年社会治安综合治理规划》的稳步实施，在成武县召开全区城区综治现场会，在鄄城县召开全区城区综治经验交流会，在县级菏泽市召开全区城区“创建”工作现场会，为五年规划布好局、开好头打下基础。1997年，对10起重大案件防范责任进行查究通报，分别在县级菏泽市和单县召开全区“创安”工作现场经验交流会、基层“创安”活动现场会和基层依法治理工作现场会，推广单县配齐配强村级专抓综合治理副职的经验。1999年，集中治理整顿学校治安秩序活动彻底改变域内学校周边环境的混乱状况。

2001年，对全市55个单位进行责任查究和实行一票否决，其中27个部门和单位被黄牌警告。2002年3月，全市排查影响社会稳定矛盾纠纷活动全面启动，当月排查出17个影响社会稳定的问题，并逐一进行解决。为推动社会治安综合治理各项工作措施的进一步落实，市综治委先后在郓城、牡丹区、单县召开全市治安防范建设（现场）汇报交流会、社会治安综合治理工作会议；组织人大代表和政协委员到成武、单县、郓城和巨野视察综治工作，认真执行一票否决制度和重大案件防范责任查究制度。2003年，市综治委部署开展油区治安秩序整顿、医专周边环境治理、医疗单位治安环境整治、百村整治、生产秩序专项治理、开发区和工业园区建设环境专项整治、百名干警包村治安整治、高速公路施工场地治安秩序整治、学校及周边治安环境治理9个专项整治活动。同时，通报全市2002年度落实一票否决及重大案件防范责任查究制度的情况，并对全市48个单位实行一票否决，对9个单位进行黄牌警告。2005年10月，市综治委举办综治干部培训班，全市173个乡镇（办事处）的综治专职副主任参加集中培训，系统地

学习治安防范、国家安全、矛盾纠纷排查

治安防范宣传

调处、维护社会稳定、信访等工作知识。

综合治理新闻评选 为配合全区综合治理活动的开展，地区综治办还大力组织开展综治好新闻评选活动。1996年，全省1995年度综治好新闻评选揭晓，菏泽地区获一等奖2个、二等奖3个、三等奖5个，获奖文章6篇、摄影图片3幅、电视报道1件。1999—2002年，对全区综治好新闻进行评选，评出报刊类一等奖19个、二等奖31个；广播类一等奖9个、二等奖9个；电视类一等奖10个、二等奖9个；新闻图片类一等奖7个、二等奖12个。2005年，对2004年度全市综治好新闻进行评选，评出一等奖12个、二等奖12个。在此基础上，精选出12件作品参加全省社会治安综合治理好新闻评选活动。

表彰先进 1997年1月，地委、行署授予菏泽市丹阳办事处等33个单位“菏泽地区社会治安综合治理先进单位”荣誉称号；给予在“严打”集中统一行动中表现突出的曹县公安局等19个单位通报表彰。2000年1月，地委、行署授予成武、东明、单县“社会治安综合治理先进县”荣誉称号；授予人民银行菏泽地区中心支行等7个单位“菏泽地区社会治安综合治理先进单位”荣誉称号；授予县级菏泽市南城办事处等31个乡镇、办事处“安全文明乡镇（办事处）”荣誉称号；2001年，菏泽市综治委授予李敬彦、蒋银忠、王洪娥等19人“社会治安见义勇为先进分子”荣誉称号。2003年1月，菏泽市委、市政府授予侯祥坤等5人“社会治安见义勇为先进分子”荣誉称号；对牡丹区南城办事处等17个全市社会治安综合治理先进单位给予通报表彰；对贾祥轩等10名政法、综治先进个人给予记二等功奖励。2004年，菏泽市综治委授予李安启等10人“社会治安见义勇为先进分子”荣誉称号；授予牡丹区护路大队、鄄城县护路大队“全市铁路护路联防工作先进集体”荣誉称号；授予陈德杰等23人“全市铁路护路联防工作先进个人”荣誉称号。2005年，菏泽市委对郓城等3个平安建设先进县、菏泽市经济开发区等40个平安建设先进单位与郭国灵等30名平安建设先进个人给予通报表彰，授予程永祥等10人“社会治安见义勇为先进分子”荣誉称号。同年11月，中央宣传部、中央综治委、公安部、中华见义勇为基金会授予李安启“全国见义勇为英雄”荣誉称号。

第二章　法治政府建设

第一节　规范性文件制发

1989年以前，行署办公室法制科主要负责行政应诉工作，尚未制发规范性文件。1989年7月设立行署法制局后，负责全区的政府法制工作，开展清理行政处罚主体、清理规范性文件、推行行政执法责任制，为行署依法决策、依法行政服务。1990年4月，行署下发《菏泽地区行政公署规范性文件制定程序》《菏泽地区规范性文件备案审查暂行规定》，要求对行署各部门起草的规范性文件草案、法律依据、可行程序、权限范围、格式文字和法定程序等进行严格审查把关，对县市人民政府的规范性文件实行备案审查制度。1990—1999年，全区政府法制系统共制定地、县两级政府规范性文件960件，审查、清理政府及部门规范性文件7430余件，修改和废止过时或不适应的规范性文件330余件。2000—2005年，全市政府法制系统共制发规范性文件177件，审查规范性文件167件。

第二节　行政复议应诉

1990年，行署及各县市政府都设立行政复议应诉机构，配备专（兼）职复议应诉人员，开始办理复议应诉案件。1994年，省法制局、省高级人民法院、省人事厅联合下发《关于对行政复议应诉人员进行培训考核发证》的通知，当年培训行政复议人员800多名，并于1995年对受培训人员颁发资格证书。1990—1999年，全区共受理行政复议案件410件，其中维持232件，撤销117件，变更31件，自动撤回申请30件；代理行政诉讼案件4480起，其中胜诉3940起，胜诉率为88%。2003年，市政府法制办与中级人民法院建立联席会议制度，加强交流与合作。同时，举办全市行政复议应诉人员培训班，为129名经考试合格的行政复议人员办理“山东省行政复议人员业务资格证书”。2001—2005年，全市共受理行政复议案件364件，其中维持102件，撤销98件，变更20件，撤回申请96件，终止48件；代理行政应诉案件46起，其中胜诉38起，胜诉率为82%。

第三节　行政执法规范化建设

1990年，按照省政府的要求，行署制订《依法行政五年规划》。为迎接《中华人民共和国行政诉讼法》的颁布实施，行署下发《关于清理规范性文件和行政部门执法职责权限的通知》，要求各级政府按照“谁起草、谁制定、谁清理”的原则，逐件逐条进行清理。这次清理的结果是：行署制定的127件规范文件中，继续有效的72件，应修改的20件，废止35件；行署部门制发的487件规范性文件中，继续有效的294件，应修改的26件，废止167件；各县市1267件规范性文件中，继续有效的796件，应修改的149件，废止322件。清理结束后，对继续有效的规范性文件在媒体上进行公布。在清理具体行政行为时，制发具体行政行为统计表，将具体行政行为的种类、项目进行登记，然后对照法律、法规、规章，逐项进行清理检查，对有法律、法规依据的予以公布；对违反法律规定的予以纠正；对一无法律规定，二无上级授权的强制处罚行政行为，予以停止执行。全区共清理收费项目3.6万项。地直有收费行为的单位95家，收费项目达5100多项，经审查后撤销752项越权收费行为。对部门之间相互交叉和混乱不清的职责权限进行具体协调和明确划分。

1992年5月，对全区规范性文件进行清理，共审查规范性文件350件，其中需修改的2件，需废止6件。10月，为贯彻落实国务院《全民所有制工业企业转换经营机制条例》，清理规范性文件200多件，其中废止25件。1993年，废止16件涉及农民负担的规范性文件和17个收费项目。在清理乱收费方面，废止不合理收费12项。

1997年，根据《中华人民共和国行政处罚法》（简称“行政处罚法”）《山东省听证程序实施办法》，举办两期听证主持人培训班，全区有近500人取得听证主持人资格证书。1998年，根据“行政处罚法”，行署法制局清理地级行政处罚主体，公布具有行政处罚权的部门55个，具有行政处罚主体资格的分支机构或者派出机构11个，法律、法规授权的组织18个，受行政机关委托并以委托机关名义实施行政处罚的事业单位9个，行政机关的直属机构或者视为内设机构的组织以其主管行政机关名义实施行政处罚的单位16个。同时对全区9700多名行政执法人员进行公共法律知识培训和考试。2000年，根据“行政处罚法”和省政府84号令的规定，对地、县市行政处罚主体进行公布。县市经过审核，确定具有行政处罚主体资格的行政机关、分支机构或派出机构、法律法规授权的组织、委托的组织等共958个。在审核确认行政处罚主体资格的基础上，对全区的执法部门进行严格定员、定岗，清退执法岗位上的临时工、合同工2980多人。对全区申请办理行政执法证的2.8万人进行培训、考试和资格审查，清理出1.35万人，为1.4万名行政执法人员办理行政执法证，并对办理行政执法证的人员进行登记、造册和入档，97名违法、违纪人员被调离执法岗位。

2001年，由于菏泽撤地设市和机构改革等原因，已领取行政执法证的人员变动较大，原行政执法证件不便继续使用。为此，市政府法制局对单位名称变动，乡镇合并，名称变更；工作单位变动，调整到新的行政执法岗位；单位因机构改革等原因改变名称；机关职能调整；其他原因等5种情况的行政执法人员进行集中换证。根据《山东省行政执法错案责任追究办法》，制订《菏泽市行政执法责任制暂行规定》《菏泽市行政执法投诉查处试行办法》，分别对行政执法责任制的适用范围、组织领导、行政机关和执法人员应当遵守的原则等，作了具体规定。同年8月，行政审批制度改革全面启动。市级原有行政审批事项1279项，经过审批，保留528项，占41%；取消、转化和下放751项，占59%。11月，对 1980—2001 年间，市政府及市直部门出台的所有规范性文件进行清理，共清理市委、市政府、市政府办公室文件 6451 件，其中属于规范性文件和市委涉及经济、行政管理文件 2411 件，予以保留的 1021 件；停止执行、建议修改、废止的 1390 件。县区清理各类规范性文件 11240 件；市直部门清理规范性文件 5520 件。同年还审验行政执法证 7839 个，举办验证人员培训班 31 期，对所有验证人员全部培训一遍。

2002 年 7 月，组建菏泽市行政审批服务中心，第一批进驻中心的有 34 个部门。至年底，审批中心共受理各类审批项目 19879 件，其中当即办理 15903 件，占 80%；承诺办理 3975 件，占 20%；审批件按期办结率为 100%。收到评议卡 360 多张，满意率为 95%；收到锦旗 29 面，表扬信 40 余封。2003 年，起草《菏泽市开展城市管理相对集中行政处罚权工作方案》《菏泽市人民政府开展城市管理相对集中行政处罚权工作说明》等一整套开展城市管理相对集中行政处罚权工作的申报实施方案，并指导帮助巨野、郓城、东明等县的城市管理相对集中处罚权的组织实施。全年为 1243 人办理“山东省行政执法证”，为 11252 人审验行政执法证，为 290 人换发新证。2004 年，为迎接《中华人民共和国行政许可法》（以下简称“行政许可法”）的颁布实施，市政府法制办公室组织专门力量，对全市新中国成立后所有规范性文件进行集中清理。这次清理共涉及市委、市政府制发的文件 6576 件，其中规范性文件 1956 件，经审查予以保留的 572 件（其中涉及行政许可的 98 件），废止或需修改的 1348 件。按照“行政许可法”的要求，对市级 401 个行政审批项目重新进行清理，取消和改变管理方式事项 31 项。实际审批项目累计精简 903 项，保留 370 项，精简幅度为 71%。各县区清理行政许可主体 738 个，清理行政处罚主体 612 个，清理行政许可项目 4509 项。全市有审批职能的 54 个单位，除市公安局所属的交警支队和检验检疫局就地规范、纳入市行政审批中心管理外，其余 52 个单位已全部纳入中心设立审批窗口，市政府集中审批的部门达到 100%。尤其是在省政府批准菏泽市《相对集中行政处罚权工作方案》后，帮助城市执法局搞好制度建设、全员执法培训和行政执法证的发放工作。同时，指导县区搞好相对集中行政处罚权工作。全年共举办执法培训班 20 多期，新办行政执法证 600 多个。

2005 年，为贯彻《国务院依法行政实施纲要》，联合市纪委、监察局，举办全市领导干部依法行政培训班，各县区分管副县区长、法制办主任、县直部门负责人、市直部门分管领导及法制科长约 300 人参加培训，聘请省法制办副主任高存山到菏泽讲课。同年 10 月，对全市所有行政执法人员进行公共法律知识、“行政许可法”以及《国务院依法行政实施纲要》等法律知识的培训，对考试合格人员办理行政执法证审验手续，新办行政执法证 1148 个；为 324 人换发了行政复议应诉资格证，为 294 人办理听证主持人资格证。

第四节　行政执法监督

1990 年，行署制定《关于行政执法的若干暂行规定》，对行政执法监督检查证颁证范围、监督检查人员的工作职责、检查方法等作出明确的规定。1991—1995 年，行署法制局先后联合计划、监察、外贸、商检、司法、卫生、医药、盐业、工商、技术监督、统计、档案等部门开展专项执法大检查，对发现的问题提出具体整改意见。5 年间，共开展行政执法大检查 236 次，涉及法律、法规和规章 520 件，纠正较大违法案件 831 起。

1997 年 4 月，按照省政府统一部署，就《中华人民共和国城市规划法》实施 7 周年以后，全市城市规划部门依法行政等方面的工作进行专项检查。1990—1999 年，全区共开展医药、卫生、烟草、教育、环保、城建、统计、水利、档案、畜牧、产品质量、制止三乱、减轻农民负担等检查 360 余次，涉及法律、法规、规章 610 余件，纠正较大违法案件 1100 余起，为企业和农民挽回经济损失上亿元。2000 年 10 月，行署组成 4 个检查组，对县市就“行政处罚法”的贯彻实施情况及减轻企业负担、农民负担、整治医药市场、环境保护等，进行行政执法监督检查。为加大对全区行政处罚的监督力度，行署法制局还建立行政处罚案件统计制度，要求各县市和地直部门及时上报行政处罚案件情况。

2001 年，针对行政执法部门因执法文书不规范，不按程序执法，造成具体行为被撤销、行政应诉败诉的现象，对公安、土管、城建、技术监督等 20 多个部门进行检查，共查处执法程序不当、文书不规范、滥施处罚等问题 31 件。2004 年，开展清理乱着装、整顿网吧和贯彻实施《中华人民共和国行政许可法》等工作；主持市物价局、交通局、统计局行政处罚听证会；调解巨野县文化局与县委宣传部新闻执法、市交警支队与市高速公路管理处公路执法、鑫光旧机动车评估所对市物价局作出的行政处罚疑义等执法纠纷。2005 年 7 月，配合省检查组和市监察局，对全市各级行政执法单位进行为期 1 个月的监督检查；责成有关部门就被处罚人投诉郓城县工商局和郓城县建设银行罚款票据不规范的问题进行查处；先后主持菏泽市烟草专卖立法、菏泽火化厂选址、环保局行政处罚、出租车燃油加价等 4 个听证会。同年 11 月，按照省政府统一部署，对全市所有执法单位实施的法律、法规、规章进行梳理分类，明确行政执法主体资格和职责，界定行政执法职能。

第五节　政府法制宣传教育

1990 年，行署专员办公会议讨论通过《领导干部学法日制度》，规定地级领导干部集体学法每季度 1 次，县级干部每两个月 1 次，科级干部每月 1 次。1991 年，法制局编印《行政复议知识问答》手册，在机关干部中开展政府法制宣传工作，并采用学习班的形式，对全区 899 名复议应诉人员进行业务培训，对全区党政机关、企事业单位的领导干部分三批进行行政复议知识考试。1993—1995 年，开展《中华人民共和国土地管理法》《中华人民共和国产品质量法》《中华人民共和国税法》《中华人民共和国国家赔偿法》《中华人民共和国水法》《中华人民共和国城市规划法》《中华人民共和国劳动法》《中华人民共和国反不正当竞争法》等多部法律的宣传活动，利用广播电视、报纸报刊、黑板报、过街标语、宣传车等形式，发放宣传资料4万余册，举办法律知识竞赛9次，播放法制教育录像、电影600多场次，组织大规模的街游宣传活动9次，悬挂标语3000多幅，参加宣传的人员达3500多人次。在地级以上报刊、电台上刊播法制文章108篇，为单位、学校上法制课260次。1996—2000年，全区共举办法制讲座50余次，学习法律、法规100余部，发放《法律法规规章汇编》5000余册、发放《三法一条例》《中华人民共和国行政复议法》和“行政处罚法”5万余册，出动宣传车3000余辆次，张贴悬挂标语4000余幅，散发法制资料20万份。地、县市领导发表电视讲话300余次，举办法律知识竞赛100余场次。在地、县级新闻媒体上刊播稿件6000余篇，在国家和省级媒体上刊发文章1000余篇。2003年8月，市政府设立政策咨询中心，至年底，共接来电、来访730余人次，解答涉及房屋拆迁补偿、土地承包、执法机关不依法办事、乡镇干部作风粗暴等一些政策法规问题430多件，为群众提供法律文本1000余份。2001—2005年，共举办科级以上领导干部法制讲座、培训班130余次，学习法律、法规30多部，出动宣传车3000余辆次，悬挂标语4万余幅，散发宣传资料30万份。市、县领导发表电视、广播讲话300次，举办法律知识竞赛100余次。

第三章　公　安

第一节　治安管理

惩治“黄赌毒”　1986年后，菏泽地区公安机关深入开展严厉打击黄赌毒等社会丑恶现象专项整治行动，净化社会环境，树立菏泽良好形象。2002年10月，经市编委批准，菏泽市公安局治安行动队（即治安三大队）正式成立，属正科级单位，负责承办治安部门所管辖的各类刑事案件和治安案件，以及基层治安部门查处有困难的案件。

治安巡逻

2003年，全市共查处卖淫嫖娼案件940起，赌博案件1125起，抓获违法人员6109人，其中行政拘留1678人。市局专门下发了《关于加强公共娱乐场所管理，严厉打击社会丑恶现象的通知》，并定期对城区旅馆、洗浴中心等进行治安检查。对不符合公共娱乐场所管理规定的，下达整改通知书责令其限期整改，共下达整改通知书30份，限期整改不符合公共娱乐管理规定的场所26处。2003年7月23日和

8 月 12 日晚，经局党委研究决定，并报请市委、市政府领导同意，对城区花都、海联等 24 家酒店和碧海云天、水云间等 7 家洗浴中心进行治安检查，从城区花都、海联、碧海云天洗浴中心抓获卖淫嫖娼人员 6 人，从水云间、花园村洗浴中心抓获色情服务人员 5 人。2003 年 10 月 3 日，据群众举报，一举捣毁一个在道碑西街华夏大酒店进行色情服务活动的窝点，当场抓获陪侍小姐 6 人，其中行政拘留 3 人。

2004 年 7 月 14 日至 7 月 31 日，根据全省电视电话会议精神，市局组织开展打击卖淫嫖娼违法犯罪活动专项行动。全市共查处此类案件 49 起，抓获违法犯罪嫌疑人 116 人，其中刑事拘留 8 人，提请逮捕 2 人，行政拘留 49 人，其他处理 57 人，检查、清查酒店、洗浴中心、夜总会、练歌房、美容美发厅等重点场所 563 处。

2005 年 1 月 13 日至 5 月 31 日，根据全国、全省统一部署，菏泽市公安机关集中开展打击赌博违法犯罪活动专项行动。全市共查处赌博案件 559 起，其中立刑事案件 4 起；抓获涉赌违法犯罪嫌疑人 2918 人，其中刑事拘留 17 人，行政拘留 1013 人，罚款 1793 人；打掉赌博犯罪团伙 12 个，抓获成员 56 人，涉案 63 起，摧毁赌博窝点 8 个，缴获赌资 224.07 万元。

民用爆炸物品管理　1984 年，国务院颁布《中华人民共和国民用爆炸物品管理条例》，正式明确了民用爆炸物品包括爆破器材、黑火药、烟火剂、民用信号弹、烟花爆竹等，并对民用爆炸物品生产、储存、销售、购买、运输、使用的安全监管进行了规定。地区公安处治安科组织全区治安民警对所有民用爆炸物品从业单位重新进行摸排，建立管理档案。1990 年 12 月，济宁市嘉祥县核桃园乡规划为巨野县管辖。当时有两处爆炸物品销售点，分别为巨野县核桃园乡民爆器材销售处、巨野县青龙山民爆器材销售处。地区公安处要求两销售处负责人在对爆炸物品的购买、运输、领取、使用、清退等各个环节，进一步建立健全安全管理工作制度，切实加强对民爆物品的有效管理，堵塞一切安全管理漏洞。同时，对运输、使用、清退爆炸物品人员，进行审查，逐人登记，由核桃园乡有关负责人审查批准后，报送公安保卫部门备案，不得随意更换。1998 年将两处民爆物品销售单位合并为巨野县核桃园民爆器材销售中心（实属镇办企业）。2002 年，市公安局将“治爆缉枪”工作作为治安管理工作重点，在全市范围开展专项行动。累计收缴各类非法枪支 1058 支，炮弹及引信 31 枚，雷管 60 枚，各式子弹 7825 发；收缴烟花爆竹成品及半成品 278 万余头，黑火药 669 千克，取缔非法生产销售窝点 49 个，抓获各类违法犯罪嫌疑人 74 人。2005 年，市编委下发了《关于民用爆炸物品安全监管职责分工的通知》，明确规定国防科工办对民用爆炸物品生产、销售的安全监督管理职责由市公安局代管。

烟花爆竹管理　菏泽历史上就有制作烟花爆竹的传统乡镇村庄，很多群众自行制作销售“土鞭炮”，由于生产操作不规范，私自制作烟花爆竹时发生爆炸事故时有发生。但由于烟花爆竹生产工艺简单，成品低，利润巨大，在公安机关严厉整治下，非法制贩烟花爆竹的活动屡禁不止。

1984 年，全区各级公安机关积极会同工商、供销等部门对烟花爆竹安全管理进行排查整治，对非法制贩违法犯罪活动进行严厉惩罚，经过治理，全区烟花爆竹管理秩序趋于良性发展，相继开办了5家烟花爆竹生产企业，分别是郓城1家、鄄城1家、定陶1家，曹县2家，主要生产鞭炮和礼花。为提高生产工艺、规范操作流程，地区公安处将烟花爆竹生产人员集中在工厂内从事生产，有效预防爆炸事故的发生。同时，会同地区供销部门，在每一个县设立1家烟花爆竹经营批发单位，负责本县烟花爆竹市场的供货，公安机关根据实际需要，设立若干零售经营点，在规定的时间和地点销售烟花爆竹。1996年，地区公安处治安科组织各县治安部门对烟花爆竹生产、经营单位持续不断地开展安全检查，累计检查单位35次，发现各类安全隐患47处，逐一责令从业单位限期整改，确保了安全。2002年，为确保烟花爆竹经营单位的安全，市公安局将烟花爆竹储存的改建工作作为重点，指导督促单县、定陶县、曹县按照国家关于烟花爆竹储存规范要求建设了新库，督促郓城、巨野、鄄城、东明、成武5县强化基础设施建设，杜绝爆炸事故和事件的发生。

2003年，根据国家安全生产监督管理局、公安部、国家发展和改革委员会联合下发的《关于做好职能调整期间烟花爆竹安全监管工作的通知》，境内公安机关负责烟花爆竹运输通行证发放和烟花爆竹运输路线确定工作，管理烟花爆竹禁放工作，实施烟花爆竹厂点四邻安全等公共安全管理，侦查非法生产、买卖、储存、运输、邮寄烟花爆竹的刑事案件。2004年1月6日，市公安局下发《关于在菏泽城区燃放烟花爆竹的通告》，对春节和元宵节期间烟花爆竹燃放工作进行部署。4月15日，市公安局联合市供销合作社下发《关于加强烟花爆竹安全生产经营管理的意见》，对烟花爆竹生产、经营活动进行规范和整治。年内，集中开展了两次加强烟花爆竹安全管理、严厉打击非法制贩烟花爆竹专项整治行动，累计查处非法生产、销售、运输烟花爆竹案件405起，取缔非法生产、销售窝点310个，没收烟花爆竹成品及半成品492万余头，“黑火药”150千克、其他原材料3600余千克及各种引线25万余米，收缴手工制作工具124套，抓获违法犯罪嫌疑人882人，其中刑事拘留23人，行政拘留498人，作其他处理361人。市公安局加大对烟花爆竹生产、经营企业和民爆站的监管力度，定期开展治安检查，指导督促全市所有烟花爆竹经营企业建设了符合国家规范标准的烟花爆竹储存仓库，有效杜绝了爆炸事故和事件的发生。

销毁收缴的烟花爆竹

枪支弹药管理　1981年，全区各级公安机关根据公安部《中华人民共和国枪支管理办法》规定，把各种射击运动用的气枪、长枪和小口径步枪、狩猎用的膛线枪、散弹枪、火药枪、医务用的麻醉注射枪等均纳入管理范围。

1987年，依据国务院办公厅《关于切实加强民用爆炸物品管理的通知》和省公安厅《关于全省进行枪支检验和实行保卫、自卫枪支登记卡制度》精神，地区公安处对全市保卫、自卫用枪进行清理整顿，并采取人、枪、证三对照的方式完成各类枪支登记、检验和建卡。中共十三大期间，地区公安处把枪支、弹药管理列入重要议事日程，加强对涉枪单位和人员的管理和教育。

1996年7月5日，《中华人民共和国枪支管理法》颁布。地区公安处结合严打整治行动，在全市开展集中收缴社会非法枪支的专项斗争。行动中，共印发各类宣传材料5.6万份，出动宣传人员3120人次、车辆754辆次，悬挂宣传横幅312条，张贴、粉刷各类标语3280张，集中收缴各类非法枪支1243支，子弹15300余发。2003年，为金融系统处于持枪岗位而无持枪证件的611人办理公务用枪持枪证，确保金融系统公务用枪的依法、安全使用。为积极适应公安队伍规范化建设需要，2004年，市公安局治安支队组织人员对全市公安系统公务用枪管理现状进行调查摸底，督促各县区加大对武器库（室）及枪弹保险柜规范建设力度，单县、郓城县公安局武器库达到省厅规范标准。严格公务用枪配备岗位管理，为646名具备公务用枪持枪资格的民警办理了持枪证。治安支队对全市金融系统公务用枪配备情况进行详细调查研究，结合全市实际，制定防暴枪换装工作实施意见，按照调查摸底、核准配枪岗位、下发防暴枪、举办配枪人员培训班、收缴原有军用枪支、销毁枪支、办理证件7个步骤进行，12月8日，最后一批金融系统防暴枪枪证办理完毕，全市金融系统防暴枪换装工作全部完成。2005年12月16日，市公安局对全市各级公安机关收缴的1900余支社会非法枪支，在菏泽军分区靶场进行集中销毁，销毁工作进行顺利。

特种行业管理　1986年，《中华人民共和国治安管理处罚条例》颁布实施后，对全区1051户特种行业逐户进行清理整顿，对符合政策合法经营的，审发和补发营业许可证。1988年，全区共有特种行业1391户，其中旅店业633户，旧货业357户，刻字业178户，其他特种行业223户。在特种行业的分类排队和重点审查中，全区共发现违法犯罪线索310条，抓获违法犯罪人员196人。1990年，地区公安处制订《关于加强特种行业治安管理工作的意见》，规范全区的旅店业、刻字印刷业、生产性废旧金属收购业和信托寄卖行业的经营秩序。1992年，全区建立542个治保组织，配备治保人员996人，抓获违法犯罪嫌疑人414人，缴获赃款及赃物折款19万余元。1994—1998年，加大对特种行业的治安检查力度，对存在的治安隐患及时整改，对违法犯罪线索深挖细查，累计检查废旧金属收购站点1356家，下达整改通知书223份，行政处罚86家；特种行业人员提供违法犯罪线索1452条，协助破获各类犯罪案件467起、抓获违法犯罪嫌疑人548人。2003年，取消部分特种行业开业治安审查制度，工作重心由原来的事先审批，转到事中检查服务和事后监督查处上。对印章业和旅馆业安装治安管理信息系统，基本实现信息动态化管理和资源共享。2004—2005年，对全市设有50张床位以上的大型旅馆及部分50张床位以下的中、小型旅馆安装治安信息系统。

网络安全监督管理 公共信息网络安全监督管理工作的主要任务是对提供网络服务、信息服务的单位和联网使用单位进行管理、监督、检查，指导、督促其落实安全保护管理制度和安全保护技术措施，对重要信息系统的安全保护工作进行监督、指导。

网吧管理 1999年前，菏泽地区不存在网吧,网络安全监督管理工作没有开展，1999年，菏泽地区第一家网吧“世界之窗”开业，2000年，全区开业的网吧72家，属无证经营和证照不全的有55家，占总数的76.4%，全区组织突击检查17次，检查中共出动警力102人次，取缔无证经营和整改不达标网吧72家，查破在网吧进行违法犯罪活动的案件4起，其中破获聊天室案件1起，查阅下载有害信息3起，抓获4人,3个网吧受到处罚。2000年至2001年，共审批网吧279家。2002年，根据国务院新颁布实施的《互联网上网服务营业场所管理条例》，对351家网吧进行重新审核登记，对298家合格的网吧发放《重新审核意见书》，全部网吧安装信息网络净化器，在线率达到95%以上。2003年下半年，在全市开始推行ID卡实名上网工程，2004年7月份全部安装完成。2005年3月至4月、7月至9月、12月组织开展了3次大规模的网吧专项清理整治活动，对辖区内网吧进行全方位拉网式检查，共检查网吧1500余家次，配合工商等部门取缔黑网吧近百家，依法查处一批网吧卸载安全管理软件逃避监管等违规行为。2005年5月至7月对全市500余家网吧安全管理软件进行了升级。

网络有害信息监控 2002年前，网监警力有限，没有安排专人从事互联网网站有害信息监控工作，2002年，市委、市政府成立菏泽市互联网有害信息专项清理整治工作协调领导小组，市委副书记李延良任组长，市委常委、宣传部部长韩广洁，市委常委、政法委书记崔建平，市政府副市长贾凤英任副组长，公安局、安全局、教委等有关单位领导为成员，办公室设在市公安局，组织开展互联网有害信息专项清理整治工作，全市各县区共组织集中行动38次，先后出动执法人员1000人次，检查重点网站30个、接入单位5个，联网单位10个，各类互联网上网服务场所340余家。行动中，发现和清除各类有害信息100余条，下达安全隐患整改通知书80份，限期整改问题严重的网站、网吧56家，取缔“黑网吧”18家、关停18家，破获案件30起，行政处罚28人，刑事拘留1人。2003年，菏泽市公安局网监支队监控到600余个有害网站，监控信息和其他各种信息的上报及采用量在省排名由2002年的末位升至第三名。2005年，网监民警达6人，网监部门开始安排专门人员从事互联网有害信息监控工作。

网络案件侦查 2000年，按照公安部《关于计算机犯罪案件管辖分工问题的通知》规定，刑法规定的非法侵入计算机信息系统案（第二百八十五条）和破坏计算机信息系统案（第二百八十六条）交由公安部公共信息网络安全监察局管辖，在有条件的省级以下公安机关，上述案件交由公共信息网路安全监察部门管辖，刑事侦查部门应予以配合，公共信息网络安全监察部门暂不具备接受上述案件的，仍由刑事侦查部门管辖，公共信息网络安全监察部门协助、配合。2005年，公共信息网络安全监察部门管辖的信息网络违法案件主要是违反《中华人民共和国治安管理处罚法》的行政案件，主要的信息网络违法案件主要有利用信息网络扰乱公共秩序的违法案件、利用信息网络侵犯人身权利、财产权利的违法案件、利用信息网络妨害社会管理的违法案件等。同年，菏泽市公安局根据网络社会发展需要，将网络案件侦查工作纳入公共信息网络案件监察部门。

第二节　户政管理

户籍管理制度改革　2001—2002年，先后印发了市政府制定的《关于积极推进小城镇户籍管理制度改革的通知》《关于推进城市户籍管理制度改革的意见(试行)》及市公安局制定的《菏泽市城市户籍管理制度改革实施细则》，使市内户籍管理制度改革进程全面启动。2003年，结合公安部向全国推出的便民利民措施，作出“转变观念、转变作风、寓管理于服务之中”的决定，首次把服务纳入户籍管理之中，并摆到首要位置。2004年10月1日，根据鲁政办发〔2004〕67号文件精神，取消户口性质划分，按居民实际居住地统一登记为居民户口，打破了传统的农业和非农业户口性质的差别。

常住人口管理　1986年，根据全区户口管理现状，在强化城市户口管理基础上，对农村户口进行全面整顿，逐村逐人核对户口，统一户口簿，编制装订门牌号码，逐村庄绘制实际居住平面图。在组织上，完善农村治保组织，明确户口协管人员；在管理程序上，由户籍员与户籍协管员相结合，实行乡镇辖区外采用迁移证，辖区内采用移入、移出证明的方式变迁户口。新的农村户口管理模式的推行，使个人户籍管理达到基本信息、居住地、户口本、门牌、平面图五统一，为规范管理、侦查破案、打击犯罪发挥了重要作用。

1995年，打破以往在人口管理过程中，采用人工抄写、装订成卷等存放人口档案的传统方式，将计算机引入户籍管理，初步实现人口信息计算机管理。2000—2001年，根据公安部《全国百城市人口信息管理系统联网工程实施方案》要求，建立人口信息数据库，统一公安机关人口信息管理软件，实现全国百城联网接入工程。将全区所有派出所的计算机人口管理推向前台办公，彻底告别了人口管理的传统模式。2005年，将全市的人口信息管理系统集中进行升级改造，联通了境内乡镇派出所、县区公安局、市公安局、省公安厅四级人口信息系统计算机管理网络；并按照公安部和省公安厅制订的标准，对全市890余万人的人口基本信息进行全面整理，规范人口基本登记项目570多万条。

暂住人口管理　自1995年起，按照公安部《租赁房屋治安管理规定》《暂住证申领办法》和省政府出台的《山东省暂住人口管理办法》，对离开常住户口所在地3日以上、在暂住地居住1个月以上的人员，实行暂住证制度。1998年，全区共设立暂住人口管理站291处，登记暂住人口40251人，从中列管重点人口133人；办理出租私房许可证53500份，计算机录入人口信息356万人。1999—2005年，为惩治流动人口犯罪活动，各级公安机关都与辖区内的宾馆、饭店、企事业单位逐户签订“治安承包责任书”，相继实施“租赁房屋治安管理”“流动人口通报协查”“暂住人口函查通报”“以房管人”等新的管理方法和措施。市公安局“暂住人口分层次管理”的经验和做法被省公安厅在全省予以推广。

居民身份证管理 1986年，国务院《中华人民共和国居民身份证条例》颁布实施后，菏泽地区于1987年开展居民身份证的颁发工作。至1989年年底，全区共颁发居民身份证560余万张。1990—2005年，每年制发居民身份证30余万张，其中制发快证20万张。2004年1月1日，《中华人民共和国居民身份证法》颁布实施后，各级公安机关对人口信息管理系统进行升级改造，对辖区人口基本信息进行清理纠错，2005年，共清理纠正居民身份证重、错号3.1万余条。同年全市全面启动了第二代居民身份证的制作和换发。

第三节 出入境管理

1991年，地区公安处外事管理科开始负责境内公民出国申请材料的受理和外国人、港澳台居民在境内日常活动的管理。1993年7月，菏泽地区依法开始审批公民因私赴台申请。1997年，外事科改为出入境管理处，并依法对公民护照进行审批。2000年10月，依法受理审批台湾居民来大陆定居事项。2001年，开始拥有往来港澳证审批权。2002年，依法对往来港澳证再次签注进行制作签发。2003年，实现省、市、县区三级出入境管理部门之间申办证照等各类出入境管理业务信息的网上传输和日常管理，并与户政信息、犯罪信息、边检信息实现了联网。2004年年底，按照公安部和省公安厅有关文件的规定和要求，除特殊身份人员外，普通公民申领护照不再需要提供国外的邀请函、担保材料、单位或公安派出所的审核材料，实行按需申领护照制度。

第四节 惩罚犯罪

惩罚刑事犯罪 1986年，全区公安机关组织开展反盗窃、反破坏社会治安秩序和打击流窜犯罪集中行动，共抓获各类犯罪嫌疑人1634人，其中流窜犯315人；挖出各类犯罪团伙298个、抓获1639人。1988—1989年，分别开展了打击拐卖妇女儿童犯罪活动和“打流窜、挖团伙”的专项斗争，抓获拐卖妇女儿童的犯罪嫌疑人1669人，摧毁隐藏、拐卖妇女的窝点和联络点72个，解救妇女儿童522人；抓获流窜犯644人，挖出犯罪团伙390个、抓获成员1632人。1993年，在打击“车匪路霸”、诈骗犯罪和铲毒的专项斗争中，共破获有关“车匪路霸”案件85起，抓获犯罪嫌疑人185人；打掉诈骗团伙25个，追回赃款及赃物折款328万元；铲除罂粟83995株。1994年开展“追逃百日会战”和打击诈骗犯罪专项斗争，共抓获各类逃犯157人；破获诈骗案件139起，打掉犯罪团伙42个，抓获犯罪嫌疑人185人，追回赃款及赃物折款650余万元。

1995—1997年，对暴力犯罪、盗车犯罪、流氓恶势力犯罪、拐卖妇女儿童犯罪、团伙犯罪、制黄贩黄、卖淫嫖娼等违法犯罪行为予以严厉惩治，全区共破获刑事案

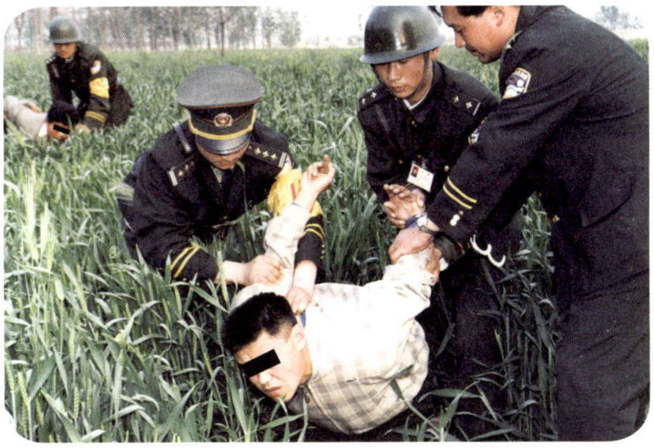

抓捕犯罪嫌疑人

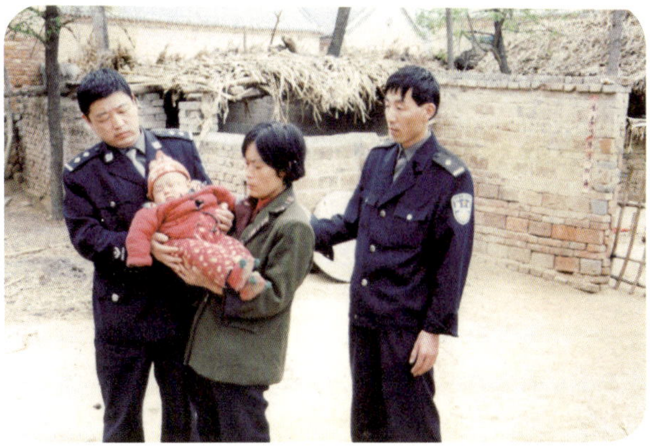

成功解救被拐卖儿童

件4441起，抓获犯罪嫌疑人2531人，摧毁犯罪团伙291个、抓获成员1020人，追回逃犯430人。1998年，以大案要案的侦破为突破口，相继开展严打整治行动、打击刑事犯罪集中行动、打击拎包专项斗争和打击走私、盗窃、抢劫机动车专项斗争，并适时组织7次集中搜捕统一行动。年内，全区共破获各类犯罪案件6625起，抓获犯罪嫌疑人5670人，其中提请逮捕1736人、劳教168人，缴获赃款及赃物折款1403.5万元；打掉犯罪团伙382个、抓获1437人。1999—2000年，相继开展“打霸”“打拐”“打黑除恶”“打盗抢”“铲毒”专项行动，共破获各类霸头案件2725起，抓获霸头2128人，打掉霸头团伙211个、抓获成员1044人；破获拐卖人口案件105起，解救被拐卖妇女儿童143人；抓获流窜犯罪嫌疑人235人；追回逃犯69人；抓获黑恶势力犯罪嫌疑人27人，追回被抢赃车392辆。铲除罂粟14865株，缴获鸦片7.45千克。

2001—2002年，根据公安部的统一部署，开展为期两年的严打整治斗争。至2002年年底，全市共破获各类刑事案件23791起，抓获各类犯罪嫌疑人11945人，摧毁各类犯罪团伙946个、抓获3660人，缴获赃款及赃物折款2711.2万元。2003年，开展“反盗窃、反抢劫”“反盗窃、打流窜”“打击抢劫、抢夺”“打击盗窃耕畜、羊只”等专项行动，共破获刑事案件11314起，抓获各类犯罪嫌疑人4906人，缴获赃款及赃物折款340余万元。2004年，相继开展“打击盗抢机动车”“打击手机短信和网络诈骗”“打击盗窃破坏电力设施”“打两抢”“追逃犯”等专项斗争，共破获各类刑事案件10939起，抓获各类犯罪嫌疑人5034人，缴获赃款及赃物折款300余万元。2005年，开展以打霸治痞、打击盗窃牲畜、打击严重暴力犯罪为主要内容的“三大战役”，共破获刑事案件11483起，抓获犯罪嫌疑人6087人，摧毁各类团伙336个、抓获1588人。

惩罚经济犯罪 1996年6月，公安部下发《关于调整经保局、刑侦局对经济犯罪案件管辖分工的通知》后，地区公安处将公安部规定的五类经济犯罪案件（金融诈骗案件，财税诈骗案件，伪造股票、债券等有价证券案件和股票、期货诈骗案件，伪造国家货币、贩运倒卖伪造的国家货币案件，各种形式的融资、集资案件）划归内保部门负责。12月，地区公安处内保科改称经济文化保卫处。1997年12月，经济文化保卫处改称经济文化保卫支队（2002

年改称经济犯罪侦察支队）。同年，全区公安机关内保部门按照新的管辖分工，把“五类”经济犯罪案件的侦破作为重中之重，破获轰动全区的李某某票据诈骗案，为国家挽回经济损失350万元。1998年，围绕服从服务于经济建设这一中心，坚持打防并举、综合治理、保护重点、维护稳定的原则，严厉打击各类破坏经济秩序的违法犯罪活动。年内，全区公安系统帮助企业完善修订内保制度516条，排除不法干扰107次；受理经济犯罪案件186起，涉案金额2556.7万元，处理违法犯罪嫌疑人240名，其中被宣布逮捕18人，为国家挽回经济损失2000余万元。

2001—2005年，境内破获菏泽有史以来最大的出售假币案，缴获第四套百元版假币50万元，抓获犯罪嫌疑人4人；侦破台湾人徐某某职务侵占案，挽回经济损失19万元；破获张某某合同诈骗案，挽回经济损失100万元；破获解某某贷款诈骗案，涉案金额268万元，挽回经济损失100万元；破获涉及曹县、定陶10家公司的特大虚开增值税专用发票案，抓获犯罪嫌疑人7人，避免国家税款流失780万元；破获郭某某合同诈骗案，挽回经济损失30万元；破获徐某某合同诈骗案，挽回经济损失90万元。

第五节　交通管理

管理机构　1986年以前，交通管理工作由地区交通局负责。1987年，根据国务院《关于改革道路管理体制的通知》精神，各级交通管理机构、人员编制划归公安机关统一管理，原地区交通监理所改为地区公安处交通警察支队（正科级单位），内设4个科室，辖曹县、定陶、成武、单县、巨野、梁山、郓城、鄄城、东明和直属10个交警大队。1991年12月，交通警察支队升格为副县级单位，内设科室增加到9个。2001年12月，改称菏泽市公安局交通警察支队。2005年，交通警察支队内设19个科室，全市共有交通民警843人。

交通设施建设　1986年，菏泽城区仅有3处低档交通信号灯和简易指挥岗台。1992—1994年，在城区中华路安装了单向高隔离护栏5820米，在牡丹路安装了双向高隔离护栏4000米，城区其他主要街道都设置了隔离墩，增设交通标志18面。1996—1999年，分别在黄河路与牡丹路、牡丹路与长江路、长江路与成阳路、解放街与长江路等路口安装高标准交通信号灯，增设交通标志730面。2000—2005年，市城区主要交通路口信号灯改为长臂多相位计时信号灯，并增设交通标志731面、信号灯控制路口16个，规划道路标线68908米，安装护栏15400米。2005年6月，在城区中华路中华桥岗和区政府岗安装电子警察闯红灯自动拍照系统。

交通信号灯

机动车辆管理　1986年，车辆与驾驶员管理工作由地区交通监理所负责。1987年4月地区交通监理所成建制划归公安机关后，由交警支队车辆管理所负责对机动车辆的检验、登记、核发牌照和驾驶员的培训考核、审验等管理工作。1990年，按照公安部关于换发新式驾驶证的要求，共换发新式驾驶证1.3万个。1994年，换发“九二式”车辆号牌7.1万辆。1995年，建立机动车检测线和驾驶员人体适应性检测中心，配置先进的车辆检测和人体适应性检测设备，使机动车安全技术检验和驾驶员身体条件检测走向科学化管理轨道。1998—2005年，实行机动车辆检验、投保、交易、登记、养路费、发牌、发证一条龙服务，管理系统全部实行微机化，加速了车辆管理的现代化。2005年，交警支队车管所被省公安厅授予“山东省规范化车辆管理所”荣誉称号，在全省率先跨入了规范化车管所的行列。

稽查执法　1988年国务院颁发《中华人民共和国道路交通管理条例》之后，针对境内交通秩序混乱问题，组织开展了交通安全整治活动。以交通秩序为突破口，对道路实行全方位、全天候的流动巡逻，对全区的重点路段和重点路口固定专人重点控制，对城郊结合的重点路段落实定岗位、定人员、定职责、定奖惩和包安全畅通的“四定一包”的责任制，保证了辖区内道路的安全畅通。1998—1999年，针对境内无牌无证小汽车违章行驶严重的现象，开展全面治理工作，共查扣无牌机动车220辆，无证驾驶员160余人，有效消除事故隐患，道路交通秩序明显好转。同时，地区交警支队在全区各主要干道设立14处规范化交警中队，加强公路巡逻民警队的建设，实行公路统一执法；投资300多万元配置了多种现代化装备，提高了交警队伍的执法威严。2000年起，开展创建“平安大道”、实施“畅通工程”活动，共取缔马路市场83个，清除违章占道5.8万余米，新上交通标志2384块，施划交通标线8万余米。2001年，菏泽市区被省畅通工程办公室评为城市畅通工程交通管理四等管理水平。2004年，按照《中华人民共和国道路交通安全法》要求，市交通警察支队配置移动式电子警察巡逻车，在城区增设交通技术监控设施，推广非现场处罚方式，规范执法行为，完善执法取证工作。年底，市交通警察支队被评为全省创建“平安大道”先进集体。1986—2005年，全市共查处无牌无证等违章行为75万起，查扣无牌无证车辆45万余辆，查处超载、超员违章行为59万起，查获涉嫌走私车辆580余辆，拘留严重违章驾驶员1.35万人。

“122”报警服务　1986年以后，随着城市和经济的发展，人口和车辆逐年增多，交通流量增大，交通事故呈逐年上升趋势。地区交警部门于1996年全面开展“122”报警系统建设，便于群众报案和求助。建立地、县两级交通管理指挥机构，“122”机动队实行24小时值班备勤。全区设立230处“122”固定报警点、35个交通治安堵截点，对于及时有效惩治交通肇事逃逸和其他的治安、刑事犯罪活动，“122”快速反应机制在实际工作中发挥了积极作用。《大众日报》《人民公安报》《法制日报》《光明日报》《人民日报》《内参》、中央电视台、中央广播电台等新闻媒体对菏泽“122”建设情况予以宣传报道。1986—2005年的20年间，菏泽境内共发生一般以上交通事故19507起，死亡4451人，伤17042人，直接经济损失5571.31万元。

重大交通事故选录

定陶县“2•19”特大交通事故　2003年2月19日13时53分，定陶县境内临商公路210千米+24.55米处发生一起两车相撞的特大交通事故。一辆牌照为豫J-38888号卧铺大客车（核定载客37人，实载29人）超速行驶至事故地点时，将一横穿公路的行人当场撞死后，又驶人对向行驶路线，与对面驶来的牌照为鲁R-01783号依维柯客车（核定载客24人，实载19人）相撞，造成6人死亡。

曹县“8•15”特大交通事故　2003年8月15日10时10分，豫A56783号金龙客车沿临商公路由北向南行驶至278千米+340米处时，与对向驶来的商丘运输公司九公司的豫N09309号（豫N6567挂）大半挂解放汽车发生刮擦事故，造成6人死亡，6人受伤。

郓城县“8•19”特大交通事故　2004年8月19日13时40分，津A65947大客车（落户天津长途汽车公司）行至220线389千米+80米处时，与对向行驶的菏泽市龙燕化纤制造有限公司的鲁R03989大货车相撞，造成3人死亡，13人受伤。

第六节　监所管理

管理在押人犯　“刑法”和《中华人民共和国刑事诉讼法》（简称“刑诉法”）颁布实施后，地区公安处监管部门先后制定下发《看守所人犯收押制度》《值班制度》《在押人犯提审押解制度》《看守所安全检查制度》等规章制度，要求全区看守所对在押人犯依法、严格、安全、文明管理，严禁对人犯打骂、体罚和虐待。1991年，省公安厅下发《中华人民共和国看守条例实施办法》，地区公安处制定落实看守所所长、看守员、内勤岗位目标责任制，整顿监所秩序，加强对人犯的管理，保证监所安全。在生活卫生管理上，保证犯人不吃生、冷和不卫生食物，定时给犯人理发、洗澡，并每月对监室进行1次消毒。为改善看守所的环境，菏泽市看守所于2003年在原所基础上进行扩建改造。新扩建的看守所占地5.53公顷，总建筑面积10300平方米，容量800余人，总投资1200万元。2004年，市看守所被公安部评定为“全国三级看守所”，牡丹公安分局拘留所被省公安厅评定为“全省二级治安拘留所”。至2005年，全区看守所无重大食物中毒和恶性传染病发生，无越狱事件发生。

教育在押人犯　1986—2005年，全区看守所按照《中华人民共和国看守所条例》《看守所工作制度》的要求，在了解掌握在押人犯思想情况的基础上，有针对性地对人犯进行思想教育。教育的内容主要有监规教育、法律教育、政策教育和形势教育等。教育方法主要有集中教育和分散教育。看守干警对在押人犯每月进行1次集中教育，分管干警对在押人犯每周至少谈话1次。根据审讯的要求，有选择性地安排案犯家属对其进行规劝教育。通过教育和规劝，促使一些在押人犯主动坦白交代自己的罪行和问题，检举揭发他人违法犯罪的行为。至2005年，全市通过在押人犯检举揭发案件线索而破获的犯罪案件达287起，抓获犯罪嫌疑人72人，追缴赃款赃物折款 166.5 万元。

第七节　消防管理

消防机构　1986 年，地区公安处消防科下辖直属、梁山、单县、曹县、定陶、巨野 6 个消防中队和 10 个县市（包括梁山县）公安局消防股，共有 204 名武警消防队员。1986 年 6 月 4 日，根据省公安厅《关于贯彻公安部〔85〕公法 55 号文件的通知》，恢复地区公安消防大队的称谓（副团级），下设战训警务科、政秘科、后勤装备科和防火监督科（均为正营级），并从武警地区支队划出单列，归属省公安消防总队和地区公安处双重领导。1989—1990 年，郓城、东明先后成立公安消防中队。1991 年 11 月，地区公安消防大队改称地区公安消防支队（正团级），又称中国人民武装警察部队菏泽地区消防支队和地区公安处消防分局，下设司令部、政治处、后勤处、防火处（均为副团级）。1996 年 6 月，各县市撤销公安局消防股，成立公安消防大队、科（均为正营级）。1997—1999 年，成武、鄄城和菏泽开发区分别成立公安专职消防中队和消防大队。至 2005 年，菏泽市公安消防支队下辖消防大队 10 个，消防中队 8 个，公安合同制消防中队 2 个。

1993 年，菏泽地区消防支队干部、战士

消防分局

消防装备　1986 年，全区 6 个消防中队共装备灭火执勤车 24 辆，车载电台和固定电话 7 部，袖珍式电台 14 部，并配有火警电话和无线电通信网络。1990 年，各级消防队伍全部安装程控“119”火警控制台。1997 年 12 月，建成 350 兆无线通信网。2000 年 5 月，建立具有火灾报警、调度指挥、火警电话录音录时、GIS 电子地图电位等功能的“119”调度指挥中心。2004 年 7 月，完成消防三级网建设，各大队均建立计算机接处警系统，实现了全方位的消防通信网络。2005 年，全市消防部队共有各类消防执勤车 42 辆，其中重型大吨位供水消防车 7 辆，多功能防化抢险救援车 4 辆，登高平台消防车 3 辆，其他水罐及泡沫消防车 28 辆；有空气呼吸器 307 具，防化服 60 套，防火隔热服 54 套，避火服 8 套，破、拆等抢险救援器材 126 台（套）。

消防设备

消防训练 1986—1990年，全区消防官兵根据灭火实战的经验教训，不断修订适应实际情况的战术训练计划，组织消防指战员开展地面基本功训练和高空作业训练。1991年，按照公安部《消防技能训练规则》，实行战斗员业务技术等级制度，全区消防官兵掀起消防业务训练高潮。1992年9月5日，在济南举办的全省消防业务尖兵对抗赛上，地区消防支队取得团体总分第6名。1995年后，根据“火场需要什么就练什么，部队装备什么就设什么课目”的原则，开展训练改革，拉近从训练场到火场的距离。1997—2001年，开展以“打基础、强素质”为重点的执勤人员岗位练兵比武活动，本着“干什么，学什么，练什么，精什么”的原则，重点开展应知应会的理论学习、业务培训和技能训练，强化中队指挥人员的灭火救援指挥程序训练、对辖区内重点保卫对象熟悉程度和特殊火灾的灭火演练。2002年，按照“救人第一”“练为战”的指导思想，根据《训练大纲》《执勤业务训练指导法》，制定消防重点单位的灭火救援预案并进行熟悉演练。同年5月，菏泽消防支队特勤中队成立，除为之配备常规的灭火装备外，还合理配置侦检、警戒、通信、救生、破拆、起重、照明、排烟、堵漏、输转、防化、洗消等车载设备和站配器材，特勤训练工作开始起步。2005年，东明、巨野、曹县、郓城、定陶等县相继建立特勤班，并普遍开展化学事故处置技术训练，消防防护、堵漏、破拆器材

比　武

熟悉单位

技术操作，高空、竖井救助和模拟各类泄漏等特勤专业应用训练以及消防救助技术训练。

高空救助演练

灭火抢险　1986—2005年，全市消防部队共出动人员54856人次，车辆10950辆次，扑救火灾5126起，参加抢险救援1639次，抢救遇险群众463人，保护财产价值15.2亿元。

菏泽市贸易大楼火灾　1986年11月

灭　火

20日20时30分，县级菏泽市贸易大楼发生火灾。接警后，地区消防大队直属中队先后派出5辆消防车赶赴火场扑救，在定陶、曹县和巨野3县消防中队的增援下，于23时40分将大火扑灭。此次火灾共损失商品折款69.3万元。

菏泽市迎宾商场火灾　1988年2月14日零时许，县级菏泽市迎宾商场发生火灾。14日零时23分，地区直属消防中队接到报警后，于零时27分派出4辆消防车28名消防干警赶到火灾现场。由于火势凶猛，火灾面积范围较大，随后又调集5个县的消防中队8辆消防车60余名干警进行增援。零时50分，增援力量陆续到达，通过采用堵截包围，上下合击，分片扑灭的战术，于5时30分将大火扑灭。此次火灾造成经济损失174万元。

郓城县棉纺织厂火灾　1993年12月30日16时20分，郓城县棉纺织厂露天原棉货场因照明线路与闸刀开关接头松动打火引燃周围的散皮棉，火势迅速蔓延。郓城县消防中队16时45分接警后，迅速出动仅有的一部水罐消防车赶赴现场。因原棉货场的5个棉垛已全部燃烧，面积达1200多平方米，火势无法控制，郓城县消防中队立即向地区消防支队求援。16时58分，消防支队调集直属、巨野县、定陶县3个中队和济宁地区的梁山中队，共7辆执勤消防车51名干警赶赴火场，于18时30分将大火扑灭。此次火灾，共烧毁皮棉32吨、篷布32吨、包皮布7000米，污染皮棉133吨，直接经济损失96.6万元，间接损失7.2万元。

成武县造纸厂火灾　2001年11月16日12时40分，成武县造纸厂原料场发生火灾。该厂在组织人员迅速扑救的同时，于13时向成武县消防中队报警。消防中队接警后，立即出动2辆消防车10名消防官兵于13时05分赶到现场。因火势迅猛无法控制，13时10分，成武县消防中队向市消防支队请求支援。消防支队立即调集单县、巨野和一中队的5辆消防车53名消防官兵相继到场增援，并于20日10时将大火彻底扑灭。此次火灾，共烧毁麦草8775吨，直接财产损失221.9万元。

曹县万达工艺品有限公司火灾　2003年6月6日17时50分，曹县万达工艺品有限公司（私营企业，位于该县庄寨镇郭小湖村，距县城50公里）发生火灾。18时16分，曹县消防中队接到报警后，立即调集2辆消防车14名官兵参加灭火，经过近6个小时的扑救，于7日凌晨1时，将大火扑灭，成功的保护了邻近的甲醛罐、1000平方米料场以及毗邻的两个板厂免遭爆炸和焚烧。此次火灾共烧毁砖木结构厂房2942平方米，各类设备47台，被托（桐木制品）成品2345箱，半成品3000箱，木板45万余块，木条35万余根，直接财产损失129.6万元。后经调查认定，火灾系堆积的木材磨光粉（木板、木条用电动砂轮磨光时产生的粉末，当地俗称“砂光粉”）自燃所致。

第八节　安全保卫

1986年3月，根据山东省政府《关于实行企业、事业、机关、团体安全保卫责任制的暂行规定》，地区公安处经济文化保卫科开始指导全区企业、事业、机关、团体单位的内部安全保卫工作和防范网络建设。1988年，为对全区党政机关、重点建设项目、重要科研、重要动力、大型能源基地、广播电视、电讯枢纽、重要金融单位、供电、供水、石油、药品仓库等实施重点保卫，组建首批经济民警队伍，并在各单位分设不同形式的治安保卫组织。1995年，在全区内部单位推广防撬盗能力极强的保险柜保护装置“柜中柜”。1998年8月，地区公安局对全区22家重点企业实行承包制，每位局党委委员承包2个企业，每位中层干部承包1个企业，并与地直各单位签订《安全保卫责任书》。2002年4月，全面推行承包企业制、挂牌保护企业制、承诺服务制，以便于企业报警、求助，为企业及时提供快速、优质服务。按照“谁主管、谁负责”原则，市公安局对列管单位和重点部位组织经常性的安全检查，使不发案单位达到95%以上。2003年，根据各单位经济状况，对经济条件较好的单位实行人防、物防、技防三者并重，重点推广技防措施；对经济条件一般的单位推行治安防范承包责任制，由单位提供承包资金，承包人承担安全责任；对经济条件较差的单位和单位家属区实行无报酬的义务治安联防制。新的防范模式推行之后，单位内部各类刑事、治安案件总量较上年同期下降45%。2004年，按照“打防结合、重在建设”的指导思想，先后与广电、税务、银监、药监、盐政、电力、邮政、网通、联通、工商、文化等11家部门成立联合办公室，就案件移送、情况通报和联络等工作，建立执法协作机制。同年12月国务院颁布《企业事业单位内部治安保卫条例》之后，加强了对单位内部安全防范工作的检查和指导，并选派部分干警作为特派员进驻单位。2005年，根据对国家安全、公共安全和社会稳定的影响程度，将治安重点管理单位划分为三个等级，并按照“属地管理”的原则，将监督指导责任逐级明确到市、县（区）公安经济文化保卫部门或驻地派出所，建立健全了治安重点单位保卫工作的三级管理体制。

第九节　“110”报警服务

1993年11月，按照全省“青岛会议”精神，菏泽地区公安系统开展指挥中心、“110”报警台和城区巡警队伍“三位一体”建设工作。地区公安处在总值班室的基础上成立指挥中心，设立2部“110”报警电话和1部举报热线电话。全区共投入资金940余万元，用于“110”报警台和城区巡警队建设。各县市全部开通“110”报警电话，共有接警人员112人，“110”报警服务车16部，固定报警点620处；建立巡警大队9个，配巡警队员510人。1994年，曹县公安局率先建立副科级指挥中心运行模式，理顺了指挥中心、“110”报警台与巡警、派出所、警务区的关系，形成了上下贯通、左右联动、辐射全县的防范控制网络，快速反应和合成作战能力得到提高。1995年，全区初步形成以指挥中心为龙头，以巡警、联防组织为骨干，以“110”报警为纽带，以派出所、警务区为依托，以安全小区、安全村为基础，纵到底、横到边，动静结合的治安防范新格局。

1996年公安部漳州“110”报警服务台建设现场会和全省指挥中心建设会议后，地区公安处将全区“110”报警台全部改为“110”报警服务台，实现警务模式由静态型向动态型的转变，运行机制由行政管理型向执勤战斗型的转变。同年，地委、行署专门成立“110”建设领导小组，为公安机关增加编制280名，拨款410余万元，用于“110”报警服务台建设。同年10月，县级菏泽市公安局在全区率先开通“110”报警服务台，向社会公开“有警必接、有难必帮、有灾必救、有求必应”的承诺。地委、行署举行“110”新闻发布会，开展声势浩大的“110”宣传周活动。全区各县市党政领导和7000余名公安民警、武警、消防官兵及经济民警、保安队员走上街头，散发传单21万余份，悬挂横标80余幅，刷写张贴标语1000余幅。11月1日，全区9县市公安局“110”报警服务台全部正式运行，走在全省前列。全区党政机关、企事业单位和社会各界人民群众以各种方式支持帮助“110”建设，共资助款额110余万元，捐献车辆、通信工具、生活物品等折款200余万元。在“110”体制建设上，地区公安处构建一个以指挥中心为龙头，以“110”为纽带，以巡警、刑警、交警、消防、武警、派出所6支“110”机动队为骨干，以城乡报警电话为依托，辐射农村、城镇、社会、各警种，动静结合、快速联动、优质服务的运行机制。指挥中心作为整个报警服务系统的中枢，专司“110”接处警任务，实行昼夜24小时值班备勤，负责接受报警和群众求助，下达处置警令；6支机动队都设立“110”值班室，昼夜值班，随时无条件接受和服从指挥中心指令，并按照“城区5分钟，郊区10分钟，边远地区、农村不超过30分钟”的规定要求到达现场。向农村辐射（即：向农村派出所、警务区、安全村、各交通要道的堵截卡点辐射），实现城乡联动；向社会辐射（即：向卫生、电业、邮电、城建等各有关部门辐射），实现社会联动；向各警种辐射（除6支机动队外，其他警种也要无条件接受“110”的指令，快速反应，快速出警处置），实现公安机关的内部联动。同时，为确保“110”报警服务高速有效运转，地区公安处制定下发《关于加强“110”处警信息反馈和督办的若干规定》。至1996年年底，全区共有巡警机动队员210人，刑警机动队员105人，交警机动队员122人，武警机动队员75人，消防机动队员60人，各派出所机动队员800余人；全区专司“110”报警服务车33部，配备武器、警械、通信工具等500余件，基本适应当时“110”报警服务工作需要。

1997—1998年，按照党委领导、政府牵头、公安为主、部门参与、群众互助的原则，建立了以“110”报警服务台为总枢纽，以维护治安和服务群众为主要功能，各职能部门积极参与的社会化公共救助保障机制。全区金融系统营业网点全部实现与“110”报警服务台联网；工商、卫生、交通、邮电、电业、民政、信访、城建等25个行业和部门被纳入“110”社会化报警服务体系。全区“110”共接警31514次，挽救了710名群众的生命。

2001—2004年，市委、市政府先后10余次召开由各县区党委、政府分管领导参加的“110”建设会议，9次下发文件对“110”建设工作进行专题安排部署。2004年，市公安局根据公安部的要求，在单县进行“110、122、119”三台合一建设试点。同年，加强“110”动态监控系统建设，在全市党政首脑机关、金融、财税、医院、供水、供电等要害单位和车站、交通要道、公共复杂场所、大型超市、居民小区等重点部位安装530余套电子监控和红外报警系统，并实现与“110”联网。2005年5月，牡丹分局“110”巡警大队上划市公安局管理，成立市公安局巡逻防暴警察支队，负责整个城区的“110”接处警工作，市公安局指挥中心负责全市“110”的指挥调度和协调。当年，全市8个县级指挥中心基本实行了“110、122、119”三台合一。巡警、交警、消防三支机动队在指挥中心的统一指挥下，按照职责分工，相互协作，共同进行接处警工作，“110”建设进入了新的阶段。自“110”报警系统开通以后，市公安局先后投资1000余万元，用以加强“110”报警服务台建设，使“110”建设走上规范化、制度化轨道。中央电视台、《人民日报》以及省内各大新闻媒体对菏泽“110”建设的先进经验给予了多次报道。至2005年年底，全市“110”报警服务台共接受处置群众报警和求助20余万次，直接破获

"110"救助

各类刑事、治安案件5万余起，抓获、查处各类违法犯罪嫌疑人6万余人，为群众服务10万余次，救助有生命危险的群众6000余人次。

第十节　保安服务公司

菏泽地区外商投资企业保安公司成立于1992年9月。保安公司成立伊始，主要为外资企业提供内部安全保卫服务。1994年10月，地区外商投资企业保安公司改为保安服务总公司，服务范围逐步延伸到全区的党政、金融、邮电、宾馆、学校和企事业单位。2001年，保安服务总公司将500余名保安人员派驻到济南、烟台、日照、淄博、济宁市以及山西、陕西、河南、江苏等省，在全省乃至全国率先走出一条跨市、跨省执勤服务的新路子。2004年3月，市保安服务总公司押运分公司成立，先后开展了市工商银行、市建设银行、市中国银行的守护押运业务。至2005年，市保安服务总公司下设有押运分公司、技防分公司、封闭式培训基地，内设业务部、保安部、招工部、车管部、财务部、办公室等6个部室，共有正式职工260人、在岗队员1050人，服务客户140余家。市保安服务总公司共圆满完成1—13届"菏泽国际牡丹花会"和两届"中国林产品交易会"的安全保卫任务，协助公安机关破获、查处各类违法案件1000余起，预防各类治安灾害事故2200余起，抓获各类违法犯罪嫌疑人1600余人，为客户排除安全隐患1万余处，直接为客户挽回经济损失6000余万元，为单位和群众做好事9000余件。2000年、2005年分别有1名保安队员获"全国优秀保安员"称号。2003年，市保安服务总公司荣获"山东省十佳保安公司"称号。

第四章　检　察

第一节　反贪污贿赂

1986—1988年，全区检察机关立案查处粮食、供销棉麻系统经济犯罪案件251起，并参与对金融系统的整顿。1989年8月15日最高人民法院、最高人民检察院发布《关于贪污、受贿、投机倒把等犯罪分子必须在限期内自首坦白的通告》(简称"通告")后，全区检察机关把反贪污贿赂作为打击经济犯罪的一项重要任务来抓，与有关部门密切配合，广泛深入地宣传"通告"

精神。利用电视“曝光”、召开宽严大会等多种方法震慑了罪犯。在“通告”期限内，全区共有58名经济犯罪嫌疑人到检察机关投案自首，有15名已立案的被告人主动坦白交代犯罪事实。全年共立案查处经济犯罪案件201起233人，为国家挽回经济损失1181万元。1990—1992年，全区检察机关开展综合治理，协同有关部门治理整顿了94个企业单位，提出337条检察建议，建立健全476条规章制度，使36个单位的面貌发生明显变化，16个濒临倒闭的企业起死回生。

1995年，全区反贪工作逐步向纵深发展，实现了思想认识、案件质量、侦查水平、整体作战能力、预防经济犯罪和干警素质6个方面的突破。全年共查办“三机关一部门”（党政机关、行政执法机关、司法机关、经济管理部门）经济犯罪案件139件168人。1996年，提出“预防开路、打防结合、综合治理、促进发展”的新思路，结合办案，做到个案预防、社区预防、系统预防、同步预防和超前预防。特别是在预防农村经济犯罪、加强村级财务管理方面，推广曹县“村账乡管”的典型经验。

1997年，全区反贪部门严格执行修改后的“刑法”和“刑诉法”，做到了“一要坚决，二要慎重，务必搞准”，依法快侦、快结、快诉。1999年，按照“公正执法，加强监督，依法办案，从严治检，服务大局”的工作方针，继续加大反贪污贿赂工作力度，全年立查大要案76件，“三机关一部门”案件131件。2002—2005年，全市检察机关除坚持重点查办“三机关一部门”的犯罪案件和县处级以上领导干部犯罪要案外，又集中力量查办有震动、有影响、人民群众反映强烈的大案要案，重点查办党政机关工作人员利用企业改制之机贪污受贿、中饱私囊、造成国有资产流失案件。继续加大国企改制、城市开发、土地转让、金融管理、教育、电力等系统贪污、受贿、挪用公款等犯罪的查办力度，以集中查处重点领域犯罪案件为切入点，以侦查一体化建设为保障，以加强执法规范化、队伍专业化和管理科学化为基础，确保全市反贪工作的健康平稳发展。至2005年底，全市受理贪污贿赂案件337件413人，立案侦查482件600人，为国家和集体挽回经济损失4945万元。

1995年5月9日，菏泽检察分院新闻发布会

1986—2005 年菏泽市（地区）检察院反贪立查案件统计表

表 24-4-1

年　份	立　案		贪　污		贿　赂		挪　用		起　诉		挽回损失（万元）
	件	人	件	人	件	人	件	人	件	人	
1986	276	–	207	–	43	–	–	–	129	178	246
1987	270	–	120	–	24	–	–	–	69	81	927
1988	470	580	70	81	25	30	24	25	57	75	1816
1989	315	378	100	129	39	42	62	62	67	74	1181
1990	373	421	120	137	81	82	88	93	54	63	427
1991	485	544	204	242	98	109	57	60	90	105	670
1992	433	497	206	256	75	76	76	81	123	135	1273
1993	381	465	138	190	48	51	94	98	82	101	753
1994	370	466	172	233	63	64	93	107	199	276	965
1995	290	390	191	272	49	51	28	33	223	292	4720
1996	265	335	156	216	34	34	45	50	179	211	2844
1997	279	324	166	200	51	53	34	41	206	236	3790
1998	188	208	119	135	41	41	28	32	175	190	2104
1999	155	169	79	88	44	46	32	35	147	157	1035
2000	194	213	107	122	33	33	54	58	184	203	1919
2001	205	233	94	111	35	37	73	82	181	203	2834
2002	172	184	89	92	32	35	44	49	161	173	2708
2003	87	88	41	42	18	18	27	27	71	71	727
2004	110	149	39	58	38	40	29	31	88	119	864
2005	113	179	53	93	27	35	30	41	111	171	646

第二节　反渎职侵权

1986—1990 年，全区检察机关把查处侵犯公民民主权利、人身权利和渎职犯罪案件提高到惩治腐败、促进廉政建设的高度。1987 年立案查处 81 起，立案数超过了检察院重建以来的总和。1993 年，依法履行法纪检察职能，立案侦查 138 件，其中有刑讯逼供、非法拘禁、徇私舞弊、玩忽职守、重大责任事故五类重点案件 91 件。1996 年，重点查办徇私舞弊、侵权、渎职案件，采取积极措施做好修改后的“刑诉法”实施前的准备工作。1997—2000 年，办案数量大幅度增加，案件质量明显提高，新领域犯罪案件的查办有了新的突破，队伍建设和干警的素质都有了新的提高。全区检察机关共立案侦查国家机关工作人员犯罪案件 262 件 305 人，为国家挽回经济损失 960 万元。在立案侦查的各类渎职、侵权犯罪案件中，查处滥用职权案 37 件 39 人，玩忽职守案 67 件 73 人，徇私舞弊案 50 件 52 人，刑讯逼供案 9 件 18 人，非法拘禁案 77 件 99 人。

2001—2005年，全市开展“规范执法行为，促进司法公正”专项整改活动，共立查各类渎职侵权犯罪案件308件370人，其中滥用职权案57件63人，玩忽职守案109件123人，徇私枉法案31件37人，非法拘禁案73件100人。2004年5月—2005年5月，根据高检、省院的部署，开展严查侵犯人权犯罪专项活动，共立查各类侵权犯罪案件28件49人；2005年下半年开展了集中查办破坏社会主义市场经济秩序的渎职犯罪，查办了一批司法人员和行政执法人员渎职犯罪案件，共立查此类案件19件25人。

2005年9月7日，市检察院召开查办渎职犯罪专项工作会议

第三节　刑事检察

审查批捕与起诉　1986—1988年，按照中共中央、中华人民共和国最高人民检察院和山东省人民检察院的统一部署，坚持依法“从重从快”的方针，坚持严格依法办事和以“准”为核心的稳、准、狠的办案原则，坚持集中打击、保持严打声威，与公安、法院等部门分工负责、密切配合，重点打击杀人、抢劫、重大盗窃和诈骗以及拐卖妇女、流氓等严重犯罪。为加快办案速度，确保办案质量，全区检察机关采取“一打破、二减少、三主动、三提前”“八个坚持”的做法（打破常规和科室界限，集中力量办理批捕案件。减少重复劳动和不必要的往返。主动与公安部门联系，提前了解发案、破案情况；主动参与公安现场勘验，提前掌握案情；主动参与案件分析研究会，提前熟悉有关法律。坚持事实清楚，证据确凿；坚持专人阅卷；坚持做阅卷笔录；坚持提审被告；坚持复核事实；坚持承办汇报，集体讨论，检察长决定的办案制度；坚持法律文书制作由承办人起草，科室负责人审查，分管检察长签发；坚持多查少退的原则），全区共受理公安机关提请批捕的人犯1051人，其中批准逮捕817人，批捕率为77.74%。1989年，刑事检察主要以彻底清查、坚决镇压反革命分子和各种刑事犯罪分子为中心展开，全区检察机关组织专门力量，集中行动，投入了“打流窜、挖团伙”的斗争。同年10月，配合公安等部门开展“打击拐卖人口犯罪”“扫黄”、除“六害”等专项斗争与专项治理。年内，全区共批捕人犯1873人，起诉1410人。1990年5月—10月，全区开展严打斗争，抓获各类犯罪嫌疑人4723人，摧毁犯罪团伙668个，侦破重大积案101起，追捕逃犯403人，起诉1318人。1991年，全区开展打击拐卖妇女儿童犯罪的专项斗争，并在司法实践中摸索出成功做法；对该类案件重点“把好五关”（把好事实关、证据关、定性关、适用法律关和刑事责任年龄关），对重大、特大、影响较大的案件提前介入，快批捕、快起诉，保证案件准确及时办结。1993年，坚持从重从快方针，重点是对杀人、抢劫、爆炸等严重刑事犯罪和带有黑社会性质的

犯罪团伙的批捕和起诉。全区共批捕人犯1654人，起诉1142人。1996年，在审查起诉、出庭支持公诉的同时，工作重点逐步转移到加强对公安机关应当移送起诉而没有移送起诉的案件和对人民法院审判活动实施法律监督。同年，全国范围的“严打”斗争开始，全区检察机关审查起诉案件增至1979起、涉案2986人，对2038人提起公诉。1999年，配合公安、法院等部门，在“严打”和“打霸”专项斗争中，把“打霸”案件作为刑检工作重点，全区共受理“打霸”案件82件、涉案人员130人。2000年，针对全区刑事案件发案率逐年增高、重特大案件居高不下等情况，重点打击杀人、爆炸、抢劫、绑架、拐卖妇女儿童、涉枪、带有黑社会性质等严重危害社会秩序的刑事犯罪，快速审查、快速起诉。2003—2005年，把维护稳定作为首要任务，严格遵循“强化法律监督，维护公平正义，服务加快发展”这一检察主题，着重提高队伍整体素质，提高办案质量。三年间全市检察机关所办批捕、起诉案件实现了批准逮捕率99.8%，及时审结率100%，定性准确率100%，不诉正确率100%，有罪判决率100%。

1995年4月15日，全省检察机关批捕工作座谈会在菏泽召开

1986—2005年菏泽市（地区）检察院审查批捕统计表

表24-4-2

年份	受理		批捕		不捕		退查		追捕	
	件	人	件	人	件	人	件	人	件	人
1986	—	1114	—	819	—	134	—	141	—	21
1987	—	896	—	687	—	107	—	111	—	14
1988	—	1553	—	1252	—	165	—	189	—	37
1989	—	2500	—	2116	—	222	—	204	—	47
1990	1772	3661	1619	3159	158	408	87	193	2	64
1991	1944	3442	1592	2701	219	491	111	221	15	54
1992	1193	2097	994	1714	106	229	80	139	6	14
1993	1108	2037	929	1654	98	207	93	199	11	—
1994	1437	2728	1178	2140	141	319	106	250	19	55
1995	1480	2665	1133	1874	195	439	148	354	6	30
1996	1852	3243	1481	2481	235	459	169	363	1	19
1997	1184	1803	925	1326	218	419	4	7	1	7
1998	1517	2388	1130	1658	366	703	193	370	1	4
1999	1663	2549	1185	1657	378	755	107	205	—	3
2000	1711	2753	1327	2019	306	629	134	261	1	—

续表 24-4-2

年份	受理		批捕		不捕		退查		追捕	
	件	人	件	人	件	人	件	人	件	人
2001	1811	2697	1597	2342	197	333	113	179	23	—
2002	1786	2659	1546	2214	220	424	109	193	35	—
2003	1441	2172	1263	1895	166	261	109	154	49	—
2004	1871	2867	1594	2398	274	465	128	218	110	—
2005	2187	3429	1844	2845	343	584	123	194	154	—

1986—2005 年菏泽市（地区）检察院审查起诉统计表

表 24-4-3

年份	受理		起诉		免诉		不诉		抗诉		追诉件	
	人	件	人	件	人	件	人	件	人	件	人	件
1986	642	960	499	706	36	87	—	7	3	3	—	—
1987	438	704	379	589	24	57	2	2	—	—	5	9
1988	777	1275	629	980	33	91	—	—	—	—	—	4
1989	1130	1959	859	1410	150	255	6	10	—	—	2	15
1990	2117	3603	1431	2463	395	667	6	19	—	—	2	17
1991	2265	3476	1437	2269	438	628	3	8	4	4	—	5
1992	1456	2152	901	1351	431	569	3	6	1	1	—	7
1993	1424	2140	753	1142	324	463	4	4	—	—	—	—
1994	1697	2618	1104	1670	82	168	3	10	4	4	—	6
1995	1546	2338	1040	1557	136	192	—	3	—	—	4	9
1996	1979	2986	1365	2038	302	443	1	2	1	1	—	1
1997	1281	1750	955	1276	2	3	12	17	4	4	—	—
1998	1346	1844	1124	1587	—	—	8	9	6	6	2	4
1999	1624	2175	1209	1552	—	—	4	5	21	30	—	1
2000	1423	2204	1378	2204	—	—	7	11	20	29	—	154
2001	1873	2864	1682	2483	—	—	—	20	9	9	—	45
2002	2043	2909	1625	2294	—	—	73	93	—	—	19	32
2003	1629	2435	1333	1941	—	—	17	33	6	8	16	38
2004	1787	2697	1367	1949	—	—	19	26	7	7	—	26
2005	2225	3462	1923	2836	—	—	4	5	2	2	24	61

侦查监督 1986—1992 年，全区检察机关强化法律监督职能，开展了侦查活动监督和审判活动监督。对公安机关遗漏提请逮捕、起诉的人犯进行追捕、追诉；对违反程序或逼供、诱供、私改证据、乱用赃款、赃物、乱罚款以及在刑事技术鉴定方面的重大失误问题，提出各类纠正意见 255 条，追捕人犯 522 人，抗诉 8 件 8 人，追诉案犯 36 人。1996 年，检察机关把法律监督摆到重要位置，注意防止和纠正打

击不力现象，追诉被告人63人，对侦查审判活动中违法行为提出纠正意见301次，依法提出抗诉4案4人，纠正法院1起重罪轻判案件。1997年，依法纠正有案不立、有罪不纠、以罚代刑等问题，追捕7人；对侦查活动中的违法行为，提检察建议460多条，对审判活动中的违法行为提出纠正意见120多次，对错误的判决、裁定提出抗诉5件5人，纠正法院重罪轻判案件4件4人。1999年，检察机关把法律监督作为保证司法公正的主要手段，追捕案犯3人，追诉漏犯47人，发现漏罪57条，纠正侦查活动违法78件次，抗诉案件13件15人。

审判监督　2000—2002年，检察机关狠抓抗诉工作，探索开展侦查监督和自侦案件内部制约新途径、新方法，加强了案前、案中和案后的监督，通过适时介入、审查案件、跟踪调查等方法，注重对公安机关有罪不究、以罚代刑的案件依法提出纠正建议，深挖余罪、漏犯。2002年，以逮捕执行监督为突破口加大监督力度，共监督公安机关在3日内执行批捕、不捕决定1673件2502人，纠正不批捕而不释放犯罪嫌疑人、随意变更强制措施21件次，对公安侦查活动违法行为，依法提出书面、口头纠正意见236件次。2004—2005年，在对审判机关的监督上，通过实行量刑建议，增强了监督的主动性，拓宽了审判监督新途径，切实保障了当事人的合法权益。两年内，共对337案中的485名被告人提出量刑建议。

2002年11月29日，全市检察机关诉讼监督理论研讨会

第四节　监所检察

看守所检察　1986—1989年，监所检察增加了办案权力，监督范围有所扩大，监所检察工作得以全面开展。根据最高人民检察院的要求，相继在全区9个看守所和劳改劳教场所设置驻所检察室，受理罪犯及家属的申诉和控告。1990—1995年，依法对看守所监管、羁押期限和刑罚执行是否合法进行监管，维护监管秩序和在押人员的合法权益。对检察中发现的违法现象，一是随时发现随时纠正；二是轻微违法口头纠正，严重违法书面纠正；三是带普遍性的问题，由法院、公安、武警统一思想，统一纠正。重点纠正了超期羁押和个别干警打骂体罚在押人员现象。1996年，全国范围的“严打”全面展开，看守所在押人犯急剧增加。监所检察部门针对看守所在押人犯爆满的情况进行调查，提出建议，开展清案、清监工作，共纠正超期羁押70人，清理100多名已决犯出所，确保了羁押安全，消除了不安定因素。1997—2000年，对看守所检察加大纠正超期羁押的力度，全区监所检察部门共向办案单位发出《纠正违法通知书》50余份，解决超期羁押30案32人，其中超期3年以上的5案6人。

2002年，全市10个看守所共纠正各

2003 年 3 月 28 日，全市检察机关监所工作会议

类违法行为 89 起。为了使超期羁押现象不再发生，市检察机关制定了《预防和纠正超期羁押的五项制度》。2003 年，全市驻所检察室推行 24 小时值班和一岗双责制度，严格会见制度，对留所服刑人员规定了固定的接见时间，对律师会见犯罪嫌疑人、被告人，要求“三证一书”必须齐全；强化了责任追究制度，要求做到三个清楚，即：看守所带班领导清楚，值班干警清楚，驻所检察人员清楚。2004 年，单县检察院派驻看守所检察室被山东省检察院命名为二级规范化检察室，其他 8 县、区检察院派驻检察室为三级规范化检察室。至 2005 年年底，全市 9 个县区看守所关押人犯 1919 人（包括留所服刑人员 187 人），检察人员累计驻所 2160 天，检察长为在押人犯上法治课 56 次，驻所检察员上法治课 98 场次，与在押人犯个别谈话 1560 人次，联合清狱 182 次，对监外执行人犯每年考察 22 次。

监狱检察 1994 年《中华人民共和国监狱法》颁布实施，菏泽劳改支队更名为菏泽监狱。1995 年，主要查处监管改造场所执法人员贪污、受贿、徇私舞弊等犯罪案件，严厉惩治监狱执法人员的违法犯罪活动；加强对刑事判决裁定（决定）执行情况的监督，重点纠正该收监不收监、该释放不释放以及违法为服刑人员办理减刑、假释、保外就医的行为。2000 年，驻狱检察室履行监督职责，深化“检务公开”，推进驻狱 24 小时值班制度，执法监督取得明显成效。在开展的清狱工作中，共清出危险物品 17 件，防止事故发生 2 起。

2001 年，将立案监督作为刑罚执行监督的重点，把监狱、公安机关对罪犯又犯罪应当立案而未立案的案件进行严格监督，并立案查处了菏泽监狱重大非法印制淫秽物品案件。全年共发现公安机关、监狱有案不立、有案不查线索 69 条，要求说明立案理由 16 件，通知立案 53 起；初查监管干警职务犯罪 20 件，立案 4 件 6 人。2002—2003 年，对公安机关、监狱应当立案而未立案监督 51 件，对保外条件消失的 22 名外执犯重新收监。在对减刑、假释、暂予监外执行的监督工作中，对监狱呈报的材料严格按有关规定进行审查，防止发生执法不严、徇私舞弊现象。2004 年，完成了包括 2002 年以后减刑、假释、保外就医的 1362 人的新、老卷宗的审查工作和 420 余人的“减、假、保”案件的法律监督。同年 3 月，菏泽监狱检察室被命名为三级规范化检察室。2005 年，以“规范执法行为，促进执法公正”专项活动为契机，以派驻检察室规范化建设为载体，加强刑罚执行监督和监管活动监督，全面完成减、假、保专项检察活动，并通过了全省验收。针对专项活动中发现的问题，市检察院会同市公安局联合制定《关于减刑、假释、暂予监外执行呈报与监督的规定》，逐步完善建立监管执法监督的长效机制，使刑罚变更执行工作进一步规范有序，使监狱检察工作程序更清楚，责任更明确，监督更到位。

监外罪犯检察　1986—1991 年，全区共有监外罪犯 464 人，其中管制 13 人，缓刑 271 人，假释 13 人，暂予监外执行 167 人。2000 年，加强了对监外罪犯检察，批捕罪犯又犯罪 11 人，起诉 8 件 12 人，判决 6 件 16 人。2004 年，市检察院配合监管单位采取自行检查与联合检查相结合的方法对当年监外执行罪犯 844 人进行全面考查，发现虚管、脱管、漏管、失控的有 20 人，保外就医手续不规范的 15 人，假释犯重新犯罪的 6 人。全年，市检察院向有关单位提出检察建议 18 份，下达纠正违法通知书 39 份，口头纠正违法行为 28 次，对失去保外就医条件和在监外执行期间又犯罪的 9 人依法收监执行。2005 年，监外罪犯检察工作被纳入到“平安菏泽”建设中，全市监外罪犯检察工作步入全省先进行列。

办理被监管人员又犯罪案件及监管人员违法案件　1986—2005 年，全市检察机关共办理被监管人员又犯罪案件 100 余件，其中批捕 75 件，提起公诉 57 件，法院作有罪判决 41 件，免诉 1 件；初查监管人员违法犯罪案件 35 件 36 人，其中立案 19 件 24 人。

2003 年 4 月 9 日，全省监所检察部门查办职务犯罪案件现场交流会在菏泽召开

第五节　控告申诉检察

举报与控告　1986 年，控告申诉检察主要承办受理、接待报案、控告和举报，接受犯罪人的自首；受理不服人民检察院不批准逮捕、不起诉、撤销案件及其他处理决定的申诉；受理不服人民法院已经发生法律效力的刑事判决、裁定的申诉。1988 年，全区检察机关全面落实《人民检察院控告申诉检察工作细则》，促进控告申诉检察制度化、规范化，落实来信来访登记、处理制度，检察长接访阅信制度，办理案件的备案、结案报告制度。全年共受理来信 1138 件，来访 953 人次，首次信访 1623 件次，检举控告 1003 件次，申诉 186 件次，其他 423 件次，共办理各类案件 124 起。1988 年 10 月，地、县两级检察机关相继成立经济、法纪罪案举报中心，实行人民检察举报制度。至 1990 年年底，全区共受理举报线索 2618 件，其中贪污贿赂犯罪线索 788 件，占总线索的 30%；职务犯罪案件 374 件；举报中心初查举报线索 222 件。1991 年，贯彻落实《人民检察院举报工作若干规定（试行）》，举报工作归属控申部门统一领导，对举报人采用了奖励制度。1993 年，开展创建文明接待室活动，妥善处理案件上访、防止去省进京事件的发生。1996—1998 年，最高人民检察院制定的《人民检察院举报工作若干规定》《关于要案线索备案初查的规定》开始实施，举报中心加强了与新闻媒体和信访部门的联系，形成集宣传、受理、移送（分流）、管理、查处、督办、反馈、保护、奖励于一体，手段齐全，措施和制

度完善的举报工作体系。1998年，地区检察分院和各县检察院都成立了举报线索审查协调小组。1999年，最高人民检察院规定每年的6月20日所在的周为举报宣传周。为达到家喻户晓，全区共制作宣传牌100余块，印发宣传材料2万余份，开展宣传活动50余次，接受举报宣传教育的群众达10万余人，答复群众法律咨询1000余人次。2002年是控申检察体制改革的重要一年，全市检察机关全面推行首办责任制。这是针对控告申诉受理工作中呈现的“倒三角”（上级院的信访量远远大于下级院）现象，为切实改变百姓告状难、申诉难的实际，改变重复信访、越级上访、久诉不息的状况而提出的一种新型的工作机制。按照“谁主管、谁负责”的原则，全程解决百姓反映的实际问题，力求将问题解决在基层，解决在首办环节。2004年，群众上访量明显攀升，全市检察机关对排查出的管辖内的案件实行“四定一包”（定领导、定人员、定方案、定限期；包案领导和包案责任人）责任制，采取“四个一”（对上访案件普遍复查一次；对上访人员普遍谈话一次；对上访案件普遍调研一次；对上访人落实一个稳控措施）的处理办法，对每一件涉法上访案件的处理做到“四个具体”（措施具体、任务具体、汇报具体、沟通具体）。对反映内容有价值的案件，首办责任人与上访人在协商一致的基础上签订《涉法上访案件办理双向承诺书》，有效减少了无理缠诉现象的发生。全面推行公开审查程序、依托听证会等形式，对疑难上访案件实行公开答询。2005年，控申检察提出了检察信访工作要变群众上访为干警下访，从源头上防止涉检信访问题发生的工作思路，落实重心下移，关口前移，以公开听证、公开答询的方式，对涉法上访和举报澄清事实，消除群众疑虑，建立针对集体访、告急访预警机制，基本解决了申诉难和申诉案件积压的问题。

2004年6月21日，全国信访接待日，市检察院举办法律宣传活动

刑事申诉 1985年11月—1986年年底，按照省人民检察院的要求，共复查历史遗留案件1392起1594人，其中免予起诉778人，不予起诉812人，审查中死亡1人，取保候审3人；重点复查121人，复查后纠正31人。1987年2月，根据中央有关指示精神，对新中国成立以来到检察机关重建伊始所办理的免诉案件、定罪作不起诉处理的案件、审理中死亡和取保候审未作结论的案件进行全面复查，共查阅历史案卷49070件，经检察机关处理的案件416件，其中免诉53人，不予起诉363人，审理中死亡未作结论的1人，立案复查129人，经复查平反纠正351人，维持原处理决定的78人。1988—1992年，重点办理不服逮捕、不服不捕、不服免予起诉的申诉案件125起，撤销免诉决定49起，撤销不捕决定2起，部分上访老户得以息诉。1998年，“刑法”“刑诉法”修改实施后，刑事申诉案件数量增加，按照高检《人民检察院复查刑事申诉案件规定》

共立案复查刑事申诉案件8件。2005年共立案复查刑事案件4件，纠正1件，维持3件。

第六节　民事行政检察

1991年8月5日，菏泽地区检察院设立民事行政检察处，于1992年年初正式开展工作。1994年，该处办理全省第一起民事提请抗诉案件，省院予以采纳。到1995年底，全区检察机关共受理民事行政申诉案件106起，立案40件。由鄄城县检察院提请菏泽地区检察院抗诉的山东省首例行政抗诉案件，被菏泽中级人民法院裁定再审，并提出改判意见。1996年，全区共受理民事行政申诉案件157件，立案62件，提请抗诉36件，提出抗诉10件，提出检察建议13件；法院开庭再审6件，改判4件，出庭支持抗诉6件，立查审判人员贪污受贿、徇私枉法案2件2人。1999年，受理民事行政申诉案件264件，立案审查140件，建议提请抗诉16件，提请抗诉66件，提出抗诉40件，初查审判人员徇私舞弊案件2件2人。

2001年，在全市范围内推行民事行政案件公开审查制度和主诉检察官制度，并增加了律师代理制度。同年高检院《人民检察院民事行政抗诉案件办案规则》实施后，全市抗诉案件的再审改判率达85%。2002年，民事行政检察是至关重要的一年，高检院《人民检察院民事行政抗诉案件办理规则》和全国检察机关第一次审判监督会议精神，使检察机关办理民事行政抗诉案件进入一个新时期。全国民事行政检察座谈会提出了“两率（提请抗诉采纳率，再审改判率）提高，结构改变，业务规范，整体推进”的工作思路，最高人民法院制定了《关于民事诉讼证据的若干规定》。菏泽市检察院于当年10月1日—15日集中时间和警力将2001年以后的123件积案进行处理，共审查卷宗246册，决定抗诉22件，提请省院抗诉5件，提出检察建议3件，不予抗诉90件，制作有关法律文书238份。市院制定了《全市检察机关民事行政检察业务工作规范》，对案件的受理、立案、提请抗诉、抗诉、检察建议、息诉工作等进行了具体规定，实现了全市民事行政抗诉案件办理程序的统一。2003年，全市检察机关抗诉26件，个案检察建议22件，人民法院已开庭再审32件，有结果的16件，其中改判10件，维持2件，调解3件，申诉人在再审程序中撤诉1件，原审改判率为81%，抗诉案件质量较往年提高较大。2004年，共查办审判人员违法违纪案件5件5人，立案1件1人，已做处理结果的4件4人。至2005年，全市已有8个基层检察院和人民法院就再审检察建议的实施达成了共识，会签了文件。全年共向人民法院发出再审检察建议39份，人民法院裁定再审19件，此类案件占办案总量的22.6%。

2005年，随着办案重心下移，基层检察院的办案主体地位得到加强，对抗诉案件实行一办到底。市院则把主要精力用于质量把关和调研指导上，有效改变民事行政检察“倒金字塔”状办案结构。全年法院再审判决35件，其中改判28件，调解5件，维持原判2件，再审改判率达94%，息诉78件。

第五章 审 判

第一节 立 案

立案审查 1986年市中级人民法院成立了业管处，负责立案登记和诉讼费的收取，取代之前由各业务庭室自行立案的做法。1997年5月17日，根据最高人民法院关于立案、审判分离的原则，中级人民法院设立了立案庭，庭室6人，对一、二审案件从形式与实体两个方面进行严格审查，对应当由法院主管的案件及时依法审查处理。1999年年底，根据省高院“大立案”改革要求，立案庭增至10人，并将原审监庭信访职能移交立案庭。2000年6月，结合“审判长选任制度”改革，立案庭人员增至20人，分为立案大厅和民事行政、经济、综合业务指导四个合议庭，分别负责不同性质案件的审查立案、送达保全、当月审限情况跟踪及院长接访情况通报。2002年4月至2005年底，是立案职能的频繁调整期，全市各区、县人民法院的立案职能配置及调整与中院同步。伴随中国司法改革的时代步伐，经过多年的不懈探索，立案职能更专业，人员更精干，技能更娴熟，审判性能愈益突出。

听取群众反映案情

按照司法保护的有限性和有效性原则，加强对起诉权益和起诉证据的审查，对把握不准的新类型、敏感、疑难案件及时请示汇报，慎重把握受理时机，杜绝该立不立、不该立乱立现象发生。根据有关法律和最高法院、省法院有关规定要求，两级法院按照审查范围有限、审查次数有限的原则，制定和规范再审案件立案标准，明确各类再审立案的具体条件，使之更加明确、具体，可操作性强，既做到依法纠错，又有利于维护生效裁判权威。

建章立制 2002年起，市中级人民法院开始在立案方面建章立制，立案信访工作逐步走向制度化、规范化轨道。2002年，建立“一站式”服务制度，在立案大厅设置大屏幕显示器，输入诉讼指南和有关信息，当事人到法院起诉的，只要符合法定立案条件，在当日就可一次性办理完立案手续。推行明示立案，收费标准、诉讼风险告知、权利义务告知等制度，增加了立案的透明度，并对经济上确有困难，符合法定救助条件的当事人，依法决定缓交、减交或者免交其诉讼费。2003年，推行速录员社会选拔制度，对“书记员单独序列”进行尝试，通过面向社会考试，选拔了首批10名速录员，承担案件开庭的记录任务，极大提高了庭审的科技含量。制定了《信访流程管理规定》《复查听证操作规程》《卷宗移送工作要求》《速录员工作管理规定》《审判庭管理办法》《涉军案件四项工作制度》等规章制度，使立案从审查立案、送达保全、流程管理直至信访接待、复查听证等各项工作都有章可循，确保了各项工作的有序开展。

第二节　刑事审判

改革探索　1996 年 3 月和 1997 年 3 月修订后的《刑诉法》《刑法》相继生效后，为提高刑审人员的业务水平，地区中级人民法院特邀请法律专家到菏泽进行法律讲座，定期带领业务骨干赴外地法院、国家法官学院学习，并结合审判实践，探索深化审判改革新机制。自 1999 年起，对被告人认罪的案件在征得被告人同意的情况下，对控辩双方无异议的证据，仅就证据名称及所证明的事项作出说明，不再详细宣读，为刑事审判方式改革进行了有益的探索。2003 年 3 月，最高人民法院、最高人民检察院、司法部共同颁布《关于适用普通程序审理“被告人认罪案件”的若干意见》，对此种审判方式予以认可。为提高审判效率，在刑庭内实行内部流程管理，对新收案件自收案后的每一个环节都进行节点管理。为实现审判的最佳社会效果，实行判前讲法、判后谈心，切实做好被告人的服判息诉工作，取得明显成效，上诉率大幅度下降，申诉案件大幅度减少，降低了诉讼成本，节约了司法资源。

严惩犯罪　刑事审判坚持依法“稳、准、狠”地打击犯罪的办案原则，始终保持对犯罪分子的高压态势。1991 年，在“打拐”专项斗争中，中级人民法院审结拐卖人口案件 29 件。1993 年，对抢劫和车匪路霸团伙案件进行从重从快的惩处，共审结抢劫案件 15 件。2001—2002 年，在为期两年的“严打”整治斗争中，全市共审理各类一审刑事案件 2205 件，依法判处 3274 人犯，其中 19 人犯被判处死缓，54 人犯被判处无期徒刑，282 人犯被判处 10 年以上有期徒刑，1627 人犯被判处 10 年以下有期徒刑，其余人作了其他处理；中级人民法院审结二审案件 214 件，判决生效 311 人。1986—2005 年，菏泽市先后开展了 20 余次“严打”斗争，一审案件平均结案时间为 17.6 天，比法定审限缩短 27.4 天。

1991—2005 年菏泽市（地区）法院刑事审判收结案件统计表

表 24-5-1　　　　单位：件

年份	收案	结案	其中						
			抢劫	贪污受贿	挪用公款	盗窃	故意杀人	故意伤害	生效判决人数
1991	1760	1765	212	67	35	447	43	91	2869
1992	1195	1186	142	103	14	287	38	157	1833
1993	1432	1357	200	99	12	358	44	207	1994
1994	1335	1343	154	94	21	445	44	179	2034
1995	1447	1359	94	90	10	369	34	190	1777

续表 24-5-1

年份	收案	结案	其中						
			抢劫	贪污受贿	挪用公款	盗窃	故意杀人	故意伤害	生效判决人数
1996	1269	1153	88	57	17	367	40	237	1832
1997	1187	1109	61	41	2	383	33	227	1528
1998	1370	1394	85	33	12	354	44	368	1958
1999	1467	1447	98	43	16	316	35	381	1944
2000	1585	1516	88	39	10	412	58	336	1795
2001	1829	1805	161	54	13	427	60	290	2155
2002	1983	2001	213	37	10	449	73	354	2198
2003	1595	1663	141	60	24	377	59	330	1910
2004	1449	1427	138	35	19	326	29	295	1689
2005	1997	1942	132	58	27	424	51	357	2428

参与综合治理　全市两级法院在依法从重从快惩治严重危害社会治安的刑事犯罪分子的同时，采取建立少年庭、宣传法制、提司法建议等方式，积极参与社会治安综合治理，在预防犯罪、改造罪犯和消除社会不安定因素等方面取得了明显成效。1991 年，中级人民法院在刑一庭内设立少年犯罪案件合议庭，专门审理少年犯罪案件。该庭对少年犯罪坚持“教育、感化、挽救”的方针，促使其悔过自新，防止重新犯罪。自 1992 年起，中级人民法院及基层法院到山东省少年犯管教所进行一年一度的跟踪考察、教育，受到了少年犯亲属及改造机关的赞扬。两级法院除对应公开审理的案件全部进行公开审理、宣判外，还及时选择影响较大的典型案件到案发地开庭审判或公开宣判，并根据形势需要和案件情况，适时召开宣判大会，及时张贴布告，起到“审理一案、教育一片”的作用。1986—2005 年，共召开宣判大会 360 余场，宣判案件 6000 余件，受教育群众达 600 多万人次。同时针对在刑事审判中发现的问题，还及时向有关部门提出司法建议，促使其改进工作，加强管理，堵塞漏洞，防患于未然。对符合法定条件的减刑、假释案件，依法及时裁定予以减刑、假释。1986—2005 年，全市共审理减刑、假释案件 9832 件人，促使在押犯人能够安心改造，稳定狱内的管理秩序。

加强业务指导　中级人民法院充分发挥审判监督职能，不断加强对各基层法院的业务指导和培训，全市法院刑事审判水平逐步提高。中院根据有关法律规定，1992 年制定一、二审刑事案件操作规程并下发基层法院执行；1993 年对操作规程进行修改、补充，并制订《第一审公诉案件操作规程》《第二审刑事案件操作规程》《刑事自诉案件操作规程》《刑事附带民事案件操作规程》。以上规范文件的执行，使全市刑事审判工作更趋于规范化、科学化。1994 年 5 月，制订《关于当前审理盗窃、抢劫案件如何适用法律的具体意见》，加大对两类犯罪的打击力度，避免各基层法院在量刑上出现的失衡现象。为依法惩处经济犯罪，严格控制缓刑、免刑适用过多的情况，中院制定《关于经济犯罪案件平衡制度》，做到罚当其罪。为规范刑事审判的法律文书，中级人民法院每年都组织对全市法院的刑事裁判文书进行评议，并选出优秀法律文书报省院参评。由于强化了业务指导和培训，各基层法院案件质量明显提高。1991—2005年，二审案件数量明显下降，一审案件维持率达到90%以上。

第三节　民事审判

婚姻家庭案件　1986年以后，人民的生活水平逐年提高，案件的绝对数却不断增多。相对于20世纪80代以前，这些案件具有以下特点：事实婚姻和解除非法同居关系的案件明显上升；因婚外情引发婚姻纠纷的案件增多；经法院依法调解和好的案件减少；争养子女成为婚姻当事人争议的重要内容；婚姻财产标的额越来越大。针对以上特点，依照《中华人民共和国婚姻法》和最高人民法院《关于人民法院审理离婚案件如何认定夫妻感情确已破裂的若干具体意见》《关于人民法院审理离婚案件处理子女抚养问题的若干意见》及相关司法解释，坚持做到依法调解、及时裁判、重点保护、适时制裁。在离婚案件审判中对每件离婚案，严格把握“感情确已破裂”这个标准，能调解的就调解，感情确已破裂的就果断判决离婚。1998—2005年，经调解结案的案件占40%，判决的占60%。对个别可能引发矛盾激化的案件，在审理过程中坚持多做教育和疏导，并做好必要的防范工作。同时，在离婚案件中依法保护妇女儿童的合法权益，对妇女的财产权、生产经营权、子女监护权等权益，均在法定范围内给予重点保护；对涉及老年人婚姻财产、赡养案件，关系到老人基本生活条件的，采用了“先予执行”措施，依法保护了他们的合法权益。

人身损害赔偿案件　1986—2005年，损害赔偿案呈现出以下特点：一是案件增多。1986—1995年，此类案件占二审案件的18.53%，每年平均75件左右；1996—2005年，占到28.27%，每年平均207.14件。二是案件类型多样化。《中华人民共和国民法通则》颁布实施后，民事审判不仅受理传统的因打架斗殴等侵害生命权、健康权的损害赔偿案件，而且受理了交通事故、医疗过错、工伤、产品（包含工程施工）缺陷、高空、高压、高速作业等致人伤亡的损害赔偿案件。对这类案件只要患者提供的证据符合《中华人民共和国民事诉讼法》第108条规定的，法院均予以受理。在审理这类案件中，注意正确区分医疗事故责任与医疗过失损害赔偿责任的界限，慎重对待医疗事故鉴定，严格法庭质证，实事求是地确定赔偿数额，做到既依法维护医方和患方的合法权益，又能维持医疗秩序，保障医疗安全，促进医学科学的发展。1996年，国家实施电力法并相继颁布了电力供应与使用、电力设施保护条例，为法院审理触电人身损害赔偿案件提供了法律依据。对于电力设施产权有争议的，则根据当事人提供的证据，结合电力设施初建时的实际情况综合审查判断，确立产权人或电力设施代管行为是否存在，以确认损害赔偿责任人。对于交通事故损害赔偿案件，坚持贯彻以人为本、尊重生命权的原则，注重把交通事故中所作出的交通事故责任认定与交通事故致人伤亡的责任区别开来，正确处理。对精神损害赔偿的诉讼做到积极受理，严格掌握，慎重处理。

债务案件 《中华人民共和国民法通则》《中华人民共和国经济合同法》《中华人民共和国合同法》等民事基本法颁布实施以后，为法院审理财产权益纠纷提供了重要的法律依据。改革开放初期，金融市场尚不成熟，不适应市场经济的需求，一些企业向社会大众集资现象屡有发生。由于借款人经营不善，不能依约定的时间内还款，往往形成群体索债。对于该类案件，凡债权人起诉到法院并符合立案条件的，各级法院都给予了受理，并作出公证判决。1986—1995年，民庭共审结二审债务案件1333件，占同期二审结案数的25.73%。1996—2002年，审结2628件，占同期二审结案数的37.59%。

房地产案件 1986—1995年，房地产案件中三分之二以上为宅基使用权或宅基侵权纠纷案，房屋产权争议大都因继承或家庭财产纠纷而引发。最高人民法院《关于房地产案件受理问题的通知》《关于受理房屋拆迁补偿安置等案件问题的批复》下发后，受理的房地产案件大幅上升，不仅包括以房地产为标的的确权、买卖、互易、析产、租赁、典当、借用、赠予、拆迁、代管、居间等纠纷，而且还包括联营、联建、承包、开发与土地使用权的转让、出让等纠纷。在审理这类案件中，各级法院遵循保护合同原则，保护平等交易，制裁欺诈，公平合理的维护双方当事人的合法权益。对拖欠工程款、工程结算款、工程质量、工程延期和烂尾工程的纠纷，首先审查发包人和承包人是否具有建设和施工资格，对发包方的建设项目计划、土地使用证、规划许可证和承包方的法人营业执照、资质证书和施工许可证进行审查，以确认合同效力。其次，确认诉讼主体，依据合同法规定，判定违约方承担相应责任。

知识产权案件 2004年，中级人民法院开始受理、审判知识产权案件。全年仅收案1件，为全省知识产权案件审判之末。2005年，共收案20件，审案20件，结案率为100%，改判、发回率为零。同年5月，省高级人民法院在菏泽市中级人民法院召开全省部分中院知识产权纠纷审判座谈会，市中级人民法院作了典型发言，并介绍了审理经验。

2004年3月26日，知识产权新闻发布会

第四节 经济审判

审理机构 1979年以前，菏泽地区经济纠纷案件均由民事审判庭受理。1980年菏泽地区中级人民法院正式建立了经济审判庭，负责审理辖区内的经济纠纷案件。经济审判工作逐步纳入了正规化、制度化和规范化轨道。随着改革开放的深入发展，经济纠纷案件大量出现，为进一步适应形势和任务的要求，菏泽地区中级人民法院于1993年7月成立了经济纠纷调解中心，1994年5月设立经济审判第二庭，与经济

1999 年 9 月 5 日，全区经济审判工作会议在曹州宾馆召开

调解中心是一个机构两个牌子，负责审理法律规定应由中级人民法院管辖的一审经济纠纷案件，原经济审判庭更名为经济审判第一庭，负责中级人民法院管辖的二审经济纠纷案件。1997 年 5 月，经济审判第二庭改建为经济审判第一庭，依法审理人民法院组织法规定的由菏泽地区中级人民法院管辖的一审经济合同纠纷案件，同时，经济审判第一庭改建为经济审判第二庭，依法审理人民法院组织法规定的由菏泽地区中级人民法院管辖的二审经济合同纠纷案件。2002 年 7 月，菏泽市中级人民法院进行机构和人事制度改革，撤销经济审判第一庭，改建为民事审判第二庭，撤销经济审判第二庭，改建为民事审判第四庭。

案件审理 1986 起，中国社会主义市场经济体制逐步建立、发展、完善，各种经济纠纷案件数量大幅度增加。为促进国有企业经营机制的转换和现代企业制度的建立，稳妥地审理了一批与国有企业改革相关的企业承包、租赁、联营、兼并、破产、分立等经济纠纷案件。在审理国有企业改制和破产申诉案件中，严格破产程序，防止国有资产的流失。在审理购销、借款、加工承揽合同等经济纠纷案件中，坚持加快办案速度，运用财产保全、先予执行等强制措施，制约违约行为，保护生产经营。在审理涉及农业、农村经济的案件中，慎重稳妥地审结了有关土地、果园、窑场、林地等承包合同和乡镇村办企业承包合同纠纷案件，维护了农村的稳定。在审理公司纠纷案件中，注重保护公司、股东、债权人的合法权益，运用诚实信用原则，化解经济纠纷。至 2005 年，各种经济纠纷案件的审理日趋依法规范。

1986—2005 年菏泽市（地区）法院民事商事一审案件统计表

表 24-5-2

年 份	民 事			商 事			合 计		
	收案（件）	结案（件）（含旧存）	标的（万元）	收案（件）	结案（件）（含旧存）	标的（万元）	收案（件）	结案（件）（含旧存）	标的（万元）
1986	4086	4179	–	20381	20292	2847.4	24467	24471	2847.4
1987	4978	4994	–	17232	16488	3177.3	22210	21482	3177.3
1988	5644	5561	–	7025	7045	6051.6	12669	12606	6051.6
1989	7301	7218	–	7200	7149	4799.7	14501	14367	4799.7
1990	6748	6734	–	5845	5855	4506.7	12593	12589	4506.7
1991	7817	7798	–	5102	5073	4503.2	12919	12871	4503.2
1992	8953	8825	–	5686	5713	8143.1	14639	14538	8143.1

续表 24-5-2

年份	民事			商事			合计		
	收案（件）	结案（件）（含旧存）	标的（万元）	收案（件）	结案（件）（含旧存）	标的（万元）	收案（件）	结案（件）（含旧存）	标的（万元）
1993	7360	7000	—	7002	7274	4682.1	14362	14274	4682.1
1994	9846	9811	—	6835	6858	31314.7	16681	16669	31314.7
1995	8258	8362	—	8200	8025	12586.4	16458	16387	12586.4
1996	8499	8300	—	7200	7054	35879.3	15699	15354	35879.3
1997	16879	16524	—	11521	11504	58761.5	28400	28028	58761.5
1998	16326	16587	—	11081	11223	41754.6	27407	27810	41754.6
1999	16947	16572	3266.9	9999	9894	76138	26946	26466	79404.9
2000	13259	13277	3016.6	7623	7566	11547.3	20882	20843	14563.9
2001	14732	14318	2428.5	5691	5552	—	20423	19870	2428.5
2002	9288	9289	141814.3	12913	12764	60000.7	22201	22053	741515
2003	9444	9766	66293.1	16952	17366	60014.8	26396	27132	126307.9
2004	9729	9594	74460.3	18083	17956	73673.6	27812	27550	148133.9
2005	9388	9284	47299.7	15603	15464	41173.4	24991	24748	88473.1

第五节　行政审判

行政审判沿革　1988年4月，全区法院系统相继设立行政审判庭，受理民告官案件。1990年10月1日，《中华人民共和国行政诉讼法》正式颁布实施。在宣传行政诉讼法的过程中，地县两级法院先后12次在人流密集、市场繁华的地段设立宣传站、咨询点，给群众讲解行政诉讼的法律知识。1996年，按照中共中央坚决减轻农民负担的指示精神，利用广播、电视、报纸等媒体，向农民群众宣传加重农民负担的行为是一种违法行为，可以到法院进行起诉。一时，农民负担行政案件大幅度上升。两级法院把典型案例的宣传作为打开行政审判工作局面的突破口，提高了行政审判在群众心中的地位。老百姓不但对治安处罚、土地权属等案件敢于起诉，而且对计划生育、农民负担等热点问题也能勇敢地拿起法律武器，保护自己的合法权益，行政审判数量连年成倍增加，行政审判开展难的局面逐渐被打破。为适应行政审判的需要，地区中级人民法院每年组织审判人员学习行政法和行政诉讼法知识，熟练掌握审理行政案件的基本常识。随着形势的发展，案件类型、种类逐年增多，行政审判人员抓住新类型案件，具体分析，重点解剖，攻克难关，提高水平。

1999年4月4日，纪念《行政诉讼法》颁布十周年宣传活动

行政案件审理及研究　1987—2005年，共审结行政案件3000余件，其中1400余件予以维持，原告撤诉1000件，两项合计占总数的67.6%，提出司法建议158份，为2.6万多人讲授行政法、行政诉讼法和行政处罚法，促进了行政机关依法行政，提高了行政执法水平。随着案件数量、类型的不断增多，一些问题也不断涌现，对此，菏泽地区中级人民法院加强对行政审判的调研和培训工作，1988—2005年间，全市行政审判人员共撰写理论研讨文章100余篇，撰写案例分析26篇，先后发表在《人民司法》《政法论坛》《人民法院报》《行政法学研究》《山东审判》《山东法学》《法制日报》等杂志上，先后10余次邀请法学专家到菏泽讲课。其中，1996年，针对农民起诉负担加重行政案件不断上升的情况，行政庭撰写《关于审理好农民负担行政案件》的专题文章，就加强审查农民负担案件依据、审理农民负担案件中容易出现的问题进行了细致阐述。1997年，结集出版《全区行政审判理论研讨文集》，推动了行政审判人员学习研究审判理论的氛围。

1987—2005年菏泽市（地区）法院行政审判收结案件统计表

表24-5-3　　单位：件

年份	收案	结案	其中结案	
			治安	土地
1987	9	5	3	2
1988	66	64	11	3
1989	51	49	17	25
1990	42	44	9	28
1991	129	127	30	73
1992	109	109	25	56
1993	203	197	40	120
1994	573	486	43	143
1995	179	164	24	97
1996	185	181	32	88
1997	819	797	31	68
1998	628	636	41	67
1999	1444	1512	89	272
2000	1097	1072	79	159
2001	1005	905	87	171
2002	1177	1319	85	604
2003	1536	1566	72	443
2004	1786	1780	76	604
2005	1434	1411	36	271

第六节 执行工作

最早意义上的执行工作，涵盖了对刑事已决犯的执行。在具体操作上，严格意义上的执行工作，仅指负有给付义务的被执行人的强制执行。1986年执行工作开展的初期，地区中级人民法院重点选择了影响较大的典型案件，突击执行，起到了执结一案、影响一片的效果。由于“执行难”的存在，执行工作的初期产生了大量积案。为消灭这些积案，1990年中级人民法院开展为期40天的执行会战，全区共执结案件2186件，执结率为92.3%。1992年2月，按照省高级法院开展执行会战的统一部署，全区共抽调干警617人，实行人员、任务、要求三落实，采取分散执行与集中攻坚相结合的方式展开执行会战。会战中，共执行案件2401件，执行标的额3067．8万元。同时还完成外地法院委托、协助执行案179件，降低了法院的执行积案。1995年，全省执行工作会议后，两级法院执行工作得到了进一步加强，执行干警从56人增加到88人，办案车辆增加到45辆，并配有通信器材144部，摄像机、照相机18架。2000年10月，执行庭更名为执行局，内设执行一庭、执行二庭。2002年年初，执行局根据上级法院要求，开展了“作风建设年”活动和进行执行队伍教育整顿活动，提高了队伍素质，有效地防止了各种问题的发生。2002年4月，执行局下发了《执行局职责划分》《执行办案制度》《执行工作流程管理》《举证制度》《告知制度》《评估、拍卖、变卖规定》《关于执行中请示答复工作规定》和《提级、指定、交叉执行的管理规定》等12个规范性文件。通过这些规章制度的建立和落实，努力使统一管理从“虚”逐步向实处发展，增强了管理工作的实效性。2002年7月，正式设立执行局，下设执行一庭、执行二庭、执行综合室。2003年，执行局在全市法院开展了为期3个月的集中清理涉金融未执结案件专项活动，活动期间，共清理各类涉金融案件2015件，执结标的1.86亿元。2004年，执行局执行郓城农发行申请执行郓城粮食收储公司案，该案执行标的数量大，高度分散，被执行人和地方政府抵触情绪大，有很大的执行难度。中院执行局与郓城法院执行局两级法院的执行干警，协作配合，全程公证执行，阳光操作，经过36天攻坚克难，终于执结该“骨头”案。这一执行，《菏泽日报》《山东法制报》《人民法院报》分别予以报道。2005年，执行局对执行管理和工作方式进行改革探索，提高创新能力和服务水平。1986—2005年，市、县两级法院共执行各类案件85799件，结案84600件，总标的额18.24亿元。

1987—2005年菏泽市（地区）法院执行案件统计表

表24-5-4

年　份	收案（件）	结案（件）（含旧存）	执结标的额（万元）
1987	1323	1105	—
1988	1093	1119	—

续表 24-5-4

年　份	收案（件）	结案（件）（含旧存）	执结标的额（万元）
1989	999	942	–
1990	963	920	–
1991	957	987	–
1992	2419	2543	–
1993	2032	1989	–
1994	1645	1669	–
1995	2137	2247	–
1996	3203	3110	–
1997	4835	4381	7533.28
1998	4437	4012	6544.7
1999	8722	8227	10750.2
2000	8734	9035	30145.89
2001	9905	9994	14422.65
2002	7309	6327	35200
2003	10512	11857	28400
2004	6751	6760	26700
2005	7060	6698	22700

第七节　审判监督

审判监督庭始源于菏泽地区中级人民法院信访接待室，1982 年经菏泽地区编委批准原信访接待室改制为信访科。1986 年 9 月以前，刑事、民事申诉法律制度不够完善，对当事人申诉的案件均以复查的方式维持原判或改判。1986 年 9 月，对历史旧案进行复查。1990 年 8 月，经菏泽地委组织部批准，撤销信访科，改建为告诉申诉审判庭，其职能范围是：办理全地区来信审查、来访接待工作和审理法律规定的应由中院管辖的告诉、申诉案件。案件审理坚持的原则是“实事求是，有错必纠”，本着对当事人高度负责的精神，严把事实关、证据关和法律适用关，对原判确有错误的案件，一经发现，及时依照审判监督程序提起再审，对再审无理的案件予以通知驳回，同时做好工作，促其服判息诉。1997 年 5 月，经菏泽地区编委批准，告诉申诉审判庭改设为审判监督庭。审判监督庭正式设立后，审判监督围绕“公正与效率”主题，坚持依法纠错的原则，在“阳光工程”的推动下，推进审判监督改革，

1990 年告申工作表彰会在巨野县召开

1998年2月，特邀监督员聘任仪式

不断加强和规范审判监督工作。针对再审案件的特点，引入审查听证程序，严格再审立案和改判标准，坚持依法纠错与维护生效裁判的权威并举，既保护了当事人的合法权益，使扭曲的正义得以伸张，又做了大量的服判息诉工作，维护了生效裁判的既判力。1998年，引入特邀监督员制度，聘任监督员对全市各级法院和工作人员在审判活动中执行法律、法规及遵守廉洁自律、职业道德等有关规定的情况实行监督。至2005年，审判监督庭共审理各类申诉、申请再审案件1235件，其中进入再审案件406件，抗诉及上级法院指令进入再审164件；依法改判370件，维持原判143件，调解227件。所审理的案件均做到了程序合法，事实清楚，证据充分，适用法律正确。

第八节　国家赔偿

1995年1月1日，《中华人民共和国国家赔偿法》颁布实施。1996年，地、县两级法院相继成立赔偿委员会，并先后制定《赔偿工作制度》《司法赔偿立案条件和受案范围》《关于县市法院处理国家赔偿案件的意见》等文件。通过设立宣传点、咨询站，利用电视、广播、报刊、宣传橱窗等登载案例和法律知识，较好地宣传了《中华人民共和国国家赔偿法》，增强了广大人民群众对这部新法的了解，收到了很好的社会效果。1999—2005年，工作重点转移到严格办案程序和提高办案质量上来。按照最高人民法院对赔偿案件的具体规定和相关的司法解释，赔偿审判坚持了有错必纠的原则。为把每一赔偿案件都办成铁案，赔偿法官对所审理的每起案件在认定事实和适用法律上反复斟酌，力求认定事实准确无误，适用法律正确恰当。坚持依法办案，积极收案，严格按照赔偿法规定的赔偿范围和计算标准决定赔偿数额，该赔的一分不少，不该赔的坚决不赔。1995—2005年，市、县区两级赔偿委员会共受理赔偿案件71件，决定赔偿案件46件，决定赔偿金额136.53万元，其中公安机关5件，赔偿金额53.75万元；检察机关17件，赔偿金额23.42万元；法院18件，赔偿金额46.49万元；法院、检察院共同赔偿6件，赔偿金额12.87万元。

第六章　司法行政

第一节　法制教育

普法教育　1986—1990年，全区开展第一个五年全民普法教育活动。1986年1月8日，地委下发《菏泽地区普及法律常识五年规划》，确定了普法的指导思想、任务要求，以及普法的形式、方法和步骤。该文件规定：1985年为准备阶段，1986—1989年为全面实施阶段，1990年为检查验收总结阶段。1986年年初，地委宣传部、地区司法局以菏宣发（86）6号文件联合下发《全区1986年普法实施方案》。按照“先干部，后群众；先城镇，后农村”的普法要求，在全区范围内开展普及“宪法”“刑法”《中华人民共和国婚姻法》《中华人民共和国继承法》《中华人民共和国经济合同法》五部法律活动。为保障普法任务的完成，地区普法办公室制定了考核、检查验收制度和汇报会议制度，并定期向上级党委、政府报告普法工作开展情况。1990年年底，山东省普法领导小组对菏泽地区的“一五”普法工作进行全面验收。全区有488万名普法对象学完了规定的普法内容，经考核合格的为428万名，合格率为87.7%。

1991—1995年，组织实施全区第二个五年普法教育工作。1991年年初，按照《山东省在公民中开展法制宣传教育的第二个五年规划》的指示精神，组织全区公民学习《中华人民共和国全国人民代表大会和地方各级人民代表大会选举法》《中华人民共和国行政诉讼法》《中华人民共和国国旗法》《中华人民共和国集会游行示威法》《中华人民共和国义务教育法》《中华人民共和国土地管理法》《中华人民共和国水法》《中华人民共和国森林法》《中华人民共和国环境保护法》《中华人民共和国矿产资源法》《中华人民共和国食品卫生法》《中华人民共和国文物保护法》《中华人民共和国军事设施保护法》《中华人民共和国残疾人保障法》及《山东省计划生育条例》《山东省未成年人保护条例》。“二五”普法期间，地、县两级党委、人大、政府召开专题普法会议267次，召开专题联席会108次，为普法工作划拨经费35.97万元；全区共举办各种形式的普法骨干培训班5023期，培训宣传骨干13.22万人次，举办广播电视法律知识宣讲38560场次，开办电台、电视台法制宣传栏目21个，建农民法制夜校1655所，培养法律知识人才2000多人，举办各种大型社会宣讲活动152次，各种法律知识竞赛63场次。至1995年年底，全区471.3名万普法对象接受了较为完整的“十五法两条例”的学习，占应普及对象的86%。

1996—2000年，全区开展了第三个五年普法工作。此次普法内容主要是向公民普及《中华人民共和国国家赔偿法》《中华人民共和国行政处罚法》《中华人民共和国刑事诉讼法》《中华人民共和国公司法》《中华人民共和国反不正当竞争法》《中华人民共和国劳动法》《中华人民共和国农业法》《中华人民共和国税收征收管理法》《中华人民共和国消费者权益保护法》《中华人民共和国妇女权益保障法》及《山东省消防管理办法》“十法一办法”。全区各级党委、政府都健全和完善了普法、依法治理工作联系、督促查办、考试考核、检查验收等各项规章制度。各县市普法人员利用农村集市开展“政策法规赶大集活动”，并成立了青少年法制教育报告团，负责与各类学校建立联系，受聘担任校外法制辅导员，协助校方开展依法治校工作等。第三个五年普法期间，全区共举办地、县、乡领导干部法制讲座120期，参训人员达2.5万人次；各级党校、干校举办副科级以上干部脱产轮训班162期，参训人员达42800余人次；4871所中小学校配备了专、兼职法律辅导员6064名，有4825所学校开设了法制课；全区农民参学率达到94%，制作普法宣传条幅2161条，设置法制宣传栏1.1万个，举办大型法制宣传活动300余次。

2001—2005年，在全市范围内开展第四个五年普法工作。“四五”普法期间，共举办各类法制宣讲骨干培训班76期，培训人员达7986人次；全市32个法制文艺演出团共演出普法节目542场次，观众达48万人次；建立普法一条街3579条，设置法制宣传栏4236个；3690所中小学校聘任法制副校长3569人；全市600万有接受能力的公民普遍受到“宪法”“土地管理法”“计划生育法”等法律法规的宣传教育，有98%的乡镇、92%的学校、79%的县级以上工业企业、73%的村实施依法治理；有1个行政村被命名为全国“民主法治示范村”，有20个行政村被命名为全省“民主法治示范村”。2004年，在全省举办的“建设平安山东维护社会稳定”法律知识电视竞赛中，菏泽市获二等奖。

2001年9月21日，全市普法工作会议在曹州宾馆召开

法学教育 为了提高全区司法行政工作者的理论水平，地区司法局开始注重司法工作者的学历教育工作，与相关学院、学校联合举办各种形式的法律专业教育函授班和脱产学习班，学员主要是司法行政系统的干警和部分社会人员。1986年开办业余法律电视中专班，招生44人；1992—2003年，为山东政法管理干部学院法律专业招收函授专科学员500余人、本科学员300余人。1993年，为省委组织部和省几大部门开办的法律班招收司法行政系统专科生22人、本科生120余人。1996—1997年，招收两年制脱产法律中专班学员560余人。1996—2000年，为中华全国律师函授中心、司法行政系统专业证书教育招生628人、390人。2002—2005年，为青岛大学法学专业函授班招收本科学员136人。1986—2005年，全市司法行政系统共举办由司法行政干警、律师、基层法律服务工作者、人民调解员等参加的短期法律业务培训班80余次，参培人员5000余人。

2002年10月26日，菏泽市司法局与青岛大学联合办2002级法律本科班开学典礼

第二节　公　证

1986年，全区10县市（含梁山县）公证机关开始承办在家庭联产承包和果园、滩地、林地承包等合同订立过程中的公证。当年，全区共办理各类公证6984件，完成业务收费19.75万元。自1989年起，公证工作进行体制改革探索，大多数公证处试行以岗位责任制为中心的承包奖惩制度和主任负责制的效益浮动工资制。1992年地区公证处正式设立后，开展了对招投标、拍卖、抵押贷款、经济合同、土地使用权出让转让、房产继承、房屋买卖、粮油购销、企业改制、劳务输出以及涉外收养等方面的公证服务。1996年，地区司法局提出“三个转移”（公证工作的中心向农村转移；公证工作的重点逐步向乡镇企业和集体企业转移；公证工作的重心向基层公证处转移）的公证工作方针和搞好“四个结合”（与当地党委、政府的结合；与司法机关的结合；与新闻单位的结合；与乡镇司法所的结合）的工作思路，完成了公证工作的重点由城市转移到农村，为农村、农业和农民服务的重大转折。2002年，菏泽市公证处被省司法厅命名为“省级文明公证处”。2003年，曹县公证处被省司法厅记集体二等功。2004年，单县公证处被省司法厅授予“全省公证业务发展强县公证处”。2005年，单县公证处被省司法厅命名为“省级文明公证处”。至2005年，全市公证机关共办理收养、继承权、遗嘱、亲属关系、死亡、房屋买卖、委托书、赠予书、声明书、现场监督、证据保全、拆迁协议、计划生育、夫妻财产协议等民事公证事项190.63万件；办理购销合同、贷款合同、拍卖、招投标、土地使用权出让转让、农林牧副渔业承包、法人委托书等经济公证事项77.01万件，经济合同涉及金额170.3亿元；依法揭露和制止不法经济行为3710起，为国家、集体和公民避免可能发生的经济损失2.73亿元；办理涉外和涉及港澳台探亲、定居、学习、继承、谋职、结婚、对外贸易、提供劳务等公证事项8724件。

1990年8月24日，全区公证工作会议

第三节　律　师

队伍建设　1985年1月，菏泽地区法律顾问处正式设立（副县级事业单位）。

1986 年，国家实行律师资格全国统一考试制度，律师队伍开始扩大，全区执业律师共有 153 人，其中专职律师 57 人，兼职律师 96 人。1991 年 7 月，地区法律顾问处改称地区律师事务所。1996 年改称菏泽万国律师事务所。1999 年，万国律师事务所率先在全区实行自收自支。自 2000 年开始，改革和完善律师机构组织形式，指导部分国资所实行脱钩改制，实现了由单一的国资所到国资、合作、合伙三种形式并存的转变。至 2005 年，全市共有律师事务所 20 个，其中合伙所 11 个，合作所 2 个，国资所 7 个；执业律师 207 人，其中专职律师 201 人，兼职律师 6 人。

2003 年 7 月，全市律师队伍建设会议

辩护与代理 1986—2005 年，全市律师共承办故意杀人、抢劫、绑架等刑事案件辩护 11194 件，承办婚姻家庭、劳动合同、工伤赔偿、医疗纠纷、交通事故等民事诉讼代理 27280 件，承办行政诉讼代理 3082 件（主要是接受公民、法人、其他组织的委托，对不服从行政机关的行政处罚、行政强制、行政许可的；违法要求履行义务等行为提起行政诉讼），承办企业纠纷、房地产纠纷、知识产权纠纷等经济诉讼代理 11695 件，承办公司境外上市、招投标、资产重组等涉外诉讼代理 99 件，承办非诉讼代理 12731 件（主要是接受当事人的委托，见证法律事实、出具法律意见书、参加调解、仲裁等）。担任国家机关、企事业单位法律顾问 8998 家，解答法律咨询 31.23 万人次。

第四节　法律援助

2001 年 7 月 10 日，菏泽市首期法律援助培训班

1997 年 4 月，菏泽地区法律援助中心正式设立（科级事业单位），编制 8 人。其主要职责是组织、指导、协调和监督全区法律援助工作，指派执业律师及其他法律服务人员办理法律援助事务。1999 年，地区司法局要求全区持有律师执业证书注册律师都要填写法律援助志愿卡，承担义务法律援助服务。地区司法局所属的律师事务所负责承办在全区影响较大和一些特殊的法律援助案件；各县律师事务所负责承办所在县的法律援助案件。2000 年，菏泽地区公、检、法、司机关联合下发《关于法律援助工作有关事项的通知》，建立以“四统一”（法律援助案件由各级法律援助机构统一受理申请、统一审查批准、统一派员办理、统一监督检查）为主要内

容的工作制度。1997—2005年，全市有法律援助律师207人，共接待求助者12350人次，为群众解答法律咨询和免费代写各种诉讼文书23856件，审查、办理刑事、民事、行政法律援助案件3638件，免除代理费500万元。

2003年7月，群众到市法律援助中心感谢提供法律援助

第五节　基层司法行政

司法所建设　1986—1995年，全区253个乡镇全部建立司法所，并配备司法干部533人。1996年9月20日—25日，全国司法所建设经验交流会暨第一届中华全国人民调解员协会第二次理事会在菏泽召开，参加会议的有全国30个省、市、自治区和新疆生产建设兵团分管基层工作的司法厅（局）长、基层工作处长、全国人民调解员协会理事和11个典型单位的代表，以及山东省17个市地的司法局局长等235人参加了会议。地区司法局局长晁岳昆作了题为《强化硬件，优化软件，全面推进司法所规范化建设》的发言。2001年，在机构改革中，单县、巨野、郓城3个县的司法所被撤销或合并到社会事务办公室。2004年3月18日，市委办公室、市政府

全国司法所建设经验交流会于1996年9月20日至25日在菏泽柏青大酒店召开

办公室联合下发《关于进一步加强乡镇（办事处）司法所建设的意见》后，基层司法所建设得到进一步加强，各乡镇党委、政府将基层司法工作列入重要议事日程。至2005年年底，全市有158个司法所，列编数158个，收编数13个；工作人员530人，专、兼职司法助理员184人。全市基层司法所向乡镇政府提供法律建议5320条，被政府采纳4355条；代政府起草、审查、修改规范性文件1705件；调解纠纷41512件，处理纠纷13669件。至年末，全市有60%的基层司法所达到省级规范化建设标准。

基层调解组织　1986—2000年，全区共建立各级调解组织6086个，县级调解工作领导机构9个，乡镇司法调解中心253个，调解员达62088人。2001年，全市进行合乡并镇，原253个乡镇减为158个乡镇，乡镇司法所、调解中心随之变为158个。全市基层调解委员会中，一类调委会占82%，二类调委会占16%，三类调委会占0.1%。

2001—2005年，全市建立基层调解委员会6276个，其中村居调委会5940个，乡镇街道调委会159个，企事业单位调委会173个，区域性行业调委会3个，其他

调委会1个。

2005年5月18日，定陶县定陶镇南城社区人民调解委员会、单县高老家乡人民调解委员会、曹县供电集团人民调解委员会、鄄城县鄄城镇崇兴社区人民调解委员会和巨野县大谢集镇人民调解委员会被评为“山东省模范人民调解委员会”。

基层法律服务 1986年，全区各县市乡镇建立法律服务站132个，配工作人员333人。1987年，乡镇法律服务站增加到197个，工作人员增加到525人。1993年7月，按照山东省司法厅《关于统一基层法律服务机构名称的通知》精神，全区基层法律服务站统一改称“法律服务所”。1998年12月6日，中央综合治理办公室、信息产业部、司法部联合在京召开推广法律服务专线电视电话会议，在全国推广东明县的“148”（“要司法”的谐音）经验。1999年，全区各县市相继建立“148”协调指挥中心，各乡镇司法所设立“148”值班室。至2005年，全市有注册的基层法律服务所63个，共有基层法律服务工作者291人。基层法律服务人员共担任6892家单位的法律顾问，代理诉讼和非诉讼事务7931件，调解纠纷5576件，为国家和个人避免、挽回经济损失2537万元。

1999年3月16日，“148”法律服务宣传日接受群众法律咨询

1999年6月20日，全国法律服务专用电话建设现场会在菏泽召开

第二十五编　武　装

义　诊

演　练

1986年菏泽军分区隶属于山东省军区，同时受中共菏泽地委领导，地委书记兼任军分区第一政委。下辖菏泽、曹县、定陶、成武、单县、巨野、梁山、郓城、鄄城、东明10个县（市）人民武装部。军分区负责机关和各县人武部干部以及全市民兵的军事训练、政治思想工作，与地方政府及有关部门共同做好全市征兵工作。1986年后，菏泽地区民兵组织建设逐步由农村向乡镇企业和城市转移，控制数量，提高质量，抓好重点，打好基础，实行吃、住、训、管一体化。面对市场经济的发展，加强民兵思想政治教育，涌现出“舍身抗洪民兵英雄”杨继文烈士、新时期雷锋式的好民兵田永亮等一批新时期先进民兵典型。1996年4月，各县人武部收归军队建制，按照现代战争信息化的要求，战备、训练等进一步规范。2001年3月，菏泽市人民防空办公室成立。根据“全面规划、突出重点、平战结合、质量第一”的人防战备方针，人防法制建设不断规范，机关“准军事化”建设成果显著，防空教育不断深入，人防工程的建设利用更趋合理，防空演练规模加大，内容丰富，接近实战。2003年4月，国防动员和国防教育两个机构合并为菏泽市国防动员委员会，领导全市国防战备，国防教育工作。中国人民武装警察部队山东总队菏泽支队（简称武警菏泽支队）及各县（市）中队，担负着全区的内务勤卫、维护社会治安、抢险救灾、处置突发事件等工作。现代化、信息化建设日趋完善，涌现出一大批先进单位和英雄模范个人。至2005年，军分区、专武干部、民兵组织、武警驻军在抓好军事训练、战备执勤、思想工作的同时，积极支援地方建设，为全市经济发展和社会稳定做出重要贡献。

第一章　军分区

第一节　军事工作

军事训练　1987年3月，菏泽军分区集中机关和各县人武部的62名军事干部进行为期20天的训练。此次训练的主要内容有：参谋业务、本级战术和兵员动员等。训练结束后，挑选12名军事干部作为代表队，参加山东省军区举办的参谋业务知识竞赛。1996年4月各县人武部收归军队建制后，按照军委和两级军区的统一部署，菏泽军分区对副团职以下的干部分两批进行为期15天的基础训练、条令条例训练和应用训练，旨在强化条令观念，增强服从意识，建立正规的战备、训练、工作和生活秩序，尽快实现人武部回归军队建制后与军队建设接轨。

1996—2000年，按照现代战争信息化的要求，先后举办多次军用技术培训班，组织机关干部重点学习高科技理论知识和新技术、新装备的操作使用，使所有军事干部都能熟练地掌握识图用图、战术标图、微机操作等技能。

2002年10月，中国人民解放军总参谋部颁布《陆军军事训练与考核大纲》（简称《大纲》）。为了贯彻落实好《大纲》要求，提高按纲施训的层次和质量，军分区在郓城县人武部进行施训试点。为适应军队信息化建设发展的新形势，军分区和各县人武部结合所担负的任务，加大科技投入，创新训练手段，利用网络组织战术作业，利用微机现场标图，把科技练兵融入施训之中，研究摸索出一套适合人武部自身特点的做法，并取得较好的效果。2004年，围绕提高首长机关整体素质和组织指挥能力这一关键环节，采取集训与分散自学相结合的方式，开展以实践为课堂、以岗位为平台的练兵活动，先后组织两次军事训练比武考核，较好地促进了按纲施训的落实。同年，军分区机关和曹县、郓城县人武部被省军区评为按纲施训达标单位，东明县人武部被评为按纲施训达标先进单位。

刺杀操演练

2005年3月，军分区举办由分区机关干部和9县区人武部的军政主官、军事科参谋和政工科长共50多人参加的军事业务集训班，进行军事理论学习及体能技能训练、经验交流和观摩民兵教练员比武考核，促进全市整体军事训练水平的发展，对提高首长机关和干部队伍综合素质，搞好新时期民兵预备役建设，做好反“台独”军事斗争准备起到重要作用。9月，在省军区组织的比武竞赛中，菏泽军分区获团职指挥员小组第三名、民兵维稳反恐课目“优秀课目”奖。

现役干部体能训练

共同条令训练 1986年1月，按照省军区管理教育工作的指示精神，菏泽军分区开展了内务条令、队列条令、纪律条令的训练。1990—1993年，针对新时期军事战略和市场经济体制改革带来的新情况，除政治思想教育外，严格按照总政治部《关于严整军容军纪的通知》精神，加强对机关干部、战士，特别是勤务人员的学习整顿，开展讲军容、讲礼貌、讲纪律的“三讲”活动。1995年2月，按照济南军区、山东省军区的指示，菏泽军分区机关和各县市人武部开展年有“条令月”，季有“条令周”，月有“条令日”活动。1998年2月，为了贯彻落实好新条令，达到从严治军的目的，军分区对各县市人武部正副部长、军事科长、政工科长及分区机关科以上领导干部进行为期一周的新条令集训。

2001年3月，为贯彻《中央军委关于加强管理教育工作的决定》，军分区制定落实计划，集中进行学习整顿。在学习整顿中，以中央军委“决定”为主线，以条令条例为依据，以纪律建设为核心，进行对照检查，边学边整边改，取得良好效果。2003年，为贯彻落实好中央军委《关于进一步加强从严治军的意见》《中国人民解放军安全工作条例》，分区机关和各县区人武部均制定具体的安全管理措施，大大增强人武干部的安全工作责任感和自觉性。2004年9月，军分区在曹县召开现场观摩会，实地参观曹县人武部军事训练基地建设和牡丹区人武部战备、训练、工作、生活“四项秩序”规范情况。各县人武部在硬件建设上，都配备微机，建立局域网，提高机关办公质量；在软件建设上，健全完善各项规章制度，收集整理比较齐全的战备、训练、动员及民兵预备役资料，改善人武干部的知识结构，提高人武干部的综合素质。民兵预备役建设、征兵工作、军事训练、国防教育、营院管理等各项工作质量都有较大幅度的提高，部队全面建设得到加强。

技术训练　1990年以前，技术训练以常规性训练为主。1990年后，随着武器、器材、装备的不断更新，技术训练也随之发展变化。为适应高科技和现代战争的需求，分区把学习掌握新知识、新技术、新装备、新战法作为技术训练的主要内容。分区机关和各县区人武部每年都组织人武干部进行高科技理论学习、体能训练和技能训练。机关各科室都配备现代化办公设备，并实施分区与县区人武部的微机联网，大大提高了组织指挥能力和办事效率。

第二节　政治工作

组织建设　根据《中国人民解放军政治工作条例》规定，中国共产党在中国人民解放军中的团级以上单位的各级代表大会和它所产生的委员会，是党的各级领导机关。军分区设有中共委员会、常委会，第一书记、书记、副书记，第一书记由市委书记兼任；县区人武部设有中共委员会，第一书记、书记、副书记，第一书记由县区委书记兼任（1986—1996年间兼任人武部党委书记）；为了密切地方党委同军队的关系，便于协调工作，军分区政委兼任同级地方党委常委。军分区离职干部休养所设有中共委员会，书记、副书记等职。

2003年12月，市委下发关于组织县区人武部党委第一书记进行党管武装工作述职活动的实施意见，决定从2003年起，每年组织县区人武部党委第一书记党管武装工作述职。市委成立县区人武部党委第一书记党管武装工作述职领导小组，办公室设在军分区政治部，统一领导述职工作。

至2005年，先后由菏泽地（市）委书记张守福、刘洪仁、林廷生、董昭合、李明先、陈光兼任军分区党委第一书记。1986—2000年，先后由军分区政委张泽甫、马存益、林长凯、向民、陈孝金兼任地委委员。2001年1月菏泽地改市以后，军分区政委陈孝金、宋新立先后兼任市委常委。

思想教育　随着形势的发展和部队建设的需要，在不同时期安排相应的教育内容对官兵进行思想政治教育。1985年7月—1986年5月，军分区对全区11个团级单位和21个党支部进行整党。这次整党，全区312名党员除1人因经济问题暂缓登记外，其他均进行了登记。

1993年11月2日，《邓小平文选》第三卷出版，根据总部和两级军区的统一部署，军分区政治部制订学习计划，规定每周两个半天为学习《邓小平文选》日，重点加深领会建设中国特色社会主义理论和基本观点，以解决在某些干部、战士中对“特色”的模糊认识。1997年，按照总政治部《关于健全团以上干部在职学习制度的意见》和济南军区“全区上下抓理论学习”的要求，军分区和人武部党委建立理论学习中心组并制订学习计划，自学和集中学习相结合，每月进行一次学习交流，并请市委讲师团给予辅导，组织学员到孔繁森纪念馆参观。1999年，在军分区、人武部两级党委班子中，深入进行“讲学习、讲政治、讲正气”党性党风教育，解决某些党员在淡泊名利、敬业尽责、艰苦奋斗、严守纪律等方面存在的问题，进一步加强全区党员的思想作风纪律建设。

2004年中共十六届四中全会和军委扩大会议以后，分区党委把学习贯彻两会精神作为重大政治任务，认真抓好落实。及时召开党委常委会，认真地传达学习四中全会公报、《中共中央加强党的执政能力建设的决定》、军区党委《关于认真贯彻江泽民主席、胡锦涛主席在中央军委扩大会议上讲话的通知》和军委〔2014〕18号文件精神，并组织机关干部、战士和职工传达学习，使广大官兵思想行动统一到党中央、中央军委重要决策和指示要求上来，自觉和党中央保持一致。同时，全区各级党组织加大对党员领导干部的教育管理和监督力度，积极开展党风廉政建设宣传教育。从2004年起，结合年终工作总结和民主生活会，开展团以上领导干部述学、述职、述廉活动，促进党风廉政建设水平的提高。

2005年1月起，在全区开展向军分区司令员杨炳河学习的活动。杨炳河于1996年从集团军副参谋长平职调任军分区司令员，从条件较好、离家较近的城市到经济欠发达地区，从未向组织提任何要求，一干就是9年，始终保持旺盛的精神状态。特别是临近退休，他更加珍惜岗位，继续兢兢业业地抓工作。军分区党委作出决定，号召全区党员特别是各级领导干部“向杨炳河同志学习”。像他那样，树立正确的地位观、政绩观、权力观和利益观，以强烈的使命感和责任感做好自身的工作。2—7月，利用半年时间，军分区开展保持共产党员先进性教育活动，使全区党员深化对党的创新理论的理解，明确党的先进性建设的标准，增强提高素质能力的紧迫感，促进领导作风的转变。

第三节　后勤保障

后勤队伍建设　针对军分区、县区人武部后勤干部流动性大的特点，分区经常

民兵装备库

组织后勤人员进行短期培训、以会代训、函授、印发业务教材和在职自学等。

1986年年初，根据山东省军区提出的后勤部门目标管理要求，军分区组织后勤人员学习《军队后勤学》理论知识，并于8月组织全区后勤干部到曹县人武部参观学习。

1991—1996年，后勤人员主要学习贯彻《中央军委关于进一步加强军队财务管理的若干规定》《山东省军区后勤工作标准》《山东省军区三年后勤工作规划》，并结合本单位的实际，围绕解放思想、更新观念、深化后勤改革、强化后勤管理、适应市场经济发展开展讨论研究。

1999—2002年，为使后勤干部由专业型向复合型、知识型发展，组织学习现代科技知识。通过各种形式的学习和训练，全市100%的后勤干部掌握汉字输入、字表制作、运用微机管理业务技能。并积极开展后勤学术研究，共在省级以上报纸杂志发表后勤学术论文6篇。同时，按照全军后勤战备工作规定和济南军区、山东省军区的要求，组织分区后勤机关和县区人武部对后勤战备资料进行搜集整理，依据全市经济动员潜力情况，对5种保障计划、8种方案进行修订完善和规范统一，并且进行战备方案的评估、后勤保障的协同演练等活动。

2004年5月，利用6天时间组织全区人武部副部长、后勤科长和后勤助理员进行财务会计制度、军需保障和后勤文书拟制等业务培训，提高后勤人员综合保障能力。

强化财务管理 按照《军分区财务管理规定》《县区人武部财务正规化管理标准化》等管理制度，对各种开支实行包干和限额管理，严格经费开支联审会签、一支笔审批制度和军政主官理财目标责任制。

从1986年起，军分区每年都要组织对各单位财务进行检查，对账目、凭证、报表进行清查核对，以查促改、边查边改，促进财务管理规范化。2001年2月，根据总部和两级军区后勤部关于《2000年军队行政事业财产清查登记工作方案》通知精神，按照“党委领导、统一部署、按级负责、分步实施”的原则，在全市进行财产清查登记工作，共清查单位57个，核实资产2016万元，基本查清财产底数，掌握了分布、构成情况，建立和完善资产管理制度，提高资产管理水平。

2005年10月，分区对9县区人武部、干休所2004—2005年财务管理情况进行全面检查，重点查党委理财、预算执行、财务管理、会计核算、财经纪律、家底经费和固定资产等情况。全市共查阅近百份资料，审核账目30多本，审查凭证120多本，原始单据3万多张。

重点工程建设 1979—1989年，军分区先后新建3座干部宿舍楼，共计6400平方米（属福利房），基本解决干部的住房

军分区综合楼

问题。1998年投资近100万元，集资建成3164平方米营、团职干部宿舍楼；2002年，由市财政拨款200万元，在军分区教导队新建一幢集训、教学和管理为一体的教学综合楼，建筑面积2358平方米，2003年10月正式投入使用；2004年建成第一期师、团职经济适用房，建筑面积6220平方米，2005年6月投入使用。

第二章 民 兵

第一节 队伍建设

1986年后，菏泽地区民兵组织建设逐步由农村向乡镇企业和城市转移，并扩展组建范围，改进编组方法。认真贯彻控制数量、提高质量、抓好重点、打好基础的方针，在保持民兵群众性和普遍性的基础上，压缩步兵分队规模，扩大专业技术分队比例，旨在组建具有较高技术含量的民兵对口专业分队，使民兵组织结构得到优化，民兵队伍科技素质不断提高，民兵能力更加适应新形势下的遂行任务。

1993年5月，对地直17个企事业单位中的部分基层武装部进行充实调整。12月，对菏泽煤矿、仪表厂、建筑公司、柴油机厂、印刷厂、汽运公司等9个基层武装部的部长进行任命。

根据2001年全省民兵工作座谈会和中发〔2002〕9号、〔2002〕20号、〔2003〕参动字第231号和〔2004〕鲁字第23号文件精神，分区对全市民兵布局和编组方法进行调整，即民兵组织逐步由农村向乡镇企业和城市转移，向私营企业、股份制企业、事业单位和社区扩展，突出专业技术分队和对口专业技术分队组织建设，增加民兵队伍科技含量，优化组织结构，为适应未来信息化战争的新特点和平时维护社会稳定等奠定基础。

为了应付突发事件，维护社会稳定，全市已组建民兵应急营、连、排，初步形成以市区为中心、县区为重点、乡镇为辅助的民兵应急分队整体布局。

民兵应急分队

第二节 政治教育

随着农村家庭联产承包责任制的不断深入和市场经济的快速发展，民兵政治教育出现一些新特点。针对这一情况，全区上下采取集中教育与刊授教育相结合，充分利用广播、电视、报刊等宣传媒体进行教育，树立一批新时期先进民兵典型，使民兵精神文明建设走在社会前列。

1988年，按照山东省军区《发动民兵带头建设两个文明三年规划》，军分区政治部与团地委、妇联联合下发组织开展全区学雷锋活动的意见，要求围绕经济建设这个中心，进一步深化“岗位学雷锋、行业树新风”活动；从实际出发，号召每个青年民兵办一两件好事；不断总结经验，大力宣扬学习典型。1989年开始，先后宣传成武县汶上镇李庄民兵连长司春玉22年如一日矢志不渝学雷锋；曹县仵楼乡后张楼村民兵连长田永亮退伍不褪色，被誉为“新时期雷锋式的好民兵”；菏泽仪表厂武装部部长黄承友，十多年在干好本职工作的同时，义务协助公安机关先后抓获犯罪分子1300多人。

1990年，发动民兵突出抓治愚致富、平原开发和扶贫帮困工作，全区共设民兵带建点781处，其中679处被县以上政府命名为文明单位；扶贫点286处，其中253处脱贫；扶持贫困户26000户，全部解决了温饱问题，并有1.4万户走上富裕之路。

2001—2003年，围绕国防动员法，突出民兵国防教育，开展以反“台独”做好军事斗争准备的教育，科技意识和维护社会稳定的教育。尤其是2003年在抗击“非典”斗争中，各县区人武部组织民兵积极投身到这场没有硝烟的战斗中。全区共出动民兵10余万人，散发宣传资料80万余份，清理消毒公共场所7000余处。2004年，省委、省政府发出“突破菏泽”战略，军分区号召全市民兵预备役人员认真学习省委、省政府和市委、市政府工作会议精神，充分发挥民兵在菏泽经济和社会发展中突击队作用，为实现菏泽振兴，建设自己的美好家园做出应有贡献。

第三节　军事训练

1985年后，全区基干民兵训练都集中到县区民兵训练基地，实行吃、住、管、训一体化。从2000年开始，根据上级军事机关“减少人员、精简内容、改进方法、提高质量”的要求，各县区先后建成并投入使用“四配套”（训练设施、生活设施、电话教学设施、武器保管设施）民兵训练基地，并采取多批次、集中训练的形式，将民兵训练逐步纳入规范化。从1986—1989年，按照山东省军区分配的军事训练任务，全区每年训练民兵，训练对象以步兵为主，另有少量通信、炮兵和其他专业兵。1989—1990年，组织地直57名专武干部，参加为期1个月的军事集中训练。1990年后，除正常训练外，增加民兵应急分队训练任务。训练主要内容是：队列、单兵战术、防暴技术、军事地形学等。训练时间一般在15天左右。1993年，按照济南军区《民兵军事训练若干规定》的要求，以高新技术知识学习和民兵骨干训练为重点，坚持依法治训、按纲施训，本着打牢基础、注重实效的原则训练基干民兵，超额完成上级赋予的训练任务，训练合格率达100%，优良率为78%。曹县人武部组织参训民兵举行阅兵式，扩大了民兵的影响。定陶人武部实行训练与征兵、劳务输出、科技培训“三结合”，拓宽训练路子。地区汽车运输公司武装部，组织运输车辆进行带战术背景的长途拉练，使民兵训练与中心工作实现较好的结合。

1996—2000年，突出训练民兵干部（重点是新任职的民兵连排长），专业技术分队和县民兵应急分队。2001—2003年，根据民兵组织的调整，民兵步兵训练的人数相对减少，侧重在乡镇企业，特别在城市组织专业对口军事训练。按照所执行的专业任务和规定的指标，四年一个周期，每期训15天。2004—2005年，按照“吃、住、训、管”一体化要求，对全市民兵应急分队进行成建制集中封闭式训练，减少基础性训练内容，增加应用性训练课目，坚持以考促训，以考促建，民兵应急分队建设质量显著提高。

至2005年，菏泽军分区共组织专职武装干部军事训练986人次，每期30天。另有函授训练526人次。重点进行三大条令、三防知识、兵器常识、军事地形学训练；技术训练重点进行投弹、爆破、轻武器的兵器常识，步枪、冲锋枪、手枪实弹射击；战术训练重点进行单兵战术、伏击战和破袭战的训练。民兵工作业务重点进行战时兵员动员、整组、征兵等课题的研究探讨；政治教育，每期利用6个课时进行民兵政治工作、国防知识和当前国内国际形势的学习等。

民兵应急分队警棍盾牌训练

第四节　联防维稳

1986—1990年，全区所有民兵连都成立民兵治安巡逻队，活动在乡村、城镇，积极从事护路、护厂、护库、护院等。1990年春，县、乡两级组建民兵应急分队，积极配合公安机关参与治安、巡逻和执行应急任务。1994年，各县人武部均成立法律服务站，为维护军烈属、现役军人的合法权益和社会稳定，接待、走访、调解涉军矛盾纠纷几千人次，收到良好的社会效果。牡丹区人武部的经验做法被《济南军区要讯》《政治工作信息》《保、检、法情况反映》等刊发，中央电视台3频道、7频道和山东卫视也进行了宣传报道。

1999年5月17日，定陶县发生一起不法分子聚众闹事，打砸抢县政府和公安机关的严重暴力事件。定陶县民兵应急分队第二连奉命紧急出击，在军分区、人武部现场指挥下，及时果断处置，守护重要目标、疏导围观群众、解救被围困的地方领导，及时平息了事态。菏泽军分区的做法在省军区作战会议上受到表扬，济南军区发了要讯，并应邀在省军区民兵基层建设工作会议上作典型发言。

2004年9月，为确保第一届全国林产品交易会开幕式圆满顺利，应市委、市政府的要求，军分区紧急调动牡丹区、定陶和东明县4个民兵应急分队参与维护会场秩序。该队冒着大雨圆满完成执勤任务。

2005年“八一”建军节期间，军分区政治部配合市民政局开展“平安菏泽”活动，号召全市广大民兵预备役人员为构建和谐社会做出积极贡献。同年 11 月，禽流感疫情在部分地区爆发，军分区及时下发《关于积极组织民兵配合党委、政府做好防控禽流感工作的通知》。全区广大民兵预备役人员积极行动，带头落实防控禽流感的各项规定要求，并配合有关部门做好巡逻、布控、设卡、卫生防疫和捕杀禽类等工作，充分发挥民兵的战斗队作用，受到政府和人民群众的赞扬。

第三章 武装警察

第一节 执勤训练

武警菏泽支队围绕勤务特点，以干部、骨干为重点，不断提高部队的勤务训练质量，使部队在各个历史时期都能较好地适应各种勤务的要求，圆满完成执勤任务。1988 年，在继续贯彻系统化、规范化训练方针的同时，为适应形势、任务的需要，应付突发性暴力和群体性治安事件，进行了突出机动勤务的训练。1989 年，新兵训练由冬季改为春季进行。1990 年，根据 1989 年处置大型群体性闹事的实践，重点进行以处置突发事件为课题的防暴训练。同年 6 月，在“菏泽地区公安、武警、民兵军事训练汇报表演大会”上，武警菏泽支队组成盾牌警棍方队、冲锋枪方队、半自动步枪方队、摩托车方队，进行盾牌警棍操、擒敌技术套路对打、硬气功、防暴战术等 8 个项目的表演。其受阅部队更以优良的作风、整齐的动作、精彩的表演受到武警山东总队和菏泽地委、行署领导及观众的赞扬，被称为一支作风顽强，训练有素的“钢铁之师、文明之师、威武之师”。1992 年 10 月 9—10 日，巨野县中队在副中队长王振的带领下，参加全省公安系统手枪射击比赛，获得团体第三名。1995 年，支队以“四贴近”为指导，各单位认真落实年度训练计划，坚持依法治训，按纲施训。在 1996 年武警山东总队组织的全省武警部队防暴小分队军事比武中，武警菏泽支队取得总分第五名，八一式自动步枪卧跪立精度射击第一名，五四式手枪 50 米慢加速射击第一名的优异成绩。2000 年，支队举办军事主官和骨干集训班，进行重点课目的教学法和军事技能训练。2005 年 7 月 30 日，支队举行反恐分队特战训练汇报表演，受到菏泽市委、市政府领导的高度评价。

部分反恐装备器材

第二节 维护地方治安

驻菏泽武警官兵出色完成历次警卫勤

务，赢得首长及中外来宾的高度赞誉，树立了武警部队的良好形象。菏泽武警支队共担负押运勤务500多起，担负押解和刑场警戒任务400多起，圆满完成当地党委政府赋予的“严打”整治任务以及元旦、春节、“五一”“十一”等重大节日的武装巡逻任务。

1987年2月，武警菏泽支队遵照菏泽地委、行署和武警山东总队的指示，参加追捕4名特大盗枪案犯的战斗。武警菏泽支队先后出动359名官兵，车辆8台，与公安干警和人民群众密切配合，经过56个小时英勇奋战，圆满完成任务。1999年，结合迎澳门回归活动，武警菏泽支队前进指挥所率机动中队进行方案演练；针对黄河可能出现的险情，修订完善《抗洪抢险后勤保障方案》，圆满完成部队沿黄河抗洪抢险应急保障实战演练。2000年，武警菏泽支队按照菏泽市公安局的要求，先后3次出动兵力230人次，参与处置群体性闹事事件。2005年4月，根据郓城县委、县政府的统一部署，武警菏泽支队出动6名兵力，与公安民警密切配合，圆满完成抓捕涉黑性质的犯罪团伙行动。是年10月，武警菏泽支队出动15名兵力，协助公安机关抓获6名非法拘禁、绑架、敲诈勒索犯罪嫌疑人，当场抓捕8名妨碍执行公务的人员，圆满完成抓捕现场机动勤务。

第三节 处置突发事件

菏泽地处四省交界地带，环境复杂，犯罪率高，流窜犯多，各类突发性事件时有发生。据统计，自1986年以来，武警菏泽支队共处置各类突发事件500余起。1990年1月12日夜，巨野县中队成功处置一起持枪杀人案。1997—2001年，武警菏泽支队协助地方公安两次顺利处置案犯劫持人质事件。2004年，武警菏泽支队与地方公安密切配合，两次成功制止正在实施的犯罪案件。2005年4月27日，根据菏泽市和郓城县委、县政府的统一部署，武警菏泽支队出动6名兵力，采取“控制外围，正面接触，强行抓捕”的战术，与公安民警密切配合，圆满完成抓捕7名涉黑性质的犯罪团伙行动，官兵无一伤亡。10月19日，武警菏泽支队出动15名兵力，协助公安机关抓获非法拘禁、绑架、敲诈勒索犯罪嫌疑人6人，当场抓捕妨碍执行公务人员8人，圆满完成抓捕现场机动勤务。

第四节 部队建设

武警菏泽支队加强队伍建设，艰苦奋斗，锐意进取，涌现出一批先进单位和英雄模范个人。1986年以来，成武县中队、巨野县中队等4个单位荣立二等功，17个基层中队荣立三等功；李庆、王洪波等9名官兵先后荣立二等功，400多名官兵荣立了三等功。武警菏泽支队曾连续4年被武警山东省总队评为“基层建设先进支队”。成武县中队党支部坚持以“三个代表”重要思想为指导，牢固确立“士兵第一”的群众观念，依靠官兵打造标杆中队，发扬人民解放军“三大民主”的优良传统，中队全面建设年年有新突破，年年有新跨越。该中队党支部曾3次被武警总部表彰为“先进基层党组织”，14次被总队表彰为“先进基层党支部”，2次荣立集体二等功，5次荣立集体三等功；2人荣立二等功。自1995年以来，成武县中队已连续11年被武警山东省总队表彰为“基层建设标兵中队”。1999年，武警总部授予成武县中队“基层建设标兵中队”荣誉称号。

随着菏泽经济建设不断发展，武警菏泽支队的建设进一步提高。2003年，市委、市政府出台支持武警支队建设的文件，解决了官兵“吃水难、洗澡难、看病难、用电难、取暖难”等问题。2004年5月，市委、市政府召开武警部队建设现场会，进一步加大对武警部队建设的支持力度。至2005年年底，基层单位的营具全部进行更新，有50%的中队住上楼房，支队正向现代化、信息化建设的目标迈进。

上级领导视察成武中队

第四章　兵　役

第一节　兵员征集

领导机构　境内的征兵工作，在市政府（行署）和军分区的领导下进行。每年征兵工作，市（地）、县（区）都成立征兵领导小组，均由一名副市长（副专员）、副县长（副区长）任组长，军分区、人武部领导任副组长，成员由监察、公安、卫生、教育、宣传、民政等部门负责人组成，具体负责地（市）、县（区）的征兵领导工作。并从监察、公安、卫生、教育、宣传、民政等部门抽调人员与兵役机关一起组成征兵办公室，负责处理征兵工作中的具体事务。

2004年新兵入伍

征兵工作基本环节　宣传发动　一般把每年的10月确定为“征兵宣传月”，要求各级以《中华人民共和国兵役法》《征兵工作条例》《中华人民共和国国防法》及有关征兵政策规定为重点，充分运用广播、电视、报刊等宣传媒体，搞好征兵宣传工作，努力营造参军光荣的浓厚氛围。

体格检查　征兵体检工作在征兵办公

室的具体安排和指导下，由地方卫生部门负责。通常按照村（单位）目测、乡（镇）办事处初检、县体检的顺序进行。体检过程中，以国防部颁发的《应征公民体格检查标准》和《应征公民体格检查办法》为依据进行体检。体检过程中实行岗位责任制，谁检查、谁签字、谁负责，确保新兵的身体质量。

政治审查　为确保新兵的政治质量，严格政治标准，建立政审责任制。尤其对特种兵、条件兵，更要进行大量的内查外调。20世纪80年代后，消除了一些“左”的影响，但政审工作仍然很重要，特别是大批适龄青年外出打工，增加了政审工作的难度。为确保新兵政治质量，实行三级政审和横向联审制度，即支部初审、适龄青年所在单位逐个调查、党委把关和公安、人武部、接兵单位联审的政审责任制。

走访定兵　定兵前，基层单位和接兵部队对每个体检合格的人员进行走访。要求做到与本人、家长、毕业学校、单位领导“四见面”，进一步查清其现实表现、病史、文化程度、年龄、家庭及社会关系，为定兵工作提供准确的依据。审批定兵，由县（区）征兵办公室和接兵部队负责人共同参加，严格按照农业和非农业户口的比例择优定兵。被批准服现役的应征公民，由县（区）征兵办公室办理入伍手续，发给《应征公民入伍通知书》及“优待安置卡”。

新兵交接　每年征兵都是由部队派人到征集地接兵。新兵交接采取以县（区）为单位分批交接。菏泽是由县（区）兵役机关统一编造《新兵花名册》，一式两份，一份交给接兵部队，一份由兵役机关保存，

2005年全市接兵干部会议

并逐人点名后进行人员交接（含档案），双方在《新兵花名册》上签字盖章，交接完毕后，对新兵的管理及一切费用均由接兵部队负责，兵役机关进行协助。新兵起运，军分区根据车运计划与车站军代处一同协助接兵部队进行，确保新兵按时起运。

各级兵役机关，紧紧围绕确保兵员质量这个核心，做好工作，一批征兵先进单位获得表彰。1997年，菏泽行署征兵办公室、曹县人民政府征兵办公室被济南军区评为征兵工作先进单位；郓城县人民政府征兵办公室被省军区评为征兵工作先进单位；1999年，定陶和曹县人民政府征兵办公室被省军区评为征兵工作先进单位；2000年定陶和郓城县人民政府征兵办公室被省军区评为征兵工作先进单位；2002年单县和东明县人民政府征兵办公室被省征兵办公室评为征兵工作先进单位；2003年8月，菏泽军分区在郓城县人武部组织召开征兵体检站自动化管理系统建设现场会；2005年郓城县人武部部长于永生被国防部征兵办公室表彰为先进个人；曹县人武部军事科参谋许钦冬被济南军区征兵办公室表彰为先进个人。

招飞选滑　选征空军飞行员和滑翔员是从1958年开始的。由军分区司令部军动科牵头，成立招飞选滑办公室，结合地方各级文教部门，从初、高中应届毕业生中选拔，学校推荐并进行初审，然后按军分区分给各县任务比例，对确定对象进行内查外调，把身体、政治条件合格的，选到上级军事机关。1974年，改为从高中应届毕业中选拔。从1987年，改为由空军直接从应届高中毕业生中进行招收，由当地教育部门协助。从1958年至1987年，全区共征集飞行员87人，滑翔学员15人。

士官招收　2003年，公安部、民政部、财政部、劳动和社会保障部、总参谋部、总政治部、总后勤部联合发出《关于从非军事部门具有专业技能的公民中招收士官试点工作的通知》。2004年11月，山东省人民政府发出《关于认真做好从非军事部门招收士官调查摸底工作的通知》。

2004年12月初，军分区党委对上级指示进行认真学习研究，并向各县区人武部、市直武装部和市经济技术开发区武装部转发了两个通知，并协调教育、劳动等有关部门，按照《通知》要求的条件和标准，进行调查摸底，为实施士官招收工作奠定基础。

第二节　预备役登记

1998年12月29日，第九届全国人民代表大会常务委员会第六次会议审议通过《中华人民共和国兵役法》修正案，调整兵役法制度，修改“义务兵役制为主体”的提法，保留“两个结合”的基本制度。规定“中华人民共和国实行义务兵和志愿兵相结合、民兵与预备役相结合的兵役制度”。对士兵预备役分类作出调整。将35岁以下的退伍军人、地方与军事专业对口技术人员编为一类士兵预备役，增加了一类预备役技术含量。扩大民兵预备役人员参加军事训练的年龄，由过去18至20岁放宽至18至22岁。这样即有利于部队保持年轻力壮后备力量的储备，又有利于部队保留技术骨干。实行民兵与预备役相结合，有利于现代条件下开展人民战争和提高战时快速动员能力。中国人口多，兵源广，少数人服现役，多数人服预备役或参加民兵组织，并在每年参加一定时间的军事训练，也是履行兵役义务。

按照有关要求，各县区武装部和乡镇、直属武装部对符合服预备役条件的退伍军人进行登记、建卡、立档，建立预备役档案室，使后备力量建设进一步规范化。

第五章　拥政爱民

第一节　支援地方建设

武警菏泽支队以“保一方平安，建一方乐园”为己任，全力支持菏泽经济建设。该支队先后出动兵力1.6万人次，动用车辆2000余台次，参加清理河道、补修道路、整治街道环境等工程60余起；义务植树10万余棵，为“希望工程”“春蕾工程”和受灾群众、贫困地区捐款70多万元，捐物5万余件。

1995年12月，根据武警总部政治部印发的《武警部队军民共建工作若干规定（试行）》等有关规定，制订下发《武警菏泽地区支队拥政爱民工作暂行规定》，作为全区部队拥政爱民工作的基本准则和依据，促进全区武警部队拥政爱民工作的开展。

2004年5月18日，支援地方建设

资助贫困家庭大学生

1997年，武警菏泽支队与菏泽铁路车务段开展“共建京九文明站区”活动，先后出动车辆50余台次，为车站运垃圾15吨，清理白色塑料垃圾1.5吨，清扫站台及广场2000多平方米，疏通迎送旅客10万余人。1999年，武警菏泽支队与菏泽火车站被铁道部和武警总部联合表彰为“警民共建京九文明站区先进单位”。

在支援地方建设中，武警菏泽支队3次被评为“城市建设突出贡献单位”，先后有2名干部被评为全军优秀带兵干部，3名干部被武警总部评为“基层优秀带兵干部”，26名干部被武警山东总队表彰为“基层干部标兵”，2名干部被武警总部表彰为优秀团干部，26名干部被山东总队表彰为优秀团干部，53名战士被山东总队表彰为优秀团员，4 人被菏泽市团委表彰为“杰出青年卫士”，27 人分别被菏泽市团委表彰为“新长征突击手”和优秀团员。2005 年，武警菏泽支队警务股股长侯建国被山东省团委表彰为“杰出青年卫士”。

第二节　抢险救灾

1986 年后的历次抢险救灾中，菏泽军分区和人武部始终冲在最前沿，指挥民兵打头阵，哪里最需要最危险，哪里就有广大官兵和民兵预备役人员的身影。

1992 年 5 月 26 日，巨野县供销联合社冷藏车间货架倒塌，22 名职工被压在下面。接到险情后，武警菏泽支队 14 名官兵火速赶往现场，和群众一道展开抢救。经过 6 个多小时的奋战，10 名职工终于脱险，20 万公斤约 40 万元的蒜薹免受损失。6 月，武警菏泽支队直属大队二中队官兵在菏泽青年湖内救出两名落水儿童，并及时采取紧急抢救措施，使两名儿童转危为安。1993 年 7 月，菏泽地区部分乡镇先后两次遭受特大暴雨和龙卷风袭击，郓城、巨野灾情比较严重。军分区迅速组织力量，并通知各人武部全力投入抗洪抢险战斗。

群众感谢

司令员孙进珊、政委林长凯率指挥组，涉水指挥救灾部队和民兵抗洪。7 月 18 日上午 11 时，巨野县新城乡杨庄村基干民兵杨继文，在巨龙河新城乡杨庄段北岸执行泄洪任务时，主动到危险的入河口清淤排水，不幸被激流卷入巨龙河中，英勇牺牲，年仅 24 岁。山东省人民政府、省军区授予他“舍身抗洪民兵英雄”荣誉称号，并批准他为烈士。同时，前方指挥组在参谋长张勇率领下，转战巨野、郓城灾区，和救灾部队、广大民兵预备役人员一起，在前后一个月的时间里，始终战斗在抗洪第一线，全力保卫人民群众的生命财产。因此，菏泽军分区被省委、省政府表彰为抗洪救灾先进集体，郓城县人武部荣立集体三等功。1993 年 7—8 月，菏泽境内普降大暴雨，部分县市同时遭受龙卷风袭击，大片农田被淹，多处房屋倒塌或被龙卷风揭顶，人员伤亡严重。灾情发生后，武警菏泽支队在确保固定目标绝对安全的前提下，共出动兵力 1500 多人次，车辆 150 余台次，转移、抢救群众 6470 多人，抢运粮食 150 吨，各种物品价值约 50 余万元。

1995 年 4 月 22 日，菏泽市迎春锅炉厂仓库发生火灾，武警菏泽支队出动兵力 30 余人进行抢救，直接挽回经济损失 50 万元。1996 年 8 月，菏泽境内沿黄 4 县市相继受到黄河第一、第二号洪峰的袭击，滩区大面积粮田被淹，数十万群众被围困，人民群众的生命财产受到严重威胁。武警菏泽支队遵照总队和地委、行署的指示，从 8 月 8 日—16 日，连续奋战 9 天，转移群众 6500 余人次，抢运物质 170 吨，救出有生命危险群众 7 人。2002 年 7 月 17 日—18 日，武警菏泽支队出动 160 余名官兵到郓城杨集黄河大堤上延工程参加抗洪抢险。参战官兵奋战两昼夜，搬运石块916立方米、铁丝392捆、打木桩2811根、树枝2342.5吨，编柳石枕118个，加固堤坝215米。2003年9月中旬，东明黄河滩区河水漫滩，135个村庄、11万群众被洪水围困，武警菏泽支队及时出动兵力2000余人次，动用车辆300余台次，搬运沙石料2000余立方米、石块3000余立方米、秸料50余吨，铺土工布2000多平方米、柳石枕1000多米，加固堤坝1万多米，填补冲沟900多米。2003年9月，河南省兰考县黄河生产堤两次决口，洪水进入东明县黄河南滩长兴、焦园两个乡，9万余名群众被洪水围困，军分区司令员杨柄河、政委宋新立多次去灾区察看，参谋长赵宁杰一直坚守在第一线，指挥民兵，协调部队，保护大堤，抢救群众。10月6日，经上级批准，投放500公斤炸药炸开100余米长的泄水口，水位才逐渐下降，险情逐步解除。

2003年，在东明县焦园抗洪抢险

2005年3月17日，郓城县青年路建融化工厂发生重大火灾，存放的化工原料全部破坏，向四周散发出大量的有毒气体。武警菏泽支队出动兵力25人，与公安、消防官兵密切配合，连续奋战70多分钟，疏散群众350多人，抢运各类物资1000余件，成功将大火扑灭，挽回直接经济损失50余万元，受到县委、县政府领导和驻地人民群众的高度赞扬。9月21日，因连降暴雨，成武县城关镇刘楼村一民宅坍塌，一位80岁高龄的老人被压在屋内，生命垂危。接到救援命令后，成武县中队及时出动10名官兵冒雨赶到现场，采取“先救人后搬物”营救方案，3名官兵用肩扛起横梁，在危墙上扒开一个缺口，把压在屋内的老人救出，及时送往医院，并把屋内所有物品都抢运出来。2005年6月24日，军分区在东明县高村险工处，召开黄河防汛任务现场部署会，军分区司令员杨炳河，市委常委、军分区政委宋新立及沿黄四县区人武部长、政委及有关人员参加会议。会议提出：军分区、人武部要以国务院、中央军委颁布的军队参加抢险救灾条例为依据，切实加强组织领导，明确责任分工，密切配合协调，确保辖区内黄河、内河及重点水库安全度汛。

至2005年，武警菏泽支队参加大的抢险救灾共计40余次，出动兵力5万余人次，出动车辆7000余台次，转移、抢救群众20万余人，修筑堤坝90多个，运送沙袋10万余条，搬运石块1000多立方米，堵管涌56处，挽回直接经济损失上千万元。抢险救灾中，有7个单位获记三等功，23个单位受到嘉奖；1人获记一等功，6人获记二等功，36人获记三等功，120余人受嘉奖。1993年和2003年，武警菏泽支队两次被山东省委、省政府表彰为“抢险救灾先进单位”，有1人被评为“省级抢险救灾先进个人”。

2005 年 6 月 17 日，抢险救灾

第三节　警民共建

1986 年始，武警菏泽支队官兵把驻地当故乡，参加驻地组织的种植一片爱民林、共建一条双拥街、联系一所光荣院、扶持一所贫困小学、共建一个文明社区的“五个一”工程，广泛开展共建“文明站区”“文明工厂”“文明学校”“文明街道”等活动。该支队有 28 个长期共建单位，其中 80% 的单位被地方党委、政府表彰为“精神文明先进单位”。

武警菏泽支队积极组织官兵参加驻地各种警民共建活动。1999 年，支队被铁道部、武警总部表彰为“警民共建京九铁路文明站区先进单位”。2003 年，成武县中队和牡丹区中队分别被当地政府和学校辟为德育教育基地。2005 年 4 月 23 日，菏泽市委、市政府召开新时期“双拥”工作座谈会，民政部、总政治部、济南军区、省双拥办的有关领导参加会议。总队副政委张兴华出席会议，并与菏泽市委、市政府的领导共商武警部队建设之计。2005 年 7 月，武警菏泽支队被武警总部表彰为“警民共建社会主义精神文明先进单位”。至 2005 年，先后为驻地各大中专院校和企事业单位军训学生和职工 20 余万人，植树 20 余万棵，义务献血 9000 多人（次），帮助 58 名失学儿童重返校园，长年照顾孤寡老人 7 人，为驻地学校上法律辅导课 90 多人次；2 次被评为“武警部队学雷锋先进集体”，8 次被市委、市政府评为“拥政爱民先进集体”，3 次被菏泽市委表彰为“红旗团委”；有 3 个基层单位被评为“省级精神文明先进单位”，6 个基层单位被菏泽市委、市政府表彰为“拥政爱民先进单位”，5 个基层单位分别被团市委表彰为“红旗团支部”；有 3 人被评为“省拥政爱民先进个人”。

2004 年 7 月 29 日，“八一”军民联欢晚会

第四节　助农与帮扶

20 世纪 80 年代后期，农村实行经济体制改革，每年的农忙季节，军分区、武警支队都要组织干部战士到农村帮助困难户进行收割、抢种。2001 年，军分区又提出“一手抓民兵预备役工作，一手抓扶贫帮困”的工作思路，并建立起“统一规划、规范操作、整体推进”的新机制，在全市范围内开展拥政爱民帮扶工作。军分区党委向机关和各人武部提出“身在菏泽，心

系贫困，真情帮扶，有所作为”的口号。军分区成立由司令员、政委任组长，副政委、市委组织部副部长任副组长的帮扶工作领导小组，设立帮扶办公室，并制定2001—2003年帮扶《三年规划》，要求一部包一村，基层武装干部包一户。全区共帮扶168个贫困村、230个贫困户，目标是三年内要实现所包村两委班子建设、物质文明建设、精神文明建设、民兵预备役建设四个大幅度进步。军分区主要领导亲自挂帅，深入一线，主动与军分区帮扶的定陶县南王店镇宗庄村群众结对子、交朋友。分区机关和全市广大人武、专武干部轮流蹲村住户，着力在优化班子、找准路子、端正民风、健全机制、形成合力上帮扶。至2003年，全市人武系统义务助学、捐献衣物、铺路修桥3万余件（次），为帮扶村累计投资40余万元，组织内部捐款3.6万元，协调资金80余万元，选送种、养、加等科技项目210个，组织村两委班子培训20期，使重点帮扶的168个后进村面貌逐步有所改观，使重点帮扶的230个贫困户收入逐年提高。济南军区、省军区领导给予充分肯定，市委、市政府主要领导给予高度评价。在2004年全省人武系统帮扶工作总结表彰大会上，菏泽军分区受到山东省委、省军区的表彰。

2004年8月3日，助农帮农

第六章　国防动员

第一节　领导机构

1989年6月6日，地区国防教育委员会成立。1997年7月29日，地区国防动员委员会成立。2003年4月16日，根据国家国防动员委员会和鲁发〔2002〕19号文件精神，国防动员和国防教育两个机构合并为菏泽市国防动员委员会。新成立的国防动员委员会由市委书记陈光任第一主任，市委副书记、市长杜昌文任主任，市委副书记贾凤英、军分区司令员杨炳河、政委宋新立、副市长童彩云任副主任，有关单位领导任委员，办公地点设在军分区，下设综合办公室、政治动员办公室、人民武装办公室、国民经济动员办公室、交通办公室和人民防空办公室6个办事机构。之后，各县区也建立相应的办事机构，乡镇和大型企业建立国防动员领导小组。

第二节　战　备

1997—2003年，菏泽市、县区先后3次召开国防动员委员会议，落实上级指示精神，总结前期工作情况，部署下步工作任务。利用“军事日”、议军会等形式，研究国防动员工作，检查国防动员活动情况。做到“五个纳入”“五个统一”，即：把国防动员纳入各级党委、政府的议事日程，统一部署；把国防动员建设计划纳入经济建设和社会发展规划，统一安排；把国防动员建设经费纳入各级政府财政预算，统一解决；把国防动员机构设置及人才培养纳入政府机构编制序列和干部培训渠道，统一考虑；把国防动员工作目标纳入单位的岗位责任制，统一考核。

1997年，进一步加强战备车队正规化建设，战备车队建有连、排、班、运行车辆。正副连长、指导员、班排长、驾驶员明确到人，填表造册，定期进行演练。根据战备需要，按照各“室”的职责，2001—2002年，在全区进行各种战备人力、物力的调查摸底和科技潜力普查，建立科技专业人才档案，增强民兵队伍的科技含量，提高科技参战、科技支前和科技保障能力。2003年，按照上级《关于国防动员潜力核对与补充登记工作的通知》精神和要求，采取条块结合、以块为主，条为补充的办法，对全市9县区涉及35类2000多项动员潜力指标进行摸底调查，建立数据库，为战时快速动员提供可靠的决策依据。

2005年，组织人武部加入国防动员三级指挥通信网，进一步贯彻国家和济南军区《国防动员十五计划》《民用运力国防动员条件》，使国防动员工作逐步走上良性发展轨道。

第三节　国防教育

1990年后，军分区坚持在市、县区、乡镇三级党校培训班开设国防教育课，并形成制度。市委党校每期培训班，邀请军分区领导或市委讲师团的讲师上一堂军事理论和国防军事形势课。用好党校这个阵地，是解决各级领导的认识、重视国防建设和国防教育的重要措施。

1997年，菏泽军分区组织参加“强我国防，兴我中华”全国国防知识竞赛活动，全区共完成答卷4.31万份。1999年，菏泽军分区组织“迎国庆万校国防知识竞赛”活动，全区255所学校495班52659名学生参加。2001年4月，接全国国防动员知识大赛组委会《关于在全国举行国防动员大赛》的通知后，各级领导非常重视，发放1211974份答卷全部返回市国防教育办公室，回收率达100%。9月15日，军分区、各县区领导、人武部官兵、驻城镇民兵统一走向街头，散发宣传材料，开展《中华人民共和国国防法》宣传咨询。同年，全市共订阅《解放军报》121份、《中国国防报》600份、《中国民兵》5005份、《黄河民兵》2371份、《山东国防教育报》5000份，以及《环球军事》《兵器知识》《解放军画报》《军事博览》等军事刊物100余份，市、县区均被省军区评为订刊用刊先进单位。2005年9月“国防教育宣传月”期间，以纪念抗日战争胜利60周年为主题，开展广泛的爱国主义和革命英雄主义传统教育。

至2005年，在每年9月的“国防教育宣传月”活动期间，在全市范围内组织国防知识竞赛，开展关心国防的评先活动。

《菏泽日报》、菏泽电视台开辟“曹州民兵”“民兵之声”“后备军风采”“国防教育法”专栏。同时，冀鲁豫革命纪念馆免费向观众开放。利用纪念馆、烈士陵园等教育阵地，大力宣传支持国防建设，拥军爱民的先进典型。抓好订刊用刊工作。每年的“五一”“八一”“十一”“元旦”“春节”等重大节日期间，军分区与电视台联合举办革命传统影视片放映活动，集中播放一批反映爱国主义的影视片。每年征兵期间，市、县区党政主要领导发表电视讲话，宣讲人民解放军的优良传统、参军入伍的意义和拥军优属有关政策规定，鼓励适龄青年积极报名应征。每年的高中新生入学后，进行为期一个月的军事训练。全市共有12所大中专院校、52所高中、380所初中、3581所小学在新学年开始时进行军事训练。每年的清明节，各县区都组织干部、青年、民兵和学生到烈士陵园纪念先烈（菏泽是革命老区，革命纪念地很多，历史教材很丰富），开展爱国主义和国防教育。市教育部门结合学校的教学活动，注意抓好学校国防教育的配套建设。市、县区教委普教科明确一人，具体负责国防教育工作，学校明确国防教育专（兼）职教员。在课程安排上，把军事课作为一门必修课纳入教学计划。

2005年，市政协主席贾凤英（中）参加国防教育活动

第七章　人民防空

菏泽市人民防空建设大体上经历了三个发展阶段：第一阶段，20世纪60年代末至70年代，菏泽地区根据中央、山东省关于加强人防战备的指示，设立政府和军事部门双重领导的人民防空办事机构，掀起群众性的挖洞备战高潮，修建1万平方米的人防工程。第二阶段，80—90年代，根据第三次全国人防工作会议确定的“全面规划，突出重点、平战结合、质量第一”的人防战备建设方针，人防工程建设、通信警报建设、组织指挥建设、宣传教育等工作全面开展。2000年10月，确定菏泽市为国家三类重点防空城市。第三阶段，从2001年3月，菏泽市人民防空办公室成立，组织指挥建设不断完善，工程建设面积快速增长，人防法制建设不断规范，宣传教育不断深入，县级人防建设扎实推进，机关“准军事化”建设成效显著。

第一节　人防工程

工程建设　菏泽的人防工程建设是从1969年秋冬季开始的，当时搞人防工程主要是发动群众挖洞，挖地下干道和构筑一些简单的人防工程，够不上防护等级。1990年后，随着改革开放的深入，城市建设加快发展，人防建设与城市建设相结合的政策得以落实。人防工程建设的投资采取国家投资和社会投资相结合的办法，尤其注重抓社会投资的“结建”工程。结合民用建筑修建防空地下室做法在山东省及济南军区全面推广。1991年菏泽的经验作为济南军区1号文件在山东、河南两省转发。到1997年，全区共完成人防“结建”工程8处，完成人防投资自建工程2处。1998—2002年，又结建人防工程3处，人防自建工程1处。这些工程均采用钢筋混凝土结构，钢筋自防水，其建筑质量大大提高。2003年，利用菏泽第三轮修订城市建设总体规划的机遇，完成人防地下工程建设规划的编制工作，并及时纳入城市建设总体规划，为人防工程建设的有序发展提供了法规依据。当年，市人防办争取社会资金2800多万元，落实“结建”项目3个，完成建设项目1个。2004年，坚持规划把关到位、宣传到位、审查到位、督查到位和服务到位“五到位”原则，抓好“结建”政策落实，落实7个“结建”工程，完成建设项目4个，成为“结建”落实最好的时期。2005年，进一步加大“结建”力度，审批一批“结建”工程，到2005年年底，全市已建人防工程总面积具相当规模。“十五”期间，“结建”率由“九五”的34%增长到85%以上。

早期人防工程

平战结合　随着人防平战结合方针的贯彻落实，利用人防设施兴办的企业大量涌现，许多政策问题和管理问题有待研究解决。为适应这一形势，1996年6月，菏泽市人防办设立平战结合管理科，具体负责对平战结合人防工程的建设与管理。按照平战结合要求建设的人防工程，具有平战结合双重功能。一方面为防御敌人“突然袭击”打下一定物资基础，一旦有战事，即可起到掩蔽人员和物资的作用，战备效益是巨大的。另一方面，在服从和服务于经济建设，为城市建设和人民社会服务，发展第三产业方面，取得显著的社会效益和经济效益。2002年机构改革时，市人防办成立人防工程开发服务站，专门负责人防工程平战结合，理顺了工作关系。同时改进工程管理办法，使用工程全部实行合同制、实行许可证制度，管理全部实行责任制，租赁价格全部放开随行就市，平战结合管理逐步走上规范化、市场化和法制化轨道。2002年全年实际利用工程面积17356平方米，利用率77.62%，完成产值（营业额）1735万元，利润180万元，从业人员157人。2003年，又新开发工程2

处455平方米。至2005年，全市平战结合工程，有文化娱乐场所3处、地下停车场2处、地下设备间6 处、地下医院1 处、各种仓库19处、饮食店1处，共安排就业人员243人，完成产值营业额1900万元，实现利润或收入200多万元。

用作健身场所的人防工程

第二节 组织指挥

通信警报 2001年前，菏泽城区仅有6台电动警报器，且型号不一，控制手段落后，8县城区没有警报设备，也从没有依法组织过试鸣活动。针对这种状况，2001年7月9日，市长陈光在市长办公会议上要求抓好警报建设，建立试鸣制度。依据“全面规划、重点建设、高点起步、分期实施”的原则，市人防办当年投资65万元新增警报器10台、自动统一控制系统发射机1台，并于10月29日全市成功组织了防空警报试鸣。10月29日被市政府确定为防空警报试鸣日。2002年3月成立人防通信站，配齐配强工作人员，专门负责通信警报建设与管理。2002年又投资10余万元，新增警报器5台，接收机5部，弥补了个别盲区，并全部实现无线自动化统一控制。10月29日成功组织全市防空警报试鸣，音响基本覆盖整个建成区。2003年，重点在提高鸣放水平上下功夫。又投资15万元新上广播电视警报控制系统和移动警报设备，在全市警报试鸣日利用广播电视警报控制系统成功发放警报信号，解决了警报的户内报知问题，音响覆盖率大为提高。同年，各县人防办根据现成规模，每县安装2～4台警报器，共新增21台警报设备。9月18日，在单县召开县级防空警报试鸣现场会议。其他各县按照单县的做法，成功组织警报试鸣活动，标志着全市通信警报体系基本形成。2004年，在对原有43台警报设备进行规范化管理的基础上，市人防办又提出盲区扩建、空白补建的建设要求又新增21台警报设备，全市达到64台（其中各县平均达到5台）。市区音响覆盖率达到90%，各县城区达到80%以上。2005年，市本级又新增警报设备5台，各县都购置了广播电视联动发放警报信号系统，并于9月18日（报经市政府同意，全市防空警报试鸣日由10月29日改为9月18日），实现全市统一发放警报试鸣信号，急难情况的警报报知能力显著增强。

无线通信 2004年，按照市台在省网作为属台、在市网作为主台的基本构想，

2005年6月，人防通信专业队在黄河边演练

购置8台150瓦单边带无线电台，分设境内8县，在全省第一个建立省、市、县无线通信网络。市台在保证与省网通信的同时，利用空闲频道对下构成市级无线指挥网络，保证紧急情况下的信息畅通和快速传递。

指挥所建设　2002年6月17日，市委、市政府立足军事斗争准备需要，确定建设市（师）级人防指挥所，当年划拨土地1.67公顷。经过近3年的前期准备和资金筹集，市（师）级人防指挥所于2005年5月16日正式开工建设，年底前完成主体建设，在全省第三个建成市（师）级指挥所。市（师）级人防指挥所的建成，为全市战时防空指挥和平时应对公共突发事件提供了指挥平台。

人防专业队伍　按照城市人口1‰至3‰比例组建人防专业队伍的要求，2002年，市政府制定下发《关于组建菏泽市人民防空专业队伍的意见》，对人防专业队伍的组建规模、编制序列、训练方式、组织领导等进行明确。市各组建单位按要求在规定时限组建了抢险抢修、医疗救护、消防、治安、防化防疫、通信、运输7种860人的人防专业队伍。10月29日，举行授旗仪式，市长陈光、菏泽军分区司令员杨炳河等六大班子领导为各专业队授旗，颁发干部任命书。人防专业队的成立，填补了全市无人防专业队的空白，为战时防空和平时抢险救灾集聚一批有生力量。2003年，根据军分区“人防专业队伍纳入城市民兵组织”的指示精神，在牡丹区人武部的支持帮助下，结合城市民兵整组，7种人防专业队全部纳入民兵组织，完成共同科目训练任务，军政素质有明显提高。2004年9月23日，在单县召开专业队伍授旗仪式现场会，随后，8县按照单县的做法，分别于各县警报试鸣日组织专业队伍授旗仪式，完成组建工作。全市7种专业队伍平时达到3200人，战时可扩编至25054人。各专业队依据训练大纲，结合各自工作实际，年均完成60至80个训练日，各专业队伍综合素质、遂行任务和应急反应能力显著增强。

2002年10月29日，人防专业队伍授旗仪式

编制防空预案　2003年完成市级防空袭方案的论证、修订、校印、上报和审批。2004年各县编制工作全面铺开，截至2005年2月，县级防空袭方案全部制作完成，为战时防空袭斗争理顺了指挥部署。2005年4月，市政府下发《关于制定重要经济目标防护方案的意见》，菏泽发电厂、市立医院等8个第一批制定方案单位全部完成方案编制工作。

防空演练　菏泽市的城市防空袭演练是从2002年开始的，之后根据形势需要和防空袭预案的要求举行多次，演练规模逐步加大，内容更加丰富和接近实战，组织水平也有较大提高。2004年6月，市人防办、市供电公司联合组织供电抢险抢修专业队防空防汛演练。这次演练以遭敌空袭和暴风雨袭击为背景，12 处供电站及人防指挥部遭受严重损害，抢险抢修专业队员 100 人及时抢修和保证电力供应。通过综合考评，考核组认为，专业队训练有素、反应灵敏、技术过硬。2005 年 6 月 16 日，市人防办、市网通公司联合组织通信专业队防汛应急演练，检验了通信专业队伍的战斗能力，提高了干部群众的防空观念。

2004 年 6 月，防空、防汛演习协调会

第三节 防空教育

菏泽市人防部门根据国内外形势变化，以人防工作方针、政策、任务及成就为重点，采取多种形式开展国防教育，增强全民的国防观念和人防意识，保证人民防空战备建设的健康发展。

1986—1987 年，菏泽市人防办在市区 7 所中学开展“三防”（防核武器、生物武器和化学武器）知识教育，受教育学生 5780 人，普及率达 100%。1990 年组织人防征文比赛。每年都举办初级中学春季“三防”运动会。2001 年，菏泽市人防办将“三防”教育扩展到市区 8 所初级中学 71 个教学班，受教育学生 6114 人。2002 年，市区 8 所初级中学 6000 多名学生接受了人防知识教育和训练，结业考试普及率 100%，良好率 95% 以上。10 月，组织召开全市人防知识教育座谈会，对先进单位和优秀教师进行表彰。2003 年 9 月 5 日，召开全市人防教育工作会议，在市区 8 所初级中学人防教育规范化的基础上，其他 8 县也开始在县城重点初级中学进行试点。2004 年，市人防办加强与教育部门的协调，开展人防教育的扩面工作。全市开展人防教育的学校增加到 34 所 281 个教学班，受教育学生达 22587 人。同时注重教学计划的落实，与市教育局每学期都进行联合检查，推动教学质量的提高。2005 年，鄄城县还把人防教育扩展到 4 所私立中学，全市开展人防教育的学校有 43 所 360 个教学班，接受人防知识教育的学生达 2.4 万人，普及率、及格率均达到 100% 。

2003 年春，在牡丹区体育场初中学生穿戴防护服比赛

第四节 人防法制建设

依法建设人防、依法管理人防是新时期人防发展的客观要求，也是人防发展的保证。2001 年市人防办成立后，突出人防法制建设。2001 年按照市长办公会议关于

“尽快制定和完善地方性人防法规”要求，依据人防法律法规，7月26日，菏泽市人民政府印发《关于加强人民防空建设的若干规定的通知》；市人防办与市法制局、物价局、财政局联合印发《关于调整人防建设收费的通知》，增强人防法律、法规的可操作性和针对性。2002年8月16日，市人大、军分区司令部、市法制办、市人防办对全市人防工作进行执法检查，取得较好效果。2003年4月14日，市委、市政府、军分区制订《关于进一步加强国防动员工作的意见》《关于加强人民防空工作的意见》，为全市人防工作开展提供了强有力的政策支持。工作中，进一步规范完善执法程序，制定7种执法文书，建立监督和公开机制，做到政策公开、标准公开、项目公开、结果公开，保障人防事业的健康发展。

第二十六编　教　育

多媒体教室

课间操

菏泽曾是教育兴盛之地，地方政府和民众历来重视教育。1986—2005 年，是菏泽经济社会领域发展最快的 20 年，也是教育事业发展最快的时期。以改革为动力，围绕“提高教育质量，培养人才”这个中心，切实抓好“教育质量、教育基础、教育保险”三条主线，全市教育事业呈现持续稳定、健康发展的良好局面。

1986 年《中华人民共和国义务教育法》颁布实施，基础教育进一步提速发展。当年全区小学 6122 所，在校生 99.35 万，在编教师 37863 人；初中 468 所，在校生 27.28 万人，在编教师 14385 人；高中 47 所，在校生 3.67 万人，在编教师 2221 人；特教学校 2 所，在校生 40 人，在编教师 13 人；普通中专 6 所，在校生 1528 人，教职工 478 人；师范学校 6 所，在校生 3604 人，教师 284 人；民办中小学仅有 8 所（小学 4 所，中学 4 所），在校生 1050 人，教职工 278 人。1990 年全区幼儿园 1287 所，学前班 5638 个，入园儿童 16.89 万人，教职工 6172 人。

基础设施建设进一步强化。80 年代中期始，全区开展大规模的农村中小学改造，历时 8 年余，投资达 3.5 亿元，改建校舍 100 万平方米，实现历史性突破。90 年代初至 2000 年，全区用于“普九”资金达 3 亿元，新建扩建校舍 60 万平方米。2001 年初全市校舍普查发现 1607 所中小学存有危房，年底投入资金 3.6 亿元，新建校舍 65.14 万平方米，改建维修 30 万平方米。

扫盲工作扎实开展。根据 1988 年国务院修订的《扫除文盲工作条例》，明确提出扫盲标准。至 1995 年年底，扫除青壮年文盲 66.6978 万人，尚余青年文盲 8.8791 万人，按当时青壮年人口 404.0596 万人计算，非盲率达 97.8%，基本达到国务院规定标准。

随着改革开放的深入，全市教育改革进一步深化、优化，重点整合教育资源，优化教育结构，调整学校布局。至 2005 年，入园幼儿 75699 人，教职工 23937 人；小学 1946 所，在校生 81.41 万人；初中 375 所，在校生 43.02 万人，教师 2.33 万人；高中 81 所，在校生 21.32 万人；教师 0.82 万人；特教学校 10 所，在校生 1099 人，教师 260 人；普通中专 6 所，在校生 1.53 万人，教职工 682 人；职业学校 76 所，在校生 8.08 万人，教职工 6745 人；师范学校 2 所，在校生 3866 人，教职工 627 人。民办学校 229 所（小学 60 所，初中 119 所，高中 32 所，中专 18 所），在校生 21.56 万人（小学 2.71 万人，初中 9.98 万人，高中 7.98 万人，中专 0.89 万人），教职工 1.40 万人。全市逐步形成基础教育、专业教育、特色教育和成人教育诸方面协调发展的新格局，稳步发展。

全市教职工队伍不断发展壮大，由 1986 年的 66466 人，发展到 2005 年的 89209 人，增加 22743 人；教职工中本科以上学历者由 1986 年的 2021 人，升至 2005 年的 14833 人，增加 12812 人。全员素质不断优化提升。

第一章　基础教育

第一节　学前教育

1990年，全区共有幼儿园1287所，学前班5638个，其中小学附设班为4042个，在园幼儿16.89万人，教职员工6172人。之后，各乡镇相继成立中心幼儿园，学前教育进入稳步发展时期。2005年，全市注册幼儿园1427所，在园幼儿8万余人，幼儿教师3937人。初步形成以县区实验幼儿园为示范、以乡镇中心幼儿园为骨干、以村级办园为主体、个人办园为补充的办园格局。

幼儿教育

幼儿园管理　1986—1990年4月，境内学前教育工作归属地区妇联托幼办公室。1990年5月，托幼工作由地区妇联移交给地区教育局。9县市教育局相继成立托幼办公室，各乡镇也随之设立托幼领导小组，配备专（兼）职幼教辅导员，形成托幼工作领导网。此时，大部分幼儿园是小学附设学前班，主要为学前一年教育，农村一般为镇办或村办，教师绝大部分为农村幼儿教师，由镇或村民委员会聘任，其工资待遇参照农村民办教师标准由镇或村民委员会解决。各机关、厂矿、企事业单位的托儿所、幼儿园均由主办单位负责管理。有关方针、政策、规章、制度、法令、教育计划、儿童保健等业务，按照有关规定接受地方教育行政部门的指导和安排。

为提高幼儿教师的基本素质，每年暑假各县（市）都开展一系列的园长、幼儿教师培训活动，如弹琴、跳舞、视唱、绘画、幼儿教育学、幼儿心理学等；并经常举办竞赛活动，如自制教具比赛，教学能手比赛，优质课比赛，普通话比赛，论文比赛等，促进全区保教质量的提高。

1990年，为加强对全区幼儿教师的管理，提高幼儿教师的文化素质，根据国家教育委员会1989年9月颁布的《幼儿园管理条例》《幼儿园工作规程（试行）》，对所有在职幼儿教师进行摸底考试，对合格教师颁发资格证书，做到持证上岗。1993年，为加强幼儿园、学前班的管理，规范幼儿园、学前班的办园行为，根据1992年4月省教委下发的《关于印发〈山东省幼儿园、学前班登记注册办法〉的通知》和地区教育局下发的《关于做好幼儿园学前班、登记注册工作的意见》，各县（市）对辖区内所有幼儿园、学前班进入排查摸底，并在此基础上进行登记注册，对未登记注册擅自开办的幼儿园、学前班，给予限期整顿或停止招生、停止办园的处罚；

把所有注册幼儿园分为一、二、三类，并创造条件，积极申报省级实验、示范幼儿园。1993—1994 年，东明县实验幼儿园、菏泽市实验幼儿园、郓城县实验幼儿园、地直机关幼儿园、定陶县实验幼儿园、地区妇联幼儿园先后被命名为省级实验、示范幼儿园。

幼儿园招收 3 ~ 6 岁儿童，班次设置为：小班（3 ~ 4 岁）25 人，中班（4 ~ 5 岁）30 人，大班（5 ~ 6 岁）35 人，混合班 30 人，学前班不超过 40 人。其时，由于条件所限，城区学前班一般都超过所限人数。寄宿制幼儿园每班幼儿人数酌减。幼儿在校时间，上午 3 个小时 30 分钟，下午 3 个小时。小班每堂课 15 ~ 20 分钟，中班 20 ~ 25 分钟，大班 25 ~ 30 分钟。把课程安排在一日活动中，幼儿一日活动就是课程，幼儿户外活动每天不少于 2 个小时。幼儿园设园长 1 ~ 2 人，由上一级主管部门任命。全区幼儿教育有以下几种形式：政府办幼儿园，小学附设学前班，企事业单位办园，乡（村）办幼儿园（学前班），个体幼儿园。按幼儿在园时间分为寄宿和不寄宿两类。不寄宿又分为全日制和半日制。

1990—1994 年菏泽地区幼教事业发展情况统计表

表 26-1-1

年　份	幼儿园（所）	学前班（个）	在园班幼儿（人）	教职工（人）
1990	1287	5638（其中小学附设 4042）	168850	6172
1991	529	5742（其中小学附设 3877）	181595	6644
1992	369	6418（其中小学附设 4831）	202168	7554
1993	373	4934	197845	6922
1994	1900	6165（其中小学附设 5178）	206404	7475

1995—2005 年菏泽市（地区）幼教事业发展情况统计表

表 26-1-2　　单位：个、人

年　份	幼儿园教职员工	在园班幼儿	学前班			
			合　计	城　市	乡　镇	农　村
1995	7268	200904	200904	7537	22948	170419
1996	7070	198120	198122	9433	20448	168241
1997	7264	168187	158825	8437	12848	137540
1998	6788	142144	130951	8265	14393	119486
1999	6451	124095	112891	7564	10642	105889
2000	5924	102976	94674	7226	9606	84806
2001	3869		80554	6385	13465	60704
2002	3473		77183	6717	14498	55968
2003	3370		77393	8004	17250	52139
2004	3991	83636	71248	6579	12736	51933
2005	3937	86914	75699	7508	14756	53435

教育教学 幼儿园的教育不属于九年制义务教育阶段。该阶段不以传授系统知识为主要目标，而是注重培养幼儿积极的情感及良好的生活习惯、卫生习惯、学习习惯和行为习惯，培养幼儿动脑、动口、动手的能力和有益的兴趣，培养幼儿形成活泼开朗的性格。根据幼儿的身心特点，幼儿园实行保育和教育相结合的教学模式，即保中有教，教中有保，保教任务有机的渗透于幼儿园的各项活动中，如游戏、体育活动、上课、观察、劳动、娱乐和日常活动等，其中游戏是向幼儿进行全面发展教育的重要形式。

1986—1995 年，幼儿园教学内容从语言、计算、常识、图画、手工过渡到幼儿语言、幼儿数学、幼儿常识、幼儿体育、幼儿手工、幼儿画画、幼儿健康、幼儿音乐八门课程。1996 年改为“领域目标”，先是七大领域，即：健康领域、数学领域、科学领域、社会领域、音乐领域、美术领域、语言领域。每个领域分别有总目标、分类目标和阶段目标，用以指导教学。后又改为五大领域，即：健康领域、科学领域（含数学领域）、社会领域、艺术领域（包括音乐领域和美术领域）、语言领域。教材统一使用山东省幼儿园教育活动教材（山东省教学研究室编写），每学年上下两册。

收费标准 1986—1992 年，幼儿园、托儿所、学前班的收费标准没有统一规定，曾一度出现收费混乱现象。为加强收费管理，杜绝乱收费，促进学前教育事业的健康发展，根据山东省教育委员会、山东省物价局、山东省财政厅联合下发的鲁教育前字〔1992〕1 号文件精神进行整顿。整顿后全区统一收费标准。

1992 年菏泽地区幼儿园、托儿所、学前班收费情况一览表

表 26—1—3 单位：元／每生每月

类别/项目	幼儿园								托儿所		学前班	
	实验示范		一类		二类		三类		全日	寄宿	进餐	不进餐
	全日	寄宿	全日	寄宿	全日	寄宿	全日	寄宿				
保育费	11	21	9	19	7	14	5	11	9	19	5	3
管理费	23	34	22	28	19	25	16	23	23	30	10	8
杂费	4	4	4	4	4	4	4	4	4	4	4	4
合计	38	59	35	51	30	43	25	38	36	53	19	15

1996 年、2001 年，对幼儿园（所）、学前班的收费标准再次进行调整，并严格收费手续。收费前，幼儿园（所）、学前班必须持“登记注册合格证书”“幼儿园（所）学前班类别证”到当地物价部门办理“收费许可证”。收费时使用省财政厅统一鉴制的收费票据，一式两份，使幼儿保教收费做到规范化、合理化、公开化。

1996年菏泽地区幼儿园、托儿所、学前班收费情况一览表

表26-1-4　　　　单位：元／每生每月

类别 / 项目	幼儿园								托儿所		学前班			
	实验示范		一类		二类		三类		全日	寄宿	进餐	不进餐		
	全日	寄宿	全日	寄宿	全日	寄宿	全日	寄宿				一类	二类	三类
保育费	13	26	11	21	9	16	7	13	11	21	8	—	—	—
管理费	36	42	29	35	26	32	23	30	30	38	16	12	9	8
杂　费	6	6	6	6	6	6	6	6	6	6	6	6	5	4
代办费	25	25	20	20	15	15	15	15	15	15	—	—	—	—
合　计	80	99	66	82	56	69	51	64	62	80	30	18	14	12

2001年菏泽市幼儿园、托儿所、学前班收费情况一览表

表26-1-5　　　　单位：元／每生每月

类别 / 项目	幼儿园								托儿所		学前班	
	实验示范		一类		二类		三类		全日	寄宿	进餐	不进餐
	全日	寄宿	全日	寄宿	全日	寄宿	全日	寄宿				
保育费	20	35	15	34	12	20	10	20	15	30	8	4
管理费	50	55	35	50	30	35	30	35	40	45	15	13
杂　费	10	10	10	10	10	10	10	10	10	10	10	9
代办费	55	55	40	40	30	30	30	25	30	30	—	—
合　计	135	155	115	134	82	95	80	90	95	115	33	26

幼儿园选介　菏泽市直机关幼儿园　始建于1950年6月，其前身是菏泽保育院。1986年有5个幼儿班，在园幼儿260人，教职工38人。设有保教科、后勤科、医务室等。幼儿入园实行全日制，早送晚接，每日三餐两点，每人每月收费84元。使用教材为人民教育出版社的幼儿园教材，分为语言、计算、常识、音乐、体育、美工。

1994年广福南街开发，幼儿园近一半的土地被占用，南教学楼被拆除一半。1997年，幼儿园又临广福街新建一栋近3000平方米的西教学楼，教学班由原来的3个增至8个，在园幼儿达500余人。

2003年，幼儿园设立科学发现室、图书室、资料室、档案室、多媒体教室、医务室等，伙房进行了升级改造。8个教学班各配备钢琴、电视机、玩具组合柜等物品，各教学班增设大量桌面玩具及教学教具，园区增添大型玩具、海洋球池、爬山坡等，顺利通过省级实验园的复评验收。

2005年，幼儿园占地3999.6平方米，建筑面积近4000平方米，教学硬件设施齐全，各项规章制度健全，成为省级实验幼儿园。幼儿园共有教职工36人，其中园长2人，园长助理1人，教师24人，保健医生2人，会计2人，炊事员4人，门卫1人。在园幼儿近300人，分为8个教学班，按照省实验幼儿园的班额规定编班。教材使

用山东省明天出版社出版的省编教材，课程分为五大领域：科学领域、语言领域、健康领域、社会领域、艺术领域。幼儿园实行全日制，早送晚接，每日两餐两点，幼儿入园各项费用共计每人每月190元。

该园教师论文先后获省级奖60余篇、市级30多篇，并有10余篇发表在市级以上刊物上；幼儿参加的各种比赛活动奖项共计100余项，多次在市妇联、市托幼办及各种比赛活动中获大奖。市直机关幼儿园多次获得省、市级“优秀家长学校”，省教学研究室“幼儿活动区三等奖”，省教学研究组织的“幼儿园一日活动录像评比二等奖”等；是教育部人文社会科学十五规划课题——“意大利瑞吉欧幼儿教育体系中国化研究”实验基地、省教育科学十五规划重点课题——“幼儿园课程资源开发与教师成长行动研究”基地、菏泽学院幼师实习基地。2005年6月，该园参加的“意大利瑞吉欧幼儿教育体系中国化研究”课题实验，通过国家级鉴定并获得“先进科研集体”荣誉称号。

菏泽市妇联实验幼儿园　始建于1988年，原名菏泽地区妇联实验幼儿园。当年设有4个教学班，在园幼儿200余人，教职工36人，其中园长2人，教师20人，后勤14人。幼儿园全日制，每日两餐两点。1993年更名为菏泽地区牡丹幼儿园，2001年更名为菏泽市妇联实验幼儿园。至2005年年底，该园共有8个教学班，在园幼儿300多人，教职工36人，其中园长2人，教师25人，后勤7人；实行全日制，两餐一点。1994—2005年，菏泽市妇联实验幼儿园被评为省级学前教育先进集体，省、市级先进科研集体，省、市级优秀家长学校，省、市级“三八”红旗集体，市级计划免疫工作先进单位，市级消防工作先进单位，并被命名为省级示范园。

第二节　小学教育

1986年，全区有小学6122所，教职工38098人，在校生99.35万人，小学学龄儿童入学率为95.17%，巩固率为92.47%。2005年，全市有小学1946所，教职工44916人，在校生81.41万人，小学学龄儿童巩固率为99.69%。

小学教育

1986—2005年菏泽市（地区）小学教育发展情况一览表

表26-1-6

年　份	学校（所）	在校学生（人）	在编教师（人）	职工（人）	行政人员（人）	校园面积（公顷）	建筑面积（万平方米）
1986	6122	993500	37863	235	2614	1955.91	198.82
1987	5666	1013060	39078	191	2343	2255.42	222.97
1988	5531	1011470	41142	238	2297	2282.14	227.15

续表 26-1-6

年　份	学校（所）	在校学生（人）	在编教师（人）	职工（人）	行政人员（人）	校园面积（公顷）	建筑面积（万平方米）
1989	5578	1003482	41496	264	2443	2310.51	229.01
1990	5195	942079	40114	268	2183	2265.36	218.67
1991	5187	943152	40584	268	1893	2238.50	221.01
1992	5234	967843	41504	298	1872	2135.27	221.35
1993	4702	997394	40261	233	1817	2231.46	221.45
1994	2840	1054826	41253	232	1898	2015.84	241.22
1995	4911	1111152	41854	298	1803	2037.51	261.51
1996	4605	1132006	42150	296	1943	1998.64	298.15
1997	4308	112883	42550	315	1921	1994.05	299.67
1998	4182	1057511	42859	362	1766	1950.52	291.20
1999	3833	1015929	43205	388	1655	2043.45	287.37
2000	3581	939360	43347	416	1588	2207.92	320.73
2001	2934	863533	42581	386	1309	1997.63	268.62
2002	2245	841513	42132	534	1250	1958.10	271.58
2003	2125	785674	42091	650	1191	2000.09	282.41
2004	2028	839993	43016	900	1881	2055.44	293.30
2005	1946	814096	43710	1206	1389	2038.28	296.37

说明：在编教师指任课教师，职工指没有任课又不属于行管岗位人员，行政人员指行政管理人员

学校管理　1986 年，区内小学一般设校长 1 名，必要时设副校长。小学班数在 5 个班级以上的，设教导主任 1 人，在 15 个班级以上的，设副教导主任 1 人，协助校长办理教导和行政事务。校内设教务处、政教处、总务处。规模较小的学校不设校长，有的设教导主任，有的只任命 1 名教师负责教学工作。2005 年，全市统一取消乡镇教委，成立中心校。市教育局坚持对学校管理工作的指导，建立学校管理检查制度，每年对学校进行抽查，实行水平综合评估。

德育教育　全市（区）小学普遍开设思想品德教育课，利用《小学生守则》《小学生日常行为规范》培养学生的良好情操和良好行为习惯。鼓励学校举办爱国主义、共产主义、革命传统教育报告会；放映爱国主义教育影片；在学生中开展学雷锋、

小学德育教育

学赖宁活动，教育学生为希望工程捐款等；对学生进行形势教育，理想前途教育。

学制 课程 教材 教学方法 1986—2002 年，小学实行的是五年制，统一秋季始业，儿童 7 周岁入学；2003 年以后，小学改为六年制，儿童 6 周岁入学。2004 年暑假后，全市实现义务教育阶段的“六三”（小学 6 年初中 3 年）学制。

小学设置思想品德、语文、数学、社会、自然、体育、音乐、美术、劳动等 9 科，有条件的小学可增设外语。1986—2002 年，学校均统一使用国家编审的教材，即人民教育出版社出版的全日制教材。2002 年，菏泽市实行课程改革后，学校开始使用实验本教材。

所有学科都加强基础知识和基本技能的教学，同时注重培养和提高学生的能力，并根据各门学科的特点有机地渗透思想教育，促进学生个性心理品质的健康发展。随着社会的发展和课程改革的进一步深入，学校愈加重视对学生能力的全面培养，从“双基”传授转移到智能发展，强调教学过程中师生的互动和双方积极性的发挥，使教师的教和学生的学有机地结合在一起。学校不再片面地强调学生学习成绩的好坏，而是积极实施素质教育，因材施教，力求学生全面发展。

小学实行班级授课制，班内选举产生班委会（低年级多由班主任经过考察指定），设置班长、学习委员、文娱委员、卫生委员等。班委会在班主任的指导下进行工作。

小学生的在校时间每天不超过 6 小时，小学一、二年级不留书面家庭作业，其他年级书面作业控制在 1 小时以内。小学寒假 25 天左右，暑假 50 天左右，农村小学寒暑假较短，另设农忙假。

学校选介 菏泽市实验小学（原名菏泽地区实验小学）位于市城区中华东路，成立于 1983 年 9 月，系菏泽市教育局直属小学。

该校总占地面积为 3.38 公顷，其中校本部 2.53 公顷，幼儿园 0.33 公顷，东校区 0.52 公顷。校本部建筑面积为 1.28 万平方米，有现代化教学楼 6 座、标准化教室 68 个，设置微机室、语音室、仪器室、音乐室、美术室、科技室等专业教室及图书室、阅览室、仪器室、实验室、多媒体多功能室、舞蹈教室、乒乓球训练馆等教辅设施，配备“闭路双控多媒体教学系统”、校园网，辟有“清心寓”花园、“快乐体育”健身园等，教学设施完备，环境优美、整洁。校本部有在职教职工 122 名，1—6 年级每个年级 6 个教学班，在校学生共计 3420 人。学校幼儿园设大、中班各 5 个，在园儿童 800 人。东校区原为菏泽棉纺织厂子弟学校，建筑面积 800 平方米，教职工 30 人，1—6 年级每个年级 1 个教学班，另有幼儿大、中班各 1 个，在校学生 300 人。2005 年 9 月，市政府决定整建制移交市实验小学。全校所有专业教师达标率 100%，其中具有中学高级教师资格的 10 人，具有小学高级教师资格的 72 人，初级资格教师 40 人；国家级骨干教师 2 人，省级骨干教师 7 人，市区级教学能手骨干教师 35 人。

菏泽市实验小学先后荣获全国艺术教育示范学校、全国优秀家长学校、全国红旗大队、省电化教学示范学校、省少先队工作示范学校、省绿色学校、省教学示范学校、省校本培训示范学校、省科普实验基地、省活动课实验基地、市级示范学校、市基础教育工作先进集体等荣誉称号。

第三节　中学教育

1986 年，境内中学以公办（政府办学）为主，全区共有普通高中 47 所、初中 468 所，在校生 30.95 万人，教职工 18977 人。从 90 年代开始，境内社会力量办学逐步增多，初中教育基本得到普及，高中入学率也大大提高。经过 20 年的发展，到 2005 年，全市有普通高中 81 所，在校学生 213153 人；初中 375 所，在校学生 430245 人；普通中学教师共 31458 人，职工 4936 人，行政人员 3004 人。

中学校园一角

1986—2005 年菏泽市（地区）普通中学基本情况统计表

表 26-1-7

年　份	种　类	学校（所）	在校学生（人）	在编教师（人）	职工（人）	行政人员（人）	校园面积（公顷）	建筑面积（万平方米）
1986	初中	468	272800	14385	2371	2722	1149.92	102.20
	高中	47	36700	2221				
1987	初中	453	263936	15009	2337	2700	1419.20	113.59
	高中	48	36131	2408				
1988	初中	463	266227	15614	2735	2545	1231.76	121.22
	高中	48	37438	2636				
1989	初中	464	255904	16343	2871	2671	1245.77	120.58
	高中	48	35746	2204				
1990	初中	433	240837	15816	3003	2410	1274.66	125.43
	高中	41	33211	2669				
1991	初中	420	243486	15907	3014	2466	1281.46	136.15
	高中	41	34224	2680				
1992	初中	401	250507	16235	3021	2195	1285.42	156.21
	高中	38	34631	2774				
1993	初中	412	259707	16693	2869	2281	1288.41	166.31
	高中	36	37585	2704				
1994	初中	424	278325	17107	2887	2332	1325.16	171.21
	高中	42	46193	2945				

续表 26-1-7

年份	种类	学校（所）	在校学生（人）	在编教师（人）	职工（人）	行政人员（人）	校园面积（公顷）	建筑面积（万平方米）
1995	初中	426	340621	17964	3091	2447	1215.63	175.61
	高中	41	55925	3271				
1996	初中	424	423481	19118	3496	2531	1181.44	194.51
	高中	51	64779	6506				
1997	初中	415	452607	19891	3619	2519	1174.20	199.23
	高中	52	71653	3931				
1998	初中	402	509593	24352	3727	2625	1242.16	207.87
	高中	54	77003					
1999	初中	381	546966	24859	3635	2775	1346.21	229.79
	高中	56	87318					
2000	初中	382	591002	25416	3727	2715	1462.51	249.18
	高中	61	106540					
2001	初中	358	600668	27204	4301	2671	1088.50	178.11
	高中	65	130477				336.82	99.43
2002	初中	367	564333	28738	4670	2764	1119.70	570.33
	高中	72	161234				366.02	120.40
2003	初中	388	514044	29610	4839	2818	1222.19	180.40
	高中	78	178612				461.27	151.74
2004	初中	446	120222	31196	4784	2976	1301.73	198.01
	高中	90	201285				542.71	180.30
2005	初中	375	430245	23266	4936	3004	1299.06	201.15
	高中	81	213153	8192				

2005 年菏泽市全日制高中、完中一览表

表 26-1-8

隶属	完全中学	高级中学	校址	规范化学校
市		菏泽第一中学	菏泽城内	省级
		菏泽学院附中	菏泽城内	
牡丹区		牡丹区二中	菏泽城内	
		牡丹区三中	菏泽城内	
		牡丹区十中	小留镇	
	曹州武校		菏泽城内	
		职业中专	菏泽城内	
		曹州实验中学	菏泽城内	
		大同中学	菏泽城内	

续表 26-1-8

隶 属	完全中学	高级中学	校 址	规范化学校
曹 县	曹县一中		曹县城内	省 级
	曹县二中		韩集刘岗	
	曹县三中		曹县城内	市 级
	曹县四中		青堌集镇	
		曹县五中	邵庄镇	
	曹县八中		普连集镇	
	三桐中学		曹县城内	
	曹县第一私立高中		曹县城内	
	曹县师范高中		曹县城内	
	民立中学		曹县城内	
	北城中学		曹县城内	
	朝阳中学		曹县城内	
定陶县		定陶一中	定陶城内	省 级
	定陶二中		定陶城内	市 级
	博文中学		定陶城内	
成武县	成武一中		成武城内	市 级
	成武二中		成武城内	省 级
成武县		成武三中	南鲁乡	市 级
		成武七中	成武城内	
	长城中学		成武城内	
	文亭中学		成武城内	
单 县		单县一中	单县城内	省 级
	单县二中		单县城内	
		单县三中	黄岗镇	
		单县四中	终兴镇	
		单县五中	郭村镇	
	单县六中		徐寨镇	
		湖西私立高中	单县城内	
		单县师苑高级中学	单县城内	
	单父中学		单县城内	
巨野县	巨野一中		巨野城内	省 级
		巨野二中	章缝镇	市 级
	巨野实验中学		巨野城内	
	麟州中学		巨野城内	
	永丰中学		巨野城内	
		巨野中学	巨野城内	省 级

续表表 26-1-8

隶属	完全中学	高级中学	校址	规范化学校
郓城县	郓城一中		郓城城内	省级
	郓城二中		郓城城内	
		郓城三中	郓城城内	
		郓城四中	郓城城内	
	郓城实验中学		郓城城内	市级
	宋江武校		郓城城内	
	树人中学		郓城城内	
	郓城师范高中		郓城城内	省级
	建华中学		郓城城内	
	育英中学		郓城城内	
鄄城县		鄄城一中	鄄城城内	省级
		鄄城二中	鄄城城内	市级
		鄄城三中	鄄城城内	
	鄄城实验中学		鄄城城内	市级
		立人中学	鄄城城内	
东明县		东明一中	东明城内	省级
		东明二中	东明集镇	
东明县		东明三中	刘楼镇	
		东明实验中学	东明城内	省级
	东方中学		东明城内	
	玉成中学		菜园集乡	

学校管理 1986—2005年，境内普通高中的领导体制是按照“地方负责、分级管理”的原则执行。

各级中学，根据实际，完善分级办学、分级管理的体制，并逐步推行“校长负责制、教职工聘任制、岗位目标责任制”。

学校行政组织是负责领导和管理业务工作的办事机构。校长全面负责学校的教学、行政工作，贯彻执行党和国家的教育方针和上级教育部门的指示，抓好思想政治工作，关心师生生活，管理学校人事、校舍、设备和经费。副校长协助校长处理日常校务。校长以下设教务、政教、总务3处。各设主任1人，副主任1～2人不等。根据省委规定，中学规模在24个班以上者，设校长办公室，协助校长处理日常事务。

中学学生以教学班为单位，中学班额为56人。每班设班主任1人，一般由任课教师兼任，负责联系本班各学科教师，指导全班学生的生活和学习，进行思想教育工作。国家对班主任每月发放15元的职务补贴费。

中学各学科设教学研究组，以研究、改进教学；设有医务室，负责全校的卫生和疾病预防、治疗工作。中学规定校长、副校长、教导主任、副主任均应兼课。

有些规模较大的中学，分年级管理（如菏泽一中）。每年级设级部主任1人，统管该年级的各项工作；设级部副主任1～2人，协助主任工作。

教学工作　全市初级中学和高级中学都是秋季始业，修业年限为六年，三三分段，即初、高中各三年。根据山东省普通高中学生修习学业的规定和普通高校招生制度改革的实际情况，高中学生在高二学年实行文、理分科。

20世纪80年代中期以后，中学教学内容和方式发生重大变化，素质教育呼声趋高。强调在加强"双基"的基础上，培养学生的能力，发展学生的智力，提高教学质量。特别是随着课程改革的逐步深入，教学过程逐渐成为师生互动、共同发展的过程，在教学活动中，越来越注重学生独立性、自主性的培养，给学生以质疑、调查、探究的空间，培养学生掌握和运用知识的态度和能力，使学生每年都能得到充分的发展。

1986—2002年，各中学课程设置均按照教育部制订的教学计划和课程标准执行，使用教育部统一规定的教材。2002年秋季开始，根据山东省统一要求，初中进入新课程实验阶段，普通高中2004年开始使用课程改革教材。中学使用的教材，是由基层教师选定，全市相对统一。根据上级规定，中学开设课程为：语文、数学、物理、化学、生物、地理、历史、外语、政治、体育、美术、音乐、计算机、综合实践活动等。

学生学习时间安排，一般为上午四节课，下午两节课，另有一节至二节课外活动。上午第二节课后有课间操，每天均有早、晚自习，每天在校活动约八小时。住校学生略多于此。中学寒假为25天左右，暑假为50天左右。农村中学寒暑假稍短，但另有麦假、秋假两个农忙假。

学生以班为单位，每班分若干组，设有班委会。班委会分设班长和学习、体育、文娱、生活、卫生等委员，在班主任和校学生会领导下工作。高中班班内建立团支部，在团委领导下协助班主任开展班级工作。中学生在校学习期间，烈士子女和家庭特别困难的学生可减免学杂费，学校评选出的"品学兼优"学生，学校发给奖学金。

招生考试　菏泽市各县区的每一乡镇设有1～3所初中，基本上能满足当地学生就近入学的需要。根据《中华人民共和国义务教育法》，各地初级中学，应使完成了小学教育的少年就近免试入学。由于菏泽市优质教育资源少，部分教育教学质量较高的学校，生源多，压力大，往往以毕业考试的方式，选拔成绩优秀者入学就读。考试科目有语文、数学、自然3科。

1986—2002年，高中入学考试只有笔试一种形式，考试科目有语文、数学、政治、物理、化学、外语、地理、历史等，特长考生还要分别加试体育、音乐、美术等。2002年秋，进入新课程改革实验后，笔试不再是高中升学考试的唯一途径，学生的成长记录和综合能力测试成绩都将成为普通高中的入学依据。高中招生的纸质考试试题，有时使用省教育厅统一命题，有时由市教研室组织命题，由市教育局基础教育科制卷，各县区自行评卷录取。除纸质考试外，学生还要参加体育和实验操作加试。

2005年菏泽市义务教育阶段学校“一费制”中学收费标准一览表

表 26-1-9　　单位：元

年级		实行课改	城市				农村			
			合计	杂费	课本费	作业本费	合计	杂费	课本费	作业本费
初中	一年级	课改	575	340	205	30	505	270	205	30
		非课改	540		170		470		170	
	二年级	课改	550	340	180	30	480	270	180	30
		非课改	525		155		455		155	
	三年级	课改	505	340	135	30	435	270	135	30
		非课改	485		115		415		115	

学校选介　山东省菏泽第一中学　位于菏泽市城区八一西街37号，始建于1903年，经历“曹州官立中学堂”“山东省立第六中学”“冀鲁豫边区一中”等阶段，1954年定名为“山东省菏泽第一中学”（简称菏泽一中）。1986年9月，菏泽一中升格为副县级单位。1990年1月，升格为正县级单位。2000年3月，实行校长负责制。同年11月，菏泽一中分校改制为股份制学校，同时更名为“天人中学”。2004年6月，“天人中学”收归国有，同时恢复“菏泽一中分校”校名。

1985—1987年，菏泽一中建造容纳12个班的教学楼一幢，学生宿舍楼和教工宿舍楼各一幢。2001年，该校与教育部佳联教育投资管理公司(简称佳联公司)签订《合作办学协议》，决定建设“菏泽一佳学校”，后来佳联公司撤出，学校由一中筹资兴建，并更名为“菏泽一中分校”。一中分校位于菏泽市人民路南端路东，投资1.2亿元，占地30.67公顷，建筑面积10万平方米，2003年8月底交付使用。

1985年，该校图书馆藏书不到3万册，1990年增至52170册，至2005年共计11.5万余册。两校教工资料室和学生阅览室共订各类期刊520种、报纸68种。2001年创建分校后，招生规模迅速扩大，2005年，菏泽一中及其分校共有在校生155个班，11879人，其中分校102个班，7164人；本部53个班，4715人（其中包括复读班21个，2204人）。1986—2005年，全校共毕业初中生20个班1376人，

菏泽一中分校（原一佳中学）

高中生 304 班 22895 人；初、高中总计共毕业学生 324 班 24271 人。至 2005 年，在编教职工 263 人，聘任教职工 298 人，合计 561 人。

1986—1996 年，全校有 30 名同学在全国数学联赛、全国物理竞赛、华东六省一市作文竞赛中获奖，学校获“全省物理十佳学校”称号。1997—2005 年，在全国中学生数学、物理、化学、生物奥赛或联赛中，共有 62 人获国家级奖励，其中获一等奖者 6 人，获二等奖者 7 人；获省级一、二、三等奖者 139 人。菏泽一中 2000 年经省教育厅验收，被命名为“省级规范化高中”；学校曾于 2001 年获“山东赛区生物奥赛优胜学校”称号；2002 年、2005 年先后两次获山东省“物理奥赛金牌学校”称号。

1989 年起，在高考中，学校连续 4 年本科录取人数超过 200 大关，在全地区取得领先地位。1993 年后又有所下滑，至 1997 年，本科录取人数仅为 170 人。1998 年起高考本科录取人数大幅度回升，并逐年增长，即：1998 年 251 人，1999 年 351 人，2000 年 559 人，2001 年 588 人，2002 年 733 人，2003 年 849 人，2004 年 920 人，2005 年 1018 人。1999—2005 年，全校共有 8 位学生被录取到清华大学或北京大学。

单县一中　创建于 1951 年，原名为“平原省立单县中学”，1954 年更名为“山东省单县第一中学”（简称单县一中）。该校占地 30.6 公顷，总建筑面积 8 万平方米，2003 年，单县一中学在县经济开发区征地 23.4 公顷用于建设新校，2005 年，有教学班 110 个，在校学生 7000 多人。全校拥有教学楼 5 座，实验楼 1 座，信息楼 1 座，大型体育馆 1 座，教工宿舍楼 10 座；装备 8 个理化生实验室，7 个阅览室，5 个微机室，2 个语音室；建造千兆校园网并与各教学班连接，初步形成以校园网为龙头，以闭路电视系统、有线广播系统为补充的现代化教育应用管理的基础平台。有 3 名特级教师，10 名教师被评为全国和省部级优秀教师、劳动模范和师德标兵，63 名被评为省市级教学能手和青年骨干教师。5 个学科承担国家和省级科研课题。先后被定为国家重点课题《计算机与各学科课程整合》实验研究基地，山东省信息技术实验学校，山东省多媒体网络教学实验研究基地。单县一中以学生发展为本，重视学生素质的全面提高和特色学生的培养，先后有 300 多人次在全国、省、市各科竞赛和青少年科技发明比赛中获奖。2002—2004 年，每年高考本科上线人数均居全市第一位。2005 年考入本科院校 1000 多人，再次取得全市本科录取总数第一、重点本科第一、应届本科第一的好成绩。该校先后被评为全国体育工作先进单位、山东省规范化学校、山东省电化教育示范学校、山东省科普示范学校、山东省绿色学校、山东省精神文明单位、山东省教书育人先进单位、山东省招飞工作先进单位。

郓城一中　山东省郓城第一中学（简称郓城一中）始建于1950年，是一所省属重点中学，1996年被评为省级规范化学校，1999年被授予省级文明单位。2005年，郓城一中占地13.33余公顷，拥有教学楼、综合楼、图书楼、实验楼、运动场，以及4幢学生宿舍楼、2座食堂大厅。该校构建先进的网络一体化的校园网，设置视频点播系统、多媒体电脑室、多媒体语音室、多媒体电教室、多媒体科学报告厅和校园管理信息系统。物理、化学、生物实验室按照国家示范高中的标准设置。每间教室都配有电脑、大屏幕彩电。图书楼藏书达10万余册，内设图书管理中心、教师书库、学生书库、教师阅览室、学生阅览室等。

2005年，郓城一中共有教学班120个，学生9000余人，教职工421人，其中研究生3人，大学本科毕业285人，大专毕业96人；中学特级教师2人，中学高级教师87人，一级教师92人。在311名专任教师中，学历达标100%，师资结构合理，其中有省级以上骨干教师13人，省市级教学能手37人。

2004—2005年，两届高考中分别有42名和53名音美考生升入高等学府；在学科竞赛中，有3人次获国家级一等奖，10人次获国家级二等奖，16人次获省级一等奖。2005年高考中，全校录取人数为802人，其中本科录取和应届本科录取率分别为32.78%和32.03%，均列全市各一中之首。

建校50多年，郓城一中实施名牌战略，形成了“文明、博学、求实、创新”的校风、“爱生、奉献、探索、求真”的教风和“尊师、守纪、勤奋、进取”的学风，为社会培养了一大批优秀人才，著名歌唱家彭丽媛、高级外交官杨汝玉、火箭专家董维芳就是其中的杰出代表。1997年6月17日，山东省委书记、省人大常委会主任吴官正曾视察该校，并给予高度评价。

2001年10月，著名歌唱家彭丽媛回访母校

第四节　特殊教育

菏泽市第一所特殊教育学校是菏泽地区盲聋哑学校（菏泽市特教中心前身），始建于1983年9月，当年招生一个班，14名聋哑学生。2005年年底，全市有菏泽市特教中心、曹县聋哑学校、定陶县聋哑学校、成武县聋哑学校、单县聋哑学校、巨野县聋哑学校、郓城县聋哑学校、鄄城县

聋哑学校、东明县聋哑学校等10所特殊教育学校，在校学生1099人，教职工314人。学校占地面积11.21万平方米，建筑面积18618平方米。

管理　菏泽市特教中心由市教育局直接领导，各县区聋哑学校由各县区教育局领导。学校内部管理除党、团、队、工会等组织同普通小学外，配备教师的比例比普通小学略高。各校均实行校长负责制，下设教导处主任、总务处主任、班主任、教养员、卫生护理员和职业劳动训练技工等。

盲聋哑学校每班班额12～14人，招收3～10岁适龄儿童入学校学习。盲、聋哑学生享受国家“两免一补”政策。

教学盲聋哑学校小学学制六年，初中学制三年。小学盲班课程设置语文、数学、体育、音乐、生活指导、社会、劳技、定向行走、思想品德等，初中课程设置同普通初中。聋班小学课程设置语文（语训、写字、叙述）、数学、体育、律动、美工、思想品德等，初中有语文、数学、律动、美术、体育、理科等。聋校教材为上海人民出版社出版的全国统编聋校课本，盲文课本是北京盲文印刷所印刷的统编盲文教材。

1986—2005年菏泽市（地区）特殊教育情况统计表

表26-1-10

年　份	学校（所）	在校学生（人）	在编教师（人）	职工（人）	行政人员（人）	校园面积（公顷）	建筑面积（万平方米）
1986	2	40	13	13		2.10	0.30
1987	1	40	13	11		1.06	0.15
1988	1	66	15	11		1.08	0.16
1989	2	106	26	12		2.21	0.31
1990	3	70	23	13		3.64	0.51
1991	5	157	29	28		5.64	0.80
1992	6	202	48	19		6.72	0.95
1993	6	211	54	24		6.81	0.96
1994	6	259	58	56		6.95	0.99
1995	9	731	93	95		9.10	1.13
1996	9	3910	110	106		9.13	1.22
1997	9	1996	138	116		9.15	1.35
1998	9	3217	186	118		8.54	1.39
1999	9	2655	213	89		8.68	1.61
2000	9	3812	235	81		10.72	2.10
2001	9	1962	235	55	36	11.24	2.07
2002	9	1673	230	57	37	8.05	1.85
2003	9	1303	239	52	33	10.48	2.00
2004	10	1319	250	54	35	9.56	1.86
2005	10	1099	260	54	26	11.21	1.86

学校选介 菏泽市特教中心属市直学校。该校始建于1983年，占地面积1.04公顷。2005年，全校拥有16个教学班，其中盲部8个班，聋部8个班，在校学生156人；在职教师57人，学历达标率100%。除建有教学楼、学生宿舍楼外，还建有微机室、仪器室、实验室、图书室、阅览室、律动室、语训室，以及盲人门球场、篮球场，乒乓球训练室。市特教中心自建校始，全面贯彻党的教育方针，实施素质教育，积极实践“让更多的儿童接受更好的教育”的理念，共培养优秀毕业生194人，其中177人分别考入长春大学特教学院、北京联合大学、新疆医科大学、山东省特教专科学校。该校先后被国家、省、市授予“全国百佳改革先进单位”“山东省特殊教育先进单位”“山东省残疾人之家”和市级“文明单位”等荣誉称号。

第二章 职业教育

第一节 普通中专

1986年，全区共有普通中专6所：山东省菏泽粮食学校、菏泽农业学校、菏泽供销学校、菏泽艺术学校、菏泽地区公安干部中专、菏泽工业学校。（菏泽卫校1978年改建成菏泽医学专科学校，仅保留部分中专班）。各学校的隶属关系实行省、地两级行业主管部门分工管理，省、地两级教育行政部门对学校实行业务指导。1987年，经省政府批准成立菏泽体育运动学校；1993年12月，菏泽供销学校更名为菏泽财经学校；1994年单县卫生学校更名为菏泽地区卫生学校，2001年更名为菏泽卫生学校；2002年1月，经山东省人民政府批准，菏泽农校并入新的菏泽师专；2003年4月，山东省菏泽粮食学校由省属学校变为市属，隶属于市教育局，学校更名为山东省信息工程学校；2004年10月，市属中专学校改革，菏泽市公安干部中专学校退出中专学校序列，变为培训中心，不再招收中专生。2005年年底，全市共有普通中专学校6所，在校生15312人，教职工682人，固定资产1.53亿元。

1986年以前，各普通中专学校普遍招收高中毕业生。自1986年10月国家教委颁布《普通中等专业学校设置暂行办法》后，各学校逐步改招初中毕业生，同时，在完成国家下达的招生计划后，开始招收定向委培生。1996年5月，国家颁布《中华人民共和国职业教育法》后，进一步扩大职业学校的办学自主权，加大职业教育的改

革力度，学生入学后不再享受人民助学金，适当提高奖学金的比例，学生毕业后原则上是从那里来回那里去，国家不再统一分配工作。2000年以后，各学校为扩大规模，吸引生源，逐步形成由学校出面联系就业单位安置毕业生的局面。

2003年，为推进职业教育的改革，市政府牵头，成立由16个业务主管部门参加的中专学校改革领导小组，并下发《市属中专学校改革实施方案》，在全省率先启动市属中专学校的改革。此次改革的思路：①改革财政供给方式，学校通过选择财政供给与办学业绩挂钩或财政供给逐步退出的办法，扩大办学自主权，激发内部活力；②改革资产经营方式，通过国有民办、股份制办学、租赁经营等方式，盘活中专资产存量，吸引社会资本注入；③改革内部管理机制，进行用人制度、分配制度在内的人事制度改革，进行激励机制、监督机制在内的人事管理机制创新。经过2005年的改革实践，取得明显的成效，招生任务完成率超过额定任务158%，毕业生就业安置率达到99%。

1986—2005年菏泽市（地区）普通中专基本情况统计表

表26-2-1

年　份	学校（所）	在校学生（人）	教职工（人）	教师（人）	行管人员（人）	学校占地（公顷）	建筑面积（万平方米）
1986	6	1528	478	291	128	24.93	3.95
1987	6	1531	510	173	128	26.40	4.82
1988	6	1805	554	183	131	25.40	6.08
1989	6	2362	564	184	138	25.93	5.72
1990	6	2589	577	191	139	25.93	5.90
1991	6	2751	582	190	142	25.93	6.35
1992	6	2946	457	195	150	25.93	6.42
1993	6	3357	613	200	154	26.93	7.42
1994	6	4655	625	200	151	26.93	7.82
1995	6	5584	757	202	153	30.91	9.46
1996	6	5481	676	210	154	30.91	10.09
1997	6	6090	679	216	156	28.30	10.54
1998	6	6168	683	215	145	28.30	11.19
1999	6	6371	659	201	152	29.77	11.74
2000	6	6074	663	208	157	49.30	12.29
2001	6	5936	655	209	145	49.30	12.84
2002	6	7093	650	222	148	49.30	12.84
2003	6	9194	644	224	147	49.30	13.84
2004	6	12677	656	234	149	49.30	13.84
2005	6	15312	682	237	149	49.30	17.11

全市6处普通中专中，唯有山东菏泽卫生学校是一所国办国家级重点普通中等专业学校。该校创建于1958年，时名山东省单县卫生学校。1986年，全校占地3公顷，建筑面积8940平方米；有学生517人，教职工119人。1994年学校建筑面积增至17775平方米，学生1166人。1995年山东省单县卫生学校下划，改称为山东省菏泽地区卫生学校，隶属于菏泽地区行署。占地面积4公顷，建筑面积23375平方米；有学生1366人。1997—1999年，该校继续扩大建设，建筑面积达30556平方米，学生数增至2602人。2000年，学校改称为山东省菏泽卫生学校。2002年，护理、助产专业在招收中专的同时，开始招收5年制“三、二”连读大专生。2003年，增设中西医结合、口腔工艺专业，学制3年，同时开始招收5年制“三、二”连读大专生，学制3年。同年，学校增设教研室、招生办公室、就业指导办公室、图书室、保卫科，学校建筑面积达38933平方米，学生人数达4640人，专职教师增至106人。2004年，增设全科医学，学制“三、二”连读；卫生信息管理（计算机应用），至2005年，全校占地面积24公顷，分南北两个校区，总建筑面积46621平方米，在校生5600人。开设护理、助产、口腔工艺、药剂、康复技术、卫生保健、家政卫生服务、美容技术、计划生育、中西医结合，卫生信息管理11个专业。

第二节　职业学校

1986年以后，菏泽职业教育同全国一样，经历一个曲折的发展历程。从时间上可分为三个阶段：1986—1988年，是由兴盛走向低谷阶段。1986年，国家取消中等职业学校的对口升学政策，全区职业学校招生总体上开始滑坡，农村职业高中滑坡尤甚，至1989年职业高中班已招不到学生，职业学校重点开始招收初中班。地区职业中专招生也出现困难，校属班招生量逐渐减少。与此同时，一些单位的业务培训班以及个体办的短训班相继进入职专，或代培或联办，使职业中专的新生人数和在校生人数未出现大的波动。但也有些学校办学死板，出现招不进学生，学校闲置的状况，一些文化课教师被调出职业学校到普通中学任教，全区的职业学校走入低谷。这期间开设的专业有畜牧兽医、农学、车工、钳工、化工、建筑、幼师、师范8个专业。农村职业高中的培养目标是：在种植和养殖方面，培养有技术、会操作、会经营的现代新式农民或农业技术员。城区职业的培训目标主要是企事业单位的专业技术人员，其次是个体户的技术人员，招收对象是城镇待业青年。

1989—1997年，是在低谷中徘徊阶段。为了保住职业学校，促进职业学校发展，全区大部分职业学校自1990年开始招收初中1年制专业班和5年制职业高中试点班。（前三年为初中教育，后二年为高中教育），全区的职业学校曲折发展，在低谷中徘徊。

1998—2005年，是开始复苏到蓬勃发展阶段。1998年，国家出台大力发展职业教育的有关文件。为拉动职业学校招生，全区恢复职业学校对口升学政策，使学校招生量开始回升。自2003年开始，全市实行职业学校春季招生，对初三学生进行分流，全市职业学校生源迅速膨胀，职业学校处数不断增多。2004—2005年，国家七部委、国务院及各省市相继召开高规格高规模的职业教育工作会议，出台一系列的扶持、鼓励发展职业教育的政策措施，全市的职业学校开始出现蓬勃发展的良好局面。

全市职业学校专业设置较为齐全，涉及农、林、医、师、机械、电子、化工、建筑等12个门类，开设汽车驾驶与维护、机电、计算机信息技术、财会、农林、建筑、卫生、医药、音乐、新闻、家政、保安等54个专业。其培训目标：大部分对口升入高等职业学院，一部分到外地打工，很少一部分在当地就业。

全市职业教育通过政策驱动、典型带动、活动促进，抓招生、抓投入、抓就业，努力扩大中等职业教育规模，进一步改善办学条件，提高办学质量和经济效益。

至2005年年底，全市有职业学校76所，其中国家级（教育部）重点职业学校6所，分别是菏泽卫生学校、菏泽交通职业中等职业学校、菏泽信息工程学校、定陶县职业教育中心、单县职业中专、菏泽职业技术中等专业学校；省级重点职业学校4所，分别是曹县梁堤头职业中等专业学校、牡丹区职业中专、郓城县职业教育中心、菏泽工业学校。全市各类中等职业学校招生3.3万人，其中职业高中（中专）招生2.38万人，普通中专招生0.92万人；各类中等职业学校在校生总计7.5万人。全市6个专业被省教育厅批准为省级示范专业，分别是：汽车运用与维修（菏泽交通职业中专）；电子电器运用与维修（定陶县职业教育中心）；助产（菏泽卫生学校）；烹饪（菏泽市职业中专）；会计电算化（菏泽财经学校）；会计电算化（菏泽信息工程学校）。同年，全市中等职业学校报考对口高等职业学校4637人，录取2650人，录取率为58%，各类中等职业学校毕业生2.3万人，安置就业（包括升学）2.2万人，就业率96.6%。

2005年菏泽市部分职业学校基本情况统计表

表26-2-2

学校名称	教职工（人）	专业教师（人）	在校学生（人）	当年招生（人）	毕业生（人）	占地面积（公顷）	建筑面积（万平方米）	固定资产（万元）	教学设备（万元）	图书（万册）	当年固定资产投入（万元）
菏泽卫生学校	146	68	5678	2508	1514	17.53	5.41	9898.8	300.89	6.25	5859
菏泽工业学校	110	34	2400	700	540	3.53	1.37	948	202	2.32	70
菏泽信息工程学校	185	55	5023	1928	302	9.13	7	6000	1000	103000	2000
菏泽财经学校	118	21	2345	810	607	3.23	65296.67	1926.3	153	3.26	41
菏泽艺术学校	51	21	475	108	134	2.9	1.37	630	234	3	1.2

续表 26-2-2

学校名称	教职工（人）	专业教师（人）	在校学生（人）	当年招生（人）	毕业生（人）	占地面积（公顷）	建筑面积（万平方米）	固定资产（万元）	教学设备（万元）	图书（万册）	当年固定资产投入（万元）
菏泽市体育运动学校	67	23	210	165	5	8	1.51	220	15	1.2	10
菏泽市职业技术中专	157	75	3470	1492	1220	0.67	3.66	2281.4	578.4	5.2	200
菏泽交通职业	300	126	2100	1000	1291	14	6.8	9900	3000	5	2100
菏泽经贸职业中专	80	39	1536	716	470	2.27	1.74	1140	152	1.8	140
菏泽农机职业	23	7	623	272	585	0.4	0.47	79	4	1.5	18
菏泽医药职业	14	5	464	208	201	2.67	0.22	25.5	1.8	1.8	
菏泽新闻专修学院	39	6	451	208	368	4	1.25	700	291	0.31	91
菏泽市艺术职业中专	41	23	167	97	82	3.33	0.89	140	120	2.8	12.35
菏泽曹州音乐职业中专	25	16	367	160	180	1.2	0.9	460	30	0.1	150
菏泽市理工职业中专	89	31	1275	615	120	1.87	1.5	1200	108	0.3	500
菏泽中原艺术职业中专	72	46	588	170	130	1.42	2.03	590	102	0.86	120
菏泽科技职业中专	46	14	323	157	140	1.92	0.5	76	29	0.5	27
菏泽音乐成人中专	39	27	520	180	180	0.67	0.7	1000	400	0.8	260
菏泽工交职业中专	40	20	800	500	500	0.87	1	950	50	1	140

续表 26-2-2

学校名称	教职工（人）	专业教师（人）	在校学生（人）	当年招生（人）	毕业生（人）	占地面积（公顷）	建筑面积（万平方米）	固定资产（万元）	教学设备（万元）	图书（万册）	当年固定资产投入（万元）
菏泽摄影职业中专学校	27	10	209	128	81	4.33	0.8	632	164	1.2	4
菏泽奇圣职业中专	39	13	198	200	—	2.07	0.62	1300	400	0.2	150
牡丹区卫生职业中专	56	34	399	165	94	1.07	0.52	500.17	15.98	1	9.8
牡丹区工贸中等专业学校	56	31	1571	1104	524	3.8	0.88	340	160	2.46	120
牡丹区第一职业中专	169	69	1760	599	342	6.93	1.03	1023.56	81	2.79	198
牡丹区第二职业中专	98	8	842	323	230	3.33	0.77	420	14	0.3	86
牡丹区第三职业高中	98	14	596	36	—	5.33	0.43	613	16	1.8	31
牡丹区职业中专	141	37	1673	762	528	3.03	1.28	685	49.4	2.00	30
牡丹区成人中专	65	5	560	336	314	1.89	0.69	493	22	1.5	27
东明县职业中专	38	6	490	366	—	6.51	0.76	490	32	0.72	130
东明县第一职业中专	69	18	1373	482	291	3.8	1.75	603	201	2.25	85
东明县第三综合高中	91	14	168	110	112	3.6	0.82	376	39	0.56	98
东明县职业高中	51	12	387	196	145	4.61	0.47	120	15	0.37	36

续表 26-2-2

学校名称	教职工（人）	专业教师（人）	在校学生（人）	当年招生（人）	毕业生（人）	占地面积（公顷）	建筑面积（万平方米）	固定资产（万元）	教学设备（万元）	图书（万册）	当年固定资产投入（万元）
东明县东方武校	70	18	210	104	48	7.07	1.80	2129	49.5	0.38	189
鄄城县第一职业中专	89	28	1340	416	275	7.87	1.87	1280	230	2.13	260
鄄城县职业技术教育中心	122	30	2256	980	480	4.44	1.03	534	64.7	0.58	170
鄄城县职业中专	66	11	600	200	310	3.6	0.46	247	36	0.2	48
定陶县职教中心	156	61	2630	1510	910	9.7	3.10	1810.3	613	0.51	460
巨野县职业教育中心	103	23	1145	479	651	3.67	3.5	930	80	0.47	121
巨野县第一职业高中	69	10	557	234	204	5	0.53	306	25	0.2	37
巨野县矿区职业高中	70	13	629	243	–	5.53	0.8	800	40	0.7	54
郓城县职业教育中心	142	32	1281	519	226	10.4	1.91	1635	78	1.13	65
郓城县宋江武术学校	358	78	3700	1000	300	20	8.8	12000	12	7	1621
单县职业中专	325	64	4233	1335	1255	22	2.81	1650	128		61
曹县梁堤头职专	87	76	2076	784	725	68.2	1.56	792	150	3	91
曹县第一职业中专（三职高）	123	98	1150	496	350	6.67	1.55	344	24	2.5	76

续表 26-2-2

学校名称	教职工（人）	专业教师（人）	在校学生（人）	当年招生（人）	毕业生（人）	占地面积（公顷）	建筑面积（万平方米）	固定资产（万元）	教学设备（万元）	图书（万册）	当年固定资产投入（万元）
曹县万通职业中专	56	23	845	500	395	11.13	1	1147.54	179.3		161
曹县劳动职业中专	125	91	1044	682	163	3	1.06	650	101.5	2.6	34

在全市职业学校中，唯有山东省菏泽市粮食学校是省属学校。该校为正县级单位，创立于1975年6月，隶属于山东省粮食厅；2003年4月全省省属中专学校管理体制改时，该校被整体划转菏泽市人民政府管理，隶属于菏泽市教育局。并经山东省人民政府批准，更名为山东省菏泽信息工程学校（简称菏泽信校）。

至2005年，菏泽信校有两个校区，占地面积8.67公顷，教学用建筑面积6.6万多平方米，固定资产原值8000多万元。22个微机室、10个媒体教室拥有计算机1400余台。数控技术实习车间、计算机组装与维修实验室、计算机网络实验室、语音室、精密仪器室、气相色谱分析室、电工电子与电力推动实验室、会计模拟实验室等先进的实验设施和各类功能齐全的专业实验室、实习车间一应俱全。以宽带形式接入Internet网络的校园网稳定运行，覆盖全校各个部门。校内有设备价值4000多万元的省内外一流的实验实训中心。

在校生近6000人，开设以计算机及应用、会计电算化两个省级重点示范专业为龙头的普通中等专业16个，高职专业6个，与北京大学、山东大学等高校联合开设的本、专科专业8个。该校倡导全新的办学理念，不断优化专业结构，积极探索多形式、多层次的办学模式，先后与北京大学、山东大学、中华女子学院、青岛港湾职业技术学院、日照职业技术学院等高校联合举办本科、专科层次的学历教育，形成了普通中专、专科、本科俱有，普通、职业、成教统筹的办学格局。同时，学校高度重视师资队伍建设，262名专兼职教师中，有高级讲师86人，讲师104人，36名教师已经获得或在职攻读硕士学位。专任教师中有全国优秀教师2人，省级优秀教师12人，省级教学能手6人，市级优秀教师8人，市级教学能手22人。2001—2005年，全校教师在全国各类报刊上发表论文200多篇，参编或主编各类出版物100余种，涌现出一批在全国、全省职教界有广泛影响的专业或学科带头人。

1998年毕业生国家统一分配取消后，菏泽信校十分注重毕业生的就业安置工作，成立专门的“招生就业指导办公室”，建立毕业生就业网站，广泛搜集全国各地的专业人才需求信息。同时，学校与北京、天津、广州等地的高新技术开发区及数十家大公司、大集团、大企业建立可靠的人才供需关系，全面开创毕业生就业安置工作新局面，毕业生就业率达到100%，被菏泽市人事局评定为就业工作优秀单位。该校先后获得“省级优秀中专学校”“省级文明单位”“省部级重点中专”等称号；2004年被省教育厅命名为“山东省职业教育骨干示范性学校”“山东省中等职业学校教学示范学校”，被教育部命名为“国家级重点中专”。

第三节　师范教育

1986—2005年，菏泽市（地区）师范学校紧跟山东省中师建设“三步走”的发展战略，历经“标准化建设—规范化学校建设—现代化建设”三个阶段，全市中师面貌发生了根本性变化。校园面积达16公顷，新增建筑面积达10万平方米，办公楼、实验楼、教学楼、艺术楼、图书楼、学生公寓、餐厅等一应具备。图书达20万册，另有钢琴100余架、微机800余台，音体美器材齐全。现代化教学设施、设备俱全，现代化的教学手段逐步得以完善。

师范学校　1986年，菏泽地区共有菏泽师范、单县师范、郓城师范、曹县师范、成武师范、巨野师范6所师范学校。1988年1月，除菏泽师范外，其他5所师范学校下放管理权限，由所在县市人民政府管理。1990年7月，单县、郓城、曹县、巨野4处师范学校（副县级事业单位）重新收归地区管理。1992年，根据山东省中等师范学校调整方案，菏泽地区将中等师范学校由原来的6处调减为4处，撤销曹县师范和成武师范。成武师范被调减后，于同年11月与县教师进修学校、职工中专合并为成武县实验中学。1994年3月，曹县师范通过省教委达标验收，省政府批准保留。

2001年6月，根据菏泽市人民政府《关于调整巨野师范学校和曹县师范学校管理体制的通知》精神，将巨野师范和曹县师范整建制下放到所在县管理。2002年1月，根据菏办发〔2002〕7号文件精神，将菏泽师专、菏泽教育学院、菏泽广播电视大学、菏泽师范、菏泽农校合并，筹建菏泽学院。2004年菏泽学院成立后，菏泽师范改称菏泽学院小学教师教育部。同时，将单县师范、郓城师范挂靠菏泽学院。

培养目标　1986—1999年，中等师范学校主要培养具有远大理想、道德品质高尚、有良好的师德、热爱教育事业以及从事小学教育工作必备的知识和技能、有一定的艺术修养和健康体魄、全面发展的小学教师。中等师范学校普通师范专业学制为3年，招收初中毕业生。同时，也招收民办教师，学制为2年。2000—2005年，根据省政府批转省教育厅《关于调整中等师范学校布局结构意见的通知》精神，从2000年起，停止招收3年制中师学生，对具备条件的学校招收5年制小教专科学生。2003年，山东省取消中师办学层次，完成师范教育由三级向二级的过渡。自此，中师开始招收5年制小学教育专业，开始培养具有大学专科程度的小学教师。

招生分配　1986—1999年，全区师范学校设有普师专业、幼师专业及音乐、美术、体育等专业班。每年由省下达指令性招生计划（160～210人），省统一命题，省地分管招生考试，择优录取，最后报省批准招生。学制3年，国家统一课程和教材（期间有过3次调整），生源为各县区初中毕业生，实行国家计划经济体制下的学生统招统分制度。绝大多数分配到各县初中、小学任教。2000 年，全省进行中等师范学校布局结构调整，随着“三级师范向二级师范”的过渡，全区开始招收 5 年制小学教育专业，由省教育厅制定教学大纲和编写教材。培养大学专科程度的小学教师，仍由省下达招生计划，招生计划每年 260 ~ 300 人。生源是各县区的初中毕业生。随着市场经济的逐步形成，学校毕业生面向中小学、社会，与用人单位签订协议，由用人单位择优聘用，国家不再统招统分。

民师教育 从 1989 年起，根据省、地区安排，中等师范学校除招收普师外，还承担民办教师教育。中师招收的民办教师新生与所在学校的普通新生分开编班，其中只具备初中或高中毕业学历的民办教师，单独编排，执行省教委鲁教发〔1990〕290 号文《招收高、初中毕业的民办教师中师班教学计划》，学制二年，一年在校脱产学习，一年回原乡镇小学实习；已经具备中师及其以上学历的民办教师，单独编班，执行省教委鲁教发〔1990〕290 号文《招收中师毕业的民办教师中师班教学计划》，学制二年，在校脱产学习 3 个月（1992 年调整为在校脱产学习半年），其余时间回原乡镇小学实习。二年修业期满，经考试和考核合格后，发给中师毕业证书，分配回原乡镇小学工作。

2002 年，根据菏教办发〔2002〕77 号文件精神，菏泽市 5969 名民办教师转为公办教师；1017 名民师被分到单县师范、郓城师范、曹县师范、巨野师范 4 个学校进行学习，学制二年，在校时间 6 个月。学校开设的课程有思想政治、电化教育、语文基础知识、教育学、习字、写作、小学语文教材教法、心理学、自然常识、小学数学教材教法，以及音、体、美教材教法（任选一门），教材一般选用普师教材或卫星电视中师教材。

2004 年，全市最后一批民师毕业。至此，师范学校共培养民师 8513 人，有力地支持了全市的基础教育。

师资状况 1986—1999 年，根据隶属关系，教职工分别由地、县主管部门管理，师资来源主要是分配大学毕业生。中师教师的调配，由地区教育行政部门批准，教育部门根据需要为师范学校选配骨干教师和优秀的大学本科毕业生。2000 年后，随着国家毕业生就业和人事制度的改革，学校逐步实行教师聘任制和岗位责任制。每年择优招聘一批高校毕业生来校任教，充实教师队伍。

1986—2005 年菏泽市（地区）师范学校基本情况统计表

表 26-2-3

年 份	学 校（所）	班 级（个）	在校生（人）	当年招生（人）	当年毕业生（人）	民 师		教职工	
						招 生（人）	毕业生（人）	总 计（人）	专任教师（人）
1986	6	90	3604	1380	1037	84	171	529	284
1987	6	98	3929	1418	1083	–	84	522	288
1988	6	100	4011	1424	1348	–	84	312	65

续表 26-2-3

年份	学校（所）	班级（个）	在校生（人）	当年招生（人）	当年毕业生（人）	民师		教职工	
						招生（人）	毕业生（人）	总计（人）	专任教师（人）
1989	6	106	4256	1420	1173	100	–	595	312
1990	6	98	3926	1280	1409	200	–	612	330
1991	6	96	3878	1280	1327	463	100	663	341
1992	4	92	3670	1310	1517	397	200	628	321
1993	4	88	3504	1310	1479	440	503	651	334
1994	5	87	3485	1311	1327	471	478	659	344
1995	5	86	3476	1310	1319	410	440	655	346
1996	5	86	3469	1310	1313	563	361	658	347
1997	5	90	3598	1390	1249	402	460	666	358
1998	5	87	3483	1361	1468	400	563	647	372
1999	5	92	3707	1360	1134	640	402	658	389
2000	5	105	4223	1900	1381	1364	400	654	387
2001	5	124	4982	2320	1563	1314	640	670	434
2002	4	111	4471	1354	1472	1017	1296	289	202
2003	2	61	3102	560	34	–	1314	376	266
2004	2	68	3283	660	203	–	1017	404	293
2005	2	76	3866	935	520	–	–	627	414

第三章　高等教育

第一节　普通高等教育

1986—2005 年，菏泽高等教育快速发展。尤其是 2002 年，菏泽师专、菏泽教育学院、菏泽广播电视大学、菏泽师范、菏泽农校 5 校合为新的菏泽师专，并在此基础上，筹建菏泽学院，2004 年 5 月，菏泽师专更名为菏泽学院，实现专升本的跨越，结束了菏泽没有本科院校的历史，学校规模、招生规模和招生范围迅速扩大，学校软硬件建设日益规范完善。菏泽医专于 1990 年 3 月收归山东省卫生厅主管，促进了学校的发展。

菏泽学院　1985 年，菏泽师范专科学校（简称菏泽师专）共有各类全日制在校生 1255 人，占地面积只有 23.33 公顷，建筑面积 13 万平方米。其在校生 1990 年为 1586 人，2000 年为 2311 人，2005 年为 13242 人。2002 年，菏泽师专、菏泽教育学院、菏泽广播电视大学、菏泽师范、菏泽农校 5 校合并新的菏泽师专，筹建菏泽学院。经省政府批准，在菏泽师专东侧，新征土地31.49公顷作为学院一期工程建设用地。2003年6月，学校建院上本科通过山东省高等学校设置评议委员会专家组评审，2004年3月27日获得全国高等学校设置评议委员会高票通过。5月17日，教育部、7月2日山东省人民政府正式同意将菏泽师范专科学校改建为菏泽学院。2005年，菏泽学院分为校本部、东校区、西校区3个教学生活区，占地面积91.6公顷，建筑面积40余万平方米。建有现代技术教育中心、网络技术中心、分析测试中心、近代物理实验室和分子生物实验室等46个实验室，仪器设备总值达5500多万元。图书馆藏书近百万册，其中电子图书22万余册，订有各类期刊3000余种，并拥有现代化电子图书阅览系统，能满足教师和学生的教学、科研和学习需要。

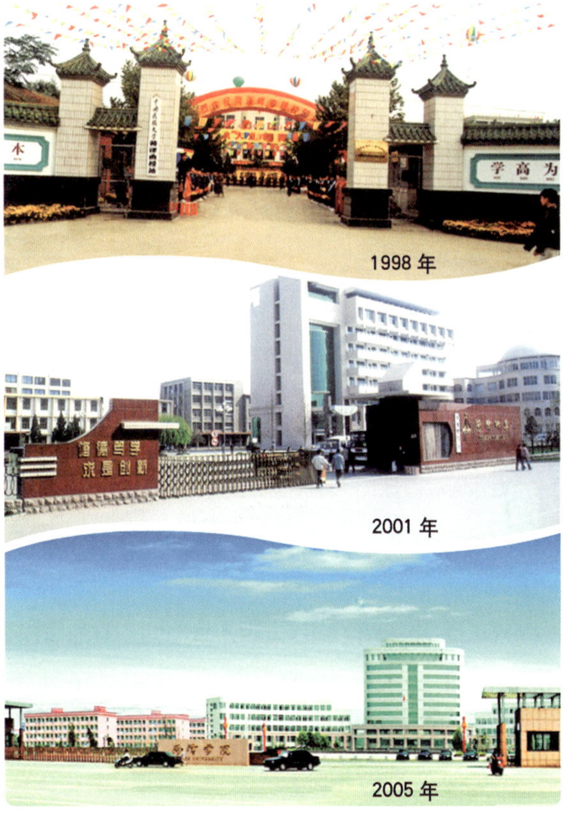

专业设置　1986—1993年，菏泽师专共开设干部专修科、化学教育、历史学教育、美术教育、农学师资班、生物学教育、数学教育、思想政治教育、体育教育、物理学教育、英语教育、中文教育12个专科专业。1994年增设法学、化工、计算机及应用、经贸英语、生物技术、应用电子技术、装饰艺术设计等专业。1995年开设文秘专业。1997年增设音乐教育专业。2002年增设民族传统体育、小学教育、园艺、畜牧兽医、农业经济管理、机电一体化、市场营销、英语、幼儿教育、财务会计等专业。2003年开设心理学专业。在保持原有专科专业的基础上，2004年5月，教育部批准菏泽学院开设汉语言文学、数学与应用数学、物理学、生物科学4个本科专业。2005年，开设历史学、英语、电子信息科学与技术、化学、化学工程与工艺、生物工程、计算机科学与技术、美术学、音乐学、体育教育10个本科专业。至年底，全校已拥有14个本科专业。

2004年4月29日，本科专业设置评议会

教学管理　1987年，菏泽师专印发《八六年教学工作总结和八七年工作意见》。该意见提出，教学大纲和教材是教学工作

英语角

的重要依据，教师教学要依据教学大纲。菏泽师专1995年颁发《关于加强学生劳动实践课管理的意见》，要求把劳动实践课作为一门课程，其成绩记入学生档案；1996年制定《关于进行教学管理评估的意见》，就教学计划管理、教学过程管理、教学质量管理进行评估；1997年编印《教学和教学管理文件汇编》。1997年11月16日—19日，全省高校教学评价专家组对该学校教学情况进行全面评估。1998年10月，为了加强教学工作，印发《教学工作规程》《关于教师教学工作评价的若干规定》《关于实施名人培养工程的意见》《菏泽师专学生管理规定实施细则》《菏泽师专关于考试管理的规定》《菏泽师专关于加强职业技能教育的意见》。2005年12月，菏泽学院召开2005年教学工作会议，进一步强化教学工作的中心地位。

科研　1986—2005年，全校教职员工共发表论文3476篇，出版学术专著和教材634部，多项成果达到国内领先和先进水平。《菏泽学院学报》(原《菏泽师专学报》)，获全国高专优秀学报一等奖、教育部优秀科技期刊二等奖。2005年，相继出台《科研工作奖励暂行办法》《科学研究基金试行办法》《关于加强学术活动的暂行规定》等文件，行之有效的科研激励机制初步形成；学校研究批准菏泽学院科学研究基金计划项目26项、教学改革项目30项，分别资助经费37.1万元和28.2万元，这是学校第一次设立校级科研立项并划拨科研经费；科研项目《区域文化与经济发展的互动研究》被山东省社会科学规划管理办公室批准立项，拨付科研经费2万元，实现了学院人文社科课题省级立项的突破。

1986—2005年菏泽学院科研成果统计表

表26-3-1

时　间	论文、作品（篇、件）	专著、教材、教参（部）
1986—1990	579	216
1991—1995	432	272
1996—2000	1385	106
2001—2005	2046	137

教师队伍建设　1986年开始，菏泽师专进一步加大了教师队伍建设力度，特别是学院筹建期间和学院成立后，人才培养引进力度进一步加大，师资力量逐步加强。全校1985年有教职工392人，其中副教授4人，硕士1人；1990年有教职工456人，其中教授1人、副教授32人，硕士4人；1995年有教职工492人，其中教授9人、

2004 年 8 月 30 日，菏泽学院首届新生开学典礼

副教授 74 人，硕士 4 人；2000 年有教职工 483 人，其中教授 14 人、副教授 95 人，硕士 6 人；2005 年，有教职工 1285 余人，其中正高级职称 33 人、副高职称 235 人，博士 9 人、硕士近 200 人。另外，还聘任了 129 名具有硕士、博士学位的人员和社会名人担任兼职教授。

招生与就业　1986—2002 年，主要面向境内招生。2003—2005 年开始面向全省、全国招生。至 2005 年，招生范围已扩展到 10 个省份，招收新生 4208 人，全日制在校生人数达 15074 人，实现办学规模历史性的突破。菏泽学院多次成功承办大中专学校毕业生就业暨人才交流大会，积极为毕业生搭建就业平台，毕业生就业状况良好，专升本数量一直在全省名列前茅，一次就业率高出全省同类院校 20 个百分点。

1986—2005 年菏泽学院普通本科专科招生、毕业生统计表

表 26-3-2　　单位：人

年　份	招　生		毕业生
	专　科	本　科	
1986	660	–	594
1987	540	–	577
1988	847	–	657
1989	830	–	620
1990	790	–	844
1991	790	–	792
1992	820	–	783
1993	1201	–	791
1994	1100	–	1060
1995	1100	–	1196
1996	1100	–	1096
1997	1034	–	1088
1998	1100	–	1088
1999	989	–	969

续表 26-3-3

年份	招生		毕业生
	专科	本科	
2000	1076	–	674
2001	1656	–	607
2002	2090	100（挂靠曲阜师范大学）	916
2003	3015	–	1302
2004	4611	517	1255
2005	3403	805	1480

1986—2005 年菏泽学院成人教育招生、毕业生统计表

表 26-3-3　　单位：人

年份	招生	毕业生
1986	175	–
1987	500	1043
1988	248	–
1989	309	426
1990	408	175
1991	278	248
1992	503	408
1993	1201	791
1994	613	278
1995	696	453
1996	482	476
1997	745	610
1998	1177	263
1999	1249	454
2000	2037	777
2001	1952	1173
2002	1686	1249
2003	–	2632
2004	1158	2200
2005	792	1348

菏泽医学专科学校　菏泽医学专科学校（简称菏泽医专）位于菏泽市城区曹州路 2988 号。其前身是 1950 年建立的平原省卫生学校，1958 年经山东省人民政府批准成立菏泽地区医学专科学校，1962 年改为山东省菏泽地区卫生学校，1971 年恢复山东省菏泽地区医学专科学校，1972 年改为山东省菏泽地区卫生学校，1978 年经国

务院批准，恢复专科招生，正式定名为“菏泽医学专科学校”。2005年，该校占地面积44.99公顷，建筑面积16.47万平方米，仪器设备总值2360余万元。设置32个教研室、8个综合实验室，以及现代化的微机教学中心、电化教学中心、语音室等。现有针灸推拿康复等3个研究所，附属医院3所，教学医院和实践教学医院43所，实践教学药厂、药检所5家，实习病床2万余张。学校图书馆藏书25.59万册，电子图书24.2万册，中外文期刊1000余种，并建立中国期刊（医药卫生）学术文献二级检索站。高速宽带校园网的开通为师生的学习、科研提供了便利。《菏泽医学专科学校学报》国内外公开发行，被中国期刊网、万方数据库等8家数据库全文收录，为全国高等专科学校学报优秀期刊。自建校始，学校共为社会培养2万多名合格的毕业生。

2004年8月，山东省发展和改革委员会批复菏泽医专建设新校区项目，第一期工程计划占地面积25.33公顷，校舍建设面积10.5万平方米，总投资13997万元。

系、专业、学科　菏泽医专是在卫生学校（中专）基础上建立的，其教学管理模式一直沿用中专学校的方式，即教务处领导下的教研室主任负责制。进入新世纪后，随着办学规模迅速扩大，教学管理模式也逐步正规化。1997年10月，社会科学部先行建立。2004年6月，建立临床医学系、护理系、药学系、机械工程系和基础部、实践教学部、成人教育部、毕业生就业指导中心等8个系部。临床医学系下设置临床医学、中西医结合、麻醉学、口腔医学4个专业。护理系下设置高等护理专业。药学系下设置药学专业。机械工程系下设置机械工程及自动化、注塑机械与模具2个专业。基础部负责基础课和专业基础课教学及管理工作。实践教学部负责临床见习、毕业实习和教学安排及管理工作。社会科学部负责思想政治理论课教学工作。成教部负责成人教育的招生、教学及管理工作。至2005年，菏泽医专设有临床医学、中西医结合、高等护理、麻醉学、药学、口腔医学等6个医学类专业，有机械工程及自动化、注塑机械与模具2个非医学类专业。设32个教研室，8个综合实验室，讲授基础、专业基础、专业科目共86个学科的123门课程。

成人教育　自1999年起招收临床医学专业学员，2000年增设高等护理专业，2002年起与青海医学院联合招收临床医学、高等护理专升本学员，2003年起与潍坊医学院联合招收临床医学、高等护理、麻醉学、口腔医学、医学影像学等专升本学员。

师资队伍建设　学校鼓励教师利用图书馆、网络系统、短期培训班、脱产进修、读在职研究生等形式提高业务素质。设立中青年教师基金，用于培养技术骨干力量，分别于2001年12月、2004年3月和2005

年7月评选9名、8名、13名中青年教师进行资助培养。教学能手评选于1997年1月开始，每两年评选一次，共进行三次，分别评出6名、9名和6名教师为教学能手。1986—2005年，共有8位教师获山东省优秀教师称号，1人获全国优秀教师称号，1人获山东省高等学校第一届教学名师称号。菏泽医专2001—2003年与山东大学联合举办硕士研究生课程进修班，有4名教师被聘为导师。2005年菏泽医专有教职员工315人，教学人员187人，其中教授21人，副教授69人，教师外系列高级职称（含高级实验师）40人；附属医院的兼职教师265人，其中教授50人，副教授119人。46名中青年教师拥有硕士以上学历，4名教师在攻读博士学位，2名教师为山东省中青年学术骨干，2名教师为山东省卫生厅专业技术拔尖人才。另有2名外籍教师常年在校从事英语教学。

对外交流　2001年5月应菏泽医专邀请，美国诺贝尔医学奖获得者、哈佛大学医学博士、美国国立卫生研究院教授盖蒂谢克（O.Carleton Gajdusek）到菏泽医专访问讲学，并被医专聘为名誉教授和顾问。9月17日—10月3日，菏泽医专派出以庞业俊为团长，冯瑜、谢明夫为团员的医学教育考察团，赴加拿大进行考察访问。12月20日，经山东省政府外事办公室正式批复，同意菏泽医专与加拿大格兰特·迈克伊万学院（Grant MacEwan College）建立友好校际关系。2004年5月和2005年5月，加拿大格兰特·迈克伊万学院师生两次到菏泽医专进行各一个月的学习交流。

教风、学风　菏泽医专教风建设的措施是坚持校领导、教学管理人员、教师的听课制度、教学质量评估制度、教学督导制度、教学检查制度和教学信息反馈制度。该校先后制定了一系列文件规定，规范教学人员的行为。经专家组考核和学生评估，有94.23%的专任教师教学效果良好。

学风建设的措施是建章立制，激励潜能，以学生为本，提高综合素质。1997年5月，学校党委决定在全校学生中开展“三创三无”（创求实学风，考试无作弊现象；创优良校风，无违纪行为；创文明校园，无不文明现象）活动。2004年，学校团委开展“守德诚信，笃学成材”为主题的教育活动，并且通过丰富第二课堂内容，举办科技文化艺术节，完善奖学金评选制度，考试无作弊班级评选等，在学生中树立了良好学风；学生工作部每学期都举办学习经验交流会、班集体综合学科知识竞赛、单科知识竞赛，制定辅导员工作量化管理标准，建立辅导员工作日志，实行辅导员工作测评和“三深入”制度（课堂、宿舍、操场）以及每周班会制度。

经费　1996—2005年，办学经费投入结构逐步向教学倾斜，教学经费逐年增长，教学运行费用总额不低于学费收入总和的25%，保证各项教学经费都达到教育部教学合格评估标准。

招生与就业　1986—1996年是国家统招统分时期，每年统招人数在450人以内，毕业生主要分配到县、乡镇、大型企业、厂矿、部队医院工作。

1997—2005年，招生规模逐年扩大，2005年全日制在校生达5350人，成人教育大学在校生达1800人。同时，这一时期是高校并轨招生时期，即学生自己缴纳部分培养费，毕业生可自主择业，实行双向选择的分配制度。毕业生主要就业方向是县、乡镇、企业、厂矿医院。教育制度的改革给学生提供多个就业途径，灵活就业、跨专业、跨学科就业的比例逐渐扩大。专升本比例逐年增加，2001—2005 年，菏泽医专专升本成绩连续 5 年居山东省非师范类学校前列。菏泽医专每年举办十几次供需见面会。2000—2005 年，每年一次性就业率均在 79% 以上，年底就业率达到 88%。

医学科研　1996—2005 年，菏泽医专科学研究课题立项 251 个，获科研资金 132.03 万元，同时，学校匹配等额资金。其中，教育部（子课题）1 项，0.7 万元；省级（科技厅、教育厅、卫生厅、中医药局）80 项，116 万元；校级 170 项，15.33 万元。共有 25 项获山东省教育厅奖励，其中二等奖 4 项，三等奖 21 项；市级奖 121 项。出版著作 280 部，发表论文 1800 篇，获得专利 14 项。有 13 篇论文被 EI、SCI、ISTP、ISR 和美国化学文摘、荷兰医学文摘刊发。其论文第一作者有：于信民（6 篇）、吴效普（4 篇）、曹兆华（2 篇）、谢随民（1 篇）；所获专利中有发明专利 2 项，实用新型 12 项，专利权人有刘福启、闫庆岭、刘心臣、韩兆亮。获山东省教育委员会奖励的教材、著作的主编有韩棣、孟昭纯、张秀勤、于信民等；获山东省教育厅科技进步奖的有刘粤梅、陈新华、刘心臣等；获山东省教学成果奖的主持人有张秀勤、李勇、李琳、庞业俊、于信民、孔晓霞、田健、尹祥敏等。

第二节　自学考试高等教育

菏泽自 1984 年开始实行高等教育自学考试。1984 年开考 4 个专业，报考人数 1562 人；2005 年开考专业发展到 50 余个，报考人数达 1.57 万人，累计报考人数超过 25 万人。2005 年，全市有建档在籍考生 5 万人，共培养本科毕业生 7009 人，专科毕业生 11388 人，中专毕业生 12820 人。自学考试的门类有全国英语等级考试、全国计算机等级考试、全国计算机应用能力（NIT）考试、剑桥少儿英语考试和中小学信息技术等级证书考试，获得各类社会证书共计 6 万余人。菏泽市已初步形成了包括本科、专科、中专和各类社会证书考试在内的门类比较齐全、功能较为完善的国家教育考试体系。

1986—2005 年菏泽市（地区）自学考试毕业生统计表

表 26-3-4　　　　单位：人

年　份	中　专	专　科	本　科	专业证书
1986	–	65	–	–
1987	–	191	–	–

续表 26-3-4

年份	中专	专科	本科	专业证书
1988	–	195	–	230
1989	517	167		39
1990	751	121	4	2
1991	597	115	2	124
1992	1	474	103	475
1993	9779	461	88	–
1994	254	950	170	–
1995		1249	43	–
1996	–	735	82	–
1997	–	691	52	–
1998	–	740	108	–
1999	–	1032	214	–
2000	–	609	213	–
2001	–	512	549	–
2002	921	792	804	–
2003	–	529	645	–
2004	–	742	690	–
2005	–	1018	3242	–
合计	12820	11388	7009	870

第四章　成人教育

第一节　农民教育

扫盲　1988年2月，国务院重新修订《扫除文盲工作条例》，要求15～40周岁人口的非文盲率要达到95%以上。根据1990年全国第四次人口普查结果，菏泽地区总人口为766.64万人，截至1949年10月1日后出生，年满15周岁以上的青壮年总数为339.52万人，其中文盲半文盲75.58万人，非盲率为78%。为了切实搞好扫盲工作，菏泽地区采取一系列有力措施：首先摸清农民文化情况，建立文盲档案；其次层层制订、落实扫盲规划，以点带面，推行扫盲承包责任制，并逐步搞好脱盲验收工作；最后各地定扫盲任务、定学员、定扫盲时间，并在组织领导、学习时间、检查评比方面实行三落实。至1995年底，共扫除青壮年文盲半文盲66.70万人，还剩文盲半文盲8.88万人，按当时青壮年人口404.06万人计算，非盲率已达到97.8%，已基本达到国务院规定的标准。

1996年5月，省政府组织18人的扫盲验收团，对菏泽地区9县市的扫盲工作进行评估验收，主要指标达到验收标准，认定菏泽市、曹县、成武县、郓城县、单县、鄄城县、定陶县、东明县、巨野县实现基本扫除青壮年文盲的目标。6月，菏泽地区被山东省人民政府确认为基本扫除文盲地区；9月，郓城县被国家教委、财政部联合授予“全区扫盲工作先进县”称号，地区教育局成教科科长段建志、郓城县大谭乡扫盲教师亓巧玉等7人获“中华扫盲奖”特等奖。

1997年国家验收菏泽地区教育工作，全区9县市全部被确认为脱盲县市，成为国家基本完成扫除青壮年文盲工作的地区之一。为此，农村成人教育工作的重点自然转移到提高农民实用技术上来。

技术教育 农民文化技术学校为了提高农民的科学技术知识水平，各县成人中专（成教教育中心），乡、镇农技学校采取长短两种学制，长班学制在一年以上。村办农技校主要办各种短训班，学习普及性的实用科学技术。针对农村发展商品经济的新特点，菏泽地区开展农民技术教育时，采取多层次、多规格、多种形式办学，学习内容不仅有农业方面的技术，还有农副产品加工、建筑、建材、种植、养殖、商业服务等方面的技术，为农村培养技术人才，为农民致富提供信息和技术力量。地区教育局为农村技术教育、培训配备专职教师，与地区农业局等单位联合编写《果树管理》《花卉种植》《小麦》《棉花》《养鸡、养兔》等农校教材，基本上满足全区农民技术教育的需要。1986年以来，在积极扫除青壮年文盲的同时，大力发展农村成人教育，创办农民文化技术学校，加强对全区农民的文化知识技术教育，努力提高劳动者文化素质和生产技能，建立了较完善的县、乡、村三级农民文化技术教育网络（县有成人中专、乡镇有农校、村有村级农技校）。1989年，菏泽地区教育局在郓城县召开全区农村成人教育工作座谈会。1990年全区经验收合格的农民文化技术学校达129处。1996年，全区已创办乡镇农技校253处、村级农技校7182处，其中经省验收合格的省级规范化农技校18处，地区级规范化农技校187处；共举办各种类型的实用技术培训班1.69万期次，培训学员达180万人次。

1997年5月起，郓城县乡镇农技校进行“业余小学班”试验，即在脱盲的基础上，进一步组织脱盲人员集中学习有关知识，提高其文化和科技素质，给农村经济发展注入新的生机和活力。到2004年，该县共开办“业余小学班”1800多个，培训学员7万人次。1998—2003年，全区农村基层干部共3.63万人，接受省村技术培训的有3.48万人，达96.2%；农村青壮年劳动力共385.93万人，接受培训的312.61万人，达81%。农民文化素质的提高，为全区经济的发展奠定了基础。

1991—1995 年菏泽地区乡镇、村农民文化技术学校情况统计表

表 26-4-1

基本情况 / 年份	乡镇办学						行政办学				
	乡镇总数（个）	已建校乡镇（个）	占乡镇总数的（%）	培训人数（万人）	专职教师（人）	兼职教师（人）	行政村（个）	已办农技校的村（个）	占村总数的（%）	培训（万人）	兼职教师（个）
1991	253	152	60	14.93	562	740	7240	3619	51.1	34.59	7235
1992	253	186	73.5	20.87	661	911	7240	4500	62.2	41.67	8246
1993	253	212	83.8	20.63	761	1349	7240	5153	71.2	45.65	9349
1994	253	244	96.4	21.23	876	1235	7240	5895	81.4	49.53	10267
1995	253	253	100	27.46	1019	1390	7240	7182	99.2	76.92	12425

第二节　干部职工教育

为了提高广大干部、职工、教师的政治素质和文化程度，市教育局专门设置函授处和自学考试办公室，负责组织管理全市干部、职工、教师的函授和自学，形成了以师范、教师进修学校为主体，以电教、函授、自考为补充的多渠道培训体系。

1986—1992 年，针对全区中小学教师学历达标率较低的实际情况，菏泽教育学院和各县市教师进修学校先后培训小学校长 543 人，初中校长 108 人，高中校长 29 人，大大提高他们的组织管理水平。1992 年，全区共招收卫星电视专科生 1 万人，音像本科生 1700 人，函授本科生 602 人，函授专科生 1274 人。

1996 年，全区报考曲师大本专科函授生 862 人，毕业函授生 638 人，其中本科 500 人，专科 138 人；自学考试报考人数 2.84 万人。

1999 年，全区中师和高师本科分别招生 400 人和 420 人；自学考试报考学员 18865 人，全年毕业本、专科毕业生 1201 人。

2000 年，对 600 多名县市教委副主任、股长、乡镇教委主任进行教育法律法规培训，提高其教育政策和教育执法水平。地区教委组织三期中小学校长培训班，共培训初中校长 356 人，小学校长 767 人。全区中师和高师本科分别招生 400 人、420 人；自学考试报考学员 2.8 万人，培养本科毕业生 220 人、专科毕业生 889 人，发放单科合格证书 3 万余份。

2001—2002 年，市教委对 1200 多名县区教育行政干部进行教育法律法规培训，对 605 名中学校长、1757 名小学校长进行岗位培训，对已取得岗位合格证的中学校长 346 人、小学校长 711 人进行提高培训。全市中师和高师本、专科分别招生 489 人、4390 人；自学考试报考学员近 6 万人次，培养本、专科毕业生 1600 人，发放单科合格证书 3.2 万余份。

2003—2004 年，市教委先后对 1000 名中小学校长进行了教育法律法规培训，提高他们的教育政策水平和教育执法水平。在教师业务培训方面，抓了新课程实验区教师培训工作，培训教师 2.1 万人。对全市中小学教师及教管人员进行首次业务素

质考试，全市近8万名中小学教师和教管人员分层次、分学科参加考试。全市高师本、专科分别招生754人、2000人，研究生课程班招生105人，办理自考本、专科毕业证书3108份，发放各类单科合格证书8万余份。

2005年，市教育局举办“全市依法治校示范校”校长培训班，组织参加省高中、初中校长提高培训班，中等师范学校、教师进修学校、高中和初中校长任职资格培训班，筹备召开全省第一批省级教学示范学校校长论坛会，极大地促进了全市中小学校长业务素质和管理水平的提高。至年底，全市共组织高等教育自学考试4次，累计报考3万余人次，5.2万科次；中小学信息技术考试2次，报考11.9万人；全国各类社会等级证书考试8次，报考2.04万人次；办理自考本、专科毕业证书3545份。此外，有2万余名教师参加了基础教育新课程培训，各类学校教师学历达标率大幅度上升，小学达到99.5%，初中达到93.73%，高中达到74.58%。

第五章　民办教育

民办教育在《中华人民共和国民办教育促进法》颁发前称为社会力量办学，由市、县教育局职教成教科（办）管理。1986年以前，菏泽地区的民办教育几乎是空白，其后，民办教育从无到有、从小到大逐步发展。特别是2002年12月通过、2003年9月实施《中华人民共和国民办教育促进法》及2004年4月《中华人民共和国民办教育促进法实施条例》颁布实施后，确立了民办学校的法律地位。各级政府相继制定扶持民办教育发展的政策，为营造全社会关心支持民办教育的发展创造良好环境。各级教育行政部门坚持依法管理，严格规范民办学校的办学行为，全市的民办教育走上规范化发展的轨道。民办学校的管理水平、教育教学质量、社会效益都有很大的提高，民办教育越来越得到社会的认可。至2005年，全市拥有各级各类民办学校235所，在校学生22.54万余人，固定资产达14.56亿万元，办学层次涵盖学前教育、小学、初中、高中、职业教育、成人教育，形成多层次多形式的办学体系。民办教育已成为菏泽市教育事业的重要组成部分。

第一节　民办学校

1986—1997年是菏泽地区民办教育的起步阶段，各县市相继出现一批民办学校，办学层次大多是学前教育、小学和部分初中学校，但投资规模小，办学条件也比较简陋，在全区的整个教育体系中占据较轻的位置。

1997年10月1日，国务院颁发《社会力量办学条例》后，各级政府贯彻“积极鼓励，大力支持，正确引导，加强管理”的十六字方针，因势利导，采取各种措施，鼓励和支持社会力量办学，极大地调动全区社会力量办学的积极性。全区民办教育迅速壮大，民办高中、民办职业中专纷纷建立。主要办学形式有个人办学、股份制办学、集团办学、公办民助、民办公助等。涌现一批办学思想端正，投资规模大，教学质量高，办学效益好的民办学校。尤其是菏泽新闻学校、宋江武校、菏泽市交通职业中专等成为国家、省、市级重点学校，受到社会赞誉。这一时期，民办教育逐渐成为全区教育事业的重要组成部分。

学校选介 菏泽交通职业中专　始建于1978年，是一所以汽车运用工程、工程机械、机械加工、计算机应用等为主导专业的综合性职业学校。该校占地面积14公顷，建筑面积5.2万平方米，实习、实验室面积1.8万平方米；有教职员工260人，其中高级讲师、讲师61人，“理论、实践”双师型教师48人；设置10个大专业、28个分专业，在校生3000余人。

菏泽交通职业中专坚持多层次办学，做到自办和联办相结合，长期培养和短期培训相结合，学历性教育和非学历性培训相结合。既有大专班（与山东交通学院、山东大学联合），又有职业中专班。该校以中专长期班为主导，以“短、平、快”的短训项目为补充，形成一个长短并举，共同发展的格局。至2005年，全校发展到汽车工程、计算机应用、机械加工、工程机械、烹饪、电工电子、焊接、农用车修理、会计电算化等10个系室28个专业，每年毕业学生由原来的3000人发展到的1.3万人，学校年收入1600万元。学校非常重视学生的就业安置工作，采取多种方式，扩展就业渠道。学校先后在北京、上海、天津、深圳、青岛等大中城市设立就业基地多处，还开通学校网站，及时掌握全国各地的用工信息。

自建校始，菏泽交通职业中专以提高教学质量为核心，以培养技术应用型人才为目标，采用先进的“理一实”一体化教学方法，开拓了一条在市场经济条件下办好职业技术教育的新路子，取得良好的社会效益和经济效益。该校2002年被评为“省级重点职业中等专业学校”，2003年被评为“国家级重点职业中专学校”，2004年被评为“省级教学规范化学校”“省级职业教育和成人教育科研基地”“全省100所骨干示范学校”。2004年在全省职业教育工作会议上，该校作为四个先进单位之一，作典型发言，受到省长的高度评价。

山东菏泽新闻专修学院　位于菏泽市城区人民北路，其前身是菏泽新闻成人中等专业学校。2004年5月，经山东省教育厅批准，升格为山东菏泽新闻专修学院（简称新闻学院）。建校8年，新闻学院从办学初期设置的新闻学、播音与主持两个专业，发展到影视表演、音乐舞蹈、广告美术等6个专业，并采取与中国新闻学院、中原摄影学院联合办学，从中专发展到大专学历层次。2005年，该学院拥有固定资产1000余万元，建筑面积近1万平方米，新闻采访车、摄像机、摄影机、照相机60余部，微机100余台；共设大专、中专16个教学班，在校生656人，专职教师46人，其中具有高级专业技术职称人员27人，中级12人，初级7人。

新闻学院有3800余名毕业生被全国800余家新闻单位和文艺团体聘为记者、编辑、节目主持、影视演员，大部分学生就业于全国市、地、县级新闻媒体与文艺团体。

新闻学院在发展壮大过程当中，得到各级领导关心支持。中共中央政治局原委员、全国人大常委会原副委员长，国务院原副总理田纪云，新华社原社长穆青，山东省副省长邵桂芳，山西省政协副主席吕日周等曾分别到校参观指导，并给予高度评价。其办学经验，先后被《中国教育报》《山东教育报》《菏泽日报》等多家新闻媒体报道。新闻学院连续6年被评为菏泽市“教学管理先进单位”。

1986—2005年菏泽市（地区）民办学校统计表

表26-5-1

年份	学校（所）				学生（人）				教职工数（人）	占地面积（公顷）	建筑面积（万平方米）	固定资产（万元）
	小学	初中	高中	中专	小学	初中	高中	中专				
1986	3	4	—	—	410	640	—	—	78	2.40	1.64	14
1987	3	4	—	—	630	960	—	—	110	3.07	2.46	18.7
1988	5	7	—	—	870	2136	—	—	223	8.40	8.84	325.6
1989	7	9	—	—	1320	2410	—	—	263	13.93	2.05	760.7
1990	11	17	—	—	2134	2760	—	—	315	20.53	2.10	817
1991	13	24	—	—	4860	3840	—	—	416	24.06	2.88	8252
1992	13	24	—	2	5120	6738	—	160	475	28.20	5.20	13146
1993	17	31	—	3	8700	8320	—	300	798	38.13	5.25	2236
1994	20	37	—	3	9600	14730	2040	550	1618	82.13	5.47	49067
1995	27	60	3	5	12450	23420	6235	760	2177	163.38	16.02	61598
1996	42	81	6	5	18720	32115	9800	910	3128	192.31	16.89	8231.7
1997	49	106	12	5	20930	51290	14370	1120	4031	27.14	24.37	12117
1998	51	108	13	9	21480	54830	17260	1760	4446	299.10	28.36	14647
1999	58	112	24	9	23350	71300	21840	2735	5323	352.16	46.33	28128
2000	61	110	25	12	23685	82310	36025	4320	6038	454.67	51.59	40016
2001	63	113	31	15	24110	87600	51300	5140	7146	481.42	55.67	56450
2002	67	113	37	16	24385	88791	63420	5620	8438	552.18	11.88	74673
2003	67	116	37	16	27650	94720	80140	6035	9889	669.37	14.40	86902
2004	65	120	37	16	28434	69125	82190	8654	10919	725.36	149.62	100787.2
2005	60	119	32	18	27075	99789	79789	8929	14038	912.30	179.48	145621.7

第二节　学校管理

《中华人民共和国民办教育促进法》及其实施条例颁布后，菏泽市政府依据“一法一条例”，结合本地实际，出台《加快发展民办教育的若干规定》。该规定明确指出：在民办学校建设用地方面，国土资源行政主管部门应当按照公益事业用地及建设的有关规定给予优惠；在校舍建设方面，修建校舍设施免交公共设施配套费、用水用电权费、增容费、征地配套费、商业网点费、人防工程费；在师资队伍建设方面，公办学校专任教师可以调动到民办学校任教，当地教育行政部门应给予办理有关手续，也可在不影响本职工作的前提下，经批准到民办学校兼职任教，大中专毕业生（包括外地生源的）到实施学历教育的民办学校任教，其聘任期间的人事档案由当地教育行政部门管理，公安部门应予落户，在民办学校工作期间，教龄连续计算；在学生待遇方面，教育主管部门对民办学校在招生考试和学籍管理等方面与公办学校同等对待，对公办学校学生要求转入民办学校学习的要给予支持，民办学校招收的外地学生，公安部门应予落户，毕业后可以在学校所在地参加升学考试，享有本地学生同等权利。

设学审批 对于民办学校，严格按照国家和省、市规定的条件、程序、权限和要求进行审批。首先，设学要服从统一规划，避免民办教育发展的盲目性、随意性，避免民办学校放任自流、自生自灭。其次是符合设学标准。民办学校在占地面积、校舍面积、仪器设备、图书资料、师资力量、校长素质、专业设置等各方面严格按标准审核。在审批民办学校时，除考察办学硬件外，还注重考察申办者的办学能力、思想素质和办学目的，对于单纯以营利为目的以及申办者不适宜从事办学活动的，不予批准举办。再次是按程序和权限审批、备案。在审批权限内的，认真审批，及时备案，需上级审批的，提出明确意见，呈报翔实材料，教育行政部门对审批或备案的民办学校予以公告，未经审批或备案，不得办学；违反规定办学的，坚决予以撤销。

广告审查 在广告审查方面，要求各类招生广告都必须经教育行政部门核准。未经核准，任何学校和单位不得擅自印发、刊播招生广告、简章和宣传材料。凡是在市级及以上新闻媒体刊播招生广告的，必须经市教育行政部门核准。招生广告一经核定，不得任意增删内容。招生广告应该有一是一，实事求是，不允许进行艺术处理和夸张。

财务管理 首先严格收费管理。教育是公益性的事业，要求民办学校按物价部门核准的规定收费。各校的收费要实行备案制、一次性告知制，不得乱收费，否则将按照对国办学校的要求按乱收费严肃查处。其次严格财物管理。民办学校的财产与举办者的其他财产要分开，学校中的国有资产、举办者投入的资产和办学积累的资产要分别登记建账，学校的积累只能用于增加教育投入和改善办学条件，不得用于分配或者办学以外的投资。学校要建立健全各项财务财产管理制度，学校的董事、校长或主要负责人，必须与担任总务、会计、人事职务的人员实行亲属回避制度。

检查评估 为规范民办教育的办学行为，确保其健康有序发展，全市教育行政部门不断加大监管力度。①办学资格评估。对于申请正式设立的民办学校，组织专门的评估小组，由专家评估委员会成员参与，对举办者、办学条件进行实地考察评估，评估结果作为是否批准设立的依据。②办学过程的综合评估。根据全市民办学校的办学实际，制定评估标准，合理确定分值权重，对民办学校的办学方向、办学条件、内部管理、运行状况等方面进行综合评估。

评估结果分优秀学校、合格学校、不合格学校三个档次，对外公示。此类评估每年进行一次，作为是否停止学校招生、撤销学校的依据。③办学过程的单项评估。通过对学校财务管理、经费运营状况的评估，有效规避了民办学校的办学风险，弘扬了诚实守信的社会风尚。

第六章　教师队伍

第一节　师资来源

1986—2002年，全市教师队伍主要有公办教师和民办教师组成。1986年后，公办教师一部分来源于各类师范院校毕业生，一部分有民办教师转正或对口升学毕业后再分配到教育部门。从2000年开始，大中专毕业生不再统一分配，全市缺额教师由人事、教育部门从大中专毕业生中选招。

民办教师转正　1987年，全区对民办教师队伍开始进行整顿，辞退一部分不合格的民办教师，并对1985年10月前任教的民办教师进行登记建档。1990年后，根据国家、省提出的“关、转、招、辞、退”的方针，先后开展5次民师转招工作。至2002年年底，彻底解决民办教师问题。

教师办公

1984—2002年菏泽市（地区）民办教师转正、退养情况统计表

表26-6-1　　单位：人

县　区	1987年登记人数	转　正							退　养
		1984	1987	1992	1993	1996	1998	2002	人　数
牡丹区	3482	117	239	121	113	352	429	732	146
曹　县	3823	124	257	133	123	383	467	931	209
定陶县	2043	74	135	71	66	205	254	503	118
成武县	1911	59	130	67	62	191	236	480	76
单　县	2763	115	203	96	88	276	332	90	200
巨野县	2735	82	175	95	88	273	337	663	183
郓城县	3025	96	210	105	98	305	371	764	283
鄄城县	2252	95	169	79	73	224	277	530	241
东明县	2385	68	178	83	79	241	297	581	78

续表 26-6-1

县　区	1987 年登记人数	转　正							退　养人　数
		1984	1987	1992	1993	1996	1998	2002	
开发区	—	—	—	—	—	—	—	115	27
合　计	24419	830	1696	850	790	2450	3000	5389	1561

说明：1984 年、1987 年民办教师转正数不在 1987 年民办教师登记数内

1990—2002 年菏泽市（地区）民办教师升学情况统计表

表 26-6-2　　单位：人

县　区	1987 年登记人数	升　学（中师、师专）												
		1990	1991	1992	1993	1994	1995	1996	1997	1998	1999	2000	2001	2002
牡丹区	3482	37	57	76	74	81	63	80	54	57	86	163	298	250
曹　县	3823	40	63	83	84	93	71	89	63	62	93	178	316	195
定陶县	2043	17	33	34	36	38	34	47	34	44	51	96	176	173
成武县	1911	19	32	37	38	41	35	44	33	31	47	89	142	164
单　县	2763	33	45	68	70	78	60	62	44	34	66	126	215	139
巨野县	2735	25	44	52	56	59	48	63	45	45	67	128	240	37
郓城县	3025	31	50	63	64	72	56	70	50	50	74	141	187	1
鄄城县	2252	21	37	45	45	48	41	53	37	37	56	106	208	10
东明县	2385	17	38	42	41	44	39	56	42	40	60	113	218	246
开发区	—	—	—	—	—	—	—	—	—	—	—	—	—	1
合　计	24419	240	399	500	508	554	447	564	402	400	600	1140	2000	1216

师范类毕业　自 2000 年开始，大中专毕业生不再由国家统一分配，缺额教师由人事、教育部门从大中专毕业生中选招。2000—2003 年，全市师范类毕业生共计 11603 人，其中本科生 2480 人，专科生 2463 人，中师生 6660 人；到市报到的师范类毕业生共计 9187 人，其中本科生 683 人，专科生 2085 人，中专生 6419 人；有 8910 人就业，约占报到数的 97%。

2004 年，全市师范类毕业生共计 2732 人毕业，其中硕士毕业生 26 人，本科毕业生 706 人，专科毕业生 2000 人。同年，全市接收大中专毕业生共计 1500 人，安置 830 人，就业率 55%；其中接收大学本科生 437 人，安置 409 人，就业率 94%；接收大学专科生 1063 人，安置 421 人，就业率 40%。

2005 年，全市师范类毕业生共有 2639 人毕业，其中硕士毕业生 6 人，本科毕业生 883 人，专科毕业生 1750 人。同年，全市接收大中专毕业生共计 2075 人，安置 1000 人，就业率 48%，其中接收大学本科生 742 人，安置 563 人，就业率 76%，接收大学专科生 1333 人，安置 437 人，就业率 33%。

1986—2005 年菏泽市（地区）师资情况统计表

表 26-6-3　　单位：人

年　份	教职工总数	学　历			硕士生	博士生
		中　专	专　科	本　科		
1986	66466	46131	6451	2021	–	–
1987	72742	47232	6489	2191	–	–
1988	78098	48123	6513	2231	–	–
1989	77613	47930	6545	2265	–	–
1990	70869	46459	6817	2374	–	–
1991	74213	46695	8039	2504	–	–
1992	70702	47440	8763	2678	–	–
1993	70702	46677	12015	2818	–	–
1994	78660	49314	12213	2996	–	–
1995	80709	44623	15162	3211	–	–
1996	83046	43591	17121	3784	–	–
1997	85272	43343	22110	4100	–	–
1998	85830	43612	22460	4801	–	–
1999	86451	42751	22570	5489	–	–
2000	85127	41209	23499	5791	–	–
2001	80766	35401	29892	7617	20	–
2002	82482	33249	32155	8695	50	–
2003	83181	30680	24152	9591	111	–
2004	87310	30594	37448	12145	195	2
2005	89209	27493	39875	14516	315	2

第二节　教师培训

职业道德培训　1986 年起，《中小学教师职业道德规范》一直是中小学教师道德品质和执业行为的基本准则。1993 年“教育法”颁布实施后，地区教育局根据“教育法”及省“实施办法”的有关规定，制定了《对教师的十项要求》《对教育干部的十项要求》，以此规范教育干部和教师的行为。2001 年，按照省教育厅开展的中小学教师职业道德全员培训工作，培训坚持多层次、多渠道，业余、自学为主的形式，做到按需施教，学用结合，讲求实效。2002 年 11 月，组织 6 万中小学教师参加教师职业道德培训理论考试工作。针对教师职业道德方面存在的问题进行专题教育，加强教师队伍的法制教育和师德教育。同时，加大对先进人物的宣传，起到正面教育为主、反面教育为辅的作用。每年教师节期间，组织师德标兵事迹报告团到各县区巡回报告，广泛宣传师德高尚、有突出教育教学成绩的优秀教师先进事迹，为教师良好师德的形成提供鲜活的范例。

提高学历培训 20世纪80年代初，由于历史的原因，全区中小学教师学历合格率很低。1986—1990年，中小学教师培训的主要任务是对学历不合格的教师进行学历补偿教育。在充分发挥教师进修院校职能作用的同时，大力发展电大、函授、自考、音像教学等成人教育事业。全区共举办教师短训班209期，受训人员8350人次；干训短期班68期，培训中小学校长2600人次；各类函授教育共培养大学本科生823人，专科生3343人，中师生5000余人；自学考试培养专科生175人，中师生1531人；电大、音像教学等共培养专科生653人，中师生350人。1990年，全区小学、初中、高中教师学历达标率分别达到80.1%、29.7%、37.7%。

1991—1995年，针对中学教师学历达标率低的实际情况，全区开展专科和本科层次的学历补偿教育。1992年10月，地区教育局转发省教委鲁教师字〔1992〕17号文《印发关于加快我省中学教师培训步伐意见的通知》，加大对中学教师的培训力度，着重开展函授、卫电和自学考试“三沟通”培训，全区有1万余名初中教师和1300余名高中教师参加学习。5年间，共培训初中学历合格教师7600人，高中学历合格教师950人，使全区中学教师学历达标率偏低的局面得到根本扭转。至1995年年底，全区高中、初中、小学教师的学历达标率分别达到48.91%、51.81%和96.9%。

1996—2000年，“普及九年制教育”工作处于攻坚阶段，初中在校生达到60多万人，需配备3万余名初中教师，由于师专招生不能大幅度增加，初中教师出现大的缺口。有大量学历不达标的教师被拔高使用，进入初中教师队伍，造成初中教师缺额大且学历合格率低，初中教师学历补偿教育的任务十分艰巨。单靠教育学院和高师函授教育培训中学教师不能彻底解决这一问题。根据省教委部署，从1998年起，全区通过开展中学教师助学自考的办法，加快中学教师学历培训的步伐，以适应中等教育改革和发展的需要。各级教育行政部门组织开展中学教师“三沟通”培训、中学教师助学自考、高师函授等多种形式的提高学历层次工作。到1999年，全区共有8500名中学教师通过“三沟通”培训毕业，3000余名中小学教师取得自学考试大专以上学历，4000多名中小学教师通过高师函授毕业考试。山东省举办的中学教师助学自考，菏泽有1500人毕业，毕业率达60.3%。到2000年共有10300名中小学教师通过“三沟通”培训毕业，5000余名中小学教师通过高师函授毕业。全区小学、初中、高中教师学历达标率由1995年的90.2%、69.4%、45.6%提高到99.33%、81.77%、64%。

2001—2004年，共有1000余名中小学教师取得了自学考试大专以上学历。另外，2001年始，全市首次与高等院校联合举办研究生课程进修班。至2005年，全市小学、初中、高中教师学历达标率由1995年的90.2%、69.4%、45.6%提高到99.24%、91.03%、68.43%；小学教师取得大专学历的达22.8%，初中教师取得本科学历的达13.1%，高中教师研究生课程进修班结业的达9.3%。

计算机培训和英语教师培训 从2000年起，教育局用了3年的时间，完成全市所有在职中小学教师计算机知识和技能的全员培训，基本实现45岁以下教师能够利用计算机辅助教学，逐步普及计算机备课。为加大英语教师的培训力度，市教育局专门下发《关于委托蒋震高等工业学校举办英语口语及多媒体课件制作培训班的通知》，除组织正常的教研活动外，每年假期都选送部分英语教师到省教育学院、蒋震高等工业学校等单位进行教法和口语培训。仅在蒋震高等工业学校就举办两期英语培训班，共培训教师60人。

基础教育新课程师资培训　全市新课程改革自2002年郓城县首先进入课改实验区，至2004年秋季，已在各县区高中、初中、小学各学段全面展开。利用3个暑假，市教育局先后邀请近百位课改通识专家和教材编写专家到各县区组织相关培训和指导，各县区教育局和各中小学学校也都组织一些富有成效的活动。按照新课程师资培训"先培训、先上岗，不培训、不上岗"的原则，执教新课程的教师在暑假前或暑假中均接受培训。培训内容分为通识培训、学科培训和教材培训。截至2004年年底，全市参加国家级、省级骨干教师培训的有976人，参加市级骨干教师培训的有7908人；县（区）级执教新课程起始年级的教师全部参加了培训，达2.1万人次。

继续教育　1991年始，全面贯彻国家教委《关于开展小学教师继续教育意见》，小学教师继续教育工作取得初步成效。在进行学历补偿任务的同时，根据基础教育改革发展需要，以及大多数小学教师已达到合格学历的实际，小学教师培训工作重点逐步从学历补偿教育转为继续教育，普遍开展了新教师试用期培训、骨干教师培训、岗位职务培训、短缺学科培训等。培训的原则是以在职、业余、自学和短期脱产为主。至1995年年底，全区共培训试用期教师3872人，岗位职务培训参训人数14645人，培训骨干教师887人。1996年开始启动初中教师继续教育。以菏泽教育学院为基地，骨干教师培训是初中教师继续教育的重点。高中教师的培训工作则在抓好学历补偿教育的同时，重点抓省级骨干教师培训和高中教师提高学历层次的培训。1999年国家颁布《中小学教师继续教育规定》以后，全市严格执行中小学教师培训每5年一个周期的制度，1999—2003年实施"中小学教师继续教育工程"，教师的师德修养和业务素质有明显提高，一批骨干教师迅速成长。同时，各县区教育局大都开展小学短缺学科的培训，如英语、音乐、美术、体育等。2004年11月，全市召开中小学教师继续教育工作会议，会议规定对中小学教师继续教育进行规范管理，对教师继续教育实施"继续教育证书"制度。教师继续教育规范化、常态化。

中小学校长培训　1986—1990年，开办干训短期班68期，培训中小学校长2600人次。1991年地区教育局下发《关于加强中小学校长培训工作的意见》，要求男在55周岁、女在50周岁以下的在任小学校长，除已经过岗位职务培训或已较系统学过教育管理知识的外，均应接受岗位培训。培训形式以脱产学习为主，培训时间为3个月左右，至1995年，全区培训初中校长437人，小学校长3066人。1996年后，校长培训工作仍以岗位培训为主，同时对仍在岗并已接受过岗位培训且取得合格证书的校长，进行提高培训。1996年举办5期初中校长岗位培训，630名校长参加了培训；1997年至2000年，共举办4期中学校长提高培训，280名校长参训。各县区分别进行小学校长岗位培训，有条件的县区进行了提高培训。2001年以后，全市共举办5期初中校长任职资格培训班，培训学员385人；举办4期初中校长提高培训班，培训校长373人；举办1期骨干校长高级研修班，培训校长48人；小学校长任职资格培训2164人，提高培训1621人。其中，2003年11月，市教育局委托华东师范大学举办首期中小学校长高级研修班，培训10天，培训校长48人。

小学教师基本功训练按照省教委的统一部署，在全区小学教师中开展基本功训练，分三个阶段进行：第一阶段从1996—1997年底，完成小学教师通用基本功训练任务；第二阶段从1998—1999年，完成小学教师学科基本功训练；第三阶段从1999—2000年年底，完成小学教师综合能力的训练。为激励小学教师积极参加基本功训练，实行基本功训练合格证书制度，并将其作为教师评聘职务的必要条件之一。

第三节　职称评定

1988年9月，全区中等专业学校、中小学教师进行首次职称评定。初级职务评审由个人申报，基层单位审查盖章后交县初级评审委员会评审，县人事局审批后，由所在单位办理聘任手续。

中级职务评审由个人申报，交基层单位审查推荐，上报县初评委员会评审，由市人事局审批后，由所在单位办理聘任手续。

高级职务评审由个人申报，基层单位审查推荐，县初评委评审后，按市分配给的指标等额上报市中评委，中评委通过评审，上报省高评委，高评委评审通过，最后由省人事厅审批后，由所在单位办理聘任手续。

1992—1993年，进行职称评聘改革，专业技术人员的职评工作纳入人事部门管理。评聘高、中、初级专业技术职务一般应相应具备大学本科、大学专科、中专毕业的学历（破格晋升除外）。在岗位比例设置上，省、市、县先后下文，对中小学专业技术岗位（中高级）的设置进行明确规定。岗位比例的设置与核定，为中小学教师专业技术职务聘任奠定基础。全区依照文件对各县区中小学进行岗位核定，也首次突破农村中小学不设中学高级岗位的历史。

1993年菏泽地区中小学专业技术岗位设置一览表

表26-6-4

学校类别		中学高级比例	中学一级、小学高级比例
高　中	省规范学校	28% ~ 35%	40% ~ 50%
	市规范学校、省一般学校	23% ~ 30%	38% ~ 45%
	县规范化学校、市一般学校	18% ~ 25%	38% ~ 45%
	一般学校、完全中学	15% ~ 20%	35% ~ 40%

续表 26-6-4

学校类别		中学高级比例	中学一级、小学高级比例
初　中	省级、市规范学校	15% ~ 20%	35% ~ 45%
	县规范学校、市一般学校	10% ~ 17%	30% ~ 40%
	一般学校	5% ~ 12%	30% ~ 40%
小　学	省级、市规范学校	1% ~ 5%	40% ~ 50%
	县规范、市一般学校	1% ~ 3%	35% ~ 45%
	一般小学、完小	1% 以内	30% ~ 40%
	一般小学、完小内	1% 以	30% ~ 40%

说明：山区、湖区、海岛等人口稀少地区、中小学教师中、高级职务结构比例应根据实际情况适当提高

1993—2005 年菏泽市（地区）教育系统中级职称评审情况统计表

表 26-6-5　　单位：人

年份	高校			中专			中学					小学					合计
	小计	文科	理科	小计	文科	理科	小计	公办		民办		小计	公办		民办		
								文科	理科	文科	理科		文科	理科	文科	理科	
1993	–	–	–	142	70	72	1222	512	648	51	11	2389	812	702	530	345	3753
1994	13	–	13	80	39	41	620	244	270	73	33	1483	257	202	630	394	2196
1995	7	–	–	125	64	61	996	447	468	52	29	1543	484	425	363	271	2671
1996	5	2	3	89	50	39	877	428	379	57	13	1522	400	369	459	294	2493
1997	6	6	–	142	85	57	–	505	499	43	24	–	461	437	338	206	2661
1998	8	4	4	65	42	23	998	534	447	11	6	1670	593	587	293	197	2741
1999	4	4		148	76	72	1693	890	776	20	7	2503	1050	873	350	230	4348
2000	–	–	–	101	65	36	1656	972	656	19	9	2762	1046	935	492	289	4519
2001	–		–	109	56	43	2074	1223	851	–	–	3096	–	–	–	–	5279
2002	–	–	–	35	18	17	1976	1184	792	–	–	3215	1913	1302	–	–	5226
2003	–	–	–	27	14	13	1897	1181	716	–	–	2772	1657	1115	–	–	4696
2004	–	–	–	17	9	8	1727	1059	685	–	–	2963	1792	1171	–	–	4724
2005	–	–	–	33	17	16	1655	1045	610	–	–	2421	1487	934	–	–	4109
合计	43	16	20	1184	637	537	17953	10501	8082	460	132	28951	12282	9334	4800	2226	61119

1993—2005 年菏泽市（地区）教育系统高级职称评审情况统计表

表 26-6-6　　单位：人

年　份	高　校			中　专			中　学			合　计
	小计	文科	理科	小计	文科	理科	小计	文科	理科	
1993	–	–	–	42	16	26	153	77	76	195
1993	–	–	–	–	–	–	–	–	–	–

续表 26-6-6

年份	高校			中专			中学			合计
	小计	文科	理科	小计	文科	理科	小计	文科	理科	
1993	–	–	–	46	19	27	56	28	28	102
1994	–	–	–	–	–	–	–	–	–	–
1994	6	1	5	31	16	15	74	39	35	111
1995	5	–	–	57	34	23	125	44	81	187
1996	6	2	4	46	22	24	133	69	64	185
1997	11	–	–	58	21	37	225	99	126	294
1998	5	–	–	80	41	39	255	116	139	340
1999	10	10	–	130	56	74	459	218	241	599
2000	–	–	–	99	45	44	429	214	215	528
2001	–	–	–	–	–	–	–	–	–	583
2002	–	–	–	–	–	–	–	–	–	735
2003	–	–	–	51	27	24	715	–	–	766
2004	–	–	–	49	–	–	854	–	–	903
2005	0	–	–	39	–	–	758	–	–	797
合计	43	13	9	689	297	333	3478	904	1005	7251

第四节　教师资格认定

1996年后，开始对教师进行资格认定，即任课教师必须通过考试、考察等取得相应的教师资格证，然后持证上岗。1996年和2001年，菏泽地区分两次对全市在编教师进行教师资格过渡。为贯彻落实“教师法”、《教师资格条例》及其实施办法，市教育局分别于2003年、2004年和2005年，又进行3次面向社会认定教师资格工作。全市共受理各类申请人员7272人，有6926人获得相应种类的教师资格。其中，获得中等职业学校教师资格的有50人，获得中等职业学校实习指导教师资格的有5人，获得高级中学教师资格的有975人，获得初级中学教师资格的有3291人，获得小学教师资格的有2453人，获得幼儿园教师资格的有152人。

1996—2005年菏泽市（地区）教师资格认定统计表

表 26-6-7　单位：人

资格种类	1996年过渡	2002年	2003年	2004年	2005年
幼儿园教师资格	486	109	64	88	46
小学教师资格	42901	13672	1464	989	738
初中教师资格	17612	8953	2322	909	1425
高中教师资格	4087	2177	653	322	465
中专教师资格	2143	563	31	19	23
实习指导资格	119	350	5	0	1
合计	67348	25824	4539	2387	2698

第七章　基础设施与经费

第一节　校舍建设

1986年前，全区基础教育条件差，特别是农村中小学校办学条件较差，“危房子、黑屋子、土台子、泥孩子”大量存在。为改善办学条件，从20世纪80年代中期开始，开展大规模的农村中小学校舍改造。经过8年努力，多渠道投资3.5亿元，新建、改建校舍100多万平方米，基本完成农村中小学校校舍改造工程。

80年代末期，全区又进行城镇中小学校舍改造。9县市新建、改建校舍30万平方米，城镇中小学的办学条件得到改善。1990年，境内开始普及九年义务教育（简称普九）。按照国家对“普九”工作的标准，全区中小学办学条件远远达不到要求，主要是生均校舍面积不足，各种教育教学配套用房缺乏。针对这种情况，从90年代初期到2000年，全区用于“普九”的资金高达3亿元，新建、扩建校舍面积60多万平方米。

2000年5月，菏泽地区尽管通过国家“普九”验收，但大部农村中小学校“普九”时期建设的校舍由于当初建设标准低，相继变成危房。2001年年初，通过对全市中小学校舍进行普查，发现共有1067所中小学存在着各类危房65.6万平方米。

为了避免重复建设，发挥危房资金的最佳效益，菏泽市把农村中小学危房改造与中小学布局调整结合起来，同步规划，同步实施。市政府在充分调查论证的基础上，制定了全市中小学布局调整方案和设置学校标准。总的要求是：5万人以下的乡镇设1所初中，5万人以上的设2所；每所小学服务人口一般为5000～7000人，服务半径不超过2千米。按照这一设学标准，全市小学由2000年的3581所调整到1600所左右，减少60%；初中由2000年的348所调整到300所左右，减少16%。学校调整规划的制订和实施，为危房改造打下科学的基础。至2001年年底，全市累计投入资金3.6亿元，新建校舍65.34万平方米，改建和维修校舍30万平方米，拆除各类危房91.5万平方米。

2003年，全市累计筹集危改资金4100万元，新建校舍4.8万平方米，改建及维修校舍13万平方米，完成撤并中小学120所。2005年，全市消除各类危房15万平方米，新建校舍18.36万平方米，维修校舍2.84万平方米，在建校舍14.13万平方米，完成危改资金投入9026.4万元。其中，争取国家、省专项资金3980万元（含台塑集团捐建“明德”小学600万元），县乡自筹资金374.3万元，教育费附加350万元，干部群众捐资956.5万元，农村“一事一议”、教育资源置换、学校自筹等3365.5万元。年底，全市小学由2028所调整到1925所，调减103所。

第二节　教学设施配备

教学器具　1987年，全区新建实验室600座、3000间，新增实验台6100套、仪器橱3110个。1988年，教学仪器建设坚持走“购置、自制、创新”三结合的路子，共研制、创新教具200余种、5000余件。实验室、仪器室的建设采取“建、改、挤”的办法统一标准，严格要求，新建、改建实验室、仪器室500间。实现县以上重点中学能分25组实验，教师进修学校能分12组实验，基本达到国家规定的一类标准。

1993年，全区新建实验室、仪器室626座，添置各种教学仪器总价值282万元，新购图书41万册。全区内部设施配套达标的小学有1490所，中学有155所，达标率分别为28.6%和34.3%。1994年，全区中小学共新增教学实验室684座、实验课桌凳2959套，购置图书60余万册，配备各种教学仪器总投资586万元。

1996—1999年，全区新建仪器室、实验室4006座，购置图书153万册，配备电教音体美教学器材投资1561万元、电教器材投资966万元。全区中小学新建或改建仪器室、实验室2093座，新建或改建图书室、阅览室、音乐美术等专用教室3222座，新增实验桌凳8966套、仪器橱柜6748个，购置理科教学仪器价值1010万元，自制教具15万多件。通过层层筛选推荐，全区评出一、二、三等奖教具62件。

2001—2004年，全市各中小学新建（改建）综合实验楼28座，理、化、生、自然实验室1078个，微机教室808个；新添置微机2.45万台，价值8799万元；新增课桌凳7.8万套，图书133万册，理科仪器价值580万元，音、体、美器材价值1353万元，累计总投入1.51亿元。

2005年，市教育局积极争取各级政府的支持，加大对学校仪器设备的投入，并将教学仪器专项经费的使用办法，由原来的无偿分配改为1 ∶ 1的比例进行补贴，实行多投多补，少投少补，不投不补的政策，充分调动各县区的积极性。全市各中小学校新建（改建）理、化、生、自然实验室80个，新购置图书12万余册，教学仪器260余万元，音、体、美器材60余万元。全市重点高中在教育条件装备方面均达到国家I类标准，各城镇中学、中心小学、完全小学健全了标准化实验室，仪器设施达到国家II类标准，部分学校达到国家I类标准。全市中学理、化、生演示实验开出率达90%以上，分组实验开出率达70%以上；小学演示实验开出率达85%以上，分组实验开出率达65%以上。年底，全市有小学专职实验教学人员818人、兼职实验教学人员1674人，中学专职实验教学人员1544人、兼职实验教学人员594人；小学专职图书管理员57人、兼职图书管理员1103人，中学专职图书管理员341人、兼职图书管理员122人；小学实验室及功能教室1784个、使用面积12.19万平方米，中学实验室及功能教室2028个、使用面积16.52万平方米；小学图书室（含图书阅览室、电子阅览室、藏书室、资料室）6079个，中小学图书室（含图书阅览室、电子阅览室、藏书室、资料室）共计1.59万个；小学学生图书395.57万册、教师图书53.48万册，中学学生图书454.19万册、教师图书64.3万册。

高标准实验室

电化教育　1986年以后，全区的电化教育变化较大。电教媒体从当初的幻灯机、投影机、照相机、电影机等，到90年代逐步过渡到录音机、录像机、电视机、摄像机、影碟机等。特别是进入21世纪，随着计算机、网络技术的快速发展，计算机辅助教学、网络教学逐渐与教育教学融合在一起，传统的常规电教媒体——幻灯机、投影机、电影机等，逐步让位于现代教育信息媒体。

1991年5月，成武教育电视台正式开播，摄录各科教学录像带4000多课时，其中，“牛顿第二定律”“小学数学教学基本功”两课时的录像带已在全省发行。1993年，新建巨野卫星地面接收站1处，全区新增教学录放像设施20余套。

1994年，新建部分电教室、语音室、卫星地面接收站等现代化教学设施。继成武教育电视台开播后，曹县、定陶等5个县市级教育电视台完成报批手续并开始筹建。

1996年，全区购置120万元的电教设备，接收引进电教资料200多课时，复制音像资料6000多课时，郓城县3处学校实现“四机一幕”进课堂，地区教育局成功地举办了苏、鲁、豫、皖4省9市地第8届电化教育研究会。

1997年，郓城一中等5所学校被省教委选定为山东省电化教育试点学校；全区深入开展电化教学能手评选活动，提高了电化教学水平。

1999年，全区电化教育通过省教委验收，其中单县一中、郓城一中、菏泽市二完小荣获山东省电化教育示范学校称号，地区实验小学、郓城东关小学跻身省电化教育试点学校的行列。全区26所省、地示范试点学校充分发挥带头、辐射作用，为全区启动教育现代化打下了坚实基础。

2002—2003年，全市投入电教方面的资金达3800万元，装备闭路电视系统53套，卫星地面接收站20个，计算机网络教室120个，多媒体电教室52个，有16所学校建立校园局域网。

2004年，全市投入电教方面的资金达1800多万元，建设校园网络30个，投影器2000台，多媒体电教室36个。

2005年，全市投入电教方面的资金达3000多万元，装备计算机7650台，建设校园网或局域网53个，新建多媒体电教室115个，初中以上学校信息技术教育普

微机室

及率达100%，小学普及率达45%，全市具有收取中小学信息技术教育费的学校1494所。至年底，全市拥有卫星地面接收站60套，彩色电视机6000台，录放像机1600台，影碟机2000台，计算机3万台；建有120个多媒体教室，900座微机室；初步建成菏泽市教育局域网，接入互联网的学校有150所；创建省级电化教育示范学校18所，市级电化教育示范学校96所；用于电化教育设备的投入达1亿多元。

第三节　教育经费来源

20世纪80年代初期开始，国家财政实行分级管理、分灶吃饭的体制。反映在教育上，就是随着贯彻《教育管理体制改革的决定》，逐步建立了县办高中、乡镇办初中、村办小学的三级办学体制，教育经费基本上是财政保教师工资发放，学校建设依靠群众集资，公用经费依靠向学生收取学杂费的路子。1986年，全区地方教育经费总支出8368.14万元，其中预算内教育经费支出3666.14万元，教育集资876.5万元，教育费附加1969.5万元，学费收入1860万元。全区学生人均公用费初中为11.72元、小学为2.72元。随着国务院和省、市政府做出的改革农村教育管理办法，建立以县为主的基础教育和管理体制。自1991年开始，全区进行基础教育管理体制改革，至1994年，各县市对基础教育的管理基本做到“以县为主”，以县为单位统一学校的规划布局，统一教职工调配管理，统一教师工资发放，统一学校收费，统一教育教学管理。同时，财政对教育的投入逐年增加，生均教育事业费、生均公用经费逐年提高。1994年，全区教育总投入15.3亿元，其中财政预算内投入7.9亿元，小学生均教育事业费461.63元，生均公用经费42.97元；初级中学生均教育事业费554.91元，生均公用经费40.65元；高中生均教育事业费672.64元，生均公用经费29.23元。

2000年，农村税费改革对教育投入产生了重大影响。因为农村教育费附加一直是农村教育投入的第二大经费来源，仅次于财政拨款。税费改革取消了农村教育费附加和农村教育集资，农村义务教育投入呈大幅度下降趋势。2000年、2001年全市农村教育费附加实际征收分别是1.45亿元和1.47亿元，平均每年征收1.46亿元。其中农村教育集资2000年、2001年分别是0.48亿元和0.89亿元，平均每年集资0.69亿元。两项资金每年约占2.15亿元。税费改革后，这两部分资金失去来源，约占义务教育总投入的28%左右。至2005年，全市教育总投入9369.5万元，比上年增长18.37%。

1986—2005 年菏泽市（地区）预算内教育事业费支出统计表

表 26-7-1　　　　单位：万元

年份	预算内教育事业费支出					
	总计	比上年增长（%）	个人部分	比上年增长（%）	公用部分	比上年增长（%）
1986	8368.14	13.77	6737.39	11.35	1630.75	24.99
1987	8886.06	6.19	7100.74	5.39	1785.32	9.48
1988	11117.4	25.11	9214	29.76	1903.4	6.61
1989	11212.5	0.86	9598.1	4.17	1614.4	−15.18
1990	11749.4	4.79	10229.4	6.58	1520	−5.85
1991	12639	7.57	11069.6	8.21	1569.4	3.25
1992	20129.3	59.26	18280.8	65.14	1848.5	17.78
1993	17992.7	−10.61	16292.3	−10.88	1700.4	−8.01
1994	22917.6	27.37	20931.4	28.47	1986.2	16.81
1995	25073.5	9.41	23229.8	10.98	1843.7	−7.17
1996	30657.9	22.27	28105.7	20.99	2552.2	38.43
1997	36057.2	17.61	32898	17.05	3159.2	23.78
1998	40502.4	12.33	37643.8	14.43	2858.6	−9.25
1999	44706.4	10.38	41726	10.84	2980.4	4.26
2000	46870.9	4.84	43924.2	5.27	2946.7	−1.13
2001	54908.8	17.15	50694.9	15.41	4213.9	43
2002	61171.1	11.4	58259.2	14.92	2911.9	−30.9
2003	68055.1	11.25	63724.1	9.38	4331	48.73
2004	77383.9	13.71	69255.2	8.68	8128.7	87.69
2005	93695.5	18.37	82350.5	18.91	11345	39.57

第二十七编　科学技术

市科学技术大会

应急疏散演练 菏泽市现场
应急演练从机关做起

1985年，菏泽地区有专业科技人员26253人，其中高级职称10人，中级职称1271人，初级职称24972人。

1986年后，菏泽地区全面贯彻《中共中央关于科技体制改革的决定》，坚持“经济建设必须依靠科学技术，科学技术工作必须面向经济建设”的基本方针，科技事业持续、快速发展。1987年，地委、行署召开全区科技大会，提出两个结合（科技发展与经济、社会的发展紧密结合；科技的发展与发挥区内资源优势相结合）、两个开发（新技术新产品开发；智力开发）、两个引进（引进新技术、新成果；引进科技人才）新路子。1988年，地委、行署出台《关于放活科研机构、放活科技人员的暂行规定》。1990年，全区实施“科技兴菏”战略，推出《关于做依靠科技号加速振兴菏泽经济的决定》《关于推动工业企业技术进步的决定》《菏泽地区招聘人才的政策规范》。1992年，地区设立技术市场管理办公室。1996—1998年，东明县、曹县、菏泽市、定陶县、郓城县、巨野县、鄄城县、成武县、单县先后被国家科委授予“全国科技工作先进县”称号。1998年设立菏泽地区专利管理局（2001年更名为菏泽市知识产权局）。1998年开始，地委组织部对县市党政领导每年进行科技进步目标责任制查核。

2000年，菏泽地委、行署出台《菏泽地区技术市场管理暂行办法》《关于大力推进科技进步实现经济持续快速发展的决定》，编制《菏泽地区十五科技发展规划》，组织实施261项国家、省、地区的科技计划，争取上级扶持资金2161.5万元，带动科技投入1.75亿元。2002年，菏泽市委、市政府出台《关于进一步加快高新技术产业发展的决定》，对扶持高新技术产业发展提供优惠政策。至2004年，全市10个科技机构，300余名专家和1万余名科技人员参与农业科技攻关（仅1991—2004年就完成科技攻关322项，投资1729.65万元）、良种产业化开发，全市投入资金2.37亿元。

至2005年，实施国家、省级“星火”计划项目327项，投资1.67亿元；组织“火炬计划”项目46项（国家20项、省级26项），投资17亿元；实施市内重点科技成果推广计划147项，其中良种产业化和农业科技成果转化项目42项；有2006项科技成果通过成果鉴定，1312项科技成果分获国家级（3项）、省级（111项）、市级（1198项）科技进步奖。全市申请专利2180项，其中授权1612项；拥有专利明星企业5家（单县康利达原用制品有限公司、山东达驰电气股份公司、菏泽市公路管理局工程三处、山东省呈祥电工电气有限公司、山东菏泽牡丹区阳光能源技术开发公司）。完成地震科研项目33项，其中国家地震局项目2项；省科研委项目2项，省地震局项目29项。全市拥有高新技术企业49家（其中省级37家，市级12家），实现高新技术产值71.02亿元。全市专业技术人员达190899人，其中高级11080人，中级52823人，初级126996人。气象、地震监测和服务工作，也有较大发展，监测设备、技术水平、预测预报能力得以全面提升。

第一章 科技开发

第一节 科技兴农

2000年，全区科技进步对农业增长的贡献率已经提高到45%。至2005年，全市有10多个科技机构、300多名专家和1万多名科技人员参与农业科技攻关和良种产业化开发。全市投入总资金2.39亿元，其中省补助资金2745万元，省、市级政府配套资金4670万元，项目承担单位自筹资金9305万元，招商引资7140万元。

良种引进与推广 1986—2005年，菏泽市围绕农业生产实际和国内外市场需求，不断引进和选育动植物新品种（系）300多个，解决域内农业产品低产、质量差、用途单一的问题，推动农产品向高产、优质、专用化、特色化的进程。小麦引进推广鲁麦1号、济南17、济南19、烟农19、济麦20、济麦21、山农664号等高产优质专用小麦新品种；玉米引进推广丹玉6号、沈单7号、掖单2号、掖单13号、农大108、鲁单981、鲁单9002、聊玉20等玉米新品种；棉花推广鲁棉1号和抗虫棉菏系1号、菏系3号、美棉33B、鲁棉研15号、中棉21号等新品种。培育出鲁麦4号、菏麦13、金铎1号、26－5－39优质小麦新品种；跃进5号、菏豆12、菏豆13大豆新品种；中菏1号、中菏2号杨树新品种等36个动植物新品种（系），发展中69、中72、中林46、中菏1号、中菏2号杨树和毛白33泡桐新品种及一大批名优特稀果品、蔬菜新品种。加大鲁西黄牛、青山羊、小尾寒羊等地方畜禽品种保护力度和提纯复壮，推广黄牛人工冷配杂交改良技术、波尔山羊及其杂交新技术和优质肉鸡、蛋鸡新品种，加大大约克夏、长白、杜洛克等瘦肉猪新品种和杂交鲤、鳜鱼、湘云鲫等名优水产品品种的推广力度。至2005年，在全区范围内普遍实现二次新的品种更换，主要粮食作物统一供种率达到80%，良种覆盖率达到99%以上。建成全国先进的种公牛站，良种猪、鸡和优质肉羊原种场，利用胚胎移植技术繁育肉牛、奶牛6000多头。全市累计增产粮食820万吨，果菜1600万吨，肉类90万吨。

农业科技推广 2002年后，在全市范围内推广配方施肥、节水灌溉、地膜覆盖、麦棉套种、精量半精量播种、病虫草害综合防治、设施农业栽培等农业适用新技术，共计600余项，实现良种良法配套；建立10个农业科技示范园、特色园、各类新品种优质高效示范区，共计1.33多万公顷，带动区20多万公顷。示范区的作物产量及畜禽出栏比率均比全市平均水平提高10个百分点，促进农业增产、增效与农民增收的良性循环。

农业结构调整优化 1990年后，地区蔬菜、林果、畜牧三大支柱产业在农业中的比重逐年提高，区域优势产业日益明显，低劣农产品品种遭到淘汰，名、特、优、稀及高科技含量、高附加值的农产品不断出现，使传统农业焕发出新的生机和活力。通过实施农业科技攻关和良种产业化开发，至 2005 年，全市实现直接经济效益 15.16 亿元，取得社会效益 210 亿元，培训农民 146 万人次，带动农民实现增收 1520 元。同时取得 362 项高水平的农业科技新成果，有 116 项成果获省级以上科技奖励。

第二节　民营科技

为振兴菏泽工业，从 1993 年开始，菏泽地区着力发展民营科技企业，对民营科技企业的审批条件和程序、经营范围和方式、组织和管理等内容都作出明确规定。实行以市场为导向、技术创新为动力，按照“自筹资金、自愿组合、自主经营、自负盈亏、自我约束、自我发展”的灵活运行机制和科技竞争技巧，使全市的民营科技企业得到较快发展，也为科技体制改革和经济体制改革提供许多成功有益的经验。1997 年，地区召开全区民营科技企业经验交流会，会上行署表彰 30 个民营科技企业。2005 年，全市共发展民营科技企业 110 家，从业人员 6600 余人，其中年技工贸总收入超过 100 万元的有 19 家。民营科技企业以其聚集人才的独特优势推动菏泽科技人才流动和结构调整，促进了科技成果的转化，已成为菏泽工业经济发展的一支不可缺少的生力军。

第三节　高新技术产业

高新技术产业化重点项目　1999—2005 年，菏泽市重点实施的高新技术产业化项目有：菏泽市科达化工厂的“STC 水溶性树脂”；菏泽天宇电池科技有限公司的“年产 25 万平方米连续泡沫镍”；巨野万旭制动有限责任公司的“XSZ 型定向手制动器规模化生产”；菏泽市牡丹区科达化工厂的“铸钢用水玻璃砂改性散剂”；成武县机电厂的“CHZ3A—12 型户外高压真空自动重合器”；山东都庆股份有限公司的“大豆多功能肽和酶法水解植物蛋白”；定陶天元生物制品厂的“硫酸软骨素钙规模化生产”；山东圣奥化工股份有限公司的“橡胶助剂中间体 RT 培司清洁生产工艺”。

高新技术企业　1995 年起，菏泽全区组织开展省级高新技术企业的认定工作。至 2005 年，全市共有高新技术企业 49 家，其中省级高新技术企业 37 家，市级 12 家；高新技术产业产值由 2001 年的 8.16 亿元发展到 36.15 亿元，高新技术产业产值占规模以上工业总产值的比重也由 2001 年的 8.47% 发展到 11.96%，增加了 3.49 个百分点。

日本 AOTS —菏泽企业科技创新与经营管理培训班

2005年菏泽市部分省级高新技术企业基本情况统计表

表27-1-1

企业名称	成立时间	从业人员（人）	科技人员（人）	销售收入（万元）	利税（万元）
菏泽市恒源变压器制造有限公司	1995.12	360	36	3500	702
山东华润制药有限公司	2000.04	136	32	1938	676
山东现代达驰电工电气股份有限公司	2000.12	886	153	65500	7521
菏泽天宇电池科技有限公司	2000.12	185	20	4076	86
山东省呈祥电工电气有限公司	2001.05	573	38	6159	1384
单县康利达医用制品有限公司	2001.01	125	23	1750	525
成武县机电厂	2001.01	286	26	5882	1180
菏泽睿源化工有限责任公司	2001.12	410	162	8217	970
山东华索数码电子有限公司	2002.09	156	30	937	194
菏泽睿辰科技开发公司	2002.09	358	24	25448	2700
菏泽海量电源有限责任公司	2002.09	129	30	4116	570
山东圣奥化工股份有限公司	2002.09	890	215	93140	16094
山东华泽精密模塑有限公司	2002.11	188	56	4214	1450
山东步长恩奇制药有限公司	2002.11	272	43	17777	8860
山东中大动物胚胎工程中心	2002.11	75	22	1919	205
山东都庆集团公司	2003.03	1456	156	12135	85
定陶天元生物制品厂	2003.03	160	58	7968	1458
牡丹区科达化工厂	2003.03	105	18	1240	339
东明石化集团科耀化工有限公司	2003.03	32	18	1820	135
山东方明药业股份有限公司	2003.01	450	28	6126	826
山东润华济人堂药业有限公司	2003.01	230	162	5560	918
菏泽华意化工有限公司	2004.07	356	110	9349	582
山东呈祥高强管业有限公司	2004.07	468	26	18478	3964
菏泽睿鹰制药集团有限公司	2004.07	358	39	19643	1216
山东菏泽王氏药业有限公司	2004.01	280	46	1538	230
山东玉皇化工有限公司	2004.01	450	180	58886	4212
菏泽开发区曹州农用化学有限公司	2004.11	328	130	5200	680
菏泽市瑞兴科技开发有限公司	2005.06	56	30	1660	300
菏泽睿昌化工有限责任公司	2005.06	400	27	8925	1528
菏泽广源铜带有限责任公司	2005.06	300	37	27582	3228
中食都庆（菏泽）生物技术有限公司	2005.06	72	26	1520	485
定陶德波尔电器科技开发有限责任公司	2005.01	28	16	1140	212
山东鲁诺动物药业有限公司	2005.01	86	30	1333	134
菏泽明庆机械有限公司	2006.06	96	32	2636	534

高新技术产品　1995—2005年，全市纳入高新技术产业统计的高新技术产品共35个，分布于机械制造、医药、精细化工、高分子材料等领域。

1996—2005年菏泽市（地区）部分高新技术产品一览表

表27-1-2

企业名称	产品名称
菏泽市恒源变压器制造有限公司	电力变压器
山东华润制药有限公司	紫花烧伤膏
山东现代达驰电工电气股份有限公司	干式变压器
山东电讯第十厂	补充产品名称
菏泽天宇电池科技有限公司	合金泡沫镍
山东省呈祥电工电气有限公司	无碱无蜡玻璃纤维绝缘带
单县康利达医用制品有限公司	医用可吸收缝合线
成武县机电厂	自动重合器
菏泽睿源化工有限责任公司	HO—EPCP
山东华索数码电子有限公司	数字录音笔MP3播放器
菏泽睿辰科技开发公司	头孢曲松
菏泽海量电源有限责任公司	全封闭免维护汽车蓄电池
山东圣奥化工股份有限公司	橡胶防老剂4020
山东华泽精密模塑有限公司	精密模具
山东步长恩奇制药有限公司	稳心颗粒
山东中大动物胚胎工程中心	细管冻精
山东都庆集团公司	大豆功能性多肽
定陶天元生物制品厂	硫酸软骨素钙
牡丹区科达化工厂	水玻璃砂改性溃散剂
山东东明石化集团科耀化工有限公司	丙烯酸改性醇
山东方明药业股份有限公司	葛根素注射液
山东润华济人堂药业有限公司	复方黄连素片
菏泽华意化工有限公司	二氯异氰尿酸钾
山东呈祥高强管业有限公司	树脂玻璃纤维夹砂电缆导管
菏泽睿鹰制药集团有限公司	头孢曲松钠
山东菏泽王氏药业有限公司	九清护肝口服液
山东玉皇化工有限公司	异戊二烯
菏泽开发区曹州农用化学有限公司	新型农药
菏泽市瑞兴科技开发有限公司	新型皮毛专用染料
菏泽睿昌化工有限责任公司	GCLE
菏泽广源铜带有限责任公司	汽车散热器精密铜带
中食都庆（菏泽）生物技术有限公司	大豆低聚肽

续表 27-1-2

企业名称	产品名称
定陶德波尔电器科技开发有限责任公司	单项交流多功能节电器
山东鲁诺动物药业有限公司	大豆异黄酮
菏泽明庆机械有限公司	玉米秸秆切碎灭嗒还田机

第二章　科技服务

第一节　科技市场

1986年起，菏泽地区先后出台9个地方性规范文件，共组织9000余人次参加国家、省、市举办的有关技术市场管理、技术合同登记、技术经济人等不同层次、不同内容的业务培训班。1992年7月，地区设立技术市场管理办公室。2002年撤销技术市场管理办公室，业务并入科委政策法规科。菏泽市2001年签订技术合同212项，实现技术交易额2260万元；2002年签订技术合同220项，实现技术交易额2310万元；2003年签订技术合同229项，实现技术交易额2358万元；2004年签订技术合同336项，实现技术交易额3000万元。至2005年，全市技术贸易单位发展到780个，共有从业人员8680人。

第二节　科技协作与交流

1999年前，地区科委未设立专门的科技合作管理机构，政府间的国际合作与国内合作主要由科委内设科室兼职代为管理。随着科技协作与交流的领域、范围日趋扩大，尤其是省、市两级高新技术企业加强与大专院校、科研院所的合作与开发，自2000年始，境内出现多个科技合作单位。农业方面有：菏泽大地生物工程有限公司与中科院生态环境研究所合作开发的“泡腾剂（绿色）农药”，曹县中大集团有限公司与中科院动物研究所协作开发的“人工胚胎移植克隆牛技术”，成武科技开发中心与省棉花研究所协作的“棉花良种产业化开发”；在工业方面有山东圣奥集团与中国工程院院士舒心田合作开发的“磁稳定床加氢新工艺”，山东现代达驰集团与清华大学联合完成的“节能变压器系列”产品开发，山东电讯第一厂与留美博士于继良合作开发的“4000伏低压载波机”。这些项目有的处于国内或国际领先水平。

2002年，市科学技术局设立科技合作科，专职负责全市的科技合作与交流管理工作。同年9月，组织全市42家企业参加山东省人民政府组织的“山东企业与驻京高校科研院所科技创新技术洽谈会”，签订技术合作协议20余项。

2003年以“菏泽科技信息网”为依托，筹备建立菏泽市高科技人才库，收录高科技人才信息3000余条，并在省内独家与“中国海外人才项目库”建立友情链接。同年10月，菏泽市科技局组织县区部分相关企业的科研人员40余人，前往济南“乌克兰工业园”参加展览对接，拓宽全市企业与国际合作的领域与空间。11—12月两次组团去西安，21家企业带着12个技术难题到西安交通大学、西安理工大学、西安电子科技大学、西北工业大学、西安建筑科技大学、陕西风机泵研究所、陕西省粉体研究所进行产学研结合及难题招标，达成合作协议6项。

2004年3月，市科技局组织3个相关企业参加科技部主办的“中国—意大利乳品加工技术研讨暨洽谈会”。银香伟业集团公司与意方拟订引进VHF希菌机等85台套的400T/日液态奶工程预选设备和前处理设备清单，约合人民币5100万元。同时，市科技局协助市老龄委组织9个企业参加“银铃活动”，其中6个企业分别与国内离退休知名专家教授签订技术合作协议。11月组织市内企业参加山东省与韩国高新技术洽谈会，其中有两家企业在旅游科技产品深加工方面与韩方签订协议。

2005年4月，市科技局承担2005年（春季）中国菏泽投资项目洽谈会专利专有技术展区任务。此次展会共布展摊位60个，推介项目150项（其中专利项目40项），接待技术咨询人员5000多人次，发放技术资料4万余份；签订合同3项、协议16项、意向30项，合同总额达9000余万元。

科技项目洽谈会

第三节　科技信息

科技信息服务网络　1986—1992年，境内科技信息主要是以文本形式进行传递交流。地区科技情报所与省内外、区内外多家大专院校、科研单位、情报所建立广泛的情报业务联系网，其中联系比较紧密的有华东地区市级科技情报网、淮海经济协作区科技情报网，网络单位共有700多个。为便于科技信息的传播，地区科技情报所每年都编发《科技参考》《科技信息》等刊物，将域内的科技信息及时传播到省内外。地区科技情报所1993年建立科技情报计算机检索咨询系统，1999年投资100多万元建成菏泽地区科技信息网络（局域网）系统和网站。该局域网上与国际互联网、国家信息中心网、省科技信息网联接，下与各县乡镇、企业相联，以快捷、互动的方式实现信息资源的共享。2005年，与山东省科技情报研究所、国家科技信息研究所、全国市场信息发布中心实现计算机联网。

科技情报信息搜集整理和研究　市科技情报所不断加强科技信息的搜集工作，与华东地区70余个市地情报机构实现科技期刊交流。现有馆藏科技图书5000册、期刊3.9万册，拥有自建、网络联机使用的数据库30个。编发《内部参考》《科技信息》

《市场快讯》《科技情报快讯》《菏泽科技》等综合科技信息刊物，创建菏泽科技信息网站，旨在传播高新技术、推广科技成果、普及科学知识、提供交流平台。根据菏泽市情，加强科技情报研究，为政府决策提供智力支持，起到智囊和思想库的作用，使科技情报工作与经济结构调整相结合，与经济增长方式的战略性转变相结合，与培育和发展新经济增长点相结合。1986—2005年期间，市科技情报研究所共完成调研报告和论文50篇，其中获国家优秀论文奖3篇，获省科技情报优秀论文二等奖7篇、三等奖8篇，获市优秀学术成果二等奖1篇、三等奖1篇；科研成果35项，其中获省科技进步三等奖2项，获省科技情报成果三等奖1项，获省计算机应用优秀成果三等奖1项，获地区科技星火一等奖1项、三等奖1项，获市科技进步二等奖4项、三等奖10项。

科技情报信息咨询服务 科技咨询评估　自2002年7月开展该项业务至2005年，为企业、个人的项目考察、立项论证、成果鉴定、专利检索提供咨询报告3000余份，接待信息咨询6万多人次，向社会提供科技、经济、技术信息达28万余条。

科技培训　情报所根据当地实际情况，每年不定期举办各种专业培训班。2000年始，建立省级星火培训基地，为农民、下岗职工提供技术培训，至2005年累计培训1万人次。

科技下乡　1990年至2005年，市情报所为科技下乡提供技术资料18万余份、科技声像技术资料100余种，为菏泽电视台“科技园地”提供充足的技术、项目信息。为及时解决农民遇到的技术问题，开通科技咨询热线，接受科技咨询1万人次，解答问题6000余条。

科技下乡

第四节　科技宣传

2001年，国务院决定开展科技活动周以后，菏泽市按照国家和全省的统一部署，每年5月第三周集中开展科技宣传周活动。市科技局联合市委宣传部、市科学技术协会、市总工会、共青团菏泽市委、市妇联等单位在群众中广泛开展科技宣传活动。各有关单位充分结合各自的工作实际组织专家送科技下乡、布置科技宣传一条街、举办一系列科普（作品）展览、专题报告

牡丹晚报小记者参观菏泽科普馆

会，开展职工群众性技术革新活动。同时，博物馆、纪念馆、公园、图书馆、地震台、气象台等科普场所向社会开放。在2003年科技活动周期间，紧紧围绕“依靠科学，战胜非典”这一主题，广泛宣传科学预防“非典”的基本常识，《菏泽科技报》出版2万多份防“非典”专刊，刊登“非典”预防常识，介绍科学预防方法。2004年、2005年科技活动周的主题是“科技以人为本，全面建设小康”。菏泽市各县区、各部门紧密结合实际，充分利用当地科技资源围绕该主题，广泛开展科技宣传活动。

第三章　科技成果

1986年9月，山东省科委印发《山东省科学技术成果鉴定暂行办法》。自此，菏泽地区每年对形成的科技成果进行一次鉴定。1986—2005年，全市共有2006项科技成果通过成果鉴定。

科技部副部长尚勇到山东达驰公司北京科研基地调研

第一节　获奖科技成果

1986年，菏泽首次对科技成果进行奖励。至2005年，全市共有1312项科技成果分别获国家、省、市级科技奖，其中获国家奖励3项，省级奖励111项，市级奖励1198项。2004年，市政府出台《菏泽市科学技术奖励办法》。该办法规定，对做出重大科技贡献的单位或个人进行重奖。山东圣奥化工有限公司、东明方明药业有限公司、菏泽睿鹰制药集团3个单位对菏泽的科技事业做出巨大贡献，2005年4月分别受到市政府的重大奖励。

1986—2004年菏泽市（地区）获国家和省级奖励成果统计表

表27-3-1　　单位：项

年份	国家奖			省级奖		
	一等	二等	三等	一等	二等	三等
1986	–	–	–	–	1	5
1987	–	1	–	–	1	5
1989	–	–	–	–	1	10

续表 27-3-1

年份	国家奖			省级奖		
	一等	二等	三等	一等	二等	三等
1990	–	–	1	1	3	4
1991	–	–	–	1	2	6
1992	–	–	–	–	3	10
1993	–	–	–	–	2	8
1994	–	–	–	–	2	5
1995	–	–	–	–	3	7
1997	–		–	–	1	3
2000	–	–	–	–	1	3
2002	–	–	–	1	1	4
2003	–	–	–	–	2	7
2004	–	1	–	–	–	8
合计	–	2	1	3	23	85

1996—2005 年获菏泽市（地区）一等奖成果一览表

表 27-3-2

年份	序号	获奖成果名称	完成单位
1996	1	麦棉两熟制“天气—病虫害”预报决策系统	地区农业气象科学研究所
	2	鸡产蛋下降综合征防治技术	郓城县动物防检站
	3	平原农区苹果优质丰产栽培管理专家系统	地区果树站
	4	曹州镜面柿丰产栽培技术开发及果园多功能高效营养槽技术研究	地区林科所、鄄城县林业局经济林站
	5	棉铃虫大发生机制及综合治理对策研究	地区植保站
	6	泡桐茸毒蛾发生发展规律及综合防治和黄淮平原农区林业经济林综合技术开发	单县林业局森保站、定陶县林业局
	7	紧凑型玉米高产栽培技术研究与推广	地区农业技术推广站
	8	小尾寒羊标准的研制与应用	地区畜牧业开发中心
	9	城区地籍调查及土地定级估价	郓城县土管局、单县土管局
	10	菏泽地区植保档案的组建与应用	地区植保站
	11	半夏组织培养快速繁殖及高产栽培技术研究	地区药材采购供应站、地区医药管理局
	12	利用辐射诱变选育早熟、优质、高产小麦	地区农科所
	13	SC–500/10 树脂浇注薄绝缘干式变压器	山东达驰变压器厂
	14	MGG 工艺在重油催化裂化上的应用研究	东明石油化工厂
	15	三光气	地区工业经济技术研究中心，山东大学化学试验厂菏泽分厂协作

续表 27-3-2

年份	序号	获奖成果名称	完成单位
1996	16	档案库房管理自动控制（网络）系统及通用信息生成管理系统	地区档案局、教育学院
	17	庐巴胶试制	东明县田菁胶厂
	18	人重组巨噬细胞移动抑制因子在大肠杆菌中的高效表达与鉴定	地区人民医院、北京医科大学
	19	腰臀比与冠心病、脑血管病关系的探讨、心电图 12 导联 QRS 总振幅正常值及左室肥大诊断标准的研究	菏泽医专
	20	溃疡速愈散治疗褥疮的临床应用研究和创必治软膏的研制及其对皮肤慢性溃疡的观察	地区第二人民医院、菏泽医专
	21	五音全息脏象辩证治疗仪及多部位选择性药物电热褥	菏泽生建机械厂、地区医院
	22	脑心灵治疗脑出血的临床研究及硬脊膜外腔注射低温麻醉药用于腹部手术后镇痛的临床研究	地区医院、郓城县医院
	23	饮酒与脑血管病危险因素的关系及其对 EEP、BEAM 影响的研究	地区第三人民医院
	24	甲状腺癌术后内分泌治疗的研究及 PHA 皮试在恶性肿瘤诊疗中应用价值的探讨	地区医院、菏泽市二院、菏泽医专
	25	酚甘油筛前神经封闭治疗血管运动性鼻炎的临床应用及中西医结合治疗视神经萎缩的临床研究	地区医院
	26	廓清术治疗急性脓胸的应用研究及贲门癌全胃切除不输血或少输血的应用研究	地区医院
	27	改良泪囊鼻腔吻合术的临床研究	成武县医院
	28	金属梭形孔式食管扩张器在小儿食管瘢痕狭窄中的应用及人流宫颈扩张器的研究	菏泽医专、地区计划生育科研所
	29	交叉单开门加植骨治疗广泛性颈椎管狭	地区医院
	30	半腹膜外子宫切除术的研究及孕妇体重增长值的探讨	菏泽市医院、地区医院
1997	1	高效农业综合技术开发试验	曹县人民政府
	2	甜菜夜蛾预测预报和防治技术研究	地区植保站
	3	毛白杨良种及丰产栽培技术推广	地区林业科技推广站
	4	“百野助寿”灵芝保健系列产品研究	山东省花冠酒厂
	5	HZ2310 型四轮农用运输车研制	菏泽农用运输车集团公司
	6	精白印刷纸及 PSS 造纸助剂工艺研究	菏泽造纸印刷包装集团公司
	7	国土研究与综合规划、智能化评估系统	菏泽市计委、菏泽教育学院
	8	甘糖酯治疗肾病综合征的临床研究	地区第三人民院
	9	五虫散胶囊治疗缺血性中风临床与实验研究	成武县中医院
	10	介入加手术治疗布加氏综合征、布加氏综合征介入性治疗的临床应用研究	单县中心医院 地区人民医院
	11	改良颅枕入路幕上下联合切除骑跨中一后颅窝大型脑肿瘤的研究	地区人民医院
	12	直肠癌相关抗原单克隆抗体的制备与免疫组化研究	地区人民医院
	13	通脉宝临床及实验研究	地区中医院

续表 27-3-2

年份	序号	获奖成果名称	完成单位
1997	14	宫腔镜用于幼女阴道检查的研究乙状结肠人工阴道成形术的研究	地区人民医院
1998	1	大跨度钢构一连续组合体系梁式桥五跨一次合拢工艺研究	地区公路管理局
	2	XSZ 型定向手制动器研制	巨野县万丰定向手制动器
	3	122 自动报警与指挥系统	地区交警支队
	4	Smar Trunk 系列无线电集群通信网自动计费管理系统	地区无线电管理委员会
	5	菏泽地区节水井灌区地下资源及节水效益综合研究	地区水文局
	6	中华鳖胚胎发育及性别控制研究	菏泽师专
	7	农田林网更新改造技术研究	成武县林业局、山东省林业局
	8	菏泽地区畜牧业综合开发规划	地区计委、地区畜牧局
	9	直肠黏膜部分剥脱斜型吻合术一先天性巨结肠根治新术式的临床研究	单县中心医院
	10	血清铁蛋白测定对急性白血病预后判断及血液稀释疗法加藻酸双脂钠治疗急性发作期肺心病的临床研究	地区人民医院、成武县人民医院
	11	口炎灵、氯霉素一苯氧乙醇溶液的研制及临床应用	地区药检所、地区人民医院
	12	甘露醇注射液细菌内毒素检查研究	地区第三人民医院
	13	一种骨牵引钢针固定式牵引器研制及临床	地区人民医院
	14	可乐定治疗溃疡性结肠炎的临床推广应用	菏泽医专
1999	1	EDD-98 电力载波机	山东电讯第十厂
	2	NCS 固化材料生产应用技术	地区交通局
	3	无碱无蜡玻璃纤维绝缘带	成武县绝缘材料厂
	4	杨树新品种中菏 1 号无性系选择研究	地区林业科技推广站
	5	利用激光辐射诱变技术选育高产高蛋白大豆新品种（系）	地区农科所
	6	植物检疫对象美洲斑蝇发生及其防治研究	地区植物保护站
	7	单克隆抗体运载碘剂用于直肠癌的免疫显像研究	菏泽医专
	8	氦一氖激光对脑组织作用的实验研究	地区人民医院
	9	吻合血管的胎儿骨膜皮质骨瓣移植治疗骨不连临床研究	地区人民医院
2000	1	STD-630-160/10 型接地变压器	山东现代达驰集团
	2	新型定向手制动器	巨野万旭制动有限公司
	3	碱法草浆造纸废水治理技术优选与应用研究	地区环保科研所
	4	新型高效多元复合型聚合铝、钙、铁、硅净水剂	地区环保科研所
	5	棉铃虫整体防治研究	地区植保站
	6	优质小麦单产千斤乡镇开发试验	定陶县邓集乡政府
	7	出口蔬菜高效农配套技术开发试验	定陶县蔬菜办
	8	菏泽市 20 万亩玉米高产优质品种及秸秆覆盖增产技术、持续高效农业综合科技发展试验区	菏泽市种子站 东明县政府

续表 27-3-2

年份	序号	获奖成果名称	完成单位
2000	9	农作物新品种引进、展示及高产开发	地区农技站
	10	杏优良品种早期丰产栽培试验	定陶县冉堌镇政府
	11	蛋鸡高效促卵宁饲料添加剂的应用开发	菏泽农校
2001	1	RT 培司连续催化氧化新工艺	山东圣奥化工股份公司
	2	植物蛋白丝纺纱试验研究	东明县棉纺织厂
	3	夏大豆新品种跃进 10 号的选育	菏泽市农科所
	4	菏泽地区林业发展规划设计方案	菏泽市林业局
	5	杨树短轮伐期速生丰产工业原料林试验研究	东明县林业局
2002	1	牛胚胎工程技术应用研究	山东中大动物胚胎工程中心
	2	SC9-4000/35 树脂浇注干式电力变压器	山东达驰变压器厂
	3	牡丹国庆节催花品种选育与牡丹根结线虫病防治技术研究	菏泽市牡丹区牡丹研究所
	4	日本新世纪梨引种及丰产优质栽培技术试验与芦笋病虫害发生规律及综合治理研究	菏泽市果树技术站　市植物保护站
	5	复方头屑净药物洗发膏的研制及临床应用	菏泽市立医院
	6	胸膜腔内注入尿激酶预防结核性渗出性胸膜炎所致胸膜肥厚和包裹性积液的研究	单县中心医院
	7	利用疝囊行无张力疝修修补术的临床应用研究	菏泽市牡丹人民医院
2003	1	新型计算机监控连续泡沫镍生产设备及工艺的研究与应用开发	菏泽天宇公司
	2	SCB10-500/10 树脂绝缘干式电力变压器	山东现代达驰电工电气股份有限公司
	3	WFS 微粉筛的研制	巨野县麟州筛分机械有限公司
	4	高油高产夏大豆、菏豆 13 号新品种选育及配套栽培技术研究	菏泽市农业科研所
	5	苹果绵蚜发生规律及小麦病虫害综合预报治理研究	菏泽市植物保护站
	6	中胸段硬膜外神经阻滞防治急性肾小管坏死的实验研究	菏泽市立医院
	7	糖心康胶囊的制备及应用实验研究	菏泽市立医院
2004	1	SH-M.T.R.——160：63/10 全密封卷铁心调整电力变压器	山东现代达驰电工电气股份有限公司
	2	对三氟甲基苯甲醛、7- 苯乙酰胺基 -3——氯甲基头孢烷酸对甲氧苄酯（GCLE）	菏泽睿源化工有限公司
	3	AMPS（2- 丙烯酰胺基 -2- 甲基丙磺酸）的中试	菏泽朝辉化工有限公司
	4	全汁芦笋酒的发酵工艺研究	山东三鼎食品蔬菜有限公司
	5	高产优质大豆新品种菏豆 12 号选育及其配套栽培技术	菏泽市农科院
	6	牡丹三种病害发生规律及新品种示范与推广	菏泽市林业局
	7	农业有害生物规范化防治技术研究与推广	菏泽市植物保护站

续表 27-3-2

年份	序号	获奖成果名称	完成单位
2005	1	液化气芳构化生产三苯技术工业化应用研究	东明石化集团有限公司
	2	YB-35/0.4-1600 予装式变电站、组合式变压器	山东现代达驰电工电气股份有限公司
	3	汽车散热器专用 GTOIA 高精纯铜箔	菏泽广源铜带有限责任公司
	4	青霉素亚砜对甲氧苄酯	菏泽睿昌化工有限责任公司
	5	甲壳质基生物膜组织物抗菌保健整理甲壳膜抗菌保健毛巾	曹县恒信巾业有限公司
	6	用裂解 C5 生产异戊二烯中试研究	山东玉皇化工有限公司
	7	超厚泡沫镍生产工艺的研究与应用	菏泽天宇科技开发有限公司
	8	优质高效牡丹栽培及病虫害防治技术研究	菏泽市林业局林科所
	9	曹州叶霸系列叶面肥研制与产业化开发	菏泽开发区曹州农用化学公司
	10	中药微生态发酵生产饲用维生素饲喂肉仔鸡实验研究	菏泽市牧翔家禽研究所、菏泽市动物防疫监督所
	11	大豆病虫害系统控制技术研究与开发	菏泽市牡丹区植物保护站

第二节　成果推广

农业科技成果推广　1986—2005 年，菏泽市重大农业科技成果的推广应用，主要有农作物优良品种和提纯复壮技术，模式化栽培技术及间作套种立体种植技术，种植绿肥、秸秆还田培肥地力和科学施肥技术，农作物病虫害综合防治技术，农田节水灌溉技术，果品优质高产高效生产技术，平原绿化林木速生丰产技术，牧草种植和畜禽蛋高产低耗高效生产及管理技术，水产品增产养殖技术，农副产品深加工技术等。农业科技成果推广的实施实现直接经济效益 20 亿元，间接经济效益 150 亿元，为农业发展农民致富提供科学依据和技术支撑。其中效益比较突出的农业科技推广项目有晚播优质高产小麦“金铎 1 号”示范及高效种植模式，小麦亩产达 450 千克以上，2004 年推广 3.33 万公顷，2005 年推广 103.33 万公顷，实现收入近 7 亿元；速生丰产林与优质牧草间作种植技术，每年推广 2 万公顷 ，年新增总收入 1.8 亿元；黑羽乌骨鸡集约化养殖技术每年实现产值 2400 万元，利税 710 万元。

工业科技成果推广　1986—2005 年，菏泽市在工业方面主要推广节能降耗技术、造纸节能制浆技术、新型机器制造技术、热喷电刷镀技术、计算机控制技术等。其中效益比较突出的工业科技成果推广项目 WFS 微粉筛每年推广 100 台，实现销售收入 1500 万元；超大分子量聚丙烯酰胺应用，3000 吨生产装置年产值 6000 万元，实现税利 760 万元，利润 300 万元。

其他领域科技成果推广　菏泽“301”复合酶剂快速催腐秸秆还田技术开发与推广始于 1993 年，是全省唯一的在长江流域、黄淮及华北地区进行的重点推广地区，年推广面积过 6.67 万公顷，亩还田秸秆 300 千克，年新增收效益 1.2 亿元。

第四章　科技管理

第一节　科技队伍

专业科研机构　1986年，地直具有独立法人资格的科研机构有科技情报所、农业科学研究所、林业科学研究所、农业科技开发中心、工业经济研究中心、计划生育研究所。1991年成立计算机应用研究所，1993年成立电子通信工程研究所。2001年计算机应用研究所破产，人员并入电子通信工程研究所。

专业科技人员　1987年，按照国家和全省的统一部署，菏泽地区成立职称改革领导小组，下设办公室与地区科委科技干部处合署办公。职改办设立后，在全区先后开展了农业、工程、经济、会计、卫生、教育等24个系列的职称改革工作。至2005年，全市专业技术人员达到190899人，为1985年的7.3倍；其中高级职称人员11080人，占5.8%；中级职称人员52823人，占27.7%；初级以下人员126996人，占66.5%；分别为1985年的1108倍、41.6倍、5.1倍。

科技特派员　2004年，科技特派员工作在全市9县区全面开展。2004—2005年，东明县、曹县、单县、巨野县、定陶县、成武县、郓城县、鄄城县被山东省列为科技特派员工作试点县，牡丹区被菏泽市列为科技特派员工作试点区。至2005年年底，全市共下派科技特派员340人，结成利益共同体112个，推广新产品新技术280项，形成龙头企业27家。

市政府表彰和奖励科技特派员

第二节　计划管理

1986年始，地区科委牵头组织编制科技发展规划，安排实施科技攻关计划、星火计划及1988年组织实施的火炬计划、1990年组织实施的科技成果重点推广计划、1993年组织实施的国家级重点新产品计划、2001年组织实施的农业良种产业化计划、2002年组织实施的农业科技园计划等。1991—2004年全市共组织实施国家、省科技计划956项，争取资金4172.2万元。通过这些项目的实施，开发新产品300余种，增产粮食120万吨、棉花12万吨，新增产值32亿元、利税5.2亿元，节创汇 2.2亿美元。

科技发展规划 1990年开始，地区科委制定《菏泽地区八五科技发展规划》，确定以农业中低产田开发为重点，在农业、畜牧、林果、水产、纺织、化工、机电、食品等12个方面，组织实施373项国家、省、地区级科技计划，争取国家和省支持资金682.7万元。这些项目的实施共增加粮食42.7万吨、棉花5.40万吨，新增产值10.49亿元、利税1.76亿元，节创汇7400万美元。其中定陶县承担的省科技攻关计划“平原农业畜牧发展样板县开发试验”研究，使该县畜禽存栏量由原来的17万头（只）发展为35.1万头（只），其中牛由7万头发展为13万头，羊存栏量由31.2万只发展为61万只；使猪、羊、家禽分别增长18%、95.5%、79.16%；畜牧业总产值提高140%。通过研究探索出一条“六化”“九同步”的畜牧业综合发展思路。

1995年，《菏泽地区九五科技发展规划》确定以调整农业结构，发展优质、高效农业为重点，在农业、畜牧、林果、水产、纺织、化工、机电、食品等方面，组织实施332项国家、省、地区级科技计划，争取国家和省支持资金1328万元，周转金1500万元，科技贷款8000万元。这些项目的实施共增加粮食47万吨、棉花5万吨，新增产值10.5亿元、利税1.8亿元，节创汇7500万美元。其中曹县人民政府承担的省科技攻关计划“荒滩废堤果树开发试验”采用优良树种、统一用药、统一施肥、统一管理，使万亩苹果优质品率达90%以上，亩收益达4000元以上。

2000年《菏泽地区十五科技发展规划》，确定以发展优质、高效、安全农业为重点，在农业、畜牧、林果、花卉、纺织、化工、医药、机电、食品等方面，组织实施261项国家、省、地区级科技计划，争取国家和省支持资金2161.5万元，带动科技投入1.75亿元。其中2003年市政府承担的国家重大科技专项《重要技术标准研究》地方试点项目，制定省地方标准10项，市地方标准8项，建立标准化企业4家、标准化基地12个，极大地推进全市农业标准化进程，加快农业标准化示范区的建设步伐。项目期内，全市共建立国家级农业标准化示范区5个，省级农业标准化示范区4个，市级农业标准化示范区8个，并有64个产品被认定为国家无公害农产品。

科技攻关计划 1991—2000年，全区共安排攻关计划186项，其中1993年安排省市攻关项目多达49项，投入攻关经费128.15万元，新增产值3.82亿元、利税5404.9万元。2001—2004年，全市共安排科技攻关计划136项，投入攻关经费1601.5万元，其中国家攻关项目2项，经费100万元；省攻关项目39项，经费361.5万元；市攻关项目95项，经费1140万元。

“星火”计划 1986—2005年，菏泽市共组织实施国家级“星火”计划项目79项，省级“星火”计划项目248项（省级“星火”奖于2000年取消），总投资16.7亿元，取得经济效益40亿元，其中获省科技“星火”奖一等奖3项，二等奖20项，三等奖38项。

1990—1999 年菏泽地区获省科技“星火”奖项目一览表

表 27-4-1

年　份	项目名称	完成单位	获奖等级
1990	黄河故道渔业增产养殖技术开发	曹县水产局	三等奖
1991	ST7 调容变压器技术开发	成武县变压器厂	一等奖
	S．C．G 植物胶生产技术开发	东明县植物胶厂	
	裘皮衣猾皮染色技术开发	成武县皮毛厂	二等奖
	麦棉两熟高产栽培技术开发	成武县棉花生产办公室 成武县科技开发中心	三等奖
	变色绒线生产技术开发	地区毛纺厂	
	羊肠衣综合利用技术开发	单县工贸合资医用制品厂	
	用电镀含铬废渣废液制取铬鞣剂	郓城县皮衣衣厂	
	星火科技管理	东明县科委	
1992	利用法国利木迁赞牛改良鲁西黄牛技术开发	曹县畜牧服务中心	二等奖
	狗皮编网系列产品研究与开发	郓城县兴华制革厂	
	橡胶多功能填料 -YPX 补强剂	郓城县精细化工厂	
	深化实施星火计划管理模式初探	成武县科委	
	山羊皮系列产品技术开发	巨野县新华皮革制品厂	三等奖
	WH-1 复合加脂剂技术开发	成武县皮革化工厂	
	曹州大衣呢生产技术开发	地区第二毛纺织厂	
1993	食用菌良种基地建设	菏泽市丹阳办事处	二等奖
	牛皮四季服装革生产技术开发	郓城县苏阁皮革制品总厂	
	夏大豆高产技术开发试验	菏泽市科学技术开发中心	三等奖
	LW3-10 高压断路器技术开发	成武县机电厂	
	12040 白方格大衣呢生产技术开发	地区第二毛纺织厂	三等奖
	星火科技管理与人才培训，狠抓星火培训，促进科技兴市	菏泽市科委	
1994	“金城秀”编麻花机绣产品及桐木柳草编工艺品开发	曹县桐草工艺厂	二等奖
	超薄型厚 0.06 毫米轿车专用水箱铜带技术开发	菏泽市铜带厂	
	棉花良种繁育、麦套春棉地膜覆盖及十万亩低产田综合技术开发	成武县种子公司　巨野县棉花办公室　曹县人民政府	三等奖
	果品优质丰产、万亩苹果幼树早期丰产及阳信鸭梨套袋技术开发	巨野县董官屯果树科技服务站巨野果树站	
	N.N- 二环乙基二亚胺（DDC）的试制	山东大学化学实验厂、菏泽分厂	
	三等奖胃宁冲剂新产品生产技术开发	菏泽市制药厂	
	ZQM 型系列球磨机、抗磨铸铁磨球及高碳低合金锻热淬火钢球	山东省冶金研究所郓城合金钢球厂	

续表 27-4-1

年份	项目名称	完成单位	获奖等级
1995	不同生态类型作物种植规格改革及大白菜露地越冬杂交制种技术开发	菏泽市蔬菜研究所	二等奖
	高档羊皮防水服装及兔皮系列产品	菏泽州达裘革集团公司郓城县皮衣厂	
	铁路专用隔离节能变压器	菏泽市变压器厂	
	千亩冬暖式塑料大棚及创汇蔬菜生产加工技术	成武县宝峰蔬菜开发公司	
	优质系列面粉新工艺及多维五谷粉系列产品生产技术开发	菏泽市第二面粉厂	三等奖
	常温染色新工艺苎麻棉七彩线及芳香防蛀毛呢生产技术开发	地区第二毛纺织厂	
	系列高档抽纱品开发及玻璃纤维涂塑印花窗纱生产技术开发	菏泽市窗纱厂	
	熔膜精密铸造及不锈钢边角料冶炼生产技术开发	菏泽市铜带厂	
	XYB 箱式变电站、GGD 型充流低压电电柜及 DJD7-150/6 型解堵变压器技术开发	山东达驰变压器厂	
1997	肉牛育肥综合配套技术开发	地区牧工商总公司	二等奖
	凤丹实性苗嫁接观赏牡丹在商品化生产上的应用	曹州牡丹花木开发总公司	三等奖
	N-乙基双氧哌嗪酰氯（T-1216）及 HPMC 高纯羟丙基甲基纤维素	山东大学菏泽化学实验厂	
	太阳礼花大理石系列美术漆技术开发	单县特种油漆厂	
	稳心颗粒剂新产品技术开发	山东菏泽制药厂	
	仿马海毛银枪呢及纯棉经编拉舍尔毛毯	地区第二毛纺织厂	
	有载智能调压变压器及变压器绝缘油	菏泽市变压器厂	
1998	五十万亩麦套西瓜高产高效综合技术开发	地区农业技术推广站	二等奖
	大棚蔬菜高效无公害生产技术开发	成武县人民政府　成武县蔬菜局　成武县科技开发中心	二等奖
	远程电子防窃系统	曹县电业公司 地区教育学院	
	鲁麦一号小麦提纯复壮种的大面积开发	郓城县老龄农业新技术应用研究所	三等奖
	沿黄欠发达地区生态农业综合技术开发	菏泽市农业环境保护站	
	“301”苗种生产技术开发蓝狐提纯复壮及高效饲养技术开发	菏泽市棉花原种场 曹县畜牧服务中心	
	绿色蔬菜饮料与速冻蔬菜综合技术开发	曹县磐天蔬菜饮料有限公司	
	无味辣椒红色素技术开发	成武县天然色素厂	

续表 27-4-1

年 份	项目名称	完成单位	获奖等级
1999	菏泽地区实现主栽树种造林良种化开发试验	地区林业科技推广站	一等奖
	花生良繁节种高产栽培及病虫害防治综合技术开发	地区农技站	二等奖
	二等奖氯甲酰基甲磺酰咪唑烷酮	菏泽睿辰科技开发有限公司	
	星火计划的组织与管理	地区科委“星火”办	
	优质小麦良种繁育及高产栽培技术开发	成武县科技开发中心	三等奖
	蒜棉瓜菜高产高效技术	成武县蔬菜局	
	防治枣树日本龟蜡蚧及园林植物病虫害技术开发	巨野县林木保护站	
	海狸呢生产技术开发	山东天香集团	

“火炬”计划 1994—2005年，根据国家和省科委的要求，菏泽市科技局在全区共组织实施“火炬”计划项目46项，其中国家级20项，省级26项，总投资17亿元，新增产值8亿元、利税2.7亿元；培植省级高新技术企业30家，省级高新技术产业生长点16家。

科技成果重点推广计划 1986—2005年，菏泽市建立3处省级农林科技示范园，带动和辐射了新科技成果的推广。成果推广以农业科技成果为主，如农作物、林果、蔬菜优良品种及保护地栽培、节水灌溉技术，畜禽养殖和生物工程技术，农副产品深加工和保鲜贮藏技术等。至2005年，全市实施重点科技成果推广计划147项，其中良种产业化和农业科技成果转化项目42项。

第三节 经费管理

1985年以前，科技投入主要依靠国家、省级科技项目拨款，无偿使用。1985年后，实行国家拨款与地方匹配投资相结合，建立科技发展基金，形成财政拨款、金融贷款和单位自筹相结合的科技投入体系，三项经费（新产品试制费、中间试验费、重大科技项目补助费）的使用也由无偿逐步变为有偿和部分有偿。

在科技经费管理方面，市科技局对国家、省、市财政拨款实行统一管理，按年度科技计划随项目下达，并由市财政局、市科技局每年对项目经费使用情况进行监督检查，在项目结束时由市审计局进行审计，保证科技经费专款专用。至2005年，市财政列支的科技经费已占当年市财政预算支出的0.45%。

第四节 成果管理

科技成果鉴定 1986年9月以前，科

《菏泽煤化工产业发展战略研究与项目策划》通过科技成果鉴定

技成果鉴定按照1979年10月山东省科委制定的《关于科学技术研究成果管理试行办法》执行。1986年9月，山东省科委印发《山东省科学技术成果鉴定暂行办法》，科技成果改按暂行办法进行鉴定。1995年12月28日，山东省科委发布《关于贯彻国家科委〈科学技术成果鉴定暂行办法〉的意见》，从此省科委办法废止，国委科委办法施行。在鉴定方法上，1995年以前多采用验收鉴定、会议鉴定、通信鉴定、检测鉴定等几种形式。1995年以后按照新办法规定，采用会议鉴定、函审鉴定、检测鉴定三种形式。对通过鉴定的科技成果，由组织鉴定单位颁发科技成果鉴定证书。至2005年，全市通过市级以上组织鉴定的科技成果共计2006项，其中经省科技厅组织鉴定的有250项，市科技局组织鉴定的有1756项；被评为国内先进水平的有204项，被省内评为先进水平的有1468项。

1986—2005年菏泽市（地区）科技成果鉴定情况一览表

表27-4-2　　单位：项

年　份	组织鉴定机关		评定水平		合　计
	省科技厅	市科技局	国内先进	省内先进	
1986	5	46		46	51
1987	5	35	1	39	40
1988	7	36	2	41	43
1989	10	78	5	83	88
1990	12	47	5	54	59
1991	15	89	5	99	104
1992	10	79	3	86	89
1993	8	66	4	70	74
1994	10	77	10	50	87
1995	17	81	15	66	98
1996	15	78	12	50	93
1997	15	95	10	78	110
1998	18	113	20	79	131
1999	21	161	24	109	182
2000	16	103	16	83	119
2001	13	108	13	90	121
2002	17	139	20	104	156
2003	15	121	18	98	136
2004	17	181	17	120	198
2005	4	23	4	23	27
合计	250	1756	204	1468	2006

科技成果奖励　1993年，地区行署制订《科学技术进步奖励试行办法》。该办法规定科技进步奖的奖励范围、等级和奖金标准。奖励等级按成果水平高低、经济效益和社会效益大小及对推动科技进步的作用分为三等：一等奖奖励1000元，二等奖500元，三等奖300元。2004年11月，市政府对奖金标准做了调整：一等奖奖励6000元，二等奖3000元，三等奖1000元。同年，市政府设立重大贡献奖，对在科学技术创新、成果转化和高新技术产业化中有重大技术发明、创造，取得了巨大的经济效益或者社会效益的单位，奖励奖金30万元，奖励资金由市财政列支，但每年授奖单位数一般不超过2人。

菏泽市重大科技贡献奖颁奖

第五节　科技目标责任制考核

1991年，菏泽地区开始实行科技目标责任制考核。按照菏行办发〔1991〕34号文件精神，地区科委在全区开展乡镇科技达标活动（后称科技先进乡镇），从科技管理体系、科技推广服务体系、科技示范体系、技术培训体系以及经济效益等方面对先进乡镇标准都做出明确规定。经3年的实施，最后有48个乡镇通过验收，被行署命名为科技工作先进乡镇。按照科技部的安排，从1995年开始，在全区范围内开展创建全国科技先进县活动，1996年东明县和曹县通过国家验收，1997年菏泽市、定陶县、郓城县、巨野县、鄄城县、成武县通过国家验收，1998年单县通过国家验收。全区9县市先后被国家科委授予全国科技工作先进县市称号。1999年，菏泽地区按照省委组织部、省科委、省人事厅鲁科政字〔1998〕70号文件精神，在全省率先进行县（市）党政领导科技进步目标责任制考核，按照评分标准，对全区9县市实行量化打分，排出顺序。2003年通过考核验收，东明县又被科技部评为2001—2002年度全国科技进步先进县。2005年，牡丹区、东明又被科技部评为2003—2004年度全国科技进步先进县。同年，省科技教育领导小组对菏泽市政府进行科技进步工作绩效考核，市科技领导小组对9县区政府也进行科技进步绩效考核工作。

第六节　科技政策

1987年，地委、行署召开全区科技工作大会，提出发展科技工作“二、二、二”新路子：坚持两个结合，即科技发展与经济、社会的发展紧密结合，科技的发展与发挥区内资源优势相结合；搞好两个开发，即新技术新产品开发，智力开发；抓好两个引进，即大力引进新技术新成果，大力引进科技人才。1988年，地委、行署联合下发《关于放活科研机构、放活科技人员的暂行规定》。在此政策的招引下，全区9

个县市分别从中国农科院、山农大等单位聘请科技副县市长，地直部门选派100多名懂技术、会管理的业务骨干到各县市任科技副乡镇长。1990年，地委、行署作出“科技兴菏”的战略决定，把1990年定为实施“科技兴菏”战略的第一个科技年，并制定《关于依靠科技进步加速振兴菏泽经济的决定》《关于推动工业企业技术进步的决定》《关于依靠科技进步，促进粮棉油增产的决定》1、2、3号文件。同时，行署还下发《菏泽地区招聘引进人才的政策规定》，对引进人才的范围、方式及待遇等都作出明确规定。1993年，行署下发《民办科技机构管理暂行办法》，使全区民营科技企业得到健康、有序、快速发展。1998年始，地委组织部、地区科委、地区人事局每年都对县市党政领导进行一次科技进步目标责任制考核，以此作为衡量领导干部政绩和调整使用的依据，充分调动各级领导抓科技工作的积极性。2000年，行署下发《技术市场管理暂行办法》，推动了全区技术市场的规范、快速发展。同年地委、行署下发《关于大力推进科技进步实现经济持续快速发展的意见》，要求各级党委、政府增强科技意识，把科技进步作为经济和社会发展的关键，摆在全局工作的突出位置来抓，并切实加强对科技工作的领导；实施“一把手”抓“第一生产力”责任制，充实调整各级科技领导小组，加强对科技工作的监督、检查和指导；确定把科技进步情况纳入到县区千分制综合考评中，所占比例不低于10%。2002年8月25日在全市高新技术工作会议上，市委、市政府下发《关于进一步加快高新技术产业发展的决定》，首次把发展高新技术提上议事日程。2004年市政府先后制订《关于加快中药现代化发展的意见》《菏泽市科学技术奖励办法》，规定获市科技进步一、二、三等奖奖励资金数额，并设立“菏泽市重大科技贡献奖”。2005年市委、市政府下发《关于大力推动科技进步加快高新技术产业发展的决定》，对扶持高新技术产业发展的优惠政策、保障措施等都作出明确规定。同年召开全市企业技术创新工作会议，决定对各县区进行科技进步工作绩效考核，市科技领导小组出台考核实施意见。

第五章　农业科研

第一节　科研队伍

菏泽地区农业专业技术人员主要集中在地区农业科学研究所。1986年，地区农科所有专业技术人员47人，其中具有高级职称的1人，中级职称18人，初级职称6人。专业技术人员主要从事小麦、大豆、玉米、棉花、园艺、蔬菜、畜牧、植物保护、土壤肥料等方面的研究。1995年，专业技术人员增加到70人，其中具有高级职称的9人，中级职称21人。2005年，农业科学院（原农科所）共有各类专业技术人员67人，其中农业技术推广研究员6人，高级农艺师

18人，高级畜牧师1人，农艺师22人；具有正高级职称的专业技术人员占各类专业技术人员的9%，副高级占29.9%，中级占35.8%。在各类专业技术人员中，具有本科以上学历的29人，占43.3%；具有专科学历的19人，占28.4%；中专及以下学历19人，占28.3%。

第二节　自主研发产品

在长期的研究过程中，市农科院（地区、市农科所）搜集、整理、创造一大批的动植物种质资源，并通过与全国科研单位的资源交换，不断得到丰富和发展。至2005年年底，保存大豆、小麦材料各4000余份，玉米2000余份，棉花、花生、蔬菜、花卉、林果、畜牧等种质材料1000余份，利用这些丰富的生物种质材料，开展各类作物的育种工作。通过杂交育种、系统选育并结合基因导入、辐射诱变等新技术手段和途径，培育的农作物新品种主要有鲁麦4号、菏363、菏310、菏90－3、菏139等小麦品种和菏95－1、菏95－2、菏96－1等玉米品种，平均产量分别达到899.9千克、792.4千克，填补菏泽高产育种的空白。

大豆研究是市农科院科研强项。1986—2005年，先后选育出大豆新品种20余个，主要有菏84－5、菏9206、菏88－24、菏90－24、菏95－1、菏99－6、菏96－8等，其中菏84－5于1990年通过山东省审定；菏88－24于1993年通过山东省审定，定名为鲁豆9号；菏90－24于1999年通过省审定，定名为跃进10号；菏95－1于2002年通过山东省审定，定名为菏豆12号，2005年被列入“863”计划；菏99－6于2005年3月通过山东省审定，定名为菏豆13号，6月通过国家审定，填补了菏泽市近20年没有国审品种的空白，成为农业部大豆良种繁育基地建设项目主栽品种。

第三节　科研项目及科研成果

科研项目　作为农业科研单位，市农科院始终把科研工作放在首要位置，先后在引进和保存种质资源、新品种选育与推广、育种及栽培理论研究、粮食生产基地建设、商品粮基地建设、优质棉基地建设、高产示范开发等方面开展卓有成效的工作。从1986年起，承担国家、山东省大豆、棉花区域试验和生产试验，山东省小麦区域试验和生产试验，山东省玉米区域试验；1997年又增加山东省花生区域试验和生产试验，2004年增加国家黄淮南片小麦区域试验和生产试验，2005年被山东省种子管理站批准为山东省农作物品种区域试验站挂牌单位。至此，市农科院每年承担国家、山东省区域试验和生产试验及新品种(系)本地适应性评价试验20余项，国家、山东省、市科技攻关、良种产业化等重大科研项目3～5项。20年间累计达80余项（区域试验和生产试验每年基本一致，不重复计）。

2001年后，科研工作得到进一步加强，特别是加大项目申报力度，数量不断增多，经费稳步提高。2004年申报项目15项，立项4项，到位资金66万元；2005年申报项目25项，立项6项，到位资金65万元。

科研成果　20世纪80年代中后期，

山东省科技成果评审工作逐步开展，从省到市科技成果管理系统逐步完善，推行一整套管理制度和实施细则，充分调动科技人员钻研业务的积极性，促进科研工作的开展和成果的大量涌现。1986—2005 年，市农科院先后获国家、省、市级奖励 54 项，其中国家级奖励 4 项，省级奖励 19 项，市级奖励 30 项，是全省地市级农业科研院所中获奖较多的单位之一。

1986—2004 年菏泽市（地区）获省级以上农业科研成果一览表

表 27-5-1

年　份	获奖成果项目名称	获奖等级
1986	棉花新品种区试	农业部优秀成果一等奖
1986	菏泽地区麦棉两熟气候条件分析	省科技进步三等奖
1986	山东省夏大豆丰产栽培技术研究	省科技进步二等奖
1987	大豆密植的田间分析及产量方程	省科技进步三等奖
1988	大豆高产生理生态条件研究	省科技进步三等奖
1988	“鲁麦四号”新品种	省科技进步三等奖
1989	西瓜不同熟期综合栽培技术研究及推广	省科技进步三等奖
1989	大豆不同类型间作的群体生态特点及其对提高光能利用的效果	省优秀学术成果三等奖
1991	山东小豆、饭豆种质资源性状编目鉴定、繁种攻关研究	农业部阶段性研究特等奖
1991	菏泽地区沿黄县市大豆商品基地规划研究	省科技进步三等奖
1992	“菏 84-5”大豆	省科技进步三等奖
1992	黄淮海平原夏大豆高产优质新品种选育及栽培技术研究	省科技进步三等奖
1992	全国不同生态区优质棉花高产技术研究与应用	农业部科技进步一等奖
1992	优质棉基地县建设科技服务	省农业厅科技进步一等奖
1993	大豆亩产 400 斤以上生育规律及栽培技术研究	省科技进步三等奖
1997	黄淮流域夏棉区域试验及应用	省科技进步三等奖
1999	全省脱毒两薯繁育与推广	省农委三等奖
2000	小麦高肥区试（1998—2000 年）	省农作物品审会一等奖
2001	大豆区试及应用	省品种审定委员会一等奖
2002	档案信息资源的开发利用研究	省档案局四等奖
2003	高产高蛋白大豆品种“冀豆 12 号”推广	农业部丰收一等奖
2003	高油高产大豆新品种选育及配套栽培技术的研究	省科技进步三等奖
2004	高产优质夏大豆新品种“菏豆 12 号”及其配套栽培技术	省科技进步三等奖

第六章　知识产权保护

第一节　专利行政执法

取得行政执法证　1998年9月，地区专利管理局组织全区47人参加省专利局举办的专利执法业务培训班，考试成绩总分全省第一。2003年、2005年两次组织市知识产权局及部分县区知识产权局专利执法人员16人，参加国家知识产权局举办的专利行政执法人员培训班。至年底，市、县区知识产权局有16人取得国家专利行政执法证，38人取得山东省专利行政执法证。

制订制度与政策　为做好专利管理工作，地区专利局制订一系列的规范制度和政策文件。1998年，地区专利局制订《菏泽地区专利纠纷处理规程》《菏泽地区查处假冒、冒充专利行为规程》。2002年，市知识产权局与市教育局、科技局、科学技术协会联合下发《关于在全市中小学生中开展“鼓励发明创造、申请专利活动”的通知》，与市财政局、科学技术局联合制订《菏泽市专利申请资助金管理暂行办法》，与市经济贸易委员会联合制定《菏泽市“无假冒、冒充专利产品商店（场）”认定管理暂行办法》。2003年拟订《菏泽市专利管理办法》，并把送审稿交法制局。2004年与市财政局联合制定《菏泽市知识产权专项资金管理使用办法》，原《暂行办法》不再使用。2005年为贯彻落实《山东省知识产权战略纲要》，代市政府草拟《菏泽市人民政府关于加强知识产权工作的意见》，并修改完善。

执法成效　按照《山东省专利纠纷处理资格指定办法》，经省专利局批准，地区专利管理局于1999年9月获得专利纠纷处理资格，具体负责处理菏泽地区内的专利纠纷。2000—2005年，该局共处理专利纠纷6件，其中有发明专利申请权权属纠纷1件、实用新型专利权权属纠纷1件、实用新型专利权侵权纠纷2件、外观设计专利权侵权纠纷2件。

2002年7月，市知识产权局在菏泽市行政审批大厅设立服务窗口，提高了办事效率。办理的审批事项主要有：设立冠以“专利”名称的单位审批；设立专利代理机构资格认定审核；专利实施许可合同备案；设立专利信息检索或中介服务机构资格认定审核。2003年，三联商社菏泽有限公司、菏泽金霸商贸有限公司、菏泽百信购物中心、郓城县上海华联超市、郓城县开元商城有限责任公司、鄄城县信合万家福百货有限公司、巨野县麟祥摩托车销售有限公司7家单位被授予首批“无假冒、冒充专利产品商场”。2004—2005年，在保护知识产权专项行动中，检查商场、药店106家，登记专利产品706件，并对检索确认的40余种无效或终止专利产品按照有关规定进行及时处理；对20多家涉嫌假冒他人专利的生产厂家进行查封，查处涉嫌假冒商标120余件；检查图书市场30余个，音像市场200多处，销毁盗版图书2000余册，非法复制音像制品、电子出版物14万盘（张、盒）。

第二节　专利申请与代理

专利申请　1998年1月地区专利管理局成立后，专利申请量逐年大幅度提升。政策支持、资金扶持激励了境内大量自主知识产权的涌出。2000—2003年，市财政从科技三项经费中拿出10万元用于资助专利申请，2004年又拿出20万元用于资助专利申请。2005年从财政上单列20万元用于资助专利申请，并执行新的资助标准，即：发明专利申请资助1500元，实用新型专利申请资助600元，外观设计专利申请资助300元。

1986—2005年菏泽市（地区）专利申请和授权量统计表

表27-6-1　　单位：件

年　份	申请量	授权量
1986—1999	652	685
2000	153	155
2001	173	167
2002	183	122
2003	243	136
2004	333	197
2005	443	150
合计	2180	1612

专利代理　1992年国家实行专利代理人考试制度以后，菏泽市共有3人通过考试取得代理人资格。该3人均受聘到北京、济南等地专利代理公司工作。至2005年，菏泽市没有一家专利代理机构。

第三节　专利技术与项目实施

专利技术用于具体实施，产生良好的经济效益和社会效益。东明石化实施“催化裂化干气利用系统”，在2002年实现产值1.5亿元、利税2180万元，每年可为企业节约资金500万元。成武现代达弛集团“调容变压器”“密集节能调容变压器”专利、成武呈祥电工电气股份有限公司的“干式变压器绕组导线”专利、定陶天元生物制品厂“硫酸软骨素及其生产方法”专利、市公路三处的“一种热管热油式沥青加热装置”专利、单县医用制品厂“医用缝合线”专利、山东百寿坊食品有限公司的“方便干燥浓缩羊肉汤制作工艺”专利等等，这些专利技术使企业扩大市场占有份额，增加企业效益，实现长足发展，为地方经济发展做出积极贡献。

2004—2005年，曹县木制品工艺专利成为新的亮点，使许多企业感受到申请专利的益处。至2005年，全市共有山东专利明星企业5家，分别是：山东单县康利达医用制品有限公司、山东达驰电气股份有限公司、山东省菏泽市公路管理局工程三处、山东省呈祥电工电气有限公司、山东菏泽牡丹区阳光能源技术开发公司。

第四节　专利信息传播与检索

市知识产权局充分利用专利信息资源，为专利申请、技术开发及法律状态查询等工作提供服务。2004年开始推行定点企业免费专利信息检索服务，帮助企业跟踪了解有关行业产品的技术发展趋势，并向相关企业推荐优秀的专利技术项目。2005年，围绕“三大基地”“六大产业”，筛选推介100项专利技术。随着社会公众对专利信息资源重要性的认识不断加深，菏泽市专利信息检索量也明显上升。专利信息检索正在技术引进、开发、项目决策、实施等方面发挥积极作用。

第五节　专利宣传与培训

1998年，地区专利局对地委、行署确定的22家重点企业的老总、工程师进行培训。1999年，与司法局、普法办联合把专利法的学习列入企业“三五”普法内容，有近4万名副股级以上的领导干部参加学习考试。2000年，与市委宣传部等7部门联合组织750人参加全省企业领导干部知识产权函授培训，并通过结业考试。2001年，与人事局联合把专利基础知识学习列入专业技术人员继续教育的内容，并协同市委、党校编辑出版《知识产权保护概况》一书。中国加入WTO后，菏泽市邀请国家知识产权局协调管理司顾晓莉司长到菏泽作报告，市五大班子领导及县区、市直各部门、各大中专学院、大中型企业负责人参加报告会。

2004—2005年的4月21—26日，全市开展知识产权宣传周活动，市委、市政府领导发表电视讲话和署名文章，专利局在大街悬挂横幅，张贴标语，设咨询台，开展执法活动。

第七章　气　象

第一节　气象测报

气象观测　地面气象观测　1986年，定陶县、成武县、单县、梁山县、曹县、巨野县、郓城县、鄄城县、东明县为一般气象观测站，其中单县、梁山县还是航危报站，承担航空观测及编发预约航空天气报、危险天气报任务。菏泽气象台为国家气象基本观测站，同时承担编发航危报任务，其观测资料参加国际气象资料交换。1989年12月，梁山县气象局划归济宁市气象局，地面观测和航危报业务随之划归。1995年经中国气象局考察批准，国家气象基本观测站由菏泽迁至定陶，菏泽改为一般气象观测站。1986—1990年，地面气象观测站使用PC-1500计算器处理观测资料，并编发气象电报和制作气象报表。

1991—2003 年，全市气象地面观测站全部使用计算机处理资料、编发气象电报和制作气象报表，大大减少气象观测员的手工劳动，提高工作质量和效率。2004 年始，全市地面气象观测站对部分气象要素实行自动观测，使地面气象观测向现代化迈进了一大步。

雷达探测　菏泽市雷达探测业务始于 1974 年，按照中国气象局编制的《测雨雷达观测手册》等技术规定定时和实时进行观测，同时参加汛期的全省联防。其探测项目主要包括回波的位置、形状、性质和强度，并跟踪探测回波的移向、移速发生发展等强度变化，描绘回波图，分析回波的高度，制作影响辖区的灾害性天气短时天气预报。20 世纪 80 年代至 90 年代，全省部分市地已更换为“713”“714”雷达。90 年代后期到进入 21 世纪，省内的滨州、济南、临沂、青岛、烟台、泰安已更换进口的“多普勒”雷达，实现雷达探测的高度现代化。菏泽的“711”雷达虽然在 1988 年进行大修、改造，1997 年进行数字化处理，至 2005 年雷达探测仍属于最落后的设备，只能维持用于人工影响天气作业探测。

农业气象观测　自菏泽地区实行农业气象观测，先后开展作物观测的有菏泽、曹县两台站，观测的作物有小麦、玉米、棉花 3 种。开展土壤水分观测的有菏泽、曹县、郓城县、巨野县、单县 5 个台站，每旬测定土壤湿度并向上级报告。开展物候观测的台站有菏泽、曹县两台站，观测的项目有树木（6 种）草本植物（6 种）发育及候鸟、昆虫（5 种）始鸣（见）日期。

天气预报长期天气预报　境内的长期天气预报始于 20 世纪 60 年代，是指 10 天以上 1 年以内的天气预报，包括月、季、年天气预报，由市（地区）气象局气象台制作，县气象局根据气象台预报意见和会商分析结论订正制作各县的月预报、季预报。到 80 年代已经有一套比较成熟的预报方法，主要是运用相似的顺推、惯性与非惯性，聚类分析，高度场制作线形和周期分析，MOUROV 型概率转移等制作方法预报市内的长期天气预报。90 年代始，随着计算机的广泛应用和不断升级，加之资料传递速度的提高，时间缩短，较为复杂的多要素的数学模式得以实现，在原预报方法的基础上因子选取量、数据量大大增加，预报模式和方法更为客观、先进。其主要运用的预报方法是：北半球环流相似，海温相关场应用，EOF 方法展开，主成分分析，均升函发，逐步回归、逐步判别和熵谱应用等。90 年代中期以后，使用厄尔尼诺和拉尼娜现象预测季节天气趋势，使长期天气预报的客观性、准确性提高一大步。

中期天气预报　市内的中期天气预报一般以制作 10 天的旬预报为主，20 世纪 80 年代区内各县气象局逐步开始制作。90 年代中期以后，根据农时关键季节、重点工程和人们生活及习惯的需要，开始制作周（7 天）预报，每年的麦收季节实行中短期相结合的时效，制作 7 天、10 天滚动天气预报。中期天气预报的内容包括旬平均气温，降雨量，旬内冷空气活动，降雨过程、时段、强度等。中期天气预报的主要方法，80 年代数理统计方法在中期预报中的应用已经比较成熟，始利用数值天气预报资料和欧洲、日本的数值预报结果综合分析制作。90年代以后主要预报方法是：高空环流分型相似预报法，即先用前期大气环流优势相关区制作线性预报公式，再应用数值预报结论与其他方法作订正预报，进一步提高中期天气预报水平。

短期天气预报　时效在3天以内的天气预报的主要内容是云、雨（雪）、雾、最低最高温度、风向、风速以及灾害性天气等。20世纪80年代末到90年代初，主要预报方法是动力学诊断和天气学方法结合的天气图分析。90年代中期以后利用数值预报产品的MOS预报方法、PP方法等。进入21世纪，随着地球各圈层研究领域的联合开拓，较为复杂的多物理量的计算方法在气候领域的广泛应用，加之“9210”工程的建立运行，扩大了天气预报信息资料的来源。开通全省联网的可视化会商，短期天气预报准确率大幅度提高，对灾害性天气的监测、预测能力显著增强。

农业气象情报和预报　农业气象情报工作主要是编发《农业气象旬月报》，其内容包括上旬的气候概况，未来的天气趋势、农事建议等。农业气象预报包括作物适宜播种期预报、小麦产量预报、牡丹花期预报等，其预报主要是无偿为当地政府和有关部门提供。

环境预报　环境预报是进入21世纪后新增加的预报项目，包括空气质量、舒适度、穿衣指数等预报，通过电视天气预报专栏向公众发布。

气象通信　境内的气象通信业务1985年以前经历了专业电话通信、人工抄报莫尔斯气象广播、无线电传、传真等阶段；1985年后相继配备短波收信机、图片传真机，接收国内外天气实况分析图、气象要素预报图和数值预报产品。20世纪80年代末开通省—地—县甚高频电话通信。1993年开通省、市气象部门远程终端。其后全区各县也相继开通远程终端，实现省—地—县气象部门的办公自动化，办公效率大大提高。1997年在地方政府的大力支持下，建立“9210”网络系统，地区气象局建立VST地球站，实现全国气象部门联网通信。1999年，各县气象局告别天气观测报通过当地邮局拍发的历史，直接由市—省气象部门的网络中心汇总，通过亚洲2号卫星发往国家主站。2000年，各县气象局先后建立PCVST卫星地面站，形成国家、省、市、县四级气象部门以卫星通信为主，以分组数据交换网和普通市话网为辅的网络通信系统，市、县气象部门均可接收各类气象资料和信息，首次实现各级气象部门的资料共享。2003年开通省、市ZM数字电路，气象通信业务驶向数字高速公路。同时，全市气象部门开始直接通过PCVSAT系统接收中国气象局远程终端培训。通过与Internet的连接，广大气象人员可直接了解世界风云的愿望变为现实，还可以通过气象网站向社会发布气象服务信息。2004年8月开通省、市可视化天气预报会商。2005年12月实现省、市、县可视化天气预报会商。

气象灾害防御　人工影响天气　1996年开始，境内各县陆续建立人工影响天气领导小组和实施作业指挥系统，办公室设在气象部门。作业的项目包括人工增雨雪，人工消雹、消雨雪等。2005年12月，境内共有人工影响天气火箭发射架9部（车载），指挥和操作人员39人，实施全市范围内流动作业。据统计，全市每年实施人工影响天气作业可达 3 ~ 10 次，而且效果比较明显。通过对比分析，一般可增加雨量 2 ~ 3 成，局地增雨可达 5 成左右；人工消雹效果更为显著，可减少损失 3 ~ 5 成。

雷电灾害防护装置检测　雷电灾害防护装置检测是指对可能遭受雷击的建筑物、构筑物和其他设施安装的雷电灾害防护装置的检测。此项工作是气象部门 90 年代新增业务。1990 年 5 月地区气象局专门建立防雷电灾害检测中心。到 1998 年，各县也相继建立检测中心。2002 年为加强安全生产，防灾减灾，市政府发布《菏泽防雷减灾管理办法》。至 2005 年，主要开展对所属地域现有建筑物、构筑物、各类通信设施、机房、加油站、液化气站等易遭雷击的场所每年检测 1 ~ 2 次，并建立检测档案，发放检测合格证；对检测不合格的设施和场所按技术规定实施整改工程；以源头上实施检测，对新建设施从图纸设计，施工到竣工全过程跟踪检测服务，并向建筑行政主管部门提供其是否符合防雷电要求的科学依据。

第二节　气象服务

20 世纪 80 年代中期，菏泽气象局确立气象工作要以气象服务为中心，以农业服务为重点的工作思路，气象服务得以高度重视，服务主动性、及时性显著增强。进入 90 年代，全区的气象服务领域不断拓展，科技含量不断提高，服务层面也不断扩大，由单一性服务向综合性服务转变，由原始的服务模式向现代化迈进，建立一套比较完整的气象服务体系，服务产品进一步细化，质量进一步提高，实现电视、

2003 年人工增雨作业现场

咨询、短信平台和网络气象服务一体化，基本达到政府决策、市场要求、公众满意的效果。至 2005 年，全市的气象服务范围：为各级领导指挥调度生产、部署工作提供决策气象服务；为保护人民生命财产安全，以人为本开展公共气象服务；为不同行业、不同特点市场经济需求提供专业有偿气象服务。

决策气象服务　为境内各级领导部署指挥防灾减灾决策提供气象服务，是气象服务的首位。

关键性季节的气象服务　如春季干旱、倒春寒、麦收期的连阴雨、汛期的洪涝、冬季的寒潮、暴雪等。及时准确的测报为各级领导指导工农业生产等提供科学决策，避免或最大限度减轻灾害造成的损失。

灾害性天气的气象服务　如干热风、

高温冰雹、暴雨、强雷暴大风、强降温等。面对极端灾害性天气，便于各级领导制订科学的防灾救灾预案、措施，确保人民生命财产安全。

转折性天气的气象服务　如久旱转雨，连阴雨（雪）转晴等。1993年夏秋之交连降暴雨，致使境内大面积受灾，其主要原因之一是洙赵新河排水不畅所致，地委行署决定对洙赵新河进行境内段的治理。当几十万民工奋战在河道治理一线时，正遇连降雨雪，气温下降，民工住在临时帐篷受冻无法施工，人心不稳。在是否撤离的关键时刻，地区气象局预报技术人员查阅历史资料，认真分析实况要素，并与省气象局会商，作出连阴雨雪即将结束的天气预报，建议不能撤离，供领导决策，地委、行署采纳气象部门的建议。实况证明第二天雨雪停止，天气逐渐转晴，避免了民工来回折腾的重大损失，洙赵新河得以顺畅的治理。

重大政治、经贸露天活动的气象保障服务　2003年4月18号牡丹花会开幕式与2004年9月19号中国林产品交易会开幕式均在露天举行，而且开幕式时段均有降雨天气系统影响。市气象局按照市委、市政府领导指示，在开幕式前一天夜间调集全市火箭发射车辆集中到降雨系统前沿发射火箭弹130余发，实施人工消雨作业，催化降雨云系提前落雨，保障开幕式时段空挡无降雨，使开幕式顺利开幕，受到市委、市政府的表彰，在社会上产生强烈的反响，受到各界人士的高度评价。

重点工程的气象服务　为重点工程建设搞好气象服务，以便使领导科学谋划，工程顺利进行。先后在1996年、2003年到东明黄河段抢险救灾现场进行气象跟踪服务。城市立交桥建设，赵王河治理、环城公园建设等城市重点工程建设保障服务。

公共气象服务　1986年后，公共气象服务最显著的特点是服务项目扩展，更加人性化；服务信息传递快捷，信息内容增加，便于获取和使用。80年代公共气象服务只是24小时天气预报，信息量少而且服务方式和手段比较单一，基本上通过有线或无线广播获得。90年代，随着经济的发展，气象服务在为经济建设服务的同时逐步深入到城市、农村人民群众生活的方方面面，从单纯的天气预报拓宽到紫外线预报、空气质量预报、人体舒适度预报等气象服务，还开展了医疗交通、旅游、商贸活动、工程建设等领域的气象服务。公共气象服务信息的获取可以通过多媒体实现，除了广播以外，人们通过电视、报纸、显示屏、手机短信、“12121”自动答询均可适时获得所需要的气象服务信息。2004年全市建立灾害性天气预报、预警服务系统。2005年10月全市“兴农短信互动”服务平台开通。

专业有偿服务　1985年，国务院办公厅以国办发〔1985〕25号文批转中国气象局《关于气象部门开展有偿专业服务和综合经营的报告》。根据上级文件要求，菏泽地区气象局于1987年设立专业气象服务科，县气象局设立专业气象服务组，全区的专业有偿服务正式拉开帷幕。其主要服务领域以农、副业和大型企业、交通运输业为主，服务内容和项目主要是长、中、短期天气预报，气象情报，气象资料加工分析，气象环域评价等。进入90年代，专业有偿气象服务初步形成一定规模，重点向农村发展，全区大部分乡镇和部分农村安装气象警报发射机、接收机，数量达到 2400 多部，定时自动开机播放气象信息。定陶县乡镇村庄全部安装。据统计，1995 年全区专业有偿服务合同达 800 余份。1999 年，全区性的“12121”气象信息专业服务平台建立。自 2000 年《中华人民共和国气象法》颁布实施以后，专业气象有偿服务更加规范，步入了法制化服务轨道。2003 年又开通手机短信专业服务。2004 年全市建立气象科技服务兴农网并与省科技服务网联网。

第三节　防灾减灾

在街区发放气象防灾减灾气象科普资料

灾情　境内常见的灾害性天气有：干旱、暴雨、冰雹、雷雨大风、连阴雨、持续高温、大雾、霜冻、强降温等。1986—2005 年，干旱在每年不同季节均有发生，由于市内水利条件较好，真正大范围形成旱灾的年份并不多，只有 1986 年、1988 年、2002 年年降水量只有 400 毫米左右，出现较为严重的大面积旱灾。暴雨在境内出现的频率也较高，平均每年出现 21 县次（中国气象局规定，24 小时降水量≥ 50.0 毫米为暴雨，≥ 100.0 毫米为大暴雨，≥ 200.0 毫米为特大暴雨），但年降水量相对集中或连续出现大到暴雨造成大面积涝灾的只有 1993 年、2003 年、2004 年、2005 年。冰雹在市内春夏之交出现的频率较高，86% 的年份均有发生，有的年份可出现数次。冰雹的发生局地性较强、时间短、范围小，形不成大的灾害。其他的灾害性天气如高温、雷雨大风、霜冻、大雾等，虽然每年均有发生，但基本形不成灾害。

防灾　气象灾害以预防为主，及时准确的灾害性天气预测、预报和服务是防灾的主要手段。20 世纪 80 年代中期以后计算机在气象预报业务中广泛应用，开始建立客观定量的 MOS 预报方法，灾害性天气的预测、预报能力显著增强。90 年代中期，在此基础上逐步建立比较现代化的网络系统，增加卫星资料接收、传真图和云图分析，开通省、市县气象远程终端，初步形成以防灾减灾为中心的预测、预报、预警服务系统和网络。进入 21 世纪，“9210”网络系统建立，实现全国气象系统联网，资料共享，并开通省、市、县可视化天气会商，灾害性天气的预报准确率显著提高。对境内的中长期旱、涝趋势和关键季节、关键天气的预报均能达到基本准确，对中小尺度天气系统如暴雨、冰雹、雷雨大风、高温和强降温等绝大部分能作出定性的预测预报，为境内的防灾提供比较可靠的信息和情报。

减灾　除做好灾害性天气的预测、预报并及时发布信息和情报外，采取多项措施减轻灾害造成的损失。90 年代中期，各县相继开展人工影响天气适时作业，干旱时实施人工增雨，使旱情大大缓解；预测有冰雹出现时实施人工消雹，尽可能减轻冰雹灾害程度，减少受灾面积。1994年以后，为预防和减轻雷电灾害，各县区相继开展了雷电灾害防护装置检测、安装工程，对可能遭受雷击的建筑物、构筑物、易燃易爆场所、通信设施、微机室等每年进行检测和改造，较大程度的预防和减少了因雷电灾害造成的损失。2003年牡丹花会和2004年、2005年林交会开幕式时段均实施人工消雨，收到极好的效果。至2005年，实施人工影响天气作业达300多县次。

第四节 气象科研

1986—2004年，全市气象部门共获得国家气象局科研成果二等奖2项，三等奖1项，四等奖1项；省科技成果二等奖1项，三等奖4项；省区划一等奖2项，三等奖2项；省科协学术成果二等奖2项，三等奖3项；省气象局科技进步奖4项，二等、三等奖各4项；市科协、人事局学术成果优秀论文奖多项。

1986—2004年菏泽市（地区）气象科技成果获奖项目一览表

表27-7-1

年 份	成果名称	获奖类别	承担者
1986	麦棉两作气候分析	山东省科技进步三等奖	卢 皖 陈建民 李 军 徐丕商 高生大
1987	小麦干热风研究	国家科技进步三等奖	杨珍林 余优教 张廷珠 卢 皖
1987	提高农桐间作效益研究	山东省科技进步三等奖	梁万选 卢 皖 田振龙 黄乘祥
1988	菏泽地区综合农业区划	山东省科技进步三等奖	楚家茂 卢 皖 米 胜 许庆平
1990	农桐间作技术推广	中国气象局、气象学会扶贫三等奖	卢 皖 梁万选 李 军
1990	711测雨雷达全面更新技术研究	菏泽地区科技进步二等奖	李修华 吴韶华 李菏民 杨 军 王 军
1991	711测雨雷达全面更新技术研究	山东省气象局科技进步一等奖	李修华 吴韶华 李菏民 杨 军 王 军
1993	小麦雨后青枯逼熟灾害的气象指标及中长期预报方法研究	菏泽地区科技进步一等奖	刘 娟 孔凡忠 刘了凡
1994	华北地区小麦优化灌溉技术推广	中国气象局科技进步二等奖	地区气象局系参加单位 卢 皖 许永跃
1995	小麦雨后青枯逼熟原因及防御措施	菏泽地区科技进步一等奖	卢 皖 黄善斌 刘兴坦 刘了凡 刘 娟
1995	预防小麦干热风技术推广	中国气象局、气象学会扶贫三等奖	卢 皖 乔建华 李 军
1995	日光温室生产蔬菜技术推广	中国气象局、气象学会扶贫三等奖	卢 皖 周茂杰 侯敬和 黄善斌
1995	小麦气候生态研究成果推广应用	中国气象局科技进步四等奖	卢 皖 王永锁 刘跃武

续表 27-7-1

年　份	成果名称	获奖类别	承担者
1996	麦棉两熟制天气—病虫害预报决策系统	菏泽地区科技进步一等奖	卢　皖 冯殿英 刘了凡 黄善斌 柴远方
1996	麦棉两熟制天气—病虫害预报决策系统	山东省科技进步三等奖	卢　皖 冯殿英 刘了凡 黄善斌 柴远方
1997	小麦穗蚜发生发展气象监测系统	山东省气象局科技进步三等奖	卢　皖 侯敬和 吴凡贵
1997	小麦条锈病发生规律气象预测模式研究	菏泽地区科技进步二等奖	黄善斌
1998	小麦雨后青枯逼熟原因及防御措施研究	山东省科技进步二等奖	卢　皖 黄善斌 刘兴坦 朱启忠 王和芳
1999	玉米螟发生规律气象预测模式研究	菏泽地区科技进步三等奖	黄善斌 孔凡忠 刘了凡 侯敬和 司奉泰
2000	三代玉米螟发生程度和卵蜂日的海温预报模式	菏泽地区优秀科技成果二等奖	刘了凡 黄善斌 孔凡忠
2001	日光温室增施二氧化碳气肥技术研究及推广应用	菏泽地区科技成果进步三等奖	黄善斌 卢　皖 张效增 姜　达 刘继敏
2004	“山东兴农网”建设技术开发研究	山东省科技进步二等奖	王建国 薛德强 徐法彬 尤　军 周雪梅 任广治 吕红梅 黄善斌 陈艳春
2004	“山东兴农网”建设技术开发研究	山东省气象局科学研究与技术开发一等奖	王建国 雪德强 徐法彬 尤　军 周雪梅 任广治 吕红梅 黄善彬 陈艳春

第八章　防震减灾

菏泽市地处鲁豫交界区，在地质构造上位于华北断块南部，鲁中隆起的西部边缘。境内主要断裂有近南北向的聊考断裂，曹县断裂和巨野断裂；近东西向的鄄郓断裂，菏泽断裂和凫山断裂；北西向的成武—东明断裂和北东向的小宋—解元集断裂。菏泽历史上发生过多次破坏性地震。1983年11月7日菏泽发生5.9级地震，死亡46人，伤5138人，造成直接经济损失3.05亿元人民币。1985年后，菏泽亦经常发生3级以上有感地震，但无一造成灾害。1996年国家把包括菏泽在内的鲁豫交界区一带划为地震长期重点监视防御区。

第一节　地震监测

2005年，菏泽市地震局有测震、地电、地磁、地下流体（水位动态、水温）等多种监测项目。地电观测为全国基本台；测震为区域台，属鲁西南遥测台网子台之一；地磁为局部加密台。该局承担鲁西地区及聊考断裂带中南段地震监测工作，并向中国地震局、省地震局（地电观测向兰州地震研究所）报送数据。

地震观测　菏泽地震监测是DD—1（DJS—1型深井摆）地震仪，类别属区域台。1983年11月12日，新设370米深的井下摆地震仪，深井摆为DJS—1型，1988年1月DS—1地面摆停止使用。1999年7月28日，地震记录仪更换为DJ—1B型。至2000年7月，测震记录室设在平房办公室内，深井摆井口距记录室约60米。2000年7月27日，测震记录室设搬迁到新建办公楼上，深井摆井口距办公楼有1米。2004年10月，菏泽测震深井下深井摆，2004年11月成武测震深井下深井摆，采用数字测震仪，能记录到55千米范围内ML2.5级以上地震。

地电观测　菏泽地电是电阻率观测台站，属地球物理学科，它的任务主要是探测地球介质电性参数和地电场随时间的变化，为地震预报和地震科学研究提供基础资料。菏泽地电始建于1972年，1975年开始观测。当时是人工读数，所使用的观测仪器是DDCJ—1型电子自动补偿仪，1976年更换为DDC—2B型电子自动补偿仪。1998年，山东省地震局根据中国地震局95—01—02工程和山东地震局95—01—02—02工程的要求，对菏泽地电台进行数字化改造，更换为ZD8B型数字地电仪，1991年1月正式报数，并用微机处理资料，实现数字化和现代化。菏泽地电台在2001年以前，观测环境一直比较好　，除了在观测区内增加一些民房外，无大的干扰设施。从2002年菏泽引黄供水工程实施和菏泽工业园区开始规划起，观测环境受到了破坏，干扰越来越明显，在进行协商赔偿搬迁。

地磁观测　地磁观测项目有相对观测和绝对观测，为局部加密台。1979年7月，CP—4型三分量磁变仪投入观测；1979年10月，CR2—69型磁称投入观测；1981年9月，CHD—6型核子旋进磁力仪投入观测。磁称观测室建于1979年10月，面积为60平方米，观测室年温差≤19.5℃，日温差≤0.5℃，相对湿度一般为60%，最大为80%。核旋观测室面积为20平方米。三分量磁变仪于1994年8月停止观测。2003年10月因菏泽环城公园建设，暂停地磁观测项目。

菏泽电磁台

地下流体观测　地下流体观测始于1976年唐山地震前，当时的主要观测对象是农村大口井的浅层地下动态变化，观测方式为手测，观测精度0.01米，据不完全统计，全区地下水观测点共50多个。菏泽深井地下水使用仪器自动记录观测，最早始于1979年。同年1月，在巨野县章缝镇燕洼村建立第一口深层地下水动态观测井，并纳入山东省地下水动态观测网，编号为鲁11井，而后又相继在成武、东明、菏泽建立了三口省网观测井，其编号分别为鲁24井、鲁25井、鲁27井。1988年前后，与菏泽水文地质环境监测站合作，又建立一批深井水位观测井，有菏01井（牡丹区），菏03井（单县），菏04井（成武），菏

05井（曹县），菏07井（郓城）。随着观测环境、观测条件的变化，以及井孔内在质量等多方面的原因，有些井孔已不适于再继续观测，如鲁24井、25井分别于1988年、1992年被省地震局撤销，菏07井由于井孔淤塞于1999年停测。

鲁27井观测点

第二节 地震预报

菏泽市地震局担负境内地震测报工作。下设地震预报监测科，专门负责全市地震监测预报工作，提供地震监测预报意见。该科实行地震监测预报震情会商制度，震情会商分周会商、月会商、半年会商、年度会商和临时会商。

中期地震预报 菏泽市地震局，每年年中和年终对所掌握的观测资料进行多种方法的全面处理，多种因素的综合分析研究，向山东省地震局提交年中会商意见和下一年度地震趋势综合研究报告，圈定下一年地震危险的地区和震级。该局所提交的地震趋势综合研究报告，资料翔实，科学性强，在山东省地震预报质量评比中已连续十几年获前两名。每年向市政府报告

2005年5月13日，东明县物资局家属院一压水井出现自喷自流异常，市、县地震局到达现场开展地震异常调查工作

下一年度的地震预测预报意见，安排全市的防震减灾工作。

短期预报 全市地震部门，每月、每周要对观测资料进行分析研究，提出地震会商意见进行地震短临预测预报，并把会商意见加密报送山东省地震局科技监测处和地震分析预报中心，并及时落实各种地震异常、平息地震谣传。

第三节 震灾防御

地震灾害预防是地震工作的重要组成部分。由于菏泽市地质结构复杂，历史上菏泽市和邻区曾多次发生强震，并造成不同程度的经济损失和人员伤亡。

领导机构 1992年，菏泽地区抗震救灾领导小组成立，分管副专员任领导小组组长。领导小组下设办公室，办公地点设在地区地震局。抗震救灾领导小组经多次调整，后来改为防震减灾领导小组。平时，市防震减灾领导小组根据上级指示精神，定期或不定期召开会议，研究部署防震减灾工作；震时市防震减灾指挥部立即转为市抗震救灾指挥部，统一领导、组织、指

挥全市的地震应急工作。2004年，菏泽市政府成立菏泽市抗震救灾指挥部。

据实设防　1990年中国地震局出版第三代《中国地震烈度区划图》。该图积累大量的新资料和科研成果，吸收许多国内外编制地震区划图的技术和方法，图上赋予有效时间区限和概率水平的含义。在50年期限内，一般场地土条件下，可能遭遇超越概率10%的地震烈度值，从郓城县杨庄集，经郓城县城向南过丁里长，到巨野县龙堌镇，再经定陶县县城到曹县曹城镇以西为七度区，以东为六度区。一般民用建筑工程和城市规划，土地利用都是直接引用本区划图给定的抗震设防标准。2001年，国家发布《中国地震动参数区划图》(GB 18306—2001)。在该图上，菏泽市辖区内的牡丹区、东明县、鄄城县以及郓城县、定陶县、曹县的部分乡镇为0.15g（七度），其他地区为0.1g（七度）。菏泽市地震局下设综合防科和工程院，对已建工程进行抗震性能鉴定，对不符合抗震要求的建筑物进行抗震加固；对新建的重大建设工程和易产生严重次生灾害的建设工程项目进行地震安全性评价，为工程结构设计提供科学合理的抗震设防依据。到2005年年底，菏泽已有27项重大建设工程项目开展地震安全性评价工作，如东濮黄河大桥、双河集立交桥、菏泽发电厂、雷泽湖水库、电信大楼、联通大楼等。

政策宣传　2001年，根据国家《破坏性地震应急条例》《破坏性地震应急预案》，制定《菏泽市地震应急预案》，由市政府印发执行；市直有关部门、各县（区），根据市预案，结合本地、本单位实际，制定各自的破坏性地震应急预案。2005年，全市共有市、县(区)级地震工作机构10个，建立市级地震科普示范学校17所；举办防震减灾宣传10场次，举行其他宣传方式数十次，如散发宣传纸、拉条幅等，受教育人数达数10万人。

2005年7月20日，菏泽市地震局在市区步行街宣传防震减灾知识

第四节　地震科研

专题研究　自1986年，全市地震系统完成中国地震局科研项目2个，省科委科研项目2个，山东省地震局科研项目29个。加强地震测报项目专题研究，为地震测报提供科学基础。1989年9月，菏泽地区地震局完成的《菏泽地电观测干扰源研究》，获中国地震局科技进步三等奖。为做好震后早期趋势快速判定预案，2000年2月地区地震局组织有关科技人员，广泛搜集资料，深入调查研究，编制完成《菏泽地区震后早期趋势快速判定预案基础资料图册》。该图册包含菏泽及邻区新构造图、地震构造图、地震监测能力图、综合等震线图及遭遇地震袭击时的安全图等9幅图

件。这些图件对今后进一步深入研究该区的地震地质环境、地震活动特征具有很重要的参考价值，同时对地震监测网点的布局、地震类型判定等亦具有较强的实用性。2005年，为减轻磁性干扰，市地震科研人员采用全木质结构，建设了地磁FHD观测房，房屋基座建设采用无磁石灰岩，该磁房建设模式属国内首创。

全木磁房

交流培训 1986—2005年，共派出约150人次参加各种学术研讨会、震情会商会、联防会、培训班；市地震局举办各种科技培训班10余期，对全部一线地震测报人员进行培训。向各种学术交流会、会商会、研讨会、成果鉴定会提交科研成果、研究报告、学术论文80余篇（份），其中获中国地震局青年科技优秀论文奖1项，获山东省地震局科技进步奖、优秀科技成果奖20项，获山东省科协优秀论文奖2项，获菏泽市科技进步、优秀论文奖10项。这些研究成果和学术论文分别从不同角度、不同层面对菏泽的地震地质背景、地质构造条件、地震活动性、地震监测预报、震灾防御、地震应急救援及地震科技管理等进行了深入细致的研究与论述。

学术文献 地震科技人员在完成地震监测预报、震害预防等防震减灾工作的同时，结合自己的工作实践经验，深入进行理论思考，共编著地震专著4部，撰写学术论文近50篇，并分别在《科学通报》《地震研究》《华北地震科学》《地震学刊》《西北地震学报》《东北地震研究》《地壳形变与地震》《内陆地震》《地震地磁观测与研究》《地方地震工作》《中国地震报》等国家、省、市级刊物上发表。菏泽地震分析人员编写完成的1990—2005年《菏泽震情研究报告》，在全省评比中均获前1～2名，并4次获得山东省地震局科技进步、优秀科技成果奖。

第二十八编　文化艺术

乡村大戏

菏泽是中华民族的重要发祥地，是中华早期文明的源头之一。悠久的历史，孕育了丰厚的菏泽文化。全市8县1区已发现众多古遗址及其他文化遗存，出土了众多有影响的文物。仅地上现存各类文物遗址就有300余处，是菏泽5000年文明延续和发展的见证。厚重的文化，催生了丰富的地方艺术，成就了菏泽“牡丹之乡、戏曲之乡、书画之乡、武术之乡”的美誉。

境内人们爱戏懂戏，流行的剧种主要有山东梆子、大平调、枣梆、柳子戏、大弦子戏、两夹弦、四平调、豫剧等，曲艺主要有山东琴书、山东花鼓、山东落子、山东快书、河南坠子、山东大鼓、竹板书、大鼓调、评词、弦子鼓、莺歌柳书、三弦铰子书、道情等十几种，历史上素有“书山曲海”之称。至2005年，多个剧种的多个剧目、曲艺表演，在国家级和省级展演、比赛中多次获奖。培养一大批优秀演员，其中有国家级曲艺家协会会员15人，省级会员47人。鲁西南鼓吹乐、菏泽弦索乐、山东古筝乐等，民歌《包楞调》《花蛤蟆》等，民间舞蹈《商羊舞》《三皇舞》、舞龙狮等，皮影、杂技、面塑、砖塑、花供各种路游表演等民间艺术都有雄厚的群众基础，在国内外有较大影响。东方武校舞狮队在湖北大冶举行的第五届“雷山杯”全国舞龙舞狮锦标赛中获冠军，被誉为“北狮王”。菏泽这方文化沃土走出了著名歌唱家彭丽媛、贾世俊，著名演员李雪健，著名器乐演奏家王殿玉、赵玉斋、赵登山、韩凤田、王福生等一大批佼佼者。

菏泽书画历史源远流长，开展普遍，各种协会、画院等组织遍布全市各县区，涌现出晁楣、何方华、李荣海、张得蒂、王焕、鲁风、刘守安、吕建德、许汝良、张剑萍、谢孔宾等一大批大师级人物，其作品在国内外参展屡获大奖，许多作品馈赠外国政要、友人。巨野县形成3个绘画专业镇和近12个绘画专业村，具有一定艺术水平的农民画师1500余人，农民书画之乡远近闻名。

文学创作日益繁荣，小说、散文、诗词歌赋、传记文学、杂文、戏剧影视文学等精彩纷呈。至2005年，市内有中国作家协会会员7人，省作家协会会员76人，菏泽市作家协会会员149名。其优秀作品发表在各级刊物上，大量作品获奖。群众文化活动日趋活跃，城市文化、农村文化、企业文化、社区文化、校园文化内容丰富，形式多样。

始于1992年，每年一届的菏泽国际牡丹花会等大型文化活动与旅游、经贸活动等相融会，促进了文化事业的发展。电影、图书馆、博物馆、报纸杂志、广播电视、互联网等文化载体工程日趋完善。文化市场繁荣昌盛，文化产业蓬勃发展，文化市场监管进一步加强。

第一章　戏　曲

菏泽是闻名遐迩的"戏曲之乡"，历史悠久且享有盛誉。这里以戏曲团体多、剧种剧目多、名优演员多、爱听爱唱的戏迷多而著称。菏泽戏曲曾是农村人口占多数的菏泽人民的主要文化活动形式，戏曲演出遍及城乡，即便是在偏远乡村，丝弦声、说唱声也随处可闻，节日期间及农闲期间尤甚。全市戏曲爱好者占总人口的百分之六十以上。

第一节　戏曲社团

1986年年初，境内有专业戏曲表演团体17个，分别是菏泽地区枣梆剧团、菏泽地区豫剧团、菏泽市豫剧团、菏泽市大平调剧团、定陶县两夹弦剧团、定陶县豫剧团、曹县豫剧团、曹县四平调剧团、单县豫剧团、成武县豫剧团、成武县四平调剧团、巨野县山东梆子剧团、郓城县山东梆子剧团、梁山县山东梆子剧团、鄄城县豫剧团、东明县大平调剧团、东明县豫剧团。

1986年9月，菏泽地区对地区豫剧团、枣梆剧团、杂技团、曲艺队4个专业艺术表演团体进行精简，撤销杂技团、曲艺队，保留豫剧团和枣梆剧团；各县市也相继进行剧团精简，原则上一个剧种保留一个专业剧团，一个县市保留一个专业剧种。至2005年，菏泽市只有菏泽市戏剧院（2001年10月，地区枣梆、豫剧团合并，组成菏泽市地方戏剧院，2005年5月更名为菏泽市戏剧院山东梆子剧团）、牡丹区大平调剧团（豫剧团、大平调剧团、大平调二团合并）、定陶县两夹弦剧团（2002年县豫剧团、两夹弦剧团合并）、成武县四平调剧团（1987年县豫剧团、四平调剧团合并）、曹县豫剧团（1985年，县豫剧一团、豫剧二团、四平调剧团改组为曹县豫剧团和曹县四平调剧团；1987年，撤销四平调剧团，保留县豫剧团）、东明县大平调剧团、巨野县山东梆子剧团、郓城县山东梆子剧团8个专业演出团体。各类业余演出团体达400余个，整体戏曲演出队伍规模大、数量多。

定陶两夹弦剧团演出

80年代初，地区及各县都有专业曲艺队，民间曲艺团体近400个。1986年9月撤销地区曲艺队和各县专业曲艺队，民间曲艺团体仍然活跃于城乡之间。

第二节　剧种剧目

剧种　境内流行的剧种有山东梆子、大平调、两夹弦、枣梆、大弦子戏、柳子戏、四平调和豫剧，还流行过京剧、评剧、豫剧、河北梆子、曲剧、越剧、化妆坠子等剧种，这些剧种中，源于当地的有柳子戏、大平调、大弦子戏、两夹弦、四平调，外地流入的有山东梆子、枣梆、河北梆子、豫剧、评剧、京剧等。柳子戏、大平调、大弦子戏三个剧种因历史悠久被称为戏曲“活化石”。枣梆、大平调、两夹弦是菏泽独有剧种，菏泽市枣梆剧团系全国仅有，被文化部称为“天下第一团”。

柳子戏　又名弦子戏，中国古老剧种之一，已有500年以上历史。定陶县、郓城县是柳子戏的发祥地。20世纪50年代末山东省政府将郓城县工农柳子剧团调省，成立了山东省柳子剧团。

大平调　大平调系梆子声腔剧种，距今已有500多年的历史，其传统剧目有1000多个。大平调的角色行当分为“四大门头”，即生、旦、净、丑。大平调做功讲究。吸收民间武术招式，更展示火爆炽烈的气氛，营造出浓烈的“土”味。为境内群众喜闻乐见。

大弦子戏　属于弦索声腔系统的古老剧种，已经有500余年的历史。大弦子戏讲究“四功五法”，即念唱做打和手眼身法步。基本功一般指腰功、腿功、毯子功、把子功和桌子功等。大弦子戏的角色行当齐全，分为生、旦、净、丑4大门头17小行。

山东梆子　又名高调梆子，已有400多年历史。明末山西、陕西一带的梆子腔传播到山东后，因受当地方言、民歌、戏曲的影响，逐渐演变发展成为本地优秀的声腔剧种——山东梆子。山东梆子的角色行当，传统上划分为生、旦、净、末、丑5种，后将末行归入生行，发展成为4大门类31种行当。老艺人曾总结出这样的戏曲谚语：“五生五旦五花脸，四兵四将四丫鬟，八个场面两箱倌，两个烧水杂役员。”形象地说出了传统班社的行当设置和业务人员配备规模。山东梆子剧目繁多，有1000多个。剧目多取材于民间传说、历史故事等。

枣梆　系山西上党梆子流入菏泽后，受当地语言影响逐渐演变发展而成。枣梆流传至菏泽已有100多年历史。枣梆传统剧目多为历史题材，剧目内容不仅具有较高的艺术性和观赏性，而且展现惩恶扬善、扶正祛邪、清正爱民、侠肝义胆等传统美德。

两夹弦　两夹弦又名二夹弦，已有200多年历史。是在鲁西南一带流行的“花鼓丁香”基础上演变而成的。两夹弦的传统艺术风格是唱功重于做功，以唱取胜。

四平调　四平调是由民间说唱艺术——“花鼓”发展演变而成，以花鼓平调为基础，吸收梆子、评剧、京剧的营养成分，故称为“四拼调”；又因其曲调四

成武四平调剧团演出

平八稳，四句一平而得名为“四平调”。

境内流行曲种有山东琴书、曹州花鼓、山东落子、山东快书、坠子、评书、山东大鼓、莺歌柳书、竹板书、大鼓词、弦子鼓、三弦铰子书、道情等。菏泽曲艺素有“书山曲海”之称。

山东花鼓　莺歌柳书　山东琴书传统曲目《断桥》

剧目　境内经常上演的剧目有600多个。

豫剧《穆桂英挂帅》《花打朝》《对花枪》《提寇》《截江》《拜帅》《南阳关》《樊梨花》《黄鹤楼》《涤耻血》《三拂袖》《刀劈杨凡》《洞房花烛夜》《车马店风情》《南阳关》《黄鹤楼》《收姜维》《三收何元庆》《火烧纪信》《三拂袖》《王贵与李香香》《小女婿》《罗汉钱》《西厢记》《抬花轿》《骨肉恩仇》《杨八姐游春》《三打金枝》《窦娥冤》《大祭桩》《下陈州》《花木兰》《大祭桩》《抬花轿》《借闺女》《风流才子》《铡美案》《秦香莲后传》《三更生死缘》《回龙传》《千古奇冤》和连本戏《狸猫换太子》等。

山东梆子《天赐禄》三部、《济公传》三部、《老羊山》《宇宙峰》《王二姐抛彩》《红鬃烈马》《大登殿》《玉虎坠》《反西唐》《回龙转》《闯幽州》《临潼关》《长坂坡》《过昭关》《夜战马超》《夺鱼》《铡美案》《程咬金招亲》《墙头记》《两狼山》《黄牛分家》《烧桃园》。现代戏《挂门牌》《龙门渡口》《选村官》《前沿人家》《三回船》《七品红娘》《万紫千红》《拣豆种》《柳下人家》《山东汉子》《天职》等。

大平调《滚鼓山》《白玉杯》《海棠关》《下河东》《彩仙桥》《打西凉》《收姜维》《百花亭》《反徐州》等。

柳子戏《孙安动本》又名《徐龙打朝》，《龙宝寺》《对金抓》《燕青打擂》《镖打窦尔墩》《战马超》《八蜡庙》《单刀会》《许田射鹿》《打登州》《三盗芭蕉扇》《大拉墓》等。

枣梆有《彩仙桥》《李浦功将》《荐诸葛》等。

两夹弦《三拉房》《站花墙》（又名《杨二舍化缘》）等。

大弦子戏《借靴子》《张大德游寺》《孙花子要饭》《卖线子》《十八国斗宝》《两架山》等。

四平调《陈三两爬堂》《三告李彦明》《白玉楼》《秦雪梅》《裴秀英告状》等。

曲艺曲目可谓浩若繁星，从经典名段

到乡间俚曲，从古典名著到民间文学、故事传说，从传统剧目到现代剧目，丰富多彩。

第三节　优秀演员

山东琴书《回娘家》参加1989年山东省曲艺大赛

菏泽培育造就了一大批社会认可，群众喜爱的著名演员。除了从菏泽走出去的戏剧名家马金凤、崔兰田、赵义庭以及张敬盟、章兰、朱巧云、李新花等，在本地戏曲团体中，也有大批有影响的演员，如刘玉明、刘君秋、刘桂荣、黄云芝、赵风来、张全臣、王桂芳、党福修、张玉霞、刘桂松、李京华、张文英、王凤云等等，他们在群众中享有很高的声誉。

舞台新秀脱颖而出。著名豫剧表演艺术家朱桂芹，1998年夺得第十六届全国戏剧“梅花奖”，2002年4月被评为山东省“十佳演员”，2004年当选山东省戏剧协会副主席；高凤兰获2004年“第七届中国艺术节”文华表演奖，成为唯一获此殊荣的菏泽戏剧演员；青年演员刘翠芳夺得河南“香玉杯”戏剧大赛金奖。孙鸿雁在河南电视台“梨园春”戏迷擂台赛中，获1999年度金奖擂主和2003年“梨园春”五年擂主争霸赛总擂主。还有何西良、谷爱春等崭露头角；其他优秀演员还有李健、祝凤臣、靳爱花、杨翠娟、宋秀敏、冯霞、晁美华、陈宝华、王道乾、石金凤、吴丛印、周魁生、候彦丽、杨爱玲、冀梅霞、许亚丽等。

拥有大批忠实观众的众多曲艺名角在市内外影响很大，其中最为著名者当数琴书表演艺术家王振刚、毕美、胡化山，坠子表演艺术家刘瑞莲、王合义等。

2005年9月，市老干部活动中心二楼剧场，著名表演艺术家孙毓敏为菏泽市首届戏曲十大名演获得者颁奖并合影留念

第四节　获奖演出

获奖戏剧演出　1986年9月，地区枣梆剧团新编古装戏《汉阳案》、郓城县山东梆子剧团新编古装戏《五品夫人》和定陶县两夹弦剧团新编现代戏《拾爹嫁娘》，在山东省第三届戏剧演出月中共获8个项目中的18个奖项。1989年9月，地区豫剧团演出的现代戏《乡下娘儿们》在第二届山东文化艺术节上获创作三等奖，魏清风、苏本栋获作曲三等奖，任文涛、朱广众获舞美设计三等奖，张新让、张文英、

朱桂芹获演员二等奖，黄广义、张秀桂、庞洪才、韩艳萍获演员三等奖。1991年7月，在山东省委宣传部举办的“双百评选”活动中，周喜明创作的话剧《共产党人》获二等奖。1992年6月，文化部举办的全国“天下第一团”优秀剧目展演（北方片）在淄博市举行，地区枣梆剧团演出的现代戏《生儿容易养子难》获剧目奖，房灵鹤获优秀演出奖，王福俊、张文英、张新让获演员奖，魏清风、苏本栋获音乐设计奖。同年，菏泽市大平调代表山东省进京汇报演出，并进中南海演出大型现代戏《张三李四》，受到中顾委段君毅、赵建民，国家计生委领导人彭珮云、文化部副部长陈昌本等领导人接见，在京戏剧界的专家张庚、郭汉成、马少坡对该剧和剧团的演出给予高度评价。该剧获“全国人口文化奖”。1993年10月，

有关领导接见《张三李四》演职人员并合影

在第四届山东文化艺术节中，大平调剧团演出的现代戏《柴学进》获剧目奖，马家振、田恩众获编剧奖，刘汉坤获作曲奖，何西良获优秀表演奖，李广甫、贺爱丽获表演奖。1993年11月，大平调剧团演出的现代戏《张三李四》，在1991—1992年山东省优秀演出剧目评奖中获剧目奖，马家振获编剧奖，卢伟生、李瑞芳获舞美设计奖，何西良、马洪轩获表演奖。1995年，大平调剧团创作演出的《法魂》《天职》获第二届山东省“五个一”精品工程奖。同年，郓城县山东梆子剧团排演的折子戏《挂门牌》入选中央电视台春节戏曲晚会。1997年10月，文化部举办的中国豫剧节在郑州举行，地区豫剧团演出的新编古装戏《洞房花烛夜》在演出、编剧、作曲、表演方面共获6个奖项。同年，郓城县山东梆子剧团演出的现代戏《龙门渡口》获第三届山东省“五个一”精品工程奖（1996年在山东省第五届艺术节上获9项大奖）。中央电视台戏曲频道“名段欣赏”栏目录制了菏泽市大平调剧团演出的传统戏《收姜维》。1998年12月，在第六届山东文化艺术节上，地区枣梆剧团演出的现代戏《走出大山》和地区豫剧团演出的古装戏《车马店风情》共获19个奖项，其中马家振、田恩众获编剧一等奖，连玉秀、李健、王福俊、户庆茹获表演一等奖。2001年9月，枣梆剧团演出的新编历史剧《包公卖官》在第七届山东文化艺术节上获剧目、编剧、导演、作曲、舞美、演员等9项大奖。12月，郓城县山东梆子剧团演出的现代戏《选村官》获第六届山东省“五个一”精品工程奖。2003年7月，菏泽市地方戏剧院创作演出的山东梆子现代戏《山东汉子》，获山东省人口文化奖一等奖。12月，该剧获第十一届中国人口文化奖戏曲金奖，并获最佳编剧、导演、音乐、舞美设计、男女演员奖单项奖。2004年，《山东汉子》获山东省第七届“五个一”精品工程奖，“第七届中国艺术节”文华新剧目奖和文华剧作奖，第八届山东文化艺术节艺术节

《山东汉子》剧照和获奖证书

大奖和编剧、导演、音乐创作、舞美设计、灯光设计、服装设计、男女主角表演单项一等奖。

获奖曲艺演出 1986 年 4 月，王振刚、曹凤莲、胡化山、刘静等表演的山东琴书《相劝》，在山东省文化厅主办的山东省曲艺比赛中获一等奖。1987 年，孔祥华表演的相声《搬家》获中国曲艺家协会举办的“全国业余相声邀请赛”优秀表演奖。1988 年，孔祥华表演的相声《漫谈流行歌曲》获山东省文化厅、山东省曲艺家协会举办的“山东省凤凰杯曲艺大奖赛”一等奖。1995 年 1 月，在山东省曲艺家协会举办的“宇光杯”曲艺邀请赛上，刘瑞莲、李巧莲演唱的河南坠子《听墙根》获演出一等奖，伴奏一等奖，作品一等奖；刘瑞莲演唱的《说娃娃》获演出二等奖，作品二等奖。1996 年 4 月，在省曲协举办的山东省曲艺比赛中，刘瑞莲演出的河南坠子《寸草心》获演出一等奖；河南坠子《俩鸡蛋》获演出二等奖。11 月，山东省文化厅主办的首届山东省农民文化艺术节曲艺、小品、杂技专场在蓬莱举行，巨野县民间艺人毕士柱演唱的山东琴书《更上一层天》、任元荣演唱的河南坠子《亲家误》分别获银奖。2002 年 10 月，在首届中国职工艺术节上，菏泽市参赛节目河南坠子《寸草心》、山东琴书《亲上亲》分获金、银奖，《亲上亲》还获得最佳演员奖。2004 年，刘瑞莲演唱的坠子《寸草心》获山东省首届“泰山艺术奖”金奖。

2002 年，《亲上亲》参加首届中国职工艺术节曲艺大赛（山东东营）

第五节 戏曲创作

戏剧创作 菏泽作为“戏曲之乡”，其剧本创作也一直极为活跃。1999 年，陈雪云编写的剧本《警魂》，获团中央精神文明建设“五个一工程”入选作品奖。至 2005 年，大量优秀的戏剧创作被当地剧团或影视制作中心搬上舞台或荧屏。这些作品或反映改革开放后当地的新风新貌，或鞭挞社会进程中的丑恶现象，或突出时代主旋律，或歌颂普通老百姓，或借古喻今，或新事新唱、彰显美丑，极大地丰富了戏剧、影视舞台。代表作品有：张殿臣创作的大型现代戏剧本《鸳鸯歌》和历史传奇剧本《花木兰后传》；朱其作创作的剧本《石成看瓜》，获中国曹禺戏剧奖入围奖、山东省群文创作一等奖；马家振创作的大平调现代戏剧本《张三李四》在省内外近百个剧团移植上演；祝兆明创作、编导的两夹弦现代剧本《拾爹嫁娘》，获山东省第三届“戏剧演出月”编剧、导演等6个奖项；

代表这一时期戏曲最高成就的是山东梆子《山东汉子》，自2003年8月进京汇报演出，已在山东、北京、河南、浙江等省市巡回演出500余场，观众达百万余人，反响强烈。同年12月，该剧获第十一届中国人口文化奖戏曲金奖及最佳编剧、导演、音乐、舞美、男女最佳演员6个单项奖；

《山东汉子》获奖证书

2004年9月参加第七届中国艺术节，获文华新剧目奖及文华剧作、导演、音乐设计和表演奖，并获国家舞台艺术精品工程“十大精品剧目”提名奖。

曲艺创作 1991年7月，在山东省戏剧小品、诗歌、故事、曲艺和歌曲创作比赛中，李征创作的《离岗》获小品类一等奖；张西挺创作的《包书记挥泪斩子》获故事类一等奖；张守唐创作的琴书《双庆寿》获曲艺类二等奖；马家振、赵巨声创作的话剧小品《夕阳红》获戏剧类三等奖。1994年3月，在山东省计生委、省文化厅联合举办的全省计划生育文艺作品评奖中，祝兆明创作的小戏曲《三亲家》、张守唐创作的山东琴书《抓阄》、张广新创作的山东快书《南柯新梦》各获二等奖。1996年4月，在省曲协举办的山东省曲艺比赛中，菏泽参赛的河南坠子《寸草心》获创作特等奖。2003年12月，龚云平创作的山东快书《倔老汉打赌》，在中国曲艺家协会主办的“丝路乡音”全国曲艺有奖征文评选中获一等奖。2004年，祝清德、龚云平创作的山东快书《巧开门》获“鸿佳杯”首届中国《曲艺》文学奖三等奖，河南坠子《情书》获山东省群文学会二等奖。

第二章 书 画

菏泽是闻名全国的“书画之乡”，书画创作历史悠久，名家辈出，成就斐然。菏泽人爱书画，善书画，书画艺术深深植根于菏泽民众。至2005年，境内主要流行的画种有国画、油画、版画、年画、连环画、工艺美术等，书法涵盖了行草隶篆楷诸体。

第一节 书画基地

1986年4月21日曹州书画院奠基开建，至1987年11月落成启用。有全国最长的书画碑廊，达400余米，成为当时全国地市级规模最大、档次最高的书画院。由于其建筑古朴、格调优雅、功能健全、馆藏丰富，被中国旅游协会、文物学会等组织列为“全国著名景区景点”。

1988年10月28日菏泽市书法家协会成立。1998年9月成立菏泽地区美术家协会，选举梁兆存为主席，上官超英为常务副主席，于鲁俊、李瑞祥、张琦、王福增、黄恩涛为副主席，孙建东任秘书长。在此前后，各（区）县美术家协会相继成立。

2000年，中国文联在曹州书画院设立“中国文联文艺家生活创作基地”。至2005年，全市已建成曹州书画院、菏泽市博物馆、东明书画院、水浒画院、菏泽市文博书画院、单县老年书画协会和单县书画联谊会、鄄城书画协会和老年书画协会、定陶范蠡画院、曹县书画院、商都书画院和商汤画院、菏泽市书画联谊会、菏泽市政协书画联谊会等组织。除市县美术家协会外，全市各类书画社团组织达20余家。各类书画、美术专业脱产（业余）校（班）近百处。美协、书协、文化艺术单位和民间书画组织遍布菏泽，形成一套完整的书画组织网络。

第二节 书画交流

20世纪80年代起，以政府牵头或专业组织承办书画展在菏泽渐趋频繁，其中影响大的有“牡丹杯全国书画大展”“牡丹杯全国书画名家邀请展”“全国二十五家博物馆馆藏精品展”等等。

1989年4月，曹州书画院与山东省文化厅、山东省书法家协会、山东省美术家协会联合举办了“牡丹杯国际书画大奖赛”。1990年10月20日曹州书画院承办了“中国书法家协会常务理事扩大会议”和“中国书法家协会理事作品展”。

1999年6月始，“鲁南五地市书法联展”先后在枣庄、临沂、日照、济宁举办，2000年3月在菏泽闭幕。2000年5月12日“苏鲁豫皖周边四地市（徐州、菏泽、商丘、太和）书法联展”在菏泽开幕。2001年6月，菏泽市文化局举办“2001年中国·菏泽、法国巴黎·英国德比少儿书画交流展”，共收法国作品20余件，英国作品50余件，菏泽作品350件，其中评出一等奖50名、二等奖70名、三等奖90名、优秀辅导奖20名。2001年11月28日曹州书画院承办了“山东省书法家协会第三届十二次主席团会议”。2001年11月29日菏泽市书协举办了“菏泽市首届临书大展”。

2004年3月28日第八届全国书法篆刻展在西安开幕，菏泽市取得9人入展的佳绩，是菏泽市书协成立后菏泽市在国字号书法展览中的最好成绩，菏泽市书法家协会组织30多人的书法观摩团赴西安观摩学习。

另外，每年菏泽国际牡丹花会期间，都举办各类书画比赛、展览、笔会等活动。

书画展

第三节 书画培训

境内老一辈书法家通过书画函授学校、书法骨干作者培训班等多种形式对书画爱好者进行书画培训，不断提高他们的书画技艺。

中国书画函授大学菏泽分校1987年6月成立，首届入校学员近600人，办学期间培养了大批书画创作人才。1990年以后，菏泽市书法家协会多次举办书法篆刻培训班、书法展览、书法交流与重点作者作品观摩活动。1990年5月在省文联副主席、省书协副主席张业法支持下，邀请北京著名书法家张荣庆、刘文华和省书协常务副主席邹振亚来菏泽举办为期10天的书法骨干培训班，培训骨干作者50余人；1991年秋邀请上海著名篆刻家陈茗屋到菏泽举办篆刻培训班，参加学习者10余人。

1997年，中国书画函授大学菏泽分校办校10年，全市共有3000余名书画爱好者参加了学习，这些学员通过观看名家录像片、本地老师辅导、同学之间互帮互学等方式，每一期学员经过三年的系统学习得到很大提高，部分学员后来成为全市书画界的中坚力量。

2003年10月8日，菏泽市书协邀请著名书法家刘文华到菏泽讲学，备战第八届全国书法篆刻展。2005年10月，山东省美术家协会花鸟画培训班在菏泽举办，参加培训的花鸟画作者，在笔墨技法、构图创作等方面得到较大提高，40多名学员绝大部分加入了山东省美协。

至2005年年末，市县区书协美协等组织美术培训班百余期，参加培训班的达数万人。民间各种书画培训班、学习班，特别是针对青年儿童学生的班社，遍布全市城镇，为书画艺术培养了大批后备人才。

第四节　书画名人

早在1980年4月1日山东省书法篆刻艺术研究会成立，菏泽书法家孔伯镜、张剑萍、陶吉为即是该会会员。1987年曹州书画院设立后，书画院的书法家张剑萍、李荣海、侯玉麟均为菏泽市书法家协会三任主席。1988年10月28日菏泽市书法家协会成立时，菏泽有中国书法家协会会员1人，山东省书法家协会会员12人。1999年11月，中国书法家协会会员、曹州书画院院长李荣海调中国文联工作。

至2005年年底，菏泽市书法家协会拥有8县1区9个团体会员，24名中国书法家协会会员，125名山东省书法家协会会员。24名中国书法家协会会员分别是城区的张剑萍、谢孔宾、李贵钦、侯玉麟、曹钰、谢瑞、成文政、张世明，曹县的侯西成、娄尚坤、刘照剑、徐广征，单县的蔡孝斌、王志国，定陶的杨秋平、刘石，巨野的李锐，东明的翟永华、李勍、巩海涛、毕红文、彭惠卿、黄中航，郓城的渠继忠。全市有中国美术家协会会员23人，山东省美术家协会会员93人。中国美协会员有许汝良、梁兆存、成弘夫、祁祯、田原、王福增、黄恩涛、陈鹏同、王进、上官超英、于鲁俊、李同安、李明晋、郝明然、王忠义、李子玉、孙建东等一批在省内外较有影响的画家。他们的作品多次参加全省及全国美协主办的展览并获奖，不少作品被国内多家美术馆、博物馆、专业美术机构及中南海、人民大会堂收藏，并作为礼品对外赠送。走出菏泽闻名全国的书画巨匠，将菏泽书画艺术推向全国，走向世界。

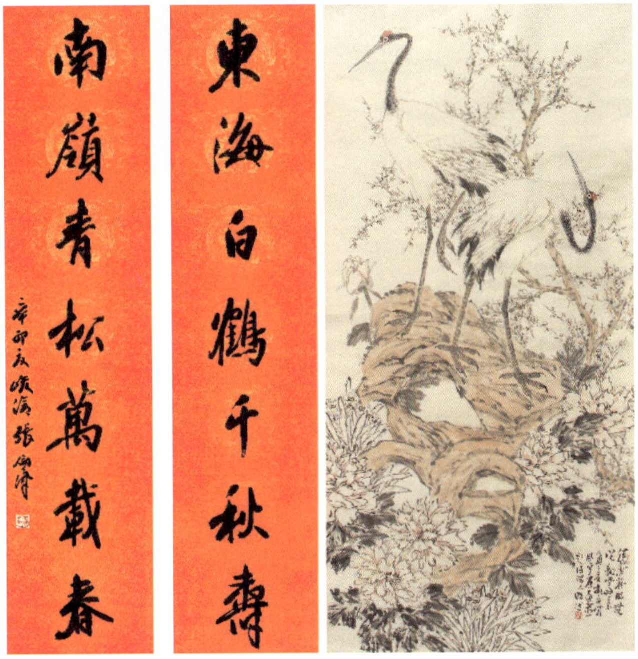

张剑萍书法作品／郝明然画作

第五节　书画藏品

菏泽地区馆藏有各地历代书画大家的稀世珍品，这些珍贵的书法、绘画和碑刻藏品，使得菏泽地区的艺术殿堂更加流光溢彩。

书法名品　明代文徵明《行书中堂》，为七律诗一首，纸本。明代张瑞图《草书中堂》，绢本，五言诗。清代郑板桥《行书轴》，纸本。清代刘墉《行书轴》，纸本，录王安石诗作一首。还有清代李鸿章《行书联》、清代莫友芝《小篆条幅》四帧、民国时期罗振玉《甲骨文联》、冯玉祥《隶书对联》、翁同《楷书对联》。等等。

绘画名品　明代沈周《松下图轴》，纸本。明代唐寅《云山古刹图》，绢本。明代仇英《青绿山水图轴》，绢本。明代徐渭《葡萄图轴》，纸本。明末清初曹垣《麻姑献寿图》，绢本。清代龚贤《山庐飞瀑图》，绢本。清代朱耷《松轴》，清代石涛《山水图》，清代焦秉贞、郎世宁《车马山水图轴》等等。

著名碑刻 *张寿墓碑* 东汉著名文学家、书法家蔡邕所书。后世称此碑为“汉隶中的妙品”“汉隶古朴雄奇以张仲于碑为最”。近现代书法工具书《四体大字典》《山东秦汉石刻》《中国书法鉴赏大辞典》等，有的选其为范本，有的收录其拓本，并介绍其书法艺术。此碑在成武县境内。

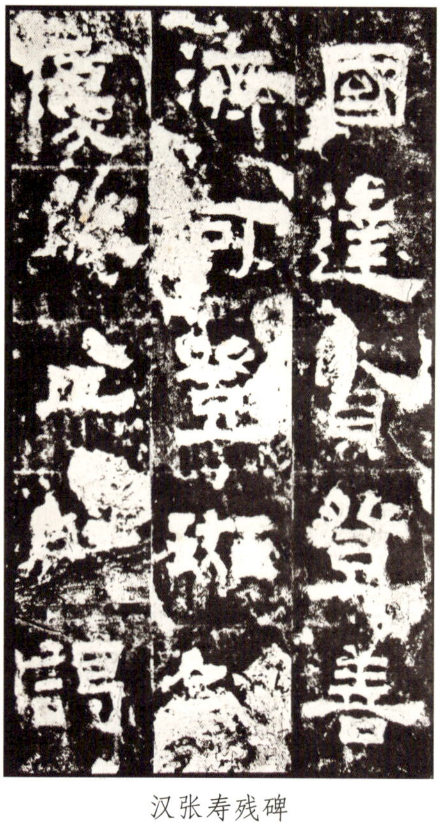

汉张寿残碑

孔子庙堂碑 碑文为唐初著名书法家虞世南正书碑刻代表作。《辞海》称该碑“书法俊朗圆腴，内刚外柔，为唐楷典型之一”。北宋黄庭坚曾写诗赞云：“孔庙虞书贞观刻，千两黄金哪购得？”此碑在成武县境内。

屏盗碑 该碑为五代·后周朝议郎、行左拾遗充集贤殿修撰李昉撰文，翰林待

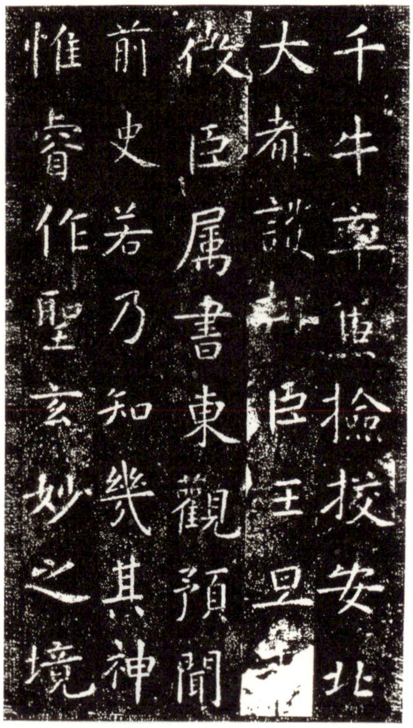

虞世南书孔子庙堂碑

诏朝议大夫、行司农丞张先振书丹、军事判官朝议郎、大理司直兼殿中侍御史张穆篆额，此碑书法艺术价值极高，世代称誉为“三绝碑”，即文绝、书绝、刻绝。此碑在巨野县境内。

张成墓碑 该碑为元翰林侍讲学士、中奉大夫、知制诰同修国史元明善撰文，大书法家、集贤学士、资德大夫赵孟頫书丹，姿善大夫、御史中丞王毅篆额。元代三位名人同时共事一碑，堪称文笃书绝，成就一件十分宝贵的历史文化遗产。此碑在成武县境内。

赵孟頫书张成墓碑

第六节　书画产业

1986年后，改革开放不断深化，经济多元化发展，菏泽书画产业渐成规模。市委市政府借助菏泽国际牡丹花会、中国林交会和省文博会等重大节庆、会展活动，推介文化产业项目，把文化资源优势转化为产业发展优势。至2005年，巨野、曹县农民工笔画产业化发展，菏泽城内的马海书画产销一条街、南华文化城初具规模。产、供、销一条龙的文化产业模式逐步形成。

曹县楼庄乡以后戴庄行政村为主，组织农民以画虎为主进行创作，1993年成立楼庄乡农民书画协会，开展书画人才培训、艺术交流、书画推介、信息传递、销售服务等，在天津、青岛、淄博、北京、郑州、厦门等地设立销售网点，实现书画产销一条龙，逐步形成鲁西南画虎村的文化产业链。

巨野县拥有巨野镇、独山镇、麒麟镇、董官屯镇4个绘画专业镇，专业村近12个，专业户400多个，常年从事绘画、销售、装裱等相关产业人员近6000人，书画装裱室60余家，在全国建立了70多个固定销售网点。绘画作品远销全国30多个城市及日本、新加坡、美国、中国香港等10多个国家和地区。2000年11月，巨野县被中国文联正式命名为“中国农民绘画之乡”。

巨野县书画一条街

菏泽最早民间自发形成的“马海街文化市场”，是集古玩、字画、工艺品、字画装裱等于一体的文化场所。每到星期天，周边地市的文玩商户就到此摆地摊，各路藏家纷纷前往，热闹非凡。2003年菏泽又一文化市场“菏泽市南华文化城”落成，占地2万余平方米，建筑面积28万平方米，有可经营门市近200间。画廊、古玩店铺100余家，并与全国各大书画市场建立了广泛的交流、合作关系，在苏鲁豫皖周边地区产生极大影响。

第七节　书画故事选录

源远流长的菏泽书画艺术史上，广泛流传着丰富多彩的翰墨佳话，这些与书画艺术相关的民间故事，为老百姓所津津乐道，口口相传。

伊尹谏君画“九主”　伊尹，商代莘地（今菏泽曹县）人，商朝名相，著名政治家和军事家。民间传说他曾画了九种不同品德的君王形象，以警示商汤及后任商王，在中国历史上首开绘画辅政之先河。

伊尹幼为奴隶，但十分聪慧，成年后正值暴君夏桀执政之时，君臣离心，百姓受难。伊尹研习为政之道，善于运筹谋划，遂有辅成汤灭夏桀，救民于水火之志。伊尹欲求见成汤，却苦于没人引荐，后以有莘氏之女（汤的妃子）的陪嫁男仆身份，与成汤几经接触后获得信任。二人设计令伊尹进入夏朝谋取官职，掌握敌情。三年后伊尹辅佐成汤会盟诸侯，发动灭夏之战，终于以商代夏。商朝建立后，为使君臣同心治国，伊尹先作《咸有一德》一文，告诫商朝君臣，要养成美好品德，齐心合力，治国牧民。遂又亲画“九主”，即各类贤德和昏庸的君王形象，劝诫成汤勤政亲民。成汤之孙太甲即位后，伊尹又作《伊训》《肆命》和《徂后》等文对其进行谏训。但太甲临政后，昏乱暴虐，违背成汤法度，败坏祖传德政。伊尹见情挺身而出，代行太甲政务，主持国事，将其流放到成汤墓地，去面对祖父灵魂反省思过。三年后，太甲悔过，重新向善，伊尹遂归政于太甲，从此商朝诸侯臣服，百姓乐业。伊尹又作《太甲训》一文赞颂太甲。

“伊尹谏君画九主”的故事初见于《史记》：伊尹从汤“言素王及九主之事”。刘向《别录》载“九主者，有法君、专君、授君、劳君、等君、寄君、破君、国君、三岁社君，凡九品，画图其形”，也记载了伊尹画九主谏君的故事。现代画家潘天寿在其《中国绘画史》中称，伊尹“开人物画之故实与写真之先声”。

知县千里求“虞书” 唐朝初期，成武县出了个清正廉明的知县宋师干。他千里求“虞书”，在县城立起孔子庙堂碑的曲折经历，成为一段历史佳话，被当地百姓传诵。

宋师干自幼贫苦，靠坚强毅力读完了“五经”“四书”，并写得一笔好字。22岁那年，他得知京城长安有个书文俱精的大学问家虞世南，便几次登门拜师求教。虞世南被他的虔诚与坚韧精神所感动，遂收在门下给予悉心指点。宋师干趁此良机，昼夜勤学苦读，学业大进，书法功力亦大长。之后，宋师干参加科举考试，中了进士，受任成武知县。

宋师干到任后，体察民情，奖励农桑，将成武县治理得富裕平安，百业兴旺。为彰显“天下文官祖，历代帝王师”孔子的道德文章，激励成武子弟一心向学，宋师干便倡议在县城修缮孔庙，并立碑永记。碑文撰好后，又不远千里亲赴长安求恩师虞世南亲笔书写了碑文。为尽快实现夙愿，宋知县昼夜兼程踏上归途。当他搭乘客船沿黄河而下，刚入山东地界时，突遭狂风恶浪，乘船被打翻在河心。宋知县情急中紧护怀揣的碑文，奋力游向岸边。到了岸上，急急掏出碑文一看，已湿沾得一塌糊涂。回到成武，乡民们见知县历尽艰险带回的湿纸残字，无不叹息。面对大家无奈的神情，宋知县决定再返长安，求恩师重写。谁知此时京城竟传来虞世南病逝的噩耗。

求恩师重写已不可能，此时有个举人提议说：“知县大人是虞大师的高足，笔法深得真传，何不由您将残卷补齐，这也是对虞大人的真切怀念啊！”大家一致拍手赞同。于是宋知县派人前往长安孔庙求取虞世南书写的碑文拓帖以做参考。拓帖求来后，宋知县见两碑书文相仿，喜不自禁，便日夜临摹，觅其神韵，半年功夫，终于将碑文补齐。众人看了，竟然天衣无缝。随后，县里请来技艺精湛的石匠，倾力刻凿，孔子庙堂碑终于完成。此后，成武孔子庙堂碑被世人称为“东庙堂碑”，长安孔子庙堂碑被称为“西庙堂碑”，两座庙堂碑相映生辉，留存后世，如今都是碑林、书坛的稀世珍宝。

书圣后裔字联姻 巨野城西北角城隍

庙后，有座建于唐代的凉亭，前额所挂横匾“秾芳亭”三个大字，苍劲雄浑，古朴厚重，是大书法家颜真卿的手笔。此亭是当地城乡居民庆祝丰收、祭神兴社、聚会狂欢的场所。每年秋闲时节，亭前人山人海，热闹非凡。许多文人骚客常聚于此，饮酒对弈，谈诗论文。经过五代动乱，亭子破落不堪，“秾芳亭”匾额也荡然无存。

宋高宗绍兴十一年（1141），宋、金达成绍兴和议，政局稍稳，人民得以休养生息，巨野城内这座“秾芳亭”也重新修缮，亭前又热闹起来。一天，几位老者相聚一起，商量如何补写亭名。因“秾芳亭”三字原为颜真卿所写，无人敢重续，最后决定不再挂匾，改立石碑，并议请城南王庄秀才王维翰书写。王维翰是书圣王羲之裔孙，书承家教，名冠一方。知情后，欣然约定祭社日赴会书碑。

祭社是当地隆重的民间活动，时巨野城内歌妓谢天香也被请来陪酒献艺。谢女本是东京汴梁大家闺秀，幼时父母遭故，随乳母避居巨野，出落得人才俊美，能歌善舞，琴棋书画，样样精通，被誉为巨野城内“第一歌妓”。谢天香秉性高洁，立志守身卖艺，靠诗书管弦维持生活。对于秀才王维翰人品学问，她也早有耳闻，正想借此日一会，便早早来到。

日已近午，宾客均已如约来到，唯秀才王维翰未见踪影。主持人十分着急：“王秀才未到，碑未写，怎开宴？”谢天香听后，心想自己习书多年，已得要旨，何不借此良机一试？于是就说：“小女子也曾练过几笔，既然王秀才未到，我先试写几字，以为抛砖引玉。”说罢，微微含笑，从兜里摸出绣花手绢，缠成笔状，往墨池里蘸满墨汁，向石碑正中几笔写下“秾芳”二字。但见笔画沉雄，精力内含，字字开张，柔中有刚，俨如颜真卿手笔，围观者无不拍手称妙。恰在这时，一阵马蹄声响，人群骚动道：“王秀才来了！”

王维翰来到石碑跟前，瞧见“秾芳”二字，拭目凝视，惊问道：“这两字写得入规入矩，不知是哪位大家所书？”谢天香忙施礼言道：“奴家闲此作耍，见笑了，快抹去请王秀才重写。”王维翰连连摇头：“不可！这两字写得潇洒情趣，已入化境，令我重写，亦未必及此。”众人以为王秀才见怪，齐声请其重写。王秀才又番辞让，有人提议：既然如此，就请王秀才配上“亭”字，岂不珠联璧合？王秀才说：“请将方才所使之笔借来一用。”谢天香说：“哪里是笔呀！”遂递上缠好的手绢，上面竟还滴着墨水。王秀才握绢在手，略一沉思，向石碑一挥而就。众人一看，三字浑然一体，如出一人之手，无不惊叹。

书碑完毕，众人入座。席间王秀才见谢天香天生丽质，举目端庄，就乘酒兴，口占一绝：“异香怜才误青楼，握绢为笔书成优。迟步有缘亭字配，上下一体称风流。”谢天香听罢，感到王秀才虽然称赞，但对自己的身世尚有误解，略一沉思，也以一绝奉和：“久慕名门后裔手，暗摹闲抹自含羞。感君慧眼识戏书，身在青楼仍绣楼。”众人齐声喝彩。席散二人依依惜别，几位老者看出他们心思，便出面牵合，有情人终成眷属。

新婚之后，夫妻情深，书画弹唱，别有洞天。但王秀才仍有隐郁在心，认为谢天香虽才貌双全，毕竟曾堕青楼，实为佳玉有瑕、美中不足。一日酒后，竟写出“昔日章台曾舞腰，行人无不折枝条”的憾怨之句。谢天香看出夫君心中隐痛，旋接笔续写：“今日已入丹青手，一任狂风不动摇。”王秀才见情，顿感愧疚，连忙施礼致歉。后王维翰金榜题名，步入仕途，夫妻相敬如宾，夫唱妇随，白头偕老。“秾芳亭”书法联姻的故事，后被元代关汉卿写成杂剧《谢天香》，明代凌蒙初又将其事编入小说集《二刻拍案惊奇》。

御史作画惩污吏 何尔健，明代曹州（今菏泽市）城内人。一生居官清廉，刚正不阿，世称“铁面御史”。他曾作《苦民图》呈献朝廷，被后人传诵。

何尔健少有大志，博览群书，以能诗善画，被誉“文如波涛，气吞云梦”，万历十七年（1589）考中进士，初为鄢陵（今属河南省）县令。是时黄河决口，他遍访灾乡，接济灾民，数月不返官署，以致“面目黧黑，形容枯槁”。任上还自掏俸禄，兴办教育，后以政绩显著，官至监察御史。万历三十年（1602），何尔健巡辽东，遇辽东税官高淮横征暴敛，致饥民离乡背井，壅塞道路。睹此惨景，他愤而作《苦民图》，列举贪官残害百姓的不法罪行，如百姓有饥饿而死的，有被逼上吊的，有跳井自杀的，有卖儿卖女的，有被砍去手足的等，一一注上姓名，与奏章一起呈献朝廷。并采取断然措施，逮捕高淮爪牙，处死示众。高淮恼恨至极，为摆脱窘境，竟暗中以重金行贿，被何尔健凛然回绝，高淮羞愤而死。

何尔健作画惩污吏的故事传遍朝野。此后他所巡察之地，贪官污吏怕被追究，有的竟挂印而逃。

第三章 民间艺术

境内民间艺术丰富多彩。民间舞蹈70余种，其中商羊舞、花伞舞都有四五千年历史；民乐不仅历史悠久，而且品种丰富，尤以唢呐、古筝影响最大；皮影、杂技等传承久远，群众基础好，在国内外具有较大影响；面塑、花供、年灯、糖塑、砖雕、鲁锦、木版年画、刻瓷彩蛋、草编、剪纸、纸扎、陶模、纸牌、旋木玩具等民间工艺绚丽多彩、争奇斗艳。曹县、巨野、郓城等县区先后被国家有关部门命名为“民间舞蹈之乡”“秧歌之乡”“杂技之乡”“中国农民绘画之乡”“中国工笔画之乡”“古筝之乡”等。

第一节 工 艺

曹州面人 菏泽面塑，俗称面人儿。它以细小麦面和江米面为原料，加入适量颜料，分别和成不同颜色的面团，用锅蒸熟，配上防腐、防蛀、防干剂，置于箱中备用。所用工具有：劈刀、小剪刀、梳子、骨簪、塑刀、花纹印章等。捏制时，以左手持面团，右手持工具，经过搓、揉、捏、拨等工序，捏制成各种人物、动物塑像，如孙悟空、猪八戒、姜子牙钓鱼、美女撑伞、鹦鹉、蝈蝈等，皆小巧玲珑，栩栩如生。是一种

穆绪建面塑作品《三打白骨精》

颇具观赏价值的工艺美术珍品。旧时艺人们便在春节和农闲时赶集串乡，随捏随卖，作为副业，养家糊口。自民国9年（1920年）起，技艺高超的艺人多次离家去上海、广州、厦门、香港捏售面人，并出国到菲律宾、马来西亚、印度等国卖艺。李俊兴还应邀赴老挝、莫斯科表演面塑，受到欢迎和赞扬。改革开放后，菏泽面塑已发展到一个新的水平。先后发明了有声面塑和动态面塑。后来又出现精致小巧的盒装面塑、核桃面塑和有机玻璃密封包装面塑，成为高档工艺美术品，打入国际市场，深受外国友人欢迎。另外，还有为外宾当面塑像的写生面塑。2004年冬季，山东电视台为其拍摄专题片《齐鲁民俗·菏泽面塑》曹州面塑以牡丹区穆李村李氏为著。李派与北京的汤派、上海的赵派并称中国面塑三大流派。代表人物为李俊兴、李俊福、李芳清、时震山、穆绪建等。

鲁锦　鲁西南民间的纯棉手工提花纺织品，盛产于菏泽所属各县区，从艺者几乎村村皆有，尤以年过半百的妇女技艺为佳，因织工精细、绚丽多彩极似织锦，于1985年被山东省工艺美术研究所定名为“鲁西南织锦”，简称“鲁锦”。俗称“核桃纹子”“提花斗纹”，是一种家织手工土布。这种布质地平整、柔软、光洁，图案新颖明快，古朴典雅，瑰丽多彩，堪称民间手工艺品中的奇葩。

织锦要经过纺线、打线、染线、浆线、络线、经线、闯杼、过绞、做缯、上机、织布等十几道工序。图案用色浓艳，对比强烈，体现了山东人豪放爽朗的性格特点，具有浓郁的乡土气息和鲜明的民族特色。鲁锦配色鲜艳，花样繁多，如条纹、斜纹、斗纹、水纹、核桃纹、枣花、梅花、四大朵、迷魂阵、十样景、狗牙、大八砖、小八砖、筛子搂、芝麻梭、长流水、风搅雪等，后又创造出双喜字、玉字、田字、天安门上挂红灯、窗户棂上挂纱灯、雪花挂牡丹、八个盘子八个碗、八个姑娘抬花轿等新图案。另有包袱带子、功夫带、手巾、门帘等品种。鲁锦是当地农家姑娘传统的陪嫁品，也可作妇女儿童的衣料和被面、床单之用。长期处于自产自用状态。

在菏泽市各个县区中，鄄城鲁锦最为知名，以织造工艺先进、花样繁多著称。自元代开始，历经明清两代织造技术的发展和纺织机具的改进，鄄城鲁锦织造技术炉火纯青。清代濮州（今鄄城县）织锦曾作为贡品晋献宫廷。中央美院民间艺术研究所标本室里收藏着清代鄄城鲁锦数百个品种。

1988年鄄城鲁锦参加第22届全国旅游品展销会和春季广交会，国内外客商交口称赞，争相订购。至2005年，传统品种已经发展为五大系列，2000多个品种：一是旅游系列产品，包括旅游包、旅游鞋、旅游帽等；二是餐室系列产品，有餐巾、餐桌布、围裙等；三是服装系列产品，有时装、武术衣、民族服装、围巾等；四是

织　锦

室内装饰系列产品，有沙发盖布、壁挂、窗帘、灯罩等；五是床上系列产品，有床单、枕套、床帏等。鲁锦产品已出口到30多个国家和地区。

草柳工艺品　境内柳条（杞柳）资源十分丰富，各县都有种植，特别是东明、鄄城、曹县种植面积较大。柳制品加工在区内有着悠久的历史，有的村庄由此而得名，如曹县的笆斗刘。传统的柳制品非常讲究，柳条经过去皮、干燥、挑选分级，然后再置于地窖内回潮，用小麻经子勒制。多用圆条编帮封口，用皮条缠绕拿沿。其造型多为圆形、方形、长方形、六角形，编法为起一压一，呈菱形纹里，边沿为泥

柳编制品

鳅背式。妇女用的针线筐和花篮，有的用破篾染色，编制成十字花纹，十分美观。家庭用的簸箕、筐箩、笆斗及量粮食用的圆斗等，均用去皮的簸箕柳编制而成，再用竹篾拿沿，样式美观，经久耐用。产品由单一逐步发展到套3、套5的套装，由圆形发展成船形，椭圆、六角、八角、球形、曲线形。日用品有花盆涛、花瓶、花篮、花筐、大果盘、蔡坛、吊花篮、荷包篮、狗窝、猫窝、鸡窝等产品，编法由过去的平编法发展到立体编、板条编、双条编、篾子编，并配以白蜡条、草麻，使产品锦上添花。边沿由单沿发展到古缘线、铁索禶、麦穗花、拧成绳等。有的柳制品增加了煮柳上漆工艺。草制品也是农村传统工艺产品，主要原料是麦秸秆、玉米皮，产品有草帽、坐垫、茶垫、草席、草门帘等。

民间绘画工艺　绘画工艺包括国画、册页、花卉、屏风、彩蛋等。20世纪60年代，随着国际市场的需求，工艺花鸟、山水、册页、花卉等需求增加。70年代，民间手绘彩蛋出口创汇。

1986年后，巨野县农民书画，秉承传统，大胆创新，已呈规模化、产业化、国际化发展趋势。尤其是当家画工笔牡丹，在画苑更是一枝独秀。2000年11月，巨野被中国文联正式命名为“中国农民绘画之乡”。一大批书画精英，师古不泥，创作了大量优秀的绘画作品，多次入选全国美展和省美展。至2005年，巨野县拥有书画院、书画专业市场街、10余个绘画专业村和3个专业镇，年创作各类书画作品40余万幅，作品畅销全国各地及海外。基本

形成以县书画院为龙头，绘画专业镇、专业村为基地，创作从业人员为基群，具有巨野特色的文化产业。

巨野农民书画

其他民间工艺　牡丹区的布艺、面塑、刺绣、赵氏泥塑、胡氏纸扎、制笔、剪纸等。其中赵东民泥塑作品《小憩》曾入选第十届中国美展山东预选作品展。

李效普面塑作品

成武的瓷刻、黑陶、蓑衣、蝈蝈篓子等。其中成武瓷刻从业较早并艺术成就较高者有王同贵、马宪荣。王同贵代表作品有《布袋和尚》《松龄鹤寿》《看泉听风》等。马宪荣瓷刻作品《唯有牡丹真国色，花开时节动京城》《上官婉儿》1996年获山东省民间工艺博览会一等奖。成武黑陶由王保祥1988年研发。集古代陶文化于一身，用现代表现手法，完成独特的现代黑陶，

创造镂空与浮雕的完美统一。用以装饰器皿为主，欣赏实用结合。代表作品有《双凤六环壶》《无极生化》，其中《无极生化》曾入选全国首届民间工艺美术佳品及名艺人作品展。

东明的蓝印花布工艺、木板年画、剪纸。其中王庆卓的剪纸作品《小金鱼》曾出展海外，村姑文石花、文翠兰剪纸作品《放鸭》、

东明印花布

《送子参军》《一孩好》都参加过全国展览并受到好评。

曹县戏曲纸扎、花供、剪纸、彩蛋、江米面人、木艺等。纸扎代表人物为楼庄乡王堂村张氏兄弟。

曹县桃源花供

定陶皮影又名隔纸说书，皮影艺术的一个重要地方分支。相对于山东其他地方皮影的近乎说唱艺术而言。定陶皮影则近乎地方戏曲，在山东皮影艺术中独树一帜。起源于清末张湾镇后冯村，传至冯守坤，已是6代。

定陶皮影掌门人——冯守坤给孩子讲皮影

郓城的剪纸、织锦、年画、风筝、泥塑、编织等。最有特色的是刁东古筝制作，产生于明洪武年间。第24代传承人刁望河，在早期16弦基础上，陆续研制18、21、23弦和独有的26弦。

鄄城县除鲁锦外，还有鄄城谢家砖塑、李强烙画与砖雕工艺。其中鄄城砖塑是境内特有的建筑装饰，它不同于天津的砖雕、广东的灰塑，保持传统的民间捏塑和土陶工艺特色，自成一派。砖塑题材主要有戏

剪　纸

砖　塑

巨野民间绘画

曲和花鸟两种，作品畅销鲁西南及周边市县。当下以谢瑞德技艺最精。

巨野县除民间绘画外，还有剪纸、织锦、屏风画、麦秆画等。

单县有彩蛋、瓷刻、剪纸、手工编织等民间手工艺。

彩蛋制作

其他生产加工工艺　有各种民间工匠的生产工艺，如铁匠、石匠、木匠、油漆匠、扎纸匠、画匠、窑匠、泥塑匠、小炉匠、锔匠等；地方名吃、特色小吃的制作工艺，如菏泽烧饼、水煎包、芝麻糖、曹州耿饼，单县羊肉汤、吊炉烧饼、成武酱大头、白酥鸡、大田集烧羊肉，曹县烧牛肉、郓城壮馍、黄安驴肉、皮家烧鸡、巨野夏思源清真糕点、冯家烧鸡，谢集罐子汤，鄄城左营丸子、什集烧羊肉，东明粉肚等；民间作坊的加工工艺，如豆腐坊、粉坊（粉条粉皮制做）、油坊、小磨香油坊、染坊等。这些历史悠久、各具特色的民间工艺代代传承，有的堪称绝技。

第二节　音　乐

菏泽民间传统音乐丰富多彩，名人辈出。从菏泽走出去的艺术家有的已闻名中外。擂琴创始人、演奏家王殿玉，著名古筝演奏家、教育家、国内近代第一个古筝改革者、沈阳音乐学院教授赵玉斋，西安音乐学院教授高自成，国家一级演奏员、吉林省民族乐团艺术顾问赵登山，著名擂琴演奏家、国家一级演奏员、解放军海政歌舞团韩凤田，中国铁路文工团王福生，中国煤矿文工团王福立，唢呐演奏家、山东艺术学院袁子文，山东省歌舞剧院魏永堂，解放军总政歌舞团著名歌唱家彭丽媛，北京军区战友歌舞团歌唱家贾世俊等，都是在菏泽这片沃土上成长起来的佼佼者。

菏泽鼓吹乐、弦索乐、擂琴（发源地）、民歌（《包楞调》《花蛤蟆》《引蛾螂》等）等在国内外都有较大影响。

著名成武民歌《包楞调》

唢呐　唢呐班亦称“响器班”，艺人平时多以理发为业，遇事则组班演奏，多用于婚丧喜庆等场合。所用乐器有吹管乐器和打击乐器两种，前者如唢呐、笙、竹笛、把攥子，后者如梆子、镲、锣、云锣、小鼓等。唢呐演奏的主要曲目有：《百鸟朝凤》《一枝花》《凤阳歌》《朝天子》《大救驾》《山坡羊》《腊梅花》等。1986年后，很多曲调优美，内容健康的歌曲也为唢呐艺人采用，用古老的乐器吹奏现代歌曲更引起一代年轻人的爱好和兴趣。最著名的喇叭专业村是牡丹区的“喇叭刘庄”，全村人半农半艺，常年不衰。

唢呐演奏

古筝 古筝制作和演奏，在郓城、鄄城及周边一带历史悠久，有着广泛的群众基础。菏泽民间有“城内大户多有瑟，城外村村都有筝”的说法。汉魏时期曹植在此做官时有“弹筝奋逸响，新声妙如神”的诗句，可为当时筝艺兴盛的写照。郓城镇刁庄古筝厂生产的古筝，制作精细，用料考究，古雅大方，音色优美，深受海内外古筝行家的青睐，全国著名的古筝演奏家赵玉斋、高自成、赵登山、张艳、韩廷贵等所用的古筝都是刁庄古筝厂制作的。历经改革研制，刁庄古筝品种已发展到16、18、21、23、26弦。产品畅销日本、美国、新加坡等国家和中国香港地区。境内古筝演奏，在形式风格上分为两个类别，仪式古典乐曲，为“八板体”的曲式结构。它音调典雅，结构严谨，节奏明快，大都具有鲜明的主体和深刻的思想内容，民间称为大板筝曲。代表曲目有《高山流水》《汉宫秋月》《隐公私探》《美女思乡》《鸿雁捎书》《昭君怨》《风摆翠竹》《夜静銮铃》《莺啭黄鹂》等。二十小板筝曲，是依据地方说唱、民间小调改编而形成的，结构精炼简洁，节奏富于变化，旋律优美柔和。代表性曲目有《凤翔歌》《天下同》《八大板》《降香牌》《飞花点翠》等。菏泽流传有古典筝曲10大套，小板曲200余首。农民古筝演奏家张应易曾向周恩来、朱德、董必武等党和国家领导人汇报演出。1986年后，境内的古筝演奏家多次参加国家和省市音乐会演，屡获大奖。

丝弦 境内弦索乐是拨弹乐器和拉弦乐器结合在一起演奏的民间合奏乐。主要源于郓城、鄄城等县乡村。通常由筝、琵琶、扬琴、如意钩（一种琴杆头上刻有古代宫廷“玉如意”的弓弦乐器）四件丝弦乐器合乐演奏，有时只有筝、扬琴二者合奏，或是筝与扬琴、琵琶合奏，也有加入软弓胡、

弦索乐演奏

坠胡、二胡等合奏的形式，乐器组合灵活多样，演奏乐器可增可减。境内弦索乐旋律音调优雅柔美、浑厚动听，既有古色古香的风格，又有鲜明的地方特色。演奏曲目有《碰八板》《花雨缤纷》《一条龙》《渔歌唱晚》《文将军》《风旋柳絮》。

民间音乐整理 1994年8月，国家艺术科研重点项目《中国民族民间器乐曲集成·山东卷》由中国ISBN中心出版发行，菏泽地区的音乐工作者牛玉新、王学光、申崇今、刘珊璞、刘尊雪、陈勇、张洪育、季明智、郝敬成、姚鲁生、郭剑、黄开钦、鲁传闽等参与菏泽民乐的收集整理。该《集成》所选85首古筝曲，菏泽占72首；237首鼓吹乐曲，菏泽占45首；4首弦索乐合奏曲，菏泽占3首。

1994年版《中国民族民间器乐曲集成·山东卷》菏泽入选唢呐（锡笛）主奏曲一览表

表28-3-1

县 别	乐曲名称	演奏者	记谱者
牡丹区	抬花轿	李广福 李广祥 王西良 吴广义	张洪育 孔繁明
巨野县	拜花堂	魏永堂 袁子文 赵仁玉	程源敏
成武县	快慢笛绞	冯明宪 冯贵臣 马进学 梁世君	乔建中
牡丹区	大笛绞	王学光 王学义 王学亮 吴广义	
单 县	大笛绞	徐广爱 徐广云 徐广勤 徐兆芝	
	绞句子	徐广爱 徐广云 徐广勤 徐兆芝	郝敬成
巨野县	大合套	袁子文 魏永堂 赵仁玉	袁静芳
	风绞雪	魏永堂 袁子文 赵仁玉	程源敏
牡丹区	凡字开门	张玉柏 张玉芳 张宝光 张宝斋 张宝亮	牛玉新
成武县	六字开门	冯贵臣 冯明宪 马进学 梁世君	黄开钦
单 县	三音开门	徐广爱 徐广云 徐广勤	郝敬成
牡丹区	乙字曲	李广福 李广祥 王西良 吴广义	张洪育
成武县	正凡调	甄成行 陈宝剑 马进学 冯贵臣	黄开钦
	反凡调	甄成行 陈宝剑 马进学 冯贵臣	
单 县	凡四调	徐广爱 徐广云 徐广勤	郝敬成
	花喜鹊	郜保福 郜保珠	
	跳春枝	郜保福 郜保珠	
	雁南飞	郜保福 郜保珠	
牡丹区	中 飞	张玉柏 张玉芳 张宝光 张宝斋 张宝亮	牛玉新
	塌山坡羊	张玉柏 张玉芳 张宝光 张宝斋 张宝亮	袁静芳
曹 县	耍 孩	马金云 马兰杰 马金殿 等	陈 勇
巨野县	鬼过路	柏文斌 柏翠平 马爱平 高新洁	王冬妍
牡丹区	花 鼓	侯金现 王进月 和广玉 吴广义	牛玉新
定陶县	两夹弦	谢世文 等	朱建民
牡丹区	锁南枝	和贯贤 和广玉 王进月 李广福 吴广义	袁静芳
	驻马听	和贯贤 和广玉 王进月 李广福 吴广义	

续表 28-3-1

县　别	乐曲名称	演奏者	记谱者
牡丹区	海丽花	和贯贤 和广玉 王进月 李广福 吴广义	乔建中
	腊花梅	和贯贤 和广玉 王进月 李广福 吴广义	袁静芳
	高黄莺	李进学 李广祥 李广福 李广存 吴广义	姚鲁生
定陶县	傍妆台	翠体苓 张家聘 崔明山 张传德	鲁全闽
巨野县	小金蝉	袁子文 魏永堂传谱　王昆仑 王 红演奏	占　河 根　生
	双金环	袁子文 魏永堂	
牡丹区	二人谈	和贯贤 李广福	张洪育
曹　县	鹁鸽鹞子	李占方 王振武	陈　勇
东明县	扬州开门	邢保修 邢保全 等	
	傍妆台	邢保修 邢保全 等	郭　剑
巨野县	驻云飞	袁子文 魏永堂	朱建民

1994 年版《中国民族民间器乐曲集成·山东卷》菏泽入选笛子主奏曲一览表

表 28-3-2

县　别	乐曲名称	演奏者	记谱者
巨野县	驻云飞	袁子文 魏永堂	朱建民
	大青羊	袁子文 魏永堂	曲广义
	越调黄莺	魏永堂	朱建民
	入洞房	魏永堂 袁子文	
郓城县	斗鹌鹑	耿德存	朱雷鸣
	四合四	耿德存	牛玉新
巨野县	花香蜂舞	袁子文传谱 侯俊美等演奏	占　河 根　生
	双金舞	袁子文传谱 侯俊美等演奏	
	双合凤	袁子文 魏永堂	曲广义

1994 年版《中国民族民间器乐曲集成弦·山东卷》菏泽入选弦索乐一览表

表 28-3-3

县　别	乐曲名称	演奏者	记谱者
郓城县	碰八板	赵玉斋 等	赵玉斋
鄄城县	碰八板	张效伦 张新善 张新明	牛玉新
	碰八板	张应易 张良之	

1994 年版《中国民族民间器乐曲集成弦·山东卷》菏泽选入擂琴曲一览表

表 28-3-4

县　别	乐曲名称	演奏者	记谱者
郓城县	欢乐歌	王殿玉传谱 韩凤田演奏	牛玉新 张洪育

1994 年版《中国民族民间器乐曲集成弦・山东卷》菏泽入选筝曲一览表

表 28-3-5

县　别	乐曲名称	演奏者	记谱者
郓城县	汉宫秋月	黎连俊传谱　赵玉斋演奏	赵玉斋
鄄城县	隐公自叹	张应易	牛玉新 黄　梅
郓城县	丹　浙	高自成	高自成
	美女思乡	张为昭传谱　高自成演奏	
郓城县	文姬思汉	张为昭传谱	季玉玺
	鸿雁夜啼	张为昭传谱　季玉玺演奏	
	风晴雨露	黎连俊传谱　赵玉斋演奏	赵玉斋
	鸿雁捎书	张应易	王川昆
	鹦啭黄鹂	黎连俊传谱　赵玉斋演奏	赵玉斋
	竹林秋月	石登岩传谱　赵玉斋演奏	
	夜撞金钟	高自成	高自成
	风入松	赵玉斋	赵玉斋
鄄城县	清风弄竹	张应易	牛玉新 黄　梅
	山鸣谷应	张应易	
郓城县	琴　韵	黎连俊传谱　赵玉斋演奏	赵玉斋
	风摆翠竹	黎连俊传谱　赵玉斋演奏	
	夜静銮铃	黎连俊传谱　赵玉斋演奏	
	书　韵	黎连俊传谱　赵玉斋演奏	
鄄城县	高山流水	张应易	牛玉新 黄　梅
郓城县	小溪流水	高自成	高自成
	寒江春水	张为昭传谱	季玉玺
	流　水	高自成	高自成
	红娘巧辩	张为昭演奏	牛玉新
	红娘巧连	高自成	高自成
	红　娘	高自成	
	玉女纫针	高自成	
	玉女绣针	张为昭传谱　韩廷贵演奏	韩廷贵
	玉女绣枕	高自成	高自成
	鸾凤争巢	高自成	高自成
	鸾凤齐鸣	高自成	
	天下同春	赵玉斋	赵玉斋
	普天同庆	张为昭传谱	季玉玺
	福寿绵长	张为昭传谱　韩廷贵演奏	

续表 28-3-5

县 别	乐曲名称	演奏者	记谱者
郓城县	福寿颂	张为昭传谱 韩廷贵演奏	韩廷贵
	八 板	张为昭演奏	牛玉新
	大八板	樊西雨传谱 赵玉斋演奏	赵玉斋
	天下同	王殿玉传谱 高自成演奏	高自成
	飞花点翠	王殿玉传谱 赵玉斋演奏	赵玉斋
	鹬蚌相争	高自成	高自成
	花朝前夕	高自成	
	小开门	高继太传谱 高自成演奏	
	杨柳开门	高继太传谱 高自成演奏	
	五字开门	张为昭演奏	牛玉新
	四字开门	石登岩传谱 赵玉斋演奏	赵玉斋
	合字开门	石登岩传谱 赵玉斋演奏	
	过街牌	高继贤传谱 高自成演奏	高自成
	汉 调	高继贤传谱 高自成演奏	
	掁 尘	高广思传谱 高自成演奏	
	凤翔歌	樊西雨传谱 赵玉斋演奏	赵玉斋
	寒口垛	高继贤传谱 高自成演奏	高自成
	打枣杆	赵玉斋	赵玉斋
	梅花落	黎连俊传谱 赵玉斋演奏	
	剪剪花	高长科传谱 高自成演奏	高自成
	剪剪花带垛	高长科传谱 高自成演奏	
	上河调	王尔敬传谱 赵玉斋演奏	赵玉斋
	下河调	王尔敬传谱 赵玉斋演奏	
	大金钱	黎连俊传谱 赵玉斋演奏	
	小金钱	高广思传谱 高自成演奏	高自成
	金钮丝	黎连俊传谱 赵玉斋演奏	赵玉斋
	银纽丝	黎连俊传谱 赵玉斋演奏	
	太平年	王端立传谱 赵玉斋演奏	
	叠断桥	刘广玉传谱 赵玉斋演奏	
	呀儿哟	赵仰仁传谱 赵玉斋演奏	
	铺地锦	高自成	高自成
	降香牌	韩绍运传谱 韩廷贵演奏	韩廷贵
	短头蛇	高自成	高自成
	四不像	赵清营传谱 高自成演奏	
	迎春调	高自成	
	满工调	高自成	
	湖广调	高自成	

续表 28-3-5

县　别	乐曲名称	演奏者	记谱者
郓城县	利津调	高自成	
	十样景	高自成	高自成

1994 年版《中国民间歌曲集成·山东卷》菏泽入选民歌一览表

表 28-3-6

县　别	名　称	演唱或改词者	记录者
郓城县	发动群众打胜仗	张兴春	谢庆儒
成武县	包楞调	周金英 魏传经	魏传经 孙啸天
东明县	寻了个丈夫不称心	程佩印	李伯英 龚守义
鄄城县	反扫荡	杨印轩	刘昌银
成武县	长毛来到曹州府	张符枣	魏传经
	义和团	周庆言	
	诉　苦	徐秀云	陈　重
牡丹区	小五更	杜奉德	牛同新 韩耀宗
	放风筝	杜奉德	
	大莲花	孟宪清	牛同新 谢保善 魏传经
成武县	花开蜜蜂来	孟宪清 王世君	魏传经 牛同新 谢保善
单　县	王大姐卖鞋子		盖　华 张玉玲 王文兰
成武县	小棉种	王惠母	魏传经
牡丹区	山东好汉强	刘杨氏	韩耀宗
	织手巾		
	一杯酒		
	对花 1	陈相之	晓　音
鄄城县	对花 2	史士瑞	刘惠祥
成武县	十月怀胎		黄开钦
牡丹区	莲花落 1	盛孝德	梁伯廷
	莲花落 2		
	对花号		梁伯廷 根　生
	小二板		
	夯　号		梁伯廷
	洋片调		

续表 28-3-6

县　别	名　称	演唱或改词者	记录者
牡丹区	汶上号	盛孝德	梁伯廷 根　生
	慢四板		梁伯廷
	落莲花		
单　县	打夯号子 1	田玉明	陈　重
	打夯号子 2		
成武县	专打日本鬼	周庆言	魏传经
	拧个鼻牛嘟嘟响	朱敬安	
	打蚂蚱		
牡丹区	引蛾螂		庞　礼
成武县	蜻蜓你来吧		魏传经
	花蛤蟆		
曹　县	张老先生要块地	刘贯生	崔开玲
	姐是一枝花	刘桂英	
成武县	娶了媳妇忘了娘		魏传经
	黄豆歌		
巨野县	小喜鹊	小　喜	王显章
成武县	扔啊扔	杜自修	魏传经
牡丹区	小巴狗	胡金兰	韩耀宗
成武县	你那营里尽俺挑	大　白	魏传经

第三节　舞　蹈

商羊舞　原为鄄城杏花岗三官庙祈雨专用舞蹈。求雨时，每人手拿一对“响板”，上结艳丽的鸟羽，模仿商羊的各种蹦跳甩颈动作进行有规律的活动，逐渐形成了一种民间舞蹈——“商羊舞”。新中国成立后，求雨的“商羊舞”演变为庆祝胜利和欢度佳节的民间娱乐活动。有时与竹马、花船、高跷等民间艺术形式同时演出。后经老艺人和县文化馆舞美工作者挖掘整理，把商羊舞搬上文艺舞台，并参加山东省民间音乐舞蹈会演，获节目整理二等奖和演出二等奖。此舞为集体舞，一般用 12 人至 16 人为宜（男女各半）。每人上穿彩衣，下穿彩裤，腰系彩绸，手拿响板，上系铜铃一对和红缨彩结一朵，脚脖上于彩裤内系铜铃一对。在乐队伴奏下，舞蹈队员边模仿商羊的动作，边进行各种变换队形的活动。伴奏乐器主要是民间打击乐（鼓、锣、钹、梆等），后来人们又

商羊舞

根据情绪和场合的需要，加进了民间管弦乐（笛、笙、二胡、坠琴等）。演奏的乐曲大多是流行于民间，群众喜闻乐见的民歌小调和戏曲、唢呐曲牌等。

秧歌舞　民间在节日或有庆祝活动时，常组织妇女扭秧歌。一般有十人至几十余人，化妆后排成单队或双队，一人在前面领队，在“咚—咚—锵—锵—锵”的锣鼓声中，脚步踩住鼓点，进行各式表演。在敲“咚—咚—”两声锣鼓时，往前走两步，敲“锵—锵—锵”时，止步不前，两脚一前一后，并作向左或右转身、屈腿、抖臂动作。演员穿彩衣，持彩扇，或单队行进，或两行穿插，舞姿协调优美。

狮子舞　也叫“玩狮子”或“舞狮子”。境内各县都有流行，历史上以鄄南什李村最有名。明末兴起，今已三百多年。进入21世纪，东明县东方武校舞狮队脱颖而出，在全国性的大型比赛中，多次获得北狮冠军和“北狮王”称呼。狮子皮的做法，各地大同小异：狮子头用纸浆盔成硬壳，狮身用布做成，狮毛用大麻做成，全身用黄、绿、蓝着色，狮脖系铜铃20个，整个狮子皮共重10多公斤。狮舞演出时，一人顶头，一人顶尾。为了动作协调一致，不使狮皮脱落，预先内拴麻辫三条，连结在二人身上，再披狮皮。除雄狮雌狮各一只外，还有一引狮少年至为重要。该角色要求年轻壮实，跟头好，身段造型美，拳脚干净漂亮，演时腰系宽武功带，头系英雄巾，手执带铃绣球，引导一对狮子表演各种技巧故事。绣球一晃，铃铛一响，引狮人一串跟头，雌雄狮子随着做出洞动作，接下去是伸腰、长身、理发、洗脸、互相观察、相倚相偎、亲吻、磨鬓、擦肩等动作。凡玩狮子舞的大多身强力壮，有武术功底。舞狮多在大型庆典活动时演出。

东方武术学校武狮表演

舞龙　俗称“玩龙”，全市境内均有流行。节日、庆典期间， 一般龙身为圆筒形，直径一尺五寸，身长六丈四尺，由龙头、龙身、龙尾三部分组成。共计十三节，节距五尺。“龙节”用竹篾子扎成，圆筒状，长二尺，直径一尺五寸，节下有一木柄，长三尺，玩时可持柄挥动龙节。节内装有转动铁丝吊环，可供插蜡之用。首节（龙头）较大，外面糊以蓝布，额部隆起，两眼凸出，两耳直竖，两角如枝，拨翅后倾，口似簸箕，须长尺余。尾节前部粗如腰节，后部渐细，末端缚麻一束以作龙尾。用一根长绳将十三个龙节串连成一个整体，外面罩以龙皮，皮用白布制成，背部和两侧饰以彩色鳞纹。夜晚上灯玩龙，俗称玩“龙灯”。将燃着的蜡烛插于龙腔内，每节一支，烛光闪闪，犹如一串灯笼，故称“龙灯”。

今多以电灯代之，效果更佳。火龙舒展身躯，昂头摆尾，眼如明星，口似簸箕，左顾右盼，神采奕奕，朝着眼前的“珠珠”，急追而去。但见火龙腾空，曲曲连连，疾飞狂舞；又听锣鼓喧天，呼哨长鸣，威风凛凛，惊天动地，更喜元宵佳节，龙灯伴以火树银花，四乡观众，蜂拥而至，人山人海，欢声雷动，景象最为壮观。

花船 花船是用小竹竿绑扎而成，上有布顶，下有布围，前后点缀纸花、彩绸和莲花灯。花船表演至少两只，多则四至六只。表演的故事主要是《白蛇传》中的《游西湖》和《水漫金山》等。如表演《游西湖》，青、白二蛇坐于船中，“艄公”在船两边持桨划来划去。在乐声的伴奏中，队形不断变化，有“剪子股”“铁锁捆”“二马分鬃”等。如表演《水漫金山》，除花船外，还要作一些水族躯壳，如鱼、鳖、虾、蟹、河蚌之类，有的河蚌壳内还装有两个小电池灯泡，蚌壳一开一合，灯泡一明一灭，犹如珍珠放光。

花　船

高跷 也称“柳木腿”“拐子”，境内流行较普遍。木质拐子，距顶端一尺处安一横撑，做踩脚之用。踩脚往上一尺高为方形，绑在小腿外侧；踩脚往下二三尺高为圆锥形，下端触地。可做走动、蹦跳、追赶等动作，虽然距地数尺，但活动自如，

踩高跷表演

而观众却往往为演员捏一把汗。高跷表演人数可多可少，一般为男女各半（男扮女）。表演剧目有《吕洞宾戏牡丹》《扑蝴蝶》等。其他还有抬阁（抬架子）、魔术（变戏法）、木偶戏等杂耍。

第四节　杂　技

境内杂技历史悠久，尤以巨野孔楼影响最大。孔楼杂技的缘起可上溯到五帝时期，现代孔楼杂技起于明代盛于清代，已有400多年的历史。艺人自由结合或两三

学生练功

人，或五六人，游走江湖卖艺谋生，闯荡于江南城乡。新中国成立后，政府组织成立社团，在大江南北巡回演出。其时有马术、魔术、车技、蹬技、口技、爬杆、飞人、飞刀、舞狮、走钢丝等近百个惊险奇巧的节目。1986年后，先后创作新节目如《走钢丝》《高车打蛋》《落杯》《高车蹦楼梯》等40多个，先后向外输送杂技演员5000余人，多人多次获国内、国际大奖。孔瑞平的《单手顶碗》、孔丽萍的《狮子舞》、孔庆任的《顶坛子》、孔宝珠的《钻火圈》、孔忠民的《水流星》、邱德义的《扇碟子》、邱爱莲的“体操表演”等，赴多国表演多次，深受欢迎，影响甚大。《浪子燕青》《杨家将》等影视拍摄时，邀请巨野县杂技演员多人参与。

孔楼杂技注重技巧间相互衔接、综合运用，既继承传统武术精华，又吸纳各家所长，推陈出新，经多年实践和探索，逐步形成以“高”（水平高）、“精”（技巧精湛）、“尖”（每套节目出类拔萃）、“难”（动作难度大）、“奇”（不俗套）、“巧”（演技优美、灵巧活泼）、“险”（似险非险，常人难以做到）、“新”（创造别人没有的节目）八字著称的独特艺术风格和浓郁的地域特色，先后创新出40多个“绝活”。2004年7月，山东省文化厅命名巨野县大义镇为“民间杂技艺术之乡”。

第四章　文学　摄影

第一节　文学创作

1987年，由菏泽地区文联创办、全区唯一的文学刊物山东《牡丹》文学期刊首刊发行。2001年、2004年，举办两期大型文学讲习班，省内外著名作家、诗人20余人为菏泽近200名文学作者和爱好者进行授课，对提高菏泽市文学作者的创作水平起到推动作用。《牡丹》文学期刊至2005年底共出刊100期，发表作品近万篇，为文艺工作者提供创作阵地，培育全区文学新人，促进了菏泽文学的繁荣。

小说创作　随着改革开放的深入，小说创作迎来全面复兴，小说的数量和质量都有质的飞跃，涌现一批有影响的作者和作品。如：贾庆军的获奖作品《月儿圆了》《坟草青青》，孔祥书的代表作《草莽英雄传》，孔凡凯的代表作《血雾》，陈进轩的代表作《预言》，魏天作的代表作《失去的家园》，杨彩云的代表作《雨蒙蒙雾蒙蒙》，陈宜新的代表作《乡村游戏》，张殿臣的系列小说《瓢庄名人录》，郜效珠的《沃土集》，程索群的《黄土地》，孟中文的《孟中文中短篇小说集》，蔡中锋的《舅舅的烹调术》，殷修亮的小小说《垂目》等。

1986—2005年菏泽市（地区）部分小说作品一览表

表28-4-1

作　者	籍　贯	作　品	发表时间	发表刊物（出版社）	获奖情况	备　注
魏天作	郓城县	《天作中篇小说选》	1997.10	中国社会出版社		
		《屠城》	1996	《山东文学》	齐鲁作家小说精品大展精品奖	
		《通天路》	2000		菏泽市2000年首届文学大赛一等奖	
陈占玉	巨野县	《蛟潜大野泽》	1996	内蒙古人民出版社出版		
姚念杰	巨野县	《难忘的年代》	2003	山东新闻局出版内部准印证		
刘继增	成武县	《诗圣》	2001.01	《人民文学副刊》		
		《上访者之死》	2005	《当代小说》第5期		
张保忱	成武县	《宋女奇婚案》	1988	安徽文艺出版社		
		《黑魂》	2003	作家出版社	菏泽市精品工程奖	
陈宜新	成武县	《记忆》	1999	中国文联出版社		
郭英雪	成武县	《拾秋集》	2000	北岳文艺出版社		作品集
高贤敏	鄄城县	《雪霁》	1989.07	《当代小说》		
孟宪军	曹　县	《小桥那边的风景》	2001.06	《文艺报》		
		《无底洞》	2001.12	《山东文学》副刊		
		《情场高手》	2002.05	《当代小说》		
李同福	曹　县	《放映员的故事》	1997.01	《短篇小说》		
		《苍蝇》	1997.11	《短篇小说》		
		《遥远的草甸子》	2001.07	《山东文学》		
魏　新	曹　县	《花朵般的爱情》	2001	《佛山文艺》		
		《狼狈生活》	2003	《佛山文艺》		
魏贵真	曹　县	《张书记的烦恼》	2003	《新世纪之风》	“共和国颂歌”征文二等奖	
		《月光融融》	2002.10	中国文联出版社	西安“秦俑杯”征文一等奖	小说集
阎传民	牡丹区	《乱世风流》	1989	昆仑出版社		菏泽地区第一部长篇小说

续表 28-4-1

作　者	籍　贯	作　品	发表时间	发表刊物（出版社）	获奖情况	备　注
郝远进	牡丹区	《诱惑》	1992	《农村大众》		
张　林	单　县	《诺言》	2004	《清明》		
		《李脆枣卖砖记》	2004	《山东文学》		
		《全票》	2003	《芒种》第 6 期		
耿雪玲	单　县	《寂寞花无主》	2005	《短篇小说》第 7 期		
		《爱情不说话》	2002	中国文联出版社		
陈汝干	单　县	《杨柳青青》	2004	当代中国出版社		
陈先坤	单　县	《情系桃李》	1988	山东文艺出版社		
赵莉	单　县	《冬野茉莉》	2004	炎黄出版社		
苏赫然	单　县	《遭遇爱情》	2003	中国文联出版社		
刘德良	单　县	《生活无序》	2000	作家出版社		
		《爱情与车祸》	2000	作家出版社		
程索群	单　县	《行长大盗》	1993.09	《章回小说》		
		《黄土地》	1998.01	《飞天》		
		《程索群小说集》	1999.11	山东文艺出版社		
孟中文	郓城县	《燃烧的火焰》	2002.02	《时代文学》	山东省“五个一工程”二等奖	
		《指标》	2002.06	《山东文学》	山东省“五个一工程”优秀奖	
		《孟中文中短篇小说集》	2002.05	中国文联出版社		
祝国防	牡丹区	《有鸟在河边奔跑》	1993.12	《山东文学》		
刘　璟	牡丹区	《清官之死》	1996.12	《山东文学》发表并被《小小说选刊》等 20 家转载		
蔡中锋	牡丹区	《舅舅的烹调术》	1997.02	《人民文学》		
蔡高选	巨野县	《再醉一次又何妨》	2005.07	《山东文学》		

诗歌创作　20 世纪 80 年代以后，菏泽市以反映改革开放和精神文明建设为题材的诗歌作品大量涌现，特别是现代诗（新诗）的发展尤为突出。主要代表作者和作品有：董克勤诗《毛泽东书法》《长城，一条长长的脐带》《夏日》，张殿臣叙事诗《接鞭》，秦闪云组诗《工厂人物》《负重的老家》《谛听天籁》，石耿立长诗《孔繁森之歌》《1997—等你百年》，朱其作诗《陶城上空的一颗新星》，孔祥书诗《朱彦夫的启事》，潘东生诗《激情的岁月》，郭世中诗集《绿茵下的歌》，孟晗诗《沉默的彩云》，于世敏诗歌《百草原》等。

进入 21 世纪后，菏泽的古体诗词创作空前活跃。代表人物主要有：孙传仁、陈福礼、周广良、李福禄、尹正仁、李贵钦、王运思、赵统斌、龚云平等。

2002 年，举办庆“十六大、迎新春”

诗歌朗诵会，全市诗歌作者报送作品130余首。2005年，组织全市诗歌作者及爱好者就省委、省政府提出的“突破菏泽”战略进行专题创作，对专家评选出的优秀作品举办了全市诗歌朗诵大赛，并将参赛优秀作品结集出版。

1986—2005年菏泽市（地区）部分诗歌作品一览表

表28-4-2

作　者	籍　贯	作　品	发表时间	发表刊物（出版社）	获奖情况	备　注
邱建启	成武县	《跳水》	1987	《山东文学》		
		《黑魂》	2003	作家出版社	菏泽市精品工程奖	
殷修亮	鄄城县	《感受收获》	1987.08	《大众日报》		
		《在秋天》	2001	《人民文学》		
		《乡村酒吧》	2004.06	《新诗大观》		
苏原春	鄄城县	《车从焦裕禄门前走过》	1986	《春风》		
高贤敏	鄄城县	《鲁西平原》	1990.08	《青年文学》		组　诗
		《黄河》	1991.01	《人民日报》		
杨永起	鄄城县	《我想》	1989.03	《芒种》		
张晓楠	鄄城县	《是么，妈妈》	1989.03	《当代中学生诗选》		
		《乡妮》	1989.05	《蓓蕾诗人》		
刘希普	鄄城县	《请你记住》	1989.03	《诗人》		
叶春锋	鄄城县	《班里的女生》	1990.03	《中国校园文学》		
董克勤	曹　县	《酒宴》	1986.08	《当代诗歌》		
		《蝉》	1989.12	《黑龙江日报》		
		《父亲》	1996.10	《时代文学》		
		《故乡的风》	1998.08	《大众日报》		
		《月亮河》	1994.06	《星星》		
		《十月》	1994.07	《诗神》		
		《根》	1996.07	辽宁海事大学出版社		诗　集
魏　新	曹　县	《我也抒抒情吧》	2002.03	《诗刊》		组　诗
		《唯有泪水是透明的》	2003	《诗选刊》		组　诗
刘　攀	曹　县	《抠开青春的门》	2002.01	中国文联出版社		诗歌集
王泽坤	曹　县	《真情》	2003	文联出版社		诗歌集
于世敏	单　县	《麻将歌》	1990.10	《诗刊》		
		《沈园》	1993.06	《诗歌报》第6期		
		《白草园》	1990.04	《诗潮》		组　诗
秦闪云	单　县	《负重的老家》	1990.03	《作家报》		
		《巨手》	1992.03	《绿风》		

续表 28-4-2

作　者	籍　贯	作　品	发表时间	发表刊物（出版社）	获奖情况	备　注
黑　牛	单　县	《与烈士交流》	1999	《华夏诗报》		
		《仰望时间》	1996	《诗潮》		
刘兰勇	单　县	《母亲》	1997.07	《诗潮》		
于非鱼	单　县	《雪野红烛》	2000	中国文联出版社		诗歌集
于世敏	单　县	《仰望时间》	2000	中国文联出版社		诗歌集
刘兰勇	单　县	《守望五月的麦田》	2000	中国文联出版社		诗歌集
张世乾	单　县	《春天更有落叶》	2000	中国文联出版社		诗歌集
齐　奇	单　县	《向日葵》	1987	中国文联出版社		诗歌集
张　琦	单　县	《家乡的小河》	2003	中国文联出版社		诗歌集
支文豹	单　县	《七彩云》	1998	陕西教育出版社		诗歌集

散文创作　20 世纪 80 年代中期，菏泽的散文创作出现欣欣向荣的景象。较有影响的是朱希江的《柳絮飞》，赵庆法的《昨天的回忆》，左伯山的《绿化地》《麒麟栖息的这片土地》，石耿立的《一枝花》等。

2001 年 4 月，菏泽市成立散文学会，中国散文学会、山东省散文学会也在菏泽设立牡丹之乡创作基地，全市散文创作出现又一轮新高潮。2001 年，菏泽市散文学会与中国散文学会联办“牡丹杯全国散文大奖赛”；2002 年举办“中国散文学会菏泽笔会暨全国小小说大奖赛颁奖会”；2003 年与《散文选刊》杂志社联办“第二届牡丹杯全国散文大奖赛”；2004 年举办“中国散文（菏泽）笔会暨华东报纸副刊好作品评奖颁奖会”；2005 年承办“山东省报纸副刊好作品定评会”。《山东文学》（2004 年第 9 期）以“齐鲁散文家”专号的形式介绍菏泽市张存金、黄爱菊、张振和、赵锋利、赵统斌、石耿立、赵庆法、李雪晴 8 位散文作家，并刊发他们的散文代表作。

1986—2005 年菏泽市（地区）部分散文作品一览表

表 28-4-3

作　者	籍　贯	作　品	发表时间	发表刊物（出版社）	获奖情况	备　注
石耿立	鄄城县	《村戏》	1991.02	《散文》		
		《一枝花》	1991.02	《北方文学》		
		《笛韵》	1986.05	《散文》		
		《别样亲情》	1986.09	《散文》		
		《到杉皮小屋去》	1989.08	《山东文学》		
		《跛唢呐》	1990.04	《时代文学》		
徐连诚	成武县	《光的夜》	1986	《人生》		
郭英雪	成武县	《花开花谢看牡丹》	1998.05		华东六省一市散文大赛三等奖	

续表 28-4-3

作　者	籍　贯	作　品	发表时间	发表刊物（出版社）	获奖情况	备　注
侯光宇	曹　县	《晚霞是美丽的》	1988.08	《中国文化报》		
曹雨河	曹　县	《单歌余响》	2002.04	《校园文学》		
孟宪军	曹　县	《沂蒙山小保姆》	2001.09	《山东文学》		
李晓华	单　县	《父亲的马》	2004	《中华散文》第10期		
白坤锋	单　县	《风中求索》	2003	当代中国出版社		散文集
		《路也长长》	2005	当代中国出版社		散文集
王同光	单　县	《情满桑梓》	2001	当代中国出版社		散文集
王　淼	单　县	《搅动心灵的湖水》	2003	山东友谊出版社		散文集
蒋一农	单　县	《蒋一农散文选》	2005	群言出版社		散文集
吴培刚	单　县	《绿野明珠》	2003	当代中国出版社		散文集
高尚朝等	牡丹区	《鲁西南散文集》	1993	新华出版社		散文集
蔡中锋	牡丹区	《莫让青春赌明天》	1994.12	《人民日报》		
郜效珠	牡丹区	《谷雨菏泽赏牡丹》	1996.04	《大众日报》		
		《花随人意四季开》	1997.12	《人民日报》		
赵学智	牡丹区	《又是牵牛花开时》	2004	炎黄文化出版社		散文集
张存金	郓城县	《纺车》	2000	《山东文学》	全国“国花杯”散文大赛一等奖、入选《新课程初中语文读本》	
		《寸草难报三春晖》	2000	黄河出版社		
		《苦语》	2005	山东文艺出版社		
贾庆军	菏　泽	《平安之年》	2004.06	《博览群书》		
		《一本小说与〈一九八四〉》	2005.01	《随笔》		
		《愚民政策一例》	2005.03	《博览群书》		
		《李鸿章的“排场”》	2005.05	《书屋》		
		《图哈切夫斯基叛国案之谜》	2005.11	《书屋》		
		《绝望的呼叫》	2005	《散文》		
赵锋利	曹　县	《风雨美庐》	2004.12	《人民日报》	“牡丹杯”全国散文大赛二等奖	
		《胡杨·红柳》	2002.02	中国文联出版社	2004年山东省精品工程奖	
赵统斌	成武县	《玉秀娘》	2002.10	《散文百家》并入选《读者》《散文选刊》《2002年中国散文年选》		
		《静静的纳帕海》	2003.06	《人民日报》		

续表 28-4-3

作　者	籍　贯	作　品	发表时间	发表刊物（出版社）	获奖情况	备　注
赵统斌	成武县	《伯乐，我的同乡》	2004.09	《山东文学》发表并被《散文选刊》转载	2004 年山东省新闻奖副刊文艺作品奖	
		《牡丹情思》		入选《九年义务教育小学六年级过渡教材——语文上册》		
		《李白的毛病》	2005.11	入选《高中语文读本目录》		
张新华	单　县	《仰望大山》	1995.12	《长江文艺》		
		《小街的变迁》	1999.01	《解放军报》	总政“我与第二故乡”征文优秀作品奖	
		《仰望大山》	1995.12	《长江文艺》		

报告文学创作　1986—2005 年，菏泽报告文学创作取得很高的成就。有张西挺的《振兴之路》，邓涛的《农民奋笔竞风流》《根植沃土创大业》，郑关生、蒋宝府的《春潮》，时维亮、程诚的《生命的赞歌》《花儿为什么这样红》，付炳尧、皇甫天真的《曹州人》，杨洁的《滩区飞龙》《石化梦》《冲浪者》《乔厂长小传》《明月生辉》《国道卫士》《大地之子》等。陈进轩的长篇报告文学《农民的儿子王乐义》，全书 28 万字，山东省委书记张高丽作序，2005 年 1 月由山东文艺出版社出版发行，2005 年 5 月获全年国报告文学奖和精品图书奖。杨洁的《大河骄子》发表在山东省《戏剧丛刊》1999 年第 2 期上，后被改编为同名八集电视剧《大河骄子》。比较有影响的报告文学还有魏天作的报告文学集《水浒故乡人》、杨彩云的《郓州之歌》、王晓新的《三军仪仗队：大国威魂》、王同光的《在成功和荣誉的背后》、张振起的报告文学集《巍巍铁塔》、侯光宇的报告文学作品《黄河故道飞来的歌》、李子瑞的《盐碱窝飞出金凤凰》等。

传记文学创作　菏泽历史悠久，地杰人灵，古今英才辈出，为菏泽传记文学创作提供不竭素材。仰视先贤、讴歌英模，既是完善人在历史发展中的轨迹，又是肯定他们的社会贡献，更能激励后世见贤思齐，发奋努力。这个时期的主要作品有赵玉英、赵德银的《中国当代女博士》（中国妇女出版社 1995 年出版）、魏玉传的《中国现当代女作家》（中国妇女出版社 1990 年 5 月出版）、蒋宝府的《曹州书画家集传》（齐鲁书社 2014 年 3 月出版）、《曹州巾帼集传》（齐鲁书社 2002 年 7 月出版）、《曹州名医集传》（吉林人民出版社 2004 年 2 月出版）等。

杂文创作　20 世纪 80 年代前，菏泽杂文几乎是一片空白。1985 年后，菏泽杂文事业出现空前繁荣的局面，涌现出赵统斌、茅永辉、高壮斌、张友海、陈宝华等一批作者。90 年代后，《菏泽日报》“曹风”文学副刊成了这些杂文作者施展才华的天地。十几年间，“天香楼随笔”专栏刊发的作品获省级以上奖励100余件次。与此同时，李醒、刘继增、李雪晴、蔡中锋等一批新的杂文作者涌现出来，成为菏泽“杂坛”的一支生力军。

据不完全统计，1986—2005年的20年间，菏泽作者共在《人民日报》《大众日报》《齐鲁晚报》《新民晚报》《羊城晚报》《杂文报》《杂文选刊》《散文百家》《随笔》等省级以上报刊上发表杂文随笔1800余篇，收入近百种选本中。

1986—2005年菏泽市（地区）部分杂文一览表

表28-4-4

作者	作品	发表报刊	籍贯	发表时间
赵统斌	《丢掉你的虚荣心》	《山东青年》	成武县伯乐集镇	1988年第3期
	《“看热闹”与“看门道”》	《中国机电报》		1991.04.07
	《音乐会之外》	《现代文明》		1993年第8期
	《“誓言”与“承诺”》	《中国教育报》		1998.10.27
	《骂与炒》	《安徽日报》		2002.07.19
	《也说“子承父业”》	《杂文报》		2003.02.14
	《弘一法师三不该》	《中国电力报》		2002.12.08
茅永辉	《在亲情的沃土收获什么》	《贵阳晚报》	江苏南通市	1996.09.26
	《由“认票不认人”想开去》	《人民日报》		1995.06.14
	《“公告”的疑惑》	《人民日报》		1995.08.07
	《由武则天的铜匦说起》	《联合日报》		1995.09.16
	《是才何必“黄金台”》	《新闻人物报》		1994.09.08
	《背“黑锅”挂红牌儿说》	《北京法制报》		1996.02.16
	《雁儿的唾沫》	《中国社会报》		1995.03.04
	《仕而优则“学”》	《武汉晚报》		1995.07.10
	《“一旦拥有”是不够的》	《大众日报》		1995.08.14
高壮斌	《秀色可餐乎？》	《金融时报》	巨野县	1994.03.19
	《名人打喷嚏》	《北京晚报》		1995.09.26
高壮斌	《甭说礼金是夫人收的》	《法制日报》	巨野县	1996.07.22
	《心穷》	《法制日报》		1996.07.31
	《克服矫情》	《羊城晚报》		1995.12.07
	《杀人蝠的手段》	《山东支部生活》		1988年第11期
	《警惕误导》	《贵阳晚报》		1996.02.14
	《心理不平衡论》	《金融时报》		1996.11
	《且看“阿太”如何成名》	《联合日报》		2001.09
张友海	《说“识时务”》	《工人日报》	曹县	1984.03
	《撞了南墙要回头》	《半月谈》		1981.01
	《堵嘴的“检讨”》	《人民日报》		1984.06

续表 28-4-4

作　者	作　品	发表报刊	籍　贯	发表时间
张友海	《从南开的镜箴谈起》	《文汇报》	曹　县	1981.07
刘继增	《爬山夫》	《人民权利报》	成武县	1997.10.15
	《钱官脸》	《现代文秘》		1998 年第 1 期
	《为林妹妹看病》	《当代散文》		1997 年第 6 期
	《哭笑人生》	《人民文学副刊》		2000 年第 3 期
	《司空见惯浑闲事》	《中国环境报》		2001.01.09
	《猴儿爬竿》	《杂文报》		2002.04.23
	《姑娘小姐服务员》	《中国产经新闻》		2002.03.01
李雪晴	《牛犊与老虎角力》	《羊城晚报》	鄄城县	1997.05.01
	《渴望旅游》	《浙江日报》		1996.09.01
	《前方梅林》	《大众日报》		1994.03.17
	《风雨山海关》	《山东文学》		2005.09
	《再也不能这样活》	《山东文学》		2005.09
李　醒	《抓在非抓不可之前》	《法制日报》	定陶县	2002.03.15
	《冷热不均症》	《杂文报》		2003.10.07
	《敢不敢来个离职演说》	《杂文选刊》		2003 年第 11 期
	《当用法律不能讨回公道时》	《杂文月刊》		2005 年第 1 期
	《择什么而从》	《当代杂文》		2004 年第 3 期
	《趋利避害谈》	《杂文月刊》		2005 年第 8 期
蔡中锋	《贪不贪，看吸烟》	《中国乡镇企业报》	定陶县马集镇	2000.05.01
	《别有韵味的“一”字成语》	《中国人事报》		2000.05.09
	《屁股决定脑袋》	《中国老年报》		2000 年第 7 期
	《滕子京为什么要重修岳阳楼》	《中国信息报》		2000.07.26
	《从县委书记讲授怎样写举报信说起》	《农民日报》		2000.08.03
	《民不举，“官”也要究》	《中国纪检监察报》		2000.09.11
	《“讲真话”与“听真话”》	《中国老年报》		2000.11.10
	《莫将“造福”变“造负”》	《人民政协报》		2000.12.18
	《廉不廉，看过年》	《中国改革报》		2000.12.20
	《一块补丁三千两》	《人民政协报》		2000.12.25

楹联创作　20 世纪 80 年代中期，菏泽楹联文化异军突起，尤其单县的楹联文化已成为鲁西南传统文化中的一朵奇葩。1990 年成立单县楹联学会，会长张建生，秘书长刘太品。单县楹联学会已成功举办 15 届全国性楹联大赛，参加者遍及全国及东南亚诸国，人数逾三万人，累计征集参赛作品 40 余万副，其中新加坡、马来西亚、美国等海外侨胞应征作品千余副。2002 年 8 月单县被授予全国“楹联之乡”荣誉称号。2003 年，单县楹联学会组建中华对联文化研究院，深入开展楹联学术研究和楹联知

识普及工作，并创办院刊《对联文化》。2004年，受中国楹联学会委托编纂的《中国楹联二十年作品精选》，收录对联作品5万余副，成为国内有史以来收录作品最多的一部联集。同年12月，中央电视台“生活567”栏目在单县刘有礼的农家小院成功举办“全国金欢鸡征联赛”“全国征联颁奖会”，中国楹联学会名誉会长常江亲临点评，全国各大媒体和网站专题报道。2004年起，单县楹联学会组织百余人，历时一年半，挖掘古联家120余人、古对联500余副、楹联故事40多则及古碑刻、木刻等一批楹联载体，编辑出版《中国对联集成山东卷·单县分卷》。该书卷共计30余万字，收录古今名联2000余副，荣获菏泽市“图书类精品工程”奖。推动菏泽楹联文化发展者众多，尤以刘太品为著。刘太品是山东省单县人，中国楹联学会理事、驻会秘书，中华对联文化研究院秘书长、副院长，《中国对联年鉴》编辑部主任、《中国对联作品集》主编，中国诗联文化出版社社长。多次参与全国性征联活动的组织评选工作，担任中央电视台有关对联节目的撰稿人。著有《古今对联趣话》《佳联趣对贺新春》《联学管窥》《对联鉴赏琐谈》《当代佳联500副》《对联笑话》（与常江合著）、《大理苍山联粹》（与王庆新合著）等。

民间文学　菏泽历史悠久，有着深厚的民间文化底蕴。菏泽地区宣传部、文化局、文联等单位联合成立民间文学集成委员会。1986年、1997年两次召开专门会议，1989年，完成民间文学的三套集成的收集出版、发行工作。工作人员共收集歌谣589首，民间故事2125篇，谚语2700条，经过整理筛选后，《菏泽市民间故事卷》《菏泽市民间歌谣、谚语卷》采用故事210篇，歌谣168首，谚语1200多条。比较有成就的集成还有：成武黄开钦主编的《成武民间歌谣、谚语卷》《成武民间故事卷》，黄开钦本人获国家级奖励。巨野吕复伦主编的《巨野歌谣谚语卷》《巨野民间故事卷》，该书被评为省级优秀卷本。曹县张西挺任主编的《曹县歌谣谚语卷》《曹县民间故事》被省文化厅评为优秀卷本。全区共收集各类民间故事3.8万余篇、歌谣2.6万余首、谚语6.5万余条，出版资料本24卷，共计640万字。挽救了一大批即将失传的优秀民间文学遗产，受到省文化厅的表彰，该集成被列入国家“七五”艺术科学规划的重点项目。

影视文学创作　由原地区文联主任朱希江编剧、天津电影制片厂摄制的菏泽第一部彩色电影风光纪录片《春满牡丹乡》，1987年在国内公开发行。影片以著名歌唱家彭丽媛、著名作家岳野谈家乡、看家乡为线索，真实地记录、歌颂鲁西南的优美风光和巨大变化。片中插曲《看牡丹》由乔羽作词、士心作曲、彭丽媛演唱。1999年，陈雪云编写的剧本《警魂》，获团中央精神文明建设“五个一工程”入选作品奖。至2005年，许多影视文学剧本被影视制作中心搬上荧屏。代表作品有杨彩云创作的剧本《水浒少年》，由中央电视台与山东影视中心联合制作成18集电视连续剧，并获得2000年度“飞天”一等奖和“金鹰”提名奖；朱其作创作的剧本《石成看瓜》，获中国曹禺戏剧奖入围奖、山东省群文创作一等奖；朱其作创作的电影文学剧本《御思香奇案》，被长春电影制片厂和齐鲁音像出版社争相抢拍；周喜明创作的大型话剧剧本《共产党人》，获“华东田汉戏剧奖”剧本奖；杨洁撰写的报告文学《大河骄子》，被改编为同名8集电视连续剧。

歌曲创作 1990年2月，时维亮作词、牛玉新作曲《小城史话》由中央电视台播出。1991年9月，夏富源作词、姜念慈作曲《天空飘来春姑娘》在山东省“朱埠杯”农民歌手大赛中获优秀创作奖。1992年6月，牛玉新作曲的乐舞《鹊桥仙》获省文化厅创作一等奖、演出一等奖。1996年，吕永清作词的歌曲《最亮的星最好的人》获中宣部“五个一工程奖”、中央广播电台新歌评选金奖。2001年，吕永清作词《向北京庄严宣告》等3首分获北京申奥歌曲评选金、银、铜奖。2002年4月，程诚作词牛玉新、姚鲁生作曲《我的家乡牡丹美》获中国音乐家协会歌曲编辑部歌曲评选“精品银奖”。2005年8月，刘斌作词、牛玉新作曲《高高的警戒线》，黄秀俊作词、牛玉新作曲《中华情》，邵好学作词、牛玉新作曲《妈妈您看到了我吗》分别在山东省青年歌手大赛歌曲评选中获优秀创作奖。10月，陈瑾作词、牛玉新作曲的武术舞蹈《为菏泽加油》获山东省第二届“四进社区”文艺展演二等奖。11月，在山东省纪委组织的反腐倡廉歌曲评选中，菏泽市有16首歌曲获奖，其中《好好做人好好做官》获一等奖；《四大纪律八项要求歌》《八个坚持八个反对》《中国纪检监察之歌》《兔耳兰》《为人民服务不算苦》《党性是魂百姓是根》等6首合唱歌曲获二等奖；《我们是人民的纪检监察员》等4首歌曲获三等奖；另有5首歌曲获创作优秀奖。

器乐曲创作 1986年8月，牛玉新作曲的软弓京胡独奏《闹春》在“全国民间音乐舞蹈调演”山东选拔赛上获作曲二等奖。1992年6月，张元作曲的民乐小合奏《花乡游》、笛子独奏《菊歌》，牛玉新作曲的古筝合奏《福寿绵长》在山东省中等艺术学校会演中获省文化厅创作一等奖；牛玉新作曲的唢呐二重奏《乡村情韵》获创作二等奖。2003年，马宏川作曲的吹打乐《五谷丰登》在“全国青少年「龙吟杯」民族乐团比赛”中获优秀作品奖。

现代舞蹈创作 1992年6月，仝根生、许传忠、吴双梅编舞，牛玉新作曲的舞蹈《警花》在山东省艺术中专学校会演中获创作、表演一等奖。1995年8月，在山东省校园歌曲、校园集体舞推广比赛活动中张秀芹创作的舞蹈《青春舞步》获创作二等奖，张敏创作的《小草帽》、唐海英创作的《快乐的节日》获创作三等奖。1998年5月，在山东省中等艺术学校舞蹈会演中，李娜编排的舞蹈《春涌》获创作一等奖、表演二等奖。2002年7月，在山东省“小飞天”儿童舞蹈大赛中，菏泽选送的舞蹈《挂红灯》《老鼠娶亲》分获创作一、三等奖。

第二节 摄 影

1986年，随着人民物质生活和文化生活水平的不断提高，摄影艺术迅速发展。10月，菏泽地区摄影家协会成立，主席：薛玉玺，副主席：吕元勤 吕宪聚 焦延河 桑秋华，秘书长：岳宝林。1996年，桑秋华加入中国摄影家协会，成为菏泽地区首位中国摄影家协会会员。之后，於联明于2001年，刘心中、马春霞于2004年加入中国摄影家协会。

获奖摄影作品及作者 1989年7月，桑秋华摄影作品《爆炸》在中国摄影家协会山东分会等主办的山东省“梁磷杯”摄影大赛中获一等奖，成为菏泽首位获此奖励者。1989年12月，其作品《在这块土地上》，获中国摄影家协会与武警总部联合举办的“橄榄林与祖国明天摄影艺术比赛”一等奖。1991年5月，刘心中摄影作品《检查组事件连续报道》获全国县市报好新闻一等奖。吴佩智1991年拍摄的《恩齐》被《山东人事》作为封面发表。1992年，桑秋华摄影作品《荷包牡丹》获由中国盆景艺术家协会举办的“全国花卉盆景艺术摄影比赛”二等奖。吴佩智1993年拍摄的《刺魂》《人满为患》《争艳》获“山东省人事系统纪念毛主席诞辰100年书画摄影展”一等奖。1994年，王超英、张国庆、高玲、宋晓联合拍摄的摄影组照《牡丹之乡菏泽》获山东省人民政府对外宣传一等奖。高志修1995年拍摄的《章缝镇给农民倒打白条》在《联合报》上发表。1997年2月刘心中摄影作品《“110”叔叔辛苦了》获《人民公安报》二等奖。1997年马春霞作品《母亲的情怀》获全国摄影大赛一等奖。其后，她创作的《夕阳

桑秋华摄影作品《在这块土地上》

马春霞摄影作品

无限》《大地·黄河》《收获》《老人》《清泉》先后在全国摄影大赛中获奖。2000年10月刘心中获法制日报社“全国法制新闻摄影十佳特约记者”称号。刘亚琪、姚朝磊2001年拍摄的《县城一角》《永丰塔》在香港《大公报》上发表，2002年拍摄的《户户绘丹青》在《人民日报》上发表。2002年2月，桑秋华摄影作品《吉祥如意》《天香》《金阁》获得由中国花卉协会举办的“全国首届牡丹花展摄影比赛”银奖。2002年，巨野县摄影协会以金山为题材，成功举办“金山摄影展”。2004年12月，桑秋华摄影作品《玉女》在2004年多丽杯“咱们中国人”全国摄影大奖赛中获三等奖。2004年，桑秋华拍摄的牡丹摄影画册《国花神韵》由中国摄影出版社出版发行。是全市第一部由国家级专业出版社出版发行的大型牡丹画册。该画册由时任中国摄影家协会主席邵华作序。

摄影理论研究 2000年7月，於联明摄影理论文章《关于影像时代商业摄影的若干思考》，获“第六届全国摄影理论研讨会”优秀论文奖，为菏泽市乃至山东省首获此奖。2001年7月3日，《中国摄影报》刊登单县摄影家协会主席於联明的摄

影论文《影赛该不该接纳电脑制作作品？》，在全国摄影界引起大讨论，这是全市在国家级摄影专业报刊刊发的第一篇理论文章。2002 年 12 月，於联明因摄影理论研究，获山东省摄影奖励基金。

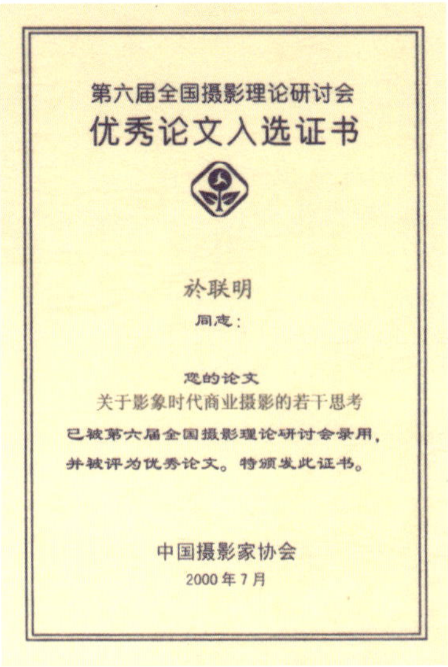
第六届全国摄影理论研讨会
优秀论文入选证书

於联明
同志：

您的论文
关于影像时代商业摄影的若干思考
已被第六届全国摄影理论研讨会录用，
并被评为优秀论文。特颁发此证书。

中国摄影家协会
2000 年 7 月

摄影产业　1986 后，摄影步入商业市场。焦延河是将摄影做成产业并发展壮大的突出者。1986 年，他创办菏泽第一家大型综合性摄影机构——菏泽摄影图片社，是当时鲁西南最大的综合性摄影机构。之后，菏泽摄影图片社先后成立了深圳分社（公司）、环球分社（公司）、摄影大厦分社（公司）、山东省菏泽摄影艺术中专学校（国家承认学历的山东省唯一的一所摄影艺术专业学校）等。1999 年，总部更名为环球摄影图片总社，1986 年在菏泽地区第一个引进彩色冲印设备柯达 501 后，又引进当时世界最先进的日本 QSS － 901 冲印设备。1989 年，在山东省第一个引进国际最先进的 QSS － 1202V 彩色冲印设备及 450 彩色放大机。这种全电脑、超高速、数字一体化的彩色冲印系统当时全国只有 3 套，山东省仅此 1 家。图片社逐渐成为鲁西南及周边地区集摄影、彩扩、器材销售、艺术设计、数字影像制作、摄影艺术教育等于一体的大型综合性影像传媒集团公司。

至 2005 年，菏泽摄影楼管由最初的几十家照相馆发展到几百家，其中大型摄影楼有几十家。摄影制作技术从 20 世纪 90 年代初期引进全自动扩冲设备，到 21 世纪初采用数码摄影，从拍纪念照发展到拍照、摄像、编辑、刻录为一体的影像全程服务，并逐步向高档化、数字化发展。婚纱摄影已走出摄影棚，到实景拍摄，增加真实感和艺术性，成为时尚和潮流。

《菏泽摄影图片社》／《环球摄影图片总社》

第五章　群众文化活动

1986—2005 年，境内经济快速发展，人民生活不断提高，精神文化需求随之发生巨大变化，群众文化活动日趋活跃。各级文化主管部门为适应人民群众对文化娱乐的需求，组织开展丰富多彩的文体活动。秧歌、卡拉 OK、歌舞、戏曲等形式的群众文化活动亮相街头、广场、社区和乡村。城市文化、农村文化、企业文化、社区文化、校园文化空前繁荣，形成内容丰富，形式多样，多头齐办的多元化格局。

第一节　广场文艺演出

菏泽的大型广场文艺演出活动主要集中在国际牡丹花会和中国林产品交易会期间。1992—2003 年，牡丹区（县级菏泽市）文化馆为牡丹花会创作编排 42 个大型表演节目，其中《春满牡丹乡》《花乡迎春》《天香悠悠》《花乡魂》《花乡协奏曲》《腾飞的菏泽》等作品。参加表演者分别达到 600 ~ 1000 余人。2001 年 4 月，市艺术馆、青岛啤酒菏泽有限公司联合举办 菏泽市首届“青菏泉杯”广场文艺展演，全市有 30 多个文艺团体的 300 余名演员参加演出。2003 年 4 月，市文化局在“青啤广场”举办 “菏泽市第二届大型广场文艺展演（社区文艺会演）”，有 7 个社区被评为“文化社区先进单位”，13 个单位获组织奖，17 个单位获精神文明奖。2004 年 9 月，首届中国林产品交易会大型广场文艺展演在“青啤广场”举行，参加展演的有 50 余个单位近 2000 人。2005 年 4 月，菏泽市第六届大型广场文艺展演在人民广场举行，参加展演的有 50 余个单位近 3000 人。文化部门举办的每届展演都在 3 天以上，全市 8 县 1 区积极组织参加团队歌舞、器乐合奏、声乐、健美操、武术、戏剧、曲艺及民间传统节目演出。

第二节　路游表演

1986 年 2 月，在地区文化局的组织下，菏泽、曹县、东明三县市的舞龙队、花船队、狮子队、高跷队、花车队汇集菏泽城进行表演，观众达 5 万多人。2002 年 9—11 月，市委、市政府主办 “庆国庆、迎‘十六大’菏泽市大型文艺调演”的 10 场演出，参演人员 4000 多人，预演节目 470 个，参演节目 120 个。2004 年 12 月，在“山东省戏曲票友大赛”上，王常磊演唱的山东梆子《能干闹房》选段获“十佳票友”称号，谷爱春演唱的山东梆子《两狼山》选段获一等奖。2005 年春节期间，来自牡丹区、开发区各街道、社区的 3000 多名民间艺人进行精彩的大型路游表演，踩高跷、扭秧歌、划旱船、跑竹马、舞狮子、抬花轿、挑花篮等民间艺术表演，丰富了人民群众的精神文化生活。

第三节　文艺比赛

1988年6月，在山东省“凤凰杯曲艺大奖赛”中，菏泽参赛的4个节目，有2个获创作二等奖，1个获创作三等奖，1个获表演一等奖，2个获表演二等奖，位居全省之首。1990年9月，徐艳春在“全国农民歌手大奖赛”中获一等奖，车丽君获二等奖。1993年3月，菏泽电视台举办“菏泽地区第二届‘洲达杯’青年歌手电视大奖赛”，有5名歌手被推荐参加山东省第五届青年歌手大奖赛。1999年 9月，省文化厅、省教委等四家联合举办“山东省少儿‘六项艺能’十佳大奖赛”，菏泽地区参赛少儿有1人获得“十佳”，2人获一等奖，4人获二等奖，5人获三等奖，11人获优秀奖。2000年7月，在“全国群星奖山东选拔赛”上，菏泽参赛的独舞《咏梅》获二等奖，三人舞《葛巾与玉板》、集体老年舞《花仙情缘》分获三等奖。

第四节　戏曲音乐茶座

戏曲音乐茶座出现于20世纪90年代初期，以卡拉OK为主要形式，利用大功率立体声唱机、大屏幕录像播放设备和声音赋色装置为消费者提供点歌、点戏和演唱伴奏的服务。先多以露天场所为主，后逐渐进入装修较好的室内场所，如影剧院、宾馆、茶社等地。90年代后期进入鼎盛时期，各县区相继出现大量的经营场所。2002年以后，戏曲茶座逐渐发展为练歌房、舞厅等专营娱乐性质的经营场所，设备也随之升级。

第六章　文化传媒

第一节　刊　物

《菏泽学院学报》　创刊于1979年，原为《菏泽师范专科学校学报》，2005年更名为《菏泽学院学报》。该刊是菏泽学院主办的面向国内外公开发行的综合性学术理论刊物，主要服务对象是高等院校的师生和相关单位的科研人员。其国际刊号为ISSN1673-2103，国内统一刊号为37-1436/Z，双月刊。主要刊登社会科学和自然科学领域各学科富有创新性的学术论文，1、3、4、6期为社会科学版，2、5期为自然科学版，逢双月25日出版。设有政治研究、经济研究、文学研究、国情国策、法学研究、史学研究、基础科学研究、高教研究等栏目。先后刊发国家自然科学基金、国家社会科学基金、国家教委博士学科点基金资助课题论文近百篇，国家科学院院士、博士生导师以及全国知名专家、学者的研究论文数十篇。刊发的论文被《中国人民大学书报资料复印中心》《新华文摘》《中国期刊网》、科技部《中文科技期刊数据库》、科学院《中国数学文摘》等摘登或全文收录。该刊于1998年获“全国高专”优秀学报一等奖，1999年获全国高校自然科学优秀学报及教育部优秀科技期刊二等奖。至2005年年底，已出版90期。

《菏泽医学专科学校学报》 创刊于1989年6月，原名《菏泽医专学报》，2002年改为《菏泽医学专科学校学报》。该刊是山东省教育厅主管、菏泽医学专科学校主办的综合性医学刊物。主要服务对象是国内高等医药院校及山东省县级以上医疗单位科研人员。该刊设有基础医学、临床医学、祖国医学、护理医学、麻醉医学、思维与方法、综述和短篇报道等栏目，每年出版两期，1990年改为季刊。1998年被国家新闻出版总署批准在全国公开发行，国内统一刊号CN37-1289/R，国际标准刊号ISSN1008-4118。1996年、1998年在全国高校自然科学学报研究会“三优评比”中，该刊获二等奖。2002—2004年在全国高校自然科学学报研究会“三优评比”中，分别获一等奖。2003年获首届CAJ-CD规范执行优秀期刊奖。编辑部主任吴效普副教授连续5次获全国优秀编辑称号，邵文锦连续3次获全国优秀编辑荣誉称号。

《小作家》 创刊于1989年，为省内部期刊。初为双月刊，后改月刊，主要发行对象为域内中、小学生。1999年创办中学版，2004年12月与省《中学时光》杂志社联合出版《中学时光·小作家》中学版。至2005年年底，《小作家》共编辑中学版、小学版、拼音版（试）三个版本，出版发行160余期。《小作家》开辟的“还未成年”“心帆一叶”等栏目，在培养树立学生正确的世界观、人生观、价值观和加强未成年人教育方面显现突出作用。贺敬之为《小作家》题写刊名，邵华、冰心等老一代文学艺术家称赞《小作家》是“学作文的良师，教作文的益友”“小作家的轩地，大作家的摇篮”。《小作家》为学生开辟专栏，为专家、学者和教师开辟“教师文萃”“读写导航”“书海扬帆”等栏目，很受广大师生及学生家长赞赏。

《求实论丛》 创刊于1992年8月，是中共菏泽市委党校、菏泽市行政学院主办的社科类综合性内部资料性，季刊，16开。至2005年年底，该刊共出刊44期。设有理论探讨、管理科学、哲学研究、法制园地、调查研究、学习园地、文史苑、杂文与随笔等固定栏目。

《牡丹》 创刊于1978年，双月刊，32开，1988年停刊。1998年经山东省新闻出版局批准复刊。至2005年年底，共出刊104期，计1280万字。该刊设有小说、散文、牡丹诗会、报告文学、作家与作品等栏目，是菏泽唯一的纯文学刊物。自创刊以来，刊发了许多好作品，培养一大批文学作者，在全国具有较高的影响。

《求索》 1990年8月创刊，菏泽地区社会科学界联合会主办，是面向全国公开交流的境内唯一的综合性社会科学学术理论刊物，也是全市哲学社会科学优秀成果奖评选委员会会刊。其内容涉及政治经济改革的探讨、精神文明建设的探讨、文艺理论的探讨，以及新闻业务研究、历史研究、教育研究、学会工作研究等。1997年11月停刊，1998年再刊，1999年停刊，2000年再刊，2001年再次停刊，2002年再刊。2004年调整栏目设置，设有高层要论、领导论坛、决策参考、观察与思考、工作研究、理论探讨、思想政治工作、热点问题探讨、感悟人生、菏泽历史文化、社科工作、为您服务、读者心声等。至2005年，已出版近50期。

第二节　报　纸

《菏泽日报》　1991年10月创刊，原名《菏泽大众》报，创刊初期，《菏泽大众》报为四开周二小报，逢周二、周五出版，发行1万份；1992年7月1日，《菏泽大众》改为周三刊，每周一、三、五出版；1993年1月1日，《菏泽大众》改出周四报，每周一、三、五、六出版；6月25日，报社激光照排、胶印轮转机和新建成的印刷厂投入使用，至此报纸制版、印刷等全部由报社印刷厂完成；7月1日改出日报，《菏泽大众》改报名为《菏泽日报》，周六刊，仍为4开4版，报头由书法家李铎题写；10月，报社电讯卫星地面接收设备开通，全天24小时接收新华社电讯。1994年1月1日，《菏泽日报》由4开4版正式改出对开4版大报，仍为周六报，新报头由书法家武中奇题写；同时，实现了自办发行，购置了送报车，组建了发行网络，发行量由最初的1万份上升到6万份。1997年8月，报社装配了卫星传版系统，《齐鲁晚报》在菏泽日报社印刷厂设立代印点。1998年11月，报社建成自动化办公、办报网络，编辑记者告别纸与笔。1999年4月，报社在全国率先对印刷厂实行股份制改造，成立菏泽新闻印刷有限责任公司，购进先进的中美合资高斯轮转胶印机，实现天天出彩报的目标。2000年6月，菏泽地委组织部下文批准成立中共菏泽日报社委员会；8月，在菏泽地委召开的第10次全委会议上，决定将曹州晚报社收归菏泽日报社主管、主办；2000年10月1日，《牡丹晚报》正式创刊，4开12版，彩色印刷，期发行量3.2万份。2003年4月，菏泽日报社新闻网站——菏泽新闻网创建并开通，更名为中国菏泽网。此后，菏泽日报社又先后组建华夏关注、菏泽手机报等媒体平台。截至2005年12月底，菏泽日报社下辖菏泽日报、牡丹晚报、中国菏泽网、华夏关注等媒体，下设总编室、记者部、编辑部、发行部、广告部等20余个部室，共有工作人员168人（不含印刷厂），其中，专业技术人员83人，高级专业技术职务人员35名，中级专业技术职务人员39名，初级专业技术职务人员44名。《菏泽日报》1995年被评为华东地区优秀报纸；1998年获山东省“十佳”报纸；1999年菏泽日报

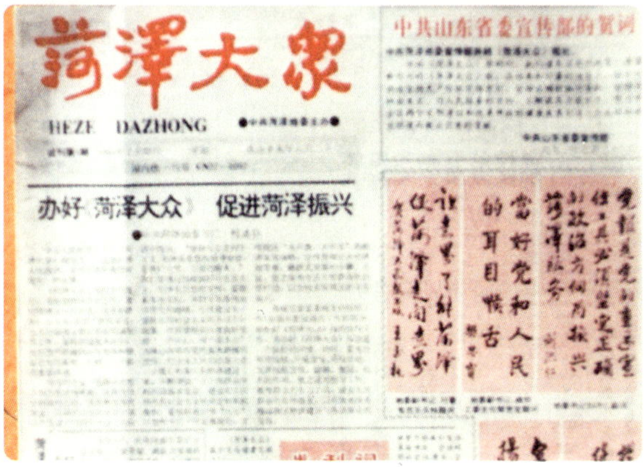
菏澤大衆
HEZE DAZHONG
中共山东省委宣传部的贺词
办好 菏泽大众　促进菏泽振兴

1991年10月，《菏泽大众报》创刊

社被山东省委、省政府授予“省级文明单位”称号，并获三项山东省精品工程奖；2001年被国家新闻出版总署评选为全国地方报社管理先进单位，进入全国“百佳”报社行列；2003年被评为全省新闻系统精神文明先进单位；2004年再次获得三项山东省精品工程奖；2005年获山东省优秀报纸称号。在省级以上新闻主管部门举办的各类评比中，报社先后有600多件作品先后获山东省新闻奖一、二、三等奖。有1人获山东省泰山新闻奖，1人获泰山新闻奖提名奖；有60余人次受到省、市各级新闻主管部门的表彰和奖励。

《牡丹晚报》 牡丹晚报的前身是《菏泽县报》，创刊于1980年1月；1982年更名为《菏泽市报》；1995年1月更名为《曹州晚报》。2000年5月，《曹州晚报》停刊，原报社人员归属菏泽日报社。2000年10月《牡丹晚报》创刊，由菏泽日报社主管主办。《牡丹晚报》创刊初期为4开12版，2003年7月31日，由12版扩为16版，增强了贴近性、可读性及服务性。2005年1月，再次扩版，部分版面由原来的16版扩为24版，版面的风格内容也进行了调整，更具时代气息和生活气息。同时，无论是

2000年9月29日，《牡丹晚报》创刊庆祝大会在菏泽日报社举行

报纸发行量还是广告创收都有较大提升，实现了社会效益和经济效益双丰收。《牡丹晚报》紧紧围绕“全心全意服务菏泽百姓”的办报宗旨，始终把“关注百姓生活，讲述百姓故事，走进百姓家庭，成为百姓朋友”当成不懈追求的目标。创刊以后，相继开展了希望工程菏泽认亲会、闲物送人、周行一善、助寒门过年、助寒门学子圆梦、感动菏泽年度人物评选等大量卓有成效的社会公益活动，组建了牡丹晚报小记者团、菏泽义工团、牡丹晚报法律援助团等公益组织，从倡导新风尚、关注弱势群众、为百姓排忧解难的愿望出发，产生了较好的社会效果。其中，“周行一善”活动获“中华慈善大奖”，“闲物送人”活动获得山东省慈善大奖，牡丹晚报菏泽义工团受到中宣部、山东省委宣传部、省文明办的充分肯定，成为全省开展公益活动的先进典型。同时，先后有200多篇稿件获山东新闻奖、中国晚报新闻奖、中国地市报新闻奖等奖项。《牡丹晚报》获中国地方都市类报纸十强称号。

《菏泽广播电视报》 1992年4月创刊，菏泽电视台主办。1994年12月，由国家新闻出版署批准，转为国家正式报纸，编入国内统一刊号。1995年3月，该报由四开四版扩为4开8版。2001年1月扩为4开16版，后又扩为4开28版。从2001年起，该报实行自办发行与邮局代发并举，至2005年，每期发行量4万份，成为境内自费订阅量最大的周报。该报密切关注本埠新闻事件、新闻人物，透视新闻背景，报道国内外娱乐圈最新动态，追踪影视“星”闻，服务广电事业发展，预告中央、省、市广播电视节目。主要版面有社会类的关

注、民生、人物、写真、博览等；娱乐类的视线、剧情、导视等；生活类的家庭生活、情感生活、生活健康、生活成长、生活美食、生活茶坊、生活时尚等。

第三节　电　影

影片发行　菏泽市（地区）电影公司根据省公司供片计划，负责城市35毫米影片排映和16毫米影片调度，并根据观众需求，采取分线排映、交叉轮换排映、单独在城市或农村集镇影院排映。各县区电影公司主要负责16毫米影片在本县范围内的排映及35毫米乡镇影院、售票点的影片排映。农村电影分公司主要负责辖区内的16毫米电影队的影片发行工作。1987年，全区发行35毫米国内外故事片170余部、16毫米故事片近100部，736个电影放映单位共放电影1.5万多场，观众1200万人次。当年2月地区科协、文化局、农业局、林业局、水产局、科委、广播电视管理处7部门联合下发《农林科教电影汇映月活动的通知》，此后两个月中，全区有692个电影放映单位投放科教片245个节目、410个拷贝，放映科教片18036场，观众达2047万人次。1988年11月省文化厅下发《山东省文化系统录音、录像发行放映管理暂行规定》后，地区电影公司负责全区音像制品的发行工作。

电影放映　20世纪80年代初期，电影倍受城乡人民群众的欢迎，是人们文化娱乐活动的主要方式之一。随着人民群众生活水平的逐步提高，精神文化需求也越来越高，各类电影放映单位特别是乡镇、村办和个体办16毫米电影队大量增加，35毫米集镇电影院、售票点也应时而生。至1986年年底，全区农村共发展35毫米电影院、售票点52个（乡镇办），电影放映人员200余名，集体办（乡镇、村）16毫米流动电影队300个、放映人员900人，个体办16毫米电影队358个、放映人员800余人。农村集镇影院和流动电影队是农村电影放映的主力军。每个农村电影队年均放映电影300场以上，观众近30万人次。随着农村经济体制的变革，村、队集体经济减弱，电影收费出现困难。1987年后，在农村实行电影预收费，农村人口人均0.5元，每年可观看10场电影，全区每年预收影费300多万元，确保农村电影放映正常开展。1990年以后，电视在农村迅速普及，电影市场日渐萎缩，电影观众逐年减少，电影预收费越来越困难，农村放映队大量减少。至2002年，全市尚能正常活动的电影放映队仅有39个。为了解决农民免费看电影的问题，全市电影放映单位积极与企业单位联系，走影企联姻的路子，每年为农民群众免费放映电影5000场以上。

专题放映　1991年8月，举办科技兴农——全国第二届农林科教电影汇映和农村科教片《大丰收》评选活动，全区有560个电影放映单位参加，共放映科教影片1.5万多场，观众达2000万人次。科教片的放映，向广大农民群众传播科学种田、养殖、加工等先进科学技术知识，在服务和支援“三农”活动中做出贡献。2002年12月，市电影公司与省电影公司等单位联合摄制以林木种植、加工、出口为主要内容的科技片《优质用材林栽培》，被批准在国内发行放映。2004—2005年，为配合中共十六届四中、五中全会精神的学习、贯彻和保持共产党员先进性教育活动，在全市及时发行放映影片《张思德》《郑培民》《为了胜利》等影片，其放映场次、观众人数和电影发行、放映收入，均创电影单片发行的最高纪录。

1986—1999 年菏泽市（地区）电影业务量统计表

表 28-6-1

年　份	放映场次	观众人数（万人）	放映收入（万元）	发行收入（万元）
1986	29485	2547.06	259.04	120.32
1987	34529	2356.01	236.26	123.45
1988	34500	2542.23	261.25	124.22
1989	36325	2641.55	256.12	134.02
1990	31205	2245.12	210.03	122.33
1991	36501	2342.41	251.32	132.45
1992	30012	2314.12	243.42	126.33
1993	30044	2310.55	231.88	120.75
1994	29887	2500.74	213.45	135.44
1995	31201	2512.66	258.74	165.36
1996	32510	2610.55	269.56	172.33
1997	29612	2541.33	251.45	196.33
1998	26513	2245.11	234.33	185.22
1999	21998	2001.68	210.48	179.89

第四节　广　播

1986 年，全区各县开始设置小调频广播，功率 100 瓦，同时设立广播站。至 1988 年，全区各县市均普及小调频广播。同时，经上级部门批准，将原来的各县市广播站改为人民广播电台，共有调频发射机 9 部，发射功率 500 瓦。1996 年 4 月 19 日，菏泽地区人民广播电台，即全省地级市最后一家广播电台成立并开播。该台设立新闻部、专题部、总编室、文艺部、广告部等部室，人员编制 20 人，全天播音 17 小时，使用频率为 AM1197。1998 年 10 月 19 日开办地区经济广播电台，全天播音 19 小时 10 分钟，使用频率 FM94.8。2001 年撤地改市后，地区人民广播电台更名为市人民广播电台，地区经济广播电台更名为市经济广播电台。菏泽市广播电视局、菏泽电视台、菏泽市人民广播电台合并为菏泽市广播电视局（台），事业编制。2004 年 1 月 1 日，市经济广播电台更名为交通文艺之声（调频立体声）。2005 年 5 月 12 日开办戏曲广播电台，全天播音 17 小时 10 分钟，使用频率为 AM1071。至此，三套节目全部实现数字化自动播出，覆盖全市 9 县区 870 多万人口及苏鲁豫皖接壤地区。

在新闻宣传方面，三家电台始终坚持“团结、稳定、鼓劲”和正面宣传为主的方针，围绕党委、政府中心工作，做大量卓有成效的宣传报道。先后自办栏目《行风热线》《律师说法》《金土地》《灯火阑珊》《交通在线》《梨园春秋》等50余个。至2005年，广播电台共采编各类新闻稿件14.12万件，其中有数以千计的优秀节目被中央台和省台采用，有百余件作品获省级以上奖励。

菏泽地区人民广播电台开播

第五节　电　视

1986年，菏泽通过电视转播台转播上级台电视节目。1988年9月，菏泽电视台正式开播，为广播局下属的副县级事业单位，内设新闻部、办公室、广告部、专题部、录制部、发射部、播出部，编制83人，自办《菏泽新闻》一档节目。

1992年3月，菏泽有线电视台成立，

1988年，菏泽电视台开播

为广播局下属的副县级事业单位，内设办公室、收费科、有线工程部、有线管理部、播出部。1996年3月，开通地区至县城的微波线路，实现菏泽城区至各县的有线电视联网。1997年，开始自办《菏泽新闻》《科技园地》《今日菏泽》等栏目。

菏泽有线电视台第一个传输机房，技术人员调试前端设备

1998年12月，菏泽有线电视台并入菏泽电视台，在全省乃至全国较早实现无线、有线电视台的合并，彻底改变无线有线长期分设、事业建设重复投资、电视宣传各行其是、广告创收相互影响的局面。合并后的菏泽电视台下设总编室、新闻部、专题部、经济部、文艺部、外宣部、法制部、新闻评论部、录制部、技术部、发射部、播出部、微波站、有线节目部、有线管理部、有线工程部、办公室、政工科、财务科、网络中心、广告信息部、保卫科，编制160人。2001年局台合一后，菏泽电视台自办《菏泽新闻》《百姓天天看》《关注》《锦绣梨园》《田园风》《今日开发区》《成长乐园》《媒体大搜索》《房地产报道》《财经周报》《行风视线》11个栏目，形成新闻、社教、文艺、外宣服务、国际节目和电视剧等相结合的完整电视宣传格局。至2005年，菏泽电视台自办3套电视节目，受众

人口1000多万人。先后采编播出10.25万条新闻，共有600余件作品获得国家级和省级奖励，其中电视纪录片《信念》获得中国电视奖二等奖、电视金鹰奖、全省广播电视一等奖；电视专题片《边区寻源》和电视系列片《永远的冀鲁豫》，分别获山东省“五个一”精品工程奖和山东电视奖一等奖。先后投资近亿元，购置增添各种器材设备，办公条件、机房设施和发射机器都居全省广电系统领先地位。2001年，自筹资金2000余万元，建设高标准、多功能、全省一流水平的800平方米的电视演播厅。2005年投资170余万元，实现菏泽电视台全面硬盘播出，提高自动化播出水平。在人事制度改革方面，率先在全市事业单位中推行竞争上岗、双向选择的优化组合制度，建立全员岗位目标责任制，打破电视工作者的“铁饭碗”。在“进人”环节上，严把质量关，面向社会公开招聘人才，实行聘用合同制，开创菏泽机关事业单位人事制度改革的先河。菏泽电视台连续10余年被省委宣传部、省广播电视局、山东电视台和菏泽市委、市政府评为新闻宣传先进集体。

一线报道

第六节　网络传输

2003年11月，山东广电网络公司菏泽分公司挂牌成立，这是山东广电网络有限公司按照现代企业制度组建的第一家分公司。下辖8县1区共计9个支公司。菏泽分公司内设办公室、财务审计部、物料调配部、运行维护部、工程建设部、技术部、数据业务部、市场开发部、客户服务部等部室，有工作人员242人。在菏泽城区传输32套电视节目、2套调频广播节目，市到县传输12套电视节目，各县建有分前端，传输30套电视节目。同时，开展党委、政府电视会议和部分集团客户数据业务。山东广电网络菏泽分公司开通全通宽带网业务，采用以太网的宽带IP结构，菏泽城区有960余个光接点，基本覆盖整个市区，可向用户提供宽带高速互联访问，网上实时炒股，

2003年11月19日，山东广电网络有限公司菏泽分公司揭牌

网上视频点播、聊天，电台实时播出等服务内容。另外，还开展服务器托管、虚拟主机、空间租用、广告、收费服务信息等业务。至2005年，已建设光缆、电缆线路1万多公里，地埋管道约200千米，网络信号通达所有158个乡镇、1000多个自然村，共有有线电视用户30余万户、宽带网络用户5000余户、数字电视用户500余户。

第七章　旅游文化

第一节　旅游资源

历史文化资源　早在四千多年前的新石器后期，境内就有先民渔猎耕种繁衍生息，菏泽是中华民族古代文明的发祥地之一，在古代就曾享有“天下之中”的盛名。光辉灿烂的古代文明造就一大批杰出的历史人物，留下许多珍贵的历史故事和遗址、遗迹，如尧陵、汤王陵、舜耕历山处、伊尹故里、孙膑故里、“三冉”故里、伯乐故里、梁堌堆遗址、安陵堌堆遗址、桂陵之战遗址、黄巢故里、黄巢起义点将台、庄子观、仿山、范蠡湖、刘邦登基坛、戚姬寺、吕后祠、百狮坊、百寿坊、郜国遗址、黄泥冈、宋江故里、张状元祠、夏公馆、唐塔、樊林、秦王避暑洞、麒麟台等。

红色旅游资源　菏泽是著名的红色革命老区。解放战争时期，刘邓大军飞越黄河天险、千里挺进大别山的大反攻序幕就是在这一地区拉开的。境内有刘邓大军鲁西南战役指挥所遗址、抗日战争时期的红三村抗日联防遗址、冀鲁豫边区革命纪念馆、刘邓大军强渡黄河处、刘邓羊山战斗观战台、大杨湖战役遗址等一批革命纪念地。

黄河景观旅游资源　清咸丰五年（1855）后，黄河流经境内东明、牡丹区、鄄城、郓城4县区，全长157千米。临黄大堤种植了树木，似一条绿色长廊；部分地段修建园林式建筑。黄河沿岸有多处景点，是行人驻足和节假日游览的好去处。沿黄公路的贯通，为黄河风情游提供有利条件。黄河故道位于市南境，全长140千米，穿越曹县、单县2县，总面积2431.87平方千米，占菏泽市总耕地面积的18.6%。故道上林场、果园、水库、坑塘星罗棋布，玫瑰、荷花等花卉众多，环境优雅，有较高的旅游开发价值。

黄河故道采莲

“四乡”文化资源　菏泽市具有鲜明的地方特色，“牡丹之乡”“书画之乡”“戏曲之乡”“武术之乡”名闻遐迩。菏泽牡

曹州牡丹甲天下

丹栽培历史悠久，可追溯到隋唐时期。从明朝以后，一直是国内最大的牡丹栽培、观赏基地，被称为牡丹之乡。菏泽书画可上溯到秦汉时期，历千年而不衰，书画热遍及城乡，书画活动不断，书画队伍逐渐壮大，名人辈出。1986年后，书画在菏泽已形成产业，从业者众多，2000年后，年书画产值达2000万元以上。菏泽戏曲历史悠久，剧种繁多，有郓城梆子、大平调、枣梆、两夹弦、四平调、柳子戏、大弦子戏、豫剧等，另有化装坠子、花鼓、落子、莺歌柳书、琴书、曲剧、京剧、河北梆子和平剧等，琳琅满目，各具特色。尚武之风在菏泽代代流传，仅清朝武状元、武榜眼各2人，武探花、武会元各1人，武进士23人。传统拳种计有39个之多。至2005年，全市拥有规模武校67所，在校学生3万余人。“四乡”文化资源为菏泽市的旅游事业开辟广阔前景。

第二节　旅游景点

红色旅游景点　冀鲁豫边区革命纪念馆　该馆位于菏泽市城区赵王河畔，是经中共中央和国务院批准，由河北、山东、河南三省共同筹资兴建、具有现代特色的大型跨省革命历史纪念馆。该馆于1998年4月奠基，2000年5月建成开馆；占地面积13.2公顷，建筑面积11700余平方米，集展厅、画馆、广场建设于一体。馆内设有4个展厅，面积约1500平方米。厅内有全国最大的室内陶版壁画，珍贵历史文物493（套）件、图片资料900余幅。画馆内全景画面高17米，周长123米，绘画、地面塑形和灯光音响相互交融，营造亦真亦幻的氛围，真实再现1947年刘邓大军强渡黄河，发起鲁西南战役第一仗——郓城战

冀鲁豫边区革命纪念馆

斗的壮观场面，给人以身临其境和惊心动魄之感，具有极强的艺术感染力和极高的艺术欣赏价值。

湖西革命烈士陵园　位于单县城东南古三台遗址处，始建于1945年11月，1984年5月重修扩建。整个陵园包括湖西革命烈士纪念塔、湖西革命烈士纪念堂、纪念亭、烈士陵墓等纪念点，占地总面积达10余公顷。该园大门分西、南两座，均为两层牌坊式大门，西门上方“湖西革命烈士陵园”八个大字是杨得志将军的墨迹，南门上的园名由当代书画家舒同题写。此外，还有仿古长廊、纪念雕塑、汉白玉石拱桥和各种建筑小品。曲径两旁冬青围园、鲜花怒放、青松翠柏、垂柳修竹。陵园是人民接受传统教育的重要场所、瞻仰革命

湖西革命烈士陵园

先烈的圣地，现为国家级革命纪念地重点保护单位。

牡丹旅游景点　位于菏泽市城区北部和东部，主要有凝香园、古今园、百花园、曹州牡丹园等。各牡丹园风味不一，各有特色，但就其规模之大、花色品种之多、建筑之高雅，当数曹州牡丹园为最。每至花开时节，各色牡丹竞相开放，形成姹紫嫣红的花海奇观。

曹州牡丹园

曹州牡丹园　位于赵楼、李集、何楼、梅庙、洪湾、周花园6个自然村中间，是菏泽牡丹的主要观赏区。2002年，按照上海同济大学的设计方案进行大规模改造，改造后的牡丹面积达120公顷，种有牡丹1600多万株，有已命名的牡丹品种1053个。新改建的曹州牡丹园在保留原有景点的基础上，先后投资6000万元增添14处大型主要景点和大量基础设施。至2005年，曹州牡丹园是世界上面积最大，品种最多，花色最齐全的牡丹观赏、生产基地。曹州牡丹园经改建后，以突出牡丹和牡丹文化为主要特色，地方特色鲜明，传统与现代交融，四季景观丰富，共分“花之语”“花之韵”“花之魂”“花之海”“花之潮”五大景区，现为国家级农业旅游示范点、

古今园松编

中国牡丹基因库。

古今园　由明朝洪武年间王猛创建，清乾隆年间王孜诵捐资重建，清末王愈昌再次重修。民国年间被曹州府军门张培荣霸占，改名“军门花园”。1958年重建花园，建门楼和花亭，编制松坊、松兽等，改名为“古今园”，取历尽沧桑，阅古历今之意。1982年，政府拨款重修该园，园区面积扩大到3.33公顷，牡丹品种达300多个。古今园是以松编造型独具特色的牡丹主题园林，主要景观除牡丹外，另有芍药和百种花草灌木及10多个仿古建筑景点。

百花园　为明熹宗工部尚书何应瑞所建，面积10余公顷，有牡丹品种560多个，精品牡丹12万余株，观赏芍药10万余株。园内优良品种荟萃，名贵品种繁多。自育的牡丹新品种“景玉”“春红娇艳”等先后获国家科技成果“优秀奖”“新品种奖”“优质奖”等27个奖项。在1999年昆明世博会上，该园参展的牡丹新品种“乔子红”获得大奖，“曹州红”“向阳红”“百园奇观”“万花争春”“景玉”等35个品种分别获金、银、铜奖，是世博会获奖最多的单位，被誉为“菏泽牡丹精品园”。园内有明代牡丹1株，高丈余，冠5米，枝繁叶茂，每年开花达400余朵，观赏者皆称“牡丹王”。

牡丹王

水浒文化旅游景点　郓城是《水浒》故事的发生地之一，素有“梁山一百单八将，七十二名在郓城”之说。在漫长的历史进程中，该县形成以“崇文尚武，义气豪爽”为特点的水浒文化。明清以来，民间习拳练武之风日盛，仅清代全县就考取武进士、武举人73人之多。加上宋江故里水堡、晁盖故里东溪村、吴用学馆、黄泥冈、宋江钓鱼台、灵官殿、九天玄女庙、宋江河、曾头市、孙二娘客栈等有关水浒遗址、遗迹，使郓城更富于鲜明的水浒旅游文化特色。在地理位置上，郓城又与水泊梁山毗邻，构成有着厚重水浒底蕴的旅游区，成为山东省启动西部旅游的重要旅游点。宋江武术院筹建的“中华武术第一村”，被纳入郓城县城市发展总体规划。按照该规划，“中华武术第一村”的总面积为100公顷，总投资5274.7万元。整个区域分为南、中、北三部分；南区建有宋江演武场、武英殿、宋家花园、宋林；中区建有乌龙院、郓城县衙、古代武馆、擂台、中华武志馆、民俗博物馆，并按《水浒》中的描写建有狮子楼、朱贵酒店、十字坡、揭阳岭、琵琶亭、

中华武术第一村

浔阳楼、樊楼、翠云楼、潘家酒店、十里牌、快活林等景点；北区以宋江武术院为核心，建有“狗娃影视城”。水浒文化旅游区是以介绍全国各武术流派的产生和发展，集武术文化博览和表演、修学、旅游及武术交流等为一体的综合性场所。

孙膑旅游城

孙膑文化旅游景点 孙膑故里 位于鄄城县红船镇孙老家村。孙氏家祠始建于明景泰五年（1454年），明崇祯年间毁于兵燹，清道光年间重修。20世纪50年代再次被毁。1992年，鄄城县政府投资100万元对孙膑家祠、孙膑纪念馆及百名将军百名书法家碑林进行恢复和建设，同时在原址的基础上扩建到24公顷。孙膑故里突出孙膑兵法和现代科学技术、孙膑世家、游乐休闲三大主题。故里内的馆、宫、厅、堂等平面布局依“九宫八卦”设置，主体建筑孙膑道场雄居九宫中央，孙膑兵法馆、孙膑纪念馆、声光电子馆、田忌赛马馆、

孙氏祠堂

桂陵之战演习馆、兵师殿等分列其前后左右。后半部水上游览区和演习区分别设有人工湖、鬼谷山、迷宫道、赛船区、玉带桥、赛马场、儿童公园等。

孙膑旅游城 位于鄄城县城东北宋楼乡境内。旅游城北起箕山河，东至李胡同，南至唐垓，西至向阳河，占地65.33公顷，由台商投资2500万美元开发兴建。主要有佛教文化区、孙膑纪念区、园林游览区三大部分组成。孙膑纪念区主要有孙膑纪念馆、孙膑墓、孙膑书院、孙膑学堂、伯灵楼。园林游览区的大雄宝殿是圆融禅寺的主体建筑，为九间回廊重檐庑殿式建筑，其造型与故宫“太和殿”相仿，其规模与孔庙“大成殿”相媲美。

民俗文化旅游景点 百狮坊 位于单县县城牌坊街中段，因坊体夹柱上精雕一百个石狮而得名。百狮坊原名节孝坊，乾隆四十三年（1778年）为赠文林郎张蒲妻朱氏建，因此又称“张家牌坊”。牌坊高约14米，宽约9米，全石结构，正间单檐，次间重檐，歇山顶，斗拱交错，通体雕刻。坊体上下间架有致，搭配均衡匀称，雕刻的狮子、云龙、牡丹、吻兽等，惟妙惟肖，神态各异。八根夹柱雕刻着八组百个石狮。石狮巨头、卷毛、突目，隆鼻阔口利齿，巍然蹲踞，矫健威猛。每个大狮身上攀匐着五个小狮，有的挠痒自娱，有的互相嬉戏，有的缩头伸腿，有的舔咂扶铃。狮座前左右三面浮雕圆形松狮图，每根立柱透雕四条蛟龙，似在柔美飘逸的祥云间卷舒出没、

盘旋回舞。正间上下额枋，次间额枋及正檐上“圣旨”匾四周镂空透雕二龙戏珠，雕龙悬目奋爪，摇头摆尾，如腾似飞。正中间额枋上方三层镂空透雕串枝牡丹，寓意富贵万年。楼檐下兽斗花拱，如意枋板承托。脊和檐角上雕配的吻兽、象尊、岔兽、鱼、海马和跑兽皆造型优美，生动传神。每个吻兽身上又浮雕两条游龙，生动活泼。其他部位也均浮雕、平雕牡丹、菊花、团鹤、团寿等吉祥图案。整座牌坊结构精巧，

百狮坊

宏伟壮观，雕刻精细，繁而不乱，堪称国内罕见的典型清代石雕建筑。

百寿坊　俗称朱家牌坊，与百狮坊相隔约百米，清乾隆三十年（1765 年）为翰林院孔目赠儒林郎朱叔琪妻孔氏建，因前后坊心边沿浮雕百个不同篆体的“寿”字而得名。百寿坊高 13 米，宽 8 米，雕刻内容除有狮子、龙凤、仙鹤外，还有牡丹、梅花、松石、竹兰、宝象花、唐蔓草，以及商周秦汉时的金石图案等。其构筑精致生动可与百狮坊媲美。狮座下左右浮雕的圆形方形蟠螭，刀法简洁洗练，造型古朴优美，狮后夹柱板上各浮雕四幅花鸟画，有寓意荣华富贵的牡丹舞蝶，有寓意齐眉祝寿的梅竹绶带，还有桃花看燕、山茶锦

百寿坊

鸡、水仙海棠、秋葵玉兰等，花卉争奇斗艳，虫鸟生动逼真，构图新颖，雕刻精致。

仿山　位于定陶县城北 6 千米处，距今已有 3000 多年的历史。仿山自西周至民国，先后营建庙宇 21 座，其他建筑物 16 座，由于常年失修，多已颓废。自 20 世纪 80 年代后，陆续投资 2700 万元修复大王殿、玉皇阁、百神殿、泰山庙、祖师庙等 11 座建筑物。所有建筑物各具特色，庄严肃穆，形成气势宏伟的仿山庙群。在这些建筑物中，尤以百神殿、玉皇阁、大王殿、玄帝庙最为雄伟。殿宇均为飞檐斗拱，兽脊琉璃瓦，金碧辉煌。百神殿内的 127 座雕塑神态各异，栩栩如生。每年农历的 3 月 27—29 日的仿山庙会，吃斋念佛的善男信女，便到仿山烧香拜佛，祈祷神明赐福驱邪。庙会期间，各种商业和文体活动热

2003 年的仿山

闹非凡，这种盛况一直延续至今。2001年，当地政府投入大量资金对仿山进行修整，开挖仿山湖、仿山河，修建八仙游艺宫等景点，在山坡谷底遍植松柏，至2005年，已成为菏泽市重要的旅游景点之一。

金山　该景点位于巨野县城东南20千米处的独山镇，是菏泽市最具有传奇色彩的一座山，相传与泰山、峄山并称为姊妹三山。金山山高136米，有6处自然洞穴和泉水，形成金山瑰丽多彩的历史文化。清康熙年间重新修建的玉皇阁、碧霞元君祠等更使金山锦上添花，声名远扬。金山历史悠久，景色秀丽，麒麟洞、龙虎洞、金牛洞、玉兔洞等多处天然溶洞与圣母泉、神水泉等多处泉水遥相互映。位于金山南坡的金山大洞长约90米，宽约5米，壁高15米，是西汉昌邑王刘贺的废崖墓，均为人工开凿，传说后因秦王李世民曾在此歇兵避暑，故称为秦王避暑洞。该洞构造奇特，气势恢宏，素有鬼斧神工之誉。金朝大定三年，皇帝赐封该洞为大明禅院。历代文人墨客在峭壁上留下大量珍贵的诗文墨宝。新建的中华大道观，位于金山的北山顶，占地面积2600平方米，建筑面积3314平方米，分为上中下三层，最下层为980平方米的地下迷宫。整个建筑雄伟壮观，别具一格。至2005年，为国家AA级旅游景区。

金　山

休闲度假旅游景点　浮岗水库　位于单县西南部，是山东省大型平原水库。它由浮龙潭和月亮潭两部分组成，面积36平方千米。其中浮龙潭呈东西狭长形，长约12.5千米，宽约2.5千米，平均水深3.5米～5米。月亮潭则南北狭长，呈月牙状，水深6米～7米，水面面积约5平方千米，总蓄水量5500万立方米。这里古河碧潭，烟波浩荡，荷莲接天，皓月千里，恰似珠联璧合。水库雏形形成于远古时期的黄河决口，1958年4月开始筑堤蓄水，主要是用于农业灌溉，后经两次修建，现已开发成为风景旅游区。旅游区分为水滨休闲、水上运动、水中情缘、垂钓区、沙滩浴场、淡水养殖、玫瑰苑、人文景点区、服务区9大区域，至2005年，已成为苏鲁豫皖4省人们休闲娱乐、观光旅游的好去处。

浮岗水库

曹州书画院　始建于1985年10月，占地面积1.6万平方米，建筑面积9000多

曹州书画院

平方米，是集书画研究、创作、展览、交流、收藏为一体的全国地市级规模最大的画院。院内建筑既有传统的民族特色，又具现代的园林风格；既有藤廊、亭台、假山、喷泉、千字文石刻壁，又具松竹斗奇、百花争艳的幽雅景观，宜书宜画。东西两大展厅，面积900多平方米，先后承办、举办各种展览400多场次，共接待国内外游客80余万人次。由此，曹州书画院被称为“艺苑奇葩”“画宫无双”“民族文化的基地，书画艺术的殿堂”。该院1997年被列为全国著名景区景点。位于曹州书画院内的碑廊全长近500米，刻碑400余块，是全国最长的碑廊。碑廊内容多以赞颂国花牡丹为主题，作品多出自当代书画名家之手，也刻制了数位伟人和先贤的手迹，具有强烈的民族性、鲜明的地方性和高超的艺术性。曹州书画院已成为菏泽对外开放的窗口，书画活动的中心，爱国主义教育基地，参观旅游的重要景点。

环城公园　是以菏泽老城区的城墙和护城河为主体，按照回归自然、返璞归真的理念规划建设的。该公园总占地面积130公顷，其中水面55公顷，总投资3亿元。环城公园建有108处游乐景点，形成巨大的“回”字形开放式公园。经过开挖改造后的护城河，河面由原来的5米～10米扩展为15米～45米，沿线共有8处船

环城公园

舶码头，使水体与绿地直接相连，体现取法自然、物我为一的设计理念。河对岸铺装两道大理石游园路依势随形，高低回还，蜿蜒1万余米。河两岸是疏密相间、乔灌叠翠的绿地，共占地75公顷。从全国各地引进的128种绿化苗木，与当地特色树种合理搭配，是城区重要的三道生态绿化环之一。绿地内搭配以夜景照明和背景音响。漫步林中，白天能聆听悠扬的音乐，夜晚可观赏五彩的灯光，有曲径通幽、步移景沉之妙趣，城在林中、人在画中之感觉。护城河沿线建造10座园林景观桥，或含月抱水，或曲折廊回，为公园增添一道靓丽的风景。落成的亭廊轩共有25处，它们一波傍水，玲珑别致，流光溢彩，各具风格，形成精品荟萃的“名亭博物馆”。这类建筑小品都是从国内著名园林中采样设计、精心建设的，四面飞檐、八角斗拱，造型奇特，自成一景。公园全线共有各式亲水平台24处、小广场9处、驻足休息平台36处。

赵王河公园　赵王河是一条古老的天然河道，传说北宋皇帝赵匡胤水路南巡途经此河而得名。随着菏泽城区不断东扩，已成为纵贯市中心的一条城市内河。赵王河公园南起万福河，北至北外环，全长8公里，总用地面积203.07公顷，其中水面97.13公顷，最宽处达600多米，计划总投资8亿元。已经实施的一期工程建设投资3.6亿元，主要景点有天香公园、生态岛、健身广场、胜利广场、冀鲁豫革命纪念馆、水上雕塑展示区、科技馆、艺术馆、阳光草坪、季节性生态岛、生态休息驿站、世界湿地展示区、城市滨河公园区、居民滨河绿地区、郊野风光滨河绿地区等。公园全段共建设跨河市政大桥8座，全部仿照世界著名桥梁的构造和外观设计。公园水路全线共设置亲水平台、河心岛和游船码头21处。游客从天香公园出发，一路乘船赏景，可直达中国林展馆，登陆后就近游览曹州牡丹园。

第三节　旅游管理

1991—2005年，菏泽市旅游局把规范旅行社、整顿旅游市场和导游队伍作为工作的重点，严厉查处旅行社超范围经营现象，规范出境旅游市场秩序，依法查处违规导游和无证导游，从9个方面对涉及旅行社经营活动的30多项内容进行监督检查，对10家旅行社的经营情况进行重点检查，对经营不规范的旅行社下达限期整改

赵王河公园

通知书8份，保护旅游者和旅游经营者的合法权益。至2005年，菏泽市共有国内旅行社25家；星级酒店宾馆11家，其中四星级酒店1家，三星级酒店4家，二星级酒店6家；旅游定点饭店7家；旅游从业人员3846人。

2005年菏泽市旅行社一览表

表28-7-1

旅行社	总经理	地　址
菏泽中国旅行社	朱汉国	菏泽市人民路南华大酒店南楼
菏泽旅行社	李菏民	菏泽市中华东路建设大厦
东方旅行社	朱　民	菏泽市中华东路南华购物广场对过
齐鲁旅行社	孟会敏	菏泽市中华东路花都大厦
青年旅行社	李　程	菏泽市中华东路牡丹大酒店
东明旅行社	许东敏	东明县五四路西段
中苑旅行社	何　旭	菏泽市人民路南段
交通旅行社	李克明	菏泽市牡丹路南段
中国青年旅行社	韩文献	菏泽市中华路东段
牡丹旅行社	王卫强	菏泽市中华路西段
商都旅行社	王　超	曹县东方红大街
康辉旅行社	侯宪会	菏泽市人民路中段
水浒旅行社	宋　娟	郓城县金河路东段
天马旅行社	杜华江	菏泽市中华路西段
神舟旅行社	牛　勇	菏泽市中华路东段
天一旅行社	曹　坤	定陶县兴华路西段
天缘旅行社	李　惠	菏泽市牡丹路南段
新世纪旅行社	赵庆党	菏泽市青年路南段
单县旅行社	孙金旺	单县胜利大街
阳光假日旅行社	孟　超	单县单父路中段南华苑小区
孙膑旅行社	张业绍	鄄城县人民路
春秋旅行社	王　妍	菏泽市天香路老干部活动中心
花乡水邑旅行社	卢晓东	菏泽市和平路牡丹嘉园会所
康乐年华旅行社	康　华	菏泽市中华路东段
环宇旅行社	陈　晖	巨野县人民路

2005年菏泽市星级酒店宾馆一览表

表28-7-2

酒店宾馆	级　别	总经理	地　址
和平大酒店	四星级	董春峰	菏泽市中华路东段
南华大酒店	三星级	范连庆	菏泽市人民路北段

续表 28-7-2

酒店宾馆	级　别	总经理	地　址
花都大酒店	三星级	卢银军	菏泽市中华路东段
天宏大酒店	三星级	祝小红	菏泽市牡丹路南段
中银大酒店	三星级	刘国宏	菏泽市中华路东段
东方宾馆	二星级	李和平	巨野县青年路
天香村宾馆	二星级	王鲁军	菏泽市广福街
磐石宾馆	二星级	徐晨生	曹县城隍庙后街
郓州宾馆	二星级	褚兴院	郓城县胜利大街北段
国花宾馆	二星级	祝留战	巨野县城前进路
金芙蓉大酒店	二星级	孙　蓉	巨野县人民路

第八章　文化设施

第一节　图书馆

牡丹区图书馆　位于牡丹区南华南街，馆舍面积336.5平方米，1986年藏书10122册。1989年投资114万元新建图书馆楼，建筑面积1900平方米，持证读者3230人。1999年，其正常流通图书为49599册。至2005年年底，该馆共藏图书17万余册（件），其中有普通图书11万余册、报纸合订本46种7616册、期刊803种52991册、各类珍贵工具书和地方文献资料390种813册、具有鲜明时代特征的连环画2638种7457册，形成了具有一定特色的藏书体系。

1989年菏泽市（牡丹区）图书馆及阅览室、书库

巨野县图书馆　位于巨野县古城街44号，建筑面积460平方米，1986年藏书8万余册。1996年开展全县干部职工每人捐赠10本书活动，收到各类图书20万册，其中通过筛选、归类、整理能够上架流通的共22大类、6万余册。1997年收藏整理文学作品、戏剧作品、音像制品达200余种，报纸20余种，期刊50余种。至2005年，该馆共藏书25万余册、报纸60余种、期刊千余册，持证读者3000余人。

曹县图书馆　位于曹县南街中段。2005年馆藏图书12万册（种），其中有古籍4780余册、地方文献5000余册、报刊资料1.6万册（份）、声像资料500余种。

除县公共图书馆外，该县藏书在5000册以上的图书馆还有：县总工会图书馆、县一中图书馆、县医院图书馆、县银香伟业公司图书馆、县金鲁公司图书馆、县三中图书馆等。

定陶县图书馆 位于定陶县兴华路中段。1989年，建筑面积1470平方米的县图书大楼落成后，该馆藏书量大幅提升，阅览室座席也增加到90个。除县公共图书馆外，还有职教中心图书室，其藏书达到2.5万余册，涵盖政治、经济、文化、教育、文学、艺术等22个种类。

鄄城县图书馆 位于鄄城县人民路西段，2005年藏书2.2万册，持证读者1000余人。该馆设阅览座席50个，每周开放56小时，节假日全天对外开放。除县公共图书馆外，藏书在5000册以上的图书室还有：县第一人民医院图书室、鄄城县实验中学图书室。

成武县图书馆 位于成武县伯乐大街中段，占地面积2000平方米，藏书2.2万册。

东明县图书馆 位于东明县曙光路西段，1989年馆藏图书1.1万多册。1994年县图书馆大楼建成后，馆舍建筑面积780平方米，馆藏图书1.3万多册。至2005年年底，该馆共藏书35081册，其中有图书31575册、期刊3506册。

单县图书馆 位于单县向阳路西段，面积1384平方米，馆藏图书8.5万册，阅览座席150个，持证读者3200人。

郓城县图书馆 位于郓城东门街中段，文献藏量10万册，阅览座位108个，持证读者3510人。除公共图书馆外，还有藏书在3万册以上的机关厂矿图书馆(室)49个，其文献收藏总量约为70余万册。

菏泽学院图书馆 位于菏泽学院内，建筑面积20375平方米，1986年馆藏图书30万册。1998年利用2.3万美元的世界银行贷款购置图书近万册。1999年配备10台微机和1台服务器。2000年，图书馆采编、典藏、流通、查询等全部实行微机化管理。2001年，图书馆建立40座的电子阅览室，拥有馆藏图书41万册，过刊3.5万卷、现刊1700种。2003年，该馆采购、分编加工3万种10万册图书，采购20万册电子图书，开通清华同方期刊数据库，并完成3.5万卷过刊的回溯建库工作。

第二节 文化馆

牡丹区文化馆 成立于1949年11月，馆址设在城内南华公园，初名“菏泽城关区文化馆”，1950年2月改名为“菏泽县中心文化馆”，1967年至1969年文化馆与电影管理站合并为“毛泽东思想宣传站”，1983年随着县改市而改名为“菏泽市文化馆”，2001年初，更名为“牡丹区文化馆”。1986年至2005年，文化馆专业人员在国家级专业技能比赛和文艺调演中获一等奖5人次，二等奖13人次，三等奖8人次。在省级专业技能比赛和文艺调演中获一等奖8人次，二等奖工8人次，三等奖29人次。现有专业人员23人。

鄄城县文化馆 县文化馆1986年设办公室、创作股、辅导股、美术摄影股、图书文物股，1990年文化馆与图书馆、文物馆分离后有干部职工21人，办公地点搬至人民路西段路北。1996年文化馆在县豫剧团原址新建办公楼一座，建筑面积710平方米。事业编制13人。文化馆担负着组织开展全县群众性文化活动；培训业余文艺骨干，深入广大农村、社区、工厂等地，辅导排练文艺节目；开展文艺创作：宣传党的路线、方针、政策，及全县非物质文化遗产保护等工作。

定陶县文化馆　始建于1950年，1964年扩建，1986年新建，位于县城中心地带。现有专业人员34人，其中研究馆员1人，副研究馆员9人。馆内设有培训、辅导等11个教学平台，8个免费开放服务窗口。主要开展以农村基层为主的戏剧、曲艺、武术、秧歌舞、广场舞等辅导培训，定期开展群众性的广场舞大赛、庄户剧团调演、曲艺班社汇演、农村文化艺术展演、村村文化联动等基层文化活动。先后被文化部评为全国先进文化馆，被评中共中央宣传部命名为“全国服务农民服务基层文化建设先进集体”。

成武县文化馆　坐落于永昌街道办事处农商银行（金城信用社）二楼。办公面积80平方米，现有职工15人，其中副研究馆员2人，馆员6人，助理馆员7人。组织开展群众文化活动、文化宣传，挖掘整理传统民间艺术，组织中小型群众文艺演出，对乡镇（街道）文化站、社区、机关、企（事）业、学校等文化工作指导和文化活动辅导，组建多门类的业余文艺团队，搜集、整理民间文艺遗产，组织文艺创作。

东明县文化馆　始建于1949年冬，地址在县城民主北街路西旧财神庙院内。初有工作人员4人，设有图书阅览室并代管剧团演出事务。1963年，文化馆迁至县城东大街路北。1964年，迁新民街路南。1979年，改建于胜利西街路北。1986年，迁至县城中山南街12号，有办公室11间，馆内设文艺创作、农村文化辅导、美术、摄影、文物、图书等组、室。2003年，城市建设拆迁，办公用房仅6间120平方米，设有美术室、文学室、音乐室和办公室。2005年，文化馆搬进曙光路县文化局五楼，有办公室7间，馆舍面积130平方米，在编人员22人。主要开展群众文艺创作、培养文娱骨干，举办美术、摄影等艺术展览，指导各乡镇文化站工作，参加省、市级文化艺术展，举办文化艺术培训班，负责全县非遗保护和管理工作。

单县文化馆　始建于1950年2月，1951年改为湖西专署城关区中心文化馆，地址在老城区文馆街。1953年7月改属单县县政府文教科。内设美术组、文艺组、图书组、文物组、创作组、办公室，专业技术人员23人，1979年，图书组分开后文化馆有戏曲、曲艺、音乐、舞蹈、美术、摄影等艺术学科门类专业技术人员21人，其中正高级职称土名，中级职称9名，初级职称11名，单县专业技术拔尖人才1名。组织开展群众文化活动、群众文艺理论研究，辅导培训文艺骨干，进行非物质文化遗产普查保护。内设文艺辅导部、书法美术辅导部、文学创作辅导部、非遗保护中心、办公室。

巨野县文化馆　成立于1949年，办公地点设在古城街44号，1991年新建馆舍投入使用，设办公室、财务室、美术、摄影室、文化活动宣传室、社会艺术培训室、非物质文化遗产保护办公室、群众综合活动室。现有职工21人。开展社会艺术培训，老年文化、老年教育，文艺展演展示，开展对外民间文化交流，非物质文化遗产保护展览展示，指导文化站、社会文化中心工作，为文化站社区培训人员，并向其配送文化资源和文化服务，面向社会开展公益服务群众文化活动。

曹县文化馆 位于曹县文化中心一楼，馆舍面积3000平方米。设有音乐舞蹈股、书画摄影股、戏剧文学股、群文创作辅导股、书画展览厅、书画装裱股等，有专业技术人员25人，全部具有大专以上学历，具有一定的开展群众文化活动和组织辅导培训的能力。

郓城县文化馆 位于县城东门街43号。1986年，设文艺、美术、摄影、创作、文物、办公室6个股室，计15人。1990年，文物股脱离文化馆成立文管所后，文化馆增设经济开发股，人员24人。1999年增至39人，分设文艺、创作、美摄、经济创收股。2005年，编制20人，馆舍1500平方米，办公室300平方米，多功能厅160平方米，排练厅100平方米，音乐、美术、文学艺术创作培训室600平方米，设有办公室、文学创作、美术创作、文艺辅导、文化艺术培训等部室，有市级专业技术拔尖人才4人，省级会员10人，国家级会员6人。该馆刘元高、潘永修、杨彩云、陈进轩、魏天作、吕永清相继出版小说、散文、报告文学、歌词集等著作20余部。

第三节 博物馆

菏泽市博物馆位于菏泽市开发区华英路537号，于1990年12月开工建设，1996年4月建成开馆，总投资600万元，占地面积1.3万平方米，建筑面积4000多平方米，展厅面积1600平方米，是菏泽市唯一的地市级综合性博物馆，是山东省爱国主义教育基地和山东省科普教育基地。菏泽市博物馆集文物收藏、展示、研究于一身。馆藏文物8000余件，其中元青花龙纹梅瓶、元卵白釉堆塑龙纹高足碗、商代　铜器提梁卣、唐寅绢本山水图、明代犀牛角杯等都是十分宝贵的文物珍品。基本陈列《馆藏文物陈列》精选了馆藏文物精品100余件，再现了菏泽源远流长和博大精深的古代历史文化。开馆以后，配合市政府重大活动和重要节庆日活动，除了搞好春季菏泽国际牡丹花会和秋季林交会系列书画展览外，还通过临时性展览积极进行政治宣传、文化宣传和科普宣传。1986—2005年，先后举办山东省第二届老干部美术、书法、篆刻展，中华女英烈图片展，全区美术作品展，山东省美协会员作品展，菏泽农村摄影作品大奖赛展，苏鲁豫皖接壤区域风情摄影展，革命历史图片展，菏泽历史陈列展，全区首届少儿书画展，交通安全图片展，收藏家协会古玩、名人字画展，禁毒图片展，海洋生物标本展，民间艺术品收藏品展，世界鸟类标本展等系列展览。《“牡丹杯”全国名家书画展》是菏泽市保留文化项目长年举办；《“暑假里的笑”全市少儿书画展》《预防网瘾健康成长图片展》等受到全市儿童的热烈欢迎。每年举办各类展览20多个，累计年

博物馆

接待海内外观众20多万人次，社会效益十分显著。

第四节　影剧院

影剧院概况　1958年前，菏泽没有专门的电影院，放映电影均为露天场地。1958年9月，菏泽县建立全区第一家电影院——红旗影院。1965、1968年，曹县、郓城相继建立了影院，1977年以后，由省、地、县投资，其余各县也先后建立了影院，1978年开始，菏泽城内又开放了群艺、商业局、水利局等几家礼堂和工人文化宫放映电影，“曹州影院”和“青年影院”相继建成，一些剧院也兼放电影。至1986年，境内有菏泽剧院、中华影剧院、菏泽红旗影院、牡丹影院、曹州影院、青年影院、人民剧院、和平剧院等影剧院24座，其中县级影剧院15座。2000年后，境内开始建设数字化影院。随着互联网、新媒体的兴起，进入影剧院的人逐年减少，至2005年年底，菏泽城区还有中华影剧院和人民剧院，因年久失修，建筑结构也达到不消防安全要求，已不能正常使用。菏泽市共有城市数字影院16家，覆盖全市各县区，共有影厅 57个，座位数量约5400个。

红旗影院

影剧院选介　*菏泽剧院*　原为山西会馆戏楼，建于1836年，由在菏泽经商的山西人集资营建，1948年10月菏泽解放，戏楼取名民众戏院，1955年8月翻修改建，建筑面积698.4平方米，座位970个，化妆室5间，12月中旬开业，定名为“菏泽剧院”。

中华影剧院　1977年开始建设，1981年7月1日正式开业，三层楼房建筑，共有座位1538个，建筑面积2648.50平方米。

菏泽人民剧院　前身是工农剧院，由私人合股经营，1954年剧院倒塌后，1955年春由工商联负责修建。面积扩大到560平方米，可容纳观众1100人，1971年再次翻修扩建，面积达到1247平方米，1974年开始兼放电影。

第五节　艺术馆

菏泽市群众艺术馆位于府南街372号，1986年至1994年，有砖木结构平房工8间，总面积400平方米。1994年至2005年，自筹资金建设新馆，建筑面积约1000平方米，设办公室、活动部、培训部、研究部等科室，编制29人。主要开展音乐、舞蹈、戏曲、曲艺、美术、书法、摄影的培训及活动，群文创作研究及公共图书馆管理等。

第九章 文化市场

第一节 文化市场状况

1985—2005年，全市文化经营单位由69个发展到1080个，形成以广播影视、图书音像、文艺演出、文艺培训、娱乐、文物等为主体的综合型文化市场。

1985年年初，菏泽地区召开文化工作会议，要求各县市大力发展农村文化户，推动菏泽文化市场的繁荣和昌盛。会后，各县市相继成立文化户协会。至年底，全区各类文化户发展到224户，其中艺术表演团体122户。在文化户发展过程中，重点发展农村电影专业户。全区近900个农村电影放映队中，户办、联户办放映队有500多个，约占56%。

进入20世纪90年代，社会资本大量涌入文化市场，录像放映、音像租售、电子游戏、书刊音像批发零售、文艺培训、书店画廊、古玩买卖、台球游艺、卡拉OK音乐茶座等文化消费形式蓬勃发展，文化经营个体户大量涌现。90年代后期，一批国营文化经营单位转制成为文化企业，开始面向文化市场参与竞争。2000年10月，菏泽制定建设文化大市的战略构想，明确提出“文化兴市”的口号，鼓励社会资本流入文化市场，初步形成社会办文化的热潮，促使菏泽文化市场开始走上文化产业化的道路。这种多渠道、多层次、多体制办文化的现状，改变了以往文化市场经营成分同质性强、异质性弱、市场竞争机制先天不足的缺陷，给菏泽文化市场的发展注入新的生机和活力。

随着菏泽文化市场化进程的不断深化，营利型、效益型文化逐步取代福利型、公益型文化，成为人们文化生活的主要形式。传统文化形式在文化市场中更新发展，新兴文化娱乐形式不断引进普及，文化消费由20世纪80年代的“看大戏”“看录像”“看电影”等单调贫乏的文化消费形式逐步发展为多层次不同品类的文化消费形式。“录像热”“台球热”“交谊舞热”“流行歌曲热”“卡拉OK热”“游艺机热”“上网热”等文化消费形式热点此起彼伏。至2000年年底，菏泽各县市城镇居民在文化娱乐、文艺培训、文化服务的消费支出日益增多。文化消费形式多样化、消费主体社会化是菏泽文化市场的重要特点。

进入21世纪，社会资本大量流入文化市场，大大促进菏泽文化产业化进程。个体文化经营单位开始出现规模化、连锁化、综合化经营趋向，国营文化单位通过“文企联姻”，从最初的“以文补文”“以文养文”发展到“产业兴文”。新的形势让菏泽开始重新审视传统文化的时代地位，确立牡丹、书画、戏曲等传统文化产业化的战略方向，把菏泽传统文化项目变成文化产业化的新亮点。巨野县重点发展农民书画产业，全县已经形成12个绘画专业村和3个绘画专业镇，具有一定艺术水平的农民画师多达1500余人，年销售书画20余万幅，产值2000多万元。市文化部门积极促进“文企联姻”，适时推出一系列“公益文化社会办”项目，引导企业投资文化项目，成功改造传统剧团，新建一批文化基础设施，开发一些传统文化项目。随着文化市场的发展，管理工作逐步规范化，形成市、县区、乡三级管理网络，实现政策引导、法规约制、法律保障的有机配套，走上依法治理文化市场的轨道。

1990—2005年菏泽市（地区）文化市场经营主体择年统计表

表28-8-1 单位：个

年份	录像放映		音像租售		电子游艺		书刊音像批零		文艺培训		电影剧院		网吧		古玩画廊		音乐茶座	
	国营	个体	国营	个体	国营	个体	国营	个体	国营	个体	国营	个体	国营	个体	国营	个体	国营	个体
1990	38	30	8	29	0	75	9	104	5	0	27	0	0	0	3	0	0	0
1995	34	55	9	84	0	138	9	126	4	8	19	0	0	0	5	4	0	11
2000	0	31	0	162	0	225	11	136	0	32	15	0	0	108	3	17	0	46
2005	0	27	0	82	0	39	10	143	0	74	13	0	0	513	1	119	0	59

第二节 文化市场管理

市场稽查 1990年始，地、县市相继设立文化市场管理部门。1993年地区设立文化市场稽查队，具体负责境内文化市场的监督、管理、稽查、指导工作。1994年文化部《关于实行文化经营许可证制度》的文件下发后，地区文化局对境内开办的文化娱乐、美术品、音像、演出、业余文化艺术培训等文化经营单位和个人，一律实行“文化经营许可证”申领制度，且每年进行一次证件核查，以规范文化市场秩序，杜绝无证经营等违法违规行为。2000年，全区开展电子游戏专项治理行动，共关闭涉嫌色情、赌博和中、小学校园周边的214家电子游戏室，仅保留11家合法经营单位。此次专项治理行动净化了社会环境，保障了青少年身心健康。

2003年3月，菏泽市公安局、市文化稽查队联合成立菏泽市打击文化市场违法犯罪联络办公室，加强对文化市场的管理，遏制文化市场的违法犯罪行为。2004年，全市范围开展网吧专项整顿治理行动，查处网吧、互联网上网服务营业场所违规接纳未成年人进入和超时经营行为，取缔无证照或证照不全的网吧，打击利用网吧传播有害文化信息等违法活动，并对网吧微机数量、营业面积、设立位置、消防安全等条件进行严格审核验收。为加强对网吧的技术监控，省、市、县三级文化系统网络监管平台正式运行，及时监控网吧上网情况，屏蔽网上不良信息、游戏和站点，防止网吧接纳未成年人和超时经营等不法行为发生。

2004年，全市文化市场执法部门坚持“打扶并举，整建结合”的工作方针，在公安、工商执法部门的配合下，以抓大案、要案为突破口，严厉打击非法音像制品。经过集中治理整顿，破获大案要案30余起，查获全部销毁非法音像制品113万盘（盒）。当年，菏泽市查获并销毁非法音像制品的数量、移交司法机关处理犯罪分子的数量在全省名列前茅。

至2005年，全市文化稽查队共配备电脑42台、摄像机18部、录音设备21部，有些县区还配备专门检测、监测设备。

出版管理 1986—2005年，菏泽的新闻出版发行事业不断繁荣发展，新闻出版产业规模逐步壮大。尤其是1995—2005年，全市出版部门坚持“一手抓管理，一手抓繁荣”，把扫黄打非、取缔非法小报、取缔无证无照企业、打击侵权盗版等工作当成一项严肃的政治任务，采取多种有效措施，取得显著成果。2005年，全市共出动检查人员2277人次，处罚违规印刷企业7家，破获非法出版物案件4起，查缴非法书刊77333册、非法音像制品2万多盒、非法电子出版物1000多套、政治性非法出版物46册、侵权盗版出版物54300册，查处盗版案件3起，收缴盗版教材4500多册，取缔非法报刊30多家、非法记者站6家，有力地打击非法出版、销售活动，净化文化新闻出版舆论环境。至2005年年底，全市有各类新闻出版单位6家，其中报社4家，期刊社2家；印刷复制单位514家，其中出版物印刷企业14家，专项印刷企业20家，包装装潢印刷企业151家，其他印刷品印刷企业57家，打字复印270家；发行单位218家（不含音像制品发行网点），其中出版物批发单位3家，出版物零售发行单位215家。全市新闻出版业总产值8.5亿元，其中出版业3.5亿元，印刷复制业3.2亿元，发行业1.8亿元；新闻出版总收入2.6亿元，其中出版业1.3亿元，印刷复制业1.2亿元，发行业0.1亿元。

第十章　文物古迹

第一节　古遗址

境内古遗址较多，地上现存各类文化遗址300余处，其中有全国重点文物保护单位1处，省级文物保护单位16处，县级文物保护单位173处。

安邱堌堆遗址 位于菏泽市经济开发区佃户屯办事处曹楼行政村东偏南约100米处，因曾在堌堆上建有安邱寺而得名。现存堌堆长宽各50米，高约3米，四壁陡直，上部略呈椭圆形，四周断壁均暴露文化层，土质为深灰色，结构紧密。经铲探得知，文化层厚约5米。该遗址历经1969、1976年两次试掘和1984年正式发掘，找到商代、

安邱堌堆

岳石、龙山文化堆积层；发现灰坑、灰沟、陶窑、墓葬和长方形、圆形、长方形圆角的房址等文化遗存，获得一批重要的考古资料。特别是岳石文化的发现，在横向方面，填补岳石文化在鲁西南地区的空白；在纵向方面，填补鲁、苏、豫、皖地区夏代考古学的空白，对于研究夷夏分界等一系列中国文明起源的重大问题，提供了科学的证据。其重要价值是填补鲁西南地区龙山文化与商文化之间的缺环。安邱堌堆遗址是证实中华民族五千年文明史的实证之一，也是一处布局严格、房址密集最有代表性的聚落遗址。1977 年 12 月 23 日被山东省革命委员会公布为第一批省级文物保护单位。2001 年 6 月 25 日被国务院公布为第五批全国重点文物保护单位。

安陵堌堆遗址　位于曹县韩集镇孙庄村东北 500 米处。堌堆南北 225 米，东西 150 米，高约 3 米，总面积 33750 平方米。该遗址包含龙山文化及商代、周代、汉代等几个时期的文化遗存，文化内涵十分丰富。1977 年被山东省革命委员会公布为第一批省级文物保护单位。

梁堌堆遗址　位于曹县侯集镇梁堌堆村北。遗址南北 92 米，东西 124 米，高约 5 米。后由于群众多年的取土，堌堆逐渐缩小，形状极不规则。现存堌堆南北约33米，东西约 39 米，总面积 1287 平方米。该遗址包含龙山文化及商代、周代、汉代等几个时期的文化遗存。1977 年被山东省革命委员会公布为第一批省级文物保护单位。

官堌堆遗址　位于定陶县仿山乡姜楼村南 400 米处。现存遗址南北长 82 米，东西宽 80 米，高约 8 米，总面积 6560 平方米。由于村民取土垫地，遗址受到严重破坏。该遗址包含龙山文化、岳石文化及商、周时期的文化遗存。采集标本有野生动物骨骼和牙齿，石刀、石斧、石镰、骨针、贝壳和陶器。据《史记·高祖本纪》记载，汉高祖刘邦曾于公元前202年在此登帝位。1992 年被山东省人民政府公布为第二批省级文物保护单位。

官堌堆遗址

大台遗址　位于成武县成武镇东关社区，南邻县公安局拘留所，北依护城堤，东为新冲河。南北 80 米，东西 78 米，高 9 米，总面积 6240 平方米。该遗址包含龙山文化、

大台遗址

岳石文化及商代等几个时期的文化遗存。1992年被山东省人民政府公布为第二批省级文物保护单位。

郗堌堆遗址 位于曹县普连集镇郗庄行政村东南100米处，北高南低，中间有一条东西向公路穿过，形成南北两个土丘，北土丘突出地面比较明显，而南土丘仅略高于四周地表，两土丘之间相距约50米。堌堆南北250米，东西150米，总面积37500平方米。该遗址包含大汶口文化、龙山文化及商代、周代、汉代等几个时期的文化遗存。1992年被山东省人民政府公布为第二批省级文物保护单位。

部堌堆遗址 位于曹县普连集镇部堌堆村西100米处。遗址南北68米，东西66米，总面积4488平方米。地表以上现存堌堆东西、南北各48米，高约5米。该遗址包含龙山、商代等时期的文化遗存。1992年被山东省人民政府公布为第二批省级文物保护单位。

莘冢集遗址 位于曹县普连集镇莘冢集村内东部。堌堆南北168米，东西192米，总面积32256平方米。一条东西走向的公路从遗址中部穿过，将遗址分成南北两个土丘，南土丘稍高出四周地表，北丘高出地表约2米。通过发掘整理，该遗址包含大汶口文化、龙山文化及商代、周代的文化堆积，其中以龙山文化层为最厚，出土遗物亦最为丰富。1992年被山东省人民政府公布为第二批省级文物保护单位。

窦堌堆遗址 位于东明县陆圈镇杨楼村东北800米处。遗址南北95.2米，东西85米，总面积8092平方米。现存堌堆南北76米，东西52米，略高于四周地表。该遗址包含龙山文化及商代、周代、汉代等几个时期的文化遗存。龙山时期的遗物有泥质方格纹灰陶罐、凿形鼎足、石镰、器盖、釜、罍、陶纺轮，商代有夹砂粗绳纹袋状鬲足、夹细砂红陶罐、夹细砂灰陶缶、甗、罐、盆、尊及泥质灰陶缸，汉代有泥质细绳纹陶片。1992年被山东省人民政府公布为第二批省级文物保护单位。

窦堌堆遗址

凤嘴堌堆遗址 位于菏泽市西郊菏泽农校院内，又称“凤嘴山”“黄巢点将台”。堌堆南北25米，东西20米，高约5米，总面积5000平方米。1977年，菏泽地区文物工作队对该遗址进行调查，从其西壁观察，文化层属两次堆积而成。上部：黄褐土，夯筑而成，其中包含有大量的龙山时期至汉代的陶器残片。下部：呈覆锅状，中心高出地表约2.5米，灰褐色，含黏土较多。在其西北角，曾切除一小部分，土质较硬，夯层清晰，南北连成一条线，并无间断，每层厚约15厘米～20厘米不等，夯面平整，排列有序，夯窝为圆形圜底状，直径4厘米。夯土土质较纯，无包含物。该遗址包含龙山、岳石、东周、汉代等几个时期的文化遗存。

左山寺遗址 位于定陶县马集镇郭庄村南300米，因其上曾建有左山寺院而得名。南北400米，东西200米，高约3米，总面积 8 万平方米。该遗址包含龙山文化及商代、周代、汉代等几个时期的文化遗存。

戚姬寺遗址 位于定陶县杜堂乡戚姬寺村内。南北 112 米，东西 84 米，高约 1.5 米，总面积 9408 平方米。该遗址包含龙山文化及商代、东周等几个时期的文化遗存。

张堌堆遗址 位于单县城东南 3.5 千米的园艺场内。原堌堆南北 150 米，东西 120 米。现堌堆南北 115 米，东西 118 米，高约 5 米，总面积 13570 平方米。该遗址包含龙山文化、岳石文化及商代、周代等几个时期的文化遗存。2003 年，在遗址南 50 米舜师路下发掘汉代墓群 60 座，出土文物 500 余件，文化内涵十分丰富。

张吕堌堆遗址 又名吕台，位于成武县成武镇堌堆后村南 100 米。堌堆南北 70 米，东西 32 米，高约 8 米，总面积 2240 平方米。1969 年在遗址上植树时发现汉墓 1 座，出土陶壶、陶盘和陶豆各 1 件；同时破坏 1 座宋代墓，出土 3 件宋代三彩瓷人，其艺术价值甚高，被定为国家一级文物。新中国成立后，张吕堌堆成为县武装部的靶场，出于打靶需要，被人为加高加长。根据所采集的陶器标本判断，该遗址属于新石器时代、商、周、唐、宋时期的文化遗存。

郜国故城址 位于成武县护城堤内，今成武县旧城就坐落其上。经铲探，该城址东西 3525 米，南北 1800 米，总面积约 632.5 万平方米。其文化层厚约 2.5 米～2.7 米。1986 年，成武县南关大队开发鱼塘时，在 1 万平方米内发现有陶圈井 15 座。南护城堤中段发现有春秋时期的城垣遗存，还有陶窑。窑内遗物丰富，有尖袋足鬲、连裆鬲、弧盘豆、微弧盘豆、折腹豆、圆底内凹腹罐、平底圆腹罐、宽沿平底盆、高领瓦纹盂、宽斜沿圆底洗、麻点状绳纹陶水管和多样纹饰的板瓦、筒瓦、瓦当等。据考，其时代始自西周，历经春秋战国，似无变动，汉代仍在使用。

昌邑故城址 位于巨野县昌邑乡前、后昌邑村，历史上曾是西汉昌邑国的都城。城垣遗存首先发现于城角刘村南，残存宽 3 米，高 2 米，土呈褐色，杂有石灰沫，土质坚硬，有板筑痕迹；夯土层厚 15 厘米～20 厘米，夯窝圆形，底稍凹，直径 5 厘米。1982 年进行复查，北垣长 1585 米，东垣长 1215 米，南垣长 1720 米，西垣长 1377 米，平面略呈方形。城西现存有“西堌堆”，东北角有“黑堌堆”。前昌邑村内曾发现建筑遗迹、铜箭头、铜镞、筒瓦、板瓦、细柄豆；后昌邑村内发现石匣墓、铜弩机；城角刘村南发现石匣墓、陶片。大量的文化遗存，为研究西汉昌邑城的历史提供了充足的实物资料。

历山庙遗址 位于鄄城县阎什口镇历山庙村内。南北 77 米，东西 45 米，总面积 3465 平方米。该遗址包含龙山文化及商代、周代、汉代等几个时期的文化遗存，文化内涵十分丰富。

第二节 古墓葬

尧陵 位于鄄城县富春乡赵仟庄村南约 1000 米处。尧陵陵区呈长方形，东西 72 米，南北 89.8 米，面积 6465.6 平方米。尧陵封土位于陵区北部正中，高 15 米，直径 35 米。墓前现存明代嘉靖二十四年（1545 年）濮洲知州薛孟立祭文碑、清光绪二十九年（1903 年）濮洲知州缪润绂书帝尧陶唐氏墓碑及享殿、东西朝房旧址。1979年6月，菏泽地区文物工作队对尧陵进行考古调查和铲探，在尧陵陵区范围内地表以下2.5米发现砖渣、石灰渣等古代建筑遗物。

尧　陵

汤王陵　位于曹县阎店楼镇土山集村西。现存封土南北70米，东西50米，高1.5米。陵前存有明、清两代的“重修汤陵碑”。史载：“汤革夏命”后，在位30年，死后葬于土山（曹南山）之阳。陵前有汤庙，配有东西庑、前殿和大殿，十分壮观。宋皇祐四年（1052年），元延祐五年（1318年）、明宣德八年（1433年）、成化十二年（1476年）、弘治五年（1492年）、嘉靖二十五年（1546年）、万历九年（1581年），曾多次重修，但后来均毁于战火、水患之中。

伊尹墓　位于曹县东南约20千米的大集乡殷庙村西100米处。封土直径6米，高4米，墓前有伊尹祠。伊尹为汤相，汤去世后，历任外丙、仲壬、太甲之相。沃丁八年，伊尹卒，葬于曹县城东南20里楚丘。《兖州府志·陵墓志》载：“伊尹墓，在县东南境”。《史记》上说：“帝沃丁葬伊尹于亳。”《皇览》曰：“伊尹冢在济阴已氏平利乡，亳近已氏。”《曹县志·陵墓》上又说：“已氏城有平利乡，乡有伊尹冢，即此。在楚丘西20里余，西望汤陵，前有祠。宣德间，知县范希正徙置墓上，在商为亳都。”

仿山墓群　位于定陶县仿山乡仿山村，由东、西两个土丘构成。东丘南北340米，东西100米，最高处10米。上有明天启，清乾隆、道光年间碑刻各1通。西丘南部已遭破坏，北部尚存高4米、南北140米、东西54米的高地。两丘面积约3.8万平方米。1977年被山东省革命委员会公布为第一批省级文物保护单位。《太平寰宇记》载：“仿山，古曹国墓地，连属十五里，仿佛似山，因名。自曹叔振铎至伯阳二十五代，皆葬于此。”

仿山墓群

项梁墓　位于定陶县定陶镇堌堆刘庄村南100米处。现存封土南北130米，东西52米，高出四周地表约2米，占地6760平方米，平面呈椭圆形，附近地貌为平地。《定陶县志·陵墓》载：“项梁墓城北5里。”又载：“项梁破秦军，益轻秦，有骄色，秦悉起兵，益郭邯击楚军，大破之于定陶，梁死。”项梁战死后，葬于定陶。

红土山汉墓　位于巨野县独山乡金山店子村东红土山东侧半山腰处，1977年发掘清理。这座大型崖墓由封土、墓道、墓坑和墓室组成，平面呈长方形。封土直径 50 ～ 55 米，顶部高出山崖约 11.2 米，平面呈圆形，状似覆锅。墓道呈斜坡状，坡度 0 ～ 11.2 米，长 60.5 米，西窄东宽 4.7 ～ 7.1 米，方向东偏南 6 度。墓门是用 120 块方石和长条石平铺砌筑，共 18 层，高 4.2 米，厚 0.92 米。墓室分前后两室，两室相通有排水沟间隔。后室地面低于前室地面 0.5 米，前端长条石平铺二层，长 4.7 米、宽 0.31 米、高 0.5 米，与前室地面齐平，作为二层台。该墓共出土随葬品 1056 件，其中有陶器 28 件、青铜器 526 件、漆器 18 件、玉器 43 件、铁器 405 件、其他 35 件。随葬品十分丰富，证明西汉时期厚葬之风极为盛行。该墓葬的规模之大，型制之规整，随葬品数量之多，质量之高，在鲁西南地区尚属仅有。据专家考证，墓主人是西汉昌邑哀王刘髆。

刘贺废塚　位于巨野县独山乡金山店子村东北金山之阳山腰处，俗称“秦王避暑洞”“金山大洞”，系人工开凿而成的多室山洞。此洞系西汉昌邑王刘贺营建的大型崖墓。该墓南向，由墓道、耳室、甬道、主室组成。墓道长 63.3 米，宽 3 米，呈斜坡状，最深处至山顶约 20 米，两壁规整，其上存有宋代以来文人学者的刻诗 44 篇。东耳室长 13.9 米，宽 3.2 米，高 2.6 米；西耳室长 9.3 米，宽 3.1 米，高 2.6 米。甬道长 15.9 米，宽 2.4 米，高 1.85 米。主室长 10.6 米，宽 6.7 米，高 2.35 米。两耳室、主室四壁不甚规整。此洞旧志多称为“秦王避暑洞”，疑为臆测。据《汉书·五子传》载：昌邑王，子贺，昭帝崩后立为帝，即位 27 日，多行不义，被废归国。宣帝即位，封为海昏侯，就国豫章。经考证，洞南里许红土山上，有第一代昌邑王刘髆墓。刘贺从继昌邑王位至即帝位共 13 年，此间完全可能在昌邑为己造寿墓。由于被征入京，后去豫章，削爵移地，生不得回祖国，死不得入旧圹。据此，该洞应为第二代昌邑王刘贺废塚。

第三节　古建筑

田塔　位于成武县大田集镇田塔村东。因塔傍居民多为田姓，塔名又失传，人们便在“塔”前冠一田字，故名“田塔”。该塔由塔刹、塔身、基座三部分组成，平面呈方形，楼阁式，全部石建，为鲁西南现存最早石塔。现存五层（据说“文化大革命”中拆掉 2 层），通高 5.4 米。第一层边长各 2.5 米，高 1.55 米，有塔室，南面设一方门，进深 1.2 米。室内东西两壁各有高 0.9 米，宽 0.56 米，厚 0.11 米的造像石，东石右侧竖刻“大唐开元皇帝供养佛时”。第三层，南向一门，高 0.8 米，

田　塔

宽 0.75 米。从塔的形制为方形、方门的建筑风格考察，当是唐初所建，然而就造像石的位置、用料之杂乱而论，为修补之痕迹。1979 年被成武县人民政府公布为县级文物保护单位。

观音寺塔 位于郓城县胜利街北段东侧，建于五代唐长兴二年（931 年），故称唐塔。该塔为八棱四门楼阁式砖塔，地面之上现存五级。该塔由精美的砖雕斗拱组成塔檐，东西南北四面各设券顶乾坤门，其余四面为砖雕假窗。塔心室和佛龛顶部，由层层砖斗拱环砌成拱顶。斗拱制作精良，层层内收，结构严谨，错落有致。塔内迴廊顶部，也由砖斗拱精砌而成。该塔下层周长 42 米，上层周长 40 米，通高 32 米。

永丰塔 位于巨野县城人民路东段北侧，又称“梵塔”、“大佛寺塔”。永丰塔建于北宋·嘉祐年间，距今已有 1000 多年的历史。该塔系等边八棱四门楼阁式砖塔。据《巨野县志》记载：塔原为七级，元末明初黄河泛滥淤积，巨野县城湮没，塔没二级。地面上现存五级，通高 31 米，一至五级的高度分别为 6.3 米 ,6.5 米 ,4.1 米 ,3.9 米 ,3 米，塔刹 6.5 米（含宝顶）。塔的底部周长 44 米，上部周长 36 米。第一级为砖叠挑檐，其他各级则由华拱两挑组成上承托檐。每级的东、南、西、北四面各设券门，进之或为天井，或直通塔内回廊。塔体结构严谨，自下而上逐层递减，收分得体。底层设有塔心室，由北门可入。室壁镶嵌有 6 块宋代佛教石造像，为原大佛寺遗物，1961 年维修时嵌入。塔外有台阶数级，由此可进入塔内，顺塔内石级回旋而上，可达塔顶。

永丰塔

巨野文庙大成殿 巨野文庙大成殿系明代建筑，是祭祀孔子的地方。金元时期，巨野文庙原建于城北，由于水患屡建屡废。明洪武十五年（1383 年）移建今址（县城东南隅）。清康熙四十一年（1702 年）重修。1982 年，山东省文物局拨专款对濒临倒塌的大成殿进行修缮。1995 年，粮所搬迁，复建大成门，大成殿内恢复孔子及四配塑像，制作神龛、御匾、香案等附属设施。

大成殿是文庙的主体建筑，坐北朝南。殿基为砖、石混砌，台基高 1.4 米，东西长 22.3 米，南北宽 14.25 米。大殿通高 13.7 米，面阔 5 间，18 米，进深 3 间，重檐九脊歇山式建筑。翼角飞翘，绿瓦朱甍，斗拱盘错，雕梁画栋。殿四周有 24 根大型石柱支擎，石明柱高 3.48 米，径约 0.55 米。前檐下 8 根石柱以及后檐端柱为高浮雕二龙戏珠，上缀浮云，下着波涛，造型生动，雕琢精工。其他石柱为浅浮雕缠枝花卉，构图繁缛，技艺精湛。后廊中间两根石柱上分别刻有“大清康熙四十一年七月二十一日”“宣议郎知巨野事宛平章弘重建”文字。殿内有朱红明柱八根，直径 0.5 米，下垫鼓形石柱础，上擎殿架，梁叠檩穿，钩心斗角，显示出高超的建筑技巧。此大成殿系仿曲阜孔庙大成殿所营建。殿内配置了编钟和石磬两套仿古乐器，并尚存有清代景泰蓝祭器一套，造型精美，用料考究，为研究清代珐琅彩的制作工艺提供了珍贵的实物资料。圣像神龛之上增添了康熙御笔手书："万世师表"牌匾，乾隆题联："气备四时与天地鬼神日月合其德，教垂万世继尧舜禹汤文武作之师"，悬挂于大成殿明间后柱上。木刻对联"觉世祐民诗书易象春秋永垂道法，出类拔萃河海泰山麟凤莫喻圣人"，悬挂于明间前柱上。大成殿正门之上的牌匾为雍正亲题："生民未有"，正门两侧题联："德冠生民溯地辟天开咸尊首出，道隆群圣统金声玉振共仰大成。"殿前设有月台，高1.2米，东西长16米，南北宽10米，两侧紧靠台基处各有一宽2.7米和前方正中宽3.9米的六步石台阶，由此可上月台，进入大殿。

巨野文庙大成殿在建筑设计与营造上均仿照曲阜孔庙大成殿，集建筑技术与文化艺术于一体，构制巧妙，工艺精湛。檐边彩绘富丽堂皇，特别是殿周石柱，或深雕虬龙，或浅雕花卉，既有动感又不失稳重，体现出古代匠人的高超技艺。巨野文庙是儒家思想文化在鲁西南发扬光大的历史见证，有其独特的艺术价值和较丰富的文化内涵。

东明文庙　位于东明县中山东街东明第一中学院内，始建于明弘治十一年（1498年）。该殿为明代仿曲阜文庙营建，歇山式建筑，砖木结构，四个倾斜屋面，一条正脊，四条重脊，四条斜脊，一斗二升五斗拱。室内立柱十二根，和墙内立柱相连接，形成坚固的木架结构，有墙倒屋不塌之说。殿基长12.6米，宽22.5米，高0.9米。大殿通高8.8米，进深11米，阔21米，建筑面积231平方米，现室内陈列有清代高浮雕组画和明清石碑、铁钟等附属文物。该庙贯穿在一条南北中轴线上，左右作对称排列。内有大成殿、崇圣殿、两庑、棂星门等建筑物构成，现仅存大成殿。文庙大成殿黄瓦红垣，高柱矗立，雕梁画栋，飞檐翼张，朱槛红扉，雄伟壮观，有很高的艺术价值、历史价值和科学价值，更具有较高的文化内涵。

苏述御史牌坊　位于鄄城县什集镇北王召村南北大街中段。牌坊主人苏述，字绍尼，万历丙午年举人，丁未年进士。泰昌元年（1620年）任浙江道监察御史，天启元年（1621年）任陕西巡抚。天启二年赴云贵平定叛乱，因长途跋涉积劳成疾，于同年返乡养病。朝廷为褒扬其功，加封其为资政大夫，并特敕建功碑一座，以荣耀乡里。苏述御史牌坊总宽度9米，高10米，正间宽3.5米，次间宽1.3米，四柱下均有夹柱扶持。全坊上下间架有致，搭配均衡匀称。工匠运用圆雕、透雕、浮雕、线雕等多种技法，使所雕人物、树木、山石、马匹、龙、狮、兽、花鸟鱼虫无不惟妙惟肖，栩栩如生。牌坊正间梁额枋上有长3.4米，宽0.45米的石匾，前后两面分别刻有"万历丁未科""浙江道监察御史苏述"。牌坊构造布局合理，造型庄严雄伟，雕刻内容丰富，技法多样，具有较高的历史、艺术和科研价值，是不可多得的石刻建筑精品。

百寿坊　（见本章第二节 旅游景点，"民俗文化旅游景点"之百寿坊。）

百狮坊　（见本章第二节 旅游景点，"民俗文化旅游景点"之百狮坊。）

徐格妻刘氏节孝坊　位于成武县白浮图镇徐官庄村。该坊为全石结构　，建于清乾隆六十年（1795年），底部长9米，四柱三门，门宽3米，两侧小门各宽1米。八个石柱上分别雕有雄狮。中门上有三道横梁，分别雕有凤凰穿牡丹、狮子滚绣球和二龙戏珠等图案，雕工精细。横梁中间夹着两块长匾，上面分别刻着“敕褒节孝”“表邑处士徐格妻刘氏节孝坊”。

刘氏节孝坊

坊檐下悬挂着“圣旨”字样的精雕匾额。1992年，该坊被山东省人民政府公布为第二批省级文物保护单位。

徐思迈妻申氏节孝坊 位于成武县张楼乡徐老家村，建于清乾隆五十二年（1787年）。该坊为全石结构，四柱三间阁楼式，

申氏节孝坊

高10余米，宽9米。中间两石柱上竖刻楷书对联：“雪满瑶池数十年清操炳耀，鸾回凤扉几千载敕辉煌”“翼翼青编标苦志，煌煌紫诰铸贞珉”三条横梁上分别雕以凤凰牡丹、狮子滚绣球、二龙戏珠的图案。三条横梁中间夹有两块匾额，分别书“敕褒节孝”和“旌表太学士徐思迈妻申氏节孝坊”。坊檐正中挂着高50厘米、宽30厘米的“圣旨”牌。坊的夹座上除雕刻巨狮和幼狮外，还雕有鬼神故事。1992年，该坊被山东省人民政府公布为第二批省级文物保护单位。

先贤冉子仲弓祠 俗称冉家祠堂，位于菏泽市经济开发区岳程办事处冉贤集村。该村为先贤冉子仲弓故里。冉仲弓祠始建时间无文字可考。最早见诸文献记载的重建工程在唐贞观十五年（641年）。此后明朝宣德、嘉靖、万历年间及清代都有维修。“文化大革命”中冉祠遭到破坏。1984年春，山东省文物部门拨专款进行维修。

第四节 馆藏文物

2005年，全市博物馆、文物管理所文物藏品共计25873件（套），其中国家一级文物21件、二级文物123件、三级文物1185件、一般文物24544件。新石器时代的文物主要有：砺石、双孔石刀、石斧；商、周时期文物主要有：宰甫卣、铜壶；春秋、战国时期文物主要有：铜鬲、铜戈、陶鼎、铜鼎、陶罐；汉代文物主要有：石虎、彩绘陶俑、青铜漏壶、青铜鼎、青玉圭、玉猪、玉蝉、玉璧、铜鼓；宋代文物主要有：石磬、龙头砚、彩塑女俑、彩塑瓷俑；金、元代文物主要有：青瓷洗、石狮、龙凤人物纹

饕餮纹青铜宰甫卣／唐寅山居对弈图

鼎式炉、白地黑花人物罐、开光离纹四系罐、釉里红玉壶春瓶、人物瓷罐、双鱼盆；明代文物主要有：柱础、玉象、三鸶图、唐寅《山居对弈图》、沈周两人松下图轴、博古图录；清代文物主要有：竹菊兰石画诗刻石、戏俑雕砖和双狮戏球雕砖、玉四不像、绿云丛轴、荷花轴、镗、环首刀。

第五节　文物勘探与发掘

1986年，对成武县老城区进行调查性勘探，并解剖成武县老城区南城垣，通过这次调查性勘探和试掘，确定了西周时期郜国故城都城所在。初步摸清了这一故城的范围、面积，西起城关镇窑场之西，东到西刘楼村，南到南护城堤以内，北达北护城堤，有的地方越过了北护城堤。东西长3525米，南北宽1800米，总面积632.5万多平方米。1986—1988年，菏泽地区文物工作队对全区进行第二次不可移动文物普查。1990年8—9月，对106国道东明段沿线庄寨遗址、邢台遗址、东台寺遗址进行文物勘探。1991年8月，在巨野县大谢镇大刘庄村发现1座汉代石室墓，并进行发掘。该墓结构严谨，建造精致，后迁移到地区博物馆地下室复原。11月对定陶刨花板厂南部文物勘探时，探出战国时期的墓葬18座。1992年8—11月，对京九铁路沿线的汉成阳故城，定陶仿山墓群、崔庄遗址，曹县郗堌堆遗址占地范围内进行文物勘探。1995年3月，曹县文物管理所对汤王陵进行试掘，出土陶器30余件，为商汤都亳于曹县提供重要的依据。1997年7—9月，菏泽地区文物工作队对孙膑旅游城及菏东高速公路沿线的大桑庄遗址、汉·葭密寨故城址、长堌堆遗址、漆园故城址、小娘娘墓地占地范围内进行全面的文物勘探。10月，配合定陶县文物管理部门，对黄店镇孔李楼汉墓群进行抢救性清理发掘，共清理汉代墓葬3座，出土文物有陶罐、陶马、陶俑等完整陶器8件，其中有两件汉代彩绘陶俑被定为国家二级文物。1999年6—12月，对马集镇樊庄王陵1号墓——西汉券顶石室墓进行为期6个月的抢救性清理发掘，组成地县两级文物发掘队，公安民警8人，动用民工40人，挖掘机1台，机动三轮车5辆。该墓由封土、墓道、墓门及墓室四部分组成，墓室平面层呈长方形，南北长10.7米，东西宽7.6米，通高 8 米，总面积 81.32 平方米，规模宏大。该墓是境内发现的唯一一座西汉时期大型石室券顶墓，为研究当时的墓葬形制、埋葬习俗、生产力水平以及墓主人的身份提供了重要的实物资料。出土文物有铜、玉、铁、陶瓷、金五类大小器物 200 余件，其中的汉代玉尺在菏泽境内尚属首次发现。

2001 年 10 月，菏泽市文物工作队配合鄄城县文物管理部门对什集镇苏老家村苏恩墓进行发掘，历时 20 余日，出土苏恩墓石茔门构件及石羊、石人等神道石刻，并恢复苏恩墓的原来面貌。2003 年 5—6 月，配合省文化厅重点工程办公室对菏泽雷泽湖水库占地范围内进行全面的文物勘探。同时，配合单县博物馆对张堌堆遗址南 30 米处的汉代墓群进行抢救性发掘，共清理墓葬60座，出土文物500余件，包含有铜器、铁器、玉器、陶器等。特别重要的是发现带“汉”字的陶井圈和带“单父”二字的陶盆口沿，为研究这一区域汉代生产生活习俗提供重要的实物资料。同年 7 月，对鄄城县苏述御史牌坊进行抢救发掘，历时 25 天，耗资 16 万余元，省文物鉴定委员会专家组为苏述御史牌坊签署鉴定意见书。2004 年 4 月，成武县城湖故城址出土一宗铜器，其中一件西周时期的三系铜背壶具有较高文物考古价值。2005 年 3—6 月，配合山东省文化厅重点工程办公室对郓城县南赵楼煤矿、彭庄煤矿、郭屯煤矿和巨野龙堌煤矿占地范围内进行全面的文物勘探。

第六节　文物保护

1986—1988 年，在全市范围内开展第二次全国不可移动文物普查工作，发现各类不可移动文物 300 余处，摸清全市文物分布情况和地层堆积关系，为做好文物保护打下了基础性工作。同时公布各级文物保护单位 100 余处。

对境内文物进行保护性勘探与发掘。在历次勘探发掘工作中，严格按照《中华人民共和国文物保护法》《中华人民共和国文物保护条例》和《山东省文物保护管理条例》，本着既有利于经济建设又有利于文物保护的原则，提出合理化意见和建议。如 1991 年冬，为配合定陶县刨花板厂建设，从各县抽调 6 名专业技术人员和 30 人的探工组成文物勘探队，对其占地范围内进行了为期一个月的文物勘探工作，此次勘探发现了 18 座战国砖室墓，3 座汉代墓，1 座宋代墓葬，建议刨花板建设时避开文物分布区。1992 年，配合京九铁路菏泽段建设，组成 60 人的文物勘探工作队，对鄄城、定陶、曹县等开展为期 4 个月的文物勘探工作，发现鄄城县阎什口镇三道街村明代墓群和定陶县仿山乡孔楼元代村落遗址，对其进行抢救性清理。

1992 年，境内 10 处文物单位被山东省人民政府公布为第二批省级文物保护单位。1998 年，将鄄城县县级文物保护单位—羊、左合葬墓进行迁移。

2004 年，菏泽市国保单位——安邱堌堆遗址，划定保护范围、建立记录档案、设置标志说明、建立健全保护机构，“四有”（有保护范围、有记录档案、有标志说明、有保护机构）工作顺利完成。至 2005 年，陆续对境内文保单位开展“四有”工作。

第二十九编　医疗 卫生

蚊蝇消杀

义诊

农村街道清理

1986年，全区各级各类医疗机构560个，市县乡村网络基本健全。有病床9307张，从业人员18796人，其中技术人员16059人。1987年，医疗卫生管理体制开始进行一系列改革。1995年，区、县属医院实行事业单位企业化管理。2002年，县乡医院实行股份合作制。市属医院于2004年9月实行产权制度改革，由公立转为民营，2005年9月，被菏泽市政府重新收归国有。

预防保健、疾病防控工作开展较好，全市有28所县级以上医疗机构、150所乡镇卫生院成为爱婴医院。开展产期保健、科学接生、新生儿疾病筛查、妇女病普查等活动，有效保护了妇女儿童的身心健康。天花病、黑热病已经绝迹，麻疹、麻风、疟疾、结核等疾病得到有效控制，其他新型传染病防控工作不断加强。农村卫生工作取得新成效。

乡村卫生机构一体化逐步推开。以除氟改水为中心的地方病防治工作，取得很大成绩。改厕工作进展顺利，环境卫生得到改善，卫生宣传进一步加强。农村合作医疗几经曲折，2004年3月省政府将东明县定为全省第二批新型农村合作医疗试点县，之后在全市逐步推开。

截至2005年年底，全市共有市县乡（镇）及私营医疗卫生机构474个，从业人数24786人，其中执业助理医师1939人，执业医师6417人，注册护士5150人，各类医疗卫生机构床位数13328张。门类齐全、遍布城乡的医疗网络已经形成并不断完善。医政管理进一步加强，执业更加规范，医疗水平进一步提高，行风作风建设落到实处。疫病防控水平不断提高，食品药品卫生监督涉及面广，细致严谨，医疗保健事业快速发展，公共卫生宣传广泛，环境状况得到极大改善，人们卫生知识、卫生意识普遍增强。菏泽卫生事业的发展，遵循“以农村为重点，预防为主，中西医并重，依靠科技与教育，动员全社会参与，为人民健康服务，为社会主义现代化建设服务”的卫生方针，全市卫生事业取得巨大成就。

第一章　医　疗

1986年，全区各级各类卫生事业机构560个，其中医院270所，门诊部、诊所244个，其他卫生机构46个。床位9307张，从业人员18796人，其中技术人员16059人。县及县以上医院42所，诊断准确率达到95%，治愈率达到85%。全区拥有乡镇卫生院228所，其中能做腹部手术的32所，能做X线检查的189所，能开展生化检查项目的58所。至2005年年底，全市共有市县乡（镇）及私营医疗卫生机构474个，其中，市县乡等卫生机构273个，卫生人员24786人，其中执业医师6417人，执业助理医师1939人，注册护士5150人，每千人拥有卫生技术人员数2.32人、每千人拥有执业（助理）医师0.96人、千人拥有注册护士0.59人；全市各类医疗卫生机构床位数13328张，每千人拥有医院、卫生院床位数1.47张。医疗水平迅速提高，许多新的、成熟的医疗技术应用于临床。医疗设备逐渐完善，大量新设备、大型设备进入县乡医院。基本满足境内居民就医需求。全市各级医院认真贯彻省卫生厅“双十条”意见，以病人为中心，以质量为核心加强医院软硬件建设，开展争创“百佳医院”活动，推行整体护理工作，严格各项技术操作规程，简化就诊手续，缩短候医时间，并提供导医、导诊、室外挂号、免费供应开水、针钱包、方便袋等各种便民助民服务，医院工作质量和管理水平明显提高。市立医院、二院、三院、市中医医院、单县中心医院、牡丹区、曹县、郓城等县区人民医院不断拓宽服务范围，开设简易门诊、“儿童玩具”门诊、医疗夜市、流动医院等特色项目，为部分病房安装电话、空调、电视等设施，提高服务水平，收到良好的社会、经济收益。急救急诊工作得到加强，全市二、三级医院均开通了“120”或其他急救电话，配备救护车和急救设备，加强院前急救，畅通急救绿色生命通道，成为卫生行业精神文明建设的一个重要窗口。

第一节　医疗机构

2005年年底，全市有各级各类公立医疗卫生机构277个，其中医院52所（综合医院35所，中医医院10所，专科医院6所，中西医结合医院1所），卫生院183个（其中乡镇卫生院181个），市县乡各级公立医院设置规范完善。村卫生室布局合理。经菏泽市卫生局批准注册的民营医院有惠慈医院、博爱医院、黄河骨科医院、鹤展骨伤医院、济世医院、欣康痔瘘专科医院、沪生不孕不育专科医院、菏泽羲春乳腺专科医院、菏泽银河纺织职工医院、股骨头坏死专科医院、菏泽华杰医院、大众风湿病医院、建生妇儿医院、康乐医院、新东方医院、友谊医院、昆仑脑血管医院、还原堂面瘫医院、众信口腔医院、皮肤病医院、现代医院、黄口毓麟妇儿医院等52家医院。

2005年菏泽市医疗卫生机构基本情况统计表

表29-1-1

机　构	数量（个）	床位（张）	卫生技术人员（人）
综合医院	35	6199	9947
中医医院	10	1345	1876
中西医结合医院	1	10	
专科医院	6	380	383
乡镇卫生院	181	4907	7596
门诊部	6	11	57
诊所	117	0	
卫生所、医务室	84	0	
妇幼保健院（所、站）	10	446	822

公立医院选介　市立医院　位于菏泽市城区曹州路西段，原名菏泽地区医院。该医院占地面积 4.43 万平方米，建筑面积 3.33 万平方米，其中门诊房面积 8560 平方米，病房面积 1.73 万平方米，其他业务用房面积 3500 平方米。随着卫生事业的迅速发展，市立医院在基本建设、开放床位、门诊量、住院病人数、手术量、急诊抢救人数、医疗技术水平、服务水平、医疗设备、后勤保障、环境美化等方面都处于全市领先地位。1986 年，全院有医务工作人员 519 人，其中主任医师、副主任医师、主治医师、医师、医士 151 人。1995 年被卫生部定为三级乙等医院，并被授予“爱婴医院”称号。1999 年，被定为山东省高等医学院校教学医院和实践教学医院。2001 年 3 月，更名为菏泽市立医院。2002 年，被授予卫生部国际紧急救援中心网络医院称号。2004 年，被授予“山东省企业家健康保障中心网络医院”称号。同年 9 月，市立医院实行产权制度改革，被上海道勤股份有限公司接管经营，由公立转为民营。2005 年 9 月，市立医院重新被市政府收归国有，至年底，全院共有医务人员 1200 人，其中卫生技术人员 987 人。在医务人员中，

市立医院建于 1985 年的门诊楼

具有高级职称的 297 人，中级职称 323 人；医院设有临床科室 29 个、医技科室 15 个、职能科室 25 个，共有 10 万元以上医疗设备 118 台（套），总价值约 7970.27 万元。2005 年开放床位 602 张，门诊量最高达 40 万人次，住院病人 2 万人次，手术人数 5000 人次，急诊人数 2.7 万人次。

至 2005 年，该院共获得省、市级科技进步奖项 337 项，其中“食管癌手术方法”“自制弹力裤治疗早期先天性髋关节脱位”“耳鼻喉手术图谱”三项成果已达国际水平；“四物汤补血作用及配任机制”“糖心康胶囊的研制及应用”“中胸段硬膜外神经阻滞防治急性肾小管坏死的实验研究”等成果居国内领先水平。该院的美容中心、肿瘤治疗中心、血液透析中心、布加氏综合征治疗中心、糖尿病治疗中心、介入治疗中心、准分子激光治疗中心、碎石中心等，在全市保持着技术领先水平。

第二人民医院　位于市城区双河路 164 号，占地面积 2.3 万平方米，建筑面积 1.5 万平方米。其前身是 1972 年由菏泽地区重工业局筹建的职工医院，隶属于地区经济委员会领导，是全民所有制综合性医院。1979 年，改为菏泽地区第二人民医院，隶属地区卫生局领导。2001 年 3 月，更名为菏泽市第二人民医院。2004 年 9 月，该院实行产权制度改革，由公立转为民营。2005 年 9 月，被市政府重新收归国有。

2005 年，全院有医务工作人员 221 人，其中高级职称 31 人。第二人民医院是菏泽医专教学实践医院、市城镇职工基本医疗保险定点医院、市工伤保险协议单位。该院拥有德国西门子 CT、德国西门子 X 光机、美国 GEc- 型臂移动式 X 光机、德国西门

子全自动900C呼吸机、瑞士拉菲尔呼吸机、日本奥林帕400全自动生化分析仪、日本KX−21全自动血球分析仪、离子分析仪、美国GE彩超、日立黑白超、诱发电位仪、美国迈瑞监护仪、德国除颤器、内窥镜、手术显微镜、全自动麻醉机、电子胃镜、支气管镜、肛肠治疗仪等一批高精尖医疗设备，并与北京协和医院、上海华山医院、山大齐鲁医院等国内著名医院建立了长期技术合作关系，能够独立开展肺癌、食道癌切除术，乳腺癌、胃癌、结肠、直肠癌根治术，多种复杂性骨折、断肢（指）再植、颈椎腰椎矫形术和关节置换、关节镜等手术，多种脑瘤、高血压脑出血的微创手术，小横切口剖腹产术，子宫全切术及妇科肿瘤切除术、宫颈癌根治术、乙状结肠代阴道成形术、妇科腹腔镜等一系列高难度、高要求、高标准的手术，且技术水平达到全市领先地位，多项技术填补全市空白。

第三人民医院　位于菏泽市城区八一路西段，原名菏泽地区精神病医院，是一所集医疗、教学、科研和精神疾病防治于一体的“大专科、小综合”性医院。该院占地面积1.82万平方米，总建筑面积约1万平方米。1992年12月，菏泽地区精神病医院更名为菏泽地区第三人民医院（加挂地区精神卫生中心的牌子）。2001年5月更名为菏泽市第三人民医院。2004年9月，第三人民医院实行产权制度改革，由公立转为民营。2005年9月，被菏泽市政府重新收归国有。

1986年，第三人民医院有医务人员192人，设有行政科室6个，业务科室11个(精神科、神经内科、中医科门诊、药剂科、检验科、放射科、特检科、注射室、供应室、工娱疗室、理疗室），开设病床230张。2002年9月，医院投资315万元，购置大型CT和彩色B超诊断仪，并在全院推行“综合目标量化管理责任制”。至2005年，该院有医务工作人员329人，其中具有本科学历的52人，专科学历的165人；具有正高级职称的8人，副高级职称的26人，中级职称的116人，初级职称的112人。该院有万元以上医疗设备47台。

中医医院　位于菏泽市城区丹阳路中段，始建于1979年。占地面积4.45万平方米，建筑面积3.1万平方米，其中医疗用房1.5万平方米。2001年，地区中医医院更名为菏泽市中医医院。2004年9月，市中医医院实行产权制度改革，由公立改为民营。2005年9月，被市政府重新收归国有。

1998年的菏泽地区中医医院门诊大楼

1985年，中医医院有医务工作人员235人，其中主治医师、医师、医士、护师共计84人，护士、药师、检验士共计63人。该院1992年被省卫生厅确定为“示范中医院建设单位”；1995年被省卫生厅、地区卫生局评为“职业道德建设先进单位”，被省卫生厅、团省委评为“青年文明号”单位；1996年被国家中医药管理局评定为三级甲等中医医院；1998年被评为“爱婴医院”。

中医医院医疗仪器设备总价值902.9万元，其中万元以上的医疗设备77台（件），价值680万元。主要医疗仪器有螺旋CT、彩色B超机、黑白B超机、脑电图机、心电图机、体外震波碎石机、多功能旋转式牵引床、数字化电视胃肠机、全自动中药煎药包装机、全自动生化分析仪、透乳仪等。该院为山东中医药大学、菏泽医专、曲阜中医药学校、菏泽卫校的定点教学医院，每年都接受3～5批学生到院实习。

至2005年，全院有卫生技术人员381人，其中具有高级职称的75人，具有中级职称的150人；开放病床250张；设置内科、外科（包括骨科）、儿科、妇产科、急诊科、中风科（神经内科）、针灸推拿科、眼科（五官科）、口腔科、皮肤科、耳鼻喉科、不育不孕科、理疗科、美容科、痔瘘科、手术室（麻醉科）等临床科室，以及药剂科、检验科、放射科、CT室、病理室、预防保健科、制剂室、供应室等医技科室；基本形成专业设置齐全、诊疗科室完备的医疗体系。

传染病医院　位于菏泽市城区北郊韩堤口外，原名地区结核病防治院，占地面积3.09万平方米。

1986年，该院设有行政科室6个、业务科室11个，开设病床145张。1994年，增设肿瘤科、妇科、外科、放疗科、手术室，新增B超机、纤支镜、胃镜、遥控X光机、肺功能机等全套医疗仪器设备。1994年4月改建为地区肿瘤医院。2003年4月，在防控“非典”疫情时，为应急重大传染病

1999年的菏泽地区传染病医院门诊楼

突发性事件，国家投资1000万元，地方配套资金660万元，建设一幢建筑面积6000平方米的现代化高标准的病房楼。2003年7月，在肿瘤医院的基础上改建扩建为市传染病医院，担负着全市传染病的治疗和应对重大突发性卫生事件的任务。

2003年，传染病医院“非典”时期的病房

2005年，该院有医务工作人员145人，其中具有高级职称的16人，具有中级职称的85人；开设病床200张。

菏泽市妇幼保健院　始建于1951年4月。集科研、教学、预防为一体的妇女、儿童保健机构，肩负着8县2区的妇女儿童身心健康的预防保健指导工作。医院占

地3335平方米，建筑面积5000平方米，业务用房3500平方米，开设床位30张。2005年编制49人，在编职工49人，专业技术人员44人（高级17人，中级21人）。聘用人员33人（高级4人，中级3人）。医院设有妇女保健科、儿童保健科、妇产科、儿科门诊、特检科、检验科、中医科、针灸理疗科、新生儿疾病筛查中心、新生儿听力筛查中心、更年期保健门诊、婚前保健门诊、新生儿沐浴室、手术室、供应室、放射科等科室。有500毫安X光机、全自动生化分析仪、时间分辨荧光分析仪、酶标仪、ABX血液分析仪、保灵曼尿液分析仪、血凝仪、筛查性声阴抗、ABR、ORE诊断性脑诱发电位、GE彩超、黑白B超及心电监护仪等设备。医院始终坚持"以保健为中心，以保障生殖健康为目的，实行保健与临床相结合，面向基层，面向群众和预防为主"的办院方针，坚持"儿童优生、母亲安全"的服务宗旨，全方位开展工作，内强素质，外树形象，全市妇幼保健工作稳步发展。

私立医院选介 惠慈医院　位于菏泽市城区人民路195号，属于非营利性的集医疗、保健、教学、科研为一体的大型综合性医院。2003年，该院投资1.5亿元建成3万平方米的门诊病房综合大楼，开设病床800张。购置螺旋CT、DR、大型C臂、500毫安胃肠X线机，全自动生化分析仪、电子内镜、心电图仪、脑心监护仪等国际先进医疗设备，设置内科、外科、妇产科、儿科、肿瘤科、心血管治疗中心、介入治疗中心、放疗中心、眼科、耳鼻喉科、口腔科、风湿病科、急诊科、不孕不育科、医学美容科、麻醉科、放射科、检验科、

2005年的菏泽惠慈医院

免疫科、药剂科、物理诊断科等科室，聘请国内著名专家100余人常年坐诊。

博爱医院　位于菏泽市城区丹阳路881号，建筑面积1200平方米，是一所以手足显微外科、骨科为特色的专科医院。博爱医院设置床位30张；拥有卫生专业技术人员44人，其中副高级职称4人，中级职称10人，初级职称30人；设有显微外科、骨外科、手术室、内科、中医外科、康复理疗科、放射科、检验科、心电图室、药房等科室。其主要医疗设备有：XTS−4A手术显微镜4部、M−904E多功能麻醉机2台、MEC−509B监护仪2台、DGP−300B−2n多功能电脑高频刀2部、显微外科手术器械设备17台件、200mA X光机1台、XHP−C型臂1部、Cardiofax单导心电图机3部。主要治疗范围有：断指（趾）再植和拇指再造；肌腱、神经、血管损伤的显微修复；四肢皮肤软组织缺损、骨缺

损的组织瓣移植；手足先天畸形的矫正，臂丛神经损伤修复；四肢骨折、脱位，脊柱、脊髓损伤；强直性脊椎炎，各类（化脓）骨关节炎；斜颈、马蹄足等先天性疾病；先天性髋关节脱位和股骨头缺血性坏死；痈疽疮疡、褥疮、骨髓炎、慢性溃疡；急慢性乳腺炎、乳房包块、脉管炎、静脉炎、湿疹皮炎等皮肤性疾病；痔瘘等肛周疾病，颈肩腰腿疼等疾病。该院全年平均门诊量达4万人次，病床使用率为103.56%，手术前后诊断符合率、临床诊断符合率与病理诊断符合率均为100%。2000年建院后，取得世界第六例断耳再植，山东省首例双前臂再植，菏泽市首例全手再造、断足再植等多项成果，被菏泽市卫生局和劳动与社会保障局定为医疗保险定点单位，市、区工伤协议医疗单位。

2002年的菏泽博爱医院

黄河骨科医院　位于菏泽市城区中华西路西段，建筑面积1800平方米，2002年1月16日正式挂牌开诊。该医院设有骨科、内科、急诊科、手术麻醉科、放射科、消毒供应科、化验科、心电图室、B超室、药剂科、护理部、质控科、医务科等17个科室。主要医疗设备有：C型臂X光机、大型X光摄片透视机、移动X光床头摄片机、全自动麻醉呼吸机、心电监护仪、骨科专用多功能手术床、骨科专用手术显微镜、高频电刀、救护车等，手术室各种骨科内外固定材料及手术器械一应俱全。2003年共收治563例病人，共完成手术679例。黄河骨科医院由国内著名骨科专家黄耀添主诊。2002—2005年，成功完成4例手指完全离断再植、断腕再植及动脉血管伤修复、先天性马蹄内翻足、先天性髋关节脱位、斜颈等奇形矫正、广泛的胸椎管狭窄、脊柱骨折脱位等手术。至2005年，该院开设病床60张，医护人员由2002年的35人发展到75人，其中教授、博士生导师1人，主任医师3人、副主任医师2人，主治医师5人、医师8人，副主任护士1人，护师（士）28人，医技人员8人。

2002年，黄河骨科医院被市消协评为“无欺诈守诚信医院”。2005年，被市委、市政府批准为国际牡丹花会医疗急救唯一指定医院，被菏泽市残联定为儿童麻痹矫治定点医院。

第二节　医疗队伍

1986年，全区有卫生技术人员16059人，其中，中医师516人，西医师2298人，护师197人，中药师201人，西药师142人，检验师54人，其他技师69人，中医士747人，西医士1782人，护士2445人等。1990年，全区有卫生技术人员16827人，其中，中医师879人，西医师3989人，护师1767人，中药师526人，西药师530人，检验技师270人，其他技师402人，中医士355人，西医士1088人，护士1675人，助产士424人，中药剂士307人，西药剂士396人，检验技士280人，其他技士438人，其他中医人员249人，护理员443人，中药剂员151人，西药剂员253人，检验员127人，其他初级卫技人员2268人。1995年，全区有卫生技术人员16393人，其中，中医师832人，西医师3937人，护师2383人，中药师543人，西药师761人，检验师408人，其他技师595人，中医士288人，西医士1242人，护士1464人，助产士408人，中药剂士249人，西药剂士386人，检验士318人，其他技士383人，其他中医人员22人，护理员349人，中药剂员94人，西药剂员200人，检验员122人，其他初级卫技人员1424人。2001年，全市有卫生技术人员19266人，其中，中医师793人，西医师5546人，中西结合医师77人，护师3479人，中药师606人，西药师943人，检验师534人，其他技师776人，中医士84人，西医士1131人，护士1252人，助产士317人，中药剂士140人，西药剂士299人，检验士185人，其他技士260人，其他中医人员24人，护理员360人，中药剂员81人，西药剂员214人，检验员127人，其他初级卫技人员2038人。至2005年，全市有卫生技术人员20308人，其中，执业医师6417人，执业助理医师1939人，注册护士5150人。

第三节　医疗技术

西医　1986年，开展了应用巯甲丙脯酸治疗慢性充血性心衰、肝癌肝切除术、外阴癌根治术、腹膜化阴道成形术。鼓室成形术、气管异物取出术、白内障摘除术。1987年，开展胃癌根治切除术、保留幽门的胃大部分切除术、皮肤巨大神经纤维瘤切除术、矢状镰旁脑膜瘤、顶叶脑膜瘤切除术、小脑肿瘤切除术、胆总管十二指肠搭桥术、腰椎间盘突出术、食道静脉注射硬化剂治疗食道静脉曲张破裂出血、膀胱宫颈阴道癌修补术、婴儿克汀病筛查、新生儿深色体筛查、无切口重睑术、泪小管吻合术、上颌骨截除术，喉全切除术、双侧唇裂合唇修补术、1988年开展安装心脏永久性起搏器、动脉导管未闭结扎术。1989年，开展体外循环心脏直视手术，无水酒精注射治疗晚期肝癌、巨大肝血管瘤摘除、腹腔内阴道前穿隆切开刻空声术、白内障摘除加人工晶体植入术、三叉神经感受根切断术。1990年开展治疗晚期肝癌、纤维支气管镜选择性支气管造影诊肺部疾病、高频电刀治疗尖锐湿疣。

1991年，开展乙状结肠肌瓣膀胱重建术。1992年开展肺清洗术治疗肺脓肿、覆盖阴道成形术，宫颈内膜切开宫颈再造术、鼻瓣成形术。1993年开展二尖瓣狭窄球囊扩张术、经皮腰椎间盘髓核切除术，多点戳口治疗大隐静脉曲张。1994年开展布加氏综合征术、女性尿潴留手术、膀胱再造术。1995年开展先心病房室缺修补术、脑干部肿瘤摘除术、整形美容手术。

1996年，开展肾造内镜治疗、颅骨皮下保存原位再植术，支气管重建术，颌面整形术。1997年，开展内镜下食管静脉结扎治疗食管静脉结扎治疗食管静脉曲张、肾移植术。C肽、泌乳素、雌三醇的测定与骨密度测量、结核、淋病、肺炎与支原体检查。1998年，开展年脑脊液置换术、急性上消化道出血内镜下治疗、腹主动脉瘤切除术、经左胸左颈食管癌根治全胃移植胃代食管术、前列腺电切术、膝关节镜检查。1999年开展腹主动脉灌注化疗治疗胃癌、微波在食管癌放疗后食管狭窄安置内支架中的应用、先天巨结肠根治术、高位性肛瘘保留内外括约肌瘘管切除术，腹主动脉瘤节段人工血管置换术、表皮移植治疗白癜风。2000年开展纤支镜下放置食道支架治疗支气管狭窄、肺癌的介入治疗、呼吸睡眠电生理监测、胆囊癌根治性切除术、直肠癌局部切除术、腹腔镜胆囊切除术、烧伤病人功能部位整张植皮术、人工表面膝关节置换术、胸腔镜下气胸破裂修补术、胸外伤破裂血管结扎术、肺囊肿切除术、胸膜活检术、肺减容治疗慢性阻塞性肺气肿、应用尿激酶、降纤酶超早期溶栓治疗脑梗死、股动脉插管全脑血管造影术、椎颅血肿抽吸引流治疗脑出血及亚急性硬膜下血肿、下颌骨缺损骨移植修复术、超声乳化治疗白内障、维生素B6辅助治疗顽固性癫痫、肺表面活性物质治疗新生儿呼吸窘迫综合征、颅内肿瘤的显微镜下切除术、脑血管畸形切除术及颅内动脉瘤夹闭术、开展经口鼻蝶入路垂体微腺瘤切除术、开展颅内肿瘤及脑血管病的介入治疗、输卵管插管疏通术、腹腔镜在妇产科的应用、腹外筋膜内子宫全切术、浆膜下筋膜内子宫全切除术、美肤激光治疗、衣原体、支原体等病原体检查、梅毒确定试验等、血管病变的MRI、MRA检查、CT介入诊断、131I口服治疗甲亢、HBV-DNA抗HBClgM检测、RCT检查。

2001年，开展胰头癌扩大根治术、腹主动脉瘤摘除术、直肠癌全系膜切除术、应用双套吻合器行低位直肠癌保肛术、“电凝”治疗大隐静脉曲张、重症胰腺炎手术治疗、颈椎前路切开复位钢板内固定治疗颈椎滑脱、经皮激光气化治疗腰椎间盘脱位症、支气管胸膜瘘大网膜粘堵、二尖瓣置换术、主动脉瓣置换术、主动脉瓣成形术，心包剥脱术、脑动脉夹闭术、脑室前后部肿瘤切除术、室间肿瘤切作术、脑动脉畸形切除术、全位颅引流术、椎颅血肿抽吸术、食道静脉套扎术、内镜下电凝电切治疗消化道息肉、胸腔内注入尿激酶治疗包裹性胸腔积液、经纤支镜纵隔淋巴结活检术、司酮治疗子宫肌瘤、腰麻及硬膜外麻醉联合应用、非仰头气管插管术、先天性齿横突裂植骨术、口内切口三叉神经超长撕脱术、喉外进跻声带外展麻痹矫正术、呼吸暂停综合征的治疗。

2002年开展CT定位下脊柱穿刺腹腔后神经阻滞治疗晚期胰腺癌、内镜下胆管引流术治疗急性化脓性胆管炎和各种阻塞性黄疸、低分化食管癌综合治疗化疗同时进行晚期膀胱癌灌注治疗、颅内肿瘤等中心治疗、下腔静脉滤器放置术、夹层胸动脉瘤内支架隔离治疗术、经鼻孔入路垂体微腺瘤切除术、大脑中A动脉瘤及前交叉

2002年，市立医院首例异体骨髓移植术成功新闻发布会

动脉瘤切除术、三角形子宫全切除术、异体骨髓移植术。

2003年，开展椎体成形术、TVT手术治疗妇女压力性尿失禁、心脏双瓣膜置换术、复发性欲肉切除术加干细胞移植术、羟基磷机石眼座植入术、下颅骨肿瘤半侧切除全钛合金颞颌关节置换术、口底癌舌颌颈联合根治术、血管内栓塞治疗小脑血管畸形术、纤支镜下支架置入术、纤支镜下良性肿瘤摘除术、胸腔镜治疗难治性气胸。

2004年，开展腹腔镜下及十二指肠镜联合手术治疗胆囊结石并胆总管结石、腹主动脉瘤手术切除人造血管替代术、下肢及双介髂总动脉栓塞取栓术、脊柱前路椎体肿瘤切除前路椎体固定术、断肢再植术、关节镜下交叉韧带重建术、超高龄患者粗隆间骨折人工假体置换术、双侧股骨头坏死一期全髋置换术、C型臂监视下闭合复位自锁髓内钉固定治疗肱骨骨折、合体冠状动脉异位畸形纠正术、右位心动脉导管结扎术、胸膜间皮瘤胸腔镜手术切除术、胸壁肿瘤切除并重建胸壁术、应用有创正压通气治疗急性心源性肺水肿、应用高PEGP手法复张治疗术后肺不张、下颌骨半侧截除颞颌关节置换术、腹部皮瓣离移植修复口腔黏膜缺损，胆道内支架置入术。

2005年砷剂治疗急性早幼粒细胞性白血病，放射性碘粒子植入体内伽马刀内照射治疗恶性肿瘤，脊柱结核伴截瘫经前路病灶清除减压植骨脊柱钢板固定术，前路髓核摘除减压植骨脊柱钢板固定术治疗胸椎间盘突出症，应用USS脊柱固定系统治疗多阶段脊椎不稳、椎体滑脱；应用改良式伊利扎诺夫外固定架治疗肢体屈曲短缩畸形，膝内翻畸形，同时行肢体延长术，效果良好。

中医 中医药在治疗慢性病、疑难病、多发病方面往往有独特之处，如治疗中风病、眼底病、结石病、肝肾病、糖尿病、颈肩腰腿疼、复杂骨折、各种肌腱及软组织损伤、血管、神经损伤。运用中西医结合治疗先天性髋关节脱位、股骨头坏死、骨髓炎等骨病。中医中药治肿瘤。治疗宫颈炎、顽固性阴道炎、盆腔炎等妇科疑难杂症，不孕不育、性功能障碍等生殖系统疾病，均获满意疗效。对老年病、婴儿瘫、儿童哮喘，血液病、反流性食管炎、急慢性胃炎、胃下垂、消化道溃疡、慢性结肠炎等顽固性疾病研制系列中成药方剂，服用方便，疗效明显。

开展针灸、推拿、拔火罐、点刺放血、中药敷、耳穴压豆、药透、药熏、牵引、耳针、水针等疗法，主要治疗颈肩腰腿痛、顽固性头痛、偏瘫、面瘫、椎间盘突出、肩周炎，神经衰弱、失眠多梦、耳鸣、癫痫、遗尿、阳痿、盆腔炎及久治不愈的慢性胃肠炎、胆囊炎。

各种中药方剂、成药防病治病，历久弥新。治疗中风病的Ⅰ号Ⅱ号Ⅲ号药物，比一般治疗方法明显缩短疗程，疗效可行。应用中医辨证施治，清热解毒，舒筋活血，软坚散结，疏肝健脾，增强机体抵抗力，恢复肝功能。“龙凤餐”治疗各种病毒性肝炎、慢性肝炎、迁延性肝炎、酒精肝、脂肪肝、肝肿大、肝硬化腹水。运用中药内服，外洗，以祛风燥湿、通经活络、温经散寒、搜风去痛等法，结合中药离子透入等物理疗法，辨证施治，因人用药，治疗风湿、类风湿性关节炎疗效显著。针对肾病不同程度，不同时期总结出一套疗效独特的治疗方案，以现代免理念为基础，汲取历代古方精粹，严格精选上乘药材，反复研究实践，研制出具有补肾健脾，益气养血，利水消肿，清利湿热等功效的“益肾系列”药物，对急慢性肾炎、肾病综合征、狼疮性肾病、紫癜性肾炎、糖尿病肾病、高血压肾病及早期尿毒症有显著疗效，中晚期尿毒症患者服药后，可缓解急症，减少透析次数。“黄芪建中汤”治胃溃疡，“天乙汤”治乙肝，“四金排石汤”治泌尿系结石，薏苡附子败酱散加味治疗烂尾周围脓肿，加味寿胎丸治习惯性流产、多次死胎，参芩白术汤灌肠治疗小儿腹泻，定眩汤方剂治眩晕症，等等。

2004年，生产具有代表性的6个品种，提高机体免疫力、心力衰竭的“扶正胶囊”，治疗慢性胃炎、为功能紊乱的“胃舒胶囊”，治疗糖尿病的“降糖宁”，治疗乙肝的“乙肝灵胶囊”，治疗鼻炎、鼻窦炎的“鼻渊制剂”，疗效显著。

护理　1986年，各级医院护理工作随着医疗水平的不断提高，由功能制逐渐向责任制转化。市立医院率先在全市推行责任制护理。儿科建立无陪人病房，患儿的一切基础护理、生活护理、心理安慰、治疗、检查等，全部由医生、护士承担。同年开展“假若我是一个病人活动”的优质服务，提升了护理人员的服务意识。举办责任制护理和危重病人抢救学习班，聘请外地专家授课，不断改进抢救措施。配合全市责任制护理工作的开展，鼓励广大护理人员参加自学考试，函大、电大学习，积极参与科研项目的研究，撰写护理论文。

1987年，落实省护理工作要求，完善各项规章制度，制订护理岗位目标责任制，规范基础护理和专科护理技术操作。1990年，市立医院筹建CCU病房，1991年开始收治病人，由基本功扎实、有一定外语基础的高学历人员组成护理单元，抢救成功率达100%。1993年，市立医院选送5名有一定外语基础，素质较高的护士去河南医科大学进行外语培训10个月，填补了护理人员不懂外语的空白。

1997年起，各医院在“5•12”国际护士节举办技术操作技能比赛，并评出星级护士，丰富护理人员文化生活，促进护理技能提高。

2001年后，县级以上医院进行人事制度和分配制度改革，实行护士长竞聘上岗，选拔优秀护理人才，使医院护理管理层次实现年轻化、专业化、知识化。加强护士素质教育，树立良好的医德医风和为患者服务的意识。各医院开展形式多样的服务活动，如“护理微笑服务”活动，“六个一”温馨服务（即一个微笑、一声问候、一杯热水、一块手帕、一份祝愿、一张联系卡），“真诚献爱心服务到家庭”出院病人巡访活动，开展“社区服务”，为慢性病人提供持续性医疗服务，等等。2002年市立医院及部分县级医院整体护理达到省卫生厅整体护理要求标准。

至2005年，护理工作为配合开展新业务、新技术，掌握各科新动态、新进展，选送护理人员到上级大医院进修学习，组织多种形式的护理知识专题讲座，护理查访，优秀护理病例评选，提升服务能力。各级护理人员掌握了呼吸机、监护仪、微量泵、留置针的操作方法、消毒、管理，熟练掌握急、危、重症病人的护理，多管道处理等高科技技术，以配合临床医疗工作的提高。

第四节　医疗设备

1986年，县级医院有X光机、显微镜、B超、心电图机、裂隙灯、肺功能测量仪、超声波、心电图、中风预测等设备。乡镇卫生院医疗设备配置陈旧、匮乏、简单，主要设备有小型X光机（功率大都是30-100毫安的）、显微镜等设备。县级及县级以下医院医疗设备落后，不能满足患者诊疗要求。

1992年，对核磁共振、CT、直线加速器、眼科准分子激光治疗仪等大型医疗设备实行申报制度。经省卫生厅批准后购买，其他医疗设备根据医疗机构业务开展情况，申请上级主管部门批准后自筹资金购买。之后，各医院增添了很多大中型先进医疗设备。县级医院增添了美国螺旋CT、德国西门子全身CT、数字胃肠、医用计算机影像系统（CR）、多功能心电监护系统（CIC）、美国GE400彩色多普勒、运动平板、日本富士电子胃镜、东软数字胃肠镜等大型医疗器械。1998年基本实行微机化管理。乡镇卫生院普遍新增医疗设备主要有X光机、B超、心电图、洗胃机等。

2000年以后，医疗设备淘汰速度加快，县级以上医院基本配置了日本阿洛卡5000彩色多普勒机，东软2800全身螺旋CT，日本富士FCR5000计算机X线摄影系统，日本日立7180全自动生化仪。呼吸机、监护仪、除颤器、小儿高压氧等大型设备相继配置县级以上医院。至2005年，县级及以上医院普遍拥有监护仪、麻醉机、高频电刀、呼吸机、纤维外科、神经外科等器械。拥有现代化手术室及中央空调、供氧、吸引，手术照明采用世界先进设备，如德国HANAULXblue-80手术照明灯和上海医疗器械厂生产整体反射手术灯。有德国产XE5600-CCD麻醉机，德国产LEICA MC-1手术显微镜，德国产ERBE-300电刀，德国产蛇牌双极电凝、前列腺电切镜、关节镜等医疗设备。有美国GE一台GIV500多频X光机及CR。三维牵仪、骨密度治疗仪、心电工作站、彩色多普勒、彩色脑电图仪、乳腺检查仪和乳腺治疗仪等大型仪器和设备，美国杜邦全自动生化分析仪、日本光电全自动血细胞分析仪、法国MEK酶标仪、洗板机、英国特定蛋白分析仪、血流变仪、尿液分析仪、荧光定量PCR分析仪、超高倍显微镜、自动放免仪等大型仪器设备。乡镇卫生院普遍配置X光机、心电图机、B超机、半自动化分析仪、洗胃机等医疗设备，部分乡镇卫生院还配备脑电图、脑地形图、CT、生化分析仪、救护车等大中型设备，基本满足各类患者的治疗需求。

第五节　医政管理

执业标准　根据国务院《医疗机构管理条例》的规定，结合菏泽的实际情况，菏泽市卫生局制定并逐步完善医疗机构设置及执业标准。

卫生室和医务室　行政村或街道办事处设置的卫生室，企业、学校、单位设置的医务室，建筑面积不少于40平方米，至少三室分开，即：诊室、治疗室、药房单独设立，有基本诊疗设备和高压菌设备及废物收集处理措施。执业地点与核准地点一致，至少有一名具有执业资格的医生。村卫生室人员要具有乡村医生执业资格的助理执业医师以上资格，且经注册。医务室，至少有一名取得执业医师资格从事5年以上临床工作经历的医师。

个体诊所　主要是在城区开办的个体医疗机构。诊所名称和执业地点与医疗机构执业许可证核准一致，法人代表与机构负责人应是一人。设置条件，建筑面积不少于40平方米，三室单独分开，有基本诊疗设备的消毒、灭菌、废物收集处理措施，执业人（负责人）必须是执业医师且取得执业证书5年以上。普通诊所诊疗范围主要是内科常见病、多发病。开展输液治疗的必须有专业注册护士，不得开设分支机构。

门诊部　分综合门诊部和专科门诊部。综合门诊部原则上至少设有3个固定科室和2个辅助科室，具有与其功能相适应的仪器设备、诊疗条件、消毒医疗废物处理措施。从业人员至少有5名执业护士，建筑面积不少于400平方米，每室必须独立。

专科门诊原则上至少有1个一级科目和2个二级科目及辅助科室，仪器设备、设施条件、执业人数量、资格同综合门诊部，建筑面积视专科需要一般在150～300平方米。

医院　分一、二、三级综合医院和专科医院。以“医院”命名的医疗机构，住院床位总数在20张以上。民营医疗机构由于政策原因，行政审批门槛降低、准入标准较低。内科系统的专科医院，内科执业注册医师不少于6人，至少有1名副主任医师职称以上人员，有资质护理人员不少于7人，主管护师职称以上人员至少1人，其他辅助科室与诊疗专业匹配，有系统的业务管理机构和管理制度。以外科系统疾病为主的专科医院、外科执业注册医师不得少于8人，护理执业护士不少于9人，其他同上。各级医疗机构设立分支机构必须申办新的“医疗机构执业许可证”。

宏观管理　1986年，因梁山县湖西的豆山乡划归泰安市东平县管辖，菏泽地区皮防站搬迁到菏泽办公，麻风病人疏散回家，免费统一供药，规范服药治疗。建立地区传染病院，挂靠在地区结核病院，地区二院改建为菏泽地区妇女儿童医院。落实卫生部加强医德医风建设的要求，市卫生局要求全区各医疗机构对急诊病人实行首诊负责制，各医院相续制定了门诊急诊工作医师首诊负责制的相关规定。1987年，菏泽地区公安局、卫生局、工商局联合下发《关于加强对个体开业行医进行管理的意见》，提出开设个体医疗机构的标准和人员准入的条件，对合格的颁发“个体开业行医许可证”。下发《关于加强性病防治工作的意见》，规定个体医生不得治疗性病，发现性病要尽快置评以转入县级医疗机构规范治疗并及时上报。下发医疗机构要做好计划生育技术服务工作的通知。成立菏泽地区首届医疗事故鉴定委员会，举办医疗事故处理办法培训班，要求各医疗机构加强对医疗事故安全防节，提高医疗服务质量。1988年，菏泽地区卫生局下发卫生改革的意见，原则是“经费承包、调整政策、政策搞活、服务社会”，实行院长负责制，职工聘任制，后勤试行企业化管理。制定医院医疗质量检查规定，下发《整顿医疗秩序，完善监督约束机制的意见》，对医疗承包提出约束机制，承包应包括医德医风、服务质量、预防保健、经济收支、科研教学、人才培养、事业发展等内容的全方位承包方案，对防止乱收费、指明办医方向作出具体规定。制定实行专家挂牌门诊收取专家门诊挂号费的规定。下发麻风病防治管理办法、严禁废止一次性医疗用品流入市场的通知、肺结核病疫情报告制度的实施意见，提出对医院的医疗服务质量进行检查。

1989 年，召开全区卫生改革经验交流会，要求医院要在坚持社会主义全民所有制的基础上，按照所有权与经营权分离的原则，以承包经营合同形式确定国家与医院的责任权利关系，使医院在国家经费补助的前提下，实行经费包干、自主经营、按劳分配、民主管理，以进一步完善医院承包制，防止短期行为。下发《全面深化城市医院改革的意见》，明确提出，城市医院改革要以向社会提供优质服务为宗旨，以提高服务质量为中心，坚持病人第一、质量第一，努力扩大服务范围。成立医务人员职业道德评价组织，建立规章制度，加强医务人员医德建设。下发《在职医务人员业余兼职管理的通知》，规定医务人员业余兼职必须经单位同意，卫生行政部门统一管理。按照上级部署，把麻醉科改为临床科。按照山东省出台的医疗、护理、医技质量评价标准，对全区的县级医院进行检查，同时为以后医院医疗质量的提高提供了标准依据。下发《关于加强卫生广告宣传管理的意见》，制止全区医疗宣传比较混乱的现象。下发《严禁使用医疗技术鉴定胎儿性别和滥用人工授精技术的通知》，对全区的医疗机构 B 超使用情况进行检查，严防非法鉴定胎儿性别。

1992 年，召开全区医院分级管理实施动员大会，成立地区医院分级管理评审委员会。向世行结核病贷款 613.73 万美元（共 20 年），对全区结核病门诊病人给予免费治疗。1993 年，下发《加强对医疗市场管理的通知》，严禁医疗机构发放医疗检查“回扣”。印发《医院分级管理实施方案》，召开两次工作培训会。1994 年，制订《医疗机构设置规划》，参加全省医院分级管理的评审，地区医院和单县中心医院被评为三级乙等综合医院，原菏泽市人民医院和郓城县人民医院被评为二级甲等综合医院。1995 年，对全区护士进行考试，对考试合格和符合过渡条件的发放“护士执业证书”。按照国务院《医疗机构管理条例》、卫生部《实施细则》和山东省《实施办法》，地区卫生局下发贯彻落实意见，对全区医疗机构进行登记注册并全区公告。1999 年，成立菏泽地区医师资格考试领导小组，组织了第一届医师资格教育，共 500 多人参加考试。2000 年开展包乡包村包户的卫生下乡扶贫、专家义诊、送医送药下乡的卫生救助工作，对特困居民减免检查、治疗、住院等费用。

2001 年，市政府制订《菏泽市城镇医药卫生体制改革的实施意见》，市卫生局对全市各级各类医疗机构进行分类核定，全市共有医疗机构 437 所，其中营利性医疗机构 110 所，非营利性医疗机构 327 所，对营利性、非营利性医疗机构分类管理。实行病人选择医生的做法，二、三级医院成立医疗小组，供病人选择，促进医疗机构内部改革。2002 年，落实省卫生厅《关于在全省开展医疗质量管理效益年活动意见》《医疗机构药事管理暂行规定》，对二级以上医院的医院管理和医疗质量进行全面检查，规范医院内部药事管理。

2003年4—5月，防控“非典”期间，菏泽市结核病院改建为菏泽市传染病院，各县区综合医院把原传染科、肠道门诊、呼吸道门诊整合为感染性疾病科，负责各种感染性疾病的治疗。对卫生系统全员进行多次感染性疾病防治知识的培训，提高卫生技术人员基本防治能力和应急救治能力，建立应急卫生救治队伍。当年，全市未出现“非典”疫情。2004年，建立4支应急卫生救治专业队伍，对卫生系统全员进行禽流感防治知识的培训，对卫生技术人员是否依法持证执业进行检查。举办全市“医疗废物和医院感染管理培训班”，对各级各类医疗机构进行综合检查，纠正医疗机构和卫生技术人员不规范的现象和行为。

2005年，“三夏”期间，组织医务工作者到农村田间地头送医药1.3万多人次，免费诊疗群众达130多万人次，免费赠送药品价值30多万元。落实全国医疗质量管理年活动，制订《关于降低医疗费用实行不规范用药品种淘汰制和实行单病种费用控制的意见》，对不规范用药的药品半年内不再使用，对存在问题的人员严肃处理，单病种类费用要限价公示，解决人民群众看病贵的问题。对未连续注册的护士进行考试，及格的给予再次注册。11月份，成立8个医疗质量控制中心，协助制定和督导实施相关医学专业质量控制标准及操作规范、考核及检查标准，指导医疗机构开展相关专业技术工作，引进和推广新项目，提高全市的医疗质量，减少医疗事故的发生。

第二章　疾病控制

第一节　疫情管理

疫情报告管理　1984年前，菏泽地区疫情统计项目少，仅单纯的数字。1984年后，疫情统计增加年龄、性别、职业等项目。1996年起，疫情报告采用微机化统计与管理（DOS版的“PHIS”），但仍需通过邮寄方式报告。2001年9月，菏泽市开始局域网的建设，更换疫情软件（Windows版的NDRS），为各县区配备微机、打印机等专用设备。2002年开始通过局域网报告

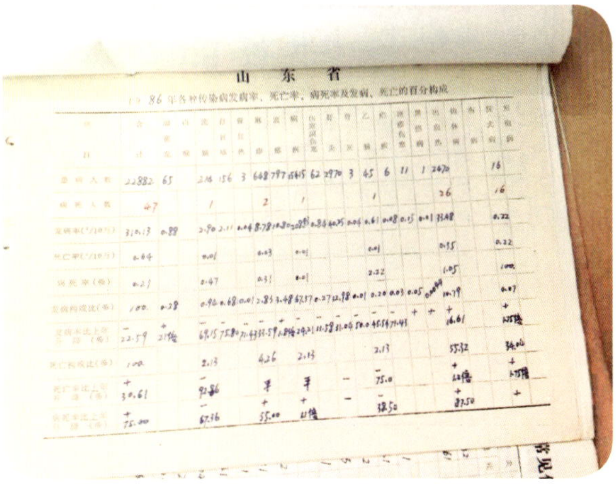

1986年疫情报表

疫情及个案报告卡资料。2003年4月，在非典型性肺炎防治工作中，菏泽通过网络传输上报每日疫情。2004年1月1日起，传染病疫情及突发公共卫生事件通过互联网实现真正意义上的网络直报，任何一个直报单位报告的疫情，市、县区疫情管理员乃至卫生部的有关人员通过网络都可随时看到。

传染病疫情 1986年，全区共发病16种，总发病率为310.13/10万，死亡率为0.64/10万，其中霍乱发病65例，其他发病率较高的病种是痢疾、肝炎、出血热、流感、麻疹。1987年共发病14种，总发病率为172.32/10万，死亡率为1.35/10万，其中发病率较高的病种是痢疾、出血热、肝炎、流感、百日咳、麻疹，死亡率较高的是狂犬病，发病92例全部死亡。1988年共发病14种，总发病率为185.58/10万，死亡率为1.05/10万，其中发病率较高的病种是痢疾、肝炎、出血热、麻疹、流脑、狂犬病，死亡率最高的为狂犬病，发病72例全部死亡。1989年共发病14种，总发病率为118.98/10万，死亡率为0.58/10万，其中发病率较高的病种是痢疾、肝炎、出血热、百日咳、麻疹，死亡率最高的为狂犬病，发病47例全部死亡。1990年共发病17种，总发病率为112.09/10万，死亡率为0.51/10万，其中发病率较高的病种是 痢疾、肝炎、乙脑、百日咳、麻疹、脊灰。1991—1993年全区传染病发病率有所回升。1994年以后，传染病发病率维持在较低水平，均在100/10万左右（详见附图）。2002年报告发病率最低，为60.04/10万。2004年报告发病率109.92/10万，死亡率0.13/10万。2005年报告发病率122.98/10万，死亡率0.47/10万。

1986—2005年菏泽市（地区）法定传染病发病率示意图

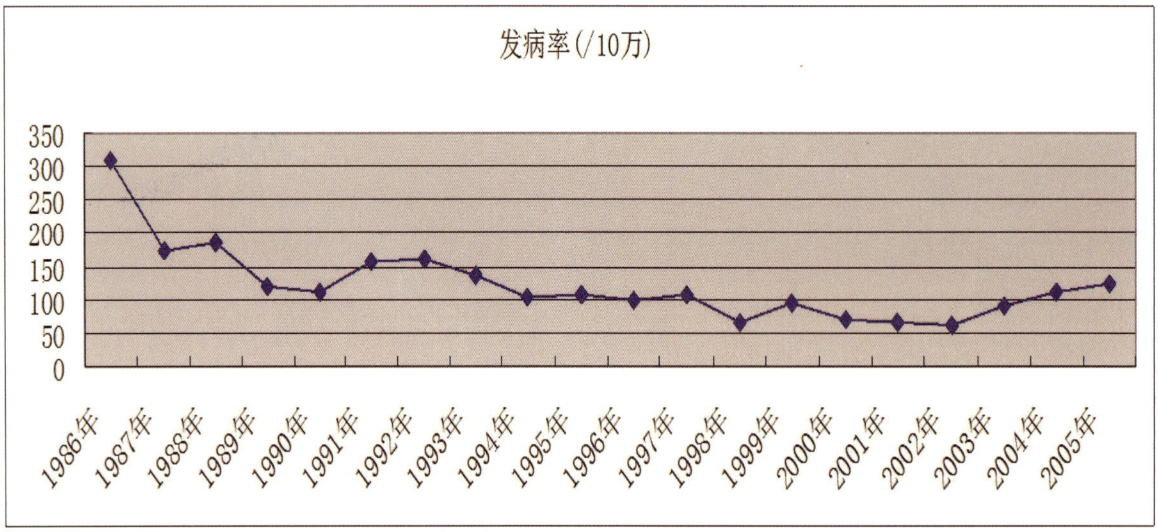

1986—2005 年菏泽市（地区）法定传染病死亡率示意图

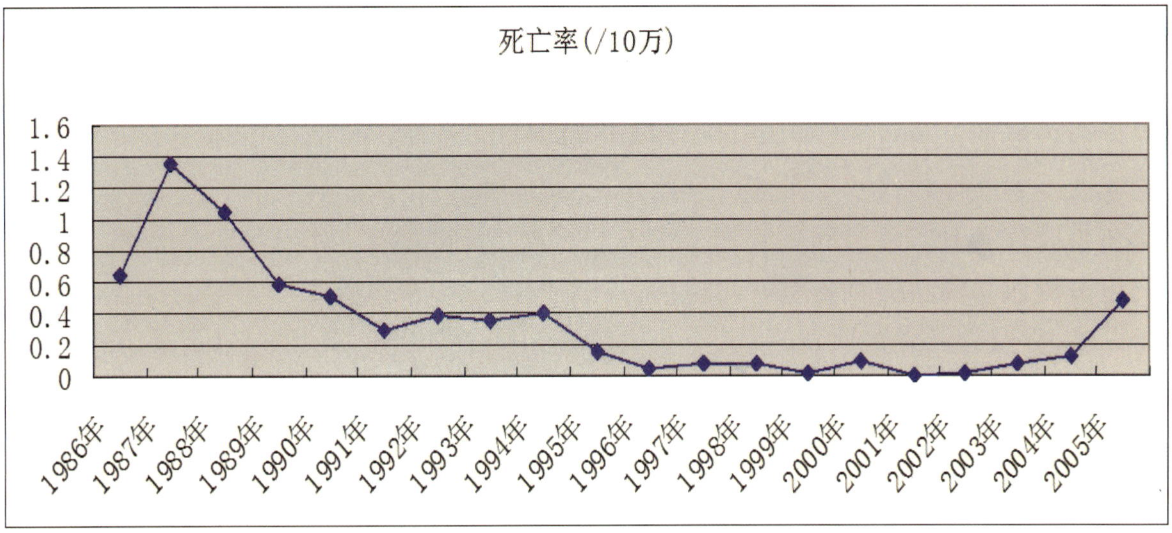

第二节　计划免疫

1986 年，菏泽地区各县市进行计划免疫冷链装备，装备包括速冻器、冰箱、保冷箱、冷藏背包等。1988 年，为实现计划免疫第一个 85% 的目标，迎接联合国 WHO 的审评，地区卫生行政部门及防疫部门开展计划免疫达标活动。地区卫生防疫站深入到全区各乡镇开展儿童出生登记、建卡、建证、按程序接种、核对现场记录等项工作。1989 年 1 月，单县、成武县、鄄城县代表菏泽地区参加以省为单位儿童计划免疫第一个 85% 目标达标审评，顺利通过考核验收。1991 年 3 月，曹县代表菏泽地区参加卫生部儿童计划免疫第二个 85% 目标达标考核审评，顺利通过验收。1992 年，卫生部决定将乙肝疫苗纳入儿童计划免疫接种程序管理。根据卫生部《全国乙肝疫苗接种方案》，全区首先对新生儿及学龄前儿童进行有计划的乙肝疫苗接种工作，并逐步开展 15 岁以下未接种乙肝疫苗儿童的补种工作及重点成人人群的免疫接种工作。1995 年，郓城县、成武县、单县代表菏泽地区参加全国儿童计划免疫第三个 85% 目标审评，顺利通过验收。1996 年 4—5 月，地区卫生防疫站结合风疹免疫接种特点，在全区开展 8 个月至 14 岁周岁儿童风疹、麻疹联合免疫活动。1997 年 8 月，按照卫生部要求，全区停止对 7 ~ 12 岁儿童卡介苗的复种工作。2001 年 2 月，全市正式启动与 WHO/ 美国 CDC 麻疹监测合作项目；省卫生防疫

1987 年，计划免疫宣传

站为市卫生防疫站配备计算机、投影仪等设备，并在麻疹监测实验室建设等方面给予技术支持。2004 年 1 月，菏泽市疾病预防控制中心成立后，对全市各县区乡镇卫生防疫人员进行系统的培训。7 月开展麻疹强化免疫活动。2005 年，根据省疾控中心的要求，全市对 14 岁以下儿童开展麻疹强化免疫查漏补种工作。同年 6 月，国务院《疫苗流通与预防接种条例》实施后，菏泽市停止对 I 类疫苗的收费。

第三节　传染病防治

霍乱　1986 年，霍乱发病有所下降，全区仅有 65 例，除 2 例为东明县病例外，其余均发生在曹县。由于各级政府的重视和各项综合性防治措施的落实，疫情于当年 9 月下旬得到控制。1987—1997 年，境内未发生霍乱病例。1998—1999 年，境内再次发生霍乱疫情，共发生病人 72 例，疫情波及鄄城、成武、单县、定陶、曹县、巨野和菏泽 7 县市，菌型均为小川型，经采取严防严控，措施得力，疫情得以控制。2000—2005 年，全市未发现霍乱病人，也未检测到阳性菌株。

病毒性肝炎　1986—1987 年，卫生防疫部门继续落实以切断病毒性肝炎传播途径为主的综合性防治措施，主抓献血员管理、城市肝炎疫点和农村暴发点的调查处理，并制订《病毒性肝炎疫点处理工作程序》。1987 年，在全区重点人群中组织开展乙肝疫苗接种，当年完成约 1000 名儿童的全程接种。1989 年是境内病毒性肝炎流行的高峰年，全区报告发病 3291 例，发病率为 39.7/10 万。在采取全力控制措施的同时，省、地卫生防疫站开展了曹县朱洪庙乡位尧村病毒性肝炎高发因素研究，对地区邮电局幼儿园肝炎暴发点等疫点进行疫点处理效果评价，为肝炎防治工作积累经验。1990 年后，随着乙肝疫苗应用趋向规范，全区乙肝防治工作的重点是推广乙型肝炎疫苗的免疫接种，提高人群免疫水平。甲肝防治工作继续采取加强疫情监测报告和切断传播途径为主的综合性措施。自 1993 年始，各县市在儿童中推广甲型肝炎疫苗接种工作，甲肝疫情得到全面控制。1995—1997 年，乙肝疫苗接种的重点向新生儿转移，全区新生儿乙肝疫苗全程接种率逐年上升。1998 年，地区防疫站根据学生入校查体情况，加强对入学新生乙肝防治知识的宣传，对所有未感染的新生全程注射乙肝疫苗，消除乙肝在大中专学校传播流行的隐患，有效控制乙肝在大中专学校的学生中间传播。2000 年，地区防疫站在全区随机选取 304 例调查对象，开展正常人群甲肝抗体调查，为以后的甲肝防治提供参考依据。2001—2003 年，在全市开展以新生儿为重点的乙肝疫苗免疫和以学龄前儿童及小学生为重点的甲肝疫苗推广工作；对 HBsAg 阳性孕妇开展乙肝免疫球蛋白的应用，切断母婴疾病的传播。

1988 年，预防肝炎宣传

2005年，市疾病控制中心对1～15岁人群开展甲肝疫苗查漏补种；与长春长生公司联合在全市推行甲肝疫苗免疫保偿制，对全程接种人员实行为期5年的免疫效果保险。

非典型性肺炎　2003年2月，广东省首先发生传染性非典型性肺炎（SARS）病例，随后疫情扩散蔓延。至4月26日，全国报告有疫情的省份已达26个。根据省、市非典型性肺炎防治工作预案，菏泽市迅速成立防控“非典”领导小组、指挥小组、疫情应急处理指导组、客运车辆消毒指导队、检疫队等，着重采取流动人口检疫和留验、疫情主动监测与零报告制、指导重点场所和公交车辆预防性消毒及加强卫生宣传等防控措施，印发防控“非典”技术方案。随着全国防控形势的变化，5月5日，开始对务工返乡人员进行流调、隔离监测。每日基层单位对辖区内的返乡人员数及流调情况按时统计上报至市防疫站防“非典”检疫组。市防疫站先后两次举行疫情应急处理演练，专业人员应急处理能力得到提高，疫情处理中的个人防护得到加强。至2005年，境内未发现一例疑似病人。

2002年2月，菏泽火车站在“非典”时期对旅客进行发热检查

性病　1986—2000年，境内性病发病率呈逐年上升的趋势，据不完全统计，共约发现性病患者2.7万余人。其流行的主要病种有：梅毒、淋病、非淋菌性尿道炎、尖锐湿疣、霉菌感染、生殖器疱疹、软下疳等。这些疾病严重危害人民群众的身体健康。为有效控制性病蔓延，开展群防、群治，1990年，省政府发布《山东省性病防治管理办法》后，地区成立性病防治领导小组，设立性病防治监测中心，开设防治门诊。2002年，市卫生局组织部分皮肤病、性病防治专家，分别到东明、定陶、郓城、开发区进行性病知识培训，共培训专业人员3000余人。各县区相继设立性病门诊。至2005年，全市性病发病率开始呈下降趋势。

艾滋病　菏泽地区艾滋病防治工作始于1993年，主要是对医疗机构献血的职业献血员进行监测。2000年，境内发现首例艾滋病毒携带者后，监测范围扩大到性病患者、涉外宾馆服务人员和在境内就职就业及停留期超过1年以上的外国人，在外资企业打工者及出境工作的回国人员。至2005年，全市共发现艾滋病毒携带者173例，分布在全市8县2区。

根据《中国预防与控制艾滋病中长期规划（1998—2010）》《中国遏制与防治艾滋病行动计划（2001—2005）》的要求，市政府于2001年成立艾滋病防治领导小组，防控艾滋病专业技术委员会和专业组，制订《菏泽市预防与控制艾滋病实施方案》。当年，对献血职业人员及家庭成员进行血清学检测，采血97人，结果发现HIV阳性10人。为控制艾滋病传染，在菏泽电视台、广播电台、《菏泽日报》《牡丹晚报》等新闻媒体上定期播放和刊登艾滋病防治知识，每年12月1日“世界艾滋病日”宣传活动期间，利用各种媒体扩大宣传效果。建立县、乡、村三级卫生宣传网，利用各种会议、培训班、黑板报、宣传栏、小册子、宣传画、咨询站、标语等，开展健康教育活动。

2002年，市卫生防疫站、市中心血站等单位相继建立艾滋病病毒初筛中心实验室，设立国家级艾滋病监测哨点1处（东明县）、省级监测哨点2处（牡丹区、成武县）、中美艾滋病合作项目（GAP）等，为及时发现艾滋病病人和感染者、制定相应对策提供科学依据。2005年，菏泽市成立艾滋病防治协会。按照《卫生部关于艾滋病病毒感染者和艾滋病人管理意见》要求，及时掌握辖区内感染者的情况，在开展病人免费抗病毒治疗的同时，对病人和感染者从生活、工作等方面进行关爱，在机构与人员设置、宣传教育干预、HIV检测与监测、项目管理、疫情报告、治疗关怀等方面，开展专题调查，加强督导与培训。

结核病 1986年，地、县两级都设有健全的结核病防治机构。结核防治工作主要以宣传防痨科普知识为重点。1986—1992年，地区结核病防治机构承担山东省初、复治涂阳肺结核病人的短程化疗科研课题的研究，全国第二次结核病流行病学全区4个调查点的发病率调查，全国第三次结核病流行病学调查菏泽调查点的调查任务。1992年，世界银行贷款·中国结核病控制项目（卫Ⅴ项目）在部分县市启动。1993年，在地区结核病防治院预防科的基础上成立地区结核病防治中心。1994年，卫Ⅴ项目全面展开，全区现代结核病控制策略覆盖率达到100%。至2001年，卫Ⅴ项目结束，全市共检查、发现、治疗活动性肺结核病人18319例，其中新发涂阳10719例，复发涂阳1299例，重症涂阴病人1599例。2004年，市疾病预防控制中心承担全市结核病防治规划、计划的实施，担负着全市结核病疫情的监测、汇总和分析；负责对全市各级结核病防治人员及相关人员的业务培训；指导各县区结核病防治知识、健康教育的宣传和普及；负责全市肺结核病人归口管理工作的监督和指导。

2004年3月24日，世界防治结核病日宣传活动

流行性腮腺炎 1986—1994年，菏泽地区流行性腮腺炎防治工作只限于在流行季节组织一些科普宣传活动，作为丙类管理传染病，卫生防疫机构对暴发疫情采取调查处理、疫点消毒等措施。1995年流行性腮腺炎减毒活疫苗引进以后，防疫人员每年分赴各县市对全区疫情情况进行主动搜索。针对菏泽城区、定陶等中小学爆发点情况，地区防疫站及时下发《关于加强流行性腮腺炎防治工作的通知》，要求各县市在加强卫生宣传、疫点消毒处理工作的同时，对暴发点及周围适龄儿童开展流行性腮腺炎疫苗接种工作。1996年始，按照国家推荐的程序，凡满8个月龄的儿童均注射流行性腮腺炎疫苗。对以前未接种过疫苗的15岁以下的中、小学生和学前儿

童实行自愿补种，预防流行性腮腺炎转入以保护易感人群为主。2001年年初，单县、曹县、成武县、定陶县的个别村庄出现流行性腮腺炎暴发点，市、县防疫部门迅速采取以应急注射疫苗为主的综合性防治措施，共在适龄人口中接种疫苗10余万份，收到良好效果。2005年，曹县等县出现腮腺炎暴发点，对易感儿童疫苗应急注射，疫情得到及时控制。

人禽流感 2005年，国内西部省份相继发生禽流感疫情，后逐渐蔓延到湖南、安徽、江西等地，境内防控工作也进入关键时期。按照省委、省政府要求，市委、市政府及时制订《人感染禽流感疫情应急预案》《禽流感防治演练方案》，确定定点医院，成立防控指挥部、防治专家组、应急救援医疗队、应急救援防疫队和流行病学调查队等组织，设立人禽流感疫情值班室，实行24小时值班制，向社会公布咨询与报告电话，随时发现问题并做出应急反应。组织学习《人禽流感防治知识培训教材》，举办专题业务讲座，组织观看国家防控高致病性禽流感防控模拟演练光盘。同年11月，市疾控中心派出10余名专业人员参加市禽流感防控指挥部组织的模拟演练，专业人员技术水平和应急能力得到提高。加强禽流感疫情监测工作，全市县级以上医疗单位完善网络直报设备，尚不能进行网络直报的单位，市、县疾控机构派专业人员深入基层进行主动搜索。在境内20余处动物防疫监督检查站设立医学观察点，对往来疫区人员进行监测。加大对流通环节禽肉类食品和全市504处公共卫生场所卫生的监管力度，突击检查集贸市场、综合超市、餐饮单位、禽类及其产品加工经营单位等重点部位和禽类、肉类及其制品等重点品种，规范食品经营单位的进货渠道，督促其健全购销档案，严防来自疫区、无产地检疫证明或不符合卫生标准的鲜、活、冻禽及其产品进入菏泽境内，实现了“把住关口不输入、发现疫情早扑灭、严格控制不扩散，确保人员不感染”的防控目标。

第四节 地方病防治

地方病防治工作会议

丝虫病 1983年，菏泽地区通过消灭丝虫病国家验收复核。1996年5月，在曹县、郓城县、定陶县、单县、巨野县共调查18个乡镇69个行政村，血检52535人，未发现微丝虫幼阳性者。8月，在14个乡镇的27个自然村扑蚊18342只，逐个解剖、镜检，未发现微丝蚴感染的蚊虫。9月，省卫生厅组织专家评审组对菏泽地区消灭丝虫病工作进行考核验收，各项技术指标均达到部颁标准。

2002年，按照全国消灭丝虫病的标准，全市共调查46个乡镇78个行政村，血检85982人，未发现微丝蚴阳性者；东明、鄄城、牡丹区3县区调查4个乡镇6个监测村，解剖淡色库蚊8818只，未发现幼丝虫感染的蚊虫。对慢性丝虫病患者进行调查，共访问98个乡镇1650个村170余万人，除曹县、定陶发现乳糜尿11人外，其余县区均未发现慢性丝虫病患者。2003年年底，菏泽市通过卫生部审评验收，在全市范围内消灭了丝虫病。

疟疾 菏泽地区历史上属重疟区，疟疾曾多次流行。1986年，全区疟疾发病率降为0.08/10万。1987—1988年开展病例侦查，对1例病例进行调查和病灶点处理，对上年病人开展休止期治疗，在全区开展流动人口管理和疟疾监测工作，对全区各级疟防机构资料进行系统整理。1988年，该区通过卫生部基本消灭疟疾病考核验收。1995年，菏泽地区与枣庄、济宁、临沂、日照等市地签署疟疾联防协议，承诺无条件遵守协议中的各项规定。1997年，五地市联防办公室对菏泽地区疟防工作进行专项检查，对镜检单位血片进行抽查，县站复检率为12.4%，涂片合格率在90%以上，均未发现阳性病人。1999—2005年，全区开展发热病人血检，查找残存的传染源；加强流动人口管理，喷洒药物灭蚊；培训疟防专业人员等工作。为阻断外源性传染源传入境内，在流行季节对来往于外地高疟区的流动人员进行预防服药和血检。通过上述措施，疟疾病在境内基本绝迹。

狂犬病 1986年，全区实施狂犬病综合性防控措施，对暴露人群开始推广人用狂犬疫苗的免疫注射工作。由于疫苗货源不足等原因，免疫率不高。1987年，全区共发生92例狂犬病人，为此，地区卫生部门建立严格的疫苗管理制度，规定疫苗的使用范围、操作规程等，成立预防接种异常反应诊断小组，规范狂犬疫苗的使用。1988年，开展以暴露人群狂犬疫苗接种、捕杀违规犬、加强家犬免疫等为主的防治措施，全年发病72人。1990年后，卫生部门主要负责暴露人群狂犬疫苗免疫、伤口处理、按时推广疫苗新剂型工作，从普通水剂、冻干制剂到浓缩疫苗和精制疫苗，保护率逐渐升高，狂犬病发病率保持在较低水平。2001—2005年，先后推广纯化精制狂犬疫苗、接种高效价狂犬免疫球蛋白，提高对暴露人员的保护率。

流行性出血热 1986年，地、县防疫机构成立防治出血热协作组，制定家鼠型出血热诊断标准和治疗方案，在全区范围内统一采取防治措施。1994年3月，县级菏泽市辛集镇曹庄村暴发流行性出血热，两个月内发现37例病人，地、市防疫人员对疫点进行调查处理，并在全区开展讲究卫生、科学灭鼠、加强病例复核与疫情报告等综合性措施的落实。1996年3月，在继续开展好灭鼠与疫情处理的同时，在全区重点人群中推广流行性出血热疫苗（II型），并与省卫生防疫站协作观察出血热疫苗（II型）抗体阳转率，测得阳转率为68.96%～100%。1998年，郓城县被确立为出血热监测站，监测完整病例40例。开展鼠种与带毒情况调查，捕鼠57只，室内鼠密度为8.8%。在全区推广出血热双价疫苗（I+II型）接种。1999年，郓城监测站监测病人41例，大部分症状较轻、临床经过不典型、病死率低。2000年，对全区发生的57例病例，均进行个案调查。郓城监测站捕鼠61只，室内鼠密度为8.83%。2002—2005年，重点抓科学灭鼠，疫情监测与调查处理，重点人群疫苗接种，人间疫情和动物感染情况监测等综合性防治措施。通过以上措施的落实，全市流行性出血热发病率呈逐年下降趋势。

布鲁氏菌病 1979—1991年，全区采取“加强个人防护，彻底治疗现症病人、畜间免疫、淘汰病畜、免疫为主”的综合性措施，连续12年无新发病人。往年的132例病人也全部治愈。1991年，对区内97个自然村的重点人群进行调查，共调查13016人，试管凝集阳性2人，但无症状与体征，达到卫生部、农业部颁布的“控制区”标准。1995—1996年，东明县对域内200人进行检测，均未发现阳性，为此，被省卫生厅确立为“稳定控制区”。2000年，郓城被确立为省级布病监测点后，对梳洗楼、黄集、程屯3乡9村的200人进行采血检测，采集羊、牛、猪血共1050份，均未检出阳性。2004—2005年，在牡丹区、郓城县乡村胎羊羔加工和养貂户从业人员中相继发现布鲁氏菌病例113人，病原携带者3人。经省、市、县三级疾控中心调查分析，此菌是由当地农民通过加工从内蒙古、新疆等地贩运的病死胎羊引起的。市卫生部门对已发病人进行及时治疗，对入境畜产品严格检疫，控制病菌的输入。

第五节 卫生检验

1986年年初，境内开始开展卫生监测检验工作，全年共完成各种检测标本5605份。1988—1989年，对致病菌检验方法进行研讨，通过反复试验和对比研究，对污水致病菌分离鉴定，研究出比较理想的检验方法，达到接种水样量少、培养时间短而检出率高的目的。全区先后完成100株痢疾杆菌的收集、鉴定、药敏实验和全区11个医疗卫生单位消毒效果监测工作，共检测标本274份，总合格率为84.2%。完成计划免疫前后血清抗体检测836份，引进鼠肺切片、染色及荧光检查180份，观察抗原片410张。1990年，菏泽首次引进“活细胞病毒分离培养”新技术，填补了全区病毒分离培养方面的空白。同年，在省卫生防疫系统理化检验质量控制评比中，菏泽报送的19个项目全部获得优秀等次，总合格率为100%。1994年，首次建立起“人体外周血淋巴细胞染色体培养”技术，填补全区染色体培养分析方面的空白。

1995年性病监测防治中心设立后，引进性病检测新技术，开展淋病、梅毒、支原体、衣原体的涂片检查，以及免疫荧光抗体检测、病原体培养、药敏试验等，填补菏泽地区卫生防疫系统性病检测的空白。全年共检测标本9412份。1997年，地区防疫站首次参加省艾滋病检测中心组织的艾滋病监测质控工作，所做的12份样品全部合格，被省防疫站确定为艾滋病监测定点单位。全年共完成各类健康查体6889人次，监测生活饮用水110份、公共场所样品428份、各种食品样品400多份，一次性医疗用品消毒效果检测1000多份，检测各种标本13680人份。1999年，菏泽地区建立第一个艾滋病筛查实验室，为艾滋病防治提供技术保障。新引进的检验检测技术，如面粉中吊白块、羊肉汤中罂粟碱、水产品中甲醛检测等，填补全区行业的空白。

2003年在防控“非典”期间，对全市市场热销的各种消毒剂进行检测，控制不合格产品的出售。至年底，共完成各类人员健康查体11563人，卫生监督检测785份，各类样品检测13939份，处理食物中毒事件5起，确保人民群众的生命安全。2004年，设立市卫生检验检测中心，组建结核参比实验室，抽查复检痰片456片，完成艾滋病哨点检测500余份，麻疹、风疹检测各62份，检出新发麻疹病人45例、风疹病人5例。对全市的豆制品、奶制品、调味品、煎炸油、饮用水等80余份样品进行抽样检验，共完成各类样品的检测检验10877份。2005年，市政府投资100万元，为市疾控中心购置实验仪器和检测设备，为全市艾滋病检测和疾病控制工作提供保障。对监狱劳教人员、有偿献血人员、外来妇女、征兵体检人员、性病病人等进行HIV抗体检测，全市共检测40140人，HIV抗体阳性51人，其中市艾滋病筛查中心实验室检测4138人，复检阳性63人份，送省疾病控制中心确认阳性45人份。

第三章　卫生监督

第一节　食品卫生监督

1986年年初，针对食品包装用纸混乱的情况，菏泽地区首次开展食品生产经营卫生监督工作，对全区的食品生产和饮料生产厂家进行整顿，要求食品在生产之前必须向本地卫生监督部门提出申请，对厂址选择、厂房配置、消毒设施、工艺流程、原料配方、产品检验等，均要经过卫生监督部门的严格检查；对从事食品生产的人员进行健康查体和培训，生产厂家要制定卫生管理制度，责任到人；对生产的产品要批批化验等。在整顿中，对不符合生产条件的厂家给予取缔。1986年后，地区卫生防疫站对菏泽城区内白酒生产经营单位和食品经营单位进行集中检查，查获假冒白酒20余种，共计6万余瓶；捣毁病死猪羊肉加工窝点13处，焚烧死因不明的家禽800余公斤。《中华人民共和国食品卫生法》（下简称“食品卫生法”）正式颁布实施后，地区防疫站在全区范围内开展形式多样的宣传活动，散发宣传材料5万余份。全区食品卫生状况有了新的改进，商业、供销、粮食、一轻系统都逐步建立食品卫生管理机构，食品卫生走向法制化管理轨道。2004年，清理不合格食品170千克，查封不合格奶粉6000余袋，销毁病死羊肉400余千克；对收缴的12大类、183个品牌的伪劣食品向市民进行展示，当众予以销毁。2005年，随着《散装食品卫生管理规范》的出台，市卫生监督部门对9县区大中小型超市和个体门市进行散装食品专项治理整顿。经过整顿治理，全市散装食品的销售趋于规范化。

第二节　餐饮卫生监督

1986年，全区有较大型的饭店316家，从业人员5372人。按照“食品卫生法”的要求，地区卫生局、工商局、农业局、标准计量处、公安处、商业局、供销社等单位组成联合执法检查组，对全区的餐饮单位进行执法检查。在检查的72家饭店和11家招待所中，取得卫生许可证的有67家，占80.72%；从业人员3229人，取得健康证的有2702人，占83.68%；查出变质牛、羊肉22千克，劣质鱼肉香肠6800根，病死猪肉110千克。1990年8月，地区人大法工委对饮食行业、农贸市场、学校门前摊点、畜禽肉食等作出决定，对不符合卫生条件的坚决给予取缔。1999年7月，地区卫生防疫站在“公共卫生监督执法年”活动中，对地直79家饭店的850余名食品从业人员进行食品卫生知识和卫生法律知识培训，经考试，合格率为100%。

2000—2002年，市卫生防疫站与菏泽电视台联合开办《欢乐今宵》栏目，把食品卫生法律、法规，卫生知识和营养知识编排成小品、相声、戏曲等文艺节目，向观众播放，收视率在70%以上。为促进“卫生监督执法新世纪活动”的开展，市卫生局抽调30名卫生监督员对全市食品及与人体健康相关的生产经营场所进行全面检查，共检查生产经营单位249处，处理违法案件23起。2003—2005年，市卫生监督所共完成卫生监督执法检查4386户次，出具监督文书936份，没收过期、变质食品460千克，实施行政处罚6户；编发《菏泽卫生监督》36期，发放卫生宣传材料2.6万份；监测评价餐具消毒样品2468份，合格率为86.3%。2005年，牡丹大酒店、菏泽学院学生食堂、和平大酒店等8家餐饮单位获“食品卫生量化分级管理A级单位”。

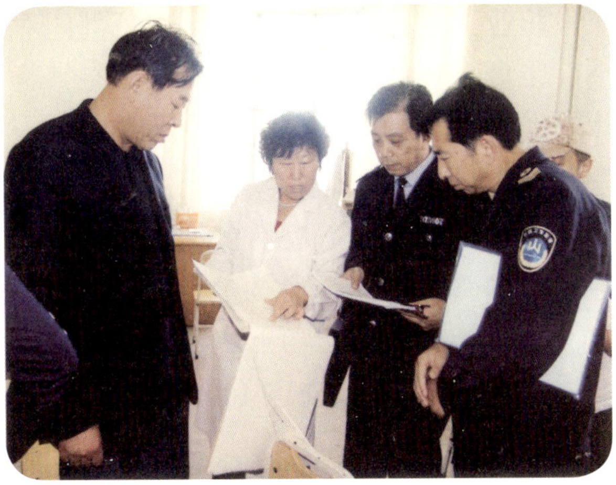

防控H1N1甲流感检查学校学生发热登记情况

第三节　环境卫生监督

公共场所卫生　1987年，国务院《公共场所卫生管理条例》出台后，地区卫生监督部门在全区范围内组织宣传《公共场所卫生管理条例》活动，共出动宣传车150余次，印发各种宣传品1.5万份，对不符合《公共场所卫生管理条例》要求的有关单位，下达整改通知书。1988年，按照“条例”要求，对全区1300余名从业人员进行健康查体和卫生知识培训，查体和培训率均在90%以上。全年共监测公共场所单位252家，监测覆盖率为93.6%。1989—1990年，开展“公共场所单位卫生达标”评选活动，对全区253个公共场所单位进行检查评比，促进公共场所卫生工作的开展。1996年，地区卫生防疫站组织20余名卫生监督员，对全区公共场所单位进行卫生执法检查。对400余人进行卫生知识培训，从业人员的卫生知识、管理和服务水平以及卫生质量明显提高，其中有42人被评为省、地级优秀公共场所卫生监督员。1997年，全区共有公共场所单位728家，从业人员2973人。在《公共场所卫生管理条例》颁布10周年之际，卫生部门利用广播电视、报刊等媒体广泛开展《公共场所卫生管理条例》宣传活动，在9县市设立卫生咨询点，发放宣传材料2万余份，播放公共场所卫生知识录像8场次。2000年，全区公共场所单位发展到2588家，从业人员8008人。在重点抓好公共浴池、文化娱乐、理发美容等场所卫生消毒管理工作的同时，从严掌握“卫生许可证”的发放、审核和从业人员的健康查体及卫生知识培训，“五病”（痢疾、伤寒、病毒性肝炎、活动性肺结核、化脓性或渗出性皮肤病）职业禁忌症调离率达到100%。2003—2005年，卫生监督部门对理发美容店、公共浴池和文化娱乐等场所推行规范化和程序化管理模式；对3000多个公共场所单位中的263家进行监督监测，共监测1715项，合格率为89%；对875名从业人员进行卫生知识培训和健康查体，对9名“五病”职业禁忌人员实行岗位调离。

饮用水卫生 1986—1990年，境内的饮用水卫生监督工作重点是对水源防护、饮水消毒、从业人员查体进行定期监测，对县以上集中式供水每年监测3～4次，对自备水源的单位、企业用水每年监测2次。全区水源建档率、监测率均为100%。1991—1993年，全区开展饮水降氟工作，共建改工程43处，打机井43眼，安装压力罐27个，建水塔16座，供水户达85%，有52个饮水病村的饮用水得到改造治理，使31万余人吃上低氟卫生水。1996年，开展对城镇二次供水系统卫生调查、监督检查，对二次供水采取现场采集水样，进行理化、细菌学检验，对水质质量做出卫生评价，建立卫生技术档案，监测由原来的15项增加到18项。1997年，菏泽地区《生活饮用水卫生监督管理办法》实施，地区卫生防疫站对该“办法”进行广泛的宣传，印发宣传材料5000份、宣传画600余幅，培训管水人员1200人，使其了解传染病的预防、消毒常识。1999年，卫生监督部门对全区18个水厂、643个自备水源、78家二次供水设施，分别进行色、嗅和味、肉眼可见物、浑浊度、pH值、总硬度、铁、锰、铜、锌、硫酸盐、氯化物、氟化物、砷化物、铅、菌落总数、大肠菌数共17项卫生指标进行监测，采水样774份，取得监测检验数据1300个。2001年，对单位自备水源、二次供水过程中出现的污染进行卫生监理，严格控制了“卫生许可证”的发放，参与菏泽市引黄工程供水设计的卫生审核，并对在饮用水生产和供水过程中与饮水接触的连接止水材塑料及有机合成管材、管件、防护涂料、水处理剂、除垢剂、水质处理品及其他新材料和化学物质进行卫生监督。2004—2005年，全市共抽检水源水18份，出厂水16份，末梢水32份，检验水24份，对不符合卫生标准的水源进行彻底治理。

第四节　劳动卫生监督

职业卫生 1986年，地区防疫部门对全区工业企业中接触铅、苯、汞等有害物体和气体的厂家进行职业病卫生摸底调查。全区共有县以上国营、集体企业221家，乡镇企业609家（不包括食品加工业）；县以上国营、集体企业扬尘点411个，接尘人数11854人；毒物点238个，接毒人数4613人；物理因素点1031个，接触人数8922人；乡镇企业扬尘点304个，接尘人数4481人；毒物点36个，接毒人数 304 人；物理因素点 268 个，接触人数 2273 人。地、县卫生防疫部门组织力量对有害有毒点进行全面监测，共监测扬尘点 315 个，其中有合格点 99 个，合格率为 31.42%；毒物点 85 个，其中有合格点 44 个，合格率为 56.76%；物理因素 45 个点，均超过国家标准。地区防疫部门对超标单位尘毒防治提出具体的改进措施，限期整改。在全面监测的基础上，对接尘、接噪、接毒等职业病危害因素的 4516 名工人进行职业健康查体，查体率为 49.5%，其中接尘 2065 人，查体率为 17.4%，拍片 985 张；接毒 2451 人，查体率为 53.1%；接触噪声 856 人。此次查体共发现苯中毒 1 人，铅中毒吸收 6 人，听力损伤 27 人。对查出的病人及时进行治疗。

1987 年，根据省政府有关文件精神，行署结合菏泽的实际，制订《菏泽地区劳动安全卫生暂行管理办法》。根据此办法，地区防疫部门对菏泽磷肥厂硫酸车间图纸进行卫生审查，并提出合理化建议。1988 年 5 月，地区卫生、劳动、工会、经委等部门联合下发文件，要求各县、市做好《中华人民共和国尘肺病防治条例》(下简称“尘肺病防治条例”）的宣传贯彻工作，利用广播、电视、报纸、公共宣传栏、宣传品等多种形式宣传条“尘肺病防治条例”，达到家喻户晓，人人皆知，使企业职工增强自我保护意识。地、县市分期分批对全区重点企业的厂长、经理 300 余人进行“尘肺病防治条例”、卫生法律法规、尘肺病防治知识培训，要求他们加强对本单位尘肺病防治工作的领导，搞好本单位的尘肺病防治工作。同年，地区卫生防疫站开展尘肺病普查和尘肺病流行病学调查研究，共调查 240 家企业，查体 4000 余人，查体率为 96%；拍胸片 2500 余张，占应拍片人数的 98.2%。此次查体共发现 I 期尘肺病人 2 例，I+2 人，O+4 人，对诊断出的病人要求有关部门进行及时治疗。1996 年，对全区共 5000 余名企业中层以上干部、中级以上职称、县级以上劳动模范进行查体。经检查，在全区企业干部中，患有心血管疾病的占 25.6%，患有肝胆疾病的占 8.8%，患有肾结石疾病的占 2.4%。通过查体，基本摸清全区企业干部健康状况，并为他们建立个人健康档案。2000 年 1 月，《山东省职业病防治条例》颁布实施，各级卫生监督机构加大执法力度，全年共监测粉尘点 320 个，毒物点 262 个，物理因素点 268 个，合格率为 86%，对不合格者提出整改意见。全区共对接触有毒有害作业人员查体 1.5 万余人，对查出的 5 名铅中毒病人要求有关单位进行及时治疗。2002 年 5 月，《中华人民共和国职业病防治法》颁布实施，在做好宣传工作的同时，按照省卫生厅的要求，在全市开展职业病危害因素申报活动，全市共申报 222 家。对不给从业人员建立职业性健康查体档案的单位给予 2 万元～3 万元的经济处罚。对菏泽华信制药厂在生产中不注重工人劳动保护，致使部分工人出现身体不适的状况，给予该单位 10 万元的经济处罚。2005 年，对全市工矿企业开展职业卫生执法大检查，对发现的问题及时提出整改意见，下达监督文书 150 余份，对 2 家严重违法企业，令其停业整顿，给予经济制裁。对山东佳美食品工业有限公司 70 余名员工氯气中毒案，进行立案查处。

放射卫生　1986 年，全区医疗单位共有X光机312台，从事放射工作人员343人。为保护从业人员的身体健康，对313名放射人员进行健康查体，体检率为91.3%，其中发现白细胞下降14人，占查体人数的4.5%；眼晶体混浊4人，占1.3%；视力下降的6人，占1.9%；皮肤改变的29人，占9.3%。1987—1988年，对全区312台X光机进行卫生防护监测，有290台符合卫生要求。通过监测，健全工作量登记、个人剂量档案，使从事放射工作的人员做到心中有数，提高个人自我防护意识。1989年10月，国务院颁布《放射性同位素与射线装置放射防护条例》后，全区放射卫生工作走上法制化管理的轨道。是年，全区共监测X光机236台，其中符合标准的229台，合格率为92.7%。对合格的X光机发放放射卫生许可证，对两台严重超标的X光机作停止使用处理。1996年，为全区600余名放射人员进行健康查体，对6名体检不合格的，建议单位调离其放射工作岗位；对300余台医用X光机、CT仪、工业操作机进行卫生监测，对成武县医院新建放射科进行预防性卫生监督。1997—1999年，地区防疫部门先后对全区320余个单位的360余台X光机进行监测，换发放射卫生登记许可证；对全区600余名放射人员进行个人剂量监测，对超标人员查找原因，提出改进意见；对郓城县医院、定陶县医院影像放射卫生进行设计卫生审查，对市立医院加速器进行验收。2000—2003年，对全区13家使用放射性同位素的单位进行监督、监测，对无放射性同位素登记许可证的单位进行行政处罚，限期办理许可证。2004—2005年，对全市620余名放射人员进行健康查体，举办放射防护知识培训班；对300余个单位的X光机、CT仪、工业操作机进行放射防护监测，为286个监测合格的单位发放放射卫生登记许可证。

第四章　医疗保健

第一节　干部保健

2003年9月，市干部保健办公室设立，对市直各部门进行摸底、调查，逐一登记，按照干部保健范围（副厅级以上领导干部；抗日战争参加革命工作、工资改革前行政18级以上；解放战争参加革命工作、工资改革前15级以上的离休干部；1996年以前聘任的正高级知识分子、2005年前的省级以上劳动模范），对412名符合保健条件的干部发放干部保健证。2003年后，每年对保健干部进行查体，随时掌握他们的身体健康状况。到2005年年底，共为保健干部查体756人次，发现患有胆囊炎的210例，脂肪肝178例，前列腺增生167例，心脏病106例，高血脂98例，糖尿病82例，肝囊肿73例。在保健医生的建议下，对患有多种疾病的保健对象进行进一步检查，做CT检查的42人，做电视胃肠的65人，做彩超的46人，拍X光片的23人，做磁共振的54人，做肌苷尿素氮的6人。对查出患有疾病的保健对象，市卫生保健部门及时制定治疗方案。

第二节　妇幼保健

1986年，全区有妇幼保健人员553人，开设床位110张。1995—1998年，全区21个地、县直医疗保健单位通过国家级“爱婴”医院的验收，正式挂牌。1999年，菏泽地区被评为“爱婴”地区。2001—2005年，随着妇幼保健事业快速发展，全市9县区妇幼保健机构规模逐渐扩大，妇幼保健人员增至2427人，开设保健床位466张。

1986—2005年菏泽市（地区）妇幼保健机构人员统计表

表29-4-1　　单位：人

年　份	床　位	妇保人员	儿保人员	女乡村医生	接生员
1986	110	486	67	1740	3266
1987	153	613	81	1759	3855
1988	134	466	88	1903	3761
1989	138	648	91	2029	4233
1990	120	481	30	1957	3809
1991	123	570	142	1578	3842
1992	130	543	193	1521	3308
1993	162	578	171	2269	3416
1994	219	573	193	2399	3520
1995	211	569	191	2238	3513
1996	232	558	238	1972	3112
1997	310	622	276	2282	3257
1998	306	813	317	2180	2333
1999	271	1057	488	2102	1755
2000	294	1159	481	2162	1150
2001	390	1135	495	2160	642
2002	488	1227	519	2335	345
2003	478	1048	423	1718	287
2004	424	1220	532	1506	143
2005	466	1624	803	964	158

母婴保健　1995年6月1日，《中华人民共和国母婴保健法》（下简称“母婴保健法”）正式颁布实施，为增强母婴保健意识，在全社会营造关爱妇女儿童健康成长的氛围，菏泽地区每年组织开展“母婴保健法”宣传月活动，利用广播电视、报纸新闻媒体、举办学习班、散发母婴保健宣传单、悬挂条幅标语等形式进行宣传。

母婴保健法知识竞赛赛后合影

围绕着“母婴保健法”，开展婚前保健、“出生医学证明”管理、新生儿疾病筛查和听力筛查。为提高保健人员的技术水平、降低孕产妇及婴幼儿死亡率，地区卫生局每年组织妇幼保健工作者通过学习班的形式系统学习母婴保健新知识，对考核验收合格的妇幼保健人员，颁发或换发“母婴保健专项技术服务许可证”“母婴保健专项技术服务合格证”。1999年，菏泽地区被卫生部评为“爱婴”地区。2003年6月，《山东省妇幼保健门诊规范化建设标准(试行)》《菏泽市乡镇卫生院门诊规范化建设标准（试行）》出台，首先在单县、东明、巨野、曹县进行试点，通过对试点单位的达标验收，达到甲级标准的占80%以上。2005年，在“母婴保健法”颁布10周年之际，市妇幼保健院与菏泽电视台联合举办“母婴保健法”知识竞赛，收到良好社会效果。

妇女保健 婚前健康检查 1993年，《山东省婚前检查管理办法》实施，区内开始开展婚前健康检查这项工作。全区有330余名技术人员参加婚前健康检查业务培训，对合格人员颁发“婚检技术人员合格证”，建立健全婚检登记、随访、会诊、转诊等各项工作制度。1995—2002年，婚前健康检查率均在95%以上。2001年，市妇幼保健院和9县区妇幼保健院被省卫生厅、省民政厅确定为婚前医学检查定点单位。2003年10月，新的《婚姻登记条例》实施后，婚前健康检查率有所下降。

妇女围产期保健 1986年，菏泽地区在单县、曹县开展围产期保健试点工作的基础上，扩大试点范围，并为各试点配备围产期保健必需的器械。在乡镇级以上医院普遍建立“四薄、四卡”(出生登记簿卡，婴儿、新生儿、围产妇女死亡登记簿卡，孕产妇死亡登记簿卡，妇女病普查登记簿卡）填报制度。1988年，实行不同形式的妇幼保健方式，执行《农村孕产妇系统保健管理办法》，加强对农村三级保健网络的建设。从妇女孕早期开始建档，定期进行孕期检查，掌握孕妇与胎儿的健康状况，及时进行保健指导，全区孕产妇女系统管理率达40%。1989年后，对高危孕产妇实行专案管理，推广使用妊娠图、产程图、高危评分法等，使围产期保健质量和管理水平不断提高。2000—2005年，在原来系统保健的基础上，为有效地降低孕产妇死亡率、围产儿死亡率，减少病残儿发生率和孕产妇的并发症，相继开展孕产期保健，产后访视及0～3岁儿童分阶段系统保健，免费开放孕妇保健学校。

1986—2005 年菏泽市（地区）孕产妇保健情况统计表

表 29-4-2　　单位：人

年份	产妇	活产	住院分娩	系统管理	高危孕产妇管理	孕产妇死亡	住院分娩率（%）	孕产妇死亡率（1/10 万）
1986	49633	49198	30313	27885	—	12	61.61	24.39
1987	51490	51165	30926	33726	—	12	60.44	23.45
1988	42296	42127	29972	33173	—	11	71.15	26.11
1989	59707	59339	36362	48441	—	10	61.28	16.85
1990	46897	46589	28351	34454	—	13	60.84	27.90
1991	43385	42948	22682	31762	—	13	52.81	30.27
1992	41659	41402	28354	28341	—	14	68.48	33.81
1993	37319	37183	24464	34747	—	7	65.79	18.83
1994	33672	33672	23570	32412	—	9	70.00	26.73
1995	50390	50265	35082	48869	—	11	69.79	21.88
1996	61079	61049	50646	56308	1645	22	82.96	36.04
1997	66471	66454	56545	61646	3690	19	85.09	28.59
1998	68495	68524	59869	64616	6040	20	87.37	29.19
1999	73054	73076	63223	67405	5743	27	86.52	36.95
2000	73550	73573	67327	70299	5142	22	91.51	29.90
2001	72934	73088	67558	65142	6579	20	92.43	27.36
2002	70480	70591	68407	67747	3619	20	96.91	28.33
2003	74390	74473	72043	72825	4673	14	96.74	18.80
2004	83401	83528	80914	80743	5173	20	96.87	23.94
2005	81874	82098	79520	75996	5459	22	96.86	26.79

妇科病防治　1986—1989 年，农村继续开展以查治子宫脱垂和尿漏为重点，城市开展以防癌为重点的妇女病普查普治工作。地区妇幼保健部门每年到地直机关、企事业单位开展妇女常见病、多发病的防治讲座 3 ～ 4 次，同时为妇女职工进行健康查体，对患有重大疾病的妇女职工进行治疗随访。县市保健站（院）坚持开展每年一次的妇女病普查普治工作，妇女子宫脱垂、尿漏的患病人数逐年减少。1990—2005 年，妇女病普查普治工作改为以防治乳腺癌和宫颈癌为重点，每年至少普查普治 1 ～ 2 次。

妇科病防控培训班

1986—2005年菏泽市（地区）普查普治妇女病统计表

表29-4-3　　　　单位：人

年　份	检查人数	患病人数	治疗人数
1986	199456	47598	45764
1987	278943	69902	64898
1988	275851	73222	68663
1989	269402	101675	97163
1991	366775	85951	82167
1990	296100	82357	77824
1992	411151	110075	105672
1993	430448	98458	9255
1994	374122	94831	87244
1995	390026	75769	71980
1996	161712	17972	11399
1997	651211	111844	76251
1998	816697	212537	148085
1999	824788	239804	138687
2000	827167	236155	136924
2001	655359	169030	137344
2002	686192	175603	109919
2003	738226	126788	92651
2004	799866	154006	122552
2005	893032	168215	134549

儿童保健　出生医学证明　1996年3月，根据卫生部、公安部《关于统一规范出生医学证明的通知》及地区卫生局、地区公安处《关于在全区统一使用出生医学证明的通知》精神，全区统一使用出生医学证明，作为申报新生婴儿户口的唯一依据。为做好这项工作，各级妇幼保健部门加大宣传和监管力度，固定专人负责。在出生医学证明的管理发放使用中，严格执行“两部”通知的规定，严格履行检查登记手续，使这项工作顺利进行。

新生儿疾病筛查　按照《中华人民共和国母婴保健法》的规定，菏泽地区妇幼保健机构自1998年10月起开展新生儿疾病筛查工作。至2005年，全市共筛查37.94万人，其中发现先天性甲低146例，发病率为3.85/万；苯丙酮尿症43例，发病率为1.13/万。对筛查出的患儿给予免费治疗和跟踪随访。通过治疗，患儿体格发育、智能发育基本达到正常儿童水平。2004年3月，菏泽市将新生儿听力筛查纳入新生儿疾病筛查范围。至2005年6月底，全市共筛查63540人，确诊听力障碍儿童381人，发病率为6‰。对患病儿童，建议家长为其配戴助听器，进行早期干预，避免智力发育落后。

1998—2005 年菏泽市（地区）新生儿疾病筛查统计表

表 29-4-4　　单位：人

年　份	筛查数	先天性甲低（CH）	苯丙酮尿症（PKU）
1998	1091	2	
1999	27176	8	3
2000	48894	17	5
2001	57058	16	9
2002	54254	19	5
2003	54546	17	3
2004	64920	23	11
2005	71428	44	7
合计	379367	146	43

儿童疾病防治　1986 年，全区妇幼保健机构开展以“小儿四病”（肺炎、腹泻、佝偻病、营养型缺铁性贫血）为重点的疾病防治。1988 年，对全区 0 ～ 7 岁儿童实行一次性办卡，进行计划免疫程序化管理，每年为儿童进行预防注射。1993 年，根据省卫生厅、公安厅、计生委、妇联下发的《关于开展 5 岁以下儿童生命监测的通知》，开展 5 岁以下儿童监测工作。1996—2005 年，开展小儿弱视、斜视、龋病防治和儿童营养评价工作，每年的“六一”儿童节前后，各级妇幼保健机构组织人员都对 7 岁以下儿童进行健康体检。

第五章　爱国卫生

第一节　爱国卫生月

1989 年 1 月，全国爱国卫生运动委员会下发通知，确定每年的 4 月份为全国爱国卫生运动月。菏泽地区随即制订了爱国卫生月活动方案，号召全区人民群众积极参与活动。至 2005 年，全市共开展爱国卫生月活动 17 次。在卫生月活动中，地直和各县市组织 56 次较大的宣传活动，共出动宣传车 212 车次，印发宣传材料 22990 份，悬挂标语 4799 幅，制作宣传栏 2115 块，在报纸、电台、电视台等媒体刊发、播出宣传报道 74 篇，有 1.1 万人参加宣传活动。在卫生月活动中，全市共组织 37 次较大的突击活动，有 22.33 万人参加卫生大扫除，解决卫生难点和卫生死角 2735 处，清运垃圾 20015 吨，清挖污水沟 124 条，清淤 5834 吨；增建普通厕所 11 个，整顿较大公共场所（火车站、汽车站、农贸市场等）38 处，取缔违章建筑 892 处，修建花坛、绿篱 621 处，植树 21.94 万棵，铺草

2005 年，市卫生局机关人员清理办公区内卫生死角

坪 3580 平方米，清除蚊蝇滋生地 3256 处。每年爱国卫生月活动来临之际，各县区点面结合，标本兼治，城市环境卫生面貌大为改观。

第二节　城镇卫生

2005 年，志愿者清理城区街道卫生

1986 年，全区各县市都把加强城镇环境卫生综合整治，搞好爱国卫生运动，创造优美环境，纳入城镇建设和精神文明建设的总体规划。当年，全区共拓宽、翻修、新建马路 51 条，61.8 万平方米；铺装行人道 59894 平方米；修建下水道 48 条，47.2 千米；建设保洁公厕 49 座；增添垃圾箱、果皮箱 416 个。此后，各城镇花草绿地逐渐增加，庭院绿化、美化有较大幅度的发展，种植花草已初步形成风气。据统计，居民户室内栽种盆景的约占 50% 左右，驻城单位庭院种植花草的占 85% 以上。1987 年，在卫生达标活动中，各县、市重点抓“十大窗口”行业，全区城内“十大窗口”行业 117 个单位中，有 58 个被评为卫生达标单位，约占总数的 50%。各个城镇建起街道市容保洁队，专业保洁队伍发展到 173 人，保洁路面 67.2 万平方米。街道保洁采取公办、民办、民办公助、“门前三包”“七户一岗”等多种形式，使街道净化水平有新的提高。同年，菏泽城区、梁山县城、巨野县城被山东省评为爱国卫生先进城区。1988—1990 年，全区县市城区新建、翻修马路 142.96 万平方米，硬化街巷 205 万平方米，铺柏油路面 11.73 万平方米，栽路沿石 10.26 万米，铺装人行道 34.27 万平方米，新设垃圾箱、果皮箱 864 个，新建保洁公厕 36 座（其中水冲式公厕 14 座），新修下水道 68155 米，城区植树 74.66 万株，新辟绿地 4.2 万平方米，新增绿化面积 19 万平方米，新铺草坪 11536 平方米，新建花坛、花池 1558 个，新建街道小游园 2 处。1991 年，围绕“两统”（粪便、垃圾统一管理）、“三化”（硬化、绿化、净化）、“四增”（增加环卫投资、增强环卫队伍、增设环卫设施、增添环卫机械）开展工作，加快创建卫生城步伐。全区县市城区新建、翻修、拓宽城区道路 37.78 万平方米，硬化街巷 19.66 万平方米，铺装人行道 10.65 万平方米（街巷硬化率、人行道铺装率分别达到 83.5%

和55.8%），新栽路沿石2.92万米，修下水道8.4万米，增设垃圾箱、果皮箱283个，新建街道公厕18座，植树近20万棵，栽花11万多株，建花池、花坛193个，建绿地、绿篱1.38万平方米，新建小游园和街头小景点3处、公园1处，增加绿化面积543万平方米：全区城镇绿化覆盖率达到28.37%，人均绿地面积3.05平方米。1992年，全区花园式单位达127个，卫生达标单位442个，分别占驻城单位的7.35%和25.58%；充实保洁人员33人，增加保洁街道8条，扩大保洁面积20.31万平方米；新建21处总面积5.7万平方米、可容纳近10万个摊位的封闭式市场。全区一年内投资1828.5万元。1993—1995年，创建卫生城工作取得新进展：单县、定陶、成武、鄄城等县城先后被评为地区级卫生城；全区新建、拓宽道路125万平方米，铺装人行道3000平方米，新修下水道8000米，种植灌木树1.58万株，栽花26万株，新建垃圾、粪便处理场各1处，购置垃圾清运车、粪便清运车、吸粪车等大型环卫车辆30部。同时，根据季节，开展对蚊蝇鼠害的消杀工作。

集中清理城区积存垃圾

1997年，在全区范围内开展创建地区级卫生先进单位、卫生乡镇、卫生村、卫生户活动，推出“十十百百千工程”（十个省级卫生先进单位、十个地区级卫生乡镇，一百个地区级卫生单位、一百个卫生村，一千个卫生示范户）。1998年9月，第四次全国城市卫生大检查菏泽检查团对全区9县市进行卫生大检查。按照省级和地区级卫生先进单位考核标准，对已获省、地级卫生先进单位称号的进行复查，对1998年申报省、地级卫生先进单位的进行考核评议。在复查和考核中，对全区5个省级和16个地区级卫生先进单位未能保持先进单位标准的，令其整改；对90个申报地区级卫生先进单位的企事业单位，经考核有47个符合标准。

2001年，市委、市政府投资1.6亿元，新建菏泽垃圾发电厂，各县区也相继兴建污水处理场。2005年，市政公用事业施行“政企分开、市场化运作、企业化经营、高效能管理”的城市环卫管理体制，实现“全城覆盖、全日保洁、全员竞争、全民参与”目标，提高环卫工作质量和管理水平，初步形成网络完善、权责分明、运转协调、调控有力的环卫管理体制。同年，市政府投资近千万元，增建垃圾转运站24处，新建冲水式卫生公厕109座。购置压缩式垃圾箱30套，配备臂车、摆臂车、垃圾收集车1300余辆，较好地改善环卫基础设施。

第三节 农村卫生

卫生室（院）规范化建设 推行乡村卫生服务一体化管理，确保农民用药安全、价格合理。实行农村卫生机构药品招标采购，由乡镇卫生院为村卫生室统一代购分发药品，乡村卫生服务一体化管理率达到100%。同时，针对村卫生室普遍存在的设施落后、条件简陋、消毒不严等方面的问题，市卫生局印发《关于加强村卫生室规范化建设的意见》，明确提出全面提升卫生室服务能力的“六统一”（统一标识、统一规章制度、统一医疗文书、统一工作服装、统一建设卫生厕所、统一出诊箱）为主的建设标准，并在菏泽开发区进行了试点。2005年6月28日，在开发区召开全市农村卫生室规范化建设现场会，拉开全市农村卫生室规范化建设的序幕。全市6709个卫生室中，有4090个村卫生室完成规范化改造工作。

2005年8月28日，全市乡镇卫生院院长座谈会召开，近200名乡镇卫生院院长参加，就如何加快乡镇卫生院发展，改善农民就医质量等问题进行部署。全市195个乡镇卫生院完成了划县管理113处，上划县级管理率58%。

合作医疗 1986年，随着农村经济体制改革，农业生产联产承包责任制的推行和发展，农村医疗向集体或个人办医方向发展，多数行政村成立卫生室（所）。之后，全区合作医疗大部解体。1996年7月，卫生部召开全国农村合作医疗经验交流会，合作医疗制度重新启动。1997年，山东省下发《农村合作医疗管理办法》，提倡乡办、村办、乡村联办、县乡联办等多种形式并举的合作医疗；经费筹集采取政府引导、集体扶持、个人为主的方式。当年，地区卫生局、计委、财政局、农业局联合下发《关于加快发展农村合作医疗实施办法》，提出“政府扶持、农民为主、因地制宜、形式多样、以点带面、逐步推进”的措施，农村合作医疗制度重现活力，全区有504.6万人参加合作医疗，受益覆盖面达62.3%，在全省17个市地名列第四。创办形式上，乡办乡管式和村办乡管式各占44%；村办村管式占12%。合作范围上，有77%的是合医合药，有23%的是合医不合药，但合预防保健。资金筹集上，一般人均5元，有的达到8～15元，最高的达到20元。1998年，合作医疗被列入加重农民负担的一项内容，随后进入低潮，出现大幅度滑坡。2004年3月，省政府将东明县定为全省第二批新型农村合作医疗试点县。该县将其纳入“十大民心工程”之一，成立以县长为主任的新型农村合作医疗管理委员会，并在县卫生局设立办公室，编制5人，具体负责全县新农合的日常管理工作。采取农民每年每人缴10元，由乡镇政府每年统一收集；省、市、县、乡财政每年对参合农民每人资助10元，根据参加合作医疗的实际人数全部划拨到县合作医疗专用账户；根据经济发展和农民生活水平的提高，将农民个人交纳资金的80%建立家庭账户，用于所在卫生院门诊医药费的补助。患者持合作医疗证、身份证或户

2005年8月25日，新农合报销现场会

口本，将住院费用清单、住院病例复印件交到所在乡镇合作医疗管理办公室，经县合作医疗办公室审核确认后，根据住院层次和费用段，由乡镇合作医疗管理办公室及时兑付给本人，每人每年累计实际报销不超过8000元。至2005年，全市只有东明县开展新型农村合作医疗，全县有50.3万农民参加，参合率 79%，人均筹资21元，其中，农民个人缴费10元，省、市、县、乡政府分别补助7元、1元、2元、1元，市县补助总额151万元，到位率100%。东明县加强乡镇卫生院管理，给农民提供优质、价廉、便捷的医疗服务。全县13个乡镇卫生院全部上划县级管理，在此基础上，严把资金管理、住院转诊、基金报销三大关口。已报销医药费用221.6万元，受益农民6.44万人次，最高报销1万元，解决了部分群众看不起病的困难。

改水　1986年，菏泽地区开始加大对农村改水力度，每年有万余群众告别不卫生饮用水。1987—1988年，全区改水总投资达9422.15万元，建造自来水厂、站257个，打手压井115.2万眼，受益群众达到696.07万人，农村居民基本结束饮用大口井水和污染水源的历史。1989年，全区改造饮用苦咸水的村庄43个，有1.2万户57654人告别苦咸水，用上卫生水。

至1991年年底，全区有各类自来水厂、站420处，受益村庄627个，受益人口46.39万人，分别占全区村庄总数和农村总人口的4.49%和6.48%。1992—1993年，全区共建自来水井65眼，受益村庄75个，受益群众6.75万人。至2005年年底，全市改水受益人口达712.64万人，占农村人口的98.67%，其中自来水受益人口占14.09%。

农村改水

改厕　全区农村卫生改厕是在“两管五改”（20世纪60年代开展的管水、管粪、改水井、改厕所、改畜圈、改炉灶、改造环境）基础上开展起来的。1994年，全区各级爱卫会将农村改厕当成爱国卫生工作的重点，做到组织、人员、资金、措施四落实。1994年，定陶县在学习河南改厕经验的基础上，改建双瓮漏斗式卫生厕所2740个，提高农村环境卫生质量。1986—1998年，全区改建卫生厕所累计1.31万个。1999年完成27个乡镇81个村的改厕调查，将9万户改厕任务分配至各县市，农村改厕工作有较大进展。2001年，为实现“人人享有初级卫生保健”目标，在牡丹区都司镇靳楼行政村进行粪尿分集式生态卫生厕所试点推进工作。2004—2005年，

改厕技术培训现场

为落实省爱卫会“农村改厕现场会”精神，全市加快农村改厕步伐，培训改厕技术人员220余人，在东明县召开全市农村改厕工作现场会。为使农村居民用上清洁厕所，消灭人畜混圈和不卫生厕所，市政府把改厕工作列入为群众办实事的“十项”工程之一，号召全市机关、企事业单位和个人捐资帮助农户新建或改建卫生厕所。新改建的卫生厕所可将人畜粪便产生的沼气，用于照明、做饭、取暖，既解决农村环境卫生的问题，又节约能源。至2005年，全市共改建成卫生厕所50万个，新建卫生厕所2万余个。

改造后的厕所

第四节　灭鼠 灭蚊蝇

灭鼠　1986年，行署下发《全区春季灭鼠工作方案》《灭鼠工作技术要求》《考核验收实施细则》等文件，指导全区灭鼠工作。此次大规模的灭鼠活动，全区共培训灭鼠技术指导人员3.6万人，培训防疫医生430人，使用敌鼠钠盐5000吨，投放毒饵1000吨，投药房屋4417万间。据不完全统计，一月之内捡到死鼠600余万只。当年4月，地区卫生局、爱委会联合组成考核组分赴10县市进行全面验收，结果是10个乡镇中的92户居民灭鼠后盗食率为7.5%。5月，省灭鼠检查组又对郓城、梁山的4个乡镇中的8个行政村进行灭鼠后密度调查，共布鼠夹1888只，捕鼠31只，鼠密度为1.64%，均在国家规定的标准之内。1987年，全区开展创建“无鼠害县（市）”活动。梁山、巨野、东明3县在3～4个月的时间里，家鼠密度分别下降到0.6%、0.6%、0.8%；野鼠密度分别下降到0.78%、0.78%、1.5%，毒饵盒覆盖率分别达到95%、85%、85%，出血热发病率分别下降75.2%、71.88%、50%，均被省爱委会命名为第一批“无鼠害县”。

1988年，为创建无鼠害地区，全区共召开各级灭鼠工作会议3235场次，培训灭鼠管理员2100人、投药员56737人，筹集灭鼠粮食201.9万公斤，新配毒饵盒102.5万个。至此，全区毒饵盒累计达到257.96万个，毒饵盒覆盖率达到70%以上，约计灭鼠1056.78万只。与1987年相比，全区流行性出血热发病由1212例下降到629例。1990年4月，省灭鼠专家委员会对菏泽地区的灭鼠工作进行考核鉴定，认定家、野鼠密度分别达到1%、2%以下，出血热发病由1986年前的2472例下降到106例，达到国家规定的标准，被省爱卫会命名为"无鼠害地区"。1998年3月，按照国务院、省政府的通知精神，全区开展查禁剧毒急性鼠药行动，行署下发《关于加强剧毒鼠药管理，防止中毒事故发生的紧急通知》，各县市相继成立查禁领导小组，加大检查监督力度，对非法制售鼠药的商户进行严厉查处。全区共收缴非法剧毒急性鼠药50余种，22659包（瓶）。查禁剧毒急性鼠药工作取得明显成效，全区没再发生鼠药中毒事件，省检查组对全区查禁工作给予充分肯定。2003—2005年，全区开展"毒鼠强"专项治理工作，对市场上出售的"毒鼠强"进行彻底收缴。同时，各级政府免费向群众发放灭鼠药品和灭鼠工具。

蚊蝇消杀　1986年，全区开展规模较大的蚊蝇灭杀活动，各县市对县城的公共场所、坑塘、排水管道、厕所、垃圾箱等蚊蝇滋生地统一进行药物消杀。共消杀污水坑塘185个，消杀面积25万平方米；消杀下水道、暖气管道6万多米，消杀覆盖率达80%以上；公共场所、厕所、垃圾箱等蚊蝇滋生地的消杀率达90%。各县市与各驻城单位每年签订有偿消杀服务合同，采取定人、定点、定时、定质量进行药物喷洒，有效控制蚊蝇的滋生。1991年，各县市卫生部门与驻城单位签订消杀合同1653个，占驻城单位的96%；药物监控房屋22.86万间，监控房屋面积36.42万平方米，占滋生地面积的70%；共使用各种消杀药品27吨。1995年，各县市相继建立蚊蝇消杀服务站，专业消杀人员达200多人。在蚊蝇防治上，采取治标与治本相结合，消杀蚊蝇与开展爱国卫生运动相结合，专业消杀队与群众自发灭杀相结合，消杀成虫和消杀幼虫相结合的形式，蚊蝇密度明显呈下降趋势。2003年5月，在预防非典型肺炎期间，全市成立消杀专业队8431个，对1172个单位、45680个垃圾箱、88848个公共厕所和卫生死角进行全面灭杀和消毒。全市共出动消

城区蚊蝇消杀

杀车辆75.39万次，使用消毒药品194.64吨、杀虫剂95.84吨。2004—2005年，各级政府每年拨出专款购买消杀药品和消毒药品，组织专业消杀队对驻城单位、公共场所、污水坑塘、排水沟和蚊蝇滋生地进行集中灭杀，夏、秋两季传染病和食物中毒事故得到有效控制。

第五节　健康宣传

1986年，全区开展全民健康宣传教育活动，共印刷各种宣传资料40074份，设置宣传栏331个，发放《医学科普》7217份、《卫生与健康》报1.3万份，播放预防“出血热”科教片1140场次，编印灭鼠简报10期。1987—1993年，全区征订卫生报纸杂志45.56万份，印发各类卫生宣传品96.22万份，出动卫生宣传车4173辆次，新设宣传栏牌2242个，增加宣传橱窗画廊223个，放映卫生科教电影5895场次，利用电视、广播、报纸等媒体进行卫生宣传、报道4828稿次，办黑板报、墙报17397期，张贴宣传标语5.38万张，举办卫生讲座1849场次，设卫生咨询站213个，受教育人数达9962.3万人。1998年5月31日是第11个“世界无烟日”，行署召开全区动员大会，宣传活动中，地区爱卫办组织开展万名干部戒烟签字活动，在菏泽城区设立7个咨询点，通过播放录音、散发宣传单等形式，向过往群众宣传吸烟的危害、控烟的益处和戒烟知识。各县市卫生部门开展以电视宣传、散发传单、设立咨询点、悬挂标语为主要形式的宣传活动。全区共散发宣传单3万余份，悬挂条幅标语40余幅，设立咨询点20余个。2000年，全区围绕“不要利用文体活动促销烟草”这一主题，以“吸烟有害，勿受诱惑”为口号，利用多种形式，大张旗鼓地进行宣传。地区爱卫办、地区卫生防疫站设立中心宣传站，各县市配合中心宣传站在当地繁华地段设立分站，通过义诊、散发倡议书、图片展览、电视讲座等形式，集中宣传控烟。地区电台、电视台对活动现场采访，跟踪报道；菏泽日报紧扣宣传主题精心制作公益广告。控烟工作成效明显。2003年，开展“改陋习、树新风”活动。全市设立宣传栏9923块，宣传3.4万栏次；举办卫生科普竞赛451场次，印发宣传资料517.1万份，132.97万人接受卫生教育；举办卫生科技咨询活动6334场次。同年4月，为消除“非典”造成的恐慌心理，提高自我防范和防护能力，市卫生局印发防控“非典”知识手册5000余份，宣传单3万张，利用市电视台卫生栏目每周播放防控“非典”知识。市卫生防疫站编辑、设计制作50套1040张预防“非典”知识系列大型挂图；各县区利用宣传单、明白纸、标语、新闻媒体等向广大群众宣传讲解“非典”防治常识，不定期举办防治“非典”专题讲座，及时报道防治“非典”的动态和经验做法。2005年，市疾控中心制作大型“控制吸烟健康教育知识画廊”，以图文并茂的形式，以生动的实例，详细向群众介绍吸烟危害健康的有关知识。市卫生局、爱卫办、疾控中心联合发出倡议书，呼吁全市广大卫生工作者在控烟中发挥作用，做出表率，承担起劝阻吸烟者戒烟的责任和义务。

第六章　红十字事业

第一节　募捐救助

按照《中华人民共和国红十字会法》的要求，全区每年开展不同形式的宣传活动，广泛宣传红十字会的宗旨，争取社会支持，为政府分忧，为社会解难。1988年，为国际体育援助计划募集捐款20.01万元。1998年，为长江流域受洪涝灾害的灾民募集捐款78万元。2001年，为内蒙古遭受雪灾的灾民募集捐款10.75万元。2003年初，为新疆遭受地震灾害的灾民募集捐款10.55万元。2004年12月，为印度洋遭受海啸灾难的灾民募集捐款13.28万元。

2003年9月，东明黄河滩区发生严重洪涝灾害，市红十字会及时开展为灾区募捐活动，募集5.9万元捐款为灾民购置1330余条棉被；市县卫生系统、红十字会会员单位募集价值23万元的药品免费发放给灾民，组织74个医疗队，到灾区巡诊义诊，为受灾群众防病治病。

募　捐

在“新农合”试点县东明，开展为特困农民参加新型合作医疗募捐活动，共募集资金2.13万元，资助2000人用于特困医疗救助。市、县两级红十字会多次受到省、市政府的表彰。

第二节　卫生救护培训

在校学生卫生救护培训

1986年，地区红十字会对全区的红十字会工作人员、服务行业（宾馆、餐饮、车站等）、市民、学生等进行四大技术和心肺复苏急救技术培训。1989年5月，地区红十字会、公安处、交通局联合在全区范围内对汽车司机进行卫生救护训练。至1991年年底，全区有19343人参加卫生救护训练，其中司机4546人。全区推广单县红十字会“在公路沿线和远离公路的村庄建立救护站，分段负责公路，分片负责所在地域的现场救护工作”的成功经验，增强一线人员的救护能力，减少伤亡事故及降低事故的死亡率和致残率。

第三节 无偿献血

菏泽中心血站于1993年开始筹建，1995年8月正式投入运行，隶属地区卫生局，是全市唯一的采、供血机构，承担着境内医疗用血和救灾、战备用血的供应任务及无偿献血组织工作。中心血站占地2.4万平方米，拥有固定资产3000余万元，设置科室11个，配备干部职工60人，其中卫生专业技术人员45人。主要仪器设备有酶标仪、洗板机、血小板采集机、大容量低速冷冻离心机等。年采供血9吨，临床用血100%来源于自愿无偿献血。

1986—2005年，中心血站先后61次受到国家、省和市政府的表彰奖励。中心血站全面开展免疫血液学产前检查、疑难配血、新生儿溶血病诊断、血浆置换、血友病治疗、Rh血型的因子定型、ABO亚型及稀有血型的鉴定、抗体筛选及吸收放散试验等技术含量较高的工作。冰冻血小板和冰冻红细胞制备及应用技术进一步巩固。中心血站自1996年5月开始组织无偿献血工作，当年完成无偿献血2100人次，献血量占临床用血的10%。1997—2000年，菏泽地区连续4次被授予“全国无偿献血先进城市”荣誉称号。2000年，在全国大部分城市尚未实现无偿献血满足临床用血的情况下，中心血站率先提出“四个转移、一个延伸”（指标献血向自愿献血转移，一次献血向多次献血转移，临床输全血向成分血转移，有偿机采成分血向无偿机采成分血转移，无偿献血向农村延伸）的献血输血工作新思路，这一做法先后在全国各地广泛推广。2003年防控“非典”期间，

2004年，无偿献血奉献奖获得者颁奖

北京各大医院临床用血告急，市中心血站迅速组织血源3万毫升，在第一时间内驰援首都，有效缓解首都用血的紧张状况。至2004年，全市有541人获“全国无偿献血奉献奖”（1999年290名、2001年128名、2004年123名），16人获“全国无偿献血促进奖”，位居全国同级城市第一名。全市无偿献血志愿者中，有50%的是农民；获“全国无偿献血奉献奖”的541人中，有261人是农民，占48%。牡丹区吴店镇农民吴俊宝、徐翠兰夫妇，鄄城县富春乡农民霍安福、李海芬夫妇，分别无偿献血2.26万毫升、8000毫升、1万毫升和8600毫升。2004—2005年，全市累计献血40次以上的有14人，30次以上的30人，20次以上的14人。至2005年年末，全市有1805人达到无偿献血2000毫升以上，其中92人达到8000毫升以上，68人达到6000毫升～7800毫升，250人达到4000毫升～5900毫升，1395人达到2000毫升～3950毫升；无偿机采成分血已达100%。1996—2005年，全市累计献血30万人次，献血量60吨。

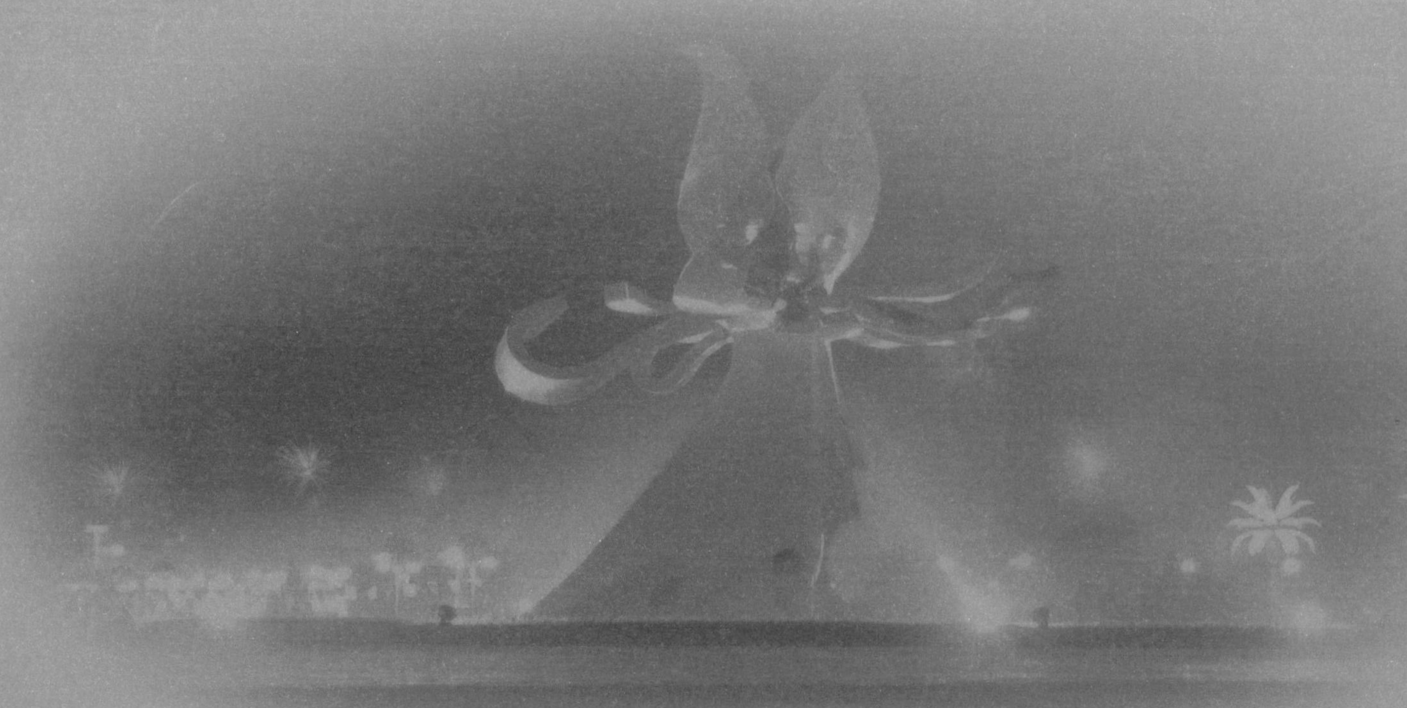

中华人民共和国地方志丛书

菏泽市志

1986~2005

菏泽市地方史志编纂委员会 编

（下卷）

方志出版社
Publishing House of Local Records

图书在版编目（CIP）数据

菏泽市志：1986～2005 / 菏泽市地方史志编纂委员会编
. — 北京：方志出版社，2016.6
ISBN 978-7-5144-2026-5

Ⅰ.①菏…　Ⅱ.①菏…　Ⅲ.①菏泽市—地方志—1986-2005　Ⅳ.①K295.23

中国版本图书馆CIP数据核字（2016）第153259号

菏泽市志（1986～2005）

编　　者	菏泽市地方史志编纂委员会
责任编辑	陈　菁　王笃银
出 版 人	冀祥德
出 版 者	方志出版社
	地址　北京市朝阳区潘家园东里9号（国家方志馆4层）
	邮编　100021
	网址　http://www.fzph.org
发　　行	方志出版社发行中心
	电话（010）67110500
经　　销	各地新华书店
印　　刷	济南黄氏印务有限公司　（0531）88711234
开　　本	889×1194　1/16
印　　张	138.25
字　　数	2443千字
版　　次	2017年4月第1版　2017年4月第1次印刷
印　　数	0001—3000册

ISBN　978-7-5144-2026-5　　定价：2016.00元（全3卷）

CONTENTS 目录

上 卷

第三编　经济综述

第四编　农　业

第五编　林　业

第六编　畜　牧

第七编　牡　丹

第八编　水　利

第九编　黄　河

第十编　工　业

第十一编　城乡建设　环境保护

第十二编 交通运输

第十三编 邮政 通信

第十四编 商业 贸易

第十五编　财政 税务

中　卷

第十六编　金　融

第十七编　经济开发区

第十八编　综合经济管理

第十九编　中共菏泽市地方组织

第二十编　地方人民代表大会

第二十一编　地方行政机关

第二十二编　地方政治协商会议

第二十三编　民主党派 群众团体

第二十四编 法 治

第二十五编　武　装

第二十六编　教　育

第二十七编　科学技术

第二十八编　文化艺术

第二十九编　医疗 卫生

下卷

第三十编　体　育

第三十一编　社会生活

第三十二编　组织机构

第三十三编　县区概况

人　物

附　录

CONTENTS

Volume I

Part IIIOverview of Economy

Part IVAgriculture

Part VForestry

Part VIAnimal Husbandry

Part VIIPeony

Part VIIIWater Conservancy

Part IXYellow River

Part XIndustry

Part XI Urban and Rural Construction Environmental Protection

Part XITransport

Part XIIPostal Service · Communication

Part XIIICommerce · Trade

Part XIVGovenment Finance Taxation

Volume II

Part XVFinance

Part XVIEconomic Development Zone

Part XVIIComprehensive Economic Management

Part XVIIIHeze Local Organization of CPC

Part XXLocal Administrative Organs

Part XXILocal Political Consultative Conference

Part XXIIDemocratic Parties · Mass Organizations

Part XXIIIRule of Law

Part XXIVArms

Part XXVEducation

Part XXVIScience and Technology

Part XXVIICulture and Art

Part XXVIIIMedical and Health Care

Volume III

Part XXIXSports

Part XXXSocial Life

Part XXXI Organizational Structure

Part XXXII Profile of District and Counties

Figures

Appendixes

第三十编　体　育

习 武

菏泽是著名的武术之乡，境内历史上就有习武健身的良好传统，武术运动在菏泽有着雄厚的群众基础。在农村、城镇社区、机关、学校，从蹒跚学步的幼儿到耄耋老人，习武成风气、成传统。1986年后，武术馆校遍布城乡，常年在校学生2万人以上，培养了大批优秀武术人才。1986—2005年，仅民办武校就向省以上专业队、大专院校、保安队伍、演艺单位输送人才2万余人。涌现出全国第一位“武状元”陈超、亚运会武术冠军袁新东、散打冠军康永刚和全运会武术散打冠军刘发祥、潘典军、袁晓超、王浩等一大批武林英杰。全市在各类武术比赛中获得奖牌3000余枚，其中宋江武校“狗娃艺术团”在1994年中央电视台春节晚会上表演的《狗娃闹春》受到全国人民的喜爱，获评文艺节目歌舞类“春兰杯”一等奖，轰动全国；在对外体育交流活动中，武术是中流砥柱，走出国门、走向世界。田径、游泳、射击、球类、棋类、举重、柔道、摔跤、拳击、跆拳道等竞技体育项目开展较好。1986—2005年，全市在各类比赛中共获奖牌2000多枚，涌现出亚洲举重冠军马文广、国家女子举重队教练马文辉、山东省女子举重队教练沙峰、世界射击锦标赛冠军陈丽、奥运会第五名梁喜玲、残奥会冠军吕晓磊等一大批体育精英。群众体育活动开展如火如荼，门球、龙狮、钓鱼、高跷、竹马、旱船、搬老四、舞麒麟、斗鸡斗羊、杂技、秧歌、腰鼓、自行车慢骑、健美操、竹板操、工间操、篮球、排球、羽毛球、乒乓球、木兰扇、保健操、健身气功、拔河、健身球等群众体育活动项目规模越来越大，人数越来越多。村、社区健身器材安装范围不断扩大，人们体育健身、休闲、养性等意识进一步增强。至2005年全市就有牡丹区、郓城、单县、巨野、东明等县区是国家体委命名的“武术之乡”，仅农村从事武术活动的各类社团组织就有1828个，有80%的乡镇、40%的行政村以习武健身为主。

第一章 武 术

菏泽武术源远流长，尚武之风代代相传。近现代在中华武术界有“天下功夫出少林，传播承续看两州（沧州、曹州）”之谓。早在明代就与徐州、沧州、青州并称全国四大“武术之乡”，民风彪悍，习武之风甚烈。当地民谣唱到：“一月二月去踢腿，松松拉拉打个滚；三月四月去练拳，比比划划自己玩；五月六月练大刀，悠来晃去挑眉梢；七月八月练标枪，手脚划破脸扎伤；九月十月练棍棒，一棍打得屋梁晃；十一十二功练完，回家吃碗羊肉丸。”新中国成立后，菏泽武术得到长足发展，武术由克敌防身、江湖谋生、竞技娱乐，到庙会、重大节庆武术表演、武术比赛，进而成为人们强身健体的日常运动，武术融入菏泽社会生活的诸多方面。

至2005年，先后有牡丹区、郓城、东明、单县、巨野等5县（区）被国家体委命名为“全国武术之乡”。群众武术活动遍布城乡，全市83%的乡镇，44%的行政村开展有武术健身活动，武术村、武术世家大量涌现，男女老幼习武者到处可见，武术已构成菏泽市文化的基础组成部分。

第一节 拳 种

境内武术经过传承和发展，形成各具特色的诸多门派、拳种、器械。拳术类有长拳、太极拳、形意拳、八卦掌、象形拳等。器械类，属于短兵器的有刀、剑、锤、鞭、钩、拐、匕首等，属于长兵器的有枪、棍、狼牙棒、大刀、戈、戟、槊、斧、钺、叉、镋、铲等，属于双器械类的有点穴针、月牙刺、峨眉刺、铁梳子、鸡刀镰等，属于软器械类的有流星锤、绳镖、九节鞭、三节棍、梢子棍、霸王鞭等，属于暗器类的有弹弓、铁布衫、金罩钟、金刚指、仙人指、霸王肘、龟背功、铁板桥以及梅花桩、十字桩等。这些拳种中，既有外地传入的拳种，又有本地创造的特色拳种。

境内拳种门派的流传，呈现一种地域性、师承性、系统性和创新性的鲜明特点。除少数拳种遍布全境外，大部分是一个拳种集中在一个区域。如峨眉炮拳主要流传于牡丹区、定陶县、鄄城县，二郎拳主要流传于郓城县、单县，太祖拳主要流传于郓城县、鄄城县、曹县，虎拳主要流传于定陶、成武、巨野等县。传承的每个拳种，都有明晰的师承关系。每一代都有明确的传人，而且师承有序。每个拳种在传承时。师傅授徒不仅教授规范动作、讲解攻防要义，而且教拳谱、讲拳理，让弟子知其然也知其所以然；传承的拳种中既有基础功法，也有武术套路，还有武术器械，呈现出系统性和完整性的特点。菏泽对外拳种的传承，既有继承又有创新。在继承外来拳种拳理、特点、风格的基础上，对功法、套路、器械和训练方法、演练过程等都有不少完善和改进之处，糅进了菏泽历代拳师的创造和发挥。

流入传承的拳种 境内流传的拳种数量众多。有梅花拳、大红拳、小红拳、炮拳、太极拳等42个拳种。在菏泽传播的这些拳种，传承久远、分布广泛。

梅花拳 又称花拳。据《菏泽梅花拳谱》记载，梅花拳始创于明朝末年，于清乾隆九年（1744）传入菏泽，至今已历22代。梅花拳以飘逸轻灵称著，有套路和器械之分。其流派有三：一是干枝梅花拳，它注重轻功。二是落地梅花拳，讲究底盘。三是中心梅花拳，注重腿法。市内流派属干枝梅花拳，它吸取落地和中心梅花拳的精华，形成具有地方特色的拳种。特点是：动作大方，刚柔并济，快速勇猛，攻防自如。

红拳　相传为宋太祖赵匡胤所创。红拳于元代传入菏泽，至今已传50余世。红拳因其风格刚烈凶猛，实战性强，深受菏泽习武人的喜爱。原红拳套路有大红拳、中红拳、小红拳、粉红拳、老红拳、二红拳等，器械以枪、棍、刀为主，兼有其他器械。红拳在菏泽传承中，经过历代拳师的揣摩体会，有了较多改革和创新。在练功方法上，创立了十路盘法以及具有浓郁乡土气息的“崩绠”“捧举”等技法；在打法上创立了“梅花三弄”“左邻右舍”等100余种散手打法；在套路上创立了一路罗汉拳、二路罗汉拳、三路罗汉拳、四箱拳、六和拳、七星拳、八卦拳、九宫拳，十路连环拳等，计有36路之多。

佛汉拳　又名“七二三八佛汉拳”。相传为少林寺达摩祖师所创。东明佛汉拳是由少林南院徐修文大师于道光三十年（1850）传入的。佛汉拳以掌法为主，朴实大方，技击性强。佛汉拳内容包括单练和对练，又分为初级、中级、高级三个层次。佛汉拳主要分布在东明县菜园集乡、小井乡、武胜桥乡、码头镇、沙窝乡、城关镇及曹县、牡丹区、鄄城县、郓城县、巨野县的部分村庄。中华佛汉拳协会在东明县立有“佛汉拳续谱碑”。

当地独创的拳种　菏泽在继承和弘扬外来拳种的同时，还独创了大洪拳、孙膑拳、掌红拳、宋江拳、王氏内家拳等拳种。这些拳种，曾被武坛赞誉为“源流有序、拳理明晰、风格独特、自成体系”。

大洪拳　大洪拳起源于菏泽，历史悠久。据《大洪拳拳谱》记载，明天启元年（1621年），精通武术的五台山高僧灵空禅师，云游到菏泽城西北十八里朱楼李庄村旁洪庙内讲经传艺。有一定武术功底的李先明，从其学习黑虎拳，经十几年潜心修炼，终成当地显赫一时的武林高手。李先明博采众长，从动作、内容、理论、练功方法、拳术套路等各方面予以革新，创造出一种新的武术形式，因其练功地点在洪庙，故取名为“大洪拳”。经四百年薪火相传，内容不断丰富。据不完全统计，拳术套路、长短兵器、软硬兵器、徒手对练、器械对练、气功点穴、暗器、擒拿、散打等近200余套。

大洪拳功架舒展大方、刚劲有力、大开大合、刚柔相济、结构严谨、朴实无华、注重实战。

洪　拳

大洪拳门规肃严，有严格的“十大门规”，教授弟子注重德艺双修。

孙膑拳　孙膑拳是一种古老的拳种，

相传是战国时期著名的军事家孙膑功成名就后隐居于鄄城老家，研创了孙膑拳。孙膑拳流传地域甚广，先后传到山东的青岛、济南、聊城、淄博、烟台、德州，以及湖北、湖南、福建、上海、台湾等地，还漂洋过海传到日本、菲律宾、新加坡、美国、德国。

孙膑拳套路有大架拳、小架拳、十二相架拳、三十二手连拳、六十四手连拳等。孙膑拳风格独特，刚柔相济、虚实结合、灵活多变、云诡波谲和明攻敌之必救、暗击敌之不防。

掌洪拳　掌洪拳是阴阳掌和洪拳相融合而创立的一个拳种，为清代鄄城县人于纯所创。既有洪拳所含的刚猛内力，又有阴阳掌所含的阴柔变，形成了刚柔相济、长短并举、变化多端、绵里藏针的独特风格。掌洪拳的套路有掌拳、五花锺、大架子、搂底锤等12路。

宋江拳　宋江拳又名水浒拳，据传为北宋末年农民起义首领宋江所创。宋江拳突出简单易学原则，立足于技击实战。套路短小精悍，有36个基本招式。器械主要是朴刀。宋江拳是菏泽武林融军旅武术和民间武术于一体的典范，也为后来的军体拳、捕俘拳、擒敌拳提供了思路和借鉴。

王氏内家拳　王氏内家拳又名王氏红拳，是明代郓城县王庄村王显所创。该拳具有与其他拳种不同的特点，它以内家拳为体，以外家拳为用，将气功融于拳法之中。朴实无华、攻防兼备。王氏内家拳有功法、徒手和器械。功法有大鹏顺气功、铁布衫功、金蝉玉裆功、九天飞鹞功、鹰爪力功、混元桩功等；徒手有短拳、长拳、鹞子拳等套路；器械有春秋大刀、梢子棍、花枪以及独门兵器镰子。

王氏内家拳初时只传本家男子，后来才逐渐流传到河南、安徽、河北、辽宁、吉林、黑龙江等省。

盛行普及的拳种　境内诸多拳种中，以大洪拳、梅花拳、红拳和佛汉拳的习练最为普遍。每个县乡和多数村庄都有习练之人。

其他习练较多的拳种　炮拳　出于少林拳，明末清初传至菏泽、曹县、成武、东明城乡。动作刚健有力，虚实相兼，攻防严密，招式多变，有拳术18套，器械18套，徒手和器械对练11套。

少林拳　有拳术14套，器械25套，对练29套。流传于曹县、郓城、鄄城城乡。

形意拳　以三体式为基本姿势，吸收了龙、虎、蛇、猴等12种动物的技能专长编创成的。动作整齐、简练、发劲较刚。在菏泽、东明、巨野多有流传。

八卦掌　以摆扣步走转为主，注重掌法变换。在鄄城、郓城、菏泽多有流传。

通臂拳　有摔、拍、穿、劈、攒基本掌法。在单县、曹县、定陶多有流传。

太极拳　柔和、缓慢、轻巧的拳种，在全市流传普遍。

太极拳

第二节　武术馆校 协会

菏泽民间武术设场、馆授徒，遍及城乡，代代相传。当地民间曾流传“吃了曹州的饭，喝了雷泽的水，都会伸伸胳膊踢踢腿”的民谣。

新中国成立前菏泽各县大都建有国术馆，新中国成立后，优秀传统武术艺术得到弘扬，特别是改革开放后，武术组织、社团越来越多。以国家、集体办、民办公助、集体与个人联办、个人自办等形式，组建有各类武术及社团1828个，其中地、县、市武术协会10个，乡村武术社164个，武术馆13个，武术学校（班）41个，武术辅导站91个，武术村1504个，单项武术拳种研究会5个。群众武术活动遍布城乡，出现“县县有武馆，乡乡有拳场，村村有习武人”的局面。

1986年后，各县纷纷创建民办武术馆校。到1995年，全区民办武术馆校达到100多所。1995年后，一些武术馆校因不具备办学条件，资金短缺，师资力量较差，出现招生困难而停办。至2001年，全市武术馆校还剩67所。2005年，据体育产业及体育市场普查统计，全市共有民办武术馆校27所，其中牡丹区5所，曹县4所，巨野6所，定陶1所，郓城4所，成武2所，东明1所，鄄城4所。这27所武术馆校土地面积97.67万平方米，拥有建筑面积34.77万平方米，固定资产4.47亿元；共有学生1.98万人，教练员506人（含无专业技术职称的），文化课教师942人，管理人员235人。至2005年年底，全市形成以宋江武校、曹州武校、东方武校、单县民族武校为龙头的民办武术馆校群体。这四大武校在全国都有很大影响，已成为菏泽市的一大亮点。1986–2005年，全市民办武校向省以上专业队输送运动员2136人，考入大专院校2205人，向外地输送保安人员9720人，向演艺单位输送演员2204人。牡丹区、郓城县于1992年，曹县、东明县于1996年，巨野县于2001年先后被国家体委命名为全国“武术之乡”。2000年后，菏泽市在全国地级市武术之乡的数量已位居榜首。

宋江武校　位于郓城县城南，1985年由樊庆斌、刘国庆创建。该校占用土地18万平方米；拥有建筑面积8.8万平方米，固定资产1.3亿元，来自国内26个省市和美、英、韩等国常年在校学生4000多人。武科设有武术套路、散打、拳击、跆拳道、摔跤、柔道、影视等专业班70个，文科设有从小学到高中和五年制大专52个班。宋江武校坚持“以德建武，以文保武，以文养武，文武并进”的办学宗旨，突出武术特色，全面实施国家基础教育课程，加强文化课教学，武文并重，促进学生全面发展。至2005年，宋江武校共向国家队、省级专业队、武警部队和高等体育院校输送体育专业人才2500多人，其中有68人获武英级和运动健将称号；为全国各武术馆校培养教练员1000余人，培养输送保安人员3000余人；在省以上体育比赛中获奖牌1160余枚，培养出亚运会武术冠军袁新东、散打冠军康永刚和全运会武术散打冠军刘发祥、潘典军、袁晓超、王浩、康永刚、袁新东等一批优秀运动员。该校自1999年开始单独组队参加省散打锦标赛，7次蝉联金牌和团体总分双冠军；拳击、跆拳道代表队获得2002—2005年省拳击、跆拳道锦标赛金牌和团体总分四连冠。

宋江武校“狗娃艺术团”在1994年中央电视台春节联欢晚会上表演的《狗娃闹春》，受到全国人民的喜爱，获得中央电视台春节联欢晚会文艺节目评比歌舞类“春兰杯”一等奖。此后该团相继参加迎港澳回归等国家级庆典演出百余次，并多次出国演出。该校影视班成立4年，培养出一批能现场拍摄的文武演员，除自编、自导、自演、自拍一些节目外，还参加电视连续剧《微服私访－4》《丝路豪侠》《铁拳浪子》《抗战狙击手》等多部影视片的摄制工作。

1993年9月，宋江武校被国家体委评为“全国群众体育先进单位”。1995年11月被省体委、省教委评为“山东省名武术馆校（甲级）”。1996年11月被国家体委武术运动管理中心评为“全国先进武术馆校”。2002年被国家体育总局主管的武术杂志社评为“全国十大名武校”，而且排名第一。全国政协委员、郓城县政协副主席、宋江武校校长樊庆斌先后获全国体育先进工作者、山东省十大教育新闻人物、山东省十大杰出青年和新长征突击手等荣誉称号。

曹州武校 位于菏泽市开发区佃户屯办事处辖区内，创办于1986年，原名曹州武术馆。占地面积17.33公顷，建筑面积7万多平方米，拥有固定资产1亿多元。1995年，曹州武术馆更名为曹州武术学校，由贾其武任校长。该校设有小学、初中、高中9个年级72个教学班，共有在校学生3000多人、文化课教师190余人、武术教练90余人、管理人员80余人。

曹州武校“以文为主，武为特色”，文化课按国家规定的教材施教，课程全、课时足，大学升学率始终保持在较高水平。武术课设有武术套路、摔跤、跆拳道、柔道、拳击、散手等训练项目。建校后，多次组队参加国家、省、市级武术比赛，共获奖牌1600多枚。自1995—2005年，共向省内外武术队、武术学校、体育院校输送体育人才和保安人员1万余人。2003年后，学校向多元化发展，先后开办职高班，注册成立“锦阳”房地产开发公司，建立保安培训队和职业介绍所，创办“锦程”汽

曹州武术馆

车驾驶职业学校。1999 年，曹州武校被省体育局命名为“山东省名武术学校（甲级）”；2003 年被列为“教育部、中央教科所教研室实验基地”，北京体育大学、沈阳体育学院、西安体育学院、山东体育学院生源基地，菏泽市保安人才培训基地；2005 年被国家体育总局评为“全国先进武术学校”，被菏泽市列为退役士兵安置培训基地。

东方武校　位于东明县城内，1994 年由东明县武术世家、尚家掌拳第 12 代传人尚胜法筹资创办。该校占地面积 18.67 公顷，建筑面积 9.8 万平方米，拥有固定资产 1.66 亿元。东方武校设有小学、初中、高中、职高四个级别 62 个教学班，共有教职工 362 人，在校学生 3600 余人。自东方武校建校开始，曾多次参加省级以上散手比赛，其中 8 次获得团体总分第一名，120 余人次获得单项冠军；先后向省专业队、体育院校输送体育专业人才 344 人，为省内外武术馆校培养输送教练员 238 人，应征入伍和输送保安人员 1889 人。2004 年 10 月，该校舞狮队在湖北大冶举行的第五届“雷山杯”全国舞龙舞狮锦标赛中获得冠军，被誉为“北狮王”。1995—2005 年，东方武校先后被省体委、省教委评为“山东省名武术馆校”，被中国武术协会、国家体委武术运动管理中心评为“全国先进武术馆校”，被省体育局、北京体大定为武术训练实习基地，被菏泽市政府确定为“保安人才培训基地”，还多次被省、市、县评为“社会力量办学先进单位”“教书育人先进单位”。

单县民族武校　位于单县城内，创办于 1981 年。1984 年后，该校在施教传统武术项目基础上增加一些民族体育项目。1991 年，在首都体育馆举行的国际武术锦标赛开幕式上，单县民族武校有 56 人参加大型武术表演，得到国家体委、中国武术院领导赞扬。1994 年，省体委、省武术院在单县举办第一届全省武术馆校武术比赛，单县民族武校获得金牌 38 枚、银牌 29 枚、铜牌 22 枚。1995 年，在昆明举办的全国少数民族运动会上，该校获得国家民委、国家体委颁发的“少数民族体育先进集体”奖牌。1996 年，单县民族武校被国家体委命名为“全国先进武术馆校”。同年，该校代表山东省参加在呼和浩特市举办的全国第一届少数民族武术比赛，获金牌 4 枚，银牌、铜牌各 3 枚。2003 年，代表菏泽市在山东省第六届少数民族运动会上获得金牌 3 枚、银牌 6 枚、铜牌 9 枚；代表山东省在宁夏全国第七届少数民族运动会上获金牌 1 枚、银牌 8 枚、铜牌 8 枚。至 2005 年，共向国家输送大学本科生 149 名、专科生 112 名。

武术协会　菏泽地区武术协会成立于 1983 年 2 月，1989 年 3 月进行换届改选，选举王焕斗为主席，选举副主席 8 人、秘书长 1 人、委员 51 人。武协设教练、裁判、科研 3 个委员会。2004 年 4 月再次进行换届改选，选举周卫国为主席，选举副主席 14 人、秘书长 1 人。武协下设教练科研、竞赛裁判、武术馆校、传统武术、武术产业开发、会员管理 6 个工作委员会。市武协在武术文化挖掘整理，建立各级武术团体组织，举办各级武术比赛等方面取得较大成绩，2005 年 3 月被省武术协会授予“2004 年度全省先进协会”称号。

洪拳协会　1994 年 9 月，菏泽地区洪拳研究会成立，2001年10月，更名为菏泽市洪拳协会。1994年，洪拳研究会在第四届菏泽国际牡丹花会期间组织大型武术专场表演，4月组织周边3省12个市县1000余名武术运动员在仿山旅游区进行大型武术义演；1997年，为庆贺香港回归，组团赴香港进行庆回归武术表演，受到香港各界人士的赞赏。1995—2005年，洪拳协会多次组团到德国、英国、法国、新加坡、印尼、马来西亚、泰国等国家表演"中国功夫"，所到之处都受到外国朋友的热烈欢迎。

太极拳协会 1999年，菏泽地区成立老年太极拳研究会，菏泽城区建立4个太极拳活动中心和23个活动站点，参加活动的会员有1600余人。2005年4月，菏泽市老年太极拳研究会更名为太极拳协会。2000—2005年，该会多次组织全市太极拳爱好者参加省级以上太极拳比赛，共获金、银、铜牌50余枚。同时，还在全国比赛中获得2项冠军，在国际比赛中获得25项冠军和13项金奖。

第三节 武术人才输送

菏泽武术深厚的民间基础，为社会培养了大批武术人才。除武试选出的大批英才外，大量武艺高强的菏泽人成为军队、镖局、教练团队的骨干。

菏泽赵楼村人赵登禹将军，武艺出众，战功卓著，抗战期间，一把大刀威震沙场，成就一代民族英雄。菏泽城内人吴效新，精于梅花拳擒拿技艺，民国二十三年（1934）投身军旅，抗战开始后，他追随张自忠将军多次杀敌立功。新中国成立后，"发展体育运动，增强人民体质"，菏泽为武术人才输送做出突出贡献。1986—2005年，为大中体育院校输送人才4110人，培训教练员3307人，为影视基地输送武打演员701人，应征入伍3916人，输送保安人员5839人。

1987—2005年菏泽市（地区）向省体育局规定院校输送武术运动员情况一览表

表30-1-1

姓 名	性 别	输送去向	输送时间（年）	技术等级	项 目
冯艳华	女	省技术学院	1987	–	武术
刘 颖	女	省技术学院	1987	–	武术
王 伟	男	省技术学院	1989	–	武术
冯艳华	女	省技术学院	1989	武英级	武术
张秋红	女	省技术学院	1989	武英级	武术
崔玉强	男	省技术学院	1989	武英级	武术
李 静	女	省技术学院	1989	武英级	武术
王松山	男	省技术学院	1989	武英级	武术
吴俊美	女	省技术学院	1990	武英级	武术
魏晓燕	女	省技术学院	1990	–	武术
沙东梅	女	省技术学院	1993	–	武术
程晓丹	女	省技术学院	1993	武英级	武术

续表 30-1-1

姓　名	性　别	输送去向	输送时间（年）	技术等级	项　目
郭　辉	男	省　体　校	1995	—	武术
高艳萍	女	省技术学院	1996	—	武术
苏　飞	男	省技术学院	1996	—	武术
鲁庆福	男	省技术学院	1996	—	武术
李建宾	男	省技术学院	1996	—	散手
孙海涛	男	省技术学院	1996	—	散手
李国旗	男	省技术学院	1996	—	散手
李孟月	男	省　体　校	1998	—	武术
刘献伟	男	省　武　院	2000	—	散手
田长国	男	省　武　院	2000	—	散手
杨苗苗	女	省　体　校	2000	—	武术
田　阔	男	省　体　校	2002	—	柔道
王　蕊	女	省　体　校	2002	—	武术
邢　军	男	省　武　院	2003	—	散手
郑小飞	女	省　武　院	2003	—	武术
赵丽娜	女	省　武　院	2003	—	散手
张　萧	男	省　武　院	2003	—	散手
张军军	女	省　体　校	2003	—	武术
梁金豹	男	省　体　校	2003	—	武术
赵永金	男	省　武　院	2003	—	武术
李　龙	男	省　体　校	2003	—	武术
吕美娜	女	省　武　院	2004	—	散手
张永健	男	省　体　校	2005	—	武术
邵金宝	男	省　体　校	2005	—	武术
汤文峰	男	省　体　校	2005	—	武术

第四节　武术比赛

散　打

菏泽武术历史上多次参加各级各类比赛，屡获佳绩。1986 年后，菏泽在全国各类武术比赛中获得各类奖牌 3000 余枚，其中金牌 192 枚，银牌 120 枚，铜牌 144 枚。参加全国“武士杯”武术比赛累计获奖牌 225 枚，其中金牌 34 枚，银牌 18 枚，铜牌 26 枚。1985—1996 年参加全省“希望杯”武术比赛中，连续12年获得团体冠军。1988—1989年，菏泽少年武术代表队，代表山东省参加全国少年武术比赛，共获得5枚金牌，2枚银牌，3个第四名。1986—2005年，菏泽市参加省“希望杯”“锦标赛”，共获金牌165枚，银牌138枚，铜牌 120枚。

比赛中

1986—2005年菏泽市（地区）籍运动员参加全国比赛成绩统计表

表30-1-2

姓　名	性别	比赛项目	比赛时间（年月）	比赛地点	名次	运动会名称	备　注
侯国旺	男	刀	1986.08	长　春	4	全国“武士杯”武术比赛	
桑圣刚	男	棍	1986.08	长　春	4	全国“武士杯”武术比赛	
侯国旺	男	规定拳	1986.08	长　春	5	全国“武士杯”武术比赛	
惠秋丽	女	棍	1986.08	长　春	5	全国“武士杯”武术比赛	
惠秋丽	女	对　练	1986.08	长　春	5	全国“武士杯”武术比赛	
沙风菊	女	对　练	1986.08	长　春	5	全国“武士杯”武术比赛	
桑圣刚	男	规定拳	1986.08	长　春	6	全国“武士杯”武术比赛	
谌中立	男	刀	1986.08	长　春	6	全国“武士杯”武术比赛	
侯国旺	男	棍	1986.08	长　春	6	全国“武士杯”武术比赛	
张玉萍	女	棍	1987.11	广　东	1	六运会武术比赛	
马文广	男	90公斤级挺举	1987.04	大　连	1	全国举重锦标赛	破亚洲纪录
张玉萍	女	刀	1987.11	广　东	3	六运会武术比赛	
张玉萍	女	自选拳	1987.11	广　东	4	六运会武术比赛	
赵翠荣	女	棍	1987.11	广　东	4	六运会武术比赛	
赵翠荣	女	自选拳	1987.11	广　东	6	六运会武术比赛	
魏　斌	男	少甲枪术	1987.08	郑　州	2	全国少年“武士杯”比赛	
崔玉强	男	少乙枪术	1987.08	郑　州	2	全国少年“武士杯”比赛	
崔玉强	男	少乙规定拳	1987.08	郑　州	4	全国少年“武士杯”比赛	
吕　梅	女	少乙刀术	1987.08	郑　州	4	全国少年“武士杯”比赛	
李　静	女	少甲枪术	1987.08	郑　州	4	全国少年“武士杯”比赛	
冯艳华	女	少乙棍术	1987.08	郑　州	4	全国少年“武士杯”比赛	
侯国旺	男	少甲刀术	1987.08	郑　州	5	全国少年“武士杯”比赛	
李　静	女	少甲剑术	1987.08	郑　州	5	全国少年“武士杯”比赛	
魏　斌	男	少甲规定拳	1987.08	郑　州	6	全国少年“武士杯”比赛	
魏　斌 侯国旺	男 男	对　练	1987.08	郑　州	5	全国少年“武士杯”比赛	
崔玉强	男	二类器械	1988		6	全国少年武术比赛	

续表 30-1-2

姓　名	性别	比赛项目	比赛时间（年月）	比赛地点	名次	运动会名称	备　注
崔玉强	男	枪　术	1988		1	全国少年武术比赛	
崔玉强	男	刀　术	1988		1	全国少年武术比赛	
邵学启	男	棍　术	1988		1	全国少年武术比赛	
李　静	女	拳　术	1988		6	全国少年武术比赛	
李　静	女	枪　术	1988		5	全国少年武术比赛	
宗启银	男	软器械	1989.06	成　都	4	全国武术锦标赛团体赛	
宗启银	男	软器械	1989.09	淄　博	2	全国武术锦标赛个人赛	
宗启银	男	枪　术	1989.09	淄　博	3	全国武术锦标赛个人赛	
宗启银	男	软器械	1990.01	西　安	1	全国武术锦标赛个人赛	
宗启银	男	刀　术	1990.01	西　安	6	全国武术锦标赛个人赛	
吴俊美	女	枪　术	1990.01	西　安	4	全国武术锦标赛个人赛	
崔玉强	男	其他拳术	1990.08	梁　山	2	全国少年武术比赛	
崔玉强	男	其他器械	1990.08	梁　山	5	全国少年武术比赛	
崔玉强	男	长　拳	1990.08	梁　山	6	全国少年武术比赛	
刘　颖	女	剑　术	1990.08	梁　山	2	全国少年武术比赛	
刘　颖	女	其他拳术	1990.08	梁　山	2	全国少年武术比赛	
张秋红	女	棍　术	1990.08	梁　山	3	全国少年武术比赛	
侯国旺	男	传统拳术	1990.08	郑　州	1	全国武术锦标赛	代表河南省
吴俊美	女	枪　术	1993.05	丹　东	3	全国武术锦标赛	
吴俊美	女	团　体	1993.05	丹　东	5	全国武术锦标赛	
刘　颖	女	团　体	1993.05	丹　东	5	全国武术锦标赛	
刘红梅	女	篮　球	1993.04	宜　宾	1	全国青年篮球联赛	
陈　丽	女	飞蝶双多向	1994.04		5	全国射击冠军赛	
许洪胜	男	十项全能	1994.06	北　京	8	全国田径锦标赛	
崔玉强	男	螳螂拳	1994.06		6	全国武术锦标赛	
刘　颖	女	双　剑	1994.06		4	全国武术锦标赛	
刘　颖	女	螳螂拳	1994.06		5	全国武术锦标赛	
崔玉强	男	螳螂拳	1994.09	合　肥	2	全国武术锦标赛	
刘　颖	女	螳螂拳	1994.09	合　肥	3	全国武术锦标赛	
刘　颖	女	双　剑	1994.09	合　肥	5	全国武术锦标赛	
李　静	女	太极拳	1994.09	合　肥	6	全国武术锦标赛	
邵学奇	男	剑　术	1994.09	合　肥	5	全国武术锦标赛	
崔玉强	男	团　体	1995.09	南　京	3	全国武术锦标赛	
刘　颖	女	长　拳	1995.09	南　京	6	全国武术锦标赛	
邵学奇	男	团　体	1995.09	南　京	3	全国武术锦标赛	
崔玉强	男	绳　标	1995.09	南　京	6	全国武术锦标赛	

续表 30-1-2

姓　名	性别	比赛项目	比赛时间（年月）	比赛地点	名次	运动会名称	备　注
崔玉强	男	螳螂拳	1995.09	南　京	6	全国武术锦标赛	
黄四海	男	散手 56 公斤级	1995.09	长　沙	5	全国散手锦标赛个人赛	
黄四海	男	团　体	1995.11	南　昌	5	全国散手锦标赛团体赛	
孙海涛	男	团　体	1995.05	南　昌	5	全国散手锦标赛团体赛	
孙海涛	男	中级团体	1995.05	南　昌	4	全国散手锦标赛团体赛	
黄四海	男	散手 56 公斤级	1995.05	南　昌	6	全国散手锦标赛团体赛	
李建宾	男	散手 65 公斤级	1998.06	济　南	6	全国武术散手锦标赛	（团体）
李建宾	男	散手 65 公斤级	1998.09	宁　海	3	98“大梁山杯”散手个人赛	
王　伟	男	通臂拳	1998	天　津	3	全国武术锦标赛	
程晓丹	女	螳螂拳	1998	天　津	2	全国武术锦标赛	
李建宾	男	散手 65 公斤级	1999.01	武　汉	4	全国武术锦标赛散手个人赛	
刘宪伟	男	散手 60 公斤级	1999.01	武　汉	5	全国武术锦标赛散手个人赛	
王　伟	男	通臂拳	1999.07	上　海	1	全国青少年武术套路锦标赛	
田长国	男	散手 52 公斤级	2000.06	广东顺德	5	全国武术散手团体赛	
李建宾	男	散手 65 公斤级	2000.06	广东顺德	4	全国武术散手团体赛	
田长国	男	散手 52 公斤级	2000.09	湖北十堰	5	全国武术散手冠军赛	
李国旗	男	散手 56 公斤级	2000.09	湖北十堰	3	全国武术散手冠军赛	
李建宾	男	散打 65 ～ 70 公斤级（团）	2001.01	广　州	1	第九届全运会（散打）	
田长国	男	散打 48 ～ 52 公斤级（团）	2001.01	广　州	8	第九届全运会（散打）	
袁新东	男	武术长拳	1997.01	上　海	1	全国八运会（武术）	代表外省
袁新东	男	武术对练	1997.01	上　海	1	全国八运会（武术）	代表外省
鲁庆福	男	武术套路	2002		1	全国武术冠军赛	代表八一队
吕美娜	女	散　手	2002.09	广　东	3	全国散手冠军赛	代表八一队
邢　军	男	散手 85 公斤级	2003.09	郑　州	3	全国武术散手冠军赛	
刘秀丽	女	散手 48 公斤级	2003.05		3	全国武术散手锦标赛	代表外省
解　刚	男	散手 57 公斤级	2004.01	南　京	5	全国拳击冠军赛	
张永健	男	散打 80 公斤级	2004.05	福　州	3	全国散打锦标赛	
张永健	男	散打 80 公斤级	2004.09	连云港	3	全国散打冠军赛	
刘献伟	男	散打 65 公斤级	2004.05	福　州	3	全国散打锦标赛	
刘献伟	男	散打 65 公斤级	2004.09	连云港	2	全国散打冠军赛	
邵金宝	男	散打 70 公斤级	2004.05	福　州	8	全国散打锦标赛	
贾硕威	男	套　路	2005.08	郑　州	5	全国武术套路冠军赛	

菏泽（地区）代表队参加山东省运动会比赛成绩统计表

表 30-1-3

姓　名	比赛名称	比赛地点	比赛时间（年月）	项　目	第一名	第二名	第三名	界　别
冯艳华	武　术	济　南	1988.06	短器械	—	1	—	十四届
惠秋丽	武　术	济　南	1988.06	长器械	—	1	—	十四届
崔玉强	武　术	济　南	1988.06	自选拳	1	—	—	十四届
崔玉强	武　术	济　南	1988.06	长器械	—	1	—	十四届
马加常	武　术	济　南	1988.06	传统器械	—	1	—	十四届
宗启银	武　术	淄　博	1992.09	拳　术	—	—	1	十六届
宗启银	武　术	淄　博	1992.09	长器械	1	—	—	十六届
刘　颖	武　术	淄　博	1992.09	短器械	—	1	—	十六届
吴俊美	武　术	淄　博	1992.09	短器械	—	—	1	十六届
吴俊美	武　术	淄　博	1992.09	长器械	—	1	—	十六届
刘　颖	武　术	淄　博	1992.09	其他器械	—	—	1	十六届
马　涛	武　术	济　南	1994.09	甲剑术	—	—	1	十七届
赵启伟	武　术	济　南	1994.09	乙枪术	1	—	—	十七届
颜丙勋	武　术	济　南	1994.09	乙规定拳	—	1	—	十七届
周晓巍	武　术	济　南	1994.09	乙规定拳	—	—	1	十七届
颜丙勋	武　术	济　南	1994.09	乙棍术	1	—	—	十七届
周晓巍	武　术	济　南	1994.09	乙棍术	—	—	1	十七届
周晓巍	武　术	济　南	1994.09	乙刀术	—	1	—	十七届
赵启伟	武　术	济　南	1994.09	乙刀术	—	—	1	十七届
解学兰	武　术	济　南	1994.09	乙棍术	—	—	1	十七届
郭艳娜	武　术	济　南	1994.09	乙剑术	—	1	—	十七届
沙冬梅	武　术	潍　坊	1998.09	甲太极拳	—	1	—	十九届
张　燕	武　术	潍　坊	1998.09	乙剑术	—	1	—	十九届
秦志坚	散　手	潍　坊	1998.01	男甲小级别团体	1/3	—	—	十九届
李国旗	散　手	潍　坊	1998.01	男甲小级别团体	1/3	—	—	十九届
刘海金	散　手	潍　坊	1998.01	男甲小级别团体	1/3	—	—	十九届
丁宗峰	散　手	潍　坊	1998.01	甲组大级别团体	—	—	1/3	十九届
郝卫荣	散　手	潍　坊	1998.01	甲组大级别团体	—	—	1/3	十九届
陶　勇	散　手	潍　坊	1998.01	甲组大级别团体	—	—	1/3	十九届
刘宪伟	散　手	潍　坊	1998.01	65 公斤级	1	—	—	十九届
王建勇	散　手	潍　坊	1998.01	65 公斤级	—	—	1	十九届
王　涛	散　手	潍　坊	1998.01	75 公斤级	—	1	—	十九届
葛胜刚	散　手	潍　坊	1998.01	75 公斤级	—	—	1	十九届
树怀青	散　手	潍　坊	1998.01	60 公斤级	1	—	—	十九届
蔡学志	散　手	潍　坊	1998.01	70 公斤级	—	—	1	十九届
晁　庆	散　手	潍　坊	1998.01	80 公斤级	—	—	1	十九届

续表 30-1-3

姓　名	比赛名称	比赛地点	比赛时间（年月）	项　目	第一名	第二名	第三名	界　别
张景全	散　手	济　南	2002.01	甲 48 公斤级	0.5	–	–	二十届
田长国	散　手	济　南	2002.01	甲 56 公斤级	0.5	–	–	二十届
李国旗	散　手	济　南	2002.01	甲 60 公斤级	0.5	–	–	二十届
刘宪伟	散　手	济　南	2002.01	甲 65 公斤级	0.5	–	–	二十届
邵金宝	散　手	济　南	2002.01	甲 70 公斤级	0.5	–	–	二十届
张永建	散　手	济　南	2002.01	甲 85 公斤级	–	0.5	–	二十届
汤　德	散　手	济　南	2002.01	甲 90 公斤级	–	0.5	–	二十届
鲁东方	散　手	济　南	2002.01	乙 48 公斤级	1	–	–	二十届
王小庆	散　手	济　南	2002.01	乙 60 公斤级	–	1	–	二十届
陶　田	散　手	济　南	2002.01	乙 70 公斤级	–	1	–	二十届
蒋析林	散　手	济　南	2002.01	乙 75 公斤级	–	–	1	二十届
王镇国	散　手	济　南	2002.01	乙 + 90 公斤级	1	–	–	二十届
曹　鲁	射　击	济　南	2002.01	自选手枪慢射	–	–	1	二十届
李向杰	武　术	济　南	2002.09	甲剑术	–	–	1	二十届
段丽君	武　术	济　南	2002.09	甲南拳	–	1	–	二十届
段丽君	武　术	济　南	2002.09	甲棍术	–	–	1	二十届
任凤梅	武　术	济　南	2002.09	甲剑术	–	–	1	二十届
张永艳	武　术	济　南	2002.09	对练	–	–	0.5	二十届
段丽君	武　术	济　南	2002.09	对练	–	–	0.5	二十届
薛田辉	武　术	济　南	2002.09	乙剑术	1	–	–	二十届
武　琼	武　术	济　南	2002.09	乙棍术	–	–	1	二十届
王　蕊	武　术	济　南	2002.09	乙棍术	1	–	–	二十届
张　波	散　手	济　南	2002.01	乙 80 公斤级	1	–	–	二十届
李向杰	武　术	济　南	2002.09	甲太极剑	–	–	1	二十届

1999—2005 年菏泽市（地区）参加山东省武术馆校武术套路散手比赛成绩统计表

表 30-1-4

年　份	金牌（枚）	银牌（枚）	铜牌（枚）	4～6 名（人）
1999	9	7	11	22
2000	24	18	20	20
2001	21	14	23	44
2002	17	26	17	39
2003	10	9	13	81
2004	55	45	37	114
2005	16	17	19	50

1993—2005年菏泽市（地区）参加全国“武术之乡”武术套路散手比赛成绩统计表

表30-1-5

届 次	时间（年月）	地 点	金牌（枚）	银牌（枚）	铜牌（枚）	4～8名（人）
1	1993.08	河南省温县	8	11	1	6
2	1995.12	广东省肇庆	5	3	3	9
3	2000.12	江西省上饶	9	6	5	11
4	2003.08	江西省庐山	6	8	4	9
5	2005.09	河南省登封	7	10	9	13

第五节 武术名人

在悠久的菏泽武术历史长河中，涌现出一代代武林英杰。不但菏泽民间拥有众多的武林高手，而且还有的考中了武举人、武进士、武状元。仅清代菏泽就考取56名武进士，其中武状元3人，武榜眼2人，武探花1人，武会元1人。直隶东明（今菏泽东明县）人吴德新，清道光乙巳科武状元；曹州巨野（今菏泽巨野县）人田在田，清咸丰壬子科武状元；曹州郓城（今菏泽郓城县）人张宪周，清光绪寅科武状元。20世纪20年代初，菏泽城东耿庄村杨士文，在上海与日本武士比武中，力胜强敌，打击了洋人的威风，为中国人争得了荣誉。新中国成立后，党和政府非常重视武术事业的发展，优秀传统武术得到弘扬，特别是改革开放后，全市的武术事业发展较快，境内武林英才辈出，名扬国内外。至2005年，有全国武术全能冠军张玉萍；新中国第一位“武状元”陈超；马中轩、鲁国庆、李建宾等一批全国知名的优秀武术运动员；十四届亚运会和第六届世界武术散打冠军康永刚、袁新东，以及全国散打王邵金宝、张永健、树怀青等众多武林英才。

第六节 武术对外交流

20世纪90年代后，随着体育事业的快速发展，地、县两级党委、政府注重抓体育事业的对外交流工作，在国内外扩大菏泽“武术之乡”的知名度。

武校交流 宋江武校 1995年，美、英、韩、奥地利及港、澳、台学员开始到宋江武校学习中国武术，在武术教练的精心指导下，取得较好的成绩。该校十年校庆期间，特邀请11个国家的武术界人士到校切磋武术技艺。同年，在世界妇女大会上，宋江武校“狗娃艺术团”表演的武术节目《谁说女子不如男》，受到各国妇女代表的赞誉。2001年6月和8月，该校组织700名学员先后两次进京参加申奥和第21届世界大学生运动会开幕式，在开幕式上表演的武术节目《中国船》引起全场观众的热烈喝彩。2002年9月，宋江武校艺术团代表中国赴日本参加中日邦交正常化30周年庆典活动，所表演的武术节目受到日本人民的赞赏。1988—2005年，宋江武校师生曾多次出访欧、美、亚、非四大洲许多国家和地区，与美国波士顿少年空手道学校建立互访互学关系，与日本美剑体道会定期进行武术交流。

赵登禹将军武校　2001—2003年，该校的“中华武术文化展演团”应邀赴法国、德国、瑞士、瑞典、丹麦、挪威、卢森堡、奥地利、荷兰、意大利、比利时、英国、美国、日本、韩国、泰国、马来西亚、新加坡等国进行武术、硬气功表演，与当地武术界人士切磋交流，充分展现中国功夫的博大精深。

中原武校　1999年，巨野中原武校“中国远东神武英豪表演团”到英国巡回表演中国武术，与英国武术界人士进行武术切磋交流。2000—2005年，先后参加“首届世界太极拳健康大会”闭幕式表演，应邀赴德国、法国、瑞士、挪威、爱尔兰、丹麦、荷兰、泰国、瑞典等国家进行专场武术表演。2005年7月，巨野中原武校“中国远东神武英豪表演团”参加香港中华日报国际集团、中国慈善会艺术团举办的武术表演，并与韩国签订360多场的演出合同。

曹州武校　1999年9月，俄罗斯、波兰、德国、加拿大等国的武林友人到曹州武校参观考察，对该校的训练方法、武术套路、精彩的表演以及非凡的功夫大加赞赏。2000年，德国汉堡武道院院长吉•海扣，率领32名武术爱好者到校学习中华武术，并与曹州武校结为友好学校，吉•海扣也被聘为曹州武校名誉校长。2001年，曹州武馆与德国汉堡道馆商定同意曹州武馆在汉堡建立分校；2001年开始，德国汉堡武道院每年派师生到校学习武术套路，切磋技艺，相互交流。2003—2005年，先后有美国、匈牙利、澳大利亚、日本、马来西亚、英国、意大利、罗马尼亚、保加利亚、芬兰、挪威等国家的武林中人、艺术家访问团、旅游观光团到校学习、参观、欣赏博大精深的中华武功。

散打对抗赛　中法散打对抗赛　2002年5月22日，由市体育局主办，郓城县体委、宋江武校承办，郓城水浒酒业协办（赞助）的“水浒酒业杯”中法散打对抗赛在菏泽市牡丹体育场举行。此次比赛共分56、60、65、70、75、80公斤级6个级别，其中60、70公斤级有2场比赛。法方8名参赛队员均为1999—2001年法国散打比赛各级别冠军；中方8名参赛队员为宋江武校培养输送的运动员，均获得过全国及国际散打比赛前三名。中方以6：2获胜。

中美散打对抗赛　2003年4月22日，由宋江武校承办，中国人民保险公司菏泽分公司冠名，菏泽通信公司、鄄城陈王酒业有限公司等企业赞助的中美散打对抗赛在菏泽市牡丹体育场举行。此次比赛共分45、60、65、70、75、90公斤级6个级别，其中90公斤级2场比赛，45公斤级为女子比赛。美方队员均为本国散打佼佼者；中方队员均为宋江武校培养输送的运动员及本校学员。经过激烈角逐，中方以7：0获胜。比赛由山东卫视体育频道现场直播，有40多名中外记者参加新闻发布会，1.5万人现场观看。

首届中国（菏泽）武术节　为打造菏泽武术品牌，市体育局在2004年4月20日—27日举办首届中国（菏泽）武术节。菏泽市共有7支舞狮代表队参加比赛，东方武校代表队获得第一名。武术团体操比赛共有8支代表队参赛，曹州武馆代表队获得第一名。“全国散打擂台邀请赛”共有河南、黑龙江等8省12支代表队100多名运动员参赛，菏泽弘达武校代表队获团体冠军。武术节期间，曹州武馆承办“武术论坛”学术交流会，国内著名武术专家、学者就如何促进菏泽市武术事业的发展，打造菏泽武术品牌献计献策。

第二章 体育场馆

第一节 体育场

牡丹体育场 1992年，菏泽市政府投资650万元在城区西部建成封闭式大型体育场1座。该体育场占地面积52307平方米，建筑面积5898平方米，运动场地面积21248平方米。内设400米标准田径场，有跑道8条（煤渣层面）。田径场内为足球场地，自然草皮。设有观众席位25000个，配有灯光照明设备和大屏幕显示设备。

菏泽学院体育场 2005年10月，菏泽学院投资800万元将校内体育场进行改建。改建后的体育场内设400米标准田径场，有弯道8条，直道10条，跑道层面为塑胶材料。田径场内为足球场地，自然草皮。设观众席位3500个。

菏泽一中分校体育场 2003年，菏泽一中投资300万元新建校内体育场1处，同年10月建成并投入使用。体育场内设400米标准田径场，有弯道8条，直道10条，跑道层面为塑胶材料。田径场内为足球场地，自然草皮。体育场可容纳观众5000余人。

菏泽市体育场 该体育场始建于1965年，面积44500平方米，设有400米标准田径场，有弯道6条，直道8条（煤渣层面）。场内含自然草皮足球场和标枪、铅球、铁饼、跳高、跳远区等。

第二节 体育馆

菏泽学院体育馆 2003年9月，菏泽学院投资1400万元建成学院体育馆。该馆建筑面积9600平方米，主体建筑为砖混结构，馆顶部为钢架结构，设有观众座席1117个。附属设施有武术、体操、摔柔、乒乓球、健身等训练厅室。

东明县综合训练馆 1988年，东明县投资80万元在县体委院内兴建综合训练馆。该馆建筑面积2000平方米，室内面积850平方米，主体建筑为砖混结构，馆顶部为钢架结构。该馆设标准篮球场1个，可举行球类、武术、摔柔等体育项目室内比赛。2005年，投资30万元对训练馆进行整修，安装固定观众座椅500个。

市体校综合教学训练馆 训练馆原为毛泽东思想展览馆，后改建为体育训练馆。该馆建筑面积11049平方米，内设武术、乒乓球、散打、举重、篮球、射击、综合力量等训练厅室。

第三章 群众体育

1986—2005年，随着各项社会事业的发展，菏泽群众体育逐渐进入一个蓬勃发展和相对规范运作的新时期。1995年国家颁布《中华人民共和国体育法》《全民健身计划纲要》，全区各级机关恢复以第八套广播体操为主的工间操活动。2002年，贯彻中共中央、国务院《关于进一步加强和改进新时期体育工作的意见》，加快全市群众体育活动的发展进程。各级党委、政府以落实全面提高人民群众的健康素质和建设与小康社会相适应的全民健身服务体系为目的，以抓好“三边”工程（建群众身边的组织，修群众身边的场地，搞群众身边的活动）为主线，以落实“五个都有”（有分管领导，有专兼职人员，有经费投入，有场地设施，有重点活动项目）为总抓手，以开展学生体育、职工体育、农民体育、老年人体育、残疾人体育、社区体育为着力点，积极组织、引导社会各界群众广泛参与体育活动。至2005年年底，全市共培养各类社会体育指导员1974人，建立各类体育协会组织164个，设立健身活动站、点1150个；常年开展的健身项目39项，青少年、老年、妇女、职工、农民、残疾人6类人群的健身人口分别达到同类人群的85%、58%、37%、40%、10%、15%；武术、门球、钓鱼、太极拳、龙狮等精品项目共获省级以上表演、比赛奖牌（杯）1228个，全市群众体育工作先后3次获省级群众体育先进单位称号，连续七年受到国家体育总局的表彰和奖励。

老年门球比赛/1987年钓鱼比赛

1987—2005年菏泽市（地区）体育工作获奖情况一览表

表30-3-1

获奖名称	授予单位	授予时间（年月）
山东省体育运动业余训练先进单位	省体委	1987.01
全国体育训练先进集体	国家体委	1987.09
老年体协老干部先进集体	省委、省政府	1988.05
档案工作省级先进单位	省档案局	1990.12
老年体协老干部先进单位	省委、省政府	1991.05
全省群众体育先进单位	省体委	1993.01
山东省全民健身宣传周活动先进单位	省体委	1995.12
全国群众体育先进集体	国家体委	1997.01
振兴山东体育贡献奖	省政府	1997.11
山东省全民健身宣传周先进单位	省体委	1997.12
老年体协离、退休干部先进集体	省委、省政府	1998.12
山东省武术段位制工作先进单位	省体委 省武术院	1999.12
山东省全民健身宣传周优秀报道奖	省体委	2000.01
山东省体育事业贡献奖	省体委	2000.02
山东省全民健身宣传周优秀组织奖	省体育局	2000.12
山东省国民体质监测工作先进单位	省体育局	2001.04
山东省全民健身周活动先进单位	省体育局	2001.11
振兴山东体育贡献奖	省政府	2001.12
2001年度全民健身周优秀组织奖	国家体育总局	2001.12
2001年度体育彩票发行先进单位	省体彩中心	2002.01
1998—2001年度山东省群众体育先进单位	省人事厅、省体育局	2002.01
2002年度山东省全民健身月活动先进单位	省体育局	2002.12
2002年度全民健身周先进单位	国家体育总局	2002.12
2003年度全民健身周先进单位	国家体育总局	2003.12
2004年度全民健身周先进单位	国家体育总局	2004.12
2005年度全民健身周先进单位	国家体育总局	2005.11
第五次全国体育场地普查先进单位	国家体育总局	2005.01
振兴山东体育贡献奖	省政府	2005.01

第一节　社会体育指导员

1994年6月10日，《社会体育指导员技术等级制度》实施，菏泽改变原来在计划经济体制下，单纯依赖国家和主要依靠行政手段办体育的高度集中的体育体制，建立国家调控，依托社会，有自我发展活力的社会体育运行机制，形成国家办与社会办相结合，集中办与分散办相结合的新格局，社会体育指导员便应运而生。社会体育指导员共分为国家级、一级、二级、三级4个等级，分别由国家、省、市、县体育行政主管部门审批、授予。1996年，全区社会体育指导员队伍开始组建，经学习、培训、审批，地区体委科长吕洪岭被授予国家级社会体育指导员，另有3人和28人分别被授予一级、二级社会体育指导员。1997年，县市培训审批三级社会体育指导员27人。至2005年年底，全市共有各级社会体育指导员1974人，其中国家级5人，一级93人，二级576人，三级1300人。社会体育指导员队伍主要由离退休人员组成，其中女性约占60%。其指导项目主要有：太极拳、太极剑、木兰拳扇、保健操、健美操、导引养生功、健身秧歌、健身气功（易筋经、五禽戏、六字诀、八段锦）等。

第二节　学生体育

菏泽境内大、中、小学校普遍设有分管体育工作的副校长，有负责教学、训练工作的体育系或体育教研室（组）。开设的体育理论课程有：理论运动参与、运动技能、身体健康、心理健康、社会适应能力；室外活动课有：基本体操、游戏、韵律活动与舞蹈、球类、田径、武术等。每周有两个课时的体育课，另有早操、课间操和课外活动，学生每日不少于1小时的体育锻炼。

全市小学校有200米以上的田径场1500余个，中学有300米以上的田径场400个。部分大、中、小学设有篮球、排球、足球、羽毛球等活动场地。菏泽学院、单县一中、郓城一中、东明一中有校内体育馆。至2005年，全市中学生田径运动会已举办12届，重点中学篮球、排球比赛分别举办11届和4届，各类学校每年还举行1～2次校内田径运动会。2001年，菏泽市中学生代表队在山东省第八届中学生运动会上，获团体总分第12名，男排第7名，女排第8名。2004年，在山东省第九届中学生运动会上，获团体总分第9名，男排第7名、武术团体总分第1名。

境内各类学校每年对学生体育锻炼达标情况进行测试，以2004年测试情况为例，全市应参加达标测试的学生为78.62万人，其中小学生58.6万人，中学生19.2万人，中专、技工学生0.82万人；经测试达标的学生为50.99万人，其中小学生36万人，中学生14.4万人，中专、技工学生0.59万人，达标率分别为60%、75%和72%。

体育课

第三节　职工体育

按照国务院《全民健身计划纲要》要求，各级政府和较大的系统成立全民健身领导机构。随着城市建设品位的提升，供职工群众健身的公园、绿地、广场等活动场地逐年增多，至2005年全市共建有786处。

供职工群众有偿健身的乒乓球、羽毛球、保龄球、健美操、武术、台球、旱冰、棋牌等健身俱乐部逐年增多，全市有各种类型的俱乐部210处，健身路径224条，市级国民体质监测站1处，有较先进的监测器材2套。

职工群众性健身活动丰富多彩，人民群众的业余生活日益充实。2000年、2002年、2003年分别在定陶县、菏泽花都大酒店、南华商业广场举办“百万职工”健身活动启动仪式，参与表演展示的职工每次都在1000人以上。全市举办的有职工群众参加的“健身月”“百万职工”健身活动启动仪式及其他大型活动的启动仪式共800余次，参加活动人数在150万人次以上。市体育局、市总工会、市花会办、市妇联等有关部门从1998年开始，每年组织市内职工演练若干个健身项目，参加每年一届的国际牡丹花会开幕式的表演和大型路游活动，成为每年检验、宣传、鼓动、参与全民健身活动的一大亮点。职工的健身精品项目武术、门球、龙狮、太极拳、钓鱼均在全国、全省比赛中获得优异成绩。其中门球在2002年全国比赛中获得第三名，在全省比赛中6次获得冠军。2004年在湖北举行的全国龙狮比赛中，菏泽龙狮获得“北狮王”称号。太极拳在全国、全省比赛中16次获得集体和个人前三名的成绩。全市职工健身特色项目有高跷、竹马、旱船、撅老四、舞麒麟、斗鸡斗羊、杂技等。传统健身项目有秧歌、腰鼓、自行车慢骑、健美操、竹板操、工间操、篮球、乒乓球、排球、射击、木兰扇、保健操、健身气功等。菏泽的职工健身项目先后出国交流50余次，参加全国重大活动的表演展示100余次，参加全省比赛和重大活动的表演交流200余次。至2005年，全市有国家级社会体育指导员5名、一级93名、二级576名、三级1300名，市级体育协会13个、县区级体协38个、非正式体协287个。菏泽城区共有50人以上的健身活动站点102个，县区有健身活动站点1048个。职工体育按照“五个都有”的要求，加快行政机关、企、事业单位的场地设施建设步伐。1986—2005年，全市有供职工活动的篮球场365个、排球场158个、乒乓球室509个、旱冰场58个、游泳池23个、棋牌室250个、健身房62个。

1500米环城比赛

第四节　农民体育

境内农民体育活动项目主要有篮球、门球、乒乓球、秧歌、气功、武术、摔跤、散打、拔河、举重、杂技、舞狮、舞龙、扇舞、高跷、腰鼓等30余个，其中武术是农村健身活动的主要项目之一。牡丹区、郓城、单县、巨野、东明5县区是国家体委命名的“武术之乡”。农村从事武术活动的各类社团组织有1828个，有80%的乡镇、40%的行政村均以习武健身为主。

1991年，地、县市和部分乡镇先后成立农民体育协会，有各级政府分管领导负责此项工作，有专兼职人员负责组织开展农民健身活动。在1988年、1991年、1995年、1999年、2003年山东省举办的一至五届农民运动会上，菏泽农民体育代表队取得总分分别为第五名、第六名、第二名、第七名、第十一名的好成绩，并三次获得“体育道德风尚奖”。菏泽农民体育代表队曾两次代表山东省参加第二届、第三届全国农民运动会，其中在1995年第三届全国农民运动会上，获得2枚金牌、4枚铜牌，总分88分，位居全国24个参赛省的第二位。

参加山东省农民第一届运动会的菏泽代表队

从2000年开始，全市每年开展一次“百万农民”健身活动启动仪式及系列活动。2003年，在单县浮岗镇开展农民健身设施、健身知识、健身指导“三下乡”活动，健身活动重点从城市向农村转移。2004年，在全国亿万农民健身活动先进乡镇评选中，牡丹区的李村集乡、成武县的汶上集镇、单县的浮岗镇、定陶县的冉固镇榜上有名。至2005年，全市农村共有室内外体育活动场地843个，配有体育器材2580件（套）。

第五节　老年体育

菏泽老年体育协会成立于1985年11月13日，1987年进行调整充实，组建以地委原副书记许光为主席，以地委组织部原部长田秀山、地委宣传部原部长李子明、菏泽军分区原副司令员程枫等为常务副主席的领导班子。1989年，根据菏编〔1989〕16号文件精神，建立地区老年体协办公室实体机构，隶属地区体委代管。2004年12月19日，根据菏编办〔2004〕59号文件精神，市老干部局所属的市直老年体育协会办公室与市体育局所属的市老年体育协会办公室合并，组建市老年体育协会办公室，为市老干部局所属的财政拨款科级事业单位。2005年3月26日，召开菏泽市老年体育协会代表大会，进行换届选举，人大常委会副主任潘兴玺当选为新一届老年体协主席。至2005年年底，8县1区都成立老年体协组织，加上市属和县区属各类老年体育协会，全市共有102个。

市老年体协负责统领全市老年人的体育工作，按照“面向基层，面向全体老年人”的工作部署和有组织、有场地、有活动、有指导、有规章的“五有”工作要求，形成一级抓一级，层层抓落实的工作格局。活动场地建设方面坚持共建共办共享方针，扩大投资领域和使用范围，发挥合力建场和一场多用的功能。全市共建体育活动场所1896处，其中农村1488处，城区408处。市县区和部分乡镇还建起老干部活动中心，购置健身器材、乒乓球台、台球案等，配套设施逐步完善。

老年人健身活动项目主要有乒乓球、

老年门球比赛

羽毛球、门球、功法、台球、太极拳、健美操、保健操、秧歌、交谊舞、棋牌、腰鼓、竹板操、木兰扇、时装模特表演、健身球、钓鱼等20余个。各类健身项目活动规模不断扩大，人数越来越多，参与重大活动表演展示的集体健身项目经过艺术编排，将音乐、表演、灯光、景色溶入一体，增强健身活动的艺术性、趣味性和吸引力。每年一次的老年人集体健身活动有“百万老年人健身活动”启动仪式、“五一”“七一”“十一”“九九老人节”等重大节日庆祝活动。菏泽市老年门球、钓鱼、太极拳、秧歌、健美操等优势健身项目在全省、全国比赛中多次获得前三名的好成绩。

老年迪斯科

第六节　残疾人体育

1986—2002年，境内没有正规残疾人体育训练场所。从2003年开始，菏泽市建立残疾人体育训练基地，残疾人体育事业走上正轨。2004年，菏泽市残疾人体育训练基地更名菏泽市残疾人体育中心。该中心常年开展的训练项目有举重、乒乓球、羽毛球、田径等，参训人员30余人。平时残疾人活动的项目有游泳、篮球、盲人滚球、自行车、门球等，残疾人健身人口达到12%。在2003年4月举办的山东省第六届残疾人运动会上，菏泽市残疾人运动员夺得5枚金牌、8枚银牌、3枚铜牌，获得“体育道德风尚奖”和举重团体总分第二名。9月，在南京举办的全国第六届残运会上，菏泽残疾人运动员崔哲获得女子40公斤级举重第四名。2004年，在雅典残奥会上，东明籍残疾人运动员吕晓磊获得乒乓球TT10级双打冠军和TT9级单打亚军。2005年4月，在山西太原举办的全国残疾人举重锦标赛上，崔建金获女子56公斤级第三名，杨传喜获男子52公斤级第三名，李春雷获女子52公斤级第二名，崔哲获女子40公斤级第一名，并获得“体育道德风尚奖”。

第七节　社区体育

2001年国家体委、民政部、城建部、文化部、卫生部五部委联合下发《关于加强城市社区体育工作的意见》后，菏泽市于2003年在城市社区推行社区健身场地设施建设的“星光计划”，全市75%的社区设置文体活动室，配备乒乓球案、台球案、棋牌桌等活动设备；95%的社区安装户外健身器材，形成规模活动站、点1150处。各社区常年开展的健身活动项目有篮球、乒乓球、门球、功法、太极拳、木兰拳、

社区太极拳练习点

保健操等39个。2004年6月，菏泽市举行城市社区健身站、点活动项目展示表彰大会，共表彰优秀活动站点、先进活动站点各34个。

第八节　国民体质监测

根据国家体育、教育、科技、财政、农业、卫生、民委、统计、总工会9部委联合下发的《关于开展全国第一次国民体质监测工作的通知》精神，地区体育局于2000年6月成立以副局长李振亚为组长的菏泽市国民体质监测工作领导小组，同时组建国民体质监测队，对地委、行署机关，菏泽市委、市政府机关及地区交通集团，地直、菏泽市直幼儿园，巨野县的庞王、李大营、龙堌等5个行政村的3～6岁的幼儿、20～59岁的成年人、60～69岁的老年人共3600人进行体质测试。测试的主要内容有身高、体重、坐高、胸围、腰围、臀围、肺活量、台阶实验、握力、坐位体前屈、选择反应时、闭眼单脚站立等项目。此次监测使用省体育局配发的简易仪器。2005年5—7月，市体委在全市范围内进行第二次国民体质监测，被监测的5000余人使用当时全国最先进的电子测试仪器，每个被测试对象都用微机出具体质综合评价报告和下步健身指导报告。市体育局于2005年10月建立国民体质监测站，投资10万元购置测试仪器，常年为群众进行义务体质测试。从此，全市国民体质监测工作走上了正轨。

第九节　体育协会

乒乓球协会　菏泽地区乒乓球运动协会成立于1986年11月，鲍占武任第一届乒协主席。1999年3月，地区乒协进行换届，选举李速中为乒协主席，选举副主席8人、委员85人。2005年1月，菏泽市乒协再次进行换届选举，李速中连任乒协主席，副主席由8人降至4人。1992—2005年，市乒协共举办市级乒乓球比赛20余次，多次组队参加省级以上比赛，共获得奖牌34枚，其中7枚金牌、6枚银牌、6枚铜牌，获3个团体总分第一名，5个第二名，4个第三名。2005年菏泽市乒协被山东省乒协授予“2004年度全省先进协会”。

中专体育协会　菏泽地区中专体育协会成立于1986年6月。1999年5月和2003年12月先后进行两次换届选举。中专体协由全区7所中专学校为成员单位，主要开展中等专业学校各项体育比赛活动，丰富在校学生的体育文化生活。1999年5月，中专体协组织全区中专学校篮球比赛，地区财经学校代表队获得冠军；2000年12月，在菏泽农校举办冬季越野比赛，地区体校代表队获得男、女组第一名；2001年12月，在菏泽粮校举办环校接力赛，市工业学校和市体校代表队分获男、女组第一名；2002年12月，在市财经学校举办跳绳友谊赛，市体校代表队获男、女组第一名；2003年12月，在市工业学校举办拔河比赛，市体校代表队获男、女组第一名；2004年12月，在市艺术学校举办健美操比赛，市艺校代表队获得一等奖；2005年12月，在市卫生学校举办当代中专生形象大使暨体育知识竞赛，市财经学校和市工业学校分获男、女组冠军。

钓鱼协会　菏泽地区钓鱼协会成立于1986年7月。1999年4月，该协会承办“菏粉杯”全国钓鱼比赛，全国的24支代表队的110名运动员参加比赛。2001年4月，市钓鱼协会受中国钓协委托承办全国轮赛区第五届夕阳红“东明石化杯”钓鱼比赛，33支代表队138名运动员参加比赛。至2005年，市钓协共组队参加省级以上比赛20余次，其中国际性钓鱼比赛3次，全国性钓鱼比赛14次，全省比赛3次，共获团体奖11次，其中冠军2次；个人单项奖20多项，其中冠军8人次。

1986年钓鱼比赛

桥牌协会　菏泽地区桥牌协会成立于1986年10月。1990年、1996年、2002年先后进行3次换届。侨牌协会每周组织2次初级牌手活动，定期举办培训班和教练员考核。1994年，菏泽被国家体委批准为全国桥牌通信赛的分赛场。1996—1997年，桥协每年组织1次全市桥牌比赛，比赛规模24～36人。从1998年起，桥牌比赛由每年1次改为每年2次，每次规模为48～66人。2002年4月，市桥牌协会被中国桥牌协会接纳为直属单位会员。从2003年起，菏泽市级桥牌比赛被批准为中国桥牌协会的注册竞赛。1994—2005年，市桥牌协会共承办23届全国桥牌通信赛分赛场的比赛，参赛人员达1300多人次。2005年5月，菏泽承办山东省桥牌邀请赛，全省的72名选手参加比赛。同年，全市有22名牌手被吸收为中国桥牌协会个人会员，其中年龄最大的62岁，最小的9岁。1986—2005年，菏泽市桥牌队共参加省级比赛5次，共获2项第二名、2项第三名；参加其他各类全国性桥牌比赛8次，全国桥牌通信赛23次，共获4项第二名，2项第三名、1项第四名、1项第五名、1项第六名、

2项第七名、1项第八名。

第四章　竞技体育

第一节　竞技项目

田径　1986年，地区体校和各县市都有专职田径教练员和田径训练场地，开展的田径训练项目有短跑、中长跑、跨栏、跳高、跳远、竞走、投掷、三项全能、五项全能等。2000年前后，有4个县的体育场地因城市开发被占用，大部分田径体育设施被拆除，教练员只能在学生业余时间利用学校、单位的体育场地开展训练，参加田径训练的学生少，有些学生改变训练项目，一些田径教练员也改训其他项目，田径训练周期长，人才输送较少，田径训练受到较大影响。1986—2005年，全市田径项目参加省“希望杯”锦标赛，共获金牌10枚，银、铜牌各11枚。

跆拳道　1995年3月，跆拳道项目首先在郓城县宋江武校开展。宋江武校“跆拳道队”的成立，标志着菏泽跆拳道运动项目的诞生。5月，宋江武校跆拳道队代表山东省参加首届全国跆拳道锦标赛，取得1金2铜和3个第五名，队员王凯获得54公斤级冠军，这是山东省第一个全国跆拳道比赛冠军。1996—1997年，郓城宋江武校两次代表山东省参加全国跆拳道锦标赛，共获得1银5铜。至2005年，菏泽市在省“希望杯”锦标赛上，共获得金牌51枚，银牌40枚，铜牌43枚。

拳击　1990年，郓城宋江武校组建拳击队。至2005年，宋江武校拳击队向省内外专业队（含解放军专业队）输送大批拳击运动员；代表菏泽参加省“希望杯”、锦标赛，共获得金牌28枚，银牌24枚，铜牌32枚；多次参加全国、世界运动会，并先后获得国际拳击邀请赛冠军2个，世界青年拳击锦标赛第三名1个，全国运动会拳击比赛获银牌、铜牌各2枚，全国拳击锦标赛、冠军赛金牌9枚、银牌1枚、铜牌2枚。

摔跤　1987年，郓城宋江武校成立中国式摔跤队。1989年增设自由式和古典式摔跤。1995年，宋江武校中国式摔跤和古典式摔跤训练停止。1999年恢复中国式摔跤。2003年，东明县东方武校成立古典式摔跤队。1987—2005年，宋江武校摔跤队代表菏泽市参加山东省摔跤比赛，共获金牌16枚、银牌12枚、铜牌8枚；向省内外专业队输送运动员58名，为全国各大体育院校培养输送学生86名。

柔道　1987年，地区体委教练董立泉在菏泽组建中国式摔跤队。1989年，由于教练董立泉工作变动，原来练习中国式摔跤的队员一部分改练自由式摔跤，另一部分改练柔道。同年，郓城宋江武校成立柔道队。至2005年，宋江武校柔道队代表菏泽市参加省“希望杯”锦标赛，共获得金牌3枚、银牌5枚、铜牌8枚；向省内外专业队输送的柔道运动员，在国家级、省级柔道比赛中获金牌12枚。

举重　1986年，境内只有曹县体委、地区体校开展举重训练。曹县举重训练开展较早，是山东省重点训练基地，曾为省和国家队培养输送一批在全国有影响的举重人物，如亚洲举重冠军、国家体育总局重竞技运动管理中心主任、中国举重协会主席、亚洲举重联合会副主席马文广，国家队女子举重队教练马文辉，山东省女子举重队教练沙峰等。1986年以后，主客观因素导致举重水平逐渐下降。2002年，曹县体委体育场地设施因城市开发被拆除，举重训练停止。至2005年，只有市体校继续开展举重训练项目。1986—2005年，菏泽市举重项目多次参加省“希望杯”、锦标赛，共获金牌4枚、银牌4枚、铜牌9枚。

球类　1986—2005年，菏泽正式开展的球类训练项目主要有篮球和乒乓球，有专职教练员。排球、足球、羽毛球没有专职教练，主要是一些爱好者自发组织开展训练，强体健身，并组织一些群众性比赛活动。

乒乓球　乒乓球运动是菏泽开展比较普及的体育项目之一。1986年，除单县、鄄城县外，其他县市都有专职教练员。地区体校有专职教练员1人，学生30余人，其余各县有乒乓球教练员7人，学生70多人。1991年，地区体校乒乓球教练员因工作调动，乒乓球训练暂时停止。1998年，地区体校恢复乒乓球训练，运动员在省体委注册，参加省比赛。1986—2005年，菏泽市乒乓球项目共参加3届山东省运动会，获团体总分第五、第六、第八名；组队参加13届山东省“希望杯”锦标赛，获1金2银1铜和14个4～8名。20年间，市体育局共组织市级乒乓球比赛45次，协助系统、单位组织乒乓球比赛48次，帮助系统、单位组队参加省系统乒乓球比赛29次。

篮球　1986—1995年，地区体校和各县市共有专职篮球教练员15人、学生80余人。训练器材、训练场地和经费拨付及时到位。1997—2001年，部分县区体育场地因城市开发被占用，篮球训练受到影响，大部分县区篮球训练处于停顿状态。至2005年，全市共有专职篮球教练员21人，除市体校篮球训练工作比较正常外，其余各县区教练员主要是在中学、小学指导训练，选拔苗子。1986—2005年，市、县区体育部门共向省内外专业队、行业体协、部队等上一级专业队输送运动员50余名，其中有多人达到一级运动员标准。

1986年，篮球比赛

棋类　中国象棋　1995年7月，菏泽市象棋爱好者首次组队代表菏泽地区参加省农运会象棋比赛，获团体第四名。此次参赛，大大激发了象棋爱好者的参与热情，吸引新的象棋爱好者加入其中。2000年，棋类活动爱好者李东升自筹资金在市城区体育场南侧建立活动面积达200平方米的棋类活动室，设有象棋部和围棋部，购置棋桌、棋具20套，比赛专用标准棋具100套，棋类专用教具2套，可同时供100人参加学习，200人开展比赛活动。

2001年5月，在山东省象棋个人锦标赛上，菏泽参赛队员有1人获得第四名。2003年5月，在山东省象棋团体赛上，获团体第七名；9月，在山东省农运会象棋比赛中，获团体第三名；10月，在全国象棋网络赛中，有1人获得第四名。2004年，菏泽市承办“山东省老年象棋比赛”，菏泽代表队获团体第三名。2005年5月，菏泽象棋队在山东省象棋团体赛中，获团体第三名。1997—2005年，全市共组织象棋比赛5次，有230余名象棋爱好者参加比赛。

围棋　随着聂卫平在中日围棋擂台

1986年，象棋比赛

赛上的出色表现，菏泽地区出现围棋热。1987年，地区体委举办围棋十强赛，这是境内首次举办正规的围棋比赛，10余名围棋选手参加激烈角逐。自1990年起，民间自发成立一些围棋组织，主要有菏泽城区的古道棋社、双井棋社、纺织厂棋友会，巨野的天元围棋俱乐部，单县的职工围棋俱乐部等，部分县成立棋类协会，对围棋的发展起到积极的推动作用。1990年，棋类爱好者举办菏泽地区“陈王杯”围棋邀请赛，全区有3个县的60余名选手参加比赛。1992年10月，地区体委组织“花冠杯”围棋比赛，全区有7个县和地直20多个企业代表队共300多名棋手参加角逐。此次比赛参赛选手众多，包含社会的各个层面，对全市围棋活动的普及与发展起到很大推动作用。1994年，境内围棋爱好者组队参加全国第二届华夏弈友锦标赛，夺得团体冠军，参赛选手高松、郭力分别夺得个人第二、第三名。2000年10月1日—2日，著名棋手聂卫平到菏泽指导围棋活动，在康庄服装精品城进行1对12围棋多面打，比赛结果为10胜2负。2005年9月24日，菏泽市承办了中国围甲联赛第十三轮山东齐鲁晚报队主场（单县）对北京亿城队“天元纸业杯”围棋比赛，山东齐鲁晚报队由世界冠军、中国著名棋手马晓春九段和世界冠军、韩国著名棋手刘昌赫九段领衔。这次围棋比赛，使市内围棋爱好者受到很大鼓舞，对全市围棋活动的开展起到推动作用。至2005年年底，全市共有注册的围棋业余五段3人，业余四段12人，业余三段和二段多人；全市中小学少儿学习围棋

1986年，围棋比赛

人数达到3200多人。

射击　1986年，地区体校建有1处简易射击场，设50米靶位2个，10米靶位4个，25米靶位2组。定陶、成武、巨野3县配备专职教练员。至1995年，全区开展的射击训练项目共有5个大项12个单项，有专职教练员10人，训练人数达100余人。1997年，国家加强对枪支弹药的管理，各县市射击训练随即停止，只有地区体校继续开展射击训练。

1987年，菏泽地区射击代表队获山东省“振兴杯”运动会射击团体冠军。至2005年，菏泽射击队多次参加山东省“希望杯”和射击锦标赛，共获金牌24枚、银牌64枚、铜牌54枚。市体校培养输送的射击运动员陈丽，曾获得两届世界射击锦标赛冠军和一届全国运动会女子飞碟射击冠军。菏泽市被省政府授予“振兴山东体育贡献奖”。

游泳　1986—1994年，地区体校有专职游泳教练员4人，有室外标准游泳池和简易室内游泳池各1个。1995年，室外游泳池损坏严重，无力维修，交由个人承包经营。简易室内游泳池不具备游泳训练条件，游泳训练项目被迫停止。至2005年，市体校只有1名教练员利用外单位游泳池开展业余训练。1986—2005年，全市游泳项目先后参加山东省“希望杯”、锦标赛，共获4枚金牌、10枚银牌、15枚铜牌。

第二节　竞技比赛

1986—2005年，菏泽组团及菏泽培养输送的运动员参加多种国际国内竞技比赛，多人次取得优异成绩。

国际竞赛　1986—2005年，在国际体育比赛共获得奖项46枚（个），其中金牌16枚，银牌4枚，铜牌12枚，四至八名14个。在这46枚（个）奖项中，奥运会比赛第五名1个，第六名1个；残奥会金牌1枚，银牌1枚；亚运会金牌2枚；世界锦标赛金牌2枚。

1992年参加25届奥运会队员梁喜玲（右一）与地区体委领导座谈

1988—2005年菏泽市（地区）籍运动员参加国际体育比赛成绩一览表

表30-4-1

姓　名	性　别	参赛项目	比赛时间（年月）	比赛地点	名　次	运动会名称
曹　阳	男	跳　高	1988.09	新加坡	6	亚洲青年田径锦标赛
黄玉霞	女	排　球	1989.04		4	世界女排锦标赛
朱瑞霞	女	1000米	1990.06	北　京	2	亚洲青年锦标赛
陆　霞	女	铅　球	1990.06	北　京	3	亚洲青年锦标赛
贾庆斌	男	赛艇双人	1990.01	北　京	1	第十一届亚运会

续表 30-4-1

姓　名	性　别	参赛项目	比赛时间（年月）	比赛地点	名　次	运动会名称
梁喜玲	女	赛艇四人	1991.01	日　本	1	亚洲赛艇锦标赛
蔡书荣	女	铁人三项	1992.08	北　京	6	世界杯系列赛
蔡书荣	女	铁人三项	1992.06	上　海	2	国际邀请赛
郭卫东	男	铁人三项	1992.04	日　本	3	日本国际邀请赛
郭卫东	男	铁人三项	1992.01	日　本	3	亚洲锦标赛
郭卫东	男	铁人三项	1992.06	上　海	1	国际邀请赛
梁喜玲	女	赛艇 2000.8+	1992.07	巴塞罗那	5	25 届奥运会（赛艇）
蔡书荣	女	铁人三项	1992.09	加拿大	4	世界锦标赛
蔡书荣	女	铁人三项	1993.07	天　津	6	亚洲铁人三项锦标赛
蔡书荣	女	铁人三项（团）	1993.07	天　津	3	亚洲铁人三项锦标赛
陈　丽	女	双多向（团）	1993.11	马尼拉	1	亚洲射击锦标赛
陈　丽	女	双多向	1993.11	马尼拉	3	亚洲射击锦标赛
蔡书荣	女	铁人三项	1994.07	韩　国	3	亚洲铁人三项锦标赛
蔡书荣	女	铁人三项（团）	1994.07	韩　国	1	亚洲铁人三项锦标赛
郭卫东	男	铁人三项	1994.07	韩　国	3	亚洲铁人三项锦标赛
张　剑	男	铁人三项	1994.07	韩　国	3	亚洲铁人三项锦标赛
张　剑	男	铁人三项	1993.07	天　津	3	亚洲铁人三项锦标赛
张　剑	男	铁人三项	1992.08	北　京	3	世界杯系列赛
张　剑	男	铁人三项	1992.01	日　本	3	亚洲锦标赛
蔡书荣	女	铁人三项	1992.01	日　本	6	亚洲锦标赛
郭卫东	男	铁人三项	1994.05	香　港	5	亚洲杯系列赛
张　剑	男	铁人三项	1994.05	香　港	8	亚洲杯系列赛
梁喜玲	女	赛艇 2000.4−	1994.01	广　岛	1	第十二届亚运会（赛艇）
梁喜玲	女	赛艇 2000.2−	1995.01	上　海	1	亚洲赛艇锦标赛
张　剑	男	铁人三项	1995.09		8	亚洲铁人三项锦标赛
梁喜玲	女	赛艇 2000.4−	1996.07	亚特兰大	6	第二十六届奥运会（赛艇）
梁喜玲	女	赛艇 2000.2−	1997.11	台　湾	1	亚洲赛艇锦标赛
李爱华	女	跆拳道	1997.11	北　京	1	国际跆拳道邀请赛
陈　丽	女	飞蝶多向	1998.07	巴塞罗那	5	47 届世界射击锦标赛
陈　丽	女	飞蝶多向（团）	1998.07	巴塞罗那	1	47 届世界射击锦标赛
孙海波	男	拳击 67 公斤	1998.07	青　岛	1	国际拳击邀请赛
宋成祥	男	拳击 63 公斤	1998.07	青　岛	1	国际拳击邀请赛
李爱华	女	跆拳道	1998.11		4	世界跆拳道锦标赛
陈　丽	女	飞蝶多向	1999.07	芬　兰	7	世界杯射击锦标赛
陈　丽	女	团　体	1999.07	芬　兰	1	世界杯射击锦标赛
袁文明	男	跆拳道	2002.08	韩　国	3	国际跆拳道邀请赛

续表 30-4-1

姓　名	性　别	参赛项目	比赛时间（年月）	比赛地点	名　次	运动会名称
桑鲁亚	男	跆拳道	2002.08	韩　国	1	国际跆拳道邀请赛
王殿君	男	跆拳道	2002.08	韩　国	1	国际跆拳道邀请赛
刘　林	女	跆拳道 63 公斤	2002.09	韩　国	2	第十四届亚运会
吕晓磊	男	TT10（乒团）	2004.01	雅　典	1	雅典残奥会
吕晓磊	男	单打（乒）	2004.01	雅　典	2	雅典残奥会

全国竞赛　1986—2005 年，参加全国体育比赛共获奖项 237 枚（个），其中金牌 43 枚，银牌 32 枚，铜牌 36 枚，四至八名 126 个。在这 43 枚金牌中，有全运会金牌 11 枚，其中代表山东省获 5 枚，代表外省获 6 枚。

1986—2005 年菏泽市（地区）籍运动员参加全国体育比赛成绩一览表

表 30-4-2

姓　名	性　别	比赛项目	比赛时间（年月）	比赛地点	名　次	运动会名称	备　注
张双喜	男	中国跤 100 公斤级	1987.11	广　州	5	六运会决赛	
张拥军	男	射击手枪 60 发（团）	1987.03	上　海	2	华东区第七届射击锦标赛	破省纪录
张拥军	男	射击气手枪 60 发（团）	1987.07	济　南	2	华东区第七届射击锦标赛	
刘明军	男	射击手枪速射 60 发	1987.07	济　南	5	华东区第七届射击锦标赛	
李葵菊	女	射击标准步枪 60 卧	1987.03	上　海	6	华东区第七届射击锦标赛	
李葵菊	女	射击标准步枪团体	1987.03	上　海	1	华东区第七届射击锦标赛	
李葵菊	女	射击气步枪团体	1987.03	上　海	2	华东区第七届射击锦标赛	
李葵菊	女	射击标准步枪 60 发卧	1987.06	南　京	2	第六届全运会预赛	
李葵菊	女	标准步枪 60 发卧	1987.11	广　州	2	第六届全运会决赛	破亚洲纪录
贾庆斌	男	赛艇四单有舵	1987.11	广　东	8	第六届全运会赛艇比赛	
董河军	男	航模 FA（团）	1987.05	郑　州	6	线操纵航模六运会预赛	
晁红艳	女	篮　球	1987.01	唐　山	2	全国青年女篮联赛	
韦　丽	女	篮　球	1987.01	唐　山	2	全国青年女篮联赛	
郭卫东	男	田径 5000 米	1988.05	合　肥	4	全国青年田径锦标赛	
曹　阳	男	跳　高	1988.05	合　肥	1	全国青年田径锦标赛	
马文辉	男	90 公斤级抓举	1988.04	江　西	3	全国举重冠军赛	

续表 30-4-2

姓　名	性　别	比赛项目	比赛时间（年月）	比赛地点	名　次	运动会名称	备　注
马文辉	男	90 公斤级挺举	1988.04	江　西	6	全国举重冠军赛	
马文辉	男	90 公斤级总成绩	1988.04	江　西	5	全国举重冠军赛	
贾庆斌	男	2000 米单人双桨	1988.01	上　海	8	全国赛艇锦标赛	
张拥军	男	自选手枪慢射	1989.05	南　京	5	全国射击锦标赛达标赛	
梁喜玲	女	双人双桨	1989.09	大　连	8	全国第二届青少年运动会赛艇	
贾庆斌	男	四人单桨无舵手	1989.05	武　汉	4	全国赛艇锦标赛	
梁喜玲	女	四人单桨无舵手	1989.05	武　汉	3	全国赛艇锦标赛	
曹　阳	男	跳　高	1989.06	合　肥	3	全国田径锦标赛	
单红军	男	铅　球	1989.09	沈　阳	6	第二届全国青少年运动会田径	
朱瑞霞	女	田径 5000 米	1989.09	沈　阳	5	第二届全国青少年运动会田径	
陆　霞	女	铅　球	1989.09	沈　阳	5	第二届全国青少年运动会田径	
葛志勇	男	游泳 4×100 米接力	1989.09	辽　阳	4	第二届全国青少年运动会游泳	破省记录
侯仰乾	男	举重 100 公斤级抓举	1989.01	扬　州	3	全国举重冠军赛	
侯仰乾	男	举重挺举	1989.01	扬　州	4	全国举重冠军赛	
侯仰乾	男	举重总成绩	1989.01	扬　州	2	全国举重冠军赛	
陆　青	女	摔跤 65 公斤级	1989	北　京	1	全国女子摔跤锦标赛	
曹　阳	男	跳　高	1990.06	北　京	6	全国田径锦标赛	
曹　阳	男	跳　高	1990.08	天　津	5	全国田径冠军赛	
朱瑞霞	女	田径 5000 米	1990.08	天　津	5	全国田径冠军赛	
朱瑞霞	女	田径 10000 米	1990.05	鞍　山	1	全国青年田径锦标赛	
陆　霞	男	铅　球	1990.05	鞍　山	3	全国青年田径锦标赛	
侯仰乾	男	100 公斤级抓举	1990.04	杭　州	4	全国举重锦标赛	
侯仰乾	男	100 公斤级抓举	1990.01	南　宁	2	全国青年举重锦标赛	
侯仰乾	男	挺　举	1990.01	南　宁	1	全国青年举重锦标赛	
侯仰乾	男	总成绩	1990.01	南　宁	1	全国青年举重锦标赛	
陆　青	女	摔跤 65 公斤级	1990.11	济　宁	5	全国摔跤冠军赛（自由）	
李　果	男	摔跤 130 公斤级	1990.03	北　京	7	全国摔跤冠军赛（古典）	
刘方成	男	柔道 60 公斤级	1990.06	合　肥	7	全国青年柔道比赛	
郁永新	男	柔道 65 公斤级	1990.06	合　肥	7	全国青年柔道比赛	

续表 30-4-2

姓　名	性　别	比赛项目	比赛时间（年月）	比赛地点	名　次	运动会名称	备　注
刘红梅	女	篮　球	1990.01	衢　州	2	全国女子青年篮球联赛	
胡凤香	女	赛艇 2000.4−	1992.01	上　海	5	全国赛艇锦标赛	
梁喜玲	女	赛艇 2000.8+	1992.01	上　海	4	全国赛艇锦标赛	
陈　丽	女	飞碟多向（团）	1992.01	广　州	6	全国射击锦标赛	
许洪胜	男	男子全能	1992.05	成　都	1	全国青年锦标赛田径	
葛志勇	男	自由泳 50 米	1992.03	天　津	6	全国区域性达标赛	
蔡书荣	女	铁人三项	1992.08	北　京	1	全国锦标赛	
侯仰乾	男	举重 100 公斤级	1992.04	福　州	4	全国举重锦标赛	
陆　青	女	摔跤 65 公斤级	1992.04	济　宁	2	全国女子摔跤标赛（自）	
吴俊美	女	枪　术	1992	太　原	5	全国锦标赛	
吴俊美	女	对　练	1992	太　原	4	全国锦标赛	
冯艳华	女	对　练	1992	太　原	4	全国锦标赛	
刘发祥	男	拳击 51 公斤级	1992.01	贵　阳	3	全国拳击冠军赛	
刘发祥	男	拳击 51 公斤级	1992.05	杭　州	2	全国拳击锦标赛	
胡凤香	女	赛艇 2000 米 2×	1993.06	成　都	5	全国七运会赛艇比赛	
梁喜玲	女	赛艇 2000 米 8+	1993.06	成　都	7	全国七运会赛艇比赛	
梁喜玲	女	赛艇 2000 米 4×	1993.06	成　都	8	全国七运会赛艇比赛	
陈　丽	女	飞蝶双多向	1993.05	贵　阳	2	全国射击锦标赛	
刁怀记	男	现代五项（团）	1993.09	北　京	5	七运会决赛	
刁怀记	男	个人全能	1993.03	北　京	4	全国现代五项锦标赛	
蔡书荣	女	铁人三项	1993.07	天　津	1	全国铁人三项锦标赛	
张　剑	男	铁人三项	1993.07	天　津	2	全国铁人三项锦标赛	
侯仰乾	男	举重 99 公斤级	1993.09	北　京	8	七运会举重决赛	
张纯金	男	摔跤 68 公斤级（自）	1993.03	昆　明	2	全国锦标赛（摔跤）	破亚洲纪录
梁喜玲	女	赛艇 2000 米 2−	1995.09	上　海	1	全国赛艇锦标赛	
陈　丽	女	飞蝶双多向	1995.09	济　南	1	全国射击团体锦标赛	
张　剑	男	铁人三项	1995.09	北戴河	6	全国铁人三项锦标赛	
王　凯	男	跆拳道	1995.05	北　体	1	首届全国跆拳道锦标赛	
沙艳梅	女	铁人三项	1995.09	北戴河	5	全国铁人三项锦标赛	
张智慧	女	气手枪（团）	1996.09	郑　州	6	全国射击锦标赛	破省纪录
陈　丽	女	飞蝶双多向（团）	1996.09	成　都	5	全国射击锦标赛	
杨　雷	男	气手枪（团）	1996.09	郑　州	1	全国射击锦标赛	
孙海波	男	拳击 67 公斤级	1996.05	杭　州	5	全国拳击锦标赛	

续表 30-4-2

姓　名	性　别	比赛项目	比赛时间（年月）	比赛地点	名　次	运动会名称	备　注
梁喜玲	女	双单无舵	1996.01	湖南岳阳	2	全国赛艇锦标赛	
梁喜玲	女	八单有舵	1996.01	湖南岳阳	4	全国赛艇锦标赛	
李　静	女	太极拳	1996.04	上　海	4	全国武术锦标赛	
张　来	男	跆拳道 72 公斤级	1996	杭　州	2	全国跆拳道锦标赛	
王　玲	女	跆拳道 55 公斤级	1996	杭　州	3	全国跆拳道锦标赛	
范玉宁	女	跆拳道 51 公斤级	1996	杭　州	3	全国跆拳道锦标赛	
张　俊	男	跆拳道 58 公斤级	1996	杭　州	3	全国跆拳道锦标赛	
孙海波	男	拳击 67 公斤级	1997.01	上　海	3	第八届全运会（拳击）	
刘发祥	男	拳击 57 公斤级	1997.01	上　海	5	第八届全运会（拳击）	
梁喜玲	女	赛艇 2000 米 8+	1997.01	上　海	1	第八届全运会（赛艇）	
梁喜玲	女	赛艇 2000 米 2−	1997.01	上　海	1	第八届全运会（赛艇）	
牛晓敏	女	跆拳道 55 公斤级	1997.08	北　京	3	全国跆拳道锦标赛	
黄四海	男	散手 56 公斤级	1997.06	西　安	3	全国散手锦标赛	
黄四海	男	散手小级别团	1997.01	上　海	5	第八届全运会（散手）	
范玉宁	女	跆拳道 51 公斤级	1997.08	北　京	3	全国跆拳道锦标赛	
陈　丽	女	飞蝶多向	1998.01	成　都	4	全国飞蝶系列赛总决赛	
孙　鑫	男	射击手枪慢射	1998.06		1	全国军人射击锦标赛	代表济军
王　玲	女	跆拳道 47 公斤级	1999.05	郑　州	7	全国跆拳道锦标赛	
王　玲	女	跆拳道 47 公斤级	1999.01	重　庆	5	全国跆拳道冠军赛	
梁喜玲	女	赛艇双人单桨	1999.09	岳　阳	2	全国赛艇锦标赛	
杨俊广	男	跆拳道 62 公斤级	1999		3	全国青少年跆拳道比赛	代表解放军
宋成祥	男	拳击 71 公斤级	2000.07	肇　庆	5	全国拳击锦标赛	
孙海波	男	拳击 71 公斤级	2000.09	郑　州	1	拳王挑战赛	
解　刚	男	拳击 51 公斤级	2000.08	西　安	1	全国少年拳击锦标赛	
陈　丽	女	飞蝶多向	2000.09	北　京	3	全国射击锦标赛	
陈　丽	女	飞蝶多向	2000.11	南　宁	3	全国射击冠军赛	
陈　丽	女	飞蝶双多向	2000.11	南　宁	4	全国射击冠军赛	
王　玲	女	跆拳道 47 公斤级	2000.06	广　东	5	全国跆拳道锦标赛	
马署光	男	跆拳道 58 公斤级	2000		1	全国跆拳道锦标赛	代表外省
刘发祥	男	拳击 60 公斤级	2001.01	广　州	5	第九届全运会（拳击）	
梁喜玲	女	赛艇八人单桨有舵手	2001		2	第九届全运会（赛艇）	
梁喜玲	女	赛艇双人单桨无舵手	2001		5	第九届全运会（赛艇）	
杨　勇	男	跆拳道	2001.07		5	全国锦标赛（跆拳道）	代表八一队

续表 30-4-2

姓　名	性　别	比赛项目	比赛时间（年月）	比赛地点	名　次	运动会名称	备　注
马署光	男	跆拳道 65 公斤级	2001.07		1	全国跆拳道锦标赛	代表外省
闫先文	男	射击气步枪 60 发（团）	2001.06		3	全国射击锦标赛	代表外省
闫先文	男	小口径自选步枪	2001.06		4	全国射击锦标赛	代表外省
王思波	男	中国跤	2001.06	保　定	5	全国摔跤锦标赛	代表外省
杨　颖	女	跳　高	2002.02	天　津	7	全国田径大奖赛	
杨　颖	女	跳　高	2002.07		1	全国业余体校田径赛	
张　来	男	跆拳道 70 公斤级	1997.01	浙　江	2	全国跆拳道锦标赛	代表外省
刘海波	男	散手 56 公斤级	1997.01	上　海	1	全国八运会（散手）	代表外省
潘典军	男	拳击 75 公斤级	1997.01	上　海	1	全国八运会（拳击）	代表外省
张　华	男	摔跤 100 公斤级	1997.01	上　海	1	全国八运会（100kg）	代表外省
崔太东	男	柔道 76 公斤级	1997.01	上　海	1	全国八运会（76kg）	代表外省
李　涛	男	拳　击	2002.05		3	全国拳击锦标赛	代表上海
张洪帅	男	跆拳道	2002.05		5	全国跆拳道锦标赛	代表上海
孙　鑫	男	射击手枪慢射	2002.08		1	全国军人射击锦标赛	代表济军
马署光	男	跆拳道 65 公斤级	2002.11		2	全国跆拳道锦标赛	代表外省
袁文明	男	跆拳道	2003.01		4	全国跆拳道锦标赛	代表外省
王殿君	男	跆拳道	2003.01		4	全国跆拳道锦标赛	代表外省
杨　勇	男	跆拳道	2003.09		3	全国跆拳道冠军赛	代表八一队
孙海舰	男	跆拳道	2004.04	海　口	5	全国跆拳道锦标赛	
李英芳	女	跆拳道	2004.09	昆　明	3	全国跆拳道青年锦标赛	
杨俊广	男	跆拳道 58 公斤级	2004		1	全国西南协作区跆拳道精英赛	
石海勇	女	赛艇八人单桨有舵手	2005.01	南　京	6	全国十运会（赛艇）	
梁喜玲	女	赛艇八人单桨有舵手	2005.01	南　京	6	全国十运会（赛艇）	

续表 30-4-2

姓　名	性　别	比赛项目	比赛时间（年月）	比赛地点	名　次	运动会名称	备　注
梁喜玲	女	赛艇双人单桨2000米	2005.04	广　州	8	全国春季赛艇锦标赛	
石海勇	女	赛艇四人单桨2000米	2005.04	广　州	1	全国春季赛艇锦标赛	
梁喜玲	女	赛艇八人单桨有舵手	2005.06	扬　陵	6	全国赛艇锦标赛	
石海勇	女	赛艇八人单桨有舵手	2005.06	扬　陵	6	全国赛艇锦标赛	
陈　丽	女	飞碟多向	2005.04	上　海	2	全国射击系列赛第一站	
陈　丽	女	飞碟多向	2005.05	北　京	1	全国射击系列赛第二站	
陈　丽	女	飞碟多向	2005.01	南　京	1	全国十运会	
邢　军	男	散　打	2005.01	连云港	8	全国十运会	

省运会比赛　1986—2005年，山东省共举办七届运动会（十四届至二十届），其中1990年第十五届、1996年第十八届省运会为省级行业体协组队参赛，各市未组队参加。菏泽市组织体育代表团参加山东省第十四、十六、十七、十九、二十届省运会。

第十四届省运会　1988年4月25日—6月12日，菏泽地区体育代表团参加在济南举行的山东省第十四届运动会，参赛项目主要有田径、游泳、举重、射击、武术、摔跤、柔道等。该届省运会菏泽代表队获得金牌14枚、银牌33枚、铜牌25枚（其中运动员参加全国以上比赛成绩、破省以上纪录加金牌3枚，银牌9.5枚，铜牌8枚），共获总分493分，总成绩在全省地市中排列第五位。

菏泽代表队参加1988年山东省第十四届运动会

1988年菏泽地区代表队参加省第十四届运动会比赛成绩统计表

表 30-4-3

姓　名	比赛名称	比赛地点	比赛时间（年月）	项　目	第一名	第二名	第三名
李瑞霞	田　径	济　南	1988.06	铅　球	—	1	—
靳建建	田　径	济　南	1988.06	铁　饼	—	1	—
李瑞霞	田　径	济　南	1988.06	铁　饼	—	—	1
李拥军	游　泳	济　南	1988.05	200米自	—	—	1

续表 30−4−3

姓　名	比赛名称	比赛地点	比赛时间（年月）	项　目	第一名	第二名	第三名
吴艳红	游　泳	济　南	1988.05	100 米蛙	–	1	–
吴艳红	游　泳	济　南	1988.05	200 米蛙	–	1	–
吴艳红	游　泳	济　南	1988.05	200 米混	1	–	–
葛自勇	游　泳	济　南	1988.05	50 米自	–	1	–
葛自勇	游　泳	济　南	1988.05	100 米自	1	–	–
葛自勇	游　泳	济　南	1988.05	200 米混	–	1	–
蔡书荣	游 泳	济　南	1988.05	400 米自	–	–	1
蔡书荣	游　泳	济　南	1988.05	50 米蛙	1	–	–
蔡书荣	游　泳	济　南	1988.05	100 米蛙	–	1	–
康　丽	游　泳	济　南	1988.05	100 米仰	–	–	1
王德海	举　重	济　南	1988.06	56 公斤级	–	–	1
沈福花	射　击	济　南	1988.06	气手枪 40 发团体	–	1/3	
刘瑞玲	射　击	济　南	1988.06	气手枪 40 发团体	–	1/3	–
徐春霞	射　击	济　南	1988.06	气手枪 40 发团体	–	1/3	–
王明战	射　击	济　南	1988.06	30 发卧射团体	–	–	1/2
马春一	射　击	济　南	1988.06	30 发卧射团体	–	–	1/2
秦卫民	射　击	济　南	1988.06	3×10	1	–	–
田　慧	射　击	济　南	1988.06	小口径 3×10	–	1	–
田　慧	射　击	济　南	1988.06	小口径 3×10 团体	1/2	–	–
刘海萍	射　击	济　南	1988.06	小口径 3×10 团体	1/2	–	–
田　慧	射　击	济　南	1988.06	气步枪 40 发团体	–	–	1
田　慧	射　击	济　南	1988.06	气步枪 40 发团体	–	1/2	–
刘海萍	射　击	济　南	1988.06	气步枪 40 发团体	–	1/2	–
秦卫民	射　击	济　南	1988.06	60 发卧射团体	1/2	–	–
潘之月	射　击	济　南	1988.06	60 发卧射团体	1/2	–	–
苗发青	射　击	济　南	1988.06	60 发卧射	–	1	–
苗发青	射　击	济　南	1988.06	3×40	–	–	1
王明建	射　击	济　南	1988.06	3×40 团体	–	–	1/2
马春一	射　击	济　南	1988.06	3×40 团体	–	–	1/2
苗发青	射　击	济　南	1988.06	气步枪 60 发	–	1	–
王培进	射　击	济　南	1988.06	气步枪 60 发团体	1/2	–	–
张存山	射　击	济　南	1988.06	气步枪 60 发团体	1/2	–	–
楚延明	射　击	济　南	1988.06	自选手枪速射	1	–	–
李帮力	射　击	济　南	1988.06	移动标准速	1	–	–
李帮力	射　击	济　南	1988.06	移动混合速	–	1	–
宋金华	射　击	济　南	1988.06	3×20	–	1	–

续表 30-4-3

姓　名	比赛名称	比赛地点	比赛时间（年月）	项　目	第一名	第二名	第三名
宋金华	射　击	济　南	1988.06	气步枪 40 发	—	—	1
曹　萍	射　击	济　南	1988.06	气步枪 40 发团体	—	1/2	—
陆　霞	田　径	济　南	1988.06	铅　　球	1	—	—
梁喜玲	田　径	济　南	1988.06	铁　　饼	—	—	1
单洪军	田　径	济　南	1988.06	铅　　球	—	1	—
岳　强	举　重	济　南	1988.06	82.5 公斤级	—	—	1
侯阳乾	举　重	济　南	1988.06	90 公斤级	—	1	—
杨继生	举　重	济　南	1988.06	100 公斤级	—	1	—
靳卫平	举　重	济　南	1988.06	44 公斤级	—	—	1
王贵霞	举　重	济　南	1988.06	82.5 公斤级	—	—	1
刘　峰	自由式摔跤	济　南	1988.05	62 公斤级	—	—	1
侣海涛	自由式摔跤	济　南	1988.05	74 公斤级	—	—	1
刘应成	中国式摔跤	济　南	1988.05	57 公斤级	—	1	—
郁永新	中国式摔跤	济　南	1988.05	68 公斤级	—	—	1
李　果	古典式摔跤	济　南	1988.05	100 公斤级	—	1	—

第十六届省运会　1992 年 5 月 20 日—9 月 26 日，菏泽体育代表团参加在淄博举行的山东省第十六届运动会。该届运动会共设 20 个大项，菏泽运动员参加射击、赛艇、游泳、武术、举重、拳击、柔道、摔跤、田径 9 个大项的角逐，共获金牌 10 枚（其中许洪胜、蔡书荣在全国锦标赛上获第一名带入金牌 3 枚）、银牌 13 枚、铜牌 11 枚、四至八名 55 个，1 人次破省记录，总成绩在全省地级市中排名第十二位。

1992 年菏泽地区代表队参加省第十六届运动会比赛成绩统计表

表 30-4-4

姓　名	比赛名称	比赛地点	比赛时间（年月）	项　目	第一名	第二名	第三名
陈　丽	射　击	淄　博	1992.08	飞蝶多向	—	1	—
于　健	射　击	淄　博	1992.08	飞蝶多向	—	1	—
杨　梅	射　击	淄　博	1992.08	气手枪 60 发	—	—	1
杨延军	射　击	淄　博	1992.08	小口径自选步枪	1	—	—
杨延军	射　击	淄　博	1992.08	气手枪	1	—	—
杨光峰	射　击	淄　博	1992.08	气手枪	—	1	—
吴福方	射　击	淄　博	1992.08	手枪速射 60 发	—	1	—
杨延军	射　击	淄　博	1992.08	气手枪 60 发团体	—	1/3	—
杨光峰	射　击	淄　博	1992.08	气手枪 60 发团体	—	1/3	—
王春喜	射　击	淄　博	1992.08	气手枪 60 发团体	—	1/3	—
杨延军	射　击	淄　博	1992.08	自选步枪 3×20 团体	1/3	—	—

续表 30-4-4

姓　名	比赛名称	比赛地点	比赛时间（年月）	项　目	第一名	第二名	第三名
杨光峰	射　击	淄　博	1992.08	自选步枪 3×20 团体	1/3	–	–
王春喜	射　击	淄　博	1992.08	自选步枪 3×20 团体	1/3	–	–
付亚臣	举　重	淄　博	1992.05	甲 82.5 公斤级	–	–	1
侯仰乾	举　重	淄　博	1992.05	甲 100 公斤级	1	–	–
王厚全	拳　击	淄　博	1992.08	48 公斤级	–	1	–
王　杰	拳　击	淄　博	1992.08	52 公斤级	–	–	1
李贯礼	拳　击	淄　博	1992.08	57 公斤级	–	–	1
张向汉	拳　击	淄　博	1992.08	81 公斤级	1	–	–
刘　静	游　泳	淄　博	1992.07	800 米自	–	–	1
刘　静	游　泳	淄　博	1992.07	200 米蝶	–	1	–
徐卫国	射　击	淄　博	1992.08	小口径手枪透射团体	–	1/3	
田　锐	射　击	淄　博	1992.08	小口径手枪透射团体	–	1/3	–
董　健	射　击	淄　博	1992.08	小口径手枪透射团体	–	1/3	–
赵凤香	赛　艇	济　宁	1992.06	10000 米	1	–	–
赵凤香	赛　艇	济　宁	1992.06	1000 米	–	1	–
郁永新	柔　道	淄　博	1992.08	65 公斤级	–	–	1
赵胜刚	自由式摔跤	淄　博	1992.08	68 公斤级	–	–	1
张纯金	自由式摔跤	淄　博	1992.08	74 公斤级	–	1	–
朱瑞霞	田　径	淄　博	1992.09	1000 米	–	1	–
李瑞霞	田　径	淄　博	1992.09	铅　球	–	–	1

第十七届省运会　1994 年 10 月，菏泽地区体育代表团参加在济南举行的山东省第十七届运动会。该届运动会设专业组和业余组比赛，专业组按参加全国以上比赛成绩代入。该届比赛业余组共设 18 项，菏泽运动员参加田径、游泳、武术、摔跤、柔道、射击、拳击 7 个大项的角逐。此次比赛，菏泽地区代表队业余组共获金牌 6 枚、银牌 11 枚、铜牌 7 枚、四至八名 16 个，专业组共获金牌 5.33 枚、银牌 12 枚、铜牌 17.98 枚，总成绩和奖牌获得数量在全省 17 地市中分别排名第十一位、十二位。

1994 年菏泽地区代表队参加省第十七届运动会比赛成绩统计表

表 30-4-5

姓　名	比赛名称	比赛地点	比赛时间（年月）	项　目	第一名	第二名	第三名
杨永站	自由式摔跤	济　南	1994.09	乙 +83 公斤	–	1	–
吴建军	柔　道	济　南	1994.09	甲 60 公斤	–	1	–
侯志霞	柔　道	济　南	1994.09	甲 48 公斤	–	1	–
吴秀华	柔　道	济　南	1994.09	乙 无差别	–	1	–

续表 30-4-5

姓　名	比赛名称	比赛地点	比赛时间（年月）	项　目	第一名	第二名	第三名
杨　雷	射　击	济　南	1994.01	自选手枪慢射	–	1	–
张红松	射　击	济　南	1994.01	自选手枪慢射	–	–	1
徐卫国	射　击	济　南	1994.01	标准手枪 60 发	–	–	1
杨　雷	射　击	济　南	1994.01	气手枪 60 发	1	–	–
张　明	拳　击	济　南	1994.01	45 公斤级	1	–	–
卢效超	拳　击	济　南	1994.01	48 公斤级	–	1	–
孙海涛	拳　击	济　南	1994.01	60 公斤级	1	–	–
李启明	拳　击	济　南	1994.01	67 公斤级	1	–	–
李兰胜	拳　击	济　南	1994.01	71 公斤级	–	1	–
杨　伟	拳　击	济　南	1994.01	54 公斤级	–	1	–

第十九届省运会　1998 年 10 月，菏泽地区体育代表团参加在潍坊举行的山东省第十九届运动会。该届运动会共设 23 个大项，菏泽运动员参加其中的乒乓球、田径、游泳、举重、摔跤、柔道、拳击、跆拳道、武术套路、散手、射击、赛艇 12 个大项的角逐。该届运动会加上梁喜玲八运会带入金牌 1.75 枚，共计获得金牌 10.75 枚、银牌 13 枚、铜牌 26 枚，四至八名 43 个，总成绩和金牌获得数量在全省 17 地市中均排名第十六位。

1998 年菏泽地区代表队参加山东省第十九届运动会比赛成绩统计表

表 30-4-6

姓　名	比赛名称	比赛地点	比赛时间（年月）	项　目	第一名	第二名	第三名
王　勃	举　重	潍　坊	1998.09	105 公斤级	–	–	1
张建军	自由式摔跤	潍　坊	1998.09	52 公斤级	–	1	–
彭效师	柔　道	潍　坊	1998.09	60 公斤级	–	–	1
张月俊	柔　道	潍　坊	1998.09	78 公斤级	–	–	1
段志群	拳　击	潍　坊	1998.09	54 公斤级	1	–	–
韩跃刚	拳　击	潍　坊	1998.09	60 公斤级	–	1	–
孙海波	拳　击	潍　坊	1998.09	67 公斤级	1	–	–
刘建峰	拳　击	潍　坊	1998.09	51 公斤级	–	1	–
宋红海	拳　击	潍　坊	1998.09	57 公斤级	–	–	1
邢武超	拳　击	潍　坊	1998.09	57 公斤级	–	–	1
宋成祥	拳　击	潍　坊	1998.09	63.5 公斤级	1	–	–
钟敬武	拳　击	潍　坊	1998.09	75 公斤级	–	–	1
吕志斌	拳　击	潍　坊	1998.09	91 公斤级	–	–	1
王华岭	拳　击	潍　坊	1998.09	45 公斤级	–	–	1
赵明明	拳　击	潍　坊	1998.09	63.5 公斤级	–	–	1
张召宗	跆拳道	潍　坊	1998.01	50 公斤级	–	1	–

续表 30-4-6

姓 名	比赛名称	比赛地点	比赛时间（年月）	项 目	第一名	第二名	第三名
王海斌	跆拳道	潍 坊	1998.01	54 公斤级	—	1	—
胡西鹏	跆拳道	潍 坊	1998.01	54 公斤级	—	—	1
张红卫	跆拳道	潍 坊	1998.01	58 公斤级	—	—	1
张泽聚	跆拳道	潍 坊	1998.01	64 公斤级	—	1	—
孙启军	跆拳道	潍 坊	1998.01	70 公斤级	—	—	1
解建伟	跆拳道	潍 坊	1998.01	70 公斤级	—	—	1
徐振洲	跆拳道	潍 坊	1998.01	76 公斤级	—	—	1
王艳梅	跆拳道	潍 坊	1998.01	43 公斤级	—	—	1
王 玲	跆拳道	潍 坊	1998.01	47 公斤级	1	—	—
岳世超	跆拳道	潍 坊	1998.01	47 公斤级	—	1	—
李 君	跆拳道	潍 坊	1998.01	51 公斤级	—	1	—
刘 敏	跆拳道	潍 坊	1998.01	55 公斤级	1	—	—
牛晓敏	跆拳道	潍 坊	1998.01	55 公斤级	—	1	—
张 辉	跆拳道	潍 坊	1998.01	55 公斤级	—	—	1
姜 凤	跆拳道	潍 坊	1998.01	65 公斤级	—	—	1
杨 雷	射 击	潍 坊	1998.01	自选手枪慢射	—	1	—
张 磊	射 击	潍 坊	1998.01	自选手枪慢射	—	—	1
徐 奇	射 击	潍 坊	1998.01	自选手枪速射	—	—	1
杨 雷	射 击	潍 坊	1998.01	气手枪 60 发	—	—	1
张智慧	射 击	潍 坊	1998.01	运动手枪 60 发团体	1/3	—	—
康 慧	射 击	潍 坊	1998.01	运动手枪 60 发团体	1/3	—	—
吴喜凤	射 击	潍 坊	1998.01	运动手枪 60 发团体	1/3	—	—
张智慧	射 击	潍 坊	1998.01	气手枪 40 发团体	—	—	1/3
康 慧	射 击	潍 坊	1998.01	气手枪 40 发团体	—	—	1/3
吴喜凤	射 击	潍 坊	1998.01	气手枪 40 发团体	—	—	1/3

第二十届省运会 2002 年 10 月，菏泽市体育代表团参加在济南举行的山东省第二十届运动会。该届运动会共设 20 个比赛项目，菏泽运动员参加田径、体操、举重、武术、散打、摔跤、柔道、射击、拳击、跆拳道、乒乓球 10 个大项的角逐。该届运动会加上李建宾、梁喜玲、鲁庆福、陈丽、张辉、刘林、李英芳在全国以上大

1987 年，菏泽地区武术代表队获省希望杯运动会团体冠军

赛比赛成绩带入 7.72 枚金牌，共计获得金牌 22.22 枚、银牌 6 枚、铜牌 20 枚、四至八名 56 个，总成绩和金牌获得数量在全省 17 地市中分别排列第十五位、第十四位。

菏泽代表队参加山东省第二十届运动会比赛成绩统计表

表 30-4-7

姓　名	比赛名称	比赛地点	比赛时间(年月)	项　目	第一名	第二名	第三名
宁方超	自由式摔跤	济　南	2002.09	83 ~ 105 公斤级	1	-	-
杨　颖	田　径	济　南	2002.01	跳　高	-	1	-
赵永庭	拳　击	济　南	2002.09	48 公斤级	-	-	1
马进发	拳　击	济　南	2002.09	54 公斤级	-	-	1
解　刚	拳　击	济　南	2002.09	57 公斤级	1	-	-
张　震	拳　击	济　南	2002.09	57 公斤级	-	-	1
刘海林	拳　击	济　南	2002.09	60 公斤级		-	1
孙海波	拳　击	济　南	2002.09	67 公斤级	1	-	-
李冠军	拳　击	济　南	2002.09	48 公斤级	-	-	1
王　凯	拳　击	济　南	2002.09	51 公斤级	-	-	1
马　超	拳　击	济　南	2002.09	67 公斤级	-	-	1
王　玲	跆拳道	济　南	2002.01	49 公斤级	1	-	-
郝元元	跆拳道	济　南	2002.01	57 公斤级	-	-	1
戴尊霞	跆拳道	济　南	2002.01	51 公斤级	1	-	-
孔凤凰	跆拳道	济　南	2002.01	55 公斤级	-	1	-
楚楠楠	跆拳道	济　南	2002.01	55 公斤级	-	-	1
刘巧稳	跆拳道	济　南	2002.01	63 公斤级	-	-	1
刘　春	跆拳道	济　南	2002.01	67 公斤级	1	-	-
郑莺时	跆拳道	济　南	2002.01	72 公斤级	1	-	-
杨　勇	跆拳道	济　南	2002.01	68 公斤级	-	-	1
张　坤	跆拳道	济　南	2002.01	62 公斤级	-	-	1

省希望杯、锦标赛　1986—2000 年，山东省体育局每年举行各竞赛项目“希望杯”比赛，2000 年以后改为“锦标赛”。希望杯、锦标赛是山东省举办的最高水平的年度单项体育比赛。菏泽市共有武术、摔跤、跆拳道、散手、田径、拳击、柔道、射击、游泳、举重 10 个项目组队参加 156 次省“希望杯”“锦标赛”比赛，共获得金牌 363 枚、银牌 337 枚、铜牌 335 枚。

1987—2005 年菏泽市（地区）代表队参加山东省希望杯、锦标赛成绩统计表

数量 项目 年度	射击			游泳			拳击			田径			散手			跆拳道			摔跤			武术			举重			柔道			合计		
	金	银	铜	金	银	铜	金	银	铜	金	银	铜	金	银	铜	金	银	铜	金	银	铜	金	银	铜	金	银	铜	金	银	铜	金	银	铜
1987	15	39	39	–	1	3	–	–	–	–	–	–	–	–	–	–	–	–	–	–	–	20	13	6	3	1	5	–	–	–	38	54	53
1988	–	5	–	–	–	–	–	–	–	1	3	1	–	–	–	–	–	–	–	–	–	–	–	–	–	–	–	–	–	–	1	8	1
1989	–	–	1	–	2	–	–	–	–	–	4	1	–	–	–	–	–	–	5	–	–	7	11	6	–	1	3	–	–	–	12	18	11
1990	–	4	1	2	4	6	1	–	1	2	1	1	–	–	–	–	–	–	2	1	1	15	12	10	–	–	–	–	–	–	22	22	20
1991	5	4	1	2	3	4	–	–	7	–	–	1	–	–	–	–	–	–	–	–	–	15	8	11	–	1		1	2	1	23	18	25
1992	1	2	2	–	–	–	–	–	–	–	–	–	–	–	–	–	–	–	–	–	–	17	12	9	–	–	–	–	–	–	18	14	11
1993	2	4	4	–	–	–	3	1	2	–	–	–	–	–	–	–	–	–	–	–	–	11	6	5	–	–	–	–	–	–	16	11	11
1994	–	–	–	–	–	–	–	–	–	–	–	–	–	–	–	–	–	–	–	–	–	16	8	4	–	–	–	–	–	–	16	8	4
1995	–	2	2	–	–	–	3	1	1	–	–	–	7	–	5	–	–	–	1	–	–	9	7	2	–	–	–	–	–	2	20	10	12
1996	1	3	1	–	–	2	–	6	–	–	–	1	2	–	1	8	6	–	–	–	–	5	2	7	–	–	–	–	1	–	16	18	12
1997	–	–	–	–	–	–	–	2	1	–	–	–	4	–	2	12	10	3	–	–	–	1	–	–	–	–	–	–	–	–	17	12	6
1998	–	1	–	–	–	–	–	–	1	–	–	–	1	2	2	–	–	–	2	1	1	–	–	–	–	1	–	–	–	1	3	5	5
1999	–	–	2	–	–	–	4	5	5	–	–	–	–	–	–	3	4	8	–	1	–	2	5	6	1	–	1	–	–	–	10	15	22
2000	–	–	1	–	–	–	–	–	–	–	–	1	6	3	–	7	5	7	3	–	1	8	2	9	–	–	–	1	2	1	25	12	20
2001	–	–	–	–	–	–	8	5	2	2	1	–	8	5	–	–	–	–	–	–	–	2	5	9	–	–	–	–	–	–	20	16	11
2002	–	–	–	–	–	–	–	–	–	2	–	1	8	3	1	5	2	8	1	–	–	8	7	5	–	–	–	1	–	–	25	12	15
2003	–	–	–	–	–	–	1	2	2	–	–	1	10	7	8	7	6	9	1	1	–	19	20	14	–	–	–	–	–	1	38	36	35
2004	–	–	–	–	–	–	5	2	5	2	1	2	5	6	13	5	4	5	–	4	2	6	18	12	–	–	–	–	–	–	23	35	39
2005	–	–	–	–	–	–	3	–	5	1	1	1	7	3	3	4	3	3	1	4	3	4	2	5	–	–	–	–	–	2	20	13	22
合计	24	64	54	4	10	15	28	24	32	10	11	11	58	29	35	51	40	43	16	12	8	165	138	120	4	4	9	3	5	8	363	337	335

市地级体育比赛 市体育局每年组织开展市级乒乓球、越野跑、田径、武术、散手、跆拳道等项目比赛。1987年举办全区乒乓球比赛，境内有6个县和地区体育中学、地区业余体校8支代表队69名运动员参加角逐。1988年举办全区越野长跑赛，有8个县的82名运动员参加比赛。1989年举办全区越野长跑和乒乓球比赛，8个县市的165名运动员分别参加比赛。1992年举办全市乒乓球选拔赛。1996年举办"东方杯"武术比赛。1997—2005年，全市每年都举办一次田径、武术、散手、跆拳道达标赛。2005年11月，市体育局在东明县东方武校举办"东方杯"全市武术套路锦标赛，9县区和宋江武校、东方武校、曹州武校、弘达武校共13支代表队243名运动员参加角逐。东方武校、曹州武馆、巨野县代表队分获男子甲组团体总分前三名；东方武校、东明体校分获女子甲组团体总分前两名；弘达武校、宋江武校、牡丹区分获男子乙组团体总分前三名；宋江武校、弘达武校分获女子乙组团体总分前两名；弘达武校、宋江武校、牡丹区分获集体基本功前三名。

第三节 教练员

1988年，全区体育系列教练员首次进行专业技术职称评审，当年有6人被评为高级教练(副高级)，12人被评为中级教练。1996年，中级教练改为一级教练，初级教练改为二、三级教练。2000年，全区有高级教练19人，一级教练56人。至2005年，全市共有高级教练28人，一级教练96人，二级教练59人，三级教练12人。

2005年菏泽市训练项目和教练员等级统计表

表30-4-8　　单位：人

项 目	高 级	一 级	二 级	三 级
田 径	12	31	26	5
游 泳	1	4	1	–
举 重	1	9	4	–
拳 击	–	–	1	–
摔 跤	–	–	1	–
柔 道	–	–	1	–
跆拳道	–	–	1	1
射 击	3	15	3	1
篮 球	3	9	9	–
乒乓球	–	4	–	1
武 术	8	21	11	4
中国象棋	–	–	1	–
门 球	–	3	–	–
合 计	28	96	59	12

第四节　裁判员

1986—2005 年，菏泽一直无专职裁判员，所有裁判员均为兼职。对国际、国家、一、二、三级裁判员的资格认定分别由国际体育组织和国家、省、市（地）、县体育主管部门负责审批、授予。1986 年，全区有国家级裁判员 1 人，一级裁判员 11 人，二级裁判员 36 人。2000 年，国家级裁判员增至到 3 人，一级裁判员增至 69 人，二级裁判员增至 113 人。至 2005 年，全市共有裁判员 418 人，其中国家级裁判员 3 人，一级裁判员 81 人，二级裁判员 181 人，三级裁判员 153 人。

裁判员

2005 年菏泽市裁判项目和裁判员等级统计表

表 30-4-9　　　　单位：人

项　目	合　计	国家级	一　级	二　级	三　级
田　径	67	–	6	18	43
游　泳	3	–	3	–	–
举　重	7	–	2	1	4
拳　击	2	1	–	–	1
摔　跤	14	–	3	11	–
柔　道	3	–	2	–	1
跆拳道	8	–	7	1	–
射　击	6	1	5	–	–
足　球	3	–	1	–	2
篮　球	105	–	9	63	33
排　球	30	–	2	27	1
羽毛球	4	–	–	–	4
健美操	1	–	1	–	–
武　术	50	1	28	14	7
中国象棋	9	–	–	5	4
台　球	2	–	1	–	1
航空模型	2	–	–	2	–
门　球	64	–	3	38	23
舞龙舞狮	1	–	–	1	–
总　计	418	3	81	181	153

第五章 体育学校

第一节 少年儿童业余体校

1986年，境内各县市体委都建有少年儿童业余体育学校（简称少儿业体）。少儿业体主要有两种办学模式：①县市体委有校舍和文化课教师，学生集中上文化课，在早、晚和节假日开展业余体育训练；②学生在县城普通全日制小学上课，早、晚和节假日到体委参加业余体育训练。少儿业体的主要任务是选拔有培养前途的体育苗子，打好基础，向上一级体育部门输送竞技体育后备人才。1986—1990年，各县市少儿业体开展的体育训练项目主要有田径、武术、举重、乒乓球、篮球、射击等。1990年，全区有教练员130余人，学生2500多人。1990—2000年，有的县市少儿业体并入体育中学，有的因招生困难，经费短缺而停办，全区少儿业余体校只剩5处。2000—2003年，曹县、郓城、成武3县的体育场地和训练教学设施因城市开发被拆除，少儿业体停办。至2005年，全市只有单县、东明少儿业余体校正常开展训练，其他县区的教练员利用中、小学校和单位的训练场地开展少儿业余训练。

第二节 体育中学

1986年，全区有地区体育中学、郓城体育中学、定陶体育中学、巨野体育中学、鄄城体育中学5所。1987年，地区体育中学改为地区体育运动学校。曹县、成武、菏泽市分别于1988年、1991年、1999年建立体育中学。体育中学均为住宿、学习、训练“三集中”的办学模式，开设语文、数学、物理、化学、外语、政治、历史、地理、生物等初中教育课程，由教育部门配备专门的文化课教师。学生上午和晚上学习文化课，早晨、下午和节假日开展体育训练。训练项目主要有田径、武术、射击、篮球、乒乓球、散打、跆拳道、举重、摔跤、柔道等。1995年前后，全区体育中学共有教练员124人，文化课教师136人，在校学生2300多人，为上级体育部门和体育大专院校培养输送大批体育后备人才。2000年后，有的县体育中学因办学条件较差、招生困难被迫停办，郓城、曹县、成武体育中学则因城市开发建设，体育场地设施被拆除而停办。至2005年，全市只有鄄城县1所体育中学。

第三节 体育运动专业学校

菏泽市（地区）体育运动学校是全市唯一一所全日制普通中等专业学校。该校训练设施有400米标准田径场1个，篮球场2个，综合训练楼1座（内设武术、散打、跆拳道、乒乓球、举重、综合力量训练厅）；教学设施有多媒体教室、微机室、选材室、仪器室、实验室、文化课教室等。

为使训练工作相衔接，学校除体育中专班外，还设有小学班、初中班。2003年恢复高中班（1979年设立，1984年停办）。2004年与山东体育学院联合招收五年制大学专科班。市体校开展的体育训练项目有田径、篮球、乒乓球、举重、游泳、武术、射击、散手、跆拳道、足球、摔跤11个专项，文化课教学按国家规定的义务教育和中专学校课程要求全部设齐。1987—2005年，共招收中专生910余人，小学、初中、高中学生4500余人。至2005年，市体校向省专业队输送运动员200余人，为高等院校、外省专业队、解放军专业队输送运动员300余人，为本市培养体育教师、教练1000余人。在省级以上体育比赛中获金牌253枚，银牌256枚，铜牌266枚。

第四节　体育传统项目学校

1995年，省体育局根据鲁体学字〔1995〕17号文件，批准菏泽市五完小（田径）、成武县天宫中学（田径）、郓城一中（田径）、成武一中（篮球）4所中小学为山东省体育传统项目学校。2004年，省体育局下发鲁体综字〔2004〕19号文件，批准东明实验中学（田径）、曹县一中（田径）、成武二中（田径）、菏泽一中（篮球）、巨野一中（篮球）、东明一中（篮球）、单县一中（排球）7所中学为山东省体育传统项目学校。至2005年年底，全市共有11所山东省体育传统项目学校。

第五节　体育人才输送

1986—1999年，按照省体育局规定，各地市向省体育运动技术学院（原省专业队）、省体校、省体育局直属训练单位和北京体院、上海体院、武汉体院运动系及其竞技体校输送的体育专业人才为正式输送成绩，省体育局每年下文公布予以表彰奖励。从2000年开始，省体育局规定只有向省体育运动技术学院、省体校、省体育局直属训练单位和北京体育大学（原北京体院）运动系及其竞技体校输送体育专业人才为各地市输送成绩。1986—2005年，菏泽市共向上一级输送优秀体育后备人才166名（含武术人才输送）。

1986—2004年菏泽市（地区）运动员输送情况一览表

表30-5-1

姓　名	性　别	输送去向	输送时间（年）	技术等级	项　目
陆　霞	女	省技术学院	1986	－	田　径
张拥军	男	省射击学校	1986	－	射　击
张红艳	女	省射击学校	1986	－	射　击
王洪亭	男	省射击学校	1986	－	摩托车
孟庆华	男	省体校	1986	－	田　径
马连喜	男	省体校	1986	－	举　重
吕建军	男	省体校	1986	－	潜　水
韦　丽	女	省技术学院	1987	－	篮　球

续表 30-5-1

姓　名	性　别	输送去向	输送时间（年）	技术等级	项　目
晁红艳	女	省技术学院	1987	—	篮　球
黄玉霞	女	省技术学院	1987	—	排　球
郭卫东	男	省技术学院	1987	—	田　径
张凤霞	女	省技术学院	1987	—	游　泳
吴艳红	女	省技术学院	1987	—	游　泳
李拥军	男	省技术学院	1987	—	摔　跤
荣　森	男	省技术学院	1987	—	摔　跤
李　果	男	省技术学院	1987	—	摔　跤
张秋红	女	省技术学院	1987	—	田　径
张咏梅	女	省技术学院	1987	—	田　径
靳建建	女	省体校	1987	—	田　径
李瑞霞	女	省体校	1987	—	田　径
王志杰	男	省体校	1987	—	田　径
马文波	男	省体校	1987	—	举　重
岳　强	男	省体校	1987	—	举　重
曹　辉	男	省技术学院	1988	—	田　径
单红军	男	省技术学院	1988	—	田　径
蔡书荣	女	省技术学院	1988	健　将	游　泳
苏建龙	男	省技术学院	1988	—	举　重
楚延明	男	省竞技体校	1988	—	射　击
侯贵省	男	省体校	1988	—	田　径
孔祥胜	男	省体校	1988	—	田　径
张剑	男	省体校	1988	—	田　径
刚宪臣	男	省体校	1988	—	田　径
武继龙	男	省体校	1988	—	举　重
范玉生	男	省技术学院	1989	—	篮　球
刘红梅	女	省技术学院	1989	—	篮　球
许洪胜	男	省技术学院	1989	—	田　径
时维霞	女	省技术学院	1989	—	田　径
王兆明	男	省技术学院	1989	—	田　径
杨光皓	男	省技术学院	1989	一　级	游　泳
葛志勇	男	省技术学院	1989	一　级	游　泳
刘　静	女	省技术学院	1989	—	游　泳
刘东胜	男	省技术学院	1989	—	举　重
王德海	男	省技术学院	1989	—	举　重
李　健	男	省技术学院	1989	—	举　重
杨海清	男	青岛省航校	1989	—	帆　船

续表 30-5-1

姓 名	性 别	输送去向	输送时间（年）	技术等级	项 目
王照霞	男	省体校	1989	—	田 径
吴福标	男	省体校	1989	—	田 径
侯慎敬	男	省体校	1989	—	举 重
高爱国	男	省体校	1989	—	举 重
付亚臣	男	省体校	1989	—	举 重
赵 鹏	男	省体校	1990	—	乒乓球
张传峰	男	省体校	1990	—	田 径
桑红伟	男	省技术学校	1990	—	田 径
谭和勇	男	省体校	1990	—	举 重
李海滨	男	省体校	1990	—	举 重
桑圣涛	男	省体校	1990	—	举 重
袁延领	男	省技术学院	1990	—	摔 跤
陈坚强	男	省技术学院	1990	—	摔 跤
王喜运	女	省技术学院	1990	—	摔 跤
陆 青	女	省技术学院	1990	—	摔 柔
侯仰乾	男	省技术学院	1990	—	举 重
王晓文	男	省技术学院	1990	—	摔 柔
刘 超	男	省技术学院	1990	—	摔 柔
杨 梅	女	省竞技体校	1990	—	射 击
梁喜玲	女	省水上学校	1990	—	赛 艇
陈 丽	女	省竞技学校	1991	—	射 击
赵凤香	女	省水上学校	1991	—	赛 艇
胡凤香	女	省水上学校	1991	—	赛 艇
艾淑敏	女	省体校	1991	—	举 重
刁怀记	男	省技术学院	1992	—	现代五项
张 妍	女	省自行车队	1992	—	自行车
袁月庆	男	省体校	1992	—	举 重
郁永新	男	省技术学院	1992	—	柔 道
赵胜刚	男	省技术学院	1992	—	柔 道
张纯金	男	省技术学院	1992	—	柔 道
陈兴舞	男	省体校	1993	—	田 径
苏华生	男	省体校	1993	—	田 径
文 峰	男	省体校	1993	—	田 径
周广利	男	省体校	1993	—	田 径
黄四海	男	省 武 院	1995	—	散 手
杨 雷	男	省竞技体校	1995	—	射 击
段志群	男	省技术学院	1995	—	拳 击

续表 30-5-1

姓名	性别	输送去向	输送时间（年）	技术等级	项目
宋成祥	男	省技术学院	1995	—	拳击
王成	男	省体育中心	1995	—	田径
高静	女	省体校	1995	—	游泳
李文娟	女	省技术学院	1996	—	田径
沙雁梅	女	省技术学院	1996	—	铁人三项
王凤姗	女	省体校	1996	—	举重
粟健	男	省体校	1997	—	田径
王艳春	女	省水校	1998	—	赛艇
张文博	男	省体校	1998	—	田径
庄绪艳	女	省体校	1998	—	跆拳道
许诺	男	上海竞校	1998	—	跆拳道
袁文明	男	上海竞校	1998	—	跆拳道
桑鲁亚	男	上海竞校	1999	—	跆拳道
王殿君	男	上海竞校	1999	—	跆拳道
李涛	男	上海竞校	1999	—	拳击
宁方超	男	省体校	1999	—	摔跤
马冲	男	省技术学院	2000	—	古典跤
李振峰	男	省技术学院	2000	—	跆拳道
张红卫	男	省技术学院	2000	—	跆拳道
张峰	男	省技术学院	2000	—	跆拳道
沙伟	男	省技术学院	2000	—	跆拳道
杨颖	女	省体校	2000	—	田径
刘冬	男	省体校	2000	—	田径
单长辉	男	省体校	2000	—	田径
张辉	女	省技术学院	2001	—	跆拳道
郑体东	男	省技术学院	2001	—	柔道
刘巧稳	女	省技术学院	2001	—	跆拳道
刘春	女	省技术学院	2001	—	跆拳道
潘迪川	男	省技术学院	2001	—	皮划艇
沈占彪	男	省体校	2001	—	田径
王静	女	省技术学院	2002	—	举重
刘念栋	男	省体校	2002	—	田径
赵蕾	女	北体	2002	—	跆拳道
张晖	女	省技术学院	2003	—	跆拳道
李英芳	女	省技术学院	2003	—	跆拳道
李英俊	男	省技术学院	2003	—	跆拳道
王天聪	男	省技术学院	2003	—	跆拳道

续表 30-5-1

姓　名	性　别	输送去向	输送时间（年）	技术等级	项　目
李修志	男	省技术学院	2003	—	跆拳道
李　猛	男	省技术学院	2003	—	跆拳道
王　浩	男	省技术学院	2003	—	跆拳道
孔海舰	男	省技术学院	2003	—	跆拳道
张　艳	女	省技术学院	2003	—	跆拳道
季　冰	男	省技术学院	2003	—	跆拳道
岳东坡	男	省技术学院	2003	—	跆拳道
程凤凤	女	省技术学院	2003	—	自行车
戴尊霞	女	省武院	2004	—	跆拳道
孙亚飞	女	省体校	2004	—	举　重

第六章　体育产业

1986 年，境内体育产业开始起步，经过近 20 年的发展，逐步形成民办武术馆校、体育俱乐部、体育表演团体、体育用品销售、体育器材生产、体育彩票销售 6 大体系。

第一节　体育俱乐部

随着人们收入水平的不断提高和城镇居民需求结构及消费结构的升级，体育健身锻炼成为城镇居民的消费热点。1997 年，境内开始出现经营性的体育俱乐部。俱乐部实行会员制或销售门票，主要开展篮球、乒乓球、游泳、健美、瑜伽、武术、跆拳道、围棋、象棋、台球等体育和健身项目的锻炼与指导。经过几年的发展，形成一批具有一定规模，经营管理比较完善的体育俱乐部。至 2005 年，全市共有各类体育俱乐部 22 家，分布在牡丹区、曹县、巨野、定陶、郓城、单县、鄄城 7 个县区，其中 5 家被市体育局定为市级全民健身活动基地，2 家被省体育局定为省级训练基地。22 家体育俱乐部共有固定资产 260 万元，场所占地面积 2.61 万平方米，活动场地面积 2.41 万平方米，会员约 8000 人，体育俱乐部管理人员 30 人，体育专业技术指导人员 50 人，年经营收入 68.2 万元。

第二节　体育表演团体

20 世纪 90 年代中期，境内一些武术馆校根据自己的特色和生存发展的需要，开展体育表演活动，如郓城宋江武校、东明东方武校、牡丹区赵登禹将军武校、巨野中原武校等，都组建自己的武术表演艺术团体。1994 年，宋江武校“狗娃艺术团”在中央电视台春节联欢晚会上演出“狗娃闹春”后，相继参加迎港澳回归等其他庆典活动百余次，并多次出国演出。该校还设立影视专业班，派出文武演员参加多部电视剧的拍摄工作。1996 年，东明东方武校成立龙狮队，有专业舞狮队员 60 余人，并多次在国内参加表演。2004 年 10 月，该校舞狮队在湖北大冶第五届“雷山杯”全国舞龙舞狮锦标赛上获北狮冠军，成为名副其实的“北狮王”。牡丹区赵登禹将军武校 1998 年成立“中华武术文化展演团”，多次在国内演出，2001—2003 年应邀赴法国、德国、瑞士、瑞典、丹麦、挪威、卢森堡、奥地利、荷兰、意大利、比利时、英国、美国、日本、韩国、泰国、马来西亚、新加坡等国进行武术、硬气功表演。境内这些体育表演团体既宣传菏泽武术，也取得可观的经济效益。至 2005 年，全市共有 7 个体育艺术表演团体，其中牡丹区、巨野、郓城各 2 个，曹县 1 个，分别隶属于 7 所较大的民办武术馆校。这些表演团体共有固定资产 50 万元、演艺人员 184 人，主要表演的项目有武术舞蹈、硬气功、杂技等，2005 年演出收入达 60 万元，向国内演艺单位输送演员 347 名。

第三节　体育器材生产与销售

1986 年后，随着体育事业的发展和全民健身活动的普遍开展，境内出现一批体育器材生产厂家和专业体育用品销售门市。2002 年，曹县成立美康乐健身器材有限公司；2003 年，成立菏泽奥健体育用品有限公司、菏泽京菏健身器材有限责任公司。以上体育器材生产企业共有固定资产 330 万元，主要产品有篮球架、乒乓球台、力量综合训练器和一些健身器材，年销售收入均在 290 万元左右。

2005 年，据体育产业调查显示，全市共有体育用品销售门市 53 家，其中牡丹区 15 家、曹县 2 家、巨野县 4 家、定陶县 8 家、郓城县 7 家、成武县 4 家、单县 4 家、东明县 2 家、鄄城县 7 家、拥有固定资产 800 余万元。主要销售运动服装（含鞋、帽、手套产品等）、球类器材、运动器材、健身器械、渔具系列、运动装备、奖杯奖牌、裁判和教练用品等，全年销售收入超过 1000 万元。

第四节　体育彩票

1996 年 1 月，郓城县体委开始销售即开型体育彩票。2000 年 8 月，地区体彩发行管理中心成立后，体育彩票开始在全区范围内广泛销售。体育彩票的销售形式主要有即开型、网络型、电脑型三种。2004 年 5 月，受西安体彩“宝马”事件的影响，财政部下文暂停即开型彩票的销售活动。1996—2005 年，全市举办即开型体育彩票规模销售活动和网络型体育彩票销售活动 27 次，销售总额 1381 万元；销售电脑体育彩票 6984.75 万元，募集体彩公益金 700 万元。体彩公益金有效弥补菏泽体育资金的不足，为全市全民健身设施的设置以及举办大型体育比赛提供资金保障。

第三十一编　社会生活

多彩生活

新型社区

中共十一届三中全会后，全市实行改革开放，经济发展逐渐加快，人民生活不断改善。1986—2005年，城镇职工人均工资收入由660.10元提高到7341.67元，增长10.1倍，年均增长13.5%，扣除物价因素后，实际增长2.9倍，年均增长7.4%；农村居民人均纯收入由310.59元提高到3092.40元，增加2781.81元，增长近9倍；农村居民人均生活费支出由238.9元提高到1791.55元，增加1552.62元，增长6.5倍；农村居民人均生活用房由1986年的15.65平方米提高到24.36平方米，面积增长55.65%。随着居民收入增加和消费水平的提高，消费观念不断更新，穿着追求舒适、时尚，饮食讲究质量、营养，住房日趋宽敞、高档，出行更为便捷、顺畅，生活质量和健康水平持续提高。在强力推进经济建设的同时，坚定不移地加强精神文明建设。“五讲四美三热爱”活动、“爱家乡、比贡献、树新风”活动、“行风万人评”活动、评树先进典型活动等系列活动的开展，有效促进了“四德”（社会公德、职业道德、家庭美德、个人品德）建设。通过文明城市、文明村镇、文明行业、文明新风户等系列文明创建的开展，全市精神文明建设得到全面提升。

改革开放，经济发展，推动社会事业进步，全市社会保障和城市居民最低生活保障机制逐步建立并日趋完善。养老保险、医疗保险、失业保险、工伤保险、生育保险全面推开，参保人数和包费征缴逐年增加，收支兑付逐步规范。

老年人合法权益保护日益加强。《山东省保护老年合法权益若干规定》实施后，市（地）、县、乡（镇）政府设立老龄办公机构，同级财政把老年优惠补贴列入预算。1987—2005年，全市有51.2万户签订家庭赡养协议，占应签户的87.5%，2005年，菏泽市开展首届“十大孝星”评选活动，至2005年年底，全市有10万余城市老年人办理优待证。

党的民族宗教政策进一步得到落实，民族宗教工作逐步走向制度化、规范化。

第一章　精神文明建设

第一节　思想道德教育

1986—1994年，地区“五讲四美三热爱”（“讲文明、讲礼貌、讲卫生、讲秩序、讲道德”“心灵美、语言美、行为美、环境美”“热爱祖国、热爱社会主义、热爱中国共产党”）活动办公室结合每年开展的“文明礼貌月”和精神文明创建活动，采取组织参观、演讲比赛、形势报告会、图片展览等多种形式，在全区城乡广泛开展“爱家乡、比贡献、树新风”活动，激发广大干部群众为振兴菏泽建功立业的积极性。组织实施“五个十工程”，即：在全区各行各业树立起50个叫得响、过得硬、代表菏泽水平，为菏泽两个文明建设做出突出贡献，深受社会好评和公认，能够影响和带动全区党风、民风、社会风气好转的明星乡镇、明星企业、明星村庄、明星学校和明星个人。地委、行署对“爱、比、树”活动中涌现出来的50个先进典型进行了隆重表彰。1995—1996年，在全区开展领导干部学习孔繁森，基层干部学习王廷江，全民学习韩素云的“三学”活动；在青少年中开展爱国主义、集体主义、社会主义思想教育。1997—1999年，围绕香港、澳门回归和新中国成立50周年，开展“回顾50年，展望下世纪”教育活动，通过组织报告会、读书演讲、参观考察、回忆对比、知识竞赛、举办展览，以及各种形式的群众性文艺活动等形式，总结回顾各条战线、各个单位新中国成立50年来的巨大变化，增强全区人民坚持社会主义道路，坚持党的领导的自觉性和坚定性。

2001年，在全市上下掀起学习、宣传、贯彻《公民道德建设实施纲要》的热潮。编印“纲要”学习辅导材料10万余册，制作宣传图板1万余块，制作大型墙体公益广告牌1200块，各县区均建立起公民道德建设宣传一条街。通过举办“以德治国”理论座谈会，开辟公民道德建设专题栏目，举办“纲要”精神学习培训班，召开公民道德建设工作现场经验交流会等形式，大力倡导“爱国守法、明礼诚信、团结友善、勤俭自强、敬业奉献”20字基本道德规范，广大群众受到深刻的思想道德教育。2002年4月，市文明办协调30多个文明单位参与，集中在中华路两侧统一制作40块价值12万元的社会公益性宣传广告标牌，宣传公民道德基本规范，美化城市环境，受到群众的好评。10月，市委、市政府联合举办全市文明市民知识大奖赛，对大赛进行现场直播和重播，受到社会各界的广泛赞誉。2003年，在《菏泽日报》上开辟“谈谈我身边的陋习”有奖征文活动，在中华影剧院举办“破陋习、树新风”专场文艺晚会。2004年，市文明办组织有关人员对全市的未成年人思想道德建设状况进行调查，市委、市政府根据调查情况下发《关于加强和改进菏泽市未成年人思想道德建设的具体实施意见》，召开全市加强和改进未成年人思想道德建设工作会议。会后，市文明办对80项工作进行责任分解，38个部门和行业都有具体的分工。在每年9月份的“公民道德宣传日”期间，市文明办都结合市委的中心工作，开展“道德宣传教育进万家”活动，使“公民基本道德规范”、《中小学生文明守则》《市民文明公约》等行为准则进单位、进学校、进家庭，营造未成年人健康成长的良好环境。

2005年，全市范围启动“文明菏泽”建设工程。市委、市政府举行以市直、牡丹区、开发区“文明菏泽从我做起”为主题的启动仪式；在冀鲁豫边区革命纪念馆广场、鲁能超市广场分别举行“发扬革命传统，共建文明家园” 中小学生宣誓仪式和企业文明诚信联盟活动；在电视台演播大厅举办“文明菏泽从我做起”大型演讲比赛；《菏泽日报》开设“文明菏泽从我做起”有奖征文专栏。《实施“八大工程”全力打造“文明菏泽”》《“文明菏泽”活动丰富多彩》《我为“文明郓城”做件事 》《菏泽汽车站“小红帽”服务队 着力打造“文明菏泽”新亮点》等典型经验被省文明办转发。

第二节　职业道德教育

1986—1997 年，地区“五讲四美三热爱”活动办公室围绕职业道德教育，结合行业自身特点，分别对员工进行系统的职业责任、职业道德、职业纪律、职业技能的培训教育，职工队伍的素质有较大提高。1998—2001 年，市文明办在“窗口”服务行业和驻城 8 个办事处当中开展“行风万人评”活动，参评的范围主要是公安、检察院、法院、卫生、金融、交通、工商、国税、地税、邮电、电业、计生、环卫、环保、城建、教育、商业、粮食、供销、接待、食品卫生等与群众生产、生活联系紧密的行业和单位。评议内容主要有职业道德、社会公德、服务质量、管理水平、执法执纪、行业风气等。评议时，在《菏泽日报》上分别刊出各参评行业或单位的主要职责，统一印制 1 万张选票，组织市民、监督员、机关干部，对所有参评行业（单位）进行投票，按得票多少排出名次，前 10 名为“十佳行业”，由市委、市政府给予表彰。对评议中群众满意率低的行业和单位实行责任追究制，原是文明单位和文明行业的撤销其文明单位和文明行业称号。

2002—2005 年，开展“行风万人评”活动，重点放在行业规范化服务和社会承诺上，把与群众生产生活密切相关的行业纳入职业道德教育范围之中，开展以比职业道德，赛行业风气；比服务质量，赛工作技能；比文明管理，赛执法水平；比工作纪律，赛遵章守纪；比绿化美化，赛环境优美；比组织领导，赛活动成效为主要内容的“六比六赛”活动。活动期间，邀请市人大代表、政协委员对上述行业的服务质量、工作效率、廉政建设等职业道德方面的情况进行视察。每年年底，都对职业道德教育中的先进单位和先进个人进行评选表彰。

第三节　文明城市创建

1991—1992 年，为推进文明城市创建工作，在全区连续两年开展以“讲文明、讲道德，创优良秩序、创优美环境、创优质服务”为主要内容的“两讲三创”竞赛活动。对竞赛活动中产生的优胜单位，地委、行署给予表彰。1993—1996 年，各县市加大城市基础设施的投入，完善服务功能，严格文明城市创建工作的标准，取得显著成效。1997 年，创建文明城市主要从治理脏、乱、差入手，从建设文明小区、文明街道抓起，重点解决环境面貌、治安秩序、道德风尚、社区服务等方面的具体问题。以学习张家港、学习“110”、推广服务承诺制为突破口，从示范窗口抓起，逐步提高城市文明水平。在文明城市创建活动中，采取定期和不定期的组织检查，每次检查都按标准评出名次，结合年底总评，评选出 3 个优胜县市，30 个先进乡镇、50 个先进单位、100 个先进村庄。

1998—2000 年，开展以“治理环境卫生，整顿交通、市场秩序”为重点的创建文明城市活动，重点在县市城区和铁路、公路沿线的乡村集镇展开。通过治理环境卫生，主要街道达到全日保洁，沿街建筑物整齐美观，城乡接合部和背街小巷的卫生管理无死角，垃圾日产日清，工业“三废”符合排放标准，门前“三包”、门内达标和卫生分片责任得到落实，街道两旁的广告牌匾布置得体、规范、美观、无错别字，建筑、基建工地不占用街道路面。整顿交通秩序，出租车、客运三轮车严格实行定点停放、定线行驶、定价经营，杜绝漫天要价，欺辱顾客的现象；交通干警依法执勤、文明上岗、及时疏导、保证畅通、礼貌待人、热情服务、秉公纠违。治理市场秩序，合理规划市场、布局摊点，严格实行坐商归店、行商归市、摊点入群的管理办法；经营单位和个体工商户公平交易、文明经营；欺行霸市、掺杂使假、少秤短尺、以次充好、假冒伪劣行为得到及时打击和处理。城乡的环境面貌、生活质量得到明显改善。

2001—2002年，开展以“做文明市民、创文明社区、建文明城市”为主要内容的活动。采取开办文明市民学校，普及公民文明知识，制定《市民文明守则》，规范市民言行等多种形式，向市民进行社会公德、职业道德和家庭美德教育，使市民自觉养成良好的行为习惯，自觉遵守《市民文明守则》。牡丹区、开发区以街道社区为单位，其他8县以县城驻地镇的城区行政村为单位，按照思想工作联做、环境卫生联抓、社会治安联防、文体活动联搞、公益事业联办的要求，组织开展创建文明社区活动，为创建文明城市打牢坚实的基础。2003—2005年，在全市范围开展“改陋习、树新风”活动，引导广大群众搞好自我教育，让群众在参与活动中提高素质，养成良好的文明习惯。《菏泽日报》开辟“改陋习，树新风”专题栏目，举办“说说我们身边的陋习”有奖征文活动；菏泽电视台开辟曝光台，对不文明行为集中进行曝光，并制作以“改陋习，树新风”为主要内容的公益性广告，在全天节目中滚动播出；菏泽广播电视报举办关于记录、反映不文明生活陋习的摄影、漫画及征文比赛活动。通过宣传，形成“改陋习、树新风”的浓厚氛围，让人们在参与活动中受到教育，提高素质，根除累积多年的陈规陋习，形成讲文明、讲卫生、讲科学的良好风气，市民素质和社会风气有进一步提高，并且涌现出东明、曹县、牡丹区、成武、郓城、巨野6个省级精神文明建设工作先进县区和8个市级精神文明建设工作先进县。

第四节 文明行业创建

1990—1992年，地、市两级文明委在菏泽城区联合开展“牡丹杯”优质服务百日竞赛活动。每年的花会期间，各个行业以优质的服务、文明的举止、友好的语言、优美的环境迎接海内外游客，形成“牡丹之乡情谊重，文明礼貌在菏泽”的浓厚氛围。1993年，全区各行业开展以“岗位学雷锋，行业树新风”为主要内容的“争星夺杯”竞赛活动；保险系统设立“保险杯”，金融系统设立“金融杯”，电力系统设立“光明杯”，邮电系统设立“鸿雁杯”，教育系统设立“园丁杯”，商业、饮食服务系统设立“满意杯”，公安系统设立“创安杯”，卫生系统设立“白求恩杯”，农业系统设立“丰收杯”，工业系统设立“主人翁杯”，环卫系统设立“环卫杯”，林业系统设立“绿化杯”，人武系统设立“劳武杯”，妇联系统设立“巾帼杯”，共青团系统设立“共青杯”，计生系统设立“人口杯”。历时一年的活动结束后，地委、行署对岗位学雷锋优胜系统、优胜单位、明星个人（每个县市各10名，地直10名）进行表彰。

1994—1996年，连续三年在全区各县市“窗口”服务行业，集中开展“学雷锋、学徐洪刚优质服务百日竞赛”活动。17个行业的职工围绕服务语言、服务规范、服务环境、服务效率四个方面，制定、推行文明用语、服务忌语和服务规范化细则，改善服务环境1500项，推行优质服务、限时服务等措施4200多项。在100天的集中优质服务竞赛活动中，涌现出好人好事2143件，收到顾客表扬信3120封、表扬意见5000余条、致谢电话7000余次、致谢牌匾34块。

1997—1999年，连续三年在全区“窗口”行业开展以“学济南工行、学济南交警”为主要内容的“为人民服务，树行业新风”活动。此项活动主要在公安、卫生、城建、交通、金融、邮电、电业、商业、粮食、供销、接待、工商、税务、新闻、土管等15个行业及所属“窗口”单位进行，重点解决秉公执法、严格管理、文明服务、廉洁高效，端正服务态度、提高服务质量、规范服务行为，恪守职业道德、遵守新闻纪律、弘扬社会主旋律等群众反映强烈、影响部门或整个社会风气好转的行为和风气。活动实行条块结合，以条条为主，一直抓到县市、乡镇。每年年底对评选的5个先进行业、20个先进单位、100个先进个人，在全区进行表彰。

2000—2003年，以创建文明行业活动为载体，党政机关开展“创文明机关、做人民满意公务员”活动，强化干部为民服务观念。执法执纪部门开展“文明执法、廉政为民”活动，坚持公正公平，把依法管理与热情服务统一起来。窗口服务行业、生产经营单位、私营企业和个体工商户中，开展“以德经营、诚信立业、文明生财”活动，引导员工以高尚的道德赢得服务对象，以诚实的劳动获得经济效益，以优质的服务促进自身发展。农村主要对农民进行国家、集体与个人三者利益关系、社会主义法制、科技知识和奔小康的教育，增强国家观念、集体观念，建立健康、科学、文明的生活方式，做勤劳致富、遵纪守法的新型农民。学校对青少年学生重点进行优良传统、优秀文化、基本国情教育，培养学生的爱国主义情感，提高爱国主义觉悟，树立正确的理想、信念和人生观、价值观，使学生们牢记祖国的昨天，珍惜祖国的今天，进一步激发青少年建设祖国明天的热情。

2004—2005年，围绕省委、省政府“突破菏泽”战略，全市范围开展建设“诚信菏泽”活动。此次活动的重点是从人民群众最为关心的问题入手，主要抓党政机关、执法部门、企业、窗口服务行业等领域的“诚实守信”建设，以提高诚实守信道德观念。为加快菏泽发展，确保实现良好的社会环境，开展“诚实守信大家谈”“百城万店无假货”“诚信企业大家评”和评选“文明机关”“诚信公民”“优秀公仆”“人民功臣”活动。2004年，推荐省级“文明诚信百佳企业”3家，评选市级“文明诚信企业”23家。2005年，涌现出省级“文明诚信百佳企业”3家，市级“文明诚信企业”23家，市级文明行业10个，文明系统3个。

第五节 文明村镇创建

菏泽地区创建文明村镇活动始于1997年。1997年年初，文明办在全区农村普遍开展创建“十星级文明户”活动。按照农村两个文明建设的总体要求，联系农村政治经济、思想文化、道德风尚等方面的问题，确定十个方面的创建内容，每项内容用一颗星表示，即：爱党、爱国、爱社会主义、爱集体、爱人民（五爱星），科学生产、劳动致富（致富星），晚婚晚育、计划生育（计生星），学习法律、遵纪守法（法纪星），重视教育、提高素质（文教星），家庭和睦、邻里团结（和睦星），破除迷信、移风易俗（新风星），扶危济贫、造福乡里（济助星），勤俭持家、艰苦创业（勤俭星），保护环境、讲究卫生（环卫星）。把“十星级文明户”的标准宣传到家，发送到户，让村民自我申报有“镜子”，评议别人有“尺子”，参与活动心里有“底子”。对评出的“十星级文明户”，分别由县市、乡镇、村庄举行挂牌仪式。开展创建“十星级文明户”活动好的县市、乡镇、村庄及农户，地区精神文明建设委员会进行表彰。同年，针对在婚丧嫁娶上讲“面子”、搞“攀比”、封建迷信有所抬头的现象，在全区城乡开展“破婚丧陋习，树文明新风”活动，村村建立红白理事会和各项规章制度。文明办在活动中组织三次大的检查，对先进单位的经验和存在的问题及时进行推广和通报。1998年，全省开展“孔府家杯”农村倡新风模范户活动，菏泽地区共涌现出省级新风户102个，地级新风户1000个，十星级文明户5万余户。

2000—2001年，结合学习文登市的经验，开展文明村镇百强工程活动。每个县区按照领导班子强，经济基础好，发展潜力大，社会风气正，环境优美，秩序优良的要求，选择2～3个乡镇，每个乡镇确立3～5个村作为县区、乡镇两个文明建设的示范点，加强检查、督促、指导、完善、提高，建成全区100个农村精神文明建设样板。

2002—2003年，全市推广临沂创建农村“文明一条街”的经验，先后在巨野县大谢集镇、定陶县陈集镇前沙海行政村召开创建农村“文明一条街”现场会，开展“文明一条街”创建活动。2005年，重点抓陋习综合治理，农村的环境面貌、卫生状况较大改观，农民的文明意识得到强化，生活质量得到明显提高。至年底，全市共涌现出全国文明村镇1个，全国创建文明村镇工作先进单位3个；省级文明村镇12个；市级精神文明建设工作先进乡镇56个。

第六节 文明单位创建

1986年，创建文明单位作为精神文明建设的基本形式正式提出。起初评选文明单位，主要看环境卫生。1987—1989年，地区精神文明建设委员会先后制定以领导班子建设、思想政治工作、文明细胞建设、社会和经济效益、环境建设为主要内容的文明单位标准。1992年3月，地区精神文明建设委员会下发《文明单位建设管理暂行办法》，明确文明单位建设的指导思想、评选范围、评比条件、评比命名办法、管理、考核、奖惩等。随着时代的发展，文明单位这一荣誉称号越来越得到全区各单位的重视，但也有个别单位出现“重评轻创”的现象。为纠正这一不良倾向，市文明办重新修订完善《菏泽市文明单位暂行管理办法》《文明单位考核细则》，对文明单位创建的原则、标准、审批程序、管理职责、奖惩兑现等作更详细规定。2004年，文明单位开始实行届期制，每两年一届，届满重新申报和验收，不合格者自然淘汰，届满不重新申报的单位视为自动放弃称号。凡申报文明单位的单位必须张贴“申报公示”，接受社会各界监督。至2005年年底，菏泽市共有全国文明单位1个，全国精神文明创建工作先进单位2个；省级创建文明城市工作先进城市1个，省级文明单位104个，省级文明机关12个；市级文明单位276个，市级文明机关60个。

第七节　文明家庭创建

1989年起，地、县市各级妇联组织围绕精神文明建设，坚持以家庭为依托，以开展活动为载体，以崇尚科学文明为重点，适应广大妇女的精神文化需求，从优化社会细胞入手，突出以德治家，弘扬家庭美德，在全区广泛开展“五好文明家庭”“星级家庭”“美在家庭”“好婆婆”“好妯娌”等评选活动。1990—1997年，全区表彰“三八”红旗手10362人，468个单位被省妇联评为“三八”红旗集体，地区妇联也连续8年受到省妇联的表彰。1996年，开展“科技进家家家富、文明进家家家新、法制进家家家安”的“三进家”活动。地区妇联向省妇联推荐7户文明家庭和3户爱书家庭，促进“三进家”活动的深入开展。1998年，在全区开展“尊老爱幼月”“美在家庭、富在庭院”活动和“送温暖、献爱心”慰问宣传活动。在“五好文明”家庭创建中，发动每个家庭建一个书柜，藏200本图书，订3份报刊的“123”活动，进一步提高家长的文化素质，有力地推动家教工作的开展。2000年，在全区巾帼事迹报告暨表彰大会上，对涌现出来的60个妇女工作先进单位、53名优秀妇女干部、100多名“三八”红旗手进行表彰，推进“三化四改”（绿化、美化、净化，改水、改厕、改圈、改灶）目标的实现。

2001年，市妇联对全市做出突出贡献的41个妇女工作先进单位，54个“三八”红旗集体、56名优秀妇女干部、114名“三八”红旗手进行表彰。全市18个行政村被评为全省“美在家庭”示范村，2个单位被评为省级“美在家庭”示范单位。在市妇联组织的优秀家庭“才艺大舞台”电视大赛中，有5个家庭被推荐参加中央电视台《神州大舞台》的比赛，并获得较好的成绩。同年，在全市各级妇联组织中开展以德治家为主题的“爱心献老人”家庭美德实践活动，共评选表彰100户“五好”文明家庭，20名尊老敬老好儿女，32个妇女先进单位，127名“三八”红旗手。至2003年，全市涌现出省级“美在家庭，富在庭院”先进协调组织2个，先进协调单位2个，示范街道办事处1个，先进个人5名，“五好”文明家庭7户；涌现出市级先进村108个，“五好”文明家庭5500户。2004年，在全市广大妇女中开展“爱菏泽，爱家乡”为主题的教育活动，组织城乡妇女开展“清洁厨房”卫生运动，并把每年的3月14日至4月14日定为全市家庭卫生清洁月，把每个星期六定为“家庭美化日”，促进文明建设的协调发展。同时，市妇联开展“以关爱女性健康”为主题的巡回讲座20多场次。围绕全市开展的“读书、成才、进步”主题活动，各级妇联组织开展各种类型的家庭读书比赛、演讲比赛、知识竞赛、家庭文化艺术评选等。很多家庭出现“夫妻共读一本书，母女共同读好书”的局面，全市涌现出一大批“学习型家庭”。2004年有5户“五好文明家庭”受到省妇联的表彰，2个“五好文明社区”受到全国妇联的表彰。2005年6月，市妇联、市纪委联合下发《关于开展家庭助廉教育，创建“廉洁家庭”活动的意见》后，各级妇女组织都把“廉洁家庭”教育活动的开展作为“五好文明家庭”创建和“好媳妇、好婆婆”等评选的重要内容，并评选出“好婆婆”“好媳妇”各10名。

第八节　巾帼文明队创建

巾帼文明队

菏泽市巾帼文明队创建活动始于2001年，至年底，7个健身文化站点和3个健身文化单位受省的表彰。2002年，市妇联分别对全市200支巾帼文明队授旗。在“百支巾帼文明队”行动中，市、县区妇联组织科技、卫生、司法、文化等系统500余支巾帼文明队深入到特困家庭、敬老院为他们义诊，送科技、送法律、送救助金，帮助特困家庭渡过难关。至年底，全市有3个“巾帼文明队”受到全国妇联的表彰。2003年3月，国内部分地区发生“非典”疫情后，市妇联在全市妇女中开展爱国卫生、全民健身、科普宣传教育进家庭活动，并代表全市400万妇女姐妹向抗击“非典”一线的女医务工作者发出致敬信。牡丹区、巨野县和鄄城县妇联共组织90余支“巾帼文明队”开展健身活动，发放科普宣传材料1.5万余份。定陶县妇联散发抗“非典”四字歌7000余份。2004年，围绕“突破菏泽”战略，市妇联举办“花都杯”加快菏泽发展演讲比赛，全市各县区的12名选手分别获得一、二、三等奖。同年3月，市妇联组织市第二人民医院、林业局等 8 个单位的巾帼文明队，深入到牡丹区小留镇马沟村，开展送温暖、送科技“亲民爱民”活动；并撰写调查报告“关于巾帼文明队的调查与思考”，得到省妇联充分肯定。至年底，全市共建立“巾帼文明队”1480 支，参与“巾帼文明队”人数达 10 万人以上。

2005 年 3 月，市妇联与菏泽日报社、市电视台联合开展首届“菏泽巾帼十杰”评选活动，并在《菏泽日报》、市电视台开辟“巾帼之星”专栏，在市电视台演播大厅举办大型“女性之歌”特别文艺节目演出。同年 9 月，举办“新世纪 • 新女性”风采展，12 个巾帼文明队参加风采展示。市妇联、团市委、市民政局、市计生委在国庆节前夕联合举办以“花之恋、香满园”“春之爱、永相随”为主题的“四君子情”国花婚礼大典，来自省内外的 50 对新婚夫妇参加盛大婚礼。50 对新婚夫妇向全省男女青年发出“破旧俗、树新风”的倡议，为广大城乡青年实行晚婚晚育、优生优育树立榜样，促进全市文明建设的发展。

第九节　典型宣传

1986 年起，文明办相继开展“学先进、讲奉献、树新风”“爱家乡、比贡献、树新风”“月评十件好事”“评选文明市民”“评选十佳文明行业”，省、市级“文明县区”，全国、省、市级“文明单位”“文明村镇”“文明机关”“文明新风户”“文明社区”“文明小区”“农村文明一条街”等活动，涌现出一大批先进集体和先进个人典型。1995 年，对涌现出的见义勇为好青年张长路、苗卫民、吴来进和刘延亭，加大宣传力度，组织英模事迹报告团，在全区进行巡回报告，在电视上重复播放，受教育干部群众达 25 万人次。

2001 年，全国见义勇为先进个人、曹县进京务工青年王洪娥，单县三轮车工人孙敦友舍己救人的事迹在媒体上报道后，市委、市政府召开表彰大会，授予两位英雄“见义勇为先进分子”荣誉称号，为他们颁发荣誉证书和 1 万元奖金。2002 年，单县农民孟昭良脚蹬三轮行驶三千里，护送落难残疾湘女（湖南女子）回家的事迹轰动全国，市文明委及时下发《在全市开展向孟昭良同志学习》的决定，市政府授予孟昭良“模范市民”荣誉称号。2002—2005 年，东明石化集团、巨野县大谢集镇、定陶县陈集镇前沙海行政村先后被评为全国精神文明建设工作先进单位；东明县、牡丹区、郓城县分别被评为全省第六届精神文明建设工作先进县区；巨野县被省委、省政府命名为全省创建文明城市工作先进单位。在这些先进典型的影响带动下，全市上下形成“崇尚先进，学习先进，争当先进”的良好氛围。

第十节　菏泽市公民基本道德行为40则

社会公德

倡导精神文明，弘扬社会正气。
改陋习、树新风、争做文明人。
治理“脏、乱、差”，全靠你我他。
讲社会公德，从我做起，从身边事做起。
礼为先，德为美，和为贵，爱为本。
大家小家是一家，保护环境靠大家。
公德在我心，文明伴我行。
你挤我挤，道路更拥挤；
你让我让，心宽路自畅。
乱画乱贴欠公德，乱吐乱扔不文明。
怀善心，行善道，做善事，以善为伴；
讲公德，守道德，扬美德，以德为邻。

职业道德

以道德立身，以诚信兴业。
忠心献给祖国，爱心馈赠社会。
办事公道、服务群众、奉献社会。
树立道德楷模，争当文明标兵。
服务社会讲奉献，扶贫济困献爱心。
优质服务，便民利民。
为人民服务，树行业新风。
礼貌待人，文明服务。
爱岗敬业，开拓奋进。
服务热情规范，执法严格文明。

家庭美德

邻里团结，礼貌谦让。
团结友善，勤俭自强。
明是非、知荣辱、立志向、修言行。
敬老爱幼与人为善，乐于助人以德为邻。
男女平等，夫妻和睦。
克勤克俭，国强家富。
美德见于细节，创建从我做起。
破除迷信，移风易俗，树立新风。
家庭多一分温馨，社会多一分安宁。
弘扬传统美德，共建美好家园。

个人品德

一言一行总关情，携手共创文明城。
人无诚信不立，业无诚信不兴。
人人关心道德建设，人人参与道德实践。
多一句文明用语，增一缕人间春风。
挥手告别陋习，并肩走向文明。
举止有礼，语言文明，严于律己，宽以待人。
危难时刻手拉手，困苦面前心连心。
讲文明话，干文明事，做文明人。
以您举手之劳，换来城市之美。
车让人，让出一分文明；人让车，让出一分安全。

第二章　居民生活

第一节　城镇居民生活

城镇居民收入　20世纪80年代，境内城镇居民的收入来源主要是国有和集体单位职工的工资性收入。随着经济的快速发展，全区国有企业和集体企业进行一系列的体制改革，大部分国企、集体企业破产或停产。为使下岗职工更新观念，解决再就业问题，各级党委、政府积极引进外资，鼓励发展私营经济和个体经济，拓宽就业渠道，缓解就业矛盾，增加居民收入。城镇居民从事商贸批发零售、运输、修理服务等个体经营行业逐年增多，成为推动居民收入增长的一大亮点。1986—2005年，境内城镇居民人均可支配收入由660.1元增加到7341.67元，增长11.1倍，年均增长13.5%，扣除物价因素后实际增长2.9倍，年均增长7.5%。

城镇居民消费　1986年，菏泽城镇居民人均消费支出593.3元，2005年人均消费支出5354元，比1986年增长9倍，年均增长12.3%，剔除物价因素后实际增长2.2倍，年均增长6.3%。居民消费支出的快速增长，使消费领域不断拓宽，消费结构发生变化。城镇居民生活正向饮食营养化、穿着多元化、用品高档化、住宅配套化发展。在食品消费方面，注重营养，膳食结构趋向合理。恩格尔系数（即居民食品消费支出占消费性支出的比重）由1986年的51.7%降到2005年的38.8%，减少12.9个百分点。20年中，城镇居民食品消费逐步由“主食型”转向“副食型”。膳食结构的变化，使城镇居民摄取的动物性蛋白质增加，营养状况进一步改善。在衣着消费方面，向成衣化、时装化、多元化发展。在日用品消费方面，向家庭设备高档化、住宅宽敞和配套化发展。20世纪80年代人们看重的“三大件”是自行车、手表、缝纫机；90年代不仅“老三件”被彩电、冰箱、洗衣机“新三件”所代替，而且一些大件日用消费品也在普通百姓家庭基本普及。进入21世纪后，步入了更新换代期，家用电脑、数码照相机、家庭组合音响、空调、摩托车、电瓶车、轿车等高档消费用品逐步进入百姓家庭。居住条件显著改善。2005年，城镇居民人均居住面积28.2平方米，比1986年增加15.2平方米，增长1.2倍；人均交通、通信服务支出达516.18元，人均用于医疗保健消费支出达367.33元。居住支出占消费总支出的比重为6.9%，比2001年增长58.36%，提高1.2个百分点。城市居民生活水平的总体特征出现收支双增长。尤其是居民用于交通、通信、居住、娱乐、教育、文化服务、医疗保健方面的消费继续升温，旅游、住房装饰、个人消费等方面的消费支出也越来越多。

城镇居民储蓄　20世纪80年代中后期开始，城镇居民储蓄存款增长加快，传统的储蓄存款仍是居民的首选，其次是股票投资、债券投资、外汇投资、期货投资、基金投资等。1990 年年底，城镇居民人均储蓄存款为 329 元，2005 年年底人均储蓄存款为 3550 元。

1986—2005 年菏泽市（地区）城镇居民生活情况统计表

表 31-2-1

年　份	人均可支配收入（元）	人均消费支出（元）	人均住房面积（平方米）	人均储蓄（元）
1986	660.10	593.10	13	–
1987	768	722.70	13	–
1988	916.30	849.50	13.10	–
1989	1076	1069.40	15.20	–
1990	1145.10	1053.80	15.20	329
1991	1336.60	1238.20	18.90	–
1992	1642.20	1548.70	18.90	494
1993	1852.20	1760.10	18.90	582
1994	2540.10	2361.80	18.90	796
1995	3177.60	2953.60	19.00	1041
1996	3361.90	3135.60	19.20	1241
1997	3849.40	3427.50	20.90	1529
1998	3880.20	3160.20	21.60	1727
1999	4233.30	3586.90	21.60	1891
2000	4902.20	4327.30	22.60	2049
2001	5130.60	4242.20	23.50	2260
2002	5571.80	4371.50	23.20	2509
2003	5901.30	4570.70	25.20	3102
2004	6733.70	4832.50	25.20	3102
2005	7341.70	5354	28.20	3550

第二节　农村居民生活

农民收支　1986—2005 年，境内农村居民生活发生巨大变化，收入逐年增加，消费水平大幅度提高，在吃、穿、住、用、行等方面均有很大改善，生活由“温饱型”逐步向“小康型”迈进。1986 年域内农村居民人均纯收入 310.59 元，2005 年达到 3092.40 元，增加 2781.81 元，增长近 9 倍；1986 年人均生活消费支出 238.93 元，2005 年达 1791.55 元，增加 1552.62 元，增长 6.5 倍；1986 年人均年末存款余额 87 元，2005 年达 1558.5 元，增加 1471.5 元，增长 17 倍。

农民饮食　农民膳食结构大有改善，吃饭讲营养。1986—1994 年，农村居民的食品消费逐步由细粮化发展为多样化，开始由“吃饱”向“吃好”转变。食品消费支出结构有明显改善。1995—2005 年，实现由“主食型”向“副食型”的转变，原粮消费下降，肉、蛋、奶、瓜果、蔬菜等副食消费增加。2005年，农民在饮食方面的支出达852.81元，比1986年增加790.2元，增长12.6倍。

农民衣着　穿着时尚、漂亮讲究。20世纪80年代，农村居民的衣着由自纺自制的粗布衣为主，开始转向购买化纤衣料为主。90年代后，特别是一些年轻人，对衣着要求开始从遮身保暖向成衣化、时尚化、品牌化发展，对衣服款式、花色、品种质量、装饰等也有较高要求。1986年，域内农村居民人均衣着消费支出30.21元，2005年增加到94.51元，增长2.1倍。

农民住房　住房状况发生较大变化，住房讲宽敞。随着农村居民收入的不断增长，其住房条件也有明显改善，不少农民开始翻修房屋，新建、改建住房多为砖混结构，部分较富裕的农户还盖上小楼，农民的住房不但更加宽敞明亮，而且房屋质量和造价都有了较大的提高。2005年，人均生活用房面积由1986年的15.65平方米，增加到24.36平方米，增加8.71平方米，增长55.7%；全市农村居民人均居住支出为185.59元，比1986年增加146.3元，增长3.7倍；房屋价值219.1元／平方米，比1986年增加175.73元，增长4.1倍。

农家院落

农民日用品　消费日用品消费逐渐高档化。1986年前，境内农村居民家庭很少有自行车、缝纫机等大件用品。1986年后，随着农业经济的快速发展，农民收入不断增加，消费水平也随之加快。自行车、缝纫机、录音机、电风扇、黑白电视机、组合家居等日用消费品开始进入普通家庭。1993年后，境内部分农村居民开始向“小康”生活迈进，彩电、冰箱、洗衣机、摩托车、电瓶车等消费品开始进入农村家庭。2000年后，全区实施农业产业化经营，大力发展个体私营经济，推进乡镇企业二次创业，进一步调整优化农业结构，农民的消费水平又有新提高，消费结构进一步优化，生活环境和社会保障得到改善。农村居民日用消费品在自行车、电风扇、电视机等普及的基础上开始升级换代：自行车换成电瓶车、摩托车，电风扇换成空调，黑白电视机换成彩电。电话普及率达95.13%，实现了村村通电话。办事讲排场由追求成为现实。

1986—2005年菏泽市（地区）农村居民生活情况统计表

表31-2-2

年　份	人均纯收入（元）	人均生活消费支出（元）	人均住房面积（平方米）
1986	310.59	238.93	15.65
1987	349.68	245.14	15.78

续表 31-2-2

年　份	人均纯收入（元）	人均生活消费支出（元）	人均住房面积（平方米）
1988	363.36	273.01	16.75
1989	405.44	301.70	17.44
1990	483.66	333.33	17.61
1991	644.17	393.34	18.00
1992	555.20	401.84	18.70
1993	678.84	421.84	19.06
1994	1034.24	679.30	19.24
1995	1346.25	1028.78	18.19
1996	1732.20	1137.82	17.69
1997	1829.67	1196.06	19.33
1998	1872.11	1128.29	19.96
1999	1959.87	1196.15	21.12
2000	2066.81	1205.21	20.83
2001	2184.52	1338.71	22.17
2002	2298.43	1299.65	22.37
2003	2212.06	1392.28	21.27
2004	2652.84	1577.11	21.43
2005	3092.4	1791.55	24.36

第三章　社会保障

第一节　企业职工养老保险

企业职工养老保险制度改革　20世纪50年代初期，企业职工养老保险制度就已建立，而且于1958年和1978年作过两次修改。随着国家经济体制的改革及深化，从80年代中期开始，国家对企业职工养老保险制度进行一系列改革。

1986年11月14日，按照省政府鲁政发〔1986〕127号文件精神，菏泽地区设立社会劳动保险事业处，主要负责全区合同制工人养老基金的筹集、管理和支付。随后，各县市也相继设立养老保险经办机构。127号文件同时规定，废止“子女顶替”制度。1987年，地区劳动局下发〔1987〕菏劳险字第186号文件，规定地直单位合同制工人养老基金改由地区社会劳动保险事业处筹集，不再由各县市管理。1988年6月，根据行署《关于做好国营企业职工退休费用社会统筹工作的通知》精神，全区国营企业固定职工退休费用开始实行社会统筹。10月，全区县以上集体企业固定职工退休费用也开始实行社会统筹，统筹基金与国营企业分别独立核算(筹集、支付、储存和管理）。1989年6月1日，根据行署办公室《关于地直国营企业职工退休费用社会统筹有关问题的通知》精神，地直国营企业职工退休费用统筹比例由原来的11.5%调整为17%，结算办法由原来的全额收拨改为差额缴拨。1991年12月，行署下发《关于全民和县以上集体企业固定职工退休费用实行以地区为单位统筹的通知》,统一全区离退休人员的统筹支付项目：除已纳入县市及地直统筹的基本离退休费、物价性补贴、生活补贴、福利性补贴、离退休(职)职工去世应支付的丧葬补助费外，新增加的6元粮油价补偿费和按〔1991〕鲁劳险字第003号文增加的离退休职工生活补贴都纳入地区统筹。1993年6月，地区劳动局下发《关于改革企业职工基本养老金计发办法的试行意见》，规定基本养老金与社会平均工资和职工在职期间缴纳基本养老保险费挂钩。企业固定职工个人从1992年10月起，都要缴纳基本养老保险费，缴纳标准暂定为职工个人工资收入的2%，由企业在发放工资时代为扣缴。职工个人缴费工资在全省上一年度社会平均工资两倍以上部分，不缴纳基本养老保险费，也不作为计发基本养老金的基数；低于全省上一年月社会平均工资60%的，按60%缴纳基本养老保险费。

1993年12月，地区劳动局要求各县市劳动局按照劳动部《关于做好离退休人员管理服务工作的通知》精神，加快社会化管理服务体系的建设步伐，积极稳妥地推行退休费用社会化发放工作，抓好离退休人员活动场所的建设和使用。

1994年，行署办公室下发《关于社会保险有关问题的通知》，规定人事部门负责机关事业单位的社会保险工作，劳动部门负责城镇企业（包括不在城镇的全民和县以上集体企业、三资企业）的社会保险工作，民政部门负责农村（含乡镇企业）的社会保险工作。要求从1994年1月起，国家机关、事业单位中劳动合同制工人和计划内临时工参加机关事业单位社会保险。同年7月1日，按照菏行发〔1994〕37号文件规定，全区试行新的企业职工基本养老金计发办法，缴费年限满10年及10年以上的，按月发给基本养老金。养老金分为两部分：第一部分即社会性养老金，以职工退休时全省上一年月社会平均工资为基数，按照缴费年限长短计发；第二部分即缴费性养老金，以职工个人指数化月平均缴费工资为基数,缴费每满一年,按1.4%计发。1995年1月，根据地区劳动局“完善企业职工基本养老保险基金社会统筹办法”，全区同一所有制性质企业的职工按同一比例计提养老基金，相互调剂使用；不同所有制性质企业职工的养老基金不得相互调剂使用。职工基本养老保险基金的管理服务费由地区社会保险机构统一提取，县市不再提取和上交省、地区，各县市社会保险机构所需用的经费，由地区下拨。9月，按照劳动部、财政部《关于中国人民银行等单位职工养老保险费用统筹问题的批复》要求，从1994年1月1日起，区内人民银行、工商银行、农业银行、中国银行、建设银行、交通银行、人民保险公司及直属单位的职工养老保险费试行系统统筹，此前原参加过地区统筹、向地方缴纳的养老保险基金于1995年11月5日前划缴至地区分行。

1996年，按照政策规定，全区国营企业以企业职工工资总额为缴费基数，集体企业以企业职工工资总额加离退休费用之和为缴费基数。县市之间基金原则上不再调剂。同年，根据行署《菏泽地区企业职工社会养老保险暂行办法》，从1月1日起，按照社会统筹与个人账户相结合的原则，全区社会保险经办机构为参加基本养老保险的人员建立基本养老保险个人账户，个人账户以职工个人缴费工资的11%记入。离退休人员不再缴费。企业和职工个人共同缴纳养老保险费的年限称“缴费年限”。实行个人缴费制度以前，职工的连续工龄视同缴费年限。9月4日，行署下发《关于城镇小集体、私营企业和个体经济组织从业人员社会养老保险实施意见》，将城镇小集体、私营企业和个体经济组织从业人员纳入社会养老保险覆盖范围，同时规定从业人员的缴费基数、缴费比例、享受的保险待遇及条件。

1997年8月28日，地区劳动局、财政局、地方税务局联合下发《关于企业职工基本养老保险金社会统筹有关问题的通知》，规定从1997年7月1日起，离休人员统筹支付项目为33项；退休人员为29项，减少了交通费、洗理费、取暖费、书报费4项福利性补贴，4项补贴改由企业按规定支付。1999年，省劳动厅、财政厅下发文件，要求实行基本养老保险基金的全额缴拨和养老金的社会发放；职工在省内企业（含中央驻鲁企业）范围内流动时，只转移其基本养老保险关系和个人账户档案，不再转移基金。12月8日，地区劳动和社会保障局、工商行政管理局联合下发《关于做好个体、私营企业社会养老保险工作有关问题的通知》，规定私营企业、个体经济组织从业人员缴费基数为上年度地区社会平均工资，缴费比例为18%，以后逐步过渡到与其他企业职工相同的缴费比例。

2003年8月开始，全区进一步扩大企业基本养老保险覆盖范围（简称“扩面”），各类用人单位（不含个体工商户）按其单位职工缴费工资之和的21%，职工个人按工资收入的7%缴纳养老保险费；个体工商户及其雇工、灵活就业人员和自由职业者按18%缴纳养老保险费，其中个体工商户雇工按8%缴纳，其余部分由雇主为其缴纳。9—11月，按照市政府《关于市直企业基本养老保险扩面征缴清欠工作实施方案》要求，集中开展养老保险扩面征缴清欠工作。其间，“扩面”750人，征收养老保险费1596万元。2004年，菏泽市劳动和社会保障局按照国家劳动和社会保障部的有关政策规定，对参加城镇企业职工基本养老保险的人员失业后，在按规定领取失业保险金期间，不缴纳基本养老保险费，中断缴费期间，不计算缴费年限和缴费指数。2005年12月3日，《国务院关

2005年5月31日，全市企业养老保险现场调度会

于完善企业职工基本养老保险制度的决定》（国发〔2005〕38 号）出台，明确了把非公有制企业、城镇个体工商户和灵活就业人员作为扩面重点，规定城镇个体工商户和灵活就业人员的缴费基数为当地上年度职工平均工资，缴费比例为 20%；要求逐步做实个人账户。

企业离退休人员待遇调整　1988 年，省劳动局、人事局、财政厅、总工会联合下发〔1988〕鲁劳险字第 317 号文件，规定从 1988 年 1 月起，全区国家机关、企事业单位离退休人员每人发给生活补贴费 5 元／月。同年 6 月，省劳动局、财政厅下发《关于发放四种副食品价格补贴若干具体问题的通知》，规定从 1988 年 5 月 1 日起，全区全民企事业单位的职工和离退休（职）人员，享受四种副食品价格补贴。8 月，地委组织部、老干部局、财政局联合下发《关于对县级以下离休干部实行乘车费的通知》，规定从 1988 年 8 月起，全区县级以下离休干部每人每月发乘车费6元，原有的自行车补助费不再享受。

1989 年 4 月 7 日，地区劳动局、财政局转发省劳动局、财政厅〔1989〕鲁劳险字第 077 号、第 084 号文件，文件规定从 1989 年 3 月起，全区企业退休人员每人每月发给交通补贴费 5 元。自 1989 年 1 月 1 日起，全区企业退休职工根据参加工作时间和工龄长短以及本人原标准工资的一定比例发给生活补贴；退休职工与在职职工一样也发给洗理费。1990 年 3 月，按照省政府《关于企业工资工作安排和企业离退休人员待遇问题实施意见的通知》精神，对 1989 年 9 月 30 日前已批准离休、退休（职）的人员提高其待遇；对 1989 年 10 月 1 日后离退休（职）的人员仍按在职职工的有关规定执行。1990 年 10 月 1 日起，为企业离退休职工增加生活补贴，对未参加 1985 年工资改革的离休人员（含新中国成立前老工人）每人每月增加 15 元，退休人员每人每月增加 10 元；参加 1985 年工资改革、执行企业工资标准的，每人每月增加 8 元。

1994 年 3 月 7 日，按照省劳动厅、财政厅《关于调整企业职工图书补助费、洗理费和交通补贴标准的通知》精神，自当年 1 月 1 日起，企业职工及离退休人员的图书补助费、洗理费和交通补贴标准作适当调整，调整后的三项补贴标准，男职工每人每月 40 元，女职工每人每月 42 元。4 月，按照省劳动厅、财政厅、民政厅《关于调整企业精减老职工生活困难补助费标准的通知》精神，从 1993 年 10 月 1 日起，为 20 世纪 60 年代精减下放的企业部分老职工提高生活困难补助费（新中国成立前参加工作的每人每月 50 元，新中国成立后参加工作的每人每月 40 元）。12 月，地区劳动局下发《贯彻〈山东省人民政府关于调整企业离退休人员离退休金的通知〉的实施意见》，要求按照鲁政发〔1994〕86 号及鲁劳发〔1994〕367 号、381 号文件精神，对 1993 年底前办理离退休手续的企业人员（含按鲁政发〔1994〕86 号文件第六条规定范围内的退职人员），从 1993 年 10 月起（1993 年 10 月 1 日—12 月 31 日离退休、退职的，从其领取离退休金之月起执行）提高离退休金标准。

1997 年 1 月 8 日，地区劳动局下发《关于一九九六年增加企业离退休人员基本养老金的通知》，要求从 1996 年 7 月 1 日起，全区地方国有企业、股份制企业、外商投资企业、县以上集体所有制企业，参加地区退休费用社会统筹的中央、省及部队属驻菏企业中1995年12月31日前离退休、退职的人员，以个人月基本养老金为基数，按一定比例增加离退休金和退职生活费，其中离休人员（含按劳人险〔1983〕3号文件退休的新中国成立前老工人）增加离休金后的水平要与机关事业单位离休人员现行的离休金基本一致。1998年10月16日，地区劳动局、财政局下发《关于一九九七年调整企业离退休人员基本养老金的通知》，规定从1997年7月1日起，全区地方国有企业、股份制企业、外商投资企业、县以上集体所有制企业，参加地区退休费用社会统筹的中央、省及部队属驻菏企业中1996年12月31日前已离退休（职）人员以本人月基本养老金为基数，按一定比例增加基本养老金。1999年，按照省劳动和社会保障厅、财政厅《关于提高企业离退休人员养老金水平的通知》精神，对1999年6月底前企业离退休（职）的人员，从1999年7月1日起，按养老金正常调整机制适当增加养老金，其中企业离休人员（含按劳人险〔1983〕3号文件规定退休的新中国成立前老工人）养老金的调整水平与机关事业单位大体相等。

2001年12月，省劳动和社会保障厅、财政厅下发《关于提高企业离休人员基本养老金水平的通知》，规定从2001年1月1日起，为2000年12月31日前已办理离休手续的企业离休干部和按劳人险〔1983〕3号文件规定退休的新中国成立前老工人提高基本养老金水平。2002年4月，按照省劳动和社会保障厅、财政厅《关于二〇〇一年调整企业退休人员基本养老金的通知》，从2001年7月1日起，为2000年12月31日前已办理手续的企业退休、退职人员调整提高基本养老金水平。11月，省劳动和社会保障厅、财政厅下发《关于2002年调整企业退休人员基本养老金水平的通知》，规定从2002年7月1日起，为2001年12月31日前已按规定办理退休、退职手续的企业退休、退职人员提高基本养老金水平。2004年3月，省劳动和社会保障厅、财政厅下发《关于调整企业离休人员基本养老金水平的通知》，规定从2003年7月1日起，为2003年6月30日前已办理离休手续的企业离休干部和按劳人险〔1983〕3号文件规定退休的新中国成立前老工人提高基本养老金水平。8月，省劳动和社会保障厅、财政厅下发《关于将省规定的几项补贴、补助纳入基本养老保险统筹支付范围的通知》，规定从2004年7月1日起，将企业退休人员的交通补贴、洗理费、图书补助费、取暖费及死亡后的一次性救济费纳入基本养老保险统筹支付范围。2005年1月，省劳动和社会保障厅、财政厅下发《关于调整企业退休人员基本养老金水平的通知》，规定从2004年7月1日起，为2003年12月31日前已按规定办理手续的企业退休退职人员（不含按劳人险〔1983〕3号文件规定办理退休手续的新中国成立前老工人）调整基本养老金水平。至年底，全市共调整40325人，人均月提高待遇62元。

企业职工非因工死亡有关待遇 1988年，省劳动局、财政厅、总工会联合下发了（88）鲁劳险字第397号文件，决定从1988年10月1日起，对我省企业和执行《劳动保险条例》的事业单位因病或非因工（不含打架、斗殴、参与违法犯罪活动）死亡职工的供养直系亲属一次性救济费改为定期生活补助，从职工去世的下月起，按月发放。县以上集体单位可参照执行。1992年6月，省劳动厅、财政厅下发〔92〕鲁劳险函字第2号文件，规定企业职工因病死亡的，发给丧葬补助费。1993年7月，省劳动厅、财政厅、总工会下发鲁劳发〔1993〕343文件，规定从1993年10月1日起，企业职工因病或非因工死亡的，发给10个月全省上年度月平均工资的救济费。

1986-2005年菏泽市（地区）企业养老保险情况统计表

表31-3-1

年度	参保职工（人）	基本征缴总额（万元）	缴费比例		职工平均工资（元）	个人账户记帐利率（%）	离退休人员数（人）	养老金支付额（万元）	省拨调剂金（万元）
			单位	个人					
1986	—	—	18	2	—	—			
1987	—	—	18	2	—	—			
1988	121460	1444	18	2	—	—	19337	953	
1989	138457	3065.9	18	2	—	—	20774	2112.7	
1990	141683	5461.3	18	2	—	—	21253	2569	
1991	160629	5656	18	2	—	—	21901	3542	
1992	175189	5610.93	18	2	2196	—	25646	4106.74	
1993	176687	6088	18	2	2431	—	24229	5514	
1994	165686	6574	18	2	2939	—	24639	5146	
1995	189312	9087	20	2	3563	—	30193	9096	
1996	194280	13055	21	3	3908	—	30700	13133	
1997	205883	13977	22.5	3	4170	10	30566	14713	
1998	203667	13600	22.5	3.5	4770	6.22	31787	16531	
1999	201676	14976	21.5	4.5	5380	4.57	32117	18139	
2000	202969	18076	21	5	5733	2.78	32639	21029	1491
2001	198704	19074	21	6	6210	2.78	35384	21725	1300
2002	191727	20278	21	6	6962	2.48	38322	25839	2400
2003	201296	23002	21	7	7710	2.48	40325	28794	8500
2004	213506	23655	21	7	8675	2.48	43112	29620	8550
2005	221017	26643	21	8	9869	3.32	45726	34890	9000

第二节　机关事业单位养老保险

1992年12月，地区人事局设立机关事业单位社会保险事业处。1999年7月，地区机关事业单位社会保险事业处的职能划归地区劳动和社会保障局。

1996年前，全区启动机关事业单位合同制工人的养老保险。1996年1月，根据省政府〔1994〕33号和菏行发〔1995〕

44号文件精神，地直及各县市陆续启动机关事业单位全员养老保险，按照“以支定收，略有结余，留有部分积累”的原则，基本养老保险费的筹集由国家、单位和个人共同负担，以县为单位进行统筹，统筹比例由各县根据实际支付需要自行确定。在职工作人员按个人工资总额的2%缴纳，其他部分由所在单位负责缴纳。至2004年年底，全市参保在职职工达16.06万人，纳入统筹的离退休人员3.95万人，全市单位平均缴费比例为26.5%，个人平均缴费比例2.3%；收缴保险费4.52亿元，支出养老金4.33亿元，保障了离退休人员的基本生活。全市机关事业养老保险社会化服务水平逐步提高，养老金社会化发放率为96%。养老金防冒领机制逐步健全，市直、牡丹区、东明县、巨野县、郓城县已陆续配置指纹鉴定系统，并向全市推广。2005年全市机关事业单位参保在职职工179175人，较2004年新增18536人。纳入统筹发放养老金离退休人员44539人。全市共收缴保险费51143万元。支付养老金50106万元，人均养老金987.4万元。

1996—2005年菏泽市（地区）机关事业单位养老保险情况统计表

表31－3－2

年　份	参保人数（人）	保费收缴额（万元）	发放养老金（人）	养老金支出额（万元）
1996	66825	2354	3404	93
1997	99060	5311	6092	4226
1998	99060	5979	5105	4521
1999	99571	7634	17357	5742
2000	123369	14050	28692	14666
2001	124460	20709	29181	20388
2002	126020	28735	29232	27875
2003	139500	35478	33002	34575
2004	160639	45227	39513	43331
2005	179175	51143	44539	50106

第三节　农村养老保险

1992年，菏泽市和定陶县被民政部、省政府批准为开展农村社会养老保险工作试点县，当年参保人数 9800人，收取养老保险费44.99万元。1994年，省政府下发《关于切实做好农村社会养老保险工作的通知》后，行署对全区农村社会养老保险工作进行全面部署。当年6月，设立地区农村社会养老保险管理处，隶属于地区民政局。各县市也先后设立农村社会养老保险事业机构，全区253个乡镇、办事处设立民政办公室和养老保险管理所（一个机构，两块牌子）。至年底，全区有1.68万人投保，收取保费118.89万元。1995年，为加强农村养老保险工作的组织领导，行署与各县市签订目标责任书，并采取“一票否决”办法，大大促进农村养老保险工作的开展。至年底，全区投保续保人数达 24.08 万人，收取保费 3795.85 万元。1999 年 7 月，地区农村社会养老保险管理处的职能移交地区劳动和社会保障局。

2001 年，在全市范围内开展农村养老保险投保缴费清查核对工作，以维护参保农民的切身利益。2002 年，由于受机构改革、银行利率下调和国家农保政策等因素的影响，农保工作基本处于停滞状态，收取保费和参保人数大幅度下降，全市收取保费仅 26 万多元。2003 年，随着中央和各级党委、政府对农村工作的重视和支持，全市在着重抓好重点乡镇、重点村、重点人群投保续保，实行农村社会养老保险档案年度检查制度的同时，市劳动和社会保障局相继制订《关于开展农村独生子女户、双女户社会养老保险有关的问题通知》《关于进一步做好农村“三职”干部养老保险工作的通知》《关于菏泽市外出务工人员参加社会保险有关问题的试行意见》等文件，强化了农村养老保险工作措施。2004 年，根据省政府《关于建立失地农民基本生活保障制度的意见》和省劳动保障厅《关于失地农民基本养老保障操作办法》，确定牡丹区、单县为失地农民养老保障工作试点县区，并在全市范围内进行广泛调研，拟定《菏泽市失地农民基本养老保障实施办法》。该办法把各县区城市规划区内，经当地国土资源管理部门实施统一征地，按《中华人民共和国农村土地承包法》有关规定，凡失地时享有第二轮土地承包权的在册人员作为保障对象；有条件的县区城市规划区外的独立工矿区和国家政府重点项目建设区等亦列入保障范围。同年，为境内 6000 余名外出务工人员办理参保续保手续，维护了外出务工农民的合法权益，促进全市劳务输出工作的开展。至年底，全市收取保费 124.64 万元。

2005 年 7 月，菏泽市牡丹区经国家劳动保障部、省劳动保障厅和日本社保专家考察论证，被批准为外援农村社会养老保险制度改革 8 个国家级试点县区之一。至年底，全市新增参保人数 1.72 万人，比 2004 年增加 1.54 万人（净增）；收取保费 499.84 万元。1992—2005 年，全市累计参保农民 31 万人，养老保险基金积累总额达 7484.96 万元，有 16351 人领取养老保险金，累计发放养老金 996.42 万元。经省有关部门检查考核，菏泽市是全省农保基金管理最规范的地级市之一。

第四节　医疗保险

1997 年 7 月，菏泽地区成立城镇职工基本医疗保险改革工作领导小组，并设立具体的办事机构。地区城镇职工基本医疗保险改革办公室（简称医改办）成立后，即对地直和菏泽市部分用人单位约 1.6 万名城镇职工进行抽样摸底调查，并起草《菏泽地区城镇职工基本医疗保险实施办法》及配套文件。2000 年 9 月 4 日，行署第五次常务会议听取劳动和社会保障局关于城镇职工基本医疗保险制度改革工作情况的汇报，并对医疗保险制度改革提出 5 点要求：①调整充实医改领导小组；医疗保险改革与卫生体制改革、医药体制改革同步进行。② 10 月底以前，先启动地直党政机关（不包括事业单位）和中央、省驻菏单位医疗保险；东明县、单县由县委、县政府确定部分单位启动。③建立地区医疗保险处，编制暂定 20 人，为副县级事业单位，人员分别从劳动、卫生现有行政机关和全额拨款的事业单位中调剂。④医疗保险费由地、县两级分级负担。⑤计算机网络建设由承担医保结算的银行出资解决，终端设备由各定点医疗机构和定点药店自备。9月29日，设立地区社会医疗保险事业处，为地区劳动和社会保障局下属的副县级全额事业单位，编制20人，内设综合科、征收稽查科、医疗管理科、基金管理科。11月29日，行署下发《菏泽地区城镇职工基本医疗保险实施办法》。之后，各县政府根据该办法相继制定各自的实施细则。各地在制定实施细则时，主要是根据当地的经济发展水平和社会医疗消费能力，确定不同的筹资比例：市直、定陶县为“6+2”；牡丹区、单县、巨野县、成武县都是“5+2”；东明县“4+2”；曹县是按年度医疗费用支出的绝对额三方负担，即财政150元、用人单位30元、个人60元；郓城县、鄄城县仍执行公费医疗的办法。

2001年10月，市委办公室、市政府办公室、市经贸委、市计委、市劳动和社会保障局、市财政局6家单位首批启动医疗保险，参保人数为565人。2002年3月，市直党政机关和大部分事业单位，中央、省属驻菏单位基本医疗保险制度正式启动。6月，根据市政府要求，原由市卫生局管理的离休干部医疗保障工作交由市劳动和社会保障局，原由市卫生局管理的“保健办公室”机构、编制和人员整建制移交市劳动和社会保障局管理。2002年7月—2003年，东明、郓城、单县、巨野、成武、定陶、鄄城7县相继启动医疗保险制度，牡丹区实现公费医疗向医疗保险的过渡。

2004年1月，市劳动和社会保障局对市直医疗保险政策作部分调动。降低起付线：一、二、三级医院的起付线分别由原来的600元、750元、900元降至300元、400元、500元；一个医疗年度内第二次住院的起付线均相应下调100元，第三次住院不再设起付线。提高统筹基金支付比例：起付线至5000元、5001元～10000元、10001元～20000元、20001元至最高支付限额，统筹金支付比例分别由原来的80%、82%、85%、90%增至90%、91%、92%、93%，退休人员比以上规定分别提高4个百分点；最高支付限高也由2.4万元提高到2.8万元。降低住院期间大型检查、特殊治疗和目录内乙类药品自付比例：大型检查和特殊治疗项目个人自付比例调整前为30%，调整后为20%，目录内乙类药品自付比例由10%或15%一律调整为5%；特慢病病种由原来的14种增加到23种。9月，市医疗保险处与市人寿保险公司联保，将大额医疗救助金支付额由原来的10万元提高到15万元。

2005年年初，曹县实现向新制度的并轨。是年4月22日，菏泽市政府下发《关于进一步完善城镇医疗保障体系的通知》，对个体私营经济组织从业人员、灵活就业者及困难群体的参保问题提出明确要求和政策规定，并对菏行发〔2000〕34号文件进行补充和完善，使全市城镇职工医疗组成保障体系更加健全。

第五节　失业保险

参保　全市的失业保险于1992年开始启动，由地区、县（市）所属的劳动就业服务机构负责。1992年12月，省政府第

41号令《山东省职工待业保险办法》对失业保险缴费的范围、标准进行明确：全民企业、县以上集体企业、实行企业化管理的单位按全部职工工资总额1%缴纳。待业保险基金由地区、县（市）统筹。由于待业保险刚刚起步，征缴比例又小，再加上部分单位对待业保险政策不理解，所以当年（1992年）参保人数仅为2.8万人，征缴额为122万元。1999年，国务院《失业保险条例》《社会保险费征缴暂行条例》颁布后，山东省出台了《山东省失业保险规定》，失业保险工作走向规范化、法制化的轨道。缴纳失业保险费比例由原来的1%调整为3%，其中，单位承担2%、个人承担1%；参保范围也由企业扩大到机关工勤和所有事业单位。为把国务院两条例和《山东省失业保险规定》贯彻好、落实好，市政府于2004年下发了《关于贯彻〈山东省失业保险规定〉有关的通知》，失业保险覆盖面得到扩大。

1992—2005年菏泽市（地区）失业保险参保情况统计表

表31-3-3

年　份	参保单位	参保人数（万人）	年　份	参保单位	参保人数（万人）
1992	集体和国有企业共423个	2.8	1999	集体、国有企业　共932个	18.9
1993	全民和集体企业共743个	11.8	2000	集体、国有和其他企业共960个	19.8
1994	集体和国有企业共760个	15.3	2001	国有和集体企业共985个	20.2
1995	国有和集体企业共775个	16	2002	国有和集体企业共1005个	20.6
1996	国有和集体企业共779个	16.2	2003	企业和事业单位共1023个	21.2
1997	国有和集体企业共835个	16.5	2004	企业和事业单位共1162个	21.6
1998	国有和集体企业共901个	17.8	2005	企业和事业单位共1180个	22.7

1992—2005年菏泽市（地区）失业保险基金征缴统计表

表31-3-4

年　份	征缴收入（万元）	增长率（%）	年　份	征缴收入（万元）	增长率（%）
1992	122	-	1999	1007	33
1993	363	197	2000	1270	26
1994	426	26	2001	1275	0.3
1995	537	18	2002	1280	0.4
1996	584	13	2003	1378	8
1997	592	2	2004	1840	34
1998	757	28	2005	1985	8

待遇　凡按规定参加失业保险，累计缴费满一年的非因本人意愿中断就业的、有求职愿望的失业人员均可凭单位为其出具的终止或解除劳动合同关系证明到缴费地失业保险经办机构办理失业登记，申领失业保险待遇。失业保险金的标准，按照

高于失业人员原单位所在地城市居民最低生活保障标准、低于失业人员原单位所在地最低工资标准的原则和失业保险基金的承受能力，先后调整了5次：1996年根据鲁劳发〔1996〕193号文，调整为125元（每人每月，下同）；1999年根据菏劳社字〔1999〕134号文件，调整为159元；2002年根据鲁劳社〔2002〕8号文件，调整为205元；2004年根据菏政字〔2004〕28号文件，市直、牡丹区调整为231元，其他县为217元。1992—2005年，全市共接受失业人员19908人，并确保其生活费按时足额发放。

失业人员领取失业证

第六节　工伤保险

工伤认定　1986—1996年，企业职工因工伤残（亡）按照国务院《劳动保险条例》有关规定执行，工伤认定由劳动局劳动保护科负责。1996年8月12日，劳动部下发《企业职工工伤保险试行办法》后，工伤认定职能由劳动保护科移交至社会劳动保险事业处。2001年10月，工伤认定改由市社会医疗保险事业处负责。认定结论需加盖市劳动和社会保障局公章。2003年10月26日，设立菏泽市工伤保险事业处（事业单位，正科级），隶属于市劳动和社会保障局，独立经办企业职工工伤保险工作。

工伤待遇　1999年11月前，企业职工因工伤残被鉴定为1～4级的，按照国务院国发〔1978〕104号文件第一条第四项办理退休手续；1999年11月省劳动保障厅《关于因工致残完全丧失劳动能力的职工可否办理退休的批复》下发后，企业职工因工致残被鉴定为1～4级的，按照《企业职工工伤保险试行办法》规定，办理退出生产工作岗位手续后按月享受伤残抚恤待遇。该办法还规定，1996年9月30日前发生的工伤，其医疗费由企业承担；1996年10月1日后发生的工伤，参加工伤保险的，医疗费由工伤保险基金支付，未参加工伤保险的，医疗费由企业支付。被鉴定为1～10级的，以本人受伤前12个月平均工资为基数，享受24个月～6个月的一次性伤残补助金。1996年10月1日—2003年12月31日因工死亡职工，其供养亲属抚恤金以职工死亡前一年全省职工平均工资为基数，按40%或30%享受；2004年1月1日后因工死亡职工，其供养亲属抚恤金按职工死亡前12个月本人平均工资为基数，按40%或30%享受。

工伤保险基金社会统筹　1997年，东明县按照劳动部《企业职工工伤保险试行办法》的规定，率先在全区开展企业职工工伤保险基金统筹试点，当年参加工伤保险职工人数达到1.2万余人。2003年，国务院《工伤保险条例》颁布后，山东省随即制定《工伤保险条例》试行办法，市劳动和社会保障局下发《关于工伤保险社会统筹有关问题的通知》。自2004年9月开始，全市8县1区及市直单位全部启动工伤保险基金社会统筹。至年底，全市参加工伤保险职工人数达96412人，收缴工伤保险基金237.2万元；已享受工伤保险待遇的有220人，共支付工伤保险金83.3万元。至2005年年底，全市参加工伤保险职工人数达到14万人，收缴工伤保险基金628万元；603人已享受工伤保险待遇，共支付工伤保险金301万元。

第七节　生育保险

2002年7月1日，菏泽市劳动和社会保障局、计划生育委员会、财政局、卫生局联合下发《关于妥善解决城镇职工计划生育手术费用的问题》，规定女职工生育手术定额补助标准：剖宫产1250元，难产500元，平产300元，引产200元，流产100元；多胚胎生育的，每多一胎，在此基础上增加200元。牡丹区2003年3月1日出台《牡丹区生育保险试行办法》，正式启动生育保险，其参保范围为机关、企事业单位、社会团体、民办非企业单位及其职工，筹资比例为单位职工年工资总额的0.8%，由单位负担，个人不缴费。其他县均单独筹集生育保险资金，女职工生育医疗费用主要从结余的医疗保险基金中列支。

第四章　老年人生活

第一节　法规政策实施

1988年7月，《山东省保护老年人合法权益若干规定》实施后，地、县、乡三级政府随即设立老龄工作办事机构，并及时开展老龄工作政策的宣传和贯彻。1996年10月1日《中华人民共和国老年人权益保障法》颁布实施，地、县市以不同的形式进行宣传。1997年，地委、行署制定老年人优待规定，老年人持优待证可享受10多项优待政策，其中70岁以上的农村老年人可免除“三提五统”等社会经济负担。2001年10月，菏泽市委、市政府对各级党委、政府加强老龄工作提出具体要求：①加强老年法规政策体系建设，依法维护和保障老年人的合法权益；②加强养老保障体系建设，确保老年人的基本生活需要；③加强老年服务业建设，为居家养老创造良好的条件；④加强老年医疗保健网络建设，促进老年人的身心健康；⑤加强老年人思想政治工作，丰富老年人的精神文化

向老年人赠送《中华人民共和国老年法》

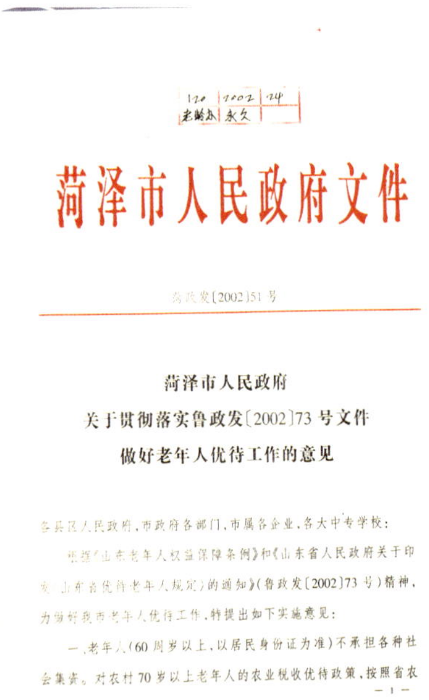
菏泽市人民政府文件

菏政发〔2002〕51号

菏泽市人民政府
关于贯彻落实鲁政发〔2002〕73号文件
做好老年人优待工作的意见

各县区人民政府，市政府各部门，市属各企业，各大中专学校：

根据《山东老年人权益保障条例》和《山东省人民政府关于印发〈山东省优待老年人规定〉的通知》（鲁政发〔2002〕73号）精神，为做好我市老年人优待工作，特提出如下实施意见：

一、老年人（60周岁以上，以居民身份证为准）不承担各种社会集资。对农村70岁以上老年人的农业税收优待政策，按照省农

—1—

生活；⑥采取有效措施，促进老龄事业发展。根据市委、市政府的指示精神，各级政府重点抓落实，推动全市老龄事业的快速发展。2002年，省政府重新制定《山东省老年人优待规定》，进一步扩大优待范围，增加优待项目。市政府根据省政府的文件精神，将优待内容分解到各相关部门，并在原来优待政策的基础上，农村70岁以上的老年人免交新增农业税及附加，免交乡村公益事业金，不承担村级兴办集体公益事业出资义务。各级医院、卫生院都为老年人设立服务窗口，并免收老年人普通门诊挂号费，免费为百岁以上老人查体。各公园、景点、文化娱乐场所、体育活动场所都对老年人实行优惠。市内公交车在全省率先按规定优待老年人乘车。各级财政把百岁老人每月100元的长寿补贴纳入预算，全部落实到位。各级法院对涉老案件优先受理、优先审查、优先执行。各级司法部门都成立老年人法律援助中心，按规定免收老年人法律服务费，并为符合司法救助条件的老年人进行义务救助。至2005年，市老龄办共为境内10万余老年人办理新版优待证。

第二节　老年人供养

为巩固和发挥家庭养老的功能，各级老龄部门从1987年机构成立之日起，重点抓老有所养的工作。1991年，在全区普遍开展家庭赡养协议工作，为老年人的赡养，依法办理公证，保障老年人衣、食、住、医、

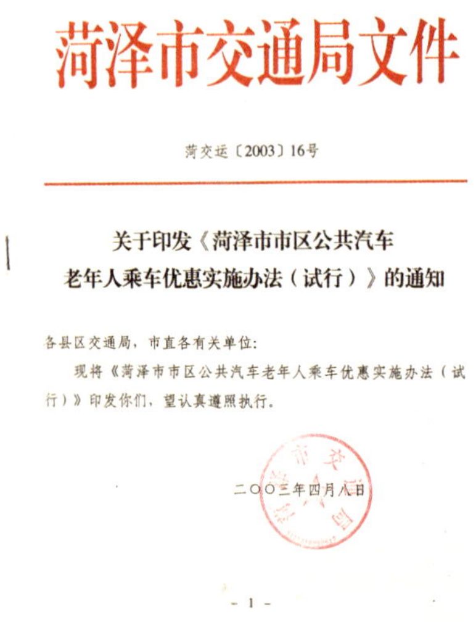
菏泽市交通局文件

菏交运〔2003〕16号

关于印发《菏泽市市区公共汽车
老年人乘车优惠实施办法（试行）》的通知

各县区交通局，市直各有关单位：

现将《菏泽市市区公共汽车老年人乘车优惠实施办法（试行）》印发你们，望认真遵照执行。

二〇〇三年四月八日

- 1 -

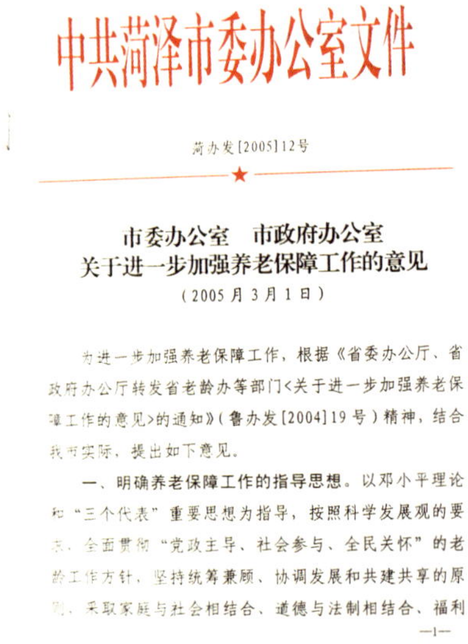
中共菏泽市委办公室文件

菏办发[2005]12号

市委办公室　市政府办公室
关于进一步加强养老保障工作的意见
（2005月3月1日）

为进一步加强养老保障工作，根据《省委办公厅、省政府办公厅转发省老龄办等部门<关于进一步加强养老保障工作的意见>的通知》（鲁办发[2004]19号）精神，结合我市实际，提出如下意见。

一、明确养老保障工作的指导思想。以邓小平理论和“三个代表”重要思想为指导，按照科学发展观的要求，全面贯彻“党政主导、社会参与、全民关怀”的老龄工作方针，坚持统筹兼顾、协调发展和共建共享的原则，采取家庭与社会相结合、道德与法制相结合、福利

—1—

用不低于家庭成员平均水平。1992年，按照行署《关于兴办老年福利企事业的意见》，组织老年人创办经济实体，开展老有所为，以“为”促“养”。这一做法既提高老年人自身的生活质量，又为社会创造财富。2003年，开展开发式助老扶贫工作，对部分特困老人免费赠送波尔山羊，让其饲养，助其脱贫。2005年3月，市委、市政府两办下发《关于进一步加强养老保障工作的意见》，要求健全家庭养老保障体系，完善社会养老保障体系，建立贫困老人救助体系；加强养老服务设施建设，完善老年医疗保障制度，实施积极养老战略。1987—2005年，全市有51.2万户签订了家庭赡养协议书，占应签户的87.5%，兑现率达95%，极大地提高老年人的生活水平和生活质量，减少老年人的赡养纠纷，推进家庭养老法制化、制度化。

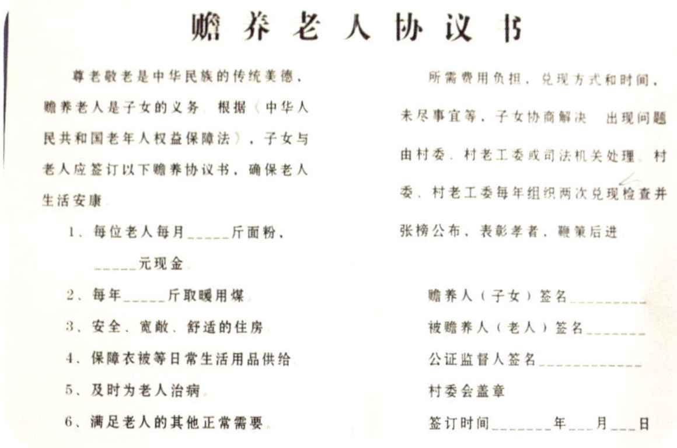

赡养老人协议书

尊老敬老是中华民族的传统美德，赡养老人是子女的义务。根据《中华人民共和国老年人权益保障法》，子女与老人应签订以下赡养协议书，确保老人生活安康。

1、每位老人每月_____斤面粉，_____元现金。

2、每年_____斤取暖用煤。

3、安全、宽敞、舒适的住房。

4、保障衣被等日常生活用品供给。

5、及时为老人治病。

6、满足老人的其他正常需要。

所需费用负担，兑现方式和时间，未尽事宜等，子女协商解决。出现问题由村委、村老工委或司法机关处理。村委、村老工委每年组织两次兑现检查并张榜公布，表彰孝者，鞭策后进。

赡养人（子女）签名_________

被赡养人（老人）签名_______

公证监督人签名____________

村委会盖章

签订时间_______年___月___日

家庭赡养协议书

第三节　敬老活动

1987年起，全区各级老龄工作部门每年都利用老人节和传统节日开展以走访慰问百岁老人、高龄老人、特困老人、孤寡老人、老干部、老专家、老教师、老职工等为主要对象的敬老活动，为老年人送去党和政府的关怀与温暖。1997年，全区开展敬老评选表彰活动，有49人获“敬老好儿女金榜奖”，43人获“老有所为奉献奖”，34人获“重视老龄工作功勋奖”。全区有10人获山东省金榜奖，8人获省奉献奖，8人获省功勋奖；2人获全国金榜奖，

孝　敬

2人获全国奉献奖，1人获全国功勋奖；东明县菜元集乡袁老家村老年协会获全国、省、地区“老有所为集体奉献奖”。1998年，全区共有10万余人参加地区老龄委、团地委联合开展的与特困老人认亲结对“一助一”敬老活动，共结成5000多对，在全社会形成浓厚的尊老敬老氛围，促进了全区精神文明建设。2000年开展老年工作评优树先活动。地区人事局、老龄办、团地委联合评选表彰全区57个老龄工作先进集体，21人被记三等功；56名老龄工作者被

孝星表彰

评为先进个人，50人被评为敬老好青年，52人被评为模范老人。2004年，开展以敬老爱老助老为主题的教育活动，评选出敬老好事迹100件，小孝星85名，敬老好文章100篇，敬老先进单位20个，敬老先进个人21名，其中推荐的孝亲敬老典型——牡丹区李村镇和堂村村民代永胜被评为“全国十大孝星”。2005年，开展菏泽市第一届“十大孝星”评选活动，对评出的“十大孝星”进行大力宣传和表彰，受到社会各界的好评，其中单县四君子集团总经理兼党委书记李新民，被评为山东省“十大孝星”。同年，还开展敬老好儿女、模范老人、健康老人、基层先进老年人工作委员会与老龄工作先进单位等五项评选活动，推动老龄工作的健康发展。2004—2005年，市老龄工作委员会办公室连续两年开展老年人金婚庆典活动。

第五章　少数民族

第一节　少数民族人口及分布

菏泽市是多民族散杂居地区，其居住地为大分散、小集中。2000年，全国人口普查统计，全市共有41个民族，除汉族外，其中蒙古族1298人，回族60004人，藏族174人，维吾尔族100人，苗族272人，彝族249人，壮族398人，布依族181人，朝鲜族161人，满族532人，侗族67人，瑶族17人，白族52人，土家族78人，哈尼族30人，哈萨克族3人，傣族7人，黎族6人，傈僳族8人，佤族35人，高山族2人，拉祜族7人，水族6人，纳西族2人，景颇族79人，土族11人，达斡尔族5人，仫佬族3人，布朗族8人，毛南族1人，仡佬族7人，阿昌族1人，普米族2人，塔吉克族8人，俄罗斯族1人，鄂温克族4人，京族1人，塔塔尔1人，独龙族5人，鄂伦春族2人，其他未识别的民族6人，有曹县、牡丹区、定陶3个少数民族人口万人以上的县区，13个少数民族人口在2000人以上的乡镇。1个回族镇是曹县侯集回族镇，全镇33个村，40613人，回族8529人，土地面积57.6平方公里，5.5万亩耕地。40个回族村，1个满族村。

2005年少数民族村统计表

表31-5-1

村	总人口（人）	少数民族人口（人）	民　族
曹县普连集镇后尹楼村	1150	910	回族
曹县侯集回族镇侯集村	8815	6058	回族
曹县普连集镇三官庙村	1350	980	回族
曹县安蔡楼镇鲁集西街村	760	580	回族
曹县安蔡楼镇望鲁集南街村	602	390	回族
曹县王集镇季集村	1870	1660	回族

续表 31-5-1

村	总人口（人）	少数民族人口（人）	民　族
曹县曹城镇东关南居委会	1960	1090	回族
曹县古营集镇马楼村	1212	230	回族
曹县安蔡楼镇望鲁北街村	2815	2010	回族
曹县侯集回族镇西沙楼村	1300	1100	回族
曹县侯集回族镇北沙楼村	1456	1456	回族
曹县普连集镇代楼村	912	680	回族
曹县孙老家镇回民张庄村	2430	2430	回族
曹县古营集镇礼拜村	328	328	回族
曹县普连集镇前尹楼村	784	558	回族
曹县王集镇张庄寨村	3200	2510	回族
曹县普连集镇平王庄村	1350	1200	回族
曹县城关镇南关居委会	5750	1200	回族
曹县东关南居委会	3600	1800	回族
曹县王集镇郭庄村	1112	1100	回族
鄄城县董口镇军屯村	1500	500	回族
鄄城县董口镇前园村	1222	1222	回族
鄄城县闫什镇西军集村	587	258	回族
牡丹区胡集乡东马垓村	2610	2610	回族
牡丹区都司镇西马垓村	4010	3702	回族
牡丹区皇镇乡后沙海村	900	560	回族
牡丹区西城办事处南华社区	5010	2600	回族
定陶县定陶镇南城社区	2234	2234	回族
定陶县定陶镇王洪庙村	1067	1067	回族
定陶县陈集镇前沙海村	2594	2594	回族
定陶县陈集镇中沙海村	3977	3977	回族
单县单城镇回汉村	4681	2566	回族
东明县城关镇西关店子村	2120	2120	回族
东明县东明集镇回民王庄村	2580	2580	回族
东明县菜园集乡马占村	1200	760	回族
东明县东明集镇东明集村	3200	620	回族
东明县菜园集乡黄庄村	1350	260	回族
巨野县夏庄村	691	691	回族
巨野县孟庄村	362	242	回族
巨野县苗庄村	425	425	回族
巨野县陶庙村	356	336	回族
巨野县巨野镇一街	1319	470	回族
单县龙王庙镇惠王庄村	241	241	满族

第二节　少数民族经济

1978年前，居住农村的少数民族人员均以种田为主；居住城市的居民均在街道、工厂或商店做工。1978年后，农村中的回族聚居村陆续出现以大队为单位的集体企业，主要从事皮革、裘衣、地毯、皮毛玩具等加工业。1978—1998年的20年间，回族集体企业发展迅速，规模较大、效益较好的有定陶县前沙海皮厂、中沙海皮厂、南关皮厂，菏泽市东马垓皮厂、西马垓皮厂，鄄城县军屯皮厂，曹县侯集皮厂、地毯厂等。1998年后，由于计划经济转轨为市场经济，区内绝大多数回族集体企业破产。2000—2005年，随着市场经济的发展，市、县、乡各级政府主动引导少数民族群众立足长远，转变观念，大胆跳出“皮毛肉”圈子，少数民族民营经济呈现出强劲的发展势头，一批私营、股份制民营企业相继成立。2004年，有3个民族村（居）上缴税金在400万元以上。至2005年，全市少数民族民营企业已达1600家，其中投资1000万元以上的21家，200万元～500万元的46家，200万元以下的100多家。

少数民族企业生产车间

2000—2005年菏泽市（地区）规模较大的少数民族企业一览表

表31-5-2

县　别	企业名称	法人代表	企业性质	产品或服务项目	产值（万元）
鄄城县	山东菏泽伊诺清真食品有限公司	张业献	股份制	清真牛羊肉	5000
鄄城县	山东菏泽华格尔日用化工有限公司	张克华	私　营	卫生灭虫气雾剂	300
鄄城县	山东菏泽伊绿园清真食品有限公司	张开望	私　营	脱水蔬菜	500
鄄城县	山东鄄城伊兰清真食品有限公司	马开前	私　营	清真牛羊肉	450
东明县	云亭大酒店	海朝峰	私　营	饮食服务	1000
东明县	王银安皮毛加工厂	王银安	私　营	产品加工	100
东明县	赵卫红皮毛加工厂	赵卫红	私　营	产品加工	100
东明县	老郭家糕点食品加工厂	郭海明	私　营	食品加工	50
曹　县	王光集团	王　光	私　营	软包装烧牛肉	8000
曹　县	曹县民族工业公司	金付学	股份制	手工地毯	9000
定陶县	大山股份有限公司	郑泰修	私　营	羊毛衫	900
定陶县	吉光裘皮有限公司	马恩爱	股份制	裘皮服装	450
定陶县	月亮皮毛工艺有限公司	李兆科	私　营	裘皮、玩具	350
定陶县	顺发裘皮有限公司	沙启良	私　营	裘皮服装	300
定陶县	安吉裘皮有限公司	张克俭	私　营	裘皮服装	280
定陶县	鲲鹏皮革有限公司	马兴美	私　营	裘皮服装	550

续表 31-5-2

县 别	企业名称	法人代表	企业性质	产品或服务项目	产值（万元）
定陶县	孚融服饰有限公司	栾春兰	私 营	羊毛衫	1000
定陶县	通海刺毯厂	马永山	私 营	刺毯	450
定陶县	恒茂纺织品公司	李卫东	私 营	纺织品	2700
定陶县	富邦有限公司	杨自文	私 营	皮革制品	620
定陶县	国花冷藏厂	李兆伯	私 营	肉类加工	500
定陶县	伊欣清真食品有限公司	马先明	私 营	肉类加工	3500
定陶县	华艺裘革制品有限公司	沙清香	私 营	裘皮服装	260
定陶县	瑞雪生物科技有限公司	李长银	私 营	复合肥生产	6000
定陶县	同德制胶有限公司	李 睿	股份制	骨胶生产	1600
单 县	山东百寿坊食品有限公司	张世合	股份制	羊肉汤、清真羊牛肉制品	5000

第三节 少数民族社会事业

1986—2005年，市、县区各级政府不断加大对少数民族的帮扶力度，先后从地方财政拨付1000多万元，帮助少数民族村（居）修路、通电、改水、改厕、兴建养老院、优化居住环境等，改善了少数民族群众的生活居住条件。民族团结在多措并举中得到进一步的巩固，增强中华民族的凝聚力，营造民族团结的良好社会氛围。在发展少数民族“皮毛肉”经济方面，充分发挥其有技术、善经营的优势，引导他们发展名、优、特产品，走“小群体、大规模”的发展路子，促使少数民族经济步入发展的快车道。在民族法制建设方面，不断加大对民族政策和相关法律法规的贯彻落实力度，做到有法必依，执法必严，违法必究。在民族教育方面，加大资金投入，努力改善办学条件，先后投资900多万元帮助民族小学修建校舍，配备先进的教学设备，培训一批高素质的教师队伍。在少数民族干部工作方面，进一步修改和完善《培养选拔少数民族干部三年规划》，实现民族干部选拔的制度化、规范化、程序化。在提高少数民族群众的整体素质方面，本着贴近实际、贴近生活、贴近群众的原则，通过开设民族政策课程，举办民族知识大奖赛，开展“民族团结宣传月”、举办“法律进万家”、法制宣传日、创建“民主法制示范村（居）”等活动，进一步强化少数民族群众的政策观念和法律意识。在维护少数民族群众的根本利益方面，重点抓了民族村（居）领导班子及行政执法人员的法制教育和依法办事的能力，避免在涉及少数民族的执法过程中引发新的矛盾和纠纷；建立民族村（居）法律顾问制度，教育少数民族群众依法维权；加大对清真食品市场的执法检查力度，解决清真食品不清真、非清真食品与清真食品摊位相邻等一些突出问题，消除了由此引发的民族矛盾和纠纷隐患。2001—2005年，全市有128个民族工作模范集体和先进个人受到国务院和省、市政府的表彰，菏泽市政府连续两次被国务院授予“全国民族团结进步模范集体”荣誉称号。

2005年菏泽市民族小学一览表

表31－5－3

学校名称	所在县区村（居）	在校学生（人）	少数民族教师（人）
回民王庄小学	东明县东明集镇回民王庄村	600	3
定陶镇南关回民小学	定陶镇南城社区	263	10
定陶镇王洪庙回民小学	定陶镇王洪庙村	87	3
陈集镇前沙海回民小学	定陶县陈集镇前沙海村	293	6
陈集镇中沙海回民小学	定陶县陈集镇中沙海村	375	5
前园回民小学	鄄城县董口镇前园村	345	3
陶庙镇夏庄回族小学	巨野县陶庙镇夏庄村	320	11
巨野镇东关小学	巨野前进路中段西侧	430	1
侯集回族镇希望小学（原侯集镇福和希望小学）	曹县侯集回族镇侯集村	314	–
曹城镇第一小学	曹县曹城镇东关南居委会	1810	–
王集镇季集小学	曹县王集镇季集村	244	–
王集镇张庄寨小学	曹县王集镇张庄寨村	296	–
安蔡楼镇望鲁集小学	曹县安蔡楼镇望鲁集南街	184	–
普连集代楼小学	曹县普连集镇代楼村	342	–
普连集镇牛店小学	曹县普连集镇平王庄村	29	–
孙老家镇民族学校（原孙老家镇回民张庄小学）	曹县孙老家镇回民张庄村	72	–
普连集镇尹楼回民小学	曹县普连集镇后尹楼村	194	–
曹城镇第二小学（原曹城镇南关小学）	曹县曹城镇南关居委会	919	–
普连集三宜庙小学	曹县普连集镇三宜庙村	58	–
侯集回族镇北沙楼小学	曹县侯集回族镇北沙楼村	143	–
王集镇郭庄小学	曹县王集镇郭庄村	146	–
合　计		7964	41

2005年菏泽市民族中学一览表

表31－5－4

学校名称	所在县区村（居）	在校学生（人）	少数民族教师（人）
军屯回民中学	鄄城县董口镇军屯村	365	7
牡丹区民族中学	牡丹区胡集乡	848	3
陈集镇中沙海回民中学	定陶县陈集镇中沙海村	320	10
单县民族武校	单县单城镇回汉村	1190	16
侯集镇回族中学	曹县侯集村	325	–
曹城镇回族中学	曹城镇东城社区	357	–
合　计		3405	36

第六章　宗　教

1986—1996年，依法加强对宗教活动场所的年检、登记工作，举办宗教界普法学习班。1999年成立菏泽伊斯兰教协会，2000年成立菏泽天主教爱国会，2005年成立菏泽基督教三自爱国运动委员会。这些爱国宗教团体的成立，为维护民族团结、维护社会稳定、维护法律尊严、化解民族矛盾、促进经济发展，起到重要的作用。2000年，组织宗教界人士学习《外交部声明》《国家宗教局发言人谈话》《中国天主教“一会一团”声明》，揭露、抵制梵蒂冈“封圣”活动，挫败其政治图谋，维护了社会稳定。至2005年，各县区17处宗教房产陆续还给爱国宗教团体，宗教活动场所依法进行开放，信教群众的宗教信仰得到尊重。据统计，全市共有天主教、基督教、佛教、伊斯兰教和道教5种宗教，信教群众18万余人（其中天主教1万余人，基督教9万人，佛教8000余人，伊斯兰教7万余人，道教人数较少），宗教活动场所449处。

第一节　佛　教

1966—1977年，境内多数庙宇被拆除或改作他用，佛教场所停止佛事活动，僧尼多数被动员还俗，拜佛活动也基本绝迹。1978年后，随着党的宗教政策的贯彻落实，一批佛教界的冤假错案得到平反，僧尼也以爱国爱教为宗旨，积极参加社会主义现代化建设。农村有的老年妇女开始拜佛活动，拜佛方式一是在家祈祷，二是在“涅槃日”“佛诞日”“盂兰盆会”“佛成道日”等大的佛教节日，去境内外较大的寺院参加佛事活动，祈求的内容主要是让佛祖保佑家人平安。1997—2002年，宗教管理部门对境内几处佛教活动场所先后进行依法登记。至2005年年底，全市依法登记的佛教活动场所共计4处。东山禅寺位于鄄城县城东，占地1.67公顷，建筑面积4250平方米，最大建筑物为大雄宝殿，建筑面积450平方米。该寺为尼庵，常住比丘尼12人，其中台湾籍比丘尼2人，大陆籍比丘尼10人。1997年11月依法登记为宗教活动场所，1999年12月停止对外开放，只允许内部比丘尼在寺内进行宗教活动。临济禅寺位于定陶县城北仿山乡仿山村，占地3.33公顷，建筑面积 2120平方米，有比丘1人。左山寺位于定陶县马集镇郭庄村，占地2.67公顷，建筑面积500平方米，有比丘2人。明教寺位于菏泽市牡丹区沙土镇李庄村，占地0.67公顷，建筑面积950平方米，1999年3月依法登记为宗教活动场所。金山寺，位于巨野县独山镇金山，2002年2月依法登记为佛教活动场所，占地面积650平方米，建筑面积92平方米，比丘1人。

第二节　伊斯兰教

伊斯兰教　由元朝末年随回族群众迁

入境内而传入，并逐渐得到传播和发展。清真寺是信仰伊斯兰教的信众礼拜的场所，亦称“礼拜寺”，同时也是回族穆斯林的社会聚集中心，传授伊斯兰教知识、培养伊斯兰教职业人员的场所。1986 年，全区有清真寺 45 处，主要分布于曹县（19 处）、菏泽市（8 处）、定陶县（5 处）、东明县（6 处）、鄄城县（4 处）、巨野县（2 处）、单县（1 处），信教人数 5 万余人，人数之多居山东省第四位。2005 年，全市共有清真寺 46 处，信教人数 7 万余人。

菏泽西关清真寺

2005 年菏泽市伊斯兰教清真寺基本情况一览表

表 31-6-1

序号	县区清真寺	建寺时间	建筑风格	建筑面积（平方米）	曾任阿訇
1	牡丹区西门里清真寺	始建于明永乐十五年（1417 年），1989 年重建	阿拉伯式	881	黄宝玉 白胜旺
2	牡丹区东马垓清真寺	始建于明洪武十年（1377 年），1984 年重建	中国宫殿式	1500	马思奇
3	牡丹区西马垓清真寺	始建于明永乐二年（1404 年），1983 年重建	中西结合式	900	王化明 马先国 马金芳
4	牡丹区秦海清真寺	建于 1985 年	中国宫殿式	260	张振兴 张宗
5	牡丹区梁李庄清真寺	始建于清同治元年（1862 年）	中国宫殿式	480	李国英
6	牡丹区后沙海清真寺	建于 1991 年	中国宫殿式	1200	马同先 杨志铁 石玉芳
7	牡丹区辘湾清真寺	始建于民国年间，1980 年重建	中国宫殿式	220	李新志 马西允
8	单县西关清真寺	始建于清道光十三年（1833 年），1986 年重建	中国古典式	990	王金发 何存义 马先营 李德平 金军营
9	巨野县夏庄清真寺	始建于清同治十年（1871 年），1994 年重建	中国宫殿式	660	李顺普
10	巨野一街清真寺	始建于民国 17 年（1928 年），1996 年重建	中国宫殿式	423	马思钦 吕庆军

续表 31-6-1

序　号	县区清真寺	建寺时间	建筑风格	建筑面积（平方米）	曾任阿訇
11	鄄城县军屯清真寺	始建于清乾隆十年（1745 年），1986 年重建	中国宫殿式	850	张兆毅
12	鄄城县临濮回民小区清真寺	始建于民国 12 年（1923 年），1989 年重建	中阿结合式	90	张兆毅 马西国
13	鄄城县西军集清真寺	始建于民国 24 年（1935 年），1998 年重建	中国宫殿式	110	马体杰 马心锋 马敬增
14	鄄城县前园清真寺	始建于民国 9 年（1920 年），1989 年重建	中国宫殿式	340	马思望 马思建 张兆杰 马望华
15	鄄城县城区清真寺	始建于 2003 年	中式院落	250	张克念
16	定陶县南关清真寺	始建于清康熙二十年（1681 年），1992 年重建	中阿结合式	800	丁存志 尧金明 赵素青 李玉杰 王俊江 王中华
17	定陶县王洪庙清真寺	始建于 1945 年，2004 年重建	中阿结合式	750	张秀纯 白旺胜 马存平
18	定陶县前沙海清真寺	始建于明万历年间，1982 年重建	中阿结合式	1100	马心德 张志善 王少清 李顺福 沙秀峰 从福普 沙启进 李振武 丁明信
19	定陶县中沙海东清真寺	始建于明万历元年（1573 年），1975 年重建	中阿结合式	1150	沙庆云 马先正 王彦明 马先正 李利锋 杨志铁 马远锋
20	定陶县中沙海西清真寺	始建于 1986 年	中阿结合式	1000	王乃文 闫忠海 杨继玉 程法勒
21	定陶县陈集回民张楼清真寺	建于 1997 年	中国宫殿式	240	杨德林 王建会 马　宣
22	曹县曹城镇东关清真寺	始建于元朝延祐七年（1320 年），1983 年重建	阿拉伯式	3000	李超英 李全福
23	曹县曹城镇南关清真寺	始建于清雍正年间，1983 年重建	中国古典式	2700	韩运才 金占军
24	曹县侯集镇侯集清真寺	始建于明朝永乐年间，1984 年重建	阿拉伯式	899	郭秀全 金业柱 王乃文 沙启国
25	曹县侯集回族镇北沙楼清真寺	始建于明永乐年间，1986 年重建	中国宫殿式	486	沙道正
26	曹县侯集镇西沙楼清真寺	始建于明永乐年间，年重建	中国古典式	354	张进明 金军营 祁永宽

续表 31-6-1

序　号	县区清真寺	建寺时间	建筑风格	建筑面积（平方米）	曾任阿訇
27	曹县王集乡郭庄清真寺	始建于民国 19 年（1930 年），1985 年重建	阿拉伯式	1286	郭继顺 姚效义 杨洁玉 马金海
28	曹县王集乡季集清真寺	始建于民国 16 年（1927 年），1990 年重建	中国古典式	590	沙信义 王兴全 马世真 沙义良 王中学 王中静
29	曹县王集乡张庄寨清真寺	始建于明洪武年间，1984 年重建	阿拉伯式	750	何凤奇 马思旺 沙道元
30	曹县孙老家乡张庄清真寺	始建于明永乐年间，1983 年重建	中国古典式	394	马金芳 沙匡生 白选召
31	曹县安蔡楼乡望鲁集北街清真寺	始建于明洪武四年（1371 年），1985 年重建	中国古典式	593	李学曾 苏文正
32	曹县安蔡楼乡望鲁集南街清真寺	始建于明永乐年间，年重建	中国古典式	420	马书才 程　君 兰德昌
33	曹县古营集乡礼拜寺清真寺	始建于清嘉庆年间，1987 年重建	阿拉伯式	309	闫立杰 李法东 张永彬
34	曹县普连集镇三官庙清真寺	始建于明永乐年间，1985 年重建	中国古典式	646	何风武 1960—2009
35	曹县普连集镇前尹楼清真寺	始建于明永乐年间，1984 年重建	中国古典式	319	马翠平 张龙翅
36	曹县普连集镇后尹楼清真寺	始建于明永乐年间，1984 年重建	中国古典式	420	李时中 李贵钦 刘少品
37	曹县普连集镇平王庄清真寺	始建于明永乐年间，1986 年重建	中国古典式	350	闪　龙 马照真
38	曹县普连集镇牛店清真寺	始建于明万历年间，1987 年重建	中国古典式	310	王德强
39	曹县普连集镇代楼清真寺	始建于明永乐年间，1995 年重建	中国古典式	265	赛书玉
40	曹县古营集乡马楼清真寺	始建于清嘉庆年间，1985 年重建	阿拉伯式	287	李洪亮
41	曹县曹城镇东门里清真寺	始建于民国年间，2001 年重建	阿拉伯式	800	马存平 沙元成
42	曹县曹城镇东关西大寺	始建于民国年间，1998 年重建	中国古典式	700	王彦明 王武军
43	东明县城关镇店子村清真寺	始建于清乾隆十年（1745 年），1982 年重建	中国古典式	270	李德祥

续表 31-6-1

序　号	县区清真寺	建寺时间	建筑风格	建筑面积（平方米）	曾任阿訇
44	东明县东明集镇回民王庄清真寺	始建于明永乐三年（1405 年），1985 年重建	中国古典式	300	李进刚
45	东明县菜园集乡马寨村清真寺	始建于清嘉庆十五年（1810 年），1979 年重建	中国古典式	280	刘义振　马峰亮

2005 年菏泽市伊斯兰教协会及负责人一览表

表 31-6-2

团体名称	注册登记时间	宗教团体负责人情况								
		姓　名	性别	出生年月	民族	文化程度	团体任职	教　职	职　务	政治安排
菏泽市伊斯兰教协会	2000.05	从德普	男	1940.08	回	高中	会长	–	退休干部	市政协原副主席
		杨敬斋	男	1941.01	回	中专	副会长	–	退休干部	–
		马思奇	男	1935.06	回	高中	副会长	阿訇	–	市政协常委、牡丹区政协常委
		马望华	男	1934.03	回	高中	副会长	阿訇	–	–
		沙爱华	女	1953.07	回	大学	副会长	–	曹县卫生局党组书记	市、县人大代表
		沙道银	男	1935.05	回	初中	副会长	–	–	–
		李克世	男	1944.02	回	大学	副会长	–	退休干部	牡丹区政协原副主席
		马惠亚	男	1951.07	回	大专	秘书长	–	市民委科长	市政协委员、牡丹区政协常委
牡丹区伊斯兰教协会	1990.11	马思奇	男	1935.06	回	高中	副会长	阿訇	–	市政协常委、牡丹区政协委员
曹县伊斯兰教协会	1984.10	沙爱华	女	1953.07	回	大学	会长	–	曹县卫生局党组书记	市、县人大代表
单县伊斯兰教协会	1995.05	金军营	男	1969.02	回	初中	副会长	阿訇	–	单县政协常委

续表 31-6-2

团体名称	注册登记时间	宗教团体负责人情况								
		姓　名	性别	出生年月	民族	文化程度	团体任职	教　职	职　务	政治安排
鄄城县伊斯兰教协会	1994	张广涛	男	1928	回	初中	会长	–	–	–
定陶县伊斯兰教协会	2004.11	杨慎波	男	1939.08	回	中专	会长	–	–	定陶县人大常委会原主任

第三节　基督教 天主教

基督教　1985年后，随着党的宗教政策的贯彻落实，境内开始恢复基督教传教活动，各个基督教教会都建立爱国公约和工作守则，并对活动场所、活动内容进行整顿和改进，保证了教会的健康发展，防止不法分子利用宗教信仰做损害党和国家以及人民利益的活动。2005年，菏泽市基督教"三自"（自治、自养、自传）爱国运动委员会（爱委会）成立，教会章程规定爱委会的任务范围、组织机构及负责人的产生与罢免、经费来源与使用原则、章程的修改程序等。至2005年年底，全市有基督教信众91614人，活动场所达345处，其中有教堂3处。

牡丹区基督教堂　位于牡丹区石人东街，原名"福音堂"。始建于1905年，由美国门诺福音会邵城德、邵玫瑰夫妇负责筹建。该教堂占地0.933公顷，建筑面积300平方米，另有牧师楼（二层）1座。"文化大革命"期间教堂被毁，房地产权被单位占用，教会停止活动。1983年，菏泽县人民政府按照宗教政策给予落实3间平房以恢复聚会。1985年菏泽市"三自"爱国组织成立后，与占用单位签订了租房合同。1995年收回房地产权，并办理了国有土地、房屋使用权证书。2004年

菏泽基督教堂

基督教堂奠基仪式

高度为6米，屋顶高度约18米，可容纳1000名信徒聚会。

巨野基督教堂　位于巨野县城南姚楼，建于1999年。教堂分为二层框架式，建筑面积600平方米，局部高度为24米，可容纳1000名信徒聚会。

单县基督教堂　原址在单县红卫农机厂，清末民国初由美籍包志理牧师筹建，"文化大革命"期间停止活动。1987年县委、县政府落实教会房产55000元，县"三自"用此款购买了鸡市口南街179号一处居宅为宗教活动场所，2004年全县信徒又募捐集资建起一座培训中心，占地0.21公顷，"菏泽市基督教神学培训中心"就设于此。

成武程堤口基督教堂　该堂建于2000年，建筑面积150平方米，庭院、附属房屋总占地面积500多个平方米，信徒群众300余人，地址在成武东关木料市北隅。

5月，在"福音堂"原址基础上，重新建造教堂。教堂使用面积达800平方米，三层框架，中西结构，尖顶式，主体高度为13米，局部（十字架）高度为32米，投入资金130多万元，可容纳1200人聚会，是菏泽市区最美观、实用，投资比较大的新型基督教堂。

曹县基督教堂　在"文化大革命"期间被曹县一中占用。1993年，县政府在东关大街东段为其另购0.33公顷土地建设新址。该教堂建筑面积500多平方米，主体

2005年菏泽市基督教活动场所及信徒统计表

表31-6-3

县区别	活动场所（处）	信徒（人）	县区别	活动场所（处）	信徒（人）
牡丹区	24	8058	巨野县	89	12106
曹　县	58	21698	郓城县	9	1307
定陶县	10	3380	鄄城县	40	3675
成武县	26	6300	东明县	47	7920
单　县	42	27170	合　计	345	91614

2005 年菏泽市基督教教职人员一览表

表 31-6-4

姓　名	性　别	出生年月	教　职	县　区
张　镇	男	1966.12	长老	牡丹区
朱海英	女	1965.06	牧师	牡丹区
任兴金	男	1966.08	牧师	牡丹区
李树棠	女	1939.09	长老	牡丹区
林成举	男	1950.05	长老	牡丹区
王守珍	女	1968.02	牧师	曹　县
李文明	男	1934.08	长老	曹　县
张巧兰	女	1959.09	长老	曹　县
徐美英	女	1963.11	长老	曹　县
苏卫民	男	1932.07	长老	曹　县
刘玉杰	男	1961.08	长老	曹　县
周生彩	男	1953.09	长老	鄄城县
孔运芝	男	1950.05	长老	郓城县
田素良	男	1965.07	牧师	单　县
曹秀兰	女	1963.06	牧师	单　县
张守光	男	1949.08	长老	单　县
张庆全	男	1942.04	长老	单　县
孟玉英	女	1970.04	牧师	东明县
聂大印	男	1940.12	长老	东明县
孙约伯	男	1944.06	长老	东明县
孙洪斌	男	1940.02	长老	东明县
宋传英	女	1937.01	长老	巨野县
谷念领	男	1968.08	长老	巨野县
董奎伟	男	1966.08	长老	巨野县
刘　萍	女	1972.06	长老	巨野县
李成永	男	1971.01	牧师	成武县
赵福善	男	1962.07	长老	成武县
陈长云	男	1980.02	长老	成武县
刘建梅	女	1956.05	长老	成武县
朱德超	男	1940.08	长老	成武县

天主教　1966—1976 年，菏泽天主教爱国会被驱散，教会神职人员被遣散，信教徒停止活动。1979 年落实宗教政策后，天主教活动开始恢复正常。1986 年后，在“文化大革命”中被单位占用的教会的房地产得到了逐步落实。2005 年，菏泽市有天主教活动场所 54 处，信教人员 8934 人。

菏泽市基督教“三自”爱国运动委员会情况表

表 31-6-5

团体名称	注册登记年月	所辖区域		宗教团体负责人简历									
		场所（处）	信众（人）	姓　名	性别	出生年月	民族	文化程度	神学教育	团体任职	教　职	职务	政治安排
菏泽市基督教“三自”爱委会	2005.01	345	91614	田素良	男	1965.07	汉	大学	华东神学院	主任兼秘书长	牧　师		菏泽市、单县政协常委
				张　镇	男	1966.12	汉	大学	金陵神学院	副主任	长　老		菏泽市政协委员
				唐路家	男	1941.10	汉	初中		副主任			曹县政协委员
牡丹区基督教“三自”爱委会	1991.11	24	8058	张　镇	男	1966.12	汉	大专	金陵神学院	主　任	牧　师		菏泽市政协委员
曹县基督教“三自”爱委会	1987.12	58	21698	唐路家	男	1941.10	汉	初中		主　任		退休工人	曹县政协常员
单县基督教“三自”爱委会	1995.05	42	27170	田素良	男	1965.07	汉	大专	华东神学院	主　任	牧　师		菏泽市、单县政协常委
东明县基督教协会	2001	47	7920	范洪义	男	1965.02	汉	初中		会　长			
鄄城县基督教“三自”爱委会	1994	40	3672	周生彩	男	1953	汉	高中		主　任	长　老		县政协委员
成武县基督教“三自”爱委会	1987.07	26	6300	赵福善	男	1962.07	汉	初中		主　任	长　老		县政协委员
郓城县基督教“三自”爱委会	1994.11	9	1307	孔运芝	男	1951.03	汉	初中		主　任			县政协委员
巨野县基督教“三自”爱委会	1992.02	88	12103	谷念领	男	1968.08	汉	大学	山东神学院	副主任	传道员		
定陶县基督教“三自”爱委会	2004.11	11	3380	何启笃	男	1940.12	汉	初中			传道员		

第七章　民　俗

第一节　生活习俗

服饰　衣　20世纪80年代初期，人们穿着多以国防服、中山服、列宁服、工作服、对襟袄、毛裤为主。服装色泽比较单一，多为蓝、灰、青、黑色。布料以机织斜纹布、哔叽尼、华达尼、的确良、涤卡、涤纶为主。80年代中后期，男性青年陆续穿西服，女性穿裙装。服装花色呈五彩缤纷，质料渐趋中档化。90年代，服装款式开始多样化，花色品种越来越多，各种高档布料剧增。流行筒裤、喇叭裤、毛呢大衣、夹克衫、运动装、风衣、面包服、健美服、休闲服等。引领款式新潮流者多为男女青年。春秋多着夹克服、西服、休闲服；夏季男性多着短袖衫、T恤衫，女性多着各式裙装；冬季内着保暖衣、羊毛衫，外套各种款式的羽绒服、皮衣、西服等。进入21世纪后，服装更新速度进一步加快，各式各样的服装款式新潮迭出，传统民族服装款式又受青睐。面料以毛料、真皮为贵，纯棉、丝绸也很受欢迎，人们穿着观念由耐穿变为美观时髦。

鞋　80年代，境内流行塑料底布鞋、塑料凉鞋，穿皮鞋者很少，穿人造纤维袜者甚多。90年代至21世纪初，流行皮鞋、塑料拖鞋、高跟鞋、运动鞋、休闲鞋、旅游鞋等。

帽　80年代，境内流行国防帽、护耳棉帽、鸭舌帽。90年代至21世纪初，戴鸭舌帽的越来越少，戴遮阳帽、瓜皮帽、线帽、礼帽、干部帽、长舌帽、童帽、长头巾者多为老年人、中青年妇女和儿童。

饰　80年代，境内女性时兴佩戴耳坠（环）、戒指、发簪、发卡等，多为银质和塑料制品。90年代至21世纪初，女性又逐渐流行佩戴项链、手链、手镯，首饰多为黄金、白金、银、玉、水晶石、珍珠等制品。男性主要佩戴领带、领结、胸章、领带夹等。

饮食　1978年中共十一届三中全会后，人民生活逐步得到改善。特别是上世纪80年代后期，城乡居民均以细粮（小麦）为主，粗粮（杂粮）为辅。90年代至21世纪初，人们饮食不仅讲究吃饱，而且注重吃好，逐渐讲究营养。食油以花生油、大豆色拉油为主，基本不再吃棉籽油和提清油。买猪肉不再挑肥，而是拣廋。平时多食用细粮制作的馒头、面条、花卷、油饼、水煎包、水饺、混饨等，五谷杂粮则成为城镇居民更换口味的辅助食品，大多用来熬制稀粥。境内居民的一日三餐，原来一般两餐咸菜下饭，只有一餐做菜，现在变为两餐做菜，城镇居民更明显。逐渐食用无公害蔬菜和讲究蔬菜品种多样化。饮用白酒由过去的高度低档改为低度中、高档，越来越多的人喜欢饮用啤酒和葡萄酒。饮茶逐渐成为人们的习惯，茶叶档次也不断提高。

80年代，客人来访、老人过生日、送粥米、家人团聚、婚丧事宜等均在家中备菜宴请，90年代以后均在酒店、饭店设宴，饭菜、烟、酒档次越来越高，讲排场之风日盛。

住房　20世纪80年代初，农村部分居民仍住在用淤土掺麦秸垛制而成或用土坯垒制的房屋；城市居民多为砖瓦房，有工作单位的职工多家合住一排，但住楼房的很少。80年代中后期，居住条件有较大改善。农村开始建砖基、土墙、瓦顶房舍。并大都装饰漂亮的脊兽，即：屋脊上排列着数不不等的小动物作为装饰，它们按类分别有仙人、跑兽、垂兽及鸱吻等。90年代，大部分农村居民建造砖木结构的瓦房，红砖砌墙，苇笆、苇箔或木板为盖，大瓦覆顶，封檐封山，水泥勾缝。室内石灰抹墙，水泥地面，均安装玻璃门窗。房屋样式也日趋新颖，有的正房饰以檐板，有的前出厦檐，有的正房两端连带耳房，经济条件好的一般建两层楼房，墙面饰以彩色水磨石或瓷砖，大门两侧粘贴石板对联。城镇居民住房多为砖混结构的楼房，每套面积不等，水、电、暖、通信、卫生设施齐全，并开始对住房进行低档次装修。在乔迁新居之日，亲朋好友前来祝贺，房主均设宴款待。进入21世纪后，城市建设速度加快，住宅小区日益增多，楼房设计坚固美观、功能齐全、管理规范，面积宽敞的住宅陆续被城市居民购置，经济条件好的喜欢购住高层或小高层住宅，住房装修的档次也越来越高。

农村新居

代步　20世纪80年代，自行车是近距离的代步工具，出远门时多乘汽车或火车。90年代，自行车向轻便型、新颖型、美观型发展，仍为人们代步工具的首选。摩托车的数量逐渐增加，骑摩托车的多为青壮年。90年代末，电动自行车开始兴起。在老年人中，时兴骑脚踏三轮车。21世纪初，代步工具发展较快，在农村流行乘坐机动三轮（主要是柴油农用三轮，少部分是摩托三轮）、小型拖拉机、电动三轮车等，在城市流行骑电动车、乘坐出租车、公交车、私家轿车。

旅行　旧时外出远门，皆选择吉日，俗话讲“三、六、九往外走，二、五、八赶回家”，经商者出行讲究出门吃饺子，进门吃面条。20世纪90年代后，选择吉日逐渐减少，而是根据需要随时出行，有的出远门以酒饯行，归来时设宴洗尘。80年代，旅游是少数人的行为，一般是工作人员借出差之便，顺便游览异地人文景观和自然风光，专程旅游的很少。进入21世纪，专程旅游的逐渐增多，多选择由旅行社组团的方式出游。

生活用具　20世纪70年代，境内居民睡觉多使用木制棂子床，室内摆设较为低档，多是祖辈留下的旧式家具。80年代，为了预防地震，开始时兴铁质防震床，室内摆设时兴桌橱、高低橱、腰橱、大立橱、写字台、简易沙发和茶几，这些家具的制

菏泽市第一台14英寸“上海”牌电子管黑白电视机，购于1975年（牡丹区广播电视局存）

作多是请木工到家打造。90年代以后，时兴组合家具，样式新颖，选材讲究。21世纪时兴壁橱、挂橱、高档家具，下榻用具越来越高档化，大多在木制家具厂或家具店购买。

80年代后期时兴黑白电视机、录音机、台式电风扇、落地式电风扇；90年代中后期，随着电子产品和家用电器快速发展，黑白电视机在城市居民户中被逐渐淘汰，彩色电视机逐年增多。进入21世纪，城市居民开始使用放像机、影碟机、组合音响、电冰箱、电冰柜、电饭锅、高压锅、电磁炉、微波炉、抽油烟机、自动洗衣机、太阳能热水器、家用电脑、空调、饮水机、节能灯具等电子电器产品。

第二节　礼仪习俗

婚嫁　在农村，适龄男女青年经媒人介绍，进行非正式相亲（先远见、双方有意向再近见面谈）。后经过了解，双方若无意见，男方在媒人的陪同下携带礼金及酒、肉、烟、糖、水果、衣服等礼品到女方家商量订婚日期，男方在酒店设宴，双方主要亲朋参加，明确关系，将婚事定下来，民间称之为“订婚”，男方要给女孩见面礼——“改口钱”，钱的多少因家庭情况不同、地域不同、时期不同而不同。之后，由男方请人“看日子”“换帖”，商量结婚、举行仪式的具体日期。城市青年男女多是自由恋爱，经过一段交往了解，当双方感觉时机成熟时，则履行定亲的程序，即双方家长及近亲属相约一起由男方设宴款待，也叫“会亲家”。宴间，男女双方均改口，相互按对方的称呼来称呼其父母及家人；改变称呼后，男方父母要给女孩“见面钱”，男方亲属也给女孩一定数额的见面礼。90年代“见面钱”一般是1001元（寓意千里挑一），另加金耳坠、金项链和金戒指（俗称“三金”）。进入21世纪，定亲礼金不断增长。经济条件较好的家庭给“见面钱”10001元（寓意万里挑一），另加“三金”。

婚事定下后，男女双方相约一起到照相馆照订婚像。婚纱照逐步流行，花费视家庭状况、男女意愿而不同，有的刻录光盘，永久保存。娶亲前男女双方须到当地民政部门办理结婚登记手续。女方开始置办嫁妆，男方装修新房，添置家具。迎娶新娘时，男方选一位长辈带领迎亲人员（去单来双）到女方家迎亲，女方由兄弟姊妹、伴娘相送。迎亲队伍多选择繁华的路线行走，不走回头路，并在所经过的路口和拐弯处放炮和抛掷硬币，以祈求吉祥平安。进入21世纪，娶亲仪式均在饭店举行，婚宴规模和形式越来越铺张奢华。与此同时，应运而生的婚庆公司也越来越多，婚庆录像渐成时尚。

80年代，时兴骑自行车迎娶，参加婚宴的好友随礼一般是5～10元，也有送生活用品的。90 年代，农村则使用拖拉机、机动三轮车迎娶新娘，城市开始时兴小汽车迎娶，车辆一般 1 ～ 2 辆，也有“旅游结婚”者。参加婚宴的好友随礼一般是 50 ～ 100 元。进入 21 世纪后，迎亲车辆逐渐增多，车型逐渐高档化，一般 6 ～ 8 辆，朋友随礼一般是 100 元。

娶亲前一天晚上，男家请新郎的嫂子或其他儿女双全的妇女来铺床，在席下压一把秆草，并唱铺床歌。铺好床以后，要找一个晚辈男童来和新郎做伴，在新床上睡一夜，俗叫“压床”，也有地方称“滚床”。新婚夜新床的枕头里、被褥下放些花生大枣，寓意早生贵子。闹新房图吉利热闹，大都是想出很多办法戏弄新人尤其是新娘，但有过分者会发生不愉快。听房也有的称“听花媳妇”，据传说，新婚之夜，无人听房不好，有碍于后。如无人听房或遇雨雪天听房者无法上门听房时，新郎的母亲会在半夜拿一把扫帚立在洞房门口或窗下，充当听房者。闹新房、听房有结婚“三天里面没大小”之说。这些习俗至今仍在城乡沿袭。

不少机关单位举行集体婚礼，开一代新风。在农村，仍有因袭旧俗者。女方大要彩礼，男方大操大办、讲究排场，给男方造成极大的经济负担。

随着社会的发展，城乡婚嫁习俗差别逐步缩小，婚嫁的形式、花费越来越多样化。买卖婚姻、“换亲”等婚俗陋习仍是极少数。

生育　生育是人生第一要事，俗称“添喜”。

报喜　婴儿降生后第三天，向产妇的娘家报喜。报喜的方式是送“喜面”，把擀好的生面条放在锅拍子上，以红包袱蒙盖，送往产妇的娘家。若是男孩，放一本书，女孩放一朵花。80 年代后，随着通信事业的发达，一般都用电话告知。

送粥米　产妇的娘家、姑家、兄嫂和其他亲戚，送礼物、贺喜俗称“送粥米”。娘家人接喜讯后准备“送粥米”的礼物。左邻右舍，一些“随来往”（礼尚往来）的人家，送来鸡蛋和红糖，表示庆贺。男婴（称大喜）于出生第 12 天、女婴（称小喜）于第 9 天（也有 6 天 5 天的，各县略有不同）送粥米。娘家送粥米是鸡蛋、红糖、米、面等补养品，小衣裤、小棉袄、小棉裤、小褥子等，给婴儿看钱。娘家所送钱物的厚薄视家庭状况不同。其他亲戚可随意送红糖、鸡蛋和看钱。添喜主家中午设宴招待。客人返回时，主人回礼，其中要有染红的喜鸡蛋，娘家人回去后要回馈添礼的乡邻。

坐月子　产妇生孩子后，通常一月之内不能出门俗称“坐月子”。坐月子的产妇应穿暖避寒，忌受风吹，要给产妇准备专门的饭食和各种补品。

请满月　满月这天，产妇的娘家把婴儿母子接回去住几天，称为“请满月”。由婴儿的外祖父来请，主家设宴招待。男婴在外祖母家住五天，取“五大三粗”之意；女婴住四天，取“四大白胖”之意。由婴儿的祖父接回家去，有谚语“老爷请，爷爷叫”。随着社会的发展和人员流动性增加，不再强调这一规制。

过周岁　婴儿出生满一年，称为“周岁”，俗叫“一生”。20 世纪 80 年代后往往是家人亲朋聚餐庆祝，给孩子摄影留念并标记“周岁留影”。

寿诞　境内过生日叫“过生”，人们在纪念诞生日时，因年龄、地域、时代不同略有区别。一般过生日早饭煮鸡蛋、吃面条，面条意为长寿，吃煮鸡蛋俗称“吃个鸡蛋滚滚运”（传统上小孩吃鸡蛋时，从小孩头顶上滚下来再吃）。中午做些好饭菜、买个生日蛋糕，成年男人要有酒。进入21世纪，儿童和青少年的生日越过越隆重，尤其是三周岁俗称“过三生”，更为隆重，亲朋聚餐庆祝。给孩子买玩具、食品、生日蛋糕很常见，中小学生的生日聚会也逐渐流行。也有的寄发生日贺卡、送生日礼物、送鲜花、在电台电视台为过生日者点歌祝福。

父母到60岁，子女开始为其过生日。传统上“六十六，割块肉，七十七，杀只鸡。”即六十六岁生日女儿为父母割块肉，重六斤六两；七十七岁生日，要杀只鸡为父母庆寿。八十岁诞辰，一般都要隆重地庆祝一番，俗称“庆八十”。20世纪80年代给父母过寿大多是儿女带些礼物聚集到老人家中吃顿祝寿饭，表达对老人生日的祝福。进入21世纪，许多家庭为老人祝寿设在酒店进行。在农村，经济条件好的家庭还要请来戏班子唱戏，或者包一场电影为老人祝寿。73岁、84岁被视为老年人的“坎”，在民间有“73、84，阎王不叫自己去”的俗谚，老年人忌讳说这两个年龄。

庆典 本地习俗，店铺开业俗称“开门”，要选择吉日，张贴商业对联，烧香敬财神，然后放挂鞭炮庆祝店铺开业。气氛力求热烈，以扩大影响。大书条幅“金日开业”，以祈求生意兴隆，日进斗金。90年代以后，随着市场经济的快速发展，一种促销文化悄然兴起。工厂奠基、楼市开盘、工程竣工、商铺开业等，都时兴搞大的庆典活动。经营者一般要费尽心血营造一种社会烘托效应。贴幅对联，放挂鞭炮的传统做法已经过时，取而代之的是摆放庆典花篮、扎置大型充气拱门、悬挂巨幅庆贺标语、鸣放大型礼炮、组织大型文艺演出活动等，有的还邀请地方官员和社会各界名人为其剪彩，发表祝词。

丧葬 20世纪70年代后期，境内开始实行尸体火化，各县都建有火葬场。90年代末，土葬之风在农村抬头，传统丧葬习俗中的一些礼仪又流行起来，入殓、出殡礼仪的做法仍沿袭传统习俗。即使尸体火化，出殡时大都仍旧沿袭旧习。许多仪礼还在原有的基础上随着时代变化而有所发展，既仿效城市的放哀乐，又要请“吹鼓手”。死者过“五七”时，还要扎纸活进行祭奠。在城市，已普遍推行火葬。死者单位或街道居委会临时组成治丧小组，为死者设置灵堂，开追悼会，亲朋好友肃立静默致哀，向遗体告别，然后火化尸体，并将骨灰装入骨灰盒内送到骨灰堂存放。进入21世纪后，有些地方开始建造公共陵墓，实行市场化运作和管理。经济条件好的，为死者购置墓地安放骨灰盒，经济条件差的仍将骨灰盒放在骨灰堂内存放或送回老家安葬。

交际 见面致敬 古时候有作揖、拱手礼等，见长辈、师长行鞠躬礼，80年代后，握手、招手成为见面的互迎礼节。握手是表示友好的礼节，见面、分别都适用。握手之后又加一手，则表示十分亲密和敬重。招手多用于迎送，迎接时表示互相已见面，挥手告别表示依依不舍。民间见面互相问候，见面问“吃饭啦？”“上哪去？”“忙着啦？”等，进入21世纪，“你好”等现代问候语逐渐流行。男性见面互敬香烟一直在城乡流行，即使不会抽烟的人，出门往往也带着香烟以备与人见面时礼敬。骑自行车的人见熟人要下车，正忙于某项工作或活计，见人打招呼要先停下劳作。客人到家要敬烟、敬茶，客人告别要送出大门外。走亲戚见面要问好，代别人问好俗称“捎好”。

称谓　有亲戚或同宗族辈分关系的按亲戚或本分关系称呼，其他的则按年龄称呼大爷、大娘、叔叔、阿姨、大哥、大姐、弟弟、妹妹、小同学、小朋友等。多年流行的“同志”“师傅”称谓仍能听到。在机关单位，按职务相称。在企业，对厂长、经理叫“老板”或“老总”。

交往　逢年过节走亲串友，馈赠些节日礼品，世代相传，讲究礼尚往来。凡有婚嫁，乡邻多持礼品往贺，谓之“添箱”，礼数因关系亲疏而异，有的送钱，有的送物，90年代后以送钱为主，主家待以酒筵，谓之“喝喜酒”。婚后生孩子，亲朋好友带钱物祝贺。新居落成，主人迁入，朋友邻里前往祝贺，主人待以酒食，谓之“温锅”。店铺开张，友人持贺礼花篮、镜匾等前往祝贺。有老人去世，朋友邻里前去吊唁，俗称“吊孝”，吊孝礼物主要有纸箔、相糖、烟、酒、花圈、布幛子等，关系密切者送钱。乡间求人办事，帮忙者不收好处，对求人者来说俗称“欠人情”，逢年过节以礼品相报，名为“答人情”“还人情”。出嫁的女儿每年春节前（春节后依然初二回娘家走亲戚）、麦收后、中秋节给娘家送礼。礼物要双数，忌单数。新婚当年送年礼偏重。90年代后，特别进入21世纪，随着机械化程度提高，农家时间愈发宽裕，加上外出打工的增多、家庭经济条件越来越好，回娘家基本无定式。

宴席　设宴必有酒，无酒不成席。酒桌上入座时，讲究宾主、长幼之分。一般冲门口或者面对上菜方向的位置是主人或者东家（就是买单请客的人），叫“主陪”；在其对面的位置是与主人一起来招待客人的，叫“副陪”。坐在主人右面的是“主宾”，左面的是“次宾”（传统上左为上首，表示尊贵）；相对应的，坐在“副陪”右面和左面的分别是第三、四位次的来宾。在家里宴请尊贵客人、长辈、年长者，须把最长、最尊者礼让到最正位坐。宾主落座，开始倒酒。酒桌上饮酒的礼节、辞令、形式等习俗花样繁多。一般主陪要有一个开场白，客套一番，然后定个标准，陪大家共饮，然后轮到副陪发言，同样是客套一番，也带领大家喝酒。客人要对主人的盛情款待用回敬表示谢意。酒菜的丰盛程度视宾客的多少、尊贵而不同。

第三节　岁时习俗

传统节日习俗　春节（农历正月初一）正月初一是新年的第一天，习惯上称为春节，境内过春节多称为“过年下”。

农历年的最后一天即腊月三十（小月二十九）也叫年三十，家家户户打扫庭院，贴春联、包饺子。晚上是“除夕”，除夕之夜，挂彩灯、做年夜饭，全家老幼欢聚一堂，畅饮“辞岁酒”，家长给孩子发“压岁钱”。然后，聚在一起观看中央电视台的春节联欢节目。也有的青少年结伙联欢，彻夜不眠。除夕成为春节的一部分。

初一早起称“起五更”（一般在凌晨五点钟左右，各家、各地略有不同），大人、小孩均穿戴一新。起床后先行盥洗，摆供、上香、烧纸，祭拜天地神灵和祖先。然后晚辈向长辈拜年，长辈要给晚辈“压岁钱”。初一要吃素馅水饺，寓意素静一年。下水饺时燃放鞭炮，食毕，中年男女外出拜年，先本族，后邻居。拜年只限上午。进入21世纪，随着通信设施的快速发展，时兴电话拜年、发短信拜年。串亲访友（俗称“走亲戚”）是春节的一项主要活动，一般自初二开始，至十五结束。走亲戚要带些礼品，礼品的轻重视亲疏关系及自家经济条件而定，主人留亲戚吃饭、回礼（也有不吃饭、不让回礼的），一般初二去岳父母家，初三去外祖父母及舅家。

元宵节　（农历正月十五）境内民间至今仍流行着欢度元宵节的习俗，因为这是春节的最后一天。传统习惯是早晨吃水饺，中午全家分食供于神位前的大花糕。原无吃元宵的习惯。夜幕降临后，家家挂彩灯，村村放烟火。20世纪90年代后，吃元宵已成为城乡居民的习惯。燃放烟花的活动大多是单位或经济效益较好的企业出资操办。居民小区、农村也有富裕户、商户联办的。家庭燃放烟花的，一般规模较小，品种也较少。娱乐活动也丰富多彩，城镇多在部分主要街道摆放花灯，花车巡游、扭秧歌、跑竹马、划旱船、踩高跷、舞龙舞狮等民间文艺进城路游表演，增加了节日的气氛。元宵节过后，一年一度的春节到此结束。

二月二　（农历二月初二）也称“龙抬头”。境内此日有撑磨扇、围仓、炒豆、煎粘糕等习俗。俗语“二月二，龙抬头，大囤尖，小囤流”。从这天开始有雷声。在农村，凡有石磨的人家必于二月初一晚上将石磨的上扇用砖撑起来，以示“龙抬头”之意。在石磨前燃香焚纸，磕头祷告，祈求龙王保佑全年风调雨顺，五谷丰登。以前二月二有不少忌讳，如：不用磨，怕压了龙头；不动土，怕伤了龙骨；不从井中打水，怕伤了龙眼；不吃面条，怕天上掉长虫；不住娘家，怕“踩了娘家仓，死了婆婆娘”。进入21世纪后，一些迷信做法被淘汰。

清明节　（每年公历的4月4日或5日）清明是扫墓祭祖的日子，民间称之为“鬼节”。清明前一天为寒食，以前这天禁烟火，吃冷食。祭祖扫墓是清明节的主要活动。早饭吃菠菜汤、小米饭和鸡蛋，说是能预防腰疼。旧时，这天人们有头上戴柳、门旁插柳的习惯，据说是纪念介子推的。民间有“清明不戴柳，死了变个狗”的俗语。现在戴柳的已不多见，插柳之俗仍存。新中国成立后，祭祖扫墓的习俗依然延续。每到这一天，机关、学校、社会团体都要组织集体扫墓活动，到烈士陵园缅怀革命先烈，进行爱国主义教育。

端午节　（农历五月初五）又称“端阳节”。境内民间，在门旁插艾草，胸前戴艾草。谚云：“端午不戴艾，死了变个老鳖盖。”《荆楚岁时记》中说：“五月五日，四民并踏百草，又有斗百草之戏，采艾以为人，悬门户上，以禳毒气。”这些习俗后逐渐消失。端午吃粽子，已成为城乡居民的习惯，并一直延续至今。

中秋节　（农历八月十五）是仅次于春节的一个民间重要的节日。中秋赏月拜月之俗由来已久。家人团聚，面对当空圆月，家家置案于庭，摆上月饼、水果、酒肴，拜月祝祷平安。然后，分食月饼，饮酒赏月。

八月十五也是民间走亲访友的好时机，亲朋之间相互馈赠礼品。20 世纪 90 年代后，由于人民生活水平不断提高，馈赠的礼品越来越重，档次越来越高，范围也逐渐扩大，仅次于春节。

重阳节　（农历九月九日）民间称这一天是财神的生日，故烙焦饼以祭财神。祈求招财进宝，发家致富。商人则祈求生意兴隆，财源旺盛。1989 年，中国政府将九月九日确定为“老人节”“敬老节”后，各级领导都要在这一节日的前后走访慰问老年人。随着“以人为本”“人性化”倡导，重阳节逐步成为人们尊重老人、表达敬意的节日。

十月一　（农历十月一日）又称“鬼节”。这天是上坟祭祖的日子，除烧纸以外，还要用纸裁剪衣帽，焚于墓前，叫作“送寒衣”。在农村，祭祖活动往往以宗族为单位，由家族长带领进行。十月一日，场光地净，农事结束，农民开始进入“冬闲”阶段。

腊八节　（农历腊月初八日）境内居民在腊八节有喝腊八粥的习俗，腊八粥的制作由于时代和地域的不同而有所不同。一般有黄米、白米、江米、红豇豆、红枣等合水煮成，有的再加上一点染红的桃仁、杏仁、瓜子仁、花生仁、松子仁、葡萄干和白糖、红糖等。从这天起，“年味”渐浓，民间有“腊八祭灶，新年来到”的俗语。

祭灶　（农历腊月二十三日）又称“小年”。主要活动是打扫厨房，祭拜灶君。愿一家之主的灶王爷上天言好事，下界保平安。祭灶之日吃祭灶糖已成为习惯，至今还在流行。过了祭灶日，就开始准备过年的食品和用品。家家户户，窗明几净，焕然一新迎新春。

国家法定节日　元旦　公历 1 月 1 日为元旦，俗称阳历年。境内机关团体、工矿、企业往往召开各种座谈会、茶话会。同时，升国旗，插彩旗，大门口多张贴“庆祝元旦”等大字。按国家规定放假一天。文化部门多组织各种文艺活动、体育比赛等为节日助兴。农村过此节者较少。

植树节　国家于 1979 年规定公历 3 月 12 日为全民“植树节”。境内每年在植树节这天（或之前）组织公职人员、学生等开展义务植树活动，绿化、美化环境。

五四青年节　公历 5 月 4 日为“中国青年节”。这天，境内各级团委组织报告会、演讲会，组织新团员宣誓等，许多青年自愿“献爱心”进行为民服务等活动。

七一建党节　公历 7 月 1 日是中国共产党诞生纪念日，俗称“党的生日”。境内各级党组织召开座谈会、纪念会，表彰优秀共产党员，组织新党员举行入党宣誓仪式，请老党员作报告，回顾党的历史，进行革命传统教育。

八一建军节　公历 8 月 1 日是中国人民解放军建军节。境内地方党政机关、群众团体开展拥军优属活动，部队开展拥政爱民活动。

教师节　公历 9 月 10 日为教师节。每年的教师节，境内各级党委、政府召开庆祝会、表彰会，颁发奖品、慰问品、纪念品等。学生多寄贺卡表达对老师的敬爱之心。

十一国庆节　公历 10 月 1 日为新中国成立纪念日。2000 年后放假 3 天，加上调休的两个双休日共休息 7 天，人们多外出旅游，成为“黄金周”。不少青年男女选择国庆节为结婚日。在社会节日中，国庆节是最热烈、最激动人心的节日。党政机关、社会团体、厂矿企业、学校等单位大门口多张贴“欢度国庆”大字，并且升国旗、插彩旗、吊灯笼、开放霓虹灯，气氛浓烈。

比较流行的国际节日 三八国际劳动妇女节 公历3月8日为“国际劳动妇女节”。境内妇联组织每年召开纪念大会，表彰各界妇女中的先进人物，颁发奖状、荣誉证书，组织健康有益的文化娱乐活动。有的在此日向所属机构妇女发放慰问品、纪念品等。

五一国际劳动节 公历5月1日为“国际劳动节”。2000年，按照国家规定，境内机关、企事业单位由放假休息1天改为3天，加上调休的两个双休日共休息7天，称黄金周。人们多外出旅游，城镇青年此假日结婚者较多。历年都于此日前一两天，组织各种不同形式的庆祝活动，召开劳动模范、先进人物表彰大会等。工会、文艺团体举办各种体育项目比赛、竞技赛、歌咏比赛、文艺演出等。

五一二国际护士节 公历5月12日为“国际护士节”。每逢护士节到来之际，境内的医院、医专、卫校等都会举行庄严的护士授帽仪式，并举行一系列围绕护士、护理工作的庆祝活动，如护理操作技能大赛、护理工作座谈会、护士表彰会、护士演讲比赛，等等。

六一国际儿童节 公历6月1日为“国际儿童节”。境内小学、幼儿园组织联欢会、演唱会，吸收新少先队员。各级党政部门、群众团体向学校、幼儿园赠送纪念品，家长也为孩子们送一份礼物。

新流行节日 情人节 每年的公历2月14日，是西方的传统节日之一。21世纪后境内城镇青年男女开始庆祝这个节日。一般是男生送给女生礼物，女生也要有所表示。礼物多是玫瑰花和巧克力。恋爱中的青年男女非常看重这个节日，到比较浪漫的地点共进晚餐或在网络上互相表达爱意。共同承诺爱情永恒。情人节来临之际，大街上不少年轻人布设摊点出售包装精美的玫瑰花。

母亲节 每年公历5月的第二个星期日是母亲节，西方感谢母亲的节日。21世纪后，境内首先从年轻人开始兴起。这一天，自立门户的回家看望母亲、给母亲买礼物、亲自下厨给母亲做饭等，即使回不了家看望母亲的也会打个电话或发个信息，表达对母亲的爱，对母亲的感恩。逐渐的，成为公众节日，这一天，许多家庭都由丈夫和孩子把家务活包下来，母亲不必做饭、不必洗碗、不必洗衣服，等等。人们通过各种各样的方式表达对母亲养育之恩的深厚感情，想方设法使母亲愉快地度过节日，感谢和补偿母亲一年的辛勤劳动。这一天，氤氲着浓浓的亲情。

父亲节 进入21世纪，境内城镇年轻人开始以公历6月的第三个星期日为父亲节（世界上很多国家都有父亲节，但日期不同，公历6月的第三个星期日为父亲节的国家较多。中国也有父亲节，每年的八月八日）这天，同母亲节一样，人们通过各种各样的方式表达对父亲养育之恩的深厚感情。

圣诞节 公历12月25日是圣诞节，本是西方宗教节日。20世纪90年代中后期，开始逐渐在境内城镇青年人当中流行，圣诞节的前一天晚上为平安夜，傍晚，城镇街道很多卖苹果摊点，一个个包装精美的苹果美其名曰“平安果”，青年朋友或是同学之间购买相送。进入21世纪，迅速流行，各大商场、超市抓住这一卖点，在圣诞节前后都有大型促销活动。各种圣诞饰品琳琅满目。人们似乎多了一个购物或游玩的时间点。

第四节　农事习俗

1986年后，特别是进入21世纪，随着农民文化水平提高，农业科技普及，机械化程度提高，传统农事习俗迅速改变，新的习俗逐渐形成。无论是种植业、养殖业，还是传统的农副产品加工业，都发生了翻天覆地的变化，以市场为导向成为一切农事活动的指挥棒。传统的耕作制度、种植品种等出现根本变化，经济作物种植面积扩大，区域化种植、集约化经营、产业化发展逐步显现。家庭分散养殖成为历史，代之以养殖专业镇、专业小区、专业村、专业户等多种形式的规模化饲养。随着大量青壮年劳动力外出打工，在家从事农业生产的多是妇女和老年人。

一般农作物生产　土地　家庭承包责任制推行后，土地到户多年不变。其间经历了几年一“大动地”（随人口增减调整土地）、大稳定小调整（大块地不动小块地找平）等各种土地调整，到土地承包长期不动。

种子　自己选种留种者日渐减少。基本从种子商店购买。普遍良种化。

肥料　基本依赖化肥。家家挖坑积肥的习惯已消失。家庭散养逐渐消失，传统农家肥也随之消失。土地普遍缺施有机肥。

机具　传统农具大部消失。大型农用机械、联合机械代替传统的人工作业器具和畜力作业器具，仅余锨、铲等及部分园艺工具。

作物种类　境内粮食品种种植单一，主要是小麦、玉米，高产、高效、高附加值的经济作物呈区域化种植模式，如大蒜、大葱、辣椒等蔬菜，棉花、西瓜、芦笋、山药、多种药材、苗木繁育、果树栽培等。保护地栽培、反季节种植成为高效益种植模式。

农活　农业机械的普及解放了生产力，大量青壮年外出打工，从事农业生产的一年也是闲多半年。到2005年，耕种、管理、收获全部实现机械化。

种植方式　随着间作套种、地膜覆盖、营养钵育苗移栽、保护地栽培等农业科技的普及，种植方式愈加多样化，土地复种指数、产出效益快速提高。

牡丹生产　栽种　牡丹栽种习俗不同于其他农作物的种植。境内一般的农作物种植都是在春、夏或初秋季节，可牡丹的栽培却在中秋——阴历八月十五以后。在牡丹种植的乡镇办事处，当大部分农事基本结束以后，牡丹种植区的花农才开始进入农忙时节。

管理　牡丹栽植以后，次年春天春分以后便进入了田间管理期。至谷雨达到最高管理水平。管理牡丹要求专业技术高。

盆栽催花　牡丹不仅可以大田栽培，还可以盆栽。牡丹催花，是菏泽花农的绝技。除传统方法让牡丹隆冬开花，以后又摸索出牡丹南方催花技术，每年八月十五后，运往广州、福建等南方温暖如春的城市，经过花农的精心培育，催出数以万计的牡丹鲜花供应春节和元宵节花卉市场。

运销广州的牡丹最多，被称为“下广”，“牡丹下广”的习俗早在清代就形成了。

林业生产 境内居民有植树的习惯。20世纪80年代之前，植树大都是为了自用，主要是用于做家具、建房，用不完的去市场（俗称“木料市”）交易，老百姓传统说法是“零攒钱”，后来高雅的叫法是“绿色银行”。境内林木品种繁多，种植广泛，主要有杨、柳、榆、槐（国槐和刺槐）、椿（臭椿和香椿）、桐（泡桐、法桐和青桐）等。果树主要有苹果、葡萄、石榴、桃、杏、梨、枣、柿等。植树在每年的春季进行。

境内粮食作物为主，一般不在大田地大面积植树，主要是在村旁（房前屋后及村头荒地）、路旁、沟渠旁、河堤等四旁植树，80年代初开始桐（泡桐）粮间作，大面积造林兴起。80年代末90年代初果树大面积栽植，以苹果树为主，梨、桃、杏、葡萄、柿零星栽植。

柿子树在菏泽种植历史悠久。由柿子加工成的柿饼质优味美，祛病健身，耐储便送。曹州耿饼在明代已是进献皇帝的贡品，此后便成为菏泽市传统名特产品。农历九月间，柿子成熟，民谚“七月的枣八月的梨，九月的柿子上满集”。在民间，柿果的处理方法有三种：一种是在树上熟透了的柿果，颜色变红，果肉变软，俗称“烘柿子”。要立即摘下来，到集市上去卖。第二种是“漤柿子”，将鲜柿子倒入热水缸中，用木棍搅动，封上缸口。过夜取出，食之又脆又甜，涩味全无，称为“漤柿子”。第三种就是加工“柿饼”。用旋刀削去柿皮，然后晾晒，至半干，摆放在筐箩中，置于室内，数日后，其表面就会长出白霜，即成“柿饼”。加工柿饼以菏泽东郊耿庄一带镜面柿为佳。

曹州木瓜也称菏泽木瓜，远在明代就有栽培，建国初期尚有明代大木瓜树。木瓜集中栽培在菏泽北郊牡丹乡的李集、赵楼、芦堌堆、干洼等村，菏泽木瓜金黄油亮，香味扑鼻，既是室内陈设观赏佳品，又是一种中药材。有祛湿、舒筋、和胃等功效，对关节病、腰膝酸痛等症均有显著疗效，是菏泽的名优土特产。

畜禽饲养 境内没有大草原、大牧场，畜牧业多直接与农业生产相联系，成为农家生产的一部分。普遍饲养的有羊、猪、鸡、鸭、鹅等，1980年实行家庭联产承包责任制后，农户开始饲养牛、马、驴、骡，用于役使。之前只有生产队集体饲养大牲畜，用于役使。1990年后，有从事养兔、养貂、养鸽等特种养殖者。一个农家院落，往往就是一个综合畜禽养殖场。

养牛、驴 养牛、驴的地方称为“圈（或牲口圈）”，多在配房内，于“圈”前设一个槽（木槽或石槽）。木槽由槽斗和四根槽腿组成，槽腿为五寸方木，十分坚固。圈内要保持干燥清洁，常用干土垫圈。

喂牛的饲料，麦秸最佳，但要铡刀铡碎，有谚语 “寸草铡三刀，没料也上膘。”

喂马、驴、骡的饲料，秆草（谷秆）最好，麦糠、花生秧、地瓜秧亦可。除麦糠之外，均须铡碎。喂驴与喂牛略有不同，一是喂草后还要加点“圆料”，即豆子或玉米，更主要的是要喂夜草，俗语曰：“马无夜草不肥。”

庄稼人终年与牲口打交道，从细致的观察中总结出许多有趣的谚语。如相牛的谚语：“（好牛要）前裆放下斗，后裆放下手。”“前腿直似箭，力量大无边；后腿弯如弓，行走快如风。”相驴的谚语：“懒驴上套，不屙就尿。”

养猪　养猪的地方称为“猪圈”，常设在院内一角。猪圈为长方形，大小不等。多是用砖砌墙，留一栅门，可开关。圈内靠一头墙角，搭一猪棚，是让猪睡觉休息的地方。另一头挖坑，以砖砌底帮，是猪屙屎尿尿的场所。猪饲料种类很多，野菜、地瓜叶、梧桐叶以及粉碎的花生秧、地瓜秧、玉米秆等，都是喂猪的好饲料。喂时，先在猪食槽里倒上泔水，再加进饲料和少量麦麸，搅拌均匀即可。每天喂三次，使其吃足吃饱。谚语曰：“喂猪没啥巧，窝干食喂饱。”

养羊　一般农家都养几只山羊或绵羊。羊圈设在配房内，或在院内一角搭草屋为圈。白天拴于院中，夜间拴在圈内。夏秋喂青草，入冬则喂树叶、花生秧等饲料。有青草时，牵到河边、路旁去放羊，无人看护时，用长绳拴在树上或专门的橛子上俗称“觅羊”。爱抵头的公绵羊，称为“抵羊”，主人常牵到集市上找对手，若取胜，则得意洋洋，以为自豪。小尾寒羊是优良绵羊品种，以多胎高产著称。1979 年菏泽地区被定为全国小尾寒羊育种基地。饲养青山羊是当地农民家庭的一项重要养殖业。传统上，每到过年，家家户户有喝羊肉汤的习俗，农户饲喂青山羊既可以自己宰杀，也可以到集上出售换钱。

养鸡　农家主妇每年春天都买 10－20 只绒毛鸡喂养，养到八月间，能长到一斤多重，多数公鸡被杀掉，作为中秋节的礼物，母鸡则留下来下蛋。从前农家养鸡卖蛋成为日常费用的重要补充，母鸡屁股就是庄稼人的银行，因此母鸡最为妇女所重视，以致产生了这样的谚语：“老太太三条命：母鸡、闺女和外甥。”

80 年代之前，饲喂品种以本地土鸡为主，有黑鸡、黄鸡、芦花鸡、白鸡等，之后，随着引进的杂交品种鸡产蛋率高、鸡蛋个头大逐步代替了土鸡，肉食鸡出肉率远远高于土鸡。无论是鸡肉还是鸡蛋，口感风味上都不如当地土鸡，以至于土鸡和土鸡蛋的价格都高于引进的品种。

副业生产　在农村，除了农业生产之外，还有的就地取材，加工各类产品，形成农家的第二收入，与农业生产相对而言，称之为“副业生产”。

做豆腐　在乡间，常见担着豆腐挑子走村串巷吆唤着卖豆腐的人。村妇用瓢端来黄豆，换回豆腐，或炒、或熬，做为一家人午饭的美味佳肴。

做豆腐一般始于晚秋，终于翌年季春。1990 年之后，一年四季都有加工者。豆腐论“个”，一个豆腐需用十二斤黄豆，可做成二十几斤豆腐。先将黄豆在水中泡胀，然后用小石磨磨成豆浆。磨豆浆的石磨较小，磨扇直径约一尺二寸，称为“拐磨”（也有大石磨，人力或畜力驱动）。将“拐磨”安装在木架上，用一根长杆，一端套在磨拐上，另一端吊于屋梁下，一人握杆柄，一推一拉，使磨旋转。豆浆从磨扇边沿流下，滴于锅中。然后用粗布为包，挤出液汁，剩下“豆腐渣”。豆汁放锅中加火烧开，再倒瓦缸中。稍微冷却，加进卤水（或石膏），称为“点豆腐”。稍停，便结为“豆腐脑”。将豆腐脑倒于布上，折其四角，使成长方形。上压重石，挤去水，即成为“豆腐”。第二天早晨，担着豆腐挑子下乡叫卖。1990 年之后，随着机器设备的推广使用，机器逐步代替了石磨。

开粉坊　传统习俗，制粉条和粉皮用绿豆粉，地瓜大面积种植后多用地瓜粉。绿豆粉的制法是，将绿豆倒入盛开水的缸中浸泡，用石磨磨成浆，过罗去渣，使淀粉沉淀，除去清水，晒干，即成“粉块”。地瓜粉的制法是，将鲜地瓜粉碎，加水搅动，以布为包，挤出汁液。将汁液过罗去渣，待淀粉沉淀，晒干成粉块。

将粉块碾成淀粉，把一部分淀粉加热水烫熟，和匀，使成糊状。再加进其余的淀粉，用力搋（chuai），到粉团鼓胀发亮，分成小块，放入底部有几个小圆孔的瓢里。左手端瓢，右手敲击左手腕，粉团从瓢孔中漏出，形成一根根细丝落入沸水锅中。用长筷挑出，浸在凉水中。再用木棍穿起，撑在院中木架上，晒干即成“粉条”。

制粉皮，须将淀粉和成稀糊，舀一小勺，倒入铜旋子内，在沸水上面旋转，顷刻即熟，置于凉水中浸泡一下，揭下来摆在秫秸子上晒干，即成薄薄的饼状粉皮。

将粉皮、粉条摆成摞，打成包，推车或挑担赶集出售，或者走村串巷叫卖。

开油坊　经营打油的副业，称为“开油坊”。以黄豆、花生、棉籽、菜籽为原料。土法打油，先把原料在石碾上轧成“糁”，炒熟，用麻片包之，置于铁环内，卡在油槽中，加上铁楔（俗称“寨”），一人抡油锤，猛击铁楔，步步挤紧，使糁出油，剩下的渣，成圆片状，叫做“饼”，饼可做饲料或肥料。花生饼也可供人食用。开油坊的一般不下乡叫卖，只论斤批发给推油车子的行商小贩。

磨香油　香油（即芝麻油）的制法：把芝麻炒焦，用石磨磨成麻汁。盛在一口大铁锅内，对开水适量，用棒搅动。慢慢晃动铁锅，俗称“晃油”。一手晃油锅，一手执长柄葫芦轻搋（chuāi）麻汁，使油上浮，随时将油舀出。剩下的渣子叫做“香油渣子”。随着人民生活水平的提高，对香油的需用量越来越大，因而香油作坊越来越多。香油的制作仍沿用传统工艺，只是电力代替了手工操作。香油一般不做油炸和炒菜之用，只作为一种调味品调制凉菜或汤类。传统上卖香油，用扁担挑担，下乡去卖，2000年后多坐坊装瓶出售。

轧花、弹花　传统上，农村妇女用棉花织棉布，必须先把籽棉轧成皮棉（脱去籽的棉花），再把皮棉弹成棉绒，才能纺线织布。

20世纪50年代有了较为先进的轧花机和弹花机，乡村便有人购置设备，做轧花和弹花的生意。新式轧车为铁制，由铁架、曲杠、大飞轮、踏板、皮轴等部件组成，依靠人力轧棉花，很吃力。新式弹花机构造较复杂，套一头毛驴转圈拉，带动齿轮，从一头续进皮棉，另一头就出来弹细的花绒，在帘子上卷成卷儿。

取棉绒的顾客须持“牌子”，与包袱上的牌子对上号，方可领取。主家只图赚棉籽，不收加工费。牌子的制作，将一寸半长、半寸宽的小竹板烙上印记，从中央一劈为二，钻孔系绳，算作一对。主家、客户各一半，传统上寄存东西时多用这种东西，至2005年，寄存自行车等仍沿用。

开染坊　历史上，境内青年妇女爱穿天蓝色布衫，中老年妇女爱穿老蓝色布衫。被里和褥里也多用蓝色布。染坊染蓝布用靛作染料。把土靛放缸水中溶化，过罗，加入适量碱和石灰，用棍搅匀，使颜色适中。

把铁丝网悬在染缸中间，把布浸在网上水中，染色后取出，叠放在缸口上压出水分，展开晾干。须连染数次，使颜色由浅变深。也能染蓝地白花的花布。

染坊营业，有使用“牌子”的习俗。接布时，将一个牌子系在布角上，另一个交给顾客，作为取布凭证。

染坊以梅、葛仙翁为缸神，供奉其神位或画像，联语为“竿头悬翠色，缸内起金花”。

条编　有的农民以条编为副业。用白腊条、阴柳条（柽柳）、紫穗槐条、簸箕柳条（杞柳）等。条编匠人，一般是在家编好成品，担挑车驮，赶集出售。也有的驮着半成品上市，边守摊边干活。1978 年改革开放后，曹县的条编已成规模经营，出口创汇。

大棚菜　1995 年之后，时兴种大棚菜，大棚就是温室，即使冬季也能在棚内种植各种蔬菜。大棚选择朝阳的地块，东、北、西三面垒墙，北高南低。顶棚用竹纰扎架，上蒙塑料布（之上加盖草苫子，夜里盖上白天掀开），可透阳光，保温。从初冬到次年早春，棚内陆续采摘新鲜蔬菜，如芹菜、韭菜、菠菜、黄瓜、辣椒、西红柿等。

另外泡豆芽、种蘑菇、种灵芝、掐草垫、织地毯、织鲁锦、加工板材、制作木器等，都是较普遍的副业。

第八章　方　言

菏泽，地处“中原文化区”“黄河文化带”“齐鲁文化圈”叠加区和鲁苏豫皖四省交界位置，是汉语北方方言的核心交汇区、中心传播区和创造发展区。菏泽方言属汉语北方方言中原官话区郑曹片，语音整体上看与普通话接近，但在声韵、调值上与普通话存在着一定差异，其特点是分尖团，知、蚩、诗不等于资、雌、思，古清入、次浊入今读阴平，在周围一带极具有代表性，形成了独特的菏泽方言。以菏泽城区语音为基准，菏泽县区中的单县、郓城县东北部和巨野县东部，语音有些小的变化；菏泽西南、城西至东明县一带，语音变化较大，习称“东明话”。

第一节　语　音

声母 韵母 声调　菏泽方言有 22 个声母（包括零声母在内），36 个韵母，（不包括儿化韵母），声调共 4 个（轻声不包括在内）。

声母　菏泽话的声母与普通话的声母对应规律整齐，但具体来源稍有差别。其不同的是：普通话读（s），菏泽话变作（f），如“树、书、鼠、双、说”等字。古全浊声母的发展规律是平声送气，仄声不送气，普通话有许多例外字，如“谱、突、濮”等字，在菏泽话的口语（白读）中是例内。

韵母　菏泽话与普通话的韵母的韵类对应也十分整齐，只是韵值有差别。普通话的鼻韵母，菏泽话都读作鼻化元音韵母。微、废韵合口三等唇音字，普通话读（ei），菏泽话多读作（i）。如“飞、非”等字。许多古入声音韵的字，菏泽话多读作（ei）。如“策、册、泽、色、勒”等字，普通话读（e）。“笔、毕”等字，普通话读（i）。“墨、默”等字，普通话读（o）。“白、百、麦、脉”等字，普通话读（ai）。有些戈韵见系字的韵母，普通话读（e），菏泽话读作（uo），如“科、戈、棵、课”等字。

声调 菏泽方言音调共4个，见下表。

菏泽方言音调表

表31-8-1

调类	调值	例字
阴平	213	高甲列
阳平	53	田 白
上声	55	口 古
去声	412	厚 用

菏泽方音与普通话语音相比，声调都是4个，但在具体读法（调值）上不一样，见下表。

菏泽方言语音与普通话语音对比表

表31-8-2

古调类	平声			上声			去声			入声					
古发音方法	清	次浊	全浊	清	次浊	全浊	清	次浊	全浊	清				次浊	全浊
例字	汤妻	牛	齐	纸	有	旱	对	浪	汗	哭	节	北	客	木绿	白
普通话调类	阴平	阳平		上声		去声				阴平	阳平	上声	去声	去声	阳平
普通话调值	55	35		214		51				55	35	214	51	51	35
菏泽话调类	阴平	阳平		上声		去声				阴平					阳平
菏泽话调值	213	53		55		412				213					53

音变 语言在说话的语流中，许多音节常会起这样或那样的变化。轻声、变音、变调、儿化等，总是和单字音不一样。菏泽话与普通话不尽相同。

轻声 菏泽话的轻声在语流中经常出现，使语流里的音节或句子里的词失去了原有的声调。菏泽话的轻声有时有辩别词义的作用。如“东西”，后一字读轻声是一种物件，不读轻声是东、西两个方向。“四姐”的“姐”，读轻声是长辈喊免辈排行四的妇女，不读轻声是弟弟妹妹对其的称谓。“大伯”的“伯”，读轻声是妇女称呼婆家的哥哥，不读轻声则是对父辈中年大于父亲者的称呼。

双音词语后一音轻读与否能分出词和词组的区别，轻读是词。如“皮条、煎饼、东西”等，不轻读是词组。

语法学中所说的虚词，在菏泽话中基本

上都读轻声，且大部分还产生音变。因说话人的意思不同，语气不同而语音变动不定。

有些不送气的塞音、塞擦音字，在读轻声时，往往读成送气音。如“簸箕”，的“箕”，读作“其”；“抽斗”的“斗”，读作“头”；“案板”的板，读作“盘”；“板凳”的“凳”，读作“腾”等。

变音　一个语音和其他语音组成一串连的音，就难免相互影响，于是就产生变化。

二音急读变为一个音。如：“准”（同音代替字），称“东家”为“准家”。这个音是“主人”二字合成的音，上字的声母和下字的韵母合二为一，就产生了这个音。它再一儿化就成了“准儿”。“寻个准儿”、“找个准儿”即由此而来。

“敢”（同音字代替），“门儿敢”、“桌子敢”、“墙根儿敢”的“敢”音，就是“跟前”二字合成的音，取上字的声母和下字的韵母同反切一样，二字合成一个音。

一音慢读变为两个音。如“腔”字，古音为见系字。菏泽话的“锅壳廊子”、“屋壳廊子”的“壳廊”就是“腔”字分化而来。

一个音被另一个音所同化。如“言语”，前一字受后字的影响，变成了（yuán yì）。“因故”，变成了（yōng gù），再急读一点，就成了（yōng wū）。这个词普通话多写作“因为”。“胡弄”，急读就变成了（hóng nù）了。

变调　语言中的音节在说话当中，不是一个孤立的单位，连结成词、成句，字的声调往往会发生变化。

两个上声字相连，前字变阳平。如“老虎、嘴水、省长、土改”等，两个去声字相连，前字变为阳平。如“笑话、自在、伺候”等。两个字的词里，前一个是阴平字，因它的调形为降升调，前低后高，读音在语流中较快，变为降调，来不及升就到了下一音。如“花糕”“登记”“光腚”等。前一字为去声的，后一字是去声以外的其他声调的双音词语。如“大娘”、“上晌”、“杏核（hú）儿”等。

儿化　ei这个捲舌音，附加在音节的韵母后边，使这个韵母发生变化，成为一个带捲舌动作的韵母——儿化韵。菏泽话与普通话的儿化不完全相同。既有韵母不变加捲舌音儿化，又有韵母丢失鼻化等。内容详见本章第三节“语法”。

第二节　语　汇

亲属　称谓　人品

老的——老人

大娘——伯母、岳母

大伯哥——丈夫的哥

姥爷——外祖父

姥娘——外祖母

家里的——妻子

外头的——丈夫、男人

跟前的——儿子或女儿

客——女婿、客人

姊妹们——兄弟姐妹

嫲嫲——姑姑

拼种——傻

臆歪头——不好惹的人

天文　地理　时令

天揽地——太阳

月明地——月亮

月姥娘——月亮

凉凉儿——荫凉

贼星——流星
雾凇——毛毛雨
雾啦——小雨
冻溜——冰
雪床子——雪珠
年逝——去年
年下——春节
眼前——现在
夜（yan）没——昨天
前夜、前以——前天
胧清明——拂晓
清清、清起来——早晨
晌午头——中午
横横（héngheng）——下午至傍晚
合黑、擦黑——傍晚
头以儿——前一天
今以儿——今天
第以儿——第二天
黑家——夜里
早先、每每——从前

房舍　器物　饮食

堂屋——北屋
单院子——院落
茅子、屋头——厕所
大门——院门
兽头、脊兽——安在屋脊上的仙人或动物造型的陶器
尺杆子——五尺木杆
花糕——用发酵好的白面造型，放枣蒸制的食品，有大小之分
馍——馒头、干粮
角子——粗粮做的长形菜包子
锅盔——用锅烙制成的多层饼
糊涂——粥
喝汤——吃晚饭
叶叽——用火烧制的圆长或圆圈的食品
就吃哩——小菜
好面——白面

动物　植物　农事

唠唠——猪
牸（sí）牛——母牛
叫驴——公驴
牙狗——公狗
骚虎——公羊
羯子——骟过的公羊
跑子——兔子
蝎虎子——壁虎
嘟嘹子——蝉
虫鹞儿——鸟的统称
腻虫子——蚜虫
光棍儿扛锄——布谷鸟
蛐蟮——蚯蚓
面面乎子——蝙蝠
参参木——啄木鸟
罗罗蛛——蜘蛛
儿猫（马）——公猫（马）
小小虫——麻雀
草鸡——母鸡
老犍——骟过的公牛
婆婆丁——蒲公英
马蜂菜——马齿苋
地蛋——土豆
拦地——追肥
摘种——点播
玉秫秫——玉米
上晌——下地干活
拾花——摘棉花

身体　疾病　服饰

额拉盖子——前额
脖拉梗——脖子
脑门勺子——后脑勺
喉咙系子——食道
记——痣
雪皮——皮屑、头屑
糟疙瘩——粉刺
眵抹糊——眼屎
妈妈（māma）——乳房
胳拉拜子——膝盖
踝子疙瘩——踝骨
腰子——肾脏
不大得——不舒服
冻住啦——感冒
气蒙眼——青光眼
白拉眼——斜视
噎食——食道癌
倒食——贲门癌
害眼——红眼病
権乎眼——夜盲症
出疮子——天花
二尾（yǐ）子——两性人
汗褂子——单层上衣
单裤子——裤子
夹袄——有里表的双层褂
衩裤——无裆无腰上系带子的棉裤
铲鞋——鞋前端翘起一个尖勾，纳帮的鞋
裹脚——过去妇女缠足用的长条布
铺体——褥子
盖体——被子

生活　交往　婚丧

灶火——锅灶
筲——木制打水器，相当于桶
鏊子——三足烙饼器
礤床子——礤丝或片用的器具
八仙桌——方形桌，每边可坐二人，故名
条几——长形几案，一般放堂屋北墙，上置摆件，前放八仙桌
圈床蓆——用红、青白色秫秸蔑编制出吉祥花纹的用来围床的蓆子
脚盆——尿盆
火罩——燧床用的支围具
窝铺——用秫秸或木板围挡，中间铺麦秸或干草作床用
草包——用大布袋装麦秸铺床御寒用
打登腿——一个床铺上两头睡人
纺花——把弹好的棉花纺成纱线
安布——织布
椙碌子——做针线活顶针用具
袼褙——用碎布抹糨子裱糊成的厚片，做鞋用
烟袋——吸旱烟的用具
解手——大、小便
沏水——沏茶
红帖——喜事用帖
白帖——忧事用帖
送节礼——中秋、春节等礼节交往
看浅儿——以甜点为礼的礼仪
嗨嗨——以手掌翻正并附以嗨嗨声确定先后或输赢
杠子老虎鸡——敲击筷子或桌面，并说出杠子、老虎或鸡以确定先后或输赢
包袱剪子锤——参与者各出一只手，以伸五指或以中指、

食指或握拳表示象征包袱、剪子或棰，确定先后或输赢
破谜——一方出谜面，让另一方猜谜的智力游戏
上梁山——玩水浒纸牌
带口病——话语中带有脏字词
破开钱——以整钱换零钱
课地——租种土地
碑纪——纪人、志事的碑
张罗——操办
要谎——虚高价格
抹（mā）价——降低价格
撂锅——分出不正经干的人自个过
随份子——随礼
鸡毛店——大通铺、 无铺盖、上撒鸡鸭鹅毛的最低等客店
摆供——以果蔬食物祭祀先祖或神仙
对子——对联
赌过活——承受财产
手艺——手工技艺
压秤——东西沉重，缺斤短两
定盘星——主事人，说了算的人
店铺——坐商，大门面为店，小者为铺
票子——纸币
看钱——送粥米时拿的礼钱
啖食——吃饭、吃东西
见面——相亲
开名——定婚
下恳——女方正式允婚
成人——结婚
陪送——嫁妆
添箱——为婚配的女家送喜礼
寻主儿——妇女改嫁
舍火——丧葬用纸扎品
老啦——老人去世
出门——殡葬
成殓——入殓、入棺
行奠——以不同礼仪祭奠亡人
谢客——以不同礼仪致谢宾朋

行为　性质　状态

扒——剥
攮——捅、揌（sāi）
豁——洒、倒掉
闪——走、溜走
谝——显摆、炫耀
捣——搅扰、不按规矩做
揣——插、塞　直递送
仰——躺下
舔——巴结、溜须拍马
瓤——软弱、不好、物体柔软
断路——拦路抢劫
摔（fēi）——由上往下丢或掉、毁坏
中（zhōng）——好、成、行、管、能可以、正合适、舒服、不偏不倚
管——意义同“中”
鞣（róu）——甩、转悠、摆动
蛄蛹——物体小幅度动作
撇——骗、瞒、蒙
楦——填充鼓起、撑大
呟——骂
踅摸——寻找
圆宽——圆满
安阐——嘱咐
熥人——哄人
薄皮——小气
特意的——故意的
不沾弦——做事不靠谱

强量——霸道、好胜、贪婪、蛮横
黏缠——不利索、延缓、长时间
搅泥——和稀泥
张偈——操心、奔波、劳苦
下才——没出息、没人品
奸馋——挑食
邪得——满足、自在、舒服
夹斜——性情偏执
管用——有效、奏效、可用
刺挠——骚痒、烦燥、讥讽人
烧包——卖弄、炫耀、嘚瑟、不踏实
精细——聪明、精明
摆治——修理、收拾、整治人
咄念——不容人、出语伤人、令人难堪、盛气凌人
短处——短缺、不到之处、在人手中有把柄
顸（hān）实——粗壮、结实
腆二能——炫耀、出风头
歠（chuò）摸——寻找、不劳而获
夺覼（luō）不清——难以脱清缠身之事
瞎胡欣——开玩笑、闹着玩
胡尔马曰——马马胡胡
下三烂——下流、没人品、没出息
猴持——盯、想得到、捉弄
蹀不得——来不及、没时间

数量　程度

一泡——一份
一溜——一行（háng）、一排
一掐——两手合围、两手大拇指与食指或大拇指与中指合围收聚的量
一水——洗刷一次
一冲——一副、一次
一和（huò）——一遍
一楷截——一段
一指——一节手指的长度或宽度
一虎虎——大拇指与食指抻开的长度
一拃——五指抻开的最大长度
一庹——两臂抻开的长度
一棱子——四分之一
一葯子——顺排一摞或一捆（瓦、碗、砖）
十来个儿——十多个
十个啷汪儿——十多个
百十个儿——一百多个
一百啷汪儿——一百多个
千把个儿——一千多个
一千啷汪儿——一千多个
万把子——一万多
一万啷汪儿——一万多
坌满坌满的——很满
大不拉唧——高傲自大、看不起人

副词　介词

忒——过于、太
溜溜——整整、最、很
老是——总是、尽着
拢共——总共、一共
梯溜——很
马暂——马上
会儿会儿地——经常、总是
行（háng）——有时
根门——根本、压根儿
现打现——马上、当时
当不住——不一定、有可能
碍不着——不一定、有可能
跟——同
和——跟、与、向、对
递——同、对
给——同、跟

从——在
上——向　　例：~东一拐弯就到了
朝（cháo）——在
屡着——顺着、循着

其　他

言是——表附和肯定
原是——表附和肯定
就是——表附和肯定
照——表附和肯定
乖乖——惊呀
奶奶——惊呀、感叹，发力语，无骂人义

第三节　俗语　谚语　歇后语

俗语、谚语

先有苑庄，后有菏泽城。
买卖不成仁义在。
开过药铺打过铁，干啥生意都不热。
肚里没食儿心自慌,兜里没子儿难充人。
跟着啥人学啥人，
跟着师婆（巫婆）子下假神。
饱汉子不知饿汉子饥。
出头的椽子先沤。
吃着碗里，看着锅里。
三辈子不读书，不如一群猪。
网撒一千遍，网网都有鱼。
七岁八岁人人嫌，惹得鸡狗不待见。
上工子瓦瓦，下工子啦呱。
站二架，说二话。
生意好做，伙计难搿。
光棍汉子睡凉坑，全凭火气壮。
不怕慢，就怕站，丢下扫帚，挂上襻。
骑马坐轿，不跟黎明睡觉。
饿死卖葱哩，饿不死卖蒜哩。
瞎子听响，聋子转讲（gāng）。
蜗子（青蛙统称）打哇哇，
四十五天喝好面疙瘩。
白杨叶，拍咣咣，满地里，耩高粱。
夜雨三场下，不定哪场大。
北风不过晌，过晌呼呼响。
大鱼吃小鱼,小鱼吃虾米,虾米吃渍泥。
要知媳妇老了什么样,请看孩子他姥娘。
抬头老婆低头汉，一个憨来一个奸。
人心要实，火心要虚。
一物降一物，卤水点豆腐。
能看老绝户吃饭，别看老绝户成敛。
刀不快搁不住总样锯劙。
穿衣戴帽看家当。
日头没有正晌午,不会三辈子不翻身。
在家靠父母，出门靠朋友。
光棍眼子葫芦头，世事都在个人混。
隔手不递物。
钱越掯越少，话越掯越多。
脱坯打墙，活见阎王。
前不栽桑，后不栽柳，
院内不栽“鬼拍手”（指杨树）。
馋咬舌头饿咬腮。
七月不套被，套被没人睡。
瓦罐不离井上破。
八十不留饭，七十不留宿。

歇后语

曹州的兵备——管得宽
鯨小辫的便宜——占不得
光腚推磨——转着圈儿丢人
光腚穿裙子——围得好
秃子头上的虱子——明摆着
六个手指头扢痒痒——多一道子

鸡蛋掉到油篓里——滑蛋一个
打井的吃饭——上来了
上鞋不用锥子——真（针）管
黑碗蒜臼子—— 一窑货
喝凉水拿筷子——是个招乎
屙屎屙到鞋拽跟上——没法提
拾麦子打烧饼——净利
赶车的不拿鞭——拍马屁
歪嘴骡子卖个驴价钱——吃嘴上的亏了
扁担插到桥眼里——担不起
包子掉底——露馅了
筷子叨藕——有光棍有眼子
漫敞地里烤火—— 一面子热
刮大风摘炒面——张不开嘴
狗撵鸭子——呱呱叫
秆草包老头子——丢大人了
瓦碴子剃头——嗷嗷的叫

第四节　民间歌谣

虎头歌

虎头帽，虎头鞋，
虎头虎脑笑歪爷。

筛罗罗，打噎噎

筛罗罗，打噎噎。
磨麦麦儿，看姥娘。
姥娘不待家，气哩妗子呱嗒嗒。
呱嗒到粪茅里，吃哩饱饱哩。
呱嗒到粪坑里，吃哩撑撑哩。

摔倒歌

摔倒，摔倒，爬起来，
不哭不闹是好孩。
吹一吹，拍一拍，
噗！好啦！

扤痒痒歌

小孩，小孩，来来，
痒痒，痒痒，扤扤，
啪！好啦！

晾干干

晾晾，晾晾，干干，
老婆子给我扇扇。

都来看

晾晾干，晾晾干，
大人小孩都来看，
来哩晚了看不见。

大红袄

大红袄，满床拉，
一年一个小娃娃。
一头俩，一头仨，
抻脚一蹬叽哇哇。

都来玩

东边哩孩，西边哩孩，
喝了汤，都来玩。
恁不来，俺走哩，
今没八月十五哩，
吃月饼喝酒哩。

筛罗罗，罗打筛

筛罗罗，罗打筛，
好面窝窝小枣搋，
吃个枣核吐出来。
噗！

净面歌谣

清似水，明似镜，
脚登金，头顶银，
辈辈出贵人。
（注：死者入棺（俗称入殓）时所唱。）

成敛歌

脚蹬坯，头枕鸡，
上山下山都容易。

卖饭歌

赶集哩，上店哩，
推车哩，担担哩，
咕噜锅哩，卖蒜哩，
过来歇歇吃饭哩。
南来哩，北往哩，
骑马哩，坐轿哩，
赶脚哩，拉纤哩，
过来歇歇吃饭哩。
听清哩，转讲（gāng）哩，
恁都过来歇晌哩，
吃点喝点是赚哩，
那间没有卖饭哩。

扎毛菜歌

一个小孩真是怪，
头上长个扎毛菜。
我说给他去了吧，
他说带着怪凉快。

挑蒙头红歌

蒙头红，挑三挑，
明年生个白胖小。

说个瞎话　道个瞎话

说个瞎话，道个瞎话，
锅台上种了二亩京瓜，
叫个不会跑哩光腚孩抱走了。
瞎子看见了，聋子听见了，
哑吧就喊，瘸子就撵。
跑到东西地南北头，
叫一个没胳膊没手哩抓住了。
爬到柳树上，撇了个桑疤拉棍，
打了小孩二百竹披子。

炸果果

炸果果，炸果果，
腰里掖个花朵朵。
炸开，迈开，
翻身过来。

四　白

小白鞋，踏白雪，
羊肚子手巾包着白馍馍。

四　黑

月黑头，鬼打墙，
老鸹叼着个屎壳螂。

四　红

庙的门，接血的盆，
骑马布子，火烧云。

四　硬

光棍汉子，儿马蛋子，
打铁的砧子，锻磨的錾子。

四　软

姑娘的腰，棉花包，

烘柿子，猪尿泡。

四好听

大闺女笑，小媳妇哼，
青石板上钉银钉，
小孩喊爹头一声。

四难听

孩子哭，大人嚎，
锅铲子戗锅刷锯条。

四宽敞

穿大鞋，赶庙会，
大河里洗澡，漫敞地里睡。

四窄狭

半间屋，一张床，
支着锅，栓着羊。

四　涩

新锻的磨，木匠的锉，
色拉秧子，豆秸垛。

四腌臜

秃疮头，黏疮腿，
骑马布子，杀猪的水。

第五节　语　法

词法　菏泽话的语法和普通话相比基本相同，但人称代词菏泽人不用“我”、“们”、“你”，而用“俺”“您”“咱”。“您”的读音与普通话不大相同，用法的差异是不含敬意。就是俩人抬杠、吵架，称对方仍用“您”。

菏泽话的助词“哩”使用十分广泛。“哩”表示结构助词，相当于普通话的“得”、“的、“地”和里外的“里”。还表示语气助词。如：这还怪得哩。“哩”的读音近“嘞”，在二者之间，稍偏重于“哩”音。“哩”的使用频率很高，几乎人人天天都使用。如：男哩、女哩、家哩。在称呼各种职业的人时，也都用“哩”字。如：剃头哩（理发师）、卖菜哩、算卦哩。凡“哩”字搭配的词无论说事说人都更加形象、贴切。如：睁眯哩（脸色、表情）、糊塌哩、热乎哩。“哩”，可以说是菏泽话的魂，光有词汇不缀“哩”不叫菏泽话。

菏泽话的“呗”，口语中十分普遍，它是由“毕”转音而来。其相当于普通话的“完”“过”“好”。如：吃呗了、弄呗了。同样的意思和用法，定陶等县区多用“罢”字。

菏泽话的“不”在一定意义上相当于普通话的“吧”，用于祈使句有建议的语气。如：去不（建议）！干不！“不”还表示疑问，相当于普通话的“吗”。如：有素包的不？那地分您去过不？

菏泽话中的“喽”，表示时态助词，相当于普通话的“了”。如：黑喽（夜里）、明喽（天明）、拿喽。

菏泽话的词法，其词缀最具特色。前缀用法跟普通话基本相同。但前缀“二”，一般没有词汇意义，却具有很强的构词功能和语法上的附加意义。用“二”构成的表示人的名词多含讽刺、轻蔑的意味。如：二家、二青头、二杆呢（ne）、二鬼的。

菏泽话的后缀较为丰富，多读轻声。名词后缀“子”读作“的”或“呢（ne）”。如：桌的、椅的、盘呢、瓶呢。还有一些词缀“子”，相当于普通话的“儿”，也读作“的”。如：面条的、米粒的。普通话就是“面条儿”“米粒儿”。这种“的”变“哩”，“子”变“的”的后缀是菏泽话的标志。后缀“头”多指人，含贬义，特形象，如：败坏头、拧筋头。后缀“头”，词前加“没”变否定形式，也是贬义。如：没吃头、没听头、没玩头。动词后缀主要有“巴”“达”“悠”“哩慌”。单音节动词缀上“巴”“达”“悠”可组成新词，新词重叠表示动作性质减弱。如：洗巴、洗巴洗巴，点达、点达点达，转悠、转悠转悠。“哩慌”多缀在表示感觉的动词后面，有部分已经虚化了程度加重的意义，成为构词成分。如：渴哩慌、急哩慌、热哩慌。后缀“打”有摔打、数打、敲打。后缀“价”或“家”有成天价、交天家。后缀“不叽”有缀后加“哩”和不加“哩”之分。如：黄不叽、咸不叽哩。后缀“不拉叽”也有缀后加“哩”和不加“哩”之分。如：笨不拉叽、酸不拉叽哩。后缀“儿瓜叽”用于人既有讽意，也有腻爱意。如：傻儿瓜叽、欣儿瓜叽。

形容词后缀，单音节后缀“乎”表示某种程度并带有一定感情色彩，还有缀后加“哩”和重叠之分，重叠表示程度加重。如：黏乎哩、黏黏乎乎；潮乎哩、潮乎乎；傻乎乎哩、傻乎乎；胖乎哩、胖乎乎。

菏泽话在形容词前面加上程度副词，组成状中词组，还可以重叠，表示程度进一步加深。表示程度的副词，如：很、邪（音：歇）、嗨、老、可等。如：很长、很长很长；邪得、邪得邪得；嗨厚、嗨厚嗨厚；老高、老高老高；可深、可深可深。有些程度副词只能跟一定的形容词搭配，作其前缀。如：老早、黢黑、溜薄、剔亮、死沉、崩硬、生疼、梯滑、齁苦、喷香、焦黄。

菏泽方言中的程度副词“才”，除表示时间和语气外，其特殊用法是表示程度较高。其用法和意义跟普通话程度副词“很”大致相当。“才”加形容词有：才多、才少、才高、才矮、才好、才大方、才生动、才小气。“才”的使用范围很广泛，表示性质、状态、褒义、贬义、范围大、小、单音节的、双音节的形容词都能用“才”修饰。有些描写性的和表示态度、情绪、评价等心理活动的成语也可以用“才”修饰。如：才引人入胜、才心安理得、才孤陋寡闻。“才”加形可以重叠，表示程度有所加重。重叠后加语气助词““哩”代“的”。如：离家才远才远哩、颜色才浅才浅哩、市场才大才大哩、那楼才高才高哩。“才”加形中间嵌入“不”，变成否定形式。如：才简单、才不简单；才认真、才不认真。“才”加动词的动宾、动补、助动词短语，既可表示褒义，也可表示贬义。如：才喜欢、才用功；才贪玩、才厌烦。这些词还可以加“不”变成否定形式。如：才喜欢、才不喜欢。“才”所修饰的表示动作行为的动词，前面加“才”，其词性则发生变化。如：他才走、俺才开始。“才”在这里是时间副词，表示刚刚、不久的意思。表示动作行为的动词前面加上助动词，成为助动词短语，也可受“才”修饰。如：才会做、才愿意听、才肯动脑子。“才”加动补短语的动词，必须加“哩”代“得”、不构成动趋式、动结式才能受“才”的修饰。如：才看哩（得）起、才靠哩（得）住；才看不起、才靠不住。

句法 普通话中的“把”字句，菏泽方言为“败”字句、“连”字句或“来”字句。如：把衣裳拿过来——败衣裳拿过来。

把碗摞起来——败碗摞起来。他把书弄烂了——他连书弄烂了。他把家都搬了——他连家都搬了。他把钱还给俺了——他连钱还给俺了。把苹果拿走——来苹果拿走。把饭吃喽——来饭吃喽。

菏泽方言中的儿化韵，其作用与普通话基本一致，有区分词性、区别词义和表示“小”“喜爱”一类感情色彩，如“盖”，为名、动词，“盖儿”，为名词。“亮”，为形容词，“亮儿”，为名词。凡称呼儿化的，皆带有喜爱色彩，如“孩儿”“妮儿”“妹儿”。这些词语前面加“小”字，则成度增加。称呼人名时，最后一字儿化，同样有喜爱色彩。如：人名常用字“花儿”“枝儿”“巧儿”。对事对物的儿化也属这一类，如“破闷儿（猜谜）”“茶碗儿”“酒盅儿”。有些词儿化后，有程度加重意或减轻意，如“事儿”“得儿”。有些副词、动词和重叠的形容词，也有儿化现象，如“差点儿”、“玩儿”“慢慢儿”。还有些儿化在末尾加卷舌动作，如“牙刷儿”“开花儿”“小妞儿”。凡重叠动、名词儿化和两音节都儿化的，大多是教育幼儿用语，如“饭饭儿”“肉肉儿”“菜菜儿”“饭儿饭儿”“肉儿肉儿”“菜儿菜儿”，还有“能能儿”“站站儿”“觉觉（jiao）”“能儿能儿”“站儿站儿”“觉儿觉儿”。

第九章　名产名吃

第一节　名　产

曹州牡丹　（见第七编 牡丹）

鲁锦　（见第二十八编 文化艺术 第三章 民间艺术 第一节 工艺“鲁锦”目）

菏泽木瓜　木瓜树属落叶小乔木，在菏泽有500多年的栽培历史。菏泽古称曹州，故又称曹州木瓜或曹州光皮木瓜，主要产于菏泽市牡丹区的赵楼、李集、芦固堆、观花园等村。主要品种有：玉兰、豆青、粗皮剩花、细皮子、大佛手、小佛手、狮子头等。

至2005年，牡丹办事处的芦固堆有明朝栽植的木瓜30多株，菏泽市农科所有120多株120年前栽植的木瓜。

菏泽木瓜椭圆形，皮光滑，腊质果粉，色泽金黄，香味浓郁，沁人肺腑，置于室内，果香久而不散，自然存放可放至下年3月，

是室内陈设观赏的佳品。

木瓜树叶片革质，墨绿光亮，花朵鲜艳，花期近2个月，树干斑纹清晰，每年4～5月，树皮片状剥离，呈云纹斑状，百年大树，枝若游龙，是观叶、观花、观果、观形的园林绿化树种。

菏泽木瓜还具有药用、食用价值。木瓜干是一种名贵的中药材，具有酸、涩温特性，有舒筋活络、温胃化湿等作用，主治腰腿酸痛（麻木）、吐泻腹痛，四肢抽搐，风湿性关节炎等病。木瓜含有广谱抗菌作用的齐墩乙酸，对伤寒、痢疾杆菌和金色葡萄球菌有较强的抑制作用。经加工制成的木瓜糕、木瓜露酒，经常食用有益身心健康。

东明西瓜 东明县种植西瓜历史悠久，始于宋金时代，已有一千多年的历史。优越的水、土、光照等自然条件，加上瓜农多年积累的栽培经验，使得东明西瓜以个大、味甜、营养丰富、耐储运著称，20世纪50年代末，曾产一些个大如石磙的特大西瓜，送河南省农业展览馆展出，东明西瓜从此名扬全国。1968年，又产一重53公斤的特大西瓜，被誉为全国“西瓜之王”。

东明县是1995年被国务院首批命名的“中国西瓜之乡”，全国重要的西瓜生产基地。1998年，东明西瓜获国家A级绿色食品认定。1999年获昆明世界园艺博览会金奖。2000年，申请注册了“东明红”西瓜商标。

东明西瓜早、中、晚熟品种搭配合理，优质杂交品种全面普及，形成以黑皮有籽西瓜为主，花皮西瓜、无籽西瓜为辅的特色优良品种体系。冬暖式温室大棚、大小拱棚、保护地栽培、搭架与嫁接、人工授粉、配方施肥等新技术广泛应用，实现常年西瓜上市，西瓜品质、产量和商品率不断提高，实现了西瓜生产的规模化、产业化，成为当地农村经济的支柱产业和农民收入的重要来源。

单县香芋 香芋，又名地栗子、罗汉参，是单县具有数百年栽培历史的稀有名贵特产。它适于沙质土壤，怕雨涝，春种秋收。食用部分为地下生长的球形根块，富含淀粉、蛋白质及多种维生素，营养丰富，清甜可口，风味独特。食用方法有多种。一般的煮熟揭皮就可食用，也可做成蜜饯、拔丝、糖溜，还可加工成罐头。它不仅是喜庆佳宴的美馔，也是滋补身体、老少皆宜的高级营养品。解放前只有富贵人家才能享用，20世纪80年代后，随着香芋品种的改良，种植面积的扩大，它已走入寻常百姓家。进入21世纪，该产品除在国内热销外，还远销日本、东南亚等国家和地区，取得较好的经济效益。

东李庙山药 定陶县陈集镇东李庙村山药种植历史较久，清朝末年已闻名方圆百里，有“山药李庙”之称，曾作为贡品进贡朝廷。

东李庙村土质属两合土，土层深厚，地下水位低，水质甜而不咸，地势成南北

比降，多雨季节有利排水，少受渍涝，适宜南北行种植模式，且利于采光，适宜山药生长。同一品种，他村种植，则色味俱逊。东李庙山药品种优良，口感极佳。百年来一直种植“鸡皮茌子”“西北种子”等优良品种。“鸡皮茌子”因其块根表面密布鸡皮状根瘤而得名。该品种心形叶，块根呈棍状，肉质白而细。“西北种子”是应该村由西北方引来种子而起的一个土名。肉质乳白细腻，食之特甜，绵软筋柔，滑润浓香，味道极为鲜美。

鲁西黄牛　全国著名的五大地方良种黄牛之一，以其体躯大、遗传性能稳定、挽力强、耐粗饲、抗病、易管理、肉质好、屠宰率高、肉役兼用性能好而闻名中外。菏泽为中心产区，饲养历史悠久。20 世纪30 年代，即以“山东膘牛”出口日本及南洋。20 世纪世纪 70 年代，周恩来总理将两头鲁西黄牛作为国礼赠送日本友人。1983 年鲁西黄牛作为全国优良地方品种被收入《中国牛品种志》，1985 年，鲁西黄牛曾在全国地方良种黄牛会上展出，1986 年，鲁西黄牛获农牧渔业部金牌奖。2000 年被列入国家级畜禽品种资源保护名录。

鲁西黄牛被毛有棕色、深黄、黄和浅黄 4 种。多具有完全或不完全的“三粉”（眼圈、口轮、腹股内侧毛色较浅）特征。公牛身高一般 150 厘米，体长 170 厘米左右，体重 400 ～ 700 公斤；头短额宽，多为平面，肩峰耸起，高而宽厚；肉垂发达，颈短胸深，肋骨拱圆开张；牛角粗大，有龙门角、扁担角、倒八字角和顺风角等数种；四肢开阔，肌腱明显，蹄质较韧，有铜蹄之称；性成熟较晚，一般两年后开始配种。母牛体型较小，体重 250 ～ 450 公斤；头较长而清秀，

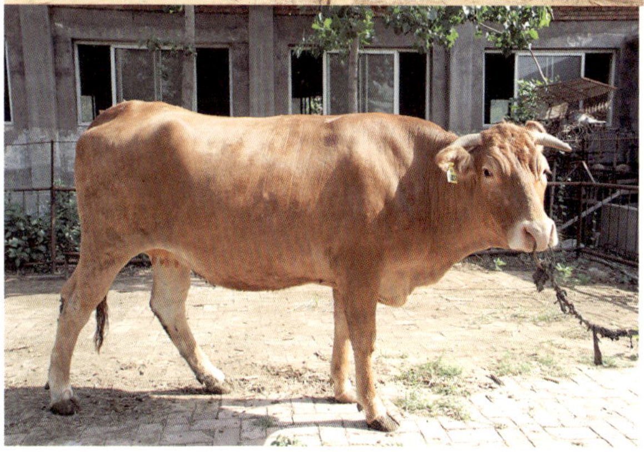

颈细长，角型较小，以不正角和龙门角为多；前胸狭窄，后躯发育良好，腹大小适中，尻部多倾斜，荐骨较高，乳房发达，有强盛的生殖能力；性成熟较早，1.5～2岁可配种，一般1年1胎，终生产12～14犊。公母牛尾均较长，尾椎一般接近或超过飞节，尾形呈长方纺锤形。根据鲁西黄牛体态结构，大致可分为3种类型：高辕型。个体高大，体躯较短，四肢较长，胸深较小；围细，臀部较高，侧视呈正方形，步幅较大，适于挽车运输，但持力和挽力较小。抓地虎型。步幅较小，持力和挽力均高于辕牛，适于农田耕作。中间型介于与两者之间。

鲁西黄牛役力大而持久，最大挽力为229.33公斤，相当于体重的54.87%。其肉用性能良好，屠宰率为58%，净肉率为49.9%，骨肉比为1∶6.5，眼肌面积103.6平方厘米。肌肉脂肪分布均匀，肉色鲜艳，肉质细嫩，蛋白质含量为20.7%，大理石花纹明显，有“五花三层肉”美誉，是世界上著名的肉用品种牛之一。毛细皮薄而韧性强，是皮革工业的重要原料。

鲁西黄牛生产性能好，社会价值高。20世纪80年代以前，鲁西黄牛是当地农户重要的役用牛，是农业生产的主要工具。雄性鲁西黄牛既刚烈又驯顺，漂亮俊秀。鲁西黄牛耕作时步履沉稳，耐力耐劳，当地农民对它都有一种特殊的感情。后随着农业机械化的逐渐普及而退出，鲁西黄牛逐渐由役肉兼用型向肉用型过渡。

鲁西黄牛均为舍饲，主要以切碎筛净的麦秸、麦糠等农作物秸秆为饲草，配以玉米、麦麸为主的精料，定时、定量喂养，定期加饲食盐。

小尾寒羊 中国著名的肉裘兼用型绵羊品种，原产于鲁、豫、苏、皖四省交界的黄河冲积平原，菏泽为中心产区，是全国保留品种之一。被国家定为名畜良种，并被列入《国家畜禽遗传资源保护目录》。

小尾寒羊体形结构匀称，侧视略成正方形；鼻梁隆起，耳大下垂；短脂尾呈圆形，尾尖上翻；胸部宽深、肋骨开张，背腰平直。体躯长呈圆筒状；四肢高，健壮端正。公羊头大颈粗，有发达的螺旋形大角，角根粗硬；前躯发达，四肢粗壮，有悍威、善抵斗。鲁西南民间艺术活动——斗羊比赛使用的便是这种羊。母羊头小颈长，大都有角，形状不一，有镰刀状、鹿角状、姜芽状等，极少数无角。全身被毛白色、异质、有少量干死毛，少数个体头部有色斑。

经过多年的养殖、选育，菏泽小尾寒羊的数量和品质都有很大幅度提高，形成当今国内体格高大、生长发育快、易饲养、早熟、繁殖力强、性能遗传稳定、适应性强的小尾寒羊新类群——鲁西小尾寒羊，被中国养羊专家誉为“国宝”“世界超级羊”。

青山羊 世界上著名的三大皮毛品种之一，皮肉兼用，尤其以羔皮（称青猾皮）驰名中外。主要分布在菏泽市和济宁西部，其中以菏泽市饲养最好，质量也最高。曹

县 1997 年被中国特产评审委员会命名为

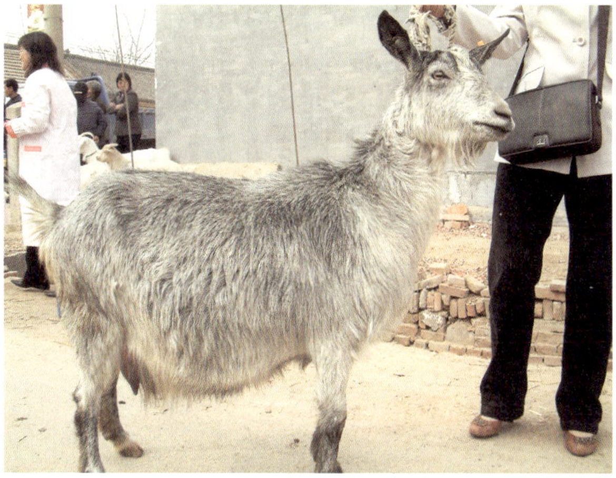

“中国青山羊之乡”。

青山羊体型矮小，行动灵活，结构紧凑，头大小适中，上宽下窄呈三角形，抗病能力强，耐粗饲，食量小，生长快，成熟早，生殖能力强，温顺易养。青山羊肉质细腻，风味独特优良，味道鲜美，是中华名吃“单县羊肉汤”和鄄城县什集烧羊肉加工的必备原料。青山羊板皮，柔韧黑白毛混生均匀细密，颜色协调而有光泽，具有四青一黑的特点，即被毛、嘴、唇、角、蹄为青色，前额为黑色。是加工皮褥、皮衣的上等原料。青猾皮由于毛色好，光润有自然弯曲的花纹，美观大方，坚固耐用，在国际市场上很受欢迎，有“货走全球”的美称。此外，青山羊绒和肠衣也成为重要出口商品。

青山羊喂食多样化，以植物的茎、枝、叶为主，辅以麦麸皮、食物残渣等精料，圈养、放养均可。

鲁西斗鸡　斗鸡，又称咬鸡，将军鸡，是个古老而珍贵的玩赏鸡种。斗鸡活动是一项古老娱乐活动。在成武县城西北角一里许，文亭山后有形成于春秋时期的古遗址斗鸡台，民间有各种斗鸡传说和《斗鸡台怀古》乐曲传世。

咬鸡体型高大紧凑、毛稀薄、类鸵鸟。腿高而粗壮，肌肉发达，颈长而有力，动作灵敏，生性好斗，声音洪亮。昂首捕食，可达 1 米。头小冠平，肉髯单垂，嘴尖如鹰，呆而不笨，丑而不俗。毛色上分有黑、白、红、黄四个类型，青黑紫红羽毛者居多，五白一黑（白嘴、白眼、白腿、白边翅、白尾根、黑羽毛）者最佳。咬鸡杂食，耐粗饲，生长快，性成熟较晚。斗鸡开产日龄一般为 180 ~ 220 日，年产蛋 62 ~ 96 枚，蛋重 50 ~ 75 克，蛋色多为暗红色，公母鸡利用年限 3 年左右。

斗鸡活动，曾被视为有闲阶段的消遣活动而一度中止。20 世纪 80 年代改革开放后，随着民间文艺活动的开展，这项古老的活动迅速恢复。

第二节　名　吃

单县羊肉汤　单县羊肉汤历史久远。其正式挂牌面向市场，有近百年的历史。历经多年的改进提高，制作工艺越来越完善，水平越来越高，风味愈加独特。被誉为“中华第一汤”。

单县羊肉汤呈白色乳状，鲜洁爽口、不腥不膻、不粘不腻，独具特色。其名目繁多，品种各异，肥的油泛脂溢，瘦的白中透红。天花汤健脑明目，适合老年人和神经衰弱者食用；口条汤壮身补血，最宜病愈大补；肚丝汤可细嚼慢饮，眼窝汤肉烂如泥，奶渣汤沙苏带甜，还有马蜂窝汤、三孔桥汤、腰花汤、肺叶汤、肥瘦汤等多种，各具风味，各有药效。20世纪80年代，即被收入中国名菜谱。

单县羊肉汤由于受羊、水和熬制技术的限制，20世纪80年代以前发展扩散较慢。近20年来，已发展到苏鲁豫皖、东北和北京等地。特别是“百寿坊”固体羊肉汤的研制成功，克服了羊肉汤的主要原料地域性限制，远销外地，让天南海北的人都能够象食用方便面那样随时随地品尝到单县羊肉汤的美味。

曹州耿饼 菏泽栽培柿树有上千年历史。主要分布在赵王河两岸的辛集、岳程庄、牡丹、佃户屯、何楼、金堤、丹阳等乡镇、办事处。柿饼是用当地的镜面柿旋去皮、日晒、捏制而成，尤以耿庄一带柿树所产的镜面柿为原料制成的柿饼风味最好，早在明朝永乐年间曾作为贡品进献朝廷，名声大震，被称为曹州耿饼。

耿饼橙黄透明，色如琥珀，肉质细软，霜厚无核，入口成浆，味醇甘甜，营养丰富，且耐存放，久不变质。

耿饼有清热、润肺、化痰、健脾、润肠、止血、降血压等药用功能。柿饼炙炭能医便血之症。柿子去皮晒干形成的白霜，经加工可制成柿霜，味凉甘甜，是医治咽干喉痛、口舌生疮之良药。

1985年在山东省柿饼鉴评会上获总分第一名，1996年注册了“曹州耿饼”商标。1997年在山东省“名特优”鉴评会上获金奖。

菏泽烧饼 菏泽久负盛名的传统名吃，在菏泽城乡极为普遍，市区、县城、乡镇的街巷乃至乡村都有烧饼炉子。菏泽城内潘阡首赵家烧饼始于清光绪年间。到了20世纪40～50年代，菏泽烧饼种类繁多：马家老面大、侯家脆烧饼、千层芯儿满芝麻烧饼最为有名。各家的烧饼风味，其特色各异：有糖烧饼、咸烧饼；火色不同的焦烧饼、脆烧饼、烧饼片；老面烧饼、嫩面烧饼；外形各异的鱼脊烧饼、盘花烧饼、提花烧饼等。若再配上烧牛肉、生菜后又被称为“烧饼夹牛肉”“中式汉堡”，又是一道美食。

制作方法：选用优质小麦面、精制糖稀、食盐、香油、芝麻仁、多味佐料（茴香、花椒、八角、丁香）等加工制作，再经切花、盘沿、涂上一层糖稀，表层沾上芝麻，用木炭火炉烘烤而成。烧成的烧饼表面红中透黄，烧饼底呈海绵状，用手揭开，底儿、盖儿、芯儿、层层分离，闻起来香气扑鼻；吃起来咸甜可口、外焦里嫩、软硬适宜、酥香适中，深受顾客的喜爱。

另外还有单县吊炉烧饼，其馅料、制作工艺及器具与普通烧饼略有不同。吊炉烧饼外观圆形，上部弧状隆起，通体橙黄油光，晶莹脂腻。饼盖撒满芝麻，边缘斜刀切花，错落有致，整个看去，宛如一件做工精巧的艺术品。入口香酥鲜嫩，余香溢口，回味久长。

菏泽水煎包　菏泽传统名吃，各县区乡镇均有从业者，当地人俗称“煎包”。馅料鲜美，外皮酥脆，香味浓郁。

“水煎包”是将发酵面包子平放在已刷过油的平底锅里面，再加水面糊，以半煎半蒸的方式制成。

根据各商家不同，水煎包形状和大小有异，有扁圆状，有包子状。其制作方式上有双面煎包和单面煎包两种，菏泽城区多是双面煎包，部分县乡有单面煎包。双面煎包大都扁圆状如柿饼，上下有呈金黄香脆的纸状面片，外酥里鲜，口感甚佳。因其馅料不同，分为荤素两大类，素馅以韭菜鸡蛋、荤馅以猪肉大葱较为普遍。

菏泽烧鸡　菏泽各县区有制作烧鸡的传统。有一定知名度和生产规模的主要有菏泽黄家、巨野冯家、郓城皮家烧鸡及成武县天宫烧鸡。巨野冯家烧鸡，始创于清代末期，该烧鸡采用当年散养土公鸡，以严格细致的宰杀卫生标准，加入近 30 种名贵佐料，用百年循环老汤精心烹煮。出锅的烧鸡，外酥里嫩、五香脱骨、色泽诱人、口味纯正，深受广大消费者的欢迎和喜爱。郓城皮家烧鸡，郓城侯集镇子房墓村皮姓烧鸡专业户的传世产品，不仅在郓城享有盛誉，且远销北京、乌鲁木齐等城市。色

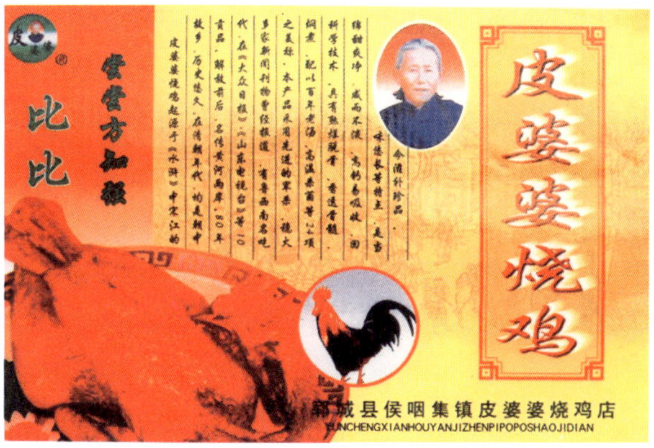

泽酱红、鲜艳、刚出锅时数丈远即可闻到浓郁的烧鸡香味。突出特点是鲜、香、嫩、烂，味道里外一致，口感香美。2005年，皮婆婆烧鸡被评为“山东省地方名吃”。

菏泽芝麻糖 有的也叫麻酥糖。传统民间糖点类名吃，历史悠久，距今已有600多年的历史。其做工讲究，香甜酥脆，风味独特。其中韩集镇大刘庄芝麻糖最为著名。清朝顺治年间，大刘庄芝麻糖成为贡品。

芝麻糖，主要以大米、小米、大麦、芝麻为原料。经传统制作工艺加工而成。酥、脆、香、甜是最大特色。采用礼品箱、盒包装包装后，远销周边省区，颇受顾客喜爱。

曹县烧牛肉 以鲁西黄牛为原料精工制作的曹县烧牛肉，为清朝初年东关米姓回民煮制，曾多次作为贡品晋献皇宫。后经数代精心改进工艺，成为独特风味的地方名吃，享誉一方。

曹县烧牛肉用料、工艺十分讲究。烧牛肉呈红褐色，吃起来风味独特，肉质鲜嫩，香而不腻，余香悠长。清朝以后，曹县制作烧牛肉的人家逐渐增多，主要有米家、马家、沙家、张家等30余家，以米家最为著名。到民国时，曹县烧牛肉已声名远播。新中国成立后，曹县烧牛肉继承传统制作工艺，在选料、工艺、生产规模上有了新发展。1987年，真空软包装烧牛肉的研制开发使其保质期由原来的一周延长到12个月，成为曹县烧牛肉制作史上的一次革命，曹县烧牛肉的销售范围得以扩展。1989年后，曹县“聚福”牌软包装烧牛肉先后获得山东省星火计划开发奖、中国首届农业博览会金奖等6项大奖。继“聚福”之后，“王光”“盛祥”等软包装烧牛肉系列产品先后问世，受到广大消费者的青睐。

进入2000年以后，曹县烧牛肉以精湛的工艺、精益求精的质量，面向全国，走向世界。曹县烧牛肉已成为走亲访友、宴请宾朋的时尚礼品。

黄安驴肉 历史名吃，产于郓城县黄安。民间有“天上龙肉，地上驴肉”的谚语，以此来形容驴肉之美。驴肉具有补气、补

虚功能，是较为理想的保健食品之一。黄安驴肉以吴家驴肉著称，距今几百年历史，运用特殊工艺，数十味药材，精心烹饪而成，它色鲜味美，熟烂易嚼，吃起来有一种诱人食欲的特殊香味，久食不厌。适于作酒肴、下饭菜。不仅畅销于县内，且远销周围县、市，颇负盛名。2005 年，黄安吴家驴肉被评为“山东省地方名吃”。

东明粉肚　东明粉肚又称香肚。其形溜圆光滑，色泽红润，重量 1 公斤左右。切片食用，香软可口、浑香不腻，回味悠长。东明粉肚的制作，在原料搭配和工艺手法上很有讲究，它是以 80% 的精细瘦猪肉和 20% 的绿豆面粉为主要原料，以砂仁、花椒、茴香等十几味名贵中药材为佐料，再加入一定比例的芝麻油，充分拌匀，装入猪尿脬（膀胱）中，然后扎口洗净，放入锅中煮制而成。锅内加水适量并放入一定比例的中药佐料。

真空包装后，便于携带，耐储藏，市场扩大。东明县城内有名气的加工户有靳家、李家、周家。

郓城壮馍　郓城县名吃，传说为水浒壮士所吃的馍，所以叫壮馍。壮馍看起来色泽金黄，吃起来外焦里嫩，油而不腻，香酥可口。制作方法是：和好的面团（不发酵），用手拍拉成长条形，将馅抹在上面，折成卷状，然后拍扁成椭圆形，放入平底锅中用油煎炸。其馅以羊肉（或牛肉）泥为主，配葱、姜等佐料。煎熟后的壮馍外酥里嫩十分可口。

左营绿豆丸子　因主要产地在鄄城县左营乡而得名，其中以孙氏绿豆丸子最为著名。左营绿豆丸子是历史名吃，地方特产，清朝时曾作为贡品，至今已有 200 多年的生产历史。利用传统工艺与现代科学配方相结合，以牛肉、绿豆、海鲜、芝麻等为主要原料，用食用油反复烹炸而成，不加色素和防腐剂，色香味俱全，干吃、煮汤、火锅皆可，口感酥脆、清香、可口。主要品种有：绿豆牛肉丸、绿豆海鲜丸、绿豆麻香丸、酥香绿豆丸等。2004 年连续两届被评为“山东名吃”“菏泽名吃”。

经包装投入市场后，远销北京、上海、青岛、济南、合肥、阜阳、深圳等地。

成武酱菜 地方名吃，酱菜系列产品，以酱大头菜（当地俗称“酱大头”）为最，是国家地理标志产品。成武酱大头采用地产大头菜，经过传统工艺腌制而成。此种菜始于清乾隆年间，至今已有200多年的历史，历经十几代人潜心钻研，先腌后酱，棕红透明，集香、咸、甜三味于一体，咸甜适度，香味绵长，口感清脆，风味独特，是物美价廉的地方小菜，畅销市内和周边地区。

成武白酥鸡 相传初创于清朝初期，经过300多年十几代人改进，已成为市内传统名吃。白酥鸡为半球形，分两部分，中间为粉色，称“底子”，覆面为白色，称“面子”。

“底子料”是用瘦猪肉（里脊肉最佳）、鸡肉，绞碎并加入蛋清和绿豆淀粉，并佐以味精、麻油、细盐和五香料。“面子料”是将鸡脯抽去白筋，配以适量猪膘油、蛋清、绿豆淀粉，以及味精、细盐和少许麻油。入蒸笼蒸制而成。

白酥鸡白嫩香酥，底红顶白，软而不散，咬劲好，香而不腻，味道鲜。

第三十二编　组织机构

1978年7月15日，菏泽地区革命委员会更名为菏泽地区行政公署，为山东省政府的派出机构。中共十一届三中全会后，为适应党的工作重心转移的新形势，按照党中央、国务院关于体制改革、精简机构的决定要求，菏泽地区对各级领导班子和组织机构设置，进行了一系列的调整。1984年，菏泽行署原有的60个工作部门中撤销5个，降半格5个，由局改为公司的8个，新建低半格部门3个。至1985年年底，行署有正县级工作部门46个，低半格单位9个，局改公司的9个。

1996年2月14日，省委、省政府鲁普发〔1996〕14号文批准菏泽地区的机构改革方案。地委、行署共设置工作部门48个，其中地委6个，行署42个，另设部门管理机构7个和1个行署派出机构。

1999年—2002年，地方税务管理系统、工商行政管理系统、质量技术监督系统、国家安全系统、药品监督管理系统实行省以下垂直管理。

2000年6月23日，国务院以国函〔2000〕86号文批复山东省政府：撤销菏泽地区和县级菏泽市，设立地级菏泽市和牡丹区。7月18日，省政府向菏泽地区行署、菏泽市政府下发《关于撤销菏泽地区和县级菏泽市、设立地级菏泽市的通知》。

2001年5月29日，省委、省政府下发《关于菏泽市、区机关机构设置和人员编制方案的通知》，市委、市政府工作部门定为46个，其中市委工作部门8个，部门管理机构2个；市政府工作部门29个，部门管理机构6个，议事协调机构的常设办事机构1个；另设省垂直管理机构5个。

2004年3月1日，省委办公厅、省政府办公厅以鲁厅字〔2004〕12号文下发《关于菏泽市人民政府机构改革方案的通知》，对菏泽市政府工作部门进行职能整合和机构调整。市政府设置市政府办公室和工作部门33个，部门管理机构2个，议事协调机构的常设办事机构1个。市开放开发综合实验区管理委员会更名为市经济开发区管理委员会，为市政府派出机构。按照宪法和有关规定设立人大机关、政协机关、法院机关、检察院机关、总工会、共青团、妇联、科协、文联、工商联。

至2005年年底，市委、市政府共设置工作部门（含议事协调机构的办事机构、部门管理机构）54个，其中市委13个，市政府41个；另设派出机构1个，市属事业单位39个，省属以上驻菏泽单位35个，大中专院校7所，中学1所。

本编所收录单位为正处（县）级以上单位，包括副县级独立设置并独立核算的单位。

第一章 市级领导机构

第一节 中共菏泽市（地区）委员会

1987年，中共菏泽地委进行机构改革，下设地委办公室、综合室、调研室、政治体制改革办公室（1993年12月撤销）、机要局、信访局（原信访办改建）、组织部、组织员办公室、老干部局、宣传部、精神文明建设办公室（原精神文明协调委员会办公室改建）、讲师团、统战部、台湾工作办公室（原对台工作领导小组办公室改建）、政法委员会、社会治安综合治理办公室、打击严重经济犯罪办公室、党史资料征集研究委员会、地直机关党委、地直机关纪律检查委员会、地直机关武装部（原为地直机关党委工作部门，升格后建制独立）、党校、菏泽日报社（原菏泽大众报社改建）、农村工作部、企业政治工作部、下派干部办公室等机构。

1996年，中共菏泽地委再次进行机构改革，下设地委办公室、机要局、地委保密委员会办公室（与地区国家保密局合署办公，1996年12月由行署序列改为地委办公室内设机构）、综合室（1996年12月撤销）、政策研究室（1996年7月由调查研究室改称）、地委行署信访局、地区档案局、组织部、组织员办公室（1996年12月并入组织部）、地区党员电化教育中心（加挂地委组织部党员教育办公室的牌子）、老干部局、宣传部、精神文明建设办公室（1996年12月改为地委宣传部内设机构）、地委对外宣传办公室（与行署新闻办公室一个机构两个牌子，属地委宣传部内设机构）、讲师团、统一战线工作部、政法委员会、社会治安综合治理委员会办公室、党史资料征集研究委员会、地直机关委员会、地直机关纪律检查委员会、地直机关武装部、台湾工作办公室（与行署台湾事务办公室一个机构两个牌子）、党校（与1997年4月设立的地区行政学院一个机构两个牌子）、菏泽日报社。

2000年12月，撤销菏泽地区，设立地级菏泽市，中共菏泽地委更名为中共菏泽市委，下设9个工作部门（纪委、办公室、组织部、宣传部、统战部、政法委、政研室、市直机关工委、综治办），3个部门管理机构（市委市政府信访局、市委老干部局、市委台湾工作办公室），1个派出机构（市经济开发区工作委员会），6个部门隶属机构（其中维稳办、接待办、档案局等隶属市委办公室管理，文明办隶属宣传部管理，综治办等隶属政法委管理）和4个市委管理的事业单位（党校、党史委、讲师团、菏泽日报社）。2005年，市委机构设置不变。

1986—2000年菏泽地委正、副书记更迭表

表32-1-1

职　务	姓　名	籍　贯	任职时间
书　记	于波海	荣　成	—1986.03
	张守福	潍　坊	1986.03—1988.12
	刘洪仁	昌　乐	1988.12—1992.12
	林廷生	招　远	1992.12—1995.06
	董昭合	荣　成	1995.06—1997.12
	李明先	蓬　莱	1997.12—2000.11
副书记	张守福	潍　坊	1982.07—1986.03
	刘洪仁	昌　乐	1983.12—1988.12
	许希亮	齐　河	1983.12—1988.04
	樊思宝	郓城县	1986.03—1992.12
	丁宗山	牡丹区	1988.11—1992.04
	王玉柱	巨野县	1989.03—1992.12
	李明先	蓬　莱	1992.12—1997.12
	曾昭起	莘　县	1992.12—1995.08
	路绍昌	定陶县	1992.12—1997.12
	杨成训	成武县	1994.05—1997.12
	阎世海	定陶县	1995.06—2000.11
	陈　光	寿　光	1997.06—2000.11
	孔令昌	定陶县	1997.12—2000.11
	李延良	蒙阴县	1997.12—2000.11
	杜昌文	嘉祥县	1997.12—2000.11
	王祖和	临　朐	2001.01—2000.11

1986—2000年菏泽地委委员更迭表

表32-1-2

职　务	姓　名	籍　贯	任职时间
委　员	于波海	荣　成	1981.12—1986.03
	张守福	潍　坊	1982.07—1988.12
	刘洪仁	昌　乐	1983.12—1992.12
	许希亮	齐　河	1983.12—1988.04
	樊思宝	郓城县	1986.03—1992.12
	丁宗山	牡丹区	1988.11—1992.04
	毕可文	文　登	1983.12—1992.12
	李玉祥	临　淄	1983.12—1988.09

续表 32-1-2

职　务	姓　名	籍　贯	任职时间
委　员	王新波	烟　台	1984.03—1990.05
	张宝光	单　县	1983.12—1990.01
	贾凤英	济宁市梁山县	1983.12—1997.12
	王玉柱	巨野县	1984.11—1992.12
	齐泮扬	单　县	1987.11—1992.12
	张泽甫	东阿县	1983.12—1988.05
	马存益	曹　县	1988.05—1992.08
	王启杰	单　县	1988.09—1992.12
	潘兴玺	巨野县	1988.09—1992.12
	胡公厘	成武县	1990.01—1992.12
	杨成训	成武县	1990.08—1997.12
	阎世海	定陶县	1992.12—2000.11
	苏衍训	鄄城县	1992.12—1995.11
	张瑞生	成武县	1992.12—1997.12
	温新月	东明县	1993.02—2000.11
	林廷生	招　远	1992.12—1995.06
	李明先	蓬　莱	1992.12—2002.12
	曾昭起	莘　县	1992.12—1995.08
	路绍昌	定陶县	1992.12—1997.12
	林长凯	四川省	1993.02—1996.10
	陈　光	寿　光	1997.06—2000.11
	孔令昌	定陶县	1997.12—2000.11
	李延良	蒙阴县	1995.11—2003.04
	霍正气	鄄城县	1995.11—2000.11
	朱保忠	东明县	1995.11—2000.11
	贾学英	鄄城县	1995.11—2000.11
	向　民	重庆市	1996.10—2000.10
	杜昌文	嘉祥县	1997.12—
	王祖和	临　朐	1997.12—2003.04
	韩广洁	郓城县	1997.12—2004.09
	陈孝金	肥　城	2000.08—2003.04

1986—2000 年菏泽地委正、副秘书长更迭表

表 32-1-3

职　务	姓　名	籍　贯	任职时间
秘书长	王新波	烟　台	1984.03—1990.05
	杨成训	成武县	1990.08—1994.08
	霍正气	鄄城县	1994.08—2000.11
副秘书长	吕怀钦	成武县	1984.09—1993.04
	朱献瑞	成武县	1989.07—1993.06
	樊兆进	郓城县	1989.07—1995.08
	陈好孔	郓城县	1989.07—1993.04
	孟繁为	鄄城县	1989.07—2000.11
	邵好学	定陶县	1993.05—1997.12
	阎传礼	定陶县	1993.05—1994.09
	卢建刚	鄄城县	1993.06—1995.01
	刘金俊	郓城县	1993.12—2000.11
	胡卫东	定陶县	1993.12—2000.11
	郭志民	济宁市梁山县	1997.05—2000.11
	张汉民	东明县	1997.12—1998.08
	张师方	巨野县	1997.12—2000.11
	卞维平	河南省范县	1997.12—2000.11
	刘　彬	鄄城县	1999.03—2000.11
	祝传收	成武县	2000.02—2000.10

2000—2005 年菏泽市（地）委正、副书记更迭表

表 32-1-4

职　务	姓　名	籍　贯	任职时间
书　记	李明先	蓬　莱	2000.11—2002.12
	陈　光	寿　光	2002.12—
副书记	陈　光	寿　光	2000.11—2002.12
	李延良	蒙阴县	2000.11—2003.04
	杜昌文	嘉祥县	2000.11—
	王祖和	临　朐	2000.11—2003.04
	赵润田	河南省台前	2002.10—
	贾凤英	济宁市梁山县	2003.02—
	崔建平	淄　博	2003.04—2005.12
	马平昌	淄　博	2003.04—

2000—2005年菏泽市（地）委常委更迭表

表32-1-5

职 务	姓 名	籍 贯	任职时间
常 委	李明先	蓬 莱	2000.11—2002.12
	陈 光	寿 光	2000.11—
	李延良	蒙阴县	2000.11—2003.04
	杜昌文	嘉祥县	2000.11—
	王祖和	临 朐	2000.11—2003.04
	韩广洁	郓城县	2000.11—2004.09
	陈孝金	肥 城	2000.11—2003.04
	崔建平	淄 博	2000.11—2005.12
	马平昌	淄 博	2000.11—
	刘殿毅	牡丹区	2000.11—2004.05
	赵润田	河南省台前	2002.10—
	贾凤英	济宁市梁山县	2003.02—
	张玉佩	禹 城	2002.12—
	宋新立	商 河	2003.04—
	王长松	博兴县	2003.04—
	王 浩	单 县	2003.04—
	支建立	陵 县	2004.05—
	高木斗	曹 县	2004.05—
	王文升	乐 陵	2004.12—
	刘士合	沾 化	2005.12—
	刘 勇	曹 县	2005.12—

2000—2004年菏泽市（地）委正、副秘书长更迭表

表32-1-6

职 务	姓 名	籍 贯	任职时间
秘书长	刘殿毅	牡丹区	2000.11—2004.05
	王 浩	单 县	2004.05—
副秘书长	孟繁为	鄄城县	2000.11—
	刘金俊	郓城县	2000.11—
	胡卫东	定陶县	2000.11—2003.04
	郭志民	济宁市梁山县	2000.11—2003.04
	张师方	巨野县	2000.11—2002.07
	卞维平	河南范县	2000.11—2003.04
	刘 彬	鄄城县	2000.11—
	王利言	定陶县	2001.03—2003.04
	李怀堂	成武县	2001.03—2001.03

续表 32-1-6

职　务	姓　名	籍　贯	任职时间
副秘书长	万广栋	定陶县	2001.03—2003.11
	张洪兴	长　清	2001.03—
	李建国	牡丹区	2003.05—
	周铁伦	牡丹区	2003.05—
	刘锁成	牡丹区	2003.06—
	李秀真	成武县	2003.06—2003.12
	刘　波	牡丹区	2003.06—
	杜学杰	郓城县	2003.11—

第二节　菏泽市人民代表大会常务委员会

1985 年 8 月，菏泽地区人大工作联络处由副县级单位升格为正县级单位，隶属地委领导。1988 年 1 月，地区人大工作联络处改称山东省人民代表大会常务委员会菏泽地区联络组（正厅级）。1989 年 3 月更名为山东省人民代表大会常务委员会菏泽地区工作委员会，下设办公室、财经处、法制处、联络处、农经处、教科文卫处 6 个正县级规格的处室。1996 年 12 月，内设机构调整为办公室、研究室、人事代表工作室、法制处、财经处、农经处、城建环保处、教科文卫处、民侨外处。1998 年 5 月，法制处改称内务司法工作处，农经处改称农业与农村工作处，教科文卫处改称教育科学文化卫生人口工作处。2001 年 1 月，菏泽撤地设市，成立菏泽市人民代表大会及常务委员会。人大常委会下设办公室、研究室、人事代表工作室 3 个正县级综合办事机构和财政经济、内务司法、教育科学文化卫生人口、城乡建设环境保护、农业与农村、民族侨务外事 6 个工作委员会。各工作委员会主任分别由人大常务委员会副主任兼任，工作委员会下设工作室（正县级）。2005 年 8 月，市人大常委会办公室信访室升格为市人大常委会信访室（正县级）。

1986—1988 年菏泽地区人大工作联络处领导成员更迭表

表 32-1-7

职　务	姓　名	籍　贯	任职时间
处　长	吴倩之	龙　口	1986.01—1988.01

1988—1989 年山东省人大菏泽地区联络组正、副组长更迭表

表 32-1-8

职　务	姓　名	籍　贯	任职时间
组　长	于法杰	郓城县	1988.09—1989.03
副组长	李玉祥	淄　博	1988.09—1989.03

续表 32-1-8

职　务	姓　名	籍　贯	任职时间
副组长	刘广新	济宁市梁山县	1988.09—1989.03
	吴倩之	龙　口	1988.09—1989.03

1989—2000 年山东省人大菏泽地区工委正、副主任更迭表

表 32-1-9

职　务	姓　名	籍　贯	任职时间
主　任	于法杰	郓城县	1989.03—1993.03
	毕可文	文　登	1993.03—1998.01
	路绍昌	定陶县	1998.01—2000.08
	李明先	蓬　莱	2000.08—2000.12
副主任	李玉祥	淄　博	1989.03—1990.01
	张宝光	江苏省丰县	1990.12—1995.09
	王启杰	单　县	1992.12—1995.02
	刘广新	济宁市梁山县	1989.03—1997.03
	吴倩之	龙　口	1989.03—1993.08
	李家玉	东　平	1992.12—1998.10
	许修堂	济宁市梁山县	1993.08—2000.08
	张朝玉	东明县	1995.11—1999.05
	李胜华	牡丹区	1995.11—2000.12
	范福临	牡丹区	1997.12—2000.12
	周书运	牡丹区	1997.12—2000.12
	郭仲生	曹　县	2000.08—2000.12

1989—2000 年山东省人大菏泽地区工委正、副秘书长更迭表

表 32-1-10

职　务	姓　名	籍　贯	任职时间
秘书长	边家亭	齐　河	1989.03—1993.12
	李继明	郓城县	1993.12—1997.02
	徐福增	莱　州	1997.02—2000.12
副秘书长	李继明	郓城县	1989.09—1993.12
	黄绍正	单　县	1989.03—1994.11
	刘清河	湖南省常德市	1994.06—1997.12
	张伯元	成武县	1994.11—2000.12
	马文选	曹　县	1999.03—2000.12

1989—2000年山东省人大菏泽地区工委处室领导成员更迭表

表 32-1-11

处　室	职　务	姓　名	籍　贯	任职时间
办公室	主　任	黄绍正	单　县	1989.03—1994.11
		张伯元	成武县	1994.01—2000.12
	副主任	郭国怀	郓城县	1989.03—1990.08
		王永成	牡丹区	1996.09—1999.03
		宋　波	河南省清丰	1997.02—1999.03
研究室	主　任	王永成	牡丹区	1999.03—2000.12
	副主任	刘祥德	济宁市梁山县	1998.05—2000.12
人事代表工作室（联络处）	主　任（处长）	郭国怀	郓城县	1990.08—1999.03
人事代表工作室（联络处）	主　任（处长）	宋　波	河南省清丰	1999.03—2000.12
	副处长	姜怀胜	郓城县	1989.03—1990.07
财经处	处　长	黄先立	巨野县	1989.03—1990.02
		时维英	单　县	1990.03—1997.02
		卢方亮	泰　安	1998.02—2000.07
		孔凡芝	巨野县	2000.07—2000.12
	副处长	王令海	鄄城县	1997.02—2000.12
法制处（内务司法工作处）	处　长	侯玉忠	牡丹区	1989.03—2000.07
	副处长	安克林	安徽省砀山	1997.12—2000.12
农经处（农业与农村工作处）	处　长	张作田	济宁市梁山县	1993.01—1997.02
		黄先立	巨野县	1997.02—2000.12
	副处长	李光盛	河南省濮阳市	1990.07—1994.06
		张保德	定陶县	1989.03—1993.12
		申玉仁	牡丹区	1992.02—1999.03
教科文卫处	处　长	刘玉平	单　县	1993.12—2000.07
	副处长	王笃庆	济宁市梁山县	1993.12—1997.02
		朱喜迁	单　县	1998.05—2000.12
城建环保处	处　长	李志华	河南省长垣	1998.02—2000.12
	副处长	郭怀民	郓城县	1997.02—1998.05
民族侨务外事工作处	处　长	崔冠民	东明县	1998.02—2000.12
	副处长	崔冠民	东明县	1997.02—1998.05

2001—2003 年菏泽市第十五届人大常委会正、副主任更迭表

表 32-1-12

职　务	姓　名	籍　贯	任职时间
主　任	李明先	蓬　莱	2001.01—2003.02
副主任	阎世海	定陶县	2001.01—2003.02
	潘兴玺	巨野县	2001.01—2003.02
	李胜华	牡丹区	2001.01—2003.02
	范福临	牡丹区	2001.01—2003.02
	周书运	牡丹区	2001.01—2003.02
	文廷良	牡丹区	2001.01—2003.02
	郭仲生	曹　县	2001.01—2003.02
	常洪珍	郓城县	2001.01—2003.02
	汤建梅	上海市宝山区	2001.02—2003.02

2001—2003 年菏泽市第十五届人大常委会正、副秘书长更迭表

表 32-1-13

职　务	姓　名	籍　贯	任职时间
秘书长	李顺广	牡丹区	2001.01-2003.02
副秘书长	张伯元	成武县	2001.01-2003.07

2003—2005 年菏泽市第十六届人大常委会正、副主任更迭表

表 32-1-14

职　务	姓　名	籍　贯	任职时间
主　任	陈　光	寿　光	2003.02—
副主任	王祖和	临　朐	2003.02—
	潘兴玺	巨野县	2003.02—
	范福临	牡丹区	2003.02—
	文廷良	牡丹区	2003.02—
	郭仲生	曹　县	2003.02—
	常洪珍	郓城县	2003.02—
	汤建梅	上海市宝山区	2003.02—
	潘建荣	定陶县	2003.02—
	朱献瑞	成武县	2003.02—

2003—2005年菏泽市第十六届人大常委会正、副秘书长更迭表

表32-1-15

职　务	姓　名	籍　贯	任职时间
秘书长	李顺广	牡丹区	2003.02—
副秘书长	宋　波	河南省清丰	2003.07—
	王永成	牡丹区	2003.07—
	刘祥德	济宁市梁山县	2005.09—

2001—2005年菏泽市人大常委会各委室领导成员更迭表

表32-1-16

委　室	职　务	姓　名	籍　贯	任职时间
办公室	主　任	张伯元	成武县	2001.01—2003.07
		宋　波	河南省清丰	2003.07—
	副主任	刘祥德	济宁市梁山县	2001.03—2003.07
		许素洋	定陶县	2001.05—2005.09
		郭景堂	东明县	2003.07—
		田文建	牡丹区	2005.09—
研究室	主　任	王永成	牡丹区	2001.01—2005.09
		许素洋	定陶县	2005.09—
	副主任	刘祥德	济宁市梁山县	2001.01—2001.03
		田文建	牡丹区	2003.07—2005.09
		彭德启	定陶县	2005.09—
人事代表工作室	主　任	宋　波	河南省清丰	2001.01—2003.07
		刘祥德	济宁市梁山县	2003.07—2005.09
		陈化明	牡丹区	2005.09—
	副主任	陈化明	牡丹区	2001.04—2005.09
		周美兰	鄄城县	2005.09—
信访室	主　任	刘祥德	济宁市梁山县	2005.09—
	副主任	王敏英	郓城县	2005.09—
财政经济工作委员会	主　任	潘兴玺	巨野县	2001.01—
	副主任	孔凡芝	巨野县	2001.01—
		陶治生	四川省内江	2003.03—
		张秋冬	河南省南乐	2005.03—
	工作室主任	王令海	鄄城县	2003.07—
	工作室副主任	王令海	鄄城县	2001.03—2003.07

续表 32-1-16

委　室	职　务	姓　名	籍　贯	任职时间
内务司法工作委员会	主　任	范福临	牡丹区	2001.01—
	副主任	张建瑛	济宁市梁山县	2001.01—2003.02
		李振堂	曹　县	2003.03—
		晁岳坤	牡丹区	2001.01—
		时启坤	单　县	2005.03—
	工作室主任	安克林	安徽省砀山	2003.07—
	工作室副主任	安克林	安徽省砀山	2001.03—2003.07
教育科学文化卫生人口工作委员会	主　任	李胜华	牡丹区	2001.01—2003.02
		朱献瑞	成武县	2003.03—
	副主任	吕恒芝	定陶县	2001.01—
		唐留书	东明县	2003.03—
		张晓云	江苏省丰县	2005.03—
	工作室主任	刘宝玉	牡丹区	2003.07—
	工作室副主任	朱喜迁	单　县	2001.01—2003.09
城乡建设环境保护工作委员会	主　任	周书运	牡丹区	2001.01—2003.02
		文廷良	牡丹区	2003.03—
	副主任	刘宝祥	东明县	2001.01—
		陈好孔	郓城县	2003.03—
	工作室主任	吴东华	鄄城县	2004.08—
	工作室副主任	吴东华	鄄城县	2001.03—2004.08
农业与农村工作委员会	主　任	文廷良	牡丹区	2001.01—2003.02
		常洪珍	郓城县	2003.03—
	副主任	丁继民	单　县	2001.01—2003.02
		马欲圣	郓城县	2001.11—
		周连瑞	鄄城县	2003.03—
	工作室副主任	王清华	牡丹区	2004.08—
民族侨务外事工作委员会	主　任	常洪珍	郓城县	2001.01—2003.02
		潘建荣	定陶县	2003.03—
	副主任	崔冠民	东明县	2001.03—
	工作室副主任	田素兰	单　县	2001.05—2003.10
		刘景西	牡丹区	2004.08—

第三节　菏泽市人民政府

1978年7月15日，菏泽地区革命委员会更名为菏泽地区行政公署，为山东省政府的派出机构。1981年1月，地区行署所辖的菏泽、曹县、定陶、成武、单县、巨野、梁山、郓城、鄄城、东明10县先后撤销县革命委员会，建立县人民政府。1983年起，全区撤销人民公社及生产大队、生产队，建立乡镇人民政府和村民委员会。1983年9月，菏泽县再次改为县级菏泽市。1989年12月2日，梁山县划归济宁市。2000年6月23日，国务院批复山东省人民政府，同意撤销菏泽地区和县级菏泽市，设立地级菏泽市和牡丹区。2001年1月10日，菏泽撤地设市，菏泽地区行政公署由省派出机构转变为一级人民政府。至2005年，全市共辖牡丹区、曹县、定陶县、成武县、单县、巨野县、郓城县、鄄城县、东明1区8县和1个省级经济技术开发区。

1986—1999年，为适应经济建设和各项事业发展的需要，行署工作部门曾多次进行重要调整：先后增设行署综合室、进出口商品检验局、监察局、法制局、农委、老龄办、保密局、国家安全局、铁路工作办、投资开发公司、经济开发投资公司、畜牧业开发中心等12个正县级单位和地区机构编委会办公室、农业开发资金管理办公室（后撤销）、房产办公室、国有资产管理局、税收大检查办公室、地直机关计划生育办公室、人口与计划生育监察大队及地区驻北京、济南、青岛、深圳、福州办事处（1999年5个办事处全部撤销）等12个副县级单位；具有行政职能的地区一轻公司、二轻工业公司、化学煤炭工业公司、农业机械服务公司、物资管理公司、对外贸易公司、水产公司分别恢复为局；地区广播电视处、环境保护办公室、标准计量处、地震办公室、菏泽黄河修防处分别改为局；地区经济体制改革委员会办公室、职工教育管理委员会办公室、地方史志编纂委员会办公室、接待处、棉花办公室、爱国卫生委员会办公室、民族宗教事务处、行署外事办公室等8个单位由副县级规格升为正县级规格；地区无线电管理委员会办公室、公安局交通警察支队、行署水电暖供应管理站等3个单位由正科级规格升为副县级规格。1992年1月，对外贸易局与对外经济贸易委员会合并，组建地区外经贸委。1993年3月，地区监察局与地区纪律检查委员会合署办公。1994年5月，县级菏泽市经济技术开发区收归地区管理，改称山东省菏泽开放开发综合试验区（正县级规格）。8月，撤销地区税务局，分设地方税务局和国家税务局。1996年，行署工作部门（含中央和省属驻菏单位）进行较大改革。同年10月设立中国农业银行菏泽地区分行。12月，地区一轻局、二轻局、化工局、纺织局改称总会；物资局、商业局改称集团；教育局改称教委。1997年3月，设立地区重点项目办公室（正县级规格）。4月，设立地区蔬菜营销办公室（副县级规格）。1998年2月，设立行署经济运行总调度室、预算外资金管理局、农业税务局。1999年11月，菏泽进出口商品检验局、卫生检疫局、动植物检疫局合并建立菏泽出入境检验检疫局；地区国税局、地税局、工商局、土管局先后收归省局，成为省、地双重领导单位。

2001—2005年，市政府部分工作部门先后进行几次调整：市中小企业局并入经贸委，经研中心并入纺织总会，经济体制改革委员会办公室并入发改委，贸易办从经贸委中析出独立；原县级菏泽市的土地、规划、公安、市政、园林、自来水、环卫、工交等单位收归菏泽市统一管理；增设市行政审批中心、加快发展办公室、市长公开电话管理办公室、打击走私办公室、市仲裁委员会办公室、市政府督查室、市金融管理办公室、城市经济开发办公室、市煤炭局、市促贸会、市公积金管理办公室、市长公开电话受理中心、市土地储备中心等机构。

1986—2000年菏泽行署正、副专员更迭表

表 32-1-17

职　务	姓　名	籍　贯	任职时间
专　员	刘洪仁	昌　乐	1983.12—1989.03
	王玉柱	巨野县	1989.03—1992.12
	李明先	蓬　莱	1992.12—1997.12
	陈　光	寿　光	1997.12—2000.12
副专员	毕可文	文　登	1983.12—1992.12
	于法杰	郓城县	1983.12—1988.09
	耿德祥	单　县	1983.12—1988.10
	王玉柱	巨野县	1983.11—1989.03
	王春涛（挂职）		1987.08—1989.08
	阎世海	定陶县	1988.10—1997.12
	李明先	蓬　莱	1988.10—1992.12
	刘延谟	济宁市梁山县	1988.10—1992.12
	李玉祥	淄　博	1990.01—2000.12
	邢德茂（挂职）		1989.10—1991.05
	魏庆铭（挂职）		1991.05—1992.10
	曾昭起	莘　县	1992.12—1995.09
	潘兴玺	巨野县	1992.12—2000.12
	张国敏	青　岛	1992.12—1997.06
	孔令昌	定陶县	1992.12—1997.12
	黄敬周（挂职）		1994.03—1994.12
	马振亭（挂职）		1994.03—1994.12
	李　民（挂职）		1994.03—1994.12
	高立善（挂职）		1994.03—1994.12
	冯兰水（挂职）		1994.03—1994.12
	王晓英（挂职）		1994.03—1994.12
	王勤明（挂职）		1994.03—1994.12
	陈　光	寿　光	1997.07—1997.12
	卢效玉	定陶县	1995.01—1999.03
	李德章	郓城县	1995.12—2000.12
	高运启（挂职）		1995.12—1998.08
	谢　宁（挂职）		1997.09—1998.09
	杜昌文	嘉祥县	1997.12—2000.12

续表 32-1-17

职　务	姓　名	籍　贯	任职时间
副专员	贾凤英	济宁市梁山县	1997.12—2000.12
	孙义福	文　登	1997.12—2000.12
	杨宪文	鄄城县	1997.12—2000.12
	崔建平	淄　博	2000.01—2000.12

1989—2000 年菏泽行署正、副秘书长更迭表

表 32-1-18

职　务	姓　名	籍　贯	任职时间
秘书长	刘文军	牡丹区	1989.05—1993.02
	韩广洁	郓城县	1993.02—1997.12
	侯宪秀	郓城县	1997.12—2000.04
	陈好孔	郓城县	2000.06—2000.12
副秘书长	时启坤	单　县	1989.05—2000.06
	李顺广	牡丹区	1989.05—2000.12
	耿庆阁	牡丹区	1989.08—1994.12
	朱保忠	东明县	1989.12—1993.02
	卢效玉	定陶县	1991.07—1993.02
	马欲圣	郓城县	1993.02—1994.10
	段连湘	巨野县	1993.02—1999.03
	高睦朋	曹　县	1993.07—1997.05
	田学诗	成武县	1993.06—2000.12
	于希臣	高青县	1995.01—1997.05
	陈守军	单　县	1997.05—1997.12
	周在春	成武县	1997.05—1999.03
	付章丽	牡丹区	1997.05—2000.06
	范玉国	东明县	1997.12—1998.08
	张贵田	鄄城县	1997.12—2000.12
	马春田	定陶县	1997.12—1999.03
	王敬月	鄄城县	1999.03—2000.12
	樊护华	郓城县	1999.03—1999.12
	彭靖华	东明县	2000.06—2000.12
	宋占良	鄄城县	2000.06—2000.12

2000—2005年菏泽市政府正、副市长更迭表

表 32-1-19

职　务	姓　名	籍　贯	任职时间
市　长	陈　光	寿　光	2000.12—2002.12
	杜昌文	嘉祥县	2002.12—
副市长	杜昌文	嘉祥县	2000.12—2002.12
	李玉祥	淄　博	2000.12—2001.06
	潘兴玺	巨野县	2000.12—2001.01
	贾凤英	济宁市梁山县	2000.12—2003.02
	李德章	郓城县	2000.12—2003.02
	孙义福	文　登	2000.12—2002.12
	杨宪文	鄄城县	2000.12—2001.01
	崔建平	淄　博	2000.12—2001.03
	孙述涛	高　密	2001.01—2001.03
	何茂远	定陶县	2001.01—
	朱效明	定陶县	2001.01—2002.02
	侯成君	文　登	2001.01—2002.12
	夏鲁青	浙江省青田	2002.01—
	赵润田	河南省台前	2003.02—
	刘士合	滨州市	2005.12—
	王文升	德　州	2002.12—2004.12
	杨永昌	东明县	2003.02—
	张存金	郓城县	2003.02—
	邵好学	定陶县	2003.02—2006.02
	童彩云	郓城县	2003.02—
	李卫国	河北省衡水	2004.05—
	段伯汉	巨野县	2005.12—

2000—2005年菏泽市政府正、副秘书长更迭表

表 32-1-20

职　务	姓　名	籍　贯	任职时间
秘书长	陈好孔	郓城县	2000.12—2003.02
	朱　斌	曹　县	2003.02—
副秘书长	李顺广	牡丹区	2000.12—2001.01
	彭靖华	东明县	2000.12—2001.03
	田学诗	成武县	2000.12—2001.11
	王敬月	鄄城县	2000.12—2003.06

续表 32-1-20

职　务	姓　名	籍　贯	任职时间
副秘书长	宋占良	鄄城县	2000.12—
	樊护华	郓城县	2000.12—
	李兆成	定陶县	2001.03—
	张贵田	鄄城县	2000.12—2003.06
	王永华	曹　县	2002.12—2003.11
	刘建威	单　县	2001.03—2005.02
	吴修印	曹　县	2001.03—
	赵晓英	金乡县	2003.06—2006.02
	赵汝坤	巨野县	2005.05—
	吴庆华	牡丹区	2003.06—2006.04
	李淑凤	济宁市梁山县	2003.06—
	成洪雷	牡丹区	2003.06—2006.04
	马志伟	曹　县	2003.11—2006.04
	李士三	郓城县	2004.10—

第四节　政协菏泽市委员会

1985 年，菏泽地委统战部内设政协联络科，负责全区的政协联络工作。1987 年 8 月，设立政协山东省委员会菏泽地区联络处（副县级）。1988 年 9 月，政协山东省委员会菏泽地区联络处改称菏泽地区联络组（正厅级），内设办公室，下设人秘科、联络科、文史提案科。1989 年 2 月 22 日， 政协山东省委员会菏泽地区联络组更名为政协山东省委员会菏泽地区工作委员会。2001 年 1 月，菏泽撤地设市，政协山东省委员会菏泽地区工作委员会更名为政协菏泽市委员会，并顺延原县级菏泽市政协的届数，为政协第十一届菏泽市委员会。十一届菏泽市政协内设提案委员会、学习宣传委员会、文史资料委员会、经济委员会、科教文卫体委员会、社会法制委员会、台港澳侨民族宗教委员会、人口资源环境委员会 8 个专门委员会和办公室、调查研究室。十二届菏泽市政协内设提案委员会、文史资料委员会、经济委员会、科教文卫体委员会、社会法制委员会、港澳台侨民族宗教委员会、人口资源环境委员会 7 个专门委员会和办公室、研究室、委员活动工作室。

1987—1988 年政协菏泽地区联络处领导成员更迭表

表 32-1-21

职　务	姓　名	籍　贯	任职时间
主　任	高立敏	江苏省沛县	1987.08—1988.09
副主任	吴世诗	牡丹区	1987.08—1988.09

1988—1989 年政协菏泽地区联络组副组长更迭表

表 32-1-22

职　务	姓　名	籍　贯	任职时间
副组长	邹学信	栖　霞	1988.11—1989.02
	刘温如	东明县	1988.11—1989.02
	李宝珊	河南省孟县	1988.11—1989.02

1988—1989 年政协菏泽地区联络组办公室领导成员更迭表

表 32-1-23

职　务	姓　名	籍　贯	任职时间
主　任	成书勤	牡丹区	1988.12—1989.02
副主任	高立敏	江苏省沛县	1988.12—1989.02

1989—2001 年政协菏泽市（地区）工作委员会正、副主任更迭表

表 32-1-24

职　务	姓　名	籍　贯	任职时间
主　任	樊思宝	郓城县	1989.04—1998.03
	杨成训	成武县	1998.03—2001.01
副主任	邹学信	栖　霞	1989.02—1991.02
	刘温如	东明县	1989.02—1993 04
	李宝珊	河南省孟县	1989.02—1995.12
	黄爱菊	牡丹区	1990.02—2001.01
	赵文启	鄄城县	1993.01—1996.03
	刘文军	牡丹区	1993.01—1997.10
	从德普	单　县	1994.08—2000.12
	聂书江	河北省晋州	1995.11—2001.01
	杨大显	牡丹区	1995.11—1998.03
	胡公厘	成武县	1996.03—2000.10
	文廷良	牡丹区	1998.03—2001.01

1989—2001 年政协菏泽市（地区）工作委员会正、副秘书长更迭表

表 32-1-25

职　务	姓　名	籍　贯	任职时间
秘书长	刘建孔	单　县	1989.07—1997.06
	祝传收	成武县	2000.12—2001.01
副秘书长	成书勤	牡丹区	1989.07—1997.06
	徐洪升	青　州	1993.07—1997.06

续表 32-1-25

职　务	姓　名	籍　贯	任职时间
副秘书长	魏忠民	巨野县	1992.05—1997.06
	雷云起	郓城县	1997.01—1999.03
	刘兰钦	巨野县	1997.06—2000.09
	杜松柏	牡丹区	1997.12—2001.01
	赵文岭	曹　县	1999.03—2001.01
	韩道成	曹　县	1999.03—2001.01

1989—2001 年政协菏泽市（地区）工委各处室领导成员更迭表

表 32-1-26

处　室	职　务	姓　名	籍　贯	任职时间
办公室	主　任	成书勤	牡丹区	1989.02—1997.06
		杜松柏	牡丹区	1997.12—2001.01
	副主任	高立敏	江苏省沛县	1989.02—1989.07
		魏东雪	单　县	1989.07—1997.06
		刘汝银	江苏省灌云	1989.07—1997.12
		徐　东	莒南县	1995.03—2001.01
调查研究室	副主任	王金福	牡丹区	1998.08—2001.01
		许世昌	单　县	1998.08—2001.01
联络处	处　长	高立敏	江苏省沛县	1989.07—1993.07
		王汝密	成武县	1993.07—2001.01
	副处长	张修建	鄄城县	1996.11—2001.01
文史处	处　长	李秋云	莘　县	1990.12—1992.12
		朱明文	定陶县	1998.08—2001.01
	副处长	朱明文	定陶县	1993.12—1998.08
		王瑞珠	牡丹区	1998.08—2001.01
提案处	处　长	江翠云	即　墨	1997.12—2001.01
	副处长	江翠云	即　墨	1989.07—1997.12
		许世昌	单　县	1996.11—1998.08
		李凡胜	郓城县	1998.08—2001.01
经济处	处　长	吴常新	巨野县	1997.12—2001.01
	副处长	吴常新	巨野县	1989.07—1997.12
		王金福	牡丹区	1996.11—1998.08
		李世英	河北省永清	1998.08—2001.01
教科文卫处	处　长	吴世诗	牡丹区	1994.01—2001.01
	副处长	吴世诗	牡丹区	1989.07—1994.01
		吴福广	牡丹区	1996.11—2001.01

续表 32-1-26

处　室	职　务	姓　名	籍　贯	任职时间
学习宣传处	处　长	李忠训	定陶县	1997.06—2001.01
社会法制处	处　长	刘汝银	江苏省灌云	1997.12—2001.01

政协菏泽市委员会筹备委员会主任、副主任名单

表 32-1-27

职　务	姓　名
主　任	杨成训
副主任	黄爱菊（女）　聂书江（女）　杨宪文　孟祥伦　潘建荣　张建新　李建年　张建华　肖培树

2001—2003 年政协第十一届菏泽市委员会常务委员会主席、副主席更迭表

表 32-1-28

职　务	姓　名	籍　贯	任职时间
主　席	杨成训	成武县	2001.01—2003.02
副主席	黄爱菊	牡丹区	2001.01—2003.02
	聂书江	河北省晋州	2001.01—2003.02
	杨宪文	鄄城县	2001.01—2003.02
	孟祥伦	郓城县	2001.01—2003.02
	潘建荣	定陶县	2001.01—2003.02
	张建新	单　县	2001.01—2003.02
	李建军	单　县	2001.01—2003.02
	张建华	单　县	2001.01—2003.02
	肖培树	牡丹区	2001.01—2003.02

2001—2003 年政协第十一届菏泽市委员会正、副秘书长更迭表

表 32-1-29

职　务	姓　名	籍　贯	任职时间
秘书长	祝传收	成武县	2001.01—2003.02
副秘书长	杜松柏	牡丹区	2001.01—
	李忠训	定陶县	2001.01—
	赵文岭	曹　县	2001.01—
	韩道成	曹　县	2001.01—

2003—2005 年政协第十二届菏泽市委员会常务委员会主席、副主席更迭表

表 32-1-28

职　务	姓　名	籍　贯	任职时间
主　席	孔令昌	定陶县	2003.02—2005.12
副主席	聂书江	河北省晋州	2003.02—2005.01
	李德章	郓城县	2003.02—2005.12
	杨宪文	鄄城县	2003.02—2005.12
	孟祥伦	郓城县	2003.02—2005.12
	朱效明	定陶县	2003.02—2005.12
	张建新	单　县	2003.02—2005.12
	李建军	单　县	2003.02—2005.12
	肖培树	牡丹区	2003.02—2005.12
	李学军	定陶县	2005.01—2005.12

2001—2005 年政协第十二届菏泽市委员会正、副秘书长更迭表

表 32-1-29

职　务	姓　名	籍　贯	任职时间
秘书长	祝传收	成武县	2003.02—
副秘书长	杜松柏	牡丹区	2001.01—2004.07
副秘书长	李忠训	定陶县	2001.01—2003.02
	赵文岭	曹　县	2001.01—2003.07
	韩道成	曹　县	2001.01—2003.07
	王金福	牡丹区	2003.07—2005.12
	许世昌	单　县	2003.07—2005.12

2001—2005 年政协菏泽市委员会各委办室领导成员更迭表

表 32-1-30

委　室	职　务	姓　名	籍　贯	任职时间
办公室	主　任	杜松柏	牡丹区	2001.01—2004.07
	副主任	王庆亮	牡丹区	2003.07—
		梁兰平	曹　县	2003.07—
研究室	主　任	王金福	牡丹区	2001.05—
	副主任	王金福	牡丹区	2001.01—2001.05
委员活动工作室	主　任	韩道成	曹　县	2003.07—2005.11
		庞玉荣	成武县	2005.11—
	副主任	庞玉荣	成武县	2004.07—2005.11

续表 32-1-30

委　室	职　务	姓　名	籍　贯	任职时间
提案委员会	主　任	聂书江	河北省晋州	2001.01—2005.01
		李学军	定陶县	2005.05—
	副主任	江翠云	即　墨	2001.01—2002.01
		陈宗显	曹　县	2003.03—
		李协奎	定陶县	2003.03—
		李凡胜	郓城县	2004.10—
学习宣传委员会	主　任	张建华	单　县	2001.01—2003.02
	副主任	许世昌	单　县	2001.05—2003.02
文史资料委员会	主　任	黄爱菊	牡丹区	2001.1—2003.02
		朱效明	定陶县	2003.03—
	副主任	朱明文	定陶县	2001.01—2002.01
		张金鼎	定陶县	2003.03—
		徐　东	莒南县	2003.03—
		田浩存	曹　县	2005.05—
经济委员会	主　任	张建新	单　县	2001.01—2003.03
		李德章	郓城县	2003.03—
	副主任	曹长明	定陶县	2001.01—
		吴常新	巨野县	2001.01—
		张贵田	鄄城县	2003.03—
		吴延印	开发区	2005.05—
科教文卫体委员会	主　任	李建军	单　县	2001.01—
	副主任	阎传礼	定陶县	2001.01—2003.02
		吴世诗	牡丹区	2001.01—2003.02
		王忠美	鄄城县	2003.03—
		张海峰	东明县	2003.03—
		吴福广	牡丹区	2003.07—
		杜松柏	牡丹区	2005.05—
社会法制委员会	主　任	肖培树	牡丹区	2001.01—
	副主任	刘汝银	江苏省灌云	2001.01—2002.01
		陈孝金	肥　城	2003.03—
		王世轩	单　县	2003.03—
		王瑞珠	牡丹区	2003.07—
		陈福安	郓城县	2005.05—
港澳台侨民族宗教委员会	主　任	杨宪文	鄄城县	2001.01—
	副主任	黄文献	牡丹区	2003.03—
		张修建	鄄城县	2003.07—
		张在源	临　朐	2005.05—

续表 32-1-30

委　室	职　务	姓　名	籍　贯	任职时间
人口资源环境委员会	主　任	潘建荣	定陶县	2001.01—2003.02
		张建新	单　县	2003.3—
	副主任	徐源泽	文　登	2001.01—2003.02
		崔玉莲	牡丹区	2001.01—
		徐　东	莒南县	2001.05—2003.03
		张思立	郓城县	2003.03—
		李世英	河北省永清	2004.10—

第五节　中共菏泽市纪律检查委员会

1985年5月，中共菏泽地区纪律检查委员会由县级单位升格为副地级单位，仍为省纪委的派出机构。1988年12月，内设科室由科级规格改为副县级规格。1993年3月，地区纪委、地区监察局合署办公，实行一套工作机构，两个机关名称的体制，履行党的纪律检查、政府行政监察两项职能。地区纪委内设办公室、监察综合室、研究室、干部室、宣传教育室、案件审理室、信访室、党风廉政建设室、执法监察室、政策法规室，以及纪检监察一室、二室、三室等13个工作部门。2000年12月，中共菏泽地区纪律检查委员会更名为中共菏泽市纪律检查委员会，2001年1月，地区监察局更名为菏泽市监察局。2003年7月，增设行政效能投诉中心（副县级，隶属于监察局）。2004年6月，增设案件管理督查室（副县级）。至2005年年底，市纪委、市监察局内设工作部门15个，共有机关工作人员84人。

1986—2005年中共菏泽市（地区）纪律检查委员会正、副书记更迭表

表 32-1-31

职　务	姓　名	籍　贯	任职时间
书　记	齐泮扬	单　县	1984.03—1992.12
	温新月	东明县	1992.12—2000.12
	王祖和	临　朐	2000.12—2003.04
	崔建平	临　淄	2003.04—2005.12
	马平昌	淄　川	2005.12—
副书记	张志美	鄄城县	1984.03—1989.09
	朱宝乾	牡丹区	1984.03—1996.08
	孙锦春	栖　霞	1984.03—1998.12
	张瑞生	成武县	1988.04—1990.02
	梁抗美	曹　县	1992.07—2000.02
	李志义	曹　县	1993.06—1996.08

续表 32-1-32

职　务	姓　名	籍　贯	任职时间
副书记	董茂伦	东平县	1995.02—
	李　民	金乡县	1998.12—
	樊庆堂	郓城县	2003.04—

1986—2001 年中共菏泽市（地区）纪律检查委员会委员更迭表

表 32-1-32

职　务	姓　名	籍　贯	任职时间
委　员	赵宪武	莘　县	1984.03—1993.12
	侯玉忠	牡丹区	1984.03—1988.03
	姜允月	定陶县	1984.03—1989.09
	张广荣	定陶县	1984.08—1998.08
	周连瑞	鄄城县	1984.09—1985.04
	杨庆远	东明县	1984.12—1985.04
	范福临	牡丹区	1984.03—1993.06
	燕振安	郓城县	1984.03—1993.06
	李宗盈	济宁市梁山县	1984.03—1988.12
	宋协尧	莱　阳	1988.12—1993.06
	田焕颖	济宁市梁山县	1993.06—1998.08
	祝玉哲	郓城县	1993.06—1998.08
	刘玉君	单　县	1993.06—1998.08
	李庆元	东明县	1993.06—1997.12
	樊庆堂	郓城县	1998.08—2000.12
	周德运	鄄城县	1998.08—2000.12
委　员	崔庆忠	鄄城县	1998.08—2000.12
	郭良厚	郓城县	1998.08—2000.05
	刘宝玉	牡丹区	1998.08—2000.12

2000—2005 年中共菏泽市（地区）纪律检查委员会常委、秘书长更迭表

表 32-1-33

职　务	姓　名	籍　贯	任职时间
常　委	樊庆堂	郓城县	2000.12—2003.04
	周德运	鄄城县	2000.12—
	崔庆忠	鄄城县	2000.12—2001.11
	刘宝玉	牡丹区	2000.12—2003.07
	高存德	单　县	2003.04—
	郝秀良	郓城县	2003.04—

续表 32-1-33

职　务	姓　名	籍　贯	任职时间
常　委	李金民	牡丹区	2003.04—
	王道文	牡丹区	2003.07—
秘书长	张广荣	定陶县	1993.06—1998.08
	樊庆堂	郓城县	1998.08—2003.07
	尹承森	济宁市梁山县	2003.07—2004.10
	李金民	牡丹区	2004.10—

1988—2005 年菏泽市（地区）纪律检查委员会各室领导成员更迭表

表 32-1-34

处　室	职　务	姓　名	籍　贯	任职时间
办公室	主　任	范晓举	鄄城县	1988.12—1989.10
		李洪彬	牡丹区	1993.06—1997.05
		张志河	单　县	1997.05—2000.05
		张继东	牡丹区	2000.05—2003.07
		张正文	单　县	2003.07—
监察综合室	主　任	张志河	单　县	1994.06—1997.05
		刘宝玉	牡丹区	1997.05—2000.05
		郑方军	郓城县	2000.06—2004.02
		王洪峰	济宁市梁山县	2004.08—
研究室	主　任	樊庆堂	郓城县	1988.12—1998.08
		朱凤刚	牡丹区	2000.06—2003.05
		陈衍山	定陶县	2003.07—
干部室	主　任	孙光魁	单　县	1993.06—1997.01
		崔庆忠	鄄城县	1997.05—2000.05
		成　伟	牡丹区	2000.06—2001.03
		罗衍玲	郓城县	2002.10—
宣传教育室	主　任	刘我江	郓城县	1988.12—1993.06
		张芳华	牡丹区	1993.06—1997.01
	主　任	尹承森	济宁市梁山县	1997.05—2003.07
		朱喜迁	单　县	2003.07—
案件审理室	主　任	刘玉君	单　县	1988.12—1993.06
		崔庆忠	鄄城县	1993.06—1997.05
		李洪彬	牡丹区	1997.05—2001.11
		赵素伟	莱　州	2002.10—
信访室	主　任	周德运	鄄城县	1988.12—1998.08
		李守如	定陶县	2000.06—

续表 32-1-34

处　室	职　务	姓　名	籍　贯	任职时间
党风廉政建设室	主　任	郭良厚	郓城县	1993.06—2000.05
		王训华	单　县	2000.05—2003.07
		石洪军	郓城县	2003.07—
执法监察室	主　任	刘宝玉	牡丹区	1993.06—1995.03
		侯宪琦	济宁市梁山县	1995.03—
政策法规室	主　任	侯宪琦	济宁市梁山县	1994.06—1995.03
		刘宝玉	牡丹区	1995.03—1997.05
		李金民	牡丹区	1997.05—2004.08
		赵素伟	莱　州	2004.08—
案件管理督查室	主　任	邵新民	成武县	2004.08—
纪律监察一室	主　任	时维田	牡丹区	1988.12—1995.12
		董瑞钦	牡丹区	1997.05—1998.08
		吴建民	单　县	2000.06—2004.08
		王建华	河南省范县	2004.08—
纪律监察二室	主　任	董瑞钦	牡丹区	1993.06—1997.05
		高存德	单　县	1997.05—1998.08
		胡沛银	曹　县	2000.05—2003.07
		邵新民	成武县	2003.07—2004.08
		靳继峰	曹　县	2004.08—
纪律监察三室	主　任	高存德	单　县	1993.06—1997.05
		韩满君	鄄城县	1997.05—2001.11
		姜继彬	牡丹区	2002.10—
行政效能投诉中心	主　任	沈玉霞	东明县	2004.08—

第六节　军事组织机构

菏泽军分区　1986年，菏泽军分区设有司令部、政治部和后勤部，下辖10个县市人民武装部（含梁山县）。1989年1月，军分区机关开始设立名义科室：司令部设作训科、动员科和办公室；政治部设组织科、干部科和宣传科；后勤部设供应科和军械科。1997年7月，军分区机关恢复科室建制，司令部设作训科、军务科和动员科；政治部设组织干部科和宣传保卫科；后勤部设战勤科和供应科。2002年3月，根据山东省军区的指示，菏泽军分区设立了史志办公室和帮扶办公室。2004年年底，部队再次精简整编，军分区机关撤销科室建制，只保留部。

1986—2005 年菏泽军分区领导成员更迭表

表 32-1-35

职　务	姓　名	籍　贯	任职时间
司令员	张秀山	江苏省沛县	1986.06—1988.09
	孟繁富	临　沂	1988.10—1991.10
	孙进珊	莱　州	1991.10—1996.10
	杨炳河	泰　安	1996.08—2005.08
	林　健	辽宁省丹东	2005.08—
政　委	张泽甫	东阿县	1983.07—1988.03
	马存益	曹　县	1988.03—1992.10
	林长凯	四川省江津	1992.10—1996.07
	向　民	四川省重庆市	1996.07—2000.08
	陈孝金	肥　城	2000.08—2003.03
	宋新立	商　河	2003.03—
副司令员	孙念敬	巨野县	1984.01—1986.02
	宋洪林	日　照	1985.12—1990.03
	林荣昌	文　登	1990.02—2000.03
	寇曰宇	牡丹区	1995.12—1998.11
	刘斯斌	淄　博	2000.06—2002.10
	郑春生	五　莲	2004.08—
副政委	李刚华	济宁市梁山县	1994.03—1998.06
	王忠山	安徽省凤阳	2000.11—2003.07
	魏淑远	定陶县	2003.11—
参谋长	尹　亮	莒　县	1986.04—1991.11
	马心俭	郓城县	1991.11—1992.12
	张　勇	安徽省太和	1992.12—1995.01
	步伟利	邹　城	1995.01—1999.02
	赵宁杰	河南省泌阳	1999.02—2004.10
	王晓青	辽宁省盖县	2004.10—
政治部主任	李秋宏	莱　芜	1984.12—1990.01
	程源明	成武县	1990.01—1994.11
	刘述竹	乳　山	1994.11—1996.11
	汤明成	河南省虞城	1996.11—2004.02
	苏文星	淄　博	2004.01—
后勤部长	张建平	乐　陵	1985.12—1989.09
	杨立法	泗水县	1989.09—1995.01
	郭书彦	莱　州	1995.01—1999.02

续表 32-1-35

职　务	姓　名	籍　贯	任职时间
后勤部长	刘雪杉	东明县	1999.02—1999.12
	管国志	平邑县	2000.01—2005.01
	成洪森	牡丹区	2005.01—

武警菏泽市支队 中国人民武装警察部队菏泽市支队（简称武警菏泽市支队）的前身是菏泽专区公安部队。1983年1月1日，中共中央下发《关于成立中国人民武装警察部队的决定》后，菏泽地区将担负地方执勤任务的菏泽军分区独立营、公安机关的武装民警和消防民警合并为中国人民武装警察部队菏泽地区支队（正团级）。同时，将菏泽军分区独立营及二、三、四连，公安处直属中队和教导队，分别改称为武警菏泽地区支队直属大队一、二、三中队，武警菏泽地区支队直属中队和轮训队。1985年8月21日，根据公安部的指示，武警菏泽地区支队向地区公安处移交担负公安消防任务的消防科、股、队。1992年4月，武警山东省总队根据武警总部〔1992〕武（司）字30号命令，下达〔1992〕鲁（司）字52号通知，正式确定武警菏泽支队机构编制。同时，直属中队更名为“支队四中队”。8月，菏泽支队警通中队设立。2001年7月，武警菏泽地区支队更名为武警菏泽市支队。2004年1月16日，直属大队二中队撤出菏泽支队看押勤务，转隶济宁市支队。2005年6月，根据武警山东总队关于《体制编制调整改革有关问题的通知》要求，菏泽支队四中队改称一中队，原一中队、二中队分别改称二中队、三中队，原警通中队改称警通勤务汽车中队。

1986—2005年武警菏泽市支队领导成员更迭表

表 32-1-36

职　务	姓　名	籍　贯	任职时间
支队长	董广印	定陶县	1985.01—1991.03
	张心蕊	曹　县	1991.04—1993.12
	刘永治	安　丘	1993.12—1996.12
	康德喜	济　宁	1997.01—1997.11
	张庆海	郓城县	1997.12—2001.12
	陈维文	蓬　莱	2001.12—
第一政委	张瑞生（兼）	成武县	1990.06—1993.11
	朱献海（兼）	牡丹区	1993.11—1998.07
支队长	李福祥（兼）	聊　城	1998.07—2005.12
	刘新云（兼）	淄　博	2005.12—

续表 32-1-36

职　务	姓　名	籍　贯	任职时间
政　委	段连昌	郓城县	1983.01—1984.12
	朱献海	牡丹区	1985.01—1991.03
	胡钦印	巨野县	1991.04—1997.12
	康德喜	济　宁	1998.01—1998.11
	刘念居	滕　州	1998.12—2000.12
	白星民	临　朐	2000.12—2002.12
	朱效俊	莱　芜	2002.12—2003.12
	王家常	淄　博	2003.12—
副支队长	郑金岱	东平县	1985.01—1986.11
	李庆安	阳谷县	1986.12—1988.10
	刘维玉	昌　乐	1989.12—1991.06
	张心蕊	曹　县	1990.07—1991.04
	孙祥仁	莱　州	1991.12—1994.06
	赵胜利	济宁市梁山县	1994.08—1996.12
	张庆海	郓城县	1994.08—1997.11
	邱瑞勇	江苏省徐州	1997.12—1998.11
	史建亮	临　朐	1998.12—2001.12
	朱华栋	牡丹区	1999.12—2004.12
	夏元男	荣　成	2001.12—2003.12
	杜万强	潍　坊	2003.12—2004.12
	李　庆	郓城县	2004.12—
	王绍虎	章　丘	2004.12—
副政委	冯振尧	潍　城	1982.12—1986.09
	郑金岱	东平县	1986.12—1988.11
	胡钦印	巨野县	1988.12—1991.04
	王庆伦	寿　光	1991.12—1993.07
	赵胜利	济宁市梁山县	1993.08—1994.07
	杨长平	陵　县	1994.08—1996.12
	刘念居	滕　州	1997.06—1998.11
	白星民	临　朐	1998.12—2000.12
	范天汉	高　密	2000.12—2001.12
	安如喜	泰　安	2001.12—2003.12
	王文治	牡丹区	2003.12—
参谋长	李德道	郓城县	1982.12—1985.04
	李庆安	阳谷县	1985.05—1986.12
	胡玉才	巨野县	1987.01—1988.08
	孙祥仁	莱　州	1988.11—1991.12

续表 32-1-36

职　务	姓　名	籍　贯	任职时间
参谋长	张庆海	郓城县	1992.01—1994.07
	侯新民	牡丹区	1994.08—1996.06
	史建亮	临　朐	1996.07—1998.11
	殷　华	安　丘	1998.12—2000.12
	杜万强	潍　坊	2000.12—2003.12
	刘恒涛	邹　平	2003.12—2005.12
	任孔记	牡丹区	2005.12—
政治处主任	王之亮	聊　城	1983.01—1985.09
	胡钦印	巨野县	1986.12—1988.11
	申君福	河南省范县	1988.12—1991.10
	杨长平	陵　县	1991.12—1994.07
	刘念居	滕　州	1994.08—1997.05
	白星民	临　朐	1997.06—1998.11
	范天汉	高　密	1998.12—2000.12
	荣先锋	河南省台前	2000.12—2005.12
	杨　勇	济　宁	2005.12—
后勤处处长	赵胜利	济宁市梁山县	1993.01—1993.07
	吴运起	荣　成	1983.01—1985.04
	刘维玉	昌　乐	1986.12—1989.12
	王庆伦	寿　光	1990.04—1991.12
	侯新民	牡丹区	1993.08—1994.07
	邱瑞勇	江苏省徐州市	1994.08—1997.11
	朱华栋	单　县	1997.12—2001.07
	尹逊乾	新　泰	2001.07—2001.12
	王文治	牡丹区	2002.06—2003.12
	李　庆	郓城县	2003.03—2004.12
	周　剑	牡丹区	2004.03—

公安消防支队　1991年，成立地区公安消防支队，又称中国人民武装警察部队菏泽地区消防支队和菏泽地区公安局消防分局（正团级），内设司令部、政治处、后勤处、防火监督处。1996年6月，各县（市）撤销公安局消防股，成立公安消防大队、科（正营级）。1997年，成立成武、鄄城公安专职消防中队。1999年7月，成立菏泽开发开放综合试验区公安分局消防大队。2001年1月，更名为菏泽市公安消防支队。2002年5月，组建特勤消防中队（副营级）。支队下辖10个消防大队，12个消防中队。

1991—2005 年菏泽市（地区）公安消防支队领导成员更迭表

表 32-1-37

职　务	姓　名	籍　贯	任职时间
支队长	牛跃光	单　县	1991.11—1995.01
	赵开志	德　州	1996.08—2004.02
	田守智	济　宁	2004.02—
政治委员	申君福	河南省范县	1991.11—1995.06
	李殿选	潍　坊	1995.02—1999.07
	曹汝蛟	冠　县	1999.11—2004.02
	步士民	邹　城	2004.02—
副支队长	张克云	郓城县	1991.11—1993.02
	王朝子	牡丹区	1991.11—1993.07
	李殿选	潍　坊	1993.06—1995.01
	赵开志	德　州	1993.06—1995.01
	步士民	邹　城	1999.11—2004.02
	肖忠民	巨野县	2004.05—

第二章　市直部门单位

第一节　市委工作部门及直属单位

市委办公室　1986 年，地委办公室内设秘书科、信访科、机要科、保密办公室。1988 年 12 月，增设政治体制改革研究室（1993 年 12 月撤销）。1989 年 7 月，增设综合室（1996 年 12 月撤销），同时将保密办公室更名为保密局。1990 年 7 月，增设政工科、值班室、督查室、行政科、保卫科。1994 年 6 月，机要科改为机要局，并升格为副县级单位，隶属于地委办公室。2000 年 12 月，菏泽地委办公室更名为菏泽市委办公室，内设 11 个科室和机要局、保密局 2 个副县级单位。2003 年 5 月，督查科升格为市委督查室（正县级）。2005 年，市委办公室内设综合科、秘书一科、秘书二科、信息科、值班室、政工科、保卫科、接待科、老干部科、服务中心 10 个科室和督查室、机要局、保密局 3 个县级单位。

1986—2000年菏泽地委办公室领导成员更迭表

表32-2-1

职　务	姓　名	籍　贯	任职时间
主　任	樊兆进	郓城县	1986.01—1989.07
	朱献瑞	成武县	1989.07—1993.06
	刘金俊	郓城县	1995.06—2000.11
副主任	孟繁为	鄄城县	1986.01—1989.07
	陈宗显	曹　县	1986.01—1989.07
	刘金俊	郓城县	1986.01—1995.06
	李贵钦	曹　县	1989.07—1995.03
	李兆成	定陶县	1989.07—1997.05
	邢玉峰	鄄城县	1989.07—1997.05
	刘　彬	鄄城县	1997.05—1999.03
	万广栋	定陶县	1997.05—2000.11
	刘增莹	成武县	1997.05—1999.03
	张洪兴	长　清	1999.03—2000.11
	刘锁成	牡丹区	1999.03—2000.11
	戴文潮	巨野县	1999.03—2000.11

2000—2005年菏泽市（地）委办公室领导成员更迭表

表32-2-2

职　务	姓　名	籍　贯	任职时间
主　任	刘金俊	郓城县	2000.11—
副主任	万广栋	定陶县	2000.11—2001.03
	张洪兴	长　清	2000.11—2001.03
	刘锁成	牡丹区	2000.11—2003.06
	戴文潮	巨野县	2000.11—2001.03
	李秀真	成武县	2001.03—2003.06
	刘　波	牡丹区	2001.03—2003.06
	梁振坤	曹　县	2003.06—
	张乾山	定陶县	2003.06—
	杜永玲	鄄城县	2003.07—

1988—1993年菏泽地委政治体制改革办公室领导成员更迭表

表32-2-3

职　务	姓　名	籍　贯	任职时间
主　任	吕怀钦	成武县	1988.12—1989.07
	孟繁为	鄄城县	1989.07—1993.12
副主任	孔令芝	济宁市梁山县	1988.12—1993.12

1988—1996 年菏泽地委综合室领导成员更迭表

表 32-2-4

职　务	姓　名	籍　贯	任职时间
主　任	吕怀钦	成武县	1989.07—1993.04
	胡卫东	定陶县	1995.01—1996.12
副主任	卢建刚	鄄城县	1989.07—1995.01
	胡卫东	定陶县	1989.07—1995.01

1994—2005 年菏泽市（地区）机要局领导成员更迭表

表 32-2-5

职　务	姓　名	籍　贯	任职时间
局　长	梁振坤	曹　县	1994.11—2003.07
	孔令海	济宁市梁山县	2003.07—

1996—2005 年菏泽市（地区）保密局领导成员更迭表

表 32-2-6

职　务	姓　名	籍　贯	任职时间
局　长	陈宗显	曹　县	1996.12—1998.01
	李秀真	成武县	1998.01—2003.06
	刘芳林	曹　县	2003.07—

2003—2005 年菏泽市委督查室领导成员更迭表

表 32-2-7

职　务	姓　名	籍　贯	任职时间
主　任	张洪兴	长　清	2003.05—
副主任	尹红雁	巨野县	2003.07—
	孔祥东	单　县	2003.07—

市委组织部　1986 年，地委组织部内设秘书科、信访科、组织科、干部科、干审干训科、干部调配科、青年干部科、知识分子工作科。1987 年 3 月，干审干训科分设为干审科、干训科。1989 年 8 月，地委组织员办公室由副县级升为正县级。1991 年 8 月，秘书科改为办公室，设立调查研究室。1992 年 1 月设立电化教育中心。1996 年 12 月机构改革“三定方案”规定内设 10 个职能科室：办公室、研究室、干部综合科、干部管理科、组织科、企业科、干部教育科、干部监督管理科、知识分子工作科、地区党员电化教育中心（副县级规格，加挂地委组织部党员电化教育办公室的牌子）；另设地区干部培训中心（事业，科级）；地委组织员办公室并入组织部。

1998年4月设立干部信息管理科。2000年12月，地委组织部更名为菏泽市委组织部。2002年6月机构改革“三定方案”规定内设11个职能科室：办公室、研究室、干部一科（加挂下派干部管理办公室的牌子）、干部二科、干部三科、干部信息科、企业科（加挂市新型经济社会组织党的建设联席会议办公室的牌子）、组织科、干部监督科、干部教育科、知识分子工作科；另有1个副县级单位——市党员电化教育中心（加挂市委组织部党员电化教育办公室的牌子）；市委组织员办公室设在市委组织部。2003年8月设立考核科。2004年7月，知识分子工作科更名为知识分子工作办公室，设立人才工作办公室，与知识分子工作办公室一个机构两块牌子。2004年10月设立市党员干部现代远程教育中心（正县级），与市党员电化教育中心合署办公，一个机构两块牌子，内设综合科、课件资源科、网络管理科。2004年11月，撤销企业科，组织科加挂市新型经济社会组织党的建设联席会议办公室的牌子；下派干部管理办公室单设，干部一科不再挂下派干部管理办公室的牌子。

1986—2005年菏泽市（地区）委组织部领导成员更迭表

表32-2-8

职　务	姓　名	籍　贯	任职时间
部　长	李玉祥	临　淄	1984.03—1988.09
	王启杰	单　县	1988.09—1992.12
	苏衍训	鄄城县	1992.11—1995.11
	李延良	蒙阴县	1995.11—1997.12
	王祖和	临　朐	1997.12—2000.11
	马平昌	淄　博	2000.11—2004.05
	支建立	陵　县	2004.05—
常务副部长	程民光	河南省南乐	2003.05—
副部长	范福临	牡丹区	1984.04—1993.01
	聂书江	河北省晋县	1984.04—1989.03
	苏衍训	鄄城县	1989.03—1992.12
	宋绍先	鄄城县	1993.06—1997.06
	孟祥伦	郓城县	1993.06—2000.05
	张存金	郓城县	1997.06—2003.03
	唐留书	东明县	1997.06—2003.03
	程民光	河南省南乐	1997.06—2003.5
	朱洪亮	成武县	2003.05—
	郭保存	成武县	2003.06—2004.10
	齐晓华	牡丹区	2003.06—
	郭志民	济宁市梁山县	2003.11—
	高艳民	河南省范县	2005.02—

市委宣传部　1986年，地委宣传部内设秘书科、干部科、宣传科、理教科、通信报道科、文艺科、教育科、对台宣传办公室、五讲四美三热爱（简称“五四三”）办公室9个科室，代管地委讲师团（1987年8月由科级升格为副县级）。1987年4月，“五四三”办公室更名为地区精神文明建设协调委员会办公室。5月设立地区社会科学联合会，由宣传部代管。9月设立调查研究科、党员教育科。1988年1月，通信报道科更名为新闻科。1989年3月设立企业思想政治工作科。至此，宣传部共有11个科室，人员编制40人。1989年5月，地区精神文明建设协调委员会办公室更名为地区精神文明建设委员会办公室（正县级），由宣传部代管。1990年11月，地委讲师团升格为正县级事业单位。1992年2月，秘书科更名为办公室。1993年6月，撤销调查研究科，设立干部科。1996年12月，理论教育科更名为理论科；对外宣传科升格为副县级行政单位，并改称地委对外宣传办公室和地区行署新闻办公室，属地委宣传部内设机构。2000年12月，地委宣传部更名为菏泽市委宣传部，市精神文明建设委员会办公室由市委宣传部代管改为隶属，对外宣传办公室为市委宣传部内设机构，挂市政府新闻办公室牌子。2002—2005年，市委宣传部机关编制总额38人（含文明办、外宣办），内设办公室（加挂调研室牌子）、干部科、宣传科、新闻出版科、党员教育科、学校教育科、文艺科、理论教育科、企业思想政治工作科（市职工思想政治工作研究会）9个科室。

1986—2005年菏泽市（地）委宣传部领导成员更迭表

表32-2-9

职　务	姓　名	籍　贯	任职时间
部　长	张宝光	江苏省丰县	1984.03—1990.01
	潘兴玺	巨野县	1990.01—1992.12
	贾凤英	济宁市梁山县	1992.12—1997.12
	韩广洁	郓城县	1997.12—2004.09
	王文升	乐陵市	2004.12—
常务副部长	赵文启	鄄城县	1984.03—1988.12
	张海峰	东明县	1996.11—2001.03
	赵和平	牡丹区	2001.03—2005.02
	刘建威	单　县	2005.02—
副部长	张亦棣	江苏省沛县	1983.03—1993.12
	孙世民	潍坊市	1983.03—1996.11
	张　莹	单　县	1987.09—
	邵好学	定陶县	1990.03—1993.05
	孔令芝	济宁市梁山县	1993.12—1994.12
	吕复伦	巨野县	1994.06—2000.05
	管玉田	曹　县	1994.06—1997.02

续表 32-2-9

职　务	姓　名	籍　贯	任职时间
副部长	雷云起	郓城县	1995.03—1997.02
	张文坦	鄄城县	1997.12—2003.12
	黄贵芳	郓城县	2003.05—
	盛长义	聊　城	2003.06—
	杨晓军	成武县	2003.06—
	张法安	郓城县	2004.10—

市委统战部　1986年，地委统战部内设人秘科、统战科、政协工作联络科、对台工作小组办公室。1987年8月，政协工作联络科独立为政协联络处。1988年10月，统战部对台工作小组办公室改称地委对台工作办公室（1990年升格为正县级单位，建制独立）。1989年6月增设党派知识分子科。1993年6月，人秘科改为办公室，统战科改为联络科，增设工商经济科。1996年1月，党派知识分子科改为一科，联络科改为二科，工商经济科改为三科。2000年12月，地委统战部更名为菏泽市委统战部。至2005年年底，市委统战部内设办公室、一科、二科、三科4个科室，编制15人。

1986—2005年菏泽市（地区）市委统战部领导成员更迭表

表 32-2-10

职　务	姓　名	籍　贯	任职时间
部　长	刘温如	东明县	1985.10—1989.03
	聂书江	河北省晋州	1989.03—2000.06
	孟祥伦	郓城县	2000.06—2006.01
	高木斗	曹　县	2005.12—
副部长	成书勤	牡丹区	1985.09—1988.12
	梁抗美	曹　县	1988.12—1992.07
	吴契法	牡丹区	1989.08—1990.12
	曾纪涛	郓城县	1993.01—2003.09
	岳喜存	成武县	1993.12—2003.08
	祝宗斌	成武县	2001.04—
	林建安	曹　县	2003.07—
	王宝军	单　县	2003.07—

市委政法委员会　1986年，地委政法委员会内设办公室、调查研究科、政工科、人民来信来访科。1989年8月，撤销政工科、信访科，设立协调科、综合治理科。1991年设立地区社会治安综合治理委员会办公室（简称综治办，副县级，1995年升格为正县级），隶属于政法委。1996年，政法委员会和综治办合署办公。政法委内设政

治处、办公室、调研宣传科、执法督查科；综治办内设综合科、业务指导科。编制总额26人（含综治办7人）。2000年12月，地委政法委员会更名为菏泽市委政法委员会。2005年，市委政法委及综治办内设政治部（副县级规格）、办公室、调研科（加挂宣传科牌子）、执法督查科、综合科、业务指导科6个部、科、室，编制总额25人。

1986—2005年菏泽市（地）委政法委员会领导成员更迭表

表32-2-11

职　务	姓　名	籍　贯	任职时间
书　记	王进宝	定陶县	1986.01—1988.08
	燕振安	郓城县	1988.11—1993.06
	张瑞生	成武县	1993.05—1997.12
	朱保忠	东明县	1998.01—2000.12
	崔建平	临　淄	2000.12—2003.04
	张玉佩	费　县	2003.04—
副书记	张瑞生	成武县	1984.05—1986.01
	燕振安	郓城县	1984.05—1988.11
	徐保森	东平县	1986.07—1987.01
	李新华	牡丹区	1987.01—1988.12
	牛志春	单　县	1991.06—1994.01
	管元道	郓城县	1993.07—1999.03
	薛垂进	巨野县	1993.07—1997.12
	丁继民	单　县	1993.10—1998.01
	董广印	定陶县	1994.05—1997.06
	张建瑛	济宁市梁山县	1995.06—2001.03
	李　民	江苏省徐州市	1997.12—1998.08
	刘运志	东明县	1998.08—2001.06
	张克孝	巨野县	1997.12—2003.05
	史步军	定陶县	2001.03—2005.03
	张友海	曹　县	2001.06—2005.04
	李龙蛟	牡丹区	2005.04—
	陈自飞	巨野县	2005.04—

1991—2005年菏泽市（地区）社会治安综合治理办公室领导成员更迭表

表32-2-12

职　务	姓　名	籍　贯	任职时间
主　任	牛志春	单　县	1991.07—1994.01
	张友海	曹　县	1999.03—2005.04
	李龙蛟	牡丹区	2005.04—

续表 32-2-12

职　务	姓　名	籍　贯	任职时间
副主任	贾祥河	成武县	1996.12—2001.10
	郭玉秋	鄄城县	2002.01—2002.04
	韩秀民	济宁市梁山县	2003.06—

市委政策研究室　1986年4月，地委调查研究处更名为地委调查研究室（正县级）。1996年7月更名为地委政策研究室，内设秘书科、调研科和党刊科，编制16人。1998年3月，设立地区小康村建设领导小组办公室，与地委政策研究室合署办公。2000年12月，地委政策研究室更名为市委政策研究室（加挂市委农村工作领导小组办公室牌子）。至2005年，市委政策研究室内设综合科（加挂党刊编辑科牌子）、城市研究科、农村研究科和社会事业研究科4个科，编制14人。

1986—2005年菏泽市（地）委政策研究室领导成员更迭表

表 32-2-13

职　务	姓　名	籍　贯	任职时间
主　任	陈好孔	郓城县	1984.10—1986.04
	吕怀钦	成武县	1989.07—1994.04
	邵好学	定陶县	1993.05—1997.12
	张师方	巨野县	1998.01—2002.07
	周铁伦	牡丹区	2003.05—
副主任	陈好孔	郓城县	1986.04—1989.07
	卢建刚	鄄城县	1987.07—1989.07
	胡卫东	定陶县	1988.11—1989.07
	赵和平	牡丹区	1989.07—1996.11
	郭志民	济宁市梁山县	1991.06—1997.05
	杨爱民	金乡县	1997.01—2000.08
	田振忠	郓城县	1997.05—1999.03
	王焕臣	昌　邑	1997.05—2001.09
	吴亚平	巨野县	2001.03—2005.04
	张乾山	定陶县	2002.02—2003.06
	张存俭	鄄城县	2003.06—2004.08
	潘若雷	郓城县	2004.11—

1998—2005年菏泽市（地）委农村工作领导小组办公室（小康村建设办公室）领导成员更迭表

表 32-2-14

职　务	姓　名	籍　贯	任职时间
主　任	张师方	巨野县	1998.03—2002.07
副主任	戴陶起	鄄城县	2003.07—
	王成福	牡丹区	2004.08—

地委农村工作部　1986年1月，菏泽地委设立农村工作部，内设人秘科、体制政策科、经济发展科。1989年3月，撤销农村工作部。

1986—1989年菏泽地委农村工作部领导成员更迭表

表 32-2-15

职　务	姓　名	籍　贯	任职时间
部　长	邹学信	栖　霞	1986.01—1988.10
	边家亭	齐　河	1988.10—1989.03
副部长	于希臣	高　青	1986.01—1988.12

市委市直机关工作委员会　1986年，地直机关党委内设办公室、组织科、地直机关纪委、地直武装部、地直团委5个部、委、科、室。1988年6月，地直武装部由科级升格为副县级单位，仍隶属于地直机关党委管理。2000年12月，地委地直机关党委改称市委市直机关工作委员会，人员编制总额16人。至2005年，市直机关工委内设办公室、组织部（加挂市直机关党校牌子）、宣传部（加挂市直精神文明办公室牌子）、市直武装部、市直工会工作委员会（加挂妇女工作委员会牌子）、共青团菏泽市直工作委员会、市直机关纪律检查工作委员会。

1986—2005年菏泽市（地）委市（地）直机关工作委员会领导成员更迭表

表 32-2-16

职　务	姓　名	籍　贯	任职时间
书　记	郝玉平	嘉祥县	1984.03—1995.01
	李宗盈	济宁市梁山县	1995.01—1997.12
	曹修寅	济宁市梁山县	1997.12—2009.01
副书记	吕恒芝	定陶县	1984.04—1989.09
	王　沛	单　县	1984.04—1991.07
	王迎勋	郓城县	1990.01—1999.05
	逯金柱	东明县	1994.06—2001.10
	石兰香	单　县	1995.06—2000.04
	王春生	郓城县	1999.03—2006.08
	刘超峰	济宁市梁山县	2003.06—2005.11

续表 32-2-16

职　务	姓　名	籍　贯	任职时间
纪委书记	王迎勋	郓城县	1986.05—1990.01
	王宽荣	牡丹区	1990.01—2001.10
	李　蓓	江苏省沛县	2003.06—2013.08

市委老干部局　1986年，地委老干部处内设秘书科、安置科、保健科。1987年，老干部处升格为正县级单位。1988年，地委老干部处改称老干部局，增设地直科。2000年12月更名为市委老干部局。2002年2月，撤销安置科、保健科，设立县区科和调研室。

1986—2005年菏泽市（地区）市委老干部局领导成员更迭表

表 32-2-17

职　务	姓　名	籍　贯	任职时间
局　长	王炳焕	东平县	1984.01—1988.05
	范福临	郓城县	1988.05—1993.08
	王彦凯	郓城县	1993.08—1999.03
	唐留书	东明县	1999.03—2001.01
	程民光	牡丹区	2001.01—2003.06
	朱洪亮	成武县	2003.06—
副局长	孙广恩	东明县	1988.08—1993.06
	王彦凯	郓城县	1987.08—1993.08
	韩道成	曹　县	1990.06—1999.03
	张礼春	单　县	1995.05—2004.08
	李宗启	牡丹区	2004.04—
	彭延惠	济宁市梁山县	2004.11—

市老年大学（市委老干部党校）　2000年8月设立地委老干部活动中心，12月更名为菏泽市委老干部活动中心。2002年2月，老干部活动中心加挂市老年大学牌子。2005年5月，市老年大学升格为正县级单位，加挂市委老干部党校牌子，归口市委组织部，市委老干部局协助管理。11月，市老年大学内设办公室、教务科、活动科。

2000—2005年菏泽市（地）委老干部活动中心领导成员更迭表

表 32-2-18

职　务	姓　名	籍　贯	任职时间
主　任	彭延惠	济宁市梁山县	2000.03—2004.12
	祝远君	曹　县	2004.12—
副主任	杜春合	牡丹区	2005.07—

市委精神文明建设办公室　1984年3月，设立地区五讲四美三热爱活动委员会办公室（正科级，隶属于地委宣传部）。1987年4月改称地区精神文明建设协调委员会办公室。1989年9月改称地区精神文明建设委员会办公室，同时升格为正县级单位，隶属于地委宣传部管理。2000年12月，菏泽地区精神文明建设委员会办公室更名为菏泽市精神文明建设委员会办公室。

1989—2005年菏泽市（地区）精神文明建设委员会办公室领导成员更迭表

表32-2-19

职　务	姓　名	籍　贯	任职时间
主　任	张亦棣	江　苏	1989.05—1993.12
	张　莹	单　县	1993.12—2004.10
	张法安	郓城县	2004.10—
副主任	管玉田	曹　县	1990.01—1994.06
	张法安	郓城县	1997.05—2003.06
	樊爱众	郓城县	2003.06—

市委台湾工作办公室　1988年10月，菏泽地委设立对台工作办公室（对外称菏泽地区台湾事务办公室，副县级），编制5人，同时撤销设在地委宣传部内的对台宣传办公室和设在地委统战部内的对台工作小组办公室，其工作职能移交给地委对台工作办公室。1990年11月，对台工作办公室升格为正县级单位。1991年4月，对台工作办公室在地委序列单独列编，实行一个机构两块牌子，既是菏泽地委对台工作办公室，也是菏泽行署台湾事务办公室，在地委、行署的双重领导下开展工作。1996年，对台工作办公室内设秘书科、业务科2个科室，编制7人。2000年12月，地委对台工作办公室更名为菏泽市委台湾工作办公室（市政府台湾事务办公室）。2002年6月，市委台湾工作办公室与市委统战部合署办公，内设秘书科（加挂宣传教育科牌子）、经贸交流科（加挂交往交流科牌子）。2005年1月，市委台湾工作办公室不再与市委统战部合署办公，机构单独设立，人员编制8人。

1988—2005年菏泽市（地区）委台湾工作办公室领导成员更迭表

表32-2-20

职　务	姓　名	籍　贯	任职时间
主　任	董文献	牡丹区	1988.12—2003.05
	吴义刚	牡丹区	2003.05—
副主任	郝玉华	郓城县	1989.06—
	张雪敏	江苏省沛县	1999.03—2003.12
	吴义刚	牡丹区	2002.12—2003.05

市委、市政府信访局 1985年11月，撤销菏泽地委办公室信访科、行署办公室信访科，设立地委、行署信访办公室（正县级），内设秘书科、办信科、接访科。1988年4月，地委、行署信访办公室更名为地区信访局，隶属关系由地委改归行署。1990年5月，改称地委、行署信访局。1991年4月，信访局隶属关系重新划归地委。2001年3月，地委、行署信访局改称菏泽市委、市政府信访局，编制16人，内设办公室、办信科、接访科、查办科4个科室。2004年2月，市政府驻北京联络处整建制移交给市委、市政府信访局，编制总额增至21人，同时增设驻京联络科。

1986—2005年菏泽市（地）委、市政府（行署）信访局领导成员更迭表

表32-2-21

职 务	姓 名	籍 贯	任职时间
局 长	阎传礼	定陶县	1985.11—1994.11
	康效韩	郓城县	1994.11—1997.05
	郭志民	济宁市梁山县	1997.05—2003.03
	李建国	牡丹区	2003.05—
副局长	贾石德	定陶县	1985.11—1996.09
	康效韩	郓城县	1985.11—1994.11
	曹恒顺	成武县	1993.08—1998.04
	孟宪友	单 县	1994.11—2001.10
	郑耀光	江苏省沛县	1998.04—2003.05
	李建国	牡丹区	1998.04—2003.05
	刘春丽	成武县	2001.03—
	杨 斌	定陶县	2003.06—
	张 甦	郓城县	2004.08—
纪检组长	赵 新	曹 县	2003.06—

市档案局（馆） 1984年3月，地区档案局更名为地区档案处，列地委序列。1985年8月，地区档案处改称档案局，列行署序列，隶属于地委、行署双重领导。1988年2月，设立地区档案馆（正县级），为地委、行署直属事业机构，与地区档案局合署办公。1996年12月，地区档案局、档案馆由局馆合一改为以馆为主体，加挂档案局牌子，授权行使行政管理职能，由地委办公室管理，内设3个行政科室和3个业务科室。2001年，地区档案馆（局）更名为菏泽市档案局馆（局）。至2005年，市档案局馆（局）内设6个科室，编制30人。

1986—2005 年菏泽市（地区）档案局领导成员更迭表

表 32-2-22

职　务	姓　名	籍　贯	任职时间
局　长	张守运	单　县	1985.12—1995.01
	范晓举	鄄城县	1995.01—
	马汉英	郓城县	1985.12—1992.02
	朱昆领	单　县	1985.12—2003.12
	邵延义	鄄城县	1992.02—1997.01
	于少华	海　阳	1997.01—2004.09
	焦洪基	莱　州	2003.06—
纪检组长	贺淑华	蓬　莱	1997.01—1998.08
	焦洪基	莱　州	1999.03—2003.06
	王冬梅	鄄城县	2003.06—
工会主任	张恩柱	定陶县	1998.08—2001.10

1988—2005 年菏泽市（地区）档案馆领导成员更迭表

表 32-2-23

职　务	姓　名	籍　贯	任职时间
馆　长	张守运	单　县	1988.02—1995.01
	范晓举	鄄城县	1995.01—
副馆长	朱昆领	单　县	1988.02—2003.12
	马汉英	郓城县	1988.02—1992.02
	王瑞云	牡丹区	1992.02—1995.12
	于少华	海　阳	1997.01—2004.09
	焦洪基	莱　阳	2003.06—

市委接待办公室　1987 年 11 月，行署接待处（事业，副县级）更名为菏泽地区接待处。1990 年 11 月升格为正县级事业单位。2001 年 1 月更名为菏泽市接待处。2004 年 7 月更名为市委接待办公室。至 2005 年，接待办公室内设秘书科、接待一科、接待二科、接待三科 4 个科，编制 15 人。

1987—2005 年菏泽市（地区）市委接待办公室领导成员更迭表

表 32-2-24

职　务	姓　名	籍　贯	任职时间
主　任	张在源	临　朐	1987.11—1989.04
	时启坤（兼）	单　县	1989.04—2000.09
	杜学杰（兼）	郓城县	2003.06—

续表 32-2-24

职　务	姓　名	籍　贯	任职时间
副主任	李玉明	单　县	1989.08—1997.05
	潘杰功	曹　县	1989.09—1997.01
	郑祥斋	郓城县	1994.06—2002.10
	李怀德	东明县	1997.05—1999.02
	秦玉亭	定陶县	1999.02—
	杜学杰	郓城县	2001.03—2003.06
	牛桂云	鄄城县	2003.07—2005.06
	张孟合	成武县	2005.06—

第二节　市政府工作部门及直属单位

市政府办公室　1986—1996年，行署办公室内设科室由13个增加到21个。2001年1月，随着地改市，行署办公室更名为市政府办公室。同年11月增设机关服务中心（事业，正科级）。2002年3月设立东西结合办公室（后改为加快发展办公室，行政，正县级）、打击走私综合治理领导小组办公室（行政，正县级）。2004年12月设立市长公开电话受理中心（行政，副县级）、办公自动化技术服务中心（事业，正科级）。2005年12月设立金融管理办公室、应急管理办公室两个行政正县级单位。至此，市政府办公室共有行政人员74人，全额事业编制42人；直接管理：市政府综合调研室、督查室、打击走私综合治理领导小组办公室、市长公开电话受理中心、市政府服务中心、驻北京和青岛办事处（2004年撤销）、无线电管理委员会、市政府水电暖管理站、市直幼儿园、市政府机关印刷所、市加快发展协调领导小组办公室、市法制办公室，并协同市委管理信访局；内设文秘科（加挂办公自动化技术科牌子）、秘书一科、秘书二科、秘书三科、秘书四科、信息科、人事科、纪检监察室、保卫科、值班室（加挂应急管理办公室牌子）、接待科、打私办的秘书科、综合室的综合科、城市调研科、农村调研科、社会事业调研科，督查室的政务督查科、两案办理科、考核科、加快发展办秘书科、项目科。

1986—2000年菏泽行署办公室领导成员更迭表

表 32-2-25

职　务	姓　名	籍　贯	任职时间
主　任	鲁秉峨	河南省范县	1984.09—1986.07
	刘文军	牡丹区	1986.08—1989.05
	李顺广	牡丹区	1989.05—2000.12
副主任	刘文军	牡丹区	1982.09—1986.08
	黄绍正	单　县	1984.04—1988.12

续表 32-2-25

职 务	姓 名	籍 贯	任职时间
副主任	郎丰华	临 朐	1984.04—1989.05
	时启坤	单 县	1984.10—1989.05
	李顺广	牡丹区	1986.08—1989.05
	贾富德	曹 县	1989.05—1992.06
	朱瑞琳	单 县	1989.05—1995.03
	李永增	牡丹区	1989.05—1997.01
	田学诗	成武县	1989.08—1990.01
	陈守军	单 县	1992.02—1997.05
	高振华	栖 霞	1997.05—2000.12
	周在春	成武县	1995.01—1997.05
	樊护华	郓城县	1997.05—1999.03
	王建平	牡丹区	1999.03—2000.12
	陈庆勇	郓城县	1997.05—1998.04
	刘建威	单 县	1997.05—2000.12
	刘 平（挂职）		2000.07—2000.12

2000—2005 年菏泽市政府（行署）办公室领导成员更迭表

表 32-2-26

职 务	姓 名	籍 贯	任职时间
主 任	李顺广	牡丹区	2000.12—2001.01
	陈好孔	郓城县	2001.02—2003.02
	朱 斌	曹 县	2003.02—
副主任	高振华	栖 霞	2000.12—2001.11
	王建平	牡丹区	2000.12—2004.01
	刘建威	单 县	2000.12—2001.03
	刘 平（挂职）		2000.07—2001.05
	吴庆华	牡丹区	2001.03—2003.06
	李淑凤	济宁市梁山县	2001.03—2003.06
	马志伟	曹 县	2003.06—
	杨龙田	牡丹区	2003.06—
	黄高潮	江苏省丰县	2003.06—

1990—2005 年菏泽市政府（行署）综合调研室领导成员更迭表

表 32-2-27

职 务	姓 名	籍 贯	任职时间
主 任	田学诗	成武县	1990.01—2001.11
	吴修印	曹 县	2003.06—

续表 32-2-27

职　务	姓　名	籍　贯	任职时间
副主任	李学军	定陶县	1990.01—1995.01
	张保明	嘉祥县	1990.01—1995.01
	付章丽	牡丹区	1995.03—1997.05
	马志伟	曹　县	1997.05—2003.06
	吴修印	曹　县	1997.05—2001.04
	王昌华	鄄城县	2002.02—

2003—2005 年菏泽市政府督查室领导成员更迭表

表 32-2-28

职　务	姓　名	籍　贯	任职时间
主　任	宋占良	鄄城县	2003.06—
副主任	李玉修	牡丹区	2003.07—

2003—2005 年菏泽市打私办领导成员更迭表

表 32-2-29

职　务	姓　名	籍　贯	任职时间
主　任	刘建威	单　县	2003.06—
副主任	赵汉松	郓城县	2004.11—

2003—2005 年菏泽市东西结合办公室领导成员更迭表

表 32-2-30

职　务	姓　名	籍　贯	任职时间
主　任	赵晓英	金乡县	2003.06—
副主任	王敏生	曹　县	2003.06—

发展和改革委员会　1986 年，地区计划委员会内设工业计划科、农业计划科（1992 年 11 月改称农村计划科）、基本建设计划科（1992 年 11 月改称为固定资产投资科）、重点项目办公室、财贸文教计划科（1988 年 9 月改为贸经科）、综合计划科、农业区划科、国土规划办公室、国土整治办公室等职能科室。1988 年增设社会事业计划科、农副产品出口基地生产建设项目办公室(与农业计划科合署办公)。1989 年 5 月增设经济信息计算中心。1991 年 4—5 月增设人事监察科、废旧金属回收办公室（1992 年改称资源节约利用科）。1994 年 12 月增设筹集水利基本建设专项资金管理办公室。1995 年 6 月增设资金管理科。1996 年 12 月，重点项目办公室升格为正县级单位。1998 年设立信息化办公室。2001 年 1 月，地区计划委员会更名为菏泽市计划委员会。2002 年设立煤田开发办公室（挂铁路工作办公室的牌子，正县

级事业单位），隶属于市计划委员会。同年3月，市计划委员会改称市发展计划委员会，内设9个职能科室。2005年3月，市经济体制改革办公室（1986年10月设立，正县级单位）、市经济协作办公室、驻青岛办事处并入市发展计划委员会，市发展计划委员会改称市发展和改革委员会，内设办公室、人事科、国民经济综合科、固定资产投资科、外经外资科、农村经济科、基础产业科、工业经济贸易科、高新技术产业科、社会发展科、审批服务科等11个职能科室，下属重点项目办公室、国民经济动员办公室两个正县级机构和服务业发展办公室、对外经济合作办公室2个副县级机构。

1986—2002年菏泽市（地区）计划委员会领导成员更迭表

表32-2-31

职　务	姓　名	籍　贯	任职时间
主　任	潘明桓	浙江省仙居	1986.01—1990.12
	刘金全	单　县	1990.12—1991.06
	张国敏	莒　县	1991.06—1993.02
	郭仲生	曹　县	1993.02—2001.01
	李学军	定陶县	2001.03—2001.10
副主任	刘庆亚	肥　城	1984.05—1994.09
	张稔田	定陶县	1986.01—1989.08
	郭洪杰	滕　县	1986.01—1997.01
	王兴汉	鄄城县	1987.09—1996.12
	周英惠	郓城县	1988.08—1996.12
	刘金全	单　县	1989.08—1990.12
	王敬月	鄄城县	1992.09—1999.03
	范新印	鄄城县	1993.03—1997.12
	赵晓英	金乡县	1997.01—2001.10
	张思立	郓城县	1997.12—2001.10
	蔡庆梓	曹　县	1999.03—2001.10
	宋述亮	成武县	2001.03—2001.10
纪检组长	石金玉	东明县	1997.01—2002.07

2002—2005年菏泽市发展和改革委员会领导成员更迭表

表32-2-32

职　务	姓　名	籍　贯	任职时间
主　任	李学军	定陶县	2001.10—
副主任	张思立	郓城县	2001.10—2003.06
	蔡庆梓	曹　县	2001.10—
	赵晓英	金乡县	2001.10—2005.03

续表 32-2-35

职　务	姓　名	籍　贯	任职时间
副主任	宋述亮	成武县	2001.03—
	任茂廉	鄄城县	2004.05—2005.11
	肖焕斌	牡丹区	2004.01—
	陈守军	单　县	2005.01—
	路志超	邹　县	2005.01—
纪检组长	石金玉	东明县	2002.03—2003.06
	肖焕斌	牡丹区	2003.06—2004.07

1997—2005 年菏泽市（地区）重点项目办公室领导成员更迭表

表 32-2-33

职　务	姓　名	籍　贯	任职时间
主　任	王敬月	鄄城县	1997.02—1999.03
	宋述亮	成武县	1997.02—1999.03
副主任	王敏生	曹　县	1999.03—2003.07
	朱志征	曹　县	1999.03—
	黄福平	单　县	2005.01—

2005 年菏泽市国民经济动员办公室领导成员一览表

表 32-2-34

职　务	姓　名	籍　贯	任职时间
主　任	李学军（兼）	定陶县	2005.03—
副主任	朱　炎	河南省范县	2005.10—

2002—2005 年菏泽市煤田开发办公室（铁路工作办公室）领导成员更迭表

表 32-2-35

职　务	姓　名	籍　贯	任职时间
主　任	李学军（兼）	定陶县	2001.08—2003.05
	蔡庆梓	曹　县	2003.05—
副主任	肖焕斌	牡丹区	2002.05—2003.07
	赵卫星	牡丹区	2003.07—
	许庆平	成武县	2003.07—

经济体制改革办公室　1986 年 10 月设立地区经济体制改革办公室。1988 年 7 月升格为正县级事业单位。1990 年 12 月更名为地区经济体制改革委员会。2001 年 1 月更名为菏泽市经济体制改革办公室。2004 年 9 月合并到发展和改革委员会。

1986—2004 年菏泽市（地区）经济体制改革办公室领导成员更迭表

表 32-2-36

职　务	姓　名	籍　贯	任职时间
主　任	段新胜	单　县	1986.10—1988.02
	马化霖	济宁市梁山县	1988.02—1990.12
	李秀泉	鄄城县	1990.12—1995.01
	曹修寅	济宁市梁山县	1995.01—1998.02
	陈守军	单　县	1998.02—2004.09
副主任	白秀荣	成武县	1990.12—2001.11
	李学德	牡丹区	1995.06—2004.05
	王志玉	巨野县	2001.11—2004.09

经济贸易委员会　1978 年，设立地区经济委员会。1988 年 2 月，对外经济贸易办公室并入地区对外经济贸易委员会。1992 年 10 月增设财政金融科和商业贸易科。1995 年 7 月设立地区口岸办公室，地区经委多种经营办公室。1996 年 12 月，地区经济委员会更名为经济贸易委员会(简称经贸委），并改党组为党委。同时，撤销财政金融科、商业贸易科、地区经委多种经营办公室，明确地区口岸办公室为正县级行政单位，设在地区经贸委。经贸委内设经济运行科、交通科、调研法规科。1997 年 9 月增设资源节约综合利用科。1998 年 2 月撤销经济运行科，设立行署经济运行总调度室（副县级行政单位），设在地区经贸委。1998 年 4 月设立经贸委党委办公室，与人事监察科合署办公。2002 年 1 月，根据《菏泽市人民政府机构改革实施意见》，设置菏泽市经济贸易委员会，明确负责调节和管理全市近期国民经济运行的市政府工作部门，内设立 13 个行政职能科室，1 个正县级内设机构和 1 个副县级内设机构，并将市经济运行总调度室更名为市经济运行办公室，同时设立电力科、医药科，撤销人事监察科，设立人事教育科。2004 年 7 月，撤销市经贸委干部职工培训中心。11 月设立流通企业指导科。2005 年 3 月，根据《菏泽市人民政府机构改革方案的实施意见》，对市经济贸易委员会职能配置、内设机构和人员编制进行调整，增设企业国有资产管理科和民营经济工作办公室、市贸易办公室两个正县级内设机构。5 月，成立市政府国有资产监督管理委员会（正县级），在市经贸委加挂牌子；市经贸委党委改为党组，同时组建市政府国有资产监督管理委员会党委；撤销市经贸委内设的党委办公室、企业国有资产管理科及加挂的市企业国有资产管理办公室牌子；增设市政府国有资产监督管理委员会党委办公室、统计评价与业绩考核科、产权管理科。

1986—2005年菏泽市（地区）经济贸易委员会领导成员更迭表

表 32-2-37

职　务	姓　名	籍　贯	任职时间
主　任	胡公厘	成武县	1986.01—1990.01
	张朝玉	东明县	1990.01—1994.06
	崔庆长	曹　县	1994.06—2000.06
	李玉华	定陶县	2000.06—2001.06
	陶冶生	四川省内江	2001.06—2003.03
	石爱作	郓城县	2003.04—
副主任	文廷良	牡丹区	1985.11—1989.07
	徐福增	烟台市	1987.08—1992.01
	刘蕊兰	曹　县	1988.09—2000.06
	张朝玉	东明县	1989.08—1990.01
	孔凡礼	曲　阜	1989.11—1991.04
	孔凡芝	巨野县	1990.06—1993.12
	郑晓光	济南市	1991.05—1993.11
	楚振刚	青岛市	1991.07—1993.11
	霍保银	单　县	1992.02—1996.12
	刘　勇	曹　县	1993.07—1997.01
	乔廷龙	东明县	1993.07—1998.02
	崔庆长	曹　县	1993.09—1994.06
	李玉华	定陶县	1997.01—1998.02
	陶冶生	四川省内江	1998.02—2001.06
	石爱作	郓城县	1998.04—2003.03
	郭志杰	郓城县	2001.11—2004.03
	徐　平	东明县	2001.11—
	滑成奎	定陶县	2001.11—
	李月廉	河南省兰考县	2001.11—2004.01
	祝允聚	郓城县	2003.06—
	杨建端	牡丹区	2005.01—
	王唯宁	莱芜市	2005.11—

教育局　1986年，地区教育局内设办公室、政工科、普通教育科、成人教育科、职业教育科、计划财务科、普通教育教学研究室、职业教育教学研究室、大中专招生委员会办公室、高等教育自学考试指导委员会办公室、山东广播电视大学菏泽地区工作站、教学仪器站、函授处、电化教育馆、勤工俭学办公室、工会等科室。1990年6月，地区托幼办公室由地区妇联移交地区教育局。1996年12月，地区教育局更名为地区教育委员会。2001年3月，地区教育委员会更名为菏泽市教育委员会。

10月更名为菏泽市教育局。至2005年年底，市教育局内设办公室、政策法规科、人事科、基础教育科、规划财务科、职业教育与成人教育科、体育卫生与艺术教育科、师范师训科、市政府教育督导室等10个行政科室和教育工会、托幼办公室、教学研究室、职业技术教育教学研究室、教学仪器站、勤工俭学办公室、电化教育馆、函授处、高等教育自学考试办公室、招生委员会办公室等10个事业科室。

1986—2005年菏泽市（地区）教育局领导成员更迭表

表32-2-38

职　务	姓　名	籍　贯	任职时间
局　长	朱兆田	定陶县	1984.04—1986.07
	杨成训	成武县	1986.07—1990.01
	王思伦	济宁市梁山县	1990.11—1998.02
	丁继民	单　县	1998.02—2001.03
	张修田	曹　县	2001.03—
副局长	王思伦	济宁市梁山县	1984.03—1990.11
	李荣启	单　县	1981.07—1997.02
	李　民	郓城县	1984.03—1993.09
	李传品	济宁市梁山县	1987.07—1990.09
	丁兆亮	牡丹区	1989.12—2001.10
	夏乾登	巨野县	1991.03—2001.10
	刘绵兴	成武县	1997.02—2001.10
	夏　勇	高　密	1994.12—2001.10
	马祥军	成武县	1998.02—2001.10
	刘永凤	牡丹区	2001.03—2003.03
	戴文潮	巨野县	2001.03—
	苗宁礼	鄄城县	2002.06—
	蒋银忠	牡丹区	2003.07—
	朱　浩	曹　县	2003.07—
	王可正	单　县	2004.03—
	袁洪升	曹　县	2004.07—
纪检书记	丁兆亮	牡丹区	1984.08—1989.12
	段孝之	巨野县	1992.02—1997.02
工会主席	孙庆江	成武县	2003.07—

科学技术局　1986年，地区科学技术委员会内设办公室、计划科、农业科技科、工业科技科、政策管理科、科技干部处6个科室，人员编制20人。1993年撤销科技干部处，将管理职能整体移交地区人事局。1998年撤销专利科，设立地区专利管理局，将科委专利科的管理职能移交给专利管理局。2001年1月，地区科学技术委

员会更名为菏泽市科学技术委员会。2002年更名为菏泽市科学技术局，编制31人。至2005年，市科技局内设办公室、发展计划科、高新技术产业化科、农村和社会发展科、科技成果科、政策法规科、科技合作科和技术市场管理服务中心等科室，编制32人。

1986—2005年菏泽市（地区）科学技术局（委员会）领导成员更迭表

表32-2-39

职务	姓名	籍贯	任职时间
局长	刘清河	湖南省常德	1984.06—1994.02
	孔凡芝	巨野县	1994.02—1999.03
	彭华	鄄城县	1999.03—
副局长	徐源泽	文登	1984.03—1996.06
	张文璞	荣成	1986.06—1997.05
	崔师训	郓城县	1987.06—1997.05
	李功臣	鄄城县	1991.02—1998.04
	刘爱钦	郓城县	1995.02—1998.08
	安道春	巨野县	1998.08—2002.12
	张效增	鄄城县	1997.04—2003.11
	邓付华	牡丹区	1998.01—
	刘茂圣	单县	1997.04—
	刘建平	单县	1997.06—
纪检书记	武海灿	曹县	1998.04—
工会主席	崔发宾	曹县	2002.12—

公安局 1986年，地区公安处内设15个科室和1个直属正县级事业单位（公安干部中等专业学校），下辖10个县市（含梁山县）公安局和179个派出所。1987年5月增设交通警察支队（科级）。1991年12月交通警察支队升格为副县级单位，仍隶属于地区公安处领导。1993年9月设立刑事警察支队（科级）。1994年9月设立菏泽开发区公安局（科级），隶属于地区公安处和开发区管理委员会双重领导。1995年7月，刑事警察支队升格为副县级单位。1996年1月设立指挥中心（副县级）。1996年12月，地区公安处改称地区公安局，内设22个职能处室。2001年1月，地区公安局更名为菏泽市公安局，原县级菏泽市公安局改称牡丹分局，开发区公安局改称开发区分局。5月，中原油田菏泽公安分处更名为菏泽市公安局黄南分局，列入市公安局管理序列，为市公安局的派出机构。2002年7月，市公安干部中等专业学校改为市公安局培训处，为市公安局领导的副县级直属单位。2005年1—5月，进行警务体制改革，将菏泽市公安局牡丹分局、开发区分局、黄南分局3个副县级单位的人财物收归市公安局直接管理。同时，设立市公安局巡逻防暴警察支队和刑

事科学技术研究所两个副县级建制单位。至2005年年底，菏泽市公安局内设22个科室、3个直属副县级单位，下辖牡丹分局、开发区分局、黄南分局和单县、成武、曹县、定陶、巨野、郓城、鄄城、东明8个县公安局，192个派出所。

1986—2005年菏泽市（地区）公安局（处）领导成员更迭表

表32-2-40

职　务	姓　名	籍　贯	任职时间
局　长	段连昌	郓城县	1973.05—1990.02
	张瑞生	成武县	1990.02—1993.07
	朱献海	牡丹区	1993.07—1998.02
	李福祥	聊　城	1998.02—2005.12
政　委	赵　普	定陶县	2001.05—
副局长	李广录	鄄城县	1984.03—1990.02
	张建瑛	济宁市梁山县	1984.08—1990.07
	蔡胜兰	定陶县	1984.03—2001.05
	晁岳坤	牡丹区	1990.02—1993.09
	时维忠	单　县	1990.02—1997.05
	宋学文	单　县	1990.08—1997.05
	李怀进	成武县	1990.08—1994.07
	王文献	东明县	1994.01—1996.06
	姬月生	山西省晋城	1994.01—2001.11
	周广献	曹　县	1997.05—
	戈树怀	牡丹区	1997.05—2003.10
	王玉魁	成武县	1997.05—2003.11
	张诗文	鄄城县	1997.12—
	梁志成	聊　城	1998.08—2001.03
	朱继法	曹　县	2001.05—
	李彦林	济宁市梁山县	2002.10—
	李月亮	巨野县	2003.11—
纪委书记	姬月生	山西省晋城	1986.04—1994.01
	霍培寅	牡丹区	1994.01—1997.02
	李彦林	济宁市梁山县	1997.05—2002.10
	李月亮	巨野县	2002.10—2003.11
	杨春景	牡丹区	2003.11—
工会主任	刘守星	牡丹区	1997.12—2004.10

监察局　1988年1月，根据《国务院关于在县级以上地方各级人民政府设立行政监察机关的通知》精神，设立菏泽地区监察局，列入行署工作部门序列，履行政府行政监察职能。该局行政编制35人，内设办公室、监察一科、监察二科、审理科、

调研教育科、信访科（举报中心）。1990年3月增设监察三科。1990年12月《中华人民共和国行政监察条例》(简称《条例》)公布后，地区监察局按照《条例》规定的职责权限、监察程序开展工作。至1992年年底，行政编制增加到43人。1993年3月，按照中央和省委关于纪检监察机关合署办公的部署要求，地区监察局与地区纪律检查委员会合署办公，实行一套工作机构、两个机关名称的体制。地区监察局仍属于行署工作部门序列，职责权限、监察程序仍按照《条例》规定执行。地区监察局不再设党组，党员正副局长为地区纪律检查委员会领导成员，在纪委统一分工下进行工作，保留局长办公会制度，处理非重大问题。1997年5月，《中华人民共和国行政监察法》颁布后，地区监察局按照监察法的规定履行职权。2001年1月，地区监察局更名为菏泽市监察局，与市纪委合署办公。

1988—2005年菏泽市（地区）监察局领导成员更迭表

表32-2-41

职　务	姓　名	籍　贯	任职时间
局　长	李志义	曹　县	1988.01—1996.08
	梁抗美	曹　县	1997.12—2000.02
	董茂伦	东平县	2003.03—
副局长	祝玉哲	郓城县	1988.01—1998.08
	李庆元	东明县	1990.09—1997.12
	孙凤云	成武县	1997.07—1997.12
	周德运	鄄城县	1998.08—2003.07
	高存德	单　县	1998.08—2003.07
	郝秀良	郓城县	2000.09—
	黄秀玲	单　县	2002.02—
	胡沛银	曹　县	2003.07—2005.04
	王训华	单　县	2003.07—

纠正部门和行业不正之风办公室　2001年5月，设立菏泽市纠正部门和行业不正之风办公室（副县级），为市监察局内设机构。同年10月升格为正县级单位。2005年，纠风办内设综合科、举报受理科、纠风检查科。

2001—2005年菏泽市纠正部门和行业不正之风办公室领导成员更迭表

表32-2-42

职　务	姓　名	籍　贯	任职时间
主　任	周德运	鄄城县	2003.05—
副主任	殷保信	曹　县	2002.10—2004.11
	寇朝记	巨野县	2003.07—

民政局　1986年，地区民政局内设办公室、优抚科、社会科、民政科、军队离退休干部安置科、信访科，人员编制28人。1987年12月增设基层政权科。1988年3月，地区地名办公室由行署办公室划归民政局管理。1989年11月增设人事监察科。1990年7月增设计划财务科。11月增设社团管理科。1991年5月增设退离休干部管理科。1996年12月增设福利生产科。同时，地名办公室更名为区划地名科，军队退离休干部安置科更名为退伍军人和军队离退休干部安置办公室。2001年1月，地区民政局更名为菏泽市民政局。2002年，市民政局内设办公室（加挂信访科牌子）、优抚科（加挂市双拥工作领导小组办公室牌子）、退伍军人和军队离退休干部安置办公室、救灾救济科、社会福利科、社会事务科、基层政权和社区建设科、区划地名科、监察室等科室。7月，救灾救济科加挂最低生活保障办公室牌子。10月，市民政局加挂市双拥工作办公室牌子。2005年4月增设城市居民最低生活保障科。是年，市民政局下辖荣军医院、社会福利院、救助管理站、地名研究所、福利彩票销售管理中心、婚姻登记处、军供站、殡仪馆、慈善总会办公室、革命烈士陵园、退伍士兵安置基地11个正科级事业单位和冀鲁豫边区革命纪念馆（正县级）、民间组织管理办公室（副县级）两个县级事业单位。

1986—2005年菏泽市（地区）民政局领导成员更迭表

表32-2-43

职　务	姓　名	籍　贯	任职时间
局　长	张宝印	河南省范县	1984.03—1988.11
	王润德	单　县	1988.11—1999.03
	焦守进	定陶县	1999.03—
副局长	杨铁成	曹　县	1978.09—1988.11
	孙建江	江苏省丰县	1978.09—1989.04
	石建才	鄄城县	1988.11—1993.01
	彭　华	鄄城县	1988.11—1999.03
	庄怀根	曹　县	1989.08—2001.10
	徐继华	济宁市梁山县	1993.06—2000.06
	司春雨	定陶县	1995.05—2001.10
	刘承贵	济宁市梁山县	1998.08—
	李士三	郓城县	2001.05—2004.10
	王爱华	巨野县	2002.02—
	田振忠	郓城县	2003.01—
	陈庆峰	巨野县	2003.07—
纪检组长	金秀蕴	单　县	1993.12—1998.08
	魏振法	鄄城县	1998.08—2003.06
	郭登银	定陶县	2003.07—

续表 32-2-43

职　务	姓　名	籍　贯	任职时间
工会主任	陈庆峰	巨野县	1997.05—2003.06
	刘学成	曹　县	2003.07—

司法局　1986 年，地区司法局内设办公室、人事科、法制宣传教育科、律师管理科、公证管理科、民事调解管理科 6 个科室。1987 年撤销直属地区司法局领导的东新劳改支队。1990 年，将民事调解管理科改称基层工作科。1991 年，将地区法律顾问处更名为地区律师事务所（2001 年改制为合伙制律师事务所）。1992 年 5 月设立地区公证处，与公证管理科合署办公。1996 年，地区公证处与公证管理科分设。1997 年 4 月设立地区法律援助中心。2001 年 1 月，地区司法局更名为菏泽市司法局。至 2005 年，菏泽市司法局内设科室 7 个，有 2 个直属管理单位。

1986—2005 年菏泽市（地区）司法局领导成员更迭表

表 32-2-44

职　务	姓　名	籍　贯	任职时间
局　长	张心纯	济宁市梁山县	1980.10—1990.07
	张建瑛	济宁市梁山县	1990.07—1995.06
	晁岳坤	牡丹区	1995.06—2001.03
	梁志成	临　清	2001.03—
副局长	岳彩祥	牡丹区	1981.07—1994.06
	胡金城	成武县	1984.04—1991.07
	魏忠林	郓城县	1984.08—1994.06
	李维琢	海　阳	1991.07—1997.07
	曹成聚	郓城县	1994.06—2002.07
	吕向化	曹　县	1994.06—1999.03
	肖培树	牡丹区	1997.07—
	曹大力	东明县	1999.03—2001.04
	李克文	定陶县	2003.07—
	李建军	河南省南乐	2003.07—
	李邦亮	成武县	2004.08—
纪检组长	刘北平	郓城县	2003.07—2005.10
工会主任	李建军	河南省南乐	1999.03—2003.07

财政局　1986 年，地区财政局内设 12 个职能科室。同年 5 月设立地区财政干部中等专业学校（副县级事业单位）。1987 年 8 月设立会计师事务所。1988 年 9 月设立控制社会集团购买力办公室。1989 年 9 月设立税收、财务、物价大检查办公室（1999 年 10 月改称财政监督室）。1991 年 1 月设立农业外资管理科。1992 年 3—7 月设立房改资金管理科、经济开发投资公司、农业税征收管理科、财政国债服务部。

1993年8月设立国有资产管理局。1994年12月设立税政科。1995年4月设立国有资产评估中心。1998年2月设立预算外资金管理局、农业税务局，3月设立财政信息中心、国有资产管理办公室。1999年11月设立政府采购办公室。2000年9月设立会计中心。2001年1月，菏泽撤地设市，地区财政局更名为市财政局。2002年9月设立财政信息中心、集中支付中心。2003年7—8月设立政府集中招标采购服务中心、国有资产经营中心。2005年3—6月分别设立国有资产管理科、国有资产收益评价稽查科、机关服务中心。至2005年年底，市财政局内设办公室、综合科、税政科、预算科、国库科、行政政法科、教科文科、经济建设科、农业科、社会保障科、企业科、债务金融科、会计科、国有资产收益评价稽查科、人事教育科、行政事业国有资产管理科16个科级职能科室和农业税务局、财政监督室2个副县级机构，编制99人。下属事业单位8个，其中正县级自收自支单位1个（经济开发投资公司），副县级全额单位2个（会计中心、财政干校），科级全额事业单位5个（政府采购办、科研所、集中支付中心、信息中心、机关服务中心），编制200人（含会计中心委派会计编制114人）。另有隶属于市政府、挂靠市财政局的全额事业正县级单位2个（市政府集中招标采购服务中心、市国有资产经营中心）。

1986—2005年菏泽市（地区）财政局领导成员更迭表

表32-2-45

职　务	姓　名	籍　贯	任职时间
局　长	邢德义	河南省范县	1979.10—1991.08
	王志远	曹　县	1991.11—1993.08
	朱效明	定陶县	1993.12—1998.01
	张秋冬	河南省南乐	1998.04—2004.11
	赵传山	牡丹区	2004.11—
副局长	王志远	曹　县	1983.04—1991.11
	朱效明	定陶县	1985.12—1993.06
	张秋冬	河南省南乐	1992.02—1998.04
	曹长明	定陶县	1993.02—2000.12
	鹿令聘	曹　县	1998.04—
	韩锦德	曹　县	1998.04—2005.01
	李协奎	定陶县	1999.03—2003.06
	宋益连	郓城县	2003.07—
	潘杰功	曹　县	2004.05—
纪检组长	杨绪欣	曹　县	1990.08—1994.06
	鹿令聘	曹　县	1994.06—1998.04
	邢建设	河南省范县	1998.04—

续表 32-2-45

职　务	姓　名	籍　贯	任职时间
工会主任	王永江	曹　县	1997.01—1998.01
	宋益连	郓城县	1999.03—2003.06
	朱学春	单　县	2003.06—

地区税务局　1983 年 11 月，地区税务局正式设立（正县级）。1986 年，地区税务局内设办公室、工商税科、所得税科、地方税科、计会科、装具科 6 个科室。1987 年 10 月增设监察室、征管科、征收处。1989 年 8 月，装具科改称发票管理处；12 月增设税务稽查队、集体企业财务管理科。1990 年 9 月—1993 年 12 月增设涉外税收管理科、基层科、计算机中心。1994 年 8 月，撤销地区税务局，分别设立地区国家税务局和地区地方税务局。

1986—1994 年菏泽市（地区）税务局领导成员更迭表

表 32-2-46

职　务	姓　名	籍　贯	任职时间
局　长	丁秀成	嘉祥县	1984.02—1990.06
	刘德生	昌　邑	1990.06—1994.08
副局长	时维英	单　县	1984.02—1990.06
	刘德生	昌　邑	1984.02—1990.06
	邱根喜	东明县	1989.08—1994.08
	姜怀印	郓城县	1990.06—1994.08
	刘新建	曹　县	1990.06—1994.08
纪检组长	庄合长	曹　县	1991.01—1994.08
工会主任	范明义	曹　县	1992.09—1994.08

人事局　1986 年，地区人事局内设办公室、干部科、科技干部科、工资福利科、奖惩科、编制科 6 个科室，行政编制 30 人；下辖军队转业干部培训中心和人才交流中心。1988 年 6 月增设信访科。同年 10 月，撤销编制科，设立地区编制委员会办公室（副县级）。1990 年 2 月撤销信访科，设立调查研究室。1993 年 3 月，地区编制委员会办公室更名为地区机构编制委员会办公室，并升格为正县级单位，内设机构编制科和综合计划科。同年，增设外商投资企业中方干部管理服务处（与人才交流服务中心合署办公）、人事局考试中心（事业，副县级）、地区科技干部处、档案科。1994 年 12 月，地区军队转业干部培训中心升格为副县级事业单位。1996 年，地区人事局和地区机构编制委员会办公室实行合署办公。人事局编制总额为 46 人，其中行政编制 40 人，工勤编制 6 人，内设办公室、综合计划科、政策法规科、录用调配科、考核任免科、工资福利科、培训科、职称专家处、地区军官转业安置办公室、地区引进国外智力办公室、毕业生分配办公室等 11 个职能科室和退休干部处（副县

级）。地区机构编制委员会办公室编制总额为9人，内设行政机构编制科、事业机构编制科。1997年3月，地区军队转业干部培训中心更名为地区转业军官培训中心。7月设立地区事业单位登记管理办公室（事业，正科级）。1998年4月设立地区转业军官建房办公室（事业，正科级）。2001年1月，地区人事局更名为菏泽市人事局，地区机构编制委员会办公室更名为菏泽市机构编制委员会办公室。2002年，市人事局、市机构编制委员会办公室（主任由市人事局局长兼任）合署，编制总额52人。市人事局、市机构编制委员会办公室内设办公室、综合计划科、政策法规科、录用流动科（挂市人才市场管理办公室牌子）、公务员管理科、教育培训科、毕业生就业科、行政机构编制科、事业机构编制科、军官转业安置办公室10个职能科室。专业技术人员管理办公室、工资福利与离退休工作办公室、引进国外智力办公室为市人事局内设副县级机构。同年，撤销市人才交流服务中心（地区外商投资企业中方干部管理服务处），设立市人才资源开发服务中心（事业，副县级）；设立市人事争议仲裁委员会办公室（与公务员管理科合署）。2004年设立市事业单位登记管理局（正县级，设在市编办）。2005年，市引进国外智力办公室加挂市外国专家局的牌子。同年11月，录用流动科更名为人才开发流动科，综合计划科更名为编制综合监督科（加挂人事计划科的牌子）；设立机关事业单位工作人员劳动能力鉴定办公室（挂在人事局工资福利与离退休工作办公室）、自主择业军队转业干部管理办公室。2005年12月，设立市人事信息中心（事业，正科级）；市事业单位登记管理办公室改为市事业单位登记管理局综合科。

1986—2005年菏泽市（地区）人事局领导成员更迭表

表32-2-47

职　务	姓　名	籍　贯	任职时间
局　长	杨福新	单　县	1985.12—1993.02
	刘天臣	牡丹区	1993.02—1997.05
	文廷良	牡丹区	1997.05—2000.05
	唐留书	东明县	2000.05—2003.02
	郭志民	济宁市梁山县	2003.03—
副局长	宋协尧	莱　阳	1985.12—2001.10
	王秦岭	东明县	1990.03—1997.05
	朱洪亮	成武县	1993.04—2003.06
	刘继进	鄄城县	1998.08—2000.05
	张惠梅	牡丹区	1984.04—2000.05
	于松巍	河南省范县	2003.07—
	陈彦明	莱　芜	2003.07—
	龚合清	牡丹区	2002.02—
	李庆新	鄄城县	2005.06—

续表 32-2-47

职　务	姓　名	籍　贯	任职时间
纪检组长	王道文	牡丹区	1999.03—2003.07
	张继东	牡丹区	2003.07—2004.11
工会主任	李庆新	鄄城县	2003.07—2005.06

1988—2005 年菏泽市（地区）机构编制委员会办公室领导成员更迭表

表 32-2-48

职　务	姓　名	籍　贯	任职时间
主　任	王伯涛	鄄　城	1988.10—1990.10
	刘天臣（兼）	牡丹区	1993.03—1997.05
	文廷良（兼）	牡丹区	1997.05—2000.05
	唐留书（兼）	东明县	2000.05—2003.02
	郭志民（兼）	济宁市梁山县	2003.03—
副主任	董明岐	巨野县	1989.04—1993.03
	张惠梅（兼）	牡丹区	1993.03—2000.05
	朱洪亮（兼）	成武县	1993.03—1994.12
	王秦岭（兼）	东明县	1993.03—1994.12
	于松巍	河南省范县	1997.01—2003.07

劳动和社会保障局　1986 年，地区劳动局内设办公室、计划调配科、工资福利科、培训科、劳动保护科、锅炉压力容器安全监察科，下辖地区劳动技工学校、安全生产委员会办公室、劳动服务公司、锅炉压力容器检验所等 4 个事业单位。同年 9 月增设地区技工学校招生办公室（事业，科级）。同年 12 月增设地区劳动安全卫生检测站和地区社会劳动保险事业处(事业，科级）。1988 年 3 月增设地区劳动争议仲裁委员会办公室（事业，科级）。12 月，地区安全生产委员会办公室升格为正县级单位，直属行署领导。1990 年增设调研室、信访科。1991 年 4 月设立地区劳动就业培训学校（事业，科级）。1994 年 5 月，地区劳动争议仲裁委员会办公室更名为劳动局仲裁科（加挂劳动争议仲裁委员会办公室牌子）。1995 年 4 月，设立地区职业技能鉴定中心（事业，科级）。1992 年 1 月，地区技工学校招生办公室更名为地区劳动局技工学校管理办公室。1991 年 5 月，地区劳动服务公司更名为地区劳动就业办公室。1996 年 12 月，地区安全委员会办公室划归劳动局管理，为副县级事业单位。7 月增设劳动监察处（科级）。至 1996 年年底，地区劳动局内设办公室（加挂政策研究室牌子）、人事监察科、计划工资科、劳动力管理科（加挂外商投资企业劳动管理科牌子）、劳动争议处理科（加挂劳动争议仲裁委员会办公室牌子）、职业技能开发科（加挂地区技工学校招生与毕业生分配办公室牌子）、劳动监察科、职业安全卫生监察科、锅炉压力容器安全监察科等科室，下辖劳动技工学校、劳动就业办

公室（升格为副县级单位）、锅炉压力容器检验所、社会劳动保险事业处、安全委员会办公室、地区劳动安全卫生检测站、劳动局技工学校管理办公室、劳动就业培训学校、职业技能鉴定中心9个事业单位。1997年设立劳动鉴定委员会办公室和劳动监察大队（事业，科级）。同年7月，劳动鉴定委员会办公室加挂社会保险医疗服务中心的牌子。1999年7月，地区劳动局更名为劳动和社会保障局；管理的机关事业单位社会保险事业处和地区民政局管理的农村养老保险管理处，划归地区劳动和社会保障局。2000年9月，职业安全卫生监察科、安全生产委员会办公室由劳动和社会保障局划归地区经济贸易委员会；增设地区社会医疗保险事业处（事业，副县级）。2001年1月，地区劳动和社会保障局更名为菏泽市劳动和社会保障局。2002年，市劳动和社会保障局内设办公室、人事教育科、政策法规科（加挂信访科牌子）、劳动工资科（加挂外商投资企业劳动管理科牌子）、培训就业科（加挂市技工学校招生与就业指导办公室牌子）、劳动争议处理科（加挂市劳动争议仲裁委员会办公室牌子）、社会保险一科、社会保险二科、监察监督科9个科室，下辖劳动技工学校、劳动就业办公室、社会医疗保险事业处、社会劳动保险事业处、市直机关事业单位社会保险处、农村养老保险管理处、劳动能力鉴定委员会办公室、职业技能鉴定中心、劳动就业培训学校、劳动保障监察大队、劳动和社会保障局技校管理办公室等事业单位。同时，劳动和社会保障局承担的职业卫生监察职能移交市卫生局；承担的锅炉、压力容器、电梯、防爆电器等特种设备的安全监察职能，以及锅炉压力容器安全监察科、锅炉压力容器检验所、劳动安全卫生检测站的职能和人员整体移交市质量技术监督局；市卫生局承担的社会医疗保险、公费医疗管理、医疗保险制度改革职能移交市劳动和社会保障局。同年12月，增设市劳动力市场开发办公室（事业，正县级），直属市政府，归口市劳动和社会保障局管理。2003年，市劳动就业办公室内设的失业保险科更名为市失业保险事业处（事业，科级），增设工伤保险事业处（事业，科级）和网络信息科，社会保险一科、社会保险二科合并为社会保险科。2004年，市技工学校改建为市高级技工学校（市政府直属的财政拨款事业单位，学校领导班子正职按副厅级配备），劳动就业办公室、失业保险事业处、社会劳动保险事业处、市机关事业单位社会保险事业处、农村社会养老保险管理处由经费自理事业单位改为财政拨款事业单位。同年11月，市卫生局的干部保健公费医疗办公室划转到市劳动和社会保障局并改为市直离退休干部医疗保障管理办公室，为市社会医疗保险事业处的内设机构。2005年10月，市社会劳动保险事业处升格为副县级全额财拨事业单位；同年11月设立下岗失业人员再就业小额贷款担保中心（事业，科级）。

1986—2005年菏泽市（地区）劳动和社会保障局领导成员更迭表

表32-2-49

职务	姓名	籍贯	任职时间
局长	李宗盈	济宁市梁山县	1985.12—1994.12
	李振堂	曹县	1995.01—2003.03
	李传刚	东平县	2003.03—2005.03
	史步军	定陶县	2005.03—
副局长	陈进夫	成武县	1985.11—1988.12
	朱玉适	曹县	1984.04—1989.12
	董兰先	曹县	1984.12—1993.06
	李传刚	东平县	1990.06—2003.03
	田素香	单县	1993.07—
	杨玉礼	成武县	1995.01—2001.11
	周继东	曹县	1998.01—2004.10
	肖钦林	牡丹区	2001.07—
	孟平原	河南省焦作市	2005.05—
纪检书记	周庆祥	高青县	1985.11—1996.03
	安道喜	牡丹区	1996.06—2001.10
	李三冷	东明县	2003.06—
工会主任	李三冷	东明县	1997.01—2003.06
	宋世敏	牡丹区	2003.07—

安全生产监督管理局 1985年，地区劳动局内设地区安全生产委员会办公室(事业，科级）。1988年12月，安全生产委员会办公室（简称安委办）从劳动局内析出，成为独立的县级机构，编制10人，内设秘书科和业务科。1994年年初，行署将地区安委办的职能移交给地区劳动局（机构人员未动）。1996年，安委办划归劳动局管理，为劳动局下属副县级事业单位。2000年，行署将安委办移交地区经贸委，同时把设在地区劳动局的安全卫生监察机构行政职能及人员整体划入安委办。2001年6月，地区安委办更名为市安全生产监督管理局（简称安监局），为正县级行政单位。内设办公室、安监一科、安监二科3个科室。2004年10月，市安监局被列为市政府序列部门。2005年增设危险化学品监督管理科和安全生产监察支队(副县级)。至2005年年底，市安监局内设办公室、安监一科、安监二科、危险化学品监督管理科4个科室和安全生产监察支队，编制19人。

1986—2001 年菏泽市（地区）安全生产委员会办公室领导成员更迭表

表 32-2-50

职　务	姓　名	籍　贯	任职时间
主　任	李宗盈	济宁市梁山县	1986.01—1988.12
	陈进夫	成武县	1988.12—1990.03
	陈丕义	定陶县	1990.03—1997.02
	杨玉礼	成武县	1997.02—2000.07
副主任	陈进夫	成武县	1986.01—1988.12
	师恩宝	东平县	1988.12—2000.06
	刘相华	泰　安	2001.01—2001.06
	李银柱	牡丹区	2001.01—2001.06
	毕新会	牡丹区	2001.01—2001.06

2001—2005 年菏泽市安全生产监督管理局领导成员更迭表

表 32-2-51

职　务	姓　名	籍　贯	任职时间
局　长	华振亭	曹　县	2001.06—2003.05
	陈志起	郓城县	2003.06—
副局长	刘相华	泰　安	2001.06—
	李银柱	牡丹区	2001.06—
	柳　军	莱　西	2004.08—
纪检组长	毕新会	牡丹区	2003.05—

支援中原油田办公室　1986 年 7 月，设立地区支援中原油田办公室（正县级）。1989 年 9 月，支援中原油田办公室更名为菏泽行署油区工作办公室。1996 年 11 月与地区地质矿产局合署办公。2001 年 10 月，其职能划归新组建的地级菏泽市国土资源局。

1986—2000 年菏泽地区支援中原油田办公室领导成员更迭表

表 32-2-52

职　务	姓　名	籍　贯	任职时间
主　任	李济成	阳谷县	1986.07—1992.10
	刘宝祥	东明县	1992.10—1996.11
副主任	刘宝祥	东明县	1989.09—1992.10
	刘本明	曹　县	1993.01—1993.12
	王礼法	成武县	1993.04—1995.08
	苏保京	牡丹区	1996.11—2000.05

地质矿产局 1996年11月，设立地区地质矿产局（对外挂行署油区工作办公室牌子），为正县级行政单位，内设办公室、征管科和矿管科3个科室，下辖油区稽查处（正科级事业单位）。2001年1月，地区地质矿产局更名为菏泽市地质矿产局(加挂菏泽市油区工作办公室牌子），同年10月与菏泽市土地管理局合并，组建菏泽市国土资源局。

1996—2001年菏泽市（地区）地质矿产局（油区工作办公室）领导成员更迭表

表32-2-53

职　务	姓　名	籍　贯	任职时间
局　长	刘宝祥	东明县	1996.01—2001.09
副局长	苏保京	牡丹区	1996.01—2000.05
	徐淑和	济宁市梁山县	1997.07—2001.10
	张秀坤	沾　化	1998.02—2001.10

土地管理局 1987年9月，撤销地区土地管理办公室，设立地区土地管理局（正县级），内设办公室、建设用地管理科、地籍管理科、政策法规科、土地监察科5个科室。1997年3月，政策法规科与土地监察科合并为法规监察科，同时增设土地利用规划科、土地市场管理科，下辖土地估价事务所、地产交易事务所、土地执法监察大队3个正科级事业单位。2001年1月，地区土地管理局更名为菏泽市土地管理局。10月与菏泽市地质矿产局（菏泽市油区工作办公室）合并，组建菏泽市国土资源局。

1988—2001年菏泽市（地区）土地管理局领导成员更迭表

表32-2-54

职　务	姓　名	籍　贯	任职时间
局　长	杨学道	曹　县	1988.01—1994.06
	李汉云	定陶县	1994.06—2000.06
	童彩云	郓城县	2000.06—2001.10
副局长	宋占良	鄄城县	1988.01—1995.01
	王尊秀	郓城县	1988.01—1995.01
	周长秀	鄄城县	1991.09—2001.10
	符广甦	郓城县	1995.01—1998.12
	李玉明	单　县	1997.05—2001.10
	刘　斌	东明县	1997.05—2001.10
	吴兆瑞	单　县	1998.12—2001.10
党组书记	孔凡芝	巨野县	1998.12—2001.10
纪检组长	尹训勤	济宁市梁山县	1997.05—2001.10
工会主任	刘　兵	济宁市梁山县	1999.03—2001.10

国土资源局　2001年10月，菏泽市地质矿产局（油区工作办公室）与菏泽市土地管理局合并，组建菏泽市国土资源局。同时，将牡丹区土地管理局、牡丹区地质矿产管理局（牡丹区支油支铁办公室）和属市水利局的测绘管理办公室划入国土资源局。国土资源局内设办公室（加挂人事科牌子）、政策法规科、规划科、耕地保护科（加挂统一征地办公室牌子）、地籍管理科（加挂国土资源信息中心牌子）、土地利用管理科（加挂集体土地管理科牌子）、矿产开发与地质勘查科（加挂地质环境管理科牌子）、油区和资源储量管理科、测绘管理科、执法监察科10个科室，下设市国土资源局牡丹区分局、市国土资源局开发区分局两个派出机构，下辖市土地储备中心、市国土资源执法监察支队两个副县级事业单位。2004年，菏泽市国土资源管理体制由市级政府管理移交到省国土资源厅管理，县级国土资源管理体制由县级政府管理移交到市国土资源局管理。2005年5月增设人事科，市国土资源局牡丹区分局、市国土资源局开发区分局升格为副县级单位；下辖正县级事业单位：土地储备中心；副县级事业单位：市国土资源局执法监察支队、统一征地办公室、地租征收处、土地开发整理中心；正科级事业单位：市矿产资源勘探开发中心（2009年7月升格为副县级）、土地变更调查所、国土资源档案馆（市国土资源信息中心）、土地勘察测绘队、土地登记事务所、土地交易中心。

2001—2005年菏泽市国土资源局领导成员更迭表

表32-2-55

职　务	姓　名	籍　贯	任职时间
局　长	童彩云	郓城县	2001.10—2003.02
	张本进	曹　县	2003.02—
副局长	李玉明	单　县	2001.10—
	刘　斌	东明县	2001.10—
	吴兆瑞	单　县	2001.10—
	徐淑和	梁山县	2001.10—
	张秀坤	沾　化	2001.10—
纪检组长	尹训勤	梁山县	2001.10—2003.06
	刘　兵	梁山县	2003.06—
工会主任	刘　兵	梁山县	2001.10—2003.06
	王为聘	巨野县	2003.06—

建设局　1985年8月，地区城乡建设环境保护委员会更名为地区城乡建设委员会。1996年11月更名为地区建设委员会。2001年1月更名为菏泽市建设委员会，同时将牡丹区规划局、市政管理局、城市管理办公室、城建监察大队、城市市容广告雕塑管理办公室、城市拆迁管理办公室、城建档案馆等单位划归菏泽市建设委员会管理，其中市规划局、市政管理局为副县级行政单位；房产管理处改为市房产管理

局，副县级行政单位，与市规划局、市政管理局并属市建委管理。原属牡丹区建委管理的市公共汽车公司上划归市交通局管理；原属市建委管理的铁路工作办公室划归市计划委员会管理；原属市建委的人民防空管理职能移交给从牡丹区上划的人民防空管理办公室独立行使。2002年4月设立菏泽市建筑工程管理局，为副县级全额拨款事业单位。2003年2月，菏泽市建设委员会改称菏泽市建设局，规划局、房产管理局、市政管理局升格为正县级单位，从市建设局中分离，直属市政府领导。市城建监察支队、市市容广告雕塑管理办公室等原市建委直属单位划归市市政管理局管理，市拆迁管理办公室划归市房产管理局管理，市城建档案馆划归规划局管理。市自来水公司、市市政工程管理处等单位从市市政管理局划出，归属市建设局管理。2005年12月，市建设局内设办公室、人事科、政策法规科、工程管理科、城市管理科、村镇建设科、勘察设计科、科技教育科、监察室9个科室，下辖建筑工程管理处、重点工程建设办公室、建设工程质量监督站、建设工程招标投标办公室、建筑企业养老保障金管理办公室、建筑施工安全监督站、新型墙体材料推广中心、市建设工程检测站、建设工程监理公司、城市节约用水办公室、建设职工培训中心、规划建筑设计院、菏建建筑集团有限公司、市政工程管理处、自来水公司、建筑材料公司、污水处理有限公司、建筑施工图审查中心等企事业单位。

1986—1996年菏泽地区城乡建设委员会领导成员更迭表

表32-2-56

职　务	姓　名	籍　贯	任职时间
主　任	邵承泽	海　阳	1985.08—1987.06
	鲍占武	郓城县	1987.06—1994.10
	马欲圣	郓城县	1994.10—1996.11
副主任	程贯乾	章　丘	1981.08—1996.12
	韩金平	薛城区	1984.05—1996.12
	彭化军	鄄城县	1986.01—1996.11
	王正路	济宁市梁山县	1990.03—1996.11
	郭瑞芳	昌　邑	1991.12—1996.11
纪检组长	崔万斌	牡丹区	1993.07—1996.11

1996—2003年菏泽市（地区）建设委员会领导成员更迭表

表32-2-57

职　务	姓　名	籍　贯	任职时间
主　任	马欲圣	郓城县	1996.11—2001.06
	党文生	成武县	2001.06—2003.02

续表 32-2-57

职　务	姓　名	籍　贯	任职时间
副主任	张立夏	曹　县	1996.12—2003.02
	彭化军	鄄城县	1996.12—2000.05
	郭战旗	鄄城县	1996.12—2003.02
	周文鼎	苍山县	1996.12—2001.07
	任兰柱	郓城县	1998.04—2001.11
	朱瑞东	单　县	1999.03—2003.02
纪委书记	崔万斌	牡丹区	1996.11—2003.02
工会主席	刘继雨	鄄城县	1996.12—2000.06
	马雪瑜	定陶县	2000.06—2003.02

2003—2005 年菏泽市建设局领导成员更迭表

表 32-2-58

职　务	姓　名	籍　贯	任职时间
局　长	党文生	成武县	2003.03—
副局长	张立夏	曹　县	2003.03—
	郭战旗	鄄城县	2003.03—2003.07
	朱瑞东	单　县	2003.03—
	吴东振	鄄城县	2003.07—
	王继河	牡丹区	2004.09—2005.12
	刘建国	曹　县	2005.12—
纪委书记	崔万斌	牡丹区	2003.02—2003.03
	孔令善	东明县	2003.07—
工会主席	马雪瑜	定陶县	2003.03—

规划局　1986—1991 年，菏泽市建设委员会内设规划股。1991 年 3 月，规划股升格为城乡建设规划处（副区级）。1991 年 7 月，城乡建设规划处由副区级行政单位升格为正区级行政单位，隶属关系不变。1993 年 1 月，城乡建设规划处改称规划局，其单位性质、规格、人员编制不变。1997 年 3 月，撤销规划局，设立规划处。2001 年 1 月，菏泽撤地设市。5 月，菏泽市重新设立市规划局，为副县级单位，隶属于市建设委员会领导，内设办公室、规划编制科、市政规划科、建筑工程规划科、监督检查科、民房管理科。2003 年 2 月，菏泽市规划局升格为正县级单位，由市建设委员会管理的部门改为市政府工作部门。2005 年 12 月，市规划局内设办公室、总工程师办公室、政策法规科、规划管理科、市政工程规划科、建设工程规划科、监督检查科 7 个科室，下辖牡丹区、开发区 2 个规划分局，东城、西城、南城、北城、牡丹、丹阳、岳程、佃户屯 8 个规划所，市城建档案馆、测绘院、建设工程勘测院、城市规划信息中心 4 个事业单位和市规划设计院 1 个国企单位。全局共有工作人员 313 人。

2003—2005年菏泽市规划局领导成员更迭表

表 32-2-59

职　务	姓　名	籍　贯	任职时间
局　长	王立言	定陶县	2003.04—
副局长	刘建国	曹　县	2003.03—2005.12
	王继河	牡丹区	2005.12—
	刘文林	曹　县	2005.12—
纪检组长	孙广会	牡丹区	2003.07—
工会主任	侯建刚	曹　县	2003.07—

市政管理局　2003年12月设立市政管理局（正县级行政单位），内设办公室、政策法规科、计划审计科、市政设施科、市容市貌科、公用事业科、园林绿化科7个职能科室和1个隶属机构——市环境卫生管理办公室（副县级事业单位），下辖广告雕塑管理办公室、路灯管理所、市政设施管理所、市政工程设计院、城建装饰广告部5个事业单位。菏泽市城市管理行政执法局与市市政管理局一个机构两个牌子。执法局下辖1个直属机构——城市管理行政执法支队（县级事业单位），编制280人，内设办公室、执法监督科、法规宣教科（加挂投诉受理中心牌子）、财务装备科，下设直属大队、牡丹区大队和开发区大队。

2003—2005年菏泽市政管理局领导成员更迭表

表 32-2-60

职　务	姓　名	籍　贯	任职时间
局　长	卞维平	河南省范县	2003.03—
副局长	郭战旗	鄄城县	2003.07—
	董灵科	定陶县	2003.07—
	潘月林	牡丹区	2004.08—
纪检组长	石　国	泰　安	2003.07—
工会主任	王鲁明	临　朐	2003.07—

房产管理局　1992年2月设立地区住房制度改革办公室，编制8人。同年9月改称地区房改办公室，隶属于地区建委领导，编制10人。1995年2月设立地区房产管理处，与地区房改办公室合署办公，编制17人。1997年2月，地区房改办公室更名为地区住房委员会办公室。11月，地区房产管理处更名为地区房地产管理局。2001年，地区住房委员会办公室更名为菏泽市住房委员会办公室，地区房地产管理局更名为菏泽市房产管理局，牡丹区丹阳房管所、岳程房管所整建制上划。2003年3月，菏泽市房产管理局从市建设委员会中析出，改属市政府工作部门，同时将隶属于市建委的拆迁管理办公室整建制划归市房产管理局。至2005年年底，菏泽市房

产管理局（加挂菏泽市房屋拆迁管理办公室牌子）内设办公室、政策法规科、房产管理科、经济适用住房管理科、物业管理科、拆迁管理科、房地产开发管理科7个行政科室和房地产交易中心、房产交易监理中心、房屋安全鉴定中心、房地产信息中心、房屋产权产籍档案馆、房屋拆迁服务中心6个事业科室，下辖菏泽市房地产勘察测绘中心、中房物业公司2个企业单位。

1992—1997年菏泽地区房改办公室领导成员更迭表

表32-2-61

职　务	姓　名	籍　贯	任职时间
主　任	张保明	嘉祥县	1992.10—1995.01
	任兰柱	郓城县	1995.02—1997.01

1997—2005年菏泽市（地区）房产管理局领导成员更迭表

表32-2-62

职　务	姓　名	籍　贯	任职时间
局　长	任兰柱	郓城县	1997.02—2002.12
	丁志刚	定陶县	2003.01—2004.05
	曹升灵	牡丹区	2004.06—
副局长	王鲁明	临　朐	1999.11—2003.04
	郑耀光	江苏省沛县	2003.05—2004.07
	徐福成	成武县	2003.07—
	邓广军	定陶县	2004.08—
纪检组长	雷玉起	郓城县	2003.07—

交通局　1986—1990年，地区交通局内设办公室、人事监察科、公路科、计划财务科、企管科、道路运输管理处、维修管理处、稽征处、航运办事处、纪检组，下辖地区公路段、地区汽运公司。1994年3月增设交通投资开发公司（副县级）后，相继设立通信信息中心、基本建设工程质量监督站、机械队、郓城沥青站、菏泽沥青站。1996年12月，交通局内设办公室、人事监察科、计划财务科、规费稽征科、审计科、政策法规科、综合科（交通战备办公室）、纪检组、工会9个行政科室，下辖通信信息中心、基本建设工程质量监督站、道路运输管理处、航运管理处、港航监督、地区第一沥青站、第二沥青站、交通稽查支队（副县级）、公路工程机械管理处、地方公路管理处（科级）、交通投资开发公司11个事业单位。2001年1月，地区交通局更名为菏泽市交通局。同年，牡丹区客运管理二所、出租车管理所、三轮车管理所上划到市交通局。2003年7月设立菏兰高速（菏关高速）公路工程建设办公室（副县级），隶属于市交通局。2003年12月设立市交通局道路运输管理处（副县级）。2005年5月，车辆购置附加费稽征处成建制划归菏泽市税务局。至2005年

年底，菏泽市交通局内设办公室、人事科、财务审计科、交通战备办公室、规划基建科、运输安全科、工会、纪检组、体改法规科、督察室；所属事业单位有道路运输管理处、航运管理处、地方海事局、通信信息中心、交通投资开发公司、交通稽查支队、公路工程机械管理处、地方公路管理处、基本建设工程质量监督站、菏关高速公路工程建设办公室、高速稽查支队，下辖市公路局、市交通集团总公司、市公共汽车公司。

1986—2005年菏泽市（地区）交通局领导成员更迭表

表32-2-63

职　务	姓　名	籍　贯	任职时间
局　长	朱曰诚	牡丹区	1986.01—1993.02
	张秀长	单　县	1993.02—
副局长	钟典国	威　海	1986.01—1990.10
	安善荣	郓城县	1986.07—1997.05
	乔守存	临沂市	1988.11—2001.06
	毛福景	成武县	1990.10—1996.07
	马思艳	牡丹区	1997.05—2003.06
	赵华平	牡丹区	1998.02—2005.04
	杨传玉	牡丹区	1998.02—
	陆书满	济宁市梁山县	2003.06—
	韩雪惠	牡丹区	2004.07—
	蔺广明	郓城县	2005.04—
党委副书记	李怀堂	成武县	2005.04—
纪委书记	史石英	定陶县	1986.05—2000.05
	张文欣	定陶县	2003.06—

农业局　1986年，地区农业局内设办公室、政工科、计划财务科、生产科、科技教育科、土地管理办公室、农村能源办公室，下辖农技站、植保站、经营管理站、土肥站、种子站、农业环境保护站、经济作物站、农业广播学校菏泽分校、畜牧站、兽医站、兽禽服务中心、菏泽农业学校和农业科学研究所。1994年9月设立经营服务管理办公室；10月设立畜牧局，并将畜牧站、兽医站、兽禽服务中心划归畜牧局管理。1996年12月机构改革，地区农业局下设办公室、人事监察科、综合信息科（挂政策法规科牌子）、计划财务科（挂审计科牌子）、科技教育科、生产科（挂农业资源区划管理科牌子）、农村能源办公室、农民负担管理办公室8个职能科室，人员编制39人。1997年7月设立经济作物站，后更名为菏泽地区蔬菜办公室。2001年1月，地区农业局更名为菏泽市农业局。2002年2月全市进行机构改革，市农业委员会、市农业局、市棉花办公室合并组成新的菏泽市农业局。内设纪检监察室、办公室、人事科、政策法规科（加挂农村改革试验区办公室牌子）、市场与经济信息

科（加挂农业质量管理办公室牌子）、计划财务科(加挂农业资源区划办公室牌子)、科技教育科、生产指导科、农业产业化经营科、农民负担监督管理办公室、生态农业科（加挂农村可再生能源办公室牌子）、综合研究室、对外农业合作科13个科室。同时,加挂市农村经济发展办公室的牌子，代表市政府综合协调农口工作；市农业综合开发办公室（加挂市扶贫工作办公室牌子）为市农业局内设正县级行政单位机构；市农机局、水产局、畜牧局整建制转为事业单位，隶属于市农业局管理；原农委所属的农村经济信息中心划归市农业局。至2005年，机构设置未有变动。

1986—2005年菏泽市（地区）农业局领导成员更迭表

表32-2-64

职　务	姓　名	籍　贯	任职时间
局　长	穆新民	单　县	1984.04—1986.04
	从德普	单　县	1986.04—1989.03
	于希臣	高　青	1989.03—1995.01
	周连瑞	鄄城县	1995.01—1996.12
	任茂廉	鄄城县	1997.01—2004.05
	张保德	定陶县	2004.05—
副局长	杨庆寰	济　宁	1984.08—1986.01
	杨学道	曹　县	1984.04—1987.12
	江龙洲	泰　安	1986.01—1994.09
	张本坤	荣　成	1984.04—1997.02
	安道春	巨野县	1986.01—1994.04
	李青云	单　县	1988.01—1990.07
	张保德	定陶县	1995.03—2004.05
	李新雷	定陶县	1997.05—2001.04
	米　胜	栖　霞	1997.05—2002.10
	杨自源	成武县	1997.05—1999.03
	安大常	鄄城县	2001.10—2003.06
	费朝起	牡丹区	2001.10—2003.06
	张惠民	牡丹区	2001.10—2003.12
	刘庆国	单　县	2001.10—2004.05
	陈福起	牡丹区	2001.10—
	张钢强	鄄城县	2004.05—
	李怀存	成武县	2004.05—
纪检组长	米　胜	栖　霞	1992.02—1997.05
	张钢强	鄄城县	1997.05—
工会主任	曹德健	江苏省沛县	1997.05—

农业委员会 1989年3月，撤销地委农村工作部，设立地区农业委员会，内设办公室、调查研究室、人事监察科、生产指导科、科技教育科、计划财务科。1992年10月增设小康村建设办公室、扶贫办公室、对外项目科，撤销地区农业综合开发办公室、地区多种经营办公室，其职能并入农业委员会农业综合开发科、多种经营科。1995年4月增设农业信息科。1996年3月增设农村经济信息中心。2001年1月，地区农业委员会更名为菏泽市农业委员会；10月撤销市农业委员会。

1989—2001年菏泽市（地区）农业委员会领导成员更迭表

表32-2-65

职　务	姓　名	籍　贯	任职时间
主　任	卢效玉	定陶县	1989.03—1991.06
	李胜华	牡丹区	1991.06—1994.01
	周书运	牡丹区	1994.01—1998.01
	周连瑞	鄄城县	1998.01—2001.10
副主任	初春海	昌　邑	1989.03—1999.07
	张瑞琛	定陶县	1989.03—1995.10
	焦连魁	巨野县	1991.05—1995.12
	吴德信	汶上县	1992.04—1998.08
	郎丰华	临　朐	1992.10—1996.12
	杨庆寰	济宁市	1992.10—1999.06
	王殿常	成武县	1994.01—1997.03
	吴延印	牡丹区	1996.03—1999.08
	安大常	鄄城县	1997.03—2001.10
	刘庆国	单　县	1998.01—2001.10
	陈福起	牡丹区	1998.01—2001.10
纪检书记	蒋英超	牡丹区	1998.01—2001.10

棉花生产办公室 1987年6月，菏泽行署棉花生产办公室并入地区农业局经济作物科(对外挂地区棉花生产办公室牌子)。1990年1月，地区棉花生产办公室从农业局中析出，并升格为正县级行政单位，隶属行署管理，内设秘书科、生产科，人员编制13人。2001年1月更名为菏泽市棉花生产办公室。2002年2月并入市农业局。

1990—2001年菏泽市（地区）棉花生产办公室领导成员更迭表

表32-2-66

职　务	姓　名	籍　贯	任职时间
主　任	王世轩	单　县	1986.01—1990.01
	李青云	单　县	1997.02—1998.08
	刘爱欣	郓城县	1998.08—2001.10

续表 32-2-66

职 务	姓 名	籍 贯	任职时间
副主任	江龙洲	泰 安	1998.06—2001.10
	李青云	单 县	1990.01—1997.01
	张惠民	牡丹区	1994.06—2001.10
	申兆明	巨野县	1998.08—2001.10

水利局 1986年，地区水利局内设办公室、政工科、科教科、工程科、计财科、水资源管理委员会办公室。1989年11月增设水政科。1991年增设离退休干部管理科、测绘勘察队。1992年12月增设防汛科。1996年12月设立测绘办公室。1997年3月设立水政监察支队；4月设立水利工程管理站；7月设立地区防汛抗旱指挥部办公室。2001年1月，地区水利局更名为菏泽市水利局，并将移民办公室并入建设科。2002年1月，测绘办公室整建制并入市国土资源局；7月，防汛抗旱指挥部办公室升格为正县级单位，仍隶属于市水利局管理。至2005年，市水利局内设办公室、人事科、规划计划科（加挂审计科牌子）、农村水利科（加挂引黄办公室牌子）、水政法规科（加挂水政监察支队牌子）、建设科（加挂移民办公室牌子）、科技与对外合作科等科室，下辖市水利经济管理处、市水利勘测设计院、市洙赵新河流域工程管理处、市谢寨引黄灌溉工程管理处、市闫潭送水干线工程管理处，代管市政府防汛抗旱指挥部办公室。

1986—2005年菏泽市（地区）水利局领导成员更迭表

表 32-2-67

职 务	姓 名	籍 贯	任职时间
局 长	张立亭	单 县	1986.01—1991.06
	管元道	郓城县	1991.06—1993.07
	马文选	曹 县	1993.07—1999.03
	马春田	定陶县	1999.03—
副局长	段学孔	安徽省砀山	1986.01—1993.07
	李化玺	牡丹区	1986.01—1993.07
	周连瑞	鄄城县	1986.01—1989.11
	房 杰	单 县	1990.09—1997.01
	白文立	单 县	1990.09—1998.02
	马文选	曹 县	1991.06—1993.07
	王青林	牡丹区	1993.07—1998.02
	王德军	郓城县	1994.06—
	申兆明	巨野县	1997.05—1999.03
	杜锦堂	牡丹区	1998.08—2005.10

续表 32-2-67

职　务	姓　名	籍　贯	任职时间
副局长	王传永	枣庄市	1999.03—2003.09
	高岗剑	东明县	1999.03—
纪检组长	任兰柱	郓城县	1990.08—1995.03
	杜锦堂	牡丹区	1997.03—1998.08
	宋崇忠	曹　县	1998.08—2005.06
工会主任	胡书根	济宁市	1993.06—

对外贸易经济合作局　1986年，地区对外贸易公司由山东省外经贸厅直接管理，具有政、企两种职能，统管全区的对外贸易业务；内设办公室、政工科、业务科、财计科、储运科、宣教科、工会、保卫科、团委，下辖畜产品进出口分公司、土产品进出口分公司、工艺品进出口分公司、食品进出口分公司、轻工业品进出口分公司、外贸基地开发公司。1987年9月增设审计科。1988年设立地区对外经济贸易委员会。1989年4月，山东省菏泽地区对外贸易公司改称菏泽地区对外贸易局。1992年1月，地区对外贸易局与地区对外经济贸易委员会合并组建新的对外经济贸易委员会，行使领导和监督全区对外经贸部门执行国家有关对外经济贸易方针政策的权力，负责全区对外经贸业务职能的管理。2001年，地区对外经济贸易委员会更名为菏泽市对外经济贸易委员会。2002年1月更名为菏泽市对外贸易经济合作局。至2005年年底，局内设办公室、人事教育科、综合科、调研法规科、对外贸易管理科、对外招商促进科、外国投资管理科、对外经济合作科、加工贸易科、外商投诉服务中心10个科室。

1986—1989年菏泽地区对外贸易公司领导成员更迭表

表 32-2-68

职　务	姓　名	籍　贯	任职时间
书　记	李继明	郓城县	1984.10—1989.04
经　理	高睦朋	曹　县	1984.10—1989.04
副经理	宋登杰	单　县	1984.10—1988.05
	孙永香	胶　县	1984.04—1989.04
	戚成华	济宁市梁山县	1984.04—1989.04
	杨文芝	牟　平	1984.05—1989.04

1989—1992年菏泽地区对外贸易局领导成员更迭表

表 32-2-69

职　务	姓　名	籍　贯	任职时间
书　记	李继明	郓城县	1989.04—1989.08
	高睦朋	曹　县	1991.04—1992.01

续表 32-2-69

职　务	姓　名	籍　贯	任职时间
副书记	高睦朋	曹　县	1989.04—1991.04
局　长	高睦朋	曹　县	1987.11—1989.04
副局长	孙永香	胶　县	1989.04—1992.01
	戚成华	济宁市梁山县	1989.04—1992.01
	杨文芝	牟　平	1989.04—1991.07
	姜允月	定陶县	1989.09—1992.01
纪检书记	杨文芝	牟　平	1991.04—1991.07

1988—2002 年菏泽市（地区）对外经济贸易委员会领导成员更迭表

表 32-2-70

职　务	姓　名	籍　贯	任职时间
主　任	胡公厘	成武县	1988.02—1989.05
	杜应君	定陶县	1989.05—1992.01
书记（主任）	包谊春	成武县	1992.01—1993.06
	杜应君	定陶县	1993.06—2000.06
	付章丽	牡丹区	2000.06—2002.01
副书记（副主任）	高睦朋	曹　县	1992.01—1993.06
	杜应君	定陶县	1992.01—1993.06
	周在春	成武县	1999.03—
副书记	任晓红	河南省范县	1996.12—
副主任	杜应君	定陶县	1988.02—1989.04
	黄润华	成武县	1989.09—1993.05
	戚传海	定陶县	1991.06—1996.12
	戚成华	济宁市梁山县	1992.01—1996.11
	孙永香	胶　县	1992.01—1996.12
	姜允月	定陶县	1992.01—1996.12
	石光强	鄄城县	1993.07—
	刘志伦	单　县	1996.11—
	卜润东	东平县	1996.11—
	胡钦畅	巨野县	1996.11—
纪检书记	任晓红	河南省范县	1992.09—1996.12
	张东兴	牡丹区	1997.05—
工会主席	张　燕	定陶县	1997.05—

2002—2005 年菏泽市对外贸易经济合作局领导成员更迭表

表 32-2-71

职 务	姓 名	籍 贯	任职时间
局长（书记）	付章丽	牡丹区	2002.01—2003.11
	王永江	曹 县	2003.11—2004.06
	胡钦畅	巨野县	2004.06—
副书记	周在春	成武县	2002.01—2004.06
	任晓红	河南省范县	2002.01—2005.12
副局长	胡钦畅	巨野县	1996.11—2004.06
	周在春	成武县	2002.01—2004.06
	石光强	鄄城县	2002.01—2005.04
	刘志伦	单 县	2002.01—2005.12
	卜润东	东平县	2002.01—2005.12
	樊庆民	定陶县	2004.06—
纪检书记	张东兴	牡丹区	2002.01—2005.04
工会主席	张 燕	定陶县	2002.01—

文化局 1986 年，地区文化局内设办公室、政工科、文化科、艺术科 4 个科室，下辖艺术馆、博物馆、戏曲研究室、艺术学校、电影公司、《牡丹》编辑部、枣梆剧团、豫剧团、曲艺队、杂技团、中华影剧院、菏泽剧院、群艺影院、文化用品综合公司。同年 8 月撤销《牡丹》编辑部，设立地区文艺联络处（副县级）。9 月撤销杂技团、曲艺队。1988 年增设文化经营管理科。1990 年 11 月，地区文艺联络处更名为地区文学艺术界联合会（正县级），隶属于地委领导。同时，将菏泽剧院并入地区博物馆。1991 年 6 月增设离退休干部管理科；7 月文化经营管理科改为文化市场管理科。1993 年 3 月，地区戏曲研究室更名为地区艺术研究所；12 月增设文化市场稽查队。1995 年 3 月撤销群艺影院；4 月设立文物事业管理处；6 月设立曹州美术馆，挂靠地区博物馆。1997 年 6 月设立鲁西南民俗博物馆，挂靠地区文物事业管理处。2001 年 1 月，地区文化局更名为菏泽市文化局；10 月，市新闻出版（版权）局并入市文化局，并将枣梆剧团、豫剧团合并组建菏泽市地方戏剧院（事业，副县级），隶属于市文化局管理。至 2005 年，市文化（新闻出版、版权）局内设有办公室、艺术科、文化科、文化市场管理科、图书报刊管理科、印刷发行管理科、版权管理科（法规教育科）、人事科 8 个科室，下辖艺术馆、博物馆、文物事业管理处、文化市场稽查队、艺术研究所、菏泽艺校、电影公司、中华影剧院、地方戏剧院、文化用品综合公司、《小作家》杂志社等，共有在职干部职工 413 人。

1986—2001 年菏泽市（地区）文化局领导成员更迭表

表 32-2-72

职　务	姓　名	籍　贯	任职时间
局　长	张子联	定陶县	1985.11—1995.03
	王忠美	鄄城县	1995.03—2001.10
副局长	李淑兰	烟　台	1984.05—1996.02
	刘尊雪	郓城县	1985.11—1992.02
	季明智	郓城县	1985.11—2000.06
	谢广需	郓城县	1992.02—1997.12
	王忠美	鄄城县	1993.12—1995.03
	吴至海	曹　县	1997.12—2001.10
纪检组长	谢广需	郓城县	1986.05—1992.02
	吴至海	曹　县	1992.02—1997.12
	耿士川	牡丹区	1997.12—2001.10
工会主任	朱桂芹	单　县	1990.06—1993.08
	耿士川	牡丹区	1994.11—1997.12
	张　莉	鄄城县	1997.12—2001.10

2001—2005 年菏泽市文化（新闻出版、版权）局领导成员更迭表

表 32-2-73

职　务	姓　名	籍　贯	任职时间
局　长	王忠美	鄄城县	2001.10—2003.03
	刘永凤	牡丹区	2003.03—2004.09
	张　莹	单　县	2004.11—
副局长	管玉田	曹　县	2001.10—2004.10
	吴至海	曹　县	2001.10—2004.10
	梁福瑞	巨野县	2001.10—2002.06
	刘德举	成武县	2001.10—
	田玉堂	东明县	2001.10—
纪检组长	耿士川	牡丹区	2001.10—2004.06
工会主任	张　莉	鄄城县	2001.10—

新闻出版（版权）局　1986 年，山东省出版总社菏泽分社(正县级)内设秘书科、编务科、发行管理科，下辖《小作家》杂志社。1990 年 12 月，山东省出版总社菏泽分社更名为菏泽地区新闻出版局，内设办公室、印刷管理科、报刊管理科、图书市场管理科。1995 年 7 月，设立地区版权局，挂靠在地区新闻出版局。1997 年 11 月，新闻出版（版权）局增设版权科。2001 年 1 月，地区新闻出版（版权）局更名为菏泽市新闻出版（版权）局。同年 10 月，市新闻出版（版权）局并入市文化局。

1986—1990 年山东省出版总社菏泽分社领导成员更迭表

表 32-2-74

职　务	姓　名	籍　贯	任职时间
主　任	黄爱菊	牡丹区	1987.01—1990.12
副主任	李起成	东平县	1984.05—1990.12
	张振和	牡丹区	1984.05—1990.12

1990—2001 年菏泽市（地区）新闻出版（版权）局领导成员更迭表

表 32-2-75

职　务	姓　名	籍　贯	任职时间
局　长	李起成	东平县	1990.12—1997.12
	管玉田	曹　县	1997.12—2001.10
副局长	张振和	牡丹区	1990.12—1991.06
	刘德举	成武县	1993.04—2001.10
	梁福瑞	巨野县	1993.04—2001.10
	田玉堂	东明县	1997.07—2001.10
纪检组长	王玉军	郓城县	1995.09—2001.10

卫生局　1986 年，菏泽地区卫生局内设办公室、政工科、业务科、财务科、卫生防疫科、医学会办公室、干部保健公费医疗办公室 7 个科室，下辖爱国卫生运动委员会办公室（副县级规格），共有编制 20 人。1990 年 11 月，地区爱国卫生运动委员会办公室升格为正县级单位，并从地区卫生局中析出。1995 年 6 月 28 日，设立地区红十字会办公室（事业，正科级）。1996 年 7 月，地区爱国卫生运动委员会办公室再次并入地区卫生局。1997 年 4 月 16 日，红十字会办公室升格为副县级事业单位，仍隶属于地区卫生局管理。2004 年 12 月撤销。2001 年 1 月，菏泽地区卫生局更名为菏泽市卫生局。至 2005 年年底，菏泽市卫生局内设办公室（人事科）、监察室、规财科、医政科、中医科、基妇科、监控科 8 个科室，编制 43 人；直属管理单位有市立医院、市二院、市三院、市中医院、市传染病院、市妇幼保健院、市卫生监督所、市疾病控制中心、市卫校、市爱国卫生委员会办公室、市干部保健委员会办公室、市医学会办公室。

1986—2005 年菏泽市（地区）卫生局领导成员更迭表

表 32-2-76

职　务	姓　名	籍　贯	任职时间
局　长	周志刚	临　清	1984.08—1989.06
	孙建民	鱼　台	1989.06—1994.06
	阎传礼	定陶县	1994.09—2001.04

续表 32-2-76

职　务	姓　名	籍　贯	任职时间
局　长	张晓云	江苏省丰县	2001.03—2005.02
	赵和平	牡丹区	2005.02—
副局长	商香斋	郓城县	1978.07—1993.06
	从源滋	威　海	1981.09—1989.10
	张汉魁	曹　县	1984.04—1994.10
	庞业俊	德　州	1984.04—1995.10
	刘宗义	单　县	1989.09—1997.02
	张晓云	江苏省丰县	1994.06—2001.03
	陈培让	牡丹区	1997.02—2001.11
	张改亮	郓城县	1997.02—2005.11
	樊庆新	牡丹区	1998.02—
	张海峰	东明县	2001.03—2004.01
	冯　峰	巨野县	2002.02—
	李振亮	牡丹区	2004.10—
	蔡玉河	定陶县	2005.11—
纪检书记	张桂芝	牡丹区	1984.06—1998.01
	王志江	曹　县	1999.03—
工会主席	陈培让	牡丹区	1995.03—1997.01
	王宪申	鄄城县	1997.01—2005.06

人口和计划生育委员会　1984年4月，地区计划生育局改称地区计划生育委员会，内设办公室、计财科、业务科。1988年11月，设立地直机关计划生育办公室（副县级单位），隶属于地区计生委。1990年5月，内设计划统计科、财务科、宣传教育科、调研科。1994年3月设立地区人口与计划生育管理监察大队（事业，副县级单位）。2001年1月，地区计划生育委员会更名为菏泽市计划生育委员会。2004年12月更名为菏泽市人口和计划生育委员会。2005年，菏泽市人口和计划生育委员会内设办公室、政策法规科、发展规划科、宣传教育科、科学技术科、城市人口与计划生育管理办公室6个科室。

1986—2005年菏泽市（地区）人口和计划生育委员会领导成员更迭表

表 32-2-77

职　务	姓　名	籍　贯	任职时间
主　任	魏忠民	巨野县	1984.10—1993.02
	潘建荣	定陶县	1993.02—2000.12
	彭靖华	东明县	2001.03—

续表 32-2-77

职　务	姓　名	籍　贯	任职时间
副主任	刘建明	威海市	1984.04—1993.06
	崔玉莲	牡丹区	1985.07—2000.12
	徐继华	济宁市梁山县	1988.11—1993.06
	许登科	曹　县	1993.12—2003.06
	郑和生	单　县	1997.05—2003.06
	张进军	牡丹区	2004.10—
	许德常	单　县	1998.02—2004.05
	张华君	定陶县	2002.12—
	陈北国	东平县	2003.07—
纪检组长	李焕章	东明县	1997.05—2001.12
	李德亮	成武县	2003.07—
工会主任	王华民	单　县	2003.07—

审计局　1985年11月，地区审计处更名为地区审计局（正县级单位），内设秘书科、企业审计科、财政金融审计科。1986年，改秘书科为办公室，企业审计科分为商粮贸审计科、工基交审计科，增设综合科和行政事业审计科。1989年5月，增设内部审计科、审计科研法规科，撤销工基交审计科，分别设立工业审计科和基建交通审计科。1991年5月增设外资审计科。1997年，撤销财政金融审计科，分别设立财政审计科、金融审计科；增设农业审计科和执法监察室；基建交通审计科更名为固定资产投资审计科，商粮贸审计科更名为商贸审计科；撤销审计科研法规科，综合科加挂法规科牌子，设立地区审计培训中心。1998年增设经济责任审计科。2001年1月，地区审计局更名为菏泽市审计局。至2005年，市审计局内设办公室（挂举报中心牌子）、法制科、人事科、财政审计科、金融审计科、固定资产投资审计科、外资运用审计科、农业审计科、行政事业审计科、经贸审计科、社会保障审计科11个科室，另有执法室、培训中心和经济责任审计办公室（副县级）3个事业机构；编制76人，其中行政编制45人，事业编制31人。

1986—2005年菏泽市（地区）审计局领导成员更迭表

表 32-2-78

职　务	姓　名	籍　贯	任职时间
局　长	张景所	莱　州	1985.11—1993.04
	陈好孔	郓城县	1993.04—2000.06
	霍保银	单　县	2000.06—2003.11
	王永华	曹　县	2003.11—

续表 32-2-78

职　务	姓　名	籍　贯	任职时间
副局长	董　华	牡丹区	1985.11—1993.12
	武合书	牡丹区	1985.11—1998.08
	季世勇	定陶县	1989.08—1998.02
	张宝印	郓城县	1993.12—2003.07
	任崇尚	鄄城县	1998.02—
	李永垠	牡丹区	1999.03—
	康俊玲	济宁市梁山县	2003.07—2006.03
纪检组长	周东捍	莱　州	1997.05—2002.06
	李洪涛	鱼　台	2003.06—
工会主任	李永垠	牡丹区	1997.05—1999.03
	康俊玲	济宁市梁山县	1999.03—2003.06
	房福胜	郓城县	2003.07—

环境保护局　1986 年，菏泽地区环境保护办公室（行政正县级单位）内设 3 个科室，编制 18 人。1989 年 4 月，地区环境保护办公室更名为地区环境保护局。1991 年 7 月增设地区排污费监理站和环境监测中心站。1992 年 6 月成立地区环境保护科学研究所。2001 年 10 月，地区环境保护局更名为菏泽市环境保护局。2002 年 1 月，在菏泽市经济开发区设立菏泽市环境保护局开发区分局。2002—2005 年，市环境保护局内设 6 个行政科室，下辖 1 个行政派出机构（开发区分局）、3 个事业单位（环境监测中心站、环境监察支队、环境保护科学研究所），共有行政编制 31 人、事业编制 75 人。

1986—2005 年菏泽市（地区）环境保护局领导成员更迭表

表 32-2-79

职　务	姓　名	籍　贯	任职时间
局　长	程景民	郓城县	1984.09—1996.12
	徐源泽	文　登	1996.12—2000.12
	张本进	曹　县	2001.03—2003.02
	胡卫东	定陶县	2003.02—
副局长	李志华	牡丹区	1984.09—1997.12
	郝爱梅	定陶县	1984.12—2001.06
	文广纪	鄄城县	1991.02—2001.06
	蒋方全	巨野县	1994.01—2004.08
	郭怀民	郓城县	1998.04—
	杨自源	成武县	2001.06—
	常洪峰	牡丹区	2003.11—

续表 32-2-79

职　务	姓　名	籍　贯	任职时间
纪检组长	张建学	郓城县	1990.09—1997.12
	谢　冰	巨野县	1997.12—
工会主任	王继昆	单　县	1997.12—2003.06
	扈继学	牡丹区	2003.06—

民族事务委员会（宗教事务局） 1984年3月，设立地区民族宗教事务处（副县级）。1990年11月升格为正县级单位。1997年3月，民族宗教事务处更名为地区民族事务委员会和宗教事务局（一个机构，两块牌子），内设办公室和民族宗教科。1999年12月，民族宗教科分设为民族科和宗教科。2001年1月更名为菏泽市民族事务委员会和宗教事务局。2002年1月，根据市政府机构改革意见，设立菏泽市宗教事务局（加挂市民族事务委员会牌子）。2004年12月，市宗教事务局更名为市民族事务委员会（加挂市宗教事务局牌子）。

1986—2005年菏泽市（地区）民族事务委员会（宗教事务局）领导成员更迭表

表 32-2-80

职　务	姓　名	籍　贯	任职时间
主　任	梁抗美	曹　县	1985.03—1988.12
	李忠训	定陶县	1988.12—1997.05
主任（局长）	李兆成	定陶县	1997.05—2001.03
	沙启忠	定陶县	2001.03—
副主任（副局长）	沙启忠	定陶县	1997.12—2001.03
	孙迁国	定陶县	2002.02—
纪检组长	高壮斌	巨野县	2003.06—

广播电视局（台） 1986年，地区广播电视处（副县级）内设办公室、业务科、宣传科、广播电视服务站。1988年1月更名为地区广播电视局（正县级）。9月成立菏泽电视台（事业，副县级），隶属于地区广播电视局。1990年，地区广电局内设机构有办公室、宣传科、业务科、广播电视服务站4个科室，下辖菏泽电视台、中波转播台、巨野微波站；干部职工共计106人，其中专业技术人员81人。1992年3月，菏泽有线电视台成立，为广播电视局下属副县级事业单位。1996年4月19日成立地区人民广播电台，为广播电视局副县级事业单位。至此，地区广播电视局下辖菏泽电视台、菏泽有线电视台、菏泽地区人民广播电台、中波转播台、巨野微波站5个单位。1997年10月，菏泽电视台由副县级事业单位升格为正县级事业单位，内设总编室、新闻部、专题部、经济部、文艺部、外宣部、法制部、新闻评论部、录制部、技术部、发射部、播出部、微波站、办公室、政工科、财务科、广告信息部、保卫科，编制96人。1998年12月，菏泽电视台和菏泽有线电视台合并。

2001年1月，地区广播电视局更名为菏泽市广播电视局，地区人民广播电台更名为市人民广播电台。3月，菏泽市广播电视局、菏泽电视台、菏泽市广播电台合并为菏泽市广播电视局（台）。2002年3月，市广播电视局（台）设置38个科部室，拥有在职人员348人。至2005年年底，市广播电视局（台）共有干部职工365人，其中记者、编辑具有中级职称的55人，高级职称的22人；播音员具有中级职称的7人，高级职称的4人；工程技术人员具有中级职称的38人，高级职称的24人。

1986—2001年菏泽市（地区）广播电视局领导成员更迭表

表32-2-81

职　务	姓　名	籍　贯	任职时间
局　长	张文礼	曹　县	1984.03—1997.12
	陈宗显	曹　县	1997.12—2001.03
副局长	朱保坤	牡丹区	1984.03—1998.08
	李玉震	曹　县	1984.06—1997.02
	朱希廷	昌　邑	1992.09—1999.03
	吕元勤	巨野县	1993.08—2001.03
	陈宝亭	曹　县	1995.01—2001.03
	乔　平	淄　博	1999.03—2001.03

2001—2005年菏泽市广播电视局（台）领导成员更迭表

表32-2-82

职　务	姓　名	籍　贯	任职时间
局（台）长	刘付德	曹　县	2001.03—2009.02
副局（台）长	陈宝亭	曹　县	2001.03—2001.11
	乔　平	淄　博	2001.03—2010.01
	许信玉	鄄城县	2001.03—2010.01
	吕元勤	巨野县	2001.03—2001.11
	李留起	河南省	2001.03—2001.11
	杨汉桥	曹　县	2001.03—2010.01
	李庆华	郓城县	2001.03—2010.01
总编辑	刘忠友	牡丹区	2001.03—2004.10
	王鲁南	江苏省沛县	2005.07—2010.01
工会主席	王鲁南	江苏省沛县	2003.07—2005.06
党委书记	陈宗显	曹　县	2001.03—2002.03
	刘付德	曹　县	2002.03—2009.12

续表 32-2-82

职　务	姓　名	籍　贯	任职时间
副书记	陈宝亭	曹　县	2001.03—2001.11
	乔平	淄　博	2001.03—2009.12
	许信玉	鄄城县	2001.03—2009.12
	杨时运	曹　县	2003.06—2006.06
纪检书记	杨时运	曹　县	2003.06—2006.06

体育局　1986年，菏泽地区体育运动委员会（简称体委）由副县级单位升格为正县级单位，内设办公室、竞赛训练科、群众体育科，下辖体育中学。1989年4月增设老年体育协会办公室。1995年5月设立地区体育总会（正县级），与地区体委合署办公。2001年6月，地区体委更名为菏泽市体委。2002年1月更名为菏泽市体育局。至2005年，市体育局内设办公室、竞赛训练科、群众体育科、体育市场管理科4个科室，编制17人，下辖体育运动学校（副县级）。

1986—2005年菏泽市（地区）体育局领导成员更迭表

表 32-2-83

职　务	姓　名	籍　贯	任职时间
局长（主任）	鲍占武	郓城县	1985.10—1987.10
	刘自和	郓城县	1989.02—1997.05
	王　浩	单　县	1997.05—1997.12
	冯建云	巨野县	1999.03—
副局长（副主任）	刘自和	郓城县	1984.10—1989.02
	马光谨	牡丹区	1984.10—1989.12
	高培振	牡丹区	1984.10—1997.11
	王洪河	成武县	1990.01—1993.12
	周卫国	牡丹区	1990.01—2004.09
	范道春	鄄城县	1993.12—1999.03
	冯建云	巨野县	1997.12—1999.03
	李振亚	牡丹区	1997.07—
	吕洪岭	定陶县	2004.08—
纪检组长	吕洪岭	定陶县	2003.07—2004.08
	朱建华	牡丹区	2004.08—

体育总会　1995年5月设立地区体育总会（正县级）。2001年6月更名为菏泽市体育总会。2003年7月，菏泽市体育局加挂市体育总会的牌子。市体育总会主要负责全市各单项体育协会的管理工作，并对全市县区体育总会进行业务工作指导。

1997—2005 年菏泽市（地区）体育总会领导成员更迭表

表 32-2-84

职　务	姓　名	籍　贯	任职时间
主　席	刘自和	郓城县	1997.05—2000.05
	周卫国	牡丹区	2004.09—

1998—2005 年菏泽市（地区）体育运动学校领导成员更迭表

表 32-2-85

职　务	姓　名	籍　贯	任职时间
书　记	李速中	金乡县	1998.04—
校　长	何青芝	曹　县	1998.05—

统计局　1980 年 3 月，统计工作从地区计划委员会中析出，设立地区统计局，为行署的直属机构。2001 年，地区统计局更名为菏泽市统计局。至 2005 年，市统计局内设办公室、综合科、工业交通科、投资统计科、贸易外经科、社会科技科、法规教育科、计算站、普查中心、农村社会经济调查队，另有代省统计局管理协调的城市社会经济调查队和代国家统计局管理协调企业调查队两个副县级单位；工作人员共计 45 人，其中行政编制 30 人，事业编制 15 人。

1980—2005 年菏泽市（地区）统计局领导成员更迭表

表 32-2-86

职　务	姓　名	籍　贯	任职时间
局　长	王耀云	东平县	1980.04—1995.03
	李贵钦	曹　县	1995.03—
副局长	张瑞民	牡丹区	1980.04—1997.01
	王凤安	东明县	1984.04—1999.03
	成洪雷	牡丹区	1997.01—2003.05
	申爱华	曹　县	1997.01—2003.05
	李青云	单　县	1998.08—2001.11
	高会峰	曹　县	2002.12—
	王亚安	鄄城县	2003.06—
纪检组长	李俄柱	成武县	1999.03—
工会主席	张　峰	鄄城县	2003.06—

林业局　1986 年，地区林业局内设办公室、政工科等科室，直属事业单位有林业技术站、林木保护站、果树站、林业科学技术研究所、林木良种繁育苗圃。1987 年 11 月增设林政科。1988 年增设林业公安科。1991 年增设林业科技推广站。1994

年增设花卉站。1996年增设计划财务科和造林绿化科，林政科、林业公安科合并为林业公安科。2001年1月，地区林业局更名为菏泽市林业局。2002年，市林业局内设办公室（加挂政策法规科牌子）、人事教育科（加挂科学技术科牌子）、计划财务科更名产业发展与对外合作科、造林绿化科（加挂市绿化委员会办公室牌子）、林业公安科（加挂资源和林政科牌子），人员编制22人。2005年4月增设林业产业管理办公室（副县级规格）。至2005年年底，市林业局内设办公室、人事教育科、林业公安科、产业发展与对外合作科、造林绿化科，直属单位有林业产业管理办公室、林业技术站、林木保护站、林业科技推广站、种苗花卉站、果树技术站、林业科学研究所、林木良种繁育苗圃、林产品开发公司。

1986—2005年菏泽市（地区）林业局领导成员更迭表

表32-2-87

职　务	姓　名	籍　贯	任职时间
局　长	张仁杰	莱芜市	1984.03—1997.05
	曹绪宝	定陶县	1997.12—
副局长	张明江	郓城县	1978.09—1995.12
	孙兆法	泰安市	1985.07—1997.05
	苏衍贤	鄄城县	1987.04—2004.12
	王殿常	成武县	1990.04—1994.06
	董瑞铭	牡丹区	1995.03—2001.04
	曹绪宝	定陶县	1997.05—1997.12
	陈　岩	莱　西	1997.07—
	潘信文	定陶县	1998.01—
	张治安	曹　县	2005.10—
纪检组长	王灿荣	成武县	1986.04—1997.05
	闫秀亭	定陶县	1998.01—
工会主任	马令轩	牡丹区	1999.07—

林产品交易会办公室　2005年10月，设立菏泽市中国林产品交易会办公室（正县级），与市林业产业管理办公室合署办公，内设综合科、林产工业科、交易管理科、信息科。

2005年菏泽市中国林产品交易会办公室领导成员更迭表

表32-2-88

职　务	姓　名	籍　贯	任职时间
主　任	曹绪宝（兼）	定陶县	2005.10—
副主任	罗传亮	鄄城县	2005.10—

粮食局　1986年，地区粮食局内设办公室、政工科、计划科、财务科、科级教育基层科和纪检组6个科室；下辖地区粮油购销储运公司、地区粮油工业公司、地区饲料公司、地区粮油议价购销公司、菏泽浸出油厂、地区粮油中转储备库、巨野粮油中转储备库、地区粮食局汽车队、地区粮油器材管理站、地区粮食转运站、地区粮食局济宁转运站、地区粮食局商丘转运站、地区粮食干部学校。1989年5月政工科改为人事监察科，6月增设审计科。1990年5月增设老干部科，8月增设工会。1990年4月成立菏泽华瑞食品公司。1993年2月，地区粮食局汽车队巨野分队更名为巨野良运粮油公司；7月，地区粮食局汽车队更名为地区粮油运输综合公司。1994年4月，地区粮油议价购销公司改为地区粮油贸易公司；5月，地区粮油器材管理站改为地区粮油物资库。1996年1月，地区粮油物资库、地区粮油议价购销公司合并到地区粮油中转储备库，地区粮油工业公司合并到菏泽浸出油厂，地区饲料公司合并到地区粮油贸易公司。1996年12月，地区粮食局内设办公室、人事监察科（挂离退休干部管理科的牌子）、计划购销科、储运基建科、财务会计科（挂审计科的牌子）、行业指导科6个职能科室。1997年8月，地区粮油运输综合公司更名为地区粮油购销储运公司，同时兼并原地区商业集团所属的菏泽肉联总厂；12月，成立地区粮局直属军粮供应站。1998年2月成立菏泽旺达畜禽养殖公司。1999年12月，菏泽华瑞食品公司、菏泽浸出油厂、菏泽肉联总厂改制为菏泽华瑞食品有限公司、菏泽华瑞油脂有限公司、菏泽绿源食品总公司。2000年8月，菏泽转运站改制为菏泽金谷收储有限公司。2001年7月成立菏泽旺达饲料有限公司。2002年2月，成立华瑞方便食品有限公司；11月，成立菏泽华瑞物流配送有限公司。2003年3月成立华瑞综合开发公司。2005年，菏泽市粮食局内设办公室、人事监察科、调控监督科、储运基建科和财务会计科；下属菏泽华瑞食品有限公司、菏泽华瑞油脂有限公司、菏泽绿源食品总公司、菏泽华瑞方便食品有限公司、菏泽旺达饲料有限公司、菏泽旺达畜禽养殖有限公司、菏泽国家粮食储备库、巨野国家粮食储备库、菏泽华瑞粮食储备库、菏泽市粮油购销储运公司、金谷粮食收储有限公司、巨野良运粮油公司、直属军粮供应站、粮油集团驻济宁转运站、粮油集团驻商丘转运站、华瑞综合开发公司、华瑞物流配送公司。

1986—2005年菏泽市（地区）粮食局领导成员更迭表

表32-2-89

职　务	姓　名	籍　贯	任职时间
局　长	王凤流	河南省台前	1981.12—1993.04
	胡月臣	郓城县	1993.04—2000.08
	朱　斌	曹　县	2000.08—2003.03
	张志华	单　县	2003.03—

续表 32-2-89

职 务	姓 名	籍 贯	任职时间
副局长	吴志明	江苏省常州	1996.01—1999.03
	李振乾	定陶县	1993.04—1997.01
	朱 斌	曹 县	1997.02—2000.08
	南文健	鄄城县	1998.02—1998.08
	曹永刚	单 县	1999.03—
	张志华	单 县	2002.02—2003.03
	付双跃	曹 县	2003.07—
纪检组长	许振民	鄄城县	1999.03—2003.07
工会主任	李鸿鹏	郓城县	1999.03—2003.07

外事与侨务办公室 1984年，地区行署设立外事侨务处（副县级），由行署办公室代管。1986年6月，分别设立外事办公室和侨务办公室（与侨联合署办公），并将两单位从行署办公室中析出单设。1988年10月和1989年3月，行署外事办、侨务办升格为正县级单位。2001年1月，菏泽撤地设市后，将外事、侨务办公室合二为一，改称外事与侨务办公室。至2005年，内设秘书科、侨务科、外事科、外事服务中心4个科室，编制16人。

1986—2001年菏泽市（地区）外事办公室领导成员更迭表

表 32-2-90

职 务	姓 名	籍 贯	任职时间
主 任	姚庆林	曹 县	1986.01—1995.03
	朱瑞林	单 县	1995.03—2001.11
副主任	侯宪法	牡丹区	1992.01—1998.09
	徐希亮	东平县	1993.12—1997.10
	孟庆聚	聊 城	1997.05—2001.11
	郭保存	成武县	1997.09—1999.04
	刘瑞玺	郓城县	1999.03—2001.01

1986—2001年菏泽市（地区）侨务办公室领导成员更迭表

表 32-2-91

职 务	姓 名	籍 贯	任职时间
主 任	杨茂兰	牡丹区	1986.01—1989.03
	张在源	潍 坊	1989.04—2001.10
副主任	黄利群	福建省	1986.06—1993.03
	马东荣	郓城县	1993.03—2000.06
	张乐园	成武县	1999.04—2001.01

2001—2005 年菏泽市外事与侨务办公室领导成员更迭表

表 32-2-92

职　务	姓　名	籍　贯	任职时间
主　任	朱　峰	单　县	2002.12—
副主任	刘瑞玺	郓城县	2001.01—2003.02
	张乐园	成武县	2001.01—
	王同文	河南省内黄	2003.07—
纪检组长	王思忠	曹　县	2003.07—

人民防空办公室　菏泽市人民防空办公室原名为菏泽地区人民防空战备领导小组办公室，始建于 1969 年。1980 年改为菏泽地区人民防空办公室。1985 年年底，机构精简改革，地区人防办公室撤销，所属人员由地委和行署组织人事部门重新安排，人防业务工作交由菏泽县人防办公室管理。1982 年 6 月 23 日，菏泽县人民防空领导小组更名为菏泽县人民防空办公室。1983 年菏泽撤县改市。1984 年年初，菏泽县人民防空办公室改为菏泽市人民防空办公室，同年 8 月菏泽县人民防空委员会改名为菏泽市人民防空委员会。1989 年，经市编委批准，菏泽市人防办设立人秘股、业务股、财务股。1992 年 3 月 2 日，经中共菏泽市委批准，菏泽市人民防空办公室党组成立。同年 3 月经市编委批准，市防空办增设指宣平管科，为股级单位。同年年底建设人防通信站（市委总机）。1997 年年初，菏泽市人民防空委员会撤销，成立菏泽市国防动员委员会，菏泽市人民防空办公室改为菏泽市国防动员委员会人民防空办公室。2000 年 10 月，确定菏泽市为国家三类重点防空城市。2001 年 3 月，菏泽撤地设市，原菏泽市（县级）人民防空办公室上划，成立菏泽市人民防空办公室，正县级单位。2002 年 3 月，依据市“三定”方案，市人防办公室内设秘书科、工程管理科（挂法规科牌子）、指挥通信科三个行政科室，下设人防通信站、人防工程开发服务站和人防监察大队三个全额事业单位。行政编制 11 人，事业编制 40 人。

2001 年菏泽市人民防空办公室领导成员更迭表

表 32-2-93

职　务	姓　名	籍　贯	任职时间
主　任	王泽启	莘　县	2001.03—
副主任	张建新	单　县	2001.03—
	徐荣巨	成武县	2002.02—
	晁岱刚	牡丹区	2003.06—
	李凤恩	东明县	2004.10—
纪检组长	赵　斌	定陶县	2003.06—

贸易办公室 2004年12月，设立菏泽市贸易办公室；撤销市中小企业局，其职能并入市经济贸易委员会，人员和整建制转入新组建的市贸易办公室，市经济贸易委员会的商贸科、流通企业指导科和网点办职能及人员并入市贸易办公室，乡镇企业培训中心划归市贸易办公室管理。至此，贸易办内设综合科、消费品流通科、流通企业指导科。2005年10月，市物资流通协会并入后，市贸易办公室内设综合科、人事科、政策法规科、现代物流科、市场运行科、直属企业科、生猪定点屠宰管理办公室，下辖市场网点建设办公室、市中小企业培训中心2个科级事业单位，市商贸实业公司、市食品公司、市蔬菜公司、市饮食服务公司4个参照事业单位执行的企业单位，市汽车销售公司、市机电设备公司、市百货总公司、市副食品采购供应站、市肉类联合加工厂、市乡镇企业工贸公司、市乡镇企业供销公司、市永昌五金化工有限公司8个企业。

2004—2005年菏泽市贸易办公室领导成员更迭表

表32-2-94

职　务	姓　名	籍　贯	任职时间
主　任	白维亚	牡丹区	2004.12—
副主任	王者贤	嘉祥县	2004.12—
	刘元军	单　县	2004.12—2005.06
	王桂环	郓城县	2004.12—
	任广君	郓城县	2005.10—
纪检组长	张成纪	济宁市梁山县	2004.12—

市政府法制办公室 1989年7月，撤销行署办公室法制科，设立行署法制局。1990年，法制局内设办公室、法规科、复议应诉科，编制15人。1996年，根据《菏泽地区地级机关机构改革实施意见》的规定，保留行署法制局，由行署办公室管理，同时撤销法制局办公室，增设法制监督科。2001年1月，行署法制局更名为市政府法制局。2002年1月更名为市政府法制办公室。8月，法制办与新设立的市行政审批服务中心管理办公室（市政府派出机构）合署办公。2003年7月，在法制办内设立市政府政策法规咨询中心。2004年3月增设秘书科。

1990—2005年菏泽市（地区）市政府法制办公室（局）领导成员更迭表

表32-2-95

职　务	姓　名	籍　贯	任职时间
局　长	马义年	定陶县	1990.01—2000.06
	宋占良	鄄城县	2000.06—2001.03
主　任	樊护华	郓城县	2001.03—

续表 32-2-95

职　务	姓　名	籍　贯	任职时间
副局长	李兴露	牡丹区	1990.01—1999.03
	王伯涛	鄄城县	1990.10—1997.05
副主任	宋桂平	济宁市梁山县	1995.06—
	崔寒春	成武县	1999.03—
	张铁柏	单　县	2004.01—

物价局　1986年，菏泽地区物价局内设办公室、业务科、物价检查所、农产品成本调查室4个科室。1994年，增设菏泽开发区物价管理检查所。至1997年，地区物价局内设科室增到8个。1998年，设立地区收费管理办公室（副县级），与地区物价局合署办公。2001年，地区物价局更名为菏泽市物价局。2002年，市物价局改为市发展计划委员会管理的政府工作机构，内设办公室、价格调控科、价格管理科3个科室，下辖农产品价格室、物价检查所、价格认证中心、价格监测中心4个直属科级全额财政拨款事业单位。菏泽市收费管理办公室作为市物价局内设的副县级机构。至2005年，机构无变化。

1986—2005年菏泽市（地区）物价局领导成员更迭表

表 32-2-96

职　务	姓　名	籍　贯	任职时间
局　长	张植梓	河北省安新	1984.05—1993.10
	陈福安	郓城县	1994.05—2004.03
	范新印	鄄城县	2004.03—
副局长	夏福云	曹　县	1984.07—1994.06
	许和琳	定陶县	1984.07—1997.09
	陈福安	郓城县	1993.02—1994.05
	滕义蛟	郓城县	1997.05—
	李冠斌	江苏省丰县	1997.07—
	李保明	东平县	1998.08—
	周俊华	牡丹区	2005.09—
纪检组长	周　勇	郓城县	2003.06—

第三节　市派出机构

菏泽市经济开发区　1992年7月，设立山东省菏泽经济技术开发区（副县级单位），由菏泽市管理，下设办公室、政治工作部、经济发展局、财税局、土地规划建设局。1992年12月，菏泽开发区列入省级开发区。1994年5月，收归地区管理，并升格为正县级单位。7月，一度更名为山东省菏泽开放开发综合试验区，增设项目推进服务中心。

1994年8月，经菏泽地区编制委员会批准，开发区设置办公室、劳动人事局、财政局、社会发展局、经济发展局、招商局、规划建设局、公用事业局8个直属机构（为正科级单位，行政事业编制80人）和地区公安处开发区公安局、地区国税局开发区征收分局、地区工商局开发区分局、土地管理局开发区分局4个分支机构。分支机构在开发区管辖区域内行使该部门的职权，接受主管部门和开发区管委会的双重领导。

1995年11月，省政府鲁政〔1995〕172号文批准设立山东省菏泽对外加工贸易区，与开发区两区合一，合署办公。

1996年5月，经山东省人民检察院菏泽分院批准设立开发区检察室。1998年2月，经中级人民法院批准设立开发区经济庭。3月，中共开发区工委更名为开发区委员会。

2001年7月30日，开发区公安局更名为菏泽市公安局开发区分局。

2001年9月，经菏泽市委常委22次会议研究同意成立开发区武装部。

2001年8月，鲁外经贸开发函字4号文件将山东省菏泽经济技术开发区更名为菏泽市经济开发区。同年，中共山东省菏泽开发区委员会更名为中共菏泽市委开发区工作委员会，中共菏泽开发区工委政治部更名为中共菏泽市委开发区工委党群工作部。

2001年11月20日，设立开发区综合治理办公室。

2003年2月10日，按照市委、市政府关于开发区职能配置机构设置和人员编制的规定，进行机构改革，设置10个行政机构、28个事业单位。

2003年2月，菏泽开发区计划生育办公室更名为菏泽市经济开发区计划生育局。

2003年3月，菏泽开发区社会发展局更名为菏泽市经济开发区社会事业发展局。

2003年4月11日，设立开发区招商局、人力资源开发中心。

2005年12月29日，菏泽经济开发区人民法院经最高人民法院批准挂牌成立。2005年年底，开发区内设机构行政单位有办公室（政策研究室）、党群工作部（劳动人事局）、财政局（农税局、审计局）、经济发展局（安全生产监督局）、社会事业发展局、建设局、对外贸易局、纪委（综治办、信访办）、计划生育局、武装部；自收自支的事业单位有招商一局、二局、三局、人力资源开发中心、市政开发投资公司、房产管理所（5个）；区财政全额拨款的事业单位有招商信息中心、机关服务中心、劳动就业办公室、社会事业保险处、人才市场、结算中心、政府采购办、经济审计办、物价监督管理所收费管理办公室、农村工作办公室、文教卫综合管理办公室、投标招标办公室、拆迁办、计划生育服务站、驻外办；差额拨款的事业单位有社区服务中心、城市管理监察大队、园林处、市政处、环卫处、计划生育监察大队。

1992—2001 年菏泽经济（技术）开发区领导成员更迭表

表 32-2-97

名　称	届　期	职　务	姓　名	籍　贯	任职时间
中共菏泽开发区委员会 菏泽开发区管理委员会	1992.07—2001.03	书　记 主　任	丛　林	威　海	1992.07—1998.10
		副书记	张玉荣	临　朐	1998.01—2001.04
		副书记 副主任	张玉荣	临　朐	1992.07—1994.11
		副书记 主　任	丛　林	威　海	1998.01—2001.03
		委　员 副主任	董金如	鄄城县	1992.09—2001.04
			卢洪宾	牡丹区	1993.05—2001.04
			肖焕斌	牡丹区	1994.01—2001.04
			张道社	成武县	1994.01—1995.06
			李守卿	牡丹区	1994.01—1995.06
			张乐园	成武县	1999.01—2001.04
		工会主席	李守卿	牡丹区	1998.03—2001.04
		委　员 纪委书记	张道社	成武县	1995.06—2004.03

2001—2005 年菏泽经济（技术）开发区领导成员更迭表

表 32-2-98

名　称	届　期	职　务	姓　名	籍　贯	任职时间
中共菏泽市委开发区工委 菏泽市经济开发区管理委员会	2001.03—2005.12	书　记 主　任	李玉华	定陶县	2001.03—
		副书记 副主任	李怀堂	成武县	2001.03—2005.05
		副书记	孙忠生	曹　县	2001.03—2005.04
		常务副书记 副主任	孙忠生	曹　县	2005.04—
		副书记 纪委书记	张道社	成武县	2004.03—
		委　员 副主任	刘全涛	巨野县	2001.04—2003.05
		委　员 副主任	郭保存	成武县	2001.03—2004
		委　员 副主任	魏　琳	曹　县	2001.03—

续表 32-2-98

名 称	届 期	职 务	姓 名	籍 贯	任职时间
中共菏泽市委开发区工委 菏泽市经济开发区管理委员会	2001.03—2005.12	委 员 办公室主任	李守玉	曹 县	2001.03—2003.05
		委 员 副主任	李守玉	曹 县	2003.05—
		委 员 副主任	席 巍	河北省	2001.03—
		委 员 副主任	周广存	菏 泽	2003.05—
		委 员 办公室主任	穆 杰	菏 泽	2003.05—2005.03
		委 员 副主任	穆 杰	菏 泽	2005.03—
		主任助理	王祥武	菏 泽	2005.03—
		主任助理	程海建	菏 泽	2005.03—
		工会主席	范阳春	菏 泽	2005.03—

第三章 法院 检察院

第一节 菏泽市中级人民法院

1986 年，菏泽地区中级人民法院内设 12 个庭室。1997 年 5 月，对内设的部分庭室进行调整，调整后的庭室设置为 21 个。2001 年 1 月，菏泽撤地设市后，地区中级人民法院改称菏泽市中级人民法院。2002 年 7 月，为适应形势发展和审判工作的需要，市中级人民法院对机关内设部分庭室再次进行调整，调整后的庭室设置为：办公室、政治部（内设组织人事处、法官管理处、教育培训处）、立案庭、刑事审判第一庭、刑事审判第二庭、民事审判第一庭、民事审判第二庭、民事审判第三庭、民事审判第四庭、行政审判庭、赔偿委员会办公室、审判监督庭、执行局（内设综合室、执行一庭、执行二庭）、研究室（审判委员会办公室）、技术室、法警支队、行政装备管理处、机关党委（下设办公室）、离退休干部处、监察室、开发区审判庭、法官培训中心、司法鉴定中心、机关服务中心。至 2005 年，机构设置没有变化。

1986—2005 年菏泽市（地区）中级人民法院领导成员更迭表

表 32-3-1

职　务	姓　名	籍　贯	任职时间
院　长	许修堂	济宁市梁山县	1984.11—1993.05
	燕振安	郓城县	1993.05—1997.12
	张玉佩	费　县	1997.12—2003.02
	孙寿海	禹城县	2003.02—
副院长	刘培章	曹　县	1982.04—1993.12
	谢茂业	单　县	1984.03—1988.12
	朱惠民	成武县	1984.11—1994.09
	倪殿臣	莱　阳	1987.11—1991.05
	李端海	定陶县	1988.12—2001.04
	赵　普	定陶县	1993.12—1998.01
	陆远亮	牡丹区	1993.12—2000.05
	宋　展	河南省清丰	1996.10—
	祝玉哲	郓城县	1998.08—2000.05
	吴光侠	聊城县	2000.04—
	李旭光	鄄城县	2001.04—
	王思明	东明县	2003.11—
	李　维	鄄城县	2005.01—
	王成贵	成武县	2005.01—
纪检书记	王全虎	山西省洪洞县	1984.10—1989.10
	赵宪方	牡丹区	1992.08—1999.03
	范德平	成武县	1999.03—

第二节　菏泽市人民检察院

1986 年，山东省人民检察院菏泽分院内设科室 14 个。1990 年 11 月，政工科、刑事检察一科、二科、法纪检察科、经济检察科、监所劳改检察科、控告申诉科、技术科、装备科改为处。1993 年 4 月，增设民事行政检察处和派驻劳改支队、石油分公司两个检察室。1994 年 1 月设立菏泽地区反贪污贿赂局。1995 年 7 月增设教育处；11 月设置菏泽开发区检察室，作为分院的派出机构。1996 年 5 月增设税务检察室、举报中心、驻菏泽监狱检察室（科级）。2001 年 1 月，菏泽撤地改市，山东省人民检察院菏泽分院改称山东省菏泽市人民检察院。至 2005 年年底，菏泽市人民检察院内设 20 个科室，下辖 3 个副县级单位，在岗干警 129 人。

1986—2005 年菏泽市（地区）检察院领导成员更迭表

表 32-3-2

职　务	姓　名	籍　贯	任职时间
检察长	王德君	曹　县	1984.06—1988.08
	王进宝	定陶县	1988.08—1993.06
	朱献瑞	成武县	1993.08—2003.02
	丁伟民	潍　坊	2003.02—
副检察长	刘清华	单　县	1980.01—1991.12
	李端海	定陶县	1984.03—1988.12
	张正国	河南省睢县	1984.03—1994.03
	李新华	牡丹区	1988.12—1993.03
	谢茂业	单　县	1989.02—1998.11
	殷治礼	安　丘	1989.08—1998.11
	刘继进	鄄城县	1994.03—1998.11
	刘运志	东明县	1994.03—1998.11
	梁志成	聊　城	1994.03—1998.11
	刘爱菊	鱼　台	1998.06—2006.01
	韩方景	牡丹区	1998.11—2000.08
	董瑞钦	牡丹区	1998.11—
	张汉民	东明县	1998.12—2003.06
	范玉国	牡丹区	1998.12—
	陶学森	单　县	2001.05—2005.12
	刘建国	成武县	2003.11—

第四章　人民团体及直属事业单位

第一节　人民团体

总工会　1986 年，山东省总工会菏泽地区办事处（简称地区工会，正县级）辖菏泽市、曹县、单县、成武、定陶、巨野、郓城、鄄城、梁山、东明 9 县市总工会（梁山县总工会于 1989 年年底划归济宁市）。1989 年 6 月 3 日，地区工会设立女职工委员会。1990 年 12 月，设立菏泽地区地直工会（副县级）。2001 年 1 月菏泽撤地设市后，地区工会更名为菏泽市总工会，地直工会改称菏泽市市直工会工作委员会。市总工会人员编制隶属于地方政府，业务指导隶属于山东省总工会。至 2005 年年底，菏泽市总工会内设 6 个科级科室和 1 个副县级单位（市直工会）。

1986—2005年菏泽市（地区）总工会领导成员更迭表

表32-4-1

职　务	姓　名	籍　贯	任职时间
主　任	栾义卿	莱　西	1980.01—1990.12
	李松柏	牡丹区	1990.12—1993.02
	吕怀钦	成武县	1993.03—1999.03
	张玉昌	成武县	1999.03—
副主席	张瑞琛	定陶县	1984.04—1989.05
	侯宝民	郓城县	1984.04—1996.09
	赵文岭	曹　县	1990.06—1999.03
	李怀德	东明县	1993.03—2003.06
	袁　驰	曹　县	1994.05—2003.06
	刘瑞玺	郓城县	1994.05—1999.03
	苏传生	定陶县	1999.03—2003.06
	侯永信	牡丹区	2002.12—
	周柱生	牡丹区	2003.06—
	张雪莲	牡丹区	2003.06—

共青团菏泽市委　1986年，共青团菏泽地委内设4部1室。1989年3月增设权益部。1994年6月设立希望工程办公室。1996年，少先队总辅导员与学校部合并为学少部。2001年1月，共青团菏泽地委更名为共青团菏泽市委。2004年11月成立菏泽市关心下一代工作委员会。至2005年年底，共青团菏泽市委内设6个部室。

1986—2005年共青团菏泽市（地）委领导成员更迭表

表32-4-2

职　务	姓　名	籍　贯	任职时间
书　记	邵好学	定陶县	1984.03—1986.08
	贾凤英	济宁市梁山县	1986.08—1992.12
	曹修寅	济宁市梁山县	1992.12—1995.01
	付守明	曹　县	1995.01—1997.12
	王有杰	定陶县	1998.04—2001.03
	刘春华	鄄城县	2001.03—2005.11
	耿振华	定陶县	2005.11—
副书记	张　莹	单　县	1984.03—1987.08
	曹修寅	济宁市梁山县	1986.06—1992.12
	张慧光	牡丹区	1987.09—1990.01

续表 32-4-2

职务	姓名	籍贯	任职时间
副书记	李春林	牡丹区	1990.07—1993.01
	段伯汉	巨野县	1990.09—1993.01
	付守明	曹县	1993.05—1995.01
	王有杰	定陶县	1993.05—1997.12
	孙慧	巨野县	1993.05—1999.02
	刘超峰	济宁市梁山县	1998.08—2003.06
	耿振华	定陶县	2002.02—2005.11
	王东	单县	2002.05—2005.11
	谷永强	曹县	2005.01—
	段清正	曹县	2005.11—
	范继臣	鄄城县	2005.11—

妇女联合会 1986—1995年，地区妇女联合会内设办公室、组宣部、儿童部、权益部、法律顾问处5个部室，编制15人。1996年撤销法律顾问处，增设城乡部。2001年1月，地区妇女联合会更名为菏泽市妇女联合会，内设办公室、组宣部、儿童部、权益部、城乡部，编制17人。至2005年，机构设置无变化。

1986—2005年菏泽市（地区）妇女联合会领导成员更迭表

表 32-4-3

职务	姓名	籍贯	任职时间
主席	刘云兰	单县	—1990.12
	刘兰钦	巨野县	1991.06—1997.04
	徐光璞	曹县	1997.05—2005.12
副主席	李秋云	莘县	1986.09—1990.10
	刘兰钦	巨野县	1986.01—1991.06
	张雪敏	江苏省沛县	1991.06—1999.03
	肖桂莲	鄄城县	1991.06—1993.10
	吕善兰	利津	1994.06—2003.10
	陈秋枫	牡丹区	1995.03—1999.03
	秦玉莲	山西省高平	1999.03—2003.10
	鲁丽	河南省范县	1999.03—
	孟庆霞	郓城县	2003.06—
	李红	牟平	2003.06—
纪检组长	秦玉莲	山西省高平	1995.03—1999.03
	郝世华	牡丹区	2003.06—

科学技术协会　1986年，地区科协内设科普部、学会部、办公室。1990年增设科技咨询中心。1992年增设咨询部。1996年增设组织部。2001年5月，地区科学技术协会更名为菏泽市科学技术协会。至2005年年底，菏泽市科协内设办公室、学会部、科普部、组织部、咨询部4部1室，编制17人。

1986—2005年菏泽市（地区）科学技术协会领导成员更迭表

表32-4-4

职　务	姓　名	籍　贯	任职时间
主　任（主　席）	刘建孔	单　县	1984.04—1989.07
	吕恒芝	定陶县	1989.07—2001.10
	刘爱钦	郓城县	2001.10—
副主任（副主席）	王顺亭	定陶县	1984.04—1989.04
	张云密	牡丹区	1984.04—1989.04
	张兰清	定陶县	1990.07—2000.05
	杨经建	单　县	1997.05—
	张进忠	鄄城县	1999.03—
	路则合	汶上县	2003.07—
	汤建梅	上海市	2004.08—
	张圣文	济宁市梁山县	2001.03—2001.05
纪检组长	牛瑞俭	牡丹区	2003.06—

社会科学联合会　1987年5月，设立地区社会科学联合会（简称社科联，正县级单位），编制8人。1990年，全区有归口学会20个，会员2000多人。1998年，地区社科联共有所属学会48个，会员2万余人。1998年学会经过整顿后，由原来的48个缩减到26个。2001年1月，地区社科联更名为菏泽市社科联，内设科室1个，编制6人。至2005年，所属学会20个，共有会员5000余人。县社科联3个。

1987—2005年菏泽市（地区）社会科学联合会领导成员更迭表

表32-4-5

职　务	姓　名	籍　贯	任职时间
主　席	孙世民	潍　坊	1987.06—1997.11
	张文坦	鄄城县	1999.03—2000.05
	张法安	郓城县	2003.05—2004.10
	管玉田	曹　县	2004.10—
副主席	杨宗杰	鄄城县	2002.02—2003.12

文学艺术界联合会　1986年8月，设立地区文艺工作联络处（副县级），由地区文化局代管。1990年12月更名为地区文学艺术界联合会（简称文联，正县级人

民团体），设办公室、创作科、联络科。1991年5月，联络科改为协会工作部，撤销创作科，增设文学创作室和艺术创作室。1993年12月，文学创作室和艺术创作室合并为业务科。1994年12月增设文艺创作研究室。1998年11月撤销文艺创作研究室，设立《牡丹》文学编辑部。2001年1月，地区文联更名为菏泽市文联。2004年7月，《牡丹》文学编辑部更名为文艺创作研究室。至2005年，菏泽市文联内设办公室、协会工作部、业务科和文艺创作研究室（事业）4个科室，编制18人；所属文学、书法、美术、摄影、戏剧、曲艺、音乐、舞蹈、电视、民间艺术10个协会，共有会员1921人，其中国家级会员114人，省级会员507人，市级会员1300人。

1986—2005年菏泽市（地区）文学艺术界联合会领导成员更迭表

表32-4-6

职　务	姓　名	籍　贯	任职时间
主　任	朱希江	聊　城	1986.08—1989.11
主　席	刘尊雪	郓城县	1990.12—1998.04
	李荣海	曹　县	1998.04—2000.01
	张文坦	鄄城县	2000.05—2003.05
	贾庆军	牡丹区	2003.05—
副主任	王汝仁	曹　县	1986.08—1990.11
	张剑萍（兼）	曹　县	1987.12—1989.09
	祁传德	鄄城县	1987.12—1990.11
副主席	费朝奇	曹　县	1990.12—1993.06
	张单生	江苏省沛县	1993.08—2001.10
	朱桂芹	单　县	1993.08—2001.10
	贾庆军	牡丹区	1998.04—2003.05
	尹慧萍	东明县	2002.02—
	孙建东	郓城县	2005.06—

残疾人联合会　1989年6月，设立地区残疾人联合会（简称残联，正县级事业单位），内设办公室、康复部、教育就业部、组织联络宣传部4个部室。1994年3月，成立行署残疾人工作协调委员会。1997年，地区残联由地委直接管理。2001年，地区残联更名为菏泽市残联。2005年，菏泽市残联内设办公室、康复部、教育就业部、组织联络维权部（加挂宣文部牌子）3部1室，编制15人。

1989—2005年菏泽市（地区）残疾人联合会领导成员更迭表

表32-4-7

职　务	姓　名	籍　贯	任职时间
理事长	王润德	单　县	1989.12—1999.03
	桑贤武	牡丹区	1999.03—

续表 32-4-7

职　务	姓　名	籍　贯	任职时间
副理事长	马庆雷	曹　县	1989.12—1993.06
	刘德清	巨野县	1989.12—1993.10
	高立文	郓城县	1989.12—1997.05
	桑贤武	牡丹区	1993.12—1999.03
	孙新民	单　县	1997.05—
	高　强	定陶县	2002.02—

归国华侨联合会　1986年9月，设立山东省归国华侨联合会菏泽地区办事处，与地区侨务办公室合署办公。1989年3月，侨联与侨办并为正县级单位。1996年12月，机构改革，侨联单独设立，更名为菏泽地区归国华侨联合会。2000年12月更名为菏泽市归国华侨联合会，编制5人。

1986—2005年菏泽市（地区）归国华侨联合会领导成员更迭表

表 32-4-8

职　务	姓　名	籍　贯	任职时间
主　席	黄利群	福建省	1989.04—1994.10
	张雪敏	江苏省沛县	1999.03—2005.11
副主席	黄利群	福建省	1986.09—1989.04
	马东荣	郓城县	1990.01—1993.12
	张惕矜	牡丹区	1996.11—2001.10
	卢文朋	成武县	2002.02—
	张　忠	江苏省丰县	2003.06—

工商业联合会　2001年3月，设立菏泽市工商业联合会（正县级），内设2个科室，编制7人。至2005年，全市工商联有会员8097个，其中企业会员1781家，团体会员120个，个人会员6196个；乡镇商会135个，同行业公会（商会）45个。

2001—2005年菏泽市工商业联合会（驻会）领导成员更迭表

表 32-4-9

职　务	姓　名	籍　贯	任职时间
会　长	杨宪文（兼）	鄄城县	2001.04—2005.12
副会长	祝宗斌	成武县	2001.04—2005.12
	李中占	牡丹区	2001.04—2004.05
	靳海岩	定陶县	2001.04—2005.12
	秦　峰	曹　县	2004.05—2005.12

第二节 直属事业单位

市委党校 1986年，地委党校内设办公室、组织科、教务科、行政科、函授科、文史教研室、经济管理、教研室7个职能科室。1988年11月增设行政管理教研室和图书馆。1991年12月10日，地委党校升格为大学专科体制（副厅级单位），内设科室改为处室（副县级规格）。1997年4月，设立地区行政学院，与地委党校合署办公。2000年12月，地委党校更名为菏泽市委党校，地区行政学院改为市行政学院。至2005年，市委党校内设纪委、办公室、组织处、总务处、教务处、培训处、图书馆、社会教育处、哲学教研室、经济学教研室、政法教研室、经济管理教研室、行政管理教研室、综合知识教研室、理论研究室等15个处室，有教职员工105人，其中专兼职教师69人。

1986—2005年中共菏泽市（地）委党校领导成员更迭表

表32-4-10

职　务	姓　名	籍　贯	任职时间
校　长	张宝光（兼）	江苏省丰县	1984.05—1990.01
	路绍昌（兼）	定陶县	1994.06—1998.04
	李延良（兼）	临　沂	1998.04—2002.11
	陈　光（兼）	寿　光	2002.12—
副校长	刘成义	成武县	1984.12—1997.12
	田保生	定陶县	1984.12—2001.10
	高祥坤	曹　县	1984.05—1992.11
	吴承业	郓城县	1985.11—1997.12
	程俊德	曹　县	1988.11—1996.07
	祝传收	成武县	1998.01—1999.12
	颜世运	郓城县	1998.01—2003.12
	樊庆增	郓城县	1998.08—
	黄贵芳	郓城县	1998.08—2003.05
	张广田	东明县	2003.12—
	宋绍先	鄄城县	2004.01—
	张存俭	鄄城县	2004.08—
书　记	张宝光（兼）	江苏省丰县	1984.05—1988.12
	高祥坤	曹　县	1985.11—1992.11
	范福临	牡丹区	1992.12—1997.12
	梁抗美	曹　县	2000.02—
副书记	吴承业	郓城县	1985.11—1997.12
	杨怀臣	梁山县	1995.06—2000.06
	祝传收	成武县	1998.01—1999.12

续表 32-4-10

职　务	姓　名	籍　贯	任职时间
副书记	季敬存	郓城县	2000.06—
	宋绍先	鄄城县	2004.01—

1997—2005 年菏泽市（地区）行政学院领导成员更迭表

表 32-4-11

职　务	姓　名	籍　贯	任职时间
院　长	阎世海（兼）	定陶县	1997.04—2000.09
	杜昌文（兼）	嘉祥县	2000.09—2003.04
	赵润田（兼）	河南省台前	2003.04—
副院长	吴承业	郓城县	1997.04—1997.12
	刘成义	成武县	1997.04—1997.12
	田保生	定陶县	1997.04—2001.10
	刘天臣	牡丹区	1997.04—
	祝传收	成武县	1998.01—1999.12
	颜世运	郓城县	1998.01—2003.12
	樊庆增	郓城县	1998.08—
	黄贵芳	郓城县	1998.08—
	宋协尧	莱阳县	1998.08—2003.06
	张广田	东明县	2003.12—
	张存俭	鄄城县	2004.08—
	宋绍先	鄄城县	2004.01—
	陈彦明	莱　芜	2005.06—

市委讲师团　1984 年 10 月，地委讲师团恢复建制，时为地委宣传部领导下的科级事业单位，编制 13 人。1987 年 8 月，地委讲师团升格为副县级事业单位，隶属地委宣传部管理。1990 年升格为正县级事业单位。2000 年 12 月，地委讲师团更名为菏泽市委讲师团。至 2005 年，市委讲师团内设办公室、研究室、教务室。

1987—2005 年中共菏泽市（地）委讲师团领导成员更迭表

表 32-4-12

职　务	姓　名	籍　贯	任职时间
团　长	侯正欣	定陶县	1987.08—1994.06
	吕复伦	巨野县	1994.06—2001.10
	黄贵芳	郓城县	2003.05—
副团长	韩全铭	曹　县	1987.11—1999.03
	岳宗敏	牡丹区	1989.03—2003.05

续表 32-4-12

职　务	姓　名	籍　贯	任职时间
副团长	仝永华	曹　县	2002.02—
	袁增华	定陶县	2003.06—

党史资料征集研究委员会　1984年3月，地委党史资料征集研究委员会办公室（简称党史办）升格为正县级事业单位。10月，撤销党史办公室，将党史资料征集研究委员会改为实体，内设办公室、征集科、编研科3个科室。1989年8月，办公室改为秘书科，征集科改为征编一科，编研科改为征编二科。1994年5月增设资料科。至2005年，市委党史资料征集研究委员会内设秘书科、征编一科、征编二科、资料科，编制16人。

1986—2005年中共菏泽市（地）委党史资料征集研究委员会领导成员更迭表

表 32-4-13

职　务	姓　名	籍　贯	任职时间
主　任	王宗普	临　邑	1985.08—1993.10
	田浩存	曹　县	1995.06—2004.06
	苗祥义	定陶县	2004.08—
副主任	赵永文	牡丹区	1985.10—1992.02
	杨善志	牡丹区	1985.08—1988.12
	田浩存	曹　县	1988.12—1995.06
	刘如言	牡丹区	1995.06—2001.10
	苗祥义	定陶县	1997.01—2004.08
	张林生	蓬　莱	2003.06—
	桑　蕊	肥　城	2003.06—
	张瑞生	曹　县	2004.08—
专职委员	韩金箱	鄄城县	1984.10—1990.11
	潘振林	牡丹区	1986.01—1988.09
	张保英	安徽省砀山	1988.12—1993.12
	刘如言	牡丹区	1988.12—1995.06
	单继尧	泗水县	1988.12—1990.03

轻纺协会　1986年，地区第一轻工业公司、第二轻工业公司、纺织工业公司为主管轻纺工业的机构。1989年4月分别改为地区第一轻工业局、第二轻工业局、纺织工业局。1996年12月分别改为地区第一轻工总会、第二轻工总会、纺织工业总会。2001年1月更名为菏泽市第一轻工总会、第二轻工总会、纺织工业总会。2003年2月，菏泽市第一轻工总会、第二轻工总会、纺织工业总会合并组建菏泽市轻纺协会。2004年7月，菏泽市经济研究中心并入菏泽市轻纺协会。

1986—2003年菏泽市（地区）第一轻工总会（工业公司、工业局）领导成员更迭表

表32-4-14

职务	姓名	籍贯	任职时间
经理	李家玉	东平县	1984.10—1993.07
局长	姜广顺	东平县	1993.07—1996.11
会长	华振亭	曹县	1997.12—2001.06
副经理	姜广顺	东平县	1984.05—1993.06
	段连湘	巨野县	1984.05—1989.03
副局长	陈志起	郓城县	1990.01—1993.02
	侯永信	牡丹区	1992.09—1997.12
	田素明	巨野县	1993.07—1996.12
	董瑛	曹县	1993.07—2003.06
副会长	田素明	巨野县	1996.12—2001.12
	董瑛	曹县	1996.12—2003.02
纪检书记	何淑均	牡丹区	1984.05—1993.01
	董瑛	曹县	1991.03—1993.06
	刘桂兰	曹县	1993.06—1995.06
	李传道	曹县	1997.05—2003.05
工会主任	葛保忠	曹县	1991.03—1997.01
	刁学刚	曹县	1999.03—2005.06

1986—2003年菏泽市（地区）第二轻工总会（工业公司、工业局）领导成员更迭表

表32-4-15

职务	姓名	籍贯	任职时间
党委书记	张发俊	济宁市梁山县	1984.05—1986.07
经理	孟祥泰	邹城	1984.05—1986.07
	陈丕义	定陶县	1986.07—1989.12
局长	陈丕义	定陶县	1989.04—1989.12
	张玉昌	成武县	1989.12—1997.01
会长	张宜勤	济宁市梁山县	1999.03—2003.05
副经理	陈丕义	定陶县	1984.05—1986.07
	高玉曾	单县	1988.07—1989.12
	付鹏志	牡丹区	1988.07—1989.12
	张宜勤	济宁市梁山县	1988.07—1989.12
副局长	高玉曾	单县	1989.12—1998.04
	付鹏志	牡丹区	1989.12—1997.02
	张宜勤	济宁市梁山县	1989.12—1999.03

续表 32-4-15

职　务	姓　名	籍　贯	任职时间
副局长	李振龙	巨野县	1993.04—1995.06
	邢天印	牡丹区	1995.06—1997.02
副会长	张宜勤	济宁市梁山县	1996.12—1999.03
	邢天印	牡丹区	1997.02—2004.11
	王春发	泰安市	1997.05—2003.12
纪委书记	杨伟航	曹　县	1988.07—1994.03
	卞翠兰	东明县	1997.05—2003.05
工会主席	王春发	泰安市	1989.07—1997.05

1986—2003年菏泽市（地区）纺织工业总会（工业公司、工业局）领导成员更迭表

表 32-4-16

职　务	姓　名	籍　贯	任职时间
经　理	刘蕊兰	曹　县	1984.03—1988.09
	吕玉山	济宁市梁山县	1988.09—1989.04
局　长	吕玉山	济宁市梁山县	1988.04—1989.12
	陶冶生	四川省内江	1990.01—1996.12
会　长	陶冶生	四川省内江	1996.12—1997.12
	赵来锁	单　县	1998.04—2003.02
副经理	李庶炳	章　丘	1984.03—1988.07
	陶冶生	四川省内江	1984.06—1989.05
	赵来锁	单　县	1988.09—1989.05
	樊护华	郓城县	1988.09—1989.04
副局长	樊护华	郓城县	1988.09—1997.05
	陶冶生	四川省内江	1989.05—1990.01
	赵来锁	单　县	1989.05—1996.12
	滕国庆	乳　山	1992.05—2003.05
	尹玉明	东明县	1992.05—1994.12
	智庆乡	郓城县	1992.09—1996.12
副会长	赵来锁	单　县	1996.12—1998.04
	滕国庆	乳　山	1996.12—2003.02
	智庆乡	郓城县	1996.12—2003.06
	韩美卿	栖　霞	1999.03—2002.05
纪委书记	宋雨露	曹　县	1986.01—1998.10
	杨桂芝	牡丹区	1998.10—2003.02
工会主席	李洪志	平　阴	1988.12—1993.06
	韩美卿	栖　霞	1997.01—1999.03
	任广君	郓城县	1999.03—2003.02

1986—2004 年菏泽市（地区）经济研究中心领导成员更迭表

表 32-4-17

职　务	姓　名	籍　贯	任职时间
主　任	王玉和	郓城县	1986.01—1988.02
	段新胜	单　县	1988.02—1998.04
	曹恒顺	成武县	1998.04—2001.10
副主任	张国敏	烟台市	1984.09—1987.03
	李舟浩	单　县	1984.10—1997.05
	李秀泉	鄄城县	1987.05—1988.02
	逯新法	巨野县	1988.11—1998.04
	许庆合	单　县	1997.05—2005.01
	王瑞珠	牡丹区	1998.04—1998.08
	郭仁法	牡丹区	1998.08—2005.01

2003—2005 年菏泽市轻纺协会领导成员更迭表

表 32-4-18

职　务	姓　名	籍　贯	任职时间
会　长	赵来锁	单　县	2003.05—2005.12
副会长	王春发	泰安市	2003.02—2003.12
	卞翠兰	东明县	2003.05—2003.12
	刑天印	牡丹区	2003.05—2004.11
	郭仁法	牡丹区	2005.01—2005.05
	许庆合	单　县	2005.01—
	刁学刚	曹　县	2005.06—
	张高潮	单　县	2005.06—

机电石化协会　1985 年以前，机电石化协会曾经冠名为地区重工业局、地区机械化学煤炭工业公司、地区化学煤炭工业局、地区机械电子工业公司。1986 年 7 月，地区机械电子工业公司更名为地区机械电子工业局。1996 年 12 月更名为地区机械电子总会。2001 年 1 月更名为菏泽市机械电子总会。2003 年 2 月，机械电子总会与石油化学总会合并成立菏泽市机电石化协会，内设办公室、行业发展部、信息技术部、禁止化学武器公约办公室、老干部工作部。2004 年 9 月，菏泽市工业经济技术研究中心并入菏泽市机电石化协会。

1986—2005年菏泽市（地区）机械电子总会领导成员更迭表

表 32-4-19

职　务	姓　名	籍　贯	任职时间
经　理	段新胜	单　县	1984.04—1986.08
局　长	徐洪昇	青　州	1986.08—1993.06
	蔡庆梓	曹　县	1993.07—1996.12
会　长	蔡庆梓	曹　县	1996.12—1999.03
	郭志杰	鄄城县	1999.03—2001.10
	祝允聚	郓城县	2001.10—2003.05
副经理	马文学	牡丹区	1986.01—1986.07
	杜应君	定陶县	1986.01—1986.07
	魏德舜	河北省井陉县	1986.01—1986.07
副局长	杜应君	定陶县	1986.07—1988.02
	魏德舜	河北省井陉县	1986.07—1988.03
	马文学	牡丹区	1986.07—1995.12
	李庶炳	章　丘	1988.07—1995.12
	马利贤	曹　县	1988.07—1996.12
	钟永斗	牡丹区	1990.10—1996.12
	宋文启	鄄城县	1992.09—1996.12
副会长	马利贤	曹　县	1996.12—1998.02
	钟永斗	牡丹区	1996.12—1998.02
	宋文启	鄄城县	1996.12—1998.04
	王百鸣	阳谷县	1997.07—2003.02
	邱彪良	辽宁省沈阳	1998.04—2000.07
	张　魁	郓城县	1999.03—2003.02
纪委书记	刘彦岭	单　县	1988.07—1997.02
	张高潮	单　县	1997.05—2003.02

1986—2003年菏泽市（地区）石油化学总会领导成员更迭表

表 32-4-20

职　务	姓　名	籍　贯	任职时间
经　理	卢方亮	泰安市	1984.05—1989.04
局　长	卢方亮	泰安市	1989.04—1996.12
会　长	卢方亮	泰安市	1996.12—1998.01
党委书记	祝允聚	郓城县	1998.04—2001.10
会　长	陈志起	郓城县	1998.04—2003.05

续表 32-4-20

职　务	姓　名	籍　贯	任职时间
副经理	曾宪益	郓城县	1984.05—1989.04
	李济成	阳谷县	1984.05—1986.12
	桑金江	牡丹区	1984.05—1989.04
副局长	曾宪益	郓城县	1989.04—1996.12
	桑金江	牡丹区	1989.04—1990.05
	蔡庆梓	曹　县	1989.04—1993.07
	王振谦	郓城县	1990.05—1996.12
	王瑞珠	牡丹区	1996.03—1996.12
副会长	曾宪益	郓城县	1996.12—1997.04
	王振谦	郓城县	1996.12—2000.06
	王瑞珠	牡丹区	1996.12—1998.05
	陈登云	巨野县	1997.07—1999.03
	刘经福	牡丹区	1998.04—2003.05
纪检书记	李　健	江苏省沛县	1989.04—1993.05
	高士杰	牡丹区	1997.05—2001.12
总工程师	杨清镇	金乡县	1989.04—1996.12
	刘经福	牡丹区	1997.05—1998.04
	王同建	牡丹区	1998.04—2000.06

2003—2005 年菏泽市机电石化协会领导成员更迭表

表 32-4-21

职　务	姓　名	籍　贯	任职时间
会　长	张宜勤	济宁市梁山县	2003.05—
副会长	张　魁	郓城县	2003.02—2005.06
	王百鸣	阳谷县	2003.02—
	刘景福	牡丹区	2003.05—
纪委书记	张高潮	单　县	2003.02—2005.02
工会主席	刘　勇	单　县	2003.05—

农业机械管理局　1986 年，地区农机服务公司内设办公室、人事监察科、财务科、管理科、科教科和农机监理站，下属单位有山东省农机公司菏泽分公司和菏泽地区农机职工中专学校（加挂菏泽地区农机化学校牌子）。1989 年 4 月，地区农机服务公司更名为农业机械管理局，并升格为正县级事业单位。1991 年 7 月管理科改为基层业务科，增设农机修配管理站、农机推广站。1993 年 12 月，地区农业机械管理局由正县级事业单位改为正县级行政单位，并纳入政府序列。1994 年 12 月增设农机工程开发站（1996 年撤销）。2001 年 1 月 10 日，地区农业机械管理局更名为菏泽市农

业机械管理局。2002年1月，农业机械管理局由正县级行政单位改为正县级事业单位，并退出政府序列，隶属菏泽市农业局，工作人员参照公务员管理。至2005年，农业机械管理局内设办公室（人事监察科）、产业发展科、监督管理科、科技质量科，下辖农机安全监理站、农机技术推广站、农机修配管理站、农机化学校4个事业单位。

1986—2005年菏泽市（地区）农业机械管理局领导成员更迭表

表32-4-22

职务	姓名	籍贯	任职时间
局长（经理）	郭怀亮	郓城县	1984.04—1987.07
	杨朝福	济宁市梁山县	1987.07—1988.07
	范道春	鄄城县	1988.07—1989.06
	王汝密	成武县	1989.06—1993.06
	张师方	巨野县	1993.06—1997.12
	李运斋	巨野县	1997.12—2001.06
	蒋子存	牡丹区	2003.06—
副局长（副经理）	陶可成	巨野县	1984.04—1987.07
	张玉存	定陶县	1984.04—1989.04
	马新启	牡丹区	1984.04—1989.04
	田留印	鄄城县	1984.04—1989.06
	赵栋	郓城县	1988.11—1989.06
	范道春	鄄城县	1989.06—1991.06
副局长	田留印	鄄城县	1989.06—1999.03
	赵栋	郓城县	1989.06—1995.06
	曹绪宝	定陶县	1991.08—1997.05
	蒋子存	牡丹区	1995.06—2003.06
	安文焕	定陶县	1997.05—1999.03
	褚福全	郓城县	1997.12—2002.07
	杨自源	成武县	1999.02—2001.06
	郝为成	巨野县	1999.03—
	王保华	曹县	2002.12—2004.12
	张代卿	定陶县	2004.12—
纪检组长	刘胜强	鄄城县	1997.05—1999.03
	李绪华	牡丹区	2003.07—
工会主任	李同华	曹县	2003.06—

水产局 1986年，地区水产公司内设水产技术推广站、办公室、政工科、财务科。1988年7月增设渔政科。1989年5月更名为地区水产局。2001年1月更名为菏泽市水产局。2002年1月，市水产局退出政府工作部门序列，隶属于市农业局。2005年，市水产局内设办公室、人事科、渔业科、渔政科，人员编制14人。

1986—2005 年菏泽市（地区）水产局领导成员更迭表

表 32-4-23

职　务	姓　名	籍　贯	任职时间
局　长（经　理）	黄先立	巨野县	1986.01—1989.03
	张师方	巨野县	1989.08—1993.05
	张思立	郓城县	1993.05—1998.01
	王殿常	成武县	1998.01—2004.08
	刘中琴	牡丹区	2004.12—
副局长（副经理）	屠为公	浙江省诸暨	1986.01—1993.06
	杜元京	荣城市	1986.01—1997.10
	张保夫	单　县	1986.01—1987.11
	吴春海	鄄城县	1987.03—1997.07
	马乃灿	郓城县	1993.06—2003.11
	史　峰	成武县	1997.05—
	王乃玺	郓城县	1997.07—
	马年桥	定陶县	1999.03—
纪检书记	李照新	巨野县	1997.05—
工会主任	朱瑞法	单　县	2003.11—2004.12

畜牧局　1994 年 4 月，设立地区畜牧业开发中心和地区牧工商总公司（一个机构两块牌子），为隶属于行署领导下的正县级事业单位，人员编制 62 人，内设办公室、人事监察科、计划财务科、生产科 3 个科室，下辖畜牧工作站、兽医工作站（加挂兽医卫生监督所、铁路兽医检疫站牌子）、兽药饲料监察所 3 个下属科级事业单位。1996 年 7 月，撤销地区畜牧业开发中心和地区牧工商总公司，设立地区畜牧局（正县级），人员编制 16 人，内设办公室、人事监察科（加挂科技教育科牌子）、计划财务科、生产法规科（加挂饲料工业科牌子），下辖畜牧工作站（加挂畜禽良种技术推广中心牌子）、兽医工作站（加挂兽医卫生监督所、铁路兽医检疫站牌子）、兽药饲料监察所。2001 年 1 月，地区畜牧局更名为菏泽市畜牧局。2002 年 1 月，市畜牧局退出政府工作部门序列，由行政单位改为正县级事业单位，其工作人员参照国家公务员管理，隶属于市农业局，人员编制 15 人，内设办公室、饲料管理科（加挂饲料工作办公室牌子）、兽医与兽药管理科、生产科技科，下辖畜牧工作站、兽医工作站（加挂兽医卫生监督所、铁路兽医检疫站牌子）、兽药饲料监察所 3 个科级事业单位。2002 年 6 月，市兽医卫生监督所改为市动物防疫监督所。

1994—1996年菏泽地区畜牧业开发中心、牧工商总公司领导成员更迭表

表 32-4-24

职　务	姓　名	籍　贯	任职时间
主　任　总经理	李胜华	成武县	1994.04—1995.11
副主任　副总经理	安道春	巨野县	1994.04—1996.11
	侯学增	牡丹区	1994.04—1996.11

1996—2005年菏泽市（地区）畜牧局领导成员更迭表

表 32-4-25

职　务	姓　名	籍　贯	任职时间
局　长	安道春	巨野县	1996.12—1998.08
	吴延印	牡丹区	1998.08—2004.08
	赵豪情	东明县	2004.04—
副局长	侯学增	牡丹区	1996.12—2004.08
	李建华	曹　县	1997.02—
	彭春臣	牡丹区	1997.02—
纪检组长	辛玉真	牡丹区	1997.02—
工会主任	齐俊芝	单　县	2003.05—

知识产权局　1986年，专利管理职能由地区科委专利管理科履行。1998年1月撤销科委专利管理科，设立地区专利管理局（正县级事业单位）。2001年9月，地区专利局更名为菏泽市知识产权局。2005年，知识产权局内设办公室、法律科、管理科、实施科、综合科、信息科6个科室，编制28人。

1998—2005年菏泽市（地区）知识产权局领导成员更迭表

表 32-4-26

职　务	姓　名	籍　贯	任职时间
局　长	李功臣	鄄城县	1998.05—2001.11
	刘建平	单　县	2003.05—
副局长	王广耘	邹　城	1998.05—2001.11
	侯文忠	单　县	1998.05—2003.05
	谢圣稳	单　县	2002.02—2005.10
	韩建民	单　县	2005—

地震局　1982年6月设立地区地震局（正县级）。1984年，地震局降格为副县级单位，编制11人。同年，撤销菏泽地震综合台，设立菏泽地震监测中心台（正县级），编制18人，其人员编制、行政管理、业务等统归省台。1991年，地震局升格为

正县级单位。1997 年 1 月，地震监测中心台并入地震局，与省地震监测台只保留业务指导关系。2001 年 1 月，地区地震局更名为菏泽市地震局，编制 27 人。至 2005 年年底，机构未有变动。

1986—2005 年菏泽市（地区）地震局领导成员更迭表

表 32-4-27

职　务	姓　名	籍　贯	任职时间
局　长	侯言秀	郓城县	1991.03—1995.11
	杜松柏	牡丹区	1995.12—1998.01
	黄保起	巨野县	1998.04—2004.08
	郑耀光	曹　县	2004.08—
副局长	赵宪超	莘　县	1991.03—1997.12
	孙亚强	单　县	1994.05—1997.01
	黄保起	巨野县	1991.03—1998.03
	邓志斌	牡丹区	1998.08—
	徐同山	济　宁	1998.08—
	李留藏	牡丹区	1985.04—1998.02
	魏玉民	巨野县	2002.12—

职工教育办公室　1981 年 12 月，设立地区职工教育办公室（正县级），隶属于行署办公室管理。1984 年 1 月降为副县级单位。1986 年，地区职教办内设秘书科、业务科和地区职工中等专业学校招生办公室。1989 年 8 月升格为正县级单位。2001 年 1 月，地区职教办更名为菏泽市职工教育办公室。同年 10 月，撤销市职教办，其工作人员归属菏泽市旅游局。

1986—2010 年菏泽市（地区）职工教育办公室领导成员更迭表

表 32-4-28

职　务	姓　名	籍　贯	任职时间
主　任	胡兴良	郓城县	1986.01—1988.07
	靳　军	曹　县	1988.07—1989.12
	魏德舜	河北省井陉县	1989.12—2001.10
副主任	靳　军	曹　县	1986.01—1988.07
	潘建荣	定陶县	1988.07—1990.06
	申兆刚	巨野县	1994.01—2001.10

旅游局　1991 年 3 月 4 日设立菏泽地区旅游局，与行署外事办公室合署办公。2001 年 1 月，地区旅游局更名为菏泽市旅游局。10 月，根据《关于组建菏泽市旅游局的通知》（菏编〔2001〕26 号）组建市旅游局，为正县级事业单位。加挂菏泽

国际牡丹花会组委会办公室牌子，将市职业教育中心人、财、物整建制并入市旅游局，市外事办所属旅游科并入市旅游局。至2005年，市旅游局内设办公室、质量监督与管理科、规划开发科3个科室。

1991—2005年菏泽市（地区）旅游局领导成员更迭表

表32-4-29

职　务	姓　名	籍　贯	任职时间
局　长	姚庆林	曹　县	1991.03—1995.03
	朱瑞林	单　县	1995.03—2001.10
	张在源	临朐县	2001.10—2004.08
	王殿常	成武县	2004.08—
副局长	侯宪法	牡丹区	1991.12—1998.09
	徐希亮	东平县	1993.12—1997.10
	孟庆聚	聊　城	1996.05—1999.05
	郭保存	成武县	1997.09—1999.04
	刘瑞玺	郓城县	1998—2001.10
	张乐园	成武县	2000—2001.10
	申兆刚	巨野县	2001.10—2004.03
	席福亮	定陶县	2003.01—
	朱　政	定陶县	2002.02—
	毛尊平	成武县	2005.04—
纪检组长	王玉军	鄄城县	2001.10—2004.10

公路局　1986年，地区公路管理段内设17个科室，拥有7个直属单位，下辖菏泽、东明、鄄城、梁山、郓城、巨野、成武、单县、曹县、定陶10县、市公路站。1989年9月梁山公路站划归济宁地区公路管理段。1993年8月设立东明黄河公路大桥管理处（副县级）。1994年1月，地区公路勘察设计室改称公路勘察设计院(副县级)。同年3月设立地区公路工程总公司（副县级）。1992年7月，地区公路管理段更名为地区公路管理局。1998年8月设立菏泽高速公路管理处（副县级）。2001年1月，地区公路管理局更名为菏泽市公路管理局。2002年2月，设立菏泽市公路管理局开发区分局（科级）。同年5月设立日东高速公路菏泽路政管理大队，为市级下属科级事业单位。2003年12月，设立菏泽市公路管理局养路费征稽处（市级直属科级）。至2005年年底，市公路局内设办公室、政治处、团委、机关后勤服务中心、路政科、保卫科、纪委、监察室、工会、计划生育办公室、老干部科、计统科、工程科、三产办、养护科、征收科、财务科、审计科、劳资科、机务科、法制科，拥有日东高速公路管理处、菏泽市公路勘测设计院、东明黄河公路大桥管理处、菏泽市公路工程总公司4个副县级直属单位1个科技直属单位，下辖牡丹区、开发区、曹县、单县、成武、定陶、巨野、郓城、鄄城、东明10个县区公路管理局。

1986—1990 年菏泽地区公路管理段领导成员更迭表

表 32-4-30

职　务	姓　名	籍　贯	任职时间
党委书记	黄玉江	定陶县	1984.05—1986.06
	李德章	郓城县	1986.07—1989.07
	瞿国起	东明县	1990.03—1994.12
党委副书记	魏宜哲	济宁市梁山县	1990.03—1994.12
段　长	瞿国起	东明县	1985.11—1990.03
	黄先立	巨野县	1990.03—1995.12
副段长	石其明	江苏省南京市	1984.05—1986.05
	安善荣	郓城县	1985.07—1986.06
	蔺广明	郓城县	1986.04—2001.06
	高志安	牡丹区	1990.02—2001.06
	郑昌义	济宁市梁山县	1990.02—1995.12
纪委书记	季士勇	定陶县	1986.04—1987.12
	高志安	牡丹区	1987.12—1990.02
	谢树松	单　县	1990.02—1995.12
工会主席	高志安	牡丹区	1986.04—1987.12
	晁岳坤	牡丹区	1987.12—1990.02
	李月法	牡丹区	1990.02—1995.12

1990—2005 年菏泽市（地区）公路管理局领导成员更迭表

表 32-4-31

职　务	姓　名	籍　贯	任职时间
党委书记	黄先立	巨野县	1995.12—1997.01
	党文生	成武县	1997.01—2001.06
	李运斋	巨野县	2001.06—2005.04
	李怀堂	成武县	2005.04—
局　长	党文生	成武县	1995.12—2001.06
	蔺广明	郓城县	2001.07—2005.04
	李怀堂	成武县	2005.04—
副局长	高志安	牡丹区	1990.02—1998.02
	郑昌义	济宁市梁山县	1990.02—1998.08
	蔺广明	郓城县	1995.12—2001.06
	黄增彦	东明县	1997.05—
	张芳林	定陶县	1998.02—2001.11

续表 32-4-31

职　务	姓　名	籍　贯	任职时间
副局长	谢树松	单　县	1999.03—2001.11
	成洪强	牡丹区	2000.09—
	郭德献	成武县	2003.11—
	赵华平	牡丹区	2005.04—
纪委书记	谢树松	单　县	1990.02—1999.03
	毛尊平	成武县	1999.03—2005.04
	邹文忠	栖　霞	2005.04—
工会主席	李月法	牡丹区	1990.02—1997.05
	王学平	牡丹区	1999.03—

供销合作社　1986年1月，地区供销合作社内设办公室、政工科、工会、教育科、计划业务科、财会科、基建储运科、保卫科、物价科、基层科、科技工业饮食服务科、纪律检查组等12个科室，拥有菏泽供销学校、地区供销职工中专、地区棉麻公司、地区供销储运公司、驻商丘土产杂品供应站等5个下属单位，下辖菏泽、曹县、定陶、成武、单县、巨野、梁山、郓城、鄄城、东明10个县市供销合作社联合社，与省共管的单位有山东省农业生产资料公司菏泽分公司、地区盐业果品公司。1986年7月增设农副产品科，1988年7月增设审计科。同年10月撤销教育科、基层科，设基层教育科；撤销基建储运科、保卫科，设储保科；撤销科技工业饮食服务科，设科技工业基建科；增设外经科、调研室、供销合作经济学会。1990年8月撤销政工科、基层教育科，设人事监察科、教育科、企业管理科、老干部科。1991年8月增设综合服务办公室，成立机关经济实体实业公司。1992年4月，将省农业生产资料公司菏泽分公司移交省生产资料公司管理。同年5月成立山东省菏泽地区生产资料公司，隶属于地区供销社。1993年3月成立地区供销开发公司。同年10月增设机关武装部，12月将菏泽供销学校更名为菏泽财经学校。1994年7月成立商贸中心，12月设安全统筹办公室（与储保科合署办公）。1997年11月设立地区供销职工培训中心（企业化管理，科级事业单位）；12月增设党委办公室，改纪律检查组为纪律检查委员会；12月撤销服务公司、购销公司、经贸公司、开发公司、商贸中心，成立供销集团总公司，下设经理办公室、财务部、家用电器部、物资建设部、粮油食品部、纺织品部、进出口部。1999年9月撤销实业公司，成立服务公司和购销公司；12月成立经贸公司。2000年11月8日，将地区盐业果品公司移交省果品公司管理，成立地区盐务局和盐业公司，不再隶属于地区供销社。2001年8月撤销供销集团总公司。2002年1月，菏泽市供销职工中专整建制并入市师范附属小学，隶属于市教育局。至2005年年底，菏泽市供销社内设办公室、人事教育科、财会审计科、安全储保科（安全统筹办公室）、合作指导科、企业运营科6个科室；拥有菏泽财经学校、

市棉麻公司、市供销储运公司、市土产杂品公司、驻商丘土产杂品公司、市农业生产资料公司、供销职工培训中心7个下属单位；下辖牡丹区、曹县、定陶、成武、单县、巨野、郓城、鄄城、东明9个县区供销合作社联合社。

1986—2005菏泽市（地区）供销社领导成员更迭表

表32-4-32

职　务	姓　名	籍　贯	任职时间
理事会主任	包谊春	成武县	1986.01—1992.01
	徐福增	莱　州	1992.01—1997.01
	王世轩	单　县	1997.01—2003.05
	刘增莹	成武县	2003.05—
监事会主任	谢朴君	单　县	1997.01 – 1999.03
	夏冬青	单　县	2005.05—
理事会副主任	侯明臣	郓城县	1986.01—1997.01
	谢朴君	单　县	1995.01—1997.01
	刘增莹	成武县	1999.03—2003.05
	孙树爱	单　县	1986.01—1993.04
	刘继芳	成武县	1986.01—1993.04
	张世兴	莘　县	1986.01—1997.01
	孙玉琢	河南省台前	1990.06—1998.02
	王兰玉	文　登	1993.04—2004.09
	石光强	鄄城县	1993.04—1993.07
	郑凤昌	阳谷县	1995.07—2003.05
	田家轩	成武县	1998.02—1999.03
	刘　平	牡丹区	1999.03—
	李忠存	曹　县	2003.07—2005.11
监事会副主任	马淑臣	济宁市梁山县	2005.05—
纪检组长	王先良	牡丹区	1991.01—1997.01
	朱启珍	单　县	1999.03—
工会主席	李忠存	曹　县	1993.06—2003.07

防汛抗旱指挥部办公室　1997年7月，设立地区防汛抗旱指挥部办公室（科级事业单位），隶属地区水利局。2002年7月，市防汛抗旱指挥部办公室升格为正县级单位，内设秘书科、调度科和通信科3个科室，编制10人。2005年，内设机构不变。

2002—2005年菏泽市防汛抗旱指挥部办公室领导成员更迭表

表 32-4-33

职　务	姓　名	籍　贯	任职时间
主　任	马春田	定陶县	2002.07—2005.10
	杜锦堂	牡丹区	2005.10—
副主任	李维波	郓城县	2003.07—
	司端金	郓城县	2003.07—

农业综合开发办公室　1998年9月，菏泽地区黄淮海平原农业开发办公室更名为地区农业综合开发办公室（正县级事业单位）。1989年8月改为正县级行政单位。1994年，地区农业综合开发办并入地区农委，改为正县级事业单位。2001年1月更名为菏泽市农业综合开发办公室，为市农业局的内设机构。至2005年，市农业综合开发办公室内设综合科、项目管理科、扶贫科，编制15人。

1998—2005年菏泽市（地区）农业综合开发办公室领导成员更迭表

表 32-4-34

职　务	姓　名	籍　贯	任职时间
主　任	郎丰华	临　朐	1988.10—1996.12
	周书运	牡丹区	1996.12—1997.12
	周连瑞	鄄城县	1997.12—2001.10
	任茂廉	鄄城县	2001.10—2004.05
	刘庆国	单　县	2004.05—
副主任	仪桂英	郓城县	1988.10—1992.08
	吴德信	汶上县	1988.10—1992.08
	刘庆国	单　县	1995.03—2004.05
	石宏展	曹　县	1999.03—
	蒋英超	牡丹区	2001.10—

计划生育协会　1987年5月成立地区计划生育协会。1992年9月下设计划生育协会办公室。2001年1月，地区计划生育协会更名为菏泽市计划生育协会，内设办公室、组织宣传部、群众工作部、项目部。至2005年，内设机构不变。

1987—2005 年菏泽市（地区）计划生育协会领导成员更迭表

表 32-4-35

职　务	姓　名	籍　贯	任职时间
会　长	魏忠民（兼）	巨野县	1987.05—1993.02
	崔玉莲	牡丹区	1993.02—2000.12
	郑和生	单　县	2003.06—
副会长	张进军	牡丹区	1995.12—2004.10
	闫瑞莲	郓城县	1999.04—2003.10
	崔秀珉	定陶县	2002.02—
	陈继善	单　县	2004.10—

城市综合开发办公室　2002 年 12 月设立菏泽市城市综合开发办公室（正县级事业单位），内设文秘科、综合科、项目科、招商科，编制 15 人。至 2005 年，内设机构不变。

2002—2005 年菏泽市城市综合开发办公室领导成员更迭表

表 32-4-36

职　务	姓　名	籍　贯	任职时间
主　任	曹升灵	牡丹区	2002.12—
副主任	楚衍君	牡丹区	2003.07—

铁路工作办公室　1991 年 11 月，菏泽地区成立支援铁路建设领导小组，下设临时办公室。1993 年 8 月，正式设立地区铁路工作办公室（正县级事业单位），编制 8 人，隶属地区建委领导，承担支援铁路建设、地方和铁路部门关系的协调任务。1994 年 5 月内设综合室和业务科。2001 年 1 月更名为菏泽市铁路工作办公室。2002 年 5 月并入市煤田开发办公室（加挂市铁路工作办公室牌子）。

1993—2005 年菏泽市（地区）铁路工作办公室领导成员更迭表

表 32-4-37

职　务	姓　名	籍　贯	任职时间
主　任	王正路	济宁市梁山县	1993.12—1997.05
	张立夏	曹　县	1998.03—2002.05
	李学军	定陶县	2002.05—2003.07
	蔡庆梓	曹　县	2003.07—
副主任	吕常銮	济宁市	1997.05—2001.05
	陈志起	郓城县	1997.06—1998.03

续表 32-4-37

职　务	姓　名	籍　贯	任职时间
副主任	肖焕斌	牡丹区	2001.05—2003.07
	赵卫星	曹　县	2003.07—
	许庆平	成武县	2003.07—

地方史志办公室　1982年4月，成立菏泽地区地方志编纂委员会，下设办公室（正县级），隶属于行署办公室管理。1984年1月降为副县级单位，编制15人。1986年内设编辑科、资料科、秘书科。1989年8月升格为正县级事业单位。2001年1月更名为菏泽市地方志编纂委员会办公室。2005年10月更名为菏泽市地方史志办公室。至2005年年底，市史志办内设秘书科、编辑科、资料科、县志指导科、年鉴科。

1986—2005年菏泽市（地区）地方史志办公室领导成员更迭表

表 32-4-38

职　务	姓　名	籍　贯	任职时间
主　任	马　涛	郓城县	1986.07—1997.05
	王伯涛	鄄城县	1997.12—
副主任	任孔闪	牡丹区	1986.07—1989.07
	王伯涛	鄄城县	1997.05—1997.12
	吕宪聚	鄄城县	1997.05—2001.10
	司品供	郓城县	2003.07—
	许明华	曹　县	2003.07—
主　编	张文青	曹　县	1989.08—1994.05
副主编	任孔闪	牡丹区	1992.07—

老龄工作委员会办公室　1987年9月24日成立菏泽地区老龄问题委员会。1988年9月12日设立地区老龄问题委员会办公室（事业，正县级），内设秘书科、业务科，人员编制11人。1991年1月更名为地区老龄委员会办公室。2001年10月更名为菏泽市老龄工作委员会办公室。至2005年，机构不变。

1988—2005年菏泽市（地区）老龄工作委员会办公室领导成员更迭表

表 32-4-39

职　务	姓　名	籍　贯	任职时间
主　任	杨铁成	曹　县	1988.11—1991.08
	常振文	牡丹区	1994.11—1996.12
	李永增	牡丹区	1997.02—2003.06
	张道学	栖　霞	2003.06—

续表 32-4-39

职　务	姓　名	籍　贯	任职时间
副主任	常振文	牡丹区	1988.01—1994.10
	张道学	栖　霞	1997.02—2003.06
	李　冰	郓城县	2003.02—2005.05
	牛贵云	鄄城县	2005.06—

投资开发公司　1990 年 7 月设立地区投资开发公司（正县级事业单位）。2001 年 1 月更名为菏泽市投资开发公司。内设机构综合管理部、人力资源部、投资发展部、财务管理部。

1990—2005 年菏泽市（地区）投资开发公司领导成员更迭表

表 32-4-40

职　务	姓　名	籍　贯	任职时间
经　理	郭洪杰	滕　州	1990.07—1999.03
	韩锦德	曹　县	1999.03—2003.06
	王雪云	曹　县	2003.06—2005.05
	徐文芹	定陶县	2005.05—
副经理	张秋冬	河南省范县	1991.04—1992.08
	戴景玉	辽宁省昌图	1992.09—1997.01
	鲁　维	河南省范县	1994.01—2000.06
	王敏生	曹　县	1994.01—1999.03
	王雪云	曹　县	1997.01—2003.05
	臧跃强	东明县	1997.01—2004.03
	路绍俊	定陶县	2001.07—
总工程师	李学信	曹　县	1995.04—2001.04
总会计师	王雪云	曹　县	1995.04—2003.05
	郭菏玉	河南省范县	2003.06—

农业科学院　1986 年，地区农业科学研究所（正县级事业单位）内设办公室、政工科、总务科、科研情报室、粮食研究室、大豆研究室、棉花研究室、园艺研究室、土肥研究室、植保研究室和试验农牧场等 11 个科室，编制 164 人。1993 年机构改革，农科所由原来的全额拨款改为差额拨款。1997 年 11 月，内设科室由原来的 11 个调整为 18 个。2001 年 1 月更名为菏泽市农业科学研究所。2003 年 7 月更名为菏泽市农业科学院。至 2005 年，市农科院内设作物研究所、林业与园林科学研究所、畜牧家禽研究所、土肥植保研究所、大豆研究所、蔬菜研究所、牡丹芍药研究所、水利科学研究所、农业机械研究所、农产品加工研究中心、生物工程研究中心、中心试验室、试验农场、办公室（党委办公室与院办公室合署）、人事科、计划财务科、科研信息科、

保卫科等科室，人员编制163人。

1986—2005年菏泽市（地区）农业科学院（所）领导成员更迭表

表32-4-41

职　务	姓　名	籍　贯	任职起止时间
所　长	李凤来	单　县	1984.08—1987.07
	费朝奇	曹　县	1993.06—1999.03
院　长	朱长进	牡丹区	1999.03—
副所长	朱道民	郓城县	1984.08—2004.01
	侯文忠	单　县	1988.01—1993.02
	马善伦	郓城县	1984.09—1993.10
	田昌连	定陶县	1988.01—1997.05
	苏保京	牡丹区	1994.06—1995.06
	朱长进	牡丹区	1996.06—1999.03
副院长	黄兴蛟	巨野县	1997.05—
	朱启玉	单　县	2003.06—
书　记	田知奇	成武县	1987.01—1993.05
	费朝奇	曹　县	1993.05—2005.04
	吴亚平	巨野县	2005.04—
副书记	刘传运	郓城县	1971.11—1995.12
	朱长进	牡丹区	1996.06—2005.12
纪委书记	朱启玉	单　县	1997.05—2003.06
	谷传彦	巨野县	2003.06—

冀鲁豫边区革命纪念馆　1998年8月，成立冀鲁豫边区革命纪念馆（正县级），内设办公室、宣传科、园林科、保卫科，编制20人。至2005年，机构设置无变化。

1998—2005年冀鲁豫边区革命纪念馆领导成员更迭表

表32-4-42

职　务	姓　名	籍　贯	任职时间
馆　长	彭　华	鄄城县	1998.08—1999.03
	司春雨	定陶县	1993.03—2003.01
	田振忠	郓城县	2003.01—
副馆长	鲁保存	曹　县	1998.08—
	安祥书	东明县	1998.08—
	庞志远	牡丹区	2003.07—

曹州书画院　1985年，成立曹州书画院，内设办公室、创作部、展览部。1994年4月，曹州书画院升格为副县级单位。1998年4月升格为正县级单位。至2005年，

机构设置没有变化。

1986—2005年曹州书画院领导成员更迭表

表 32-4-43

职　务	姓　名	籍　贯	任职时间
院　长	李荣海	曹　县	1986—1999
书　记	耿士川	牡丹区	1993—1994
	张文坦	鄄城县	2000—2005
	盛长义	聊　城	2005—
副院长	李洪福	牡丹区	1987—1987
	马祥瑞	牡丹区	1989—1989
	张剑萍	鄄城县	1991—1992
	上官超英	金乡县	1993—
	何德平	嘉祥县	1993—1993
	耿士川	牡丹区	1994—1994
	于鲁俊	河北省黄骅	1995—
	何树林	曹　县	2003—

菏泽日报社　1991年5月设立地委机关报《菏泽大众》报社（事业，正县级），人员编制30人。1993年7月1日，菏泽大众报社更名为菏泽日报社，内设办公室、农村部、要闻部、通联部、总编办公室、记者部、发行部、政文部、副刊文艺部、科技部、经济部、广告部等部室。1998年5月—1999年3月，撤销要闻部、通联部、总编办公室和记者部，增设总编室、综合新闻部、专刊部、周末部、经贸部、摄影美术部、新闻研究室、群工部、财务科、副刊编辑部、设备技术部和驻曹县、单县记者站。2000年8月，曹州晚报社收归菏泽日报社后，成立牡丹晚报社（副县级事业单位），人员编制54人。至2005年年底，菏泽日报社内设总编室、综合新闻部、专刊部、周末部、经贸部、农村部、政文部、摄影美术部、副刊编辑部、新闻研究室、群工部、广告部、发行部、设备技术部、党委办公室、办公室、财务科、新闻印刷有限责任公司等20余个部科室，共有干部职工283人，其中新闻编采人员和业务辅助人员(含招聘人员)153人，新闻印刷有限责任公司130人。其中有高级专业技术职务人员45人，中级专业技术职务人员32人，初级专业技术职务人员28人；有专兼职通讯员320余人。

1991—2005年菏泽日报社领导成员更迭表

表32-4-44

职　务	姓　名	籍　贯	任职时间
书　记	张振和	牡丹区	1991.06—2001.03
	赵锋利	曹　县	2001.03—
副书记	张振和	牡丹区	2001.03—2001.10
	张金鼎	定陶县	2001.03—2003.05
	常　健	牡丹区	2003.05—
	姚保国	牡丹区	2003.06—
社　长	张振和	牡丹区	2001.03—2001.10
	赵锋利	曹　县	2001.10—
副社长	赵锋利	曹　县	2001.03—2001.10
	姚保国	牡丹区	2003.06—
总编辑	张振和	牡丹区	1991.06—2001.03
	张金鼎	定陶县	2001.03—2003.05
	常　健	牡丹区	2003.05—
副总编辑	张金鼎	定陶县	1992.02—2001.03
	李全琦	鄄城县	1992.05—1998.08
	姚保国	牡丹区	1996.09—2003.06
	常　健	牡丹区	1999.03—2003.05
	孔庆宝	济宁市梁山县	2003.06—
	李传民	牡丹区	2003.06—
	张宗善	济宁市梁山县	2003.06—
	李建伟	郓城县	2005.04—

菏泽市立医院　1986年，地区人民医院设有内科、外科、妇产科、口腔科、眼科、耳鼻喉科、小儿科、传染科、中医科、皮肤科、干部保健科、肿瘤科、放射科、西药科、中药科、制剂科、手术室、麻醉科、检验科、供应室、营养室、急诊科、病理科、同位素放疗科、针灸理疗科、挂号室、特检科、预防保健科、院长办公室、医务科、护理部、总务科、财务科、人事科、器械科、保卫科、门诊办公室、党委办公室、纪委、工会、团委。1991年增设ＣＴ室、高压氧室；将内科分为内科、神经内科、心内科，外科分为外科、神经外科。1992年增设审计科、康复医疗科、综合信息科、物理诊断科、临床功能检查科、器械科更名为医疗设备科、急诊科更名为急救中心、营养室更名为营养科、同位素科更名为核医学科，供应室更名为消毒供应室。同时，放射科更名为影像诊断科。1993年增设中心实验室、加速器室、计划生育办公室。1994年增设科教科、老干部科。1995年增设感染管理科、宣传科。1996年，内科分为呼吸内科、消化内科、血液内科、心内科、神经内科；外科分为普外科、胸外科、骨外科、

神经外科，增设烧伤科、特检科。1998年增设疼痛科、输血科、血液净化中心、输液中心、美容中心、档案科、经济核算科、基建房产科、病房办公室、爱卫会办公室、第三产业办公室。1999年增设泌尿外科。2001年3月，地区人民医院更名为菏泽市立医院。2004年9月，市政府和上海道勤控股有限公司签订有偿转让菏泽市立医院全面经营权合同，市立医院改制为企业化管理。2005年3月增设风湿科、被服中心，撤销中心摆药站。10月恢复国有事业单位。

1986—2005年菏泽市立（地区人民）医院领导成员更迭表

表32-4-45

职　务	姓　名	籍　贯	任职时间
书　记	侯忠立	郓城县	1986.01—1995.03
	许德常	单　县	1995.03—1996.09
	侯保民	郓城县	1996.09—1998.01
	魏丙渠	鄄城县	1998.01—2004.9
	沙元革	曹　县	2005.09—
副书记	宋　展	河南省清丰	1986.04—1996.09
	许德常	单　县	1996.09—1998.01
院　长	钱本中	江苏省苏州市	1986.01—1996.10
	许德常	单　县	1996.09—1998.01
	刘广幸	单　县	1998.09—2004.09
	蔡中军	单　县	2004.09—2005.07
	唐忠诚（聘任）	—	2005.07—2005.09
	蔡玉河	定陶县	2005.09—
副院长	沈洪波	上海市	1986.01—1996.10
	黄　瑛	夏　津	1986.01—1997.12
	张效英	牡丹区	1986.04—1997
	张晋科	曹　县	1996.09—2004
	李振亮	牡丹区	1996.09—2004.09
	颜安佩	泗水县	1999.03—
	杨传欣	河南省范县	1999.03—2004.09
	李建军	单　县	1999.03—
纪委书记	朱崇泉	江苏省涟水	1987.04—1990.06
	孔祥玉	济　南	1990.06—1998.08
	陈秀芬	郓城县	1999.03—
工会主席	潘瑞熙	安　徽	1986.09—1996.09
	孙华连	曹　县	1997.03—1998.08
	刘振亭	单　县	1999.03—

菏泽市第二人民医院 1986年，地区第二人民医院设有内科、妇产科、儿科门诊，开设部分病房。1995年加挂地区创伤医院的牌子，内设外一科、外二科、外三科、外四科、妇产科、内科、儿科。1997年4月升格为副县级单位。2001年1月更名为菏泽市第二人民医院。2005年，科室设置不变。

1986—2005年菏泽市（地区）第二人民医院领导成员更迭表

表32-4-46

职　务	姓　名	籍　贯	任职时间
书　记	吕文光	曹　县	1985.06—1991.01
	苏长湖	牡丹区	1991.05—1994.03
	田波静	牡丹区	1997.03—2000.12
	王广金	曹　县	2002.06—2004.10
	李贵生	济宁市梁山县	2005.03—
院　长	苏长湖	牡丹区	1983.05—1994.10
	田波静	牡丹区	1994.10—2000.12
	王广金	曹　县	2000.12—2004.10
	陈　超	曹　县	2004.10—
副院长	鹿世新	单　县	1985.03—1997.01
	彭明强	牡丹区	1988.08—1993.09
	沈国华	莒南县	1980.03—1990.12
	田波静	牡丹区	1986—1994
	王广金	曹　县	1997.03—2000.12
	陈　超	曹　县	1997.03—
	郑连荣	定陶县	2002.06—2004.12
	徐爱云	牡丹区	2000.02—
	王文涛	曹　县	2004.09—
	李贵生	济宁市梁山县	2004.12—

菏泽市第三人民医院 1986年，地区精神病医院内设办公室、总务科、财务科、医务科、精神科、神经内科。1990年4月增设中医科、正骨科。1992年12月，地区精神病院更名为地区第三人民医院，并加挂地区精神卫生中心牌子。1994年4月增设内科、外科、妇产科、儿科、手术室。1995年7月增设急诊科。1996年3月增设疼痛科（1999年改为疼痛治疗中心）。1998年，地区第三人民医院升格为副县级单位。2000年增设立精神文明办公室。2001年5月更名为菏泽市第三人民医院。至2005年，科室设置无变化。

1986—2005 年菏泽市（地区）第三人民（精神病）医院领导成员更迭表

表 32-4-47

职　务	姓　名	籍　贯	任职时间
书　记	孙同道	潍　坊	1984.03—1997.03
	张　健	牡丹区	1997.03—2004.06
院　长	王继开	济宁市梁山县	1984.03—1995.03
	张　健	牡丹区	1995.03—2004.06
副院长	吴贵节	单　县	1984.04—1997.03
	王桂芝	曹　县	1986.01—1990.03
	张增林	曹　县	1992.03—1997.03
	殷全喜	牡丹区	1997.03—2004.08
	孙良民	曹　县	1997.03 —
	蔡翠英	定陶县	1997.03 —
副书记	殷全喜	牡丹区	1997.03—2004.08
	张增林	曹　县	1997.03—2003.05
工会主席	白殿友	牡丹区	1986.10—1989.07

菏泽市中医医院　1986 年，地区中医医院（副县级事业单位）内设纪检组、办公室、政工科、医务科、财务科、总务科、门诊部、护理部、工会、团委、内科、外科、骨伤科、痔瘘科、妇科、儿科、针灸科、五官科、药械科、特检科、放射科、按摩气功科、理疗科、预防保健科、家庭病床科、供应室、急诊室、检验科。1990 年 8 月增设肝病研究所。1992 年 7 月增设质量控制科、医疗设备科、病理科、科教科、肿瘤科。2001 年 1 月，地区中医院更名为菏泽市中医院。2002 年 7 月，内部机构重新设置，行政科室设纪检室、办公室、人事科、财务科、医务科、护理部、总务科、审计核算科、门诊部、招标采购办公室、保卫科、工会、团委；临床科室设内科、神经内科、外科、急诊室、妇产科、儿科、五官科、针灸推拿科、皮肤科、牙科、医疗美容科、手术室、碎石室、注射室、医疗保险分院、肝病研究所；医技科室设放射科、检验科、特检科、药械科、制剂科、理疗科、供应室、被服站。2004 年 4 月，市中医院改制为民营医院；2005 年 10 月恢复国有事业单位。

1986—2005 年菏泽市（地区）中医医院领导成员更迭表

表 32-4-48

职　务	姓　名	籍　贯	任职时间
书　记	吴万钧	阳谷县	1984.06—1987.04
	刘宪德	牡丹区	1987.04—1991.05
	陈继善	单　县	2002.05—2004.05
	陈友献	成武县	2005.01—2005.10

续表 32-4-48

职　务	姓　名	籍　贯	任职时间
院　长	黄经文	威海县	1984.06—1987.04
	司怀珠	济宁市梁山县	1987.04—1993.06
	许德常	单　县	1993.06—1995.03
	潘学亮	巨野县	1995.03—2002.05
	陈继善	单　县	2002.05—2004.05
	黄守民（聘）	金乡县	2004.05—2004.09
	陈友献	成武县	2004.09—2005.10
副院长	王端义	泰　安	1984.06—1987.04
	张守端	郓城县	1984.06—1993.12
	朱保平	河南省范县	1984.06—1987.04
	黄经文	威　海	1987.04—1991.02
	高宝海	定陶县	1992.11—1993.06
	高中方	牡丹区	1992.11—2002.05
	刘文库	定陶县	1993.12—2005.05
	黄献民（聘）	成武县	2004.05—2004.11
	李景桂（聘）	成武县	2004.09—2005.10
	范　平（聘）	鄄城县	2004.07—2004.10
	马仰国（聘）	鄄城县	2004.10—2005.03
	国清泉（聘）	牡丹区	2004.09—2005.10
	王伯祥（聘）	牡丹区	2004.06—2005.10

卫生防疫站　1985年，地区卫生防疫站由正科级事业单位升格为副县级事业单位，隶属于地区卫生局。2001年1月，地区卫生防疫站改称菏泽市卫生防疫站。2003年11月撤销菏泽市卫生防疫站，分别设立菏泽市疾病预防控制中心和菏泽市卫生监督所两个副县级事业单位。

1986—2005年菏泽市（地区）卫生防疫站领导成员更迭表

表 32-4-49

职　务	姓　名	籍　贯	任职时间
书　记	杨官升	嘉祥县	1986—1994
	马法宪	鄄城县	1997—2002
	霍怀堂	郓城县	2002—2003
站　长	付文焕	曹　县	1986—1994
	霍怀堂	郓城县	1994—2002

疾病预防控制中心　2003年11月，撤销菏泽市卫生防疫站，设立菏泽市疾病预防控制中心（事业，副县级），隶属于市卫生局管理。至2005年，疾控中心内设

办公室、人事科、生物制品管理科、公共卫生科、传染病防治科、计划免疫科、艾滋病防疫科、结核病防治科、健康教育科、预防医学门诊部、慢性病防治科、检验科、消杀科等13个科室。

2003—2005年菏泽市疾病预防控制中心领导成员统计表

表32-4-50

职　务	姓　名	籍　贯	任职时间
主　任	霍怀堂	郓　城	2003.11—

卫生监督所　2003年11月，撤销菏泽市卫生防疫站，设立菏泽市卫生监督所（事业，副县级），隶属于市卫生局管理。至2005年，市卫生监督所内设办公室、人事科、法制稽查科、监督一科、监督二科、监督三科、监督四科、监督五科8个科室。

2003—2005年菏泽市卫生监督所领导成员统计表

表32-4-51

职　务	姓　名	籍　贯	任职时间
书　记	王广金	曹　县	2003.11—
所　长	王德江	牡丹区	2003.11—

爱国卫生运动委员会办公室　1986年，地区爱国卫生运动委员会办公室为地区卫生局管理的副县级事业单位。1990年11月，爱国卫生运动委员会办公室升格为正县级单位，并从地区卫生局中析出。1996年7月，地区爱国卫生运动委员会办公室再次并入地区卫生局。2001年1月，地区爱国卫生运动委员会办公室更名为菏泽市爱国卫生运动委员会办公室。至2005年，机构无变化。

1986—2005年菏泽市（地区）爱国卫生运动委员会办公室领导成员更迭表

表32-4-52

职　务	姓　名	籍　贯	任职时间
主　任	商香斋	郓城县	1984.07—1993.03
	庞业俊	德　州	1995.03—1995.10
	樊庆新	牡丹区	1998.02—2003.06
	张晓云	江苏省丰县	2003.06—2005.02
	赵和平	牡丹区	2005.02—
副主任	陈秋枫	曹　县	1999.03—
	张佩宪	郓城县	2003.07—

红十字会　1985年4月23日，菏泽地区红十字会正式成立，并召开第一次会员代表大会，选举产生第一届理事会，副专员耿德祥任会长。1986—1991年，有8个地直医疗卫生单位和195个企事业单位成立红十字会组织。1995年6月设立红十

字会办公室，为地区卫生局领导下的科级事业单位。1997年4月，红十字会办公室升格为副县级事业单位，隶属关系不变。2004年12月，市红十字会由市卫生局代管改由市政府领导联系，经费财政单列，会长由市政府分管领导兼任，副会长按副县级规格配备2人，编制8人，同时撤销市卫生局所属的红十字会办公室。至2005年，全市有红十字会组织305个，其中市、县区红十字会组织10个，基层组织295个，会员共计23144人。

1986—2005年菏泽市（地区）红十字会领导成员更迭表

表32-4-53

职　务	姓　名	籍　贯	任职时间
副会长	周志刚	临　清	1985.04—1989.06
	从源滋	威　海	1985.04—1990.05
	商香斋	郓城县	1985.04—
	孙建民	鱼　台	1989.06—1994.06
	孙悦佩	鄄城县	1999.03—2005.10
	张之轩	济宁市梁山县	2005.10—

干部保健委员会办公室　2003年9月，成立菏泽市干部保健委员会，并在市卫生局内设干部保健工作办公室（事业，正科级），编制3人。为理顺干部保健工作体制，加强对菏泽市干部保健工作的领导，2004年7月将市卫生局所属的干部保健工作办公室改为市干部保健委员会办公室(正县级），隶属于市卫生局管理。

2003—2005年菏泽市干部保健委员会办公室领导成员更迭表

表32-4-54

职　务	姓　名	籍　贯	任职时间
主　任	张晓云（兼）	江苏省丰县	2003.09—2005.02
	赵和平（兼）	牡丹区	2005.02—
副主任	张　健	牡丹区	2004.10—

商业集团总公司　1986年，地区商业局（正县级行政单位）内设办公室、人事监察科、财务科、业务科、基层教育科、基建储运保卫科、商学会、纪检组、工会，编制33人，下辖百货采购供应站、五金交电化工采购供应站、糖酒茶副食品采购供应站、肉联厂、肉类联合加工总厂、商业储运公司、生化制药厂、商业技工学校、商办工业食品公司、食品公司、饮食服务公司、蔬菜公司。1993年7月成立百货总公司。1995年1月成立永昌五金交电化工有限公司。1995年8月—9月，百货采购供应站、糖酒茶副食品采购供应站依法破产。1996年2月，商业储运公司被菏泽交通集团承包（承包期为20年）。1996年10月，地区商业局改为地区商业集团总公司（正县级事业单位），内设办公室、人事处、财务处、企管处、审计处、技改处、

纪委、工会，直属单位有百货总公司、五金交电采购供应站、永昌五金交电化工有限公司、肉联厂、食品公司、饮食服务公司、蔬菜公司。11 月，商业技工学校改属地区经贸委管理。1997 年 1 月撤销商办工业食品公司；2 月成立糖酒茶副食品公司；8 月，肉类联合加工总厂被地区粮油集团总公司兼并。1997 年 10 月成立商贸实业公司。1998 年 12 月，生化制药厂被北京希力公司兼并。2001 年 1 月，地区商业集团总公司更名为菏泽市商业集团总公司。2003 年 6 月，菏泽市商业集团总公司与菏泽市物资集团总公司合并组建菏泽市物资流通协会。2005 年 10 月，市编委下发〔2005〕30 号文，撤销市物资流通协会，人财物整建制并入菏泽市贸易办公室。

1986—1996 年菏泽地区商业局领导成员更迭表

表 32-4-55

职　务	姓　名	籍　贯	任职时间
局　长	李文九	沾　化	1984.03—1987.08
	耿庆阁	牡丹区	1987.08—1989.07
	王冠举	鄄城县	1989.07—1996.11
副局长	马凤娟	无　棣	1981.06—1991.01
	赵守清	河南省新乡	1981.06—1991.01
	袁存义	定陶县	1984.04—1996.11
	张伯元	成武县	1984.03—1994.11
	解庆义	东平县	1979.10—1991.01
	邱效勤	郓城县	1983.03—1996.10
	白维亚	牡丹区	1990.06—1996.11
纪检组长	潘永居	郓城县	1993.10—1996.11

1996—2005 年菏泽市（地区）商业集团总公司领导成员更迭表

表 32-4-56

职　务	姓　名	籍　贯	任职时间
总经理	白维亚	牡丹区	1996.11—2003.06
副总经理	陶兴民	单　县	1996.11—2003.06
	袁存义	定陶县	1996.11—2003.06
纪检书记	潘永居	郓城县	1996.11—2003.06

物资集团总公司　1984 年 4 月，地区物资局改为地区物资管理公司（正县级事业单位），对外保留菏泽地区物资局牌子，内设办公室、人事监察科、计划业务科、储运科、节约科、保卫科、教育科、工会、纪委。1986 年 6 月撤销储运科，其职能交计划业务科。同时增设审计科、信息经营管理科（兼管物资学会）。直属企业有：燃料公司、木材公司、金属材料公司、建材轻化公司、机电设备公司、物资服务公司、

金属回收公司、物资招待所（物资宾馆）。1989年8月，地区物资管理公司改称地区物资管理局（正县级行政单位），内设办公室、人事监察科、计划业务科、财务科、审计科、保卫科、教育科、信息经营管理科、老干部管理科、节约科（1990年7月撤销）、工会，编制48人。直属企业有燃料公司（1993年5月改为总公司）、木材公司、金属材料公司（1993年5月改为总公司）、建材化轻公司(1990年6月分设为建材物资公司和化工轻工公司，1993年5月改为总公司）、物资服务公司（1991年7月改为生产资料服务公司)、机电设备公司(1993年5月改为总公司）、金属回收公司（1991年1月改为物资再生综合利用公司，1992年10月组建远东物资贸易公司）。1993年5月，生产资料服务公司改为汽车销售总公司。同时组建物资贸易总公司。1993年9月，地区物资管理局增挂地区物资集团总公司的牌子，内设机构不变，直属企业有燃料总公司、木材公司、物资贸易总公司、金属材料总公司、建材物资总公司、化工轻工总公司、机电设备总公司、汽车销售总公司、物资再生综合利用公司、远东物资贸易公司。1994年1月组建基建物资承包供应总公司。1996年6月，地区物资集团总公司的直属企业燃料总公司、木材公司、物资贸易总公司、物资再生综合利用公司、金属材料总公司、基建物资承包供应总公司、建材物资总公司、化工轻工总公司、远东物资贸易公司9个专业公司，人财物整建制无偿划拨给菏泽交通集团管理。1996年10月撤销地区物资管理局，将地区物资集团总公司和地区商业集团总公司合并，组建菏泽地区商贸集团总公司（未实施）。1998年3月成立菏泽拍卖行，属物资集团总公司管理的经营实体。1999年3月，地区物资集团总公司内设机构调整为综合办公室、物管处、开发办公室，直属企业有机电设备总公司、汽车销售总公司、菏泽拍卖行。2001年1月，地区物资集团总公司更名为菏泽市物资集团总公司。2002年10月，菏泽拍卖行改制为菏泽拍卖行有限公司，属无主管企业。2002年1月31日，菏泽市物资集团总公司与菏泽市商业集团总公司合并组建菏泽市物资流通协会。

1986—1993年菏泽地区物资管理局领导成员更迭表

表32-4-57

职　务	姓　名	籍　贯	任职时间
局　长	张锡荣	东平县	1986.01—1993.04
	刘志伦	单　县	1989.03—1993.08
副局长	戴景玉	辽宁省昌图	1986.01—1992.09
	王友明	山西省高平	1986.01—1990.01
	李修端	济宁市梁山县	1986.01—1993.09
	张继祥	嘉祥县	1989.08—1993.09
纪检书记	李月明	曹　县	1986.01—1990.01
	宋淑贞	章　丘	1991.04—1993.09

续表 32-4-57

职　务	姓　名	籍　贯	任职时间
工会主任	杨兆雪	济宁市梁山县	1992.08—1993.09

1993—2002 年菏泽市（地区）物资集团总公司领导成员更迭表

表 32-4-58

职　务	姓　名	籍　贯	任职时间
总经理	刘志伦	单　县	1993.09—1996.10
	侯仰春	郓城县	1996.11—2003.06
副总经理	李修端	济宁市梁山县	1993.09—1996.12
	张继祥	嘉祥县	1993.09—1996.08
	侯仰春	郓城县	1994.08—1996.10
	李凤起	牡丹区	1994.08—2003.06
	郭良勤	牡丹区	1999.03—2003.06
纪检组长	郭良勤	牡丹区	1994.08—1999.03
工会主席	杨兆雪	济宁市梁山县	1993.09—1996.12
	韩庆和	牡丹区	1998.08—2003.06

物资流通协会　2002 年 1 月 31 日，菏泽市物资集团总公司与菏泽市商业集团总公司合并，组建菏泽市物资流通协会（正县级事业单位），编制 20 人。该协会主要负责物资流通领域的信息咨询工作及原物资局、商业局离退休人员的服务工作（协会实际运转时间为 2003 年 6 月）。物流协会内设办公室、人事监察科、企业管理科、发展规划科、老干部管理科、工会，下辖机电设备总公司、汽车销售总公司、百货总公司、蔬菜公司、食品公司、饮食服务公司、糖酒茶副食品公司、商贸实业公司、五金交电化工采购供应站、永昌五金交电化工有限公司、肉联厂等企业。2005 年 10 月，撤销菏泽市物资流通协会，人财物整建制并入菏泽市贸易办公室。

2003—2005 年菏泽市物资流通协会领导成员更迭表

表 32-4-59

职　务	姓　名	籍　贯	任职时间
会　长	侯仰春	郓城县	2003.06—2005.11
副会长	陶兴民	单　县	2003.06—2004.10
	李凤起	牡丹区	2003.06—2004.08
	郭良勤	牡丹区	2003.06—2004.12
	任广君	郓城县	2005.07—2005.11
工会主席	任广君	郓城县	2003.06—2005.07

无线电管理办公室 1971年，地区成立以菏泽军分区管理为主的无线电管理委员会办公室，负责全区无线电管理的具体工作。1984年4月，按照国务院、中央军委下发的《关于调整各级无线电管理委员会组织机构的通知》精神，省级以下无线电管理办事机构由军队划归地方政府。1985年10月，地区无线电管理委员会办公室由菏泽军分区转交菏泽行署，为行署办公室的科级事业单位。1996年12月，省政府办公厅下发《关于调整无线电管理办事机构设置的通知》，规定市地级以下政府不再设立无线电管理委员会；市地政府（行署）原设的无线电管理委员会办公室改为省无线电管理办公室的派出机构，同时挂市地无线电管理处的牌子。1997年4月，撤销地区无线电管理委员会，设立地区无线电管理办公室（副县级规格），编制8人。2001年1月，地区无线电管理办公室更名为市无线电管理办公室，内设综合科、频率台站管理科，下辖无线电监测站，隶属于山东省无线电管理办公室和市政府办公室的双重领导。至2005年，机构设置不变。

1986—2005年菏泽市（地区）无线电管理办公室领导成员更迭表

表32-4-60

职　务	姓　名	籍　贯	任职时间
主　任	严春岸	牡丹区	1985.10—1994.06
	杨龙彬	单　县	1994.06—2003.02
	曹厚山	定陶县	2003.02—

博物馆 1985年1月，地区文展馆更名为地区博物馆，内设文物科、文物管理科、陈列科、保卫科、办公室，编制18人。1990年11月，菏泽剧院并入地区博物馆，地区博物馆同时升格为副县级单位，编制46人。1995年4月撤销文物管理科，设立地区文物事业管理处。2001年1月，地区博物馆更名为菏泽市博物馆。2月，牡丹区博物馆并入菏泽市博物馆。

1986—2005年菏泽市（地区）博物馆领导成员更迭表

表32-4-61

职　务	姓　名	籍　贯	任职时间
馆　长	郅天富	牡丹区	1985.01—1986.06
	张景全	单　县	1986.06—1986.10
	马魁君	东明县	1986.10—2000.06
	高国庆	曹　县	2000.06—

行政审批服务中心管理办公室 2002年7月，设立市行政审批服务中心管理办公室，内设综合科、业务协调科、督查科、信息技术科，编制10人。

2002—2005 年菏泽市行政审批服务中心管理办公室领导成员更迭表

表 32-4-62

职　务	姓　名	籍　贯	任职时间
主　任	樊护华	郓城县	2002.07—
副主任	张铁柏	单　县	2004.01—

第五章　省属以上驻菏泽单位

第一节　行政机构

菏泽市工商行政管理局　1986 年，地区工商行政管理局内设办公室、企业管理科、市场管理科。1988—1994 年，先后增设经济检查所、商标广告管理科、经济合同管理科、消费者协会、个体私营经济管理科、法制科、行政财务科、机动车交易市场管理所、商标事务所、开发区分局、花都商埠工商所、人事监察科。1998 年 12 月，工商行政管理系统进行体制改革，实行省以下垂直管理。2001 年 1 月，地区工商行政管理局更名为菏泽市工商行政管理局，原县级菏泽市工商行政管理局更名为菏泽市工商行政管理局牡丹分局。至 2005 年，菏泽市工商行政管理局有内设职能科室 8 个，直属机构 2 个，派出机构 4 个。

1986—2005 年菏泽市（地区）工商行政管理局领导成员更迭表

表 32-5-1

职　务	姓　名	籍　贯	任职时间
局　长	刘凤仙	牡丹区	1984.04—1989.09
	韩同成	济宁市梁山县	1989.09—1998.01
	卢建刚	鄄城县	1998.01—
副局长	韩宪良	曹　县	1984.04—2001.03
	黄玉江	定陶县	1987.02—1989.09
	李玉伦	济宁市梁山县	1989.04—1993.06
	肖钦林	牡丹区	1993.07—2001.09
	燕季方	成武县	1997.05—
	李瑞峰	单　县	1997.05—
	范业赞	牡丹区	1997.07—
	王焕臣	潍　坊	2001.09—

续表 32-5-1

职　务	姓　名	籍　贯	任职时间
纪检组长	王隆建	郓城县	1991.03—1998.01
	侯德田	牡丹区	1998.01—2001.02
	马全国	潍坊青州市	2001.02—

菏泽市国家税务局　1994年8月10日，撤销地区税务局，分别设立地区国家税务局和地方税务局。新设立的国税局（正县级单位）隶属于山东省国税局垂直管理，下辖菏泽地区8县1市国税局。地区国税局内设12个行政职能科室、2个科级直属分局（征收分局、稽查分局）及2个科级事业单位（会计师事务所、行政事务管理所）。1996年，撤销全区乡镇税务所，按经济区域设立65个农村分局（副科级），其人事任免权归属地区国税局，业务、财务归属驻地县市国税局代管。1998年4月，地区国税局直属征收分局、稽查分局升格为副县级单位，同时设立菏泽开发区分局（2001年升格为副县级单位）。2001年1月，菏泽地区国税局更名为菏泽市国税局，局机关内设科室调整为9个，直属机构增加到5个。2003年，市局机关内设12个科室，直属单位由5个降为2个（稽查局、开发区国税局）。至2005年，市国税局有内设科室14个，直属单位1个（稽查局，科级）。

1994—2005年菏泽市（地区）国家税务局领导成员更迭表

表 32-5-2

职　务	姓　名	籍　贯	任职时间
局　长	刘德生	昌　邑	1994.08—1994.10
	邱根喜	东明县	1994.10—1999.01
	王复兴	昌　邑	1999.01—2000.09
	孙庆华	嘉祥县	2000.09—
副局长	邱根喜	东明县	1994.08—1994.10
	姜怀印	郓城县	1994.08—2000.12
	范明义	曹　县	1994.11—
	薛乃成	巨野县	1997.11—
	王长生	牡丹区	2001.07—
纪检组长	庄合长	曹　县	1994.08—1997.11
	赵洪瑛	牡丹区	1997.11—2001.07
	齐清涛	河北省南宫	2001.07—
工会主任	范明义	曹　县	1994.08—1994.10

菏泽市地方税务局　1994年8月10日，撤销地区税务局，分别设立地区国家税务局和地区地方税务局。新设立的地方税务局（正县级单位）内设办公室、基层工作科、流转税管理科、所得税管理科、地方税管理科、征收管理科、计划会计科、

装具票证管理科8个职能科室，下辖直属征收分局、税务稽查分局。1996年12月机构改革，内设办公室、税收管理一科、二科、三科、四科、征收管理科、计划财务科、装备票证管理科、人事教育科、监察科10个职能科室，下辖直属征收分局、税务稽查分局。1997年10月设立地区地方税务局开发区分局。1998年3月增设涉外税收管理科。同年，地方税务机构实行省以下垂直管理，下辖菏泽市、曹县、定陶、成武、单县、巨野、郓城、鄄城、东明9个县市地方税务局，全系统共有干部职工2721人。2001年1月，地区地方税务局更名为菏泽市地方税务局。2002年8月，省、市、县地方税务局机构改革，菏泽市地方税务局为省地方税务局直属机构，内设办公室、政策法规科、税收管理科、国际税务管理科、征收管理科、计划统计科、财务装备科、组织人事科、政治工作科、监察室10个职能科室，下辖稽查局、直属征收分局、曹县地方税务局、定陶县地方税务局、成武县地方税务局、单县地方税务局、巨野县地方税务局、郓城县地方税务局、鄄城县地方税务局、东明县地方税务局10个直属机构和菏泽市地方税务局经济开发区分局、菏泽市地方税务局牡丹分局2个派出机构。2004年8月，山东省编制办公室批准成立菏泽市地方税务局信息中心和纳税服务中心，为市地方税务局直属财政拨款事业单位。至2005年年底，全市地税系统共有干部职工1686人。

1994—2005年菏泽市（地区）地方税务局领导成员更迭表

表32-5-3

职　务	姓　名	籍　贯	任职时间
局　长	李进民	成武县	1994.08—2000.03
	张川英	河北省故城	2000.03—
副局长	刘新建	曹　县	1994.08—
	朱世宪	曹　县	1994.08—
	肖焕林	牡丹区	1997.12—2004.01
	游聚亭	定陶县	2002.10—
纪检组长	张清选	牡丹区	1995.03—2001.03
	游聚亭	定陶县	2001.03—2002.10
	姚新华	牡丹区	2002.10—
工会主席	游聚亭	定陶县	1998.08—2001.03

菏泽市质量技术监督局　1986年，地区标准计量处内设计量测试所、产品质量监督检验所、纺织纤维检验所3个正科级事业所。1989年8月30日，地区标准计量处由副县级单位升格为正县级单位，改称菏泽地区技术监督局，隶属地区经济委员会，内设办公室、标准化管理科、质量监督科、计量管理科。1993年3月增设技术监督稽查所。1994年9月增设技术监督情报所。1996年12月，地区技术监督局归属行署领导。1998年11月增设黄金珠宝产品质量监督检验中心。2000年1月，

国家对质量监督体制进行重大改革，实行省以下质量技术监督系统垂直管理。2001年1月，地区技术监督局更名为菏泽市质量技术监督局。2004年9月设立质量技术监督局稽查分局（副县级事业单位）。至2005年，市质量技术监督局内设办公室、人事科、财务科、监察室、政工科、计量科、质量科、标准化科、监督与法制科、特种设备安全监察科10个科室，下辖质检所、计测所、纤检所、特检所、情报所5个科级事业单位和质量技术监督稽查局（副县级事业单位）。

1986—2005年菏泽市（地区）质量技术监督局领导成员更迭表

表32-5-4

职　务	姓　名	籍　贯	任职时间
局　长	彭继绍	安徽省砀山	1986.01—2001.05
	赵　波	河南省南乐	2001.05—
副局长	胡化民	牡丹区	1990.01—1993.04
	渠玉琳	济南市	1990.01—1995.03
	赵　波	河南省南乐	1993.09—2001.05
	刘协亮	曹　县	1995.03—2002.02
	李振龙	巨野县	1995.06—2001.05
	何东方	成武县	1997.06—2001.05
	田家轩	成武县	1999.03—
	赵　胜	曲　阜	2001.06—
	郑　江	博　山	2002.11—
纪检组长	耿士朝	牡丹区	1995.03—1999.02
	郑　江	博　山	1999.03—2001.06
	王传玉	巨野县	2004.09—

菏泽市食品药品监督管理局　2001年11月设立地级菏泽市药品监督管理局（正县级，为省药品监督管理局的直属机构，主管菏泽市药品监督管理工作），编制30人，内设办公室（政策法规科）、药品管理科、市场监督科、医疗器械科、财务科、人事教育科、药品稽查大队，下辖曹县、单县、郓城、巨野、鄄城、东明、成武、定陶8县药品监督管理局。同时，撤销曹县、单县、郓城、巨野、鄄城、东明、成武、定陶8县药品检验所，其事业编制并入县药品监督管理局；将牡丹区药品检验所（包括机构、人员）上划菏泽市药品监督管理局管理。2004年11月，市、县药品监督管理局分别更名为市、县食品药品监督管理局。2005年，市食品药品监督管理局下辖8个县级局和市药检所、培训中心、牡丹区药检所（暂未上划）3个事业单位。

2002—2005 年菏泽市食品药品监督管理局领导成员更迭表

表 32-5-5

职　务	姓　名	籍　贯	任职时间
局　长	魏建华	单　县	2002.02—
副局长	张金玺	牡丹区	2002.02—2005.02
	史国生	郓城县	2002.02—
	马保岭	鄄城县	2002.02—
纪检组长	邓仰轩	牡丹区	2003.10—

菏泽市气象局　1986 年，地区气象局内设办公室、政工科、业务科、农业气象科、气象台、气象服务中心等科室，下辖 9 县气象局（含梁山县，县级菏泽市无气象局）。2001 年 1 月，地区气象局更名为菏泽市气象局。至 2005 年，市气象局内设办公室、人事教育科、业务科技科、政策法规科、气象台、财务结算中心、科技服务中心、雷电防护中心共 8 个科室。

1986—2005 年菏泽市（地区）气象局领导成员更迭表

表 32-5-6

职　务	姓　名	籍　贯	任职时间
局　长	肖惠卿	牡丹区	1985.11—1988.09
	周茂杰	牡丹区	1990.04—2001.12
	郭建民	郓城县	2001.12—
副局长	陈培华	牡丹区	1981.11—1990.04
	周茂杰	牡丹区	1988.09—1990.04
	侯敬和	牡丹区	1990.04—2002.09
	马秀荣	成武县	1990.04—1994.07
	郭建民	郓城县	1994.07—2001.12
	张　宏	济　南	1999.06—2000.09
	张宗灏	济　宁	2001.12—
	谢考现	郓城县	2002.07—2003.05
纪检组长	马秀荣	成武县	1994.04—1997.12
	韩玉琳	栖　霞	1997.12—

菏泽黄河河务局　1986 年，山东黄河河务局菏泽修防处（山东黄河河务局派出机构，正县级单位）内设办公室、政工科、工务科、工程管理科、财务器材管理科、审计科、老干部管理科、工会、行政监察科、水政科、滩区建设科、多种经营科和通信站，下辖东明、菏泽、鄄城、郓城和梁山 4 县 1 市修防段和梁山石料收购站（均为正科级单位）。1989 年全区黄河系统在职职工共 1427 人，其中有专业技术人员 208 人（高级职称 3 人，中级职称 16 人，初级职称 189 人）。1989 年 12 月 27 日，因行

政区划调整，梁山修防段划归山东黄河位山工程局。1990年8月12日，菏泽修防处更名为菏泽地区黄河河务局，东明、菏泽、鄄城、郓城修防段更名为县市河务局，并升格为副县级单位。1991年，谢寨引黄闸管理所从东明县黄河河务局划出，成为地区黄河河务局直辖的科级单位。1999年5月18日，菏泽地区黄河河务局机关由鄄城县城迁至菏泽城区长江路887号。同年年底机构改革后，地区黄河河务局内设办公室、人事劳动教育科、河务科、防汛办公室、财务经营科、监察审计科、水政水资源科、工会等科室和通信处、机关服务处、菏泽黄河工程局3个直属单位，拥有在职职工1219人，其中专业技术人员161人（高级职称1人，中级职称57人，初级职称103人）。2001年1月，地区黄河河务局更名为菏泽市黄河河务局。2004年11月更名为山东黄河河务局菏泽黄河河务局。2005年6月，鄄城黄河河务局在水管体制改革时成立的菏泽安源养护公司、菏泽乾顺黄河工程公司（副县级单位），划归菏泽黄河河务局直接管理。至2005年年底，菏泽黄河河务局内设办公室、工务科、防汛办公室、水政科、财务科、人事劳动教育科、监察科、审计科、离退休职工管理科、工会等科室，下辖信息管理处、服务处、菏泽黄河培训中心、经济发展管理局、菏泽黄河工程局、供水处6个单位，拥有在职职工1127人，其中专业技术人员269人（高级职称12人，中级职称102人，初级职称155人）。

1986—2005年菏泽黄河河务局（处）领导成员更迭表

表32-5-7

职　务	姓　名	籍　贯	任职时间
主　任	孟青云	德州市	1986.01—1988.06
	田德本	河南省开封	1988.06—1990.02
	姜西林	河南省开封	1990.02—1990.12
局　长	姜西林	河南省开封	1990.12—1992.02
	郭凤桐	河南省通许	1992.06—1995.03
	许建中	济宁市梁山县	1995.03—1999.12
	王春迎	平　阴	1999.12—2002.05
	王玉华	海　阳	2002.05—
副主任	田德本	河南省开封	1986.01—1988.06
	王　挺	河南省南召	1986.01—1990.12
	郝金之	德州市	1988.02—1990.02
	张忠敏	鄄城县	1989.04—1990.12
	郭凤桐	河南省通许	1990.06—1990.12
副局长	王　挺	河南省南召	1990.12—1994.02
	张忠敏	鄄城县	1990.12—1994.02
	郭凤桐	河南省开封	1990.12—1992.06

续表 32-5-7

职　务	姓　名	籍　贯	任职时间
副局长	王春迎	平　阴	1992.02—1999.11
	雷玉舢	济宁市梁山县	1994.02—1997.03
	梁　灿	鄄城县	1994.02—1995.03
	边文田	鄄城县	1995.03—2002.11
	陈太平	东明县	1997.04—2003.02
	梁　灿	鄄城县	1999.05—
	丁惠新	惠民县	2003.02—
	张庆彬	滨州市	2003.03—

菏泽出入境检验检疫局　1988 年 5 月 12 日，经国家进出口商品检验局批准，设立菏泽进出口商品检验局，隶属于山东进出口商品检验局和菏泽行署双重领导，业务辖区为菏泽境内的 9 个县市。1996 年 9 月设立菏泽卫生检疫局，隶属于青岛卫生检疫局。10 月，设立菏泽动植物检疫局，隶属青岛动植物检疫局。1999 年 11 月，菏泽卫检局、菏泽动植检局、菏泽商检局“三检合一”，成立菏泽出入境检验检疫局。2005 年，菏泽出入境检验检疫局内设 7 个科室和 1 个服务中心，共有检验检疫人员 41 人。

1988—2005 年菏泽出入境检验检疫局领导成员更迭表

表 32-5-8

职　务	姓　名	籍　贯	任职时间
局　长	宋登杰	单　县	1988.11—1998.02
	王洪兵	吉林省长春市	1998.02—1999.11
	孙崇然	蓬　莱	1999.11—2002.05
	宋连义	济　宁	2002.05—2005.03
	朱　可	江苏省徐州市	2005.03—
副局长	高玉潮	郓城县	1992.12—1997.06
	姜德忠	滕　县	1997.04—1998.02
	张秋贤	曹　县	1997.03—
	李传宏	济宁市梁山县	1997.07—1999.11
	李　鲁	曹　县	1998.02—1999.11
	宋连义	济　宁	1999.11—2002.05
	栾　岗	莱　州	2005.10—
纪检组长	李　鲁	曹　县	1992.12—1998.02
	吕玉琴	牡丹区	1998.02—

青岛海关驻菏泽办事处　为青岛海关的正县级海关办事机构，筹建于 1995 年，1996 年 12 月 26 日开关办理海关业务，负责菏泽境内的进出口业务。1997 年，青岛

海关驻菏办事处内设办公室、通关科和监管技术科3个科室，共有15名关员；具体业务包括监管进出口货物、征收关税和进出口环节代征税、打击走私、编制海关统计等。至2005年，机构设置无变化。

1996—2005年青岛海关驻菏泽办事处领导成员更迭表

表32-5-9

职　务	姓　名	籍　贯	任职时间
关　长	史衍臣	济　宁	1996.12—1997.08
	杨恩全	青　岛	1997.08—1999.04
	戚传海	菏　泽	1999.04—2003.02
	修中山	烟　台	2003.02—2005.06
	林志勇	青　岛	2005.06—
副关长	戚传海	菏　泽	1996.12—1999.04
	姜海滨	青　岛	2000.04—2002.10
	刘广霞	聊　城	2003.10—

第二节　金融机构

中国人民银行菏泽市中心支行　1986年，中国人民银行菏泽地区分行辖10个县支行，隶属于中国人民银行山东省分行管理。1990年1月1日，梁山县支行划归济宁市分行管理。1998年9月25日撤销人行菏泽市支行，并入人行菏泽地区分行。12月31日起，中国人民银行菏泽地区分行改属济南分行垂直领导和管理。1999年1月1日更名为中国人民银行菏泽地区中心支行。2001年1月更名为菏泽市中心支行。至2005年年底，人行菏泽市中心支行内设办公室、货币信贷管理科、调查统计科、会计财务科、科技科、货币金银科、国库科、内审科、人事科、外汇管理科、事后监督中心、保卫科；党群工作机构设党委办公室（与行办公室合署办公）、组织部（与人事科合署办公）、纪委监察室、宣传群工部；直属单位有营业室（含清算分中心）、后勤服务中心；下辖8个县支行；共有员工471人，其中中心支行机关158人。

1986—2005年中国人民银行菏泽市（地区）中心支行领导成员更迭表

表32-5-10

职　务	姓　名	籍　贯	任职时间
行　长	程仲泗	泰安市	1983.10—1994.03
	段有志	济宁市梁山县	1994.03—2001.03
	王德业	枣庄市	2001.03—
副行长	贾金玺	牡丹区	1982.05—1994.11
	李协奎	定陶县	1986.04—1994.03

续表 32-5-10

职　务	姓　名	籍　贯	任职时间
副行长	段有志	郓城县	1988.12—1994.03
	王德业	枣庄市	2000.02—2001.03
	郝友格	金乡县	2000.02—2002.04
	周登宪	鄄城县	2003.12—
	石建民	单　县	2003.12—
	吕士伟	邹　城	2005.03—
	李　科（挂职）	聊城市	2005.11—
总稽核	郝友格	金乡县	1993.05-2000.02
纪检组长	郑　丽	河南省济源	2003.12—
工会主任	武富民	曹　县	2003.12—

中国银行业监督管理委员会菏泽监管分局　2003 年 12 月 19 日，中国银行业监督管理委员会菏泽监管分局从人行菏泽市中心支行分设成立，负责对菏泽市辖区内银行业金融机构和金融业务的监督管理工作。2005 年，菏泽监管分局内设办公室、人事科、统计信息科、监管一科、监管二科、监管三科6个科室，下辖曹县、定陶、成武、单县、巨野、郓城、鄄城、东明 8 个县的监管办事处，共有员工 62 人，其中监管分局机关 34 人。

2003—2005 年中国银行业监督管理委员会菏泽监管分局领导成员更迭表

表 32-5-11

职　务	姓　名	籍　贯	任职时间
局　长	党明娜	牡丹区	2004.04—
副局长	党明娜	牡丹区	2003.12—2004.04
	朱凤德	牡丹区	2003.12—
	张以良	单　县	2004.10—

中国银行菏泽市分行　1986 年，中国银行菏泽支行辖定陶办事处，曹县、单县支行和菏泽市南城办事处。1990 年 1 月，梁山县支行划入济宁市。2000 年 11 月，撤销单县支行、巨野支行，设立单县留守处、巨野留守处。2001 年 1 月，中国银行菏泽地区分行更名为中国银行菏泽市分行。2003 年 10 月，中国银行由国有独资商业银行整体改制为国家控股的股份制商业银行（简称中国银行）。至 2005 年年底，全市共有 37 个营业网点，员工 579 人。

1986—2005年中国银行菏泽市（地区）分行领导成员更迭表

表32-5-12

职　务	姓　名	籍　贯	任职时间
行　长	孟广益	鄄城县	1987.07—1997.07
	孟庆明	单　县	1997.04—2000.02
	宋志枫	威海市	2000.02—
副行长	孟广益	鄄城县	1981.07—1987.07
	张文义	牡丹区	1984.01—1998.08
	孟庆明	单　县	1991.06—1997.07
	李　华	聊城市	1995.03—2000.02
	侯文波	高　密	1997.05—1998.03
	杨继云	单　县	1997.07—2000.02
	李进生	定陶县	1997.07—2000.02
	张晓明	苍山县	1998.05—2000.01
	扈连山	曹　县	2000.02—
	贾丁盘	冠　县	2000.02—
	谢其善	即　墨	2002.12—
	李　晨	成武县	2004.10—
总稽核	扈连山	曹　县	1998.10—2000.02
	孙庆洲	青岛市	2000.02—2001.03
纪委书记	闫　健	单　县	2004.08—

中国工商银行菏泽市分行　1986年，中国工商银行菏泽地区中心支行辖10个县级支行。1990年1月梁山县支行划归工商银行济宁市中心支行管理。1998年12月，工商银行县级菏泽市支行并入菏泽地区中心支行。1999年7月，中国工商银行菏泽地区中心支行更名为菏泽地区分行。2000年12月更名为中国工商银行菏泽市分行。至2005年年底，分行机关内设18个科室，下辖曹县、成武、单县、巨野、郓城、鄄城、东明7个县支行和1个分理处（定陶分理处），共有城区网点61个、员工809人。

1986—2005年中国工商银行菏泽市（地区）分行领导成员更迭表

表32-5-13

职　务	姓　名	籍　贯	任职时间
行　长	王培人	单　县	1985.12—1997.11
	李同岭	郓城县	1997.11—2003.07
	谭超田	烟台市	2003.09—
副行长	刘洪飞	曹　县	1984.11—1987.05
	吴庆平	江苏省江阴	1984.11—1993.10

续表 32-5-13

职　务	姓　名	籍　贯	任职时间
副行长	沙学民	曹　县	1984.11—1992.07
	马文江	牡丹区	1992.07—2000.03
	张世林	单　县	1992.07—2001.08
	李同岭	郓城县	1994.07—1997.11
	王国友	定陶县	1997.11—2000.10
	程庆强	曹　县	1997.11—2002.10
	巴　超	烟台市	2000.03—2004.03
	石建利	临沂市	2003.05—2005.03
	谭超田	烟台市	2003.07—2003.09
	李宏云	德州市	2003.11—
	刘振民	牡丹区	2003.12—2005.03
	黄腾坤	单　县	2003.12—
	刘虎臣	鄄城县	2003.12—
	冯万杰	牡丹区	2005.08—
纪委书记（纪检组长）	刘洪飞	曹　县	1986.04—1987.05
	常胜林	巨野县	1992.07—

中国农业银行菏泽市分行　1986 年，中国农业银行菏泽地区中心支行下辖 10 个县支行。1990 年 1 月，梁山县支行划归济宁市中心支行管理。2001 年 1 月更名为中国农业银行菏泽市分行。至 2005 年年底，农行菏泽市分行内设办公室、公司业务部、机构业务部、个人业务部、银行卡部、信贷管理科、资产风险经营管理部、计划财务科、审计科、监察保卫科、人事科、工会、计算机管理科、总务科 14 个科室；下辖 11 个支行，63 个分理处、营业所，31 个储蓄所。

1986—2005 年中国农业银行菏泽市（地区）分行领导成员更迭表

表 32-5-14

职　务	姓　名	籍　贯	任职时间
行　长	高学廉	单　县	1985.07—1995.07
	刘竹茂	临沂市	1995.07—1998.11
	王旭光	东明县	2000.05—2004.06
	刘玉琳	潍坊市	2004.06—
副行长	姜伯超	临沂市	1985.07—1990.11
	王业丰	鄄城县	1982.03—1992.05
	高成路	郓城县	1985.07—1995.07
	赵杰英	莘　县	1990.11—1993.11
	杜良修	郓城县	1992.05—

续表 32-5-14

职　务	姓　名	籍　贯	任职时间
副行长	王安兴	济宁市梁山县	1995.07—1997.03
	侯长海	单　县	1995.07—2002.11
	王旭光	东明县	1997.03—2000.05
	郭良运	牡丹区	1998.11—
	曹明钊	河南省巩义	1999.11—
	郑新生	牡丹区	2003.04—
纪委书记	安克义	定陶县	1987.03—1998.09
	杨　振	鄄城县	1990.11—1998.11
	张广立	曹　县	1998.11—2001.09
干校校长	石洪进	郓城县	1992.06-1996.07
工会主任	安克义	定陶县	1988.09-1990.11
	杨凤云	定陶县	1993.11-1998.06
总稽核	赵杰英	莘　县	1988.10-1990.11
	裴进景	河南省清丰	1990.11-1993.11
	张广立	曹　县	1993.11-1998.11

中国农业发展银行菏泽市分行　1996年11月，农业发展银行菏泽地区分行从农业银行菏泽地区分行中分设成立。2000年12月更名为农业发展银行菏泽市分行。至2005年年底，该分行内设办公室（党委办公室）、资金计划科、信贷与风险管理科、客户科、财会信息科、人力资源科（党委组织部）、监察室（纪委）、稽核科，下辖9个分支机构，共有262名员工。

1986—2005年中国农业发展银行菏泽市（地区）分行领导成员更迭表

表 32-5-15

职　务	姓　名	籍　贯	任职时间
行　长	高成路	郓城县	1997.08—2000.12
	李德辉	威海市	2000.12—
副行长	高成路	郓城县	1996.10—1997.08
	赵福民	牡丹区	1997.08—2000.12
	李大成	济宁市梁山县	1999.02—
	赵性存	郓城县	2000.12—2001.08
	龙志强	济宁市	2001.08—
	刘浩然	河南省尉氏	2002.06—

中国建设银行股份有限公司菏泽分行　1986年，中国建设银行菏泽地区中心支行辖10个县市支行。1989年设立建行菏泽发电厂办事处（1993年12月28日更名为建行菏泽发电厂专业支行）。1990年1月，建设银行梁山县支行划归济宁市中心支行

管理。1996年3月更名为中国建设银行菏泽地区中心支行。2000年12月更名为中国建设银行菏泽市分行。2005年2月，更名为中国建设银行股份有限公司菏泽分行。至2005年，该分行共有网点35个，员工849人。

1986—2005中国建设银行菏泽市（地区）分行领导成员更迭表职务

表32-5-16

职　务	姓　名	籍　贯	任职时间
行　长	傅占良	牡丹区	1984.03—1995.01
	沈玉佩	巨野县	1995.01—1998.01
	张洪升	微山县	1998.10—2001.12
	颜廷安	阳谷县	2002.10—
副行长	郭景法	曹　县	1981.09—1993.02
	郭庆海	成武县	1988.08—1995.01
	张洪升	微山县	1988.08—1998.01
	孙轼远	昌　邑	1993.06—1997.07
	姚念河	鱼　台	1997.07—2001.12
	吴金奎	牡丹区	1997.07—2001.12
	尚来河	金乡县	1999.09—2000.04
	张学岗	济宁市梁山县	1999.09—2003.01
	刘明科	成武县	2000.04—2001.12
	张福明	成武县	2002.01—
	王怀阁	单　县	2002.01—
	颜廷安	阳谷县	2002.04—2002.10
	朱坤礼	单　县	2003.12—
总稽核	李可义	济南市	1990.12—2001.12
纪委书记	郑天兴	东明县	
	耿　刚	牡丹区	2001.12—
工会主席	张世钦	牡丹区	
	刘明振	成武县	2004.03—

菏泽地区城市信用合作社中心社　1987年7月15日，曹县振兴城市信用合作社成立（简称曹县振兴城信社）。1990年1月，梁山县水泊城信社划归济宁市。5月，曹县振兴城信社与开元城信社合并为曹县城信社。至1990年年底，辖区内有曹县、水浒、汇通、鸿运、兴华、龙华、湖西7个城市信用社。1993年5月，东明鸿祥、鄄城、成武城信社成立。1994年，菏泽地区城市信用社中心社成立。至此，境内各县市都设立了城信社，均为独立法人机构。11家城信社除湖西城信社外，其余10家均由人行地、县支行牵头组建。1997年，中心社隶属于菏泽行署管理，承担对全区各县市城市信用社的管理职能。1998年，人行各县支行与所辖城市信用社脱钩。

1999年4月，10处城市信用社法人机构更名为农村信用社（单县湖西城市信用社除外）。至2000年9月底，全区城市信用社辖66处营业网点、39处服务部、16处储蓄所，有员工769人。2005年，全市城信社机构设置不变。

1997—1999年菏泽地区城市信用合作社中心社领导成员更迭表

表32-5-17

职　务	姓　名	籍　贯	任职时间
主　任	王　奇	济宁市梁山县	1997.05—1999.09
副主任	帖晓鹏	河南省荥阳	1997.05—1999.09
纪检书记	马雪钰	定陶县	1997.05—1999.09

山东省农村信用社联合社菏泽办事处 1994年，农村信用社与农业银行业务分开，各县农村信用合作社联合社相继开业。1996年9月，行署办公室成立地区农村金融体制改革领导小组，下设办公室（简称农金体改办），内设综合组、业务组、社务组、会计稽核组。10月，农村信用社与农业银行“脱钩”，经营管理权移交中国人民银行。2001年1月更名为菏泽市农村金融体制改革领导小组办公室。2004年8月11日，成立山东省农村信用社联合社菏泽办事处，内设综合科、稽核监保科、业务管理科、财务管理科。至2005年年底，全市有455个营业网点，员工4396人。

2004—2005年山东省农村信用社联合社菏泽办事处领导成员更迭表

表32-5-18

职　务	姓　名	籍　贯	任职时间
主　任	李同岭	郓城县	2004.07—
副主任	李金安	曹　县	2004.07—2004.09
	吴保良	定陶县	2004.07—
	陈运成	成武县	2004.07—

中国人民财产保险股份有限公司菏泽市分公司 中国人民保险公司菏泽地区中心支公司（简称中心支公司）成立于1980年9月。1986年，中心支公司内设办公室、计财科、劳动人事科、监察科、工会、审计科、宣传调研科、城险科、农险科、人险科，下辖定陶、曹县、成武、单县、郓城、巨野、鄄城、东明、梁山、菏泽市10个县级支公司，隶属于中保山东省公司领导。1987年3月增设业务科、防灾理赔科，撤销城险科、农险科。1988年9月增设财产保险科、车船保险科，同时撤销业务科、防灾理赔科。1990年，梁山县支公司划归济宁分公司。1991年增设营业室。1993年5月增设农险网点科、国际业务科，原计划财务科分设为计划统计科、财务会计科。1995年，中心支公司内设办公室、劳动人事科、计划统计科、财务会计科、监察室、工会、审计科、宣传调研科、财产险科、车船险科、人身险科、农险科、国际业务

部13个科室；全区共有保险干部员工452人，其中中心支公司108人。1996年按照《中华人民共和国保险法》的规定，财、寿险实行分业经营。中心支公司分设为中保财产保险有限公司菏泽分公司和中保人寿保险有限公司菏泽分公司。分设后的中保财产保险有限公司菏泽分公司继承了原中国人民保险公司菏泽中心支公司所有非寿险业务及相关责任，下辖菏泽市、定陶、成武、曹县、单县、郓城、鄄城、巨野、东明、营业部、营业二部11个经营单位，内设办公室、计划财务科、审计科、财产险科、运输工具险科、服务公司6个科室；全区共有干部职工374人，其中分公司机关35人（不包括营业部、二部、服务公司）。1997年增设营业三部，全区核算单位增加到12个，共有干部职工365人，其中分公司机关46人。1999年，中保财产保险有限公司菏泽分公司更名为中国人民保险公司菏泽分公司，下辖菏泽市、定陶、成武、曹县、单县、郓城、鄄城、巨野、东明、营业部、营业三部11个经营单位。2000年1月增设纪检监察室、信息技术科、货物运输险科、业务处理中心、财务处理中心，撤销计划财务科。6月，菏泽分公司机关机构改革，内设办公室、人事监审科、业务管理科、财务处理中心、业务处理中心。2001年增设信息技术科。2003年11月更名为中国人民财产保险股份有限公司菏泽市分公司，内设综合部、营销管理部、业务管理部、信息技术部、财务中心、承保中心、客户理赔服务部共7个部室，下辖牡丹区、鄄城、郓城、巨野、成武、单县、定陶、曹县、东明8县1区9个公司和营业部、营业二部、营业四部、开发区营业部共13个经营单位；全市共有员工260人，其中分公司机关员工53人。2005年，人保财险菏泽市分公司内设机构增设个险营销部，营销管理部变更为团险营销部。至年底，全市共有干部职工249人，其中分公司机关57人。

1986—2005年中国人民财产保险股份有限公司菏泽市分公司领导成员更迭表

表32-5-19

职　务	姓　名	籍　贯	任职时间
总经理	夏树生	威海市	1985.11—1988.09
	冯茂升	东明县	1988.09—1996.05
	乔启峰	东明县	1997.01—2001.10
	梁乃臣	郓城县	2002.03—
副总经理	冯茂升	东明县	1984.02—1988.09
	朱建民	牡丹区	1984.02—1993.12
	宋仲秋	东明县	1990.01—1993.12
	乔启峰	东明县	1989.04—1997.01
	欧内东	巨野县	1993.12—1996.05
	桑希玉	曹　县	1993.12—1997.01
	宋自印	东明县	1993.12—2005.02

续表 32-5-19

职务	姓名	籍贯	任职时间
副总经理	梁乃臣	郓城县	1999.05—2002.03
	张　健	牡丹区	2002.03—
	刘　冰	郓城县	2005.04—
纪检组长	宋汉峰	郓城县	1986.01—1993.12
	桑希玉	曹　县	1993.12—1997.01
	刘建丽	牡丹区	1997.01—2005.04
总稽核	乔云成	聊城市	1995.09—2000.03

中国太平洋财产保险股份有限公司菏泽中心支公司　成立于2002年7月，隶属太平洋财产保险股份有限公司济南分公司，内设综合行政管理部、计划财务部、业务管理部、客户服务中心和业务部。2003年8月增设市场发展部。至2005年年底，菏泽中心支公司共有干部员工45人。

2002—2005年中国太平洋财产保险股份有限公司菏泽中心支公司领导成员更迭表

表32-5-20

职务	姓名	籍贯	任职时间
总经理	桑近东	济南市	2002.07—2003.10
	袁庆军	鄄城县	2003.11—
副总经理	欧内东	巨野县	2002.07—
	杨玉军	济宁市梁山县	2005.01—

中国人寿保险股份有限公司菏泽分公司　前身是中国人民保险公司菏泽中心支公司，成立于1980年9月。1996年《中华人民共和国保险法》实施，财、寿险实行分业经营。同年5月，中国人民保险公司菏泽中心支公司分设中保人寿保险有限公司菏泽分公司和中保财产保险有限公司菏泽分公司。分业经营后的中保人寿保险有限公司菏泽分公司继承了中国人民保险公司菏泽中心支公司所有人身险业务及相关责任，开办健康险、寿险、意外险三大类业务；内设办公室、计财科、稽审科、业务科，下辖菏泽市、鄄城县、郓城县、巨野县、单县、曹县6个营业部和分公司营业部共7个单位，东明县、定陶县、成武县作为地区分公司营业部的分部在县域范围内开展人身险业务。1999年4月，中保人寿保险有限公司菏泽分公司更名为中国人寿保险公司菏泽分公司。10月，业务科更名为团体保险科，同时增设业务管理中心。2000年4月增设信息技术科、行政科、纪检、监察室、直属营销部。2001年2月，分公司机关调整部门设置，内设办公室、人力资源部，业务管理中心、财务中心、团体业务部、个人业务部、客户服务部、信息技术部、监审室、物业管理中心。11月，郓城、巨野、鄄城、牡丹区、曹县、单县6处营业部变更为支公司。2002年8月增

设工会办公室、中介业务部（与团体业务部合署办公），撤销物业管理中心。2003年10月，中国人寿保险公司菏泽分公司更名为中国人寿保险股份有限公司菏泽分公司。12月，增设市公司第一营销部、第二营销部、第三营销部、第四营销部、第五营销部、第六营销部、第七营销部、收展部，下辖机构由原来的10个调整为18个。2004年9月，中国保监会山东监管局批准设立东明、定陶、成武3个支公司。12月，撤销市公司第七营销部，归并到第五营销部。2005年4月撤销第六营销部，归并到成武县支公司。7月撤销市公司第三营销部、第四营销部，成立市公司直属营销部。

1996—2005年中国人寿保险股份有限公司菏泽分公司领导成员更迭表

表32-5-21

职务	姓名	籍贯	任职时间
党委书记、总经理	冯茂升	东明县	1996.05—2000.05
	闫陶济	栖霞市	2000.05—2003.11
	周曙光	郯城县	2003.11—2005.04
	臧杰新	蓬莱市	2005.04—2006.07
党委委员、副总经理	欧内东	巨野县	1996.05—1999.07
	邢厚全	荣成市	1999.07—2001.02
	周曙光	郯城县	2001.02—2003.11
	朱汉江	牡丹区	2001.06—2004.11
	赵旭东	东明县	2003.11—2006.07
	田亚平	济宁市	2003.11—2006.07
党委委员、总经理助理（正科级）	王　勇	郓城县	1999.03—2002.05
党委委员、纪检组长	朱汉江	牡丹区	1996.05—1999.04
党委委员、纪委书记	朱汉江	牡丹区	1999.04—2004.11
	赵旭东	东明县	2004.11—
工会主任	朱汉江	牡丹区	1999.04—2004.11
	赵旭东	东明县	2004.11—
总稽核	张恩铎	东明县	1996.05—2000.05

中国太平洋人寿保险股份有限公司菏泽中心支公司　成立于2002年7月，内设人事行政部、计划财务部、个人业务部、团体业务部、业务后援中心，下辖曹县、定陶、成武、单县、巨野、郓城、鄄城、东明、牡丹区、菏泽开发区10个县级营销服务部，隶属于中国太平洋人寿保险股份有限公司山东分公司。2003年年底增设银行保险部。2005年增设续期服务部、稽核监察部。至年底，全系统共有干部员工150人，其中菏泽中心支公司60人。

2002—2005年中国太平洋人寿保险股份有限公司菏泽中心支公司领导成员更迭表

表 32-5-22

职　务	姓　名	籍　贯	任职时间
总经理	张延奎	济南市	2003.10—
副总经理	王　勇	郓城县	2002.07—2003.09
	吴文新	济宁市	2004.04—

第三节　其他机构

菏泽供电公司　1986年，菏泽电业局增设审计科和老干部科。1988年，菏泽电业局内设纪委、工会、团委、武装部、政工科、组织科、老干部科、保卫科、办公室、企管办、生技科、安质科、计划科、农电科、劳资科、基建科、材料科、财务科、审计科、总务科、教育科，下辖调度所、用电管理所、电气修试所、变电工区、线路工区、汽车队、劳动服务公司（集体）。1993年6月撤销组织科和劳资科，组建人事部；撤销宣传科、保卫科，并入政治部；撤销农电科、企业管理办公室，合并设立地电企管部；改老干部科为离退休办公室，改生产技术科为生产部，改安全质量科为安全质量办公室；撤销计划科、财务科、审计科，合并设立经营部；设计室、基建科合并为基建公司；撤销教育科；撤销招待所，设立培训中心。1996年5月设立科教部，从经营部中分离出计划发展部。8月，成立电力开发总公司配电公司和信息中心。10月设立高新技术开发公司、卫生所。12月撤销经营部、用电管理所、电力开发总公司配电公司，设立财务部、计划发展部、城区供电所。1998年8月撤销用电管理所，设立客户服务中心。1999年4月设立农电工作部。2002年9月，菏泽电业局更名为菏泽供电公司，隶属于山东电力集团公司领导。2005年，菏泽供电公司共设组织机构22个，其中有职能管理部门15个，即办公室、纪委（监察室）、工会、人事部、政治工作部、财务部、企划部、审计办公室、生产技术部、农电部、安全质量监察部、科教部、基建部、公安科、离退休工作部；二级机构7个，即调度所、变电运行工区、客户服务中心、配电工区、郊区供电部、线路队、变电队。全公司在册职工751人。

1986—2005年菏泽供电公司领导成员更迭表

表 32-5-23

职　务	姓　名	籍　贯	任职时间
党委书记	王福岱	济宁市梁山县	1984.02—1998.02
	辛明聚	牡丹区	1998.02—
副书记	贾俊德	青岛市	1982.12—1983.06
	左留印	曹　县	1985.11—1988.05
	傅志强	昌　邑	1992.10—1996.07

续表 32-5-23

职　务	姓　名	籍　贯	任职时间
局　长	韩望之	曹　县	1986.01—1992.08
	王福岱	济宁市梁山县	1992.10—1993.11
	马宗林	苍山县	1993.11—1995.07
	谢明亮	郓城县	1995.07—1996.11
	李善忠	四川省	1996.11—1998.02
	刘从祯	青岛市	1998.02—2002.08
总经理	刘从祯	青岛市	2002.09—2003.10
	董京营	临　朐	2003.10—
副局长	陈进行	郓城县	1985.08—1991.03
	徐立均	济宁市	1988.05—1990.05
	左留印	曹　县	1988.05—1992.10
	谢明亮	郓城县	1990.05—1995.07
	晁忠乾	牡丹区	1991.03—1996.07
	程旭东	牡丹区	1996.07—1997.12
	董文华	单　县	1997.01—1997.07
	董京营	临　朐	1997.07—2002.09
	郭跃进	牡丹区	1997.12—2002.09
	杨依明	曹　县	1998.02—2002.09
副总经理	郭跃进	牡丹区	2002.09—2003.10
	杨依明	曹　县	2002.09—
	董庆陆	日照市	2003.02—
	苏　军	牡丹区	2004.02—
总工程师	苏　军	牡丹区	2003.10—2004.04
总经济师	王新鲁	曹　县	2004.04—
纪委书记	左留印	曹　县	1984.08—1986.05
	辛明聚	牡丹区	1986.05—1996.07
	宋焕煦	定陶县	1996.07—2003.02
	张学俊	曹　县	2003.02—
工会主席	傅志强	昌　邑	1985.09—1992.10
	左留印	曹　县	1992.10—1996.07
	辛明聚	牡丹区	1996.07—1998.02
	张学俊	曹　县	1998.02—2003.02
	郭树声	牡丹区	2003.02—

中国网通（集团）有限公司菏泽市分公司　中国网通（集团）有限公司菏泽市分公司的前身是菏泽地区邮电局。1998 年 9 月实施邮电分营，撤销菏泽地区 8 县邮电局，设立 8 县电信局。10 月，撤销地区邮电局，设立地区电信局，作为山东省电

信局在菏泽地区的分支机构，对所属 8 县电信局实行垂直管理。1999 年 7 月，中国电信业务重组，移动业务从电信中析出，组建菏泽移动公司。2001 年 2 月，地区电信局更名为山东省电信公司菏泽市分公司。3 月，根据上级深化电信体制改革的要求，对全市附属企业和辅助业务从电信主业中分离出来，通过人财物分割，组建多元化企业菏泽市鲁通公司和县级分公司。12 月，各县鲁通分公司取消。2002 年 3 月，市公司设 18 个正科级部室，10 个副科级部门。2002 年实施电信重组，北方 10 省电信公司更名为通信公司，划归中国网通集团公司。11 月，山东省电信公司菏泽市分公司更名为山东省通信公司菏泽市分公司。2003 年，撤销菏泽市鲁通公司。2004 年 1 月和 9 月两次进行内部机构改革，现实行三级管理，设部室 9 个，生产中心 7 个，县区分公司 10 个。11 月，中国网通（集团）有限公司分别在纽约和香港上市，菏泽市通信分公司更名为中国网通（集团）有限公司菏泽市分公司。

1998—2001 年菏泽市（地区）电信局领导成员更迭表

表 32-5-24

职　务	姓　名	籍　贯	任职时间
党委书记	汤　淇	寿　光	1999.07—2000.03
	龙　灏	泗水县	2000.03—2001.01
副书记	龙　灏	泗水县	1998.10—1999.07
局　长	汤　淇	寿　光	1998.10—2000.03
	龙　灏	泗水县	2000.03—2001.01
副局长	龙　灏	泗水县	1998.10—2000.03
	熊文连	曹　县	1998.10—1999.07
	刘俊生	东明县	1999.07—2001.01
	陈　刚	莱　芜	2000.03—2001.01
纪委书记	龙　灏	泗水县	1998.10—2000.03
	陈　刚	莱　芜	2000.03—2001.01
工会主席	熊文连	曹　县	1998.10—1999.07
	刘俊生	东明县	1999.07—2001.01

2001—2002 年山东省电信公司菏泽市分公司领导成员更迭表

表 32-5-25

职　务	姓　名	籍　贯	任职时间
党委书记	龙　灏	泗水县	2001.01—2002.10
总经理	龙　灏	泗水县	2001.01—2002.10
副总经理	刘俊生	东明县	2001.01—2002.10
	陈　刚	莱　芜	2001.01—2001.10
	于全新	牡丹区	2001.02—2002.10
	张福存	巨野县	2001.11—2002.10

续表 32-5-25

职　务	姓　名	籍　贯	任职时间
纪委书记	陈　刚	莱　芜	2001.01—2001.10
	于全新	牡丹区	2001.10—2002.10
工会主席	刘俊生	东明县	2001.01—2002.10

2002—2004 年山东省通信公司菏泽市分公司领导成员更迭表

表 32-5-26

职　务	姓　名	籍　贯	任职时间
党委书记	刘俊生	东明县	2002.10—
总经理	刘俊生	东明县	2002.10—2004.11
副总经理	于全新	牡丹区	2002.10—2004.11
	王宁新	江苏省宜兴	2002.10—2004.11
	姜全信	曹　县	2002.10—2004.11
	张福存	巨野县	2002.10—2004.11
纪委书记	赵晓华	曹　县	2002.10—2004.11
工会主席	赵晓华	曹　县	2002.10—2004.11

2004—2005 年中国网通（集团）有限公司菏泽市分公司领导成员更迭表

表 32-5-27

职　务	姓　名	籍　贯	任职时间
总经理	刘俊生	东明县	2004.11—
副总经理	于全新	牡丹区	2004.11—2005.06
	王宁新	江苏省宜兴	2004.11—
	姜全信	曹　县	2004.11—
	张福存	巨野县	2004.11—
	赵晓华	曹　县	2005.06—

中国电信菏泽分公司　中国电信集团北方电信有限公司菏泽分公司（简称菏泽电信公司），是山东电信的分公司之一。2003 年 2 月，公司成立筹备组。2003 年 4 月，完成工商注册。2003 年 6 月，公司正式揭牌成立，内设综合部、市场部、网络部三个职能部门，实行垂直管理。其中，市场部下设营销中心、综合业务信息中心，网络部下设维护中心。2004 年 12 月，成立单县、成武、曹县、巨野、郓城、东明、定陶、鄄城 8 个县级分公司，市公司对 8 县分公司实行垂直管理。2005 年 12 月，公司共设立综合部、市场部、网络部 3 个职能部门，有牡丹区营销中心、综合信息中心、维护中心等 3 个生产中心，下辖单县、成武、曹县、巨野、郓城、东明、定陶、鄄城 8 个县级分公司。

2003—2005年中国电信菏泽分公司领导成员更迭表

表32-5-28

职　务	姓　名	籍　贯	任职时间
总经理	张玉艳	成武县	2005.05—
副总经理	张玉艳	成武县	2003.01—2005.05
	王秀美	潍　坊	2004.04—2005.05
	张洪生	曹　县	2005.05—

菏泽市邮政局　1986年，地区邮电局内设24个科室，下辖9县邮电局和梁山邮电水泥杆厂。1987年，全国邮政进行邮件封转制度改革，将自然转口局改为指定转口局，地区邮电局成为全国255个指定转口局之一，负责划定范围内的邮件经转任务。1989年底，由于行政区划变动，将梁山县邮电局移交济宁市邮电局管理，并将嘉祥县邮电局的核桃园邮电支局移交巨野县邮电局管理。1998年9月实行邮电分营，成立各县邮政局。同年10月8日，撤销地区邮电局，分别成立地区邮政局和地区电信局。地区邮政局设职能部室和生产经营单位26个：行政办公室（含安全保卫部）、计划财务部、经营服务部、运行维护部、人事教育部、视察室（含审计、行业管理职能）、基建办公室、纪委、党群办公室（含监察室、团委、计划生育办公室）、工会；封发转运分局、储汇分局、营业投递分局、机要分局、农村分局、报刊零售分局、速递分局、邮票公司、广告邮购公司；实业发展总公司、器材供应公司、物业公司、计算机公司、汽车修理厂、汽车服务公司、印刷厂。1999年3月1日，菏泽实施邮区中心局体制，菏泽地区邮政局为国家局规划的三级邮区中心局。2001年，地区邮政局更名为菏泽市邮政局。2002年5月，菏泽市邮政局设置党群办公室、纪委、监察室、工会、行政办公室、计划财务部、人力资源部、市场部、网络运行部、业务检查部、审计部、行法安保部、储汇局、工程办公室、物业管理办公室、牡丹区分局、营业分局、邮票公司、邮政速递局、机要分局、发行投递分局、中邮物流公司、商函广告分局、电子邮政局、电信业务分局、邮联总公司、印务公司、汽修公司28个职能和生产单位，下辖定陶、曹县、成武、单县、巨野、郓城、鄄城、东明8县邮政局。

1986—1998年菏泽地区邮电局领导成员更迭表

表32-5-29

职　务	姓　名	籍　贯	任职时间
党委书记	张佩元	成武县	1985.12—1997.11
	吴之伦	苍山县	1997.11—1998.10
副书记	刘芝桂	成武县	1985.12—1988.09
局　长	刘芝桂	成武县	1985.12—1997.11
	汤　淇	寿　光	1997.11—1998.10

续表 32-5-29

职　务	姓　名	籍　贯	任职时间
副局长	迟树信	江苏省江宁	1985.12—1987.11
	张福然	鱼　台	1985.12—1998.10
	晁岳伦	牡丹区	1988.07—1995.08
	何淑俭	牡丹区	1993.06—1997.11
	龙　灏	泗水县	1997.11—1998.10
	熊文连	曹　县	1997.11—1998.10
	许　波	单　县	1997.11—1998.10
纪委书记	管令来	济宁市梁山县	1985.12—1995.08
	杜建国	茌　平	1997.11—1998.06
工会主席	王宪磊	牡丹区	1985.12—1993.06
	高传忠	牡丹区	1993.06—1998.10

1998—2005 年菏泽市（地区）邮政局领导成员更迭表

表 32-5-30

职　务	姓　名	籍　贯	任职时间
局　长	陈学彤	河南省沁阳	1998.10—
副局长	许　波	单　县	1998.10—
	高传忠	牡丹区	1998.10—2004.09
	李广苏	成武县	2002.04—2004.09
	李玉柱	临　清	2004.09—
	孙立国	阳谷县	2004.09—

中国移动菏泽分公司　1999 年 7 月，按照信息产业部电信企业重组的部署，山东省邮电管理局的鲁邮实行电信分营，撤销菏泽市电信局移动通信分局，设立山东移动通信公司菏泽分公司，下辖 8 个县(区)经营部。1999 年 9 月，山东移动通信菏泽分公司挂牌成立，隶属于山东移动通信公司。2000 年 11 月，该公司更名为山东移动通信有限责任公司菏泽分公司，下辖营销中心和 8 个县级分公司，隶属于山东移动通信有限责任公司。1999 年 8 月，菏泽分公司设立办公室、网络部、市场经营部、财务部、人力资源部、工会、党群办公室等 7 个职能部门；成立菏泽环宇通信有限服务公司，负责多种经营工作。2000 年 4 月成立监察室。8 月成立市场经营部客户服务中心和市场经营部计费中心。9 月，成立市场部营销中心，负责菏泽市营业网点的正常运行及手机的销售及维修；撤销菏泽环宇通信有限服务公司。12 月成立牡丹区经营部，负责牡丹区移动通信业务的营销、清欠、代办户和用户档案的管理等工作。2001 年 7 月，在菏泽市牡丹区及定陶、巨野、郓城、鄄城、曹县等县区设立乡镇经营部。2003 年 3 月成立重点客户服务部和数据业务部。2004 年 9 月成立网络

优化中心。10月在各县分公司、营销中心成立业务发展、大客户服务、代办业务服务管理、用户欠费管理四个中心。2005年11月成立网络维护中心。至年底，市公司内设综合部、人力资源部、市场部、网络部、财务部和临时机构基建办等9个科室，下辖牡丹区、曹县、定陶、成武、单县、巨野、郓城、鄄城、东明9县区分公司。

1999—2005年中国移动菏泽分公司领导成员更迭表

表32-5-31

职　务	姓　名	籍　贯	任职时间
总经理	熊文连	曹　县	1999.08—
副总经理	樊护民	郓城县	1999.08—2004.02
	解建民	巨野县	1999.08—
纪委书记	刘玉东	成武县	2004.02—

中国联通菏泽分公司　1999年2月2日，中国联合通信有限公司菏泽分公司成立，隶属于山东联通管理。2月3日，筹建办公室开始工作。9月13日正式注册，9月26日开业运营。2000年10月，菏泽联通与山东国信寻呼有限公司菏泽分公司融合，下设10个部门，其中职能部门有综合部、计划部、财务部、人力资源部、市场营销部（含大客户发展中心）、运行维护与互联互通部；业务部门有移动通信业务部（含基础网络部）、数据与固定通信业务部（含互联网与电子商务部）、无线寻呼事业部；共享部门有客服、结算与信息部。2000年12月成立大客户发展中心。2001年1月成立基础网络部；12月大客户发展中心并入数据与固定通信业务部，8县营业厅改为经营部。2002年2月计划部与财务部合并成立计划财务部；9月成立大客户部。2005年年底，菏泽联通下设9个县级分公司、16个市分部门，有长期合同工129人。

1999—2005年中国联通菏泽分公司领导成员更迭表

表32-5-32

职　务	姓　名	籍　贯	任职时间
总经理	王立朝	济　南	1999.09—2000.09
	张清国	泰　安	2001.04—2003.11
	赵志斌	烟　台	2003.12—
资深经理	陈天启	河南省杞县	2003.12—
	裴明华	河南省清丰	2003.12—
副总经理	陈天启	河南省杞县	2000.10—2003.11
	孙卫平	河南省尉氏	1999.09—2004.12
	裴明华	河南省清丰	2000.10—2003.11
	王永皓	东明县	2003.12—2004.09
	孟　渊	单　县	2005.01—

续表 32-5-32

职　务	姓　名	籍　贯	任职时间
副总经理	徐晓岭	巨野县	2005.01—

铁通菏泽分公司　成立于2001年2月，是山东铁通的分支机构，但成立之初归聊城分公司管理。同年7月，铁通菏泽分公司作为市管分公司开始筹建，设综合部（含财务）和市场部两个部门。2002年增设技术科，下辖东、中、西三个市话营业班组与寻呼部、施工队、客服中心。2003年7月升格为省管分公司，内设综合科、人劳科、财务科、市场部、建设部、物资中心、新业务部、网络中心、客服中心、营收中心，下辖开发区分局、牡丹区分局、曹县分局、巨野分局、郓城分局、西关分局、东明市话营业部、定陶代办处。2004年增设庄寨代办处、设备维护中心（负责设备与线路的维护）。2005年12月，该公司内设综合科（下设档案室）、人劳科、财务科、党群部、市场部、建设部、物资中心、新业务部、互联网业务部、客服中心、营收中心，下辖开发区分局、牡丹区分局、曹县分局、巨野分局、郓城分局、西关分局、东明市话营业部、定陶营业部、曹县庄寨代办处，拥有设备维护中心、线路维护中心两个维护单位。

2001—2005年铁通菏泽分公司领导成员更迭表

表 32-5-33

职　务	姓　名	籍　贯	任职时间
总经理	邹宏图	兖　州	2001.07—2003.07
	胡向群	寿　光	2003.07—
副总经理	戴建景	郓城县	2003.07—
	李照堂	日　照	2005.03—

菏泽市盐务局（盐业公司）　1976年8月，成立地区果品采购供应站（科级，省属二级站），资产及业务经营权隶属山东省供销社，人事权隶属于地区供销社。1986年8月，地区果品采购供应站更名为地区果品盐业采购供应站（中型Ⅱ企业）。1993年3月设立地区盐政管理处和地区盐业稽查大队。6月成立菏泽盐业果品总公司，并保留地区果品盐业采购供应站的名称（实行一个机构两个牌子），下设3部1室1个分站和7个分公司。2000年10月，为理顺盐业经营管理体制，人事、资产及业务经营管理权整体上划山东省盐业总公司，菏泽盐业果品总公司更名为菏泽盐业公司，为山东省盐务局（盐业总公司）的直属企业，并加挂菏泽市盐务局的牌子。2005年，菏泽盐业公司内设办公室、人事劳资科、财务科、业务科、储运科、工会、盐政稽查支队7个科室，下辖言信菏泽食盐分装厂、物业管理服务中心、盐务局及8县、区（盐业分公司）11个直属单位。

1986—2005年菏泽市（地区）盐务局（盐业公司）领导成员更迭表

表32-5-34

职　务	姓　名	籍　贯	任职时间
书　记	郑自英	郓城县	1986.01—1986.12
	史卜军	定陶县	1986.12—1997.03
	张清福	定陶县	1997.03—2000.10
纪委书记	张清福（兼）	定陶县	2001.04—
经　理	项贵良	济宁市梁山县	1986.01—1986.12
	王汝珂	郓城县	1989.12—1993.11
	吴兴东	济宁市梁山县	1993.11—1994.10
	张福成	单　县	1994.10—1997.03
	程宝金	牡丹区	1997.03—
经理（局长）	程宝金	牡丹区	2000.11—
副经理	段富银	东明县	1986.01—1998.06
	王汝珂	郓城县	1986.01—1989.12
	陈自民	巨野县	1986.12—1998.06
	吴兴东	济宁市梁山县	1987.06—1993.11
	孟昭勇	单　县	1989.03—1997.03
副经理（副局长）	李胜智	曹　县	1994.03—
	沈继友	牡丹区	1994.03—
	袁志强	寿　光	1998.06—
	郭永成	单　县	1998.06—
工会主席	徐玉英	郓城县	1984.06—1997.03
	李胜智（兼）	曹　县	1997.03—

菏泽市烟草专卖局　1986—1995年，地区烟草专卖局、山东省烟草公司菏泽分公司与菏泽卷烟厂合署办公，其产供销、人财物由山东省烟草专卖局、中国烟草总公司山东省公司统一管理。1995年4月，菏泽烟草分公司（卷烟厂）加入颐中烟草集团。9月，与菏泽卷烟厂分离。菏泽烟草公司在管理体制上隶属于颐中烟草集团有限公司。1998年8月，山东省烟草专卖局（公司）实行政企相对分开，菏泽烟草分公司改为山东烟草购销（集团）有限公司菏泽分公司。2000年7月，山东烟草购销（集团）有限公司菏泽分公司更名为山东菏泽烟草有限公司，并改制为国有法人独资的有限公司。至2005年年底，菏泽市烟草专卖局（山东菏泽烟草有限公司）内设9个职能部门，下辖全市8县1区专卖局（营销部）。

1986—2005 年菏泽市（地区）烟草专卖局领导成员更迭表

表 32-5-35

职　务	姓　名	籍　贯	任职时间
党委书记	王裕鹏	巨野县	1986.01—1987.04
	高振晓	莱　西	1987.04—1995.05
	王永昌	浙江省诸暨	1995.05—1997.12
	宋书汇	高　密	1997.12—1999.11
	毕庶国	文登市	1999.11—2000.11
	韩春曦	淄博市	2000.11—2002.02
	付体兴	临沂市	2002.02—2003.04
	段凤芝	牡丹区	2003.04—2004.07
	乔廷勇	东明县	2004.07—
副书记	岳炳文	荣　城	1986.01—1986.07
	金继存	单　县	1986.06—1988.06
	康法成	牡丹区	1988.06—1995.05
	段凤芝	牡丹区	1995.05—1998.08
	段凤芝	牡丹区	2003.04—2004.07
	乔廷勇	东明县	2004.07—
局　长	王裕鹏	巨野县	1986.01—1988.06
	高振晓	莱　西	1988.06—1995.05
	王永昌	浙江省诸暨	1995.05—1997.12
	宋书汇	高密县	1997.12—1999.11
	毕庶国	文　登	1999.11—2000.11
	韩春曦	淄博市	2000.11—2002.02
	付体兴	临沂市	2002.02—2003.04
	段凤芝	牡丹区	2003.04—2004.07
	乔廷勇	东明县	2004.07—
副局长	商存梧	莘　县	1986.01—1987.04
	岳炳文	荣　城	1986.07—1987.04
	金继存	单　县	1987.04—2001.09
	乔廷勇	东明县	2001.09—2003.04
	牛连卜	章　丘	2003.04—2004.11
	田双贤	牡丹区	2004.07—
副总经理	岳炳文	荣城市	1986.07—1987.04
	金继存	单　县	1987.04—1996.03
	商存梧	莘　县	1988.06—1998.08
	马凡生	巨野县	1995.08—1998.08

续表 32-5-35

职　务	姓　名	籍　贯	任职时间
副总经理	段凤芝	牡丹区	1997.12—1998.08
	李新华	青岛市	1998.08—1999.11
	韩春曦	淄博市	1999.11—2000.07
	乔廷勇	东明县	2000.07—2004.07
	王焕彬	淄博市	2003.04—
	渠庆忠	郓城县	2004.07—
	陈　豪	鄄城县	2004.07—
纪委书记	岳炳文	荣城市	1986.01—1986.07
	金继存	单　县	1986.06—1987.04
	康法成	牡丹区	1988.06—1995.02
	段凤芝	牡丹区	1995.02—2003.04
	乔廷勇	东明县	2003.04—2004.07
	陈　豪	鄄城县	2004.07—
工会主席	康法成	牡丹区	1987.04—1988.06
	段凤芝	牡丹区	1995.05—2003.04
	乔廷勇	东明县	2003.04—2004.07
	陈　豪	鄄城县	2004.07—

菏泽市新华书店　1988年，菏泽地区新华书店内设办公室、发行科、财务科、基层科、业务科。1987年4月，菏泽地区新华书店被指定为中型Ⅱ企业。1989年10月增设劳动人事科、教育科和保卫科。1994年3月升为（中型Ⅰ企业）。1995年3月，菏泽地区新华书店系统由地方管理改为省新华书店垂直管理，党、团、工会仍由地方管理。1997年2月增设监察室；12月增设基本建设委员会。2001年1月更名为菏泽市新华书店。11月，菏泽市新华书店行政部室由双河西路53号搬迁至解放街6号新华书店新址办公，内设党委办公室、总经理办公室、人力资源部、计划财务部、监察审计部、职工教育部、离退人员管理部、安全保卫部、行政管理部、车辆管理部、业务部、教材部、营销部、图书大厦、城区发行部、农村发行部、图书公司、文化用品公司、物业公司、电脑公司、文具公司、东方红大街门市部、双问路门市部、中华路门市部共21个部门，下辖曹县、郓城、单县（中型Ⅱ企业副县级）、成武、鄄城、东明、巨野、定陶（小型Ⅰ企业正科级）8个新华书店。

1986—2005 年菏泽市（地区）新华书店领导成员更迭表

表 32-5-36

职　务	姓　名	籍　贯	任职时间
党委书记	吕元勤	巨野县	1988.01—1992.12
	申会信	成武县	1992.12—2000.01
	曹广建	曹　县	2001.09—
副书记	曹广建	曹　县	2000.01—2001.09
	彭忠喜	濮　阳	2000.01—2002.04
	田永艳	牡丹区	2002.05—
经　理	李海祥	单　县	1984.10—1997.01
	崔太祥	郓城县	1997.01—2001.09
	曹广建	曹　县	2001.09—
副经理	马玉岐	肥　城	1984.10—1993.10
	张效清	郓城县	1984.10—1995.02
	曹广建	曹　县	1993.10—2001.09
	彭忠喜	河南省濮阳	1995.02—2002.04
	崔太祥	郓城县	1995.11—1997.01
	于淑民	济宁市梁山县	1997.12—2004.08
	董振营	曹　县	2002.05—
	周　森	鄄城县	2002.05—
总会计师	王伟平	成武县	2002.05—

中国石油化工股份有限公司山东菏泽分公司　1986 年 10 月，菏泽石油分公司收归省石油公司管理，并更名为中国石化销售公司山东省菏泽石油分公司(正科级)。1988 年 1 月更名为山东省石油公司菏泽石油分公司（正县级）。1993 年 3 月更名为山东省石油集团菏泽总公司。2000 年 4 月将主营业务、资产、人员等剥离上市，设立中国石油化工股份有限公司山东菏泽石油分公司（其余部分资产、人员保留在存续公司，仍沿用山东省石油集团菏泽总公司称谓）。改制初期，实行两个机构一套班子，上市公司的经理兼任非上市公司的总经理（法定代表人）。2002 年 2 月，上市公司和非上市公司实行分立运行，上市公司设经理（正县级），非上市公司设总经理（副县级）。2005 年，上市公司下设综合办公室、人力资源部、经营管理部、企业管理部、客户中心、零售中心和牡丹片区、定成片区、曹县片区、单县片区、巨野片区、郓城片区、鄄城片区 7 个经营片区；非上市公司无机构，无人员。

1986—2005年中国石油化工股份有限公司山东菏泽分公司领导成员更迭表

表 32-5-37

职　务	姓　名	籍　贯	任职时间
党委书记	吴福忠	郓城县	1986.01—1987.12
	李文九	沾　化	1988.01—2000.12
	柴祖光	定陶县	2001.10—2005.05
	孙燕怀	济南市	2005.07—
副书记	高贤美	鄄城县	1986.01—1989.12
	吴福忠	郓城县	1988.02—1989.12
	柴祖光	定陶县	1990.03—2001.10
	李兴亮	莘　县	2001.05—
经　理	梁于善	牡丹区	1984.06—1987.12
	李文九	沾　化	1988.01—1994.12
	付可学	潍　坊	1995.01—1996.08
	李　超	阳谷县	1996.09—2001.10
	岳祥训	高　密	2001.10—2005.07
	孙燕怀	济南市	2005.07—
副经理	杨　玉	汶上县	1986.01—1986.05
	李　超	阳谷县	1986.01—1994.12
	梁于善	牡丹区	1988.01—1989.12
	于国强	海　阳	1988.11—
	邱洪印	牡丹区	1990.06—1994.05
	李兴亮	莘　县	1990.10—2001.04
	和宪明	曹　县	1993.07—1994.12
	田兆义	临沂市	1995.01—1996.08
	王建国	济宁市梁山县	1995.01—
	闫亚光	鄄城县	2001.05—
工会主席	张乾光	郓城县	1986.01—1989.12

中国石油菏泽销售分公司　2000年，成立菏泽中油石油销售有限公司，内设综合办公室、财务部、业务部、零售部、投资部、储运安全部，下辖巨野油库和7座加油站。2005年整合成立中国石油菏泽销售分公司（正县级）。同年12月增设人力资源部、党群工作部，下辖巨野油库和50座加油站。

2000—2005 年中国石油菏泽销售分公司领导成员更迭表

表 32-5-38

职　务	姓　名	籍　贯	任职时间
经　理	申乃进	巨野县	2000.07—
副经理	王端亮	巨野县	2000.07—
	郑合坤	单　县	2000.07—2002.07
	汪景德	吉林省松源	2000.07—2002.12
总会计师	高德明	黑龙江省哈尔滨	2000.07—2003.07

山东菏泽发电厂　1991 年 9 月组建，隶属山东电力局，内设纪律检查委员会、组织科、宣传科、工会分会、共青团委员会、办公室、总工办公室、值长组、生产技术科、安全质量科、教培科、公安科、监察室、审计科、计划科、劳资科、材料科、财务科、企业管理科、基建科、子弟学校、卫生所、总务科、运行车间、机炉检修车间、电气检修车间、燃料车间、化学车间、灰水车间、劳动服务公司。1992 年组建锅炉车间、汽机车间、电气车间、电力实业公司，撤销运行车间、机炉检修车间、电气检修车间、劳动服务公司；组建质量监察科、安全监察科，撤销安全质量科；设立山东电力燃料公司菏泽分公司。1993 年设置监察审计科、多种经营办公室、山东菏泽电力建筑公司、物资公司、山东电力燃料公司菏泽分公司、海南鲁光贸易公司。1994 年设立山东菏泽电力实业总公司。1996 年撤销监审部，成立审计部；设立山东菏泽电力实业总公司建筑安装公司、山东菏泽电力实业总公司物业管理公司、山东菏泽发电厂燃料车间。1999 年设立山东菏泽电力实业总公司修配加工厂、粉煤灰开发公司、印刷厂，撤销山东电力宏源发电检修公司菏泽分公司修配厂、山东电力实业总公司百汇公司。2003 年 8 月，山东菏泽发电厂划归中国国电集团公司管辖。2005 年，菏泽发电厂办公室更名为厂长办公室，监察办公室、纪委更名为纪检监察部，审计办公室更名为审计部，政治工作部更名为党委工作部，公安科更名为保卫部，企划部更名为计划营销部，财务资产部更名为财务产权部，运行部更名为发电部，燃料公司更名为燃料部，汽机检修队更名为检修部汽机队，锅炉检修队更名为检修部锅炉队，电气检修队更名为检修部电气队，热工检修队更名为检修部热工队，化水队更名为检修部化水队，灰水队更名为检修部灰水队。

1988—2005 年山东菏泽发电厂领导成员更迭表

表 32-5-39

职　务	姓　名	籍　贯	任职时间
厂　长	王素庭	泰　安	1988.06—1989.02
	王兆录	招　远	1989.02—1992.10

续表 32-5-39

职　务	姓　名	籍　贯	任职时间
厂　长	李庆奎	定陶县	1992.10—1995.11
	李汝革	商　河	1995.11—1997.07
	常世荣	胶　州	1997.07—1999.01
	李恩义	海　阳	1999.01—2002.01
	韩明理	山西省五台	2002.01—2003.02
	宋　健	乳　山	2003.02—2004.10
	杨祥良	定陶县	2004.10—
党委书记	王兆录	招　远	1989.02—1992.10
	李庆奎	定陶县	1992.10—1995.11
	韩望之	曹　县	1995.11—1998.07
	常世荣	胶　州	1998.07—1999.01
	聂　旭	牡丹区	1999.01—
副厂长	王济民	莒　县	1991.09—1992.07
	吴世梁	莱　芜	1991.09—1993.02
	王恩洪	淄　博	1991.09—1993.02
	王珍功	即　墨	1991.09—2000.07
	张春宝	江苏省南通	1992.10—1994.06
	孙竹林	潍　坊	1993.10—1996.07
	黄世英	菏　泽	1995.03—1999.01
	李惠波	烟　台	1996.07—1997.12
	王永杰	金乡县	1997.01—1999.01
	葛作国	烟　台	1997.12—2002.02
	宋　健	乳　山	1999.01—2003.02
	付明时	曹　县	2000.07—2004.11
	史佩珍	莒南县	2002.02—2003.08
	李太祥	东明县	2003.08—
	赵铁军	东明县	2004.10—
总工程师	吴世梁	莱　芜	1991.09—1993.02
	郭启刚	日　照	1999.01—1999.09
	王沛然	河南省新乡	1999.09—2004.04
纪委书记	宋焕煦	定陶县	
	傅志强	潍　坊	1996.07—2000.07
	马宜斌	滕　州	2000.07—2003.08
	刘桂兰	单　县	2003.08—2005.01
	李凡波	郓城县	2005.01—
工会主席	黄世英	牡丹区	1993.02—1997.12

续表 32-5-39

职　务	姓　名	籍　贯	任职时间
工会主席	黄世英	牡丹区	1999.01—
	宋　健	乳　山	1997.12—1999.01

第六章　学　校

第一节　大专院校

菏泽学院　1978 年，菏泽师专经国务院批准为普通高等师范专科学校(副厅级)。1986 年，师专内设党委办公室、校长办公室、宣传部、组织部、团委、工会、总务处、基建处、教务处、函授部、图书馆、干部培训处、马列主义教研室和 10 个教学系，1 个附属中学。1990 年，所属附中归地区教育局管理。2001 年，附中重新归师专管理。2002 年，菏泽师专、教育学院、电视大学、菏泽师范、菏泽农校 5 校合并，组建新的菏泽师专，并在此基础上筹建菏泽学院。2004 年 5 月，菏泽师专更名为菏泽学院（正厅级）。至 2005 年，菏泽学院内设中层机构 43 个，其中党政群团机构 17 个，教学单位 23 个，教辅部门 2 个，附属中学 1 处。

1986—2004 年菏泽师专领导成员更迭表

表 32-6-1

职　务	姓　名	籍　贯	任职时间
党委书记	刘延谟	济宁市梁山县	1985.07—1988.12
	赵文启	鄄城县	1988.12—1993.06
	包谊春	成武县	1993.06—2003.08
	霍保银	单　县	2003.08—2004.09
副书记	王宗普	临　邑	1984.08—1985.07
	韩广洁	郓城县	1985.10—1989.07
	孟祥伦	郓城县	1989.12—1993.06
	马春生	定陶县	1993.08—2000.06
	李念学	郓城县	1995.07—2000.06
	田德全	嘉祥县	1996.09—2000.01
	刘从连	巨野县	2000.01—2004.09
	王宗科	单　县	2000.08—2004.09
	刘爱章	郓城县	2001.07—2004.09

续表 32-6-1

职务	姓名	籍贯	任职时间
副书记	侯保民	郓城县	2002.02—2004.09
	韩广珍	曹县	2002.02—2004.09
	董瑞铭	牡丹区	2002.02—2004.09
	张汉民	东明县	2003.06—2004.09
校长	周孝龙	单县	1984.08—1996.09
	田德全	嘉祥县	1996.09—2000.01
	刘从连	巨野县	2000.07—2004.09
副校长	赵瑞麟	牡丹区	1984.08—1988.04
	袁明镜	牡丹区	1985.12—1995.12
	田德全	嘉祥县	1988.07—1996.09
	朱德荣	江苏省沛县	1988.07—1993.06
	王宗科	单县	1994.06—2004.09
	刘从连	巨野县	1994.06—2000.07
	李念学	郓城县	1997.05—2000.06
	刘念文	江苏省沛县	1998.08—2001.11
	于福存	曹县	2001.07—2004.09
	林宪杰	济宁市梁山县	2001.07—2004.09
	宋恩朝	鄄城县	2002.02—2004.09
	李新雷	定陶县	2002.02—2004.09

2004—2005 年菏泽学院领导成员更迭表

表 32-6-2

职务	姓名	籍贯	任职时间
党委书记	韩广洁	郓城县	2004.09—
副书记	郁章玉	临沂	2004.09—
	霍保银	单县	2004.09—
院长	郁章玉	临沂	2004.09—
副院长	刘从连	巨野县	2004.09—
	王宗科	单县	2004.09—
	朱保华	单县	2004.09—
	于福存	曹县	2004.09—
	刘春华	鄄城县	2005.11—

菏泽医学专科学校 1978 年，菏泽医专经国务院批准为普通高等医学专科学校（副厅级）。1990 年 3 月，菏泽医专收归山东省卫生厅管理。2005 年，菏泽医专设有 18 个二级系、部、处、室。

1986—2005年菏泽医学专科学校领导成员更迭表

表 32-6-3

职 务	姓 名	籍 贯	任职时间
党委书记	邢来田	曹 县	1986.01—1988.05
	从德普	单 县	1989.03—1994.05
	孙建民	鱼 台	1994.05—2003.09
	付章丽	牡丹区	2003.09—
校 长	侯恩祥	曹 县	1986.01—1989.04
	张志美	鄄城县	1989.09—1992.06
	刘国梁	江苏省镇江	1992.06—1996.09
	庞业俊	禹 城	1996.09—2004.12
	于信民	鄄城县	2004.12—
副书记	刘国梁	江苏省镇江	1986.01—1996.09
	韩福运	曹 县	1992.05—1994.04
副校长	韩 棣	天津市	1986.01—1990.12
	刘迎瑞	单 县	1989.09—1997.09
	张秀勤	江苏省铜山	1989.09—2000.03
	庞业俊	禹 城	1995.10—1996.09
	赵洪展	曹 县	1996.09—
	冯 瑜	济宁市梁山县	1996.09—
	李玉林	鄄城县	2000.01—
	于信民	鄄城县	2002.08—2004.12
纪委书记	丰根源	河北省宣化	1992.05—1993.11
	王海祥	郓城县	1994.05—
工会主席	高同信	牡丹区	1995.11—2002.01

第二节 中专职业学校

菏泽财经学校 1986年，菏泽供销学校内设办公室、政保处、教务处、总务处、团委。1989年1月增设学生科。1990年，政保处更名为政治处。1992年1月增设保卫科。1993年12月，菏泽供销学校更名为菏泽财经学校，内设办公室、政治处、教务处、总务处、学生处、保卫科、财务处、工会、团委。1997年6月，政治处更名为人事监察科，教务处更名为教务科，总务处更名为总务科，学生处更名为学生科，财务处更名为财务科。1998年6月增设党委办公室、招生安置办公室。2004年1月增设伙食科。4月增设图书馆。

1986—2005年菏泽财经学校领导成员更迭表

表 32-6-4

职　务	姓　名	籍　贯	任职时间
书　记	路文汉	鱼　台	1984.08—1993.01
	曾昭金	鄄城县	1993.01—2001.10
	王学军	定陶县	2002.05—
校　长	石俊岭	单　县	1985.08—1992.03
	刘永凤	牡丹区	1993.04—1998.04
	晋福臣	曹　县	1998.08—2002.05
	王学军	定陶县	2002.05—
副校长	武恒太	河南省新乡	1985.08—1995.08
	刘永凤	牡丹区	1991.06—1993.03
	晋福臣	曹　县	1992.08—1998.08
	宋恩朝	鄄城县	1994.11—1998.08
	薛知梅	定陶县	1997.09—2003.12
	宋秀兰	曹　县	1997.12—2005.11
	卢方君	定陶县	2003.07—
	石　峰	郓城县	2003.07—
	孙继方	曹　县	2004.08—2006.10
	郭　岗	曹　县	2005.11—
纪委书记	卢方君	定陶县	1997.12—2003.07
	张献忠	鄄城县	2003.07—
工会主席	方继斌	单　县	1999.03—2003.06
	张常著	牡丹区	2003.07—

菏泽工业学校　1986年，菏泽工业学校内设办公室、教务处、培训处、总务处、工会、团委。1988年增设学生科、保卫科、基建科。1989年8月，工业学校由正科级单位升格为副县级单位。1991年增设政工科、伙食科。1993年设立财务科、基础教研室和专业教研室。1994年12月，升格为正县级单位。1996年6月，成立校党委，12月设党委办公室、公寓管理办公室，撤销政工科，设立人事监察科。1998年6月，撤销学生科，设立学生处、团委、保卫科，并将公寓管理办公室归属学生处；撤销总务科、基建科，合并设立总务处；撤销培训科，设立培训就业指导中心。2002年4月设立招生办公室，撤销财务科和伙食科。至2005年，菏泽工业学校设有党委办公室、学校办公室、人事监察科、教务处、总务处、学生处、招生办公室、培训就业指导中心、基础教研室、专业教研室、公寓办公室、保卫科、团委、工会。

1986—2005年菏泽工业学校领导成员更迭表

表 32-6-5

职　务	姓　名	籍　贯	任职时间
书　记	丁保平	牡丹区	1996.06—2003.05
	徐　平	东明县	2003.05—2005.05
	赵银良	曹　县	2005.05—
副书记	卓　伟	曹　县	1996.06—2001.10
	刘广幸	单　县	2004.10—
校　长	丁保平	牡丹区	1986.10—1994.01
	卓　伟	曹　县	1994.01—2001.10
	刘广幸	单　县	2004.10—
副校长	韩茂启	牡丹区	1986.01—1996.06
	卓　伟	曹　县	1986.01—1994.01
	王朝景	牡丹区	1996.06—
	王善存	定陶县	1996.06—2001.10
	胡宪奎	成武县	2002.02—
	尹庆元	牡丹区	2003.06—2005.11
纪委书记	李月廉	曹　县	1996.06—1997.12
	尹庆元	牡丹区	1999.03—2003.06
	鲍新宪	鄄城县	2003.06—
工会主席	刘正苍	郓城县	1996.06—1997.12
	尹庆元	牡丹区	1997.12—1999.03
	周俊举	鄄城县	2003.08—

菏泽卫生学校　1986年，山东省单县卫生学校（副县级事业单位）内设办公室、政治处、教务处、总务处、团委。1993年撤销政治处，增设党委办公室、学生科、人事科、财务科、伙食管理科、工会，教务处更名为教务科，总务处更名为总务科。1995年12月更名为山东省菏泽地区卫生学校。1997年4月升格为正县级单位。2001年更名为山东省菏泽卫生学校。2003年增设教育研究室、招生办公室、就业指导办公室、图书馆、保卫科。2005年，增设家政师培训中心、国际交流中心。

1986—1995年山东省单县卫生学校领导成员更迭表

表 32-6-6

职　务	姓　名	籍　贯	任职时间
书　记	董青蕊	江苏省丰县	1986.01—1987.09
	张保夫	单　县	1987.09—1993.06
	张珠银	单　县	1993.12—1995.12

续表 32-6-6

职　务	姓　名	籍　贯	任职时间
校　长	周奉科	金乡县	1986.01—1993.06
	刘广幸	单　县	1993.06—1995.12
副校长	宋锡臣	单　县	1986.01—1993.06
	刘广幸	单　县	1986.01—1993.05
	王鲤庭	金　乡	1993.06—1995.12
	王允灿	单　县	1993.06—1995.12

1995—2005 年山东省菏泽市（地区）卫生学校领导成员更迭表

表 32-6-7

职　务	姓　名	籍　贯	任职时间
书　记	张珠银	单　县	1995.12—2000.12
校　长	刘广幸	单　县	1995.12—1997.12
副校长	王翠平	齐　河	1997.12—2000.12
	王鲤庭	金乡县	1995.12—2000.12
	王允灿	单　县	1995.12—2000.12

2000—2005 年山东省菏泽卫生学校领导成员更迭表

表 32-6-8

职　务	姓　名	籍　贯	任职时间
书　记	张珠银	单　县	2000.12—
校　长	张怀举	单　县	2002.05—
副校长	王翠平	齐　河	2000.12—
	王鲤庭	金乡县	2000.12—
	王允灿	单　县	2000.12—
	时念新	单　县	2005.06—
纪委书记	孟庆仕	单　县	2005.06—

菏泽信息工程学校　1986 年，菏泽粮食学校内设办公室、政工科、财务科、学生科、教务科、保卫科、专业课教研室、基础课教研室、成教科、总务科、伙食科、老干部科、招生就业指导办公室、工会、团委、党委办公室。2002 年 4 月，该校整体划转菏泽市政府管理，隶属于市教育局。2003 年 4 月更名为山东省菏泽信息工程学校。2005 年，原菏泽粮食技工学校并入信息工程学校。规范和调整后的内设机构为党委办公室、老干部科、团委、工会、办公室、人事科、财务科、学生科、招生办公室、就业指导办公室、教务科、对外交流与继续教育科、教育科学研究室、基础课教研室、数控教研室、计算机教研室、经济管理与粮油工程教研室、国有资产管理与后勤服务科、食品安全监管科、保卫科、南校区管理委员会、国家助学金办公室。

1986—2005年菏泽信息工程学校领导成员更迭表

表32-6-9

职　务	姓　名	籍　贯	任职时间
书　记	薛兆俭	东平县	1986.01—1990.05
	丁志保	郓城县	1993.03—2000.02
	李万春	巨野县	2002.02—2003.06
校　长	郭法美	江苏省沛县	1986.01—1988.11
	李万春	巨野县	1988.12—2003.06
	马　飞	山西省汾西	2003.06—
副校长	孟凡芹	单　县	1986.01—2003.12
	李万春	巨野县	1987.09—1988.11
	薛兆俭	东平县	1988.12—2000.02
	丁志保	郓城县	1989.05—1990.04
	张昭存	郓城县	1991.10—2001.02
	马　飞	山西省汾西	2000.02—2003.06
	梁衍海	郓城县	2001.02—
	李振华	河南省开封	2003.06—
	薛知梅	定陶县	2004.08—
	闫广熙	鄄城县	2005.06—
	陈俊起	东明县	2005.06—
纪委书记	高勤存	牡丹区	1997.07—
工会主席	孟凡芹（兼）	单　县	1986.07—1999.08
	高勤存	牡丹区	1999.08—2004.05
	郝传云	单　县	2004.05—

菏泽市高级技工学校　1980年，成立菏泽地区劳动技校，办学规模为600人，隶属于地区劳动局。1986年，劳动技校被省政府改批为办学规模1000人。1993年，被省政府批准为省级重点职业学校。1993—1996年与西安电子科技大学联合创办曹州大学。1999年被教育部批准为国家级重点职业学校。2001年被劳动和社会保障部批准为国家级重点技工学校，被山东省政府批准改建为菏泽市技工学校，隶属于菏泽市劳动和社会保障局。2002年8月，被劳动和社会保障部批准改建为菏泽市高级技工学校（副厅级单位），隶属于菏泽市政府。2003年被省劳动和社会保障厅批准为山东省技师培训基地，被山东省安全生产监督管理局批准为山东省特种作业考核认证单位。2004年被国务院批准为国家农村劳动力转移培训示范基地。2005年获准建立山东省菏泽市技术学院。

1986—2005 年菏泽市（地区）高级技工学校（劳动技校）领导成员更迭表

表 32-6-10

职　务	姓　名	籍　贯	任职时间
书　记	黄德章	丰　县	1986.01—1989.09
	安道喜	牡丹区	1989.09—1994.09
	李振堂	曹　县	1994.09—2004.09
	刘永凤	牡丹区	2004.09—2005.12
	董茂伦	东平县	2005.12—
校　长	周咸亭	砀　山	1986.01—1989.09
	安道喜	牡丹区	1989.09—1994.09
	李振堂	曹　县	1994.09—1996.12
			2002.08—2004.09
	周继东	曹　县	1996.12—2002.08
	刘永凤	牡丹区	2004.09—
副书记	刘双全	郓城县	1989.09—2004.09
	高岗剑	东明县	1994.09—2004.09
	魏丙渠	鄄城县	2004.09—
	刘永凤	牡丹区	2004.09—
副校长	郝春雅	牡丹区	1986.01—1989.09
	冯远孝	鄄城县	1986.01—1989.09
	袁士高	长　清	1989.09—2004.09
	陶克成	巨野县	1989.09—2004.09
	吴宗合	唐　山	1989.09—2004.09
	王亚光	台　前	1989.09—2004.09
	周继东	曹　县	2002.08—
	高岗剑	东明县	1994.09—2004.09
	陈俊启	东明县	1996.12—2004.09
	王志玉	巨野县	2004.09—
纪委书记	林宪周	济宁市梁山县	1989.09—2004.09
	尹承森	济宁市梁山县	2004.09—

第三节　市属中小学

菏泽一中　1986 年 9 月，菏泽第一中学升格为副县级单位，内设教导处、总务处、工会、团委。1990 年 1 月升格为正县级单位，内设办公室、教务处、政教处、总务处、勤工俭学办公室、工会、团委、保卫科、离退休干部管理科等 9 个科室。1996 年 6 月成立党委。2005 年，菏泽一中内设办公室、人事科、教务科、教科室、现代教育技术管理科、学生科、体卫艺科、总务科、工会、团委、安全保卫科、离退休干部管理科 12 个科室。

1986—2005 年菏泽一中领导成员更迭表

表 32-6-11

职　务	姓　名	籍　贯	任职时间
书　记	曹丹雪	鄄城县	1984.07—1988.02
	邓朝海	单　县	1988.02—1999.03
	赵银良	曹　县	1999.03—2005.04
	王可正	单　县	2005.04—
副书记	徐启俊	牡丹区	1996.06—
校　长	刘家起	巨野县	1984.07—1988.02
	徐培荣	曹　县	1988.02—1996.06
	仪忠民	鄄城县	1996.06—2004.03
	王可正	单　县	2004.03—
副校长	聂　焱	牡丹区	1984.07—1993.08
	曹可玲	荣　成	1989.08—2002.04
	单衍伦	单　县	1989.08—1993.08
	刘德进	牡丹区	1993.08—1996.06
	张建民	牡丹区	1996.06—
	王贺钧	东明县	1996.06—2002.04
	李志献	郓城县	2002.04—
	王翠平	定陶县	2002.04—

菏泽市实验小学　1989 年 8 月，菏泽市实验小学定为科级事业单位，直属市教育局领导，其中校长 1 人，副校长 2 人，内设教导处、总务处。2000 年 10 月，学校增加编制至 120 人，内设教导处、总务处、德育处、教科室、电教室、办公室等 6 个处室。2008 年，调整学校领导职数为 5 人，其中校长 1 人，副校长 4 人。

1986—2005 年菏泽市实验小学领导成员更迭表

表 32-6-12

职　务	姓　名	籍　贯	任职时间
书　记	王　萍	郓城县	1986.01—1998.09
	李　浩	牡丹区	1998.09—
校　长	张子良	郓城县	1986.01—1992.07
	王　萍	郓城县	1992.07—1998.09
	李　浩	牡丹区	1998.09—
副校长	于长平	郓城县	1986.01—1998.09
	张永法	曹　县	1992.03—2002.09
	刘凤兰	金乡县	2000.09—

续表 32-6-12

职　务	姓　名	籍　贯	任职时间
副校长	毛丕显	牡丹区	2000.09—2004.08
	曾广国	郓城县	2002.09—
	张仰金	郓城县	2004.06—

第七章　县区组织机构

第一节　牡丹区

中共菏泽市牡丹区委员会　2000年12月，撤销原县级中共菏泽市委，成立中共菏泽市牡丹区委。2002年10月，党政机构改革，区委工作部门调整为纪律检查委员会、办公室、组织部、宣传部、政法委、统战部、机关工委7个工作部门。2002年10月，中共牡丹区委办公室机要科由股级行政机构升格为副科级行政机构，更名为中共牡丹区委办公室机要局。2004年10月对台办公室与区委办公室合署办公；2004年12月成立区农业产业化工作办公室和区维护稳定工作领导小组办公室。2005年10月成立区行政机关服务中心。

牡丹区人民代表大会常务委员会　2001年1月，菏泽撤地设市，原县级菏泽市改为牡丹区。原菏泽市人民代表大会常委会委员会改成牡丹区人民代表大会常委会委员会。人大常委会下设办公室、代表组织工作委员会、法制工作委员会、财经工作委员会、教科文工作委员会、农业和农村工作委员会、信访办公室、城乡建设环境保护工作委员会。至2005年12月，机构无变化。

牡丹区人民政府　2001年2月6日，牡丹区第十四届人民代表大会第五次会议确定原县级菏泽市人民政府改为菏泽市牡丹区人民政府。2002年7月，根据《关于牡丹区人民政府机构改革实施意见》，区政府设立工作部门21个（监察局与纪律检查委员会合署办公，列入政府工作部门序列，不计政府机构数额），另设政府派出机构1个，不占区政府机构数额。21个工作部门是政府办公室、发展计划局、经济贸易局、教育局、科学技术局、民政局、司法局、财政局、人事局（机构编制委员会办公室与其合署）、劳动和社会保障局、交通局、水务局、农业局、文化体育局、卫生局、计划生育局、审计局、统计局、建设局、粮食局、宗教局。派出机构1个：牡丹工业园管理委员会。2005年7月，将区安全生产监督管理局列入政府工作部门。至2005年12月，机构无变化。

中国人民政治协商会议菏泽市牡丹区委员会　2001年1月，菏泽市撤市设牡丹区，原菏泽市政协改为牡丹区政协，仍沿用原县级菏泽市政协的届数，为政协第十届委员会，内设学习提案委员会、文史资料委员会、经济科技委员会、文教卫生委员会、祖国统一联谊委员会、农村工作委员会和办公室。至 2005 年 12 月，机构无变化。

1986—2005 年牡丹区（菏泽市）委、人大、政府、政协主要负责人更迭表

表 32-7-1

职　务	姓　名	籍　贯	出生年月	任职时间
区（市）委书记	潘兴玺	巨野县	1945.09	1985.11—1990.01
	胡公厘	定陶县	1940.02	1990.01—1993.01
	杨成训	成武县	1942.06	1993.02—1994.06
	贾学英	鄄城县	1953.09	1994.06—2000.12
	王　浩	单　县	1963.01	2000.12—2004.06
	尹玉明	东明县	1962.01	2004.06—
人大常委会主任	王兆吉	江苏省沛县	1927.12	—1986.03
	李宝珊	河南省孟州市	1935.07	1986.03—1990.04
	李永亮	牡丹区	1938.11	1990.04—1998.03
	尹正仁	东明县	1946.12	1998.03—
区（市）长	李明先	烟台市蓬莱市	1945.01	1985.11—1988.09
	郭仲生	曹　县	1944.01	1988.09—1993.01
	贾学英	鄄城县	1953.09	1993.03—1994.09
	杨永昌	东明县	1955.07	1994.09—1997.12
	王　浩	单　县	1963.01	1998.03—2000.12
	尹玉明	东明县	1962.01	2001.02—2004.06
	丁志刚	定陶县	1961.09	2005.01—
政协主席	刘传荣	鄄城县	1932.01	1985.11—1993.03
	付炳尧	牡丹区	1938.01	1993.01—1998.03
	彭合礼	鄄城县	1949.07	1998.03—

第二节　曹　县

中共曹县委员会　1986 年，县委下设办公室、组织部、宣传部、统一战线工作部、农村工作部、政法委员会、档案科（馆）、党史资料征集研究委员会、企业政治工作办公室、老干部科、信访办公室、县直机关党委、党校。1994 年 1 月，县级党政机构改革，县委设工作机构 5 个，即县委办公室、县委组织部、县委宣传部、县委统战部、县委政法委员会。2002 年 8 月，机构改革，县委设工作机构 7 个，即县纪律检查委员会（与县监察局合署）、县委办公室（县委县政府信访局由县委办公室、县政府办公室管理，以县委办公室管理为主）、县委组织部（县委老干部局由县委组织部管理）、县委宣传部、县委统一战线工作部（与县委台湾工作办公室、县政府台湾事务办公室合署）、县委政法委（与县社会治安综合治理委员会办公室合署）、县委县直机关工作委员会。至 2005 年年底，县委组织机构无变化。

曹县人民代表大会常务委员会　1986

年4月，县人大常委会工作机构设办公室、政法组织科、代表联络科、调查研究科。1987年10月，撤销调查研究科和代表联络科，政法组织科改称法制科；设立组织科、财经科、文教科。1989年，设立农业科。1991年2月，代表组织科改设为人事代表工作委员会，财经科改设为教科文卫工作委员会，农业科改设为农村经济工作委员会；同月，设立人民来信来访工作室。至2005年，县人大常委会工作机构无变化。

曹县人民政府　1986年，县政府设工作部门46个。1994年1月，机构改革，县政府设工作部门26个。2002年8月，机构改革，县政府设工作部门25个，即政府办公室、发展计划局、经济贸易局、对外经济贸易合作局、教育局、科学技术局、公安局、民政局、司法局、财政局、人事局、劳动和社会保障局、国土资源局、建设局、交通局、水务局、农业局、文化体育局、卫生局、计划生育局、审计局、环境保护局、统计局、粮食局、民族宗教事务局。至2005年年底，县政府职能部门组织机构无变化。

中国人民政治协商会议曹县委员会　1986年，县政协设立办公室、联络科、宣传科、文史资料科。1991年1月，改设办公室、文史资料委员会、学习提案委员会、经济科技委员会、祖国统一联谊委员会、文教卫生委员会。至2005年年底，机构无变化。

1986—2005年中共曹县县委、人大、政府、政协主要负责人更迭表

表32-7-2

职　务	姓　名	籍　贯	出生年月	任职时间
县委书记	从德普(回族)	单　县	1940.08	1984.01—1986.04
	孙建民	济宁市鱼台县	1944.03	1986.04—1989.06
	路绍昌	定陶县	1940	1989.07—1993.02
	张修田(援藏)	曹　县	1956.02	1992.03—1995.03
	朱保忠	东明县	1948	1993.02—1998.01
	朱效明	定陶县	1953.04	1998.01—2002.06
	王振钦	鄄城县	1962.01	2002.06—
县　长	朱献瑞	成武县	1947.02	1984.05—1988.01
	路绍昌	定陶县	1940	1988.01—1989.07
	刘天臣	菏泽市	1939	1989.07—1993.02
	李进民	成武县	1944.03	1993.02—1993.04（代） 1993.04—1994.06
	常洪珍	郓城县	1949.08	1994.06—1995.03（代） 1995.03—1998.01
	彭靖华	东明县	1952.08	1998.01—1998.03（代） 1998.03—2000.06
	王振钦	鄄城县	1962.01	2000.06—2000.12（代） 2000.12—2002.06
	李安现	郓城县	1955.03	2002.06—2003.01（代） 2003.01—2004.05

续表 32-7-2

职　务	姓　名	籍　贯	出生年月	任职时间
县　长	傅清卿	青岛市平度市	1962.12	2004.05—2005.01（代） 2005.01—
人大常委会主任	谢新治	曹　县	1936.01	1984.05—1998.03
	邵清成	曹　县	1944.01	1998.03—2003.01
	王振钦	鄄城县	1962.01	2003.01—2005.01
	王明杰	曹　县	1949.12	2005.01—
政协主席	李学治	牡丹区	1926.01	1981.05—1986.04
	王洪烈	曹　县	1928.12	1986.04—1990.02
	刘大用	曹　县	1938.07	1990.02—1998.03
	武忠贵	曹　县	1946.11	1998.03—

第三节　定陶县

中共定陶县委员会　1986 年，定陶县委下设办公室、纪律检查委员会、组织部、组织员办公室、宣传部、政法委员会、农村工作部、企业政治工作办公室、县直机关党委、县委党校、党史资料征集研究委员会办公室、信访办公室、档案局、老干部科等工作部门。2002 年机构改革，县委设工作部门有纪委、办公室、组织部、宣传部、统战部、政法委、县直机关工作委员会、农村工作领导小组办公室。2005 年 5 月，设立维护稳定工作领导小组办公室。至年底，机构无变化。

定陶县人民代表大会常务委员会　1986 年，县人大常委会工作部门原设办公室、代表组织科、法制科、财经科、文教科，1989 年 2 月设农业科，1990 年 7 月设信访科。至 2005 年，县人大常委会下设办公室、代表组织科、法制科、财经科、教科文卫科、农业科、信访科。

定陶县人民政府　1986 年，县政府原有工作部门 57 个，1993 年机构改革后，工作部门调整为 25 个，至 2005 年定陶县人民政府工作部门 32 个。

中国人民政治协商会议定陶县委员会　1986 年，县政协工作部门原设办公室、学习宣传科、文史资料征集研究科、提案咨询科。1989 年 5 月改设为办公室、学习提案委员会、文教卫生委员会、经济科技委员会、祖国统一联谊委员会、文史资料委员会。至 2005 年年底，机构无变化。

1986—2005 年中共定陶县委、人大、政府、政协主要负责人更迭表

表 32-7-3

职　务	姓　名	籍　贯	出生年月	任职时间
县委书记	丁宗山	菏泽市	1936.08	1986.01—1987.11
	张朝玉	东明县	1938.01	1987.11—1989.08
	李广生	济宁市梁山县	1948.09	1989.08—1989.12

续表 32-7-3

职　务	姓　名	籍　贯	出生年月	任职时间
县委书记	文廷良	开发区	1946.03	1989.12—1997.06
	刘殿毅	牡丹区	1955.02	1997.06—2000.12
	段伯汉	巨野县	1958.02	2000.12—2005.12
	王彤宇	青岛市即墨市	1965.06	2005.12—
人大常委会主任	马近舜	郓城县	1935.01	1986.05—1990.02（兼） 1990.02—1993.03
	程玉峰	定陶县	1940.01	1993.03—1997.12
	刘殿毅	牡丹区	1955.02	1997.02—1998.03 1998.03—2001.01（兼）
	段伯汉	巨野县	1958.02	2001.01—2003.01（兼）
	李清安	成武县	1951.01	2003.01—2006.12
县　长	张朝玉	东明县	1938.01	1986.01—1988.12
	张作田	济宁市梁山县	1937.03	1988.12—1993.01
	李松亭	曹　县	1946.08	1993.01—1995.01
	刘殿毅	牡丹区	1955.02	1995.01—1997.12
	段伯汉	巨野县	1958.02	1997.12—2000.12
	赵传山	开发区	1957.12	2000.12—2002.12
	王彤宇	青岛市即墨市	1965.06	2002.12—2005.12
	陶体华	鄄城县	1960.05	2005.12—
政协主席	庄静亭	济宁市梁山县	1923.05	1986.01—1987.02
	王效春	巨野县	1935.12	1987.02—1990.02
	张秀长	单　县	1949.12	1990.02—1993.01（兼）
	张善朋	成武县	1940.01	1993.01—1997.12
	范尚贵	牡丹区	1945.12	1997.12—2003.03
	王彤宇	青岛市即墨市	1965.06	2003.03—2004.12（兼）
	刘本明	曹　县	1949.07	2004.12—

第四节　成武县

中共成武县委员会　1986 年，县委工作部门主要有：办公室、组织部、宣传部、统战部、纪律检查委员会、党校、农村工作部、政法委、机关党委、党史委、企业政治工作办公室、信访办、档案局（馆）、组织员办公室、老干部科等。期间几经调整、更名、归口管理等，至 2005 年，县委工作部门分别为：纪律检查委员会、办公室、组织部、宣传部、统战部、政法委、县直机关工委（由县直机关党委更名）。

成武县人民代表大会常务委员会　1986 年，县人大设“一室三科”：办公室、代表联络科、法制科、调查研究科。1987 年 11 月，将原有的“一室三科”调整为办公室、代表组织科、法制科，增设财经科和文教科（后改为教科文卫科）。1988 年 12 月增设农业科。1993 年 5 月增设信访科。

至2005年12月，县人大常委会下设办公室、代表组织科、法制科、财经科、教科文卫科、农业科、信访科七个科室。

成武县人民政府　1986年，县人民政府有40个工作机构。2002年机构调整，县政府设置24个部门：县政府办公室、发展计划局、经济贸易局、教育局、科学技术局、公安局、监察局、民政局、司法局、财政局、人事局、劳动和社会保障局、国土资源局、城乡建设局、交通局、水务局、农业局、文化体育局、卫生局、计划生育局、审计局、环境保护局、统计局、粮食局。

中国人民政治协商会议成武县委员会　1986年，政协机关设办公室和组织联络科、调查研究科，委员成立10个工作组。1987年，政协机关设办公室和组织联络科、咨询服务科和文史宣传科，并建立了学习委员会、文史研究委员会、提案委员会，驻城委员会成立了工作组，乡镇成立了政协联络组（1989年5月改为乡镇政协工作办公室）。1989年12月政协机关设“一室五委”：办公室和学习提案、经济科技、文史资料、文教卫生、祖国统一联谊五个委员会。2002年5月，撤销乡镇政协工作办公室。

1986—2005年中共成武县委、人大、政府、政协主要负责人更迭表

表32-7-4

职　务	姓　名	籍　贯	出生年月	任职时间
县委书记	李育才	单　县	1948	1986.01—1988.02
	李胜华	菏泽市	1943.03	1988.02—1991.07
	霍正气	鄄城县	1950.11	1991.07—1994.08
	牛志春	单　县	1955.02	1994.08—1997.12
	杨永昌	东明县	1955.07	1997.12—2002.12
	付守明	曹　县	1963.09	2002.12—
人大常委会主任	刘统振	成武县	1931.12	—1990.02
	秦新春	单　县	1933.09	1990.02—1993.01
	庞汝圣	成武县	1945.08	1993.01—
县　长	李胜华	菏泽市	1943.03	1986.01—1988.02（其中1985.12—1986.04为代县长）
	王汝密	成武县	1943.09	1988.02—1989.08（其中1988.03—1989.03为代县长）
	霍正气	鄄城县	1950.11	1989.07—1991.07（其中1989.07—1990.02为代县长）
	丁继民	单　县	1945	1991.07—1993.12（其中1991.07—1992.03为代县长）
	牛志春	单　县	1955.02	1993.12—1995.01（其中1993.12—1994.03为代县长）
	卢建刚	鄄城县	1949.1	1995.01—1997.12（其中1995.01—1995.03为代县长）

续表 32-7-4

职务	姓名	籍贯	出生年月	任职时间
县长	付守明	曹县	1963.03	1997.12—2002.12（其中 1997.12—1998.03 为代县长）
	曹宇翔	聊城市莘县	1966.01	2002.12—2004.05（其中 2002.12—2003.01 为代县长）
	杨晓玲	曹县	1963.03	2004—
政协主席	王洪烈			—1986.04
	秦新春	单县	1933.09	1986.04—1990.02
	王金祥	菏泽市	1936.12	1990.02—1995.06
	陈宪法	曹县	1942.12	1995.06—2003.01
	秦建国	成武县	1959.07	2003.01—

第五节 单县

中共单县委员会 1986 年，中共单县县委下设办公室、纪律检查委员会、组织部、组织员办公室、宣传部、统战部、政法委员会、农村工作部、企业政治工作办公室、县直机关党委、县委党校、党史资料征集研究委员会办公室、信访办公室、档案局、老干部科等。2002 年机构改革，县委设工作部门 7 个，即县纪委、县委办公室、组织部、宣传部、统战部、政法委、县直机关工作委员会。2005 年，增设维护稳定工作领导小组办公室。至 2005 年年底，机构无变化。

单县人民代表大会常务委员会 1986 年，人大常委会下设办公室、调查研究科、代表联络科。1987 年 7 月，代表联络科改称代表组织科，撤销调查研究科，增设法制科、财经科、文教科。1987 年 11 月增设信访科。1988 年增设农业科。至 2005 年，单县人大常委会内设机构仍为办公室、代表组织科、法制科、财经科、教科文卫科、农业科、信访科。

单县人民政府 1986 年，单县人民政府工作部门 57 个，1993 年机构改革后，政府工作部门调整为 29 个。2002 年机构改革，单县人民政府工作部门由 29 个调整为 26 个。至 2005 年年底，机构无变化。

中国人民政治协商会议单县委员会 1986 年，单县政协内设机构有办公室、文史科、联络科。1989 年 5 月，撤销联络科、文史科，设置五个专门委员会，即学习提案委员会、经济科技委员会、祖国统一联谊委员会、文教卫生委员会、文史资料委员会，均为正科级行政机构。2005 年年底，单县政协内设机构有办公室、文史资料宣传委员会、学习提案委员会、经济资源环境委员会、台港澳侨民族宗教委员会、科教文卫体法委员会。

1986—2005年中共单县县委、人大、政府、政协主要负责人更迭表

表32-7-5

职务	姓名	籍贯	出生年月	任职时间
县委书记	刘广新	济宁市梁山县	1936.07	1984.02—1988.10
	温新月	东明县	1941.01	1988.10—1993.01
	周书运	菏泽市开发区	1944.06	1993.01—1995.01
	侯宪秀	郓城县	1950.11	1995.01—1997.12
	宋绍先	鄄城县	1952.04	1997.12—2004.01
	朱培吉	青岛市	1963.04	2004.01—
人大常委会主任	王笃信	泰安市东平县	1931.07	1984.05—1990.03
	温新月	东明县	1941.01	1990.03—1993.01
	龚彦海	单县	1937.05	1993.01—1998.03
	宋占良	鄄城县	1952.04	1998.03—2000.05
	段文喜	东明县	1949.01	2001.04—2005.01
	张忠江	曹县	1955.01	2005.01—
县长	王冠举	鄄城县	1938.04	1985.11—1989.08
	周书运	菏泽市开发区	1944.06	1990.03—1993.03
	侯宪秀	郓城县	1950.11	1993.03—1995.01
	张存金	郓城县	1955.02	1995.01—1997.07
	宋绍先	鄄城县	1952.04	1997.07—1997.12
	李学军	定陶县	1951.09	1997.12—2001.03
	王永华	曹县	1963.02	2001.03—2002.12
	赵传山	开发区	1957.12	2002.12—2004.06
	王永江	曹县	1957.09	2004.06—
政协主席	刘承恩	河南省内黄县	1924.01	1984.05—1986.04
	李松柏	菏泽市牡丹区	1944.03	1986.04—1988.11
	周书运	菏泽市开发区	1944.06	1989.03—1992.03
	张立亭	单县	1938.07	1992.03—1998.03
	陶继田	单县	1944.11	1998.03—2003.01
	孙培超	单县	1953.11	2003.01—

第六节 巨野县

中共巨野县委员会 1986年，中共巨野县委工作机构有办公室、纪律检查委员会、组织部、宣传部、政法委员会、统战部、农村工作部、企业思想政治工作办公室、县直机关党委、县委党校、党史资料征集委员会、档案局、组织员办公室、信访办公室、老干部科等。1994年1月机构改革，县委工作部门由15个精简到6个，即县纪律检查委员会、县委办公室、组织部、宣

传部、统战部、政法委员会。2002年县级党政机构改革，县委机关为7个工作部门、2个部门管理机构，即县纪律检查委员会（与监察局合署）、县委办公室、县委组织部、县委宣传部（内设精神文明建设委员会办公室）、县委统一战线工作部、县委政法委员会（与县社会治安综合治理委员办公室合署）、县委县直机关工作委员会。至2005年年底，机构无变化。

巨野县人民代表大会常务委员会 1986年，人大常委会下设办公室、代表联络科、调查研究科、政法组织科。1987年7月，代表联络科改称代表组织科，调查研究科改为代表组织科，政法组织科改为法制科，增设文教科。1989年1月增设农业科。1990年11月，增设信访科。1997年9月，调整为：办公室、人事代表科、法制科、经济科、文教科。2005年5月，恢复设立信访科。至2005年，巨野县人大常委会内设机构仍为办公室、人事代表科、法制科、经济科、文教科、信访科。

巨野县人民政府 1986年，巨野县人民政府工作部门26个，1993年机构改革后，政府工作部门调整为25个，下辖26个乡镇人民政府，1990年1月核桃园乡由嘉祥县划归巨野县管辖，巨野县所辖乡镇增加到27个。2001年2月合乡并镇，巨野县乡镇政府由27个合并为16个。2002年机构改革，巨野县人民政府工作部门由25个调整为24个。2005年，县政府机构改革，设置县政府办公室和工作部门23个。

中国人民政治协商会议巨野县委员会 1986年，巨野县政协内设机构有办公室、联络科、文史资料科、提案科。1990年2月，调整充实工作机构，改设为“一室五委”，即办公室、学习提案委员会、文史资料委员会、经济科技委员会、文教卫生委员会、祖国统一联谊委员会，均为正科级行政机构。2005年年底，巨野县政协内设机构有办公室、学习提案委员会、文史资料委员会、经济科技委员会、祖国统一联谊会、文教卫生委员会。

1986—2005年中共巨野县委、人大、政府、政协主要负责人更迭表

表32-7-6

职　务	姓　名	籍　贯	出生年月	任职时间
县委书记	刘子玉	曹　县	1943.02	1985.08—1988.02
	朱献瑞	成武县	1947.02	1988.02—1989.07
	韩广洁	郓城县	1948.04	1989.07—1993.01
	李德章	郓城县	1946.05	1993.01—1995.11
	许素海	定陶县	1952.01	1995.11—1997.02
	周连瑞	鄄城县	1946.06	1997.02—1998.01
	常洪珍	郓城县	1949.08	1998.01—2001.01
	王长松	滨州市博兴县	1956.12	2001.01—2006.12
人大常委会主任	杨立品	巨野县	1933.12	1984.05—1989.05
	王效春	巨野县	1935.12	1990.02—1996.03
	常贵民	巨野县	1946.09	1996.03—2006.02

续表 32-7-6

职　务	姓　名	籍　贯	出生年月	任职时间
县　长	穆衍峰	济宁市梁山县	1948.02	1986.04—1989.09
	李德章	郓城县	1946.05	1989.09—1993.01
	李汉云	定陶县	1942.07	1993.01—1994.07
	许素海	定陶县	1952.01	1994.07—1996.03
	范玉国	牡丹区	1956.01	1996.03—1998.01
	赵　普	定陶县	1955.06	1998.01—2001.03
	朱保华	单　县	1963.03	2001.03—2004.10
	郭保存	成武县	1964.04	2004.11—2006.02
政协主席	王振华	郓城县	1926.01	1984.05—1986.12
	邵庆慈	巨野县	1937.06	1987.03—1997.02
	李广用	济宁市嘉祥县	1944.08	1997.02—2003.01
	吴天立	单　县	1955.12	2003.01—2005.12

第七节　郓城县

中共郓城县委员会　1986 年，中国共产党郓城县委员会工作机构有办公室、组织部、宣传部、统战部、纪律检查委员会、政法委员会、农村工作部、直属机关委员会、企业政治办公室、党史资料征集研究委员会、党校。1993 年 12 月，信访办公室更名为信访局。2002 年 7 月，县委、县政府出台《关于县级党政机构改革实施意见》，县委工作机构调整为 7 个，部门管理机构 2 个，派出机构 1 个，分别是县纪律检查委员会机关(与县监察局合署办公)、县委办公室、组织部、宣传部、统战部（与台湾工作办公室合署办公，挂县政府台湾事务办公室牌子）、政法委员会（与社会治安综合治理委员会办公室合署办公）、县直机关工作委员会；部门管理机构分别是县委、县政府信访局（由县委办公室、县政府办公室管理，以县委办公室管理为主），老干部局（由组织部管理）；派出机构是中共郓城工业园区工作委员会。至 2005 年年底，机构无变化。

郓城县人民代表大会常务委员会　1986 年，郓城县人大常委会下设办公室、组织科、联络科、调研科。1987 年，撤销联络科、调研科，设立文教科、法制科、财经科。1989 年增设农业科，1990 年增设调研室、信访科。2005 年，常委会下设办公室、人事代表工作室、教育科学文化卫生工作委员会、内务司法工作委员会、农业与农村工作委员会、财政经济工作委员会、信访办公室、研究室。

郓城县人民政府　1986 年，县政府下设部门 55 个。1991 年后，县编制委员会按照国家制定的有关方针政策和上级下达的编制总额，认真核定机构设置和人员编制，县政府机构经过增、减、撤、并，变动较大。2005 年，共有工作部门 24 个：县政府办公室、发展计划局、经济贸易局、教育局、科学技术局、民政局、公安局、司法局、财政局、人事局、劳动和社会保障局、交通局、水务局、农业局、文化体育局、卫生局、计划生育局、审计局、统计局、建设局、国土资源局、环境保护局、粮食局、林业局。派出机构1个：县工业园区管理委员会。事业单位16个。

中共人民政治协商会议郓城县委员会 1986年，县政协工作机构设置“一室二科”（办公室、联络科、文史科）；1987年9月，在原设“一室二科”的基础上增设宣传科，改为“一室三科”；1989年5月，撤销县政协联络科、文史资料科、宣传科，保留办公室，同时设立五个专门委员会，即学习提案委员会、经济科技委员会、文教卫生委员会、文史资料委员会、祖国统一联谊委员会，至此县政协机关机构设置为“一室五委”，均为正科级单位。2003年3月，县政协机关机构设置在保留“一室五委”的基础上，对部分专门委员会进行更名，并且个别专委会的职责范围相应改变：原“学习提案委员会”更名为“提案委员会”、原“经济科技委员会”更名为“经济委员会”、原“文教卫生委员会”更名为“科教文卫体委员会”、原“祖国统一联谊委员会”更名为“台港澳侨民族宗教委员会”，“文史资料委员会”名称不变。

1986—2005年中共郓城县委、人大、政府、政协主要负责人更迭表

表32-7-7

职　务	姓　名	籍　贯	出生年月	任职时间
县委书记	阎世海	定陶县		1984.05—1988.10
	刘金全	单　县	1941.01	1988.10—1989.08
	魏昌启	巨野县	1949.12	1989.08—1995.01
	张兴民	鄄城县	1956.09	1995.01—1996.02
	田文之	济宁市邹城市	1949.01	1996.02—1999.04
	侯成君	威海市文登市	1962.08	1999.06—2001.01
	高木斗	曹　县	1955.01	2001.01—2005.12（2004.05任市委常委）
人大常委会主任	吴方才	郓城县	1934	1984.05—1993.03
	周庆文	济宁市梁山县	1937.12	1993.03—1998.01
	杨志森	牡丹区	1944.11	1998.01—2003.01
	刘清先	单　县	1956.04	2003.01—
县　长	黄先立	巨野县		1984.05—1985.07
	刘金全	单　县	1941.01	1986.05—1988.10
	张国敏	莒　县	1945.11	1989.03—1991.06
	贾学英	鄄城县	1953.09	1992.03—1993.02
	董茂伦	泰安市东平县	1951.06	1993.02—1995.01
	田文之	济宁市邹城市	1949.01	1995.03—1996.02
	李　民	济宁市金乡县	1961.11	1996.03—1998.01
	高木斗	曹　县	1955.01	1998.02—2001.01
	刘国生	单　县	1963.01	2001.02—2006.01

续表 32-7-7

职　务	姓　名	籍　贯	出生年月	任职时间
政协主席	林英高	济宁市梁山县	1930	1984.05—1987.03
	周庆文	济宁市梁山县	1937.12	1987.03—1993.03
	单承坤	郓城县	1939.05	1993.03—1998.03
	张友彬	郓城县	1944.08	1998.03—2003.01
	徐淑珍	郓城县	1956.07	2003.01—

第八节　鄄城县

中共鄄城县委员会　1986年，中共郓城县委设有办公室、组织部、宣传部、统战部、纪律检查委员会、政法委员会、农村工作部、直属机关委员会、企业政治办公室、党史资料征集委员会、党校。1993年12月，全县机构改革结束，县委设五大部门：县委办公室、组织部、宣传部、统战部、政法委。2002年，全县党政机关机构改革，县委机构设置工作部门7个，部门管理机构2个。至2005年年底，县委工作部门有县委办公室、组织部、宣传部、统战部、政法委，党史委、党校、台办、农办、维稳办。

鄄城县人民代表大会常务委员会　1981年1月14日，鄄城县第九届人民代表大会第一次会议选举产生县人民代表大会常务委员会，设主任1人，副主任、委员若干人。1988年设办公室、代表组织科、法制科、财经科、科教文卫科，1989年5月设农业科，1990年4月设信访科。1991年至2005年，鄄城县人民代表大会常务委员会下设办公室、组织科、文教科、法制科、农业科、财经科、信访科。

鄄城县人民政府　1986年，鄄城县政府设立具有行政职能的企事业单位58个。1993年12月，全县机构改革，核定政府工作机构25个。1994年增设机关事务服务处，归口县政府办公室管理。1997年成立人事科，至2000年年底，政府办公室共设有11个科室。2002年，全县党政机关机构改革，县政府设置工作机构23个。至2005年年底，机构无变化。

中国政协协商会议鄄城县委员会　1986年年初，政协鄄城县委员会下设12个工作组，即财贸组、法制组、教育组、文体组、工业组、医药卫生组、农业组、林业组、科技组、妇女青年组、祖国统一组、民族宗教组。1989年4月设5个委员会，即文史资料研究委员会、学习委员会、文教卫生委员会、科技委员会、祖国统一联谊委员会。1990年3月至1993年3月，县政协机关设办公室和学习提案委员会、文史资料委员会、经济科技委员会、文教卫生委员会、祖国统一联谊委员会。至2005年年底未变。

1986—2005年中共鄄城县委、人大、政府、政协主要负责人更迭表

表32-7-8

职　务	姓　名	籍　贯	出生年月	任职时间
县委书记	李广生	济宁市梁山县	1948	1985.10—1989.07
	陈兴之	济宁市嘉祥县	1944.05	1989.07—1994.09
	祝传收	成武县	1946.08	1995.01—1998.01
	邵好学	定陶县	1952.03	1998.01—2002.12
	岳　滨	聊城市阳谷县	1963.02	2002.12—2006.01
人大常委会主任	王尊贤	郓城县	1928.08	1986.01—1986.04(代)
	李广生	济宁市梁山县	1948	1986.04—1987.03
	管元道	郓城县	1942	1987.03—1990.02
	张福连	鄄城县	1938.01	1990.02—1998.03
	范天柱	鄄城县	1946.09	1998.03—2006.03
县　长	卢效玉	定陶县	1945	1986.04—1989.03
	段连湘	巨野县	1942.02	1989.03—1990.02(代)
	段连湘	巨野县	1942.02	1990.02—1993.02
	常贵民	巨野县	1946.09	1993.02—1993.03(代)
	常贵民	巨野县	1946.09	1993.03—1995.01
	张汉民	东明县	1951.11	1995.01—1995.03(代)
	张汉民	东明县	1951.11	1995.03—1998.01
	张本进	曹　县	1952.02	1998.01—1998.03(代)
	张本进	曹　县	1952.02	1998.03—2001.03
	任仲义	郓城县	1962.08	2001.03—
政协主席	董允彦	鄄城县	1936.06	1984.05—1987.03
	陈心义	鄄城县	1940.11	1987.03—2000.01
	刘起朝	鄄城县	1944.12	2000.01—2006.01
	宋文启	鄄城县	1955.01	2006.01—2006.03

第九节　东明县

中共东明县委员会　1986年，中共东明县委下设办公室、组织部、宣传部、统战部、农工部、组织委员办公室、政法委员会、党史资料征集研究委员会、县直机关工委、老干部局、党校11个职能部门。1993年，全县机构改革，县委工作部门精简到5个，分别为县委办公室、组织部、宣传部、统战部、政法委员会。2002年，县机构改革，县委设工作部门7个，分别为纪律检查委员会、县委办公室、组织部、宣传部、统战部、政法委员会、县直机关工作委员会。2005年，中共东明县委下设县委办公室、组织部、宣传部、统战部、纪律检查委员会、政法委员会、县直机关工作委员会7个工作部门。

东明县人民代表大会常务委员会　1986年，县人大内设办公室、代表联络科、调研科。1988年3月，调整为办公室、代表组织科、财经科、法制科、文教科。1991年4月，增设信访科。8月，工作机构为办公室、人事代表工作室、信访工作室、法制工作委员会、财经工作委员会、科教文卫工作室、农村经济工作委员会。2005年，县人大内设工作机构不变。

东明县人民政府　1986年，县政府组成部门有政府办公室、计划委员会、经济委员会、财贸委员会、科学技术委员会、城乡建设环境保护委员会、公安局、人事局、劳动局等64个单位。1993年，县机构改革，县政府组成部门为25个。2002年机构改革，设政府办公室、发展计划局、经济贸易局、教育局、科学技术局、监察局（与县纪委机关合署）、民政局、公安局、司法局、财政局、人事局（县机构编制委员会办公室与其合署）、劳动和社会保障局、交通局、水务局、农业局、文化体育局、卫生局、计划生育局、审计局、统计局、建设局、国土资源局、环境保护局、粮食局共24个正科级行政单位。2005年，县政府行政局仍为24个。

中国人民政治协商会议东明县委员会　1986年，政协机关内设办公室、工农财贸、文教卫生、科技、民族宗教、文史工作组。1987年3月，第三届政协设办公室、提案、文史资料、经济科技、文教卫生、祖国统一联谊科。1989年5月，县政协撤销联络科、文史资料科、宣传教育科，设立学习提案委员会、文史资料委员会、经济科技委员会、文教卫生委员会、祖国统一联谊委员会。乡镇设政协办公室。2001年5月，增设社会法制委员会。至2005年，政协东明县委员会仍为“六委一室”的工作机构。

1986—2005年中共东明县委、人大、政府、政协主要负责人更迭表

表32-7-9

职　务	姓　名	籍　贯	出生年月	任职时间
县委书记	王启杰	单　县	1934.01	1984.01—1988.09
	孔令昌	定陶县	1948.01	1988.09—1993.01
	卢效玉	定陶县	1945.01	1993.01—1995.12
	崔玉金	单　县		1996.02—1999.06
	马平昌	淄博市	1957.02	1999.06—2000.12
	刘　勇	曹　县	1956.05	2000.12—2006.01
人大常委会主任	祝仰钦	郓城县	1930	1986.01—1990.02
	孔令昌	定陶县	1948.01	1990.02—1993.02
	周培真	东明县	1940.02	1993.02—1998.02
	牛喜凡	东明县	1947.01	1998.02—2006.02
县　长	李新华	菏泽市	1946.02	1984.01—1987.01 （1984.01—1985.01代理）

续表 32-7-9

职　务	姓　名	籍　贯	出生年月	任职时间
县　长	孔令昌	定陶县	1948.1	1987.01—1988.10 （1987.01—1987.03 代理）
	王锡璞	菏泽市	1933.12	1988.10—1990.01 （1988.10—1989.03 代理）
	马欲圣	郓城县	1946.03	1990.01—1993.02 （1990.01—1990.02 代理）
	李振堂	曹　县	1947.01	1993.02—1995.01 （1993.02—1993.03 代理）
	崔玉金	单　县		1995.01—1996.02 （1995.01—1995.03 代理）
	李洪保	曹　县	1955	1996.02—1997.09 （1996.02—1996.03 代理）
	刘　勇	曹　县	1956.05	1998.01—2000.12 （1998.01—1998.02 代理）
	刘　鲁	济宁市梁山县	1964.11	2000.12—2007.12 （2000.12—2001.03 代理）
政协主席	赵文启	郓城县	1935.01	1984.05—1985.04
	瞿国起	东明县	1936.03	1984.05—1986.04
	韩同成	济宁市梁山县	1940.07	1986.05—1988.10
	马欲圣	郓城县	1946.03	1989.11—1993.03
	袁书堂	东明县	1940.06	1993.03—2000.01
	程宪芳	东明县	1945.06	2000.01—2003.01
	杨芳相	东明县	1955.09	2003.01—2007.12

第三十三编　县区概况

郓城县
(郓城镇)
李集乡
黄集乡
侯咽集镇
程屯镇
张鲁集乡
潘渡镇
杨庄集镇
玉皇庙镇
水堡乡
陈坡乡
双桥乡
丁里长镇
黄堆集镇
郭屯镇
随官屯镇
武安镇
黄安镇
南赵楼乡
唐庙乡
济菏高速
鄄城县
(鄄城镇)
李进士堂镇
左营乡
旧城镇
大埝乡
箕山镇
凤凰乡
董口乡
红船镇
富春乡
郑营乡
临濮镇
阎什镇
什集镇
彭楼镇
胡集乡
都司镇
牡丹区
李村镇
高庄镇
小留镇
黄堽镇
安兴镇
吴店镇
万福街办
牡丹街办
岳程街办
皇镇
沙土镇
吕陵镇
北城街办
西城街办
东城街办
丹阳街办
南城街办
马岭岗镇
何楼街办
佃户屯街办
王浩屯镇
大黄集镇
日东高速
东新高速
东明县
(城关镇)
菜园集乡
武胜桥乡
陆圈镇
沙窝乡
东明集镇
刘楼镇
长兴集乡
大屯镇
三春集镇
马头镇
焦园乡
菏关高速
巨野县
(巨野镇)
田庄镇
麒麟镇
太平镇
田桥镇
龙堌镇
大义镇
独山镇
董官屯镇
核桃园镇
章缝镇
柳林镇
陶庙镇
营里镇
大谢集镇
万丰镇
定陶县
(定陶镇)
陈集镇
孟海镇
半堤乡
仿山乡
邓集乡
张湾镇
黄店镇
南王店镇
马集镇
成武县
(成武镇)
汶上集镇
南鲁集镇
大田集镇
党集乡
张楼乡
伯乐集镇
白浮图镇
苟村集镇
九女集乡
天宫庙镇
孙寺镇
徐菏高速
曹县
桃源集镇
庄寨镇
常乐集乡
古营集镇
砖庙镇
普连集镇
魏湾镇
韩集乡
青堌集镇
王集乡
侯集回族镇
曹城街办
苏集镇
郑庄乡
孙老家镇
阎店楼镇
大集乡
安蔡楼镇
邵庄镇
青堌集镇
朱洪庙乡
梁堤头镇
仵楼乡
德南高速
单县
李新庄镇
徐寨镇
谢集乡
北城街办
时楼镇
张集镇
南城街办
郭村镇
高老家乡
曹庄乡
园艺街办
李田楼乡
龙王庙镇
朱集镇
黄岗镇
浮岗集镇
杨楼镇
蔡堂镇
高韦庄镇

1986年，菏泽地区辖菏泽市、定陶县、曹县、单县、成武县、巨野县、梁山县、郓城县、东明县、鄄城县。1989年12月，中共山东省委、省人民政府决定，将菏泽地区的梁山县划归济宁市，济宁市嘉祥县的核桃园乡划归巨野县。菏泽地区辖菏泽1个市和东明、定陶、曹县、成武、单县、巨野、郓城、鄄城8个县。2000年6月23日，国务院以国函〔2000〕86号文批复山东省政府：撤销菏泽地区和县级菏泽市，设立地级菏泽市和牡丹区。菏泽市辖牡丹区1个区和东明、定陶、曹县、成武、单县、巨野、郓城、鄄城8个县。至2005年年底，行政区划不变。

1986—2005年，正是菏泽各县区人民思想进一步解放、改革开放逐步深入、经济社会快速发展的时期，是菏泽市（地区）有史以来在政治、经济、文化、社会各个领域、各个行业发生根本性变化的关键阶段。“县区概况”从建置区划、自然条件、经济状况、文化事业、人民生活5个方面，简明、扼要地概述菏泽8县1区20年内发生的巨大变化，实事求是地反映菏泽人民在党的领导下建设中国特色社会主义所取得的辉煌业绩。

第一章　牡丹区

第一节　建置区划

境域　牡丹区位于菏泽市中部，地处北纬35°02′～35°28′，东经115°11′～115°47′。北依鄄城县，东接郓城县、巨野县，南连定陶县、曹县，西邻东明县，西北一隅与河南省濮阳市隔河相望。南北纵距48千米，东西横距55.5千米，总面积1249平方千米。

沿革　清雍正十三年（1735年）升曹州为府，设附郭县，赐名菏泽。民国时期，菏泽县先后属济宁道、曹濮道。1932年改称菏泽“实验县”。1946年2月设立县级菏泽市，11月撤市改县。1960年1月20日复设县级菏泽市。1963年3月又改市为县。1983年9月再次改为县级菏泽市。2001年1月撤销菏泽地区，设立地级菏泽市，县级菏泽市更名为牡丹区。

区划　1986年，菏泽市辖21个乡、11个镇、5个街道办事处。1996年2月调整为15个乡、14个镇、7个街道。2001年1月，县级菏泽市改为牡丹区，同时将牡丹区36个乡镇街道改设为24个。同年2月将牡丹

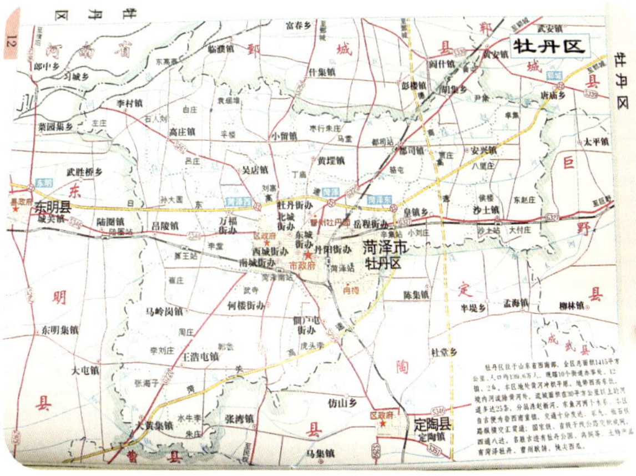

牡丹区政区图

区所辖的丹阳、岳程、佃户屯3个办事处划归菏泽市开发区管辖。至2005年年底，牡丹区辖12个镇、2个乡、7个街道。即马岭岗镇、黄堽镇、小留镇、吴店镇、吕陵镇、李村镇、高庄镇、沙土镇、安兴镇、王浩屯镇、都司镇、大黄集镇，胡集乡、皇镇乡，东城街道、西城街道、南城街道、北城街道、牡丹街道、何楼街道、万福街道。

人口 1986年，菏泽市总人口为101.71万人。2005年牡丹区总人口119.74万人，其中非农业人口30.74万人，农业人口89万人；男女性别比例为106∶100；人口出生率10.15‰，死亡率5.89‰，自然增长率4.2‰；人口密度每平方公里958人，比1986年每平方公里增加239人。

民族 牡丹区以汉族数量最多，其次是回族，其他民族为数甚少。1986年，有14个少数民族，共8967人，其中回族人口8895人。2005年有21个少数民族、1.49万人，占牡丹区总人口的1.4%。在少数民族中，回族人口14254人，主要居住在西城区和马垓、梁庄、李兴齐、后沙海等村。

第二节　自然条件

地形地貌 属黄河冲积平原，地势平坦，土层深厚，土壤肥沃。冲积厚度一般为20米～30米。地形西高东低，海拔高度57米～44米，地面坡降1/6000～1/10000。地貌类型有河滩高地、缓平坡地、浅平洼地3种。河滩高地主要分布在黄河滩地和赵王河故道两侧，面积35.1平方千米，占总面积的2.81%；缓平坡地分布在河滩高地与洼地之间，遍布域内各个乡镇，面积为841平方千米，占总面积的67.32%；浅平洼地分布在河套地区，呈阶梯相连状，地面平缓，面积为373平方千米，占总面积的29.87%。地形自北向南呈岗洼相间、东西向带状分布。

河流 黄河流经牡丹区西北边境14.9千米，入境水量428亿立方米。除黄河外，区内河流均属淮河流域。经过多年连续治理，已形成以东鱼河北支和洙赵新河为骨干的两个内河水系。境内共有支流27条，干、支流河道总长419.23千米。

东鱼河北支

土壤 有潮土和盐土两大土类，4个亚土类，5个土属，108个土种。褐土化潮土有7个土种，主要分布在赵王河两侧，南从金堤起北到都司的赵王河西侧垄岗式河滩高地上，面积约8433.33公顷，占可利用面积的7.8%。白潮盐土有9个土种，面积较小，可利用面积1553.33公顷，占1.4%，主要分布在辛集镇、皇镇乡的南部和沙土等镇。随着农村土地家庭联产承包责任制的实行，耕地养分状况发生较大变化。第二次全国土壤普查时，全区土壤耕层养分平均含有机质7.6克／千克，碱解氮39.4毫克／千克，速效磷8毫克／千克，速效钾108.7毫克／千克。经过20多年的改善，土壤耕层养分平均值是：有机质14.1克／千克，碱解氮61.1毫克／千克，速效磷20毫克／千克，速效钾98.7毫克／千克。土壤由1979年时的严重缺氮、缺磷、钾富裕的状况到2005年的氮、磷基本达到高产田标准，高产地块缺钾的状况。

植被 自然植被较少，多为人工植被。1986—2005年，域内大面积营造防护林、丰产林和经济林，实施“京九”绿色长廊绿化工程、国道省道绿色通道工程、城市园林化工程。在境内15千米的黄河堤防线上植草106万平方米；完成了6千米老城墙、18千米护城堤、40千米外环路绿化带和全长99.8千米、宽500米的高速公路生态林带工程。至2005年，全区林地面积发展到2.19万公顷，林木覆盖率由1986年的12.16%上升到27.97%；城区绿化面积达到1106.67公顷，绿化覆盖率为33.53%，人均公共绿地面积5.99平方米。域内用材林主要有杨树、泡桐、刺槐、白榆、臭椿、苦楝、旱柳、国槐、侧柏、桑等树种，其中杨树最多；经济林主要有苹果、梨、桃、柿子、枣、杏、葡萄、木瓜、山楂等果树树种，另有紫穗槐、白蜡、杞柳、牡丹等灌木类树种。自然植被有葛巴草、蟋蟀草、车前草、枸杞、茅草、芦苇、狗尾草、绞股蓝、小酸模、田蓟、马齿苋、蒲公英等几十种。

自然灾害 主要有旱灾、涝灾、冰雹等灾害。

旱灾 常年降水量不能满足作物生长的需要，多数年份都有不同程度的干旱发生。1986年降水量353.2毫米，比常年少30%以上，出现严重的春旱、夏旱和秋旱。1988年降水量仅364.5毫米，比常年少27.8%，出现春旱、初夏旱和夏秋连旱。春旱造成小麦减产7%左右，初夏旱造成套种玉米和棉花严重死苗。2002年降水量390毫米，比常年少22.7%左右，小麦和秋粮减产10%左右。

涝灾 涝灾发生次数明显少于旱灾，一般持续时间和地域范围比旱灾短、小。1986—2005年，较重的涝灾有2年。1993年7月9日—15日连降暴雨，6天内降水276.8毫米，域内有3万公顷农田积水，30多个村庄被水包围。8月4日—5日又出现111.6毫米的降水，再次造成大面积农田积水，且比上次严重。此次涝灾造成玉米减产18%，棉花减产13%，交通、电力设施也受到严重损失。2003年降水量达884.3毫米，是近40年降水最多的一年。同年7—11月连续5个月降水偏多，平均偏多37%，其中8月份偏多近1倍。全区涝灾面积约3万公顷，秋粮减产13%。

冰雹 冰雹一般发生范围较小，时间也很短。86%的年份都有冰雹出现，有时1年可达几次。1987年8月30日，域内遭大风和冰雹袭击，受灾面积为6.13万公顷，成灾面积达3.41万公顷，粮食减产30320吨，棉花减产3000吨，油料作物减产1160吨 。

自然资源 土地资源 2005年，全区土地总面积14.35万公顷，其中有农用地11.13万公顷、建设用地2.68万公顷、未利用土地0.54万公顷，人均土地面积0.11公顷，人均耕地面积0.06公顷。

水资源 全区水资源总量为3.06亿立方米，其中地表水0.83亿立方米，地下水2.23亿立方米。可利用水资源总量4.33亿立方米，其中地表水资源可利用量0.22

亿立方米，地下水可利用量为1.56亿立方米，客水（黄河水）2.55亿立方米。境内共有河道节制闸28座，一次能拦蓄降水径流量1372.3万立方米，可利用量达960.7万立方米。黄河流经牡丹区西北边境，长14.9千米，多年平均径流量为362亿立方米。地下水资源的浅层淡水主要分布在地面以下2米～60米之间，可利用量达1.56亿立方米，是域内的主要水资源。地下深层淡水主要分布在地面以下100米～900米之间，由于长期大量开采，只可用于特枯水年的居民生活应急水源，不作为可利用水资源。地下微咸水主要分布在地面以下6米～500米之间，因微咸水质较差，故不作为可利用水资源。

矿藏资源　地下矿藏丰富，主要有石油、煤炭、天然气、地热和矿泉水等。石油分布在李村镇和高庄镇，与中原油田相通，储量约2亿吨。天然气亦分布于境内西北部，储量约120亿立方米。煤炭资源主要分布在域内北部，与巨野煤田相连。

生物资源　畜禽主要有牛、马、驴、骡、猪、羊、狗、猫、鸡、鸭、鹅、鸽、鹌鹑等；水生动物有青鱼、草鱼、马口鱼、赤眼鳟、鲫鱼、银鲫、鲤鱼、鲢、鳙等60种；野生药材有牡丹、芍药、木瓜、山楂、二红杏等；农作物有冬小麦、玉米、高粱、谷子、大麦、水稻、地瓜、大豆、棉花、芝麻、花生、麻类、瓜菜等，568个品种；林木植物有乔木、灌木、藤本类等，228种。

第三节　经济状况

农业　牡丹区主要从事以粮、棉、油为主的种植业，兼以林、牧、副、渔业生产，是全国著名的粮食生产示范县之一。1986年，农村开始进行产业结构调整，稳定粮食作物种植面积，主攻单产，增加总产，大力发展多种经营。2000—2005年，实施科技兴农和农业产业化战略，以产业结构调整为主线，大力发展经济作物种植和农副产品加工业，农业和农村经济发生了巨大变化，农民收入大幅度增长。2005年，全区粮食总产54.01万吨，是1986年36.16万吨的1.5倍；棉花总产1.17万吨；水果总产5万吨，是1986年的7.6倍；蔬菜总产57.2万吨，是1986年的2.8倍；复种指数达到201%，比1986年提高87%。

工业　20世纪80年代，共有工业企业22家，涉及一轻、二轻、化工3个门类，年实现工业产值5200万元、利税500万元。20世纪90年代以后，通过利用国家政策和区位优势，不断进行技术改造和技术创新，工业经济效益逐年提高。1995年，工业总产值达3.5亿元，实现利税3500万元。1999年工业总产值达到6.5亿元，实现利税6500万元。1997—2005年，全区工业企业共计1980家，其中国有企业及500万元以上的民营企业有99家，形成轻工、纺织、医药、化工、机械、电子、建材、食品、能源9大行业80个生产门类的工业体系，工业产品达1000多种。2005年，全区规模以上工业企业实现销售收入42亿元，比1997年增长97%；完成工业项目投入10亿元，比1997年增长97%；企业效益综合指数达到152.4%，比1997年提高35个百分点；一、二、三产业之比为26 ∶ 40 ∶ 34，工业经济在国民生产总值中的比重比1997年上升38.5个百分点。通过实施企业改制、破产、重组、招商等手段，计划经济时期的经济结构成分发生较大变化。26家区属企业进行不同形式的改革，95%的国有资产从原区属企业中退出，盘活存量资产1.2亿元，剥离不良资产10.5亿元。主导产业和骨干企业已初具规模，形成医药化工、食品加工、木材加工、纺织服装、机械电子等5大支柱产业，培植出与之相关的青啤（菏泽）公司、广源铜带、步长制药、睿鹰集团、龙燕化纤、六和饲料、佳美食品、华信制药、锦江工业园等15家骨干企业。

1997年6月20日，中共中央政治局委员、山东省委书记吴官正（左二）到广源铜带公司视察

交通运输　新石（新乡—石臼所）铁路、京九（北京—九龙）铁路、日东（日照—东明）高速、济郑（济南—郑州）高速、德商（德州—商丘）高速穿越全境。域内公路总里程为1975.6千米，其中有商建公路61.8千米，国道95.3千米，省道92.5千米，县道200.2千米，乡道217.2千米，村道1308.6千米。通柏油路的村庄达到89%以上。至2005年年底，通车里程比2004年增加667千米；公路货运周转量2.1亿吨公里，比2004年增加3120万吨公里，增长14.9%；水路客运3.4万人，比2004年增加0.5万人，增长0.15%；水路货运量19.7万吨，比2004年增加3.4万吨，增长0.17%；民用汽车拥有量0.36万辆，比2004年增加0.09万辆，增长0.25%。2005年投资1000万元，在李村镇建造黄河浮桥1座，结束了与河南省濮阳市隔河不通的历史。

商业贸易　1986年，国营和集体商业实行多种形式的经营承包制，开始出现国家、集体、个体同地经营和互相竞争的局面。1990年以后，商业流通由单一计划分配转为多渠道自由经营，城乡市场日趋活跃，个体私营商业在优惠政策的激励扶持下日益发展壮大，商业企业大量涌现，集市贸易由日用、农副产品向工业品市场发展。商业企业中，既有综合性大型市场、商厦，又有大量综合商店、专业商店，还出现了不少的商业中介机构。这一时期，私营商业是牡丹区商业的主流。商业贸易空前活跃，大规模的集贸市场在城乡出现，商业集团公司、大型超市、高级宾馆、专业连锁店等应运而生。2005年，全区共实现社会消费品零售总额38.15亿元，比2004年增长15.3%；97处城乡商品交易市场实现成交额80亿元，同比增长33.3%；实现进出口总额1.1亿美元，其中出口9491万美元；外资项目13个，实际利用外资444万美元。随着地方经济发展加快，牡丹区国税收入持续增长，由1995年的4801万元增长到2005年的1.96亿元。

城建环保　1986—2005年，牡丹区经济快速发展，城市建设也发生了日新月异的变化。城区面积由1997年的20平方千米扩大到40平方千米。城区道路达158条，总长度340千米，面积302万平方米。排水管道100余千米，直通辐射周边的8条防汛排污干渠。城区道路装灯总量2.38万盏，自来水厂日供水能力15万立方米；城区拥有公交车辆140余辆，出租车2800多部；建成垃圾无害化处理厂1处，垃圾发电厂1个，垃圾无害化处理率从33%提高到79.5%。

2003年，投资1.5亿元重点实施了开发区路网、牡丹工业园区路网等85千米主干道的建设。投资3805万元配套安装了城区24条道路和城区街巷的路灯；投资804万元配套完善了环卫基础设施；投资3100万元新增绿地98公顷，人均公共绿地面积8.29平方米，城市绿地覆盖率达33.4%。引黄供水工程完成投资总量1.7亿元；污水处理工程完成投资总量7100万元；天然气输配工程完成总投资2500万元，城区4000余户居民用上了管道输送的天然气。新一轮城市总体规划实施后，利用建设菏兰高速公路取土后形成的洼地，规划了533.33公顷水面。环城绿化带工程在完成纵深200米、长100余千米的基础上，又延伸300～500米。2005年，重点实施城区道路绿化。主要以人民路、昆明路、大学路、广州路、中华路、牡丹路、黄河路、长江路“四横四纵”八条主干道为基本框架，按照大规格、高标准，统一规划、设计、建设。城区植树25万棵，其中完成大树进城11万棵，初步形成“林在城中”的绿化格局。环城公园一期工程投资1.8亿元，建设绿地55万平方米，疏通水面42万平方米。赵王河公园完成一期工程建设投资3.6亿元，栽植乔、灌木8000棵，建设绿地12万平方米。

中华西路

旅游 区内旅游景点主要有古今园、百花园、曹州牡丹园、曹州书画院、环城公园、儿童公园、青年湖、雷泽湖等，年接待国内外游客90万人次。

土特名产 主要有鲁西黄牛、青山羊、小尾寒羊、鲁西斗鸡、曹州耿饼、曹州木瓜等。名吃主要有水煎包、小笼包、老鸡汤馄饨、曹州芝麻糖、菏泽烧饼等。

第四节 文化事业

科学技术 1986—2005年，围绕农林牧渔10大主导品种投入4660万元进行更新换代，在全区推广良种产业化，先后引进、选育出140余个动植物新品种。2005年，全区良种覆盖率达到90%以上，科技进步对农业的贡献率达到45%，实现直接经济效益2.95亿元，取得社会效益38.2亿元。实施农业科技计划83项，取得成果116项，有108项成果获得科技奖励，其中获得市级以上科技奖励的有102项。区内共有民营科技企业65家，其中超过100万元的企业有8家。培植高新技术企业13家，其中被省科技厅认定的高新技术企业有9家，被市认定的有3家。纳入省级高新技术的产品有8项。1986—2005年，全区共组织实施“星火”计划67项，其中国家级“星火”计划14项，省级“星火”计划53项，总投资6.98亿元，取得经济效益25.24亿元。获“星火”计划奖68项，其中国家级1项，省级17项，市级50项。20年中，牡丹区共有422项科技成果分别获国家、省、市、区级科技奖，其中国家级奖励1项，省级奖励34项，市级奖励253项，区级奖励134项。

教育　1986年，菏泽市有小学581所，在校生13.27万人；普通中学77所，在校生45185人。1998年有高中4所，在校生9387人；初中43所，在校生73875人；小学519所，在校生15.71万人；幼儿园994所，入园儿童42000人；中等专业学校17所，在校生22500人。2005年，牡丹区有国办中、小学校244所，在校学生17.89万人，其中小学200所，在校学生11.41万人；初中36所，在校学生46629人；高中8所（含职高），在校学生18149人。幼儿园共有440所，其中有省级实验园1所，乡级中心幼儿园12所，小学附设幼儿园220所，个体幼儿园78所。1986—2005年，牡丹区中小学共建设教学楼、实验楼203座，高标准平房16347间，新建校舍达77万平方米，所有小学完成了“两机一幕”建设，中学和中心小学完成了“四机一幕”建设。全区中、小学共建微机室325个，安装微机6500台。至2005年年底，共有21所学校上了校园网，58所学校设置了多媒体教室，20所学校配备了电子备课室。

文化艺术　文学创作　1986—2005年，牡丹区相继成立文学社团、文学创作中心、作家协会，创办文学期刊《曹州文学》。至2005年，全区在各级报刊发表小说150篇，散文60篇，诗歌200余首，报告文学80篇，影视剧本36部。

戏剧　牡丹区有职业剧团1个，非职业剧团6个。剧种主要有大平调、豫剧、柳子、两夹弦、山东梆子等。1994年，大平调剧团晋京上演的剧目《张三李四》，获中国第二届人口文化奖。1995年创作排演的大型现代戏曲《法魂》，获第二届山东省“五个一工程”艺术精品奖。2004年在第八届山东省文化艺术节上，现代戏曲《天职》获编剧、舞美设计、音乐设计、灯光设计和表演5个一等奖。古装戏《收姜维》在第二届中国戏曲“红梅奖”大赛中，获金奖。

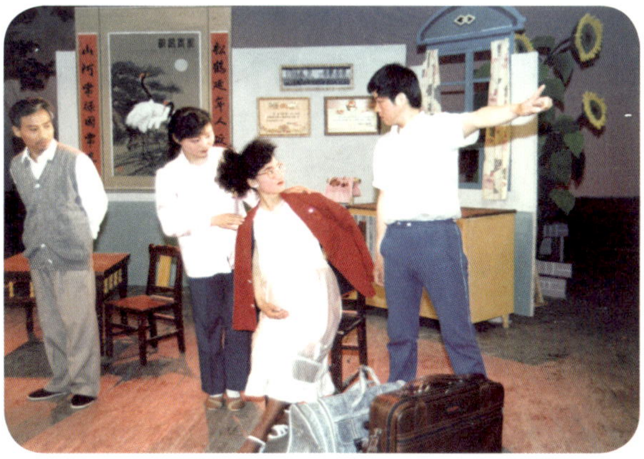

现代戏剧照

曲艺　主要曲种有山东琴书、山东快书、坠子、落子等。孔祥华1987年表演的相声《搬家》获“全国业余相声邀请赛”优秀表演奖，1988年其表演的相声《漫谈流行歌曲》获“山东省凤凰杯曲艺大奖赛”一等奖。2001年，马家振创作的山东琴书《送锦旗》在山东省庆祝建党80周年文艺调演会上获金奖。

音乐　舞蹈　民间艺术　音乐团体有“百

灵音乐学校”“钢琴、电子琴培训中心”“手风琴培训中心”等，舞蹈团体有“小飞天舞蹈训练中心”“小天使舞蹈训练中心”“黑骏马拉丁舞培训中心”等。这些艺术团体曾获国家、省、市级奖励达130余次。1992年李广福表演的唢呐独奏《花乡情》获“全国唢呐大赛”一等奖；面塑大师李芳清1994年被瑞士文艺界誉为“工艺美术大师”，1996年4月联合国教科文组织和中国民间文艺家协会授予其“民间工艺美术家”称号。

面　塑

美术　书法　摄影　区内流行画种主要有国画、油画、板画、年画、连环画等。1986—2005年，共举办各种美术作品展览70余次，展出各类美术作品8000余件。1998年，马春霞的摄影作品《大地黄河》获中国摄影家协会举办的“摄影作品大赛”一等奖。2001年，王建国主编的《中国牡丹》图集获“第五届全国花卉博览艺术”金奖。2003年，曹钰的书法作品《鱼水情》获“全国首届双拥书画艺术展”一等奖。

医疗卫生　1986年，菏泽市拥有县级医院5所，分院6所，乡镇卫生院16所，村卫生室836个，乡村医生1208人，病床877张，在职专业技术人员740人。1998年各类卫生机构发展到970个，病床1260张，有卫生专业技术人员2100人。至2005年，全区共有专业技术人员2670人，其中具有高级职称的175人，中级职称的919人，初级职称的1576人；执业注册医师589人，执业注册护士777人。

医疗技术　区人民医院开展的肺叶切除术、喉癌部分切除术、心脏起搏器安装术、经皮肝动脉穿刺术、脑垂体切除术、直肠代阴道术、输尿管代膀胱术、超声引导下心包穿刺术、右上肢离断再植术、脑膜膨出修补术等19项高精手术位居全市同类手术前列；腭裂修复术片状缝合达到国内先进水平。

医疗器械　1986年，境内医院医疗设备配置较为匮乏。2005年，区级医院全部配有纤维胃镜、电视胃肠X光机、脑电图仪、B超机、高压氧舱、动态心电图仪、CT机、数字胃肠机、C型臂等大型诊疗设备，乡镇卫生院已普遍配有X光机、心电图仪、B超机、半自动化生化分析仪、洗胃机等医疗设备，基本满足全区各类患者的诊疗需求。

疾病控制　1988、1990、1995年分别实现以省、县、乡为单位计划免疫“四苗”接种率达到85%的目标。1991年建立脊髓灰质炎快速报告系统，对病毒性肝炎、脊髓灰质炎、细菌性痢疾、麻疹、百日咳、白喉、流行性腮腺炎、乙脑、结核等疾病纳入计划免疫。2003年4月，牡丹区被批准为国家第一批51个艾滋病综合防治示范区，并承担联合国人口基金、全球基金等国际性病艾滋病防治合作项目。

体育　20世纪80年代，牡丹区先后培养4000多名体育后备人才。许洪胜在全国青年田径锦标赛上获十项全能冠军；郭卫东在首届全国农运会上获男子1万米长跑第一名；梁喜玲在二十五届奥运会上获女子赛艇第5名，在十三届亚运会上获赛艇金牌，在全国八运会上获2枚金牌；马忠轩、赵翠荣等获国家“武英级”运动员称号。1992年牡丹区被国家体委命名为“武术之乡”。1995—2005年，牡丹区先后承办的较大规模的竞技比赛达40余次。至2005年年底，全区有标准体育场地375块，大型体育广场、室外游泳池、综合训练房、武术训练房、柔道摔跤房、室外射击场各1个，小型运动场92个，篮球场207个，排球场46个，门球场7个。有286个武术社和8所武术馆校，为大专院校、武警部队输送体育人才1800余人。

第五节　人民生活

经济收入　1986年农民人均收入348元，2005年农民人均收入达3135元，比1986年增长9倍。城市居民人均可支配收入也由1986年的660元增加到2005年的7341元，增长10倍。

家庭积累　20世纪80年代，城乡居民已具备积累条件。20世纪90年代，财产和现金积累逐步增加。进入21世纪，城乡家庭积累增长迅猛。2005年年末，全区金融机构吸纳存款余额142.6亿元，居民储蓄存款87.1亿元。据百户城市居民、农民家庭调查，2005年农民人均住房34.3平方米，城市居民人均住房28.23平方米。

生活消费　随着经济的发展，居民生活消费水平大幅度提高，吃饭讲究营养、穿着讲究时尚、住房讲究宽敞、用品讲究高档、办事讲究排场。摩托车、电动车、电视机、电冰箱、洗衣机、手机、空调、微机等高档消费品进入普通百姓之家。

社会保障　1986年后，社会保障资金逐年增加，保障范围不断扩大，保障体系不断完善。至2005年，全区享受城镇最低生活保障的有8459人；城镇职工基本医疗保险参保人数2.68万人；企业基本养老保险参保人数3.48万人，农村养老保险参保人数9.1万人；参加失业保险的2.2万人，已享受失业保险待遇的800人。

免费就业培训

第二章　曹　县

第一节　建置区划

境域　曹县位于山东省西南部，菏泽市南部，地处北纬 34° 33′～35° 03′，东经 115° 08′～115° 53。南与河南省商丘市虞城县、梁园区、民权县，和开封市兰考县为邻，东与单县、成武县接壤，北连定陶县、牡丹区，西接东明县。南北纵距 55.6 千米，东南西北斜距 68.8 千米，总面积 1967 平方千米。城区面积 30 平方千米。

沿革　明洪武二年（1369 年），迁曹州治所于盘石镇（今曹县城）。明洪武四年（1371 年）降曹州为曹县，曹县由此得名。明正统十年（1445 年）菏泽城复置曹州，曹县、定陶县为属。清雍正十三年（1735 年）升曹州为府，曹县属之。1914 年撤府设道，曹县属济宁道。1928 年废道，曹县直属山东省。1937 年曹县属第二专区，翌年 6 月划归第十一专区，直到 1948 年秋曹县全境解放。此后曹县隶属于菏泽专区、济宁专区及菏泽地区。2001 年 1 月菏泽撤地设市，曹县属菏泽市至今。

区划　1984 年 1 月，全县撤销 31 处人民公社，改划为 50 个乡镇，除城关镇外，农村设 10 个区 49 个乡镇。1988 年 12 月，撤区并乡，设立 12 镇、19 乡。2001 年 2 月，合并乡镇，由原来 31 个减至 25 个。2002 年 8 月，设立曹县（青岛）开发区。至 2005 年，全县有 17 个镇、8 个乡、1 个开发区，即曹城镇、普连集镇、庄寨镇、阎店楼镇、孙老家镇、王集镇、魏湾镇、苏集镇、侯集镇、砖庙镇、韩集镇、青堌集镇、古营集镇、桃源集镇、梁堤头镇、安蔡楼镇、邵庄镇、仵楼乡、大集乡、朱洪庙乡、郑庄乡、常乐集乡、倪集乡、楼庄乡、青岗集乡、曹县（青岛）开发区。

2005 年，鲁西南明星乡镇—庄寨镇

人口　曹县是山东省人口第一大县。1986 年，全县总人口为 112.09 万人。2005 年，全县总人口为 143.73 万人。其中男性 73.27 万人，女性 70.46 万人，男女性别比为 104 ∶ 100；人口密度 728 人 / 平方千米，比 1986 年增加 156 人；人口出生率 10.1‰，死亡率 3.7‰，自然增长率 6.4‰。城区常住人口约 25 万人。

民族　居民多为汉族。元、明时期，回族开始陆续迁入，多居住在曹城镇、侯集镇、王集镇、普连集镇、孙老家镇、安蔡楼镇等。1982 年人口普查显示，全县有 13 个民族，共计 109.56 万人，其中汉族107.49万人，回族18657人，其余11个民族多系婚姻关系迁入。1986年，全县有民族23个，其中少数民族22个，共21368人，占全县总人口的1.78%。2000年人口普查显示，全县有24个民族，其中少数民族23个，共24998人，占总人口的1.87%。少数民族中回族 24414人，占少数民族人口的 97.67%。在各个民族人口发展中，以回族人口增长较快。

第二节　自然条件

地形地貌　曹县系黄泛平原，地势西高东低，自西南向东北倾斜，西南部最高点位于邵庄镇曲布口村，海拔66.8米，东北最低点位于苏集镇东岩里村，海拔44.8米，高低差22米，地面坡降较缓，在1/3000～1/10000之间。由于历史上黄河多次决口，河水挟带泥沙，流向流速不断变化，冲刷沉积，致使地面坡状起伏，岗洼地相间，形成多种地貌类型。依据成因，自南向北依次可分为砂质河槽地、决口扇形地、河漫滩高地、背河槽状洼地、缓平坡地、浅平洼地6种。

河流　县内河流均为淮河水系的季节性河流。南部边境有清咸丰五年（1855年）的黄河故道，河滩地有杨河，承接河南省客水向东南流入故道。其他河流均为西南向东北流向，主要有东鱼河、东鱼河南支、新冲小河、定新河、白花河、曹北河、太行堤河、团结河、胜利河、黄白河、二坡河、贺李河及引黄干线。杨河，境内长24.8千米，流域面积439平方千米。东鱼河南支，境内长52千米，流域面积1239平方千米。新冲小河流入定新河，境内长30.5千米，流域面积25.5平方千米。胜利河境内长38千米，流域面积268平方千米。

土壤　有潮土、碱土、盐土、风沙土4个土类。潮土面积15.3万公顷，占可利用面积的99.5%，宜种小麦、花生、玉米、大豆、棉花等。风沙土面积550公顷，分布在青堌集、梁堤头、朱洪庙、仵楼、庄寨等乡镇的黄河故道边缘，多种植花生、红薯、林木果树等。盐土、碱土普遍得到改良，适宜种植棉花、杞条、芦笋等。

植被　县内植被多系人工植被。人工植被占98%，其中农业植被1204.14平方千米，大部分为一年两熟或两年三熟连作粮食作物区。另有林地面积6万公顷，农田林网面积11.73万公顷，森林覆盖率已由1986年的 12.74%上升到28.8%。自然植被仅有堤、河、塘边杂草灌木丛等。

自然灾害　县内自然灾害主要有涝灾、旱灾、风雹灾、虫灾等。涝灾多出现在夏季，主要是由于降雨持续时间长，降雨量大，客水下泄缓慢所致。1986年至2005年的20年间，全县共出现涝灾6次，平均4年1遇，累计农作物受灾面积达 31.61万公顷，经济损失23.71亿元。旱灾有8次，平均2.5年1遇。干旱成灾最重年份是2000年，全县8万公顷小麦全部受灾，重灾面积达6.67万公顷，亩均减产100斤以上，共减产小麦5000万公斤。风雹灾大多出现在夏季（麦收前后），春秋两季亦有出现。20年共发生风雹灾4次，累计农作物受害面积 16.57万公顷，经济损失19.89亿元。特别是2004年的6月26日、7月4日、7月12日和7月28日，全县先后4次遭受龙卷风和冰雹袭击，有18个乡镇不同程度受灾，7个乡镇严重受灾。

受灾农作物面积2.05万公顷，成灾面积8900公顷，绝产面积4533.33公顷；受损树木45.4万棵；受损高低压电力线路76千米、变压器10台；倒塌民房1320间，损坏民房3045间；受伤群众17人、重伤2人；部分道路、桥梁遭到不同程度损坏，直接经济损失3.46亿元。1985—1995年，全县先后发生较重泡桐大袋蛾虫害和棉铃虫害，造成大面积泡桐枯死和棉花减产。

自然资源 土地资源 1986年，曹县土地总面积19.74万公顷，其中耕地13.378万公顷。1996年起，每年开展一次土地利用现状变更调查，土地面积稍有变化。2005年，曹县土地总面积19.6527万公顷，其中耕地面积13.44万公顷，占总面积的68.37%；园地2642.81公顷，占1.34%；林地12102.73公顷，占6.16%；居民点及工矿用地26148.37公顷，占13.3%；水域10281.40公顷，占5.23%；交通用地5518.75公顷，占2.81%；未利用土地5422.1公顷，占2.79%。全县人均占有土地 2.05亩，农业人口人均占有耕地1.4 亩。

水资源 全县水资源丰富，水质较好，宜开发利用。地表水1.25亿立方米，地下水3.48亿立方米。地表水酸碱度为8.1～8.2，总硬度（法国度）42.67～66.93，依据水质污染分级标准，均符合水产养殖的水质标准；地下水大部分为重碳酸盐水，矿化度少于2克/升的面积占全县面积的97%，是农田灌溉和发展工业的上乘水。全县多年平均水资源总量4.61亿立方米，人均占有水资源 320.4立方米。

生物资源 野生动物主要有野兔、黄鼠狼、刺猬、喜鹊、鸽子、麻雀、啄木鸟、布谷鸟、鹌鹑、猫头鹰、蝉、蛇、蜻蜓、蟋蟀、螳螂、蜥蜴等；水生物有鲤鱼、鲫鱼、鲢鱼、草鱼、鳝及虾、龟等；水产植物有芦苇、蒲草、水葫芦等；野生药材有麦冬、半夏、车前子、白蒺藜等200余种。

矿藏资源 据矿产普查资料记载，曹县地下储有煤、石油、煤层气、地热等。已探明石油、煤层气储量分别为1亿吨和420亿立方米，国内外稀缺焦煤30亿吨（潜在经济价值超过1.5万亿元）。

第三节 经济状况

1986年，全县实现农业总产值3.1亿元，工业总产值2.1亿元，社会商品零售额1.9亿元，地方财政收入1126万元，农民人均纯收入299元，年末，金融机构各项存款金额9886万元，贷款金额32255万元。之后，经济社会不断发展。2005年，全县实现地区生产总值56.48亿元，其中第一产业增加值21.04亿元，第二产业增加值23.41亿元，第三产业增加值12.03亿元，产业比重为37.25 ∶ 41.45 ∶ 21.3。全社会完成固定资产投资46.7亿元，实现财政总收入3.4亿元，其中地方财政收入1.6亿元。年末金融机构各项存款余额39.25亿元，其中居民储蓄存款余额31.71亿元；年末金融机构各项贷款余额25.13亿元。

农业 种植业 曹县属农业大县，先后被确定为全国优质棉基地县和粮食生产基地县。劳动力主要从事以粮、棉为主的种植业，兼营林、牧、副、渔业生产。种植业主要以小麦、棉花、玉米、花生、大豆为主，耕作制度由两年三作、一年两作改为间作套种、立体种植，一年四作四收或五收等高值田种植模式。1986年，农产品流通体制全面改革，农产品市场体系开始发育，家庭承包制进一步完善。1998年，全县农民人均纯收入达1853元。1999—2005年，曹县实施科技兴农和农业产业化战略，以调整农业和农村经济结构为主线，大力发展芦笋、木材、杞条加工业，不断推进农业产业化进程。同时落实农业税改革和种粮直补等一系列惠农政策，加大对农业和农村基础设施投入，组织开展大规模劳务输出，农业和农村经济发生了巨大变化，农民收入大幅度增长。2005年，全县粮食作物总播种面积13.33万公顷，复种指数达202.10%，主要作物良种覆盖率达98%。粮食总产77.91万吨，是1986年的33.06万吨的2.35倍；棉花（皮棉）总产3.33万吨，是1986年的1.52万吨的2.2倍；水果总产3.36万吨，是1986年0.41万吨的8.2倍；蔬菜总产28.82万吨。农林牧渔实现总产值37.85亿元，农业增加值13.29亿元。农田水利基本建设进一步完善，全县可利用机井17500眼，每眼井平均负担耕地5.94公顷，机井灌溉控制面积5.87万公顷，节水灌溉2000公顷。农机总动力达171万千瓦，农业生产综合机械化程度达到82%。

林果业　1986年，曹县县委、县政府作出《关于实现平原绿化县的决定》，全县掀起以农桐间作为重点的植树高潮，当年农桐间作面积达到7.5万公顷。1987年，曹县被评为全国平原绿化县。2001年被评为全国沙化治理先进县。2005年，全县有林地面积6万公顷，比1986年增加5万公顷；农林间作2.67万公顷，比1986年增加2万公顷；农田林网11.73万公顷，比1986年增加4.8万公顷；林木覆盖率达28.8%，比1986年增长16.1%；林木总蓄积量289.7万立方米，比1986年增加192.98万立方米。全县有果园733.8公顷，总产量19535吨，其中苹果面积323.2公顷，产量10069吨；梨75.47公顷，产量2253吨；桃184公顷，产量5441吨。全县有各类木材、杞条加工企业5000家，加工户3.01万家。

2002年1月18日，中国首例本土克隆牛在曹县五里墩降生

2003年，农田防护林

资产总额18.9亿元，年加工桐木、杨木及杂木400多万立方米，杞条6.1万吨，从业人员28.1万人，年产值60亿元。曹县被中国林学会命名为“中国泡桐加工之乡”。

畜牧业　1986年，曹县有大牲畜13.48万头，猪17.6万头，羊39.26万只，家禽204.78万只。1987年，曹县被国家确定为黄牛生产和活牛出口基地。1989年，麦秸氨化、青贮饲料分别达到全国、全省先进指标；良种牛胚胎移植获得成功，居国内领先地位。2002年1月，中国首批本土克隆牛在曹县诞生，曹县成为全国首次规模化克隆牛试验基地。至2005年，全县有规模养牛场36处、养猪场24处、养鸡场26处，年底存栏大牲畜27万头、羊 145万只、猪45万头、家禽1410万只，总产肉类 23万吨、奶类9万吨、禽蛋 918万吨，畜牧业产值达18亿元。

水产业　全县有水面8333.33公顷，开发利用3066.67公顷。主要水产品有鱼、鸭、藕等。1986年，水产品产量0.7万吨，产值0.63亿元。2005年，水产品产量1.4万吨，产值2.06亿元。

1998年库区捕鱼

工业　1986年，全县拥有工业企业196家、职工31484人，其中县属以上工业企业46家、职工26089人，乡镇村办工业企业137家、职工44950人，街道办工业企业13家、职工1005人；完成工业总产值1.55亿元，其中县属以上企业1.14亿元，乡镇、村办企业3787万元，街道办企业327万元；实现利润总额599万元，其中县属企业352万元，乡镇办企业238万元，街道办企业9万元。1987年，面对能源、原材料、资金紧缺和市场疲软等现状，工业企业推行各种形式的经济承包责任制，实行横向经济联合，重点抓了粮油加工、食品加工、木材加工、纺织刺绣、皮毛加工、建筑建材、草条编加工、地毯加工、眼镜加工、鞋帽服装10大联合群体。至1990年年底，全县工业企业发展到152 家，职工26857人，工业总产值 4.97亿元，固定资产总值1.31亿元，利润总额1419万元。1991—1995年，针对工业发展速度与效益的矛盾，开展了“质量、品种、效益年”活动，实施外向带动战略，形成以纺织、木材加工、条编、橡胶化工、食品、建材6大行业为主体的工业体系。1996—1998年，全县工业实施结构调整，共活化资产2.5亿元，新增私营企业108家，上缴税金3500万元，占全县财政总收入的33.8%。至2005年，全县规模（工业产值500万元以上）以上工业企业132家，实现产品销售收入57.2亿元、利税4.9亿元、利润2.36亿元。其中，规模以上非公有制工业实现增加值13.34亿元，占全部工业的92%。工业产品主要有橡胶助剂、轮胎、棉纱、针织坯布、白酒、软包装食品、桐木拼板、实木家具、草条木工艺品、罐头、地毯等25大类，5600多个花色品种。百隆纺织有限公司已成为全国最大的麻灰纱生产企业。山东圣奥化工有限公司已成为全国第二、江北第一橡胶助剂生产企业。巨鑫源食品有限公司已成为全国最大的芦笋加工生产龙头企业。

交通运输　1986 年，全县公路通车里程 495 千米，其中 105、220 两条国道县内长 29 千米；省道 5 条，县内长 173 千米；县道 6 条，293 千米。全年完成货运量 56.7 万吨，周转量 3115.5 万吨公里；客运量 69 万人次，周转量 5500 万人公里。1998 年，公路里程共 636.1 千米。全县有国家、集体和个人营运汽车 1366 部，拖拉机 2246 辆，机动三轮车 6036 部。年完成货运量 178 万吨，周转量 2.2 亿吨公里；客运量 154 万人次，周转量 2.1 亿人公里。2003—2005 年，全县实施村村通柏油路工程，投资 2.1 亿元建设县乡公路 1400 余千米。至 2005 年年底，全县公路通车里程总计 2233.79 千米，其中 7 条国道、省道（105、220、临商路、聊商路、枣曹路、刘民路、庄青路）共 215.4 千米，10 条县乡公路共 254.49 千米，400 余条乡村公路共 1763.9 千米；全县有民用汽车 10761 辆，其中私人轿车 750 辆，拖拉机 12941 辆，机动三轮车 10.96 万辆，共完成货运量 332 万吨、周转量 2.79 亿吨公里，客运量 223 万人次、周转量 1.5 亿人公里。1996 年 9 月 1 日，京九铁路建成通车，南北穿越曹县。2005 年，曹县站年发送旅客 18.1 万人，发送货物 6.4 万吨。

邮政电信　1986 年，全县有邮路 4 条，长度 174 千米，初步形成遍布城乡的邮递网络。1992 年邮路总长单程 210 千米。1998 年，邮政电信分营，全年邮政业务总收入达 380 万元。1999 年，市话交换机总容量达 2 万门，农话交换机总容量达 1.45 万门，95% 以上的乡镇实现了传输光缆化。全县有长途数字光缆、微波电路 914 条，总长 280 千米。移动通信模拟信道 88 个，可容量 2800 户。建成 32 个端口的分组交换网和 24 个端口的 DDN 数据通信网。开通了计算机互联网，168、169 多媒体通信网，NO.7 信令和 112 台自动测量台系统，并实现了市话、农话交换集中监控。电信业务总量突破 3200 万元。2000—2005 年，现代通信快速发展普及，通信网络智能化、数字化、宽带化水平进一步提高，移动、联通、网通、铁通、电信等国内几家电信运营商在曹县都设有分公司，居民可以自

1989 年的曹县汽车站

2000 年，曹县邮政局邮件自动传输设备

由选择适合自己的通信网络。至2005年年底，全县有固定电话用户21.81万户，移动电话用户14万户，互联网用户6000户，电话普及率每百人达24.91部。

商业贸易 1986年，全县有商业网点10973个，从业人员23350人。全县商品零售总额19116万元，集贸市场73个，市场成交额5127万元。1987年至1990年，市场进一步放宽搞活，全县商业形成国家、集体、个体同地经营和竞争的局面。1990年以后，商业由计划经济逐步向市场经济过渡，商品流通由单一计划分配转为多渠道自由经营，城乡市场日趋活跃，个体私营商业在优惠政策的扶持下日益发展壮大，集市贸易由日用、农副产品向工业品市场发展。特别是中共十六大确立社会主义市场经济体制地位之后，个体商业异军突起，商业贸易空前活跃，大型集贸市场在城乡出现。商业集团公司、大型超级市场、高级宾馆、专业连锁店等应运而生。2005年，全县有大、中型集市综合贸易市场99个，个体工商户1.68万户，从业人员4.72万人；实现社会消费品零售总额32.7亿元，商品销售收入3000万元，利税10.5万元；完成进出口总额1.76亿美元，其中出口总额1.72亿美元；审批利用外资项目3项，合同外资额110万美元，实际利用外资764万美元。

城建环保 1986年，城区占地面积13平方千米。1999—2002年，编制实施第二轮城市总体规划、东城区和青岛路控制性详细规划、中兴路和盘石路商业街控制性详细规划、鼓楼小区和胡街小区控制性详细规划等。为适应加速城市建设发展的需要，2004年5月，聘请省规划设计研究院编制第三轮总体规划，规划形成“两轴、两区、三带”的布局结构。至2005年，城区建设用地面积达29平方千米，形成三纵四横的交通格局。路面面积139.2万平方米，总长58千米；供水管道总长60千米，供水人口14万人，城区供水覆盖率达到95%；城区绿化覆盖率22%；城市居民住宅区面积220万平方米，人均住房面积25平方米。

街道 1986年，城区主要街道有东大街、西大街、南大街、北大街、工业路、南城路、磐石路及中兴路8条沥青街道。1988年至2005年加大街道改造力度，先后投资519万元，铺修了11.4万平方米的诸城路快车道和慢车道；投资511万元铺修了县委前街、东关大街、站南路、北顺河路、师范路、人民路、北关街等主要路段；投资3991万元铺修北顺河路东段、西关街、中兴路慢车道、青岛路、武庄路、南关街、曹邵路、西环路，总面积52.59万平方米。

照明 1986年城区路灯安装仅有650余盏。2000年路灯安装和改造步伐加快，城区主要街道安装改造路灯2900余盏。

广场 1995年以前，曹县没有公园广场。1996年投资150万元，修建火车站广场，占地面积1万平方米。2000年修建改造中兴公园小型广场。2005年投资800万元，在县委大院南面建设了占地4公顷的休闲广场。

防汛设施 1986年后，随着城市建设的发展，防汛基础建设投资力度不断加大，先后投资717.5万元，修建下水道2.87万米；投资480万元，修建排洪沟4000米；投资540万元，修建桥涵18座。2005年，城区共有下水道、排洪沟50余条，桥涵闸

20 座，扬水站 2 座，基本达到日降雨量 150 毫米 24 小时城区无积水的防汛标准。

旧城改造　1986—2000 年，城区房屋建设以平房为主。2001—2005 年，城市化进程速度加快，呈现大拆迁、大建设、大发展的局面。先后吸引上海、浙江、成都、西安等外地房地产商来曹投资开发，累计投资 11 亿多元，完成拆迁面积 110 万平方米，新建商业楼房 120 多万平方米，城市面貌焕然一新。

城区绿化　1986—1995 年，县城区内没有公共绿地。1996—2005 年，先后在北顺河路建成面积 5000 余平方米带状公园，在城区北部建造占地 0.8 公顷的绿色环岛，完成中兴路、诸城路、工业路、青岛路、北顺河路、北环路、中兴公园等绿化建设，栽植 10 年以上树龄的绿化树木 1.5 万棵。

供水　1986—2001 年，城区供水机井较少，集中供水范围较小，多数居民家中备有压水井。2002—2005 年，城区有 12 眼达标供水井，深度均在 500～600 米之间，供水主管道 4.9 万米，供水 1.94 万户，供水覆盖率达到 95% 以上。

安居工程　1994 年，曹县被批准为全省安居工程试点县。1997—1999 年，占地 6.07 公顷的安居工程竣工启用，投资 4300 万元，总建筑面积 6 万平方米，居住 670 户。

环保治污　1986 年至 1995 年，境内尚无治理污染物设施。1996 年后，随着工业的发展，治污力度加大。至 2005 年，先后投入近亿元购置污染防治设备 30 余台（套），治理废水、废气、噪声等污染源 90 余个。其中，投资 4947 万元，在县城东北角建污水处理厂 1 处。对 28 家水污染企业进行限期治理，对 26 家污染严重的企业予以取缔。城区烟尘控制区由 1995 年的 6 平方千米扩大到 12 平方千米，覆盖率达到 95% 以上。噪声控制区由 1995 年的 4.5 平方千米扩大到 12 平方千米，覆盖率达到 95% 以上。城区环境噪声和交通干线噪声平均值分别控制在 54 分贝和 68 分贝以下。

旅游　曹县旅游事业的发展起步于 1998 年。至 2005 年，已形成历史人文、自然景观、红色旅游、特色科技 4 大旅游资源格局。历史人文主要有夏禹、商汤、伊尹、惠施、庄周、吴起、氾胜之、邢昺、燕肃等。许多名人留有遗迹或安葬于此，如汤陵、盘庚墓、箕子墓、伊尹墓、莱朱墓、穰侯魏冉墓、春申君墓、项羽龙须岗、澹台子羽祠等。另外，涂山是夏禹会万国诸侯、商汤会三千诸侯之地，青山是项羽发迹之地，具有极高的开发价值。

2005 年，殷庙元圣（伊尹）祠

自然景观　曹县南部黄河故道区总面积 2.75 万公顷，内有大堤、滩涂、大水面，地域宽广，林茂粮丰，空气清新，是人们休闲避暑的理想之地。

红色旅游　曹县是革命老区，有鲁西南烈士陵园、“红三村”抗日联防遗址，还有朱程、袁复荣等革命将士壮烈殉国的王厂战斗遗址。

鲁西南烈士陵园

特色科技 曹县是中国首批本土克隆牛的诞生地。山东银香集团公司不仅是全国首次规模化克隆牛试验基地，而且还是牧林种养、加工、科研、示范、服务、信息、生态、旅游观光于一体的综合性高科技企业集团。

土特名产 主要有鲁西黄牛、青山羊、青猾皮、芦笋、杞条等。名吃主要有米家烧牛肉、李家烧鸡、孙氏五香花生米、孙氏绿豆糁丸子等。

第四节 文化事业

科学技术 1986年，《曹县“七五”科技发展规划》确定农业、林业、水利、水产、畜牧、机械、纺织、化工、卫生等9个方面30个科研项目。1991年，制定《曹县“八五”科技发展规划纲要》，确立实施项目带动战略，围绕农业资源优势和工业科技进步，全县确定36个研究课题。1995年3月，曹县被国家科学技术委员会正式命名为“全国科技先进县”。1996年，制定曹县“科技兴农”“科技兴工”实施方案，确立依靠科技进步，大力发展“二高一优”（高产、高效、优质）农业，全面实施“三兴一高”（科技兴农、科技兴工、科技兴社会、发展高新技术）工程。1998年，全县31个乡镇全部被行署命名为“科技工作先进乡镇”。至2005年，全县有各类科研机构6个，各类学会、协会、研究会66个，拥有科技人员1.6万人，其中具有高、中级专业技术职务的分别为384人、5227人。完成国家、省、市、县各类计划项目146项，争取科技资金1336万元、科技周转资金40万元、科技创新基金250万元、项目贷款1.98亿元。取得科技成果174项，其中获省部级奖励33项，市级奖励141项。科技成果推广40项，其中山东圣奥化工股份有限公司研究完成的“RT培司连续催化氧化新工艺”和山东银香伟业研究完成的“牛胚胎工程技术应用研究”科技成果推广应用后，取得经济效益9.4亿元。全县授权专利182项，其中发明专利6项，实用新型专利77项，外观设计专利99项。全县有1174个行政村建立科协组织，初步形成县、乡（镇）、村三级科技网络。举办各类科技培训班60期，培训人员2.6万人次。举办学术交流会18次，学术年会17次，参加人员2200人次。撰写科技论文189篇，在地市级以上报纸杂志发表62篇，其中32篇获地市级优秀科技论文奖。

教育 1986年，全县幼儿园420所，在园儿童15500人；小学906所，在校学生140429人，初中88所，在校学生37519人；高中6所，在校学生5617人；师范1所，在校学生420人；农业中学4所，在校学生634所。全县教职工4765人。此后，教育投入不断增加，校改力度逐渐加大。至1989年，投资3803万元，建成教

20 世纪 90 年代的乡镇幼儿园

学楼 20 座、廊房 5812 间、平房 6773 间，大修校舍 10031 间，购置课桌、凳 75357 套。1995—2000 年，全县筹资 2 亿多元兴建教学楼 53 座、综合楼 17 座、平房 1000 多间，扩充校园面积近千亩；投入 200 多万元购置教学仪器等设备。2005 年，全县有小学 496 所，在校生 13.2 万人；初中 65 所，在校生 5.69 万人；高中 13 所，在校生 2.87 万人；幼儿园（班）662 所，入园儿童 2.6 万人，入园率 94.8%。扫除文盲 14.28 万人，非盲率 97.3%。至年底，全县普及九年义务教育，基本扫除青壮年文盲。

文化艺术　1986 年后，全县文化艺术基础设施不断加强。至 2005 年，全县有文

1986 年，曹县人民广播电台开播剪彩

化图书大楼 1 座，影剧院 2 处，新华书店分店 12 处，文化馆、站 26 处，公共图书馆、文物管理所、电影公司各 1 处，豫剧团 1 个，农村艺术表演团体 127 个。1174 个行政村通广播电视，广播村通率达 100%，电视拥有率达 90%。

文学创作　1986—2005 年，全县文学创作硕果累累，先后出版文学专著 100 余部、诗集 150 余部；在省及省级以上文学刊物上发表中短篇小说 300 余篇，报告文学 400 余篇，散文 200 余篇，诗歌 1000 余篇。曹县诗歌创作人员较多。影响较大的有侯光宇、董克勤、刘攀、李子瑞、魏新等。诗歌作品主要有《酒宴》《龙骨》《父亲》《财富》《八月》等。其中，1992 年董克勤创作的诗歌《父亲》获全国诗歌大赛组委会“中国桂花杯”佳作奖。2002 年，秦中华创作的诗歌《树干与树叶》获全国诗歌大赛“春笋杯”三等奖。曹县散文、小说创作活动丰富，涌现出一批优秀人才和作品。其中，散文创作者主要有侯光宇、孟宪军、李子瑞等；小说创作者主要有魏贵真、李同福等。散文、小说作品主要有《戏剧之乡群芳斗艳》《深深地忏悔》《花朵般的爱情》《情人节的眼泪》等。1988 年，李同福作品《遥远的草甸子》在《山东文学》上发表；1990 年，孟宪军作品《沉重的十字架》在《山东牡丹》上发表；1992 年，孟宪军作品《小桥那边的风景不过如此》在《文艺报》发表；2002 年、2005 年，孟宪军作品《情场高手》《情人节的眼泪》在《当代小说》等刊物发表。曹县报告文学影响较大的创作者有侯光宇、张西挺、邓涛、张振起等。作品主要有《强攻制高点》《走在明天的道路上》《盐碱窝飞出金凤凰》《巍巍铁塔》

《黄河故道飞来的歌》等。其中，1986年，侯光宇的报告文学《强攻制高点》在《山东青年》上发表；1988年，张西挺创作的《走在明天的道路上》，由中国农村读物出版社出版；1992年，邓涛的《根植沃土创大业》在《大众日报》上发表；2001年，孟宪军的报告文学《一个大学生的办学之路》，获《新世纪之声》征文三等奖；2003年、2005年，张振起创作的报告文学集《巍巍铁塔》《钢筋铁骨铸忠魂》先后由中国文联出版社出版发行。

书法 美术 摄影　1986—2005年，曹县书法、美术、摄影队伍不断壮大，成果日趋丰硕。全县有书法协会4个，书法爱好者2000余人。其中，中国书法家协会会员有张剑萍、张树林、侯玉麟、侯西成、娄尚坤、刘照剑、李玉琦、徐广征等8人；山东省书法家协会会员有高福来、王耀真、王守智等20余人；市美术家、书法家会员200余人。其中，张剑萍，两次应邀进中南海献艺，5件作品被中南海收藏，出版个人书法专集4部。美术方面有以画山水著称的袁家宝、邢建君、袁延佩、王灵波，有以木刻画见长的胡良法，有擅长油画、木版画的王柏松，有专攻人物画的王进，还有擅长工笔花鸟的刘西林和写意花鸟的宋文波等。其中，中国美术家协会会员王进，1998年创作的作品《秋韵》，在中国美协主办的庆祝澳门回归画展中获金奖；山东省美术家协会会员石桥（周卫东），2001年、2002年创作的《石桥画集》《石桥书画集》，先后由中国文联出版社出版发行。1986年，曹县成立摄影学会，有会员50余人。王玉民作品《黄河故道苹果丰收》在《人民日报》上发表。1988年，王玉民作品《农家小院》入选苏鲁豫皖四省接壤地区影展。2005年，曹县成立摄影协会，有会员60余人。

音乐 舞蹈　1986—2005年，曹县音乐、舞蹈创作活动十分活跃，县文化馆每年举办音乐、舞蹈培训班，培养音乐、舞蹈人才1000余人，共有200余名作者，先后发表（演出）音乐、舞蹈作品160余件。其中，《我虽然看不见家乡一眼》《春天的故事》《开门红》《庆丰收》等作品获奖。

纸扎 剪纸 面塑　曹县纸扎、剪纸、面塑由来已久，艺人颇多。1986年，纸扎方面有以绘画工艺闻名的普连集镇刘庄村李付元，有以做工精巧闻名乡里的邵庄镇任庄村任伯浮父子，还有楼庄乡王堂村的张宝德、魏湾镇张菜园村的张念策。1989年9月，曹县《戏曲纸扎艺术展览》在济南开幕，展出纸扎戏剧作品《对花枪》《长坂坡》《白蛇传》等50余部，戏曲人物160余件，戏剧场面60余个，件件作品原始质朴，神态逼真，洋溢着浓郁的鲁西南乡土气息。1997年6月，曹县76件戏曲纸扎艺术品，参加北戴河万博城举办的全国民间艺术作品展览，受到观众好评。“曹县戏曲纸扎”后被列入省级非物质文化遗产保护名录。曹县剪纸影响较大的有马桂馥、胡桂荣等。1986年，中国剪纸协会会员马桂馥的剪纸作品《狮子舞》参加山东省民间美术展；1992年，剪纸作品《刺绣花样》参加山东省剪纸展，并获二等奖。中国民族文化促进会剪纸艺术委员会会员胡桂荣，从事剪纸艺术20余年，擅长人物剪纸造型，2000年2月，其剪纸作品《八仙祝寿》，在第二届全国书画之星精品大赛中获中老年组铜奖；8月，剪纸作品《连年有余》，在山东省青岛胶州湾中国剪纸艺术大展中获铜奖，并被中国剪纸艺术馆收藏；2003年11月，剪纸作品《金陵十二钗》获首届全国装饰书画精品展览绘画优秀奖。曹县面塑艺术源远流长。其中桃源花供和江米人是县内流传最广泛的面塑题材。至2005年，桃源花供和江米人继续得到传承与发展，后分别被列入省级非物质文化遗产保护名录和国家级非物质文化遗产保护名录。

戏曲　曹县素有戏曲之乡美称，具有戏曲团体多、剧种多、名演员多和爱戏的人多四大特点。全县剧团多时曾达160多个，演员5000多人。先后在县内流行的剧种有梆子、柳子、弦子、两夹弦、花鼓丁响、皮影戏、京剧、评剧、四平调、豫剧等数十种，涌现出一批戏曲优秀人才。戏剧名家崔兰田、马金凤、赵义庭、张春雷、崔少奎、朱巧云、刘忠河都是曹县人，庞贵林、庞洪德、庞筱兰等父子（女）5位名演员被人称道。曹县人爱戏几乎达到痴迷的程度，日常生活多离不开戏，逢年过节唱戏，喜忧大典唱戏，搞公益事业唱戏，起集逢会唱戏，农闲时请剧团唱戏的习俗延续至今。80年代以后，随着精神文明建设的深入开展，曹县戏曲人员的演技水平不断提高，创作人员逐渐增多，演出剧目和创作的作品屡屡获奖。1990年，侯光宇与人合作创作的大型剧本《红颜泪》在山东《戏剧丛刊》发表。同年，王东红、李新花合作灌制的唱片《抬花轿》发行全国。2000年，薛守伟创作的戏曲小品《摁手印》《夕阳情》《包公二判胡长清》分别获山东省戏剧小品创作一、二、三等奖。2005年，曹县豫剧团改编的《前楚国》《千古奇冤》《回龙传》《杨广篡朝》等传统戏被中国唱片总公司录制，向全国公开发行。

民间传说　1986年始，全县开展保护搜集民间故事、民间传说活动。至1992年，《中国民间文学集成曹县歌谣谚语卷》《曹县民间故事》上、中、下册出版发行，被山东省文化厅评为优秀卷本。2000年后，重新开展搜集整理民间传说活动。至2005年，全县共搜集整理民间传说近万篇，其中，流传较广的民间传说主要有白花河传说、广亮门传说、黄巢传说、八里湾潭坑传说。

医疗卫生　1986年，全县有县级医院11所，乡镇卫生院35所，村卫生室1000余个，病床1366张，在职人员3125人（其中卫生技术人员2787人）。1987年，全县医疗卫生管理体制开始进行一系列改革。1990年，推行院（站、所、校）长负责制和目标管理责任制。1995年，县属医院实行事业单位企业化管理。1999年，推行全员聘任制，实行优化组合、竞争上岗。2002年，乡镇医院和县属医院实行股份制合作；推动了全县医疗卫生事业的发展。2005年，全县有公立医疗机构33处，民营医院3所，门诊部7个，诊所52个，卫生室572个。医疗队伍有专业技术人员3360人。其中，具有高级技术职称的116人，中级职称987人，初级职称2257人。

医疗技术　1986—1989年，曹县人民医院可做体外反搏、胳肌反搏、儿麻矫形术、脑穿刺活检、肺叶切除、喉癌全切术等手术。1990—1993年，该院开展的颅脑外科手术、巨大脾切除术、前列腺束性扩张术等手术填补全市空白。2002年，开展介入治疗新技术新项目。2003年，成功收治全县第一例"非典"疑似病例。历经10个月，复查5400人，被市委、市政府授予"全市'非典'防治先进单位"称号。

医疗器械　1986年，全县医疗器械相对较少，比较先进的大型医疗器械更少。之后，随着医疗条件的不断改善，医疗器械逐渐增加。2005年，县级医疗单位有CT机3台，800毫安X光机1台，500毫安X光机4台，心脏彩超、彩色多普勒、全自动生化分析仪、心电监护仪等大中型医疗器械12台（件），救护车15辆；乡镇卫生院拥有CT机1台，各种X光机43台，B超39台，心电图机47台，救护车18辆。全县医疗机构共设病床2332张。县级医疗机构和中心卫生院都建有急诊室，配有急救电话、急救车和各种抢救器械，基本满足各类患者的诊疗需求。

疾病控制　1986年，县内传染病主要有霍乱病、病毒性肝炎病、结核病，地方病主要有丝虫病、脊髓灰质炎病、疟疾病、地氟病等。1987年始，从加强儿童计划免疫入手，加大疾病防控力度，使全县疾病控制工作日趋科学和规范。1989年、1991年、1995年，先后实现省、县、乡儿童免疫接种率“三个85％”的目标。1996年，县卫生防疫站通过山东省计量认证。2002年，全县通过联合国儿童基金会、世界卫生组织、卫生部组织的儿童计划免疫建卡、证、“四苗”全程接种率85%目标考核。2003年，全县将新生儿乙肝疫苗纳入计划免疫。2004年，经卫生部检查验收，全县实现消灭丝虫病目标。

体育　1986年，全县有田径场29处，其中400米环形跑道的标准体育场4处；篮球场85处，排球场10处，乒乓球室22处，羽毛球场2处。之后，体育事业发展逐渐加快，体育设施日趋提升。1990年，县人民体育场建成足球场1处。2003年，县一中建塑胶跑道田径场1处。2005年，县内有门球场6处，举重训练房、乒乓球训练房各1座，田径场35处，足球场14处，排球场30处，标准篮球场60处，旱冰场10处，武术馆校15所。20年间，为上级输送优秀运动员400人，输送武术人才200人。共举办县级大型综合性运动会10次，单项比赛1200次，体育表演360多次；参加全国、全省比赛129人次，获奖牌130枚，其中金牌60枚，银牌53枚，铜牌17枚。曹县老年门球队在全省“长寿杯”老年门球比赛中，获“三连冠”，并代表山东省参加全国性比赛。举重运动员高爱国在山东省希望杯举重比赛中获得第一名。举重运动员武继龙、高爱国在全国青年举重锦标赛中分别获得第三名和第四名。

第五节　人民生活

经济收入　1986年，人民生活初步改善。全县农民人均纯收入299元，城镇职工人均工资收入1016元。1990年后，经济收入大幅度增加。2000年，全县农民人均纯收入2199元，城镇职工工资收入5275元。2005年，全县农民人均年纯收入3017元。其中，家庭经营性收入1634元，占54.16%；转移性纯收入44元，占1.46%；财产性纯收入（利息、土地征用补偿）11元，占0.36%；工资性纯收入（劳务输出所得）1328元，占44.02%。城镇在岗职工年平均工资7805元，是1986年1016元的7.6倍。

家庭积累　20世纪80年代开始，城乡居民财产及现金积累逐渐增多。1986年，全县居民储蓄存款余额3145万元，占全县全部存款余额的32.8%。1990年后，随着改革开放的深入，经济和社会事业发展加快，居民收入增加，财产和现金积累明显增多。1990年，全县储蓄存款余额突破1亿元。2005年，全县居民储蓄存款余额达到31亿元，占全县全部存款余额的80.8%。随着积累的增加，居民住房条件得到较大改善。2005年，农村居民人均住房面积27.81平方米，城镇居民人均住房面积25.22平方米。

生活消费　1986—2005年，随着经济收入和积累的增加，消费水平不断提高，消费观念不断变化，穿着追究舒适、时尚，饮食讲究质量、营养，出行更为便捷、顺畅，通信方便，家庭耐用品逐渐配备齐全。城镇居民消费　1986年，全县城镇居民平均消费支出298元，支出的主要项目为食品，其次为衣着，生活消费水平处于温饱型。随着经济的发展，城镇居民的收入逐年增加，用来消费的现金支出也随之增多，居民的消费结构开始由生存型向享受型和发展型转变。1990年，城镇居民消费支出为717元，1995年增加到1453元，2000年1800元，2005年达到3287元。20年间，城镇居民的消费支出增长10倍。农村居民消费 1986年，全县农村居民人均生活消费支出为178元，其中，食品支出64元、衣着支出32元、交通通信等支出82元。1990年，农村居民人均生活消费支出296元，其中，食品支出168元、衣着支出33元、交通通信等支出95元。2000年，农村居民人均生活消费支出815元，其中，食品支出317元、衣着支出92元、交通通信等支出406元。2005年，农村居民人均消费支出2029元，比1986年增长10.4倍。其中，食品支出870元、衣着支出156元、交通通信等支出1003元，分别比1986年增长12.6倍、3.9倍和11.2倍。

社会保障　1986年后，全县社会保障制度逐渐建立。1987年，启动待业保险制度。1992年，开展农业社会养老保险试点，随后在全县推行。1999年，推行城市居民最低生活保障制度，2002年，启动县直机关事业单位养老保险制度。2004年，启动工伤保险制度。随着社会经济不断发展，社会福利和保障资金逐年增加，保障范围不断扩大，社会保障体系不断完善。2005年，享受城镇最低生活保障人数1.24万人，城镇职工基本医疗保险参保人数1.6万人，全县基本养老保险人数4.83万人。其中，机关、事业单位和企业养老保险参保人数3.91万人，实缴保险费总额5902万元；农村养老保险人数9225人，收缴保险金262.23万元。离退休人员领取养老保险金人数6947人。全县有敬老院25所，供养人数760人。

第三章　定陶县

第一节　建置区划

境域　定陶县位于菏泽市中部，地处北纬34°57′～35°15′，东经115°20′～115°47′。北和西北部与牡丹区、市开发区接壤，南和西南部与曹县毗连，东和东南部与成武县相邻，东北部与巨野县交界。东西横距40千米，南北纵距32千米，总面积846平方千米。

沿革　定陶之名缘于古陶丘。《说文》“陶，再成丘也”，这里有丘双层，像陶灶，故名，又称釜丘，或单称陶。春秋末年，范蠡助越灭吴后，浮海至齐，辗转至陶，并“以陶为天下之中，遂定居焉，故曰定陶”。定陶之名由此而始。

尧、舜时期，定陶属古陶地。夏商时代，境内有三鬷国。西周武王封其弟叔振铎为曹伯，建曹国，都陶丘。春秋，定陶属宋国。战国，定陶属齐。秦始皇嬴政二十六年（公元前221年），始建定陶县，属东郡。此后历代，或为国都，或作郡治，置废、撤并、升降、改隶频仍。历属济阴郡（国）、济宁府、兖州府和曹州府等。1949年8月，属平原省菏泽专区。1952年11月撤平原省，改属山东省菏泽专区。1958年11月撤县，1961年10月恢复。1967年3月，菏泽专区改为菏泽地区，定陶县属之。2001年1月菏泽地区撤地设市，定陶县属菏泽市至今。

区划　1986年，定陶县辖定陶、冉堌、黄店、陈集4镇，邓集、张湾、一千王、力本屯、马集、南王店、田集、王双楼、姑庵、半堤、孟海、保宁、游集、杜堂、东王店15个乡，465个行政村，1044个自然村。1995年孟海乡、张湾乡改为镇。2001年7月，马集乡改为马集镇。2001年年底，东王店乡并入定陶镇，姑庵乡并入黄店镇，王双楼、田集乡并入冉堌镇，力本屯乡并入马集镇，一千王乡并入张湾镇，邓集乡与游集乡合并成立仿山乡，保宁乡并入陈集镇。至2005年，全县辖定陶、冉堌、黄店、孟海、陈集、张湾、马集7镇，仿山、杜堂、半堤、南王店4乡，365个行政村，1044个自然村。

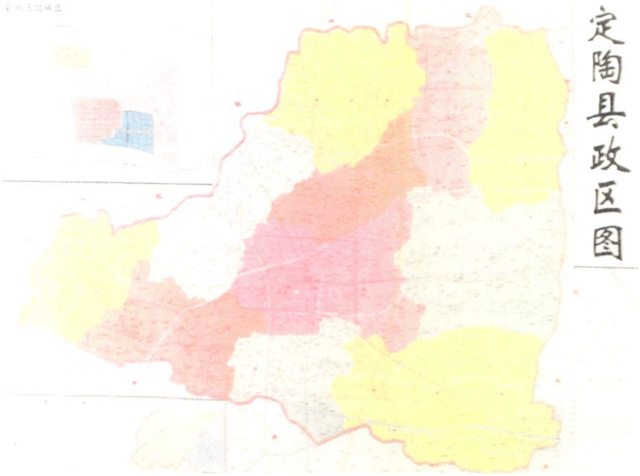

2005年，定陶县政区图

人口　1986年，全县总人口48.33万人，其中男性24.62万人，女性23.71万人；农业人口45.64万人，非农业人口2.69

万人。1990 年，全县总人口 55.96 万人，其中男性 28.22 万人，女性 27.74 万人。至 2005 年，全县总人口 61.5 万人，其中农业人口 52.86 万人，非农业人口 8.64 万人；男女性别比 105.9 ∶ 100；人口出生率 11‰，死亡率 5.9‰，自然增长率 5.1‰。

民族　全县以汉族人口为最多，少数民族有回族、壮族、满族、蒙古族、瑶族、布依族、哈尼族、土家族、彝族、苗族、白族、黎族、土族、高山族、景颇族、布朗族共 16 个，人口 12633 人，占总人口的 2%。其中回族 11225 人，主要分布在定陶镇的南城社区、王洪庙和陈集镇的前沙海、中沙海。

第二节　自然条件

地形地貌　定陶属黄河冲积平原，地势西南高东北低，平均坡降 1/5000，最高点海拔 53.5 米，最低点海拔 44 米，高差 9.5 米。整个地形象 60° 的扇面，可分为高、平、洼三大微地貌类型，其中高地 142 平方千米，占 17%；平地 476 平方千米，占 57%；洼地 220 平方千米，占 26%。

河流　县内有中型河流 12 条，小型河流 24 条，沟 754 条，总长 1315.3 千米。这些河流自然形成洙水河、东鱼河、东鱼河北支三大水系，皆流入南四湖，属淮河水系。流域面积超过 100 平方千米的河流有 5 条，其中 4 条为东西走向：东鱼河北支（万福河），县内长 25 千米，流经仿山、陈集、孟海等乡镇，流域面积 483 平方千米，主要支流有店子河、仿山河、定陶新河、沈庄沟、南渠河等；定陶新河，县内长 31 千米，流经马集、仿山、定陶等乡镇，流域面积 128 平方千米；南渠河，县内长 31 千米，上起马集镇至黄店镇入东鱼河北支，流域面积 140 平方千米；南坡河，西起马集镇，东入成武县，县内长 40.5 千米，流域面积 142 平方千米。菏曹运河，南北走向，县内长 17 千米，流域面积 393 平方千米，系 1958 年沿菏（泽）商（丘）公路人工开挖，穿越上述东西河流及汜阳河等。该河南接东鱼河，可使南水北调；北通东鱼河北支，可使北水南引。

土壤　全县土壤属于潮土土类，下分两个亚类，两个土属，111 个土种。一是潮土亚类，潮土土属，包括 69 个土种，总面积 5.66 万公顷，占可利用面积的 86.4%。二是盐化潮土亚类，盐化潮土属，包括 42 个土种，面积 8933.33 公顷，占可利用面积的 13.6%。以土壤表层质地可分为松沙土、沙壤土、轻壤土、中壤土、重壤土 5 种，面积和分布如下：松沙土（飞沙地）1266.67 公顷，占可利用面积的 2%，主要分布在张湾镇和半堤乡；沙壤土（沙地）1.78 万公顷，占可利用面积的 27%，多位于缓坡高地和岛形高地上，多数乡镇均有分布；轻壤土（两合土）2.49 万公顷，占可利用面积的 38%，多位于缓坡平地上，主要分布在仿山乡和冉堌镇；中壤土（红花面淤）1.87 万公顷，占可利用面积的 28.5%，多位于缓坡平地和缓坡洼地上，多数乡镇均有分布；重壤土（淤土）2866.67 公顷，占可利用面积的 4.5%，多位于缓坡洼地、碟形洼地上，主要分布在张湾、杜堂、陈集、孟海等乡镇。

植被　定陶地处平原，多为人工植被，主要有粮食作物、经济作物、瓜果、蔬菜等 20 多个类属，500 余个品种，覆盖面积占71.82%；林木种类有44科77属131个品种，覆盖率为24.5%；水产植物主要有苇、蒲、藕等。全县土地利用率高达92%以上，自然植被只能在沟渠路旁、河流两岸以及盐碱地上生存繁衍，这些自然植被主要有茅草、蒺藜、蒿子等。

自然灾害 主要有旱灾、涝灾、风灾、雹灾、虫灾等，以旱、涝灾害为主。1986—2005年，旱灾共发生7次，平均每3年1次；涝灾共发生6次，平均3.5年1遇。

自然资源 土地资源 2005年全县土地面积8.42万公顷，其中耕地5.1万公顷，人均耕地0.08公顷。土地后备资源缺乏，仅有466.66公顷，只占总面积的0.55%。

水资源 全县多年平均水资源总量为2.36亿立方米，可利用量为1.03亿立方米。总径流量为0.74亿立方米，占总降水量的12.4%。引黄河水可利用量为0.19亿立方米。地下水总补给量为1.43亿立方米，可利用量为0.84亿立方米，占58.46%。

矿藏资源 主要有黏土、煤、高碘矿泉水、天然气、煤层气等。

生物资源 野生动物主要有野兔、黄鼠狼、刺猬、喜鹊、鸽子、燕子、麻雀、啄木鸟、布谷鸟、鹌鹑、猫头鹰、蝉、蛇、蜻蜓、蟋蟀、螳螂等；水生动物有鲤鱼、鲫鱼、鲢鱼、草鱼及虾、龟等；水产植物有芦苇、蒲草、水葫芦等；野生药材有半夏、车前子、白蒺藜、蜂房等200多种。

第三节 经济状况

农业 1986年后，随着农村联产承包责任制的不断完善，改变单一的粮棉种植结构，加大瓜、菜等高效作物的种植比例，并创造立体种植、间作套种、冬暖大棚等种植模式。全县划分为陶西粮、棉、瓜果，陶西北棉、粮、林、牧，陶南棉、粮、枣、青山羊，定陶镇菜粮、工副业，陶东粮、棉、桐、黄牛，陶东北粮、棉多种经营6个区和以一千王为中心的瓜果花生，以白菜王、定陶镇、周海和陈集为中心的4片蔬菜，以常庄为中心的花生，冉堌镇南部农桐间作及陈集西北部青山羊5个商品基地。至2005年，全县有耕地5.1万公顷，有效灌溉面积3.80万公顷；拥有农业机械总动力60.58万千瓦，拖拉机9944部，民用汽车478部，柴油机、电动机30189台，农用机动三轮车13899辆，其他农业机械23516台（套），实现农业总产值24.47亿元。

种植业 全县粮食作物主要有小麦、玉米、大豆等，常年播种面积分别为3.3万公顷、2万公顷和0.2万公顷，一般亩产分别为375千克、356千克和200千克。种植技术方面，全县先后推广了良种包衣技术、节水灌溉技术、小麦半精量播种技术和秸秆还田技术等。2005年，全县粮食总产33.28万吨，棉花总产1.46万吨，花生0.85万吨。

2004年5月18日，仿山乡小麦良种繁育基地及大棚蔬菜生产区

林果业 全县主要用材树种有杨、柳、

榆、槐、椿、楝、桑、桐等，果树主要有苹果、梨、枣、杏、桃、葡萄、山楂、柿子等。随着苹果套袋技术的推广，苹果亩增效益500—600元。2005年，全县有林地1.36万公顷，其中经济林0.8万公顷，林木蓄积量108.7万立方米，水果总产21万吨。

畜牧业　1986年后，全县推广黄牛冷冻精液配种技术，大大提高了怀胎率和成活率，年杂交改良冷配黄牛2万余头。全县共有饲养小区56个，专业村29个，饲养大户785户，规模饲养场107个。2005年，全县共存养大牲畜8.89万头，猪28.37万头，羊54.43万只，兔9.89万只，家禽688.39万只；生产肉类5.96万吨，禽蛋3.27万吨，奶类2900吨。

1995年11月18日，陈集第一届畜产品交易会上黄牛交易市场一角

水产业　全县养殖水生动物主要有鲤鱼、鲢鱼、鳙鱼、草鱼、鲶鱼、甲鱼等；种植水生植物主要有苇、蒲、藕等。2005年，全县有坑塘水面652公顷、大型养鱼场11处，水产品总产9200吨。

工业　定陶的工业基础比较薄弱，起步较晚。1986年后，工业的比重逐年上升。1990年，县委、县政府提出“全党抓经济，重点抓工业”和“工业立县”的工作思路，工业有了较快的发展。至2005年，全县形成粮油加工、林纸、家纺、化工、畜牧、菌菜加工等6大产业体系。拥有规模以上工业企业48家、规模以下工业企业399家。生产400余个品种，其中有30余个品种获省优和部优，10余种产品填补国内、省内空白；实现工业增加值9.43亿元，完成出口交货值1.48亿元；三次产业比调整为39 ∶ 44 ∶ 17，完成一、二、三产业向二、一、三产业的历史性转变；产品销售率118.92%，工业经济效益综合指数130.52。全县48家规模以上工业企业，实现增加值5.82亿元、产品销售收入23.03亿元、利税1.46亿元、利润1.07亿元。

交通运输　县内有临清—商丘、菏泽—民权、定陶—砀山、定陶—丰县4条省级主干线，全长90.5千米。京九铁路穿过4个乡镇、34个自然村，县内长22.49千米。东绕城线和北绕城线于2004年建成通车。全县支线公路10余条，全长120余千米。乡乡通柏油路，通车里程1108千米，路面硬化率100%，率先在全市实现了村村通柏油路。2005年，全县有客车66部、城区出租车70余部，年客运量110万人次，

艺达集团

旅客周转量5170万人公里；各种运输车辆1000部，年货运量115万吨，货物周转量8597万吨公里。

邮政电信 20世纪80年代至90年代，定陶开始采用模拟数字数据通信技术。至2005年，全县拥有邮局、支局13处，投递线路1565千米，邮路356千米，光缆300千米，固定电话用户10万户，移动电话用户5万户，互联网用户3000户；实现业务总量4560万元，其中电信业务总量3340万元，邮政业务总量1220万元。

商业贸易 1986年以后，县内集体和国营商业开始实行多种形式的承包经营制，商业开始繁荣和活跃。至1990年，市场进一步放宽，各种贸易中心开始出现，零售商业不再受限制，出现了国家、集体与个体同步经营和互相竞争的局面。1990年后，商业贸易由计划经济向市场经济过渡，商品流通由单一的计划分配转为多渠道的自由经营，城乡集贸市场日趋活跃，各行各业群起从事商业活动。中共十六大确立了社会主义市场经济体制的地位后，个体私营商业异军突起，商业贸易空前活跃，集贸市场逐年增多，集团公司、超市、连锁店等相继出现。2005年，全县有大型商业贸易市场33处，商业网点8976个，其中批发业468个，零售业5926个，餐饮业2582个，从业人员共36452人；实现商品交易成交额2.71亿元，社会消费品总额15.6亿元，进出口总额1780万美元，农副产品收购额2.6亿元。

城建环保 城建 1990年，对原来的县城总体规划作出修改和补充。至2000年，县城共有街道26条。2003年，对县城进行重新规划，并完成城市基本建设投资8.36亿元，更新改造投资5634万元，房地产开发投资4225万元；北环路和东环路已建成通车，西环路于2005年破土动工。

2005年，以园区建设为重点，提高城市建设管理水平。高起点规划，高标准建设，高效能管理，逐渐把定陶县建成菏泽市次中心。编制重点区域规划，拉开城区建设框架。编制完成北苑广场、东环路至四级河网10.5平方千米工业区、新区行政中心、菏商路与西环路10.5平方千米控制性详细规划。实施重点工程，完善城市功能。建设菏关高速定陶连接线，打通氾阳路，拓宽改造临商路定陶至菏泽段，建成西绕城线，把定陶的老城区、新城区、经济开发区与菏泽市的开发区连接起来，重点实施新河公园及绿化工程、亮化工程、排水工程、污水处理工程、城市综合开发工程、城市供水工程等6大工程。当年，全县完成城市固定资产投资7.53亿元，农村固定资产投资19.46亿元。

环保 1986—2000年，全县共投资122万元，对污染严重的县皮革厂、磷肥厂、制革厂、皮毛厂、橡胶厂等8个厂进行治理改造，环境污染得到有效控制。进入21世纪，全县又对污染严重的圣龙造纸与菏达造纸等污染严重的造纸企业进行污水处理。2003年完成环境污染治理投资3500万元。2005年，全县共完成环境污染治理重点项目6个、投资额5600万元，城市污水处理厂正在建设中。

旅游 全县名胜古迹较多，旅游资源丰富，有古曹国王陵仿山、刘邦登基的官堌堆、梁王彭越的点将台，有纪念戚夫人和丁姬的戚姬寺和南丁寺，有被称为全国六大佛院之一的“兴华禅院”左山寺，还有商业鼻祖范蠡墓、农民起义领袖项梁墓等。20 世纪 90 年代，定陶对全县旅游资源进行普查开发，对部分名胜古迹进行保护性修复和重建。进入 21 世纪，定陶旅游初具规模，特别是仿山景点的开发和建设，使定陶的旅游收入每年都在 50 万元以上。

左山寺天王殿

土特名产　主要有陶布、聂家剪刀、陆家绒花、鲁西黄牛、小尾寒羊、青山羊、59° 御思香酒、“阿谷停云”牌阿胶等。定陶地方名吃主要有：丁家烧鸡、武家席地、焖地、黄店壮馍、李家驴肉、戚家火烧、“慌忙星”水煎包等。

陶　布

第四节　文化事业

科学技术　全县共有 5 个科研机构、18 个学术团体和 11340 多人科技人员。1986—2005 年，取得各类科技成果 213 项，其中国家级 4 项，省、部级 42 项，市（地）级 78 项，县级 89 项；发表学术论文 376 篇，共获各级奖励 142 项。

教育　全县新建校舍 4.3 万平方米，完成资金投入 2700 余万元。中小学由 256 所调整为 147 所。投入 500 万元新建理、化、生、自然实验室 12 个，微机教室 48 个；添置微机 1200 余台，图书 20 万余册，理科仪器价值 57 万元，音、体、美器材价值 23 万元。全县投入电教方面的资金达 520 万元，建设校园网络 4 个，多媒体教室 15 个，语音室 8 个。2005 年，全县共有幼儿园 178 所，入园儿童 26723 人；小学 136 所，在校学生 52298 人；普通初中 28 所，在校学生 22943 人；普通高中 3 所，在校学生 17617 人；中等专业学校 1 所，在校学生 2400 人；教职工 5236 人。随着教育体制的改革，个人办学渐渐兴起，至 2005 年，全县共有私立学校 16 所。1986—2005 年，全县共向各类大中专院校输送学生 23752 人。

文化艺术　文学创作　1985 年后，定陶县文学创作渐趋活跃，成立各种文学社团和作家协会。1985 年，孔祥书、刘广胜、李文同、李文存、李洁、孔祥刚、赵玉梅等人的小说、诗歌、散文先后在省级以上报刊上发表、获奖。1987 年，孔祥书、焦义来创作的《草莽英雄传》由山东文艺出版社出版，填补了菏泽地区无长篇小说的空白。1988—1989 年，刘广胜先后发表 6

部中篇小说，1991年孔祥书创作的《红三村传奇》由蓝天出版社出版发行。2002年，王天迅的短篇小说集《飘雪聊吧》由中国文联出版社出版发行。2005年5月，孔祥书、孔令生的长篇小说《苦海慈航》由中国文联出版社出版发行。至2005年，定陶县共有国家级作协会员2人，省级作协会员5人，省级民间文艺家协会会员5人，市县级作协会员30余人。共发表各类文学作品1000余篇，其中长篇小说3部。

戏曲 定陶县有两夹弦剧团1个。流行的剧种主要有两夹弦、山东梆子、大弦子戏、柳子戏、大平调、豫剧等。定陶县豫剧团于1986年被菏泽地区文化局评为先进单位，后与两夹弦剧团合并。两夹弦剧团有传统代表性古装戏100余种，移植古装戏50余种和创作（改编）反映社会主义新时代、新生活的现代优秀剧目40余种。1985年后，戏剧创作、演出逐渐走上下坡路。进入21世纪，随着人民生活水平的提高，人们对精神文化的需求渐趋浓烈，戏剧演出逐年增多，但仍以传统剧目为主，演出市场主要在农村。

1985年后，随着人民生活水平的提高，电视、电影的普及，在定陶流行的曲艺种类和演出队伍逐年减少，流行的曲种主要有山东琴书、河南坠子、山东落子等。到90年代，全县仅有曲艺演员20余人。2000年后，曲艺演出市场萎缩。代表性人物是马集镇的山东琴书演员费庆军，他是中国曲协会员，省曲协、省民间艺术家协会会员，菏泽市曲协理事，2002年在菏泽市第一届曲艺会演中获演出与伴奏奖。2004年获市曲艺小品大赛二等奖。

音乐 舞蹈 定陶民间音乐主要有吹打乐和寺庙乐两大类。寺庙乐多系僧侣吹奏，随着寺庙的日趋减少，僧、尼、道的还俗，这种音乐近于失传。吹打乐主要有吹、拉、弹、打各种乐器，演奏时粗犷豪放，朴实爽朗、明亮奔放、悦耳动听，极富乡土和生活气息，多演奏于婚丧喜气之场合，很受百姓喜爱。仿山唢呐颇有地方名气。代表性传统鼓乐主要有牛屯鼓乐、孟海牛皮大鼓等。20世纪80年代后，一批文化工作者在学习传统音乐的基础上，吸收民族音乐的精华，创作出一批极富地方特色和时代气息的作品，至2005年代表性人物主要有张玲、杨慎明、鲁传闽、王萍等，在省级以上刊物或电台录音100余首，代表性作品《我才不当小皇帝》《我们去寻找春天》《催马迎春》等。

定陶传统舞蹈主要有舞狮子、龙灯、高跷、竹马、旱船、抬阁等。随着人民生活水平的提高，文化工作者在传承传统舞蹈的基础上，努力学习民族舞和现代舞，创作出一批人们喜闻乐的富有浓郁地方特色和时代气息的舞蹈，代表性舞蹈作品主要有《回娘家》《小瓜农》《花香童趣》《催马迎春》《飘浮》《飞翔的燕子》《小青蛙》《小背篓》等30余支，主要作者有：张玲、杨慎明、李秀芝、田桂芬、杨秋霞、牛大方、杨亚兵、魏存等。

美术 书法 摄影 县内流行的主要画种有国画、油画、木板年画、连环画等，以国画为主，代表性作者主要有孔祥书、孙中存、陈麒麟、孔宪聘、智文任、张颖、张建国等，其作品入选省级以上美展或书画报刊80余次，获奖20余次。木板年画以马集镇为最。

定陶县是著名的书画之乡，历史上曾

涌现许多书法家。新中国成立后，书法艺术进一步发展，较有成就的作者有何津伟、邵春山、林兆之、齐兵等。1985 年后，出现“书法热”，涌现出王洪钦、李新建、杨秋平、刘石、王录新、朱为民等一批书法篆刻新秀。至 2005 年，全县共举办书法展 30 次，有 120 人次，1500 幅作品参展，有 120 人次，122 幅作品参加市、省、国家书法展。

摄影主要是以商业经营和新闻报道为主，艺术摄影发展较慢。1985 年后，一些专业和兼职摄影工作者开始跨入创作的行列，他们深入生活，拍摄了一批具有浓厚生活气和时代风貌的作品，至 2005 年先后在《大众日报》《民族画报》《山东青年》《山东画报》《解放军报》等各种报刊上发表作品 100 余幅。

民间艺术　定陶县民间工艺美术主要有陶布、皮影、印花布、剪纸、面塑、核雕、刻瓷、彩蛋、绒花、糖人、刺绣、绳艺等。随着时代的发展，曾经普遍流行红极一时，甚至出口欧美的一些传统民间工艺，如彩蛋、绒花、糖人、乌字、刻瓷，核雕等几乎绝迹，从业人员逐年减少，面临失传的危险。陶布是“鲁锦”的一种，生产历史悠久，明清时曾进贡朝廷，故名。进入 21 世纪，随着人们生活水平的提高，生活理念的变化，人们崇尚自然、低碳、环保、舒适、休闲的生活，纯手工制作的纯棉制品越来越多地进入人们生活，“陶布”这一传统工艺品重新焕发出生机和活力，至 2005 年，全县有 1000 余人从事“陶布”的生产与加工，年产布 10 万米。

皮影呼延庆和女妖

医疗卫生　2005 年，全县共有卫生机构 550 个，其中医院、卫生院 21 所，卫生防疫防治机构、妇幼保健机构各 1 个，农村卫生室 527 个。这些卫生机构共有病床 698 张；卫生技术人员 1465 人，其中执业医师 632 人，注册护士 141 人；主要医疗设备 4725 台（件）。

医疗技术　2005 年前，县医院开展的甲状腺全部切除术、甲状旁腺部分切除术、直肠癌根治术 Paiks、脾切除术、脾修补术、胃癌根治术、大隐静脉高位结扎剥脱术、肠吻合术、阑尾切除术、四肢骨折切开复位内固定术、腰椎间盘突出切除术、腰椎骨折椎弓根内固定术、人工股骨头置换术、急性硬膜外硬膜下血肿清除术、高血压脑出血微创引流术、大脑半球脑瘤切除术等手术熟练，水平较高。

医疗器械　县医院拥有数字胃肠机、高频拍片机、C 型臂、电子结肠镜、呼吸机、全自动血细胞分析系统。各乡镇卫生院大多只配备 X 光机、心电图仪、B 超机、半自动生化分析仪等医疗设备。

疾病控制　1986 年，定陶县疾控中心由股级事业单位升格为正科级事业单位，

900平方米防疫站办公楼建成并投入使用。计划免疫冷链系统装备就绪并正式运转，全市冷链运转现场会在定陶召开，1989年全县19处乡镇卫生院成立防保站，承担本乡镇防疫工作。1988年、1990年、1995年分别实现以省市县为单位计划免疫“四苗”接种率达到85%的目标。1986年卫生部表彰县防疫站疟疾五省联防先进单位，1989年省政府授予县防疫站基本消灭疟疾先进集体。2003年全力抗击“非典”，定陶无感染病例。定陶县结核病防治所于1988年正式成立，为疾控中心独立科室，自1993年始，开展世界银行贷款卫Ⅴ结核病防治项目，先后成功实施了2个十年结核病防治规划，对结核病病人进行免费筛查和治疗。2007年开展了山东省免费抗结核药品规范管理项目。2008年开展了山东省FIDELIS项目。2009年实施了农村新型合作医疗服务体系。2003年起，艾滋病中央转移支付项目实施，全面落实高危人群干预措施。

体育 1986年，张广义在全国摩托车邀请赛中获第一名，沙勇在全国少数民族运动会武术比赛上获地趟拳第一名。1988年，宗金花在全国首届农民运动会上，获成年女子组射击第一名，并被评为“十佳”“十优”运动员。至2005年，全县有武术学校7所、田径场14处、篮球场27处、旱冰场12处、足球场3处、乒乓球室32处，培养体育后备人才400余人，输送运动员296人。

第五节 人民生活

经济收入 1986年，农民人均纯收入388元，1990年增长到582元，至2005年农民人均纯收入3121元，比1986年增长8倍；城镇居民1986年人均可支配收入921.5元，1990年增长到1601.5元，至2005年城镇居民人均可支配收入达到4710元，比1986年增长5倍。

家庭积累 20世纪80年代，城乡居民已具备了一定的积累条件，90年代现金与财产积累逐步增加。进入21世纪，家庭积累迅速增长，至2005年来，全县金融机构存款金额21.3亿元，其中，居民储蓄存款余额17.1亿元，全县人均住房使用面积16.9平方米。

生活消费 随着经济的发展，全县人民的生活消费水平大幅度提高，2005年，全县社会消费品零售总额15.6亿元，农民生活消费支出1788元，城镇居民消费性支出3671元。肉、禽、蛋、奶等副食品逐年增多，各种蔬菜应有尽有。摩托车、电动车等代步工具以及高档家用电器逐渐进入普通人家。

社会保障 20世纪80年代，全县的社会福利和社会保障面非常狭窄，社会保障资金少。随着社会经济的不断发展，社会福利和保障资金逐年增加，保障范围不断扩大。2005年，全县企业养老保险参保人数18678人，征缴企业基本养老保险费1530万元，农村养老保险金28.5万元；城镇职工基本医疗保险参保人数19886人，基金征缴380万元；参加失业保险人数11200人，征缴失业保险金119万元，享受失业保险待遇的人数678人；城镇实现就业再就业6945人，其中下岗失业人员再就业2301人；最低生活保障救助人数5340人，其中城镇4110人，农村1230人。

第四章　成武县

第一节　建置区划

境域　成武县位于菏泽市的东南部。地处北纬34°48′～35°09′，东经115°43′～116°10′。东与济宁市金乡县毗邻，南与单县相连，西与曹县、定陶县接壤，北与巨野县搭界。南北纵距39千米，东西横距41千米，总面积988.3平方千米。

沿革　秦置成武县，属东郡。汉属梁国、山阳郡、济阴郡。北魏于郜城置成武县，属北济阴郡。北齐天宝七年（556年）撤北济阴郡，于县设永昌郡。隋于县置戴州，辖成武，旋废。唐武德四年（621年）复置戴州，不久州撤，县改属曹州。明改属兖州府，清复属曹州府。民国初曾直属山东省，后历属济宁道和山东省第二、第十一行政督察区。1941年6月—1949年8月历属晋冀鲁豫第十七专区（运西）、第二十一专区（湖西）、第十一专区、第三专区和平原省湖西专区。1952年11月撤平原省，县随湖西专区改属山东省。次年8月改属菏泽专区（后改为菏泽地区）。2001年1月，菏泽地区撤地设市，成武县属菏泽市至今。

伯乐相马铜像

置县两千多年间，县名“成”“城”二字交替使用，1958年，经国务院批准，将县名中的“城”字改为“成”，复用“成武”至今。

区划　1984年1月，将18处人民公社改为19处乡镇。1988年撤销徐庄乡，归属汶上集镇。1996—2002年，南鲁集乡、苟村集乡、白浮图乡、伯乐集乡、孙寺乡、九女集乡分别撤乡设镇。2001年，经山东省人民政府批准，将18个乡镇合并成12个乡镇。2005年3月设立成武县经济技术开发区。至2005年年底，全县共有10个镇，2个乡，1个经济技术开发区，10个社区，476个行政村，1317个自然村。

人口　1986年，全县总人口为49.98万人，其中男性25.27万人，女性24.71万人，男女性别比例为102；农业人口为46.98万人，非农业人口3万人。人口密度每平方公里505人。人口出生率13.97‰，死亡率3.78‰，自然增长率10.19‰。2005年全县总人口63.82万人，其中男性32.15万人，女性31.67万人，男女性别比例为101；农业人口53.65万人，非农业人口9.67万人。人口密度每平方公里645人。人口出生率10.7‰，死亡率4‰，自然增长率6.7‰。

民族 1982年人口普查，全县有9个民族，其中少数民族有8个，共计76人。2000年全国人口普查，全县有26个民族，其中汉族人口为最多。少数民族有：蒙古族、回族、藏族、维吾尔族、彝族、壮族、布依族、朝鲜族、满族、侗族、白族、土家族、哈尼族、黎族、佤族、高山族、土族、达斡尔族、布朗族、塔吉克族、塔塔尔族、独龙族、鄂伦春族、苗族、水族等，共计284人。

第二节 自然条件

地形地貌 成武县属黄泛冲积平原，地势西南高，东北低，海拔高程在38米～46米之间，最高点在九女集镇孟庄村南，最低点在大田集镇冯集村东，平均坡度约1/5000。全县微地貌有两种类型：一是缓平坡地，共计8.11万公顷，占全县总面积的82.1%。按地表形态，缓平坡地又分为高坡地、平坡地、洼坡地三个微地貌单元。高坡地在西部，主要分布在汶上集、伯乐集、九女集、天宫庙4个镇，面积2.67万公顷，占全县总面积的27%。平坡地在中部，从南至北，地势平坦，主要分布在天宫庙、孙寺、苟村集、成武镇、党集、大田集、南鲁集7个乡镇，面积3.54万公顷，占全县总面积的35.8%。洼坡地：为缓平坡地的末端，地势低平，在东北部，主要分布在大田集、张楼、白浮图3个乡镇，面积1.91万公顷，占全县总面积的19.3%。二是浅平洼地，共计1.77万公顷，占全县总面积的17.9%，地势缓平而低洼，坡降在1/6000左右，习称“漫洼”，主要分布于城湖、智楼水库、康集洼、纯集洼、党楼洼、宝峰集洼、党集洼、大崔洼、吕洼、当典洼等。

河流 成武县地处淮河流域，流域面积988.3平方公里，分属万福河和东鱼河两大水系。万福河自定陶县大薛庄入成武境，流经汶上集镇、南鲁集镇、大田集镇，县内长度31.1千米，流域面积450平方千米。东鱼河在县内长度37千米，流域面积538平方千米。全县流域面积在100平方千米以上的河道有10条，即：安济河（下游）、金成河、新西沟、万福河、东鱼河北支、乐成河、大沙河、五干沟、胜利河、东鱼河。流域面积在100平方千米以下30平方千米以上的河道有6条，即：南坡河、安济河（上游）、翻身沟、桶子河、宋大楼河、黄白河。

土壤 县内土壤分布规律是：沙壤土多在高坡地带，轻壤土多在缓平地带，中壤土和重壤土多在浅平洼和洼地，所以有“高沙洼淤”之说。据土壤普查显示：全县土地有二、三、四、五级4种。二级地2.38万公顷，占可利用面积的32.84%，质量较好，限制因素较少，基本适于多种作物的生长，但个别土壤偏沙或偏黏，有的下部存在漏沙层，易形成季节性干旱。三级地4.36万公顷，占可利用面积的60.09%。此土壤利用有限制，对作物有一定选择性。四级地174.3公顷，占可利用面积的6.82%，质量较差，限制因素多，有的是中度盐碱地，有的地力薄，对作物种植有较大选择性。五级地174.33公顷，占可利用面积的0.24%，主要是不同类型的盐碱地，只能种植耐碱作物或植树造林。

植被　成武县气候温暖，土层深厚，适宜多种植物生长。但随着社会经济活动发展和土地资源的不断开发利用，自然植被大面积减少。现存自然植被有两种类型：一种为旱生植物，大部分生长在堤坝、河滩、垄背和路、沟渠旁，主要物种有茅草、车前子、蒲公英、苦苦菜、小蓟（荠菜）、木贼（节节草）、茜草（拉拉秧）、铁苋（铁镰头棵）、苍耳（抢子）、蒺藜等；另一类为水生植物，多生长在城湖、湿地和废旧河道，主要物种有芦苇、蒲草、水蓼、眼子菜、菹草、金鱼藻等。全县自然植被覆盖面积仅占2.8%。人工植被主要是落叶阔叶林，人工群落为农作物，该植被类型是人们从事生产劳动、经济活动的主要对象。代表树种主要有杨树、泡桐树、刺槐树、苦楝树、苹果树、桃树、杏树、葡萄树、柿子树、梨树、石榴树等，林木覆盖率达26.8%。农作物以小麦、玉米、棉花、大蒜、地瓜为主，瓜菜、大豆、小豆、芝麻等次之，耕作主要为一年两作、一年三作或二年三作。

自然灾害　旱灾　据1986—2005年气象资料分析，成武县春、夏、秋、冬四季均有干旱发生，以春季旱期最长，机遇最多，危害最重；秋旱次之，夏季干旱期短，机遇少，但危害严重。冬季旱期虽长，机遇多，但由于不是作物生长发育季节，所以危害不大。春旱是一个普遍现象，有“十年九旱”“春雨贵如油”的说法。春季雨水一般不能满足春播和农作物生长的需求。春旱1～2年1遇，春涝5～10年1遇，不旱不涝年份很少，大部分以旱为主。1986—2005年20年间，春季重旱年出现在1995年、2000年、2001年、2002年，轻旱年出现在1988年、1989年、1993年、1996年；夏旱出现5次，分别在1986年、1989年、1991年、1997年、1999年；秋旱出现5次，分别在1988年、1990年、1998年、2001年、2002年。

涝灾　涝灾多发生在夏季，多是由于降雨持续时间长，雨量大，客水下泄慢所致。20年间共出现涝灾6次，平均3.3年1遇。2004年8月26日—27日，全县普降大到暴雨，降水量171.9毫米，造成3.7万公顷农田积水，其中成灾面积2.5万公顷，倒塌房屋340间，损坏房屋942间，受灾人口35.4万人；城区平均积水40厘米，部分居民房屋进水。

风雹灾　1991—2005年共发生风雹灾5次，其中较严重的风雹灾有3次。1995年6月，县城北部的汶上集镇、大田集镇等4个乡镇，遭到特大龙卷风和冰雹袭击，风力达到10级，冰雹最大直径在3厘米以上，造成1840余间房屋受损，其中倒塌120余间，部分树木、电线杆被刮断，720余个塑料大棚被毁，6000多公顷棉花受灾，其中2900公顷绝产，直接经济损失8750万元。1999年8月18日夜，县西部的7个乡镇遭受暴风雨和冰雹袭击，最大风力10级，2000多公顷玉米倒伏，3000余棵树木和138根电线杆被折断。2004年6月26日15时45分，在伯乐集镇、汶上集镇、南鲁集镇、大田集镇、党集乡、张楼乡遭受自西向东强风冰雹袭击，风力达8级以上，冰雹直径5厘米，持续时间约30分钟，3000公顷农作物被毁，1.1万余棵树木被折断，损毁农用变压器32台，砸死1人，砸伤20余人。

自然资源 土地资源 全县土地总面积98820.7公顷，其中农用地82978.4公顷，农用土地14588.30公顷。农用土地中有耕地70718公顷，园地1894公顷，林地5302.40公顷，其他农用地5064公顷。建设用地中有居民点、工矿用地12568.70公顷，交通用地839公顷，水利设施用地1180.6公顷。

水资源 可利用量包括三部分：一是引黄客水；二是地表径流；三是浅层地下水。多年平均地表水资源量为0.81亿立方米，地下水资源为1.49亿立方米，引黄数量为0.83亿立方米，水资源总量为3.13亿立方米。

矿产资源 主要有煤、石油、煤层气、地热等资源。全县煤炭探明储量16亿吨，煤气层预测区域63平方千米，预测储量100亿立方米，地热资源区域170平方千米，预计热资源储量1.77×1016 焦耳。

生物资源 动物资源有猫、狐狸、黄鼬（黄鼠狼）、刺猬、獾、野兔、蝙蝠、猫头鹰、喜鹊、野鸡、鸽子、燕子、麻雀、啄木鸟、布谷鸟、鹌鹑、蜻蜓、蟋蟀、螳螂、翠鸟、蝉、蛇；水生物有白鲢、花鲢、草鱼、鲤鱼、鲂鱼、鲶鱼、鲫鱼、乌鳢、泥鳅、鳝鱼、河蚌、湖螺、圆田螺、水蚯蚓、河蟹、河虾、水蛭、赤眼蜂。此外还有瓢虫类、蜘蛛类。

第三节 经济状况

农业 成武县属农业县，传统农作物有小麦、玉米、大豆、棉花、花生、大蒜等。1986年，全县粮食总产23.4万吨，棉花总产1.6万吨，农业产值2.06亿元。1987年，全县棉花生产快速发展，种植面积1.67万公顷，被国家定为棉花生产基地县。1988年棉花种植面积扩大到3.09万公顷。1993年，成武县被评为全国棉花生产先进县。

在生产粮棉的同时，自1992年起，部分乡镇开始建造冬暖式塑料大棚，发展蔬菜生产。至1998年，全县建成冬暖式日光塑料大棚1.9万个，中温棚10万个和3万公顷的蔬菜基地，蔬菜总产量109万吨。有万亩以上蔬菜基地的乡镇13个，形成了1.33万公顷大蒜、6666.7公顷桑园等区域化生产格局。

成武芸豆／大蒜

1986—1996年，成武县林业生产发展迅速，其林业生产方式一度成为全国平原地区林业生产的模式，被全国绿化委员会评为“全国平原绿化先进县”，被林业部定为“高标准平原绿化试点县”。至2005年，全县林业用地面积11175.80公顷，其中有林地面积7584.5公顷，未成林造林地2056.40公顷，苗圃地140.7公顷，无林地1394.2公顷；农田林网化面积58732.40公顷，农林间作化面积28591.8

公顷，“四旁”植树1114万株。全县林木覆盖率达26.8%。

2005年，全县实现农业总产值24.65亿元，粮食总产39.99万吨，棉花3.03万吨，水果2.3万吨，蔬菜598.4万吨，肉类4.7万吨，禽蛋2.6万吨，水产品1.68万吨。大牲畜年末存栏7.1万头，猪、羊73.8万头（只），家禽3000万只。

桐粮间作

工业　1986年，全县工业企业共有80余家，大都是简单的制造业和加工业，工业总产值只有9亿元，过千万的厂家有4家，都是从事棉花收购企业的油、棉加工厂。1997年后，国有企业开始明晰产权，进行企业制度的改革，对县造纸厂、变压器厂、农机厂、化肥厂等一批县属企业进行改组或改制，按照优化结构、培植主导产业和培植财源支柱的思路，开始实施集团化战略，组建了山东银翔集团、宏达纸业有限责任公司、金森集团公司、鑫宇食品集团公司、山东达驰集团等，形成以机电、纺织、造纸、化工、家具、木材加工、农副产品加工等门类齐全，产业结构较完整的工业体系。

2005年，全县有规模以上工业企业75家，比2000年增加55家；完成工业增加值11.1亿元，比2000年增长372.3%，年均增长36.4%；实现销售收入34.8亿元，比2000年增长274.3%，年均增长30.2%；实现利税3亿元，比2000年增长200%，年均增长24.6%。骨干企业进一步壮大，支撑拉动作用增强。全县有15家骨干企业的工业增加值、销售收入和利税分别占规模以上工业企业总量的57.5%、55.3%和49.2%。其中，达驰电气公司跨入国家大型企业行列，完成销售收入9亿元，实缴税金5300万元。其产品被授予“中国名牌”产品，产品质量获国家免检，在全市实现零的突破。全县有民营企业1700余家，比2000年增加830家，年加工木材50万方，年产小麦面粉30万吨、玉米淀粉20万吨，储藏加工大蒜20万吨，棉纺能力达到30万锭。2000—2005年，全县共完成全社会固定资产投资70亿元。达驰公司智能型箱式变电站项目、密集节能变电站项目、110KV级变压器项目，银翔棉纺织公司10万纱锭填平补齐项目，东力雅公司8万立方米中高密度纤维板项目，鲁能成武9000千伏热电项目，印龙公司5万纱锭棉纺项目，呈祥公司玻璃钢夹砂管项目、玻璃丝纤维带项目，利生公司日产500吨小麦面粉项目，锦源安博斯公司服装加工项目等一批投资5000万元以上的工业项目相继建成投产，另有6个投资过亿元的工业项目正在建设之中。

交通运输　公路通车里程1247.9千米，其中省道158.6千米，县乡道356.3千米，村道733千米。形成以县道为骨架，以乡村公路为网络的四通八达、干支线相连、配套设施较完备的地方公路网。公路旅客运输周转量8422万人公里，公路货物运输周转量 1.86 亿吨公里。全县有各种营运性车辆 1738 辆。

邮政电信 1986 年邮政投递工具以自行车和两轮摩托车为主。20 世纪 90 年代，邮政通信开始实行机械化、自动化，邮件传送实行汽车运输。1998 年，邮电分营，设电信局和邮政局。同年建成交换程控化、传输数字化的县级通信网。2005 年市话交换机容量达 34472 门，农话 90408 门，完成邮电业务总量 1.16 亿元，其中电信业务总量 1.06 亿元，邮政业务总量 0.10 亿元。年末固定电话用户达到 10.8 万户，移动电话用户 5.3 万户，互联网用户 1.8 万户。电话普及率达到每百人 27 部。

商业贸易 全县有商业网点 1700 个，饮食业网点 1696 个，城乡自由贸易市场 22 处。2005 年实现社会消费品零售总额 14.9 亿元、进出口贸易总额 724 万美元；合同利用外资额 12 万美元，实际利用外资 114 万美元。

城建环保 城建 1986 年，成武县城区面积 3.9 平方千米，城区人口 2.99 万人。1987 年以后，随着经济的快速发展，城市建设速度也随之加快，城区面积扩大到 12 平方千米，城区人口增加到 12.9 万人。成武县建设用地发展方向以向西发展为主，完善南部，控制东部。城市建设用地采用集中式布局，总体布局结构为“二轴线、四片区”(二轴线指伯乐大街及其两侧建筑，共同构成城市生活轴线，城湖路以及两侧绿化带、广场等共同构成城市园林游憩轴线；四片区指中心生活区、东部综合区、西部生活区、城湖开发区）。新一轮城市建设规划加强了城湖建设和城市绿化建设，突出城市特色。城市景观风貌以“万亩城湖”为依托，以环城林带为掩映，形成城在林中，湖在城中的景观。至 2005 年年底，完成基础设施投资 29 亿元。

环保 县委、县政府先后制定一系列政策措施，环保工作取得明显成就。1997 年投资 500 万元安装了第一套物化处理设施，由于处理能力小、成本高，处理效果不好等原因，2001 年又投资 500 万元进行二期治污工程改造，达到日处理中水 2 万吨的规模。随着生产规模的扩大及排放标准的提高，按照加快淘汰一批、加紧改造一批、重点监管一批、限期治理一批的要求，大力实施“碧水工程”，全面加强水污染防治工作。2004 年投资 500 万元上马黑液燃烧炉，利用世界银行贷款 504 万美元建设了 120 吨／天的碱回收工程及 2 万吨／天的中水氧化沟工程（总投资约 9000 余万元）。大地玉米公司 2001 年 6 月通过了省环保局的“三同时”验收，治污工程总投资 1200 万元。经过几年运行，治污设施的运行能力下降，该公司在进行治污改造的同时，又投资近千万元实施清洁生产，从生产源头上减少污染物的排放。银翔纺织公司投资 200 万元建设的毛巾印染废水处理工程于 2004 年 4 月份通过了市环保局的验收，2005 年 4 月又投资 260 万元进行二期治污工程建设。废水治理再提高工程于 2004 年被列入国家及山东省淮河流域污染治理项目，并列入国家投资计划。对县城区 2 吨以上的锅炉，一律安装脱硫除尘设备，治理燃煤废气的污染。

旅游 成武县旅游资源比较丰富，旅游景点较多，已开发的景点有：文亭山、文亭湖、卧化塔、梁王庙、吉祥寺等。2005 年接待国内外游客 1 万人次，实现旅游收入 12.5 万元。

文亭湖风景区

土特名产　县内的土特名产主要有：鲁西黄牛、青山羊、小尾寒羊、桐木、桐藤柳腊工艺家具、白酥鸡、酱大头菜、达驰变压器、兴贸牌蛋白粉等。

成武酱大头

第四节　文化事业

科学技术　1990—1995 年全县投入技改资金 8.64 亿元，有 2 项科技成果获国家级金奖，16 项达国际先进水平，26 项获得国家专利，62 项达到省、地级先进水平。1996 年取得科研成果 102 项，推广先进技术 42 项，获“全国科技工作先进县”称号。1998 年，全县共有各类科技人员 1.16 万人，其中具有高、中级专业技术职务的分别为 314 人、3343 人。有协会、学会 188 个，会员 5000 余人。科技对经济发展的贡献率达 41.4%。2005 年全县有各类科技人员 1.2 万人，共取得市（地）级以上各类重要科技成果 18 项，专利申请 25 件、授权 18 件。

教育　1994—2004 年，投入 8000 多万元用于农村和城镇校舍的建造，投入 2227 万元完成农村中小学危房改造，投入教育经费 7733.5 万元，是 1987 的 10.8 倍。2004 年，全县有幼儿园 257 所，在园幼儿 6585 人；小学 260 所，在校生 5.96 万人；初中 22 所，在校生 3.33 万人；高中 5 所，在校生 1.55 万人；职业高中 3 所，在校生 1948 人。1986 年全县有 225 人考取大、中专学校，其中本科 97 人；2004 年为大、中专院校输送学生 2972 人，其中本科 912 人。2005 年，全县有小学 283 所，在校生 5 万人；普通中学 36 所，在校生 5.9 万人，其中义务教育学校在校生 4 万人。

文化艺术　文化设备　成武县有广播电台、无线电视台、有线电视台、图书馆、文化馆各 1 处，电影放映单位 10 个，艺术表演团体 5 个，各类文化活动场所 80 个，其中影剧院 20 个；馆藏图书 8 万册，馆藏档案 10 万卷（册），文物藏品 2.5 万件。

地方戏曲　剧种较多，主要有四平调、

成武四平调剧团演出

大平调、豫剧、大弦子戏、梆子戏、两夹弦、山东琴书、坠子、评书、大鼓、花鼓等。成武民歌《包楞调》唱响全国，走向世界，填补了中国民间花腔空白。《花蛤蟆》《蜜蜂采花》等，曾被灌制成唱片全国发行。

民间艺术　吹打乐在县内主要是唢呐，当地百姓俗称“响器”，对唢呐班俗称“响班”。多演奏于办丧事（俗称白事）的场合，似乎成为习俗。舞狮、舞龙、扭秧歌、彩高跷、跑竹马、划旱船、抬花轿等民间艺人表演成为节庆习俗。纸扎、面塑、黑陶、刻瓷、麦秆画、糖人等民间工艺代代相传。

文学创作　出现欣欣向荣局面，书法绘画开展普遍，涌现出一批国家省市层面的获奖作品。

医疗卫生　1986年，全县有县级医院3所、乡镇医院18所、村卫生室600个、个体诊所30个，开放病床420张。2005年，全县有卫生机构25个，开放病床805张；医疗卫生技术人员1608人，其中主任医师、副主任医师81人，主治医师526人，高级护师7人，医师和助理医师994人。

医疗技术　县医院可做食道癌切除术、肺叶肝叶切除术、纵隔术、永久性心脏起搏器植入术、前列腺汽化电切术、全髋关节置换术、断指（肢）再植术、各种颅脑的开颅术、腹腔镜术、子宫一次全切术、喉癌切除术、内眼手术等。

医疗器械　1986年，县人民医院拥有300毫安、200毫安X光机各1台，其他19处医疗单位（18处乡镇医院和1处县妇幼保健站）仅11家有X光机，且功率都是30～50毫安。2005年，全县诊疗设备已发展到CT机4部，X光机33部，B超34部，彩超1部，心电图机36部，生化分析仪10部，血液黏度仪6部，彩色多普勒脑血液图机2部，动态心电图机3部，纤维胃镜3部，手术台16个，麻醉呼吸机8部，体外超声碎石机1部，心电监护器1部等诊疗设备，基本满足患者的诊疗需求。

疾病控制　随着县、乡、村三级计划免疫网络的逐步健全，卫生防疫工作得到进一步加强。1988年、1991年、1995年顺利通过全国消灭脊灰“三个85%”达标检查验收。努力扩大计划免疫范围，提高疫苗的接种率和接种质量。高度重视艾滋病、结核病、血吸虫病等重大疾病的预防和控制。加强妇幼保健工作，开展妇女病普查、婚前检查。1998年，全县启动新生儿疾病筛查工作。加强公共卫生建设，减少各类疾病尤其是传染性疾病发病率，强化食品药品卫生监督严厉查处制售假冒伪劣食品的违法行为，确保人民健康安全。

体育　成武县是武术之乡，各类拳术在境内广泛流传，以梅花拳、洪拳、炮拳、少林拳、太极拳分布较广，习练者也较多；武当拳、佛汉拳、查拳、二郎拳、猴拳等次之，所流传的传统拳种门类既有拳术，又有器械、对练和攻防技术等。1986—2005年，全县的体育事业迅速发展。1988年，渠立晨荣获全国射击赛冠军，并打破亚洲纪录；孟庆华获山东省希望杯田径赛铁饼冠军。1990年，李邦烈获全军射击赛冠军。1994—1996年，陈超在中华武术散打擂台赛上蝉联冠军，荣获“新中国第一位武状元”“中华世纪武状元”两项桂冠。2001年，张威获中国武当拳国际擂台赛、中国云龙杯武术散打赛冠军。至2005年，全县有武术体育学校5所，标准体育场20个，门球场21个，群众性体育活动固定点

46 处，健身路径 10 条，安装健身器材 220 余件（套），向省级以上专业队输送体育运动员 26 人。

第五节　人民生活

经济收入　1986 年以来，随着社会各项事业的发展，居民生活由温饱型逐步向富裕型转变。至 2005 年年底，城镇居民人均可支配收入 6000 元，农民人均纯收入 3141 元，增长 16.7%。

家庭积累　20 世纪 80 年代，城乡居民已略有积蓄。90 年代，财产和现金积累逐步增加。进入 21 世纪，城乡家庭积累增长迅猛。居民储蓄余额 24.42 亿元。90 年代中后期，住房实行商品化，居住面积扩大，并据各自条件分别进行装修。

生活消费　1986 年，居民消费以自给自足为主，食材主要有小麦、玉米、大豆、传统蔬菜，肉类、蛋类比例较小。交通工具多以自行车为主。2005 年，居民生活消费品 80% 以上到市场购买，肉、蛋、奶类食品的比例大幅增加。服饰多样化，穿戴讲究款式、搭配，美容美发、饰物渐成时尚。交通工具发展到摩托车、电动车、机动三轮车，部分较富裕的城乡居民购买了私家轿车。组合音响、彩电、冰箱、空调、洗衣机、电脑等高档家用电器进入寻常百姓家中。90% 的农村居民住上宽敞明亮的砖瓦房，80% 的城镇居民住上了楼房。娱乐形式由玩扑克、麻将、民间游艺、听曲艺、戏剧、看电影和民间艺术表演等趋于多元化，娱乐场所日渐增多，如舞厅、卡拉 OK 歌厅、网吧等。电脑、手机进入百姓家。

社会保障　全年企业养老保险参保人数 1.37 万人，征缴企业基本养老保险费 1720 万元。农村养老保险参保人数 5.57 万人，当年收缴保险金 30 万元。城镇职工基本医疗保险参保人数 2 万人，参加失业保险人数 1.5 万人。2005 年，全县共有 1410 户，4200 人享受城镇低保救济，发放救济款 201.6 万元。

第五章　单　县

第一节　建置区划

境域　单县位于苏、鲁、豫、皖四省交界处，菏泽市的东南部，地处北纬 34° 34′～34° 56′，东经 115° 48′～116° 24′ 之间。东邻江苏省丰县，东南靠安徽省砀山县，南隔黄河故道与河南省虞城县、梁苑区相望，西和西北分别与曹县、成武县毗连，东北与济宁市金乡县接壤。东西横距 56.6 千米，南北纵距 43.8 千米，总面积 1650 平方千米。

沿革　单县古称单父，相传这里因帝舜师单卷所居，故名单父。西周时，周成王封少子臻于此为单子国，始建城邑。春秋时期初属宋，后为鲁国的单父邑。秦置单父县，属砀郡。西汉时，单父曾为侯国。东汉至三国时，单父先后两次为侯国，一度为“县王国”，后屡变。唐初，单父县先后属宋州、辉州。后唐同光二年，改辉州为单州，州治所设在单父城。北宋，升单州为团练州。南宋，降单州为散州，后又升为防御州。蒙古灭金后，单州和单父县并属济州、济宁府。明洪武二年（1369年）七月，降单州为单县。清，单县先后属兖州府、曹州府。民国初年，属山东省岱南道、曹濮道。1934年为乡村建设实验县之一。1945年9月，今单境分属单县、单虞、砀山、复程四县。1949年8月，平原省建立，单县隶属于平原省湖西专区。1952年11月，平原省撤销，湖西专区划归山东省。1953年8月，撤销湖西专区，单县归属菏泽专区。1967年3月改菏泽专区为菏泽地区，单县属之。2001年1月菏泽地区撤地设市，单县属菏泽市至今。

区划 1984年2月，全县撤销27个人民公社，划为7区8镇30个乡，辖940个行政村。1993年7月，撤区，划为8镇29乡，辖954个行政村。后区划稍有调整。1998年，全县辖13镇24乡510个行政村。2001年2月，经山东省人民政府批准，单县由37个乡镇合并调整为20个乡镇，即：单城镇、终兴镇、黄岗镇、郭村镇、莱河镇、高老家乡、浮岗镇、龙王庙乡、杨楼镇、蔡堂镇、张集镇、时楼镇、李田楼乡、徐寨镇、谢集乡、孙溜镇、高韦庄镇、朱集镇、曹庄乡、李新庄镇。2002年5月，省政府批复同意撤销龙王庙乡，设立龙王庙镇。至2005年，区划未有变动。

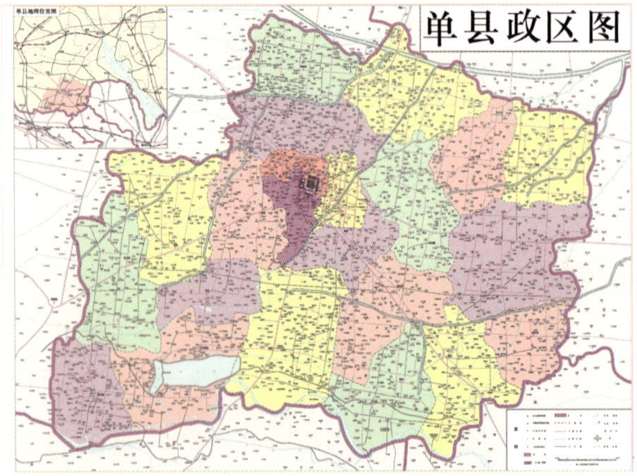

2005年单县政区图

人口 1990年第四次人口普查统计，全县总人口105.87万人（男性52.92万人，女性52.95万人），人口密度为637人／平方公里。1998年，全县总人口112.96万人（男性57.11万人，女性55.85万人），其中农业人口102.80万人，非农业人口10.16万人。人口出生率为9.61‰，人口死亡率为5.18‰，人口自然增长率为4.43‰，人口密度为685人／平方公里。2005年，全县总人口117.78万人，其中，非农业人口15.81万人。男女性别比102，人口出生率10.3‰，死亡率5.96‰，自然增长率4.35‰。

民族 单县境内人口以汉族为主。1986年，有回族、满族、苗族、壮族、瑶族、水族、白族、藏族、蒙古族9个少数民族和3个日本大和民族及1个越南人入籍者。1998年，回族不足2000人，满族百余人，其他少数民族每个族别人数不等。至2005年3月，全县共有23个民族，其中少数民族22个，3320人，占全县总人口的0.28%。在少数民族中，回族和满族人口较多，回族2640人，主要居住在单城镇回汉村；满族270人，主要居住在龙王庙镇惠王庄；其他20个少数民族410人，主要是婚入本地的外来妇女及其他因素到单县经商居住的一些少数民族。

第二节　自然条件

地形地貌　单县地势西南高东北低，最高点在高韦庄镇二郎庙村，海拔 59.4 米，最低点在张集镇田老家村，海拔 38.7 米。除黄河故道堤沿线的高滩区与滩下区有 7 米～ 8 米的落差外，其他地面坡降均在 1/8000 ～ 1/10000 之间。县境南临黄河故道，历史上因受黄河决口泛滥冲积的影响，形成河、滩、岗、坡、洼相间的微型地貌类型。河槽地主要分布在县境南部边缘的黄河故道河底，随古黄河的自然流势呈弯曲带状，总面积 24.5 平方千米。河滩高地主要分布于黄河故道北岸，为黄河河漫滩沉积而成，地势较高，海拔高程在 53.7 米～ 59.4 米之间，总面积 140 平方千米。背河槽状洼地分布在沿黄河故道临河堤和遥堤之间，东西呈带状分布，地势低洼，与河滩高地相对高差 5 米～ 8 米，总面积 48 平方千米。决口扇形地自西南而东北沿大沙河及其支流呈扇状向两侧延伸，总面积 174.6 平方千米，缓平坡地分布于决口扇形地东西两侧，为黄河决口泛滥沉积而成，面积 1224.13 平方千米。浅平洼地为黄河决口时河水冲刷漫流所形成的积水坑或滞洪地带，面积 35.9 平方千米。

黄河故道湿地

河流　县内河流属淮河水系，河道源近流短，皆为排水性间歇河，流域面积在 30 平方千米以上的河道 21 条，总长 407.8 千米，分属于黄河故道、复新河、东鱼河三大排水系统，平均年宣泄地面径流量为 1.61 亿立方米。东鱼河（原名红卫河）为菏泽市南部主要排水河道，流入县境内 9 千米，流域面积 733.3 平方千米。太行堤河、小杨河、二堤河、小高河、孟流河、银河、刘楼沟河等流入丰县复新河。黄河故道是山东、河南的边界河道，县境内支流主要有利民河、高韦河等。

太行堤河

土壤　全县有潮土、盐土和风沙土三大土类，11 个土属，68 个土种。潮土是全县的主体土壤，分布于全县各乡镇，总面积约 12 万公顷，占全县可利用土地面积的 99.59%。该类土壤比较肥沃，耕层质地大部分为沙壤、中壤和重壤，适宜种植粮、棉作物。盐土类面积 446.67 公顷，占全县可利用土地面积的 0.35%。该类土壤易板结，肥力差，适宜栽种耐盐碱植物。风沙土类面积 66.67 公顷，占全县可利用土地面积的 0.06%。该类土壤较瘠薄，适宜发展林业。根据全国土地分级标准，1994年，按土地肥力和可利用价值综合评价结果，全县适于耕作和种植粮、棉等多种作物的二级和三级地，分别占可利用土地总面积的29.88%和57.64%，而土地比较瘠薄、养分含量低、限制性因素较多的四级地，占可利用土地总面积的7.03%；农业条件较差的五级地，仅占可利用土地面积的5.45%。

植被 以人工植被为主，自然植被较少。粮食作物有小麦、玉米、谷子、高粱等；经济作物有棉花、红麻等；油料作物有花生、大豆、芝麻等；蔬菜作物有白菜、萝卜、西红柿、辣椒、茄子、芹菜、大葱、大蒜、菠菜、豆角、韭菜、花菜等20余个品种；瓜果有西瓜、甜瓜、冬瓜、丝瓜、南瓜、苹果、桃、梨、枣、樱桃等10余种。林木主要有杨、榆、柳、桐、槐、椿、柏、桑树等。至2005年年底，全县农田林网9.61万公顷，农林树种主要包括杨树、泡桐等。全县年育杨树苗666.67公顷，主要选择适应性强的品种，有中菏1号、土耳杨、中林69、毛白33等10多种优良品种。自然植被主要有葛巴草、芦苇、曲曲菜、茅草、车前草等各种杂草。

自然灾害 自然灾害以旱灾和涝灾为主，另外，冰雹、干热风、龙卷风也时有发生。1986—2005年的20年间，发生旱灾4次，平均5年1遇，干旱年份一年四季均有发生，但以春旱、伏旱危害较大；发生涝灾8次，其中暴风雨灾6次；干热风年平均5.9天，其中重干热风年均1天；发生龙卷风10次，其中造成危害的龙卷风4次；冰雹共出现6次，成灾4次。1992年4月，单县王小庄、朱集、蔡堂、杨楼、罗庄6个乡镇突遭狂风和冰雹袭击，冰雹大的如核桃，小的如玉米粒，持续时间长达10分钟。农作物受灾面积6666.67公顷，倒折树木4万余株，损毁民房400余间，刮倒高低压电线杆21棵，砸毁变压器3台，死伤家禽5000余只，直接经济损失1500万元。

自然资源 土地资源 1986—2005年，单县土地总面积因与河南省的边界划分原因略有变化，1986—1990年，为166152公顷；1991—2002年，为165090公顷；2003—2005年为164947.6公顷。2005年，全县有耕地112293.48公顷，园地3596.84公顷，林地9110.09公顷，城镇村及工矿用地23098.3公顷，交通运输用地4454.23公顷，水域及水利设施用地7236.84公顷，未利用地1212.77公顷。

水资源 全县多年平均水资源总量为3.4亿立方米，人均占有水资源量288.7立方米，低于全省平均水平。多年平均降雨量为663毫米，年平均径流深为61毫米，平均地表径流量为10382.2万立方米。地下水总量为8727.58万立方米。平均每年入境客水在1500万立方米左右。

矿产资源 单县矿产资源已经发现的有砖瓦黏土、粉砂土、火硝、硝盐、矿泉水、煤炭、铁矿、矿金、地热、煤层气、石膏等；已进行开发利用的有砖瓦黏土、矿泉水、煤炭；已进行勘探普查的有铁矿、沙金；未探明储量的有地热、煤层气、石膏等。

生物资源 水生植物有芦苇、蒲草、菱角、藕荷、浮萍、荸荠、水葫芦、水花生、金鱼藻等。野生动物主要有狐狸、黄鼠狼、獾、野兔、刺猬、燕子、麻雀、喜鹊、啄木鸟、布谷鸟、斑鸠、猫头鹰、蝙蝠、水鸡、蛇、蝎子、蜈蚣、青蛙、蟾蜍、壁虎、蜻蜓、蝉、蟋蟀、螳螂、瓢虫等。水生动物有鲤鱼、鲢鱼、草鱼、鲫鱼、鲶鱼、鲂鱼、乌鱼、鳜鱼、黄鳝、泥鳅等；野杂鱼有麦穗、棒花、黄桑、鲦鱼、餐条；甲壳类有甲鱼、米虾、小龙虾、螃蟹、大耳螺、中华圆田螺、河蚌、河砚等。动物类有鸡内金、蝉蜕、僵蚕、蜂房、蟾酥、土元、全虫、黄鳝、蜂蜜等。植物类种类繁多，人工栽培和天然野生的有白芷、生地、半夏、桔梗、丹参、黄芪、山药、山楂、银杏、瓜蒌、丹皮、芍药、菊花、益母草、香附、黑芝麻、绿豆、赤小豆、茵陈、茅根、马齿苋、蒲公英、艾蒿、苍耳子、小蓟、冬瓜皮、莱菔子、桑叶等。

第三节　经济状况

农业　*种植业*　1986年，县委、县政府将全县划分为四个农业区，即：河滩高地粮林牧渔区，在黄河故道北大堤以南到河中心与虞城、砀山县交接处，呈东西带状高滩地，土地面积1.77万公顷，占全县土地总面积的10.8%，其中耕地7466.67公顷；决口扇形状粮油林牧区，系黄河决口冲积而形成的大沙河扇形地带，土地面积2.52万公顷，占全县土地总面积的15.3%，其中耕地1.25万公顷；缓平坡地粮棉高产区，以缓平坡地为主，间有少部分浅平和槽状洼地，面积11.41万公顷，占全县土地总面积的64.3%，其中耕地面积7.34万公顷；城郊蔬菜瓜果多种经营区，地处单县城四郊，面积7600公顷，占全县土地总面积的4.6%，其中耕地5000公顷。1996年，全县粮食总产首次突破5亿公斤，创历史最高水平，林果业初步形成2万公顷的规模，蔬菜面积达2.13万公顷。1997年以后，县委、县政府坚持以增加农民收入和财政收入为中心，以建立农业产业化为目标，以调整产业结构培植主导产业为重点，以科技为先导，确定县域内四大主导产业，即：以西红柿为主的蔬菜产业，以青山羊为主的畜牧业，以花生为主的经济作物业，以木材加工为主的加工业。随着农业产业化的进一步优化，至2005年，全县粮食作物种植面积达9.61万公顷，总产48.66万吨；棉花面积2.92万公顷，皮棉总产3.39万吨；油料作物面积1.42万公顷，总产5.71万吨；瓜菜3.52万公顷，总产150.52万吨。全县特色农产品生产基地初具规模，种植业形成以单城镇为中心的保护地蔬菜生产区，以徐寨镇为中心的大蒜、芸豆生产区，以郭村镇、高老家乡为中心的芦笋生产区，以黄岗镇、杨楼镇为中心的西红柿、西瓜生产区，以李新庄镇为中心的洋香瓜生产区等瓜菜生产基地。全县农副产品加工、贮藏企业已发展到160余家，农副产品批发市场已达到50余处，年蔬菜交易量120万吨。2005年，全县农业总产值（按2005年现行价计算）达到41.18亿元，比2004年的35.35亿元增长16.49%；农业增加值达22.77亿元，

芦　笋

比2004年的20.27亿元增长12.33%；农民人均收入达到3058元，比2004年的2630元增加428元，增长16.27%。农业和农村经济保持健康快速发展的良好势头。

水利　1986—2005年，农田水利建设投入力度不断扩大，全县20个乡镇共开挖治理沟渠317条，总长211.15千米，埋设涵管1.2万米。投资144.2万元，完成11.4千米的东沟河下游清淤疏浚工程；投资67.52万元，完成东沟河配套工程；调引黄河水5000余万立方米，新打机井2050眼，修复旧机井1000眼，改善灌溉面积5333.33公顷。

农机　新型农机具得到大力推广使用，推广使用小麦联合收割机1112台，拖拉机1.68万台，玉米联合收获机16台，玉米秸秆还田机2581台农机总动力184.3万千瓦。主要农作物良种覆盖率95%以上，复种指数达210%。

工业　1978—1987年，是单县工业振兴时期，工业总产值以平均每年递增14.5%的速度上升。1987年，全县工业总产值是1978年的3.8倍；主要产品产量，如棉纱为1978年的53倍，棉布为1978年的10.8倍，麻袋为1978年的6.3倍，磷肥为1978年的22.3倍。湖西陈曲酒、麻袋、涂塑窗纱被评为省优质产品，填补了新中国成立后单县无省优质产品的空白。

1987年，全县已拥有纺织、机械、食品、化工、电力、蒸气、金属冶炼及制品、造纸、印刷、缝纫、皮革、毛皮及其制品、五金、建材、家具、工艺美术、饲料、自来水生产等工业门类。乡镇企业发展到1.38万家（含街道办、村办、联户办企业），从业人员6.1万人，工业产值为1.07亿元。特别

单县化工厂

是村办和城乡个体、联户办企业发展迅速，产值为8048万元，约占乡镇企业总产值的75%。工业主要产品发展到800余种，其中农用电器、水泵、电线、农机具、钢管、钢窗、保温材料、丝绸、毛呢、塑料制品、建材等，不仅满足本县需要，还畅销全国各地。

2004年，单县抓住山东省东西部结合及中国加入世界经济贸易组织的历史机遇，工业经济发展较快。年底，全县工业企业有6824家，其中规模以上工业企业60家；利税过千万元的企业3家，过百万元的企业21家；工业总资产为63亿元（其中固定资产34.5亿元）。

2005年，全县规模以上工业企业增至93家；完成增加值10.11亿元，同比增长37.34%；实现产品销售收入37.48亿元，同比增长68.03%；实现利税3.35亿元，同比增长95.02%。规模以上企业实现销售收入过5000万元的达到17家，其中过亿元的6家。实现利税过500万元以上的达到12家，其中过2000万元以上的4家。初步形成了农副产品加工业、医药化工业、塑料制品业三大优势产业，产品有塑料制品、白酒、机制纸、棉纱、布、医药、铸件、

肉制品、农副产品加工、机械等30个大类，1500多个品种，出口60多个国家和地区。

天元纸业

交通运输　1986年，全县公路通车里程仅为287.5千米，年货运量28.4万吨，货运周转量为1389万吨公里。1997年，全县37个乡镇和部分村庄修通了柏油路，路网密度为30公里／平方公里。交通系统民用和私人运输车辆737辆，年货运量达164万吨，公路货运周转量为8199万吨公里；年客运量57.12万人，客运周转量4452万人公里。

2005年，全县公路通车里程达2194.7千米，其中国、省道135.2千米，县、乡道707.5千米，村道1352千米，公路密度达到124.2公里／平方公里，已形成以国、省道为主框架，县乡道路相配套，干支相连，纵横交错的公路网络。

改造后的定砀路、单虞路、单丰路、105国道单县段，道路状况得到进一步完善，定砀路西北至定陶、菏泽，与京九铁路相连；东南到砀山，与陇海铁路相接。单虞路南至虞城，与连霍高速相连。105国道西南至商丘，东北至济宁，与京福高速、日东高速相连。单丰路东与江苏丰县相接。

乡村公路建设，带动了地方经济发展，加快了农民致富步伐。2003年，根据省交通厅"村村通公路"三年规划，拉开农村公路改造的序幕。至2005年，完成投资1.6亿元，修建村通公路1234.5千米，实现了村村通公路。农副产品生产基地、农副产品深加工企业、乡镇经济园区均以柏油路相连，并与干线公路相通，为农村经济实现跨越式发展，提供良好的交通环境。

邮政电信　邮政　1998年9月，单县邮政独立运营后，邮政业务收入逐渐增加。至2005年，全县邮政业务收入完成1419万元，是1998年383万元的3.7倍；全员劳动生产率达到13.26万元，是1998年3.8万元的3.4倍；邮储余额达到4.98亿，是1998年6305万元的7.90倍；报刊收入完成98万元，是1998年56万元的1.75倍；速递收入78万元，是1998年13.8万元的5.65倍。特快送汇、户外广告、中邮广告、物流配送、同城礼仪、代办电信、代收代缴等各项业务陆续开办。全县22处邮储网点全部联入全国大网，实现通存通取，并联入储蓄、汇兑两网互通工程。

通信　自1991年开通第一部移动电话后，已形成覆盖范围广、通信质量高、业务种类丰富、服务水平一流的综合通信网络。至2005年，全县有固定电话用户16万户，移动电话用户11万户，电话普及率达到22.92部／百人，互联网用户0.51万户。电信系统实现了基础设施楼房化、交换程控化、传输光纤数字化、电源供给自动化、城乡电话一体化、支局建设标准化。

商业贸易　单县素有中原锁匙、四省通衢之称。古往今来，是商贾云集、货物集散之地。1986—1993年，全县商业形成国有、集体与个体私营商业相互竞争、共同发展的流通网络。1994年，全县有各类商品批发网点1480个、零售网点10723个，实现消费品零售额达3.05亿元、集市贸易成交额1.38亿元。

2002年，全县各类专业批发市场发展到28处，各类商业服务网点增至1.1万处。随着市场经济体制的确立和发展，总经销、总代理、专卖店、超市等新型流通业应运而生。至年底，全县有连锁店、超市和代理企业25家；实现社会消费品零售总额11.2亿元，同比增长13%，其中个体私营商业发展到8400家，销售收入占社会消费品零售额的75%。

单城新貌

2005年，全县城乡市场实现社会消费品零售总额29.2亿元，同比增长15.2%。

城建环保 城建 1986—2005年，城市建设速度加快，把改造旧城、打造新城、构筑经济发展新平台作为一项战略选择。1996年开始旧城改造，实行政府总揽，统一规划，综合开发，分期实施。坚持“人民城市人民建，谁受益，谁负担”。充分利用政府对土地的集中管理权，实行政府“统一收回，统一规划，统一开发，统一出让，统一建设”。1998年以后，共新开和整修街道20余条，成方连片开发10余处，新建商住楼房100多万平方米，建设了8大专业市场，10条商业街。城区由原来的13平方千米扩大到35平方千米，城市面貌发生巨大变化。

2004—2005年，实施城市美化、净化、亮化、绿化等民心工程，铺筑全长28.5千米的城区外环线、25千米的内环及城区主次干道，形成五纵六横的城区道路网络。在加快城区道路网络建设的同时，加快基础设施配套建设步伐。至2005年年底，共铺设供水主管道50万米，增加绿地60万平方米，安装路灯2000盏，设置不锈钢护栏6000米。此外还新建夕阳红公园、慧光公园、环堤公园、灯塔休闲公园等一批高标准公园。现代雕塑世纪之光、全市最高的电视塔、欧式风格的现代化公厕等标志性建筑，成为单县城市的新亮点。

环堤公园

环保 1986年，单县的大气污染、煤烟型污染物、二氧化硫、烟尘是主要污染源，城区生活污水和垃圾污染也比较严重。县委、县政府不断调整工业布局，关闭污染企业，改造锅炉，安置防尘设备，对新建、扩建、改建工业项目，做到主体工程与污染治理设施同时设计，同时施工，同时投产，减少污染源。经1993年测定，单县绝大部分地区大气环境质量良好，符合国家一级标准，但有些地方环境污染仍然超标。

1997年以后，投入工业污染治理资金1020万元，对单县天元纸业集团造纸废水、纱厂锅炉、有机化工厂废水废气、酒厂废水、董庄窗纱涂塑废气等31个污染项目进行治理，新增污染治理设备20台（套），更新改造锅炉11台，建成18平方千米的烟尘控制区。2001年，全县化学需氧量排放量比1997年削减456吨，二氧化硫、烟尘、工业粉尘、工业固体废弃物年排放量均低于市政府下达的控制指标。2002年9月，被山东省政府确定为省级生态示范区建设试点县。2005年，实施“碧水蓝天”工程，治理城区锅炉187台，扩大浮龙湖水域面积。经过治理，实现县域经济发展和环境保护“双赢”目标。

旅游　境内名胜古迹有百狮坊、百寿坊、魏牌坊、琴台、仙人桥、晒仙台和张堌堆、马堌堆、李堌堆、孙堌堆等龙山文化遗址。新开发的景点有仙人湖、万亩玫瑰园、浮龙湖旅游区、吕后祠、慧光公园、黄河故道风景区等。2005年，全县共接待国内外游客8.98万人次，实现旅游收入500万元。

浮龙湖／吕后祠

土特名产　主要有青山羊、鲁西黄牛、双季无籽西红柿、香芋、玫瑰、草编、四君子酒、橡胶促进剂、网球弦、医用外科肠线、玻璃纤维涂塑窗纱、纯棉纱、麻袋等。名吃有单县羊肉汤。

香　芋

第四节　文化事业

科学技术　1986—1990年，全县实施小麦、玉米、棉花等农作物中、高产开发和畜牧、水产生产技术开发等十大农业科技开发项目，累计开发面积3.07万公顷，引进推广农业科技成果和新技术98项，推广农作物良种、畜牧新品种35个。在“科技兴工”方面，累计完成技改项目152项，开发新产品数百种，其中通过省、地级鉴定的30多项，获省、地科技进步奖的13项。

单县的棉麻交织布、医用羊肠线、网球拍弦系列产品，达到或超过国际先进产品水平，双季无籽西红柿栽培技术、中医疮疡外科研究等在国内处于领先地位。1991年后，全县共承担省、地科研项目11项，县计划项目6项，取得科技成果8项，获地区科技进步一等奖1项，二等奖4项，三等奖3项，有2项处于省内领先水平。

2001—2005年，共取得科技成果167项，部分成果达到国家先进水平或领先水平或填补国内空白。获市级科技进步奖22项，省级科技进步奖2项。“紫色软质医用缝合线”“高效节水硬化池植藕”获得省科技进步三等奖。

2005年，全县有16家企业与12所国内外院校、科研机构开展科技合作与交流，有5家企业建立研发中心，使单县的科技创新能力保持较快的发展水平。

教育 1986年后，单县不断加大对教育的投入，改善办学条件，规范教学管理，建立全日制学校教育网络。先后投资4000万元，建新校舍1万余间，改造和修缮教室8000余间，农村中小学基本达到教室、课桌凳、操场等六配套，县城中小学基本达到校舍楼房化、教室标准化、桌凳统一化、校园靓丽化的标准。1998年，全县儿童入学率99.81%，小学毕业生升学率95.6%，基础教学质量居全区前三名。职业中学（中专）与普通高中在校学生之比约1∶1，被列为全省职教发展示范县。全县脱盲率为98.5%，脱盲人员巩固率97.9%，获教育部颁发的“中华扫盲奖”。中考成绩多年来一直居全市前列。高职录取率每年都保持在95%以上。高考本科上线人数连续7年居全市第一位。2000—2005年，共投入教育资金4938万元，拆除、废弃了所有D级危房，维修B、C级危房6.68万平方米，新建校舍7.22万平方米，在建校舍1.21万平方米。全县各初级中学、定点小学不仅按照规定标准配足配齐仪器、图书、音、体、美、劳等器材，而且实现了“四机一幕”进课堂。部分学校还安装闭路电视系统，共购置微机3580台，建立多媒体室、微机室、语音室。2003年，县教育局投入70万元建起教育信息中心，投资10万元购买网络办公平台、信息资源库等应用软件，建立教育网站。县一中、实验中学、实验小学、单城镇一校分别被评为省级电教示范学校。

至2005年年底，全县共有各级各类学校319所，在校学生17.05万人，其中普通高中12所，在校学生30589人；初中45所，在校学生48529人；小学257所，在校学生87340人；特教学校1所，在校学生36人；职业学校4所，在校生4000人。幼儿园、学前班440所，在园人数13289人。全县现有中小学教职工9292人。

文化艺术 单县历史悠久，文化积淀深厚，群众文化、民间艺术、文学创作、诗词、楹联、书画、戏剧、曲艺、歌舞、摄影等精彩纷呈，有“戏曲之乡”“书画之乡”“楹联之乡”之称。

文学创作 1986—2005年，单县的文学创作热情空前高涨，文学新秀不断涌现，新作品接连不断。2000年7月成立“单县作家协会”，作协会员70多人。全县文学工作者在各级各类报刊上共发表小说100余篇、散文500余篇，诗歌800余首，报告文学、杂文、影视剧本等作品百余篇；出版的个人长篇小说、散文集、诗集等专著共计30余部；获得市级以上奖项的60余件，其中省级以上奖30余件。

书画艺术　2004年，作为中国老年书画研究会团体会员的单县老年书画研究协会被授予“全国先进单位”称号。2005年，全县有书画专业人员400余人，其中中国书协会员2人，省级书协、美协会员20多人，中国老年书画研究会会员46人。20年间，各协会先后在全国、县举办书画展览100多次，发表作品近千件、书画论文100多篇。有的书法作品被国家级单位收藏，多名书画作家的作品传入日本、韩国等国家。

楹联　1990年单县成立楹联学会后，共举办14次楹联大赛，收联10万余幅。2002年8月，单县被授予“全国楹联之乡”，同年10月编纂出版《中国楹联集成山东卷单县分卷》。2004年中央电视台《生活567》栏目在单县举办“全国金鸡征联赛”，收到征联7861幅。在“全国征联颁奖会”上，中国楹联学会名誉会长常江现场点评，全国众多媒体及网站专题报道。

楹　联

戏剧　单县戏剧种类有四平调、两夹弦、豫剧、京剧、山东梆子等。鼎盛之时，单县有各种剧团20多个，现保留1个专业剧团、2个个体剧团，其中活动较好的是单县豫剧团。1996年，单县豫剧团上演的《女乡官》在全区新剧目展演中一举夺得编、导、演、舞、美等8个一等奖；被中央电视台录制的折子戏《打胡林》，并在《九州戏苑》栏目中多次播放。国家一级演员刘翠芳在1998年山东省第二届戏曲邀请赛中演出的《大祭庄》，获表演一等奖；在2004年菏泽市第二届戏曲节中演出的《天下第一汤》，获表演一等奖。

曲艺　单县是曲艺之乡，流行种类较多，有山东落子、山东琴书、山东大鼓、山东快书、山东评书、河南坠子、山东渔鼓、扬琴、快板书、花鼓、相声、数来宝、三弦绞子书等，从事曲艺演出的艺人达235人。1994年，张广新的山东快书《南柯新梦》，获山东省计生征文二等奖，在全省幻灯调演中获创作三等奖。1998年，田超的山东快书《定亲》，在全区电业文艺会演中获优秀奖。1999年，徐永香、郭桂英的坠子《“148”名扬何家集》，在菏泽市庆祝新中国成立50周年曲艺会演中获创作三等奖。

广播电视　单县有广播电台、电视差转台、有线电视台、卫星地面接收站各1个。20个乡镇都设有广播站，村村户户通广播。县电视台发射半径达22公里，有线电视覆盖城区和20个乡镇驻地，传递电视节目25套。

医疗卫生　1986—2005年，全县投入三项卫生建设资金8856万元，医院改造面积23474平方米，购置大、中型医疗器械45台（件），为乡镇卫生院培养业务技术人员678名。2002年，单县中心医院被卫生部评为“全国卫生系统先进集体”。

2005年，有5家民营医院在单县开办，丰富了单县的卫生资源，以公有制为主体、多种所有制并存的医疗格局初步形成。至2005年年底，全县有县直医疗卫生单位8个，乡镇中心卫生院8所，乡卫生院16所。其中有三级乙等医院1所，二级甲等医院2所，一级甲等医院7所，民营医院5所，病床1353张。卫生系统共有卫生技术人员2462名。其中，执业医师1203人，注册护士858人，形成遍布城乡的县、乡、村三级医疗预防保健网络。2005年12月，经省政府批准，单县为新型农村合作医疗省级试点县。

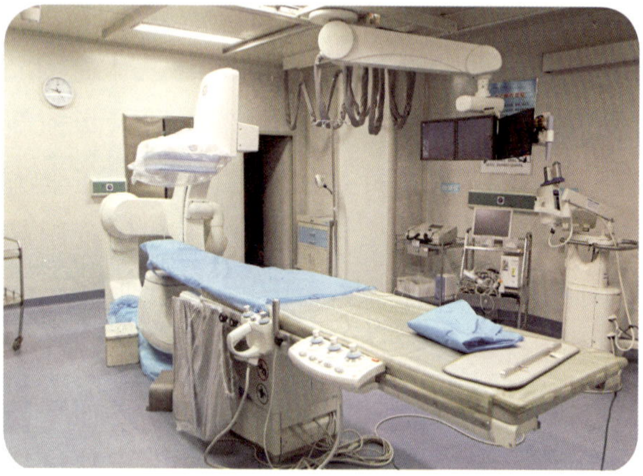

医疗设备

体育 1986—1998年，全县先后举办3届全民体育运动会，把单县体育运动竞赛活动推向全民化。1991年，县民族武馆（校）组织的“蓓蕾武术表演队”参加济南国际传统武术表演大会和北京第一届世界武术锦标赛的开幕式表演，受到国内外武术名家的高度赞誉。随着人民生活水平的日益提高，武术健身运动越来越受到人们的青睐，习武的人也越来越多。1994年9月，全省首届民间武术馆（校）武术比赛在单县举行。1996年，单县被国家体育总局命名为“武术之乡”，民族武校被评为“全国民营武术名校”，群众体育工作连续七年受到省级以上表彰。2001年被国家体育总局授予“全国群众体育先进单位”称号；单城镇、浮岗镇分别被国家体育总局授予“全国农村体育先进乡镇”称号；群众体育活动坚持每四年举办一届全民运动会，至2005年已办五届；一年一度的“元旦”越野长跑比赛，已连续举办36年，全县男子篮球比赛已举办26年，足球、乒乓球、羽毛球等各类比赛活动长年不断。2005年，在城区建休闲健身场所11处，常年坚持参加体育锻炼的群众达35%以上。

第五节　人民生活

经济收入 1986年，单县农民人均年纯收入333元，城镇职工年均工资收入是1353元。之后，随着经济和社会各项事业的发展，城乡居民收入不断增加，生活质量不断提高，由原来的温饱型向富裕的小康型转变。2005年，农民人均年纯收入达到3058元，是1986年的9.2倍，年均增长11.7%；城镇职工年均工资达到8869元，是1986年的6.6倍，年均增长9.86%。

家庭积累 1986年，单县城乡人民储蓄7756万元。1990年，城乡人民储蓄1.88亿元。之后，随着经济的快速发展，财产和现金积累逐年增加，1995年城乡居民储蓄增加到7.89亿元，2000年增加到15.5亿元。进入21世纪，城乡家庭积累增长迅猛。2005年年底，城乡居民储蓄达到31.8亿元，是1986年的41倍，年均增长20.4%。

生活消费 农村　1986年，单县农村居民人均年生活消费支出183元，主要用于衣、食、住、行等。之后，由于农民收入的不断增长，农民生活水平也随之提高。食品由粗粮转为细粮，衣着由棉布为主转为化纤为主，家纺自织粗布逐步消失。自行车、手表、缝纫机、收音机等进入农村家庭。20 世纪 90 年代中后期，农民生活消费水平又登一个台阶，饮食有吃饱向吃好转变，食品结构发生变化，主食比重逐渐变小，副食比重逐渐加大，电视机、电风扇等家用电器大量进入农村家庭。进入 21 世纪，农民生活消费水平又有新提高。2005 年达 1874 元，是 1986 年的 10 倍，年均增长 12.3%。同时，消费结构发生很大变化，不但有饮食消费、衣着消费、居住消费、家庭设备消费、教育消费，而且还有交通通信消费、文化娱乐消费和医疗保健消费。

城镇　1986 年，单县城镇居民年均生活消费支出 1000 余元，由于粮、油、煤是计划供应，价格低廉，生活水平高于农村。1993 年 12 月取消城镇居民计划供应，但随着工资不断增加，城镇居民生活没受影响，一年比一年好。进入 21 世纪，全县城镇居民食品消费结构趋向营养化、合理化；衣着消费向多样化、高档型发展；不少居民购买或自建楼房，其室内装修档次越来越高；一些高档消费品如彩电、空调、电脑等大量进入居民家庭，私家小轿车日渐增多，固定电话、移动电话基本普及。同时，文化娱乐、观光旅游等消费支出也逐年增长。2005 年，城镇居民消费水平人均为 4953 元，是 1986 年的 4.9 倍，年均增长 8.32%。

社会保障　1986 年后，随着社会经济的不断发展，单县的各项社会保障制度不断得到加强和完善。1986 年建立失业保险制度，1987 年建立企业保险制度，1992 年建立机关事业单位医疗保险制度，1994 年分别建立机关事业单位合同制工人社会保险制度和农村社会保险制度，2004 年建立工伤保险制度，2005 年 7 月，全县党政机关事业单位全面建立社会保险制度。至 2005 年，单县的各项社会保障制度全部建立，参保人数愈来愈多。2005 年，单县享受城镇最低生活保障人数为 7492 人，企业养老保险参保人数为 30024 人，征缴企业基本养老保险费 3868 万元；农村养老参保人数 15313 人；城镇参加失业保险人数 26619 人，享受失业保险待遇的人数 1776 人；实现就业再就业 3507 人。

第六章　巨野县

第一节　建置区划

境域　巨野县位于菏泽市东部，地处北纬 35° 05′—35° 30′，东经 115° 47′—116° 13′。东连济宁市嘉祥县，西接菏泽市牡丹区、定陶县，南邻成武县，北靠郓城县。南北纵距 42 千米，东西横距 45 千米，总面积 1303.4 平方千米。

沿革　巨野县古系沼泽地区，因大野泽而得名。夏商时期，巨野属徐州北境。西周时期属鲁国西境。战国时期先后属宋国、齐国。秦朝在巨野境内置昌邑县，属砀郡。西汉初期置巨野县，西汉中期，增置乘氏县。巨野县先后属梁国、山阳国、山阳郡、昌邑国、巨野郡、高平国、高平郡。北齐撤销巨野县。隋开皇十六年（公元596年）恢复巨野县，先后属郓州东平郡、麟州、河南道郓州。宋属济州、京东路、京东西路。金天德二年（公元1150年），黄河大决口，淹没巨野，撤销巨野县。元至元六年（公元1269年），恢复巨野县。明属山东省兖州府济宁州。清初属兖沂曹济道兖州府济宁州。雍正八年（1730年）改属曹州直隶州，雍正十三年（1735年），属曹州府。民国时期属山东省济宁道。1949年8月，平原省成立，巨野县属平原省湖西专区。1952年，平原省撤销，巨野县改属山东省湖西专区。1953年8月，撤销湖西专区，巨野县改属山东省菏泽专区。1958年10月，撤销菏泽专区，改属济宁专区。1959年6月，恢复菏泽专区，巨野县复属菏泽专区。1967年3月，菏泽专区改为菏泽地区，巨野县属之。2001年1月菏泽地区撤地设市，巨野县属菏泽市至今。

区划 1986年，全县辖5镇21乡，即：巨野镇、大义镇、龙堌镇、大谢集镇、章缝镇、田庄乡、丁官屯乡、吕官屯乡、田桥乡、太平乡、大李集乡、张表乡、王平坊乡、柳林乡、陈集乡、万丰乡、营里乡、昌邑乡、葛店乡、独山乡、夏官屯乡、薛扶集乡、董官屯乡、新城乡、双庙乡、陶庙乡。1990年1月，济宁市嘉祥县核桃园乡划归巨野县所辖。此时，全县共27个乡镇。1996年9月，夏官屯镇更名为麒麟镇。2001年2月，经山东省人民政府批准，原27个乡镇合并为16个乡镇。2003年9月，设立巨野县经济技术开发区。2005年，巨野县辖巨野、大义、章缝、龙堌、田桥、大谢集、陶庙、核桃园、独山、麒麟、田庄、柳林、营里、万丰、董官屯、太平16个镇，1个经济技术开发区，885个行政村，1055个自然村。

人口 1986年，全县总人口68.45万人，其中男性34.81万人，女性33.64万人。人口密度每平方公里525人。2005年，全县总人口94.89万人，其中男性48.45万人，女性46.44万人，男女性别比为104。人口密度每平方公里725人，比1986年每平方公里增加200人。人口出生率9.7‰，死亡率6.1‰，自然增长率3.6‰。

民族 巨野县以汉族人口数量最多。少数民族有蒙古族、回族、藏族、维吾尔族、苗族、彝族、壮族、布依族、朝鲜族、满族、侗族、瑶族、白族、土家族、哈尼族、傣族、黎族、傈僳族、佤族、水族、纳西族、土族、达斡尔族、仫老族、京族等25个，总人口2847人，占全县总人口的0.29%。少数民族分布以回族较为集中，主要居住在巨野镇和陶庙镇；其他各少数民族散居在各镇的部分村庄。

第二节　自然条件

地形地貌 巨野大部为黄河冲积平原，冲积厚度一般为20米～30米。地势西高东低，海拔高程36米～46米，地面坡降1/6000～1/10000。地貌类型有河滩高地、缓平坡地、浅平洼地三种。河滩高地占总面积的2.81%；缓平坡地占67.32%；浅平洼地占 29.87%。地貌的分布特点：淤洼地多集中成片，高沙地多呈带状，盐碱地多在洼地边缘。

山脉　巨野县共有 24 座小山，占地面积 9.2 平方千米。比较著名的有金山、禹梁山、独山、麟山。金山在县城东南 25 千米处，东西宽 1 千米，南北长 2 千米，面积 2 平方千米，海拔 133.2 米。禹梁山（俗称红土山）在金山以南，面积 1 平方千米，主峰高 77 米。独山在金山西北，从 1963 年开山打石，今已与四周地平。麟山在金山西 3.5 千米处，主峰高约 2.5 米，相传麒麟产于此山，故名麟山。

河流　巨野县属淮河流域，河道甚多，密集交错，水资源开发利用潜力较大。主要水系分万福河和洙赵新河两大水系。面积在 30 平方千米以上的河道 21 条，总长 341.3 千米。万福河水系有柳丰河、徐庙水沟、丰收河、毕楼水沟、彭河、友谊河、吴河七条主要支流，支流总长 110.1 千米。洙赵新河水系有郓巨河、洙水河中段、老洙水河、洙水河上段、毕楼水沟、郛官屯水沟、二支河、洙水河下段、尚村水沟、薛公岔、巨龙河 12 条支流，支流总长为 181.9 千米。巨野县河流水系的出水流向

洙赵新河

有人为的变化，原有的自然流势多属西南—东北流向，自东部边界开挖了郓巨河后，将全县的出水流向改为西北—东南。

土壤　巨野县内的成土母质为第四纪松散土层，由黄河历次决口改道冲积而成。根据土壤普查资料，共分潮土和盐土两个土类，3 个亚类，4 个土属，72 个土种和 5 个变种。潮土是在黄河冲积母质基础上经过地下水浸渍及旱耕熟化形成的耕作土壤，分为潮土亚类和盐化潮土亚类，广泛分布于全县，占可利用面积的 99.54%。盐土是地表土层含有大量可溶性盐类的土壤，有白潮盐土和油潮盐土两个土属，占可利用面积的 0.46%，主要分布在吕官屯、营里、薛扶集、卜楼、章缝等村镇。

植被　巨野县的自然植被主要以草类为主，覆盖率为 1.3%，共有 80 余科 400 多种，主要分布在地埂、沟渠、路旁和小片荒地上，多是草甸植被。按其对土壤水分的适宜性，大体分为三种：①旱生杂草。在山区有红草、狼嵬、野苜蓿等；在平原主要有刺儿菜、爬地秧、茅草、灰菜、附苗秧等；在盐碱地主要有碱蓬、芦草等。②喜温性杂草。主要有芦苇、水葱等。③水生杂草。主要有荆三棱、水蓼、泽泻、栝草等。人工植被主要有栽培农作物和植树造林，覆盖率为 72%。粮食作物主要有小麦、大豆、水稻、玉米、地瓜等，经济作物主要有棉花、花生、大蒜及各种蔬菜、瓜类等；栽培落叶树种主要有杨、柳、榆、桑、桐、槐等树种，果树主要有苹果、梨、桃、杏、柿子、石榴、枣等。

自然灾害　1986—2005 年，因干旱成灾的有 9 年，概率为 45%，平均 2.2 年一遇。其中，大旱 5 年，平均 4 年一遇。干

旱成灾最重年份是2002年，全县8.63万公顷农田受灾，损失粮食7万吨，农业经济损失2.34亿元。涝灾多出现在夏、秋两季，主要是暴雨持续时间长，降水量大所致。20年中，内涝共出现5次，概率为25%，其中1993年为全县百年一遇的大水灾。7月9日—8月4日，连降10次大雨，平均降雨量达679.8毫米。大水分割围困村庄355个，23.2万人，造成伤310人，死亡12人，倒塌房屋45907间，死亡大牲畜1868头，受灾农田6.73万公顷，毁坏桥涵闸764座，共造成经济损失4.78亿元。风雹灾大多出现在夏季，春秋两季亦有出现。南部乡镇为冰雹多发区，机遇较多，强度也较大。1998年8月30日，以大义、葛店为中心的9个乡镇遭狂风、冰雹袭击，持续约20分钟。冰雹最大直径3厘米，积冰厚处10厘米。砸坏房屋278间，折断树木2.5万棵，电线杆倒地61棵，5133.33公顷农作物绝产，直接经济损失1.2亿元。1986—1995年棉铃虫偏重发生，棉花严重减产。1990年5月，巨野县5.33万公顷小麦普遍发生条锈病，大幅度减产。

自然资源 土地资源 1986年，全县土地总面积13.03万公顷，其中耕地10.01万公顷，园地2700公顷，林地2213.33公顷，居民点及工矿用地1.60万公顷，交通用地2746.67公顷，水域占地5360公顷，未利用土地1160公顷。2005年，全县土地总面积13.03万公顷，其中耕地面积9.82万公顷，占总面积的75.36%；园地3293.33公顷，占总面积的2.53%；林地2146.67公顷，占总面积的1.65%；居民点及工矿用地1.69万公顷，占总面积的12.97%；交通用地966.67公顷，占总面积的0.74%；水利设施及水域面积1160公顷，占总面积的0.89%；未利用土地1006.67公顷，占总面积的0.77%。全县人均占有土地2.06亩（折合约0.137公顷）。在农业人口中，人均占有耕地1.55亩(折合约0.137公顷)。土地资源的特点是：垦植率高，利用率低，以耕地为主，林牧地少，生产水平不平衡，人均占有绝对资源量较全省均低。

水资源 巨野县的可利用水资源除降水径流、地下水外，还有引黄客水。每年平均水资源可利用量为2.92亿立方米，人均占有仅为全国人均占有量的六分之一。2005年水资源的实际开采量是2.49亿立方米。巨野县浅层淡水匮乏，深层淡水尚未开采，黄河水资源利用率较低。随着经济的发展，废水和污染物的排放量增加、加剧了水环境的恶化，造成水资源的短缺。

矿藏资源 已探明的巨野煤田地质总储量55.7亿吨，含煤面积1210平方千米，是华东地区唯一一个正在开发建设的大型整装煤田。

施工中的巨野县万福煤矿

生物资源 野生植物有茅草、猩猩草、羊胡子草、菅草、托秧草、羊尾巴蒿、荠菜、野菠菜、狗尾草、苦苦菜、蒲公英、扫帚菜、节节草、铁苋菜、车前子、牵牛花、野海棠、金针菜、艾蒿、灰灰菜等。野生药材有半夏、枸杞、蒲公英、马齿苋、车前子、小蓟、益母草等。菌类植物有木耳、马勃、看谷老等。野生动物有野兔、刺猬、黄鼠狼、蟾蜍、链蛇、锦蛇、乌龟、蝙蝠、青蛙、蚯蚓，燕子、麻雀、猫头鹰、乌鸦、喜鹊、野鸽、啄木鸟、布谷鸟、鹌鹑，鲫鱼、鲤鱼、鲢鱼、草鱼、黄鳝、泥鳅、鲶鱼、鳊鱼、乌鳢、马口，河虾、河蚌、湖螺、圆田螺、水蚯蚓、河蟹、水蛭，蜘蛛、萤火虫、蟋蟀、蜻蜓、瓢虫、蜂、螳螂等。

第三节 经济状况

2005 年，全县实现地区生产总值 44.76 亿元。其中第一、二、三产业增加值分别完成 16.02 亿元、19.38 亿元、9.36 亿元。全社会固定资产投资 44.44 亿元，社会消费品零售总额 23.28 亿元，外贸出口总额 4840 万美元。地方财政收入 1.6 亿元，年末储蓄余额 41.44 亿元，城镇居民人均可支配收入 6573 元，农民人均纯收入 3119 元。

农业 巨野属黄河冲积平原，土地肥沃，四季分明，自然资源十分丰富。盛产小麦，棉花、玉米、大豆、花生等，曾先后被确定为总理基金麦棉两熟高产开发试验基地，全国优质棉生产基地，全国粮食生产基地，优质专用小麦示范基地和鲁西黄牛、青山羊、小尾寒羊饲养繁育基地，同时还是全国平原绿化达标示范县之一。1986 年后，全县农村开始进行产业结构调整，在稳定粮食作物种植面积的同时，大力发展多种经营。特别是进入 21 世纪以后，巨野县实施科技兴农和农业产业化战略，大力发展特色产业和无公害农产品、绿色食品和有机食品，重点培植粮食、棉花、瓜菜、桑蚕、中药材、畜牧、水产、果品等八个主导产业，初步形成以麒麟镇、田庄镇、大义镇、柳林镇为重点的 3.33 万公顷粮棉油料种植区；以大谢集镇、陶庙镇为重点的 6666.67 公顷蒜棉种植区；以核桃园镇、独山镇为重点的 2666.67 公顷圆葱棉花种植区；以章缝镇、营里镇为重点的西瓜、芦笋、胡萝卜种植区；以田桥镇、太平镇、董官屯镇为重点的 1.33 万公顷林果、蔬菜种植区。2005 年，全县粮食总产 33.9 万吨公斤，是 1986 年 27 万吨的 1.26 倍；棉花（皮棉）总产 61970 吨，是 1986 年 22640 吨的 2.74 倍；油料总产 15160 吨，是 1986 年 11020 吨的 1.38 倍；蔬菜总产 80.5 万吨，是 1986 年 69370 吨的 11.61 倍；水果总产 74160 吨，是 1986 年 4840 吨的 15.32 倍。由于实施保护地栽培、地膜覆盖、间作套种和立体种植方式，全县复种指数达到 197%，比 1986 年的 172% 提高了 15%。1986—2005 年，开挖排灌河道 29 条，配套排水沟 260 条，疏通沟渠 833 条，修建桥涵闸和排灌站 87 座，埋设涵管 2.9

棉花种植

万米，打井和配套利用8879眼，有效灌溉面积达到4.73万公顷。2005年，全县拥有农业机械总动力156万千瓦，农用拖拉机25780台，农用运输车70210辆。农业总产值28.3亿元，是1986年2.9亿元的9.8倍，农民人均纯收入3119元，是1986年323元的9.7倍。

林果业　2005年，全县有林地面积21933.3公顷，用材林面积12200公顷，防护林面积3800公顷，经济林面积4666.7公顷，林网化面积45200公顷；活木蓄积量105万立方米，年林木蓄积生长量16.2万立方米；木材加工企业400多个，固定资产超亿元。森林覆盖率达到24.1%。果树面积6420公顷，年产优质果品6.5万吨。果品种类主要有苹果、红枣、梨、桃、杏、柿子、山楂、葡萄等。

沟路渠旁植树造林

畜牧业　畜牧业作为巨野县农村经济的重要产业，是农民增加收入的主要途径。农村各项经济政策的逐步落实和完善，为畜牧业发展提供了广阔前景和空间。一条以林为主，多种经营，长短结合，以短养长的生态型养殖模式，使畜牧业发展很快。巨野县是鲁西黄牛、青山羊、小尾寒羊、长毛兔繁育基地县，常年存栏大牲畜13万头、猪40万头、羊150万只、鸡500万只，长毛兔25.8万只。2005年，全县共发展畜牧养殖专业村296个、专业户1296个、林下养殖场65处、特种动物养殖12万只，建成11处集屠宰、加工、冷冻为一体的龙头企业和6处畜禽及产品专业交易市场。形成市场带龙头，龙头带基地，基地联农户，饲养、加工、贸易一条龙的畜牧业产业化新格局。全县畜牧业总产值4.48亿元，是1986年畜牧业总产值4661万元的9.6倍。

养　鸡

水产业　县内有坑塘2900多处，故河道413.33公顷，荒碱洼地3733.33公顷。丰富的水产资源，为巨野县发展渔业生产提供了得天独厚的自然条件。1986—2005年，渔业产量、养殖品种、渔业产值逐年增加。2005年，全县养鱼水域面积1200公顷，产鱼7086吨，渔业劳动力3600人，专业捕鱼劳动力280人。水产业总收入1.3亿元，是1986年253万元的51倍。

工业　80年代中期，中共第十四次代表大会确立了社会主义市场经济体制的地位之后，巨野县工业从此进入了全新的发展时期，并初步形成以棉纺、建材、食品、木业、工艺美术、农机具制造等产业结构比较完整的工业体系。90年代，全县先后对鲁沪纱厂、花冠酒厂、水泵厂等国有企业及县乡进行明析产权、建立现代企业制度的改革。20世纪末，民营经济进入新的发展时期，巨野镇、大义镇、龙堌镇形成食品加工产业带，大谢集镇、陶庙镇形成棉纺、棉油加工产业带，万丰镇、太平镇形成木业加工产业带。2005年，巨野县先后开展了“招商引资年”“工业建设年”“项目建设年”“大项目建设年”等活动，全县共新上招商引资项目1245个，总投资89.68亿元，其中投资过亿元的项目18个，由新矿集团投资35亿元的龙堌矿井正在建设中。2005年，全县规模以上工业企业发展到94家，工业企业发展到4956家，比2002年增加54家；完成工业增加值11.4亿元，实现销售收入46.6亿元，实现利税2.7亿元；民营经济从业人员已达12.3万人，实现营业收入36亿元，利税7400万元，个体私营经济纳税在乡镇财政收入中的比重达50%。

鲁沪棉纺厂生产车间

交通运输　20世纪80年代初期，巨野县的交通状况还比较落后，主干线公路只有200多千米。1986年后，交通基础设施建设步伐逐步加快，县城到中心乡镇实现三级公路连接，运力也随着公路的改善逐年提高。1990年，实行以路带动战略，规划了“三纵四横一环”的公路总框架。1992年，修建龙堌至王平坊公路，结束了乡镇不通公路的历史。至2000年，完成巨金路、青龙路东段、章谢路、太李路、万昌路东段、核嘉路等一批主干线公路建设，全县基本实现县与乡镇、乡镇与乡镇公路连接，通行里程达到500多千米。进入21世纪，巨野交通事业发展驶入快车道。到2005年年底，全县共投资1.6亿元，新建农村公路1100千米，全线通车总里程达到1610千米，96%以上的行政村实现了村村通柏油路；营运车辆达到1.4万辆，其中外营车辆5000余辆，年完成客运量310万人、旅客周转量2.7亿人公里，货运量530万吨、货物周转量4.7亿吨公里，被命名为“全省运输生产双过亿县”。

沥青路面施工

邮政电信　1998年，分设邮政局和电信局，全县共辖支局14个，邮电所53个。同时相继成立网通公司、移动公司、联通公司和铁通公司。2005年，全县完成电信业务总量5780万元，邮政业务总量1922万元；拥有程控电话11万门，固定电话用户13.5万户，移动电话用户9.1万户，电话普及率达到24部/百人；互联网用户达到0.4万户。

商业贸易 1986年以后，放开零售商业，出现国家、集体、个体经营形式并存和国营商业实行承包经营的局面。20世纪90年代，商业由计划经济逐步向市场经济过渡，国有商业改革步伐加快，商业行政部门由吃“皇粮”改为“自负盈亏”的企业法人。个体私营商业在优惠政策的激励扶持下日益发展壮大，各行各业群起从事商业活动，形形色色的商业企业大量涌现。集市贸易由日用、农副产品向工业品市场发展。商业企业中，既有综合性大型商场、商厦，又有综合商店、专业商店。2000年，商业贸易空前活跃，大规模的集贸市场、商业集团公司、大型超市、高级宾馆、专业连锁店等应运而生，消费品市场活跃，市场供应充足，集体私营经济发展加快，国有商业网点逐步减少。2005年，全县共有集贸市场148处，成交额11亿元，社会消费品零售总额23.28亿元，是1986年1.54亿元的15倍。

个体经营

城建环保 《巨野县城总体规划》于1984年正式实施。1988年城区面积为5.47平方千米，整个县城共有12条街道，总长15千米。1997年巨野县编制完成第二轮城市总体规划。该规划围绕建设新兴能源生态城的目标，基础设施投入力度不断加大。1999—2005年，巨野县投资近10亿元注入城市改造工程。先后实施了永丰街的沿街改造，县城菜市场、商业街住宅区拆迁改造。通过市场化运作，投资1.5亿元建成麟居花园、阳光小区、华瑞小区、光麟世纪园、金太阳商贸城等8个商住小区，续建了牡丹花园小区等，开发商住、安居住宅27.2万平方米，为3000多户居民提供了商、住房。在提升老城区的同时，新城区的建设日新月异。按照建设能源生态城的城市定位及建成区、规划区、边缘区三大板块协调发展的要求，抓住实施新一轮城市总体规划的机遇，实施“西展、北进、南跨”战略，规划出35平方千米的城市控制区。按照以路框城，以路美城的规划原则，投资3500万元新修道路18.5千米；高标准完成城区四环路、花冠路配套和新华路景观优化工程。在全市率先建成城市污水处理厂，完成环境污染治理项目7个，完成城区8处垃圾中转站建设；加大城区排水设施和防汛工程建设，有效提高城区抗灾能力；完成道路绿化1.5万米，栽植各类乔木1.6万棵，灌木5万株。为提高巨野县的文化品位，建设人与自然协调发展的特色城市，在城区修建标志性建筑和标志性景观达10余处，形成独特的城市“名片”。2005年，城区建设用地面积达到15.6平方千米，路面面积扩展到160.5万平方米，总长度90.4千米，形成“六纵五横”的交通格局。铺设供水管道32千米，修建城区下水道40千米。工业固体废弃物综合利用率85%，综合治理率100%；生活垃圾、粪便无害化处理率78.6%，保洁区域面积50万平方米；城区绿化面积20.23平方千米，绿化覆盖率45%。

西部新城

旅游　巨野县历史悠久，旅游资源丰富。名胜古迹主要有：昌邑故城、巨野教案遗址、蚩尤墓、春秋麒麟台、齐鲁会盟台、秦王避暑洞、禹梁山汉墓、屏盗碑、明代建造的大成殿等。尤其是位于县城东南25千米处、被称为“巨野之镇山”的历史名山——金山，1997年由民营企业家解庆章投资重修，恢复大部分原有建筑，新建中华道观、麒麟园等景点。金山已成为鲁西南旅游观光胜地，每年接待国内外游客50万人次，实现旅游总收入5000万元。

金　山

土特名产　鲁西黄牛、鲁锦、圆铃大枣、工笔牡丹画、条柳编等；传统名吃主要有：冯家烧鸡、火烧、牛肉糁、夏思源清真糕点，谢集罐子汤、清蒸羊羔，团鱼别鸡等。

条编产品／金山秦王避暑洞

第四节　文化事业

科学技术　1988年，全县共有各类专业技术人员2586人，其中行政机关有499人，事业单位有1173人，企业有914人；县城有2516人，乡镇有70人。1990年，乡镇全部设立乡镇科委并配备科技副乡镇长16人，90%的管区配备科技网长，65%的村配备专、兼职科技村长。全县专业科技人员达到7797人，其中具有高、中级职称的1781人。“七五”期间共取得优秀科技成果162项，其中国内领先水平的6项。“八五”期间，基层科技网络更加健全，形成县、乡(镇)、管区、村“四位一体”的科技管理、服务推广网络。全县共承担地区以上科研项目30多项，其中获得国家授权专利的有20项。科技进步在国民经济增长中所占比例达到41.1%。1997年，巨野县被命名为“全国科技工作先进县”。2001—2005年，巨野县科技事业进入到一个新的发展阶段，五年间共争取和实施科技计划项目43项；其中国家级项目11项；引进推广科技成果163项。全县粮棉作物良种普及率达到99%，林果达到96%，畜禽达到96%，农村科技示范网络覆盖面达到85%，科技服务人员增至1.2万人。实施农业标准化示范项目和科技特派员示范工程，创建省级高新技术企业1家，民营科技企业发展到23家。全县科技进步在国民经济增长中所占比重达到46.1%。2005年，巨野县被省政府命名为“全省农业科研与技术推广先进单位”。

教育 1986年，全县有各级各类学校736所，在校学生13.04万人，教职工2.62万人，适龄儿童入学率为94.5%。1986—1988年，以农村中小学校舍改造为重点，多渠道筹资5000多万元，使农村中小学生告别了“黑屋子、土台子”，校舍面貌发生巨大变化 。1989—1993年，以城镇学校建设为重点，投资3000万元，新建县教师进修学校（职教中心），改造、扩建巨野一中和实验中学。1994—2000年，以普及九年制义务教育为重点，农村中学和定点小学面貌焕然一新。2001—2005年，以农村中小学布局调整和危房改造为重点，撤并农村教学点189处，筹措危房改造资金3185万元，修缮和新建校舍6.6万平方米。2000年，“两基”工作顺利通过省和国家验收。2002年，县一中和巨野中学被评为省级规范化学校。2004年被省教育厅、发改委、财政厅评为“山东省中小学危房改造工作先进单位”。2005年，全县所有中学和部分小学建起微机室，装机总量达4610部，另有5所学校建起多媒体教室，45所中小学实现“两机一幕”进课堂。高考升学总人数达到了4051人。其中，本科820人，专科2859人，高职372人。

校园阅览

2005年，全县有定点小学135所、教学点148处，初中27所，普通高中4所，公办中小学教师7762人，在校生13.3万人；有民办中小学26所，在校学生2.1万人；聋哑学校1所，在校生70人。全县有公办职业中专、民办职业中专各1所，公办职业高中3所，共培养1万余名中等专业技术人才，培训安置6000多名具有一技之长的实用型人才。

文化艺术 巨野县古有“东鲁至今遗风在，十万人家尽读书”之句，今有“书山戏海”之称。巨野县是著名的戏曲之乡、武术之乡、农民绘画之乡。戏曲源远流长，发展迅速，种类繁多，异彩纷呈。出现了许多著名班社和优秀艺人，至今仍有不少企业艺术表演团体和业余艺术班队，以多种形式活跃在城乡。

文学创作 改革开放后社会制度的变革激发了众多作家的创作热情，许多反映新时代风貌的文学作品相继出版。1987—1989年，编纂巨野县民间文学三套集成，征集民间歌谣、故事、谚语，共计70万字，成书两部，即《巨野歌谣谚语卷》《巨野民间故事卷》，被评为民间文学省级优秀卷本。中国微型小说协会会员、中国散文学会会员、山东省作家协会会员左伯山的作品有《绿草地》《洁荷》《麒麟选择的这片土地》《春花斋随笔》《心灵的飞翔》《左伯山小小说》《左伯山微型小说》《爱的回忆》等8部诗文集；陈占玉的长篇传记文学《蛟潜大野泽》1996年由内蒙古人民出版社出版。国家二级编剧、山东省作家协会会员张殿臣的创作丰富，作品有大型戏曲文学剧本《荒唐人小传》《人情鬼债》《鸳鸯歌》《大路朝天》等，小说有《瓢庄名人录》。彭中岳创作出版的山东快书《大刀怒杀洋鬼子》，山东琴书《砸坦克》《瓜棚记》《教师的心意》《带公公》《当选之后》《三追大伯哥》《新官上任》《如此教子》，歌剧《送灯》，鼓词《巨野烈火》，评书《黑旋风传奇》《巧断金钗案》等优秀作品，彭中岳创作的曲目多次参加山东省、菏泽地区曲艺会演，荣获山东省曲艺创作一等奖6次，地区奖20多次。1999年5月，张允盛创作的电视剧小品《迟来的婚姻》发表在《戏剧丛刊》；《牛大叔的心事》于2005年9月由山东省电视台录制播放，其后《桥头的故事》《烦恼的喜事》也由省电视台相继录制播放；2004年4月与张殿臣合作的《磨·酒·歌》，参加市牡丹花会戏曲节文艺调演，获编剧二等奖、表演二等奖，并受市政府通报表扬。周圣保等人创作表演的《棉农相亲》，1995年在山东电视小品评选中获编导一等奖；《天降横财》于2002年在山东影视《生活》栏目中播放；《明天我领离婚证》2004年由山东卫视播放并获省广播电视局编导一等奖。巨野县有众多摄影爱好者，至2005年，有2000多幅摄影作品在省级以上报刊上发表。

戏剧曲艺　流行于巨野县内的戏剧种类有山东梆子、枣梆、豫剧、两夹弦、柳子戏。曲艺种类有山东琴书（南路）、落子、梨花大鼓、河南坠子、花鼓、道情、山东快书、天津快板、竹板书、数来宝、单弦、评书等，大都活跃在农村，逐渐走上各种文艺晚会的舞台。巨野县山东梆子剧团演员刘桂松等人演出的《老羊山》，1997年由山东电视台录制播放。2004年，张占申谱写的山东梆子剧《山东汉子》获全国第七名戏剧作曲金奖。县内有民间艺术团体近百个，主要表演杂技、秧歌、腰鼓、高跷、舞狮子、龙灯、旱船、竹马、花车子、木偶、皮影、花鼓、唢呐等。有影剧院2处，新华书店、文化馆、图书馆、书画院、广播电台、电视台各1处，省级文物保护单位2处。

大宁庄魏氏唢呐队

农民书画　2000年11月，中国文联正式命名巨野县为“中国巨野农民绘画之乡”。1986—2005年，全县举办大型书画展60多次，展出作品1万多幅。全县有国家级美协会员1人，省级会员20多人，市、县级会员900多人。先后有2000多幅作品参加国家、省、市级展览。有20多个书画专业村，农民画师2500人，年销售书画25万件，年产值2000多万元。全国各地知名画院、画店收藏和销售的工笔牡丹画中，80%以上出自巨野县人之手。在纪念中国共产党成立80周年之际，由80位农民绘画师用80种牡丹造型，用80天时间创作的牡丹长卷《中华富贵图》被北京天安门城楼管委会收藏。

农民画师学习创作

孔楼杂技　巨野杂技艺术兴起于明万历年间。清末至民国初年习武之风大盛，仅大义镇孔楼村就有五六个武术杂技班社。新中国成立以前，孔凡令、邱振才等数十人组班在苏、鲁、豫、皖等地打拳卖艺。1930年，艺人孔凡令和妻子韩仰芝带团辗转于大江南北，并邀请杂技名家吴凤英到孔楼村担任教练，她们创新了蹬技、顶技、晃板、晃梯、转碟、钢丝、魔术、杂耍等新式节目。因杂技表演欣赏性强，又可以借此养家糊口，方圆百里，慕名拜师者络绎不绝，孔楼杂技声名鹊起。新中国成立以后，杂技艺术得到长足发展。1949年，孔楼村成立较大的艺班，称山东大兴棚，有孔宪令、孔宪依、孔昭昌、孔庆常、孔庆兹、孔庆义、孔凡豪、曲爱玲等数十名艺人，名声颇大。20世纪50年代初，大兴棚一分为二，一支由孔凡令带领去南方省区活动，称孔班；一支由邱振才、吴凤英率领返回巨野，称邱班。邱班即第一个巨野县杂技团的前身。1953年，以邱班为基础，由巨野县政府派员管理，成立山东胜利马戏团。1955年，山东省艺术团体登记时，山东胜利马戏团被正式列为县级专业艺术团体，更名为巨野县杂技团，时有艺人40余人。1959年巨野县杂技团被调往菏泽，归地区文教局管辖，称菏泽专署杂技团。1962年春，巨野县政府以孔班为基础，第二次组建专业杂技团，仍称巨野县杂技团。1968年，孔楼村兴建起第一所武术杂技学校，首批招收学员50人。1979年，县杂技团在县政府的支持下，增添马匹，制成演出大棚，更新服装道具，青壮年演员达到50余名，在大江南北的10多个省市及山海关外的几十个县区巡回演出。她们轮番演出马术、魔术、车技、蹬技、口技、爬杆、飞人、飞刀、舞狮、走钢丝等近百个惊、险、奇、巧的节目，赢得各地观众的赞扬。1987年春，落实上级“一县一团”的精神，县杂技团被撤销，除部分演员另安排工作外，其余演员组成小型业余团体，继续奔波在省内外城乡献艺。原来以业余形式在民间活动的艺人和不断涌现的杂技新人，较以前更加活跃。巨野杂技的重要演出活动有：1958年6月，巨野县杂技团演员孔宪利、杨翠霞在济南南郊宾馆为毛泽东、朱德、陈毅等国家领导人演出《对口悬人》节目；1972年，柬埔寨西哈努克亲王访问山东时，孔楼村演员为其表演“双爬杆”等节目；70年代初，孔凡春、孔瑞平跟随周恩来总理赴亚洲国际贸易会为国际友人表演；1976年，邱爱莲赴美国、法国、苏联、新加坡表演，后又赴古巴、西班牙、厄瓜多尔等国家表演多次；孔瑞平的“单手顶碗”于1984年4月赴加拿大、1985年赴日本演出；1985年11月，孔丽莉的“狮子舞”、孔庆忍的“顶坛子”、孔宝珠的“钻火圈”、孔忠民的“水流星”和邱德义的“晃碟子”，赴美国、日本、加拿大演出；1986年，在山东省杂技比赛中，孔瑞平表演的“顶碗”获一等奖，王慧霞表演的“蹬桌子”获二等奖；1990年，孔秋芝、孔忠民、孔玉瑞等赴美国、朝鲜、西班牙、梵蒂冈演出；1992年，孔秋兰代表国家赴朝鲜庆贺金日成80寿辰演出；1997年，邱健的《软钢丝》在华东六省杂技大赛中获一等奖；孔红涛、孔秋华、邱英、邱平、孔清云等曾多次出国赴俄罗斯、挪威、瑞士等国家演出；1997年，参加香港回归慰问演出，同年参加华东六省杂技大赛，邱健的《软钢丝》获一等奖；1999年，邱健、邱宝、邱红、解庆国等在美国夏威夷为爱国人士张学良表演节目；2002年8月，孔庆涛表演的“转台叠椅”获得第四届全国青少年杂技比赛银奖，2004年7月获得第六届全国杂技比赛华东区金奖。2004年7月，省文化厅命名巨野县大义镇为“民间杂技艺术之乡”。2005年2月，孔楼杂技在第17届蒙特卡洛国际杂技节比赛中获得最高奖—金K奖。

孔楼杂技培训学校正在练功的学生

医疗卫生 1986年，全县有县级医院和门诊部5处，乡镇卫生院24所，村办诊所554处，个体诊所266处，床位516张，在职人员1576人。1998年1月，巨野县被卫生部命名为“国家级爱婴县”。2005年，全县有各级各类医疗卫生机构855个，病床1300张，医务工作人员3830人，其中专业技术人员1709人。

医疗技术 1986—2005年，县人民医院获省、市、县科技进步奖27项，一些科研成果、新技术先后用于临床。1997年，县人民医院开展了心脏临时起搏器安装术。2005年，县医院开展了放射性碘粒子植入体内伽马刀内照射恶性肿瘤术，中医院开展了人头骨置换术、全髋关节置换术、断肢再植等手术，填补全市空白。

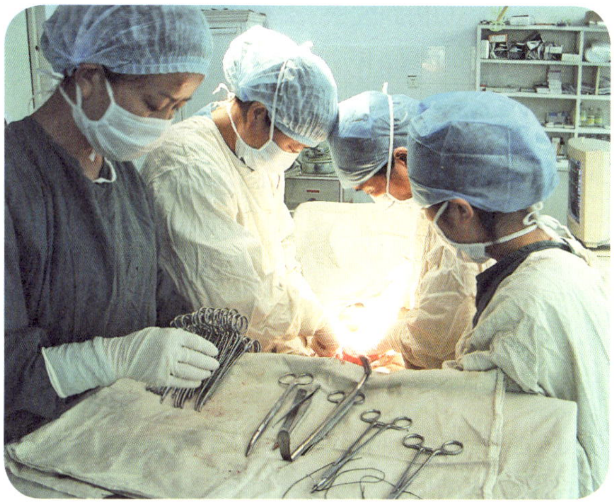

县医院医生做手术

医疗器械 2005年，全县乡镇卫生院拥有大、中型医疗设备572台件，县医院拥有彩色螺旋CT、高压氧舱等高精仪器138台件，县中医院拥有阿洛卡B超、500毫安X光机等先进设备55台件，医疗设备基本上能够满足各类患者的诊疗需求。

疾病控制 1986年建立了冷链系统。1989年、1991年和1996年实现了计划免疫“四苗”（卡介苗、麻疹疫苗、百日破疫苗、脊灰糖丸疫苗）三个85%的目标。2001年全县建成预防接种门诊17处。2003年以所有乡镇卫生院为预防接种点，接种率达95%以上。2000—2005年，加强对麻风病、艾滋病、性病、流行性出血热、结核病、非典型性肺炎等传染性疾病的预防，各种传染病得到有效控制。

体育 20世纪80年代，巨野县先后为国家和9省、市、自治区输送体育人才428人，其中为国家体育队和杂技团输送30人。有30多人参加了香港制片厂拍摄的电影《浪子燕青》。孔瑞萍、孔丽丽、邱爱莲、孔庆忍、孔宝珠、孔忠民、孔庆春等人，代表中华人民共和国赴加拿大、美国，为国际友人表演杂技。1992年，朱瑞霞在北京世界青年田径锦标赛女子1万米比赛中获得亚军；侯仰乾在马来西亚世界青年举重锦标赛中获110公斤级冠军。2001年，巨野县被国家体育总局命名为“全国武术之乡”。2002年拍摄电视连续剧《杨家将》，一次邀请巨野32名杂技演员和武术演员参加演出。2003年，巨野县增加体育基础设施投入，修建了多处体育广场并配备健身器材，群众体育活动开展得有声有色，被省体育局评为“全民健身先进县”。至2005年，全县建成武术学校、杂技学校、体育学校共16所，在校学生达5600人；

太极扇表演

拥有标准足球场2处，灯光球场20个，乒乓球俱乐部、旱冰场各2处，游泳池15个，大型田径场3处，非标准篮球场、羽毛球场120处；为国家、省内体育武术学校培养和输送人才2000多人，向中央电视台影视基地、海南影视城、中山影视基地、上海电影制片厂等影视单位输送人才1200人；参加省级以上体育比赛共获奖牌28枚，其中金牌14枚。

第五节 人民生活

集体婚礼

经济收入 1986年以后，随着经济和社会各项事业的发展，城乡居民收入不断增加，生活质量不断提高，由原来的温饱型向富裕的小康型转变。2005年，农民人均纯收入3119元，是1986年323元的9.65倍；全县城镇居民人均可支配收入6573元，是1986年664元的9.90倍。

家庭积累 20世纪80年代后期，多数城乡居民开始具备积累条件。90年代，财产和现金积累逐年增加。进入21世纪，城乡家庭积累增长迅猛。2005年末，金融机构各项存款余额41.44亿元，为1986年1.13亿元的36.67倍；居民储蓄存款余额14.8亿元，人均住房使用面积29.64平方米。

生活消费　20世纪90年代中后期，人民生活水平大幅度提高，食物由温饱而逐步转向讲究营养，衣着由单一、低档转向多样、时尚。进入21世纪，房屋由抵御风雨向套房、楼房和小别墅发展。代步工具由自行车发展到摩托车、电动助力车，部分富裕家庭购置了轿车。摩托车、电车、手机、空调、微机、放像机、彩色电视机、电冰箱、洗衣机等现代化耐用消费品进入寻常百姓家。2005年，全县人均生活消费支出为1778元，为1986年的5.8倍。

社会保障　1986年后，随着社会经济的不断发展，社会福利和保障事业不断增加和完善。2005年，全县享受城镇最低生活保障人数为6525人，企业养老保险参保人数为19595人，征缴企业基本养老保险费3333万元；农村养老参保人数19398人；城镇参加失业保险人数27880人，享受失业保险待遇的人数448人；实现就业再就业8718人，其中下岗失业人员再就业1513人。

第七章　郓城县

第一节　建置区划

境域　郓城县位于菏泽市东北部，地处北纬35°19′～35°52′，东经115°40′～116°08′，北邻济宁市梁山县，东与济宁市嘉祥县接壤，南接巨野县、牡丹区，西与鄄城县毗邻，县城西北有28千米的黄河岸堤，隔黄河与河南省范县、台前县相望。南北4.39千米，东西35.71千米，总面积1642.70平方千米。

沿革　春秋时期，属鲁国西境，鲁成公四年（公元前587年）冬，鲁国曾在今境东部筑城驻军，以防曹、卫，城名“郓”，史称西郓。西汉时先后设黎县、廪丘县，南北朝又置清泽县，隋开皇四年（84年），清泽县更名为万安县。隋开皇十年（590年）于万安设郓州。隋开皇十八年（598年），万安县更名为郓城县，“郓城”之名始于此，属郓州。隋大业二年（606年）改郓州为

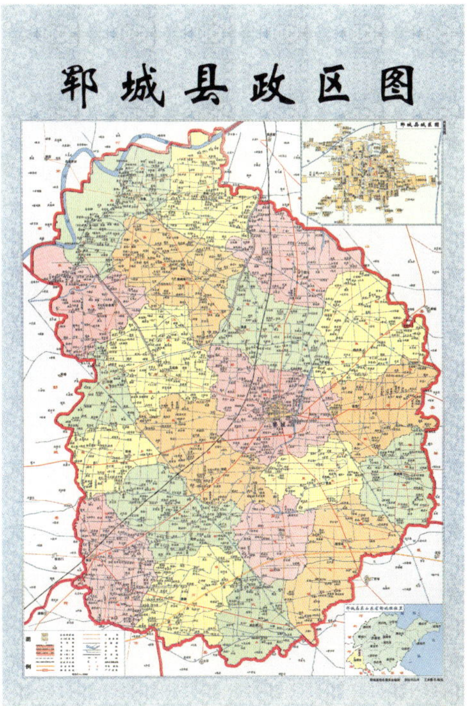

2005年郓城县城区图

东平郡，廪丘县并入郓城县。唐武德四年（621 年）废东平郡设郓州，州治在郓城县城。次年置郓丹总管府，辖郓、濮、兖、戴曹 5 州 32 县。贞观八年（634 年）因郓地卑湿，州治迁须昌（今东平北）。金大定六年（1166 年），县治因水患由原址（今县东张营村附近）迁至盘沟村（今县城）。至清雍正十三年（1735 年）设曹州府，郓城属之。民国初年，先后属济宁道、曹濮道、国民党山东省第二、第十专区。抗日战争时期，先后属中共领导的山东省运西专区，鲁西二专区，冀鲁豫边区二专区、八专区等；解放战争时期，先后属冀鲁豫二专区。1949 年 8 月，郓城县隶属于平原省菏泽专区。1952 年，平原省撤销，改属山东省菏泽专区。1967 年 3 月，菏泽专区更名为菏泽地区，郓城县属之。2001 年 1 月，菏泽地区撤地设市，郓城县属菏泽市。

区划 1984 年，全县撤销 14 个人民公社，设 7 区，6 镇，32 乡。1990 年撤区。1998 年辖 29 个乡，9 个镇，998 个行政村，1379 个自然村。2001 年，部分乡镇合并，全县设 21 个乡镇，辖 1037 个行政村。

人口 1986 年，全县总人口 90.39 万人，其中男性 46.02 万人，女性 44.37 万人，男女性别比为 103.7。1990 年第四次人口普查，全县总人口 99.30 万人。1999 年年末，全县总人口 108.89 万人，男女性比例为 103，其中非农业人口 8.48 万人，占 7%。汉族占 99.96%，其他 24 个少数民族仅有 436 人，占 0.04%。1999 年人口密度每平方公里为 649 人，2005 年为 690 人。1990 年人口出生率为 14.38‰，1999 年降到 10.08‰。2005 年，全县总人口 113.31 万人，人口出生率 10.07‰，死亡率 5.14‰，自然增长率 4.93‰。

第二节 自然条件

地形地貌 县内属黄河冲积平原，地势是西南高而东北低，最高点在黄安镇南官庄村，海拔 47.50 米；最低点在杨庄集镇黄庄村，海拔 38.50 米。西南东北高差 9 米，地面坡降 1/5000 ～ 1/10000。地貌类型主要有缓平坡地、浅平洼地、河槽地、河滩地四种。在大地构造上，全境属中朝陆台山东台背斜的西南边缘凹陷地带，处于“鲁西断块”中的“鲁西南块陷”上，地表全部为新生界所覆盖，没有基岩出露。地表为黄河冲积土壤，厚 90 ～ 160 米不等。

河流 除黄河外，流域面积在 100 平方千米以上的河流有 12 条，流域面积在 20 平方千米以上的河流有 50 条，分别属于梁济运河、洙赵新河两大水系，河流走向为西北东南。河流水源主要是引黄水，其次是雨雪积水。主要河流：鄄郓河纵穿西部 11 个乡镇，全长 44 千米，流域面积 975 平方千米；郓巨河在县境东北部，流经 9 个乡镇，全长 30 千米，流域面积 825 平方千米；郓城新河横贯县境北部 10 个乡镇，全长 34 千米；丰收河位于县境东北部，流经 9 个乡镇，全长 34 千米，流域面积 340 平方千米；洙赵新河位于县境南部，自牡丹区入郓境，又入巨野，在郓城县流经 7 个乡镇，全长 19 千米，流域面积 122 平方千米；宋金河属郓城县内古老河道，南北早已断流。1964 年疏浚八里河后，使八里河至唐店段成为一座中型水库，1976 年正式命名为坝头水库(现称宋金河水库)，全长 9.8 千米，底宽 100 米，河底海拔高程 40 米，年平均积水面积 53.33 公顷，年蓄水量达 1738.20 万立方米。

土壤　据 1983 年土壤普查，全县可利用土地面积 12.59 万公顷，成土母质均为黄河淤积物，富含钙质，属石灰性土壤。全县有 1 个潮土土类，3 个亚类，4 个土属，115 个土种。潮土，淤灌潮土土层占绝对优势，占全县可利用面积的 81.37%。土壤质地：轻壤占可利用面积的 24%，中壤占 18.70%，沙壤占 51.70%，重壤（包括黏土）占 2.20%，紧沙占 2.70%，松沙占 0.7%。全县 7 类土体构型：蒙金型，占可利用面积的 23.30%，蒙银型占 17.30%，全沙型占 23.10%，腰沙型占 19.30%，底沙型占 0.74%，有底型占 9%，全黏型占 0.20%。土壤结构主要特点表现为硬、板，易起坷垃。有的又过沙，底重偏大，通气性差。土壤含钾较为丰富，一般为 80PPM ～ 100PPM，属微碱性土壤。总的状况是有机质不足，普遍缺氮，严重缺磷，部分地块缺钾，但不管哪个土种，基本上都能满足农业生产的需求。

植被　县内自然条件优越，适宜多种植物的生长。植被丰富，种类繁多，主要是人工植被，自然植被仅限于草本植物。人工植被主要以栽培农作物为主，其次是人工造林，包括多种乔木、灌木及各种果树。2005 年，全县林木覆盖总面积达 2.32 万公顷，木本植物覆盖率占总面积的 31.70%。自然植被主要分布在地埂、路边和极少的荒地上及灌木丛下，河边、渠道也有分布，主要是各种野草。

自然灾害　以干旱威胁最大。春旱出现年份占 81%，初夏干旱占 50%，伏旱占 23%，秋旱占 27%。涝灾 10 年 4 遇，多为夏、秋涝。1989 年 6 月 12 日—14 日，三天雨未停，80% 的小麦发芽，全县人民吃芽麦达 1 年之久。风灾次数虽不频繁，但有些年份也很严重。2004 年 6 月 20 日—22 日，县内出现龙卷风，风速 24.10 米每秒。侯集、张集、双桥、南赵楼等地，受灾人口 36 万人，农作物受灾面积 8600 公顷，绝产 4800 公顷，折断树木 12.70 万棵，蔬菜大棚倒塌 880 个。冰雹、霜冻、雾凇虽然发生次数不多，但每次发生，都造成严重灾害。造成灾害的冰雹 7 年 1 遇。早霜冻、晚霜冻一般 20 年 1 遇。2001 年 1 月，小麦遭严重冻害，造成 6666.67 公顷绝产，4 万公顷减产 30%。

自然植被

自然资源　土地资源　全县土地总面积 16.43 万公顷，总耕地面积 11.68 万公顷，农用地占可利用面积的 97.90%，其余为林牧用地。全县共有园地 0.23 万公顷，林地 0.62 万公顷，居民及工矿用地 2.17 万公顷，交通用地 0.36 万公顷，水域面积 1.12 万公顷，未利用土地仅为 0.13 万公顷。

水资源　全县多年平均水资源总量为 4.24 亿立方米，平均产水模数为 26.96 万立方米／平方公里。多年平均地下水可利用量为 1.28 亿立方米，地表水为 843 万立方米，黄河水为1.34亿立方米。全县水资源可利用总量为2.71亿立方米，占水资源总量的40%左右。由于全县降水经流及地下水分布不均，加之耕地率高，人口众多，水资源相对量少，全县属半干旱缺水区。

矿产资源 有3大类10余种。能源类矿产：煤、煤（层）气、石油、天然气、地热；非金属类矿产：砖瓦用黏土、陶瓷用黏土；水气矿产类：地下水、矿泉水。全县煤炭地质储量约28.15亿吨，按煤质分为肥煤、气肥煤、炼焦煤和天然焦。一般都埋在500米以下的二迭系地层中，可采者有5～7层。按区域分布为3个：郓城—巨野煤田、彭庄煤田、陈坡煤田。巨野煤田探明地质储量55.7亿吨，其中郓城县境内探明地质储量为28.15亿吨，可采储量8亿吨。另外局部地层含钾盐等。2001年起，郭屯、彭庄、赵楼、郓城矿井田钻探建矿全面开工。

生物资源 野生动物主要有野兔、黄鼠狼、刺猬、喜鹊、鸽子、燕子、麻雀、啄木鸟、布谷鸟、鹌鹑、猫头鹰、蝉、蛇、蜻蜓、蟋蟀、螳螂；水生物有鲤鱼、鲫鱼、鲢鱼、草鱼及虾、龟等；水产植物有芦苇、蒲草、水葫芦等；野生药材有半夏、车前子、白蒺藜、蜂房等190多种。

第三节 经济状况

农业 *种植业* 郓城是全国商品粮生产基地县、优质棉生产基地县。20世纪90年代，在丁长、黄堆集、随官屯、武安等十几个乡镇实施吨粮田开发工程，并先后对西沙河、黄河滩区、城东北沙、碱、涝、洼地开发改造，并不断提高农作物的复种指数，发展“两高一优”农业，提高了农作物单位面积产量。1994年，在全国五项经济指标评比中，郓城进入全国农业百强县行列。粮食作物主要以小麦为主，每年种植面积7.33万公顷左右，2005年亩产量达500千克以上，总产量40万吨。秋季粮食2002年亩产达185千克，总产14.55万吨。经济作物1980年以后以棉花为主；1990年以后以花生为主，蔬菜占一定比例。2001年，棉花种植面积2.66万公顷，总产3.21万吨，亩产皮棉82千克。2002年花生种植面积2.62万公顷，总产10.79万吨，亩产275千克。水果总产量8.53万吨。1997年后，加大种植业调整力度，立足市场抓农业，建成多处蔬菜大棚和露地弓棚。2002年，全县蔬菜种植面积3.46万公顷，总产131.46万吨，亩产2533千克。2005年，全县粮食、经济作物普遍良种化，种植科学化，粮食总产达到53.80万吨，是1949年的27倍。县内有人工开挖河渠近100条，机井1.29万眼，引黄闸2座，有效灌溉面积667万公顷，机电提灌面积678万公顷，排灌机械总动力19.45万千瓦。2005年，全县农业机械总动力12.63万千瓦，农用汽车、拖拉机、收割机、机动三轮车达8万台（辆）。

冬暖式日光蔬菜大棚

林业　20世纪80年代，用材林、防护林、经济林及农田林网覆盖全县。1986年郓城县被林业部评为“全国平原绿化先进县”。1991年，全县林木总蓄积量181.06万立方米，其中村镇蓄积量70.37万立方米，林网树蓄积量45.19万立方米，间作树蓄积量25.07万立方米。有林地林木蓄积量38.56万立方米，疏林地林木蓄积量0.08万立方米，散生林蓄积量1.79万立方米。2005年，林木总蓄积量299.22万立方米，林木覆盖率31.7%。2000—2005年，林产品加工成为全县三大支柱产业之一，木材加工企业达6300家，从业人员7.5万人，年加工木材200万立方米，产值25亿元，出口创汇1000万美元，产品销往国内外。

林菜间作

畜牧业　20世纪80年代以前，村民以散养家畜家禽为主。90年代初，出现养殖专业户。鲁西黄牛、小尾寒羊、青山羊是郓城三大优良品种，郓城是全国鲁西黄牛、小尾寒羊保种县。1999年，全县存栏大牲畜10.99万头，猪27.43万头，羊89.86万只，鸡567.24万只。2005年，全县存栏大牲畜14.40万头，猪41.73万头，羊175.94万只，兔77.24万只，家禽909.11万只；实现肉蛋奶总产量16.20吨，牧业总产值6.90亿元（占农业总产值的38%），人均牧业收入860元；拥有畜产品加工企业158家，肉类规模饲养户(场)5505个。郓城县1996年被评为“全省畜牧业先进县”，2004年被评为“全国农业科技专家大院模式示范单位”。

水产业　1986年，全县开始利用坑塘、故河道、水库、荒洼地、废窑坑等进行水产养殖。1999年，水产养殖面积达3000公顷，水产品产量达1.36万吨。2005年，全县鱼类养殖面积2533公顷，年捕捞1.42万吨，总产值8520万元。1998年，发展莲藕生产，至2005年，建成优质莲藕池3133公顷，总产量7.05万吨。

工业　1986年，郓城县工业有一轻、机械、化工、棉纺织、塑料、家具、服装、工艺美术等行业。确立社会主义市场经济体制后，郓城工业焕发生机。20年间，全县工业已初步形成以棉纺织、板材、畜产品以及搪瓷、钢球、酒具包装为主体的多元化工业体系。90年代中后期，国有企业开始以建立现代企业制度为目标的企业改革。20世纪末，全县工业企业所有制形式发生较大变化，出现国有控股、股份制、股份合作制、租赁经营、中外合资等多元

亚世纺织集团公司

化企业。2002年以后，全县民营经济迅速发展，涌现出华灵集团、圣达（实业）集团公司、亚世纺织集团等一批有规模、有效益的企业。进入21世纪，县委、县政府确立以招商引资促工业发展的思路，制定出一系列优惠政策，大力优化经济发展环境，全县工业呈现出量的增加和质的提升。至2005年，全县民营经济从业人员已达到23.20万人，实现营业性收入120.74亿元，上缴利税11.73亿元。规模以上工业企业达到133家，比2000年增加97家；完成工业增加值13.10亿元、利税2.65亿元，分别比2000年增长0.70倍和5.5倍。供电量达到7.8亿千瓦时，其中工副业用电量达到4.5亿千瓦时，分别比2000年增长2倍和2.7倍。

交通运输 1986年，全县公路通车里程共计231.7公里，其中干线公路有国道220线，省道济董线、聊商线、巨郓线，全长151.8千米；县、乡道79.9千米。20世纪80年代后期，交通基础设施建设快速发展。1990年，全县公路通车里程达到364.4千米。1995年，京九铁路郓城段（45.5千米）全线通车。进入21世纪，郓城县交通事业发展更快。2002年5月，日照—东明高速公路建成通车，境内全长24.13千米，这是郓城县第一条过境高速公路。2003年 4月，启动村村通公路工程，当年修建公路185.7千米。2004年，济南—菏泽高速公路郓城段开工建设。同时新建城区西环路、北环路、东环路。至此形成一条完整的环城公路，全长21.58千米。2005年，村村通公路工程全部竣工，农村公路通车里程1431.6千米。至2005年年底，全县拥有公路通车里程2457.9千米，其中国、省道156.8千米，县乡道2301.1千米；长途客运线路45条，日发车班次310次，客运量234万人，客运周转量2.3亿人公里；货运汽车2731辆，货运量405万吨，货运周转量3.39亿吨公里。

邮政电信 1986年，郓城县有邮路305千米，农村投递线路2125千米，县局到支局的邮路以自行车运输为主；城镇电话杆路14千米，电缆12.40千米，架空明线线条43对公里，电缆芯线65对公里；农村电话杆路202千米，架空明线线条300对公里；交换机38台2140门，其中市话交换机8台710门，农话28台1370门，长话2台60门。1990年，邮政通信开始实现机械化、自动化。到1997年年底，邮政运输实现汽车运输。1998年9月，县邮电局实行邮电分营，设邮政局、电信局。1999年7月，山东移动通信公司郓城分公司成立。当年，全县交换机容量达3.34万部，实现交换程控化、传输数字化。全县市话用户1.60万户，农话用户1.44万户，公话用户1172户。2005年，网通、移动、联通、电信、铁通等国内几家电信运营商在郓城都设有分公司，移动电话网络实现无缝隙覆盖。至年底，全县拥有小灵通基站358个，因特网由城区延伸到乡镇；邮路有3条，全长337千米；投递线路108条，其中农村投递线路96条，城区投递线路12条；固定电话用户17.58万户，小灵通用户2.60万户，移动通信用户19万户，宽带网络用户8936户，固定电话普及率每百人15.51部，移动电话普及率每百人16.77部。

商业贸易 1986年以后，国营商业、集体所有制商业占主导地位的局面被打破，逐步形成多种经济成分、多种经营方式、多条流通渠道并存的新格局。1992年，国家确定市场经济体制后，私营商业异军突起，国营、集体、私营商业竞争日趋激烈，市场空前活跃，商业贸易出现大发展的局面。当年，全县社会商品零售总额达3.5亿元，比1989年增长16.7%；城乡集市贸易额由1989年的4867万元，增加到1.23亿元。1997年全县商品交易额达5.4亿元，比1994年增加1.46亿元。2001年完成商品销售总额5.8亿元，实现利税1180万元。2005年，实施“流通兴县、流通活县、流通富县、流通富民”战略，全县的商贸流通业得到较快的发展。全县有大中型商业企业73个，商品销售额完成6.70亿元，社会消费零售额完成27.6亿元，专业批发市场完成交易额21亿元。郓城县被确定为全国“万村千乡”市场工程试点县。全县新建和改建农家店311个，加盟店209家，日用品配送比例达45%，城乡流通网络框架基本形成。投资上亿元，改造、扩建、新建一批现代化市场和连锁超市、专卖店。城内共有大型超市8家，中小型超市30多家，流通现代化步伐明显加快，新型流通业经营额占社会消费品消费零售额的比重达20%。按照区域化布局、规模化经营、产业化生产、系列化开发、特色明显的思路，建设区域性商贸物流基地，重点培育和建设了黄安木材市场、黄集钢球市场、郓城淄博建材市场、南赵楼蔬菜批发市场及纺织、畜产品加工、酒类包装、搪瓷、家具等专业市场，形成以县城为中心、乡镇为依托，专业市场与综合市场配套，批发市场与零售市场互补的规模大、功能全、流速快、辐射远的市场体系。

城建环保　城建　1986—2005年，城市建设进入一个蓬勃发展的新时期，建设资金不断增加，城区范围逐年扩大，城区面积由7平方千米发展到17.50平方千米，城区人口由5万人增加到15万人。至2005年年底，全县建有净水厂2座，供水管道60千米，供水人口13万人，城市供水普及率达到90%以上；燃气普及率已达到76.92%；园林绿化面积399万平方米，城区绿化覆盖率28.50%，人均公共绿地1.70平方米；金河路、东门街、西门街等城市骨干道路，构成6纵2横的城市道路框架，城区道路总长105千米，人均拥有道路面积14平方米；唐塔小区、水浒小区、西关名苑、阳光小区、胜利小区、土产小区等住宅小区的相继建成，改善了居民的居住条件，人均居住面积达到13平方米；城区下水道总长度80千米，达到日降雨120毫米24小时城区无积水的防汛标准。

县城一角

环保　1986后，先后对30多个污染严重、结构不合理的企业进行改造整顿，关闭小化工、小造纸等企业5家，停产2处，转产1处，对67个废水、烟尘和噪声污染源进行限期治理。2000—2005年，是郓城县城建环保投入最大、变化最为显著的时期。此时的重大工程主要有：①总投资7600万元，建设日处理2万吨的污水处理厂1处。②2000年对金河路进行高标准改造，路长7600米，宽26米；2001年对临城路进行改造，路长1050米，宽20米；2003年新建西环路、北环路西段，路长7584米，宽15米；2005年新建东环路、北环路东段，路长6110米，宽15米。③2001年建成占地6667平方米，总投资100余万元的“崛起”广场1处；2004年投资718万元建设唐塔公园。整个公园占地总面积5.8万平方米，其中广场面积3.3万平方米，绿地面积1.3万平方米，湖面1.2万平方米；分为唐塔景区、爱晚亭景区、主广场区、儿童游乐区、老年活动区、水上游乐区和2处休闲娱乐区。

到2005年年底，全县共完成污染治理项目15个，总投资1400万元，平均每年减少废水排放量14万吨，取得综合经济效益3000万元。全县已建成烟尘控制区1平方千米，噪声达标区12平方千米，工业固体废弃物综合利用率由1994年的26%增至2003年的64.6%，饮用水源水质达标率达到100%。此外，对新建、扩建、改建等产生环境影响的建设项目严格执行建设项目环境影响评价制度。

旅游 郓城历史悠久，水浒文化资源丰富，名胜古迹众多。遗迹有肖堌堆遗址、五代唐塔、侣钟纪念馆、武状元张宪周祠、孙膑纪念馆、万人堌堆义军墓、樊林、夏家林、孙林等。水浒文化景点有宋江武校（演武馆、一百单八将群雕、狗娃剧场、仿宋一条街）、黄泥冈遗址、宋江河、怡清园森林公园、宋江故里（水堡）、九天玄女娘娘庙、灵官殿等。红色旅游景点有刘邓大军渡黄河遗址、樊坝战斗遗址、八里河阻击战遗址等。

黄泥冈遗址

土特名产 中草药类有“郓半夏”，手工艺产品主要有各式条编，畜产品类有青猾皮、肠衣、鲁西黄牛、小尾寒羊、青山羊等。名吃主要有黄安驴肉、皮家烧鸡、徐家羊肉汤、王屯灌肚、猪肉锅饼、肉盒、油煎包、高馍、壮馍等。

第四节 文化事业

科学技术 1986—1996年，郓城县逐步实施“科技兴县”战略，全县作物优良品种覆盖率达到98%，科技对经济增长的贡献率达45%以上，被评为“全国科技工作先进县”。1996—2000年投入科技经费150万元，科技贷款1200万元，实施各类科技计划项目13项，其中省级8项，市级5项；获国家级奖励4项，市级奖励97项；申报专利109项，取得专利96项；取得各级科技成果81项，其中省级4项，市级77项。2002—2005年，投入科技经费329万元，组织实施科技计划项目5项，其中国家级“星火”计划2项，市级科技计划项目1项；取得各类科技成果66项，其中省级 2 项，市级 64 项；申报专利 47 项；获省市科技进步奖 34 项，其中省级科技进步三等奖 1 项，市科技进步二等奖 4 项、三等奖 29 项。

教育　1986 年，全县有各级各类学校 819 所，在校生 16.27 万人，教职工 6808 人；适龄儿童入学率达 96.96%。1988 年，完成农村中小学校舍改造“六配套”（校舍、课桌凳、操场、院墙、大门、厕所）。1989—1994 年，筹资 2300 万元，完成城镇校舍改造“五达标”（学校规模、校舍、课桌凳、操场、校院环境）的建设任务。1994 年，全县实现普及初等义务教育，被评为“全国特殊教育先进县”“全区义务教育先进县”“全省学前教育先进集体”。1995—1997 年，教育工作重心转向普及九年义务教育。其间，总投入达 1.08 亿元。1997 年，全县有普通高中 8 所，在校生 1.14 万人；初中 55 所，在校生 5.26 万人；小学 502 所，在校生 11.11 万人；聋哑学校 1 所，在校生 103 人。全县适龄儿童入学率达 100%，小学毕业生升入初中的比率为 96.90%，适龄残疾儿童入学率达 85.60%，其他各项指标亦达到省定标准。1998 年，郓城县“两基”（基本扫除青壮年文盲，基本普及九年制义务教育）工作顺利通过省和国家验收，成为菏泽地区第一个实现“两基”的县。2001—2005 年，郓城县实施中小学危房改造工程和中小学布局调整，全县共筹集危房改造资金 6268 万元，修缮、新建、改造校舍 12.1 万平方米，撤并农村教学点 295 处。2002 年 7 月，在全市率先进行基础教育课程改革，先后有 30 项课题被国家、省立项为重点课题，被评为“省教育科研先进县”。全县初中以上学校全部完成微机室建设，基本普及信息技术教育，定点小学“两机一幕”进教室达 60% 以上，中学“四机一幕”进教室达 90% 以上，有 8 所学校建成“双控系统”。小学、初中、高中教师学历达标率分别提高到 99.9%、91%、80%。2003 年高考本科录取 1144 人，创郓城历史记录；2005 年本科录取 1401 人，郓城一中本科录取率位居全市第一。

2005 年，全县有小学 417 所，其中定点小学 262 所，在校生 11.31 万人；初中 36 所，在校生 4.74 万人；普通高中 8 所，在校生 2.18 万人；职业教育中心、聋哑学校、教师进修学校各 1 所，在校生 0.24 万人；民办学校 30 所，在校生 2.2 万人。全县共有教职工 1.14 万人，其中专任教师 1.1 万人。

水浒武校《狗娃闹春》登央视春晚舞台并获奖

文化艺术　全县有专业剧团 1 个、业余剧团 8 个，主要剧种有山东梆子、枣梆、琴剧、两夹弦、豫剧等。民间舞蹈有狮子舞、老虎舞、高跷、秧歌舞、黑驴舞、扇子舞、筷子舞、腰鼓、花船、竹马等。民间传统乐器主要有鼓、锣、铙、钹、大弦、二弦、三弦、四弦、软弓京胡、板胡、二胡、高胡、革胡、笙、唢呐、坠琴、古筝、竹笛、琵琶、扬琴等。民间曲艺有花鼓、落子、坠子、琴书、山东快书、莺歌柳、梨花大鼓等；民间艺术有泥塑、面塑、石雕、吹糖人、剪纸、雕版印刷等。1986—2005年，全县共举办美术、书法、摄影展览25次，展出作品1400余幅；在省以上报刊发表、展览作品110幅，其中有28幅获奖。

文学创作　1986—2005年，郓城县每年发表各类文艺作品100篇以上，并且出版了长篇小说《雁魂》《十年情书泪》《山东汉子》《失去的家园》《大槐树移民》《侠女小谢》等，中短篇小说集《绝恋》《苇子园的女人》《鲁西南的风》《希望的路》《人生风景线》《人生短镜头》《长歌如诉》《预言》《初恋》《还乡》等，长篇报告文学《农民的儿子王乐义》等，诗词集《笑蓝一方天》《从丽出发》《致远方》等。其中，杜景玉的短篇小说《说谎》被改编成电视剧《媳妇》，吕永清的歌词《最亮的星，最好的人》获中宣部“五个一”精品工程奖，陈进轩的中篇小说《苇子园的女人》《遥远的风景》《梦中的黄河滩》及魏天作的中篇小说《屠城》《通天路》等先后获得省级文学奖，杨彩云编剧的电视连续剧《水浒少年》获得第二十一届全国电视剧“飞天奖”一等奖。至2005年，全县文学创作骨干31人，其中有专职创作人员6人，业余创作人员25人；中国作家协会会员2人，省作家协会会员6人，省曲艺家协会会员4人，省民间文艺家协会会员10人。

戏曲　郓城县戏剧以山东梆子为主，经常上演的传统剧目有600余个。1993年，由陈乃端发起，成立全国唯一的琴剧团——曹州琴剧团。该剧团发掘整理琴剧曲牌和剧本数百个，主要剧目有《三婿拜寿》《六奇文》《三拉房》《杜十娘》《哭长城》《梁山将》等。1995年，戏剧选段《挂门牌》入选中央电视台春节戏曲晚会。当年，大型现代戏《龙门渡口》参加山东省第五届艺术节戏剧展演，获9项奖励，该剧1996年获省委宣传部“五个一”精品工程奖。1996年山东省地方戏大赛中，郓城县有3名演员获一等奖，2名演员获二等奖。1999年，创作排演的大型现代戏《选村官》，在全省巡回演出80多场次，广受欢迎。2001年4月，在菏泽市首届戏曲节上，《选村官》成为一枝独秀，所获奖项全市第一。9月，该剧获山东省委宣传部“五个一”精品工程奖。同年，县文工团排练的《大辕门》《卷席筒》《对花枪》等10部优秀传统剧目，被山东齐鲁音像出版社摄制成电视戏曲片。

音乐　郓城民间音乐丰富多彩，地方特色极其鲜明，在吹、拉、弹、打诸乐器中，唢呐、笙、擂琴、二胡、板胡、古筝、扬琴等流传较广，尤以唢呐、筝、擂琴影响较大，并涌现出赵玉斋、赵登山、高自成、韩廷贵、刘学德、季玉玺等一批在国内外闻名的演奏艺术家。职业、半职业和业余鼓吹乐团队、班子以及丝弦小乐队遍布城乡。2005年，郓城县有中国音乐文学学会会员1人，中国音乐著作权协会会员2人，山东省音乐家协会会员10人。

绘画　李明晋的《山河颂》1993年获北京2000年奥林匹克第一届国际书画艺术大展赛优秀奖，《金秋》1997年被天安门城楼收藏，《太行秋来风景异》2002年入选中国美协主办的“中国西部大地情”全国中国画大展并获优秀奖。赵国的国画《山水》2000年获首届“水浒杯”中国书画作品大展赛特别奖。宋广居的国画《梅花》2003年在国际工笔重彩画研究会、新加坡文艺工作者协会、台湾海峡两岸文化交流协会、南京长江书画院等8家联合举办的“献给祖国、献给母亲”中国书画名家大展中获金奖，2004年在中国书画家协会、中国书画艺术大学、中国书画报社、纪念邓小平100周年书画展组委会等6家联合举办书画展中获一等奖，在韩国文化艺术研究会、新加坡艺术协会、日本东洋文化教育研究所、台湾海峡两岸文化交流协会等12家联合举办的“纪念书贤颜真卿大师诞辰1295周年国际书画名家交流展”中获一等奖。王福增的国画《心与梅花一样清》1996年获“海峡两岸精品展”荣誉金奖。王秀保的国画《雄鹰展翅翔万里》1993年获“迎奥运全国书画大赛”三等奖。

书法　1987年，成立郓城县书法家协会。1991年，曹克强的作品获“全国规范汉字楷书大赛”三等奖。1993年，朱希钦的书法作品在“中国书法篆刻大赛”中获铜奖。1996年，渠继忠获“全国首届工商系统书画大赛”三等奖。1999年，曹克强的作品获“全国楹联书法暨舒同体书法大赛”优秀奖。2000年，郭伟的作品入选“中国建设书画精品大展”，渠继忠的作品入编《中国当代书画名人墨迹大观》。冯振的狂草书法入选北京瀚逸神飞书画大展，并获奖。

摄影　1996年，徐拥军的《电业之星》荣获全省三等奖。2000年，侯昌杰的《狗娃闹春》《人体》参加全省中青年摄影作品大奖赛并获二等奖，《血染的风采》《红灯高挂报喜来》《君子风范》等摄影作品参加2005年全市“花乡正气”摄影作品展并荣获一等奖。同年，刘印生的《花枝俏》在全省摄影大赛中获三等奖。1989—2005年，全县入选省摄影作品展30余幅，入选全市摄影作品展80余幅，在各级报刊、书籍等发表摄影作品750余幅。

篆刻　较有影响的人物有范传勤、李昆玉、侯扬、伊和君、李龙奇等。其中，李龙奇的篆刻尤为突出，其作品《石刻水浒人物图谱》2004年获全国首届“水浒杯中国书画大展作品集”优秀奖，2005年入选菏泽市书画作品选集。

剪纸　郓城县剪纸艺术遍布于城乡，较为出名的有潘渡镇陈站村的商秀兰、郓城镇红庙村的魏天清、黄安镇里庄村的张华、张营镇高庄村的杨秀玲。所剪人物、动物、花草等丰富多彩，生动形象。杨秀玲擅长人物、风景、吉祥传统剪纸，其作品曾在全国剪纸精品大赛中多次获奖，张华的作品《水浒英雄一百单八将》造型准确，气度非凡，体现了水浒故乡人的性格和文化发展。

泥塑　以葛连能第七代弟子郑玉章、葛惠斌为代表的艺缘斋彩绘雕塑，常年施工于全国名胜寺院、旅游景点，队伍近100人。其作品主要以传统佛、道教和历史演义故事人物为题材，做工

郑玉章泥塑孔子像

细腻，形态逼真，栩栩如生，深受高僧大儒、方家居士的肯定。其在郓城县内的作品有程屯的玉皇阁、董店的万神堂、杨庄集的观音阁等30多处。

医疗卫生 1986年，全县有县级医院1所，乡镇卫生院（所）33所，村卫生室1179个，病床823张，在职人员1623人，其中卫生技术人员1335人。2005年，全县共有10个县直公立医疗机构，21个乡镇卫生院，6个民营医疗机构，1044个农村卫生室；在职技术人员3136人，其中具有正高级职称的23人，副高级职称的185人，中级职称的727人；执业医师910人，执业助理医师371人，注册护士699人，乡村医生1566人。

医疗技术 1990年，县医院施行断指再植手术。1996年，施行永久心脏起搏器安装手术。1998年，施行体外循环心脏直视手术。2004年9月，施行下肢静脉曲张"戒指"手术。2005年7月在C型臂下完成首例冠状动脉造影及支架置入术，并且已连续4例成功。县中医院在治疗中风病方面采用中西医结合的方法，以自制中药制剂补脾治瘫丸、芪蛭消栓丸为主配合针灸理疗等，形成一套完整的诊疗方案；对腰椎间盘突出、骨质增生症形成集冯氏旋转复位、西安生物力学，以及液体刀、针刀、牵引、推拿、针灸、康复为一体的治疗方法。

医疗器械 1986年，全县33处乡镇卫生院（所）医疗设备匮乏。2005年，县医院有病床522张，中医院有病床145张，乡镇卫生院共有病床626张。乡镇医院普遍配有X光机、心电图仪、脑电图仪、B超机、半自动化生化分析仪、洗胃机等设备；县级医院全部配有CT机、遥控胃肠仪、电子胃镜、彩超仪、颈颅多普勒仪、脑电图仪、心电监护仪、呼吸机、麻醉机、高频电刀、血球计数仪、血流变仪、病理图文分析系统等大型诊疗设备。

疾病控制 1986—2005年，全县疾病控制工作日趋科学和规范。1989年、1991年、1995年先后实现省、县、乡儿童免疫接种率"三个85%"的目标。2003年，县卫生防疫站通过山东省计量认证。2004年，代表省市通过联合国儿童基金会、世界卫生组织、卫生部组织的儿童计划免疫建卡、证、"四苗"全程接种率90%目标考核。2003年，全县将新生儿乙肝疫苗纳入计划免疫。2004年，经卫生部检查验收，全县实现消灭丝虫病目标。

体育 20世纪80年代，郓城培养出吴勇、刘宗志、冯雪（女）、曹辉、曹阳等一批省级运动员，他们在国际、国内比赛中均取得优异成绩。郓城县1990年被命名为"全国体育先进县"，1991年被命名为"山东省武术之乡"，1992年获"全国武术之乡"荣誉称号。2000年，郓城县加大体育基础设施投入，修建了多处体育广场并配备健身器材。此后，每年组织召开全县职工运动会、老年人运动会等，涉及

县体育中心

篮球、乒乓球、象棋、拔河、太极拳剑、门球等十几个体育项目。2001年，郓城县被山东省体育局评为“山东省全民健身月活动先进县”。2001—2004年，郓城镇连续四次被国家体育总局评为“全国群众体育先进单位”。至2005年，全县有大型灯光球场、游泳池、田径场各1处，武术馆校8处，为上级培养体育后备人才6700人，输送运动员3500人，获国家、省级奖牌1160枚。

第五节　人民生活

1986年以后，全县经济工作的重点是发展民营经济和多种经营。随着第二、第三产业的快速发展，人民收入快速增长，人民生活水平大幅度提高，由原来的温饱型向小康型转变。

经济收入　1986年，农民人均纯收入314元。 2005年，农民人均纯收入3118元，是1986年的9.93倍，平均每年增长12.20%。全县人均总收入3892元，其中家庭经营性收入2626元，占总收入的67.47 %；财产性收入（利息、土地征用补偿）142 元，占总收入的3.65%；转移性收入(退休金、养老金、种粮补贴)126 元，占总收入的3.24%；工资性收入（劳务输出所得）998 元，占总收入的 25.64%。单位从业人员 2.40万人，年均工资9226元。其中在岗职工35464人，在岗职工年平均工资8688 元。

家庭积累　20世纪80年代后期，多数城乡居民开始具备积累条件。90年代，财产和现金积累逐年增加。进入21世纪，城乡家庭积累增长迅猛。2005年末，金融机构各项存款余额55.47亿元，为1986年2.48亿元的22.37倍；居民储蓄存款余额45.07亿元，人均住房使用面积27.57平方米。

生活消费　20世纪80年代中期，随着居民收入不断增加,生活质量不断提高。食品由粗粮换成细粮，衣着由单一、低档转向了多样。自行车、手表、缝纫机等消费品开始进入农民家庭。90年代中后期，人民生活消费水平又有较大幅度的提高。这一阶段,农民的食品消费由“吃饱”向“吃好”转变，食品消费结构发生变化，副食支出比重和衣着支出比重明显增加，黑白电视机、电风扇在农村普及，部分家庭拥有彩电，个别家庭拥有电脑。

2005年，城乡居民储蓄余额达到45.10亿元，社会消费品零售总额达到27.60亿元。电话、彩电、冰箱成为家庭普通消费品，全县私人轿车拥有量近4000辆，固定电话装机17万部，移动电话放号16万部，互联网用户达到8000户。

农民人均生活消费支出为2231元，其中食品消费912元，衣着消费104元，居住消费347元，家庭设备用品消费148元，交通和通信消费184元，文化教育、娱乐消费302元，医疗保健消费176元，其他消费58元。农民人均住房面积23.70平方米。每百户农村居民拥有电视机112台（其中彩电62台），摩托车21辆，固定电话69部，移动电话21部，洗衣机27台，影碟机9台，电冰箱5台。

社会保障　2005年，企业养老保险参保人数20840人，比2004年增加1280人；征缴企业基本养老保险费3586万元。农村养老保险参保人数3.8万人，当年收缴保险金53万元。城镇职工基本医疗保险参保人数35082人，参加失业保险人数2.46万人，享受失业保险待遇的人数1000人，工伤保险参保人员14255人。最低生活保障救助人数为7944人，其中城镇4061人，农村3883人。城镇实现就业再就业1436人，其中下岗失业人员再就业912人。社会福利收养单位（含敬老院）21个，床位1100张，收养人数1008人。

第八章　鄄城县

第一节　建置区划

境域　鄄城县位于菏泽市北部，地处北纬35°22′～35°43′，东经115°19′～115°43′。南与菏泽市牡丹区为邻，东与郓城县接壤，西部和北部与河南省濮阳市隔黄河相望。南北长37千米，东西长2千米，总面积1032平方千米。

沿革　秦置甄城县，治今旧城集。西汉改甄城县为鄄城县，因县内鄄邑、甄城而得名（城址在今旧城）。王莽时曾改鄄城为鄄良。东汉初平三年（192年），兖州刺史部治所由昌邑迁至鄄城。隋开皇十六年（596），于鄄城置濮州（濮州之名始于此），鄄城县属濮州。明景泰三年（1452），因河患，濮州治所由鄄城迁黄河西王村集（今河南省范县濮城），鄄城故城遂称旧城。清雍正十三年（1735），濮州改属曹州府。1913年改濮州为濮县，属山东济西道。1931年，“濮鄄分治”，于濮县河东地区复置鄄城县。1949年8月，鄄城县隶属平原省菏泽专区。1952年11月平原省撤销，鄄城县改属山东省菏泽专区。1967年3月，菏泽专区改为菏泽地区，鄄城县属之。2001年1月菏泽地区撤地设市，鄄城县属菏泽市至今。

区划　1986年，鄄城县辖3个镇，22个乡，870个行政村，1165个自然村。2001年2月合并乡镇，全县设7镇，9个乡。至2005年，全县设10镇（鄄城、旧城、红船、阎什、什集、箕山、李进士堂、董口、彭楼、临濮），6乡（凤凰、左营、大埝、富春、郑营、引马），439个行政村，1069个自然村。

人口　1986年，全县总人口61.90万人，14.18万户，户均4.37人。1986—1990年，人口自然增长率控制在14.3‰左右。1991年是鄄城县历史上生育高峰年，出生率高达36.35‰，自然增长率为32.17‰，总人口达到69.47万人。1995年，总人口为73.13万人，其中非农业人口为5.58万人，男女性别比为105.45。1996—2000年，人口又呈上升趋势。1996年总户数为18.67万户，总人口为73.53万人。2000年为18.93万户，75.18万人。其中，非农业人口也逐年增多：1996年为5.91万人，占总人口的8.04%；2000年为6.57万人，占总人口的8.74%。男女性别比1996年为104.56，2000年为104.35。

2001—2005年，人口继续上升。2001年总户数为20.77万户，总人口为76.73万人，人口出生率为15.88‰，人口自然增长率为13.80‰。至2005年年底，全县总人口达到79.88万人。

民族　鄄城县汉族人口最多。1990年人口普查统计，全县少数民族19个。2005年，全县少数民族21个。少数民族中回族人口最多，主要分布在董口镇、临濮镇及阎什镇。

第二节　自然条件

地形地貌　全县属黄河冲积平原，地势西南高东北低，坡降1/5000～1/7000，平均每10千米约降1米。地貌受黄河河水淤积和水流的影响（自1911—1935年间，黄河决口8次，其中7次淹没县内大部分土地），形成6种类型。

河滩高地　主要分布在黄河滩区，集中在临濮、董口、旧城、李进士堂、左营等5乡镇沿黄地区，由黄河涨水时携带泥沙漫滩沉积而成。沙、壤、黏土均有，呈微碱性，潜水埋深一般在5米以下，排水条件好，灌水条件差，没有盐化威胁，土地肥力较高，适宜小麦、大豆生长。面积1.09万公顷，占全县可利用土地面积的13.9%。

河槽洼地　主要是黄河决口时遗留下的旧河道，较大的是临濮沙河和箕山河河道。河床比两侧缓岗地低1米～1.5米，呈带状，宽处四五百米，窄处二三百米，潜水埋深为1.5米～2米，汛期多作排水道。河槽多为荒地和芦苇地，面积2980公顷，占可利用面积的3.8%。

背河槽状洼地　主要分布在黄河大堤两侧，形状如带，宽处一二百米，窄处几十米，全长52.5千米，由多次复堤取土形成。潜水埋深为1.5米～2米，多为积水地或重度盐地。面积2040公顷，占可利用面积的2.6%。

缓岗地　为全县第二大地貌类型，主要分布在临濮沙河两侧，由黄河决口时携带的泥沙沉积而成。是河槽洼地和缓平坡地的中间地带，土质为沙质和壤质。因地势稍高，潜水埋深一般在2.5米～3米，排水畅通，灌水较难。面积2.22万公顷，占可利用面积的28.16%。

浅平洼地　主要分布在大埝乡“九家村洼”、红船镇“韩桥洼”、箕山镇“孙垓洼”等地，为黄河泛滥尾水缓流或静水沉积而成，多为中壤或重壤，其边缘与洼地高差为0.5米～1米。潜水埋深2.5米左右，排水不畅，易受涝受渍，丰水年份积水成灾。土质较黏，易成盐化土壤。面积7220公顷，占可利用面积的9.18%。

缓平坡地　是全县最大地貌类型，遍布16个乡镇。地势平，坡降小，质地多为壤土和沙壤，淤灌区也有重壤。潜水埋深一般在2米～3米，土壤盐化威胁较大，局部地区也有不同程度的盐斑出现。面积3.33万公顷，占可利用面积的42.38%。

河流　受黄河多次决口的影响，水系变化较大。到1990年，有自然河流3条（黄河、箕山河、临濮沙河），人工开挖河道6条（金堤西河、华营河、三分干河、徐河、鄄郓河、五支沟）。除黄河外，均属淮河流域洙赵新河水系。

箕山河　位于县境中部，为1925年黄河在临濮李升屯决口形成，属季节性河流，时涸时盈。自临濮镇辛庄起，流经临濮、董口、富春、郑营、凤凰、箕山、左营7乡镇，注入鄄郓河，县内长44.2千米。1972—1979年，上游河道基本淤平，现在所称箕山河西起鄄菏公路，东至鄄郓河。

临濮沙河　又名大沙河，位于县境南部，为1935年黄河在临濮董庄决口时形成的自然坡河。自临濮镇苏泗庄起，流经临濮、什集、彭楼、阎什口4镇，从打席张庄南入菏泽市牡丹区境，县内长28.8千米，流域面积103平方千米。

临濮沙河

土壤　全县土壤属于潮土土类，分为潮土、盐化潮土2个亚类，3个土属，80个土种。其中潮土分布最广，面积为5.95万公顷，占全县可利用面积的75.63%。土质分沙质、壤质、黏质3种，基本分布是“南沙、中壤、北黏”。土体构型分透土型、漏土型、蒙金型3种，分别占34.75%、40.22%和18.30%。

植被　多为人工植被，自然植被仅限于草本植物。人工植被主要以栽培农作物为主，其次是人工造林。20世纪90年代，全县大力发展经济林建设。进入21世纪，形成以速生丰产林和绿色通道为主的用材林基地。到2005年，全县6.53万公顷耕地基本实现林网化，农林间作面积8333.33公顷。其中一般用材林6666.67公顷，速生丰产林2.2万公顷，防护林1333.33公顷，果园3333.33公顷。绿色通道总里程360千米，林木覆盖率达到35%，林木蓄积量180万立方米，形成以林网为主的多林种、多树种、多功能、高效益的综合防护林体系。2003年以前，城市绿化覆盖面积很小且变化不大，2003年以后缓慢增长。至2005年年底，城市绿化覆盖面积达201.5万平方米，城市绿化覆盖率25%，城市绿地率21%，人均公共绿地面积5.2平方米。

自然灾害　旱灾　1986—2005年，全县共发生旱灾7次，其中大旱（受灾面积2.67万公顷以上）3次，中旱（受灾面积6666.67公顷以上）2次，小旱（受灾面积666.66公顷以上）2次。受灾最严重的是1986年，全县受灾面积达5.37万公顷。

涝灾　1986—2005年，全县共发生涝灾9次，其中大涝（受灾面积2万公顷以上）3次，特大涝灾2次，发生在1993、2003年，受灾面积分别达4万公顷、6.09万公顷，中涝（受灾6666.67公顷以上）1次，小涝（受灾666.67公顷以上）3次。

虫灾　害虫种类繁多，仅农作物害虫就有7目13科68种。1986—2005年，发生中灾（受灾面积6666.67公顷以上）2次，小灾（受灾666.67公顷以上）7次。

风雹灾　常由冰雹伴随狂风暴雨，持续时间一般为5分钟，最长为20分钟左右。1998年，遭受严重的风雹袭击，农作物受灾面积达2.7万公顷。

自然资源　土地资源　全县土地总面积10.38万公顷，其中耕地6.67万公顷，园地3393.33公顷，林地7533.33公顷，建设用地1.55万公顷，居民点、工矿等用地1.33万公顷，交通用地640公顷，水利设施用地1526.67公顷，未利用地（荒草地、盐碱地）5853.33公顷，河流、水面占地2760公顷，滩涂地1573.33公顷。

水资源　鄄城县水资源主要包括黄河客水、地下水、地表水3种，总储量历年平均为5.23亿立方米，可利用总量为2.28亿立方米，其中黄河客水2.37亿立方米，可利用量1.06亿立方米；地下水2.33亿立方米，可利用量1.19亿立方米；地表水0.53亿立方米，可利用量0.03亿立方米。

生物资源　据1998年调查，全县有鸟类200余种，分属于鹈形目、鹳形目、隼形目、鸡形目、雁形目、鹤形目、鸥形目、鸽形目、鹃形目、夜鹰目、雨燕目、佛法僧目、雀形目17个目46个科，其中受国家保护的一、二级鸟类20余种，比较珍稀的有白鹳、中华秋沙鸭、大鸨、大天鹅、小天鹅、鸳鸯、白额雁、灰鹤、蓑羽鹤、秃鹫等，对人类有用的食虫益鸟100余种，经济鸟类20余种，从居留状况分，留鸟有30余种，夏候鸟有50余种，冬候鸟20余种，其余为旅鸟；兽类19种，分属于5个目，其中食虫目有刺猬，麝鼹、翼手目有须鼠耳蝠，萨氏蝙蝠，普通伏翼。食肉目有赤狐、黄鼬、狗獾、豹猫；兔形目有草兔，啮齿目大家鼠、小家鼠、大苍鼠、黑线苍鼠、黑线姬鼠、鼢鼠、啮齿目全部为有害种类，两栖类有中华蟾蜍、花背蟾蜍、黑斑蛙、泽蛙、金线蛙，中国林蛙、北方狭口蛙，雨蛙等9种，爬行类有无蹼壁虎，丽斑麻蜥、赤链蛇、黄脊游蛇、白条锦蛇，红点锦蛇、团花锦蛇、黑眉锦蛇、虎斑游蛇、双斑锦蛇等10种。2000年结束的全县陆生野生动物资源调查，共查出鸟类150多种，分属于16个目41个科，兽类18种，分属于5个目；两栖类8种，爬行类10种。野生植物资源种类：茅草、曲曲菜、节节草、秧子草、星星草、香附子、牛筋草、野向日葵、野考子、野绿豆、地黄、车前子、艾蒿、益母草、马齿苋、菟丝子、野银菜、蒺藜、碱蓬棵、效子草、沿缝菜、香蒌棵、山麻子、驴尾蒿、天星棵、水稗子草、臭里槐、疙疤秧子草等。

喜　鹊

矿产资源　矿产资源主要有煤炭、石油、天然气。煤炭为主要矿产，已探明含煤面积40平方千米，地质储量约39.63亿吨。煤种主要为褐煤，埋深约1000～2000米，厚5米～7米。石油、天然气属中原油田区域，埋深约3800米～4000米，主要分布在董口、临濮、旧城一带。

第三节　经济状况

农业　1986—2005年，全县继续推行完善家庭联产承包责任制和统分结合双层经营体制，进行农村产权制度改革，重点进行土地流转机制、股份合作制试点，促使土地向适度规模经营发展，同时培育农村市场体系和农业龙头企业，中药材、畜牧、林业、瓜菜等主导产业迅速壮大，其中中药材入选“山东省十大（农业）产业集群”行列。实施农业增效、农民增收、财政增加和农村稳定工程，落实农业税改革和种粮直补等一系列惠农政策，加大对农业基础设施投入，组织开展大规模劳务输出，农业和农村经济发生了巨大变化，农业主导产业向块状隆起、原产品加工一体化和第三产业相衔接的产业化方向发展。

中药材种植

种植业　1991—1995年，推广小麦精播半精播技术、紧凑型玉米综合丰产栽培技术、夏棉矮化密植增产技术、小麦化控技术等，探索立体种植模式术，实施1.33万公顷玉米、6666.67公顷花生、6666.67公顷玉米豆类间作套种综合增产技术，取得良好的经济效益。1996—2000年，围绕提高农业科技含量、种植业结构调整和产业开发，采取建立科技示范园等方法引进推广新品种、新技术，4666.67公顷小麦高产示范区平均亩产达到512千克，小面积高产和大面积丰产均创全区最高纪录。同时积极推广粮—瓜—棉和20+40高产高效种植模式，亩增效益300～800元。2001—2005年，调整优化种植业结构。中药材种植面积2666.67公顷，年亩均纯收入3000元以上。引进瓜菜名优品种30多个，瓜菜种植发展到1.57万公顷。2005年，全县粮食总产40.36万吨，蔬菜总产53.82万吨，棉花总产0.90万吨，油料总产6.01万吨。全县农机总动力95.76万千瓦，拥有农用拖拉机1.16万辆，农用运输车4.62万辆。

畜牧业　1986—1990年，全县大型规模饲养场、畜牧小区和饲养专业户发展较慢。1991—1995年，引进推广畜禽良种和科学饲养管理技术，规模养殖得到迅速发展。1994年建立的“山东大河饲养开发公司”，是全区唯一的集饲养、加工、销售为一体的肉鸡生产企业。1995年11月，在山东省首届畜产品交易会上，鄄城县参展的鲁西黄牛、青山羊和小尾寒羊全部获奖。2001年鄄城县被批准为国家级“鲁西黄牛品种资源保护基地”。2003年，畜牧业生产结构进一步优化，特种养殖快速发展，养貂6.8万只，珍珠鸡2万只，狐狸1.5万只。2004年，全县规模饲养占社会饲养的45%，规模饲养的发展推动了畜产品加

生态养殖

工业。县内有肉羊宰杀企业 2 家，年产羊肉 7500 吨；生猪宰杀企业 1 家，年加工能力 1000 吨；肉鸡宰杀分割线 1 条，乡镇裘皮加工企业 10 余家。2005 年，全县肉类总产 3.42 万吨，禽蛋总产 2.89 万吨，奶类总产 0.06 万吨，畜牧总产值 6.14 亿元，是 1986 年产值 3216 万元的 19 倍。

林业　1986 年，全县初步形成“网、带、片、点”相结合，林、果相结合的平原林业体系，林业产值 960 万元。被林业部授予“全国平原绿化先进单位”。1991—1995 年，林木覆盖率达 27.5%，平均年产木材 10 万立方米，果品 5 万吨。1996—2000 年，木材加工企业遍及城乡，形成规模较大的木材加工群体，年产拼板、刨花板、细木工板 9.9 万立方米，木椅、家具 10 万余件，年均林业生产总值 3.1 亿元，林业成为鄄城农村经济支柱产业之一。2003 年，全县 95% 的耕地实现林网化，有林地面积 2.33 万公顷，林木覆盖率达到 28%，形成多树种、多功能、高效益生态综合防护林体系。2005 年实施速生丰产林工程、绿色通道工程、桐木生产大地间作化工程、名优特果品经济林工程、种苗基地工程，林木覆盖率达到 35%，林木蓄积量 180 万立方米，林业（含果品）产值 2.68 亿元。

黄河堤坝防护林

水产　1986 年，水产品养殖主要有鱼、藕、苇等，产值 69 万元。1991—1995 年，采取集体开发、联合体开发、个体开发、租赁开发、承包开发等多种形式的水产业开发，先后引进建鲤、革胡子鲶、甲鱼、牛蛙、河蟹、武昌鱼等优良品种，渔业发展迅速。1995 年，全县渔业总产值 6100 万元。1996—2000 年，新开发水产面积 1333.33 公顷，成功引种养殖被誉为“水中黄金”“水中人参”的大银鱼，填补了全市空白。1996 年被评为“全省水产开发先进县”。2000 年，全县养鱼面积 1666.67 公顷，鲜鱼产量 7800 吨；植藕面积 1333.33 公顷，莲藕产量 3.2 万吨，渔业总产值 1.2 亿元。2001 年，开发改造水产养殖面积 733.33 公顷，富春、左营、临濮等乡镇建成百亩以上成方连片的渔场。2005 年，推广鳜鱼、团头鲂、高背鲫、黑鱼等名特优新品种，在临濮、阎什、大埝等乡镇大面积放养；引进的鄂莲系列新品种试栽成功，同等情况下亩产比地方品种高出三成；对大银鱼实施人工授精成功，当年提高产量达到 145 吨。年内，全县鲜鱼产量 9100 吨，鲜藕产量 4 万吨，渔业总产值 2 亿元。

工业　1986—1990 年，全县有全民企业 11 家，集体企业 7 家，乡镇企业 178 家，村办企业 325 家，联户企业 2041 家，个体企业 11439 家，主要工业行业有机械、纺织、服装、食品、工艺、酿酒、印刷、木器、造船、电力、制革、化工等。1991—1995 年，县属工业企业有 25 家，乡镇企业增加到 5671 家。1996—2000 年，县属工业企业改制面达到 90% 以上，商贸流通企业除政策性经营的之外全部完成改制。1999年底，全县销售收入在500万元以上的工业企业达到20家。2000年，民营经济快速发展，主要行业有人发皮毛加工、中药材购销加工、木材加工、地毯加工、食品加工、纺织、服装、化工、建筑建材、机械制造等，营业收入占乡镇企业的87%，达到13.8亿元。2001—2005年，鄄城实施“工业兴县”战略，通过采取民营资本重组、外资嫁接、公开拍卖等形式，实现投资主体多元化、经济民营化，工业结构调整步伐加快，工业产品档次和市场竞争力逐步提升。全县工业技改投资累计达到34.48亿元，比“九五”期间增加27.01亿元。新上项目29个，技改项目257个。“赛布罗”羊绒制品和“华格尔”商标及其系列产品分别获“山东省知名品牌”“山东省著名商标”。5年间，全县规模以上固定资产投资累计完成34.39亿元，年均增长42.5%；累计引进项目1820个，到位资金42.7亿元，其中投资千万元的项目80个，亿元以上的项目5个。2005年，全县规模以上工业企业达到62家，实现增加值5.71亿元、销售收入21.98亿元、利税7916万元，同比分别增长55.6%、54.9%、42.4%，创历史最好水平。

鄄城工业园

交通运输 1986年，鄄城县有省级公路干线2条，长91千米；支线8条，长53千米。1990年，县内支线公路达到15条，总长113.4千米，有20个乡镇修通柏油路。至1995年年底，县乡公路通车里程178.7千米，京九铁路县内通车里程11.8千米。1996—2000年，共投资3851万元改建地方公路263.95千米，实现乡镇之间通柏油路。2001—2005年，公路建设累计投资3.70亿元。2005年，全县公路通车里程1459.9千米，97%的村庄通柏油路。

村村通施工

1986年，鄄城与济南、泰安、兖州、济宁、商丘、兰考、嘉祥等25个市县开通班车，1990年增至到63个市县。2002年，鄄城万通公司购进50辆出租车投入城区运营，78辆公交汽车分12路投入县内运营。

2000年，客运量38.72万人次，货运量50.2万吨。2005年，公路旅客运输量177.9万人，公路旅客周转量9191万人公里；公路货物运输量156.9万吨，公路货物周转量1.30亿吨公里。民用汽车拥有量1995辆，其中货运汽车500余辆。

邮政电信 1986年，鄄城县有邮电局

1处，支局10处，委办邮电所2处。1990年，全县支线邮路8条，总长139千米，农村投递线路1624千米。1990年，电话交换机总容量由1986年的500门增加至1000门，电话由274部增加至499部。1994年，市话用户实现长途直拨。全县市话容量达6144门，农话交换机容量增至3108门，市话和农话用户达到3068户。1998年实施“村村通电话”工程。2000年实施“电话县”工程，骨干传输网全部实现光缆传输。至年底，全县装机总容量达到3.1万门，电话用户总数达到2.91万户；各类公用电话、“网吧”在城区和乡镇驻地迅速普及。全县PC机上网用户1786户，移动在网用户1.38万户。移动、联通、网通等通信公司在鄄城的业务迅速扩大。至2005年年底，网通业务总量4365万元，固定电话用户达到11万户，小灵通用户2万户，移动电话用户6.8万户，互联网用户3500户，电话普及率每百人达14部。

商业贸易　商贸体制　1986年，国营和供销合作商业企业占据县内贸易的主导地位，商业、供销、粮食、物资四大系统是商品流通的主渠道。随着计划经济体制向市场经济体制的转变，主渠道作用逐步下降。1991年后，对国有、集体企业商店进行租赁、拍卖、承包。1995年后，国有、集体企业逐步进行股份制改革，将其资产出售或配送给职工，国有、集体企业变更成股份制公司。与此同时，个体私营经济迅速发展壮大，大型专业市场应时而生，如舜王城中药材市场、金堤口人发市场、郑营皮毛市场、什集废旧钢丝绳市场等。2005年，已形成股份制企业、连锁经营企业、个体私营企业多种经济成分并存的流通格局。县城有大型商场10余家，城乡有大型商品交易市场39处。全县零售商业、饮食业、服务业网点发展到1.1万个，从业人员3万余人，社会消费品零售总额19.63亿元，是1986年的16倍。

舜王城中药材市场

外贸出口　1990年以前，鄄城县外贸出口商品主要有畜产、土产、粮油食品、工艺美术品4大类。1995年增加化工、轻工、纺织、服装、中药材等10余个大类，其中的桐木、化工产品、地毯、人发制品、青猾皮、棉花、裘皮衣等，每年供货值都在千万元以上。1996年，鄄城县被外经贸部赋予直接进出口权，主要国际市场有日本、韩国、美国、欧盟、巴西、西班牙等国家。2001—2005年，全县有外商投资企业15家，自营进出口企业31家，实际利用外资达到6000万美元，外贸进出口额累计达到1.25亿美元。人发制品、化工产品、木制

人发制品

家具出口增长较快，经济外向度由2000年的0.78%提高到2005年的7.2%。

城建环保 城建 1986—1995年，逐步实施鄄城县《城市总体规划》，新修、改造城区道路总长275千米；供水网络覆盖城区，日供水5000立方米；对环城河进行公园式改造开发，投资40多万元全面绿化城区。1999年，省政府将鄄城县的城市性质定位为以发展农副产品加工业和旅游业为主的小城市后，加大对居民小区、城市供水、环境卫生、石油液化气、园林绿化等公共设施建设力度。2000年，城建投资突破亿元大关。2001—2005年，城乡基础设施建设投资是前5年的6.94倍，城区面积发展到7.21平方千米，县城常住人口由2000年的5.2万人增加到8.27万人，城区“十三纵八横”的路网格局初步形成，城区主要路段进行了亮化、绿化、美化和拆墙透绿，城区绿化面积由原来的60万平方米增加到110万平方米，城区保洁面积由原来的68万平方米扩大到154.9万平方米。投资800万元兴建的人民广场和投资近亿元开发的鄄三路欧式一条街，成为城市建设中的两大亮点。

广　场

环保 1986年开始对县内主要污染物废水、废气、废渣、噪音进行综合治理。1991—1995年，实施环境影响报告审批和“三同时”制度，对建设项目进行严格审查验收，实现环保计划目标。1996—2000年，在对“三废”进行治理的同时，对工业噪声污染源进行治理，对城区主要街道进行交通噪声控制。2001—2005年，投资3000余万元对工业企业污染进行治理，并依法处理环境违法企业25家，关停小造纸企业8家。同时，投资7800万元建设污水处理厂。2005年，鄄城县被国家环保总局批准为国家级农业生态示范区。

工作人员取样

旅游 鄄城历史悠久，旅游资源丰富。主要旅游景点有雷泽湖、伏羲庙、华胥故里、帝尧陵、尧城遗址、庆都陵、尧妃中山夫人墓、箕山古遗址、姚墟（舜诞生地）、历山遗址、庄子钓鱼台、孙膑故里、漆园遗址、孙膑家祠、孙膑纪念馆、古亿城寺遗址、亘古清泉、曹植读书台、羊左合葬墓、苏述御使牌坊、临濮亚圣夫子庙、孙膑旅游城、金堤风景线、黄河风景线、沙河风景线等。2005年，占地64.67公顷，集观光旅游、文化娱乐、商贸服务于一体的仿古建筑群——孙膑旅游城对外开放。

孙膑旅游城

土特名产　主要有鲁西黄牛、青山羊、小尾寒羊、鲁西斗鸡、鄄城鲁锦、旋木玩具、苹果等。

第四节　文化事业

科学技术　1986—1990 年，全县共有各类科技人员 9944 人，其中 8167 人取得专业技术资格。5 年间共获地区级以上科技成果奖 16 项，其中有全国科技成果奖 2 项，省级成果奖 5 项，地区级成果奖 9 项。1991—1995 年，鄄城县承担国家、省、地科技攻关项目 46 项，“火炬”项目 12 项，“星火”项目 21 项；取得科研成果 134 项，其中 53 项获国家、省、地科技进步奖和“星火”奖；推广新技术、新成果 326 项，发展科技企业 37 个；创办技术贸易机构 68 个、科技开发机构 24 个、科技信息机构 12 个、乡办农业技术服务组织 110 个、村办技术服务组 630 个，基本形成全县技术服务网络。1996—2000 年，累计申请专利 63 项，授权 32 项，实施专利 26 项，累计增加产值 5600 万元。1997 年，被国家科委授予“全国科技工作先进县”称号。2001—2005 年，全县共有各类科技人员 9999 名，取得国家、省、市级科技成果 132 项，累计申请专利 44 项、授权 29 项，50% 以上的科技成果得到推广，科技对经济增长的贡献率达到 35% 以上。

教育　1986 年，全县有各级各类学校 632 所，在校学生 7.91 万人。1991—1995 年，对教育实行“四个优先”，初步形成普通教育、职业技术教育和成人教育协调发展的新型教育体系。1996—2000 年，全县中、小学校累计投入建设资金 8000 万元、教学设备资金 2000 万元，各初级中学和农村完全小学实验室设备、音乐体育美术器材及图书资料达到 II 类配备标准，城区中小学实现“两机一幕”进课堂，各乡镇初级中学建成微机室，各高级中学建成微机室、语音室，城区高级中学和初级中学建起了校园双向控制系统和校园网络。自 1995 年起，应届高中毕业生本科上线率连续 6 年全市第一。至 2000 年年底，全县有各类民办学校 24 所，在校生 1.43 万人。2003—2005 年，全县投资 3516.8 万元，新建教学楼 68 座，扩展校舍建筑面积 5.2 万平方米，修缮改造 B、C 级危房 6.1 万平方米，更新配备中小学生课桌凳3.8万套。至2005年年底，全县有中等专业学校1所，在校生250人；普通高中5所，在校生1.86万人；普通初中27所，在校生2.90万人；小学200所，在校生5.9万人。高中阶段职业教育学校在校生4714人，占高中阶段在校生总量的27.3%，名列全市第二。

小学升旗仪式

文化艺术 鄄城县有专业艺术表演团体1个，图书馆、艺术馆、文化馆、档案馆、博物馆、书画院、剧院、影院各1个，乡镇文化站16个，农村文化大院700余个，乡镇影院17个。地方剧种主要有豫剧、山东梆子、枣梆、四平调、两夹弦、大弦子、柳子戏、大平调等。曲艺主要有琴书、坠子、山东快书、花鼓、道情、落子等。民间游艺有龙灯、马叉、花船、舞狮、抬阁、高跷、商羊舞等。文艺创作主要有散文、小说、诗歌、报告文学、戏曲、故事、山东快书、书画、小品、相声等。每年都有形式不同的文艺作品在国家、省、市级报刊上发表。

文学创作 1986—2005年，鄄城县反映新时代、新生活的文学作品不断涌现。1997年5月成立鄄城县作家协会。2005年11月县作家协会换届，会员20人。这一时期的文学创作活动，主要从两个方面入手：①发动组织，培养了大批的业余作者；②文化馆创作人员参与创作，接待辅导作者5000多人次，帮助修改稿件1700余件，并将其中600余件推荐给各级报刊，其中在省级报刊上发表60余件，涌现出一批知名文学创作人员。石耿立、张晓楠被吸收为中国作协会员，李超杰、黄贤清、殷修亮等被吸收为山东省作协会员。全县新闻工作者在国家级报刊上发表新闻报道和作品934篇，在省、地级报刊上发表新闻报道和作品分别达5300余篇和18450余篇。

绘画 1986年后，群众美术发展较快。1987年11月，鄄城县书画协会成立，会员34人。尧王书画研究院于2001年7月1日成立，并在民政部登记注册，会员80余人，成立时，举行了庆祝建党80周年首届展览，展出作品436幅。2003年10月，成立以农民和退休职工为主体的群众性美术组织：雷泽书画工艺美术协会。2005年4月，鄄城县老年书画协会成立。同年，梁邦奎绘画作品《梅花》获“强国之梦”纪念抗战60周年全国书画大展二等奖，《乾坤正气》获第三届全国法制宣传书画二等奖。至年底，专业美术创作人员50人，业余爱好者400余人，其中梁邦奎、张光强被吸收为山东省美协会员。

书法 1987年11月成立鄄城县书画协会，县文化馆和县书画协会每年组织一次书画展览，并选送部分作品参加地区展览。1992年书画协会换届，并在县老干部活动中心主办了全县迎国庆书画展，展出书画作品200余幅。2000年县少年宫成立少儿书法学习班。2005年11月书法协会与美术协会分离，成立鄄城县书法家协会，理事10人，会员27人，专业和业余书法人员300多人，其中，张建军、刘鲁旭被吸收为中国书协会员，高贤益、石贤苍、刘率东等16人被吸收为山东省书协会员。每到国庆、建党等重大节日均有大型书法展览。

音乐　1986—2005年，每逢春节、国庆等重大节日，均有大型文艺活动。在这期间，为各类演出会演和企事业单位文化活动创作音乐作品160余件，在省级以上报刊发表或获奖10件，市级报刊发表或获奖60余件。2005年11月，成立鄄城县音乐家协会，理事12人，会员22人。

摄影　鄄城县艺术摄影爱好者较少。全洪江，1991年拍摄的40余幅作品在《中华热土》杂志上发表，自1991年以后在省级报刊上发表作品35幅，市级报刊发表52幅，1993年为纪念毛泽东同志100周年诞辰，举办了摄影作品展览，展出作品240余幅。1994年16幅作品参加省"镜中东南亚"艺术展，1995年，在地区举办个人摄影艺术展，展出作品138幅。1999年在青藏高原拍摄的《高原秋月》获全国十九届摄影艺术展览作品奖。

曲艺　流行于县境的曲艺主要有山东琴书、山东落子、河南坠子、江苏大鼓、弦子大鼓、渔鼓、木板大鼓、盲人说书等。山东琴书流行书目多为小段，有《双锁柜》《王二姐劝母》《王林休妻》《王天贵下苏州》《马前泼水》《草船借箭》《庆端阳》《盗灵芝》《戏牡丹》等。山东落子主要书目有《三国》《响马传》《包公传》《七侠五义》《陈州放粮》《丝绒记》《何公子投亲》《王桂兰捉妖》《朱洪武放牛》等。河南坠子流行书目有《刘公案》《包公案》

山东琴书

《呼延庆打擂》《丝绒记》《回龙传》《响马传》等。江苏大鼓流传曲目有《南北宋》《大隋唐》等。弦子大鼓主要书目有《薛刚打朝》《杨金花夺印》《响马传》《刘公案》等。渔鼓流行书目有《唐五探亲》《白绫记》《韩湘子度林英》《孙膑拜寿》等。木板大鼓主要书目有《杨家将》《呼家将》《包公案》等，现代戏《平原游击队》等。盲人说书书目有《三省庄》《破孟州》等。鄄城青年戏剧演员孙鸿雁在河南省电视台"《梨园春》五年擂主争霸赛"上，夺得总霸主桂冠。

民间鼓吹乐　全县有专业唢呐吹奏世家23家，唢呐艺人132人。临濮乡田铺

唢呐老艺人

村王继玉和郑营乡信义村周洪臣两家均为唢呐世家，王继玉之子王立华于1999年和2003年两次在全市唢呐比赛中获得一等奖。2004年应中央音乐学院、中国音乐学院邀请，王继玉和王立华父子赴京演出，演出的传统曲目，得到专家的好评。唢呐演奏的主要曲目有《百鸟朝凤》《闹雪灯》《凤阳歌》《朝天子》《山坡羊》《腊梅花》《春日歌》《鹁鸽谣》《一枝花》等，有时出演戏曲选段或歌曲等。

民间舞蹈　“商羊舞”民间传统舞蹈，在鄄城县流传已一千多年，《论衡·变动》中：“商羊者，知雨之物也，天且雨，屈其一足起舞矣。”于是，商羊舞便成了下雨的征兆。倘遇天旱无雨，村民则手持“响板”，身结鸟羽，模仿商羊而舞之。这些舞蹈世代相传，原为杏花岗三官庙祈雨专用舞蹈，后来逐渐变为一种民间娱乐活动。1956年山东省民间音乐舞蹈会演，获节目整理、演出二等奖。1995年11月县文化局和县广电局对这项古老的民间舞蹈进行

商羊舞

重新排练，拍摄专题片，并于春节前播放。2005年县文体局为保护“商羊舞”这一古老的民间舞蹈，对其保护性挖掘整理，拍摄照片40幅，对传承谱系考证记录，给老艺人建立档案，拍摄电视专题片，2005年底申报了省级非物质文化遗产项目。

民间表演　“担经”。担经在鄄城县已有一千多年的历史，它是佛教音乐与本地民歌、戏曲等相融合而形成的一种表演艺术。表演者身穿彩衣，担着经挑，边唱边舞。这项古老的民间艺术一般在庙会上表演，在本县的沙土庙会、郭北口庙会和信义庙会上均有表演。它常表现民间故事，民间传说，教育人们尊老爱幼，多做好事等。2005年底申报市级非物质文化遗产项目。

担　经

“抬阁”。抬阁又名“抬架子阁”，是一种有故事情节的民间造型艺术。明代由河北传入鄄城，流行于红船、临濮一带。现在能坚持表演的只有临濮崔楼的抬阁。崔楼抬阁的特点是，方桌上可安放两组戏剧角色，称为“五架阁”。支架不留痕迹，角色似悬空起舞，给人以惊险奇妙之感。2005年底该项目已申报市级非物质文化遗产。

抬　阁

“马叉”。马叉是武术的一种，但因为叉头闪亮夺目，铁环叮当作响，多种造型和特技表演优美动人。鄄城什李村是马叉活动的中心，全村有马叉 20 多杆，现已流传二十多代。马叉表演的造型有“朝天一炉香”“怀中抱月”“鲤鱼打挺”“泰山压顶”“空中飞叉”“背剑”等。2005 年底，该项目已申报市级非物质文化遗产。

马叉表演

鲁锦　即家织“粗花布”，因其配色鲜艳，花纹精美，故称“鲁锦”，是富有鄄城特色的民间织艺。鄄城农村妇女，多纺织能手，代代相传，不断创新。其花样有长流水、风绞雪、迷魂阵等。1995 年，鄄城县文管所建立了中国鲁锦艺术博物馆。至 2005 年从事鲁锦开发的有 10 余家，从业人员 3000 人，许多产品远销海外，打入国际市场，省电视台曾多次到鄄城为鲁锦录制专题片。2005 年底，已申报省级非物质文化遗产项目。

鲁锦织作

雕砖　鄄城县彭楼镇的谢家雕砖从清代乾隆年间开始创业，已有 200 多年的历史，其传人谢学运至今仍操祖业。是鄄城县一枝独秀的民间艺术。1980 年在鄄城陈良乡北齐亿城寺旧址出土的雕砖已在《文物》上有专文发表，现已证明为谢家雕砖。2005 年底已申报省级非物质文化遗产保护项目。

医疗卫生　1986 年，鄄城有县级医院 2 所、县医院分院 6 所、卫生防疫站和妇幼保健站各 1 个、乡镇卫生院 18 所、村卫生室 781 个，卫生技术人员 888 人。2005 年，全县有卫生医疗机构 695 个，共有床位 995 张，卫生技术人员 1570 人，其中执业医师 876 人，注册护士 432 人。

医疗技术　县医院可做脾肾静脉分流术、全胃切除术、全食道癌根治术、股骨头置换术、腰椎间盘切除术、心脏起搏器安装、心脏电击复率、脑颅清除术、甲状腺癌根除、巨型肝癌切除、颅脑肿瘤摘除、新式剖宫产等手术50余项，其中的颅内出血微创治疗、心脏永久起搏器安装、食管狭窄胃镜下扩张支架置入、颅内肿瘤（特殊部位）切除等手术已达到省、市级先进水平。

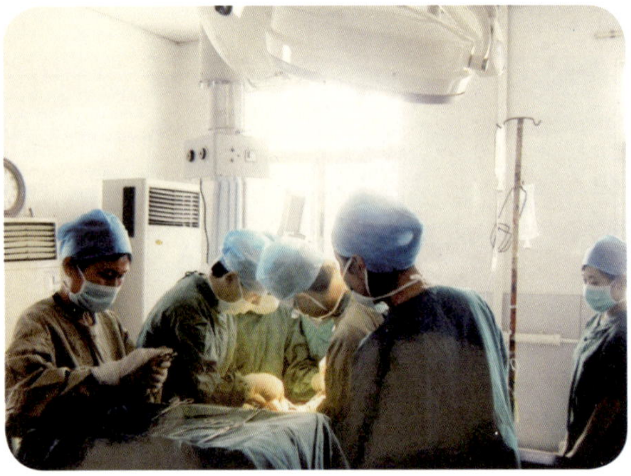

手术中

医疗器械　县医院拥有各种大、中型医疗器械X光机、心电图机、A超机、B超机、心脏示波监护仪、脑电图机、激光治疗仪、脑血流变仪、电脑化尿液分析仪、高压氧舱、电视肠胃X光机、西门子全身CT机、西门子彩色B超机、日立X线胃肠机、全自动手术台、CR数字显影仪、美国GE双排螺旋CT机、数字胃肠机、全自动生化分析仪、彩色超声诊断仪等先进设备180台（件）。其他县级医院和乡镇医院也都配备了较为先进的医疗设备。

疾病控制　1986年后，全县疾病控制工作逐渐走向规范。每年对儿童注射麻疹、百白破、乙脑等疫苗。1986年基本消灭了疟疾。1992年开展乙肝疫苗接种工作，1993年被地区卫生局评为强化服苗全区第一名。1995年，乙肝疫苗接种工作重点转向新生儿，计划免疫疫苗实行县、乡、村逐级计划供应。县疾控中心配备了冷链车、速冻柜、非药冷藏箱，乡镇防保站配备了冰箱、冷藏箱、冰排等。对新生儿实行一月内建卡建证制度、冷链设备管理和使用制度、计划免疫资料建档制度、生物制品管理制度，实现县、乡、村三级质量控制，做到人、证、卡、接种四一致。1995年后，四苗（卡介苗、麻疹疫苗、百日破疫苗、脊灰糖丸疫苗）全程接种率达到95%以上。2000年鄄城县被确定为省级计划免疫重点管理县，2001年，各乡镇防保站从硬件、软件各方面，加强门诊建设，并通过省市验收，红船、彭楼防保站计划门诊被确定为省示范化门诊。2003年8月将乙肝疫苗纳入计划免疫管理，接种率迅速提高到99.9%。至2005年，加强了对传染性非典型肺炎、艾滋病、病毒性肝炎、结核病、麻疹、脊髓灰质炎、流脑、乙脑、百白破等重点传染病的防治，各种传染病得到有效的预防和控制。

体育　鄄城县有各类武术学校、业余体校4所，标准体育场地6处，非标准场地59处，室外篮球场82个，室内标准篮球场1个，排球场6个，门球场4个，武术健身房4座，广场、路径健身器材179台（套），室外乒乓球台218个。鄄城输送的运动员陈丽在1998年世界女子飞碟射击锦标赛上打破世界纪录，在2005年全国十运会女子多向飞碟射击比赛中获冠军。2005年10月，在青岛中国“千业杯”国际太极拳邀请赛上，鄄城选手王亚军、张常士、周志强分别获得不同套路一、二等奖。

1986—2005 年，鄄城县在国际、国内、省、市（地）比赛中共获得奖牌 110 多枚。

运动员陈丽

第五节　人民生活

经济收入　1986 年，农民人均纯收入 260 元。1990 年在职职工年人均工资 1900 元，农民人均年纯收入 492 元。2005 年，职工年平均工资达到 8806 元，农民人均年纯收入达到 3016 元。

家庭积累　20 世纪 80 年代，多数城乡居民开始具备积累条件。90 年代，财产和现金积累逐渐增加。进入 21 世纪，城乡家庭积累增长较快。2005 年底，年末金融机构各项存款余额 27.37 亿元，其中居民储蓄存款余额 23.12 亿元。

生活消费　1986—2005 年，城乡居民衣、食、住、行均有较大改善。衣着由单一低档转向多样、时尚。饮食由解决温饱逐步讲究营养合理益于健康。城镇居民住房向套房、楼房、小别墅发展。代步工具由原来的自行车发展到摩托车、电动自行车，一部分较富裕的城乡居民购买了私家轿车。农用汽车、机动三轮车、农用机械普遍应用于农村。冰箱、空调、微机进入寻常百姓家中。城乡居民的居住环境得到改善。农村 90% 的农民住上砖瓦房，城镇居民人均居住面积达到 20.53 平方米。

社会保障　1986 年后，随着社会的发展和经济的增长，社会福利和社会保障资金逐年增加，保障范围越来越广。2005 年，农民参加养老保险人数达到 4176 人；城镇职工基本医疗保险人数达 2.74 万人，参加失业保险人数达 1825 人；最低生活保障救助人数城镇为 4585 人，农村为 5186 人。

第九章　东明县

第一节　建置区划

境域　东明县位于菏泽市西部，地处北纬 34°58′—35°25′，东经 114°48′—115°16′。东与菏泽市牡丹区毗连，东南与曹县接壤，南与河南省兰考县为邻，西依黄河与河南省长垣县搭界，北隔黄河与河南省濮阳市相望。南北最长 55 千米，东西最宽 35 千米，总面积 1369.8 平方千米。

沿革　东明始称东昏。东昏之称源于公元前 218 年，秦始皇东游至三川郡阳武县户牖乡，恰逢霾雾四塞，天地昏暗，遂命其地为东昏。西汉武帝刘彻建元元年（前

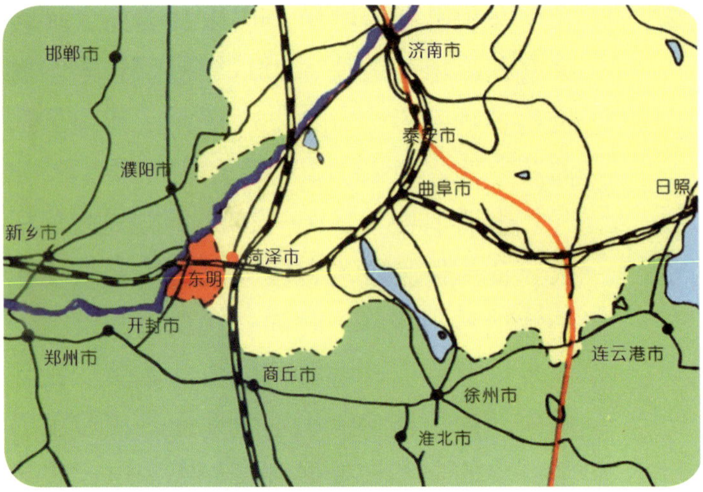

东明县区位图

140年）置东昏县（地址在今兰考县北偏东爪营）。新始建国元年（公元9年），王莽改东昏县为东明县，东明县名始于此。后经三置两废一次迁徙，于金兴定二年（1218年）迁至今县境内。随着历史的变迁，东明县治所亦几度迁移，明弘治三年（1490年）始迁至今县城址。新中国成立前，东明县属河北（直隶）省，新中国成立初划归平原省菏泽专区。1952年，平原省撤销后，改属河南省郑州专区。1955年10月改属开封专区。1963年4月改属山东省菏泽专区。1967年3月菏泽专区更名为菏泽地区，东明县属之。2001年1月，菏泽地区撤地设市，东明县属菏泽市至今。

区划 1986年，全县有3镇19乡。2001年2月，将22个乡镇合并为7镇6乡。至2005年，全县有7镇6乡1区（经济技术开发区），共406个行政村、5个社区。

人口 1986年，全县总人口为57万人，其中农业人口54.1万人，非农业人口3.4万人，人口密度为每平方公里442人。2005年全县总人口74.8万人，其中农业人口64.7万人，非农业人口10.1万人；男性38.7万人，女性36.1万人。人口密度为每平方公里546人，比1986年每平方公里增加104人。人口出生率8.72‰，死亡率4.16‰，自然增长率为4.56‰。

民族 1982年人口普查统计，全县有16个民族，其中少数民族15个3344人。2005年，少数民族增至23个，共8500人，仅占全县总人口的1.15%。

第二节 自然条件

地形地貌 东明县属黄河冲积平原，地势由西南向东北缓缓倾斜，最高点在焦园乡的徐夹堤村，海拔67.9米，最低点在武胜桥乡的韩楼村，海拔53.9米。东明地貌受黄河淤积和水流的影响而形成，分为河滩高地、决口扇形地、高坡地、平坡地、洼坡地、浅平洼地、背河槽状洼地、黄河滩涂等8种微地貌类型，但就全境而言无明显岗洼。

河流 黄河流经东明西、北两边边境，途经5个乡，县内长约76千米，流域面积206平方千米。有记载以来，县境内最高水位64.13米（1982年8月13日），最低有断流现象。年平均径流量36.77亿立方米，最大流量17900立方米／秒。2015年，县境内还有洙赵新河和东鱼河两大水系，均属淮河流域。洙赵新河西起菜园集乡高村东北，经武胜桥乡的杨庄东北处入牡丹区，县内长度16千米，流域面积156平方千米。洙赵新河水系包括：洙赵新河、五里河、幸福河、鱼沃河下段。这些河流分布在县城以北，最长57千米。东鱼河西起刘楼镇南，经刘楼、东明集、小井、大

黄河东明段

屯4个乡镇，在大屯镇的王茂寨村东出县境入牡丹区与曹县，县内长度31.6千米，流域面积382平方千米。东鱼河水系包括：东鱼河北支、沙窝河、贾河、苏集抗旱沟、东鱼河、紫荆河、裴子岩河、夏营河和南赵王河。这些河都分布在县城以南，总长度194.9千米。加上2212条干、支、斗级渠道，全县排灌渠道总长为3599千米，河网密度为2.63千米／平方千米。除黄河外，域内径流总量近10亿立方米。

土壤　县域属黄泛平原，成土母质为黄河淤积物。其土壤类型可分为3个大类：潮土、盐土、风沙土。潮土广泛分布于黄河堤东各乡镇和沿黄乡镇，占土地总面积的93.93%，适宜种植小麦、高粱、大豆、玉米、棉花等。盐土主要分布在黄河大堤外侧的菜园集乡和沙窝乡，占土壤总面积的0.37%，宜种植棉花、田菁、红荆柳等耐碱性作物。风沙土主要分布在三条决口扇形地，即焦园乡至大屯镇、刘楼镇至陆圈镇、城关镇至菜园集乡，占土壤总面积的5.7%，但在水源充足的地方，可种植花生、红薯、瓜类、果树等。

植被　多为人工栽培，自然植被仅限于草本植物。人工植被主要以栽培农作物为主，其次是人工造林。1986—2005年，全县发展林果业，同时利用优势条件，营造项目林、丰产林、防护林。特别是进入21世纪以后，为营造“绿色东明”，实施绿色通道工程、农田林网工程、林粮间作工程、名特优果品工程、防护林工程及经济林工程，掀起全县林果业建设的高潮。2005年，全县林木覆盖总面积为3.84万公顷，林木覆盖率已由1986年的18%上升到28%。用材林以杨树为最多，其次是桐树、柳树、刺槐和榆树等。在经济林中以苹果树最多，其次是桃、杏、葡萄、枣树等。县境内的河堤、村落、路旁，都以夏绿阔叶树及乔木为主，盐碱地有盐生植物群落；荒地上多自然复苏的禾本科狗尾草、芦苇、茅草等。

自然灾害　据1986—2005年气象资料统计，20年中因干旱成灾的有7个年份，概率为35%，平均3年1遇，其中大旱2年，平均10年1遇。2001年干旱成灾最重，全县3.07万公顷粮、棉田减产7成以上，农业经济损失4.69亿元。涝灾多出现在夏、秋两季，多由于暴雨持续时间长，降水量大所致。20年中内涝共出现3次，概率15%，累计受灾农田5.54万公顷，经济损失1.31亿元。由于主干排水河道的全面治理，逐步建立比较完善的排水系统，增强了排涝能力，使历史上的严重涝灾明显减轻。黄涝主要危及东明县沿黄河滩区的5个乡镇，1986—2005年，严重黄水漫滩3次。1996年8月5—7日，由于河道淤积严重，长兴集乡生产堤溃口，洪水全部偎堤，平均水深2米以上，最深处达4米。滩区5个乡镇、113个行政村、196个自然村，23580户、12万人被洪水分割围困。淹死农作物2.33万公顷，1.5万间房屋倒塌，造成危房7.5万间，供电通信设施严重损坏，直接经济损失22.14亿元。1998年7月18—20日，黄河洪峰入境，黄河大堤东明段6道坝10次出险，滩区69个村庄受淹，受灾面积1.59万公顷，受灾人口5万多人，直接经济损失1.5亿元。2003年9月18日，河南省兰考县蔡集控导工程28号坝前生产堤决口，洪水涌入东明县南滩。至9月26日，南滩全部被淹，平均水深2.5米，造成135个村庄、9.68万人被洪水围困，1.28万公顷秋作物绝产，188座桥涵闸、86眼机井、139千米供电线路、167千米通信线路、86.2千米公路被毁，44346间房屋被损坏，其中5487间房屋倒塌，直接经济损失7.1亿元。雨淞、雾凇多出现在隆冬时节，对农田的危害不大，仅对交通有不利影响，但出现概率很少，雨淞平均7年1遇，雾凇3年1遇。雹灾多出现在夏季(麦收前后)，一般发生在下午和傍晚。降雹5～10分钟左右。沙窝、小井、刘楼、东明集、大屯等乡镇为冰雹多发区，机遇较多，强度也较大。1986—1995年，棉铃虫偏重发生，棉花减产；蝗虫虽有不同程度的发生，但经飞机喷药治蝗，把损失降到了最低限度。东明地处聊城至兰考断裂带的中南部，被国家列为7度设防区。1986年至2005年的20年间，有震感的地震发生2次，均没有造成太大的人员伤亡和财产损失。

自然资源 *土地资源* 2005年，全县土地总面积为13.7万公顷，其中耕地面积6.72万公顷，占总面积的49.05%；园地1680公顷，占总面积的1.23%；林地2.35万公顷，占总面积的17.15%；居民点及工矿用地1.60万公顷，占总面积的11.64%；交通用地1040公顷，占总面积的0.76%；水域面积1.37万公顷，占总面积的9.97%；未利用土地1.40万公顷，占总面积的10.21%。全县人均占有土地2.73亩（折合0.182公顷），在农业人口中，人均占有耕地1.55亩（折合0.103公顷）。土地资源的特点是适宜性广，宜农面积大；地势平坦，耕地连片；土质较好，肥力偏低；布局较好，水资源丰富。1978年改革开放之后，经济快速发展，各项建设用地激增，人地矛盾逐渐突出。

水资源 东明的水资源比较丰富，水质较好，易开发利用。包括地表水和地下水两大部分。在现状多年平均的情况下（下同），两项合计4.14亿立方米，其中地表水0.91亿立方米，占22%，地下水综合补给量为3.23亿立方米，占78%。除黄河水面和滩涂面积外，平均每平方公里产水模数为34.25万立方米。全县可利用的水资源总量为4.87亿立方米，其中地表水占1.2%，地下水占48%，黄河水（不含灌淤用水）占50.8%。人均占有可利用水资源651立方米。2005年，全县水资源的实际开采量是3.74亿立方米，其中国民经济各部门实际用水量为1.74亿立方米，其余水资源支援了东部县区。地表水酸碱度值平均7.9，最大值8.5；溶解氧含量平均为5.46毫克／升，氯化物含量平均为94.8毫克／升，均符合水产渔业的水质标准。地下水大部分为重碳酸盐水，矿化度均少于2克／升，是农田灌溉和发展工业的上乘水。

矿藏资源 全县蕴含着丰富的石油和天然气。已初步探明，石油地质储量为1.3亿吨以上，天然气储量为216亿立方米。现已有井点70多个，控制区25平方千米。

另外，分布在黄河滩区的黏土矿，年可取土约400万立方米，是加工优质砖瓦的上等土。

石　油

生物资源　野生动物主要有猫头鹰、啄木鸟、麻雀、黄鼠狼、刺猬、蝙蝠、赤眼蜂、野鸡、大苇莺、燕子、斑鸠、乌鸦、黄莺、画眉鸟、百灵、水鸟、水鸭、杜鹃、灰喜鹊、绿头鸭、中华秋沙鸡、灰鹤、夜莺、苍露、蜜蜂、蝴蝶、蜻蜓、螳螂、蟋蟀、蝉、蜘蛛、蛇、蜥蜴、壁虎、蝎子、蜗牛鳖(团鱼)、螃蟹、虾、土鳖(土元)、青蛙、蟾蜍、蜘蛛和鲤鱼、鳑鲏鱼、麦穗鱼、棒花鱼、花鲢、白鲢、鳙鱼、鲂鱼、泥鳅、乌鳢、黄鳝、黄颡鱼、鲶鱼、鲫鱼、餐条鱼、翘嘴红鲌、鳊鱼、赤眼鳟、鳡鱼、草鱼、甲鱼等；野生水生植物主要有水蓼、水葫芦、眼子菜群落、金鱼藻—黑藻群落、紫萍—浮萍—槐叶苯群落、莲群落、荆三棱群落等；野生药用植物主要有白蒺藜、白茅根、地肤子、车前草、杜仲、马齿苋、狼把草、麦冬、蒲公英、猪毛草、香附、决明子、半夏、黄芪、红花、芍药、菊花、铺地锦、白芥子等200余种。

第三节　经济状况

农业　种植业　东明县是历史悠久的农业县，主要从事以粮、棉为主的种植业，兼以林、牧、副、渔业生产，是山东省粮食生产基地县之一。1986年，全县总耕地面积6.91万公顷，农业人口53.93万人，人均耕地1.92亩（折合0.13公顷）。当年，农村开始进行产业结构调整，稳定粮食作物种植面积，同时大力发展多种经营。1998年，全县耕地6.83万公顷，淤改面积8800公顷，有效灌溉面积4940公顷。至2005年，全县耕地面积6.72万公顷。2000—2005年，东明实施科技兴农和农业产业化战略，以调整农业和农村经济结构为主线，实施农业增效、农民增收、财政增加和农村稳定“三增一稳工程”，落实农业税改革和种粮直补等一系列惠农政策，加大对农业基础设施和黄河滩区安全建设投入，组织开展大规模劳务输出，农业和农村经济发生巨大变化，农民收入大幅度增长。2005年，全县粮食总产3.65亿公斤，是1986年的1.63倍；棉花（皮棉）总产45.6万担，是1986年的2.49倍；瓜类总产10.69亿公斤，是1986年的10倍；

东明西瓜

蔬菜总产4.59亿公斤，是1986年的6倍；水果总产0.37亿公斤，是1986年的23倍。粮、油、棉、瓜、蔬菜类产值20.13亿元。实施保护地栽培、间作套种、立体种植方式，复种指数达到240%，比1986年复种指数的162%提高了78%。农业生产条件进一步改善，机械化程度得到提高。2005年末，全县农用机械总动力71.3万千瓦，是1986年11.35万千瓦的6.28倍，年末拥有农用拖拉机9975台，农用运输车2.38万辆。年末土地总资源13.7万公顷，其中机耕地面积6.33万公顷，机耕土地中可机电灌溉面积5.67万公顷。全年农用电量1.61亿千瓦时，农业施用化肥量19.05万吨，地膜覆盖土地面积2.56万公顷。有组织的劳务输出9.2万人，全年劳务输出带来的收入3.68亿元，农民人均纯收入达到3113元，是1986年318元的9.79倍。

林业　东明县林果产业的起步始于1980年，1986年基本实现沟、渠、路、林全面绿化和农田林网化，之后的林业生产进入了一个新的发展时期。1994年达到省“八五”绿化标准。1996年被林业部、省林业厅分别授予“平原绿化先进县”。2005年，全县林地面积2.35万公顷，农田林网7.13万公顷，林木覆盖率28%，林木储积量1640.44万立方米，经济林面积1.24万公顷，林果业总产值4118万元，是1986年林果业总产值694万元的6倍。

畜牧业　畜牧业是东明传统的重要的家庭副业。随着农村各项经济政策的逐步落实和完善，农作物产量的不断提高，为畜牧业生产提供了充足的饲料来源。通过引进新品种和畜牧养殖优惠政策的引导，东明县畜牧业发展很快。2005年，县内已

养　鸡

建成黄牛、山羊、生猪、肉鸡、蛋鸡等14处畜禽生产基地，配方饲料、快速育肥、立体养殖、早期防疫、优良品种等新技术、新成果的普及率达95%以上。同年底，全县有畜牧养殖专业村21个、专业户651户，存栏大牲畜6.75万头、生猪26.86万头、羊47.35万只、鸡144.84万只、兔9.17万只，吞吐量达1200吨的屠宰、加工、冷冻为一体的龙头企业2家，畜禽及产品专业交易市场4个，形成市场带龙头，龙头带基地，基地联畜户，饲养、加工、贸易一条龙的畜牧产业化新格局。2005年，全县畜牧业总产值 3.99亿元，是1986年3589万元的11倍。

水产业　县境内有3000多处坑塘、666.67公顷堤沟、5333.33公顷涝洼地。

锦鲤鱼高产养殖

广阔的水域和丰富的黄河天然资源，为东明的水产养殖提供了得天独厚的自然条件。1986—2005 年，东明渔业产量、养殖种类逐年增加。水产养殖主要有鲤、鲢、鳙、鲂、草鱼等。2005 年，人工养殖面积 2733.33 公顷，产量 13290 吨，产值 1.3 亿元，是 1986 年 72 万元的 181 倍。

工业　20 世纪 90 年代初期，中共十四大确立了社会主义市场经济体制，东明县工业焕发生机。20 年间，全县工业已初步形成石化、纺织、造纸、制药、发电、木业、建材、农副产品加工等门类齐全、产业结构比较完整的工业体系。进入 90 年代中后期，特别是中共十五大以后，国有企业开始了以明晰产权、建立现代化企业制度为目标的企业改革，东明县先后对以县石油化工厂为主的国有企业进行改组改制，并按照优化结构、培植主导产业和财源支柱的思路，开始实施集团化战略。1997 年 3 月，按照《中华人民共和国公司法》规定，成立以东明石化集团公司为龙头的恒昌公司、恒利公司、中油公司和东欣油脂有限公司、东明县棉纺织品有限公司、方明集团公司。20 世纪末，全县工业企业结构发生很大变化，相继涌现出国有控股、股份制、租赁经营、中外合资等多元化所有制企业。中共十六大为民营经济定位之后，东明县玉皇化工有限公司、五得利面粉集团公司、大树生物有限公司、勇越纸业有限公司、方明化工有限公司、唐和木业有限公司等民营企业应运而生。21 世纪初，县委、县政府加大对外开放、招商引资力度，并相继制定一系列招商引资优惠政策和“突破菏泽、东明率先突破战略”措施，进一步强调“工业强县”的工作思路，一批外商投资企业到东明落户。2000—2005 年，外商实际投资 3599 万美元，其中 2003 年和 2004 年 2 年占投资总额的 75.6%。至 2005 年年底，民营经济从业人员达到 8.9 万人，实现营业性收入 25 亿元，上缴利税 4214 万元。县内工业企业规模及总量空前膨胀，加快了全县的工业化进程。2005 年，已有限额以上工业企业 43 家，在职职工总人数 11696 人，固定资产净值 12.55 亿元；规模以下工业企业 4954 个，工业总产值 92.80 亿元，增加值 20.3 亿元，利税 4.6 亿元。工业总产值是 1986 年 8370 万元的 110 倍。全县已形成石油化工、制浆造纸、制药、农产品加工、机械制造等 5 大支柱产业和 30 多个行业的工业体系，16 种产品出口到 10 多个国家和地区。

东明石化集团

交通运输　1978 年以前，东明县的交通设施落后，公路密度每百平方千米不足 10 千米。80 年代中后期，县内交通基础设施建设步伐逐步加快。到 1989 年年底，全县公路总里程 160 千米。90 年代，更是把发展交通事业作为发展东明经济的重要举措，树立要想富先修路的理念。至 2000 年，全县形成高兰、东兰、菏东等干线公路和县乡“四横四纵”

的公路框架，实现各乡镇之间和210个行政村之间的公路相通，总里程达到497千米。新石铁路东西穿越县境内30千米；沿黄渡口7处，渡船146艘，总吨位1545吨。初步形成运输以陆运为主、陆运以公路为先的交通格局。进入21世纪，全县的交通事业飞速发展。2003年，东明黄河公路大桥全面加固修复；日东高速东明段全线通车；106国道东明段拓宽改造；菏东公路拓宽加长，有效改善了东明县的交通条件。至2005年年底，全县公路建设总投资4.2亿元，新修公路450千米，通车里程1200千米，村村通油路达到95%。全县有客运线路42条，客运汽车200余部，全年客运量达195万人，客运周转量1.66亿人公里；有货运汽车626辆，其他运输车辆1280辆，交通运输货运量152万吨，货运周转量9996万吨公里；“以桥代渡”工程进展顺利，两座黄河浮桥建成通车。

东明黄河公路大桥

邮政电信 1986年，全县有投递线路37条，邮路长度1691千米，初步形成遍布城乡的邮递网络。1998年，邮政电信分营后，东明加快实现交换程控化、传输数字化的县级通信网。1999年，全县市话交换机容量达1500门，市话用户9000户，农话用户4000余户，并开通了SDH光缆传输设备，拥有长途线路300条，均具备国际、国内长途直拨功能。2000—2005年，东明通信业快速发展。中国移动、中国联通、中国网通、中国铁通、中国电信等国内几家电信运营商在东明都设有分公司，人们可自由选择适合自己的通信网络。宽带光缆、GPRS通用分组无线卡、小灵通信号传输覆盖城乡。移动办公、网络营销、无线上网进入城镇。至2005年底，全县有小灵通用户7600余户，固定电话用户10万余户，移动电话用户11.6万余户，互联网用户6000余户；固定电话普及率每百户达13部，移动电话普及率每百人达17部，邮电业务总量达1.5亿元。

商业贸易 中共十一届三中全会以后，国营和集体商业实行多种形式的经营承包制，个体商业迅速发展，市场开始繁荣。1986—1990年，市场进一步放宽，建立城市贸易中心，放开零售商业，出现国家、集体、个体同地经营和互相竞争的局面。1990年以后，商业由计划经济逐步向市场经济过渡，商品流通由单一计划分配转为多渠道自由经营。城乡市场日趋活跃，个体私营商业在优惠政策的激励和扶持下日益发展壮大，各行各业群起从事商业活动，形形色色的商业企业大量涌现，集市贸易由日用、农副产品向工业品市场发展。在商业企业中，既有综合性大型商场、商厦，又有综合商店、专业商店，还出现不少的商业中介机构。这一时期，私营商业是东明商业的主流。个体商业异军突起，商业贸易空前活跃，大规模的集贸市场在城乡出现，商业集团公司、大型超级市场、高级宾馆、专业连锁店等应运而生。2005年，全县零售商业、饮食业、服务业网点发展到1.5万个，从业人员达4.1万人，分别是1986年的2.8倍和5倍。共有集贸市场200余个，各类专业批发市场35个，其中综合批发市场32个，工业批发市场1个，农副产品批发市场2个。全县社会消费品零售总额18.40亿元，是1986年1.28亿元的14.36倍。商业贸易占第三产业的比重是23.2%，产值为1.82亿元；其中个体私营商业占整个商业比重的98.5%。

明大购物广场

城建环保　20世纪80年代起，城乡工、商企业迅速发展，县城规模日益膨胀，城市面貌日新月异。1986年，城区占地面积7.79平方千米。1998年，编制实施第二轮《城市总体规划》和12条街道详细规划。至2002年，县城以内高层建筑耸起，柏油、水泥街道四通八达，街灯齐整美观，四季花木繁盛，地上地下管道纵横交织，具有地方特色的别墅式家庭小院成为时尚，城市面貌大为改观。2005年，东明县城区面积46.7平方千米，形成五纵五横的道路格局，路面面积135.3万平方米，总长89.1千米；供水管道长28千米，供水人口5.81万人；烟尘控制区覆盖率85%，城区噪声控制区覆盖率98%、工业固体废弃物综合利用率85%、综合治理率100%、生活垃圾粪便无害化处理率75%，保洁区面积105万平方米；城区绿地面积19.15平方千米，绿化覆盖率达41%；城市居民住宅区面积141.42万平方米，人均住房面积21.46平方米；城区下水道总长62.8千米，排水明沟5条计16.5千米，排水泵站1个，节制闸236个，边道涵6座，达到日降雨量120毫米、24小时城区无积水的防汛标准。为省级卫生域。

2005年县城一隅

旅游　东明县旅游资源丰富，主要有三类：①黄河风光。东明县有76千米的黄河河岸线，风光壮美。黄河沿线滩区众多，村庄、树林、苇荡、鱼塘构成美丽的乡野景观。沿堤有阎潭、谢寨引黄大闸和高村抗洪抢险纪念地等许多东明人民与黄河斗争的历史见证，体现了人类抗击自然、趋利避害的伟大壮举。黄河之上，亚洲第一双轨长桥——长（长垣）东（东明）黄河铁路大桥，全长10.28千米，气势雄伟；江泽民亲笔题写桥名的齐鲁第一长桥——东明黄河公路大桥，飞架南北，贯通鲁豫，全长4142.14米。黄河标准化大堤绿树成行，与大堤内侧水、草、树相映衬，花鸟草树，景色宜人。②古文化遗址众多，东明县是中国古代著名思想家、哲学家、道家学派创始人庄周的故里，现保留有庄子墓、庄子观、南华山、漆园等遗迹。县城内建有庄子书画院，文庙中保存着“庄子例应优免差徭碑”等。此外，比较著名的还有春秋五霸会盟的霸王岗、底蕴深厚的荆台集和窦堌堆等26处古文化遗址。③农村生态资源。东明地处黄河中下游平原，地势平坦，土地肥沃，农产品丰富，特别是东明西瓜、鲁西黄牛、黄河鲤鱼等地方特产久负盛名，农家乐生态游开发前景广阔。

土特名产 东明主要有鲁西南黄牛、青山羊、小尾寒羊、大豆、西瓜、王丙乾五香牛肉、靳家香肠及粉肚、臧家卤猪肉、胡辣汤、黄河鲤鱼、普鲁神花生奶等土特名产。

第四节 文化事业

科学技术 1986年起，东明县实施“科技兴县”战略。到1995年，新技术、新成果应用覆盖率达98%，被评为“全国科技工作先进县”。“九五”期间投入科技经费1200万元，科技贷款2000余万元，实施各类科技项目199项，其中国家、省级59项，地区级31项，县级109项。获国家级奖1项，省级奖6项，地区级奖97项。申报国家专利78项，取得专利48项，增加经济效益2.8亿元。1999年，在全省率先创立电脑农业科技专家服务系统，开通咨询服务热线电话。2002—2003年，投入科技经费800万元，组织实施各级各类科技计划82项，被评为“全国科技进步先进县”。2004年投入科技经费103万元，实施科技计划项目31项，其中国家级“星火”计划1项，市级科技计划1项；取得各级科技成果24项，其中省级6项，市级18项。同时，被省科技厅列为山东省科技特派员示范工程试点县。

自2002年创建“全国科普示范县”活动以来，全县共建立科普示范基地36处，示范推广农业新技术160多项，创直接经济效益2000多万元，有6个乡镇被省、市科协命名为省、市级“科普先进乡镇”，32个行政村被命名为“科普先进村”。2004年4月，东明县被命名为“全国科普示范县”。2005年，再次获评“全国科技进步先进县”。

教育 1986年，东明县有各级各类学校522所，在校学生7.44万人，教职工4561人，适龄儿童入学率达94%。1990—1996年，全县普及九年义务教育，并筹资6200万元，完成农村中小学校舍改造，新建教学楼24幢、平房425间，建筑面积0.36万平方米。1997年，被国家教委认定为“普及九年义务教育县”和“扫除青壮年文盲县”。1999年年底，全县有各级公办学校418所，其中普通中学31所，在校生4.37万人，教师2177人；小学387所，在校生7.41万人，教师3408人，适龄儿童入学率达100%。形成规模的社会办学校6所，在校生4637人，专兼职教师189人。2000—2005年，共撤并农村教学点125处，筹措危房改造资金7197万元，修缮和新建校舍13.4万平方米。2004年，县一中和实验中学被评为省级规范化学校。2005年，全县中小学一次性购进微机800台，实施“校校通”工程。对在职教师开展学历补偿教育、信息技术培训、基本功培训及骨干教师培训等，提高了教学质量。是年，全县高考升学总人数达3066人，其中本科491人，专科2325人，高职250人，保持稳中有升态势。

中学电脑教室

至2005年年底，全县有定点学校143所、教学点157处，初中27所、高中6所，中小学在职教师6775人，在校生共10.7万人。另有公办技工学校1所、民办职业技术中专6所，民办职业高级中学3所，涉及钳工、电工、汽修、驾驶、计算机、焊工等10几个专业，共培养专业技术人才8900多名。

文化艺术　东明县有大平调、豫剧2个专业剧团和2个业余剧团；山东梆子、河南梆子、大油梆、枣梆、地方小戏、二夹弦为民间流行剧种。民间舞蹈有狮子舞、高跷、秧歌、花船、竹马、老虎、羊抵头舞等。民间传统乐器主要有鼓、锣、铙、钹、尖子号、大弦、二弦、三弦、扬琴、软弓子京胡、坠胡、唢呐、竹笛、二胡、板胡等。文艺创作主要有报告文学、戏曲、小说、诗歌、山东快书、书画、剪纸等。2005年，东明县有广播电台、电视差转台、有线电视台、卫星地面接收站各1个。13个乡镇都设有广播站，有线电视覆盖城区和13个乡镇驻地，传递电视节目20多套。

文学创作　1986年，县文化馆创办《东明文艺》刊物，共出刊36期。1993年6月，县文化局设文学戏剧创作室，有专业或业余编剧10余人。1994年，东明集镇文化站乡溪文学社创办《乡溪》月刊，至年底停办，共出刊6期。杨洁的作品《大河骄子》1999年被拍成八集电视连续剧，喜剧《好人二叔》被评为省优秀剧目，《狗蛋买爹》获2002年中国曹禺戏剧奖小品、小戏大奖赛编剧三等奖。至2005年，全县共有业余文学创作组6个、文学社团5个，业余作者126人，其中有省作家协会会员5人、市作家协会会员10人、市作家协会理事1人。创作出版长篇小说3部、中篇小说1部、戏曲6部、电视剧1部、报告文学集1本、诗集4本、短篇小说50篇，发表报告文学30篇、散文230篇。

书法　1986—2005年，东明县有中国书法家协会会员8人，中国老年书法研究会会员104人，山东省书协会员26人，市书协会员60人，县书协会员460多人，书法创作骨干2000多人，书法爱好者1.6万余人，形成一支老、中、青、少共同参与的书画队伍。共举办书法展览30余次，展出作品1000余件。其中，有150件参加市级展览，89件参加省级展览，75件参加国家级展览，累计获奖200余件。其中，李红岳的书法作品获纪念联合国教科文组织成立50周年“世界和平友好”国际艺术大赛银奖；翟永华的书法作品获全国第二届银河书法大奖赛一等奖。举办书法培训班50期，受训数千人。现任首都师范大学中国书法文化研究院院长刘守安，湖北省书法协会副主席张健，台湾省花莲市书协主席杨崐峰，河南省郑州市老年书法协会副主席毛秉乾，河南省郑州市妇女书法家协会主席毛鸿雁等均为东明籍书法名家。

美术作品

绘画　1986年6月，东明县美术协会成立，有会员12人。至2005年，会员发展至20人。其中中国美术协会会员1人、中国老年书画研究会会员2人、山东省美术协会会员3人、菏泽市美术协会会员6人。有128件美术作品参加市级展览，85件获奖；87件作品参加省级展览，52件获奖；30件美术作品参加国家级展览，22件获奖。共举办市、县级美术作品联展8次，县级展览45次，累计展出作品3750件。郝明然创作的国画《二笼花鸟》在马来西亚吉隆坡展出，其国画《寒塘》入选中国当代著名花鸟画家作品选；程百顺的国画《牡丹仙子》被国际文艺作品博览会评为二等奖。举办美术研讨会5次、美术讲座10次。河南省中国画研究院副院长徐耘耕，曲阜师范大学美术学院院长徐正，台湾台中市大道书画学会会长井松岭等美术家均是东明籍人。

剪纸　1986年，东明县剪纸艺术有较好的群众基础，许多村都有会画能剪的巧媳妇。90年代初，县文化馆成立民间剪纸业务组，专门从事剪纸研究、开发工作。至2005年，东明县有500多幅作品先后在国家、省级刊物上发表或各级展览会上参展，其中《鸡》《凤凰牡丹》《虎》《九狮回归》《二龙戏水》等作品3次获得国家级创作奖，5次获省级创作奖。作品《金鱼》入选中国美术大展，并到国外展出。王庆卓被选为中国剪纸协会会员，其作品《载歌载舞》在庆祝新中国成立50周年全国剪纸展中获金奖，《十二生肖》在“跨世纪全国剪纸展”中获银奖。

纸扎　东明纸扎历史悠久。纸扎作品种类繁多，形式多样。1986年前，主要有幡、花圈、牌坊、楼等。东明纸扎是集草编、竹编、绘画、雕刻、泥塑、彩绘等多门工艺融为一体的综合艺术。一件完整的纸扎作品，需要几十道工序，从设计到扎骨架、糊彩纸、上彩绘、裁剪、塑像等样样都要技术，步步都有诀窍。纸扎上的每幅绘画都包含着一个完整的历史故事，既能给观赏者以艺术享受，还有一定的教育意义，

纸扎作品

在艺术方面有独到之处。在东明历史上，明清为其鼎盛期，解放后移风易俗，丧事简办，纸扎几乎销声匿迹。80 年代后又有发展。至 2005 年，全县有 38 名纸扎艺人在农村从事这项业务，传承该项艺术。用料方面彩纸渐被彩绸、彩缎所代替，纸扎作品的种类、样式也渐向高楼大厦、别墅、小轿车、摩托车、电视机等现代物品发展，且形象逼真。

摄影　东明县摄影协会成立于 1978 年，有会员 10 余人。1986 年前后，县城先后出现东艺、风华、皇家、风流、正大等私人照相馆，部分乡镇驻地相继开设照相馆。1989 年后，国营照相馆逐步被私人照相馆取代。1990 年，东明出现彩色扩印机。1994 年，县城开设首家维纳斯婚纱影楼。2005 年，出现数码彩扩机，县内专业摄影人士、业余爱好者不断增加，优秀摄影作品不断涌现。

摄影作品展览

戏剧　1986 年，东明县剧种有豫剧、大平调、山东梆子、枣梆、两夹弦等。至 2005 年底，东明县共有专业剧团 2 个、业余剧团 23 个，经常演出活动的 3 个。其中，东明县大平调剧种入选国家第二批、山东省第一批非物质文化遗产。

东明县大平调剧团演出

音乐　1986 年后，全县音乐形式、种类不断丰富和发展，活跃着城乡群众文化生活，也孕育一批音乐新秀。至 2005 年，东明县共创作、发表音乐作品 19 件，举办大型音乐活动数百次、音乐培训班 22 期。全县有省音乐家协会会员 4 人，市音乐家协会会员 7 人。

曲艺　1986 年，东明曲艺多活跃在乡村，是当地群众喜闻乐见的文化艺术形式。1987—1995 年，坠子、琴书、花鼓、快板书等表演形式较为活跃。多种曲艺队伍达 130 余支，从业艺人 300 余人，常年在城乡流动演出。90 年代后期，曲艺从业人员日渐减少。2000 年后，曲艺队伍多为临时组织。2005 年，全县仅存有坠子书、山东快书、山东琴书等曲艺队伍 10 余个。

舞蹈　1986 年，东明县没有专门的舞蹈场地。1990 年后，出现工人文化宫、漆园宾馆、歌舞厅等舞蹈活动场所。节假日经常举办现代舞、交谊舞、健身操等比赛活动。1996 年后，城区中小学开设舞蹈课，培养舞蹈人才。20 世纪 90 年代末，舞蹈活动不只为健身，而是作为人们的精神享受。进入 21 世纪，县城（社区）及部分行政村逐步成立秧歌队、花鼓队等各具特色的舞蹈表演队。至 2005 年，县考入高等院校的艺术舞蹈生逾百人，群众性舞蹈健身健美意识增强。

秧歌舞

医疗卫生 1986年，全县拥有县级医院2所，乡镇卫生院22所，村卫生室606个，病床630张，在职医务人员1336人（其中卫生技术人员1098人）。1998年，东明有各类卫生单位438个，其中医院26处，村卫生室394处，共设病床873张。至2005年，全县医疗队伍共有干部职工2070人，其中专业技术人员1502人(高级120人，中级566人，初级816人）。

医疗技术　1986—1990年，县医院开展的新技术、新项目开始应用于临床。1991—1995年，一些医疗项目达到全区先进水平，县中医院首次开展对急性心肌梗阻溶栓治疗。1996年，施行肝切除手术、带血管蒂皮瓣创面修复术。1997—1999年，施行脑梗死溶栓术、食道癌切除术等。2000年，采用机械通气治疗各种类型呼吸衰竭获得成功。2001—2005年，县医院开展心脏起搏器安装等大型高精尖手术，一些手术项目位居全市同类手术前列。

医疗器械　1986年，全县医疗设备配置陈旧、匮乏、简单。至2005年，县乡医疗单位已普遍配有X光机、心电图机、B超机、半自动化分析仪、洗胃机等大、中型医疗设备800多台（件），基本满足各类患者的诊疗需求。

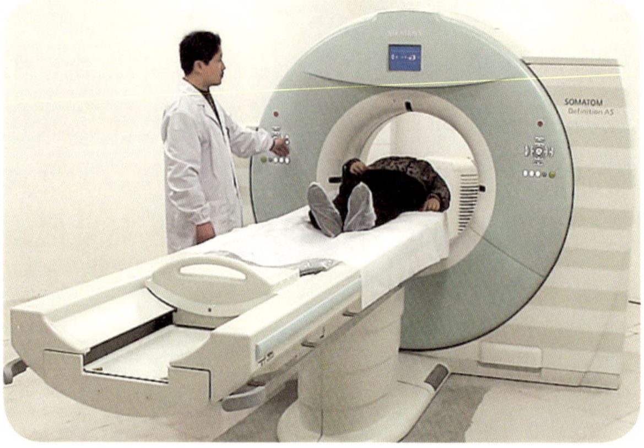

县人民医院医疗设备

疾病控制　1988年1月，东明县通过了省计划免疫考核团对计划免疫以市地为单位85%目标考核；1989年3月、1994年12月，通过了联合国儿童基金会、世界卫生组织、卫生部组织的计划免疫以县为单位和以乡镇为单位儿童计划免疫建卡、建证及“四苗”全程接种率85%目标考核。2002年8月，全县将新生儿乙肝疫苗纳入计划免疫。2003年4月，防“非典”期间，卫生防疫进一步加强，全县形成指挥、协调、保障、处理、监测、预警和报告等应急体

卫生消杀

系；5月，全县首次设立50个公共卫生监测点，全县医疗卫生单位实现疫情网络直报。2004年，全县突发公共卫生事件和疫情报告纳国家卫生部直报系统。2005年，蓝光治疗仪运用、DDST智能筛查、微量元素测试等新上项目，填补全县新生儿疾病防治工作空白。

体育　20世纪70至80年代，东明培养出国家男篮主力中锋穆铁柱，全国武术冠军张玉萍和号称“浪子燕青”的鲁国庆等著名运动员，1996年东明被国家体委命名为“全国武术之乡”。2000年以后，体育基础设施投入加大，各种体育健身活动场地建成使用。全民体育健身活动兴起，每年组织召开全县职工运动会、中老年人体育运动会等。2000年，东明被省体育局命名为“全民健身宣传先进县”；2001—2004年连续4年被省体育局授予“全民健身活动先进单位”、全省“老年人体育工作先进单位”。至2005年，东明县建成以东方武校为龙头的各类武术学校、业余体校、武术馆校8所，有综合训练馆1处、标准足球场4处、室外灯光篮球场15处、旱冰场6处、游泳池1处、田径场和篮球场多处。为上级培养体育后备人才500余人，输送运动员380人。

第五节　人民生活

经济收入　1986年，全县农村实行家庭联产承包责任制后，农村面貌发生显著变化，农民生活水平有较大提高，农民人均纯收入达到317元。是年，东明县全民所有制单位职工年均工资1103元。20世纪90年代农民收入途径逐渐增多，通过发

农村居民生活

展农村个体私营经济和农民进城务工、经商，实现增收。其间，城镇职工从事第二职业者渐多，一些无固定工资的居民、职工家庭纷纷投身到第三产业，城镇居民的收入逐年增加。1991年，城镇在岗职工年均工资为1804元。2000年，城镇在岗职工年均工资为6517元。至2005年，全县在岗职工年均工资达到10980元，是1986年的9.5倍；农民人均纯收入达到3113元，是1986年的9.8倍。

家庭积累　20世纪80年代，多数城乡居民开始有一定家庭积蓄。90年代，财产和现金积蓄逐步增加。进入21世纪，城乡家庭积蓄增长迅猛。至2005年年末，全县金融机构吸纳存款余额达34.24亿元，城镇居民储蓄存款25.58亿元，人均住房使用面积24平方米。

生活消费　20世纪90年代中后期，东明人民在解决温饱的基础上，开始转向日用品和穿着方面的消费。进入21世纪，食物由果腹而逐步讲究营养；衣着由单一、低档转向多样、时尚；住房由抵御风雨向宽敞明亮的套房、楼房、小别墅发展；代步工具由自行车发展到摩托车、电动助力车、机动三轮车，部分富裕家庭拥有轿车。

摩托、电车、手机、空调、微机、放像机、录音机、电视机、电冰箱、洗衣机等现代化耐用消费品进入寻常百姓家。2005年，全县人均生活消费支出2364元，是1986年人均消费支出的6.2倍。

社会保障 1986年后，县域经济快速发展，社会福利和保障资金逐年增加。2005年，全县享受城镇最低生活保障的有5210人，基本医疗保险参保人数有26400人，基本养老保险人数有57314人。全县机关、事业单位和企业养老保险参加人数18546人，离退休人员领取养老金人数6335人。农村养老保险人数21438人。新型农村合作化医疗制度的实施，基本解决了农民看病难问题，至2005年年底，全县农民以户为单位参保率达到85%，参保农民兑付补助358.2万元，受益农民11.2万人。

人　物

入志人物以人物传记、人物简介、人物表三种形式记述。人物传，坚持“生不立传”的原则，主要收录烈士（包括菏泽籍和外籍在菏泽牺牲的），曾在菏泽任职的副厅（师）级以上干部，菏泽籍在外地工作的副厅（师）级以上干部，在某一领域（国家级层面）做出突出贡献的菏泽籍人士，在省以上知名的菏泽籍人士。人物简介，符合入传标准的在世人物。人物表，收录驻菏泽全国中共党代表、人大代表、政协委员，全国劳动模范和先进工作者、全国“五一劳动奖章”获得者、享受国务院政府特殊津贴者，驻菏泽省党代表、人大代表、政协委员，省部级劳动模范和先进工作者。

人物传记

李庆斋（1912—1986） 字唐梁，号大元，东明县城西黄河滩区李屯村人。1935年6月参加革命，1939年7月加入中国共产党，1935年6月—1937年4月在河南滑县中共直南特委从事党的地下情报工作，任东明县情报站站长。1937年4月—1939年6月先后在河北民军办事处、晋冀鲁边区游击一支队任工作队队长、大队长、副支队长。1939年6月—1940年7月在中共抗大七分校学习后，任华北抗日民军一支队副支队长。1940年8月—1942年6月任中共冀鲁豫五分区情报站站长。1942年7月—1943年5月任中共冀鲁豫四分区东垣敌工办事处副主任。1943年6月—1944年2月任中共冀鲁豫五分区工商分局大同商店经理。1944年3月—1948年9月先后在中共冀鲁豫四分区敌工办事处、中共开封地下工委交通科、中共冀鲁豫区党委党校、中共冀鲁豫区党委社会部、中共冀鲁豫区政治部、敌工部工作，历任外勤干事科长、学员、科长、派遣干事。1948年10月—1950年12月任开封市总工会总务科长。1951—1955年任开封市工商局副局长。1956年至1980年11月任开封汽车修配总厂副厂长、副书记。1980年11月离职休养，享受地厅级待遇。1986年7月去世。

张志勇（1963—1986） 曹县大寨乡人，1963年7月出生，1983年1月入伍，1985年7月入党，某部战士，曾先后在部队立三等功3次，被评为“优秀共产党员”。

张志勇原是步兵某团三营部饲养员，1985年7月调入一营，并随部队参加老山地区防御作战。在某团工作期间，曾因工作积极，成绩突出，立三等功2次，并加入中国共产党。

1984年7月，某团要抽调部分干战随部队赴滇作战，他得知后连夜向营党委递交请战书。当时，营里领导考虑到他一直担任饲养员，军事素质较差，没有批准他的要求。他又多次找到有关领导反复表明自己报效祖国的决心，两次咬破手指写请战书，坚决要求参战。张志勇随部队到达集结地域后，积极参加军政训练，2个多月后，他的各项考核成绩均为优良。在临上阵地时，他又咬破手指写下血书，坚决要求到最前沿的阵地上去。由于张志勇在临战训练中表现突出，经营连推荐，被团评为“优秀共产党员”。

1985年10月17日21时15分，张志勇在阵地站哨时，1发敌炮弹在离他5米处爆炸，他被冲击波冲昏在地，并被飞石击中头部，造成脑组织受伤，随后被送往昆明野战医院住院治疗。12月上旬，他得知所在的一排要到全团最前沿、最艰苦、最危险的地方坚守阵地，于是又从医院跑回部队找到连长、指导员，坚决要求随全排一起参战。但连队领导考虑到他的病情并未批准。

张志勇因在战场脑组织受伤较重，神志不清，行为不能自控，虽经几次住院治疗，均未见好转，于1986年10月18日夜间病发身亡，牺牲时年仅23岁。

1986年10月29日，经上级审定批准，追认张志勇为革命烈士。

郭殿臣（1921—1987）　单县人。1939年5月在单县辛羊区工作，同年加入中国共产党。曾任单县蔡溜区区长，中共单县郭堂区委书记、单县民教科科长。1949年3月随军南下，曾任江西省景德镇市北市区区长、市政府社会局副局长。1949年9月—1955年1月先后任贵州省毕节专署民政科副科长、毕节县委书记。1955年2月任毕节地委委员、地区中级人民法院院长。1970年1月起，先后任毕节地区革命委员会常委、地区政法办公室副主任，毕节地委委员、地区中级人民法院第一院长。

包备五（1915—1988）　单县莱河镇包庄人。1932年单县县立中学毕业后，先后在单县察院街小学、商丘大同街小学、安徽太和县国立二十一中、单县县立中学任国画教师。1949年起，先后在湖西联师、山东师专任语文教师。1955年调入曲阜师范学院工作。1956年任曲阜师范大学中文系讲师。1980年晋升为副教授。1987年晋升为教授。著名书法艺术家、中国书法家协会会员。

包备五从教50余年，培养了大批教育人才。他酷爱书法艺术，幼年时期常以地代纸，以木棒代笔练习书法，临摹乡村墓碑上的刻字。上学期间先后临摹二王、张旭、怀素、颜、柳、赵诸体，逐渐形成自己独特的书法艺术风格。工作期间，坚持研究书法理论，练习书法，擅汉隶、魏碑、金文、小篆和行草，其书法作品深得国内外书法界的赞誉，其中一部分被国家收藏。对书法史及书法理论研究有很深的造诣，先后在省级以上报纸杂志发表有关从秦到清著名书法家碑刻的论文及摹本173种。提出“外师造化，中得心源”的书法理论，先后编著《中国书法简史》《中国书法史略》《历代书法论文选读》《山东碑刻》等书法理论书籍，其中《中国书法简史》《中国书法史略》被选为中国书画函授大学的教材。1988年2月病故。

陈伯仲（1920—1988）　女，曾用名陈玉芳，东明县城内人。1937年于东明简易师范学校毕业后，投身抗日救亡运动，1938年加入中国共产党。历任长垣县妇女救国会主任、中共濮阳县委委员、濮阳县妇救会主任、河南省妇联副主任、河南省高级法院院长，后调入中共中央办公厅工作。陈伯仲志向坚定，善做群众工作。在抗日战争期间，穿行于敌占区组织建立长垣、濮阳等县各级妇女救国会，发动妇女参加抗战。解放后，任河南省妇联副主任期间，领导妇女工作成效显著，成为全国著名的妇女运动活动家。1988 年 5 月去世。

刘胜民（1955—1988）　郓城县双桥乡双桥村人，1955 年 1 月出生，1973 年参加中国人民解放军，1987 年 1 月从部队转业，分配到郓城县公安局内保股任民警。刘胜民参军后苦练本领，工作中不怕苦、不怕累，多次受到嘉奖。1988 年 10 月 27 日上午 11 时 30 分，刘胜民突然听到有人喊“抓小偷”，他立刻循声追出去，追出 650 米后，一把抓住嫌疑人张某。张某见难以逃脱，便凶相毕露，突然拔出暗藏的尖刀刺进他的左颈，他静脉血管被切断，鲜血喷涌而出。他强忍剧疼，抓住疑犯不放，疑犯更加凶残地朝他的头顶、左腮、左耳、左额各刺 1 刀，在左肩连刺 3 刀。刘胜民血流如注，在生命垂危的情况下，仍不松手，又与张某搏斗了 9 米，张某始终无法逃脱。后来，治安积极分子樊祥俊赶来，在群众的帮助下，共同把罪犯擒获。直到这时，他才松开双手，倒在血泊之中。人们把他急忙送到医院抢救，终因伤势过重而牺牲，时年 34 岁。

1988 年 11 月 21 日，经山东省人民政府批准，追认他为革命烈士；公安部授予“一等功”称号；共青团山东省委于 1989 年 1 月 27 日授予“青年护法勇士”称号；共青团菏泽地委于 1988 年 11 月 11 日授予“青年英雄”称号；郓城县人民政府 1988 年 11 月 8 日决定给予通令嘉奖；中共郓城县直属机关党委授予“模范共产党员”称号。

侯恩祥（1937—1989）　曹县人。1963 年 8 月毕业于山东医学院医疗系，分配到菏泽地区人民医院工作，曾任内科住院医师、主治医师、内科副主任、内科支部书记、医院党委委员、副院长。1968 年 3 月—1970 年 11 月参加中国赴坦桑尼亚医疗队，受到中国驻坦桑尼亚大使馆的表彰和奖励。1984 年 8 月任菏泽医专党委委员、校长。1989 年 3 月任菏泽医专党委副书记、校长。1987 年 3 月晋升为副教授。先后任中华医学会菏泽分会常务理事、副会长。曾担任中共山东省第四次代表大会代表、菏泽市第七届人民代表大会代表。主要著作和论文有《心电图临床问答》《有关心肌梗死的几个问题》等；主持《中西医结合治疗急性心肌梗死》的临床研究，获菏泽地区科技成果二等奖。1989 年 4 月去世。

赵性亮（1969—1989）　郓城县黄堆集金店村人。赵性亮在学校期间，品学兼优，每年期终考试均名列全校第一。他尊敬师长，团结同学，热爱劳动，助人为乐，遵守纪律，爱护公共财物，每年都被评为“三好学生”，1985 年 12 月入团。

在军训中，他不怕苦，不怕累，苦练基本功。1989 年登高训练中他曾 3 次腰部扭伤，出火场 160 余次，冲锋在前，不完成任务不下火线，多次受中队嘉奖。1989 年 8 月 12 日上午 9 时 55 分，黄岛油库一期工程油区 5 号油罐因雷击引起爆炸，大火直接威胁着 1 至 4 号油罐和二期工程油区港务区成品油库，以及青岛油港码头和黄岛发电厂。赵性亮所在的中队接到灭火命令后，于 11 时 30 分赶至现场，投入战斗。赵性亮按照命令快速铺设了 3 条供水线路，抢先抱起一支水枪冲向受威胁最大的 3 号油罐，配合战友用强大水流组成水幕，阻止火势蔓延。他忍受着强烈的热辐射和令人窒息的油烟，忍着饥饿一直坚持了两个多小时，中队领导几次派人前去替换，他始终不肯。14时35分，5号罐突然发生喷溅，铺天盖地的浓烟烈火使相隔不远的4号油罐即刻发生爆炸，3000多平方米的水泥罐顶揭盖而起，油石纷飞，烈火冲天，赵性亮当场牺牲。1989年8月21日，追认赵性亮为党员、革命烈士。

陈景芳（1968—1989） 郓城县郭庄乡梁庄村人。陈景芳在校读书期间，学习成绩优良，遵守学校规章制度，助人为乐，积极主动参加义务劳动，爱护公共财物，觉悟高，思想进步快，是一名品学兼优的“三好学生”。1987年4月加入共青团。

陈景芳应征入伍后，模范遵守部队的条令条例，苦练业务本领，工作勤恳，任劳任怨，多次受中队嘉奖。

1989年8月12日上午9时55分，黄岛油库5号罐（内装1.6万吨原油）受雷击发生燃爆引起特大火灾。10时35分，他所在的中队接到出动命令，迅速赶到火场。他担任四班第一执勤车六号员，负责火场供水。他在短时间内找到水源，并立刻进行喷水、降温。下午2时35分，风向掉转，烈焰猛扑而来，四号罐突然爆炸起火，油火迅速蔓延。陈景芳接到撤退命令，在即将行动时，不幸被大火吞噬，光荣牺牲。1989年8月21日，追认陈景芳为党员、革命烈士。

王　博（1918—1989） 巨野县田庄镇小屯村人。1938年5月参与组建巨北青年抗日救国会，当选为支委。1939年3月入八路军鲁西军政干部学校学习，参加汶（上）郓（城）巨（野）嘉（祥）四县边区抗日救国会工作，动员组织民众进行抗日斗争。同年年底，巨野抗日民主县政府成立后，他在县政府青年工作队工作。1940年3月加入中国共产党，8月随八路军运河支队、抗日县政府开辟巨南抗日根据地。1941年2月中共巨南（五县）工作委员会和巨南五县（菏泽、巨野、金乡、嘉祥、成武）联合办事处成立，调任巨南五县联办财务科会计。1946年11月调任冀鲁豫第十一军区总兵站供应部财粮股股长。1947年1月调入中国人民解放军二野一、七纵队，先后任办事处供应部科长、供给部保卫运输科科长。1948年10月调任二野司令部供给处处长，12月调任中南荣军学校生产股股长。1955年3月在广东省干部文化学校学习。1957年8月任广东省卫生厅办公室副主任。1958年12月调任广东省药政局副局长。1964年1月调入中国药材公司广东省公司工作，先后任副经理兼广东省药政局局长等职。1983年2月离休。1989年12月去世。

李志峰（1920—1989） 单县谢集乡李坑村人。1938年5月参加湖西抗日义勇队。1938年8月加入中国共产党。中学文化。1939年任游击大队连指导员。1940年10月任单县终兴区副区长。1941年2月入抗日军政大学山东分校学习。1942年3月—1945年11月，先后任成武县第二区区长、中共成武第三区区委书记兼区长。1945年12月任成武县工商局局长。1947年7月任成武县人民政府副县长。1948年任湖西专署教育科副科长。1949年3月随解放军南下，到达江西省后，任中共赣东北区景德镇市区委书记。后随解放军西进。1949年12月起，先后任贵州省铜仁专署工商科科长、铜仁专署副专员。1952年3月任贵州省商业厅企业党委副书记。1954年1月任贵州省供销合作社副主任。1958年2月任贵州省桐梓县委书记，同年7月任贵州省商业厅副厅长。1960年6月任贵州省遵义地委副书记。1975年6月任贵州省交通厅副厅长。1983年8月离职休养。

陈继赞（1925—1990）　单县蔡堂镇殷庄人。1939年参加革命工作，1942年12月加入中国共产党，先后任通信员、油印员、区委青年委员、宣传委员、组织委员。1948年7月任中共华山县周寨区委副书记，后任区委书记、青年团华山县委副书记。1950年5月入中央团校学习，毕业后任青年团曲阜县委副书记、书记。1953年4月任曲阜县委副书记。1955年后任济宁县委书记、济宁市委书记处书记兼城关党委书记、济宁地委组织部副部长。1966年2月任济宁地委委员、地区革委政治部副主任、党的核心领导小组副组长。1975年7月任济宁地委常委、组织部部长。1978年2月任济宁地委党校副校长、副书记。1983年10月任济宁市纪律检查委员会书记。1986年3月任济宁市政协主席、党组书记。1988年离休后任济宁市老龄委员会副主任、老年大学管理委员会主任、校长等职。1990年1月去世。

程华亭（1915—1990）　单县浮岗镇程庄人。1939年加入中国共产党。1938年6月任单县游击大队军事教官。7月2日，日本侵略军攻占单县县城时，与游击大队负责人段景尼、吴云汉等人率队在张子楼一带阻击日军，使其遭到重创。同年秋，程华亭任湖西抗日义勇总队机炮连排长，参加讨伐丰县汉奸王献臣的战斗。1939年随苏鲁豫支队四大队到陇海路南萧宿地区开展抗日工作，在安徽萧县西部中畈战斗中负伤。伤愈后调任湖边司令部警卫中队中队长，后又到丰县独立营任营长。1941年4月任八路军黄河支队十团三营营长。8月率部参加陈蛮庄攻坚战，歼灭伪军陈伯阳团400余人。11月任丰单砀三县大队长。1943年8月，三县大队与单县大队合并，程华亭任单县大队副大队长、单县县委军事部部长。1944年6月率部参加围歼日军的赵督寺战斗，歼灭日军60人。之后，带部参加湖西军分区东进讨伪战役，消灭丰、沛、铜伪军8000余人。1945年7月参加解放单县县城的战斗。8月参加夜袭李庄车站战斗。同年任军分区八团团长。1946年11月，程华亭奉命从巨南县插回单县，在任集与国民党88师的一个加强营遭遇激战，身负重伤，荣立二等军功。1947年8月出院后，先后任湖西后方联合办事处政委、湖西军分区司令部参谋长等职。新中国成立后，历任军委空军汽车学校校长兼党委书记、重庆296兵工厂军代表。1955年6月被授予上校军衔。1956年2月调武昌任总参修械学校校长。被授予二级独立自由勋章和二级解放勋章。1958年调往江苏省参加地方工业建设，先后任徐州市机械工业局局长、重工业局局长、市科学技术委员会主任、市科协副主席等职务。

孙　沅（1921—1991）　又名孙景文，菏泽市牡丹区牡丹办事处洪庙村人。1942年秋考入陕西国立西北农学院水利系，1946年毕业。在校期间，曾积极参加进步学生组织的“边疆问题研究”。1948年参加中共开封市委城工部领导的地下工作。1949年投入解放大军过江的支前工作。1952年6月加入中国共产党。1956年担任水电部黄河水利委员会水文处技术科科长、工程师。1963年调任三门峡库区水文实验总站主任，1986年晋升为高级工程师。1991年5月去世。

时念畴（1924—1991） 单县时楼镇枣庄集人。1940年6月参加革命，1941年6月加入中国共产党，先后在湖西军分区敌工队、金曹县县委工作队、济宁县委联合会工作。1946年8月—1948年6月，先后任中共济北县委工作队队长、七区区长。1948年7月到东北局党校、军大学习和工作，在坚持游击战中曾荣立二等功。1949年新中国成立后，在华北行政学院、华北局组织部工作。1954年8月任国营七三八厂干部科长、厂党总支副书记。1957年7月任国营八一六厂宣传部部长，后任厂党总支副书记。1964年4月调北京市海淀区工作，历任区委常委、区委工业部部长、区委工交城建组组长、区城建工业部部长、副区长、区委副书记、区长。1985年6月离休，1991年10月去世。

吴纯让（1928—1992） 单县张集镇吴集人。1944年12月参加革命。1945年6月任金乡县孙木行区青年委员，8月加入中国共产党。1948年任金乡县区委组织委员。1949年3月随军南下，任贵州省大方县第三区委组织委员。1950年8月后，先后任贵州省大方县第五区区委副书记、区委书记、第十一区区委书记。1954年任大方县农村工作部部长。1956年任大方县委副书记、县长。1960年4月至1964年，先后任贵阳钢铁厂炼钢车间主任、织金县委副书记、大方县委书记。1970年8月后，先后任纳雍县委第一副书记、威宁县委第一书记。1978年10月—1989年7月，先后任毕节专署公安处长，毕节地委常委、政法委书记。1989年8月任贵州省人大常委会毕节地区工作委员会副主任、党组成员。1992年2月去世。

王昭善（1923—1992） 菏泽市牡丹区何楼乡槐树陈村人，西北军宿将、爱国将领王冠军的长子。抗日战争中期，考入重庆国立艺专学习，曾得到艺术大师刘开渠的亲授。1949年6月参加革命工作，先后在济南市第五文化馆、群众艺术馆、文化局文艺科、济南市工艺美术研究所任馆员、股长、科员、所长等职。曾任山东省雕塑研究会会长、济南市美术协会副主席等职，济南市第四、五、六、七届政协委员。1980年3月加入中国共产党。1985年12月离休。

王昭善是一位知名雕塑艺术家。20世纪40年代初从事雕塑艺术，创作许多反映劳动人民艺术形象和时代特点的大型雕塑。济南千佛山“隋代摩崖石窟”的修复工程、大明湖北极庙元代泥塑及道教“真武大帝”壁画修复、趵突泉内李清照纪念馆雕塑创作、灵岩寺48尊宋代泥塑文物修整与考查、组建曲阜铜车马城标、兖州城标《大禹定州》、滕州《墨子》塑像、青岛中山公园群雕，以及省内各地的园林雕塑等，大都是以他为主或是在他的指导下进行修复、创作而成的。在近半个世纪的雕塑艺术生涯中，他勤奋好学，善于把中国的传统雕刻艺术与西洋的雕塑技法结合起来，创作出具有中国民族特色的雕塑艺术形象，为国家雕塑艺术事业的发展培养了骨干力量。王昭善得到刘海粟、刘开渠大师的高度评价，博得各界人士的真诚赞许。1992年5

月去世。

邓红星（1975—1993） 定陶县定陶镇东关居委会邓庄村人，共青团员，初中文化程度。

邓红星生前积极向雷锋同志学习，助人为乐，多次受到师生和群众的赞扬，曾5次被评为“三好学生”，3次被评为“优秀共青团员”，被誉为“活雷锋、活赖宁”。

1993年1月6日，邓红星在和本村其他两名村民一起追捕4个拦路抢劫歹徒的搏斗中，被歹徒刺伤肺脏及心血管，不幸壮烈牺牲。邓红星见义勇为与歹徒搏斗的英雄事迹，在全省引起强烈反响。共青团定陶县委、共青团菏泽地委、共青团山东省委先后追授邓红星为“优秀共青团员”，菏泽电视台、《大众日报》《人民权利报》也先后登播了邓红星的英雄事迹。

1994年5月24日，邓红星被山东省人民政府追认为革命烈士。

赵付军（1969—1993） 山东曹县郑庄乡潘白刘村人。1969年5月出生，1986年10月应征入伍，1987年5月入团，1990年1月加入中国共产党。先后在临沂地区武警支队直属中队，菏泽地区武警支队直属中队任战士。1990年3月复员退伍后，分配到菏泽地区公安处交警支队直属大队三中队任外勤民警。在部队，他刻苦训练，忠于职守，钻研业务技术，苦练为人民服务的本领。赵付军在1989年因表现突出，被批准加入中国共产党，并两次受到部队的通令嘉奖。复员分配到公安机关后，自觉保持和发扬人民军队的优良传统和作风，埋头工作，勇挑重担，时刻牢记人民警察的宗旨。全心全意为人民服务；时时处处以党和人民的利益为重，恪尽职守，忘我工作；模范执行党的政策和国家法律，严格执法，清廉为警；团结同志，助人为乐。多年被评为先进工作者。

1993年3月31日晚，直属大队三中队7名干警在220国道执行查缉任务。4月1日凌晨1时左右，在另一国道执勤的一中队民警用对讲机通报说：“一辆韩国产现代－20走私车连闯两关，正向你方驶去，请拦截！”，三中队干警迅速将一辆东风大货车横在路面上形成路障。这时，疾驶而来的走私车看到停车信号佯装停车，不等民警靠近却猛打方向从大货车的左边轧过路旁牙石逃逸，险些把值勤民警撞倒。高度的责任心和强烈的使命感促使青年民警胡海涛、赵付军立即驱车追赶，另一辆警车随后追去。胡海涛多次鸣笛、变光，示意超车，但走私车一会往左打方向，一会往右打方向，故意阻止超车。其间，胡海涛两次强行超越该车，但不等他们下车，走私车又突然加速逃窜，仍采用蛇行和突然变速等方法阻止超车，并将路边的尘土扬起，使后车视线不清。行至220国道240K＋890M处时，走私车在与压中心迎面高速驶来的大货车交会一刹那，在往右打方向的同时采取突然减速的恶劣手段，故意给追赶的车辆设置危险情况。因情况突然胡海涛虽然采取了紧急制动措施，终因躲闪不及，与对面大货车相剐撞，赵付军、胡海涛当场壮烈牺牲。

山东省委、省政府于1993年6月29日在济南隆重召开追授表彰大会，追授赵付军为优秀中共党员，批准为革命烈士。同时发出号召，在全省广大党员和干部群众中，广泛开展向赵付军烈士学习的活动，省公安厅为赵付军追记一等功。

胡海涛（1969—1993） 1969年3月出生，山东省郓城县胡坑村人。1986年10月应征入伍，1990年3月复员分配到菏泽地区公安处交通警察支队定陶大队工作，1991年10月调入菏泽地区公安处交警支队直属大队。在部队，他倾心钻研消防业务技术，苦练为人民服务的本领，受到平顶山公安消防支队的通令嘉奖。复员到公安机关后，他保持和发扬部队的优良传统和作风，不畏艰苦，不怕困难，连续作战，勇挑重担。时刻牢记人民警察的宗旨，全心全意为人民服务；处处以党和人民的利益为重，恪尽职守，忘我工作；模范地执行党的政策和国家法律，严格执法，清廉为警；团结同志，助人为乐，有着广泛的群众基础，1992年，被地区交警支队评为先进工作者和学雷锋标兵，受到地区公安处的通令嘉奖。

1993年3月31日晚，直属大队三中队7名干警在220国道执行查缉任务。4月1日凌晨1时左右，在另一国道执勤的一中队民警用对讲机通报说："一辆韩国产现代-20走私车连闯两关，正向你方驶去，请拦截！"，三中队干警迅速将一辆东风大货车横在路面上形成路障。这时，疾驶而来的走私车看到停车信号佯装停车，不等民警靠近却猛打方向从大货车的左边轧过路旁牙石逃逸，险些把值勤民警撞倒。高度的责任心和强烈的使命感促使青年民警胡海涛、赵付军立即驱车追赶，另一辆警车随后追去。胡海涛同志鸣笛、变光，示意超车，但走私车一会往左打方向，一会往右打方向，故意阻止超车。其间，胡海涛两次强行超越该车，但不等他们下车，走私车又突然加速逃窜，仍采用蛇行和突然变速等方法阻止超车，并将路边的尘土扬起，使后车视线不清。行至220国道240K＋890M处时，走私车在与压中心迎面高速驶来的大货车交会一刹那，在往右打方向的同时采取突然减速的恶劣手段，故意给追赶的车辆设置危险情况。因情况突然胡海涛虽然采取了紧急制动措施，终因躲闪不及，与对面大货车相剐撞，胡海涛、赵付军当场壮烈牺牲。山东省委、省政府于1993年6月29日在济南隆重召开追授表彰大会，批准胡海涛为革命烈士。同时发出号召，在全省广大党员和干部群众中，广泛开展向胡海涛烈士学习的活动，省公安厅为胡海涛追记一等功。经地委同意上报省委批准追认为中共党员。

杨继文（1969—1993） 1969年9月生，巨野县新城乡杨庄村人，1990年加入基干民兵组织。

杨继文时刻以雷锋为榜样，乐于助人，多次救人救火做好事。他加入民兵组织后，积极参加军事训练和民兵活动，完成急、难、险、重任务，先后被评为"训练标兵""先进民兵"。

1993年7月9日至16日，巨野县连降6场暴雨，造成百年不遇的洪涝灾害，新城乡一片汪洋。杨继文来回奔走，转移群众、抢救物资，仅12日一天，就搬运粮食1万多斤，转移群众50余人。18日早晨6点，杨继文发现庄南大田33.33公顷耕地唯一的疏水沟闸被堵塞，田中水位猛涨。他捞杂草、搬石块、挖淤泥，用整整两个多小时才将排水沟挖通，10个手指已全被磨破。杨继文刚回到家，就又被派到村北大洼进行排水。杨庄村北边是巨龙河，河水已漫延到岸上，河北岸有20多公顷耕地，离岸200米就是新的入河口清淤处。他不顾个人安危，立刻跳入这最危险的入河口处执行排水泄洪任务，直到中午11点才将疏水沟打通。当他想离水上岸时，却不幸被激流卷入巨龙河中，献出了年轻的生命。后被追认为烈士。

王振祥（1912—1993）　郓城县程屯镇王垓村人。中共党员。1931年年初在济宁参加国民党第26路军。同年年底，随第26路军在江西宁都起义后参加中国工农红军，起义部队被编为红一方面军第五军团。土地革命战争时期，历任红一方面军第五军团骑兵连排长、连长，红五军团警卫营连长，红九军团三师八团参谋。他参加红军第三、四、五次反“围剿”，并在第四次反“围剿”中身负重伤。后任红四方面军第32军团参谋主任，红四方面军骑兵营营长，红四方面军骑兵师训练科科长。抗日战争时期，历任八路军129师骑兵团连长、指导员、营长、团长，129师干部轮训二队队长。解放战争时期，随部队挺进东北，历任东北民主联军沈阳工人总队副司令员，辽东军区第三分区司令员，东北野战军第五纵队第五师师长，第四野战军第42军126师师长，解放军第53军副军长。参加了辽沈战役、平津战役、湖南战役和解放大西南等重大战役。新中国成立后，历任华北军区装甲兵副司令员、军委第一坦克学校校长、装甲兵工程学院院长、北京军区装甲兵司令员、北京军区副司令员兼装甲兵司令员。

1955年，王振祥被授予少将军衔，同年获三级八一勋章，二级独立自由勋章，一级解放勋章。1988年获一级红星功勋荣誉章。曾当选第四届全国人大代表，第五、六届全国政协委员。被誉为“马背上的将军”。1993年9月去世。

程力夫（1913—1993）　菏泽市牡丹区大黄集乡安陵集村人。1930年考入曹县小学教员训练班，结业后在曹县郭庙村教小学，后到曹县韩集（国民党曹县三区区部所在地）任教。1936年6月加入中国共产党。1937年任安陵集党支部书记。“七七”事变后，任中共曹县三区区委书记。1938年秋任冀鲁豫边区抗日救国总会副总会长。1938年秋至1942年年底开辟了鲁西南抗日根据地，先后任中共曹县县委书记、地委秘书长、中共菏泽县委书记，为粉碎日伪的破坏活动，巩固扩大抗日根据地做出重大贡献。1939年年初，八路军刘震、李雪三部与杨得志、崔田民部先后挺进鲁西南，到达安陵、桃园集一带，程力夫等人积极组织群众筹粮备草，给予大力援助。同年4月，中共鲁西南地委组建后（下辖曹东、曹县、考城3个县委），程力夫任曹东县委书记。12月，任鲁西南地委秘书长兼曹东县委书记。1940年1月任菏泽县委书记。1942年12月任冀鲁豫边区议员。1943—1945年，先后领导减租减息、改善作风、开展反封锁、反蚕食的斗争。1945年8月日本侵略军投降后，任菏泽、南华、定陶、东明四县地委工作委员会书记。1946年7月，陇海战役中，负责商丘以西兵站战争后勤工作，为大杨湖战役的胜利做出积极的贡献。大部队转移后，他组建武工队开展艰苦的游击战争，收复失地，组织支前，反特除奸，打击反动势力。新中国成立后，程力夫先后任河南焦作矿务局局长，山西太原煤炭管理局副局长，山西大同矿务局党委书记、局长，云南省煤炭管理局党委书记、局长等职，为国家煤炭事业的发展做出了重要贡献。1982 年 12 月离职休养，1993 年 11 月去世。

闫　庆（1974—1993）　回族，单县人，中共党员，革命烈士，1974 年出生，1991 年 12 月参军入伍，分配到 81681 部队，负责后勤油料保管工作。

1993 年 12 月 6 日，闫庆在中俄边境执行巡逻任务时，遭遇走私歹徒，为了捍卫民族尊严，他与武装歹徒展开了殊死搏斗，在战斗中献出了自己年仅 19 岁的生命。为了缅怀烈士，闫庆的骨灰被安放在单县湖西烈士陵园，以供瞻仰。

彭　磊（1930—1993）　原名彭怀鹏，菏泽市牡丹区龙厅街人。1953 年考入南京华东水利学院，1957 年毕业后分配到山东省水产局工作。1958 年，彭磊主持长岛县的大钦岛、日照县的张家台渔港的设计和现场施工指导工作。1961 年参加水产部组织的烟台渔业船厂迁址地形的测绘和海上水工建筑平面设计工作，同时担负新址海上泥沙运动规律的测试调查和分析，为中科院海洋研究所提供了该地区泥沙运动的定性、定量的结论性资料。1962 年参加水产部组织的石岛渔港的调查规划、水文地质勘测，后又参加该渔港的建设测量及水上地质钻探。1963—1968 年，彭磊先后参加了蓬莱、崂山、石岛、龙口、威海、乳山等十几个渔港的平面设计和施工设计及钻探等工作。1978 年主持掖县卸鱼码头、烟台水产学校海水养殖试验场的设计工作。1980—1985 年，主持大鱼岛、文登、牟平冷库的测绘、设计和选址工作，并为山东省对虾养殖业的发展做出了积极贡献。1982 年主持组织黄骅县 600 立方米水体的对虾育苗场设计，建成投产使用后，对虾出苗率达当时全国先进水平。1984 年主持设计全省第一家人造海水工厂——东平湖河蟹育苗场，实施人工海水河蟹育苗，建成后第一次使用 3 个育池（180 立方米水体），培育出蟹苗 18 吨，在当时和同类育苗场相比居全国之首，为内陆建设人造海水河蟹育苗场提供了设计参考依据。1988 年，彭磊任山东省水产设计院副总工程师。1989 年被派出国，参加农业部组织的赴美洲尼加拉瓜技术工作团，并在尼进行水工设计工作两个多月。

荣长轩（1951—1994）　1951 年 4 月出生，菏泽市牡丹区马岭岗镇荣楼村村民。荣长轩在世时，乐于助人，无私奉献，见义勇为，舍己救人，赢得村民们的交口称赞。他对村里的几户困难家庭屡次伸出援助之手，平时对村民们的求助也是有求必应。村里的荣誉军人荣再祯老人，3 个女儿都远嫁他乡，老伴长年有病，荣长轩主动承担起照顾老两口的责任，平日洗衣送粮、送医拿药，还将地里的所有农活都包了，几十年如一日照顾两位老人。1992 年春天，村民杜凤菊夫妇在地里干农活时，儿子荣效阳和几个孩子在家中玩耍时房屋失火，被困在屋中。荣长轩赶到后，不顾一切冲进火场救出孩子，自己的头发、眉毛都烧焦了，背上、脸上也被烧出了泡。

1994 年 4 月 14 日，村中的 5 个小女孩儿结伴到赵楼小学上学。赵楼小学与荣楼中间隔着一条大沙河，几个孩子为了尽快赶到学校，没有像平常一样绕道而行，而是挤上一个停在河边的小木筏。当木筏行至河心时，缆绳突然崩断，木筏顿时失去平衡，几个孩子都落入3米多深湍急的河流中。荣长轩恰好在河对岸麦田里浇地，他顾不得脱下身上的棉衣和雨靴，一头扎入冰冷的河水中。他独自一人奋战20多分钟，救出了3个孩子，已经筋疲力尽。这时，另外两个村民赶到岸边，想把他拉上岸，但是他摇摇头，又重新回到河中想继续救人，终因耗尽全部力气而沉入水底。经过村民们3个多小时的打捞，终于在下游50多米处相继找到了荣长轩和另外两个孩子。因为溺水时间过长，荣长轩和两个孩子都停止了呼吸，荣长轩在生命的最后时刻，还紧紧抓着一个孩子的手臂。4月16日，马岭岗镇党委、政府作出决定，授予荣长轩“舍己救人的英雄农民”光荣称号。后被追认为烈士。

邹学信（1930—1994） 1930年3月出生，栖霞县官道村人，1944年10月参加工作，1949年2月加入中国共产党。

邹学信参加革命工作后，在栖霞县从事教育、粮食、税务和政府监察工作，1955年3月被选送到山东省行政学院培养，毕业后分配到省监察厅任助理检察员。1955年9月，参加省委组织的农村工作队，任单县工作队队员，后任单县县委监委秘书，单县检察院副检察长，花园乡、黄岗公社党委副书记，中共菏泽地委监委干事、办公室副主任，菏泽地区重工业局、轻工业局副局长，中共东明县委副书记、革委会副主任，中共定陶县委副书记、书记、革委会主任、人大常委会主任，同时被选为中共山东省第四届代表大会代表、山东省第五届人民代表大会代表。1984年4月，任中共菏泽地委农村工作部部长；1988年11月任省政协驻菏泽地区联络组副组长。1989年2月任政协山东省委员会菏泽地区工作委员会副主任、党组副书记。1991年4月离休；1994年6月2日因病逝世。

蔡高杰（1970—1994） 1970年11月9日出生，成武县汶上集镇后张庄村人。蔡高杰在上学时期，敬老爱幼，团结同学，乐于助人，遵纪守法，曾连续多次被评为“模范团员”“三好学生”，中学毕业后，被东莞市公安局新四派出所招聘为治安队队员。在此期间，他团结同事，乐于助人，每次执行任务都是冲在最前面，受到领导和同事的一致好评。1994年8月16日晚，蔡高杰与队友李永波在下班途中发现两个形迹可疑的人，正推着自行车在一工厂围墙边左顾右盼，蔡高杰凭借职业敏感性，认为这两人有问题，便与队友上前查问。经严格盘查发现，这两人携有从仙津汽水厂盗窃的大量财物。不法分子先是跪地求饶，然后又企图用金钱收买蔡高杰2人，当即被蔡高杰严词拒绝。其中一个不法分子见无计可施，便转头向黑暗中逃跑。蔡高杰立即让队友李永波扣住另一名不法分子，自己只身一人追赶逃走的疑犯。他一边追赶一边喊着让疑犯投降，疑犯并不听从而是继续逃窜。见蔡高杰在后面穷追不舍，疑犯拿出了匕首。蔡高杰毫不畏惧，与歹徒展开激烈搏斗，最终英勇牺牲，年仅24岁。

2002年5月15日，蔡高杰被追认为革命烈士。

吴保太（1965—1994） 1965年3月出生，菏泽市人。1983年7月入伍，1989年

12月入党，空军中尉军衔。历任战士、学员、技术员、副连长、连政治指导员。1994年7月15日因公牺牲，被广州军区空军批准为革命烈士，并追记二等功1次。

王　文（1912—1994）　曾用名赵葵忠，郓城县人。1932年考入山东省立第三职业学校，1935年毕业后进济南城通纱厂当学徒。1937年冬参加郓城抗日自卫团。1938年3月加入中国共产党，先后任郓城县四区委员会书记，郓城县委组织部部长。1939年11月任中共巨野工作委员会书记，12月底到中共冀鲁豫边区党校学习。1940年12月起，历任范县、郓南县、临泽县县委组织部部长、县委书记等职。1947年7月任南华县委书记。1949年春随军南下，先后任上饶市委组织部部长、市委副书记。1949年10月随军转向大西南，12月到达贵州省遵义地区绥阳县，任绥阳县委书记。1952年后相继任遵义地委组织部部长、副书记。1958年起，历任贵州省水电管理局局长、省工交部副部长、省建委副主任。1962年起，任黔南自治州委员会书记、贵州省监察委员会专职副书记。1972年任贵州省卫生厅党组副书记、厅长。1980年任贵州省政协常委，同年11月离休。1994年12月去世。

刘文渺（1925—1994）　单县徐寨镇芦墓村人。1942年8月加入中国共产党。1944年2月任中共单县县委宣传部干事。1946年秋入冀鲁豫区党委党校学习。1947年秋任冀鲁豫日报社记者、随军记者、特派记者。1949年11月任平原日报社特派记者、编委、农村组组长、主编。1953年任中央新闻纪录电影制片厂编导、编剧组组长、主编，曾编导拍摄《五亿农民的方向》等纪录片。1959年到西藏拍摄的纪录片《欢腾的西藏》，获第三届莱比锡国际短片与纪录片电影节第一主要奖；曾创作歌曲《夏令营旅行歌》，获全国儿童歌曲创作一等奖。先后编写《阮氏三雄》《哥们的青春往事》等电影、电视剧本，其中《奇侠出山》获首届全国录像片优秀奖。1961年任宁夏电影制片厂负责人。1962年冬入宁夏回族自治区党校学习。1963年春任宁夏“四清”工作队副队长。1966年后在宁夏文教厅、出版社和电视台工作。1974年冬任河南科学教育电影制片厂党支部副书记。1980年2月任河南电影制片厂副厂长，参与创作和摄制《包公误》《风雪配》《背靴访帅》《桃园喜》《两个少女》《小城细雨》《樊梨花》等7部故事片、戏曲艺术片和22部科教片、纪录片。1984年离休。晚年参加冀鲁豫边区党史工作组文艺组工作，创作、编辑出版了多篇反映边区革命斗争的文艺作品，并筹划拍摄电视剧《陈少敏在沙区》。

左守善（1912—1995）　单县朱集镇张寨村人。1936年12月参加革命工作，1937年8月加入中国共产党。新中国成立前历任单县辛羊区委书记、中共苏鲁豫党委巡视员、中共鱼台县委组织部副部长、单县郭党区区长、县政府秘书科科长、湖西专署民政医院监委、单县组织部部长、县委书记。新中国成立后，先后任湖西地委统战部副部长，济宁地委委员、统战部部长、济宁地委常委、农村工作部部长，济南市委委员、副市长兼郊区区委书记、历城县县长，山东省渤海农垦局副局长、山东省农业厅副厅长、济南军区山东生产建设兵团后勤部部长、三师副师长、党委常委。曾当选为山东省第一届、第二届、第三届人大代表。1983年离休。1995年3月去世。

吴全省（1981—1995） 1981年3月出生，小学文化水平，定陶县黄店镇吴庄村人，学校少先队大队长。

吴全省生前品学兼优，曾5次被评为“三好学生”、3次被评为“赖宁式的红花少年”。他学习刻苦，爱校如家，尊敬师长，团结同学，热爱劳动，生活俭朴，受到师长、乡邻的一致好评。

1995年5月5日下午，吴全省在上学途中为抢救落水同学英勇牺牲。吴全省英勇献身的事迹在全区引起强烈反响，定陶县人民政府授予他“赖宁式的好少年”荣誉称号，共青团菏泽地委、共青团定陶县委先后分别追认他为“少年英雄”“共青团员”“优秀共青团员”“定陶县少年英雄”等荣誉称号。1997年5月7日，吴全省被山东省人民政府追认为革命烈士。

刁震川（1919—1995）

曾用名刁星江，郓城县郓城镇刁西村人。1938年参加鲁西抗日自卫团，同年加入中国共产党。1939年1月任郓城县第八区区委书记。11月在梁山抗日支队任政治部主任。1940—1942年任鲁西地区人民武装部部长、运西地区抗日实验区区长。1943年任郓城县武委会主任。1945年7月任反攻营营长、师部科长。1949年西进到贵州，任独山县委书记。1952年10月起，先后任北京航空学院办公室主任、行政处处长、院长助理兼火箭专业党支部书记。1962年任副院长、党委副书记。1982年离休。1995年9月去世。

赵银书（1945—1996） 1945年3月出生，东明县三春集镇大营行政村人，1971年3月加入中国共产党，1965年8月参加工作，历任村团支部书记、民兵连长、党支部副书记、村委会主任等职务。赵银书从1965年开始，担任村团支部书记31年。他心地善良，以诚待人，对人民群众怀有深厚感情。在世时，他平时经常将为数不多的积蓄全部拿出来帮助别人，对村里的孤寡老人嘘寒问暖、包干农活，从无怨言。1995年，他替村里办废旧塑料加工场，跑资金、购设备、组织安装。1982年2月，庆庄北面一干渠出现巨大裂口，266.67公顷小麦全泡在水里，赵银书带队奋战4小时堵住河水，使陈李屯、解庄、庆庄等5个村的上万亩小麦免受水灾。1994年秋末，赵银书带队在刘楼乡徐集进行水利施工，爱人生病无人照顾，他只是回去看了一眼，就又连夜返回工地。

1996年1月13日，村里立电话线杆。受天气影响工作耽误了一天，为了不影响其他村立杆，赵银书带队加快工作进度。到下午5点多，只剩下在大营村中间十字路口的最后一根杆。赵银书拉着绳子指挥，喊了一声“起”，用肩扛的、拉绳子的群众共同用力，将杆子顶起来。这时天色已晚，立杆的群众已筋疲力尽，杆子离地45°时，由于用力不均匀，杆子突然向南偏过去，一下子滑脱了众人的肩膀，向一群驻足观看的小学生倒去。赵银书毫不犹豫地冲上去，用右肩扛住了正歪下去的电线杆。400千克重的杆子重重地砸在赵银书的右半身，他当场昏迷过去。在场的干部群众立即将他送到医院抢救，但终因伤势过重，不幸牺牲。

刘福永（1921—1996） 单县终兴镇孔店人。1940年2月参加革命，历任单县孔店村农救会副会长、村长，抗日青年联合会会长等职。1945年2月加入中国共产党。1946年8月—1948年任县武工队班长、单县振民区委副书记、区委书记兼区长。1948年任中共单县青年团县委副书记、书记。1949年3月随军南下赣东北，任江西景德镇北市区区委书记兼区长。9月西进贵州，先后任金沙县城关区区委书记兼区长、水城二区区委书记兼区长、八区区委书记兼区长。1950年6月调任水城县副县长，后历任水城县委宣传部部长、县委副书记、县委第一书记。1962年任毕节专署农业局局长。1979年任毕节专署副专员。1983年12月离休。1996年3月去世。

徐广波（1974—1996） 单县人，1974年5月出生，1989年就读于单县第九中学，1993年10月入伍。入伍后，徐广波不怕苦、不怕累，脏活、累活抢着干，刻苦训练，热心帮助战友，多次获得“训练标兵”“优秀战士”等荣誉称号。

1996年9月13日，徐广波随部队在洛南石门镇进行拉练。中午时分，队友们都午休了，徐广波在帮助一名新兵洗衣服时，发现附近发生火灾。他立刻赶到现场，冒着生命危险冲入火场，救出一名老人。当他应老人的请求，再度返回火场抢救老人已去世老伴的遗物时，不幸陷身火海，壮烈牺牲。

张明三（1909—1997） 曾用名张万亮，巨野县田桥镇梁阁村人。1930年7月参加中共地下工作者组织的巨野暴动。1937年

10月在寿光县参加抗日游击队。1938年参加牛头镇起义后，被编入山东抗日八支队，担任3中队队长。同年加入中国共产党，并参加收复黄县战斗、山东小清河以北地区反“扫荡”斗争和博山“天井湾”伏击战。1939年后，历任鲁中军区警备1团2营连长、营长，参加战斗数十次，多次立功受奖。1944年到鲁中军区干部党校学习，毕业后任鲁中军区警备3团团长。1947年部队整编后任中国人民解放军第7纵队75师20团团长，参加大青山、孟良崮、南麻、临邑等战斗。1948年参加莱阳战役、淄博战役、泰安阻击战、兖州阻击战、淮海战役、三徐家战斗。1949年参加渡江战役，任华东野战军第七纵队75师参谋长、师长。1950年2月—1952年1月，在中国人民解放军南京军事学院学习。1952年1月—1957年9月，先后任山东文登军分区司令员、莱阳军分区司令员、中国人民解放军第67军20旅旅长兼党委书记、临沂军分区司令员。1955年被授予上校军衔，后晋升为大校军衔。曾荣获二级自由独立勋章、二级解放勋章。1997年5月去世。

刘玉朋（1921—1997） 巨野县柳林镇义和集村人。艺名“刘八”。12岁时入于园梆子“窝班”，17岁在定陶县“三义堂”搭班。1937年“七七”事变后，在扬州、南阳等地流浪卖艺。1950年任菏泽县人民剧社社长。后随剧社的归属上划，1956年任菏泽专区人民剧团团长，1958年任山东梆子剧团副团长。中国戏剧家协会山东省分会副主席、山东省政协常委。

刘玉朋是著名的山东丑角演员，在山

东、河南、安徽、河北等地拥有大批观众。他精心塑造的舞台丑角形象如《柜中缘》中的淘气，《日月图》中的胡林，《卖豆腐》中的老粗，《打面缸》中的县民，《考查》中的丑举子，《黄牛分家》中的卢万仓、张半朝，《挂门牌》中的江士哏等，个个鲜活生动，光彩照人。他演戏从不拘泥于传统的表演技法，有自己对角色的理解。1950年，正式加盟“大兴班”剧团，使该团形成剧目以“三小”（小生、小旦、小丑）为主，演员阵容以“三刘”为核心的格局。1958年随团调入济南，组建山东省梆子剧团。1959年9月在济南珍珠泉为国家领导人朱德演出《柜中缘》，1960年9月为毛泽东演出《墙头记》。同年进京演出，三进中南海怀仁堂，声誉日隆。1965年在《龙马精神》一剧中饰演梁斗，在整个泉城引起轰动，创下连续演出45天、70余场无空座的记录。1971年在现代戏《高岭迎春》一剧中饰演奸商贾德贵，再获成功。1975年被推选为省政协常委、省剧协常务理事，被评为国家一级演员。1997年6月去世。

孙华峰（1930—1997） 曾用名孙德新、孙洪斌，曹县赵辛庄人。1944年2月参加革命，10月入党。1944年2月—1945年7月，在冀鲁豫抗日第三中学学习。1945年8月—1946年8月，在曹县城关联合会工作；1946年9月—1949年9月，先后任曹县城关武工队指导员、筑先县十三区区长、冀鲁豫日报通联科科员。1949年10月—1960年11月，先后任平原日报记者、华北行政委员会秘书。1960年11月—1962年7月，先后任武清县东洲大队副支部书记、王庆坨公社副书记。1962年8月—1967年1月，先后任衡水地委副秘书长、冀县第二书记兼县长。1969年7月—1986年6月，先后任深县革命委员会副主任、河北省委办公室副主任、沧州地委副书记、沧州地区革委副主任、沧州行署副专员、沧州地区建港指挥部总指挥。1986年6月—1988年10月，任沧州地区行署巡视员。1990年8月离休，1997年8月去世。著有《耿长锁走过的道路》一书，编辑《张之洞传》和主编《张之洞全集》。

朱世兰（1902—1997） 字香汀，单县终兴镇北常集人。1928年考入北京大学教育系。1932年毕业后派任山东省第一乡村师范学校教务主任。1933年任泰安中学教务主任。1934年调任山东省教育厅督学。后调任山东省第六区专员公署教育科科长。1939年任十一区专员公署督学兼任秘书。1943年2月任国立二十二中一分校校长。1944年2月任山东省立第二临时中学校长。抗日战争胜利后，调任山东省第十六区行政专员。1948年去台湾，任高雄市一中校长，后任台湾省立左营高中校长。1963年任台湾教育厅督学、专门委员。

张子敬（1913—1997） 又名张建子，单县朱集镇张寨村人。1932年在单县中学师范学习期间开始接受马列主义的熏陶，接受革命真理的传播。1934年参加“抗日义愤团”，同年9月加入中国共产党，任中共单县支部组织委员。毕业后被中共党组织派遣到家乡张花园小学教书，拜单东名医张本渊为师，学习针灸，并与张本渊的儿子张以宾共同成立“中国针灸研究社”。他以教书行医为掩护，积极开展党的地下活动，培养抗日积极分子，建立党的组织。1936年春成立了单县农村第一个党支部——张寨党支部。后以张寨为中心，把星星之火点燃单东南几十个村庄，迅速发展50多名党员，成立十几个党支部。通过党的组织联络抗日积极分子，宣传党的主张，交际各方人士，组成广泛的抗日民族统一战线。从此，张寨成为湖西抗日斗争的根据地。1937年11月—12月，中共鲁西南工委、中共单县县委办公地点移至张寨，党的许多重要会议都是在他家中召开的。湖西“肃托”事件发生后，张子敬被派往鱼台任县委书记，在日伪军控制地区迅速发展党团组织，组建人民武装，扩大了湖西抗日根据地。解放后张子敬担任农业部渤海区农垦管理局副局长、农业机械局局长、畜牧总局副局长等职。1982年离休。

刘温如（1933—1997）

东明县大屯乡刘寨村人。1952年10月于菏泽政民干部学校毕业后，分配到曹县第四区从事共青团工作，同年加入中国共产党。1953年起先后任共青团曹县第四区委干事、副书记，共青团曹县县委组织部副部长，共青团菏泽地委干事，共青团菏泽县委副书记、书记等职。1965年起先后任菏泽县沙土公社、黄集公社党委书记。1973年7月任菏泽县委常委、县革委政治部主任。1975年6月任中共菏泽县委常委、宣传部部长。1977年6月任菏泽县委副书记，分管农业。在任期间，曾争取到两个国家投资的农林水利建设项目——刘庄引黄闸和耿海节制闸，前者的竣工，使全县扩大了农田灌溉面积的建成，使当地利用抗旱沟引黄落淤，并以淤土烧砖，每年可节约良田100多亩。1980年6月任鄄城县委书记兼鄄城县人民武装部第一政治委员、县人民代表大会常务委员会主任。其间，他坚定不移地推行农业生产责任制，调动农民的积极性，推动农村经济的发展。1985年10月任菏泽地委统战部部长。1989年2月—1993年4月任政协山东省委员会菏泽地区工作委员会副主任。

王　斌（1938—1997）

曾用名王希信。字立亭，巨野县田庄镇白果树村人。高级工程师。1958年考入山东大学化学系学习。1964年毕业后分配到化工部北京化工研究院工作，历任专题组长、副科长、工程师。1979年1月加入中国共产党。20世纪70年代，解决含氢硅烷的技术关键问题，完成的甲基含氢三硅烷合成工艺研究项目，获化工部重大科技成果奖。主持和指导完成的高强法医用透明硅橡胶研究、医用整形硅橡胶研究、医用PVC粒料课题研究等项目分别获省科技进步二等奖、三等奖，省医药科技进步二等奖和国家中医药管理局医药科技情报三等奖。1983年担任所长职务后，带领全所专业技术人员刻苦攻关，先后取得70余项科研成果，其中有30多项获山东省和国家奖。特别是在医用高分子研究开发上取得显著成果，组建国家医药行业医用高分子检测中心，为在山东省建成全国医用高分子研究开发基地奠定坚实的基础。1992年任山东省医药管理局副局长、党委委员后，强化行业质量管理，开展对外经济技术交流与合作，积极推进医疗器械开发生产，促进山东省医药事业的发展。1997年去世。

高　析（1916—1998）　郓城县张营镇张营村人。中共党员。抗日战争时期曾任郓南县抗日动员委员会副主任兼任郓南县工人抗日救国会主任。1949年任郓城县人民政府副县长，1951年12月任县长。1953年任平原省新乡市工业局副局长。1955年任新乡市委工业部副部长。1965年任鹤壁市委常委、工业部部长。“文化大革命”期间受到错误批判，下放到干校劳动。1974年恢复工作后，任鹤壁市委统战部部长。1978年任鹤壁市政协副主席兼统战部部长。1981年任新乡市委顾问。1983年离职休养。1998年1月去世。

高析青少年时期，在家乡受抗日救国思想的影响，立下报国之志，在郓城、郓南中共党组织的培养下，逐渐成长为抗日领导骨干。1940年在郓南县抗日动员会和工人抗日救国会任职期间，遵照郓南县委指示，深入农村，宣传抗日，发动青年参加抗日组织，为扩大抗日武装，打击日本侵略者做出了卓越贡献。1951年12月—1952年5月任郓城县县长期间，坚决执行《中共中央关于农业互助合作的决议（草案）》，在城南苏庄、城北侯集、城西北张集、城东徐庄，成功地试办一批具有社会主义萌芽性质的农业生产互助组，总结并在全区推广旭红农业生产合作社掀起生产高潮的经验。按照中央部署，领导了“三反”“五反”运动。为改变农业生产的落后面貌，解决洼地积水给当地群众带来的损失，他亲自带领干部群众挖沟蓄水，以路阻水，开展郓北十二连洼沟洫畦田工程。此项工程经验在全省得到了推广。

徐雷健（1918—1998）　曾用名徐德俊，郓城县侯咽集镇徐桥村人。1935—1937年在郓城县立简易乡村师范学校附设中学班就读。1936年12月参加革命工作，1938年3月加入中国共产党。历任中共郓城中心县委组织部部长、中共郓城县委书记、郓鄄巨菏四县边区县委书记、中共二地委二工委组织部部长、中共二地委民运部部长、菏泽地委常委兼专区合作总社主任、菏泽地委副书记兼专员公署专员、菏泽地委书记、中共山东分局组织部副部长、山东省委组织部副部长、山东省总工会主席、青岛市委书记处书记、烟台地委书记、中共山东省委常委组织部部长、省革委会副主任、省体育运动委员会主任、山东省人民政府副省长、省政府党组副书记兼秘书长、山东省人大常委会副主任、第七届全国人民代表大会代表等职。1998年5月去世。

孙洪国（1977—1998）　曹县人，1977年1月出生，1995年12月应征入伍，生前为中国人民解放军54488部队战士，下士军衔。

孙洪国年少好强、性格坚韧，从小就立志成为一名优秀战士。他热爱祖国，热爱人民，坚决听党指挥、服从命令，吃苦耐劳、顽强拼搏，服役期间表现优异。1997年9月在惠州平潭进行的1997年度伞降训练中表现突出，受到中队嘉奖一次；1998年7月，孙洪国随部队参加了长江流域抗洪救灾任务，不惧艰苦、奋勇在前，冒着狂风暴雨和被洪水冲走的危险，出色地完成了任务。

1998年8月25日，接到上级指示，他所在的部队奉命到北京市怀来县参加代号为“利剑—98”的军事演习任务，孙洪国接到的演习任务为飞机跳伞。演习当天刮起了大风，气象情况复杂，但所有官兵毅然决定克服困难，按原定计划执行演习任务。演习开始后，战士们冲出机舱，离机后，风速、风向剧变，战士们都被吹得偏离了原来预定的降落地点。孙洪国和其他十几名战士被吹到离原定降落地点几千米外的湖水区域，于下午3时落入湖中，并被庞大的降落伞完全罩在湖面之下。地面部队迅速展开营救活动，但是由于湖水水位较深且湖面面积过大，只能临时寻找船只开展营救。下午5时，孙洪国被营救上岸后立即被送往就近的医院进行全力抢救。但由于落水时间过长，医院于当晚8时遗憾宣布孙洪国抢救无效。1998年8月30日，孙洪国被生前所在部队追认为革命烈士、中共党员，授予“中国革命烈士”称号并追记三等功1次。

郭炳章（1920—1998） 菏泽市牡丹区王浩屯镇武城集村人。1936—1937年从事抗日救国宣传活动，参加抗日武装斗争。1938年10月加入中国共产党。1939年被派往湖西苏鲁豫皖区党委党校学习，同年8月返回中共鲁西南地委（当时公开名称是鲁西南抗日工作团）安陵区分委，从事发展壮大党的组织工作和开展抗日武装斗争。1940年7月配合冀鲁豫支队五大队和八团平息反动会道门“红枪会”的武装叛乱。1949年新中国成立后，历任参谋、干事、县大队政委、军分区秘书等职。1951年任平原省军区秘书，1952年任华北军区动员部科长，后调北京军区，先后任秘书、科长。1964年入中国人民解放军政治学院学习。1965年后，相继担任河北省沧州军分区政治部主任、军分区政委、沧州地委书记等职。曾荣获“三级独立自由勋章”“三级解放勋章”“功勋荣誉章”各一枚。1982年离休。1998年11月12日去世。

张希钦（1910—1998） 原名张锡庆，东明县城内人。1922年随父到洛阳、郑州谋生。1923年在上海北洋军阀沪护军署通信队当勤务兵。1927年在军阀孙传芳的后方留守处当公务员。1928年失业流浪。1930年考入国民党南京军官学校。1933年在军校毕业后违抗国民党政府命令，私自离开南京，到北平参加抗日活动，先在易县义勇军中作兵运工作，后将义勇军带到张家口，加入察绥抗日同盟军，任18师连长，同年加入中国共产党。抗日同盟军失败后去西安，在杨虎城部军事学校任炮兵队长。“西安事变”时，任杨虎城警卫营连长。1937年9月，周恩来提议，经阎锡山同意，在太原成立第二战区民族革命战争战地总动员委员会，著名爱国将领续范亭任主任，张希钦任主任参谋。太原沦陷前夕，战地总动总会转移到晋西北，密切配合八路军120师和山西牺牲救国同盟会的武装，建立了晋西北抗日根据地。1939年，中共为推迟与阎锡山公开冲突爆发的时间，结束战地总动总会的工作。保安二区的部队缩编为山西陆军暂编第1师，续范亭任师长，张希钦任师参谋长兼暂编第1师44团团长。“西安事变”后，张希钦升任暂编第1师副师长。以后这支部队编为晋绥军区野战军，张希钦后任晋绥军区第八军分区副司令员、吕梁军区参谋长。1946年，他以晋绥军区司令员贺龙代表的身份赴太原执行小组，与阎锡山谈判。后参加组织指挥在晋西南对敌实施攻势战斗和攻取晋西南战斗。1947年指挥攻取中阳及珍孝战役。同年4月任西北野战军第2纵队参谋长。先后参加保卫延安、青化砭、羊马河、蟠龙、沙家店、宜川、中条山、运城、黄龙山、瓦子街等战役和战斗。1949年任第2军参谋长，参与指挥咸阳、西安战斗。同年任第一兵团参谋长，参加指挥固关、临洮、青海、张掖等战役和战斗，进军新疆。1950—1955年，先后任新疆军区参谋长、副司令员兼参谋长，被授予少将军衔。1958—1960年入高等军事学院基本系学习。1960—1962年任军事科学院战争理论部副部长、部长。1962年任新疆军区副司令员。1975年任南京军区副司令员，1978年兼任参谋长。曾荣获一级独立自由勋章、一级解放勋章。中国人民政治协商会议第六届全国委员会委员，第五届全国人民代表大会代表，中国共产党第八、十二次全国代表大会代表。1998年12月去世。

朱启伦（1919—1998）　单县蔡堂镇大李寨村人。1937年冬参加农民抗日自卫团。1938年6月参加湖西人民抗日义勇队，任第二总队八大队副班长。1939年2月加入中国共产党，8月任八路军游击第四大队第三营排长。后任中共单县县委警卫连指导员。1940年年初任中共单县县委组织部干事，6月任湖边大队二连指导员，12月任中共单县县委委员、军事部部长。1941年夏兼任单县县大队教导员。1943年6月任中共单西南工委委员、办事处秘书。1944年年初调任中共鱼台县县委委员、县政府党团书记。1945年1月任鱼台县政府副县长，9月任县长。1948年4月调任中共金乡县委书记。1949年9月任湖西专区供销合作社副主任。1951年7月任平原省供销合作社党组成员、推销处处长。1952年12月任山东省供销合作社党组成员、推销处处长。1955年4月任山东省供销合作社党组副书记、副主任。1964年2月任山东省供销合作社党组书记、主任。1974年4月任山东省政府财贸办公室党的核心领导小组成员、副主任。1982年1月任山东省财政贸易委员会党组成员、副主任。1982年12月离职休养。

刘念智（1920—1998）　巨野县麒麟镇大刘庄村人。1936年参加红军，先在左权将军部下当勤务兵，后到贺龙部队当兵，历任班长、排长、连长、营长、团长等职。抗日战争时期，随部南征北战。在陕西一次对日作战中，头部和腿受重伤。解放战争时期，任某部师长。在保卫延安战斗中，带领全师打垮胡宗南部一个师的快速部队，受到副总司令彭德怀的接见和表扬。新中国成立后先后在兰州军区、西宁军区任职。1962年春调任上海警备区司令员。1967年刘念智以“镇压文化大革命刽子手”的罪名被红卫兵“打倒”。平反后，任上海市人大常委。全国七届人大会议期间，邓小平为其专设家宴邀请。为怀念家乡，刘念智向组织申请在上海市浦东命名一条巨野路。

郭明钧（1928—1998）　单县人。1944年11月加入中国共产党，1945年4月参加革命工作，曾任单县辛滩区抗日救国联合会副主任。1949年3月随军南下，先后任贵州省铜仁县委秘书、第四区区委书记、铜仁地委政策研究室秘书、地委组织部副科长。1954年11月任贵州省德江县人民政府县长。1955年11月任德江县委书记。

1962年10月任铜仁专署农业局局长、农林水系统党组书记。1963年10月任铜仁地委农村工作部副部长。1964年6月起，先后任铜仁地委农村政治部主任、铜仁地区水电局负责人、铜仁地区生产指挥部负责人。1966年5月起，先后任铜仁地区农业办公室副主任、地区农林水系统党组副书记、地区财贸办公室主任。1977年11月任铜仁地委常委。1978年8月任铜仁行署副专员兼地区财贸办党组书记。1983年11月任铜仁地委委员、地委农村工作部部长。1984年9月任贵州省人大常务委员会铜仁地区联络处主任。1985年10月任贵州省政协调铜仁地区联络处主任、党组书记。1989年11月离职休养。

刘德岑（1910—1999） 菏泽市牡丹区人。原西南师范大学历史系教授。民盟盟员。1928年入河南大学读书，先后师从刘节、朱师辙、朱芳圃、常乃悳、蒙文通、嵇文甫、郭廷以、杨筠如诸师学习文史。“九一八”事变后，国事艰危，于是致力于边疆历史地理的研究。1934年于河南大学毕业后，到河南通志馆工作，被聘为特约助修，主编河南《民国日报》副刊“史学”及《河南民报》副刊“史苑”周刊，曾在顾颉刚主编的《禹贡》半月刊上发表多篇短小论文。1937年抗日战争爆发后，流亡河南、湖北、陕西诸省。1939年进入四川，先后在成都、盐亭、射洪、三台等地省立及国立学校执教。1946年后在北碚相辉学院及九龙坡国立女子师范学校任教。新中国成立后，调入西南农学院工作。1955年调入西南师范学院工作，讲授中国古代史及地理课程。发表的学术论文主要有《读碑拾零》《先秦时代运河沿革初探》《郦道元与〈水经注〉》《刘子翚〈汴京纪事〉诗笺注2卷》《从大野泽到梁山泊》。其专著主要有中国历史地理丛书8册。古书校点注释有：王士正的《蜀道驿程记》《秦蜀驿程记》《陇蜀余闻》、徐松的《西域水道记》、陆游的《入蜀记》、欧阳修的《于役志》等。1993年开始享受国务院政府特殊津贴。1999年6月去世。

董允柱（1924—1999） 巨野县龙堌镇（原大李集乡）前董村村民。董允柱积极参与社会治安综合治理，勇敢地同危害社会治安的各种不法行为作斗争，受到人民群众的一致好评，得到当地党委、政府的充分肯定，多次被评为“维护社会治安积极分子”。

1999年7月31日上午9时左右，3个歹徒驾驶一辆农用机动三轮车窜至龙堌镇前董村盗窃。在村民常凤云家中行窃时，常凤云发现后大声呼救，3个歹徒见状立刻把所盗物品扔到车上仓皇驾车逃窜。此时，76岁老人的董允柱听到喊声，急忙从家中跑出来，迎着对面驶来的机动三轮车，奋不顾身地冲过去，一边大声呼喊，一边趁势抓住车厢，任凭歹徒怎么威胁厮打就是不松手。其中一歹徒从车上搬起事先准备好的石头，朝他头上猛砸下去，董允柱被当场砸晕在地，流血不止。后来被群众送往医院抢救，10余天后，因伤势过重，医治无效牺牲。

董允柱面对歹徒英勇无畏的精神，极大地鼓舞了群众。市、县社会治安综合治理委员会分别对董允柱作出表彰决定，并颁发荣誉证书，给予现金奖励，号召全市、全县人民向董允柱学习。后被追认为烈士。

时思文（1910—1999） 曾用名时维

新，单县时楼镇张瓦屋村人。1935年毕业于菏泽中学高中部。1937年11月加入中国共产党，同年任中共单县曹马支部委员。1938年春任单县曹马、芳桂、潘庄三个区联合分区区委书记。1939年任曹马特别支部组织委员，同年9月湖西“肃托”事件中被逮捕，后得罗荣桓解救。1940年4月任终兴区区长。1941年8月任曹芳办事处教育科科长。1943年至1945年6月，先后任成曹抗日县政府民教科科长、司法科科长。1945年7月任冀鲁豫区湖西专署办公室主任。1946年9月任八路军冀鲁豫第七纵队随军办事处动员部部长。1948年任湖西专署教育科科长。1949年3月任成武县县长，5月南下赣东北任景德镇市政府办公室主任，同年12月西进贵州任贵州省毕节专署办公室主任。1951年1月任贵州省政府机关党委副书记兼民政厅、人事厅人事处副处长、办公室主任。1954年2月调入中央组织部政法干部管理处工作，先后任科长、办公室主任、巡视员。1957年12月任贵州农学院党委第一书记。1979年任贵州师范大学党委书记。1985年11月离休。1999年9月去世。

刘佩谦（1918—1999）　单县人。曾任中共山东省金乡县郑楼区委书记，湖西医院监委书记。1949年3月随解放军渡江南下。到达江西省后，任赣东北区景德镇市医院监委书记。后随军西进解放贵州省。1949年11月起，先后任中共毕节地委政策研究室副主任，毕节地区供销合作社副主任，贵州省畜牧局副局长、局长等职务。

赵玉斋（1923—1999）　郓城县陈坡乡大王庙村人。全国著名古筝演奏家，是一位来自民间、植根民间的古筝艺术大师。

赵玉斋8岁起向当地民间艺人学习山东琴书和扬琴、古筝、坠琴，经常同他的父亲一道在村头弹拉说唱，村里人都称他们为“老少迷”。他先后师从王登海、王尔敬等艺人学二夹弦、梆子戏、山东琴书等地方戏，学拉坠胡、二弦、四胡弦、板胡，并向樊西雨、黎连俊先生学弹古筝。1943年，赵玉斋拜“丝弦之王”王殿玉为师，学习擂琴、古筝，成为“东鲁雅乐社”的一名学员。1949年年底，赵玉斋独自到贵阳、昆明等地演出。1953年秋，由古筝演奏家曹正推荐到东北音乐专科学校（沈阳音乐学院前身）任民乐系古筝擂琴教师。

赵玉斋在进行创作和演奏的同时，还非常注重音乐理论方面的研究。1957年，经赵玉斋建议，沈阳音乐学院乐器厂在原来的16弦古筝基础上，生产出第一台21弦筝，它是现代古筝的雏形。1959年，又研制出全国第二台张力转调筝并在全国民族乐器改革大会上展出，受到全国音乐界、古筝演奏家和乐改爱好者的赞赏。“文化大革命”中，赵玉斋被隔离审查，受到残酷迫害，直到1978年中共十一届三中全会后才得以平反。1983年9月，赵玉斋担任全国青年民族器乐比赛评委。之后，应邀赴广州讲学演出。1984年9月，受香港远东艺术学院邀请，到香港进行艺术交流。他的名字已载入多部名人辞典，被列入美国《世界音乐家名人辞海》。

陈广朋（1976—2000）　1976年9月出生，共青团员，东明县三春集镇果园村人，1996年7月参加工作。

1996年，陈广朋从东明县技工学校毕

业，分配到东明县环境保护局后，主动申请到条件艰苦、尚处在初创阶段的环保开发公司锻炼。一年多时间，他写下近40万字的工作笔记和心得体会，很快从一个“门外汉”成为环保战线的“排头兵”。1998年，他被调到一线负责城区饮食服务行业的排污收费工作，先后到230多家大小营业点调查摸底，迅速掌握了第一手资料。两年间，他所在的小组年年超额完成任务，他个人也连年被评为“先进工作者”。陈广朋生活中是一位助人为乐的热心人，每当发现同事或者外地陌生人遇到困难，他都热情地伸出援助之手。在他离开人世的前几天，局里号召向灾区人们捐献棉被、棉衣。单身宿舍里没有棉衣，他就骑自行车往返50多千米从老家拿来5件棉衣捐上，向灾区人民献上一份爱心。

2000年9月15日上午12时30分，陈广朋下班后途经东明县石油公司第二加油站，忽然听到一阵急促的呼救声，他迅速赶到现场，发现原来是一小女孩不慎掉进3米多深的储油罐里，情况十分危急。陈广朋立刻奋不顾身地跳进油罐。他托起小女孩，高高举过头顶，但是由于罐深口小，上面的人无论怎么努力，都抓不到小女孩。此时，油罐内严重缺氧，陈广朋已是脸色铁青，他大口喘着粗气，用尽气力第二次举起小女孩。但是由于窒息，刚举过半腰，他就突然倒下，手里仍紧紧地抓着孩子。陈广朋牺牲后，东明县环保局、东明县委宣传部、菏泽地区环保局先后下发了向陈广朋学习决定，县广播电台、电视台作专题报道，《菏泽日报》《山东环境报》对他的事迹进行详细的报道刊载。后被追认为烈士。

漆　侠（1923—2001） 字剑萍，笔名万钧泛金，巨野县龙堌集村人。著名历史学家，中国宋史研究会会长、河北大学文科资深教授、博士生导师。

1944年考入国立西南联合大学历史系。1946年6月转回北京大学历史系学习。1948年毕业即考入北京大学文科研究所史学部读研究生。1953年12月任教于天津师范学院（后改称河北大学）并任近代史研究所任助理研究员。1961年晋升为副教授，1979年晋升为教授。1984年获得河北省第一个博士学位授予权。

漆侠长期从事中国古代史、中国农民战争史的教学和研究工作，其主要专著有《王安石变法》《秦汉农民战争史》《求实集》《宋代经济史》等，并在国内外刊物上发表学术论文150多篇。其中《宋代经济史》一书，系全国哲学社会科学“七五”规划重点项目，填补了中国古代经济史断代研究的空白，被史学家誉为中国经济史和宋史研究中的“一部里程碑式的著作”。先后获河北省哲学社会科学优质成果一等奖，国家教委“全国高等学校人文社会科学研究优秀成果”一等奖，国家社会科学基金项目优秀成果二等奖，首届郭沫若中国历史学奖二等奖。曾多次成功主办中国宋史研讨会，先后应邀赴美国圣地亚哥大学、俄亥俄州立大学，日本京教大学，新加坡国立大学及中国香港、中国台湾等地的众多院校进行学术交流和讲学。曾获中华全国总工会“五一劳动奖章”和全国优秀教育工作者称号。《中国大百科全书》中国历史卷“史学家”栏目中列有漆侠的专门词条。2001 年 11 月去世。

岳　野（1920—2001） 原名岳喜瑞，曾用名岳中平、岳庄。郓城县郓城镇教场苏庄人。中共党员，中国著名剧作家。1937 年 7 月抗日战争爆发后，岳野参加中共地下党领导的学生运动，曾任鲁声救国话剧团团长、“青年救国读书会”领导核心成员。1942 年秋加入由周恩来领导的抗敌演剧队，历任第五队队务委员、学术部部长、编导，先后在广西、贵州、云南及抗日前线演出。1946 年遵照周恩来“相机撤退”的指示，与抗敌演剧队第七队撤至香港，组成中国歌手剧艺社，历任理事、学术部长、编导及演员，在香港、泰国、新加坡等地巡回演出。1949 年年初开始话剧创作，其中《风雨牛车水》《海外寻夫》曾先后在新加坡、马来西亚首演，引起轰动。同年 4 月，“中艺”由香港返广东省东江游击区，扩建为华南文工团，同时被选为南方青年代表团成员参加在北京召开的全国第一次青年代表会和文化会，此后为各届文代会代表。会后分配到长春电影制片厂任编剧。1950 年调入中央电影局艺术处（后改为中央电影局电影剧本创作所）任编剧、编辑部主任。1958 年后在调北京电影制片厂，先后任文学部主任、编剧、厂艺委委员。新中国成立前创作并搬上舞台的剧本有《新唐祖会》《风雨三条石》《海外寻夫》《风雨牛车水》等，创作并发表的诗歌有《你睡啦，人民的歌手》《春雷第一声》《黑夜，广州的街头》《活着不如木拖鞋》《今日情歌》等，创作并发表的小说有《怎么会想到呢》。新中国成立后创作的电影故事搬上荧幕的有《在前进的道路上》《英雄司机》《水上春秋》《问天何时明》等，被电影创作月刊发表的剧本有《世世代代》《熔炼》《詹天佑》《玉春和瓦夏》《只为东方为明》，创作并发表的短篇小说有《北京发生的故事》《剃头》等，创作并发表的其他作品有《社会主义的早晨》《渤海湾的思念》《忆陈戈》《桥赋》《舍命不舍花》等。其创作并搬上舞台的话剧《同甘共苦》公演后，被中国戏剧出版社出版为单行本，后被《现代剧丛》译为俄文在苏联发表。创作的话剧《友和敌》搬上舞台后在北京及全国各地公演。1987 年，他与青年歌唱家彭丽媛一起在天津制片厂拍摄的《春满牡丹乡》一片中担任主演。

岳野是中国作家协会、中国戏剧家协会、中国电影家协会会员、理事，有“三栖”作家之称。

苏　军（？—2002） 定陶县人。2002 年 4 月 6 日上午 8 时 30 分，陕西省蓝田县某核工业矿区井下十中段发生炮烟气体中毒窒息伤亡事故。辅助队队长苏军闻讯立即从蓝田县城的家中赶往出事现场，与工友一起下井救人。井下存有大量有毒气体一氧化碳，他们不久就开始头晕目眩、四肢发软，但他们依然坚持救人。他们沿着一千多个台阶，一趟又一趟往返于井上井下。随着体力的不断消耗，有毒气体的吸入量越来越多，他们的处境也越来越危险。但是没有人退缩，始终奋战在施救抢险的最前线。苏军一边救人，一边为恢复脱轨的矿车在井上井下不断奔走，最终耗尽全部体力，献出自己的生命。2003 年 11 月 25 日，经陕西省民政厅批准，追认苏军为革命烈士。

张含英（1900—2002） 字华甫，菏泽市牡丹区人。著名水利专家，曾任水利部副部长。早年就读于国立北洋大学，在校期间曾参加“五四”运动。后赴美留学，1924年获美国伊利诺大学土木工程学士学位，1925年获美国康乃尔大学土木工程硕士学位。1925—1933年，张含英先后在菏泽中学、青岛大学、山东省建设厅、葫芦岛港务局、山东省教育厅、华北水利委员会等单位任职。1933—1938年，任南京政府黄河水利委员会委员、秘书长、总工程师。抗战期间，张含英辗转于四川、广西、陕西之间。1941—1943年任南京政府黄河水利委员会委员长，1945年率团赴美国考察，1946年率领黄河治本团，考察黄河河南孟津至青海贵德河段。1948—1949年，任北洋大学校长。1948年年底，不畏国民党政府要其离开大陆的高压，毅然留在南京迎接解放。1949年曾任解放区黄河水利委员会顾问。1950—1979年，任水利部、水利电力部副部长兼任技术委员会主任30年，直接参与全国水利事业的各项重大决策。他长期从事江河治理与开发研究，著述甚多，主要有《黄河论丛》《〈黄河志〉第三编·水文工程》《黄河水患之控制》《历代治河方略述要》《说水》《水利概说》《历代治河方略探讨》《明清治河概论》等。发表论文30余篇。系中国水利学会第一、二届理事长，第三、四届名誉理事长；第一、二、三届全国人民代表大会代表，中国人民政治协商会议第五、六届常务委员会委员。

人生坎坷风雨路，报国志坚映丹心。1981年5月加入中国共产党。1982年退居二线后，担任全国政协常委，并以中国水利学会理事会的名义，组织召开“南水北调学术研讨会”。后来仍坚持全日制上班，认真履行其水利学会名誉理事长的职责，讨论有关水利建设决策前的重大问题，为国家的水利建设竭尽心力。1990年6月被评为中央国家机关优秀共产党员，1990年、1991年连续被评为水利部优秀共产党员。1999年获水利部授予的“从事水利工作75周年特殊贡献奖”。1999年，中国水利电力出版社出版了他的《余生议水录》一书。

宋红杰（1975—2003） 1975年6月出生，高中文化程度，菏泽市东明县长兴乡找营村人，1993年12月入伍，1995年10月入党，历任战士、班长、排长、副连长，生前系第二炮兵某工程部队六连连长，中尉军衔。

宋红杰入伍10年，从战士到连长，一直奋战在国防施工的第一线，他多次被评为“国防施工标兵”“优秀士兵”“优秀共产党员”；1997年作为士兵代表出席了96501部队和96512部队党的代表大会；1998年，获立二等功，被破格提拔为干部。

2003年5月28日14时左右，宋红杰所在的三营六连在某地组织国防施工，有5名战士因意外出现险情。正在组织施工的宋红杰听到呼救后，一边叫人火速报告值班首长，一边带领4名战士迅速赶往现场。宋红杰冒着生命危险率先冲进危险区。进出危险区通道狭窄，上下要凭借5米高的梯子，并且险区内空气刺鼻，睁不开眼睛，他让4名战士在外接应，自己只身进入。借着坑道内的微弱光线，他跪着、爬着把战士一个一个地背出险区。当他用尽全身力气，救出最后一名战友后，自己却晕倒在地。闻讯赶来的三营营长和六连指导员，迅速将宋红杰等人送往驻地医院进行急救。经过军地专家4个多小时的全力抢救，5名战士相继脱离生命危险，连长宋红杰却因抢救无效牺牲，年仅28岁。

李亚新（1967—2003）　1967年11月生，菏泽市牡丹区人，中共党员，大专文化，1986年11月参加工作，1998年3月自菏泽地区金属材料总公司调入定陶交警大队工作，任事故处理股民警。

从事交警工作以后，他兢兢业业，任劳任怨，因成绩突出，连续4年被市交警支队、县公安局及大队评为“先进工作者”和“先进个人”等。

2003年8月3日晚上10点多，李亚新刚刚勘察完一处车祸现场，就接到122指挥调度室指令：在刘民路张湾镇驻地南两公里处发生一起交通事故，伤者已送往医院，双方车辆损坏，需用清障车施救。李亚新立即前往，指挥封闭事故现场，并安排人员负责警戒。现场一辆夏利出租车与一车辆厢式货车在会车时发生相撞，厢式货车侧翻在夏利出租车北20米处路中央。当李亚新与清障车司机曹建军站在清障车前商议如何拖车时，一辆疾驰的货车突然径直闯进封闭的事故现场，将夏利出租车撞出公路，又朝李亚新等3人冲来。此时，李亚新第一个发现险情，也完全有能力躲开，但他大喊一声“快闪开”，用力将身边毫无察觉的曹建军推开，自己却被货车重重地撞到在公路旁。同事们将李亚新送进医院，由于伤势太重，2003年8月9日下午3时46分，经抢救无效，李亚新不幸以身殉职。

2004年12月20日，经山东省人民政府批准，追认李亚新为革命烈士。

吴倩之（1933—2003）　山东省龙口市人。1948年11月—1951年9月在胶东北海中学学习。1951年9月被组织上保送到山东省军区机要训练大队学习。1952年7月—1952年9月担任山东省军区机要员。1952年9月—1954年12月担任惠民地委机要员。1954年12月—1958年11月担任菏泽地委机要员。1956年4月入党。1958年11—12月担任济宁地委机要员。1958年12月—1959年6月担任山东省委机要员。1959年6月—1962年8月担任菏泽地委机要员。1962年8月—1968年1月任菏泽地委办公室县级秘书。1969年10月—1971年5月任菏泽地革委政治部秘书。1971年5月—1974年12月任菏泽地革委政治部秘书组副组长。1974年12月—1979年12月任菏泽地直机关党委副书记。1979年12月—1984年4月任菏泽地区纪委副书记。1984年4月—1985年10月任菏泽地委统战部副部长。1985年10月—1988年1月任山东省人大常委会驻菏泽地区工作委员会联络处主任。1988年1月任菏泽地区人大工作联络组副组长。1988年9月任山东省人大常委会驻菏泽地区工作委员会副主任、党组成员。吴倩之是山东省第七届人民代表大会代表，为菏泽的经济发展、党风廉政建设、社会主义民主法制建设以及纠正冤假错案、落实党的各项政策等方面做出较大贡献。

杨东山（1917—2004）　山东寿光县人。1939年6月参加革命工作，12月任渤海军区青东独立团特务连排长。1940年7月入党，11月任渤海军区政治部警卫队队长。1942年4月任渤海军区特务连副连长。1944年11月任渤海军区卫生部二所所长。1946年5月任渤海军区特务团连长。1947年7月任十纵队28师82团副营长。参加的主要战役有：莱芜战役、泰安战役、济南战役、开封战役、豫东战役、淮海战役等。在革命战争中曾负伤过7次，分别被评为一等、二等革命伤残军人，荣立二等功2次、三等功4次，多次受到通令嘉奖。1949年6月任渤海三荣校副大队长。1950年8月任山东省复委会徐州办事处所长。1951年8月任山东省革命残废军人教养总院副院长。1953年4月任山东省荣军第五速成中学党委书记、校长。1954年5月任山东省民政厅党组成员、社会处副处长、处长。1957年5月任单县县委副书记。1961年7月任菏泽专区水利建设指挥部副指挥长、副政委、政委。1965年10月任菏泽地区农办副主任。1969年4月任菏泽地区水建指挥部党的核心领导小组组长。1970年4月任菏泽地区生产指挥部副主任、党的核心领导小组成员。1971年8月—1975年5月任菏泽地区革命委员会副主任。1978年7月任菏泽地区行署副专员。1980年12月任菏泽地区行署顾问。1983年12月离职休养。2004年6月去世。

人物简介

王先进　1906年2月生，字东野，菏泽市牡丹区李村镇王刘庄村人。1929—1932年在青岛大学读书期间积极协助中共地下党组织做互济会工作。1934年北京大学毕业后，曾在山东省立临沂乡师、山东省立菏泽中学和菏泽私立南华中学任教。后任山东省立政治学院讲师兼教务处主任，江苏学院副教授、代理系主任，湖南南岳震华文学院教授兼教务长，海南师范学院教授兼文史系主任。新中国成立后，历任察哈尔师范学院教授，河南师范学院二院历史系教授，曲阜师范学院历史系教授和中国古代及中世纪史教研室主任、孔子研究室主任，山东大学历史系教授、史学史教研室主任。中国古典文化与英文功底颇深，学术研究极有造诣，是全国孔子研究的著名学者。曾任山东省政协委员，北京中华孔子研究所名誉所长，山西孔子学会顾问，江苏省苏州孔子研究会特邀顾问，中国孔子基金会理事，山东省史学会第四届顾问。1991年离休。

沈鸿林　1911年8月生，菏泽市牡丹区东关李庄村人。1935年9月参加中国工农红军，1936年11月加入中国共产党。抗日战争和解放战争期间，他转战南北，参加了平型关战役、湖西抗战、山东军民大反攻、挺进东北、辽沈战役、平津战役、渡江作战、湖南剿匪等战斗，先后担任班长、排长、连长、营长、团参谋长、团长等职。1950年，转入铁道工程兵岗位，先后担任铁道工程214师副师长，中国人民志愿军铁道工程兵9师师长、4师师长，大兴安岭会战副指挥兼工程部部长，铁道兵技术学校校长，铁道兵工程学院顾问。1964年晋升为少将军衔。曾荣获八一勋章、一级独立自由勋章、二级解放勋章、一级红星功勋荣誉勋章。1982 年离休。

何兹全　1911 年 9 月 7 日生，菏泽市牡丹区人。全国知名历史学家。1935 年北京大学史学系毕业后，到中央研究院历史语言研究所从事研究工作。1947 年赴美国留学，就读于纽约哥伦比亚大学，后在霍普金大学培之学院工作。1950 年回国，执教于北京师范大学历史系，先后任副教授、教授、博士研究生导师、魏晋南北朝史研究室主任。曾分别担任民革中央孙中山学会副会长，秦汉史学会、魏晋南北朝史学会、唐史学会等顾问，全国高等教育自学考试委员会委员，北京市高等教育自学考试委员会委员。何兹全的研究工作主要在中国社会经济史、汉唐兵制、汉唐时期佛教寺院和寺院经济三个方面，其中尤以中国社会经济史的研究成果最为丰硕。1991 年出版的《中国古代社会》是其代表作品，被学术界誉为汉魏封建说的“扛鼎之作”。

郭永昌　1911 年生，字世五，曹县桃源集镇郭寨村人。1937 年参加革命，1938 年加入中国共产党。曾任八路军连指导员、营教导员，中国人民解放军某部炮兵团政治委员。1951 年 3 月任空军第七预科总队总队长。1952 年 11 月任空军某师副师长。1953 年 10 月起先后任空军某师政治委员、某军政治部主任、某军政治委员。1977 年 11 月任广州军区空军副政治委员。曾任广东省政协常委。1983 年离休。曾参加了著名的辽沈战役和平津战役，立大功一次。

李　勃　1912 年 7 月生，原名李青森，曾用名李照玉，菏泽市牡丹区何楼办事处晁寺村人。1938 年 6 月赴延安参加革命，1939 年 1 月加入中国共产党。抗战时期，先后在抗日军政大学第一大队、冀中军区第二分区第二十团、晋察冀炮兵营和延安炮兵学校学习和工作。抗日战争胜利后，随部队赴东北开辟东北革命根据地，先后担任警卫团参谋、佳木斯军区政工队长、第四军作战科长、炮兵主任等职。1952 年夏调任某坦克师炮兵团团长，率部参加抗美援朝战争，后任中国人民志愿军装甲兵主任。1959 年春起，支援地方工业建设，担任承德电厂党委书记兼厂长，北京电力学校校长，北京热电总厂副厂长等职。曾获华北解放纪念奖章、抗美援朝纪念奖章、三级独立自由勋章、三级解放勋章等。1982 年离休。

黄鸿瑞　1912 年 8 月生，单县黄岗镇土山村人。早年接受马克思主义和新民主主义思想。1931 年 12 月在江西省参加“宁都暴动”，拿起大刀长矛参加红军，随后进入瑞金红军学校，1932 年加入中国共产党。1933 年在 9 军团 3 师 7 团任排长期间，多次身陷绝境浴血奋战，杀敌立功，九死一生，出色完成任务。1934 年 10 月跟随中央红军开始长征，其间先在 9 军团 3 师任连长，后被选调 31 军电台任警卫排长，从不计较个人职务的高低，在漫漫征途险象环生的战斗岁月里，确保 31 军电台的通信安全。和平建设时期，历任牡丹江军分区政委、长春军分区政委、吉林省军区政治部副主任、吉林省军区副政委。1955年被授予大校军衔，获三级八一勋章、三级独立自由勋章、二级解放勋章和二级红星功勋荣誉章。

姚汉源 1913年生，巨野县巨野镇姚楼村人。原北京水利电力学院副院长。1928年就读于天津南开中学。1933年考入清华大学土木工程系，1937年毕业留校任助教。后历任重庆大学助教、四川大学讲师、江西信江农业专科学校副教授。新中国成立后，任南昌农业专科学校教授兼校务委员会主任。1953年调入武汉水利电力学院，任教授兼教务长。1956年加入中国共产党。1963年在中国水利学会学术研讨会上，宣读《中国古代农田的淤灌及放淤问题——古代泥沙利用之一》的论文，时任长江流域规划办公室主任林一山向周恩来总理推荐这篇文章。后被推崇为国内水利史研究典范，纳入水利科学的重要科研成果。1963年冬调任北京水利电力学院教务长，1965年任副院长、院党委委员。1979年调往水利电力部水利电力科学院水利史研究室从事研究工作，1987年退休。曾先后担任《中国农业百科全书·水利卷》《中国大百科全书·水利卷》编委及水利史部分的主编，并为《中国水利百科全书》撰写6万余字条目。1982年联合水利、农业、交通、历史、地理、考古等有关方面学者，在中国水利学会创立“中国水利史研究会”，并担任第一、二任会长。1989年改任名誉会长及中国水利学会名誉理事，并享受国家特殊津贴。

曹志真 1913年生，原名曹子琛，曾用名曹滋深，曹县阎店楼镇曹庄人。1930年年初，在开封嵩阳中学参加“青年反帝大同盟”。1931年春加入中国共产党。1932年3月在北平参加“左联”。1933年4月参加冀察抗日同盟军。1934年年底任中共沧州特委宣传委员。1935年2月被捕入狱，组织著名的“王维刚越狱活动”。1937年8月释放出狱后参加“抗日军政干部训练班”。1938年春任中共领导的范筑先部茌平县政训处少校干事。1939年7月任中共曹县县委书记。参加著名的红三村斗争。1941年5月任冀鲁豫军区鲁西南军分区政治部主任。1943年调延安中共中央党校二部学习。1945年任开赴冀鲁豫前方干部队队长。在解放战争中，任中共豫皖苏区委城工部副部长、中共许昌市委书记、中共许昌县委书记。新中国成立后，曾任中共河南省委统战部副部长、中南总工会生产部部长、湖南省电业局局长、广西壮族自治区水电厅副厅长兼电业管理局局长。“文化大革命”动乱中受到冲击。1979年12月任广西壮族自治区桂林地区副专员。1980年3月任华北电力学院副院长、院党委副书记。1984年离休。1986年5月后享受副部长级待遇。

王子平 1914年生，又名王治国，曹县庄寨镇大马王村人。1936年起先后在曹县安陵集高小和祥符寨、丁寨初小任教。1938年6月参加曹县义合乡抗日自卫大队。1939年4月加入中国共产党，先后任鲁西南地区陇海抗日支队秘书长、八路军冀鲁豫支队五大队供给处财政股长、曹县抗日县政府财政科科长、冀鲁豫边区五专署财政科科长。1945年8月受命组建东明抗日县政府并任县长。1946年春作为代表团成员，参加了与国民党在东明地区的和平谈判。1946年6月任冀鲁豫行署黄河水利委员会第一修防处副主任。1947年9月任冀鲁豫边区五专署财委副主任。1948年7月任冀鲁豫边区五专署战勤指挥部副司令员。1949年后，历任平原省黄河河务局秘书处处长，水利部黄河水利委员会财务处处长、测验处处长，水电部水文局副局长、局长、顾问。1982年12月离休。

郑美臣　1914年生，曾用名郑锡琰、郑杰、赵准，单县高老家乡郑庄人。1937年春在山西太原参加“牺盟会”，同年9月加入中国共产党。1939年4月任中共曹县八区区委书记，9月任八路军冀鲁豫支队青年挺进大队大队长。1940年8月任曹县抗日民主政府武装科科长。1941年7月任中共曹县（西北）县委武装部部长兼县武委会主任、民兵大队长。1943年9月任曹县（东南）中共县委武装部部长兼县武委会主任、县基干大队副队长。1945年5月任虞城县抗日政府县长、县大队长。1946年8月任鲁西南军区独立团团长。1948年任鲁西南军分区补训团政治委员、团长。1949年后，历任华北军区补训团第31团政治委员，解放军军政大学19大队政治委员、向西南进军第4团政治委员。1951年任西南军政大学三总队后勤部政治委员。1952年后，历任哈尔滨军事工业大学分校党委书记，东北重型机械学院党委副书记，西南重型机电学院党委副书记、副院长，华中工学院党委副书记，西南重型机电学院党委副书记、副院长，华中工学院党委副书记、副院长、院长。1966年任中州大学校长。河南省四届政协委员、郑州市六届政协常委。抗战时期曾组织“抗日青年读书会”参与武装抗日。解放战争时期，为新中国的成立做出突出贡献，曾获独立自由勋章、解放勋章和八一勋章。

韩倩之　1914年生，曹县青堌集镇插花楼村人。1932年考入山东省立第六中学。1935年考入开封高中。1937年10月加入中国共产党，12月任八路军驻晋办事处政治处宣传干事。1938年5月赴延安。1939年7月任八路军延水关兵站第二派出所指导员，后兼所长。1940年8月任八路军供应部宣传科副科长，11月任科长。1941年夏任延安交通纺织厂政治协理员。1946年1月任中共复程县委宣传部代部长。1947年5月任中共曹县县委副书记，9月任县委书记。1948年6月任中共朝城县委书记。新中国成立后，曾任濮阳专署副专员。1951年7月任中共西康省委宣传部副部长。1952年4月任雅安专署专员，8月任西康省农林厅厅长。1954年任西康省森林工业局局长。1955年11月起任西藏自治区筹委会农林处副处长、处长，畜牧处处长。1956年6月任中共西藏工委农村工作部副部长。1957年8月任中共开封师范学院委员会书记。1971年春任开封市教育局局长。1973年7月任中共河南省中医学院委员会书记、革命委员会主任。1975年7月任中共新乡师范学院委员会书记、革命委员会主任。1977年12月任洛阳工学院党委书记。1984年离休。

孟静之　1915年4月生，单县浮岗集北村人。在农村

私塾和县城读完小学后，靠借贷在山东省立菏泽第六中学读初中，后考入山东省菏泽师范学校，1936年师范毕业。1938年加入中国共产党，同年春参加“青年抗日游击队干部培训班”，并担任培训班指导员。8月任湖西人民抗日义勇队第二总队炮兵连政训员，参加讨伐丰北汉奸王献臣的战斗。后在金乡西北羊山一带开展工作。1938年年底担任曹马区特别党支部书记，配合主力部队苏鲁豫支队消灭王献臣部，开创曹马区革命斗争新形势。1939年被选为单县县委委员、军事部部长和统战部部长，负责在单县辛羊区组织成立抗日自卫团六个基干队，兼任基干队政治主任。1939年9月发生“湖西肃托事件”，曾被以所谓“托匪罪”关押。1940年春，单县抗日民主县政府成立，任县政府秘书，后代理县长。他放手发动群众，积极扩建党组织和基层政权，为主力部队输送新生力量。1941年10月奉命在单县西南部新滩、黄岗、侯楼等区建立单西南抗日办事处，任办事处主任。1944年6月，办事处改称临河抗日县政府，任县长兼县大队大队长。1946年担任湖西地区工商局监委、冀鲁豫军政联合财经办事处办公室主任、冀鲁豫行署财政处副处长。1948年患眼疾离职休养。

新中国成立后，孟静之任粮食部监察室副主任。1955年双目失明。1956年5月调内务部工作，任中国盲人福利会副总干事、中国民政部聋哑协会主任、中国盲人聋哑人协会副主任兼秘书长、内务部机关党委委员。“文化大革命”中受到迫害，下放劳动。“文化大革命”后恢复工作，任中国盲人聋哑协会顾问。70年代，在长期艰苦细致调查的基础上，与人合作撰写了《关于“湖西事件”的调查报告》，为“肃托”事件彻底平反提供许多珍贵的史料。1982年离休后参与完成《“湖西肃托事件”始末》定稿工作。

段以山 1915年9月生，菏泽市牡丹区马岭岗镇前段庄村人。1938年11月参加抗日工作。1939年8月加入中国共产党。抗日战争和解放战争时期，先后任抗日自卫队中心主任，区委组织委员、区委书记，菏泽县委武装部部长，安陵县委社会部部长兼公安局局长，东明县委社会部部长兼公安局局长等职。1950年，调任西南军政委员会公安二处科长，主要负责国家接管的兵工厂和大型企业的安全保卫工作。1953年起，先后担任化工部四川化工厂保卫处处长、人事厂长，泸州天然气化工厂监委书记及人事厂长，西南化工研究院副院长、院党委书记等职。1984年离休。

李　峥 1915年10月生，单县符寨镇袁湾村人。1932年考入山东省第四乡村师范学校学习。后因家中困难休学一年，回村教书。1937年师范毕业。同年12月加入中国共产党，并任芳桂集区青年救国团团长。1939年3月任潘芳区分区委民运委员，5月任单县县委青年委员会书记兼单县青年抗日救国团团长。1941年11月任曹芳办事处芳桂区委书记兼区长。1942年12月调曹芳工委敌工部工作。1943年4月调巨南敌工站工作。1946年1

月任济宁市委组织部副部长兼第四区委书记。1947 年 1 月任东平县委宣传部部长。1949 年 1—3 月任东平县委副书记、书记。1952 年 6 月任烟台市委工业部部长。1954 年年底任上海市华东建筑工程局第一工程公司副书记。1958 年年底任广州市中南工程局第三公司党委书记。1964 年 4 月任中南工程局副书记。1964 年 6 月任建筑工程部对外局副局长，7 月率队赴非洲马里援建糖厂、烟厂、火柴厂等，任中国专家组组长。1966 年 7 月回国，任贵州中建三局党委副书记、局革命委员会主任。1980 年任中建五局副局长。1983 年离职休养。

朱启秀　1915 年 12 月生，单县杨楼镇孟集村人。早年就读于山东省立菏泽六中。1935 年 8 月考入北平辅仁大学物理系。其间，参加“一二·九”运动和“一二·一六”运动。1937 年“七七”事变后日军占领北平，随校转至西安临时大学学习。1938 年奔赴延安，进入陕北公学学习，后转入抗日军政大学。曾聆听毛泽东主席的重要讲话，接受共产主义思想。1938 年 4 月加入中国共产党。1938 年 7 月，抗大毕业后分配至八路军 120 师 358 旅 71 团政治处教育股任干事，并随军北上绥远，奔赴抗日前线，创建了晋西北抗日根据地和蒙古大青山抗日根据地。后挺进冀中，参加晋察冀、晋西北斗争。历任 715 团教育股长、独立旅组织科科长、大队副政治委员。解放战争时期，回师陕甘宁，保卫抗战胜利果实，多次粉碎国民党军队的挑衅和进攻。在保卫党中央、转入战略反攻的战斗中，随军歼灭胡马敌军，解放大西北。乘胜清剿残匪，开展建设新青海的工作。先后担任中国人民解放军第 1 军教导团政治处主任、军政干部学校副政委、第 1 军速成中学校长。抗美援朝战争时期，随军入朝作战，任第 1 军干部部部长。1955 年授予上校军衔，后为大校。获三级独立自由勋章、三级解放勋章。1963 年调任武汉军区政治部人民群众工作部部长。1964 年任武汉军区国防工业工作部部长。1969 年调任湖北省军区副政治委员。1983 年离休。1988 年获二级独立自由功勋荣誉章。

王健民　1915 年生，曹县青岗集乡田庄村人。1930 年考入山东省立第七中学（济宁）。1932 年加入中国共产主义青年团，1936 年 3 月加入中国共产党。1937 年 7 月被国民党山东省党部逮捕，后获释。8 月受山东省委派遣回曹县建立党组织，任曹县特支组织委员。同年冬，任曹县工委组织部部长。1938 年 3 月任曹县县委组织部部长，11 月任县委书记。1939 年 2 月任金（乡）单（县）曹（县）中心县委组织部部长，7 月任鲁西南地委委员、组织部部长。1940 年参与领导了著名的“红三村”保卫战。1942 年 12 月任曹县（西北）县委书记。1943 年 8 月任齐滨县委书记。1946 年秋在晋冀鲁豫中央局党校学习。后调任冀鲁豫区党委政策研究室秘书。1949 后，曾任平原省革命干部训练大队副大队长兼组教科科长。1950 年 1 月任安阳市委委员、宣传部部长。1953 年 5 月任郑州市委副书记兼副市长。1957 年 5 月任河南省卫生厅厅长、党组书记。三年自然灾害时期，先后任泌阳县委书记，南阳地区农业委员会副主任兼生产救灾办公室副主任。1962 年 8 月任河南省林业厅副厅长。1972 年 9 月任洛阳市革命委员会生产指挥部副指挥长、洛阳市委委员。1978年7月—1979年4月先后任河南省医学院党的核心小组组长兼院长、院党委书记兼院长。1980年入中央党校学习。1981年2月任河南省医学院党委书记。1983年离休。

牛宝印 1915年生，字绶之，菏泽市牡丹区北顺城街人。1937年10月加入中国共产党。1938年春参加八路军。抗日战争时期，组织战地服务团，并相继在太行军工工业学校、长治军工学校任教，为国家培养了大批技术干部。1946年5月起，先后担任山西峰峰煤矿一矿副矿长，石屹节煤矿经理、矿长，领导建设年产30万吨、后扩建为90万吨的王庄煤矿（这是共产党管理煤炭工业的第一口矿井）。新中国成立后，先后担任燃料部计划司煤业处长、计划司副司长。1965年后参加三线建设，任贵州省水城矿区指挥部副指挥长、六盘水煤炭局副局长和基建局副局长。1980年任国家能源委员会节能局副局长、主持工作,同时担任国务院节能领导小组秘书长。后任国务院煤代油办公室专职副主任，在全国推广煤代油工作，为国家节约了大量资金。1982年离休。

王振扬 1916年生，曾用名李振扬、王恒德、张呈义、于子凡，单县高老家乡孙庄人。1932年在曹县县立乡村师范学习。1933年秋在山东省立滋阳（兖州）第四乡村师范学习。1936年6月加入中国共产党。1938年3月任曹县县委组织部部长。1939年任砀山县委书记。1940年2月入中共山东分局干部学校学习，10月分配到徐州西北地区工作，11月任沛铜县委书记、徐州北中心县组织部部长。1942年夏任地委敌工科科长，7月任鱼台北工委书记，12月任鱼台县委书记。1943年3月任金乡济宁鱼台工委书记。1945年10月任济宁县委书记。1947年秋任晋冀鲁豫军区第11纵队32旅政治部副主任。1949年2月任第二野战军17军50师政治部主任。新中国成立后，历任贵州省军区铜仁军分区政治部主任、遵义军分区政委、南京高等军事学院空军系政治处主任、空军第九师政委、广州军区空军政治部副主任、农业部政治部主任、中央农林政治部副主任。“文化大革命”中受到冲击，1972年恢复工作。1978年任黑龙江省委常委、国营农场总局局长兼党委书记。1982年离休。

刘梦钦 1916年生，原名刘进刚，曹县韩集镇刘岗村人。1939年参加抗日救亡工作，同年5月加入中国共产党，7月任曹（县）东（明）县委警卫营连指导员。1940年8月任曹县抗日县政府锄奸科科长。1941年6月任冀鲁豫五专署公安局代理局长。1942年11月任菏泽县抗日县政府公安局局长。1946年7月任中共冀鲁豫五地委社会部干事，9月入冀鲁豫区党委党校学习。1947年10月任中共定陶县委书记兼县长。新中国成立后，曾任菏泽专署民政科科长。1951年1月任平原省商业厅人事科科长。1952年9月任平原省油脂公司经理。1953年1月任天津外贸特派员办事处监察专员，7月任天津土产进出口公司副经理、党支部副书记。1961年7月任天津市外贸局党委副书记、副局长。1965年9月任天津市监察委员会驻外贸局监察组组长。“文化大革命”中曾被迫停职。

1969 年 4 月任天津市外贸局革命委员会办事组组长。1973 年 2 月任天津市外贸局展览馆副馆长、天津市外贸局监察筹备组组长。1982 年 12 月离休。

杨鲁峰　1916 年生，曾用名杨岱云，东明县小井乡西五营村人。1933 年在东明织布厂工作。1937 年加入中国共产党。1939—1949 年，历任东垣县、东明二区财政科科长。新中国成立后，历任江西省广丰县财政科科长，贵州省遵义专署秘书、粮食局长，贵州省凤岗县县长，云南省东川矿务局经理处长，东川市委秘书长、副书记、书记。1981 年离休。

李苏波　1917 年 11 月生，东明县陆圈镇油坊李村人。1936 年 6 月，参加中华民族解放先锋队并担任队长。1937 年 2 月加入中国共产党。先后任东明县三任工作员，华北抗战学院指导员、教导员，冀鲁豫救国总会工作组组长，长垣县救国会训练班教导员。1939 年起，任冀鲁豫独立团主任、团政委、党总支书记。1942 年 12 月起，历任冀鲁豫五分区政治部敌工科科长、城工部副部长，冀鲁豫沙区办事处敌工科科长。1944 年，历任陇海办事处主任、工委书记兼开封、徐州工委书记，豫东办事处工委主任、书记。1945—1950 年，历任 55 师政治部主任，豫东纵队政治部主任、参谋长、党委书记，豫皖苏二分区司令部参谋长、党委书记兼淮太西指挥部工委指导员、书记，涡河工委书记，16 军 48 师政治部主任。1950 年，任中共遵义地委书记兼专员。1961—1973 年，历任煤炭部六枝矿务局局长，贵州省计委副主任、党组副书记，中共贵州省委农工部副部长兼省农办副主任、水利厅厅长、党组书记，乌江渡水利工程指挥部指挥长、党的核心小组组长，水电部第八工程局局长、党委书记。1973 年 1 月，任中共遵义地委第一书记。1976 年 5 月后，历任河南省电业局局长、党组书记，河南省经委主任、党组书记，华中电网局局长、党委书记，水电部治淮委员会主任、党组书记。1993 年 2 月离休。中共八大代表，中共贵州省第一届、第二届委员会委员。

史　唯　1917 年生，郓城县陈坡乡史庄村人。曾任中国人民解放军政治学院哲学教研室副军职副主任、教授。1932 年 7 月入济南乡村师范学校读书。1936 年 7 月任济南市十九小学教员。翌年 10 月任菏泽抗日游击队营政治指导员。1938 年 8 月赴延安，先后在陕北公学、中央马列学院、中央马列研究院学习。1939 年 9 月加入中国共产党。学习毕业后先后任中共中央宣传部教育工作队队员、陕甘宁边区教员学习班生活指导科科长、中宣部调查团副团长、中央整风学习委员会联络员等职。1943 年 5 月，调至延安抗日军政大学，先后任教员、教员组长兼副指导员、晋察冀军政干校大队主任教员、宣传股副股长、校政治部政治研究室研究员，参与研究室的领导工作。1947 年 7 月荣立二等功 1 次。中华人民共和国建立后，历任南京军事学院政治经济教授会教员，被授予教授二等奖，后任北京高等军事学院社会科学教研室教员等职。“文化大革命”期间，被派出“支左”，为北京日报社主要负责人之一。后任北京军政大学哲学教研室主任，《红旗》杂志社编辑部负责人之一。1978 年任中国人民解放军政治学院哲学教研室副军职副主任。1983 年 9 月任科研部研究员。1982

年8月被聘为中国历史唯物主义研究会顾问。1986年被聘为北京教授讲学团解放军分团团务委员会委员、教授。1988年荣获中华人民共和国三级独立自由勋章、三级解放勋章各1枚。1985年8月离休。

朱劭天 1917年生，单县人。1932年随父（朱五箴，境内早期同盟会会员之一）母赴北平，入北平大学附属高中。1935年入燕京大学经济系。1937年抗日战争爆发后，赴山西第二战区总司令部参加抗日救亡活动，初任特务营指导员。1938年赴延安参加革命，先后在中共中央统战部及财经部工作。1949年任铁道部财务局局长。1952年兼任北京铁道学院院长。1958年任湖北大学党委第一书记。1962年任武汉大学党委书记兼校长。1965年任中共中央中南海局科委主任。1970年接任华南工学院党委书记兼校长。1989年以省部级待遇退休。2005年10月，中共中央派专人赴广州探望因年高未能出席抗战胜利60周年的朱劭天夫妇，并送去国家特制的纪念章。

周民轩 1917年生，原名周墨轩，号知晓斋，东明县大屯镇张街村人。1938年7月参加工作，同年加入中国共产党。历任冀鲁豫大队五大队连指导员、大队组织股股长、民运股股长。1940年任清丰县卫东大队政委、清丰县委委员兼武装部部长，同年5月到鲁西南工作队工作。1941年2月任东垣县大队教导员。1942年1月任定陶县大队教导员，9月任南华县大队教导员。1943年3月调鲁西南军分区武委会政工科工作。1944年参加太行整风学习。1945年8月任东明县独立营副政委。1946年3月，独立营编入冀鲁豫军区独一旅一团三营，任教导员。1946年10月任冀鲁豫军区补训团副主任。1947年10月任晋冀鲁豫解放军第十一纵队通信营政委。1950年1月后历任贵州省贞丰县县长、县委书记。1954年5月后历任中共兴义地委委员、统战部部长、秘书长。1957年9月任中共贵州省委党校党委委员、常委、教研室主任。1961年9月任中共道真县委书记。1964年5月任中共遵义市委书记，同年，当选为全国第三届人大代表。1966年4月任中共遵义地委统战部部长。1973年任中共遵义地委常委、中共遵义市委第二书记。1977年10月任遵义地区科委主任。1979年任遵义行署副专员。1982年10月离休。

徐　枫 1917年生，原名智乃耀，曾用名智仲原、仲原，郓城县唐庙乡智垓村人。1936年在济南高中读书时参加抗日救亡活动。1937年4月参加中华民族解放先锋队，9月加入中国共产党。曾任中共郓城中心县委统战部部长兼鲁西南特工委政治交通员。翌年6月任中共郓城中心县委宣传部部长兼五区委书记。1939年后任中共运西地委民运部副部长、宣传部副部长兼地委党校校长。1941年10月后历任中共郓城县委书记、冀鲁豫区党委宣传部宣传科副科长、中共滨河县（现河南长垣县）县委书记。1947年秋随刘邓大军南下大别山区，同年12月任中共镇平县委书记兼指挥部政治委员。1948年2月任中共南阳县委书记兼指挥部政治委员。1950年任河南省煤矿系统党委书记兼河南省煤矿管理局局长和新豫煤矿公司经理。1952年“三反”运动中曾被错误处理。1980年安排任河南省林业厅副厅长。1983年12月离休。1984年6月彻底平反，恢复为正厅级。1985—1987年被聘为中共河南省商丘地委、商丘地区行署顾问，河南省绿化委员会顾问。在《河南日报》《光明日报》上曾发表9篇有关平原绿化的文章。

徐 平 1917年生，曹县古营集镇古营集村人。1937年11月起，先后在安吴堡青年训练班、延安陕北公学、延安抗日军政大学学习。1938年12月加入中国共产党。1939年1月任陕甘宁边区庆环军分区保安部队教导队文化教员，后任陇东军分区保安部队政治处教育干事、宣传股副股长、八路军385旅4团3营政治干事、团宣传股副股长，教导2团某营副教导员。1945年12月起先后任冀东军区第13旅、东北野战军第九纵队第26师33团某营教导员兼党委书记。1948年起先后任第46军137师410团和411团政治处副主任，师供给部政治委员、直工科科长，409团副政治委员、政治处主任。新中国成立后，曾兼任中共普宁县委书记。1953年3月任外贸部广州商品检验局副局长，外贸部驻华南特派员办事处人事室、党委办公室副主任。1954年4月起，先后任交通部珠江航运管理局和广东省航运厅政治部主任、党委副书记，中共广东省委交通部、工业交通部干部处处长和基层处处长，广东省流溪河新丰江水电工程局副局长、局长。1965年5月任广东省水利电力厅副厅长。1971年2月任2348工程总队革命委员会副主任。1972年2月任广东省水产厅副厅长。1983年8月离休，享受正厅级待遇。

何方华 1918年4月生，原名何芳华，笔名何方，菏泽市牡丹区东方红大街（原西典街）人，著名爱国民主人士何思源之长子。全国著名花鸟画家。1942年中央大学艺术系毕业后，任教于成都四川省立艺术专科学校。解放后长期在四川美术学院任教，至1985年退休。在高等美术院校任教50年，深得广大师生的好评，连续多年被评为重庆市先进工作者。曾担任中国美术家协会会员，重庆市国画院画师，重庆市第一至八届政协委员。

韦统泰 1918年5月生，单县高韦庄镇人。1932年入山东省立第六中学学习，1936年考入山东省立第一中学。1938年年初组织“读书研究会”。同年8月入延安抗日军政大学学习，任班长。1939年2月加入中国共产党。1939年秋毕业分配到晋察冀军区第一军分区，先后任二十五团侦察参谋，分区二科参谋、科长。1944年12月任二十五团参谋长。其间，参加了百团大战、晋察冀军区的历次反“扫荡”、反封锁和扩大解放区的战斗。1945年9月—1947年6月先后任冀察热辽军区特务一团和热东分区独立团副团长，参加了保卫锦州、承德等大小几十次战斗。1947年7月调任热东分区独立第三团团长。8月，东北野战军第八纵队成立，后任八纵24师72团团长。其间，参加了黎树沟门、两次杨杖子、九关台门、新立屯等战斗，对北宁、锦承两条铁路进行4次大破袭。1948年9月率团参加攻克锦州、辽西会战和营口追击战。11 月 72 团改编为 45 军 135 师 405 团，任团长，率部入关参加平津战役，协同兄弟部队攻克天津，全歼守敌。1949 年 9 月参加衡宝战役，11 月参加广西战役。后到桂东南平息匪乱。1950—1951 年任 135 师参谋长、副师长。1952 年年底参加抗美援朝，任中国人民志愿军第 54 军 135 师师长。1954 年 7 月任 130 师师长。1955 年 9 月被授予大校军衔。1956 年任 54 军副军长。1957 年荣获二级独立自由勋章和二级解放勋章。1958 年 8 月回国驻防四川。1959 年 3 月率军入藏平叛，历时两年彻底平息叛乱。1960 年 8 月入高等军事学院学习。1962 年毕业后参加指挥中印边境自卫反击战，在瓦弄歼印军一个旅，受到中央军委嘉奖。1964 年晋升为少将军衔，升任某军军长，兼任重庆警备区司令员。1968 年年底奉命调防云南。1969 年 5 月任昆明军区副司令员。1970 年 4 月任国防科工委副主任，兼任七机部军管会主任、党的核心小组组长。1972 年 5 月去罗布泊参加核试验。其间，遭到江青反革命集团的迫害，中共十一届三中全会后给予平反。1982 年 12 月离休。1988 年获独立功勋荣誉章。

贾遵庚 1918年5月生，曾用名仝左，单县单城镇南门里人。1935 年于单县县立初级中学毕业，考入山东省立菏泽中学高中部。1939 年随校后撤四川绵阳，成立国立六中。1939 年 4 月毕业后考入重庆国立中央大学机械工程系。1943 年毕业后分配到资源委员会昆明中央机器厂第四分厂，参加水轮机设计及机械零配件设计工作。1946 年 9 月入中国石油公司上海高桥东厂，任工程师。后调入中国石油公司高桥储油所。1949 年上海解放后任中国石油公司东区公司高桥储油所业务股股长、工务科科长、工程师。1953 年调任中国石油公司上海工程队工程师。1956 年 10 月任商业部设计安装公司工程师。1964 年后历任商业部设计院工程师、主任工程师、副总工程师。1988 年退休。曾兼任商业部设计院技术委员会委员，专业技术职务评审委员会委员、副主任委员，商业部工程技术职务评审委员会委员。1993 年被商业部评定为领取国家特殊津贴的专家。

张自立 1918 年 8 月生，菏泽市牡丹区马岭岗镇前四张村人。1938 年参加革命，抗战时期加入中国共产党。曾任菏泽县青邱区委书记、县委社会部部长、公安局局长等职。1949 年 3 月随军南下，先后担任江西省广丰县委社会部部长、公安局局长，贵州省公安厅政治部副主任、公安学校副校长，贵州省政法学院副院长，贵州省水城县委书记、县长，贵州省第二监狱党委书记、监狱长，贵州省劳改局顾问。1983 年离休。

卢绍善 1918年10月生，单县卢庄人。1937 年毕业于山东省立济宁第三工业职业中学。1938 年 6 月加入中国共产党。1943 年 1 月任芳桂区区长兼区中队长。1944 年 6 月领导湖西区军民全面展开反封锁斗争，粉碎日伪军的囚笼政策。同年秋调金曹县曹马区任区长兼区中队队长。1945 年 3 月任湖西专署秘书。1946 年 5 月起，先后任砀山县人民政府秘书、副县长、代县长。在国民党军队大举进犯解放区的情况下，坚持“县不离县、区不离区”的斗争。同年冬任华砀县副县长。1947年6月任华山县人民政府县长兼县大队大队长。1949年3月参加南下支队，任三大队四中队政委。5月任赣东北区景德镇市工商局局长。8月参加西进支队，任三大队直属中队长、四中队政委，随军解放贵州省。12月任黔西县委书记兼县人民政府县长。1951年1月任贵州省毕节行署秘书主任。1952年10月起，先后任贵州省财政经济委员会办公室主任、贵州省人民委员会交通办公室主任。1955年6月任贵州省交通厅副厅长、党组书记。“文化大革命”中受到冲击。恢复工作后，任贵州工学院核心领导小组组长兼学院负责人。1972年3月任贵州省交通厅厅长、党组书记。1994年离休。是贵州省第一至六届人民代表大会代表，中共贵州省第四届委员会委员，中共贵州省第五、第六届顾问委员会委员。

李　坚　1918年10月生，曾用名申朝江、申深，鄄城左营乡田楼村人。1938年6月参加鲁西二十七支队，任政治部宣传干事。10月参加中华民族抗日先锋队，12月加入中国共产党。1939年10月任鄄城县民运部部长。1940年5月先后任濮县县委书记、组织部部长、书记。1947年8月任中共冀鲁豫九地委社会部部长，后任冀鲁豫九专署专员。1984年12月调中央华北局，先后任组织部部长、纪委处长兼办公室主任。华北局撤销后，调中央纪委任农村处副处长、处长。“文化大革命”期间，曾受到错误批判。1975年8月任山东省德州地区革命委员会副主任。1976年6月任中共德州地委副书记。1978年12月任中央纪律检查委员会委员兼信访办公室主任。1987年10月离职休养。

邓金生　1918年生，菏泽市牡丹区张油坊街人。1938年参加革命，1943年参加中国共产党。先后在扶沟县抗日游击大队、睢杞太独立团、新四军4师11旅33团、新四军3师10旅、新四军独立旅、东北野战军、第四野战军、四十九军、防空部队第一军、防空军后勤部、空军后勤部、空军第四军、南京军区空军后勤部等部门工作，历任军医、卫生队长、处长、军师卫生部长、军区空军后勤部长、顾问等职务。在抗日战争和解放战争时期，先后参加过豫皖苏反顽斗争、反击苏北敌人大扫荡、巢湖战役、德惠战役、锦州战役、辽沈战役、平津战役、衡宝战役、粤桂十万大军围剿残敌战役等。新中国成立后，参加了东南、西南战备工作和援越抗美工作。曾先后6次受到毛泽东、周恩来等党和国家领导人接见，获独立自由三级勋章、解放三级勋章、独立自由功勋荣誉章。1981年离休。

张庆钊　1918年生，单县黄岗镇花园村人。1938年5月参加革命工作。1938年12月加入中国共产党。1938年起，先后任单县黄岗区动委会文化指导员，黄岗区委宣传委员，单县县委宣传干事，单县振堤区委书记，临河县委组织部部长，单虞县县委副书记、书记。1949年3月参加南下支队，5月任赣东北区婺源县委书记。8月参加西进支队，12月任贵州省铜仁县委书记。后任贵州省铜仁地委组织部副部长、地委副书记兼组织部部长、地委书记处第二书记、代理第一书记。1963 年 2 月任贵州省手工业管理局副局长。1969 年 10 月任毕节地委副书记、地区革命委员会副主任。1979 年 8 月起，先后任贵州省第二轻工业局局长、党组书记，贵州省外贸局局长、党组书记，贵州省供销合作社主任、党组书记，贵州省财贸办公室副主任。1983 年离休。

郭　巩　1918 年生，原名郭松森，曹县庄寨镇郭小湖村人。1937 年 12 月参加革命。1938 年 5 月加入中国共产党，曾任八路军筑先纵队机枪营连指导员。1939 年 9 月在筑先医院任干事文书。1940 年 5 月任 22 团直属队指导员。1941 年 11 月任新 8 旅教导队教导员。1943 年 3 月先后任特务大队政治委员、团政治处主任等职务。1950 年 10 月首批赴朝参战，先后任后勤九大站政治委员、志愿军汽车 8 团政治委员等职务。1955 年回国，率团担负东海前线的军事运输任务。"文化大革命"中受到不公正待遇，中共十一届三中全会后，获得平反，恢复了党籍、军衔、勋章等，并经组织批准离休，享受行政十四级待遇。先后获中华人民共和国二级"独立自由"和三级"解放"勋章，朝鲜二级"自由独立"和三级"国旗"勋章。1955 年被授予中校军衔。

魏心一　1918 年生，曾用名魏心义。定陶县定陶镇西关人。1936 年 9 月加入中华民族解放先锋队。1937 年 9 月参加河南大学生战时服务团（后改为战教团）。1938 年 2 月加入中国共产党。历任立煌县委组织部部长、书记，立煌中心县委书记。1940 年 5 月到苏北解放区工作，历任区长、县长、县委书记、地委委员、社会部部长。1948 年 5 月随军到安徽工作，任地区专员。1949 年解放军渡江后，任地委副书记、书记。1954 年任安徽省委委员、宣传部副部长、文教部部长。1958 年被错划为"右派分子"。1962 年 4 月平反，恢复党籍和原职务。"文化大革命"初期被批斗。1969 年年底任滁州地区革委会主任。1970 年任安徽工业大学革委会主任，改为安徽师范大学后任校长、书记。1976 年任安徽省委大学科学部部长，后调任徽州地委书记。1978 年当选为安徽省副省长、全国第五届人民代表大会代表。1982 年当选为省人大常委会副主任。1990 年离休后，曾任中华职业教育社顾问、中国陶行知研究会副会长、安徽省陶行知教育思想研究会会长，《汉语大词典》工委会副主任、安徽省古籍整理出版工作委员会主任等社会职务。

黄志达　1919 年 3 月生，又名黄思德，菏泽市牡丹区马岭岗镇黄楼村人。1945 年年初参加革命，1953 年加入中国共产党。1948 年秋重庆国立中央大学中文系毕业后，去江苏省立溧阳中学教书。解放后，先后在上海解放日报社、上海劳动报社任编辑、记者。1972 年 7 月调上海辞书出版社，参加《辞海》编纂修订工作，曾任《辞海》编委和上海辞书出版社语词编辑室主任、上海辞书出版社编审等职。1984 年离休。

苗春亭　1919 年 5 月生，单县单城镇孙窑村人。曾先后在单县县立中学和省立菏泽师范学校读书。1937 年 1 月加入中国共产党。"七七"卢沟桥事变后，从菏泽师范返回单县，筹划成立党组织。1937年9月任中共单县特别支部宣传委员。1937年12月中共单县县委成立，任宣传部部长兼管群众工作，并负责青年、妇女及办训练班等。他放手发动群众，创建抗日根据地，组织农民群众参加抗日自卫团，积极发展党组织，建立抗日民主政权。1940年4月调苏鲁豫区党委机关报湖西日报社工作，先后担任编辑、社长。1946年4月任中共巨南县委书记。1947年9月任中共湖西地委宣传部部长。1948年3月任冀鲁豫日报社副社长兼总编辑，主持日常工作。1949年3月随军南下。5月参加接管江西上饶地区，任中共上饶地委宣传部部长兼赣东北军政学校铅山分校校长，为西进贵州培养了不少干部。1949年10月参加接管贵州遵义地区，任中共遵义地委宣传部部长，创建《遵义新闻》和遵义干部学校。后任中共遵义地委书记，领导遵义地区的土地改革运动。1952年5月调任贵州省总工会筹委会主任，在贵州省第一届工会会员代表大会上被选为贵州省总工会主席。1953年全国工会第七次代表大会上当选为全国总工会执行委员。1955年7月任中共贵州省委秘书长。1956年6月在贵州省第一次中共党员代表大会上，当选为贵州省委书记处书记，分管宣传、文化、教育和统战工作。“文化大革命”中曾被长时间错误关押。1973年出任中共贵州省委党校校长。1977年任贵州省委副书记，配合全国科学大会和全国教育工作会议精神，大抓科学和教育战线的拨乱反正、知识分子政策落实工作。在长期担任贵州省委书记处书记和副书记期间，兼任贵州省政协二、三、四届主席，1983年4月始，卸任贵州省委副书记，连续担任贵州省政协五届、六届主席。1993年1月离休。

刘晴波　1919年9月生，原名刘照溪，曾用名刘宪贞，菏泽市牡丹区马岭岗镇刘庄村人。1940年春参加革命工作，同年4月加入中国共产党。后与党失去联系，1946年9月重新加入中国共产党。先在重庆战地服务团任办事员，后到中央工业专科学校任土木科仪器管理员，任上海版《青年知识》杂志编委及上海学联《学生报》编委。1949年，担任中共上海局长沙特支书记、中共长沙市工作委员会委员、长沙各界迎接解放联合会中共党组书记。新中国成立后，先后担任青年团湖南省委常委，青年团长沙市委副书记、书记，中共长沙市委常委、秘书长兼工业部部长，中共湖南省委政策研究室副主任，湖南省社会科学院党组成员、副院长，湖南省政协常委、中共党史人物研究会理事。同时，相继担任湖南省地方志编纂委员会委员、副总纂，湖南省革命烈士传编纂委员会委员，湖南省政协文史资料委员会副主任，湖南省社会科学联合会名誉委员，西南军阀史研究会理事，湖南军阀史研究史研究会会长，湖南省中共党史人物研究会常务副会长，长沙城市科学研究会顾问等职。曾主编《三湘英烈》丛书，参加《辞源》修订本的撰稿、审稿以及《黄兴集》的综合编校工作。

周鹏飞　1919年11月生，菏泽市牡丹区大黄集镇周集村人。1938年7月1日加入中国共产党。抗战时期，曾在中共东明县委，考城县抗日人民政府，冀鲁豫支队第四大队、三大队，新四军第3师第24团工作，先后担任科员、连指导员、营特派员、县独立团副政委、团特派员等职。

1945年，转入地方工作，先后任东明县委委员、宣传部部长兼第二区区委书记、曹县武装部部长等职。新中国成立后，先后担任华北局党校筹建处人事科长，政务院中南建筑公司人事室主任，中央直属工程公司暨军委直属工程公司党团办主任，北京第六建筑公司党委书记兼副经理，北京炼焦化学厂主任、副厂长，北京化工五厂党委书记兼厂长，北京市小城镇建设指挥部副书记兼副指挥，北京东方化工厂党委书记等职。1984年离休。

赵学慧 1919年12月生，单县单城镇小隅首人。1932年考入单县县立中学学习，1936年考入济南高级农业职业学校。抗战期间随流亡中学辗转河南、湖北、四川，1939年考入四川大学理学院生物系。1943年毕业后到四川酒精厂任技术员。1945年武汉大学农业院任教。1949年任讲师，讲授微生物学及酿造学。1952年武汉大学农学院与湖北农业院联合并为华中农学院，任讲师。“文化大革命”期间受到迫害，1980年晋升为教授。1985年任华中农业大学食品微生物学研究室主任。1986年经国家教委批准为博士生导师，1991年获国务院颁发的政府特殊津贴。1999年退休。是湖北省政协第五、六届委员、常委，无党派小组组长，文教委员会委员、副组长。曾从事曲霉的分类研究，论文发表在《黄海》杂志上。1943年进行用糖蜜发酵生产丙酮丁醇的研究，取得成功。1947年进行泡菜的微生物学及发酵过程的研究，论文载美国《食品研究》，是中国首篇关于泡菜发酵理论的论文。1955年受教育部委托编写首部《农业微生物学》教学大纲。1961年编写教材《普通微生物学》。1980年进行纤维素酶及其应用的研究。曾主持农业部“七五”重点研究项目“黄麻脱胶问题及果胶酶在食品中的应用”。主持农业部“八五”重点项目“蛋白酶的生产与应用问题”，参与《中国大百科全书》编写，曾任《中国农业百科全书》编委、微生物副组长。

张一凡 1920年1月生，曾用名张福林、张涛，单县蔡堂镇乔庄村人。1936年在单县中学上学期间受中共地下党组织的影响，初步接受了马克思主义。1939年2月参加苏鲁豫支队王集军政干校，3月加入中国共产党。军政干校毕业后，分配到单县县委当文书。半年后调湖西地委《团结》报社，担任编辑兼记者，后任副社长。其间一度任湖西地委机关某部指导员。1946年10月，与湖西第一武工队合并，任副政委，负责宣传政工工作。他放手发动群众，宣传组织群众、侦察敌情、打击敌人、镇压还乡团，出色地完成战斗、侦察、宣传、土改、敌工等任务，被湖西地委记为特等功。1947年9月任湖西军分区政治部宣传科副科长兼《火线报》社长。1948年任冀鲁豫军区独立宣传科副科长、科长，参加淮海战役，进行战地宣传和策反工作，多篇文章发表在《战旗》报上。1949年4月随大军南下，接管福建省建瓯县，任书记兼县长。1949年11月接管贵州省龙里县，任县委书记。为安定地方秩序，同国民党地方武装进行斗争，完成清匪、反霸、减租、退押、土改等五大任务。1952年年初调北京学习，结业后到革命大学和行政干校做学校教育工作，后调中共贵州省委宣传部，历任宣传员、处长、副部长等职。

张秋桥　1920年9月生，巨野县巨野镇三街人。先后在开封上初小、济南上高小，在齐光中学、济南省立高中读书。1937年12月底到延安，1938年3月加入中国共产党。其间，在陕北公学、中央宣传部速记训练班、中央组织部党员训练班学习。在中央组织部秘书处、中央政治局秘书处任秘书。后任115师政委罗荣桓秘书，1938年11月随罗荣桓率领的八路军115师主力部队东进山东。1939年3月到达鲁西大平原，先后参加粉碎5000日军包围的肥城“陆房突围”战、全歼日军长田大队的“梁山歼灭战”、粉碎5000日军鲁西大“扫荡”等战斗。抗日战争中后期至解放战争时期，先后任115师《战士报》一、四版主编兼记者组长，滨海军区《民兵报》主编，鲁西南军区《前进报》社长，《津浦前线版》社长，鲁中南军区宣传部部长兼《前卫报》社长。新中国成立后，先后任中央军委《八一》杂志社副总编辑，《解放军报》记者处处长、副总编辑、社党委第一副书记，总政治部宣传部副部长。1963年任军报副总编辑。后任总政治部副部长。1984年年底退休。

卜繁正　1920年生，巨野县万丰镇冯沙沃村人。1938年参加八路军，先后任巨野县柳林区抗联助理员、县武装大队政治指导员等职。解放战争时编入晋冀鲁豫野战军11纵队59团（老九团）任营政治教导员。后随部队南下、西进，转战全国，身经百战。历任团、师、军政治委员，北京军区空军政治委员，后调任新疆军区副司令员。

李继唐　1921年8月生，单县黄岗镇李庄村人。中专文化。1945年前任本村干部。1945年5月脱产参加革命工作，并加入中国共产党。历任单虞县太行区工作组组长、湖西分区第二武工队队员。1947年7月任太行区组织委员兼联合会主任。1948年年初任太行区区长。在7月到8月28天时间里，带领保卫队员和民兵连粉碎了国民党王牌军对太行区的疯狂“扫荡”，在燕庄、刘新庄、侯楼奇袭敌军，受到中共单县县委的表扬。1949年3月随军南下，转战江西、贵州，后在铜仁县黄坝区任区委书记。1951年后任铜仁地委共青团副书记，地委工会副主任、主任，地委工业交通部副部长。后入中共贵州省委党校学习。1961年后任思南县县长、县委第二书记兼政协主席。1971年调任石阡县革委第一副主任、副书记。1973年年初任石阡县第一书记、革委主任、铜仁地委委员。1978年12月任铜仁地区经委主任、党组书记、行署党组成员。1979年5月任行署副专员。1983年12月离休后积极参加各种社会活动，担任地区老龄委顾问，老年学会教育协会会长，老年体协名誉主席，摄影协会会长，书法协会常务理事，中共铜仁行署机关党总支副书记兼老干部处书记，地区机关工委副主任等社会兼职。多次被评为省、地老干部先进工作者。

杜书润　1921年12月生，菏泽市牡丹区大黄集镇大杨湖村人。1938年春加入中国民族解放先锋队，6月加入中国共产党。在抗日战争、解放战争和新中国成立后经济恢复时期，先后在菏泽县王浩屯区委、长明区委、李集区委、曹东县委、考城县委、菏泽县委和城防司令部、定陶县委、鲁西南地委组织部、专员公署等单位，任区委书记、县委组织部部长、县委书记兼政治委员等职。1953年3月调电力部门工作，先后担任华北电力基建工程局、北京电力设计院、华北电业管理局局长、院长、党委书记、电力企业管理协会会长等。1965年至1972年，任电力建设总局副局长兼西南电建局局长。1973年至1978年，任唐山陡河电站工程指挥部总指挥，亲自指挥国家重点工程陡河发电厂的建设。“文化大革命”中曾受到残酷迫害，恢复工作后任水电部华北电业管理局局长、代书记。1990年离休。

陈志明　1921年12月生，单县时楼镇曹马镇人。1938年4月参加八路军。1940年3月加入中国共产党。历任苏鲁豫皖支队游击四大队战士、东进支队班长、教导5旅排长、抗日军政大学一分校分队长、滨海军分区司令部参谋、滨北军分区、独立团连长、营长，滨海军分区独立2团营长、胶南县指挥部指挥、胶南县海防独立营营长、胶东军分区警卫营营长、101师海防团参谋长、威海基地副参谋长、国家海洋局北海分局副局长、局长，海军北海舰队技术装备部顾问。战争年代，先后参加南阳湖阻击战、对子沟伏击战、郯城攻坚战、姚庄战斗、陈道口战役、莒南架子山战斗、日照三湾口战斗、诸城战斗、肃清潍县外围战役，解放潍县的沽河阻击战、解放青岛等多次战斗，1950年指挥胶南珠山剿匪战。曾先后入抗日军政大学、华东军政大学、南京军事学院学习深造。1955年被中央军委授予独立勋章、解放勋章，1957年，被国防部授予三级独立自由勋章、三级解放勋章，1988年被中央军委授予独立功勋荣誉章。组建北海分局，积极争取资金，创办拥有22条舰船的船队。曾组织向阳红09号船，参加联合国在太平洋组织的海气实验，在50多个国家参与的共同科目中，获得大奖。

孙正民　1921年生，曹县孙老家镇孙老家村人。1938年春受中共曹县县委派遣到聊城抗日专员范筑先部十支队教导队受训，同年11月加入中国共产党。1939年7月任曹东（曹县、东明交界地区）县委青年部长兼三区区委书记。1940年7月任曹县(西北)县委书记。1943年9月任成曹(成武县、曹县交界地区）县委书记。1945年9月任曹县县委书记。1948年春到中共中央华北局党校学习，同年11月任中共北平（京）市北郊区区委书记。1950年8月任广州市郊区办事处副主任。1951年夏任广东省潮汕地委秘书长。1953年起先后任中共粤东区党委副科长、秘书长。1954年5月任武汉钢铁公司副经理。1965年10月任大冶钢铁厂党委第一书记。1980年10月任湖北省对外经济贸易局局长。1983年退居二线，任湖北省对外经济贸易厅顾问。1984年7月离休。

任耀庭　1921年生，曹县韩集镇曹楼村人。中国作家协会四川分会会员。1937年参加中国共产党。1939年参加八路军，先后任冀鲁豫支队第五大队连指导员、中共鲁西南地委独立营教导员。1944 年 3 月到中共平原分局党校学习。1945 年 7 月结业后，任复程县基干大队副政治委员。1946 年 6 月任鲁西南军分区 13 团 2 营政治委员。1948 年 7 月任华东野战军第 11 纵队 2 旅 95 团政治部主任。淮海战役结束后，任华东野战军 17 军 49 师 147 团政治部主任。1952 年任中国人民解放军 49 师 145 团政治委员时，到抗美援朝战场实习 3 个月。1955 年 2 月到南京军事学院政治系学习。1958 年毕业后，先后任成都军区康定军分区一团政治委员、军分区政治部主任。1961 年任成都军区川藏兵站部政治委员。1984 年离休后享受副军级待遇。

李　奇　1921 年生，原名汲殿臣，菏泽市牡丹区高庄镇汲菜园村人。1938 年春参加中共抗日游击队，同年 10 月加入中国共产党。1939 年年初起，先后在菏泽县担任第四联合中学党支部书记，临河区委宣传委员兼汲菜园村党支部书记，义聚区委书记、县委民运部部长等职。1941 年 4 月调任华北《新华日报》经理部会计、文化教员。1942 年春，担任山西省沁南县委组织部部长、中条山地委组织部组织科科长、翼城县委宣传部部长兼农会主席、曲沃县委宣传部部长、翼城县委副书记、书记。新中国成立后，相继担任临汾地委宣传部部长，山西省委巡视团组长，山西省委工业部人事处处长，太原纺织厂党委书记，山西大学党委组织部部长、纪检委书记，山西劳动大学党委副书记等职。“文化大革命”中，曾受到冲击批判。1972 年 6 月恢复工作，任山西大学党委副书记兼革命委员会副主任。1984 年离休。

张广学　1921 年生，定陶县定陶镇南

城社区南关村人，回族。世界著名生物学家、中科院院士、“全国劳动模范”、香港求是科学基金“求是奖”获得者。1946 年于中央大学农学系毕业后，任国民政府农林部棉产改进处技佐。新中国成立后，历任中国科学院动物研究所助理研究员、副研究员、研究员。1991 年当选为中国科学院院士（学部委员）。曾任《昆虫学报》副主编，中国植物保护学会副理事长，中国科学院动物研究所动物系统演化重点实验室学术委员会主任。现任中国昆虫学会理事长，科技部发明评选委员会审查员，中国科学院动物研究所学术委员会主任。作为世界著名的昆虫分类学家和作物病虫害防治专家的张广学发现蚜虫 9 个新属 224 个新种，将中国纪录从 148 种推进到 1000 余种，占世界总数的 1/4。主要论著有《棉蚜及其预测预报》（1956，合著）、《棉花害虫的综合治理》（1982）、《中国经济昆虫志》（第 25 册，同翅目：蚜虫类）（1983）、《当归》（1989）等。曾获全国科技大会重大成果奖 1 次，国家科技成果三等奖 2 次，中国科学院科技进步一等奖 5 次，其他奖项 10 次，被授予“国家级有突出贡献的科技专家”称号。

张东星　1921 年生，东明县小井乡东紫荆村人。1937 年肄业于东明县简易师范。1938 年 7 月参加中华民族解放先锋队，9 月参加抗日军政干部训练班，并加入中国共产党。1940 年，任林北县委秘书、组织干事。1945 年 9 月参加太行五地委整风班学习。1946 年，任安阳县七区区委书记。1949 年 1 月随军南下。1951 年 5 月任龙溪

地委宣传部教育科科长。1953年8月任长太县县委书记。1955年7月在福建省组织部第二办公室工作。1956年11月任福建机器厂党委书记。1958年7月任三明重型机器厂党委书记。1970年8月任龙岩地区农机厂筹备组组长。1971年8月任福建省拖拉机厂党委书记。1975年10月任福建省机械工业厅副厅长、党组副书记。1983年离职休养。

范连珠 1921年生，曹县青岗集乡范庄寨人。1938年加入中国共产党。1939年初任中共曹县韩集区委委员、范庄寨支部书记和武装委员。1939年夏任中共曹县李集区委书记、区队指导员和抗联主任，后任中共曹县韩集区委组织委员，李集区抗联主任，中共李集区委委员、区委书记兼区队指导员。1949年年初随军南下支援新区。11月任中共凤岗县文阳镇委书记兼区队指导员。1952年调中共贵州省委组织部工作。后任中共关岭苗族布依族自治县县委组织部部长，县委常委、副书记，县长和县委书记。1966年后任中共安顺市委监委书记、市委常委、副书记，安顺市代理市长，安顺市人大常委会主任。1984年离休。

韩凤田 1921年生，郓城县程屯镇韩庄村人。中共党员。全国著名擂琴表演艺术家。13岁时，拜山东琴山坠胡演奏家王耀为师，从师3年。19岁时他又拜著名表演艺术家、擂琴创始人、人称“丝弦圣手”的王殿玉为师，先后学习京胡、二胡、板胡、扬琴、古筝等民族乐器的演奏技巧。1953年调北京中国曲艺研究院曲艺团工作。1954年调内蒙古铁道部第三工程局文工队工作，主要担任擂琴演奏。1958年11月，在北京参加全国铁路系统文工团会演时，参加中南海怀仁堂汇报演出，受到毛泽东主席、刘少奇副主席、朱德委员长、周恩来总理等中央领导人的亲切接见。同年，制造别具风格的民族器乐小擂琴，为中国民族器乐宝库增添一朵奇葩。1963年调中国建筑部文工团工作。不久，随团合并到人民解放军政治部歌舞团。同年在全军第三届文艺会演时，他和任一萍合作创作的曲目《海岛的早晨》被评为创作、演奏双一等奖，并立三等功1次。1976年在全军第四届文艺会演时，他和任一萍合作创作的曲目《公社饲养员》被评为创作演奏优秀奖。1984年在首届全国曲艺调演时，他演奏的大擂琴、小擂琴轰动天津，影响全国，被评为双一等奖。

谢龙飞 1921年生，单县终兴镇许庄村人。抗日战争时期任村民兵连长。1949年加入中国共产党。解放后任许庄村党支部书记。1971年从村领导岗位上退休。1950年先后被评为单县、平原省和全国劳动模范，并作为全国首批农业劳动模范的代表赴京参加国庆观礼，受到毛泽东、周恩来、刘少奇、朱德等党和国家领导人的亲切接见和宴请。他始终保持着战争年代的一股干劲和热情，带领广大群众建设祖国、建设家乡。抗美援朝时期，他带领群众积极捐款捐物，支持国家建设和战斗在朝鲜前线的人民子弟兵。1954年至1965年曾先后七次赴济南参加省党代会，为党的建设和人民群众的生活改善献计献策。

魏钦公 1921年生，笔名力平，单县曹庄乡魏刘庄人。1930年后，先后在魏刘庄小学、单县县立高小、单县中学学习。1936年8月加入中国共产党，并任单县中学党支部书记。1937年毕业后任单县特别支部组织委员。1938年春任单县城关区区委书记，后任单县中心县委《战斗报》总编辑。1939年4月任苏鲁豫党委《团结日报》总编辑。1940年任《湖西日报》主编。1941年5月任中共单县县委宣传部部长。1942年10月任单县县委书记。1945年8月任华山县县委书记。1947年1月任华砀县县委书记兼华砀支队政治委员。1947年5月随军南下大别山，任河南省光山县县委书记、光罗支队政治委员。1950年6月调河南省委党校，先后任教育科科长、教导主任、副校长兼党委书记。后调任中级党校副校长兼党委第二书记、许昌地委书记处书记、南阳四清总团副团长。“文化大革命”中被下放。1972年后，历任河南人民出版社负责人、郑州大学核心组副组长、中共河南省委党校副校长、校长兼党委书记。1987年被批准为哲学教授。1988年任河南省政协副主席兼河南省社会科学联合会副主任、顾问，河南省哲学学会会长。

张铁夫　1922年2月生，原名张云龙，笔名田禾丰、马铁丁，巨野县董官屯镇孙官屯村人。先后在本村小学、比干庙高级小学、兖州省立第四乡村师范读书。1936年在兖州《艺林月刊》发表反映黄包车夫生活的第一篇散文。1939年夏在国立第六中学乡村师范部毕业。1940年年初入毛泽东青年干部学校学习，同年秋转入延安鲁迅艺术学院文学系。1941年加入中国共产党。1942年毕业到中共中央机关报《解放日报》及新华通信社当记者，直至1947年撤离延安。1947年随中国人民解放军第二野战军南下大别山，参加河南汝南县的新区开展工作。1948年调中原局工作，先后任豫西日报社及豫西新华分社副社长，参与创办中共中央中原局机关报《中原日报》，任编辑部主任。1949年到武汉，主持创办中共中央中南局机关报《长江日报》，任副总编辑、新华社中南分社总编辑。1953年调任中共中央中南局宣传部宣传处处长，撰写一批关于农村工作的专著。1954年起，先后在中共中央书记处第二办公室、中共中央工业工作部工作，历任巡视员、研究室主任、办公厅主任。1960年始任中共中央华北局委员、办公厅主任兼研究室主任，着重进行农村工作的调查研究。1966年夏兼任中共北京市委农村工作领导小组组长。1981年起先后在国家农委主管宣传局工作，任国务院农村发展研究中心顾问。

黄广远　1922年7月生，菏泽市牡丹区胡集乡黄屯村人。1938年参加革命工作，1948年加入中国共产党。抗日战争和解放战争时期，任菏泽县八区粮馍助理员、郓城县六区通信员、郓城县工商局出纳员。1949年随军南下，任贵州省桐梓县工商科长兼贸易公司经理，桐梓县委组织部部长、县长，遵义地区供销社副主任兼财委副主任，云南锡业公司财务处处长、监察室主任，个旧冶炼厂经营副厂长，云南省石油公司副经理、副书记，云南油库建设指挥部副指挥长等职。“文化大革命”中受到严重迫害，中共十一届三中全会后得到平反，调云南机床厂担任党委书记。1983年离休。

王　纯　女，1922年生，本姓常，名二顺，东明县城内西街人。1936年投入抗日救亡运动，并加入中国共产党。历任八路军东进支队宣传队分队长，八路军驻濮阳办事处宣传队分队长，冀鲁豫行署民政科科员，滑县六区妇联主任，平阴县三区区委委员，东阿县五区工作队队长，阳谷县五区副书记、县妇联主任，泰安县五区区委书记。解放战争时期，历任中共濮阳县五区区委书记、县妇联主任，范县城关区区委书记。新中国成立后，历任许昌专区妇联主任、洛阳市妇联主任、洛阳矿山厂工会主席、洛阳地委工业部副部长、河南省委工业部处长，河南省省直工交机关党委副书记、中共河南省委组织部部长。1969年调入中央组织部、中央办公厅工作。1982年离休。

马金凤　女，1922年出生，曹县人，著名豫剧表演艺术家，“豫剧功勋杯”演员，豫剧“五大名旦”之一，马派创始人，被誉为“洛阳牡丹”，享受国务院政府特殊津贴专家，被公认是20世纪舞台生命最长的豫剧表演艺术家之一，曾多次获戏曲会（调）赛演员一等奖，系中国戏剧家协会理事、省政协委员，属老一代中惟一的跨世纪豫剧名家，至今仍精力充沛地活跃在剧坛艺苑和一些大型演出活动中。代表作有《穆桂英挂帅》《花枪缘》《花打朝》等。

张建华　1922年生，原名张俊荣，菏泽市牡丹区大黄集镇大黄集村人。1938年参加抗日活动，1941年加入中国共产党。曾任东垣县一区公安助理员，专署公安处侦察员，菏泽县公安局治安股股长，安陵县炎黄区副区长、灵圣区区长。1949年年初随军南下，先后任江西省广丰县公安局副局长，贵州省仁怀县公安局局长、社会部部长和县委委员职务。1952年春，调任贵州省公安厅政治部组织科科长兼管检查署办公室工作，后任预审处副处长、处长、厅党组成员等职。三年困难时期，下放黔南布依族苗族自治州，任公安局局长、政法委党组书记。“文化大革命”期间受到冲击和迫害，曾被关进“牛棚”年余。1973年4月调任贵州省公安厅副厅长、党组成员、党组副书记职务。1983年3月，调任贵州省委政法委副书记、司法厅顾问、省法学会副会长和省人大常委会法制委员会顾问等职务。

周　正　1922年生，原名郭中选，菏泽市牡丹区吕陵镇郭斌寨村人。1938年加入中国共产党。抗战初期，先后担任菏泽县岗峰区委书记、县委党员训练班政治指导员、县委巡视员，运西地委青委会委员。1941年起，相继在鲁西支队、115师教3旅8团、冀鲁豫军区第二军分区教导队、鄄城县大队、晋冀鲁豫野战军第一纵队三旅、冀鲁豫军区第八军分区任政工干部。1950年10月调装甲兵部队工作，先后担任坦克一师组织科长，政治部副主任、主任，师后方党委书记，志愿军第二坦克指挥所政治部副主任，第三坦克学校政治部主任、副政委，军委装甲兵党委常委、后勤部政委、党委第一书记等职。1982年离休。曾获三级独立自由勋章、三级解放勋章和独立功勋荣誉章。

丁诗纯　1923年5月生，单县人。1942年5月任村武委会主任。1943年5月加入中国共产党，任单县蔡堂区军事委员、武委会主任。1946年年初任鱼台县李阁区武委会主任。1947年5月任单县振民区武委会主任。1948年任单县沙河区代区长。1949年3月随军南下，12月任贵州省大方县区长。1950年10月入中共西南局党校学习。1951年7月参加中共云南省委土改工作队。1952年9月任云南省电管局党委副书记。1956年7月任云南省重点工程局党委副书记兼总指挥。1983年4月离休。

李枫岐　1923年8月生，菏泽市牡丹区东大街人。1939年1月参加八路军，5月加入中国共产党。抗日战争时期，任八路军冀鲁豫支队二大队通信员，新四军3师8旅23团直属炮兵连党支部书记，山东滨海军区赣榆县独立团3营8连副指导员、指导员。解放战争时期，先后在华东野战军三纵22军66师198团任营副教导员、副营长、营长职务。1951年3月入朝参战，任中国人民志愿军后勤部运输处军事代表。1954年4月回国，先后任中国人民解放军总后勤部重庆办事处三预校2营营长、汽车20团副团长、351库副主任、汽车26团团长、557库副主任、4832工程指挥部主任等职、总后勤部资阳兵站副站长、总后勤部第39分部顾问。1981年离休。

张　奉　1923年生，单县李新庄镇黄岗村人。1939年2月加入中国共产党。同年参加革命，在本县从事党的地下活动。1944年8月任成武县武工队副队长。后任成武县城关区副区长、区委书记、县委委员。1952年4月入平原省委工业知识分子学习班学习。6月任平原省新建油厂党总支书记。1956年6月调任河南省鹤壁矿区工会副主席、矿区临时党委委员、宣传部部长。1957年5月任中共鹤壁市委办公室副主任。1958年6月任鹤壁日报社副总编辑。1960年6月任鹤壁市委宣传部副部长。1961年1月负责市委统战部工作，兼任鹤壁日报社总编辑。“文化大革命”中受到冲击。1970年6月恢复工作，任鹤壁市铸造厂革委会主任、党的核心小组组长。1972年5月任市革委政工组副组长、办事组负责人。1973年5月任市委宣传部副部长、部长。1979年3月任市委常委。1980年6月任鹤壁市第三届人大常委会副主任、党组成员。1982年1月任鹤壁市人大党组副书记。1984年11月任鹤壁市第四届人大常委会副主任、党组副书记。1989年5月离职休养。

陈夫田　1923年生，单县城关镇北关井道街人。1938年参加八路军，在宣传队当宣传员、分队长。1940年9月加入中国共产党。1941年7月任新四军3师7旅司令部机要译电员，抗战胜利后随部开赴东北。1948年5月，任内蒙古骑兵一师机要科副科长、科长。1949年11月任曲蒙东部区党委机要科科长、副处长。1952年转业到内蒙古东部区党委工作。1954年2月在华北局党校学习，毕业后任内蒙古东部区党委组织部处长。1955年7月调满洲里任市委常委、组织部部长。1958年任满洲里市委常务副书记。“文化大革命”中受到冲击。1970年复出后任哈尔滨建筑工程大学革委会副主任、党委副书记。1978年10月任黑龙江省城建局副局长、党组副书记。1983年10月任黑龙江省建材局顾问。1985年12月离休后积极参加各种社会活动，担任黑龙江省新四军研究会常务理事兼副秘书长等职务。

蒋　震　1923年生，菏泽市牡丹区人。1937年抗日战争爆发后，参加抗战。1949年，只身到香港，靠做苦力维持生计。1958年与友人谭雄在香港合作开设一家简陋的小型工厂——震雄机器厂。1966年发明首部“十安士螺丝直射注塑机”，获香港中华厂商会颁发的“最新产品”荣誉奖。历经10年艰苦创业，1968年，震雄机器厂告别木屋工场，开始扩大规模。1971年，该厂研制成功香港首部“全油压式四安士螺丝直射塑胶机”，广受厂家欢迎。1990年他将其名下当时市值港币8亿多元的74.4%震雄股份全部捐出，成立蒋氏工业慈善基金，以资助中国内地和香港、台湾地区及其他地域的中国人，旨在促进中国工业的发展。先后获得香港理工大学、香港中文大学等学校荣誉工程博士、荣誉社会科学博士、荣誉工商管理学博士，曾为香港大学校董会成员、上海同济大学荣誉教授、华南理工大学名誉教授、北京大学高级荣誉顾问、山东省行政学院兼职教授、香港贸易发展局中国贸易咨询委员会委员及港事顾问。现为香港理工大学顾问委员会委员，山东省人民政府经济咨询顾问，山东省菏泽市牡丹区人民政府高级顾问，广州市、深圳市及顺德市荣誉市民，并获得英国政府颁授的英帝国官佐勋章。

谢凤岐　1924年5月生，化名丁凡一，单县终兴镇北许庄人。1939年春参加苏鲁豫支队王集军政干校，同年8月加入中国共产党。历任单县抗日救国武装宣传工作队队员、中共单县县委党员训练班学员、单县辛羊区抗日救国动员委员会青年干部、单县终兴区东北特支书记。1940年秋在中共丰单砀中心县委党员训练班学习，1941年赴中共鲁西区党委党校学习。1942年年初任中共单县终兴区委民运委员、区各界救国会主任兼青年救国会主任。1943年任单县吴溜区青年救国会主任。1944年夏任单县蔡溜区区委民运委员兼抗日救国联合会主任。1945年夏任中共蔡堂区委代理书记、区抗日救国联合主任。1945年12月—1949年8月，先后任中共济宁县一区和湖上区区委书记、冀鲁豫边区党委社会部助理秘书。1949年9月到中共中央华北局党校学习，学习结业后留校任教员，其间曾在华北局“三反”“五反”办公室工作。1954年夏至1955年夏在中共中央高级党校政治经济学专业班学习一年。1955年夏任中共天津市委党校党委委员、党建教研室主任、天津市第二次党代会代表。1957年起任中共天津市委中级党校党建教研室副主任、政治经济学教研室副主任。从1958年到1959年下放天津市耐火器材厂任副厂长。1962年4月起，任中共天津市委工业系统马列主义自修班主任、中共天津市委工业交通政治部宣传处处长。“文化大革命”中受迫害，在市“五七”干校劳动。1973年4月起，先后任中共天津市河西区教育局党委副书记、天津市河西区革命委员会顾问、天津市河西区人大常委会副主任。1983年离休后，积极参加各种社会活动，任河西区关心下一代工作委员会副主任，多次受到市区表彰。

乔子扬　1924年12月生，东明县东明集镇中乔庄人。1939年5月参加八路军

冀鲁豫分队，历任战士、通信员、测绘员、测绘组组长。1940年随部队南下华中地区增援新四军，时任8旅司令部测绘组组长。1941年9月加入中国共产党。1942年在中国人民抗日军政大学新四军总分校学习。1943年到新四军三师兼苏北军区的射阳县独立团工作，先后任团教育参谋、训练队队长、警卫连连长、副营长等职。1945年8月任苏北军区盐阜分区司令部通信股股长。1946年任34旅101团参谋长。1948年曾参加淮海战役。后任第三野战军八兵团34军100师299团参谋长、副团长。1950年任空军混成第四旅第12团团参谋、副团长，并参加了1950年国庆阅兵。1952年4月任南京军区司令部任作战处副处长。1954年任空军第三师参谋长、第一副师长。1966年受迫害到农场劳动。1972年任空军航行局局长。1976年任中央抗震救灾指挥工作组军事组副组长。1978年任北京军区空军参谋长。1983年任北京军区空军副司令员。被中央军委授予“独立勋章”。1990年离休。

时　代　1924年生，曾用名时念德、时惠民，单县时楼镇徐集村人。1935年入单县终兴集第六高小读书。1938年12月入八路军苏鲁豫支队王集干校学习。1939年3月参加八路军。1940年5月加入中国共产党。先后在苏鲁豫支队二大队、东进支队二大队、115师教导旅、115师政治部、山东军区滨北分区、华东野战军13纵队工作。在抗日战争和解放战争中英勇作战，曾四次负伤，为二等乙级残废军人。1946年7月在攻克山东高密县城的战斗中荣立三等功。1950年1月转业，历任济南铁路局职工学校班主任、辅导科副科长、铁路局政治部组织科科长，铁道部政治部部员、秘书，中国驻越南大使馆商务参赞、驻越南经济联络处专员，南昌铁路局党委宣传部副部长兼南昌铁道报总编辑、铁路局党委办公室主任，中共中央对外联络部研究员、办公厅副主任。1984年退休。

刘长林　1924年生，曾用名刘潾长，单县城关镇东关街人。1939年3月参加八路军，8月加入中国共产党。后历任卫生员、干事、政治指导员、教导团军事队队长、营教导员、师组织科科长、团政治处主任、海军快艇旅顺基地副政委、解放军军事法院研究员及审判员。1955年被授予少校军衔。1960年晋升为中校。1962年调任新疆喀什边防总队政委。后历任喀什军分区政治部主任、副政委、政委。1983年7月离休。

张文健　1924年生，曹县青岗集乡张大王庙村人。少将军衔。1946年参加革命。1947年3月任冀鲁豫军区第五军分区武委会武工队分队长，6月加入中国共产党，10月入华北军政大学学习。1948年12月分配到中央社会部工作。1949年7月任北京市公安局新北京分所副所长。1950年4月任中央警卫师政保队分队长。1952年7月任公安部第八局科员。1953年4月任董必武卫士长。1955年12月任中央办公厅警卫处副科长。1960年3月入北京市委党校学习。1961年1月任中央办公厅警卫局科长。1964年4月任副处长。1969年下放江西省劳动。1979年1月任解放军总参谋部警卫局副局长。1985年5月任总参警卫局副军职警卫秘书。1988年9月授少将军衔。1990年离休，被授予胜利功勋荣誉章。

张光生　1924年生，巨野县太平镇太平集人。1939年4月参加八路军，1940年1月加入中国共产党。先后任八路军686团2营8连副班长、班长。1944年5月调鲁南三军分区，先后任特务连副排长、排长、副连长、连长。1946年调鲁南第三军分区17团，先后任副营长、营长。1948年调任空军训练部参谋。1951年7月任空军某师军务科科长。1953年任空军某师团干部处处长。1956年8月任海军航空兵某师副参谋长，同年入南京军事学院海军系高速班学习。1959年5月任海军航空兵某师副团长兼参谋长。1960年任东海舰队航空兵作战处处长。1964年任海军大场基地副主任。1966年任航空兵某师副师长。1978年任东海舰队航空兵后勤部部长。1983年3月离休。曾立二等功1次。获得三级独立勋章、三级解放勋章。身经百战，曾负重伤，定为三等残废甲级。

洛　靖　1924年生，原名安克强，单县安司刘庄人。1937年春参加曹东南抗日青年读书会。1938年参加由中共领导的范筑先部十支队教导队。1939年4月入八路军冀鲁豫支队随营军政干部学校学习，5月加入中国共产党，7月任冀鲁豫支队政治部宣传队员。1940年任宣传队分队长。1942年12月任新四军三师八旅三十四团青年干事。1943年9月任盐阜军区文工团剧务主任。1946年2月任西满纵队兼吉江军区政治部文工团团务委员会委员兼常务秘书。后任38军112师政治部文工大队大队长，被东北解放军总司令部授予“人民功臣”称号，获“战斗模范”“艰苦奋斗”奖章各一枚。1950年8月入中央戏剧学院学习。1953年1月任中国人民志愿军38军政治部文工团团长，12月任军政治部文化处副处长兼军俱乐部主任。在朝鲜期间，被朝鲜最高统帅部授予“二级独立自由勋章”“二级国旗勋章”各一枚。1955年5月起先后任沈阳军区政治部文工团第一副团长兼歌剧队队长、文工总团副团长兼歌剧分团政治委员、前进杂技团团长。1962年8月任中国人民解放军沈阳军人俱乐部主任。1963年被授予上校军衔。1966年2月任沈阳军区政治部二政副主任，12月主持全面工作。1970年2月下放吉林军分区任政治部副主任。1978年6月任吉林军分区副政治委员。1980年2月调任沈阳军区政治部正师职研究员。1988年被授予“独立自由”荣誉勋章一枚。1983年离休。

袁恭稳　1924年生，曹县苏集镇朱老家人。1937年春参加青年读书会，1939年7月加入中国共产党，9月到曹县动员委员会工作。1943年7月任中共曹县七区宣传委员，后任成曹县、复程县公安局审讯股长。1946年9月起先后任复程县基干大队指导员，鲁西南军分区13团5连指导员、2营教导员，兰考县基干大队副政治委员。1949年3月起任华中铁路警备区2团3营教导员、郑州铁路公安处公安大队政治委员、商丘铁路公安分处政治科科长、郑州铁路公安分处人事科科长、开封铁路公安段段长、郑州铁路公安段段长、郑州铁路公安分处副处长、中共郑州铁路局委员会组织部部长、共青团郑州铁路局委员会书记，以及中共西安铁路局委员会常委、办公室主任。1961 年 10 月任中共铁道部委员会监察处处长。1970 年 6 月任中国援建坦赞铁路汽车大队政治委员。1973 年 2 月后曾任铁道部安全监察委员会副主任、办公厅主任、生活供应局局长。1984 年 4 月起先后任全国铁路运输检察院副检察长、检察长。1987 年 7 月离休。1990 年受聘为最高人民检察院咨询委员会委员。

贾　萍　1924 年生，曾用名贾遵唐，单县人。1928 年入孔子庙小学学习。日本侵略军军侵占单城后，他投身到城东抗日根据地，改名贾萍。1939 年初参加八路军，同年加入中国共产党。1940 年到冀鲁豫抗大二分校学习，任 13 队党支部委员。毕业后留校工作，先后任训练处秘书、政治处秘书、学校警卫连党支部书记。1944 年调任冀鲁豫军区《战友》报社任编辑，负责编发第二版“工作动态和经验”的稿件。抗日战争胜利后，调二野七纵政治部宣传部工作，曾办《前进》报。1946 年 8 月任 7 纵 21 旅 61 团政治处宣教股股长，先后参加攻打砀山、兰村的战斗和水东豫北的战斗。1947 年 6 月参加羊山战役后，随刘邓大军千里跃进大别山。为执行中原局关于迅速发动群众、建立政权的指示，到麻城县开展地方工作，任麻北独立大队二连连政委。1948 年年底调任鄂豫军区政治部宣传科副科长。新中国成立后，先后在湖北省大冶军分区（兼 212 师）政治部、暂编二师、黄岗军分区（兼 211 师）、湖北省军区政治部、中南军区第四十一速成中学任宣教科长、政工科长、训练处长等职。1954 年春入军委总政治部中央马克思列宁主义学院学习，毕业后调任军委总政治部政治工作研究处助理员，后调任海军政治部政治工作研究处处长。1957 年获“三级独立自由勋章”“三级解放勋章”。1965 年晋升上校，后担任《人民海军报》总编辑。1988 年获“独立功勋”荣誉章，1996 年 7 月离休。

高　峰　1924 年生，菏泽市牡丹区马岭岗镇高庙村人。1942 年参加革命，1947 年加入中国共产党。在抗日战争和解放战争时期，曾任冀鲁豫五分区《烽火报》报社缮写员，第二野战军一纵二十旅政治部缮写员，第十八军五十二师一五五团敌工干事、保卫股长。1953 年调西藏军区，先后任阿里骑兵支队政治部主任、副政治委员，军区后勤部保卫科科长，边防四团副政委兼政治处主任，五十三师政治部副主任、副政委。1976 年调任上海警备区上海警备师副政委。解放战争时期，参加了淮海战役、渡江战役以及解放大西南诸战役，并先后立三等功、二等功各一次。1979 年离休。

黄延训　1924 年生，单县黄岗镇东海子村人。1938 年 2 月参加革命，1939 年 2 月加入中国共产党。抗日战争时期，历任单县黄岗区中队政治指导员、黄岗镇长、黄岗区长。解放战争时期，先后任单虞县辛滩区长、县大队副大队长、副政委。新中国成立后，先后任华北军区独立二旅政治部宣传科副科长、北京军区装甲兵政治部宣传处处长、技术部副政委。1981 年离休。曾参加淮海战役，率县大队掩护和警戒解放军后勤补给线，同时负责虞城县治安工作，为新中国的成立做出贡献。

张冰彬　1925 年 6 月生，原名张仲山，菏泽市牡丹区大黄集镇宋庄村人。1943 年

2月入鲁西南抗日中学学习。1945年5月随鲁西南军分区教导队北上抗日。先后任辽北省西丰县大队宣传队副队长，高丽林子区中队指导员、县武工队指导员，省委招待所指导员、省委土改工作小组组长，海龙县梅河口区委副书记等职。1949年3月南下江西后，先后任中队组织干事，丰城县二区书记，新干县委宣传部副部长、县长、县委书记，安福县委书记，吉安地委财贸部部长、地委委员，遂川县委书记、地委委员，吉安行政公署副专员、地委委员，吉安地区水电局领导小组组长、吉安地区革命委员会政治部主任、地委委员，吉安地委统战部办公室主任、地委委员，吉安地区纪委检查委员会书记、地委委员，吉安地委副书记兼纪检书记，吉安地委巡视员。曾担任江西省政协委员、全国人大代表。1985年离休。

于波海 1925年8月生，山东省荣成市崖头镇海崖村人。1945年3月—1949年先后任荣成县工商局总店、石岛黎东公司会计、会计部主任，胶东区工商贸易公司、胶东区专酿公司会计部副主任、主任。1950年起，先后任山东省人民政府水利局、山东省人民委员会水利厅副科长、科长、副处长、办公室副主任、主任等职。1975年6月任山东省革委会生产指挥部办公室副主任、党的核心小组副组长。1977年1月任山东省革委会办公室副主任。1978年4月任山东省革委会副秘书长兼山东省委办公厅党组副书记。1979年12月任中共菏泽地委书记。1982年1月任菏泽地委书记兼菏泽军分区党委第一书记、第一政治委员。1983年6月当选为第六届全国人大代表，7月当选为中共山东省第四届委员会委员。1986年4月调省安排工作。

冯保田 1925年生，曹县人。1942年10月参加革命。1943年10月任定陶县工商局会计。1945年3月加入中国共产党，曾任定陶县工商局股长、银行副经理。1949年3月随军南下，5月任横峰县、河口市、铅山县银行副经理、工商局副局长，10月后任贵州省湄潭县银行经理、工商科科长、贸易公司经理、区委书记。1951年12月后任贵州省人民银行副科长、主任、科长。1953年11月任贵州省人民银行党组成员、省银行干校校长。1958年1月后任贵州省省财干校、财经学院处长、党委委员。1961年9月入中央党校学习。1965年9月任贵州省省财干校政治部主任。1971年1月任贵州省财政厅副厅长、党组副书记。1980年6月任贵州省经贸厅副厅长、党组副书记。1986年任贵州省贸易促进会副会长。1994年离休，享受正厅级待遇。

任学经 1926年2月生，曾用名任学金，菏泽市牡丹区何楼办事处金堤村人。1944年参加工作，同年加入中国共产党。抗日战争和解放战争期间，先后任菏泽县顺河区抗日联合会工作员、区中队副指导员、县大队一连指导员、冀鲁豫随营学校分队长、第二野战军军政大学营教导员。1951年转业到地方工作，担任西南兵工局科长、国家重工业部兵工总局机关党总支副书记、“六二一”研究所党委副书记、航空总局办公室副主任、第三机械工业部处长、航空工业部办公厅副主任、外事局副局长。1979 年调任中国航空技术进出口总公司副总经理。1986 年离休。

李继荣 1926 年 7 月生，单县徐寨镇孟集人。1944 年 1 月加入中国共产党，并参加金曹县曹马区中队，任班长。历任湖西军分区特务营班长、第 15 团副排长及晋冀鲁豫军区第一纵队第 2 旅第 4 团副排长、排长、副连长。1949 年入第 16 军随军学校学习。1950 年任贵州省修文县第四区武装部区中队长。1953 年任中云锡公司计划科副科长、科长，后任六选铜矿党委书记。1959 年任昆明钢铁厂计划处副处长，后任桥钢党委书记、昆明钢铁厂副经理。1983 年任云南省经济协作办公室主任。1988 年离职休养。

刘树平 1926 年 8 月生，原名刘德耀，曾用名刘若遇，菏泽市牡丹区皇镇乡张海村人。1953 年加入中国共产党。1949 年 6 月参加中国人民解放军第二野战军南下服务团。12 月进军四川重庆后，历任重庆市财政局党组秘书、办公室主任，重庆市计划委员会处长，重庆市进出口委员会办公室主任，重庆市经贸局副局长，中国重庆经济技术合作公司总经理等职。1990 年后，任中国重庆经济技术合作公司顾问，同时兼任重庆长江实业公司总经理，深圳庆特公司董事长。曾担任重庆市第九届政协常务委员、四川省工商联合会常务委员、重庆市海外联谊会常务委员、重庆市贸促会常务委员等职务。

马新民 1926年10月生，菏泽市牡丹区大黄集镇安陵集村人。1941 年参加工作，1943 年 11 月加入中国共产党。1945 年 7 月参加中国人民解放军，历任晋冀鲁豫第三纵队三旅政治部宣教科干事，第一纵队随营学校民运干事、工人队长、营教导员、团副政委、军后勤部干部处副处长、军干部科长、师干部部副部长等职。参加过淮海战役、渡江战役、解放大西南和抗美援朝，立三等功两次，获三级解放勋章和朝鲜颁发的奖章。1960 年 11 月任国防科委五院第二研究院天线研究室政委、国务院第七机械工业部第二研究院直属党委副书记、第二十六所总体研究所党的核心领导小组第一副组长。1982 年离休。

段荷华 1926年11月生，原名段振洋，菏泽市牡丹区马岭岗镇解元集村人。1941 年 3 月加入中国共产党，7 月参加八路军。抗日战争和解放战争时期，先后在冀鲁豫军区菏泽县游击队、南华县大队、南华县临河区队、平陵区队、县大队第三中队和冀鲁豫军区独立第六团、第一纵队一团任通信员、文书、文化干事、除奸干事、连副指导员、营副教导员等职。新中国成立后，先后任 16 军政治部保卫部保卫干事、保卫科副科长、军法处副处长、军事法院院长、军事检察院检察长。1963 年 8 月调任黑龙江省军区军事法院院长、军区后勤部副政委、顾问。“文化大革命”初期，曾任哈尔滨市公安局军管会主任、大庆革委会副主任和大庆党委副书记等职。1981 年离休。

翟贵启 1926年11月生，单县张集镇曹庄村人。1941 年参加本村抗日救国会。1942 年任本村抗日救国会会长。1944 年 2 月加入中国共产党，3 月在冀鲁豫边区单县黄堆区抗联工作。1944年7月入湖西干训班学习，10月入中共湖西地委王小庄工作队任党支部副书记。1945年1月调任鱼台湖上区抗联工作员，8月任鱼台县城南区武工队队长。1949年2月随军南下，4月任赣东北区婺源县中云区代区委书记。1949年9月随军西进贵州，11月任贵州省铜仁县工会主席。1953年6月任铜仁县人民政府秘书，10月任铜仁县委委员、粮食局局长。1954年11月任中共铜仁县委副书记兼政法委党组书记。1956年7月入重庆中共第七中级党校学习。1958年12月任中共惠水县县委副书记。1962年6月任德江县委副书记、县长。1964年5月任德江县县委书记兼县武装部第一政治委员。“文化大革命”中受到错误批斗。1970年4月恢复工作，任德州县革委第一副主任。1973年3月任德江县县委第一书记、中共铜仁地委委员。1977年6月入贵州省委党校学习。1978年7月任铜仁地区行署科委主任、党组书记。1979年5月任铜仁地区行署副专员。1984年11月任贵州省人大常委会铜仁地区联络处副主任。1985年任贵州省政协铜仁地区联络处副主任。1989年8月任贵州省政协铜仁地区工委副主席、党组副书记。1994年6月离休。是贵州省第三届人大代表、中共贵州省第四届党代会代表。

王作海 1926年12月生，单县李新庄镇潘庄村人。1944年参加农民协会，任钢枪队队长。1945年5月加入中国共产党，6月到成武县潘庄区工作。1948年6月调入单县芳桂区工作，先后任单县芳桂区武委会副主任、第一分区区长。解放战争时期，参加了砀山车站战斗和羊山战斗。1949年3月随解放军渡江南下，在江西省赣东北区景德镇市税务局任人事科科长，9月，景德镇市税务局随军西进。解放贵州后任贵州省大定县（后改称大方县）第五区区长。1950年起，任贵州省大方县百纳区区长，区委副书记、书记。1955年调入贵州省大方县检察院任检察长、党组书记，同年当选为大方县纪律监察委员会常委。1956年任大方县委委员。1960年任县委常委。1963年任大方县公安局局长、党组书记，后任大方县政法委书记。“文化大革命”中受到不公正待遇，后得到平反。1970年任大方县革命委员会副主任，县革委生产指挥部负责人，三项基建工程指挥部党委书记、指挥长。1977年起，先后任大方县委委员、常委、县委副书记。1981年任大方县第八届人大常委会主任、党组书记。1982年9月调入贵州省毕节行署轻工业局工作，任党组书记、局长、行署经委调研员。1984年调入贵州省人大常委会毕节地区联络处工作委员会工作，任联络员、工委副主任、党组成员。1989年12月离休。

王汉庭 1926年生，东明县大屯镇王屯村人。1939年5月入伍，在东垣县通信班当战士。1941年任东垣县保卫班班长，同年2月加入中国共产党。1943年任民考县保卫队副队长。1945年任民考县保卫队指导员。1947年到晋冀豫军区军政大学学习，同年11月任晋冀鲁豫军区南下大队五连指导员。1948年12月后，历任第二野战军第5兵团18军52师154团骨干轮训队政治委员、3营副教导员。1954年，任西藏军区政治部组织部干事。1956年后，历任西藏军区某部营教导员，团政治处主任、政治委员、团长。1970年任成都军区某师副师长、某军师长。1980年12月任西藏军区副司令员。1986年离休。

崔兰田　女，1926年出生，曹县人，著名豫剧表演艺术家，豫剧“五大名旦”之一，崔派创始人，中国豫剧功勋杯奖获得者。历任安阳市豫剧院院长、安阳市戏曲学校校长；政协河南省第五、第六届委员，中国共产党河南省第四次代表大会代表，中国戏剧家协会理事、河南省戏剧家协会副主席。代表作有《桃花庵》《卖苗郎》《秦香莲》《三上轿》等。

冯明甫　1927年2月生，曾用名冯天聪，笔名黑风、民夫、冯峰，菏泽市牡丹区王浩屯镇东龙王冯村人。1941年9月参加革命工作，1946年1月加入中国共产党。1943年6月—1955年6月，先后任冀鲁豫第五军分区政治部文印员，冀鲁豫边区抗日第三中学文印员，冀鲁豫军区第五军区军政干校分队队长、政治部文印组组长、报社助理编辑、宣教干事，菏泽军分区政治部宣传助理员。1955年7月—1957年6月，调任济南军区政治部报社编辑、中国人民志愿军政治部报社编辑。1959年7月—1980年8月，先后任中国人民解放军总政治部群工部助理员、中央军委办事组助理员、军政大学三大队二队副政治委员兼政治教员、军政大学党史教研室教员、军政大学政治部副秘书长、军事学院政治部副秘书长等职。1980年9月任军事学院战役教研室副主任。解放战争时期，曾立三等功3次。1984年离休。

杨保平　1927年3月生，菏泽市牡丹区安兴镇五道街村人。1940年6月参加工作，1945年8月加入中国共产党。在抗日战争和解放战争时期，曾任冀鲁豫巨菏县大队通信员、敌工员，二分区情报站分站站长、武工队侦察班班长、情报站干事，华北补训兵团30团9连指导员，第二野战军军政大学一总队保卫干事等职。新中国成立后，先后任西南军区高级研究班研究组组长、政治部管训队副队长、保卫部助理员。1956年7月调任中国人民解放军第二步兵预备学校二营政委。1958年4月转业地方工作，先后担任贵阳第一、第二棉纺厂副厂长，轻工部孟关直属轻机厂革委会副主任，贵州省轻工厅基建处处长，贵州省轻工厅副厅长等职。1986年离休。

时念堂　1927年3月生，单县时楼镇时胡同村人。1943年9月参加区中队，任文书。1945年7月在军分区干校学习。1945年10月随军调至冀鲁豫军区所在地河南濮阳。后去东北参加建设东北根据地，分配在热北军分区（赤峰）政治部，历任收发员、保卫干事、统计干事。1950年调四川，在空军第13师任飞行员。1952年4月调北京空军西郊机场。1953年9月入朝参战，任飞行队队长。1955年调北京，任空军独3团3大队副大队长。1956年1月，任独3团2大队大队长。1960年7月任独三团副团长。1963年9月任空军某部团长。1965年6月任空军某师副师长。1969年8月任空军某师师长。1985年离休。

许松芝　1927年4月生，菏泽市牡丹区胡集乡许屯村人。1941年参加革命工作，曾任青年抗日联合会主任，后带区中队编入抗日县大队。1946年先后调入鲁西南军分区警卫营、冀鲁豫军区独立2旅。1947年调入晋冀鲁豫军区第8纵队2旅196团2营，任营部文书兼重机枪排排长，加强连连长。1948年调华北军区，做改编起义部队的工作。1956年调贵州省铜仁军分区工作，历任管理科科长、军分区党委委员，后任县人武部党委书记，政法委书记，军区党代表等职。1966年3月转业地方，先后在贵州省复退军人办公室、贵州省民政厅任办公室主任、财务处处长、副厅长等职。

张克锦 1927年4月生，单县杨楼镇大娄庄村人。1948年12月考入中国人民解放军华东军区白求恩医学院。1949年1月参加革命工作。1952年于山东医学院毕业。同年分配至天津医学院工作。1954年7月加入中国共产党。1957年6月调入新疆医学院基础医学部。1959年先后任药理教研室副主任、主任。1988年4月任药理学教授。是中国药理学会第一、二届常务理事，研究生导师。1994年12月离休。担任研究生导师，先后培养硕士研究生16名，1998年被新疆医科大学评为优秀研究生导师。由于成绩突出，被批准享受国务院政府特殊津贴，被卫生部人事司、科技司联合授予"边远地区优秀医学科技工作者"称号。

张作圣 1927年8月生，巨野县田庄镇老张庄村人。1942年11月参加抗日斗争，12月加入中国共产党。先后在巨野七区抗日区公所、巨野中学、冀鲁豫边区第一中学、中共冀鲁豫二地委党校生产科、冀鲁豫西太丰商店工作，历任工作员、总务科主任、生产科副科长、门市部主任。1949年3月任野战军五兵团湘潭留守处第二、第三家属队负责人。8月随军西进，任西进支队中队长，参加了解放贵州战斗。1956年2月调任贵州省档案管理处处长。1957年5月，任中共贵州省委宣传部干部理论教育处处长。1958年入中国人民大学哲学系学习，1959年8月任贵州省文化局副局长。1965年调任盘县特区副区长。1971年11月任中共盘县特区委员会副书记。1974年8月任中共水城特区委员会书记兼水城特区革命委员会主任、武装部政治委员。1979年9月任六盘水地区革命委员会副主任，中共六盘水地委委员。1982年10月改任中共六盘水市委常委、市人民政府副市长兼市委统战部部长、市建筑学会理事长、书法协会主席。1984年4月当选为六盘水市政协一届委员会副主席兼秘书长。1985年9月任六盘水市政协主席、党组书记。1987年任贵州省政协委员。1994年2月离休。

段青海 1927年8月生，菏泽市牡丹区马岭岗镇后段庄村人。1942年参加青抗模范班，1944年加入中国共产党。先后担任菏泽县委主要领导警卫员，佃户屯小区主任，保宁区公安助理员、抗联主任等职。1949年3月随军南下，先后担任江西省河口市贸易组组长、油脂公司业务科科长，遵义地区贸易公司储运科科长、油脂公司业务科科长，遵义花纱布公司副经理、经理，遵义地区农产品采购局局长、合力处主任，遵义地委财贸部副部长，遵义专署计划委员委员会副主任、党组书记。1961年，调任遵义市委书记处书记、副市长。1981年任遵义市政协主席。1988年离休。

刘风鸣　1927年10月生，东明县人。1938年8月参加革命，并加入中国共产党。1943年7月—1949年4月，历任中共东垣县一区、二区区委委员，四区区委副书记，三区抗联主任。1949年5月任广丰县洋口区区长，9月参加西进支队第二大队，11月任正安县一区区委书记。1950年5月—1954年7月，历任正安县农合主席、正安县人民政府县长。1954年后，历任遵义地区公安处劳改科科长，遵义地委工交部基建科长，遵义地区行署副专员，桐梓县委书记，遵义地区行署副专员，赤水县委书记，遵义地区行署副专员，遵义地革委生产指挥部工交组组长，遵义地革委副主任兼工交办主任，贵州省乡镇企业局副局长，贵州省经委副主任、党组副书记。曾当选第六届全国人民代表大会代表，贵州省第六、七届人大常委。1993年7月离休。

王君排　又名王群牌，1927年生，曹县桃源集镇桃源村人。研究生学历。1941年秋在曹县桃源区委做青少年工作。1943年秋加入中国共产党。1944年起，先后在冀鲁豫边区第三中学、冀鲁豫军区军政干校学习，后任鲁西南军分区14团政治处干事，参加了大杨湖战役。1947年春任冀鲁豫军区独立第3旅8团2连文化干事。1948年任8团4连代理指导员。1949年2月起，先后任解放军第二野战军第17军51师152团2营机枪连指导员、团宣传队队长、武工队政治委员、二营政治教导员。1952年7月在解放军后勤学院学习，后任该院教员。1961年调至解放军后勤工程学院，先后任教研室主任、院政治部处长、油料系政治委员。1978年当选为第五届全国人大代表。1980年11月任解放军后勤技术装备研究院车辆、油料研究所政治委员。1981年任总后勤部车辆、船舶研究所政治委员。1987年8月离职休养。曾获“一等功臣”称号，并获“解放勋章”“独立勋章”各1枚。

韩致祥　1928年1月生，东明县大屯镇赵真屯村人。1945年5月参加革命，1946年6月加入中国共产党。历任考城县政府财政科审计科、会计科科长等职。1951年，任河南省陈留专署财委秘书。1952年起，先后任河南省工业厅科长、地质勘探大队队长、基建处副处长。1958年，任河南省冶金工业厅（局）地质勘探公司副经理、基建局副书记、厅办公室主任、厅党组副书记、副厅长。1980年，任河南省经济委员会党组成员、副主任。1985年5月，任河南省计划经济委员会副主任。其间，曾兼任省政协经济委员会副主任、省工商业联合会副主任委员、党组副书记。1994年离休。

董来笃　1928年2月生，巨野县陶庙镇前董楼村人。1943年4月参加八路军。1946年入旅教导大队学习，并加入中国共产党。历任班长、排长、营长、团参谋长、副团长、团长、师参谋长等职。1967年出国去非洲，任刚果（布）军事顾问专家组组长。1969年回国后任沈阳军区某守备师师长。1979年任吉林省军区白城分区司令员。1983年离休。

抗日战争时期，参加消灭日伪军的插花楼战斗、成武县攻坚战。解放战争时期，参加菏泽西台集消灭国民党181师战斗，千里跃进大别山歼灭国民党40军战斗、蒙城河阻击战，淮海战役中双堆集歼灭黄维兵团战斗，渡江战役，大西南地区迂回围歼战、五同桥战斗、贵州剿匪战斗。抗美援朝中，参加望海山阻击美军24师战斗和在金城参加消灭首都师的反击战。先后受团、师嘉奖3次，立功2次。1964年授中校军衔。离休后授予抗日勋章一枚。

白化岭　1928年3月生，单县张集镇曹庄村人。1940年任该村儿童团团长。1942年任村学生救国会主任。1944年参加湖西专区运输队（后改鲁西银行第六印刷所）。1945年5月加入中国共产党，先后任鲁西银行第六印刷所、鲁西三所、冀南银行一科党支部组织委员，参与解放区冀南地区流通券的印刷工作。1949年10月调天津543厂任二车间团支部书记。1950年调到团天津市委青工部任干事。不久参加中央团校第三期学习。1951年5月任天津市轻工业团委组织委员。1952年8月任天津市建筑团委书记。1956年任天津建筑设计处副处长、党支部书记。1959年任市建筑安装公司党委书记。1961年任天津市三建公司党委书记兼经理。“文化大革命”中受到政治迫害。1970年任市一建公司革委会副主任。1973年年初任重建体育馆工程总指挥和天津市天然气管道工程副总指挥。1974年调市建委任基建调度处副处长、处长。1980年任市建委副主任，主管全市基本建设生产调度，同时兼任市建设开发公司经理、党委书记。1983年任天津市建委主任、党组书记。1985年任中共天津市委常委、市委城建工委书记、市建委主任。1988年5月被选为天津市人大常委会副主任，并任中共天津市人大常委会党组副书记。1993年6月退休。

李思怀　1928年11月生，成武县张楼乡冀楼村人。1942年2月参加革命工作，1946年8月加入中国共产党。1949年2月任第二野战军第17军侦察连政治指导员。1951年任贵州开阳县警卫八营副政治委员。1952年任贵州省军区独立营政治委员。1953年任第17军第49师147团营政治教导员。1956年任政治处主任。1960年任贵阳市云岩区武装部第二政治委员。1963—1967年任某团副政治委员、政治委员。1968年任某师政治部主任。1972—1982年任某师副政治委员、政治委员。1983年任昆明陆军学院副政治委员（副军职）。1988年8月被中央军委授予少将军衔。1990年6月离休。

时念好　1928年11月生，单县时楼镇徐集人。1942年1月任本村儿童团长，后任青救会会员。1944年8月加入中国共产党，正式参加革命工作，先后任该村党支部书记、曹马区组织干事、沙河组织委员、县委组织干事。1948年在单县沙河区坚持地道战中成绩显绩，受到县委表扬。1949年3月随军南下，任赣东北景德镇市军管会秘书。9月西进贵州后，历任毕节地委政策研究室组长、毕节县朱昌区区委书记、毕节县税务局局长、毕节县委委员、县委组织部部长、县委副书记、书记、第一书记、毕节地委农村工作部副部长、毕节专署商业局长。1967年1月受到“文化大革命”的冲击。1972年1月后任黔西县委第一书记，织金县委第一书记，毕节专署第一副专员、毕节地委常委，六盘水市常务副市长、六盘水市委常委，市人大常委会副主任、党组副书记，是中共贵州省两届党代会代表。1992年获全国重视老年工作领导者“功勋奖”。1993年离休后任六盘水市老龄委主任、关心下一代委员会主任、市老年体育协会副主席。1997年获国家老龄委、民政部、劳动部、全国总工会、共青团中央、全国妇联联合颁发的“全国老有所为奉献奖”。

张　铭　女，1928年生，单县人。1941年入湖西抗日中学学习。1945年2月加入中国共产党。中学毕业后被分配到单虞县辛滩区抗日联合会工作。后任中共崇福区工委委员兼小区负责人。1949年春随解放军南下。同年11月随西进支队入黔后，在贵州省妇联工作。1950年起，先后任贵州省贵阳市第六区妇联主任、区委委员、贵阳市第四区委组织部副部长，贵阳市富水区委副书记兼组织部长。1960年起，先后任贵州省遵义市委组织部部长、市委副书记兼组织部部长。1964年任贵州省物资局政治部组织处副处长。1978年任贵州省轻化公司副经理、党委书记。1984年离职休养。

张剑萍　1928年生，鄄城县富春乡张油坊村人。1949年1月在本村任小学教师，6月考入平原省干校。1950年3月分配到浚县任高小教师，7月调鄄城县文化馆工作。1953年6月调到曹县文化馆先后任文化馆员、副馆长、文化局副局长。1990年9月调入菏泽曹州书画院任副院长。1993年离休。曾任山东省书法家协会理事、菏泽地区书法协会主席。现任中国书法家协会会员、山东泰山国画研究院名誉院长、湖南中国武陵书画家协会名誉主席、南京徐悲鸿画院艺术顾问、香港国际书画家交流协会常务理事。二十世纪八九十年代作品在国内及日本、韩国、马来西亚、新加坡、西德、芬兰等地展出。曾获世界华人大会艺术展金奖。1987年、1988年两次应邀进中南海为中共中央办公厅、国务院办公厅收藏创作书法作品5件。书法作品集出版有《古诗行草集萃》《五体书前后赤壁赋》。

董照玉　1930年6月生，单县徐寨镇孟集村人。1944年任孟集村青年委员。1947年7月加入中国共产党。同年任单县曹马区青年干事，区委宣传干事。1949年3月随军南下。5月江西省解放，进驻景德镇中市区，任五街街长。1949年12月西进贵州金沙县，先后任金沙县财政科科员、安底区区长。1950年6月任水城县比德区区长。1951年1月任水城县杨梅区区委书记。1952年调任玉舍区区委书记。1955年任贵州省水城县县委副书记。1958年6月被错划为右派，“文化大革命”中受到冲击。1979年1月平反后任水城特区党委副书记。1981年任六盘水市盘县县委书记。1983年7月任贵州省六盘水市委常委、纪律检查委员会书记。1985年9月任六盘水市人大常委会副主任。曾三次当选为贵州省党代会代表，是贵州省纪委委员。1992年10月离休，享受正厅级待遇。

杨光远　1930年12月生，成武县白浮

图镇贾杨楼村人。著名摄影师，八一电影制片厂一级导演。1947年参加中国人民解放军，1949年任冀鲁豫军区文化部专职摄影师。1952年在八一电影制片厂电影摄影训练班学习。1953—1978年从事纪录片和军事教育片的拍摄工作，曾摄制《国庆十周年》《周总理检阅海军》《人造卫星》等纪录片及《炮兵知识》《导弹核试验》等军事科教片。1979年后拍摄《归心似箭》《花枝俏》《许茂和他的女儿们》《琵琶魂》等故事片。1983年后，在担任摄影师的同时，与人合作导演《再生之地》《血战台儿庄》《大决战·辽沈战役（上下）》等影片。《血战台儿庄》于1987年获第十届电影百花奖最佳故事片奖、广播电影电视部优秀影片奖。《大决战·辽沈战役（上下）》于1992年获第12届金鸡奖最佳导演集体奖，广播电影电视部优秀影片奖，第十五届百花奖最佳故事片奖。

魏洪礼 1931年1月生，菏泽市牡丹区东城办事处仓房村人。1949年1月参加中国共产党。1960年9月中国人民解放军石家庄高级步校毕业后，历任战士、班长、营部指导员、副连长、连长，中国人民解放军哈尔滨军事工程学院战术系教员，某部营长、团长、副师长，沈阳军区某守备师师长，黑龙江省军区党委委员等职，曾两次当选为中共沈阳军区代表大会代表。在40年的戎马生涯中，先后立大功2次、二等功1次、三等功6次，并获华北解放纪念章、华中解放纪念章、胜利功勋章、朝鲜祖国解放纪念章和抗美援朝纪念章。他任连长的先训连曾被中央军委授予“神枪手四连”荣誉称号。1988年离休。

晁　楣 1931年4月生，菏泽市牡丹区何楼办事处晁大庄村人。1945年5月参加中国人民解放军，1954年加入中国共产党。二野军大毕业后任西南军大文工团美术队长，后任哈尔滨军事工程学院政治部助理员。1958年3月，转业到北大荒屯垦戍边。1962年9月，调任黑龙江省美术家协会任专业画家，先后担任创作员、创作室主任、省美协副主席、省美术馆馆长等职。现为中国美术家协会理事，中国版画家协会副主席，黑龙江省文联副主席，黑龙江省美术家协会主席、黑龙江省版画院院长，是饮誉海内外的北大荒版画学派的开创者之一。晁楣从事版画创作50余年来，完成作品400余件，多次在国内外举办联展、个展，作品广为国内外美术馆、博物馆收藏，并先后出版个人画集5种、学术论著2种。1988年获优秀中青年专家特殊贡献奖；1990年获日本日中艺术交流贡献金奖；1991年被国务院审定批准享受政府特殊津贴；1992年在家乡菏泽市建立“晁楣版画艺术陈列馆”；1993年获中华文化发展终身成就奖；1996年荣获鲁迅版画奖。

张文钦 1931年5月生，字子敬，单县单城镇王观堂人。出身殷实之家，祖父张奉先为清代武官。抗日战争时期，世道混乱，为求学辗转济南、兖州，考入兖州简易师范学校。战乱中随校南迁，经由徐州、南京、常州、上海、杭州、衡阳，一路颠沛流离，最后到达广州。后到台湾澎湖，期盼读书深造，终因生活逼迫无奈参加国民党部队。始任二等学兵，从军36年，54岁退役。曾先后入陆军通校、步校、炮校、政治作战学校，后又入初级班、高级班、研究班接受指参教育和山地、寒带、两栖、攀登、伞兵特种训练，军事经验丰富。历任报务员、台长、辅导员、处厂、厂长、监察官、副主任、署级主任等职，上校军衔。先后获忠勤、景风、宝星、弼亮、金瓯、陆光等各级勋奖章14（枚）座。1986年退休后被台湾“国防部”福利总处约聘监办军中福利及副食供应。企盼祖国统一，反对“台独”，对大陆经济建设的迅猛发展和人民生活水平的大幅度提高感到由衷高兴。1989年回乡探亲一次，曾向希望工程捐款1万元。

张以礼　1931年5月生，单县朱集镇南张庄人。1946年8月参加工作，在单县县大队当卫生员。1947年10月升入主力部队，先后任看护员、看护长、助理军区。1948年12月加入中国共产党。1954年8月入军医大学学习。1961年6月分配到昆明军区直属门诊部，先后任外科军医、外科主治军医。1970年7月任陆军第八十医院外科主治军医、副主任、主任。1981年4月任陆军第144野战医院院长。1983年10月任陆军第72医院院长。1989年6月任成都军区昆明总医院专家组副主任医师。1992年5月离休，技术五级，正师职，授予解放军荣誉勋章。

朱启莹　1931年9月生，单县人。1947年6月加入中国共产党。9月起，先后任单县黄堆区政府工作员，中共黄淮区委工作员、组织干事。1949年3月随军南下，任赣东北区景德镇市北区第五街街长。11月任贵州省金沙县第三区副区长。1950年6月起先后任贵州省水城县第七、第十一区副区长、区长、中共区委书记。1954年8月任贵阳市总工会副主席。1957年11月任贵阳市劳动局副局长，后任局长兼党组书记。1981年8月任贵阳市计划委员会副主任、党组副书记。1983年12月任贵阳市对外经协办副主任，后任主任、党组书记。1990年12月任贵阳市政协副主席、党组成员。

李　玲　女，1931年9月生，曾用名李素媛，单县蔡堂镇张楼村人。1945年2月考入湖西抗日中学三分校。1947年11月加入中国共产党。1948年1月毕业后分配至砀山县吴溜区任工作员。1949年3月参加南下支队随军南下，任赣东北区景德镇市青年联合会委员。10月任第二野战军湘潭留守处妇女队长。1950年7月任贵州省毕节县青年联合会副主任。1950年10月入贵州省委党校学习，随后任清镇县土改工作队组长。1951年8月党校结业，留校任学员班副主任、主任。1954年8月入中央政法干部学校学习。1956年毕业后，先后任贵州省高级人民法院审判员、副庭长、庭长、办公室副主任。“文化大革命”中受到冲击，入贵州省“五七”干校劳动。1970年入贵州省公安机关军管会审判组工作。1973年4月任贵州省高级人民法院副院长、党组成员。1979年3月入中共中央党校学习。1980年1月任贵州省司法厅副厅长、党组成员。1983年4月任贵州省人民检察院检察长。1994年1月任贵州省人大常委会副主任、党组成员。是贵州省第五届、第六届省委委员，全国妇女代表大会代表，贵州省第六、七届人代会代表。

于法杰 1931年生，曾用名于发籍，郓城县人。1946年8月参加工作，曾担任行政村会计、小学教师。1951年2月后任中国人民银行菏泽地区中心支行副科长、科长。1956年9月加入中国共产党。1959年6月任菏泽地委财贸部干事。1963年起先后任菏泽专区人事监察局科员、副局长。1970年11月任菏泽地区水利建设指挥部副指挥长、党的核心领导小组副组长。1975年7月起先后任巨野县委副书记、书记。1982年9月任中共菏泽地委常委、曹县县委书记。1983年12月任菏泽地区行署副专员。1988年1月任菏泽地区人大工作联络组组长。1988年9月任山东省人大常委会驻菏泽地区工作委员会主任、党组书记。系山东省第十四届党代表、第七届和第八届省人大代表。

王宜清 1931年生，巨野县田庄镇小屯村人。1943年11月参加抗日工作，担任地下交通联络员。1946年8月参加中国人民解放军。1947年2月分配到二野三纵队文工队当队员。7月参加羊山集战斗，立二等功。1947年8月随刘邓大军挺进大别山，途中调任纵队炮兵营文化干事。挺进大别山后，调任三纵队保卫部侦察员。在侦察敌情途经汝河时，遭敌机轰炸，胳膊中弹，仍坚持作战，立三等功。1949年参加渡江战役。渡江后调任十一军补训师征粮队队长。同年4月加入中国共产党，7月随队进军大西南，在川东西阳军分区任保卫股长，先后参加改造投诚部队、建立人民政权、清匪反霸等工作。1952年8月任江津军分区保卫助理员。1956年6月入北京中央公安学院学习，后调任成都军区政治部保卫部侦察科助理员。1960年5月任副科长，10月任军区直属政治部保卫科科长。1966年7月任成都军区通信总站政委。1971年5月任军区直属政治部副主任。1982年曾当选为四川省第六届人民代表大会代表，连续五年任省人大议案审查委员会委员。1984年4月任成都军区司令部正师级专职纪委委员。1987年12月离休。

白施义 1932年4月生，曾用名白多福，单县单城镇西关街人，回族，中共党员。1950年7月参加工作，任平原省湖西专区供销社统计员。1953年考入中国人民大学贸易经济系供销合作专业。1957年8月毕业分配到山东省合作干部学校任教。1958年调入山东财政学院贸易经济系任教。后调山东省师范专科学校任教。1979年1月调入山东大学经济系，先后任讲师、系党总支委员、第二管理教研室副主任。经济学院成立后任贸易系党总支委员、系工会主席、商业经济教研室主任。1983年任副教授。1987年任教授、硕士研究生导师。后调入山东大学管理学院，是中国价格学会农产品价格分会常务理事、山东省农经学会理事兼科研成果评审委员会委员、山东省农业技术经济研究会副理事长、济南市经济发展战略委员会委员。

周玉启 1932年10月生，单县终兴镇王小庄村人。1945年加入新民主主义青年团。

1954年任该村互助组组长。1955年任高级社社长。1957年任王小庄村民兵连连长，同年加入中国共产党。1958年被评为山东省劳动模范和全国劳动模范。1959年任王小庄大队书记。1970年任大队民兵连长、治保主任、调解主任。1986年退休在家。

贾梦雷 1933年1月生，原名贾遵兆，笔名田上雨，单县城内人。1948年11月由中共南京地下党从南京以东“自忠中学”护送到江北解放区正式参加革命，分配到江淮一专署民政处工作。1949年4月入地委淮南公学学习。结业后参加地委工作队，进行清匪反霸。1948年年底，调滁县地委文工团任班长、俱乐部主任、团支部委员等。1950年4月加入中国共产党。1953年4月调入安徽省文联，历任编辑、秘书等。1954年开始在省内外报刊发表诗文，产生了一定影响。在“反右”“文化大革命”运动中受到不公正待遇，后得以平反昭雪。1979年加入中国作家协会，1981年始历任安徽省文联副主席、省作协副主席、一级编剧。系中国作协会员、中国影协会员、中国剧协会员、中国报告文学学会理事，中国作协第四届、第六届全国代表大会代表，中国文联第六届全国代表大会代表。

彭志绍 1934年生，菏泽市牡丹区清平街人。1958年西安交通大学水电站建筑专业毕业后，分配至湖北丹江口水电站工程局任师部参谋、团参谋长兼副团长等职。1971年2月调至葛洲坝工程局担任技术革新工作，领导研制的聚醚型合成橡胶筛网获部级科技进步奖。1976年作为拔尖人才被任命为工程师。1979年任分局总工程师。葛洲坝二期工程期间，他指挥的大江上下游围堰拆除工程获部级集体一等奖。1987年任湖北技城熊渡水电站工程总工程师。1988年晋升为高级工程师。1989年获教授级高级工程师称号。1992年任葛洲坝集团公司第五工程公司总工程师兼五公司三峡指挥部总工程师，为三峡工程建设做出了积极的贡献。

刘国梁 1936年6月生，江苏镇江人，出生于上海市。1961年7月山东医学院医疗系毕业后，分配到定陶县人民医院工作，历任内科住院医师、内科主任、医务科科长、副院长、院长。1979年10月加入中国共产党。历任中共定陶县第五次代表大会代表、县委委员，定陶县第七、八、九届人民代表大会代表，定陶县第八、九届人大常委，山东省第六届人民代表大会代表。1984年8月—1992年6月任菏泽医专党委副书记、校长。1994年11月晋升为内科学教授，曾兼任山东省卫生系统政治思想研究会理事，中华医学会菏泽分会常务理事。主编《现代医学辅助诊断》，参编《心电图鉴别诊断学》《急救医学》《高校政治思想研究》等著作。在省级和国家级杂志上发表论文10余篇。1996年12月退休。

靳　静 1932年7月生，原名靳倩怡，菏泽市牡丹区吕陵镇靳楼村人。1949年7月参加中国人民解放军，先后在第十兵团政治部文工团、福建军区政治部文工团、

南京军区政治部前线歌舞团工作，曾荣立三等功3次、四等功1次。1958年转业到地方后，先任文化部《新文化报》社记者，文化部政策研究室副处长、处长、副主任，后任文化部政策法规司副司长、市场管理局副局长、局长，中国国际名人研究院院长等职务。

谢养惠 1933年1月生，鄄城人。1947年7月参加革命工作，1949年3月加入中国共产党，中专文化。1947年至1949年3月，先在山东鄄城县银行工作，后在冀鲁豫干部学校学习。1949年3月南下赣东北接管乐平煤矿。1949年11月—1950年6月西进贵州在贵州工矿处工作，参加接管贵阳电厂、火柴厂。1950年6月—1975年9月任遵义铁合金厂副厂长、厂长（1957年冶金工业部曾任命其为遵义铁合金厂生产技术副厂长和总工程师）。1975年9月—1979年1月任贵州铝厂党委书记、厂长。1979年1月—1983年9月任贵州省冶金局（厅）党组书记、厅长。1983年9月—1987年12月任中共六盘水市市委书记。1988年1月—1993年5月任贵州省政府秘书长，1993年至2000年9月任省政府经济顾问。2000年9月离休。

杨恩博 1933年生，曾用名杨鸣麟，巨野县田庄镇佃户屯村人。1946年被选为该村儿童团团长，参加反奸诉苦和站岗放哨、查获违禁品活动。1946年7月送进解放区，在冀鲁豫区第一中学随军学习。1947年10月参加中国人民解放军，在冀鲁豫军区第二军分区挺进剧社当宣传员。1948年淮海战役中，立三等功。1949年调任独立二旅六团八连任文化干事。1951年3月加入中国新民主主义青年团，1953年2月加入中国共产党。1964年11月至1966年8月先后任团政治处副主任、主任。1969年6月任团政治委员。1976年后历任某师政治部主任、副政治委员、政治委员。1983年3月任军政治部主任。1984年2月任军副政治委员。1985年12月到云南前线参加对越自卫还击战，任军副政治委员。1988年6月起，历任内蒙古军区政治委员、军区党委书记、中共内蒙古自治区党委常委，北京军区党委委员。同年9月被授予少将军衔。

何鲁丽 女，1934年6月生，菏泽市牡丹区人，著名爱国民主人士何思源之长女。1957年北京医学院毕业至1984年，任北京儿童医院住院医师，北京市西城区儿童医院住院医师，北京第二医院主治医师、儿科主任、副主任医师。1983年后当选为北京市第八、九、十届人大代表。1984年—1988年任北京市西城区副区长。1986年4月加入民革。1987年后任民革北京市委副主委，北京红十字会会长，民革第七届中央副主席。1991年任海外交流协会会长。1992年5月当选为民革第十届北京市委主委。1992年12月当选为民革第八届中央副主席。1993年2月—1996年12月任北京市副市长。1993年9月当选为中华妇女联合会第七届执委会副主席。1993年12月任中国辛亥革命研究会副理事长。1994年任北京市人口与计划生育领导小组副组长。1995 年 11 月任中华慈善总会副会长。1996 年 3 月在全国政协第八届四次会议上当选为全国政协副主席。1996 年当选为民革第八届中央委员会主席。1997 年 11 月当选为民革第九届中央主席。1998 年 3 月当选第九届全国人大常委会副委员长。1999 年 2 月当选为第二届中国人口福利基金会会长。1999 年任中央社会主义学院院长。1999 年 10 月被聘为中国红十字会第七届名誉副会长。1999 年 12 月当选为第三届中国人口福利基金会副会长。2002 年 12 月当选为民革第十届中央主席。

王启杰　1934 年生，单县城关镇东关街人。1951 年 8 月考入平原省行政干部学校，毕业后分配到菏泽地区公路段工作，先后任会计、秘书、副区级组织员及青年干事。1956 年 7 月加入中国共产党。1958 年 3 月调菏泽地区水利指挥部工作，任政工科副区级科员。1960 年 7 月考入山东水利学院，就读于农水系。1962 年 7 月毕业后回到菏泽地区水利指挥部，任设计室主任、办公室主任等职。1973 年 8 月调任菏泽地区革命委员会办公室秘书。1978 年 8 月任菏泽地区行署办公室副主任。1984 年 1 月任东明县委书记、县人民武装部第一书记。1988 年 9 月任菏泽地委委员、组织部部长。1992 年 12 月任山东省人大常委会菏泽地区工作委员会副主任、党组副书记。1995 年 5 月退休。

张泽甫　1934 年生，山东省东阿县人。抗日战争时期参加抗日宣传队。1951 年考入聊城地区行政干校，结业后分配到东阿县五区任财会干事，后任东阿县花纱布公司统计员，县供销社物价科副科长。1954 年加入中国共产党。1958 年 1 月任潭庄乡共青团书记，后任寿张县刘集公社团委书记。1961 年参加中国人民解放军，在寿张县人武部先后任助理员、参谋。1964 年在茌平县人武部任干事、秘书，同年 10 月任聊城军分区保卫科干事、副科长、科长。1980 年 10 月任聊城县人武部政委、党委书记，聊城县委常委。1983 年 7 月任菏泽军分区政委、党委书记，地委委员。1988 年任聊城军分区政委。1990 年 2 月退休。

李宝珊　1935 年 8 月生，河南省孟州市（原孟县）缑村寨东韩村人。1952 年 1 月—6 月在平原省供销合作干部学校统计系学习，毕业后曾在平原省供销合作社菏泽专区分社和菏泽地区供销合作社计划科任科员。1955 年 1 月加入中国共产党。1958 年 10 月任济宁专区商业局科员。1959 年 7 月任菏泽专区商业局计划科科长。1962 年起先后任菏泽专区供销社计划科科长、办公室主任。1968 年 10 月下放“五七”干校劳动。1969 年 9 月起先后任菏泽地区商业局业务组、办事组组长。1971 年 12 月起先后任菏泽地区供销合作社办公室副主任、主任。1976 年 5 月任菏泽地区供销合作社副主任。1978 年 11 月任中共单县县委副书记。1979 年 6—10 月兼任单县纪委书记。1980 年 12 月任单县县委书记兼县人武部第一政治委员、党委第一书记。1981 年 5 月兼任单县人大常委会主任。1984 年 1 月任菏泽市委书记兼菏泽市人民武装部第一政治委员、党委第一书记。1985年11月任菏泽市人大党组书记、主任。1988年11月任政协山东省委员会菏泽地区联络组副组长。1989年2月任政协山东省委员会菏泽地区工作委员会副主任、党组成员。1993年2月任政协山东省菏泽地区工委副主任、党组副书记。1995年12月退休。山东省第四次代表大会代表，山东省第七届人民代表大会代表。

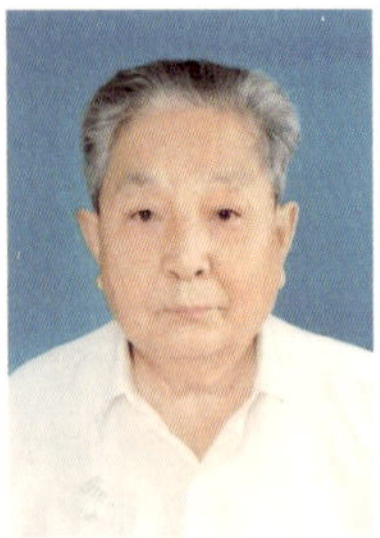

赵文启　1935年10月生，鄄城县董口乡尹楼村人。1956年9月参加工作，1960年3月加入中国共产党。先后任曹县农业技术站技术员，曹县农业局秘书、副教导员、副局长，曹县农机厂党支部书记，曹县卫生局副局长，曹县魏湾公社党委书记。1979年1月任曹县县委常委、县革命委员会副主任。1980年3月任曹县县委常委、办公室主任。1981年11月任曹县县委副书记兼办公室主任。1983年3月任曹县县委副书记、县长、党组书记。1984年2月任东明县委副书记兼政协东明县委员会主席。1984年12月任菏泽地委宣传部常务副部长。1988年12月任菏泽师范专科学校党委书记。1992年12月任政协山东省委员会菏泽地区工作委员会副主任、党组成员。1996年4月退休。

孟伯衡　1935年11月生，单县单城镇南关街人。先后在单县察院街小学、单县一完小读小学。1951年考入单县二中。1953年考入菏泽一中。1956年考入上海复旦大学化学系，先后担任团支部书记、团总支书记。1958年4月加入中国共产党。1961年9月毕业后留校任教。1965年去农村参加“四清”运动，“文化大革命”后返校。1977年1月任复旦大学外文系党总支书记。1986年被选为复旦大学党委委员，同年9月调任复旦大学党委办公室主任。1988年评为副研究员。1991年再次当选复旦大学党委委员。1995年3月评为研究员，同年12月退休。

张宝光　1935年12月生，江苏省丰县师寨乡温庙村人。中共党员。1952年7月保送到单县师范学习。1955年7月志愿报名支援临沂山区，分配到郯城县刘港口完小任教。1956年7月在山东师范学院历史系学习。其间，于1958年发表《关于古代农民战争中的流寇主义问题》论文，被收录入《中国古代农民战争论文集》。1960年代表山东师范学院历史系参加纪念义和团运动60周年全国学术讨论会，作《关于义和团运动的性质和历史意义》的学术报告。1960年7月毕业后，留校任历史系中国现代史助教，专门从事高等学校《中国现代史》和《中共党史》的教学和研究工作。1972年2月调入菏泽师范专科学校任教。1981年8月任菏泽师专副校长。1983年12月任菏泽地委常委、宣传部部长。1988年当选为山东省第五届党代会代表。1990年12月任山东省人大常委会驻菏泽地区工作委员会副主任、党组副书记。1992年担任《曹州名人大典》副主编。1995年担任《国花大典》编委会副主任、副主编。1995年退休。

高秉涵　1935年12月生，菏泽市牡丹区吕陵镇高孙庄村人。1948年8月离乡

去台湾。1963年于台北国防管理学院法律系毕业后任法官（审判员），现为台北、基隆执业律师、律师公会理事，创办高秉涵律师事务所。他长期从事法律研究和律师事务工作，是台湾法学界颇有影响的人物，曾作为台湾法学界代表，先后参加第九届世界法学会议、第七届亚洲法学会议、第十一届世界法学会议和第一届海峡两岸法学学术研讨会。任菏泽旅台同乡会会长，为家乡建设发展做出了突出贡献。

闫伯存　1935年生，单县人。1950年加入共青团，1955年8月参加教育工作，1958年加入中国共产党。在地方工作期间，先后任教员、单县浮岗乡中心校校长、单县曹庄公社中心校校长、单县十三中校长兼党支部书记。1961年参加中国人民解放军，任单县人武部政工科干事。1964年10月在山东政法学院（军保班）学习。1965年1月调入菏泽军分区政治部保卫科任干事、副科长。1978年6月任成武县人武部副政委。1980年10月任政委、党委书记、县委常委。1983年6月任菏泽军分区政治部主任，后任分区顾问。1989年授大校军衔。1991年退休。

张保巽　1935年生，单县朱集镇张寨人。1954年参军入伍。1959年6月加入中国共产党。后入中国人民解放军第四炮兵学校学习。毕业后分配到某师炮兵团，先后任实习排长、副排长、排长、参谋、副营长、营长、副团长、团长。1981年7月任某师副师长，1984年5月任师顾问。1985年3月，调山东省治淮南四湖流域工程指挥部工作，任党委副书记、副指挥长。1985年11月，任指挥部党委书记。

刘洪仁　1936年1月生，山东省潍坊市昌乐县乔官乡下庄村人。1953年参加工作，同年4月加入中国共产党，先后任昌乐县乔官乡信用社会计、乡政府党总支书记，昌乐县粮食局购销员，边下乡党委文书，城关公社党委组织干事、副书记，南郝公社党委副书记。1963年5月任昌乐县委组织部巡视员。1964年8月—1973年10月先后任南郝公社党委副书记、革命委员会副主任，党委书记。1973年8月任昌乐县委常委、县革命委员会生产指挥部副主任。1975年12月任昌乐县委常委、县革命委员会副主任。1977年4月任昌潍地区水利局局长、党委书记。1978年1月任昌邑县委副书记、县革命委员会副主任。1978年9月—1983年11月任昌邑县委书记、县革命委员会主任兼县人民武装部第一政治委员、党委第一书记。1983年12月任菏泽地委副书记、行政公署专员。1988年11月任菏泽地委书记、行政公署专员兼菏泽军分区党委第一书记。1989年3月任菏泽地委书记兼菏泽军分区党委第一书记。1992年12月任山东省总工会党组书记。

周孝龙　1936年1月出生，山东省单县人。1955年9月考入山东师范大学中文系读书，1959年留校任教。1962年调回单县工作，先后在单县师范学校、曹县四中教书，勤奋敬业，成绩突出。1970年到菏泽师专工作，负责组建中文系，并担任中文系负责人。1979年10月，担任菏泽师专副校长，1984年7月担任校长，1996年退休。

郭文珍　1936年5月生，菏泽市牡丹区吕陵镇大郭庄村人。1955年7月加入中国共产党。1957年7月中国人民解放军南京军械技术学校毕业后，先后任某军技师、指导员、干事、修理所所长、股长，团后勤处副处长、处长，师装备科副科长、科长，驻厂军事代表室副总代表、总代表及中央军委总参谋部驻南京军事代表办事处副主任等职，1988年被授予大校军衔。

刘广新　1936年7月生，山东省梁山县人。1952年考入梁山县中学读初中，毕业后入菏泽农校中专部学习。中专毕业后分配到菏泽专署农业科任农业技术员。1955年5月加入中国共产党。1959年后任巨野李集乡农业技术员，龙堌公社农业技术员，巨野县报社记者，巨野县广播站编辑。1961年7月始，先后任巨野县委组织部秘书、县委办公室副主任、主任，县委委员、县委常委、副书记兼任县人大常委会主任、代理书记、县委书记兼任县武装部第一政委专职。1984年年初任单县县委书记兼任县武装部常委、第一书记。1988年1月任菏泽地区人大工作联络组副组长。1988年10月任山东省人大常委会驻菏泽地区工作委员会副主任、党组副书记。1997年退休。

丁宗山　1936年生，菏泽市牡丹区何楼镇何楼村人。1957年9月于菏泽师范学校毕业后分配到定陶县冉堌集完小教学。1960年1月在成武县第八中学工作。1964年6月—1972年3月在成武县委宣传部工作。1972年4月调任菏泽柴油机厂办公室主任。1975年6月任菏泽地区工会副主任。1982年8月任定陶县委副书记。1984年3月任定陶县委书记兼定陶县人民武装部第一政治委员、党委第一书记。1988年10月任菏泽地委副书记。1992年5月起先后任山东省粮食局副局长，山东省粮食局驻济学会副主任。

孙念敬　1936年生，巨野县人。1951年参加中国人民解放军，1954年加入中国共产党。1963年在汉口高级步校学习。历任副连长、连长，副营长、营长，团副参谋长、参谋长，副团长，师副参谋长，军分区参谋长，菏泽军分区副司令员、顾问等职，先后4次立三等功。1989年授大校军衔。1991年退休。

南启祥　1936年生，鄄城县临濮集南街人。1948年参加中国人民解放军，历任司号员、观测员、班长、副排长、排长、教导员、连长、副营长、营长、副团长、副师长等职。1976年7月后任沈阳军区炮兵司令部副司令员兼某师师长，某军副军长等职。1985年8月任辽宁省军区副司令员。1990年被中央军委授予少将军衔。

谢京城　1936年生，曾用名谢经成，巨野县大谢集镇三王庄人。1957年8月考入山东师范学院生物系。1961年8月毕业分配到青岛市第五中学任教。1962年10月在内蒙古包头市第一中学任教。1963年10月起先后任包头市教育局、市文教委员会秘书。1970年8月起，历任中共内蒙古自治区党委组织部干事、副处长、处长。1990年4月任内蒙古自治区煤炭厅副厅长。曾在报刊发表过有关党建方面的文章，同他人合作撰写《新时期的共产党员》《党的基本知识》等读物。

樊思宝　1936年出生，郓城县郓城镇芦庄科村人，大专文化，中共党员。

1958年8月参加工作，任郓城县第九中学语文教师。1961年9月任郓城县文教局教研室教研员。1964年8月起先后任中共郓城县委办公室秘书、秘书组长、政策研究组组长。1972年8月任郓城县革命委员会办公室副主任，1973年5月任中共郓城县委常委。1975年6月任中共巨野县委常委、宣传部部长。1976年6月任中共巨野县委常委、组织部长。1978年4月任中共巨野县委副书记。1979年5月至1980年3月任中共巨野县委副书记兼巨野县纪律检查委员会书记。1981年1月任中共巨野县委副书记兼政协巨野县委员会主席、党组书记。1982年12月任中共成武县委副书记。1984年1月任中共梁山县委书记兼梁山县人民武装部第一政治委员、党委第一书记。1986年3月任中共菏泽地委副书记。1988年上半年在中共中央党校学习。1989年3月任中共菏泽地委副书记兼政协山东省委员会菏泽地区工作委员会主任、党组书记。1992年12月任政协山东省委员会菏泽地区工作委员会主任、党组书记。1998年7月退休。

中共郓城县人民代表大会代表，中共巨野县人民代表大会代表，中共梁山县代表大会代表，山东省第六、七届人民代表大会代表，山东省科学技术协会第三、四次代表大会代表，政协山东省第七届委员会委员；曾兼任菏泽地区心理学会名誉理事长，中国书法函授大学菏泽分校名誉校长，菏泽地区青年企业家协会名誉会长，菏泽地区摄影家协会名誉主席，菏泽地区孙吴兵法研究会名誉会长，菏泽地区气功科学研究会名誉理事长，菏泽地区残疾人联合会首届主席团名誉主席，政协山东省委员会菏泽地区工作委员会书画联谊社名誉社长等。

刘文军　1937年3月生，菏泽市牡丹区王浩屯镇郭鲁村人。中共党员。1956年9月毕业于菏泽农业学校。先后在菏泽农校，菏泽专署农业局、农林水办公室，菏泽地区革命委员会生产指挥部办公室，菏泽地区行署办公室等单位工作，曾任办事员，行署办公室秘书。1982年9月任行署办公室副主任。1986年8月任行署办公室主任、党组书记。1989年5月任行署党组成员、行署秘书长。1992年12月任政协山东省委员会菏泽地区工作委员会副主任。1993年2月任政协山东省委员会菏泽地区工作委员会副主任、党组成员。在国家级及省内外报刊发表论文《略论村级组织建设原则》《论领导干部创新能力的培养》《乡镇管理政权的调查与思考》及其他文章30余篇。主编《县级行政学》《文秘写作论》。参与组织编写由山东电影制片厂摄制发行的反映农业联产到户生产责任制的《回春》4集电视片。在菏泽、洛阳和新华社音像中心三家联合摄制的《中国牡丹》10集风光艺术电视片中，担任总策划和制片人。2000年参与人民日报《大地》月刊编辑的系列丛书《创造京都——菏泽人在北京》一书的采编工作，并任编委副主任。1997年10月退休。

徐向华　1937年5月生，曾用名徐良，单县徐寨镇魏楼村人。1950年3月加入共青团，后任郭村庙完小第一任团支部书记。单县二中毕业后，考入开封黄河水利学校水电站建筑专业学习。1958年毕业后分配到刘家峡水电工程局，先后在局党委宣传部、党委办公室任干事、秘书。1961年加入中国共产党。后调入水电部西交通线勘测设计院党委办公室任秘书、宣传组组长。1973年调入国家建委七局工作。不久随单位整建制调入交通部第一航务工程局工作，任革委会办公室秘书。1975年10月调交通部组织部，历任干事、副处长、处长、党支部书记等职。1990年3月任交通部科学研究院党委副书记。1999年5月退休。2000年5月任中国交通书画协会副会长兼秘书长，法人代表。

毕可文　1937年6月生，山东省文登市大水泊镇泊岳家村人。1958年9月考入山东机械学院学习。1960年6月加入中国共产党，8月被学院选送到清华大学学习。1962年9月在济南工学院学习（原山东机械学院改名）。1964年8月于济南工学院毕业后分配到菏泽地委组织部工作。1968年6月调到菏泽油泵油嘴厂工作，历任技术员、政工科长、厂革委会副主任、厂革委会党的核心领导小组成员，副厂长、厂党委委员、厂长、厂党委副书记、党委书记。1983年12月任菏泽地委委员、菏泽地区行署专员、党组副书记，曾当选为山东省第七届、第八届、第九届人民代表大会代表。1992年12月任菏泽地区人大工委主任、党组书记。1998年8月退休。

王志成　1937年7月生，东明县长兴集乡六合集村人。1955年考入中国人民解放军第三炮兵学校学习，1958年毕业。1983年进入军事学院高级指挥班学习。1986年毕业后任陕西省军区副司令员、司令员。1988年被授予少将军衔。陕西省第七届人大代表，陕西省人大常委会委员。曾在《军事学术》《解放军报》《中国民兵》等报刊上发表学术论文，在全军引起反响。他的《主观指导符合客观实际是战争制胜的根本原因》《浅谈毛泽东游击战思想在未来战争初期的运用》两篇论文，在全军学术研讨会上被评为优秀论文；《坚持理论与实践的辩证统一》录入《将军学哲学》。

程湘清　1937年10月生，又名程玉珠，成武县成武镇古城街人。1956年9月考入北京大学中文系。1960年加入中国共产党。1961年7月毕业后被分配到中共北京市委研究室工作。其间下放郊区农村任大队党支部副书记、书记。1969年到北京市大兴县礼贤公社河北头大队劳动。1970年5月调回成武，先后在县革委宣传组、县委宣传部工作，任县委宣传部副部长。1978年9月任山东省社会科学研究所科学社会主义研究室副主任。1985年8月任全国人大常委会办公厅研究室副主任。1993年，任全国人大常委会办公厅研究室主任。1996年，被中央任命为副部级主任。

丁世良 1937年12月生，单县莱河镇丁楼村人。1956年考入山东大学物理系理论物理专业。1960年毕业留校工作，任理论物理教学研究助教。1978年晋升为讲师。1982年1月到美国德克萨斯大学化学系理论化学研究所R、E、Wyatt教授研究小组攻读博士后学位。1984年回国后在山东大学理论学研究室工作。1988年被评为副教授、硕士研究生导师。1990年到美国德克萨斯大学和贝勒大学做访问学者，进行学术交流。1992年晋升为教授、博士研究生导师。1993—1994年应以色列国际著名化学家R、D、Levine教授邀请到耶路撒冷希伯来大学分子动力学研究中心做访问教授，与Levine教授合作用李群和李代数方法研究分子动力学。1995—1998年曾在山东师范大学物理系做兼职教授，协助申请“原子与分子物理”博士研究生学位授予权及培养硕士研究生。现任山东大学教授、博士生导师、中国农工民主党山东大学支部副主委、《分子科学报》编委、理论化学与计算国家重点实验室学术委员会委员、吉林大学兼职教授，山东省专业技术拔尖人才、山东大学化学与化工学院学位委员会委员。享受国务院政府特殊津贴。

耿德祥 1937年12月生，单县谢集乡耿庄村人。1957年考入山东医学院，毕业后分配到山东医学院附属医院外科工作。

1965年加入中国共产党。1969年调单县中心医院，先后任外科主任、副院长、院长等职。1983年3月任菏泽地区卫生局副局长兼地区人民医院院长。1983年12月任菏泽地区行署副专员。1988年任泰山医学院党委副书记、院长。1990年任山东省卫生厅副厅长。1992年6月任山东省医学科学院党委书记、研究员。1998年4月任山东省政协八届委员会常委、山东省政协科教文体委员会副主任，兼任全国心理卫生协会理事、山东省心理卫生协会理事长等职。组织医学科学院科技攻关，先后完成省级以上科研课题311项，取得科技成果206项，其中国家级科技进步奖1项、省部级科技进步奖82项，科技开发5年创收1300余万元。主持编写《山东省医院各级工作人员三级训练标准》《山东省医院工作制度与医疗工作人员职责》《老年心理学》等书。

白效忍 1937年生，单县张集镇曹庄村人。1952年考入金乡三中，同年加入中国共产主义青年团。后入泰安二中学习。1958年考入上海同济大学。1963年响应党的号召从上海到祖国的大西南从事铁路设计、施工工作。1965年加入中国共产党。1966年晋升为铁道部第二设计院隧道工程师。1981年调任广东乐昌隧道工程局施工处科长。1983年调任隧道工程勘测设计院副院长。1985年任院长，同年任隧道工程局党委委员、上海经理部总经理。1986年任隧道工程局副局长、局党委常委。1989年调往北京，任铁道部隧道工程局副局长、北京地铁工程指挥长、铁道部高级工程师。

在任北京地铁工程指挥长期间，领导组织复兴门至西单区间工程和西单站东折返线工程的施工，曾组织天安门东站、西站及区间工程的设计施工。

朱德馨　1937年生，号香谷，单县单城镇南关街人。先后在察院街小学、单县一完小读书。1950年以总分第一名的成绩考入成武县第一中学。1953年入济南七中高中部。1956年考入上海中医学院。1962年毕业后分配至上海第二结核病院从事中医药的临床和科研工作。1986年任上海市中医院院长、上海市政协委员。1960年提出“中医西制”的设想，倡导“中药西制”“中药西用”改革，在中西医结合上做出突出贡献。曾在临床实践中研究试验利用中药麻醉进行外科手术，取得良好效果。曾多次参加全国中药麻醉技术研讨会，发表10余篇权威性的科学论文。其研究成果深得国内外医学界的重视。他被誉为中国开创中药麻醉的创始人和开拓者。

宋朝诗　1937年生，曹县梁堤头镇西宋庄人。中共十三大代表。1949年年底加入中国共产主义青年团。1953年考入复程县中学。1955年8月考入空军上海防空高射炮兵学院。1959年2月到驻福建前线的高炮105师当学兵，曾先后获4次嘉奖，立三等功1次。1959年7月加入中国共产党。1960年2月任某部排长兼文化教员，立三等功2次。1961年5月起先后晋升为副政治指导员、政治指导员、副政治教导员、政治教导员。1966年7月执行“抗美援越”任务，参加大小战斗27次。1968年11月任空军高射炮兵第13团政治处副主任。1980年12月任空军第四军政治委员。1983年5月任南京军区空军副政治委员。1987年2月入中央党校高级干部训练班学习。

张海信　1938年3月生，菏泽市牡丹区北城人。著名花鸟画家。1959年中师毕业后留校任教。1962—1978年在河南陕县任中小学美术教师、电影管理站宣传辅导员、剧团舞台美术设计。1979年调县文化馆从事国画创作。1984年任馆长兼支部书记。为三门峡市特邀界政协委员。1997年退休。其作品清新典雅，富有时代精神和生活气息，尤以画牡丹见长，素有豫西“牡丹王”之誉。现任河南省美术家协会理事、三门峡市美术家协会名誉主席、三门峡市书画院副院长等职。

李聚昌　1938年8月生，东明县菜园集乡李屯村人。中共党员。1960年9月—1965年9月就读于天津大学水港专业系。1965年9月毕业分配到山东省交通厅工作，先后担任小清河航运局技术员、处长、工程技术队技术组长、工程队队长、工程队工程师。1982年任山东省交通厅副厅长，1986年任厅长、党组书记。1992年10月任交通部副部长。

杨大显　1938年9月生，菏泽市牡丹区吕陵镇王善人村人。1954年4月在菏泽印刷厂工作。1960年调入菏泽地区商业局工作。1961年调回菏泽印刷厂工作。1966年5月加入中国共产党，先后任印刷厂供销科科长兼保密车间主任、副厂长、厂长。1984年12月任菏泽印刷厂党委书记兼厂长。1995年12月任政协山东省委员会菏泽地区工作委员会副主任、党组成员。1999年1月退休。担任印刷厂厂长期间，在国内率先实现扑克牌生产工艺改革等，使企业技术装备水平居全国同行先进行列，经济效益曾连续8年居全省同行业第二位，连续8年居扑克牌行业第一位。1992年被国务院发展研究中心、管理世界中国企业评价中心、国家统计局列入“中国500家最大工业企业及行业50家评价”排序。1986年获山东省“优秀政工干部”称号；1987年获山东省“优秀经营管理者”称号，山东省“富民兴鲁”劳动奖章；1988年获山东省“劳动模范”称号；1991年获山东省“优秀共产党员”称号；1993年获全国“五一劳动奖章”。系中共山东省第六次代表大会代表、主席团成员，山东省第八届人民代表大会代表。

时克文　1938年10月生，单县时楼镇人。1955年毕业于单县第二中学。1956年7月入武汉海军预备学校学习，后转入烟台海军炮校和南京海校学习。1961年毕业后留南京海校任教。1972年调国家海洋局（当时由海军代替），历任国家海洋局政治部干事、科技部协理员、教育处副处长、处长、干部处处长、人事劳动教育办公室主任。1988年任人事劳动教育司司长。

张朝玉　1938年10月生，东明县武胜桥乡前张楼村人。1965年7月毕业于山东大学数学系，分配到国防科委十院22所，曾任研究室负责人。1966年3月加入中国共产党。1970年5月在定陶县工作，先后任定陶县委组织部秘书、乡党委书记、县长、县政府党组书记、县委书记、县人武部党委书记。1989年8月起，先后任地区经委主任、党组书记、专员助理、行署党组成员、地区人大常委会副主任、党组成员。1995年11月任菏泽地区人大工委会主任、党组成员。1999年退休。

梁法启　1938年10月生，单县黄岗镇前花园村人。1960年考入山东医学院医疗系。1965年大学毕业后参军入伍，分配到济南军区总医院外科工作。1972年加入中国共产党。1973年调中国人民解放军总医院，先后从事肝胆和血管外科的医疗、保健、教学工作。2005年为解放军总医院主任医师、教授，中央保健委员会特邀会诊专家、中华血管外科学术委员、《中华血管外科学杂志》编委，享受国务院颁发的政府特殊津贴。1994年11月—1995年5月去日本学术交流，医德高尚、医技高超，赢得外国同行赞誉。

邹兴长　1938年12月生，曾用名邹兴常，菏泽市牡丹区胡集乡邹口村人。1962年山东大学无线电电子学系毕业后分配到青岛海洋学院，从事教学、教学管理和科研工作。1978年晋升为讲师，1988年晋升副教授，1994年晋升教授。其间，曾任物理系无线电教研室主任。2005年任青岛海洋大学物理系副主任、近代物理实验室主任。研制的“光电分选机”等成果多次获奖，发表有大量的专著和论文。

丁一汇　1938年生，曹县普连集镇丁堂村人。著名气象学专家。1951年考入上海市江湾中学。1963年毕

业于北京大学物理系气象专业，后考入中国科学院地球物理研究所研究生。1967 年毕业分配到中国科学院大气物理所工作，先后任研究组组长、研究室副主任、助理研究员。1982 年 1 月任中国科学院大气物理研究所第六研究室副主任，同年晋升为副研究员。1985 年 3 月任国家海洋局环境预报中心副主任兼国家海洋预报台台长。1986 年 9 月任中国气象研究院副院长、研究员、博士生导师。

王彦生　1938 年生，单县单城镇西关街人。高中毕业后被保送到解放军空军高级专科学校学习。1961 年毕业后分配到甘肃空军某试验基地，先后任助教、技师、助理员、参谋、科长、副部长、部长。1984 年任空军某试验基地副司令员。曾参加击落美蒋高空侦察机的防空战斗。长期在戈壁沙滩从事现代化武器的科研试验、技术保障和领导工作。1988 年被空军授予“献身国防科技事业荣誉奖章”。

牛耀宗　1938 年生，曹县苏集镇油坊刘庄村人。中共党员。1959 年 9 月考入山东大学物理系，1964 年毕业后留校工作。1977 年 10 月任山东省文教办公室干部处干事，1978 年 7 月任副处长。1983 年 10 月任临沂地委副书记兼组织部部长。1987 年 3 月起，先后任山东省劳动局副局长、党组副书记，局长、党组书记；山东省劳动厅厅长、党组书记；政协山东省委员会常委。

宋君美　女，1938 年生，曹县韩集镇人。1954 年任农业社会计、副社长。1955 年加入中国共产党，任曹县李经野乡团总支书记。1956 年 3 月任共青团曹县县委组织干事，10 月被选派到山东省团校学习。1957 年 5 月始，历任共青团曹县县委组织部副部长，共青团菏泽地委干事，共青团菏泽县城关公社委员会副书记、书记等职。1969 年始，先后任菏泽县城关镇党的核心领导小组成员、县委副书记兼县革命委员会政治部主任。1973 年任山东省妇女联合会筹备组副组长。1975 年 5 月当选为省妇联副主任。1979 年在中共中央党校学习。1983 年 10 月在山东省委党校干部专修科学习。1986 年 7 月毕业后，任山东省农机服务公司党组成员、副经理。1988 年调任山东省工商行政管理局党组成员、副局长。1996 年 6 月—12 月主持省工商局全面工作。1996 年 12 月任山东省工商行政管理局巡视员，并当选为山东省政协委员。

李仲孚　1938 年生，鄄城县什集镇李楼村人。1957 年 7 月于鄄城一中初中毕业后任代课教师。1958 年 7 月考入菏泽地区农业专科学校。1962 年 7 月毕业分配到枣庄市农业局工作。1965 年 9 月任枣庄市台儿庄公社副社长，12 月加入中国共产党。1967 年起，先后任台儿庄公社革命委员会生产办公室主任，台儿庄公社革命委员会主任、党的核心小组副组长，涧头公社委员会常委、代理书记、书记。1976 年 5 月任枣庄市农业委员会党的核心小组副组长、第一副主任。1977 年 4 月任枣庄市峄城区区委副书记、区革命委员会第一副主任。1979 年 5 月任枣庄市革命委员会政策研究室主任。1980 年 9 月后任台儿庄区区委副书记、峄城区委书记、市中区委书记。1991 年 6 月任枣庄市副市长。

黄克彬　1938 年生，单县龙王庙乡罗

庄人。1956年2月参加中国人民解放军，同年加入中国共产党。在部队历任战士、炮兵、绘图员、排长、参谋、副政治指导员、政治处干事、政治教导员、政治处副主任、副团长、团长。2005年任济南军区司令部装甲兵部副部长，大校军衔。在任排长期间，考取坦克射击专业最高技术等级——特等射手。严格带队，所在排被多次评为先进排。在任济南军区坦克乘员训练团团长期间，创造出“三位一体”的教学体制，受到军委装甲兵部的好评，曾被济南军区评为“航空兵一师党委先进团”。在任济南军区装甲兵部副部长期间，撰写《浅谈未来装甲兵袭击作战》《着眼新特点、采用新战法》等论文，并参与编著《军事辩证法新论》《济南军区装甲兵大事记》《当代中国装甲兵》等书。

魏　明　1938年生，单县曹庄乡魏刘庄人。先后入单县师范附属小学、单县第一中学、山东省师范学院政治系学习。1964年山师毕业后分配到中共山东省委宣传部。1970年3月，调入山东莱芜钢厂。1979年7月调任山东省劳动服务公司副经理。1984年调到中共山东省委工作，先后任中共山东省委正处级秘书、省委直属机关工委纪律检查委员会书记、省委直属机关工委副书记。

张守福　1939年1月生，山东潍坊市潍城区人。1956年3月参加工作，同年11月加入中国共产党。先后任山东省潍县赵疃乡文书，二十里堡乡财粮员、二十里堡人民公社副社长，泊子人民公社委员会组织委员、副书记、党的核心领导小组组长、泊子公社革命委员会主任，潍县县委常委，山东省革命委员会政治部群众工作干事，山东省贫下中农协会常委。1977年4月任山东省贫下中农协会副主任。1979年4月任共青团山东省委副书记、党组副书记，山东省青年联合会第五届委员会主席。1982年7月任菏泽地委副书记。1986年3月任菏泽地委书记兼菏泽军分区党委第一书记。1988年11月任山东省委委员、山东省农业委员会主任。

卢尚岭　1939年5月生，单县谢集乡卢楼村人。1960年在山东中医学院学习，1966年毕业后留校工作。山东中医药大学教授、主任医师、硕士生导师、国家继承名老中医药人员经验导师，兼任全国中医药内科学会委员、山东中医药学会常务理事兼副秘书长、山东中医药心脑病学会主任委员、山东华夏文体促进会医学委员会主任委员等职。

杨志海　1939年7月生，成武县伯乐镇曹庄人。大学学历，高级工程师。现任全国政协委员。1960年考入山东大学政治系。1964年分配到中共中央组织部工作，同年到江苏省句容县搞“四清”，任工作组组长。1965年到河北省正定县搞“四清”，任工作队队长。1966年任正定县委副书记兼县直“四清”工作团团长。1970年到石家庄地区工作，曾任石家庄地委宣传部宣传组组长、副部长。1975年后，历任中共中央组织部干部调配局副处长、处长、副局长、局长。1992年任黑龙江省副省长兼省委政法委副书记、省综合治整委员会副主任。1996年后，曾任中华人民共和国轻工业部副部长、党组成员，国家轻工业局副局长、党组副书记。2000 年任中国轻工联合会副会长，中华全国手工业合作总社副主任，中国关心下一代工作委员会副主任兼秘书长等职。曾获首都文明委颁发的“首都精神文明建设奖章”，中央文明办和中国关心下一代的“特殊贡献奖”以及 2004 年度的“中国经济百名杰出人物”。

李家玉　1939 年 8 月生，山东省东平县人。1961 年 1 月加入中国共产党。1963 年 8 月于菏泽师范专科学校毕业后，分配到菏泽专区行政干校工作。1965 年 5 月任菏泽专署人事监察局科员。1970 年 10 月任菏泽地革委计划统计局副局长。1971 年 9 月任菏泽地委委员。1972 年 3 月任计划办公室副主任。1973 年 4 月任菏泽地委委员、共青团菏泽地委书记、共青团山东省委委员。1975 年 3 月任地委委员、宣传部副部长。1979 年 5 月挂职任菏泽县委副书记，1980 年 9 月正式任职，同年 12 月不再担任菏泽地委委员。1984 年 10 月任菏泽地区第一轻工业公司党委书记、经理。1989 年 4 月一轻公司改为菏泽地区第一轻工业局，任局长、党组书记。1992 年 12 月任菏泽地区人大工作委员会副主任。1997 年 5 月任菏泽地区人大工作委员会党组副书记。

张中瀛　1939 年 9 月生，单县浮岗镇李新集人。1952 年 10 月入黄岗中学读书。1954 年 7 月入单县二中学习。1955 年 9 月入曹县一中读书。1958 年考入北京航空学院。1963 年 8 月毕业分配至四机部第 19 所。1966 年 12 月调入电子工业部第 30 所。1978 年先后任副所长、所长兼党委书记。1984 年 9 月调任四川省电子工业厅副厅长、党组副书记。1986 年 5 月任成都电讯工程学院党委书记。1988 年 10 月调任四川省人事厅副厅长、党组副书记。1990 年 6 月任四川省人事厅厅长、党组书记，中共四川省委组织部副部长。

钟金宝　1939 年生，曹县邵庄镇仲堤圈村人。1958 年 8 月任曹县第三中学语文教师。1959 年任教导处副主任，同年加入中国共产党，被评为全县文教战线先进工作者。1960 年任曹县工读师范教导主任。1961 年任曹县教师进修学校负责人。1962 年任中共曹县县委宣传部干事。1965 年任中共曹县城关公社党委副书记。“文化大革命”初期下放劳动。1970 年任曹县城关公社革命委员会副主任、党的核心领导小组副组长。后任中共曹县革命委员会政治部委员会委员、秘书组组长。1973 年任曹县苏集公社党委书记。1976 年任中共曹县县委副书记。1977 年夏任中共成武县委副书记，1978 年任成武县革命委员会主任。1981 年先后任莱阳农学院党委组织部副部长、组织部部长。1988 年 9 月任莱阳农学院党委副书记。后调任山东省农业干部学院党委书记。

刘天和　1939 年生，巨野县柳林镇刘楼村人。现任广州军区空军司令部副参谋长。1956 年 2 月加入中国共产党，3 月参军，任中国人民解放军 481 部队 3 分队班长。1959 年 1 月起在空军第一航空预校、第五航空学校学习。1964 年 9 月航校毕业，在中国人民解放军 39413 部队当飞行员，后任副中队长。1970 年 4 月起历任 39422 部队副大队长、大队长、副部队长、副团长。1976 年 7 月入中国人民解放军空军学院学习。1977 年 10 月任中国人民解放军39422部队团长。1980年6月起历任39413部队副部队长、部队长。1987年9月入中国人民解放军国防大学学习。1989年12月任39067部队副参谋长。1990年6月任39067部队副部队长。1988年9月被授予空军大校军衔。1992年晋升为少将军衔，后升为中将军衔。刘天和于1960年开始学习飞行，先后飞过8种型号飞机，飞行总时间2053小时18分，是特级飞行员，4种气象教员、4种气象师级指挥员。指挥飞行323个场次。1974年1月参加西沙保卫战。1978年9月击毁敌空飘气球1个，1979年2月参加对越自卫还击战。先后立二等功1次，集体二等功1次、三等功3次。

许修堂　1940年1月生，山东省梁山县人。1958年12月加入中国共产党。1963年在北京政法学院（现为中国政法大学）法律系学习，任系学生党支部书记。1968年在解放军6057部队农场劳动，任学生连党支部宣传委员。1970年任郓城县化肥厂团支书、政工组长、厂革委会委员、党总支委员兼支部书记。1975年任郓城县法院副院长。1977年任郓城县陈坡公社党委副书记。1978年任郓城县人民检察院副检察长、党组副书记。1981年任郓城县人民法院院长、党组书记。1983年任郓城县委常委兼政法委书记、县委副书记。1984年11月任菏泽地区中级人民法院院长、党组书记。1993年5月任菏泽地区人大工作委员会副主任、党组副书记。2001年7月退休。

胡公厘　1940年2月生，成武县党集乡胡楼村人。1958年8月于巨野师范毕业后到成武县刘辛庄完小教书。1959年9月

加入中国共产党，11月担任成武县委报记者。1960年10月起，先后任菏泽地委办公室保密室干事、地委机关党委干事，地区革命委员会政治部干事。1971年8月起，先后任东明县委常委、办公室主任。1975年8月任定陶县委常委、县革命委员会副主任。1978年7月任定陶县委副书记，县革命委员会副主任、党组副书记。1980年5月任定陶县委副书记、县长、党组书记。1982年6月任菏泽地区经济委员会副主任、党组副书记。1984年4月任菏泽地区第一轻工业公司经理、党委书记。9月任菏泽地区经济委员会主任、党组书记，菏泽地区经济学会会长，山东省经济学会理事。1989年12月任菏泽地委委员、菏泽市委书记。1992年12月起，任临沂地区行署副专员、党组成员，临沂市委委员、市政府副市长、党组成员。1996年4月任政协山东省委员会菏泽地区工作委员会副主任、党组成员。2001年6月退休。系中共山东省第六次代表大会代表，山东省第七届人民代表大会代表。1991年6月被中共山东省委、山东省军区党委评为党管武装先进个人，1991年12月被中央军委人民武装委员会办公室评为关心国防后备力量建设的好书记，1992年2月被中共菏泽地委、菏泽行署授予“先进工作者”称号，1995年在临沂被建设部授予“城市环境综合整治优秀城市市长”称号。

从德普　1940年8月生，回族，单县单城镇西关街人。1955年11月参加工作，

1960年2月加入中国共产党。1955年11月起先后任单县县直工业团委副书记，谢集公社团委副书记，共青团单县县委副书记、书记，单县农业局副局长、党组副书记。1975年7月任单县县委副书记、单县革命委员会副主任。1979年5月任西藏自治区定结县委副书记。1981年2月任曹县县委副书记。1984年1月任曹县县委书记兼县人民武装部第一政治委员、党委第一书记。1986年5月任菏泽地区农业局局长、党组书记。1989年3月任菏泽医学专科学校党委书记。1994年5月任政协山东省菏泽地区工作委员会副主任、党组成员。2001年退休。

任兰亭　1940年9月生，单县黄岗镇八岔口村人。中共党员。1958年入山东大学物理系学习，1960年入浙江大学无线电工程系学习。1962年毕业后分配到山东大学物理系半导体物理教研室从事半导体材料的研究和教学工作。1964年在山东大学晶体研究所从事铁电、压电晶体性能的研究及红外晶体的研制工作，任助教。1969年调单县师范从事教学工作。1973年在菏泽师专物理系从事教学工作。1978年晋升为讲师。1982年晋升为副教授，任物理系主任、山东省物理学会理事、菏泽地区物理学会理事长。1987年任职于华东石油大学应用物理系。1991年晋升为教授，任石油大学应用物理系主任、山东省物理学会副理事长、中国石油天然气集团公司《大学物理》教学指导委员会主任。

李玉祥　1940年12月生，山东省淄博市临淄区人。中共党员，大学文化。

1964年8月—1966年8月毕业后分配到菏泽参加“四清”工作。1966年8月—1969年8月任菏泽地区档案局科员。1969年8月—1973年8月在菏泽地区计统局任组长。1973年8月—1978年8月在菏泽地区劳动局任组长。1978年8月—1983年8月任菏泽地区科委副主任、主任、党组书记。1983年8月—1998年8月任菏泽地委委员、组织部部长。1998年8月—1999年8月任菏泽地区人大常委会副主任、党组副书记。1999年8月—2001年任菏泽行署副专员、党组成员。出席1983年山东省第五次党代会，并当选为候补委员。

王玉柱　1940年生，巨野县大义镇吴集村人。1961年7月在曲阜师范学院物理系学习，任团支部书记。1965年7月毕业后分配到济宁地区工作，10月参加地直“四清”工作队。1966年4月加入中国共产党，6月起历任济宁县陈河口公社社长、唐口公社“一打三反”办公室主任。1972年5月调任巨野县委组织部秘书。1976年7月任巨野县卫生局党组副书记、副局长。1978年8月任巨野县龙堌公社书记。1981年8月任巨野县副县长。1982年12月任巨野县委副书记。1983年11月任菏泽地区行署副专员。1984年11月任菏泽地委委员、行署专员。1993年任山东省水利厅厅长、党组书记。

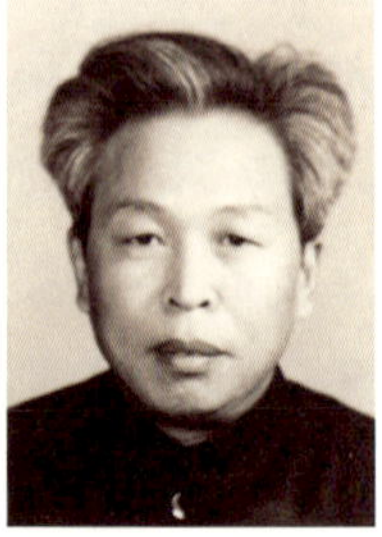

郑守龙　1940年生，巨野县独山镇郑楼村人。1961

年9月考入山东大学数学系，1962年加入中国共产党。1965年8月，入北京语言学院法语专业学习，任法语专业党支部委员。1967年10月在诸城县革命委员会宣传部工作，1970年5月任诸城县辛兴公社革命委员会副主任。1971年6月任诸城县贾悦公社革委会副主任、党委代书记、书记。1975年2月任中共诸城县委副书记、县革命委员会副主任。1977年2月调任山东省农林局副局长、党的核心小组副组长。1979年10月任山东省农业厅副厅长、党组副书记，1995年9月任山东省管理干部学院党委书记。1979年当选为山东省农学会副理事长。1984年当选为中国棉花学会副理事长。1987年被农牧渔业部聘为全国小麦专家顾问组副组长。1990年被农业部聘为全国果树专家顾问组组长，兼任山东省棉花学会理事长、山东省农作物种子协会理事长等职。曾先后赴日本、泰国、美国、荷兰等多个国家和地区考察。当选为省政协委员。

修龙恩　1940年生，曾用名黎明春，单县谢集乡修林村人。1957年7月加入中国共产主义青年团。1986年4月加入中国共产党。1964年7月毕业于曲阜师范学院中文系，毕业后留校任教。现任曲阜师范大学中文系教授、中国写作学会会员、山东省社会科学省级学会会员。

孙启祥　1941年1月生，单县蔡堂镇辛羊庙村人。先后在辛羊庙小学、单县二中、菏泽一中就读。1960年保送到北京外国语学院学习，同期加入中国共产党。1965年1月提前毕业分配到国防部外事局工作。1967年参加顺义县“三支两军”（解放军“文化大革命”中支左、支农、支工、军训、军管任务的简称）。1969年到坦桑尼亚培训军队。1973年3月到英国留学，回国后在外事局历任翻译、参谋、副处长、处长。1994年任副局长，后由大校晋升为少将军衔。1997年国防部外事局更名为国防部外事办公室（亦称中央军事委员会外事办公室、中国人民解放军总参外事办公室），改任副主任。

1983年任国防部外事局美洲大洋洲处副处长、处长，主管与美国军事交往的外交工作期间，多次随军队领导人、军事代表团访美，直接组织接待美国数任国防部长、参谋长联席会议主席及美国陆海空、海军陆战队部长及司令的访华活动。1992年调任亚洲处处长，随军队领导人先后访问巴基斯坦、孟加拉、朝鲜、印度、越南、泰国、新加坡、印尼等国。1993年参加在美国圣地亚哥举行的首次东北亚安全对话。1997年具体负责香港、澳门回归祖国庆典时的仪仗队升旗仪式。1998年参加中国知名人士代表团访美，与美政府及各界知名人士进行广泛交流。曾率领外事代表团访问、考察朝鲜、赞比亚、津巴布韦、坦桑尼亚等国。长期担任单县籍在京人员同乡会名誉会长，为家乡建设与发展献计献策。

张西同　1941年2月生，单县终兴镇小草楼村人。1960年入上海交通大学学习。在校期间加入中国共产党。1965年8月毕业留校工作，历任冶金系助教、宣教组宣教员、中共党史教研室主任、历史教研室主任、物化教研室党支部副书记、社科系总支委员、人文学院总支委员等职。2005年担任上海交通大学教授、人文学院学术委员会委员、学位委员会委员，兼任中华人民共和国史学会高等院校教学研究专业委员会理事、上海市中共党史学会常务理事、上海市新四军历史研究会理事等职。

赵文杰　1941年2月生，曾用名赵文忠，单县杨楼镇韩刘庄人。中共党员。1955年9月入单县一中学习。1960年9月考入山东大学中文系。1965年8月毕业分配至中央办公厅秘书室，任科员。1968年8月入中央办公厅学习班学习。1969年1月入中央办公厅五七学校参加劳动。1978年6月任中央办公厅政治部宣传处干事。1980年5月调任中共中央直属机关委员会宣传部干事。1984年12月任中共中央直属机关委员会宣传部宣传处处长。1986年10月任中共中央直属机关委员会组织部处长。1987年7月任中共中央直属机关委员会组织部副部长。1988年4月任中共中央直属机关工作委员会组织部副部长。1993年12月任中共中央直属机关纪律检查工作委员会副书记。1994年4月任中共中央直属机关工作委员会委员、纪工委副书记。

黄儒文　1941年10月生，单县李新庄镇舒郭庄人。1966年毕业于长春地质学院地球物理勘探系，分配到山东省地质矿产局物化探勘查院从事技术工作，历任技术员、分队技术负责人、局物化探管理科科长。1980年晋升为工程师。1993年为高级工程师。后历任院长办公室主任、副院长、副总工程师兼总工程师办公室主任、矿产资源开发公司总工程师等职，是中国地质学会会员、中国地球物理学会会员。曾主持、主编大、中、小型生产科研报告、简报60余份，在国内刊物上发表论文10余篇，多次被评为先进工作（生产）者、优秀共产党员，队局级标兵、劳动模范，山东省人民政府机关优秀公务员、模范党员。

苏衍训　1941年11月生，鄄城县什集镇苏老家村人。1960年9月毕业于长春空军九航校毕业后分配到空军连云港站气象台工作，先后任观测员、测报组长、预报员、政治指导员。1971年9月任济南空军干部部干事。1978年8月任嘉祥场站政治处副主任。1979年10月任省委组织部干事、二级巡视员、一级巡视员、副处长。1989年3月任菏泽地委组织部部长。1992年11月任菏泽地委委员、组织部部长。1995年5月任省劳动厅党组成员、副厅长。1999年5月任省劳动和社会保障厅党组成员、副厅长。2004年4月退休。

王道玉　1941年12月生，祖籍郓城县陈坡乡孙庄村，后随其父迁入鄄城县箕山集。1960年9月—1965年8月在山东大学历史系学习。1965年8月—1966年10月任山东省桓台县索镇公社“四清”工作队副组长。1966年1月加入中国共产党。1966年10月—1966年12月任山东博兴县湖滨区“四清”工作队鲁崔工作组组长。1966年12月—1967年11月工作待分配。1967年11月—1970年2月在博兴县湖滨区院庄公社工作，后任博兴县见桥公社办事组组长。1970年2月—1972年9月任博兴县湖滨公社党委常委兼团委书记。1972年9月—1975年5月任博兴县委党校理论教员、党支部委员。1975年5月—1976年4月任博兴县委宣传部秘书。1976年4月—1978年9月任博兴县湖滨公社党委书记。1978年9月—1980年9月任博兴县革委副主任、农办主任。1980年9月—1983年10月任博兴县委副书记、副县长。1983年10月—1992年3月任惠民地委副书记、行署专员。1992年3月—1992年12月任惠民（滨州）地委书记、军分区党委第一书记。1992年12月—1995年3月任滨州地委书记，地区政协工委主任、军分区党委第一书记。1995年3月—1997年12月任滨州地委书记，地区政协工委主任、地委党校校长、军分区党委第一书记。1997年12月—1998年4月任山东省省长助理、省政府党组成员。1998年4月—2003年4月任山东省人大常委会副主任、党组成员、省人大农村与农村委员会主任委员。2003年4月任山东省人大常委会副主任、党组成员、省人大教育科学文化卫生委员会主任委员。中共十五大代表。

丁书文　1941年生，单县莱河镇丁楼村人。1964年毕业于山东省菏泽医学专科学校，同年分配到山东中医药大学任教。1978年考入山东中医药大学内科硕士研究生。1981年毕业获医学硕士学位，2005年山东省著名的心血管病专家、主任医师、教授、博士生导师，享受国务院政府特殊津贴。同时兼任国家药品监督管理药品评审专家，中国中西医结合研究会活血化瘀委员会委员、山东省中医药学会活血化瘀专业委员会主任委员、山东省中药品种保护委员会委员、山东省慢性病非传染病防治专家委员会委员。长期从事心血管内科临床教学、科研工作，积累了丰富的临床经验，具有较高的学术理论造诣。

尹　亮　1941年生，山东省莒县人。1961年参加中国人民解放军，在山东省公安总队临沂中队服役，历任战士、班长、排长，支队参谋。1963年被山东公安总队授予“特等射手”称号，并获“神枪手”“投弹能手”证章。1964年率临沂公安支队“尖子班”参加全军大比武，获“尖子班长”称号，同年5月加入中国共产党。1966年临沂公安支队撤销后，转入临沂军分区司令部，先后任作训参谋、副科长、科长。1980年11月任苍山县人武部部长、党委副书记。1983年6月任山东省泰安军分区参谋长、军分区党委常委、司令部党委书记。1985年1月任泰安军分区副司令员。1986年4月部队精简改编时调任菏泽军分区参谋长、分区党委常委。1991年6月复任泰安军分区副司令员。1988年授予大校军衔。

宋金亮　1941年生，单县终兴镇朱大庄人。1960年单县一中毕业后考入山东大学中文系。毕业后分配至外交部。后入外交学院研究生班学习。1973年调入国家体育委员会。《中国体育报》复刊后，入报社工作。先后任体育报国际部编辑、文艺部负责人、科技部主任、《健与美》杂志常务副主编、中国体育报社副社长。在报社工作期间，曾单独采访亚洲健美锦标赛和世界健美锦标赛，撰写多篇新闻稿件，同时拍摄许多新闻图片，向国人及时报道赛况。曾在国内大力宣传鼓动开展健美比赛，多次组织和主持全国性的健美比赛，推动健美活动在中国的开展。坚持钻研体育与健康理论，先后主持编著《美容、健美实用技巧》《少男少女健美法》《健与美大全》《健与美精粹》《人生一百年》《养生大典》等富有知识性、趣味性和实用性的书籍，深受国内外读者的欢迎。其杰出成绩，受到亚洲健美协会和国际健美协会主席本·韦德的赞许，并为之颁发奖励证书。

苑宪章 1941年生，定陶县陈集镇苑庄村人。1957年参加工作。1959年加入中国共产党。历任大队党支部书记、农场场长。陈集国华贸易公司党总支副书记、总经理。1993—1998年任山东国华实业（集团）总公司党总支书记、董事长。1996年当选为县人大常委会副主任，现为县人大巡视员。系第七届、八届全国人大代表。曾被授予“山东省优秀农民企业家”“全国成人教育先进工作者”“全国乡镇企业家”“山东省级技术拔尖人才”“中国农业博览会功臣”“全国劳动模范”等荣誉称号。

杨绪贤 1942年1月生，单县李田楼乡朱庄村人。1958年考入山东机械学院机械设计与制造专业。1965年大学毕业，分配到山东工学院任教。参加工作后，先到济南重型机械厂锻炼，后到诸城贾悦公社参加农村“四清”运动。1965年加入中国共产党，1966年任电子系团总支副书记，1984年夏任电子系党总支副书记（主持工作）。1985年5月任山东省教育委员会高教处副处长。1990年任中共山东省高校工作委员会统战处处长。1993年调任山东建筑工程学院副院长、研究员。

郭继德 1942年1月生，单县武圣庙村人。1960年入山东大学外文系英语语言文学专业学习。1965年毕业后留校任教。1979年—1981年赴加拿大皇后大学和美国母伦比亚大学留学。曾任山东大学外国语学院副院长兼英语二系主任，现任山东大学外国语学院教授、博士生导师。主要社会兼职有：外国文学研究所所长、加拿大研究中心主任、校文科学术委员会委员、省级重点学科英语语言文学专业学科带头人和“211”工程项目负责人、全国美国文学研究会副会长、中美比较文化研究会副会长、中国加拿大研究会副会长、全国英语文学教学研究会副会长、中国尤金·奥尼尔研究会会长、全国英语文学研究会理事、全国高校大学外语教学研究会理事、山东省外国文学学会会长、山东省大学外语教学研究会会长、中央戏剧学院奥尼尔戏剧研究中心顾问，以及青岛海洋大学、青岛大学、石油大学、聊城师范学院等高院兼职教授，美国现代语言学会、美国尤金·奥尼尔研究会、美国大学戏剧研究会、世界大学英语教授研究会（瑞士洛桑）等国外学术组织成员，是上海外语教育出版社特邀编辑、《译林》杂志编委会委员、《美国文学研究》论文丛刊主编，《山东大学文科学报》编委。

朱文山 1942年4月生，东明县沙沃乡朱屯村人。1959年12月参加中国人民解放军，1961年加入中国共产党。1965年在某军先后任团、师、军直属连班长、排长、副连长。1965年10月—1969年9月在某军司令部任作战训练处参谋。1969 年 10 月—1993 年 1 月在北京军区军务动员部工作，先后任参谋、处长，副部长、部长等职(其间，先后在石家庄步兵学校、中国国防大学学习进修，1986 年取得大专学历）。1993 年 2 月任天津警备区参谋长。1994 年 9 月被授予大校军衔。1998 年 7 月晋升少将军衔。曾撰写《兵员动员》《浅谈服从经济建设大局、加强后备力量建设》《紧紧围绕两个适应，积极搞好城市民兵工作调整改革》《濒海城市防御作战可采取的主要战法》等论文，其中《濒海城市防御作战可采取的主要战法》入选《将军文选》。

权朝鲁　1942 年 6 月生，单县单城镇权楼人。先后在单县火神庙小学、单县二中、菏泽一中就读。1962 年 9 月入北京师范大学教育系心理学专业学习。1968 年 10 月在中国人民解放军旅大警备区农场劳动。1970 年 5 月在齐齐哈尔钢厂工作。1980 年 6 月调山东师范大学，历任讲师、副教授、教授、研究生导师、心理学实验室主任，系山东省著名心理学家、心理咨询专家。1981 年曾到北京大学心理系进修一年。

杨成训　1942 年 6 月生，成武县伯乐集镇人。1959 年 1 月加入中国共产党，1959 年 9 月参加工作。1959 年 9 月—1971 年 8 月先后任成武县伯乐供销社通信员、统计、主管会计，成武团县委干事、书记，成武县革委政治部群众工作组副组长。1971 年 8 月—1973 年 8 月先后任成武县委常委，城关公社党委副书记、书记，县委常委，团县委书记。1973 年 8 月—1973 年 9 月任菏泽地区贫协筹备组副组长。1975 年 9 月—1979 年 7 月任梁山县委副书记、书记，梁山县委书记兼革委会主任。1979 年 7 月—1981 年 2 月先后任西藏自治区白朗县委书记，东嘎煤矿党委书记、矿长。1981 年 2 月—1983 年 10 月任定陶县委副书记兼政法委书记。1983 年 10 月—1986 年 7 月在省委党校干部培训班学习。1986 年 7 月—1990 年 8 月任菏泽地区教育局局长、党组书记。1990 年 8 月—1993 年 2 月任菏泽地委委员、地委秘书长。1993 年 2 月—1994 年 5 月任菏泽地委委员、地委秘书长、县级菏泽市委书记。1994 年 5 月—6 月任菏泽地委副书记、地委秘书长、菏泽市委书记。1994 年 6 月—1997 年 12 月任菏泽地委副书记。1997 年 12 月—2001 年 1 月任菏泽地区政协工委主任、党组书记。2001 年 1 月—2003 年 2 月任菏泽市政协主席、党组书记。系省八届、九届政协委员。

刘恩铭　1942 年 8 月生，单县人。1964 年考入辽宁大学中文系。1966 年年初抽调入辽宁省委写作组。1968 年借调到沈阳市毛主席著作出版办公室，后转入中共沈阳市委宣传部工作。1970 年后借调到辽宁日报社、新华社工作。1978 年调入沈阳市文联作家协会。现为沈阳市作家协会副主席。是沈阳市第 10 届、11 届、12 届人民代表大会代表。1991 年香港《大公报》撰文称他是“东北写历史题材作品的第一笔”。辽宁社科院文学《东北文学通览（史）》中设专章全面肯定他在东北文学中的影响和地位。1994 年被评为有突出贡献的知识分子，享受国务院政府特殊津贴。

阎世海 1942年8月生，定陶县南王店乡从庙村人。中共党员。1962年9月在定陶县城关市民委员会工作。1964年在菏泽财经学校学习，毕业后分配到菏泽专区农行工作。1965年在菏泽专署人事局工作。1970年在菏泽地区革命委员会政治部组织组工作。1972年3月任地革委生产指挥部政工办公室副主任。1975年6月任地区人事局副局长，10月任共青团菏泽地委书记。1982年8月任郓城县委副书记。1983年4月任县委书记兼县人武部第一政委。1988年10月任菏泽行署副专员、党组成员。1992年12月任菏泽地委委员、行署常务副专员、党组副书记。1995年6月任菏泽地委副书记，行署常务副专员、党组副书记。1997年12月任菏泽地委副书记。2001年1月任菏泽市人大常委会副主任、党组副书记。2004年5月任菏泽市人大常委会副主任、党组副书记、市关工委主任。系共青团全国十大代表，山东省第五届和第七、八届党代会代表，山东省第五届和第七、八、九、十届人代会代表。曾先后被评为全省“平原绿化先进个人”“全国平原绿化先进个人”。1997年10月获省委、省政府“重视老龄工作功勋奖”。2005年6月被中国关工委、中央文明办评为“关心下一代先进工作者”。

李承德 1942年9月生，单县郭村镇袁窑村人。1962年入山东大学政治系政治经济学专业读书。大学毕业后在单县徐寨中学、谢集中学教书。1969年9月调山东省单县师范学校，先后任政治教师、教研组长、校办公室主任、副院长。1987年调山东经济学院马列主义教研部工作，先后任教研主任、马列教研部副主任。1997年任山东经济学院图书馆馆长、教授。担任全国财经院校政治经济学会理事、山东省高校政治经济学研究会常务理事 、山东省消费者协会顾问、山东省反邪教协会理事等社会兼职。其科研方向主要集中在国民经济结构和产业结构上，公开发表的论文多篇被日本九州公立大学译成日文并在日本公开发表，其中的《城市经济与农村经济二元经济结构论》一文立意深刻，具有重要的学术价值和实践意义，在国内外学术界影响很大。

段心强 1942年12月生，单县黄岗镇段庄村人。1968年3月毕业于曲阜师范学院。同年分配到梁山县委宣传部工作。1978年考入中国社会科学院新闻专业攻读研究生，后获硕士学位。1981年9月任《人民日报》农村部编辑。1984年11月到辽宁省组建记者站。2005年任《人民日报》驻辽宁省记者站站长、《人民日报》高级记者，是中国作家协会会员、北京广播学院兼职教授。1988年6月，通信报告文学选集《崇拜的与诅咒的》由中国新闻出版社出版；1991年3月，通信报告文学选集《在历史与现实的交叉点上》由辽宁大学出版社出版；1993年6月，通信报告文学集《鞍钢之路》由人民日报出版社出版。1994年7月17日发表于《人民日报》的现场短新闻《锦州抗洪中的新闻记者》，被评为《人民日报》全国征文一等奖。有50多篇消息、通信、报告文学被省、市以上单位评为一、二、三等奖。

刘振山　1942年生，曹县梁堤头镇刘堤角村人。大专学历。1961年8月入宁夏武警总队四中队服役。1964年先后任宁夏公安总队直属团四连副班长、七连排长。1965年1月加入中国共产党。1966年12月任宁夏独立师二团七连副政治指导员、党支部委员。1970年4月任该师五团政治处干事。1972年1月任该师五团一营副政治教导员、营党委委员。1976年7月任陕西省军区独立五团一营政治教导员、营党委书记、团党委委员。1978年2月入北京解放军政治学院政治系学习。1979年8月任陕西省军区独立四团副政治委员、团党委常委。1983年8月任四支队政治委员、支队党委书记。1986年7月后任武警西安指挥学校政治委员、党委书记。

孟繁富　1942年生，山东省临沂市人。1954年10月加入共青团。1958年12月参加中国人民解放军，先后担任战士、文化教员、文书、班长。1960年8月加入中国共产党。1961年8月在洛阳步校学习，毕业后任排长。1964年任师司令部参谋。1969年10月—1982年10月任济南军区司令部军训部参谋、副处长、副部长。1984年8月入国防大学学习。1988年10月任菏泽军分区司令员，同年授予大校军衔。1991年10月转业到地方工作，任山东省建材工业局局长。

曹道泉　1943年1月生，单县曹庄乡曹庄村人。1951年8月入冯庄小学读书，1957年8月考入曹县四中，1958年加入青年团。1960年年初任班团支书。同年7月被保送入曹县第一中学读高中。1963年8月考入中国海洋学院水产系，曾任系团总支书记、青岛市学联委员。1965年12月加入中国共产党。1968年11月毕业后被分配到曲阜林后荀家村。1970年2月调至曲阜县农机修造厂。1972年调入曲阜县工交办公室。1974年被中共曲阜县委借调任宣传组织办事员。1975年调入宣传部，先后任办事员、理论干事、秘书。1980年任宣传部副部长。同年9月当选为中共曲阜县县委常委。1981年5月兼任曲阜县委宣传部部长。1985年任中共曲阜市委副书记。1987年12月抽调入山东省政府办公厅综合室。1989年7月起先后任综合二室副主任、主任。1993年6月任办公厅副主任。1996年任办公厅副秘书长。2001年任巡视员。2003年12月退休。

包谊春　1943年2月出生，成武县九女镇人。中共党员，函授专科学历。1960年初中毕业后，先后担任大队会计、大队支部书记；1971年任成武县革委会政治部干事；1973年至1975年，历任成武团县委副书记、书记，县委常委、副书记；1975年至1980年，历任中共菏泽地委组织部副部长、地委常委，兼任曹县县委副书记；1980年至1983年，任中共曹县县委副书记兼县长；1984年任地区农科所书记；1985年任地区供销社主任、党组书记；1992年任地区经贸委主任、党组书记。1993年6月至2003年9月，任菏泽师范专科学校党委书记，为菏泽学院顺利建院升本作出了卓越贡献。

李胜华　1943年3月生，菏泽市牡丹区人。大专文化，中共党员。1962年9月任

曹县煤建公司会计。1963年2月在菏泽财政干校会计专业学习。1964年8月参加曲阜县姚村公社“四清”工作队。1965年8月任曹县苏集公社团委干事（其间曾任菏泽县“四清”工作队安陵分队秘书）。1966年8月起，先后任曹县苏集公社管委会副社长、革委会常委、党委常委，曹县革委政治部宣传组副组长，曹县城关公社党委副书记，曹县县委宣传部副部长。1976年5月起，先后任曹县县革委副主任、县委常委、常务副县长。1984年1月任梁山县委常委、常务副县长。1985年12月起，先后任成武县委副书记、县长，县委书记兼成武县武装部党委书记。1991年7月任地区农委主任、党组书记，行署专员助理、党组成员，兼地区畜牧业开发中心主任、牧工商总公司总经理。1992年兼任地区农业经济学会理事长。1995年11月任地区人大工委副主任、党组成员。2001年1月任菏泽市人大常委会副主任、党组成员。2004年11月任市关工委副主任。2005年3月任市老年体育协会副主席。系山东省第五次党代会代表、第七届人代会代表。

彭训厚 1943年6月生，单县终兴镇孔店村人。1962年7月以优异成绩考入北京大学。毕业后分配到中国人民解放军总参谋部某部工作。1981年3月调入中国人民解放军军事科学院外国军事研究部。1986年7月起，任研究员、研究生导师、学科带头人，是中国第二次世界大战史研究会秘书长、中央电视台《军事天地》顾问。1987年在院学术年会上发表《2000年前苏联不会对我构成军事威胁》，并写成专题报告，被邓小平亲自圈阅。1989年8月赴柏林参加国际第二次世界大战史学术研讨会。1994年赴云南参加中缅印战场国际学术研讨会。1995年作为军事历史学家代表团主要成员赴莫斯科、圣彼得堡参加第二次世界大战学术交流活动。1997年9月受国家教委派遣赴俄罗斯联邦国立莫斯科大学历史系进行为期一年的高级学者访问，并与叶利钦的有关顾问和俄知名将军接触和交流。用俄文撰成10万字学术论文《论第二次世界大战的基本经验与教训》。曾应邀出席俄罗斯联邦科学院远东问题研究所召集的学术研讨会，作学术报告《50年代中国人民解放军的正规化、现代化建设》。1998年应邀在战争与人道主义国际学术研讨会上作学术报告《抗日战争时期中国共产党对日军战俘的政策》，引起强烈反响。曾应邀作客北京电视台、中央电视台军事节目和人民日报网络版《强国论坛》。

张克忠 1943年9月生，单县黄岗镇丁庄村人。1961年9月考入曲阜师范学院化学系学习，本科学历。1965年参加工作，先后在山东省临沭县巡会中学、石门中学、临沭一中任教。1982年任临沭一中副校长。1983年加入中国共产党。1984年后任校长、校长兼党总支书记。1988年任山东省临沂教育学院院长兼院党委副书记。1997年任临沂教育学院党委书记。2000年任临沂师范学院党委委员、纪委书记、教授。主要社会兼职有：中国化学学会会员、山东省师范教育学会常务理事、临沂市专业技术拔尖人才协会副会长、临沂市第十一届政协委员。

王尚宇　1943年10月生，单县蔡堂镇朱高台子村人。1963年7月—1967年7月在北京政法学院法律系学习，毕业后在部队农场和农村锻炼。1971年分配到河南省虞城县公安局工作，先后任办公室主任、副局长。1981年任虞城县委常委、常务副县长。1983年6月起，先后任商丘地委委员、地委政法委书记、商丘纪委书记。1994年12月任河南省人民检察院副检察长、党组副书记。

王品超　1943年10月生，单县龙王庙乡王竹元村人。1964年毕业于山东师范学院数学系，同年分配到曲阜师范学院任教。1983年7月—1985年7月在武汉大学学习群论。1985年始任代数研究生班群论课讲师。1988年始招收基础数学群论专业的硕士研究生。1987年被聘为美国数学评论员。1990年为美国数学学会会员。1992年晋升为教授，担任山东省代数学会常务副会长。曾同山西大学、郑州大学合作，获国家自然科学基金资助4次。

黄爱菊　女，1943年10月生，菏泽市牡丹区高庄镇高庄集村人。大专文化。1959年2月参加工作，在菏泽县高庄公社李村集完小任教。1965年5月加入中国共产党。1966年5月任菏泽县文教科副科长。1971年6月任菏泽地区革命委员会政治部群众工作组副组长。8月任菏泽地委常委、菏泽地区妇女联合会主任。1977年7月任菏泽地委副书记、菏泽县委第二书记。1985年8月任巨野县委副书记。1987年1月任山东省出版总社菏泽分社社长、党组书记。1990年2月，任政协菏泽地区工作委员会副主任、党组成员。1995年12月，任政协菏泽地区工作委员会副主任、党组副书记。2001年1月—2003年2月，任政协菏泽市委员会副主席、党组副书记。2003年2月离职。

1987年起，编著《曹州历代诗词选著》《历史大观园》《中国明星大观》《曹州春秋》《曹州民间故事》等，其中《曹州历代诗词选著》获山东省写作学会优秀科研成果奖。任副主编并参编出版《中华古典诗词辞典》《历代散文大观》《历代名诗大观》《山东风景名胜辞典》等。1991年被吸收为全国作家协会山东分会会员，山东省散文学会会员。在全国报刊及省市报刊发表散文、小说、书评等百余篇，其中《婆婆的生日》被江苏省电视台拍成电视散文，《瓠子》被华东报纸副刊评选委员会评为优秀散文一等奖。

燕振安　男，1943年10月生，山东郓城人，中共党员，大学学历，毕业于北京政法大学政法系，1968年12月参加工作，1973年1月入党。1993年5月至1997年12月，任菏泽地区中级人民法院党组书记、院长。

杨　涛　1943年12月生，曾用名杨凤芹，单县终兴镇杨菜园村人。1958年入单县四中读初中。1964年单县一中高中毕业后考入山东财经学院贸易经济系。1968年12月毕业后到济南军区农药厂劳动锻炼。1970年2月分配到湖北省蒲圻纺织总厂，后被抽调入中国人民解放军第2348工程指挥部第二筹建处，先后任政工保卫干部、会计、总厂财务处副处长。1985年调任国家财政部条法司一处副处长。1989年任处长。1995年任副司级助理巡视员。1998年调入国务院稽查特派员总署。2000年8月调任中共中央大型企业工作委员会国有企业监事会第39办事处副主任。

阎宪儒 1943年12月生，东明县焦园乡阎谭村人。1965年1月参加中国人民解放军，12月加入中国共产党。历任北京军区某部战士、副班长、班长、排长、干事、副政治指导员，总参谋部军训部秘书、干事、参谋。1988年被授予上校军衔。1985—1987年参加南京高级陆军学校函授学，取得军事专业大专学历。1993—1995年参加石家庄军事教育学院函授学习，取得电化教学专业本科学历。1994年任副师职参谋。曾组织起草第一期《全军电化教学发展规划》，是全军第一批开展电化教学工作者，参与《全军教育技术发展历程》的编写工作，多次在全军性期刊上发表论文。立三等功1次。1994年8月退休。

马存益 1943年生，回族，曹县侯集镇人。大校军衔。1960年3月参加中国人民解放军，先后在济南军区某守备团任战士、班长。1965年后任该团特务连排长、副政治指导员、团政治处干事。1971年8月起，先后任济南军区某守备师政治部副主任、主任。1978年3月代理守备12团政治委员。1980年1月入中国人民解放军政治学院基本系学习。1983年6月任某守备师政治委员。1985年10月任山东省军区政治部副主任。1986年10月任山东省聊城军分区政治委员。1988年3月任菏泽军分区政治委员、中共菏泽地委委员。1992年10月转业，任山东省民族事务委员会副主任。

李秋宏 1943年生，山东省莱芜市人。1961年参加中国人民解放军，1963年12月加入中国共产党。先在肥城县武警中队服役，后任泰安公安大队文书。1964年10月任泰安公安大队二中队排长，被授予少尉军衔。1966年任泰安公安大队干事。1970年9月调任山东省军区政治部组织处干事，1979年12月任组织处副处长。1982年1月入中国人民解放军南京政治学院学习。1983年7月毕业后任山东省军区组织处处长。1984年12月任菏泽军分区政治部主任。1988年授大校军衔。1990年1月任聊城军分区政委。

段璋银 1943年生，东明县沙窝乡渔庄人。1964年在济南军区工程兵楼德化肥厂劳动锻炼。1970年毕业于曲阜师范学院政治历史系，后分配到山东省交通邮政局工作，同年加入中国共产党。1973年任交通厅汽车运输总公司党的核心组成员。1975年任省交通运输处副处长。1980年任交通厅济南汽车运输公司副经理。1983年2月任省交通厅副厅长。1988年3月被选为省人大常委。曾任山东省高速公路建设检导小组副组长，对组织领导设计、建设济青、济德、聊东、济泰、泰莱、烟威、博莱、青东、潍莱、日竹等高速公路及济南黄河三桥、龙口港、威海港、岚山港等一大批交通基础设施建设项目做出了应有的贡献。

冠曰宇　1943年生，菏泽市牡丹区人。1961年参加中国人民解放军，1964年11月加入中国共产党。入伍后，曾在洛阳步校学习，后历任排长、区队长、副连长。1974年10月在济南军区军政干校学习，后留校任战术教员。1976年12月调入菏泽军分区，历任参谋、副科长、科长。1980年12月任曹县人武部部长。1983年6月任菏泽军分区参谋长。1985年任枣庄军分区参谋长。1988年授大校军衔。1990年调回菏泽军分区工作。1995年12月任菏泽军分区副司令员。1998年退休。

陈启民　1944年2月生，单县朱集镇西陈庄村人。中共党员。1958年后，先后就读于单县四中初中部、单县一中高中部。1964年考入南开大学生物系植物学专业。1969年毕业后留校任教。先后任南开大学生命科学院助教、讲师、副教授、教授、博士生导师。是中国遗传学会微生物遗传专业委员会委员、国家自然科学基金委员会评审专家及天津市科委、云南省科委自然科学基金评审专家。

孙建民　1944年3月生，山东省鱼台县人。1964年7月毕业于济宁农校农学专业，8月到山东省委党校学习。后任齐河县省委社教工作队队员。1965年7月任菏泽专署统计局干事。1966年8月—1972年11月先后任菏泽县薛楼公社社长、杜庄公社（乡）党委秘书，菏泽县委办公室干事。1972年12月任菏泽地区革命委员会群工组干事。1973年4月任共青团菏泽地区委员会常委、秘书。1976年8月任菏泽团地委副书记。1984年3月任曹县县委副书记。1986年3月任曹县县委书记。1989年6月任菏泽地区卫生局局长、党组书记。1994年5月任中共菏泽医专党委书记。1997年12月晋升为副研究员。系中共山东省第五次、第七次代表大会代表。

杨宪文　1944年3月出生，鄄城县闫什口镇人，大学学历，无党派人士。杨宪文1964年9月考入北京大学东方系印地语专业。1969年7月毕业后在解放军济南军区后勤部腊山农场接受再教育(劳动锻炼)，1971年分配到曹县师范学校任教，1972年调入曹县第三中学任政治教员。1984年2月任曹县人民政府副县长。1991年4月任政协曹县委员会副主席。1997年12月任菏泽地区行署副专员。2001年1月任政协菏泽市委员会副主席兼工商业联合会菏泽市总商会会长。2008年3月退休。

周书运　1944年6月生，祖籍菏泽市牡丹区岳程办事处，出生于曹县大集乡大集村。1965年10月加入中国共产党，大专文化。1964年8月在曹县工作，先后任大集农中教师、菏泽社教工作队队员、曹县县委办公室秘书、县广播站编辑、县革委政治部组织组干事、县革委政治部宣传（文化）组副组长、县文教局副局长（主持工作），城关公社党委书记、曹县人民政府副县长、县委常委、农工部部长、县委副书记等职。1989 年 3 月起，先后任单县县委副书记、县政协主席，县委副书记、县长，县委书记等职。1992 年 7 月，被山东省政府和省军区授予山东省国防教育先进工作者。1995 年 1 月，任菏泽地区农业委员会主任、党委书记。1997 年 12 月，任菏泽地区人大工委副主任、党组成员。2001 年 1 月，任菏泽市人大常委会副主任、党组成员。系山东省第六次党代会代表。

张仁敬 1944 年 8 月生，鄄城县董口镇营坊村人。西安交通大学毕业后，被分配到平阴县深井泵厂工作。1977 年 4 月任平阴县工业局副局长。1981 年 10 月任泰安地委副书记。1985 年 10 月任泰山区委书记。1990 年 1 月任泰安市委常委、市人民政府副市长。1992 年任济宁市委副书记。1996 年 1 月任山东省工商局局长兼党组书记。2004 年 1 月任山东省政治协商委员会常委。

张银宝 1944 年 10 月生，东明县城关镇毛营村人。中国人民解放军第二炮兵装备部副师级干部，大校军衔。1964 年参加中国人民解放军，1966 年 2 月加入中国共产党。1984 年考入西安第二炮兵工程学院机电工程系。毕业后于西安、云南、北京等地，曾多次参加新型武器装备试验、大型战备活动，历任班长、技师、排长、参谋、处长、驻国外专家组组长兼总工程师等职。致力于武器装备使用研究工作，多次立功受奖，科研成果多次获得全军科学技术进步奖。

庞业俊 1944 年 10 月生，山东省禹城市人。1970 年 8 月毕业于山东医学院医疗系（6 年制），分配到梁山县代庙医院工作，先后任外科住院医师、院长。1973 年 3 月加入中国共产党。1980 年 9 月任梁山县卫生局副局长、局长。1984 年 4 月任菏泽地区卫生局副局长、菏泽地区爱卫会办公室主任、地方病防治办公室主任，兼任中华预防医学会菏泽分会首届理事长、中华医学会菏泽分会副理事长。1995 年 10 月任中共菏泽医专党委副书记、副校长。1996 年 9 月任中共菏泽医专党委副书记、校长。1997 年 11 月晋升副研究员。2002 年 11 月晋升研究员。曾任菏泽市牡丹区第十四届、十五届人民代表大会代表。其主持的《专科层次医学人才培养模式及教学改革研究》获山东省省级教学成果二等奖，另一项获省级教学成果三等奖。

聂书江 女，1944 年 10 月生，河北省晋州市人。1968 年 12 月毕业于北京政法学院，先后在济南军区农药厂、夏津县公安机关军管组、夏津县人民法院工作。1976 年 3 月加入中国共产党。1978 年 10 月任梁山县人民检察院副检察长。1984 年 1 月任梁山县委副书记兼政法委书记。4 月任菏泽地委组织部副部长。1989 年 3 月任菏泽地委统战部部长。1995 年 11 月任政协菏泽地区工作委员会副主任、党组成员，菏泽地委统战部部长。2000 年 6 月任政协菏泽地区工委副主任、党组成员。2001 年 1 月任政协菏泽市委员会副主席、党组成员，兼任提案委员会主任。2003 年 2 月至 2005 年 1 月任政协菏泽市委员会副主席、党组副书记，兼提案委员会主任。系政协第七、八届山东省委员会委员。1992 年 4 月和 1995 年 4 月分别当选为菏泽地区海外联谊会会长。1993年12月受聘为菏泽地区各界知名人士联谊会会长。2005年2月离职。

郭仲生　1944年10月生，曹县人。1970年8月山东工学院毕业后，任菏泽地区建筑公司办事员，地区基本建设局政工科干事、科长。1981年9月任地区建设委员会副主任（其间于1982年9月—1983年7月在山东省委党校干训班学习）。1983年10月任菏泽地区建委副主任兼地区建筑公司党委书记。1984年1月任菏泽市委副书记、市长。1993年2月任菏泽地区计划委员会（简称计委）主任、党委书记。2000年8月任菏泽地区人大工委副主任、党组成员。2001年1月任菏泽市人大常委会副主任、党组成员。系省七次党代会代表，省九届人大代表。

邢来田　1944年生，曹县普连集镇邢庄村人。1963年考入青岛医学院。1966年1月加入中国共产党。1968年11月毕业分配到曹县倪集医院工作。1973年2月调任曹县公安局办公室副主任。1980年9月任曹县卫生局局长、党组书记。1983年2月任曹县人民政府副县长、党组成员。1984年2月任菏泽地区计划生育委员会副主任、党组成员。8月任菏泽医学专科学校党委书记。1986年晋升为副教授。1988年4月任山东省卫生厅副厅长、党组成员。1990年5月任青岛医学院院长，后改任党委书记，同时兼任青岛市科协副主席、青岛医学会副会长。1992年6月任山东中医学院党委书记。1997年12月起，先后任山东省医学科学院院长、党委书记，山东省人大常委会常委。

孙进珊　1944年生，山东省莱州市人。1961年参加中国人民解放军。1964年加入中国共产党。入伍后历任烟台专区北墅民警四中队警士、战士，山东省栖霞县公安队文书、司务长、助理员，山东省军区独立一师后勤部出纳、助理员、副科长。1979年12月任山东省军区独立师后勤部副部长。1982年1月任泰安军分区后勤部副部长，8月任部长。1984年12月任泰安军分区副司令员。1987年12月任聊城军分区副司令员。1991年8月任菏泽军分区司令员。大校军衔。1996年10月转业到地方工作。

张秀山　1944年生，江苏省沛县人。1961年8月参加中国人民解放军。1964年1月加入中国共产党。1961年8月—1964年12月历任战士、班长、排长。1964年12月—1966年10月任某部炮兵连排长。1966年10月—1977年1月任山东省军区某独立师参谋、作训股长、团参谋长。1977年1月—1982年6月任山东省军区独立师某团参谋长、副团长、团长。1982年6月—1983年6月任菏泽军分区副参谋长（其间，曾在南京陆军指挥学院学习）。1983年6月—1988年9月任菏泽军分区司令员。1988年被授予大校军衔。1988年9月—1994年10月任济南军区司令部动员部部长。1994年10月转业到地方工作，先后任山东省交通厅副厅长，山东省高速公路有限公司副董事长、总经理，山东省交通厅巡视员等职。

李明先　1945年1月生，山东省蓬莱市人。1964年8月考入西北工业大学直升机

设计与制造专业。1969年9月毕业留校待分配。1970年8月在云南长征机械厂工作。1974年调入菏泽油泵油嘴厂先后任技术员、车间主任。1982年7月加入中国共产党。1983年11月任菏泽油泵油嘴厂党委副书记。1984年3月任菏泽地区经济委员会副主任、党组成员。1985年11月任菏泽市委副书记、市长、党组书记。1988年9月任菏泽地区行署副专员、党组成员。1992年12月任菏泽地委副书记、行署专员、党组书记。1997年12月任菏泽地委书记兼菏泽军分区党委第一书记。2000年8月任菏泽地委书记兼山东省人民代表大会常务委员会菏泽地区工作委员会主任、党组书记，菏泽军分区党委第一书记。2000年11月任菏泽市委书记兼山东省人民代表大会常务委员会菏泽地区工作委员会主任、党组书记，菏泽军分区党委第一书记。2001年1月任中共菏泽市委书记兼菏泽市人民代表大会常务委员会主任、党组书记，菏泽军分区党委第一书记。2002年12月任山东省人民代表大会常务委员会党组成员。

张瑞亭 1945年1月生，单县张集镇程庄村人。山东中医大学哲学教研室主任、教授。山东哲学研究会理事。工作期间，潜心于中国古代哲学研究和哲学原理研究。作为副主编参与编写全国中医大学《中国古代哲学》课本。参与编著山东高等院校《哲学原理》。编著《领导方法学》《领导艺术学》，发表学术论文50余篇。曾在1997年9月《哲学研究》上与学界泰斗季羡林做学术商讨。潜心研究《周易》及道家学说，论文《周易价值观初探》获省级奖。《象数思维的正负效应对中医理论的影响》获国际周易学术委员会奖。在书法上独辟蹊径，把章草与今草融为一体，集鲜明个性与时代性于一体，多家书画报刊给予极高评价。其书法作品入选中国书画艺术委员会、中国文联艺术指导委员会学术交流中心举办的中国近现代书画展。

李耀珠 1945年3月生，成武县苟村集镇冯庄村人。1964年参加中国人民解放军，1965年1月加入中国共产党，历任排长、指导员、副团长、师参谋长、副师长，吉林省军区四平军分区副司令员。少将军衔。

刘云兰 女，1945年4月生，单县张集乡八大庄人。1970年7月于中国人民大学国民经济计划统计系毕业后分配至菏泽地区生资站，先后任工会副主席、团支部书记。1976年任财会计划科科长。1978年任菏泽地区妇联宣传部部长。1983年3月任副书记、党组成员，9月任主任、党组书记。1990年12月调任山东省妇联秘书长、办公室主任、党组成员。2003年1月任省供销社监事会主任、党组成员。

张成义 1945年6月生，郓城县郓城镇申厂人。中共党员。1968年9月参加工作。1963—1968年在吉林

大学化学系化学专业学习。1968—1979 年在桦南县陶瓷厂劳动锻炼，任化肥厂技术员，县工业科科员，化肥厂党委副书记、革委会副主任。1979—1982 年任桦南县委工交政治部干事，科委副主任，经委副主任、主任。1982—1984 年任桦南县副县长。1984—1985 年任桦南县委副书记、县长。1985 年 6—8 月任桦南县委书记。1985 年 8 月至 1986 年任双鸭山市委副书记。1986—1987 年任双鸭山市委副书记、副市长。1987 年至 1992 年 1 月任双鸭山市委副书记、市长。1992 年 1—9 月任伊春市委副书记、市长，林管局局长。1992 年 9 月至 1993 年任黑龙江省省长助理。1993—1994 年任黑龙江省省长助理、省政府党组成员。1994—1996 年任黑龙江省省长助理、省政府党组成员，省经贸委主任、党组书记。1996—2002 年任黑龙江省副省长、省政府党组成员。2002—2003 年任黑龙江省省委常委、副省长、省政府党组成员。2003 年 1 月起任黑龙江省省委常委、副省长、省政府党组副书记。2005 年当选黑龙江省省人大常委会副主任。

范福临　1945 年 8 月生，菏泽市牡丹区人。中共党员。中国人民大学法律专业毕业。1964 年 8 月—1968 年 7 月在中国人民大学学习法律专业。1968 年 7 月—1968 年 9 月毕业待分配。1968 年 9 月—1970 年 8 月在北京石油化工总厂锻炼（计算连续工龄）。1970 年 8 月—1971 年 12 月在武汉部队 158 农场锻炼。1971 年 12 月—1972 年 3 月在河南省开封市六中任教。1972 年 3 月—1976 年 3 月在菏泽地区公安处工作。1976 年 3 月—1982 年 5 月任菏泽地区公安处办公室副主任。1982 年 5 月—1984 年 2 月任菏泽地委政法委办公室副主任。1984 年 2 月—1984 年 4 月任菏泽地委政法委副书记。1984 年 4 月—1988 年 11 月任菏泽地委组织部副部长。1988 年 11 月—1992 年 12 月任菏泽地委组织部副部长兼老干部局局长。1992 年 12 月—1997 年 12 月任菏泽地委党校（行政学院）党委书记。1997 年 12 月—1998 年 6 月任菏泽地区人大工委副主任、地委党校党委书记。1998 年 6 月—2001 年 1 月任菏泽地区人大工委副主任。2001 年 1 月起任菏泽市人大常委会副主任、党组成员。

王永云　1945 年 9 月生，单县西关街人。高级经济师。1969 年 7 月毕业于兰州大学。1972 年初分配到陕西省电信局工作，历任陕西省邮电管理局科技工业处助理工程师，劳动工资处副处长。1995 年调入西安市邮政局工作，先后任党组副书记、书记，享受副厅级待遇。

吕厚泗　1945 年 9 月生，巨野县麒麟镇杨官屯村人。1965 年考入哈尔滨工业大学。1970 年 7 月分配到航天工业部贵州管理局 3001 厂工作，先后任政治部、组织部干事，宣传科长，党委副书记。1985 年 7 月任贵州航空工业集团公司党委常务副书记、纪委书记。连年被评为模范党员，优秀政工工作者。

王培文　1945 年 11 月生，单县浮岗镇门口王楼村人。1958 年加入中国共产主义青年团。1964 年高中毕业后

考入曲阜师范学院中文系。1969 年 3 月分配到大众日报社工作。1978 年 5 月加入中国共产党。1993 年评为高级编辑职称。在大众日报社工作期间，先后担任记者、编辑部主任、党委常委、纪委书记、副总编辑。2000 年 9 月任大众报业集团总经理。

杨洪立 1945 年 12 月生，成武县孙寺镇杨庄村人。1965 年 12 月参加中国人民解放军，1969 年 3 月加入中国共产党。1969 年 9 月任第 66 军政治部宣传干事。1972 年 8 月任北京军区政治部宣传部新闻科干事、军区党委秘书。1979 年 11 月任北京军区政治部秘书处秘书一科秘书、副科长。1985 年 3 月任北京军区政治部研究室副主任。1985 年 7 月—1988 年 8 月任北京军区政治部政工研究副师职研究员。1988 年 8 月任北京军区政治部宣传部部长。1990 年 9 月任北京军区政治部秘书长。1992 年 8 月任解放军报社副总编辑。1995 年 8 月任安徽省军区副政治委员。

黄献中 1945 年 12 月生，单县人。中共党员。1964 年入中国人民解放军军事工程学院（哈军工）导弹工程系六四级（哈军工 64561 班学员）学习。1995—1996 年 7 月任中国人民解放军陆军某集团军步兵师政治委员、师党委书记。1996 年 7 月—1998 年 6 月任中国人民解放军陆军某集团军副政治委员、集团军党委常委。1998 年 6 月—2000 年 8 月任中国人民解放军辽宁省军区副政治委员、省军区党委常委。2000 年 8 月—2003 年 1 月任中国人民解放军国防科学技术大学政治部主任、国防科学技术大学党委常委。2003 年 1 月—2005 年 12 月任中国人民解放军国防科学技术大学政治委员、国防科学技术大学党委书记。2005 年 12 月任中国人民解放军沈阳军区政治委员、沈阳军区党委书记。2004 年 7 月晋升为中将军衔。

潘建荣 1945 年 12 月出生，定陶县半堤乡潘楼村人，中共党员，大学学历。

1963 年 8 月参军，1968 年退伍。先后在定陶县广播站、梁山轴承厂、菏泽地区直属机关武装部当工人、宣传干事、武装干事、武装部长。1981 年 10 月起先后任菏泽地区职工教育办公室科级秘书、业务科长、副主任、菏泽地委驻巨野工作大队队长。其间，考入菏泽师专中文系学习 2 年。1990 年 6 月任单县人民政府副县长。1993 年 2 月起先后任菏泽地区计生委副主任、党组副书记，主任、党组书记。2001 年 1 月任菏泽市政协副主席兼人口资源环境委员会主任。2003 年 2 月任菏泽市人大常委会副主任、党组成员。2005 年 6 月出任菏泽历史文化与中华古代文明研究会会长。

任单县副县长时，单县计生工作的改善、教学质量和学校危房改造取得成效、初级卫生保健受到省政府表彰等，都发挥了积极作用。任地区计生委主任后，全区计划生育工作由后进地区步入省先进行列。1994 年、1995 年菏泽地区计生委立集体大功 2 次，1996 年被评为双文明单位，1999 年被评为依法行政先进单位，2000 年被评为行风万人评前 3 名。1988 年被评为山东省职工教育先进个人，1992 年被评为山东省卫生工作先进工作者，1995年被评为山东省劳动模范。主编了《人口理论基础知识》《人口婚育家庭》《计生儿歌大家唱》等书，注重人口理论方面的研究，先后发表论文40余篇，其中《重视儿童人口教育》一文被《中国人口报》头版头条登载，被评为山东社科成果一等奖。另编著了《菏泽历史文化与中华古代文明研究》《二十五史所见菏泽人物考》等多种地方文化书藉。

王海运　1945年生，巨野县田庄镇黄庄人。1964年在山东大学外国语言文学系俄罗斯语言文学专业学习，任系学生会主席。1970年8月毕业后在解放军4598部队锻炼。1971年在北京外国语学院进修。1973年3月在解放军总参谋部工作，先后任参谋、组长。1980—1982年在解放军军事学院（现国防大学）军事理论研究班学习。1990年起，任驻苏联（现俄罗斯）大使馆陆军武官。1999年7月晋升为少将军衔。是80年代国外军事理论研究领域学科带头人，曾主持和参加多次大型学术会议，到全军各大军区、集团军授课。20世纪90年代，活跃在国际战略研究领域，是中国国际战略学会研究员、理事，中国东欧中亚学会国际关系研究中心主任。曾立三等功2次，发表论文上百篇，译著数百万字。

冯　涛　1945年生，原名冯勋景，巨野县麒麟镇后冯桥村人。1964年考入上海交通大学金属材料专业，毕业后入伍。在部队历任机械师、指导员、军事代表、副总军事代表、沈阳军区空军工程部副主任、总军事代表等职。1994年被授予空军大校军衔，1998年晋升技术五级（副军级待遇）。

刘清真　1945年生，巨野县章缝镇豆刘庄村人。1958年在巨野县邮电局工作。1961年8月参加中国人民解放军，在空军诸城场站警卫连、通信连任战士。1966年3月起历任空军诸城场站通信队电台台长，空军新泰场站通信队电台台长，空军高密场站第一分队分队长、政治处宣传干事，济南军区空军政治部组织部干事，济南空军机务训练团主任、副政委，济南空军后勤干部训练团副政委，济南空军四站厂政委。1987年12月转业，任山东省政府机关印刷所党支部书记。1988年12月起历任山东省政府办公厅秘书二处副处长、行政处处长。1993年6月任山东省政府办公厅副厅级秘书。1994年12月任山东省海洋与水产厅副厅长。1988年获省政府办公厅记大功1次。1990年省政府办公厅记功1次，同年被评为省政府机关优秀党务工作者。

李春光　1945年生，鄄城县左营乡人。1969年北京第二外国语学院毕业后，带薪留校进修近四年，历任友谊公司翻译、中国木偶艺术团政工组长、中国食品工业协会办公室负责人、劳动人事部外事局处长。1977年后，历任劳动部外事司办公室主任、副司长兼国际劳工研究所副所长，中国劳动科学研究院副院长兼国际劳动研究所所长，中国劳动保障科学研究院副院长兼党委书记、研究员。主持完成《加入WTO对我国就业的影响与对策》《全球经济一体化对我国就业的影响》等近10项国家和部级课题的研究，主编《医疗保险管理全书》《联合国及其专门机构概况》。著有《中国名家用人之道》《外国名家用人之道》《海外著名企业家成功之道》《中外100名人贤内助》《中外100名人晚年生活》《中外100名人家庭教育》《中外100名人养生之道》，以及《中国历史上的贪官》《中国历史上的廉吏》《马文瑞传·在劳动部长任上》等。发表各类文章约500万字，在劳动保障领域和文学界均享有一定声誉。

程源明 1945年生，成武县人。1969年9月参加中国人民解放军，1971年加入中国共产党。入伍后，历任炮八师排长，炮8师11团政治处干事，师政治部干事、副科长、科长、政治部主任。1990—1994年任菏泽军分区政治部主任。1991年授大校军衔。1994年11月转业到山东省建筑工程管理局任副局长。曾立三等功1次。

董昭合 1945年生，山东省荣成市人。中共党员。1968年12月在山东省平原县仇庄公社冠坊村下乡锻炼。1970年2月—1980年6月在平原县张华公社先后任技术员、党委副书记。1980年7月任德州地区科学技术委员会副主任。1983年10月任德州地委委员，先后兼任德州地区科学技术委员会副主任、德州地委农工部部长。1988年9月任德州地区行署副专员、党组成员。1990年6月任山东省农业委员会副主任、党组副书记。1993年5月任山东省政府副秘书长、办公厅党组副书记。1995年6月任菏泽地委书记兼菏泽军分区党委第一书记。1997年2月任山东省科学技术委员会主任、党组书记。

潘兴玺 1945年出生，巨野县田桥乡郓官屯人。1964年8月考入解放军空军工程学院五系土建专业学习。1968年8月毕业分配在空军工程兵五团工作，先后任技术员、工程师。1970年4月加入共产党。1978年10月起先后任巨野县基建局科长、县建委副主任、副县长。1984年1月起先后任菏泽市委副书记、市长，菏泽市委书记；菏泽地委委员、地委宣传部部长。1992年12月任菏泽地区行署副专员。2001年1月任菏泽市人大常委会党组副书记、副主任。

文廷良 1946年3月出生，菏泽市牡丹区沙土镇文楼村人，中共党员，大学学历。1970年8月于山东工学院第一机械系毕业后，分配到菏泽县自行车零件厂工作，先后任技术员、生产技术股长、厂团支部副书记，厂党支部副书记、厂长，厂党支部书记、厂长。其间，带领全厂干部职工艰苦创业，大胆启用科技人才，积极开发新产品，使一个年产值仅11万元的小型工业合作社发展为年产值300万元、上交利税40多万元的工业企业，被省政府命名为菏泽地区第一批大庆式企业。1980年6月《大众日报》头版以《大学生当了书记之后》为题，报导了他的先进事迹。1980年10月调任菏泽县经委副主任、党组成员。1983年1月任菏泽县副县长、县政府党组成员。1984年1月任菏泽市（县级）委常委、副市长、政府党组副书记。1985年底调任菏泽地区经委副主任、党组成员，参与组织了全区工业企业第一轮经营承包责任制和厂长负责制的推行工作。1989年8月调任中共梁山县委书记。1989年底调任定陶县委书记，其间，在调整农业结构、发展“两高一优”农业、推广规模养殖、黄淮海开发、农田林网建设和农田水利建设、龙头企业和骨干项目的建设、城镇基础设施建设、科技教育建设等，发挥积极作用。1996年，被国家科技授予“全国科技兴县先进工作者”称号。1997年6月调任菏泽地区人事局长兼编办主任，1997年12月任政协菏泽地区工委副主任兼地区人事局长，编办主任，2001年1月任菏泽市人大常委会副主任、党组成员，2008年退休。

李建国　1946年4月生，鄄城县人。1970年山东大学中文系毕业，先后在天津市宁河县文教局、中共天津市宁河县委宣传部、天津市农委宣传处、中共天津市委办公厅工作。1971年6月加入中国共产党。1981年4月起，历任中共天津市委办公厅办公室副主任，天津市委办公厅副主任、主任，天津市委副秘书长兼办公厅主任、市委秘书长。1991年9月任中共天津市委常委、秘书长，中共天津市和平区委书记。1992年8月—1997年8月任中共天津市委副书记。1997年8月任中共陕西省委书记、常委。1998年1月当选为陕西省人大常委会主任。1998年5月在中共陕西省第九届委员会第一次全体会议上当选为常委、省委书记。2002年5月在中共陕西省委十届一次会议上再次当选中共陕西省委书记。2003年1月再次当选为陕西省人大常委会主任。

林廷生　1946年6月生，山东省招远市人。1968年参加工作，先后任招远县永胜联营金矿副矿长，招远市灵山公社机修厂会计。1970年12月加入中国共产党。1973年起，先后任招远市罗山公社党委组织干事、党委副书记，招远县大秦家公社党委书记，烟台地区农业办公室副主任。1976年任山东省储备物资管理局副局长、党组副书记。1982年任共青团山东省委书记。1987年任山东省委农村工作部副部长，省农业委员会副主任、党组副书记。1990年5月任山东省水利厅厅长、党组书记。1992年12月任菏泽地委书记兼菏泽军分区党委第一书记。1995年6月任山东省人民政府秘书长、省政府党组成员、省政府办公厅党组书记。

李德章　1946年8月生，郓城县潘渡镇高庄村人。中共党员。省委党校培训班毕业。1971年12月—1973年3月任郓城团县委干事。1973年3月—1975年7月任郓城团县委副书记。1975年7月—1976年5月任郓城团县委书记。1976年5月—1977年12月任郓城县委副书记。1977年12月—1980年10月任郓城县委副书记兼黄堆集公社党委书记。1980年10月—1986年7月任郓城县委副书记（其间，1983年10月—1986年7月在省委党校培训班学习）。1986年7月—1989年7月任菏泽地区公路段党委书记。1989年7月—1992年12月任巨野县委副书记、县长。1992年12月—1995年11月任巨野县委书记。1995年11月—2001年1月任菏泽地区行署副专员。2001年1月—2003年2月任菏泽市副市长、党组成员。2003年2任政协菏泽市委员会副主席、党组成员。2005 年 2 月任政协菏泽市委员会副主席、党组副书记。2005 年 2 月任菏泽市政协副主席、党组副书记。

常　平　1946 年 9 月生，曾用名常来俊，单县终兴镇北常集村人。1969 年毕业于北京第二外国语学院英语系。1970—1978 年在空军第六研究所工作。1978—1983 年任航天工业部空气动力研究所助理员、工程师。1984—1986 年任航天部外事司副处长、部长秘书。1986—1988 年历任国家科学技术委员会办公厅处长、副主任、主任，办公厅主任兼调研室主任，国家科委副秘书长兼办公厅主任。

向　民　1946 年生，重庆市人。大校军衔。1965 年 8 月参加中国人民解放军。1966 年 2 月加入中国共产党。1965 年 8 月在空军技术学校学习。1968 年 8 月—1969 年 9 月任空军某部连队技师、副指导员。1969 年 11 月—1977 年 8 月任连指导员、机关干事、秘书。1977 年至 1985 年 10 月任青岛警备区教导员、团政治处副主任、司令部直工处副处长、守备团政委。1989 年 2 月—1994 年 2 月任山东省威海军分区政治部主任、副政委。1996 年 7 月任菏泽军分区政委、菏泽地委委员。

李刚华　1946 年生，山东省梁山县人。大校军衔。1965 年 12 月参加中国人民解放军。1967 年 6 月加入中国共产党。1969 年 9 月—1978 年 3 月任北京军区某部排长、副指导员、团干部股股长。1980 年 3 月入石家庄陆军学校学习。1981 年 7 月—1984 年 10 月任团政治处副主任、师政治部干部科副科长、团政委。1990 年 10 月在国防大学基本系学习。1991 年 8 月任郑州信息工程学院计算机工程系政委。1994 年 3 月任菏泽军分区副政委。1998 年任济宁军分区副政委。

张建启　1946 年生，曹县楼庄乡安乐村人。中共党员。中将军衔。1964 考入哈尔滨军事工程学院核物理系。1970 年分配到酒泉卫星发射基地，后赴西昌卫星发射中心工作，历任技术员、参谋、科长，团站参谋长、站长，中心副参谋长、参谋长，国防科工委作试部部长、航天员选拔领导小组办公室副主任。1997 年任酒泉卫星发射中心副主任、基地副司令员。2001 年任酒泉卫星发射中心主任、基地司令员。1999 年 11 月—2003 年 10 月，成功地组织指挥“神舟一号”至“神舟五号”飞船发射，先后立三等功 2 次，获得“中国载人航天工程突出贡献奖”。2004 年 7 月任总装备部副部长。

林长凯　1946 年生，四川省江津县人。大校军衔。1964 年 8 月参加中国人民解放军，1966 年加入中国共产党。历任班长、师政治部干事、副科长。1982 年 11 月—1983 年 5 月先后任武汉军区政治部任免处副处长、处长。1985 年 5 月任某师政治部主任。1990 年 6 月任副政委兼纪委书记。1990 年 9 月入国防大学学习。1992 年 10 月任菏泽军分区政委、菏泽地委委员。

林荣昌　1946 年生，山东省文登市人。大校军衔。1965 年 12 月参加中国人民解放军，1967 年 10 月加入中国共产党。历任排长、技师。1983 年 5 月—1984 年 8 月任要塞区运输处副处长、处长。1985 年 11

月任山东省军区后勤部运输油料处处长。1990年2月任菏泽军分区副司令员。2000年3月离职。

薛福文　1946年生，曹县王集乡刘菜园村人。1963年12月参加中国人民解放军，1964年9月加入中国共产党。在沈阳军区历任战士、卫生员、卫生班长、上士、文书、仓库主任、战勤参谋。1971年3月任师后勤部军需助理，后任某团后勤处副处长、处长。1978年2月入中国人民解放军后勤学院指挥系学习。1979年9月任中国人民解放军军事学院教员。1984年3月任广州军区某师后勤部部长。1985年2月任军事学院军需部副部长，1986年3月调中国人民国防大学，先后任军需部副部长、部长。

王祖和　1947年1月生，山东省临朐县人。1969年参加工作，1973年加入中国共产党。历任苍山县化肥厂团总支书记，苍山县委秘书、县经委副主任、主任，县委常委、企业工作部部长，临沭县委常委、组织部部长，县委副书记、书记，菏泽地委委员、组织部部长，菏泽市委副书记兼市纪律检查委员会书记。2003年1月任菏泽市人大常委会第一副主任、党组副书记。中共山东省第五、六、七、八次党代会代表，省十届人大代表，省纪委委员。任菏泽地委委员、组织部部长期间，推行干部离任审计制度，受到中央和省委表彰，并向全国推广。在人大工作期间，建立、完善9项人大工作制度和15项规章制度，开展了代表评议和述职评议。

石世印　1947年2月生，鄄城县临濮镇大石庄人。1968年毕业于山东经济学院工业经济系，1969年在济南军区锻炼。1970年分配到中国人民解放军后勤部湖南岳阳化工局从事宣传工作，同年8月调入总后勤部政治部《后勤通信》杂志社任编辑，并办理参军手续。1977年10月调入国务院国防工业办公室任首长专职秘书。1982年8月起，先后担任国防科工委办公厅秘书局秘书处秘书、副处长、处长等职务。1986年后，先后担任国防科工委办公厅政策法规研究室副师职研究员、副主任、主任。1998年任总装备部综合计划部装备工作研究室主任。2001年任总装备部司令部参谋长。2002年授少将军衔。2004年任总装备部科学技术委员会正军职常务委员。发表论文100余篇，多项重要科学研究获全军科研成果一等奖、二等奖和三等奖。

朱献瑞　1947年2月生，成武县白浮图镇朱楼村人。中共党员。1964年9月—1968年12月在山东农学院农学专业学习。1968年12月—1970年6月在菏泽县都司公社劳动锻炼。1970年6月—1973年4月任菏泽县拖拉机站办公室秘书。1973年4月—1974年12月任菏泽县革委生产指挥部办公室干事。1974年12月—1976年8月任成武县城关公社党委干事、秘书。1976年8月—1978年8月任成武县城关公社党委常委、秘书。1978年8月—1981年9月任成武县城关公社党委副书记。1981年9月—1983年4月任成武县政府办公室主任。1983年4月—1983年9月任成武县副县长、县政府办公室主任。1983年9

月—1984年1月任成武县委常委、副县长。1984年1月—1988年1月任曹县县委副书记、县长。1988年1月—1988年9月任巨野县委副书记。1988年9月—1989年7月任巨野县委书记、县武装部党委书记。1989年7月—1993年2月任菏泽地委副秘书长、办公室主任。1993年2月—2001年1月任省人民检察院菏泽分院检察长、党组书记。2001年1月—2002年12月任菏泽市检察院检察长、党组书记。2002年12月—2003年2月任菏泽市人大常委会副主任。2003年2月任菏泽市人大常委会副主任、党组成员。

刘逢光　1947年2月生，单县徐寨镇刘堂村人。单县一中毕业后于1967年参加工作。1968年入伍，同年12月加入中国共产党。1970年5月任某部团政治处宣传干事。1973年3月任师政治部宣传科文化干事。1979年9月转业至山东省教育学院组织处。1980年10月调至山东省教育厅人事处，后入师范教育处。1988年11月任教育厅电教处副处长。1988年12月调任山东省计生委办公室副主任。1992年5月任计生委规划统计处处长。2000年9月任山东省计生委助理巡视员。服兵役期间，多次参加68军文艺会演，创作相声《训烈马》被《新华日报》刊载。在省教育厅工作期间，先后在全国和省级报刊、电台发表新闻稿件20余篇。在计生委办公室工作期间，曾多次参与起草省领导的讲话材料，并在省级以上报刊发表文章40余篇，其中《山东省全面实行人口目标管理》在《人民日报》头版发表。《山东把人口问题作为经济和社会发展战略研究课题》获全国计生信息优秀奖。曾被多次评为先进工作者，被省人事厅、省计生委记二等功一次。

时　红　女，1947年2月生，曾用名时艳菊，单县时楼镇时家庙村人。1965年7月于单县一中毕业后，被外交部选拔到北京民族学院出国留学生集训班。后应驻外使馆要求留在北京语言学院留学生预备部英文班学习。1969年7月本科毕业后被外交部作为储备外语干部选调到唐山解放军农场劳动锻炼一年。锻炼期间被评为先进工作者。1970年7月调回北京外国语学院进修英文。1973年3月毕业分配到邮电部电信传输研究所情报室，任团支部书记。1975年调入邮电部邮电科学研究院对外技术联络处，负责组织参加国际电信联盟和国际邮政联盟的会议。1987年4月调入中国驻瑞典大使馆，任二等秘书。1991年6月起，先后在奥地利驻华大使馆商务处和美国驻华大使馆新闻处任专员、高级专员。1996年11月任中国驻瑞典大使馆一等秘书。2000年8月后在拉脱维亚驻华大使馆工作，任大使秘书、高级专员。

张守富　1947年3月生，单县郭村镇老乙楼人。中共党员。山东大学中国近代史研究生班毕业。1964年12月参军，在济南军区先后任排长、干事。1978年9月任山东省计量局秘书。1982年9月入山东师范大学学习。1984年9月后任山东省纺织检验所副所长、东营区副区长、省计量科研所党委书记、省计量局机关党委正处级干部。1990 年 9 月任省政府办公厅行管学会研究室主任、办公室主任。1992 年 2 月任山东省地方史志办公室主任。1999 年 9 月任山东省人民政府驻上海办事处主任兼上海齐鲁实业总公司总经理。

李进喜 1947 年 10 月生，东明县陆圈镇五霸岗村人。中共党员，大专学历。1965 年参加中国人民解放军，历任总参通信部通信总站战士、分队长、指导员、副营职、正营职、副团职、团政委。1990 年 9 月转业到国务院侨务办公室，任正处级监察员。1993 年 7 月任国务院侨办副监察专员。1995 年 7 月任中央纪委派驻国务院侨办纪检组组长、监察部派驻侨办监察局局长。1998 年 8 月，任国务院侨办行政司司长兼机关服务局局长。

张建华 1947 年 10 月出生，单县人，大学学历，民革成员。

于 1975 年 2 月参加工作，任单县大张庄小学教师。1979 年 4 月到菏泽教育学院学习，毕业后任单县蔡堂中学教师。1984 年 7 月任菏泽教育学院物理系教师（其间，在曲阜师范大学物理专业函授学习）。1988 年 6 月起任菏泽教育学院物理系讲师、副教授。1997 年 12 月任菏泽市（县级）政协副主席、教育学院副教授、教授。2000 年 1 月任菏泽市（县级）政协副主席、民革菏泽地区筹委会主委、教育学院教授。2001 年 1 月任菏泽市政协副主席。

郑其绪 1947 年生，单县时楼镇郑新庄人。中共党员。1966 年入单县时楼王坑中学任教，后任副校长。1978 年入华东石油大学数学专业深造。1982 年 1 月毕业后留校从事管理工作，先后任华东石油大学团总支书记，系党总支副书记、书记，校组织部副部长、部长，校党委副书记、纪委书记、党委书记、工会主席、教授。主要社会兼职有：中国石油天然气集团公司特邀研究员、中国石油天然气集团公司思想政治工作研究会副会长、全国人才研究会常务理事、《中国人力资源开发》杂志理事会常务理事等职务。

韩广洁 1948 年 4 月生，郓城县人。中共党员。大专学历，研究员。1965 年 12 月担任郓城县供销社会计。1966 年 4 月任郓城县什集供销社会计、革委会委员。1971 年 8 月任郓城县什集公社党委委员。1972 年 3 月任郓城县委宣传部干事。1978 年 11 月任郓城县委落实政策办公室副主任。1979 年 7 月任郓城县左营公社党委副书记。1981 年 9 月曲阜师范学院干部专修科中文专业学员。1983 年 7 月任郓城县凤凰公社党委书记。1984 年 1 月任郓城县委副书记。1985 年 10 月任菏泽师专党委副书记。1989 年 7 月任巨野县委书记。1993 年 1 月任菏泽地区行署党组成员、秘书长。1997 年 12 月任菏泽地委委员、宣传部部长。2000 年 11 月任菏泽市委常委、宣传部部长。2004 年 9 月任菏泽学院党委书记。

宋玉友 1948 年 9 月生，巨野县大义镇宋楼村人。大专文化。大校军衔。2005 年任中国人民解放军江苏省军区副参谋长。1969 年 2 月参加中国人民解放军，12 月加入中国共产党。1982 年 1 月毕业于中国人民解放军南京陆军指挥学校。入伍后历任班长、参谋、股长、团参谋长，省军区教导大队训练处处长、大队长，团长，连云港警备区参谋长、司令员。曾任党支部书记，团党委常委、副书记，警备区党委常委、副书记，连云港市委常委，省军区党委委员、省军区司令部党委副书记。潜心研究军事理论，先后发表各类文章40余篇，获一等奖3次、二等奖8次、三等奖10次。10余篇论文被评为优秀论文。10余篇文章收录在《中国军事文库》《中国当代社会研究文库》等书刊。

孔令昌　1948年10月生，定陶县仿山乡孔庄村人。中共党员。1966年11月—1968年6月任定陶县黄店公社团委干事。1968年6月—1972年6月任定陶县化工厂办公室干事。1972年6月—1973年3月任定陶县革命委员会政工部群工组干事。1973年3月—1976年7月任定陶县团县委常委。1976年7月—1978年7月任定陶县南王店公社党委副书记。1978年7月—1979年5月任定陶县南王店公社党委书记。1979年5月—1980年6月任定陶县万福公社党委副书记。1980年6月—1981年1月任定陶县张湾公社党委副书记、革委会主任。1981年1月—1983年9月任定陶县张湾公社党委副书记、管委主任（其间于1981年9月—1983年7月在山东师范大学干修科中文系学习）。1983年9月—1984年1月任定陶县姑庵公社党委书记。1984年1月—1984年12月任定陶县陈集镇党委书记。1984年12月—1987年1月任东明县委副书记。1987年1月—1988年9月任东明县委副书记、县长。1988年9月—1990年2月任东明县委书记。1990年2月—1993年1月任东明县委书记兼县人大常委会主任。1993年1月—1997年12月任菏泽地区行署副专员、党组成员。1997年12月—2000年11月任菏泽地委副书记。2000年11月—2003年2月任菏泽市委副书记。2003年2月任政协菏泽市委员会主席、党组书记。系七届省人大代表，九届省政协委员，省九次党代会代表。

李育才　1948年12月生，单县徐寨镇徐楼村人。中共中央党校在职研究生班毕业。1966年3月加入中国共产党，1973年8月于菏泽地区农业专科学院毕业后参加工作，历任单县徐寨公社徐楼大队大队长、单县计划委员会办事员、单县人事局副局长、单县李半庄公社党委副书记、管委主任、党委书记，单县县委常委。1984年1月任成武县委副书记、县长。1985年12月任成武县委书记。1988年1月任山东省林业厅副厅长、党组成员。1990年4月任林业厅厅长、党组书记。1993年6月调任林业部综合计划司司长。1993年12月任林业部党组成员、综合计划司司长。1995年4月任林业部副部长、党组成员。1998年3月任国家林业局党组副书记、副局长。

孟祥伦　1948年12月生，郓城县丁里长镇孟庄村。中共党员。菏泽教育学院地理专业函授毕业。1971年12月—1973年8月为郓城县工作队队员。1973年8月—1975年8月任郓城县城关公社团委干事。

1975年8月—1979年3月任郓城团县委副书记。1979年3月—1984年4月任郓城团县委书记。1984年4月—1986年3月任郓城县委组织部副部长。1986年3月—1988年11月任郓城县委常委、组织部部长（其间于1983年10月—1986年12月在菏泽教育学院地理专业函授学习）。1988年11月—1989年12月任郓城县委副书记。1989年12月—1993年6月任菏泽师专党委副书记。1993年6月—1997年12月任菏泽地委组织部副部长。1997年12月—2000年5月任菏泽地委组织部副部长兼组织员办公室主任。2000年5月—2001年1月任菏泽地委统战部部长。2001年1月任政协菏泽市委员会副主席、党组成员，中共菏泽市委统战部部长。2005年12月任菏泽市政协副主席、党组成员。系省九届政协委员。

刘成卜　1948年生，单县黄岗镇蒋堤口人。1966年入菏泽一中高中学习，1968年毕业。1974年入山东师范学院学习。1976年毕业后分配至山东大学化学系从事教学工作。1980年考取山大化学系物理化学专业研究生，并先后于1982年和1986年获硕士、博士学位。1987年8月—1989年8月在吉林大学理论化学研究所做博士后研究工作，是国家级拔尖人才。1990年起，先后任山东大学化学院副教授、教授、硕士研究生导师、博士研究生导师。参加工作期间，致力于量子、化学方面的理论研究，曾承担国家级系列科研项目，其科研成果《具有准自旋——辛群对称性的N电子波函数的建造和分类》《二价约化密度短阵性质研究及约化密谋矩阵端点研究》作为系列科研工作的主要部分，分别于1986年和1990年获得国家教委科技进步二等奖。先后主持和参与了四项国家自然科学基金重大、重点及一般性科研项目。1991年被国务院学位委员会授予“做出突出贡献的中国博士学位获得者”称号。

吴庆林　1948年生，郓城县人。现任北京鑫利华镁粉研究所所长，北京鑫密镁粉自动化设备研究所所长，加拿大鑫利华轻金属研究开发中心主任，北京上地鑫利华科技发展中心主任，北京中加鑫利华有色金属加工厂厂长兼总工程师。由其发明的高科技产品镁合金AZ91D屑、粒属国内首创，国际独有，填补了中国此行业的一项空白。研制发明的全自动高速涡流镁粉机，能生产出精细度高达325目的球形镁粉，被广泛用于军工、航天、冶金、制药、化工等高科技领域，产品出口几十个国家和地区，使中国由一个精细镁粉进口国一举变成出口大国。他被国内外同行赞誉为“镁粉大王”。1996年在第八届中国新技术、新产品博览会上，他研制发明的高速涡流镁粉机被国家科委授予金奖。同年，在美国爱迪生国际发明博览会上，获“精细镁粉”“精细镁铝合金粉”国际最高金奖，并被澳门爱迪生发明中心授予“对人类特别贡献”勋章。1998年11月，在比利时第47届“布鲁塞尔尤里卡”新技术研究与发明世界博览会上，他研制发明的镁粉深加工工艺和全自动高速涡流镁粉机又获两项金奖，并独获本届博览会“发明家”大奖。同时，被比利时王国政府授予“骑士”勋章，并被该国政府公共事业部部长授予特别奖。俄罗斯代表团授予他特别奖。罗马尼亚研究技术部以及该国发明协会授予他金牌和发明奖章。

陈孝金 1948年生，山东肥城市人。1965年8月参加中国人民解放军，1967年8月加入中国共产党。历任通信大队学员、连报务员、电台台长、宣传科干事、副科长、团政治处主任、师政治部副主任、团政委、师政治部主任、青岛警备区副政委。1982年9月—1983年7月在南京政治学院学习。2000年8月任菏泽军分区政委、地委委员。立三等功1次。1992年9月授大校军衔。

黄义昌 1948年生，单县莱河镇人。1964年12月参加中国人民解放军。在军委通信兵某团任战士。后历任文书、无线电台台长、连队政治指导员。1977年7月调入通信兵部政治部干部部工作，1979年9月调任总参谋部办公厅秘书处副师级副处长。工作期间多次受到表彰，荣立军功。

郭绪福 回族，1949年3月生，定陶县陈集镇中沙海村人。中共党员。中共十五大代表，第十五届全国人民代表大会代表。历任中沙海大队团支部书记，大队革委会副主任。1976年10月被县委派任驻万福公社整党工作组组长，同年12月任县委驻马集公社工作组组长。1979年任中沙海大队副大队长。1984年1月任中沙海村党支部副书记。1990年3月任中沙海村党支部书记、中沙海裘革制品总厂经理。1994年11月任陈集镇党委副书记、中沙海村党支部书记、山东福鹏裘革集团有限公司总经理。1994年被山东省人事厅、山东省教育委员会授予“尊师重教先进个人”称号。1993年10月被国家民委授予“全国少数民族优秀厂长（经理）”称号。1994年10月被国务院授予“全国民族团结进步模范”称号。1995年被评为“全国劳动模范”，连续两次参加国庆观礼活动，受到中共中央总书记、国家主席江泽民等领导人的亲切接见。

于福存 1949年5月生，曹县人。中共党员。1982年毕业于山东大学历史专业后在菏泽师专历史系任教。研究员，山东省党史研究会理事，香港国际教育交流中心高级会员。1982年7月—1988年6月任菏泽师专政史系教研室主任。1988年7月—1997年4月任历史系党支部副书记、书记。1997年5月—1998年7月任菏泽师专党委委员、宣传部部长。1998年8月—2001年6月任菏泽师专党委委员、党委（校长）办公室主任。2001年7月—2004年9月任菏泽师专党委委员、副校长。2004年9月任菏泽学院党委委员、副院长。

常洪珍 1949年8月生，郓城县人。中共党员。菏泽师专政治专业函授毕业。1968年12月—1970年6月先后在郓城县李集公社小学任教。1969年6月—1970年6月在郓城县李集联中任教。1970年6月—1971年4月郓城县刘集联中负责人。1971年4月—1972年6月在郓城县李集公社党委工作。1972年6月—1972年7月在郓城县李集公社教育组帮助工作。1972年7月—1975年5月为郓城县李集联中负责人。1975 年 5 月—1975 年 9 月在郓城县教委帮助工作。1975 年 9 月—1979 年 5 月任郓城县委办公室干事。1979 年 5 月—1980 年 8 月在山东省委党校马克思主义理论班学习。1980 年 8 月—1980 年 11 月任郓城县委宣传部干事。1980 年 11 月—1984 年 6 月任菏泽地委组织部干事。1984 年 6 月—1984 年 11 月任菏泽地委组织部科级干事。1984 年 11 月—1988 年 12 月任菏泽地委组织部组织科副科长、科长（1983 年 10 月—1986 年 11 月在菏泽师专政治专业函授学习）。1988 年 12 月—1991 年 3 月任菏泽地委副县级组织员、组织员办公室主任。1991 年 3 月—1994 年 6 月任曹县县委副书记。1994 年 6 月—1995 年 3 月任曹县县委副书记、代县长。1995 年 3 月—1997 年 12 月任曹县县委副书记、县长。1997 年 12 月—2001 年 1 月任巨野县委书记。2001 年 1 月任菏泽市人大常委会副主任、党组成员。

黄启今　女，1949 年 11 月生，单县龙王庙乡黄新寨人。1968 年高中毕业后，在黄顺堤联中任民办教师。1971 年入山东医学院就读。1974 年 8 月毕业后分配到单县中医院内科工作。1979 年 6 月调至山东中医院大学任临床教师。授课之余在省中医大附院履行医生职责，进行医疗、科研、带教等工作。2005 年山东省中医药大学教授、中医内科教研室主任、硕士生导师、附院肾内科副主任，从事中医内科的课堂教学、临床医疗和临床教学等工作。兼任华东地区中医肾病学会副主任委员、山东省中医肾病学会委员。主编《中医证病名人辞典》，参编著述 4 部，发表学术论文 10 余篇。其科研成果“外感发热（表热症）的临床研究”获 1994 年山东省医学科技进步三等奖（任课题组长）；“清开灵注射液治疗急性出血性中风病的临床研究”获 1993 年山东省教委科技进步应用成果二等奖（为课题组第三名）。

魏昌启　1949 年 12 月生，巨野县独山镇魏集村人。1971 年在巨野县城关人民公社工作，同年 4 月加入中国共产党。历任城关公社团委干事、副书记。1975 年任夏官屯公社团委书记。1978 年始先后任太平公社党委秘书、组织委员。1980 年 5 月任中共太平公社党委副书记、公社管理委员会主任。其间曾入山东农业大学学习。1982 年 8 月任田桥公社党委副书记。1983 年 4 月任田桥乡党委书记。1984 年起历任中共梁山县委副书记、梁山县人民政府县长、县委书记。1989 年 8 月调任中共郓城县委书记。1994 年 8 月入中央党校学习。1995 年调山东省农业管理干部学院工作，任副院长，2001 年 7 月任党委副书记。

马心俭　1949 年生，郓城县人。1969 年参加中国人民解放军，1970 年 9 月加入中国共产党。先后在济南军区某守备师服役，历任战士、排长、副连长、连长。1978 年 11 月任烟台威海警备司令部炮兵处参谋。1981 年 2 月起，先后任济南军区守备师营长、团长。1985 年 10 月任山东省军区司令部特兵处处长。1991 年 11 月任菏泽军分区参谋长。1992 年 12 月转业到地方工作。入伍后立三等功 1 次。

刘成军　1949 年生，成武县苟村集镇刘海村人。2005 年任中国人民解放军空军副

司令，中将军衔。1968年3月参军。1969年在空军第四航空学校学习，同年加入中国共产党。历任飞行学员、中队长、大队副政委、大队长、副团长、技术检查主任、军训处处长等职务。1984年调任空军航空兵某师师长。1985年被评为特级飞行员。1990年被授予大校军衔，后授予少将军衔。先后任福建空八军副军长、军长、南京军区空军司令部参谋长、南京军区副司令员兼南京军区空军司令员。立三等功4次、二等功1次。著有《适应特点，科学管理，努力提高训练效果》《如何在训练上有所作为》《濒海要地防空战歼击航空兵的作战使用》等学术文章，发表在军事刊物上。

刘斯斌 1949年生，山东省淄博市人。1968年2月参加中国人民解放军，1969年10月加入中国共产党。入伍后，历任战士、排长、助理员、副处长、处长、管理局副局长。2000年6月任菏泽军分区副司令员。2002年10月离职。1994年3月授大校军衔。立三等功2次。

杨炳河 1949年生，山东省泰安市人。1968年3月参加中国人民解放军，1969年2月加入中国共产党。先后任某高炮团战士、排长、副连长、连长、副营长、营长、团参谋长（其中，1974年7月—12月在郑州炮兵技术学校学习；1976年4月—12月在宣化炮兵学院学习）。1983年5月任某高炮团团长。1985年11月任某集团军高炮旅参谋长。1988年10月任高炮旅副旅长、旅长。1992年10月任某集团军高炮旅旅长、集团军副参谋长（同年9月授大校军衔）。1996年8月任菏泽军分区司令员（1997年11月—1998年2月在国防大学学习）。

穆铁柱 1949年生，东明县陆圈镇穆庄村人。著名篮球运动员，是中国男篮走向亚洲巅峰的关键性人物之一。身高2.28米，有亚洲第一巨人之称。穆铁柱1972年参军，随后进入济南军区篮球队。1973年被选入“八一”篮球队。1977年入选国家篮球队，担任国家队主力中锋。1980年获“运动健将”称号。该队在第九届亚洲男篮锦标赛上获得金牌，1978年第八届亚运会获男篮冠军，第八届世界锦标赛获第11名，1979年亚洲锦标赛获冠军，1980年国际军事体育理事会男篮锦标赛获第3名，1981年第十一届亚洲俱乐部男篮锦标赛和第十一届亚洲男子篮球锦标赛中均获冠军，1984年亚洲俱乐部锦标赛获冠军。穆铁柱1988年退役后担任解放军八一体育工作大队副师级篮球教练。1999年入选新中国篮球运动50杰，同年5月获中国篮协授予的“新中国篮球运动杰出贡献奖”。2005年5月退休，享受副师级待遇。

吴新景 1950年1月生，单县终兴镇王楼村人。1969年2月入伍，在某部高炮团修理所工作，历任班长、技师。1970年11月加入中国共产党。1979年2月调高炮团后勤处，历任参谋、副处长、处长。1985年9月任高炮旅后勤部部长。1990年8月调任石家庄市委办公厅副主任。1993

年2月任石家庄市委办公厅副主任兼机关事务管理局局长。1997年9月起，任石家庄市委副秘书长兼机关事务管理局局长、党委书记。兼任河北省机关后勤协会副会长、石家庄市维护青少年权益协会名誉副会长、石家庄海外联谊会副会长。

吕复林　1950年8月生，巨野县麒麟镇江孙庄村人。中共党员。1969年应征入伍，初为战士、文书，后任参谋。1979年调南京军区司令部军训部工作，任参谋、处长、副部长等职。1995年12月调任浙江省绍兴军分区司令员，大校军衔。在部队多次受到嘉奖，被评为优秀干部，立三等功2次。

朱巧云　女，1950年4月出生，菏泽市曹县人，著名豫剧表演艺术家，中国豫剧十大名旦之一，国家一级演员，中国戏剧梅花奖获得者，现任开封市豫剧团团长，领衔主演，中国戏剧家协会会员、河南剧协常务理事、开封市剧协主席、开封市政协常委、开封市妇联执委、开封市劳动模范、开封市专业技术拔尖人才，享受国务院政府特殊津贴。

苏　玫　女，1950年10月生，曾用名苏克梅，单县单城镇张知楼村人。中共党员。1966年参加工作，1975年调中华人民共和国第七机械工业部空气运力研究所，任第七研究室调度员。1985年起在中华人民共和国航天工业部信息与控制研究所工作，先后任该所工会副主席、综合处处长，高级工程师职务。1992年毕业于中国人民大学管理专业。1984年4月18日，中国实验通信卫星成功地定点于赤道上空，实现通信、广播和电视的卫星传输，为人造卫星的气象、侦察、遥感、资源勘探、空间探测等领域的广泛应用提供了技术保障，中共中央、国务院、中央军委先后发出贺电，并表彰为“三抓”任务（研制远程运载火箭、导弹核潜艇发射火箭、实验通信卫星等）做出突出贡献的单位和科研人员。苏玫获记三等功，受到表彰。

王宗科　1950年11月生，单县人。中共党员。1974年9月—1977年7月在山东师范学院聊城分院政治系学习。1977年7月—1984年11月任菏泽师专政治系教师、政治辅导员、团总支书记、党支部委员。1984年11月—1987年6月，任菏泽师专组织部（人事处）副部长（副处长）。1987年6月—1995年1月任菏泽师专党委委员、组织部部长（其中，1992年1月—12月在山东省高校中青年干部班学习）。1994年6月—2000年8月任菏泽师专党委委员、副校长。2000年8月—2001年10月任菏泽师专党委副书记、副校长。2001年10月—2002年2月任菏泽师专党委副书记、副校长、兼菏泽教育学院党委书记。2002年2月—2004年9月任菏泽师专党委副书记、副校长。2004年9月任菏泽学院党委委员、纪委书记。系菏泽市十二届政协委员。

贾凤英　女，1950年11月生，山东梁山县人。中共

党员。1971年12月—1972年12月任梁山县大路口公社青年干事。1972年12月—1973年3月任梁山县委群工组干事。1973年3月—1975年7月任共青团梁山县委副书记。1975年7月—1976年6月任共青团梁山县委书记。1976年6月—1977年3月任梁山县代庙公社党委副书记。1977年3月—1982年6月任梁山县广播局副局长(其间，1980年10月—1982年6月在山东农学院干修科农学专业学习)。1982年6月—1983年3月任梁山县农委副主任。1983年3月—11月任梁山县副县长。1983年11月—12月任菏泽地区妇联主任。1983年12月—1984年3月任菏泽地委委员、地区妇联主任。1984年3月—1984年9月任菏泽地委委员、地区妇联主任、党组书记。1984年9月—1986年7月任菏泽地委委员（其间，1984年9月—1986年7月在中央党校中青年干部培训班党政理论专业学习）。1986年7月—1992年12月任菏泽地委委员、团地委书记。1992年12月—1997年12月任菏泽地委委员、宣传部部长。1997年12月—2001年1月任菏泽地区行署副专员。2001年1月—2003年2月任菏泽市副市长。2003年2月任菏泽市委副书记。系五、六、九次省党代会代表，十届省人大代表。

霍正气 1950年11月生，鄄城县红船镇霍坝村人。1968年10月任鄄城县引马公社霍坝村民办教师。1972年10月任鄄城县革委政治部报道组干事。1975年8月任鄄城县临濮公社党委常委、团委书记。1976年3月任鄄城县阎什口公社党委书记。1976年7月任鄄城县委常委、阎什口公社党委书记。1978年10月任城关公社党委书记。1980年8月—1982年9月在山东大学科学社会主义系学习。1982年9月任鄄城县政府党组成员、农委主任、县委农工部部长。1984年1月任梁山县小路口区委书记。1984年8月任梁山县委副书记。1986年4月任梁山县县长。1989年7月任成武县县长。1991年6月任成武县委书记。1994年7月—1995年11月任菏泽地委委员、秘书长。2001年11月任聊城市委副书记。系山东省第七次人代会代表。

兰体堂 1950年12月生，成武县张楼乡人。1970年年底高中毕业后，任大队民兵连专职指导员、团支部副书记，公社民办教师。1972年12月应征入伍。1973年6月加入中国共产党。先后任班长，连队党支部委员，排长，连指导员，营副教导员，教导员。1983年9月—1985年7月在南京高级步兵学校学习。后任团政治处主任，团政委。1993的9月—1994年1月在南京陆军学院学习。1994年4月后，历任某师政治部主任、师副政委、政委。1996年被授予大校军衔。1998年3月任某师政委。1999年2月入国防大学学习，12月任西藏军区副政委。2002年7月被授予少将军衔。

卜令元 1950年生，巨野县独山镇卜楼村人。1971年在本村小学任教。1973年9月考入南京大学中文系。1976年加入中国共产党。1977年2月分配到山东省委机关党委工作。1985年3月下派任中共单县县委副书记。1987年始先后任山东省机关党委宣传部副部长、办公室副主任，省委直属机关工作委员会办公室副主任。1991年9月起兼任中共山东省委省直机关工作委员会组织部部长，省直机关工委党委副书记。2003年12月任山东省建筑工程学院党委副书记。

马来平　1950年生，巨野县田庄镇马庄村人。教授、博士生导师。山东大学文史哲研究院副院长，山东自然辩证法研究会常务理事长兼秘书长、中国自然辩证法研究会学术委员会委员、国家暨山东省软科学专家库成员、省哲学学会常务理事、省邓小平理论研究中心特约研究员、济南市政协常委。1973年9月考入山东工业大学电子系半导体器件专业学习，毕业后分配至山东大学工作。主要从事科技与社会、科学社会学、科学认识论和中国科技思想史研究。主要著作有《科技与社会引论》《中国科技思想的创新》《哲学与文化视野中的科学》《理解科学—多维视野下的自然科学》《科技第一生产力的实现机制》等。在《哲学研究》《自然辩证法通信》《文史哲》等期刊上发表论文近200篇，其中有60余篇分别被《中国社会科学文摘》《新华文摘》《高等学校文科学术文摘》《中国科学史通信》等转载或摘要介绍。

赵继东　1951年1月生，曾用名赵继修，鄄城县左营乡南赵庄村人。1975年毕业于复旦大学外语系英语专业，分配到北京市电信局（后为北京市电信管理局），历任报务员、科员、副处长、处长、副局长。1997年任北京市电信管理局党委书记、副局长。1999年任北京市电信管理局局长、党委书记。2000年任中国电信集团北京市电信公司总经理、党委书记。2002年任中国网通集团北京通信公司总经理、党委书记。2003年任中国网络通信集团公司副总裁兼中国网通集团北京市通信公司总经理、党委书记。2002年获得复旦大学管理学院／挪威管理学院信息通信管理专业硕士学位。1998年和2003年先后受到江泽民总书记和胡锦涛总书记接见。

宋继东　1951年2月生，鄄城县左营乡郭集村人。广西大学电力工程系毕业，高级工程师。1970年5月参加工作，曾任国营广西来宾凤凰农场、来宾大修厂种植工、养牧工、卫生管理工和修理工。1976年1月广西大学电力工程系毕业后，任广西来宾大修厂见习技术员、秘书、厂团总支部书记兼县直机关团委副书记、团县委副书记。1977年5月任柳州铁路局直属工会干事。1978年1月起任铁道部柳州木材防腐厂宣传干事、主任宣传干事、厂团委书记、生产技术科副科长、副厂长、代理厂长、厂长兼党委书记等职。1992年4月起，先后任柳州市副市长、市委常委、常务副市长兼高新管委会主任，柳州市委副书记、代市长。1997年12月任柳州市委副书记、柳州市市长、市政府党组书记。2002年12月任广西壮族自治区建设厅党组书记、厅长。系广西壮族自治区第九届、十届人大代表，第九届全国人大代表。

刘从连　1951年3月生，巨野县人。中共党员。1972年9月—1975年9月担任巨野县银行会计。1975年9月—1978年7月在曲阜师范学院化学系学习化学专业。1978年7月—1981年7月任菏泽师专化学系教师、系团总支副书记。1981年7月—1984年11月任菏泽师专化学系党支部委员、政治辅导员、团总支书记。1984年11月—1988年5月任菏泽师专化学系党支部书记。1988年5月—1993年11月任菏泽师专化学系党支部书记、讲师。1993年11月—1994年6月任菏泽师专化学系党支部书记。1994年6月—1996年9月任菏泽师专副校长。1996年9月—2000年1月任菏泽师专党委委员、副校长。2000年1—7月任菏泽师专党委副书记、副校长，主持学校行政工作。2000年7月—2002年10月任菏泽师专党委副书记、校长。2002年10月—2004年9月任菏泽师专党委副书记、校长、研究员。2004年9月任菏泽学院党委委员、副院长。系山东省第十届人民代表大会代表。

董茂伦　1951年5月生，山东省东平县人。中共党员。1971年12月—1972年7月任梁山县代庙公社党委办公室干事。1972年7月—1976年7月任梁山县革委政治部、组织部干事。1976年7月—1979年3月任梁山县委常委、团县委书记。1979年3月—1980年7月任梁山县委常委、城关公社党委副书记。1980年7月—12月任梁山县委常委、小安山公社党委副书记。1980年12月—1982年10月在山东农业机械化学院干修科学习农机化管理专业。1982年10月—1984年1月任梁山县农机局副局长。1984年1月—1987年1月任梁山县韩岗镇党委书记。1987年1月—1988年11月任郓城县副县长。1988年11月—1990年1月任郓城县委常委、组织部部长。1990年1月—1993年1月任郓城县委副书记。1993年1月—3月任郓城县委副书记、代县长。1993年3月—1995年2月任郓城县委副书记、县长。1995年2月—2003年2月任菏泽地区（市）纪委副书记。2003年2月—2004年12月任菏泽市纪委副书记、市监察局局长。2004年12月—2005年12月任菏泽市政府党组成员，市纪委副书记、市监察局局长。2005年12月任菏泽市高级技工学校党委书记。

童彩云　女，1951年9月生，郓城县人。中共党员。1971年12月—1973年7月任郓城县张营公社妇联干事。1973年7月—1976年4月任郓城县玉皇庙公社妇联干事。1976年4月—1984年1月任郓城县玉皇庙公社党委副书记。1984年1—4月任郓城县城关镇党委副书记。1984年4月—1986年3月任郓城县妇联主任。1986年3月—1993年1月任郓城县委常委、妇联主任。1993年1月—1995年6月任郓城县副县长。1995年6月—2000年5月任郓城县委副书记。1995年9月—1997年12月在省委党校业余本科班经济管理专业学习。2000年5月—2001年10月任菏泽地区土地管理局局长。2001年10月—2003年2月任菏泽市国土资源局局长。2003年2月任菏泽市副市长、党组成员。

李学军　1951年10月生，定陶县陈集镇人。中共党员。山东行政学院行政管理专业毕业。1969年8月—

1972年7月在定陶县保宁公社朱庄学校任民办教师。1972年7月—1973年9月任定陶县保宁公社教育组干事。1973年9月—1975年8月在定陶县广播站工作。1975年8月—1976年12月在定陶县保宁公社担任秘书。1976年12月—1980年10月在定陶县计委工作。1980年10月—1982年5月在定陶县经委办公室工作。1982年5月—1983年1月在定陶县政府办公室工作。1983年1月—1984年12月任定陶县毛巾厂副厂长。1984年12月—1985年1月在菏泽地区经委工作。1985年1月—1989年6月任菏泽地区经委副科级秘书、经委办公室副主任、主任。1989年6月—1990年1月任菏泽行署办公室科级秘书。1990年1月—1993年12月任菏泽行署综合室副主任。1993年12月—1995年1月任菏泽行署办公室党组成员、综合室副主任。1994年3月—1994年12月挂职巨野县委副书记。1993年9月—1996年7月在山东行政学院行政管理专业业余学习。1995年1月—1997年12月任单县县委副书记。1997年12月—2001年3月任单县县委副书记、县长。2001年3月—2003年6月任菏泽市发展计划委员会主任、党组书记。2003年6月—2005年1月任市长助理、市发展计划委员会主任、党组书记。2005年1—4月，任政协菏泽市委员会党组成员、副主席兼菏泽市发展和改革委员会党组书记、主任。2005年4月任菏泽市政协副主席、党组成员、提案委主任，市发展和改革委员会主任、党组书记。

霍保银　1951年11月生，单县人。中共党员。高级审计师。1978年9月—1982年7月在山东大学经济系学习。1982年8月任菏泽地区商业局秘书。1984年3月—1985年6月任菏泽行署办公室秘书。1985年6月—1996年12月先后任菏泽地区经委财贸科副科长、科长、经委副主任。1996年12月—2000年6月任菏泽行署财办主任、地区贸易局局长。2000年6月—2003年9月任菏泽市审计局局长。2003年9月—2004年9月任菏泽师专党委书记。2004年9月任菏泽学院党委副书记。

汤明成　1951年生，河南省虞城县人。大学本科学历。1969年2月参加中国人民解放军，1969年10月加入中国共产党。1975年始，先后任政治指导员、干事、政治处主任、团政治委员等职。1996年11月任菏泽军分区政治部主任，同时授大校军衔。2004年3月调任济南军分区副政委。立三等功3次。

张　勇　1951年生，安徽省太和县人。大专文化。大校军衔。1968年4月参加中国人民解放军，1970年2月加入中国共产党。入伍后，历任战士、班长、排长、连长、营长。1981年后任团参谋长、副团长、师副参谋长、山东省军区装备部处长。1992年12月任菏泽军分区参谋长，1995年1月调任山东省军区装备部副部长、部长。

陈　灵　1951年生，郓城县随官屯镇陈庄村人。高中文化，中共党员。现任郓城县华灵集团有限公司董事长兼总经理。1988年创建华灵集团有限公司以来，他带领企业领导班子，积极引进和消化吸收国内、国际先进的管理成果、管理标准和管理方法，逐步形成一整套适合该企业发展的生产经营管理运行机制。2000年投资2500多万元对原有的1.5万纱锭进行技术改造，新建厂房，并采用上海纺织机械厂先进设备。该企业生产的化纤、纯棉、混纺和32S、40S、60S高支纱，已达到国家一级标准，畅销全国，并出口日本、韩国、美国、俄罗斯等10多个国家，年创汇200多万美元。在郓城开发区投资1.2亿元，建设10万纱锭华灵工业园。1994年，捐资5万元，帮助郓城四中改善办学条件。1997年为随官屯镇中学捐资10万元，为随官屯镇卫生院捐资3万元购买医疗设备，为敬老院扩建捐资10万元。1998年，长江、松花江流域发生洪涝灾害，向灾区人民捐款12.8万元。2000年，出资20万元帮助该镇陈庄村改建小学修铺公路，捐资20万元帮助镇医院搬迁。2001年又捐款50万元，帮助乡镇实现村村通公路的目标。2003年捐资3万元抗击“非典”。每逢重大节日，带上肉、蛋、点心等礼品到敬老院看望孤寡老人。1993年来，累计向社会捐资300多万元。

曹明珍　1951年生，曹县阎店楼镇曹海村人。中共党员。1968任民办教师。1978年考入山东师范学院中文系，后分配到中共山东省委办公厅（山东省档案局）工作。历任山东省档案局编研处主任科员，档案管理处副处长，教育处副处长、处长，教育培训部主任，《山东档案》常务副主编，山东省档案学会第四届理事会秘书长、第五届理事会常务副理事长等职。1986年评定为档案专业馆员。1993年晋升为副研究馆员，后晋升为研究馆员。1998年6月任山东省档案局副局（厅）长、山东省档案馆副馆长、山东省档案局（馆）党组成员。

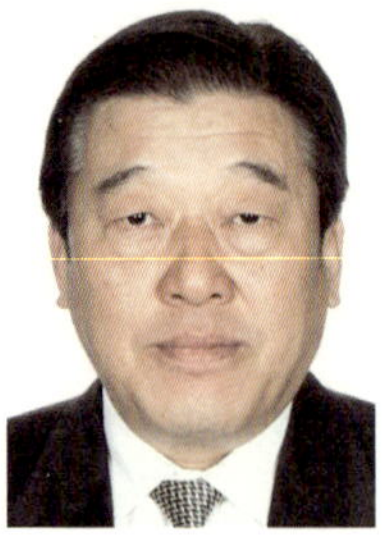

李福祥　1952年2月生，山东省聊城市人。1974年7月入党。1979年10月参加公安工作，先后任聊城地区公安处政治部干事、副主任、副处长。1998年2月任菏泽地区公安局局长。2002年9月任市公安局局长，2005年2月任菏泽市政府党组成员、市长助理、市公安局局长。2005年12月任聊城市政协副主席。

马凌俊　1952年3月生，单县人。大校军衔。1972年12月参军，1975年6月加入中国共产党。历任某团特务连战士、副班长、班长、排长，团政治处干部股干事，某师政治部干部科干事，某军政治部干部处干事，南京军区政治部干部部任免处干事。1990年9月任上海警备区政治部党委委员、干部处处长。1994年9月起，先后任南京军区某海防旅政治委员、党委书记。2000年3月任上海警备区政治部副主任、党委副书记、警备区纪委副书记。上海市第十一届人大代表、上海市“双拥”办副主任。

孙寿海　1952年3月生，山东省禹城人。中共党员。1969年11月—1969年12月在临邑县农具厂工作。1969年12月—1972年3月任某部炮兵团看护班班长。1971年7月入党。1972年3月—1975年4月在沈阳军区军医学校学习医疗专业。1975年4月—1977年1月任炮兵团卫生队助理军医。1977 年 1 月—1978 年 10 月任炮兵团政治处宣传股干事。1978 年 10 月—1979 年 11 月任师政治部宣传科干事。1979 年 11 月—1981 年 8 月任政治部宣传科正连职干事。1981 年 8 月—1983 年 6 月任政治部宣传科副科长。1983 年 6 月—1984 年 11 月任某师炮兵团政治处主任。1984 年 11 月—1987 年 11 月任济南军区政治部保卫部侦察处副团职干事。1987 年 11 月—1988 年 9 月任济南军区政治部保卫部侦察处正团职干事。1988 年 9 月—1990 年 8 月在省法院工作。1990 年 8 月—1993 年 1 月任省法院正处级审判员。1993 年 1 月—1997 年 3 月任省法院告诉申诉审判庭副庭长。1997 年 3 月—2001 年 1 月任省法院立案庭庭长。1995 年 9 月—1998 年 7 月在省政法管理干部学院法律专业业余学习。2001 年 1 月—2002 年 12 月任省法院审委会委员、立案庭庭长。2002 年 12 月—2003 年 2 月任菏泽市中级人民法院副院长、代理院长。2003 年 2 月任菏泽市中级人民法院院长、党组书记。系省九次党代会代表。

邵好学　1952年3月生，定陶县人，中共党员。山东师范学院干修科中文专业毕业。1976 年 11 月—1980 年 3 月任定陶团县委副书记。1980 年 3 月—1980 年 11 月在菏泽团地委工作。1980 年 11 月—1984 年 2 月任菏泽团地委办公室主任。1981 年 1 月—1982 年 12 月在山东师范学院干修科中文专业学习。1984 年 2 月—1986 年 5 月任菏泽团地委书记。1986 年 5 月—1987 年 1 月任菏泽团地委书记、梁山县委副书记。1987 年 1 月—1989 年 8 月任梁山县委副书记。1989 年 8 月—1990 年 2 月任梁山县委副书记、县政协主席。1990 年 2 月—1993 年 5 月任菏泽地委宣传部副部长。1993 年 5 月—1997 年 5 月任菏泽地委副秘书长、调研室主任。1997 年 5 月—1997 年 12 月任菏泽地委副秘书长、政研室主任。1997 年 12 月—2002 年 12 月任鄄城县委书记。2002 年 12 月—2003 年 2 月任菏泽市市长助理。2003 年 2 月任菏泽市副市长、市政府党组成员。

李德义　1952年5月生，单县蔡堂镇辛羊庙村人。军事科学院战略研究部副部长，少将军衔。1969 年 12 月应征入兵。1972 年 2 月入四川大学哲学系学习。学习期间在《四川通信》《四川日报》《四川大学报》上发表多篇论文，并担任四川大学广播室总编辑。1975 年 3 月毕业后在某师政治部宣传科任干事，被评为该师“学雷锋积极分子”，并出席军“双先”代表大会。1978 年 8 月调成都军区政治部宣传部工作，9 月入解放军政治学院理论队学习。后在政治部宣传部理论处任干事。1989 年 7 月调北京，在军事科学院工作，先后任正团职、副师职研究员、办公室副主任。1993 年 3 月任军事科学院军事图书资料馆馆长，领导全馆大抓基础建设和信息服务工作，建成军事图书资料自动化集成系统，获院科研优秀成果三等奖。1997 年 3 月入国防大学基本系指挥班学习。1998 年 6 月任军事科学院办公室主任，参与主编《军事科学院年鉴》，所撰《试论邓小平国际战略策略思想》被全军纪念党的十一届三中全会 20 周年理论研讨会评为优秀论文，并完成《中共党史人物传——王诚汉》传稿。

何茂远　1952年6月生，定陶县人。菏泽医学专科学校医士专业毕业，副主任医师。1968年9月—1973年9月为单县终兴公社刘砦下乡知青。1973年9月—1975年8月在菏泽医学专科学校医士专业学习。1975年8月—1978年3月任单县曹庄医院医生。1978年3月—1983年4月任单县中心医院外科医生。1983年4月—1984年7月在省肿瘤防治研究院胸外科进修学习。1984年7月—1987年4月任单县中心医院胸外科医生。1987年4月—1988年7月在上海胸科医院心外科进修。1988年7月—1988年12月任单县中心医院心胸外科医生。1988年12月—1993年7月任单县中心医院心胸外科主任、主治医师。1993年7月—1995年11月任单县中心医院副院长、心胸外科主任、主治医师。1995年9月—1996年12月在山东医科大学临床医学专业函授学习。1995年11月—1997年12月任单县中心医院副院长、副主任医师。1997年12月—2001年1月任单县副县长。2001年1月—2002年2月任菏泽市副市长。2002年2月—2002年5月任九三学社菏泽市委主委，菏泽市副市长。2002年5月—2005年9月任九三学社省委常委，九三学社菏泽市委主委，菏泽市副市长。2005年9月任九三学社省委常委，九三学社菏泽市委主委，菏泽市副市长兼红十字会会长。系九届省人大代表。

刘法来　1952年8月生，巨野县柳林镇刘楼村人。中共党员。全国轻工业系统劳

动模范。1969年10月入伍，在山东省军区历任战士、班长、代排长等职。1971年10月任国营第七五五厂汽车队副队长。1979年6月任巨野县棉花加工一厂股长。1983年1月任柳林供销社副经理。1987年1月任张表乡供销社经理。1988年3月任陈集供销社主任。1992年10月任巨野县华鲁油脂厂厂长。1994年4月任县供销合作社副主任兼华鲁油脂厂厂长。1996年6月任巨野县物资局党组书记、局长。1998年3月任山东省花冠酒厂厂长兼党委书记。1999年3月成功实施企业改制，成立山东省花冠酒业有限公司，任董事长兼总经理。2001年被中共山东省委宣传部、省经贸委、省总工会授予山东省职业道德先进个人称号。2002年被山东省技术监督局、菏泽市人民政府授予山东省质量管理先进工作者、菏泽市劳动模范等称号，并当选为中共山东省第八届党代表。2003年当选为山东省第十届人大代表。2003年公司成功对山东御思香酒业公司实行控股经营，组建山东花冠酒业集团，使公司发展成为以白酒生产经营为主，房地产、包装和印刷等多产业并举的大型企业集团。

杨海滨　1952年10月生，东明县人。1972年6月—1976年4月在西藏自治区物资局工作。1976年4月在西藏自治区计委工作。1979年3月加入中国共产党。1980年10月任西藏自治区计委经济局工交科副科长，1984年6月任经济局副局长。1986年12月至1995年先后任

西藏自治区工业电力厅副厅长、党组副书记，厅长、党组书记。2002年7月任西藏自治区政府副主席。

于际训　1952年生，巨野县太平镇于官屯村人。1967年毕业于巨野师范，1969年参加中国人民解放军，1970年加入中国共产党。后进入某军事院校学习，历任参谋、干事、旅长，二炮某基地司令员。

田德全　1952年出生，山东省嘉祥县人。历史学教授。1981年毕业于曲阜师范学院历史系，获历史学硕士学位，1981年12月—1983年3月任教于曲阜师范学院，1983年3月调菏泽师专工作，1985年加入中国共产党，历任菏泽师专政史系教师、副主任、副教授、副校长、教授；1996年9月任菏泽师专校长、党委副书记；1999年12月任曲阜师范大学副校长，2002年3月任曲阜师范大学校长。是中国世界古代史研究会理事、山东省高教研究会理事，曾多次担任省职称评审专家组成员。山东省第七、八届人大代表，第九届全国人大代表。

步伟利　1952年生，山东省邹城市人。1970年12月参加中国人民解放军，1970年8月加入中国共产党。1975—1992年12月任山东省军区警卫连排长、山东省军区司令部动员处参谋、副处长、处长，山东省军区装备技术部副部长。1995年任菏泽军分区参谋长。1999年起，先后任山东省军区人武学校校长、聊城军分区司令员。

赵宁杰　1952年生，河南省泌阳县人。1969年11月参加中国人民解放军，1971年5月加入中国共产党。入伍后，历任战士、机要员、参谋、作训科副科长、侦察科科长、德州军分区后勤部部长、山东省人民武装学校副校长。1999年2月任菏泽军分区参谋长。2004年10月调任淄博军分区副司令员。

章　兰　女，1953年1月出生，菏泽市郓城县人，著名豫剧表演艺术家，中国豫剧十大名旦之一，国家一级演员，中国戏剧梅花奖“二度梅”获得者，山东省剧协副主席，聊城市豫剧院院长。代表作有《陈三两》《三拂袖》等。1992年、1995年进京在中南海演出《陈三两》《冰山雪莲》《路边店》，先后3次受到党和国家领导人的接见。

陈培伦　1953年8月生，单县城关镇南关文庙街。中共党员。文化部离退休干部局副局长，系中国美术家协会会员、中国诗书画研究院研究员。自幼受家庭熏陶，酷爱书画，多年来得到李铎、刘大为、张道兴、龙瑞诸位老师的悉心指教，在继承传统的基础上，外师造化，中得心源。其作品意境深远，空灵秀逸，格调高雅，引人入胜。曾入选全军美术展、中国副研究院举办的山水画邀请展、第七届全国美术展、中国美协举办的山水画展、文化部举办的文化部系统名人名家书画展等大小展览。1994年5月在北京成功举办个人画展，引起普遍关注。多幅作品在日本、法国、西班牙、新加坡等国家和中国台湾、香港地区展出，部分作品被业内人士及多家博物馆收藏。

李卫国　1953年5月生，河北省衡水人。中共党员。中央党校世界经济专业在职研

究生班毕业。1969年8月—1974年8月在泗水县机床附件厂工作。1974年8月—1976年8月在山东机械工业学校机械设计制造专业学习。1976年8月—1977年10月任邹县平阳寺公社大队工作队队员。1977年10月—1983年5月任济宁地区经委计划科科员。1983年5月—1985年6月任济宁地区经委综合科副科长。1984年8月—1986年8月在山东广播电视大学济宁分校工业企业管理专业学习。1985年6月—1990年5月任济宁市经委综合科科长。1990年5月—1992年7月任济宁市政府工交生产总调度室副总调度长。1991年7月—1992年7月挂职梁山县副县长。1992年7月—1997年12月任济宁市经济贸易委员会副主任。1993年7月—1995年12月在省委党校涉外经济管理专业业余本科班学习。1997年12月—1998年1月任兖州市委副书记、代市长。1998年1月—2001年1月任兖州市委副书记、市长。2001年1月—2004年5月任兖州市委书记、市人大常委会主任。2002年9月—2003年1月在中央党校县委书记培训班学习。2004年5月—2005年6月任菏泽市政府副市长、党组成员。2004年3月起在中央党校世界经济专业在职研究生班学习。2005年6月任菏泽市政府副市长、党组成员兼国有资产监督管理委员会党委书记。系九届省人大代表，八次省党代会代表。

张玉佩 1953年7月生，山东省费县人。中共党员。山东干部函授大学经济管理专业毕业。1971年3月加入中国共产党。1971年9月—1975年6月任费县薛庄公社办事员。1975年6月—1976年6月任费县汪沟公社团委干事。1976年6月—1978年4月任费县竹园公社团委书记。1978年4月—1981年3月任费县上冶公社团委书记。1981年3月—1982年2月任费县上冶公社党委常委、管区党总支书记。1982年2月—1984年5月任费县上冶公社党委副书记。1984年5月—1986年9月任费县上冶区委副书记、区长。1984年6月—1986年9月在省委党校干部培训班学习。1986年9月—1987年3月任费县方城镇党委书记。1987年3月—1991年12月任费县副县长。1991年12月—1993年1月任日照市工商局局长。1993年1月—1993年5月任日照市东港区委副书记、区长。1993年5月—1993年7月任日照市岚山工委书记、东港区委书记、岚山办事处主任、开发区管委会主任。1993年7月—1995年10月任日照市岚山工委书记、办事处主任、开发区管委会主任。1995年10月—1996年2月任日照市岚山工委书记、开发区管委主任。1996年2月—1997年12月任日照市东港区委书记。1997年12月至1998年1月，任菏泽地区中级人民法院党组书记、副院长、代院长。1998年1月至2001年2月，任菏泽地区中级人民法院党组书记、院长。2001年2月至2002年12月，任菏泽市中级人民法院党组书记、院长。2002年12月—2003年4月任菏泽市委常委。2003年4月任菏泽市委常委、政法委书记。系八届省人大代表，六次省党代会代表。

郝建伟 1953年9月生，东明县小井乡裴子岩村人。中共党员。1970年12月，

参加中国人民解放军第二炮兵部队，历任第二炮兵某部战士、排长、连长、作战科长，第二炮兵司令部参谋、处长，第二炮兵装备部副师职参谋、正师职专家组长。1973年9月—1977年9月在国防科技大学学习。1982年9月—1983年9月参加二炮兵指挥学院营、团指挥专业学习。

高木斗　1953年10月生，曹县人。中共党员。1973年1月—1976年1月任曹县梁堤头农中民师、团总支副书记。1976年1月—1979年4月任曹县团县委副书记。1979年4月—1981年3月任曹县莘冢集公社党委委员、革委会副主任。1981年3月—1983年12月任曹县莘冢集公社党委副书记。1983年12月—1984年9月任曹县温庄乡党委书记。1984年9月—1986年8月在山东农业大学农学专业干修科学习。1986年8月—1989年12月任曹县曹城镇党委书记。1989年12月—1993年1月任曹县县委常委、政法委书记。1993年1月—1994年1月任曹县县委常委、办公室主任。1992年8月—1996年8月在山东农业大学农业经济管理专业参加函授学习。1994年1月—1997年12月任成武县委副书记。1997年12月—2001年1月任郓城县委副书记、县长。2001年1月—2003年4月任郓城县委书记。2003年4月—2004年5月任郓城县委书记兼县委党校校长。2004年5月—2005年12月任菏泽市委常委，郓城县委书记兼县委党校校长。2005年12月任菏泽市委常委、统战部部长。系五、八、九次省党代会代表，九届省人大代表。

孟昭斌　1953年12月28日生，单县谢集乡马孟庄人。中共党员。大学文化。少将军衔。1970年12月5日参军入伍，历任战士、车长、排长、参谋、连长、作训股长、旅副参谋长、集团军司令部装甲兵处副处长、处长、水陆坦克旅旅长、集团军装备部部长，陆军某集团军副军长。

李新增　1953年12月生，东明县人。研究生学历。中共党员。1970年12月参加中国人民解放军。1976年3月在开封汽车发动机厂工作。1978年3月—1982年2月在河南大学中文系学习。1982年2月—1984年2月在开封市郊区区委组织部、区委办公室工作。1984年2月—1984年5月任开封市顺河区委常委、办公室主任。1996年9月—1998年9月在河南大学文学院读在职研究生。1984年5月—2000年7月任中共河南省委组织部副处长、处长。2000年7月任中共驻马店市委常委、市委组织部部长。

王文升　1953年生，曹县朱洪庙乡李庄寨村人。高级工程师。1975年9月在山东矿业学院地质系普查找矿专业学习。1977年7月加入中国共产党。1978年8月毕业分配到山东省地质局第八地质队从事野外地质勘查工作，先后任地质员、地质普查组组长。1983年11月起，先后任共青团山东省地质矿产局委员会副书记、书记。1987年7月被选派到禹城县挂任禹城县委副书记。1989年7月任山东省地质矿产局办公室主任。1996年11月起，先后任山东省地质矿产厅、国家地矿部山东地质矿产勘查开发局委员会委员、书记，山东省地质矿产厅副厅长、厅长。2000年3月任山东省国土资源厅党组书记、厅长。

王宝献　1953年生，巨野县人。农民发明家。在内蒙古多伦县生活近20年，以牧羊为业。1983年，只上过小学一年级的王宝献携妻带子回到巨野，曾从事过面馆、运输、生产沙发、烤羊肉串等生意。2003年发明的自动多功能环保垃圾箱获两项国家专利。2004年开始研制油电双动力摩托车。经过反复实验，终于发明制造出全国第一辆油电双动力摩托车，2008年获国家专利。油电双动力摩托车时速40千米，和电动车相当，百公里油耗1.2升，和摩托车相当；电瓶充满电后能跑50千米，在充满电、加满油的情况下，可行驶250千米，符合国家节能降耗、安全环保且无噪音的标准。车在行驶时会自动充电。在燃油行驶时，发动机产生的电量可回收再利用，回收率为其产生电量的40%。全国各大生产厂家争相购买他的专利，烟台一家企业开出300万元的价格，最终他以280万元的价格转让给巨野当地一家企业。这项发明填补了国内该项目空白。

冯　灯　1954年1月生，巨野县人。中共党员。大学文化。1971年3月参加工作，在新疆生产建设兵团农7师129团加工厂当检验员。1975年12月入伍，在乌鲁木齐机场边防检查站当战士。1984年8月在新疆生产建设兵团某团当保密员、组干科科员。1984年8月转现役，历任兵团支队政治处干事、后勤处政治协理员。1988年11月起，历任兵团指挥所某支队政治处主任、副支队长、支队长。1995年3月任兵团指挥所后勤部政治委员。1996年5月任武警兵团指挥部后勤部部长。1999年3月晋升为大校警衔。历任党支部委员、副书记、书记，党总支部委员，支队党委委员、副书记，兵团指挥所后勤部党委委员、副书记，兵团指挥部后勤部党委委员、书记，兵团指挥部党委委员、常委。

陈爱萍　女，1954年3月生，单县时楼镇曹马集人。1975年毕业于山东海洋学院海洋化学专业。同年7月分配到国家海洋局第一海洋研究所化学室工作。任海洋局第一研究所环境影响评价与污染控制中心研究员，一直从事海洋放射化学、海洋环境化学的研究工作。先后参加海军核潜艇葫芦岛海域放射性环境调查，海军核潜艇青岛沙子口基地197海域自净能力的研究，国家《海洋调查规范》放射性部分的分析验证，山东沿海无居民岛环境调查，中韩合作“黄海水动力循环学研究”，香港铜鼓水道、CES环境影响评价课题研究，国家专题“126”调查项目、国家自然科学基金项目“黄海冷水团中氮循环动力学模式”研究。2003年参加天津经济技术开发区填海工程可行性论证，曾成功主持国家“703”专项调查，青岛及所辖区、县自来水饮用水检测，青岛益佳燃料油友码头海域环评课题，国家体育总局青岛航海运动学校帆船训练基地海域环评课题，胶南积米崖中心渔港扩建工程，薛家岛渔业码头扩建工程，青岛港（集团）有限公司液体化工码头工程，威海市悦海公园护岸工程的海域环评课题。其中“中韩水动力循环学合作研究”课题获国家海洋局创新成果一等奖。曾在国内核心期刊发表论文 10 余篇，撰写论证报告 12 本。

王文升　1954 年 4 月生，山东省乐陵市人。中共党员。1971 年 5 月参加工作。1976 年 6 月—1980 年 3 月任乐陵县朱集公社干事。1980 年 3 月—1981 年 3 月任乐陵县朱集乡党委委员、秘书。1981 年 3 月—1986 年 4 月任乐陵县委办公室干事。1983 年 9 月—1985 年 7 月在德州农校干部培训班学习。1986 年 4 月—1987 年 4 月任乐陵县双庙赵乡党委副书记、乡长。1987 年 4 月—1990 年 4 月任乐陵县（市）双庙赵乡党委书记。1990 年 4 月—1992 年 12 月任乐陵市副市长。1992 年 12 月—1994 年 5 月任乐陵市委常委、副市长。1993 年 9 月—1996 年 7 月在省经济管理干部学院经济管理专业业余本科班学习。1994 年 5 月—1995 年 3 月任临邑县委副书记、副县长。1995 年 3 月—1997 年 12 月任临邑县委副书记、县长。1997 年 12 月—2002 年 12 月任临邑县委书记。2001 年 3 月—2004 年 1 月在中央党校经济管理专业在职研究生班学习。2002 年 12 月—2004 年 12 月任菏泽市副市长、市政府党组成员。2004 年 12 月—2005 年 1 月任菏泽市委常委、宣传部部长，市政府副市长。2005 年 1 月任菏泽市委常委、宣传部部长。系省七、九次党代会代表。

田素杰　1954 年 5 月生，单县徐寨镇周坡村人。1969 年 12 月参军入伍，1970 年

加入中国共产党。1974 年考入北京第二医学院医疗系。1978 年 9 月毕业分配至北京卫戍区医院，任主治医师。1992 年晋升为副主任医师。1995 年 8 月调任中国人民解放军第 292 医院院长。1996 年晋升为主任医师。

吴东魁　1954 年 6 月生，字昊天，号清瘦人，菏泽市牡丹区黄罡镇尹庄村人。自幼酷爱绘画，曾在菏泽县工艺美术厂当画工，在梁山县陶瓷厂、菏泽地区外贸局工艺品公司从事国画创作。1982 年毕业于山东轻工美术学院。1983 年调入文化部外文局中国报道杂志社任美术编辑。1988 年受聘文化部侨联画家，并任中国青年艺术人才研究会主席、中国书画艺术人才研究会会长。其作品传统功力深厚，气势博大恢宏，豪放不失法度。其山水、动物、花鸟人物画风脱俗，独具风格。中央电视台先后为他拍摄《天高任鸟飞》《吴东魁绘画艺术》《吴东魁笔墨技法》《李宁和他的国画老师吴东魁》等专题纪录片。他曾在全国各地及中国台湾地区、日本、新加坡、韩国等国家或地区举办个人画展。部分作品被中南海、人民大会堂、毛主席纪念堂、钓鱼台国宾馆、中国美术馆珍藏，并被中央领导作为国礼赠送国外元首。

宋新立　1954 年 7 月生，山东商河人。中共党员。1970 年 11 月—1976 年 9 月为省军区某师特务连战士。

1976年9月—1978年3月任省军区某营营部书记。1978年3月—1979年2月任济南警备区某连副政治指导员。1979年2月—1980年3月任省军区教导大队训练处教务参谋。1980年3月—1981年5月任济南军区直属军事法院书记员。1981年5月—1982年2月任济南军区军事法院一庭书记员。1982年2月—1985年9月任济南军区军事法院一庭审判员。1983年9月—1985年7月在西安政治学院政工专业学习。1985年9月—1991年6月任济南军区军事法院审判员。1991年6月—1995年10月任济南军区军事法院正团职审判员。1995年10月—1996年12月任济南军区政治部办公室秘书处正团职司法秘书。1996年12月—2003年3月任济南军区军事法院副院长。1996年8月—1998年12月在中央党校函授学院法律专业学习。1999年9月—2002年12月在南京政治学院研究生班法律专业函授学习。2001年3月—2002年1月代理某师副政委。2003年3月任菏泽市委常委、菏泽军分区政委。

刘永凤 1954年10月生，菏泽市牡丹区人。中共党员。1978年1月—1982年1月在山东师范学院政治系学习政史专业。1982年1月—1984年12月在菏泽供销学校任教。1984年12月—1990年8月任菏泽供销学校教务处副主任。1987年9月—1989年7月为省委党校党政干部研究生班学员。1990年8月—1991年6月任菏泽供销学校教务处主任。1991年6月—1997年12月先后任菏泽供销学校副校长、校长。1997年12月—1998年1月任菏泽财经学校校长、党委副书记。1998年1月—2001年3月任曹县县委副书记。2001年3月—2003年2月任菏泽市教委党委书记、副主任。2003年2月—2004年9月任菏泽市文化局局长、党组书记。2004年9月—2005年12月任菏泽市高级技工学校党委书记、校长。2005年12月任菏泽市高级技工学校校长、党委副书记。

杨金铎 1954年10月生，巨野县麒麟镇陈胡庄人。大专文化。全国农业科技先进工作者。1978年12月参加工作。1986年7月加入中国共产党。1987年和1993年被破格晋升为中、高级农艺师。20多年来，完成国家、省、市与自选农业研究课题达60多项，推广新技术80多项，培育成功小麦新品（系）种20及棉花、大豆、高粱、新品系各3个，获国家发明专利两项。培育成功的小麦新品种“032”“92-8”，被山东省品种审定委员会分别命名为金铎1号和2号。1987年被评为全区首批科技拔尖人才，连续多年被评为省、地（市）科技先进工作者，获省、市优秀共产党员称号，获省富发劳动奖章，山东省星火科技奖。省政府给其记二等功3次、三等功1次。1998年当选为省党代表，出席中共山东省第七次党代会。2001年被评为全国农业科技先进工作者和全国科技扶贫先进工作者，受到江泽民、胡锦涛、温家宝等党和国家领导人的亲切接见，并合影留念。2003年被评为山东省劳动模范。2003年成立菏泽金铎农业科技有限公司。

林　健 1954年生，辽宁省丹东市人。1972年12月参加中国人民解放军，1975

年12月加入中国共产党。入伍后，先后任某部排长、干事、副股长，某军司令部参谋，某坦克师司令部参谋，山东省军区司令部参谋、副处长、处长，济南军区某海防团团长，莱芜军分区参谋长，济南军分区副司令员，山东省人民武装学校校长。1999年8月授大校军衔。2005年8月任菏泽军分区司令员。曾立三等功3次。

刘宝华　1954年生，单县终兴镇人。文职少将，博士生导师，中国人民解放军第三军医大学医疗系毕业，后获博士学位。参加工作后任三医大教授、大坪医院主任医师、普外科主任。是中华医学会重庆分会营养支持专委会委员、重庆市抗癌协会胃癌专委会委员、重庆市中西医结合学会肛肠专委会委员。多年从事普通外科学研究，擅长胃、大肠疾病的外科治疗，对乳腺、甲状腺疾病的外科治疗也有独到之处。在国内率先开展直肠癌腹会阴切除后趾骨直肠肌修复和保留式可控制会阴人造肛门术及全胃切除食管空肠Y型吻合空肠三腔代胃术。通过对低位直肠癌及梗阻性结直肠癌手术方法进行研究，成功地完成上排式粘贴造口袋的研制，进行代表肠侧压及肛肠肌电对肛门功能的评价。曾连续开展经骶尾骨、经阴道和括约肌切开术与直肠肿瘤、腹腔镜直肠癌切除术等在国内处于领先地位的创新手术。他是我国开展便秘外科治疗较早的学者之一，率先在国内外将盆腔四重造影用于便秘的诊断，开展了盆底功能检测及便秘生物反馈治疗和耻骨直肠肌部分切除治疗，并对便秘病人结肠的病理生理变化作精深的研究，研究成果在国内外居于领先水平，已广泛应用于临床。集数十年临床经验，编写出版专著《便秘的诊断及治疗》，并在国内外刊物上发表论文58篇，获军队、重庆市科技进步奖8项。多次立功受奖，所领导的科室曾立集体三等功，获“重庆市卫生系统青年文明号”称号。

李雪健　1954年生，巨野县谢庄人，原籍鄄城县凤凰乡朱李庄。1965年随父支边迁至贵州省凯里市。初中毕业后在军工厂当工人。1972年入伍，在二炮某团任文艺工作队员。1973年加入中国共产党。1974年被借调进京在二炮总部话剧团当演员，不久考入空军话剧团。1983年在首届戏剧梅花奖会演中因演话剧《火热的心》而获优秀演员奖。1987年转业到中央实验话剧院当演员。自1974年以来，他在20多部影视剧中担任重要角色，其中话剧有《九一三事件》《火热的心》《陈毅出山》，电视连续剧有《李大钊》《城市的脚步》《人民不会忘记》《神器》《渴望》《播种的太阳》，电影有《钢锉将军》《大侦察》《鼓书艺人》《天山行》《焦裕禄》等。曾多次在全国性文艺评奖中得奖，如戏剧梅花中优秀演员奖，电视飞天、金鹰双奖，电影金鸡、百花奖中的最佳男主角奖，电影艺术学会会员奖。1991年11月，因主演电影《焦裕禄》而荣获第十一届中国电影金鸡奖、第十四届《大众电影》百花奖最佳男主角，成为新中国成立后唯一同时双获“金鸡”“百花”男主角的演员。

郑春生　1954年生，山东省五莲县人。本科学历。1970年参加中国人民解放军，同年12月在某仓库政治处电影组任战士。

1974年加入中国共产党。1978年12月—1990年先后在某后勤司令部战勤科任参谋、科长。1990—1999年先后任济南军区后勤部司令部战勤处参谋、副处长、处长。1999年后，任联勤某分部参谋长、副部长。2004年8月任菏泽军分区副司令员。立三等功2次，授大校军衔。

练德生 1954年生，曹县阎店楼镇练庄村人。大学学历。1970年12月参加工作，1976年8月加入中国共产党。1970年12月在原山东省梆子剧团任演员、会计、团部秘书、办公室主任、党支部副书记。1986年10月任山艺术处、离退休处任主任科员、副处长、处长、机关党总支书记。2003年9月任中共山东省纪律检查委员会派驻省文化厅纪律组副组长、山东省监察厅派驻省文化厅监察专员办公室主任。2004年7月任中共山东省文化厅党委委员、纪委书记。

刘士合 1955年1月生，山东省沾化人。1971年1月参加工作。1971年1月—1973年9月在沾化县泊头镇店子村任民办教师。1973年9月—1975年8月在北镇师专语文系英语专业学习。1975年8月—1978年11月在沾化县五中任教。1978年11月—1986年11月任沾化县一中教导处副主任、主任。1986年11月—1989年3月任沾化县文教局副局长。1989年3月—1992年2月任沾化县齐鄷乡乡长、党委书记。1992年2月—1995年3月任沾化县委常委、办公室主任。1995年3月—1997年5月任沾化县委常委、副县长。1997年5月—1997年12月任沾化县委副书记、副县长。1995年9月—1998年7月在省经济管理干部学院经济管理专业业余本科班学习。1997年12月—2000年1月任邹平县委副书记。1999年3月—1999年6月在省委党校县委书记培训班学习。2000年1月—2000年4月任邹平县委副书记、县长。2000年4月—2000年5月任邹平县委书记、县长。2000年5月—2003年4月任邹平县委书记、县人大常委会主任、县人武部第一书记。2003年3月—2003年6月在中央党校培训班学习。2003年4月—2005年12月任滨州市委常委、邹平县委书记、县人武部第一书记。2004年3月起在中央党校经济管理专业在职研究生班学习。2005年12月任菏泽市委常委、副市长、市政府党组副书记。系八次、九次省党代会代表。

牛志春 1955年2月生，单县人。大学文化。1971年2月起，先后任单县曹马镇联办中学教师、单县师范教导处秘书、单县团县委秘书。1978年6月起，先后任菏泽团地委办公室副主任、工农青年部部长。1985年起，先后任东明县副县长，县委常委、常务副县长，东明县委副书记。1991年6月任菏泽地委政法委副书记兼综合治理办公室主任。1993年12月起，先后任成武县委副书记、县长，县委书记兼县长。1997年12月任莱芜市副市长。2003年2月任莱芜市委常委、常务副市长。

张存金 1955年2月生，郓城县人。中

共党员。1974年2月—1975年9月在郓城县广播站工作。1975年9月—1978年8月在山东大学中文系汉语言文学专业学习。1978年8月—1980年8月任山东大学中文系教师兼学生党支部书记。1980年8月—1984年4月任郓城县委组织部干事、科长。1984年4月—1986年7月任郓城县委组织部副部长。1986年7月—1989年10月任郓城县委组织部副部长、正科级组织员。1989年10月—1993年1月任单县县委常委、组织部部长。1993年1月—1994年6月任单县县委副书记。1994年6月—1995年1月任单县县委副书记兼单县委党校校长。1995年1月—1997年5月任单县县委副书记、县长。1997年5月—2001年1月任菏泽地委组织部副部长。2001年1月—2003年2月任菏泽市委组织部副部长。2003年2月任菏泽市政府副市长、党组成员。

杨永昌　1955年7月生，东明县人。中共党员。高级经济师。1975年8月—1977年7月在成武师范学校学习。1977年7月—1978年10月任东明县农业学大寨工作队队员。1978年10月—1980年1月任东明县一中教务处教导员。1980年1月—1981年4月任东明县教育局少先队辅导员。1981年4月—1983年7月任东明团县委学少部副部长、部长。1983年7月—1985年6月在菏泽师专干修科中文专业学习。1985年6月—11月任东明县委组织部组织员。1985年11月—1987年6月任东明团县委书记。1987年6月—1988年11月任东明县石油化工厂筹建处党支部书记。1988年11月—1993年3月任东明县石油化工厂厂长、党委书记。1993年3月—1994年9月任东明县副县长兼东明县石油化工厂厂长、党委书记。1994年9月—1995年3月任菏泽市委副书记、副市长、代市长。1994年9月—1996年12月在省委党校经济管理专业业余本科班学习。1995年3月—1997年12月任菏泽市委副书记、市长。1997年12月—2002年12月任成武县委书记。2002年12月—2003年2月任菏泽市政府市长助理。2003年2月任菏泽市政府副市长、党组成员。2003年3月—2005年1月在中央党校经济学专业在职研究生班学习。系七届省人大代表，七、八次省党代会代表。

支建立　1955年10月生，山东省陵县人。中共党员。1972年12月参加工作。1972年2月—1972年12月在宁阳县机械厂工作。1972年12月—1973年7月在宁阳县教育局工作。1973年7月—1976年1月在宁阳师范学校任教。1976年1月—1979年10月任宁阳团县委学校工作部副部长。1979年10月—1981年11月在泰安团地委工作。1981年11月—1984年3月任泰安团地委组织部副部长。1984年3月—9月任泰安团地委副书记。1984年9月—1986年7月在省委党校干修科党政专业学习。1986年7月—1988年5月任泰安团地委副书记。1988年5月—1996年7月任泰安市人事局副局长。1993年9月—1996年7月在省经济管理干部学院经济管理专业业余本科班学习。1996年7月—1998年12月任泰安市委组织部副部长。1998年12月—2001年4月任泰安市委组织部副部长、市人事局局长、市编办主任。2001年4月—2004年5月任泰安市委组织部常务副部长。2004年5月任菏泽市委常委、组织部部长。系省九次党代会代表。

刘长允 1955年12月生，成武县伯乐集镇田楼村人。中共党员。1978年2月—1982年1月就读于山东大学历史系，获学士学位。1982年1月—1988年10月在中共山东省委党校任教。1988年10月—1992年10月在山东省人民政府办公厅任正处级秘书。1992年10月—1996年6月，任济南市市政府副秘书长。1996年6月—2000年10月，任山东省人民政府办公厅副主任。2000年10月，任山东省人民政府副秘书长。后任山东省广播电视厅厅长。

王忠山 1955年生，安徽省凤阳县人。1969年12月参加中国人民解放军，1974年5月加入中国共产党。入伍后历任战士、书记、干事、教导员、政治处主任、管理局政治部主任、管理局党委书记。2000年11月任菏泽军分区副政委。立三等功2次。1998年3月授大校军衔。2003年7月转业到地方工作。

闫宪波 1955年生，单县人。1972年参加中国人民解放军，1975年8月加入中国共产党。大专文化。1972年12月任通信兵某通信团战士、干扰员。1978年4月任总参通信团训练队副指导员。1979年5月任通信技术侦察大队某测向队指导员。1980年9月起，先后任定陶县人武部干事、参谋，菏泽军分区司令部参谋，教导队教导员、队长。1990年11月任菏泽军分区副团职参谋。1994年任菏泽军分区干休所政委，同年被国防部表彰为征兵工作先进个人。立三等功2次。2002年1月晋升为副师级。

陈进行 1955年生，郓城县郓城镇陈路口村人。中共党员。1978年，考入南京工学院电力系自动化专业。1982年毕业后在菏泽第一发电厂工作，历任菏泽地区电业局计划科副科长、副局长。1993年任泰安市电业局副局长、局长。自1997年始，先后任山东电力局财务部主任、局长助理，山东电力集团公司工会主席、副总经理、总经理，山东鲁能集团董事局副主席。1999年任山东鲁能控股集团公司董事长、党委书记。2001年9月起，任山西电力公司党组书记、总经理。2002年任国家电网公司副总经理。

李新民 1956年12月生，单县单城镇人。1973—1984年先后在单县国营沙河林场、单县化肥厂工作。1984年调入单县酒厂。1985年加入中国共产党，曾任厂贸易公司经理、保卫科长、副厂长、副书记。1998年任单县四君子酒业有限公司副董事长兼总经理。2000年6月任公司董事长兼总经理、党委书记、高级工程师。个人先后被授予省富民兴鲁劳动奖章、市优秀共产党、先进工作者、优秀厂长（经理）、专业技术拔尖人才，荣立市政三等功，县劳动模范等光荣称号，被推荐为省、市人大代表，县政协常委。

郭庆良　1955年生，单县李新庄镇人。中共党员。1973年11月任菏泽军分区司令部电台报务员。1978年5月任单县黄寺公社郭庄联中民办教师。1982年7月于曲阜师范学院政治系毕业后留任校宣传部干事，后历任共青团山东省委研究室科员、主任科员、副主任。1990年9月任共青团山东省委宣传部部长。1992年9月任中共潍坊寒亭区区委副书记。1994年10月任共青团山东省委办公室主任。1997年10月任中共山东省委政治研究室综合处调研员。1998年9月任综合处处长。2000年5月起任中共山东省委政策研究室副主任。

魏淑元　1955年生，定陶县人。1976年2月参加中国人民解放军，1977年7月加入中国共产党。入伍后，历任济南军区某守备团排长、政治处干事、某政治部联群处干事。1983年5月调济南军区政治部联络部，历任干事、处长、副师职专职干部。2003年11月任菏泽军分区副政委。1984年9月—1986年7月在南京政治学院学习。1998年9月—2001年7月在中央党校领导干部班学习。入伍后立三等功1次。2001年授大校军衔。

王　平　女，1956年6月生，郓城县郓城镇王沙湾村人。1969—1972年回乡插队劳动。1972年3月参加工作，至1992年在郓城县人民医院做护理工作。1986—1988年曾在菏泽卫生学校脱产护理专业理论学习。曾先后任郓城县人民医院党总支副书记兼副院长、县卫生局副局长、郓城县人民医院党总支副书记兼卫生局副局长、郓城县人民医院党总支副书记。1984年以后，先后被评为省、市新长征突击手、省“三八红旗手”标兵、省工会优秀分子、省优秀共产党员、全国卫生先进工作者、山东省劳动模范、全国模范护士、全国五一劳动奖章、全国学雷锋先进个人等。1992年10月被推选为中共十四大代表。1998年被推选为全国工会代表，出席全国工会十三大。

赵润田　1956年8月生，河南省台前县人。中共党员。1975年5月—1978年10月任阳谷县搬运站工人、运输公司文书、交通局团总支书记、县革委会工办干事。1978年10月—1982年8月在山东师范大学中文系汉语言文学专业学习。1982年8月—1984年7月任阳谷县教育局教研室副主任、县政府办公室秘书。1984年7月—1989年2月任阳谷县政府办公室副主任、县委整党办公室副主任、闫楼乡乡长、县供销社主任。1989年2月—1993年2月任聊城地委办公室秘书、副主任。1993年2月—1995年3月任莘县县委副书记、副县长。1994年7月—1996年12月在北京师范大学文艺学专业在职研究生班学习。1995年3月—1997年12月任莘县县委副书记、县长。1997年9月—1998年8月在省委党校中青年干部培训班学习。1997年12月—2001年2月任临清市委书记。2001年2月—2002年10月任潍坊市副市长。2002年10月—2003年2月任菏泽市委副书记。2003年2月—2003年4月任菏泽市委副书记、副市长。2003 年 4 月任菏泽市委副书记、副市长兼市行政学院院长。系七次、九次省党代会代表。

丁伟民　1956 年 10 月生，山东潍坊人。中共党员。1975 年 11 月参加工作。济南师范专科学校中文系毕业，省委党校经济管理专业业余本科班毕业。1975 年 11 月—1978 年 12 月在潍坊市第一中学任教。1978 年 12 月—1981 年 4 月在济南师范专科学校中文系学习。1981 年 4 月—1986 年 12 月在省委机关印刷厂工作。1986 年 12 月—1993 年 9 月在省委办公厅先后任副科级秘书、正科级秘书。1993 年 9 月—1996 年 9 月任省委办公厅副处级秘书。1996 年 9 月—1998 年 9 月任省委办公厅秘书处副处长。1996 年 9 月—1998 年 12 月在省委党校业余本科班经济管理专业学习。1998 年 9 月—2000 年 12 月任省委办公厅秘书一处副处长、调研员。2000 年 12 月—2002 年 12 月任省委政法委办公室主任。2002 年 12 月—2003 年 3 月任菏泽市人民检察院副检察长、党组书记、代理检察长。2003 年 3 月任菏泽市人民检察院检察长、党组书记。系省九次党代会代表。

陈　光　1956 年 11 月生，山东省寿光人。中共党员。1974 年 8 月—1975 年 12 月为寿光县纪台公社下乡知青。1975 年 12 月—1976 年 5 月在寿光县供销社工作。1976 年 5 月—1976 年 11 月任寿光市委宣传部干事。1976 年 11 月—1982 年 8 月任昌潍团地委秘书。1982 年 8 月—1985 年 6 月任昌潍地委办公室秘书。1983 年 9 月—1985 年 6 月在昌潍师专干修科中文系学习。1985 年 6 月—1986 年 6 月任潍坊市委研究室秘书。1986 年 6—12 月任潍坊市委研究室城市经济科副科长。1986 年 12 月—1989 年 5 月任潍坊市委研究室城市经济科科长。1989 年 5 月—1991 年 10 月任共青团潍坊市委书记。1991 年 10 月—1993 年 1 月任诸城市委副书记、市长。1993 年 1 月—1994 年 5 月任诸城市委书记。1994 年 5 月—1997 年 6 月任潍坊市委常委、诸城市委书记。1994 年 9 月—1997 年 6 月在山东经济学院统计与会计核算专业业余本科班学习。1997 年 6 月—1997 年 12 月任菏泽地委副书记、行署副专员。1996 年 9 月—1999 年 1 月在省委党校业余本科班经济管理专业学习。1997 年 12 月—2000 年 11 月任菏泽地委副书记、行署专员。2000 年 11 月—2001 年 1 月任菏泽市委副书记、行署专员。2001 年 1 月—2002 年 12 月任菏泽市委副书记、市长。2002 年 12 月—2003 年 2 月任菏泽市委书记。2003 年 2 月任菏泽市委书记兼市人大常委会主任。系九届全国人大代表，九、十届省人大代表，六、七、八、九次省党代会代表。

王长松　1956 年 12 月生，山东省博兴县人。中共党员。合肥工业大学精密机械系精密计量仪器专业毕业。1982 年 2 月参加工作。1976 年 8 月—1978 年 2 月在博兴县陈户公社工作。1978 年 2 月—1982 年 2 月在合肥工业大学精密机械系精密计量仪器专业学习。1982 年 2 月—1982 年 9 月为纺织工业部科学研究院干部。1982 年 9 月—

1984年6月任博兴县政府办公室秘书。1984年6月—1984年12月任博兴县委办公室机要科科长。1984年12月—1986年4月任惠民地委组织部干事。1986年4月—1987年12月任惠民地委组织部知工科副科长、干训科副科长。1987年9月—1990年7月在省委党校党政干部研究生班学习。1987年12月—1990年9月任惠民地委组织部干训科科长。1990年9月—1991年9月任惠民地区技术监督局副局长。1991年9月—1996年12月任惠民县委副书记。1996年12月—1997年3月任滨州地委组织部副部长。1997年3月—1999年10月任滨州地委组织部副部长兼地委老干部局局长。1999年10月—2001年1月任滨州地委经贸工委常务副书记、地区经贸委副主任。2001年1月—2003年4月任巨野县委书记。2003年4月任菏泽市委常委、巨野县委书记。

马文广 1956年生，回族，曹县东关人，中共党员。1972年被选入山东省举重队。1973年参加全国举重比赛获青少年组75公斤级第三名。1974年获75公斤级全国青少年举重冠军。1976年年初入选国家举重队。同年4月在泰国举行的亚洲举重锦标赛中，获75公斤级总成绩亚军。1977年5月在伊拉克举行的亚洲举重锦标赛中获82.5公斤级总成绩第一名，成为亚洲举坛新霸主。10月在西德举行的世界举重锦标赛上列第九名。1978年在泰国举行的第八届亚洲运动会上获82.5公斤级挺举金牌。1979年在第四届全国运动会上力取90公斤级抓举、挺举和总成绩3枚金牌。1980年9月在上海国际举重邀请赛上挺举192.5公斤，成为亚洲举得最重的人，逼近世界挺举的最高水平。10月在美国夏威夷举行的美洲杯举重大赛上名列90公斤级挺举和总成绩榜首。1982年在印度举行的第九届亚运会上获挺举和总成绩第一名。1983年在第五届全运会上获挺举和总成绩两枚金牌。1984年2月赴苏联进行学习训练，被苏联专家誉为“最虚心、最热心、最细心、最有雄心的运动员”。9月在美国洛杉矶举行的奥运会上，力举195公斤，名列第六名，跻身于世界挺举强手之列。1985年在日本举行的中日优秀举重选手对抗赛中，被评为唯一的最佳运动员。1987年在第六届全运会预赛中，以196.5公斤的优异成绩打破90公斤级全国纪录，并夺取总成绩冠军，时年31岁，以参赛年龄最大者而轰动举坛。同年10月在第六届全运会决赛中受挫，右肩韧带断裂，从此结束了运动员生涯。1987—1989年在山东体育学院本科班学习，获学士学位。1988年任山东省体育运动技术学院副院长。1990—2001年任山东省运动技术学院副院长，党委书记、院长，山东省体委副主任。2001年任国家体育总局重竞技运动管理中心主任，中国举重协会主席，亚洲举重联合会副主席。马文广驰骋举坛16年，共获得178枚金牌，18次刷新亚洲纪录，56次打破全国纪录，称冠国家举坛11年，称雄亚洲10年，获国内外重要比赛金牌40多枚，被举坛誉为“奇才”。曾先后被授予“山东省劳动模范”“最佳运动员”“振兴山东体育特等功臣”“北京奥运会、残奥会先进个人”等荣誉称号，是亚洲举重联合会金质奖章获得者。

王东玉 1956年生，曹县阎店楼镇王海村人。高级经管师。1978年7月在南京林产工业学院学习。1981年7月加入中国共产党。1982年8月分配到林业部林科院工作，先后任林科院人事处副处长，林科院云南紫胶研究所党委书记，林科院人事处处长兼监察处处长。1987年任林科院京区党委常委。1992年调入农业部工作，任中国爱地集团公司人事部部长。1995年3月任集团公司副总经理，6月任副总经理、副书记兼纪委书记。

朱桂芹 女，1956年出生，菏泽市单县人，著名豫剧表演艺术家，国家一级演员，中国戏剧家协会会员，历任山东第六、七、八、九届人大代表，山东省第十届妇代会代表，山东省第七次文代会代表，菏泽市政协常委，第十六届中国戏剧梅花奖获得者，历任菏泽地区豫剧团团长，党支部书记，菏泽地区文化局工会主任，菏泽市文联副主席，山东省戏剧家协会副主席，菏泽市戏剧家协会主席等。

苏文星 1956年生，山东省淄博市人。研究生（函授）学历。1974年12月参加中国人民解放军，1976年11月加入中国共产党。历任山东省军区某炮团政治处书记，省军区政治部干部处档案员干事，离退休干部办公室干事，政治部干部处干事，教导大队教导员，政治部干部处副处长，军事法院院长。1997年6月授上校军衔。2004年2月任菏泽军分区政治部主任，同时授大校军衔。立三等功3次。

张九勋 1956年生，定陶县陈集镇七一行政村张庄村人。大专文化。第十届全国人民代表大会代表。1983年参加工作，先后任乡镇企业会计、厂长。1988年任陈集镇工业公司经理。1993年创办山东都庆股份有限公司，任董事长。被共青团中央、国家科委授予“全国青年星火带头人”，获得“山东省乡镇企业优秀厂长（经理）”称号和山东省富民兴鲁劳动奖章。2003年荣获“山东省劳动模范”称号。

夏诚华 回族，1956年生，巨野县陶庙镇夏庄村人。中共党员。先后就读于夏庄小学、陶楼联中和巨野三中。1973年高中毕业后回乡务农，曾任民办教师。1974年年底入伍。1978年4月退伍，在巨野县农机局工作。7月考入西南政法学院。1982年7月毕业后分配至国家民委工作。9月调山东省公安厅工作。后转至山东省公安专科学校，历任诉讼法教研室副主任、刑法教研室主任、法律部负责人，先后被评为讲师、副教授，1994年破格晋升为教授。1995年调公安部工作，先后任办公厅综合处处长、研究室副主任。2001年任中共中央维护稳定办公室调研室主任。任教期间曾发表论文30余篇，出版著作10余部，并曾任山东省诉讼法研究会理事，中国法学会会员，兼职从事律师工作10余年。在公安部工作期间，曾兼任公安部新闻发言人。

鹿心社 1956年生，巨野龙堌镇鹿楼村

人。1978年7月考入武汉水利电力学院农电水利工程专业，1982年毕业分配到农牧渔业部工作。1985年7月加入中国共产党。1987年4月至1988年4月在原联邦德国学习。回国后历任国家土地管理局副处长、副司长、司长。1995年6月挂职任江苏省南通市人民政府副市长。1996年7月任国家土地管理局副局长、党组成员，兼中国土地学会常务理事、中国土地估价师协会常务理事。1998年3月任国土资源部司长、党组成员。1999年5月任国土资源部副部长。2005年任国家测绘局局长。

王金书　1957年1月生，东明县武胜桥乡玉皇庙村人。中共党员。大专学历。高级经济师。玉皇庙村党总支书记、山东玉皇化工有限公司董事长。山东省第八次、第九次党代会代表，省第十一届人大代表。先后被授予全国劳动模范、山东省劳动模范、山东省优秀共产党员、山东省优秀企业家、菏泽市十大杰出创业家等荣誉称号。1984年担任玉皇庙村党支部书记后，以改变本村落后面貌为己任，带领全村群众艰苦奋斗，顽强拼搏，使贫穷落后的玉皇庙村，变成了远近闻名的经济强村。他创办的山东玉皇化工有限公司从小作坊逐步发展成为中国优秀品牌企业、山东省高新技术企业，连续3年入选中国化工企业经济效益500强、中国化工企业500强、中国化工化学助剂行业50强。玉皇化工在其领导下，已发展成为拥有固定资产40亿元、8个子公司、2000多名员工的大型化工企业。

马平昌　1957年2月生，山东省淄博人。1980年12月—1983年6月任淄川区蓼坞公社经管站经管员。1983年6月—1984年4月任淄川区蓼坞公社党委委员、秘书。1984年4月—1986年8月任淄川区黑旺镇党委副书记、镇长。1986年8月—1990年2月任淄川区税务局局长、党组书记。1988年7月—1991年7月在淄博教育学院中文专业参加函授学习。1990年2月—1990年5月任淄川区委办公室主任。1990年5月—1993年2月任淄川区区委常委、办公室主任。1992年9月—1995年6月在南京理工大学经济系财会专业参加函授学习。1993年2月—1995年3月任淄川区委常委，区政府副区长、党组副书记。1994年4月—1996年4月在中国社科院参加在职研究生班函授学习。1995年3月—1997年12月任淄川区委副书记，区政府副区长、党组副书记。1997年12月—1998年1月任博山区委副书记，区政府代区长、党组书记。1998年1月—1999年2月任博山区委副书记，区政府区长、党组书记。1999年2月—1999年5月任淄博市政府副秘书长。1999年5月—2000年11月任东明县委书记兼县人武部党委第一书记。2000年11月—2000年12月任菏泽市委常委、组织部部长，兼东明县委书记、县人武部第一书记。2000年12月—2003年4月任菏泽市委常委、组织部部长。2003年4月—2004年5月任菏泽市委副书记、组织部部长。2004年5月—2005年12月任菏泽市委副书记。2005年12月任菏泽市委副书记、市纪委书记。

李法洪 1957年2月生，曹县人，回族。中共党员。空军第五航空学校飞行专业毕业，中央党校函授学院法律专业毕业。1974年3月—1974年12月在空军第一航空预备学校学习。1974年12月—1977年4月在空军第五航空学校学习。1977年4月—1978年5月任空军航空兵35师105团飞行一大队飞行员。1978年5月起任空军航空兵某部飞行员。1982年11月—1983年11月任空军航空兵某飞行中队中队长。1983年11月—1983年12月任空军航空兵某团司令部领航主任。1983年12月—1988年7月任空军航空兵某部飞行大队大队长。1988年7月—1991年6月任空军航空兵某师司令部领航主任。1991年6月—1995年9月历任空军航空兵某团副团长、团长。1995年9月—2005年3月任空军航空兵某师副师长、师长。2005年3月转业待安排。

于信民 1957年3月生，鄄城县人。1982年1月毕业于山东医学院药学系，获医学学士学位。同年分配到菏泽医专任教，先后担任药理学教研室主任，师资科研科科长，教务科科长，教务处副处长、处长。2000年12月晋升为教授。2002年8月任副校长，党委委员。2004年12月任菏泽医专党委副书记、校长，兼任菏泽市科协副主席，山东省药学会、药理学会、心理卫生学会理事，山东大学医学院硕士研究生导师。主持和参与省、厅级科研和教研课题20余项，在国内外公开发表论文40余篇，其中有6篇被EI、SCI、ISTP、美国药剂文摘收录。其主持的《药理学Ⅰ、Ⅱ、Ⅲ、Ⅳ授课法研究》《医学专科学校临床实习基本技能操作规范标准研究》等课题分别获省级教学成果二等奖1项、三等奖4项；主编和参编包括全国统编教材16部，其中有三部分别获山东省、中国药理学会、卫生部教材办优秀教材奖。1992年12月被评为山东省高校优秀青年教师。1994年度被共青团山东省委授予山东省新长征突击手，并荣立一等功。1995年9月被评为山东省优秀教师。1997年3月被评为菏泽医专首届教学能手。1997年9月被评为“山东省十大优秀教师”提名奖。

付章丽 1957年5月生，菏泽市牡丹区人。中共党员。1974年4月—1978年3月在菏泽县都司公社骆屯小学任教。1978年3月—1982年1月在山东农学院园艺系学习。1982年1月—1983年12月任菏泽市农业局技术员。1983年12月—1984年2月任菏泽市丹阳办事处文书。1984年2月—1984年7月任菏泽市委办公室秘书。1984年7月—1995年3月任菏泽地区行署办公室科级秘书、副县级秘书。1985年9月—1986年10月挂职鄄城县临卜乡党委副书记。1995年3月—1997年5月任菏泽地区行署综合室副主任。1997年5月—2000年6月任菏泽地区行署副秘书长、行署办公室党组成员。2000年6月—2003年8月任菏泽地区外经委主任、党组书记。2003年8月任菏泽医学专科学校党委书记。2004年11月晋升为研究员。

汤建梅 女，1957年8月生，上海市宝山人，

回族。1976年4月—1976年12月在菏泽地区农林局畜牧兽医站工作。1976年12月—1979年7月在山东农学院畜牧兽医专业学习。1979年7月—1982年8月任菏泽地区畜牧兽医工作站技术员。1982年8月—1997年7月任菏泽地区畜牧兽医工作站助理兽医师、兽医师、高级兽医师。1997年7月—1999年8月任菏泽地区畜牧工作站副站长。1999年8月—1999年12月任菏泽地区畜禽良种推广中心主任、畜牧工作站副站长。1999年12月—2001年1月任民盟菏泽地区筹委会副主任，地区畜禽良种推广中心主任、畜牧工作站副站长。2001年1月任菏泽市人大常委副主任、民盟山东省委常委、民盟菏泽市委主委。2004年8月任菏泽市人大常委副主任、民盟山东省委常委、民盟菏泽市委主委、菏泽市科协副主席。系九、十届全国人大代表。

杜昌文　1957年10月生，山东省嘉祥县人。中共党员。1975年9月—1976年5月为嘉祥县农业学大寨工作队队员。1976年5月—1978年12月任嘉祥县满硐公社党委常委、团委书记。1978年12月—1980年2月任嘉祥县万张公社党委常委、团委书记。1980年2月—1982年7月任嘉祥县万张公社党委常委、革委会副主任。1980年12月—1982年9月山东农业机械化学院干修科农业机械化管理专业学员。1982年7月—1984年2月任嘉祥县万张公社党委副书记。1984年2月—1984年3月任嘉祥县委常委。1984年3月—1984年8月任嘉祥县委常委、团县委书记。1984年8月—1988年1月任济宁团市委副书记。1988年1月—1988年6月任济宁市人大常委、团市委副书记。1988年6月—1989年2月任济宁团市委书记。1989年2月—1993年1月任济宁市教育局局长。1993年1月—1997年12月任金乡县委书记。1995年9月—1997年12月在省委党校经济管理专业业余研究生班学习。1997年12月—2000年11月任菏泽地委副书记、行署副专员。2000年11月—2002年12月任菏泽市委副书记、副市长。2002年12月—2003年2月任菏泽市委副书记、副市长、代理市长。2003年2月任菏泽市委副书记、市长。系十届全国人大代表，六、七、八次省党代会代表，十届省人大代表。

乔军海　1957年11月生，东明县人。1976年12月参加中国人民解放军海军部队。1981年9月入大连海军第一水面舰艇学院学习。1985年4月任海军某舰副舰长。1989年任海军某舰舰长。1990年参加国防重大工程建设。1992年在海军指挥学院参谋班学习。1994年任海军某部司令部通信科科长。1997任海军某部队长。2001年任海军某部参谋长。2002年任海军某部副师长。立个人三等功4次，并多次被上级评为优秀共产党员和先进个人。

田诚阳　1957年12月生，原名田素春，道号青阳子，单县单城镇东关街人。1982年赴东海崂山学道。1987年入中国道教协会专修班学习。1989年出任青岛市崂山太清宫副监院、山东省青联委员。后调入中国道教协会教务处。1992年调入中国道教文化研究所，专门从事道家学术研究。先后编撰整理《道家养生秘库》《仙学解秘》《陈樱宁仙学修练法要》等专著，参与撰写和编辑《道教大辞典》《中华道教大辞典》《道教神仙画册》《道教神仙画册》《罗天大醮》《道教正一授箓传度经教练》《玄门日诵早晚功课经》等书籍，出版《道经知识宝典》《中华道家修炼学》《修道入门》《仙学详述》等专著，填补了道家修炼学方面的学术空白，被誉为“文化道士”“道士学者”。

宋　健　1957年12月生，山东省乳山县人。中共党员，研究生学历，经济师。1975年11月在山东电力建设第二工程处工作。1982年6月至1987年10月任山东电力二公司团委副书记、书记。1987年10月任山东电力二公司汽车队党支部副书记。1990年12月任山东电力二公司办公室主任。1996年12月任山东电力二公司工会副主席。1997年12月任山东菏泽发电厂工会主席。1999年1月任山东菏泽发电厂副厂长。2003年2月任山东菏泽发电厂厂长。2004年8月任国电山东分公司党组成员、菏泽电厂厂长。个人先后获得山东省劳动模范、国电集团公司二级奖章、菏泽市十大经济新闻人物和菏泽市地方名人等称号。

刘　勇　1957年生，曹县人。1975年5月参加工作。1975年5月—1976年12月担任曹县倪集公社民办教师。1976年12月—1979年2月在菏泽棉纺织厂工作。1979年2—8月在菏泽棉纺织厂子弟小学任教。1979年8月—1981年5月任菏泽棉纺织厂工会教育科办事员。1981年5月—1983年9月任菏泽棉纺织厂细纱车间党支部副书记。1983年9月—1985年7月到山东纺织工学院工业管理工程专业干修科学习。1985年9月—1988年10月任菏泽棉纺织厂宣传科科长。1988年10月—1993年6月任菏泽地区经委生产安全科办事员、科长。1993年6月—1997年1月任菏泽地区经贸委副主任、党组成员。1997年1月—1997年12月任郓城县委副书记、副县长。1997年12月—1998年2月任东明县委副书记、代县长。1998年2月—2000年12月任东明县委副书记、县长。2000年12月—2005年12月任东明县委书记。2004年9月起在中央党校经济学专业在职研究生班学习。2005年12月任菏泽市委常委、东明县委书记。系省八次、九次党代会代表。

陈启祥　1957年生，定陶县冉堌镇田集村人。中共党员。1974年在田集联中任教。1976年8月入定陶师范学习。1978年1月考入北京钢铁学院。1982年分配到济南钢铁公司初轧厂工作，先后任技术员、助理工程师。1984年7月任轧钢车间主任。1986年10月任厂长助理，后任副厂长。1994年任轧钢厂厂长兼党委书记。1997年7月，陈启祥任济南钢铁集团总公司（合资）宽厚板厂厂长兼党委书记。1998年5月任济南钢铁集团总公司组织干部部常务副部长。1999年年初任党委常委、部长。2002年7月任济南钢铁集团总公司副总经理兼济南钢铁股份有限公司董事长。2002年12月，任济南钢铁股份有限公司董事长。

耿福明　1957年出生，成武县九女集

镇人。华东水利学院农田专业大学毕业，工学博士，工程技术应用研究员，中国工程设计大师。1976年5月加入中国共产党。1976年10月—1978年2月在成武县九女公社工作。1978年2月—1982年1月在华东水利学院农田水利专业学习。1982年1月—1994年4月任山东省水利勘测设计院助理工程师、工程师、高级工程师。1994年4月—2000年6月任省水利勘测设计院副院长、院长。2000年6月—2003年10月任山东省水利厅副厅长兼省水利勘测设计院院长。2003年10月起任山东省南水北调工程建设管理局局长、党委书记。

段伯汉　1958年2月生，巨野县人。中共党员。1976年12月—1978年3月在巨野县田庄公社担任民办教师。1978年3月—1982年1月在山东工学院电子工程系无线电技术专业学习。1982年1月—1983年5月在巨野县五金交电站工作。1983年5月—1984年3月在巨野县人事局工作。1984年3月—1985年1月任巨野团县委书记。1985年1月—1987年8月任巨野县田桥乡党委书记。1987年8月—1989年7月在省委党校党政干部研究生班学习。1989年7月—1990年2月任巨野县委组织员办公室正科级组织员。1990年2月—1990年8月任巨野县城关镇党委副书记、镇长。1990年8月—1993年1月任菏泽团地委副书记。1993年1月—1995年1月任巨野县副县长。1995年1月—1997年2月任定陶县委副书记。1997年2月—1997年12月任定陶县委副书记、副县长。1997年12月—1998年3月任定陶县委副书记、代县长。1998年3月—2000年12月任定陶县委副书记、县长。2000年12月—2001年1月任定陶县委书记。2001年1月—2003年1月任定陶县委书记、县人大常委会主任。2003年1月—2005年12月任定陶县委书记。2005年12月任菏泽市副市长、党组成员。系省九届人大代表，省八次党代会代表。

李洪合　1958年5月生，巨野县人。1974年5月—1976年11月系巨野县下乡知青。1976年12月—1981年11月在山东省科技馆秘书科工作。1981年11月—1984年5月为山东省科协计财处干部。1984年5月—1988年12月任山东省科协办公室副科长、科长。1989年1月—1992年12月任山东省科协计财处副处长。1992年12月—2001年4月任山东省科协计财处副处长。2001年4月—2002年11月任山东省科协党组成员、纪检组长。2002年11月—2002年12月任山东省科协党组成员、副主席。2002年12月任山东省档案局副局长、党组成员。

康子中　1958年5月生，成武县成武镇人。1976年，进入空军第一航空预备学校（后为空军长春飞行学院）学习。1977年1月，在空军第五飞行学院学习飞行。1978年3月加入中国共产党。1979年2月，在空军航空兵某师任飞行员。1981年5月任空军航空某师机务中队指导员。其间，在上海空军政治学院学习。1983年6月任兰州军区空军政治部保卫部干事。1985 年 9 月考入中国人民大学法律系。1988 年 6 月任空军政治部保卫部干事。1990 年 4 月任空政办公室党委秘书。1994 年 3 月任空政组织部党务处副处长。1995 年 6 月任空政组织部青年处处长。1998 年 3 月任空政组织部党务处处长。1999 年 8 月任空政组织部副部长。

孙亚强 1958年7月生，单县单城镇广生殿村人。1978 年 9 月考入北京大学地震地质专业学习。1982 年 8 月毕业分配至山东郯城地震台任观测员。1984 年 9 月任菏泽地震监测中心台观测员。1985 年 2 月任菏泽地震监测中心台副台长。1992 年任台长。1995 年 11 月晋升为高级工程师。1997 年 2 月调任山东省地震局科技监测处处长。1999 年 5 月任省地震局副局长。2004 年 11 月晋升为研究员。自参加工作以后，长期从事地震监测预报研究、技术工程建设及科技管理工作，先后主持承担的“山东数字地震前兆台网”工程建设项目，经山东省科技厅、中国地震局共同认定为“具有国际同类系统的先进水平”。该成果获 2001 年山东省科技进步一等奖，获科技部、财政部、国家计委、国家经委“九五”国家重点科技攻关计划优秀成果奖。主编《地震前兆台网技术—山东数字试验台网》一书，参编《学科发展蓝皮书 2002 卷》，发表学术论文 10 余篇，撰写技术报告 20 余篇，曾获省部级科技进步一等奖一项、省局级科技进步奖 5 项。

张继平 1958 年 7 月生，成武县大田集镇张庄村人。北京大学数学研究所教授，数理科学第四届“中国青年科学家奖”获得者，北京大学数学学院院长、博士生导师。张继平主要从事代数学研究。20 世纪 80 年代初，对有限单群分类中心有突出贡献，且在世界上第一个给出亏零 P- 块的充要条件。在当代模表示论的研究中作出多项重要贡献，对著名 Puig 猜想的研究为该理论的进一步发展开辟了道路，创立和系统发展了群的算术理论，进而解决了 Huppert 猜想和共轭类长猜想等长期未解决的难题，并在 Zeta- 函数和黎曼流形上的 Laplace-Beltrami 算子等研究领域得到应用。把代数 K- 理论应用到模表示论的研究中。曾获得国家自然科学奖三等奖、教育部科技进步一等奖等多项奖励。

殷鲁谦 1958年8月生，单县高老家乡刘庄村人。1971—1975 年先后就读于菏泽一中初中部和高中部。1975 年高中毕业后到菏泽县李村参加劳动锻炼。1976 年 12 月在菏泽县外贸局工作。1977 年恢复高考后，考入山东师范学院中文系。1982 年 1 月毕业后，分配到山东省人民代表大会常务委员会工作。1986 年 7 月挂职齐河县表白寺镇党委副书记。1988 年 2 月先后任山东省人大财经委员会办公室副主任、主任。1996 年 11 月任省人大财经委副厅级巡视员。1999 年任山东省人大办公厅副主任。2001 年 11 月任山东省人大人事代表室主任。2002 年 12 月任中共济南市委常委、组织部部长。

樊庆斌 1958 年生，郓城县郓城镇人。大学文化程

度。全国政协第九、十届委员会委员，县政协第十、十一届委员会副主席。宋江武校校长，中国武协经济委员会副主席，国家一级武术裁判员。其主要社会兼职有省青联常委、省摔跤柔道协会副主席、中华武术协会少林拳研究会理事、全国武术馆校组委会委员、郓城县工商联副会长、郓城县武协副主席等。他创办的宋江武校被评为全国群众体育先进单位、全国先进武术馆校和省、地、县体育先进单位及社会办学先进单位。樊庆斌还当选为山东省十大杰出青年、山东省新长征突击手、全国体育先进分子和全国优秀体育企业家。

张建新　1959年7月生，单县城关镇胜利街人。1976年7月—1978年3月为单县龙王庙公社下乡知青。1978年3月—1980年7月在青岛工艺美术学校日用品造型专业学习。1980年7月—1981年9月担任单县美术总厂设计师。1981年9月—1983年7月在泰安师专美术系学习。1983年7月—1985年6月任菏泽市城关二中、二十二中教师。1985年6月—1989年6月担任菏泽市城市规划设计室工程师。1989年6月—1995年任菏泽市城建委城建科科员、副科长、科长。1995年8月—1997年12月任菏泽市建委副主任。1997年12月—2001年1月任菏泽市副市长。2001年1月—2005年12月，任政协菏泽市委员会副主席兼人口资源环境委员会主任。

段金彪　1959年12月生，原籍郓城县陈坡乡人。现任菏泽市公安局交警支队政委。自参加公安工作以来，始终牢记人民警察的宗旨，忠实履行人民警察职责，恪尽职守，无私奉献，为维护社会治安稳定做出了突出贡献。巡警大队110接警服务中队成为全市、全省、全国公安系统的一面旗帜。先后两次荣立个人三等功，两次荣立个人二等功，被授予“全国公安机关一级英雄模范”“全国优秀人民警察”“全国学习济南交警先进个人”“全省优秀共产党员”“全省模范公务员”“全省人民满意民警”等荣誉称号。中央政治局常委、中央政法委书记罗干称“他是践行‘三个代表’的优秀民警”。2003年11月，受到胡锦涛等中央领导人的亲切接见。

王晓清　1959年生，辽宁省盖县人。1976年12月参加中国人民解放军，1981年10月加入中国共产党。先后任某警卫连战士、某师司令部机要参谋、某连副指导员，某防化连副连长、训练队教员。1983年9月—1985年7月在石家庄高级步校学习。1990年7月以后，先后任济南军区司令部直工部保卫处干事，军务装备处参谋、副处长、处长。1993年8月—1995年12月在中央党校函授本科班学习。2004年10月任菏泽军分区参谋长，授大校军衔。立三等功2次。

焦立中　1960年8月生，美国姓名LeroyChino，祖籍东明县刘楼镇焦楼村。第一位“太空行走”的华人，也是迄今为止唯一一位担任空间站站长的华裔。1983年在柏克利加利福尼亚大学毕业，并取得化学工程学士学位。1985年和1987年在加利福尼亚大学圣芭芭拉分校分别取得硕士和博士学位。1987年和1989年先后进入加州赫克赛尔（高科技）公司和美国宇航总署太空喷气推进实验室工作。1990年进入航空太空总署受训，并取得宇航员资格。1994年7月23日开始遨游太空，历时353小时55分钟。1996年1月15日乘“奋进”号航天飞机第二次进入太空，并进行6个多小时的“太空行走”。 2004年10月，作为国际空间站第十长期考察组成员进驻国际空间站，在空间站工作193天。焦立中对祖国有着深厚的感情，他曾把一面中华人民共和国国旗、一块用香港石英石雕刻成型的玫瑰花等带上太空，也曾用“山东”这个词作为焦立中在太空站的代号，以表达对祖国的思念。

郁章玉 1960年11月生，山东临沂人。中共党员。山东省有突出贡献的中青年专家，山东省优秀青年知识分子标兵，山东省中青年学术骨干学科带头人，全国优秀科技工作者，享受国务院政府特殊津贴。1979年入读曲阜师范学院，毕业后留校工作。1985年就读河北师范大学研究生，毕业后返曲阜师范大学工作。1988—1993年任曲阜师范大学助教、讲师、副教授。1994年任曲阜师范大学化学系副主任、教授、硕士生导师。1996年任曲阜师范大学实验设备处处长。2001年任曲阜师范大学党委常委、副校长。2004年9月任菏泽学院党委副书记、院长。

陈先运 1961年9月生，成武县大田集镇合集村人。大学学历，历史学硕士，中共党员。1979年9月—1983年7月在山东农业机械化学院汽车设计与制造专业学习。1983年7月—1984年3月在济南市第三运输公司任秘书。1984年3月—1986年1月任济南第三运输公司保养二场工会主席。1986年1月—7月在济南市委组织部帮助工作。1986年7月—1988年1月在济南市科委工作。1988年1月—1990年4月任济南市科委人教处主任科员。1990年4月—1992年5月任济南市科委机关党委副处级组织员。1992年5月—1993年6月任济南市科委人教处副处长。1993年6月—1993年10月任济南市科委人教处处长、机关党委组织员。1993年10月—1996年6月任济南市科委人教处处长、机关党委副书记。1996年6月—2000年9月任济南市科委副主任、党组成员。1996年9月—2000年9月在山东大学中国近代史专业攻读硕士学位。1997年8月—1999年12月挂职济阳县副县长。2000年3—9月挂职济南市历城区委副书记。2000年9月—2001年2月任章丘市委副书记、代市长。2001年2月—2002年12月任章丘市委副书记、市长。2002年12月—2005年2月任章丘市委书记。2005年12月任济南市委常委、章丘市委书记。

夏鲁青 1962年1月生，浙江省青田人。中共党员。1978年7月—1979年9月在定陶县二中担任民办教师。1979年9月—1983年7月在南京林产工业学院林学系森林病虫防治专业学习。1983年7月—1990年12月任山东省林木保护站助理工程师。1990年12月—1992年11月任山东省林业厅机要秘书。1992年11月—1996年10月任山东省林业产业总公司综合办公室副主任。1996年10月—2002年1月任省林业科技培训中心主任。1999年9月—2002年7月在南京林业大学森林保护专业在职学习，获农学博士学位。2002年1月任菏泽市副市长。

李建军　1962年2月生，单县孚岗镇大王庄人。主任医师。1979年9月—1983年7月在滨洲医学院医疗系医学专业学习。1983年7月—1985年7月在单县卫校担任教师。1985年7月—1999年3月担任菏泽地区医院普外科医生、医师、主治医师、副主任、主任。1999年3月—1999年12月任地区医院副院长。1999年12月—2001年1月任农工党菏泽地区直属支部主委、地区医院副院长。2001年1月—2003年3月任农工党菏泽市直属支部主委、菏泽市政协副主席，菏泽市立医院副院长。2003年3月—2005年12月任农工党菏泽市直属支部主委，菏泽市政协副主席、科教文卫体委员会主任，菏泽市立医院副院长。2005年12月任农工党菏泽市委筹委会主委，菏泽市政协副主席、科教文卫体委员会主任，菏泽市立医院副院长。系十届全国人大代表，八届省政协委员。

王培印　1962年3月生，单县时楼镇王堂村人。高中毕业后就聘于天津津美集团公司，先后任销售部副经理、经理。1988年任天津津美集团副经理。1992年创建山东津单幕墙有限公司，任董事长兼总经理、总裁。是中国金属结构协会常务理事、山东省建设机械协会常务理事、山东省工商局合同管理协会副理事长、山东省人大代表。在任天津津美集团副总经理期间，曾被评为“天津市青年改革致富能手”，获得“天津市五一劳动模范”奖章。

李湘平　1962年8月生，东明县人。大学学历，中共党员。在担任东明石化集团党委书记、董事长期间，筹集近20亿元资金，以超常规的速度建设了13个大型石油化工项目，使企业由一个原油年加工能力30万吨、产品单一的小企业，发展成为年综合加工能力500万吨、销售收入过70亿元、利税过3亿元、拥有45多亿元资产、产权多元化的大型综合石油化工企业集团，企业经济效益、管理水平、信用等级跻身全国同行业前列。曾先后被授予“中国企业改革十大杰出人物”“中国二十世纪杰出成功人才”“省、市、县劳动模范”“山东省十大杰出青年企业家”“山东省优秀思想政治工作者”等荣誉称号。2005年，当选“全国劳动模范”。

彭丽媛（女）　1962年11月生，郓城县张营乡后彭庄村人，当代民族声乐代表人、第一位民族声乐硕士，中共党员，中国著名女高音歌唱家、国家一级演员，少将军衔。第八届、九届、十届全国政协委员，中华全国青年联合会副主席，享受国务院颁发的政府津贴，中国音乐家协会理事，中国歌剧研究会副主席。

1979年，考入山东艺术学院。1980年，到北京参加文艺汇演，以歌曲《包楞调》《我的家乡沂蒙山》震动京城音乐界，随后她出访欧洲六国演出，深受欢迎，同年调入济南军区前卫歌舞团。1981年，考入中国音乐学院声乐系。1990年5月，获声乐硕士学位。

彭丽媛多次荣获全国“五个一”工程奖，曾获文华奖、梅花奖、中国金唱片奖、国家音像大奖等国家级大奖和国家级声乐比赛大奖。并荣获由65个国家参加的第二十六届世界青年联欢节金奖，声乐排名第一位。

1982年，参加中央电视台第一届春节联欢晚会的演出，演唱了歌曲《在希望的田野上》和《我爱你，塞北的雪》。1984年，调入总政歌舞团。1985年，获文化部举办的第一届全国聂耳、冼星海声乐作品比赛民族唱法组金牌。继而又因主演中国大型歌剧《白毛女》获全国戏剧界最高奖第三届梅花奖。2005年9月，应联合国成立60周年组委会之邀，在美国纽约林肯艺术中心首演中国歌剧《木兰诗篇》，荣获林肯艺术中心艺术委员会颁发的杰出艺术家奖。

她的代表作有《我的家乡沂蒙山》《在希望的田野上》《我爱你，塞北的雪》《高天上流云》《说聊斋》《我们是黄河泰山》《父老乡亲》《白发亲娘》《在中国大地上》《我属于中国》《珠穆朗玛》《天地喜洋洋》《江山》《世纪春雨》《飞雪迎春》《香江明月夜》等歌曲。主演首演的歌剧有《白毛女》《党的女儿》《悲怆的黎明》《木兰诗篇》等，参加制作并演出的中国歌剧经典唱段有《小二黑结婚》《江姐》《刘胡兰》《洪湖赤卫队》《红珊瑚》等。

刘新云 1962年生，山东省淄博市人。

中共党员。1977年9月—1981年7月在省公安学校学习。1981年7月—1983年3月在淄博市公安局二处工作。1983年3月—1984年5月在淄博市公安局淄川分局西关派出所工作。1984年5月—1985年3月任淄博市公安局刑警大队机动队副队长。1985年3月—1989年7月任淄博市公安局副科级侦察员。1986年2月—1987年9月挂职任淄博市淄川区东坪乡经委副主任。1987年9月—1989年7月在中国人民警官大学干修科交通管理工程专业学习。1989年7月—1993年7月任淄博市公安交警支队副大队长、副科长、大队长。1993年7月—1994年7月任淄博市公安交警支队副支队长兼张店大队大队长。1994年7月—1995年5月任淄博市公安局张店分局局长。1993年9月—1996年12月在南开大学政治经济学院经济学专业学习，获经济学硕士学位。1995年5月—1997年7月任淄博市公安局副局长兼张店公安分局局长。1997年7月—2002年12月任淄博市公安局副局长兼巡警支队政委。2002年12月—2003年12月任淄博市公安局政委、党委副书记。2003年12月—2005年12月任淄博市公安局政委、党委副书记。2005年12月任菏泽市政府党组成员、市长助理，市公安局局长、党委书记。

毛　峰 1963年2月生，单县龙王庙乡龙王庙村人。1985年毕业于上海同济大学工程测量专业，分配到石油大学（华东）任教。1987—1989年在同济大学攻读大地测量专业硕士学位。1991—1996 年攻读武汉测绘大学博士学位。1996—1998 年在中国科学院地理研究所博士后流动站进行博士后研究，先后任石油大学助教、讲师、副教授、实验室主任，烟台市城市规划研究所所长、烟台市 GIS 中心总工。1998 年任清华大学建筑学院教授、中国 GIS 协会工程专业应用学会副主任、中国 GIS 协会城市专业委员会委员、国家发展计划委员会高新技术专家组专家。其教学和科研主要方向是地理系统、遥感、全球定位系统在城市、石油、化工、农业、国土资源、环境监测与保护等领域的应用。

朱保华　1963 年 3 月生，单县人。中共党员。1980 年 9 月—1984 年 7 月在山东农业机械化学院农业机械化系学习。1984 年 7 月—1987 年 8 月任曹县红庙庄乡团委副书记、书记。1987 年 8 月—1991 年 3 月任曹县孙老家镇党委副书记。1991 年 3 月—1992 年 6 月任曹县孙老家镇党委副书记、镇长。1991 年 9 月—1993 年 7 月在省委党校研究生班学习。1993 年 10 月—1997 年 12 月任曹县青堌集镇党委书记。1997 年 12 月—2000 年 5 月任郓城县委常委、宣传部部长。2000 年 5 月—2001 年 3 月任巨野县委副书记。2001 年 3 月—2004 年 9 月任巨野县委副书记、县长。2004 年 9 月任菏泽学院党委委员、副院长。系十届省人大代表。

王　浩　1963 年 10 月生，单县人。中共党员。1982 年 7 月参加工作。1980 年 10 月—1982 年 7 月在菏泽师专政治系学习。1982 年 7 月—1984 年 8 月任单县李半庄乡团委干事。1984 年 8 月—1984 年 10 月任单县李半庄乡团委书记。1984 年 10 月—1986 年 8 月任单县团县委副书记。1986 年 8 月—1987 年 1 月任单县单城镇党委副书记。1987 年 1 月—1990 年 12 月任单县单城镇党委副书记、镇长。1990 年 12 月—1993 年 1 月任单县单城镇党委书记。1993 年 1 月—1997 年 5 月任曹县县委常委、宣传部部长。1995 年 9 月—1997 年 12 月在省委党校业余本科班学习经济管理专业。1997 年 5 月—1997 年 12 月任菏泽地区体委主任。1997 年 12 月—2000 年 12 月任菏泽市委副书记、市长。2000 年 12 月—2003 年 4 月任菏泽市牡丹区委书记。2003 年 4 月—2004 年 5 月任菏泽市委常委，牡丹区委书记、区委党校校长。2004 年 5 月—2004 年 6 月任菏泽市委常委、市委秘书长兼牡丹区委书记、区委党校校长。2004 年 6 月任菏泽市委常委、市委秘书长。系省八次党代会代表。

肖培树　1963 年 12 月生，菏泽市人。济南城市建设学校民用建筑专业毕业，同济大学工民建专业毕业。1981 年 9 月—1983 年 7 月在济南城市建设学校民用建筑专业学习。1983 年 7 月—1984 年 12 月在汶上县建委工作。1984 年 12 月—1992 年 6 月在菏泽市建委工作。1986 年 9 月—1991 年 12 月在同济大学民用建筑专业参加函授学习，获工学学士学位。1992 年 6—11 月在菏泽开发区土地规划建设局工作。1992 年 11 月—1996 年 2 月任菏泽开发区土地规划建设局副局长。1996 年 2 月—1997 年 7 月任菏泽对外加工贸易区、开发区规划建设局副局长。1997年7月—1999年12月任菏泽地区司法局副局长。1999年12月—2001年1月任致公党菏泽地区直属支部主委，菏泽地区司法局副局长。2001年1月任菏泽市政协副主席兼社会法制委员会主任、菏泽市司法局副局长。2002年5月—2003年8月任致公党山东省委常委，致公党菏泽市直属支部主委，菏泽市政协副主席，市政协社会法制委主任，菏泽市司法局副局长。2003年8月任致公党山东省委常委，致公党菏泽市委主委，菏泽市政协副主席，市政协社会法制委主任，菏泽市司法局副局长。

何西良 1963年出生，菏泽市牡丹区沙土镇人，艺名“小花牛”，1980年入团学艺。先后担任菏泽市牡丹区大平调剧团副团长、团长、党支部书记。国家一级演员，中国戏剧家协会会员，山东省戏剧家协会会员，菏泽市戏剧家协会副主席，菏泽市人大代表，菏泽市市级专业技术拔尖人才，牡丹区劳动模范。国家级非物质文化遗产大平调传承人。代表作品有《法魂》《柴学进》《张三李四》等。

马德华 1964年1月生，单县徐寨镇坝头寺村人。1980年考入山东农学院园艺系学习。1984年考入西北农学院攻读硕士学位。后考入中国农业大学遗传育种专业，获博士学位。任天津黄瓜研究所党委书记兼所长、研究员，享受国务院政府特殊津贴，是农业部科技委委员、中国园艺学会常务理事、《中国蔬菜》编委。多次被天津市委、市政府评为“优秀共产党员”“科技兴农先进个人”“优秀经营标兵”等，被列入天津市首批“天津自然科学技术领域跨世纪学术技术带头人”。

张卫华 1965年1月生，鄄城县人。中共党员。1983年7月毕业于山东省菏泽医学专科学校医疗专业。担任鄄城县人民医院院长、党总支书记，内科副主任医师，中华医学会山东省菏泽市医学会理事，菏泽市医学会医疗事故技术鉴定专家库成员，菏泽心血管分会副主任委员、呼吸学会委员，中国高血压联盟盟员，《临床内科杂志》特约通信员，《临床误诊误治》特约联络员，《山东医药》杂志内科编委会委员，《中国卫生》杂志编委。在全县率先发现右室梗死、心尖肥厚型心肌病、嗜铬细胞瘤等20种病例，率先开展食道电生理检查、急性心肌梗死的溶栓治疗、小剂量肝素皮下注射治疗不稳定型心绞痛等新技术26项，收到良好社会效益及经济效益。撰写论文60余篇，其中40余篇在省级以上刊物发表，有多篇论文及科研成果获市级二、三等奖。参与或主持《急诊医学》《肝纤维化》等6部医著编写，任课题组组长，承担省卫生厅《高脂血症患者内皮依赖性血管功能的研究及药物干预研究》课题研究。2003年被选为县十五届人大常委，市十六届人大代表，省十届人大代表。2005年被评为“菏泽市专业技术拔尖人才”，荣获“全国百姓放心示范医院优秀管理者”称号。

张玉萍 女，1965年9月生，东明县菜园集乡石寨村人。1976年入选菏泽地区武术队。1980年入选山东省武术代表队。1983年获得全国武术比赛棍术冠军。1986—1987年

连续3年蝉联全国武术女子全能和首届亚洲武术锦标赛女子全能冠军。1991年毕业于北京体院后一直在国家武术研究院工作。曾多次到国外任教，先后出访14个国家和地区。现为中国武术研究院教练，武英级武术运动员，国家级专业技术拔尖人才。曾多次被国家和山东省评为十佳运动员、新长征突击手、三八红旗手、优秀共产党员。《我的大学三部曲》《狮城之行》等文章，在《中华武术》等杂志上先后发表。著有《飞凤刀伏虎棍》等书。1991年参加录制的教学录像系列片《跟我学》发行于国内外。

李新花　女，1965年出生，菏泽市曹县人，第20届中国戏剧“梅花奖”获得者、“非物质文化遗产”传承人、著名山东梆子表演艺术家、“巨野大姚班”剧社掌门人刘桂松得意弟子。国家一级戏剧演员。2005年，山东省山东梆子专业委员会理事，山东省戏剧家协会会员，山东省青联委员，中国戏剧家协会会员。代表剧目有《泪洒相思地》《抬花轿》《桃花扇》《洛阳桥》《秦雪梅》《三上轿》《画龙点睛》《芬黛冤家》《西厢记》《穆桂英挂帅》《花枪缘》《蝴蝶杯》等。

张忠坤　1966年3月生，单县莱河镇周庄村人。中共党员。1983年考入中国矿业大学工程资源与环境工程系。1987年7月任中国建筑材料地质勘查中心江苏地质总队工程队助理工程师。1990年9月考取河南大学土木工程学院硕士研究生。1993年7月任江苏煤田地质局驻孟加拉国某煤矿建设项目工程部工程师，现场工程材料实验室主任、英语口译与资料笔译。1995年9月考取河海大学土木工程学院博士研究生。1998年7月任中国路桥总公司埃塞俄比亚办事处高级工程师。2001年8月起历任北京城建工程研究院课题负责人、课题组长、副总工程师。2003年10月任中组部与团中央博士团成员，在内蒙古巴彦淖尔盟挂职锻炼，任盟长助理。2004年10月任巴彦淖尔市市政府副市长，市政府城市规划与建设专家组组长。在北京城建工程研究院工作期间，主持国家体育场、五棵松体育场、奥运村等奥运工程建设，曾获北京奥运工程记功奖。在巴彦淖尔市盟挂职期间，主持启动巴彦淖尔市城市总体规划修编、城镇体系规划和新区城市设计等系列项目。在任巴彦淖尔市副市长期间，积极组织外聘专家深入各旗县区，对重点城镇规划与建设进行考察，研究与落实具体改进措施。并对该市水系规划进行精心策划；积极组织与推进巴市城市基建的亚洲开发银行贷款项目，将巴市天然气管道和部分城市集中供热项目列入2005—2007年能源规划中。其间，先后获得双栓塞注浆花管和利用其进行地基处理的施工工艺两项发明专利。

刘春华　女，1971年4月生，鄄城县人。中共党员。1990年9月—1994年7月在山东师范大学中文系学习。1994年7月—1995年8月任鄄城县凤凰乡团委干事、党政综合办工室干事。1995年8月—

1997年6月任鄄城县凤凰乡副乡长。1997年6月—1998年12月任鄄城县信访局副局长。1997年9月—2000年1月在西北工业大学工商管理研究生班学习。1998年12月—2001年2月任鄄城县张志门乡党委书记。2001年2月—3月任鄄城县大埝乡党委书记。2001年3月—2005年12月任共青团菏泽市委书记。2005年12月任菏泽学院党委委员、副院长。

陈　超　1972年生，成武县汶上集镇人。著名散打运动员，2005年任北京体育大学武术研究室散手专职教练。1990年考入北京体育学院武术系。1992—1997年连续6年获全国武术散打擂台赛重量级冠军。其中，1994年、1995年、1996年在南北擂台争霸赛中，连续3年获中华武状元称号。

刘和刚　祖籍巨野县麒麟镇刘楼村。1977年11月出生于黑龙江省拜泉县永勤乡立功村。空政文工团演员，全国著名青年歌手，全国青年联合会委员。

1963年其父母由巨野县迁至拜泉县立功村落户。他自幼喜爱唱歌，1992年考入黑龙江艺校松花江分校学习地方戏。1994年11月师从黑龙江省艺术学校教授杨博亚学习声乐。1997年考入解放军艺术学院，师从著名声乐教育家孟玲。2001年7月毕业后进入空政文工团，2003年2月加入全国青联。2003年10月获文化部举办的"2003全国声乐(新人新作)比赛"民族组男声二等奖。2003年11月获国家广播电视总局举办的"中国广播文艺奖"、2003年"金号奖"和全国听众喜爱的歌手"最佳歌手奖"。2004年8月获中央电视台第十一届"全国青年歌手大奖赛"专业组民族唱法银奖和"全国观众最喜爱的歌手"唯一特别大奖。主要代表作品有《父亲》《母亲》《彩云南》《儿行千里》《梦中的卓玛》《和谐中国》等。

袁新东　1977年生，郓城县黄集乡袁楼村人。12岁进入宋江武校学习拳术。1997年获全国武术锦标赛棍术、双刀冠军。2000年获全国武术锦标赛对练冠军。2001年获东亚运动会长拳、棍术、刀术冠军，第九届全运会长拳、对练冠军，第六届世界武术锦标赛棍术冠军。2002年获第十四届亚洲运动会长拳、棍术、刀术冠军。

张胜凯　1978年生，东明县长兴乡大张庄村人。2005年，武汉大学中国南极测绘研究中心攻读博士，中国第二十一次南极科考队员。准确测出有"不可接近之极"之称的DOME•A冰穹的位置和高度——南纬80°22′00″，东经77°21′11″，海拔4093米。

吕晓磊　1982年生，东明县沙沃乡六合村人。1992年进入东明县体委业余体校开始接受乒乓球训练。1995年获得山东省第四届残运会乒乓球肢残公开级单打第五名。1996年5月代表山东省队参加全国第四届残疾人运动会，获得男乒团体第二名。1996年8月，进入山东师范大学附中读书。1998年10月，代表中国在法国巴黎世界伤残人乒乓球锦标赛上获得TT10级单打第三名。1999 年 1 月在曼谷远东及南太平洋地区第七届残疾人运动会上荣获乒乓球男团冠军，公开级男单冠军，TT10 级男单冠军。2002 年被保送到山东师范大学中文系学习。2004 年 9 月，参加第二届雅典残奥会，获得了 TT10 级团体金牌，TT9 级男单亚军。1999 年 4 月被共青团省委授予模范共青团员称号。1999—2003 年间 3 次被山东省人民政府记一等功。

袁晓超　1988 年生，郓城县黄集乡袁楼村人。10 岁进入郓城宋江武校学习拳术。2003 年获第二届亚洲青少年武术锦标赛冠军。2004 年获全国武术套路冠军赛男子长拳冠军。2005 年获第十一届全运会武术套路男子刀术棍术全能冠军、第八届世界武术锦标赛男子长拳冠军。

人物表

1986—2005 年中共全国代表大会驻菏泽代表一览表

表 34-3-1

姓　名	籍　贯	出生年月	工作单位及职务	届　次
董昭合	山东荣成	1945.01	中共菏泽地委书记	十五
郭绪福	定陶县	1965.08	定陶县陈集镇党委副书记、中沙海村党支部书记	十五
李明先	山东蓬莱	1945.01	菏泽市委书记	十六
王银香	曹　县	1960.08	曹县曹城镇五里墩村党支部书记	十六

1986—2005 年全国人大驻菏泽代表一览表

表 34-3-2

姓　名	籍　贯	出生年月	工作单位及职务	届次
刘洪仁	山东昌乐	1936	菏泽地委副书记、行署专员	七
李明先	山东蓬莱	1945.01	县级菏泽市委副书记、市长	七
张留林	郓城县	1955.07	郓城县郓城镇张兴庄村委员主任、张兴庄地毯厂厂长	七
马善伦	郓城县	1933.08	地区农科所副所长、农艺师	七
韩　棣（女）	天津市	1933	菏泽医学专科学校副校长、教授	七
黄佩伟（女）	上海市	1946.08	菏泽电讯十厂副总工程师	七
江时（女，高山族）	台湾省台南		曹县政协副主席、城关镇四完小教师	七
李明先	山东蓬莱	1945.01	菏泽地委副书记、行署专员	八
张留林	郓城县	1955.07	郓城县郓城镇张兴庄党支书、张兴庄地毯厂厂长	八
卢新文	鄄城县	1940.07	成武县人大常委会副主任	八

姓　名	籍　贯	出生年月	工作单位及职务	届次
苑宪章	定陶县	1936.12	山东国华实业总公司董事长	八
李格森	单　县	1965.02	菏泽师专英语系教师	八
孟红霞（女）	菏泽市牡丹区	1966.01	菏泽第二毛纺厂织造车间织布挡车工	八
陈　光	山东寿光	1956.11	菏泽地委副书记、行署专员	九
田德全	山东嘉祥	1952.02	菏泽师专校长、党委副书记	九
晁中胜	菏泽市牡丹区	1941.01	地区农业局总农艺师	九
汤建梅（女，回族）	上海市宝山区	1957.08	地区畜牧工作站副站长	九
孟红霞（女）	菏泽市牡丹区	1966.11	山东天香毛纺织集团总公司展销经理部副经理	九
马思爱（回族）	定陶县	1951.02	定陶县陈集镇前沙海村党支部书记、前沙海村皮革厂厂长	九
杜昌文	山东嘉祥	1957.12	菏泽市委副书记、市长	十
楚德留	成武县	1952.09	山东现代达驰电工电气股份有限公司董事长兼党委书记	十
张九勋	定陶县	1956.03	山东都庆股份有限公司董事长	十
尚瑞芬（女）	山东金乡	1966.12	巨野县新世纪银星购物广场总经理	十
汤建梅（女，回族）	上海市宝山区	1957.08	菏泽市畜牧工作站副站长、市畜禽良种推广中心主任、民盟山东省委常委、民盟菏泽市委主委	十
张凤仙（女）	江苏涟水	1955.11	菏泽市第三人民医院门诊部护士长	十
李建军	单　县	1962.02	菏泽市政协副主席，市立医院副院长、普外科主任，农工党省委委员、菏泽市支部主委	十

1986—2005 年全国政协驻菏泽委员一览表

表 34-3-3

姓　名	籍　贯	出生年月	工作单位及职务	届　次
樊庆斌	郓城县	1958.08	郓城县政协副主席，山东省摔跤、柔道协会副主席、郓城县体委副主任，宋江武术学校校长	九
樊庆斌	郓城县	1958.08	郓城宋江武校校长	十
樊庆斌	郓城县	1958.08	菏泽市工商联主席，山东省宋江武术学校校长，郓城县政协副主席	十一

1986—2005 年菏泽市（地区）全国劳动模范和先进工作者一览表

表 34-3-4

姓　名	籍　贯	出生年月	工作单位及职务	授予时间（年份）	备　注
李玉华	定陶县	1952.12	曹县橡胶厂厂长兼书记	1989	全国劳动模范
王永军（回）	菏泽市	1955.01	菏泽棉纺织厂组长	1989	全国劳动模范
杨自田（回）	定陶县	1938.03	定陶县定陶镇南关居委会定陶县皮革服装公司书记、经理	1989	全国劳动模范、去世
孙保来	单　县	1950.03	单县谢集乡陈桥村党支部书记	1989	全国劳动模范

续表 34-3-4

姓　名	籍　贯	出生年月	工作单位及职务	授予时间（年份）	备　注
马善伦	郓城县	1933.08	菏泽地区农业科学研究所副所长	1989	全国先进工作者
宋焕云（女）	菏泽市	1948.09	菏泽市（县级）环境卫生管理处保洁队队长	1995	全国劳动模范
郭绪福（回）	定陶县	1949.03	定陶县陈集镇中沙海村党支部书记	1995	全国劳动模范
楚德留	成武县	1952.07	山东达驰集团公司总工、高级工程师	1995	全国劳动模范、去世
郭良斋	菏泽市	1925.09	菏泽市（县级）安兴镇船郭庄村党支部书记兼农工商贸易总公司总经理	1995	全国劳动模范、去世
杨理民	郓城县	1942.12	郓城县工商行政管理局李集工商所指导员	1995	全国先进工作者
王银香（女）	曹　县	1960.08	曹县曹城镇五里墩村党支部书记	2000	全国劳动模范
张善绪	定陶县	1957.07	山东菏达集团有限公司董事长兼总经理	2000	全国劳动模范
姚元臣	巨野县	1964.06	巨野县电信局综合营业厅主任	2000	全国劳动模范
张凤仙（女）	江苏涟水	1955.11	菏泽地区第三人民医院护士	2000	全国先进工作者
王可正	单　县	1962.09	单县第一中学中学高级教师、特级教师	2000	全国先进工作者
黄继友	菏泽市	1965.1	颐中公司菏泽卷烟厂班长	2000	全国劳动模范、调走
周晓东（女）	菏泽市	1965.12	菏泽银河纺织有限责任公司工人	2005	全国劳动模范
郭继春（回）	曹　县	1954.12	曹县王集镇郭庄村党支部书记	2005	全国劳动模范
张九勋	定陶县	1956.03	山东都庆股份有限公司董事长	2005	全国劳动模范
侯振祥	成武县	1952.12	成武县孙寺镇侯楼村农民	2005	全国劳动模范
尚瑞芬（女）	巨野县	1966.12	巨野县新世纪银星购物商场经理	2005	全国劳动模范
陈　灵	郓城县	1951.03	郓城县随官屯镇陈庄村农民	2005	全国劳动模范
李湘平	东明县	1962.08	东明石化集团有限公司100万吨/年延迟焦化项目办负责人	2005	全国劳动模范
方辉杰	郓城县	1967.04	菏泽市公安局开发区分局丹阳派出所所长	2005	全国先进工作者
刘胜民			郓城县公安局内保股	1988	一级英模（享受全国劳模待遇）、牺牲
黄玉贵			菏泽市公安局看守所	1993	二级英模（享受全国劳模待遇）、去世
张长路	定陶县	1969.05	定陶县公安局冉固派出所民警	1995	二级英模（享受全国劳模待遇）
韩　俊	曹　县	1956.04	曹县公安局副局长兼刑警大队长	1995	二级英模（享受全国劳模待遇）

续表 34-3-4

姓　名	籍　贯	出生年月	工作单位及职务	授予时间（年份）	备　注
段金彪	郓城县	1960.12	菏泽市公安局牡丹分局副局长、巡警大队长	2003	一级英模（享受全国劳模待遇）
宋　振	成武县	1967.05	菏泽市公安局交警支队成武大队股长	2003	二级英模（享受全国劳模待遇）、牺牲

1986-2005 年菏泽市（地区）全国五一劳动奖章获得者一览表

表 34-3-5

姓　名	籍　贯	出生年月	工作单位及职务	授予时间（年份）	备注
李玉华	定陶县	1952.12	山东橡胶厂厂长	1986	
张建林	单　县	1958.05	单县鞋厂车间负责人	1986	
兰承榕	四川资中	1931.08	菏泽教育学院物理系主任	1987	
陆建达	江苏常熟	1936	鄄城县畜牧改良站副站长	1988	去世
张冬莲（女）	菏泽市	1936.11	菏泽市牡丹区实验小学	1988	
孟红霞（女）	菏泽市	1967.02	菏泽第二毛纺厂挡车工	1990	
黄承友	郓城县	1956.06	菏泽市仪表厂副科长	1990	
杜荷法	河南清丰	1946.04	菏泽第二毛纺厂厂长	1991	
董素英（女）	东明县	1946.12	东明副食品公司营业员	1991	
王　平（女）	郓城县	1955.06	郓城县人民医院护士长	1992	
杨大显	菏泽市	1938.09	菏泽印刷厂厂长	1993	
姚元臣	巨野县	1964.06	巨野邮电局报务班长	1996	
葛珠芹（女）	菏泽市	1957.07	菏泽市（县级）吴店乡吴店小学教师	1996	去世
史崇亮	巨野县	1947.02	菏泽地区交通集团总公司党委书记	1997	
朱洪显	成武县	1949.07	成武县面粉厂工人	1998	
周晓东（女）	菏泽市	1965.12	菏泽棉纺织厂挡车工	1999	
周培勇（满）	曹　县	1955.05	曹县人民医院外二科主任	2001	
马利亭	东明县	1946.05	东明石化集团有限公司董事长、党委书记	2001	
徐令军	河南范县	1957.04	山东省电信公司菏泽市分公司通信建设部主任	2002	
魏庆禄	定陶县	1953.08	山东圣龙纸业股份有限公司技术科科长	2003	
方辉杰	郓城县	1967.04	菏泽市公安局开发区分局丹阳派出所所长	2004	

1986-2005 年菏泽市（地区）享受国务院政府特殊津贴专家一览表

表 34-3-6

序号	姓　名	出生日期	职　务	籍　贯	工作单位	批准时间（年）	备　注
1	马善伦	1933.08	副所长	郓城县	菏泽市农科院	1991	退休

续表 34-3-6

序号	姓　名	出生日期	职　务	籍　贯	工作单位	批准时间（年）	备　注
2	姜荣贵	1936.03	大豆室主任	山东长青	菏泽市农科院	1991	退休
3	毛文岳	1942.02	主任药师	山东聊城	菏泽药材采购供应站	1991	退休
4	蒋立昶	1937.03	科　长	江苏沛县	菏泽市医药局	1991	退休
5	李凡聪	1928.04	厂　长	菏泽市	菏泽砂土酿造厂	1992	去世
6	刘乃施	1936.11	科　长	鄄城县	郓城县人民医院	1992	退休
7	张洪佑	1936.09	主任医师	山东济宁	菏泽市立医院	1992	退休
8	邹本章	1936.12	主任医师	山东威海	菏泽市立医院	1992	退休
9	董广计	1948.04	总工程师	河南通许	菏泽油泵油嘴厂	1992	退休
10	兰承榕	1931.08	物理系主任	四川成都	菏泽学院	1992	退休
11	郑保昌	1935.05	高级工程师	山东阳谷	菏泽市林业局	1992	退休
12	刘志业	1945.08	高级工程师	山东昌乐	菏泽吴店华鑫机械厂	1992	退休
13	梁万选	1933.10	高级工程师	河南濮阳	菏泽市林科所	1993	退休
14	朱道民	1950.12	调研员	郓城县	菏泽市农科院	1993	退休
15	祁金山	1946.01	副调研员	菏泽市牡丹区	菏泽市林业保护站	1993	退休
16	杨大显	1938.09	厂　长	菏泽市牡丹区	菏泽印刷厂	1993	退休
17	杜荷法	1945.04	厂　长	河南清丰	菏泽二毛	1993	退休
18	张钟宜	1940.03	教务主任	山东济南	郓城一中	1995	退休
19	陈洪章	1951.08	主任（高级农艺师）	成武县	成武科技开发中心	1997	退休
20	马效坤	1947.09	董事长	成武县	山东达驰电气有限公司	1997	退休
21	闫先德	1939.10	高级教师	山东嘉祥	菏泽市教研室	1997	退休
22	冯殿英	1940.08	研究员	菏泽市牡丹区	菏泽市农业局	1998	退休
23	闫传胜	1958.11	研究员	曹　县	菏泽市农机站	1999	在职
24	游同想	1941.11	总工程师	东明县	东明石化集团	2000	退休
25	赵合娥	1956.07	研究员	曹　县	菏泽市林业技术站	2000	在职
26	郁章玉	1960.11	院　长	山东临沂	菏泽学院	2001	在职
27	冯训文	1947.05	一级美术师	菏泽市牡丹区	牡丹区美术厂	2001	退休
28	彭继先	1962.07	董事长	菏泽市牡丹区	睿鹰制药厂	2004	在职
29	王尚荣	1953.12	园林工程系主　任	曹　县	菏泽学院	2008	在职
30	王秀丽	1965.01	高级技师	郓城县	郓城县金都酒业有限公司	2010	在职
31	李洪奇	1963.09	教　授	菏泽市牡丹区	菏泽学院	2012	在职
32	李传递	1971.02	高级技师	郓城县	郓城县技工学校	2012	在职
33	叶永强	1970.02	主任医师	甘肃陇西	菏泽市立医院	2014	在职

续表 34-3-6

序号	姓　名	出生日期	职　务	籍　贯	工作单位	批准时间（年）	备　注
34	好　强	1981.06	高级技师	郓城县	黄河窑陶瓷博物馆有限公司	2014	在职

1986-2005 年省驻菏泽党代表一览表

表 34-3-7

姓　名	籍　贯	出生年月	工作单位及职务	届　次
马延涛	菏泽市	1956.01	东明县三春集乡党委书记	六
王希亮	定陶县	1955.12	定陶县邓集乡党委书记	六
文廷良	菏泽市	1946.04	中共定陶县委书记	六
冯瑞卿	鄄城县	1953.07	鄄城县引马乡党委书记	六
卢效玉	定陶县	1945.01	中共东明县委书记	六
田　健	山东肥城	1932.08	省政协副主席、党组副书记， 省委统战部部长兼社会主义学院院长	六
包谊春	成武县	1943.01	菏泽师专党委书记	六
朱保忠	东明县	1948.01	中共曹县县委书记	六
任　君	单　县	1942.11	单县教育局局长	六
刘清先	单　县	1954.04	单县陈蛮庄乡乡党委书记	六
杨成训	成武县	1942.06	中共菏泽地委委员、秘书长， 中共菏泽市委书记	六
苏衍训	鄄城县	1941.11	中共菏泽地委委员、组织部部长	六
李明先	山东蓬莱	1945.01	中共菏泽地委副书记、菏泽行署专员	六
李德章	郓城县	1946.08	中共巨野县委书记	六
肖焕林	菏泽市	1950.07	菏泽市财政局局长、党组书记	六
张传训	成武县	1950.10	成武县伯乐集乡党委书记	六
张忠江	曹　县	1955.01	曹县曹城镇党委书记	六
张朝玉	东明县	1938.10	菏泽地区经委主任、党组书记	六
陈兴之	山东嘉祥	1944.05	中共鄄城县委书记	六
陈高见	巨野县	1954.09	巨野县大谢集镇党委书记	六
陈福起	菏泽市	1954.09	菏泽市吴店乡党委书记	六
林廷生	山东招远	1946.06	中共菏泽地委书记	六
周书运	曹　县	1944.07	中共单县县委书记	六
郝玉平	山东嘉祥	1934.09	中共菏泽地直机关委员会书记	六
贾凤英（女）	山东梁山	1951.11	中共菏泽地委委员、宣传部部长	六
徐淑珍	郓城县	1956.07	郓城县黄堆集乡党委书记	六
温新月	东明县	1941.10	中共菏泽地委委员、地纪委书记	六
曾昭起	山东莘县	1946.10	中共菏泽地委副书记、行署副专员	六
路绍昌	定陶县	1940.10	中共菏泽地委副书记	六

续表 34-3-7

姓　名	籍　贯	出生年月	工作单位及职务	届　次
霍正气	鄄城县	1950.12	中共成武县委书记	六
魏昌启	巨野县	1949.10	中共郓城县委书记	六
王兰清（女）	山东莱阳	1940.02	东明县机关联办小学校长	六
卢广真（女）	定陶县	1941.08	定陶县定陶镇北关小学副校长	六
杨大显	菏泽市	1938.09	菏泽印刷厂厂长、党委书记	六
李常荣（女）	巨野县	1943.12	巨野县第一中学英语教研组副组长	六
宋凤梅（女）	山东肥城	1942.03	单县妇幼保健所所长	六
张成云（女）	江苏沛县	1942.11	菏泽罐头厂总工程师	六
张仲谊	山东济南	1940.04	郓城第一中学教务处主任	六
张瑞荣（女）	单　县	1951.04	曹县棉纺厂副厂长、党总支委员	六
周俊玉（女）	鄄城县	1946.02	鄄城县棉纺织厂副厂长	六
单承霞（女）	单　县	1939.04	成武县成武镇程堂小学校长	六
黄　瑛（女）	山东夏津	1940.03	菏泽地区人民医院副院长	六
刘建伦	郓城县	1951.07	郓城县郓城镇刘孟庄村党支部书记	六
郭继春（回族）	曹　县	1948.10	中共曹县县委委员、 曹县王集乡郭庄村党支部书记	六
程爱春（女）	菏泽市	1966.12	菏泽第二毛纺厂挡车工	六
马利亭	东明县	1945.07	东明县人大常委会副主任， 东明县石化集团党委书记、董事长、总经理	七
王祖和	山东临朐	1946.12	中共菏泽地委委员、组织部部长	七
田文之	山东邹城	1948.10	中共郓城县委书记	七
包谊春	成武县	1943.01	菏泽师范专科学校党委书记	七
吕恒芝（女）	定陶县	1945.08	菏泽地区科学技术协会主任、党组书记	七
朱效明	定陶县	1953.07	中共曹县县委书记	七
朱　斌	曹　县	1960.07	菏泽地区粮局副局长、党组成员， 菏泽华瑞食品公司经理	七
刘殿毅	菏泽市	1955.02	中共定陶县委书记、县人大常委会主任	七
孙建民	山东鱼台	1944.03	菏泽医学专科学校党委书记	七
杜昌文	山东嘉祥	1957.10	中共菏泽地委副书记、行署副专员	七
李延良	山东蒙阴	1946.11	中共菏泽地委副书记	七
李明先	山东蓬莱	1945.01	中共菏泽地委书记	七
李春亭	山东栖霞	1936.10	中央委员，省委副书记，省长、省政府党组书记	七
杨永昌	东明县	1955.07	中共成武县委书记	七
宋绍先	鄄城县	1952.04	中共单县县委书记	七
张秋冬	河南南乐	1948.10	菏泽地区财政局局长、党组书记	七
陈　光	山东寿光	1956.11	中共菏泽地委副书记、行署专员	七
陈好孔	郓城县	1946.10	菏泽地区审计局局长、党组书记	七
邵好学	定陶县	1952.03	中共鄄城县委书记	七

续表 34-3-7

姓　名	籍　贯	出生年月	工作单位及职务	届　次
段有志	郓城县	1947.10	中国人民银行菏泽地区分行行长、党组书记，国家外汇管理局菏泽分局局长	七
侯宪秀	郓城县	1950.02	菏泽行署专员助理、秘书长、行署党组成员、行署办公室党组书记	七
贾学英	鄄城县	1953.09	中共菏泽地委委员、菏泽市委书记	七
郭仲生	曹　县	1944.10	菏泽地区计划委员会主任、党组书记	七
曹修寅	山东梁山	1952.11	中共菏泽地直机关委员会书记	七
常洪珍	郓城县	1949.08	中共巨野县委书记	七
崔玉金	单　县	1947.11	中共东明县委书记	七
阎世海	定陶县	1942.08	中共菏泽地委副书记	七
韩广洁	郓城县	1948.04	中共菏泽地委委员、宣传部部长	七
温新月	东明县	1941.10	省纪委委员，中共菏泽地委委员、地纪委书记	七
臧海强	山东海阳	1945.05	省委委员、省政府党组成员、省长助理	七
王广代	郓城县	1962.10	郓城县苏阁乡党委书记	七
邓　垣	菏泽市	1943.11	菏泽桑盾集团公司董事长、总经理，市政府市长助理	七
刘永宁	菏泽市	1955.10	菏泽市商业集团总公司总经理、党委书记，市政府助理调研员	七
刘道平	河北唐山	1952.11	单县邮电局电报投递员	七
祁金山	菏泽市	1946.01	菏泽地区林业局总工程师	七
许爱峰	单　县	1955.04	单县蔡堂镇党委书记	七
杨金铎	巨野县	1952.07	巨野县科学技术委员会副主任	七
陈宝莲（女）	鄄城县	1947.06	鄄城县鄄城镇一完小校长	七
修建周	山东海阳	1958.09	山东水浒酒厂厂长、党总支书记，郓城县经委副主任	七
郭继春（回族）	曹　县	1951.08	曹县王集乡党委副书记、郭庄村党支部书记	七
黄继友	菏泽市	1965.10	颐中公司菏泽卷烟厂制丝车间带班班长	七
董玉忠	曹　县	1956.08	菏泽北联有限公司董事长兼总经理、党支部书记	七
阎　凌	曹　县	1961.11	曹县普连集镇党委书记	七
鲍言亭	成武县	1951.11	成武县计生委主任、党组书记	七
魏庆禄	定陶县	1953.08	定陶县物资总公司党委书记、副总经理，山东省圣龙集团董事长兼总经理	七
马平昌	山东淄博	1957.02	中共菏泽市委常委、组织部部长	八
王　浩	单　县	1963.10	中共菏泽市牡丹区委书记	八
王长松	山东博兴	1956.12	中共巨野县委书记	八
王祖和	山东临朐	1947.01	中共菏泽市委副书记、纪委书记	八
包谊春	成武县	1943.01	菏泽师范专科学校党委书记	八
朱效明	定陶县	1953.04	菏泽市副市长、曹县县委书记	八

续表 34-3-7

姓　名	籍　贯	出生年月	工作单位及职务	届　次
刘　勇	曹　县	1956.04	中共东明县委书记	八
刘春华（女）	鄄城县	1971.04	共青团菏泽市委书记	八
杜昌文	山东嘉祥	1957.10	中共菏泽市委副书记、副市长，市行政学院院长	八
李玉华	定陶县	1951.02	菏泽开发区党工委书记、管委会主任	八
李延良	山东蒙阴	1946.11	中共菏泽市委副书记兼市委党校校长	八
李明先	山东蓬莱	1945.01	省委委员，中共菏泽市委书记、市人大常委会主任	八
李学军	定陶县	1951.09	菏泽市发展计划委员会主任、党组书记	八
杨永昌	东明县	1955.07	中共成武县委书记	八
杨成训	成武县	1942.06	菏泽市政协主席、党组书记	八
宋绍先	鄄城县	1952.04	中共单县县委书记	八
张玉昌	成武县	1952.06	菏泽市总工会主席、党组书记	八
张秋冬	河南南乐	1948.10	菏泽市财政局局长、党组书记	八
陈　光	山东寿光	1956.11	中共菏泽市委副书记、市长	八
邵好学	定陶县	1952.03	中共鄄城县委书记	八
段伯汉	巨野县	1958.02	中共定陶县委书记、县人大常委会主任	八
高木斗	曹　县	1953.10	中共郓城县委书记	八
陶冶生	四川内江	1947.04	菏泽市经贸委主任、党委书记	八
曹修寅	山东梁山	1952.11	中共菏泽市委市直机关工委书记	八
阎世海	定陶县	1942.08	菏泽市人大常委会副主任、党组副书记	八
梁抗美	曹　县	1951.05	菏泽市委党校党委书记	八
董凤基	山东高唐	1937.05	省人大常委会副主任、党组副书记	八
韩广浩	郓城县	1948.04	中共菏泽市委常委、宣传部部长	八
王金书	东明县	1957.01	东明县武胜桥乡玉皇庙村党总支书记	八
邓　露（女）	菏泽市	1967.11	菏泽市牡丹区北城办事处党委书记、人大常委会主任	八
仪忠民	鄄城县	1947.12	菏泽一中校长、党委副书记	八
刘法来	巨野县	1951.08	山东花冠酒业有限公司党委书记、董事长	八
刘桂兰（女）	单　县	1987.08	山东菏泽发电厂人事部主任	八
李贵章	山东莱西	1953.12	青岛啤酒菏泽有限公司总经理、党委书记	八
宋焕云（女）	菏泽市	1949.09	菏泽市牡丹区环卫处工人	八
张广营（回族）	鄄城县	1958.05	鄄城县董口镇前园村党支部书记	八
张玉萍（女）	定陶县	1948.11	菏泽市文化局艺术研究所所长、党支部书记	八
张善绪	定陶县	1957.07	山东菏达纸业有限公司董事长	八
陈　灵	郓城县	1953.11	郓城县华灵集团公司董事长、党支部书记	八
周晓东（女）	菏泽市	1965.12	菏泽银河纺织有限公司挡车工	八
赵合娥	曹　县	1960.07	菏泽市林业局科技推广站站长	八

续表 34-3-7

姓　名	籍　贯	出生年月	工作单位及职务	届　次
郭保印	成武县	1953.05	成武县银翔棉纺织有限公司董事长、总经理、党委书记，县经贸委党组书记	八
梁惠民（女）	单　县	1969.11	单县谢集乡党委书记	八
管永华（女）	安徽定远	1958.03	菏泽市公安局政治部组织科科长	八

1986—2005 年驻菏泽省人大代表一览表

表 34-3-8

姓　名	籍　贯	出生年月	工作单位及职务	届次
刘洪仁	山东昌乐	1936	中共菏泽地委副书记、行署专员	六届
董玉仁	曹　县	1925	中共菏泽地委离休干部	六届
任轮升	河南范县	1914	中共菏泽地委离休干部	六届
刘延谟	山东梁山	1942	中共菏泽师专党委书记	六届
马敬义（回族）	定陶县	1950	菏泽地区建筑公司汽车队党支书	六届
马善伦	郓城县	1933	菏泽地区农科所副所长	六届
朱桂芹（女）	单　县	1950	菏泽地区豫剧团党支书	六届
黄利群（女）	福建金门	1943	菏泽地区侨联办事处主任	六届
刘国梁	江苏镇江	1936	菏泽医专党委副书记	六届
张立亭	单　县	1938	菏泽地区水利局局长	六届
温新月	东明县	1941	菏泽地区乡镇企业局局长	六届
马同恩（回族）	菏泽市牡丹区	1940	菏泽农校党委副书记、校长	六届
韩　棣（女）	天津市	1933	菏泽市人大常委会副主任、菏泽医专副校长、副教授	六届
宋国华	东明县	1924	中共菏泽市委离休干部	六届
孙洪成	菏泽市牡丹区	1944	菏泽市白虎乡袁固堆村党支书	六届
马子杰（回族）	菏泽市牡丹区	1914	菏泽市政协副主席	六届
陈鑫元	上海市	1935	菏泽市医院院长、主治医师	六届
张冬莲（女）	菏泽市牡丹区	1936	菏泽城关二校特级教师、副校长	六届
赵学增	菏泽市牡丹区	1941	菏泽市赵楼乡赵楼村社员	六届
刘志业	山东昌乐	1945	菏泽油泵厂设计科副科长	六届
倪雪云（女）	菏泽市牡丹区	1947	菏泽仪表厂加工车间二班班长	六届
周德华	江苏句容	1931	菏泽棉纺织厂厂长、副总工程师	六届
黄佩韦（女）	上海市	1946	菏泽电讯十厂副总工程师	六届
从德普（回族）	单　县	1940	中共曹县县委书记	六届
徐秀兰（女）	曹　县	1944	曹县土产杂品公司统计员	六届
卢　平（女）	江苏如皋	1960	曹县运输公司团支部副书记	六届
陈世文	曹　县	1944	曹县仵楼乡乡长	六届
王永清	曹　县	1930	曹县邵庄乡中心厂党支书、厂长	六届

续表 34-3-8

姓　名	籍　贯	出生年月	工作单位及职务	届次
马永治（回族）	曹　县	1938	曹县侯集镇侯集村党支书	六届
路绍昌	定陶县	1947	中共定陶县委副书记	六届
王贵景	定陶县	1953	定陶县经委科研所技师	六届
齐传玉（女）	定陶县	1936	定陶县半堤乡泮寺村党支书	六届
于秀莲（女）	成武县	1940	成武县印刷厂副厂长	六届
郭永坤	成武县	1945	成武县孙寺乡刘庄村党支书	六届
曹瑞祯	曹　县	1936	成武县人大常委会副主任、县农技站副站长、农艺师	六届
吕忠荣	单　县	1934	单县徐寨镇刘寨村党支书	六届
梁爱兰（女）	单　县	1963	单县李半庄乡梁庄村团支书	六届
苏光亮	江苏六合	1924	单县中心医院外科主任、主治医师	六届
马秀春（女）	单　县	1945	单县园艺场副场长、助理农艺师	六届
穆衍峰	山东梁山	1943	中共巨野县委副书记、政府代县长	六届
杨立品	巨野县	1934	巨野县人大常委会主任	六届
赵生存	巨野县	1946	巨野县纺织厂党支部书记	六届
孔庆党	巨野县	1935	巨野县大义镇孔楼村党支书	六届
李钦信	巨野县	1941	巨野一中副校长	六届
樊思宝	郓城县	1936	中共梁山县委书记	六届
田均福	山东梁山	1938	梁山县人大常委会副主任、县教研室教研员	六届
刘登仁	山东梁山	1921	梁山县医院副院长	六届
马心备	山东梁山	1938	梁山县城关镇后集村党支书	六届
刘继亮	山东梁山	1945	梁山化肥厂机修车间党支书	六届
刘桂荣（女）	山东梁山	1944	梁山县拳铺乡供销社营业员	六届
阎世海	定陶县	1942.07	中共郓城县委书记	六届
仝玉林	郓城县	1938	郓城县农机厂车间副主任	六届
何立海	郓城县	1946	郓城县丁里长乡何垓村党支书	六届
仝素贞（女）	郓城县	1958	郓城县城关镇南关联中副校长	六届
刘会珠	山东兖州	1935	郓城县医院内科主治医师	六届
李澍林	郓城县	1923	郓城县政协副主席	六届
汪孚臣	山东泰安	1932	鄄城县人大常委会副主任	六届
牛桂云（女）	鄄城县	1959	鄄城县招待所副所长	六届
谢学超	鄄城县	1923	鄄城县医院中医科主治医师	六届
沈华堂	东明县	1933	东明县城关镇雷庄村党支书	六届
张渭敏	东明县	1936	东明县水土保护办公室主任、工程师	六届
李宝珊	河南孟县	1935.07	菏泽地区政协联络组副组长、菏泽市人大常委会主任	七届
李振德（回族）	菏泽市牡丹区	1940	牡丹区都司镇西马垓村党支部书记	七届

续表 34-3-8

姓　名	籍　贯	出生年月	工作单位及职务	届次
孙洪成	菏泽市牡丹区	1944	牡丹区高庄镇袁堌堆村党支书	七届
桑义伦	菏泽市牡丹区	1932.10	中共菏泽市沙土镇党委书记、市政协常委	七届
陈鑫元	上海市	1935.12	菏泽市卫生局调研员	七届
于波海	山东荣成	1925.08	山东省六届人大常委会委员	七届
刘志业	山东昌乐	1945.07	菏泽油嘴油泵厂设计科副科长	七届
马敬义（回族）	定陶县	1950.08	菏泽地区建筑公司汽车队党支书	七届
陈东州	安徽固镇	1936.04	菏泽地区林科所所长	七届
何玉玲（女）	菏泽市牡丹区	1936.02	菏泽地区实验小学教师	七届
路绍昌	定陶县	1947.02	中共曹县县委副书记、县政府县长	七届
王超美	曹　县	1958.03	曹县百货公司储保股副股长	七届
刁建民	曹　县	1959.10	曹县朱洪庙乡杨堂村团支书	七届
叶贵清（女）	福建福州	1935.08	曹县医院院长	七届
关爱芝（女）	曹　县	1938.12	曹县龚楼乡周庄联中教师	七届
万伟芝	曹　县	1935.12	曹县人大常委会副主任、县一中教研组组长	七届
王盛林	威海乳山	1933.02	山东省人大常委、法工委主任	七届
马同恩（回族）	菏泽市牡丹区	1940.01	菏泽地区农校校长	七届
曹莲舫	菏泽市牡丹区	1929	菏泽地区水利局副总工程师	七届
张朝玉	东明县	1938.10	中共定陶县委书记	七届
李胜合	定陶县	1952.09	定陶县皮革厂厂长、党支书	七届
沙德元（回族）	定陶县	1933.11	定陶县陈集镇中沙海村党支书、中山海村皮厂厂长	七届
周合元	定陶县	1935.01	定陶县人大常委会副主任、县二中教师	七届
周振兴	山东齐河	1927.02	政协山东省委员会副主席、党组副书记	七届
苑宪章	定陶县	1934.02	定陶县陈集镇国华贸易公司经理	七届
李胜华	菏泽市牡丹区	1943.03	中共成武县委书记	七届
杨绪更	成武县	1951.05	成武县苟村集乡小留集村村民	七届
王忠举	成武县	1927.08	成武县孙庙乡人大工作联络员	七届
曹瑞祯	曹　县	1936.03	成武县农业局技术推广中心主任、高级农艺师	七届
林毓琴（女）	福建福清	1932.05	山东医科大学生化教研室副教授	七届
王冠举	鄄城县	1938.10	中共单县县委副书记、县政府县长	七届
任忠宽	单　县	1940	单县城关镇西郊村党支书	七届
吕忠荣	单　县	1934.06	单县徐寨镇刘寨村党支书	七届
马秀春	曹　县	1945.12	单县园艺场副场长	七届
苏光亮	江苏六合	1924.01	单县中心医院外科主任	七届
杨兴富	四川达县	1936.06	中共山东省委常委、山东省工会主席	七届
毕可文	山东文登	1937.06	中共菏泽地委委员、菏泽行署副专员	七届
田德全	山东嘉祥	1952.02	菏泽师专副校长、副教授	七届

续表 34-3-8

姓　名	籍　贯	出生年月	工作单位及职务	届次
穆衍峰	山东梁山	1943.03	中共巨野县委副书记、政府县长	七届
王春玲（女）	巨野县	1950.09	巨野县农行信用社合作科办事员	七届
孔庆党	巨野县	1935	巨野县大义镇孔楼村党支书	七届
于汉铎	巨野县	1952.07	巨野县中医院副院长	七届
吴倩之	山东龙口	1933.12	菏泽地区人大工委副主任	七届
霍正气	鄄城县	1950.11	中共梁山县委副书记、县政府县长	七届
史素梅（女）	江苏丰县	1949.10	梁山油漆厂生产计划科统计兼计划员	七届
马心备	山东梁山	1938.02	梁山县梁山镇经委办事员	七届
王传琦	山东梁山	1943.09	梁山县医院院长兼外科主任	七届
樊思宝	郓城县	1936.07	中共菏泽地委副书记	七届
于法杰	郓城县	1931.03	菏泽地区人大工委主任	七届
张守福	山东潍坊	1939.01	山东省农委党组书记	七届
吴方才	郓城县	1933.06	郓城县人大常委会主任	七届
张宗彦	郓城县	1939.04	郓城县黄堆集乡酒厂厂长	七届
何立海	郓城县	1946	郓城县丁里长乡何垓村党支书	七届
郑爱花（女）	郓城县	1966.07	郓城县八里庄乡西代庄村妇女主任	七届
唐有虞	浙江兰溪	1934.11	郓城县医院副院长	七届
徐雷健	郓城县	1919.05	原山东省六届人大常委会副主任、党组副书记	七届
胡公厘	成武县	1939.12	菏泽地区经委主任、党组书记	七届
黄利群（女）	福建金门	1943.07	菏泽地区侨联办事处主任	七届
卢效玉	定陶县	1945.01	中共鄄城县委副书记、县政府县长	七届
吴凤香（女）	鄄城县	1952.06	鄄城县榨油机厂现金会计	七届
连明扬	鄄城县	1932	鄄城县大埝乡合理张庄管区党总支书记	七届
汪孚臣	山东泰安	1932.12	鄄城县人大常委会副主任	七届
朱桂芹（女）	单　县	1950.04	菏泽地区豫剧团党支书	七届
孔令昌	定陶县	1948.10	中共东明县委书记	七届
董素英（女）	东明县	1946.12	东明县商业局副食品公司六门市部主任	七届
吴二刚	东明县	1956.02	东明县城关镇东吴庄村农民	七届
金焕民	河南正阳	1937.08	东明县水利局农田股股长	七届
李富章	河南信阳	1927.07	中共山东省经济管理干部学院书记	七届
钱本忠	江苏苏州	1936.07	菏泽地区人民医院院长	七届
刘云兰（女）	单　县	1945.04	菏泽地区妇联主任	七届
林廷生	山东招远	1946.06	中共菏泽地委书记	八届
王春涛	山东寿光	1944.12	山东省经贸委主任、经贸委系统党委书记	八届
贾学英	鄄城县	1953.03	中共菏泽市委副书记、市政府市长	八届
李永亮	菏泽市牡丹区	1938.11	菏泽市人大常委会主任	八届
杨大显	菏泽市牡丹区	1938.09	菏泽印刷厂厂长、党委书记	八届

续表 34-3-8

姓　名	籍　贯	出生年月	工作单位及职务	届次
李振德（回族）	菏泽市牡丹区	1940.10	菏泽市都司乡西马垓村党支书	八届
孙洪成	菏泽市牡丹区	1944.09	菏泽市白虎乡袁固堆村党支书	八届
李锡林	菏泽市牡丹区	1945.12	菏泽市教育局局长	八届
杨秋云（女）	曹　县	1940.10	菏泽酒厂总工程师	八届
孟　云	山东章丘	1935.12	山东省计生委主任、党组书记	八届
李进民	成武县	1944.03	中共曹县县委副书记、县政府代县长	八届
马存生（回族）	曹　县	1952.02	曹县橡胶助剂厂副厂长	八届
王超美	曹　县	1958.03	曹县百货公司副经理	八届
关爱芝（女）	曹　县	1938.12	曹县龚楼乡周庄联中校长	八届
马　玲（女，回族）	山东济宁	1941.05	菏泽地区医院副主任医师	八届
万伟之	曹　县	1935.12	曹县一中教师	八届
祝桂庭	曹　县	1944.06	曹县中医院副院长	八届
阎世海	定陶县	1942.08	中共菏泽地委委员、行署副专员	八届
李松亭	曹　县	1946.09	中共定陶县委副书记、县政府县长	八届
曹绪胜（回族）	定陶县	1945.07	定陶县御思香酒厂厂长	八届
周合元	定陶县	1935.01	定陶县人大常委会副主任、县二中副校长	八届
丁继民	单　县	1945.09	中共成武县委副书记、县政府县长	八届
楚德留	成武县	1952.09	成武达驰变压器厂厂长、党支书	八届
刘昌富	成武县	1949.11	成武县宝峰集乡前苗楼村党支书	八届
李成祥	成武县	1959.12	成武县绝缘材料厂厂长	八届
刘兰钦（女）	巨野县	1943.07	菏泽地区妇联主任	八届
陈东州	安徽固镇	1936.04	菏泽地区林科所所长	八届
毕可文	山东文登	1937.06	菏泽地区人大工委主任、党组书记	八届
孙宝珠	山东莱州	1932.11	原山东省环保局局长、党组书记	八届
龚彦海	单　县	1937.05	单县人大常委会主任	八届
韦昌勤	单　县	1933.10	单县曹叵集乡韦洼村党支书	八届
任忠宽	单　县	1941.09	单县蔬菜研究所所长	八届
马秀春	单　县	1945.12	单县园艺场场长	八届
苏光亮	江苏六合	1925.01	单县中心医院主任医师、教授	八届
宋希焕	山东莱州	1934.07	山东省城乡建设委员会主任、党组书记	八届
王效春	巨野县	1935.12	巨野县人大常委会主任	八届
史崇亮	巨野县	1947.12	菏泽地区汽运公司党委书记、经理	八届
姚树涛	巨野县	1940.08	巨野县花冠酒厂厂长	八届
申兆庆	巨野县	1946.05	巨野县巨野镇南关居委会党支书	八届
王春玲（女）	巨野县	1950.08	巨野县农行副行长	八届
晁中胜	菏泽市牡丹区	1941.01	菏泽地区农业局环保站站长	八届

续表 34-3-8

姓　名	籍　贯	出生年月	工作单位及职务	届次
徐雷健	郓城县	1919.05	原山东省人大常委会副主任、党组副书记	八届
董茂伦	山东东平	1951.05	中共郓城县委副书记、县政府县长	八届
朱　琳（女）	江苏南京	1954.11	郓城县拖配厂厂长	八届
吴绪祥	郓城县	1943.10	郓城县苏阁乡皮革厂厂长	八届
张宗彦	郓城县	1939.04	郓城县黄堆集乡酒厂厂长	八届
田德全	山东嘉祥	1952.02	菏泽师专副校长、教授	八届
朱振华	江苏沛县	1942.09	菏泽地区建筑设计院院长	八届
唐有虞	浙江兰溪	1934.11	郓城县人民医院副院长	八届
常贵民	巨野县	1946.09	中共鄄城县委副书记、县政府县长	八届
王培思	鄄城县	1942.01	鄄城县酒厂厂长	八届
侯翠贞（女）	鄄城县	1959.12	鄄城县宋楼乡吴老家村党支书	八届
朱桂芹（女）	单　县	1950.10	菏泽地区文化局工会主席、地区豫剧团党支书	八届
汪孚臣	山东泰安	1930.12	鄄城县人大常委会副主任	八届
李兆新	山东阳谷	1931.10	山东省农村经济开发投资公司总经理	八届
于法杰	郓城县	1931.03	原菏泽地区人大工委主任、党组书记	八届
李振堂	曹　县	1947.01	中共东明县委副书记、县政府县长	八届
赵凤梅（女）	东明县	1943.04	东明县棉麻公司副经理、棉纺织厂党支书	八届
王久祜	山东临朐	1944.03	山东省政协副主席、省委统战部部长	九届
李明先	山东蓬莱	1945.01	中共菏泽地委书记	九届
郭仲生	曹　县	1944.10	菏泽地区计划委员会主任	九届
尹正仁	东明县	1946.12	菏泽市人大常委会主任	九届
李　胜	菏泽市牡丹区	1945.09	菏泽地区酒厂党委书记、厂长	九届
宋焕云（女）	菏泽市牡丹区	1948.09	菏泽市环卫处清扫保洁公司经理	九届
李林海	菏泽市牡丹区	1966.06	山东洲达集团董事长、总经理	九届
郑子昌	曹　县	1964.05	菏泽诚信沙发家具厂厂长	九届
孙洪成	菏泽市牡丹区	1949.11	菏泽市袁固堆行政村党支部书记	九届
薄振明	山东利津	1939.01	省人大常委会委员、省人大代表联络与代表资格审查委员会副主任委员	九届
陈　光	山东寿光	1956.11	中共菏泽地委副书记、行署专员	九届
李荣海	曹　县	1950.09	菏泽地区文联主席、曹州书画院院长	九届
朱效明	定陶县	1953.04	中共曹县县委书记	九届
王银香（女）	曹　县	1960.08	山东中大集团董事长、曹县曹城镇五里墩行政村党支部书记	九届
王　光（回族）	曹　县	1966.11	山东王光集团有限公司董事长兼总经理	九届
袁公引	曹　县	1952.10	曹县青固集镇副镇长、朱老家村党支书	九届
万伟之	曹　县	1935.12	曹县一中教师、县人大常委会副主任	九届
祝桂庭	曹　县	1944.06	曹县中医院院长	九届

续表 34-3-8

姓　名	籍　贯	出生年月	工作单位及职务	届次
徐学孟	山东平原	1932.05	山东省人大常委会原副主任	九届
毕可文	山东文登	1937.06	菏泽地区人大工委原主任	九届
段伯汉	巨野县	1958.02	中共定陶县委副书记、县政府县长	九届
王凤娟	定陶县	1965.08	定陶县一中教师	九届
张九勋	定陶县	1956.03	山东都庆集团公司董事长、总经理	九届
华保章	定陶县	1946.04	定陶县第三棉厂厂长兼党支书	九届
易炳炎	湖南长沙	1940.07	省人大常委会委员、省人大农业与农村委员会委员	九届
朱桂芹（女）	单　县	1950.10	菏泽地区文联副主席	九届
庞如圣	成武县	1945.06	成武县人大常委会主任	九届
谷启贤	成武县	1949.02	成武县宏达造纸集团董事长、总经理	九届
楚德留	成武县	1952.09	山东达驰集团总公司党委书记、总经理	九届
李成祥	成武县	1961.02	成武县绝缘材料厂厂长	九届
朱广新	江苏丰县	1937.04	省人大常委会委员、省人大教科文卫人口委副主任委员	九届
崔庆长	曹　县	1943.10	菏泽地区经贸委主任	九届
张建华	单　县	1946.08	菏泽地区教育学院副院长	九届
宋绍先	鄄城县	1952.04	中共单县县委书记	九届
张存启	单　县	1946.09	单县人大常委会副主任	九届
庞全岭	单　县	1955.03	山东单县莱河酒厂厂长	九届
何茂远	单　县	1942.03	单县政府副县长	九届
黄秀玲	单　县	1970.09	单县聂付庄乡副乡长	九届
檀兴民	单　县	1945.02	单县第一中学高级教师	九届
曹允江	山东即墨	1935.11	省人大常委会委员、省人大财经委副主任委员	九届
史崇亮	巨野县	1947.02	菏泽地区交通集团总公司党委书记、总经理	九届
常贵民	巨野县	1946.07	巨野县人大常委会主任	九届
陈为民	单　县	1955.03	巨野县人民医院副院长	九届
申兆庆	巨野县	1946.05	巨野县人大常委会经济科科长、巨野镇南关居委会党支部书记	九届
王春玲（女）	巨野县	1952.08	巨野县农行行长	九届
宋存胜	山东荣成	1941.11	省人大常委会委员、省人大教科文卫人口委副主任委员	九届
路绍昌	定陶县	1940.11	菏泽地区人大工委主任	九届
杜荷法	河南清丰	1946.06	菏泽天香毛纺织集团公司总经理	九届
高木斗	曹　县	1953.10	中共郓城县委副书记、县政府县长	九届
张留林	郓城县	1955.03	郓城县郓城镇副镇长、张兴庄村支书、地毯厂厂长	九届
张宗彦	郓城县	1939.04	郓城县黄堆集乡副乡长、黄泥冈酒厂厂长	九届

续表 34-3-8

姓 名	籍 贯	出生年月	工作单位及职务	届次
孙桂芬（女）	郓城县	1962.06	郓城县水浒酒厂劳资科科长	九届
吴绪祥	郓城县	1943.10	郓城县苏阁乡党委副书记、制革厂厂长	九届
范玉芝（女）	郓城县	1952.04	郓城县人民医院急症科副主任	九届
朱关兴	上海市	1936.01	省人大常委会委员、省人大城建环保委副主任委员	九届
徐光璞（女）	曹 县	1950.02	菏泽地区妇联主任、党组书记	九届
张本进	曹 县	1951.11	中共鄄城县委副书记、县政府县长	九届
周俊玉（女）	鄄城县	1946.02	鄄城县经贸委总工程师	九届
刘利钦	鄄城县	1949.10	鄄城县平原地毯公司总经理	九届
张忠卿	鄄城县	1943.08	鄄城县人民医院院长	九届
段璋银	东明县	1943.11	省人大常委会委员、省人大城建环保委委员	九届
胡月臣	郓城县	1948.10	菏泽地区粮油集团总公司总经理	九届
崔玉金	单 县	1948.11	中共东明县委书记	九届
马利亭	东明县	1945.07	东明石化集团有限公司董事长兼总经理	九届
赵凤梅（女）	东明县	1944.10	东明县棉麻公司总经理兼棉纺织厂党委书记	九届
董素英（女）	东明县	1948.12	东明县国税局渔沃分局副局长	九届
陈 光	山东寿光	1956.11	中共菏泽市委副书记	十届
杜昌文	山东嘉祥	1957.11	菏泽市人民政府市长	十届
王祖和	山东临沂	1947.11	菏泽市人大常委会第一副主任	十届
阎世海	定陶县	1942.08	原市人大常委会副主任	十届
徐光璞（女）	曹 县	1950.02	菏泽市妇联主席	十届
张秀长	单 县	1950.02	菏泽市交通局局长	十届
史崇亮	巨野县	1947.02	菏泽交通集团总经理、党委书记	十届
朱 斌	曹 县	1960.07	菏泽市人民政府秘书长、办公室主任	十届
刘从连	巨野县	1957.03	菏泽师专校长	十届
王德业	山东枣庄	1953.02	菏泽市人民银行行长	十届
杨传欣	菏泽市牡丹区	1961.04	菏泽市立医院副院长	十届
李 浩	菏泽市牡丹区	1957.10	菏泽市实验小学校长	十届
谭振彬	山东平度	1961.10	菏泽银河纺织有限公司信息处处长	十届
尹玉明	东明县	1962.01	牡丹区委副书记、区长	十届
王 乾	巨野县	1959.01	菏泽市牡丹区人民检察院检察长	十届
李贵章	山东青岛	1953.12	菏泽（青啤）有限公司总经理	十届
李林海	菏泽市牡丹区	1966.06	山东洲达实业公司总经理	十届
丁传英	菏泽市牡丹区	1966.08	菏泽市华英食品有限公司总经理	十届
侯良义	菏泽市牡丹区	1965.07	菏泽市牡丹区科达化工厂厂长	十届
马喜荣（女）	菏泽市牡丹区	1963.10	菏泽市牡丹区西城办事处党委副书记、主任	十届
李安现	郓城县	1955.03	中共曹县县委副书记、县长	十届

续表 34-3-8

姓　名	籍　贯	出生年月	工作单位及职务	届次
闫　凌	曹　县	1962.12	曹县普连集镇党委书记	十届
沙翠玲（女，回族）	曹　县	1968.10	曹县鑫乐园商贸公司经理	十届
王银香（女）	曹　县	1960.08	曹县曹城镇五里墩村党支部书记	十届
袁公引	曹　县	1952.10	曹县青固集镇朱老家村党支书	十届
孙德林	曹　县	1964.12	曹县巨鑫源食品公司董事长	十届
韦　斌	曹　县	1959.10	曹县人民医院院长	十届
王彤宇	山东即墨	1965.06	定陶县委副书记、县长	十届
魏庆禄	定陶县	1953.08	定陶圣龙集团公司总经理	十届
石　军（回族）	山东泰安	1956.01	定陶县委组织部副部长、县人事局局长	十届
曹宇翔	山东莘县	1966.01	成武县委副书记、县长	十届
庞宗合	成武县	1956年	成武县宏达集团公司总经理	十届
李成祥	成武县	1959.02	成武县呈祥电工电气公司总经理	十届
马兰欣（女）	成武县	1963.06	成武县国有资产管理局局长	十届
赵传山	菏泽市牡丹区	1957.12	单县县委副书记、县长	十届
李新民	单　县	1956.12	单县四君子酒业有限公司董事长兼总经理	十届
陈凤荣（女）	单　县	1958.12	单县公安局西关派出所所长	十届
庞全岭	单　县	1955.03	单县蚕业发展有限公司总经理	十届
王培印	单　县	1962.03	单县津单幕墙公司董事长	十届
王可正	单　县	1962.09	单县一中校长	十届
朱保华	单　县	1963.03	巨野县委副书记、县长	十届
刘法来	巨野县	1963.03	山东花冠酒业有限公司董事长、总经理	十届
王　任	巨野县	1966.11	巨野县公安局巡警大队负责人	十届
杨克超	巨野县	1956.02	巨野县巨野镇新生居委会党支书、双扬面粉公司经理	十届
陈为民	单　县	1955.03	巨野县人民医院副院长	十届
刘国生	单　县	1963.10	郓城县委副书记、县长	十届
刘国庆	郓城县	1958.08	郓城县宋江武校业务校长	十届
张宗彦	郓城县	1939.04	郓城县黄泥冈酒业有限公司总经理	十届
乔效振	郓城县	1954.12	郓城县一中校长	十届
孙桂芬（女）	郓城县	1962.06	郓城县水浒酒业有限公司计生办主任、妇委会主任	十届
任仲义	郓城县	1962.08	鄄城县委副书记、县长	十届
张忠卿	鄄城县	1943.08	鄄城县人大常委会副主任	十届
张卫华	鄄城县	1965.01	鄄城县人民医院院长	十届
刘　鲁	山东梁山	1964.11	东明县委副书记、县长	十届
李湘平	东明县	1962.08	东明石化集团有限公司董事长	十届

续表 34-3-8

姓　名	籍　贯	出生年月	工作单位及职务	届次
宋东鹏	东明县	1964.12	东明县棉纺厂副厂长	十届
郑文革（女）	东明县	1970.08	东明县明大实业有限公司总经理	十届

1986—2005年驻菏泽省政协委员一览表

表 34-3-9

姓　名	籍　贯	出生年月	工作单位及职务	党　派	届　次	备　注
刘温如					特邀 六届	六届省政协常委
张鸿生					特邀 六届	
袁玲侠（女）					特邀 六届	
白玉珍					特邀 六届	
邵孝雄					特邀 六届	
李凡聪					特邀 六届	
丛培荣（女）					妇联 六届	
杨彩云（女）					妇联 六届	
王宛平（女）					教育 六届	
曹星如					医药卫生 六届	
焦祖光					医药卫生 六届	
林与莲（女）					医药卫生 六届	
郑素芳（女）					工会 六届	
张新让					文学艺术 六届	
沙启亮					少数民族 六届	
李超英					少数民族 六届	
董祥恩					农民 六届	
沈祥文					农民 六届	
樊思宝	山东郓城	1936.07	菏泽地区政协工委主任	中　共	特邀 七届	
聂书江（女）	河北石家庄	1944.08	菏泽地委统战部部长	中　共	特邀 七届	
苏传金	山东济南	1944.06	菏泽汽车站站长	中　共	特邀 七届	经济师

续表 34-3-9

姓　名	籍　贯	出生年月	工作单位及职务	党　派	届　次	备　注
李超英	河南沁阳	1932.04	山东曹县东关清真寺阿訇，省伊协常委、副秘书长	无党派	宗教七届	回　族
丛培荣（女）	山东荣成	1939.09	菏泽市园林处工会主席、科研所所长	中　共	工会七届	高级农艺师
张心让	菏泽市	1943.09	菏泽艺校副校长	中　共	文化艺术七届	二级演员
张德玺	巨野县	1953.08	巨野县新城乡毛张庄村党支部书记，县永丰实业公司总经理	中　共	农林七届	
杨自田	定陶县	1938.07	定陶县定陶镇南关居委会党支部书记	中　共	少数民族七届	回族，高级经济师
王宛平（女）	曹　县	1937.07	鄄城县城关一完小教师	中　共	教育七届	中学高级教师
林与莲（女）	福建仙游	1927.01	单县中心医院名誉院长、主任医师，菏泽医专内科教授	民　盟	医药卫生七届	
杨彩云（女）	郓城县	1950.05	郓城县文化馆创作股股长、助理馆员，郓城县政协副主席	无党派	妇联七届	
樊庆斌	郓城县	1958.08	山东郓城宋江武校校长兼教练	无党派	特邀七届	
常太安	东明县	1952.05	东明县长兴集乡中心学校小教高级教师	无党派	教育七届	
王世安	曹　县	1938.07	曹县一中高级教师	无党派	教育七届	
李凡聪	菏泽市	1930.03	菏泽市沙土酿造厂厂长、总经理，市工商联副主任	无党派	工商联七届	
邵孝雄	上海市	1936.09	鄄城县农机局技术推广站站长、高级工程师，县政协副主席	无党派	科协七届	七届省政协常委
卢　斌	浙江淳安	1944.10	成武县政协副主席，县科协副主任	无党派	科协七届	工程师
杨成训	成武县	1942.06	菏泽地区政协工委主任	中　共	特邀八届	
聂书江（女）	河北晋县	1944.10	菏泽地区政协工委副主任，地委统战部部长	中　共	特邀八届	
苏传金	山东济南	1944.06	菏泽交通集团总公司总经理助理	中　共	特邀八届	
王东刚	郓城县	1962.01	菏泽市园林处书记、主任	中　共	特邀八届	
冯占魁	山东梁山	1954.11	菏泽外贸公司工艺品出口公司高级美术师	中　共	文化艺术八届	
李海涛	曹　县	1960.10	定陶县教师进修学校校长	中　共	少数民族八届	回　族
张德玺	巨野县	1953.08	巨野县新城乡毛张庄村党支部书记，县永丰实业公司总经理	中　共	农业八届	

续表 34-3-9

姓　名	籍　贯	出生年月	工作单位及职务	党　派	届　次	备　注
祝桂阁	郓城县	1943.12	鄄城县政协副主席，县供电局局长	中　共	科学技术八届	
何淑淦	定陶县	1938.12	菏泽市政协副主席，民盟市委主委，菏泽教育学院中文系教师	民　盟	民盟八届	
李建军	单　县	1963.02	菏泽地区人民医院普外科副主任	无党派	医药卫生八届	
刘月亭	菏泽市	1944.03	菏泽地区工业经济技术研究中心电子所所长	无党派	科学技术八届	
陈鹏同	菏泽市	1948.12	菏泽市政协副主席，地区艺术馆美术部主任	无党派	文化艺术八届	
丁新甫	河南淇县	1952.02	菏泽白癜风医院院长	无党派	医药卫生八届	八届省政协常委
陈雪云（女）	巨野县	1956.12	菏泽齐鲁成人中等音乐专业学校校长	无党派	文化艺术八届	
卢　斌	浙江淳安	1944.01	成武县政协副主席，县科协副主席	无党派	科协八届	
郭龙波	曹　县	1949.10	曹县郭庄清真寺管委会主任，郭庄地皮毛加工厂总经理	无党派	少数民族八届	回　族
刘翠芳（女）	单　县	1965.10	单县豫剧团副团长	无党派	文化艺术八届	
王秀丽（女）	郓城县	1966.05	山东水浒酒厂副厂长、工会主席、总工程师	无党派	工会八届	
孔令昌	定陶县	1948.10	菏泽市政协主席	中　共	特邀	九　届
杨成训	成武县	1942.06	菏泽市政协原主席	中　共	特邀	九　届
孟祥伦	郓城县	1948.12	菏泽市政协副主席，市委统战部部长	中　共	特邀九届	
宋聚轩	曹　县	1950.07	菏泽师专中文系主任	中　共	教育九届	
李海涛	曹　县	1960.10	定陶县职业教育中心主任	中　共	少数民族九届	回　族
张万峰	鄄城县	1963.05	鄄城县农业局副局长、蔬菜办主任	中　共	农　业	九　届
肖培树	菏泽市	1963.12	菏泽市政协副主席，市司法局副局长，致公党菏泽支部主委	致公党	致公党	九　届
何茂远	定陶县	1952.06	菏泽市政府副市长，九三学社市委主委	九三学社	九三学社九届	2005.12 增补九届省政协委员
侯　婕（女）	成武县	1963.03	九三学社菏泽市委副主委，成武县政府副县长	九三学社	九三学社九届	
陈鹏同	菏泽市	1948.12	菏泽市艺术馆摄影部主任	无党派	文化艺术九届	

续表 34-3-9

姓　名	籍　贯	出生年月	工作单位及职务	党　派	届　次	备　注
丁新甫	河南淇县	1952.02	菏泽白癜风医院院长	无党派	医药卫生九届	九届省政协常委
陈雪云（女）	巨野县	1956.12	菏泽齐鲁成人中等音乐专业学校校长	无党派	文化艺术九届	
李平华	巨野县	1963.09	巨野县政府副县长	无党派	医药卫生九届	
田　云（女）	成武县	1950.08	菏泽银盛园小吃城总经理	无党派	工商联九届	
刘翠芳（女）	单　县	1965.10	单县豫剧团团长	无党派	文化艺术九届	
王秀丽（女）	郓城县	1966.05	郓城水浒酒业有限公司总工程师	无党派	经济九届	
王留峰	东明县	1964.12	山东兴东律师事务所主任	无党派	无党派九届	

1986—2005年菏泽市（地区）省部级劳动模范和先进工作者一览表

表 34-3-10

姓　名	籍　贯	出生年月	工作单位及职务	授予时间（年月）	备　注
黄佩伟（女）	上海川沙	1946	山东电讯第十厂副厂长	1986.04	省职工劳动模范、去世
曹莲舫	菏泽市	1928.04	菏泽地区水利工程管理排灌公司副总工程师	1986.04	省职工劳动模范
孙世法		1941	菏泽印染厂厂长	1986.04	省职工劳动模范、去世
兰承榕	四川资中	1931.08	菏泽教育学院物理系主任	1986.04	省职工劳动模范
李玉华	定陶县	1952.12	曹县橡胶厂厂长	1986.04	省职工劳动模范
米金海（回）	曹　县	1933.07	曹县肉联厂技术员	1986.04	省职工劳动模范、去世
郭敏娟（女）	河南开封	1964.09	中国农业银行东明县支行会计员	1986.04	省职工劳动模范
王贵景	定陶县	1954	定陶县二轻工业公司科技股科员	1986.04	省职工劳动模范、去世
程相稳	成武县	1951.11	成武县丝绸厂副厂长	1986.04	省职工劳动模范
王培思	鄄城县	1942.02	鄄城县酒厂厂长	1986.04	省职工劳动模范
陆建达	江苏常熟	1936	鄄城县农业局家畜改良站副站长	1986.04	省职工劳动模范、去世
王　平（女）	郓城县	1956.06	郓城县人民医院护士	1986.04	省职工劳动模范
郭志尧	单　县	1924	单县中医院副院长	1986.04	省职工劳动模范、去世
张世玉	单　县	1936.06	单县第一中学语文教研组组长	1986.04	省职工劳动模范

续表 34-3-10

姓　名	籍　贯	出生年月	工作单位及职务	授予时间（年月）	备　注
冯　晖	巨野县	1944.03	巨野县第一中学外语教研组组长	1986.04	省职工劳动模范
汪衍初	曹　县		曹县楼庄乡农经服务公司经理	1986.10	省职工劳动模范、去世
任忠宽	单　县	1940.09	单县城关镇西郊村党支部书记	1986.10	省农业劳动模范
牛祥鑫（女）	定陶县	1937	定陶县家畜配种站副站长、畜牧师	1986.10	省农业劳动模范
侯新春	单　县	1938.01	单县农机服务中心农机校校长	1986.10	省职工劳动模范、去世
杨来柱	曹　县	1951.02	曹县城镇水产公司经理	1986.10	省农业劳动模范
夏遂田	东明县		东明县东明集镇任老屯村党支部书记	1986.10	省农业劳动模范、去世
李进智	东明县	1942.10	东明县焦园乡辛庄村党支部书记	1986.10	省农业劳动模范
孔庆党	巨野县	1933.03	巨野县大义镇孔楼村党支部书记	1986.10	省农业劳动模范、去世
李振德（回）	菏泽市	1941.11	菏泽市（县级）马垓回族乡西马垓村党支部书记	1986.10	省农业劳动模范
连明扬	鄄城县	1932.02	鄄城县大埝连庄村党支部书记	1986.10	省农业劳动模范、去世
孔凡勃	山东曲阜	1935.08	菏泽地区果树站农艺师	1986.10	省农业劳动模范
朱振义	郓城县	1936.60	郓城县双桥乡苏庄村农民	1986.10	省农业劳动模范
燕金良	成武县	1939.07	成武县淡水养殖试验场场长、工程师	1986.10	省农业劳动模范、去世
周庆美	郓城县		郓城县双桥乡农机管理站管理员	1986.10	省农业劳动模范、去世
刘继岩	山东邹城	1932.12	菏泽农业学校教务主任	1986.10	省农业劳动模范
张宗彦	郓城县	1939.04	郓城黄泥冈酒厂厂长	1986.10	省农业劳动模范
李传亮	菏泽市		菏泽市（县级）岳程庄乡窑厂厂长	1986.10	省农业劳动模范、去世
帅宗钦	单　县	1938.11	鄄城县园艺一场副场长、农艺师	1986.10	省农业劳动模范
刘继敏	鄄城县		鄄城县水产公司经理、助理工程师	1986.10	省农业劳动模范
孙保来	单　县	1950.03	单县谢集乡陈桥村党支部书记	1986.10	省农业劳动模范
马善伦	郓城县	1933.08	菏泽地区农业科学研究所副所长	1986.10	省农业劳动模范
张树修	曹　县		曹县魏湾镇张彩园村党支部书记	1986.10	省农业劳动模范、去世

续表 34-3-10

姓　名	籍　贯	出生年月	工作单位及职务	授予时间（年月）	备　注
杨大显	菏泽市	1938.09	菏泽印刷厂厂长兼党委书记	1988.04	省劳动模范
何守礼	定陶县	1945.03	定陶县计生委主任	1988.11	省计划生育劳动模范
刁建民	曹　县	1959.10	曹县朱洪庙乡杨堂村团支部书记	1989.05	省劳动模范
李彦超	郓城县	1940.08	山东省郓城县搪瓷厂厂长	1989.10	省劳动模范
曹绪胜	定陶县	1944	山东省定陶县御思香酒厂厂长	1989.10	省劳动模范
黄承友	郓城县	1956.06	山东菏泽仪表厂保卫科副科长	1989.10	省劳动模范
姜荣贵	山东长清	1934.04	山东省菏泽地区农业科学研究所主任	1989.10	省劳动模范
刘乃施	鄄城县	1937.12	郓城县人民医院检验科副主任	1989.10	省劳动模范
李秉俭	鄄城县	1937.04	山东省鄄城县第一中学教员	1989.10	省劳动模范、去世
曹培华	单　县	1951.08	山东省单县中心医院医务科副主任	1989.10	省劳动模范
王明科	菏泽市	1939.08	菏泽市委（县级）办公室汽车司机	1989.10	省劳动模范
董素英（女）	东明县	1946.12	东明副食品公司营业员	1989.10	省劳动模范
姚元臣	巨野县	1964.06	巨野县邮电局报务班报务员	1989.10	省劳动模范
宋焕云（女）	菏泽市	1948.09	菏泽市（县级）环境卫生管理处工人	1989.10	省劳动模范
牛　清	成武县	1942.11	成武县工商行政管理局汶上集所所长	1989.10	省劳动模范
葛文斋	郓城县	1957.05	郓城县殡葬管理所汽车司机	1989.10	省劳动模范
刘　良	菏泽市	1959.11	山东菏泽火柴厂工人	1989.10	省劳动模范
苑宪章	定陶县	1934.03	定陶县陈集镇国华贸易公司总经理	1989.10	省劳动模范、去世
吕宗荣	单　县	1933.08	单县徐寨镇刘寨村支书	1990.09	省农业劳动模范
齐传玉（女）	定陶县	1935.06	定陶县半堤乡潘寺村支记	1990.09	省农业劳动模范
袁朝忠	定陶县	1944.08	定陶县马集袁堂村支书	1990.09	省农业劳动模范
徐守福	成武县		成武县南鲁乡秦楼村支书	1990.09	省劳动模范、去世
杨升云	东明县	1952.06	东明县陆圈镇杨庄村支书	1990.09	省农业劳动模范
郭良斋	菏泽市	1925.09	菏泽市（县级）安兴镇船郭庄村支记	1990.09	省劳动模范、去世
傅秀杰	曹　县	1947.06	曹县朱洪庙农技站站长	1990.09	省农业劳动模范

续表 34-3-10

姓 名	籍 贯	出生年月	工作单位及职务	授予时间（年月）	备 注
郝洪增	巨野县	1928.11	巨野县双庙乡科协主任	1990.09	省农业劳动模范
牛光德	定陶县	1944	定陶县王双楼乡畜牧兽医站站长	1990.09	省农业劳动模范
张心全	郓城县	1945.06	郓城县程屯镇畜牧兽医站站长	1990.09	省农业劳动模范
马永治（回）	曹 县		曹县侯集回族镇侯集村支书	1990.09	省农业劳动模范、去世
胡金德	菏泽市	1952.07	菏泽市（县级）胡集乡胡集村支书	1990.09	省农业劳动模范
刘东洗	成武县	1946.10	成武县成武镇刘庄村支书	1990.09	省农业劳动模范
陈东礼	鄄城县	1949.07	鄄城县什集乡副乡长	1990.09	省农业劳动模范
郭心斋	鄄城县	1953.06	鄄城县麻斋乡沙河开发公司经理	1990.09	省农业劳动模范、去世
张胜利	单 县	1956.05	单县张集乡农机站站长	1990.09	省农业劳动模范
楚德留	成武县	1952.07	成武县苟村乡变压器厂厂长	1990.09	省农业劳动模范
张留林	郓城县	1955.03	郓城县地毯厂厂长	1990.09	省农业劳动模范
李凡聪	菏泽市	1928.04	菏泽市沙土镇酿造厂厂长	1990.09	省农业劳动模范、去世
杨崇坤	鄄城县	1946.03	鄄城县箕山乡杨老家村支书	1990.09	省农业劳动模范
马书相	东明县	1943.12	东明县张寨乡党委副书记	1990.09	省农业劳动模范
彭道礼	巨野县	1951.10	巨野县大义镇车东彭堂支书	1990.09	省农业劳动模范
于德进	巨野县	1953.08	巨野县田桥乡肖官屯村支书	1990.09	省农业劳动模范
张道社	成武县	1953.08	菏泽市（县级）公安局刑警队副队长	1991.12	省劳动模范
杜荷法	河南清丰	1946.04	菏泽第二毛纺厂厂长	1992.04	省职工劳动模范
杨永昌	东明县	1955.07	东明县石油化工厂厂长	1992.04	省职工劳动模范
苏传金	山东济南	1944.06	菏泽地区汽车运输公司菏泽汽车站站长	1992.04	省职工劳动模范
沈祥山	曹 县	1950.07	山东曹州橡胶厂炼胶车间班长	1992.04	省职工劳动模范
马永保（回）	菏泽市	1945.11	菏泽市（县级）农业机械厂	1992.04	省职工劳动模范
朱洪显	成武县	1949.07	成武县面粉厂工人	1992.04	省职工劳动模范
王 霞（女）	菏泽市	1963.09	菏泽棉纺织厂挡车工	1992.04	省职工劳动模范
吴福社	定陶县	1954.11	山东定陶阿胶厂业务员	1992.04	省职工劳动模范
刘道平	单 县	1952.11	单县邮电局投递员	1992.04	省职工劳动模范

续表 34-3-10

姓　名	籍　贯	出生年月	工作单位及职务	授予时间（年月）	备　注
高　超	单　县	1953.12	山东省单县中心医院医生	1992.04	省职工劳动模范
童香云（女）	郓城县	1945.09	郓城县城关镇西关小学教师	1992.04	省职工劳动模范
祝桂庭	曹　县	1944.06	曹县中医院医生	1992.04	省职工劳动模范
杨秋云（女）	曹　县	1940.08	菏泽地区酒厂总工	1992.04	省职工劳动模范
王建平（女）	巨野县	1953.10	巨野县供销合作社联合社工会干部	1992.04	省职工劳动模范
潘增合	菏泽市	1959.02	山东省石油公司菏泽分公司汽车修理工	1992.04	省职工劳动模范
许登科	曹　县	1948.08	曹县计生委	1993.11	省计划生育劳动模范
刘玉建	巨野县	1953.12	巨野县核桃园乡计生办	1993.11	省计划生育劳动模范
李志全	山东枣庄	1947.06	单县计生服务站	1993.11	省计划生育劳动模范
姚树涛	巨野县	1940.12	山东省花冠酒厂厂长	1995.04	省劳动模范
张存启	单　县	1947.11	单县麻纺织厂厂长	1995.04	省劳动模范
史崇亮	巨野县	1947.02	菏泽地区交通集团总公司总经理	1995.04	省劳动模范
张正斌	东明县	1945.07	东明县第一中学教师	1995.04	省劳动模范
张九成	菏泽市	1957.06	菏泽市（县级）黄河河务局工程班班长	1995.04	省劳动模范
葛珠芹（女）	菏泽市	1957.07	菏泽市（县级）吴店乡吴店小学教师	1995.04	省劳动模范、去世
张长路	定陶县	1969.05	定陶县公安局民警	1995.04	省劳动模范
许晓玲（女）	定陶县	1973.05	定陶县毛巾厂班长	1995.04	省劳动模范
任明敬	曹　县	1953.10	山东曹州橡胶厂内胎班班长	1995.04	省劳动模范
申爱英（女）	鄄城县	1967.12	山东华达纺织实业总公司班长	1995.04	省劳动模范
田景秀	山东潍坊	1938.05	郓城县动物防疫站高级兽医师	1995.04	省劳动模范
潘建荣	定陶县	1945.12	菏泽地区计划生育委员会主任	1995.04	省劳动模范
李庆奎	定陶县	1956.03	山东菏泽发电厂厂长	1995.04	省劳动模范、调走
薛广安	菏泽市	1948.11	山东菏泽印刷厂工人	1995.04	省劳动模范
董平学	单　县	1946.08	山东菏泽棉纺织厂厂长	1995.04	省劳动模范
徐令军	河南范县	1957.04	山东省电信公司菏泽市分公司通信建设部主任	1995.04	省劳动模范
王金书	东明县	1957.01	东明县海头乡玉皇庙村党支部书记	1995.04	省劳动模范
刘利钦	鄄城县	1949.10	鄄城县平原地毯厂支部书记	1995.04	省劳动模范

续表 34-3-10

姓　名	籍　贯	出生年月	工作单位及职务	授予时间（年月）	备　注
郭继春（回）	曹　县	1954.12	曹县王集镇郭庄村党支部书记	1995.04	省劳动模范
韦昌勤	单　县	1935.11	单县曹叵集乡韦洼村支部书记	1995.04	省劳动模范、去世
申兆庆	巨野县	1946.05	巨野县巨野镇南关居民委员会支部书记	1995.04	省劳动模范
刘昌富	成武县	1949.11	成武县宝峰乡前苗楼村支部书记	1995.04	省劳动模范
赵遵银	郓城县	1947.07	郓城县双桥乡赵欢口村支部书记	1995.04	省劳动模范、去世
马利亭	东明县	1946.05	山东省东明石油化工集团有限公司董事长、总经理	1998.04	省劳动模范
魏庆禄	定陶县	1953.08	山东圣龙集团公司董事长、总经理	1998.04	省劳动模范
谷启贤	成武县	1949.02	成武县造纸厂厂长	1998.04	省劳动模范
陈锡华	四川自贡	1954.05	菏泽市（县级）公安局交警大队大队长	1998.04	省先进工作者
周培勇（满）	曹　县	1955.05	曹县人民医院外二科主任	1998.04	省先进工作者
陈学林	菏泽市	1947.12	菏泽地区盲聋哑学校党支部书记、校长	1998.04	省先进工作者
王春玲（女）	巨野县	1954.08	巨野县农行党组书记、行长	1998.04	省先进工作者
王宗亭	郓城县	1947.09	郓城县人民检察院副检察长	1998.04	省先进工作者
王可正	单　县	1962.09	山东省单县第一中学中学高级教师、特级教师	1998.04	省先进工作者
付东兴	湖南湘乡	1968.02	东明县地税局菜园集分局局长	1998.04	省先进工作者
黄继友	菏泽市	1965.10	颐中烟草（集团）有限公司菏泽卷烟厂班长	1998.04	省劳动模范、调走
张凤仙（女）	江苏涟水	1955.11	菏泽地区第三人民医院护士	1998.04	省先进工作者
王文森	鄄城县	1953.09	鄄城县邮电局投递员	1998.04	省劳动模范
周晓东（女）	菏泽市	1965.12	菏泽棉纺织厂织布车间挡车工	1998.04	省劳动模范
张善绪	定陶县	1957.07	山东菏达集团有限公司董事长、总经理	1998.04	省劳动模范
赵孝武	菏泽市	1940.10	菏泽市（县级）牡丹办事处赵楼村党支部书记	1998.04	省劳动模范
王银香（女）	曹　县	1960.08	曹县曹城镇五里墩村党支部书记	1998.04	省劳动模范

续表 34-3-10

姓　名	籍　贯	出生年月	工作单位及职务	授予时间（年月）	备　注
庞全岭	单　县	1955.03	山东莱河酒厂厂长	1998.04	省劳动模范
侯振祥	成武县	1952.12	成武县孙寺乡侯楼村党支部书记	1998.04	省劳动模范
赵效东	郓城县	1968.10	郓城县郭庄乡郭庄村农民	1998.04	省劳动模范
刘维亭	鄄城县	1959.04	鄄城县鲁西种鸡场厂长	1998.04	省劳动模范
张百来	巨野县	1957.03	巨野县巨野镇南关居委会主任	1998.04	省劳动模范
鲍言亭	成武县	1952.11	成武县计生委主任	1998.04	省先进工作者
尚瑞芬（女）	巨野县	1966.12	巨野县麟州土产批发部经理	2002.09	省劳动模范
沙翠玲(回女)	曹　县	1968.10	曹县鑫乐园商贸服务有限公司总经理	2002.09	省劳动模范
李贵章	山东莱西	1953.12	青岛啤酒（菏泽）有限公司总经理	2003.04	省劳动模范、调走
张东贤	曹　县	1958.11	曹县庄寨镇人民政府镇长	2003.04	省先进工作者
孔凡恩	定陶县	1957.09	定陶县定陶镇建筑公司高级工程师	2003.04	省劳动模范
马效坤	成武县	1947.08	山东现代达驰电工电气股份有限公司总工程师	2003.04	省劳动模范
房巨波	单　县	1963.02	单县中心医院副主任医师	2003.04	省先进工作者
孙念恩	巨野县	1938.10	巨野县农业局农技推广中心副主任	2003.04	省先进工作者
杨守强	郓城县	1963.04	郓城县政府办公室司机	2003.04	省先进工作者
郑文海	菏泽市	1964.01	鄄城县第一中学教师	2003.04	省先进工作者
李湘平	东明县	1962.08	山东东明石化集团有限公司董事长	2003.04	省劳动模范
方辉杰	郓城县	1967.04	菏泽市公安局开发区分局丹阳派出所所长	2003.04	省先进工作者
靳雪华（女）	菏泽市	1956.01	菏泽市国税局开发区分局副科长	2003.04	省先进工作者
刘俊生	东明县	1956.06	山东省通信公司菏泽市分公司经理	2003.04	省劳动模范、调走
刘从祯	山东青岛	1947.12	菏泽供电公司总经理	2003.04	省劳动模范、调走
成爱忠	菏泽市	1970.04	菏泽银河纺织有限公司工人	2003.04	省劳动模范
陈福安	郓城县	1947.12	菏泽市物价局局长	2003.04	省先进工作者
宋志枫	山东乳山	1960.11	中国银行菏泽分行行长	2003.04	省劳动模范、调走
赵合娥	曹　县	1960.07	菏泽市林业局林业科技推广站站长	2003.04	省先进工作者
袁　坤	曹　县	1953.10	菏泽师范专科学校政史系主任	2003.04	省先进工作者

续表 34-3-10

姓 名	籍 贯	出生年月	工作单位及职务	授予时间（年月）	备 注
路永胜	菏泽市	1967.12	菏泽市电视台栏目制片人	2003.04	省先进工作者、去世
李 光	郓城县	1961.01	菏泽市公安局处长	2003.04	省先进工作者
张之轩	山东梁山	1961.06	菏泽市红十字会中心血站站长	2003.04	省先进工作者
宋 健	山东乳山	1957.12	菏泽发电厂经济师	2003.04	省劳动模范
白素良（回）	菏泽市	1954.08	菏泽市牡丹区胡集乡东马垓村党支部书记	2003.04	省劳动模范
李金亮	曹 县	1959.06	山东省曹普工艺有限公司董事长	2003.04	省劳动模范
张九勋	定陶县	1956.03	山东都庆股份有限公司董事长	2003.04	省劳动模范
段修申	成武县	1946.08	成武县党集乡段庄村党支部书记	2003.04	省劳动模范
黄汝航	单 县	1968.02	单县金盾农用车辆销售中心经理	2003.04	省劳动模范
杨金铎	巨野县	1954.10	巨野县金铎农业科技有限公司农艺师	2003.04	省劳动模范
陈 灵	郓城县	1951.03	郓城县华灵集团有限公司厂长	2003.04	省劳动模范
刘申平	鄄城县	1957.03	鄄城县大埝乡赵庄村村民	2003.04	省劳动模范
孙建星	东明县	1967.07	东明县城关镇梁庄村高级农技师	2003.04	省劳动模范
刘兴田	曹 县	1933.05	郓城县第十八中学校长	1986.09	全国教育系统劳动模范（享受省部级劳动模范待遇）
尹燕乐	鄄城县	1948.08	鄄城县黄河河务局工人	1986.10	治黄劳动模范（享受省部级劳动模范待遇）
彭 华	鄄城县	1954.09	菏泽市科技局局长	1987.12	全国民政系统劳动模范（享受省部级劳动模范待遇）
谢 林	四川蓬溪	1933.07	曹县四中高级教师	1989	全国教育系统劳动模范（享受省部级劳动模范待遇）
张仁杰	山东泰安	1942.04	菏泽市林业局	1991.03	全国造林绿化劳动模范（享受省部级劳动模范待遇）
商景玉	菏泽市	1938.08	菏泽学院系主任	1991.09	全国教育系统劳动模范（享受省部级劳动模范待遇）

续表 34-3-10

姓　名	籍　贯	出生年月	工作单位及职务	授予时间（年月）	备　注
李忠华	定陶县	1944.10	定陶县陈集镇中学校长	1993	全国教育系统劳动模范（享受省部级劳动模范待遇）
秦绪端	单　县	1950.11	菏泽市结核病医院院长	1995.01	全国卫生系统先进工作者（享受省部级劳动模范待遇）
刘法聚	曹　县	1951.04	曹县一中教师	1995.09	全国教育系统劳动模范（享受省部级劳动模范待遇）
孔素梅（女）	东明县	1966.08	东明一中教师	1995.09	全国教育系统劳动模范（享受省部级劳动模范待遇）
李新芝（女）	定陶县	1941.11	菏泽市（县级）北关小学教师	1995.09	全国教育系统劳动模范（享受省部级劳动模范待遇）
李克世（回）	菏泽市	1944.12	牡丹区政协副主席	1996.10	全国轻工业系统劳动模范
单衍玉	单　县	1941.09	单县农业生产资料公司	1997.05	全国供销合作社系统劳动模范（享受省部级劳动模范待遇）
毕公德	山东梁山	1938.12	菏泽学院系书记	1998.09	全国教育系统劳动模范（享受省部级劳动模范待遇）
许翠环（女）	东明县	1965.08	东明县五营乡财政所副所长	1998.12	全国财政系统先进工作者（享受省部级劳动模范待遇）
颜洪春（女）	山东滕州	1951.10	郓城县人民法院院长	1999.11	全国法院模范（享受省部级劳动模范待遇）
孔令善	东明县	1957.04	菏泽地区建筑工程总公司总经理	1999.11	全国建设系统劳动模范（享受省部级劳动模范待遇）
孟凡明	定陶县	1954.11	菏泽地区药品检验所所长	1999.12	全国卫生系统先进工作者（享受省部级劳动模范待遇）
何西良	菏泽市	1963.11	菏泽市（县级）大平调剧团团长、党支部书记	1999.12	全国文化系统先进工作者（享受省部级劳动模范待遇）
王铁祥	东明县	1950.04	东明县棉纺织厂厂长	2000.05	全国纺织工业劳动模范（享受省部级劳动模范待遇）

续表 34-3-10

姓　名	籍　贯	出生年月	工作单位及职务	授予时间（年月）	备　注
程爱贞（女）	菏泽市	1967.08	山东天香毛纺织集团有限公司布机挡车工	2000.05	全国纺织工业劳动模范（享受省部级劳动模范待遇）
李红青（女）	菏泽市	1978.09	山东菏泽棉纺织厂细纱挡车工	2000.05	全国纺织工业劳动模范（享受省部级劳动模范待遇）
刘　振	成武县	1950.12	山东省成武县机电厂董事长	2000.09	全国轻工业系统劳动模范（享受省部级劳动模范待遇）
苏衍贤	鄄城县	1950.12	菏泽市林业局副局长	2001.04	全国绿化劳动模范（享受省部级劳动模范待遇）
杨秋莲	东明县	1964.08	东明县菜园集乡财政所所长	2002.12	全国财政系统先进工作者（享受省部级劳动模范待遇）
曹绪宝	定陶县	1949.44	菏泽市林业局	2003.09	全国林业系统先进工作者（享受省部级劳动模范待遇）
刘文林	曹　县	1968.06	菏泽市规划局注册规划师	2004.01	全国建设系统先进工作者（享受省部级劳动模范待遇）
司立人	山东莘县	1951.03	菏泽市房管局办公室主任	2004.01	全国建设系统先进工作者（享受省部级劳动模范待遇）
司继春	菏泽市	1950.08	菏泽市牡丹区劳动和社会保障局局长	2004.08	全国人民满意的公务员（享受省部级劳动模范待遇）
杨俊华	菏泽市	1965.07	菏泽地方戏剧院山东梆子剧团团长	2005.10	全国文化系统先进工作者（享受省部级劳动模范待遇）
杨继文			巨野县新城乡杨庄村基干民兵	1993.06	省舍身抗洪英雄民兵（享受省劳动模范待遇）
李瑞海	菏泽市	1945.03	菏泽市（县级）林业局局长	1994.03	省林业劳动模范（享受省劳动模范待遇）
王兆云	成武县	1942.11	成武县林业局局长	1994.03	省林业劳动模范（享受省劳动模范待遇）
管栾全	山东郯城	1943.06	鄄城县农委副主任	1994.03	省林业劳动模范（享受省劳动模范待遇）
袁宗杰	曹　县	1943.07	曹县林业局局长	1994.03	省林业劳动模范（享受省劳动模范待遇）

续表 34-3-10

姓　名	籍　贯	出生年月	工作单位及职务	授予时间（年月）	备　注
王凤存			郓城县环卫处	1995.10	省环卫先进工作者（享受省劳动模范待遇）去世
田本建	曹　县	1952.03	曹县环卫所所长	1995.10	省环卫先进工作者（享受省劳动模范待遇）
袁克成	菏泽市	1948.11	菏泽市（县级）环卫处工人	1995.10	省环卫先进工作者（享受省劳动模范待遇）
车先义	郓城县	1953.08	菏泽地委宣传部党员教育科科长	1996.05	省模范军队专业干部（享受省劳动模范待遇）
袁书堂	东明县	1940.06	东明县政协主席	1996.10	全省抗洪劳模（享受省劳动模范待遇）
张福连	鄄城县	1938.10	鄄城县人大常委会主任	1996.10	全省抗洪劳模（享受省劳动模范待遇）
张文信	鄄城县	1947.09	鄄城县左营河务段工程班班长	1996.10	全省抗洪劳模（享受省劳动模范待遇）
李玉芹（女）			郓城县侯咽集镇村民	1997.06	省拥军优属模范（享受省劳动模范待遇）
闫桂芬（女）	郓城县	1953.08	菏泽监狱第六监区四分监区指导员	1998.01	省政法系统先进工作者（享受省劳动模范待遇）
尹宝国	山东济宁	1957.08	菏泽市公安局保安服务总公司经理	2001.06	全省模范军队转业干部（享受省劳动模范待遇）
陶秀芳（女）	黑龙江铁力	1968.12	菏泽市牡丹区环卫处清扫保洁工	2004.09	省环卫劳动模范（享受省劳动模范待遇）

附　录

前志《概述》

菏泽地区位于山东省西南部，北纬34°32′～36°10′；东经114°48′～116°24′，南北长180公里，东西宽140公里，面积为13145平方公里。南、西、北与苏、皖、豫3省接壤，北、东同山东省的聊城、泰安、济宁等地、市相邻。1985年底，辖菏泽、定陶、曹县、单县、成武、巨野、梁山、郓城、东明、鄄城1市9县，305个乡、镇、办事处，8284个村民委员会，14928个自然村，总人口749.94万。有民族25个，少数民族约占全区总人口的0.75%，其中以回族人口最多，其余的则为壮、满、蒙、藏、彝、白、高山、苗、布依等。

一

菏泽旧称曹州。西周建立之初，武王封弟振铎于今定陶，号曹国。北周武帝宣政元年（578年），“改西兖州为曹州，取曹国为名”。从此，“曹州”作为一处地方政区的专名，断续使用到中华民国初期。清雍正十三年（1735年），曹州“升为府，设附郭县，疆域仍州之旧，赐名菏泽”。自此，境内作为省、县之间的一级行政区划，基本稳定下来；“菏泽”作为一个县（市）的专名一直沿用至今。1949年8月，平原省建立，境内西北部设菏泽专区，驻地菏泽县；东南部设湖西专区，驻地单县。1952年11月，平原省撤销，菏泽、湖西两专区改属山东省。1953年7月，湖西专区撤销，其地分属菏泽、济宁两专区。1958年11月，菏泽专区撤销，所属县归济宁专区。1959年6月，菏泽专区恢复。1967年3月改称菏泽地区。

在地质构造上，菏泽地区属中朝准地台。以斜贯西部的聊城－兰考断裂为界，西侧为东明凹陷，属华北断拗开封台陷；东侧为成武－济宁断陷的西半部，属鲁西中台隆。特殊的地质构造蕴藏着丰富的矿产资源，也酝酿着地震灾害。

境内地形除少数低山残丘、积水洼地外，均为黄河冲积平原。地势平坦，自西南向东北呈簸箕形逐渐降低，平均坡度为1/8000。微地貌形态有河滩高地、缓平坡地、决口扇形地、垄岗高地、碟形洼地、沙质河槽地和背河槽状洼地7种，以缓平坡地面积最大，约占平原面积的54.4%。全区土壤分5个大类、11个亚类，其中以保水、保肥性能良好的潮土亚类分布最广，占土壤面积的80.8%。

黄河自河南入境，流经东明、菏泽、鄄城、郓城、梁山5县市，境内长212公里，主槽河宽0.6～3.3公里，是全河有名的“豆腐腰”河段。由于泥沙大量淤积，河床逐年提高，遂使黄河成为世界闻名的“悬河”。境内沿黄县城的地面高程，一般低于当地河段1983年设防水位8～9米。这给沿黄各县引黄灌溉、淤改带来方便，同时也为防洪增添了巨大的负担。境内内河流域面积在50平方公里以上的支流共86条，分属于东鱼河、洙赵新河、万福河、梁济运河、太行堤河和黄河故道6个小水系，多为东西流向，均属淮河流域南四湖水系。

菏泽地区属温带季风型大陆性气候，光热资源为山东之冠。年太阳辐射总量为116.6～123.6千卡／平方厘米，其中植物可利用的光能为57.2～60.5千卡／平方厘米。累年（1954–1985年）平均气温为13.5℃～14.0℃，极端最高气温43.7℃，极端最低气温－20.6℃。年平均无霜期为209天，其中无霜期最长的东明县为219天。全区多年平均降水量为662.8毫米，其中作物旺盛生长的6、7、8、9四个月份平均降雨量为473.4毫米，占年降雨量的71.4%。雨热同季，且匹配良好，适于多种植物生长发育和大多数农作物一年两熟。

境内自然资源丰厚。这里属黄河冲积平原，地势平坦，土层深厚，土壤肥沃。区内河流纵横，沟渠相接，库容量大，既有充裕的地表水、地下水，又有得天独厚的黄河客水，水资源总量达47.66亿立方米，可利用量为31.7亿立方米，在我国北方属丰水地区。全区储有丰富的煤炭、石油、天然气、铁、矿泉水、石膏等矿产资源。煤炭蕴藏面积4310平方公里，地质储量294.7亿吨，居华东地区之首。石油远景储量1.71亿吨，控制储量9000万吨。天然气探明储量271亿立方米，远景储量1500～3000亿立方米。铁矿储量500万吨。鄄城、巨野、郓城、定陶县地下蕴藏国内不多的富锶、含碘矿泉水，现已开采利用。

全区生物种类繁多，名特产品资源丰富，是全国著名的农、林、牧、渔商品生产基地。境内有广泛栽培的农作物品种568个，畜禽类主要品种55个，水生动植物品种60多个，中药材品种300个。曹州牡丹花大、形美、色艳、香浓，名贵品种600多个。菏泽木瓜果实金黄，光泽鲜艳，香味芬芳，具有较高的观赏和药用价值。东明西瓜栽培历史悠久，品质优良，甘甜可口，该县被国务院命名为“西瓜之乡”。鲁西南大黄牛、小尾寒羊、青山羊并称三大“国宝”。鲁西南黄牛体大力壮，肉质鲜美，存养量占全省的80%以上。小尾寒羊体型大，繁殖率高，肉裘兼优，是全国为数不多的优良品种。青山羊皮毛颜色纯正，细密光润，花纹美观，以其加工制作的青猾皮衣，走俏国际市场。

二

菏泽具有悠久的历史和光辉的古代文化。早在四千年以前的新石器时代，先民们就在这里渔猎耕种，繁衍生息。《史记·五帝本纪》中就有“舜耕历山，渔雷泽，陶河滨”的记载。菏泽市安丘堌堆、曹县安陵堌堆等遗迹中发现的红陶、黑陶，以及磨制精细的石斧、石铲、石锛、石凿等大汶口文化、龙山文化遗物，足以说明菏泽是中国古代文化的重要发祥地之一。公元前20世纪，商部落就定居在今河南商丘、虞城以北至山东曹、单等县一带的孟潴泽畔，不断开发这一片薮泽地带。汤革夏命后，建立了商朝，定都于亳。亳都即在今曹县城南土山集至王黑楼一带。史载汤在位三十年，死后葬于土山之阳。汤王陵虽几经沧桑，但明、清两朝的“重修汤陵碑”尚存，县内还有汤右相伊尹墓、左相莱朱墓，遗迹历历可考。

聪明勤劳的先民们创造了灿烂的物质

文明和精神文明。早在新石器时代，境内就有比周边地区发达的农业、渔业和手工业。《世本》谓“相土作乘马，亥作服牛”。可见，夏代中期，先民便驯服牛马，用于交通和生产，生产力已有较大的发展。古代水系，向来称江、淮、河、济为“四渎”，济水自河水分出流经境内，又分出菏水，分别与汶、泗相连沟通江淮。春秋、战国时濒临济水的陶邑是中原地区水上交通网的枢纽和商业中心。《史记》称“陶”为“天下之中，诸侯四通，货物之所交易也”。境内发达的商业，吸引了无数的巨商大贾。范蠡帮助越王勾践灭吴后，定居于陶（今定陶），19年间，三致千金，时人凡论天下富豪，无不首推陶朱公。孔门弟子子贡，弃文经商于曹、鲁之间，车马成群，富致千金，聘问各国，国君无不分庭与之抗礼。

西汉时，昌邑城（今属巨野）内已有了冶铁业和管理冶铁的官员，是全国49处从事铁器生产的官办工业之一。境内经济、文化的繁荣历经汉唐而延至北宋，到金、元时由于经济文化中心南迁，黄河泛滥而日渐衰落。明初从山西绛、潞等州，大量向境内移民，随着运河的通航，引种棉花的成功，手工机织业的发展，形成了经济的第二个繁荣期。至清朝后期，由于黄河改道，运河航运中断，加之沿海建成铁路，经济中心东移，与东部地区差距日益加大。

境内的古文化遗址、名胜古迹颇为丰富。定陶仿山墓群，总面积3.8万平方米，闻名遐迩；成武县“东庙堂碑”和巨野县“三绝碑”，当属稀世珍品；巨野县金山大洞，阴凉宜人；郓城观音寺塔和巨野永丰塔，菏泽的冉庙，单县百狮坊、百寿坊等，都有相当的文化价值；另外还有庄子钓台，曹植读书台，李白、杜甫、高适三星聚会的单父琴台等。1985年底，全区共有省、县级文物保护单位205处，其中省级文物保护单位7处。

菏泽地区物华天宝，人杰地灵。商代贤相伊尹，春秋时名列孔门高足“十哲”的冉耕、冉雍、冉求，战国时期著名军事家和政治家吴起、孙膑，哲学家和文学家庄周，西汉开国元勋陈平、彭越，西汉末期的农学家氾胜之，三国时期魏国文学家吴质，北魏文学家温子升，唐初名将李勣，唐代理财家刘晏，北宋政治家张詠、张齐贤，文学家王禹偁，“苏门四学士”之一的晁补之等，都出生在这块风水宝地。隋末农民起义的领袖孟海公在这里揭竿而起；唐末黄巢领导的农民大起义在这里发祥；北宋末年以宋江为首的水泊英雄在梁山聚众起义；明末徐鸿儒领导的白莲教农民起义威震四方。他们的英名将永远载入菏泽的史册。

先民们创造的灿烂文化，不仅在境内哺育了大量历史名人，而且吸引了一批外地的文豪武英。孔子周游列国，途经定陶，留下了“阿谷停云”的故事。大诗人曹植作诗于鄄城陈王台上，留下了脍炙人口的瑰丽诗篇。李白、杜甫、高适同登单父琴台，吟咏唱和，成为中国文学史上的佳话。施耐庵以北宋末年爆发于梁山一带的宋江起义为题材，写成了世界名著《水浒传》。蒲松龄来此游历，创作了人们喜闻乐道的名篇《葛巾》。公元前632年（周襄王二十一年），晋文公“退避三舍”，于城濮（今鄄城县临濮集）大败楚军，从此登上了中原霸主的地位。公元前353年（周显王十六年），齐将田忌围魏救赵，伏击魏军于桂陵（今菏泽市东北）；公元前342年（周显王二十七年），又诱敌深入，歼灭魏军于马陵（今鄄城西北）。公元前207年（秦二世三年），项羽在安阳（今曹县东北）杀死畏敌如虎的宋义，受封为上将军，从而奠定了反秦斗争胜利的基础。公元前202年（汉高祖五年）二月，刘邦取得“楚汉战争”的胜利后登极于汜水之阳（今定陶官堌堆）东汉末年，军阀混战，曹操以鄄城为根据地，完成了统一北方的大业。

三

菏泽人民具有光荣的革命传统。自秦朝末年彭越在巨野首次树起义旗后，境内反对封建统治的斗争此起彼伏，一刻也没有止息过。鸦片战争后，与祖国命运息息相关的菏泽人民受尽了帝国主义、封建主义、官僚资本主义的残酷统治和压迫。为了求得自由和解放，他们进行了顽强英勇的斗争。太平天国后期的捻军，主要活动在境内，1865年（清同治四年）在“曹州之战”中大败清军，并击毙清北方经略僧格林沁，沉重地打击了清王朝的封建统治。1894年（清光绪二十年）甲午中日战争爆发后，曹州大刀会蓬勃发展，成为义和团的骨干力量。19世纪末，德国传教士借传教为名，行侵略之实，激起人民公愤。1897年（清光绪二十三年）十月七日，巨野县人刘润德、奚老五将德国天主教神甫能方济和韩·理加略杀死，爆发了震惊中外的巨野教案，在鲁西南树起了反对帝国主义侵略的旗帜。

中国共产党成立后，菏泽人民在中国共产党的领导下，进行了如火如荼的反对国民党反动派统治、抗击日本侵略者和建立人民民主政权的斗争。

大革命时期，马列主义开始在菏泽地区传播。一批进步青年先后奔赴广州、武汉等地投身革命，有的加入中国共产党。1927年10月，菏泽地区第一个中共支部——曹州支部在省立六中（今菏泽一中前身）成立，徐鹏翥任书记。不久，各县也都建立了党组织。中共曹州支部及各县党组织的建立，加强了党对境内城市斗争和农运工作的领导，推动了革命运动的发展。

抗日战争时期，境内是敌后重要根据地之一。广大人民在党组织的领导下，组建抗日武装和群众团体，建立、巩固抗日政权，配合主力部队坚持游击战争，与日、伪军进行了顽强斗争。在八年抗战中，境内军民和爱国人士做出了重大牺牲和重要贡献。全区先后有6万余人参加了主力部队，地方武装及民兵作战1300余次。鲁西南军分区司令员朱程、专员袁复荣，湖西专员李贞乾，十八团政委王丕，十团团长肖明，运西军分区副司令员徐秋等2.4万名同志壮烈牺牲。菏泽籍爱国人士、抗日名将、国民党军二十七师师长赵登禹，国民党晋绥军旅少将旅长姜玉贞，在同日本侵略军作战中为国捐躯。

解放战争时期，境内是自卫反击战的重要战场之一，是刘伯承、邓小平大军突破国民党军队重点进攻、千里跃进大别山的前沿阵地，也是华东野战军西线兵团同国民党军队逐鹿中原的重要战场。1946年6月，为打破国民党军队对陇海铁路以北解放区的进攻，晋冀鲁豫野战军司令员刘伯承、政委邓小平率领司令部、政治部以及一、二、三、 六、七纵队共5万余人，进行了陇海路汴徐段自卫反击战、大杨湖战役、巨野战役、鄄南战役、滑县战役、巨金鱼战役、豫皖边战役，取得了七战七胜的光辉胜利，为中国人民解放军转入战略反攻创造了条件。1947年7月，刘伯承、邓小平率部突破了国民党军从东阿到鄄城150公里的黄河防线，发动了声势浩大的鲁西南战役，揭开了人民解放军战略大反攻的序幕，打开了刘邓大军千里跃进大别山的通道。8月，华东野战军在司令员陈毅、副司令员粟裕的率领下出击鲁西南，在菏泽县沙土集一举全歼国民党军五十七师，有力地配合了刘邓大军在大别山的作战。1948年冬，鲁西南、湖西、运西地区军民全力支援淮海战役，除三个分区的部队直接参战外，先后出动民工16万余人，大小车8万余辆，运送小米3250余万公斤。在三年的解放战争中，全区几百万人民节衣缩食，毁家纾难，支援革命，为全国的解放做出了重大贡献。

在反击国民党军队进攻的同时，全区人民在共产党的领导下，开展了争取和平民主的斗争。1948年9月，各级普遍建立了人民民主政权。1948年年底，境内完成了土地改革，从而在农村彻底废除了封建土地制度，极大地解放了生产力，调动了农民的生产积极性。

四

新中国成立之后，在中国共产党的领导下，全区人民进行了史无前例的社会主义革命和社会主义建设，取得了巨大成就。1985年工农业总产值达到482589万元（1980年不变价），比1949年增长21倍。事实证明，社会主义制度解放了生产力，推动了社会的发展，具有无比的优越性。

农业生产水平有显著提高。新中国成立后，全区人民在修复黄河大堤，兴建东平湖水库，保证黄河安全的同时，开展了规模宏大的农田水利基本建设：疏浚旧河，开挖新河，调整水系，使境内排水标准由新中国成立初期的250立方米／秒提高到1985年的1619立方米／秒；兴建了曹县太行堤、单县浮岗和成武智楼、党楼等平原水库，总计蓄水可达10.97亿立方米；打机井68365眼，兴建内河大中型节制闸43座，固定扬水站840处；创建引黄灌区8处，共建引黄涵闸8座，虹吸工程8处，安装虹吸管50条。1985年，全区有效灌溉面积683.67万亩，占耕地面积的59%。水利的发展推动了土壤的改良。通过排、灌、平、肥等措施，将原有360万亩盐碱地改良了250万亩，尤其是1964年大搞引黄淤改以来，沿黄164万亩沙碱地，已放淤改土140余万亩。

尽管农业生产条件的改善对农业生产水平的提高发挥了一定的作用，但由于1957年以来生产关系改变过快，特别是较长时间内“左倾”错误的束缚，因而严重制约了农业的发展。1974年与1956年相比，农业总产值仅增长28.6%，粮食耕亩单产增长18.9%，由于耕地减少、人口增加，粮食总产尚低23.2%，人均占有粮食减少113公斤。全区大牲畜一年比一年减少，到1977年只剩下37万头，比1956年减少26.9万头。

中共十一届三中全会（1978年12月）召开后，菏泽地区在山东省率先实行了“包干到户”和“包产到户”等多种形式的联产承包责任制，调动了农民的积极性，解放了生产力。1985年，全区农业总产值29.58亿元(1980年不变价)，粮食耕亩单产424公斤，总产29.72亿公斤，人均占有粮食429公斤，人均收入446元，分别比1977年增长2.8倍、1.1倍、0.8倍、0.9倍和4.7倍。此外，全区林木覆盖率达19.3%，被国家确定为生态农业实验区，系山东省第一、全国第二个达标的平原绿化区和全省最大的桐木生产基地。牧业产值和渔业产值分别达到3.86亿元和1192万元。自1978年开始，全区平均每年向国家提供商品粮4.6亿公斤，商品棉12.9万吨，商品油95万公斤，蔬菜12亿公斤，瓜果7亿公斤，由全国有名的“三靠”(生产靠贷款，吃粮靠统销，花钱靠救济)地区变成了山东省粮棉双贡献的“大户”。

向称“牡丹之乡”的菏泽，1985年有牡丹1.5万亩，6种花型，9大色系，600多个品种。花农能控制温度，让牡丹随人意四季开放，每年远地运销，北走京、津，南下闽、广，出口日本、法国、美国等20多个国家和地区。菏泽已成为全世界面积最大、品种最多的牡丹生产基地、 科研基地、出口基地和观赏基地。菏泽市于1982年建成1000多亩的曹州牡丹园，为菏泽走向世界架起了桥梁。

工业建设取得新成就。菏泽地区工业基础薄弱，新中国成立前夕，仅有卷烟、火柴、铸锅等十几家手工工场。中华人民共和国建立后，经过三年经济恢复和“一五”时期(1953—1957年)的发展，工业产值达到4556万元，比1949年增长15.2倍。1957—1966年，全区工业虽有一定的发展，但由于1958年“大跃进”的折腾，连续出现了负增长。1966年，国家从济南、青岛、烟台等地迁来一批国营企业，由此奠定了全区现代工业的基础。菏泽地区的工业生产虽然受到“文化大革命”的严重破坏，但由于广大干部和工人的共同努力，仍然取得了显著的成绩。1976年全区工业总产值比1965年增加了3.41倍，其在工农业总产值中所占的比重也由1965年的11.5%增加到27.4%。

中共十一届三中全会后，地委、行署提出了“全党抓经济，重点抓工业”的指导方针，加速了全区工业的发展。1980—1985年，新建县属以上企业45个，乡镇企业2271个，总投资达2.39亿元。1985年全区有轻工、纺织、化工、机械、建材、电力等15个门类37个行业，部分设备达到国际或国内80年代先进水平；产品2400多种，主要有原煤、电、柴油、汽油、棉纱、棉布、毛线、毛呢、服装、拖拉机、柴油机、轴承、电度表、变压器、合成氨、塑料制品、合成橡胶、家具、皮革制品、饮料、酒、工艺美术品等，其中获国优产品1个，部优产品26个，省优产品77个；工业总产值18.7亿元(1980年不变价)，比1977年增加2倍，其中轻工业产值占74%，工业结构得到了明显的改善。

交通、邮电事业有很大发展。新中国成立前菏泽地区交通落后，全区只有一条菏泽至济宁砖渣铺筑的公路。新中国成立后，经过30多年的努力，全区已经形成了以公路为主导，铁路、水路相结合的交通网络。长东黄河铁路大桥的建成通车，彻底改变了菏泽地区交通闭塞的历史面貌。到1985年底，境内公路通车里程达3000公里，其中沥青路面有1962公里；路网密度为23.5公里/100平方公里，高于全省的平均水平；汽车年客运量914万人，周转量50887万人公里；货运量425.8万吨，周转量31857万吨公里。新石铁路横贯菏泽，境内长118.7公里，沿线13个车站，年通货量为1600万吨。北部黄河大堤上铺设的东（河南兰考县东坝头）银（梁山县银山镇）窄轨铁路，专用于运输防汛石料、木材。纵穿菏泽的京九铁路即将铺设，通车后，菏泽地区将成为东通黄海日照港，西达中亚、西欧，南接港、粤，北连京津的交通枢纽，地理位置更加优越。境内有黄河、京杭运河、万福河三条航道，总计263.8公里。1985年，全区有邮电局、所196处，业务总量达752.5万元；邮路总长2207公里，其中机动运输邮路1762公里；有线电报电线19条，无线电报电路12条；长途电话线路95条，市内电话杆路90公里，架空明线101对公里，电缆73.9皮张公里，电芯线8451对公里；报刊订销总量8770.3万份。全区村村通邮，乡乡通电话，行政村通话率达5%。

商业贸易有很大增长。新中国成立后，随着国民经济的恢复，境内商业也迅速繁荣起来。1949年成立了供销合作社，1950年设立了粮食、油脂、纱布、百货等国营公司。从此，集体商业和国营商业日益发展。1956年开展了对私营商业的社会主义改造，将1485个私营商业户分别转为公私合营商业、集体商业和国营商业。党的十一届三中全会以后，逐步改革商业体制和经营方式，形成了以国营商业、集体商业为主体，民营商业为补充的社会主义市场经济，境内商业再次繁荣起来。1985年，全区有商业机构55921个，从业人员121106人，社会商品零售总额15.32亿元，为1977年的2.6倍。通过贯彻党和国家关于改革开放的方针，区内对外贸易得到迅速发展，初步形成了由单纯收购出口到进出口兼营；由生产出口初级原料产品为主到生产、加工、出口贸工农一体化经营；由单纯的农副产品及加工制品出口到化工、医药、五金、机电等多门类、多品种综合出口；由单纯的对外物资贸易到利用外资、引进技术、设备、人才、信息，进行劳务和技术合作等多种对外经济活动全面推动的新格局。1985年出口商品达8个大类，400多个品种，收购总值21372万元，为1977年的4.2倍。

城乡建设日新月异。1985年，全区城区面积扩大到70平方公里，市民人均住房面积为6.2平方米；城区拥有道路274条，总长256.69公里，其中为沥青路面的157条，长171.82公里，约占66.9%；自来水厂10个，日供水量40160立方米，排水道119条，长114公里。作为“牡丹之乡”的菏泽市，已建起了“曹州牡丹园”“古今园”“百花园”。园内牡丹数百种，每逢谷雨时节，竞相开放，游人如云。梁山县“水泊梁山风景名胜区”被山东省列为第一批省级风景名胜区。农民住房由50年代的土草房发展到80年代的砖瓦房，还有不少村庄出现了砖混结构的楼房。1985年，全区共有110万户农民建了新房，平均每户住房6.2间。

人民生活有很大改善。1985年，全区农民人均纯收入316元，比1977年的34元增加8.8倍；职工人均工资946元，比1977年的512.2元增加84.7%；年末个人储蓄余额71768万元，人均95.7元，分别比1977年增加17.7倍和16倍。

文教卫生事业取得了令人瞩目的新成就。1949年，全区仅有中等专业学校5处；普通中学3处，在校学生561人；小学2389处，在校学生115287人。新中国成立后，各级各类学校蓬勃发展。1985年，共有高等学校3处，在校学生2070人，专任教师384人；中等专业学校12处，在校学生8795人，专任教师829人；职业、农业中学30处，在校学生6804人，专任教师540人；普通中学773处，在校学生296900人，专任教师15936人；小学6452处，在校学生1009000人，适龄儿童入学率达95.15%，在校生巩固率达92.07%，专任教师36840人；托儿所、幼儿园7134处，幼儿259757人，入学率达52.1%，教职工6257人；各类工农业余学校1988处，学员65654人，1981—1985年共脱盲238046人。

菏泽地区号称“戏剧之乡”，向有“书山曲海”之誉。流传至今的戏剧有山东梆子、大平调、两夹弦等十余种，曲艺有琴书、花鼓、坠子等十余种。传统民间艺术有狮子舞、商羊舞、花伞舞、高跷、竹马、旱船、龙灯等。1985年，全区有各类剧团375个，演员和剧务人员13785人，其中县以上专业剧团13个，演员和剧务人员1078人。菏泽籍表演艺术家马金凤、崔兰田、赵义庭、刘玉朋、张春雷、李艳珍等驰誉四方，擂琴演奏家王殿玉、古筝演奏家赵玉斋、韩廷贵蜚声海内外，当代著名歌唱家贾世骏、彭丽媛更是家喻户晓，妇孺皆知。

1985年，全区有县以上文化馆、博物馆、书画院13处；档案馆11处，现存全宗卷11076个，总长2408.42米；图书馆7座，藏书70多万册；电影公司11个，电影院16个。全区305处乡镇均建成了广播放大站，共有广播机554台，总功率为266.39千瓦，广播专线总长1268杆公里，喇叭入户率达75.6%。1981年9月，建立184米高的电视发射塔一座，次年元月正式转播省电视台节目。1985年建立84米高微波通信铁塔一座，开始转播中央电视台节目。曹县、成武、单县、巨野、东明、梁山相继建立了小型差转台。

境内人民自古爱好体育，菏泽一向被誉为“武术之乡”。1929年，菏泽县武术高手杨士文赴南京参加国术擂台赛，荣获拳械甲等奖。新中国成立后，体育事业全面发展，成绩显著。1985年，全区共有带看台的游泳池3处，灯光球场35处，带看台的灯光球场9处，乒乓球房4座，举重房10座，棋类房6座，田径场18处，小田径场100处，足球场4处，排球场73处，射击场6处，射击房2座，游泳馆1处，武术房6座，训练场1处，轮滑场4处。传统项目学校20多所，少年儿童业余体校5所，武术运动学校1所，体育中学1所，体育运动学校（中专）1所。据不完全统计，自1978年以来全区共向国家和省输送运动员107名，其中有号称“亚洲巨人”的国家篮球健将穆铁柱、世界挺举强手马文广、国家第一名武英级武术运动员张玉萍和射击名将刘明军等。

中西医同步前进，卫生事业迅速发展。到1985年底，全区共有各类卫生事业机构551处，其中医院266所，床位8645张；从业人员18309人，内含中医师515人，西医师2161人，护师201人，中药师208人。

全区拥有县及县以上医院27所，诊断符合率达95%，治愈率提高到85%。由于医疗条件和环境卫生的改善，境内天花、霍乱、黑热病、丝虫病、疟疾已经消灭，麻疹、结核等传染病也基本得到控制。

中共十一届三中全会以来，全区以“科技兴菏”为指针，基本形成了地、县、乡、村四级科技管理体系。1985年，全区共有自然科学技术人员26253人，其中具有高级职称的10人，中级职称的1271人，初级职称的24972人。1978-1985年共取得科技成果340项，其中工业165项，农业137项，其他行业38项；达到国际先进水平的3项，国内先进水平的101项，省内先进水平的122项。科技进步因素在经济增长中的比重已达到35%以上。

以史为镜，可以知兴衰。纵观菏泽地区几千年发展史，社会有治有乱，经济有兴有衰，人民有欢有悲，从正反两个方面的经验中，可以得到基本的总结。展望未来，全区的发展目标是：至2000年国民生产总值达到320亿元，比1980年翻两番半，全区基本实现小康；到2010年，全区经济总量达到山东省中等地市水平，国民生产总值达到1000亿元，比2000年翻一番半，人民的小康生活更加富裕。届时，菏泽地区将以工业发达、农业昌盛、市场繁荣、文化活跃、群众富裕、社会稳定的崭新面貌出现在神州大地。

旧志序言选录

《曹州志》序

重修《曹州志》序

康熙十年，诏起师臣卫于家，既驰赴阙，即条上便宜，次及通志，挟奉谕旨，檄移东省，下究部诸县邑。时余承乏曹土逾二载矣。

曹故有志，前守所辑。初余历官，访问图经，已毁兵燹，无存焉者。后从掌故，搜得残编，缺略颇甚，且断自明万历末，后未及续。况我兴朝三十余年，政教休隆，德化翔洽，制度文明，烂焉明备，可无修举，以彰至理。

顾簿书期会，戴星出入，方有志未遑，而郡符适至，爰集师儒、缙绅、父老、子弟，谋厥成事。于是分曹授简，逖稽载籍，博采传闻，搜罗逸轶，发扬幽潜，仇校鲁鱼之讹，刊定帝虎之陋，期不谬于前修，足征信于将来。斯役也，虽述以继作，实因而兼创。编次甫毕，遂以副本恭呈大府，复精选枣梨，付之剞劂。为志十八，为卷二十，洋洋洒洒，粗具是邦之梗概矣。属当弁言首简，余方国下吏，滥叨共理，何堪糠秕，辱兹盛典。

窃惟师臣之疏有云：“天下山川形势，户口钱谷，风俗人物，疆域险要，宜有志乘，为一代文献。请敕直省礼聘名贤，接古续今，纂修呈进，编成《大清一统志》。”懿哉言乎，炜炜煌煌，光昭四裔，穷域遐荒，山陬海　，罔不率俾敷陈。方物车书，万里弘示无外。

曹于幅员，上应房心之墟，雄踞河济之会。雷夏、菏泽，远垂《禹贡》。分茅胙土，肇启姬封。太师陈诗，采风不废。左氏列传，纪事独详。由来尚已。其在今日，密迩京畿，绣错梁宋，允襟带夫东国，更股肱乎南服。神州赤县，海隅罕俦，乌可以弗志哉！

然志之为志，难言之矣。昔人拟作志之难，难于作史。夫史贵要，志贵详，安得比而同之。姑即志论，郡异于邑，省异于郡，递而上之，《一统志》又异于省，盖删繁就简，举大遗细，精核约该，理固尔也。究之《一统志》之资藉，不过省与郡邑志而已。苟无邑志，奚所取材？则甚矣邑志之尤不容缓也。

尝考《周礼》，小史掌四方之志，上之王府，太史总其成，凡邦国都鄙，万民之有约剂者藏焉，以贰六官。太史正岁年以序事，颁之于官府及都鄙，而奠系世，及诏王忌讳及国事之用，礼法者小史佐焉。以是知志之为志，非涂饰文具，乃宫府内外上下臣民所由适于治之道也。

今师臣陈之，我皇上是之，此意岂有殊乎？余用是滋惧，兢兢编摩，以地括人，以人括事与言。发凡起例，群分汇聚，悉本是意以达之。境以内，小美不敢遗；境以外，大美不敢掠。不以私溷公，不以疑传信。虽繁碎琐杂，近于纤悉，要亦成其为曹志云尔。卷帙既出，富于往昔，睨而视之，其厚则倍。幸得藉手，以告无罪。至淳浇之变，利弊所兴，有关民生，或裨时政者，间于前后叙论，略致意焉。若云笔则笔，削则削，余何人斯？敢僭附春秋之义以取戾当世耶！谨序。

康熙十三年岁在甲寅夏六月

奉直大夫知曹州事古营州佟企圣撰

《曹州府志》序

一

郡有志，犹国有史，所以志时移与事异也。曹为河济间一大都会，自古国而郡，郡而州，属部不常，领县十一。我世宗宪皇帝，厘定为府，特置首县，统辖一州十邑，而规模遂宏。则今日之曹，幅员既长，绣错攸同，问版图以时而异，考官守以事而殊。后之视今，有非今之视昔者，是乌可弗志哉！

辛未岁，余承天子命，来守兹土。退食之暇，取前牧佟公之州乘及各属邑志读之，见夫　林、历山，护尧舜之灵焉；陶丘、亳城，贻禹汤之迹焉；卫、郜、胙、　，显文武之懿焉。盖自三代迄明，建邦启宇，分茅锡土，素称富庶之区、金汤之固。其间风俗人民之阜饶，山川文物之灵异，更仆难数。班氏谓土有先王遗风，厚重多君子，洵有征也。

本朝重熙累洽，声教诞敷。曹近京畿，王化所先，自昔称隆，于今尤烈。志之固甚亟，志之亦綦难。苟非博学君子，具良史才，老于掌故，谙于时事，其何以主纂辑之任，昭闳肆之观乎？

时阁学刘公，终养里居，博通今古，素为海内矜式。余偕僚属，造庐以请，公慨然任之。比部何公亦终养在籍，偕平鲁令李君共乐襄赞，分勘协校，阅寒暑而成志。披舆图、览景物，稽建置，考风教，烺烺炳炳，足以观政治之涵濡，察疆理之规画，彰一王车书之统，垂千秋会极之谟。他如学校、祠祀，则典章之旧也；赋税、物产，则贡献之常也；河防、经界，则带砺之雄也。而艺文之灿烂，英哲之选举，仕宦之政绩，乡贤之梗概，莫不犁然具备。后之君子，考文征献，亦庶有以综核时事，光昭圣朝治化之隆也已。

时乾隆二十一年岁次丙子仲冬月上浣谷旦。

曹州府知府平江周尚质谨序

二

曹旧有志，志曹一州耳。雍正十三年，世宗宪皇帝可廷臣之议，陟曹作府，特赐首邑嘉名，复割一州十邑为之属，而曹遂雄峙列郡，为东国右辅。前守土者，雅意搜辑，勒成郡志，以纪鼎新之盛，而因循不果。

迄二十年，乾隆辛未岁，中吴周公来守吾曹，政治修明，部民感悦。尝于听政之暇，躬访书院遗址，于荆榛瓦砾间，创构而增扩之，以作育曹属士子。念吾曹考文征献，惟志乘是赖。若缓弗图，久益失据。爰鸠属邑旧志，毅然兴举，以成一郡之书。与比部何君、平鲁令李君谋，搜讨以蒇其事，而以论次之任属余。

余固陋，无能为役，重违公命，弗敢力拒。爰取故牍，排比订正，其应续者从类纂入。时余奉讳庐居，未涉文事，特言其概，属李君代录于简。周岁而竣事，以复于公。为目十一，计卷二十二。虽不敢云信今传后，而曹土封域之沿革，民物之登耗，与夫名臣宦迹，乡贤行谊，粗具于是。圣天子勤求民隐，省方问俗。载笔之臣，将考稽版图，以备掌故，于兹或有取焉。而公之嘉惠曹人，计久远，不斤斤旦夕塞责，于此可概见。

余奉命旬宣关内，不获躬与校仇，特书于策，以庆曹志之成，俾将来踵事者有所征焉。

乾隆二十一年季秋九日

赐博学鸿词通籍诰授通奉大夫陕西等处承宣布政使司布政使治年家眷弟刘藻拜撰

文件辑存

国　务　院
关于山东省调整部分地市行政区域的批复

国函〔1989〕76 号

山东省人民政府：

你省 1989 年 10 月 17 日《关于扩大淄博、济宁、济南三市行政区域的请示》收悉。同意你省：

一、将惠民地区的高青县和临沂地区的沂源县划归淄博市领导。

二、将菏泽地区的梁山县划归济宁市领导。

三、将德州地区的济阳、商河两县划归济南市领导，齐河县的靳家乡、大王乡和桑梓店镇划归济南市历城区领导。

一九八九年十二月二日

国　务　院
关于同意山东省撤销菏泽地区设立地级菏泽市的批复

国函〔2000〕86号

山东省人民政府：

你省《关于撤销菏泽地区及驻地县级菏泽市组建地级菏泽市实行市领导县体制的请示》（鲁政发〔1999〕81号）及有关报告收悉。现批复如下：

一、同意撤销菏泽地区和县级菏泽市，设立地级菏泽市。市人民政府驻新设立的牡丹区。

二、菏泽市设立牡丹区。以原县级菏泽市的行政区域为牡丹区的行政区域。区人民政府驻中华西路。

三、菏泽市辖原菏泽地区的曹县、单县、成武县、巨野县、郓城县、鄄城县、定陶县、东明县和新设立的牡丹区。

菏泽市的各类机构要按照"精简、效能"的原则设置，所需人员编制和经费由你省自行解决。

二〇〇〇年六月二十三日

中共菏泽地委菏泽地区行署
关于稳定和完善土地承包制的意见

菏发〔1987〕35号

根据中共中央〔1987〕5号文件和中央书记处农村政策研究室〔1987〕30号文件精神，结合我区实行土地承包制的现实情况，为了更好地发挥家庭经营和统一服务两个层次的积极性，促进农村经济的持续发展，地委、行署确定，在总结前段各县市试点经验的基础上，进一步搞好全区面上土地承包制的稳定和完善工作，现提出如下意见。

一、要充分认识稳定和完善土地承包制的意义

党的十一届三中全会以来，我区各级党委、政府认真贯彻落实党在农村的各项方针政策，较早地实行了土地承包制，并在深入改革的实践中做了大量的稳定和完善工作，从而极大地解放了农村生产力，有效地调动了广大农民的生产积极性，有力地促进了整个农村经济的迅速恢复和发展。但是，目前不少单位农民对土地集体所有的观念淡薄，土地承包管理制度还不够健全，承包合同很不完善，发包方和承包方的权利义务不够明确，在实行过程中出现了一些新的矛盾。妥善解决这些问题，是继续深化农村改革的要求，是生产力进一步发展的要求，也是广大农民群众和农村基层干部的共同呼声。

搞好土地承包制的稳定和完善工作，有利于进一步深化农村改革，完善分户承包和统一服务相结合的双层经营机制，使家庭经营和集体服务的积极性都能得到充分发挥；有利于增强农民对土地公有制观念，认识在社会主义条件下土地是集体所有的，每个农民既有承包经营土地的权利，又有向国家交售农产品、缴纳农业税和集体提留、保护耕地的义务；有利于增强农村干部的责任感，使他们认识到管好用好集体土地，为农户提供各项服务是自己应尽的责任，增强为农民服务的自觉性；有利于减轻和稳定农民的负担，有效地防止某些部门和单位向农民乱摊派、乱收费、乱加码的现象，保护农民的利益，调动农民生产的积极性；有利于改善党群关系和干群关系，做到群众放心，干部省心，齐心协力发展生产。

二、要明确指导思想和原则

这次稳定和完善土地承包制的工作，总的指导思想是，以中共中央〔1987〕5号文件为指针，以调动集体和家庭两个层次的积极性，进一步解放生产力为目的，更新观念，理顺关系，减轻负担，强化服务。根据这一指导思想，在工作中要注意掌握以下五点：

1. 要深入搞好思想发动。这次完善土地承包制，会遇到大量的各种各样的思想问题。各级领导都要把搞好思想发动工作放在首位，运用广播、会议、宣传和张贴宣传提纲等各种形式，广泛深入地做好宣传教育工作，使广大基层干部和群众深刻理解稳定和完善土地承包制的重大意义、指导思想和方法步骤，端正认识，消除疑虑，积极热情地搞好这项工作。

2. 要突出重点。稳定和完善土地承包制需要做的工作很多，而且是一个长期的任务，不能企求一下子把问题全部解决，必须根据各单位的实际情况，突出重点。从全区来说，这次要重点解决好两个方面的问题：一是改农民负担大包干办法为土地承包金制，使农民的观念由“硬要”转到“该交”上来，使农民负担更加合理合法和稳定；二是加强集体服务这个薄弱环节，增强基层干部的事业心和责任感，由主要收提留转到重点搞服务上来，根据农民的要求和农村商品经济发展的需要，及时搞好各项服务。

3. 要坚持稳定的原则。为了避免在干部群众中引起大的思想波动，影响农民向土地投入的积极性，要向群众明确宣布，坚持长期实行土地承包制不变，承包田大稳定、小调整不变。除条件成熟、群众自愿把承包田向种田能手集中，提高规模经营效益外，严禁打乱原来的生产队管理范围和各户的承包使用范围，对土地进行重新调整。

4. 要明确土地承包双方的权利和义务。发包方要承担起生产服务、管理协调、资产积累三项基本职能；承包方对集体发包的土地在国家和集体计划指导下行使经营自主权，参加合作经济组织的管理和享受各种生产、生活服务，承担向集体缴纳承包金、完成农产品定购任务、保护和合理使用耕地，以及其他有关政策规定的义务。

5. 土地承包金数额的确定，要坚持从实际出发，体现统筹兼顾，量力而行，取之适度，用之得当的精神。既要保证农村各项事业正常发展的需要，又要照顾到农民的承受能力，承包金总额，以县市为单位统算，控制在农民人均纯收入的6%～8%，绝对数限制在亩均20元、人均30元以内。边远村庄土地多和城郊土地少的单位，要根据具体情况确定，并报乡镇党委、政府批准。国库券、重点项目的集资债券，属于国家和企业向农民借款，到期兑付；向农民提供各种有偿服务，属于双方间的互惠互利，谁服务，谁收费，谁受益，谁拿钱。以上两项均不应列入土地承包金的范围。但只要干部群众同意，也可以和土地承包金一起收取。

三、进行的方法步骤

一般应分为四步进行：

1. 抽调力量，培训骨干。要本着每个行政村有1～2名工作人员的要求，从县市、乡镇直属部门抽调干部，分级搞好培训。县市培训时，要吸收乡镇的主要领导同志和分管的同志参加；乡镇培训时，要吸收行政村的党支部书记、村民委员会主任、合作经济组织负责人和会计参加。通过培训，使每个同志明确稳定和完善土地承包制的意义、目的、指导思想、方法步骤、具体要求，掌握有关方针政策，为搞好这项工作做好组织准备。

2. 摸清底子，理顺思想。工作组入村后，要结合行政村干部摸清该单位实行生产责任制现状的底子、农民收入和负担的底子、土地管理和使用的底子、合作经济组织服务情况的底子、干部群众思想反映的底子等。在此基础上，开好支部成员会、全体干部会、党团员会和村民大会，深入进行宣传，有针对性地解决好干部群众的思想问题，使大家更新观念，理顺思想，激发热情，为搞好这项工作奠定思想基础。

3. 上下结合，制定方案。各县市、乡镇、行政村，要根据地委、行署总的要求，结合调查的实际情况，逐级制定出初步方案，并把土地承包金的数额匡算下去，然后把下面讨论研究的情况自下而上地反馈上来，经过上下反复协商，制定出领导满意，基层干部满意，农民群众满意，合情合理，切实可行的土地承包方案。

4. 签订合同，坚持兑现。合同的内容应包括发包方和承包方、承包土地面积与承包金、承包双方的权利与义务、违约责任、监证机关等。承包方是承包土地的户主，发包方是村级合作经济组织。组织健全、服务能力较强的生产队也可作为合作经济组织的代表与承包方签订合同。承包金主要包括农业税、乡镇统筹费和合作经济组织内部提留三大项。其中乡镇统筹费包括教育事业费附加、优抚费、交通事业费、民兵训练费、广播维修费、农田水利建设费；合作经济组织内部提留包括公积金、公益金、管理费。签订合同时，要把每项的数额，以及承包金缴纳的时间一一写清。双方的权利和义务，要经过干部群众充分酝酿协商，尽量定得全面、细致、可行，既有利于保护和调动群众的积极性，又有利于增强干部的责任感，树立全心全意为人民服务的精神，积极努力地为农民搞好服务。合同由乡镇政府监证，具有法律效力，双方必须按规定执行。

四、应该注意的有关问题

稳定和完善土地承包制，情况复杂，政策性强，牵扯面广。在工作中，各级领导一定要有高度的政策观念、法制观念、群众观念、生产观念和服务观念，正确掌握方针政策，妥善处理遇到的问题。

1. 对与稳定和完善土地承包制有关而干部群众又迫切要求解决的历史遗留问题，要本着有什么问题解决什么问题，缺什么补什么的精神，力争在签订合同前解决好。

2. 对过去各级制定的稳定和完善土地承包制的某些规定措施，凡是符合中央、国务院和省委、省政府文件精神，干部群众又认为恰当合理、行之有效的，要继续执行，不要轻易变更，以免失信于民。对在完善土地承包制中干部群众提出的某些过去没有规定，或规定不完善、不合理的问题，可根据中央和省里的有关精神，尊重大多数群众的意愿，由领导和群众协商解决。

3. 为了更好地承担起生产服务、管理协调和资产积累的职能，为家庭经营提供急需的生产服务，并组织资源开发，兴办集体企业，不断增强为农户服务和发展基础设施的能力，要切实把村一级合作经济组织建立和恢复起来。其名称可以自定，可以和村民委员会一套人马、两个牌子。为了减轻农民负担和调动干部的积极性，基层干部职数可适当减少，报酬可相对集中。

4. 要加强承包金的管理和使用。承包金除农业税上缴国家和乡镇统筹费按政策规定部分上缴县市外，其余由乡镇财政明确专人管理，另立户头储存。使用时编造计划，由分管乡镇长批准，专款专用。合作经济组织内部提留部分，取之于哪个单位，用之于哪个单位，并定期向干部群众公布账目。对擅自借支挪用、贪污自肥、铺张浪费的，要追究责任，严肃处理。

5. 对劳力应负担的义务工、基建工，按有关政策规定执行。因务工经商等原因不能出工的，可出钱换工。对痴、呆、病、残等特殊困难户，经干部群众评议，要在负担土地承包金方面予以适当照顾。

6. 对户口农转非，并已享受商品粮供应的，要抽回责任田。

7. 为了适应生产条件、农民收入水平、公共事业发展、集体经济实力和服务能力的变化，一次签订承包土地合同的期限以三年为宜，合同期满后仍可续订。

8. 随着人口自然增减需要调整土地的，要从活口田中解决，活口田不足的可实行人口和土地增减递补、粮钱找补等群众同意、约定俗成的办法解决。

五、切实加强领导

稳定和完善土地承包制，是深化农村经济体制改革的一个十分重要的方面，牵涉到千家万户农民的切身利益，关系到农村经济工作的大局，影响到政治上的安定团结。各级党委、政府一定要把这项工作列入主要议事日程，作为今冬农村改革的一项重点工作来抓。要根据本单位的实际情况，认真研究，作出计划，安排适当时机集中进行。并从现在起，就扎扎实实地做好各项准备工作。

在整个工作铺开时，要集中时间、集中领导、集中力量，象整党那样组织大批骨干下乡包村，进行具体指导帮助。各级领导，要深入实际，深入群众，调查研究，检查指导，及时解决基层干部群众反映出来的各种矛盾和问题，保证这项工作健康顺利地进行，于春节前圆满完成。

整个工作结束后，各县市委、市政府要向地委、行署写出总结报告。

一九八七年十月十九日

中共菏泽地委菏泽地区行署 关于实行企业承包经营责任制的试行规定

菏发〔1988〕1号

第一条 为了转变企业（包括全民、集体所有制的工、商等各级各类企业，下同）经营机制，保证企业承包制的顺利推进和健康发展，根据上级有关精神，结合我区实行情况，制定本规定。

第二条 承包经营责任制是在坚持社会主义公有制的前提下，按照“两权分离”、有利于政企分开的原则，以合同的形式确定国家与企业的责权利关系，并相应确定企业内部经济关系，使企业实行自主经营、自负盈亏的经营管理制度，是增强企业活力，提高经济效益的有效途径。各级各类企业、有条件的事业单位，都要大力推进这一制度。

小型企业可以实行租赁制，也可将产权有偿转让给集体或个人。新建企业应积极试行股份制。

第三条 承包经营责任制的基本形式是“双包一挂”，即包上交利润，包技术改造任务，工资总额与经济效益挂钩。具体形式由合同双方根据企业的具体情况确定。不论采取哪种形式，都必须坚持“包死基数，确保上交，超收多留，欠收自补”的原则。

集体企业的超收返还，由财政部门以奖励的办法兑现。

承包期一般不得少于三年。期满后，成绩显著者可继续承包。承包期间，承包者如严重违背合同条款，政府可随时解聘。

第四条 确定承包基数，要遵循“推算到顶，合理调整，鼓励先进，鞭策落后”的原则。即先按部颁或省颁标准或同行业的先进水平，将企业应该达到的最高指标经过多方面的评估论证，测算出来；再根据企业现实的经营状况、可能实现的指标、技术改造和新产品开发等项任务的大小，以上年或三年的平均水平作为参数，进行调整，以保证积极可靠，在此基础上分别采取利润上交、逐年递增或分档分成的办法确定下来。

第五条 承包合同的基本内容应包括：承包形式和期限，上交利润、技术改造、产品质量等主要经济技术指标；工资总额与经济效益挂钩办法，留利使用、归还贷款、债权债务、国家资产维护、对承包者的奖惩等问题的解决办法；双方的权利和义务，违约责任，精神文明建设等。一个企业的合同内容应当根据需要有所侧重。合同形式不强求一律。合同一经签订，就具有法律效力，双方必须严格履行。必要时，承包合同可经过公证机关公证。

第六条 实行承包制和其他形式的经

营责任制，都要通过竞争产生合格的经营者。竞争的方式可以因单位而宜，对一些原来经济效益好、经营素质好的企业，可以在企业原班子内部公开招标。其他一般要面向社会、公开招标。承包者可以是个人，也可以是集体，集体承包必须确定首席承包人。提倡企业承包企业，鼓励机关干部、科技人员停薪留职承包企业，允许一个人承包几个企业。

第七条　与政府签定合同进行承包的企业要经工商行政管理部门核准登记、重新注册，企业方取得法人资格。

承包企业都要实行厂长（经理）负责制和离任审计制。

通过竞争产生的经营者（集体承包的是首席承包人）是当然的厂长（经理），是企业的法人代表，对企业全面负责。

中型和小型企业的经营者确定后，分别由政府和政府授权的企业主管部门颁发聘书，并行文公布。

原由地县市委管理并重新被聘任和新聘任的企业领导干部（正副职），由企业主管部门分别向地县市委原管理部门和政府人事主管部门备案存档。

原由地县市委管理未被聘任的企业领导干部职务自行解除，不另行文。

对于未被聘任的原厂级干部，除鼓励他们继续参与其他企业的承包竞争外，承包企业要积极支持外单位聘用或给他们安排适当工作。

厂长（经理）组阁，其行政副职提请政府或政府授权的企业主管部门聘任或解聘，并行文公布。

厂长（经理）根据需要决定企业机构设置，对中层行政领导干部进行聘任或解聘。

承包企业内部设置的各种机构，其人员配备应遵循人员构成比例的有关规定，本着精减、效能的原则从严控制。

承包企业设立管理委员会，由企业各方面的负责人和职工代表组成，协助厂长（经理）决定企业的重大问题。厂长（经理）任企业管理委员会主任。

第八条　中国共产党在企业中的基层组织，对党和国家的方针、政策在本单位的贯彻执行实行保证和监督；支持厂长（经理）依法充分行使职权。

企业职工代表大会和工会、共青团应当支持厂长（经理）行使职权，教育职工以主人翁的态度从事劳动，遵守纪律和规章制度，保证完成生产和工作任务。

厂长（经理）要注意发挥企业党组织、职代会、工会、共青团在各方面的积极作用，支持工作，听取建议，同心合力搞好企业的建设和发展。

第九条　被聘用的厂长（经理），从受聘之日起，实行效益工资，年终考核兑现。平时按基本工资预支，即执行本岗位最低的职务工资标准（受聘前基本工资高于职务工资最低限的，可予保留）原副县级以上的工业企业的厂级干部，一律享受中型（一）企业的待遇。其风险补偿由发包方合理确定。副职的风险补偿由厂长（经理）根据合同确定，但收入总额不得超过厂长（经理）。实行承包经营责任制企业的原领导班子成员，未被聘用的，凡一九八三年底以前经政府任命连续任职五年，或工龄达到二十五年者，可执行原职务工资标准，但以后不再按原任职务晋级。

凡一九八四年初以后任职未被聘用者，

享受企业新岗位待遇。

实行承包制的国营企事业单位，宏观上要严格执行国家下达的劳动工资计划，微观上允许采取不同形式搞活内部分配，可根据行业特点，对承包企业的工资总额，分别采取与经济效益（或实物工作量）挂钩、百元产值工资含量包干等形式，进行适当调控。挂钩浮动比例，由主管部门征求财政、劳动等部门的意见后合理确定。

企业内部要实行各种形式的经济责任制，改革分配制度，拉开档次，奖勤罚懒，彻底打破“大锅饭”。有条件的要积极实行计件工资制和定额工资制。企业可以根据生产需要实行各种形式的劳动组合，挖掘内部潜力，精简上层，充实基层，精简非生产人员，充实生产第一线，搞好定岗、定额、定员。并注意妥善安排富裕人员，适当照顾老弱病残。在定员定额的基础上，减人不减工资，增人不增工资（国家统一分配大中专毕业生和军转干部、退伍军人和政府需要安置的其他人员除外）。在承包期间，如遇国家调整工资或企业使用3%的晋级权，均应在承包前工资基础上升级并记入档案。

第十条 承包企业的劳动用工，要在国家劳动计划指导下，本着少用人，多挖潜，提高经济效益的原则，逐步搞活。招收合同制工人，仍执行国务院（1986）77号文件《国营企业招用工人暂行规定》；招收计划内临时工，按上级下达劳动计划指标，公开招收，择优录用；严格控制计划外临时用工；对违反劳动纪律，屡教不改的职工，厂长（经理）有权予以除名辞退、解聘，并向主管部门和劳动人事部门备案。

第十一条 承包企业要实行资金分账制度，国家资金与企业资金分别列账。承包前占用的固定资产（净值）和国拨流动资金，列为国家资金；承包后的留利，以及用留利投入形成的固定资产和补充流动资金列为企业资金。企业完不成上缴利润部分，由企业资金做补充。

承包企业要积极进行技术改造。承包前的贷款余额，由国家承担还款的部分，核入企业留利，规定还款年限；承包后的新贷款，用该项目实现的利润归还。利用贷款形成的固定资产，由留利还款的，记入企业资金；由原办法还款的，按承包前国家与企业的分配比例，折算出国家资金和企业资金。

承包期间所提取的固定资金折旧基金，按国家与企业固定资产的比例，分别划为国家资金和企业资金。

承包企业的留利，按照合同核定生产基金、承包风险基金、福利基金、奖励基金的比例，并认真执行。

经济效益较好的承包企业，当年奖励基金或效益工资提取较多的，可留一部分转入下年使用或转为职工的股金。

企业固定资产的维护和增减情况，是考核企业经营者业绩的基本依据之一。

第十二条 各级政府以及金融、物资、电业等部门，要维护承包企业的合法权益，努力为企业创造良好的环境，要按照合同要求保证物资供应，帮助他们解决生产、生活、治安等方面的困难和问题。同时，加强对企业的检查、指导和监督，防止乱涨价，防止消费基金增长过快。要注意总结经验，逐步完善企业承包制。

第十三条 本规定自发布之日起在全区范围内试行。试行期间，如果上级颁发了正式规定，并且与本规定有冲突的，随之加以补充和完善。

一九八八年一月二十日

山东省委、省政府加快菏泽发展现场办公会议

2004年2月3日—4日，山东省委、省政府在菏泽市召开加快菏泽发展现场办公会议。省委书记、省人大常委会主任张高丽、省长韩寓群出席会议并分别做了重要讲话。省政协主席孙淑义，省委副书记王修智，省委副书记、省纪委书记赵春兰及省领导林廷生、杨传升、刘伟、阎启俊、张宗亮、赵克志、王仁元、张昭福、孙守璞、王久祜出席会议。

张高丽在讲话中指出，省委、省政府把突破菏泽摆在突出位置，意义重大而深远。首先，加快菏泽发展是实践“三个代表”重要思想，立党为公、执政为民的具体体现，是全市870多万名人民群众的强烈愿望。其次，加快菏泽发展是落实科学发展观的重大举措。加快菏泽发展，不仅是菏泽自己的事情，也是全省的大事；不仅是一项经济任务，还是一项重大的政治任务。第三，加快菏泽发展是维护社会稳定的根本途径。我们要统一思想，提高认识，进一步增强加快菏泽发展的紧迫感和责任感，明确目标任务，创新发展思路，找准工作重点，狠抓措施落实，努力实现菏泽经济社会发展的新跨越。

张高丽指出，加快菏泽发展，总的要求是，全面贯彻“三个代表”重要思想，用科学的发展观总揽经济社会发展全局，以解放思想、更新观念为先导，以调整优化结构、提升经济运行质量为主线，以启动自身活力、增强经济发展内在动力为着眼点，以招商引资、培植亮点为突破口，力争在扩张经济总量、优化产业结构、发展外向型经济、壮大县域经济、加强区域中心城市建设、增加城乡居民收入等方面取得重大突破，实现经济跨越式发展，赶上全省全面建设小康社会的历史进程。经过努力奋斗，力争实现“三个明显”“三个高于”“一个新台阶”“一个新跨越”的目标。“三个明显”，就是经济发展速度明显加快，经济综合实力明显增强，经济运行质量明显提高。“三个高于”，就是国内生产总值增幅高于全省平均增长幅度，固定资产投资增幅高于全省平均增长幅度，农民人均纯收入增幅高于全省平均增长幅度。“一个新台阶”，就是城市规划建设管理水平上一个新台阶。按照“高起点规划、高水平建设、高效能管理”的要求，把菏泽市建设成为鲁苏豫皖交界的区域中心城市。“一个新跨越”，就是经济实现跨越式发展。

张高丽指出，加快菏泽发展，在工作中，要着力抓好“三个关键”，建设“三大基地”，采取“三大动作”。（一）抓好“三个关键”即解放思想、更新观念，深化改革、扩大开放，重点突破、工业兴市。（二）建设“三大基地”。通过建设粮棉油和农副产品生产加工基地、能源和化工基地、区域商贸和物流基地，培植经济增长点，巩固强化第一产业，做大做强第二产业，创新发展第三产业。（三）采取推进东西联动、

加强干部交流、促进劳动力转移“三大动作”，加快菏泽发展。东西联动。省里确定由东部8个经济强县（市）与菏泽8个县结对进行帮扶。加强干部交流。省委组织部近期将选派一批优秀党政干部和工程技术人员到菏泽任职挂职，并选派一批优秀的菏泽干部到外地挂职或任职。要特别注意培养和发现当地土生土长的干部，把那些政治上靠得住、工作上有本事、能干事、干成事的当地优秀干部提拔到领导岗位上来，为菏泽经济发展提供坚强有力的组织保证和智力支持。促进劳动力转移。采取发展二三产业吸纳一批，劳务输出送走一批，向城镇转移一批等形式，多渠道转移农村富余劳动力；实施“西输东接”工程，鼓励引导我省东部地区的企业多招用菏泽农民工等。

张高丽指出，加快菏泽发展是省委、省政府的重大决策，支持菏泽发展是省直各部门、各单位义不容辞的责任，也是实践“三个代表”重要思想，落实科学发展观的具体行动。省里各部门、各单位要认真研究关心支持菏泽加快发展的政策、项目、资金和各项工作，支持菏泽，服务菏泽，帮助菏泽，为加快菏泽的发展做出应有的贡献。

张高丽指出，加快菏泽发展，环境问题至关重要。要努力形成干事创业、奋发有为的精神状态。全市各级领导干部，一定要有突破菏泽、跨越发展的雄心壮志，不怕困难，不甘落后，艰苦创业，顽强拼搏，始终保持昂扬向上的精神、奋发有为的精神、坚忍不拔的精神。努力形成团结和谐、加快发展的强大合力。心往一处想，劲往一处使，齐心协力促发展。努力形成诚信法治、规范有序的经济环境。努力形成安居乐业、平安稳定社会环境。加强社会治安整治，化解各种矛盾，建设“平安菏泽”。

张高丽要求，切实加强对加快菏泽发展工作的领导，努力提高执政能力和领导水平，牢固树立正确的政绩观，把带领全市人民奔康致富，不断满足人民的需要、实现人民的愿望、维护人民的利益作为各项工作的根本出发点与真心为菏泽人民办实事，真心为菏泽人民办成事。坚持从严治党治政，切实转变工作作风，坚持鼓实劲、办实事、求实效。集中精力狠抓工作落实，领导干部要亲自动手，亲力亲为；要抓得准、抓得紧、抓得实；要有部署、有检查、有考核，围绕加快发展，建立完善决策目标、执行责任、考核监督“三个体系”，把加快发展的任务细化分解到每个领导、部门、县区，并把任务完成情况作为评价一个班子和使用干部的重要依据。为了加强领导，省委、省政府确定，成立省加快菏泽发展协调领导小组，由林廷生同志任组长，阎启俊、陈延明、王仁元同志任副组长，负责全省支持菏泽发展有关工作的组织协调。

韩寓群在讲话中指出，这次省委、省政府下了最大的决心作出了突破菏泽、促进全省区域经济协调发展的重大决策，省直有关部门在行政措施、经济政策、人力资源等多方面支持菏泽，尽了最大的努力。政策力度之大，帮扶力度之大，在菏泽历史上是从来没有过的。更为重要的是，菏泽市广大干部群众想富盼富的愿望十分强烈，加快发展的积极性十分高涨。可以说菏泽的发展当前正面临着难得的历史机遇。菏泽各级干部和广大群众一定要增强机遇意识，抓住机遇而不可丧失机遇，开拓进取而不可因循守旧，一心一意搞建设，千方百计谋发展，努力实现张高丽书记指出的“三三一一”目标任务。

韩寓群指出，加快菏泽发展，最根本的是要调动菏泽广大干部群众的积极性，奋发图强，艰苦奋斗，启动内部活力。第一，靠市场机制，破除“等靠要”思想。第二，靠深化改革，创新体制和机制，焕发发展活力。要大力推进现有企业改革，加快行政管理体制改革，大力推进用人制度、选拔制度改革。第三，靠保护和调动广大干部群众的积极性，干事创业求发展。全市上下必须切实认识到环境就是竞争力，环境就是生产力，高度重视环境建设，把优化环境当作一项系统工程，下大气力抓紧抓好。软环境建设要牢固树立三个意识：一是法制意识。政府要带头守法，依法办事。二是诚信意识。加强政府信用、商业信用和社会信用的建设。三是服务意识。切实把政府职能转到主要为市场主体服务和创造良好发展环境上来。菏泽要实现跨越式发展，必须有最高的办事效率、最热情的服务态度、最优惠的各种政策，努力形成人人都要投资环境，人人都是菏泽形象，人人都为发展服务的良好氛围。

韩寓群强调，省委、省政府加快菏泽发展的总体思路、目标、任务、措施及各种政策都已明确，各级各部门要狠抓落实，确保这次会议确定的各项任务和政策措施落到实处，见到实效。菏泽市的各级干部要进一步加强和改进作风建设，牢固树立勤政为民、求真务实、公正廉洁、扎实苦干的作风，做到察实情、讲实话、办实事、求实效。要坚决克服官僚主义、形式主义和弄虚作假的作风，大力倡导埋头苦干、狠抓落实的作风。要把这次会议确定的目标任务分解细化，做到项目到人，责任到人，按照省委的要求，制定和建立决策目标、执行责任、考核监督三个体系，确保各项工作有部署、有检查、有监督、有奖惩，确保各项措施落到实处。要积极主动地开展工作，加强调查研究，吃透政策精神，用足、用好、用活省里给予的扶持政策。省直各部门、各对口帮扶单位，都要真正把思想统一到省委、省政府的决策上来，以高度的政治责任感抓好各项工作的落实，以多办实事的具体行动，实实在在地支持菏泽发展。

省直有关部门和单位主要负责人，章丘市、胶南市、胶州市、淄博市临淄区、龙口市、邹城市、荣城市、文登市等8市区负责同志，菏泽市委书记、市人大常委会主任陈光，市委副书记、市长杜昌文及市委、市人大、市政府、市政协、市纪委领导同志，市直有关部门和单位主要负责人，各县区委书记、县区长等参加了会议。

二〇〇四年二月四日

省委办公厅省政府办公厅
关于加快菏泽发展有关问题的通知

鲁厅字〔2004〕18号

各市党委和人民政府，省委各部委，省政府各部门：

为进一步加大扶持力度，帮助菏泽市不断增强自我发展能力，充分发挥后发优势，努力实现跨越式发展，确保省委、省政府做出的“突破菏泽，带动西部，促进全省发展”战略决策的顺利实施，经省委、省政府同意，在国家法律法规和产业政策的指导下，允许和支持菏泽市采取比其他地区更加开放、灵活的政策，探索适合自己发展的路子。现就有关问题通知如下：

一、从2004年起5年内，对菏泽市出口退税超基数部分地方负担的四分之一，省财政承担三分之一。

二、将菏泽市境内损坏严重的国道干线老油路，逐步纳入计划改造；对三庄、许单、核刘、沿黄等干线道路，在全省省道网调整时给予重点考虑，按全省统一规划，对符合条件的安排升级；对与邻省接壤的菏兰高速、德商高速、日东高速延长线（含东明黄河公路大桥）、菏徐高速，依次于2004年、2005年上半年、2005年上半年、2006年开工建设，于2007年、2008年、2008年、2009年建成通车。

三、从2004年起5年内，菏泽开发区内工业用电，以2003年实际用电量6000万千瓦时为基数，按年递增20%计算，每年按0.1元/千瓦时给予补贴，补贴资金通过新增加菏泽电厂电量(不含扶贫电量)来解决。

四、省涉农扶持资金、专项补助资金、省基本建设基金的安排和争取国家补助的资金重点向菏泽倾斜，加大用于菏泽的比例。取消菏泽各县区的农业综合开发财政配套任务，配套资金由省里承担。对国家和省确定安排的建设项目，分别提高省配套资金和省补助资金比例5～10个百分点。

五、今后5年，省财政充分考虑菏泽市的特殊情况和实际困难，逐年加大对菏泽的财政转移支付补助力度。从省财政安排的激励性转移支付中，每年拿出不少于四分之一的资金补助菏泽，但补助资金要与菏泽各县（区）的经济发展质量和增收节支成果相结合。直接考核到县（区）、下达到县（区），鼓励改革，促进发展，切实提高财政自给能力，逐步解决工资发放困难。

六、从2004年起5年内，到菏泽机关事业单位工作的留学回国人员和具有硕士研究生以上学位、学历的人员，其工资从工作之日起5年内由省财政按国定标准全额负担。

二〇〇四年九月十四日

附：对口帮扶名单

1．济南市、省农业厅、山东电力集团公司、章丘市——成武县

2．青岛市、省经贸委、山东中烟工业

公司、胶州市——曹县

3. 烟台市、省交通厅、济南钢铁集团、文登市——定陶县

4. 潍坊市、省财政厅、山东经济开发投资公司、济南铁路局、胶南市——鄄城县

5. 淄博市、省民政厅、齐鲁石化公司、临淄区——东明县

6. 威海市、省劳动保障厅、省鲁信投资公司、荣城市——郓城县

7. 东营市、省发改委、胜利石油管理局、龙口市——单县

8. 济宁市、省国资委、兖矿集团公司、邹城市——巨野县

中共菏泽市委菏泽市人民政府 关于加快发展六大产业的若干意见

菏发〔2004〕27号

为落实《中共菏泽市委关于以科学发展观为指导大力推进工业化进程的决定》，进一步加快我市工业发展步伐，全力实施“工业立市、工业强市”战略，现就加快发展能源工业、化学工业、林木工业、食品工业、纺织工业、机械工业六大产业提出如下意见。

一、充分认识加快发展六大产业的重要意义

工业化是现代化不可逾越的阶段，大力推进工业化进程是实现“突破菏泽”目标的首要任务。加快工业发展，必须立足实际，确定优势产业，实施重点突破。我市的能源、化工、林木、食品、纺织、机械六大产业，不仅具有资源优势和传统优势，而且经过多年的发展，有了一定的基础，形成了一定的规模，培育了一批骨干企业和拳头产品，已成为推动全市工业经济发展的主导力量。2003年，六大产业规模以上企业完成总产值、销售收入、利税、出口总值分别占全市规模以上工业企业的76.6%、80.7%、76.4%和90.7%。但从总体上看，我市六大产业仍存在着实力弱、规模小、档次低、链条短、大企业大集团不多、名牌拳头产品少、市场竞争力弱等问题。因此，全市各级各部门必须进一步提高对发展六大产业重要性和紧迫性的认识，强化措施，落实责任，把做大做强六大产业作为推进工业进程的重中之重，努力实现菏泽经济全面、协调、可持续发展。

二、加快发展六大产业的指导思想、遵循原则和目标任务

（一）指导思想。按照党的十六届三中、四中全会精神的要求，认真落实科学发展观，坚持走新型工业化道路，以加快发展为主题，以结构调整为主线，以扩大投入为总抓手，以招商引资、园区建设、民营经济为重点，大力培植支柱产业、重点项目、骨干企业和名牌产品，不断提高六大产业的市场竞争能力和综合实力，努力把菏泽建设成为全省乃至全国重要的能源化工基地、粮棉油和农副产品生产加工基地。

（二）遵循原则。加快发展六大产业，必须从菏泽实际出发，坚持以下原则：

一是“铺天盖地”与“顶天立地”相结合。大力发展特色产业、中小企业、专

业市场三位一体，互为依托、配套推进，小商品、大市场，小产品、大产业，小规模、大群体，小资本、大聚集，低成本、高效益，有比较优势和市场竞争力的特色块状经济，着力培育大企业、大集团，尽快形成一批骨干龙头企业。

二是膨胀规模与提升质量相结合。坚持传统产业新型化，新兴产业规模化，加大投入力度，盘活存量资产，不断壮大产业规模，立足产业结构的优化升级，加快企业技术改造步伐，运用高新技术改造装备传统产业，坚持高点起步，防止低水平重复建设。

三是完善产业链条与专业生产相结合。进一步拉长产业链条，大力发展高科技含量、高附加值和高出口创汇产品，引导企业向“专、精、特、新”方向发展，不断提高专业化、规模化水平。

四是自主创新与引进消化相结合。千方百计引进资金、项目、人才、技术、品牌等各种生产要素，借助外力，启动内力，激发企业内部活力。

五是有所为与有所不为相结合。明确方向，集中力量，提高壮大主导产业，主动承接新兴产业，积极培育潜力产业，放手发展其他产业。

六是加快发展与保护环境相结合。走全面、协调和可持续发展的路子，统筹处理好经济与社会协调发展的关系，大力发展循环经济，合理利用资源，注意节约土地，严格控制污染，加强环境保护。

（三）目标任务。六大产业发展的总体目标是：到2007年，整体实力不断增强，主导地位更加突出，技术创新体系比较完备，骨干企业优势明显，中小企业集群化发展，区域布局更加合理，产业结构趋于优化，具有较强的市场竞争力和可持续发展能力。规模以上企业工业总产值达到780亿元，年均增长48%，占全市工业总量的85%以上；实现利税49.5亿元，年均增长42%；实现出口创汇11.5亿美元，年均增长75%。

1. 能源工业：到2007年，规模以上企业实现工业总产值130亿元，年均增长60%以上；实现利税10亿元，年均增长40%；争取年产原煤900万吨，电力总装机容量达到500万KW。

主要任务：以煤炭开发为主线，走煤电、煤化、煤建一体联动，高科技、现代化、可持续发展的路子。重点加快巨野煤田建设，尽快取得单县煤田的勘探权，争取早建设、早达产、早见效，力求做到环境代价最小，资源利用最充分，实现效益最大化。抓好菏泽电厂三期2×330MW、四期2×600MW、成武电厂2×300MW、华润电厂4×600MW、郭屯坑口电厂4×600MW等大型电力项目的论证、规划和建设，同时搞好巨野、单县两个矿区建材项目的开发建设。

2. 化学工业：到2007年，规模以上企业实现工业总产值210亿元，年均增长50%；实现利税15亿元，年均增长45%；出口创汇突破1亿美元，年均增长40%。

主要任务：利用煤炭资源优势，重点发展甲醇、二甲醚以及醋酸、醋酐、二醋纤维系列及延伸项目，抓紧上马投产200万吨焦化及20万吨甲醇项目；利用天然气资源，扩大环乙酮及下游产品乙内酰胺的生产能力，运用国内外先进技术新上天然气合成苯环、X−烯烃等系列；加快东明石化园区建设，积极创造条件，扩大常减压生产能力，上马重油催化热裂解装置，以生产乙烯、丙烯及延伸产品，尽快形成石化产业链条；加快睿鹰、步长、鲁抗、方明、润华等医药企业的膨胀，合理布局，相对集中，尽快做大做强；依托舜王城中药材专业市场，大力发展现代中药业；发挥圣奥、单县有机等企业的优势，加快新产品研发，争取早日建成集生产、销售、科研于一体的全国最大的橡胶助剂集散地和世界一流的橡胶助剂工业园区。

3. 林木工业：到2007年，规模以上企业实现工业总产值60亿元，年均增长55%；利税4.5亿元，年均增长42%；出口创汇突破2亿美元，年均增长65%。

主要任务：巩固发展400万亩林木基地，抓好黄河滩区、黄河故道和四旁植树，搞好农田林网和农林间作，使林木蓄积量达到2000万方。充分发挥晨鸣、大亚、森利、曹普、光明等骨干企业的带动作用，推动林木产业结构优化升级，重点建设一批科技含量高、生产规模大的精深加工项目，加快我市林木业由目前的木片、拼板等初级产品，向高档板材、高档家具、科技木、工艺品、林纸一体化等方向发展。积极抓好林业化工、林业机械、产品包装等相关产业的发展。全力办好中国林产品交易会，力争用3～5年时间把菏泽建设成为全国最大的林产品生产加工基地、交易中心和信息中心。

4. 食品工业：到2007年，规模以上企业实现工业总产值200亿元，年均增长45%；实现利税8亿元，年均增长40%；出口创汇达到6亿美元，年均增长70%。

主要任务：利用生物工程等高新技术和现代化手段，不断提高食品行业的开发力度和加工深度。以五得利、华瑞、都庆、大地玉米等企业为龙头，积极开发生产等级粉、专用粉、混合粉、变性淀粉。以鲁花、艾地盟等企业为龙头，积极开发高档色拉油、专用油、保健油等品种。以绿源、亚龙、富仕达、百寿坊等企业为龙头，重点搞好冷鲜肉精细分割，积极扩大高温软包装，开发低温肉制品。以佳美、旭日、九发、巨鑫源等企业为龙头，重点发展低温脱水蔬菜、速冻蔬菜、蔬菜汁、果汁、芦笋、食用菌等系列产品。以银香、莱河等企业为龙头，借助其技术优势，积极开发有机奶、免疫奶等高附加值乳制品，使乳品加工成为我市食品工业新的经济增长点。同时，壮大四君子、花冠、水浒、青啤等酒类企业，采用新技术，积极开发低度、营养、多功能等经济效益好的新产品。

5. 纺织工业：到2007年，规模以上企业实现工业总产值130亿元，年均增长40%，纺纱能力突破500万锭；实现利税7亿元，年均增长45%；出口创汇突破1.5亿美元，年均增长90%。

主要任务：充分发挥“国花”棉花这一全国知名品牌，以建设中高端优质棉纱生产基地为目标，重点培植银河、银翔、百隆、华灵、天香等龙头企业，加快技术改造，提高工艺技术和装备水平，积极推广高速喷气纺、转杯纺等新型纺纱技术，提高精梳纱、无接头纱、色纱等高支纱比例。发展产业用布、工业用布、装饰用纺织品，提高无梭织布等高档面料的产品比重。加快引进和自主培植一批名牌产品和名牌企业，努力形成几个高品质服装生产企业，不断增强服装设计和后整理能力，以提高纺织业的附加值。鼓励企业开发绿色纺织品，研究推广和使用新型天然原料、绿色加工工艺、无公害染化料和助剂等。加快康庄乐园、花都商埠两大市场建设，不断提高市场交易规模和管理水平，把菏泽建设成重要的区域性纺织品服装生产交易中心。

6. 机械工业：到 2007 年，规模以上企业实现工业总产值 50 亿元，年均增长 36%；利税 5 亿元，年均增长 37%；出口创汇突破 1 亿美元，年均增长 140%。

主要任务：围绕达驰、广源、华星、新宇、天宇等骨干龙头企业，加大科技投入，加快产品研发，扩大生产规模，大力发展变压器、油泵油嘴、铜带、轴承、钢球、连续泡沫镍、农业机具等优势产品，不断向高、精、专、深发展，向上下游延伸。同时，根据国内外市场需求，新上建筑机械、五金组件、电子元器件、汽车配件等一批生产企业，并积极承接国外和东部沿海发达地区机械制造业产业转移，搞好与半岛制造业基地的对接、融合，提升行业的装备水平和产品的科技含量。

三、加快发展六大产业的主要措施

（一）加快制定产业发展规划。市直有关部门，各县区要根据国家产业政策和实际情况，运用现代规划编制理论，做好六大产业发展规划的编制工作。要深入开展调查研究，摸清底子，找准问题，明确发展方向，理清发展思路，突出发展重点，使六大产业形成布局合理、区域特色突出的产业发展格局。产业发展规划要具有前瞻性、战略性、导向性和可操作性，要与其他规划相吻合，尤其是要做好与经济社会发展总体规划、城镇体系规划、土地利用规划的衔接和协调。在规划的实施过程中，要不断地进行修订和完善。

（二）努力拓宽投融资渠道。实施多渠道融资，鼓励境外市外资本、私有资本、国有资本、金融资本等投入六大产业，实现投资主体多元化。坚持把招商引资作为发展六大产业的重中之重，各级主要负责同志要拿出主要精力抓招商，拿出精干力量招商。充分发挥我市区位、资源、产业、劳动力等优势，努力优化投资环境，不断拓宽招商引资范围和渠道，提高招商质量，改进招商方式，创新招商政策，千方百计吸引国内外各类资本。积极引进吸收国内外大企业、大项目和高新技术项目落户菏泽，努力做好“百个项目进菏泽”工作。大力发展民营经济，最大限度地启动和激活民间资本和社会投资。准确把握国家投资的重点领域，积极争取国债投资和中央预算内投资。完善银企沟通机制，运用多种形式争取金融机构支持。选择达驰、石化、睿鹰等部分优势企业，采取发行债券、捆绑上市或借壳上市等方式，直接到资本市场上融资。

（三）进一步加快园区建设步伐。强化六大产业集聚式布局，引导项目向开发区、工业园区集中，通过“区中园”、“园中园”等多种形式，搞好产业衔接配套。举全市之力加快 13 个工业园区建设步伐，通过资源整合，加强协调，积极争取上级有关部门支持，不断增强园区的示范、辐射和带动作用，努力形成一批以骨干企业为龙头，特色鲜明、企业集聚、协作配套的专业工业园区。搞好园区的规范化管理，加大管理体制、运行机制的创新力度，逐步实现管理体制的多元化、运行机制的市场化、投资主体的多元化、园区服务的社会化。

（四）大力发展特色产业集群。各县区要根据实际，结合产业规划和资源区位等优势，积极培育特色产业群体，加快发展块状经济，壮大县域经济实力。要制定出产业集群发展战略方案，实行一“链”一策、一“群”一策，选择一批重点培育的产业集群，在资金投入、政策保证、咨询辅导等方面给予有力支持。在产业集群发育较好的庄寨、黄安、沙土、大田集等乡镇，通过原产业集群中产业链的延伸，在上、下游的一些环节上培育新的产业集群，增大产业之间的关联性，逐步形成产业集群性，逐步形成产业集群网络，增强产业集群素质。

（五）突出抓好骨干龙头企业。围绕六大产业发展，选择一批规模较大、发展后劲足、优势明显的企业，在技术改造、产品开发、流动资金、借款担保、设备进口等方面给予更多的扶持，为其发展创造良好环境，促其尽快做强做大。围绕“三大基地”和发展壮大六大产业，全力以赴大上项目，上大项目。充分发挥骨干企业的联合带动作用，以横向配套、纵向协作为基础，形成以大带小、共同发展的行业架构，促进六大产业整体规模的快速膨胀和产业链条的进一步延伸。到2007年，力争培育2家以上年销售收入过50亿元、利税过5亿元的企业；10家以上销售收入过10亿元、利税过亿元的企业。

（六）推进技术改造和技术创新。加快用高新技术和先进适用技术改造六大产业步伐，坚持扶优扶强、突出重点，支持技术先进、产业关联度大、带动能力强、经济效益显著的重大技改项目，全面提高产业技术装备水平，推动产业结构升级。在每年财政预算中，市财政安排300万元到500万元的资金，县区财政也要安排一定数额的资金，主要用于支持企业技术进步项目贷款贴息。符合国家产业政策的企业技术改造项目，所需国产设备投资的40%，可从项目设备购置当年比上年新增企业所得税中抵免。企业提取的新技术开发费据实列支企业管理费。对企业据实列支的技术开发费，在对企业经营者进行考核时视同当年实现利润；对达不到规定比例的企业，因少列技术开发费而增加的效益予以剔除。企业提取的技术开发费允许转年度累计使用。技术开发费比上一年增长10%以上的，经税务部门批准，可税前列支，摊入成本。市科技三项经费新增部分，用于支持骨干企业重大技术开发所占比例不得低于35%。加强技术创新体系建设，争取到2007年，建成15家省级以上认定的企业技术中心。市财政对新认定的每个省级技术中心企业当年给予100万元补助；新认定的国家级技术中心企业当年给予200万元补助。

（七）实施品牌带动战略。牢固树立新品牌就是市场，品牌就是效益，品牌就是竞争力的观念，引导企业进一步增强品牌意识。坚持引进和自主培育并举，实施名牌产品带动产业发展战略。选择一批已具备一定条件、有发展前景、有创名牌潜力的企业，有计划、有步骤地加予辅导和支持。对符合申报名牌条件的，及时向上级有关部门推荐。鼓励企业争创名牌，对新创国家级和省级名牌的企业由同级财政分别奖励10万元和3万元。同时，积极引进国内外相关知名品牌落户菏泽，借助外来品牌优势，带动我市产业的快速膨胀和发展。通过努力，争取到2007年引进国内外知名品牌20个，自主创“中国名牌”产品2个、“山东名牌”产品30个。

（八）加强人才队伍建设。围绕加快六大产业发展，积极实施“人才强市”战略，培育和引进一批掌握核心技术的科技带头人、具有成长潜力的创新人才和一流素质的企业家。吸引大专院校、科研机构和留学人员来菏创业，用先进的理念、成熟的经验和高科技成果促进六大产业发展。采用多种形式，抓好现有员工的培训，特别是要培养一批具有较高操作能力的技术工人，形成高素质、多层次的适用人才体系。努力改善人才生活条件，切实提高政治待遇和社会地位，营造尊重劳动、尊重知识、尊重人才、尊重创造的社会氛围，使六大产业成为各类人才发挥聪明才智、实现人生价值的良好平台。

（九）积极发展产业专业协会。按照“入会自愿、领导自选、人员自聘、经费自理”的原则和“自我管理、自我服务、自我协调、自我发展”的方针，大力发展从事产业信息咨询、技术评估、专利代理、投融资、营销等方面的专业协会。协会组成以企业法人为主，吸纳大专院校和研究机构的技术、管理、营销专家参加。协会负责实施产业宏观指导，为同类企业提供市场信息、原料采购、产品销售、员工培训等方面的服务，并加强有关政策研究，搞好行业内生产经营行为的自律和规范。

（十）努力优化产业发展环境。进一步加大城市的规划建设管理力度，创新体制，完善机制，提高城市管理效能和水平，不断改善发展经济和招商引资的硬环境。深化行政审批制度改革，精简审批事项，完善审批方式，清理收费事项，规范收费行为，全面落实“收支两条线”规定。坚持依法行政，规范执法行为，严格公正司法，强化执法监督。大力纠正部门和行业不正之风，加大专项治理力度，严肃查处破坏经济发展环境案件。深入开展“行风评议”活动，切实改进机关工作作风，提高工作效率。积极开展精神文明创建活动和“诚信菏泽”建设，大力弘扬“求实、创新、诚信、奋进”的菏泽精神，努力营造文明健康的人文环境、稳定和谐的社会环境、务实高效的服务环境、团结向上的舆论环境、优美舒适的生活环境。

四、建立产业领导专班，落实产业发展责任

为体现“全党抓经济、重点抓工业”的指导思想，在市级领导联系重点企业的基础上，实行市级领导、市直部门包产业责任制，建立六大产业领导专班制度。每个产业专班由责任领导、责任单位和参与单位组成。责任领导由市级领导担任，确定一个市直部门为责任单位，若干个市直部门为参与单位。责任领导及责任部门重点包产业，参与部门重点盯项目。产业专班的主要任务是：加强学习，及时了解掌握国内外产业发展动态，力争成为所包产业的行家里手；研究制订产业发展规划，确定产业发展重点和年度发展目标，落实产业发展举措；广泛收集所包产业的信息资料，密切关注国内外大企业、大财团的投资动向，大力开展招商引资，抓好签约项目的开工及在建项目的投产协调工作，着力培育产业增长点；深入开展调查研究，帮助企业解决困难和问题，为企业发展提供全方位的服务和良好的发展环境。各产业领导专班直接对市委、市政府负责。

要切实加强对产业领导专班的工作考核。年初由市委、市政府确定各产业专班的年度责任目标，各产业领导专班要进行分解，落实到每个责任单位、参与单位和责任人。年底各产业专班的责任领导要向市委、市政府就整个产业发展情况进行述职，完不成任务的说明情况。要把产业发展的责任目标作为市直部门年度考核的重要内容，由市经济考核办公室制定具体的考核办法并负责考核。

市委办公室市政府办公室
关于转发《菏泽市续修新方志工作规划》的通知

菏办发〔2001〕86号

各县区党委、人民政府，市委各部委，市政府各部门，各大中型企业，各大中专院校，各人民团体，军分区：

市地方史志编纂委员会制订的《菏泽市续修新方志工作规划》已经市委、市政府同意，现转发给你们，请认真贯彻执行。

做好地方志的续修工作，对于记载历史，总结经验，资政育人，推动社会发展，具有重要意义。各级、各部门、各单位对此要高度重视，切实负起责任，尽快投入工作，确保圆满完成全市续修新方志工作任务。

二〇〇一年九月二十日

菏泽市续修新方志工作规划

我市第一届社会主义新方志编纂任务已经全面完成。新方志的出版发行，对积累保存地方文献，全面反映我市地情、市情，促进两个文明建设发挥了重要作用。编纂地方志是一项长期的具有连续性的社会主义文化建设事业。为了认真做好我市新方志的续修工作，根据中共山东省委办公厅、山东省人民政府办公厅《关于转发〈山东省续修新方志工作纲要〉的通知》的要求，制定以下工作规划。

一、指导思想

续修新方志必须以马列主义、毛泽东思想、邓小平理论和江泽民“三个代表”重要思想为指导，坚持实事求是的思想路线，运用现代科学理论和方法，全面真实地反映全市自然和社会的历史与现状，为改革开放和社会主义现代化建设服务。

（一）续修新方志必须遵循党和国家的有关方针、政策和法律，法规，坚持建设有中国色的社会主义理论，坚持党的基本路线，坚持辩证唯物主义和历史唯物主义的基本原理，做到思想性、科学性和资料性的统一。

（二）续修新方志应贯彻存真求实的方针，突出改革开放的时代特点和地方特色，全面真实地记载我市改革开放、经济建设和社会发展的成就和经验，以史为鉴，资政育人。篇目的设置，应合乎科学分类和社会分工的实际，坚持在继承的基础上创新。各县区可根据实际，采用符合本县区修志情况的编纂体例。

（三）续修新方志要适应时代的需要，积极运用现代科学理论和高薪技术成果，提高修志工作效率和志书质量。续志工作要与建设地方文献中心、地情资料中心、区域研究及咨询中心的史志事业发展目标相结合，发挥方志资源的多功能作用，不断开拓地方志工作新的服务领域。

（四）坚持质量第一，树立精品意识，努力编纂出版名志佳作，做到可信、可用、可读、可看。

二、任务与要求

（一）本届续修新方志共编纂10部，计1部市志，8部县志、1部区志。

各县区要积极创造条件，在市、县区史志机构的指导下，编修乡镇志、村志、部门志、企业志及其他类志书。

（二）续修志书的上限，一般应接前志的下限，必要时可适当上溯；下限根据每20年左右续修一次的要求确定，特殊情况，可酌情处理。各县区要根据总的要求，结合本县区修志工作的实际，制定本级续修工作方案，报上一级史志编委会批准后，由同级政府部署实施。

《菏泽市志》续修的有关规范性业务文件由市史志编纂委员会下达。

（三）续修志书的内容大致由五部分组成：1、承前简述。对上届志书的有关问题作简要概述，以便互相衔接。2、续修正文。即志书编纂的主体。3、专题记述。对正文未能充分记述的一些重要问题所作的专项调查和专题报告。4、补遗和考订。对上届志书的补充和改正。5、附录和索引。志书篇目不宜过大。县区级志书为单卷本，一般80万字左右；市级志书为单卷本或两卷本，一般120万字左右。

（四）各级地方志名，均应冠以现行的行政区划名称，为了与首届志书相区别并和下届志书相贯通，续修新志书应在志书名称的下边加括号写出上下限的起讫年代。续修志书为16开本。有条件的可同时出版电子版志书。

（五）加强志书质量管理。各级史志编纂机构都要建立内部质量控制体系及志书质量负责制。志书初稿形成后，应召开有关领导、专家、史志工作者参加的评审会，并根据评审意见对志稿作进一步深加工、精加工。要认真执行审查验收制度。市志报省史志编委会审查验收，由市政府批准出版；县区志报市史志编委会审查验收，经省史志编委会审核后，由县区政府批准出版。志稿审读要把好政治关、保密关和重大史实关，不合格的志稿应驳回重修。

（六）加强修志档案管理。修志资料（包括文字、图表、声像、实物等）应及时立卷归档，定期向本单位档案机构或档案管理人员移交，集中管理。志书出版后交由同级史志部门集中保管，任何人不得据为己有。

三、主要措施

（一）坚持“党委领导、政府主持”

的修志体制。各级地方史志编纂机构在党委、政府的领导下，负责实施本地的修志工作。

（二）各级政府要加强对地方志工作的领导。建立各级史志编纂委员会，列入政府的议事日程，明确一位领导同志负责，及时协调和解决工作中出现的问题。修志工作要纳入各地经济社会发展计划和各级政府的工作任务，做到领导到位、队伍到位、经费到位、条件到位。

（三）建立稳定、精干、高效的修志队伍。要加强修志队伍建设，确保修志工作连续正常运转。要认真总结第一届修志工作的经验教训，加强对在职专业修志人员的培训，不断提高其政治素质和业务水平，补充有志于修志事业的新生力量，改善史志工作队伍的年龄结构，以适应新时期修志工作的需要。保持编纂业务骨干的相对稳定。吸收各行各业的专家、学者参加修志，充分发挥熟悉情况、精通业务、热心史志事业的老同志的作用，共同搞好修志工作。志书编纂实行主编负责制和编辑人员岗位聘任制。

（四）《菏泽市志》各承编单位要成立专门班子，选调人员，制订编写规划和方案，落实任务，认真解决修志工作的经费保障等问题，保证按时完成修志任务。

（五）《菏泽市志》牵头单位必须认真组织方案的实施，做好统筹协调工作；参编单位要从大局出发，服从统一调度，协商解决问题，共同完成承编任务。

（六）加强办公自动化建设，缩短出版周期，提高志书质量。逐步实现修志工作的微机化、网络化、无纸化操作。

（七）各级要保证必要的志书编纂和出版经费，做到及时、足额到位，为续志工作顺利开展提供保障。

附：

菏泽市续修志书规划任务表

志书类别	志书名称	主修单位
市　志	《菏泽市志》	菏泽市人民政府
县区志	《牡丹区志》	牡丹区人民政府
	《鄄城县志》	鄄城县人民政府
	《郓城县志》	郓城县人民政府
	《巨野县志》	巨野县人民政府
	《成武县志》	成武县人民政府
	《单　县　志》	单县人民政府
	《定陶县志》	定陶县人民政府
	《曹　县　志》	曹县人民政府
	《东明县志》	东明县人民政府

碑文选录

成阳灵台碑

惟帝尧母，昔者庆都，兆舍穹精，氏姓曰伊。体兰石之操，履规矩之度，则乾坤之象，通三光之曜。游观河滨，感赤龙交，而生尧。厥后尧求祖统，庆都告以河龙。尧历三河，有龙授图，躬行圣政，以育苗萌。火阳之盛，先　后明，遂以侯伯，恢践帝宫。庆都仙殁，盖葬于兹，欲人莫知，名曰灵台。上立黄屋，尧所奉祠。下营以水，神龙所熹，灵龟隐形，汾踊波流，比目蚌鱼，濯鳞通泉，玄砾菟芦，生延台涯，贯长历久，崇而神圣。三代改易，荒废不修，五运精还，汉受濡期，兴灭继绝，如尧为之。承祀期年，蚌鱼复生。故有灵台啬夫、鱼师、卫士、驿献，蚌鱼服之延寿。哀、平之际，道小衰沮，遂遭亡新，礼祀绝矣。于是故廷尉仲定，深惟大汉隆盛，德被四表，太平未至，灵瑞未下，四夷数侵，军甲数扰，匪惶起居，日　不暇。案经考典，河洛秘奥，汉感赤龙，尧之苗胄，当修尧祠，追远复旧，复治黄屋，推原圣意，灾生变见，天以谴告。前后奏上，陈叙大义，招祥塞咎。为汉来祚。朝廷克省，帝纳其谋，岁以春秋，奉太牢祀。时廷尉迁位，连自表奏，诏英嘉命，遂见听从，命为太中大夫，归治黄殿。令月吉日，图立规营，兴业会工，厥处夷平，上合天意，下应典型。殿堂之饰，五色华精，立阙通天，户向少阳，前设大殿，俟神之堂。地致石　，其下清凉，可舞八佾，以奏大章。时济阴太守魏郡审晃、成阳令博陵管遵，各遣大掾，辅助仲君，经之营之，不日成之。神灵精气，依祐于人，废之则亡，存之则神；复帅群宗，贫富相均，共募市碑，著立功训。爰勒石铭，中门之表。卜择元日，斋革精诚。先荐毛血，谨慎牺牲。祈祀获福，神享其灵。甘雨时降，百谷熟成。幽荒率服，徐方来庭。万国蒙祉，黎元　荣。莫不被德，咸歌颂声。其辞曰：

“於赫庆都，德弥大兮！承神精耀，统赤裔兮！爰生圣尧，名盖世兮！上受符命，恢帝制兮！广被之恩，流荒外兮！历纪盈千，垂遗爱兮！陵庙复崇，享大祭兮！尚求多祐，降福沛兮！万国熹宁，孰不　兮！光宣美勋，永未蔽兮！垂视罔极，亿万岁兮！

济阴太守魏郡阴安审君讳晃字元让，从公车令来；成阳令博陵蠡吾管君讳遵字君台，从东明门司马来；丞颍川新汲尹茂字伯举，迁下邳尉；尉颍川襄城杨调字君举；仲欣伯海从右中郎将，迁巨鹿太守；仲球伯仪从大尉掾迁吕长；仲选孟高，辟司徒府。迁徙不绝，皆兴治大圣黄屋之力。

建宁五年五月造

帝尧碑

帝尧者，盖昔世之圣王也。其先出自魁隗，翼火之精，有神龙首出于常羊，华胥履迹生伏羲，九世生赤帝，与黄帝争于蜀鹿之阿也。名纪见乎《河洛》，爰嗣八九，庆都与赤龙交而生伊尧。及尧之生也，不与凡等，胸括四海，心骛万方，龙颜隆角，眉张八采，谡自侯伯，游于玄河之上，龙龟负衔，投钤授予。然后尧乃受命蜀鹿，君临天下，昌明训德，亲睦黎民，和合万国。秉图书，察度表，御九州，统属理，闻名应邦，五纬顺晷，然后风化大洽，普天之下，靡不顺从，以正四时，五谷丰登。功成告让，遂禅舜皇。圣汉龙兴，缵尧之绪，祀以上牺。暨于亡新，圮汉之业，礼祀遂绝，后复祭祀。因是，故廷尉卿仲定，以为大圣亲垂隆烈，遗歌在民，而坛场夷替，屏摄无位，非所以表神圣，而可得佑护民者，故宜礼祀焉。亟应恢复旧典，造立灵庙，以一太牢，春秋秩祀。是以好道之畴自远方集，或弦琴以歌太一，或覃思以历丹田，　瘵疾　者，竭恭祈福，即获其祚。若不虔恪，辄赴昏癫。故知至德之宅，兆实真圣之祖也。

熹平四年冬十二月，济阴太守河南张宠、丞颍川李政、成阳令陈国郑真、故巨鹿太守仲欣、故广宗长仲选、故吕长仲球，及丞口口口口、尉口口口口、府吏百石已氏让礼等，咸各有惟，追慕圣烈，乃共立坛　，刊碑纪石，以彰圣德，俾后来者，有所质焉。其辞曰：

“於赫大圣，弈孔祯纯。性发兰石，生自馥芬。琦表射出，双握嘉文。排启阊　，驰步中野。任用四岳，天下归心。上下顺序，五垒用训。民不作忒，化洽百蛮。历运遭七，乃禅舜焉。功帛日月，名勒管弦。

立灵庙兮以休神！献牺牲兮以求佑！斋洁厘兮沐黔民！亿不殄兮祉无垠！”

故济阴太守刘郃，字季承，渔阳泉州人也。自以体别枝布，尧之裔胄。下车出俸三万为祀，　弱于神灵，虔诚如仪。至于朔旦，特复五百，称玄玄孙，以叙嘉敬。旧祠属县，君以为奉事神圣，礼虔当诚，宜崇祀濯，以叶藜藿，敕县洒扫设供，曹掾吏令养牲牺，即尧陵庙。神享灵通，报以嘉瑞，李树连理，生于尧祠。图规府殿，夙早瞻拜，迁太中大夫。后太守河南张宠继拟前绪，到官始初，出钱二千，敬致礼祀，临立坛碑，特复五百如前。群仲共为修治，始具规模。邑民、学徒，莫不劝乐。咸曰：“张父敦我以德，厉我以仁，将获祯应，齐风前人。”鸾皇共谋，殿堂焕新，礼祀诚敬，神享福佑。司司不懈，将悉臻矣！密勿匪休，将悉至矣。

熹平四年十二月十日癸卯立

曹县重修成汤陵庙碑

［清］　孙星衍

古者墓而不坟，故刘向称“殷汤无葬处”。至汉建平元年，大司空史郗长卿按行水灾，因行汤冢，事具《皇览》，以为在亳。其时诏称：河南颍川郡水出，大司空史按部所至，宜于济阴，得见汤陵。自薛瓒、杜预、伏滔、刘昭皆以为在济阴亳县，未有异辞。今曹县左山之阳，是古济阴郡治。县南二十里土山集，是古亳汤都地。北涉淇、洹，南跨睢、汳，西至卫国，东尽濮阳，皆千里畿内。故太甲陵在濮州之历山，微子、箕子陵亦在东方也。曹县汤陵列于祀典，明置守冢户，陵前有碑。在宋皇祐、元延祐间皆重修。陵上有庙，像设犹存。

星衍临司泗上，于嘉庆元年塞河曹、单，亲临展谒，见其祠宇倾圮，采樵不禁，因檄曹令度工修葺。复遍考书传，移咨山西布政司，告以荥河汤陵出后魏小说家言，张恩破陵得铭，附会殷汤，前代沿讹，列为祀典，实则少康纶邑，急宜厘正。并考《括地志》所称偃师汤陵，乃汤池传疑。其《括地志》又称始平汤陵，真亳王号汤者所葬。俱不足以夺济阴亳县汤陵之说。既发资千金，申报大府，兴工修葺，复得王、魏两观察先后代任，增建宫墙，拨置地亩。曹令孙立芳、黄炳先后助成盛举。会星衍奉督运之命，再莅东省，以嘉庆十年四月竣工立石，将以质鬼神俟百世焉。

其铭曰：

天乙在亳千里畿，言观于洛居河麋。千年水徙国邑迷，亳城虽荒神所依。汉臣行部欣得之，封树不设丘墟卑。我来展拜敬且欷，稽古破俗别是非。荥河陵庙空巍巍，厘正祀典书之碑。从先王居神来归。

历山虞帝庙碑铭

［清］孙星衍

菏泽县，古济阴郡地，县东北五十里有历山，即舜耕处，亦太甲所葬也。按《淮南子》称“舜耕历山”，高诱《注》云：“在济阴成阳。”而郑康成注《尚书大传》云：“在河东。”证之《周礼·职方》：“河东曰兖州，其浸卢、维。”知郑氏所云“河东”者，谓兖州之境，故云。“卢、维”当为“雷、　”。今历山与雷泽、澭、沮相近，是郑氏、高诱皆以舜耕历山即今菏泽之山矣。《皇览》又称太甲有冢在历山上，亦谓此山。山与曹县接境，汤葬在亳，则太甲葬亦在殷畿无可疑也。而郦道元则谓舜耕历山在蒲坂，或又谓在历下，刘昭注《郡国志》亦谓舜耕历山在蒲坂，以《皇览》所称太甲冢误附于历城之下。周处《风土记》谓历山在始宁、剡二县界。或作《魏土地记》谓在潘城西北。所以传讹者，其在蒲坂，以是舜都，或误以郑注“河东”为郡名；其在历下，以泺泉上有娥英庙；其在上虞，以《太康地记》有舜避丹朱于此之说；其在潘城，以上谷有妫水，出妫州城也。舜之耕稼陶渔，凡负夏、陶墟、河滨、雷泽诸地，皆在鲁、卫、宋之郊。则济阴历山为舜耕所在，诚如郑康成，高诱说，不可易。推后人致误之由，历山本不高峻。据《水经注》称：“雷泽西南十许里有小山，孤立峻上，亭亭杰峙，谓之历山。山北有小阜，南属迤泽之东北有陶墟，滨带瓠河也。”自汉以来至于金元，河决濮阳，为害曹南者数矣，淤沙日高，高岸为谷，自尧冢、灵台、成汤、箕子、伊尹、仲山甫之墓，悉皆沦陷，山亦渐欲平，后人妄意历山名迹必是峻极之山，故求之于晋、于齐、于越、于燕以当之，而济阴之山，于是反晦。使者既以观察领河堤，所至之处，按古图经访求经史名迹，修饰古圣贤陵墓，今年三月行部曹南，即谒尧陵、汤冢，经雷泽、澭、沮，因求太甲之葬至于兹山，山高平地止二丈许，或言石为土掩，太甲冢竟迷无表识。山上有虞帝庙，庙左侧有元至治三年张须撰碑，像饰完整，盖明天启时毁于火，历国朝康熙、乾隆间，邑子某等屡事兴修，顷复加筑祠垣，崇葺堂寝，乞予为文，纪事勒石。因考舜耕、太甲葬当在济阴之实，著于碑，俾邑子等列名于阴，以识修庙义举，并无忘太甲墓迹云尔。

铭曰：

“成阳中土，神灵所熙。烝烝圣帝，生于侧微。历山不高，名自上古，木石鹿豕，与圣游处。南瞻汤冢，北瞰灵台，汤孙之葬，依次崔嵬。洪流振滔，一变陵谷。舆经失纪，良史迷躅。巍巍像饰，历世光华。让耕让畔，沐风不遐。姚墟殷冢，记在碑石。后有　载，证我游迹。”

境内历代地方志书目汇录

曹州府

历代修志概况

（1）明正德十年吴瓒修

（2）明万历二十二年许恩修

（3）明天启元年潘永澄修

（4）清康熙十三年佟企圣修

（5）清乾隆二十一年周尚质修

（6）清嘉庆十三年朱续孜修

现存版本及收藏单位

〔康熙〕曹州志　二十卷

（清）佟企圣纂修

清康熙十三年（1674）刻本【版420　版409　1986年南京图书馆据康熙十三年刻本抄　十二册2夹】

北京　中科院　南京　南大　上海　天津　南开

〔乾隆〕曹州府志　二十二卷

（清）周尚质修　李登明纂

清乾隆二十一年（1756）刻本【小198　版276　十二册一函】

省图　省博　济南　山大　山师　山农

〔喜庆〕曹州府志　四卷

（清）朱续孜纂修

清嘉庆十三年（1808）刻本

北京

菏泽县

历代修志概况

（1）清乾隆四十年张东修（未刻）

（2）清道光萧季卜修（未刻）

（3）清光绪六年凌寿柏修

（4）清光绪十年凌寿柏修

（5）清光绪三十三年汪鸿孙修（乡土志）

现存版本及修志概况

〔光绪〕菏泽县志　二十卷

（清）凌寿柏修　宋明在纂

清光绪六年（1880）刻本【小199　版277　十二册一函】

省图　省博　曹县　北京　北大

〔光绪〕菏泽县志　十八卷首一卷

（清）凌寿柏修　叶道源纂

清光绪十一年（1885）刻本【小200　版278　六册全函】

省图　济南　青岛　山大　山师　山农　菏泽师专

〔光绪〕菏泽县乡土志　一卷

（清）汪鸿孙修　杨兆焕纂

清光绪三十三年（1907）年石印本【小201　版279　一册一函】

省图　省博　山师　山大　上海

曹县

历代修志概况

（1）明弘治间邹鲁修

（2）明嘉靖十八年隆文良修

（3）明万历十八年钱达道修

（4）明崇祯十三年郭万象修

(5) 清康熙十一年门可荣修
(6) 清康熙二十四年朱琦修
(7) 清康熙五十五年郭道生修
(8) 清光绪九年陈嗣良修
(9)清光绪三十三年裴景煦修(乡土志)
(10) 一九六〇年曹县修志委员会修

现存版本及收藏单位

〔康熙〕曹县志　十八卷
(清) 门可荣修　王一较纂
清康熙十二年 (1673) 刻本
北京 (不全)
〔康熙〕曹县志　十八卷
(清) 朱琦修　蓝庚生纂
清康熙二十四年 (1685) 刻本
北京　南大　湖北　江苏地理研究所
〔康熙〕曹县志　十八卷
(清) 朱琦修　蓝庚生纂　郭道生续修
清康熙二十四年 (1685) 刻五十五年 (1716) 增刻本
省博　山大　北京　南京　(胶卷) 上海
注：增卷十四末五页，卷十七艺文志附书目
〔光绪〕曹州府曹县志　十八卷首一卷
(清) 陈嗣良修　孟广来纂
清光绪十年 (1884) 居敬书院刻本【小202 版 280 十二册全函】
省图　省博　济南　青岛　山大　山师　山农　曲师
民国铅印本
省委党校　省社科院　大众日报社
〔光绪〕曹县乡土志　一卷
(清) 裴景煦编
稿本
北京
清光绪三十三年 (丁未 1907) 抄本 1 册　毛装
曹县志　不分卷
曹县修志委员会编
稿本
省档

濮州

历代修志概况

(1) 宋修? (濮州地理志，佚)
(2) 元修 (佚)
(3) 明嘉靖六年张寰修
(4) 明嘉靖十八年邓霞修
(5) 明万历九年李先芳修
(6) 清康熙十一年张实斗修
(7) 清康熙五十年郅王介修
(8) 清乾隆邵世昌修
(9) 清宣统元年高士英修

现存版本及收藏单位

〔嘉靖〕濮州志　十卷
(明) 邓霞纂修
明嘉靖十六年 (1539) 刻本
天一阁 (不全)　省图 (胶卷)　中科院 (胶卷)
明嘉靖十八年刻本
北京
〔万历〕濮州志　六卷
(明) 李先芳纂修
明万历九年 (1581) 刻本
北京 (不全)
挡本
上海

〔康熙〕濮州志　六卷
（清）张实斗修　南洙源纂
清康熙十二年（1673）刻本【善 4158 七册】
省图　北京　中科院　天津
〔康熙〕濮州志　二卷
（清）郅玠修　任焕纂
清康熙五十年（1711）刻本【善 4158 七册】
省图　北京　中科院　天津
〔乾隆〕濮州志　六卷
（清）邵世昌修　柴撰纂
清乾隆二十年（1755）刻本【版 281】
省图　省博　山大　北京　天津
〔宣统〕濮州志　八卷
（清）高士英修　荣相鼎纂
清宣统元年（1909）刻本【版 282 八册】
省图　省博　济南　鄄城　山大　山师　山海

鄄城县

鄄城县志
鄄城县修志委员会编
1996 年出版

郓城县

历代修志概况
（1）明嘉靖十九年马奇修
（2）明隆庆元年王敬修
（3）明崇祯七年宋嘉穗修
（4）清康熙二十四年陈良汉修
（5）清康熙五十五年张盛铭修
（6）清光绪十九年毕炳炎修
（7）清末潘时琮修（乡土志）
（8）一九六三年郓城县修志委员会修（草稿）

现存版本及收藏单位
〔嘉靖〕郓城志　二卷
（明）马奇纂修
明嘉靖十九年（1540）刻本
天一阁（不全）　中科院（胶卷）　上海（胶卷）
〔崇祯〕郓城县志　八卷
（明）宋嘉穗修　孙鲸纂
明崇祯七年（1634）刻本
北京
〔康熙〕郓城县志　八卷
（清）张盛铭修　赵肃纂
清康熙五十五年（1716）刻本
省博　益都　山大　山海　曲师
〔光绪〕郓城县志　十六卷首一卷
（清）毕炳炎、胡建枢修　赵翰銮纂
清光绪十九年（1893）宣文书院刻本【小 203 版 283　八册全函】
省图　省博　济南　郓城　山大　山师
〔光绪〕郓城县乡土志　一卷
（清）潘时琮编
抄本
省博
郓城县志　不分卷
郓城县修志委员会编
稿本
郓城县委宣传部

单县

历代修志概况

（1）明隆庆三年夏维藩修

（2）清顺治十一年徐化民修

（3）清康熙四十一年金天定修（未刻）

（4）清康熙五十四年王镛修

（5）清乾隆二十四年普尔泰修

（6）民国18年周自齐修

现存版本及收藏单位

〔隆庆〕单县志　二卷

（明）夏维藩修　周卫阳纂

明隆庆三年（1569）刻本

北京（又有胶卷）

抄本【1987年据隆庆三年刻本复印版399】

上海

〔顺治〕单县志　四卷

（清）徐化民纂修

清顺治十一年（1654）刻本

北京（不全）　上海（胶卷）

〔康熙〕单县志　十二卷首一卷

（清）王镛修　秦寅纂

清康熙五十六年（1717）刻本

北京　北大

抄本

吉大

〔乾隆〕单县志　十三卷图一卷

（清）普尔泰修　傅尔德纂

清乾隆二十五年（1760）刻本【小204　版284　十三册全函】

省图　省博　大众日报社　济南　山大

注：第十三卷为河防纪略　清孙象坤撰

〔民国〕单县志　二十四卷首一卷

周自齐修　李经野纂

民国18年（1929）石印本【版285　十二册】

省图　省博　省档　济南　青岛　山师　山农　曲师

成武县

历代修志概况

（1）明正德间修

（2）明嘉靖四十四年郑汉修

（3）清康熙九年刘佐临修

（4）清康熙二十九年杨宫建修

（5）清康熙四十一年赵嗣晋修

（6）清道光十年袁章华修

（7）一九五九年城武县修志委员会修

现存版本及收藏单位

〔康熙〕城武县志　五卷

（清）刘佐临修　刘尔楫纂

清康熙九年（1670）刻本　五册

北京　上海（胶卷）

〔康熙〕城武县志　十卷　图一卷

（清）赵嗣晋修　王孙延纂

清康熙四十一年（1702）刻本

省图(胶卷)　北京　天津　中科院(胶卷)

〔道光〕城武县志　十四卷首一卷

（清）袁章华修　刘士瀛纂

清道光十年（1830）刻本【小205　版286　八册全函】

省图　省博　省档　济南　兖州　曹县　山大　山师　曲师

城武新志　不分卷

城武县修志委员会编

稿本
省档

巨野县

历代修志概况
（1）明嘉靖二十五年江廷藻修
（2）明万历十八年殷汝孝修
（3）明天启元年吕鹏云修
（4）清康熙四十一年章弘增修
（5）清康熙四十七年章弘修
（6）清道光二十年黄雄翰修
（7）清道光二十六年袁传裘续修
（8）清光绪二十三年许廷瑞修（未刻）
（9）民国九年郁浚生修

现存版本及收藏单位
〔天启〕巨野县志　十卷
（明）吕鹏云修　吕封齐纂
明天启三年方时化刻本
北京（不全）
注：内有崇祯间补版
〔天启〕巨野县志　十卷
（是）吕鹏云修　（清）章弘增修
清康熙四十一年（1702）抄本
北京
注：此志较明志略增，未修前抄送京师，卷一、二可补明版之缺
清康熙四十七年（1708）刻本
天一阁
〔康熙〕巨野县志　十五卷首一卷
（清）章弘修　陈广克纂
清康熙四十七年（1708）刻本
省图（胶卷）　北京　中科院（胶卷）　天津
一九六〇年抄本
上海
〔道光〕巨野县志　二十四卷首一卷
（清）黄维翰纂修　袁传裘续修
清道光二十六年（1846）刻本【小206　版287　十六册全函】
省图　省博　济南　青岛博　山大　山师　山农
〔民国〕续修巨野县志　八卷首一卷
郁濬生修　毕鸿宾纂
民国10年(1921)刻本【9-2111　未编】
省图　巨野档　菏泽地区档　山大　山师　山农

定陶县

历代修志概况
（1）宋安德裕修（广济军图经）
（2）明嘉靖四十四年唐桐修
（3）明万历七年黎邦修
（4）明万历二十年陈以见修
（5）明万历二十六年杨克顺修
（6）清顺治十二年赵国琳修
（7）清乾隆十七年雷宏宇修
（8）清光绪二年周忠补修
（9）民国5年冯麟溎 修
（10）一九六五年定陶县修志委员会修（初稿）

现存版本及收藏单位
〔顺治〕定陶县志　八卷首一卷末一卷
（清）赵国琳修　张彦士纂
清顺治十二年（1655）刻本
北京　复旦
一九五九年抄本

上海

〔乾隆〕定陶县志　十卷首一卷

（清）雷宏宇修　刘珠纂

清乾隆十八年（1753）刻本

省博　省委党校　山大　上海　北师大

〔乾隆〕定陶县志　十卷首一卷

（清）雷宏宇修　刘珠纂　周忠补修

清乾隆十八年（1753）刻光绪二年（1876）补修本【小207　版288　四册全函】

省图　济南　山大　山师　山农　山海

〔民国〕定陶县志　十二卷首一卷

冯麟溎修　曹垣纂

民国5年（1916）瑞林堂刻本【版289　八册】

省图　省博　曹县　定陶县　定陶菏泽地区档　山师

定陶县志　四编

定陶县修志委员会编

稿本

定陶县委宣传部

东明县

历代修志概况

（1）明嘉靖十五年高橡修

（2）明万历二十七年常澄修（未刻）

（3）明万历四十年李迁知修

（4）明天启三年张福臻修

（5）清顺治三年张学知修

（6）清康熙十一年杨日升修

（7）清乾隆二十一年储元升修

（8）清宣统三年李曾裕修（未刻）

（9）民国13年周保琛修

（10）民国18年王德年修

（11）民国22年任传藻修

（12）一九六〇年东明县修志委员会修

现存版本及收藏单位

〔康熙〕东明县志　八卷

（清）金世德修　杨日升纂

清康熙十二年（1673）刻本

抄本

南京　江苏地理研究所

〔乾隆〕东明县志　八卷

（清）储元升纂修

清乾隆二十一年（1756）刻本

北京　北大　上海　天津　中科院

民国十三年（1924）铅印本【版290　六册一函】

省图　大众日报社

〔民国〕东明续县志　四卷

周保琛修　李曾裕纂

民国13年（1924）铅印本【版290　二册一函】

省图　大众日报社　天津　南京

〔民国〕东明县志　四卷

王德年修　薛凤鸣、李增裕纂

民国18（1929）铅印本

南京

〔民国〕东明县新志　二十二卷首一卷

任传藻修　穆祥仲纂

民国二十二年（1933）铅印本【小208　版291　八册一函】

省图　东明档　菏泽地区档　山师

东明县志　不分卷

东明县修志委员会编

一九六〇年油印本

东明档　东明县委宣传部

索　引

本索引共设要目索引、人物索引、表格索引三部分。要目索引、人物索引以词目的首字汉语拼音字母顺序排列（阿拉伯数字在汉语拼音字母前）。同音字按声调，首字母相同者按第二音序排列，以此类推。表格索引以表格在本志中的页码顺序排列。人物索引只录入人物传、人物简介的人物。相同词目的编制按词目在本志中的页码顺序集中排列。

要目索引

C

D

E

F

G

H

J

K

L

M

P

Q

R

S

T

W

X

Y

Z

人物索引

K

L

M

N

P

Q

R

S

T

W

X

Y

Z

表格索引

《菏泽市志（1986—2005）》供稿人员名单

（排名按姓氏笔画排序）

丁养会	丁　硕	于恒兴	于清泉	马贤跃	马金国	马　勇
马效红	马敬东	王文治	王　玉	王世光	王付忠	王礼林
王　伟	王传印	王　众	王红雷	王　芳	王体禹	王卓光
王明堂	王绍波	王保国	王　哲	王益新	王烨华	王海存
王　琪	王　瑞	王瑞群	王德震	车　岳	尹相岭	尹祥山
孔红蕾	孔建民	孔　森	邓凯文	邓　雷	石向阳	卢玉敏
卢逍遥	申　莉	田明刚	田洪川	田　源	仝金宇	包振坤
邢翠霞	毕亚伟	朱吉镇	朱传成	朱向勇	朱坤鹏	朱爱玲
乔运增	任东方	任庆山	任红雨	任崇勇	刘从安	刘　进
刘丽霞	刘灿淼	刘建平	刘春艳	刘敬强	刘福旺	刘慧丽
闫春英	祁建国	许立亚	许向华	许　超	孙凤春	孙玉芹
孙　杰	孙明山	孙晓利	孙福方	好峰琦	牟敦芹	严　杰
杜学杰	李士英	李文存	李　民	李　扬	李传秋	李军民
李志伟	李志强	李易阳	李学显	李洪涛	李　娜	李　莉
李荷玲	李高原	李培军	李　铭	李银柱	李　强	李　颖
李　震	杨自源	杨宏伟	杨绍青	杨馥菊	肖培飞	时维峰
吴业胜	吴延灵	吴素丽	何　影	余文干	谷洪彦	沈松安
沈　祥	宋文君	宋兴华	宋宪青	张玉玲	张正春	张兰芳

张传新	张华斌	张宇锋	张进涛	张　丽	张怀庆	张宏杰
张　坤	张建新	张孟合	张贵环	张振尧	张　崟	张景洋
张　淼	张新华	张源溪	张熙慧	张　蕊	张　磊	陈卫东
陈志勇	陈晓梅	邵中然	邵承德	邵珠峰	武尚民	武尚锋
范静静	范　霞	周广谦	周茂杰	周　琨	庞亚林	郑卫红
郑向荣	郑春菊	郑爱琴	房守聚	赵永超	赵　刚	赵奉龙
赵爱霞	赵新中	赵新春	赵静华	郝为成	郝峰琦	荣海生
胡永强	胡衍彪	南　雁	侯建奇	娄记刚	祝令甫	秦玉勇
秦宗烈	袁登峰	聂　胜	晁岱刚	徐亚林	徐　岭	奚卫华
奚宽鹏	高云峰	高　升	高国庆	高谦绍	高　磊	郭东水
郭永成	郭守刚	郭良厚	郭国灵	郭　亮	郭新文	郭　慧
桑　军	黄贤清	黄　慧	曹广建	曹运国	曹　钰	曹宾义
常广春	常俊哲	崔红倩	康崇修	阎广存	彭玉聪	葛广臣
蒋宝府	蒋建华	韩　伟	程亚平	程　惠	滑成奎	楚志杰
解德志	蔡孝磊	裴明星	管卫东	管廷军	谭　琨	樊京荣
樊祥鹏	潘双进	薛　萍				

照片拍摄者或提供者名单

（排名按姓氏笔画排序）

马文兰	马文君	马永生	马宝岭	马春霞	王　洋	王艺颖
王文治	王传印	王轩南	王秀梅	王宝军	牛志国	牛颖颖
邓　雷	卢文朋	卢立同	卢晓东	冉文侠	冉令杰	仝　静
仝金宇	冯雪红	毕亚伟	朱明燕	乔方辉	刘　兵	刘　强
刘玉东	刘灿淼	刘春艳	江东生	孙立国	孙光军	苏慧敏
李　民	李　跃	李　静	李士英	李永胜	李庆昌	李志强
李国增	李法勇	李学勤	李艳德	李萃玮	时维峰	吴素青
宋　晓	宋华君	张　崟	张　蕊	张长路	张自安	张国华
张建英	张秋常	张晓卫	张肆海	张新华	陆媛媛	陈　宁
陈尔恩	陈学彤	陈致远	苗永超	范　霞	庞亚林	赵同林
赵桂明	侯　林	姚慧娟	袁景来	栗文忠	晁中胜	徐亚林
徐安兵	高谦绍	海　燕	桑秋华	黄先鹏	黄海慧	黄海燕
崔光乐	彭玉聪	彭益芳	程　飞	程相启	焦延河	温雪梅
楚姝芳	蔡孝磊	管卫东	樊　昕	潘　涓	潘双进	魏　然
魏敬才						

编后记

《菏泽市志（1986—2005）》是新中国成立后菏泽第二部市级志书，是对《菏泽地区志（1840—1985）》的续修，也是菏泽撤地设市后第一部市志。编纂工作自2001年7月准备，至2016年9月付梓，历时近15年。

2001年7月—2004年7月，准备阶段。首轮菏泽社会主义新方志出版发行后，按照中指组和省史志办的要求，审时度势，决定续修菏泽新志。2001年7月向市委、市政府提交《关于开展二轮菏泽地方志续修工作的建议》《菏泽市续修新方志工作规划》等有关报告，市委、市政府于2001年9月20日以两办名义印发《市委办公室市政府办公室关于转发〈菏泽市续修新方志工作规划〉的通知》，正式开启菏泽地方志续修大幕。之后，草拟《菏泽市志（1986—2005）》篇目，多方征集有关专家意见，先后进行4次大的调整，局部修改150余处，六易其稿，并报请省史志办审核，最终于2004年年初形成《菏泽市志（1986—2005）》篇目。

2004年7月—2005年12月，启动阶段。2004年7月，市政府召开全市续修新志工作会议，全面动员部署续修新志工作。市地方史志编纂委员会印发《续修〈菏泽市志〉实施方案的通知》和《〈菏泽市志（1986—2005）〉篇目设计及供稿分工》等一系列规范性文件。2004年9月，举办市志编纂业务培训班，请省史志办专家授课，讲解方志知识和续志编写要求，市志承编单位共计300余人参加培训。同时组织编印《修志指南》《地方志编纂质量规范》及语言文字、数字、标点符号使用标准等工具书。2005年年初，召集各承编单位供稿人员交流、研究，先后召开26次座谈会，广泛征求意见，根据各行业、各部门、各单位的实际情况，反复修订志书篇目设计，以便在资料征集、初稿撰写时更科学合理。

2005年12月—2007年12月，搜集资料、撰写初稿阶段。2006年始，各承编单位按照《菏泽市志（1986—2005）》篇目设计和各自承编的内容分别搜集资料、整理资料长编、撰写初稿。市史志办各位编辑，按照分工分别深入到承编单位，与撰稿人面对面沟通交流，共同研究、及时解决工作进展当中发现的问题，使得资料搜集、撰写初稿等项工作严谨、高效、有序推进。同时，市政府督查室对全市各承编单位进行全面督查，重点是供稿班子组建、办公经费落实、整体工作计划、搜集资料情况和具体工作进度等，有力地促进了市志续修工作。对各承编单位提供的初稿，编辑、编审认真审查，发现问题及时提出修改意见，返回承编单位进一步加工完善。如此反复，有的甚至来来回回五六次。其间，共召开7次专题研讨会、调度会、进展情况通报会等，集思广益，始终贯穿众人修志的理念。至2007年年底全市123个参编单位全部完成供稿任务。

2008年1月—2014年11月，总纂加工阶段。2008年，组织各位编辑对稿件分纂、审查，明确“精心编纂、质量第一、兼顾进度”的指导思想，严格落实责任制，精心编纂、调整修改。其间，多次到各承编单位进行资料补充和核实。对于极个别质量较差的初稿，由编辑亲自操刀，搜集资料、撰写志稿。同时，结合全省“地方志书质量管理年活动”，从体例、文风、内容等方面，严把志书质量关。2010年，市史志办成立市志初稿通稿领导小组，明确1名业务副主任专职负责对市志初稿的通稿工作，并实行编辑岗位目标责任制。2013年1月至2014年4月，为提升市志初稿质量，采取“五遍审稿制”对市志进行修改完善。2014年5—11月，对评审稿把关号脉，第一关是聘请两名县区史志办退休老主任把关，第二关是两位正高级总编把关，第三关是业务副主任把关，第四关是请省修志业务专家把关，第五关是广泛征求市领导、老专家的意见。2014年年底完成总纂并形成评审稿。

2015年4—12月，评审、雕琢阶段。2015年4月26日，《菏泽市志（1986—2005）》志稿评审会召开。中国地方志指导小组副秘书长兼办公室副主任冀祥德到会讲话并对志书点评，中国地方志指导小组办公室方志期刊指导处处长于伟平对志书点评并就某些编章提出修改意见，中国地方志指导小组办公室副主任邱新立因事不能到会发来了志稿评审的书面意见。省政府办公厅党组成员、省史志办主任刘爱军，省史志办副主任翟世林，菏泽市委常委、常务副市长段伯汉出席会议并讲话。省修志业务专家咨询组部分成员就志稿进行精彩评审。领导和专家对志稿给予高度评价，一致认为《菏泽市志（1986—2005）》是一部比较成功的评审稿，并对志稿提出了宝贵的具有指导性和可操作性的修改意见和建议。同时，中指组、省史志办要求菏泽市在目前评议稿的基础上，进一步精益求精，提高质量，确保全省优秀志书的基础上，争创全国优秀志书。会后，组织精干力量，在认真梳理、分析专家意见的基础上，认真制订修改方案，调整篇目、规范体例、严谨结构、科学归属、精准记述、润色词句，完善图照，对志稿精雕细琢，精益求精。并将修改后的志稿返回各承编单位，再次对志稿核对、检查，确保不漏记、不误记。其间，分别以市地方志编纂委员会和市政府办公室名义下发《关于为〈菏泽市志（1986—2005）〉补充资料的通知》《关于征集〈菏泽市志（1986—2005）〉图片资料的通知》等。

2016年1月—2017年4月，印刷出版阶段。2016年1月，将志稿呈报山东省地方史志编纂委员会终审，同时送方志出版社。2016年4月，方志出版社给出审稿意见。之后，根据专家终审意见、方志出版社审稿及组织史志办全体人员校稿所提建议，对志稿完善提高，7月底最终定稿。2016年8月，山东省地方史志编纂委员会印发《关于对〈菏泽市志（1986–2005）〉送审稿审查验收的批复》，同意志稿报菏泽市人民政府批准印刷。9月，市政府印发《关于同意出版〈菏泽市志（1986–2005）〉的批复》，批准《菏泽市志（1986–2005）》出版。

续修《菏泽市志（1986—2005）》，得到了中国地方志指导小组、省史志办和市委市政府的高度重视。冀祥德副秘书长要求以质量为中心，仔细打磨，争取参评全国优秀志书；刘爱军主任殷切希望《菏泽市志（1986—2005）》能够获评全省优秀志书，并力荐参评全国优秀志书；市委市政府始终把修志工作作为“官职”“官责”来抓，市委书记、市长亲自过问修志工作。2001 年续志工作开始后，先后 7 次调整市志编纂委员会，市委书记任名誉主任，市长任主任，分管副市长任第一副主任。召开的全市续修新志工作会议、市志编纂业务培训班、全市地方史志工作会议，分管副市长都出席会议并讲话。各有关行业、有关部门、有关单位，按照市委市政府要求，积极为市志编纂提供文字及图照资料，付出了辛勤劳动。社会各界人士为市志编修进言献策，尽其所能贡献资料。16 年来，全体编纂人员，以对历史、对党和人民高度负责的精神，克服任务繁重、工作量浩大、业务人员不足、资料短缺等困难，以认真、专业、奉献的态度，严谨、务实、执着的作风，力学笃行、创新理念、踏实苦干、加班加点，生动诠释了“淡泊名利、甘于奉献、恪尽职守、锲而不舍、开拓进取”的方志人精神，市志编纂凝聚着菏泽方志人大量的心血和汗水。躬耕志苑终不悔，为伊消得人憔悴。

《菏泽市志（1986—2005）》的编纂出版，是中国地方志指导小组和省史志办精心指导、殷切关怀的结果，是市委市政府正确领导、高度重视的结果，是全市各承编单位及供稿人员、广大史志工作者共同努力的结果，在此，谨向所有为《菏泽市志（1986—2005）》编修付出心血的领导、专家和社会各界人士致以崇高的敬意和衷心的感谢！

史志编纂，横陈百科，纵述史实，工作浩繁。尽管编纂者以努力编纂出一部上乘佳志为夙愿，无奈志书内容庞杂，资料缺失，尤其人物部分，由于种种原因，入志人员信息未能全部搜集到，实属缺憾。加之编纂者水平所限，难免有疏漏讹错之处，敬请广大读者批评指正。

编者

2017 年 4 月